MANLIO CORTELAZZO CARLA MARCATO

# DIZIONARIO ETIMOLOGICO DEI DIALETTI ITALIANI

UTET
LIBRERIA

UTET Libreria - Torino
www.utetlibreria.it



*Fotocomposizione*: Compedit - Torino
Finito di stampare nel mese di ottobre 2005 da:
Legoprint S.p.A. - Lavis (TN)
per conto della UTET Libreria

| | | | | | |
|---|---|---|---|---|---|
| Ristampe: | 0 1 | 2 3 | 4 5 | 6 7 | 8 9 |
| | 2005 | 2006 | 2007 | 2008 | 2009 |

# Indice generale

# Introduzione

Il volume che qui si presenta costituisce il coronamento di un progetto nato nel 1992 con la pubblicazione, per i tipi della UTET Libreria, di un piccolo *Dizionario Etimologico dei Dialetti Italiani (DEDI)* dedicato a una scelta particolarmente interessante e significativa, benché circoscritta, di parole dialettali italiane.

Man mano che si procedeva alla sistematica revisione e al considerevole aumento dei lemmi per questa nuova edizione, si faceva sempre più netta e affascinante la scoperta di un mondo, non solo nascosto, ma del tutto diverso da quello rappresentato dalla cultura letteraria e urbana, sulla quale si adagia chi è stato abituato alla consuetudine libresca.

Se la lingua e la letteratura italiana, fondate prevalentemente, come noto, sul toscano, hanno posto storicamente un limite alla conoscenza della cultura italiana nel suo assieme, l'accettazione della sudditanza da parte di tutti gli altri dialetti italiani ha portato alla positiva conseguenza dell'affermazione di un tipo unitario di lingua scritta e contribuito alla formazione, ancora in atto, di un italiano parlato sufficientemente uniforme. Questi notevoli risultati hanno avuto, però, un prezzo oneroso con la mortificazione e la perdita di uno straordinario patrimonio linguistico e culturale, che trova solo di rado una perfetta corrispondenza nell'italiano, come oggi lo intendiamo e lo usiamo, ricorrendo, nel dubbio, ai codici sacri e indiscussi rappresentati dai normali vocabolari della lingua. I quali, fra l'altro, non solo perlopiù respingono le parole dialettali, che per un caso fortuito sono riuscite a passare oltre la cortina di ferro della lingua letteraria, ma rifiutano persino quell'ampia fascia della stessa tradizione idiomatica toscana non accettata e trasmessa, pure per caso, dalla foltissima schiera di scrittori d'ogni parte d'Italia, che si sono prescritti o hanno dovuto accettare un modo di lingua consacrato.

In altre parole, l'egemonia toscana ha posto in ombra la grande ricchezza e varietà delle culture locali, diffondendo l'errata impressione che essa fosse portatrice dell'intera cultura, dotta e popolare, italiana. Al toscano e, quindi, alla lingua nazionale sono sfuggiti, invece, numerosissimi aspetti delle manifestazioni periferiche o perché circoscritte o perché obiettivamente lontane, per condizioni geografiche e storiche, dalla diretta esperienza della fortunata regione. Basta pensare alla tipica cultura alpina o alla complessa vitalità del vasto mondo meridionale o alla civiltà delle acque di marinai e pescatori.

Questa limitazione è confusamente sentita anche a livello comune, quando si cerca l'equivalente «italiano» di caratteristiche voci o locuzioni dialettali, che non trovano una risposta precisa nei dizionari in uso: quante volte un Veneto ha chiesto, come si deve dire in italiano *freschìn* o *morbìn*? Francesco Cherubini, autore di un cospicuo vocabolario ottocentesco milanese-italiano, che tanta parte ha avuto nel travaglio linguistico di Alessandro Manzoni, premesso che ogni lingua «è sì vasta regione che sempre concede novità di terre agli occhi di quanti si fanno a visitarla», ammetteva sconsolatamente di non essere riuscito a trovare la precisa traduzione italiana di molte singolari voci milanesi.

Da questa constatazione è nata l'idea di provvedere al recupero e alla divulgazione di parte di quell'eccezionale e prezioso deposito linguistico soggiacente alla cultura italiana, accumulato in tanti secoli da quelle diversissime lingue, che siamo usi chiamare dialetti italiani, sottolineandone la storia, la specificità, l'indipendenza dalla lingua letteraria o, al contrario, il collegamento diretto con tradizioni analoghe in altri complessi regionali.

*La scelta delle parole*. La sovrabbondanza di tanti esempi divergenti ha costretto ad una scelta delle parole da inserire in questo campione, pure ricco e rappresentativo. Innanzitutto ci si è orientati verso le parole così tipiche di questo o quel dialetto oppure pandemiche in tutte le parlate italiane, ma non della lingua letteraria, che difficilmente potevano essere ignorate. Come poteva tralasciarsi lo *strascìnë* meridionale, la persistente usanza di assolvere un voto strisciando la lingua sul pavimento della chiesa? O il ricordo, così confuso e storicamente incerto, delle *accab(b)adòras* sarde, le vecchie che avrebbero soffocato i moribondi per affrettarne la fine?

D'altra parte, i nomi diversi scelti per il «folletto» (*salvanèl* in Veneto e Trentino, *gan* in Carnia, *buffardèllo* e *linchétto* in Toscana, il *munaciëddë* lucano o il *marcatùcu* salentino), per la «festa alla fine di un lavoro edilizio o campestre» (*capocanàle*, *licóf* e *fa la culmà*, che diventa incomprensibile per la fine di un lavoro dei campi, se non si ricorda il senso prioritario di «fare il coperto (*colmo*) della casa») o per la tradizionale assegnazione al neonato del nome del nonno (*carvèr*) sono esempi di una uniformità linguisticamente diversificata che si oppone alla rigidità della lingua italiana, la quale non potrà mai competere con la proliferazione abnorme di sinonimi, che coinvolgono parole pur di uso comune, ma contrassegnate da una valenza connotativa tale da stimolare la esuberante creatività dei parlanti: i concetti di «sciocco» e di «babbeo», di «natura femminile» e di «membro virile», di tanti insetti e piante o le varie denominazioni di pani, dolci e, in genere, di tanti cibi e bevande propri di tutte le province italiane, conducono ad una straordinaria varietà di realizzazioni idiomatiche.

Vi sono, poi, parole che ogni singola comunità ritiene proprie, anche se la loro conoscenza è estesa più o meno ampiamente in altre parti d'Italia. Per la loro individuazione abbiamo dovuto ricorrere alla benevolenza di generosi colleghi, che ci hanno fornito copiosi esempi delle particolari parole locali dei dialetti piemontesi (Tullio Telmon), trentini (Patrizia Cordin), triestino e istriano (Mario Doria), romagnoli (Giuseppe Bellosi e Valeria Miniati), toscani (Gabriella Giacomelli), laziali (Paolo D'Achille e Nicola De Blasi), pugliesi (Vincenzo Valente), salentini (Giovan Battista Mancarella), lucani (Nicola De Blasi) e siciliani (Giovanni Tropea): li ringraziamo di cuore anche da questa sede per tutti i loro prodighi suggerimenti dei quali, per quanto possibile, abbiamo fatto tesoro.

Scendendo ai particolari, la scelta è caduta sulle voci e locuzioni che presentavano una o più delle seguenti caratteristiche:

*a*) voci tipiche dei dialetti che non trovano un preciso riscontro nel lessico generale per sottolineare come a situazioni o ad oggetti particolari il dialetto abbia risposto in maniera autonoma. Naturalmente, molte di queste voci si riferiscono ad usanze, tradizioni, costumanze proprie di singole regioni o, addirittura, di singole località: si pensi in quanti modi si esprime la vendetta del fidanzato respinto o la recriminazione della comunità verso i vedovi che si risposano (*faṡulèda*, *imbülàda*, *paiàda*, *porà*, *maitinà*, *scampanżàda*, ecc.);

*b*) voci di impiego comune che, per la loro valenza connotativa, hanno dato luogo ad una proliferazione di sinonimi, una lista sempre soggetta ad ulteriori incrementi estemporanei o stabilmente radicati;

*c*) parole di notevole interesse dialettologico per la loro etimologia o la loro storia o per i loro specifici riferimenti culturali, per le quali si sono talvolta riportate, sia pure per confutarle, quelle che uno studioso tedesco molto attento alla nostra lingua, E. Radtke, ha acutamente definito «etimologie folkloristiche», spiegazioni di modi ed espressioni tanto pittoresche, quanto prive di ogni fondamento scientifico; né si sono tralasciate le formazioni contraddittorie, come la *giovanevècchia* o la *ragàża antìga*;

*d*) parole di provenienza dotta, italiana o, nella tradizione ecclesiastica e liturgica, latina, con significative distorsioni formali o semantiche. La considerazione in cui sono tenuti certi appartenenti alla cultura «altra» è palese nei significati assunti dall'*artòlica* piemontese «arroganza», «insolenza», curiosa reinterpretazione di *retòrica*, dal *litràru* calabrese, che mostra il degrado di *letterario* a «poltrone», «fannullone», «goloso», «sporco» e «attaccabrighe», da *puvèta*, propriamente *poeta*, del quale già il Manzoni aveva scritto che nel volgo e nel contado milanese «vuol dire cervello bizzarro e un po' balzano», mentre in marchigiano ed abruzzese *teòllicu* non vuol dire etimologicamente *teòlogo*, ma bolla il «saccente» e il «vanitoso»; senza contare i verbi *depégne* (*dipingere*), che per i Laziali significa «menare vita oziosa» e *gimitriari*, un derivato di *geometria*, che in Sicilia vale «farneticare, abbacare, macchinare». In particolare la terminologia ecclesiastica, venuta a contatto col popolo, se non altro per la continua consuetudine con le pratiche religiose, ha prodotto significative distorsioni verbali, da *misarérë* «cosa lunga, noiosa» e *trenòsse* «tutto ossa (*et ne nos inducas* ...)» a *cambà da leissòn* (*Kyrie eleison*) «vivere d'aria». In questo settore si collocano anche le non poche parole di provenienza ebraica (*calamòt*, *cascero*, *chèvar*, *ciamì*, *far la semirà*, *fa sciabà*, *gadóllo*, *sagaté*, *sciabà*, *tafüs*, *tarèf*, *tògo*, ...), prova di un'antica e non sempre facile convivenza, riflessa nelle elaborazioni semantiche dei *goim*: significativo è il caso della *urìja 'd crin*;

*e*) riflessi di molti nomi di personaggi o di luoghi che hanno avuto un'ampia popolarità nel passato e che, oscuratasi nel tempo la loro reale fisionomia, sono sopravvissuti in impieghi figurati che solo la ricerca dialettologica è in grado di ricondurre alla loro matrice, ripercorrendo a ritroso il cammino dal nome comune al nome proprio. Chi ricorda ancora il mago medievale Pietro Barliario (o Bailardo o Baialardo)?, chi, dei tanti briganti che hanno infestato le nostre campagne, i famigerati Gasparone o Mastrilli?, chi il terremoto di Casamicciola del 1883? Il loro ricordo è ancora protetto dagli appellativi *Bailàrdë*, *cašbarrónë*, *maštrìglië*, *casaméccë*;

*f*) parole caratterizzanti un singolo dialetto, come il *belìn* ligure, il *bogianèn* piemontese (*bogià*), il *baüscià* lombardo, il *mandi* friulano, il *mona* veneto, la *mignotta* romana, il *carusu* siciliano o l'*orbace* (*albàche*) sardo;

*g*) voci dialettali penetrate più o meno profondamente in italiano, ricollocate nel loro ambito geografico e nei loro centri propulsori. Di alcune può essere ancora avvertito l'aspetto vernacolare, ma per la maggior parte sono state completamente assorbite nella parlata comune, tanto che occorre richiamarne l'origine. Il loro numero è notevole, anche se, nell'economia dell'intero lessico nazionale, pèrdono di consistenza, ma non di aggressiva presenza: *cassata* ci viene dalla Sicilia, *grissino* dal Piemonte (*ghersìn*), *pedalino* dall'Italia centrale, *trenéte* dalla Liguria e così via;

*h*) voci che s'incontrano come crudi dialettalismi o in veste adattata in scritture letterarie e documentarie dei secoli XIX e XX. Non tutti gli autori sono stati prodighi nell'accettazione di vocaboli locali nei loro scritti, anche se ambientati in un preciso territorio. Alcuni, come Manzoni, Moravia, Sciascia, hanno attinto con parsimonia e cautela al patrimonio dialettale; la Deledda l'ha fatto, glossando o annotando i termini sardi usati, spesso nella loro veste naturale; altri, come Pasolini, Asprea e Guccini hanno mescolato il testo con tanti inserti mistilingui da essere costretti ad accompagnarlo d'un glossario, peraltro incompleto. Luciano Satta ha confessato di aver seguito la lettura dei *Fuochi del Basento* di Raffaele Nigro con una continua attenta consultazione di un vocabolario dialettale. Compito di questo dizionario è, quindi, quello di postillare con adeguate spiegazioni numerose scelte dialettali dei nostri scrittori.

In genere si è cercato di accogliere quei termini che, pur ignoti all'italiano, avessero una larga diffusione, ma questo criterio, accettato in assoluto, ci avrebbe privato delle espressioni più caratteristiche di piccole aree. Abbiamo, perciò, generalmente escluso solo i riferimenti ad una limitatissima realtà paesana, anche se spesso ricalcano modelli universali; si pensi alle frequentissime locuzioni di natura tabuistica formate con *andare a* più il nome della località dove sorge l'ospedale, l'ospizio dei poveri o più frequentemente il cimitero per evitare il troppo crudo *morire*. D'altra parte, quello che oggi ci sembra, probabilmente per difetto d'informazione, relegato in una isolata località, potrebbe, con ulteriori approfondimenti, rivelarsi di più largo uso e conoscenza.

*L'estensione geolinguistica*. Come deve intendersi un dizionario etimologico intitolato ai *Dialetti italiani*? È presto detto: esso raccoglie i suoi elementi da tutti i dialetti moderni parlati in Italia, anche da quelli che una diffusa, ma non sempre condivisa, opinione considera dotati di una certa autonomia linguistica, come il sardo, il ladino dolomitico e il friulano, e compresi quelli in uso al di là degli attuali confini politici italiani (còrso, ticinese e grigionese, istriano, dalmato). Sono esclusi, invece, i dialetti delle minoranze alloglotte, richiamati solo per alcune conferme d'appoggio, mentre trovano posto voci della *lingéra*, sia per l'importanza del furbesco nella letteratura italiana, sia per il rapido slittamento delle parole di gergo nel tessuto dialettale socialmente vicino. Nell'impossibilità di citare tutte le località dove la parola è (od era) in uso, si è preferito comprenderle nel dialetto della regione di appartenenza (piemontese, romagnolo, laziale, calabrese ...), tranne nei casi di una loro specificità linguistica (ligure-piemontese, veneto bisiacco, galloitalico ...). In ogni caso è sempre sottinteso che i riferimenti ad un paese o città significano solo che siamo certi che la voce è stata raccolta in quel luogo preciso, senza, peraltro, escludere che essa possa trovarsi anche altrove.

*Fonti*. Le fonti principali delle parole e delle locuzioni registrate sono essenzialmente due, anche se non sempre contestualmente citate (ma tutte elencate nella bibliografia): i dizionari, i lessici e i glossari dialettali, che oramai si contano a migliaia, da una parte, e gli atlanti linguistici, dall'altra. Le grafie usate dai loro autori e editori sono quanto mai divergenti e spesso complicate: per questo si è cercato di renderle, per quanto possibile, omogenee, semplificandole senza intaccare il loro valore linguistico. Per le opere letterarie, invece, si è fatto ricorso frequentemente ai passi riportati dal *Grande dizionario della lingua italiana* della UTET (GDLI), comunemente noto come *il Battaglia*, integrati con la lettura diretta non sistematica, ma mirata, di opere moderne da parte dei due compilatori.

*Lemmi.* Il lemma non è costituito solo dalla parola isolata, com'è nella prassi abituale dei vocabolari, ma si estende alle locuzioni, intese come unità semantiche, il cui significato trapassa la somma dei significati degli elementi che le compongono, assegnando loro popolarmente significati particolari. Il *boccó del contadì* o *creénza de cuntadéin* non possono essere costretti in una parola unica, così come non possono esserlo le varie locuzioni col verbo «fare» (*fa*, *far*, *fare*, *fari*).

La struttura del lemma è molto semplice e, nei casi completi, costituita da tre sezioni:

*a*) la *categoria grammaticale*, la *distribuzione geografica* e la *definizione*, spesso ripresa letteralmente dalla fonte; le denominazioni scientifiche aggiunte ai nomi di piante e di animali hanno lo scopo di individuare con precisione i referenti;

*b*) la *spiegazione etimologica* o, meglio, la *storia della parola*, ricavata dai repertori e dai saggi più accreditati, ma non accettata passivamente, bensì sottoposta ad una revisione critica, come è avvenuto pressoché sistematicamente per i numerosi lemmi dialettali del *Dizionario etimologico italiano (DEI)* di Carlo Battisti e Giovanni Alessio, e non di rado completata con una proposta alternativa. È questa la parte più significativa di tutta l'opera, costituendo la chiave per penetrare nel misconosciuto mondo popolare, che giudica persone, avvenimenti e situazioni con un metro particolare. L'intera storia d'Italia – scritta, naturalmente, solo dagli uomini di penna – può essere rivista in filigrana nell'ottica di chi l'ha vissuta e sopportata: che cosa siano state per le popolazioni sottomesse, ad esempio, le dominazioni straniere può rivelarlo l'esame di molte parole imprestate, che quelle hanno condotte con sé. Le indicazioni bibliografiche, che chiudono questa sezione, possono servire a controllare ed approfondire quanto è stato sinteticamente esposto sull'origine della parola o del detto;

*c*) eventuali citazioni di opere in prevalenza non dialettali, dove la voce appare, preceduta dal nome dell'autore e seguita dall'indicazione estesa dell'opera dalla quale è tratta. Tali citazioni letterarie non vogliono essere un'aggiunta esornativa, ma il completamento ideale della storia della voce con la documentazione della sua varia fortuna nella narrativa e nella poesia italiana. Si è visto che ci sono autori, specie nel secondo dopoguerra, che, seguendo un impulso (o una moda) di rivalutazione della «popolarità» emarginata, la identificarono giustamente nella «dialettalità», abbondando negli inserti vernacolari, mentre altri ricorrono più parcamente al lessico locale, pur tutti esaltandone, in maniere diverse, le capacità espressive, degne di essere testimoniate. La sezione si chiude con la sigla dell'estensore (C. o M.).

Pur rendendoci conto delle lacune e manchevolezze del dizionario, siamo convinti che l'idea-guida – la predominanza nei dialetti dei riflessi di una vitale e poco nota cultura popolare in qualche modo differente dalla cultura egemone – sia convenientemente illustrata e confermata.

MANLIO CORTELAZZO - CARLA MARCATO

# Bibliografia


ABEGG-MENGOLD 1979
COLETTE ABEGG-MENGOLD, *Die Bezeichnungsgeschichte von Mais, Kartoffel und Ananas im Italienischen*, Bern, Francke.

ACCAME - PETRACCO SICARDI 1981
GIACOMO ACCAME - GIULIA PETRACCO SICARDI, *Dizionario pietrese*, Pietra Ligure, Centro Storico Pietrese.

ACCATTATIS 1895
LUIGI ACCATTATIS, *Vocabolario del dialetto calabrese*, Castrovillari [ripr. anastatica: Cosenza, Brenner, 1963].

AEBISCHER 1944
PAUL AEBISCHER, *Sinaita: L'aire de dispersion et de développement sémantique du mot dans le latin médiéval d'Italie*, «Zeitschrift für romanische Philologie» 64, 380-388.

AGENO 1952
FRANCA AGENO, *Zucca barucca e altri incroci nell'omioteleuto*, «Lingua nostra» 13, 75-76.

AIS
*Sprach- und Sachatlas Italiens und der Südschweiz*, hrsg. K. Jaberg und J. Jud, Zofingen 1928-40.

ALBERTI-ESCHINI 1970-71
MARIA GLORIA ALBERTI-ESCHINI, *Vocabolario di Roccalbegna, S. Caterina, Vallerana (Grosseto)*, «L'Italia dialettale» 33 (1970) 67-138; 34 (1971) 65-114 [anche in estratto: Pisa 1971].

ALCOVER - MOLL
ANTONI ALCOVER - FRANCESCH DE B. MOLL, *Diccionari català-valencià-balear.* Obra iniciada de Antoni Alcover, redacta de Francesch de B. Moll, Palma de Mallorca, Alcover, 1930-62.

ALESSIO 1936
GIOVANNI ALESSIO, *Ricerche etimologiche*, «Archivio Glottologico Italiano» 28, 151-171.

ALESSIO 1936-42
GIOVANNI ALESSIO, *Ricerche etimologiche*, «Archivio Glottologico Italiano» 34, 23-35.

ALESSIO 1938
GIOVANNI ALESSIO, *Deformazioni ed etimologia popolare nei dialetti dell'Italia meridionale*, «Rendiconti dell'Istituto Lombardo di Scienze e Lettere» 71, 357-407.

ALESSIO 1938-39
GIOVANNI ALESSIO, *Nuovo contributo al problema della grecità nell'Italia meridionale*, «Rendiconti dell'Istituto Lombardo di Scienze e Lettere» 72, 109-172.

ALESSIO 1939
GIOVANNI ALESSIO, *I nomi della cavalletta in Italia*, «Archivio Glottologico Italiano» 31, 13-48.

ALESSIO 1941
GIOVANNI ALESSIO, *Rácchio*, «Lingua nostra» 3, 54.

ALESSIO 1942
GIOVANNI ALESSIO, *Americanismi in Calabria*, «Lingua nostra» 4, 41.

ALESSIO 1942-43
GIOVANNI ALESSIO, *Problemi di etimologia romanza*, «Rendiconti del R. Istituto Lombardo di Scienze e Lettere» 76, 161-187.

ALESSIO 1943-44
GIOVANNI ALESSIO, *Nuove indagini sulla grecità dell'Italia meridionale*, «Rendiconti dell'Istituto Lombardo di Scienze e Lettere» 77, 27-106.

ALESSIO 1948
GIOVANNI ALESSIO, *Ancora di racchio*, «Lingua nostra» 9, 71.

ALESSIO 1949
GIOVANNI ALESSIO, *Barbantano*, «Lingua nostra» 10, 50.

ALESSIO 1957
GIOVANNI ALESSIO, *Stropicciare*, «Lingua nostra» 18, 75.

ALESSIO 1957 e 1958
GIOVANNI ALESSIO, *Postille al Dizionario etimologico italiano*, Napoli, Università degli Studi di Napoli. Istituto di Glottologia. Quaderni linguistici: 3 e 4.

ALESSIO 1960
GIOVANNI ALESSIO, *Aldio*, «Lingua nostra» 21, 123.

ALESSIO 1967-68
GIOVANNI ALESSIO, *Problemi di etimologia italiana*, «Atti dell'Accademia Pontaniana» 17, 413-468.

ALESSIO 1976
GIOVANNI ALESSIO, *Lexicon Etymologicum*, Napoli, Arte Tipografica.

ALESSIO - DE GIOVANNI 1983
GIOVANNI ALESSIO - MARCELLO DE GIOVANNI, *Preistoria e protostoria linguistica dell'Abruzzo*, Lanciano, Editrice Itinerari.

ALFIERI 1980
GABRIELLA ALFIERI, *Innesti fraseologici siciliani nei Malavoglia*, «Bollettino del Centro di studi linguistici e filologici siciliani» 14, 221-295.

ALIBERT 1965
LOUIS ALIBERT, *Dictionnaire occitan-français d'après les parlers languedociens*, Toulouse, Institut d'Etudes Occitanes.

ALINEI 1981
MARIO ALINEI, *Osservazioni sul rapporto semantico fra «arcobaleno» e «itterizia» in latino e nei dialetti e folklore italiani*, «Quaderni di semantica» 3, 99-110.

ALINEI 1984
MARIO ALINEI, *Antropomorfismo pagano nelle Alpi centro-orientali: le Aquane*, in *Dal totemismo al cristianesimo popolare*, Alessandria, Edizioni dell'Orso.

ALTAMURA 1956
ANTONIO ALTAMURA, *Dizionario dialettale napoletano*, Napoli, Fiorentino.

AMOROSO 1986
EMANUELE AMOROSO, *Dizionario del dialetto salinaro*, Foggia, Leoni Grafiche.

ANDRÉ 1967
JACQUES ANDRÉ, *Les noms d'oiseaux en latin*, Paris, Klincksieck.

ANDREOLI 1887
RAFFAELE ANDREOLI, *Vocabolario napoletano-italiano*, Torino, Paravia.

ANEGGI 1984
ALDO ANEGGI, *Dizionario cembrano*, S. Michele all'Adige. Museo degli usi e costumi delle genti trentine.

ANELLI 1901
LUIGI ANELLI, *Vocabolario vastese*, Vasto, Anelli.

ANGIOLINI 1897
FRANCESCO ANGIOLINI, *Vocabolario milanese-italiano*, Milano, Paravia [rist. anastatica: Bologna, Forni, 1967]

ANKERSMIT 1934
MIEBET ANKERSMIT, *Die Namen des Leuchtkäfers im Italienischen*, Zürich, Leemann.

ANNOVAZZI 1934
ARISTIDE ANNOVAZZI, *Nuovo vocabolario pavese-italiano*, Pavia, Bizzoni.

ANTONIOLI - BRACCHI 1995
GABRIELE ANTONIOLI - REMO BRACCHI, *Dizionario etimologico grosino [DEG], con annotazioni di carattere etnografico e storico e repertorio italiano-grosino.* Prefazione a cura di Max Pfister, Grosio, Biblioteca comunale - Museo del costume.

ARCHIVIO LESSICALE 1984-85
*Archivio lessicale*, «Quaderni dell'Atlante lessicale toscano» 2-3 (1984-85) 235-249; 4 (1986) 225-248.

ARCHIVIO LESSICALE 1986
v. Archivio lessicale 1984-85.

ARRIVABENE 1882
FERDINANDO ARRIVABENE, *Vocabolario mantovano-italiano*, Mantova, tip. Manuzio.

ARTUSI 1891
PELLEGRINO ARTUSI, *La scienza in cucina e l'arte di mangiar bene* [1891]. Ed. con Introduzione e note di Piero Camporesi, Torino, Einaudi, 1974.

ASCOLI 1861
GRAZIADIO ISAIA ASCOLI, *Studi critici*, I, Milano, Politecnico.

ASCOLI 1876
GRAZIADIO ISAIA ASCOLI, *Ricordi bibliografici*, «Archivio Glottologico Italiano» 2, 395-458.

ASLEF
*Atlante storico-linguistico-etnografico friulano*, diretto da G. B. Pellegrini, Padova-Udine 1972-1986.

ASPREA 1971
DON LUCA ASPREA, *Glossarietto* aggiunto al volume *Il previtocciolo*, Milano, 1971, pp. 330-332.

AURATI 1983
AGOSTINO AURATI, *Vocabolario dialettale del contado urbinate.* Revisione, aggiunte e note di Sanzio Balducci, Urbino, Accademia Raffaello.

AURELI 1851
MARIANO AURELI, *Nuovo dizionario usuale tascabile del dialetto bolognese colla corrispondente lingua italiana...*, Bologna, Chierici.

AZARETTI 1982
EMILIO AZARETTI, *L'evoluzione dei dialetti liguri esaminata attraverso la grammatica storica del ventimigliese*, Sanremo, Casabianca 1982².

AZARETTI 1992
EMILIO AZARETTI, *La fauna marina nel dialetto ventimigliese*, Genova, Prima Cooperativa Grafica Genovese.

AZZI 1857
CARLO AZZI, *Vocabolario domestico ferrarese-italiano*, Ferrara, Frat. Buffa.

AZZOLINI 1856
GIAMBATTISTA AZZOLINI, *Vocabolario vernacolo-italiano pei distretti roveretano e trentino*, Venezia, Grimaldo.

BAGNOLI 1990
NINO L. BAGNOLI, *Ipotesi di lessico fossaltese*, Campobasso, Edizioni Samnium.

BALDELLI 1952
IGNAZIO BALDELLI, *Un glossarietto fiorentino-romanesco del secolo XVII*, «Lingua nostra» 13, 37-39.

BALDINGER 1988
KURT BALDINGER, *Etymologien*, Tübingen, Niemeyer.

BALDINI 1986
ERALDO BALDINI, *Alle radici del folklore romagnolo*, Ravenna, Longo.

BALDINI 1991
ERALDO BALDINI, *Riti del nascere*, Ravenna, Longo.

BALDUCCI 1989
SANZIO BALDUCCI, *Supplemento a due vocabolari dialettali: il metaurense del Conti e l'urbinate dell'Aurati*, «Quaderni dell'Istituto di linguistica dell'Università di Urbino» 6, 189-269.

BAMBECK 1962
MANFRED BAMBECK, *Berg.* brodga, *com.* bròdega, *mittelit.* porcheria, sporcizia *'Blitz'*, «Romanische Forschungen» 74, 131-132.

BANFI 1857
GIUSEPPE BANFI, *Vocabolario milanese-italiano ad uso della gioventù*, Milano, Ubicini.

BARDINI 1964
MARIO BARDINI, *Vocabolario mantovano-italiano*, Mantova, La Tor dal Sücar.

BARNI 1993
FULVIO BARNI, *Così parlava Chiusi*, Chiusi, Terziere S. Angelo.

BARONI Grazi 1973
VITTORIA BARONI GRAZI, *Un altro termine longobardo della caccia:* borire, «Archivio per l'Alto Adige» 67, 97-127.

BAROZZI - BEDUSCHI 1982
GIANCORRADO BAROZZI - LIDIA BEDUSCHI, *Il fondo Bonzanini*, in *Mantova e il suo territorio*, Milano, Silvana, pp. 361-640.

BAROZZI - BEDUSCHI - BERTOLOTTI 1982
GIANCORRADO BAROZZI - LIDIA BEDUSCHI - MAURIZIO BERTOLOTTI, *Mantova e il suo territorio*, Milano, Silvana.

BARRACANO 1981
VITO BARRACANO, *Vocabolario dialettale barese*, Bari Italgrafica Sud.

BARTOLI 1906
MATTEO BARTOLI, *Das Dalmatische*, Wien, Hölder.

BART ROSSEBASTIANO 1975
ALDA BART ROSSEBASTIANO, *Quando canta il ghirlingò*, «Lingua nostra» 36, 51-53.

BASCETTA 1961
CARLO BASCETTA, *Torototella, Torototà*, «Lingua nostra» 22, 16-17.

BASSI - MILANESI - SANGA 1976
GIACOMO BASSI - ALDO MILANESI, *Le parole dei contadini. Ricerca a Casalpusterlengo*, prefazione e nota linguistica di Glauco Sanga, Milano, Silvana.

BATTAGLIA 1989
GIUSEPPE BATTAGLIA, *Parole de jeri*, Roveredo di Guà, Cassa rurale e artigiana.

BATTISTI 1921
CARLO BATTISTI, *Testi dialettali italiani in trascrizione fonetica. II. Italia centrale e meridionale*, Halle a.S., Niemeyer.

BAZZANI - MELZANI 1988
FIORINO BAZZANI - GRAZIANO MELZANI, *Il dialetto di Bagolino.* Vocabolario con note fonetiche-morfologiche ed aspetti lessicali, Brescia, Grafo.

BECCARIA 1968
GIAN LUIGI BECCARIA, *Spagnolo e spagnoli in Italia. Riflessi ispanici sulla lingua italiana del Cinquecento e del Seicento*, Torino, Giappichelli.

BECCARIA 1993
GIAN LUIGI BECCARIA, *Un finafinorum. Spunti religiosi e liturgici nel dialetto e in lingua*, in *Omaggio a Gianfranco Folena*, Padova, Editoriale Programma, pp. 2389-2409.

BEGGIO 1967
GIOVANNI BEGGIO, *Il latino della Chiesa nell'ultimo uso popolare del Basso Veneto*, «Lares» 33, 175-197.

BELLI 1927-29
VINCENZO BELLI, *Contributo alla conoscenza del lessico dei dialetti italiani centro-meridionali*, «L'Italia dialettale» 3 (1927) 179-196; 4 (1928) 61-76; 5 (1929) 81-94.

BELLI 1930
VINCENZO BELLI, *Note etimologiche veronesi*, «L'Italia dialettale» 6, 238-241.

BELLÒ 1991
EMANUELE BELLÒ, *Dizionario del dialetto trevigiano (di Destra Piave)*, Treviso, Canova.

BELLONI - NILSSON-EHLE 1957
PIETRO BELLONI - HANS NILSSON-EHLE, *Voci romanesche. Aggiunte e commenti al vocabolario romanesco Chiappini Rolandi*, Lund, CWK Gleerup.

BENINCÀ 1966-67
PAOLA BENINCÀ, *Contributo allo studio della entomologia popolare friulana.* Tesi di laurea inedita, Università di Padova.

BENINCÀ FERRABOSCHI 1970
PAOLA BENINCÀ FERRABOSCHI, *Note in margine alle Etimologie venete di Angelico Prati*, «Atti dell'Istituto Veneto» 128 (1969-1970) 673-704.

BERNARDI 1981
ULDERICO BERNARDI, *Abecedario dei villani*, Treviso, Editoriale Altri Segni.

BERRETTA 1976
MONICA BERRETTA, *L'area lessicale di [fiore] nell'Italia settentrionale*, in *Aree lessicali.* Atti del X Convegno per gli Studi Dialettali Italiani (Firenze, 22-26 ottobre 1973), Pisa, Pacini, pp. 31-52.

BERRUTO 1974
GAETANO BERRUTO, *Piemonte e Valle d'Aosta*, Pisa, Pacini.

BERTOLDI 1923
VITTORIO BERTOLDI, *Dal lessico botanico. Chelidonium Majus*, «Archivum Romanicum» 7, 275-287.

BERTOLDI 1923a
VITTORIO BERTOLDI, *Un ribelle nel regno de' fiori. I nomi romanzi del colchicum autumnale L. attraverso il tempo e lo spazio*, Genève, Olschki.

BERTOLDI 1940
VITTORIO BERTOLDI, *Esigenze linguistiche del mercato*, «Vox romanica» 5, 87-105.

BERTOLDI 1970
PAOLO BERTOLDI, *Guida ai detti torinesi e piemontesi*, Milano, Sugar.

BERTOLUZZA 1992
ALDO BERTOLUZZA, *Abbiccì dell'antico dialetto trentino*, Trento, Dossi.

BERTONI 1917
GIULIO BERTONI, *Varietà e aneddoti. Denominazioni del lombrico (lumbricus terrestris) nei dialetti italiani*, «Archivum romanicum» 1, 411-413.

BERTONI 1917a
GIULIO BERTONI, *Note etimologiche e lessicali*, «Archivum romanicum» 1, 510-514.

BERTONI 1917b
GIULIO BERTONI, *Etimologie italiane*, «Archivum Romanicum» 1, 413-420.

BERTONI 1917c
GIULIO BERTONI, *Note ladine grigionesi*, «Archivum Romanicum» 1, 506-614.

BERTONI 1918
GIULIO BERTONI, *Miscellanea etimologica italiana*, «Archivum Romanicum» 2, 71-83.

BERTONI 1925
GIULIO BERTONI, *Profilo storico del dialetto di Modena*, Genève, Olschki.

BEZZI 1976
QUIRINO BEZZI, *Dizionarietto comparato delle voci gergali «tarone» (Valli di Sole, Non e Rendena)*, Trento.

BEZZOLA 1925
RETO R. BEZZOLA, *Abbozzo di una storia dei gallicismi italiani nei primi secoli (750-1300), saggio storico-linguistico*, Heidelberg, Winter.

BIANCHI 1982
CESARE BIANCHI, *Saggio di un dizionario «etimologico» del dialetto di Ferentino*, Roma, Tipolitograf.

BIANCHI BANDINELLI 1953
RANUCCIO BIANCHI BANDINELLI, *Il sor* Berenunzio *e* Tenenosse, «Lingua nostra» 14, 98-99.

BIANCHI - DE BLASI - LIBRANDI 1993
PATRICIA BIANCHI - NICOLA DE BLASI - RITA LIBRANDI, *I' te vurria parlà. Storia della lingua a Napoli e in Campania*, Napoli, Pironti.

BIANCHINI 1994
GIOVANNI BIANCHINI, *Vocabolario dei dialetti della Val Tartano*, Sondrio, Fondazione Pro Valtellina.

BIGALKE 1980
RAINER BIGALKE, *Dizionario dialettale della Basilicata*, Heidelberg, Winter.

BIONDELLI 1853
BERNARDINO BIONDELLI, *Saggio sui dialetti gallo-italici*, Milano, Bernardoni.

BLASCO FERRER 1992
EDUARDO BLASCO FERRER, *La mano sinistra in ladino e il pro-*

*blema dell'interferenza linguistica*, in *Miscellanea di studi in onore di Giulia Mastrelli Anzilotti*, Firenze, Istituto di studi per l'Alto Adige, pp. 27-38.

BOERIO 1856
GIUSEPPE BOERIO, *Dizionario del dialetto veneziano*, Venezia, Cecchini, 1856$^2$.

BONDARDO 1972
MARCELLO BONDARDO, *Il dialetto veronese. Lineamenti di grammatica storica e descrittiva*, Verona, Vita Veronese.

BONDARDO 1986
MARCELLO BONDARDO, *Dizionario etimologico del dialetto veronese*, Verona, Centro per la formazione professionale grafica «San Zeno».

BONELLI 1902
GIUSEPPE BONELLI, *I nomi degli uccelli nei dialetti lombardi*, Torino, Loescher.

BONINSEGNA 1980
ARTURO BONINSEGNA, *Dialetto e mestieri a Predazzo*, San Michele all'Adige, Museo degli Usi e Costumi delle genti trentine.

BORSATTO 1973
EVARISTO BORSATTO, *Saggio sulla terminologia friulana della bachicoltura*, «Studi linguistici friulani» 3, 62-86.

BOSCHERINI 1967
SILVANA BOSCHERINI, *Una parola latina sconosciuta e l'etimologia di* strinare *e* strina, «Lingua nostra» 28, 1-3.

BOSSHARD 1938
HANS BOSSHARD, *Saggio di un glossario dell'antico lombardo. Compilato su Statuti e altre Carte Medievali della Lombardia e della Svizzera Italiana*, Firenze, Olschki.

BOTTIGLIONI 1919
GINO BOTTIGLIONI, *L'ape e l'alveare nelle lingue romanze*, Pisa, Mariotti.

BOTTIGLIONI 1957
GINO BOTTIGLIONI, *Miscellanea glottologica*, Modena, S.T.E.M.

BOUCORAIN 1875
L. BOUCORAIN, *Dictionnaire analogique et étymologique des idiomes méridionaux*, Nimes, Roumieux.

BRACCHI 1983
REMO BRACCHI, *Tra le pentole della Val Bregaglia*, «Clavenna» 12, 172-218.

BRACCHI 1983a
REMO BRACCHI, *Il «dubiún». Etimologie ad una raccolta di voci di Olmo in Valchiavenna, con particolare riferimento al gergo*, «Atti della Accademia dei Lincei» 380, 75-157.

BRACCHI 1987
REMO BRACCHI, *Parlate speciali a Bormio*, Roma, Accademia Nazionale dei Lincei.

BRACCHI 1991
REMO BRACCHI, *Curiosità etimologiche lombarde*, «Rendiconti dell'Istituto Lombardo di Scienze e Lettere» 124, 117-126.

BRACCHI 1991a
REMO BRACCHI, *Appunti di toponomastica bormina*, «Rendiconti dell'Istituto Lombardo di Scienze e Lettere» 124, 187-195.

BRACCHI 1992
REMO BRACCHI, *Escursione dialettale a Castione Andevenno (SO)*, in *Miscellanea di studi in onore di Giulia Mastrelli Anzilotti*, Firenze, Istituto di studi per l'Alto Adige, pp. 55-100.

BRACCHI 1993
REMO BRACCHI, *Malattie «pagane»*, «Quaderni veneti» 16, 177-192.

BRAVI 1992
FERRUCCIO BRAVI, *Raccolta di parole fiemmesi: le voci di origine germanica*, in *Miscellanea di studi in onore di Giulia Mastrelli Anzilotti*, Firenze, Istituto di studi per l'Alto Adige, pp. 101-160.

BRERO 1982
CAMILLO BRERO, *Vocabolario piemontese italiano*, Torino, Editrice Piemonte In Bancarella.

BROGIONI 1982
GIANNA BROGIONI, *Due voci toscane:* pécchia *e* péglia, «Quaderni dell'Atlante lessicale toscano» 195-199.

BRONZINI 1964
GIOVANNI B. BRONZINI, *Vita tradizionale in Basilicata*, Matera, Montemurro.

BRÜGGER 1922
ALICE BRÜGGER, *Les noms du roitelet en France*, Zürich, du Grutli.

BRUPPACHER 1948
HANS PETER BRUPPACHER, *Die Namen der Wochentage im Italienischen und Rätoromanische*, Bern, Francke.

BRUSCHI 1980
RENZO BRUSCHI, *Vocabolario del dialetto del territorio di Foligno*, Perugia, Università di Perugia, Istituto di Filologia romanza.

BRUSCHI 1981
RENZO BRUSCHI, *Intorno al romanzo di P.P. Pasolini.* «Contributi di dialettologia umbra» I, 5, Perugia, Opera del vocabolario dialettale umbro.

BUCCI 1982
CATALDO BUCCI, *Dizionario etimologico coratino*, Cassano Murge, Tip. Meridionale.

BUCCI 1985
CATALDO BUCCI, *Dizionario etimologico coratino. 2 (Aggiunte)*, Cassano Murge, Tip. Meridionale.

BUSTACCHI-NARDI 1958
ANNA BUSTACCHI-NARDI, *Contributo allo studio delle tradizioni popolari marchigiane*, Firenze, Olschki.

CABIDDU 1989
MARIA GIUSEPPA CABIDDU, *Akkabadoras: riso sardonico e uccisione dei vecchi in Sardegna*, «Quaderni bolotanesi» 15, 343-368.

CAGLIARITANO 1968
UBALDO CAGLIARITANO, *Vocabolario senese.* I, Siena, Fonte Gaia.

CAGLIARITANO 1969
UBALDO CAGLIARITANO, *Vocabolario senese.* II, Siena, Fonte Gaia.

CAGLIARITANO 1975
UBALDO CAGLIARITANO, *Vocabolario senese*, Firenze, Barbèra.

CAIX 1878
NAPOLEONE CAIX, *Studi di etimologia italiana e romanza*, Firenze, Sansoni.

CALDARELLI 1987
RAFFAELE CALDARELLI, *A proposito di alcune voci gergali e dialettali dell'area italiana per «taci!» e simili*, in *Romania et Slavia adriatica. Festschrif für Žarko Muljačić.* Hrsg. von G. Holtus und J. Kramer, Hamburg, Buske, pp. 351-361.

CALMO 1888
*Le lettere di messer Andrea Calmo* riprodotte sulle stampe migliori con introduzione ed illustrazioni di Vittorio Rossi, Torino, Loescher.

CALVARUSO 1930
G. M. CALVARUSO, *'U baccagghiu*, Catania, Tirelli.

CALVIA 1903
GIUSEPPE CALVIA, *Esseri meravigliosi e fantastici nelle credenze*

*sarde e specialmente di Logudoro*, «Archivio per lo studio delle tradizioni popolari, 22, 3-12.

CAMPANILE 1975
ALCESTE CAMPANILE, *Lessico minervinese*, Palo del Colle, Liantonio.

CAMPORESI 1952
PIERO CAMPORESI, *«Biltri, blittri»*, «Lingua nostra» 13, 70-72.

CAMPORESI 1974
v. Artusi 1891.

CANDIAGO 1982
EUGENIO CANDIAGO, *Dizionario del dialetto vicentino*, Vicenza, Cenacolo Poeti Dialettali Vicentini.

CANOBBIO - TELMON 1988
SABINA CANOBBIO - TULLIO TELMON, *Le denominazioni del Taraxacum officinale Web. in Piemonte*, in *Miscellanea di studi offerti a Giuliano Gasca Queirazza*, I, Alessandria, Edizioni dell'Orso, pp. 99-137.

CAPPELLO 1957
TERESA CAPPELLO, *Le denominazioni italiane dell'«incubo»*, Padova, Soc. Coop. Tipogr. [estratto da «Memorie dell'Accademia Patavina di Scienze, Lettere e Arti» 70].

CAPPUCCINI - MIGLIORINI 1945
GIULIO CAPPUCCINI - BRUNO MIGLIORINI, *Vocabolario della lingua italiana*, Torino, Paravia.

CARACAUSI 1973
GIROLAMO CARACAUSI, *Spigolature lessicali siciliane*, «Bollettino del Centro di studi filologici e linguistici siciliani» 12, 265-286.

CARACAUSI 1983
GIROLAMO CARACAUSI, *Arabismi medievali di Sicilia*, Palermo, Centro di studi filologici e linguistici siciliani.

CARACAUSI 1993
GIROLAMO CARACAUSI, *Dizionario onomastico della Sicilia*, Palermo, Centro di studi filologici e linguistici siciliani.

CARDONA 1969
GIORGIO RAIMONDO CARDONA, *Marzapane*, «Lingua nostra» 30, 34-37.

CARETTA 1982
ALESSANDRO CARETTA, *Vocabolario lodigiano-italiano*, Lodi, Edizioni Lodigraf.

CARLI 1973
PIO CARLI, *Dizionario dialettale sanremasco-italiano*, Ventimiglia, Tipo-litografia «Ligure».

CARMINATI - VIAGGI 1905
MARCO CARMINATI - GIAN GIACOMO VIAGGI, *Piccolo vocabolario bergamasco italiano*, Lovere, Amighetti [rist. anastatica: Bologna, Forni, 1988].

CARPITELLI 1991
ELISABETTA CARPITELLI, *Considerazioni geolinguistiche ed etimologiche su brace/prace*, «Quaderni del Dipartimento di Linguistica [dell'Università di Firenze]» 2, 157-179.

CASACCIA 1876
GIOVANNI CASACCIA, *Dizionario genovese-italiano*, Genova, tip. Schenone, 1876².

CASACCIA 1986
MAURO CASACCIA, *I pesci del lago di Bolsena*, a cura di Enzo Mattesini, Firenze, Atlante linguistico dei laghi italiani.

CASCHILI 1967
SILVANA CASCHILI, *Ammuttadore, ammuntadore e altri nomi dell'incubo in Sardegna*, «Bollettino del Repertorio dell'Atlante demologico sardo» 2, 33-37.

CASCIOLI 1987
LINO CASCIOLI, *Proverbi e detti romaneschi*, Roma, Newton Compton.

CASTELLANI 1985
ARRIGO CASTELLANI, *Capitoli d'un'introduzione alla grammatica storica italiana. L'elemento germanico*, «Studi linguistici italiani» 11, 3-28 e 151-181.

CASTELLANI POLLIDORI 1984
ORNELLA CASTELLANI POLLIDORI, *Un pagliaccio di nome «Antonio»*, «Studi linguistici italiani» 10, 121-130.

CATANELLI 1970
LUIGI CATANELLI, *Raccolta di voci perugine.* Nota introduttiva di Francesco A. Ugolini, Perugia, Istituto di Filologia romanza, 1970².

CATTONARO 1981
ENRICO CATTONARO, *Le nostre parole*, Pola, L'Arena.

CECCHINI - FRESI 1978
LUIGI CECCHINI - FRANCO FRESI, *Ci credono tutti? Riti, credenze, superstizioni del popolo di Gallura*, Brescia, La Scuola.

CERNECCA 1986
DOMENICO CERNECCA, *Dizionario del dialetto di Valle d'Istria*, Trieste, Università Popolare di Trieste.

CHENAL - VAUTHERIN 1968-82
AIMÉ CHENAL et RAYMOND VAUTHERIN, *Nouveau Dictionnaire de patois valdôtain*, Aoste, Marguerettaz.

CHERUBINI 1839-56
FRANCESCO CHERUBINI, *Vocabolario milanese-italiano*, Milano, Imp. Regia Stamperia.

CHIAPPINI 1945
FILIPPO CHIAPPINI, *Vocabolario romanesco*, Roma, Leonardo da Vinci.

CHIAPPINI 1967
FILIPPO CHIAPPINI, *Vocabolario romanesco.* A cura di Bruno Migliorini con aggiunte e postille di Ulderico Rolandi. III ed., Roma, Chiappini.

CHIODI-TISCHER 1979
UTA CHIODI-TISCHER, *Ricerca sul vocabolario della pesca in Sisco (Corsica)*, «Bollettino dell'Atlante linguistico mediterraneo» 26, 403-441.

CIAVATTI 1984
*Dizziunariu corsu-francese.* Direttore e Redazione: Petru Ciavatti, Pisa, Pacini.

CICCIA 1991
CARMELO CICCIA, *Etimologia e storia del vocabolo «imbranato»*, «La Procellaria» 39, 4, pp. 216-218.

CIORANESCU 1966
ALEJANDRO CIORANESCU, *Diccionario etimológico rumano*, Tenerife, Bibl. Filol.

COCCHIARA 1932
GIUSEPPE COCCHIARA, *Il linguaggio del gesto*, Torino, Bocca.

COCCI 1956
GILBERTO COCCI, *Vocabolario versiliese*, Firenze, Barbèra.

COLASUONNO 1976
GIOVANNI COLASUONNO, *Grammatica e lessico etimologico del dialetto di Grumo Appula*, Cassano Murge, Tipografica Meridionale.

COLASUONNO 1980
GIOVANNI COLASUONNO, *Storie di parole pugliesi. Lessico etimologico grumese aggiunto e corretto. Saggio lessicale dei dialetti baresi*, Cassano Murge, Tipografica Meridionale.

COLASUONNO 1991-92
GIOVANNI COLASUONNO, *Dizionario dei dialetti pugliesi: con*

*ampi cenni sul folclore. Alberona, San Ferdinando, Sant'Agata*, Grumo Appula.

Colorni 1970
Vittore Colorni, *La parlata degli ebrei mantovani*, «Rassegna mensile di Israele» 36, 109-164.

Coltro 1976
Dino Coltro, *Paese perduto. La cultura dei contadini veneti. Vol. II: Il giro dei torototèla. Ande e cante contadine*, Verona, Bertani.

Coltro 1982
Dino Coltro, *Paese perduto. La cultura dei contadini veneti. Vol. I*, Verona, Bertani [ristampa dell'ed. 1975].

Comparetti 1967
Domenico Comparetti, *Virgilio nel Medio Evo*, Firenze, La Nuova Italia.

Consolino 1986
Giovanni Consolino, *Vocabolario del dialetto di Vittoria*, Pisa, Pacini.

Conti 1898
*Vocabolario metaurense* compilato da Egidio Conti, Cagli, Tip. Balloni.

Conti 1984
Simonetta Conti, *Territorio e termini geografici dialettali nel Lazio*, Roma, Istituto di geografia dell'Università «La Sapienza».

Conti - Ricco 1975
Mario Niccolò Conti - Amedeo Ricco, *Dizionario spezzino (primo contributo alla definizione di un patrimonio lessicale)*, La Spezia, Accademia lunigianese di Scienze Giovanni Capellini.

Corbatto 1995
Alberto Corbatto, *Vocabolario della parlata gradese*, Monfalcone, Edizioni della laguna.

Cornagliotti 1981
Anna Cornagliotti, *Proposte etimologiche per alcune voci piemontesi*, in *Etimologia e lessico dialettale*. Atti del XII Convegno per gli studi dialettali italiani (Macerata, 10-13 aprile 1973), Pisa, Pacini, pp. 111-119.

Cornagliotti 1984
Anna Cornagliotti, *Splin*, «Studi Piemontesi» 13, 100.

Cornoldi 1968
Antonio Cornoldi, *Ande bali e cante del veneto*, Cittadella, Rebellato.

Corominas
J. Corominas, *Diccionario crítico etimólogico de la lengua castellana*, Berna, Francke, 1954-1957.

Coromines
Joan Coromines, *Diccionari etimològic i complementari de la llengua catalana* per J.C. amb la collaboració de Joseph Gulsoy i Max Cahner, Barcelona, Curial edicions catalanes - Caixa de Pensions «La Caixa», 1980 e seguenti.

Coronedi Berti 1869-74
Carolina Coronedi Berti, *Vocabolario bolognese italiano*, Bologna, Monti.

Corso 1914
Rafael Corso, *Das Geschlechtleben in Sitte, Brauch, Glauben und Gewohnheitrecht des Italienischen Volkes*, Nicotera, presso l'Autore.

Corso 1925
Raffaele Corso, *Una frase del popolo napoletano*, «Folklore italiano» 1, 444-445.

Corso 1927
Raffaele Corso, *Reviviscenze. Studi di tradizioni popolari italiane.* Serie prima, Catania, Tirelli.

Corso 1956
Raffaele Corso, *Problemi di etnografia*, Napoli, Conte.

Corso Regeni 1990
Maria Teresa Corso Regeni, *Vocabolario Maranese*, Latisana, la bassa.

Cortelazzo 1961
Manlio Cortelazzo, *L'eredità di Federico Contarini. Glossario*, «Bollettino dell'Istituto di storia della società e dello stato» 3, 254-279.

Cortelazzo 1965
Manlio Cortelazzo, *Vocabolario marinaresco elbano*, Pisa, Pacini Mariotti.

Cortelazzo 1965a
Manlio Cortelazzo, *Primi risultati dell'ALM*, «Bollettino dell'Atlante linguistico mediterraneo» 7, 7-31.

Cortelazzo 1967
Manlio Cortelazzo, *Anguillate e grisanti*, «Lingua nostra» 28, 83.

Cortelazzo 1968
Manlio Cortelazzo, *Andare a mitto*, «Lingua nostra» 29, 46-47.

Cortelazzo 1968-70
Manlio Cortelazzo, *Notizie popolari su alcuni animali marini*, «Bollettino dell'Atlante linguistico mediterraneo» 10-12 (1968-1970) 377-407.

Cortelazzo 1969
Manlio Cortelazzo, *Avviamento critico allo studio della dialettologia italiana. I, Problemi e metodi*, Pisa, Pacini.

Cortelazzo 1970
Manlio Cortelazzo, *L'influsso linguistico greco a Venezia*, Bologna, Pàtron.

Cortelazzo 1970a
Manlio Cortelazzo, *Il dialetto di Grado*, Padova (dispense universitarie ciclostilate).

Cortelazzo 1972
Manlio Cortelazzo, *Avviamento critico allo studio della dialettologia italiana. III, Lineamenti di italiano popolare*, Pisa, Pacini.

Cortelazzo 1973
Manlio Cortelazzo, *Convergencies and divergencies in Mediterranean names for the Middle Way (based on ALM materials)*, in *Issues in linguistics. Papers in honor of Henry and Renée Kahane*, Urbane-Chicago-London, University of Illinois Press, pp. 114-125.

Cortelazzo 1974
Manlio Cortelazzo, *Il binomio 'testa o croce' nel dialetto veneto di Grado*, «Romania» 7, 63-66.

Cortelazzo 1975
Manlio Cortelazzo, *Voci zingare nei gerghi padani*, «Linguistica» 15 (1975) 29-40.

Cortelazzo 1978
Manlio Cortelazzo, *Puglia e pugliesi nell'Italia padana del Cinquecento*, in *Scritti demologici* editi dalla Società di Storia Patria per la Puglia, Bari, pp. 33-38.

Cortelazzo 1980
Manlio Cortelazzo, *Note di storia linguistica gradese*, in *Gravo*, Udine, Società Filologica Friulana, pp. 161-166.

Cortelazzo 1981
Manlio Cortelazzo, *«Ciao, imbranato»: due fortunati neologismi di provenienza dialettale*, «Italienische Studien» 4, 117-126.

Cortelazzo 1982
Manlio Cortelazzo, *Appunti lessicali italo-greci*, «Rivista sto-

rica calabrese» 3, 79-86 [= *Scritti linguistici offerti a Gerhard Rohlfs nonagenario*].

CORTELAZZO 1982a
MANLIO CORTELAZZO, *Memoria di parole*, Ravenna, Edizioni del Girasole.

CORTELAZZO 1983
MANLIO CORTELAZZO, *Etimologie venete. De so prano: un enigma risolto*, «Quaderni del Lombardo-Veneto» 17, 36-37.

CORTELAZZO 1983a
MANLIO CORTELAZZO, *Qualche nota etimologica gradese*, «Ce fastu?» 59, 231-234.

CORTELAZZO 1984
MANLIO CORTELAZZO, *Curiosità linguistica nella cultura popolare*, Lecce, Milella.

CORTELAZZO 1984a
MANLIO CORTELAZZO, *Cinque etimologie veneziane antiche*, «Linguistica» 24, 255-263.

CORTELAZZO 1985
MANLIO CORTELAZZO, *Il lessico chioggiotto*, in *Guida ai dialetti veneti. VII*, a cura di Manlio Cortelazzo, Padova, Cleup, pp. 65-86.

CORTELAZZO 1986
MANLIO CORTELAZZO, *Note lessicali friulane*, in *Studi ladini in onore di Luigi Heilmann nel suo 75° compleanno* («Mondo ladino» 10), a cura di G. A. Plangg e F. Chiocchetti, Vigo di Fassa, Istitut cultural ladin, pp. 395-403.

CORTELAZZO 1987
MANLIO CORTELAZZO, *L'elbano, ponte linguistico*, in *Rio Marina e il suo territorio nella storia e nella cultura*, a cura di Gianfranco Vanagolli, Pisa, Giardini, pp. 83-90.

CORTELAZZO 1987a
MANLIO CORTELAZZO, *Sopravvivenza di voci culte nei dialetti. Esempi triveneti*, in *Aspects of Language. Studies in Honour of Mario Alinei*, II, Amsterdam, Rodopi, pp. 99-107.

CORTELAZZO 1988
MANLIO CORTELAZZO, *Postille triestine*, «Linguistica» 28, 125-131.

CORTELAZZO 1989
MANLIO CORTELAZZO, *Venezia, il Levante e il mare*, Pisa, Pacini.

CORTELAZZO 1991
MANLIO CORTELAZZO, *Etimologie venete*, «Linguistica» 31, 295-298.

CORTELAZZO 1993
MANLIO CORTELAZZO, *Voci dei Colli Euganei*, in *Omaggio a Gianfranco Folena*, Padova, Editoriale Programma, pp. 2521-2525.

CORTELAZZO 1994
MANLIO CORTELAZZO, *Parole venete*, Vicenza, Neri Pozza.

CORTELAZZO 1995
MICHELE A. CORTELAZZO, *Annali del lessico contemporaneo italiano. Neologismi '93/'94*, Padova, Esedra.

CORTELAZZO - CARDINALE 1986
MANLIO CORTELAZZO - UGO CARDINALE, *Dizionario di parole nuove. 1964-1984*, Torino, Loescher.

CREMONESE 1893
GIUSEPPE CREMONESE, *Vocabolario del dialetto agnonese*, Agnone, Tipi Gabriele Bastone [rist. anastatica: Bologna, Forni, 1987].

CRESCINI 1987
PINO CRESCINI, *Il vocabolario dei pescatori di Garda*, Garda, Biblioteca Comunale.

CREVATIN 1975
FRANCO CREVATIN, *Triestino* mondrial *«cetonia dorata, maggiolino» ed altre designazioni istriane*, «Linguistica» 15, 41-44.

CREVATIN 1979
FRANCO CREVATIN, *Ancora su ital.* ribaltare, «Incontri linguistici» 5, 201-202.

CREVATIN 1992
FRANCO CREVATIN, *Presentazione* di Antonio e Giovanni Pellizzer 1992.

CROCIONI 1906
GIOVANNI CROCIONI, *Il dialetto di Arcevia (Ancona)*, Roma, Loescher.

CROCIONI 1907
GIOVANNI CROCIONI, *Il dialetto di Velletri e dei paesi finitimi*, «Studj Romanzi» 5, 27-88.

CROCIONI 1951
GIOVANNI CROCIONI, *La gente marchigiana nelle sue tradizioni*, Milano, Corticelli.

DAM
v. Giammarco 1968, 1969, 1976, 1979.

D'AMBRA 1873
RAFFAELE D'AMBRA, *Vocabolario napolitano-toscano domestico di arti e mestieri*, Napoli, a spese dell'Autore.

DARDI 1981
ANDREA DARDI, *L'influsso del francese sull'italiano tra il 1650 e il 1715*, «Lingua nostra» 12, 4-23 e 44-51.

DARDI 1986
ANDREA DARDI, *Elementi francesi moderni nei dialetti italiani*, in *Elementi stranieri nei dialetti italiani 1.* Atti del XIV Convegno del C.S.D.I. (Ivrea, 17-19 ottobre 1984), Pisa, Pacini, 1986, pp. 21-35.

DARDI 1992
ANDREA DARDI, *Dalla provincia all'Europa. L'influsso del francese sull'italiano tra il 1650 e il 1715*, Firenze, Le Lettere.

D'ASCOLI 1972
FRANCESCO D'ASCOLI, *Lingua spagnuola e dialetto napoletano*, Napoli, Libreria Scientifica Editrice.

D'ASCOLI 1979
FRANCESCO D'ASCOLI, *Dizionario etimologico napoletano*, Napoli, Ed. del Delfino.

DAUZAT 1938
ALBERT DAUZAT, *Dictionnaire étymologique de la langue française*. X ed., Paris, Larousse.

DE AGOSTINI - DI GALLO 1972
ROBERTO DE AGOSTINI - LORETTA DI GALLO, *Aggiunte al «Nuovo Pirona». Vocabolario friulano. Zona di Moggio Udinese*, Udine, Società Filologica Friulana.

DE BLASI 1991
LUIGI DE BLASI, *Dizionario dialettale di San Mango sul Calore (Avellino)*, Potenza, Il Salice.

DECLC
v. Coromines.

DE FALCO 1987
RENATO DE FALCO, *Alfabeto napoletano*, Napoli, Colonnese [ristampa dell'ed. 1985].

DE FALCO 1989
RENATO DE FALCO, *Alfabeto Napoletano*, Napoli, Colonnese.

DE FELICE 1978
EMIDIO DE FELICE, *Dizionario dei cognomi italiani*, Milano, Mondadori.

De Filippo 1985
Michele De Filippo, *Società e folklore nel Gargano. Monte S. Angelo*, Manfredonia, Atlantica Editrice.

DEG
v. Antonioli-Bracchi 1995.

De Giovanni 1974
Marcello De Giovanni, *Studi linguistici*, Pescara, Istituto di Studi abruzzesi.

De Giovanni 1981
Marcello De Giovanni, *Uno sguardo al L.E.D.M.: l'elemento latino nei dialetti medioadriatici*, in *Etimologia e lessico dialettale*. Atti del XII Convegno per gli Studi Dialettali Italiani (Macerata 10-13 aprile 1979), Pisa, Pacini, 1981, pp. 339-377.

De Giovanni 1986
Marcello De Giovanni, *Per la storia linguistica dell'Italia centromeridionale*, Chieti, Vecchio Faggio.

De Gregorio 1920
Giacomo De Gregorio, *Contributi al Lessico etimologico romanzo con particolare considerazione al dialetto e ai subdialetti siciliani*, «Studi Glottologici Italiani» 7, pp. XXXIII, 462.

DEI
Carlo Battisti - Giovanni Alessio, *Dizionario etimologico italiano*, Firenze, Barbèra, 1950-1957.

De Leidi 1984
Giorgio De Leidi, *I suffissi nel friulano*, Udine, Società Filologica Friulana.

DELI
Manlio Cortelazzo - Paolo Zolli, *Dizionario etimologico della lingua italiana*, Bologna, Zanichelli, 1979-1988.

D'Elia 1982
Mario D'Elia, *Una denominazione del «maggese» nei dialetti dell'Italia meridionale*, Lecce, Adriatica.

De Rossi 1984
Hugo De Rossi di S. Giuliano, *Fiabe e leggende della Val di Fassa*, Vigo di Fassa, Istitut cultural ladin.

DES
Max Leopold Wagner, *Dizionario etimologico sardo*, Heidelberg, Winter, 1960-1964.

DESF
*Dizionario etimologico storico friulano*, Udine, Casamassima, 1984 (I vol.), 1987 (II vol.) [fino alla lettera E].

De Saint Denis 1947
E. De Saint Denis, *Le vocabulaire des animaux marins en latin classique*, Paris, Klincksieck.

De Vincentiis 1872
Domenico Ludovico De Vincentiis, *Vocabolario del dialetto tarantino in corrispondenza della lingua italiana*, Taranto, Latronico.

Devoto 1967
Giacomo Devoto, *Avviamento all'etimologia italiana*, Firenze, Le Monnier.

Di Cara 1983
Ninfa Paola Di Cara, *Saggio di un vocabolario del dialetto terracinese*, Terracina, Comune di Terracina.

Diodati Cacavelli 1970
Marilisa Diodati Cacavelli, *Vocabolario dell'Isola d'Elba*, Pisa, Pacini Mariotti.

Di Sant'Albino 1859
Vittorio Di Sant'Albino, *Gran dizionario piemontese italiano*, Torino, UTET.

Dizionario del dialetto cremonese 1976
*Dizionario del dialetto cremonese*. Presentazione di Luigi Heilmann. Introduzione dialettologica e revisione linguistica di Romano Oneda, Cremona, Libreria del convegno, 1976.

Dizionario di marina 1937
*Dizionario di marina medievale e moderno*, Roma, Reale Accademia d'Italia.

Dizionario di toponomastica
*Dizionario di toponomastica. Storia e significato dei nomi geografici italiani*, Torino, UTET, 1990.

Dolcino 1975
Michelangelo Dolcino, *E parolle do gatto. Dizionario genovese-italiano di termini, insulti, locuzioni e proverbî assolutamente sconvenienti*, Genova, ERGA.

Domini 1985
Silvio Domini - Aldo Fulizio - Aldo Miniussi - Giordano Vittori, *Vocabolario fraseologico del dialetto «bisiàc»*, Bologna, Cappelli.

Dori 1897
Pio Terenzio Dori, *Motto popolare piemontese illustrato*, «Archivio per lo studio delle tradizioni popolari» 16, 549-551.

Doria 1978
Mario Doria, *Elementi lessicali friulaneggianti nel dialetto triestino*, in *Italia linguistica nuova ed antica. Studi linguistici in memoria di Oronzo Parlangeli*, a cura di Vittore Pisani e Ciro Santoro, vol. II, Galatina, Congedo, pp. 329-405.

Doria 1978a
Mario Doria, *Piran.* anghiʃar *«doppiare (una punta di terra)»*, anghiʃada *«oltrepassata, sorpasso»*, «Atti e memorie della Società istriana di archeologia e storia patria» n.s. 16, 351-352.

Doria 1978b
Mario Doria, *Nuovi materiali per lo studio degli elementi lessicali friulaneggianti del dialetto triestino*, «Archivio per l'Alto Adige» 72, 65-100.

Doria 1979
Mario Doria, *Sulla storia di friul.* frut *«bambino, ragazzo»*, «Archivio Glottologico Italiano» 64, 90-101.

Doria 1979a
Mario Doria, *Etimologia e storia di parole come elementi essenziali per la ricostruzione di situazioni dialettali del passato*, «Annales Universitatis Scientiarum Budapestinensis de Rolando Eötvös Nominatae» Sectio linguistica 10, 23-47.

Doria 1979b
Mario Doria, *Veneziano* bauta, «Incontri linguistici» 5, 202-203.

Doria 1986
Mario Doria, *Friulanismi lessicali nel dialetto bisiacco*, in *Studi ladini in onore di Luigi Heilmann nel suo 75° compleanno* («Mondo ladino» 10), a cura di G. A. Plangg e F. Chiocchetti, Vigo di Fassa, Istitut cultural ladin, pp. 405-422.

Doria 1987
Mario Doria, *Grande dizionario del dialetto triestino*, con la collaborazione di Claudio Nolani, Trieste, Edizioni «Il meridiano».

Doria 1987a
Mario Doria, *Note etimologiche al lessico istro-veneto ed istrioto*, in *Romania et Slavia adriatica. Festschrift für Žarko Muljačić*, hrsg. von Günter Holtus und Joannes Kramer, Hamburg, Buske, pp. 255-264.

Doria 1991
Mario Doria, *Note lessicali ed etimologiche italiane e dialettali*, in *Saggi di linguistica e di letteratura in memoria di Paolo Zolli*, a cura di G. Borghello, M. Cortelazzo e G. Padoan, Padova, Antenore, pp. 147-151.

D'Ovidio 1892-94
Francesco D'Ovidio, Scoglio, maglia, veglia *e simili*. Melo, «Archivio Glottologico Italiano» 13, 361-451.

DRG
*Dicziunari rumantsch grischun* publichà da la Società Retorumantscha, Cuoira, Bischofberger, 1939 e seguenti.

Eggenschwiler 1934
Emil Eggenschwiler, *Die Namen der Fledermaus auf dem französischen und italienischen Sprachgebiet*, Engelsdorf-Leipzig, Vogel.

Egidi 1965
Francesco Egidi, *Dizionario del dialetto piceno fra Tronto e Aso*, Montefiore dell'Aso, presso l'Autore.

Enc. It. Treccani
*Enciclopedia Italiana di Scienze, Lettere ed Arti*, Roma, Istituto per l'Enciclopedia Italiana fondata da Giovanni Treccani, 1929 e seguenti.

Ercolani 1971
Libero Ercolani, *Vocabolario romagnolo-italiano, italiano-romagnolo*, Ravenna, Edizioni del Girasole.

Ercolani 1994
Libero Ercolani, *Vocabolario romagnolo-italiano. Italiano-romagnolo*, Ravenna, Edizioni del Girasole.

Ernout - Meillet
*Dictionnaire étymologique de la langue latine. Histoire des mots*, par A. Ernout et A. Meillet, quatrième édition, Paris, Klincksieck, 1959.

Espa 1981
Enzo Espa, *Proverbi e detti sardi*, Sassari, Gallizzi.

EWD
*Etymologisches Wörterbuch des Dolomitenladinischen (EWD)*, Hamburg. Zusammengestellt von Johannes Kramer, Hamburg, Buske, 1988-1996.

EWUG
v. Rohlfs 1964.

Fabbro 1988
Manuela Fabbro, *I germanesimi nel friulano*, «Sot la nape» 30, 1, pp. 11-22.

Faggin 1981
Giorgio Faggin, *Germanismi nel friulano (Giunte al Pirona)*, «Ladinia» 5, 257-269.

Faggin 1985
Giorgio Faggin, *Vocabolario della lingua friulana*, Udine, Del Bianco.

Falcucci 1915
Francesco Domenico Falcucci, *Vocabolario dei dialetti, geografia e costumi della Corsica*, Cagliari, Società Storica Sarda.

Fanciulli
Pietro Fanciulli, *Vocabolario di Monte Argentario e Isola del Giglio*, «L'Italia dialettale» 41 (1978) 45-191 e seguenti.

Fanciullo 1973
Franco Fanciullo, Aggiunte e rettifiche al *Vocabolario dei dialetti salentini*, di G. Rohlfs, «L'Italia dialettale» 36, 7-38.

Fanciullo 1978
Franco Fanciullo, *Un presunto arabismo salentino*, «L'Italia dialettale» 41, 279-281.

Fanciullo 1991
Franco Fanciullo, *Italiano meridionale* guaglione *«ragazzo», probabile francesismo d'epoca angioina*, «Zeitschrift für romanische Philologie» 107, 398-410.

Fanciullo 1992
Franco Fanciullo, *Di qualche giudaismo passato ai dialetti toscani*, «Zeitschrift für romanische Philologie» 108, 319-325.

Fanciullo 1992a
Franco Fanciullo, *«Storie di parole» nel Lessico Etimologico Italiano*, in *Etymologie und Wortgeschichte des Italienischen. LEI. Genesi e dimensioni di un vocabolario etimologico*, Wiesbaden, Reichert, pp. 183-191.

Fanciullo 1992b
v. Luciano 1992.

Fanfani 1863
Pietro Fanfani, *Vocabolario dell'uso toscano*, Firenze, Barbèra.

Fanti 1940
Renata Fanti, *Note fonetiche e morfologiche sul dialetto di Ascrea (Rieti). Appendice I. Lessico*, «L'Italia dialettale» 15, 77-140.

Farina 1973
Luigi Farina, *Vocabolario nuorese-italiano*, Sassari, Gallizzi.

Fatini 1953
Giuseppe Fatini, *Vocabolario amiatino*, Firenze, Barbèra.

Federli 1966
Hermann Federli, *Zu einigen Benennungen des Kreisels in den romanischen Sprache*, Zürich, Juris.

Felici 1985
Sante Felici, *Vocabolario cortonese. Sapienza popolare in Val di Chiana, parole e cose che scompaiono.* Parte seconda, Arezzo, Marmorini.

Ferrari 1853
Claudio Ermanno Ferrari, *Vocabolario bolognese-italiano*, Bologna, Mattiuzzi/De Gregori 1853².

Ferrari 1978
Erina Ferrari, *La lingua tribale: parole ed espressioni colorite del dialetto di Pegognaga*, Suzzara, Bottazzi.

Ferrero 1991
Ernesto Ferrero, *Dizionario storico dei gerghi italiani dal Quattrocento ad oggi*, Milano, Mondadori.

Ferri 1889
Luigi Ferri, *Vocabolario ferrarese-italiano*, Ferrara, Tip. Sociale.

Festa 1914
Giovanni Battista Festa, *Il dialetto di Matera*, «Zeitschrift für romanische Philologie» 38, 129-162 e 257-280.

FEW
Walther von Wartburg, *Französisches Etymologisches Wörterbuch*, Bonn-Leipzig-Tübingen-Basel, 1922 e seguenti.

Finamore 1893
Gennaro Finamore, *Vocabolario dell'uso abruzzese*, Città di Castello, Lapi.

Flechia 1876
Giovanni Flechia, *Postille etimologiche. I*, «Archivio Glottologico Italiano» 2, 1-58, 313-383.

Flechia 1878
Giovanni Flechia, *Postille etimologiche*, «Archivio Glottologico Italiano» 3, 121-176.

Flechia 1878a
Giovanni Flechia, *Dal libro di B. Bianchi sulla prepos. A*, «Archivio Glottologico Italiano» 4, 368-387.

Flechia 1882-85
Giovanni Flechia, *Annotazioni sistematiche alle Antiche Rime Genovesi e alle Prose Genovesi*, «Archivio Glottologico Italiano» 8, 317-406.

Flechia 1914-22
Giovanni Flechia, *Lessico piveronese*, a cura di Giuseppe Flechia, «Archivio Glottologico Italiano» 18, 276-327.

FOLENA 1955
GIANFRANCO FOLENA, *Il ciaraffo*, «Lingua nostra» 16, 118.

FOLENA 1962
GIANFRANCO FOLENA, Rustica *in Guittone e altrove*, «Lingua nostra» 23, 1-4.

FOLENA 1969
GIANFRANCO FOLENA, *Geografia linguistica e testi medievali*, in *Atti del Convegno internazionale sul tema: Gli atlanti linguistici. Problemi e risultati* (Roma 20-24 ottobre 1967), Roma, pp. 210-214.

FONTI 1990
GIOACCHINO FONTI, *Vocabolario gallo-italico = italiano. Idioma parlato in Piazza Armerina*, Firenze, Lalli.

FORESTI 1882
LORENZO FORESTI, *Vocabolario piacentino-italiano*, III ed. a cura di Giovanni Bianchi, con molte correzioni ed aggiunte tratte dai ms. dell'autore, Piacenza, Solari.

FORTIS - ZOLLI 1979
UMBERTO FORTIS - PAOLO ZOLLI, *La parlata giudeo-veneziana*, Assisi-Roma, Carucci.

FOSCHI 1973
UMBERTO FOSCHI, *Modi di dire romagnoli*, Ravenna, Longo.

FRATTOLILLO DI ZINNO 1985
RITA FRATTOLILLO DI ZINNO, *Appunti sul dialetto di Campobasso. Saggio sul lessico*, Campobasso, Enne.

FRAU 1984
GIOVANNI FRAU, *Friuli*, Pisa, Pacini.

FRAU 1986
GIOVANNI FRAU, *Osservazioni sulla terminologia friulana dei fenomeni meteorologici*, in *Raetia antiqua et moderna. W. Theodor Elwert zum 80. Gerburtstag*. Hrsg. von G. Holtus und K. Ringger, Tübingen, Niemeyer, pp. 295-311.

FRAU 1993
GIOVANNI FRAU, Mandi *e altre formule di saluto nelle regioni italiane (AIS, Karte 739)*, «Ce fastu?» 69, 7-17.

FREY 1962
HANS-JOST FREY, *Per la posizione lessicale dei dialetti veneti*, Venezia-Roma, Istituto per la collaborazione culturale.

FRISK 1951
HJALMAR FRISK, *Quelques noms de la tempe en indo-européen*, Göteborg, Wettergren & Kerbers.

FRISONI 1910
GAETANO FRISONI, *Dizionario Moderno Genovese-Italiano e Italiano-Genovese*, Genova, Donath.

GALLI 1965
ETTORE GALLI, *Dizionario pavese-italiano*, Pavia, Pubbl. dell'Assoc. Alunni Collegio Ghisleri.

GALLI DE' PARATESI 1964
NORA GALLI DE' PARATESI, *Le brutte parole. Semantica dell'eufemismo*, Milano, Mondadori.

GALVANI 1868
GIOVANNI GALVANI, *Saggio di un glossario modenese*, Modena, Tip. dell'Imm. Concezione.

GAMILLSCHEG 1935
ERNST GAMILLSCHEG, *Romania Germanica*, Berlin-Leipzig, De Gruyter.

GANA 1970
LEONARDO GANA, *Vocabolario del dialetto e del folklore gallurese*, Cagliari, Fossataro.

GARBINI 1920
ADRIANO GARBINI, *Antroponimie ed omonimie nel campo della zoologia popolare* (saggio limitato a specie veronesi), Verona, Mondadori.

GARBINI 1925
ADRIANO GARBINI, *Antroponimie ed omonimie nel campo della zoologia popolare* (saggio limitato a specie veronesi. Parte II. Omonimie), Verona, Mondadori.

GARRISI 1990
ANTONIO GARRISI, *Dizionario leccese-italiano*, Cavallino di Lecce, Capone Editore.

GARVIN 1983
BARBARA GARVIN, *G. C. Belli: tecnica sintattica fra dialetto e lingua*, in *Su/Per Meneghello* a cura di Giulio Lepschy, Milano, Ediz. di Comunità, pp. 215-226.

GASCA QUEIRAZZA 1984
GIULIANO GASCA QUEIRAZZA, *Copera*, «Studi Piemontesi» 13, 96.

GAVUZZI 1891
GIUSEPPE GAVUZZI, *Vocabolario piemontese-italiano*, Torino-Roma, Roux.

GDLI
SALVATORE BATTAGLIA, *Grande dizionario della lingua italiana*, Torino, UTET, 1961 e seguenti.

GEIG
*Grande Enciclopedia illustrata della gastronomia*, Milano, Selezione dal Reader's Digest, 1990.

GHIRLANDA 1956
ELIO GHIRLANDA, *La terminologia viticola nei dialetti della Svizzera italiana*, Berna, Francke.

GIACALONE RAMAT 1978
ANNA GIACALONE RAMAT, *Strutturazione della terminologia dei colori nei dialetti sardi*, in *Italia linguistica nuova e antica.* Studi linguistici in memoria di Oronzo Parlangeli, a cura di V. Pisani e C. Santoro, vol. II, Galatina, Congedo, pp. 163-193.

GIACCHI 1878
PIRRO GIACCHI, *Dizionario del vernacolo fiorentino*, Firenze-Roma.

GIACOMELLI 1983
GABRIELLA GIACOMELLI, *Lo scricciolo in Toscana. Confronto tra la carta 487 dell'AIS e i dati finora raccolti per l'ALT*, in *Scritti linguistici in onore di Giovan Battista Pellegrini*, Pisa, Pacini, pp. 699-710.

GIACOMELLI - POGGI SALANI 1984-85
GABRIELLA GIACOMELLI - TERESA POGGI SALANI, *Parole toscane*, «Quaderni dell'Atlante lessicale toscano» 2-3, 123-229.

GIAMMARCO 1968, 1969, 1976, 1979
ERNESTO GIAMMARCO, *Dizionario abruzzese e molisano*, Roma, Edizioni dell'Ateneo, 4 voll.

GIAMMARCO 1985
ERNESTO GIAMMARCO, *LEA. Lessico etimologico abruzzese. Vol. V del DAM. Dizionario abruzzese molisano*, Roma, Edizioni dell'Ateneo.

GIANNINI 1938
GIOVANNI GIANNINI, *La poesia popolare a stampa nel secolo XIX*, Udine, Istituto delle Edizioni Accademiche.

GIGANTE 1986
NICOLA GIGANTE, *Dizionario critico etimologico del dialetto tarantino*, Manduria, Lacaita.

GIGLIOLI 1890
ENRICO HILLYER GIGLIOLI, *Primo resoconto della inchiesta ornitologica in Italia. Parte seconda. Avifaune locali*, Firenze, Le Monnier.

GINOBILI 1963
GIOVANNI GINOBILI, *Glossario dei dialetti di Macerata e Petriolo*, Macerata, Tip. Maceratese.

GINOBILI 1965
GIOVANNI GINOBILI, *Appendice al glossario dei dialetti di Macerata e Petriolo*, Macerata, Tip. Maceratese.

GINOBILI 1970
GIOVANNI GINOBILI, *Appendice terza al glossario del dialetto di Macerata e Petriolo*, Macerata, Tip. Maceratese.

GIOIA 1993
ALBERTO GIOIA, *Il dialetto di Pizzoli. Lessico*, Roma, Romagrafik.

GIRARDI 1991
ERMINIO GIRARDI, *Dizionario dialettale dei vocaboli basso-polesani*, Taglio di Po, La Grafica.

GISMONDI 1955
ALFREDO GISMONDI, *Nuovo vocabolario genovese-italiano*, Torino, Società Editrice Internazionale.

GLOSSARIO DELLE CONSUETUDINI 1980-86
*Glossario delle consuetidini giuridiche dall'unità d'Italia*, Firenze, Istituto per la documentazione giuridica del Consiglio Nazionale delle Ricerche.

GLOSSARIO ETIMOLOGICO VERCELLESE 1972
*Glossario etimologico vercellese.* Con prefazione e appendice di Tobia (Francesco Vola), Vercelli, Tip. ed. «La Sesia».

GORI - LUCARELLI 1984
*Vocabolario pistoiese* redatto da Lidia Gori e Stefania Lucarelli, a cura di Gabriella Giacomelli, Pistoia, Deputazione di storia patria.

GRANATIERO 1993
FRANCESCO GRANATIERO, *Dizionario del dialetto di Mattinata - Monte Sant'Angelo*, Foggia, Studio Stampa.

GRECO 1991
MARIA TERESA GRECO, *Dizionario dei dialetti di Picerno e Tito*, Napoli, Edizioni Scientifiche Italiane.

GRIBAUDO - SEGLIE 1972-75
G. GRIBAUDO - P. e S. SEGLIE, *Dissionari piemontèis*, Turin, Ij Brandé.

GRILLANTINI 1975
CARLO GRILLANTINI, *Osimo. Parte prima: Guida storico-artistica. Parte seconda: Dialetto-folclore*, Pinerolo, Tip. Moderna, 1975².

GROFF 1982
LIONELLO GROFF, *Il dialetto trentino. Dizionario trentino-italiano. Florilegio di prose e poesie dialettali*, II ed., Trento.

GUARNERIO 1908
PIER ENEA GUARNERIO, *Appunti lessicali bregagliotti. I*, «Rendiconti del R. Istituto Lombardo di Scienze e Lettere» 41, 199-212.

GUARNERIO 1911
PIER ENEA GUARNERIO, *La rosa delle Alpi. Contributo allo studio dei nomi romanzi del Rhododendron*, in *Studi letterari e linguistici dedicati a Pio Rajna*, Firenze, Ariani, pp. 675-694.

GUARNERIO 1915
PIER ENEA GUARNERIO, *Note etimologiche e lessicali corse*, II, in «Rendiconti del R. Istituto Lombardo di Scienze e Lettere» 48, 601-616.

GUARNERIO 1916
PIER ENEA GUARNERIO, *Nuove note etimologiche e lessicali côrse. III*, «Rendiconti del R. Istituto Lombardo di Scienze e Lettere» 49, 249-262.

GUGLIELMOTTI 1889
ALBERTO GUGLIELMOTTI, *Vocabolario marino e militare*, Roma, Tip. Voghera.

GUIDI 1991
GUIDO GUIDI, *A Ppisa si dice 'osì. Parole, modi di dire e frasi idiomatiche del pisano di città*, Pisa, Centro culturale «Il portone».

GULINO 1957
GIUSEPPE GULINO, *Il primo vocabolario etimologico siciliano*, «L'Italia dialettale» 21, 129-162.

GULINO 1976
GIUSEPPE GULINO, ANTONIA G. MOCCIARO, SALVATORE C. TROVATO, *Aree lessicali in Sicilia. Le denominazioni dei gemelli, del geco e dell'omento del maiale*, in *Aree lessicali.* Atti del X Convegno di studi dialettali italiani (Firenze, 22-26 ottobre 1973), Pisa, Pacini, pp. 402-478.

GULINO 1978
GIUSEPPE GULINO, *Note al vocabolario etimologico siciliano*, «La ricerca dialettale» 2, 111-135.

GULINO 1992
GIUSEPPE GULINO, *Per la storia del sic.* zzàurdu, «Bollettino del Centro di studi filologici e linguistici siciliani» 17, 247-256.

HALLIG 1933
RUDOLF HALLIG, *Die Benennungen der Bachstelze in den romanischen Sprachen und Mundarten*, Leipzig-Paris, Droz.

HASSELROT 1940-41
BENGT HASSELROT, *L'abricot. Essai de monographie onomastique et sémantique*, «Studia neophilologica» 13, 45-79 e 226-252.

HOFFMANN-KRAYER 1927-46
E. HOFFMANN-KRAYER - HANNS BÄCHTOLD-STÄUBLI, *Handwörterbuch des deutschen Aberglaubens*, Berlin, De Gruyter.

HUBSCHMID 1955
JOHANNES HUBSCHMID, *Schläuche und Fasser*, Bern, Francke.

IANNACE 1983
GAETANO A. IANNACE, *Interferenza linguistica ai confini fra Stato e Regno. Il dialetto di San Leucio del Sannio*, Ravenna, Longo.

IGINO DA ALATRI 1986
P. IGINO DA ALATRI, *Alatri e il suo vernacolo*, Alatri, Cultura e Territorio/Archeoclub di Alatri.

INEICHEN 1960-61
GUSTAV INEICHEN, *Italienische Fischnamen bei Iovius*, «Bollettino dell'Atlante linguistico mediterraneo» II, 97-105.

ITALIA 1953
ALESSANDRO ITALIA, *Perché in Sicilia le vedove si chiamano «cattive»*, «Bollettino del Centro di studi filologici e linguistici siciliani» 1, 314-315.

JABERG 1926
KARL JABERG, *Una pera mezza*, in *Festschrift Louis Gauchat*, Aaran, Sauerländer, pp. 52-67.

JABERG 1965
KARL JABERG, *Sprachwissenschaftliche Forschungen und Erlebnisse.* Neue Folge herausgegeben von J. Heinimann, Bern, Francke.

JÄNICKE 1967
OTTO JÄNICKE, *Die Bezeichnungen des Roggens in der romanischen Sprachen unter besonderer Berücksichtigung der Galloromania*, Tübingen, Niemeyer.

JOST 1967
URS STEPHAN JOST, *Die galloromanischen Lehnwörter in Süditalien*, Basel, Apollonia.

JURILLI - TEDONE
ANTONIO JURILLI - ANGELO TEDONE, *Dizionario etimologico rubastino*, Palo del Colle, Liantonio, s.d. [fino alla lettera I].

KAHANE 1962
HENRY and RENÉE KAHANE, *Contribution by Byzantinologist to Romance Etymology*, «Revue de linguistique romane» 26, 126-139.

KAHANE - TIETZE 1958
HENRY and RENÉE KAHANE - ANDREAS TIETZE, *The Lingua Franca in the Levant*, Urbana, University of Illinois Press.

KARANASTASIS 1984-92
ANASTASIOS KARANASTASIS, *Lessico etimologico dei dialetti greci dell'Italia meridionale* [in neogreco], Atene, Accademia.

KLETT 1929
EUGEN KLETT, *Die romanischen Eidechsennamen unter besonderer Berücksichtigung von Frankreich und Italien*, Tübingen, Gulde.

KLUGE - MITZKA 1963
F. KLUGE - W. MITZKA, *Etymologisches Wörterbuch der deutschen Sprache*, Berlin, 1963[19].

KRAEMER 1949
ERIK V. KRAEMER, *Les maladies désignées par le nom d'un saint*, Helsingfors, Academie Bookstore-Nordiska Antikvariska Bokhandeln.

KRAMER 1995
JOHANNES KRAMER, *Tre nomi di malattia nord-italiani di origine tedesca*, in *Scritti di linguistica e dialettologia in onore di Giuseppe Francescato*, Trieste, Edizioni Ricerche, pp. 183-186.

LABISI 1992
PIPPO LABISI, *Dizionario del dialetto gallo-italico*, Gravina di Catania, Zappalà.

LANZA 1980
VITO LANZA, *Vocabolario sassarese-italiano*, Sassari, Gallizzi.

LARSON 1991
PÄR LARSON, *Bafore, baforetto, baforina*, «Lingua nostra» 52, 89-90.

LARUFFA 1986
FRANCESCO LARUFFA, *Dizionario calabrese-italiano: il linguaggio della piana di Gioia Tauro*, Roma, Adnkronos Libri.

LAUSBERG 1939
HEINRICH LAUSBERG, *Die Mundarten Südlukaniens*, Halle/Saale, Niemeyer.

LAZZARI 1919
JADY LAZZARI, *I nomi di alcuni fenomeni atmosferici nei dialetti dell'Italia geografica*, Pisa, Mariotti.

LEA
v. Giammarco 1985.

LEI
MAX PFISTER, *LEI. Lessico etimologico italiano*, Wiesbaden, Reichert, 1979 e seguenti.

LEVI 1918
ATTILIO LEVI, *Le palatali piemontesi*, Torino, Bocca.

LEVI 1927
ATTILIO LEVI, *Dizionario etimologico del dialetto piemontese*, Torino, Paravia.

LIBERATI 1991
EMILIO LIBERATI, *Fòje. Vocabolario di un castellano*, Castel Madama, Associazione culturale «Dedalo».

LIPSKI 1976
JOHN M. LIPSKI, *Spanish «carajo»: Problems and Proposals*, «Orbis» 25, 129-149.

LOI CORVETTO 1983
INES LOI CORVETTO, *L'italiano regionale di Sardegna*, Bologna, Zanichelli.

LONGA 1912
GLICERIO LONGA, *Vocabolario bormino*, «Studj romanzi» 9, 1-350.

LONGO 1936
VINCENZO LONGO, *Il dialetto di Pitigliano in provincia di Grosseto*, «L'Italia dialettale» 12, 19-33 e 103-147.

LONGO 1942-54
VINCENZO LONGO, *Saggio di lessico dei dialetti dell'Amiata* edito con annotazioni etimologiche di C. Merlo, «L'Italia dialettale» 18 (1942) 166-188; 19 (1954) 51-110.

LOPORCARO 1987
MICHELE LOPORCARO, *Note sul lessico dei dialetti del barese*, «L'Italia dialettale» 50, 73-94.

LOTTI 1983
GIANFRANCO LOTTI, *Prontuario del gergo malandrino piemontese*, Torino, il piccolo editore.

LUCA 1987
ELISABETTA LUCA, *Per un dizionario del dialetto di Marano Lagunare*, in *Guida ai dialetti veneti. IX*, a cura di Manlio Cortelazzo, Padova, Cleup, pp. 63-78.

LUCCHI 1978
PIERO LUCCHI, *La Santacroce, il Salterio e il Babuino. Libri per imparare a leggere nel primo secolo della stampa*, «Quaderni storici» 38, 593-630.

LUCIANI
LUCIANO LUCIANI, *Vocabolario del dialetto carrarese*, «L'Italia dialettale» 37 (1975) 181-313 e seguenti.

LUCIANO 1992
ALFONSO ILARIO LUCIANO, *Dizionario dialettale di S. Fele (Potenza)*. Presentazione di Franco Fanciullo, Potenza, Il Salice.

LUI
*Lessico universale italiano*, Roma, Istituto della Enciclopedia Italiana, 1968-1986.

LURATI 1968
OTTAVIO LURATI, *Terminologia e usi pastorizi di Val Bedretto*, Basilea, Società svizzera per le tradizioni popolari.

LURATI 1972
OTTAVIO LURATI, *Per un diverso "modo" lessicologico*, «Vox Romanica» 36, 55-75.

LURATI 1976
OTTAVIO LURATI, *Dialetto e italiano regionale nella Svizzera italiana*, Lugano, Banca Solari & Blum.

LURATI 1980
OTTAVIO LURATI, *Monatto*, «Lingua nostra» 41, 75-79.

LURATI 1981
OTTAVIO LURATI, *Una nuova etimologia per* lażżi *e i continuatori del lat.* asilus, in *Etimologia e lessico dialettale.* Atti del XII Convegno per gli Studi Dialettali Italiani (Macerata, 10-13 aprile 1979), Pisa, Pacini, pp. 61-70.

LURATI 1985
OTTAVIO LURATI, Introduzione a *Cultura popolare e dialetto a Comologno dell'Onsernone*, Comologno, Associazione Amici di Comologno.

LURATI 1989
OTTAVIO LURATI, *I marginali e la loro mentalità attraverso il gergo*, «La ricerca folklorica» 19, 7-16.

LURATI - PINANA 1983
OTTAVIO LURATI - ISIDORO PINANA, *Le parole di una valle. Dialetto, gergo e toponimia della Val Verzasca*, Lugano, Fondazione Arturo e Margherita Lang.

MACCARRONE 1914-22
NUNZIO MACCARRONE, *Appunti sulla lingua di G. A. Faye speziale lunigianese del sec. XV*, «Archivio Glottologico Italiano» 18, 475-532.

MACCARRONE 1924
NUNZIO MACCARRONE, *Note etimologiche e lessicali*, «Zeitschrift für romanische Philologie» 44, 50-63.

MACCARRONE 1924a
NUNZIO MACCARRONE, *Nuove note etimologiche e lessicali*, «Zeitschrift für romanische Philologie» 44, 308-321.

MACCARRONE 1926
NUNZIO MACCARRONE, *Le denominazioni del «tacchino» e della «tacchina» nelle lingue romanze (Saggio di lessicografia storica)*, «Archivio Glottologico Italiano» 20, 1-108.

MACCARRONE 1934
NUNZIO MACCARRONE, *Proposte e discussioni etimologiche*, «Archivio Glottologico Italiano» 26, 104-118 e 209-247.

MACCARRONE 1935
NUNZIO MACCARRONE, *Proposte e discussioni etimologiche*, «Archivio Glottologico Italiano» 27, 64-83 e 172-196.

MÀFERA 1971-72
GIOVANNI MÀFERA, *Note lessicali ed etimologiche venete*, «Atti dell'Istituto veneto di scienze, lettere ed arti» 130, 71-97.

MAGGINETTI - LURATI 1975
CATERINA MAGGINETTI - OTTAVIO LURATI, *Biasca e Pontirone. Gente, parlata, usanza*, Basilea, Krebs.

MAGENTA 1970
NATALE MAGENTA, *Dizionario del dialetto di Novi Ligure*, Torino, Supplemento al «Bollettino dell'Atlante linguistico italiano» n. 2.

MAGENTA 1984
NATALE MAGENTA, *Vocabolario del dialetto di Novi Ligure*, Novi Ligure, Arti grafiche novesi.

MAINOLDI 1967
PIETRO MAINOLDI, *Vocabolario del dialetto bolognese*, Bologna, Forni.

MALAGOLI 1934
GIUSEPPE MALAGOLI, *Studi sui dialetti reggiani. Fonologia del dialetto di Valèstra, (medio Appennino reggiano)*, «L'Italia dialettale» 10, 63-110.

MALAGOLI 1939
GIUSEPPE MALAGOLI, *Vocabolario pisano*, Firenze, Accademia della Crusca.

MALAGOLI 1941
GIUSEPPE MALAGOLI, *Lessico del dialetto di Lizzano in Belvedere*, «L'Italia dialettale» 17, 195-228.

MALAGOLI 1954
GIUSEPPE MALAGOLI, *Intorno ai dialetti dell'alta montagna Reggiana. II. Lessico*, «L'Italia dialettale» 19, 111-142.

MALASPINA 1856-59
CARLO MALASPINA, *Vocabolario parmigiano-italiano*, Parma, Carmignani.

MANCARELLA 1994
GIOVAN BATTISTA MANCARELLA, *Lessico dialettale di Tursi*, Lecce, Edizioni del Grifo.

MANCINI 1960
FRANCO MANCINI, *Vocabolario del dialetto todino*, «Studi di filologia italiana» 18, 319-377.

MANCINI 1979
ANNA MARIA MANCINI, *Il linguaggio dei pescatori a Senigallia con riferimento alle tecniche piscatorie*, «Bollettino dell'Atlante linguistico mediterraneo» 21, 71-112.

MANCUSI 1982
ANDREA MANCUSI, *La matréia (la matrigna). Saggio sul dialetto di Avigliano con versioni, racconti e glossario*, Avigliano, Galasso.

MANZINI - ROCCHI 1995
GIULIO MANZINI - LUCIANO ROCCHI, *Dizionario storico fraseologico etimologico del dialetto di Capodistria*, Trieste-Rovigno, Centro di Ricerche Storiche di Rovigno.

MARAGLIANO
ALESSANDRO MARAGLIANO, *Tradizioni popolari vogheresi*, Firenze, Le Monnier, s.d.

MARAGLIANO 1976
ALESSANDRO MARAGLIANO, *Dizionario dialettale vogherese*, Bologna, Pàtron.

MARANESI 1893
ARNESTO MARANESI, *Vocabolario modenese-italiano*, Modena, Società Tipografica.

MARANO FESTA 1929-33
OLGA MARANO FESTA, *Il dialetto irpino di Montella. Appunti lessicali*, «L'Italia dialettale» 5 (1929) 95-128; 8 (1932) 87-116; 9 (1933) 172-202.

MARAZZINI 1991
CLAUDIO MARAZZINI, *Il Piemonte e la Valle d'Aosta*, Torino, Utet Libreria.

MARCANTONIO 1968
MICHELE MARCANTONIO, *La superstizione nell'Alta Valle del Fortore*, Sant'Agata di Puglia, Tip. «Casa del Sacro Cuore».

MARCATO 1980
CARLA MARCATO, *Le denominazioni del giogo e delle sue parti in Friuli*, «Ce fastu?» 56, 75-96.

MARCATO 1982
CARLA MARCATO, *Ricerche etimologiche sul lessico veneto*, Padova, Cleup.

MARCATO 1982a
CARLA MARCATO, *Note sul gergo degli stagnini di Tramonti (Friuli)*, «Atti e memorie dell'Accademia patavina» 94 (1981-82) 145-157.

MARCATO 1982b
CARLA MARCATO, *Voci del gergo di Claut*, «Sot la nape» 34, 4, pp. 5-13.

MARCATO 1982c
CARLA MARCATO, *Ornitonimia friulana: lo scricciolo*, «Ce fastu?» 58, 253-262.

MARCATO 1984
CARLA MARCATO, *Alcuni ornitonimi dialettali specie in friulano*, in *Corona Alpium. Miscellanea di studi in onore del prof. C. A. Mastrelli*, Firenze, Istituto di studi per l'Alto Adige, pp. 273-293.

MARCATO 1984a
CARLA MARCATO, *«Wörter und Sachen» in Friuli*, in *Das Romanische in den Ostalpen*, hrsg. von D. Messner, Wien, Verlag der Österreichischen Akademie der Wissenschaften, pp. 181-194.

MARCATO 1985
CARLA MARCATO, *Il dialetto di Marano Lagunare*, «La bassa» 10, 9-26.

MARCATO 1988
CARLA MARCATO, *Francesismi in documenti friulani dei secoli XVII-XIX*, in *Elementi stranieri nei dialetti italiani. 2.* Atti del XIV Convegno del C.S.D.I. (Ivrea 17-19 ottobre 1984), Pisa, Pacini, pp. 241-264.

MARCATO 1990
CARLA MARCATO, *Il territorio di Brugnera: profilo dialettale*, in *Brugnera. Feudo e comune*, a cura di M. Baccichet, P. C. Begotti, E. Contelli, Brugnera, Comune di Brugnera, pp. 71-92.

MARCATO 1991
CARLA MARCATO, *Stagioni, lavori e parole del contadino*, Cinisello Balsamo, Cassa di risparmio di Padova e Rovigo e A. Pizzi.

MARCATO 1993
CARLA MARCATO, *Elementi lessicali nella Bassa friulana (integra-*

*zioni al Nuovo Pirona)*, in *Raccolta di saggi lessicali in area Veneta e Alpina*, a cura di Giovan Battista Pellegrini, Padova, Centro di studio per la Dialettologia italiana, pp. 91-97.

MARCATO 1993a
CARLA MARCATO, *«Tralcio» e «sarmento» nella terminologia friulana*, in *Verbum Romanicum*. Festschrift für Maria Iliescu. Hrsg. von Johannes Kramer und Guntram A. Plangg, Hamburg, Buske, pp. 153-160.

MARCHI 1993
VITTORIO MARCHI, *Lessico del livornese. Con una finestra sul bagitto*, Livorno, Belforte.

MARCONI 1982-83
DIEGO MARCONI, *Prestiti inglesi nella terminologia nautica dei dialetti italiani.* Tesi laurea inedita, Università di Padova.

MARIGHELLI 1980
ITALO MARIGHELLI, *Parole della naia*, Firenze, Nuova Guaraldi.

MARRI 1977
FABIO MARRI, *Glossario al milanese di Bonvesin*, Bologna, Pàtron.

MARRI 1984
LUDOVICO ANTONIO MURATORI - PIETRERCOLE GHERARDI - GIACOMO CRISPI e altri, *Vocaboli del nostro dialetto modenese*, a cura di Fabio Marri, Mauro Calzolari, Giuseppe Trenti, Firenze, Olschki.

MARRI 1986
FABIO MARRI, *«A rilibro» e altro lessico settecentesco*, «Lingua nostra» 47, 97-109.

MARTELLI 1930
VALENTINO MARTELLI, *Vocabolario logudorese-campidanese italiano*, Cagliari, «Il nuraghe».

MARTINO 1978
PAOLO MARTINO, *Calabrese* 'ndrànghita, *greco* andragathía, in *Opuscula.* I, Roma, Istituto di Glottologia.

MARTINO 1988
PAOLO MARTINO, *Per la storia della 'ndrànghita*, Roma, Dipartimento di studi glottoantropologici.

MARZELL 1943-77
HEINRICH MARZELL, *Wörterbuch der deutschen Pflanzennamen*, Leipzig-Stuttgart-Wiesbaden, Hirzel-Steiner.

MASETTI 1972-73
GIORGIO MASETTI, *Vocabolario dei dialetti di Sarzana, Fosdinovo, Castelnuovo Magra*, «L'Italia dialettale» 35 (1972) 99-311, 36 (1973) 39-286.

MASIERO 1981
FRANCO MASIERO, *Le isole della laguna veneta*, Milano, Mursia.

MASSAJOLI - MORIANI 1991
PIERLEONE MASSAJOLI - ROBERTO MORIANI, *Dizionario della cultura brigasca. I. Lessico*, Alessandria, Edizioni dell'Orso.

MASSARIELLO MERZAGORA 1980
GIOVANNA MASSARIELLO MERZAGORA, *La parlata giudeopiemontese*, «Archivio Glottologico Italiano» 65, 105-136.

MASSARIELLO MERZAGORA 1988
GIOVANNA MASSARIELLO MERZAGORA 1988, *L'influsso linguistico spagnolo nei dialetti lombardi: elementi lessicali nel milanese*, in *Elementi stranieri nei dialetti italiani.* 2. Atti del XIV Convegno del C.S.D.I. (Ivrea 17-19 ottobre 1984), Pisa, Pacini, 1988, pp. 195-216.

MASSERA 1985
SANDRO MASSERA, *Vocabolario del dialetto di Novate Mezzola*, Chiavenna, Centro di studi storici valchiavennaschi.

MASSETTI 1993
YVONNE MASSETTI, *Medicina e cultura popolare in Abruzzo tra Ottocento e Novecento*, Cerchio, Polla.

MASSIGNON 1962
GENEVIÈVE MASSIGNON, *Faune marine et pêche à Bonifacio et Porto-Vecchio (Corse)*, «Revue de linguistique romane» 26, 403-441.

MASTRANGELO LATINI 1981
GIULIA MASTRANGELO LATINI, *Relitti lessicali (ricerche nel dialetto di Martinsicuro)*, «Quaderni linguistici e filologici», Università di Macerata, 17-25.

MASTRELLI 1975
CARLO ALBERTO MASTRELLI, *Per l'etimologia di* bécero, «Lingua nostra» 36, 1-6.

MASTRELLI 1978
CARLO ALBERTO MASTRELLI, *Sardo bakku/akku «forra, gola di montagna»*, «L'Italia dialettale» 41, 275-278.

MASTRELLI 1979
CARLO ALBERTO MASTRELLI, *Lucchese «ménga», «mengóna» e versiliese «ménni»*, «L'Italia dialettale» 42, 285-287.

MASTRELLI 1979a
CARLO ALBERTO MASTRELLI, *Un'isoglossa umbro-marchio-abruzzese:* vontare (VOMITARE), «L'Italia dialettale» 42, 275-277.

MASTRELLI 1982
CARLO ALBERTO MASTRELLI, *Veneto «vampadora» e varianti*, «Archivio per l'Alto Adige» 76, 139-147.

MASTRELLI 1984
CARLO ALBERTO MASTRELLI, *Un probabile longobardismo bellunese: nesa «pidocchio piccolo, lendine»*, in *Il ladino bellunese.* Atti del Convegno internazionale (Belluno 2-4 giugno 1983), a cura di G. B. Pellegrini e S. Sacco, Belluno, Istituto bellunese di ricerche sociali e culturali, pp. 143-147.

MASTRELLI 1985
CARLO ALBERTO MASTRELLI, *Per la latinità del sardo* líttu, in *Tra linguistica storica e linguistica generale. Scritti in onore di Tristano Bolelli*, a cura di Riccardo Ambrosini, Pisa, Pacini, pp. 227-255.

MASTRELLI 1996
CARLO ALBERTO MASTRELLI, *Ital.* foglietta *«misura per liquidi»*, in *Studia ex hilaritate: mélanges de linguistique et d'onomastique sardes et romanes offerts à Heinz Jürgen Wolf* par Dieter Kremer et Alf Monjur, Paris, Klincksiek, pp. 261-276.

MATTESINI 1992
ENZO MATTESINI, *Il Perfettissimo dittionario delle parole più scelte di Spoleto (1702) di Paolo Campelli. II. Riordinamento alfabetico, riscontri lessicali, etimologie*, «Contributi di fonologia dell'Italia mediana» 6, 143-175.

MATTESINI - UGOCCIONI 1992
ENZO MATTESINI - NICOLETTA UGOCCIONI, *Vocabolario del dialetto del territorio orvietano*, Perugia, Opera del vocabolario dialettale umbro.

MATTIOLI 1879
ANTONIO MATTIOLI, *Vocabolario romagnolo italiano*, Imola, Galeati.

MAVER 1924-25
GIOVANNI MAVER, *Intorno alla penetrazione del lessico italiano nel serbocroato della Dalmazia e dei territori vicini; criterî metodologici*, «Atti dell'Istituto veneto» 84, 749-770.

MAXIA 1956
CARLO MAXIA, *Note di un antropologo su un curioso modo di fumare in Sardegna: a «Fogu a intru»*, «Lares» 22, 125-129.

MAYER MODENA 1988
MARIA MAYER MODENA, *A proposito di alcuni imprestiti ebraici di provenienza giudeoitaliana nei dialetti dell'Italia centro settentrionale*, «L'Italia dialettale» 51, 141-157.

MAZZUCCHI 1907
PIO MAZZUCCHI, *Dizionario polesano-italiano*, Rovigo, Tip. sociale editrice.

MEDICI 1961
MARIO MEDICI, *Imbalzare, imbalzato*, «Lingua nostra» 22, 27-28.

MEDIOLI 1972
PAOLA MEDIOLI, *Alcune voci del vocabolario agricolo e domestico tradizionale dell'Appennino parmense*, «L'Italia dialettale» 35, 65-84.

MEIKLEJOHN 1964
M. F. M. MEIKLEJOHN, *Gli uccelli sardi nello specchio della lingua. Saggio di* Wörter und Sachen, «L'Italia dialettale» 27, 222-249.

MELCHIORI 1817
GIOVAN BATTISTA MELCHIORI, *Vocabolario bresciano-italiano*, Brescia, tip. Franzoni.

MELILLO 1924
G. MELILLO, *La pesca nel lago di Varano in quel di Foggia*, «L'Italia dialettale» 1, 252-266.

MENARINI 1968
ALBERTO MENARINI, *Tizio, Caio e San Petronio. Vicende di nomi nel dialetto bolognese*, Bologna, Tamari.

MENARINI 1978
ALBERTO MENARINI, *Bologna dialettale. Parole, frasi, modi, etimologie*, Bologna, Tamari.

MENARINI 1982
ALBERTO MENARINI, *Vocabolario intimo del dialetto bolognese - amoroso, sessuale, scatologico*, Bologna, Tamari.

MENICANTI - SPILLER 1973
SILVIO MENICANTI - ATTILIO SPILLER, *Vocabolario del milanese d'oggi*, Milano, Rizzoli.

MENNONNA 1977
ANTONIO ROSARIO MENNONNA, *Un dialetto della Lucania* (Studi su Muro Lucano), Galatina, Congedo.

MERLO 1904
CLEMENTE MERLO, *I nomi romanzi delle stagioni e dei mesi*, Torino, Loescher.

MERLO 1906
CLEMENTE MERLO, *Grillotalpa vulgaris*, «Studj romanzi» 4, 149-165.

MERLO 1912
CLEMENTE MERLO, *Die romanischen Benennungen des Faschings*, «Wörter und Sachen» 3, 88-109.

MERLO 1915
CLEMENTE MERLO, *Degli esiti di s- iniziale, -s-, -s+s-, -p+s-, -x- intervocalici nei dialetti dell'Italia centro-meridionale*, «Rendiconti del R. Istituto Lombardo di Scienze e Lettere» 48, 91-105.

MERLO 1920
CLEMENTE MERLO, *Fonologia del dialetto di Sora (Caserta)*, Pisa, Mariotti (anche negli «Annali delle Università Toscane» 38).

MERLO 1922
CLEMENTE MERLO, *Fonologia del dialetto di Cervara in provincia di Roma*, Roma, Società Filologica Romana.

MERLO 1926
CLEMENTE MERLO, *I nomi romanzi del Carnevale*, «Il Folklore italiano» 2, 427-430.

MERLO 1929
CLEMENTE MERLO, *Note agli «appunti lessicali» de «Il dialetto irpino di Montella» di O. Marano Festa*, «L'Italia dialettale» 5, 95-128 (prima parte).

MERLO 1934
CLEMENTE MERLO, *Studi glottologici*, Pisa, Nistri-Lischi.

MERLO 1935
CLEMENTE MERLO, *Laz. ecc.* [g]rava *'grossa pietra, rupe', tosc., it. sett., ecc.* rava *'piena' e sim.*, «L'Italia dialettale» 11, p. 86.

MERLO 1938
CLEMENTE MERLO, Recensione a ILSE FREUND, *Beiträge zur Mundart von Ischia*, «L'Italia dialettale», 14, 224-232.

MERLO 1940
CLEMENTE MERLO, *Filattiera (Pontremoli)* skò *s.m. «cercine»*, «L'Italia dialettale» 16, 140.

MERLO 1941
CLEMENTE MERLO, *ciriuola* "anguilla sottile", «L'Italia dialettale» 17, 194.

MERLO 1941-57
CLEMENTE MERLO, *Contributi alla conoscenza dei dialetti della Liguria odierna. II. Lessico etimologico del dialetto di Pigna (Imperia)*, «L'Italia dialettale» 17 (1941) 1-16; 18 (1942) 1-32; 19 (1954) 143-176; 20 (1956) 1-28; 21 (1957) 1-47.

MERLO 1948
CLEMENTE MERLO, *Nuove postille al «Romanisches etymologisches Wörterbuch» di W. Meyer Lübke*, «Rendiconti dell'Istituto Lombardo di Scienze e Lettere» 81, 71-80.

MERLO 1951
CLEMENTE MERLO, *Nuove postille al "Romanisches etymologisches Wörterbuch" di W. Meyer-Lübke*, «Rendiconti dell'Istituto Lombardo di Scienze e Lettere» 84, 55-64.

MERLO 1951a
CLEMENTE MERLO, *I nomi dell'Epifania nei dialetti italiani*, in *Miscellanea Galbiati*, Milano, vol. III, pp. 263-272 [ristampato in MERLO 1959].

MERLO 1952
CLEMENTE MERLO, *Nuove postille al "Romanisches etymologisches Wörterbuch" di W. Meyer-Lübke*, «Rendiconti dell'Istituto Lombardo di Scienze e Lettere» 85, 33-49.

MERLO 1953
CLEMENTE MERLO, *Nuove postille al «Romanisches Etymologisches Wörterbuch» di W. Meyer-Lübke*, «Rendiconti dell'Istituto Lombardo di Scienze e Lettere» 86, 413-435.

MERLO 1959
CLEMENTE MERLO, *Saggi linguistici*, Pisa, Pacini.

MESCOLA 1971-72
SANDRO MANCA MESCOLA, *Dialetto e tradizione dei pescatori di Pellestrina (Venezia).* Tesi di laurea inedita, Università di Padova.

MEYER-LÜBKE 1909
WILHELM MEYER-LÜBKE, *Zur Geschichte der Dreschgeräte*, «Wörter und Sachen» 1, 211-244.

MICHEL 1996
ANDREAS MICHEL, *Vocabolario critico degli ispanismi siciliani*, Palermo, Centro di studi filologici e linguistici siciliani.

MIGLIORINI 1927
BRUNO MIGLIORINI, *Dal nome proprio al nome comune*, Genève, Olschki. *Supplemento*: 1968.

MIGLIORINI 1940
BRUNO MIGLIORINI, *Postilla a «stincare»*, «Lingua nostra» 2, 84.

MIGLIORINI 1940a
BRUNO MIGLIORINI, *Un «Dizionario di parole nuove»*, «Lingua nostra» 2, 12-14.

MIGLIORINI 1948
BRUNO MIGLIORINI, *Lingua e cultura*, Roma, Tumminelli.

MIGLIORINI 1952
BRUNO MIGLIORINI, *Ferlingotti, farlingotti*, «Lingua nostra» 13, 81.

MIGLIORINI 1957
BRUNO MIGLIORINI, *Saggi linguistici*, Firenze, Le Monnier.

MIGLIORINI 1963
BRUNO MIGLIORINI, *Parole nuove. Appendice di dodicimila voci al «Dizionario moderno» di Alfredo Panzini*, Milano, Hoepli.

MIGLIORINI 1968
BRUNO MIGLIORINI, *Profili di parole*, Firenze, Le Monnier.

MIGLIORINI 1968a
v. Migliorini 1927.

MIGLIORINI 1973
BRUNO MIGLIORINI, *Lingua d'oggi e di ieri*, Caltanissetta-Roma, Sciascia.

MIGLIORINI 1973a
BRUNO MIGLIORINI, *Parole in soffitta*, «Lingua nostra» 34, 1-10.

MIGLIORINI 1978
BRUNO MIGLIORINI, *Un aretinismo di Pietro Aretino*, in *Italia linguistica nuova ed antica*. Studi linguistici in memoria di Oronzo Parlangeli, a cura di V. Pisani e C. Santoro, vol. II, Galatina, Congedo, p. 195.

MIGLIORINI - PELLEGRINI 1971
BRUNO MIGLIORINI - GIOVAN BATTISTA PELLEGRINI, *Dizionario del feltrino rustico*, Padova, Liviana.

MINADEO 1955
MICHELE MINADEO, *Lessico del dialetto di Ripalimosani (in provincia di Campobasso)*, Torino, Università di Torino - Pubblicazioni della Facoltà di Lettere e Filosofia.

MINCIOTTI 1989
ANTONIO MINCIOTTI, *E fuggìa cumme l luzzino. Testi, voci e modi di dire in dialetto castellano.* A cura di Enzo Mattesini, Città di Castello, Petruzzi.

MINIATI 1989
VALERIA MINIATI, *Proverbi e modi di dire in Romagna*, Ravenna, Longo.

MIOTTO 1984
LUIGI MIOTTO, *Vocabolario del dialetto veneto-dalmata*, Trieste, Lint.

MISITANO 1990
GIUSEPPE MISITANO, *Vocabolario del dialetto di Sinopoli.* Prefazione di Paolo Martino, Milano, Jaca Book.

MOCCIARO 1994
ANTONIA G. MOCCIARO, *Ancora sull'influsso bizantino nei dialetti italiani meridionali estremi: altri tratti lessicali*, «Contributi di filologia dell'Italia mediana» 8, 241-265.

MONELLI 1947
PAOLO MONELLI, *Naja parla*, Milano, Longanesi.

MONTI 1845
PIETRO MONTI, *Vocabolario dei dialetti della città e diocesi di Como*, Milano, Tipogr. dei classici italiani.

MORANI 1982
MORENO MORANI, *Una sopravvivenza celtica nel dialetto di Milano*, «Indogermanische Forschungen» 87, 119-123.

MORETTI 1955
PIETRINA MORETTI, *«Ora feriada e ora mala»*, «Lares» 21, 61-64.

MORETTI 1973
*Vocabolario del dialetto di Magione (Perugia).* Raccoglitore: Giovanni Moretti. Prefazione di Francesco A. Ugolini, Perugia, Università - Istituto di Filologia romanza.

MORETTI 1977
GIOVANNI MORETTI, *Pescatori del Trasimeno*, in *Arti e mestieri tradizionali in Umbria*, Perugia, Grafica, pp. 68-122.

MORETTI 1987
GIOVANNI MORETTI, *Umbria*, Pisa, Pacini.

MORETTI 1990
GIOVANNI MORETTI, *Il lago è assellato 'il lago è immobile' (una proposta etimologica)*, «Contributi di filologia dell'Italia mediana» 4, 119-125.

MORRI 1840
ANTONIO MORRI, *Vocabolario romagnolo-italiano*, Faenza, coi tipi di Pietro Conti.

MORTILLARO 1838
VINCENZO MORTILLARO, *Nuovo dizionario siciliano-italiano*, Palermo, tip. del Giorn. Letter. e stamp. Oretea, 1838-1844.

MOSCHINI 1977
GABRIELE MOSCHINI, *Lessico fluviale parmense*, «L'Italia dialettale» 40, 37-70.

MOSINO 1972
FRANCO MOSINO, *'Ndrangheta, la mafia calabrese*, «Lingua nostra» 33, 87-88.

MOSINO 1979
FRANCO MOSINO, *Italiano meridionale* bisalu, «Revue de linguistique romane» 43, 342-343.

MOSINO 1983
FRANCO MOSINO, Recensione al *LEI. Lessico etimologico italiano*, «Incontri meridionali» 3ª serie, 3, 217-219.

MOSINO 1986
FRANCO MOSINO, *Italiano meridionale «parasporo»*, in *Calabria bizantina. Istituzioni civili e topografia storica*, Roma-Reggio Calabria, Gangemi, pp. 53-55.

MOSINO 1993
FRANCO MOSINO, *Ancora ndràngheta*, «Lingua nostra» 54, 24-25.

MULJAČIĆ 1971
ŽARKO MULJAČIĆ, *Su alcune voci italiane di origine croata*, in *Atti del VII Convegno del Centro per gli studi dialettali italiani* (Torino-Saluzzo, 18-21 maggio 1970), Pisa, Pacini, 1971, pp. 191-194.

MUSSAFIA 1964
ADOLF MUSSAFIA, *Beitrag zur Kunde der norditalienischen Mundarten im XV. Jahrhunderte.* Photostatischer Nachdruck der Originalausgabe mit den hier zum erstenmal gedruckten vollständigen Indices von Dr. F. Gysling. Vorwort von Prof. Dr. C. Tagliavini, Bologna, Forni.

NACCARI - BOSCOLO 1982
RICCARDO NACCARI - GIORGIO BOSCOLO, *Vocabolario del dialetto chioggiotto*, Chioggia, Charis.

NARDIN 1976
LAURINO NARDIN, *Ricerche sulla lingua di G. G. Belli. I francesismi*, «Filologia moderna» 1, 277-351.

NAZARI 1884
GIULIO NAZARI, *Dizionario bellunese-italiano e osservazioni di grammatica ad uso delle scuole elementari di Belluno*, Oderzo, Tipografia di G. B. Bianchi.

NERI 1912-13
FERDINANDO NERI, *Le tradizioni italiane della Sibilla*, «Studi medievali» 4, 213-230.

NERI 1981
ATTILIO NERI, *Vocabolario del dialetto modenese*, Bologna, Forni.

NICEFORO 1897
ALFREDO NICEFORO, *Il gergo nei normali, nei degenerati e nei criminali*, Torino, Bocca.

NICOLOSO CICERI 1982
ANDREINA NICOLOSO CICERI, *Tradizioni popolari in Friuli*, Reana del Rojale, Chiandetti.

NICOTRA 1883
VINCENZO NICOTRA, *Dizionario siciliano-italiano*, Catania, Bellini.

NIERI 1902
IDELFONSO NIERI, *Vocabolario lucchese*, Lucca, Giusti.

NIERI 1944
IDELFONSO NIERI, *Scritti linguistici*, Torino, Società Editrice Internazionale.

NIGRA 1898
COSTANTINO NIGRA, *Note etimologiche e lessicali*, «Archivio Glottologico Italiano» 14, 269-300 (Parte I) e 353-384 (Parte II).

NIGRA 1901
COSTANTINO NIGRA, *Note etimologiche e lessicali, III, IV, V*, «Archivio Glottologico Italiano» 15, 92-128, 275-302, 494-510.

NIGRA 1903
COSTANTINO NIGRA, *Derivati da* viviscere, «Zeitschrift für romanische Philologie» 27, 345.

NINNI 1890
ALESSANDRO PERICLE NINNI, *Giunte e correzioni al dizionario del dialetto veneziano. Serie seconda*, Venezia, Longhi e Montanari.

NINNI 1891
ALESSANDRO PERICLE NINNI, *Materiali per un vocabolario della lingua rusticana del contado di Treviso*, Treviso, Longhi e Montanari.

NINNI 1892
IRENE NINNI, *Appendice ai materiali per un vocabolario della lingua rusticana*, Venezia, Longhi e Montanari.

NINNI 1964
ALESSANDRO PERICLE NINNI, *Scritti dialettologici e folkloristici veneti*, a cura del prof. C. Tagliavini e del dott. M. Cortelazzo, Bologna, Forni 1964-1965 [Riprod. anastatica dell'ed. orig. di Venezia 1889-1891].

NITTOLI 1873
SALVATORE NITTOLI, *Vocabolario di varî dialetti del Sannio in rapporto con la lingua d'Italia*, Napoli [rist. anastatica: Bologna, Forni, 1984].

NOCENTINI 1983
ALBERTO NOCENTINI, *I germanismi nel dialetto aretino*, in Atti del convegno su *Arezzo e il suo territorio nell'Alto Medio Evo*, Cortona, Calosci, pp. 27-42.

NOCENTINI 1986
ALBERTO NOCENTINI, *Aretino «sgualdregna» pioggia col sole*, «Quaderni di semantica» 7, 205-212.

NOVATI 1912
FRANCESCO NOVATI, *Contributo alla storia della lirica musicale italiana popolare e popolareggiante dei secoli XV, XVI, XVII*, in *Scritti vari di erudizione e di critica in onore di Rodolfo Renier*, Torino, Bocca, pp. 899-979.

NUOVISSIMO VOCABOLARIO BOLOGNESE 1991
*Nuovissimo vocabolario del dialetto bolognese*, coordinamento di Giuseppe Bernabei, Bologna, Santarini.

NUOVO PIRONA 1935
GIULIO ANDREA PIRONA - ERCOLE CARLETTI - GIOVAN BATTISTA CORGNALI, *Il Nuovo Pirona. Vocabolario friulano*, Udine, Bosetti. [Nuova edizione, a cura di Giovanni Frau, Udine, Società Filologica Friulana, 1992].

NUOVO PIRONA 1992
v. Nuovo Pirona 1935.

OLIVIERI 1953
DANTE OLIVIERI, *Dizionario etimologico italiano*, Milano, Ceschina.

OLIVIERI 1961
DANTE OLIVIERI, *Toponomastica veneta*, Venezia-Roma, Istituto per la collaborazione culturale.

ORIOLES 1983
VINCENZO ORIOLES, *Su un filone poco noto di tedeschismi in friulano*, in *Studi linguistici in onore di Giovan Battista Pellegrini*, Pisa, Pacini, pp. 293-303.

ORLANDI 1980
GIACOMO ORLANDI, *Il dialetto di Roiate*, Roma, Tipografia Artigiana di Luigi Varchi.

ORRICO 1985
LEANDRO ORRICO, *Il dialetto trecchinese. Vocaboli, modi di dire e proverbi confrontati con l'italiano*, Napoli, Ist. Grafico Editoriale Italiano.

ORTALE 1976
RAFFAELE ORTALE, *Sul gergo dei calderai di Dipignano (CS)*, in *Problemi di morfosintassi dialettale*. Atti dell'XI Convegno del C.S.D.I. (Cosenza-Reggio Calabria, 1-4 aprile 1975), Pisa, Pacini, pp. 287-309.

PAGLIARO - BELARDI 1963
ANTONINO PAGLIARO - WALTER BELARDI, *Linee di storia linguistica dell'Europa*, Roma, Ateneo.

PALLABAZZER
VITO PALLABAZZER, *Lingua e cultura ladina*, Belluno, Istituto bellunese di scienze sociali e culturali, s.d. [ma 1989].

PALLABAZZER 1980
VITO PALLABAZZER, *Contributo allo studio del lessico ladino dolomitico*, «Archivio per l'Alto Adige» 74, 5-136.

PALLABAZZER 1986
VITO PALLABAZZER, *Note lessicali ed etimologiche ladine*, in *Studi ladini in onore di Luigi Heilmann nel suo 75° compleanno* («Mondo ladino» 10), a cura di G. A. Plangg e F. Chiocchetti, Vigo di Fassa, Istitut cultural ladin, pp. 339-357.

PALLABAZZER 1992
VITO PALLABAZZER, *Paranormale e società dolomitica*, Vigo di Fassa, Istitut cultural ladin, e Calliano, Manfrini.

PALOMBI - SANTARELLI 1961
ARTURO PALOMBI - MARIO SANTARELLI, *Gli animali commestibili dei mari d'Italia*, Milano, Hoepli, 1961².

PANOZZO 1970-71
SANDRA PANOZZO, *I nomi della scampanata nei dialetti italiani*. Tesi di laurea inedita, Università di Padova.

PANZINI 1905
ALFREDO PANZINI, *Dizionario moderno*, Milano, Hoepli (II ed. *ibidem* 1908).

PANZINI 1908
v. Panzini 1905.

PAPANTI 1875
*I parlari italiani in Certaldo alla festa del V centenario di messer Giovanni Boccacci*. Omaggio di Giovanni Papanti, Livorno, Fr. Vigo.

PARASCANDOLA 1976
VITTORIO PARASCANDOLA, *Vèfio. Folk-glossario del dialetto procidano*, Napoli, Berisio.

PARISET 1885
CARLO PARISET, *Vocabolario parmigiano-italiano*, Parma, Ferrari e Pellegrini.

PARODI 1898
ERNESTO GIACOMO PARODI, *Del passaggio di* v *in* b *e di certe*

*perturbazioni delle leggi fonetiche nel latino volgare*, «Romania» 27 (1898) 176-240.

Parodi - Rossi 1904
Ernesto Giacomo Parodi - Girolamo Rossi, *Poesie in dialetto tabbiese del sec. XVII*, La Spezia, Zappa.

Parole vita 1990
*Parole vita del Monte Cetona.* 1000 espressioni della parlata dei Comuni S. Casciano dei Bagni, Montepulciano, Editori del Grifo.

Pasqualino 1785-95
Michele Pasqualino, *Vocabolario siciliano etimologico, italiano, e latino* dell'abbate M. P. da Palermo, nobile barese, Palermo, Dalla Reale Stamperia.

Pasquini 1993
Dazio Pasquini, *Vocabolario del dialetto spellano*, Spello, Pro Loco e Comune di Spello.

Patriarchi 1775
[Gaspero Patriarchi], *Vocabolario veneziano e padovano co' termini e modi corrispondenti toscani*, Padova.

Pauli 1919
Ivan Pauli, *«Enfant», «Garçon», «Fille» dans les langues romanes*, Lund, Lindstedts Universitets-Bokhandel.

Paulis 1972-73
Giulio Paulis, *Etimologie sarde*, «Bollettino del repertorio e dell'atlante demologico sardo» 4, 58-70.

Paulis 1983
Giulio Paulis, *Lingua e cultura nella Sardegna bizantina*, Sassari, L'Asfodelo.

Paulis 1992
Giulio Paulis, *I nomi delle 'launèddas' sarde e della 'viola' alla luce della tradizione musicale greco-romana*, in AA. VV. *Sardinia antiqua*, Cagliari, Della Torre, pp. 505-528.

Pautasso Crotta 1988
Mariella Pautasso Crotta, *L'apporto francese al lessico tecnico piemontese: il caso della falegnameria*, in *Elementi stranieri nei dialetti italiani. 2.* Atti del XIV Convegno del C.S.D.I. (Ivrea 17-19 ottobre 1984), Pisa, Pacini, 1988, pp. 77-93.

Pedersen 1906
Holger Pedersen, *Zur Akzentlehre*, «Zeitschrift für vergleichende Sprachforschung» 39, 232-255.

Pedrotti - Bertoldi 1930
Giovanni Pedrotti - Vittorio Bertoldi, *I nomi dialettali delle piante indigene del Trentino e della Ladinia dolomitica prese in esame dal punto di vista della botanica, della linguistica e del folclore*, Trento, Monaurri.

Pellegrini 1972
Giovan Battista Pellegrini, *Gli arabismi nelle lingue neolatine con speciale riguardo all'Italia*, Brescia, Paideia.

Pellegrini 1972a
Giovan Battista Pellegrini, *Saggi sul ladino dolomitico e sul friulano*, Bari, Adriatica.

Pellegrini 1972b
Giovan Battista Pellegrini, *Introduzione all'Atlante storico-linguistico-etnografico friulano*, Padova-Trieste.

Pellegrini 1974-75
Giovan Battista Pellegrini, *Voci marinaresche siciliane di origine araba*, «Bollettino dell'Atlante linguistico mediterraneo» 16-17, 143-159.

Pellegrini 1975
Giovan Battista Pellegrini, *Saggi di linguistica italiana*, Torino, Boringhieri.

Pellegrini 1976
Giovan Battista Pellegrini, *Noterelle linguistiche slavo-friulane*, «Annali dell'Istituto Universitario Orientale» sez. slava 18 (1975) [ma Napoli 1976] 129-154.

Pellegrini 1976a
Giovan Battista Pellegrini, *Pignatta (nota etimologica)*, «Archivio Glottologico Italiano» 61, 165-172.

Pellegrini 1977
Giovan Battista Pellegrini, *Terminologia matrimoniale*, in *Settimane di studio del centro italiano di studi sull'alto Medioevo. XXIV. Il matrimonio nella società altomedievale* (Spoleto, 22-28 aprile 1976), Spoleto 1977, pp. 43-102.

Pellegrini 1977a
Giovan Battista Pellegrini, *Studi di dialettologia e filologia veneta*, Pisa, Pacini.

Pellegrini 1979
Giovan Battista Pellegrini, *Concordanze lessicali tra Italia nord-orientale e regioni balcanico danubiane*, «Annales Universitatis Scientiarum Budapestinensis de Rolando Eötvös nominatae. Sectio Linguistica» 10, 7-22.

Pellegrini 1981
Giovan Battista Pellegrini, *Un continuatore di* ludere: *lusura *'articolazione'*, «Studi mediolatini e volgari» 28, 59-66.

Pellegrini 1982
Giovan Battista Pellegrini, *Appunti etimologici friulani (elementi slavi)*, in *Festschrift für Johannes Hubschmid zum 65. Geburtstag*, Bern, Francke, pp. 565-578.

Pellegrini 1982a
Giovan Battista Pellegrini, *Postille onomasiologiche friulane e alpine (1)*, «Ce fastu?» 58, 95-108.

Pellegrini 1982b
Giovan Battista Pellegrini, *Osservazioni di sociolinguistica italiana*, «L'Italia dialettale» 45, 1-36.

Pellegrini 1983
Giovan Battista Pellegrini, *Appunti di terminologia agricola friulana ed alpina*, «Atti e memorie della Società istriana di storia patria» 83, 285-303.

Pellegrini 1983a
Giovan Battista Pellegrini, *Note onomasiologiche ed etimologiche friulane ed alpine*, in *Philologica Hispaniensa in honorem Manuel Alvar. I. Dialectología*, Madrid, pp. 507-521.

Pellegrini 1983b
Giovan Battista Pellegrini, *Due etimologie friulane*, «Ce fastu?» 59, 255-260.

Pellegrini 1984
Giovan Battista Pellegrini, *Appunti sulla terminologia della fluitazione nell'Italia nord-orientale*, in *Lingua, storia e vita dei laghi d'Italia.* Atti del I convegno dell'Atlante linguistico dei laghi italiani (ALLI), Lago Trasimeno, 23-25 settembre 1982, a cura di Giovanni Moretti, Perugia, pp. 51-86.

Pellegrini 1985
Giovan Battista Pellegrini, *Noterelle linguistiche alto-venete*, in *Studi e ricerche in memoria di Laura Bentivoglio*, a cura di Sergio Claut, Feltre, Famiglia Feltrina, pp. 219-230.

Pellegrini 1985-90
Giovan Battista Pellegrini, *Una concordanza veneto-balcanica nella terminologia della «pipa»*, «Abruzzo» 23-28, 387-398.

Pellegrini 1986
Giovan Battista Pellegrini, *Annotazioni etimologiche friulane e alpine*, in *Raetia antiqua et moderna. W. Theodor Elwert zum 80. Geburtstag.* Hrsg. von G. Holtus und K. Ringger, Tübingen, Niemeyer, pp. 147-166.

Pellegrini 1986a
Giovan Battista Pellegrini, *Prefazione* al *Vocabolario ampezzano* coordinato da Enzo Croatto, Cortina d'Ampezzo, Cassa rurale ed artigiana, 1986, pp. VII-XIV.

Pellegrini 1987
Giovan Battista Pellegrini, *Noterelle linguistiche «bisiacche»*, in *Romania et Slavia adriatica. Festschrift für Žarko Muljačić.* Hrsg. von Gunter Holtus und Johannes Kramer, Hamburg, Buske, pp. 223-236.

Pellegrini 1987a
Giovan Battista Pellegrini, *Nuove annotazioni etimologiche friulane*, «Ce fastu?» 63, 63-73.

Pellegrini 1989
Giovan Battista Pellegrini, *Ricerche sugli arabismi italiani con particolare riguardo alla Sicilia*, Palermo, Centro di studi filologici e linguistici siciliani.

Pellegrini 1991
Giovan Battista Pellegrini, *Dal venetico al veneto*, Padova, Editoriale Programma.

Pellegrini 1992
Giovan Battista Pellegrini, *Studi di etimologia, onomasiologia e di lingue in contatto*, Alessandria, Edizioni dell'Orso.

Pellegrini 1994
Giovan Battista Pellegrini, *Una nuova concordanza balcanico-dolomitica:* venetus *'blu'*, in *Miscellanea di studi lessicali in onore di Walter Belardi*, Roma, Il Calamo, 689-694.

Pellegrini 1995
Giovan Battista Pellegrini, *Varia Linguistica*, Alessandria, Edizioni dell'Orso.

Pellegrini - Marcato 1988
Giovan Battista Pellegrini - Carla Marcato, *Terminologia agricola friulana*, Udine, Società Filologica Friulana, parte prima: 1988, parte seconda: 1992.

Pellegrini - Marcato 1992
v. Pellegrini - Marcato 1988.

Pellegrini - Zamboni 1982
Giovan Battista Pellegrini - Alberto Zamboni, *Flora popolare friulana*, Udine, Casamassima.

Pelliciardi 1977
Ferdinando Pelliciardi, *Grammatica del dialetto romagnolo*, Ravenna, Longo.

Pellicciotta 1992
Raffaele Pellicciotta, *Vocabolario etimologico abruzzese. Area frentana*, Chieti, Marino Stefanelli Editore.

Pellis 1912
Ugo Pellis, *Noterelle etimologiche*, «Forum Iulii» 3, 20-22.

Pellizzer 1992
Antonio e Giovanni Pellizzer, *Vocabolario del dialetto di Rovigno d'Istria*, Trieste-Rovigno, Unione italiana di Fiume e Unione popolare di Trieste.

Penzig 1924
Otto Penzig, *Flora popolare italiana*, Genova, Orto Botanico della R. Univ.

Peraro 1984
Germano Peraro, *Schincapene e Rumatera. La parlata dei nostri padri*, Este, Libreria Zielo.

Perco 1985
Daniela Perco, *Credenze e leggende relative ad un essere fantastico: il Mazarol/Salvanel*, in *Guida ai dialetti veneti. VII*, a cura di Manlio Cortelazzo, Padova, Cleup, pp. 155-179.

Peri 1847
Angelo Peri, *Vocabolario cremonese italiano*, Cremona, Feraboli.

Peruzzi - Georgacas 1959
Emilio G. Peruzzi - Demetrius J. Georgacas, *A Byzantinism in Central Italian Dialects*, «Vox Romanica» 18, 107-123.

Petrocchi 1891
Policarpo Petrocchi, *Novo dizionario universale della lingua italiana*, Milano, Fratelli Treves.

Petrolini 1981
Giovanni Petrolini, *In margine a «I dialetti della Liguria orientale odierna. La Val Graveglia» di Hugo Plomteux*, in *Etimologia e lessico dialettale.* Atti del XII Convegno per gli studi dialettali italiani (Macerata 10-13 aprile 1979), Pisa, Pacini, pp. 129-140.

Petrolini 1987
Giovanni Petrolini, *In margine al* Dizionario etimologico veronese *di M. Bondardo*, «L'Italia dialettale» 50 (1987) 155-184.

Petrolini 1989-90
Giovanni Petrolini, *Funghi* buoni *e funghi* matti *in Emilia. Note storico-etimologiche*, «Quaderni dell'Atlante lessicale toscano» 7/8, 83-108.

Petrolini 1991
Giovanni Petrolini, *Varietà lessicali e possibili equivoci nell'uso dell'italiano in Emilia: riflessioni ed esempi*, in *Fra dialetto e lingua nazionale: realtà e prospettive.* Atti del XVIII Convegno di studi dialettali italiani, Padova, Unipress, pp. 261-298.

Petrolini 1993
Giovanni Petrolini, *Nel nòcciolo delle parole. Stravaganze di un dialettologo*, Parma, Ed. Zara.

Petrolini 1996
Giovanni Petrolini, *Il* marangone *e la* marangona. *Per una nuova etimologia*, «Lingua nostra» 57, 33-48.

Petrone 1976
Anna Maria Petrone, *I nomi del 'sensale' nei dialetti italiani*, in *Aree lessicali.* Atti del X Convegno di studi dialettali italiani (Firenze, 22-26 ottobre 1973), Pisa, Pacini, pp. 479-531.

Pfister 1986
Max Pfister, *I superstrati germanici nell'italiano*, in *Elementi stranieri nei dialetti italiani.* Atti del XIC Convegno del C.S.D.I. (Ivrea 17-19 ottobre 1984), Pisa, Pacini, pp. 37-58.

Pfister 1987
Max Pfister, *Slawische Elemente im Italienischen*, in *Romania et Slavia adriatica. Festschrift für Žarko Muljačić.* Hrsg. von Günter Holtus und Johannes Kramer, Hamburg, Buske, pp. 143-149.

Picchetti 1961-63
Enrico Picchetti, *Le denominazioni della libellula nel dominio linguistico italiano*, «Atti dell'Istituto veneto» 119 (1960-1961) 745-788; 121 (1962-1963) 513-560.

Piccillo 1995
Giuseppe Piccillo, *Lat. Ex-stirpus o gr. στέριφος? L'etimologia controversa di una voce italo-balcano-romanza*, in *Dialetto, lingua e cultura materiale*, a cura di Giuseppe Gulino, Ragusa, Centro Studi «Feliciano Rossitto», pp. 88-94.

Piccitto 1977
Giorgio Piccitto (a cura di), *Vocabolario siciliano.* I, Catania-Palermo, Centro di studi filologici e linguistici siciliani.

Piccitto 1985
*Vocabolario siciliano. II*, fondato da Giorgio Piccitto, a cura di Giovanni Tropea, Catania-Palermo, Centro di studi filologici e linguistici siciliani.

Piccitto 1990, 1997
*Vocabolario siciliano*, fondato da Giorgio Piccitto, diretto da Giovanni Tropea, Catania-Palermo, Centro di studi filologici e linguistici siciliani, vol. III: 1990, vol. IV: 1997.

Pieri 1901
Silvio Pieri, *Appunti etimologici*, in *Miscellanea linguistica in*

*onore di Graziadio Isaia Ascoli*, Torino, Loescher, pp. 421-445.

Pieri 1904
Silvio Pieri, *Il dialetto della Versilia*, «Zeitschrift für romanische Philologie» 28, 161-191.

Pieri 1906
Silvio Pieri, *Appunti etimologici*, «Zeitschrift für romanische Philologie» 30, 295-306.

Pieri 1919
Silvio Pieri, *Toponomastica della Valle dell'Arno*, Roma, tip. Befani.

Pigafetta 1975
Antonio Pigafetta, *Vocabolario ornitologico veneto*, Padova, Istituto Veneto di Arti Grafiche.

Pira 1993
Stefano Pira, *Il gremio dei sarti e i cappottari greci a Cagliari...*, in «Bollettino del repertorio e dell'atlante demologico sardo» 15, 21-29.

Pisani 1965
Vittore Pisani, *Esculenta et potulenta*, in *Omagiu lui Alexandru Rosetti*, București, pp. 697-699.

Pisani 1981
Vittore Pisani, *Romano* scrocchiazeppi, «Paideia» 36, 74-75.

Pittau 1962
Massimo Pittau, Recensione a Max Leopold Wagner, *Dizionario etimologico sardo (DES)*. Dispensa 2, «L'Italia dialettale» 25, 156-161.

Plomteux 1965
Hugo Plomteux, *Le crapaud, magie et maléfice*, «Revue de linguistique romane» 29, 132-140.

Plomteux 1972
Hugo Plomteux, *Un presunto slavismo in friulano:* zâve *'rospo'*, «Linguistica» 12, 193-206.

Plomteux 1975
Hugo Plomteux, *I dialetti della Liguria orientale odierna. La Val Graveglia*, Bologna, Pàtron.

Polidori
Rolando Polidori, *Quande bufe la néve è sòlla*, s.l., Cerboni, s.d.

Polo 1974
Alessandro Polo, *Ritratto di un dialetto: el trevisàn*, Treviso, Canova.

Prati 1922
Angelico Prati, *Raggranellando*, «Archivio Glottologico Italiano» 18, 395-471.

Prati 1930
Angelico Prati, *Il dizionario etimologico del dialetto piemontese di Attilio Levi*, «L'Italia dialettale» 6, 271-274.

Prati 1933
Angelico Prati, *Bestie e fantasmi in forma di meteore*, «Il folklore italiano» 8, 105-128.

Prati 1934
Angelico Prati, *Vicende di parole*. I. *Termini riguardanti credenze e costumi*, «Folklore italiano» 9, 9-38.

Prati 1934a
Angelico Prati, *Vicende di parole*. II, «L'Italia dialettale» 10, 191-222.

Prati 1936
Angelico Prati, *Nomi e soprannomi di genti indicanti qualità e mestieri*, «Archivum Romanicum» 20, 201-256.

Prati 1937
Angelico Prati, *Vicende di parole*. III, «L'Italia dialettale» 13, 77-125.

Prati 1938
Angelico Prati, *Vicende di parole*. V, «L'Italia dialettale» 14, 171-188.

Prati 1939
Angelico Prati, *Vicende di parole*. VI, «L'Italia dialettale» 15, 187-204.

Prati 1940
Angelico Prati, *Voci di gerganti, vagabondi e malviventi studiate nell'origine e nella storia*, Pisa (Supplemento II de «L'Italia dialettale»).

Prati 1947
Angelico Prati, *'Racchio' e la sua famiglia*, «Lingua nostra» 8, 72-73.

Prati 1951
v. VEI.

Prati 1953
Angelico Prati, *Etimologie*, «Studi mediolatini e volgari» 2, 187-191.

Prati 1954
Angelico Prati, *Vicende di parole*. VIII, «Studi mediolatini e volgari» 2, 199-238.

Prati 1960
Angelico Prati, *Storie di parole italiane*, Milano, Feltrinelli.

Prati 1960a
Angelico Prati, *Dizionario valsuganotto*, Venezia-Roma, Istituto per la collaborazione culturale.

Prati 1968
Angelico Prati, *Etimologie venete*, Venezia-Roma, Istituto per la collaborazione culturale.

Prato 1910
P. Prato, *Dialetto acquese. Nuove proposte sulla genesi dei lessici e dizioni particolari al dialetto*, Alessandria, Società Poligrafica.

Preti - Vaccari 1975
Ugo Preti - Roberto Vaccari, *Folklore e tradizione nei detti modenesi*, Modena s.e.

Prisco 1984
Alfredo Prisco, *Studio sul dialetto di San Giovanni in Fiore*, Soveria Mannelli, Rubbettino.

Pult 1947
Jon Pult, *Die Bezeichnungen für Gletscher und Lawine in den Alpen*, Samedan-St.Moritz-Biel, Engadin Press-Schüler.

Puoti 1850
Basilio Puoti, *Vocabolario domestico napoletano e toscano*, Napoli, Stamperia del Vaglio.

Quaresima 1964
Enrico Quaresima, *Vocabolario anaunico e solandro raffrontato col trentino*, Venezia-Roma, Istituto per la collaborazione culturale.

Quondamatteo 1982
v. Quondamatteo 1983.

Quondamatteo 1982a
Gianni Quondamatteo, *Tremila modi di dire dialettali in Romagna*. III, Imola, Galeati.

Quondamatteo 1983
Gianni Quondamatteo, *Dizionario romagnolo (ragionato)*. Con il contributo di Elda Pagliarani, Villa Verucchio, Tipolito «La Pieve», vol. I, 1982; vol. II, 1983.

Quondamatteo - Bellosi 1977
Gianni Quondamatteo - Giuseppe Bellosi, *Romagna civiltà*, Imola, Galeati.

Radtke 1994
Edgar Radtke, *Neapolitanisch* mamozio *und die etimologia folkloristica*, «Zeitschrift für romanische Philologie» 110, 467-481.

Raspini 1991
Fausto Raspini, *Vocabolario del dialetto di Mompeo Sabino.* Premessa di Ugo Vignuzzi, Rieti, Secit.

Ratti 1990
Enrico Ratti, *Entomologia popolare veneta*, Roma, Istituto dell'Enciclopedia Italiana.

Ravaro 1994
Fernando Ravaro, *Dizionario romanesco. Da «abbacchià» a «zurugnone» i vocaboli noti e meno noti del linguaggio popolare di Roma.* Introduzione di Marcello Teodonio, Roma, Newton Compton.

Reho 1988-89
Luigi Reho, *Dizionario monopolitano-italiano*, Monopoli, Comune di Monopoli.

Renzi 1967
Lorenzo Renzi, Bocia, vecio *e legittimi eredi*, «Lingua nostra» 28, 89-93.

REW
Wilhelm Meyer-Lübke, *Romanisches etymologisches Wörterbuch*, Heidelberg, Winter, 1935.

REWS
Paolo A. Farè, *Postille italiane al REW di W. Meyer-Lübke comprendenti le «Postille italiane e ladine» di Carlo Salvioni*, Milano, Istituto Lombardo di Scienze e Lettere, 1972.

Rezasco 1881
Giulio Rezasco, *Dizionario del linguaggio italiano storico e amministrativo*, Firenze, Le Monnier.

Ricci 1904
Vittore Ricci, *Vocabolario trentino-italiano* compilato da alcune signorine di Trento col consiglio e con la revisione del Prof. V. R., Trento, tip. Zippel.

Riegler 1923
Richard Riegler, *Italienische Vogelnamen II*, «Archivum Romanicum» 7, 1-26.

Riegler 1924
Richard Riegler, Recensione a Alfredo Panzini, *Dizionario Moderno* (Milano 1923), «Archivum Romanicum» 8, 478-485.

Riegler 1981
Richard Riegler, *Zoonimia popolare*, «Quaderni di semantica» 2, 325-361.

Riolo 1981
Salvatore Riolo, *Proposte di etimologia per le denominazioni dello 'scacciapensieri'*, in *Etimologia e lessico dialettale.* Atti del XII Convegno per gli studi dialettali italiani (Macerata, 10-13 aprile 1979), Pisa, Pacini, pp. 553-579.

Ritarossi 1984
Patrizia Ritarossi, *I rituali magico-terapeutici di una malattia tradizionale: la «forcinella»*, «Storia e medicina popolare» 2, 103-109.

Rivelli 1924
Francesco Rivelli, *Casa e patria ovvero il dialetto e la lingua. Guida per i Materani*, Matera, Conti.

Roberti 1971-73
A. R. Roberti, *Terminologia peschereccia a Gallipoli*, «Bollettino dell'Atlante linguistico mediterraneo» 13-15 (1971-1973) 601-631.

Roccella 1875
Remigio Roccella, *Vocabolario della lingua parlata in Piazza Armerina (Sicilia)*, Caltagirone, Mantelli.

Rocco 1891
Emanuele Rocco, *Vocabolario del dialetto napoletano*, Napoli, Chiurazzi.

Rohlfs 1926
Gerhard Rohlfs, *Die Quellen des unteritalienischen Wortschatzes*, Halle, Niemeyer [anche in «Zeitschrift für romanische Philologie] 46, 135-164].

Rohlfs 1927
Gerhard Rohlfs, *Sprachliche Berührungen zwischen Sardinia und Süditalien*, in *Donum natalicium Carolo Jaberg*, Zürich-Leipzig, Niehans, pp. 25-75.

Rohlfs 1952
Gerhard Rohlfs, *An den Quellen der romanischen Sprachen*, Halle (Saale), Niemeyer.

Rohlfs 1956
Gerhard Rohlfs, *Vocabolario dei dialetti salentini (Terra d'Otranto)*, volume I. A-M, München, Verlag der Bayerischen Akademie der Wissenschaften.

Rohlfs 1959
Gerhard Rohlfs, *Vocabolario dei dialetti salentini (Terra d'Otranto)*, volume II. N-Z, München, Verlag der Bayerischen Akademie der Wissenschaften.

Rohlfs 1961
Gerhard Rohlfs, *Vocabolario dei dialetti salentini (Terra d'Otranto)*, volume III (supplemento, repertorio italiano-salentino, indici), München, Verlag der Bayerischen Akademie der Wissenschaften.

Rohlfs 1962
Gerhard Rohlfs, *Nuovi contributi al grecismo della Sicilia nordorientale*, «Bollettino del Centro di studi filologici e linguistici siciliani» 8, 119-143.

Rohlfs 1964
Gerhard Rohlfs, *Lexicon Graecanicum Italiae inferioris. Etymologisches Wörterbuch der unteritalienischen Gräzität*, Tübingen, Niemeyer.

Rohlfs 1965
Gerhard Rohlfs, *Correnti e strati di romanità in Sicilia*, «Bollettino del Centro di studi filologici e linguistici siciliani» 9, 74-105.

Rohlfs 1966
Gerhard Rohlfs, *Grammatica storica della lingua italiana e dei suoi dialetti. Fonetica*, Torino, Einaudi.

Rohlfs 1968
Gerhard Rohlfs, *Grammatica storica della lingua italiana e dei suoi dialetti. Morfologia*, Torino, Einaudi.

Rohlfs 1969
Gerhard Rohlfs, *Grammatica storica della lingua italiana e dei suoi dialetti. Sintassi e formazione delle parole*, Torino, Einaudi.

Rohlfs 1972
Gerhard Rohlfs, *Studi e ricerche su lingua e dialetti d'Italia*, Firenze, Sansoni.

Rohlfs 1977
Gerhard Rohlfs, *Nuovo dizionario dialettale della Calabria* (con repertorio italo-calabro), Ravenna, Longo.

Rohlfs 1977a
Gerhard Rohlfs, *Supplemento ai vocabolari siciliani*, München, Verlag der Bayerischen Akademie der Wissenschaften.

Rohlfs 1979
Gerhard Rohlfs, *Toscana dialettale delle aree marginali: voca-*

*bolario dei vernacoli toscani*, «Studi di lessicografia italiana» 1, 83-262.

ROHLFS 1985
GERHARD ROHLFS, *Autour des cris d'appel pour les animaux domestiques: cochon et truie*, in *Simbolae. L. Mitxelena oblatae*, a cura di José L. Melena, Victoria Gasteiz.

ROHLFS 1988
GERHARD ROHLFS, *Studi linguistici sulla Lucania e sul Cilento*, Galatina, Congedo.

ROLLAND 1896-1967
EUGÈNE ROLLAND, *Flore populaire au histoire naturelle des plantes...*, vol. 11, Paris, Librairie Rolland-Maisonneuve et Larose.

ROSA 1877
GABRIELE ROSA, *Vocabolario bresciano-italiano*, Brescia, Malaguzzi.

ROSA 1877a
GABRIELE ROSA, *Dialetti, costumi e tradizioni delle provincie di Bergamo e di Brescia*, Bergamo, Pagnoncelli.

ROSAMANI 1958
ENRICO ROSAMANI, *Vocabolario giuliano*, Bologna, Cappelli.

ROSAMANI 1975
ENRICO ROSAMANI, *Vocabolario marinaresco giuliano-dalmata*, a cura di Mario Doria, Firenze, Olschki.

ROSSI 1888
VITTORIO ROSSI, *Le lettere di Andrea Calmo*, Torino, Loescher.

ROSSI 1964
GIOVAN BATTISTA ROSSI, *Flora popolare agordina (Contributo allo studio del lessico della Val Cordevole)*, con introduzione di G. B. Pellegrini, Firenze, Tip. Francolini.

ROSSI 1971-73
ELISABETTA ROSSI, *Nomi italiani di piante per avvelenare i pesci* (ALM: Q. 441 e 030), «Bollettino dell'Atlante linguistico mediterraneo» 13-15 (1971-1973) 585-599.

ROSSI 1992
GIOVAN BATTISTA ROSSI, *Vocabolario dei dialetti ladini e ladino-veneti dell'Agordino*, Belluno, Istituto bellunese di scienze sociali e culturali.

ROTH-NAVILLE 1971
YVONNE ROTH-NAVILLE, *Die Wagen Mittelitaliens*, Zürich, Schweizer Spiegel.

RUFFINO 1991
GIOVANNI RUFFINO, *Dialetto e dialetti di Sicilia*, Palermo, Cusl.

RUJU 1987
GIUSEPPE RUJU, *Comente si narat. Parole e modi di dire del sardo*, Cagliari, Edizioni Della Torre.

RUPOLO - BORIN 1995
LUCIANO RUPOLO - LUCIANO BORIN, *Piccolo dizionario della parlata di Caneva*, Caneva, Pro Castello, 1995².

SABATINI 1963
FRANCESCO SABATINI, *Riflessi linguistici della dominazione longobarda nell'Italia mediana e meridionale*, «Atti e memorie dell'Accademia toscana di scienze e lettere "La Colombaria"» 28 (1963-1964) 123-249.

SABATINI 1964
FRANCESCO SABATINI, *L'italiano merid. gualano*, «Lingua nostra» 25, 43-48 e 114.

SABBADINI 1919-20
REMIGIO SABBADINI, *I nomi locali dell'Elba*, «Rendiconti del R. Istituto Lombardo di Scienze e Lettere» 52 (1919) 835-858; 53 (1920) 97-120.

SACERDOTI 1962
ALBERTO SACERDOTI, *Un antico calendario veneziano*, «Bollettino dell'Atlante Linguistico Mediterraneo» 4, 159-171.

SAINÉAN 1907
LAZARE SAINÉAN, *La création métaphorique en français et en roman. Le chien et le porc*, Halle a.S., Niemeyer.

SALVIONI 1886
CARLO SALVIONI, *Intorno ai dialetti di alcune vallate all'estremità settentrionale del Lago Maggiore*, «Archivio Glottologico Italiano» 9, 188-260.

SALVIONI 1892
CARLO SALVIONI, *Lampyris Italica. Saggio intorno ai nomi della «lucciola» in Italia*, Bellinzona, C. Salvioni Editore.

SALVIONI 1897
CARLO SALVIONI, *Quisquiglie etimologiche*, in *Miscellanea nuziale Rossi-Teiss*, Trento, 401-420.

SALVIONI 1898
CARLO SALVIONI, *Appunti etimologici e lessicali*, «Zeitschrift für romanische Philologie» 22, 465-480.

SALVIONI 1899
CARLO SALVIONI, *Giunte italiane alla «Romanische Formenlehre» di W. Meyer Luebke*, «Studi di filologia italiana» 7, 183-239.

SALVIONI 1899a
CARLO SALVIONI, *Appunti etimologici e lessicali.* Serie 2ª, «Zeitschrift für romanische Philologie» 23, 514-532.

SALVIONI 1902-05
CARLO SALVIONI, *Cronaca e bollettino bibliografico*, «Archivio Glottologico Italiano» 16, 193-218.

SALVIONI 1902-05a
CARLO SALVIONI, *Crem. «scutumája» soprannome*, «Archivio Glottologico Italiano» 16 (1902-1905) 477-478.

SALVIONI 1902-05b
CARLO SALVIONI, *Spigolature friulane*, «Archivio Glottologico Italiano» 16, 219-244.

SALVIONI 1903
CARLO SALVIONI, *Vestigia italiane del tipo flessionale singolare formica plurale formic'ae*, «Rendiconti del R. Istituto Lombardo di Scienze e Lettere» 36, 607-609.

SALVIONI 1904-05
CARLO SALVIONI, *Appunti di latino medievale*, «Studi medievali» 1, 410-426.

SALVIONI 1906
CARLO SALVIONI, *Il dialetto di Poschiavo, a proposito di una recente descrizione*, Torino, Clausenrink [anche nel vol. 39 dei «Rendiconti del R. Istituto Lombardo di Scienze e Lettere»].

SALVIONI 1906a
CARLO SALVIONI, *Appunti diversi sui dialetti meridionali*, «Studj romanzi» 6, 1-67.

SALVIONI 1907
CARLO SALVIONI, *Spigolature siciliane*, «Rendiconti del R. Istituto Lombardo di Scienze e Lettere» 40, 1045-1063 e 1106-1123.

SALVIONI 1909
CARLO SALVIONI, *Appunti diversi sui dialetti meridionali*, «Studj romanzi» 6, 5-67.

SALVIONI 1909a
CARLO SALVIONI, *Note di lingua sarda (serie I-II)*, «Rendiconti del R. Istituto Lombardo di Scienze e Lettere» 42, 666-697.

SALVIONI 1910
CARLO SALVIONI, *Miscellanea etimologica e lessicale*, «Romania» 39, 433-475.

SALVIONI 1910a
CARLO SALVIONI, *Spigolature siciliane (serie 5ª e 6ª)*, «Rendiconti del R. Istituto Lombardo di Scienze e Lettere» 43, 609-651.

SALVIONI 1911
CARLO SALVIONI, *Osservazioni varie sui dialetti meridionali di terra ferma*, «Rendiconti del R. Istituto Lombardo di Scienze e Lettere» 44, 933-46.

SALVIONI 1912
CARLO SALVIONI, *Appunti alpino-lombardi*, «Rendiconti del R. Istituto Lombardo di Scienze e Lettere» 45, 272-285.

SALVIONI 1913
CARLO SALVIONI, *Osservazioni varie sui dialetti meridionali di terraferma (serie V-VII)*, «Rendiconti del R. Istituto Lombardo di Scienze e Lettere» 46, 997-1044.

SALVIONI 1914
CARLO SALVIONI, *Centuria di note etimologiche e lessicali*, «Romania» 43, 371-402, 560-586.

SALVIONI 1916
CARLO SALVIONI, *Dell'elemento germanico nella lingua italiana: a proposito di un libro recente*, «Rendiconti del R. Istituto Lombardo di Scienze e Lettere» 49, 1011-1067.

SALVIONI 1916a
CARLO SALVIONI, *Note di dialettologia côrsa*, «Rendiconti del R. Istituto Lombardo di Scienze e Lettere» 49, 705-880.

SALVIONI 1924
CARLO SALVIONI, *Etimologie valtellinesi*, «L'Italia dialettale» 1, 213-228.

SALVIONI 1926
CARLO SALVIONI, *Etimologie emiliane e romagnole*, «L'Italia dialettale» 2, 251-259.

SALVIONI 1927
CARLO SALVIONI, *Etimologie bresciane e bergamasche*, «L'Italia dialettale» 3, 217-233.

SALVIONI 1935
CARLO SALVIONI, *It.* cipiglio, *it.* dicevole, *sen.* pancella, «L'Italia dialettale» 11, 32.

SALVIONI 1938
CARLO SALVIONI, *Note etimologiche ladine.* Serie I, «L'Italia dialettale» 14, 79-91.

SALZANO 1979
ANTONIO SALZANO, *Vocabolario napoletano-italiano. Italiano-napoletano*, Napoli, Società Editrice Napoletana.

SANGA 1978
GLAUCO SANGA, *Vocabolario del rungin*, in *Como e il suo territorio*, a cura di Roberto Leydi e Glauco Sanga, Milano, Silvana ed., pp. 391-438.

SANGA 1984
GLAUCO SANGA, *Dialettologia lombarda. Lingue e culture popolari*, Pavia, Aurora.

SANTORO 1974-75
CIRO SANTORO, *Note di fitonomastica apulo-salentina*, «Studi linguistici salentini» 7, 139-208.

SANTUCCI 1985
FRANCESCO SANTUCCI, *Vocabolario del dialetto del contado di Assisi (Valle del Tescio-Chiascio)*, «L'Italia dialettale» 48, 225-242.

SARACINO 1957
GIACOMO SARACINO, *Lessico dialettale bitontino.* Nuova ed. a cura del Dott. Vincenzo Valente, Bari, Scuola tip. Orfanotr. Salesiano.

SARTOR 1995
MARIO SARTOR CECILIOT, *I latinismi liturgici nei dialetti*, «Studi mediolatini e volgari» 41, 113-125.

SAVINI 1881
GIUSEPPE SAVINI, *La grammatica ed il lessico del dialetto teramano*, Torino, Loescher.

SCALFI 1983
EZIO SCALFI, *Duemila parole del mio paese. Tentativi etimologici sul dialetto di Tione*, Trento, Editrice Panorama.

SCARDIGNO 1963
ROSARIA SCARDIGNO, *Nuovo lessico molfettese-italiano*, Molfetta, Mezzina.

SCERBO 1991
ERCOLE SCERBO, *Il nome della cosa. Nomi e nomignoli degli organi sessuali*, Milano, Mondadori.

SCHEUERMEIER 1980
PAUL SCHEUERMEIER, *Il lavoro dei contadini*, Milano, Longanesi.

SCIASCIA
LEONARDO SCIASCIA, *Occhio di capra*, Torino, Einaudi, 1984.

SCHNELLER 1870
CHRISTIAN SCHNELLER, *Die romanischen Volksmundarten in Südtirol*, Gera, Amthor.

SCHÖPF 1866
J. B. SCHÖPF, *Tirolisches Idiotikon*, vollendet von A. J. Hofer, Innsbruck, Wagner.

SCHUCHARDT 1905
HUGO SCHUCHARDT, *An Adolf Mussafia*, Graz.

SCHUCHARDT 1907
HUGO SCHUCHARDT, *Etymologisches*, in «Zeitschrift für romanische Philologie» 31, 641-666.

SCHUCHARDT 1911
HUGO SCHUCHARDT, *Zürgelbaum*, «Zeitschrift für romanische Philologie» 40, 385-396.

SCHÜRR 1974
FRIEDRICH SCHÜRR, *La voce della Romagna. Profilo linguistico letterario*, Ravenna, Girasole.

SCHÜRR 1978
FRIEDRICH SCHÜRR, *Alcune etimologie romagnole riguardanti il vino*, in *Italia linguistica nuova ed antica. Studi linguistici in memoria di Oronzo Parlangeli*, a cura di Vittore Pisani e Ciro Santoro, vol. II, Galatina, Congedo, pp. 229-232.

SELLA 1937
PIETRO SELLA, *Glossario latino emiliano*, Città del Vaticano, Biblioteca Apostolica Vaticana.

SERRA 1922-23
GIAN DOMENICO SERRA, Recensione a ALFREDO SCHIAFFINI, *Intorno al nome e alla storia delle chiese non parrocchiali nel Medio Evo*, «Dacoromania» 3 (1922-1923) 943-953.

SERRA 1927-28
GIAN DOMENICO SERRA, *Ceneri e faville*, «Dacoromania» 5 (1927-1928) 426-467.

SERRA 1931
GIAN DOMENICO SERRA, *Contributo toponomastico alla teoria della continuità nel medioevo delle comunità rurali romane e preromane dell'Italia superiore*, Cluj, Cartea Românească, 1931.

SERRA 1936-38
GIAN DOMENICO SERRA, *«Ceneri e faville». Note etimologiche e lessicali di dialettologia italiana. II*, «Dacoromania» 9 (1936-1938) 161-205.

SERRA 1941
GIAN DOMENICO SERRA, *Ceneri e Faville. III. Note etimologiche e lessicali di dialettologia italiana*, «Archivio Glottologico Italiano» 33, 102-124.

Serra 1965
Gian Domenico Serra, *Lineamenti di una storia linguistica dell'Italia medioevale*, Napoli, Liguori.

Sgroi 1994
Salvatore Claudio Sgroi, *Diglossia, prestigio e varietà della lingua italiana*, Enna, Il Lunario.

Sguerso 1985
Rosa e Anita Sguerso, *Compendio di voci ed espressioni del dialetto savonese*, Savona, «A Campanassa».

Silvestri 1977
Domenico Silvestri, *I continuatori di* jŭtta *nei dialetti dell'Italia meridionale*, «L'Italia dialettale» 40, 123-136.

Silvestrini 1981
Marcello Silvestrini, *Lisciano Niccone e la val di Pierle*. Appunti storici e dialettologici, con una premessa di Francesco A. Ugolini, Perugia, Salvi.

Silvestrini 1983
Marcello Silvestrini, *Vocabolario del dialetto della val di Pierle*, Perugia, Edizioni Università per stranieri.

Silvi - Simoncelli 1992
Agostino Silvi - Ermanno Simoncelli, *Come parlavano i Fanesi*. I, Vocabolario, Fano, Edizioni Fortuna.

Skok 1971-74
Petar Skok, *Etimologijski riečnik hrvatskoga ili srpskoga jezika*, Zagreb.

Sornicola - Varvaro 1975
Rosanna Sornicola - Alberto Varvaro, *Vocabolario etimologico siciliano*, Palermo, Centro di studi filologici e linguistici siciliani.

Spano 1851
Giovanni Spano, *Vocabolario sardo-italiano e italiano-sardo*, Cagliari, Tipografia nazionale.

Sperandini - Vampa 1975
Gigin Sperandini - Sandro Vampa, *Le parol de Fan*, Fano, Tip. Sonciniana.

Spezzano 1972
Francesco Spezzano, *Guida ai detti calabresi. Loro origine e significati*, Milano, Sugar.

Spitzer 1921
Leo Spitzer, *Die Umschreibungen des Begriffes «Hunger» im Italienische*, Halle a.S., Niemeyer.

Spitzer 1955
Leo Spitzer, *Parole vuote (a proposito di* blittri), «Lingua nostra» 16, 1.

Spotti 1929
Luigi Spotti, *Vocabolarietto anconitano-italiano*, Genève, Olschki.

Stampa 1937
Renato Agostino Stampa, *Contributo al lessico preromanzo dei dialetti lombardo-alpini e romanci*, Zürich-Leipzig, Niehans.

Stefanini 1982
Ruggero Stefanini, *Fior.* vòcolo: *un dato dialettale e un esercizio etimologico*, «Quaderni dell'Atlante lessicale toscano» 193-194.

Stussi 1962
Alfredo Stussi, *Ancora su «sciacchetrà»*, «Lingua nostra» 23, 113.

Tagliavini 1926
Carlo Tagliavini, *Il dialetto del Comèlico*, «Archivum Romanicum» 10, 1-200.

Tagliavini 1934
Carlo Tagliavini, *Il dialetto del Livinallongo*, Bolzano, Istituto di studi per l'Alto Adige.

Tagliavini 1944
Carlo Tagliavini, *Nuovi contributi alla conoscenza del dialetto del Comèlico*, «Atti dell'Istituto veneto» 102 (1942-1943) 843-884; 103 (1943-1944) 181-245 e 287-350 [anche in estratto: Venezia 1944].

Tagliavini 1946
Carlo Tagliavini, *Guida alle tesi di laurea e di perfezionamento nelle discipline linguistiche*, Bologna, Pàtron.

Tagliavini 1949
Carlo Tagliavini, *Di alcune denominazioni della «pupilla»*, «Annali dell'Istituto Universitario Orientale di Napoli» n.s., 3, 341-378.

Tagliavini 1963
Carlo Tagliavini, *Storia di parole pagane e cristiane attraverso i tempi*, Brescia, Morcelliana.

Tagliavini 1964
Carlo Tagliavini, *Le origini delle lingue neolatine*, Bologna, Pàtron (IV ed.).

Tagliavini 1967-68
Carlo Tagliavini, *Sull'etimologia del veneto* scheo, «Atti dell'Istituto veneto» 126 (1967-1968) 335-341.

Tagliavini 1982
Carlo Tagliavini, *Scritti minori*, Bologna, Pàtron.

Tagliavini 1988
Carlo Tagliavini, *Il dialetto del Comelico e Nuovi contributi alla conoscenza del dialetto del Comelico.* Prefazione di Giovan Battista Pellegrini, Feltre, Comunità Montana del Comelico e di Sappada.

Tappolet 1895
Ernst Tappolet, *Die romanischen Verwandtschaftsnamen*, Strassburg, Trübner.

Tarantino 1985
Nicola Tarantino, *Lessico del dialetto barlettano*, Barletta, Biblioteca Comunale.

Tassoni 1955
Giovanni Tassoni, *Proverbi e indovinelli. Folklore mantovano*, Firenze, Olschki.

Tassoni 1964
Giovanni Tassoni, *Tradizioni popolari del Mantovano*, Firenze, Olschki.

Temperli 1991
Rodolfo Temperli, *Voci dell'area di Filettole (Pisa) assenti nel Vocabolario pisano di Giuseppe Malagoli*, «L'Italia dialettale» 54, 127-219.

Tiraboschi 1873
Antonio Tiraboschi, *Vocabolario dei dialetti bergamaschi antichi e moderni*, Bergamo, Bolis.

Tiraboschi 1879
Antonio Tiraboschi, *Appendici al vocabolario dei dialetti bergamaschi.* I, Bergamo, Bolis.

Tissot 1976
Livio Tissot, *Dizionario primierotto*, Calliano, Provincia autonoma di Trento. Assessorato alle attività culturali.

Tognina 1967
Riccardo Tognina, *Lingua e cultura della val di Poschiavo*, Basilea, Società svizzera per le tradizioni popolari.

Tomasi 1992
Giovanni Tomasi, *Dizionario del dialetto di Revine*, II ed. riveduta e ampliata, Belluno, Istituto bellunese di ricerche sociali e culturali.

TOMASINI 1989
RENZO TOMASINI, *Il dialetto della Val Rendena*, S. Michele all'Adige, Museo degli usi e costumi della gente trentina.

TOMMASEO
NICCOLÒ TOMMASEO - BERNARDO BELLINI, *Dizionario della lingua italiana*, Torino, Unione tipografica ed. Torinese, 1929.

TOMMASINI 1906
CESARE TOMMASINI, *Vocabolario generale di pesca*. I, A-C, Torino, Paravia.

TONETTI 1894
FEDERICO TONETTI, *Dizionario del dialetto valsesiano*, Varallo, Camaschella e Zanfa.

TOPPINO 1924
GIUSEPPE TOPPINO, *Il dialetto di Castellinaldo*, «L'Italia dialettale» 1 (1924), 144-160; 3 (1927), 93-157; 5 (1929), 202-225.

TOPPINO 1927
v. Toppino 1924.

TOPPINO 1929
v. Toppino 1924.

TORQUATO 1966
TORQUATO, *Motti e detti milanesi*, Milano, Delfini (2ª ed.).

TOSCHI 1952
PAOLO TOSCHI, *Romagna tradizionale*, Bologna, Cappelli.

TOSO 1993
FIORENZO TOSO, *Gli ispanismi nei dialetti liguri*, Alessandria, Edizioni dell'Orso.

TRAINA 1868
ANTONINO TRAINA, *Nuovo vocabolario siciliano-italiano*, Palermo, Pedone Lauriel.

TRÉSOR 1980
*Trésor de la langue française* publié sous la direction de Paul Imbs, Paris, Éditions du Centre National de la Recherche Scientifique, 1971 e seguenti.

TRIFONE 1993
MAURIZIO TRIFONE, *Aspetti linguistici della marginalità nella periferia romana*, Perugia, Guerra Edizioni.

TRINCHIERI 1953
ROMOLO TRINCHIERI, *Vita di pastori nella campagna romana*, Roma, Fratelli Palombi.

TRINCI 1976
CECILIA TRINCI, *I nomi dei funghi in Toscana*, Firenze, «passato/presente» Libreria editrice fiorentina.

TROLLI 1991
DOMIZIA TROLLI, *Ancora* imbalzare, imbalzato, «Lingua nostra» 52, 56.

TROMPEO 1950
PIETRO PAOLO TROMPEO, *Drondrona*, «Lingua nostra» 11, 16-17.

TROPEA 1971-73
GIOVANNI TROPEA, *La fortuna di* eskarión *nel Mediterraneo*, «Bollettino dell'Atlante linguistico mediterraneo» 13-15, 273-293.

TROPEA 1974
GIOVANNI TROPEA, *Tradizione di parole*, «Quaderni di filologia e letteratura siciliana» 2, 55-70.

TROPEA 1976
GIOVANNI TROPEA, *Le denominazioni siciliane degli incotti o «vacche»*, in *Aree lessicali.* Atti del X Convegno per gli studi dialettali italiani (Firenze, 22-26 ottobre 1973), Pisa, Pacini, pp. 359-402.

TROPEA 1980
GIOVANNI TROPEA, *Nuovo contributo alla conoscenza dell'italiano di Sicilia*, «Bollettino del Centro di studi filologici e linguistici siciliani» 14, 372-392.

TROPEA 1988
GIOVANNI TROPEA, *Lessico del dialetto di Pantelleria*, Palermo, Centro di studi filologici e linguistici siciliani.

TROPEA 1991
GIOVANNI TROPEA, *A putìmisi du parmentu*, «L'Italia dialettale» 54, 345.

TROVATO 1976
v. Gulino 1976.

TROVATO 1992
SALVATORE C. TROVATO, *Nomi di santi nella paremiologia siciliana: San Cucufate*, in *Studi linguistici e filologici offerti a Girolamo Caracausi*, Palermo, Centro di studi filologici e linguistici siciliani, pp. 495-500.

UGOLINI 1970
v. Catanelli 1970.

UGOLINI 1982
FRANCESCO A. UGOLINI, *Per la storia del dialetto di Roma. Il romanesco di C. Castelletti (1587)*, Perugia, Opera del vocabolario dialettale umbro.

UGOLINI 1983
FRANCESCO A. UGOLINI, *Intorno a una recente edizione della Cronaca romanesca di anonimo*, «Contributi di dialettologia umbra» 2, 57-109.

UGOLINI 1988-89
FRANCESCO A. UGOLINI, *Il* Perfettissimo Dittionario delle parole più scelte *di Spoleto (1702) di Paolo Campelli.* Parte II. Riordinamento alfabetico, riscontri lessicali, etimologie, A-C, in «Contributi di filologia dell'Italia mediana» 2 (1988) 5-78; 3 (1989) 5-86.

UNGARELLI 1901
GASPARE UNGARELLI, *Vocabolario del dialetto bolognese*, Bologna, Zamorani e Albertazzi.

URIELI 1979
COSTANTINO URIELI, *Dialetto e folclore a Jesi e nella Vallesina*, Jesi, Biblioteca comunale.

VACCARO 1967
GENNARO VACCARO, *Dizionario delle parole nuovissime e difficili*, Roma, Romana Libri Alfabeto.

VACCARO 1969
GENNARO VACCARO, *Vocabolario romanesco-trilussiano e italiano-romanesco. Etimologico, lessicale, grammaticale, fraseologico, dei proverbi e dei modi proverbiali, dei sinonimi e degli opposti*, Roma, Romana Libri Alfabeto.

VALENTE 1963-64
VINCENZO VALENTE, *Ittiologia molfettese*, «Bollettino dell'Atlante linguistico mediterraneo» 5-6 (1963-1964) 139-147.

VALENTE 1964
VINCENZO VALENTE, *A proposito di gualano*, «Lingua nostra» 25, 113-114.

VALENTE 1971-73
VINCENZO VALENTE, *Fortuna dell'etnico 'schiavo', 'schiavone' nelle parlate pugliesi*, «Bollettino dell'Atlante linguistico mediterraneo» 13-15 (1971-1973) 261-271.

VALENTE 1978
VINCENZO VALENTE, *Osservazioni sopra alcuni etimi di voci meridionali*, «L'Italia dialettale» 41, 285-304.

VALENTE 1978a
VINCENZO VALENTE, *A proposito del mer. jotta e lat. jŭtta*, «L'Italia dialettale» 41, 283-284.

VALENTE 1980
VINCENZO VALENTE, *Osservazioni sopra alcuni dialetti garganici*, «Lingua e storia in Puglia» 10, 25-30.

VALENTE 1985
VINCENZO VALENTE, *Osservazioni sopra alcuni etimi di voci meridionali.* II, «L'Italia dialettale» 48, 254-270.

VALENTE 1993
VINCENZO VALENTE, Recensione a M. CORTELAZZO - C. MARCATO, *Dizionario etimologico dei dialetti italiani* (Torino 1992), «L'Italia dialettale» 56, 365-374.

VALENTE 1995
VINCENZO VALENTE, Recensione a M. CORTELAZZO - C. MARCATO, *Dizionario etimologico dei dialetti italiani* (Torino 1992), «L'Italia dialettale» 58, 205-213.

VALSECCHI 1960
LAURA VALSECCHI PONTIGGIA, *Saggio di vocabolario valtellinese*, Sondrio, Banca Popolare.

VARVARO 1973
ALBERTO VARVARO, *Notizie sul lessico della Sicilia medievale. I, Francesismi*, «Bollettino del Centro di studi filologici e linguistici siciliani» 12, 72-104.

VARVARO 1974
ALBERTO VARVARO, *Prima ricognizione dei catalanismi nel dialetto siciliano*, «Medioevo romanzo» 1, 86-107.

VARVARO 1986
v. VES.

VASCOTTO 1987
ANTONIO VASCOTTO, *Voci della parlata isolana nella prima metà di questo secolo*, Imola, Galeati.

VASMER 1953-58
MAX VASMER, *Russisches etymologisches Wörterbuch*, Heidelberg, Winter.

VÀTOVA 1954
GIUSEPPE VÀTOVA, *Saggio di proverbi istriani* (opera postuma), Venezia, Ist. tip. editoriale.

VDSI
*Vocabolario dei dialetti della Svizzera Italiana*, Lugano, Mazzuconi, 1952 e seguenti.

VEI
ANGELICO PRATI, *Vocabolario etimologico italiano*, Milano, Garzanti, 1951.

VENTURI 1996
SUSANNA VENTURI, *Giochi di Romagna*, Ravenna, Longo.

VERONESI 1969-70
GIANFRANCA VERONESI, *Acquisizioni popolari del latino ecclesiastico.* Tesi di laurea inedita, Università di Padova.

VES
ALBERTO VARVARO, *Vocabolario etimologico siciliano*, con la collaborazione di Rosanna Sornicola. Volume I (A-L), Palermo, Centro di studi linguistici e filologici siciliani, 1986.

VIDARI 1972
GIOVANNI VIDARI, *Vocabolario del dialetto di Vigevano*, Firenze, Olschki.

VIDOS 1965
BENEDEK ELEMÈR VIDOS, *Prestito, espansione e migrazione dei termini tecnici nelle lingue romanze e non romanze*, Firenze, Olschki.

VIDOSSI 1946
GIUSEPPE VIDOSSI, *La nuova edizione del vocabolario del Cappuccini*, «Lingua nostra» 7, 92-96.

VIDOSSI 1948
GIUSEPPE VIDOSSI, In santo *e* fuori di santo, «Lingua nostra» 9, 25.

VIDOSSI 1960
GIUSEPPE VIDOSSI, *Saggi e scritti minori di folklore*, Torino, Bottega d'Erasmo.

VIDOSSICH 1905
GIUSEPPE VIDOSSICH, *Etimologie*, «Archivio Glottologico Italiano» 16 (1902-1905) 367-369.

VIDOSSICH 1906
GIUSEPPE VIDOSSICH, *Etimologie*, «Zeitschrift für romanische Philologie» 30, 202-206.

VIGNOLI 1911
CARLO VIGNOLI, *Il vernacolo di Castro de' Volsci*, «Studj romanzi» 7, 116-296.

VIGNOLI 1926
CARLO VIGNOLI, *Lessico del dialetto di Amaseno*, Roma, Società filologica romana.

VIGNUZZI 1981
UGO VIGNUZZI, *Italiano centrale e settentrionale «barégno», «berigno(lo», «brégno», «-a» (REW 905)*, «L'Italia dialettale» 44, 119-145.

VIGOLO 1992
MARIA TERESA VIGOLO, *Ricerche lessicali sul dialetto dell'Alto Vicentino*, Tübingen, Niemeyer.

VINCELLI 1995
ANTONIO VINCELLI, *Vocabolario ragionato del dialetto di Casacalenda.* Introduzione di Giose Rimanelli, Campobasso, Edizioni Enne.

VINJA 1986
VOJMIR VINJA, *Jadranska fauna. Etimologija i struktura naziva*, Split, Logos.

VIOLI 1982
FRANCO VIOLI, *Storia di parole e di nomi proprî modenesi*, Modena, Aedes Muratoriana.

VIVIANI 1928
UGO VIVIANI, *Vita, Opere, Iconografia, Bibliografia, Vocabolario inedito delle Voci aretine e Libro inedito dei «Ricordi» di Francesco Redi.* Parte II, Arezzo, Viviani.

VOCABOLARIO AMPEZZANO 1986
*Vocabolario ampezzano* coordinato dal Prof. Enzo Croatto, Belluno, Cassa rurale ed artigiana di Cortina d'Ampezzo.

VOCABOLARIO DELLA LINGUA ITALIANA
*Vocabolario della lingua italiana*, Roma, Istituto della Enciclopedia Italiana, 1986-1994.

VOCABOLARIO DELLE PARLATE LIGURI
*Vocabolario delle parlate liguri*, Genova, Consulta Ligure, 1985-1992.

VOCABOLARIO REGGIANO-ITALIANO 1832
*Vocabolario reggiano-italiano*, Reggio, Torreggiani e Compagno.

VOLPATI 1913
CARLO VOLPATI, *Nomi romanzi del pianeta Venere*, «Revue de dialectologie romane» 5, 312-355.

VOLPATI 1932
CARLO VOLPATI, *Nomi romanzi degli astri Sirio, Orione, le Pleiadi e le Jadi*, «Zeitschrift für romanische Philologie» 52, 152-211.

VOLPATI 1933
CARLO VOLPATI, *Nomi romanzi della via lattea*, «Revue de linguistique romane» 9, 1-51.

VOLPI 1932
GUGLIELMO VOLPI, *Saggio di voci e maniere del parlar fiorentino*, Firenze, Sansoni.

VOX
*Diccionario general ilustrado de la lengua española* (Vox), 2e por D. Samuel Gili Gaya, Barcelona, Spes, 1953.

WAGNER 1920
MAX LEOPOLD WAGNER, *Sardisch* kenábura *«Freitag»*, «Zeitschrift für romanische Philologie» 40, 619-621.

WAGNER 1928
MAX LEOPOLD WAGNER, *Über Geheimsprachen auf Sardinien*, «Volkstum und Kultur der Romanen» 1, 69-94.

WAGNER 1934
MAX LEOPOLD WAGNER, *Über meine Sammelarbeit auf dem Gebiet des Sardischen Argots*, «Volkstum und Kultur der Romanen» 7, 349-351.

WAGNER 1938
MAX LEOPOLD WAGNER, *Flessione nominale e verbale nel sardo antico e moderno*, «L'Italia dialettale» 14, 93-170.

WAGNER 1944
MAX LEOPOLD WAGNER, *Siz.* mafarata, «Zeitschrift für romanische Philologie» 54, 63-67.

WAGNER 1950
MAX LEOPOLD WAGNER, *La lingua sarda*, Bern, Francke s.d. [ma 1950].

WOLF 1992
HEINZ JÜRGEN WOLF, *Studi barbaricini. Miscellanea di studi linguistici sardi*, Cagliari, Edizioni Della Torre.

ZACCARIA ANTONUCCI 1985
PINA ZACCARIA ANTONUCCI, *Piccolo vocabolario sublacense*, Subia, Iter.

ZAGAROLO 1982
*Zagarolo: un dialetto, una cultura, un modo di essere*, (a cura di) Michele Lacetera, Roma, Trevi.

ZAMBONI 1971
ALBERTO ZAMBONI, Recensione al *Dizionario del feltrino rustico* di B. Migliorini - G. B. Pellegrini (Padova 1971), «Studi mediolatini e volgari»19, 237-241.

ZAMBONI 1972
ALBERTO ZAMBONI, *Un'etimologia friulana* rundugne *(con alcune osservazioni sui nomi della cannarecchia, Sorgum halepense Pers. nel dominio linguistico italiano)*, «Studi linguistici friulani» 2, 113-127.

ZAMBONI 1972a
ALBERTO ZAMBONI, *Sul friulano* cidivòc, «Studi mediolatini e volgari» 20, 223-239.

ZAMBONI 1973
ALBERTO ZAMBONI, *Etimologie friulane e venete*, «Studi linguitici friulani» 3, 11-61.

ZAMBONI 1973a
ALBERTO ZAMBONI, *Spappiello*, «Lingua nostra» 34, 96.

ZAMBONI 1974
ALBERTO ZAMBONI, *Enca, lenca*, «Lingua nostra» 35, 10-11.

ZAMBONI 1974-75
ALBERTO ZAMBONI, *Ancora sul termine alto-adriatico «fele» (fele di acqua, acqua in fele) 'marea ristagnante'*, «Bollettino dell'Atlante linguistico mediterraneo» 16-17, 227-238.

ZAMBONI 1975
ALBERTO ZAMBONI, *Una voce nord-orientale* zoni *«rulli, birilli»*, «Lingua nostra» 36, 14-19.

ZAMBONI 1976
ALBERTO ZAMBONI, *Surselvano* amiuns, *fassano* magum, *romanzo alpino* magoia, «Vox romanica» 35, 40-47.

ZAMBONI 1981
ALBERTO ZAMBONI, *Lineamenti di fitonimia veneta*, in *Guida ai dialetti veneti III*, a cura di Manlio Cortelazzo, Padova, Cleup, pp. 35-60.

ZAMBONI 1982
ALBERTO ZAMBONI, *Un ignoto arabismo veneziano*, in *Atti del I Convegno su la Presenza culturale italiana nei Paesi Arabi* (Napoli, 28-30 maggio 1980), Roma, Istituto per l'Oriente, pp. 87-92.

ZAMBONI 1983
ALBERTO ZAMBONI, *Del DESF ed altro*, «Atti e memorie della Società istriana di archeologia e storia patria» 31, 305-318.

ZAMBONI 1984
ALBERTO ZAMBONI, *Di alcuni continuatori mediani del germ. *skaiđo «mestolo, cucchiaio»*, «L'Italia dialettale» 47, 311-314.

ZAMBONI 1984a
ALBERTO ZAMBONI, *I dialetti cadorini*, in *Il ladino bellunese.* Atti del Convegno internazionale (Belluno, 2-4 giugno 1983), a cura di G. B. Pellegrini e S. Sacco, Belluno, Istituto bellunese di ricerche sociali e culturali, pp. 45-83.

ZAMBONI 1986
ALBERTO ZAMBONI, *Gli anglicismi nei dialetti italiani*, in *Elementi stranieri nei dialetti italiani. 1.* Atti del XIV Convegno del C.S.D.I. (Ivrea, 17-19 ottobre 1984), Pisa, Pacini, pp. 79-123.

ZAMBONI 1989
ALBERTO ZAMBONI, *Note ed integrazioni ad un nuovo dizionario etimologico d'area veneta*, in *Dialettologia e varia linguistica per Manlio Cortelazzo*, a cura di GianLuigi Borgato e Alberto Zamboni, Padova, Unipress, pp. 391-399.

ZAMBONI 1991
ALBERTO ZAMBONI, *Postille etimologiche ladino-venete*, in *Saggi di linguistica e di letteratura in memoria di Paolo Zolli*, a cura di G. Borghello, M. Cortelazzo e G. Padoan, Padova, Antenore, pp. 437-446.

ZAMBONI 1991a
ALBERTO ZAMBONI, *Romanismi e altri strati linguistici nella Slavia Triestina*, in *Per Giovan Battista Pelllegrini. Scritti degli allievi padovani*, Padova, Unipress, 97-168.

ZAMBONI 1992
ALBERTO ZAMBONI, *Qualche etimo alpino, veneto e friulano*, «Archivio per l'Alto Adige» 86, 307-314.

ZAMBONI 1994
ALBERTO ZAMBONI, *Cast. Cañavera*, in *Latinitas Biblica et Christiana. Studia philologica varia in honorem Olegario Garcia de la Fuente.* Coordinado por F. Sojo Rodriguez, Madrid, Ediciones Universidad Europea, pp. 117-123.

ZAMBONI 1997
Recensione a GABRIELE ANTONIOLI - REMO BRACCHI, *Dizionario etimologico grosino [DEG], con annotazioni di carattere etnografico e storico e repertorio italiano-grosino.* Prefazione a cura di Max Pfister (Grosio, Biblioteca comunale - Museo del costume, 1995), «Zeitschrift für Romanische Philologie» 113 (1997) 511-523.

ZANAZZO 1907-10
GIGGI ZANAZZO, *Tradizioni popolari romane*, 3 voll., Roma, S.T.E.N.

ZANAZZO 1960
GIGGI ZANAZZO, *Proverbi romaneschi, modi proverbiali e modi di dire*, a cura di Giovanni Orioli, Roma, Staderini.

ZANCHI ALBERTI
COSTANZA ZANCHI ALBERTI, *Lessico del dialetto di Sansepolcro (Arezzo)*, «L'Italia dialettale» 13 (1937) 207-224; 15 (1939) 137-148.

ZANDEGIACOMO DE LUGAN 1988
IDA ZANDEGIACOMO DE LUGAN, *Dizionario del dialetto ladino di*

*Auronzo di Cadore*, Belluno, Istituto bellunese di ricerche sociali e culturali.

ZANETTE 1955
EMILIO ZANETTE, *Dizionario del dialetto di Vittorio Veneto*, Treviso, Longo & Zoppelli.

ZOLLI 1971
PAOLO ZOLLI, *L'influsso francese sul veneziano del XVIII secolo*, Venezia, Memorie dell'Istituto veneto di scienze, lettere ed arti, vol. 35, fasc. II.

ZOLLI 1973
PAOLO ZOLLI, *L'aria di Baruk-Abà*, «Lingua nostra» 34, 16.

ZOLLI 1984
PAOLO ZOLLI, *Due espressioni veneziane d'origine scritturale*, «Incontri linguistici» 9, 201-203.

ZOLLI 1985
PAOLO ZOLLI, *Accorsato*, «Lingua nostra» 46, 63.

ZOLLI 1986
PAOLO ZOLLI, *Le parole dialettali*, Milano, Rizzoli.

ZOLLI 1986a
PAOLO ZOLLI, *Tedeschismi morni nei dialetti italiani*, in *Elementi stranieri nei dialetti italiani. 1.* Atti del XIV Convegno del C.S.D.I. (Ivrea, 17-19 ottobre 1984), Pisa, Pacini, pp. 59-77.

# Autori letterari citati

Nell'elenco alfabetico che segue, per ogni autore sono indicati i lemmi del *Dizionario* in cui compaiono citazioni testuali.

C. Alvaro: galàno, mìnchia, pipinàro
G. Angioni: accózzu, fógu a íntru, lòlla, mòla[1], Sardégnë, sartìgliu
A. Arbasino: peracottàro
C. Arrighi: franclìn, rùccolo, sagratìna
L. Asprea: àcara, armacéra, àsc(hi)a, bàbbu, càḍḍipu, caliàre i fica, cammarùni, casaméccë, cassàra, cilàri, cinnaràru, cócula, cutrónë, fèngia, ferlàzza, giógghiu, gùta, jermànu, lattarïàrisi, magulà, mpàmiu, mùrcu, ngusciàri, nucàtula, pilùsciu, pìnna, ruvàci, sceccàru, simìci, tabbùtu, trifalùnu, trìvulu, vanédda, zìmbaru, zimbùni
R. Bacchelli: andiàle, brùfolo, cavurìn, cialàda, dàgala, fròld, giazón, gravìna, gròla, imbalzà, magón(e), matricianë, ncanàtë, pazzià, pennecà, piàrda, sanguéta
A. Baldini: càpë, pedalìno, sùca barùca
N. Balestrini: barachìn
A. Banti: bogià
L. Bartolini: còtola, frescóne, lòica, pizzàrda
G. Bassani: arsdóra, baüscià, ragàza antìga, sòzga, strùma
G. G. Belli: pisciabótte
A. Beltramelli: baùta, caplèt, càtro, galòfa, màrco, órdene
C. Bernari: gànga[2], magliàro
A. Bevilacqua: apòstolo, calamàstra, cavì, gabiàn, güsà, madéschi, pampógna, s-ciaróṡa, żàna
L. Bigiaretti: crèscia, pulcinàra
V. Bodini: scorsóne
G. Boine: pafèru
L. Bonanni: żìżża
G. Bonaviri: ammuccapassulùni, cafìsu, càlia, carùsu, catùcio, cirmuliàri, cròzza, ddìsa, erva bbiànca, gànga[2], nàsca, nìcu, ntirlàzzu, pìditu, scìcchë, tabbùtu
M. Bonfantini: arsdóra, caṡèra, ciòc(o), crōsa, lingéra, mondìna[1], monsù
A. Bonsanti: càpë
V. Brancati: arrunchiàri, bbùmma, camurrìa, fàcci di pìpa, fàrsa, fricàri, làstima
G. Bufalino: risulènti
D. Buzzati: pallunàrë, séngia
A. G. Cagna: Artabàn, famìna, fondùa, grìve, malàṡi, marmitòn, portacòa, scamoté, stróp, vìta
E. Calandra: torototèla
I. Calvino: bèu, brùfolo, camàlu, carùgiu, magàiu, ubàgu
R. Calzini: bogià
C. Camarca: mar(r)àna, pischèllo, sfottò, sfrëculïà, smandrappàto
F. Camon: bruscàndol(o), panaròt(o), pàtina, schizàr(e), sgrìsolo, slisegàre, slòfio, ṡolàre, sperlà i öf, spòtico, trìmo, tupinàra
G. Caprin: borèla, s-cénża
L. Capuana: càlia, gnìgnërë, gràsta, votaiànne, żàgara, zànni
V. Cardarelli: baùta, calìgo, gòi
G. Carducci: cìdolo, inghebbiàre, méiṡaru, néula, pịzacaréin, scrì(v)o scrì(v)o
G. Carretto: bagìgi, baucàre, bugànse, cavaöc, far bèrna, màre, sgàlmare, signàpola, stròpa, stropacùl
G. Cassieri: mappina, mùrgia, nòtes, panzaròttë
C. Cassola: bur(r)ìno, sciamannàto
C. Castellaneta: bagài
C. Cavour: livrànsa
C. Cederna: scarligàda
G. A. Cesareo: mànta
P. Chiara: invèrna
E. Chinol: baùco, carbonàzo, copìn, féde déi bóni costùmi, fià, strucà(re)
F. Ciampitti: cìtrë
B. Cicognani: camòrro, càtera
G. Civinini: caldàro, èrcule, menàita, spervèrso
C. Collodi: strachìn
G. Comisso: pésto
V. Consolo: abbéntu, aròi, ażżiżàri, babbalùci, bàganu, bàgghiu, balàta, bbiḍḍìna, burnìa, busunàgghia, carnizzèri, carùsu, cassarïóta, càtu, catùsu, ciancianèlla, ciànsa, cirnècu, cròzza, cubbàita, cùbbula, curàtulu, cùscusu, fanóji, fàuda, fellàta, gébbia, gìstra, guastélla, lancéḍḍa, làstima, lémmu, lupinàru, mafaràta, méusa, mùffoli, mùmmulu, muncipiḍḍìsu, mùsci(a), ntrìta, nucàtula, primusàli, proiètto, putìa, salìbba, sciamàrru, sfottò, spitittàtu, taḍḍarìta, tammusièllu, tannùra, tìmpa, tròfa, vaiàna, vanédda, vrìca, zòtta
B. Croce: guarracìno
F. Dall'Ongaro: andròna
G. D'Annunzio: accab(b)adòras, albàche, campièlo, cuòra, doṡàna, fiṡolèra, fumàna, launèḍḍas, maràso, mpìgna, ncanàtë, pìro, prësëndósë, rùghe e gràstu, sërpàrë, tànca, tàpo, trattùrë, vèlma, żàgara
S. D'Arrigo: armacéra, fuitìna, fuméri, (i)arrùsu, masacàn[1], mpapucchià(re), nzallanì, talià
S. D'Arzo: fiàcher
L. Daví: bailòt
M. D'Azeglio: bur(r)ìno, ciòcia
E. De Amicis: ucaréna
A. De Cespedes: chiàttë
L. De Crescenzo: ntal(l)ià
P. De Domenico: arsèla, bàcaro, branzìn, caligà, caorlìna, cogólo, comarègo, fraìma, guéta, lenguéta, maròta, rèfolo, ré fureghìn, sópa, squèro, stizón, sùro
A. De Jaco: làgno
G. Deledda: albàche, armìḍḍa, ascusóriu, bandi(d)àre, bardàna, belléi, bèrtula, cananèa[2], chèḍḍa, còrbula, corrèdda, cùccuru, cumbessìa, filindèu, fulànu, galànu, giàna, giovìàna, lìttu, malùne, masèdu, mastrùcca, muristèni, mùsca maghèḍḍa, nàscu, pàna, pappanìve, pàra, pàtiu, pèrca, pirichìttu, serràia, sogrónżu, terìa, turulìa
E. De Marchi: lasmastà, marsìda, pistàgna, sanmichée, sóstra, travèt[2]
E. De Martino: mutàte, sërrëtègg'
C. De Nicola: ammantecàto
F. De Roberto: cassàta, gianfótre, vìta
G. Dessì: capidànni, launèḍḍas
L. Di Breme: màgna
S. Di Giacomo: capèra, franfellìcche, pastìglia, sfurcàto
A. Di Jorio: cunżólë, granìttë, nàsprë
D. Dolci: annarbàri, arriminàri, arrunchiàri, assitàrisi, càlia, cardélla, càssaru, craséntulu, culòrvia, cùtra, ficudìnnia, firnicìa, gìra, liàri, linguïàri, ràzza, rinìsca, strascìnë
M. D'Orta: sgarrupà(re)
C. Dossi: apòstolo, baüscià, cìncu, criscigòre, fiàra, fiòca, forlocà, pampalùga, racàgna, riàl, svànzega
G. Faldella: àlido, Artabàn, bailòt, beatèla, contàc', ése al piàn di(i) bàbi, fàuda, giojèt, gratapapè, grìve, maciavélica, minènte, plófar, vésa
F. Fellini: bambòz(o), gnòca, lòf(f)a, manìn, patàca, pugnètta, sóc'-mel, visdecàz

B. Fenoglio: ciabòt, difisiòs, gené, giontéje, maciavélica, mìra[2], nàpoli, porà, s-ciavénsa, tiré dér sàtere

T. Fiore: avùzzu, puḍḍàra[1], vòra, zilàtë, zurléra

A. Fogazzaro: bóżera, da trò(d)i, pistapàuta, popòla, profòs, rabél, s-ciào, svànzega

U. Foscolo: panatón, piriguldìn

R. Fucini: allicciàre, bròcciolo, camòrro, grétola, pettàta, piallàccio, pollìno, scazzètta, sinìbbio

C. E. Gadda: bàgna, brènta, carèga, mìca, móna, mondìna[1], panatón, pìrla, pròspero, rü(d)èra, sanmichée, senàle, sóstra, usmàr(e)

G. Gargiolli: nàppo

V. Gioberti: pénna

P. Giordani: bóżera

G. Giusti: zampó(u)n

L. Goldoni: ómbra

V. Gorresio: madàma

S. Gotta: fondùa

C. Govoni: enrośadìra, goléna, magón(e), mondìna[1], pulcinàra

G. Gozzano: strachìn

C. Gozzi: giridòn

A. Graf: marsìda

G. Guareschi: rocolàre

F. Guccini: affaccàrsi, arviśà, bambàna, bròcciolo, brógna, bufàgna, burà[1], clur, còrc, cucumél, dedladalàqua, fèr la vècia, ghéga, maràje, patàja, pirî̀n, ràża, rumèla, rumlèina, sbadilèr, sbraghirèr, scanchèr, scarciàna, scherm(l)ìr al sànghev, sciovrà(re), sfibièda, sgablèr, sgiarunèda, sgugnèr, slumèr, snadrażèr, soiòla, spólt, strafugnèr, strufión, stumpàj, tirà i aghìt, vizzàdro, żambèla, żèrle

T. Guerra: bambòz(o), gnòca, lòf(f)a, manìn, patàca, pugnètta, sóc'-mel, visdecàz

F. Guerrazzi: grétola, lumencrìsti

V. Imbriani: ciandèllë, contàc', gràsta, mazziàto, palìcu, parrìnu, pàssera, proiètto, strù(f)fole

P. Jahier: bòcia, fàva barbintàna, màgna

F. Jovine: abbioccàto, andënijérë, sàgna, strascìnë

R. La Capria: capitóne, fellóne, mazzóne, munacièddë, réfolo, scazzètta, scugnìzzo, vaglióne, vavósa, strù(f)fole

T. Landolfi: métte lu spurvirìnu

C. Laurenzi: carovàna di màre

G. Ledda: tànca

C. Levi: attittìdos, bèrbu, carróga, diśamistàdë, dogàre, gnëmmërìddë, màlë du uàrchë, mënghiarìl, munacièddë, ntirlàzzu, savàda, terramànna, żàmmaru

P. Levi: fa la fìśica, panatèra, pègher, perpojìn, saloparìa, truschìn, urìja 'd crin

C. Linati: bośìn, bośinàda, carùgiu, pànera

G. E. Luraghi: borlànda, bośìn, clèr

M. Luzi: mugliàre

R. Malaguti: ciucó(u)na

C. Malaparte: figlio d'a Madònna

A. Mallardi: lutrìnë, mazzóne, sfìzio, sparasàlze

A. Mancusi: strascìnë

F. Manno: fresèlla

A. Manzoni: abbacchiàto, ariàn, arsèla, càdie, cìncu, martoràš, medìna, pólt(a), puvèta, strachìn, tapèla, tóso, vaiàna, zuf

D. Maraini: annacàri, babbalùccio, bbàcara, bàbbu, caponàta, càusi, frùšculu, ménna, méusa, nòfriu, picciòttu, sfìncia, supplì, tammusièllu, zammù, zìta

G. Marotta: figlio d'a Madònna, pazziarièllo, peòcio, vàscio

F. Martini: fög servàdig

P. Martini: dròśa, nòda, patrìzi, pìdro

F. Mastriani: tëllëcà, zèppola

L. Mastronardi: barcé, basùra, belè, dȍitu, murné, rüsnà, trüsà

L. Meneghello: balustràto, rancuràre, rocolàre, salà l café

E. Montale: arembà, avenà, fümàsi, infèrn, làma, pantegàna, peòçio, pésto, riàl, rùgiu, sciachetrà, simèlu, sinìbbio

A. Montemaggiore: tròśo

A. Moravia: bur(r)ìno, ciòcia, macèra, matriciànë, parzënàvële, pennecà, péttola, votaiànne, zìnna

M. Moretti: acquacetosàro, albéna, aquadèla, aròla, baśariòto, bilìn, brodéto, burdèl, canéna, créa, creénza de cuntadéin, dvànda, galàna, malmostós, os buś, passatèlli, pié, pipinàro

P. Neri: saìna[1]

I. Nieri: boccó del contadì, buffardèllo, pref(f)idiàre

I. Nievo: bagìgi, bòra, brovàde, canfìno, cherdensón, dirocầt, favìte, galèta, montàne, paràre, racàgna, sanguéta, satèlite

R. Nigro: acquasàlë, agliànico, àstracu, bënërìc, capèra, capozzià, cardógna, càsparu, chiàcchë dë mbìsë, chianchéri, cìcënë, crësuòmëlë, cummàra d'ógne, diavëléttë, facétula, frùšculu, gràva, gravìna, lapinàru, mbasturavàcca, mìcculë, mùrgia, parànzë, parlaméndë, përchiàzza, rìccö pëlónë, sarchiapónë, saròla, scartëllàto, scurnacchiàto sgarrupà(re), spàsë, strascënàtë, suttànu, tërócciolë, trùḍḍu, tùppë, verdolìva

V. Nigro: quatrìddo

G. Nuvoletti: biólca, boiàca, brümestón, dimóndi, foiàde, franclìn, mòlta, móndoi, paiàda, scosèt, scusàl, soarìna

G. Occhiato: assaddàri, (c)risàra, ducimìa, lémmu, megasibìlla, pruvìncu, singàre, sìsiḍḍa, spagnàre, strùg(g)ia, timógna, tìmpa

U. Ojetti: camàlu, fàuda, fusaiàro, laorièro, matriciànë

V. Orefice: sgrollàre

A. M. Ortese: żagrellàra

G. Pansa: bambliné, blaghéur, farinèl[2], pósca, rüpì, sansosì, sbafumé, sulié

E. Panunzio: matìnë

A. Panzini: bernùs, biśàto, bricòla[1], giubbedòmmene, tajèr

F. Paolieri: scrìv(o) scrìv(o)

G. Papa: bȕza

C. Pascarella: albàche

G. Pascoli: aròla, bòra, ciuzéta, delùio, fàre riàlti, giannèllo, lombàrdo, màcole, mars, mondìna[2], pié, pregàdi, żèrle

P. M. Pasinetti: bómbo, campièlo, clìnto, ómbra

P. P. Pasolini: abbioccàto, anvédi, bàrba, bur(r)ìno, caciàra, ciriulà, clìnto, deda[1], desperà come Ana, dindaròlo, magrḗt, mùla, pipinàro, pischèllo, róscio

E. Patti: cuònzu, ràsola

C. Pavese: cichèt(o), lèa, piòla, tàmpa, tòta, venturìn

E. Pea: accurà, bastrèngo, fumìno, làpido, linchétto

G. Pederiali: butafóg, impizàr, marangón

C. Percoto: galèta, lampầ

G. Piovene: campièlo, caplèt, cunżólë

L. Pirandello: bàgghiu, carùsu, curàtulu, fumétto, greppìna, lumìa, pedalìno, risulènti

G. Pirelli: rü(d)èra

C. Porta: bancaràus, cat

N. Pozza: cavaliéro, chèba, gnàro, precànta, rancuràre, rantegàr(e)

M. Praga: spazabaslòt

M. Pratesi: travèt[2]

D. Prato: béco, màtra, mistrà, spàrë

V. Pratolini: baforìna, lìscite, magliàro, rificolòna, scrì(v)o scrì(v)o

G. Pugnetti: bògolo, cesùra, copìn, fià, gàfa, gargàto, maltèca, màmo, sanguéta, sbregàre

P. A. Quarantotti Gambini: anguśìgolo, bàrba, bòra, cagòia, calìgo, ciacolàr, gràia, móna, mùla, parangàl(o), pianèr, pomèla, stèura, żuf

S. Quasimodo: bivéri, marranzànu

G. Ragazzoni: baléngo, dàlmeda, da trò(d)i, mo(l)éca, spriz

A. Ranieri: minènte

D. Rea: arrëcrìo, cacciuttiéllo, capèra, cesarièllo, cëstùnië, crësuòmëlë, franfellìcche, ìrsenë 'e càpa, mafariéllo, marùzza, méusa, mulignàna, purchiàcca, sfèrra, vàsulo

V. Riccardi di Lantosca: svànzega

A. M. Ripellino: arrappàto, cànna de chiàvëca, lattuchìglië, parasàcco

F. Romani: accursàtë, vrãgnë

U. Saba: pàssera

R. Sacchetti: ravìn, stróp

N. Salvalaggio: canòcia

P. Santi: arvéntu, sommòmmo(lo)

S. Satta: alternòs, àrdia, bardàna, bìḍḍa, cràstu, culurżònes, giuppòne, gurtùrju, istérju, jàcca, lèppa, lóriga, maripòsa[2], mastrùcca, méngu, piriguldìn, pusatèri, rimitànu, sóndro, stànco, sulóne, sùrbile, tànca, terràcca, tòccu pasàu, treméntu

G. Saviane: òstrega

A. Savinio: vaglióne

C. Sbarbaro: àrma[1], bruscolìni, crõsa, piróne, puèn

G. Scabia: deśìo

V. Scapin: canavèra, caràśa, gnàro, mażégo, se(v)itàre, soràn, tógo, usmàr(e), véża, viśèla

L. Sciascia: chiarchiàru, còsca, làstima, mùffoli, pampilònia, quaquaraquà

R. Scotellaro: chiàttë, murëvõs

F. Serantini: buràsca ed san Iuśèf, dunżèl, gavàso, pàroli

M. Serao: ammartënàto, ancinétto, bonafficiàta, contróra, ji'Avèrza, lùme a scarzèlla, pastìglia, picciòttu, serragliuólo, sfogliatèlla, tòrtano, vaìna, vàppu, vàscio

L. Settembrini: leosàccaru

C. SGORLON: aśimpón, bràide, gràva, màndi, spolèr(t), stàli, stòria dél siór inténto
I. SILONE: trattùrë
S. SLATAPER: bàbe, baìcolo, bòra, ciàpo, cròt, gànga², grèbano, mùla, mularìa, pantegàna, petès, raneglȍd, séngia
A. SOFFICI: biétta, pommaròla
M. SOLDATI: creàda, màgna, pìci
B. SOLINAS DONGHI: mìca
M. STANGHELLINI: padlón
S. STRATI: calandrèlle, cattìva, catûcio, gianfótre, maharòpa, mant(u)ònica, maométto, mùmmulu, mùsci(a), pir(u)òci, sfurcàto, tabbùtu
G. STUPARICH: ciacolàr, listón
I. SVEVO: sàntolo
I. TARCHETTI: madàma
T. TOMASI DI LAMPEDUSA: bunàca, cirnècu, lùme a scarzèlla, muffulèttu, pazzià, zimbìli
F. TOMIZZA: armènta, chèz, cùcer, fèla, fòibe, gràia, jùza, làco, licȍf, lòtria, màli, melonèra, misiòt, nónsolo, osmìza, pasaréta, pàstano, rodìna, śachè, sàntolo, spà(r)gher, stànzia, stradarèa, sùca barùca, tatàu, tigòr, vìla
G. TORELLI: biciulàn
F. TOZZI: abbacchiàto, greppìna, indovinèllo, inghebbiàre, sciàlbo
C. UGUSSI: stùrlo
R. VALENTE: baśoàl, gnógno, pipinàro, screà
P. VALERA: bàsla, cichèt(o), prestinè, sanmichée
S. VASSALLI: aiàl, bacialè, bùla, carbonàzo, carùgiu, farinèl², giovanevècchia, sàni, tabià, varòle, zopèla
M. VENTURI: cislónga, dròmia, fiòca, giȃs, grìgua, lûvegu, memòia da gàti, mùsa¹, pào, patàta, puàsa
A. VERALDI: caròcchia, chiùnzo, lópa, nchiastìllo, ngarrà(re), nzevà(re), pìditu, purchiàcca, rìccö pëlónë, ro(v)àgno, scamazzà, scazzuóppolo, scëtà, sciammèria, sciàzza, scìcco, scurnùso, sénga, sfacìmma, zandràglia, zìmbaru, zuzzìmma
G. VERGA: àncilu dō celu, àrma², bàla, còrna, criminàli, cumpàgnu di prucissiòni, diàvulu, erva bbiànca, filàri, lèggiri, lòttu, pàci, puḍḍàra¹, Sanciusèppi, sciàra, scìfu, tagghiàrisi, vàrca di San Pètru
C. VIANI: vegliumàta
L. VIANI: agghiozzàto, allicciàre, a tràito, biòdolo, brandàno, brùcio, cananèa¹, càntera, chiòcana, ciortóne, druśiàna, gubìa, léto, lógro, lórnio, marginétta, menàita, nìmo, pajìn, pucétta, rèzzola, straccatùra
C. G. VIOLA: càsparu, scènnere
G. VISCONTI VENOSTA: mistrà
E. VITTORINI: pisciòvu
P. VOLPONI: cól, ingonsèta, lubéc, lulón, slalà
G. ZANGRANDI: bìmba, larìn, liòdha, soréli
S. ZANOTTO: baśòto, bróśema, buzolà, canavèra, capasànta, cavàna, ciòca, cuòra, dàma, dé caśàda, fióra, freschìn, ghèbo, gióva, goléna, gresón, in saór, lotregàn, magòga, maravége, pantegàna, pavièra, pupolòto, rostèo sénsa sàngue, śachè, s'ciavo, smàra, stròpa, tagièri, zendà(l)
C. ZAVATTINI: ciucó(u)na, gabanèla
S. ZAVOLI: marascȍn, patàca
R. ZENA: beśagnìn-a, canestréli, cavurìn, fa seguènzia, galànte, gambìn, mìca, pasquéta, scia cicchètta
B. ZIZI: pudricàre.

# Glossario

**Afèresi.** Caduta di uno o più suoni all'inizio della parola.

**Affricata.** Consonante che deriva dall'unione di una → OCCLUSIVA e di una → COSTRITTIVA.

**Agglutinazione.** Fusione di un elemento grammaticale (articolo, preposizione ecc.) nel vocabolo che segue.

**Analogia.** Influenza esercitata da una parola sulla formazione di un'altra.

**Anaptissi.** Inserimento in un gruppo consonantico di una vocale.

**Anomalia.** Irregolarità delle forme dei nomi e dei verbi.

**Antìfrasi.** Figura retorica che consiste nell'usare una parola o un'espressione di senso contrario a ciò che si vuole dire realmente.

**Antonomàsia.** Figura retorica che consiste nell'adoperare un nome comune in un'accezione particolare e universalmente nota, o un nome proprio famoso, per designare persone o cose che ne ripetano le caratteristiche.

**Aplologia.** Fenomeno linguistico per cui, in una sequenza di gruppi sillabici identici, uno risulta soppresso.

**Assimilazione.** Fenomeno fonetico per cui si verifica l'adattamento di un suono a un altro che lo segue o lo precede.

**Base.** Forma linguistica che si ritiene originaria rispetto ad altre che la continuano.

**Calco.** Fenomeno linguistico per cui modelli lessicali e sintattici propri di una lingua sono imitati da un'altra.

**Corònimo.** Nome di regione.

**Costrittiva.** Consonante la cui articolazione presuppone il restringimento del canale espiratorio e determina un soffio prolungato, più o meno vibrante.

**Deglutinazione.** Separazione di un suono originario all'inizio di una parola, avvertito come elemento grammaticale (articolo, preposizione ecc.) → PROTONICO.

**Denominale.** Verbo che deriva da un nome.

**Dentale.** Consonante articolata appoggiando la punta della lingua contro i denti.

**Deverbale.** Nome che deriva da un verbo.

**Dissimilazione.** Fenomeno fonetico per cui fra due suoni simili o identici di una determinata sequenza si verifica la tendenza a differenziarsi.

**Enantiosemia.** Evoluzione semantica per cui un vocabolo assume un significato opposto a quello etimologico.

**Epèntesi.** Inserzione di un elemento non etimologico (suono o sillaba) all'interno di una parola.

**Epìtesi.** Aggiunta di un elemento non etimologico (suono o sillaba) in fine vocabolo.

**Interdentale.** Consonante che si articola con l'apice della lingua fra gli incisivi superiori e inferiori.

**Labiale.** Suono che si articola per mezzo delle labbra.

**Metaplasmo.** Fenomeno per cui nel passaggio da una lingua a un'altra una parola cambia declinazione, coniugazione o, anche, numero o genere.

**Metàtesi.** Mutamento all'interno di una parola dell'ordine di successione di uno o più suoni.

**Morfema.** Unità linguistica elementare fornita di significato, anche grammaticale.

**Nasale.** Consonante la cui articolazione avviene attraverso l'emissione di aria dalle fosse nasali.

**Occlusiva.** Consonante articolata con chiusura totale del canale fonatorio, cessata la quale segue un'esplosione dovuta all'improvviso espandersi dell'aria espirata.

**Onomasiologia.** Settore della linguistica che studia quali significanti o denominazioni indichino uno stesso significato (oggetto materiale, concetto, animale, pianta) in una o più lingue, o in uno o più dialetti.

**Onomatopeico.** Relativo a un'espressione o a una parola che richiama in modo immediato un oggetto o un'azione imitandone il suono.

**Palatale.** Consonante articolata facendo battere contro il palato duro il dorso della lingua.

**Paretimologia.** Etimologia apparentemente corretta, ma arbitraria in quanto priva di fondamento storico o scientifico.

**Prefisso.** Morfema (per lo più di origine preposizionale o avverbiale) che si pone davanti a una radice o a un tema nominale o verbale, con la funzione di precisarne o rafforzarne o, talora, anche capovolgerne il significato.

**Pròstesi.** Aggiunta di un elemento non etimologico (suono o sillaba) all'inizio di una parola.

**Protònico.** Relativo alla sillaba che precede quella accentata.

**Retroformazione.** Formazione di una parola ottenuta da un'altra, a cui è stata soppressa una parte, per lo più il suffisso.

**Sibilante.** Consonante nella cui articolazione l'aria espirata produce una sorta di sibilo o fruscio.

**Sintagma.** Raggruppamento minimo di elementi significativi che formano l'unità base e sintatticamente autonoma di una frase.

**Sonora.** Consonante la cui articolazione determina la vibrazione delle corde vocali.

**Sorda.** Consonante la cui articolazione non richiede la vibrazione delle corde vocali.

**Suffisso.** Morfema che aggiunto a una radice serve a formare una nuova parola, con significato specializzato.

**Topònimo.** Nome di luogo.

**Velare.** Consonante articolata toccando con il dorso della lingua il velo palatino.

# Pronuncia e grafia

Le grafie delle diverse fonti utilizzate generalmente sono state semplificate ed uniformate. È stato usato in tutti i casi possibili il sistema ortografico italiano, integrato da alcuni segni diacritici per mantenere le varianti notevoli di pronuncia tra i diversi dialetti.

L'*accento* (quando non indicato, in parole plurisillabe, si intende parossitono) è segnato grave (`) sulle vocali, ma per *e* ed *o* si distingue tra accento grave (*è* / *ò*) ed acuto (*é* / *ó*) per differenziare anche il timbro, rispettivamente aperto (o intermedio) e chiuso.

Il *trattino orizzontale* sulla vocale segnala la vocale lunga (es.: *ā*).

La vocale nasalizzata è contrassegnata dalla tilde (˜).

*ä*, *ö*, *ü*, indicano vocale turbata; *ë* vocale evanescente; *ï* vocale dieresizzata.

*j* è la semivocale.

Per le *consonanti* sono stati utilizzati i seguenti simboli fonetici:

*-c'* dell'italiano *cena* in posizione finale
*-c* dell'italiano *cane* in posizione finale
*-g'* dell'italiano *gente* in posizione finale
*-g* dell'italiano *gatto* in posizione finale
*z* *z* sorda
*ż* *z* sonora
*s* *s* sorda
*ṡ* *s* sonora (non si tien conto dei nessi automatici del tipo *sb*, *sg*, *sv* ...)
*š* corrisponde allo *sc* della grafia italiana
*ž* rende un suono simile a quello del francese *j* di *jour*
*ṭ*, *ḍ* cacuminali (propri di diversi dialetti meridionali e del sardo)
*zh*, *dh* interdentali, rispettivamente sorda (come nell'inglese *thing*) e sonora (come nell'inglese *that*).

*Altri simboli.*

Il trattino tra due lettere indica suoni separati (es. *s-c*).

L'asterisco (*) precede forme etimologiche ricostruite, non attestate.

Le *traslitterazioni* del greco, dell'arabo e di altri alfabeti non latini seguono le norme consuete.

*Ordinamento alfabetico.*

I lemmi sono ordinati in sequenza alfabetica stretta. In particolare, quelli composti di più termini sono considerati, ai fini dell'ordine alfabetico, come se costituissero una parola sola. I segni diacritici non incidono sull'ordinamento, per il quale, inoltre, la *i* e la *j* sono considerate equivalenti.

*Abbreviazioni.*

agg. = aggettivo; art. = articolo; avv. = avverbio; avverb. = avverbiale; escl. = esclamazione; fig. = figurato; imper. = imperativo; indef. = indefinito; inter. = interiezione; locuz. = locuzione; n. pr. = nome proprio; part. pass. = participio passato; plur. = plurale; prep. = preposizione; pron. = pronome; scherz. = scherzoso; sett. = settentrionale; sf. = sostantivo femminile; sing. = singolare; sm. = sostantivo maschile; sn. = sostantivo neutro; sostant. = sostantivato; s.v., ss.vv. = sotto voce, voci; v. = verbo; var. = variante; verb. = verbale.

# DIZIONARIO ETIMOLOGICO

# A

**abà¹,** sm. (piemontese; ligure: *abàu*). 'Capo della festa, direttore del ballo'.

Propriamente *abate* nel senso antico di 'capo di una corporazione' [FEW; LEI]. C.

**abà²,** avv. (sardo: Sassari, anche *abàri*, a Nuoro: *aguale*, nel logudorese: *abali, abà*; corso: *avale, auà*). 'Adesso'.

Dal toscano, ora rustico, *avale*, antico *aguale*, dal latino *aequāle* [DEI; DES]. C.

**a bàbbo mòrto,** locuz. (toscano). 'A corpo morto, con grande impegno' a Siena, *cascà a babbomorto* 'cadere in terra privo di forze' a Chiusi.

Locuzione dal significato divergente (non facile da spiegare) da quello usuale di 'debito che si salderà coi denari dell'eredità paterna'. C.

**abaìn,** sm. (ligure). 'Lastra di ardesia per coprire i tetti'.

Letteralmente significa 'piccolo, giovane abate' per il colore della pietra, che ricorda il grigio dell'abito ecclesiastico. Da Genova la parola si è diffusa, assieme all'esportazione della lavagna (chiamata, appunto, in napoletano *preta de Gènuva* o *de Lavagna* e in siciliano *balata de Gènua*), un po' dappertutto (→ *baìna*) e ha dato origine all'italiano *abbaino* (solitamente coperto di lastre di ardesia) [DEI s.v. *abbadino*; Plomteux 1975; LEI]. C.

**abbacchiàto,** part. pass. e agg. (toscano; laziale; umbro; campano; pugliese e lucano: *abbacchià(të)*; siciliano: *abbacchiàtu*). 'Avvilito, depresso'.

Proprio come chi è stato 'battuto' con forza, 'percosso' con un bastone (*bacchio*, dal latino *bacŭlum* e *bacŭlus* 'bastone' attraverso una forma sincopata **baclum / *bacclum*; il corso ha anche i sm. *biaccu* 'grosso bastone, randello' e *biaccone* 'ramoscello di castagno per sporte, panieri e simili' e il sf. *biaccata* 'colpo di bastone, carico di legnate'). Il significato corrente di *abbacchiàre* è 'battere con una pertica un albero' per farne cadere i frutti (noci, castagne) che spiega anche il toscano (pistoiese) *abbiaccàre* 'schiacciare', 'far perdere la forma originaria', 'ammaccare' e il corso *biaccà* 'percuotere a colpi di bastone' [DEI s.v. *abbiaccare*; LEI].

A. MANZONI: *Dio non volle che il benefattore avesse la consolazione di abbacchiare quelle noci, e lo chiamò a sé prima del raccolto* (*Fermo e Lucia*, Milano 1954, p. 54). – F. TOZZI: *Emilio bofonchiava abbacchiato ed ammusonito* (cit. in GDLI I 7). M.

**abbagòtta,** sf. (sardo logudorese; campidanese: *acquagòtta*). 'Colla'.

Letteralmente 'acqua cotta', calco sul catalano *aygua cuita, aìguacuit* 'colla', verosimilmente rifatto su una espressione farmaceutica o alchimistica come *aquae coctio* o *aquā decoctum* [DES]. M.

**a bbàlle,** avv. (laziale; abruzzese: *abbàllë, nabbàllë*; ligure, a Pigna: *avàle*). 'Giù, abbasso'.

Dalla locuz. latina *ad vallem* 'verso la valle' (parallela all'opposta *a mmòntë*, in abruzzese *ammòndë* 'su' da *ad montem*) [REWS; Giammarco 1985]. C.

**abbardènte,** sf. (sardo, anche *acquardènti*). 'Acquavite'.

Voce rifatta sullo spagnolo *aguardiente*, come l'italiano antico *acquarzente* (XVI sec.); da notare il derivato sardo (S. Nicolò Gerrei) *aguardentéri* 'specie di ragno dalle zampe molto lunghe', da riferirsi forse alla goccia di liquido che distilla l'insetto e quindi, secondo Wagner (DES), da confrontare con il sardo *abbasantèra* (e → *acquasantèra*), che è anche nome del 'falangino', un ragno che nel grossetano viene chiamato *piletta* e nel bergamasco *ragn da l'acqua santa*; per il Giglioli (in 1925: 1187), invece, questi nomi si riferiscono all'acquasantiera, perché il corpo di tali ragni, a contorni rotondeggianti, superiormente depresso, ha la forma di una scodellina (anche → *acquasantèra*). M.

**abbargellàre,** v. (toscano, nel lucchese). 'Fare la spia'.

Dall'antico termine *bargello* 'magistrato e capo della polizia', 'uomo furbo' (dal latino tardo *barigildus* nel Capitolare di Lotario, a. 825, di origine longobarda), voce che nel pisano si è evoluta nel senso di 'canaglia' ed è usata anche come insulto per i bimbi [DEI]. M.

**abbarracanàgra,** avv. (siciliano: Catania). 'Alla men peggio'.

Curiosa deformazione di forma e di significato dell'italiano *abracadabra*, la formula misteriosa dei cabalisti [LEI]. C.

**abbarrucà,** v. (abruzzese; calabrese; lucano; campano). 'Abborracciare, rassettare, svendere, barattare, far precipitare, confondere', anche *abbarrucàre*.

Voce da collegare a *baruccabà* 'confusione, baraonda' (di area aretina e romanesca) dall'ebraico *bārūkh(ĕ) habbā'* 'benedetto colui che viene' comune nelle parlate giudeo-italiane (→ *sùca barùca*) [DEI; Giammarco 1968; Salzano 1979; Rohlfs 1977; Bigalke 1980]. M.

**abbàtteru,** sm. (calabrese, anche *abbàt(t)aru*). 'Fiammifero'.

La parola è connessa con il dialettale *bàttari* 'battere', quindi si può accettare l'ipotesi di DEI e Rohlfs (1977) che la spiegano richiamando un siciliano *abbàtteru* 'acciarino', strumento con cui si batteva la pietra focaia per accendere il fuoco (voce tuttavia non rintracciata nei lessici), nonché il grido dei venditori: «fuoco senza battere». M.

**abbègna-vòcche,** sf. (pugliese: Grumo Appula). 'Atto del saziarsi alla vigilia dell'Epifania'.

Letteralmente 'saziabocca'. Per spiegare il nome occorre rifarsi ad un'antica tradizione, ora non più usata: «la vigilia dell'Epifania, a sera, tutti indistintamente uomini ed animali domestici devono andare a dormire ben sazi perché in quella notte visita le case "la morte con la falce" per designare chi deve morire nell'anno. Così, per sfuggire alla eventualità di morire entro l'anno bisogna farsi trovare in buona salute dormendo d'un sonno tranquillo e profondo. Inoltre, per rendere la "morte" ben accetta e benigna verso di sé occorre lasciarle, sulla tavola apparecchiata, una parte non scarsa per quantità e di buona qualità della cena che quella sera deve essere di nove pietanze» (Colasuonno 1976). C.

**abbéntu,** sm. (siciliano; calabrese; lucano: *abbiento*; campano: *abbientu*; salentino: *abbiendë*; pugliese: *abbìinde, abbiende, abbeinte*; abruzzese: *abbèndë*). 'Calma, quiete, riposo'.

Deverbale di *abbintàri* 'riposare', dal latino *adventāre* 'giungere', anche se non è esclusa una diretta continuazione di *advĕntus* 'arrivo' [VES].

V. Consolo: *Ahi, non ho abènto, e majormente ora ch'uscii di Vicarìa* (*Retablo*, Palermo 1987, p. 16). C.

**abbèstra,** avv. (siciliano, con varianti: *adestra*, *avestra*; calabrese: *avestra*, *avesra*, anche come prep.). 'Eccetto, fuorché, inoltre, oltre a questo; da parte'.

Dal latino *ab extra* 'al di fuori' [DEI s.v. *abestra*, *avestra*; Piccitto 1977; Rohlfs 1977; LEI]. M.

**àbbile,** sf. (sardo centrale e logudorese; qui anche *àbbila*). 'Aquila'.

Regolarmente dal latino *aquila* e non da *avis*, 'uccello' per eccellenza (Farina 1973: 94), anche se proprio nel sardo centrale l''aquila' è detta *àve* (dal latino *avis*), la cui finale ha influenzato *àbbila*, portata a *àbbile* [DES]. C.

**abbioccàto,** part. pass. e agg. (marchigiano; laziale). 'Accoccolato, rannicchiato', 'come una chioccia che sta covando'.

Da *abbioccàsse*, 'diventare chioccia, covare le uova' denominale di *biòcca* 'chioccia'.

F. Jovine: *Un vecchio seduto che pareva abbioccato presso il braciere* (cit. in GDLI I 23). – P. P. Pasolini: *Se ne stavano abbioccate in silenzio, una rivolta verso l'altra, ma come se nemmeno si vedessero* (*Ragazzi di vita*, Milano 1955, p. 218). C.

**abbiricchià(re),** v. (umbro: anche *abburacchià*; laziale, a Rieti: *abberocchià*; marchigiano, ad Arcevia: *avvuricchià*). 'Avvolgere', 'attorcigliare'.

Dal latino *verricŭlum* 'rete a strascico' [REW; Ugolini 1988]. C.

**abbirrucciàre,** v. (toscano). 'Venire alle mani, baruffare' (DEI), nel pistoiese rifl. *abbirrucciarsi* 'accapigliarsi, azzuffarsi' (Gori-Lucarelli 1984) col sm. deverbativo *abbiruccìo* 'l'azione dell'*abbirrucciarsi*'.

Di etimologia incerta, forse in rapporto con la voce settentrionale *berro* (→ *bĕru*) 'fiocco di lana' con uno sviluppo di significato affine ad *accapigliarsi* dall'antico italiano *capegli* 'capelli' [DEI]. M.

**abbistàri,** v. (siciliano; calabrese, anche *abbistare*). 'Accorgersi d'alcuno da lontano, guardar bene, misurar coll'occhio'.

Catalanismo: da *avistar* 'vedere una cosa da lontano'. Quanto all'italiano *avvistare* nel senso di 'scorgere da lontano' secondo il DEI proviene dai dialetti meridionali (e questi dal catalano); nel senso di 'guardare con attenzione' è considerato composto parasintetico di *vista* (così in DELI per entrambi i significati) [DEI s.v. *avvistare*; Varvaro 1974: 100]. M.

**abbizzatùri,** sm. (siciliano). 'Fune con cui si lega la soma al basto' e, in particolare, 'fascio di legna che si lega ad un lato del basto per equilibrare la soma'.

Derivato del v. *abbizzari*, che tenuto conto del suo significato di base 'educare, allevare', si fa risalire al latino parlato **advitiāre* 'abituare', comp. di *ad* e di *vitiāre*, denominale di *vitium* [LEI]. Valente 1995 pensa invece a una variante di *appiazaturi* 'appiccatore, appiccagnolo'. C.

**abbóc e abbàc,** avv. (calabrese, anche *abbacca e abbacca*, *abbacca - abboccu*), 'ora con questo, or con quello (di chi senza principii si barcamena tra due partiti)'; (siciliano: *abbòc ed abbàc, a bac a boc*) 'senza criterio, alla carlona'.

Latinismo: *ab hoc et ab hac* [DEI; Rohlfs 1977; Piccitto 1977]. M.

**abbonsìnnë,** avv. (salentino). 'Veramente, davvero'.

Letteralmente 'a buon senno', come nel veneto *daséno* 'davvero' e nel lombardo alpino (Campodolcino) e ticinese *inasén* 'davvero bene' [Rohlfs 1956]. C.

**abbracciapiòppi,** sm. (toscano: lucchese). «Abbricagnolo o rampichino, *Certhia familiaris* L.» (Nieri 1902).

Denominazione di significato letterale che trae spunto dal comportamento di questo uccelletto che s'arrampica (di qui il nome *rampichino*) sugli alberi, in particolare i pioppi; cfr. anche → *abbricàgnolo* [DEI]. M.

**abbraccicà,** v. (toscano meridionale; umbro; laziale settentrionale; abruzzese: *abbraccecà*, *aggraccecà*). 'Abbracciare (fortemente)'.

Deriva, secondo il DEI, da un latino parlato **adbrachicāre*, da *brachium* 'braccio' [Giammarco 1968; REWS] M.

**abbramàre,** v. (campano; calabrese), 'desiderare ardentemente', a Laureana di Borrello: *abbramari* 'gridare per dolore o per desiderio'; (siciliano: *abbramari*), 'mugghiare, muggire, spec. dei bovini; urlare, lamentarsi; bruciare dal desiderio di qualcosa'; (corso e toscano, Monte Argentario e Giglio: *abbramato*, agg.), 'bramoso, ingordo, avaro, spilorcio'.

Dal germanico *brammôn* 'muggire' per tramite del provenzale *bramar*, mentre dall'antico francese *bramer* dipendono il pugliese e lucano *abbramè* 'bramare; desiderio sfrenato di qualcosa; prendere con brama, mangiare con brama'. Nel galloitalico di Tito (Basilicata) *abbramè* significa «assalire avidamente, infestare dei parassiti sul corpo umano e animale» (Greco 1991) ed è ricondotto dalla stessa fonte al latino parlato **varāmen* 'moltitudine d'insetti' (da cui l'irpino *vrama* 'pidocchi, polvere', abruzzese *vrama* 'zecca', calabrese *vrame* 'pidocchi', REWS); ci pare appartenente invece alla famiglia di *bramare* [DEI; Rohlfs 1977; Fanciulli; Piccitto 1977; Amoroso 1986; Mancarella 1994]. M.

**abbràsciu,** sm. (calabrese, anche *abbrasu*, *arbasu*). 'Albagio, sorta di panno grossolano e pesante di color nero; stoffa di lana grezza; tessuto rustico impermeabile'.

La voce si collega ad *albagio* dell'italiano antico (→ *albàche*) [DEI s.v. *abbraso*]. M.

**abbricàgnolo,** sm. (toscano). 'Piccolo uccello dei passeracei, rampichino, *Certhia familiaris* L.'.

Dal significato di 'qualsiasi appiglio utile per arrampicarsi' che ha la stessa voce dialettale, a sua volta derivata dal v. *abbriccare*, *abbriccarsi* 'arrampicarsi servendosi di appigli, salire' (da una voce antica **bricco* 'uncino') [DEI; Gori-Lucarelli 1984]. M.

**abbròcchiu,** nella locuz. *fari pigghiari abbròcchiu* (siciliano: Santa Maria di Licodia). 'Concedere eccessiva libertà, dar confidenza'.

Letteralmente 'approccio' [LEI]. C.

**abbrucàtë,** agg. (abruzzese e molisano, con varianti; pugliese, nel tarantino: *abbrucatu*, calabrese: *abbragatu*; campano: *abbrucatë*, *bbrugatë*; lucano, a San Fele: *abbruvatë*), 'malaticcio'; (abruzzese: *abbrucàrësë*, v. rifl.), «chiocciare; di chi sta mogio perché non si sente bene; al fig. detto di donna che incomincia a ingrassare e perdere di vivacità e di grazia» (Giammarco 1968 e 1985); (calabrese, a Marcellinara: *abbrohare*, v.), 'diventar rauco'.

Dal latino *raucus* 'rauco' con un supposto incrocio tra un **abraucatus* e **abrucatus* del latino parlato e con lo stesso significato [REW; DEI s.v. *abbrucato*; Rohlfs 1977; Luciano 1992]. M.

**abbuétë,** sf. plur. (laziale: Terracina). 'Budella di agnello di latte che si cucinano arrostite senza lavarle'.

Letteralmente 'avvolte'; la parola riflette il latino **advŏltae* con gli esiti *dv* > *vv* > *bb*, *ŏ* > *ué* e caduta di *l* preconsonantica; vi è anche la variante *abbuétëlë* ampliata col suffisso *-ŏlus*. Valente 1995 non esclude che la forma primaria sia *abbuétëlë* dal latino *batulus* 'intestino' [Di Cara 1983]. M.

**abburà(re),** v. (toscano). 'Abbruciacchiare'.

Il verbo, diffuso anche in altri dialetti italiani con significati affini (corso settentrionale *aburà* 'subire il primo effetto del fuoco o del sole', napoletano *abburrà* e barese *abburà* 'abbronzare la biancheria, stirando', siciliano *abburari* 'gettare il metallo fuso nella forma', 'lavorare il rame') e passato dalla Toscana al sardo logudorese settentrionale *abburare* 'abbrustolire, abbruciacchiare, abbronzare', proviene dal latino parlato **abburāre* 'bruciare', composto di *ad* + *burāre* [LEI]. C.

**abbużżàre,** v. (toscano). 'Riempire, riempirsi lo stomaco'.

Dall'italiano *buzzo* (pron. *bużżo*) 'pancia', voce probabilmente estratta da *buzzeca*, *busecca* 'trippa' con forme dialettali come il piemontese e lombardo *buśèca* 'ventre, trippa', «buseccone, ghiotto di busecca: detto per celia o per scherno dei milanesi, mangiatori di trippe» (GDLI), dall'arabo *būzaqq* 'pancione'. Con i derivati di questa voce araba va anche la parola *bussica* 'vescica' diffusa in varie aree in particolare toscana, umbra, corsa, siciliana (*bbusica*) che il DEI ha ricondotto invece al latino *vessīca* [DEI; Pellegrini 1989: 194-99]. M.

**abbużżàri,** v. (calabrese centromeridionale). 'Curvare, piegare, versare', anche *buzzari*; a Davoli-Soverato *abbuzzare* «attaccarsi con la bocca ad un barile o una brocca per bere» (Rohlfs 1977); a Sinopoli *abbużari* ha anche il significato di «stendersi bocconi» (Misitano 1990).

Dallo spagnolo *abuzar* 'inchinarsi, stendersi bocconi' da *buz* 'inchino, riverenza baciando a terra' [DEI]. M.

**abélia,** sf. (ligure: Dolceacqua). 'Ape'.

Testimonianza in territorio italiano di una voce largamente diffusa nella Francia meridionale e da qui entrata anche nella lingua comune (*abeille*): dal latino *apĭcula* 'piccola ape' [Plomteux 1975]. C.

**abèra,** inter. (umbro, anche ripetuto: *abèra abèra*). 'Incitamento ai buoi all'abbeveratoio, accompagnato spesso da un fischio caratteristico'.

Da *aberè* 'abbeverare': quindi, come fosse **abbévera*. C.

**aberìnto,** sm. (toscano, con varianti; veneto, a Chioggia: *(a)barinto*). 'Confusione, strepito'. Nel lucchese da *abberinto* deriva il verbo *abberintare* 'scompigliare, confondere, mettere tutto sottosopra'.

Dal latino *labyrinthus* 'labirinto' «con l'enfatizzazione delle difficoltà a percorrerlo, ridotte al concetto di (rumorosa) confusione» (Cortelazzo 1985). La *l-* è caduta, perché ritenuta articolo [DEI; REWS]. C.

**àbisse,** sf. (toscano, anche *abis*, *àbbisse*; laziale, nel romanesco). 'Lapis'.

Da *lapis*, con aferesi di *l-*, con passaggio da *-p-* a *-b-* e in certe varietà con vocale finale aggiunta; in toscano vi sono anche le varianti *làbisse*, *làbbise* [DEI; Fatini 1953; Rohlfs 1966; Cagliaritano 1975]. M.

**àbri,** sm. (marchigiano: S. Elpidio a Mare, Montefortino). 'Aprile'.

Dal latino *Aprīlis* con spostamento dell'accento, perdita della sillaba finale e mediante l'esito *pr* > *vr* > *br*; la forma *àbrī* è stata registrata anche nel piemontese occidentale (a Sauze di Cesana) [AIS; Valente 1995]. M.

**acabanàse,** v. (ligure). 'Annuvolarsi, diventare scuro (del tempo)'.

Come il corrispondente provenzale *s'encabanar*, deriva da *capanna*, e deve, quindi, intendersi 'nascondersi', come dentro una capanna [Plomteux 1975]. C.

**a cadèlu,** locuz. avverb. (ligure), 'a dovere', (ligure-piemontese, a Novi Ligure) 'di persona ben diritta'; (siciliano: *teniri una persona a catèddu*), 'farla filare dritto'.

Dal latino *catĕllus* 'cagnolino', passato in varie terminologie a indicare una parte diritta, come un perno [Plomteux 1975]. C.

**àcara,** sf. (calabrese). 'Forza', 'voglia', 'coraggio'.

Dal greco moderno *anákara* 'forza fisica', 'voglia', dialettalmente anche *nákara* [Rohlfs 1964].

L. Asprea: *Ora, assaporando il vergognoso abbandono, s'era fatto piccino piccino, un viso amareggiatissimo, che voleva ad ogni costo ridere per rimanere vittorioso dell'umiliazione recente. Ma non aveva àcara di muoversi*! (*Il previtocciolo*, Milano 1971, p. 199). C.

**a carachè,** locuz. (marchigiano; umbro; toscano; laziale; abruzzese). 'Testa o croce' (anche nella variante *a garaghè*).

Nella prima parte di questa voce si riconosce *cara*, che può dipendere dal nome catalano del gioco (*cara o creu*) o, come confermerebbe la diffusione geografica, dal greco *kára kai...* (pronunciato *cara ché...*), prima sezione di varie denominazioni dello stesso gioco con un'abbreviazione, che ricorda quella del veneto → *schèi* (lettura mal fatta di *Scheid. Munz.*, cioè *Scheidemünze* 'moneta divisionale', scritta sul recto di parecchie monete austriache) [Migliorini 1957: 285; Peruzzi-Georgacas 1959; Tagliavini 1967-68]. C.

**acariàtr,** agg. (piemontese). 'Di umore o carattere fastidioso'.

Dal francese *acariâtre* 'persona colpita dal *mal de saint Aquaire*', cioè *sant'Acario*, molto venerato in Francia, come guaritore dalla pazzia [Kraemer 1949; LEI]. C.

**àcarli,** sm. (friulano, anche *àcherli*; veneto primierotto e giuliano: *àcarle*; ladino centrale: *àcherle*). 'Uncinetto per lavori femminili'.

Dal bavarese-austriaco *hakerle* 'uncinetto', da confrontare con il tedesco *Häkelei* 'lavoro all'uncinetto' e *Haken* 'uncino' [DESF; Doria 1987]. M.

**accab(b)adòras,** sf.plur. (sardo). 'Vecchie decise, che, anticamente, si sarebbero assunto il compito di soffocare i moribondi per abbreviare le loro sofferenze'.

Tanto sicura è l'etimologia (da *accab(b)àre* 'finire, terminare', → *accabbàri*), quanto incerta è l'esistenza stessa del crudele costume, segnalata per la prima volta da Alberto La Marmora nel suo *Voyage en Sardaigne* (1826). Un recente studio analitico dell'incerta usanza così si conclude: «Questo lavoro si chiude in modo incompleto e parziale. Ma non può essere altrimenti vista l'assenza di testimonianze *dirette*. Il silenzio, la reticenza, la retrodatazione, l'allontanamento, saranno delle costanti continue. Molti studiosi tacciono sull'*akkabbadura* e così pure lo Stato e la Chiesa. Ma questi ultimi erano veramente assenti o il riserbo che circondava l'*akkabbadura* era tale da sfuggire anche ai loro rigidi censori? Oppure, come insinuava Angius, non essendo l'usanza molto diffusa, può esserci stata più verosimilmente "un'istruzione del parroco, un'interdizione dei sacramenti o un'ammonizione del vescovo ...", ma non un articolo o un codice. Infatti essendoci "rarissimi casi, avrebbero dato l'apparenza di una colpa frequentissima" e "sarebbero stati una ingiuria alla nazione". Lo stesso Angius, come altri viaggiatori, è reticente. L'*akkabbadura*, descritta sempre come pratica in "decadenza" nella metà del Settecento è invece retrodatata in un oscuro e remoto passato. Anche l'intervista orale in proposito è molto significativa: da una parte una collocazione temporale remota (il paese si era appena costituito attorno a poche case) e dall'altra elementi e particolari molto recenti. Sarebbe interessante, credo, analizzare l'origine di questo allineamento di posizioni che certamente non c'era quando gli [sic] *akkabbadores* erano una realtà concreta e quotidiana. Il silenzio esisteva ma era diverso. Il "mondo civile" non poteva accettare che una parte di sé avesse di fronte alla morte un atteggiamento diverso da quello comune. Il pregiudizio, il falso orgoglio isolano hanno omologato quasi del tutto le due posizioni. L'*akkabbadura* non è altro che il tentativo di una civiltà di risolvere il proprio rapporto con la morte, rapporto che viene a modificarsi nel momento in cui c'è l'incontro-scontro con altre civiltà» (Cabiddu 1989).

G. D'Annunzio: *Tu sei un buon giudice: sei della razza dura che usava affrettare la morte all'agonizzante soffocandolo coi guanciali dell'*accabadora (*Più che l'amore*, in *Tragedie sogni e misteri*, I, Milano, 1942², p. 1195). C.

**accabbàri,** v. (siciliano, anche *abbaccari*, *accapari*; calabrese: *accapare*; campano, nel napoletano: *accapà*; sardo: *accab(b)are*, *accab(b)ài*). 'Finire, terminare, venire a capo'.

Dal catalano (più probabile almeno nel siciliano) o dallo spagnolo *acabar* di analogo significato [DES; Varvaro 1974: 90]. M.

**accalapanàru,** avv. (calabrese: Polistena). «Modo di raccolta delle arance. Nel contratto di compravendita veniva pattuito di pesare il frutto così come era messo nei panieri durante la raccolta, senza diritto di selezione da parte del compratore» (Laruffa 1986).

Corrisponde a *a cala panaru*, letteralmente 'a cala paniere'. M.

**accapezzàre,** v. (toscano: anche *raccapezzare*), 'Acconciare, assestare'; (umbro, a Magione: *acapezzè*), 'concludere', come in italiano antico (Sacchetti); (laziale, a Roma: *riccapezzato*), 'ripulito'.

Tutte voci che risalgono al latino *capĭtium* 'che riguarda il capo' col senso di 'venire a capo'. Diverso, anche se appartenente alla stessa base, è *accapezzare* (*accapëzzà* nel Foggiano, a S. Giovanni Rotondo) 'legare (le bestie)' [REW]. C.

**accarìgnu,** agg. (salentino). 'Detto di animale con le zampe in fuori, come le vacche'.

Da *acca* 'vacca' [Rohlfs 1956]. C.

**accàtta e bbìndi,** locuz. (calabrese: Polistena). «Rivenditore di poco conto; rigattiere che non ha un negozio stabile; rivendugliolo» (Laruffa 1986).

Letteralmente 'compra e vendi' (→ *accattàre*). M.

**accattàre,** v. (abruzzese meridionale; molisano; laziale meridionale; campano; lucano; pugliese; salentino; calabrese; siciliano). 'Comprare, acquistare', con varianti.

Si tratta di un sicuro gallicismo di importazione normanna: *acater* di analogo significato [AIS; Rohlfs 1977a]. M.

**àccë,** sm. (laziale meridionale; marchigiano meridionale; abruzzese; molisano; pugliese; salentino; lucano; calabrese; siciliano: *àccia*, sf). 'Accio, sedano', con varianti (*àccio*, *àcciu*, *uàccë*, ed altre, talvolta di genere femminile) secondo la fonetica locale, ed anche *laccë* con concrezione di articolo e *alaccë* (nel napoletano per esempio) con doppia concrezione.

Derivati dal latino *apium* 'appio, sedano (sia selvatico sia coltivato), prezzemolo ed altre ombrellifere aromatiche', voce continuata soprattutto nel primo significato nelle lingue romanze eccetto il rumeno. In area linguistica italiana vi sono riflessi popolari del latino *apium* anche dal toscano (nelle forme *àppio*, *làppio*) al siciliano (ad esclusione dell'umbro e del marchigiano settentrionale) compreso il corso (*alàppiu*); il siciliano *àpiu* è invece un cultismo. Nel barese è nota la locuzione *u-àcce e u frem-màgge punde*, che letteralmente significa 'il sedano e il formaggio forte'; si tratta della designazione di un «boccone gustoso, un tempo largamente consumato nelle feste e nelle sagre locali: oggi il formaggio "punto", infestato cioè da minuscoli bruchi, è stato sostituito dal più comune provolone piccante» (LEI) [DEI s.v. *accio*; LEI]. M.

**accèndi,** sm. (calabrese meridionale, anche *accéndaru*, *accéndiri*; siciliano, nel messinese: *accennu*). 'Fiammifero, zolfanello'.

Da *accendere* [DEI s.v. *accèndere*; Rohlfs 1977]. M.

**accënëcà,** v. (pugliese; salentino; lucano: *accinicarsi*; calabrese: *accinicà*). 'Essere intento; occuparsi, applicarsi intensamente'.

Le voci non derivano dal latino *Sĕnĕca* o *cy̆nĭcus* (come proposto da Alessio), ma da un **cinnicāre* (intensivo di *cinnāre*, da *cĭnnus* 'ammiccamento') 'ammiccare, strizzare gli occhi per guardare', significato mantenuto dal napoletano *zennare, zennecare*, aretino *cinnichère* 'ammiccare', ma che si trova anche nel pugliese, per es., *accënëchè* (a Grumo) 'sforzarsi la vista nel cercare qualcosa', dal quale procede poi quello di 'essere intento' e simili [Alessio 1976; Valente 1978]. M.

**accerbuggìre,** v. (toscano: Versilia). «Intronare a suon di colpi sulla testa» (Nieri 1902).

Voce ricondotta dal DEI al latino *cervix -īce* 'cervice'. M.

**acchëlìucë,** sf. (abruzzese: Vasto). 'Fosforescenza marina'.

Letteralmente 'luce d'acqua', è un composto delle voci dialettali *àcchë* 'acqua' e *lìucë* 'luce' [Giammarco 1968; LEA]. M.

**acchètta,** sf. (sardo; siciliano). 'Cavallo da soma piccolo e robusto'.

Diminutivo di *acca* 'cavallo di mezza taglia', dal catalano o spagnolo *haca* [DES; Piccitto 1977; VES]. C.

**acchìtto[1],** sm. (irpino), 'arnese, strumento, suppellettile'; (molisano, ad Agnone: *acchjìttë*), 'amo'.

Riflesso del latino **applictus*, variante di *applicitus*, part. pass. di *applicāre* 'applicare', presente anche nel provenzale antico *aplech* 'strumento', francese antico *apples* 'strumenti'; data l'estensione geografica della voce, il significato di 'strumento, attrezzo' probabilmente risale già al latino regionale [DEI; LEI]. M.

**acchìtto[2],** sm. (campano: a Napoli, anche *acchietto, acchiétteto*), 'cumulo di varie cose; somma di denaro, gruzzolo'; (lucano, a Brienza: *acchitte*), 'il sufficiente per ingrassare il maiale'; (campano, a Napoli: *chiétta, acchiétta* come sf.), 'coppia, paio'.

Dal latino parlato **applictus* 'applicato, congiunto' (variante di *applicitus*, da *applicāre*); nel napoletano si ha pure il derivato *acchiettà(re)* 'accumulare, congiungere' e l'avverbio *n chietta* 'insieme, in gruppo' [DEI s.v. *acchitto*; LEI]. M.

**acciàri,** v. (calabrese, anche *accijari, gaccià(re)*; siciliano). «Tagliuzzare, battere la carne nel tagliere per ridurla in minutissimi pezzi; battere il lardo con la mannaia» (Rohlfs 1977).

Le voci dipendono dall'antico francese *hachier* 'tritare, sminuzzare, trinciare' (e non da un latino parlato **acia* per il classico *acies* 'punta, taglio') al quale sono da ricondurre anche le forme dialettali *adacciàre, adacciàri* (calabrese), *adaccè* (lucano), *adaccià* (campano: napoletano). Il siciliano *acciaturi* (sm.) 'mannaia per tritare la carne' rappresenta (secondo il DEI) un adattamento dell'antico francese *hachoir* 'mezzaluna' mentre il calabrese *gàccia, hàccia* (sf.) 'accetta, piccola scure' deriva dall'antico francese *hache* con lo stesso significato [DEI s.v. *acciare, adacciare*; Rohlfs 1977; Salzano 1979; Bigalke 1980]. M.

**accicalàri,** v. (calabrese meridionale). 'Imbellettare, adornare'.

Dallo spagnolo *acicalar* 'pulire, attillare' [DEI; Rohlfs 1977]. M.

**accìdere,** v. (campano; abruzzese occidentale; lucano; calabrese, anche *accìdiri*; siciliano: *accìdiri, ocìdiri, aucìdiri*). 'Uccidere', 'percuotere violentemente'; nel napoletano *accìdërë* ha pure il significato traslato di 'annoiare; affaticarsi', nel siciliano *ocìdiri* 'uncinare i tonni' col derivato *ocisa* 'mattanza'.

Le voci, ricorrenti già nella lirica meridionale e toscana del Duecento, si riconducono al latino parlato **aucidĕre* per il classico *occidĕre* 'uccidere' [REW; DEI; REWS; Rohlfs 1977; Bigalke 1980]. M.

**accìdia,** escl. (toscano: Viareggio) 'Accidenti!'.

«Eufemismo per Acciderba! e Accipressi! invece di Accidenti!» (Nieri 1902) [DEI]. M.

**accieddë du ré,** locuz. sostant. (lucano: Pisticci). 'Scricciolo' (AIS).

Letteralmente 'uccello del re', è probabile inversione del tipo lessicale → *ré d'uccèlli*. M.

**accipitótu,** sm. (calabrese meridionale). «Specie di dado con piede che gira come una trottola» (Rohlfs 1977).

«Nelle quattro facce sono impresse le lettere *P* (poni), *N* (nichil), *A* (accipe), *T* (tutto)» (Rohlfs 1977); dalle due ultime dizioni è tratta la denominazione dialettale di questo dado da gioco che in talune varietà del calabrese meridionale è detto anche *poni* oppure *nichil-poni* o *nìculi* dai significati delle prime due lettere. Nel siciliano è attestato sia *àccipi* «trottolina che portava sulle quattro facce le lettere *A*(ccipe), *P*(one), *N*(ihil), *O*(mnia)» che *poni* «piccola trottola a quattro facce sulle quali erano segnate rispettivamente le lettere *T, M, N, P*: le quattro lettere significavano "tutto, metà, niente, po' sali" che si riferivano alla posta in gioco, costituita comunemente da soldi o da nocciole: *iucari ad àccipi e-pponi* [giocare ad a. e p.]» (Piccitto 1977 e 1990) [DEI s.v. *accipitòto*]. M.

**acciprèssi,** escl. (toscano: Viareggio). 'Accidenti!'.

Eufemismo, come per → *accìdia* [Nieri 1902; DEI]. M.

**àcciulu,** sm. (calabrese settentrionale). 'Grande uccello rapace, poiana'.

Dal latino parlato **aqilus* tratto da **aqila* per il classico *aquila* 'aquila'; dalla forma **aqila* dipende il sardo (sassarese) *àggila* 'aquila' [DEI s.v. *àcciulo*; Rohlfs 1977; LEI]. M.

**accózzu,** sm. (sardo campidanese). 'Appoggio, sostegno', 'zeppa'.

Da *còzza* 'zeppa, bietta', «corrispondente a un **cocia*, qualunque ne sia l'origine» [DES].

G. ANGIONI: *il motivo vero del grado nella truppa era che aveva trovato accozzi e protezioni* (*Lune di stagno*, Cagliari 1993, p. 59). C.

**accramà,** v. (umbro; laziale), 'dimostrare amicizia, aver caro'; a Montefiascone, *acclamà* 'far crescere rigoglioso (di piante)', come a Montale *accramare* 'essere adatto per certe coltivazioni'; (abruzzese: *acclamà*), 'desiderare, specie cose mangerecce', 'avere in simpatia'.

Tutti usi particolari di un verbo che significa, come in latino (*acclamāre*), 'acclamare' [LEI]. C.

**accucchià,** v. (campano: napoletano). 'Accoppiare, unire in matrimonio'; anche 'mettere insieme con difficoltà, affastellare un discorso di molte parole': «"*ma che vaje accucchianno*" si sente opporre – con un tono che vale una staffilata – a qualcuno che si è prolissamente profuso ad esporre un improbabile assunto ovvero a progettare chissà quale mirabolante programma... E non può non venire alla memoria la bruciante apostrofe diretta da Eduardo Scarpetta (nella veste di imputato nel processo per "contraffazione e riproduzione abusiva" intentatogli nel 1904 dalla Società degli Autori in rappresentanza di Gabriele D'Annunzio che si doleva del di lui parodistico *Figlio di Jorio*) all'indirizzo dell'avvocato Enrico Cocchia, nominato perito d'ufficio, al termine di una sua abbondante allocuzione: "Neh, ma che cacchio m'accocchia stu cacchio de Cocchia?"» (de Falco 1987: 143).

Dal latino **adcopulāre* 'accoppiare, abbinare' (da cui l'italiano *accoppiare*) con fonetica napoletana. M.

**accùmmë,** sm. (pugliese, nel tarantino, anche *accummo*). 'Appoggio, sedile', che rende chiara anche la locuz. tarantina *dare accùmmo* detto del 'connivente con autori di malefatte'.

Deverbale del pugliese (tarantino) e salentino *accómmere* e varianti 'posare, appoggiare', dal latino *accūmbere* 'sdraiarsi' [DEI; LEI]. C.

**accùndë,** sm. (abruzzese: anche *acchindë, accóndë, eccundë*; pugliese, a Mola: *accóntë*, a Taranto: *accunto*). 'Cliente, avventore'.

Dal latino *accōgnitus* 'conosciuto', forse per un tramite angioino [LEI]. C.

**accunnà(d)u,** agg. (sardo centrale). 'Effeminato, connaiuolo', a Nuoro: 'accosciato' e, al figurato, 'impigrito, intontito'.

Da *cunnu* 'pudenda della donna', dal latino *cunnus*. Nel derivato nuorese è andato perduto il senso etimologico, perché solo la donna originariamente poteva dirsi *accunnàda* 'accosciata' [DES]. C.

**accuppà,** v. (abruzzese; calabrese: *accuppari*). 'Coprire, nascondere', anche 'superare, vincere (nel gioco)'.

Dal latino *cŭppa* 'coppa', propriamente 'coprire con una coppa' [DEI s.v. *accoppare*; REWS; Rohlfs 1977]. M.

**accuppàri,** v. (calabrese meridionale; siciliano), 'ombrare, ombreggiare, coprire'; (abruzzese: *accuppà*), 'incupire'.

Dal latino parlato **adcupāre* da **cupus* 'cupo', a sua volta forse da avvicinare al latino *cūpa* 'botte'; per il significato di 'coprire' delle forme dialettali si può pensare ad un accostamento paretimologico ad *accuppari* (→ *accuppà*) [REWS; Alessio 1976; Rohlfs 1977; Giammarco 1985]. M.

**accurà,** v. (laziale; a Subiaco: *accorà*; toscano: *accorà(re)*). 'Uccidere (con una coltellata al cuore)'.

Da *core* 'cuore' [REW].

E. PEA: *Quel ferro appuntito, lungo un palmo, con un occhio da una parte, che serve da impugnatura ai norcini, quando accorano il porco* (cit. in GDLI I 103). C.

**accursàtë,** agg. (abruzzese; campano, a Napoli: *accurzato*; calabrese: *accursatu*). 'Frequentato'.

Dal verbo *accursàri*, formato sul part. pass. del latino *accŭrrere* 'accorrere', *accŭrsus*. L'agg. appartiene all'italiano regionale del Mezzogiorno [DEI s.v. *accorsato*; LEI; Zolli 1985; Salzano 1979].

E. ROMANI: *Io non pronunziavo* poheta *per poeta come gli abruzzesi puri, anche istruitissimi, né dicevo* sentir di dire *per sentir dire, né* coppola *per berretto, né luogo* accorsato *per luogo affollato* (in *Memorialisti dell'Ottocento*, III, a cura di C. Cappuccio, Milano-Napoli 1972, p. 1070). C.

**acerèsta,** sf. (campano: Avellino). 'Acero riccio, *Acer platanoides* L.; acero fico, *Acer pseudoplatanus* L.'.

Si tratta di una forma aplologica di «acera agresta»; da escludere un incrocio del latino *acer* col greco *ákastos* 'acero' supposto dal DEI; *àcera* come sf. continua il genere del latino e si ritrova oltre che nel campano anche nel marchigiano, umbro, laziale, lucano nord-occidentale [LEI]. M.

**acetérë,** sf. (abruzzese; siciliano: *acitéra, citéra*), 'oliera' o 'ampolla dell'aceto'; (campano, nel napoletano: *acitera, acetera*), «oliera, o meglio entrambe le ampolline, quella dell'olio e l'altra dell'aceto» (Salzano 1979).

Dallo spagnolo *aceitera* 'ampolla dell'olio', un derivato di *aceite* 'olio', con accostamento paretimologico ad *aceto* per il significato di 'ampolla dell'aceto' [DEI s.v. *acetiera*; Beccaria 1968]. M.

**acetìna,** sf. (toscano, nel pisano e nel Mugello). 'Acetosa, *Rumex acetosa* L.', pianta dal sapore acido.

Da *aceto* (latino *acetum*) col suffisso *-ino*, formazione analoga all'italiano *acetino* 'che ha il sapore dell'aceto' [DEI; LEI]. M.

**a chenùc,** locuz. (veneto: Feltre; ladino-veneto, nell'Agordino: *a ghenùc*). 'In abbondanza'.

Dal tedesco *genug* 'abbastanza' [Pellegrini 1977]. C.

**aciacrinàu,** v. (ligure: Pigna), 'addolorato, mesto'; (ligure, Val Graveglia: *asacrinóu*), 'occupatissimo, esausto' e, moralmente, 'mortificato'.

Da *ciacrin* 'dolore morale', che è il francese *chagrin* [Merlo 1941-57; Plomteux 1975]. C.

**àcina,** sf. (calabrese settentrionale anche *àcënë*; campano, irpino: *àcena*; pugliese: *àcënë*, plur.; lucano: *àcënë, àšëna*), 'acino; uva'; (sardo: *àchina, àghina, àžina*), 'uva'; in irpino e pugliese ha pure il significato generico di 'seme, chicco', nel calabrese anche 'pizzico, briciola': *na nàcina 'i pani* 'un poco di pane'.

Dal latino *acinus* 'acino', attraverso il plur. collettivo *acina*, in parte ancora conserva questo valore; arcaismo proprio dell'Irpinia, del lucano-calabrese settentrionale, del sardo (nella parte settentrionale dell'Isola si adopera il termine innovativo *ù(v)a* che dal gallurese si è diffuso anche nelle varietà logudoresi settentrionali) [DEI; DES; LEI]. M.

**acitàna,** sf. (calabrese settentrionale), 'sorta di uva nera'; (siciliano: *racìna acitàna*), 'qualità di uva bianca a chicchi molto grossi'; (siciliano, a Stromboli: *citana*), 'varietà di uva'.

Da *Aci*, toponimo nella provincia di Catania; ne deriva, con altro suff., pure il siciliano *acisi* 'testardo', per la testardaggine degli abitanti di Acireale che sembra proverbiale. Una diversa ipotesi etimologica suggerisce il DEI per il calabrese *acitana*, cioè dal dialettale *àcitu* 'acido' [LEI]. M.

**aciteduóglio,** sm. (calabrese). 'Oliera'.

Nome composto di «aceto ed olio», come l'italiano *acetoliera*, 'l'insieme delle due ampolline gemelle dell'olio e dell'aceto' [DEI s.v. *acetoliera*; LEI]. M.

**acordànt,** sm. (friulano). 'Assuntore d'operai emigranti, specialmente fornaciai'.

Prestito dal tedesco (*Ziegel*) *akkordant* 'colui che prende in appalto il lavoro dai proprietari delle fornaci (*Ziegel* 'mattone')'; la voce è stata assunta in Germania dai friulani là emigrati. Si noti che il termine tedesco è a sua volta un italianismo: *accordante* (da *accordare*) 'colui che assume a patto operai per la prestazione di determinati servizi ed opere', di ambito specialmente agricolo [Orioles 1983; DESF]. M.

**acquacetosàro,** sm. (laziale: Roma). 'Venditore pubblico dell'acqua minerale'.

Derivato da *acqua acetosa*, nome con cui a Roma s'indica l'acqua minerale; in italiano *acetosa* (da *acetoso*) è l'acqua rinfrescante preparata con zucchero ed aceto; 'acqua naturalmente acidula e gassosa' [DEI].

M. MORETTI: *E più del grido dello scoparo o dell'acquacetosaro e della strada per andare al mercato di Campo de' Fiori non aveva ancora imparato* (cit. in GDLI I 130). M.

**acquagnóvë,** sf. (abruzzese, anche *acquanóvë*), «è l'acqua che si attinge il primo dell'anno e che si reca alle case dei signori per averne doni»; (a Preturo, nell'aquilano: *acquagnóvë*), «acqua con cui si lavano le ragazze da marito, che poi gettano per la strada: dalla qualità della persona che passa sul bagnato esse traggono auspici per le nozze» (Giammarco 1968).

Letteralmente 'acqua nuova'. M.

**acquaiàle,** sm. (toscano: Tavernelle). 'Solco acquaio'.

Dal latino *aquarius* 'relativo all'acqua', anziché dal latino tardo *aquagium* 'acquedotto' come si legge nel DEI [LEI]. M.

**acquaiòlo,** sm. (toscano: Elba; campano, Napoli: *acquarulo*; pugliese, Bitonto: *acquarìule*). 'Grottaione. Gruccione, *Merops apiaster* L.'.

Dal latino *aquarius* 'relativo all'acqua', cosiddetto perché vive in luoghi pianeggianti non lontani dall'acqua [DEI; LEI]. M.

**acquarìa,** nella locuz. *sonare a –* (umbro), 'suonare le campane per allontanare il temporale'; a Bevagna *acquarìa* sf. 'suono delle campane per scongiurare il temporale'.

Dalla voce dialettale umbra (a Todi) *acquarìa* 'tempesta d'acqua e grandine', nota anche nel napoletano per 'scroscio d'acqua', e nel siciliano per 'eccessiva abbondanza di piogge' e 'rugiada'; tale parola non è un composto 'acqua rìa' (come si legge in DEI), ma un aggettivo sostantivato dal latino *aquarius* 'relativo all'acqua' [LEI]. M.

**acquasàlë,** sf. (abruzzese; lucano; pugliese, con varianti; calabrese). 'Panzanella: pane ammollato in acqua e condito con olio, sale e cipolla', cibo povero.

Da due dei suoi componenti principali, l'*acqua* e il *sale* [LEI].

R. NIGRO: «*È nato in una masseria delle Braide e poi madre e figlio sono spariti*». «*Se è mio, devo cercarlo. Preparami un'acquasale, me ne vado*» (*I fuochi del Basento*, Milano 1987, p. 113). C.

**acquasantèra,** sf. (sardo campidanese). 'Pila dell'acqua benedetta'.

Derivato di *acquasanta* 'acqua santa'; nello stesso dialetto indica anche una specie di ragno, chiamato così perché distilla, se toccato, una macchia umida (denominazione uguale ad *abbasantèra*, → *abbardènte*). A Sènnori e ad Ittiri si chiama *abbasanta*, cioè 'acquasanta', anche la coccinella, ed i bambini, stringendo in pugno l'insetto, cantano: *O pònemi s'abbasanta o t'inde muzzo an'anca* e minacciano così finché quello non sparga nella mano l'umore color zafferano di odore acuto. Nel Salento invece *acquasanta* è la 'secrezione prodotta da una specie di ragno dalle lunghe zampe', che viene detto *taranta* o *scorpione*, ed anche qui viene preso in mano, recitando: *Taranta pitsicanta, damme nu picca de acquasanta, sinnò te tiru nu pete e n-anca* [DES; Fanciullo 1973]. M.

**acquasantìn,** sm. (ticinese; lombardo; trentino: *casentìn*, *acasantìn*; emiliano, nel piacentino: *acquasantèin*). 'Acquasantiera, piletta dell'acqua benedetta; aspersorio'.

Da 'acqua santa' col suffisso *-ino* (dal suffisso *-ello* dipendono invece le forme trentine *cuasintèl*, *casandèl*) [DEI; LEI]. M.

**acrisànto,** sm. (campano: Napoli). 'Crisantemo, *Chrysanthemum indicum* L.'.

Dal latino *chrysanthemon* 'crisantemo', per via semidotta, con conservazione dell'accento originale [Penzig 1924; DEI; Salzano 1979]. M.

**(a)darcàr,** v. (emiliano; romagnolo). 'Ventilare il grano'.

Dal latino *arcuāre* 'piegare ad arco, incurvare'. Il significato agricolo si spiega con l'operazione di gettare con la pala il grano ad arco sull'aia per liberarlo della pula [REW; LEI]. C.

**aḍḍ' abùra,** locuz. (lunigianese). 'All'imbrunire', a cui corrisponde il corso *all'abbrugata* 'al crepuscolo'.

Derivato dal latino *būrius* 'rosso acceso', donde l'italiano *buio* [Rohlfs 1979]. C.

**addicàri,** v. (siciliano). 'Svenire', 'infastidire, innervosire'.

Derivato dalla voce siciliana *dica* 'malore', 'noia', 'angoscia', 'pena per lunga fame', riflesso dell'arabo *ḍīqa* 'noia', 'oppressione' [DEI s.v. *dica*; Rohlfs 1977a; VES]. M.

**addiméntu,** sm. (siciliano orientale). 'Sapore aspro o piccante' e figur. 'sollecitudine eccessiva ed interessata'.

Letteralmente 'ardimento' col senso di 'bruciare', che assume in parecchie occasioni il verbo 'ardire' [LEI]. C.

**àdditu,** sm. (siciliano). «Aggiunta; quello che si dà per soprappiù, fatto il mercato, e dicesi dei cereali che si mutuano» (Piccitto 1977).

Non è un derivato dal latino *additus* part.pass. di *addĕre* 'aggiungere' (come si legge in DEI), ma prestito dallo spagnolo *adito* 'aggiunta'. Il siciliano ha anche il sf. *àddita* «interesse pagato dai contadini ai proprietari per anticipazioni o prestiti avuti: *pigghiari na cosa àddita* 'esagerare l'importanza di un fatto, prenderlo troppo sul serio'» (Piccitto 1977). [LEI]. M.

**addivinà,** v. (campano: Napoli; abruzzese: *adduvënà*; pugliese: *addëvënà*; lucano: *adduvënà*; siciliano: *addivinari*; sardo: *addevinare*). 'Indovinare'. Vi corrisponde l'umbro e marchigiano *abbinà*.

Dal latino tardo *addivināre* 'indovinare', ma per le forme dell'Italia centrale bisogna ipotizzare una riduzione a **advinare* col successivo svolgimento di *-dv-* in *-bb-* [DEI; DES; REWS; Bigalke 1980; Giammarco 1985; Ugolini 1988-89]. M.

**addomitàri,** v. (calabrese centro-meridionale). 'Domare, addomesticare'.

È voce ricondotta dal DEI al latino *domitāre* iterativo di *domare* [Rohlfs 1977]. M.

**addóppië,** sf. (abruzzese e molisano). 'Assopimento, anestesia'.

Deverbale di *adduppià* 'addormentare, anestetizzare', originariamente con l'*oppio* (anticamente *allòppio*): corrisponde, quindi, all'italiano *alloppiare*. C.

**addórë,** sm. (abruzzese; lucano; campano; pugliese; calabrese: *adduri*; siciliano: *aduri*). 'Odore'.

Dal latino tardo *audor*, *-ore* per il classico *odor*, *-ore*, attraverso **aldore* e con sviluppo di *ld* > *dd* [DEI; Rohlfs 1977; Bigalke 1980; Giammarco 1985]. M.

**addrèto,** avv. (toscano: pistoiese). 'Indietro'.

Dal latino *ad retro* 'indietro, all'indietro' [DEI; LEI]. M.

**addùbba,** sf. (siciliano). 'Salsa di aglio, pepe ed acqua calda, che usano i contadini' (voce disusata).

Deverbale da → *addubbàri* 'saziare, accomodare' ed altri significati; stessa origine ha pure il siciliano *addobbu* 'modo di cucinare una pietanza' [DEI; VES].

**addubbàri,** v. (siciliano; calabrese), 'aggiustare, accomodare', 'tacitare con poco, accontentare, mettere d'accordo'; (calabrese: Polistena), *fìmmana addubbàta* 'donna gravida'.

Corrisponde, dal lato etimologico, all'italiano *addobbare* 'armare' poi 'adornare', dall'antico francese *adober (chevalier)* 'armare, creare cavaliere' [DEI; Rohlfs 1977; VES]. M.

**aḍḍùmmi,** sm. pl. (siciliano, anche *aḍḍummi*, *ddummi*). 'Frutti, datteri della palma nana'.

Voce di origine araba, da *daum*, *dūm* 'palma nana e silvestre' [DEI; Pellegrini 1972]. M.

**aḍḍunàri,** v. (siciliano e calabrese, anche *allumari*; campano, nel napoletano: *allommare*, *allummare*; irpino: *addumà*, *allumà*; pugliese: *allumà*, *allumare*; salentino: *addumare*, *allumare*; abruzzese: *allumà*). 'Infiammare, accendere'.

Dal francese antico *alumer* di analogo significato, voce entrata nel medioevo pure nell'italiano *allumare* 'illuminare' anche per influsso della poesia cortese provenzale. *Allum(m)are* 'accendere' è parola nota anche al sardo ma non è comune [VES]. M.

**addunàrisi,** v. rifl. (siciliano; calabrese: *addunare*; lucano: *addunà*; campano, nel napoletano: *addonare*; irpino: *addonà*; salentino: *addunà*; pugliese: *addunà*, *ade-*

*nasse, adené*, e varianti; abruzzese: *addunàrësë*). 'Accorgersi, avvedersi'.

Dal latino **ad-donāre* 'darsi', con uno sviluppo semantico parallelo a quello del catalano *adonar-se*, il cui influsso deve aver rafforzato la parola siciliana che a lungo (sec. XIV-XVII) è stata scritta con una sola *-d-* [VES; LEI]. M.

**adduràre,** v. (calabrese, anche *aduràri*; siciliano: *addurari*; abruzzese: *addurà*; campano: *addurà, addorà*). 'Odorare; percepire'.

Denominale dal dialettale → *addórë* e varianti 'odore' oppure da un latino parlato **audorāre* ricostruito dal DEI [DEI s.v. *addoràre*; Giammarco 1968; Bigalke 1980]. M.

**addurmìsciri,** v. (siciliano, con varianti), 'addormentare', rifl. 'addormentarsi, intorpidire'; (calabrese: *addormìscere*; salentino: *addërmèscë, addurmèscërë*; lucano: *addrimesce*), 'addormentarsi'; (pugliese: *addremèsce, addemerèsce*, e varianti), 'intorpidire, indolenzire'.

Dal latino *addormiscĕre* 'addormentarsi' (continuato anche in spagnolo e portoghese) [DEI; VES; LEI]. M.

**ademprìviu,** sm. (sardo). 'Diritto reale consistente nel godimento per lo più gratuito di pascoli, boschi, stoppie, del diritto di seminerio sussidiariamente al proprietario, dei corsi d'acqua, da parte dei comunisti; godimento praticato sulle terre demaniali, baronali, comunali e anche private'.

Dallo spagnolo *adempribio, ademprio* 'terreno da pascolo comune', catalano *aempriu, empriu* 'diritto di godimento di terre'; il termine sardo è frequente nei documenti dei primi tempi della dominazione aragonese, ma è tuttora conosciuto ed è entrato anche nell'italiano *ademprivio* [DEI; DES]. M.

**adiccafriscàtuli,** sm. (calabrese: Polistena). «Nomignolo, dato all'indice della mano, equivalente a leccapolenta» (Laruffa 1986).

Parola composta dal calabrese *ad(d)iccà(ri)* 'leccare' (→ *ad(d)iccàri*) e → *friscàtuli* plur. 'farinata, vivanda fatta d'acqua e di farina; polenta'. M.

**adiccàri,** v. (calabrese), 'leccare, allettare', anche *alliccare; addiccare* (Marcellinara), 'contrarre mala abitudine a fare una cosa, specialmente a mangiare cose ghiotte'; (siciliano: *aḍḍiccari*), 'adescare, allettare'; (pugliese, a Bitonto: *allechèue*), 'eccitare la gola, il desiderio di alcuno; prendere gusto'; (pugliese, a Molfetta: *alleccà*), 'adescare'; (ligure; *alleccâ*), 'allettare'.

Verosimili gallicismi, forse riflessi di un prestito dall'antico normanno *alekier* 'allettare' corrispondente al francese *allécher* di analogo significato. L'ipotesi non è accettata dal LEI s.v. *allectāre*, dove, data l'area della voce che comprende anche il ligure, si rinvia alla base germanica **lekkon* 'leccare'. Ormai superato è invece l'etimo proposto dal DEI (da un latino parlato **allecticāre* per *allectāre*) [DEI; Rohlfs 1977, 1977a; VES]. M.

**adìn,** sm. (friulano carnico). 'Castrato, agnello castrato e grasso'.

Si tratta di una voce isolata, un arcaismo lessicale che riflette l'agg. latino *haedīnus* 'di capra', continuato nel logudorese antico *edinas* 'pelli di capretto' [DES; DESF]. M.

**adórt,** agg. (lombardo settentrionale, in Valfurva). 'Erto', detto di pendio montuoso: *al va su adórt* 'sale rapidamente'.

È un riflesso del latino *ad-ŏrtus* 'sorto, alzato' e, con specializzazione geomorfologica, 'ripido' [Bracchi 1991a: 188]. M.

**adovàri,** v. (calabrese: Papasidero, anche *arovari*; lucano: *aduvà*; siciliano: *aduvari, aruvari*). 'Cominciare a far le uova'.

Le voci si riconducono – secondo il DEI – al latino parlato **adovāre* con significato analogo; senza la preposizione *ad-* il verbo è ben rappresentato in area romanza ad esempio dal rumeno *oà*, dal provenzale e portoghese *ovar*, dallo spagnolo *huevar* [DEI; Rohlfs 1977; Piccitto 1977; Bigalke 1980]. M.

**adrànc',** sm.plur. (ticinese, con varianti). 'Le tre stelle della costellazione di Orione'.

Dal latino *iterantes*, participio presente plurale del verbo *iterāre* 'arare', anche se la presenza del sinonimo → *viadü* potrebbe giustificare la dipendenza dal latino tardo *itinerantes* 'viaggiatori', da *itinerāri* 'viaggiare' [VDSI; Lurati-Pinana 1983]. C.

**adrèso,** sm. (ligure; piemontese: *adrèsa* sf.; lombardo: *adrès*; emiliano, a Parma: *adréz*). 'Indirizzo, soprascritta'.

Dal francese *adresse* 'direzione verso un luogo', 'indicazione', 'indicazione del domicilio d'una persona scritta su una lettera'. M.

**ad sparaguài,** avv. (romagnolo). 'Di nascosto', 'con astuzia o sotterfugio'. Gli *sparaguài* erano le 'guardie di un rione'.

Composto di due elementi di origine germanica, corrispondenti al tedesco moderno *Späher* 'osservatore', 'spia', e *Wacht* 'guardia' (in italiano antico ed in alcuni dialetti moderni *guàita*: → *fè la gvèta*). C.

**adugliàre,** v. (calabrese: cosentino; pugliese, nel barese: *addëggià*; siciliano: *auliari*). «Inoliare; somministrare l'olio santo al moribondo» (Rohlfs 1977), 'somministrare l'Estrema unzione a qualcuno'.

Continuazioni del latino parlato **adoleāre* 'ungere con olio' specializzate in senso religioso [DEI; LEI]. M.

**adurìnu,** sm. (siciliano: catanese). 'Medaglione che si porta appeso al collo, contenente l'immagine o un qualsiasi ricordo di persona cara defunta', ridotto anche a *urìnu*.

Da *adurari* nel senso di 'venerare', dal latino *adorāre* 'adorare' [LEI]. C.

**aduvajjà,** v. (abruzzese, con varianti), 'racimolare, radunare, ordinare'; (toscano, nell'amiatino: *adoguaglià*), 'lavorare in modo da terminare almeno una striscia di terreno'; (umbro: *(a)duguajjè*), 'pareggiare, raguagliare'.

Dal latino **aequaliāre* 'uguagliare' col prefisso *ad-* [DEI s.v. *adovagliare*; LEI]. M.

**aenìn,** sm. (ligure: anche *ainìn, arenìn*). 'Sabbia minuta', 'malta di calce bianca, fluida, per rifinire gli intonaci'.

Derivato di *arena*, letteralmente 'arenino' [LEI]. C.

**affàb(b)ica,** sf. (sardo centrale, logudorese e campidanese, anche *(a)fràbica, afàbia*). 'Basilico'.

Dallo spagnolo *alfábega*, catalano *alfáb(r)ega, fábrega*, di analogo significato (derivati dall'arabo *al-ḥabaq*); l'iberismo è diffuso in tutta l'Isola, non nel logudorese settentrionale e sassarese che hanno *baŝile, baŝili* (forma abbreviata dal toscano *basilico*) e gallurese *basilicò, basanicò* (di provenienza ligure) [AIS; DES]. M.

**affaccàrsi,** v. (toscano; corso; sardo settentrionale). 'Affacciarsi', 'spuntare'.

Una derivazione dal latino *facies* 'faccia' (il verbo sarebbe, quindi, parallelo ad *affacciarsi*) spiega la sola forma sarda, non quelle della Toscana interna [DES; Cortelazzo 1965].

F. GUCCINI: *Una mattina passai di là e vidi affacati dal piano di sopra (perché l'aveva fatta bene la capanna, a due piani, i due faccini dei due bimbi* (*Cròniche epafàniche*, Milano 1989, p. 146). C.

**affaonzàre,** v. (toscano: lucchese). «Avvampare, riscaldare forte con vampi di calore» (Nieri 1902).

Dalla voce del dialetto lucchese *faònza* (con varianti: *faconda*, *favonda*) «caldo avvampante che leva il respiro nelle giornate del solleone, o in luoghi dove il sole o il calor del fuoco si riflette molto fortemente» (Nieri 1902), voce da ricondurre al latino *favōnius* 'vento del sud' [DEI; REWS]. M.

**affelàto,** agg. (umbro: anche *affelatu*). 'Affiocato', 'affannato', 'arrocato'.

Tenuto conto anche del francese *enfelir* 'irritare', 'irritarsi', 'infiammarsi' (propriamente 'riempirsi di fiele'), si può risalire al latino *fel* 'fiele', per cui è possibile ipotizzare un significato originario 'infiammato', poi 'colpito da raucedine' [FEW; Ugolini 1988-89]. C.

**afficàre,** v. (toscano: lucchese). «Ingrassare gli uccelli, i tordi specialmente, co' fichi secchi» (Nieri 1902).

Da *fico* [DEI]. M.

**affiréto,** sm. (campano: Procida). 'Fidanzato'.

Dal verbo *affirarse*, letteralmente e etimologicamente 'affidarsi', ma, in senso specifico, 'fidanzarsi in forma ufficiale', come nel marchigiano (piceno) *affedasse*, lucano e salentino *affidare*, *affirare* e varianti 'sposare' (e lucano *affid*, pugliese *affita* 'celebrazione del matrimonio', 'fidanzamento', 'nozze'), calabrese *affidà* 'fidanzarsi, sposarsi' (e *affidu* 'sposalizio', come in Abruzzo: *affidè*), sardo *affidhare* 'sposarsi' (e *affidhu* 'sposalizio'). La spiegazione letterale dipende dalla *fede*, che si scambiano i (promessi) sposi, mentre il passaggio da *-d-* a *-r-* è tipico del campano. C.

**affitèscere,** v. (salentino). 'Mandar puzzo, impuzzolire', anche *affëtèscë(rë)*, *nfitèscere* 'diventar puzzolente', col derivato *nfetesciutu* 'fetido, sporco', 'perfido, attaccabrighe', *carne fitisciuta* 'carne putrefatta'.

Continuazione del latino tardo *foetēscere* 'puzzare' (per il classico *foetēre*, sul modello di *putēscere*) [DEI; Rohlfs 1959; Alessio 1976]. M.

**afflèttërë,** v. (pugliese; abruzzese, nel teramano: *afflèttë*). 'Piegare, indurre', nell'abruzzese anche 'cessare', 'non darsi tregua'.

Dal latino tardo *afflectĕre* (testimoniato da Mela e Avieno) da *flectĕre* 'piegare' [DEI; Giammarco 1985]. M.

**affocagàttë,** sm. (campano: napoletano), «qualità di pesciolini di nessun pregio, che abitualmente vengono dati ai gatti» e in senso fig. «tipo di ciambella assai asciutta e di ingrata deglutizione» (Altamura 1956); (pugliese, a Taranto: *affocajattë*), «è il nome dei piccoli pesci spinosi degni di non essere mangiati nemmeno dal gatto. Così chiamati a motivo delle molte e pericolose spine di cui sono dotati e delle appendici cutanee, che soffocano persino i gatti, che pure hanno denti e palato idonei alla masticazione» (Gigante 1986).

Letteralmente "soffoca gatto", voce composta del dialettale *affocà(re)* 'soffocare' dal latino parlato **affocare* (per il classico *offocāre* 'soffocare'). Motivi onomasiologici analoghi (presenza di spine, durezza del cibo) sono alla base del siciliano *affucapatri* «Carlina, *Carlina lamata*», a Licata «sorta di pesce» e altrove in Sicilia «sorta di biscotto di farina e miele; piccolo pane in forma di pupattola colle mani ai fianchi» (Piccitto 1977), propriamente "soffoca padre"; la carlina nell'Isola è denominata anche *affucacavaḍḍi* "soffoca cavalli" [DEI ss.vv. *affogagatte* e *affogapadre*]. M.

**affogacciàre,** v. (toscano: lucchese). «Fare una focaccia di qualcosa, cioè pressarla in modo da schiacciarla. "*Vedi! m'hai affogacciato il cappello!*", "*Poveri fiori, tutti affogacciati! È stato il cane che ci ha dormito su*"» (Nieri 1902).

Dalla locale voce dialettale *fogaccia* 'focaccia', propriamente rendere qualcosa in forma di focaccia [DEI]. M.

**affruciàre,** v. (toscano: lucchese). «Operare in gran fretta e furia tirando giù alla peggio nel meno tempo possibile, con poco studio per poca voglia o per mancanza di tempo» (Nieri 1902), col derivato sm. *affrucione* 'chi affrucia'.

Secondo il DEI la voce è etimologicamente affine all'italiano *frusciare* 'strisciare, soffregarsi' per il quale si ricostruisce una derivazione da un latino parlato **frustiāre* 'fare a pezzi' senza escludere la sovrapposizione dell'onomatopea 'fru fru'. M.

**affruntàta,** sf. (calabrese). 'Incontro'.

La voce deriva dal verbo *affruntari* (dal latino **adfrontāre*, come l'italiano *affrontare*) 'incontrare'. «Col nome di *Affruntàta*, viene chiamata la cerimonia religiosa che, a Polistena, si svolge la domenica di Pasqua, dopo la Resurrezione, nel seguente modo: la statua del Cristo Risorto parte della Matrice, portata a spalla, e seguendo un percorso prestabilito si avvia verso la chiesa del Rosario. Di qui, coperta da un velo nero, esce la statua della Madonna per andare incontro a Gesù. Tale incontro avviene in Piazza del Popolo, una volta Piazza Mercato. I tempi vengono calcolati e controllati in modo che, non appena appare in piazza la statua di Gesù, quelli che portano la Madonna si mettono a correre. Appena di fronte, alla distanza di pochi passi, viene strappato il velo alla Madonna, la statua viene abbassata in segno di ossequio a Gesù; poi le due statue affiancate entrano, insieme col popolo, nella Chiesa del Rosario per un'ulteriore funzione sacra» (Laruffa 1986). M.

**affrutticàre,** v. (calabrese settentrionale, anche *affurtëcà*; lucano: *affërtëcuà*), 'rimboccare, ripiegare'; (pugliese, Taranto: *affrutëcarë*), «rimboccare le maniche delle vesti, delle camicie o le estremità dei pantaloni» (Gigante 1986).

Dal latino parlato **affulticāre* (**adfulticāre*) tratto da *fultus* participio di *fulcīre* 'sostenere'. In calabrese settentrionale si usa anche il v. *affrùcërë* (con la variante *affulëcià*) «succingere, alzare la gonna annodandola di dietro, rimboccare le maniche» (Rohlfs 1977) dal latino parlato **affulcere* derivato da *fulcīre* (*affulëcià* presuppone un cambiamento di coniugazione) da cui anche **affulcīre* richiesto dal lucano *affùc'*, dal laziale *affocese* e dall'abruzzese e molisano *affucì* 'tirarsi su la veste a guisa di sacco per mettervi della roba' (come nell'umbro antico *affolcere*), 'rimboccarsi le maniche' (*affucicà* a Rieti), 'affannarsi per qualcosa'. Occorre aggiungere che il ricorso ad **affulcere*, **affulcīre* 'sostenere, sorreggere' non è da tutti accettato e si preferisce ricorrere a composti romanzi da una forma *fòcere* (< *fulcīre*) nota al napoletano per 'turare' [Vignoli 1911 e 1926; Fanti 1940; DEI s.v. *affrutticare* e *affucire*; Bigalke 1980; Ugolini 1988]. M.

**affuffignàre,** v. (toscano: lucchese). «Abbaruffare: nel dipanare o nel tessere o in altri lavori di filo, stringhe, cordicelle, trecciuolo, scompigliare, farci nodi o gruppi o viluppi [...] Imbrogliare, fare un sutterfugio o una gherminella» (Nieri 1902).

Dal dialettale lucchese *fuffigno* «nodo, groppo [...] affare imbrogliato maliziosamente: conto che non torna, perché altri ci ha leccato o beccato o piluccato [...]»

(Nieri 1902) con la variante *fuffo*. Si tratta di voci di origine onomatopeica (**foff* / **fuff* 'cosa leggera', imitazione del rumore del soffiare) con vari altri riscontri dialettali, ad esempio *fuffigna, fuffa* (emiliano: Modena), *fuffigna* (toscano: Versilia) 'cosa da nulla', *fùfigno* (veneto giuliano: Trieste) 'groviglio di fili', *fufigno, fufignéso* (veneto) 'lavoro confuso, garbuglio, raggiro', *fùfigna* (veneto, veneto giuliano, friulano, ladino centrale, trentino) 'raggiro, imbroglio' anche 'cosa di poco conto' col verbo *fufignà(r)* delle stesse varietà (nel ladino centrale: *fufugné*) 'imbrogliare; trafficare di nascosto; sgualcire' [REW; DEI s.v. *affufignàre* e *fuffigno*; Bondardo 1986; Doria 1987]. M.

**affùsu,** agg. (calabrese: Serrastretta). 'Umido, bagnato'.

Dal latino *affūsus* 'sparso, versato', part.pass. di *affundere* continuato unicamente nel campano (Procida) *affónne* 'bagnare' e *affónnerse* 'bagnarsi' e nel calabrese centrale *affùnnere* 'bagnare' [DEI; LEI]. M.

**àffutu,** sm. (siciliano). 'Il soffiare del gatto'.

Appartiene ad un gruppo lessicale che comprende il laziale *àffitu, àffito* e il calabrese *àcchitu* 'alito' e, in accezioni particolari, il laziale (Alatri) *affito* 'fiato velenoso delle serpi' e il calabrese *àcchitu* 'soffio di vento, venticello', che fanno capo tutti al verbo latino *afflāre* 'soffiare' influenzato da *àlito* [LEI]. C.

**àfr,** sm. (piemontese, anche *àfer*), 'orrore, spavento, brivido'; (ligure: *afru, àfregu*, anche sf. *afra*), 'ripugnanza, paura', e nella locuz. *mete àfregu* 'spaventare'.

Propaggine cisalpina del provenzale *afre* 'cosa orribile' (da cfr. col francese *affre*; da far risalire ad un gotico **aifrs* 'terribile') [DEI s.v. *afro*; REWS; Gribaudo-Seglie 1972-77; Brero 1982; *Vocabolario delle parlate liguri* 1985]. M.

**àfreco,** sm. (campano, anche *àfrico, àfricu*; pugliese: *àfrëche* e varianti; salentino: *àfrucu, àfrecu* e varianti), 'orlatura, orlo di un panno, di un fazzoletto'; (campano, nel Cilento: *afrëcà* v.; pugliese: *affrëceddè* v.; salentino *(an)nafricare* v.; calabrese settentrionale: *parafică, parafëcà* v.), 'orlare'; (calabrese settentrionale: *paràficu* sm.), 'orlatura'.

Retroformazioni del latino *affricāre* 'fregare contro' (→ *lefricàre*), continuato in italiano dal derivato *raffregare* 'fregare molte volte' [DEI; LEI]. M.

**afrummicàtë,** agg. (calabrese settentrionale, anche *affurmicatu*). 'Addormentato, intorpidito' (della gamba ecc.).

Dal latino parlato **adformicātum* (da *formicāre* 'solleticare, prudere', da *formīca*), propriamente 'preso dalle formiche' [DEI s.v. *afformicato*]. M.

**agăr,** sm. (friulano), 'solco del campo'; (sardo: *abbarżu, abbàrgiu*), 'solco acquaio'.

Dal latino *aquārius* 'canale, scolo', derivato da *ăqua*; stessa origine ha pure il veneziano *alguàro* 'solco', quando si fa nuovo con l'aratura [DEI s.v. *alguaro*; DES; DESF]. M.

**agarèlli,** sm. pl. (toscano: lucchese), 'foglie del pino'; (calabrese, a Grimaldi: *agaréḍḍi*), 'semi dell'uva'.

Dal plurale italiano antico (il plurale in *-ora* è ancora in uso in talune aree dialettali centro meridionali) *àgora* 'aghi' col suffisso *-ello* [DEI; Rohlfs 1968: 40; LEI]. M.

**àgata,** sf. (lucano). 'Rovo'.

La voce è fatta risalire dal DEI al greco bizantino *áka(n)tha* 'spina, spino' [AIS]. M.

**agàzza,** sf. (calabrese centrale, anche *(a)gazzara*). «Specie di artemisia, specie di millefoglio» (Rohlfs 1977).

Per il DEI (s.v. *agaza*) la voce può essere rapportata al latino tardo *agazarius*, nome volgare della cassia. M.

**aggaiàrsi,** v. (toscano: lucchese). «Darsi da fare con parole, con atti, sforzarsi; alzar la voce, contendere, commuoversi, agitarsi... e con pronunzia più volgare Aggagliarsi» (Nieri 1902).

«Certo da *gaio*, il cui significato primo è ardito, temerario» (Nieri 1902) [DEI s.v. *aggaiare*]. M.

**aggestrìre,** v. (toscano). 'Addomesticare, domare, avvezzare a fare certe cose (delle bestie)'.

Da *gestro* voce toscana che significa 'vezzo, smorfia leziosa', corruzione di *gesto* forse per influsso di *estro* [DEI]. M.

**agghiajàre,** v. (calabrese, anche *agghiajàri*), 'allibire, impallidire; agghiacciare, agghiadare (per il freddo)'; (campano, nel napoletano: *agghiajà*, rifl. *agghiajàrsë*), 'gelare; atterrire, spaventare', 'sentirsi gelato per freddo o per paura'; (siciliano: *agghiaiari*), 'sentir ribrezzo; provar dolore; sbalordire, restar di stucco'.

Le voci, come il corrispondente toscano *agghiadare* 'agghiacciare dallo spavento', sono derivati del latino *gladius* 'spada' da cui il toscano *ghiado* e il napoletano *jàjë* 'freddo intenso' attraverso il concetto di 'freddo «pungente»' o meglio «tagliente», non senza l'intervento di *ghiaccio* (si confrontino anche gli usi metaforici dell'italiano antico *ghiado* 'dolore morale', significato che pare ottenuto per tramite della similitudine evangelica della spada del dolore che trafigge il cuore della Madonna: «et tuam ipsuis animam pertransibit gladius» 'e un coltello trapasserà la tua anima'). Stessa origine hanno il piemontese *sgiài* 'raccapriccio, paura, brivido, ribrezzo', ladino centrale *dlai, slai* 'dolore, pena', col denominale *dlaré* 'sentir dolore', friulano *glàvet* 'dispetto, stizza', napoletano *jàjë* 'spavento, raccapriccio' [Flechia 1878; FEW; DEI s.v. *agghiaiare, ghiado*; REWS; Rohlfs 1977; Salzano 1979; EWD]. M.

**agghianaréto,** part. pass. e agg. (campano: Procida). 'Aggredito da comari vocianti come streghe'.

Dal verbo *agghianarà* 'comportarsi come una strega (in napoletano: *janàra*)' [Parascandola 1976]. C.

**agghiànica,** agg. (calabrese; campano: *agliànëcë, agnànëkë*; romagnolo: *alièdga*; emiliano: *jadga, aliadga*; veneto: *lugiàdega, ogiàdega* e altre varianti; lombardo: *lugiàdega, aliàdega*, e varianti; piemontese: *ugàdiga*). 'Specie di uva nera, aleatica'.

Corrispondono a «lugliatica» dal latino *jūlius* 'luglio', in origine denominazione riferita a uva che matura a luglio, ma altrove anche in altro periodo: si veda il napoletano *agliàneca* «(uva) aleatica, che matura in dicembre» (Salzano 1979). Anche l'italiano *aleatica* è utilizzato per designare vitigni vari. Dalla stessa voce latina, ma con diversa suffissazione, derivano il marchigiano (Arcevia) *ùjola*, il salentino (leccese) *cigghiòla*, il trentino *uèsa*, il veneto (veronese) *luliana, luviana*, tutte voci riferite all'uva aleatica: → *agliànico* [Merlo 1904; DEI s.v. *agghianico* e *aglianeca*; Prati 1968; REWS]. M.

**agghiàstru,** sm. (siciliano, anche *agliastru*; calabrese: *ogliastru*). 'Oleastro, *Olea europea*' (Piccitto 1977).

Dal latino *oleastru(m)* 'oleastro, olivo selvatico'; ne deriva pure, con il suffisso *-āriu*, il calabrese meridionale *agghiastraru* con lo stesso significato [DEI s.v. *agliastro*; REWS; Rohlfs 1977]. M.

**agghicàri,** v. (siciliano), 'riunirsi'; (calabrese meridionale: *acchjicari, agghjicàri*), 'giungere'.

Dal latino *applicāre* nel senso di 'avvicinarsi' e 'approdare', 'giungere alla riva' nella terminologia nautica, poi 'arrivare' in genere, secondo il REW. Diversamente il LEI riconduce queste voci allo spagnolo *allegar* 'avvicinarsi, giungere', *allegare* nell'italiano antico, mentre tra i continuatori del latino *applicāre* pone il sardo (nel campidanese rustico) *appillài* 'arrivare, venire' [DES]. M.

**agghientàri,** v. (calabrese meridionale). 'Prolificare, propagare, moltiplicare' col sm. *agghientu* 'fecondità di prole; prolificazione, guadagno che si ricava dall'accoppiamento degli animali, figliolanza di una mandra o di un pollaio'.

Non sono voci derivate direttamente dal latino *gens, gentis* 'famiglia, stirpe' (come in DEI), ma dal latino parlato **adgenitāre* 'generare' e **adgenitum* 'prodotto' [Rohlfs 1977]. M.

**agghiòcu,** sm. (calabrese meridionale). 'Pioppo nero, pioppo bianco', in talune località anche 'specie di erba che infesta i terreni cretosi'.

Diretto riflesso del greco *lêukos* 'pioppo' secondo Rohlfs 1977, attraverso il latino (*leucus*, documentato dalle glosse) per il DEI. M.

**agghiozzàto,** agg. (toscano). «Colto dai singhiozzi; che sente un groppo alla gola (per la commozione, per il pianto)» (GDLI).

Tale voce è registrata dal DEI con *-zz-* sonora e considerata di etimo incerto, ma una realizzazione con *-zz-* sorda (come riportato da GDLI) richiama un confronto con il toscano (Versilia) *aggozzito* «quasi soffocato con un nodo alla gola, senza poter piangere, a causa di un grande dispiacere» (Cocci 1956) e permette di individuarne all'origine un incrocio tra le parole *gozzo* e *(sin)ghiozzo*.

L. VIANI: *Straccavizzi si sentì agghiozzato dal pianto e gettandosi per terra singhiozzò a dirotto pianto ragliando come un mulo* (cit. in GDLI I 237). M.

**agghiudiscàri,** v. (siciliano, anche *agghiuriscari*). 'Impuntarsi, recalcitrare, degli animali; ostinarsi, incaponirsi; scacciar lontano; minacciare'.

Secondo il DEI, deriva dal siciliano *iudiscu*, in origine 'giudeo' (dal latino *judaeus* con il suffisso *-isk* di provenienza germanica) che oggi designa una «rosa: taglio di carne magra, per bollito e per fettine, nella parte anteriore della coscia in corrispondenza dell'inguine» (Piccitto 1977), con allusione a proibizioni ebraiche di mangiare determinati cibi. M.

**àgghiula,** sf. (calabrese meridionale), 'aquila'; (calabrese meridionale; siciliano), 'carlino, antica moneta che portava sul verso la figura di un'aquila'.

Probabile normannismo da confrontare col francese antico *aille* 'aquila' (sec. XII-XIII) derivato col suffisso *-ola* [DEI; Rohlfs 1977; LEI]. M.

**aggiojjàto,** agg. (umbro: Orvieto). 'Sazio'.

Da *aggiojjàsse* 'assopirsi (per aver ingerito troppo cibo)', come accade a chi ingerisce una sostanza con loglio (*giòjjo*): → *loià*. C.

**àggiu,** nella locuz. *èssiri d'àggiu* (siciliano). 'Essere maggiorenne'.

Letteralmente 'essere di età', dal francese *âge* (antico *aage, eage*) 'età' [LEI]. C.

**aggiummàri,** v. (siciliano). 'Restare a riposo (di terreno)'.

Senza dubbio è relitto della radice araba *ǵ-m-m* 'essere lasciato a riposo', che ha lasciato altre tracce nel pantesco *ghimeni* 'terreno improduttivo, anche le erbe che vi crescono sopra' con il part. *aggiummatu* e *aggimmatu* 'dicesi di terra riposata' e l'agg. *gemmu* 'in riposo' (*terrenu ggemmu*) [Pellegrini 1972; VES; Tropea 1988]. M.

**aggiuué,** v. (pugliese; barese). 'Aiutare, giovare, piacere'.

Raro continuatore popolare del latino *adiuvāre* 'aiutare', come l'italiano *aggiovare* [Loporcaro 1987]. C.

**agglassàri,** v. (siciliano, anche *aggrassari*). «Cucinare la carne a stracotto, di solito con un soffritto di cipolle» (Piccitto 1977).

Dal francese *glacer* propriamente 'ghiacciare' da cui deriva anche l'italiano *glassare* 'coprire con gelatina' [DEI]. M.

**aggrancàri,** v. (calabrese e siciliano, anche *accrancari*), «aggranchire, del freddo che intorpidisce le membra; esser preso da un crampo; rattrappirsi, indolenzirsi per essere stati a lungo nella stessa posizione o anche per freddo intenso» (Piccitto 1977); (lucano: *aggrancăt*, agg.), 'intirizzito'; (campano, nel napoletano: *aggrancato*), 'rattrappito' e in senso traslato 'assiderato; spilorcio'.

Il senso è quello di essere colpito da un *grancu* 'granchio' (dal latino *cancer, cancru*) [DEI; Rohlfs 1977; Piccitto 1977; Salzano 1979; Bigalke 1980]. M.

**aggrifàri,** v. (siciliano, anche *aggrifiari*). 'Rubare, rapire'.

Dal francese *griffer* 'afferrare, prendere'. [DEI s.v. *aggriffare*; Piccitto 1977]. M.

**aggrìsse,** sf. (campano: Procida). 'Impressionante crisi di malore, di carattere nervoso'.

Di solito è causata dallo stato d'insoddisfazione dopo una lite, chiamata in napoletano, con audace traslato, proprio *aggrìsse* 'eclissi' e il nome della causa è passato al suo effetto morboso [Parascandola 1976]. C.

**agguacchià,** v. (lucano; calabrese; siciliano: *(a)gguacciari*). 'Vedere' e, in siciliano, anche 'affacciarsi', 'spuntare' delle stelle, della luna e pure del sangue che scorre da una ferita.

Dal francese antico *agaitier* 'osservare, sorprendere spiando', da *guaite* 'sentinella', un germanismo (**wahta* 'guardia') [FEW; DEI s.v. *agguacciare*]. C.

**agguacciàrisi,** v. (siciliano). 'Avvolgersi in coperte per riscaldarsi', anche *aggucciàrisi* e non riflessivo *aggucciàri* 'coprire, riscaldare'.

Dallo spagnolo *agacharse* 'accovacciarsi' [Beccaria 1968; Valente 1993]. M.

**agguantàri,** v. (siciliano; calabrese, anche *agguantare*; sardo logudorese *agguantare*, nel campidanese *agguantài*; ligure: *aguantà*), 'afferrare; sostenere'; (campano, nel napoletano: *agguantà*), 'tollerare'.

Dallo spagnolo e catalano *aguantar* 'tenere, reggere; soffrire'; voce entrata anche in italiano (*agguantare*) [DEI; Michel 1996]. M.

**agguattàrisi,** v. rifl. (siciliano; campano, nel napoletano: *agguattarsë*), 'nascondersi'; (laziale e abruzzese, nel chietino; pugliese: *agguattà*; calabrese: *ngattare, ngattari*), 'nascondere', in abruzzese col derivato *agguattatë*, agg. '(di terreno) riparato, dal sole, dal vento'.

Probabile incrocio di *acquattare* (da *quatto*) con la forma antica *aggua(i)tare* [DEI s.v. *agguattare*]. M.

**aggubbiàre,** v. (toscano: lucchese). «Annodare; si dice di cibo che rimane come un peso sullo stomaco» (Nieri 1902).

Deriva dalla voce dialettale toscana *gùbbio*, → *góbbio* 'gozzo'. Stessa origine ha l'italiano *ingubbiare*, *ingobbiare* 'impinguarsi di cibo' che, a sua volta, probabilmente ha influito sul sardo (Cagliari) *sgalubbài* 'mangiare avidamente', voce considerata di etimo non bene accertato ma verosimilmente collegato allo spagnolo *gallofear* 'andare alla *gallofa*', nome del cibo che si distribuiva alla portineria dei conventi [AIS; DEI; DES]. M.

**aghèrju,** sm. (sardo: nuorese). 'Somiglianza, fisionomia'.

Deverbale di *agheràre* (in lodugorese *aeràre*, in campidanese *arjài* e rusticamente *erài*), 'assomigliare', letteralmente 'arieggiare', da *à(gh)era* 'aria' [DES]. C.

**aghìz,** sm. (friulano). 'Linfa, umore che trasuda dalla pelle ferita e forma, seccandosi, la crosta; umore lubrico che trasuda da materie organiche che cominciano a putrefarsi'.

È un derivato del latino *aqua*, da una forma aggettivale **aquīcius*; ha un parallelo nel ladino cadorino (a Lorenzago) *ażìżhe* sm. plur. 'legna umida', che presuppone una evoluzione precoce di **aquīcius* in **acīcius* [Zamboni 1973; DESF]. M.

**a giàba,** locuz. avverb. (ligure; toscano: Lucca; lombardo: Mantova; trentino: Tione), 'gratis, a scrocco'; (friulano, a Gorizia: *a jàba*), 'in grande quantità'.

Dal turco *caba* (pronuncia: *giàba*) 'gratuitamente', diffusissimo anche nelle lingue balcaniche, dalle quali entrò in goriziano (l'Ascoli lo sentiva spesso da ragazzo dal suo maestro), mentre i Liguri possono averlo preso direttamente con i traffici commerciali [Plomteux 1975]. C.

**a giàgia,** locuz. (marchigiano: Fano). 'In posizione sdraiata, distesa o coricata', come nel proverbio *luna in piéd, marinàr a giàgia, luna a giàgia, marinàr in piéd.*

Dal latino parlato **jacium* 'giaciglio', derivato dal verbo *jacēre* 'giacere'. C.

**agìbile,** agg. (pugliese, anche *aggìbele*, *aggible*; abruzzese, nel chietino: *aggìbbëlë*; campano, nel napoletano: *agìbele*; siciliano: *aggìbbili*). 'Agile, che può muoversi, attivo, svelto (parlando di persone)'.

Dall'italiano *agibile* 'fattibile', voce dotta proveniente dal latino medievale *agibilis* 'che si può fare' [DEI; LEI]. M.

**agìbu,** sm. (ligure). 'Arnese (detto ironicamente e spregiativamente di una persona: *l'è in bel agibu!*)'.

Probabilmente dall'aggettivo arabo *ʿagīb* 'meraviglioso, straordinario'. Diversa l'opinione di Valente 1993 (da *abbiggi* 'abbigliamenti' per metatesi) [Plomteux 1975]. C.

**àgidu,** sm. (sardo logudorese). 'Entrata di un podere chiuso circondato da muro o da siepi; breccia nel muro', anche *àitu, àidu*.

Continuazione popolare del latino *ăditus* 'entrato', che sta anche alla base della voce dialettale nord-orientale → *dèdui* [DES; LEI]. M.

**aginàrsi,** v. rifl. (toscano; marchigiano: *aginasse* e varianti; umbro: *ajjinasse*; laziale: *ainasse* e varianti; abruzzese: *ainassë*, *ajunarsë*). 'Affrettarsi'.

Dal latino *agināre* 'agitarsi, muoversi celermente' [DEI s.v. *ainare*; LEI]. M.

**agliànico,** sm. (calabrese, con varianti; lucano: *agliànnëchë*). 'Sorta di uva nera' e il 'vino, che se ne ricava'.

Propriamente 'lugliatico', uva che matura in luglio: → *agghiànica*, *jàdga* [Rohlfs 1977; Greco 1991].

R. NIGRO: *L'uva era matura, il moscato bianco dolcissimo e l'aglianico nero e robusto* (*I fuochi del Basento*, Milano 1987, p. 140). – ID.: *E intanto mi girava la testa, mentre mio fratello si stordiva con l'aglianico, mangiava salsiccia di Forenza e imprecava contro la Fortuna* (*La baronessa dell'Olivento*, Milano 1990, p. 103). C.

**agliàra,** sf. (calabrese, con varianti come *gliara*, *ghigliara*, *guigliara*, *jigghera*). 'Crivello da grano (con fondo fatto di steli di paglia)'.

Dal latino parlato **joliāria* 'crivello per separare il grano dal loglio' tratto da *jolium*, variante di *lolium* 'loglio' [DEI; Rohlfs 1977]. M.

**agliàro,** sm. (campano, nel napoletano, anche *agliàra* sf.), «stagnina per l'olio con un beccuccio per versarne il contenuto (quella senza becco è detta *stagnèra*)» col diminutivo *agliarèllo* «piccola lattina per olio; ampolla nella quale anticamente usava far soffiare con forza le partorienti per aiutare, con quell'atto, lo sforzo del parto» (Altamura 1956); (calabrese: *agghialoru*, *ugghialoru* e varianti), «orciolo, di solito di terracotta smaltata o di stagno, per tenere l'olio in piccole quantità per l'uso quotidiano» (Rohlfs 1977).

Dal latino *oleārium* da *oleum* 'olio' [DEI]. M.

**ägliärùolë,** sm. (molisano; campano, anche *agliarulo*; calabrese settentrionale: *agliarulë*). 'Orzaiolo'.

Dal latino *hordeŏlum* 'grano d'orzo; orzaiolo' attraverso un derivato **hordeariolum* [AIS; DEI s.v. *agliarolo*; REWS; Rohlfs 1977; Valente 1995]. M.

**agliattà,** v. (calabrese settentrionale; siciliano: *agghiattari*). 'Abbaiare del cane dietro la selvaggina'.

Dal latino *glattīre* 'ghiattire, abbaiare' con cambiamento di coniugazione [DEI s.v. *agliattare*; Piccitto 1977; Rohlfs 1977]. M.

**aglióla,** sf. (corso), «specie di caciucco fatto col pesce in guazzo con menta ed aglio», anche «genere di salse condite coll'oglio» (Falcucci 1915); (calabrese e siciliano: *agghiòtta*), 'vivanda di pesci, cipolla ed olio; salsa all'olio' e in senso fig. 'imbroglio, pasticcio'; (calabrese meridionale: *aggiótta*), 'salsa preparata con aglio pestato'.

Derivati con diverso suffisso da *aglio* (latino *allium*); per la forma dialettale *agghiòtta* il DEI aveva proposto invece una derivazione dal latino *jŭtta* 'brodo' (→ *dóta*) [DEI s.v. *agliotta*; LEI]. M.

**agniénto,** sm. (campano, nel napoletano). 'Unguento, pomata; cerotto' con le espressioni *è 'n' agniento* 'di cibo tenero come burro', *farse 'n' agniento* 'farsi mite e arrendevole', *agniento p''a guàllera* 'rimedio insufficiente' letteralmente 'unguento per l'ernia'.

Dal latino *unguĕntum* 'unguento' [DEI; Altamura 1956]. M.

**agnulìllë,** sm. (campano; pugliese, nel foggiano). 'Baco da seta'; *fa l'agnulillë* 'allevare bachi da seta'.

Propriamente 'angioletto', nome applicato a vari animali (LEI); secondo il DEI è probabile deformazione di una voce più antica *aragno* (noto al Boccaccio) 'filugello' con accostamento paretimologico al dialettale *àgnolo* 'angelo'. M.

**àgnus,** sm. (veneto). 'Bacio'.

Come spiega la locuzione veneziana più estesa *dar un agnusdèo* 'dare un bacio', dapprima bacio alla reliquia, chiamata *agnus Dei*, con l'immagine dell'agnello di Dio, baciata per devozione [Salvioni 1912; LEI]. C.

**agógia,** sf. (trentino; veneto: *agùia*; ligure: *agùgia*; toscano: *aggùglia*). 'Aquila'.

Come l'italiano antico *aguglia* 'aquila', le forme riflettono una variante **acūlea* del latino parlato rispetto al classico *aquila* [DEI; LEI]. M.

**àgol,** nella locuz. *giugiàr a cros o àgol* (trentino: Tuenno) 'giocare a testa o croce', come nel siciliano *iucari all'àcula cruci*.

Dall'*aquila* impressa nelle monete [LEI]. C.

**agón,** sm. (veneto, nel veneziano), «quelle specie di pesci marini del genere *Smaris* che hanno forme strette ed allungate» (Ninni 1964); (veneto giuliano; umbro, a Magione: *agóne*; marchigiano, Ancona: *agó*; campano, Napoli: *lagònë*), 'agone, *Atherina hepsetus*'; (emiliano, Parma; veneto, Venezia; veneto giuliano; Trieste), 'alosa, cheppia, *Clupea alosa*'; (ligure: *agṓn*; campano: *lagonë*, *lavunë*), 'aguglia, *Belone acus* L.'.

Dal latino *acus*, propriamente 'ago', ma anche ittionimo (*Esox belone* L.) con suffisso *-ōne*. Una variante veneziana *agonada* 'latterino' è registrata dal DEI s.v. e non, pare, dai repertori lessicali [LEI]. M.

**àgoro,** sm. (toscano: Garfagnana). «Coccola del lauro» (Nieri 1902).

Da *lauro* 'alloro' (dal latino *laurus*) con discrezione di *l-* ed inserzione di *-g-* tra due suoni vocalici (cfr. l'antico *Pàgolo* 'Paolo'). Sono invece probabili derivati dal latino *acrifolium* 'agrifoglio' incrociati con i continuatori di *laurus* il ligure *orföggiu* (non *argufòggiu*) ed il corso *orifògliu* 'alloro' che il DEI menziona s.v. *àgoro* ed attribuisce ad un latino parlato **laurifolium* (composto di *laurus* 'alloro' e *folium* 'foglio' da cui *foglia*) [REWS; LEI]. M.

**agósta,** sf. (veneto giuliano, anche *lagosta* e *àgosta*, *àgusta*). 'Aragosta', 'gambero di mare'.

Dal latino *locusta* 'cavalletta' e 'aragosta', attraverso il latino parlato **lacusta* [DEI; Rosamani 1958; Doria 1987]. M.

**agostinèlla,** sf. (pugliese, nel foggiano). 'Moriglione, *Fulix ferina*'.

Da *agosto*, probabilmente perché è il periodo in cui fa la sua comparsa; la stessa parola è all'origine di altri nomi dialettali di animali. Talvolta la motivazione si deve al fatto che la nascita avviene in agosto: cfr. *agustinèl* sm. (marchigiano: Fano) 'triglia piccola del mese di agosto', *gustinéllu* sm. (umbro meridionale) 'piccione nato di agosto', *agustinedda bbastarda* sf. (siciliano) 'schiribilla' [DEI; Piccitto 1977; LEI]. M.

**agòz,** sm. (trentino). 'Avvoltoio'.

Da *àg(ola)* 'aquila', con il suffisso *-òz* [Prati 1954]. C.

**agradùci,** sm. (siciliano, anche *ariu e dduci*, *agruedduci* e altre varianti). 'Acetosa, soleggiola, *Rumex acetosa* L.', *àghira e-dduci* 'romice spinoso, *Vibo spinosa*' specie affine all'acetosa, a Favara *agriaddungi* sm. 'trifoglio acetosa, *Oxalis cernua*'.

Letteralmente «agro-dolce» (per il sapore acidulo delle foglie dell'acetosa) [DEI s.v. *agrodolce*; Piccitto 1977; LEI]. M.

**agràppidu,** sm. (calabrese meridionale). 'Frutto del pruno selvatico' e *agrappidaru*, *grappitara* sf. 'pero selvatico'.

Dal greco **agriápidon* 'pero selvatico' (Rohlfs 1977, mentre in DEI è considerato un grecismo non antico ma bizantino). M.

**a grèc,** locuz. (romagnolo: Rimini). 'Più avanti', detto di abitazione collocata dopo un'altra.

Uso particolare e isolato di *grec* 'greco', come '(vento proveniente da) nord-est' [Quondamatteo 1982a]. C.

**agrèna,** sf. (calabrese: Mormanno; galloitalico: Trecchina [Lucania]). 'Pruno selvatico'.

Dal latino *acer* 'agro' attraverso il provenzale *agrena* 'frutto del pruno selvatico' giunto con le colonie settentrionali in Basilicata e in Calabria delle quali la voce è un relitto [DEI; Rohlfs 1977; LEI]. M.

**agriḍḍàru,** sm. (calabrese meridionale, con varianti, anche sf. *grigliara*, *grildara*, *agridara*). 'Olivo selvatico, biancospino'.

Dal greco *ágrillos* per *agriélaios* 'olivo selvatico' (antico secondo Rohlfs 1977, introdotto in epoca bizantina per il DEI). M.

**agrilègio,** sm. (toscano: lucchese, anche *aurègio*; galloitalico, a Piazza Armerina: *darrèg'*). 'Lauro regio, *Prunus laurocerasus*'.

Voci semidotte dal latino *laurus regius* («Forti alterazioni di lauro regio» scriveva Nieri 1902 documentando le forme lucchesi) [Roccella 1875; DEI]. M.

**agrómu,** sm. (siciliano: Novara). 'Melo selvatico'.

La voce si inserisce in una serie di nomi calabresi (*agròmulu, ròmulu, agròmuḍḍu*) e siciliani (*agrùmula, arò-mulu, acrùmulu*), che risalgono tutti al greco *agriómēlon*, anche letteralmente 'melo (*mēlon*) selvatico (*ágrios*)' [DEI s.v. *agròmulo*; Rohlfs 1964 e 1977a]. C.

**agùgia,** sf. (ligure, anche *agùia*; pugliese: *agùggia*; calabrese e siciliano: *(a)gùgghia*). 'Aguglia, una specie di pesce'.

Dal latino *acŭcula* 'piccolo ago'. Il muso del pesce, ad aculeo, gli ha dato questo nome (*pesce ago*) anche in altri dialetti [LEI]. C.

**agùmaru,** sm. (siciliano, anche *aùm(m)aru*), 'corbezzolo'; (calabrese: *acùmmaru*, e sf. *acùmmara*, con varianti; lucano: *gùmmërë*), 'frutto del corbezzolo'.

Direttamente dal greco *kómaron* 'corbezzolo' e *tà kómara* 'corbezzole' secondo Rohlfs 1977; diversamente il DEI sostiene il tramite del latino (così anche REWS) o del bizantino. Dal greco-latino *comărum* dipende il veneto (veneziano) *gomararo* «fragola selvatica o fragola in albero» (Boerio 1856, che non registra la forma *gòmaro* riportata dal DEI), cioè 'frutto del corbezzolo'. In calabrese è nota anche la variante *cacómmaru*, *cacómbru* 'corbezzola' che richiama quella marchigiana *cocòmberu*, per la quale si risale direttamente al greco **koukóummaros* per *kómaros* 'corbezzola' (Rohlfs) o al greco-latino *comărum* (REWS) [DEI s.v. *agùmmaro* e *gòmaro*). M.

**agùmi,** sm. pl. (calabrese meridionale). 'Frutto dell'abete'.

Dal latino *acumen* 'punta'; la denominazione è dovuta alla forma del frutto [DEI; LEI]. M.

**(a)gunghè,** v. (romagnolo), 'incurvare, dicesi di un asse, di un pavimento, di un legno'; (abruzzese, a Lanciano: *ngungà*) 'ristagnare dell'acqua che si raccoglie in luogo basso'.

L'uno e l'altro da *gónga* (infatti esiste la locuzione equivalente *fè la gónga*, cioè l''incurvatura') e, rispettivamente, *cònghë* 'conca', dal latino *cuncha* [REW; REWS]. C.

**agurèri,** sm. e agg. (siciliano). 'Augure' e come agg. 'fausto, di buon augurio', anche *aggureri*.

Secondo il DEI, questa voce sarebbe un prestito dallo spagnolo *agorero* di significato analogo, ma essendo già nota al siciliano antico (prima metà del sec. XIV) non può trattarsi di un iberismo; piuttosto va considerata un prestito occitanico (confronta *argurers* dell'occitanico antico). D'altra parte l'uscita *-ero* al posto di *-aro* non consente di supporre una continuazione diretta di un latino parlato **augurarius* [LEI]. M.

**agurièllu,** sm. (calabrese settentrionale, anche *augurièllu*, *agureḍḍu*). 'Folletto ladruncolo'.

Da *augurio* a sua volta dal latino *augurium*; da questa voce, e dalla variante volgare *agurium*, dipendono varie altre forme dialettali col significato di 'folletto; incubo': *aùrë*, *jùrë* (pugliese, a Taranto: *aurìcchio*), *lauru*, *uru* e varianti (salentino); il salentino *urulu* designa lo 'spirito della casa' [DEI; LEI]. M.

**agùrnu,** sm. (siciliano, anche *agornu*, *agurru*, *avornu*). '*Ontano*, Alnus glutinosa', *agurnu bbiancu* 'salcio bianco, *Salix alba*'.

Dal latino *viburnum* 'viburno' dal quale dipendono le voci calabresi *vugurnu* 'lentaggine' e *vivurnu*, *vivuornu*, *bifurnu* 'citiso'; il plur. latino *viburna* è riflesso nel francese *viorne* dal quale proviene il piemontese *viòrna* 'viburno' e 'clematide' [DEI s.v. *agurnu*, *viòrna*; Piccitto 1977; Rohlfs 1977]. M.

**agùrra,** sf. (siciliano, anche *augurra*, *gurra*, *urra*, e *agurru* sm.), 'salicone, *Salix capraea*, varietà di *Salix aurata*'; (galloitalico, a Tito e Picerno [Lucania]: *górrë*), 'vetrice'.

Voci di provenienza settentrionale mediante migrazioni d'epoca medievale; si confrontano infatti col lombardo e piemontese *gora* 'specie di salice', da una base **gorra* del sostrato gallico (e non «di origine mediterranea» come in DEI) riflessa anche dal provenzale *gourro* 'specie di salice' (nel latino medievale è attestata la voce *gurra* «viminis species») [Rohlfs 1977; Greco 1991]. M.

**aì,** avv. (toscano, nel lucchese, anche *eì*; lombardo alpino; veneto settentrionale; friulano). 'Sì'.

«*Aì* è forma comunissima nel volgo specialmente fra i contadini. Dicono anche: *eì*» (Nieri 1902); più che alterazione di *hoc illud* come suggerisce il Nieri, potrebbe trattarsi di *i* vocale con forte valore deittico, con *a* (o *e*) prostetico (DESF) o di formazioni chiaramente elementari che possono sorgere ovunque (LEI 1390). Oltre ad *aì*, *eì*, vi è pure *èi* (nel ladino centrale), *aè* (nel ticinese e nel bormino), *è* (ticinese). Rohlfs (1969: 301) aveva proposto per il ticinese *aè* una dipendenza dal latino *illu est* [DEI]. M.

**aiàl,** sm. (veneto), 'spazio antistante la cascina'; (trentino e ladino veneto, con varianti), 'spiazzo davanti alla carbonaia'.

Dal latino *areāle*, aggettivo sostantivato 'relativo all'aia (*area*)' con numerosi continuatori nei dialetti alpini, in galloromanzo e in grigionese [FEW; LEI].

S. VASSALLI: *A Mattio sembrò bello: se non proprio dal primo momento che lo vide, da quel mattino in cui prepararono l'*aiàl *davanti alla baita della Cesara* (*Marco e Mattio*, Torino 1992, p. 88). C.

**ajasìn,** sm. (piemontese). 'Callo' e in senso scherzoso anche 'gobba'.

Dal piemontese *ajàsa* 'gazza' (dall'antico alto tedesco *agaza*); la denominazione andrà intesa come un originario "[occhio] *ajasìn*" cioè "occhio di gazza" con uno sviluppo di significato traslato (*occhio* vale anche in italiano 'gemma', 'foro o apertura circolare' ecc.) da confrontare con il tipo dialettale "occhio pollino" (piemontese *öc' pulén*, lombardo e ticinese *oc' pulì*, emiliano *öciu pulén*, romagnolo *oc' pulèn*, con altre varianti) che designa il 'callo'. Paralleli a questi, sono altri nomi popolari del 'callo' come il tipo "occhio di gallina" (trentino e veneto settentrionale *òcio de galina*, friulano occidentale *vóli di ghialina*), "occhio di tacchina" (trentino *òcio de pita*), in italiano anche "occhio di pernice", oppure "occhio di pesce" (toscano, nel pisano, *occhio di pesce*, *o. di pescio*, pugliese e salentino: *uócchië dë pescë*) [Levi 1927; AIS; FEW; DEI; Gribaudo-Seglie 1972-75]. M.

**aiazà le pùche,** locuz. (laziale: Castel Madama). 'Darsi delle arie'.

Le *puche* sono le 'parti iniziali delle piume di un volatile al primo stadio di sviluppo'. La derivazione del nome è dal latino ricostruito **pūca* 'cosa pungente', 'punta', che ha avuto molti sviluppi semantici nei dialetti centromeridionali. Il modo corrisponde, quindi, a quello italiano *alzare le penne*, *le ali* [REWS]. C.

**àibi,** sm. pl. (ladino centrale, nel Comelico). 'Scherzi'.

La voce pare confrontabile con l'antico genovese e l'antico veronese *aibo* 'costume', il provenzale *aip* 'costume, difetto', ricondotti ora ad una base prelatina **aib* 'errore, difetto' ora all'arabo *aib* 'sbaglio' [REW; Tagliavini 1944; DEI s.v. *aibo*; REWS]. M.

**àida,** inter. (veneto; lombardo orientale; trentino, nel roveretano; friulano; veneto giuliano). 'Orsù! Vattene! Aiuto! Affrettati!', anche *àide*.

Voce ricondotta ora all'antica parola di area settentrionale (veneta, ladina centrale, trentina, lombarda, emiliana) *aidàr* 'aiutare' (dal latino *adjutāre*) attraverso l'imperativo, ora invece alla voce slava *hájde* 'orsù' (di origine turca) molto diffusa nelle lingue balcaniche. Considerati i diversi significati dell'interiezione *àida* in area linguistica italiana, si potrebbe supporre che all'origine si tratti di due voci di origine diversa, l'una col senso di 'aiuto!' da *aidàr*, l'altra nel significato di 'orsù!' di provenienza slava, che si sono incrociate [DEI; Prati 1968; DESF; Bondardo 1986; LEI]. M.

**ajiutë,** sm. (abruzzese orientale), 'bracciante giornaliero', anche *jutë*; (laziale, Amaseno: *métte l'ajutë*, locuz.), 'prendere a giornata una persona che dia un aiuto per terminare un lavoro'.

Come l'italiano *aiuto* 'assistente, persona che coadiuva in un lavoro o in un ufficio', è retroformazione da *aiutare* [DEI; LEI]. M.

**aimarìe del rošàre,** locuz. sostant. (ladino veneto, nell'Agordino). 'Grani del rosario'.

Sono cosiddetti perché in corrispondenza di ciascuno si recita un'*avemaria* [Rossi 1992]. M.

**àimu,** agg. (siciliano, con varianti; calabrese, con varianti; lucano: *àimë*; campano: *àimo*; pugliese e abruzzese: *àscëmë*; salentino: *àsciumu*, *àsimu*). 'Azzimo'.

Sono derivati dal latino *azymus* (dal greco *ázymos*) 'senza lievito' (LEI), e non direttamente dal greco (Rohlfs 1977) con conservazione dell'accento greco. Da un latino parlato **azímus* dipendono invece il toscano (Garfagnana) *zémbo* 'non lievitato bene (parlando della pasta)' ed il veneto istriano *gémo* sm. 'pane indurito' [DEI; LEI]. M.

**ainëscià,** v. (lucano, anche *jajnëscià*; pugliese, a Palagiano: *jajnëscià*). «Desiderare il montone (da parte della pecora in calore)» (Luciano 1992).

Dal latino *agnus* 'agnello' con il suffisso verbale *-ëscià* esito del latino *-idiāre*; dalla stessa voce latina con il suffisso verbale *-are* dipendono il calabrese *agnare*, *auniare* e varianti, il campano (Acerno) *jajnjà* con lo stesso significato di 'desiderare il montone' [LEI; Fanciullo 1992]. M.

**àjo de San Giovanni,** sm. (laziale: romanesco; emiliano, reggiano: *àj éd San Zvan*). 'Aglio, *Allium sativum* L.'.

L'«aglio di San Giovanni» è cosiddetto perché fiorisce nell'epoca in cui si festeggia questo santo e a Roma si usa venderlo nella notte di San Giovanni [DEI s.v. *aglio di San Giovanni*; LEI]. M.

**airàri,** v. (siciliano). «Volar a giuoco come i falconi

quando volan senza scopo: sorare» (Traina 1868), anche *airiàri*.

Voce disusata, deriva dal siciliano *àira*, variante di *aria* 'aria' [DEI; Piccitto 1977]. M.

**aìta,** sf. (siciliano; calabrese *ajita, ajéta, jéta*; pugliese: *jètë*; campano: *ajéta, jéta, vlèitë*; molisano: *jéta*; laziale, a Sora: *jéta*). 'Bieta, bietola'.

Dal latino parlato **bleta* a sua volta da **betŭla* forma suffissata dal latino *bēta* 'barbabietola' (Rohlfs 1977); per altri da *bēta* incrociato con il fitonimo latino *blitum* 'blito, biedone, *Amarantus blitum*' (REWS) [DEI s.v. *aiéta*]. M.

**aladìn,** agg. (lunigianese). 'Di persona che non si trattiene dal parlare di cose che dovrebbe tacere nel suo interesse'.

Uno dei tanti significati assunti dal settentrionale *ladìn* nel senso di 'facile, agevole, scorrevole', confermato dall'altra accezione lunigianese 'di cane del fucile che scatta troppo facilmente'. La voce *ladìn* (di area veneta, lombarda e piemontese, qui con varianti come *laìn, lén*; nel sardo logudorese è attestato *ladinu*) deriva da *latīnus* che nel latino medievale ha anche il significato di 'chiaro' [Prati 1968; Masetti 1972-73]. C.

**aladòro,** sm. (toscano: lucchese). 'Cetonia dorata'.

Letteralmente 'ala d'oro', per il colore verde dorato di questo coleottero. Si può ritenere una deformazione di *aladòro* la forma toscana *cacadòro* che designa lo stesso insetto. Pare, infatti, un rifacimento su *calare* 'scendere' che ricorre frequentemente nei nomi infantili degli insetti, ad esempio nel calabrese *calabedda* 'farfalla', propriamente 'scendi, bella' [DEI s.v. *aladòro* e *cacadòro*; LEI]. M.

**àla librasbrìte,** locuz. avverb. (ladino-veneto: Auronzo). «Alla buona, senza ordine: *no i é mia maridiàde, i se à unìu ala librasbrìte* 'non si sono sposati, si sono uniti alla buona, fuori della norma'» (Zandegiacomo De Lugan 1988).

Reinterpretazione dell'italiano *libero arbitrio*. C.

**alalònga,** sf. (siciliano). «Rondine di mare, *Sterna hirundo*; denominazione generica delle *Sterne* o rondini di mare» (Piccitto 1977) con l'aggiunta di specificazioni secondo le diverse specie: *a. bbeccu rrussu* ['becco rosso'] 'beccapesci', *a. cinnirusa* ['color cenere'] 'mignattino bigio' ed altre.

Letteralmente "ala lunga" [DEI; LEI]. M.

**alàmpia,** sf. (siciliano con molte varianti: *alàmpica, alàmpina, alàmpria*), 'lampreda marina, *Petromyzon marinus* L.'; (calabrese: *lambra*), 'sorta di lampreda piccola che vive nei fiumi'.

Come in qualche dialetto francese, è falsa ricostruzione di un nome ricavato da *lampreda*, di cui la finale è ritenuta un suffisso. Anche in greco moderno si hanno forme simili, come *lámprina, lámprena, lámpena* [DEI s.v. *alàmpia* e *allàmpari*; FEW]. C.

**àlapa,** sf. (calabrese, anche *àlipa*). 'Paletta della ruota motrice del mulino'.

Dal latino *alapa* / **alipa* 'assicella piatta, paletta, ala' [DEI; LEI]. M.

**alàriё,** sm. (abruzzese orientale: Roccascalegna). 'Fattore, amministratore di beni feudali'.

Aggettivo sostantivato dal latino *aerārius* 'pertinente alla moneta' [DEI; Giammarco 1968; LEI]. M.

**alàstra,** sf. (siciliano, con varianti, anche *arastru* sm.; ligure occidentale: *alatra, arastra, arastru* sm. e altre varianti). 'Ginestra spinosa', in siciliano anche 'denominazione generica di alcune specie di leguminose spinose, tra cui l'aspalato *Calycotome spinosa* Lk.'.

Da una base preromana ligure **alastra* 'ginestra' continuata nella Liguria occidentale e portata probabilmente in Sicilia con la colonizzazione medievale. Da un derivato **alastrica* dipende il ligure occidentale *àstreghe* 'ginestra spinosa'. Per il piemontese *arasche* e sm. *aras-c* 'carlina, *Carlina acaulis* L. (pianta a foglie spinose)' e per il marchigiano (nel maceratese) *alasca* '*Agropyrum pungens, Brachypodium primatum*' si ricostruisce una base preromana **alasca* variante di **alastra* [DEI s.v. *alastra* e *arastra*; LEI]. M.

**alaùssa,** sf. (sardo campidanese). 'Senape bianca, *Sinapis incana, Sinapis alba* L.', a Escalaplano 'specie di loglio giallo'.

Voce verosimilmente risalente allo strato linguistico protosardo e di etimo oscuro (DES) nonostante un tentativo di confronto (che si legge in DEI) col latino *albus*, umbro *alfu*, greco *alphós, alōphós* 'bianco'. M.

**alazzìre,** v. (toscano). 'Stancare', usato specie al part. pass. *alazzito* 'stanco, disfatto'.

Dal longobardo **lazz(j)an* 'rallentare' [Nocentini 1983: 28]. C.

**àlba,** sf. (calabrese: Dipignano). 'Seconda muta del baco da seta'.

Dal latino *albus* 'bianco' – secondo il DEI – ma può essere di trafila non popolare. M.

**albàa,** sm. (ticinese, con varianti). 'Biancospino, *Crataegus oxyacantha*'.

Dal latino *albus* 'bianco' nella forma derivata *(spinus) albalis* 'bianco(spino)' [VDSI; LEI]. C.

**albàche,** sm. (sardo, anche *orbàce, obràci, orbàji*). 'Orbace, stoffa bianca che, tolta dal telaio, viene fatta bollire con legno di campeggio, vetriolo ecc., perché acquisti un bel colore nero lucente'.

La voce è una sardizzazione dell'italiano antico *albagio* (corso *albagiu*, pisano antico *albacio, albascio, arbagio*), a sua volta dall'arabo *al-baz* 'tela fine'; dal sardo il termine è entrato in italiano nella forma *orbace* e durante il periodo fascista indicava il tessuto nero prescritto per la divisa dei gerarchi [DES; DELI].

G. DELEDDA: *Un uomo un po' abbandonato sopra un cavallo nero saliva lentamente, tutto ricoperto da un gabbano d'orbace foderato di scarlatto* (cit. in GDLI XII 8). – C. PASCARELLA: *Un sardo che mi sta vicino, impettito nel suo giubbone di pelle gialla, con la faldetta nera e con le brache bianche entro le ghette di orbace che gli arrivano al ginocchio, rimane sorpreso nel veder passare un bel tipo alto* (cit. in GDLI XII 8). – G. D'ANNUNZIO: *Le sorelle / cuciono in sogno il suo gabban d'orbace* (cit. in GDLI XII 8). M.

**albanàtu,** nella locuz. *mandà su l'albanatu* (friulano occidentale: Cordenons). 'Mandare all'inferno'.

Il termine *albanatu* va confrontato con il veneto giuliano (a Pirano) *albanato* 'farina di provenienza del Banato', per cui la locuzione friulana va intesa come 'mandare a quel paese', con allusione al *Banato*, regione dell'Europa danubiana oggi tripartita fra Ungheria, Romania e Jugoslavia, ma già provincia di frontiera dell'Austria-Ungheria, in cui numerosi furono gli emigranti, soprattutto alla costruzione delle ferrovie. La presenza di *al-* nella forma friulana e istriana è una sorta di articolo determinativo concresciuto [DESF]. M.

**albanèllo,** sm. (toscano: pisano-livornese). 'Specie di

susino piccolo, selvatico, che fa un frutto di color bianco-gialliccio, di poco pregio'.
Derivato del latino **albanus* 'bianchiccio' [DEI; LEI]. M.

**albanése,** sm. (toscano). 'Alticcio'.
Dall'etnico *albanese* con un accostamento ad *albana* nome di un vino (→ *albèna*). Secondo il DEI è connesso con questo etnico anche il toscano (pisano) *albarese* 'estroso'. Prati 1936 riconduce ad *albanese* pure il pugliese e salentino *scialbanese* 'detto di chi parla senza farsi capire'. In tali varietà sono note anche le voci *scialbà, scialëpà, scialpënëscià* 'balbutire, parlar male', *scialpë, scialbë* 'bleso, balbuziente', che probabilmente traggono origine onomatopeica della riproduzione di qualche difetto di pronuncia e si incrociano poi con l'etnico. M.

**albarùl,** sm. (lombardo, nel bresciano). 'Vitello di due anni'.
Dal latino *albāris* *'bianchiccio' (tale voce in latino è attestata col significato di 'stucco') come aggettivo sostantivato [DEI; LEI]. M.

**albatrèsto,** sm. (toscano: Poggibonsi). 'Corbezzolo, àlbatro'.
Dalla voce toscana *àlbatro* 'corbezzolo' dal latino parlato **arbitus* per il classico *arbutus* 'corbezzolo'. Per la formazione di *albatrèsto* si possono confrontare il lucchese *àlbastro*, corso *àlbistro*, pistoiese *àlbastra* 'àlbatro' con inserzione di *-s-* forse dovuta ad *arbusto*, ma comunque la suffissazione *-tro* già in latino è spesso ampliata in *-stro* (suffisso prelatino secondo il DEI) [LEI]. M.

**albèna,** sf. (romagnolo). 'Varietà di uva bianca', «il vitigno più antico, assieme al trebbiano, di Romagna» (Quondamatteo 1982), anche *aibèna, aibàna*.
Voce entrata da tempo in uso in italiano nella forma *albana*, deriva dal latino *albus* 'bianco' [DELI].
M. MORETTI: *E non s'accontenta di un sorso solo; lei vuol berla tutta l'albana del suo bicchiere, ch'è albana dolce e che a lei sembra, in quell'ora, in quel luogo, cioè l'osteria della Longa nel vicolo sudicio un vino amaro, aceto, feccia, veleno* (*Romanzi della mia terra*, Milano 1961, p. 99). M.

**albéna,** sf. (piemontese). 'Pernice bianca, *Lagopus mutus*', anche *albèina, arbéjna, bérna*.
Da una base **albena* 'pernice bianca' (dalla radice *alb-* 'bianco'); le forme piemontesi si confrontano con l'analoga parola franco-provenzale *arbena*. La variante *bérna* si spiega con una sovrapposizione dell'italiano *pernice* e non come un riflesso del latino *hibernus* 'invernale', attraverso un *avis hiberna* 'uccello invernale' [DEI; LEI]. M.

**albéo,** sm. (veneto; veneto giuliano, anche *albìo, albì*; ladino centrale: ampezzano). 'Abete'.
Dal latino *abies* 'abete' influenzato da *albus* 'bianco' [DEI; LEI; *Vocabolario ampezzano* 1986]. M.

**albéra**[1]**,** sf. (lombardo: milanese), «trebbiano, tribbiano fiorentino, uva bianca» (Cherubini 1839-56); (veneto, nel valsuganotto: *ùa albèra*), 'albatica, che dà il vin albero'.
Dal latino *albārius* propriamente 'che serve a imbiancare' poi 'bianchiccio' (e non dal latino *albuelis* 'specie di vite e d'uva' come in DEI); nel milanese la voce è sinonimo di *bianchèra* (da *bianco*) che designa la stessa qualità di uva (Cherubini 1839-56) [LEI]. M.

**albéra**[2]**,** sf. (lombardo; emiliano: Parma; romagnolo: *arbèla*, galloitalico, a Piazza Armerina: *aubèra*). 'Canapiglia maschio, *Anas strepera* L.'
Dal latino *albarius* propriamente 'che serve a imbiancare' poi 'bianchiccio' [DEI; LEI]. M.

**albèrga,** sf. (toscano). 'Barbarea'.
Voce registrata dal DEI e considerata probabile deformazione di *alberta* viste le denominazioni dell'italiano antico *erba di Sant'Alberto, albertina, robertina* che designano la stessa pianta. M.

**albìna,** sf. (ladino centrale). 'Alveare', anche *alvìna*.
Arcaismo lessicale, dal latino *alvīna* 'alveare', continuato anche nei derivati *avenà* (cadorino) 'sciamare delle api' e *arbinà* (piemontese; ligure) 'alveare'. Oltre che in tali voci dialettali settentrionali, il latino *alvīna* si ritrova solo nel rumeno *albină* 'ape' [LEI]. M.

**albòro,** sm. (toscano, nel pisano; corso: *albóriu, erbòriu*). 'Albero'.
Dal latino *arboreus* agg. 'pertinente all'albero' [DEI s.v. *albório*; LEI]. M.

**alcànna,** sf. (siciliano, nel messinese). 'Acanto, *Acanthus mollis*'.
La voce è confrontata dal DEI con il grecanico di Bova (Reggio Calabria) *ahanna, hanna*, e col calabrese meridionale *hanna* 'acanto' e, come queste, ricondotta al greco *áchantos* per *ákanthos* di tramite bizantino ma probabilmente incrociata con il termine *alcanna* 'arbusto dell'Africa settentrionale la cui radice è adoperata per tingere' (dall'arabo *al-ḥinnā'*). M.

**àldo,** agg. (umbro, accanto a *ardo, arto*; marchigiano: *ardu*; laziale: *ardo*; abruzzese: *haddë, haldë*). 'Alto'.
Dal latino *altus*: il tipo *aldo* trova qualche altro esempio in italiano e molti nella toponomastica [Prati 1960: 121-122; 124-125]. C.

**alè,** escl. (ligure; piemontese; ticinese; lombardo; trentino; veneto; emiliano; toscano; umbro; laziale; calabrese; siciliano), 'su via!, coraggio!'; (campano, nel napoletano: *alè alè*), 'grido carnevalesco per farsi largo'; (pugliese: *alè alè*; veneto giuliano, nel triestino: *àle àle*), 'forza!, coraggio!'; (pugliese, a Taranto: *aléjë-aléjë* sm.), 'chiasso di festa e giubilo'.
Prestito dal francese *allez* letteralmente 'andate' (dal v. *aller* 'andare') [DEI; LEI]. M.

**àlëchë,** sf. (abruzzese: Gessopalena). 'Alca, gazza marina'.
Più che un riflesso di una base mediterranea **alca* forse col significato di 'uccello bianco' (come propone il DEI), va considerato un adattamento dell'italiano *alca*, voce dotta proveniente dal suo nome norvegese *alke* (FEW). M.

**alecìno,** sm. (toscano: Versilia). «Piccolo pesciolino di mare. Per metafora di bambino minuto, piccolo, magrolino, nebbino» (Nieri 1902).
Da *aléce* variante italiana antiquata di *alice* 'acciuga' (dal latino *allex, -ece* 'salsa di pesce; pesce') [DEI; LEI]. M.

**aledón,** inter. (emiliano: Guastalla; veneto: Verona). 'Orsù, via'.
Dal francese *allez donc*!, letteralmente 'andate, dunque': → *alè* [LEI]. C.

**aleghèri,** sm. plur. (veneto: Marano L.). 'Accumuli di alghe, piccoli tronchi ed altro che restano nelle barene dopo un temporale'.
Da *àlega* 'alga', come il sf. *lighèra* 'alga che il mare getta e lascia sulla spiaggia' di Pesaro [LEI]. C.

**alètto,** agg. (campano: napoletano). 'Eletto' o *'nummero 'e primm'aletto* «il primo numero che sortisce il sabato nell'estrazione del lotto» (Altamura 1956), un tempo come sm. 'nome di antico magistrato municipale di Napoli'.
Voce semidotta dal latino *electus* 'eletto' [DEI]. M.

**alëvènte,** sm. plur. (campano, nel napoletano). 'Tradimenti, inganni'.

Il DEI confronta questa voce col greco moderno *labéntēs* 'levantino', ma sarà da rinviare piuttosto allo spagnolo *aleve* 'falso'; sarà da collegare al napoletano e dunque alla voce spagnola anche l'abruzzese (a Scanno) *alëvendë* 'ozioso, bellimbusto' [DEI s.v. *alevente*; Giammarco 1968]. M.

**älévet,** sm. (ticinese). 'Figlio'.

Dal v. latino *allevāre*, come tante altre testimonianze di *allievo*, indicanti, per lo più, il 'piccolo di un animale, che si alleva' [VDSI; LEI]. C.

**alfa,** sf. (trentino; corso). 'Boria, albagia, sicumera'.

Significato figurato di *alfa*, la prima lettera dell'alfabeto greco, attraverso l'accezione di 'parte che sta più in alto'; cfr. il romanesco *Suarfa* 'Sua Santità, il Papa' e il toscano *Monsiù Alfa* 'il granduca di Firenze' [LEI]. M.

**algerèin,** sm. (emiliano: Modena), 'discolo, monello, ladroncello'; (veneto, nel veronese di Val d'Alpone: *algerìn*), 'persona agile malgrado l'età'.

Ricordo dei crudeli pirati *algerini*, che, dal 1830 al 1847, si opposero accanitamente all'occupazione francese. Nell'accezione veneta il significato negativo è stato attenuato [Cortelazzo 1982; Bondardo 1986]. C.

**algìnu,** sm. (abruzzese, nell'aquilano). 'Leccio'.

La voce richiede – secondo Giammarco 1985 – un latino parlato **a(u)licīnus* che si può considerare incrocio del latino *laurus* e di *ilicīna* *'leccio'; il DEI, che registra un sf. *algina*, *alcina* per la stessa area, si basa invece sul latino *ilicīna*. M.

**aliapàlia,** locuz. avverb. (campano, nel napoletano), 'a digiuno, a panciavuota'; (calabrese, a Bocchigliero: *aliapélia* sf.), 'fame, miseria'.

Forse dipendono dal latinismo *alia palea* 'altra paglia' divenuta proverbiale [DEI; Rohlfs 1977; D'Ascoli 1979]. M.

**aliàssë,** sm. (abruzzese: gergo di Teramo). 'Bastardo'.

È spiegato dalla formula *N.N. alias mulo* 'N.N. altrimenti detto mulo' con l'omissione dell'apertamente offensivo *mulo* [Savini 1881]. C.

**àlica,** sf. (siciliano). «Fettuccine, forma di pasta a strisce non molto larghe», *àlica larga* «lasagne» (Piccitto 1977).

Voce di etimo incerto: da *alga* per la forma oppure dal latino *alica* 'spelta'. Di quest'ultima è continuatore diretto l'abruzzese (Preta) *àleca* sf. 'farro'. Anche il sardo logudorese *àligu* 'farina impastata con vin cotto ed altri ingredienti con cui si fanno dei dolci' ed il sardo *àlighe* 'specie di pane' potrebbero essere derivati dal latino *alicum* equivalente di *alica*, ma l'etimo è ritenuto dubbio dal DES forse con eccessiva prudenza. Il sardo centrale ha poi *aricu* 'farina grossa' derivato dal DES dal latino *farris* 'farro' (attraverso una derivato *farriculum*), ma pare più probabile che si tratti di una sovrapposizione di *alica* e *farriculum*, considerando il fatto che in area linguistica italiana e altrove il latino *alica* è stato sostituito dai tipi più vitali *far* e *spelta* [REW; DEI; LEI]. M.

**àlido,** agg. e sm. (toscano). 'Arido, secco, asciutto', 'tempo asciutto'.

Dal latino *aridus* 'secco, arido' col mutamento non raro di *-r-* in *-l-*, del quale si hanno anche altre sporadiche testimonianze dialettali, come il veneto (veronese) *àlio* 'sdogato' (parlando di una botte). Qualche scrittore portato a virtuosismi lessicali l'ha introdotto anche in italiano: → *èlto* [LEI].

G. FALDELLA: *questi castelli ... non mi vanno, non mi soddisfano; sono alidi, non odorano* (*A Vienna. Gita con il lapis*, Genova 1983, p. 89). C.

**alìfracu,** sm. (calabrese). 'Avorniello; citiso'.

Dal greco antico **alíphrakas* (secondo Rohlfs 1977) o dal greco bizantino **alephrákion* (secondo il DEI) connessi con *alephrós* 'leggero, snello' (il greco moderno conosce *alaphrá* per il '*trifolium stellatum*'). Alla forma **alephrákion* considerata però come diminutivo di **alíphrakas* il Rohlfs (ibid.) riconduce il calabrese meridionale *lifraci*, *lefraci* (e altre varianti) che designano il 'citiso'. M.

**alim(i)énd,** sm. plur. (lucano). 'Animali domestici'.

Estensione dell'originario significato di 'alimento, vitto', che ha già il latino *alimentum*, perché alcuni animali domestici servono di nutrimento alla famiglia [LEI]. C.

**alinóv,** inter. (emiliano: modenese). 'Grido di festa dei ragazzi per l'anno nuovo'. Non ancora scomparsa nelle campagne, dove si ode quando l'ultimo giorno dell'anno si brucia, come si dice, l'anno vecchio (*brusèr l'an vèc'*), appiccando il fuoco a cataste di legna e di paglia e cantando: *alinóv, alinóv, / la torta in t'al sol / i turtlèin in t'al paról* ecc.

Letteralmente 'all'anno nuovo!' [Bertoni 1925; LEI; Neri 1981]. C.

**alipìnni,** sm. (siciliano, anche *alippinu*). «Tessuto leggero, lucido, adoperato soprattutto per fodere», voce disusata (Piccitto 1977).

Il termine non va ricondotto ad un latino parlato **lāna pinīna* come si legge in DEI, ma va confrontato con l'italiano *aleppina* 'sorta di tessuto, lustrino'; per queste voci si risale all'arabo *ḥalabī* 'di Aleppo'; evidentemente si tratta di tessuto di origine orientale [Pellegrini 1972]. M.

**alipìnti,** sm. (siciliano). «Denominazione di diversi passeracei: bigiarella *Sylvia curruca*, capinera *Sylvia atricapilla*, balia *Muscicapa albicollis*, pigliamosche *Muscicapa striata striata*» (Piccitto 1977).

Propriamente '*ali pinte*' cioè 'variopinte, colorate' [DEI]. M.

**alitùni,** sm. (siciliano, anche *alitùnni*), 'poiana comune, *Buteo buteo buteo*; gheppio, *Falco tinnunculus tinnunculus*'; (corso, Evisa: *altone*), 'aquila comune maschio' col sf. *altagna* 'aquila comune femmina'.

Dal latino *āles* 'alato, uccello' con suffisso aumentativo *-ōne* cioè 'uccello grande', denominazione che pare di tipo tabuistico; il siciliano *alitunni* risente dell'etimologia popolare *alitunni* 'ali rotonde' [DEI; LEI]. M.

**alivìncu,** sm. (calabrese settentrionale, anche *livincu*, *livìnculu*). 'Alburno, legno novello fra la corteccia ed il legno perfetto'.

Dal latino *albus* 'bianco + *incus* con una formazione analoga a quella del provenzale *aubenc*, catalano *albench* 'alburno' [DEI; LEI]. M.

**alivùrru,** sm. (calabrese settentrionale). 'Albero di montagna con fiori gialli'.

Dal fitonimo latino *laburnum* 'avornio' [DEI s.v. *alivurro*; Rohlfs 1977]. M.

**allaccaràri,** v. (siciliano, anche *allaccanari*, *allapparari*; abruzzese: *allecrenirsë* rifl.; sardo: *allaccanare*). 'Avvizzire, diventar floscio'.

Da un latino parlato **laccanāre*, per *lachanizāre* (Augusto) dal greco *lachanízō* 'avvizzisco' da *láchanon* 'ortaggio', quindi attraverso l'avvizzire del *láchanon* [DEI s.v. *allaccarare*; DES]. M.

**allàggiu,** sm. (calabrese settentrionale). «Mercede per l'uso di qualche cosa» (Rohlfs 1977).

Dal francese *louage* 'nolo', mentre dal v. *louer* 'noleggiare', nell'antico francese *loer, aloer*, dipende il siciliano *aḍḍuari* (e varianti) «dare in affitto; prendere in locazione; dare o prendere a nolo» (Piccitto 1977) [DEI]. M.

**allamàre,** v. (toscano: lucchese). «Attaccare, accarnare, prendere coll'amo» (Nieri 1902).

Da *lamo* 'amo' con articolo concresciuto [DEI]. M.

**àlla mazzacàna,** locuz. avverb. (toscano: isola d'Elba). 'Detto di un tipo di nodo'.

Come rivela il suo sinonimo *àlla muratóra*, proviene dal ligure *masacàn* 'muratore' (→ *masacàn*[2]) [Cortelazzo 1965]. C.

**allampàre,** v. (toscano: lucchese). «Scappare via lesto come un lampo [...]. Nella Versilia l'usano anche in questo senso *Gli allampò un maledetto cazzotto che gli sfiaccolò una costola* cioè gli appiccicò, assestò, menò» (Nieri 1902).

Da *lampo* [DEI]. M.

**allandràri,** v. (siciliano, anche *allannarari*), 'tingere con colore ricavato dall'oleandro', in senso fig. 'affliggere, amareggiare'; (calabrese, anche *allandrare*), 'intristire, annebbiare, intirizzire; allibire, rannuvolarsi'.

Dal dialettale *andru* 'oleandro' pianta velenosa e di sapore amaro [DEI; Piccitto 1977; Rohlfs 1977]. M.

**allapéto,** agg. (campano: Procida). 'Preso da bramosia sessuale'.

Corrisponde al napoletano *arrapàto* (→ *arrapà*), modificato nella pronuncia per evitarne la sconvenienza [Parascandola 1976]. C.

**all'appovénta,** locuz. (toscano; umbro). 'In luogo solatìo, al riparo dal vento'.

Da analizzarsi *appo il vento* 'dietro il vento' [Rohlfs 1969]. C.

**allardàtë,** agg. (campano: Napoli). «(Fichi) lardaioli» (Altamura 1956).

Da *lardo*, per la consistenza simile a quella del lardo; la denominazione richiama l'italiano *lardai(u)olo* 'specie di fico settembrino', toscano, nel pisano *lardai(u)olo*, nel senese *larderello* 'specie di fungo' che hanno stessa origine ed analoga motivazione onomasiologica, la stessa che si può ritrovare anche nel calabrese *larditu, lardita* (sm.) 'boleto, fungo porcino', 'fungo (in genere)', che però deriva dal greco **lardítēs* 'che ha del lardo' [DEI ss.vv. *ardito, lardito*; Rohlfs 1977] M.

**allàrva,** sf. (campano: Napoli). «Arabo, moro, maomettano; gentaglia» e *alarbarìa* «gentame, bordaglia» (D'Ascoli 1979).

Dallo spagnolo *alarbe* 'arabo', a sua volta dall'arabo *al-arab(i)*. C.

**allatinàre,** v. (siciliano). 'Addottrinare', 'dissodare il terreno'.

Denominale del siciliano *latinu* 'addomesticato, coltivato', derivato da *latīnus* 'latino' da cui anche il ligure *slatinè* 'rendere scorrevole'; un verbo *allatinare* per 'latinizzare' si trova anche in italiano antico [DEI]. M.

**allattalèpre,** sf. (toscano). 'Cicerbita, *Sonchus oleraceus*'.

La denominazione è probabilmente una deformazione di **latta-lepre* o di **latte (di) lepre*, da confrontare con voci come il ligure *lattalev(r)e, laccialägue* e varianti 'latticrepolo, caccialepre', siciliano *attalebbra, attilebbra, caccialebbra* 'sonco marittimo, *Sonchus maritimus*; caccialepre o lattunghino, *Reichardia picroides*' [DEI]. M.

**àlla volé,** locuz. (toscano, anche *a la volè*). 'Alla svelta'.

Dal francese *à la volée* 'a scappa e fuggi', letteralmente 'alla volata' [Dardi 1992]. C.

**allazzì(re),** v. (toscano meridionale), 'cascar dalla stanchezza, essere sfinito'; (toscano, nel lucchese: *allassito* agg.), «stracco, spossato, rifinito dalla stanchezza» (Nieri 1902).

Dall'agg. *lasso* 'fiacco, stanco' [DEI; Fatini 1953; Cagliaritano 1975]. M.

**allecordìno,** sm. (campano, nel napoletano). 'Cerchiettino, anello'.

Voce registrata dal DEI, vale propriamente 'ricordino', dalla forma dialettale *allecordare* 'ricordare'. M.

**allegrìre,** v. (toscano: lucchese, nel pistoiese: *alleghire*). 'Allegare, dei denti'.

Da *allegare* 'produrre una spiacevole sensazione ai denti' con cambio di coniugazione; nella forma lucchese si nota epentesi di *r* per sovrapposizione di *agro* 'aspro' [DEI]. M.

**allepràto,** agg. (toscano: senese). 'Caduto in un sonno poco tranquillo'.

Da *lépre*, animale molto vigile, anche quando dorme, tanto che, secondo la credenza popolare, dorme con gli occhi aperti, quindi con scarsa tranquillità. C.

**alletteràto,** sm. (campano: Napoli; calabrese: *allitteratu*; siciliano: *allittiratu*). 'Tonno tonnina, *Euthynnus alletteratus* Raf.'.

Sia questi nomi popolari, ai quali si possono aggiungere la siciliana *littrata*, il salentino *(ad)dottu, dotture*, il calabrese e siciliano *addottu*, per la 'cerniola' e la campidanese *scritta* 'razza', sia quello scientifico, ripetuto nel nome del 'serrano scriba' o 'sciarrano scrittura, *Serranellus scriba* L.', alludono alle screziature sinuose della livrea, che possono far pensare ad una scrittura. Che il sardo dipenda dal catalano *escrita* non cambia la spiegazione: semmai l'allarga ad altre lingue [DEI s.v. *allittiratu*; Rohlfs 1956; DES; Rohlfs 1977 e 1977a]. C.

**allezionàre,** v. (calabrese settentrionale; abruzzese: *allëzziunà*). 'Addestrare, ammaestrare' con riferimento agli animali.

Da *lezione* [DEI; Giammarco 1968; Rohlfs 1977]. M.

**alliccasapónë,** sm. (campano, nel napoletano; abruzzese: *alliccasapàunë*; calabrese meridionale: *allicca-sapuni*; siciliano: *alliccasapuni*). 'Pugnale, spada'.

Letteralmente 'lecca sapone' dal dialettale *alliccare* 'leccare', termine per lo più di ambito gergale «volgarizzato con le commedie recitate da Angelo Musco» (DEI) [Giammarco 1968; Piccitto 1977; Rohlfs 1977; Salzano 1979]. M.

**allicciàre,** v. (toscano: anche *licciare*; campano, a Napoli: *allaccià, alliccià*), 'correre via, partire in fretta'; (calabrese: *aḍazzari, addazzari, ajazzari*) 'andare avanti, camminare'.

Dal significato tecnico di *allicciare* 'far passare (velocemente ?) i fili dell'ordito di una stoffa tra le maglie dei *licci*', funzione complicata, che ha dato origine anche al verbo marchigiano (Arcevia) *allicciasse* o *fà a liccinótte* 'azzuffarsi, accapigliarsi' [Crocioni 1906; DEI s.v. *allacciare, allicciare*; REWS; Salzano 1979].

R. FUCINI: *Il sagrestano s'avventò collo spegnitoio alle candele; i preti allicciarono verso il desinare, e il popolo, dopo un breve raccoglimento, s'affollò alla porta per uscire*

(*Le veglie di Neri*, Milano 1943, p. 213). – L. Viani: *Il mi' omo m'ha detto che, se non gli faccio il redo, prenda i miei ciottoli e allicci via* (cit. in GDLI I 327). C.

**allиffàre,** v. (calabrese; siciliano: *alliffari*), 'lisciare, ravviare ad es. i capelli, imbellettare'; (campano, a Napoli: *alliffà, alliffarse*), 'vestire con eleganza'; anche *stà alliffato*, col superlativo *stralliffà* designano «la ricercatezza eccessiva e carica dell'abbigliamento o, meglio, del modo di presentarsi di una persona che appartenga (questa è la *conditio sine qua non*) al sesso maschile» (de Falco 1987: 14).

Probabilmente dallo spagnolo *alifar* 'lisciare' (piuttosto che dal greco *aléifō* 'ungere con unguento, pomata, belletto' come altri hanno proposto) [DEI; Rohlfs 1977; Michel 1996]. M.

**allinòro,** sm. (umbro, nel perugino; laziale, nel romanesco: *onòro*). 'Alloro, *Laurus nobilis*'.

Dal latino *laureolus* diminutivo di *laureus* 'alloro'; la variante romanesca presenta discrezione di *l-* interpretato come articolo [Penzig 1924; DEI]. M.

**allipergàre,** v. (calabrese: Davoli-Soverato). 'Riposarsi, ristorarsi'.

Corrisponde ad 'albergare' ma richiama l'antico *aripergo* per *albergo* dal gotico **haribairg* (una variante longobarda darebbe conto – secondo il DEI – della presenza di *-p-*) [DEI s.v. *alipergo*; Rohlfs 1977]. M.

**allippà,** v. (campano: napoletano; abruzzese: *allippàjë*; calabrese: *allippare*, con varianti; siciliano: *allippari*). 'Camminare svelti; correre velocemente; fuggire; battersela; scivolare'.

Come l'italiano *leppare* (e antico italiano *schippire*) 'scappare, fuggire; togliere' si tratta di riflessi di una base germanica (antico francone in FEW) **slippen* 'scivolare', alla quale risalgono anche il piemontese *slipè* 'tagliare un legno obliquamente' e il lombardo (Como) *slipà* 'scivolare' [REW s.v. *slīpan*; DEI s.v. *allippare*; FEW; Rohlfs 1977; Salzano 1979]. M.

**allisàrisi,** v. (siciliano). 'Indurirsi, ridursi in massa compatta', con riferimento alla terra.

Dal latino *allīsus*, participio passato del verbo *allidĕre* 'urtare, percuotere', bene rappresentato nelle lingue romanze, come nel francese antico *terre alisse* 'terra compatta, poco fertile', che potrebbe stare alla base della voce siciliana, forse portata dai Normanni [FEW; LEI]. C.

**allistàri,** v. (siciliano; calabrese; campano, nel napoletano: *allistà*). 'Arruolare, mettere in lista'; in siciliano si usa più spesso al part. pass. *èssiri allistatu* 'essere nelle liste' (Piccitto 1977).

Dallo spagnolo *alistar* 'arruolare', 'iscrivere', formazione parasintetica proveniente da *lista* [DEI s.v. *allistare*; Michel 1996]. M.

**allìsu,** agg. (siciliano, anche *lisu*), 'azzimo, non ben lievitato'; (ligure, nel genovese: *liso*), 'mal cotto, mal lievitato'; (corso: *lisu*), 'scipito, senza sapore'.

Dal latino *allīsus* part. pass. di *allidĕre* 'battere contro', riflesso anche nel latino medievale *alisum* (X sec.) 'pane azzimo'; secondo il DEI (s.v. *liso*) «il significato originario sembra sia stato quello di schiacciata preparata senza lievito in contrapposto al pane lievitato» e le glosse attestano «azyma id est alisum»; anche il francese antico ha *pain alis* 'pane mal lievitato' [FEW; Rohlfs 1977a; LEI s.v. *allīdere*]. M.

**a llógo di verità,** locuz. (toscano: Arcipelago). Si dice così quando si rammenta una persona defunta. Letteralmente 'a luogo della verità'.

Si può accostare alla locuzione italiana *lasciare il suo luogo alla verità* 'tenere in debito conto, dare il giusto peso'. C.

**allommàto,** avv. (marchigiano: piceno). '*Va allommato* il carro a due ruote, che, caricato eccessivamente nella parte posteriore, si squilibra e va in alto con il timone e con tutta la parte anteriore'.

Letteralmente '(va) all'in alto' [Egidi 1965]. C.

**allondrìre,** v. (toscano, nel lucchese). 'Vestirsi con eleganza, con ricercatezza'.

Da *Londra*, propriamente 'vestirsi secondo la moda di Londra'; si confronti il francese *londre* 'sorta di tessuto fine fabbricato nelle province meridionali della Francia e destinato all'esportazione', in origine proveniente da Londra [DEI; FEW]. M.

**alluàre,** v. (sardo). 'Stordire i pesci con l'euforbia' e, per l'aspetto del pesce, così catturato, che si presenta come stordito, 'rendere stupido' (*allua(d)u* 'persona stupida, sciocca').

Da → *lùa* 'euforbia', di cui ci si serve per avvelenare i pesci [DES; Rossi 1971-73]. C.

**alluccà[1],** v. (campano; abruzzese; lucano; calabrese meridionale: *alluccari*; siciliano orientale: *alluccari*). 'Gridare, urlare, sgridare, straparlare, parlare a lungo e noiosamente'.

Secondo il DEI si tratta di voci derivate dal dialettale *allucco* 'allocco'. Una diversa ipotesi fondata su un latino parlato **huccāre* 'gridare, urlare' si legge in REWS che oltre alle voci menzionate riunisce tra i continuatori di questa base anche il pugliese (Taranto) *lucculare* ed il veneto (polesano) *uchelare* 'ululare, schiamazzare', ma per quest'ultimo sarà più verosimile un derivato da → *ochèla*. Improbabile invece l'ipotesi etimologica menzionata da Giammarco 1985 da una base *luk-* 'bocca aperta'. M.

**alluccà[2],** v. (toscano). 'Uccidere in fretta, infilando il coltello nel cervello dell'animale o con un colpo deciso in testa', probabilmente non diverso da *alluccà* (laziale, a Rieti), *allucà* (toscano: amiatino), 'rintontire', detto del sole, 'essere bruciato dal sole', detto del grano, 'stordire con un colpo in testa'.

La variante *annuccà* (anche umbra) conforta l'ipotesi di una derivazione da *nuca*, così come *accoppare* da *coppa*, mentre sul secondo significato deve aver influito il verbo *allucchisse* 'stordirsi, istupidire' [Merlo 1922]. C.

**allucì,** v. (abruzzese; laziale, nel reatino; calabrese: *addùciri*, *allùciri* e varianti; siciliano orientale: *allùciri*). 'Risplendere, illuminare', in calabrese meridionale anche 'scoprire all'improvviso', 'far conto, curarsi di alcuno'.

Da latino *allucēre* 'brillare, risplendere' con cambio di coniugazione; non dipende da questa forma verbale (ma è un composto di *lùchere*, 'splendere' dal latino *lucēre*) il sardo *allùghere* 'accendere', con varianti (l'esito da *allucēre* sarebbe **aḍḍ-*) [DEI s.v. *allùcere*; DES; LEI]. M.

**allumìnu,** sm. (sardo, anche *allumafògu*; laziale, a Minturno: *agliumino*). 'Fiammifero, zolfanello'.

Dal v. *allumare (agliumare)* 'accendere', come nell'italiano antico (*allumare*, Dante), dal francese *allumer* [DES; LEI]. C.

**allunàto,** agg. (siciliano: anche *llunàtu*). 'Stordito, intontito', detto pure 'dei pomodori giunti a maturazione, ma rimasti giallognoli per effetto del gelo' e 'dei pulcini che crescono malaticci'.

Dal verbo *allunàri* 'subire il presunto malefico influsso della *luna*', che anche in calabrese ha il senso di 'instupidire', 'imbalordirsi, smarrirsi': → *nzallanì*. C.

**allurcià,** v. (campano, nel napoletano). 'Lordare, sporcare'.
Dal verbo napoletano *allurdà* 'lordare' incrociato con *lercio* [DEI s.v. *allorciare*; D'Ascoli 1979]. M.

**allurgnà,** v. (laziale). 'Accecare', 'non vedere'.
Da *lorgne* 'cieco' ed anche 'stupido', che, come il francese *lorgner* 'sbirciare', si fa derivare dal supposto aggettivo **lŭrni-*, da una base **lur* 'appostare, spiare, osservando furtivamente' [FEW]. C.

**alluttà,** v. (campano; siciliano: *alluttari*, sardo: *(al)luttare*, *inluttare*, *inluttài*), 'abbrunare, mettere il lutto, portare il lutto'; (siciliano e calabrese meridionale, a Briatico: *alluttatu* agg.), 'che porta il lutto'.
Da *lutto* [DEI s.v. *alluttato*; DES; Rohlfs 1977; Piccitto 1977]. M.

**alluttàri,** v. (siciliano, anche *aḍḍuttari*; calabrese: *alluttare*, *ajuttari*), 'lottare'; (abruzzese, a Vasto: *alluttà*), 'gettare a terra l'avversario nella lotta a corpo a corpo'.
Da un latino tardo *adluctāre* 'lottare' per *luctāre* (testimoniato dalle glosse) secondo DEI (s.v. *allottare*) e REWS; invece Giammarco 1985 interpreta la voce abruzzese *alluttà* come un denominale del dialettale *lòttē* 'lotta'. Una parola come il sardo logudorese *alluttare* 'incitare' di sicuro non pare riconducibile a *luctāre* (come si legge in REW) ma al sardo *alluttu* 'acceso, infiammato, desto, sveglio' part. pass. di *(al)lùchere* (e varianti) 'rilucere' (dal latino *lucēre*) come propone il DES. M.

**alménga,** sf. (piemontese: Valsesia). 'Domenica'.
Dal latino *domĭnĭca* 'domenica', attraverso una forma **admenga*; accanto a *alménga*, in questa parlata si usa pure la forma aferetica *ménga* [Tonetti 1894; Bruppacher 1948: 191]. M.

**almitùne,** sm. (calabrese centrale: Longobucco). 'Travicello, corrente del pagliaio'.
Secondo il DEI si tratta di un derivato dal latino *ames* 'straggio, stanga' con intrusione di *l* per raccostamento ad *alma* 'anima'. Ma per il LEI questa inserzione di *l* risulta invece ingiustificabile e rende assai incerto l'etimo proposto dal DEI (del quale non si fa menzione in Rohlfs 1977) per questa voce calabrese che appare del tutto isolata nell'Italia meridionale. M.

**alögâ,** v. (ligure, con diverse varianti; piemontese, Monferrato: *aluèe*; lunigianese, Sarzana: *alugàre*; corso: *allucà*, *allugà*). 'Mettere in serbo, conservare' ed anche 'nascondere'.
Dal latino *allocāre* 'collocare', attraverso il significato di 'collocare in disparte' [LEI]. C.

**àlpa,** sf. (emiliano: Parma). 'Incubo'.
Voce connessa con l'antico alto tedesco *alb, alp*, denominazione dei mitici *Elfi*, passata ad indicare l'incubo nella Germania centrale [Cappello 1957]. M.

**alpìggine,** sm. (toscano: Bientina). 'Falco pescatore'.
Dal latino *Alpes* 'Alpi', ma anche 'Appennini' e in generale 'montagna', non da un latino parlato **albigo* per *albugo* da *albus* 'bianco' come in DEI [LEI]. M.

**alpigìno,** sm. (toscano). 'Tordo sassello', 'qualità di tordo', anche *tordo alpigino*.
Dal latino *Alpes* 'Alpi' nome usato anche per indicare gli Appennini, e 'montagna' in genere [DEI; LEI]. M.

**alternòs,** sm. (sardo: Cagliari). 'Rappresentante del Comune nella processione del primo maggio' e anticamente 'colui che rappresentava il vicerè nella processione di calendimaggio di Sant'Efisio'.
Riflesso del catalano *alternos* 'titolo attribuito al vicerè', a sua volta evidente latinismo da confrontare con *alter ego*, che era pure la formula dell'antica cancelleria del Regno delle Due Sicilie, quando il Re confidava ad un suo mandato l'intero esercizio delle prerogative reali, facendone un altro se stesso [DES].
S. SATTA: *Il problema se pigiare l'uva nella campagna o trasportarla in città per la pigiatura era stato discusso a lungo fra Don Sebastiano e ziu Poddanzu, il suo fedele* alternos, *e decise per la città un disgraziatissimo bue che scivolò su un macigno e rovesciò sulla strada un fiume di mosto* (*Il giorno del giudizio*, Milano 1982, p. 70). M.

**altìa,** sf. (ladino-veneto, nell'Agordino). «Frangivento, riparo naturale posto ai margini delle colture, serviva a proteggerle dal vento; era costituito da filari di alberi, da cespugli fitti, alti, spesso da vere e proprie strisce boscose» (Rossi 1992).
Dal latino *altīlia* 'uccelli ingrassati e conservati', con l'evoluzione semantica di 'ristretto di piante selvatiche (per pigliare alla pania gli uccelli') per cui → *utìa*. M.

**altóre,** sm. (corso). 'Avvoltoio barbuto'.
Dal latino *accĕptor*, *-ōre* 'astore' attraverso *astore* con passaggio di *-s-* preconsonantica a *-l-* e non per tramite del francese *autour* (come in DEI) [LEI]. M.

**alùstic,** agg. (friulano, anche *lùstic*). 'Alticcio'.
Adattamento del tedesco *lustig*, con *a-* prostetico; la voce può avere anche altre sfumature, come 'allegro', 'mattacchione', e ricorre pure in espressioni quali *su lùstic* 'su presto!', *métisi lùstic* 'mettersi in ghingheri, vestire a festa' [DESF]. M.

**àlva,** sf. (emiliano: bolognese). 'Diritto e lungo filare di viti legate insieme con pali e pertiche'.
Dal latino *alapa* propriamente 'schiaffo', quindi 'assicella, paletta' con un allomorfo popolare **alipa* [LEI]. M.

**alvanèḍḍa,** sf. (siciliano, anche *alvanella*). 'Cineraria, *Senecio cineraria*, e specie affini'.
Dal latino **albānus* 'bianchiccio', per la colorazione [DEI; Piccitto 1977; LEI]. M.

**àlvi,** sf. plur. (siciliano). 'Papilionacee che hanno sulle foglie e sullo stelo lunghi peli lanosi bianco-cinerei, *Anthyllis barbajovis*'.
Dal latino *albus* 'bianco', spesso usato per indicare piante biancastre, come nel romanesco *alvina* 'albina, *Artemisia absinthium* L.'. Più difficile che vi appartenga anche il romagnolo *alvén*, 'lupino, *Lupinus albus* L.', che meglio si spiega con la normale evoluzione locale di *lupinus*, detto pure *luvén* [LEI]. C.

**alvìna,** sf. (laziale: romanesco, anche *almìna*). 'Albina, *Artemisia absinthium* L.'.
Dal latino *albus* 'bianco'; la denominazione è connessa alla lanugine bianca che copre la pianta (la variante *aluina* riportata dal DEI e ricondotta al francese *aluine* 'assenzio' (dal latino *aloxinum*), non risulta dai lessici oltre a Penzig 1924 vol. II, mentre in Penzig 1924 vol. I figura come equivalente una forma *almina*) [Penzig 1924; FEW; DEI; LEI]. M.

**amàbbëlë,** agg. (abruzzese). 'di uovo, col guscio tenero; tenero, molle, proprio dei frutti maturi'.
Dal latino *apalus* 'tenero, molle (delle uova)' (→ *màpolo*), con verosimile accostamento paretimologico se non con un vero e proprio incrocio con l'italiano *amabile* agg. 'd'impressione corporea piacevole' ma detto anche 'di quel panno, in cui, toccandolo, si trova una certa pastosità, o morbidezza' [DEI s.v. *amabile*; LEI]. M.

**amàc,** nella locuz. *fē al i amàc* (romagnolo). «Fare il

gioco degli ammacchi. Il gioco degli ammacchi si faceva il giorno di Pasqua e la domenica in Albis. Si batteva in contesa un colpo solo, uovo contro uovo, punta contro punta. Il perdente dava al vincitore l'uovo ammaccato» (Ercolani 1971).

Letteralmente 'ammacchi'; corrisponde al medievale *ludus de ovis* che un'ordinanza del 1306 proibisce di praticare nella piazza in Bologna [Ercolani 1971]. M.

**amàrago,** sm. (toscano, anche *amàraco*; calabrese: *amàracu*). 'Maggiorana, *Origanum maiorana* L.'.

La voce nella forma *amàraco* è entrata anche in italiano e deriva dal latino *amāracus* che designava diverse piante odorose non chiaramente distinte dagli antichi e di origine orientale. La parola latina è un prestito dal greco *amárakon* nome di una pianta odorifera africana; a questa base latina (e probabilmente attraverso una variante di tipo *maioracus*) è stata riferita la tradizione del tipo lessicale *maiorana*, *mezorana*, oggi generalmente respinta [DEI; REWS; LEI]. M.

**amarèla,** sf. (piemontese, anche: *aramèla*; emiliano, nel ferrarese: *marèla*; toscano: *amarèlla*; calabrese: *amarèḍḍa*, *amarèlla*), 'bistorta, serpentina, *Polygonum bistorta* L.'; (toscano: *amarèlla*; corso: *marèḍḍa*), 'assenzio'; (toscano: *amarèlla*; siciliano: *amarèḍḍa*), 'specie di camomilla'.

Dal latino *amārus* 'amaro' (non dal greco *hálimon* «nome di una pianta che cresceva lungo il mare» come supposto dal DEI); le denominazioni dialettali sono riferite a piante diverse caratterizzate da sapore amarognolo [DEI s.v. *aramèlla*; LEI]. M.

**amarèscere,** v. (salentino; pugliese: *amaresce*), 'amareggiare, rendere amaro, inasprire', 'diventar cattivo, irascibile'; (lucano, a Muro L.: *amarèšš*), 'aver sapore amarognolo'; (pugliese, a Ruvo di P.: *ammarjéssë*), 'turbarsi (parlando di mare prossimo alla tempesta, di condizioni atmosferiche)'.

Dal latino *amarēscere* 'diventar amaro' (da *amārus*) [DEI; LEI]. M.

**amaròt,** sm. (lombardo, nel cremonese e bresciano). 'Verdone'.

È un probabile derivato del latino *amārus* 'amaro' ma qui con riferimento al colore giallo (si confronti il francese *amaril* agg.; 'che si riferisce alla febbre gialla', FEW, e lo spagnolo *amarillo* 'giallo'), quindi la denominazione di questo uccello trarrebbe motivazione dal colore, e non «dal sapore amaro delle sue carni» (Bazzani-Melzani 1988) [DEI s.v. *amaròtto*; *Dizionario del dialetto cremonese* 1976]. M.

**amarùlla,** sf. (marchigiano). 'Lattuga, *Lactuca sativa*' (Penzig 1924), nell'anconitano *marolla*, *merolla* e *amaró* «lattugaccio» (Spotti 1929).

Dal greco *amoróulion* (moderno *maróuli*) 'lattuga' (un accostamento ad '*amaro*' è secondario), noto in località grecaniche del Salento (*marùli*, *marùḍḍu*) e della Calabria (*maruḍḍi*, *maruḍḍaci*, *marugliaci*) [DEI s.v. *amarulla* e *marulla*; Rohlfs 1961 e 1977]. M.

**ambàtula,** avv. (calabrese meridionale; siciliano: *ammàtula*, *mmàtula* e varianti). 'Invano, inutilmente, senza pro', a Pantelleria *pallari mmàtula di ùnu* 'sparlare di qualcuno'.

Dall'arabo *fī-l-bāṭil* 'invano', cfr. lo spagnolo *en balde* 'invano' [DEI; Pellegrini 1972; Piccitto 1977; Rohlfs 1977; Tropea 1988]. M.

**ambigù,** sm. (piemontese; emiliano; romagnolo; veneto: Venezia; campano: Napoli; laziale, a Roma: *ammicù*). 'Colazione in guisa di pranzo, o merenda in guisa di cena, in cui si servono carne e frutta'.

Il termine deriva dal francese *ambigu* 'pasto freddo, in cui venivano servite contemporaneamente tutte le portate', dal latino *ambĭgŭus* 'ambiguo, incerto'; il francesismo è entrato anche nell'italiano che ha *ambigù* nell'accezione di 'merenda'; in veneziano vi è pure l'espressione *el xe un ambigù* 'è una persona dal carattere non ben definibile' [LEI]. M.

**amblòtto,** sm. (umbro: Lago Trasimeno). 'Brezza, per lo più sciroccale', 'leggera oscillazione dell'acqua del lago (con onde corte, regolari e senza schiuma dette localmente *ondacciòle*, vale a dire 'piccole onde') prodotta dalla brezza o da un natante in navigazione', 'onda morta'.

La voce deriva dal latino *ambulāre* 'muoversi, camminare', presente già nell'antico umbro nella forma *amboltu* 'ambulato' e si confronta poi con l'italiano *àmbio* 'particolare andatura del cavallo (asino, mulo), a passi brevi e affrettati, caratterizzata dal moto simultaneo delle due zampe laterali in alterna vicenda con le due dell'altro fianco, sicché il peso del cavallo oscilla ora a destra, ora a sinistra'. Per Valente 1993 è preferibile ricorrere ad un latino parlato **influctus* dal tardo *influctuāre = aestuāre* 'ondeggiare, fluttuare' [Moretti 1977]. M.

**ambórn,** sm. (piemontese, anche *sborn*, e varianti; ligure: *asburnu*; calabrese: *livurnu*, *ligurnu*). 'Avornio; citiso'.

Dal latino *laburnum* di analogo significato [DEI s.v. *amburno*; REWS; Gribaudo-Seglie 1972-75; Brero 1982]. M.

**ambòsta,** sf. (piemontese). «Misura di capacità (quanto è contenuto nel cavo delle mani giunte)» (Gribaudo-Seglie 1972-75).

Riflesso di una parola celtica **ambosta* 'giumella' con continuatori in area galloromanza e iberoromanza [FEW; DEI; REWS]. M.

**àmbra,** sf. (siciliano). 'Ambretta, *Hibiscus abelmoschus*'.

Si tratta di una pianta coltivata nei giardini che prende il nome da *ambra* per il profumo [DEI; Piccitto 1977]. M.

**ambuòro,** sm. (veneto: a Chioggia, a Venezia *limboro*, anticamente anche *imboro*; friulano: *imbòr*). 'Specie di terra rossa, che serve ai falegnami per tingere sul legno le linee per segare'.

Dal latino *alveŏlus* 'vaso, piccolo truogolo', che ha avuto molti continuatori in terminologie tecniche. Si può vedervi anche un rapporto con l'italiano *bolo*, semanticamente vicinissimo ('specie di terra rossa o sinopia') [LEI; Cortelazzo 1985: 78; Valente 1993]. C.

**àme,** sf. (friulano). 'Spalla di maiale salata e affumicata'.

Dal tedesco *Ham* 'gamba di porco'; cfr. in particolare il carinziano *hamme* 'coscia di dietro; prosciutto' [DESF]. M.

**amèllë,** sf. (pugliese, anche *amelnë* e varianti). 'Mandorla'.

Dal latino *amendula* per *amygdala* 'mandorla'; la stessa voce sarà alla base del siciliano antico *amelli* 'nespoli', con passaggio del nome da una pianta ad un'altra, parola che richiama anche il grecanico del Salento *amèḍḍa* 'nespola d'inverno'. Il DEI (s.v. *amèlla*) aveva connesso invece queste forme ad un latino tardo *mella* nome di un albero che porta frutti commestibili o al greco *méspilon* 'nespolo' incrociato con *mella*, mentre Rohlfs 1961 aveva accostato il grecanico ad un greco *médda*, antico *mélle* 'nespola'. M.

**amén,** avv. (ligure: Pigna). 'Senza', per esempio nella frase *u n'é amén* 'ne è senza, ne è privo'.

Dal latino *ad mĭnu* 'al meno' [Merlo 1941-57]. C.

**americàno,** sm. (toscano: Arcipelago). 'Pesce serra, *Pomatomus saltator* L.'.

Questo pesce, raro nel Mediterraneo avanti la seconda guerra mondiale, è venuto a conoscenza dei pescatori locali per la prima volta durante il secondo conflitto mondiale, «e poiché pensavano che seguisse i convogli americani e alleati, lo denominarono *(pésce) americano*» [Fanciulli]. C.

**a mežža rèsta,** locuz. (umbro: Lago Trasimeno). 'A una certa distanza dalla riva del lago (o al limite delle canne palustri che coprono per lunghi tratti la spiaggia)'; in genere i pescatori parlano di una distanza di m 200; si dice anche *a mežža rest(e)ciòla*.

Dal latino *restis* 'fune' nel senso di corda dell'agrimensore [Moretti 1977]. M.

**amiadù,** sm. (ligure). 'Terrazzino posto in alto sul tetto', 'terrazzino panoramico', a Savona (*amiadù*) anche 'faro'.

Dallo spagnolo *mirador* 'abbaino', deverbale di *mirar* 'guardare'. La *a-* del ligure è dovuta a richiamo dello stesso verbo *amiâ* 'guardare' [Toso 1993]. C.

**amiḍḍèu,** sm. (calabrese e siciliano, con varianti anche sf.). 'Frassino'.

Voce nota anche in località grecaniche (a Bova *amiḍḍéa* sf.), deriva dal greco bizantino *miléos* per il classico *melía* 'frassino' [DEI; Rohlfs 1977; Piccitto 1977]. M.

**amillàceru,** sm. (calabrese). 'Specie di acero, *Acer platanoides*'.

Voce incerta (registrata da Penzig 1924), pare un composto con un primo elemento risalente forse al greco *melía* 'frassino' mentre il secondo corrisponde ad '*acero*' [DEI; Rohlfs 1977; LEI s.v. *acer*]. M.

**ammagà,** v. (campano: napoletano; calabrese: *ammagare*, *ammagari*). 'Ammaliare, incantare, istupidire'.

Sono voci derivate da *mago*; ne dipende, con altro significato, il galloitalico (Tito, Picerno) *magà*, *ammagà* 'avvizzito, abbattuto; detto di pianta o animale' [DEI s.v. *ammagarare*; Rohlfs 1977; Salzano 1979; Greco 1991]. M.

**ammalacciàrsi,** v. (toscano: lucchese). «Ammalarsi alquanto; divenir un po' maliscente, divenir un po' tristarello di salute. Specialmente in uso il participio: ammalacciato» (Nieri 1902).

Come l'italiano *ammalazzare*, si tratta di *ammalare* ampliato con il suffisso *-acciare/-azzare* con valore accrescitivo o intensivo e non di un derivato dal latino *malacia* 'nausea' come propone dubitativamente il DEI [DEI s.v. *ammalaciare*; Rohlfs 1969: 465; GDLI]. M.

**ammalluppà,** v. (abruzzese). 'Formare un involto; aggrovigliare'.

Da *malloppë* 'groviglio', voce presente in vari dialetti, come nel romanesco *malloppo* 'viluppo, rinvolto' e nel pisano *malloppo* 'fagotto di roba', voce entrata anche in italiano *malloppo* 'involto, fagotto' e gergale 'refurtiva'. Etimologicamente è stata posta in relazione con *mallo* 'involucro delle noci e delle mandorle'. Ma vi è pure l'ipotesi contraria che muove invece da *(am)malloppà* e varianti attribuendovi origine analoga all'italiano *inviluppare* (da *viluppo* 'intrico'); da questa proverrebbe *malloppo* come deverbale [DEI s.v. *ammalloppare*; DELI]. M.

**ammammàre,** v. (calabrese, con varianti; siciliano: *ammammari*; campano e abruzzese: *ammammà*; sardo campidanese: *ammammài*, a Nuoro *ammamare*). 'Far prendere la mammella', con traslati come nel calabrese 'addomesticarsi, affezionarsi', nel napoletano «spargere terra sulle radici d'una pianta appena venuta fuori dal terreno» (Salzano 1979); nel sardo il verbo si riferisce unicamente al 'portare alla madre i capretti che per ragioni d'economia rurale vengono tenuti separati dalle proprie madri' e l'operazione è detta *ammadùra*.

Dal latino *mammāre* 'allattare', da *mamma* 'poppa, mammella' (DEI), mentre per altri (DES, Giammarco 1985) si tratta di denominali dal dialettale *mamma* 'poppa'. Cfr. → *smammàre*. M.

**ammannàto,** agg. (toscano: Grosseto). 'Colpito dalla rugiada, che cade sugli alberi e rovina i frutti', detto di piante.

Da *mànna*, specie particolare di guazza, tanto nociva per le piante da assumere nell'Amiata, assieme al peggiorativo *mannàccia*, il senso di 'ruggine del grano, malattia delle piante e dei frutti'. Questo significato è dovuto all'estensione di quello della manna delle Scritture, che autori antichi usarono già nel senso di 'rugiada' (*Celeste manna*). C.

**ammanorchiàre,** v. (calabrese settentrionale), 'rubare a manate'; (siciliano: *ammanucchiari* e varianti), 'cogliere a brancate'.

Dal latino parlato **admanuculāre* tratto da *manucŭlus* 'manata' [DEI; Rohlfs 1977; Piccitto 1977]. M.

**ammantecàto,** sm. (campano: Napoli; siciliano: *ammanticatu*). 'Gelato, sorbetto'.

Dallo spagnolo *mantecado* 'gelato, sorbetto'; nel siciliano c'è anche il verbo *ammanticari* 'far rapprendere il latte o altri liquidi' dallo spagnolo *manteca* (→ *maltèca*) per cui *ammantecato* potrebbe anche essere una formazione locale [DEI; Salzano 1979].

C. DE NICOLA: *Il governatore ha fatto grandi complimenti, avendo ordinate cinquecento fette di melone, cinquecento ricottelle di cioccolatte ed un migliaio di più di giarre di sorbetto che dicesi 'mantecato'* (cit. da GDLI IX 739). M.

**ammàppete,** escl. (laziale; umbro). 'Accipicchia'.

Letteralmente 'ammàzzati', da *ammappare* 'ammazzare', forma eufemistica dovuta ad un incontro di *ammazzare* con *accoppare* [DEI s.v. *ammappare*; Catanelli 1970]. M.

**ammarangïàri,** v. (calabrese). 'Appassire, avvizzire'.

Dal greco parlato *maranghiázō*, che ha lo stesso significato [Rohlfs 1977]. C.

**ammarecàre,** v. (campano, nel napoletano; calabrese; pugliese: *emmerecà*, *ammarecà*). 'Rammaricarsi, dolersi' (anche in forma rifl. come *ammaricarse*), coll'agg. verb. *ammarecato* (e varianti) 'afflitto'.

Dal latino *amaricāre* 'rendere amaro; provocare a sdegno, all'ira' e nel latino cristiano 'attristare' [DEI; LEI]. M.

**ammarràto,** agg. (umbro: nel perugino), «dicesi di lama che non taglia: *damme 'n 'altra cortèlla, tista è ammarrata*, dammi un'altra coltella, questa non taglia» (Catanelli 1970); (calabrese settentrionale: *ammarrari*, v.; abruzzese: *ammarrà*, v.), 'guastare il taglio, intaccare il filo di uno strumento tagliente'.

Dalla voce meridionale *marra* 'zappa', quindi 'ridotto come una zappa' [DEI; Ugolini 1970; Rohlfs 1977; Giammarco 1985]. M.

**ammartënàto,** sm. (campano: Napoli). 'Uomo spavaldo che si comporta da bravaccio'.

Da *martino* 'coltello' nel linguaggio della camorra. Meno plausibile il ricorso al latino *Martis natus* 'marziale, litigioso' [Altamura 1956; D'Ascoli 1979].

M. SERAO: *Alla tavolata di Ferdinando l'*ammartenato *non sorridevano neppure, buttavano giù i bicchieri di vino, sempre, senza perdere una linea della loro serietà* (*Il paese della cuccagna*, Milano 1891, p. 352). C.

**ammasàre,** v. (calabrese settentrionale, anche *mbasare*; siciliano: *ammasàri, mmasàri*). 'Socchiudere; far combaciare'.

Dal latino *basiāre* 'baciare' attraverso un derivato **imbasiāre* (e non dal latino parlato **imbasāre* 'poggiare su una base' come si legge in Rohlfs 1977) [DEI; REWS]. M.

**ammascàre,** v. (campano, nel napoletano e avellinese). «Gelare, l'indurirsi del terreno per gelo» (Andreoli 1887); (calabrese settentrionale, a Saracena: *fa maščūra*) 'gelare'.

Dal dialettale → *màšco* 'ghiaccio', 'gelo' [AIS; DEI]. M.

**ammattìri,** v. (siciliano). 'Perdere la lucentezza, appannarsi'.

Si tratta di un gallicismo – secondo il DEI – dall'antico francese *amatir* 'affievolire'; francesismo (da *mat*) è anche l'italiano *matto* 'opaco, detto del colore non lucente'. M.

**ammazzacàni,** sm. (siciliano), 'doronico, *Doronicum pardalianches*'; (toscano; salentino, Lecce; lombardo, a Selvino: *masa-cā*), 'colchico, *Colchicum autumnale*'.

La denominazione ha un evidente significato e secondo il DEI le voci salentine e siciliane sono un calco sul greco *kynoktónon* 'aconito' e propriamente 'ammazza cani'. Nomi di questo tipo riferiti a piante velenose sono piuttosto comuni: si confronti anche la denominazione lombarda (Como) *strosacani* 'strozza-cani'; quanto al colchico, in particolare, è stato effettivamente utilizzato come veleno per liberarsi da animali selvatici. Un'altra pianta velenosa è la luparia, *Aconitum lycoctonum*, denominata in siciliano *ammazzalupi* con analoga motivazione onomasiologica; anche questa voce è considerata dal DEI come un calco sul greco *lykoktónon* 'aconito' letteralmente 'uccisore di lupi' [Bertoldi 1923a: 74-5; DEI s.v. *ammazzacani* e *ammazzalupi*]. M.

**ammazza-cavàllo,** sm. (laziale: Tivoli). 'Tafano'.

Analogamente ad *ammazza-somari* (laziale: Vetralla; salentino: Otranto) tali denominazioni sono raccolte da Garbini 1925 (la forma salentina non è confermata da Rohlfs 1956) secondo cui designano «propriamente il tafano perché infigge il rostro nella pelle degli animali per succhiarne il sangue» [DEI]. M.

**ammazzapìcchio,** sm. (toscano, nel lucchese). «Specie di uccello» e «cacio grossolano che si ricava dal primo latte o calostraccia delle vacche. "Ora deve sapere che quel primo latte lì è poco buono, è lungo e agro, insomma c'è anche di quelli che lo buttan via. Ma però ci si fa anche del cacio e quel cacio lì si chiama *ammazzapicchio*"» (Nieri 1902).

L'ipotesi del DEI è che il nome del formaggio possa dipendere dall'ornitonimo per il colore; quanto a quest'ultimo si ritiene deformazione del latino *marsopicus* delle glosse per il classico *pīcus Martius* continuato dal francese *pimart* 'picchio nero' [REW; André 1967: 130; Alessio 1976]. M.

**ammażżàri,** v. (siciliano, con varianti). 'Cominciare a maturarsi, di frutti e particolarmente dell'uva'.

La voce rappresenta un riflesso dell'agg. latino *badius* 'rosso bruno' continuato per esempio dal calabrese meridionale *vażżu* 'non ben cotto (colore della carne mezzo cotta)'; in siciliano si usa anche il termine *ammażżu* sm. 'periodo in cui la frutta comincia a maturare' (retroformazione da *ammażżari*) [DEI; LEI]. M.

**ammeccià,** v. (campano: Napoli; lucano: *ammëccià*; calabrese: *ammicciare, ammicciari*; siciliano: *ammicciari, mmicciari*). 'Calettare, incastrare, unire, far combaciare'.

Dalle voci dialettali *méccia, mìccia* 'calettatura, incastro', 'parte maschia dell'incastro' (in qualche varietà, come in siciliano, *mèccia* è anche 'membro virile') dal francese *mèche* 'miccia' e 'punta del trapano' entrato, oltre che nell'italiano *miccia* 'esca per accendere il fuoco', anche nel piemontese *mècia* 'miccia; punta di trapano', lombardo, a Milano *mècia* «saetta. I formai chiamano con questo nome franzese (mêche) il loro trapano onde fanno uso, tra le altre cose, per fare nelle forme da scarpe un foro pel quale infunarle onde poterle appendere» (Cherubini 1839-56) [DEI s.v. *ammecciare*]. M.

**ammëlèëppë,** sf. (lucano, a Matera: anche *malòppio*; siciliano: *nviluppu*; piemontese: *anvlòpa*; ligure, a Genova: *anveloppe*; lombardo e istriano: *anvelòp*). 'Busta da lettere'.

Dal francese *enveloppe*, deverbale di *envelopper*, parallelo di 'avviluppare' [Festa 1914; Jost 1967; FEW]. C.

**àmmene,** sm. (umbro: Foligno). 'Persona che abitualmente giunge per ultima agli appuntamenti'.

Tratta dal paragone *tu sè còm ammènne* oppure *tu sè còm àmmen* (a Magione) 'sei sempre l'ultimo', che trova alcune corrispondenze in marchigiano e in romanesco, suggerito dall'*amen*, che conclude le preghiere [LEI]. C.

**ammèri,** avv. e prep. (siciliano, con varianti; calabrese: *mmeru, mberu*; pugliese: *mmèrë*). 'Verso'.

Si riconducono all'antico francese *envers* 'verso' (dal latino *inversum* 'a rovescio, al contrario') [DEI; FEW; REWS]. M.

**ammicciàrsi,** v. (toscano, nel lucchese, anche *ammiccirsi*). «Buttarsi giù pigro e svogliato come un miccio» (Nieri 1902).

Dal dialettale *miccio* 'asino', voce di origine espressiva [DEI s.v. *ammicciare*]. M.

**ammistadhài,** v. (sardo campidanese: anche *ammestadhài*). 'Intrattenere una relazione illecita con una donna'.

Denominale di *amistàdhi* 'amicizia', dallo spagnolo *amistad* [DES]. C.

**ammizzàri,** v. (siciliano, con varianti; calabrese meridionale: *ambizzari*). 'Educare, istruire, avvezzare'.

Dal latino parlato **invitiāre* propriamente 'insegnare una cattiva abitudine' da *vitium* (da confrontare con l'italiano *avvezzare* per il quale si ricostruisce una base **advitiāre*) [DEI; Rohlfs 1977; DELI]. M.

**ammogghiàre,** v. (calabrese, anche *ammogghiare, ammugliare*; siciliano: *ammugliari, ammugghiari*; lucano: *amuggià*). 'Bagnarsi, inzupparsi completamente'.

Dal latino parlato **admolliāre* 'ammollire' (forma che rende conto anche del francese antico *amoiller, amolier*) [FEW; DEI s.v. *ammogliare*; Rohlfs 1977; Bigalke 1980]. M.

**ammoinàre,** v. (campano: Napoli; abruzzese: rifl. *ammuinarse, ammuinirse*; pugliese; laziale, a Roma: *ammuinare*; siciliano: *ammuinari*). 'Infastidire, annoiare'.

Dallo spagnolo *amohinar* 'immalinconire, rattristare, disgustare'; stessa provenienza, oppure da analoga voce catalana, hanno il campidanese *ammuinàre* e il logudorese *ammuinài* sempre col senso di 'annoiare, infastidire'. Si riconducono allo spagnolo, o in qualche caso al catalano, anche il milanese *moinadór*, il napoletano *ammuinatóre* 'lusingatore', l'abruzzese *ammujìne* 'tedio, uggia', il siciliano *ammuìnu* 'fastidio, molestia', il pugliese *ammuìna* 'sollecitudine, briga'; la voce è entrata anche nell'italiano: *ammoinare* 'annoiare', 'infastidire' [DEI; DES; Beccaria 1968]. M.

**ammolafòrfece,** sm. (campano; lucano settentrionale: *ammolafuòrcë*; calabrese settentrionale; pugliese: *molafróvëcë* e varianti; salentino: *molafuórce*; siciliano sudorientale: *mulafrórici*). 'Forfecchia'.

Letteralmente '(am)mola-forbici', è in origine (e contemporaneamente) il nome dell'arrotino, e la designazione è suggerita dal fatto che questo insetto possiede «due appendici terminali dell'addome, cornee, arcuate, puntute [...] che ricordano bene le lame delle forbici» (Garbini 1925); analogo è il motivo che sta alla base del nome italiano *forfecchia*. Rientrano in questo ambito onomasiologico anche il tipo veneto (nel vicentino) *gusafòrbeṡe* e molisano *arotafuórcëvë*, cioè 'arrotaforbici' e *taiafòrbeṡe* 'tagliaforbici', anche veneto giuliano *taiafòrfe*, romagnolo (Ravenna) *taiafùrfe*, abruzzese e molisano *tagliafuórfëcë* (e varianti), pugliese *tagghiafurcë* (e varianti), lucano *tagghiafùrci* (e varianti), campano *tagliafuórfici* [Garbini 1925; AIS; DEI s.v. *ammolafòrbici*]. M.

**ammólassu,** sm. (calabrese meridionale, anche *mólissu, ammóḍḍusu*). 'Terreno calcareo o arenario friabile'.

Dal greco *ammólithos* 'pietra arenaria' [DEI; Rohlfs 1977]. M.

**ammopàtu,** agg. (laziale: Arsoli). 'Scuro in volto'; a Castro dei Volsci *ammupìtu* 'mogio, avvilito'.

Da accostare al verbo abruzzese (Chieti) *ammupì* 'stordire', 'star zitto, ammutolire', denominale di *mùpë*, variante di *muto* (*mupe* ad Arpino) [DEI; LEA]. C.

**ammoscàre,** v. (toscano, anche *ammoscà*, col rifl. *ammoscassi, ammoscarsi, ammascassi*; campano, nel napoletano: *ammascà*). 'Subodorare; insospettirsi', «prender pelo; da qualche atto, cenno, mossa, parola, circostanza insospettirsi che una cosa tenuta segreta e nascosta sia in un certo modo: "Mi ammoscai quando lui disse: Ha dato, invece di: dette. Qui gatta ci cova! pensai subito fra me"» (Nieri 1902).

Voci derivate da *mosca*, attraverso un'espressione come 'farsi venire la mosca al naso' [DEI; Fanciulli; Altamura 1956; Cagliaritano 1975; Marchi 1993]. M.

**ammuccapassulùni,** sm. e agg. (siciliano). 'Credulone'.

Composto del verbo *ammuccari* 'dar da mangiare, dar l'offa a qualcuno ecc.' e *passuluni* 'fico secco intero' [Piccitto 1990].

G. Bonaviri: *Dapprincipio, mangiavamo i fichi con la buccia, tanta era la fame. Poi li sbucciavamo, succhiavamo la polpa mieleambrata e buttavamo le scorze attorno, sui cardi. – Sono dolcissimi, – diceva Risichino. – Iiih! – rise Pelonero. – So il fatto mio. Sull'albero li sceglievo ad uno ad uno. – Tieni, – dicevo a Stelladoro che stendeva la camicia. – Tieni, ammuccapassuluni!* (*Il fiume di pietra*, Milano 1979, p. 16). M.

**ammucciàre,** v. (calabrese, anche *ammucciari, ammuccià*; lucano: *ammuccià*; siciliano: *ammucciari*; pugliese: *amuccià*; salentino: *(a)mucciare*), 'nascondere', 'coprire', anche rifl.; (campano, Irpinia: *ammuccià*; pugliese, Ruvo: *ammucciassë* rifl.), 'accovacciare'.

Si ritengono gallicismi, dall'antico francese *muchier* 'nascondere' (da una base **mukyare* 'nascondere', secondo il FEW). Con queste voci sono in rapporto il lombardo alpino *muciàr*, umbro e laziale (romanesco) *mucciare* '(s)fuggire' attestato anche nel veneto e nel toscano antichi (Dante: «digli che non mucci» *Inf.* 24, 127) [DEI; REWS; VES]. M.

**ammulà,** v. (campano; abruzzese: *ammullà*; lucano; calabrese: *ammolare, ammolari*; siciliano: *ammulari*). 'Affilare, arrotare coltelli, forbici e simili'.

Come l'italiano *molare* 'affilare lame e utensili', derivano da *mola*, il disco di materiale abrasivo che si fa girare come una 'mola' per levigare superfici, affilare lame e simili [DEI s.v. *amolare*; Giammarco 1968; Piccitto 1977; Rohlfs 1977; Bigalke 1980; DELI]. M.

**ammullëcà,** v. (campano, nel napoletano). «Involgere taluni cibi con pane raffermo tritato» (Altamura 1956) «e le vivande così fatte diconsi *ammollecate*» (Rocco 1891).

Da *mollica* [DEI s.v. *ammollicato*]. M.

**ammunitàri,** v. (siciliano). 'Accarezzare, allettare qualcuno; sforzarsi di tener buono un bambino dandogli qualche dolce'.

Ritenuto in prima ipotesi un francesismo (cioè prestito dal francese *admonéter* 'ammonire'), è stato interpretato in seguito come un riflesso del latino tardo *monitāre* (attestato da Venanzio Fortunato) frequentativo di *monēre* 'far riflettere, esortare, rendere attento' (che – secondo il DEI – è senza continuatori in area romanza tranne lo spagnolo *muñir* 'invitare') [REW; DEI; Alessio 1976]. M.

**ammuntadòre,** sm. (sardo, con varianti). 'Incubo'.

Dal verbo *ammu(n)tare* che si usa nella frase *l'ana ammu(n)tadu, ad anti ammuttau* 'gli è venuto l'incubo', derivato da *ad-montāre*, per cui l'incubo viene interpretato come 'qualcosa che sale' producendo un senso fisico di molestia [Cappello 1957; Caschili 1967]. M.

**ammuragghiàri,** v. (siciliano). «Cingere di mura; costruire muricciolì a secco; ammucchiare le pietre che ostacolano la coltivazione del campo circondandole con un robusto muro a secco che le fermi e le contenga; accatastare in buon ordine, ad es. la legna» (Piccitto 1977).

Possibile prestito dal catalano (e castigliano) *amurallar* 'murare, proteggere con muraglie' che però sono voci attestate solo dal XIX sec.; perciò è preferibile una formazione locale, un denominale da *muràgghiu* 'muraglia; cumulo di pietre raccolte insieme nei campi coltivati' (da *muru* 'muro') [Varvaro 1974: 90]. M.

**ammurcàri,** v. (calabrese), 'rattrappirsi', 'mutilare della mano o del braccio'; (siciliano), 'stare a guardare a bocca aperta come uno stupido'.

Voci tratte dal dialettale (calabrese) *murcu* 'mutilo', 'moncherino', dal latino *mūrcus* 'monco, mutilato' [DEI; REWS; Rohlfs 1977; Piccitto 1977]. M.

**ammurracciàri,** v. (siciliano, anche *mmurracciari*). «Indorare, passare nell'uovo battuto qualcosa da friggere» col derivato *(a)mmurracciata* «doratura; sorta di vivanda di verdura, indorata nell'uovo battuto prima di friggere» (Piccitto 1977).

In questa parola il DEI vede un riflesso del termine *borace* 'borato di sodio' (sale formato dall'acido borico e dal sodio, usato nelle saldature di metalli ed utilizzato nelle smaltature delle porcellane), forse pensando all'incrostazione della doratura [DEI s.v. *ammurracciare*]. M.

**ammutturàri,** v. (siciliano). 'Assopirsi', «dormire, antiq.[uato] divenir taciturno, rozzo, per indole insocievole, o per essere stato lungo tempo lontano dal consorzio delle persone: inselvatichire» (Piccitto 1977).

Nel significato di 'assopirsi' dipende dallo spagnolo

*amodorrar* con lo stesso senso; nell'altra accezione sarà un derivato del siciliano *mudurru*, *muturru* 'buffone, stupido, bastardo' col v. *mudurriàri* 'divenir stupido' dipendenti dallo spagnolo *modorro* 'chi si addormenta', figuratamente 'ignorante', e *modorrear* 'instupidirsi'. La forma siciliana richiama il calabrese *ammuturrari* 'aver le bizze' e *muturratu* 'imbronciato', parole che Rohlfs 1977 vuole collegate a *mùtria* 'faccia brutta, muso, ceffo', usata anche in italiano e con una certa diffusione gergale e dialettale: ad esempio nel calabrese e napoletano *mùtria*, nell'abruzzese *mùtrïe*, nel marchigiano *mùtria*, nel trentino e veneto *mùtria*, nel lombardo e piemontese *mütria*, che designano 'muso, sembiante; broncio' (voce di etimo incerto) [DEI s.v. *ammudurrire*, *ammuturrare*; Prati 1968; Michel 1996]. M.

**ammùzzu,** locuz. avverb. (calabrese; siciliano). 'A cottimo; in gran abbondanza; a casaccio; ad occhio e croce; alla rinfusa, senza andare per il sottile', anche *a-mmuzzu*.

Dal dialettale *muzzu* 'mozzo, tozzo' corrispondente all'italiano *mozzo* 'mozzato, troncato' che è anche sm. 'pezzo' [DEI]. M.

**amór,** sm. (veneto; trentino; ladino centrale; friulano: *amŏr*; lombardo; emiliano; toscano: *amore*; laziale: *amore*; abruzzese: *amore*; campano; *ammore*, *mori* a Omignano; pugliese: *amàure*, *emàure*; siciliano: *amuri*). 'Umore che le piante secernono in primavera'; in alcune varietà, come in pugliese e siciliano, vale anche 'sapore, gusto'; il termine è specialmente adoperato in locuzioni di tipo "andare, essere in amore", come nel friulano *lâ*, *jesi in amŏr* «andare, essere in succhio (delle piante)» ed anche «in caldo (delle bestie)» (Nuovo Pirona 1992), siciliano *èssiri* o *mittìrisi un'amuri* «essere o andare in succhio, delle piante» (Piccitto 1977).

La parola rappresenta una deformazione popolare del latino *humor*, *-ōris* 'umore' incontratosi con *amor* 'amore'; da "amore" sono tratte poi altre espressioni equivalenti ad "andare in amore" come *la pianta è innamorata* nel marchigiano (ad Ascoli) [AIS; DEI s.v. *amore*; DESF]. M.

**amortì,** v. (piemontese), 'attutire, mitigare, placare'; (toscano, a Pisa: *ammortrì*), 'scemare (detto del caldo)'; (corso: *amurtì*, lucano: *ammurtì*), 'attenuare (detto di dolore)'; (siciliano: *ammurtiri*, intr.), 'perdere forza e vitalità.

Da un supposto verbo latino **admortīre* 'uccidere, annientare' da *mortuus* 'morto', che ha molti continuatori in galloromanzo, tra cui *amortir* 'spegnere', dal quale dipende il piemontese *amortì* con lo stesso significato [FEW; LEI]. C.

**ampàce,** sm. e sf. (laziale: Caprarola di Viterbo). 'La buonanima, il povero (*l'ampace Mario, l'ampace Adele*)'.

Letteralmente 'in pace' [Migliorini 1963]. C.

**ampàra,** sf. (siciliano). «Il tenere qualcuno chiuso a lungo in prigione; protezione»; come avv. «in espiazione di pena; in carcere, in prigione», anche *mpara* 'sequestro' e *mpari* plur. 'impedimenti' (Piccitto 1977).

Voce di provenienza iberica, dall'aragonese o catalano *ampara* 'sequestro'; dallo spagnolo *amparo* 'aiuto, favore, protezione' dipendono il calabrese *amparu* 'avvicinamento, consuetudine' e il sardo *amparu* 'protezione, difesa'. Lo spagnolo *amparar* 'proteggere, difendere' è alla base del siciliano *amparari*, sardo *amparare*, *amparài* 'proteggere' [DEI; DES; Michel 1996]. M.

**ampàżem,** sm. (trentino). 'Favo di miele'.

Dal latino parlato **impāgo*, *-ĭnis* 'favo di miele' al quale si riconduce anche il lombardo (Valvestino) *pano* 'favo'; alla stessa base viene attribuito dal REW anche l'abruzzese (teramano) *ambanë* 'bozzima'. Ma per questa voce è da preferire l'interpretazione di Giammarco 1985 che muove da *la mbanë* > *l'ambanë* con articolo concresciuto, deverbale di *(a)mbanà* 'imbozzimare, spalmare il filo da filare con crusca di granturco per mantenerlo fresco' ed anche 'panare, involgere nel pan grattato, carne e simili, prima di friggere', denominale di *panë* 'pane', quindi bozzima come equivalente di 'panata' [DEI s.v. *ampàgine*; REWS]. M.

**ampérlo,** sm. (trentino con la variante *ampérla* sf. in Val di Non e il derivato *amperlàr* in Val di Sole). 'Biancospino', 'prugnolo'.

Dalla base preromana **amp-* 'lampone' (→ *àmpola*) alla quale risale lo stesso nome del *lampone* [LEI]. C.

**ampò,** escl. (toscano: lucchese). 'Esclamazione di meraviglia'.

Corrisponde a "guarda un po'" come si legge già in Nieri 1902: «ampo' agglutinazione notevole da risolversi: 'a 'mo po'! cioè gua' un po'! guarda un poco! Esclamazione di meraviglia comunissima in bocca di un lucchese d'ogni estrazione cólto e non cólto» [DEI]. M.

**àmpola,** sf. (piemontese; lombardo settentrionale, con varianti; ticinese: *ampa*, *èmpa*). 'Lampone', col modo di dire piemontese *vin c'ha l'é n'àmpola* 'vino color rubino' (Gribaudo-Seglie 1972-75).

Dalla base preromana **amp-* / **amb-* 'lampone'; dalla stessa base dipende anche il piemontese *ambruna*, *ambrüna* e *lambrùn* sm. (e con articolo concresciuto) 'mirtillo' [DEI s.v. *àmpola* e *ambróne*; LEI]. M.

**ampollìna,** sf. (campano: napoletano). «Oriuolo a sabbia, clessidra» anche *ampolletta* (D'Ambra 1873) come nel siciliano.

Voci disusate tratte da *ampolla* [DEI; Piccitto 1977]. M.

**amù cornùo,** locuz. sostant. (ligure: Genova; lunigianese: *amór curnùtu*; lombardo, a Voghera: *amùr curnù*). 'Fior cappuccio selvatico, *Delphinium Aiacis*'.

Letteralmente 'amore cornuto'. Come altri suoi nomi italiani (*sprone di cavaliere*, *speronella*, *speroni* in Trentino), deve il suo nome alla forma puntata del fiore. È curioso notare come il nome italiano e dialettale di un altro fiore, che con quello spesso si confonde, l' 'aquilegia, *Aquilegia Vulgaris* L.', sia *amore perfetto* o *perfetto amore* [DEI; LEI]. C.

**amunìr,** v. (veneto, nel veneziano; emiliano; romagnolo: *amunì*), 'interrare, colmare (fiumi, canali, porti)'; (abruzzese, nel teramano: *ammunŏrsë* rifl.), 'il mimetizzarsi della seppia tra la sabbia'.

Secondo il DEI (seguito da REWS) sono derivati dal latino parlato **admunīre*, voce da confrontare con il classico *admoenīre* 'fortificare'. Una diversa interpretazione si fonda invece sul greco **ammṓnō* 'riempire di sabbia (*ámmos*)', da confrontare col greco moderno *prosammṓnō* 'coprire di sabbia (un porto)'. Non si esclude, infine, un derivato di *bon*: → *imbonìr* [Cortelazzo 1970]. M.

**amuràr,** v. (ligure: Pigna, a Airole: *murâ*, a Genova: *amuà*). 'Affilare, ruotare'.

Dal latino *mŏla* 'pietra per affilare' [Merlo 1941-57; AIS]. C.

**amuràse,** v. (ligure, con varianti). 'Arenarsi', ma in alcuni luoghi conserva i significati primari di 'dar di cozzo col muso o con la prua', 'cadere picchiando il viso'.

Probabilmente non derivato da *mūru* 'viso', ma dallo spagnolo *amorrar* 'abbassare la testa (*morra* 'cranio')' e poi 'arenarsi'. Al catalano *amorar-se* 'arenarsi' si riconduce il siciliano *amurrari* 'arenarsi, incagliarsi in una secca, di barca o nave' [Varvaro 1970: 100; Toso 1993]. C.

**amurtà,** v. (ligure; romagnolo: *amurtè(r)*; campano e lucano: *ammortà*; calabrese e pugliese: *ammurtà*; siciliano: *ammurtari*). 'Spegnere, smorzare'.

Da un latino parlato **admortāre* 'uccidere, soffocare', originariamente 'spegnere (il fuoco)': → *amortì* [Merlo 1941-57; LEI]. C.

**(a)müstèt,** sm. (ticinese). 'Fidanzamento', con le locuzioni *dè fo müstèt* 'far conoscere pubblicamente di essere fidanzati' e *ié clamerà l müstèt* 'farà il fidanzamento, le pubblicazioni di matrimonio'.

Dal latino parlato **amicitas*, all'accusativo **amicitāte(m)*, non direttamente (non pare che il sostantivo abbia avuto dei continuatori in italiano), bensì attraverso i dialetti francesi, dove è molto radicato, o dall'italiano *amistà* [Guarnerio 1908; VDSI; FEW]. C.

**amżèta,** sf. (romagnolo). 'Tipico boccale di terra cotta, a fondo bianco e fiorami azzurri, con cui si mesce il vino', anche *mżèta*.

Forma locale di *mezzetta*; in origine la parola si riferisce alla metà di un'altra misura, poi passa ad indicare genericamente boccale per vino o acqua [Ercolani 1971]. M.

**(a)nànca,** sf. (salentino; pugliese; abruzzese e campano: *langa*). 'Ultimo tratto della coda di gatti e cani'.

Dal greco *anánkē* 'necessità (di mangiare)', che si ritiene abbia sede in un nervo posto nella coda dei piccoli animali, ai quali viene asportato per impedire loro di diventare troppo voraci. Dalle varianti *langa, lanca* proviene il denominale *allancà(re)* (calabrese) 'essere affamato' e l'agg. *allancatu* (siciliano) 'affamato, famelico' [DEI ss.vv. *allancare, langa, nanca*; Rohlfs 1964]. C.

**anaràzzi,** sm. plur. (siciliano, anche *anarèzzi*). 'Fichidindia'.

Dall'arabo [*šağara* (albero) o *karmus* (fico)] *an-nassāra* 'dei cristiani' attraverso gli esiti *-ss-* > *-zz-* e **-zerr-* > *-rezz-* (metatesi avvenuta in siciliano) [DEI; Pellegrini 1972; Piccitto 1977]. M.

**anàst,** sm. (piemontese; ligure: *anastu*; corso: *annastu, innastru, nastu*). 'Odorato, fiuto' specialmente dei cani.

Da una forma del latino parlato **nasitāre* (derivato da *nasus* 'naso'), attraverso deverbativi, secondo il DEI che sostiene anche una dipendenza della voce corsa dal ligure. Notevole anche la locuzione avverbiale lombarda *a nasta* o *a la nasta* 'al fiuto, a naso', che trova un suo preciso corrispondente nella locuzione settentrionale *a usma* (→ *usmàr(e)*) [Plomteux 1975]. M.

**anbasàda,** sf. (emiliano: Lizzano in Belvedere), 'gruppo di quattro o cinque bestie da soma, che unitamente trasportano carbone, legna e simili'; (laziale, in romanesco: *ambasciàta*), 'branco di bestiame' nella campagna romana.

Restrizione particolare del generico significato di 'ambasciata', per cui non è necessario risalire al latino *pascere*, che, del resto, non pare nemmeno pertinente [Malagoli 1941; DEI s.v. *ambasciata*]. C.

**ànca,** sf. nella frase *fra l'anca e l'uscio* (toscano: lucchese). «È uguale all'altra: fra l'incudine e il martello, fra due necessità» (Nieri 1902).

Da *anta* 'stipite della porta' per accostamento paretimologico ad *anca*, e non da *arca*, mobile della cucina come si legge in Nieri ibid.: «Certo in principio dovette essere, fra l'arca e l'uscio, che l'*arca* o *arcone* si trovava e si trova spesso anche ora per le cucine accanto alla porta» [DEI]. M.

**ancà,** v. (umbro, nel perugino). 'Salire'.

Da *anca*, attraverso il significato di 'affaticare l'anca' [Ugolini 1970]. M.

**an capì na mùsica,** locuz. (ligure-piemontese: Novi L.). 'Non capire niente'.

Travisamento della frase, considerata volgare, che usa → *mùsa*[1], propriamente 'vulva', per 'niente'. C.

**ancetàno,** sm. (marchigiano, anche *angetà, ancetà*; abruzzese, nel teramano e pescarese: *ngetanë, angitènë, ngità, ngitèllë, angitèllë*). 'Ontano, *Alnus glutinosa* L.'.

Dal latino tardo *alnetanus*; il tipo lessicale è però dovuto ad incrocio con un antico *anchiano* da cui la forma toscana (senese) *onchiano*, anch'esso esito della stessa parola latina, ma adattato ad *ontano* [DEI; LEI]. M.

**ànchema,** sf. (umbro, nel perugino). 'Affanno'.

Verosimilmente dovuto ad incrocio tra il perugino → *ancà* e *ànzima* (italiano antico) 'respiro affannoso' [Ugolini 1970: XIX]. M.

**anchènne,** agg. (marchigiano, anche *anghènne*). 'Detto di tela di color giallastro'.

Corrisponde all'italiano *nanchìno*, tipo di tessuto di cotone di color chiaro, così chiamato da *Nanchino*, città cinese di provenienza. A Camerino abbiamo l'ambigua definizione 'ciò che vale poco'. È noto anche nella forma *lanchino* (friulano *lanchìn* e *colőr lanchìn*) [Ginobili 1963; Cortelazzo 1986]. C.

**anchianése,** agg. (toscano: Elba). 'Fuori moda, antiquato', più spesso nella locuzione *all'anchianése* (pisano) o *all'anchiana* (fiorentino, versiliese, pistoiese) 'rozzamente, alla carlona'.

Si dice dal nome di *Anchiano*, frazione del comune lucchese di Borgo a Mozzano [Malagoli 1939]. C.

**anchiónë,** agg. e sm. (campano: napoletano; calabrese settentrionale: *anchiune*). 'Sciocco, stupido; uomo da nulla'.

Non deriva dal latino *anculus* 'servo' come suppone il DEI s.v., ma va confrontato con altre voci dialettali come il calabrese *anchiale* 'che ha le gambe grosse; uomo grossolano, stupido', *anghiale* 'babbeo, persona che sta con la bocca aperta' e, come queste, dipende dal v. *angare, ancare* 'aprire (della bocca), spalancare, aprire le cosce', da *anca* 'gamba' noto nella medesima varietà dialettale (*anca* con questo significato è anche dell'italiano antico). Anche la voce *anchi* plur. (calabrese, a Simbario) 'le stanghe che formano il timone del carro' va connessa ad *anca* e non al latino *ampla* 'impugnatura, manico' (ipotesi esposta seppure con dubbio in DEI s.v.) [Altamura 1956; Rohlfs 1977]. M.

**àncilu dō célu,** locuz. sostant. (siciliano). 'Angelo'.

Questo allargamento del semplice *àncilu* è dovuto all'influenza dei testi sacri, che parlano spesso di *angelo del Signore*, e trova conferma in locuzioni usate per esprimere incredulità del tipo: *si avìssi vinutu l'ancilu dō celu a dirìmillu...* 'se fosse venuto l'angelo del cielo a dirmelo...', che si riferiscono all'annunciazione alla Vergine [Alfieri 1980].

G. VERGA: *Adesso, vedi, che ci ho il mulo, e ogni cosa come desideravo, che se fosse venuto a dirmelo l'angelo del cielo non ci avrei creduto, adesso penso sempre a quelle sere là* (*I Malavoglia*, Milano-Napoli 1955, p. 396). C.

**ancinétto,** sm. (campano: Napoli). «Piccola ciambellina inzuccherata, per lo più senza buco, di pasta con uova» (Rocco 1891).

Letteralmente 'piccolo uncino (*ancino*)', 'bastone ricurvo', forse per la sua forma.

M. Serao: *insieme alle caramelle colorate e attaccaticce, insieme alle ciambelline che portano il nome di* ancinetti (*Il paese di cuccagna*, Milano 1891, p. 29). c.

**ancìnu,** sm. (siciliano: Paternò). 'La gola, le fauci', con la locuz. *mali d'ancinu mi ti fa!* 'che ti vada di traverso!'.

Adattamento dall'italiano *angina*, voce dotta dal latino *angina* 'angina, angoscia' [Piccitto 1977; lei]. m.

**anciò,** sm. (toscano: Arcipelago; laziale: anche *angiò, angiòlo*; campano, a Napoli, *angiò*; siciliano: *angiòlu, angiòu*). 'Sorta di pesce simile al palombo'.

Da accostarsi, più che al nome settentrionale dell'acciuga → *ancióa* (per somiglianza di colore), al *nocciolo*, egualmente per il colore della livrea [dei; lei]. c.

**ancióa,** sf. (ligure, anche *anciùa*; lombardo: *anciùa, angiova, ancioda*; veneto; corso: *anchiùa*; calabrese, nel cosentino: *angiola*; siciliano: *anciòva*; sardo, nel campidanese: *anciòva*, nel logudorese: *azzùa, anzùa*). 'Acciuga'.

Le voci muovono dal genovese *ancióa* che deriva dal latino parlato **apiua*, prestito dal greco *aphýē* 'pesciolini minuscoli, bianchetti', 'acciuga'. Nel siciliano la parola si è diffusa per tramite del catalano *anxova*, a sua volta prestito dal genovese, come suggerisce la «circostanza che le acciughe salate erano in epoca medievale oggetto di esportazione dalla Catalogna in Sicilia» (ves). Anche il sardo *anciòva* è considerato un iberismo (dal catalano, o dallo spagnolo *anchova*), mentre *azzùa* viene dal genovese (des); per tramite della forma ligure si ha l'italiano *acciuga* (deli) [lei; Fanciullo 1992a: 187-191]. m.

**andà alla spèra,** locuz. (toscano: isola d'Elba). 'Non sapere dove si va'.

Dall'uso marinaresco, in caso di mare grosso, della *spera* 'àncora primitiva, costituita di fascine legate insieme, che trattengono il corso dell'imbarcazione'. *Andare alla spera* equivale quasi a *andare alla deriva*. [Cortelazzo 1987]. c.

**andà ar càiro,** locuz. (toscano). 'Andare in gabinetto'.

Il nome della città egiziana è stato richiamato solo per ingentilire l'originaria espressione volgare, colta a Livorno, *andà al càero*, cioè *al càchero* [Malagoli 1939]. c.

**andà in vagasión,** locuz. (veneto: Marano L.). 'Periodo amoroso dei ghiozzi, detto anche della frega'.

Dal latino *vacatio*, genitivo *vacationis*, 'vuotezza', perché in tale periodo (da marzo a luglio) i ghiozzi si rifugiano nelle tane per deporre e custodire le uova senza potersi nutrire a sufficienza, tanto che arrivano a luglio esauriti e affamati. c.

**andàr a paiòl,** locuz. (veneto giuliano). 'Cadere ammalato', 'finir male', e *èser a paiòl* (nota anche a Chioggia: *èsere a pagiòlo* 'essere in miseria' ed in Romagna *èsar e e' pajòl* 'essere alla fine, al termine' accanto a *andè a pajòl* 'ridursi al verde, in bolletta') 'essere stanco, esaurito, ammalato'.

Dal *pagliuolo (degli ammalati)*, luogo della nave dove erano ricoverati i feriti e gli ammalati [Doria 1987]. c.

**andàre a bàso,** locuz. (veneto: Polesine). 'Far visita, fermarsi a casa di qualcuno, fare tappa all'osteria'.

«Il significato più logico sta nel fatto che le uniche strade percorribili erano tracciate sopra gli argini del Po, notoriamente più elevate rispetto alle case a piano campagna, per cui chi transitava sopra un argine e doveva far visita agli abitanti di qualche casolare o fare una sosta al bar, doveva scendere (*a baso*) dall'argine» (Girardi 1991). c.

**andare a Montécchio,** locuz. (umbro: Todi). 'Congiungersi carnalmente con donna'.

Uno dei tanti scherzosi bisticci geografici, che si valgono dello stesso inizio di toponimo e del nome o verbo, al quale si vuole alludere: in questo caso *mont(are)*. c.

**andàre a ptào,** locuz. (veneto: Polesine). 'Andare in rovina', 'morire'. La locuzione, che si accompagna all'altra *èsre a ptào* 'essere a terra', copre un territorio che fu già sottoposto all'occupazione austroungarica: è presente, infatti, anche in cremonese (*va a petàu* 'va al diavolo!'), in Val Chiavenna (*andà a petàu* 'andare alla malora') e certo in altri luoghi.

«A *Pettau* (nome tedesco di Ptuj in Slovenia) c'era al tempo del Lombardo-Veneto un grande ospedale per gli invalidi dell'esercito austriaco» [Massera 1985]. c.

**andàre a rièma,** locuz. (veneto: Polesine). 'Procedere senza intoppi'.

Si dice propriamente di oggetti, che scorrono veloci, trascinati dalla corrente, o della barca, che va senza remare, sfruttando la corrente. Quindi, dal latino *rheuma* (di origine greca) 'flusso, corrente', da cui proviene anche il calabrese reggino e il siciliano messinese *rema* 'incontro delle acque di due mari in uno stretto, vortice' e il lucano *rima* 'corrente del fiume' [rews; Rohlfs 1964; Cortelazzo 1970]. c.

**andăr in gàl,** locuz. (emiliano: Parma). 'Tallire, andare in semenza'.

Popolarmente il modo si spiega con lo sviluppo in altezza della pianta che tallisce, assumendo l'aspetto superbo del gallo. In realtà è una reinterpretazione non isolata della locuzione *andăr in tal* 'andare in tallo, tallire' [Petrolini 1993]. c.

**andé a la maròda,** locuz. (piemontese). 'Fare una scorreria, andare a predare', ridotta a Castellinaldo a 'girare a frotte per i poderi altrui a rapire e devastare', detto dei ragazzi.

Modo di provenienza tedesca (*auf die Maraude gehen*), ma trasmesso dal francese (*maraude*), che si riferisce al *Marodeur*, lo 'sbandato, vagabondo', specie il 'cavaliere che ha perduto il suo cavallo', che durante la Guerra dei Trent'Anni viveva di furti e rapine: «a tutti quei soldati, malati o sani, feriti o illesi, che si sbandavano fuori delle file e che non erano accantonati presso il loro reggimento, si diede il nome di *Confraternita di Merode* ... Questi gruppetti hanno molta analogia cogli zingari, non solo perché si aggirano a loro capriccio davanti, dietro, di fianco o in mezzo all'esercito, ma perché hanno comuni con loro usanze ed abitudini» (Hans von Grimmelshausen, *L'avventuroso Simplicissimus*, Torino 1945, pp. 339-340): → *maròdi* [few]. c.

**andĕcórië,** sf. plur. (abruzzese; sardo logudorese e campidanese: *antigória* sing. e *antigóriu* come sm.; pugliese, a Sant'Agata di P.: *andecòrie*), 'cose vecchie, antiche, anticaglie; vecchiume'; *anticòria* sf. plur. (campano, nel napoletano), 'ruderi, rovine'; *a l'andĕcòrië* locuz. avverb. (abruzzese, nel chietino), 'all'antica'; *anticòriu* agg. (corso; campano, nel napoletano: *antecórejo, antecório*), 'antico'.

Dallo spagnolo antico o dal catalano antico (più probabile quest'ultimo tramite) *antigor* 'cose antiche'; da escludere il latinismo *[more] antiquōrum* proposto dal dei [s.v. *antecoria*] per la locuzione avverbiale abruzzese [des; lei]. m.

**andënijérë,** sm. (abruzzese; molisano), 'capo di una squadra di mietitori'; (lucano *andēnijérë*; galloitalico, a Tito: *andënìeru*), 'abile falciatore che apre e guida la fila quando si miete'.

Da *anda* (abruzzese; molisano) 'squadra dei mietitori' e 'striscia di fieno che si raccoglie dietro il falciatore', dal latino *ămbitus* 'passaggio' [Giammarco 1968; LEI].

F. JOVINE: *Un anno c'era stato anche a mietere ed era stato l'antiniero per quindici giorni di seguito* (*Signora Ava*, Torino 1967, p. 186). C.

**andé n Permùnd,** locuz. (piemontese: Verduno). 'Recarsi a far la mietitura sull'altopiano ad occidente di Bra'.

Letteralmente 'andare in Piemonte', modo curioso per un Albese [Toppino 1927]. C.

**andèr a la lóia,** locuz. (emiliano: a Parma). 'Sentirsi girare la testa'.

Dal latino *lolium* 'loglio', pianta che ha potere inebriante, tanto da essere chiamata in veneto e istriano l'*imbriaga* (AIS) e in friulano *vrà(j)e*, considerato continuazione del latino *ebriăcus*: → *giógghiu* e → *loià* [REW; Pellegrini-Zamboni 1982]. C.

**andè t i ernàni,** locuz. (romagnolo). 'Diventare rimbambito'.

La locuzione sembra legata all'opera lirica *Ernani* di Giuseppe Verdi. Come, lo spiega un'informatrice: nell'*Ernani* ad un certo punto si dice: «Ernani vola» e, quindi, 'essere negli Ernani' equivale ad 'avere il cervello che vola via'. In effetti, nel libretto dell'opera c'è un «Ernani, Ernani involami», che ha avuto questa curiosa interpretazione [Quondamatteo 1982]. C.

**andiàle,** sm. (emiliano: Ferrara). 'Piano del mulino'.

Corrisponde al latino medievale di Venezia (sec. XIII) *andictus* 'andito' [*Dizionario di marina* 1937].

R. BACCHELLI: *Il ponte, tra un sandone e l'altro, era detto, nel centro, andiale, e andialetto sul davanti coi màncoli per avvolgervi i capi delle funi* (cit. in GDLI I 459). – ID.: *Il vento fischiava furente. Scacerni in bilico sull'estremità dell'andialetto, tentava la corda dell'ancora esterna per accertarsi che non venisse arando* (*Il mulino del Po*, Milano 1976, p. 276). C.

**àndias,** nella locuz. *andare in àndias* (sardo: Nuoro). 'Andare barcollando'.

Dal sardo *àndia* 'barella, portantina, specialmente quella che serve per portare i santi in processione' (di origine spagnola o catalana), che barcollano di continuo [DES; Pittau 1962: 156]. C.

**andimònia,** sf. (marchigiano: Macerata). «Una specie d'erba (inesistente) che una credenza degli abitanti di Monte Vettore e dei centri limitrofi riteneva germogliasse tra le scoscese balze del monte stesso; erba che affonda le sue radici nel terreno a due e tre metri di profondità e che sradicata, origina turbamenti atmosferici di ogni genere: impetuosi venti, acquazzoni, grandinate ecc. da seminare tutt'intorno distruzione e sterminio» (Ginobili 1970).

Nome di difficile ricostruzione nei suoi componenti. C.

**andriùni,** sm. (calabrese meridionale). 'Specie di ranocchio', anche *ndrìa*.

Dal greco *andríllion* 'piccolo uomo', per la somiglianza con la figura umana, come conferma il grecanico di Bova *andriḍḍi* che designa sia 'omiciattolo' sia 'ranocchio' [DEI s.v. *andrióne*; Rohlfs 1964 e 1977]. M.

**andròna,** sf. (veneto; trentino; friulano; lombardo orientale), 'vicolo', 'vicolo cieco', 'vicolo angusto', anche *landròna* (veneto istriano), *andròne* (friulano); *andròna, landròna* (emiliano; veneto orientale) 'cesso, cessino'.

Tali voci dialettali, a giudicare dalla loro distribuzione areale, dipendono verosimilmente dal greco *andrṓn* 'parte della casa greca riservata agli uomini', attraverso una forma latinizzata *androna* con un significato evoluto di 'passaggio tra muri, vicolo' analogo a quello del latino *andrōn* da cui dipende, per tradizione dotta, l'italiano *androne* [Prati 1968; Cortelazzo 1970; LEI].

F. DALL'ONGARO: *Nel tempo ch'io abitavo Trieste, prima che la rivoluzione italiana venisse a ribattezzarla tedesca, mi ricorda d'aver visitato più volte quella parte della città che si denomina vecchia. Ivi è a cercare il popolo vero e originario di Trieste, anziché ne' quartieri più recenti ed agiati, dove s'accasano i nuovi venuti dai quattro venti. Nella città vecchia dunque non c'è penuria di viuzze, di chiassuoli, o, come là si chiamano,* androne, *e tutte hanno il loro titolo scritto, che è una fortuna. Nella città nuova invece, voi potreste donzellarvi una buona ora senza avere il conforto inestimabile di saper il nome della contrada, e senza trovar matèria a nessuna indagine filosofico-storica. Ora, in quel crocicchio che fanno la via del Seminario e quella di Rena, mentre squadravo da una parte un gran casamento con finestre rade, malinconiche e desolate, e dall'altra molti umili e squallidi tuguri pieni di gente affaccendata e cenciosa, lessi sopra una parete screpolata:* Androna de' pozzi; *e non lontano:* Androna del pozzo d'amore. *Recatevi col pensiero in quel luogo, ponetevi ne' miei panni, e capirete bene qual feconda sorgente di fantasticherie mi poteva scaturir da quel nome.* (*Il pozzo d'amore*, in *Novelle italiane. L'ottocento*. A cura di G. Finzi, Milano 1985, I vol. p. 232). M.

**andùma,** escl. (piemontese). 'Presto!', anche *duma, dóma*.

Propriamente 'andiamo' con sostituzione di *-ŭmus* ad *-amus*, formazione tipica del Piemonte [DEI; LEI]. M.

**anèllo,** sm. (toscano: lucchese). «Misura contadinesca del seme de' bachi da seta, corrispondente alla capacità di un grosso anello da sartore. Si conta che due anelli di seme pesino un quarto d'oncia» (Nieri 1902).

Da *anello* (da sarto), ditale a forma di anello, sprovvisto di cupola, ma in questo caso di forma normale [DEI]. M.

**aneṡòn,** sm. (lombardo; veneto). 'Liquore di anice, anisetta'.

Dal dialettale settentrionale *àneṡe, àniṡe* 'anice'; stessa origine hanno il piemontese *aneṡìn* 'biscotto all'anice, anicino'e il veneto (Valsugana) *aneṡìn* 'liquore d'anici' [DEI; Prati 1960a; Brero 1982]. M.

**angalóne,** sm. (salentino: Cellino S. Marco). 'Dente del giudizio'.

Accrescitivo di *angàle* 'dente molare', ampliamento di *ànga*, dal suo nome longobardo *wanga* [Rohlfs 1956; Fanciullo 1973]. C.

**angéi,** sm. (sardo: Cagliari), 'secchiello contenente l'acqua benedetta, che si asperge durante la benedizione delle case'; (sardo: Villasassargia), 'benedizione delle acque'.

Dal greco bizantino *angeíon* 'vaso sacro contenente l'acqua benedetta nel rito dell'*hagiasmós* (→ *angiamò*)' [Paulis 1983]. C.

**àngelë,** sm. (abruzzese), 'buco di mezzo della paranza'; (laziale, a Serrone: *àncilo*), 'pozzetto davanti allo strettoio con tinello o conca di terracotta dove scorre l'olio del torchio'; (laziale, Amaseno: *àgnëlë*), 'botte che si tiene nel frantoio per gettarvi l'acqua forte e l'olio misti, come vengono sotto il torchio'; (pugliese e salentino: *àngelë*, *àngiulu*, *ènciulë* e varianti; lucano, Muro Lucano: *àngelë*), 'pozzetto in cui scorre l'olio del torchio'.

Derivati del latino *angium* 'vaso, stagno' (da cui pure → *làgno*, → *jàgnë*) [DEI s.v. *angelo*[3]; LEI]. M.

**angëtórë,** sm. (abruzzese). «Corda munita di gancio, che sostiene l'ordito quando la tela è per finire» (Giammarco 1968).

Questo termine tecnico dei tessitori è stato ricondotto dal DEI (s.v. *angitóre*) al latino *angĕre* 'stringere', ipotesi etimologica che è seguita anche da Giammarco 1985 il quale ricostruisce un latino parlato **angitor, -ōris*, da *angitus* part. pass. di *angĕre*, incrociato con il dialettale *anginë* 'gancio'. Diversamente, il LEI non ritiene che il verbo latino abbia derivati dialettali, quindi la parola abruzzese potrebbe rappresentare un semplice 'ganciatore'.

**anghióne,** sm. (corso; toscano, all'Elba: *agnáne*; calabrese: *agnuni*, *anghiuni*; siciliano: *agnóni*, *agnuni*, con varianti, anche sf.; sardo: *angròne*, *ungròne* e varianti). 'Angolo, canto', in siciliano anche 'ripostiglio, luogo riposto fuori mano'.

Dal latino *angŭlus* 'angolo, canto' attraverso un derivato **ang(u)lone*; non sembra necessario supporre un incrocio di *angŭlus* con greco *ankṓn* 'angolo, canto' (come in DEI), comunque da escludere per il corso e per il sardo. La variante sarda con *u-* si spiega sufficientemente con l'influsso dell'articolo e non c'è bisogno di ipotizzare una sovrapposizione del latino *uncus* 'uncino' [DES; LEI]. M.

**angiamò,** sm. (sardo; anche *ghillisò* e *mangiamò*). 'Prete che, il sabato santo, va a benedire le case'.

Dal greco *hagiasmós* 'benedizione delle case e delle acque' e parola iniziale della filastrocca, intrisa di elementi greci corrotti, che si canta in quella occasione [DES; Paulis 1983]. C.

**angiàu,** sm. (ligure, anche *angióu*). 'Pergolato'.

Unica testimonianza popolare del latino *ambulatōrius* 'luogo dove ci si può muovere, camminare (*ambulāre*)' [LEI]. C.

**angioìnu,** sm. (calabrese). 'Uomo rapace, manesco; tiranno'.

Dall'etnico *angioino*, per la rapacità ed i soprusi dei Francesi della signoria angioina e dei loro seguaci, rimasti alla memoria [Prati 1936]. M.

**angioléḍḍu,** sm. (salentino; umbro: *angelèllo*). 'Farfalla'.

Il nome di 'angioletto' è non di rado attribuito a piccoli e graziosi animali [LEI]. C.

**angògna,** sf. (calabrese settentrionale, anche *ngogna*, *ncogna*, *ngugna*), 'angolo nascosto'; (campano, nel salernitano; lucano: *ngognë*), 'angolo di muro'; (salentino: *ngogna*, *ncogna*), 'angolo nascosto; angolo di un terreno, ritaglio di un terreno'; (pugliese, nel foggiano: *angognë*), 'angolo'.

Dal greco *gōnía* 'angolo' incrociato col greco *ankṓn* 'canto' secondo il Rohlfs 1964; dal greco ma attraverso una forma di latino parlato **gonia* secondo DEI e Alessio 1976 e con influsso del latino *angŭlus* 'angolo'. M.

**angóne,** sm. (campano: Napoli), 'ramo principale d'un albero'; (campano, nell'irpino: *ancono*; molisano: *ancono*), 'ramo grande'; (campano, nell'irpino: *ancona* sf.), 'grosso ramo d'albero'; (salentino, nel leccese: *còna* sf.), 'ramo; grosso ramo d'ulivo'; (siciliano: *cona* sf.) 'ramo principale d'un albero'; (laziale, a Sonnino: *angone*; abruzzese, a Introdacqua: *angónë*), 'arpione, uncino'; (laziale, ad Amaseno: *ancónë*), 'cardine' col derivato *incónica* 'altalena'; (lombardo, nel mantovano: *ancòna* sf.), 'gomito, insenatura nel letto di un fiume, acqua morta'; (emiliano: *anconada* sf.), 'svolta, gomito'.

Sono tutti riflessi del latino *ancon* 'gomito' dal greco *ankṓn* di analogo significato, voce entrata nel latino dei medici e dei tecnici, che si continua unicamente in area italoromanza con tre significati distinti: 'svolta, sinuosità', legato al lessico delle paludi e del delta padano, 'uncino' (di area centromeridionale) e 'ramo d'albero' (nel Sud) [DEI; LEI]. M.

**angosèlla,** sf. (marchigiano; veneto giuliano: *angus̈jéla* e *angus̈él* sm.). 'Aguglia, *Belone belone*'.

Dal latino **acūcella* propriamente 'piccolo ago'; appoggiandosi ad *acus* 'ago' e 'nome di pesce (*Belone belone*)', il diminutivo **acūcella* ha assunto anche questo significato. Dalla stessa base latina dipendono gli ittionimi *agus̈ela* e *agus̈él* sm. (romagnolo) 'pesce ago', *gus̈él* (veneto giuliano) 'aguglia', ed i termini botanici *ragus̈èl* e varianti (romagnolo), *gus̈èle* sf. plur. (trentino, Val di Non), *agucèla* (emiliano) per 'spillettone, pettine di Venere, *Scandix pecten Veneris*', in italiano anche 'acicula' (voce dotta dal latino *acicŭla* che designa la stessa pianta), in lucano *spingola*, cosiddetta per la forma a lunghi aghi [DEI; LEI]. M.

**àngra,** sf. (calabrese, anche *àngara*), 'terreno fertile lungo il fiume che si coltiva'; (siciliano, a Bronte, anche *angru*), 'tratto di lava difficile ad attraversarsi; anfrattuosità fra le rocce', al plur. *angri* 'luoghi scoscesi, dirupi'; (siciliano, nel messinese, anche *àngara*, *ànghira*, *angru*), 'pietraia; fessura profonda in terreno prevalentemente roccioso, roccia, dirupo'; (siciliano, a Gagliano Castelferrato: *àngara di terra*), 'striscia di terreno risultante dal terrazzamento di un pendio'.

Le voci sono fatte risalire ad un latino tardo delle glosse *angrae = convalles*, che secondo Rohlfs 1964 dovrebbe provenire dal greco *ánkea* (*ánkrea*); diversamente il DEI richiama l'antico nordico *angr* 'baia, golfo'. Quanto al marchigiano (Ancona) *àngara* 'rada' si tratta dello spagnolo (e portoghese) *angra* 'insenatura' che il Corominas riconduce al latino *angŭlus* [DEI s.v. *àngara e angra*; Rohlfs 1977]. M.

**angrèsta,** sf. (campano, nel napoletano). «Inchiostro» (Rocco 1891).

Dal latino *encaustrum* 'inchiostro' attraverso una forma *anghestra*; sul napoletano si basa il giudeo-italiano *àngresto* 'inchiostro' menzionato da REW e dal DEI. Altre forme dialettali derivate da *encaustrum* sono il veneto *ingiostro*, il friulano *ingiustri*, il toscano (lucchese) *ongosto*, l'abruzzese (teramano) *inglastre* [DEI s.v. *àngresto*; REWS]. M.

**anguàtola,** sf. (romagnolo). 'Piccola sogliola'.

Come mostrano le varianti *linguàtola*, *lenguàttola* e simili, da *linguatta* con suffisso diminutivo: der. di *lingua*, che, come il greco moderno *glôssa* (e l'antico *boúglōssos* ('lingua di bue') e il latino *lingulaca*, designa un 'pesce piatto' [De Saint-Denis 1947; DEI]. C.

**àngue de ...,** in imprecazioni (ligure, a La Spezia: *àngue de non*; romagnolo: *angv' ad ...*, e *àngua de geval*; veneto, ad Ariano: *ang(v) ad Dio*). 'Per Dio!, perdiana!'.

Letteralmente 'sangue di ...' con la caduta della *s-* iniziale, come nel francese dialettale *(a)cré*, che attenua l'interdetto *sacré*, per evitare il troppo diretto riferimento blasfemo al 'sangue di Dio' (sostituito, alla Spezia, con *non (dico)*, in Romagna con *geval* 'diavolo'). Salvioni notava anche la digressione milanese *sàngua de di de not*, dove in «*Dio* o *Dia* (mil.), dopo essere stato torto a *di* giorno, si afferma ancor più questa interpretazione eufemistica richiamando insieme la 'notte'» [Salvioni 1910: 474]. C.

**àngulë,** sm. (calabrese settentrionale; lucano). 'Agnocasto, arbusto con fiori violacei'.

Dal greco *ágnos* (Rohlfs 1977) o dal latino *agnus* (DEI), a sua volta dal greco, con analogo significato (quanto al lucano, sia Bigalke 1980 che Mancarella 1994 hanno la forma *àngulë* mentre Rohlfs 1977 ha *ànghina*). M.

**ànguli,** sm. (galloitalico: Piazza Armerina). 'Amo'.

Secondo il DEI si tratta di una voce germanica, dall'antico alto tedesco *angul* (moderno *Angel*) 'amo' [Fonti 1990]. M.

**angùli,** sf. (sardo campidanese). 'Specie di pasta dolce, in forma di sporta, con uno o più uova sode in mezzo'; in alcune località (Ghilarza, Abbasanta) *angùlla*.

Dall'arabo magrebino *angúl* 'piccolo pane rigonfio alle sue due estremità e con una strozzatura al centro', voce probabilmente penetrata nella Sardegna meridionale per tramite dei Tabarchini di Carloforte e Calasetta [DES]. M.

**angusìgolo,** sm. (veneto e veneto giuliano, anche *angusìgola* sf.). 'Aguglia (pesce)'.

Deriva verosimilmente dal latino **acūcella* (diminutivo di *acus*) con l'aggiunta del suffisso *-igolo* (dal latino *-īculus*). Altre ipotesi etimologiche meno convincenti si basano: sul dialettale → *angosèlla* con influsso della parola slava *igla* 'ago'; o su un riflesso del latino *acutiola* da cui una forma al maschile *agusiolo* e quindi *angusìgolo* (con *n* epentetico, forse per incrocio con *anguis*). Il termine *angusìgolo* ricorre anche nelle espressioni: *suto che 'l par un angusìgolo* 'magro da sembrare un'aguglia', *andàr a angusìgoli* 'spassarsela', da confrontare con l'italiano antico *pigliar anguille* 'darsi bel tempo' [DEI s.v. *angusìgola*; Skok 1971-74; Doria 1987; LEI].

P. A. Quarantotti Gambini: *Paolo restò contrariato. Questa di sapere da quale regione, e da quale città o provincia, e talvolta da quale paesucolo ognuno provenisse, era una fissazione del nonno. Già una volta egli lo aveva mandato a interrogare una carovana di zingari che si erano accampati sul Prato, e quelli lo avevano fatto correre via gridandogli:* – Angusìgolo! – *(Paolo difatti era troppo magro: lungo e sottile come un'aguglia)* (*L'amore di Lupo*, Torino 1977, p. 15). M.

**ànima del diàvolo,** sf. (veneto, nel vicentino). 'Grillaiola, specie di vespa', anche *diàvolo*.

La denominazione si deve all'aspetto di questo insetto: «Il colore nero che ha questa vespa elegante; l'addome che pare attaccato al corpo come un filo esile esile; le zampe lunghe, anzi lunghissime, che tiene a penzoloni durante il volo; le antenne curvate come quelle di un caprone; tutto un insieme quindi, che porta facile l'immaginazione puerile a ritenere questo imenottero uno di que' tanti animali, che la fantasia superstiziosa popolana mette intorno al Diavolo» (Garbini 1925: 1414). Altri nomi di insetti sono composti con *anima: anima del paradiso* (toscano: Carrara) è la 'coccinella' chiamata in toscano (a Campori) *viola del paradiso*, denominazione di origine fanciullesca che si può confrontare con la filastrocca «pecorina insegnami la via del paradiso» (AIS) legata al nome toscano (a Prunetta, nel pistoiese) della coccinella: *pecorina*. Nell'abruzzese (aquilano) *ànima bianca* è la 'libellula'; *alma di lu purgatòrie* (a Pollutri, nel chietino) propriamente 'anima del purgatorio', è detta 'ogni farfallina che gira per le stanze', *anima de lu prehadòrie* (Chieti) è ogni 'farfallina bianca notturna' e *ànima ssanta di lu purgatòrie* (a Pretorio, nel chietino) designa per lo più una 'farfalla nera o di tinta scura' [Garbini 1925; DEI s.v. *anima bianca, anima del diavolo, anima del paradiso*; *anima del purgatorio*; LEI]. M.

**anìmulu,** sm. (calabrese, anche *nìmulu*, *anìvulu*; siciliano). 'Arcolaio'.

Da una forma latinizzata **animulus* per il greco *anémion*, da *anémē* 'arcolaio' [DEI s.v. *anìmolo*; Rohlfs 1977]. M.

**annacàri,** v. (calabrese, anche *annacare*; siciliano; lucano, pugliese e salentino: *annacà*, *annachè*). 'Cullare, dondolare'.

Da → *nàca*[1] [AIS; DEI s.v. *annacare*; Piccitto 1977; Bigalke 1980].

D. Maraini: *Signoretto, l'ultimo nato, dorme in braccio a Marianna che l'ha avvolto nel suo scialle spagnolo e lo "annaca" dolcemente andando avanti e indietro col busto* (*La lunga vita di Marianna Ucrìa*, Milano 1989, p. 72). M.

**annacàta,** sf. (siciliano: Vittoria). 'Cadenza, cantilena tipica di un dialetto, di una parlata'.

Propriamente *dondolìo*, come quello di una culla (→ *nàca* [1]). C.

**annadaràri,** v. (siciliano, con varianti). 'Verificare, controllare i pesi e le misure adoperate dai venditori', *annadarari i bbutti* 'controllare la capacità delle botti'.

Voce disusata derivata dal siciliano *nàdaru* e *nadararu*, termine che designava il 'maestro di piazza che presiedeva ai pesi e alle misure', dall'arabo *nazzār* 'ispettore' [DEI; Pellegrini 1972; Piccitto 1977]. M.

**annalòru,** agg. (siciliano), 'di circa un anno' (detto di animale); sm. (siciliano; pugliese: *annarìulë* e varianti), 'contadino che presta la sua opera ad anno', 'colono'.

Dal latino *annārius* 'dell'anno' [DEI; LEI]. M.

**annànghere,** v. (sardo centrale e logudorese). 'Aggiungere, connettere, unire'.

Da un latino *nangĕre* di significato analogo, costruito sul part. pass. *nanctus* del v. *nancisci* 'trovare, ottenere' per analogia con *planctus – plangĕre*, *tactus – tangĕre* ecc. [REW s.v. *nanciscere*; DEI; DES]. M.

**annarbàri,** v. (siciliano: anche *annalbari, inalbari*). 'Albeggiare, farsi giorno', 'spiovere, schiarirsi, rasserenarsi del tempo'.

Da *arba, alba* 'alba', da confrontare con il denominale *albari* 'abbonacciarsi del mare', più che un isolato continuatore del verbo latino *inalbāre* 'rendere bianco, rischiarare' [DEI; LEI].

D. Dolci: *Quando arrivammo noi era quasi scuro, poi andava allalbando e man mano venivano i contadini* (*Racconti siciliani*, Torino 1973, p. 115). C.

**annasolà,** v. (campano e nell'irpino: *annasuljà*, *annasulà*; pugliese: *annusëlà*; lucano: *annasëlà* e varianti; calabrese settentrionale: *annasuljà*). 'Ascoltare, origliare'.

Dal latino parlato **in-ausulāre* 'origliare'; da questa voce, ma con l'influsso di *naso* e *annusare* 'fiutare (in riferimento ad animali, per es. il cane)' e 'girare attorno', dipendono anche *inoslare* (emiliano: Parma) 'instupidire', *nusolà* (toscano: Radicofani) 'fiutare (del cane che va in cerca di selvaggina)', *annasulà* (irpino) 'ficcare il naso, curiosare', *annausulià* (lucano: Muro Lucano) 'cercare di sapere' ecc., con il sm. *nùsolo* (toscano: Radicofani) 'fiuto del cane che va in cerca di selvaggina', e l'avv. *nnòsele* (pugliese: Minervino) 'in ascolto attentamente e quasi nascostamente' (retroformazioni delle forme verbali). Dalla forma del latino parlato **ausulāre* 'stare in ascolto' derivano *usurà* (umbro), *usià* (laziale), *usolà* (marchigiano), *usulijè* (abruzzese: Vasto), *aosolià*, *ausulià* (campano), *ausuliare*, *asulijà* (calabrese) e da **ad-ausulāre* le voci *addusulà*, *duselà* (abruzzese, con varianti e anche *adusulì* con cambio di coniugazione), *dosolare* (molisano), *ddësera* (marchigiano, con varianti), *addosëlà* (campano settentrionale), *adduselà* (pugliese settentrionale), tutte parole che designano sostanzialmente 'ascoltare, orecchiare'. Rientra nella famiglia di parole che fanno capo ad **ausulāre* anche la forma napoletana *ajosà* 'ascoltare' (che convive con *ausolià*) la cui genesi non è però ben chiara [DEI s.v. *adusolare*, *annasuliare*, *asolare*, *ausula(re)*; REWS; LEI]. M.

**annatàri,** v. (calabrese meridionale). 'Nuotare'.

È voce ricondotta dal DEI ad un latino *adnatāre*, propriamente 'nuotare verso' [Rohlfs 1977]. M.

**annebbiàto,** agg. (toscano). 'Di ragazzo che cresce stentatamente', 'di persona o viso molto magro e pallido'.

Il traslato, proprio anche di altri dialetti, proviene dallo stato della frutta o del grano non giunti bene a maturazione a causa del cattivo tempo, chiamato correntemente *nebbia*, con accezione estensiva. C.

**annettadènti,** sm. e sf. (calabrese meridionale), 'specie di arbusto, citiso'; (siciliano), 'bisnaga, *Ammi visnaga*'.

Letteralmente 'nettadenti' (come 'stuzzicadenti') forse con allusione a pianta spinosa nel caso del citiso, mentre per la bisnaga si potrebbe supporre una designazione basata sul fatto che i frutti di questa ombrellifera si usano come tonici o digestivi [DEI; Rohlfs 1977]. M.

**annézzē,** sf. (abruzzese, anche *nnizzë*), 'biffa'; (pugliese: *nizzë*; salentino: *nizzu*), 'segno impiombato nei vasi o misure di capacità'; (calabrese, nel catanzarese: *nizzu*), 'anello di fidanzamento, fede'.

Dal latino *indicium* 'segno' in taluni casi preceduto dalla preposizione *ad-*; sono attestati anche i denominali *annëzzà* (abruzzese) 'biffare', *annizzare* (salentino) 'misurare un liquido sino al segno'; per il significato di 'anello' si richiama l'antico napoletano *nizo* 'anello, sigillo' [DEI s.v. *annizzare*; Rohlfs 1956; Giammarco 1985; REWS]. M.

**annigricàri,** v. (siciliano e calabrese, con varianti). 'Annerire', in siciliano anche con sensi fig. come 'danneggiare qualcuno in modo che abbia ad esserne gravemente dolente', 'inguaiare una ragazza maritandola male'.

Dal latino *nigricāre* col prefisso *ad-* 'diventar nero' (frequentativo di *nigrāre*) [DEI; Rohlfs 1977; REWS]. M.

**annìle,** sm. (sardo centrale e logudorese). 'Mandria per gli agnelli'.

Dal latino tardo *agnīle* (da *agnus*, sul modello di *ovīle*) [REW; DEI; DES]. M.

**annìta,** sf. (calabrese meridionale). 'Specie di carota selvatica il cui fiore forma un nido'.

Dal latino *nidus* 'nido', denominazione da confrontare col grecanico di Bova *folèa* 'fiore della carota selvatica', dal greco *phōléa* 'nido' (secondo il DEI *annita* è un calco sul grecanico) [Rohlfs 1977]. M.

**annojàre,** v. (sardo logudorese, anche *annoigrare* e varianti). 'Far nodo', 'cicatrizzare'.

Dal latino parlato **nodiculāre* (da **nodiculus* diminutivo di *nodus* 'nodo') e non da **annodulāre* (come in REW e DEI s.v. *annoiàre*), non giustificato foneticamente [DES]. M.

**annorbàri,** v. (calabrese meridionale, anche *annorvari*; siciliano: *annurvari*). 'Accecare; abbagliare'.

Da un latino parlato **inorbāre* 'privare della vista' dal quale dipende la forma settentrionale (veneto, veneto giuliano) *inorbàr* 'accecare'; con diversa coniugazione è noto anche *inorbìr* (veneto, lombardo) con uguale significato [DEI s.v. *annorbari* e *inorbare*; Rohlfs 1977]. M.

**annottàre,** v. (sardo centrale e logudorese). 'Guardare'.

Non dal latino parlato **agnotāre* (come proposto anche dal DEI, voce tratta da *agnōtus* part. pass. di *agnoscĕre* 'riconoscere'), ma piuttosto dal latino *annotāre* col senso di 'fare attenzione, badare'; non si esclude un influsso dell'italiano *(an)notare* [DES]. M.

**annudicàre,** v. (calabrese settentrionale; campano, nell'irpino: *annodëcà*), 'annodare'; (salentino: *nnudicare*, *nnutecare*, e varianti), 'far nodo alla gola'.

Dal latino parlato **(ad)nodicāre* 'annodare, stringere con una cordicella'; altre forme dialettali hanno origine deverbale: *nùdicu* (calabrese) 'nodo', *nnùtecu* (salentino) 'nodo, groppo alla gola', *nùdëchë*, *nùrëchë* (campano), *nùdëchë* (molisano) [DEI s.v. *annodicare*; Rohlfs 1959; REWS]. M.

**annùtolo,** sm. (campano, nel napoletano), 'vitello di un anno, giovenco; di un anno (detto di animali)'; (laziale, nel romanesco: *annùtole* sf. plur.), 'vitelle di due o tre anni'.

Dal latino *annōtinus* 'dell'anno precedente' con cambio di suffisso; dalla stessa parola latina dipendono il corso *annòtina*, *annòdina* 'capra o pecora che non figlia', il sardo *annòdino* 'torello di un anno', sardo centrale *annòdina* sf. 'manza' [DEI; LEI]. M.

**annuzzà,** v. (campano, a Napoli; calabrese settentrionale; abruzzese: *annuccià*), «far nodo, far groppo; non ottenere una cosa desiderata, amareggiare» (Salzano 1979).

Da *nuzzo*, *nuzzu*, *nóccë*, e varianti 'nòcciolo' (dal latino *nŭceus* 'nòcciolo') [DEI; REWS]. M.

**ansèmbra,** avv. (calabrese). 'Insieme', anche *nsémula*, *nzémmula*.

Si considera generalmente un francesismo, da *ensemble* 'insieme' (REW, DEI), ma secondo un'altra ipotesi si tratta di derivati del latino parlato **insĕmul* 'insieme' per il classico *insĭmul* (REWS). M.

**ansuèlu,** sm. (ligure: Savona). 'Amo da pesca'.

Prestito dallo spagnolo *anzuelo* da una variante del latino *hamicellus* 'piccolo amo (*hamus*)' [Toso 1993]. C.

**antalèna,** sf. (sardo, con varianti tra cui *antalèra*, *antalèdda*, *antarèlla*). 'Grembiule'.

Dal latino *antilēna*, *antalēna* 'pelle di pecora'; «in alcuni villaggi il vocabolo designa un grembiule di seta che si porta per lutto e matrimonio (Atzara), o un grembiule bianco (Busachi), mentre per grembiule in generale si usa *falda* [→ *fàuda*]» (DES). Altre varianti note sono *àntela*, che pare una formazione regressiva, e *antèla* che corrisponderebbe al latino *antēla*, mentre *anteḍḍa* (nel logudorese) si riconduce alla forma del latino tardo *antella*; sono riferiti a «quel pezzo di pelle che si mette alle capre perché non possano salire sui muriccioli che circondano i predi rustici» (DES) [DEI]. M.

**antecunnàle,** sm. (campano, a Napoli; calabrese meridionale: *avanticunnali*). 'Grembiule'.

Letteralmente "davanti al conno", composti di *ante* o *avanti* e di un derivato del latino *cŭnnus* 'conno' [DEI; Rohlfs 1977; Salzano 1979]. M.

**antiànnu,** sm. (sardo: nuorese). 'L'anno passato'.

Dal latino *anteannum* 'l'anno precedente' [DEI; DES]. M.

**anticà,** v. (umbro, nel perugino). 'Abituarsi, assuefarsi'; (umbro, Magione: *antichè*, *antechè*, *antchè*), 'campare, invecchiare'; (corso, Evisa: *anticà*), 'evocare cose passate, ricordi'; (umbro settentrionale: *anticàre a un luogo*), 'durare a lungo, invecchiare (parlando di olivi)'.

Equivale a 'diventare antico', cfr. italiano *anticare* 'rendere antico', dal latino *antiquus* [LEI]. M.

**(a)ntìcchia,** sf. (toscano; abruzzese: *na' ndécchie*; laziale, nel romanesco; calabrese; siciliano: *(n)antìcchia*). 'Un poco, una cosa da nulla'.

Dal latino *tăntum*, come dire 'un tantino', anche se per il DEI l'intervento dell'avverbio è di influsso secondario sulla base originaria del latino parlato **indicula* 'piccola parte' [DEI s.v. *anticchia*; REWS; Fanciulli 1983]. C.

**anticȍr,** sm. (piemontese, a Mondovì). «Stramonio, *Datura stramonium* L.» (Gribaudo-Seglie 1972-75).

Propriamente "anticuore"; si tratta di erba dall'odore nauseabondo le cui parti verdi sono adoperate per impacchi o suffumigi. Ad *anticuore*, parola dotta (pare calco del greco *antikárdion*) inteso come '(male che si avverte) davanti al petto', sono da ricondurre vari altri dialettismi come il piemontese *anticȍr*, ligure (nel genovese) *anticȍ* 'dolore di stomaco, nausea', campano (a Napoli) *antecore* 'afflizione, tormento morale', pugliese (tarantino) *andëcórë* 'panico, preoccupazione', siciliano *anticori* 'crepacuore, dispiacere gravissimo', lombardo ed emiliano *lantcőr* (con *l-* dell'articolo) 'malattia degli equini che si manifesta con un gonfiore nella parte superiore del petto' e, per estensione, 'malattia di cuore', romagnolo *eticòr*, *anticȍr* 'accidente, colpo apoplettico' usato anche come imprecazione [DEI s.v. *anticòre*; LEI]. M.

**antimàma,** sf. (veneto: nel veneziano; veneto giuliano; romagnolo; marchigiano, nell'anconitano *antimamo* sm.; salentino, ad Otranto: *antimamma*, *nanzimam(m)a*, *centimamma*; siciliano, a Messina: *antimamma*). 'Risacca'.

Dal greco *antimamalo* 'risacca', di incerta origine ben rappresentato nei dialetti dell'area ionica [DEI; Cortelazzo 1970]. M.

**antinpàce,** sf. plur. (toscano: Pistoia). 'Esequie'.

Dalla preghiera latina *(requiesc)ant in pace* 'riposino in pace': → *rèquie* [DEI s.v. *rèquie*]. C.

**antipàrmu,** sm. (calabrese: a Grimaldi, a Vadi: *ventiparmu*). 'Stipite della porta'.

Paiono relitti del latino parlato **antepagmen, -inis* 'telaio della porta', variante del classico *antepagmenta* [DEI s.v. *antiparmu*; LEI]. M.

**antő,** sm. (romagnolo). 'Verdone, *Chlorus chloris*'. La sua abitudine di fare larghi giri per tornare poi al punto di partenza ha suggerito la locuzione *fér e żir dl' antő*, 'prendere la via più lunga e contorta per arrivare a qualcosa', 'fare un giro a vuoto' (Miniati 1989: 161).

Letteralmente 'Antonio', che, come in diversi altri casi, è nome attribuito a vari uccelli ed altri animali [LEI]. C.

**antramé,** sm. (campano). 'Vivanda che si dà tra un servito e l'altro'.

Dal francese *entremets* 'messo in mezzo' [DEI]. M.

**antrasàtta,** *all'-*, locuz. avverb. (campano, a Napoli; salentino; calabrese; siciliano). 'All'improvviso', anche *a ntrasatta*, *a la strasatta*, *allandrasattë*, *a la ndrasatta*.

Dal latino *transactum* 'passato, compiuto', part. pass. di *transigĕre*, preceduto dalla preposizione *in-*, formazione avverbiale che ritorna anche nel francese antico *entresait* 'al momento' e che – secondo un'ipotesi – sarebbe alla base delle forme italiane meridionali (Rohlfs 1977a), alle quali però va aggiunto l'antico bolognese *entrasatto* 'subito'. Da *ad-transactum* dipendono l'emiliano *a tersàc*, *a traśàc*, romagnolo *a tarsàc* 'improvvisamente' ed il piemontese *acrasà* agg. 'premuroso, sollecito', forse adattamento dell'antico provenzale *atrazach* 'certamente, al momento' [DEI; FEW]. M.

**antrepò,** sm. (ligure). 'Deposito doganale, fondaco'.

Dal francese *entrepôt* 'magazzino, punto franco' [Frisoni 1910; DEI]. M.

**antrìta,** sf. (campano, anche *ntrita*, *ndrita*; calabrese: *(a)ntrita*; siciliano: *ntrita*), 'nocciola tostata; mandorla sgusciata'; (abruzzese: *ndritë* plur.), 'nocciole secche infilzate'; (galloitalico, a Tito [Basilicata]: *ndrìta*, *ntrìta*), «filza di castagne infornate che si vendono nelle sagre» con la locuz. sostant. *ndrìta e ccupèta* «filza di castagne infornate e torrone; leccornie» (Greco 1991; per *cupèta* → *cubbàita*); (calabrese: *ntrita*), «castagna infornata, lo stesso che *mpurnatella* 'infornatella' (se ne fanno a filoni a forma di corona, di corazza ecc.)» (Merlo 1929).

Secondo il DEI si tratta di riflessi del latino *intrītus* part. pass. di *interĕre* 'tritare, stemperare, impastare'. Diversamente il Merlo (ibid.), seguito da REWS, aveva ricondotto tali voci al part. pass. del latino *interīre* 'perire, andare a male' considerando come significato fondamentale quello di nocciola, castagna, ecc. fatta appassire, avvizzire, seccare. M.

**antucà,** sm. (ligure; ticinese; lombardo: *antocà*). 'Ombrello' tanto per il sole, quanto per la pioggia.

Dal francese *en tout cas*, letteralmente 'in ogni caso' (testimoniato in questo senso anche nel piemontese *an tut cas*) dapprima voce dell'argot, poi della lingua comune, assieme al sinonimo *en-cas* 'in caso' [FEW; VDSI]. C.

**antùra,** avv. (calabrese, anche *andura*, *ntura*; siciliano; corso: *anzora*). 'Poco fa, poc'anzi'.

Composto di *ante* 'prima' e *ora* se non già da una formazione latina *ante hōram* 'prima dell'ora'; il siciliano ha anche i derivati *anturitta* 'poco fa' e *anturazza* 'tempo più lungo: di poco dianzi' ed il calabrese (Cortale) *muntura* 'poco fa' composto di *mo'* (< *modo*) e *antura* [DEI; Rohlfs 1977; VES; LEI]. M.

**anvédi,** inter. (laziale: romanesco). 'Esclamazione di stupore, meraviglia', di recente introduzione.

Probabilmente da leggersi *ah, non vedi* [Bruschi 1981].

P. P. PASOLINI: *"An vedi questi!" gridò per esempio il Caciota squadrandosi una donna bella alta con un sedere che non finiva mai* (*Ragazzi di vita*, Milano 1955, p. 71). C.

**anzàru,** sm. (siciliano, anche *(a)nżaru*; calabrese, anche *anżara* sf.; lucano: *ażżara* s.f.; pugliese, nel tarantino: *ażżère*; sardo: *zazzaróiu*, *thothorόju*, ed altre varianti). 'Gigaro, *Arum italicum* Mill.'.

Queste denominazioni dialettali sono considerate relitto del sostrato prelatino di area mediterranea, paleosardo compreso. Ma non viene escluso un confronto con altre voci dialettali designanti il gigaro quali il marchigiano *giaro*, laziale (romanesco) *giara* sf., il campano *jale*, *ajale*, che probabilmente sono il risultato di un incontro tra *arum*, nome latino della pianta, ed un elemento dovuto al sostrato o ai sostrati [DEI s.v. *ànzaru*; DES; Rohlfs 1977a]. M.

**anżégar,** sm. (lombardo: Val Chiavenna). 'Persona antipatica o che crea incomodi'.

Dal significato primitivo 'gendarme svizzero' (*lanzegher*, *angegar* nella Svizzera italiana), penetrato nei Grigioni attraverso il romancio *langegher*, *langegar*, che è il tedesco *Landjäger* [VDSI]. C.

**ànżënë,** sf. (calabrese). 'Specie di finocchio selvatico'.
Dal greco *ánethon* 'anice' per Rohlfs 1977 (secondo il DEI s.v. *ànzene*, dal greco bizantino). M.

**anziàna,** sf. (veneto e trentino; lombardo, in Val Trompia: *ansiàna*; friulano: *anziàne*, *ansiàne*). 'Genziana'.
Continuazioni semidotte del latino *gentiana*, con attrazione paretimologica di 'anziano' secondo il DEI [Groff 1982; Prati 1968; Pellegrini-Zamboni 1982]. M.

**aoncà(re),** v. (toscano: nel pisano anche *auncare*, nel carrarese *ombecare*). 'Fare gli sforzi di vomito, vomitare', col deverbale sm. *aonco* (pisano), *onco* (livornese), 'vomito'.
Dal latino parlato **vomicāre*, come ritiene la maggior parte dei commentatori della voce. L'ipotesi alternativa (dal latino *aduncāre* 'incurvare, piegare', cioè "piegare la testa o il capo per rovesciare", sostenuta dal DEI s.v.), non ha l'appoggio di una diffusione altrettanto popolare, né altrettanta corrispondenza di significato [Mastrelli 1979a; LEI]. C.

**àosa,** nella locuz. *èse de àosa* (ladino-veneto, nell'Agordino). «Non avere complessi o inibizioni; essere sfrontati» (Rossi 1992).
Deverbale della voce del dialetto locale *aosà* 'osare' (dal latino tardo *ausāre*). M.

**aotédo,** sm. (ligure: La Spezia; lunigianese: *autèd, autédi*). 'Pergola'.
Dal latino *ăltus*: corrisponde all'antico toponimo lombardo *Altedo, Oltedo* [LEI]. C.

**aparà,** v. (campano, a Napoli). «Adornare le chiese con paramenti festivi o funebri» (Salzano 1979).
Secondo il DEI, non corrisponde all'italiano *parare* 'addobbare', ma si tratta di uno spagnolismo, da *aparar* di analogo significato. Dallo spagnolo oppure dal catalano *aparador* 'mobile in cui si tiene il necessario per il servizio della messa' derivano il sardo logudorese *apparadòre* 'credenza, guardaroba di chiesa o di sacristia', anche 'ogni mobile che serve a porre alcunché in mostra, cioè un cassettone o una tavola o una scansia' e *paradòre* 'cassettone', ed il sardo campidanese *paradòra* sf. 'credenza di sacrestia' [DEI s.v. *aparare*; DES]. M.

**aparuólo,** sm. (campano, anche *aparulo*, *acquaruolo*; molisano: *aparulo*; pugliese *apurale*, *acarule* e varianti; salentino: *aparulu*, *acqualuru*; siciliano, anche *apaloru* e varianti). 'Merope, gruccione, *Merops apiaster* L., uccello dei Coraciformi con becco lungo e piumaggio variopinto'.
Dal latino *apis* 'ape' (e non da *apiārius* 'apicultore'), perché si nutre di vespe ed api; nel romanesco è denominato *mancia-api*. In alcuni casi le voci sono incrociate con 'acqua'; il pugliese *acarule* è una variazione paretimologica di *aparule* con attrazione di *acarule* 'agoraio'. Ad una forma aggettivale latina *apiārius* 'che si riferisce alle api' sono ricondotte le forme sarde *abiàrgiu* del campidanese, *miàrgiu* a Lanusei, che designano sempre il merope [DEI; DES; LEI]. M.

**àpatu,** sm. (calabrese meridionale, con varianti). 'Romice, lapazio'.
Dal greco antico *lápathon* 'lapazio' per Rohlfs 1977, dalla forma del greco bizantino *lápaton* secondo il DEI (s.v. *àpato*). M.

**apènde,** v. (ligure: Pigna). 'Fare le pubblicazioni di matrimonio': *u l'é apéşu* 'sono state fatte le pubblicazioni del suo matrimonio'; a Oneglia *èse apési* si dice 'di promessi sposi, il cui prossimo matrimonio è reso pubblico in chiesa'.
Letteralmente 'appendere', perché le pubblicazioni matrimoniali erano *appese* all'albo [Merlo 1941-57]. C.

**apeomài,** v. (sardo campidanese). 'Bestemmiare', col sostantivo *apeómu* 'bestemmia'.
Verosimilmente dal greco *apeúchomai* 'desiderare o far voto che una cosa non avvenga'; «siccome il vocabolo è solo campidanese e non si vede nessun addentellato latino o romanzo, è possibile che esso costituisca un residuo dell'età bizantina» (DES) [Paulis 1983]. M.

**apórt,** sm. (veneto: Feltre), 'dono fatto alla sposa in occasione del battesimo dal compare o dalla comare'; (abruzzese, a Vasto: *appùrtë*), 'dono fortunato, fortuna imprevedibile', usato solo nella locuz. *ä vùtë bbon'appùrtë*.
Letteralmente 'apporto' nel senso di 'dono', che ha avuto anche *aporto* in italiano antico e *apport* in francese antico [LEI]. C.

**apòstolo,** sm. (lombardo; emiliano, a Parma: *apòstol*; siciliano: *apòstulu*). 'Compagno di malavita'.
È voce furbesca, che parte dalla considerazione degli apostoli come gruppo di amici solidali [LEI].
C. Dossi: – *Buon dì,* apòstoli – *disse con voce roca il Beccajo, stendendo loro una palma negra e pesante che nessuno toccò* (*Il Regno dei Cieli. La Colonia felice*, Napoli 1985, p. 54). – A. Bevilacqua: *Gli* Apostoli *stanno sull'argine. Nella lanca, l'amico ucciso: la piena notturna lo ha trascinato da una sponda all'altra del Po di Casalmaggiore* (*La festa parmigiana*, Milano 1980, p. 71). C.

**appacà,** v. (abruzzese). 'Annebbiare, oscurare'.
Continuazione del latino *opacāre* 'oscurare', da *opācus*; nell'abruzzese sono noti altri derivati come il sf. *appacazionë* 'affiochimento, difficoltà di respiro' e gli agg. *appacosë* 'torbido, lattiginoso (di liquidi)' e *pacosë* 'rauco' [REW; DEI; REWS]. M.

**appagnàre,** v. (calabrese, anche *spagnare*; siciliano: *appagnari, spagnari*). 'Spaventare, adombrare', anche rifl.
Ricondotte dal DEI ad un latino parlato **pagnāre* adattamento del greco *pachnóō* 'divento duro, gelo', sono invece interpretate da Rohlfs 1977a come un probabile catalanismo, da *apanyar* (e *apanyarse*) 'manifestare eccitazione'. M.

**appaltìno,** sm. (toscano: Pisa e Grosseto; emiliano: *paltìn*, a Modena *paltèin*, a Parma *paltén*). 'Tabaccaio'.
Dall'*appalto* di sali e tabacchi, com'era chiamata un tempo (ed ancor oggi in qualche dialetto) la loro rivendita. C.

**apparulàri,** v. (siciliano, anche *mparulari*), «impegnare sulla parola l'acquisto o l'uso di qualcosa» anche rifl. «impegnarsi sulla parola; fidanzarsi» (Piccitto 1977); (abruzzese: *apparulà*), «promettere sulla parola, promettersi scambievolmente» (Giammarco 1968); in siciliano anche *mparratu* agg. 'loquace'.
Da *parola*; diversamente il DEI (s.v. *apparolare*) a proposito del siciliano ritiene che si tratti di un gallicismo (dal francese antico *aparoler*) [REWS]. M.

**appattumà,** v. (campano, nel napoletano, nell'irpino: *appattëmà*; calabrese: *appatumare* e varianti). 'Calmare, acquietare', 'riconciliare con qualcuno', 'incollare due cose che si sono staccate'.
I significati dei dialettismi depongono per una derivazione dal latino *pactum* 'patto, contratto', attraverso una forma del parlato **adpactumāre*, piuttosto che da *pactus* 'unito, congiunto' (da cui dipende l'italiano *pattume* 'spazzatura'), cui si rifà invece Rohlfs 1977. A *pactum* vanno ricondotte anche voci quali l'abruzzese e campano

*appattà* 'pareggiare', irpino *pattonejà* 'questionare' [DEI s.v. *appattumare*; REWS; Salzano 1979]. M.

**appecondrìssi,** v. (toscano: versiliese). 'Farsi prendere dalla poltroneria'.

Come *pecondrì* 'poltrire, oziare', denominale di *pecondrìa* 'pigrizia, ozio', dall'italiano *ipocondrìa*. C.

**appiccià,** v. (marchigiano; laziale; abruzzese; molisano; campano; pugliese; lucano; sardo). 'Accendere', con varianti: *appaceà, appeccià, mpicciàri, picciare* ecc. e *appicciare* nel toscano.

Si ritiene che siano sviluppi di *appiccare* 'attaccare' (DEI), verbo già testimoniato da Dante e di etimo incerto. Sarebbero da collegare al tipo centromeridionale *appicciare* le forme settentrionali (del piemontese, lombardo, emiliano, romagnolo, veneto, trentino) *impizzare, pizzare, pizzà* 'accendere' con sostituzione di prefisso, mentre altri ritiene che si debba partire dal settentrionale → *impjàr* adattato alla fonetica di *appicciare* [Marcato 1982]. M.

**appiénnëlë,** sost. plur. (laziale: Terracina). 'Cose appese'. Si usa principalmente per indicare le corone di pomodori, che vengono fissati ad un filo di ferro ed appesi all'ombra.

Letteralmente '*appendule*' con *nd* > *nn*; il significato di quantità di cose appese è anche alla base del campano, nel napoletano, *appesa* 'mostra, esposizione di commestibili' [DEI s.v. *appésa*; Salzano 1979; Di Cara 1983]. M.

**appiénnici,** sm. (calabrese settentrionale). 'Penzolo di grappolo d'uva, due grappoli riuniti ed appesi'.

Dal latino *appendix* 'aggiunta; penzolo d'uva' [DEI s.v. *appiènnice*; Rohlfs 1977; LEI]. M.

**appiétto,** sm. (campano, a Napoli, anche *appriétto*). «Affanno, respiro forte, impazienza» e avv. «di fronte» (Salzano 1979).

Corrisponde ad "*a petto*"; da "petto" e motivate dallo sforzo "di petto" derivano le voci calabresi *appettata, petta, pettata* il siciliano *appettata*, l'abruzzese *appëttatë, pëttatë*, il marchigiano *petata*, il corso *pettata* che designano una 'salita faticosa, erta', l'italiano *pettata* 'strada che sale dolcemente e il cavallo la fa col tirare di petto il baroccio', che in toscano si dice *via a pettata* [DEI s.v. *appettata, appietto, pettata*; REWS]. M.

**appilà,** v. (campano, a Napoli; laziale: *appilare*; abruzzese e molisano: *appëlà*; lucano; calabrese meridionale: *appilare*). 'Otturare, turare qualsiasi apertura'.

Dal latino parlato **appilāre* per il classico *oppilāre* 'turare, chiudere' [REW; DEI]. M.

**appilistrare,** v. (toscano: senese). 'Azzuffarsi'.

Probabile derivato semidotto del latino *palaestra* 'palestra' con accostamento paretimologico a *pelo* che richiama il v. *accapigliare* (da *capegli* plurale antico di *capello*) [REW; DEI]. M.

**appinnellà,** v. (corso). «Piantare una mazza con qualche frasca o cencio, per indicare che nel luogo è vietato pascere, o tagliare i rami di un albero arrotondandolo in guisa di pennello»; anche *impinnellà* (Falcucci 1915).

Dal corso *pinnéllu* 'pennello' e nel senso specifico di 'asta con un cencio'. M.

**appìtto,** agg. (toscano), 'sodo, intero, non spicciolato (di moneta)'; (umbro settentrionale: *appitti* plur.), 'non spicciolati (parlando di denaro)'; (emiliano: *a pièt, apjét* avv.), 'completamente, del tutto; alla rinfusa'; (toscano: *apieto, appietto* avv.), 'diligentemente, interamente; senza scelta'.

Sono tutti riflessi del latino parlato **applictus* 'applicato, congiunto', variante di *applicitus* part. pass. di *applicare*; **applictus* doveva avere anche il significato di 'strumento' come è richiesto dall'irpino *acchitto* 'utensile di casa' (→ *acchìtto*[1]); per gli altri continuatori dialettali della voce latina → *acchìtto*[2], → *appìttu* [DEI s.v. *appitto, appietto*; Rohlfs 1979; LEI]. M.

**appìttu,** sm. (siciliano), 'cortiletto'; (pugliese, nel Gargano: *acchittë*), 'luogo solatio', *all'acchittë* 'al riparo (per lo più dal vento)'; (corso: *all'appjéttu*, come locuz. avverb.), 'nascostamente'; (ladino centrale, in Val Badia: *aplàt*), 'affittuario'.

Dal latino **applictus* 'applicato, congiunto' (variante di *applicitus*, part. pass. di *applicāre*) con un passaggio di significato nel senso di 'appendice, annesso di un edificio' [LEI]. M.

**appizzafèrru,** sm. (siciliano). 'Lappola o spina d'asino: *Xanthium spinosum*'.

Letteralmente "conficca ferro" (dal siciliano *appizzari* 'conficcare, piantare, restare attaccato, penetrare, di chiodo o altro arnese appuntito'), pianta cosiddetta per i suoi capolini ricciuti che si attaccano alle vesti [DEI]. M.

**appressatóre,** sm. (laziale, nel romanesco). «Ragazzo che segue a cavallo le *mongarole*, vacche da latte, sia per condurle al rimessino per farle mungere, sia per *restringerle*, acciocché non possono largheggiare nel pascolo» (Chiappini 1945), voce della Campagna Romana.

Da un *appressare* 'stare appresso', 'avvicinare' che è anche dell'italiano [DEI]. M.

**apprettà,** v. (campano; laziale: Velletri; abruzzese e molisano: *apprëttà*; lucano: *apprëttà*; calabrese: *apprettare*; siciliano: *apprittari*; salentino: *apprittare*; sardo: *ap(p)rettare, ap(p)rettài*). 'Stuzzicare, infastidire, molestare, insistere', col derivato *apprettu* (calabrese) 'molestia, noia'.

Secondo Rohlfs 1977 sono derivati dal latino tardo *appectorāre* 'premere sul petto', ma generalmente queste voci si considerano ispanismi, dallo spagnolo *apretar* 'affrettare, costringere, affliggere'; il significato di 'affrettare' è attestato nel siciliano. Nei documenti delle cancellerie siciliane e napoletane aveva una certa circolazione anche il sostantivo *aprieto* 'urgenza' da analoga parola spagnola [REW; DEI s.v. *apprettare*; DES; Beccaria 1968; Michel 1996]. M.

**ap(p)réttu,** s. (sardo). 'Strettezza, necessità, pericolo, fretta, sollecitudine'.

Dallo spagnolo *apretar* 'comprimere', e da *aprieto* 'oppressione, strettezza', mentre allo spagnolo *apretón* risale il sardo *ap(p)rettòne, ap(p)rettòni* 'pericolo; calca' [DES]. M.

**appròdo,** sm. (còrso: Evisa). 'Operazione, uso'.

Sostantivo ricavato dal verbo *approdàre* 'adoperare, usare', in latino *adoperāre* [LEI]. C.

**appummìssu,** sm. (laziale: Arsoli). 'Luogo riparato' da cui anche la locuzione avverbiale umbra *all'appoméssa* 'sotto vento'.

Da *appummétte*, che a Genzano significa 'ripararsi dalla pioggia' (*apummètta da na parte* a Montesilvano) e nello spoletino antico 'imporre altrui cosa non fatta' (*apposméttere*). Incontro dei due verbi latini *(ap)ponere* '(ap)porre' e *(ad)mittere* '(am)mettere'. Il riflessivo vale 'tramontare' in leccese. «Circa il valore di 'tramontare', a Lecce adoperano appunto in tal senso tanto *mìntere* che *pònnere*» [Salvioni 1911; Ugolini 1988-89]. C.

**appusintàri,** v. (siciliano; sardo: *ap(p)osentare, ap(p)osentài*). 'Alloggiare'.

Voce disusata (→ *pusénti*) dallo spagnolo *aposentar* di analogo significato [DEI ss.vv. *appusintare* e *posènto*; DES; Piccitto 1977 e 1990]. M.

**appuzzàri,** v. (calabrese, anche *appuzzare*; siciliano; lucano: *appuzzé*). 'Immergere, attingere liquido da un serbatoio; l'atto di attaccarsi alla bottiglia, alla fontana'.

Da *pozzo* [DEI s.v. *appozzare*; Rohlfs 1977; Bigalke 1980]. M.

**appuzzunàre,** v. (calabrese). 'Avvelenare'.

Dalla voce dialettale calabrese *puzzunu* 'veleno' (dal latino *potio, -ōnis* 'bevanda') secondo REWS e Rohlfs 1977, mentre in DEI si ritiene che vi sia un tramite antico francese *(em)poisnier* 'avvelenare' (dalla stessa base latina), ipotesi che non pare verosimile. Ancora dal latino *potio, -ōnis* deriva lo spagnolo *emponzoñar* che è considerato all'origine del siciliano *appunzunari* 'avvelenare' (se non dipende, ma è meno probabile, dal francese moderno *empoisonner*) come sostengono sia REW che DEI; di provenienza francese è invece il piemontese *anpoeṡonè* «avvelenare» (Gavuzzi 1891) [FEW; Michel 1996]. M.

**apretóre,** agg. sostant. (pugliese, anche *aprituro* e varianti; salentino: *apreturu, aprituru*; calabrese: *aperturu*). 'Pesca tenera che si stacca dal nocciolo'.

Dal latino *aperīre* 'aprire' [DEI; REWS; LEI]. M.

**àpridu,** agg. (calabrese, anche *àpritu, àpidu, àprudu*). 'Col guscio molle (di uova); stantio'.

La voce deriva dal greco **áplēros* 'non maturo' (secondo il DEI dal greco bizantino) e trova corrispondenza nel grecanico (di Bova) *àplero* con lo stesso significato [DEI s.v. *àprido*; Rohlfs 1977]. M.

**àprima,** sf. (calabrese meridionale). 'Grande coperta grossolana dei contadini'.

Dal greco (secondo il DEI è un bizantinismo) *háplōma* propriamente 'oggetto steso' [Rohlfs 1977]. M.

**aprócchia,** sf. (siciliano, anche *laprócchia, prócchia*). «Pianta spinosa della famiglia dei cardi» (Rohlfs 1977a), anche sm. *apròcchiu* «calcatreppola; cardo benedetto» (Piccitto 1977).

La voce è stata ricondotta dal DEI allo spagnolo *abrojo* 'tribolo, *tribulus terrestri* e *centaurea calcitrapa*', letteralmente "apri gli occhi", in origine detto per avvertimento in presenza di un terreno coperto di *abrojos*, poi nome della pianta [DEI s.v. *apròcchio*; Corominas]. M.

**àpuca,** sf. (romagnolo; umbro, a Todi: *àpoca*; laziale, a Roccagiovine: *àpica*). 'Contratto di mezzadria'.

Il latino tardo *apocha* 'scrittura contrattuale', dal greco *apochḗ*, è tuttora in uso nel linguaggio giuridico consuetudinario sia nel significato proprio, sia in quello più esteso di 'censo', come contratto (*soccida a censo*) [LEI]. C.

**apusà(r),** v. (ligure). 'Immergere'.

Da *pusu* 'pozzo' [Merlo 1941-57; Azaretti 1982]. C.

**aquadèla,** sf. (romagnolo; veneto; marchigiano). 'Latterino', «Aterina o latterino [...]. Quando le acque del portocanale di Rimini erano pulite, e non inquinate come oggi, i branchi di questo pesce risalivano il canale fino al ponte di ferro della ferrovia, dove venivano catturati dalle lucerne» (Quondamatteo 1982).

Il termine, noto anche in area veneta e marchigiana, è un derivato del latino *aquātus* 'acquoso' (cfr. la denominazione italiana *latterino* da *latte*); è documentato nell'italiano del XVI secolo (*acquatella* in Garzoni) [DEI; LEI].

M. MORETTI: «*Siamo uscite perché c'è la luna. Sai quante volte, laggiù, ho sognato di vedere il mio paese, il mio bel canale sotto la luna?* [...]. *Ecco l'odore che mi piace. Che odore? Voi dite che è puzzo? Pece? Alghe?* Acquadella?». *Sul canale Cristina chiudeva gli occhi per riaprirli subito dinanzi alle due rive illuminate dalla luna come dinanzi a uno scenario* (*Romanzi della mia terra*, Milano 1961, p. 40). M.

**aquàglia,** sf. (calabrese, anche sm. *aquàgghiu*; ligure: *aigàglia*; campano; molisano: *aquàgliё* sm.; pugliese: *aquaggë* e varianti; salentino: *aquaggë* e varianti). 'Rugiada'.

Dal latino *aquālia* 'carico d'acqua' [DEI; REWS; LEI]. M.

**aquaóre,** sm. (veneto: chioggiotto), 'canale di derivazione che porta l'acqua dalla chiavica al luogo dove si coltiva il pesce'; (friulano: *agadṓr*), 'ruscello', 'solco', che serve di scolo alle acque dei campi.

Non dal latino *aquator*, genitivo *aquatōris*, che significa 'acquaiolo, portatore d'acqua', ma derivato dal verbo latino *aquāri* 'provvedersi d'acqua, abbeverare', che con significati affini vive ancora nel ticinese (*aquadù, quadó* 'acquaio', *aquadóio* e varianti 'rigagnolo') e nella locuzione lombarda *eser d'aquadùr* 'essere irrigato' [LEI]. C.

**aquàriu,** sm. (ligure: Pigna). 'Chi fa di professione lo scopritore delle vene d'acqua sotterranea, rabdomante'.

Voce dotta, dal latino *aquārius* [Merlo 1941-57]. C.

**àqua svèrsa,** locuz. (piemontese: Antronapiana). 'Pioggia a catinelle': *u végn in àqua svèrsa*, col verbo *svèrsa fò* 'rovesciare (un bicchiere)'.

Dal latino parlato **exversāre* 'versar fuori'. L'immagine non è rara: in francese, per esempio, *averse d'eau* è la 'grande pioggia'. C.

**aquìgliu,** sm. (abruzzese, anche *quìje, aquìje* e altre varianti), 'pungiglione dell'ape'; (corso: *aghìgliulu*; marchigiano: *arcoìjju*), 'pungolo'.

Dal latino *aquīleus* 'pungiglione'; dalla variante latina *acīleus* dipendono il campano *cigliё*, l'abruzzese *ugìglie*, il pugliese e salentino *aggìgghiu, cìgghiu* e varianti 'pungiglione dell'ape' (con le forme dialettali antiche *asìggio* del vicentino, *cilglio* del romanesco e *ciglio* del napoletano) [DEI; LEI]. M.

**àra,** sf. (veneto: Grado), 'canale naturale o artificiale nella laguna o nelle saline'; (veneto: bisiacco), 'gora, ruscello'; (veneto istriano: Capodistria), 'canale nelle saline'; (friulano), 'rigagnolo che si forma da sé nelle lagune', 'striscia paludosa, acquitrinosa entro un terreno più solido e asciutto'; *aréta* (veneto: Marano Lagunare) 'canaletto secondario'.

Particolare significato del latino *ārea*, che sembra limitato all'Adriatico nord-orientale e usato, forse, dapprima nella terminologia delle saline. Il diminutivo *areŏla* 'canaletti per irrigare gli orti' è attestato in antiche glosse latine [LEI; DESF; Luca 1987]. C.

**àra de 'l rìṡo,** locuz. (veneto: veronese). «Contratto di lavoro, stipulato tra proprietario e avventizio, che comprendeva le ultime fasi della raccolta del riso: trebbiatura, essiccazione, pulitura e immagazzinamento. L'*ara* era, quindi, sinonimo di un contratto, in cui il lavoratore riceveva, come compenso, anche una quota di prodotto: *l'ara de 'l rìṡo, l'ara de 'l froménto, l'ara de la polènta* [granoturco]» (Coltro 1982).

Dal latino *arra* 'pegno, impegno', che ha avuto altri esiti popolari [LEI]. C.

**arancìata,** sf. (siciliano). «Cedronella, *Melissa officinalis*» (Piccitto 1977).

Da 'arancio', per l'odore delle foglie (di qui anche il nome italiano *cedronella*) [DEI]. M.

**arancìno,** sm. (toscano). 'Fiorrancino, *Regulus ignicapillus*, piccolo uccello dei passeriformi'.

È cosiddetto per la macchia di colore arancio, tra il giallo e il rosso, che porta sul capo; per lo stesso motivo si chiama ad esempio *capigiallo* e *capidoro* nel pisano, *stèila d'or* in piemontese; il nome italiano *fiorrancino* è un diminutivo di *fiorràncio* che designa la 'calta selvatica, *Calendula arvensis*', una pianta dai fiori color arancio [DEI]. M.

**arancìnu,** sm. (siciliano). «Crocchetta di riso ripiena di carne tritata, mozzarella e sugo di stufato», anche *arancina* sf. (Piccitto 1977).

Cosiddetta perché a forma di 'arancia'; è voce entrata anche in italiano (*arancino*). La denominazione ha un parallelo nel siciliano *taròngia* 'frittella', cosiddetta per la forma ad arancia, che deriva dall'arabo *turunǧ* 'specie di arancia' [DEI; Pellegrini 1972; DELI]. M.

**aràngu,** sm. (calabrese: anche *ràngu*). 'Frutto dell'arancio'; Rohlfs 1977 aggiunge «specialmente quando è di sapore agro».

Per spiegare l'ultima sillaba (nei confronti di *arància*) bisogna presupporre accanto al neogreco *nerántzi* 'arancio', che permane nelle colonie greche meridionali assieme a *laranghi*, un bizantino **naràngion* (pronunciato *narànghio*) [DEI; Rohlfs 1964 e 1977]. C.

**aranguìzzu,** sm. (sardo campidanese). 'Qualcosa di bello, di attraente'.

Voce ormai non più comune; si tratta dello spagnolo *Aranjuez,* nome della cittadina celebre per lo splendore dei palazzi e dei giardini, residenza estiva dei principi spagnoli. Anche in Spagna si usava questo termine per esprimere qualcosa di eccellente [DES]. M.

**(a)ratòri(ë),** sm. (laziale). 'Schiamazzo, vocìo'.

Da *oratorio*, inteso come luogo d'assistenza dei fanciulli (da parte della congregazione degli Oratoriani) e dei loro giochi chiassosi [Vignoli 1911 e 1926]. C.

**aratûne,** sm. (salentino). 'Grillotalpa'.

Propriamente 'aratore' (come in pugliese *jaraturu* e varianti, e nello stesso Salento *araturu, aratóre*), con cambiamento di suffisso [LEI]. C.

**aràus,** inter. (lombardo: Milano; veneto, nel Polesine: *ràus*). «Fuori! È il nostro: All'armi!» (Banfi 1857).

Ricordo della dominazione austriaca: dal comando tedesco *(he)raus*! 'fuori!'. C.

**arbà,** v. (campano, nel napoletano, anche *arbià*). 'Albeggiare'.

Derivato di *alba* (e non dal latino tardo *albāre* come in DEI) cui sono da ricondurre anche le espressioni *arbanno juorno, arbanno celo, albante juorno* (campano: napoletano, irpino) 'sul far del giorno' (ricondotti dal DEI al latino *albando* «contaminato con *albente die*») [DEI s.v. *albare*; Salzano 1979; LEI]. M.

**arbàle,** sm. (toscano, nel lucchese). «Alburno, quella parte di legno che cresce sempre e resta tenera» (Nieri 1902).

Dal latino *albus* 'bianco'; la denominazione si confronta con il toscano *alba* sf. (versiliese) e *arbaro* (pisano-livornese), e con il ligure occidentale *aubèca* sf. 'alburno', queste ultime forme con altro suffisso rispetto ad *arbale* [DEI; LEI]. M.

**arbarà,** sm. (calabrese), 'elenco del corredo'; (siciliano: *albaranu*), 'scrittura, contratto privato'.

Dallo spagnolo *albarà(n)* 'cedola reale' (anche *albalà*) di provenienza araba: *barā'a* 'dispensa, ricevuta', dalla radice *b-r-'* 'essere libero, liberare'. *Albarà(no)* è entrato in italiano come voce storica, così come voce storica sarà il sardo *albarano* 'manifesto, notificazione', citato dal DEI senza rinvio alla fonte [DEI; Pellegrini 1972; Corominas; Michel 1996]. C.

**arbàra di pàliu,** sf. (siciliano). 'Tovaglia di altare'.

La voce deriva dal latino *albus* 'bianco' ed è registrata da Traina 1868 che glossa *paliu* con «arnese che cuopre la parte d'innanzi e bassa dell'altare»; la parola corrisponde all'italiano *pàlio* [DEI; REWS]. M.

**àrbatro,** sm. (toscano, anche *àlbatro, arbetro*; corso: *àlbitru, àlbatro* e varianti). 'Corbezzolo'.

Dal latino parlato **arbitus* per il classico *arbŭtus* 'corbezzolo' [DEI; LEI]. M.

**àrbi,** sm. (piemontese; ligure; ticinese; lombardo, anche *albi*; trentino, anche *làip*; veneto: *àlbio, lebo*; emiliano: *àibi*; romagnolo: *ebi*; friulano: *làip*; ladino centrale, nel cadorino: *làipo*). 'Vaso per diversi usi, conca, truogolo' con altre varianti oltre a quelle segnalate.

Dal latino *alvĕus* con la variante *albeus* con i significati di 'cavità, letto di un fiume' (→ *àvio*), 'alveare' (→ *èlbi*) e 'recipiente in forma di conca' [DEI s.v. *àlbio*; LEI]. M.

**arbicèlli,** sm. plur. (toscano: S. Giuliano Terme), 'qualità di fichi bianchi'; (toscano, lucchese: *arbugelli, albugelli*), 'i primi fichi (hanno la buccia verde chiara e sono piuttosto piccoli)'; (toscano, pisano: *fii arbicéri*), 'qualità di fichi bianchi', (toscano, carrarese: *albazéri*), «qualità di fichi con buccia verde chiara e polpa bianca a granelli rosa piccoli, un po' acquosi, di maturazione precoce» (Luciani).

Relitto di area pisana del latino *albicēris* 'color della cera bianca'; le forme lucchesi hanno cambiato la rara terminazione *-cero* adattandola al suffisso diminutivo *-icello* [DEI; LEI]. M.

**arbìsciri,** v. (siciliano; calabrese, con varianti; sardo logudorese: *arbèschere*, campidanese *orbèsciri*). 'Albeggiare', in siciliano anche 'trovarsi in una data condizione all'apparire del nuovo giorno (di un ammalato o del tempo)'.

Dal latino *albescĕre* con analogo significato; dal gerundio *albiscendu* dipendono il calabrese *arviscendu, arrivisciendu* e il sardo (S. Antioco) *orbescéndu* '(sul) far del giorno' [AIS; DEI s.v. *albare, albéscere, arvìscere*; LEI]. M.

**arbitrïànti,** sm. (siciliano: con varianti). 'Sia chi dà un fondo da coltivare, sia chi lo prende in affitto'.

Da *arbìtriu* 'traffico, azienda, attrezzatura dell'azienda', allargamento del significato del latino medievale *arbitrium* 'calcolo', «assunto a designare ogni speculazione e poi anche gli oggetti concreti ad essa necessari» [VES]. C.

**arbóna,** sf. (emiliano: *èrba bóna* o *buna*). 'Prezzemolo'.

Letteralmente 'erba buona', per la sua utilità e il suo profumo (in emiliano si chiama, infatti, anche *savùr* 'sapore', → *savőrs*), come conferma il più diffuso sinonimo *boni erbi*. C.

**arburàta,** sf. (siciliano). 'Alba'.

Non pare un prestito dallo spagnolo *alborada* di significato analogo (come si legge in DEI e Michel 1996), ma un derivato dal siciliano *abburari* 'albeggiare', a sua volta da *abbura* 'primo chiarore dell'alba' da *alba*. Nell'italiano regionale di Sicilia è noto *alborata* per 'sparo di mortaretti all'alba'; per tale significato può esservi l'influsso dello spagnolo *alborada* che oltre all'accezione di 'alba' ha pure quello particolare di 'sveglia' del linguaggio militare che può essere entrata in siciliano mediante l'esercito spagnolo (in Michel ibid.) [DEI s.v. *alborata*; LEI]. M.

**arbùsa,** sf. (ligure, anche *arbósa*, *darbusa*). 'Albatra, frutto del corbezzolo' e *arbusu* sm. 'corbezzolo'.

Dal latino *arbutĕus* 'proprio del corbezzolo' [DEI s.v. *arbóssa*; LEI]. M.

**àrca,** sf. (emiliano), 'puzza, fetore'; (romagnolo: *érca*), 'detto di persona dal fiato puzzolente'; (corso: *erca*), 'detto di luogo da cui esala gran fetore'.

Dal latino *arca* 'cassa' nel significato particolare di 'sarcofago, sepolcro', che spiega anche i paragoni emiliani *puzàr comè n'arca* o *cum fa n'arca* o *puzèr come un'èrca*, a cui si aggiunge il modo bolognese *parèir un'arca*, detto di persona o cosa che esali cattivo odore [LEI]. C.

**arcàngelo,** sm. (marchigiano, a Senigallia: *arcàngiul*; umbro). 'Chiurlo maggiore, *Numenius arquata Lath.*'.

Allargamento del nome di *arcàt, arcaza*, che ha altrove questo uccello dal piumaggio giallo, derivato dal latino *arcuatus* 'itterico' o 'ricurvo' (riferito al becco): → *arcatùra* [LEI; Valente 1993]. C.

**arcatùra,** sf. (calabrese; lucano; campano, a Guardia Lombarda: *narcatura*; pugliese: *'nnarcature*). 'Itterizia'.

Da *arcatu* nel senso di 'itterico'. Anche se spesso il rapporto si spiega con la similitudine del colore giallo-verde dell'arco(baleno) e quello dell'itterizia, è più probabile che esso attenga alla somiglianza tra il corpo vivente dell'arcobaleno, e il corpo umano, per cui l'itterizia colpisce chi ha violato un tabù concernente l'arcobaleno; confronta → *màlë du uàrchë* [Alinei 1981]. C.

**àrc-di-san-màrc,** sm. (friulano; ladino centrale, Comelico: *àrcu d' San Màrcu*). 'Arcobaleno'.

L'espressione 'arco di San Marco', oltreché essere diffusa nel Friuli per indicare l'arcobaleno, si configura come caratteristica ed esclusiva della regione, con una propaggine nel Comelico, dalla quale un tempo era linguisticamente dipendente. La denominazione è originale per la specificazione religiosa, che si appella al noto nome di Marco, l'Evangelista, che ha anche in Friuli una tradizione assai antica. Inoltre, Marco è un santo 'meteorologico', nel senso che la sua festa (25 aprile) è da tempo lunghissimo collegata all'inizio della buona stagione, ossia alla primavera agricola, e che l'arcobaleno ha di questo specifici riflessi nella cultura popolare [DESF]. M.

**arcemésë,** sf. (campano, nel napoletano; pugliese *arcimèse*, *arcemèsë*; lucano: *arcimisë*; calabrese: *arcemisa*; siciliano: *arcimisia*). 'Artemisia, assenzio, amarella'.

Dal latino parlato **arcemēsia* per il classico *artemīsia* 'artemisia, amarella' [DEI; REWS; LEI]. M.

**arcéra,** sf. (calabrese). 'Abbaino; feritoia, apertura nel muro per fucili'.

Dall'antico francese *archiere* propriamente 'feritoia' (dal latino *arcus*) [FEW; DEI; Rohlfs 1977]. M.

**arcèra,** sf. (campano e nell'irpino: *arcè* sm.; pugliese: *arcḗre* e varianti; lucano: *arcèrë*; calabrese; salentino; abruzzese, a Lanciano: *arcérë* sm.; corso: *acegia* e varianti; toscano, nel lucchese: *caccéggia*), 'beccaccia'; (calabrese, a Scerbo: *arcèra*), 'starna'; (lucano, a Nova Siri: *gaddȉn arcḗr*), 'gallina faraona'; (siciliano: *arcirotta*), 'beccaccino, pittima'; (campano: *arcegliola*, *arcegnola*), 'beccaccino'.

Dal latino *accia* 'beccaccia', con varia suffissazione; le forme con *-r-* epentetica potrebbero risalire a una variante latina o preromana [DEI; LEI]. M.

**archilào,** sm. (marchigiano). 'Spinarolo comune'.

Il nome di questo pesce significa letteralmente 'aculeato, munito di spine' dal latino *aculeatus*, sia pure nella variante tarda *aquileatus*, che spiega la forma marchigiana; è parallelo al veneto *asiào* dalla variante *acileatus* [DEI s.v. *arguillato*; LEI s.v. *acileus*]. C.

**àrcia,** sf. (siciliano), 'mazzasorda o stiancia, *Typha latifolia*'; (calabrese centro-meridionale: *hàccia*, *hàrcia*, *fàrcia*), 'specie di sala, biodo, ampelodesmo'.

Dallo spagnolo *hacha* 'fiaccola' (dal latino *facŭla*), con un passaggio di significato dovuto al fatto che gli steli di queste piante servono per fare fiaccole [DEI ss.vv. *àccia* e *àrcia*; Rohlfs 1977; Piccitto 1977]. M.

**arcidiàvolo,** sm. (toscano). 'Bagolaro, spaccasassi, *Celtis australis* L.'.

Reinterpretazione popolare di un altro nome della stessa pianta, *fraggiràcolo* [Rohlfs 1979]. C.

**arciròtta,** nella locuz. *fari l'arciròtta* (siciliano). 'Schermirsi, tergiversare; civettare'.

Dal dialettale *arciròtta* 'beccaccia' (→ *arcèra*) che in siciliano ha anche i significati fig. di «zerbinotto, vagheggino» col sm. *arcirottu* «ingannatore, persona perfida», e i derivati *arcirittuni* (palermitano occidentale) «persona intraprendente» e *arcirottiari* «andare a zig zag, serpeggiare» (Piccitto 1977) [LEI]. M.

**arcìssimu,** sm. (calabrese meridionale). 'Bambino indiavolato; persona sfrenata; arcidiavolo'.

Abbreviazione di *arcìssimu diàvulu* 'arcidiavolo' che è il capo dei diavoli; *arcidiavolo* è voce attestata in italiano nel XVI sec. e creata in contrapposizione ad *arcangelo* (dal latino *archangelus*) e composta di *arci* che corrisponde ad 'archi-' ed indica 'principale' e *diavolo* [DEI s.v. *arcìssimo*; Rohlfs 1977]. M.

**arcistrèllo,** sm. (toscano, nel pisano). 'Gheppio'.

Dall'italiano *accertello* 'gheppio', forma diminutiva derivata dal latino *acceptor*, *-ōris* 'astore' con metatesi reciproca, incontratosi con *pipistrello* per le sue abitudini vespertine. Le forme sarde campidanesi *arciréḍḍu* 'falco' e *arcidéḍḍu* 'gheppio' sono deformazioni di *arcistrello* [DEI; DES; LEI]. M.

**arciùs,** sm. (piemontese: Alessandria). 'Tanfo di luogo chiuso'.

Dal latino *reclūdere* 'rinchiudere'. Etimologicamente equivale, quindi, al dotto *recluso* [REW]. C.

**arcobelè,** v. (umbro: San Giustino). 'Scimmiottare, rifare il verso': *m'arcobèli? me cojoni?*.

Propriamente 'corbellare'. C.

**arcòcchio,** sm. (toscano: pistoiese). «Struttura in liste di legno, di forma arcuata, che veniva usata per tenere sollevate le lenzuola, onde evitare rischi di soffocamento per i neonati»; «attrezzo molto simile al precedente, adoperato in ospedale per tenere sollevate le coperte del letto sugli arti di certi ammalati» (Gori-Lucarelli 1984).

Corrisponde ad *archétto*, però col suffisso, egualmente diminutivo, *-òcchio* [Rohlfs 1969; LEI]. C.

**àrcole,** sf. plur. (toscano: Montale). 'Archi di ponte o simili'.

Non dal latino **arcora* 'archi', ma da *arcŭlus* 'a forma di arco'; tra i nomi di oggetti a forma di 'arco' che dipendono dalla stessa base latina vi sono l'italiano *àrcolo* 'arcolaio', l'emiliano (Coli) *ărcar* 'giuntoia del giogo fatta di un arco di ferro', il toscano (Valdinievole) *arcolino* 'altalena' [DEI; LEI]. M.

**arcòse,** sm. (piemontese, nel torinese). 'Pino mugo'.

Tale voce, menzionata dal DEI (nella forma grafica *ar-*

*cosse*) e tratta da Penzig 1924, si riferisce ad una pianta tipica dell'area alpina (arbusto cespuglioso che cresce sui monti calcarei e dolomitici) ma non comune in Piemonte. Il termine è isolato e di origine incerta. M.

**ardarì,** sm. (marchigiano: Macerata). 'Natura della donna'.

Scherzoso uso figurato di 'altarino'. C.

**ardéḍḍa,** sm. (calabrese meridionale). 'Mignatta, sanguisuga', anche *ardélla, addéra, addéia*.

Dal greco *abdélla* 'sanguisuga', voce che in questa area costituisce un relitto lessicale [Rohlfs 1977; LEI]. M.

**Àrdia,** nella locuz. *sta a Ardia* (laziale: Roma). 'Essere al verde'.

Gioco di parole, già sfruttato dal Belli («abbiti a Ardia in casa Miseroschi», son. 122; «spartì mance, fasse d'Ardia», son. 125) tra il nome dell'antica città laziale e il significato figurato ('stare al verde') di *arde*, letteralmente 'ardere'. C.

**àrdia,** sf. (sardo: S. Lussurgiu). 'Cavalcata che si fa in occasione di feste'.

Come chiarisce la variante *bàrdia* (della stessa località) è, propriamente, il 'luogo da dove si *guarda* uno spettacolo' [DES s.v. *gwardare*].

S. SATTA: *Io ti vedrei mandriana ai dolci maggi / Salire, coronata di ronzanti / Pecchie, il tuo monte acceso dall'aurora, / Dietro i branchi, e passar sui bai selvaggi, / Prima nell'*àrdia, *ardita corridora* (*Canti*, Milano 1955, p. 284). C.

**ardìca,** sf. (laziale meridionale; campano; abruzzese; calabrese; lucano; pugliese; siciliano). 'Ortica', con varianti.

Dal latino *urtīca* 'ortica'; anche se non mancano esempi in cui *-r-* seguita da consonante provoca la sonorizzazione della consonante seguente (come nel calabrese *spirdu* 'spirito'), la forma meridionale *ardica* è dovuta sicuramente ad un influsso paretimologico, di certo quello esercitato da *ardĕre* (Rohlfs 1968) piuttosto che quello del greco *adíkē* 'ortica' (sul latino *urtīca*, come pensa il DEI). M.

**ardicàina,** sf. (calabrese meridionale, anche *dricàina*; siciliano: *ardicània, addicània, ddicània*). 'Rosolia; orticaria; eruzione cutanea, con formazione di vescichette'.

Dal latino *urtīca* 'ortica', attraverso un derivato **urticāgo, -inis* [DEI; Rohlfs 1977]. M.

**ardielùt,** sm. (friulano, anche *argelùt, largelùt* e varianti). 'Gallinelle, *Valerianella olitoria* Poll.', valerianacea annua precoce che cresce nei campi ed è coltivata perché le foglioline verdi e tenere si mangiano volentieri in insalata.

Il termine, passato anche a Marano L. ed a Grado (qui *ardelùt*), proviene dal latino **radicŭla* col suffisso *-uttu* 'radicchietto' con immistione del friulano *ardièl, argèl* 'lardo' dal latino **lar(i)dĕllu* per la tenerezza e la commestibilità delle foglie, se non direttamente da quest'ultimo considerate altre denominazioni dialettali quali il lombardo (milanese) *songìn*, il veneto istriano *sonżina*, da *sonża, songia* 'sugna' [Pellegrini-Zamboni 1982: 610; DESF]. M.

**ardìla,** sf. (siciliano). «Una medusa: *Charybdaea marsupialis*», anche *ardica di mari* (Piccitto 1977).

La denominazione corrisponde ad "ortica" (dal latino **urticŭla* 'piccola ortica') per le proprietà irritanti della medusa. Stessa origine pare avere il calabrese *ndrìculi* plur. 'erba marina irritante' mentre *ndrìcula* 'specie di mollusco' dipenderà piuttosto dal latino *narīta* 'chiocciola di mare' da cui deriva ad esempio il veneto giuliano → *narìdola* (non *marìgola* come si legge in DEI) «chiocciolina marina (monodonta articulata)» (Rosamani 1958) [DEI s.v. *ardila*; REWS]. M.

**ardónë,** sm. (abruzzese: Ortona a Mare, a Silvi: *ardórë*). 'Mare fosforescente, fosforescenza marina'.

Letteralmente 'ardore' (nella variante *ardónë* con lo scambio *r*/(*l*)/*n*); la denominazione rileva la connotazione del calore mentre il tipo → *acchëlìucë* rileva il 'colore' [Giammarco 1968; LEA]. M.

**ardót,** sm. e agg. (romagnolo). 'Ridotto; condotto; acconciato'.

Corrisponde a *ridotto*; la parola ricorre in particolare per indicare un marito che vada a coabitare coi genitori della moglie; in tale evenienza si dice che questi ultimi *j ha fat l'ardót* 'hanno fatto il "ricetto", hanno dato ospitalità' [Ercolani 1971]. M.

**ardunobléssu,** agg. (umbro: Campello di Spoleto). 'Nobile, di alto lignaggio'.

Francesismo, da *haute noblesse* 'alta nobiltà', che può essere spiegato «anche con la permanenza delle truppe francesi nel territorio dello Stato pontificio (1808-14) allorché Spoleto divenne il capoluogo del dipartimento del Trasimeno, incorporato, come tutto il territorio papale, nell'Impero francese» (Moretti 1987: 105). M.

**areccutà,** v. (laziale, a Mompeo Sabino: *raccutà*; abruzzese: *arcudà*), 'seminare in un terreno, per due anni consecutivi, la stessa messe'; (ladino centrale, nel Comelico: *cotà, cutà*, nel Livinallongo: *couté*), 'concimare'; (friulano: *coltà*), 'coltivare, concimare'; (veneto settentrionale: *coltàr*; campano: *cutà, cotà*), 'concimare'.

Dal latino tardo **cultāre* 'coltivare, concimare', da cui anche l'italiano antico (XIII sec.) *coltare* 'coltivare' [AIS; DEI; REWS; DESF; Raspini 1991]. M.

**arècheta,** sf. (campano: Napoli, anche *arècata*; abruzzese: *arèchëtë*). 'Origano'.

Sono forme che continuano il latino *origanum* 'origano' ma sono incrociate – secondo il DEI – con il latino *nepĕta* 'nepitella', piante entrambe delle labiate. M.

**a reganàte,** locuz. (veneto: Marano L.). 'A dirotto': *piuvi a reganate* 'piove a dirotto'.

Da *regàn, rogàn* 'acquazzone', letteralmente 'uragano'. C.

**aréin,** sm. (ligure). 'Fiato'.

Da *are(n)à* 'fiatare', corrispondente all'italiano *anelare*, entrambi dal latino *anhelāre* [LEI]. C.

**a rèis,** locuz. avverb. (piemontese, anche *a rès*; ligure: *a rèu*), 'con ordine, meticolosamente'; (piemontese, nel monferrino: *arrè*), 'affatto', come nell'antico francese *rei* 'ordine, regolo, misura', provenzale *a re* 'secondo l'ordine'.

Dal germanico **reds* 'attento esame, disposizione, consiglio' [Serra 1936-38; Plomteux 1975]. C.

**arembà,** v. (ligure; corso: *arrimbà(ssi)*; piemontese: *aranbèse*). 'Accostare, poggiare'.

Voce di etimologia discussa (DELI), accolta anche in italiano (*arrembare*) col successivo significato marinaresco di 'dar l'assalto ad una nave' [Plomteux 1975].

E. MONTALE: *Arremba su la strinata proda* (*Ossi di seppia. 1920-1927*, Milano 1948, p. 68). C.

**arèmi,** sm. plur. (siciliano). 'Denari, uno dei quattro semi delle carte da gioco napoletane'.

Parola derivata dall'arabo *dirham* o *dirhim* 'peso di dodici carati', 'pezzo di moneta d'argento' (nelle carte medievali italiane figura nella forma *daremo*, *diremo*, *daremus* 'moneta d'argento usata nel commercio d'Oriente', 'moneta d'argento musulmana; anche peso in uso nel levante') [DEI; Pellegrini 1972; Piccitto 1977]. M.

**arenàda,** sf. (sardo). 'Melagrano e melagrana', anche *melarenada*, *melarenara*, *arenara*.
Dal latino *mela granāta* (*malum granātum* e poi solo *granātum*) e non da *mille grāna* come in DEI (s.v. *arenara*) [DES]. M.

**arènga,** sf. (campano; calabrese; siciliano). 'Aringa'.
Queste voci dipendono – secondo il DEI – dal francese *hareng* 'aringa' (dall'antico francone *hâring*). Sono considerati probabili francesismi dal FEW anche il piemontese *areng* sm., il lombardo *areng*, *reng* sm. 'aringa'. Alle forme citate sono da aggiungere *arénga* nel pugliese (tarantino), e nel laziale (Castelmadama), nonché *rènghe* nel friulano e *rènga* nel veneto, per le quali REWS e Prati 1968 risalgono direttamente alla voce germanica *hâring* da cui il DELI fa derivare l'italiano *aringa*. M.

**areperìu,** agg. (ligure: Pigna), 'intirizzito'; (ligure, a Taggia: *reperìu* e a Bordighera: *areperìu*), 'di frutto che non giunge a maturità, avvizzito'; (ligure, a Taggia: *perìu*, a Genova: *péiu*), 'andato a male'.
Dal latino *perīre* 'andar perduto' [Merlo 1941-57]. C.

**arestànte,** sm. (veneto giuliano; friulano: *arestànt*). 'Detenuto'.
In tedesco *Arrestant* 'arrestato' [Salvioni 1916; Doria 1987; DESF]. C.

**arètta,** sf. (siciliano). «Garzetta, *Egretta garzetta garzetta*; sgarza ciuffetto, *Ardeola ralloides*, anche *aretta bbiunna*» (Piccitto 1977).
Si tratta di un gallicismo dipendente dal provenzale *aigreta* o dal francese *airette* che designano l'airone [DEI; Rohlfs 1977a]. M.

**arèu,** sm. (ligure, con varianti). 'Montone, ariete'.
Dal latino *ar(i)ēte*, che ha lo stesso significato. Vive anche nel grigionese (Valmonastero) nella locuzione *ir ad arài* 'essere in caldo' (delle pecore)', accanto a *ir cun bos* riferito alle vacche [LEI]. C.

**arfabèt(t)o,** sm. (umbro: anche *alfabèto*). 'Analfabeta', a Foligno pure 'ottuso di mente'.
La curiosa accezione, opposta a quella dell'italiano, si spiega partendo da *(a)nalfabeta* (a Val di Pierle: *nalfabeta*) poi *(a)nalfabeto* per adeguamento alla terminazione più comune del maschile e, quindi, ritenuta l'iniziale articolo indeterminativo, *alfabeto*. C.

**arfógio,** sm. (veneto: valsuganotto, anche *àlboro fógio*; trentino: *erbasfòi*, *arbelfòi* e varianti). 'Chiavardello, sorbo montano, *Sorbus aria*'.
Dal latino parlato **albifolium* 'sorbo montano' con allusione al colore bianco delle foglie e con accostamenti paretimologici a *albero* e *erba* [DEI; LEI]. M.

**argalìfo,** sm. (veneto: veneziano; friulano: *argalìf*). 'Macchinazione, cavillo, pretesto'.
Verosimile grecismo connesso con il greco *argalêion* 'telaio', 'macchina utensile', attraverso un comprensibile passaggio semantico che si osserva anche nel neogreco *argaléuō* 'macchinare, intrigare'. La forma veneziana, poi passata al friulano, presenta un *f* fonosimbolico che ricorre in altre voci, dello stesso dialetto, di colorito decisamente popolare [Cortelazzo 1970; DESF]. M.

**argànt,** sm. (emiliano; lombardo, a Pavia: *lücèrna a la argàn*; ligure, a La Spezia: *argàn*). 'Antico lume a petrolio'.
Dal nome dell'inventore svizzero Aimé *Argand*, che progettò un tipo di lampada (*lampe d'Argand*), perfezionata poi dal farmacista francese Antoine Quinquet (→ *chinché*). C.

**argàre,** v. (sardo). 'Concimare'.
Da *arga*, propriamente 'alga', ma anche 'concime', perché le alghe servono da letame [DES]. C.

**argasìa,** sf. (calabrese), 'terreno preparato per l'aratura o per la semina' con la locuzione *fari l'argasìa* 'ripetere la stessa coltura su un terreno', (siciliano) 'dare il letame ai campi'; (siciliano) 'terreno concimato, pronto per la semina'.
Dal greco *ergasía* 'lavoro pesante'. Per influsso di *largo* s'incontra in calabrese anche *(l)argasìa* 'terreno ampio', 'spazio largo' [DEI; Rohlfs 1964 e 1977]. C.

**argnècul,** sm. (romagnolo, con varianti). 'Persona bassa e malfatta'.
Letteralmente 'ragnetto', diminutivo di *ragn* 'ragno': *l'è un argniècvel* «è una persona piccola, storta, difettosa» (Quondamatteo 1982). Del tutto casuale è la coincidenza formale con *argnècul* 'regnicolo', specialmente del Regno di Napoli. C.

**arìa,** sf. (calabrese, anche *arìu*, *arìju* sm.). 'Elce, leccio'.
Dal greco *aría* di analogo significato (secondo il DEI, non dal greco antico ma da quello bizantino); la voce è presente anche nel grecanico di Bova: *arìa* [Rohlfs 1977]. M.

**ariǟl,** sm. (friulano: Moggio; ladino cadorino: *reǟ* [*de la ròda*]). 'Solco fatto dalle ruote, rotaia'.
Riflesso del gallico **rīca* 'solco', attraverso un derivato **ricāle*, ben testimoniato in area galloromanza. Incerto appare l'accostamento a questa base del friulano (a Dogna) *arionàde* 'solco delle ruote' che richiede eventualmente una derivazione **ricōnāta* con *a* prostetico come in *ariǟl* [DESF; Pellegrini-Marcato 1988]. M.

**arìàlë,** sm. (calabrese settentrionale, anche *arièlë*; lucano: *airalë*, *arialë*, a Tursi: *ariéuë*; pugliese: *araelë*, *arèulë*, *aralë*; campano, in irpino: *airalë*). 'Vaglio, staccio, strumento per crivellare il grano'.
Dal latino *areāle* [*cribrum*] propriamente 'crivello che si adopera sull'aia'; l'agg. *areālis* vale 'pertinente all'aia' [DEI; REWS; Rohlfs 1977; Greco 1991; LEI]. M.

**ariàn,** agg. (ticinese), 'rozzo'; (lombardo, a Cremona: *ariano*), 'eccessivamente coraggioso', ma molto più diffuso (piemontese, ticinese, lombardo) nel paragone 'bestemmiare come un ariano'.
Da *ariano* 'seguace dell'eresia di Ario', ricordo della propaganda e delle persecuzioni contro l'arianesimo [LEI].
A. MANZONI: *La conosco quell'arme; so che cosa vuol dire quella faccia d'ariano, col laccio al collo* (*I promessi sposi*, prima ediz., Milano 1954, p. 248). C.

**arìllo,** sm. (campano; lucano, calabrese e siciliano: *agriḍḍu*, *ariḍḍu* e altre varianti). 'Grillo' e talora, impropriamente, 'cavalletta'.
Dal latino *gryllus* 'grillo' continuato con altri esiti fonetici (del tipo *grillo*, *gril*, *gri*) a designare questo insetto in tutta l'area italiana e nel significato di 'cavalletta' nel piemontese, nel toscano, umbro, marchigiano, laziale abruzzese, campano, veneto (raro) e sardo (cfr. anche → *griòla*) [Alessio 1938; DEI s.v. *agrillo*]. M.

**ariòlo,** sm. (ligure). 'Sgombro comune'.
La voce, registrata solo dal DEI, va assieme al nizzardo *auriou* ed anche al siciliano (Porticello) *ariuolu*, che de-

signa, però, la 'leccia': li accomunano i riflessi dorati della loro livrea, come accade anche a molti nomi di uccelli, insetti e piante. La denominazione continua, infatti, il latino *aureulus* 'di color d'oro (*aurum*)' e si presenta pure in italiano nella forma *oreolo*, in francese e in provenzale (*auriel*) [REW; FEW; LEI]. C.

**ariundóu,** sm. (ligure). 'Specie di compasso di legno, che il bottaio usa per tracciare la circonferenza del fondo della botte'.

Letteralmente 'arrotondato', participio passato di *ariondā*, da *riūndu* 'rotondo' [Plomteux 1975]. C.

**ariùsu,** agg. (ligure-piemontese: Novi L.). 'Sforzato nel parlare; si dice del forestiero, che cerca di parere del posto, imitandone la parlata'.

Letteralmente 'arioso' nel senso che ha in diversi dialetti di 'presuntuoso, bizzarro' [LEI]. C.

**arìvulu,** sm. (siciliano; calabrese, a Mormanno: *agrìvulu*). 'Agrifoglio'.

L'arbusto, limitato a boschi di alta montagna, è poco conosciuto in queste regioni, ed è vocabolo d'origine certamente settentrionale, dato che è diffuso in prossimità delle colonie gallo-italiche in Sicilia (a Nicosia: *grevù*) e nell'estrema Calabria settentrionale, da cui proviene un nucleo di voci provenzali. Corrisponde all'antico provenzale *agrefol*, provenzale moderno *agrèvou* e *agrèu*, ligure occidentale *agrèu, agrèo* che risalgono al latino *acrĭfolum* per *acrifŏlium* 'agrifoglio' [DEI s.v. *agrévolo*; Rohlfs 1977a; LEI]. M.

**àrla,** sf. (lombardo). 'Porcile', 'recinto per animali'. In particolare, a Casalpusterlengo 'gabbia dove si mettono gli animali per curarli', a Gandino 'posta nella stalla, dove stanno le mucche', (sardo: *àrula*, con varianti) 'baracca costruita in campagna per mettervi la scrofa con i figlioletti'.

Dal latino *harŭla* 'porcile, assito per animali', diminutivo di *hara*, anch'esso rappresentato nei dialetti: in milanese, ad esempio, *ara* è nome del 'recinto dove vengono rinchiusi i cavalli' [REW; DES; REWS]. C.

**arleà,** v. (umbro). 'Porre ad un bambino il nome del nonno o d'altro parente'.

Dal latino *relevāre* 'rilevare'. L'usanza onomastica è ampiamente documentata nella cultura popolare [Ugolini 1988-89]. C.

**àrma¹,** sf. (ligure). 'Grotta, caverna', con derivati come *armizo* (ligure occidentale) nella locuzione *fare un po' di armizo* 'cercare riparo in tempo di pioggia', *armüzzarsi* (ligure occidentale) 'ripararsi dall'acqua, in campagna, sotto una roccia, sotto un albero o in qualsiasi ricovero di fortuna'.

Voce strettamente ligure, riflette una base preromana **alma* 'grotta'. Poco probabile l'accostamento di Valente 1995 alla base di *ormeggiare*. [LEI].

C. SBARBARO: *Il contatto della terra mi ringiovanisce. In vista, laggiù le* arme: *i monti di pietra rosa di Finale* (cit. in GDLI I 664). M.

**àrma²,** nella locuz. *dàri pi l'àrma dē mòrti* (siciliano). 'Vendita svantaggiosa'.

Letteralmente 'dare (o vendere) per l'anima dei morti', cioè in loro suffragio, sottinteso piuttosto che cedere a prezzo così vile. Vi corrisponde l'altro modo *vìnniri pri l'armi di lu Priatoriu* 'vendere per le anime del Purgatorio' [Alfieri 1980].

G. VERGA: *Intanto l'annata era scarsa e il pesce bisognava darlo per l'anima dei morti, ora che i cristiani avevano imparato a mangiar carne anche il venerdì come tanti turchi* (*I Malavoglia*, Milano 1947, p. 27). C.

**armacéra,** sf. (calabrese, anche *armacìa, armigèra*; siciliano: *armacìa*). 'Muro a secco', 'siepe'.

Da *armacìa* 'muro a secco', dal greco *hermakía*, che ha lo stesso significato, con influenza di *macera*, dal latino *maceria* 'muro di pietre' [Rohlfs 1964 e 1977].

L. ASPREA: *aveva cominciato a lavorare all'età di tre anni: a raccogliere ulive, a vendemmiare, a mietere fieno, a trasportare pietre per la pulizia della terra o per fare le armacere* (*Il previtocciolo*, Milano 1971, p. 122). – S. D'ARRIGO: *avevano sperimentato che il masso marino, levigato, era l'ideale per quelle armacìe contromare* (*Horcynus Orca*, Milano 1975, p. 673). C.

**armàniu,** sm. (calabrese: Cassano allo Ionio). 'Diavolo'.

Significato particolare dipendente da quello di 'bestia, animale selvatico' del calabrese settentrionale *armànië* (e varianti), lucano *armàgnë, armàniu*, siciliano orientale *armàgghiu*, retroformazione dal latino *animalia* plurale collettivo di *animal* «creatura animata; animale'. Per la semantica si confronti ad esempio la denominazione del 'diavolo' nel calabrese meridionale (Palmi): *brutta bestia* [DEI s.v. *animaglia*; Rohlfs 1977; LEI]. M.

**armaró,** sm. (calabrese meridionale, anche *(ar)miró*). 'Adenite, infiammazione delle ghiandole linfatiche'.

Dal greco *halmyrós* 'salso' (da analoga voce bizantina secondo il DEI), etimo confermato dal calabrese *sarzu* che oltre a 'salso' designa anche l''erpete', denominazioni da intendersi nel senso di "umor salso" con riferimento agli umori del corpo. Anche in lombardo *sals* vale 'salso' e 'erpete, eritema, crosta lattea' [DEI s.v. *armaró* e *salso*; Galli 1965; Maragliano 1976; Rohlfs 1977]. M.

**armasèn,** sm. (ligure, ad Arenzano: *armasìn*). 'Negozio di svariati articoli d'uso domestico'; ad Arenzano anche 'sgabuzzino'.

Prestito piuttosto recente dallo spagnolo *almacén* 'magazzino' (di origine araba), ma in Argentina 'negozio in cui si vendono al minuto articoli di prima necessità', spesso gestito da Genovesi [Toso 1993]. C.

**àrme dë Stupinìs,** locuz. sostant. (piemontese). 'Corna', nel modo di dire *fé j'àrme dë Stupinìs* 'fare le corna'.

Riferimento al cervo in bronzo posto sulla cima della casina di caccia di Stupinigi [Bertoldi 1970]. C.

**armèla¹,** sf. (ligure). 'Seme di zucca; nocciolo della pesca'.

Letteralmente 'animella', cioè 'piccola anima', secondo un'immagine diffusa anche in altri dialetti [Plomteux 1975; LEI]. C.

**armèla²,** sf. (trentino), 'collare del cane'; (piemontese, nell'Ossola), 'ansa'.

Dal latino *armilla* 'braccialetto' continuato in area galloromanza ed iberoromanza [DEI; LEI]. M.

**armèno¹,** sm. (toscano: Cortona). «Invito a pranzo, reciproco, tra parenti ed amici, il lunedì, il martedì di Pasqua o nell'*Ottavi*, alcuni anche a Capodanno» (Felici 1985).

Deverbale di *armenè* 'rimanere, ricondurre, riportare; invitare a pranzo', metatesi da *rimenà*; nel dialetto cortonese oltre ad *arméno* si usa anche la forma *riméno*. M.

**armèno²,** agg. (toscano). 'Stregone'.

Dall'etnico *armeno*; la locuz. fiorentina *capo armeno* 'capo ameno' dovrebbe essere un incrocio tra *ameno* (dal latino *amoenus*) e *armeno*, a meno che *armeno* non vada inteso come 'strano, bizzarro'; c'è poi da menzionare una tradizione toscana che raffigurava gli Armeni «giganti alti come un abeto» (Prati 1936: 205) [DEI; LEI]. M.

**armènta,** sf. (veneto; ladino centrale; trentino; veneto giuliano; friulano: *armènte*). 'Vacca'.

Dal latino *armentum* 'bestiame grosso', specializzatosi in senso più ristretto in un'ampia area alpina [Tagliavini 1934; DESF].

F. TOMIZZA: *Era andata ad abbeverare l'*armenta, *nel laco aveva visto qualcosa d'insolito* (*La miglior vita*, Milano 1977, p. 82). C.

**armentarèse,** sf. (friulano). 'Cutrettola gialla, *Budytes flavus* Cuv.', uccelletto insettivoro detto anche *armentarùt* sm.

Dal friulano *armènt* 'armento (di buoi, cavalli ecc.)'; è cosiddetto per la sua abitudine di seguire gli armenti, in particolare durante l'aratura, per beccare gli insetti lasciati scoperti dall'aratro. La stessa motivazione onomasiologica è alla base di altri nomi dialettali come *boarina* (veneto, trentino, lombardo; umbro, marchigiano), *bo(v)arola* (calabrese) che risalgono a *bovaro* 'bifolco' e *bo(ve)* 'bue' [Prati 1968; DESF]. M.

**armeràise(r),** sm. (veneto giuliano: Trieste e Fiume). 'Tedesco vagabondo'.

Dal tedesco *arme(r) Reisender*, alla lettera 'povero viandante', quindi 'vagabondo, mendico' [Doria 1987]. C.

**armìcinu,** sm. (calabrese, anche *armìlici*, *armìnici*). 'Salsapariglia, smilace'.

Per Rohlfs 1977, la voce riflette il greco *smílax*, *-akos* 'smilace'; invece secondo il DEI (s.v. *armìlicio*) va supposta una mediazione del latino *smilax*, *-acis* (Plinio), oppure è un grecismo di epoca bizantina. M.

**armìḍḍa,** sf. (sardo). 'Specie di timo, serpillo, *Thymus Serpyllum* L.'.

Dal latino *armilla* 'ruta selvatica' (*ármala* in greco), che ha una certa somiglianza col timo cedrato [DEI s.v. *armilla*; DES].

G. DELEDDA: *E disse piano, timida, porgendo le erbe al professore: – Eccole l'*armidda. *Senta che profumo!* (*Romanzi e novelle, III*, Milano 1950, p. 172). C.

**armintàna,** sf. (romagnolo). 'Donna selvatica e scorbutica'.

Come una mucca dell'*armento*, un tempo lasciata allo stato brado (mentre la *bès-cia* 'bestia' era la 'mucca di stalla') [Foschi 1973; Ercolani 1994]. C.

**armisdànza,** sf. (emiliano: bolognese). «Miscuglio, mescolanza (è anche il nome di erbe da prato che si mangiano in insalata)» (Mainoldi 1967).

Dalla voce bolognese *armsdàr* 'mescolare' (dal latino parlato **re-miscitāre*); anche il toscano *mescolanza* (da *mescolare*, dal latino tardo *misculāre*) è usato pure col significato di erba da insalata (in particolare il cerfoglio) e ritorna nell'espressione *insalata da mescolanza* [DEI]. M.

**armudè,** v. (piemontese, anche *armuè*; ligure: *remüà*). 'Rimuovere, allontanare, far cambiare posto'.

Dal latino *remutāre* 'cambiare (*mutāre*) di nuovo (*re-*)' [Plomteux 1975]. C.

**armugnìn,** sm. (ligure, anche *armuìn*, *armunìn*; siciliano: *armuìni*). 'Corbezzolo'.

Dal latino parlato **arbutīnus* derivato di *arbutus* 'corbezzolo' con *m* per *b* caratteristica ligure. Il siciliano *armuini* è probabilmente di provenienza settentrionale attraverso il galloitalico [DEI s.v. *armóne*; *Vocabolario delle parlate liguri* 1985; LEI]. M.

**armuscinà,** v. (umbro). 'Rimproverare aspramente', da cui *armuscinàta* 'aspro rimprovero, lavata di capo'.

Dal latino *mugĭnor* 'rimuginare, riflettere a lungo' con variazione semantica [Ugolini 1983]. C.

**arnàce,** sm. (calabrese meridionale, anche *arnaci*). 'Specie di fungo bianco'.

Dal greco *arnákion* 'agnellino' (per tramite bizantino, secondo il DEI), denominazione che trova riscontro nel calabrese *testa d'agneju* 'specie di fungo', letteralmente "testa d'agnello" [Rohlfs 1977]. M.

**arnàra,** sf. (lunigianese). 'Ranuncolo'.

Voce registrata dal DEI e ricondotta al latino parlato **ranāria* [*herba*] 'erba delle rane'; da **ranāria* anche il calabrese *serpa granara* 'specie di serpe, biscia d'acqua', propriamente 'serpe che mangia rane' (Rohlfs 1977). M.

**arnécchio,** sm. (toscano, nel lucchese). 'Agnello', anche «bimbo magro, patito, stento [...] Sterpo. Parto magro e stentato delle pecore» (Nieri 1902).

Dal latino *annicŭlus* 'di un anno'; i significati lucchesi muovono da quello di "agnello di un anno" [DEI; LEI]. M.

**arnùnz,** sm. (romagnolo; anche *arnóunzi*). 'Avanzo di cibo'.

Letteralmente 'rinuncio', come sostantivo, ma in senso più largo 'avanzo, resto', per cui si dice anche *arnùnz da galèra* e *tu' so' j'arnóunzi ad chi ètar* 'prender su gli avanzi degli altri', detto soprattutto di chi sposa una donna che altri hanno rifiutato. C.

**aròi,** sm. (calabrese: anche *agròi*; siciliano, anche *agròi*, *gròi*). 'Gru'.

Dal latino *grus*, *gruis* con caduta della consonante iniziale, come nel sardo *s'arrùi, sa rùi*. Il doppio genere era già in latino [DEI].

V. CONSOLO: *Provò dispetto, poi qualcosa che somigliava a pena, pena per quel caruso che forse mai avrebbe più incontrato, cosa questa ch'è simile alla morte, come gli aròi che si vedono migrare, sparire nel lontano* (*Le pietre di Pantalica*, Milano 1988, p. 81). C.

**àrola,** sf. (piemontese occidentale; valdostano, anche: *àrula*). 'Pino cembro', nel valdostano anche 'cono di pino commestibile'.

Alla base di queste voci che corrispondono al francese *arole*, vallese *arola* di analogo significato, vi è una base prelatina **arua* 'cembro' [Penzig 1924; Dauzat 1938; FEW; DEI]. M.

**aròla,** sf. (romagnolo), «focolare, sotto il camino, l'ampio spazio dove si fa fuoco, si cuociono gli alimenti, e intorno al quale ci si intrattiene» (Quondamatteo 1982), anche *uròla*, *iròla*; (emiliano: *rola*, *arola*; veneto meridionale: *rola*; marchigiano: *arola*, *ajola*), 'piano del focolare'; (ladino centrale, nel Comelico: *rola*), 'forno della cucina economica'.

Dal latino *areola*, propriamente 'piccolo spazio aperto; aiuola' [LEI].

G. PASCOLI: *Io sull'aròla pongo, oltre i sarmenti, / i gambi del granturco, abili al fuoco* (*Nuovi poemetti*, *La piada*, III, 5-6). – M. MORETTI: *L'ospite seduta non guardava più la Gnina, bensì l'Angiolla che indietreggiava a poco a poco, si faceva piccola indietreggiando, finché si sedette sull'*arola, *vi si raggomitolò e divenne ancora più piccola* (*Romanzi della mia terra*, Milano 1961, p. 23). – ID.: *Ti rammenti, Menghinina, quando facevamo il pane in casa? Lo facevi tu sull'*arola, *due volte la settimana: Ventotto, trenta, trentadue crocette* (ibid. p. 57). M.

**aroplàno,** sm. (toscano). 'Libellula'.

Letteralmente "aeroplano", è una metafora usuale per la libellula; si ritrova anche in siciliano (a Pachino) *aruplàna* s.f. e nel veneto (veronese) *reoplàno*. Nel grossetano *aroplano* designa il «fiore dell'acero riccio (*Acer platanoides*)» (Alberti-Eschini 1970-71) [DEI; Picchetti 1961-63]. M.

**àrpa,** sf. (siciliano; calabrese; campano, a Napoli), 'aquila'; (campano, lucano e abruzzese: *arpónë* sm.), 'uccello rapace, falco'; (siciliano: *arpazza*), 'avvoltoio nero, aquila reale, grifone'.

Dal greco *hárpē* 'uccello da rapina' [DEI; Rohlfs 1977a; Salzano 1979]. M.

**arpègghia,** sm. (siciliano, anche *appecchia*, *arpèglia*). 'Falco di palude'.

Dal catalano *arpella* 'avvoltoio' [Varvaro 1974: 103; Piccitto 1977]. M.

**àrra,** sf. (sardo logudorese e campidanese), 'anello', anche 'anello matrimoniale', 'orecchino'; (campidanese, a Mogoro: *àrria*), 'pezzo di ferro rotondo che si pone al muso dei maiali perché non possano grufolare'.

Deriva certo dal latino *arra(e)* 'regalo che il fidanzato fa alla sposa nel giorno delle nozze', ovvero l'anello matrimoniale, se il significato originario della voce sarda è quello di 'anello matrimoniale' per passare in un secondo momento a quello di 'anello' generico. Rispetto a questa interpretazione etimologica, è assai meno probabile l'ipotesi che le parole sarde si debbano confrontare con l'iberoromanzo *aro* 'anello', basco *(h)aro* 'cerchio', d'origine incerta [DES]. M.

**arracà,** v. (lucano: anche *arrachè*). 'Affaticarsi nel camminare, camminare stentatamente', 'portare': *arracà u rumàtë* 'concimare i campi', ma propriamente 'portare con fatica il concime nei campi'; *arracàrs* 'trascinarsi'.

Come l'italiano *arrancare* e le parecchie sue corrispondenze dialettali, da *ranco* 'zoppo, storpio' di provenienza germanica (**wrank-*) [FEW; Bigalke 1980]. C.

**arraccà,** v. (abruzzese, anche *raccà*). 'Svellere, rasare il terreno alle piante'.

Dal latino parlato **(ad)radicāre* 'afferrare con la radice'; ne derivano pure il veneto *ragàr* 'sradicare cespugli', il lombardo (nel bergamasco) *regà* 'afferrare' [DEI s.v. *arraccare*; REWS]. M.

**arramàre,** v. (sardo logudorese e campidanese, anche *arramài*, *arromài*). 'Infrascare, ornare di frasche le chiese nelle feste, spargere i fiori per le vie dove passa la processione'.

Può essere un derivato sardo da *ràmu* 'ramo', ma, trattandosi di un uso ecclesiastico e dato il significato, è più probabile la provenienza dallo spagnolo e catalano *enramar* 'infrascare, ornare i balconi, le finestre, le strade, di frasche' [DES]. M.

**arrapà,** v. (campano: Napoli; calabrese: *arrapari*), 'desiderare, essere in stato di eccitazione sessuale'; (abruzzese: *arrappà*), 'fare dichiarazioni di amore, ma senza impegni seri'.

Da *rapa*, voce che in ambito gergale ha assunto il significato di 'membro virile' e che richiama il medesimo traslato di voci come *root* e *radish* dello slang inglese, letteralmente 'radice' e 'ravanello'; alla diffusione di *arrapà(re)*, di uso comune nell'odierno linguaggio giovanile, ha contribuito il linguaggio di caserma [DEI; Giammarco 1968; Ferrero 1991: 279]. M.

**arrappàto,** agg. (campano: Napoli.) 'Grinzoso, raggrinzato, rugoso'.

Dal verbo *arrappà(rse)* 'aggrinzirsi della pelle', derivato di *rappa* 'ruga' di origine germanica, diffuso tanto nell'Italia settentrionale (*rapa*) quanto in Italia meridionale.

A. M. RIPELLINO: *La faccia della* Primavera, *che, sebbene mosaico di fiori, a ben guardare, si rivela arrappata* (*Praga magica*, Torino 1991, p. 223). C.

**arrasàri,** v. (siciliano; calabrese meridionale). 'Rasare; uguagliare, pareggiare; rasare lo staio o altro recipiente passandovi sopra la rasiera'.

Secondo il DEI queste voci non derivano dal latino parlato **rasāre* 'radere, tosare' (da cui dipende anche il friulano *rasâ* «radere; levar via dallo staio colla rasiera il grano che sopravvanza alla misura», Nuovo Pirona 1935), ma dallo spagnolo *arrasar* 'appianare una superficie, riempire di liquido fino al colmo' come conferma anche un altro significato del siciliano *arrasari* «riempirsi di lacrime, diventare lustri, degli occhi» (Piccitto 1977) che trova un parallelo nello spagnolo *arrasarse los ojos de làgrimas* [DEI s.v. *arrasare*; Rohlfs 1977]. M.

**arràsci,** v. (pugliese; calabrese e siciliano: *ràsciri*). 'Criticare di nascosto, mormorare, sparlare'.

Dal latino *irascere* 'adirarsi' [Loporcaro 1987]. C.

**arrassà,** v. (campano; molisano: *arrassàjë*; calabrese: *arrassare*, *arrassari*; siciliano: *arrassari*). 'Tener lontano, scostare, allontanare'; (lucano: *arras(s)àjë* imper.) 'allontanatevi'; (salentino: *rassuìa* locuz.), 'non avvenga mai'.

Si tratta di forme dipendenti da un etimo arabo, da *'arasa* 'essere separato' (non da *'arada* 'allontanare' come in DEI) [Giammarco 1968; Pellegrini 1972; Rohlfs 1977; Piccitto 1977; Salzano 1979; Bigalke 1980]. M.

**arrecattàre,** v. (campano, nel napoletano). 'Vogare a gara'.

Dal latino parlato **recaptāre* 'inseguire per prendere' al quale risalgono pure l'italiano *regata* e *regatare*, voci provenienti dal litorale tra la Catalogna e Genova, passate quindi a Napoli poi a Venezia (*ragata* 'gara' è documentato a Genova tra il XIII e il XIV sec.) [DEI; DELI]. M.

**arrëcrìo,** sm. (campano: Napoli): 'beatitudine, gioia, godimento'; (toscano, ad Arezzo: *aracrìo*; calabrese: *ricrìju*; siciliano: *arricrìu*), 'sollievo, ristoro'.

Deverbale del verbo latino *recreāre* 'ristorare' [REWS].

D. REA: *Falla piangere e gridare perché è dolore e arrecrìo* (*Ninfa plebea*, Milano 1992, p. 149). C.

**arregnàre,** v. (calabrese; campano: *arregnà*). 'Prosperare, attecchire, detto specialmente delle piante'.

Secondo il DEI, corrispondono a *regnare* con significato traslato da quello di 'regnare' (anche in italiano *regnare* vale pure 'allignare, prosperare, detto di piante'); meno probabile un confronto con *allignare* 'attecchire' con rotacismo di *-ll-* (ne deriverebbe **aregnà(re)*) e con voci come il siciliano *allignari* 'indurire, del legno', abruzzese *allegnà* 'venir su bene' [DEI s.v. *arregnare* e *allignare*; Salzano 1979; DELI]. M.

**arrèri,** prep. e avv. (siciliano; calabrese: *arrìerë*, *arreru*; lucano, a Noepoli: *arrìër*). 'Dietro', 'tempo fa', 'di nuovo'.

Dal francese *arrière* avv. 'indietro' penetrato probabilmente con i Normanni [DEI; LEI s.v. *ad retro*]. M.

**arrèto,** anche *arretu* e varianti, prep. e avv. (toscano; umbro; laziale; marchigiano; abruzzese; molisano; campano; lucano; calabrese; siciliano; pugliese; salentino). 'Dietro', in area pugliese, salentina, lucana e siciliana anche 'di nuovo'.

Dal latino *ad retro* 'indietro, all'indietro'; il significato di 'di nuovo', tipico del francese antico *arriere* (→ *arrèri*), si trasferisce come calco semantico al tipo italiano '*arreto*' [DEI; LEI]. M.

**arrià,** v. (corso; ligure, nel genovese: *arià*). 'Ammainare, filare'.

È voce di provenienza iberica, dal catalano *arriar* (spagnolo *arriar, arrear,* portoghese *arrear*), che dal significato originario di 'adornare' (dal latino parlato **arredāre*), si è specializzato in quello marinaresco di 'calare' attraverso il senso intermedio di 'apparecchiare'. Attraverso il genovese la parola è entrata nella terminologia marinaresca dell'italiano come *arriare* «oggi comunemente usata nella Marina mercantile in luogo di Ammainare e Filare, particolarmente nel maneggio di paranchi, alberi di carico e verricelli, durante il carico e lo scarico delle merci» (*Dizionario di marina* 1937) [DEI; Vidos 1965; Corominas; Toso 1993]. M.

**àrridu,** agg. (sardo). 'Arido, secco'.

Dal latino *āridus* 'arido, secco' col raddoppiamento della consonante variamente spiegato. In sardo c'è anche traccia della variante sincopata latina *ārdus*, che continua nei composti *melàrda* 'mela secca' e *pilàrda* 'pera secca' [LEI]. C.

**arriminàri,** v. (siciliano; calabrese; anche *arriminare*). 'Rimestare', 'dimenare', 'mescolare', 'agitare', 'muovere'.

Letteralmente *rimenare* [Rohlfs 1977].

D. DOLCI: *Ne venne un camion pieno pieno di polizia e macchine pure. Hanno preso tutta la pattuglia, fino che venne il colonnello della polizia. Perciò non ci potevamo arriminare nessuno* (*Racconti siciliani*, Torino 1973, p. 238). C.

**arringàre,** v. (calabrese). 'Condurre gli animali al pascolo'.

Evoluzione di significato da quello di 'disporre in fila, allineare', noto ad esempio al siciliano *arringari*, al pugliese *arrenghé*, a sua volta traslato da quello di 'parlare al pubblico'. Come l'italiano *arringare*, che in origine vale 'allineare a semicerchio', risalgono ad una voce germanica **hrings* 'cerchio, anello' attraverso *arringa* 'luogo delle riunioni' [DEI; Rohlfs 1977; Amoroso 1986] M.

**arripicchiàri,** v. (calabrese, anche *arripicchià*), 'corrugarsi, raggrinzirsi'; (campano, a Montella: *repécchiä* sf.), 'ruga'; (lucano, a S. Fele: *arrëpëcchiatë* agg.), 'aggrinzito, corrugato'.

Dal latino parlato **repiclāre* per il classico *replicāre* 'ripiegare' [DEI s.v. *arripicchiare*; REWS; Bigalke 1980]. M.

**arrivolàri,** v. (calabrese; siciliano: *arri(v)ulari*). 'Sbalzare, rimbalzare; saltare di palo in frasca; riprendere il volo; divincolarsi; svegliarsi di soprassalto; trasalire per paura'.

Voci ricondotte dal DEI al latino *revolāre* 'volare indietro, ritornare rapidamente' [DEI s.v. *arrivolare*; Rohlfs 1977]. M.

**arrocculatìna i ciùcciu,** locuz. sostant. (calabrese: Polistena). 'Piccolissimo appezzamento di terreno'.

L'espressione è composta del derivato della voce dialettale *arroculata* 'rotolata' e di *ciùcciu* 'asino' ed allude «al poco spazio che l'asino si prende quando si rotola per terra»: «chi ha una piccola proprietà definisce così il proprio avere» (Laruffa 1986). M.

**arròma,** s. (sardo logudorese). «Indovinello, gioco infantile in cui si propone un indovinello da spiegare, e finché non è spiegato, si danno delle battiture con un mazzo d'erbe» (DES).

Deverbale di un **arromare* 'infrascare' forma non attestata nel logudorese ma presupposta da *arroma* e parallela ad → *arramàre* [DES]. M.

**arróšu,** sm. (sardo campidanese). 'Riso'.

Dallo spagnolo *arroz* e catalano *arròs* 'riso' (nel sardo logudorese si usa il termine *rišu* all'italiana); la pianta si chiama *arróšu de Valènzia* [DEI s.v. *arròzzu*; DES]. M.

**arrucculàri,** v. (calabrese). 'Uggiolare; tubare dei piccioni'.

Voce di origine onomatopeica; stessa provenienza avrà il francese *roucouler* 'tubare' dipendente – secondo un'altra ipotesi – dal latino *raucus* [DEI s.v. *arrucculare*; Rohlfs 1977]. M.

**arrùffo,** sm. (toscano). 'Batuffolo'.

Deverbale di *arruffare* 'scompigliare, mettere in disordine' (dal longobardo *rauffen*) [DEI; DELI]. M.

**arruggiàre,** v. (calabrese, anche *arruzzare*; siciliano: *arruggiari, arruggiri*). 'Arrugginire'.

Dal calabrese e siciliano *rùggia* 'ruggine', dal latino *rŭbeus* 'rosso' [DEI; Rohlfs 1977; REWS]. M.

**arrughìre,** v. (toscano: lucchese [non *arrugire*, come in DEI]; abruzzese: *arrachirsë*). 'Arrochire'.

Da *roco* 'rauco' (dal latino *raucus*) [DEI s.v. *arrugire*; REWS]. M.

**arrunchiàri,** v. (siciliano; calabrese *arrunchiare*; campano e toscano, all'Elba: *arronchiare*; corso: *agrunchjà*; sardo logudorese: *aggrunciare*). 'Aggomitolarsi, rannicchiarsi, specialmente per il freddo, ritrarsi', 'rattrappirsi', anche nella locuz. siciliana *arrunchiari l'àire* 'ammucchiare paglia e spighe'.

Forma rafforzata di *runchiari, runchiare* (e varianti), dal latino parlato **runculāre,* connesso con *runca* 'ronca', anche se il rapporto semantico non è molto chiaro (forse, 'piegate come una roncola') [DEI s.v. *arronchiare*; Sornicola Varvaro 1975].

V. BRANCATI: *"Uhum, com'è freddo!" disse raggruppandosi tutto, fino a prendersi i piedi con le mani. "Uhum, com'è freddo!". E gli vennero in mente vecchie parole di amici: "Arrònchiati! Accúcciati!"* (*Don Giovanni in Sicilia*, Milano 1943, p. 171). – D. DOLCI: *Quando piove forte* [*le chiocciole*] *lo stesso non camminano: rimangono fuori la terra, ma arronchiate, ritirate; ma se viene una burraschella che piove lento lento lento, se ne vanno* (*Racconti siciliani*, Torino 1973, p. 45). C.

**arrussicàre,** v. (calabrese, anche *arrussicari*; siciliano: *arrussicari*), 'arrossire'; (lucano: *arrussichètë* part. pass.), '(mani) arrossate'.

Continuatori di *rŭssus* 'rosso' attraverso un derivato **russicāre*; in siciliano vi è anche il derivato *arrussurari* 'diventar rosso in volto; arrossire per vergogna' deverbale di *rrussura* 'rossore' [DEI; REWS; Bigalke 1980]. M.

**ar sarvàig,** locuz. avverb. (brigasco). 'Dalla parte dell'ombra'.

Letteralmente 'al selvatico' in opposizione a 'solatio', che vien detto *ar duméstëg.* C.

**arsdóra,** sf. (emiliano: Ferrara), 'massaia'; (lombardo: *režóra*), 'mamma'.

Dal maschile *arsdór* (anche romagnolo; in altre parti dell'Emilia *rasdór*), che trova ampi riscontri nel lombardo *rešidór, rešidùr, rešùr* e nel veneto (Polesine) *režadóre*, propriamente 'reggitore', derivato dal verbo latino *rĕgere* 'dirigere' [REW; REWS].

G. BASSANI: *Tirannico e brontolone come una* arzdora *del contado ferrarese, a cui, oltre che per il mazzo delle chiavi appeso alla cintura, assai somigliava per la grossezza della pancia e del sedere, i salti del suo umore erano a dir poco sorprendenti* (*L'odore del fieno*, Milano 1972, p. 118). – M. BONFANTINI: *Mi ha detto, cioè, che prima di decidermi per davvero era meglio se venivo con lei a vedere la loro proprietà sul lago, i campi, i prati, i boschi, la casa dove, se poi mi piaceva, potevo andare ad abitare, dove potevo andare a vivere da padrona, senza più servire a nessuno, e far io la* reggiôra (*Sul Po*, Torino 1974, p. 40). C.

**arsèla,** sf. (ligure; lombardo; toscano: *arsèlla*; laziale: *arsella*). 'Mitilo mangereccio, *Mytilus edulis* L.' e, genericamente, 'conchiglia'.

Dal latino *arcella*, letteralmente 'piccola (*-ella*) cassa (*arca*)', 'scrigno' [LEI].

A. MANZONI: *Tosto egli si pone in testa un cappellaccio, in su le spalle un sanrocchino di tela incerata, sparso di arselle* (*I Promessi Sposi*, ediz. 1825-27, Milano 1954, p. 126). – P. DE DOMENICO: *Lo sgombro ha la schiena verde a strisce; le arselle viola, e ricordano le grandi tempeste* (*La barca dorata*, Gardolo di Trento 1989, p. 76). C.

**arsìculu,** agg. (calabrese meridionale; siciliano), 'arido, brullo, di terreno'; (calabrese, come sm.), 'terreno sterile'.

Dal dialettale *arsu* 'arso' che deriva dal latino *arsus* [DEI s.v. *arsicolo*; LEI]. M.

**arsìl,** sm. (veneto: nell'italiano regionale della regione, *arsìle*). 'Scafo della nave privo di alberi e di attrezzature'.

La voce, che ha altresì il significato, molto diffuso anche in altri dialetti italiani, di 'grossa cassa a forma di madia per conservare frumento, farina ecc.', proviene dal latino parlato **arcile*, derivato di *arca*, che, fra i tanti significati dei suoi continuatori, ha anche quello di 'madia' [LEI]. C.

**arsìna,** sf. (siciliano, anche *àrsina*, *arsineḍḍa*). 'Erba lenticchia, *Herniaria glabra* L.'.

Come l'italiano *alsìna* e *àlsina* 'erba paperina, centonchio', continua il latino *alsine* 'alsina', prestito dal greco *alsínē* (da *álsos* 'bosco') che designa la *Parietaria lusitanica* piuttosto che la *Stellaria media* o centonchio [DEI s.v. *arsinella*; LEI]. M.

**arsomìjjo,** sm. (umbro: San Giustino, nel territorio di Foligno: *arzumìu*, a Magione: *arz(e)méjjo*, in Val di Pierle: *arzumìglio*). 'Fotografia, ritratto'.

Da 'rassomigliare'. La stessa immagine ritorna anche in altri dialetti, talvolta lontani, come nel chioggiotto → *somegèro, somegiàro* 'fotografo, ritrattista'. C.

**Artabàn,** nella locuz. *fièr com un Artabàn* (piemontese). 'Corrucciato'.

Dal francese *fier comme Artaban*, eroe del lungo romanzo di Gauthier de Costes de La Calprenède, *Cléopâtre* (1647), nel quale rappresenta l'innamorato fiero, ardente e generoso, ma che nell'uso francese scivola fino a indicare una persona scioccamente piena di sé, come non è accaduto, invece, per il piemontese [Trésor 1980].

A. G. CAGNA: *In quel concerto di faccie allegre, circolava grave, impettito, serio come Artabano, il solito elegante solitario* (*Alpinisti ciabattoni*, Torino 1972, p. 39). – G. FALDELLA: *Ed essa niente: tirò via con la faccia brusca, inacetita, da Artabano, come dicono in Piemonte* (*Le "figurine"*, Milano 1983, p. 169). C.

**artanìta,** sf. (siciliano). 'Specie di fungo che è ricercato dai porci', equivalente di *pani purcìnu*. La denominazione scientifica è *Cyclamen eur.* L. ed, infatti, la voce *artanita* è entrata anche in italiano come designazione del 'ciclamino'.

Dall'arabo *ʿarṭanīṯā* 'radice del ciclamino, del pan porcino' [DEI; Pellegrini 1972]. M.

**artèna,** sf. (veneto; veneto istriano; marchigiano, ad Ancona: *ardenna*; pugliese: *artena*, *antena*; siciliano: *riddena*, *redenna*). 'Berta maggiore, puffino', ma anche nome di simili uccelli acquatici.

La presenza in neogreco di *arténa* potrebbe suggerire una provenienza orientale, ma la distribuzione del nome in territorio greco fa pensare, piuttosto, ad un prestito italiano. Inoltre, *artena* come 'uccello acquatico palmipede' è anche del portoghese, per cui si può concludere, per ora, che l'etimologia è sconosciuta [DEI s.v. *antena* e *artena*; Rohlfs 1964]. C.

**artesìa,** sf. (calabrese meridionale). 'Aquila'.

Tale parola è registrata dal DEI e considerata possibile riflesso del greco (per tramite bizantino) *asterías* 'falco stellato' per metatesi reciproca; secondo Rohlfs 1977 *artesìa* è invece «voce spuria che non esiste». M.

**artètëchë,** sf. (abruzzese; lucano; campano, calabrese, siciliano: *artèteca*; laziale, pugliese, salentino: *artètëca* con varianti). 'Irrequietezza eccessiva'.

Da *artetica* 'artrite', propriamente un aggettivo: 'pertinente all'artrite (dal grecismo latino *arthriticus*) e alla gotta', malattie i cui dolori inducono a cambiare posizione di continuo [LEI]. C.

**artòlica,** sf. (piemontese: Val Brozzo), 'arroganza, insolenza, tracotanza'; (siciliano: *ruttònica*), 'cicalata persistente e molesta'; (lombardo, a Mantova: *ratòlica*), 'corso di studi in genere' e 'arte furbesca, machiavellica'.

Come in altri esempi romanzi (ma non in francese), si tratta di trasformazioni popolari del latino dei dotti *rhetorica* 'arte oratoria' [Nigra 1898; REW; REWS; FEW]. C.

**artóne,** sm. (campano: napoletano). 'Costellazione dell'Orsa'.

Isolato derivato dall'italiano *arto* 'settentrione' e 'orsa maggiore e minore', cultismo tratto dal latino *arctos* attestato già da Orazio nel significato di 'settentrione' [DEI; LEI]. M.

**artùra,** sf. (calabrese, anche *arturu* sm.). 'Specie di castagna piccola'.

Secondo il DEI, tali voci presuppongono un latino parlato **artōria* da *artus* 'stretto' (da cui l'italiano *arto* 'stretto', latinismo trecentesco, LEI), quindi 'serrato', 'ben aggiustato', e richiamano, per l'aspetto semantico, il calabrese *castagna cùrcia* 'frutto del castagno selvatico' composto con il dialettale *cùrciu* 'senza coda, basso, corto' (da un latino parlato **curtius* per *curtus*, Rohlfs 1977). M.

**arùca,** sf. (campano; calabrese; lucano; siciliano; piemontese: *arüga*, *arùa*, *rùa*). 'Ruca', nelle varietà meridionali anche *arùcola*; nel napoletano *arùcola* ha pure il senso figurato di «ragazzo malizioso e vivace» (Salzano 1979).

Dal latino *erūca* 'ruca'; ne dipendono anche, con diversa suffissazione, voci come il toscano *(a)rùcola*, friulano *rùcule*, umbro *rùgola*, il laziale (romanesco) *rughétta*, salentino *rùcula* [DEI; REWS]. M.

**arvàmu,** sm. (calabrese centrale; siciliano, nel messinese: *arbammi*). 'Alburno, parte bianca dell'albero'.

Relitto del latino *albāmen* 'la parte bianca'; la voce è attestata da Apicio [DEI; LEI]. M.

**arvapìpë,** sf. (calabrese: Oriolo). 'Peperone verde'.

Da un latino parlato **albipiper* 'pepe bianco', calco del greco *péperi leukón* [DEI; LEI]. M.

**arvaröla,** sf. (emiliano: Parma, con varianti; lombardo: Mantova: *alvaröla*; veneto: *levaròle* al plur., *nevaròla*). 'Strisce di cuoio del giogo che legano le corna dei buoi al timone del carro'.

Probabilmente ha il significato originario e letterale di 'levarola', perché tiene levata in alto la testa dei buoi [Marcato 1980]. C.

**arvèja,** sf. (emiliano; romagnolo). 'Pisello, piselli'.
Dal latino *ervĭlia* 'pisello; lenticchia', continuato, nelle stesse varietà, anche dal derivato suffissale e metatetico *ruviòt, riviòt* [AIS; DEI; REWS]. M.

**arvéntu,** agg. (ladino centrale, in Comelico: anche *ruéntu*, come in Val di Zoldo *roénte*, e altre varianti come *ruànt*, *roént*, *lorànt*). 'Scottante, bruciante', detto di oggetti, non dei cibi.
Dal latino *rubens*, genitivo *rubentis*, 'di colore rosso (*rubeus*) scuro'. Vi appartengono, oltre che l'italiano *rovente*, *(ar)roventare*, anche il toscano *roventino* 'sanguinaccio' e il ligure (Savona) *rueti* 'diventare rosso' [REW; REWS; Tagliavini 1988; EWD].
P. SANTI: *Con cento lire puoi comprare qualche sigaretta, con duecento andare al cinema, con tre, la pizza e il bicchiere di vino, oppure due roventini, due o tre etti di sommommoli e una birra* (*Libertà condizionata*, Firenze 1966, p. 201). C.

**arvìna,** sf. (siciliano, anche *àvvina*). 'Sorta di uva di acini bianco-giallognoli e bislunghi'.
Rappresenta un relitto del latino tardo (sec. IV) *albēna* 'sorta di uva' piuttosto che l'agg. latino tardo *albīnus* 'bianco' come in DEI [LEI]. M.

**arviśà,** v. (emiliano). 'Assomigliare': *guèrda com al s'arviśa so mèdar*! (AIS).
Letteralmente 'ravvisare' con slittamento di significato.
F. GUCCINI: *Assomiglia un po' a certi vecchi contadini (con la pippa in bocca e il fumo che ne esce in larghe volute)* [...]. *Non s'arvisa neanche e Don Quinto*! (*Crònache epafániche*, Milano 1989, p. 124). C.

**arvòltolo,** sm. (umbro, nel perugino). 'Frittella'.
Così detta perché si rivolta. M.

**arvostàre,** v. (campano: Napoli). 'Piantare ad alberi', di antica tradizione, come l'agg. derivato *arvostatë*.
Dal latino *arbustāre* 'piantare alberi per il sostegno delle viti' [LEI]. C.

**arvuché,** v. (piemontese, nel canavese: *arvocàr*). 'Rimboccare' e, forse, un tempo, anche 'traboccare', che spiega il deverbale *arvùc* che 'si dice di chi si riempì di cibo oltre misura, fino a rigettare' e la coppia parallela *arbuché* (anche *arbuté*) 'riboccare, traboccare' e *arbùc* (*arbùt*) 'rigurgito'.
Dal latino parlato **revolvicāre* 'rivoltare' [REW; Serra 1941: 118-119; REWS; Gribaudo-Seglie 1972-75]. C.

**àrzanu,** sm. (siciliano). 'Abete'.
Dall'arabo *arz* 'cedro' (probabilmente attraverso la forma indeterminata *arzun*), riflesso anche nello spagnolo *alerce* 'abete' [DEI s.v. *arzano*; Pellegrini 1972]. M.

**àsa,** sf. (lombardo; calabrese), 'manico del secchio, del coperchio di un vaso; occhiello'; (sardo: *aśa*), 'manico dei vasi di sughero'.
Dal latino *ānsa* 'manico, anello' [DEI; DES; REWS; LEI]. M.

**àsca,** prep. e avv. (lombardo, nel comasco; ticinese). 'Senza; oltre'; nel comasco si usa seguito da prep., nel ticinese *asca a* + infinito.
Rappresentano gli unici esiti romanzi del latino *absque* 'senza; inoltre' [DEI; LEI]. M.

**ascagnàr,** v. (ligure: Pigna; lombardo occidentale: *cagnà*). 'Aizzare'.
Dal latino parlato **cănia* 'cagna' [REW; Merlo 1941-57; REWS]. C.

**ascè,** v. (piemontese), 'aspettare'; (campano: *ascià*; calabrese meridionale: *abbari*), 'cercare'; (molisano: *asciare*; campano: *ascià*; calabrese: *asciari*; lucano: *ascià*; siciliano: *asciari*), 'trovare'.
Dal latino *afflāre* 'soffiare' poi 'rintracciare, cercare fiutando, cercare' che può risalire alla lingua venatoria. Altre forme dialettali dipendono invece dalla variante **applāre* (come *sufflāre*, **supplāre*), e formano uno strato più recente diffuso forse da Napoli che ha raggiunto il Salento e la Calabria, ma non la Sicilia: *acchià* (irpino), *accià* (pugliese e lucano) 'cercare', *acchià* (napoletano), *accià* e varianti (pugliese e lucano), *cchiare* (salentino) 'trovare' [DEI s.v. *asciare*; LEI]. M.

**ascènzo,** sm. (campano, a Napoli). «Avanzamento, promozione, salita in senso sociale» (Salzano 1979).
Dallo spagnolo *ascenso* 'promozione' [DEI; Beccaria 1968]. M.

**àsc(hi)a,** sf. (calabrese), 'pezzo di legna da ardere'; (campano, in Irpinia: *àscola*; sardo: *ascra, ascia*), 'scheggia'.
Dal latino parlato **ascla* per *assŭla* 'scheggia' [DES; REWS; Rohlfs 1977].
L. ASPREA: *Appesi al muro erano gli otri dell'olio e del mosto; a terra il fezzaro e i bacili del mosto e del vino; la legnaia era piena di aschje secche di ulivo* (*Il previtocciolo*, Milano 1971, p. 32). C.

**àscia,** nella locuz. *in cò de l'àscia* (lombardo: Milano; a Bergamo: *in cò de l'àsa*; ticinese: *in cò d r'àscia*), 'alla fine del fatto'; (lombardo, a Voghera: *ès in cò d' l'àsa*), 'morire'.
Letteralmente: 'in capo della matassa' (dal latino *ăcia* 'gugliata') [LEI].

**as-cianà,** v. (ligure: Genova, a Pigna: *as-ciaràr*), 'appianare la terra'; (ligure, ad Airole: *aš-cianàse*), 'pettinarsi'.
Letteralmente 'spianare', dal latino *explanāre* [Merlo 1941-57; REWS]. C.

**a sciòrta 'e Marìa Vrénna,** locuz. (campano: Napoli). 'Sorte sfortunata'.
La contessa di Lecce Maria di Brienne, vedova, si risposò con il re Ladislao d'Angiò di Durazzo, che dissipò la sua dote e la tradì di continuo, relegandola, solitaria, in una sala del Castello. Di qui il compatimento (o il malaugurio) di una giovinetta sposata male [Corso 1925; Altamura 1956]. C.

**ascusóriu,** sm. (sardo nuorese, con varianti). 'Tesoro nascosto', spesso anche nome proprio di nuraghi o di tombe di giganti o di tombe romane, segreti depositi, per il popolino, di favolose ricchezze.
Dal latino **absconsōrius*, derivato di *abscŏndere* 'nascondere' [DES].
G. DELEDDA: *Eppoi so di tanti altri* accusorgios [*tesori nascosti*], *– egli disse con voce grave, mentre Olì coglieva finocchi selvatici; – io finirò bene col trovarne uno, ed allora....* (*Romanzi e novelle, II*, Milano 1950, p. 5). – EAD.: *Ebbene, dicono che il padre del sindaco trovò un* ascusorju (*ib.*, p. 464). – EAD.: *Così, zia tua a [sic] scovato l'*acchisorju, [tesoro], – esclamò l'altro (*ib.*, p. 339). C.

**a sdón,** locuz. (toscano: lucchese). 'A ufo, gratis'.
Dalla locuzione latina *ex dono* 'in dono, in regalo' [REWS]. C.

**a sdràpne,** locuz. avverb. (marchigiano: Montemontanaro). «All'impazzata, a mitraglia (di un'azione che si svolge per colpi successivi, in progressione, senza una mira precisa)» (Balducci 1989).

Ricordo della prima guerra mondiale, quando i combattenti fecero conoscenza degli speciali proiettili, caricati con esplosivo e pallette di piombo, che scoppiavano in aria, chiamati, dal nome del generale inglese H. *Shrapnel*, che li inventò ai primi dell'Ottocento, appunto *shrapnel*, variamente alterato dai soldati in *sdràparo*, *sdràppo*, *sgrappo*. C.

**àse,** sf. (friulano). 'Uggia, animosità'.

Dal tedesco *Hass* 'odio, avversione' [Salvioni 1916: 1017; DESF]. C.

**asfòro,** sm. (veneto: Venezia; friulano: *asfòr*; siciliano: *ùrfaru*, *ùsfaru*, *usciaru*, *asciuru*). 'Zafferano bastardo, *Carthamus tinctorium* L.'.

Dal suo nome arabo *'uṣfūr* [DEI s.v. *ùsfaru*; Pellegrini 1972; Pellegrini-Zamboni 1982]. C.

**a sgònda,** locuz. avverb. (emiliano: Parma). 'Liberamente, detto di un'imbarcazione lasciata andare alla deriva seguendo la corrente del fiume'.

Corrisponde alla locuzione marinaresca *(navigare) a seconda* cioè secondo il corso dell'acqua [Moschini 1977]. C.

**aṡimpón,** sm. (friulano: Buia). 'Uomo inselvatichito'.

Dal tedesco *Eisenbahn* 'ferrovia' (e *Eisenbahner* 'lavoratore delle ferrovie'), importato nelle Tre Venezie, con la pronuncia tirolese, dagli emigranti, e che ha dato luogo a diverse varianti e sfumature di significati, ma specialmente 'emigrante'; cfr. per esempio l'agordino *liżimpón*, *lożempón* e il feltrino *eṡempón* [DESF].

C. SGORLON: *Ma ora so che esiste davvero, il* Lasimpon. *È proprio come lo pensavano i contadini, un Paese impreciṡato, collocato dappertutto e in nessun posto, ma sempre lontano* (*Gli dèi torneranno*, Milano 1977, p. 116). M.

**aspettà àgliu vàu,** locuz. (laziale: Arsoli). 'Aspettare all'occasione propizia'.

Corrisponde alla locuzione italiana *aspettare al varco*, essendo il *vàu* il 'passaggio' (e specialmente, in altri dialetti meridionali, l''apertura nella siepe'), cioè il 'guado'. C.

**aspréo,** sm. (veneto, a Chioggia), 'siti del fondo marino, sassosi, con spuntoni rocciosi e privi di vegetazione', al fig. 'cattivo augurio, sfortuna'; (veneto istriano: *asprì*, *asprè*; marchigiano: *asparetti* plur.), 'scogli subacquei ricoperti di alghe'; (romagnolo: *sprea* sf.), 'fondale'; (veneto, a Chioggia: *aspréa* sf.), 'fondale poco pescoso'; (toscano, al Giglio: *asprita* sf.), 'cordigliera marina che rende ineguale e roccioso il fondo del mare'.

Le voci derivano dal latino *asprētum* 'luogo aspro'; anche nel veneziano antico è documentato l'uso di *aspréo* 'fondo di mare roccioso e ineguale, scoglio sottomarino' mentre nel veneziano moderno la parola è rimasta come determinante in sintagmi indicanti 'pesci che vivono sul fondo roccioso: *gata d'aspreo*, *scarpena d'aspreo*' [DEI; Rosamani 1958; Prati 1968; LEI]. M.

**assaddàri,** v. (calabrese, con varianti). 'Assalire'.

Da *assàddu* 'assalto', quindi, propriamente, 'assaltare' [LEI].

G. OCCHIATO: *Lo schianto che gli assaddò viscere e sangue a tutti i cristiani* (*Carasace*, Cosenza 1989, p. 58). C.

**assamàgliu,** sm. (calabrese meridionale). 'Specie di scalpello (del bottaio)'.

Dal latino tardo *asciamallia* sf., voce composta da *ascia* e *malleus* 'martello', calco del greco *sphyropélekys* [Alessio 1976]. M.

**assassunàri,** v. (siciliano, anche *assazzunari*). 'Soffriggere', al fig. 'riuscire a convincere qualcuno, tirarlo dalla propria parte'.

Dal latino *satio*, *-ōne* 'tempo di seminagione', 'stagione', che ha tra i suoi derivati anche il ticinese *soṡnà* 'curare il bestiame', il friulano *seṡonâ* 'stagionare il legname', il veneto (nel veneziano) *saṡonàr* 'preparare buoni cibi' (nell'antico trevigiano *sasonar* 'cucinare'), il ligure (Pigna) *asajžuràu* 'ben caldo, ben cotto' ed anche il francese *assaisonner* 'condire con aromi'. Secondo il DEI (s.v. *assassunare*), il siciliano non va considerato formazione autonoma ma prestito dal francese [REW; REWS; Piccitto 1977]. M.

**assé(a),** avv. (umbro, a Bovara: *asséjja*). 'Ora, adesso'.

Da un precedente *assaìa* (rappresentante un latino parlato **ad ipsa via* 'alla stessa via') con riduzione delle due vocali *aì*, venute a contatto dopo la caduta della *-v-*, ad *é*: → *masséa* [Ugolini 1988-89]. C.

**assellàto,** agg. (umbro, Lago Trasimeno). 'Calmo, immobile come l'olio, riferito alla superficie del lago', anche *assellaco*, a Isola Maggiore *quieto sellato*.

Dal verbo *assellare*, rara variante di *sellare*, 'porre la sella' quindi 'frenare, domare', attraverso una metafora che identifica il lago calmo, immobile, dopo una tempesta, con un animale domato. *Assellato* è anche parola della terminologia tecnica dei muratori dei dintorni di Perugia per designare l'orizzontalità delle superfici misurata con l'archipendolo e la livella; è usata pure l'espressione *la bólla è assennata* per indicare l'orizzontalità della *bólla* (la livella, cioè a bolla d'aria), in cui l'originario *assellata* può aver subito l'influsso paretimologico di *senno* [Moretti 1990]. M.

**assëmà,** v. (laziale). 'Prendere la minestra (od altro) dal piatto comune'; a Subiaco *assemà* è 'spogliare (il grano della parte rigogliosa)'.

Propriamente, 'scemare', dal latino parlato **semāre* 'dimezzare', che sta a capo anche dell'abruzzese *assëmà* 'diminuire, privare', 'togliere, sfoltire' [Vignoli 1911 e 1926; Giammarco 1985]. C.

**assentàre,** v. (campano: Napoli; calabrese; siciliano: *assintàrisi* rifl.), «scrivere su registri, registrare, allibrare; scrivere nel ruolo delle milizie; arruolare» (Andreoli 1887); (lombardo, nel milanese: *asentà*), 'accertare, asservare, assicurare'.

Prestito dallo spagnolo *asentar* 'posare' e in senso militare 'entrar soldato' [Cherubini 1839-56; Traina 1868; DEI; Rohlfs 1977; Michel 1996]. M.

**àsseru,** sm. (calabrese: Aiello). «Specie di erba per fare scope».

Probabile grecismo, da *láthyros* 'pianta delle leguminose, cespugliosa', per tramite bizantino, secondo il DEI, come mostra *-th-* reso con *-ss-* [DEI s.v. *àssero*; Rohlfs 1977]. M.

**assittàrisi,** v. (siciliano). 'Sedersi'.

Dal latino volgare **asseditāre*, frequentativo per *sedēre*, che ha avuto molti continuatori tanto in Italia meridionale, quanto in quella nordoccidentale, in galloromanzo meridionale e romancio, ma più col significato di base di 'assettare', che non con quello, normale in siciliano, di 'sedere' [VES].

D. DOLCI: *Qui, se una non ha soldi, si mette da parte, sta dentro* [*casa*] *assettata* (*Racconti siciliani*, Torino 1973, p. 246). C.

**assortàtu,** agg. (calabrese; siciliano: *assurtatu*; sardo logudorese: *assortadu*). 'Fortunato'.

Da *sorte* nel senso di 'fortuna' (attestato anche da Dante), con un parallelo nel catalano *assortat*; altri derivati verbali sono il logudorese *assortare* 'aver sorte, essere fortunato', siciliano *(a)sciurtiari* (e varianti) 'riuscire, aver buon esito' [DEI s.v. *assortato*; DES; Piccitto 1977]. M.

**assudiscìre,** v. (calabrese settentrionale). 'Sudare'.

Dal latino *assudescĕre* 'incominciare a sudare' (Varrone) [DEI; Rohlfs 1977]. M.

**asteràna,** sf. (toscano, anche *astèrano* sm.). 'Amello, ceppita selvatica, *Erygeron acre*'.

Dal latino *astēr*, voce attestata da Plinio e tratta dal greco *astḗr* 'stella', che designa propriamente l'amello, composita i cui fiori mostrano una forma stellare; è denominato anche *aster attico* (toscano; in siciliano: *asteràtticu*) dal latino *aster atticus* (Plinio) a sua volta dal greco *astḕr Attikós*. Il termine *aster* figura anche nelle voci *astracèli* (ligure; toscano), *astracèle* (napoletano) che designano l'adonide e che sono probabili adattamenti del latino medievale *aster caeli* [DEI; LEI]. M.

**àstese,** sm. (veneto e veneto giuliano, con varianti; marchigiano: *àstic(e)*, *àstrice*; abruzzese e pugliese: *àstice*). Tipo di gambero marino, *Homarus gammarus* L.'.

Dal grecismo latino *astaci* (plurale di *astacus* 'gambero'), sul quale è stato rifatto un nuovo singolare. Il punto di irradiazione sembra Venezia. Nella variante marchigiana *àstrice* si è introdotta, dopo la *t*, come in altri casi, una *r* non etimologica [REW; DEI; LEI]. C.

**astettàre,** v. (calabrese; siciliano: *astittari*; campano: *astettà*; sardo logudorese: *iṡettare*; corso: *as(s)ettà*; friulano: *setâ*). 'Aspettare'.

Dal latino parlato **astectāre* 'aspettare' per il classico *expectāre*; ne deriva pure l'italiano antico *astettare*. Le forme sarda, corsa e friulana presentano una caduta della prima *-t-* per dissimilazione; inoltre, il sardo sarà un antico toscanismo anziché una forma indigena [REW; DEI; DES]. M.

**àstracu,** sm. (corso; campano, a Napoli: *àstreche*; molisano: *àstrëchë*; pugliese: *àstrëchë*, *àschere*, *aš̆cre*, e varianti; salentino: *àstrecu* e varianti; siciliano: *àstracu*, *àstricu*), 'terrazzo'; (abruzzese: *aš̆trë*), 'ballatoio'; (pugliese, nel foggiano: *àstreco*), 'loggia'; (pugliese, a Corato: *àschere*), 'terrazzino, balconcino'.

Dal latino *astracum* 'pavimento', (voce attestata nel VI sec., prestito dal greco *óstrakon* 'vaso di terracotta; coccio') specializzatosi nella designazione di 'terrazzo, copertura piana di un edificio che serve anche come terrazza' in quelle aree in cui è diffuso il tipo di casa mediterranea con tetto a terrazzo [DEI s.v. *àstraco*; LEI].

R. NIGRO: *Poi le case si infoltirono e la sagoma di un paese si stagliò contro il cielo d'argento, si stagliarono i tetti e gli ascheri sulle pareti del vallone di Castellana* (*Dio di Levante*, Milano 1994, p. 66). M.

**astutafuòco,** sm. (campano: Capri). 'Barbosa, spazzaforno, *Thymelaea hirsuta*'.

Propriamente "spegni fuoco", denominazione da confrontare con il toscano ed italiano *spazzaforno*, e con il fitonimo calabrese *astutalumèri* che designa la 'fitolacca' [Penzig 1924; DEI]. M.

**aṡùlu,** agg. (sardo sud occidentale). 'Celeste, blu'.

Dallo spagnolo *azul* 'blu' [Giacalone Ramat 1978: 171]. M.

**asupìu,** part. pass. (ligure). 'Morto' (*u l'è asupìu*).

Dall'italiano *assopito*, uno dei tanti modi per evitare il ricordo diretto della morte [Plomteux 1975]. C.

**atèiṡ,** agg. (emiliano: anche *atés*), 'vicino, accostato'; (sardo: *(at)teṡu*), 'distante, lontano'.

Malgrado i significati opposti, i due aggettivi si rifanno entrambi al latino parlato *attēnsus*, parallelo di *attĕntus*, da *attĕndere* 'prestare attenzione' a qualcosa di prossimo o di lontano (*tendere a*). Spiegazione non convincente per il LEI, che non ha accolto le voci dialettali emiliane [REW]. C.

**a tièmbë de la Jòzza,** locuz. (marchigiano: Ascoli Piceno). 'Molti e molti anni fa'.

Il modo si riferisce al generale di Napoleone Giuseppe De *La Hoz*, che finì col combattere contro i Francesi nell'assedio di Ancona del 1799 [Egidi 1965]. C.

**atòm,** sm. (friulano). 'Ottobre', in alcune località 'settembre', anche nelle forme *atòmp, otòm, tom*.

Dal latino *attŭmnus*, variante di *autŭmnus* 'autunno'; si tratta perciò di 'mese dell'autunno', con un passaggio da una stagione al nome di un determinato mese, che è comune in diverse lingue [DESF]. M.

**a tràito,** locuz. (toscano: versiliese). 'A tradimento'.

Da interpretare come 'a traditore', dal momento che in pisano l'aggettivo *tràito* significa 'cattivo, maligno' e in lucchese, come in antico, 'traditore', dal nominativo latino *traditor*.

L. VIANI: *Non potevano piantarmi a traito una coltellata al cuore* (*I Vàgeri*, cit. da Cocci 1956). C.

**a trè e ddu' cìnque,** locuz. (marchigiano: Macerata). 'A ufo, a poco prezzo'.

Di solito significa 'sgranfignare' dal gesto che si fa per indicare l'azione del furto, facendo ruotare la mano dal mignolo al pollice, come per contare; ciò che in Versilia viene analogamente detto *cinque e qquattro nòve* e nel Veneto *sinque e tre òto*. Il gesto è di amplissima diffusione. C.

**atriól,** sm. (ladino-veneto, nell'Agordino, anche *autriól*, *altriól*). 'Ancona, capitello'.

Diminutivo di *altare* ('altariolo', con un esito fonetico *alt* > *aut* > *at*). M.

**attàccia,** sf. (calabrese, anche *attàcciu* sm.). 'Chiodo da scarpe, bulletta' e in senso traslato 'persona furba'.

Prestito dal francese *(at)tache* 'chiodo da scarpa' [DEI; Rohlfs 1977]. M.

**attànë,** sm. (salentino; pugliese, nel tarantino). 'Padre', anche *attàni, attènë, attàinë*.

Dal germanico *attane*, forma dell'accusativo di *atta* 'padre'; nel salentino è presente anche la voce *attan'amate* 'nonno', letteralmente 'padre amato' [DEI s.v. *attane*; Rohlfs 1956]. M.

**attassàri,** v. (siciliano; calabrese: *ntassare*). 'Avvelenare'.

Dal nome dell'arbusto *tassu* 'tasso', le cui foglie sono tossiche [Rossi 1971-73]. C.

**attàzio,** sm. (pugliese: tarantino). 'Burbanza, atteggiamento borioso; maniera non comune di esprimersi propria degli oratori'.

La voce non è da ricondurre al latino *actitātio*, *-ōnis* da *actitāre* 'trattare, difendere spesso', attraverso la lingua del foro, secondo la proposta del DEI, né a *iactatio* 'iattazione', come pensa Rohlfs 1959, ma ad *atto* (dal latino *actus*) con il suffisso *-azzo* (modificato per influsso semidotto); allo stesso modo si spiega il trentino (roveretano) *attàz* 'tratto incivile, villano' [LEI]. M.

**attelà,** v. (abruzzese). 'Ragnare, il disporsi delle nuvole a strati leggeri', 'congelare superficialmente (dell'acqua, dell'umidità)'. Genericamente la voce esprime l'inizio di un fenomeno che si manifesti progressivamente: *attel'a ssudà* 'comincia a sudare', *l'arie ha 'ttelate* 'il cielo ragna, si vela'.

Da un latino parlato **adtelāre* con sostituzione di prefisso rispetto al documentato *protelāre* 'distendere per lungo'. Per Valente 1995 è un derivato da *tela* 'strato superficiale' [De Giovanni 1981]. M.

**attëlafóttë,** locuz. avverb. (lucano: S. Fele). 'In un attimo': *attëlafottë è fusciutë* 'in un attimo è fuggito'.

Forse da interpretarsi letteralmente, come 'gatto la fotte' con allusione alla rapidità del coito felino. C.

**attesà,** v. (campano, nel napoletano; calabrese: *attisari*; siciliano: *attisari*). 'Tendere, tirare'.

Dal latino parlato **tensāre*, tratto da *tensus* part. pass. di *tendĕre*, di analogo significato [DEI; Salzano 1979; Rohlfs 1977]. M.

**attippàri,** v. (siciliano), 'stipare'; (calabrese settentrionale: *attippare*), 'turare, tappare, chiudere', con derivati come il siciliano *tip(p)u* 'zeppo' e il calabrese *tìppula, attippàgliu, tippàgghië* 'tappo, turacciolo'.

Dal latino *stipāre* 'accumulare' con influsso del latino parlato **stuppāre* 'chiudere' [DEI s.v. *tip(p)are*; REWS]. M.

**attittàre,** v. (sardo). 'Piangere il morto e fare il suo elogio, incitando nello stesso tempo alla vendetta, se si tratta di un uomo assassinato dall'avversario'.

Dal logudorese *attittare*, che corrisponde al latino parlato **adtitiāre* 'attizzare', 'aizzare alla vendetta'. Questo significato potrebbe essere secondario rispetto ad un altro presunto verbo latino, **ad-thithare* 'allattare', 'offrire il seno', che documentazioni figurative e paralleli etnografici assicurano far parte del rituale del lamento funebre [DES; Paulis 1972-73]. C.

**attittìdos,** sm. plur. (sardo). 'Canti funebri', spesso, ma non sempre, ispirati a profondi sentimenti di vendetta'.

Dal latino parlato **adtitiāre* 'attizzare', 'aizzare' (ma → *attittàre*). La loro importanza nella poesia popolare logudorese ha diffuso in tutta l'isola il loro nome nella forma propria del Logudoro [DES].

C. LEVI: *Nella stanza una vecchia racconta i suoi ricordi della scrittrice, e mi canta gli* attitos [!] *cantati allora per il lamento funebre dello studente, che le era nipote* (*Tutto il miele è finito*, Torino 1975, p. 105). C.

**attònżu,** sm. (sardo: Ogliastra). 'Companatico'.

Propriamente, in sardo *at(t)ùnżu* è il nome dell''autunno', da cui è derivato il verbo *attunżàre* (logudorese), *attongiài* (campidanese) 'passare l'autunno' e, quindi, anche 'pascere'. Di qui il deverbale *attònżu* per 'companatico' [DES] C.

**a ttòrżo,** locuz. (toscano: Elba). 'A zonzo', 'in disordine'.

Va, probabilmente, con la locuzione veneta *andàr a tòrżio* 'andare a zonzo', che fa capo al verbo *tòrżer* 'torcere', dal latino popolare *tŏrquere* per il classico *torquēre* [Prati 1968]. C.

**attràssu,** sm. (lucano; calabrese; siciliano; pugliese). 'Ritardo', spesso in particolari accezioni, come in lucano, a S. Fele, *attrassë*, «la parte di grano o di altra cosa che il colono non riusciva a dare al proprietario del terreno e che prometteva di consegnare l'anno successivo» (Luciano 1992); così in altri luoghi dell'Italia meridionale; in area abruzzese e molisana *attrassë* 'lavoro e sim. in ritardo' con l'espress. *a da pahà l'atrassë* 'deve pagare l'arretrato' (Giammarco 1968).

Deverbale di *attrassà(re)* 'ritardare, indugiare', nome e verbo di origine spagnola (*atraso* e *atrasar*), molto diffusi nel Sud e in Sardegna [Beccaria 1968; Michel 1996]. C.

**attrevì,** v. (campano, nel napoletano; siciliano: *attrìviri*; sardo: *at(t)revire, at(t)reviri*). 'Osare, rischiare'.

Dallo spagnolo *atrever(se)* o catalano *atrevir-se* che hanno analogo significato (dal latino *tribŭere sibi*); sono noti anche prestiti dallo spagnolo *atrevimiento* o catalano *atreviment* nel sardo *attreviméntu*, napoletano *attrevemiénto*, siciliano *attrivimentu* 'audacia, baldanza' e dallo spagnolo *atrevido* 'audace' nel calabrese *atrivitu* agg. 'energico, svelto' [DEI s.v. *attrevire*; DES; VES; Michel 1996]. M.

**attricàssi,** v. rifl. (toscano, nel senese, nel grossetano: *attrigarsi*). 'Accapigliarsi, venire alle mani'.

Dal latino *altercāri* 'contendere, disputare', con influsso di *tricāri* 'far difficoltà, cercare pretesti'; in senese è nota anche la retroformazione *attrighìo* 'arruffio' [DEI s.v. *attriccare*; REWS; LEI]. M.

**attroppicàre,** v. (calabrese, anche *attruoppicare*; siciliano: *(at)truppicari*; lucano: *attruppëcà*; abruzzese: *ntruppëcà*; marchigiano: *introppicare*). 'Inciampare'.

Denominali tratti verosimilmente dalla voce dialettale (laziale, calabrese, siciliano, pugliese, salentino, abruzzese) *troppa* o *troffa* 'ceppaia, cespuglio' (→ *tròfa*); il significato del derivato verbale si può confrontare con quello dell'italiano *incespicare, cespicare* 'dar col piede contro un ostacolo', propriamente, secondo il significato del latino tardo *caespitāre*, 'dar contro una zolla di terra (*caespite(m)*)'. Un'altra ipotesi etimologica pone invece le voci in relazione con quelle spagnole *trompicar, tropezar* 'inciampare' [REW; DEI s.v. *attroppicare*, *troppicare*; REWS; Rohlfs 1977; DELI]. M.

**attrùfë,** sm. (campano, anche *attùfrë*; lucano). 'Ottobre'.

Da una forma osca *octufri* corrispondente al latino *octōber* [Merlo 1904; REW]. M.

**attuìre,** v. (toscano, lucchese e pistoiese), 'sottomettere', (toscano, nell'aretino: *atoiare*), 'stancare'.

Le voci si riconducono ad un longobardismo **aftōjan / *aftaujan* 'stancare inseguendo' [DEI; REWS]. M.

**atturràri,** v. (siciliano, anche *tturrari*), 'tostare; abbrustolire; rosolare', a Montedoro 'cuocere a fuoco lento lenticchie o fave sgusciate', a Ragusa 'conciar male qualcuno, di barbiere che taglia i capelli assai male', ad Avola *atturràrisi a scola* 'marinare la scuola'; (campano, a Napoli: *atturrà*; calabrese: *atturrare, atturrari*; sardo, nel logudorese: *atturrare*, *turrare*, nel campidanese: *atturrài, turrài*), 'tostare'.

Di probabile origine dal catalano *torrar* 'tostare' (piuttosto che dallo spagnolo *turrar*, voce rara). Anche il siciliano *atturraturi* 'tostacaffè' può essere un iberismo, dal catalano *torrador* di significato affine [DEI; DES; Varvaro 1974: 91; Salzano 1979; Michel 1996]. M.

**attùsë,** agg. (laziale: Castro dei Volsci), 'abile, ingegnoso'; (pugliese: Taranto), 'sveglio, svelto, vispo', 'molto adatto, serio'.

Dal latino *aptus* 'adatto, idoneo' col suffisso *-ōsus* unito ad aggettivo [LEI]. C.

**a tùtta callàra,** locuz. (laziale). 'Con il massimo impegno, con violento sforzo'.

Da *callara* 'caldaia, paiolo di metallo' con assimilazione di *-ld-* in *-ll-*, tipica del Lazio, ma presente anche in altre regioni (Marche, Umbria, Abruzzo, Campania e Lucania, oltre che in Corsica). Corrisponde alla locuzione figurata italiana *a tutto vapore* e, analogamente a questa, «è riferimento al punto di massima ebollizione di una caldaia» (Ravaro 1994). C.

**auggì,** v. (umbro: San Giustino, a Magione: *auggè, (a)uggià*). 'Annoiarsi', 'essere stregato': *me sènto auggìto.*
Derivato di *uggia*, qualunque sia la sua origine (DELI), qui nel senso di 'rugiada', che danneggia le piante e, per un comprensibile allargamento, anche gli uomini. C.

**aughià(re),** v. (toscano, nell'aretino; umbro: *augghià, augghiè*; marchigiano meridionale: *lloccià*; laziale: *aocchià*; abruzzese: *aduccià, auccià*; calabrese centromeridionale: *adocchiare, ducchiari, docchià*; siciliano: *aducchiari*). 'Dare il malocchio, stregare', 'ammaliare'.
Sviluppo particolare di significato da quello di 'adocchiare', 'guardare insistentemente' conservato in talune varietà; si tratta di derivati dal latino **adoculāre* 'adocchiare' da cui dipende anche l'italiano *adocchiare* [DEI s.v. *adocchiare*; LEI]. M.

**aulìva,** sf. (campano; abruzzese; lucano; calabrese; siciliano). 'Oliva', in qualche luogo anche la pianta dell'olivo domestico.
La forma dialettale, che ha varianti come *aliva, avuliva, aulèivë* ed altre secondo i dialetti, richiede un latino parlato **aulīva*, ipercorrettismo per *olīva* [DEI; Rohlfs 1977; Bigalke 1980]. M.

**auràna,** sf. (calabrese meridionale), «sgarza, specie di airone» (Rohlfs 1977); (campano, a Napoli: *aurana (ianca)*), «airone maggiore» (Salzano 1979).
Dalla voce germanica (antico e medio francone) **haig(i)ro* 'airone' da cui l'italiano *airone*, con cambio dell'uscita *-one* in *-ana*; il germanismo ha sostituito il termine latino *ardea*. [DEI; DELI]. M.

**a ùria,** locuz. (toscano). 'A occhio, all'ingrosso, a caso'.
Dal significato di 'presentimento', si spiega da *agùria*, di origine latina (o deverbale di *a(u)gurare*, o da *a(u)guria*, come plurale di *a(u)gurium*), nel senso di 'auspicio, predizione', che può essere buona o cattiva, quindi, casuale. C.

**aurìglia,** sf. (ticinese: S.Domenica). 'Orecchio d'orso, *Primula auricola*'.
Piuttosto che dal latino parlato **aprilius*, perché questa primula fiorisce da aprile a giugno, dal latino *auricula*, come confermano il nome scientifico e quello volgare, suggeriti dalla forma delle foglie spatolate e un po' accartocciate [VDSI; LEI]. C.

**àuse,** sm. (ligure occidentale). 'Salice', designa varie specie di *Salix*; è voce registrata da Penzig 1924 e ripresa dal DEI.
Si confronta col francese *osier* 'vinco' e come questo si connette al latino tardo *auseria, ausaria* 'vimine' a sua volta riportato ad una base prelatina **aus-* 'corso d'acqua; sorgente' riflessa in molti idronimi [FEW; DEI]. M.

**ausvài,** sm. (veneto: Verona e Polesine). 'Salvacondotto, lasciapassare'.
Dal tedesco *Ausweis* 'documento, tessera', penetrato durante l'occupazione austriaca ottocentesca [Bondardo 1986]. C.

**avanàr,** v. (ligure: Pigna; piemontese: *vané*; laziale, a Veroli: *vanà*). 'Vagliare (il frumento)'.
Dal latino *vannus* 'vaglio' [Merlo 1941-57] C.

**avànzi,** avv. (calabrese; siciliano). 'Avanti'.
Si tratta di *avanti* (dal latino *abante*) incrociato con *anzi* 'davanti' (dal latino parlato **antius* 'prima') [DEI; LEI]. M.

**avàro,** sm. (veneto istriano: Pirano). 'Zanella ai lati della strada', 'termine, segno terminale'.
Dal latino *aquārius* 'relativo all'acqua' e, quindi, 'solco', come nel veneto *alguaro* dalla stessa voce latina [LEI]. C.

**avciüra,** sf. (piemontese: Alessandria; lombardo, in Val Chiavenna; *veciüra*). «Prezzo del trasporto, compenso che un tempo si dava al carrettiere per il trasporto della merce» (Massera 1985).
Dal latino *vectura*, passato da '(mezzo di) trasporto' al 'prezzo del trasporto stesso'. C.

**avécce l dódice,** locuz. (umbro: orvietano). 'Avere il corredo completo'.
Perché doveva consistere in *dodici* capi. C.

**avée ciü nómi che a mùsa,** locuz. (lunigianese: La Spezia). 'Avere molti nomi'.
Letteralmente 'avere più nomi della vulva (→ *mùsa*[1])', constatazione confermata dalla varietà di risposte ai questionari linguistici che prevedono la domanda, indice della straordinaria creatività onomaturgica popolare. C.

**avé la mój insl'uròla,** locuz. (romagnolo). 'Avere la moglie con le doglie del parto'.
Letteralmente, 'avere la moglie sul focolare (→ *aròla*)'. Per citare e spiegare la locuzione tutti si rifanno alla notizia del Placucci: «Al primo sentore de' dolori la sposa deve assidersi sull'orlo del focolare» (Toschi 1952: 55). C.

**avé la pré a ca sóva,** locuz. (romagnolo). 'Essere un villano, che non chiude mai la porta'.
Letteralmente 'avere la pietra a casa sua': «Nelle case di campagna di una volta (e nei recinti per il bestiame tuttora) una pietra, legata ad una corda dietro la porta, faceva da contrappeso, di modo che la porta si richiudesse da sé» (Miniati 1989). C.

**avellàre,** v. (toscano). 'Puzzare'.
Dal toscano *avèllo* 'cattivo odore', a sua volta da *avello* 'cassa sepolcrale; fossa scavata in terra', variante desueta con discrezione di *l-* (interpretata come articolo) di *lavello* (toscano e italiano) 'recipiente per l'acqua' (dal latino *labēllum*, diminutivo di *lābrum* a sua volta riduzione di *lavābrum* 'tinozza, vasca per lavarsi'); il toscano ha anche la frase *puzzare come un avello* [Fatini 1953; DEI]. M.

**avé 'l palléti(h)o,** locuz. (toscano: pistoiese). 'Non stare mai fermo'.
Metafora tratta dall'osservazione di chi è colpito dal *parletico*, cioè, anche etimologicamente, *paralitico*, passato da nome del malato a quello della malattia che provoca un continuo tremolio delle mani (a Pisa *avé 'r pallétïo*; *pallèteco* o *pallètoco* anche nel cortonese) [DEI]. C.

**avemarìe,** sf. plur. (ligure: a Genova; toscano: a Lucca e Pistoia). 'Sorta di pasta tagliata per uso di minestra'.
Denominazione derivata dai chicchi del rosario, quelli più piccoli rispetto agli altri, da cui è stato tratto anche il nome *paternòstri* per un altro tipo di pasta. L'immagine suggerita dai chicchi del rosario è anche all'origine del fitonimo veneto *avemarìe* 'migliarino, migliasole', pianta chiamata in emiliano *corài de la Madona* "coralli della Madonna" o *làcrim de la Madona* "lacrime della Madonna" [DEI]. M.

**avenà,** v. (ligure). 'Incrinarsi, fendersi (di un piatto, un bicchiere, ecc.)'.
Da *vena* [Plomteux 1975].
E. MONTALE: *Scotta la terra percorsa / da sghembe om-*

*bre di pinastri, / e al mare là in fondo fa velo / più che i rami, allo sguardo, l'afa che a tratti erompe / dal suolo che si avvena* (*Ossi di seppia*, Torino 1943, p. 71). C.

**avé nnéccio,** locuz. (toscano: Pistoia). 'Avere, provare paura'.

Come per le espressioni simili *avé 'l néccio (al culo), fà nnéccio*, occorre rifarsi al significato equivalente italiano 'farsela addosso': *néccio*, infatti, indica una 'macchia scura e rotonda', come la 'schiacciata di farina di castagne' (che è il senso proprio del vocabolo), e, in particolare, la 'traccia di escrementi nelle mutande'. Vi corrisponde a Lucca il *neccio della camicia*, «quello che a Firenze dicono: *bulletta alla camicia*» (Nieri 1902). C.

**averàbbo,** sm. (campano, nel napoletano), «incensamento, piaggeria, piacenteria, *fare averabbo* andare a versi, piaggiare» (Andreoli 1887); (abruzzese: *averabba* sf.), «adulazione» (Giammarco 1985); (abruzzese; campano, al plur.), 'percosse'. Frequente, e noto anche all'italiano, il tipo *far l'ave rabbi* 'essere cerimonioso, adulatore, eccessivamente ossequioso'.

Da *ave, Rabbi!*, in latino, 'ti saluto, o Maestro', parole dette da Giuda a Gesù baciandolo, prima di tradirlo (Matteo 26, 49) [DEI; LEI]. M.

**avèrg dal trìn,** locuz. (lombardo: mantovano). 'Si dice delle acque o d'altro, che sappiano come di terra o di fanghiglia'.

Letteralmente 'avere del terreno'. Infatti, di pesci che sappiano di fango si dice *sa da terìn.* C.

**avér i pé de pelegrìno,** locuz. (toscano: Carrara). 'Avere i piedi esageratamente grandi'.

La statua dell'uomo politico e giurista carrarese *Pellegrino* Rossi presenta i piedi in posizione tale, che sembrano ancora più grandi di quanto non siano in realtà [Luciani]. C.

**avéz,** sm. (lombardo, anche *ambièz*, *albiéz*, *biéz*, ed altre varianti; ticinese, con varianti; trentino; ladino-veneto; ladino centrale; veneto). 'Abete bianco', in qualche luogo anche 'abete rosso'; nel lombardo designa pure la 'resina'; a Novi Ligure *abésci* vale 'trementina greggia'; nel genovese *abézio* è la 'trementina'.

Sono tutti derivati dal latino parlato **abieteus* propriamente 'di abete' (talvolta con influsso di *albus*, come in *albiéz* e *ambièz* con successiva dissimilazione). Nel Cinquecento le forme dialettali, che sono di area settentrionale, entrano nella lingua comune: cfr. *olio d'abezzo* (con adattamento ad *abete*) per la 'trementina' che, ricavata da incisioni nel tronco dell'abete, giunge nella pianura padana e in Toscana come prodotto usato in medicina e fabbricato nelle zone alpine ricche di abeti (per es. nel Trentino) [DEI s.v. *abézzo* e *avézzo*; LEI]. M.

**àvio,** sm. (piemontese, anche *àviu*), 'letto di un fiume'; (ladino centrale, Comelico: *àviu*), 'canaletto per lo scolo delle acque'.

Dal latino *alvĕus* 'letto del fiume' [LEI]. C.

**avìri a ssanciuvàn-ni,** locuz. (siciliano: Vittoria). 'Soffrire d'ernia'.

Letteralmente 'avere la S. Giovanni'. «Secondo la credenza popolare il Patrono S. Giovanni protegge gli erniosi e spesso miracolosamente li guarisce» (Consolino 1986). C.

**avìri i càbbi,** locuz. (siciliano: pantesco). 'Imitare l'inflessione o la pronuncia di un dialetto forestiero', 'parlare affettatamente col frequente ricorso all'italiano'. Analogamente, *purtàri i càbbi* si dice di chi, avendo soggiornato fuori di Pantelleria e ritornato nell'isola, continua a 'imitare le caratteristiche della parlata straniera'.

Letteralmente 'avere (portare) i semi', da *cabba*, variante cittadina di *habba* 'seme di qualsiasi frutto', che riproduce l'arabo *ḥabb(a)* 'seme', 'grano'. C.

**avìri (l)a scumìnica (papalìna),** locuz. (siciliano). 'Essere particolarmente sfortunato (specie al gioco)'.

Ricordo dei presunti effetti della scomunica papale. C.

**avìri o mintìrisi u pischésci,** locuz. (siciliano). 'Detto dei polli, quando strascinano le ali'.

Locuzione diffusa nella sua struttura, varia nel riferimento preciso: qui alla 'lunga giacca da uomo', altrove al 'tabarro' (→ *far tabàr*), o al 'ferraiuolo' (→ *fa el fraiól*). C.

**avoiàl,** sm. (friulano). 'Avvocato'.

Dal latino *advocātor* attraverso *avogàl*, voce documentata nel friulano antico, ma di tradizione dotta; il nominativo latino *advocātor* è alla base anche del veneziano *avogàdro, avogàro* [DESF]. M.

**avónde,** avv. (friulano). 'Abbastanza', anche *vonde*.

Dal latino *abŭnde* 'abbondantemente', per quanto sembri più plausibile una derivazione diretta dal latino *abŭndat*, forma di terza persona singolare [LEI; DESF]. M.

**avùcchïe,** sm. (pugliese, nel tarantino; salentino, nel brindisino). «Arnia, alveare; gli alveari locali sono delle cassette rettangolari bislunghe, confezionate di pietra tufacea» (Rohlfs 1959), anche *aùcchiё*, *vùcchia* e altre varianti.

Secondo il DEI (s.v. *avùcchio*), non si tratta di un derivato del latino *apis* 'ape' ma del latino tardo *buccŭla* 'sorta di vaso'; il Rohlfs ibid. muove da un latino parlato **bucculum* 'piccola bocca'. M.

**avùsciu,** sm. (calabrese, anche *aùsciu*, *vùsciu*, *bùsciu*; siciliano, anche *aùsciu*, *bbùsciu*). 'Bosso'.

Queste voci non dipendono da *buxus* 'bosso' ma richiedono un latino parlato **buxeus* in origine forma aggettivale di *buxus* (quindi analogamente a *faggio* da *fageus*). Sono derivati dalle voci dialettali citate il siciliano *ausciari* e il calabrese *vusciare* 'piallare, lisciare, levigare', operazione che si fa con uno strumento di bosso: si confronti l'italiano *bussetto* (XV sec.) 'strumento di bosso usato dai calzolai per lucidare e dai drappieri per stampare' [REW; DEI s.v. *avuscio* e *buscio*; REWS; Piccitto 1977]. M.

**avùzzu,** sm. (lucano; pugliese e salentino, con varianti, fra cui *aùzzu*; campano, a Napoli: *aùzzo*; calabrese: *arvuzzu*; sardo: *armuttu*, *arbuttu* e varianti). 'Asfodelo'.

Appartiene ai tanti derivati meridionali e corsi del latino *albūcium* 'stelo dell'asfodelo', 'asfodelo' [DEI ss.vv. *albuzzo*, *armuttu*, *arvuzzo*; DES; LEI].

T. FIORE: *Il resto dovunque non muta, o se i prati si tingono di rosa per la fioritura dell'"aùzzo", l'antico funebre asfodelo, il quadro viene stretto in giro dal calcare cinerino, fungaia che dovunque punteggia le alture, o lebbra che invade e domina uniforme* (*Un popolo di formiche*, Bari 1968, p. 37). C.

**azàta,** sf. (calabrese, con le varianti *alżàta, anzàta, arżàta, żàta*). 'Martedì grasso, l'ultimo giorno di carnevale', anche sm.: *azàtu, azàri.*

Letteralmente 'alzata', come traduzione del corrispondente greco *sḗkōsis* (pronunciato *sìkosis*), perché in quel giorno la carne è 'alzata', nel senso di 'messa da parte, conservata' [LEI]. C.

**àzia,** sf. (ladino centrale e ladino-veneto, anche nella variante *èzia* e nella forma completa *èrba àzia*). 'Ribes montano, *Ribes alpinum* L.'.

Dal latino *acidus* 'acido, agro', così detto per l'asprezza delle bacche [Pedrotti-Bertoldi 1930; Pellegrini-Zamboni 1982; LEI]. C.

**ażżanàu,** agg. (sardo: nuorese). 'Spaventato'.

Chiaro derivato di *żàna* o *jàna*, la 'fata' buona o 'strega' cattiva, che abitava nei nuraghi o nelle grotte preistoriche. Secondo Farina 1973, «evidentemente nel passato si credeva che dette fate, uscendo fuori dalle tombe (*domus*), potessero provare forte spavento», ma la situazione si potrebbe capovolgere e ritenere che si spaventasse chi le vedesse. C.

**azzarèllu,** sm. (siciliano, Palermo: anche *azzarèddu*). 'Due di spade (nelle carte da gioco)'.

È voce gergale: il nome si spiega «perché su questa carta è stampato il cognome del fabbricante: Azzarello» (Calvaruso 1930), cioè 'acciarino' [LEI]. C.

**azzëccùso,** agg. (campano: Napoli). 'Appiccicaticcio', 'affettuoso, simpatico, aggraziato', detto specie di ragazza (*azzëcosa*).

Dal verbo *azzëccà* 'attaccare, congiungere', di vasta area meridionale, ma di origine ancora discussa [DEI]. C.

**ażżiżàri,** v. (siciliano, anche *ażżiżare*, *ażżiżżari*; calabrese: *ażżiżżari*). 'Adornare, attillare, abbellire', col part. pass. e agg. *ażżiżato*.

Dal dialettale *żiżżu* agg. 'elegante, ben messo', anche 'vanesio, con poco giudizio' (derivato dall'arabo '*azīz* 'raro, prezioso, splendido'), riflesso nella denominazione *la Ziza* (o *la Zisa*) che designa il celebre palazzo arabo-normanno di Palermo [DEI; Pellegrini 1972; Piccitto 1977; Rohlfs 1977].

V. CONSOLO: *Angelina... è tutta azzizzata, e odora d'acquananfa* (*Le pietre di Pantalica*, Milano 1988, p. 107). M.

**àzzo,** sm. (toscano), 'mossa, gesto'; (campano, nel napoletano: *lazze*; siciliano: *lażżu*), 'motto faceto'.

Come per l'italiano *lazzo*, le voci non si considerano derivati del latino *actio* 'azione scenica' (come in DEI) ma da *asilus* 'estro, tafano' forse con influsso di una base fonosimbolica *adz-*. Tale etimologia richiede un'evoluzione di significato dal nome dell'insetto (presente ad esempio nell'abruzzese *azzë* 'calabrone' e *azza* 'cetonia dorata') al senso di stimolo, di molestia, al muoversi, l'essere vivace, allegro [Lurati 1981; LEI]. M.

**(az)zurràitti,** inter. (siciliano con varianti). 'Va bene'.

Adattamento, dovuto ai due sistemi fonetici lontani, dell'inglese *all right*, presente anche nella forma più vicina all'originale *oraìtt(i)*, che torna anche in lucchese (*oràitti*) e in anconitano (*oràit*); ma, mentre tutte le altre sono state importate dagli Stati Uniti dagli immigrati tornati al loro paese, quest'ultima forma è propria della parlata dei lavoratori portuali per i frequenti contatti con gli equipaggi delle navi inglesi. C.

# B

**babalà,** nella locuz. *a la* - (veneto: Venezia; veneto istriano; romagnolo; emiliano occidentale e veneto, nel veronese: *a la babalana*; toscano, umbro e laziale, nel romanesco, campano, nel napoletano: *alla babbalà*; abruzzese: *a lla bbabbalà*; pugliese, siciliano: *a babbalà*). 'Spensieratamente, alla carlona'.

Solitamente la locuz. è ricondotta all'arabo *'alā bāb allāh* 'alla grazia di Dio' (letteralmente 'sotto la porta di Dio'); per il LEI, invece, è un riflesso della base **bab(b)- / *pap-* 'sciocco; brutto' come il lunigianese e veronese *babalàn* 'fanfarone; sempliciotto che parla troppo' [Pellegrini 1972; Cortelazzo 1989]. M.

**babalùccu,** sm. (pugliese: Gargano). 'Upupa'.

Dal latino *uluccus* 'allocco' incrociato con i derivati della base **bab(b)- / *pap-* il cui campo semantico principale è quello di 'sciocco; brutto da far paura' tra i quali (secondo il LEI) rientrano ornitonimi come il ligure (Rossiglione) *babüzu*, il toscano (aretino) e marchigiano meridionale *babusso* 'pispolone' (*Anthus trivialis* L.)', il campano (napoletano) *babusso* 'upupa', il marchigiano (Fano) *babùs* 'scricciolo'. Tra i continuatori della medesima base sono da comprendere anche l'abruzzese *bbabbalucchë, papalòc*, il molisano *babbaruóscë* plur., il calabrese meridionale *babbaluccu, babbalutu* 'ragnatela' (in calabrese tali voci designano pure 'insetto, animaluccio') [DEI s.v. *babalucco* e *babbalucco*; LEI]. M.

**babbalùccio,** sm. e agg. (toscano: lucchese, al Giglio: *babbalucco*, nel senese: *babbalone*; ligure, a Sanremo: *babalücu*; ladino centrale, a Campolongo: *babaluco*; umbro, a Foligno: *babbalóccu*; laziale, a Subiaco: *babbalòttu*; abruzzese e molisano: *bbabbalucchë, bbabbalicchë*; pugliese: *babbalucchë*; lucano: *babbaucchë*; siciliano: *babbaluccu, bbabbalèccu*). 'Stolto, stupido, babbeo'.

Dalla base **bab(b)-* il cui significato fondamentale è 'sciocco; brutto (da far paura)' con diverse suffissazioni (→ *bàbbu*). Rientrano in questa famiglia di parole anche il ligure (genovese) *babazón*, l'abruzzese e molisano *bbabbasónë*, il campano (napoletano) *babbasóne*, il calabrese *babbasune*, il pugliese *babbasòne*, il siciliano *bbabbasuni* 'goffo, sciocco, babbeo' (per tali forme il DEI ricostruisce un latino parlato **babbasio, -ōnis*). Le forme *babbalocco* e *babbacione* 'stupido, babbeo' sono entrate anche in italiano [DEI s.v. *babbaluccio, babbasóne*; LEI].

D. MARAINI: *Alle volte afferra il taccuino che Marianna tiene legato alla cintola, ne strappa un foglio e vi scrive sopra impetuosamente: «Sei una babbasuna, figlia mia, ma invecchiando ho scoperto i babbasuni a tutti gli altri»* (*La lunga vita di Marianna Ucrìa*, Milano 1990, p. 55). M.

**babbalùci,** sm. (siciliano; calabrese; campano, sf.: *babalùscia*). 'Chiocciola, lumaca'.

Frutto dell'incrocio fra due diffusi nomi dell'animale: *babbùcia* (siciliano), di origine araba (*babbūš*) e *buvalàci* (siciliano, calabrese), che rappresenta il greco **boubalákion* [VES].

V. CONSOLO: *S'approfittava financo dell'Ersilia, la vecchia che vendeva per le strade cicorie cacocciole asparagi finocchi babbalùci, secondo la stagione (Il sorriso dell'ignoto marinaio*, Milano 1987, p. 27). C.

**babbilàno,** sm. (laziale: romanesco; campano: napoletano). 'Uomo impotente'.

Dal nome di *Babilano* Pallavicino, protagonista, nel Seicento, di un clamoroso processo di separazione per inabilità coniugale [LEI]. C.

**bàbbio,** sm. (toscano: lucchese; laziale: romanesco; veneto e trentino: *bàbio*; lombardo e ticinese: *babi*). 'Muso, volto; labbro; mento'.

Dal latino *bab(b)ŭlus* 'stolto, inetto; labbro'. Sono fatti risalire ai temi **bab(b)- /*pap-* col significato fondamentale di 'sciocco; brutto da far paura' anche forme dialettali designanti 'labbro', o altre parti del corpo umano, quali il lombardo alpino *bèb* 'labbro', siciliano (a Sant'Alfio) *bbabbu* 'pudende femminili' e derivati come l'abruzzese *vavìššë* plur. 'pappagorgia', pugliese (a Bitonto) *babbiscë* 'chi ha il mento aguzzo, sporgente ed è bleso', a Bari *bbabbéscë* 'mento' [DEI; LEI]. M.

**bàbbu,** sm. e agg. (calabrese; pugliese: Lucera; siciliano: *bbabbu*). 'Cretino, bietolone, babbeo'.

Dalla stessa base **bab(b)-*, dell'italiano *babbèo* e → *babbalùccio* [DEI s.v. *babbo*; Rohlfs 1977].

L. ASPREA: *Mastro Ciccio ti vuole bene! Non ti fa niente. Non ti fa la barba. Scherzava, babbu!* (*Il previtocciolo*, Milano 1971, p. 89). – D. MARAINI: *quella babba della zia Fiammetta vorrebbe che lei zappasse l'orto in convento, come le altre* (*La lunga vita di Marianna Ucrìa*, Milano 1990, p. 100-101). – EAD.: *E io sempre più scimunita e babba ci dico: "Se non ve ne andate, popolaccio, chiamo i dragoni del signor padre"* (*ibidem*, p. 113). C.

**bàbe[1],** sf. (friulano). 'Fungo porcino (*Boletus edulis* Bull.)'.

Dallo sloveno *baba* di analogo significato. Sono riconducibili allo slavismo anche le forme friulane *bàve* e *bavàcie* riferite sempre al porcino [Pellegrini-Zamboni 1982: 279]. M.

**bàbe[2],** sf. (friulano), 'levatrice', per estensione 'pettegola', anche *babìse*, col derivato *babèz* 'chiacchierio da donnette; pettegolezzo'; *baba* (veneto giuliano; veneto settentrionale; veneto bisiacco; trentino), 'donna chiacchierona, pettegola; comare'.

Di solito si ritiene di origine slava, da *baba* (sloveno)

'avola, nonna', tuttavia è voce di formazione così elementare, che può essere sorta indipendentemente [DEI; DESF; Doria 1987].

S. SLATAPER: *di domenica, quando seduti intorno alla tavola del salotto, bimbi e babe e il fratello del padron di casa, tutto contento se vinceva un soldo, giocavamo a tombola* (*Il mio Carso*, Milano 1989, p. 67). M.

**babsegnàr,** sm. (lombardo e ticinese; abruzzese: *babbëgnorë*). 'Nonno'.

Letteralmente 'babbo signore', che ha, nell'engadinese, un corrispondente nella coppia *bapsegner* e *mammaduonna* 'nonna'. C.

**babùrru,** sm. (calabrese settentrionale). 'Sciocco, inetto'.

Pare riflesso di un latino tardo *baburrus* con lo stesso significato [DEI; LEI]. M.

**bac,** sm. (piemontese), 'battipalo, congegno per piantare pali'; (ligure: *bacu*; lombardo; trentino, in val di Non; emiliano), 'bastone, randello, pertica'.

Dal latino parlato **baccum / *baccus* 'bastone', retroformazione di **baccŭlum* 'bastone' per *bacŭlum*, forma presupposta anche dal sardo *bàcculu* 'bastone' [DEI s.v. *bacco*; LEI]. M.

**bacàn,** sm. (veneto; trentino; ladino centrale; friulano; lombardo; ticinese), 'proprietario di un podere, contadino benestante'; (ligure, nel genovese), 'padrone dell'imbarcazione, principale, persona di grande autorità'; (piemontese; valdostano), 'villanzone; maldestro'; (toscano, nell'amiatino: *baccanu*), 'contadino'; (toscano, nel pisano: *baàna* sf.), «donna di non buona fama; donna di poco conto, e anche sciatta e trasandata nel vestire» (Malagoli 1939); (siciliano: *bbacana* sf.), 'prostituta'.

Probabilmente da collegare con le forme latine medievali *baccones* '*rustici, agricolae*, coloni', *baccunnus* '*rusticus, stultus*', *baconus* '*wassallus*' (VDSI), tali voci sono di etimo ancora incerto benché non siano mancate proposte di interpretazione basate sull'arabo *baqqāl* 'fruttivendolo', nell'arabo d'Egitto 'pizzicagnolo', attraverso il turco (e di qui anche nelle lingue dei Balcani, ad esempio nel rumeno *bacal, bacan* 'negoziante che vende al minuto vari prodotti alimentari'), sulle parole latine *paganus* e *vicanus* ed anche su un prelatino **bak(k)-* 'piccolo, giovane'; quest'ultima ipotesi è difficile da sostenere per ragioni semantiche [DEI s.v. *bacano, baccano*; Pellegrini 1972; DESF; LEI]. M.

**bàcara,** sf. (lombardo, nel bresciano, anche *bàchera*; trentino: *bàcari* sm.; friulano: *bàciare*), 'ciclamino, *Cyclamen europaeum* L.'; in friulano designa anche altre piante come il 'ligustro, olivella, *Ligustrum vulgare* L.' e vale pure genericamente 'arbusto'; (veneto, nel feltrino: *bacarón, bacherón*), 'tubero del ciclamino'; (veneto istriano: *bachèr*), 'dente di leone'; (toscano: *bàccaro*), 'asaro'; (veneto, a Teolo: *ùa bàcara*), 'coccole del sambuco' [propriamente "uva *bàcara*"].

Dal latino *baccar, -aris* e *baccaris, -is*, 'nardo selvatico', voce ritenuta di provenienza gallica (e non greca come in DEI) [REWS; Pellegrini-Zamboni 1982; LEI]. M.

**bàcaro,** sm. (veneto). 'Vino di bassa qualità' e 'luogo dove si spaccia vino meridionale'.

Anche se le testimonianze della voce sono piuttosto recenti, non è infondata l'ipotesi di F. Fanciullo, che si possa risalire ad un *vin bàcaro*, come designazione di una bevanda fermentata ottenuta dal sambuco, le cui bacche sono chiamate in veneto *ua bàcara*, dal latino *baccar*, nome di varie piante (→ *bàcara*) [LEI].

P. DE DOMENICO: *Là si bevevano i vini baccaro e malvasia* (*La barca dorata*, Gardolo di Trento 1989, p. 58). C.

**baccarèlla,** sf. (corso). «Specie di grosso tonno» (Falcucci 1915).

Da "vacca" per le dimensioni del pesce, denominazione da confrontare con l'italiano *pesce vacca* 'palombo, nocciolo, grosso squalo' che in siciliano è detto *vaccaredda* (Palombi-Santarelli 1961) e in calabrese *pisci vacca* [DEI s.v. *baccarella* e *pesce vacca*]. M.

**baccèlli,** sm. (toscano). 'Almanacco, lunario'.

Dal nome dell'antico lunario popolare *Il vero Sesto Cajo Baccelli*, «per esteso: *Il vero Sesto Cajo Baccelli, guida dell'agricoltore, fratello maggiore di Settimo Cajo Baccelli, nipote del celebre Rutilio Benincasa, astronomocabalista, soprannominato lo Strologo di Brozzi*». È un «lunario popolare che si pubblica tuttora in Firenze e che, oltre al calendario e alle previsioni meteorologiche, contiene una prefazione in versi (dal 1832 al 1858 la scrisse A. Guadagnoli) e notizie utili agli agricoltori (principalmente sulle fiere e i mercati della Toscana)» (LUI). C.

**bacchétta,** sf. (toscano, nel pistoiese e lucchese). 'Cuoio di vacca'.

Da *bacca* variante di *vacca*, da confrontare con il latino medievale *bacchecta* 'registro rilegato in pelle' (Roma a. 1363) [DEI]. M.

**bacchëttònë,** sm. (salentino). '(Margine del) marciapiede'.

Il Rohlfs 1956 richiama *bacchettone* 'apparentemente devoto, ipocrita', ma non si vede la relazione fra i due sostantivi. Si potrebbe pensare a un accrescitivo di *bacchetta* nel senso, peraltro non documentato, di 'asta che delimita il marciapiede'. C.

**bàccu,** sm. (sardo, anche *accu*), 'forra, gola di montagna'; (toscano, nel lucchese: *bacco*), 'passo fatto alzando la gamba e il piede'; (lunigianese: *baccare, baccà* v.), 'passare, camminare'; (lunigianese: *bacarola* sf.), 'fila di sassi disposti nel letto di un fiume per agevolare il passaggio'; (lunigianese: *bachìn*), 'soglia dell'entrata'; (toscano, nel versiliese: *abbaccà* v.), 'superare un ostacolo camminando con una certa attenzione'; (toscano, nel lucchese e pistoiese: *trabaccare* v.), 'acciancare'; (ligure orientale: *bacu*), 'passo lungo che si deve fare per attraversare un fosso, un ruscello' col v. *strabacà* 'travalicare'; (emiliano, nel reggiano-modenese: *bac*), 'passo', col v. *bachèr* 'por piede, far passi'.

Il REW ed il DEI pensano a riflessi di un latino parlato **vadicāre* frequentativo di *vadĕre* 'andare'; invece Rohlfs 1979 accomuna le forme toscane ed emiliane al corso *abbacassi* 'sdraiarsi mollemente' vale a dire "come una 'vacca'", ma questo confronto non è pertinente. Mastrelli 1978 ricostruisce per tutte le voci menzionate un etimo fondato sul latino *varicāre* incrociato con *vadĕre* 'andare' o *vadum* 'guado'; il latino *varicāre* è continuato dal sardo logudorese *barigare* e campidanese *barigài* [REW; DEI ss.vv. *abbaccare, baccare*; DES; Mastrelli 1978]. M.

**bachiànu,** sm. (sardo: nuorese, *bajànu* in logudorese). 'Celibe, nubile'.

Frutto dell'incrocio fra *baggiànu* 'vanitoso, sciocco' (→ *bdóst*) e *bacànte, bacantìvu*, 'vacante', poi 'incolto' e, infine, 'celibe' (*vacantivo*) [DES]. C.

**bacialè,** sm. (piemontese). 'Paraninfo, mediatore di matrimoni'.

Secondo un'etimologia che risale ancora al Levi, la voce sarebbe un derivato del latino medievale *baccale* 'bacile'; in origine si tratterebbe quindi di un «fabbricatore di conche», con «allusione al letto matrimoniale, detto per celia 'truogolo' ... formazione metaforica piena di arguzia e sottile ironia». Il LEI invece ritiene che il termine sia un derivato del latino parlato **baccalaris* (probabilmente da una base celtica *bakk-* 'giovane') documentato nel latino medievale (*baccalaris* ante 1050 circa, anche *baccalarius* 813) col significato di 'servo, vassallo'; attraverso quello di 'sapientone', attestato anche dall'italiano *baccelliere*, si sviluppa la designazione piemontese. Non viene trascurato, tuttavia, il fatto che *bacialè* richiama l'espressione bolognese *far da bacalàr* 'tenere il lume, ossia intervenire in alcun fatto senza avervi utile o interesse proprio, ma solo per comodo altrui; e per solito si dice di quelli che intervengono come terzi tra due innamorati' che è costruita col sm. *bacalàr* 'lucerniere', specie di bastone di legno con larga base che tiene la lucerna, da un latino parlato **baccum/ *baccus* 'bastone' [Levi 1927; Petrone 1976; LEI].

S. VASSALLI: *In quei giorni, l'Osteria della Lanterna di fronte alla chiesa diventava un locale animatissimo, un vero e proprio mercato nel mercato per ogni genere di trafficanti, dal* bacialè *(sensale di matrimoni) al cavadenti* [...] (*La chimera*, Milano 1986, p. 94). M.

**baciàsa,** sf. (piemontese; lombardo; emiliano; ticinese). 'Truogolo'.

La voce è ricondotta dal LEI al latino *baccea* 'recipiente per il vino e per l'acqua', voce attestata da Isidoro e ricondotta ad una base preromana **bak-*; diversamente il DEI (s.v. *bacassa*) aveva posto un confronto con una forma del latino tardo *bacca* 'recipiente'. Dal significato primario 'recipiente', si è sviluppato in area ticinese e lombarda quello di 'tettoia': ticinese *basciota, bagiota* 'capanna, specie di cascina', lombardo settentrionale *bascìš* 'casolare'. Il LEI riconduce alla stessa famiglia tra le altre forme anche: *baciàs* (piemontese) 'pantano, pozzanghera' col v. *baciasè* 'sguazzare', *baséta* (ligure orientale) 'catino di legno, paletta, votazza per prendere olive, grano e farina', (marchigiano, a Cagli) *basla* 'sessola' (→ *bàsla*), (trentino) *bazón* 'bigoncio, secchio di legno'. M.

**baciatùra,** sf. (toscano). «Parte del pane meno cotta e priva di crosta, perché aderente a un'altra forma durante la cottura» (Gori-Lucarelli 1984).

L'adesione dei due pani è interpretata come atto di *baciarsi*: infatti a Pisa si chiamano anche *baci*. C.

**Bacìcia,** n. pr. (ligure). 'Battista'.

Il nome, frequentissimo in Liguria, si è diffuso anche fuori della regione, ora nel senso di 'sempliciotto' (piemontese e lombardo; in lombardo anche *batista*, in Emilia *batèsta*) ora, genericamente, per 'genovese', ed è stato accolto nello spagnolo dell'Argentina, dove *bachicha* significa tanto 'sciocco', quanto 'italiano in genere' [DEI ss.vv. *baciccia* e *batista*; VDSI; Plomteux 1975]. C.

**bacilà,** v. (ligure; ticinese; friulano; veneto: *bazilàr(e)*; istrioto: *bazilà*; emiliano: *bazilèr*; toscano: *svagellare*). 'Delirare, farneticare'.

Dal latino *vacillāre* 'vacillare, tentennare' in senso figurato, trasmesso per via semidotta. Anche l'altra accezione latina 'essere insicuro, incerto' è rappresentata nei dialetti italiani: l'amiatino *svagillà*, per esempio, oltre che 'delirare', significa 'esimersi di proposito da un impegno, specialmente verbale' [REW; DEI s.v. *bacillare*; REWS; Prati 1968]. C.

**baciòc,** sm. (lombardo; emiliano; romagnolo). 'Battaglio della campana'.

Dal latino parlato **bacclum* variante di *bacŭlum* / **bacŭlum* 'bastone'; un'allusione a 'battaglio', inteso in senso osceno, è alla base di fitonimi quali il piemontese *baciòc*, ticinese e lombardo *baciòc de fra* ['*b.* di frate'] 'stralloggi, erba astrologa, *Aristolochia clematis* L.' cui corrispondono il veneto istriano *coióni de prete*, friulano *coiôns di prèdi, coiôns di frâri* ['*c.* di frate'], *coiôns di mus* ['*c.* di asino']; la pianta è cosiddetta per la forma dei fiori. Il tipo *baciocco*, forma entrata in italiano (dall'area padana), è diffuso nei dialetti anche per 'grullo' e altri significati: lombardo *baciòc*, emiliano *baciòc, baciùc*, toscano *baciocco*, e con metatesi *bacòccio*, laziale (Minturno) *pachiochio* 'grullo, sciocco', toscano (pistoiese) *bazzocco* 'uomo goffo', umbro (Sansepolcro) *bascióchëlo* 'persona da poco', lombardo *baciòc*, romagnolo (Faenza) *baciòc* 'marmocchio', lombardo *baciòca* 'amata, amorosa', piemontese *baciòc, baciùc* 'mezzo assopito, assonnato, di chi si sente la testa confusa', con influsso di → *ciòc(o)* 'ubriaco' [DEI; Pellegrini-Zamboni 1982; LEI]. M.

**bacolòppo,** sm. (toscano). 'Maggiolino'.

Propriamente "baco dell'oppio", è termine composto di *baco* e *lòppo*, voce dialettale di area anche toscana che designa l'acero 'oppio' (dal latino *opŭlus*, con concrezione dell'articolo) [DEI]. M.

**bacùcchë,** sm. (pugliese, nel tarantino; salentino: *bacuccu*). 'Frugnolo, strumento di ferro stagnato con una lucerna al suo interno, per far lume, adoperato nella caccia notturna agli uccelli e nella pesca; fanale a riverbero'.

Secondo il DEI la voce si collega a *bacucco* 'panno che si avvolge per coprire il capo' (anche con un rinvio all'abruzzese *bacucchë* 'riparo di frasche, capanna, casupola'), considerato di etimo non chiaro (ma potrebbe derivare da *baco* come → *baùta*).

Se si considera che la designazione del 'frugnolo' è *babbacuccu* nel calabrese meridionale, e che questo termine vale anche 'stupido' (Rohlfs 1977), come del resto *bacucco*, diffuso in tal senso anche in italiano specie nel composto *vecchio bacucco* 'rimbambito' (dal nome del profeta ebraico *Habacūc*), si può supporre che si tratti in entrambi i casi di estensioni di significato a partire da 'stupido, sciocco' perché con la luce notturna si abbagliano le prede. M.

**badalillàre,** v. (toscano, anche *abadalillare*). 'Sciupare il tempo'.

Voce composta di *badare* e *lillo*, parola toscana di origine espressiva che significa 'gingillo, ornamento vano'; da un incrocio di *badare* con il toscano *billare* 'baloccarsi' deriva *abadillare* 'perdere tempo' di area aretina. Il v. *billare* richiama anche il toscano (nel grossetano) sm. *billare* 'specie di trottola' ed altre simili formazioni dei dialetti italiani (→ *belléi*) di tipo infantile che muovono da 'bello', a designare una «cosa bella, cosa che brilli, giocattolo» (DES: 192) [DEI s.v. *abadillare, badadillare, billare*]. M.

**badifàte,** locuz. avverb. (friulano). 'Per fortuna, meno male', anche *badefàte*.

Forse si tratta di un derivato da una locuzione del tipo *bon de fat*, tenuto conto di espressioni friulane come *al è stat bon fat che...* 'è stata una fortuna che...' [DESF]. M.

**badinè,** v. (piemontese; lombardo; veneto, a Venezia: *badinàr*). 'Scherzare'.

Dal francese *badiner*, denominale di *badin*, anticamente 'sciocco', poi 'scherzoso, che ama scherzare' [Dardi 1992]. C.

**bàfa,** sf. (ticinese; toscano; laziale, anche *vafa*), 'afa';

(abruzzese: *bbafë*), 'alito, lieve soffio di vento'; (umbro orientale), 'ambiente caldo'.

Da una base **baf(f)* onomatopeica, dalla quale dipendono il toscano (pisano) *mafa* 'afa' con uno scambio *b-f* > *m-f*, il piemontese *baf* 'alito, soffio puzzolente'; il toscano *bafore* 'vapore' è dovuto ad influsso di *vapore*. Da *baf(f)a* incrociato con il latino *favonius* 'vento del sud' derivano il campano *bafógna* (Napoli), *bafagna* (Ischia), *bufugna* (Cilento) ed il calabrese *(s)bafagna* che designano 'caldo soffocante, vento afoso, sciroccoso', il toscano *bafagna* 'libecciata, alito di vento', il siciliano *bbafuognu* sm. «condizione del cielo fortemente ma irregolarmente nuvoloso, soprattutto al tramonto dopo giornate afose, ritenuta indizio di prossime condizioni temporalesche», e *bbafogni* sm. plur. «nubi distese lungo l'orizzonte la cui presenza è indizio di pioggia imminente» (Piccitto 1977) [DEI s.v. *bafa*, *bafagna*, *bafogna*; REWS; LEI]. M.

**bàfaru,** agg. (calabrese meridionale), 'pingue e rilassato'; (calabrese meridionale, a Gerocarne: *bàfaḍḍu* come sm. 'gallo non atto per la riproduzione'; (siciliano, ad Augusta: *bbafalli* come sm. e agg.), 'fesso, minchione'; (calabrese settentrionale, a Laino Castello: *màfara* sf.), 'donna grossa e pingue'; (siciliano, a Modica: *bbàfara* e *bbàfaru* sm.), 'fuco, pecchione, ape che feconda la regina'.

Paiono riflessi del latino tardo *bafer* glossato 'grossus' che sembra continuato unicamente nel calabrese e siciliano [DEI; LEI]. M.

**bàfe,** sf. (friulano). 'Mezzina di lardo'.

Voce anticamente diffusa in area settentrionale e attestata nel latino medievale (*baffa* 'prosciutto, lardo', «perna, vulgo baffa dicitur», glossa di Papia, sec. XI), deriva da una base onomatopeica **baff-* che indica qualcosa di gonfio, denso, pingue [REW; DEI s.v. *baffa*; DESF; LEI]. M.

**baforìna,** sf. (toscano, nel fiorentino). 'Sigaretta'.

Corrisponde alla forma più comune *vaporina* e deriva da *bafore* 'vapore' con lo scambio *v - p* > *b - f* (*bafore* è forma nota nella varietà toscane, → *bàfa*; si confronti anche *sbaforare* 'svaporare' nel lucchese); si tratta di nome di origine ironica dovuta al fumo odorante di carta bruciata: «così diverso da quello del sigaro e della pipa, sarà stato coniato dai fedelissimi del 'toscano', di ben altro sapore e consistenza» (Lärson 1991) [DEI].

V. PRATOLINI: «*Ma non dubitare che anche via dal Corno spengerà il focherello che cova sotto sotto. Lo vuoi con l'anice o col rum? ... Ora fumaci una vaporina!*» «*La conservo per sbriciolarla nella pipa. Io di solito fumo le spuntature*» (*Cronache di poveri amanti*, Milano 1992, p. 337). M.

**bàga,** sf. (sardo logudorese). 'Asola, occhiello', con i derivati *abbagare* (sardo logudorese) 'affibbiare i calzoni', *baghìglia*, *baghilla* (sardo campidanese) 'occhiello' ed anche 'certo lavoro fatto con l'ago, chiamato "catenella"'.

Dal catalano *baga* 'asola' [DEI; DES]. M.

**bagàgliu,** sm. (calabrese, anche *bagàgghiu*, e sf. *bagàglia*, *bagàgghia*). 'Asino'; in qualche luogo ha anche il significato fig. di 'stupido'.

È l'italiano *bagaglio*, *bagaglia* 'salmeria della truppa', 'tutto ciò che si porta con sé'; tali voci sono prestiti del francese antico *baguage* (francese *bagage*) con adattamento suffissale. Per quanto riguarda il significato del calabrese, si può confrontare lo spagnolo nel quale da *bagaje* 'equipaggio militare' si sono formate le espressioni: *b. menor* 'asino' e *b. major* 'cavallo o mulo' [DEI; LEI s.v. **baga*]. M.

**bagài,** sm. (lombardo; piemontese; trentino), 'ragazzo'; (friulano), «fanciullo, bambino; mentula de' fanciulli» (Nuovo Pirona 1935); (veneto, a Venezia e nel Polesine: *bagàio*), 'fanciullino, bambino'; (emiliano, a Bologna), 'coso; uomo stupido e mal fatto' (a Modena), 'ragazzo, monello: coso'; (a Ferrara), 'coso, uomo triste e malandato'; (romagnolo), 'cosa, oggetto qualsiasi di cui non si ha presente il nome'.

Da *bagài* (e varianti) presente nei dialetti col senso originario di 'bagaglio' (le voci sono infatti derivati di *bagaglio*) passati a significati figurati, oppure direttamente da *baga* 'otre, ventre' incrociatosi con *canaia* nel senso di 'fanciullo'; ma è solo un'altra delle tante ipotesi avanzate: «se rapporto con *baga* è da ammettere, sarà per incontro non per derivazione» (VDSI) [Pauli 1919; Prati 1968].

C. CASTELLANETA: *Se lo ricorda bene, lui, quando il signor Luigi era un bagaj* (*Villa di delizia*, Milano 1965, p. 63, cit. da Vaccaro 1967). M.

**bàganu,** sm. (siciliano, con varianti come *vàganu*, *vàvunu*, *bàunu* ed altre), 'grande scodella di creta; grande catino in cui si rigovernano le stoviglie'; (calabrese: *bbàunu*, *bbàganu* e varianti), 'recipiente di terracotta a forma di tronco di cono rovesciato smaltato internamente, adoperato per lavarvi le stoviglie o per farvi il bucato; se più piccolo è usato come catino per lavarsi'.

Si suppone (in DEI) una base greco bizantina **bágenon* per il greco classico *gábenon* 'orcio, catino' richiesta anche dal greco moderno *bagéni* 'botte'; diversamente Rohlfs (1966 e 1977) riconduce le voci al neogreco dialettale *bábanos* 'truogolo'.

V. CONSOLO: *Si misero a parlare di miele, delle arnie di ferula, dei torchi, della raccolta del miele bianco a maggio, di zagara d'arancio; del miele scuro d'agosto, di timo; e di cera, di* coffe, *di* bbàvini (*Le pietre di Pantalica*, Milano 1988, p. 129). M.

**bagarón,** sm. pl. (lunigianese). 'Denari, quattrini'.

Dal toscano *bagherone* (*bagarón* in emiliano) 'antica moneta di rame' [Rohlfs 1979]. C.

**bagéta,** sm. (veneto valsuganotto), 'chi strepita a vuoto'; (piemontese: *bajèt*), 'fantaccino'.

Dal verbo *bagiàr* 'abbaiare'. Analoga origine ha il *baiéta* e varianti 'soldato' ('che parla molto ed a vanvera') di molti gerghi, a meno che non si ritenga quest'ultimo il significato primitivo, facendolo risalire al piemontese *baiéta* 'sorta di tela rada e trasparente' e quindi 'straccio' [Migliorini 1957; Marcato 1982a: 152]. C.

**bagghiòlu,** sm. (calabrese, con varianti; siciliano: *bbagliolu* e *bbagghiolu*). 'Secchio'.

Come per il tipo *bugliolo*, semanticamente affine, l'etimologia è molto incerta: dal celtico **bulliu* 'tino' (Rohlfs 1977) o dal latino parlato **baiulus* 'facchino' (DEI s.v. *bagliòlo*), dal quale dipenderebbero sia l'accrescitivo sardo *bajòne*, sia il ridotto *baia*, *vaja* del corso (da **baja*, riduzione del femminile *bàjula*: DES). C.

**bàgghiu,** sm. (siciliano: anche *bàgliu*; calabrese: anche *vàgliu*, *vàgghiu*, *guàgliu*; pugliese, nel Gargano: *vàgghië*). 'Cortile'.

Dal francese antico *bail(e)*, che ha il senso militare di 'recinto fortificato', ma che in Normandia assunse anche quello di 'cortile' [VES; LEI].

L. PIRANDELLO: *Stava lassù, in una casa antica, col* baglio *(vasto cortile acciottolato) e un cisternone in mezzo* (cit. in GDLI I 943). – V. CONSOLO: *que' due sbirri si trovavano presenti in ogni strada vanella baglio piano porta salita falda e per tutta la marina* (*Il sorriso dell'ignoto marinaio*, Milano 1987, p. 26). C.

**bàggiora,** sf. (toscano, anche *bàciora*, *bàgiora*; lombardo: *bažla*, *bàśiola*, *bàśia*; emiliano: *basla*, *besla*; lunigianese: *bàśola*; veneto meridionale: *bàdula*). 'Giogaia, pelle pendente dal collo dei buoi'.

Le voci si riconducono al latino *baiulus*, *baiula* 'portatore; portatrice'; altri riflessi dialettali di tali basi con il significato di 'mento' sono, tra gli altri, il ligure (Sanremo) *bàžura* 'mento allungato', il lombardo ed emiliano *baslèta* 'mento prominente' [DEI; LEI]. M.

**bagiànte,** sm. (veneto). 'Smergo maggiore, *Mergus merganser merganser* L.' e diversi tipi di 'strolaga'.

Propriamente 'urlante', dal verbo *bagià* 'abbaiare', ma anche 'gridare'. La supposizione, che il LEI attribuisce al DEI (s.v. *baiarella*) di un riferimento al colore 'baio' di questi uccelli, è contraddetta dalla risoluzione fonetica [DEI; LEI]. C.

**bagìgi,** sm. plur. (veneto, anche *barbagìgi*). 'Arachidi, noccioline americane'.

La voce è passata anche all'italiano *babbagigi* e deriva dall'arabo *ḥabb* 'bacca, coccola' e *'azīz* 'rinomato, pregevole'. Stessa origine ha il siciliano *cabbasisi* plur. 'babbagigi' (e *cabbasisa* la pianta) che mantiene inalterata la sillaba iniziale; la parola ha anche il significato figurato di 'testicoli' ed il derivato *cabbasisata* vale «pozione ottenuta pestando e strizzando i tuberi del babbagigi, ritenuta rinfrescante» (Piccitto 1977) [DEI s.v.; Pellegrini 1972; Marcato 1982].

I. NIEVO: *Le belle ragazze devono badare ai bei giovani, e quei mezzi omiciattoli in Levante si mandano a vender bagiggi per le contrade* (cit. in GDLI I 943). – G. CARRETTO: *Quel primo assaggio però m'era tanto piaciuto che per molti anni a venire, ogni volta che mangiavo i bagigi, due o tre li lavavo e li sgranocchiavo completi di guscio* (*Via Muro Lungo 22 Verona*, Milano 1994, p. 58). M.

**bàgiu,** sm. (ligure; piemontese; lombardo occidentale). 'Rospo'.

Dal latino **babulus* 'sciocco, babbeo' e quindi 'rospo', come animale goffo e stupido. La voce si trova anche in Calabria e Sicilia, portatavi anticamente da coloni provenienti dall'Italia nord-occidentale [LEI]. C.

**bàgna,** sf. (piemontese; lombardo; emiliano). 'Salsa, intingolo'.

Deverbale di *bagnà(r)* 'bagnare'; caratteristica della cucina piemontese è la *bàgna càuda*, letteralmente 'salsa calda', intingolo preparato con olio, burro, aglio tritato, acciughe disciolte, che viene posto in un recipiente che ne conservi il calore ed in cui si immergono verdure specialmente crude. Sia il piatto che il termine si sono diffusi al di fuori dell'area di origine; quanto alla parola, è entrata in italiano intorno al 1935 [Zolli 1986].

C. E. GADDA: *Non si sapeva bene, questa fungaglia, se riuscisse letìfera o èdule. Certuni, i più poveri, i più ghiotti, se ne lasciavano tentare: bagna pericolosa od ambigua sulla loro polenta dura* (cit. in GDLI I 943). M.

**bagnadùra,** nella locuz. *fē la bagnadùra* (romagnolo). 'Festeggiare la fine dei lavori per la costruzione di una casa'. Antica usanza, specie di battesimo laico della casa che consiste in un lauto pranzo a cui partecipano tutti coloro che vi hanno lavorato.

Letteralmente 'bagnatura' [Ercolani 1971]. M.

**bagnēda,** nella locuz. *dē la bagnēda* (romagnolo). 'Lusingare l'innamorato e respingerne sul più bello le proposte d'amore'; così, *ciapē la bagnēda* 'essere rifiutato da una ragazza'.

Letteralmente 'bagnata' [Ercolani 1971]. M.

**bagnèri,** sm. (calabrese meridionale; siciliano: *bbagnèri*). 'Bagnino'.

Dallo spagnolo *bañero* di analogo significato [DEI; Piccitto 1977; Rohlfs 1977; Michel 1996]. M.

**bagolà(r),** v. (lombardo; trentino), 'tremar dal freddo o dalla paura'; (veneto bisiacco: *bagulàr*), 'tremolare di incerta luce'; (piemontese, nel valsesiano: *bagolèe*), 'far discorsi vani'; (ticinese: *bagulà*; umbro occidentale: *begulè*), 'chiacchierare, cicalare, cianciare'; (lombardo: *bagolà(r)*; emiliano, a Parma: *bagolàr*), 'compiacersi, dilettarsi'; (veneto: *bagolàr*; veneto istriano e ladino centrale: *bagolà*), 'oziare', 'prendere in giro'; in italiano è entrata la forma *begolare* 'ciarlare'.

Non da *bàgola* 'fandonia, panzana' (che DEI riconduce all'italiano *bàgola* 'bacca mangereccia') ma dalla radice **bag- / *bak-*; **be(r)g-* di origine onomatopeica con numerosi riflessi dialettali e con significati diversi: 'belare (articolazione animale)', 'gridare (articolazione umana)', 'balbettare, aprir bocca', 'tremare (dal freddo o dalla paura)', 'motteggiare, ciarlare' [DEI s.v. *bagolàre*; LEI]. M.

**bagolàro,** sm. (veneto, anche *bagolara* sf.; trentino: *bagolara* sf.). 'Cesena, *Turdus pilaris*'.

Dal dialettale *bàgola* 'bacca'; si denomina così perché si ciba fra l'altro di bacche del vischio e del ginepro (da quest'ultimo dipende il suo nome friulano, *śanevrón*, da *śanévri* 'ginepro') e non ha rapporto (come si legge invece in LEI) con nomi dialettali di strigi e gufi che dipendono da una base **bag-* 'belare' per l'idea del belare che sta nel verso di questi rapaci [DEI; Pigafetta 1975]. M.

**bài,** sm. plur. (pugliese, nel tarantino; siciliano; corso: *bagli*). 'Grosse travi orizzontali per sostenere i ponti'; in italiano è entrato come termine marinaresco *bàglio* sm. 'robusta trave curva disposta in senso trasversale alla nave, con funzione di sostegno e di collegamento nella struttura degli scafi'.

Non sono derivati del latino *baiŭlus* 'portatore' né dello spagnolo *bao* ma saranno piuttosto prestiti dal francese *bail* (a sua volta da *baiŭlus*) per la prima attestazione, per criteri geolinguistici, per l'aspetto fonetico [DEI; LEI]. M.

**baialàrdë,** sm. (marchigiano: Ascoli Piceno). 'Uccello dalle penne variopinte, in prevalenza rosse, detto cardinale'.

Più che un riflesso della voce meridionale → *Bailàrdë*, sembra formato col francese o provenzale *bai*, dal latino *bădius*, italiano *baio* 'di colore rosso bruno', incontratosi con l'aggettivo italiano antico (XIII-XV secolo) *begolàrdo* 'chi conta frottole, giullare e ciarlone', dal verbo *begolare* 'ciarlare' [De Giovanni 1986]. M.

**baiarèla,** sf. (trentino). «Uccelletto simile alla capinera, sterpazzola, bigiarella» (Groff 1982).

Non deriva dal latino *badius* 'grigio' per il colore [DEI s.v. *baiarella*], ma dal dialettale *baiàr*, *bagiàr* 'abbaiare', nel trentino di Rovereto anche 'cicalare' col derivato *bajarèl*, *-a* 'chiacchierino' (Prati 1968) per il verso; conferma queste forme anche il LEI (**bai-* 'grido del cane') che cita il trentino (Rovereto) *bajarela* 'chiacchierina', il veneto (Primiero) *bajarèl* agg. 'chi non sta mai zitto per farsi prestare attenzione; saputello', il lombardo (bresciano) *bajarùl* 'ciaramella, cicala (si dice di chi favella troppo)'. M.

**baìcolo,** sm. (veneto: Venezia). 'Avannotto'.

Probabilmente deriva da *bau* voce di origine infantile designante una 'cosa brutta, paurosa' che ricorre frequentemente in denominazioni di insetti, per esempio nel ladino-veneto (Agordino) *ba(v)ìtol* 'crisalide' o anche 'insetto in genere', nel veneto *bao* 'baco', nel friulano *bau* 'baco, verme'; qualche denominazione può risentire anche della base **baba* 'bava'. Rientrano tra i riflessi della base *bau* anche il nome *Babàu, Babào* comune in vari dialetti che designa lo 'spauracchio' con una reduplicazione sillabica (fonosimbolica) che ritorna anche nel toscano (lucchese) e veneto *babài* plur. 'pidocchi'. Da *baìcolo* 'avannotto', con un traslato dovuto alla somiglianza della forma, deriva il *baìcolo* 'biscottino veneziano molto sottile e croccante' [DEI s.v. *baìcolo, babài*; REWS; Marcato 1982; Doria 1987].

S. SLATAPER: *Tutti erano seduti al loro posto, e quando altri venivano si aggiungeva un'asse alla tavola e si prendeva una più lunga tovaglia dall'armadio. Perché i nostri parenti erano molti, e arrivavano da Zagabria, da Padova, dall'America e portavano baicoli e giocattoli* (*Il mio Carso*, Milano 1989, p. 55). M.

**bài dé sànto Lèsio,** locuz. sostant. (veneto: Verona). 'Bachi da seta'.

Letteralmente 'vermi di sant'Alessio', «in quanto si fa risalire la 'scoperta' del baco da seta alla morte del santo pellegrino e alla putrefazione del suo corpo sotto la scala di casa, su una fascina di legna, dove era stato abbandonato dai familiari che non l'avevano riconosciuto al suo ritorno dalla Terra Santa» [Coltro 1982: 70]. C.

**Bailàrdë,** nella locuz. *n'ha fatte quénde Pīēte Bailàrde* (pugliese: Molfetta; lucano, a Trecchina: *n'è fatte cchiù tu, ca Pietro Baialardo*), 'farne di tutti i colori'; (abruzzese: *Pétrë Bajalàrdë*) 'persona ingegnosa', 'persona con molti peccati sulla coscienza'; (siciliano: *bbaialardu*), 'persona grassa'.

Dal nome di uno studioso salernitano di scienze naturali e d'alchimia, e per ciò in fama di mago, vissuto tra l'XI e il XII secolo. La leggenda del mago Pietro Barliario, più nota alla plebe che ai dotti, ha avuto una grande diffusione, soprattutto nell'Italia meridionale, dove le sue meravigliose imprese, narrate in numerose stampe popolari, hanno dato origine alla comparazione. Sulla forma del nome dialettale ha influito anche quello di Pietro *Abelardo* e sul significato di 'uomo grasso' il richiamo di *lardu* 'lardo' [DEI s.v. *baialardo*; Comparetti 1967]. C.

**bailòt,** sm. (piemontese). 'Bambino lattante', anche in uso figurato.

Da *bàila* 'nutrice, balia'.

G. FALDELLA: *Proprio la mia marchesina, perché essa è la mia baliotta, è la mia figliuola di latte...* (*Le "figurine"*, Milano 1983, p. 178). – L. DAVÌ: *Baliotto! – gridò. – Eh? – fece l'apprendista, ché era lui che s'avevano a balia* (*Gymkhana-Cross*, Torino 1957, p. 30). C.

**baìna,** sf. (siciliano; corso: anche *paìna*). 'Lastra di ardesia, lavagna'.

Lo stesso di → *abaìn* (da cui anche la rara voce italiana *abbadino* 'lavagna sottile per coprire i tetti') con cambiamento di genere dovuto, forse, a *lavagna* o *ardesia* [DEI; LEI]. C.

**bajucchèlla,** sf. (corso). «Erba dalla foglie tonde come i bajocchi» (Falcucci 1915).

Da *baiocco*, moneta di rame pontificia coniata a partire dal XV sec. [DEI s.v. *baiocchella*; DELI]. M.

**bajùṡa,** sf. (ligure-piemontese, a Novi L.: anche *sbaiùṡa*). 'Fame', detto scherzosamente.

*Bajuṡa* è aggettivo femminile di 'chi abbaia sempre' e così pare da intendersi il traslato ('cagna'), anche se lo Spitzer 1921 pensa pure ad un problematico incrocio fra due nomi rari e gergali di 'fame': *baiorda* + *sgaiusa*? C.

**bàiz,** sm. (veneto giuliano; anche *pàis*, che è pure del friulano). 'Mordente di noce' e 'macerazione, salamoia per conciare la selvaggina'.

Dal tedesco *Beize* con tutti i significati citati [Doria 1987]. C.

**bàla,** nella locuz. *cavàr la bala alta* (veneto: Val Leogra). 'Essere fortunato'.

Dall'estrazione di un numero da parte dei coscritti, che erano arruolati a partire dal numero più basso estratto a sorte fino al raggiungimento del contingente prefissato.

G. VERGA: *anche Luca prese il suo numero alla leva, un numero basso da povero diavolo, e se ne andò a fare il soldato senza tanti piagnistei* (*I Malavoglia*, Milano-Napoli 1955, p. 240). C.

**bàlacu,** sm. (calabrese, anche *bàlicu*; siciliano: *bbàlacu*, anche *bbalcu, bbarcu*; corso: *balcu, valcu, bàlculu*; toscano: *fior balco, barco*; ligure: *bàracu, bàicu*; sardo logudorese: *barcu, bascu*). 'Violaciocca' e piante affini.

Non sono voci preromane (come suppone il DEI), ma provengono dall'arabo *balaq* 'color pezzato'; nel sardo sono probabilmente di provenienza continentale mancando nei dialetti centrali e campidanesi [DEI s.v. *balco* e *bàlaco*; DES; Pellegrini 1972]. M.

**bàla da 'l òrzh,** sf. (ladino-veneto, nell'Agordino). «Tostino, pentolino in ferro di forma sferica per tostare l'orzo o il caffè, poggiandolo all'uncino della catena del focolare e agitandolo; consisteva in due semisfere cave (cm 10 di diametro) manovrate dai due manici (cm 50) incrociate a forbice» (Rossi 1992).

Letteralmente 'palla dell'orzo'. M.

**balantrón,** sm. (istrioto: Rovigno). 'Groviglio, viluppo, intrigo'.

Dal punto di vista semantico s'accorderebbe bene, come proposto da Crevatin 1992, col latino *labyrinthus*, ma formalmente è più facile col chioggiotto e veneziano antico → *balatrón* 'corba per tenere e trasportare anguille ed altri pesci', che etimologicamente pare *bàratro*. Cfr. anche → *balatrón*. C.

**balarìna,** sf. (ligure, anche *balaìna, balàina*; piemontese; ticinese; lombardo, anche *balarìn* sm.; veneto; toscano e umbro: *ballerina*; lunigianese; corso: *ballarina*; campano: *ballerina*; pugliese: *ballarinë*; siciliano: *bballarina*). 'Cutrettola, *Motacilla alba*'.

Da *ballare* (dal latino *ballāre*) per il movimento della coda; numerose sono altre denominazioni di animali tratte dalla stessa base con allusione al movimento: lombardo (bresciano) *balarì* sm. plur. 'larve che brulicano nelle carni putrefatte e nel formaggio', toscano occidentale *ballerini* sm. plur. 'libellule', ligure *balarìn* 'verdone', friulano *balarìn*, emiliano (bolognese) *balarén* 'barletta, falco cuculo', napoletano *ballerina* 'triglia' [DEI s.v. *ballerino*; LEI]. M.

**balàta,** sf. (siciliano: anche *valàta*). 'Grossa pietra piana, lastra', (calabrese) 'grande lastra di pietra', 'lapide sepolcrale', 'soglia', 'davanzale'.

Dall'arabo *balāṭa* 'terreno spianato', 'pietra da pavimentare' [DEI; Pellegrini 1972; VES].

V. CONSOLO: *gli apparve a poco a poco una lastra longa come la balàta d'una tomba* (*Le pietre di Pantalica*, Milano 1988, p. 82). C.

**balatrón,** sm. (veneto; romagnolo). 'Corba munita di due manici', usata nella laguna veneta, almeno dal XVI secolo (Andrea Calmo) per il trasporto di pesci.

Dal latino *barathrum* 'inferno', 'abisso', che ha dei continuatori moderni anche con altri significati in piemontese e bolognese. Il passaggio semantico è spiegato col fatto che in questa cesta (peraltro non troppo profonda: non più di dieci centimetri) «evidentemente i pesci si gettano e si stipano come i dannati nell'abisso infernale» (Folena 1969), ma il LEI, che pur mostra nella bibliografia di conoscere l'ipotesi, non ne accenna, implicitamente respingendola: ed infatti accoglierà la voce nella affollatissima famiglia della radice **bar(r)-* (IV 1482-1483). La parola doveva essere corrente in Italia settentrionale nel Cinquecento, quando Paolo Giovio l'ha scherzosamente piegata ad un nuovo significato ('testicoli'), partendo dalle sillabe iniziali [*Dizionario di marina* 1937; Folena 1969; Cortelazzo 1982a; LEI]. C.

**balàus ànnus,** locuz. (sardo: Fonni). 'Formula di augurio: molti anni (di vita)'. Anche se la locuzione è registrata dal solo Spano nelle aggiunte manoscritte al suo vocabolario e non è stata confermata in inchieste dirette, essa era di uso corrente negli antichi documenti.

Malgrado le riserve di alcuni esperti studiosi del sardo, l'espressione ricalca, in parte nell'originale, in parte in traduzione, la frequente acclamazione greca *pollà tà étē* 'molti gli anni' [DES; Paulis 1983]. C.

**balcàr,** v. (veneto; emiliano, a Ferrara). 'Guardare'.

Non è apparentato con *balucano* (DEI) che ha un significato contrario ('di vista corta'), ma con *balchi* 'occhi' dell'antico furbesco veneto. Altre varianti in piemontese [Nigra 1898]. C.

**baldéza,** sf. (veneto settentrionale, anche sm. *baldéz*). 'Aiuto', 'utilità'.

Termine da confrontare con l'italiano *baldo, baldanza* (dal francese *bald* 'ardito, vivace') ed in particolare nell'espressione *a baldanza* 'con estrema sicurezza'; in bellunese antico *baldéza* ha il significato di 'abbondanza, ricchezza' [REW]. M.

**baldòria,** sf. (lombardo: Val Chiavenna). 'Levatrice'.

Il collegamento col francone *bald* 'ardito, vivace' sembra spontaneo, anche se non è facile stabilire come si sia arrivati al significato di 'levatrice', probabilmente attraverso il senso di 'aiutante'; cfr. bellunese *baldéz* 'aiuto', bormino *desbaldìr* 'sbrigare'. La perfetta coincidenza con *baldoria* 'gioia sfrenata' dipende forse da un tentativo di mascheramento, prodotto dall'interdizione tabuistica [Bracchi 1983a]. M.

**bàle,** sf. plur. (piemontese; ligure; ticinese: *bal*; lombardo, anche *bal*; emiliano; veneto; trentino; ladino centrale; friulano: *balis*; siciliano: *vaḍḍi, bbaḍḍi*). 'Testicoli'.

Di uso anche italiano, *balle* dal 1536, la voce risale alla base prelatina **bal(l)- / *pall-* 'corpo di forma tondeggiante'. Il tipo lessicale "balla" nel senso di 'testicolo' ritorna anche in fitonimi con allusione alla forma tondeggiante: piemontese (Carpeneto) *bale d'can* '*Orchis morio*', letteralmente "testicoli di cane", ligure (Ponte di Nava) *bale de crava* '*Centaurea scabiosa* L.' cioè "testicoli di capra". Ma vi sono altre designazioni fitonimiche con "balla", in particolare è comune il tipo "palla di neve" con allusione all'infiorescenza a forma di palla per il 'sambuco selvatico, *Viburnum opulus* L.': trentino e veneto: *bale de neve* plur., ladino centrale: *bala de nef*, lombardo: *bala de néif, baa ad nev* (e altre varianti), ticinese: *bal da nef* sing.; analoga designazione nel piemontese *bala d' fioca* (→ *fiòca*) [DEI ss. vv. *balla di neve* e *balle*; LEI]. M.

**baléngo,** agg. e sm. (veneto). 'Sciocco, balordo'.

Voce di origine discussa: dal latino *bis* rafforzativo ('due volte') riferito al francone *link* 'sinistro' o, piuttosto, dal veneziano *balèco* 'bieco (di occhio)', che pur rimane senza etimologia [Prati 1968; Bondardo 1986].

G. RAGAZZONI: *Non mancavano individui un po' balenghi pieni di arteriosclerotiche fissazioni* (*El spizier di Cison*, Cornuda 1992, p. 117). C.

**balèra,** sf. (lombardo). 'Ballo pubblico, all'aperto'.

Evidente derivato di *balo* 'ballo', è vocabolo entrato anche nell'italiano (attestato almeno dal 1949) e designa un 'modesto locale da ballo' [DELI]. M.

**balìsta,** sm. (piemontese; lombardo). 'Favolaio, parabolano; dicesi di chi conta frottole'.

Variante di *balè* (piemontese), *balée* (lombardo), è un derivato da *bal(l)a* 'frottola, fandonia', ed è termine entrato anche nell'italiano (*ballista*) [Zolli 1986]. M.

**balìu,** sm. (marchigiano: Macerata). 'Cursore, usciere giudiziario'.

Voce antiquata, corrispondente all'italiano *balivo* 'ufficiale di giustizia' (dal francese antico *baillif*, derivato da *bail* 'governatore'). C.

**ballòccia,** sf. (toscano; emiliano orientale: *balóš* sm.), 'castagna, succiola'; (toscano, a Roccalbegna), 'susina rotonda'; (toscano, nell'amiatino), 'susina selvatica'; (toscano: *ballòccioro* sm.), 'castagna arrostita; castagna lessa con la buccia'; (lombardo: *balós* sm.; emiliano: *balóz, balòt* sm. romagnolo: *balosa*; veneto giuliano, a Trieste: *balote* plur.; toscano: *ballòtte* plur.; corso: *vallòtte, ballòtte*), 'castagna lessata con la buccia'.

Forme con diversa suffissazione riconducibili ad una base **bal(l)- / *pall-* 'corpo di forma tondeggiante'; *ballotta* 'castagna lessa con la buccia' è d'uso anche in italiano [DEI; LEI]. M.

**bàlma,** sf. (piemontese; ticinese; lombardo settentrionale). 'Grotta, cavità', anche *barma*.

Voce che trova ampi riscontri specie toponomastici (cfr. *Balme* in Piemonte) anche al di fuori dell'Italia ed è di etimo controverso. Secondo l'ipotesi più accreditata si tratta di una base prelatina (per taluni celtica, per altri preceltica) **balma* 'grotta' (da confrontare, per il significato, con altre voci considerate prelatine come **alma* 'grotta', mentre per l'origine è stata accostata anche ad un'altra base ritenuta prelatina e cioè **pala* 'altura'). Ma vi è anche un'interpretazione (non accettata ad esempio dal LEI) che muove dal latino *valva* 'apertura della porta o della finestra' attraverso fasi quali **balva, *balba* (mentre una fase *valba* pare riflessa nel piemontese, canavesano, *valba* 'regione, tratto di paese') e con un'evoluzione di significato, per tramite di 'tratto di paese che si vede dall'apertura della porta o della finestra', giunge a quello di 'cavità, antro sotto la roccia' della voce *balma* [REW; DEI s.v. *balma, barma*; *Dizionario di toponomastica*]. M.

**balsanèo,** sm. (veneto padovano e vicentino, anche *bulsinèlo*). 'Essere fantastico, folletto' (Perco 1985: 157).

È una denominazione connessa con quella di un altro essere fantastico, il → *salvanèl*, di cui rappresenta una forma metatetica attraverso una variante attestata come *salbanèlo* > **balsanelo* > *balsanèo* e *bulsinèlo*. M.

**baluccicàre,** v. (toscano, nel versiliese, anche *abbaluccicare*), 'abbagliare'; (abruzzese, a Introdacqua: *mbaluscérësë* rifl.), 'non vedere, essere abbagliato; rimbambire'.

Dal prelatino **ballūc- / *bellūc-* 'lucente', con sostituzione del secondo elemento con *lux* 'luce' e *lucēre* 'brillare, splendere' con significati relativi a 'effetti della luce sulla vista; stordito; strano' [DEI; LEI]. M.

**balustràto,** sm. (veneto, con le varianti *perlustrato*,

*pelustrato, pilustrato*), 'giovane vagabondo'; (friulano: *pilustrăt, prelustăt*), 'arruolato d'obbligo'.

Dalla *perlustrazione* di oziosi e vagabondi, arruolati forzatamente durante la dominazione austriaca [Vigolo 1992].

L. Meneghello: *Abbiamo avuto recentemente conferma che il fratello di mio nonno andò balustrato. Abbiamo chiesto spiegazioni al papà: era una punizione per la gente stramba e viva come lo zio. Ma chi mandava balustrato? Il prete. E che cosa aveva fatto il fratello del nonno? Aveva aperto un tassello in un'anguria del prete e ci aveva fatto dentro i suoi bisogni. Il prete tagliò l'anguria e disse storcendo il naso: "Questo è stato Meneghello". E lo fece mandare balustrato. Ritornò dopo dodici anni, di notte, e mia bisnonna Candida fu molto sorpresa* (*Libera nos a malo*, Milano 1963, p. 162). c.

**bàmba,** sm. (lombardo). 'Sciocco', 'uomo goffo e buono a nulla', con la locuzione pavese *fa l bamba* 'fare il tonto, fingere di non capire'.

Come la variante *bambo* (che è anche dell'italiano antico), appartiene alla numerosa famiglia che fa capo alla «radice **bamb-*, formazione onomatopeica tipica del linguaggio infantile e documentata in numerose lingue» [lei]. c.

**bambàna,** sf. (emiliano: modenese). 'Moneta fuori corso, usata per lo più dai ragazzi per giocare'.

Probabilmente lo stesso della *bambana* lombarda, che è la 'bugia, frottola', cioè una 'cosa non vera, falsa', dalla radice onomatopeica **bamb* [lei].

F. Guccini: *Per giocare ci volevano le dande, o bambane, che procuravi frugando in quei cassetti dove c'era del filo, degli aghi, un paio di forbicine, bottoni a piovere e qualche moneta fuori corso. Queste erano le dande* (*Vacca d'un cane*, Milano 1993, p. 51). c.

**bambinà,** v. (toscano: versiliese). 'Spostare grossi blocchi di marmo, facendoli avanzare con spinte successive prima da una parte, poi dall'altra'.

Il senso proprio del verbo è 'cullare' il *bambino* e spiega il movimento di dondolìo dell'oggetto in spostamento. La stessa azione è, del resto, detta anche *cunellà* (da *cuna* 'culla'). c.

**bambìn dé Lùcca,** locuz. sostant. (ligure: Genova; veneto, a Venezia: *bambìn de Lùca*; friulano: *bambìn de Lùche*). 'Uomo furbo e astuto, che fa il finto tonto'.

L'immagine è quella di colui che fa, o vuole apparire, l'innocentino, presentandosi tutto delicato, come le statuette di gesso esportare dagli artigiani lucchesi [lei]. c.

**bambinèllu,** sm. (umbro: Spello). 'Dono natalizio'. A Perugia e nel Folignate *fè l bambino*.

Dal (giorno del) *Bambino* (Gesù) al regalo, che si fa in occasione della sua festa, come in piemontese (*bambìn* 'regalo di Natale') [lei]. c.

**bambliné,** v. (piemontese: anche *blambané, blimblané*). 'Vagabondare', 'dondolare', 'menare le cose per le lunghe'.

Da *blimbàn* 'bighellone, ozioso, che va di qua e di là', onomatopea reduplicata con sillabe a vocali alternate [Levi 1927].

G. Pansa: *A farne le spese furono soltanto i perdigiorno che bamblinavano in quei caffè* (*Ma l'amore no*, Milano 1994, p. 41). c.

**bambòccia,** sf. (toscano, anche *bàmbola*). 'Rosolaccio, papavero dei campi, *Papaver rhoeas*'.

Il dei cita pure come voci toscane *bambagella, bombacella*, tutte riconducibili alle basi **bamb- / *bimb-* 'fanciullo, sciocco' [dei s.v. *bambagella*; lei]. m.

**bambòz(o),** sm. (lombardo; veneto; emiliano; romagnolo; marchigiano, e nelle varianti *bammòccia, mammòccio*: umbro; laziale; campano; salentino). 'Sciocco', 'balordo'.

Dal significato, esteso nei medesimi territori, di 'infante', come in tanti altri casi analoghi [lei].

F. Fellini-T. Guerra: *Il professore sconvolto si copre il viso con le mani. Urla nervoso e disperato: – Io divento bambozzo con te, divento matto* (*Amarcord*, Milano 1973, p. 25). c.

**banàstra,** sf. (piemontese; ligure; lombardo, anche *panastra*; emiliano, anche *manastra*). 'Cestone; panierone di vimini da porsi alle due estremità del carro', «cestone. Cesta grande quadrilunga di stecche larghe e piatte, intraversate di stecche minori di pioppo, delle quali usano tra noi principalmente i pastai ed i mulattieri per riporvi e trasportare le paste. *Banastra da bottigli* cannaio. Specie di cesta grande di canne spaccate colla quale si trasportano in commercio le bottiglie» (Malaspina 1856-59).

Dal gallico *benna* 'specie di carro' con il suffisso *-aster*; diversamente il dei suppone un incrocio tra *benna* e il greco *kánastron* 'canestro' e riconduce le forme italoromanze all'antico francese *banast(r)e* 'sorta di paniere', antico provenzale *banasta* 'grande cesto di vimini'. Il tipo *banast(r)a* ritorna anche nel catalano e spagnolo *banasta*, basco *manasta* (few); una variante *banasto* sm. è documentata a Roma nel XIV sec. Il few attesta pure una forma piemontese *banastre* col significato di 'bagaglio' passato al valdostano *banastre* plur. 'cose di poco valore' [few; dei s.v. *banasto*; rews; Brero 1972; Chenal-Vautherin 1968-82]. m.

**bancà,** sm. (ligure). 'Falegname'.

Voce tipica della Liguria, dal latino medievale *bancalārius*, derivato di *banca*, cioè, originariamente, 'colui che fa (cassa)panche' [Plomteux 1975]. c.

**bancaràus,** inter. (ticinese). 'Via di qui'.

Dal tedesco *Bank heraus!* 'fuori la panca', ordine impartito dai graduati austriaci per punire con una bastonatura soldati e civili, costretti a stendersi su una panca per riceverla; ciò che a Milano si diceva *dà el bancaràus* [vdsi].

C. Porta: *Mi avete gridato il Bancheraus à due voci e mi avete canonizzato per Coglione à trenta gradi più in là del consueto* (*Le lettere ...*, Milano-Napoli 1967, p. 267). c.

**bandèta,** sf. (ligure). 'Ventaglio da donna'.

Letteralmente 'bandieretta, piccola bandiera' [Plomteux 1975]. c.

**bandi(d)àre,** v. (sardo logudorese). 'Rifugiarsi sui monti per fare il bandito, darsi alla macchia'.

Da *bandìdu* (*bandìu* in campidanese) 'bandito' [des].

G. Deledda: *Ebbene, Marianna, tu pure sei uscita a* bandiare *[fare il bandito]?* (*Romanzi e novelle, I*, Milano 1954, p. 733). c.

**bandiéra,** sf. (umbro). «Appetitosa vivanda composta di cipolla, zucchine, peperoni, pomodori, cotti in padella con olio; peperonata» (Catanelli 1970), a Città di Castello «cipolle, peperoni e pomodori in insalata. E per condire questa a Castello ci vogliono ben tre donne: quella generosa (olio), la donna giusta (sale) e quella avara (aceto)» (Minciotti 1989).

Denominazione, piuttosto recente, dai colori degli ingredienti per accostamento a quelli della 'bandiera' nazionale. m.

**bandìga,** sf. (emiliano: Modena). 'Mancia che si dà al ragazzo che guida i bovini al pascolo'.

Voce propria della media e alta montagna modenese, che muove sicuramente dal latino *benedīcat* 'benedica', cioè 'Iddio vi benedica', formula di ringraziamento rivolta dal beneficiato a colui che elargiva la mancia per il servizio prestato. Il termine *bandiga* per traslato è passato ad indicare anche la 'cena offerta dal padrone ai muratori dopo la copertura della casa' [Violi 1982]. M.

**bandìna,** sf. (veneto: Venezia). «Cernecchio, piccola ciocca di capelli separati dal resto della capelliera, pendente dalle tempie all'orecchie» (Boerio 1856).

Diminutivo di *banda* 'fascia' (voce che è anche dell'italiano) che sostituisce il francesismo *bandeau*, un termine della moda che designa una 'benda dei capelli e della fronte, poi una pettinatura liscia resa celebre nel secolo scorso da Cléo de Mérode' [FEW; DEI s.v. *bandine*, *bandeau*]. M.

**banfùglieri,** sm. plur. (toscano: versiliese). «Ramoscelli secchi con molte foglie, che bruciano con una bella fiammata, ma di breve durata» (Cocci 1956).

Da *banfa* 'vampa, fiamma' (probabile voce onomatopeica) con il suffisso *-ùgliero* di valore collettivo, ampliamento di *-ùglio*, o diminutivo, da *-olo*: infatti a Lucca *banfùgliora* è una 'piccola fiammata' [Cocci 1956; Rohlfs 1969]. C.

**banniménti,** sm. plur. (umbro). 'Le tre pubblicazioni di matrimonio che un tempo faceva il parroco in chiesa durante la messa per tre domeniche consecutive'.

Propriamente 'bandi' ('bandimenti'). C.

**bannizió,** sf. (marchigiano: Jesi). 'Pubblicazioni di matrimonio fatte in chiese o in comune.

Come meglio mostra la variante *bandizió*, dal verbo *bandì*, originariamente 'proclamare con pubblico bando'. C.

**bànza,** sf. (ladino centrale). 'Cimice'.

Dal suo nome tedesco, *Wanze* [Tavaglini 1934]. C.

**baón,** sm. (veneto, anche *vaón*; trentino: *vajóm*). 'Passaggio, di solito per entrare in un cortile (attraverso un ponticello) o nei campi'.

Da un latino **vadōne* per *vadum* 'guado' con ampi riscontri nella toponomastica veneta, tra cui il nome del comune padovano *Baone* (altrimenti spiegato, meno convincentemente, da **valleōne*, accrescitivo di **vălleu* per *vălle*) [Salvioni 1906: 510; Olivieri 1961; Prati 1968; Bondardo 1986; *Dizionario di toponomastica*]. C.

**bār,** sm. (friulano). 'Cesto, cespo; piota, zolla erbosa'.

Deriva dal gallico **barros* 'ciuffo, estremità cespugliosa', come anche i veneti *bar, baro* 'frondura, cespuglio, cespo' [REW]. M.

**bàra,** sf. (calabrese; siciliano, anche *vara*). 'Piedistallo su cui si porta un santo in processione, fercolo', 'bara'.

Verosimile derivato del latino *vara* 'i pali di sostegno di un'impalcatura' con successivo accostamento a *bara* 'barella, cassa da morto', che in quest'area sono designate da → *tabbùtu* (e varianti) [Traina 1868; DEI; Piccitto 1977]. M.

**baràba,** sm. (veneto, in Valsugana), 'malvivente'; (veneto giuliano e dalmata; friulano: *baràbe*, *baràbar*; lombardo, anche *barabón*, *barabòt*; piemontese, anche *barabón*), 'discolo, scapestrato, briccone'; (calabrese settentrionale: *barabba*), 'imbroglione, cattivo'; (siciliano: *bbarabba*), 'allocco, stupido'.

Dal nome *Barabba*, il malfattore che gli Ebrei vollero libero piuttosto di Gesù; voce nota anche al gergo furbesco (*barabba* 'mariuolo') è entrata anche in italiano per designare un 'giovinastro, vagabondo, briccone' [DEI; Prati 1968; Rohlfs 1977; Piccitto 1977; DELI; DESF]. M.

**barachìn,** sm. (piemontese; ligure; lombardo; emiliano; romagnolo; toscano, Elba: *baracchino*; marchigiano, ad Ancona). 'Recipiente di metallo', 'gamella, gavetta'.

Tra le numerose e divergenti proposte etimologiche, è da prendere in considerazione quella che connette le varie voci dialettali con lo spagnolo *barquín* 'matrice', 'vaso', forse da *barca* [VEI; VDSI; Plomteux 1975; Toso 1993].

N. Balestrini: *Arrivi al tuo armadietto, prendi la forchetta, il cucchiaio, il pane, corri, vai dove sta il tuo baracchino che ce ne stanno duemila, prendi il tuo baracchino, arrivi al tavolo, parli* (*Vogliamo tutto*, Milano 1971, p. 95). C.

**baracón,** sm. (lombardo; veneto; romagnolo; emiliano; lunigianese), 'persona che ama gozzovigliare'; (ticinese, anche *sbaracón*), 'bevitore, ubbriacone'.

Dall'espressione di difficile interpretazione *far baracca* 'gozzovigliare' [VDSI; DELI]. C.

**baràcula,** sf. (romagnolo; veneto giuliano; veneto: *baràcola*; marchigiano: *baràccola*, *varàccola*; abruzzese: *bbaràcculë*). 'Razza, *Raja asperrima*' e specie affini.

Dal latino *batrachus* 'razza di mare' [LEI]. M.

**baralìmpu,** sm. (sardo logudorese e campidanese). 'Mediatore di matrimoni', anche sf. *baralimpa*, e con varianti *paralimpu*, *paraninfu*.

Può essere di derivazione diretta dal latino *paranymphus*, parola che affiora nella letteratura cristiana ed è riflessa anche nel pugliese (Gargano) *paranìbbola* 'pronuba', a sua volta dal greco *parány̆mphos* 'colui che dopo le nozze accompagna gli sposi nella nuova casa e assiste la sposa novella che conduce al talamo nuziale'. Ma le forme sarde potrebbero essere anche di mediazione spagnola (*paraninfo*) e catalana (*paraninf*) [DES; Pellegrini 1992: 336]. M.

**barànc,** agg. (piemontese). 'Zoppo, zoppicante (specie di tavoli e sedie)', anche *balànc*.

Da connettere all'italiano, specie antico, *ranco* 'zoppo, storpio', preceduto dal prefisso *ba(r)-*, variante foneticamente irregolare di *bis-*, con valore peggiorativo (Rohlfs 1969: 348); la forma *balànc* (registrata da Brero 1982) risentirà dell'incontro con "ballare". Quanto a *ranco* è voce ritenuta di origine germanica, da un gotico **wranks* o piuttosto dal verbo **hrinkan* 'torcere, piegare' (DELI). Si avvicina al piemontese il calabrese meridionale *varranca*, *barranca* sm. 'sciancato, storto di gambe' registrato da Rohlfs 1977, ma a suo avviso si tratterebbe di voce dubbia [DEI s.v. *baranco*]. M.

**baràncio,** sm. (trentino orientale; veneto, anche *baranz*; ladino centrale, anche *barancli*; friulano, in Carnia: *barancli*). 'Pino mugo', in friulano anche 'ginepro'.

Le voci richiedono una base **barrancŭlus* per la quale sono state fornite due interpretazioni etimologiche. Secondo una prima ipotesi si tratta di un derivato della voce preromana **barranca* 'precipizio' (riflessa, ad esempio, nello spagnolo *barranca*, nel piemontese della Valsesia *baranca* 'precipizio') nel senso di "pianta che cresce sui precipizi" o simile. Una diversa ipotesi pone tale parola in rapporto con il termine preromano (gallico) **barros* 'cespuglio', dal quale derivano anche il friulano *bār* e il veneto *baro* 'cespuglio, pianta spinosa, rovo'. A **barranca*, con una variante **barrenca*, sono ricondotti anche il piemontese *bréngola*, *brenva* e varianti e il valdostano *brèngola* 'larice' [DEI ss. vv. *bréngola* e *barancio*; Pellegrini-Zamboni 1982]. M.

**barasciàre,** v. (toscano: Lucca). 'Rimestare, rimescolare, specialmente le carte', con i derivati *barasciaménto* 'atto di rimestare' e *barascióne* 'scompiglione, rimestone, che sconvolge'.

Dallo spagnolo antico *baraxar*, moderno *barajar*, da *baraja* 'mazzo di carte' [DEI; Beccaria 1968]. C.

**barattè i fiòli,** locuz. (umbro: Val di Pierle). 'Far sposare più figli di una stessa famiglia con più figli di un'altra'.

Letteralmente, 'barattare (scambiare) i figli'. C.

**baràtu,** agg. e avv. (ligure). 'A buon prezzo': *su vestī u me pā baratu* 'questo vestito mi pare a buon prezzo'.

Dall'aggettivo spagnolo *barato* 'che si vende o compra a basso prezzo'. La provenienza esterna della voce è confermata dalla presenza in ligure del sostantivo, dal quale deriva *bātu* 'baratto', che ha seguito l'evoluzione interna del dialetto nei confronti dell'aggettivo rimasto inalterato [Toso 1993]. C.

**baravantàn,** agg. (piemontese), 'strano, stravagante, bizzarro'; (toscano, a Lucca: *barbantàno*), 'figura paurosa che vaga per la notte ed entra in corpo alle persone sotto varie forme'.

Letteralmente 'Beneventano', ricordo degli incontri di streghe e maghi sotto il grande noce di Benevento [Alessio 1949; DEI ss.vv. *baravantano* e *barbantano*; REWS]. C.

**bàrba,** sm. (piemontese; ligure; lombardo; ticinese; emiliano occidentale; veneto; veneto giuliano; trentino; friulano; pugliese, a Ruvo: *varavanë*). 'Zio', in qualche località anche *barbàn*. È parola adoperata pure come forma allocutiva e di rispetto per i vecchi; in talune aree ormai non si usa più.

Nota già all'italiano antico (*barba*, Dante), è voce che deriva probabilmente da *barba* attraverso il significato di 'uomo autorevole' ('uomo con barba'), e con una declinazione *-a*: *-ānis* latino-germanica; secondo un'altra ipotesi meno accreditata si tratterebbe invece di parole di origine germanica [AIS; DELI].

P. A. QUARANTOTTI GAMBINI: *Quel tale si avvicinò di più alla carrozza, e tornò a parlargli, un po' curvo e sottovoce, con tono quasi bonario. Si mostrava via via, forse avendo notato che il vecchio si andava di nuovo oscurando, anche affettuoso: lo chiamava di tanto in tanto «Barba Paolo», quasi fosse in qualche modo un suo nipote* (*L'amore di Lupo*, Torino 1977, p. 167). – P. P. PASOLINI: *«Ciao barba, buongiorno a tutti!» fece Milio entrando, con la voce più alta e più acuta che gli veniva quando era allegro o quando era un po' imbarazzato* (*Il sogno di una cosa*, Milano 1962, p. 113). M.

**barbapièro,** sm. (veneto; piemontese: *barba-péro*). 'Rigogolo, *Oriolus galbula*'.

Formazione di origine scherzosa che ricorda *barbagianni* 'gufo, allocco' composta di → *bàrba* 'zio' e del nome proprio *Piero* (forma settentrionale di *Pietro*). La denominazione si confronta con *compàre-piero*, con la forma ridotta *pare-piero*, del veneto, e con *compare-pero* nel piemontese che designano la stessa specie. Il nome *Piero* parrebbe ritornare, almeno in modo paretimologico, nelle forme lombarde *galpéder*, *galpèdar*, a loro volta da confrontare con l'emiliano e romagnolo *arghéib*, *arghébul*, piemontese e ligure *garbé*, ligure *(s)garbèo*, lombardo *galbèder*, ed anche col siciliano (Caltanissetta) *galbéri* che continuano un latino parlato **galbetrus* 'rigogolo' variante del classico *galbulus*, nome riferito propriamente alla specie nota come 'zigolo giallo'. Secondo Garbini 1920 anche il tipo *compare-piero*, e successivamente *barba-piero*, non sarebbe che il risultato di progressive modificazioni per etimologia popolare del latino *galbulus* [DEI s.v. *barbapiero* e *comparepiero*; REWS]. M.

**barbéna,** sf. (piemontese; veneto, nel trevigiano; ligure, anche *barbana*; pugliese e salentino; siciliano: *birbina*, *bribbina*, *bibbina*; sardo: *brebèna*). 'Verbena, *verbena officinalis*'.

Dal latino *berbēna*, forma dissimilata di *verbēna*. Della variante latina suffissata *verbenāca* (Plinio) sono riflessi dialettali, con diversi esiti assimilatori, il toscano *vermenaca*, *vermunaca*, il siciliano *virminaca*, l'emiliano (bolognese) *bardenäga*, il ligure *barbenega*, e *erba barbunèa* [Penzig 1924; REW; DEI]. M.

**barbétu,** sm. (ligure: Pigna). 'Uomo crudele o che abbia del brigante'.

Dal piemontese *barbét* 'prete valdese' (che porta la barba o che viene chiamato → *bàrba* 'zio'), poi 'valdese, protestante' [Merlo 1941-57; DELI]. C.

**barbìs,** sm. (piemontese; lombardo; ligure e veneto: *barbiśi*; toscano e corso: *barbigi*). 'Baffo, baffi': in piemontese la locuzione *ese un barbìs* è diretta ad un uomo 'scaltro'.

Dal latino *barbitium* 'barba', che ha conosciuto molti allargamenti semantici nei dialetti italiani, da 'mento' a 'bargigli', da nome di piante a nome di oggetti vari [Levi 1927; LEI]. C.

**barbìśa,** sf. (piemontese), 'nigella, *Nigella damascena* L.; costole d'asino, *Hypochaerin radicata* L.'; (emiliano, nel reggiano: *barbiśa*), '*Barbula muralis* Schimp.; nome di piante varie della sp. *Byrum*'; (emiliano, nel parmense: *barbìs*), 'nome di piante varie della sp. *Equisetum*'; (emiliano, nel bolognese: *barbòn*), 'nigella, *Nigella damascena*'.

Da *barba*, per i fusti ramificati [Penzig 1924; DEI]. M.

**barburìze,** sf. (friulano). 'Fiordaliso, *Centaurea Cyanus* L.', con varianti come *balburùze*, *jarburìza* ed altre.

Probabile riflesso della voce slovena *purpulica*, *purpurica* [leggi: *-iza*] 'rosolaccio', con intrusione delle voci friulane *bàrbe* 'barba' e *jàrbe* 'erba' [DESF]. M.

**barbùz,** sm. (friulano). 'Pizzo, mento'.

Da *barbe* 'barba' col suffisso *-ūceus*; con diversa suffissazione (*-īnus*) anche *barbìn* 'mento' noto altrove, ad esempio nel ticinese (*barbìn*) che designa, in talune località, anche il 'mento di animali' [VDSI; DESF]. M.

**barc,** sm. (veneto settentrionale). 'Passo', 'passo lungo', 'passatoio; salto'.

Voce corrispondente all'italiano *varco*, da *varcare*, dal latino *varicāre* 'divaricare, passare' [REW]. M.

**bàrca,** nella locuz. *scarpe a barca* (veneto). 'Scarpe grandi e comode, scarpe troppo larghe'.

Secondo il DEI si tratta di un prestito dallo spagnolo *abarca*, *albarca* 'calzatura rustica di cuoio che si unisce con corde o cinghie e copre la pianta, le dita e la maggior parte del piede', anche 'sandalo', con accostamento paretimologico a *barca*. Ma considerati i sensi figurati di *barca* come 'donna molto grossa' ad esempio nel triestino, si tratterà più semplicemente di un traslato da questa voce; del resto *barca* come 'scarpe troppo grandi' è significato presente anche nel catalano [DEI s.v. *a barca*; Doria 1987; LEI]. M.

**barcaròl,** sm. (veneto bisiacco e giuliano; ladino-veneto, nell'Agordino: *barca, bèrca*). 'Ciabattino, *Hydrometra lacustris*'.

Da *barca*, con suffisso di mestiere; tale denominazione ricorda la forma delle lunghe zampe somiglianti a una barchetta rovesciata [DESF]. M.

**barcé,** sm. (emiliano: a Parma). 'Barchetta a fondo piatto, a remi'.

Dal latino *barcella* 'piccola barca', da cui l'italiano *barcèlla* e *barcèllo*, con paralleli lombardi (*barcél, barcèla*) e corsi (*barcèlla*) [*Dizionario di marina* 1937].

L. MASTRONARDI: *Monsignor Dal Pozzo dalle braccia lunghe, le proverbiali braccia di monsignore, che come remi di barcé affondavano nelle capaci casse delle banche, [...] incoraggiò i diletti suoi compaesani a darsi alle scarpe* (*Il calzolaio di Vigevano*, Torino 1959, p. 10). C.

**barchèsa,** sf. (veneto). 'Loggiato laterale nelle case signorili di campagna', 'tettoia annessa alla casa colonica per riporvi attrezzi rurali ed altro'; voce passata anche al friulano *barchèse, barcièse*.

Riflesso di una voce preromana **bareca* 'stalla', da cui anche *barco* 'stalla in montagna' del veneto settentrionale [Prati 1968; DESF; Bondardo 1986]. M.

**barcocchiàre,** v. (toscano, anche *barcocchià*). 'Percuotere', «andare a Pistoia. Bussare, sorbare, bordare con un *barcòcchio* 'bastonciotto piuttosto grosso un po' arcuato per lo più di querciolo o di frassino'» (nel lucchese, Nieri 1902), nel pistoiese anche *barcocchiàta* «forte dose di percosse» (Gori-Lucarelli 1984).

Da *barcocca* variante di area senese per '*albicocca*'; quanto all'evoluzione di significato si può richiamare il campano (irpino) *ncotognà* e l'abruzzese *cutignà* 'picchiare' da '*cotogna*' o l'italiano *nèspola* nel senso di 'colpo, percossa'. Per il lucchese *barcòcchio*, si tratta di un deverbale da *barcocchiare*, mentre l'*andare a Pistoia*, che si legge nella definizione del Nieri, è un'espressione basata sull'assonanza con il dialettale *pistare* 'pestare' [DEI]. M.

**barcón,** sm. (lombardo: milanese). «Carro mascherato nei corsi di carnevale» (Angiolini 1897).

Da *barca*, per la forma, come conferma la seguente fonte che registra invece il termine *barca*: «specie di carrozzone assai lungo, imitante nella forma della cassa (*scòcca*) un barcone, che tutto dipinto, inghirlandato, ecc. serve per mascherate in tempo di carnevale» (Cherubini 1839-56) [DEI]. M.

**bardàna,** sf. (sardo centrale e logudorese). 'Abigeato, furto di bestiame, razzia che si fa, per lo più di notte, per portare via le pecore', anche il 'bestiame portato via dai grassatori', con i derivati *bardanare* 'commettere abigeato', *bardanéri* 'colui che commette abigeato'.

Dall'italiano antico *gualdana* e nel pisano antico *guardana* 'cavalcata, scorreria in territorio nemico' [DES].

G. DELEDDA: *– Dove era andato? – Non te lo dissi? Ad una* impresa, *ad una* bardana, *ecco!* (*Romanzi e novelle, II*, Milano 1950, p. 16). – S. SATTA: *E a pastore che dorme la bardana. / Facciamo la bardana! Il mandrïale / È stanco, e dorme sodo, o miei fratelli. / Corriam sul vecchio, gli rubiam gli agnelli / E facciamo l'arrosto di Natale!* (*Canti*, Milano 1955, p. 82). M.

**bardèla,** sf. (emiliano, nel piacentino). «Predella. Quel gradino di legno, sul quale sta il Sacerdote quando celebra la messa» (Foresti 1882).

Dal gotico **bridila* 'tavoletta, assicella' da cui altre voci dialettali come il marchigiano *perdelle* plur. 'calcole', il lombardo (milanese) e veneto (veronese) *brèla*, l'emiliano (parmigiano) *bardèla*, il marchigiano *pratella, pradella*, il siciliano *pradella* 'predella, cassetta da lavandaia (cassetta e lavatoio)', il friulano *brèdule* e *brèdul* come sm. 'predellina di legno, con buco in mezzo, ad uso dei bambini' [DEI s.v. *bardèlla*; REWS]. M.

**bardiché,** sm. (marchigiano: Petriano). 'Aratro'.

Come meglio mostra il verbo *partichér* 'arare', si tratta di un derivato di *pertica* nel senso di 'bure', ampiamente documentato sia in questo senso, sia in quello di 'aratro' col tipo 'perticale' (AIS). C.

**bàrdo,** sm. (ligure), 'sordone, *Accentor alpinas*, uccelletto di color grigio bruno con aree bianche (detto anche frullino o peppola), somigliante al passero comune' (DEI), agg. 'di colore grigio', in Val Graveglia «di colore grigio sul nero (per tutti i mammiferi), in qualche luogo solo per i gatti: soriano» (Plomteux 1977).

Dal latino *pardus* propriamente 'leopardo' (cosiddetto per il colore del mantello) con un esito *p* > *b* isolato in Liguria e probabilmente dovuto ad ipercorrettismo (Plomteux ibid.). L'agg. *bardo* riferito al colore è attestato anche nell'italiano seicentesco (Marino, si veda GDLI ove è ritenuto spagnolismo da *pardo* 'bigio scuro'). M.

**bardónzë,** sf. (abruzzese, nel lancianese). «Grande quantità di cibo e di checchessia» (Giammarco 1985).

Sia questa parola sia il calabrese centrale *bardólicu* 'ingordo' (*mangiari b.* 'mangiare avidamente') sono considerati da repertori quali DEI e REWS riflessi del latino *bardus* 'lento di spirito' (Festo), mentre il LEI sotto questa base non contempla tali voci. Si può avanzare l'ipotesi che si tratti di continuatori del latino *gurdus* 'ingordo', anzi *gurdonicus* almeno per *bardòlicu*; *bardónzë* sembra invece quasi una forma svisata di "(ab)bondanza". M.

**bàrdu,** sm. (calabrese settentrionale, anche *baldu, vardë*; siciliano: *bbardu*). 'Secchio, secchio di metallo; recipiente per mungervi il latte'.

Prestito dallo spagnolo *balde* di analogo significato; probabile che si tratti di voce di introduzione recente ad opera di emigrati nell'America spagnola [DEI s.v. *bardo*; Rohlfs 1977; Michel 1996]. M.

**bargaména,** sf. (romagnolo; marchigiano, ad Urbino: *brigamina, pergamina, pregamina*). 'Cartoncino conico, che si infilava in cima alla rocca per tener ferma la stoffa da filare'.

Dalla *pergamena*, che si usava per confezionarlo. C.

**bargós,** agg. (emiliano, nel piacentino). «Fuggifatica, increscioso, neghittoso, tardo, pigro, lento» (Foresti 1882).

Il DEI riconduce la parola al latino tardo *bargus* 'privo di ingegno', ipotesi evidentemente non considerata dal LEI che non menziona la voce tra i continuatori di *bargus*. Il termine pare spiegarsi piuttosto mediante un confronto con il ticinese *bragàscia* 'uomo semplice e bonario', *bragasción* 'persona trascurata nel vestire', da *braga* 'braca' con il suffisso spregiativo *-ascia*; l'accezione di 'semplice, bonario' si spiega attraverso quella di 'persona che non presta molta attenzione al proprio abbigliamento'; anche il *bargós* piacentino dovrebbe avere origine da *braga* con successiva metatesi e con sviluppo di significato da 'persona trascurata' a 'pigro, lento, neghittoso' [DEI s.v. *bargóso*; VDSI]. M.

**barìcole,** sf. plur. (piemontese; ligure). 'Occhiali'.

Dal latino *beryllus* 'berillo', pietra preziosa, attraverso il francese antico *bericles* (moderno *bésicles*, donde lo scherzoso *besicli* monegasco). Anticamente si usavano delle 'pietre per leggere' (*lapides ad legendum*) ed una di queste era il berillo nobile, trasparente e di splendore vitreo [Levi 1927; REW; REWS; LEI]. C.

**barlànda,** sf. (piemontese, anche *berlanda*, a Casale: *berlandìn* sm.; ticinese: *barlanda*; lombardo: *(s)landra*, nel bresciano *lander* sm.). 'Navone selvatico, *Bunias Erucago* L.'.

Voci di etimo incerto; il DEI le connette in via d'ipotesi con il latino tardo *berula* nome di un'altra crucifera, il crescione, con un suffisso *-andra* preromano; le forme lombarde sarebbero dovute ad un'aferesi [Penzig 1924; DEI]. M.

**barón,** sm. (trentino; veneto; veneto giuliano; friulano; marchigiano: *barone*). 'Birbone'.

Dal latino *baro, -ōne* 'zoticone' con spostamento di significato; ne deriva anche l'italiano *baro* 'truffatore' dalla forma del nominativo [DELI; Doria 1987]. M.

**barròcchio,** sm. (toscano, nel lucchese). 'Treccia ravvolta dietro il capo'.

Voce registrata dal DEI, è derivata dal latino *rotŭlus* 'rocchio' preceduta dal prefisso *ba(r)-* e confrontata col siciliano *ròcchiula* «mucchio di funghi uniti a guisa di cespuglio», anche «adunanza di persone» (Traina 1868), anch'essa rapportata alla medesima voce latina. Diversa l'ipotesi etimologica del REWS che riconduce *barròcchio* alla base prelatina **barros* 'ciuffo' (ma in LEI i riflessi di **barros* sono riuniti ora nel quadro di un tipo preromano **bar(r)- / *ber(r)- / *bir(r)-* 'ciò che germoglia, spunta; cespo' nel quale sarà da collocare anche *barròcchio*). M.

**barsàca,** sf. (piemontese; lombardo; emiliano). 'Sacca, tasca', anche *bersaca* e *abarsàc* a Como.

Dal tedesco *Habersack*, composto da *Haber* 'avena' e *Sack* 'sacco', entrato anche nel francese *havresac* e provenzale *abressac, abrassà* [DEI s.v. *bersàcc(a)*]. M.

**barsaièr,** v. (romagnolo). 'Parlare a vanvera'.

Corrisponde a 'bersagliare' quindi 'battere di continuo', da cui l'alterazione di significato attraverso un senso figurato [Ercolani 1971]. M.

**bàrsere,** sm. (toscano: pisano). 'Valser', anche *bàrzere*, col diminutivo *barzerìno*.

Da *valser, valzer*, con scambi di *b/v* e *l/r* [Malagoli 1939; DEI]. M.

**bartagnìn,** sm. (emiliano, anche *bertagnén, bertagnéin*). 'Baccalà'.

Letteralmente 'pesce proveniente dalla *Bretagna*'; da *(Gran) Bretagna* deriva invece l'emiliano *bretana, bertana, bertagna, bartagna* 'giacinto orientale' [DEI s.v. *bartagna, bartagnino*]. M.

**baruccabà,** sm. (toscano: aretino), 'confusione'; (veneto, a Padova: *de barucabà*), 'di provenienza dubbia, furtiva'.

Dall'ebraico *Bāruch habbā* 'benedetto'. È vero che è «una di quelle parole senza senso per il comune della gente italiana che si presta a un uso capriccioso» (VEI) ed è vero che, per l'evoluzione del significato, si può ricordare l'espressione *fare un ghetto* 'fare una confusione' (DEI), che è anche del francese *brouhaha* 'rumore confuso', ma non bisogna dimenticare che *Baruccabà* è anche nome proprio ebraico, tanto che a Roma è diventato corrispondente di 'Ebreo' e che è il nome del protagonista di una serie di canzoni antisemitiche, dove si raccontano le nozze di Baruccabà, l'improvvisa morte accidentale della moglie, il secondo matrimonio con Diana, che se ne fugge assieme a due mercanti, lasciando il marito disperato, tanto che finisce per uccidersi. Tutte queste avventure sono all'origine del detto di Burano *la n'à fato de barucapà vinturina, l'o n'à fato pi de Baracubà el venturièr* 'ne ha fatte più di Bertoldo' [REW; FEW; Zolli 1973]. C.

**barulè,** sm. (piemontese; lombardo; veneto; friulano; ligure; emiliano; campano; siciliano). 'Arrotolamento fatto alle calze sopra o sotto il ginocchio'; anche *barolè*.

Dal francese *bas roulés*, propriamente 'calze arrotolate', entrato con la moda settecentesca anche in italiano. Rappresenta un'evoluzione del significato originario la voce *barolè* aggettivo a Revine (veneto settentrionale) che vale 'trasandato nel vestire', certo determinata dal fatto che l'antica usanza di arrotolare la calza, prima dell'introduzione delle giarrettiere od altro, dava l'impressione di trascuratezza [DEI; Pellegrini 1985]. M.

**barùzzola,** sf. (toscano: Bientina). 'Alzavola, *Nettion crecca*'.

Voce registrata dal DEI, è posta in relazione col toscano *baruzzolare* 'cadere rotoloni, ruzzolare', probabilmente dovuto all'incontro di *barullare* 'rotolare' e *ruzzolare* (Zanchi Alberti), oppure da *ruzzolare* prefissato con *bar-*. M.

**baṡadòne[1],** sm. (trentino; veneto: Venezia; emiliano a Bologna: *bäṡadòn*). 'Brezza'.

Nome di un folletto (letteralmente: *baciadonne*), che personifica il vento 'ostro' e sul quale corrono molte leggende [Prati 1933 e 1968]. C.

**baṡadòne[2],** sm. (ligure e piemontese meridionale, anche *bażadonne, biażadone*), 'papavero selvatico', rosolaccio; (veneto, nel veronese), 'cardo' (dei generi *Eryngium, Carthamus*); (veneto, a Rovigo), 'rovaio'.

Letteralmente "bacia-donna , -e", è denominazione antifrasica, ironica, con allusione alle sporgenze pungenti di queste piante, che feriscono, più che baciare, i piedi delle donne; similmente in italiano *baciapiede* è nome del 'pungipiede, tribolo'. Nel veneto giuliano *baṡadone* designa l'arrestabue (*Ononis arvensis*) detta in abruzzese (aquilano) *ammazzadonna* (voce menzionata dal DEI) con allusione alla spinosità e ruvidità che connota questa pianta dal fusto non eretto e legnoso. La voce veneto-giuliana pare dovuta ad una rielaborazione paretimologica; una forma più antica, corrispondente al veneto *baṡevégio, avégio* 'pungiglione' (da *(bis)*aquileus*), sarebbe stata modificata successivamente ed accostata al tipo "bacia-donne" [Penzig 1924; DEI ss.vv. *ammazzadonna, basadonne*; Brero 1982; Pellegrini-Zamboni 1982: 473; Cortelazzo 1994]. M.

**baṡamanìna,** escl. (trentino: Tione). «Considerati fortunato!» (Scalfi 1983).

Letteralmente 'bacia (la) manina', che dipende dalla diffusa locuzione *potresti baciarti le mani (dritte e rovescie)*, indirizzata a chi si ritiene sia stato particolarmente fortunato e legata, probabilmente, ad un gesto tradizionale, di cui ci sfugge l'origine e il significato. C.

**baṡariòto,** sm. (veneto), 'rivenditore, negoziante di svariati generi', (ligure: *bażajòtto*), 'chi si reca a bordo per vendere e barattare cose di poco conto'; (campano, a Napoli: *bazzariòta, bazzariòto*; calabrese: *bazariòtu*; siciliano: *bazzariòtu*; sardo: *bażariottu*), 'mercante ambulante, rivendugliolo'.

Dal greco moderno *pazariótis* 'mercante', un turchismo: cfr. *pazári* 'mercato, bazar', da cui il marchigiano *bażàr*, che vuole egualmente dire 'merciaiuolo ambulante' [REW; DEI; VEI; REWS; Rohlfs 1964; Cortelazzo 1970].

M. MORETTI: *non c'è razza che si detesti ed abbomini*

*come questa dei mercanti di pesce, prima, seconda e terza categoria, e anche l'ultima categoria, cioè i "bazariott"* (*Romanzi della mia terra*, Milano 1961, p. 521). C.

**baŝàr l'arlìchia,** locuz. (veneto: Polesine). 'Festeggiare un avvenimento eccezionale o un'impresa riuscita'.

Letteralmente 'baciare la reliquia', azione che si compie una volta all'anno in occasione della festa del Santo patrono [Girardi 1991]. C.

**bàsca,** sf. (campano, a Napoli; calabrese: *mbasca* e al maschile *mbascu*, al plur. *baschi*; siciliano; sardo). 'Malessere, angoscia'.

Voce di provenienza iberica (catalana o, piuttosto, spagnola), da *basca* 'nausea, angoscia' [REW; DEI; DES; VES]. C.

**bàschia,** sf. (calabrese: anche *mbàsca* e, al masch., *mbàscu*; siciliano: *bbasca*; campano, a Napoli: *(ab)basca*), 'smania, affanno'; al plur. 'rossori al volto'; (sardo campidanese: *bàsca*), 'caldo eccessivo' e *bascas dessa mòrti* 'angosce della morte'.

Dal catalano *basca* con il doppio significato di 'ansia, fatica' (che condivide con lo spagnolo) e 'calore afoso, che rende difficile la respirazione'. La provenienza dalla penisola iberica è confermata, come osserva Vàrvaro 1974: 89, dalla «conservazione in siciliano di *b-* senza passaggio a *v-*»; ciò fa pensare, appunto, ad un prestito non troppo antico [DEI s.v. *baschie*; DES; Rohlfs 1977]. C.

**baschìna,** sf. (calabrese settentrionale), 'gonna', 'giacchettino, giubba per donna'; (lombardo, nel milanese), «giubba a piccole falde: fra gli arredi da donna» (Angiolini 1897).

Prestito dal francese *basquine* 'giubbetto da donna' a sua volta dallo spagnolo *basquina* di analogo significato [DEI; Rohlfs 1977]. M.

**bascialìschë,** sm. (abruzzese). 'Figliolo prediletto, cucco'.

Dal latino *basiliscus*, presupponendo la conservazione del significato etimologico della voce greca, da cui proviene, e cioè *basilískos* 'piccolo re'; cfr. anche l'italiano *basilisco*, termine storico che indicava il 'rappresentante dell'Impero orientale in Italia' [DEI; Alessio 1976]. M.

**bascìgia,** sf. (ligure, anche *basciggia*, *basigia*, *basegia*; corso *bachìschja*). 'Finocchio marino, *Crithmum maritimum*', «specie d'erba mangereccia che cresce sulla riva del mare» (Falcucci 1915).

Sono voci riportate ad un latino parlato **baticilla* 'finocchio marino' la cui continuazione interessa anche la Provenza (già nell'antico occitanico, XIII sec., è attestato *basilla* 'finocchio marino'), tuttavia non si può escludere che si tratti di una delle accezioni del latino *basilica (herba)* e soprattutto delle forme *basilia*, *basilium*, *basileum* 'sorta di erba'. Dalle voci liguri dipendono gli adattamenti toscani *bacicci*, *baciucco*, *basécchia* e altre varianti, e l'italiano *bacìglia* 'finocchio marino' [FEW; DEI s.v. *bachìschia*; LEI]. M.

**bascòt,** sm. e agg. (bresciano: Bagolino). 'Ingenuo', anche 'facilone, semplicione'.

Verosimile evoluzione semantica dal dialettale *bascòt* 'biscotto' (a sua volta dal latino *bis cŏctum*), attraverso un'ellissi da un'espressione del tipo 'buono *come un biscotto*', da confrontare con fraseologia dell'italiano del tipo "buono come il pane, si è lasciato far fuori come un biscottino" [Bracchi 1991: 118]. M.

**baŝén de Giüda,** locuz. sostant. (lombardo: vogherese). 'Il bacio che la suocera dà alla novella sposa non appena entra in casa'.

Bacio falso, secondo l'opinione popolare, naturalmente, il 'bacio di Giuda'. C.

**baŝèrga,** sf. (lombardo; ticinese). 'Casa in rovina, catapecchia'.

Ultimo stadio della degradazione del latino *basilĭca* 'chiesa' attraverso successivi passaggi a 'chiesa non parrocchiale e non battesimale', 'piccola chiesa', 'cappella (abbandonata)' [VDSI]. C.

**bàsla,** sf. (lombardo, anche *bàŝola*; emiliano: *bezla*; marchigiano: *basla*), 'catino, ciotola'; (trentino occidentale: *bàŝia*), 'piatto grande, catino'.

Le voci presentano derivati con diversi suffissi: *biaŝóto* (veronese) 'catino', *baŝiót, baslót, baslùn* (lombardo; emiliano) 'catino'. Quanto all'etimo, le varianti richiedono, all'origine, secondo alcuni, la forma *bàŝ(o)la* dal latino *vasum* (un *baxia* 'bacile' è documentato nel 745) con influsso del latino tardo *baccīnum* (*bacchinon* in Gregorio di Tours) 'vaso di legno' da cui l'italiano *bacino* e *bacile* per tramite provenzale. Diversamente, il LEI assegna *basla*, e le voci dialettali menzionate, al latino *baiŭlus* / *baiŭla* 'portatore; portatrice' [REW; DELI].

P. VALERA: *Peppina, la locandaia, quando usciva a votare il baslotto dell'acqua dei piatti, non poteva trattenersi dal dire la sua* (*La folla*, Napoli 1973, p. 70). M.

**baŝoàl,** sm. (friulano, anche *beŝoàl*, *baŝauàl*; veneto giuliano: *baŝuàl*), 'baggiano, sciocco, scemo, zoticone'; (veneto, nel trevigiano: *baŝoàl*), 'scortese, rozzo, scimunito'.

Dal latino *bis-aequālis*, con *bis-* che ha assunto il significato di *dis-*, quindi 'diseguale': perciò l'evoluzione semantica dei termini parte da 'disuguale, spaiato' > 'indeciso, incostante' > 'scriteriato, balordo, scemo'. Si confronti il trentino (Val di Non) *basguàl*, *beŝo(v)àl* 'spaiato' (detto di coppia di buoi) e 'frullo, balordo', che ha la stessa origine. Un'altra ipotesi etimologica, precedentemente formulata, basata su un latino *bis ovālis* ('a forma di uovo'), è da considerare superata [REW; Doria 1987; LEI].

R. VALENTE: *Non dico il dramma che seguì. Fra l'altro mi dette del "basoâl"* (*Udine 16 millimetri*, Udine 1963, p. 181). M.

**baŝòne,** sm. (sardo logudorese, anche *aŝòne*; a Bitti: *agaŝòne*; nel campidanese: *baŝòni*). 'Guardiano di cavalli', col derivato logudorese *baŝonàre*, *aŝonàre* 'pascere le cavalle, menare le cavalle alla trebbiatura'.

Dal latino *agāso*, *-ōnis* 'servo di stalla, palafreniere' [REW; DEI s.v. *agasone*; DES]. M.

**baŝòto,** agg. (veneto; veneto giuliano: anche *baẑòto*; friulano: *baŝòt*, *baẑòt*). 'Poco cotto', detto soprattutto dell'uovo di mezza cottura, e, figuratamente, 'debole, né buono né cattivo'.

Diminutivo di *bàŝo*, *bàẑo* 'immaturo', dal latino *badius* 'baio, di colore mezzano' [Prati 1968; DESF; Doria 1987].

S. ZANOTTO: *per restare sino alla fine in quella consistenza che solo può definire il termine veneto di bazoto* (*Delta di Venere*, Milano 1975, p. 12). C.

**bassàllu,** sm. (sardo: nuorese rustico). 'Uomo vestito nell'antico costume sardo', contrapposto a *cusìnu* 'vestito in borghese' (Farina 1973).

Specializzazione dell'antico nome di *vassallo*, mentre *cusìnu* è il catalano *cusí*, forma dialettale di *cosí*, letteralmente 'cugino', ma adoperato anche dai marinari, indirizzandosi ai compagni di età matura [Alcover-Moll]. C.

**bastèrd,** sm. (romagnolo; ticinese, a Linescio e Campo Vallemaggia: *bastàrd*). 'Fanciullo, ragazzo'.

Letteralmente 'bastardo', che ha perduto ogni connotazione negativa, come in altri casi di enantiosemia (senso opposto al letterale) [Pauli 1919]. C.

**bastiàn cuntràri** (piemontese, anche *bastiàn contràri*). 'Contraddittore, contraddicente, contrariante, che ha spirito di contraddizione, che ha per indole di contraddire altrui'.

Letteralmente 'Bastiano contrario', è espressione entrata anche in italiano ove il *bastian contrario* è una persona che contraddice per partito preso. Vi è documentato per la prima volta nel "Conciliatore" del 28 febbraio 1819, come pseudonimo del piemontese Ludovico di Breme [Zolli 1986]. M.

**bastrèngo,** sm. (toscano). 'Chiasso'.

Dal francese *bastringue*, denominazione di un ballo volgare, che prende il nome da quello di una macchina (evidentemente rumorosa) per stampare tele, di origine sconosciuta. La sua riduzione *bastrè* 'festa di ballo nel basso popolo' è d'ampia diffusione toscana: la *Sonettona*, che apre la raccolta delle poesie di R. Fucini, s'intitola *Un bastrè 'n casa di Neri* e riporta, oltre che esempi musicali, anche la terminologia (francese) del ballo [Malagoli 1939; Diodati Cacavelli 1970].

E. PEA: *C'era la veglia da ballo. C'era il bastrè, come dicevano allora, a pagamento, per un soldo a danza. Nei giorni di festa tutto il paese era lì* (cit. in GDLI II 103). C.

**bastunàca,** sf. (calabrese, con varianti; siciliano: *bbastunaca*, con varianti). 'Carota selvatica; carota'.

Dal latino *pastinăca* di analogo significato; la presenza di *b-* è interpretata in vario modo, per esempio come influsso della forma araba *bištinaqa* equivalente di *pastinaca* che può valere per la Sicilia, ma per altre aree è meno probabile, sicché si può pensare piuttosto a forme incrociate con *bastone*. Le forme settentrionali con *b-* sono sporadiche e sono attestate anche nel ligure *bastonàgia*, piemontese *bastonàia*, *bastnàgia*, emiliano (piacentino) *bastonàdag*. Le varianti che riflettono direttamente *pastinăca* si trovano in salentino *pastanaca*, sporadicamente in lucano *pastinachë*, campano *pastënachë*, abruzzese *pestenatë*, sardo *pistinaga*, toscano *pastinaca*, friulano *pastanache*, *pastanace*, emiliano *pistinega*, veneto *pastenàga*; alcune forme richiedono **pastinacŭla* come il friulano *pastanale*, veneto *pestenàgia*; il veneto *pastinega* richiede un **pastinatĭca*. In sardo sono presenti anche le varianti *fustinaga* incrociato con *fuste* 'fusto; bastone', e *fustinacra* che muove da **pastinac(ŭ)la* [AIS; DEI ss.vv. *bastonàgia*, *bastunaca*; DES; Prati 1968]. M.

**bàŝu,** sm. (piemontese, anche *bao*, *bàŝa*; lombardo, emiliano: *bàŝul*; trentino: *bagilón*). 'Arcuccio, arconcello: pertica più o meno incurvata che si mette sulle spalle ed alle cui estremità si portano due carichi all'incirca di peso equivalente' (per precisazioni di tipo ergologico → *buìnz*).

Le voci derivano dal latino *baiŭlus* 'facchino' [REW]. M.

**basùra,** sf. (lombardo, anche *basóra*; piemontese, anche *basóra*; emiliano, nel bolognese: *basaùra*). 'Pomeriggio' e, più precisamente, il 'tardo pomeriggio', come nella locuzione *ins'ra basùra* 'sul tardi'.

Da leggersi *bàsa ùra*, cioè 'ora bassa' in confronto alle ore alte, quando il sole è molto sopra l'orizzonte (a Cremona, infatti, la *basŭra* è propriamente il 'tramonto'). L'omonima *basura* 'piano, pianura, valle, avvallamento' (italiano *bassura*) ha un'altra composizione (*basa* e il suffisso *-ura*, come in *altura*). [AIS; DEI s.v. *bassóra*; REWS].

L. MASTRONARDI: *Ci pensavo nelle prime ore della bassora, che diavolo ci stessi a fare lì* (*Il maestro di Vigevano*, Torino 1962, p. 158). C.

**bataìsa,** sf. (veneto, nel chioggiotto). 'Striscia della spiaggia battuta dalle onde'.

Da *battere*; formazioni affini sono il corso *battìccia* 'riva di mare, scogliera', il toscano (pisano) *bàttito* 'striscia della spiaggia dove l'onda del mare conclude l'ultima debole spinta spargendosi, e subito ritirandosi, battigia'; in Versilia *bàttito* vale 'fragore che producono le onde del mare in tempesta quando s'infrangono' [DEI; LEI]. M.

**batcùl,** sm. (marchigiano: Fano). 'Fallito abitudinario'.

Letteralmente 'batticulo', perché, come in altri luoghi d'Italia (→ *zitabbòna*), «venivano messi alla berlina i falliti che dovevano sul duro marmo battere il sedere» [Sperandini-Vampa 1975: 78]. C.

**batelmàt,** sm. (lombardo; ticinese: anche *betelmàt*). 'Tipo di formaggio vaccino poco salato'.

Dal luogo di provenienza, *Bettelmatt*, alpe in Val Formazza ai piedi del Gries [Salvioni 1916: 1017; VDSI]. C.

**batìnda,** sf. (ticinese). 'Striscia di cuoio che nello zoccolo si applica sopra la parte del tomaio che viene imbullettata alla suola'.

Da *bat* 'battere' con la stessa uscita del gerundivo *-enda*, che si ritrova in *ciodenda* 'siepe'. In abruzzese *vattènnë* (con varianti) ha il significato proprio di 'percossa, bastonatura' [VDSI; LEI]. C.

**batòcio,** sm. (veneto). 'Battacchio; picchiotto', anche 'spatola di legno', caratteristico accessorio del costume di Brighella ed Arlecchino; con significato traslato 'sciocco'.

Dal latino *battuăculum* 'battaglio' con cambio di suffisso come nell'italiano antico *batocchio* 'bastone nocchieruto, battaglio' [DEI; Prati 1968; LEI]. M.

**bàtola,** sf. (veneto: anche *sbàtola*; friulano: *bàtule*). 'Linguetta di legno che batte sulla macina quando gira' e di qui 'parlantina', come nel lombardo → *tapèla*.

Da *bàtare* in veneto e *bàti* in friulano 'battere' [Prati 1968; DESF]. C.

**batràccola,** sf. (marchigiano: metaurense). 'Battola, tabella'.

La voce è registrata ed interpretata dal DEI come un riflesso del latino tardo *batracha* 'rana' dal greco *bátrachos* (probabile grecismo dell'Esarcato); quindi il termine è da considerare un equivalente di '*raganella*', denominazione comune della battola, cosiddetta per il rumore che produce (è uno strumento di legno con una rotella ed una lingua elastica per produrre strepito, che si usa nei riti della settimana santa). M.

**bàtta él fil,** locuz. (marchigiano: Urbino). 'Telegrafare'.

Letteralmente 'battere il filo'. C.

**bàttece,** sf. (umbro: anche *bàttice*). 'Tavola su cui si batteva durante la settimana santa in sostituzione delle campane'; a Foligno *bàttece* è anche la 'persiana di una finestra' e *bàtticia* la 'sponda del carro agricolo'.

Tutti nomi collegati, nel senso di fondo, con il latino *battuĕre* 'battere' [REWS; Ugolini 1988-89]. C.

**bàtte lla nònna,** locuz. (toscano: pistoiese). 'Tremolare dell'aria per il gran caldo'.

Locuzione parallela a quella più diffusa *bala la vegia* (→ *vècia*). I significati secondari 'scansare le fatiche, lavorare poco adducendo continui pretesti' e, quindi, 'fingere, simulare' sono conseguenti di quello primario, perché il grande caldo toglie la voglia di lavorare. Senza dimenticare il modo comune dallo stesso significato *battere la fiacca*. C.

**bàtte lle nòccole,** locuz. (toscano: pistoiese). 'Giocare a carte'.
Dalle nocche delle dita (*nòccole*, da *nòcca* con suffisso diminutivo), che vengono spesso battute energicamente sul tavolo calando una carta. C.

**battéllu,** sm. (calabrese centrale). 'Ragazzo', anche *battéḍḍu*, *battéḍu*; in qualche località il termine designa l''aiutante dei muratori'.
Da *abatello* diminutivo di *abate*, in origine il 'chierico' [DEI; LEI]. M.

**battistèro,** sm. (marchigiano: Jesi). «Fragore che si faceva nelle chiese, battendo delle verghette sui banchi, al termine delle funzioni pomeridiane della Settimana Santa» (Urieli 1979).
Da *bàttere*. C.

**baucàre,** v. (veneto). 'Fantasticare', 'bighellonare', ma nel veronese assume il significato particolare di 'parlare confusamente, farfugliare'.
Denominale di → *baùco*.
G. CARRETTO: *Lo chiamavano Baùco, e più che parlare baucàva* (*Via Muro Lungo 22 Verona*, Milano 1994, p. 120). C.

**baùco,** sm. (veneto; veneto giuliano; friulano: *baùc*). 'Stupido, scimunito, balordo'.
Voce di probabile origine imitativa [Prati 1968; DESF].
E. CHINOL: *Ma il più baùco era certamente il Baussa, che diventava matto con quel continuo scambio fra le esse del dialetto e le zeta della lingua* (*La vita perduta*, Milano 1972, p. 18). C.

**bàuf,** inter. (friulano carnico; veneto bellunese; ladino centrale: Alto Cordevole; trentino, in Val di Fiemme: *abàuf*), 'grido usato dai boscaioli a indicare la sospensione dell'avvallamento del legname'; (ladino centrale: Comelico), 'grido inviato dai boscaioli che dall'alto gettano a valle il legname'.
L'origine dell'interiezione si deve vedere, piuttosto che nel tedesco *pass auf!* 'attenzione', nel tirolese *paufâ* 'grido tenuto a lungo nell'avvallare il legname' [AIS; Tagliavini 1944; DESF]. M.

**baùle,** sm. (sardo, anche *baùllu*). 'Cassa da morto, feretro' ed anche 'baule'.
Dall'italiano *baule* ma nel significato di 'cassa da morto' che la voce ha in tutta l'Isola è certamente influenzata dal catalano *baul* 'cassa da morto' [DES]. M.

**baulé,** v. (piemontese; sardo: *baulare*, *baulài*). 'Abbaiare', anche 'cantare male; parlare troppo'; con il derivato piemontese *bàue* 'latrato'.
Dal latino parlato **baubulāre* 'abbaiare'; nel sardo campidanese sono presenti anche le voci *(in)saulài*, *zaulài* 'abbaiare', col derivato agg. *zaulóšu* 'detto di cani che abbaiano molto' e in senso figurato 'di persone ciarliere', che sono considerate varianti di *baulài* ma con carattere onomatopeico [DEI s.v. *baolè*; DES; REWS; Gribaudo-Seglie 1972-75]. M.

**baüscià,** v. (ligure; lombardo e ticinese, con varianti). 'Imbrattare di saliva', anche *bavüscià*, letteralmente 'bavucciare, fare la bava'.
Composto di *bava* e del suff. *-üscia*, dal lat. *-ūcea*, come mostrano altre varianti: tali il vogherese *bavüsà* e il genovese di Bonifacio *bavuzà*. Nel lombardo da *baüscia* 'bava' si ha per traslato anche il senso di 'chi si vanta' «ma è solo capace di spandere saliva (chi si loda s'imbroda)» (Antonioli-Bracchi 1995) [REWS; VDSI; LEI].
C. DOSSI: *Sola, aggricchiando e bausciando di voluttà, succhia gli ùltimi strappi, il ràntaco del moribondo* (cit. in GDLI II 126). – G. BASSANI: *m'ero messo a bisbigliare ironici commenti senza badare a Malnate, che mi ripeteva continuamente di stare attento, di piantarla di "*bausciare*", che tanto non ne valeva la pena* (*Il giardino dei Finzi-Contini*, Torino 1962, p. 253). C.

**bàusu,** sm. (ligure occidentale), 'sasso, pietra'; (piemontese, Val Sesia: *bàuzu*), 'grosso macigno'.
Letteralmente 'balzo' [Merlo 1941-57]. C.

**baùta,** sf. (veneto, a Venezia). «Specie di mantellino o rocchetto a uso di maschera» (Boerio 1856).
Non da *bava* ma dal dialettale settentrionale *bao*, *bau* 'insetto, larva' (da cui il vicentino *baùto* 'maggiolino') attraverso un passaggio di significato da 'larva' a 'maschera' per irradiazione sinonimica e quindi da confrontare con l'italiano *larva* che significa anche 'maschera'. *Baùta* si è diffuso da Venezia in altre località e in italiano (*bauta*, *bautta*) [Doria 1979 b: 202-203].
V. CARDARELLI: *Manca a Venezia il sentimento, l'orrore della morte. È perciò che si compiace di rivestirne i colori, le maschere, le apparenze come dimostrano, fra l'altro, i due simboli più comuni della vita veneziana: la funebre gondola e la macabra «bauta»* (cit. da GDLI II 126). – A. BELTRAMELLI: *Per un avanzo di vergogna non aveva voluto darsi all'uomo che non conosceva, e che doveva goderla, se non al patto di avere nascosto il viso da una baúta.* (*Tutti i romanzi*, Milano 1940, p. 538). M.

**bavèla,** nella locuz. *di t bavèla?* (emiliano: Modena). 'Dici niente?'.
La *bavella* è il filo esterno del bozzolo, la seta di scarto, divenuta sinonimo di 'cosa di nessun conto, niente del tutto'; si veda anche l'espressione modenese *di t bavèla vìnzer 'na quadérna al lot?* 'dici niente vincere una quaterna al lotto?' [Violi 1982]. M.

**bàver,** nella locuz. *t é un bàver* (emiliano: Modena). 'Sei un villanzone'.
Probabile riflesso del tedesco *Bauer* 'contadino', usato nei rapporti coi villici dai militari di lingua tedesca al servizio dei due ultimi duchi di Modena, Francesco IV e V d'Austria-Este (regnanti dal 1815 al 1859) e rimasto con senso ingiurioso [Neri 1981; Violi 1982]. M.

**baviéra,** sf. (toscano: versiliese). 'Riparo frangivento formato con piante sempreverdi per proteggere dal libeccio i terreni coltivati'.
Uso traslato dell'italiano antico *baviera* 'parte mobile dell'elmo a difesa del volto' (dal francese) [LEI]. C.

**bazaròlu,** sm. (marchigiano: piceno). 'Chi lega i covoni di grano con corda di spighe'.
Da *u bazu*, nome di quel tipo di legaccio, continuatore del latino *balteus* 'cinghia, cintura'. C.

**bażżaràna,** sf. (toscano, nel lucchese). 'Specie di pelle molle, floscia ed elastica'.
Voce registrata dal DEI, è interpretata come un incontro dell'italiano antico *bażżana* e *bażżarro*. La prima voce designa 'pelle di pecora conciata' ed è nota anche nella variante *basana* e *bottana* più vicina all'etimo arabo *biṭāna*, *buṭāna* 'pelle di montone', 'stoffa per fodere' (le forme con *-żż-*, *-s-* probabilmente vengono attraverso il provenzale). L'italiano antico *bażżarro* 'sorta di cuoio' proviene dal latino *badius* 'rosso bruno' (attraverso un **baddius*); da *bażżarro* potrebbe venire anche l'abruzzese

(teramano) *vażżaronë* 'veste da fatica' e l'umbro e marchigiano *guażżaróne* 'veste da fatica' [Pellegrini 1972; LEI]. M.

**bbàcara,** sf. (siciliano). «Recipiente di terracotta, panciuto, col collo stretto per tenere fresca l'acqua in estate; la base del collo è generalmente attraversata da un setto bucherellato che favorisce la trasudazione» (Piccitto 1977); anche *bbàcaru* come sm., e col derivato *bbacariàri* v. 'gorgogliare, di liquido che esce da un recipiente col collo stretto'.

Dal latino tardo *bacar* 'vaso per il vino' [DEI].

D. MARAINI: *Con una mano a conca prende su l'acqua dalla "bàcara", la fa scorrere sulle guance impiastricciate di muco del ragazzo; poi lo pulisce con l'asciugamano di bucato che gli porge il valletto* (*La lunga vita di Marianna Ucrìa*, Milano 1990, p. 15). M.

**bbaciamànë,** sm. (laziale: Terracina). «Nome di un'usanza tradizionale che consisteva in una visita fatta dal figlioccio al padrino ed ai parenti più stretti la sera precedente la prima comunione. Questa visita si faceva appunto per fare il "baciamano" come segno di sottomissione da parte del bambino nei confronti dei grandi, che ricompensavano il comunicando con il dono di qualche soldo» (Di Cara 1983).

Letteralmente 'baciamano'. M.

**bbaciùllu,** agg. (siciliano). 'Ingenuo, sempliciotto; sciocco, babbeo'.

Dal latino parlato **bacclum*, **bacculum* per *baculum* 'bastone' con un traslato riferito a persona che si osserva anche in altre voci dialettali come il ligure (Pieve di Teco) *beciullu* 'stupido, tonto', romagnolo *bacèc* 'pazzerello', piemontese (Monferrato) *baciòla* 'stupido' [DEI s.v. *baciullo*; LEI]. M.

**bbàḍḍu,** sm. (siciliano, ma in qualche località anche *bbaḍḍa* sf.; calabrese meridionale). «Grossa nocciola che viene lanciata contro un mucchio di quattro nocciole per rovesciarlo» (Piccitto 1977).

Forma maschile del dialettale *bàḍḍa* 'palla' [DEI; Piccitto 1977; Rohlfs 1977]. M.

**bbadìli,** sm. (siciliano, anche *bbarili*, *vadili*). 'Apertura in uno dei muretti dell'addiaccio attraverso la quale si fanno passare le pecore per la mungitura'.

Dal latino *vadum* 'passaggio, guado', con il suffisso *-ile* sul modello di *ovile* e simili [DEI; Piccitto 1977; Rohlfs 1977]. M.

**bbàgliё,** sm. (abruzzese: S. Benedetto dei Marsi). 'Specie di lotteria che si svolge il I maggio con premi consistenti in utensili di rame da cucina'.

La voce pare connessa col francese *baille* 'tina' dal latino parlato **baiula [aquae]* 'portatrice d'acqua; recipiente da trasporto' (da cui anche l'italiano *bagliolo* 'secchio (dei marinai)') [De Giovanni 1986: 34]. M.

**bbagógnë,** sm. e sf. (abruzzese orientale: a Chieti). 'Persona eccessivamente grassa'.

La voce può rappresentare un'evoluzione semantica del francese antico *bacon* 'lardone; maiale salato e affumicato', documentato nel latino medievale (*bacone* 'prosciutto' ecc.) e ritenuto un normannismo siciliano. Secondo una diversa ipotesi può riflettere il latino parlato **bicornia* per *bicornis* 'incudine a due punte' e poi 'oggetto o persona ingombrante' [De Giovanni 1986; Valente 1993]. M.

**bbaiàrdu,** sm. (siciliano, anche *bbaiaddu*, *bbaialardu*), «strumento portatile fatto di tavole per comprimere la vinaccia sotto il torchio; treggia» (Traina 1868); (calabrese: *bajardu*, *vajanardë* e varianti; abruzzese e molisano: *(b)bajardë* e varianti; laziale: *vajardo*, *vajjardë*; campano: *vajardë*; lucano e pugliese: *vajardë*), 'treggia, per trascinare pesi; barella, per trasportare a braccia'; (abruzzese, nell'aquilano: *uajardë*), 'oggetto ingombrante, recipiente inservibile'; (abruzzese, a Civitaluparella: *pajardë*), 'barella per trasportare letame'; (toscano, all'isola d'Elba: *bajardo*), 'treggia'; (ticinese, sf.: *baiarda*), 'carriola usata da sterratori e manovali'.

Si tratta di gallicismi, dal francese antico *baiart* (poi *bayard*, *bayart*) 'barella'. Secondo De Giovanni 1986: 37-8, le varianti siciliana *bbaialardu* e calabrese *vajanarde* non possono spiegarsi soltanto col francese *bayart* ma sono probabilmente incrociate con qualche derivato del latino *bajulāre* 'portare qualcosa di pesante' o con altra parola; quanto all'abruzzese *pajardë* sarà dovuta a sovrapposizione con i continuatori dialettali del latino *palea* 'paglia' [FEW; DEI s.v. *baiardo*; VDSI; Corominas; Rohlfs 1977a]. M.

**bbalàfria,** sf. (siciliano), 'sfregio al viso fatto con arma da taglio'; (siciliano, a Barcellona Pozzo di Gotto: *bbalàfia*), «interiezione all'indirizzo di chi nel periodo di carnevale vien fatto oggetto di beffa per essersi lasciato attaccare alle spalle, a sua insaputa, una striscia di carta, un pezzetto di straccio, e simili» (Piccitto 1977).

Dal francese *balafre* 'sfregio, ferita sul viso' [DEI s.v. *balàfia*; Rohlfs 1977a]. M.

**bbalèstrici,** sf. plur. (siciliano). 'Tramaglio', anche *bbalèssica*, *bbalestricara* (con suffisso), *bbulèstrici*.

Risale probabilmente, attraverso una parola greco bizantina, al greco *bolistikós* agg. 'dell'esser preso nella rete' da confrontare con *bólos* 'getto, getto della rete' che, per tramite latino, ha dato il catalano *bol*, provenzale *bau* 'rete' [DEI; Piccitto 1977]. M.

**bbangheróttu,** sm. (abruzzese: Pizzoli). 'Incallito giocatore di carte', 'ragazzo che molesta giocando'.

Accezione particolare dell'italiano antico *banch(i)erotto*, comunemente inteso come 'cambiavalute'. C.

**bbarbàinu,** sm. (siciliano, anche *bbabbàinu*, *bbabbàniu*, *bbarbàniu*). 'Chiocciola, *Helix aspersa*' (Piccitto 1977).

Pare dipendere da un latino volgare **valvāgo*, *-inis* da *valvae* «con allusione all'operculo del guscio di una chiocciola o alle 'valve' di un mollusco marino» (DEI). M.

**bbarbànti,** sm. (siciliano). «Un tipo di cuoio per scarpe di ottima qualità» (Piccitto 1977).

Da *Brabante*, antico ducato e provincia del Belgio indicato come luogo di provenienza; cfr. lo spagnolo *brabante* 'lino del Brabante' [DEI]. M.

**bbarracàni,** sm. (siciliano, anche *bbarracanu*), 'sorta di drappo fatto con pelo di capra', 'mantello', 'coperta ruvida di lana tessuta in casa'; in alcune località della Sicilia occidentale *u bbarracanu* sono «le macchie rosso-bluastre sulle gambe delle donne provocate dal calore del braciere o dello scaldino» (Piccitto 1977); (calabrese: *barracana*; salentino: *barracà*), 'specie di tessuto'.

Dall'arabo *barrakān* 'grosso cammellotto' e 'mantello fatto con la stessa stoffa', voce entrata anche in italiano (*barracano* 'veste usata nell'Africa settentrionale') e passata allo spagnolo *barragán* che, a sua volta, è alla base del sardo *barraganu* 'barracano (tessuto di pelo di capra)'. Come nome delle macchie: «Le denominazioni basate sulla somiglianza degli incotti con il disegno (soprattutto a scacchi) o sul disegno e insieme col colore di alcune stoffe sono peculiari della Sicilia occidentale» (Tropea 1976) [DEI; DES; Pellegrini 1972] M.

**bbasalìscu,** sm. (siciliano). 'Persona che sta ad osservare senza dar sospetto'.

Riflesso della credenza del pericoloso sguardo acuto del *basilisco.* C.

**bbauellitavunàtu,** sm. (corso, con varianti). 'Chi ha il mento con la fossetta'.

Letteralmente, 'dal mento (*bavellu*, un derivato da *bava*, che ha dato luogo ad altre denominazioni del 'mento') bucato' (*tavunàtu*, da *tuvóne* 'foro', derivato dal latino *tufus*, variante di *tubus* 'tubo'). C.

**bbënëdéttë,** sm. (abruzzese). 'Lattime, crosta lattea'.

Letteralmente 'benedetto', nome attribuito ad altre malattie, come il 'malcaduco'. Anche in veronese il 'lattime' è il *mal del benedeto.* Alcuni spiegano che l'affezione è dovuta all'acqua *benedetta* versata dal prete durante il battesimo, ma è una razionalizzazione posteriore, perché sono molti i nomi eufemistici delle malattie, chiamate con un nome antifrastico: confronta anche *bone* plur. 'pustole del vaiolo' nel napoletano, cioè 'buone' [DEI s.v. *bona*; VEI; LEA; Bracchi 1993]. C.

**bbèni,** sm. (siciliano). 'Mughetto, malattia che colpisce le mucose della bocca'.

Uno dei tanti nomi antifrastici, con i quali sono spesso chiamate le malattie: in questo caso 'bene'. C.

**bberlingòttu,** sm. (siciliano). 'Tipo di carrozza'.

Dal francese *berlingot* 'mezza berlina (carrozza)' [DEI; Piccitto 1977]. M.

**bbèrrë,** sm. (abruzzese, nel chietino). 'Uomo', voce di ambito gergale.

Si connette all'antico francese *ber* (e *baron*, in origine forma obliqua) 'uomo; uomo che si distingue per le sue qualità', dal germanico **baro* 'uomo libero'; in alcune varietà, *barone* ha assunto una connotazione negativa (→ *barón*). In siciliano sono attestate le voci *bbaradonna* «una tale, una sconosciuta» (Piccitto 1977), forma ibrida, composto di *baro(ne)* e *donna*, e *bbarromu* 'uomo' forma tautologica [FEW; DEI s.v. *bèrre*; LEI]. M.

**bbibbicàssu,** sm. (salentino). 'Cucina a gas'.

Si tratta dell'adattamento alla fonetica locale del termine *Pibigas*, evidentemente il primo tipo di gas giunto nel Salento, e passato a designare, per estensione, anche la cucina a gas [Fanciullo 1973]. C.

**bbiḍḍàca,** sf. (siciliano anche *bbiḍḍìa*). 'Fogna, chiavica, pozzo nero', in qualche località anche 'pozzanghera'.

Dall'arabo *ballāʿa* 'fogna' [DEI s.v. *billaca*; Pellegrini 1972; Piccitto 1977]. M.

**bbiḍḍìna,** sf. (siciliano). 'Tipo di serpente' e, in particolare, «essere immaginario con cui si impauriscono i bambini perché non si avvicinino alle cisterne o alle vasche d'irrigazione» (Piccitto 1977).

Letteralmente 'bellina', nome eufemistico di vari afidi [LEI].

V. CONSOLO: *Mi diceva di erbe e di animali, dei serpenti dell'Anapo, e di un enorme serpente, la* biddina, *fantastico drago, che pochi hanno visto, che fàscina e ingoia uomini, asini, pecore, capre* (*Le pietre di Pantalica*, Milano 1988, p. 168). C.

**bbifirìna,** sf. (abruzzese: Pizzoli). 'Forte vento diacciato e sibilante', 'bufera con turbine di neve e vento'. La *bifirina* di Lucoli è definita 'cortina'.

Da *bìfara* 'piffero' per il sibilio del vento. C.

**bbìsëlë,** sf. (abruzzese, a Vasto). 'Coscrizione': *sta' a la bbìsëlë ahuannë* 'è in coscrizione quest'anno'.

Probabilmente *bbìsëlë* sta per *bbùsëlë* 'bossolo, vaso per il sorteggio': si confronti *tërà la bbùsëlë* 'fare il sorteggio' (del numero, che determinava l'arruolamento o no), tanto più che anche il 'busso' è detto, nella stessa parlata, *biššе.* C.

**bbriccàri,** v. (siciliano, anche *bbricchiari*). «Mungere vacche o pecore che hanno poco latte» (Piccitto 1977).

Il DEI considera la voce importata dal nord e richiama un confronto con il piemontese (valsesiano) *bliche* 'le ultime stille di latte che si mungono', e nel dialetto di Prali (alta valle Germanasca) *blec* 'getto di latte, quel tanto, cioè, che si spiccia dalla mammella ogni volta che la mano prema', voci connesse con l'aostano *bježé*, piemontese (Valsoana) *bježér* 'mungere' derivate dal gallico **bligicāre* 'mungere' [FEW; DEI s.v. *briccare*]. M.

**bbucèci,** sf. (siciliano, anche *bbucieci*, *bbucìcia*). 'Gallina' col derivato *bbuciciàru* 'ladro di galline'.

Voce prevalentemente di ambito gergale, deriva dall'arabo *bū(abū)*, prefisso con valore rafforzativo che si ritrova spesso in nomi di uccelli, e dall'arabo magrebino *ǧaǧa* 'gallina' [DEI s.v. *buc(i)èci*; Pellegrini 1972; Piccitto 1977]. M.

**bbucèfalo,** sm. (umbro: Orvieto). 'Grosso sedere'.

Deviazione eufemistica da *bbùcio* 'buco'. C.

**bbuggiàcca,** sf. (siciliano, con varianti; calabrese: *bugiacca*; sardo: *bucciacca*, *busciacca* e varianti). 'Tasca della cacciatora; tasca in cui i cacciatori tengono le cartucce', 'carniere, borsa a tracolla in cui i cacciatori ripongono la selvaggina', 'cacciatora' ed anche 'ampia giacca dei pastori'.

Dal catalano *butxaca* 'borsa di tela, di cuoio, per tenere denaro ed altre cose'; nel sardo *busciacca* (logudorese settentrionale) può sentirsi *bùscia* 'borsa' [DEI s.v. *buggiacca*; DES; Varvaro 1974: 102; Michel 1996]. M.

**bbùmma,** nella locuz. *pigghiàtu dā bbùmma* (siciliano sud-orientale). 'Stordito, intontito'.

Letteralmente 'preso dalla bomba'.

V. BRANCATI: *Sul tardi, però, quando rimasero soli Ninetta gli fece un viso accigliato, e rispondeva secca a ogni domanda di lui. "Sembri presa dalla bomba!", mormorò Giovanni* (*Don Giovanni in Sicilia*, Milano 1943, p. 140). C.

**bbùrda,** sf. (siciliano). 'Mazza sorda', *Typha latifolia* L.'.

La voce dipende certamente dall'arabo *burdī* 'Typha', mentre la variante siciliana *bbuda* va ricondotta al latino *buda*, parola che ha lo stesso significato e si configura come un latino africano di età imperiale, probabilmente termine berbero che si ritrova anche nell'arabo *būṭa* (ma in Sicilia la voce potrebbe essere parola del patrimonio latino oppure relitto arabo). I riflessi di *buda* non sono solo siciliani ma si ritrovano (oltre che in area iberoromanza e galloromanza meridionale) pure nel calabrese, *buda*, *vuda*, *uda* e varianti, lucano *vudë*, salentino *vudazza*, sardo logudorese *buda*, tutte voci che designano la tifa e qualche altra specie acquatica affine [DEI s.v. *burda*; VES]. M.

**bburiòlo,** sm. (umbro: orvietano). «Piccolo pozzo nero nelle abitazioni quando ancora non esisteva il bagno» (Mattesini-Ugoccioni 1992).

Dal significato originario di *bugliòlo* 'mastello', 'secchio', da cui è derivato quello di 'recipiente di legno collocato nelle celle delle prigioni, che serve da latrina', ignoto ai numerosi studiosi che si sono interessati dell'etimologia della voce, perché di limitata circolazione gergale. C.

**bbùsa,** sf. (siciliano, anche *bbusi* e sm. *bbusu*). 'Pianta cespugliosa dei luoghi aridi, ampelodesma, *Ampelodesmos tenax*', 'gambo secco del frumento o di altre graminacee o dell'ampelodesma', 'asticina di ferro o di altro materiale'; (calabrese: *vuzzu, muzzu*) 'gambo dell'ampelodesma'.

Dall'arabo *būṣ, būṣa* 'stelo secco del grano turco' [DEI s.v. *busa*; Pellegrini 1972; Piccitto 1977; Rohlfs 1977]. M.

**bbusciàrda,** sf. (salentino: Cellino S. Marco). 'Arnese dei muratori simile ad una striglia'.

Se si tratta di quello che in italiano ed in altri dialetti si chiama *sparviere* non è troppo ardita l'ipotesi che si tratti della stessa denominazione di quella 'specie di falco, albanella', detta *busciarda* (anche in pugliese) e in calabrese settentrionale *busciardu* sm. (dall'antico francese *busard*) [DEI; Rohlfs 1956; Fanciullo 1973]. C.

**bbuttaffàrri,** sm. plur. (siciliano, anche *bbuttafàrri*). 'Budello pieno di carne' e come termine scherzoso ed eufemistico 'coglioni': *omu cu li bbuttafarri* 'persona di vaglia', *èssiri cu li buttafarri* 'avere grandi capacità; possedere spiccate doti di ingegno'.

Dallo spagnolo *butifarra*, catalano *botifarra* 'specie di salsiccia che si fa in Catalogna'; è connesso con queste voci anche il calabrese settentrionale (a Bocchigliero) *bettafarana* 'donna brutta e pingue' [Corominas; Piccitto 1977; Rohlfs 1977; Michel 1996]. M.

**bbutùrnu,** sm. (siciliano, anche *bbutórnu*). «Tarabuso; airone cenerino» (Piccitto 1977).

Gallicismo della terminologia venatoria, deriva dall'antico francese *butor* 'airone' (dal latino *butio, -ōne* 'specie di airone') passato anche al piemontese *butór* «tarabuso, *Ardea stellaria*» (Gribaudo-Seglie 1972-75). Diversa origine ha il siciliano *bbuturnu* (anche *bbuturu, vuturu*) 'avvoltoio' e in senso traslato 'persona molto grassa' che proviene dal latino *vulturius* 'avvoltoio' [DEI; REWS]. M.

**bbùżżu,** agg. (siciliano; calabrese: *gużżu, vużżu*). 'Smussato, non affilato, di punta e di lama'; anche 'goffo, grossolano'.

Dal latino *vŭlsus* 'schiantato' oltre che 'bolso'; questo senso è rappresentato dall'italiano *bolso* ma anche da varie forme dialettali tra cui il siciliano *bbużżu* nel senso di 'bolso, cavallo che respira con difficoltà', il ladino centrale *bóis, bóus, bójso* 'cavallo che respira a stento', *busié* (nel Comelico) 'tossire con insistenza', il trentino *bolscegàr* e il lombardo *sbolsà* 'tossire', il friulano *bolsâ, bolseâ* 'respirare faticosamente, tossire' [REW; DEI s.v. *avvuzzato* e *bolso*; REWS]. M.

**bdóst,** sm. (emiliano, nel bolognese). «Maggese, campo lasciato sodo per seminarlo l'anno seguente, che anche dicesi maggiatico. Ma nel nostro dialetto adoperiamo il vocabolo *bdost* per significare qualunque terreno incolto» (Coronedi Berti 1869-74).

Dal latino *vetustus* 'vecchio' continuato anche nel piemontese *viòs-c* 'che comincia a invecchiare', e nel sardo *vetustu* (a Bitti), *bedustu* (logudorese e campidanese) nei diversi sensi di 'uomo vecchio; agnello, pecora di tre anni; maggese, terra lavorata l'anno precedente'. Nel sardo di Macomer si dice *bagianu bedustu* per 'scapolone', un composto col sardo (campidanese) *bag(g)ianu* 'vanitoso, sciocco' dall'italiano *baggiano* 'baggeo, semplicione', molto usato nel meridione per 'vanitoso, spocchioso'; tale voce in talune varietà sarde ha preso il significato di 'celibe, nubile', → *bachiànu* [REW; DEI s.v. *bedósto*; DES; Gribaudo-Seglie 1972-75]. M.

**be,** sm. (romagnolo). 'Vino'.

Letteralmente il 'bere', da cfr. con il veneto *bevanda* 'vinello', romagnolo → *dvànda*; in Normandia *le be* è il 'sidro' [Schürr 1978]. M.

**beàrz,** sm. (friulano). 'Terreno erboso e chiuso attiguo alla casa; terreno cinto da siepe coltivato come orto'.

Deriva da una voce germanica, forse gotica, latinizzata nella forma *bigardium* che risale ad un *bi-gards* 'recinto' con continuatori galloromanzi come il francese *bigard* [DESF]. M.

**beatèla,** sf. (piemontese). 'Bacchettona, bigotta'.

Da *beàta*, egualmente 'bigotta', ma in origine, come nel provenzale *biata*, francese *béate*, 'donna, che, senza appartenere ad un ordine monastico, ne segue le regole, applicandole nella vita quotidiana' [FEW].

G. FALDELLA: *Che sai tu, bella pettegola, se io vado o non vado in chiesa? Io posso andarci, anche quando non mi vedano le beatelle* (*Madonna di fuoco e madonna di neve*, Milano-Napoli 1969, p. 42). C.

**beàti Pàoli,** locuz. (veneto; campano, a Napoli: *beatepàvoli*). 'In grande abbondanza'.

La locuzione, già usata col senso di 'abbondanza di botte in una rissa' da scrittori toscani del Cinquecento (P. Aretino, *Ragionamento della Nanna e della Antonia*: "se ne diero più che i beati Paoli") e del Seicento (L. Lippi, *Il Malmantile racquistato*: "Giunta in quest'in un campo pien di cavoli, / N'affettò tanti, che Beati Pavoli"), completa nella frase 'essercene anche per i beati Paoli', cioè 'per tutti' (in lombardo e ticinese è omesso l'ultimo nome), è diffusa soprattutto nel Veneto, arrivando fino a Pordenone. Per il passato si spiegava il modo, ricostruendo l'aneddoto del ciarlatano, che distribuiva un suo medicamento gratuitamente per devozione al santo a quanti si chiamavano Paolo; i quali accorsero in numero così alto da fargli esclamare: "Oh, quanti Beati Paoli!".

Messo da parte, per la sua inconsistenza, il racconto esplicativo della locuzione, essa trova una sua più soddisfacente spiegazione nella ripetitiva lettura delle lettere di S. Paolo, *Lectio epistulae Beati Paoli*, dove il genitivo *Beati Paoli*, interpretato come un plurale, portò con sé il senso di pluralità e, quindi, di abbondanza. La stessa dispersione territoriale del sintagma, propria dei residui della terminologia liturgica nei dialetti, avvalora l'ipotesi [LEI; Sartor 1995]. C.

**becafalìt,** sm. (ticinese). 'Ufficiale d'esecuzione e fallimento'.

Da *becà* 'beccare' e *falìt* 'fallito'. Composizione simile a *becamòrt* 'becchino', termine di ampia diffusione dialettale, specialmente piemontese, emiliano, romagnolo; toscano: *beccamorti*; umbro: *beccamòrto*; campano: *beccamùorte*; calabrese: *beccamùorto* [VDSI; AIS]. M.

**bèco,** sm. (toscano, a Firenze: *bèho*), 'stupido'; (umbro), 'losco', 'miope'.

Come il toscano antico *beco* 'villano' e il moderno *ménico* 'baggeo', partono dal nome proprio *Domenico*, che, per la sua frequenza, ha assunto spesso connotati negativi, come capita per diversi altri nomi comuni: → *méngu*. C.

**béco,** sm. (toscano settentrionale; lombardo; emiliano: *beg* e sf. *bega*). 'Baco, nome generico d'ogni piccolo verme; verme del formaggio'.

Secondo il DEI si risale al latino *bombȳx, -ȳcis* a sua

volta dal greco *bómbȳx, -ȳkos* 'filugello' (voce diffusa probabilmente dal ravennate); *béco* può essere un singolare rifatto sul plur. da confrontare col pisano *bécio* 'lombrico, verme'. Sono derivati di *béco* il toscano settentrionale *bechétto* 'bacolino, la larva della *phryganea*' e il lucchese *becaròtto* 'bigatto', anche *becaròzzo*, con la stessa suffissazione che ritorna nel romanesco (ma anche in altre varietà centrali) *bacaròzzo* 'scarafaggio delle cantine', da *baco* [DEI; Rohlfs 1979].

D. PRATO: *E come! certo che si muoveva, quella cosa nera! ma perché stava sempre lì? Una macchina a forma di bacarozzo. (Giù la piazza non c'è nessuno*, Torino 1980, p. 89). M.

**bedàina,** sf. (piemontese; ligure e lombardo: *bidàn*). 'Piccola sgorbia', 'pedano'.

Dal francese *bédane*, interpretato come *bec d'âne* 'becco d'asino', anziché come *bec d'ane* 'becco d'anitra' [Levi 1927; FEW]. C.

**bedèc,** sm. (friulano nord orientale). 'Stecco', ma più comune come sf. *bedècie* e nella locuz. sostant. *len di bedècie* 'i rami inutili che si tolgono colla potatura'.

*Bedèc* / *bedècie* sono parole complesse dal lato etimologico. Esclusa una relazione col friulano *bedèca* 'zecca' (come in DESF), è incerta anche una connessione con lo sloveno (con i derivati della base *bod-* 'pungere', DESF); piuttosto si può pensare ad un derivato di *vitis* 'vite' attraverso un **viticŭla* e **viticca* > **vedècie* > **bedècie* (e di qui un maschile *bedèc*) con un passaggio *v* > *b* avvenuto in area di influsso sloveno [Marcato 1993a]. M.

**befanòtto,** sm. (toscano: pistoiese). 'Piccolo dolce di pasta frolla a forma di persona o animale'.

Da *befana*, perché si regala in occasione dell'Epifania; a Chioggia si regalano per questa festa i *berolini* (da *Bèrola*, 'verola', 'Befana'). C.

**befèl,** sm. (veneto: in Valsugana, *pefèl*; trentino; friulano; veneto giuliano). 'Ordine, intimazione' e, in senso figurato, 'rimprovero, ramanzina'.

Dal tedesco *Befehl* 'ordine, comando', ricordo della dominazione austriaca [Zolli 1986a; Doria 1987]. C.

**bèga,** sf. (emiliano). 'Ape'.

Probabile riflesso di un prelatino (gallico) **becos* 'ape', mentre il Bottiglioni rinvia a *bŏmbyx*, cioè **(bŏm)bĭca*, propriamente 'larva del baco da seta' [Bottiglioni 1919; DEI; REWS]. M.

**béiso,** nella locuz. *lagà per béiso* (veneto istriano). 'Lasciar perdere, gettar via'.

Letteralmente 'lasciare per abisso' [LEI]. C.

**belandànt,** sm. (friulano; anche *benandànt*). 'Stregone' e fig. 'uomo di figura grottesca e dal fare misterioso'; anche 'orco, folletto, non maligno, ma piuttosto burlone'.

Da *benandanti* (e, più tardi, *bellandanti*), stregoni buoni che chiamavano così sé stessi, perché giravano le campagne del Friuli e del Veneto a fin di bene, impedendo agli stregoni cattivi di compiere malefici (C. Ginzburg, *I benandanti*, Torino 1966). Malgrado l'apparente affinità, non vi appartiene il lombardo *balàndar*, definito a Bagolino 'persona perversa, sbandata, vagabonda, tipo poco raccomandabile', che rappresenta, invece, una variante di *pelandra* 'sgualdrina', da cui anche *pelandróne* 'ozioso, vagabondo, scansafatiche' [DESF]. C.

**belavìta,** nella locuz. *andè in belavìta* (romagnolo, a Rimini). 'Andare senza soprabito, o cappotto, in una giornata fredda o di maltempo', anche *scapè in belavìta*.

Letteralmente 'andare, scappare (nel senso di 'uscire') in bellavita', denominazione scherzosa di chi ha atteggiamenti da spensierato: si confronti l'italiano *fare la bellavita* 'essere dedito ai piaceri mondani' già documentato dal Boccaccio [Quondamatteo 1982; DELI]. M.

**belè,** sm. (lombardo). 'Gingillo, ninnolo' e, in genere, 'cosa bella e d'ornamento'.

Dal latino *bellus* 'bello'.

L. MASTRONARDI: *Adesso non dovete giudicarlo così com'è: ma ai suoi tempi! Un belé. Ardente* (in *Racconti italiani del Novecento* a cura di E. Siciliano, Milano 1985, p. 1411). C.

**belèsa,** sf. (ligure-piemontese: Novi L.; friulano *belèce, belèze, bielècia*). 'Neo'.

È noto come i nei, nell'estetica popolare, siano apprezzati quale elemento di *bellezza*. C.

**belìn,** sm. (ligure). 'Membro virile' e, in senso figurato, 'stupido, minchione', come l'accrescitivo molto diffuso *belinùn* e l'aggettivo *abelinàu*.

La voce, talvolta occultata in *belàn*, ritenuta tipica dei Liguri (anche se *bellin* s'incontra nel XVI secolo nell'astigiano Alione), non è chiara nella sua origine: per Plomteux 1975 potrebbe essere un diminutivo di *bēlu* 'budello' ('budellino'), per il LEI apparterrebbe alla numerosa famiglia di **bill/*bell*, da cui, fra l'altro, anche il significato di 'birillo'. C.

**belléi,** sm. (sardo logudorese; a Nuoro e a Tonara: *bellài*). 'Giocattolo, trastullo'.

Da *béllu* 'bello', secondo una formazione di tipo infantile, che si ritrova in vari dialetti italiani: marchigiano *bellè* (Servigliano) e *belì* (Ancona), emiliano (a Parma) *bilè*, veneto *bebèl*, ecc. [DES].

G. DELEDDA: *"Eh, ragazza mia, di' la verità; ti piacciono* sos bellais *[i gingilli]..." disse Marielène trattandola come una bimba, ma con ironia ed anche con lieve disprezzo* (*Romanzi e novelle, III*, Milano 1950, p. 144). C.

**bèllera,** sf. (umbro, nel perugino; toscano, nel lucchese: *belléndora*; marchigiano: *bréndala*; emiliano meridionale: *brèndla*), 'farfalla'; (umbro, a Magione: *bèll(e)ra*), 'falena, libellula, tarma', col v. *bellerè* 'formarsi delle tignuole del grano' (a Magione).

Dal latino *(li)bĕllula* 'libellula', con aferesi della prima sillaba e con il passaggio di *l* ad *r*; a Pietralunga (Gubbio) *bèllera* è il nome della 'libellula' che in toscano (a Stazzema) è *avéllora*. Il DEI (s.v. *belléndora*) muove invece dal latino *bellula* f. di *bellulus* da *bellus* [Picchetti 1961-63; Ugolini 1970: XVII]. M.

**bellùccio,** sm. (toscano: Versilia). 'Dolce casalingo a forma di grossa ciambella. È una pasta reale confezionata per le grandi ricorrenze, feste e scampagnate'.

Forma metatetica, attratta da *bello*, del lucchese *buccello* 'buccellato, ciambella, biscotto', che si confronta con il bresciano *buscèl* 'piccolo pane', voci che risalgono al latino tardo *buccellātum* 'pane militare, biscotto' [DEI]. M.

**belòi,** sf. (grigionese: Mesole). 'Ragazza vanerella, leggera, poco seria, civetta'.

Poiché nella stessa località una 'donna bella e vanitosa' è chiamata *belón*, non è escluso che ambedue le voci dipendano da *bel* 'bello', la prima col suffisso vezzeggiativo che s'incontra, per esempio, in *Vanòi* 'Giovanna' [VDSI].

**belóne,** agg. (toscano). 'Di bambino che piange spesso'.

Da *belà* 'belare' e poi 'piagnucolare', riferito particolarmente al pianto insistente dei neonati e dei piccoli. C.

**bèlura,** sf. (piemontese, anche *biòra*, *bènula*; lombardo e ticinese: *bèrola*, *bèrula*; ligure: *bèlua*; ladino centrale: *bèlora*, *bèrola*; friulano: *bilite*; toscano: *bèllula*, *bèllora*; marchigiano: *bèllera*, *vèllera*; calabrese: *vièllula*; sardo, a Tempio Pausania: *béḍḍula*). 'Donnola, *Mustela nivalis*'.

Tutte denominazioni che risalgono, con il suffisso *-ŭla* (e *-ītta* in friulano) al latino *bellus* 'bello, grazioso, elegante', denominazione attribuita all'animale per i suoi movimenti aggraziati ma specialmente per ingraziarsi la donnola, colpita da tabù perché, secondo la tradizione popolare, è animale dotato di poteri magici. Vi sono anche formazioni composte come *bela-dònola* nel veneto. In area calabrese centromeridionale e siciliana è diffusa la forma *baḍḍóttula* e varianti, diminutivo dell'antico siciliano *billotta*, moderno *piḍḍotta*, che nella suffissazione richiama denominazioni francesi dialettali della donnola come *ballotte*, *bolotte*, propriamente 'bellina'. Il LEI, però, non trascura l'ipotesi alternativa, che vede nel nome della donnola un derivato della radice **bal- / *bel-* 'lucente' dal colore della pelliccia dell'animale [AIS; DEI s.v. *ballottola*; Rohlfs 1977a; LEI s.v. **bal-*]. M.

**belùrchio,** agg. (toscano, anche *balórchio*, *bilùrchio*, *bilùrcio*; umbro: *balòrc'*). 'Di vista corta, difettosa; guercio' a Cortona anche 'storpio'.

Secondo il DEI sono voci dovute all'incrocio tra la forma *balusco* 'strabico' (attestata anche dal Panzini), e *gualercio* 'guercio' (termine dell'italiano antico, XIV sec., considerato composto imperativale con *guatare* 'guardare' e *lercio*). Il LEI inserisce invece tali parole nell'ambito delle testimonianze riconducibili ad una base preromana **ballūc- / *bellūc*; **pallūc-*; **barlūc-* 'lucente' con sovrapposizione del latino **lusculus* da *luscus* 'losco'; alla stessa famiglia di parole appartiene anche il tipo *balusco*. M.

**benàppada,** escl. (sardo logudorese e campidanese), 'maledetto', come imprecazione di malaugurio, che si usa dicendo per superstizione il contrario di quello che si vuol esprimere; (calabrese: *benàja*, *banàja*; campano, nel napoletano: *benàggia*), 'mannaggia'.

Designazione antifrastica, dal latino *bene habeat* [D'Ambra 1873; DEI; DES]. M.

**benduléri,** sm. (sardo campidanese; a Dorgali: *enduléri*). 'Merciaiolo ambulante'.

Probabilmente si tratta del sardo logudorese e campidanese *banduléri* 'vagabondo', dal catalano *bandoler* 'bandito, vagabondo', ma influenzato nella forma e nel significato dal verbo *bèndere* 'vendere' [DES]. M.

**bënërìc,** sm. (lucano). 'Formula augurale, che si usa come scongiuro contro il malocchio o altro male che possa incogliere'.

Letteralmente '(io) benedico' [Bigalke 1980].

R. NIGRO: *Concetta si affrettò a dare il benedico al bambino, perché il complimento del padre non gli attaccasse il malocchio* (*I fuochi del Basento*, Milano 1987, p. 60). C.

**beneŝì,** v. (ticinese; lombardo). 'Ricevere da parte del parroco la promessa di nozze'; *beneŝìs* rifl. 'fare la promessa di nozze davanti al parroco, fidanzarsi'.

Accezione particolare di *beneŝì* 'benedire', dal lat. *benedīcĕre*; il termine, ormai desueto, indica che in passato la promessa di nozze era resa solenne da una benedizione che il parroco impartiva agli sposi promessi; in seguito a ciò si procedeva alle pubblicazioni [VDSI]. M.

**bén fnìda,** sf. (romagnolo, a Rimini: *benfinìda*), «Festa che si fa al termine della costruzione di una casa a cui intervengono tutti coloro che vi hanno lavorato». (Ercolani 1971); toscano meridionale: *benfinita*), 'pranzo per festeggiare la fine di un lavoro'.

Letteralmente 'ben finita'. M.

**benìs,** sm. plur. (ticinese; lombardo). 'Confetti nuziali', anche *binìs*, *banìs*; come sf. 'fidanzamento', termine arcaico.

Deverbale da *beneŝì(s)* 'fidanzarsi, celebrare gli sponsali', accezione particolare di → *beneŝì* 'benedire'; in alcune zone marginali rispetto all'area indicata, il termine *benìs* ha assunto altri significati, per esempio nel bresciano indica 'coriandoli, pallottoline di gesso che si gettano addosso alle persone nei corsi del carnevale' [VDSI]. M.

**bennàrdu,** sm. (sardo logudorese, anche *bennàŝu*, *bennàrżu*). 'Gennaio'.

Dal latino **ienārius* per il classico *Ianuārius*, da cui altre varianti sarde, per esempio *jannàriu* a Nuoro [DES]. M.

**bensòun,** sm. (emiliano: Modena). 'Sorta di panettone, che si prepara nella pianura modenese e in città con farina, zucchero e uova'.

Il dolce ha origine rituale connessa con feste religiose, vale a dire che viene preparato in occasione di particolari festività e fatto oggetto di 'benedizione': il termine deriva, infatti, dal latino ecclesiastico *benedictiōne*, con sincope di *-di-* [Violi 1982]. M.

**bèola,** sf. (veneto settentrionale: Revine). 'Grande recipiente, costituito da una pietra scavata, usato per contenere l'acqua estratta dal pozzo'.

Il termine deriva da *Bèola*, nome di luogo della Val d'Ossola, da cui proviene un tipo di gneis micaceo usato come pietra da taglio [DEI; Pellegrini 1985]. M.

**berafé,** inter. (campano: Procida; molisano, a Fossalto: *bbellafé*). 'Modo di rivolgersi a una donna, di cui non si conosca il nome'.

Il modo, corrente anche in altri luoghi dell'Italia meridionale, come espressione di cortesia (p. es. in abruzzese *la bbèlla fémmënë*!) significa letteralmente 'bella donna' (*fé* per *fémmëna*). C.

**beranìle,** sf. (sardo: Baronia). 'Capinera'.

Letteralmente 'primaverile' (da *berànu* → *verànu*), «perché pare che sia l'uccello che canta per primo alla primavera, annunciando la buona stagione» (Farina 1973: 101). Altri uccelli hanno in Sardegna nomi simili; il *pużòne de erànu* è in certi paesi l''allodola', in altri *pizòi 'e erău* l''usignolo' [DES]. C.

**berberàre,** v. (sardo, a Nuoro, a Bitti: *verberáre*; toscano, nel pisano: *berberà*). 'Percuotere, picchiare'.

Dal latino *verberāre* di analogo significato [Malagoli 1939; REW; DEI; DES]. M.

**berbolào,** sm. (veneto: veneziano). 'Coda della *cogolària*' ovvero «rete di canapa assai forte, con cui si pescano le anguille d'ogni grandezza; essa è fatta a foggia di sacco lungo e stretto, ristringentesi a poco a poco fino alla coda, tenuto aperto da varii successivi cerchietti di viticcio» (Boerio 1856).

La voce si riconduce al latino parlato **vertibĕllum* 'anello', 'massa di rete', con il suffisso *-atus* e probabilmente tramite una forma **vertibŭlum* che spiega anche il catalano *barbol*, nome di una rete da pesca a forma di sacco [DEI]. M.

**bèrbu,** sm. (sardo). 'Proverbio', ma anticamente 'parola'. Al plurale, *sos bèrbos* (in logudorese), *is brèbus* (in campidanese) sono le 'formule misteriose di scongiuro contro le forze malvage'.

Dal latino *verbum* 'parola' ed anche 'proverbio' [DES].

C. Levi: *Anche alla magia affermava di non credere, ma bisogna riconoscere, soggiungeva, che avvengono fatti veri di magia, ci sono parole,* sos berbos, *quelle di cui aveva scritto nel 1895 Grazia Deledda, in una nota in una rivista scientifica, che servono per distruggere i vermi degli animali e delle ferite, per impedire agli uccelli di posarsi sui campi, per fare abortire le donne o le bestie, per costringere le formiche a restituire il grano al mucchio da cui lo hanno rubato, o per obbligarle a danneggiare il raccolto di una persona nemica; quelle per "legare", per legare gli uccelli da preda perché non rapiscano gli agnelli, per legare la volpe perché non rubi i capretti, per legare il fucile perché non possa sparare. Ci sono soprattutto le parole,* sos verbos, *per fare i legamenti per la prima notte di matrimonio* (*Tutto il miele è finito*, Torino 1975, p. 47). C.

**bèrda,** sf. (sardo logudorese, anche *(b)erda*, *gerda*). 'Resti di carne'.

Dal latino *-cerda* 'sterco', voce estratta da *muscerda* 'sterco di topo', *suscerda* 'sterco di maiale' e simili; da questa base può dipendere anche il calabrese meridionale *hirda* 'sterco di bue' ma con influsso della parola *hima* 'diarrea degli animali' diffusa nella stessa area e proveniente dal greco *chýma*, *-atos* 'liquido versato' [DEI s.v. *cièrta*; DES; Alessio 1976]. M.

**bèrgamo,** nella locuz. *capire, savèr, intender el bèrgamo* (veneto; lombardo, a Cremona: *capìi 'l bèrghem*; emiliano, a Parma: *dar el bèrghem*). 'Intendere il senso segreto o le allusioni di un discorso coperto'.

Da *bèrgamo* nell'accezione di 'gergo', dovuto all'esperienza dei contatti con i pastori bergamaschi, che tra loro parlavano un singolare linguaggio sconosciuto agli altri [Prati 1936]. C.

**bergàre,** v. (toscano; anche *bergà*). 'Sostare in un posto per trascorrervi la notte', 'dormire fuori di casa'.

Sta per *albergare* (nell'Amiata: *ho bèrgo nella stalla* 'ho dormito nella stalla'), come, parallelamente, *bèrgo* (anche *a(b)bergo*) è l'"albergo' nel senso generico di 'luogo dove stare' (in pisano *un bèrgo di pàssere* radunate, nell'Amiata *bèrgo* 'il passare la notte fuori di casa per sorvegliare le bestie') [DEI ss.vv. *abergo* e *bergo*; Fatini 1953]. C.

**bèrla,** sf. (lombardo: Introbio). 'Specie di gerla ad intreccio rado (per erba, fieno)'.

Si tratta di un incrocio tra *benna* come designazione di 'cesta di vimini' per trasporto di letame o altro (dal latino tardo, di origine gallica, *bĕnna* 'carretta a quattro ruote') e *gerla* (dal latino *gerŭla* 'che serve per portare') [AIS; DEI]. M.

**berlòca,** sf. (emiliano: ferrarese; romagnolo), 'grande fame'; (emiliano: modenese), 'termine del lavoro', 'riposo durante la giornata', 'parlantina'; (lombardo, pavese: *barlòca*, *birlòca*), 'rullio sordo ottenuto battendo con mazze al fondo di un mastello rovesciato, per chiamare i famigli al lavoro'; (lombardo, a Milano: *bat la berlòca*), 'battere la cassa per chiamare i soldati al rancio'; (piemontese), 'suono che indica la sospensione del lavoro'; (veneto giuliano), 'rancio dei soldati della marina da guerra austriaca', 'fame'; (lombardo: Cremona), 'crepitacolo, battola'.

Tutti i vari significati sono riconducibili al francese *(battre la) berloque (breloque)* 'battere il tamburo per annunciare la distribuzione del rancio'. Malgrado diverse proposte, la sua origine rimane sostanzialmente ancora oscura [Levi 1927; VEI; Doria 1987]. C.

**berlùa,** sf. (veneto). 'Allodola arborea', in qualche località 'allodola capelluta', 'tottavilla', anche *berluàto*.

Si ritiene che si tratti di derivati del latino *alauda* 'allodola' probabilmente incrociato col latino tardo *bardala* 'allodola capelluta' (che ha qualche continuatore in area galloromanza: *bardal* 'allodola' in Linguadoca) [FEW; DEI; REWS]. M.

**bernardóni,** sm. plur. (laziale, nel romanesco, anche *bennardóni*; emiliano, nel bolognese), 'occhiali'; (lombardo, milanese: *bernardón*) 'tralcio di vite'; (lombardo; trentino; emiliano: *bernarda* sf.), 'vagina'; (emiliano, nel bolognese: *bernard*), 'ciocca di capelli'.

Tutte denominazioni riconducibili al nome proprio *Bernardo*; sono di natura per lo più scherzosa o furbesca [Migliorini 1927; DEI]. M.

**bernisà,** v. (ligure). 'Sporcare, imbrattare; spiaccicare; sminuzzare'.

Derivato da *brénu* 'crusca' [Plomteux 1975]. C.

**bernurò,** sf. (ligure-piemontese, a Novi Ligure [Alessandria]). 'Scampanata, che si faceva in occasione delle nozze di due vedovi'.

Alla lettera 'cruscarata', cioè 'striscia di crusca' (*bèrnu*, *brènu*), ch'era il modo con cui un tempo s'intendeva dileggiare il matrimonio fra vedovi, spandendo una striscia di crusca dalla porta della casa della fidanzata a quella del fidanzato (*i van féghi la brènā* a Pianezza di Borgosesia), passato a indicare poi anche l'altro segno di disapprovazione della collettività con frastornanti battute di recipienti e suoni di campanacci. C.

**bernùs,** sm. (romagnolo; anche *barnùs*), 'farsetto', 'giacchetta alla villana'; (ticinese: *bernòš*; ligure, a Genova: *brenussu*), 'mantello con cappuccio'; (grigionese, Poschiavo: *barnùš*), 'cappello, berretto'; (siciliano: *bornussu*, *bernusu*), 'mantello'.

Dall'arabo *burnūs* 'mantello con cappuccio', molto citato in antichi testi italiani [Prati 1937; Pellegrini 1972].

A. Panzini: *Una bella ragazza in verità: scalza e pomposa giovinetta, che vestiva tricolore!* Bernuss *rosso di velo, alitante su le carni, un velo verde in testa e un gonnellino gianco* (*La Madonna di Mamà*, Milano 1919, p. VIII). C.

**bèro¹,** sm. (veneto, anche *ber*, *sbèro*). 'Avantreno, partita del carro'.

Da una forma germanica *bèra* (da un gotico *baira*, deverbale di *bairan* 'portare') parallela al longobardo *bara* 'parte del carro; bara, feretro', attraverso un latino medievale di origine gotica **bĕrum* [Pellegrini-Marcato 1988]. M.

**bèro²,** sm. (piemontese; lombardo e romagnolo: *ber*; lombardo settentrionale: *bar*; marchigiano: *bir*, *birro*; umbro settentrionale: *birro*), 'montone', in alcune varietà anche 'pecora' in tal caso pure come sf. *bera*.

Da una base prelatina **berr-* / **barr-* 'montone' [AIS; RES; DEI; REWS]. M.

**bèrtula,** sf. (calabrese; lucano, pl.: *bbértëlë*; siciliano *bbértula* con varianti; sardo con derivati). 'Bisaccia'.

La voce, ampiamente documentata anche nell'accezione, piuttosto gergale, di 'tasca', proviene dal latino parlato **avertŭla*, diminutivo di *averta*, un grecismo attestato fin dal 301 d.C. col significato di 'bisaccia'. Da *averta* deriva la forma dialettale e gergale *bèrta* anch'essa diffusa nel senso di 'bisaccia', 'tasca' e in certe varietà (toscano, emiliano, siciliano) anche 'genitale muliebre' per traslato. Non sembra dipendere da *bèrta* 'bisaccia' e significati affini, ma piuttosto da *bèrta* 'gazza' (a sua volta dal nome proprio *Berta*) il toscano (lucchese) *bèrta* 'parte estrema del giacchio tenuta ripiegata in dentro da certi fili dove rimane preso il pesce' [DEI s.v. *bèrta*; LEI].

G. DELEDDA: *Nella capanna attigua le parenti con cui ella era venuta alla festa cenavano sedute per terra attorno ad una bertula stesa come tovaglia* (*Canne al vento*, Milano 1913, p. 61). C.

**bḗru,** sm. (ligure: Val Graveglia), 'ciuffo, fiocco di lana'; (ligure: *bèri* plur.; emiliano: *ber*, veneto e veneto giuliano: *baro, biro, bero*), 'ciocca, ciuffo di capelli'; (come agg. emiliano: *ber*; ticinese: *bèr*), 'dal pelo lungo (detto di animali e specialmente di capre)'.

Da una base **bar(r)- / *ber(r)- / *bir(r)- / *br-* 'ciò che germoglia, cespo'; nell'italiano di area settentrionale è diffuso *berro* sm. 'ciuffo, ciocca di capelli' [DEI s.v. *bèrro*; LEI]. M.

**besagalèna,** sf. (romagnolo). 'Testuggine, tartaruga'.

Composto di *bésa* 'biscia, serpe' (dal latino *bestia*) e *galèna* (→ *galàna*). M.

**beśagnìn-a,** sf. (ligure). 'Erbivendola'.

Dal nome del torrente *Bisagno*, presso il quale si estendono gli orti, che rifornivano il mercato di Genova [Plomteux 1975].

R. ZENA: *Si capisce, gente d'alto bordo di quella specie, si sarebbero sporcati colla figlia d'una bisagnina, e per lo meno si aspettavano una principessa* (*La bocca del lupo*, Milano 1980, p. 81). C.

**bèsa latóna,** locuz. sostant. (romagnolo). 'Biscia che succhia il latte della nutrice, quando, assonnata, porge il seno al bambino, al quale l'animale lascia la punta della coda'.

Da *lat* 'latte', quindi, letteralmente, 'biscia lattona' (→ *besagalèna*). La credenza ha una larga diffusione. C.

**bèspa,** sf. (lombardo; veneto, anche *brespa*; trentino). 'Vespa'.

Dal latino *vĕspa* di analogo significato; il *b-* iniziale non richiede un incontro con l'antico alto tedesco *webse* 'vespa' ma è uno dei vari esempi di *b* invece di *v* «che s'incontrano nell'Italia settentrionale e centrale, false ricostruzioni che risalgono ad un'epoca in cui dopo la precedente confusione di *b-* e *v-* nell'antico grado fonetico *β-*, vennero ripristinati gli antichi suoni, sotto influssi latineggianti» (Rohlfs 1968: 228). La forma *brespa*, comune nel veneto, è dovuta ad epentesi di *r* [AIS; DEI]. M.

**bèstia da prucès,** locuz. (ticinese: val Bedretto). 'Bovina male in arnese'.

Letteralmente 'bestia (= bovina) da processo'; il compratore, cioè, potrebbe citare chi gliel'ha venduta per buona davanti al pretore [Lurati 1968]. C.

**betèlla,** sf. (toscano, nel pisano), «antenna, palo» (Malagoli 1939); (umbro settentrionale: *abetèla*), 'antenna, fusto d'abete o pino d'Austria, lungo circa 6 metri'; (toscano: *abetella*), 'uomo alto; spilungone', 'pertica'.

Da *abete* (dal latino *abies* 'abete') [DEI; LEI]. M.

**betìna,** nella locuz. sostant. *la siora-* (veneto). 'La morte'.

Interessante derivato, per tramite dotto, dell'antico nome *Libitīna* dea dei funerali, «ma, quel che è anche più notevole, ripersonalizzato, rimitologizzato per mezzo del titolo di signora e del raccostamento a un derivato di *Elisabeth*» (Migliorini 1927: 314) [DEI]. M.

**betòrdo,** sm. (ligure: Genova), 'minchione, coglione'; (còrso: *bertolli*, plur.; lombardo *bertòldi*, plur.), 'fagioli'.

Dal nome proprio *Bertoldo*, per antonomasia 'sciocco', passaggio, se non originato, certo rafforzato dal popolare personaggio di G. C. Croce. Dall'accezione morale di 'coglione' si passò a quella fisica di 'testicoli' e, quindi, per somiglianza, a quella di 'fagioli' con uno dei frequenti scambi di sensi in andata e ritorno, che coinvolgono in direzioni opposte i tre significati. Nello spezzino, infatti, i *faśèi* (cioè i 'fagioli') sono i 'testicoli del gallo' [Salvioni 1916; Migliorini 1927; VDSI]. C.

**béu,** sm. (ligure, anche *bḗu, biu, bedo, bera* come sf.). 'Ruscello, canaletto, gora', 'canaletto artificiale per l'irrigazione dei campi o per portare l'acqua al mulino e al frantoio'.

Le voci risalgono ad un *bedo- / bedu-* 'fosso, canale', di origine gallica, continuato, oltre che in Liguria, anche in Piemonte, specie nelle forme derivate *bialèra, biàl* [REW; Plomteux 1975].

I. CALVINO: *La via del ritorno è per i beudi, i piccoli canali sopra il fossato con una stretta linea di pietre per camminarci* (*Il sentiero dei nidi di ragno*, Torino 1954, p. 38). – ID.: *bastava uscire dalla porta di cucina nel beudo che passava dietro casa a monte (sapete i beudi, che derivano le acque dei torrenti per irrigare i terreni della costa: un canaletto a ridosso d'un muro, fiancheggiato da uno stretto marciapiede di lastre di pietra, tutto in piano) e subito si era in campagna* (*La strada di San Giovanni*, Milano 1990, p. 15). M.

**bevàgna,** nella locuz. *andàre a bevàgna* (umbro). 'Andare a bere'.

La voce si basa su un gioco di parole che accosta il nome di città *Bevagna* (Perugia), l'antica *Mevānia*, con il verbo *bèvere* 'bere' [DEI; Moretti 1973]. M.

**bézzera,** sf. (toscano, nel senese e amiatino, anche *béżżera, béżżara*). 'Capra'.

Le ipotesi etimologiche formulate per questa voce sono diverse e nel complesso l'etimo rimane incerto. Per il DEI può essere una metatesi dell'italiano antico *żeba* 'capra' (di etimo non chiarito, forse prelatino); invece il REWS la riconduce ad un latino parlato **ibicĕus* da *ibex, -icis* 'capra selvatica, camoscio'. Diversamente Alessio 1976 ricostruisce una base **bēccius, bēccia* (ampliamento di **beccus* 'caprone' da cui l'italiano *becco* con questo significato) richiesta, oltre che dalle forme toscane, anche dal marchigiano *bécciu*, abruzzese *véccë* 'becco, capro', italiano antico *béccia* (XVI sec., Caro) 'capra', cui egli aggiunge pure il veneziano *bizarìn* registrato da Boerio 1856 «agnelletto. I Chioggiotti dicono *bezerìn* [...] Così chiamasi un uomo, la cui moglie è od è stata ad esso notoriamente infedele». M.

**bèzzu a pèsparu,** locuz. (sardo: logudorese). 'Persona che arriva molto in anticipo, agli appuntamenti, agli inviti, alle cerimonie'.

Il significato letterale è 'vecchio al vespro' e trova la sua spiegazione nell'abitudine dei vecchi di recarsi molto presto alle funzioni religiose per timore di rimanere in piedi [Ruju 1987]. C.

**bgói,** sm. (emiliano; a Modena: *bgùi*; romagnolo). 'Torma, moltitudine di gente o di animali; confusione'.

Probabilmente, attraverso una fase **pcói*, dal latino *pecūlium* 'patrimonio', poi, specificamente, 'patrimonio di bestiame, mandria' e, quindi, 'moltitudine', 'miscuglio', 'confusione' [Menarini 1978]. C.

**biàgio,** sm. (toscano: isola d'Elba; corso: *biégiu, biéghju*; laziale, a Civitavecchia: *biàsu*). 'Barra del timone'.

Moderno adattamento paretimologico del pur diffuso

*diàgio*, di origine greca (*óiax* 'timone') [Guarnerio 1915; Salvioni 1916; Cortelazzo 1965 e 1965a]. C.

**biaìttu,** nella locuz. *biaìttu t'agatiani!* (sardo: Sassari). 'Fulminato ti trovino!'.

Da *biaìttu* 'colore del fulmine', propriamente 'azzurro, violaceo', in italiano antico *biadetto* [DES]. C.

**biancalüzìa,** sf. (ticinese). 'Difficoltà, mancanza di mezzi': *l'è scià prèst biancalüzìa* 'stanno per cominciare le difficoltà', letteralmente 'sta per arrivare santa Lucia'.

Forse perché il 13 dicembre era il giorno più corto dell'anno? e l'arrivo della neve (la 'bianca') era imminente? Certo, non può passare inosservato che la locuzione *ves in biancalüzìa* 'essere sprovvisti di tutto, non avere più un quattrino' assomiglia molto a quelle trentina *eser en biancamaría* 'essere squattrinato, non avere alcunché' (Scalfi 1983), veneta *essere in biancafernanda* 'non avere un soldo', bolognese (gergale) *fèrla bianca (fernanda)* 'non trovare nulla da rubare', nota anche agli ambulanti fiorentini, che si ricollegano tutte alla diffusa espressione *essere, andare in bianco*, deviata con l'aggiunta di un nome proprio femminile [VDSI]. C.

**biavar(i)òlo,** sm. (veneto: Chioggia). 'Venditore di generi alimentari'.

Procede dal nome di uno dei prodotti originariamente venduto come primario, il grano (*biàva*). A Venezia, infatti, il *biavar(i)òl*, era propriamente il 'venditore di grano o farina'. C.

**bibìn,** sm. (ligure). 'Tacchino'.

Voce limitata alla Liguria, di origine imitativa [Plomteux 1975]. C.

**bìccica,** sf. (marchigiano: Urbino; anche *bécceca* ad Arcevia, *bicìcchia* a Jesi, *péccica* a Fabriano). 'Cispa'.

Dal latino *pĭcŭla* 'pece', come materia attaccaticcia [REWS].

P. VOLPONI: *mentre guardavo le loro bicciche ed i loro occhi lagrimosi mi sentivo di nuovo fratello della loro razza* (*La macchina mondiale*, Milano 1965, p. 152). C.

**bicciòccu,** sm. (sardo campidanese). 'L'innamorato'.

Corrisponde al sardo campidanese *picciòccu*; *pizzòccu* 'ragazzo' e sf. *picciòcca* 'ragazza' che deriva da una base elementare (fonosimbolica) **pitts-* 'piccolo' (→ *picciòttu* 'ragazzo') [Pauli 1919; AIS; DES]. M.

**bicenòtte,** escl. (toscano). 'Saluto familiare': anche *bice sera*.

Riduzione di *felice notte*, forse incontratosi con *bòna notte*; diversamente, il DEI ritiene che sia abbreviazione del saluto ecclesiastico *benedicite* 'benedite' [Malagoli 1939; DEI s.v. *bice*]. C.

**biciclétta,** sf. (sardo, con varianti). 'Berretto'.

Da un originario *berréttu ciclìsta* 'berretto da ciclista' [DES]. C.

**biciulàn,** sm. e agg. (lombardo: Milano), 'baggeo'; *biciolàn* (lombardo: Milano; ticinese), 'uomo lungo e magro'; *becelàn* (ligure: Genova), 'baggeo'.

Si tratta di evoluzioni semantiche del dialettale lombardo *biciolàn* 'ciambella, sorta di pasta dolce', ticinese *biciolàn* 'biscotto, pane di forma allungata' (dal latino *bŭccĕlla* 'bocconcino, piccolo pane'), affini a quella osservata in → *bascòt*; nel milanese *biciulàn* vi è la sovrapposizione del dialettale → *ciùla* 'baggeo' [Bracchi 1991: 118].

G. TORELLI: *Nel libro del destino stava scritta un'altra sorte per l'involto de'* bicciolani*: i quali, essendo più esposti alla buona o trista ventura perché non protetti da altro che da un po' di carta azzurrognola, debole scudo invero contro l'impeto delle passioni circostanti, lentamente sfumarono come il ricordo de' sogni all'alba* (*La statua di San Carlo Borromeo*, in *Novelle italiane. L'Ottocento*, a cura di G. Finzi, vol. I, Milano 1985, p. 265). M.

**bicocà,** v. (lombardo, nel milanese e comasco). 'Barcollare', in particolare 'lasciar dondolare il capo dormendo'.

Dalla voce dialettale *bicòca* 'arcolaio, guindolo'; l'immagine è suggerita dal movimento dell'arcolaio che sembra barcollare quando è fatto girare per dipanare la matassa. La parola *bicòca* è di area lombarda e ticinese; deriva da *bicoca* 'piccolo castello' per somiglianza di certi tipi di guindoli con un castello, e l'ipotesi trova conferma nel parallelo francese *chatelet* 'castelletto' ma anche 'guindolo'. Questa parola corrisponde all'italiano *bicocca* ora 'catapecchia', ma anticamente anche 'torretta, casotto di guardia' (come attestano documenti del Piemonte), da *bi-* e una base *coccu* 'escrescenza, sommità, punta'. Da *bicoca* deriva *bicochìn* (piemontese e ticinese) 'berretto a due punte, calotta, berrettino tondo' [VDSI]. M.

**bics,** sm. (veneto giuliano; ladino centrale). 'Cera, lucido per scarpe' e, figuratamente, 'busse'.

Dal tedesco dialettale *Wiks* per il letterario *Wichse* 'cera da scarpe' [Salvioni 1916; Doria 1987]. C.

**bìḍḍa,** sf. (sardo logudorese e campidanese). 'Villaggio, paese'.

Continua il latino *villa* nel suo significato di 'dimora di campagna; fattoria, con podere, abitata da coloni' opposta a *civitas* 'l'insediamento urbano', presente anche nell'italiano antico *villa* 'paese' con numerosi riflessi toponomastici [DES].

S. SATTA: *Quelli che facevano politica, i candidati, erano tutti dei paesi: di Orune, di Gavoi, di Olzai, di Orotelli, persino di Ovodda, quei minuscoli centri (*biddas*, ville) lontani quanto le stelle l'uno dall'altro, che guardavano a Nuoro come alla capitale* (*I giorni del giudizio*, Milano 1982, p. 18). M.

**biedaràva,** sf. (lombardo, anche *bidrava*, *ràa bìada*; piemontese: *biarava* e varianti; valdostano: *bearava*, *biadarava*; ligure: *biarava*, *gerava*; emiliano: *bidrèva*, *bidrāva*). 'Barbabietola'.

Composto delle voci dialettali *bieda* 'bietola' e *rava* 'rava' [AIS; DEI]. M.

**bièla,** sf. (piemontese; lombardo; ticinese; emiliano). 'Vaso di terracotta, in generale per uso di tavola, raramente di cucina o d'altro; vaso di portata: zuppiera, insalatiera e simili'.

Dal nome della città di *Biella*, luogo di provenienza di note stoviglie di terracotta [DEI s.v. *bièlla*; VDSI]. M.

**biésta,** sf. (trentino, in Val di Non: *blésta*), 'zolla'; «mucchio di erbe; arruffamento di capelli» (Azzolini 1856); (ladino-veneto, a Rocca Pietore: *biést*), 'piccolo mucchietto di fieno preparato col rastrello'; (ladino centrale, in Livinallongo: *restél da blàst*, *restél d'ablàst*), 'rastrello con denti radi che serve per voltare il fieno'; (lombardo, nel bergamasco: *blésta*) «monte o mucchio di concime» (Tiraboschi 1873).

Dal latino tardo *blĭsta* 'zolla erbosa' con numerosi continuatori specie in area galloromanza; dal significato originario si sviluppano sia quello generale di 'zolla' sia quello di 'mucchio d'erba'. Piuttosto che dal latino può dipendere dall'antico francese *bleste* 'zolla di terra' il calabrese *vresta*, *bresta*, *bréschia* 'mattone di mota e paglia seccato al sole' [FEW; Tagliavini 1926; REW; DEI; Rohlfs 1977]. M.

**biétta,** sf. (umbro; toscano), 'matassa (di çotone)'; (toscano), 'ciocca (di capelli)', 'manciata, porzione (di frutti, di cibo)'.

Da un latino parlato **vĭttula*, diminutivo di *vĭtta* 'benda, nastro' [DEI].

A. SOFFICI: *Urlavano a più non posso, tutti insieme i nomi e i pregi delle loro mercanzie: Questo marma la bocca! Piglia fuoco! Un soldo la bietta!... – il gelato; crema e cedro!* (cit. in GDLI II 222). M.

**bìfara,** sf. (pugliese, nel barese). 'Mestolone, fistione, *Spatula clypeata*'.

Voce registrata dal DEI, corrisponde a 'piffero' trattandosi appunto del pugliese *bìfarë* 'piffero' e salentino *bìfuru* e varianti [Rohlfs 1956]. M.

**biffà,** v. (laziale: Castro dei Volsci). 'Attaccare al muro pezzi di carta con la saliva, quasi come segnali'.

Dalle *biffe* degli ingegneri, quei dispositivi che si pongono sui muri per seguirne le lesioni (dal longobardo *wīffa* 'fastello di paglia assunto come segno di proprietà o di confine') [Vignoli 1911]. C.

**biflàr,** v. (veneto giuliano). 'Sgobbare nello studio', col derivato sm. *biflón* 'sgobbone, secchione'.

Dal tedesco *büffeln* 'studiare accanitamente', propriamente 'lavorare come un bufalo (*Büffel*)'; probabilmente dal triestino la voce si è diffusa in Istria e in Dalmazia [Manzini - Rocchi 1995]. M.

**biganàte,** sf. plur. (veneto: veronese; trentino: *beghenate*, in Val di Sole: *benagate*). 'Canti di giovani, che passavano di casa in casa per ricevere offerte'. In Valtellina è anche una «esclamazione nota in tutta la valle, intraducibile in italiano e che deriva probabilmente dal tedesco (*gabe nacht*). La si dice la vigilia dell'Epifania a quanti si ha la ventura d'incontrare per via o nelle case, cercando sempre, anche con abili astuzie, di non lasciarsi prevenire. Chi infatti riceve tale esclamazione deve, per consuetudine, nel giorno di S. Antonio (17 gennaio) *pagà el gabinàt*, ossia offrire un piccolo dono consistente in dolciumi, frutta ecc. a chi l'ha colto di sorpresa e cioè *el ga vengiût el gabinàt*» (Valsecchi 1960).

Dal tedesco, ma non da *Weihnacht*, che significa 'Natale' e non coincide con la ricorrenza, bensì da *Gebnacht* 'notte dei doni', con metatesi da *gabinàt* (in Valtellina) 'doni della Befana', nel lombardo e in trentino l''Epifania' stessa. Alle forme settentrionali *biganate*, *beghenate* potrebbe richiamarsi il toscano (lucchese) *bigònia* 'gozzoviglia' già accostato al latino *epiphanīa*, ipotesi assai incerta; pur ammettendo una ritrazione dell'accento, i successivi sviluppi formali non sono chiari; dubbio anche un confronto con l'italiano *bigóne* 'banda, brigata' (attestato dal Fagioli, a. 1729) [REW; DEI; Merlo 1959; REWS]. C.

**bigarà,** v. (umbro, nel perugino). 'Perdere il tempo, bighellonare'.

Da una forma **bighellare* pronunciato dapprima *bighelare* per scempiamento consonantico poi passato a *bigherare*, *bigara(re)* [Ugolini 1970]. M.

**bigià,** v. (lombardo: milanese). 'Marinare'; *bigià la mesa, la scöla* 'marinare la messa, la scuola', in senso figurato 'sottrarsi a qualcosa'.

È parola di etimologia sconosciuta ma è entrata nell'italiano: *bigiare* 'marinare'. Derivato di *bigià* nel milanese è *bigìn* «libriccino, per lo più scritto, che lo scolaro tiene nascosto per ricorrervi, allorquando ha un compito o un esame da fare» (Cherubini 1839-56), anch'esso d'uso nell'italiano (*bigino*) [Zolli 1986; DELI]. M.

**bigiöia,** sf. (piemontese). 'Ornamento, abbellimento'.

Dal francese *bijou* 'gioiello', parola di origine bretone (*bizou* 'anello con pietra incastonata'), incrociatosi con *gioia* nello stesso senso. C.

**bìgol,** sm. (lombardo; trentino; friulano: *bìgul*; romagnolo: *blig*, *bligul*), 'membro virile'; (lombardo; trentino; veneto; emiliano, tutte con varianti), 'ombelico'; (veneto; trentino; friulano: *bìgul*; emiliano; romagnolo; marchigiano), 'tipo di pasta alimentare'; (friulano: *bìgul*), «qualunque cosa di forma cilindrica, allungata» (Nuovo Pirona 1992).

Anche se non del tutto sicura, è attendibile la proposta derivazione dal grecismo latino *bombyx* 'verme' (da cui anche il tipo *bigatt(o)*) attraverso il supposto diminutivo **bombicŭlus* 'vermicello'. Il significato secondario di 'ombelico' è probabilmente dovuto ad un incrocio con qualche continuatore di *umbilīcus* da cui l'italiano *bellico* e *bellicolo* [VDSI]. C.

**bigól(o),** sm. (veneto). 'Arcuccio, arconcello'; pertica più o meno incurvata che si mette sulle spalle ed alle cui estremità si portano due carichi all'incirca di peso equivalente. È usato per lo più per andare ad attingere l'acqua al pozzo, appendendovi due secchi, ma anche per portare i recipienti del latte ecc.' (per altre indicazioni sullo strumento → *buìnz*).

Solo apparentemente in rapporto col latino *gŭla* 'gola', il termine va invece interpretato (con Prati) come un composto *bi* e *collo* verosimilmente designante una misura per liquidi come un "vaso bicollo" o simile. Una diversa ipotesi etimologica (Alessio) si fonda sul latino *bicōdulus* 'a doppia coda' con riferimento alla forma dello strumento piuttosto che ai contenitori trasportati [Prati 1968; Alessio 1976]. M.

**bigolòt,** sm. (lombardo, anche *bigulòt*; emiliano, ma a Parma *pigolòt*). 'Merciaiolo ambulante di cose minute per cucire'.

Derivato da → *bigól(o)* 'stanga arcuata per portar sulle spalle due secchi d'acqua'. Per altri da → *bìgol* 'membro virile'. Non bisogna, tuttavia, trascurare la presenza in documenti medievali pugliesi di *piccolotto* 'merciaio' con sovrapposizione di 'piccolo' [DEI s.v. *bigolòtto*; VDSI s.v. *bigol*; Valente 1993]. M.

**bilancèlla,** sf. (toscano: Mida; veneto: *balanséta*). 'Libellula'.

Derivato di *bilancia*; le voci traducono il latino scientifico *lībĕllula* diminutivo del latino *lībĕlla*, da *lībra* 'bilancia' [DEI s.v. *bilancèlle*; Picchetti 1961-63]. M.

**bìlfo,** sm. (veneto: Trieste; istrioto: *béifo*), 'briccone, astuto'; (friulano: *sbilf*), 'persona intollerante e impetuosa'.

La voce indica nella stessa area anche uno 'stregone' o uno 'spirito sanguinario', per cui è facile accettare l'ipotesi di F. Crevatin, che si tratti del medio tedesco *bilwiz*, *pilfis* 'coboldo' [Vidossi 1960; Doria 1987]. C.

**biliàto,** agg. (toscano, nel lucchese). 'Bilioso'.

Voce registrata dal DEI e ricondotta al latino tardo *biliātus* participio del verbo *biliāri* (da *bīlis* 'bile'), documentato solo nelle glosse, probabilmente per via dotta; tra i derivati di *bile* vi sono l'abruzzese *abbëlatë* 'bilioso' e il veneto (nel polesano) *imbilarse* 'arrabbiarsi' menzionati da REWS. M.

**bilìn,** sm. (romagnolo). 'Giocattolo, cianfrusaglia', anche 'dolciume' (a Sant'Arcangelo di Romagna).

È voce di origine infantile, come il toscano *billi* (sm. plur. e sing.) 'gioco ai birilli', *esser il billi* 'non contar nulla' [DEI; Quondamatteo 1982].

M. MORETTI: *Sì, Gnina, hai ragione tu. Alzar le mani è un brutto atto. Ma sai che cosa avevo pensato io? Ti ricordi quando Remo aveva cinque anni e ci bastonava con le manine perché non gli davamo un* bilino? *Ci graffiava, dava dei pizzicotti, tirava i capelli, dava schiaffetti, se ci arrivava* (*Romanzi della mia terra*, Milano 1961, p. 22). M.

**bilòc,** agg. (ticinese). 'Balordo, strambo, mattoide'.

Parrebbe un composto di *bi-* prefisso rafforzativo e *lòc* 'balordo' (traslato del latino *uluccus* 'allocco') ma la presenza in lombardo (Monza) di *bilòt* 'membro virile' pone il problema di una diversa origine [VDSI]. C.

**bilùga,** sf. (veneto; trentino; friulano occidentale). 'Carro grande con piano leggermente concavo', 'piano del carro', anche *belùga, belùrega*.

Da un latino *volūta* 'voltata' (attraverso **volùa*), riferito in origine ad un'asse concava [DESF]. M.

**bilùsco,** sm. (toscano, nel lucchese, nel toscano meridionale: *balusco*; laziale *balusco*; abruzzese orientale, a Colledimacine: *bbaluschë*; marchigiano: *balusco*; romagnolo: *balùs-c*; lombardo alpino: *balùs-c*). 'Di vista corta; strabico; guercio; losco'.

Non da un latino parlato **bisluscus* (come in DEI) ma dalla base preromana **balluc- (/*belluc-/*palluc-/*barluc-)* 'lucente' con sostituzione del secondo elemento con il latino *luscus* 'losco'; stessa spiegazione per il lombardo *berlùs-c, barlùs-c* 'di vista corta; strabico' che muove dalla variante **barluc-*. Tra le numerose voci dialettali che rimontano a **balluc-* e varianti ci sono derivati verbali come il toscano *sbilucciare, sberlucciare* 'vederci poco, con difficoltà', il lombardo *sbarluscià, sbarlugià, sbarlogià* 'sbalestrar gli occhi; guardare fisso e con insistenza' [DEI ss.vv. *bilusco* e *sbiluciare*; LEI]. M.

**bilzàt,** sm. (lombardo). 'Finto farinaccio, *Amanita vaginata*' (Penzig 1924).

Si ritiene (DEI) che la denominazione, data l'area interessata, sia un prestito dal tedesco *Pilz* 'fungo' entrato durante la dominazione asburgica. Il termine oltre che in area lombarda sarebbe arrivato anche in Toscana nella forma *bilzetto* (in Penzig 1924 e DEI; manca in altri repertori). M.

**bìmba,** sf. (veneto settentrionale; ladino veneto; ladino centrale; trentino). 'Capretta giovane', 'capra di due anni'; la base è attestata anche in friulano (*bima*), in piemontese e valdostano (*bima, bìuma*). Nel corso *bimma, bima, vimma* vale «porcastra che non ha figliato o che non sia pregna; agnella» (Falcucci 1915).

In latino *(capra) bima*, dall'aggettivo *bimus* 'di due anni'. Lo svolgimento di *m* in *mb* è proprio di quest'area [Tagliavini 1926; REW; DEI; REWS].

G. ZANGRANDI: *Bene, bellezza, è andata. Ed è gonfia di latte la «bimba», non credevo che ce la facesse, così piccola e con un capretto tanto grosso. Bene* (*I Brusaz*, Milano 1955, p. 113). C.

**binàr,** v. (lombardo, anche *binà*; veneto; trentino, nel roveretano). 'Raccogliere; accumulare'.

Propriamente 'abbinare'; da un latino parlato **bināre* 'fare due volte' formato sul latino *bīni* 'a due a due', dal quale dipendono il veneto, trentino, ladino centrale, lombardo orientale *bina* 'piccia di pane (più pani attaccati insieme)', 'forma di pane', nel veronese anche 'filare di viti', nell'istriano *bina, béina* 'tratto di terreno tra un gran solco e l'altro'. A **bināre* è ricondotto anche il piemontese *biné* nel senso di 'riuscire in una cosa' attraverso il senso di congiungere i due capi di una o più cose; ma il piemontese ha anche il significato di 'dire due messe lo stesso giorno' e in tal caso è un francesismo da *biner* (< **bināre*) [FEW; DEI s.v. *binare*; Prati 1968; Gribaudo-Seglie 1972-75]. M.

**bìndaro,** sm. (toscano: a Marciana, nell'isola d'Elba). 'Arcolaio'.

Come la variante *bìndolo*, da *guìndolo* [Rohlfs 1979]. C.

**binèla,** sf. (veneto), 'giaciglio rustico di montagna, fatto di frasche e d'erbe fresche'; (trentino, a Rovereto: *benèla*), 'sorta di corba senza manici, formata di vinchi'.

Da *bena* 'tipo di carro', 'grande cesta' di origine celtica, (*benna*), da cui anche il trentino *benèl*, il valsuganotto *benelo* (maschile) 'carrettino a due ruote, sul quale è fissata una piccola benna' [Prati 1968; Bondardo 1986]. C.

**bìntar,** sm. (friulano). 'Sprecone, dissipatore'.

Deriva dal tedesco *Winter (-arbeiter)* '(operaio) invernale', con allusione all'operaio emigrato all'estero che non è riuscito a mettere da parte i soldi per il viaggio di ritorno e deve passare all'estero l'inverno [DESF]. M.

**biòdolo,** sm. (toscano). 'Giunco palustre'.

Da *biòdo*, di incerta etimologia (forse dal latino tardo *bŭda* 'ulva, giunco' attraverso una forma *bodio* o attraverso il diminutivo *bŭdula > bluda > biuda > biodo*) [DEI; VEI].

L. VIANI: *Le gru, a squadroni, si posano sul folto, calano sui biodoli e sui falaschi* (cit. in GDLI II 230). C.

**biólca,** sf. (veneto; emiliano; lombardo). 'Misura di superficie di vario valore, a seconda delle località'.

Da *biólc(o)* (voce d'area settentrionale, dal latino **bufulcus* per il classico *bubulcus*) 'bifolco', perché era d'estensione pari al tratto che il bifolco poteva arare in un giorno con un paio di buoi [Prati 1968].

G. NUVOLETTI: *Sarà opportuno chiarire che la biolca è l'unità di misura della terra, tesoro pubblico e privato dei nativi sulle sponde virgiliane. Inalterato per variare di religioni e di domini, [...] questa divinità ha sempre continuato a riscuotere la generale devozione delle genti lungo il corso del Po* (*Un matrimonio mantovano*, Milano 1972, p. 149). C.

**biondodìo,** nella locuz. *a biondodìo* (veneto giuliano e dalmata). 'A bizzeffe, in grande quantità'.

Storpiatura di *ben di Dio*. Secondo il Doria, è noto anche al toscano [Doria 1987]. C.

**biòva,** sf. (ligure-piemontese: Novi Ligure). 'Biada', 'biava'.

Dal germanico *blada* con la risoluzione regolare in quel dialetto di *-à-* in *-ò-*.

M. VENTURI: *il ranghinatore, e cioè la macchina che sbriciola le biove* (*Sconfitti sul campo*, Milano 1982, p. 61). C.

**birbiàri,** v. (calabrese, anche *birbijàri, verbijàri*). 'Tartagliare, balbettare'.

Secondo DEI e Rohlfs 1977 è parola di origine onomatopeica (< **berb-*) e per la formazione richiama il greco tardo *berberízō*; le stesse fonti ritengono che nella famiglia di *birbiàri* rientri anche il siciliano *bbirbiàri* 'chiassare' col sf. *bbirba* 'chiasso, baccano; festa con baldoria, divertimento sfrenato' presente anche nel calabrese meridionale *bìrbia, birba, brìbbia* sm. 'chiasso, baccano'. Diversa la ricostruzione etimologica di Alessio 1976 che muove dal calabrese meridionale *vierbu, vervu, jervu* 'tartaglione' da un latino parlato **everbis* agg. 'senza parola', da cui derivano i denominali *birbiàri* e varianti e successivamente il deverbale *birbu* 'balbuziente'. M.

**birèllo,** sm. (umbro: Gubbio). 'Molinello di polvere'; a Magione assume tre diversi significati: 'cilindro di legno nella parte posteriore del carro', 'subbio del telaio' (questi anche a Foligno: *birèllu*) e 'trottola'; solo 'rullo del carro agricolo' a San Giustino, in Val di Pierle e, nella variante *biréllu*, a Spello; nell'Orvietano *bbirèllo*, oltre che il 'piolo del verricello', è anche il 'girello' dei bambini.

Da *birè* 'girare'; → *biróne* [Rohlfs 1979]. C.

**birivìna,** sf. (marchigiano centrale). 'Rovaio'.

Voce registrata dal DEI e ricondotta al latino *pruīna* 'brina' (da cui dipende l'italiano *brina*), per l'aspetto formale da confrontare ad esempio con il siciliano (a Mascalucia) *brivinu* 'nevischio'; per l'aspetto semantico, *birivìna* presenta una notevole evoluzione di significato forse influenzata dal tipo italiano *bréva* 'vento freddo', di area specialmente settentrionale [AIS; DEI]. M.

**biróne,** sm. (umbro). 'Volta del falco', 'vortice di vento e d'acqua', 'rotolo'.

Accrescitivo di *bìro* 'giro', che, con *(a)birà* 'girare', si allinea alla famiglia, prolifica soprattutto in galloromanza, di **virāre*, comunque si sia formata [FEW]. C.

**bìru,** sm. (piemontese; romagnolo: *birèn*; umbro: *birro*), 'tacchino'; (veneto, nel valsuganotto: *biro*), 'anitrino'; (trentino: *biro*), 'maschio dell'anitra'.

Voci di origine imitativa; si confrontino *biri biri* (toscano) 'voce di richiamo dei polli', (veneto, nel valsuganotto) 'voce di richiamo per gli anitrini', *billo* (toscano) 'tacchino' e *billo-billo* (nel fiorentino) 'voce per richiamare i tacchini' [DEI s.v. *birro*; Prati 1968; Rohlfs 1979]. M.

**bisàr,** v. (veneto: Venezia). 'Rodere e danneggiare le imbarcazioni, da parte delle teredini'.

Da *bisa*, nome generico della 'biscia' e specifico della 'teredine'. C.

**biŝatàda,** sf. (veneto: Marano L.). 'Colpo inferto con un corpo contundente': *te dago na biŝatàda a mèŝa vita.*

Da → *biŝàto* 'anguilla', probabilmente perché in origine si trattava di un 'colpo di sferza'. Notevole la coincidenza con *anguillata* 'colpo di corda dato per punizione nelle galee' [Cortelazzo 1967]. C.

**biŝàto,** sm. (veneto). 'Anguilla'.

Non da *biscia*, come spesso si ripete, perché la *-s-* dialettale è sonora, mentre in *bisa* 'biscia' è sorda, ma probabilmente da *biŝo* 'bigio, grigio' (per il suo colore) con il suffisso *-atto*, che, applicato ad animali (*meciato*: → *mécia*) od anche a giovani (*toŝato* → *tóŝo*) ha un valore diminutivo-apprezzativo [DEI; DELI].

A. PANZINI: *Rientra a casa, si siede su d'uno sgabello all'aperto e lì sventra in tutta pace rane, bisatti; spela spippoli, farlotti* (cit. in GDLI II 247). C.

**biscànti,** sm. (siciliano, anche *viscànti*). 'Chitarra'.

Dallo spagnolo *discante* nell'accezione di 'piccola chitarra di voce molto acuta' [DEI]. M.

**biscàrdu,** agg. (siciliano; calabrese). 'Astuto, scaltro'.

Gallicismo: dal francese antico *guiscart* di analogo significato [DEI; Rohlfs 1977a]. M.

**bischè,** v. (piemontese; lombardo: *biscà*). 'Arrovellarsi'.

Dal francese *bisquer* 'indispettirsi' [Dardi 1986]. M.

**bìschero,** sm. (marchigiano: Ancona). 'Venditore ambulante di castagnaccio'.

Dal toscano *bìschero*, frequentissima ingiuria ('minchione', 'babbeo'): «codesti tortai che vèngono l'inverno a vèndere i loro migliacci son tutti toscani e dall'abuso che fanno della parola bischero ne è venuto il loro nome che però è detto solo dai ragazzi in tono scherz.» (Spotti 1929). Il *bischero* toscano, di etimologia incerta, indica propriamente il 'cavicchio' degli strumenti a corda e poi, per passaggi molto frequenti, il 'membro virile' e, quindi, lo 'sciocco'. C.

**bìsciu,** sm. (umbro e marchigiano: anche *bìscio*), 'bastardo, trovatello'; (laziale: *biscino*), 'pastorello che guarda le pecore'; (abruzzese, a Campo di Giove: *bbëscinë*), 'garzone addetto a mandare le pecore al pastore che munge', a Scanno (*bëscinë*) 'pastorello che tocca le pecore e le invia alla mungitura'.

Dal latino parlato **bēstiu*, maschile di *bēstia*, 'nato da accoppiamento "bestiale", fuori da legittimo matrimonio'. Gli alterati erano in uso anche nel marchigiano antico (*viscigno, vissigno*) e nel romanesco del XIV secolo (*biscione*). Per estensione è anche aggettivo riferito a 'mela agra' [DEI; De Giovanni 1981: 342; Ugolini 1988-89]. C.

**bìscolo,** sm. (veneto, nel veneziano; lombardo, nel bresciano: *bìscul*; friulano occidentale: *bìscul, vìscol*, anche *bàscule* sf.). 'Altalena, dondolo'.

Voci di etimo incerto; per taluni si tratta di voci imitative che alludono al dondolio (Prati 1968), per altri di derivati del latino parlato **exanculāre* 'dondolare' (REW), o, ancora, secondo il DEI, di un turchismo, da *bešik* (*belšik*) 'culla, dondolo' che spiegherebbe il ligure antico *balsico* 'altalena' e moderno *bäsigo* 'dondolo' col verbo *bäsigā* 'dondolare' (Frisoni 1910). M.

**biŝegàr,** v. (veneto; friulano: *biŝià, sbiŝià*). 'Frugare; lavorucchiare'.

Dal longobardo *bisig* 'attivo, occupato'; diversamente, Alessio, a proposito del veneto, richiama un latino parlato **bisecāre*, da *secāre* 'tagliare' [Alessio 1976; DESF]. M.

**bìŝia,** sf. (emiliano, Piacenza). 'Vespa'.

Voce di origine onomatopeica, da una base **bis* che allude al 'sibilare', cui si riconducono anche voci come il milanese *biŝüt* 'larva della vespa' o il genovese *biŝigi* 'calabrone' [REW; DEI; REWS]. M.

**bisigànti,** sm. (ladino-veneto, nell'Agordino). 'Ranuncolo di prato, *Ranunculus acer* L.', anche *(s)bisigàgn*.

Propriamente 'vescicante': «i fiori del ranuncolo si usavano come vescicanti, si tagliuzzavano e si applicavano nella parte malata, in particolare sulle ginocchia; eliminavano il gonfiore, provocando però vesciche e piaghe» (Rossi 1992). M.

**bìsma,** sm. (veneto: Verona). 'Carabiniere'.

Voce gergale, da *bismarck* 'specie di pastrano' in lombardo, a Casalpusterlengo (permane anche, come termine arcaico o scherzoso, nel triestino *bismarc*), solitamente indossato dallo statista tedesco Otto von *Bismarck* [Bondardo 1986; Doria 1987]. C.

**bìŝo,** sm. (veneto; romagnolo: *bsarèl*; marchigiano: *bisellë* plur.; umbro: *bisèllo*; abruzzese: *bbiscilli* plur. e varianti). 'Pisello'.

Voce di etimo controverso; per alcuni è riflesso del latino *pisum* 'pisello', per altri è prestito del greco *pisos* di analogo significato con *b-* in luogo di *p-* (da confrontare con *buxus* 'bosso' prestito del greco *pýxos*); altra ipotesi meno verosimile è la ricostruzione di una base prelatina **biso* [AIS; DEI; Prati 1968]. M.

**biŝòdia,** sf. (piemontese). 'Preghiera', con i derivati *bi-*

*śodié* «Biascicare preghiere; visitare molte chiese» e *biśodiada* «biascicamento di preghiere» (Gribaudo-Seglie 1972-75).

Dalla preghiera *[da no]bis hodie* 'dacci oggi il nostro pane quotidiano'; dallo stesso *Pater noster* deriva → *zicutinósse* [DEI s.v. *bisudiè*]. M.

**bisvérde,** sm. (marchigiano: Servigliano). 'Piombino, *Alcedo hispida*'.

Voce registrata dal DEI, è interpretata come esito di un latino *avis viridis* 'uccello verde', denominazione da confrontare con *uccèl bel verde*, designazione del piombino in area toscana, umbra e marchigiana. M.

**bìtrio,** nella locuz. *andàr* o *pasàr su per bitrio* (veneto giuliano: Trieste). 'Essere riformato'.

Corruzione di *passar superarbitrio*, adattamento del tedesco austriaco *superarbitrium*, che, nella terminologia militare, significava 'decisione definitiva' [LEI; Doria 1987]. C.

**bittàrma,** sf. (siciliano). 'Sant'anima', si dice dei defunti, cioè la 'buon'anima'.

Accorciatura di *biniditta l'arma* 'benedetta l'anima'; cfr. anche il calabrese *benittàrma* e *bini(di)ttànima* «la felice memoria» (Rohlfs 1977), il campano (Napoli) *benettànema* 'la buonanima' [DEI s.v. *benedett'anima*; Salzano 1979]. M.

**biüm,** sm. (piemontese; lombardo: *bim*, a Treviglio *blöm*), 'tritume di fieno'; (emiliano: Parma), 'polvere del legno tarlato' e poi lo stesso 'tarlo'.

Dal latino parlato **ablūme(n)* 'residuo da sciacquare', da cui dipendono gli ulteriori significati di 'avanzi leggeri', specie del fieno [LEI]. C.

**bivéri,** sm. (siciliano), 'specchio d'acqua naturale o artificiale, destinato specialmente all'allevamento dei pesci'; (calabrese: *vivieri*), 'abbeveratoio, truogolo'.

Dal latino *vivārium* 'vivaio' attraverso il francese antico *viver* [VES].

S. Quasimodo: *Ho voluto parlare con te... / per dirti, e non ci ascoltano solo / cicale del biviere, agavi lentischi, / come il campiere dice al suo padrone: / "Baciamu li mani". Questo, non altro* (cit. in GDLI II 262). C.

**bivèsceri,** v. (salentino, anche *abbivèscere* come il pugliese, nel tarantino), 'risuscitare, ritornare in vita'; (calabrese: *rivìscere*; siciliano: *arrivìsciri* e varianti), 'risuscitare'.

Dal latino *(re)viviscĕre* 'rivivere' [DEI s.v. *arrivìscere*; Rohlfs 1956; REW]. M.

**blaghéur,** sm. (piemontese; lombardo: *blaghér*). 'Spaccone', 'elegantone'.

Dal francese *blagueur* 'chiacchierone, millantatore', da *blague* 'fandonia', derivata dal neerlandese *balg* 'sacco di pelle', specie per il tabacco: il passaggio di significato si spiega con l'aspetto della borsa per il tabacco, che si presenta gonfia anche quando il suo contenuto è ridotto [REW; REWS; FEW XV 34-35].

G. Pansa: *Non fai mica il blagheur? Guarda che a me gli spacconi non piacciono* (*Ma l'amore no*, Milano 1994, p. 51). C.

**blangiàr,** v. (veneto giuliano: triestino). 'Coire', 'rubare'. Al riflessivo *blangiàrsela* 'spassarsela'.

Parola isolata senza agganci con altre, se non, forse, con l'inglese *bludger* 'fannullone, parassita'. Il passaggio da 'coire' a 'rubare' è proprio di una serie sinonimica, che va da *chiavare* a *fottere* e *fregare* [Doria 1987]. C.

**blèc,** sm. (friulano; veneto giuliano: *bieco*). 'Toppa, pezzo di stoffa o altro per rattoppare; ritaglio, avanzo di stoffa'; al figur. 'rimedio, scusa insufficiente', 'greppo, dei bambini che stanno per piangere'.

Dallo sloveno, o serbocroato, *blek* 'pezzo di stoffa', a sua volta dal medio alto tedesco *vlek*. Il significato di 'greppo dei bambini' sembra un traslato metaforico [DESF]. M.

**bleòn,** sm. (friulano). 'Lenzuolo'.

Voce di origine longobarda, che, nell'Italia settentrionale, sopravvive solo in Friuli, da una forma **blahjô* ricostituita sulla base dell'antico alto tedesco *blaha* 'pezza di tela grossolana'. Ha la stessa origine pure l'italiano meridionale (in area pugliese e lucana) *chiascione*, anticamente *plaione*, col medesimo significato [DEI s.v. *ghiascióne*; DESF]. M.

**blìtri,** sm. (veneto, nel padovano), «chiccheri ciaccheri, voci che non significan nulla, e dicesi di chi cicala assai e conchiude poco» (Prati 1968); (piemontese: *blitri*, *blictri*), «*blictri (un)*, uno zero, un nulla, un acca...*am n'amporta un blictri*, non me ne importa un'acca. *A val un blictri*, non vale un lupino, una lisca» (Di Sant'Albino 1859); (lombardo: *blicter*, *bliter*, *blitar*), «fantino, uomo raggiratore. Talvolta anche semplicemente banderuola...uomo volubile, leggero» (Cherubini 1839-56), «pizzichino, pochettino, cosa minuta» (Galli 1965); (emiliano: *blictar*, *blicter*), 'bazzecola, minuzia', «voce usata nelle frasi *an valer un blicter* non valere un bagattino, cioè nulla, *an contar un blicter* essere cosa da nulla, valere zero» (Malaspina 1856-59); (siciliano: *bbiltri*), 'persona da tenere in nessuna considerazione'.

Usato anche dal Parini nel *Discorso sulle caricature*: «Ridurre ogni cosa al blictri», il termine non deriva dal francese *belître* 'uomo da niente, abbietto o ignorante' (a sua volta ricondotto al medio alto tedesco *betelaere* 'mendico'), tantomeno dal latino *blictrum* 'schiuma della birra'. È invece parola del latino scolastico, *blitri*, *blittri*, voce tratta dal greco *blítyri* che significa in primo luogo 'suono di una corda d'arpa', poi precisamente 'parola senza contenuto semantico', 'parola vuota, vana' [FEW; DEI ss.vv. *blitri* e *biltri*; Camporesi 1952; Spitzer 1955]. M.

**blòzar,** sm. (lombardo: anche *plózer*; emiliano: *splózar*, *spluzer*). 'Soldi, denaro'.

Dallo svizzero tedesco *blutzger*, nome di una vecchia (dal sec. XVI) 'moneta grigionese', adottato dapprima in Valtellina ed a Bormio, un tempo dipendenti dalle leghe Grigionesi [VDSI]. C.

**boàsa,** sf. (veneto e veneto giuliano; lombardo; trentino; friulano: *bujàze*; emiliano e romagnolo, anche *buvaza*). 'Bovina, sterco di bue'.

Dal latino parlato **bovācea (merda)* con ellissi del determinato. Il sardo logudorese *buàttu* 'acquitrino' ricondotto da DEI e REWS a **bovacea*, è sardizzazione dell'italiano *guazzo* 'acqua stagnante' (DES) [REW; DEI s.v. *boàccia*; Prati 1968; Bondardo 1986]. M.

**bòba,** sf. anche *sbòba* (lombardo; trentino; veneto; toscano: *bòbba*, *bòbbia*, *biòbba*; laziale: *bobba*; campano: *bòbba*; calabrese: *bòbba*). 'Minestra scadente, cibo grossolano', in qualche varietà anche 'fagiolo fresco', ha poi significati traslati come 'poltiglia, fango, letame molle'.

Voce frequente anche in ambito gergale nel senso di 'minestra', è passata anche in italiano colloquiale (in parte attraverso il linguaggio di caserma) *sbòbba*, *sbòbbia* 'rancio dei soldati, minestra molto scadente'. Quanto all'etimo, è stata proposta una derivazione dallo zingarico *boba* 'fava', ma è ipotesi che non ha avuto seguito; preferito invece un riflesso di una base elementare **bobb-*

«espressiva del rumore provocato dal rimescolamento di sostanze dense in qualche liquido o esprimente il concetto di 'tumido, gonfio, denso'» (Bracchi 1987: 339) [REW; DEI; DELI]. M.

**bóc,** sm. (veneto agordino). 'Lunga pipa ricurva'.

Possibile forma aferetica di *čebuk*, *čubuk* 'pipa particolare turca', balcanismo di origine turca (*čibuk* 'pipa', dal persiano *čub* 'bastone') e noto anche al tedesco (*Tschibuk* 'pipa turca'); la forma *bóc* più spiegarsi con deglutinazione di *ce*, per influsso di *ce* 'che' nel veneto agordino. L'introduzione del balcanismo in area dialettale veneta settentrionale può essere di tramite gergale, o attraverso zingari balcanici o anche per opera di emigranti che andavano in Jugoslavia specialmente per la costruzione di funivie [Pellegrini 1985-90: 392]. M.

**bóca in cào,** locuz. sostant. (veneto; veneto giuliano e veneto dalmata: anche *boca in cavo, bochincào*; marchigiano: *boccaincava*; abruzzese: *voccangapë* con varianti). 'Lucerna, uranoscopo, *Uranoscopus scaber* L.'.

«La sua bocca è grande e posta al di sopra della testa, onde prese il nome vernacolo che vuol dire 'bocca in testa'» (Boerio 1856). Passando ad altri dialetti è stato frainteso come 'bocca incavata' (Spotti 1929). In altre regioni è chiamato 'bocca in cielo' per lo stesso motivo. C.

**boccàcciu,** sm. (laziale: Castel Madama). 'Uccello notturno'.

È l'italiano *boccaccio*, che, col suo sinonimo *boccalone* ed altri simili, è un derivato da *bocca*, per il lungo e largo becco. Il suo nome corrente è 'succiacapre' (*Caprimulgus europeaus*). C.

**bócca di sóle,** locuz. sostant. (toscano: Isola d'Elba). 'Specie di cefalo'.

Reinterpretazione del corrispondente nome napoletano del pesce *buccazzulla* 'boccuccia' per la sua abitudine di salire alla superficie a boccheggiare [Cortelazzo 1965]. C.

**boccàja,** sf. (laziale, nel romanesco). «Boccaglia: beccuccio della lucerna. Luminello» (Vaccaro 1969).

Da *bocca*; stessa origine ha il calabrese *vuccàgghiu* 'anello di ferro del mozzo di una ruota' [DEI s.v. *boccàglie*; Rohlfs 1977]. M.

**bocchìno di lepre,** sm. (umbro, nel perugino). 'Bocchino per fumare'.

Si chiama così perché, come bocchino, si utilizza una tibia di lepre, il cui «pregio è nella fibula intera» (Catanelli 1970). M.

**boccó del contadì,** locuz. (marchigiano: Jesi). 'Il bocconcino che viene lasciato nel piatto, e che nella mentalità contadina indicherebbe educazione e mancanza di avidità'.

Questa norma di galateo rustico è molto diffusa con riferimenti più fantasiosi, come *boccone della creansa* (lucchese; ticinese *al bocón da la creanza*: VDSI), 'boccone del diavolo' (romagnolo *e pcón dé gëvul*), 'boccone della vergogna' (bolognese *al pcón dla vergogna*; mantovano *bocón dla vergogna*: VDSI; piemontese *bocón dla vergogna*; ticinese *al bocón da la vergogna*; genovese *bucùn du vergognoso*), come in francese *morceau honteux* [FEW].

I. NIERI: *Il boccon della creanza (dicono anche: della vergogna) è quel molto o poco o pochissimo che si lascia nel piatto, quand'uno è a mangiare a casa degli altri, perché non è creanza finir tutto. Colla fame piuttosto bisogna rimanere, ma il boccone della creanza va lasciato! Se no, uno parrebbe troppo lupo, che non avesse mai visto grazia di Dio; o piuttosto parrebbe che non avessero fatto roba assai per tutti, e sarebbe uno scorno per la famiglia* (*Cento racconti popolari lucchesi e altri racconti*, Firenze 1950, p. 242). C.

**bócene,** sm. (marchigiano). 'Cannello dei tessitori'.

È voce registrata dal DEI e ricondotta al latino *būcĭnum* 'tromba', per la forma, ipotesi che richiede un latino parlato **bŭcĭnum*. M.

**bocentó,** sm. (marchigiano: Servigliano). 'Calabrone'.

La voce presuppone, secondo Alessio 1976, un latino parlato **bucenta* sf. dal greco *boukéntēs* 'chi guida i buoi pungendoli', ma documentato nelle glosse col senso traslato di 'tafano' (DEI s.v. *bucentóne*), che sta alla base del marchigiano antico *bucentóne* 'insetto simile alla vespa'. M.

**bòcia,** sm. (veneto). 'Ragazzo; bambino'.

La parola dipende dal veneto *bòcia* 'boccia' a sua volta toscanismo da *boccia* 'boccia, palla' e in senso traslato e scherzoso 'testa'. Il passaggio di significato da 'boccia' a 'ragazzo' si può spiegare mediante un accostamento alla boccia della guancia pienotta del ragazzo. Il veneto *bòcia* 'ragazzo' è entrato anche in italiano attraverso il suo uso nel gergo della caserma, in particolare in quello dei reparti alpini, ad indicare la 'giovane recluta' [Renzi 1967; Prati 1968; DELI].

P. JAHIER: *Ma vivevano nella tradizione alpina: qui anche il bòcia che incontro, batte il suo piccolo tacco e saluta* [...]. *Non àn lavorato alla guerra i bòcia della montagna che hanno i calzoni lunghi, e son seri appena sappiano camminare* (cit. in GDLI II, 296). M.

**bòco,** sm. (lunigianese, anche *boc'*; emiliano: *böz*, *boz*; piemontese: *bosu*, e *bósura*, *bósula* sf.; lombardo: *bòzar*; ligure: *bósaru*). 'Biancospino', ma le denominazioni, con altre varianti, possono designare altri arbusti spinosi e genericamente l''arbusto spinoso'.

Per tali voci il DEI ricostruisce una base prelatina **boccio-* che avrebbe relazione, in ultima analisi, con le coccole o bacche delle rosacee spinose. Ma si tratta invece di derivati del latino *buxus* 'bosso', e derivati **buxŭlus*, **buxŭla*. Ancora il DEI menziona una forma toscana (del senese) *bòcco* 'spino' forma costruita su un plurale *bòcci* [AIS; DEI s.v. *bòcco*; Rohlfs 1979; Pellegrini-Zamboni 1982]. M.

**bodrìga,** sf. (emiliano, anche *butriga*, *bultriga*), 'otre; ventre; pinguedine; (calabrese: *butrica*, *vutreca*; siciliano: *butrica*), 'ventre; buzzone, chi ha gran ventre'.

La voce è documentata anche nel veneziano antico *bodriga* 'ventre' ma ha attestazioni pure in area galloromanza; viene ricondotta generalmente ad un **buttarica* forma suffissata di *bŭttis* 'botte' muovendo dal fatto che il significato originario dovrebbe essere quello di 'otre'. Altra ipotesi è formulata dal DEI che suppone invece una derivazione da un latino parlato **utrīca* da *ŭter* 'otre' [Hubschmid 1955; Marcato 1982]. M.

**boèta,** sf. (piemontese; ligure; lombardo; ticinese; sardo: *boetta*, *buètta*). 'Pacchetto di tabacco', anche con varianti; (ticinese), 'guardolo fra la tomaia e il tacco'.

Nella prima accezione si ravvisa bene il francese *boîte* (dal grecismo latino *pyxis*, al genitivo *pyxidis*, 'vasetto, bossolo', rimasto nella *pisside* della terminologia ecclesiastica), importato nei dialetti italiani in varie riprese e con diversi significati, tra cui quello di 'tabacchiera', mentre il termine dei calzolai sembra un'innovazione milanese, ripresa dagli artigiani ticinesi, che in Lombardia imparavano il mestiere [VDSI; FEW]. C.

**boffétta,** sf. (campano; molisano: *bbuffétta*; pugliese

settentrionale, salentino, lucano, calabrese e siciliano: *buffétta*). 'Tavola rustica' per vari usi, a seconda delle località, in salentino 'credenza'.

Dal francese *buffet* nel senso antico di 'sgabello, tavolino', ritornato in Italia una seconda volta, nel sec. XIX, come 'credenza', 'comodino' [VES].

R. NIGRO: *Così le lumiere, i quadri alle pareti, i gingilli sulle boffette, tutto era rivestito di ragnatele* (*La baronessa dell'Olivento*, Milano 1990, p. 88). C.

**bògher,** sm. (piemontese; lombardo: Milano; ticinese), 'furfante'; (piemontese, nel valsesiano: *bugru*), 'capace a tutto, senza paura, ma più in mala parte, senza cuore, senza coscienza'.

Derivano dall'antico francese *bolgre* 'eretico', medio francese *bougre* 'individuo spregevole' a sua volta dall'etnico *Bulgarus* [REW; FEW; VDSI]. M.

**bogià,** v. (ticinese; piemontese: *bogè*). 'Agitarsi, muoversi'.

La voce, diffusa dal piemontese, ha un corrispettivo nel francese *bouger*, da un latino **bullicāre* 'gorgogliare di un liquido che sta per bollire'. Per l'espressione *boganèn* 'non muoverti', diventata quasi soprannome dei Piemontesi, si confronti l'italiano (scherzoso) *bugianino* 'piemontese' [DEI; VDSI].

R. CALZINI: *Questa vecchia carcassa di forte, come la vecchia carcassa del vostro capitano, era destinata alla guerra senza saperlo. Né i miei reumi né le crepe dei muri ci vieteranno di resistere. Quando dico resistere, lo dico da piemontese, proprio da* bugianen (*Il taciturno*, Milano 1939, p. 49). – A. BANTI: *Sciocco "bugianen". Non capisce che la vecchiezza mi spingerebbe anzi a parlare e parlare* (*Noi credevamo*, Milano 1967, p. 12). C.

**bògolo,** sm. (veneto, anche *bòvolo*; veneto istriano: *bòvolo*; lombardo, nel mantovano: *bogòna*). 'Chiocciola'.

Le voci sono fatte risalire al latino **bŏvulus* 'piccolo bue' a causa delle corna della chiocciola [Prati 1968].

G. PUGNETTI: *la femmina che lo aiutava stava mescolando una terrina verde piena di bogoletti, che sarebbero le lumachine piccole piccole raccolte negli orti, buone da mangiare con l'aglio e l'olio* (*Vendetta all'italiana*, Milano 1978, p. 11). C.

**boiàca,** sf. (piemontese; lombardo; trentino; emiliano), 'minestraccia, poltiglia, brodaglia'; (lombardo, a Mantova: *buiàca*), 'cemento liquido'.

Dal tipo dialettale (lombardo; veneto) *bóia* 'cibo molle, intruglio', deverbale del latino *bullīre*, col suffisso spregiativo *-acca*. Da notare che il bergamasco *sbojada* ha il significato di 'mangiata, scorpacciata' [Lurati 1972].

G. NUVOLETTI: *Le zucche mantovane erano maturate tra le file di granturco, promettendo allegre buiache, le merende all'aperto a base di zucca bollita per le brigate intente a spannocchiare sulle aie delle corti* (*Un matrimonio mantovano*, Vicenza 1972, p. 133). C.

**bojadichèn,** sm. (romagnolo: Rimini). 'Accalappiacani'.

Letteralmente "boia dei cani", è voce impiegata nel dialetto anche in senso figurativo: «*l'è un bojadichèn*, chiunque faccia male il proprio mestiere, dal medico al tenore da strapazzo» (Quondamatteo 1982). M.

**bòja di Signór,** locuz. (romagnolo). 'Tipica bestemmia', costituita dalle prime parole, che avrebbe pronunciato il Romagnolo non appena creato da Dio con un calcio ad uno stronzo d'asino: *Oh boja del Signor, a son iquà!*

Si traduce con 'boia di Signore', «divenuto ormai un'interiezione svuotata di ogni spirito offensivo» (Quondamatteo 1982a). In quanto alla fama di grandi bestemmiatori, rassodata dalla storiella sulla loro nascita, i Romagnoli devono condividerla almeno con i Mantovani, che avrebbero subito detto: *Par Dio, a son chì!* (Tassoni 1955: 208) e i Friulani: *Sacredavanzeli, soi ca jò* (Vidossi 1960: 138). C.

**bójna,** sf. (piemontese occidentale, anche *bùjno* come sm., e altre varianti). 'Termine di confine fra campi'.

Riflessi del gallico **botina* 'segno di confine', ampiamente rappresentato in area galloromanza, di cui le forme piemontesi rappresentano la propaggine orientale. La forma *bòjnë* è nota anche nella colonia alloglotta calabrese di Guardia Piemontese. [AIS; FEW; Pellegrini-Marcato 1988]. M.

**boión,** sm. (ticinese). 'Sboffo di indumento' e, nella variante di Vacallo *buiùn*, 'gala a sboffi'; ne è derivato l'aggettivo *boionada*, detto di veste 'a sboffi', 'a festoni'.

Dal francese *bouillon*, passato dal significato proprio di 'bolla che si forma in un liquido' a quello di 'piega a sboffi in una stoffa o veste' [FEW; VDSI]. C.

**boitàre,** v. (umbro: Città di Castello), 'lagnarsi, gridare in tono lamentativo'; (campano, a Napoli: *vocetejàre*, *sbocetejàre*), 'vociare'; (siciliano: *vucitari*), 'vociferare'.

La voce, col suo deverbale castellano *bòito* 'lamento', proviene dal latino *vocitāre* 'aver l'abitudine di chiamare' ed è documentata anche nello spoletino antico (*buitare* 'pianger forte') e nel cognome *Buitoni* [REWS; Ugolini 1988-89]. C.

**bóla,** sf. (piemontese; ticinese, anche *bula*). 'Pantano, acqua stagnante; terreno acquitrinoso'.

Deverbale di un v. *bol(l)are* nel senso di 'scaturire, ribollire' (dal latino *bullāre* 'gettar bolle', 'scaturire gorgogliando'), da confrontare col toscano *polla* 'sorgiva' e → *pollino* 'terreno mobile e soffice' deverbale di *pollare* 'scaturire' (dal latino *pollāre*). L'area di '*bola*', come appellativo o come toponimo, include anche altre zone del settentrione: nell'istriano *bolàs*, *bolaso* 'stagno dal cui fondo esce gorgogliando l'acqua', lombardo *Bolla* (Barni) 'monte dove c'era una pozza a cui si abbeverava il bestiame', piemontese *Bollengo* con l'appellativo *bolèng* 'luogo pantanoso'. Deverbali di *bollare* (o *bollire*, *bóllere*) sono le voci calabresi *vullu*, *vuḍḍu guḍḍu* 'vortice d'acqua; pozza d'acqua'; delle forme ampliate *bollerare*, *bollorare* il toscano (Isola d'Elba) *bóllero* 'acquitrino' [DEI; Gribaudo-Seglie 1972-75; Brero 1982; VDSI; *Dizionario di toponomastica*]. M.

**bolangé,** sm. (piemontese). 'Panettiere'.

Dal francese *boulanger* con lo stesso significato; in alcune zone (Verbano) esiste anche il cognome *Bolongaro* di analoga origine. Nel ticinese vi è il termine *bolongàr* sm. plur. 'caramelle' «dal nome del fabbricante, il dolciere Bolongaro di Ascona; cfr. per lo stesso tipo di denominazione anche gergo milanese *bolongàr* 'tabacco', che arricchì all'estero la famiglia verbanese dei Bolongaro. Si aggiunga che il nome della famiglia, della costa occidentale del Verbano, vale propriamente 'fornaio'» (VDSI) [DEI s.v. *bolongàrio*; Gribaudo-Seglie 1972-75]. M.

**bolàr e termenàr,** locuz. sostant. (ladino centrale: fassano). 'Marcare e mettere i paletti del confine', segno d'intervento soprannaturale.

Riferimento alla nota credenza che coloro che «da vivi avevano avuto contrasti per i confini, a volte nascostamente spostati, possono tornare da morti a rivederli e a rimetterli al loro posto» [Pallabazzer 1992: 46, 186]. C.

**bolatìni,** sm. plur. (ticinese). 'Involtino con orazioni, che era portato al collo, sotto gli abiti, quale protezione da malefici ed ossessioni'.

Il significato così affine a *breve* ('documento ufficiale' e 'involtino con scritture varie, contro le fatture') e l'uso che ne fa il Parini («L'altro vi raccomanda un breve, un bullettino / o qualch'altra bazzecola», cit. in GDLI II 293), rende plausibile la sua identificazione con *bollettìni*, di cui rappresenta una variante locale [VDSI]. C.

**boldrò,** sm. (toscano della costa e Arcipelago, anche *buldrò, bordrò, buldròcche, buldròghe*). 'Rospo di mare o rana pescatrice (*Lophius piscatorius*)'.

Riflesso dell'inglese *bull-dog* 'molosso' con particolare evoluzione di significato a livello dialettale: la designazine ittionimica si deve all'aspetto rincagnato del pesce che ha suggerito la somiglianza con il cane *bull-dog*. Di diverso parere (dal provenzale *baldrou* 'borsa legata alla cintura') è Valente 1995. Nell'elbano *boldrò* ha pure il senso di 'cosa fatta male' [Zamboni 1986]. M.

**boligàna,** sf. (ladino centrale, nell'ampezzano). 'Chiocciola'.

Dal verbo *boligà* 'brulicare, girare qua e là' (derivato dal latino *bullicāre* 'bollire') e noto al dialetto ampezzano ma anche al veneto nella forma *bulegàr(e)* 'ribollire, brulicare, brucicare', *bulegàrse* 'arrabattarsi, dimenarsi', dal quale sono tratti anche il sm. *bulighiéro* (veneto polesano ad Adria, Rosolina) 'grillotalpa', e *bulighìn, buleghìn* (veneto) 'frugolo' [Prati 1968; Bondardo 1986]. M.

**bologné,** v. (piemontese; lombardo: *bolognà*). 'Ammaccare; percuotere'.

Dal dialettale *bolà* 'bollare' ampliato per raccostamento scherzoso a *Bologna* [DEI s.v. *bolognare*]. M.

**bombè,** sm. (piemontese; lombardo; veneto, a Venezia; emiliano, a Parma; laziale, a Roma: *bommè*). 'Sedere, deretano'.

Dal francese *bombé*, che significa, però, soltanto 'bombato, convesso, piegato ad arco' e non ha il senso segnalato in Italia, diffuso attraverso i dialetti [Nardin 1976]. C.

**bombìna,** sf. (istriano: anche *gombina, gumbina*). 'Sorta di rete'.

Etimologia sconosciuta: se è formalmente la stessa cosa del veneto → *gombìna* (con la *b-* per assimilazione), *combina* 'porca del campo', si può risalire al latino parlato **gumbus* 'gobbo', 'incurvato' [Prati 1968].

P. De Domenico: *pescavo ... con reti a tramaglio, dette bombine, per le seppie* (*La barca dorata*, Gardolo di Trento 1989, p. 73). C.

**bómbo,** agg. (veneto; veneto giuliano; friulano: *bòmp*). 'Inzuppato; fradicio'.

Dalle forme verbali *imbombàr(e), bombàr(e)* (*bombâ* nel friulano); le voci si rapportano all'italiano antico *bombare* 'bevazzare', *bomba, bombo* (infantile) 'acqua, bevanda' (anche nei dialetti): umbro *bommo*, calabrese *mbumba*), da un tema infantile *bomb-/bob-* indicante il bere [REW; DEI; Prati 1968; DESF].

P. M. Pasinetti: *E naturalmente, aveva parlato lei per prima; svincolate le mani da quelle di lui gli aveva toccato con le punte delle dita i capelli, poi col dorso della mano la giacca sulla spalla, sul petto; dando un breve, secco sbuffo di riso aveva usato un aggettivo domestico, veneto: "Sei bombo. Sei matto a non ripararti con quest'acqua". Qui dentro lo scroscio della pioggia era un borbottio uguale che si mescolava a quello del fuoco.* (*Il ponte dell'Accademia*, Milano 1986, p. 97). M.

**bombòna,** sf. (trentino: Val di Fiemme). 'Regalo di Capodanno del padrino al figlioccio'.

Non dall'italiano *bombon* (di origine francese) «ma dalla frase augurale: vengo a darvi la mano 'bon bòna', rivolta dai figliocci ai padrini a Capodanno, in cui 'bon bòna' è superlativo di "buono"» (Boninsegna 1980: 267). M.

**bommarìno,** sm. (siciliano: pantesco). 'Animale marino', secondo alcuni fantastico, secondo altri 'foca mediterranea'.

Letteralmente 'bue marino'. Il paragone *dispittùsu comu o bbommarinu* allude alla presunta sua abitudine di danneggiare, non visto, le nasse affondate [Tropea 1988: LXIX]. C.

**bòna,** inter. (toscano: anche *bóna*). 'Buona sera', 'buona notte' o formula di salute in genere.

La riduzione da *bona (sera, notte)* è diffusa anche in altri dialetti. C.

**bonafficiàta,** sf. (campano: Napoli). 'Gioco del lotto'.

Corrisponde a *beneficiata*, da *beneficiare*, termine italiano disusato col significato di 'polizza del lotto (pubblico o privato) che dà diritto a un premio'.

M. Serao: *Potremmo vivere alla meglio, senza cercare nulla a nessuno; ma invece, per questa* bonafficiata, *siamo pieni di debiti e di mortificazioni, e mangiamo, ogni tanto, così, quando porto io un pezzo di pane a casa* (*Il paese di cuccagna*, Milano 1981, p. 23). M.

**bonagràsia,** sf. (veneto; friulano: *buinegràsie*; veneto giuliano, trentino, emiliano, a Parma: *bonagràzia*), 'portatende della finestra'; (piemontese, a Torino: *bone gràsie* plur.), «Balze, pendagli. Que' fregi di stoffa, che rigirano il letto a cortinaggio sotto il sopraccielo, o che attaccati ai palchetti delle finestre, coprendo l'alto delle tende, servono ad ornarle od anche appesi al di sopra delle porte negli appartamenti formano guarnizione» (Di Sant'Albino 1859).

Prestito dal francese *bonne grâce* 'tenda stretta che cade lungo le colonnine del baldacchino' [Zolli 1971; Marcato 1988]. M.

**bonanòva,** sf. (toscano; corso: *bonanóva*), 'calabrone'; (veneto giuliano; corso: *bóne-nóve*; siciliano: *bonanova*; sardo, plur.: *bònas nòvas*), 'specie di farfalla'.

Per tutti vale il significato letterale di 'buona nuova', perché si tratta di insetti portatori, secondo la credenza popolare del nostro, come di altri paesi, di buone notizie [Garbini 1925; DES]. C.

**bonàrda,** sf. (piemontese; lombardo: *uga bonarda*; ticinese). 'Sorta di uva nera, assai dolce, con acini molto piccoli e graspi rossi'.

Dall'aggettivo *bón* 'buono' ampliato con il suffisso *-arda*, enfatico più che peggiorativo [VDSI; Rohlfs 1969]. C.

**bonarùga,** sf. (ladino centrale: Comelico). 'Crescione, *Nasturtium officinale* L.'.

Dal latino *erūca*, propriamente *Eruca sativa* L., in composizione con l'aggettivo *bŏna* 'buona'. Dalla stessa voce latina provengono pure il piemontese *arughéta, arùga sarvàja*, il siciliano *arùca sarvàggia piccirìdda*, il friulano *rùcule*, tutte voci riferite al crescione [Tagliavini 1944: 293]. M.

**bonaùma,** sf. (laziale: Velletri). 'Buonaugurio'.

La voce è l'unico continuatore romanzo del latino *ōmen, -inis* 'parola di buono o di cattivo augurio, presagio', specificata dall'aggettivo 'buono' ed incontratasi con il dialettale *bonaùra* 'buonaugurio'; parola dotta è invece l'italiano *abominare*, dal latino *abomināre*, formato su *ōmen, -inis*, 'respingere come cattivo presagio', e, nella lingua comune, 'allontanarsi con orrore', che attraverso il latino della chiesa, si è esteso nel Medio Evo a tutte le lingue occidentali [DEI; DELI]. M.

**bonavòglia,** sm. (toscano: isola d'Elba; ligure, a Genova *bonegia*). 'Tipaccio, mariuolo'.

Dall'antico *bonavoglia* 'marinaio libero, che serviva nelle galee per mercede', originariamente con *buona voglia*, ma in seguito in modo tale da meritare il giudizio figurato [*Dizionario di marina* 1937; Cortelazzo 1987]. C.

**bónda,** sf. (piemontese: valsesiano). 'Località nascosta'.

Voce menzionata dal DEI e ricondotta al gallico **bunda* 'convalle, conca' riflesso ad esempio nel provenzale *bondo* 'terreno acquitrinoso' e verosimilmente alla base di elementi toponomastici come *Bondo, Bondeno* (in provincia di Trento) [FEW]. M.

**bonèt,** sm. (piemontese, anche *bunèt*), «berretto; *bonèt d'cusina*, forma di rame stagnato, imitante alla grossa un berretto, nel quale si fanno cuocere i pasticci o altro» (Di Sant'Albino 1859), 'forma di dolce tipico al cucchiaio'; (lombardo, nel milanese), «berretto; vaso di rame stagnato, imitante alla grossa un berretto, nel quale si fanno cuocere i pasticci; specie di marzapane così detto dalla figura che assume perché cotto nel vaso chiamato *bonèt*» (Cherubini 1839-56); (veneziano: *bonè*), «coprimento del capo, panno o cuffia che si mettono in capo le donne per tenerlo caldo» (Boerio 1856, che aggiunge «dicesi a specie di parrucca senza coda, che in Venezia è ancora in uso presso alcuni bottegai che vanno all'antica»).

Francesismo, da *bonnet* 'copricapo, cuffia da donna', a sua volta da una voce di origine germanica attestata nelle glosse medievali come *abonnis*: *bonitum* 'specie di berretto'. Come mostrano i citati vocabolari ottocenteschi, dal significato di 'berretto' si passa, per traslato, a quello di utensile da cucina che somiglia ad un berretto e quindi al nome della pietanza che vi si cuoce e che assume la forma di un *bonèt*, in particolare il dolce al cucchiaio tipico del Piemonte [FEW]. M.

**bonsignór,** sm. (veneto; ladino centrale: nel Comelico, ad Auronzo: *bonsiór*). 'Monsignore'.

Da *monsignore* accostato a *buono*. C.

**bónza,** sf. (ticinese; lombardo occidentale; piemontese, nel Monferrato). 'Bigoncia, in particolare botte da carro'.

Non dipende dal latino parlato **buttia* 'botte' (FEW), né da una base prelatina (DEI), ma è voce ricostruita su *bigoncia* quale esito lombardo del latino parlato **bicŏngius* propriamente 'recipiente doppio'; dalla Lombardia il termine è penetrato anche in zone tedesche, nello svizzero tedesco *Bonz, Ponz*, nel bavarese *Ponz* 'bigoncia, botte' [VDSI]. M.

**bŏr,** sm. (lombardo: Val Chiavenna). 'Alba, crepuscolo, chiarore del mattino o della sera'.

Dal latino *albor*, genitivo *alboris*, 'bianchezza' con caduta della sillaba iniziale, ritenuta articolo determinativo. C.

**bòra,** sf. (veneto triestino). 'Vento impetuoso di est-nord-est, che soffia sul golfo di Trieste'.

Dal latino *bŏrea* 'vento di tramontana'; la voce dall'area giuliana si è diffusa in italiano nel secolo scorso [DELI; Zolli 1986].

I. NIEVO: *Un tale che, partitosi dalle folte campagne del Trivigiano col mal del quattrino nel fegato, di qua del ponte della Delizia devii verso Camino per quella magra pianura che costeggia il Tagliamento, subito col desiderio ritorna alle negre arature di Oderzo e ai colli pampinosi di Conegliano, abbandonando alla rabbia della* bora *e delle* montane *quei deserti di ghiaia* (*Novelliere campagnuolo e altri racconti*. A cura di I. De Luca, Torino 1956, p. 157-8). – G. PASCOLI: *Tu il giovanile gonfalon selvaggio / spieghi alla bora* (cit. in GDLI II 307). – S. SLATAPER: *La bora aguzza di schegge mi frusta e mi tappa le orecchie. Ho i capelli come aghi di ginepro, e gli occhi sanguinosi e la bocca arida si spalancano in una risata. Bella è la bora* (*Il mio Carso*, Milano 1989, p. 83). – P. A. QUARANTOTTI GAMBINI: *Di notte, allorché udiva alzarsi la bora e le prime raffiche squassavano il pontone, il cuore gli dava un balzo* (cit. in GDLI II 307). M.

**borboràre,** v. (toscano), 'gorgogliare del ventre'; (calabrese meridionale: *burburiàri*), 'brontolare'.

Da una base onomatopeica **borb-* alla quale si fa risalire l'italiano *barbugliare* 'parlare non proferendo distintamente', *borbogliare* 'mormorare', *borbottare* (altra ipotesi ricorre al latino *bullāre*, **bulliāre* 'gettar bolle'). Stessa origine onomatopeica si può riconoscere, ad esempio, in voci come il toscano (Versilia) *borbilóne* 'vespone grosso che ronza con rumore', e nel lunigianese *borbolón* 'scarafaggio; scarabeo stercorario' e *borbolón d'oro* 'cetonia dorata' [REW; DEI; Rohlfs 1979; DELI]. M.

**borèla,** sf. (veneto). 'Palla da gioco', specialmente, al plurale, 'bocce'.

Diminutivo di *boro*, da una supposta base **borra*, 'oggetto rotondo' (→ *bòro*[1], → *bòro*[2], → *borón*) [Prati 1968; Doria 1987].

G. CAPRIN: *Qualche domenica accompagnava il Papà in una campagna dove tra amici giocavano alle* borele, *le bocce, e ci bevevano dei buoni bicchieri di birra* (in *Scrittori triestini del Novecento*, Trieste 1968, p. 520). C.

**borì,** v. (lombardo; veneto: *borìr(e)*; ladino centrale, nel Comelico: *burì*; friulano: *burì*; emiliano: *burìr* con varianti). 'Levare, scovare la selvaggina'. Significati affini s'incontrano nel ferrarese *borì* 'slanciarsi, assalire', nel mantovano *tőr la sborida* 'prendere la rincorsa', nel laziale *(ab)burìta* 'il levarsi improvviso degli uccelli', al quale corrisponde l'ampezzano → *buriàda*.

Etimologia molto discussa, ma che sembra rifarsi ad un germanico **burjan*, forse più precisamente longobardo, 'far alzare, levare', usato dapprima e soprattutto nel linguaggio venatorio [Baroni Grazi 1973]. C.

**bórla,** (o *schẽrs*) *a la ramgnàna*, locuz. (romagnolo). 'Scherzo pesante', come pare siano quelli escogitati dai Ravennati (esempi paradigmatici nelle *50 storie ravegnane* di Massimo Stanghellini, Ravenna, 1977).

Propriamente 'burla (scherzo) alla ravennate'. *Ramgnàn* è d'uso più frequente di *ravgnàn*, l'etnico di Ravenna, dedotto dall'aggettivo latino medievale *Ravennianus*. Il cognome *Ravagnàn* è abbastanza diffuso nell'Italia settentrionale, specialmente nel Veneto. C.

**borlànda,** sf. (lombardo; toscano, a Siena: *burlànda*). 'Minestra brodosa e di poco sapore', 'pasticcio, guazzabuglio'.

Probabilmente da *brodo* attraverso la fase *brodolànda* (ticinese), *brudlànda* (pavese) 'brodaglia, intruglio' [VDSI].

G. E. LURAGHI: *Con la borlanda del mezzodì e la fatica di camminare su e giù, lo stomaco andava per terra* (*Due milanesi alle piramidi*, Milano 1966, p. 76). C.

**bòrnio,** sm. (toscano, anche *bòrgno*). 'Bernoccolo, bitorzolo; nodo (di mazza, bastone)'.

L'etimo va individuato – secondo il DEI ed Alessio

1976 – nel latino parlato **eborneus* per *eburneus* incrociato con *eboreus*, agg. di *ebur*, *-oris* 'avorio', e in particolare in un sintagma **ebornei* [*oculi*] con allusione agli occhi di avorio o di osso privi di sguardo delle antiche statue marmoree. Alla base **ebornei* [*oculi*], oppure ad **eburnea* [*concha*, *bucina*, *fistula*], a seconda della morfologia e del significato, vengono ricondotte voci come il pisano *borgna* sf. 'strumento di canna che si suona per scherno presso la casa delle mogli infedeli', nel lucchese 'cavità in un albero' e all'Elba 'bernoccolo' (Rohlfs 1979); ed inoltre il siciliano *brogna* sf. e calabrese *brogna*, *vrogna* sf. 'conchiglia che usano i porcari per chiamare i porci', nel calabrese anche con altri significati come 'corno; naso grosso; grugno del maiale; bernoccolo alla testa' con la variante *vruògnu* 'nocchio nel fusto dell'albero'; e ancora il campano *vruògnë* 'buccine', *vruògnëlë* 'bernoccolo, bitorzolo', il laziale (a Velletri) *(v)orgna* sf., *(v)orgno* 'corno', 'conca marina col cui suono si radunano animali dispersi alla pastura', l'abruzzese *vòrnië* sf. 'corno usato dai guardiani di maiali per chiamarli'. Per l'uso che i pescatori fanno di questo tipo di strumenti di richiamo v. Cortelazzo 1965 s.v. *tufa*. M.

**bòro**[1], sm. (veneto e veneto giuliano; friulano; lombardo, anche *bor*, *bur*; ticinese: anche *bor*). 'Soldo, quattrino'.

Generalmente si riconducono ad un celtico **bŭrra* (o, secondo altri, prelatino **borra*) 'oggetto rotondo' (→ *borón*), ma va considerata l'obiezione di VDSI secondo cui i riflessi di tale base si applicano ad oggetti sferici o cilindrici, allungati, non a oggetto piatto. Di qui la revisione etimologica che si fonda su una connessione con *borc*, *borc'*, voci che designano, a livello gergale e gergalizzante nell'area parmigiana, bergamasca, nel bormino e Poschiavo, il denaro e che sarebbero collegate al parmigiano *burc* 'ronzino, cavallo di poca grandezza' e a *burc* parola di gergo 'per denotare l'antica mezza lira piacentina rappresentante da un lato S. Antonino a cavallo' (perciò il nome della moneta dipenderebbe dall'effige della stessa); una variante, con caduta della finale, *è bor* anch'essa gergale che con la stessa accezione compare nel Veneto, in Lombardia e in Ticino. Nel veneto di Trieste *boro* ha anche il significato traslato di 'sfintere anale; deretano', presente anche nel friulano di Gorizia, mentre nel friulano in genere si usa nella locuz. *cioli*, *menâ pal boro* 'burlare, prendere in giro [prendere, menare per il boro]'. Nel triestino vi è anche il modo di dire *coi bori de l'òio* 'con il denaro sottratto': «*E via lu coi bori de l'oio*, è scappato con tutto il denaro, anche fig. se n'è andato insalutato ospite; per questo modo di dire pare ci si debba richiamare ad un fatto realmente successo di un appaltatore dell'illuminazione pubblica di una cittadina istriana, il quale, avuto un anticipo dal Comune, si eclissò insalutato ospite» (Doria 1987) [DEI; Prati 1968; VDSI]. M.

**bòro**[2], sm. (toscano, nel pisano), «la noce più grossa con cui tirano i ragazzi nel gioco delle castella» (Malagoli 1939); (ticinese: *bor* agg.), 'grosso' e *nus bor* 'noce grossissima'; (veneto, nel valsuganotto: *boro*), 'grossa castagna'.

Si tratterà di riflessi del celtico **bŭrra* (o prelatino **borra*) 'oggetto rotondo' dal quale dipende anche la voce *bora* 'tronco d'albero, toppo, pedale tagliato' di ampia diffusione settentrionale (ticinese, piemontese, nel valsesiano, lombardo, veneto, trentino, ladino centrale, friulano, veneto istriano) [REW; DEI ss.vv. *bora* e *bòro*[4]; DESF; EWD]. M.

**boromèta**, sm. (lombardo, nel milanese). 'Merciaiolo ambulante'.

È la voce lombarda *borromèo*, o *borromino*, che designava 'venditore ambulante di stoffe di lana', dalla famiglia *Borromeo*, cui appartenevano molti lanifici in Lombardia, attratto dal lombardo *girumèta*, nome del venditore girovago di compassi. Quest'ultimo è una forma svisata di *geometra* con influsso di *girare* e inquadrato nei derivati del suffisso *-eta* [DEI; VDSI]. M.

**borón**, sm. (veneto, nel veronese e valsuganotto; trentino, nel roveretano: *boróm*; lombardo, nel bresciano: *borù*). 'Turacciolo; tappo della botte, cocchiume'.

Preferibile ricondurre tali voci (→ *bòro*) ad una base celtica **bŭrra* 'oggetto rotondo' (altri si attengono a una precedente ipotesi di un prelatino **borra* 'oggetto rotondo') piuttosto che al latino *burra*, *borra* 'lana grezza, arruffata', a meno di ipotizzare che in origine si tappasse il foro delle botti di lana greggia; dal latino *burra* dipendono il piemontese *borè* e il ticinese *borà* 'riempire' (da 'riempire di borra') col deverbale ticinese *bor* 'rotondo, gonfio, grosso' [DEI; Prati 1968; Bondardo 1986]. M.

**bòrro**, sm. (campano, a Napoli; abruzzese: *bborrë*; calabrese: *borru*, *burru*; siciliano: *bborru*, *bburruni*). 'Bozza, minuta, schizzo', in siciliano (a Bronte) anche 'contratto di compravendita'.

Voce estratta dal prestito spagnolo *borrón* 'bozzetto, schizzo' rimasto nella variante siciliana *bburruni* [DEI; Piccitto 1977; Salzano 1979]. M.

**borséi**, sm. plur. (veneto, nel Bellunese e ladino-veneto, nell'Agordino, anche *brussiéi*; ladino centrale, Alto Cordevole: *frussiéi*, *furséi*, *forsiéi*). 'Erica, *Erica carnea* L.'.

Dal gallico **bruscia* 'escrescenza', da cui poi 'sterpaglia', con il suffisso diminutivo plurale *-elli*. Le forme con *f-* potrebbero rappresentare delle varianti di tipo venetico, anche se, a dire il vero, si può accomunare il ladino centrale (Comelico) *brusa* 'cespuglio' con il cosentino *fruscia* 'specie di asparago selvatico e spinoso' [REW; REWS; Pellegrini 1991]. C.

**bóṡega**, sf. (veneto, veneto bisiacco e giuliano; friulano: *bòṡeghe*). 'Cefalo maggiore, muggine'.

Voce verosimilmente diffusa dal veneziano, non deriva da un latino tardo *busequa* 'bovaro', né da 'bue' (DEI), ma è deverbale di un **buṡigàr* 'bucare' (da confrontare col modenese *buṡighèr* 'frugare, frugacchiare'); ne dipendono altre voci venete come il veneziano *boṡeghìn* 'cefalo di un anno di forma grossa e corta' (mentre lo stesso pesce del secondo anno è la *bóṡega meẓana*, dal terzo anno in su *bóṡega terẓanina*), il polesano *boṡeghina* 'porcellino di terra', il polesano *boṡegato* ed il chioggiotto *buṡegato* 'maiale', parola che si ripete nell'emiliano (ferrarese) *busgàt* [Azzi 1857; Prati 1968; Neri 1981; Doria 1987] M.

**boṡìn**, sm. (lombardo; ticinese). 'Contadino dell'alto Milanese', 'mercante di bestiame', 'uomo che va per Milano cantando o recitando composizioni in vernacolo'.

Di etimologia molto discussa, potrebbe rappresentare un *Ambrogino* 'suddito di S. Ambrogio' [VDSI].

G. E. LURAGHI: *sta zitta che ci prendono per bosini che hanno visto mai niente* (*Due milanesi alle piramidi*, Milano 1966, p. 58). – C. LINATI: *Questi sono i vecchi bosini, sono ancora i cantafrottole* (cit. in GDLI II 323). C.

**boṡinàda**, sf. (lombardo). 'Composizione in versi vernacoli milanesi, gridata e recitata per città'.

Di etimologia molto incerta, a meno che non si veda in essa un derivato di → *boṡìn*, il 'cantastorie, che recitava tali composizioni' [VDSI].

C. LINATI: *sono ancora i cantafrottole che sino a qualche*

*decennio scorso andavano attorno per Milano a spippolar la bosinada* (cit. in GDLI II 323). C.

**bősma,** sf. (ligure-piemontese: Novi L.). 'Sterco bovino reso liquido': era usato per concimare i campi, per preparare le aie, per saldare le connessure di bigonce, botti, ecc.

Letteralmente 'bozzima' per l'aspetto liquido e appiccicoso. C.

**bòt,** sm. (lombardo, anche *böt*; ticinese: *böt*; emiliano, nel piacentino: *bot*). 'Ghiozzo, *Gobius fluviatilis*' «piccolo pesce acantottero dal capo grosso a lancetta, bianchiccio, diffusissimo da noi nelle acque basse, sotto le pietre» (Galli 1965), anche al f. *bota*.

Da escludere ipotesi etimologiche basate su un derivato dal dialettale *bütà* 'germogliare', o su una base **bot-/*bod-* 'fosso'; si può invece accogliere la ricostruzione del VDSI che riconduce tale voce ad un tema prelatino **bŏtt-* al quale si riconosce il concetto fondamentale di 'oggetto basso, tozzo, rotondo'; allo stesso vanno assegnate, ad esempio nel ticinese, le diverse accezioni di *böt*: 1. zolla, grumo, pane di burro; 2. animale piccolo, tozzo, tondeggiante: a) girino, b) marmotta giovane, c) ghiozzo, d) lumaca; 3. cespo, ciuffo, arbusto; 4. persona tozza [REW; DEI s.v. *bòtta*]. M.

**botìn,** sf. plur. (ticinese). 'Stivaletti che salgono poco oltre la noce del piede, tenuti stretti ai lati da un tessuto elastico', calzatura tipica degli ufficiali svizzeri fino al 1950.

Dal francese *bottines* 'stivaletti per donna, bambini e, talvolta, anche per uomo', diminutivo di *botte* 'stivale', da una supposta base germanica **bŭtt* 'gonfio', detto del piede calzato: vi corrisponde l'inglese *boot* 'stivale' [FEW; VDSI]. C.

**botón de la comàre,** sm. (ladino-veneto, nell'Agordino). «Si chiamava così un dischetto di cera che la praticona (*comàre*) che assisteva al parto otteneva sciogliendo la candelina della Madonna Candelora e applicava all'ombelico del neonato per non farlo uscire» (Rossi 1992).

Letteralmente 'bottone della *comare*' (dal latino *commater*). M.

**botràcchio,** sm. (toscano, nel lucchese). 'Uomo grosso e corto'.

La voce, registrata del DEI, è ricondotta ad un latino parlato **botrachulus* dal greco *bótrachos* (variante di *bátrachos*) 'rana' e confrontata col calabrese *vutràcchiu* 'uomo dalla pancia gonfia' e nel cosentino *votracusu* 'idropico' che si riconducono al greco *bótrachos* continuato come relitto nel calabrese *vòtracu*, *vutràcchiu*, *bròsacu* e varianti, nel lucano *vròtica*, *vròtacu*, *vurràcchjë*, nel pugliese (Locorotondo) *batracë* nel significato di 'rana'; significato secondario ha pure il cosentino *vòtracu*, *votràcciu* 'filugello che si fa flaccido' [Rohlfs 1964]. M.

**bòtt(o)lo,** sm. (umbro: Val di Pierle). 'Rospo'.

Derivato dal suo nome più comune, *bòtta*. Però, nel proverbio *quando l fringuèllo canta bóno o tristo sta con quéllo, quando canta l bòtt(o)lo gni garżóne muta padróne*, riferito alla situazione dell'operaio, poco richiesto in inverno, molto più libero nella buona stagione, deve essere intervenuta una sostituzione, perché anche nella seconda parte doveva trattarsi, parallelamente, di un uccello. Lo stesso proverbio, infatti, noto tanto nella Venezia del Quattrocento, quanto nella Toscana dell'Ottocento, si riferisce al *ghirlingò*, identificato con il 'cuculo' o, comunque, malgrado certi pareri contrari, con un uccello reale [DEI; Bart Rossebastiano 1975]. C.

**bò(v)a,** sf. (marchigiano, a Fabriano). 'Enfiatura'.

La voce, attestata anche nello spoletino del Seicento ed in una lista lessicale marchigiana più tarda, proviene dal latino *bova* (anche *boa* in Plinio), una 'gonfiatura delle gambe dovuta al lavoro' [Ugolini 1988-89]. C.

**bòve,** sf. (friulano, anche *boghe*), «chiavica, smaltitoio, canale fatto d'assi o in muratura con cateratta che permette lo scolo delle acque e ne impedisce il rigurgito» (Nuovo Pirona 1992); (veneto: *bova*, *boa*, *boàl(e)* sm., *sboa*), 'canalone per avvallare i tronchi', 'canale per lo smaltimento delle acque'; (veneto, nel valsuganotto: *sboàna*), 'smottamento'.

Sono riflessi di una base prelatina **bova* 'smottamento'; *boàl(e)* e *sboàna* sono forme suffissate [AIS; DEI s.v. *boga*; Prati 1968; DESF]. M.

**bòvolo,** sm. (veneto, nel veneziano, nel vicentino: *bògolo*), 'vortice'; (veneto polesano: *bovolenti* plur.), 'vortici fissi dell'Adige'; (veneto istriano, a Pola: *bòvoli* plur.), 'riccioli'.

Le denominazioni sono estensioni di significato da → *bògolo* 'chiocciola' per la somiglianza [Prati 1968]. C.

**bóżera,** sf. (lombardo, in milanese anche *bólgira*; veneto: *bùżara*; friulano: *bùżare*; emiliano: *bùżara*, *bóżra*). 'Corbelleria; sciocchezza, falsità', in friulano anche nelle locuz. *fâ une bùżare* 'fare un passo falso', *montâ su la bùżare* 'andare in collera'.

Come l'italiano *bùggera*, è un deverbale legato alla numerosa famiglia dei derivati di *Bulgarus* (col latino tardo *Būgerum*) giudicato come 'eretico' e poi 'sodomita', contrariamente all'opinione del DEI (s.v. *bùzzara*) che propone di ricorrere ad una voce araba *busra* collettivo di *busr* 'perla falsa, di vetro'.

P. GIORDANI: *voglio dirti che l'ho molto sgridato perché mi disse d'averti scritto ch'io avevo fatto una grossa bozara e ch'ero in qualche rischio* (*Lettere*, Bari 1937, I 55). – C. DOSSI: *A che ammucchiare così lunga esperienza, per scipàrtela poi in sì trista maniera? A che pensarci su tanto per concludere poi con una bùggera tale?* (cit. in GDLI II 432). – A. FOGAZZARO: *rispose il signor Giacomo a cui la coscienza diceva che aveva fatto delle "buzare" peggiori* (*Piccolo mondo antico*, Milano 1937$^2$, p. 62). C.

**bozzàco,** sm. (toscano: versiliese; anche *borzago, bozzago*). 'Uomo o fanciullo tozzo o deforme', 'persona che sta tutta ritirata'.

*Bozzago* è, propriamente, il nome della 'poiana' (dal latino *buteo* 'specie di falco') e il senso traslato, segnalato anche in francese, si spiega piuttosto facilmente, come appare da questo contesto: *Che hai che stai così col collo 'n seno e rritirato? Mi pagli un borzago* (Cocci 1956) [Pieri 1904; Ugolini 1988-89]. C.

**bracà,** v. (ladino centrale, anche *brascè*, *braichèr*). 'Dissodare'.

Dall'antico alto tedesco *brachon* di analogo significato [Tagliavini 1934; Zamboni 1984a: 68]. M.

**bragàgna,** sf. (veneto; veneto giuliano). 'Tipo di rete a strascico', a Venezia anche «barca destinata alla pesca in mare» (Boerio 1856).

Da *argagna* 'rete a strascico' usata nel lago di Garda, a sua volta dal latino parlato **organium* (per *organum* 'attrezzo') che spiega altre voci tra cui il veneziano *argagno* 'arnese per scardassare; argano orizzontale usato in marina', il friulano *argàgn* 'attrezzo, utensile'. La forma *bragagna* risente della sovrapposizione di *braga* 'braca'; non saranno da separare da questa base latina il lombardo *ragagna* (che si interpreta facilmente come una variante metatetica di *argagna*) e il piemontese *degagna* che designano una 'rete a strascico' [DEI; Prati 1968; Doria 1987]. M.

**bragàscia,** sm. (ticinese). 'Uomo semplice e bonario'.

Da *braga* 'pantalone' col suffisso spregiativo *-ascia*. Anche la locuzione avverbiale *a bragàscia* trova il suo corrispondente formale e semantico nell'italiano *a bracaloni* [VDSI]. C.

**braghèis,** sm. (piemontese). 'Ortolano'.

Propriamente il *braghèis* è l''abitante di *Bra* (*Brayda* nel Medioevo col suffisso *-ensis* proprio di etnici)'. C.

**bràide,** sf. (friulano, anche *bràida*; emiliano: *bràia*; ligure, a Taggia: *bràia*; lombardo: *brèda*; veneto orientale: *bràida*). 'Poderetto chiuso'; anche 'tratto d'alveo abbandonato e ridotto a coltura'.

La voce, che pare solo d'area settentrionale, deriva dal longobardo *braida* 'campo pianeggiante, pianura' [DESF].

C. SGORLON: *Gli pareva... che il cimitero, dove spesso si recava, fosse un luogo domestico, quasi un prolungamento del cortile o della braida dietro casa* (*Gli dèi torneranno*, Milano 1977, p. 148). – ID.: *I cosacchi si sistemarono lungo le vie, nei cortili, nella piazza della chiesa e nelle braide dietro le case* (*L'armata dei fiumi perduti*, Milano 1985, p. 46). M.

**bràina,** sf. (toscano, nel lucchese, anche *brània*), 'frana'; (toscano, nel viareggino: *sbràina*), 'dirupo, precipizio'; (emiliano, nel bolognese), 'terreno incolto di poco frutto'.

Le voci sono ritenute continuazione del latino *vorago, -ĭnis* 'voragine' probabilmente con influsso di altra parola (il DEI richiama, come possibilità d'incrocio, *bràida* 'campo, podere', voce di origine longobarda, → *bràide*) [REW]. M.

**bramố̃r,** agg. (ticinese). 'Buon'anima', detto nominando una persona defunta.

Dal latino *benememorius* delle iscrizioni cimiteriali cristiane, tratto dalla locuzione *bonae memoriae* 'di buona memoria' ed esteso soprattutto nei Grigioni romanci (*barmố̃r*) [REW; VDSI]. C.

**brancazzìna,** sf. (calabrese: anche *francuzzina* e *brancadušru*; siciliano: *bbranc(a)ursina, brancussina*). 'Acanto, *Acanthus mollis* L.'.

Propriamente 'branca d'orso', per la pretesa somiglianza delle sue foglie ad una zampa d'orso. Lo stesso nome è assegnato anche a piante simili, come la 'panace, *Heracleum sphondylium* L.' [Marzell 1943-77]. C.

**brància,** sf. (marchigiano). 'Foglia'.

Da un latino tardo (glosse) *brantia*, dovuto all'incrocio tra il latino tardo *branca* 'branca' e il latino *brattea* 'lamina' nell'accezione particolare di 'foglia' [AIS; Spotti 1929; REW; DEI]. M.

**brandàno,** sm. (toscano). 'Persona trasandata, malvestita, in disordine'.

S. *Brandano* è una figura tradizionale della narrativa popolare; gli sono attribuiti detti gnomici e sentenziosi ed è raffigurato o immaginato tutto in disordine per i suoi lunghi viaggi [DEI].

L. VIANI: *Chi vedesse questo garbato signore affiancato a una specie di brandano emigrato, rattoppato e di chioma irsuta, ... sarebbe indotto a pensare che quel bel signorino suggerisse al meschino piani infernali* (cit. in GDLI II 357). C.

**brandilóne,** sm. (laziale, nel romanesco). 'Attaccabrighe, ammazzasette'.

Come annota Chiappini 1945 (ripreso dal DEI) si tratta del «nome di un eroe furiosissimo nel *Caloandro fedele*. I romaneschi che hanno imparato a conoscerlo nelle rappresentazioni delle marionette, l'usano per denominare un attaccabrighe, un ammazzasette». M.

**brandvén,** sm. (piemontese). 'Specie d'acquavite; acqua distillata dei graspi d'uva macerata, e fatti bollire in acqua'.

Il termine riflette il tedesco *Branntwein* 'acquavite' entrato probabilmente tramite l'emigrazione; attualmente *brandvén* è disusato rispetto a *branda*: → *mbrandà* [Zamboni 1986]. M.

**branè,** escl. (valdostano). 'Addio', anche 'buona sera'.

Deriva da un **bolané* 'buona la notte' attraverso **balané > barané* [Frau 1993: 12]. M.

**brannìsi,** sm. (calabrese settentrionale). 'Panciotto del contadino'.

Dallo spagnolo *brandis* 'casacca' [DEI; Rohlfs 1977]. M.

**branzìn,** sm. (veneto; veneto giuliano: con varianti). 'Pesce lupo, *Labrax lupus*'.

Da *brànza* 'branchia', *branzo* 'chela', nome generico della spina pungente sul preopercolo del pesce, donde anche il suo nome meridionale *spìnola*. Oramai *branzino* appartiene al vocabolario italiano comune [DELI; Doria 1987].

P. DE DOMENICO: *il vecchio se ne andava in laguna a pesca di cefali e branzini che praticava con i tramagli vaganti, sorta di reti fatte con filato sottilissimo e invisibile ai pesci* (*La barca dorata*, Gardolo di Trento 1989, p. 116). C.

**brascàir,** sm. plur. (lombardo: Val Bregaglia). 'Marroni cotti al forno'; un tempo 'castagne arrostite sotto la brace', parola nota, con varianti come *brasché, brescaròla*, nell'area lombarda alpina.

Dalla voce *brasca* 'brace' diffusa nelle Alpi, dal Piemonte al Trentino; in qualche luogo significa 'favilla'; derivato dal germanico **brasa* col suffisso romanzo *-(i)ca*. A *brasca* 'brace' è ricondotto anche il lombardo *brasca* 'un fungo, peverone' per il sapore di pepe che brucia la bocca [DEI; Bracchi 1983]. M.

**bràsteme,** sm. plur. (marchigiano, ad Arcevia). «Biade», col derivato *mbrastemà* «mescolare farina di biade a quella di grano nel fare il pane» (Crocioni 1906).

Dal greco *blástema* 'germinazione', 'vegetazione'; la voce dialettale è attestata anche nell'antico marchigiano (*bràstimi* 'biade'); secondo il DEI (s.v. *bràstemi*) anche il campano (irpino) *biàma*, abruzzese *biàme*, *bramë* 'biada', calabrese settentrionale *biàma* 'avena' potrebbero riflettere il grecismo con sovrapposizione di '*biava*', mentre REWS considera tali forme continuazioni del latino parlato **blatum* 'biada' lasciando inspiegata la presenza di *-m-*. M.

**brat,** sm. (lombardo: Val Bregaglia). 'Poltiglia con farina di frumento e ricotta'.

Dal tedesco svizzero *Brät* 'carne cruda minutamente tritata per würstel', oppure *Brat* 'carne tenera', con un trapasso del termine ad indicare vivande con ricotta [Bracchi 1983]. M.

**brazadùre,** sf. (friulano). 'Partita del carro, ciascuna delle due parti del carro, carrozza, ecc. formata da una sala con le sue ruote e coi legnami o ferramenti che vi si riferiscono'; anche *bracidùre*, *brasadùre*.

Derivato dal latino *birŏtius* 'carro a due ruote' col suffisso *-adùre* a valore collettivo, secondariamente attratto dal friulano *brazadùre* 'bracciatura, misura per i tessuti' da *braz* 'braccio' [DESF]. M.

**bréccola,** sf. (umbro). 'Sassolino'.

Diminutivo di *brécca* (in uso ad Annifo e Foligno) 'sasso piuttosto piccolo', proveniente dal gotico *brika* 'frammento (di roccia)' [Ugolini 1988-89]. C.

**bregànte,** sm. (ligure: Pigna). 'Chi aiuta il pastore o mandriano nella pastura e nella guardia delle pecore'.

Da *brigare* nel suo significato antico di 'attendere ad una cosa, averne cura' [Merlo 1941-57]. C.

**brème,** sf. plur. (veneto; emiliano, a Bologna: *brèmmi*). 'Carte da gioco'.

Voce originariamente d'ambito gergale, deriva dal francese *brême*, che è fatto risalire al francone *brahsima*, nome di un pesce [FEW]. C.

**brènta,** sf. (veneto: valsuganotto). 'Grande quantità d'acqua che scorre sul terreno o sul letto del torrente'. Diffuso in tutto il Triveneto il derivato *brentana* (*brentane* in Friuli) 'piena, fiumana'.

Si ripete spesso che il nome deriva da quello del fiume *Brenta*, per le sue frequenti piene e alluvioni, ma occorre tener presente che *brenta* 'nebbia' è del romancio (Grigioni), assieme a *brentina* 'nebbia gelata, galaverna' e *brentana* 'pioggia violenta, inondazione' ticinesi, per cui è più prudente pensare all'antica voce illirica **brento* 'animale cornuto, cervo', col quale aspetto si presentava un temibile demone pagano della nebbia (e *brentanìn* nel Canton Ticino è tuttora equivalente a 'diavolo'), che avrebbe dato il suo nome anche al fiume [Prati 1968; VDSI].

C. E. GADDA: *A ogni passo, col pollice, danno anche un pizzico o una grattatina al primo cordone, e ne viene un susurro dolce in cadenza, quasi di mormorante guitarra: ma poi non si sente più nulla tra i catafalchi delle porchette, funzionanti da piloni laterali a contener la brentana* (*Il castello di Udine*, Torino 1973, pp. 148-9). C.

**Brèra,** nella locuz. sostant. *pìnol da Brera* (ticinese, anche *pìnule da Brera*, *i pìlol da Brera* e varianti; lombardo, a Milano: *pìnol de Brera*). 'Pillole purganti'.

Medicinale amaro, pieno di aloe, che veniva ancora usato nei primi decenni del secolo quale purgante, così denominato perché era prodotto (ancora in tempi recenti) nel laboratorio dell'Antica Farmacia di Brera a Milano. La forma *"pin(n)ola"*, per *pillola*, con dissimilazione di *l* > *n*, oltre che in area lombarda è nota anche in quella meridionale: cfr. il napoletano *pìnnolo* sm., il lucano *pìnnëlë*, il calabrese e siciliano *pìnnula* [DEI; Salzano 1979; Bigalke 1980; VDSI]. M.

**brescàndolo,** sm. (emiliano: anche *brescàndel*). 'Picchio muratore'.

Da *brésca* 'favo', perché questo uccello ha l'abitudine di nidificare «nei nidi abbandonati dai picchi maggiori e li restringe con malta (mota), costruendosi così la casa, come i muratori costruiscono con la calcina, e come le api, con la cera, costruiscono il favo» [Malagoli 1941]. C.

**brèsta,** sf. (calabrese). 'Mattone di mota e paglia seccata al sole', anche *vresta*.

Dall'antico francese *bleste* 'zolla di terra', a sua volta da un latino tardo *blista* 'zolla' [DEI; Rohlfs 1977]. M.

**brèzel,** sm. (veneto giuliano, a Trieste). 'Specie di panino secco a forma di occhiali, cosparso di semi di papavero per stuzzicare la sete'.

È il tedesco *Bre(t)zel* di analogo significato; attraverso varianti bavaresi (*prêzel*) e tirolesi (*prêze*) vengono il trentino *prézel* «sorta di pan biscotto, schiacciatella» (Ricci 1904), il ladino centrale *prea*, *prez*, *prézin* 'pane sottile e molto cotto a ciambella' [DEI s.v. *brèzzel*; Doria 1987; EWD]. M.

**bric,** sm. (piemontese; lombardo; trentino; emiliano; ligure: *bricu*). 'Luogo scosceso, dirupo, monte'.

L'appellativo, frequente in toponomastica (ad esempio *Bricco* in Liguria), si riconduce solitamente ad un **brigum* forma laterale di una base celtica **brica/*briga* 'altura, monte'; secondo alcuni, tale **brica* e varianti sarebbe da considerare tema oronimico preindeuropeo [DEI; *Dizionario di toponomastica* s.v. *Bricherasio*]. M.

**brichétu**[1], sm. (ligure; piemontese: *brichèt*). 'Fiammifero'.

Dal francese *briquet*, già nome dell''acciarino', di origine germanica [Plomteux 1975]. C.

**brichétu**[2], sm. plur. (ligure: Genova). 'Tipo di pasta da minestra'.

Da → *brichétu*[1] perché pasta sottile che ricorda un fiammifero [*Vocabolario delle parlate liguri*]. M.

**bricòla**[1], sf. (lombardo; ticinese), 'sacco o carico del contrabbandiere'; (veneto giuliano: Trieste), 'cartella', 'zainetto per portare i libri di scuola'.

Dal francese *bricole* 'cinghia di cuoio per portare pesi', probabilmente di origine italiana. La sua diffusione e conoscenza abbastanza ampie si devono all'uso fattone dai contrabbandieri alpini [VDSI; Doria 1987].

A. PANZINI: *I cani con la bricolla del contrabbando appena vedono una guardia di finanza, sentono gran furore, e non si fànno certo pigliare* (cit. in GDLI II 374). C.

**bricòla**[2], sf. (ticinese, anche *brìcula*, nella locuz. avv. *da bricòla*; lombardo; piemontese). 'Rimbalzo', termine specifico del gioco del biliardo, nel ticinese «*giugà de bricòla*, giocare la bilia in modo che si tocchi la mattonella prima di colpire il bersaglio (a Brissago), da cui anche *vess a bricòla*, trovarsi la bilia vicinissima alla sponda (a Dalpe); balzo (a Viganello)» (VDSI), nel piemontese «briccola, rimbalzo. Dicesi al giuoco del bigliardo che una palla o biglia ne colpisce un'altra di briccola, allorché invece di essere spinta direttamente contro di essa non viene a riscontrarla che dopo aver percosso la sponda del bigliardo (mattonella), ed essere stata rimandata da questa sponda» (Di Sant'Albino 1859).

Verosimilmente dal francese *bricole* 'colpo col quale la biglia giocata tocca una delle sponde prima di colpire l'altra biglia'; per la forma ticinese *brìcula* si richiamano il comasco *brìcol* 'giuoco fanciullesco che si fa con tre mattoni piantati in terra, cui si tira per abbatterli', il milanese *giugà a la brìcola* 'gioco che consiste nell'atterrare, con il lancio di una pietra, tre mattoni o tre sassi ritti sul suolo', a loro volta da collegare con l'italiano *brìccola* 'antica macchina da guerra per lanciare grosse pietre e simili nella città assediata o sulle mura' di provenienza controversa, per alcuni dal longobardo **brikkil* 'colui, ciò che rompe', per altri deverbali di *briccolare* 'lanciare sassi' che sarebbe da connettere a *bricca* 'luogo scosceso, dirupo', → *bric* in area settentrionale (piemontese, lombardo, trentino, in particolare); nella laguna veneta *brìcola* è 'ciascuno dei pali o dei gruppi di pali che servono da ormeggio o delimitazione di passaggi navigabili' (DELI). Dovrebbe avere relazione con *bricòla* il toscano (lucchese) *brincolare* 'scagliare' e antico lucchese *brìncoli* 'gettoni di un particolare gioco di sorte' se non va connesso con *briccolare*; il DEI richiama anche un confronto con lo spagnolo e portoghese *brincar* 'saltare' e il catalano *blin-*

*car*, *vlincar* 'piegarsi, curvarsi' (riportati al latino *vincŭlum* 'vinchio') [DEI s.v. *brincolare*; VDSI]. M.

**bricòla**[3], sf. (ticinese). 'Lavoro di breve durata', 'cosa di poco conto'.

Dal francese *bricole* 'lavoro intermittente di scarso rendimento', 'oggetto senza importanza', anticamente 'macchina bellica, catapulta' (dall'italiano *briccola* di origine longobarda: **brikkil* 'frangitrice'). Attraverso la locuzione *mettre en la bricole* 'ingannare' ed il verbo derivatone *bricoler* 'andare a zig zag', 'agire per vie traverse' si è sviluppato nell'Ottocento il senso di 'fare una cosa in fretta', 'eseguire piccoli lavori' (donde il *bricolage* 'lavori eseguiti per hobby o divertimento') [FEW; VDSI]. C.

**brìgna,** sf. (veneto giuliano, a Trieste). 'Bacca di ginepro, distillato di ginepro (ginepretta)'.

Dallo sloveno *brinje* 'arbusto di ginepro', un neutro collettivo, tratto dal più semplice *brin* 'ginepro'; il triestino *brìgna* ha il derivato *brignèr* 'ginepro (pianta)' col suffisso fitonimico *-èr* [Doria 1987]. M.

**brignè,** sm. (ligure: Pigna). 'Nome con cui si chiama talora il bue'.

Dalla voce dialettale *brin* 'bruno' [Merlo 1941-57]. C.

**brìśa,** sf. (veneto; friulano occidentale; trentino; lombardo; piemontese; emiliano). 'Boleto, *Boletus aurantiaceus*' con qualche variante come *sbrìśa*, *briśòt* (milanese).

Data l'area settentrionale delle voci, entrate anche in italiano (nelle forme *brisa*, *brisotto*), si è supposto (in DEI) un etimo dal tedesco *Pilz* 'fungo', a sua volta prestito dal latino *bolētus* (→ *bilzàt*), ma tale ipotesi è assai vaga. Preferibile invece un accostamento alla base **brisiare* 'spezzare' e quindi al settentrionale *briśa*, italiano *bricia* (antico), *briciola* 'pezzetto, frammento, briciola'. In alcune varietà dialettali, specie emiliane, la voce *briśa* 'pezzetto', ecc. si usa per rafforzare la negazione: *en so briśa nodàr* 'non so nuotare' (Rohlfs 1969). [REW; REWS; DEI; Pellegrini-Zamboni 1982: 279]. M.

**brìsca,** sf. (piemontese; lombardo: Milano; romagnolo: *bresca*), 'sorta di carrozza'; (friulano: *bris-ce* ed anche, in veneto bisiacco: *brisca*), 'sorta di carretta'.

Dal polacco *bryczka* 'vettura leggera, scoperta' attraverso il francese *briska* [Pfister 1987: 144]. C.

**brìte,** sf. (ladino centrale, nell'ampezzano), 'cascina'; (friulano, in Carnia: *brìto*), 'edificio abitato temporaneamente'.

Dal medio alto tedesco *brët* 'asse', o *brëten* 'grande trave', attraverso il tirolese e, per quanto riguarda il significato, con un passaggio da 'asse' ad 'edificio' analogamente a quanto avvenuto nel latino *tabulātum* i cui continuatori designano spesso il 'fienile' (→ *tabià*) [DESF]. M.

**brìtola,** sf. (veneto; friulano, anche *brìtule*; ladino centrale; trentino; lombardo, anche *brìtula*). 'Roncolo; coltello a serramanico; coltellino'.

Dallo sloveno *britva*, propriamente 'coltello chiudibile', in rapporto col verbo *briti* 'tosare, radere' [DEI s.v. *brìttola*; Prati 1968; DESF; Antonioli-Bracchi 1995]. M.

**brìva,** sf. (lombardo orientale). 'Ponticello di legno posticcio'.

Dal gallico *brīva* 'ponte', di cui rappresenta l'unico continuatore dialettale; *brīva* ha invece diversi riflessi toponomastici, specie in Francia [DEI]. M.

**bròcciolo,** sm. (toscano; emiliano, a Lizzano in Belvedere). 'Ghiozzo di fiume, sorta di pesce di fiume dalla testa grossa, *Cottus gobius*'.

Da *bròccio*, anticamente 'stocco, asta' (probabile gallicismo: francese *broche* 'spiedo', 'perno, fuso'), a causa della sua forma allungata, come è avvenuto per il francese *brochet* 'luccio' dal muso puntuto [VEI; FEW].

R. FUCINI: *Buttò in padella quattro manate di bròccioli saltellanti, pescati la mattina da' suoi ragazzi* (cit. in GDLI II 388). – F. GUCCINI: *già il bròciolo è pesce misterioso, che non nuota, e questo già la dice tutta sulla non pescità di fondo di questo pesce. Salta, o meglio, si sposta a scatti nel fondo, muovedo un poco poco la mota* (*Cròniche epafàniche*, Milano 1989, p. 14). C.

**brodéto,** sm. (veneto, nel veneziano; veneto giuliano, istriano e dalmatico, con varianti; friulano: *brodét*, *brudét*; romagnolo: *brudèt*, marchigiano: *brodétu*, *bordétu*), 'zuppa di pesce, caciucco', «è il pasto che i marinai fanno tutte le sere in comune a bordo» (Spotti 1929); (veneto, a Grado e Marano L.: *boréto*), 'zuppa di pesce'.

Diminutivo di *brodo*; scrive l'Artusi «Cacciucco! Lasciatemi fare due chiacchiere su questa parola la quale forse non è intesa che in Toscana e nelle spiagge del Mediterraneo, per la ragione che ne' paesi che costeggiano l'Adriatico è sostituita dalla voce brodetto. A Firenze, invece il brodetto è una minestra che s'usa per Pasqua d'uova, cioè una zuppa di pane in brodo, legata con uova frullate ad agro di limone ...» (cit. da Spotti 1929). La forma veneta *boréto* richiede una variante intermedia **bodreto* con la risoluzione di *dr* a *r* del veneto (come in *pare*, *mare*, *piera* 'padre, madre, pietra').

M. MORETTI: *Perfino nei barchetti i marinai forestieri si siedono a gambe incrociate davanti a un catino pieno di minestra o di brodetto* (cit. in GDLI II 389). M.

**bròdga,** sf. (lombardo: bergamasco; a Como: *bròdega*). 'Fulmine'.

Letteralmente 'sporca' (dal v. *brod(e)gà*, di origine germanica), che, per quanto sembri strano, trova conferma nella *porcaria* o *sporcizia* dell'Italia centrale: sono tutte denominazione di copertura del nome del fulmine, che non si può nominare direttamente [Bambeck 1962]. C.

**bródu de pùrpu,** locuz. sostant. (siciliano). 'Caffè troppo leggero, vino annacquato e, in genere, qualsiasi bevanda insipida': *ma cchi è-bbrodu di purpu?*

Letteralmente 'brodo di polipo'; come *brodo di polipo* è entrato anche nell'italiano regionale di Palermo: si può immaginare quanto gustosa possa essere l'acqua di cottura del cefalopodo [Tropea 1980; Piccitto 1990]. C.

**brógna,** sf. (emiliano: modenese; romagnolo: *prógna*). 'Genitali femminili'.

Uno dei tanti traslati di nomi di frutta: qui 'prugna, susina'.

F. GUCCINI: *e tempo anche di mettersi sotto nel terrore dell'attesa, esperienze brugnére zero* (*Vacca d'un cane*, Milano 1993, p. 118). C.

**bròja,** sf. (romagnolo). 'Erba nana, scirpo marittimo; giuncaia; vegetazione palustre non limitata ai soli giunchi, ma estesa a tutte le erbe esclusa la canna'.

La voce va connessa col veneto *brula* e *brulo* sm. 'giunco' e in passato di area più estesa stando al marchigiano *bruglia* 'una corda fatta di giunchi, stramba'; per tali voci si risale al greco tardo *brýllon*, *broúllon* 'giunco' e 'fune di giunco' [DEI; Cortelazzo 1970; Pellegrini-Zamboni 1982]. M.

**bròmu,** sm. (siciliano, anche *vromu*, *vruomu*, *gromu*, *mbromü*; calabrese: *(m)bròmu*; campano, nel Cilento: *mbruoma* sf.), 'medusa di mare', 'cosa guasta e liquefatta'; (pugliese, Taranto: *ambrómë*), 'sorta di alga molto mucosa che si attacca ai pali della coltivazione dei mitili'.

Dal latino tardo *brōmus* 'fetore' (secondo DEI [s.v. *ambróme*] e REWS), per altri dal greco *brómos* 'puzza' (Rohlfs 1959 e 1977); dal siciliano la voce è passata al sardo *bromu*, *bróm(b)ulu*, e varianti, che ha pure il significato figurato di 'stupido' (DES). M.

**brónda,** sf. (piemontese). 'Ramo, ramoscello con foglie; frasca; foglie e rami di un albero; rami e sterpi tagliati'.

Il DEI richiama un confronto con voci d'area galloromanza come il provenzale *broundo* 'ramaglia' e ricostruisce una base prelatina **brunda* 'fronda' che assegna al sostrato ligure [DEI s.v. *brunda*; Gribaudo-Seglie 1972-75; Brero 1982]. M.

**bròpa,** sf. (piemontese), 'palo di sostegno della vite'; (ticinese), 'ramoscello, germoglio, ramaglia'.

Forse da *bròca* 'gemma di una pianta', con intrusione di altra parola che ne ha modificato la forma. Per questo il LEI preferisce includerla fra quelle dipendenti dalla numerosa famiglia che fa capo alla base *br-* [Levi 1927; VDSI; LEI]. C.

**bróśema,** sf. (veneto, accanto a *bròsa* e varianti). 'Brina'.

È stata accostata al verbo *bruśàre* 'bruciare', per i danni che provoca alle piante, anche se l'ipotesi non convince pienamente [Prati 1968].

S. ZANOTTO: *Gli stivali incontravano la guazza notturna, quella che d'inverno gela in stupenda fioriture sui fili d'erba e diviene bròsema* (*Delta di Venere*, Milano 1975, p. 52). C.

**brovàde,** sf. (friulano, con varianti). 'Cibo popolare fatto di rape inacetite e conservate in un tino con vinacce acide e acqua, quindi ridotte in filamenti mediante la grattugia per le rape' (→ *ribìz*).

È un deverbale da una voce germanica *brōjan* 'immergere nell'acqua calda', da cui il verbo *brovare* e varianti diffuso in tutta l'Italia settentrionale col significato di 'far bollire', 'scottare' e simili, per il quale è stato proposto anche di risalire ad un longobardo *breowan* [DEI; DESF].

I. NIEVO: *Il vederlo capitar ogni tanto e mangiare daccanto al fuoco la sua scodella di brovada la era diventata per tutti un'abitudine* (cit. in GDLI II 396). M.

**brùa,** sf. (piemontese: anche *bróa*; lombardo: *bruga*; ticinese: *brüga*). 'Riva, orlo, bordo', da cui il verbo monferrino *sbrouée* 'schiarire la selva, tagliando qua e là i cespugli cresciuti intorno agli alberi grossi'.

Come il provenzale *broa* 'sponda di un fiume, di un campo', deriva dal celtico **broga* 'confine', 'terra incolta fra due campi', testimoniato anche da un tardo commentatore di Giovenale: *brogae Galli agrum dicunt* "i Galli chiamano *brogae* un campo" [Levi 1927; VDSI]. C.

**brùcio,** sm. (toscano: anche *brugio* e varianti; corso: *brùgiu*). 'Bruco', 'specie di verme'; e in elbano, specificatamente, *brùciolo* 'verme del formaggio', come nel marchigiano *brùciolo*.

Da *bruco*, rifatto sul plurale *bruci* [Salvioni 1903 e 1912; REW; DEI; REWS].

L. VIANI: *si è vantato di essere il re del mare e capace di far dare le burie nei campi, i bruci negli ulivi, le pucette nei cocomeri* (*Angiò uomo di mare*, in *Mare grosso*, Firenze 1955, p. 645). C.

**brùda,** sm. (lombardo: Tirano). 'Fratello'.

Parola d'importazione (tedesco *Bruder*), che sembra isolata in quest'area. C.

**brudèse,** sm. (pugliese: Taranto). 'Ormeggio che tien ferma la nave da poppa e la lega alla riva'.

Come il veneziano *provese* e il siciliano *pruvisi*, questo cavo d'ormeggio doveva partire dalla *pròva* 'prua' della nave [*Dizionario di marina* 1937]. C.

**brùfolo,** sm. (veneto; emiliano e romagnolo: *brófel*; friulano: *brùful*, *brùfula*, femm.; lombardo e trentino: *brufél*, *brufèl*; calabrese, al femm.: *brùfula*, *brùhula*; siciliano: *brùffia* femm.). 'Bollicina, piccolo foruncolo'.

D'incerta etimologia, forse incrocio tra le voci latine *verrūca* 'escrescenza' e *rūfŭlus* 'rossiccio, rossastro'; è voce entrata di recente in italiano [DEI; DELI; Zolli 1986].

R. BACCHELLI: *La trasse, così dicendo, attraverso tutti i salotti e le camere, pestando i tappeti cogli scarponi imbullettati, ... toccando colle mani ruvide e non lavate le sete delle tappezzerie, ... grattandosi furiosamente tre brufoli della rabbia, che s'eran rotti e davan sangue, sicché in vari punti sporcò lo spregiato lusso della zia* (cit. in GDLI II 401). – I. CALVINO: *E le facce... si riempivano ognuna di segnetti, puntini della barba, brufolini* (cit. in GDLI II 401). M.

**brumàl,** sm. (friulano). 'Inverno'.

Dall'aggettivo latino *brumāle (brumale tempus)* 'invernale'; dal latino *brūma* 'stagione dei giorni più brevi' deriva il friulano *brùme* 'freddo nebbioso, inverno'; in umbro *bruma* (a Città di Castello) 'inverno' ed anche 'dicembre'; nel lombardo alpino *bruma, brüma* 'autunno'. Non è un uso figurato di *brumàl* 'inverno' (come in DESF) il friulano *brumàl* 'epilessia' e 'accidente, diavolo' nelle imprecazioni, che è, invece, 'brutto male' attraverso *bru(t)màl* [Merlo 1904; DESF]. M.

**brümestón,** sm. (lombardo: Canneto sull'Oglio), 'zibibbo'; (salentino: *ùa prumèsta, ùa prunèsta*; calabrese: *prunèsta*; siciliano: *prumèsta*, *prunèsta*), 'tipo d'uva'.

Dal latino *brumastus*, che rende così il greco *boúmastos* 'tipo di vite', letteralmente 'mammella di bovina', così detta per la forma allungata dei suoi chicchi [DEI; Rohlfs 1964].

G. NUVOLETTI: *suggeriva, mostrando le meraviglie dei suoi campi: «Questa è l'uva fiorentina, e quello è il clinton; questo è il bromostone e là c'è il moscatello»* (*Un matrimonio mantovano*, Vicenza 1972, p. 139). C.

**bruscàndol(o),** sm. (veneto; trentino, nel roveretano: *bruscànzoi* plur.; istrioto: *bruscandul*). 'Luppolo, *Humulus lupulus* L.'.

Solitamente la voce è adoperata al plur. (*bruscàndoli, bruscàndoi*) per designare le cime commestibili di questi vegetali. L'etimo è complesso: forse dal latino *rūscus* o *rūstus* 'cespuglio' incrociato (con il gallico **brūcus* 'scopa, ginestra'?) e suffissato. Per Valente 1995 semplicemente da *brusco* 'amaro, aspro', riferito al sapore dell''infiorescenza femminile del luppolo' [Prati 1968; Zamboni 1981].

F. CAMON: *i bruscanzoli che nascono nelle siepi di tramontana e cotti in padella con un po' di olio sono saporiti e croccanti* (*La vita eterna*, Milano 1972, p. 173). C.

**bruscàr(e),** v. (veneto; friulano: *brus-cià*). 'Potare (detto specialmente delle viti)'.

Denominale da *brusc* 'fuscello, stecco minuto e secco' (dal latino tardo *bruscus*); quindi *bruscare* significa propriamente 'ripulire dai fuscelli secchi' [Prati 1968; DESF]. M.

**bruschétta,** sf. (umbro; marchigiano; abruzzese). 'Pane tostato condito con olio dopo averci strofinato sopra un po' d'aglio'.

La voce, recentemente introdotta anche in italiano, deriva dal verbo *bruscare* 'abbrustolire', di provenienza settentrionale, a sua volta passato in italiano, da un latino parlato **brusicāre*; in umbro, oltre a *bruschétta*, esiste anche la variante *bruschino*, che ha lo stesso significato [DEI s.v. *bruscare*; LEA]. M.

**bruscolìni,** sm. plur. (laziale: Roma). «Semi di zucca salati e prosciugati nel forno, i quali si vendono nei teatri popolari e nei pubblici spettacoli» (Chiappini 1945).

Da *bruscare* 'abbrustolire': → *bruschétta*; da *bruscolini* deriva *bruscolinaro* 'venditore di bruscolini' e in senso traslato 'persona imperita nell'arte sua' [DEI].

C. SBARBARO: *Ha appena preso posto, il nonno, che s'informa del venditore di bruscolini* (cit. in GDLI II 409). M.

**brušè cum e' nòc'le,** locuz. (romagnolo: Rimini). 'Infiammarsi, andare in collera con facilità'.

Così come fanno le tavolette di sansa (*nòc'le*, letteralmente 'nocciole'; la sansa è detta *nòc'* a Saludecio e a Fano e *nòcla, nucia* in Istria) date al contadino dopo la spremitura delle olive per combustibile. C.

**brustolón,** sm. (veneto meridionale). 'Strillozzo, *Emberiza Calandra* L.'.

Denominazione in rapporto col veneto *brustolàr* 'abbrustolire', *brustolà* 'abbrustolito', e suggerita dal colore del piumaggio dell'uccello, che è bruno striato di nerastro [Marcato 1984]. M.

**brūt,** sf. (friulano). 'Nuora'.

Voce caratteristica del Friuli ed assai antica; infatti, è testimoniata in una iscrizione latina di Aquileia, che risale presumibilmente al III sec. d. C., ma ormai in molte località è stata soppiantata da *nòre* (dal latino *nŭra* attraverso **nŏra* come l'italiano *nuora*). Deriva da un germanico *brūtis* 'nuora' a cui si rifanno anche il francese *bru* e l'engadinese *brüt*, che hanno lo stesso significato [DESF; REW]. M.

**brutanèllo,** sm. (umbro: Gubbio; marchigiano: *pròtano*). 'Elicriso, *Helichrysum italicum*'.

Pianta confusa col simile *abrotano*, chiamato *pròtanu* in elbano e *pròtamu* in calabrese [Rohlfs 1979; LEI]. C.

**bruttóne,** sm. (laziale, nel romanesco; abruzzese: *burtónë*). 'Bravaccio', ma nel romanesco «oggi corrisponde unicamente a "ganzo", a chi pratica amori illeciti» (Belloni - Nilsson-Ehle 1957).

Corrisponde a *bertóne* dell'italiano antico (XVI sec.) 'amante, drudo' con accostamento paretimologico a *brutto* [DEI]. M.

**bsdèl,** sm. (romagnolo). 'Ospedale'.

Dal precedente *šbedèl*, che meglio rappresenta la continuazione del latino *(locus) hospitālis* 'luogo che riguarda gli ospiti'. Tipico esempio della generale caduta in romagnolo di tutte le vocali non accentate. C.

**bubàna,** sf. (veneto centro-meridionale; romagnolo, anche *bubèna*; friulano: *bubane*). 'Abbondanza, sovrabbondanza, grande quantità', d'uso frequente in espressioni come "è finita la *b.*", 'è finito il godimento, il passatempo', "è una *b.*", 'è una cuccagna'.

La parola ha riscontri col francese dialettale *boban, bobance* 'lusso, abbondanza, particolarmente a tavola', francese medio *bobans* 'banchetto sontuoso', provenzale antico *boban* 'pompa' riuniti in una base *bob-* di origine infantile [FEW; DESF]. M.

**buc,** sm. (piemontese). 'Caprone'.

Dal prelatino (gallico) **bucco* 'caprone' (FEW; in REWS *bukk-*) con numerosi continuatori in area galloromanza tra cui il francese antico *bouchier* 'macellaio' e *boucherie* 'macelleria' da cui l'italiano antico *bucciere* 'mercante di bestiame da macello' e *buccerìa* 'macelleria'; i francesismi sono entrati anche nel calabrese *bucceri, vucceri*, nel siciliano *vucceri*, nel pugliese *vëccirë, vuccirë*, nel salentino *vucceri* 'macellaio', nel siciliano *vuccirìa* 'mercato' (e di qui *vucciriótu* 'piazzaiuolo') [AIS; FEW; DEI s.v. *bucco*; REWS; Rohlfs 1977a]. M.

**bucàca,** sf. (abruzzese), 'marruca, *Paliurus aculeatus*'; (molisano e pugliese, nel foggiano: *bucaco* sm.), 'spino cervino, *Rhamnus Cathartica* L.' e altre piante spinose del genere *Rhamnus*.

Di tali voci, riprese da Penzig 1924, il DEI propone una base etimologica **bucāca* del latino regionale considerata probabile grecismo da *bu-* 'bue' e *-káke* 'impedimento' con una motivazione onomasiologica affine a quella che si riconosce in → *bugràna* con allusione a piante che intralciano il passo ai buoi mentre arano i campi. M.

**bucaióne,** sm. (toscano: amiatino; marchigiano: *bugarón*), 'scarabeo stercorario'; (romagnolo: *bugarón*; toscano, a Cortona: *bucaróne*), 'maggiolino' o 'ronzone'.

Da *buca*, perché gli scarabei stercorari «forano il terreno sotto le carogne di piccoli animali putrefacentisi e le sotterrano in tal modo» (Longo 1942-54), o perché questi insetti costruiscono il nido nei buchi dei muri (Felici 1985). Il nome si è esteso anche ad altri insetti, oltre che al 'maggiolino', al 'bofonchio', al 'grillotalpa', allo 'scarafaggio'. C.

**bùcchio,** sm. (marchigiano e laziale, anche *bùcchia* e *bùrchia* sf.), 'sorta di razza, *Trygon pastinaca*'); (veneto, nel veneziano: *mùcio*), 'maschio della *Raja pastinaca*'; (campano, nel napoletano: *mùcchië, mùjë caputë*), 'sorta di razza, *Muliobatis aquila*'; (calabrese settentrionale: *mùcchiu*), 'sorta di pesce'; (salentino: *vùcchië*), 'pesce della famiglia dei trigoni'; (siciliano: *bùgghiu*), 'pastinaca (pesce)'.

Dal latino *bucŭlus* 'giovane bue'; per la semantica le voci si confrontano con la denominazione italiana *pesce vacca* 'varietà di ferraccia (pastinaca)'; non è chiaro se le voci meridionali con la sonora sono adattamenti di forme dialettali come un ligure **bügiu, *mügiu*, o invece risalgono al latino *bubŭlus* 'di bue' [DEI s.v. *bùcchio*; Alessio 1976]. M.

**bucciàrdu,** agg. (siciliano, anche *ucciàrdu, vucciàrdu, gucciàrdu*). 'Grigio o nericcio del mantello di cavalli, asini o muli'.

Dal francese *bouchard* 'di faccia non pulita, col muso nericcio', derivato dalla base latina *bŭcca* 'bocca' suffissata [FEW; Rohlfs 1977a; Piccitto 1977]. M.

**bucculàru,** sm. (calabrese, anche *vucculuru, buhhularu, vuhhularu*), «parte grossa sotto la gola del maiale, giogaia del maiale salata» (Rohlfs 1977); (campano, in irpino: *vroccolaro*; pugliese, nel tarantino: *vrucculare̊*), 'lardone'; (abruzzese: *vucculare̊* e varianti), 'la canna della gola del maiale' (Giammarco 1968); (siciliano: *bbucculuru, bbuccuràgghiu, bbusciularu*), «giogaia del bue; pappagorgia; bargiglione del gallo; prosciutto» (Piccitto 1977).

Dal latino *bŭcca* 'guancia; bocca'; le forme del calabrese con *-hh-* e il siciliano *bbusciularu* fanno pensare ad incroci con altre parole (forse il francese *bouche* 'bocca' secondo il REWS, mentre Rohlfs 1977a pensa ad una base **bùffulu*) [DEI s.v. *bucculuro*]. M.

**bucerà,** v. (corso; anche *vucerà*). 'Fare il lamento funebre'. Da qui il deverbale *vócero* 'lamento delle prefiche'.

Più che da un latino parlato **vocinare*, che si adatta, comunque, al sardo *(a)bochinare* 'gridare, urlare, sgridare', deriverà da un latino parlato **vocinare*, da *vōx, vōcis* '(alta) voce' [REW; DEI; Mastrelli 1975]. C.

**bucìn,** sm. (piemontese; lombardo; ligure; toscano: *boccino, bucino, buscino*), 'vitello, manzetto, manzo'; (toscano: *bucello*), 'vitello'; (lombardo, nel comasco: *bòscia*; toscano, nel pisano: *bòcia, bògia*), 'vacca'; (marchigiano: *bòccio*), 'bue'; (calabrese: *voceḍḍu*), 'giovenco' e in senso traslato 'peso che serve a tener su i fili dell'ordito'.

Le voci sembrano essere in relazione con *buc'* 'toro, bue', e altre di area alpina (anche franco-provenzale), riconducibili – secondo il FEW – ad una base **butš* 'manzo' che potrebbe anche avere origine dal richiamo degli animali: cfr. ad esempio a Sarntal (Tirolo) *busch busch*, voce di richiamo per bovini. Diversa l'interpretazione etimologica di Alessio 1976 che muove dal toscano *bucello* e ricostruisce un latino parlato **bucellus* diminutivo di *bucŭlus* 'giovane bue' e poi, per sostituzione di suffisso, *bucino* e varianti. Le forme del tipo *boccio* non sono spiegate dall'Alessio, che riconduce invece a *bucŭlus* il tipo → *bùcchio*; quanto a *boccio*, se la base è *bucŭlus*, si dovrà pensare a retroformazioni. Potrebbero riallacciarsi (l'incertezza è dovuta ai significati divergenti) a questa famiglia lessicale il sardo logudorese *busciòne* 'bestia piccola', *buscinu* 'agnello magro' e in senso figurato 'uomo malsano', il corso *buscionu* 'il capretto di 7 o 8 mesi su cui cominciano a spuntare le corna', il toscano *bozzone* 'agnello che ha già finito di poppare; agnello castrato più piccolo del montone', nel fiorentino anche 'uomo dappoco'. In Sardegna – osserva il DES – le voci *busciòne*, *buscinu* concordano col logudorese *bùscia* 'borsa', quindi *buscinu* potrebbe essere lo stesso che *buscinu* 'gonfio a modo di borsa'; comunque sia ne ha subito l'influsso. M.

**budalà,** nell'espressione *sia budalà!* (veneto: Venezia). 'Sia maledetto!'.

Dal turco *budala* 'sciocco, imbecille', voce entrata anche nelle lingue dei Balcani [DEI; Cortelazzo 1989]. M.

**buevìa,** sf. (veneto: Venezia; emiliano: Parma). 'Prostituta'.

Da separarsi così: *bu .. e via*: «modo di parlar coperto, che usasi familiarmente dalle persone riservate ed oneste per non dire *buzarona*, e vogliono dire *bu* ... con quel che segue» (Boerio 1856): → *coevìa*. C.

**bufàgna,** sf. (emiliano). 'Epifania'.

Dal latino *epiphanĭa* 'epifania'.

F. Guccini: *Tutte le belle cose finiscano, come la buffagna-epifania che tutte le feste si porta via* (*Cròniche epafàniche*, Milano 1989, p. 135). C.

**bufèrola,** sf. (emiliano e romagnolo, anche *bufèrla*). 'Averla'.

È voce ricondotta dal DEI al latino *avis querula* 'averla'; a tale base vengono rinviate altre voci come il veneto *gherla, verla*, il toscano (senese) *guèja, (a)velia* e (grossetano) *ghierla*, il romagnolo *ferlota, farlota*, l'emiliano (bolognese) *ferlutón, farlutón*, l'italiano *averla*. Ma se per quest'ultimo, attraverso un latino parlato **averula*, si può considerare verosimile l'etimo *avis querula*, meno soddisfacente appare per interpretare varianti come *(a)velia* [DEI; REWS; DELI]. M.

**bùffa,** sf. (calabrese; siciliano: *bbuffa*) 'Rospo'.

Dal latino *bufo, -ōnis* 'rospo', con geminazione consonantica; nell'italiano antico è attestato *bufóne* 'rospo', probabilmente un prestito dal provenzale *bufon* o un latinismo [DEI]. M.

**buffardèllo,** sm. (toscano; lunigianese: *bufardèlo, bafardèlo, bafardèḍḍë*). 'Folletto', 'mulinello fatto dal vento', e, in parte della Lunigiana, 'persona spettinata' (Masetti 1972-73; Rohlfs 1979).

Probabilmente da *buffare* 'soffiare con violenza'.

I. Nieri: *Le fantasime, il licchetto, il buffardello, gli incantesimi... son cose d'oggi vive e verdi, che tanti e tanti ci credono come angeli* (cit. in GDLI II 429). C.

**bùffo,** sm. (laziale; marchigiano: *bufu*; abruzzese, nell'aquilano: *buffu*; campano: *bufë*; pugliese: *bufó, bufù*; lucano: *bufë, bùfëlë, bufṓn*). 'Gufo'.

Dal latino *bufo, -ōnis*, variante regionale di *bubo, -ōnis*, 'gufo'; talune forme presentano raddoppiamento di consonante [AIS; REW; DEI]. M.

**buffóne,** sm. (umbro). 'Chi ha molti debiti': *de la famíglia è l'ùnneco buffóne* (a Perugia); a Spello: *buffatóre* 'chi è abituato a fare debiti e a non pagarli'.

Da *bùffo, bùffu* 'debito', più diffuso nella variante di altre regioni *pùffo*, dal francese *(faire) pouf* 'fare un debito': → *puf*. C.

**bugà,** sf. (veneto: Polesine). «Azione faticosa, lunga o complicata»: *l'è na bugà* «è un lavoraccio lungo e pesante» (Girardi 1991).

Letteralmente 'bucato', che un tempo, fatto a mano con mastelli e col ceneraccio, era veramente un lavoro ingrato. C.

**bugànse,** sf. plur. (piemontese; lombardo; ticinese; veneto; friulano: *bugànsis*; emiliano: anche *buṡanche*; marchigiano). 'Geloni'.

Di etimologia oscura: le proposte fin qui avanzate (dal longobardo *bauga* 'cerchio, catena': originariamente sarebbero state, quindi, le 'piaghe' provocate dai ceppi; da *buco, buca*, che accennerebbe alle screpolature; dal germanico *bûkôn* 'mettere in ranno', perché si curavano con neve o acqua fredda; da una base prelatina), non sono molto convincenti [DEI; Prati 1968; VDSI].

G. Carretto: *Il gran freddo era temuto ... anche perché faceva venire le bugànse, antiestetiche oltre che fastidiose* (*Via Muro Lungo 22 Verona*, Milano 1994, p. 54). C.

**bügèd,** sm. (lombardo: Val Chiavenna). 'Tormenta, neve con vento', anche al femm. *bügèda*.

Participio passato sostantivato da una forma verbale affine a *bugà* (comasco, brianzolo) 'rumoreggiare, brontolare profondo e sordo dei temporali, prima che si risolvano in rovesci d'acqua o di gragnuola', con palatalizzazione della consonante [Bracchi 1983a]. M.

**bùggia,** sf. (calabrese, con varianti; siciliano: *bbùggia* con varianti), 'tasca; saccoccia; borsa'; (pugliese; salentino), 'carniera dei cacciatori'.

Prestito dal francese *bouge* 'valigia, sacco di cuoio'. All'antico francese *bolge* (a sua volta dal latino tardo di origine gallica *bulga* attraverso una forma **bulgea*) risalgono altre forme dialettali tra le quali il toscano (lucchese) *bolgia* 'tasca da donna che si tiene sotto la gonnella', l'abruzzese *bulgë* 'borsa da viaggio', l'emiliano *bolża* e il veneto *sbolża* 'bisaccia', nonché l'italiano antico *bolgia* 'sacca, bisaccia' e con estensione di significato 'fossa' dell'Inferno dantesco [DEI; DELI]. M.

**bugiardón,** sm. (marchigiano: Fossombrone). 'Martello a quattro denti per lato, denti in rilievo e fatti a X'.

Alterazione, per influsso di *bugiardo*, accrescitiva dell'italiano *bocciarda*, dal francese *boucharde* di etimologia incerta [Balducci 1989]. C.

**bugiàrdu,** sm. (corso; anche *bugiardèllo*; abruzzese: *bbusciardille*). 'Almanacco, calendario'.

Rappresenta, senz'altro, l'opinione in cui sono tenute le previsioni dei lunari, e ricorda i libri di ventura, che nel Cinquecento correvano col nome di *Bugiardello* [Rossi 1888; Salvioni 1916]. C.

**bugnìn,** nella locuz. *an vèl un bugnìn* (emiliano: Modena). 'Non vale alcunché'.

La voce corrisponde a *bolognino*, antica moneta bolognese, coniata nel 1191; essa vive anche in un altro detto modenese, *an vèl un bugnìn brusè int na lòmma* 'non vale un bolognino bruciato nella lampada', cioè 'val meno di niente', dato che la monetina, che si posava sul tubo di vetro della lampada a petrolio per ridurne il consumo, era proprio considerata pochissimo. Forse in entrambe le locuzioni si può avvertire un certo dispregio per ciò che sa di bolognese, indice dell'atavico campanilismo tra Geminiani (Modenesi) e Petroniani (Bolognesi). Si noti poi il verbo *sbugninèr*, da *bugnìn*, che ha lo stesso significato del bolognese *sbul(u)gnèr* 'appioppare', cioè 'sbolognare' (voce entrata in italiano per tramite gergale), e la locuzione disusata *trer al bugnìn* 'giocare a fessurino', in cui vinceva chi riusciva a far cadere la monetina sulle commessure del pavimento [DEI s.v. *sbolognare*; Neri 1981; Violi 1982]. M.

**bùgno,** s. (toscano; corso: *bugnu*; piemontese: *bugnùn*), 'alveare, arnia rustica'; (sardo: *bugnu, bùngiu*), 'arnia nel tronco dell'albero; alveare vuoto'.

Da *bugna*, voce d'area settentrionale col significato di 'paniere' (da un latino tardo *bunia*, con analogo valore), rimasto nel termine *bùgnolo* 'paniere per le castagne cotte' (a Volterra); dalla Toscana la voce è passata in Sardegna e Corsica; per il passaggio da 'paniere' ad 'alveare' → *casìḍḍu* [DEI; DES]. M.

**bugràna,** sf. (pugliese). 'Arrestabue, *Ononis spinosa*, *O. variegata*'.

Voce registrata da Penzig 1924, è ricondotta dal DEI al francese *bugrane*, a sua volta dal latino tardo *boveretina* 'arrestabue' (per la motivazione → *bucàca*); il francesismo risulta attestato dal 1544 (*bougrande*, *bouverande*, *bugronde*), ma la sua presenza nell'Italia meridionale farebbe supporre che si tratti di voce più antica della sua prima attestazione [FEW; DEI]. M.

**buìnz,** sm. (friulano). 'Arcuccio, arconcello: pertica più o meno incurvata che si mette sulle spalle ed alle cui estremità si portano due carichi all'incirca di peso equivalente. È usato per lo più per andare ad attingere l'acqua al pozzo, appendendovi due secchi, ma anche per portare i recipienti per latte ecc.'. La diffusione di questo strumento interessa l'Italia settentrionale, mentre è sporadico in Toscana e nella Calabria. Le denominazioni dialettali si possono suddividere in due gruppi, in riferimento alla funzione propria dello strumento, oppure a ciò che viene trasportato (→ *bàśu*, → *sampedón*, → *cadùr*, tra la varia terminologia). La quasi generale assenza dell'arcuccio nell'Italia centro-meridionale si accompagna alla mancanza del sistema di trasporto a spalle – rispetto a quello sulla testa (accanto al trasporto su dorso di animale) – che invece è tipico dell'Italia del nord. A proposito dell'origine dell'arcuccio, secondo un'ipotesi si tratterebbe di un'innovazione nel sistema di portare pesi. Infatti sarebbe mediterraneo l'uso di portare oggetti sulla testa e per influsso latino il sistema sarebbe penetrato in Germania, mentre l'uso di un asse o bastone dal quale pendono i pesi è tipico degli Slavi, dai quali è passato ai Romani, e dei popoli germanici del Nord. Ma non si può escludere che siano stati i Longobardi ad imporre in Italia tale sistema diffusosi solo nella parte settentrionale mentre altrove è solo occasionale.

La parola friulana *buìnz* risale al latino **bicŏngius* 'misura doppia' da cui deriva pure, attraverso la forma metatetica **bigoncius*, l'italiano *bigoncio* 'recipiente di legno a doghe, cerchiato' e varianti, noto nei dialetti centro-settentrionali; da notare nella designazione friulana il trasferimento del nome da ciò che viene trasportato allo strumento adibito a tale funzione [DESF]. M.

**bùla,** sf. (piemontese, anche *büla*; lombardo, anche *büla*; ticinese; trentino; veneto; friulano; emiliano: *pula*, *bula*; romagnolo: *pula*; toscano: *pula*; ligure orientale: *püa*). 'Lolla, loppa, pula, tritume di paglia, fieno, dei semi di cereali; tritume delle bucce di castagne secche; polvericcio dell'aia'.

Voce usata anche in italiano (*pula*), è considerata di etimo incerto, anche per la difficoltà di rendere conto allo stesso tempo delle varianti con *p-* o *b-*. Tenendo distinte *bula* e *pula*, il DEI ipotizza rispettivamente una derivazione dal latino *bulla* 'bolla' e un deverbale di "pulire". Poiché non pare opportuno disgiungere *bula/pula*, Alessio 1976 muove, e questa pare un'ipotesi più soddisfacente, dal latino *apluda* 'pula, loppa, crusca' attraverso un derivato **a(p)ludula*, e con passaggi diversi ricostruisce un **a(p)p(l)ulla* da cui *la pula* e un **ab(l)ulla* che dà *la bula* [Rohlfs 1979; DELI; Pellegrini-Marcato 1988].

S. VASSALLI: *durante una di quelle notti, i giovani di Zardino sparsero pula di riso tra la casa dei Nidasio e quella delle sorelle Borghesini, in segno di derisione per l'amante respinto. L'usanza era antica di secoli e veniva detta, nei paesi della* bassa, *«fare la pula»* (fè la büla): *ma nel caso di Biagio la pula fu sprecata, perché lui certamente non ne seppe niente* (*La chimera*, Milano 1996, pp. 187-8). M.

**buliòn,** sm. (emiliano: Parma). 'Brodo'.

Dal francese *bouillon* 'zuppa senza pane', voce entrata già nell'italiano antico (*buglione*) ed attestata anche dal siciliano antico (*vugghiuni*) [DEI]. M.

**bultrìc,** sm. (friulano), 'stomaco, ventre', 'persona panciuta'; (ladino centrale, nel Comelico: *buldricu*), 'ventre grosso e cascante'.

Dal latino *ventricŭlum* 'stomaco, piccolo ventre' [DESF]. M.

**bùme,** sm. (veneto: in Polesine). 'Alburno, la parte esterna dell'albero, più dura' e bianca.

La parola riflette il latino *albūmen* 'albume', che generalmente designa il 'bianco dell'uovo' [LEI]. M.

**bumprö̀,** sm. (lombardo: Grosio, anche *bumbrö̀*). 'Rutto': *tirä̀r su al bumprö̀* 'digerire, ruttare'.

Dall'italiano *buon prò (ti faccia)*; nella variante *bumbrö̀* si avverte l'intrusione della voce dialettale *brö* 'brodo' [Antonioli-Bracchi 1995]. M.

**bunàca,** sf. (calabrese), «ladra, tasca nella parte posteriore della giacchetta (dei cacciatori); cacciatora, giacchetta con una larga tasca di dietro» (Rohlfs 1977); (siciliano: *bbunaca*, *bbinaca*), «giacca da uomo; giacca di foggia antiquata generalmente usata per la campagna; cacciatora; tasca interna della giacca» col modo di dire (a Centuripe) *strazzàricci a bbunaca a unu* «respingere la proposta di matrimonio di qualcuno» (Piccitto 1977).

Dal latino *gaunaca* (Varrone) 'specie di panno grosso, peloso solo da una parte' (DEI), parola orientale venuta attraverso il greco *kaunákēs* che designava una specie di pelliccia persiana o babilonese; la diffusione in Sicilia pare moderna (VES). Da qualche lessicografo siciliano la voce nell'Isola è considerata di provenienza calabrese; tra questi Mortillaro 1838 definisce *bunaca* nel seguente modo: «voce calabrese, che significa un certo giubbone per lo più di velluto, che cuopre fin sotto il cinto con una grande tasca di dietro, usato particolarmente dai cacciatori, che vi ripongono la preda ed anche la munizione;

ma usato ancora dalla gente plebea e malvagia, d'onde per un recente traslato son chiamati *b.[unaca]* i mariuoli e gli uomini di scarriera; ed è uno de' maggiori insulti, che a dì nostri può dirsi a persona con cui non par bene aver a fare».

G. Tomasi di Lampedusa: *Poco dopo venne Russo il soprastante, l'uomo che il Principe trovava più significativo tra i suoi dipendenti. Svelto, ravvolto non senza eleganza nella «bunaca» di velluto rigato, con gli occhi avidi sotto una fronte senza rimorsi, era per lui la perfetta espressione di un ceto in ascesa* (*Il Gattopardo*, Edizione conforme al manoscritto del 1957, Milano 1969, pp. 39-40). M.

**buóu,** sm. (ligure: Genova, a Pigna: *buréu*; piemontese: *bulé*, con varianti; veneto: *boléo*). 'Fungo'.

Dal latino *bolētus* 'fungo' [REW; REWS; Merlo 1941-57; Vigolo 1992]. C.

**bùra,** sf. (ligure: Val Graveglia). 'Rabbia' anche nell'espressione *se ne da da bùra* 'si dà di quelle arie'.

Dall'italiano *boria* 'vanagloria, pompa', forse con influsso di → *bòra* 'vento di nord est' [Plomteux 1975]. M.

**burà¹,** sm. (emiliano settentrionale, anche *buràz*; romagnolo). 'Canovaccio per asciugar stoviglie'.

Un derivato, come l'equivalente italiano *borraccio*, dal latino tardo *burra* 'lana grezza'.

F. Guccini: *alacri famigli che passano ore se non giorni a manutenerla, con amorosi olii meccanici e soffici lànei burazzi* (*Vacca d'un cane*, Milano 1993, p. 110). C.

**burà²,** v. (toscano: Siena) 'bruciare lentamente; il covare del fuoco senza divampare'.

Dal latino, attestato tardi (sec. IX, Glosse), *burāre* 'bruciacchiare' [LEI]. C.

**buràsca ed san Iusèf,** locuz. (emiliano, a Modena; romagnolo, a Ravenna). 'Burrasca piuttosto frequente verso la metà di marzo'.

Letteralmente 'burrasca di S. Giuseppe', santo festeggiato il 19 marzo, conformemente al proverbio ravennate *senza burasca mērz u n' passa* 'senza burrasca marzo non passa'. Il riferimento ai santi o alla Madonna è proprio anche di altri simili proverbi meteorologici.

F. Serantini: *Il tempo è in mossa, siamo vicini alla burrasca di san Giuseppe* (*I Bastardi*, Ravenna 1989, p. 163). C.

**bùrba¹,** sf. (sardo). 'Utero'.

Dal latino *vulva*. Notevole lo spregiativo di Fonni *urbisì 'a* detto di 'donna sterile', letteralmente dall''utero secco' [DES]. C.

**bùrba²,** sf. (veneto: Verona). 'Grossa susina'.

Adattamento di *burbank* 'qualità di susine', che presero il nome dal naturalista americano Luther Burbank (1849-1926), che ha sviluppato parecchie varietà di piante, tra cui, appunto, le *Burbank plums* (1849) [DEI; Bondardo 1986]. C.

**būrc,** sm. (lombardo, accanto a *biòlc, biulc, bulc*). 'Bifolco, bovaio'.

Dal suo nome latino *bubulcus* con caduta della *-b-* tra vocali e troncamento. C.

**burdèl,** sm. (romagnolo), 'bambino, ragazzo, figlio', «parola che fa ridere i non romagnoli, per la sua "parentela" con bordello» (Quondamatteo 1982); (emiliano, nel piacentino: *bordlèin*), 'piccolo fanciullo grassoccio'; (abruzzese: *bburdèlle, bbirdèulë*; umbro, Spoleto: *burdéllu*), 'ragazzo'.

Dal latino *bŭrdus* 'mulo', con lo stesso passaggio semantico che si può osservare in *mulo* 'ragazzo' (→ *mùla*) [Foresti 1882; Pauli 1919; REW; DAM].

M. Moretti: *E lo stringeva, lo chiamava infinite volte «figliolo mio», «*'è mi' burdèl*», e singhiozzava, piangeva, lo stringeva più forte se egli tentava di respingerla: infine Archimede, stanco, espasperato da questa commedia, le diede una spinta che valse a distaccarla, per il momento, da lui* (*Romanzi della mia terra*, Milano 1961, pp. 175-176). M.

**burfìga,** sm. (ligure: Pigna), 'macchia o vescichetta prodotta sulla pelle da una scottatura o dal calore solare'; (piemontese sud-occidentale: *borfìa, bürfìa* e forse anche *bürfio*; ligure, ad Airole: *burfigura*), 'vescica'.

Dal verbo *burfigàr*, che rappresenta il latino parlato **bul(l)ificāre*, da *bŭlla* 'bolla', con vari riscontri galloromanzi [Merlo 1941-57]. C.

**bùrgar,** sm. (piemontese: Borgolavezzaro). 'Servo colonico; bifolco'.

Deriva da **burgulus*, diminutivo del latino medievale *burgus* 'borgo' (dal germanico *burgs*) nel senso di 'abitante del borgo', ma con valore spregiativo [Serra 1965]. M.

**bùrgiu,** sm. (siciliano, con varianti), 'mucchio (in particolare di paglia, fieno, grano ecc.)'; (calabrese, nel catanzarese), 'cumulo'.

Relitto dell'arabo *burǵ* 'torre' che anche nel maltese *borǵ* ha sviluppato il senso di 'mucchio'; l'arabismo è presente anche nella toponomastica siciliana (*Burgio*) verosimilmente nel significato originario di 'torre' [DEI; Pellegrini 1972; VES]. M.

**burgṓn,** sm. (emiliano). 'Castagno o altro grosso albero che abbia un largo vuoto nel tronco' a Lizzano in Belvedere, 'vaso grande di legno e di paglia' nella montagna modenese.

Accrescitivo di *burg*. Il *burgṓn* di Lizzano è spesso nominato, perché «ai bambini si fa credere che le levatrici prendano di là i neonati per portarli alle case» (Malagoli 1941), secondo una tradizione diffusa anche in larga parte della Romagna (Baldini 1991: 68). C.

**buriàda,** sf. (ladino-centrale). 'Levata in volo degli uccelli', anche nella locuzione *èse de buriàda* 'essere di fretta, di corsa, di volata'.

La voce, anche nella varianti *de boriada, deburiada*, è spiegata non molto convincentemente con l'espressione italiana *(stare, andare, partire) di brigata*. Più adeguata sembra una relazione col verbo veneto *borìr* (→ *borì*) 'scovare la selvaggina', detto del cane, noto anche al comelicano (*burì*) e al friulano (*burì*): scovando la selvaggina si provoca la precipitosa fuga degli animali [Tagliavini 1988; DESF; EWD]. C.

**burìn¹,** sm. (piemontese orientale, anche *birìn*; emiliano occidentale: *bur*; lombardo occidentale: *purìn, bura* come sf.). 'Capezzolo'.

Sono voci da connettere alla base **burra* designante 'oggetto rotondo' (→ *bòro²*, → *borón*); il DEI suppone (ma l'ipotesi non è necessaria) anche una sovrapposizione con un latino parlato **uberīnus, -a* (aggettivo di *uber* 'mammella') che sarebbe alla base di voci quali l'abruzzese *verrìnë* 'il seno della scrofa pieno di latte acconciato per salume', il campano *verrìneja*, il calabrese settentrionale *vurrìnë* 'ventre lattoso della scrofa', il laziale *(u)rina*, l'abruzzese *vërina*, il calabrese *v(i)rina* 'mammella delle capre o delle vacche'. Ma tali vocaboli – secondo Alessio 1976 – potrebbero riflettere anche il latino *uberīgo, -inis* 'ingorgo del latte alla mammella', che sarebbe all'origine anche del campano *verrìnia*, *virrìnia* 'genitale della donna', e 'parte genitale della scrofa'; in alcune voci con accostamento paretimologico a *verres* 'verro' [Vignoli 1911 e 1926; Alessio 1938; AIS; DEI s.v. *borino*]. M.

**burìn²,** sm. (ladino centrale: Comelico). 'Bambino grasso'.

Probabile trapasso semantico da un *burìn* nel senso di 'ceppo, tronco', che è vivo nel lombardo alpino, forse da **borra* 'ceppo' (→ *bòro²*) [Tagliavini 1944]. M.

**burnìa,** sf. (siciliano; calabrese; piemontese; ligure: *brünìa*). 'Vaso cilindrico di terracotta invetriata o cristallo per conservare viveri grassi o medicine'.

Dal suo nome arabo, *burnīya*, passato anche in spagnolo (*albornía*) e, con mutato accento, nel catalano *(al)búrnia*, dal quale dipende il sardo *bùrnia* [DEI; VES].

V. CONSOLO: *le scansie stipate di fiaschi bussoli unguentarî alberelli scatole burnie* (*Il sorriso dell'ignoto marinaio*, Milano 1987, p. 3). C.

**burrìda,** sf. (sardo campidanese; ligure: *burida*; corso: *burrita*). 'Zuppa di pesce; guazzetto di pesce'.

La voce genovese (da cui dipende la forma corsa) deriva dal provenzale *bourrido*, *boulido* 'sorta di zuppa di pesce' (a sua volta dal verbo *boulì* 'bollire'). Il termine sardo, che appartiene alla cucina cagliaritana e non si conosce nel Logudoro, può provenire dal ligure o piuttosto dal catalano *borrida* 'guazzetto di baccalà' (come ritengono sia DES che Coromines in cui però l'etimo di *borrida* non è ben chiarito) [Wagner 1950: 267; DEI s.v. *burida*; DES; Coromines; *Vocabolario delle parlate liguri*; Cortelazzo 1965 s.v. *Sburida*]. M.

**bur(r)ìno,** sm. (laziale: Roma), 'contadino; chi è zotico e grossolano'; (marchigiano, a Urbino: *burìn* plur.), 'braccianti che vanno in maremma'.

In origine il termine indica il 'campagnolo originario della Romagna confinante col Ducato di Urbino, che viene a Roma per lavorare la terra' ed in tal senso la voce è nota nella città fin dal Seicento, mentre entra nell'italiano intorno alla metà del secolo scorso. L'etimologia della parola è incerta; forse è in rapporto con *bure* 'parte curva della stanga dell'aratro'; nella campagna romana sono noti i *burrini* 'scodelle molto cupe usate dagli agricoltori della campagna romana', voce che dovrebbe essere connessa con l'otrantino *vurro* 'sorta di vaso' (greco *býrros* 'cantaro') o con l'italiano *borraccia* [DEI; DELI].

M. D'AZEGLIO: *Non vidi nella chiesa e ne' dintorni se non contadini, burrini, ciociari di Regno* (cit. in GDLI II 455). – C. CASSOLA: *Rosso in faccia, coi capelli neri irti, le mani grosse, il ragazzo dava a vedere di essere venuto da un paese, o addirittura dalla campagna: sì da giustificare l'appellativo brutalmente scherzoso di "burrino" con cui il barista gli rivolgeva la parola* (cit. in GDLI II 455). – A. MORAVIA: *Lui per questo prese a odiarmi più che mai e fu allora che cominciò a chiamarmi burina: «È tornata la burina? ... dov'è la burina?»* (*La ciociara*, Milano 1957, p. 10). – P. P. PASOLINI: *I birocci0ni rossi dei burini che se ne tornavano calmi calmi dai mercati verso gli orti della periferia* (cit. in GDLI II 455). M.

**bùrro,** agg. (marchigiano). 'Oscuro'.

Dal latino *bŭrrus* 'rosso scuro' (prestito dal greco *pyrrhós* 'del colore del fuoco'), da cui pure l'agg. *buro, bur* 'buio' di area settentrionale, prevalentemente emiliano-romagnolo [AIS; DEI]. M.

**bùrsa de gat,** locuz. sostant. (lombardo: Gromo). 'Portamonete' (variante arcaica del moderno *portamonéde*).

Perché una volta era confezionato anche con la pelle di gatto. C.

**busà,** v. (friulano; veneto, bellunese: *busàr*; ladino centrale: *busàr, busèr*). 'Baciare'.

Si ritiene che si tratti di voci derivanti dal medio alto tedesco *buss, butsch* 'bacio', a sua volta dalla base **bu* onomatopeica, data la presenza di voci analoghe per 'bacio', 'baciare' nelle lingue germaniche. Ma termini simili per significati affini si trovano pure in altre lingue anche non europee, perciò per le varietà dialettali italiane l'ipotesi di un'origine germanica, seppure non vada esclusa, è però piuttosto debole, ed in ogni caso si risalirebbe ad una base onomatopeica [DESF]. M.

**buscelèt,** sm. (lombardo settentrionale, in Valtellina). 'Olmo da sughero, olmo fungoso, *Ulmus suberosa*'.

Denominazione tratta dalla voce dialettale lombarda (ma nota anche in Engadina) *büscèl*, *büscèle* (in Valtellina) 'pane a forma allungata, o a ciambella, dolce o salato', *buscèl* (comasco) 'panetto, pane piccolo', *bösèla* (bergamasco) 'pane, panetto', dal latino *bŭccĕlla* 'bocconcino, piccolo pane'. Il significato derivato di 'olmo' dipende dal fatto che «la sua scorza in tempo di carestia si macinò per unirla al pane» (Monti 1845) [Bracchi 1991]. M.

**büschegià,** v. (lombardo alpino: Castione Andevenno). 'Nevischiare'.

Dal dialettale *büsca*, 'pagliuzza' «cogliendo l'immagine del brulicare delle falde sospese in aria» (Bracchi 1992). M.

**buscherìo,** sm. (toscano). 'Baccano, tafferuglio'.

Da *buscherare*, verbo che vorrebbe occultare *buggerare* 'imbrogliare, fregare' (influenzato da altra parola: *buscare* o *bischero*), ma che ha finito per mantenerne la connotazione volgare, tanto è vero che G. Cappuccini, avendo intenzione di escludere dal suo vocabolario della lingua italiana (Milano 1916) le «parole triviali e inverecondo», fece un'eccezione per *buscherio* con la dichiarazione non esatta (accoglierà anche *imbuscherarsi*): «questa è la sola parola del suo gruppo che si possa imparare, dir con un certo ritegno e raramente scrivere» [Vidossi 1946]. C.

**busdài,** agg. (veneto giuliano: Pola). 'Di scarso valore'.

Il confronto col triestino *busdèl* 'sciocco, incompetente, senza valore' lo identifica come abbreviazione furbesca di espressioni del tipo *buš de l'èri* o, più apertamente, *busdecùl* [Doria 1987]. C.

**busmaròla,** sf. (romagnolo). «Recipiente che serve a contenere bozzima (*bösma*)» (Ercolani 1971).

Dal dialettale *bösma* 'bozzima'; il DEI registra anche un fitonimo di area emiliana *busmaròla* 'barbe di stipa, *Andropogon*', anch'essa da una medesima voce dialettale *bosma* e cosiddetta perché se ne fanno spazzole da imbozzimare. M.

**busréin,** sm. (ligure-piemontese: Novi L.; nel Monferrato: *busrìn*). 'Biancospino, *Crataegus Oxyacantha*'.

Diminutivo di *busurìn* per *busulìn*, un derivato del latino *buxus* 'bosso' nel senso di 'siepe', 'cespugli', di cui il biancospino costituisce spesso uno dei principali componenti. C.

**bùssëla,** sf. (laziale). 'Natura delle donne'.

Dal significato di 'cassetta delle elemosine' a causa della fessura, come è avvenuto per il parallelo veneto → *musìna*. Etimologicamente corrisponde all'italiano *bussola*, propriamente 'scatola di bosso' [Vignoli 1911 e 1926]. C.

**bus(s)eròla,** sf. (piemontese). 'Uva d'orzo, *Arctostaphylos uva ursi*, Spr.'.

Diminutivo del tipo ligure occidentale *(d)arbùs(s)a* 'frutto del corbezzolo', derivato dall'agg. latino *arbūteus* 'proprio del corbezzolo *(arbūtus)*' [LEI]. C.

**busunàgghia,** sf. (siciliano; sardo: *businàglia, busonàglia*; ligure: *bozzonàggia*), 'parte di scarto del tonno, che si conserva sotto sale'; (toscano, a Lucca: *buzzamàglia, bozzimàglia*), 'quantità di roba molle, floscia', 'scarti di salacche e baccalà'.

Dal siciliano *busunàgghia* 'moneta di scarto', che dipende dal latino medievale *bulzonalia*, da *bolzo* o *bolzonus* 'moneta fuori uso', 'metallo da rifondere' [VES].

V. CONSOLO: *Tonno. Tonnina, ventresca, bottarga, cuore, ficazza, lattume e buzzonaglia* (*Il sorriso dell'ignoto marinaio*, Milano 1987, p. 28). C.

**butafóg,** sm. (veneto, nel polesano; lombardo, nel mantovano: *butafṏc*). 'Lucciola, *Lampyris italica*'.

Letteralmente 'buttafuoco' [Arrivabene 1882; Salvioni 1892].

G. PEDERIALI: *Uno dei cavalieri ghibellini, il signore di Casalmaggiore, intervenne. «Il villano non esagera. Questo giovane, se non fosse sporco, e se possedesse la nobiltà dello sguardo e del portamento, somiglierebbe molto al nostro re». Re Enzo scese da cavallo e guardò da vicino il viso di Butafogh. «Come ti chiami?» «Butafogh» «Che nome è?» «Significa lucciola»* (*La compagnia della Selva Bella*, Milano 1992, p. 15). M.

**buttalò,** sm. (corso: anche *battalò, vattalò, vittalò*; ligure, a Genova: *bittalò*). 'Bompresso delle piccole navi'.

Dallo spagnolo antico *bota a lo*, letteralmente 'getta a sopravvento' [*Dizionario di marina* 1937; Corominas]. C.

**buvòne,** sm. (sardo logudorese), 'scarafaggio'; (sardo gallurese: *buvoni*), 'bofonchio, bombo terrestre'; (corso: *bufone*, *vufone*), 'insetto volante'.

Corrispondono al toscano *bufone*, *buffone* 'maggiolino' che si rapporta ad un latino tardo *bufo*, *-ōnis* documentato come nome di insetto, ma voce da confrontare anche con *bufo*, *-ōnis* 'rospo'; a una forma del parlato **bufuncŭlus* è fatto risalire il toscano *bufònchio* (Valdinievole) 'baco bianco e grosso', *bofònchio* 'calabrone' da cui *bofonchiare* 'brontolare, borbottare' [DEI ss.vv. *bofònchio*, *buffone*, *bufònchio*; DES; DELI]. M.

**bùza,** sf. (ticinese). 'Burrasca', 'piena, alluvione', 'frana'.

Malgrado molti tentativi fatti per spiegarne l'origine, resta ancora di provenienza sconosciuta. Non è, però, improbabile che si possa partire dalla base *bod(j)*- 'gonfio, panciuto' nella variante *bud(j)*-, che attribuirebbe a *bùza* il senso di 'cosa gonfia, piena, sì che può sbottare, erompere' [VDSI].

G. PAPA: *Uno sterminato campionario di pietre: inerti, fino alla prossima alluvione, quando lo spiritaccio del fiume riscatta gli ozi sonnacchiosi con la folle sfacchinata della "buzza"* (*La farfalla di Aurigena*, cit. in *L'italiano nelle regioni. Testi e documenti* a cura di F. Bruni, Torino 1994, p. 205). C.

**buz dla Jàcma,** locuz. sostant. (emiliano: Parma). 'Occidente', «plaga del cielo che per noi è volta ad occidente e dallo stato meteorologico del quale argomentano i Parmigiani le imminenti vicende atmosferiche» (Malaspina 1856-59).

Letteralmente 'buco della Giacoma', ma il riferimento sfugge; si può ricordare, tuttavia, un preciso riscontro nel toscano (territorio di Grosseto) *buha di Bètta* 'punto dell'orizzonte verso il quale si guarda al tramonto per presagire il tempo che farà' (Fatini 1953, Alberti-Eschini 1970-71). C.

**buzolà,** sm. (veneto: anche *busolà*; veneto giuliano: anche *buzulà(do)* ed altre varianti). 'Ciambella', 'cercine'.

Dal latino *buccelātum* 'galletta, biscotto di soldati e marinai', come l'italiano *buccellato* [Prati 1968; Doria 1987].

S. ZANOTTO: *Come pane scelse quello di un sacchetto pieno di buccellati di Chioggia, i bussolai che erano la galletta adriatica, il pane secco che durava a lungo, ottimo col pesce* (*Delta di Venere*, Milano 1975, p. 120). C.

**bùzzigo,** sm. (marchigiano, anche *bùzzucu*; umbro: *bùzzigo, bùzzeco*; laziale: *bùzzico, bùzzicu*; abruzzese: *buzzechë*; calabrese settentrionale: *bùzzicu*). 'Barattolo, recipiente di latta; bigonciolo'. Molto comune, specie in area laziale, il "gioco del buzzico"; a Zagarolo, per esempio, il gioco *a bùzzicu* si svolgeva nel modo seguente: «si praticava una buchetta per terra e vi si collocava del carburo bagnato con un po' di saliva. Il tutto veniva coperto da un barattolo (*bùzzicu*) bucato. Quando il carburo inumidito con la saliva cominciava a "friggere", si avvicinava un bastone acceso al buco del barattolo. Si verificava una reazione chimica per cui il barattolo saltava in aria. Il gioco era praticato il giorno della commemorazione dei morti» (*Zagarolo* 1982).

Ampliamento del dialettale di area umbra e marchigiana *buzzo* 'barattolo' tratto dal latino parlato **bŭttia* 'botte' [DEI s.v. *bùzzico*; Catanelli 1970; REWS; Moretti 1973]. M.

**buzzìnu,** sm. (sardo logdorese). 'Boia, carnefice'.

Dal catalano *botxí, butxí*. Gli esempi più antichi (*boccinu, buccinu*) risalgono ai secoli XVI e XVII, quindi è da escludere che il nome si debba al ministro piemontese G.L. *Bogino*, severo e impopolare, il quale, tuttavia, spiega alcune varianti, dovute ad incroci fra la voce antica e il cognome piemontese [DES]. C.

# C

**càa,** sf. (ligure, nel genovese). «Cera, aspetto, sembiante, ed usasi sempre in significato men buono: *O l'ha ûnna-a caa cattiva*; Ha un aspetto tristo, ributtante, cattivo» (Casaccia 1876).

Dal latino tardo *cara* 'testa' (si veda anche → *càra*) a sua volta dal greco, con caduta di *-r-* [REW; FEW; DEI]. M.

**cabàs,** sm. (piemontese, anche *gabàs*), «attrezzo di forma cubica per trasportare calce o altri materiali da costruzione» (Gribaudo-Seglie 1972-75); anche «grossa gerla» (Brero 1982); con questo significato pure *cabasa* sf.

La voce ha riscontri in area galloromanza (per esempio il provenzale *cabas* 'paniere') e iberoromanza e come questi si riconduce ad una base **capācium* 'cesto', alla quale si potrebbero riportare anche il lombardo settentrionale (Val Chiavenna) *campàc'* e varianti 'cesta'. Termini dei dialetti meridionali quali l'abruzzese *capange* 'vassoio di legno dei muratori per trasportar la calcina', pugliese *capase* «recipiente di terra cotta per le olive, per l'olio» (Colasuonno 1991-92), 'brocca; vaso per lo strutto', voce anche salentina (*capasa*) e calabrese (*capasa*) con analogo significato, sono – secondo un'ipotesi (REWS) – derivati di **capācium*; diversamente il DEI suppone riflessi dell'arabo *qafas* 'recipiente' oppure di un latino *capax, -acis* 'capace', attraverso formazioni del tipo *vasa capacia* > *(vasa) capasa* [FEW; DEI ss.vv. *cabass(a)*, *capasa*]. M.

**cabbaràsi,** sm. (siciliano, anche *cabbarasu*, *cabbarrasi*, *cabburasu*). 'Stafisagria, erba dei pidocchi, *Delphinium staphisagria* L.', erba che cresce in luoghi umidi e che uccide i pidocchi.

Voce di origine araba, da *ḥabb ar-ra's*, letteralmente 'grano della testa'; ne dipende anche lo spagnolo *albarraz* 'erba dei pidocchi' [DEI; Pellegini 1972; Piccitto 1977]. M.

**cabbarùsu,** sm. (siciliano: Messina). 'Scampagnata del lunedì di Pasqua'.

«Così chiamata dal nome della località di Calvaruso [nella dizione locale *Cabbarusu*], dove i messinesi sogliono andare in gita» (Piccitto 1977). M.

**cabernèt,** sm. (friulano). 'Qualità di uva nera diffusa in Friuli, che dà vino eccellente, apprezzato anche per invecchiare in bottiglia'.

Dal francese *cabernet*, nome di origine sconosciuta di un vitigno importato in Italia. M.

**cabòni,** sm. (sardo campidanese), 'gallo'; (sardo logudorese: *cabòne*; siciliano: *capuni*; calabrese: *capune*; abruzzese: *caponë*; campano: *capone*), 'cappone'.

Riflettono il latino *capo, -onis* 'gallo (non castrato)', rispetto al latino parlato **cappo, -one* da cui l'italiano *cappone*. Il significato di 'gallo (non castrato)' si mantiene solo nella parte meridionale della Sardegna, ma nell'isola è noto anche il termine *cappòne*, *cappòni* nel senso di 'cappone' e rappresenta un italianismo [DEI s.v. *capóne*; DES]. M.

**càbra mòtina,** locuz. sostant. (corso; sardo: *crapa mùtula*). 'Capra senza corna'.

Dal latino *mŭtilus* 'mozzo, tronco', tardivamente attestato anche nella variante *mŭtinus* e proprio con riferimento ad un ovino: "*mutina = pecora sine cornibus*" [DES; Rohlfs 1979]. C.

**cabupè,** nella locuz. avverb. *a cabupè* (sardo logudorese). 'In media'; in particolare 'contratto di società nel campo dell'allevamento dei maiali, con cui il socio percepisce la quarta parte delle entrate'.

Dall'italiano antico *capopiede, capopiè* 'sottosopra'; anche in Corsica vi è il modo avverbiale *capu-pede* 'l'un per l'altro, fra grandi e piccoli, per es. capre e capretti' [DES]. M.

**cabùrna,** sf. (piemontese, anche *caborna*). 'Catapecchia, casolare, ripostiglio'.

La voce richiama il provenzale moderno *caborno*, *caberno* e varianti sf. 'caverna' (ricondotte al latino *caverna*); secondo il DEI anche il calabrese meridionale *cavurru*, *cafurri* sm. 'burrone, fosso oscuro' sarà da confrontare con queste voci presupponendo un esito *rr* < *rn* [Gavuzzi 1891; Levi 1927; FEW; DEI; *Glossario etimologico vercellese* 1972]. M.

**cacacàrte,** sm. (campano: Napoli). «Imbrattacarte» (Salzano 1979), 'scribacchino'.

Evidente composto di 'cacare' e 'carta' [DEI]. M.

**cacafèrru,** sm. (siciliano). «Scoria del ferro, rosticcio» (Piccitto 1977).

Secondo il DEI, la voce rappresenta un adattamento dello spagnolo *cagafierro*, o catalano *cagaferro*, parola nota anche al provenzale *cagafer* ed affine semanticamente al latino medievale *merda ferrī*, tutti con analogo significato. L'ipotesi del DEI è confermata da Michel 1996 che riconduce il sicilianismo alla forma catalana, anziché a quella spagnola, per motivi cronologici. M.

**cacàglië,** sm. (campano; lucano; abruzzese: *cacàjjë*; calabrese: *cacàgliu*). 'Balbuziente', «dicesi di chi profferisce con istento le lettere ripercotendole in parlando» (Puoti 1850). Da qui i verbi *cacagliare*, *cacagghiare* (calabrese settentrionale) 'tartagliare', *cacarëjà*, *cacheleià* (abruzzese; molisano) 'schiamazzare della gallina che ha fatto l'uovo', 'balbettare'.

Dalla ripetizione sillabica *ca-*, *ca-*, propria di chi tartaglia, che ritorna anche nel francese *cacailler* [FEW; DEI s.v. *cacagliare*; REWS; Salzano 1979]. M.

**Cacàmme,** nella locuz. *lu fiju de Cacàmme* (marchigiano: Macerata). 'Persona saccente'.

Falso nome proprio, peraltro non isolato; l'appellativo ebraico *habàm*, infatti, vale 'sapiente' e, poi, anche 'rabbino' ed è molto diffuso pure nel giudeo italiano [Fortis-Zolli 1979]. C.

**cacaràngi,** sm. (calabrese). 'Solano spinoso, *Solanum Sodomaeum*'.

Dall'arabo *kākanğ* con analogo significato, trasmesso per via semidotta; un derivato del dialettale *cacarangi* è il calabrese *cacarànciula* sf. 'specie di erba nociva che infesta i campi'. Si connettono alla voce araba e all'italiano *alchechengi* (dall'arabo *al kākanğ* attraverso lo spagnolo *alquequenje* e francese *alkekenge*) altre forme dialettali come il toscano *accatengi*, il ligure *chichinger*, il piemontese *chichingi*, il lombardo (Como) *chechìngero salvàdego*, l'abruzzese *archechìngelo*, il siciliano *alcachenci* (attestazioni desunte da Penzig 1924) che designano il 'solano' [DEI; Pellegrini 1972]. M.

**càcaro,** sm. (toscano: Arcipelago). 'Pescatore delle paranze a vela'; anche *càchero*.

Divoratori di pesci e crostacei anche crudi, questi pescatori hanno ricevuto il nome di un 'gabbiano', lo *Stercorarius pomathorimus*, egualmente avido di pesce [Fanciulli; Valente 1995]. C.

**cacasìccu,** sm. (calabrese meridionale; campano, a Napoli: *cacasicco*; abruzzese: *cacasicchë*). 'Chi non mangia per avarizia; stitico'.

Formazione di evidente origine; richiama ad esempio l'italiano *cacasodo* detto di 'persona che affetta gravità o sussiego' [DEI s.v. *cacasécco*]. M.

**cacavàscë,** sf. (abruzzese, con varianti). 'Bacca, frutto della rosa canina'.

Dal latino tardo *cacabasia* nome di un'erba, con influsso di *vascë* 'basso'. A questa base latina si riconducono altri fitonimi come il ligure *cagabàsciu*, *scarabàsciu* e varianti 'solano nero, solatro', il marchigiano *cacabàscia* 'mercorella', *caccabasso* 'laureola' registrati da Penzig 1924 [DEI s.v. *cacavàscia*; Giammarco 1985]. M.

**cacazàppa,** sf. (calabrese). 'Scricciolo, reattino'.

Composto di *caca(re)* e *zappa*, denominazione di tipo scherzoso, da confrontare con il calabrese e siciliano *cacamarrùggiu* nome dello scricciolo composto con → *marrùggiu* 'manico della zappa', e col salentino *cacamargiale* «passeraceo molto piccolo, saltimpalo, stiaccino» (Rohlfs 1956) e nel pugliese (a Taranto) 'cingallegra', composto con *margiale* (→ *marrùggiu*) 'manico della zappa' [DEI]. M.

**càccamu,** sm. (siciliano; salentino: *cacamuschë*; ligure: *cagabulìn*) 'Pianta e frutto del bagolaro, *Celtis australis*'.

Voci che si connettono al greco tardo *kákkabos* 'nome di un albero', secondo il DEI (s.v. *càccamo*) attraverso il bizantino, mentre per Alessio 1976 attraverso un latino tardo *cac(c)abus* 'bagolaro'. Direttamente al greco risale Rohlfs 1964 che aggiunge tra i riflessi italoromanzi di tale voce anche un laziale (a Velletri) *càccamo* ed un abruzzese *càccamë*, quest'ultimo non registrato dal DAM ma dal REW insieme con un pugliese (nel tarantino) *càccamë*, designanti sempre il 'bagolaro'. Quanto al salentino *cacamùschë*, vi è un raccostamento paretimologico a *musca* 'mosca'; la stessa pianta in tale area è chiamata anche *pète de musche*, *àrbulu de le mùschie* e altre varianti, mentre nel ligure *cagabulìn* vi sarà un incrocio con *bagolaro*. M.

**càccavë,** sm. (campano; abruzzese, anche *càccamë*; molisano: *càccavë*; laziale meridionale: *càccamo*; lucano: *càcchëve*, *cuàcchëvë*; pugliese; salentino: *càccamu*, *càccalu*, *càcculu*; calabrese: *càccumu*, *càccavu*; siciliano: *càccamu*; sardo *càccau*; corso: *càccavu*). 'Pentolone', 'caldaia per cagliare il latte', in siciliano «caldaia dove si faceva bollire la radice marinata da cui estrarre la liquerizia» (Piccitto 1977).

Dal latino *caccabus* che corrisponde al greco *kákkabos* 'vaso per cuocere il cibo'. Le forme dialettali con *-m-* sono dovute, secondo il DEI, a sovrapposizione del latino *cuc(c)ŭma* 'cuccuma', ma è preferibile pensare ad uno scambio *v/m*: si confronti, ad esempio, il napoletano *alevento* per '*elemento*' (Rohlfs 1968: 311). Nei dialetti sono note anche voci suffissate, ad esempio il napoletano *caccavella* 'pentola', il calabrese *caccaveḍḍu* 'paiolino', l'abruzzese *caccavéjjë* 'paiolo', il sardo *cacchèḍḍa* e *caccaòne* 'pignatta' piccola e grande rispettivamente [REW; DEI ss.vv. *càccamo*, *càccavo*, *caccavello*; DES; Rohlfs 1964]. M.

**caccavèlla,** sf. (toscano; umbro; laziale; *caccabèlla*, *caccaniella*, *calcavèllo*, *carcavèllo*, *cuccuvèlla* ed altre). 'Frutto della rosa di macchia'.

È così chiamato, perché, per la sua forma, sembra un 'piccola (*-ella, -èllo*) pignatta (*caccabus* in latino, → *càccavë*)'. C.

**caccemìtte,** sm. (marchigiano: Arcevia). 'Vinello, acquerello'.

Composto imperativale di *caccià* 'tirar fuori' e *métte* 'mettere', perché è «fatto nei tini dove si versa, volta per volta, tanto liquido quanto se ne estrae» (Spotti 1929). C.

**caccialèpri,** sm. (calabrese: Malvito). 'Specie di uccello di rapina' (Rohlfs 1977).

Da 'caccia(re)' e 'lepre'; per il DEI (s.v. *caccialepre*) si tratta di un calco dal greco da confrontare con *lagothḗrās* nome di un 'levriero' e di una 'specie di aquila'. M.

**cacciavèntu,** sm. (siciliano). 'Gheppio, *Falco tinnunculus tinnunculus*', con varianti: *cacciavientu*, *cacciventu*; la denominazione è estesa anche ad altre specie (lo 'smeriglio', il 'falco grillaio', utilizzando pure delle specificazioni: *c. furasteri*, *c. di passa* ecc.).

Letteralmente 'caccia vento'; come si intuisce, il nome prende spunto dal volo dell'uccello [Piccitto 1977]. M.

**cacciòffulu,** sm. (siciliano; calabrese, anche *caciòffula* e varianti sf.). 'Carciofo'; nel calabrese meridionale anche 'fiocco, estremità del cordone del campanello'.

Da *'carciofo'* ampliato con suffisso, formazione analoga a *cachofle* con lo stesso significato del provenzale moderno [DEI s.v. *caciòffolo*]. M.

**cacciuttiéllo,** sm. (campano, a Napoli). «Cagnolino» e traslato «innamorato assai fedele», come sf. *cacciuttella* «cagnetta; fanciulla graziosa e leggera, puttanella» con l'espress. *fa' 'e cacciuttiellë 'ncuórpo* «arrabbiarsi, rodersi d'ira» (Altamura 1956).

Diminutivo del napoletano *cacciuóttë* 'cucciolo' probabile variante dissimilata di *cacchio* che rappresenta regolarmente il latino *catŭlus* 'giovane animale' [DEI s.v. *cacciottèlla*; REWS].

D. REA: *Argo ... non si saziava di leccargli le guance, tenendo a bada il pastore bianco abruzzese e i due cacciottielli* (*Ninfa plebea*, Milano 1992, p. 139). M.

**cacéja,** sf. (toscano: amiatino). 'Ammasso di legna, cumulo di sassi', come nello spoletino antico *cacèa*; (toscano, a Siena: *cacéa*) 'recipiente assai grande per cuocervi le vivande'.

«Dato l'amiatino *macéa* e il lucchese *macìa*, mucchio di sassi, si può supporre ... un incrocio fra *catasta* e *maceria*» [Ugolini 1988-89]. C.

**caciàra,** sf. (laziale: Roma). 'Confusione, gazzarra'.

Dalla rumorosa confusione che anima la *caciaia*. Il Chiappini 1967, che pur non registra questa accezione diventata abbastanza comune in tutta Italia, accoglie *caciara*, sia nel senso di 'magazzino del cacio', sia in quello intermedio di 'luogo pieno di confusione e di gente volgare'.

P. P. PASOLINI: *Si vedeva benissimo che non gliene fregava niente dei bersaglieri, ma che quella era un'occasione buona per fare un po' di caciara* (cit. in GDLI II 484). C.

**cacìcia,** sf. (siciliano, anche *cascìscia*). 'Guaderella, erba lutea, *Reseda luteola*', pianta spontanea molto comune, adoperata per tingere in giallo o azzurro.

Dall'arabo *ḫašīš* 'erba secca, fieno' conservata per i tintori; l'etimo è assicurato dalla variante siciliana *cascìscia*. Per Valente 1995 è, invece, di origine greca (da *kapsíkion* 'cassettina' per i suoi frutti a capsula) [DEI; Pellegrini 1972]. C.

**cacietà,** v. (ligure: Ventimiglia). 'Sigillare'.

Dal francese *cacheter* 'sigillare con un piccolo sigillo' (*cachet*, dal latino parlato **coacticāre* 'premere, chiudere fortemente') [FEW; Azaretti 1982]. C.

**caciòppu,** sm. (siciliano). «Tronco d'albero secco, o una sua porzione» (Piccitto 1977).

La voce è ricondotta dal DEI (s.v. *cacioppo*) allo spagnolo (asturiano) *cachopo* che ha analogo significato (Corominas). M.

**caciòrbia,** sf. (marchigiano, a Fano, con varianti). 'Grillotalpa'.

Voce isolata dalla prima parte oscura, mentre nella seconda può intravvedersi un riferimento alla presunta cecità della talpa, al quale animale l'insetto è spesso accomunato. C.

**caciùmmu,** sm. (siciliano). 'Globetto di vetro colorato ad uso di collane o rosari, e simili'.

Dallo spagnolo *cachumbo* (e *gachumbo*) 'guscio della noce di cocco con cui si fanno diversi utensili e anche chicchi di rosari', che con questo significato è presente nel sardo *cacciumbu* [DEI s.v. *caciumbo*; Beccaria 1968; Michel 1996]. M.

**cacomìro,** agg. e sm. (veneto; istrioto: *cacumièr* e *cacomèiro*). 'Stupido, sciocco', 'seccatore', 'bellimbusto'.

Dal greco *kakomóiros* 'degno di compassione, misero', perché colpito dalla cattiva (*kakê*) sorte (*môira*) [DEI; Cortelazzo 1970]. C. M.

**cacumìḍḍa,** sf. (siciliano: con varianti; calabrese: *gagumìḍḍa*). 'Camomilla'.

Derivato dal latino *camomīlla* con probabile incrocio con *cacūmen* 'cima', designazione affine a → *capomìlla* [DEI s.v. *cacumilla*]. M.

**cadàn-e,** sf. plur. (ligure). 'Bollicine che vengono sulla pelle, quando si suda molto'.

Letteralmente *caldane*, termine che trova un preciso corrispondente nel toscano (Monte Amiata) *caldarella* 'rossore della pelle con qualche disquamazione per eccesso di sudore' [Plomteux 1975]. C.

**caḍḍijà,** v. (lucano: San Fele). 'Picchiare una persona'.

Dalla voce del dialetto locale *caḍḍë* 'callo' (dal latino *callum*) col suffisso verbale *-ijà* (dal latino *-idiāre*) [Fanciullo 1992: 43; Luciano 1992]. M.

**càḍḍipu,** sm. (calabrese, con varianti). 'Fruciandolo, spazzaforno'.

Probabilmente dal greco **kállypon* per *kállyntron* 'scopa' [Rohlfs 1964 e 1977].

L. ASPREA: *Questo ch'era molto più grande di noi, brutto come un becco, coi capelli di capra sugli occhi, nero e lurido come un càipo da forno, guardava intontito e a bocca aperta (Il previtocciolo*, Milano 1971, p. 102). C.

**cadèl,** sm. (veneto giuliano). 'Palombo comune, *Mustelus mustelus* L.' in talune località è lo 'spinarolo, *Squalus acanthiasti*'. A Pirano anche in uso figurato: 'goffo, sudicio', 'pallido, magro'.

Dal latino *catĕllus* 'cagnolino' (ed il palombo è noto, infatti, in area giuliana anche con i nomi di *cagnoleto* o *cagneto*) [Rosamani 1958 e 1975]. C.

**càdie,** sf. (toscano; piemontese, lombardo: *gheda*; emiliano, a Parma: *gàida*; corso: *ghieda*; marchigiano: *gàida*; abruzzese: *gàdie*), 'gherone, specie nelle camicie da donna'; (trentino: *gàida*; lombardo: *gheda*; veneto, nel padovano: *ghea*), 'grembo'; (calabrese: *gada*), 'piega della gonna'.

Da un precedente *càide*, usato dal Redi nel senso di 'due strisce di panno, con cui si tengono eretti i bambini, che imparano a camminare', dal longobardo **gaida*, 'lancia' e poi 'pezzo di stoffa tagliato a freccia' che ha dato molte altre voci ai dialetti settentrionali. Il sardo campidanese *gàja* 'gherone' è invece un prestito dal catalano *gaya* di analogo significato [DEI ss.vv. *càdie* e *gàida*; DES; Nocentini 1983: 29].

A. MANZONI: *Vorrei sapere come si chiamino a* Lucca, *a* Prato, *a* Livorno, *a* Volterra, *quelle strisce di stoffa con cui si sorreggono i bambini, per avvezzarli a camminare, e che a Firenze si chiamano* Falde, *a Siena* Dande, *a Pistoia* Lacci, *a Arezzo* Caide (*Lettere* a cura di C. Arieti, III, Milano 1970, p. 342). C.

**cadò,** sm. (marchigiano: Fossombrone). 'Cerimonia chiassosa e festosa'.

Estensione del significato di 'regalo', pur vivo nella stessa località, dal francese *cadeau* 'dono, regalo'. C.

**cadorìn,** sm. (istriano: Pirano; istrioto, a Rovigno: *cadurèin*). 'Uomo accorto e brutto'.

Propriamente 'cadorino', uno di quegli esperti taglialegna del Cadore ben noti anche in Istria. C.

**cadùr,** sm. (lombardo: bergamasco). 'Arcuccio, arconcello: pertica più o meno incurvata che si mette sulle spalle ed alle cui estremità si portano due carichi all'incirca di peso equivalente. È usato per lo più per andare ad attingere l'acqua al pozzo, appendendovi due secchi, ma anche per portare i recipienti per latte ecc.' (per altre indicazioni sullo strumento → *buìnz*).

La voce *cadùr* è un derivato di *aqua* col suffisso *-atōre*, quindi l'arcuccio prende in questo caso il nome dall'uso che se ne fa. Una denominazione di analoga origine è il friulano *gài* sf. (a Vico, Forni di Sotto) che riflette appunto una formazione *aqua* col suffisso *-āriu* (con l'esito *ri* > *i* caratteristico delle località menzionate). M.

**cafaggiàio,** sm. (toscano: Lucca). 'Chi s'immischia volentieri negli affari che non lo riguardano'.

La voce rappresenta uno spostamento di significato dell'italiano antico *cafaggiaio* 'capo dei boschi o delle cascine', che risale al longobardo *gahagi* 'chiusa, bandita di caccia': → *capaggiàio* [Migliorini 1973]. M.

**cafariéllo,** sm. (campano: Napoli). «Chi ha voce stridula» (Salzano 1979).

Dal nome proprio *Cafariello*, che era un famoso cantante all'epoca del Metastasio [DEI]. M.

**càfaru,** agg. (siciliano, anche *càfuru*), 'vuoto'; (calabrese), 'vuoto; fracido, morbido'; (siciliano: *càfaru* come sm.), 'cavità, buco', con i derivati *cafariàri* 'corrodere, tarlare, scavare, rendere vuoto', *cafariàtu* 'tarlato'; (calabrese: come sm. *càffaru*, *gàfaru*, *gàfarë*), 'burrone, torrente, ruscello, solco profondo'; (lucano: *gàfaru* sm.), 'buca in un albero, una roccia'.

Non convince l'ipotesi di un'origine preromana (mediterranea) di queste voci, come propone il DEI, ed è preferibile un etimo dall'arabo *ḥafr* 'fosso, scavo; lavoro di scavo, incisione' [DEI s.v. *càfaro*; Pellegrini 1972; Rohlfs 1977a]. M.

**caffeàus(e),** sm. (toscano; umbro, ad Orvieto, con varianti: *caffeàmose*). 'Credenza da cucina, dove di solito sono riposti i servizi da caffè'.

Dalla forma, che ricorda il chiosco adibito a bottega del caffè, chiamato egualmente (in Toscana, Lombardia, Veneto e altrove) *caf(f)eàus*, dal tedesco d'Austria *Kaffeehaus*, letteralmente 'casa del caffè' [DEI; Fanciulli]. C.

**cafìsu,** sm. (siciliano; calabrese centro-meridionale, anche *cavìżżu*), 'misura di olio'; *cafisa* (campano: Procida), 'orcio per acqua potabile (sulle barche da pesca)'; *cafino* (campano: Napoli), 'antica misura di capacità per olio'.

Dall'arabo *qafīz* 'misura degli aridi', con passaggio a 'misura per liquidi' (e soprattutto di olio [VES]).

G. BONAVIRI: – *Porci! – gli diceva Turi. E quanti cafisi ne avete bevuto? Le botti erano quasi vuote, ne usciva un liquame cremoso in un ultimo moribondo gorgoglio* (*Il fiume di pietra*, Torino 1979, p. 91). M.

**cafuḍḍàri,** v. (siciliano; galloitalico di Sicilia: *cafuḍḍè*; calabrese meridionale: *ncafuḍḍari*), 'stivare, ammassare'; (calabrese meridionale: *cafullari*), 'mangiare avidamente'; (calabrese: *(n)cufullare*; salentino: *ncafuḍḍare*), 'premere, spingere'; (salentino: *scafuḍḍare*), 'mangiare molto e avidamente'.

Si tratta di derivati del latino *fullāre* 'gualcare', attraverso un latino parlato **co(n)fullāre*; riflessi di questa base si trovano anche nell'otrantino *ancafuḍḍèo* 'spingo dentro a forza', *scafuḍḍèo* 'mangio molto'; potrebbe dipendere da **co(n)fullāre* anche l'abruzzese *scafulà* 'sconvolgere' col derivato *scufflonë* 'mangione' [DEI; REWS; Alessio 1976; Rohlfs 1977a]. M.

**cafùn,** sm. (ligure: Val Graveglia). 'Fuliggine dello stoppino della candela', 'fumaggine di alcune piante'. Il derivato *cafunòu* è, a Zoagli, la 'fuliggine della padella'.

Dal nome della popolazione bantu dell'Africa sudorientale *Cafùn* 'Cafri' (dall'arabo *kāfir* 'infedele'), conosciuti in Europa nell'Ottocento per le loro aspre lotte contro i Boeri e gl'Inglesi [Plomteux 1975]. C.

**càggia,** sf. (calabrese; siciliano, anche *càgghia*, *gàggia*; ligure, nel genovese: *gàgia*). 'Gabbia'.

Dal latino *cavea* 'gabbia da uccelli, cesta' con il tipico esito meridionale del nesso latino *-vj-* che nel ligure e in qualche varietà del piemontese dà luogo a *-ğ-* attraverso la fase *-j-* [DEI; REWS; Rohlfs 1966: 387]. M.

**caggiànë,** sf. (pugliese, anche *caggiana*, *gaggena*), 'gabbiano', con l'espressione (a Taranto) *farë 'a caggianë* «in un primo tempo detto di zitella che stava di continuo allo specchio o alla finestra in cerca di amanti, passato poi a 'far la civetta'» (Gigante 1986).

Dal latino *gāvia* 'gabbiano'; un riflesso di questa base è presente anche nel calabrese settentrionale *pittacagiana* 'donna stupida e goffa' composto con *pitta* 'focaccia' [DEI s.v. *caggiana*; Rohlfs 1977]. M.

**caghinèri,** sm. (sardo). 'Pederasta'.

Anche se ora la voce è considerata propria del dialetto comune, essa trova la sua origine nel gergo, nel quale *caghinu*, facilmente comprensibile, indicava l'"ano' [Wagner 1928 e 1934]. C.

**caglientàre,** v. (campano, nell'irpino), «riscaldarsi» (Nittoli 1873); (sardo: *cal(l)entare*, *cal(l)entàri*; lucano: *cagljëndà*), 'riscaldare'.

Risale – secondo il DEI – ad un latino parlato **calentāre* (da *calens*, *-entis*, part. di *calēre* 'esser caldo'). Da questa base, dalla quale dipendono pure lo spagnolo *(a)calentar*, *callentar*, il portoghese *(a)quentar*, deriva pure la forma dell'abruzzese (aquilano) *scolendà* 'riscaldarsi' che ricorda come anche nello spagnolo antico prevaleva la variante *escalentar*. Dalla stessa voce latina dovrebbe derivare anche l'abruzzese (a Introdacqua) *calënnà* 'vedere' usato quasi sempre nella forma negativa: *i në calènnë* 'non vedo quella cosa', con i derivati *calènnë* (sf. plur.) 'scintille del fuoco' e *cannëlià* (molisano) 'vedere confusamente', incrociato con *cannélë* 'candela' (Giammarco 1968 e 1985) [REW; DEI; DES; Corominas]. M.

**cagnasà,** v. (veneto: Marano L.). 'Raccogliere gli uccelli colpiti ma non uccisi durante una battuta di caccia lagunare'.

È vero che in questa attività venivano impiegati ragazzi di età scolare, ma prima ancora vi erano adibiti i cani e *'ndemo a cagnasà* era propriamente 'andare in giro con i cani a raccogliere gli uccelli morti per il freddo'. Lo confermano i verbi veneziani *cagnàr* e *brachiżàr*, parallelo dell'italiano *braccare*, perché si utilizzavano i *bracchi*. C.

**cagnàso,** sm. (veneto: Grado; veneto giuliano: Trieste). 'Catenaccio'.

Variante proveniente da *ca(d)egnàso*. C.

**cagnolèra,** sf. (veneto giuliano: Pola; a Trieste: *cagnèra*). 'Sorta di rete per la pesca di selacei'.

Col nome di *cagna*, *cagniza*, *cagnìn* si designano, nella Venezia Giulia, diversi tipi di selacei (Palombi-Santarelli 1961).

P. DE DOMENICO: *Apollonio pescava con reti a maglia larga, le cagnoere, per i pesci chiamati cani* (*La barca dorata*, Gardolo di Trento 1989, p. 73). C.

**càgnu$^1$,** sm. (calabrese settentrionale e centrale, con varianti). 'Tubo da acqua, cannella della fontana; nocchio da albero; durone della pelle; pezzo; gozzo'.

Dal latino tardo *canneus* propriamente 'di canna' [DEI s.v. *cagno*; Rohlfs 1977]. M.

**càgnu$^2$,** inter. (marchigiano: Ancona). 'Esclamazione di meraviglia'.

Deviazione, usata soltanto dalle donne, della parola interdetta *cazzo*, che nel Veneto è sostituita, sempre nel parlare femminile, con *cazza* [Ugolini 1983]. C.

**cagòia,** sf. (veneto giuliano). 'Chiocciola'.

Voce di etimo incerto. Secondo un'ipotesi deriva da un antico *coculia* parallelo al latino *conchȳlium* (da cui dipende l'italiano *conchiglia*); per un'altra invece si tratta di un riflesso di un latino *coculus* 'guscio della chiocciola' con influsso del latino *cochlea* 'ostrica' [Prati 1968; Alessio 1977: 134; Doria 1987].

P. A. Quarantotti Gambini: *Talora era cupo, Crippa. Lo trovavano ravvoltolato e chiuso in sé come una cagoia. E, se parlava, parlava oscuro, e alzava la voce* (*L'amore di Lupo*, Torino 1977, p. 35). M.

**càì,** sm. (friulano), 'chiocciola; designazione generica degli elicidi', in senso figurato 'pipetta a cannuccia corta', anche *lacài*, *lecài*; (veneto, nel bellunese: *slecàgn*; ladino-veneto, nell'Agordino: *lecàgn*; ladino centrale, nel Comelico: *lecàgn*), 'chiocciola'.

Probabile derivati dal latino *lacca* 'tumore delle gambe dei giumenti somigliante a vescica (da cui può uscire una marcia simile a spurghi)', quindi i nomi sarebbero da connettere col succo viscido emesso. La forma friulana *càì* si spiega attraverso un derivato **laccaneus* > *lacài* > *l'acài* e quindi *càì* e non *lacài* > *la càì* perché il sostantivo è di genere maschile [DESF]. M.

**cajàzza,** sf. (campano: Napoli). «Gracchia, gazza» e agg. riferito a «femmina linguacciuta» (Salzano 1979).

Dal latino tardo *gaja* 'gazza' (che sostituisce il classico *pīca*) con suffisso *-azza* [DEI; REWS]. M.

**caìccu,** sm. (siciliano). 'Satellite', 'mezzano', 'spasimante' e, più in particolare, il 'ragazzino che suole accompagnare una giovane donna, perché non vada sola per la strada'; a Vittoria 'persona umile che serve fedelmente chi le dà da vivere'.

Tutti traslati del nome *caìccu*, definito 'piccola barca al servizio della nave'. C.

**caifàsso,** sm. (toscano, nel lucchese). «Barroccio con seggioline a due ruote grossolano e pesante e ruvido» (Nieri 1902: 258).

Se si suppone che in origine questo termine possa avere designato un 'cesto sul baroccio' o qualcosa di analogo, si può ipotizzare una connessione con voci come il veneziano antico *scafaso* 'cesto, gabbia di liste di legno per il trasporto di ortaggi, frutta, ecc.', il napoletano *cafasso* 'cassa', il piemontese *cafàs* 'cespuglio, quantità di erba', che possono dipendere dal provenzale *cafas* 'sorta di paniere' a sua volta dall'arabo *qafaṣ* 'gabbia; ossatura, sostegno interiore d'alcuna macchina'. L'arabismo sta all'origine del siciliano *cafesa* 'ponte di legno con fascinate e terra; argine fatto con travi, pietre ecc. per sollevare l'acqua di un fiume' [DEI; Pellegrini 1972; Gribaudo-Seglie 1972-75]. M.

**cajjòla,** sf. (umbro, anche *cajjuóla*; veneto: *agariòl* sm.; romagnolo: *garòla*; toscano: *gagliòla*, *(a)gajòla*, col sm. *agaiòlo*, *acaiòlo*; corso: *agarolu*, *agarjolu* sm.; marchigiano: *garòla*; laziale, nel romanesco: *corale*; abruzzese: *ajarólë*, *acuralë* sm., con varianti; molisano: *acuarulë*; pugliese: *acarulu*, *acurale* sm.; salentino: *acarulu* sm.; campano, a Napoli: *acarulo* sm.; lucano: *acarula* e *acaréul* come sm.; calabrese: *acarulu*). 'Agoraio, astuccio per gli aghi'.

Dal latino *acus* 'ago' con i suffissi *-ariu* e *-olu*, *-ola* [DEI s.v. *agaiòlo*, *caròla*; LEI]. M.

**cainóne,** sm. (umbro: Lago Trasimeno). 'Canale, corridoio d'acqua praticato dai pescatori con il taglio delle erbe palustri (dalla riva verso l'alto); largo fosso che prende l'acqua di tutte le fosse del campo: *fè n cainóne* ripulire il fosso principale del campo'.

Da *Càina*, nome del torrente più importante del territorio circostante, secondo l'uso di chiamare i corsi d'acqua minori con il nome del fiume, o del torrente più grande, che si trova anche in altre zone [Moretti 1977]. M.

**càiru,** sm. (ligure: Pigna), 'pietra miliare', 'pezzo di pietra, che i ragazzi lanciano lontano'; (ligure, a Savona: *caro*; emiliano, a Ferrara: *quàdar di ort*; campano, in Irpinia: *cuàtrë dë menèstra*), 'tratto di terreno coltivato, orto, orticello'. Come sf., *càira* (siciliano) 'vela quadra'.

Dal latino *quădrum* 'quadrilatero', che probabilmente sopravvive anche nella toponomastica: *Cairo Montenotte*. La forma femminile è probabilmente legata al provenzale [DEI s.v. *càira*; Merlo 1941-57; REW; REWS; *Dizionario di toponomastica*]. C.

**calàbria,** sf. (piemontese occidentale, anche *calavrina*). 'Pernice alpestre, pernice bianca', uccello sedentario che vive ai confini delle nevi perenni sulle vette maggiori delle Alpi.

La denominazione si collega a forme di area galloromanza come *jalabre* della Savoia che designano la stessa specie e come queste si riconduce ad una base prelatina **calabra* 'pernice alpestre', da **cala* 'luogo riparato' [AIS; FEW; DEI; Gribaudo-Seglie 1972-75]. M.

**calabùs,** sm. (veneto giuliano: Trieste; abruzzese: *galabbòsce*; pugliese: *calambùs*; siciliano: *calibbùscio*, *calabbùscio*). 'Prigione'.

Voce recentemente acquisita dall'angloamericano *calaboose*, usato soprattutto nella parte meridionale degli Stati Uniti (New Orleans) e proveniente dallo spagnolo *calabozo* 'carcere sotterraneo, cella', che era già penetrato in epoca più antica anche in Italia meridionale (abruzzese: *carabbozzë*, campano *carabozza*, *carabozzo*, calabrese *carabbozzu* e varianti, siciliano *carabozza*, *carabozzu*, sardo *calavózzu*), portatovi dai soldati spagnoli ed entrato dapprima nel linguaggio amministrativo-militare [DEI; Beccaria 1968; Doria 1987; Michel 1996]. C.

**calàda,** sf. (veneto giuliano: Pola). 'Immersione forzata' nell'acqua, fatta per gioco.

Appannato ricordo della *cala*, punizione per i marinai, che consisteva «nel sospendere il condannato per le spalle ad una estremità del pennone di maestra e per mezzo di una corda legata ai suoi piedi e passata sotto la chiglia, tuffarlo in mare tirandolo a capo all'ingiù fino all'altra estremità del pennone» [*Dizionario di marina* 1937]. C.

**calafrévë,** sm. (abruzzese, nel chietino e pescarese, anche *calafrémë*, *calafrìjë*, *calafriggë*). 'Brivido che accompagna la febbre'.

Piuttosto che ad un composto di *cala(re)* e *frévë* 'febbre', è preferibile pensare ad un prestito dallo spagnolo *(es)calafrios* (nel portoghese *calafrios*, *calefrios*) 'brividi di freddo', anche sulla base della variante *calafrìjë* con inclusione paretimologica del dialettale *frevë* 'febbre' [DEI s.v. *calafrìe*; Giammarco 1968 e 1985]. M.

**calà lo scalìno,** locuz. (laziale, nel romanesco). «Si dice di un bambino e segnatamente del primogenito quando la mamma partorisce un altro figlio» (Chiappini 1945).

Letteralmente 'scendere il gradino', per dire che al centro dell'attenzione è il neonato. M.

**calamàstra,** sf. (lombardo: Cremona). 'Rivoltella'.

Voce furbesca, una delle varianti dello zingarico *karamáskeri* diffuse in molti gerghi italiani [Cortelazzo 1975].

A. Bevilacqua: *Un altro fa osservare che nelle tasche, rovesciate dagli agenti, non portava neanche la* calamastra, *e niente* ribончia*: nessun revolver, nessuna refurtiva* (*La festa parmigiana*, Milano 1980, p. 72). C.

**calamisvà,** sf. (laziale: romanesco). 'Cantilena'.

L'unica proposta etimologica di questa voce, che appare anche in un sonetto (n. 1416) del Belli, è dovuta allo Zanazzo, che la ritiene derivata dal grido del mandatario della Compagnia israelitica della Morte, il quale precedeva il convoglio funebre scuotendo un bussolotto di ferro e recitando: *(zeda)cah, la misvà* 'elemosina (per) il funerale' [Zanazzo 1907-10: *Usi* 423; DEI]. M.

**calamòt,** sm. plur. (lombardo: Viadana, in provincia di Mantova). 'Bizzarrie, pretese capricciose, storie': *l'è sempar pien da calamòt.*

Dall'ebraico *ḥălōniōth*, plurale di *ḥălōm*, diffusissimo in tutte le parlate giudeo-italiane, 'sogni', poi anche 'frottole, fantasticherie' [Colorni 1970: 148; Fortis-Zolli 1979: 230-231]. C.

**càlamu,** sm. (calabrese, anche *càlumu*), 'stoppa di lino, cascame di seta'; (siciliano), 'seta stracciata dai bozzoli; lana lunga, stame'; (salentino, anche *càlimu*, *càlumu*, *calmë*), 'cotone battuto a fiocco; batuffolo di cotone che si mette in una volta sulla rocca; quantità di bambagia avvolta intorno ad un cannello'; (pugliese: *calmë*), 'la bambagia o la lana che si avvolge alla rocca per filarla'; (campano, nel napoletano: *calma* sf.), 'filato di seta stracciata'; (calabrese settentrionale: *calma*, *carma* sf.), 'stoppia, seccia'; (calabrese settentrionale), 'campo mietuto e coperto ancora dalla stoppia'.

Da un latino regionale **calama* 'stoppia' a sua volta dal greco *kalámē* di analogo significato; secondo il DEI le forme maschili sono rifatte sul femminile sentito come collettivo, mentre Rohlfs 1964 le riconduce al greco *kálamos* 'canna' [DEI s.v. *calma* e *càlamo*; REWS; Alessio 1976; Salzano 1979]. M.

**calandrèlle,** sf. plur. (calabrese, con varianti; abruzzese: *calandrellë*). 'Sandali di pelle dei contadini'.

Diminutivo del dialettale *calàndra*, che ha lo stesso significato, ma che è privo di etimologia sicura; il DEI considera la voce di origine preromana, da una base forse corradicale dei sinonimi latini *calo*, *-ōnis* e *caliga*.

S. STRATI: *Erano svegli e agili con quelle calandrelle, o ciocie, con le stringhe che legavano i calzoni alle gambe* (*Il diavolaro*, Milano 1979, p. 33). C.

**calapónë,** sm. (calabrese settentrionale). 'Grosso bicchiere'.

Dal latino tardo *calpus* 'vaso' con anaptissi [Alessio 1976]. M.

**calàre el tramàcio,** locuz. (veneto: Polesine). «Fare la posta a qualcuno, tendergli un tranello spingendolo a scoprirsi in flagrante» (Girardi 1991).

L'espressione diventa chiara, se si pensa che il *tramacio* è una 'rete per pescare, costituita da una rete mediana e da due altre esterne', dal latino parlato **tremaculum* 'rete da pesca a tre ordini di maglie' e che in senso figurato vale, appunto, 'acchiapparello' [*Dizionario di marina* 1937; Prati 1968; REWS]. C.

**calàri,** sm. plur. (pugliese, nel tarantino). «Funicelle di pelo di capra e becco, attaccate alle reti della sciabica» (Rohlfs 1956), «specie di funicella attaccata alle reti della sciabica» (Gigante 1986).

Secondo il DEI (s.v. *calari*) si tratta di un grecismo, da *chalára* 'catena (da stringere al piede)', e a tale base dovrebbe essere rapportato pure il calabrese settentrionale *caḍḍarizza* sf. 'fune grossa'. Gigante ibid. ricorda che nel tarantino era chiamata *calarga* una 'specie di stoffa col pelo' e sulla base di tale attestazione vuole ricondurre anche *calarë* ad una voce greca *cátagma* 'lana cardeggiata'. M.

**calascìgnë,** sm. (laziale; abruzzese, con varianti e con i sinonimi *calëssàjjë* e *calascitë*). 'Saliscendi degli usci'.

Come 'saliscendi', ma in diversa sequenza: 'calascendi' [DEI; Giammarco 1985]. C.

**calasìa,** (calabrese meridionale, anche *halasìa*, *sgalasìa*). 'Terreno franoso, piccola frana'.

Voce presente anche nel grecanico di Bova (*halasìa*), riflette il greco moderno *chalasía* 'crollo, rovina'; in italiano è attestato *calasìa* 'malattia per rilassamento della cornea', parola dotta dal greco *chálasis* 'rilassamento' [DEI; Rohlfs 1964]. M.

**calastrùzzu,** nella locuz. sostant. *ficu calastruzzu* (calabrese). 'Varietà di fico nero'.

Dal latino *callistruthia* plur. documentato da Plinio, dal greco *kallistroúthia* plur. 'sorta di fichi', da *strouthíon* 'passero', con un'evoluzione semantica che ritorna in → *culùmmëru*) [DEI s.v. *calastruzzi*; Alessio 1976]. M.

**calavrìce,** sm. (campano; calabrese settentrionale; salentino: *calaprice*; sardo: *calàbriche*, *calabriche*, *calàbriu*, *coàrviu* e altre varianti), 'biancospino, *Crataegus oxyacantha* L.'; (pugliese: *calaprice*, *calavrisce* e varianti), «perastro; spino bianco, è assai somigliante al biancospino e con esso si trova spontaneo nei nostri boschi; vi si innesta a preferenza il pero» (Colasuonno 1991-92).

Dal latino *calabrĭx*, *-ĭcis* (non *calabrīx*, *-īcis* come in DEI e Alessio 1976) 'specie di spino selvatico', anche *calabricus* nelle glosse. Come osserva il DES a proposito del sardo, tale forma fa supporre che il vocabolo in Sardegna sia stato interpretato come 'pianta *calabrica*', ciò che spiegherebbe l'accento sdrucciolo prevalente, ma si può pensare anche ad attrazione del suffisso (*-íche* / *-ice*), mentre un originario *calabrice* difficilmente avrebbe dato luogo a una accentazione sdrucciola [DEI s.v. *calabrice*]. M.

**calcarèl,** sm. (trentino, con varianti; emiliano: *carcadèl*; romagnolo: *calcarèl*; marchigiano, a Recanati: *carcarèllo*). 'Incubo', 'persona brutta, spauracchio'.

Dal latino *calcāre* nel senso di 'gravare' sopra qualcuno, che è immagine corrente per rendere il senso di peso molesto [Cappello 1957]. C.

**calcavècchia,** sf. (toscano: Versilia). «Spauracchio per i bambini, raffigurato in una vecchia brutta, secca, bitorzoluta, dispettosa che si nasconde in preferenza nelle soffitte, nelle cantine, nei sottoscala, nei bugigattoli e ne esce fuori per far paura ai bambini cattivi» (Cocci 1956). In lucchese è, invece, il nome di un «animaluccio con quattro zampe belle lunghe che sta sull'acqua e vi saltella, ne' fossi quieti» (Nieri 1902).

Voci certamente importate e parzialmente travisate, da → *carcavèia*, non più intesa nel suo significato proprio di 'incubo'. C.

**calcèster,** sm. (lombardo), 'terreno duro, compatto, biancastro, sterile'; (ticinese *ciaucèstru*), 'calcare'.

Da una voce latina **calcestis* 'del color della calce, bianco' (con epentesi di *r*), che è presupposta dal latino tardo *calcesta* 'trifoglio bianco' [Alessio 1976]. M.

**caldàro,** sm. (toscano, nella costa e nelle isole). 'Zuppa di pesce, cacciucco, minestra nel brodo di pesce', anche *cardaro*.

Da *caldaro*, *cardaro* che nelle indicate varietà dialettali designa in particolare la 'pentola di bordo' oltre che un 'calderotto' (dal latino *calidārium* [*vas*]); il nome del recipiente è passato alla pietanza, in origine usata da pescatori e marinai [Cortelazzo 1965; Diodati Cacavelli 1970; Fanciulli].

G. CIVININI: *Qui ci vengono dai paesi dei dintorni, ci scendono da quelli della montagna, qualcuno viene anche dalla città dove ha bottega; e tutti, quando s'avvicinano a questo paese di pescatori, appena sentono l'aria marina, si sentono nascere in gola l'uzzolo del "caldaro", ossia della zuppa alla marinara, fatta proprio come a bordo, semplice*

*semplice: olio aglio pomodoro e zenzero, e pesce che odora* (*Trattoria di paese*, Milano 1938, p. 32). M.

**calèca,** sf. (siciliano). 'Varietà di susino che fa i frutti rossi'; *pumu caleca* o *pumu calecu* 'varietà di mela'.

Deriva dall'arabo ma non dalla forma *qwajqa* (così in DEI) bensì da *ḫawayḫa* diminutivo di *ḫawḫ*, *ḫawḫa* 'susina, prugna' [DEI; Pellegrini 1972]. M.

**calëcapàssë,** sm. (abruzzese). 'Colica', 'apoplessia delle bestie'.

Più che dal latino dei medici *cholica passio* 'malattia biliare' (DEI; LEA), da *colica passio*, cioè 'malattia dell'intestino (del *colon*: dal greco *kôlon* con l'aggettivo *kōlikós*)', come attestano anche formalmente l'equivalente francese *colique passion* (FEW) e lo stesso DEI, che rimanda da *còlica* a *calicapasso* (più esattamente: *calecapasse*). C.

**calèngia,** sf. (siciliano, anche *calèngi*, *alència*, *galència*). 'Nome di alcune piante della famiglia delle ericacee', tra cui l'*Erica scoparia*, l'*Erica multiflora*, scopa da giardino, l'*Erica peduncolaris*, dai cui fusti i pescatori di Palermo fanno gli aghi per tessere le reti; in alcune località isolane il nome designa pure le 'barbe di scopa che, bruciate, danno una specie di carbone molto ricercato dai fabbri' ed 'il carbone stesso'. Al fitonimo si collega la locuzione *fari galència* 'far guadagni illeciti e considerevoli in un negozio; raggranellare; mangiare insieme, spassarsela allegramente'.

La voce deriva dall'arabo *ḫalanǧ*, *ḫalenǧ* 'erica' [DEI; Pellegrini 1972; VES]. M.

**calentùra,** sf. (sardo logudorese e campidanese). 'Febbre'.

Dallo spagnolo *calentura* che ha analogo significato [DES]. M.

**calfettà,** v. (marchigiano, ad Arcevia), «maltrattare, percuotere» (Spotti 1929); (campano, a Napoli: *carfettà*, *carfettià*), «tormentare, annoiare, calunniare» (Salzano 1979).

Sono riflessi del latino *cal(e)factāre* 'scaldare, riscaldare fortemente' iterativo di *calefacere* (in REWS si risale invece al greco *kalaphatéin* 'calafatare') [DEI s.v. *calfettare*; Alessio 1976]. M.

**càlia,** sf. (siciliano: anche *cària*; calabrese: anche *càglia*). 'Ceci abbrustoliti'.

Dall'arabo *qaliyya* 'fritto, arrostito', senso conservato nel maltese *qalja* 'frittura', e non dal neogreco *tà stragalia*, con significato analogo, come si legge in DEI [VES].

L. CAPUANA: *Compare Pietro fece finta di non capire, e con la paletta ritirava le fave dalla cenere calda e le metteva sul tavolino a una a una, mentre Filomena andava attorno per la camera, risciacquando i bicchieri e cavando dalla cassa grande di noce un pugno di ceci abbrustoliti, perché su la càlia si beve egregiamente* (*Comparatico*, in *Novelle italiane. L'ottocento*, a cura di G. Finzi, Milano 1985, vol. II, p. 354). – D. DOLCI: *Che mestiere ha fatto prima? ... venditore di vesti americane usate, venditore di gelati, venditore di calia e semenze* (*Racconti siciliani*, Torino 1973, p. 221). – G. BONAVIRI: *Massaro Ciccio Piducchio passò in giro con una cesta piena di càlia fumante e faceva tremare un po' il pavimento con la sua gamba zoppa* (*Il sarto della stradalunga*, Milano 1990, p. 114). M.

**caliàre i fìca,** locuz. verb. (calabrese). 'Mettere i fichi a seccare al sole'.

Dal verbo arabo *qalá* 'arrostire', attestato anche in napoletano e siciliano col tipo *caliàre* e *caliàri* rispettivamente 'riscaldare, tostare, abbrustolire', da altri fatto risalire al latino *calēre* 'esser caldo' [REWS; Rohlfs 1977].

L. ASPREA: *La Mamma ci faceva fretta a raccogliere i fichi, perché bisognava ordinarli nelle corone per metterli sugli anditi e caliarli al sole* (*Il previtocciolo*, Milano 1971, p. 123). C.

**califòrnia,** sf. (lombardo: Voghera, anche *califòrgna*). «Malattia dell'uva provocata da un fungo parassita proveniente dall'America»; di qui la locuzione *avèg ra califòrnia* «essere ammalato» e «essere in bolletta» con riferimento al danno portato dalla crittogama ai viticultori (Maragliano 1976).

Dalla regione di provenienza, la *Califòrnia*. C.

**caligà,** sf. (veneto: Chioggia), 'temporale estivo'; (veneto, a Venezia, e veneto giuliano, a Trieste: *caligada*), 'banco di nebbia', 'nebbione'.

Da → *calìgo* 'nebbia' [Prati 1968; Doria 1987].

P. DE DOMENICO: *Quando il mare si infuria, i pescatori dicono che c'è la "caigada"* (*La barca dorata*, Gardolo di Trento 1989, p. 34). C.

**calignàire,** sm. (piemontese occidentale, anche *calegnàire*). 'Promesso sposo, fidanzato', in certe località anche 'sensale di matrimonio, pronubo, paraninfo'.

Dal provenzale *calinaire*, *calignaire* (e varianti) 'amoroso, amante' (derivato della base **calīna* 'calore, caldo') [FEW]. M.

**calìgo,** sm. (veneto e veneto giuliano). 'Nebbia', 'caligine'. In alcune varietà significa anche 'pioggia fitta e sottile' o 'tempo freddo'. Era usato anticamente solo dalla gente di mare.

Dal latino *calīgo* 'caligine' [Prati 1968].

V. CARDARELLI: *Nei giorni di caligo le campagne sparse in mezzo all'acqua, suonando tutte insieme, ininterrottamente, come quelle d'un armento perduto fra i boschi, segnano la rotta al battello del Lido, ai bastimenti, ai bragozzi che navigano a tentoni verso il mare aperto* (cit. in GDLI II 547). – P.A. QUARANTOTTI GAMBINI: *A settimane di bel tempo erano succedute giornate grigie, di caligo e di pioggia; sul mare non si vedeva altro che nebbia, e le pietre del lastrico, sui moli e per le vie, rilucevano bagnate. Era una nebbia leggera, che veniva dal mare; e la pioggia era sottile: uno sgocciolío continuato, che pareva il disciogliersi di quel caligo* (*L'amore di Lupo*, Torino 1977, p. 7). C.

**calimèo,** sm. (campano, a Napoli), 'bellimbusto'; (siciliano: *galimenu* agg.), 'vezzoso'.

Le voci sono forme svisate di '*ganimede*' con dissimilazione [DEI; Salzano 1979; Piccitto 1985]. M.

**calìna,** sf. (abruzzese, anche *calima*, *calimë*), 'foschia afosa', al plur. 'scintille del fuoco; allucinazioni'; (campano, nel napoletano: *calimma*), 'tepore, calduccio' con la locuz. *pigliare calimma* 'riprender calore, riscaldarsi'; (calabrese: *calima*), 'calma, temperamento, alimento'.

Le voci richiedono un latino parlato **calīna* 'calore', presupposto anche da *calina* dello spagnolo, catalano e provenzale, da *chaline* dell'antico francese, con le varianti **calima* (con un suffisso *-ima* da *-imen*) che spiega anche lo spagnolo *calima*, e **calinia* alla base dell'abruzzese (pescarese) *calìnië* 'foschia afosa' e dei v. *calinià*, *calignà* 'travedere nella foschia' [REW; DEI s.v. *calima*; Giammarco 1985]. M.

**calisón,** sm. e agg. (lombardo; romagnolo; veneto; lunigianese: *calisción*; laziale, nel romanesco: *calascione*; siciliano: *calasciuni*), 'persona sparuta e molto magra', 'anticaglia; cosa brutta'; (laziale, nel romanesco: *calasciona* sf.), 'donna sgarbellata, e avanti con gli anni'; (lombardo: *calìs*), 'cavallo magro e spolpato'.

Un'ipotesi etimologica considera tali voci riflessi semidotti del latino *Apocalypsis* con riferimento ai cavalli dell'Apocalissi, ma è più probabile che si tratti invece di traslati dell'italiano *colascione* 'strumento musicale simile al liuto, provvisto di due o più corde e lunghissima tastiera'. Il tipo lessicale *calisón* si incrocia, specie per gli usi figurati, col tipo *calisón* diffuso in particolare in area nordorientale e designante una specie di dolce o di raviolo di forma allungata che corrisponde all'italiano *calzone* 'rotolo di pasta variamente farcito' (→ *cialzòn*) [REW; DEI s.v. *calissón*; Prati 1968; REWS; LEI]. M.

**calivìu,** sm. (calabrese). 'Vecchia capanna di paglia, tugurio' e, come sf., *calivìa* 'specie di tettoia, sotto la quale i contadini si riparano dal sole'.

Dal greco *kalýbion* 'capanna', passato anche al bovese *calivi*, di limitata estensione, tanto che manca ancora al Rohlfs 1964 [Rohlfs 1977]. C.

**callèbba,** sf. (siciliano). 'Laburno fetido, *Anagyris foetida*', arbusto delle leguminose papiglionate i cui semi producono due alcaloidi velenosi: la 'citisina' e l''anagirina'; anche *ncillèbba, nchillèbba, angilèbba, ancallebbra*.

Non deriva dall'arabo *ġaliba* 'nome di una pianta' (come in DEI), ma dall'arabo *ḫarrūb al-kilāb* 'carruba dei cani', come confermano denominazioni siciliane della medesima pianta quali *carrubbeḍḍa, carrubba sarvaggia, carrubbazzo* [Pellegrini 1972; Piccitto 1977]. M.

**callórë,** sm. (abruzzese, con varianti; pugliese, Bitonto: *callàurë*). 'Calura, caldana, vampa isterica'.

Voci già ricondotte dal REW e DEI (s.v. *caldóre*) al latino *caldor, -ōris* (Varrone) 'calura'; come l'abruzzese *callurë* 'calura' è assegnato dal REWS al latino *caldūra* di analogo significato (con l'esito *ld* > *ll* che richiama ad esempio il campano (irpino) *scallà* 'lessare, scottare' propriamente "scaldare", da *caldus* 'caldo'). Ma forse non si può escludere una derivazione da *calor, -ōre* e **calūra* rispettivamente con una geminazione consonantica arbitraria (cfr. Rohlfs 1968: 321).

**calòsa,** sf. (lombardo: Casalpusterlengo). 'Cazzuola'.

Metatesi del più corrente *casòla*. C.

**calvàri,** sm. (emiliano: Piacenza). «Donna bruttissima, macilente, sparuta, infermiccia» (Foresti 1882); a Reggio è riferito a 'uomo cagionevole o infermiccio'.

Letteralmente 'calvario', come luogo e situazione patibolari. C.

**calvìa,** sf. (veneto settentrionale; ladino centrale; friulano occidentale). 'Misura di capacità per aridi', con varianti come *calvéa, cialvéa, cialdìa*.

Dal latino *calva* 'cranio, cranio denudato' (lo scambio tra nomi di recipienti o 'coppe' e quelli per 'testa', 'cranio', sono frequenti), attraverso un derivato **calvicŭla* > *calvéia* > *calvìa, calvéa* [Pellegrini-Marcato 1992: 697]. M.

**calvìn,** sm. (lombardo: Val Chiavenna). 'Miscredente, persona ostile alla chiesa'.

Dal nome del riformatore francese Jean *Calvin* (latinizzato in *Calvinus*, in italiano *Calvino*). C.

**calzòla,** agg. (umbro: Todi; anche *carzòla*). 'Detto dell'insalata tenera di orto'.

Il nome è dato «perché viene rincalzata con abbondante terriccio» (Mancini 1960). C.

**càma¹,** sf. (sardo logudorese e campidanese). 'Grande calura estiva, solleone'.

Secondo il DES, la voce deriva dal latino tardo *cauma* 'forte calore; ardore' (dal greco *kâuma*) continuato anche nel retoromancio, provenzale e iberoromanzo. Diversamente il DEI (s.v. *calma*) ritiene che si tratti di un bizantinismo (*kâma*) constatando la presenza di *cama* in località grecaniche dell'otrantino e a Bova (in Calabria). M.

**càma²,** sf. (siciliano, a Casteltermini; abruzzese; marchigiano; laziale; pugliese; campano). 'Pula, loppa, involucro che ricopre i semi dei cereali', con la variante *camë*; nel siciliano (a Francavilla) anche 'velo che si forma sulla superficie del latte bollito'.

Deverbali di un dialettale *scama(re)* 'spulare, nettare il grano dalla pula' la cui *s-* è stata interpretata come suffisso privativo, dal latino parlato **squamāre* 'squamare' (sia DEI che REWS muovono invece dal latino *desquamāre*); si confronti l'abruzzese *scamà* 'pulire il grano'; ne deriva pure il friulano *scomà* 'battere i cereali' per eliminare la pula [REW; Pellegrini-Marcato 1988]. M.

**camàci,** sm. (calabrese meridionale). 'Grosso bastone', 'pertica per abbacchiare', 'canna da pesca, lenza con molti ami', 'membro virile'.

Dal bizantino *kamákion* 'bastone' [DEI s.v. *camace*; Rohlfs 1977]. M.

**camaiarìn,** sm. (toscano: Arcipelago). 'Bottinaio'.

«Da *Camaiore*, paese della Versilia, una delle località da cui i bottinai venivano» [Fanciulli]. C.

**camàlu,** sm. (ligure, anche *camallu*; piemontese: *camalo*; lombardo: Voghera, *camāl*; toscano: Lucca, *camallo*; corso: *camallu*; siciliano: *camalu*). 'Facchino'.

Voce di origine araba (*ḥammāl*), diffusa in Europa anche dalla penisola balcanica, attraverso il turco [Plomteux 1975].

I. CALVINO: *Ci davamo dentro in questa mansione di "camallo", con un impegno sproporzionato* (*La strada di San Giovanni*, Milano 1990, p. 34). – U. OJETTI: *comincio a ritrovare ... anche volti d'uomini: marinai, camalli, piloti, spedizionieri* (cit. in GDLI II 569). C.

**camàrda,** sf. (calabrese). 'Palco rustico per assolare fichi; tettoia fatta di frasche e foglie'.

Derivato dal greco bizantino *kamárda* 'specie di tenda'; in alcune località della Calabria, *camàrda* indica una 'siepe fatta di arbusti spinosi; luogo pieno di spine'; un traslato dalla stessa base pare rappresentato dall'espressione abruzzese *parë na camàrdë* 'detto di un rigoglioso campo di biade' [DEI; Rohlfs 1977; DAM]. M.

**camaròle,** sm. (abruzzese, a Montepagano). 'Operaio della trebbiatrice addetto al reparto della pula'.

Dal dialettale → *càma²* 'pula' con il suffisso *-arolo*; dalla stessa voce deriva l'abruzzese (a Chiarino) *camarulë* 'mucchio di pula' [DAM]. M.

**camàru,** sm. (siciliano, anche *camarru*). 'Asino' e in senso fig. 'babbeo'.

Dall'arabo *ḥimār* 'asino, onagro' [DEI; Pellegrini 1972; Piccitto 1977]. M.

**camàstra,** sf. (abruzzese; pugliese; salentino; lucano; calabrese). 'Catena del focolare'.

Da un latino volgare **camāstra*, derivato dall'incontro del greco *kremástra* 'arnese per appendere' col latino *camīnus* 'camino' [DEI; Rohlfs 1956 e 1977]. M.

**cambëràle,** sf. (laziale). 'Imposta fondiaria'.

Letteralmente 'camerale', da *càmbëra* 'camera', perché, sotto il dominio pontificio, l'imposta si pagava alla *Camera* Apostolica [Vignoli 1911 e 1926]. C.

**cambësandàrë,** sm. (abruzzese, nell'aquilano, anche

*cambusandarë*, *campusantaru*, *camposantaro*, a Pettorano sul Gizio: *chembësandésë*). 'Becchino'.

Dal dialettale *cambësandë* (e varianti) 'cimitero' [Giammarco 1968]. M.

**càmbra d'in cà,** locuz. sostant. (romagnolo, a Lugo). «Stanza che funge da cucina, camera da pranzo, soggiorno e l'unica fra tutte che gode della prerogativa di far sentire "in casa". È lì che la famiglia si raccoglie per consumare i pasti, è lì che le donne di casa svolgono la maggior parte delle loro faccende, è lì che la sera, se non "si fa trebbo" [→ *tréb*] (nel qual caso ci si trasferisce nella stalla), si trascorre un po' di tempo attorno al camino a sentir narrare dalla voce dei vecchi fatti di avventure e di sangue, favole tristi e talvolta raccapriccianti, racconti del passato» (Pelliciardi 1977: 139-140).

Letteralmente 'camera di qua', cosiddetta in opposizione alla *cambra d'là* 'camera di là', quella che funge da deposito dai vari alimenti (sacchi con le farine ecc.); a dividere le due stanze si trova l'ingresso. M.

**cambràr,** v. (trentino, in Val Rendena). 'Lessar poco le uova'.

Estensione di significato del dialettale rendenese *cambràr* 'unire con *cambre*', 'unire provvisoriamente (anche con funi)'; «il senso generico è, quindi, di 'soluzione provvisoria, parziale', di 'assetto non definitivo'» (Tomasini 1989); è denominale della voce dialettale *cambra* «grappa, graffa, per tener unite pietre, pezzi di costruzioni, legname» (Tomasini cit.). M.

**cambuldrò(gghe),** sm. (toscano: Pistoia). 'Persona tozza e pesante nei movimenti'.

Perché assomiglia ad un cane *bulldog* (a Pisa *busdrògbe*). C.

**cambùssu,** sm. (sardo centrale; sardo logudorese e campidanese: *cambùsciu*, e altre varianti). 'Cuffietta per i bambini'.

Dal catalano *cambuix*, *gambuix*, anche spagnolo antico *cambuj* di analogo significato [DES]. M.

**camèlla,** sf. (abruzzese; calabrese; siciliano; lucano). 'Gamella, gavetta; recipiente con chiusura ermetica usato per trasportare cibi cotti'.

Si ritiene che si tratti di una continuazione del latino tardo *camĕlla* 'tazza per liquidi', voce distinta quindi dall'italiano *gamella* 'recipiente metallico per il rancio di soldati e marinai' (prestito dal francese *gamelle*). Una forma *caméla* 'scodella di ferro verniciato' nel ladino centrale (Comelico) è presa a sua volta dal veneto *gamela*, forma locale di *gamella*, o dall'italiano [Tagliavini 1944; FEW; DEI; REWS]. M.

**camèntu,** sm. (siciliano; a Messina, al plur.: *cumenti*; corso: *cumentu*). 'Vuoto fra due tavole del fasciame di un'imbarcazione'.

Variante di *commentu* 'commento' dal latino *convĕntum*, che ebbe anche il significato di 'rimarginamento di ferite'. C.

**camiàri,** v. (siciliano, anche *cammiàri*). 'Scaldare il forno', intr. e rifl. 'infiammarsi, scaldarsi', 'riardere dalla febbre, ardere di passione'.

Dall'arabo *ḥamma* 'scaldare (un bagno)', 'avere la febbre' [DEI; Pellegrini 1972; Piccitto 1977]. M.

**caminànti,** agg. e sm. (siciliano). 'Viandante, viaggiatore, specialmente di chi va in giro per affari'.

Secondo il DEI (s.v. *caminante*), che richiama anche il napoletano *cammënantë* 'il servente dell'ospedale, il pappino', alla base di tale voce sta il catalano *caminant* propriamente 'chi cammina', mentre è improbabile una dipendenza dal v. *camminare* non popolare in sardo; si aggiunga ai dialettismi menzionati il sardo (Desulo) *camminante* 'venditore ambulante' (AIS). M.

**caminèa,** sf. (salentino, anche *camunèa*, *camanèa*). 'Fuliggine'.

Incrocio del greco *kapnía* 'fuliggine' col latino *caminus* 'camino', oppure con l'italiano *camino* (da *kapnía* dipende il grecanico otrantino *cannèa*, *cafnèa* 'fuliggine; ragnatela') [DEI; Rohlfs 1956 e 1964]. M.

**cammarùni,** sm. (siciliano, anche nella forma metatetica, *macarruni*, e calabrese, con varianti; lucano: *cammarrõnë*). 'Euforbia'.

Dal greco *kámmaron* 'pianta velenosa', forse l'aconito [DEI s.v. *cammaróne*; Rohlfs 1977; Bigalke 1980].

L. ASPREA: *Il cammaruni, cespuglio alto ad ombrelli, che cresceva tra le macerie, col suo latte avvelenato accecava gli occhi e faceva gonfiare quanto una botte* (*Il previtocciolo*, Milano 1971, p. 73). C.

**cammeràre,** v. (salentino, anche *ccambarare*, *ncammerare*; lucano: *cammarà*, *cammërà*; calabrese: *cammarare*, *camberare*, *cambarari*; siciliano: *cammarari*; campano, a Napoli: *cammarare*; abruzzese e molisano: *cambrà*, *cammërà* e varianti; pugliese: *cammarà*). 'Mangiare di grasso, mangiare carne nei giorni di astinenza, rompere il digiuno, mangiare carne il venerdì'.

Dal latino tardo *cammarāre* 'sporcare, disonorare', da un greco **kammarónō* (da *kámmaron* 'pianta velenosa' presupposto dal grecanico di Bova *kammarònno* 'io infetto', e dell'area di Otranto *karamònno* 'io mangio carne'). Le voci dialettali presentano diversi derivati, come i deverbali *càmmaru* (siciliano), *càmbaru* (calabrese meridionale), *càmmaro* (napoletano), *càmbrë* (abruzzese) 'grasso, cibo di grasso', *càmmaru* (calabrese settentrionale) 'giornata o cibo di grasso'; il siciliano *càmmaru* può designare in talune varietà anche 'tempo in cui è permesso mangiare cibi grassi'. Si noteranno ancora le diverse sfumature di significato nelle varie località, a partire da quello fondamentale sopra indicato, del siciliano *cammarari* 'congiungersi carnalmente; abortire, detto della giumenta e quando, nella produzione dell'ibrido, la cavalla partorisce un puledro affetto da forma itterica che lo porta a morte in due o tre giorni; in senso fig. dire parole oscene, ma colorite, parlare grasso; lasciarsi corrompere' [DEI s.v. *cammarare*; Rohlfs 1966; DAM; Piccitto 1977; Greco 1991]. M.

**camminàre a tré tòcchi,** locuz. (umbro: Todi). 'Avere un'andatura barcollante e dinoccolata'.

«L'espressione deriva da un particolare suono della campana» (Mancini 1960). C.

**camòrro,** sm. (toscano). 'Persona o animale o cosa vecchia, malandata', 'donna brutta, vecchia, sgradevole'.

Variante di *cimurro* (come nel francese antico *camore* 'che ha il catarro'), passata dal significato di 'malattia dei cani e dei cavalli' a quello più generico di 'acciacco, malanno' e poi, come in diversi altri casi simili, a 'persona uggiosa, malandata', cioè 'piena di acciacchi' [DEI; VEI].

R. FUCINI: *lasciami stare anche te, camorro sdentato! Quest'ultima apostrofe era toccata alla sua moglie che lo reggeva per le braccia* (*Le veglie di Neri*, Milano 1943, p. 70). – B. CICOGNANI: *Trent'anni fa le avevan dato per marito un camorro – ell'era una tomboletta granita – e se l'era dovuto succiare per dieci anni: una malattia dietro l'altra* (cit. in GDLI II 592). C.

**càmpa,** sf. (calabrese; siciliano; campano: *cambë*; lucano: *cambë*; pugliese: *cambë*; salentino: *càmpia*). 'Bruco', con altre varianti.

Dal latino tardo *campa* 'bruco' attestato nelle glosse (in Columella: *campe*; dal greco *kámpē*); in alcune località calabresi è presente anche una forma *cappa* che il DEI attribuisce ad un latino tardo *cappa* (a sua volta deformazione del latino *campa*) attestato dalle glosse nel senso di 'cavalluccio marino, ippocampo' [AIS; DEI; Rohlfs 1964]. M.

**campanèlla,** nella locuz. *pagà la campanèlla* (toscano meridionale, a S. Caterina e Vallerona). 'Pagare lo scotto, il nolo, il posteggio'.

Letteralmente 'pagare la campanella', perché «una volta c'erano ai muri delle campanelle a cui si legavano muli, asini, cavalli, pagando per il posteggio» (Alberti-Eschini 1970-71). M.

**campìa,** sf. (siciliano; calabrese meridionale). 'Campagna, estensione di terreno da pascolo, radura'.

Da *campo*; per la formazione si confronta con *campìo* dell'italiano antico 'ridotto a campo, campestre, detto di pollo'; con il corso *campìu* 'luogo di semina' e col latino medievale *campi(v)ius* (X sec.) [DEI ss.vv. *campìa* e *campìo*]. M.

**campièlo,** sm. (veneto: Venezia). 'Piccola piazza'.

Diminutivo di *campus* 'campo', **campitĕllus*, noto anche nell'antico vicentino e bellunese, assai più diffuso in ambito toponomastico (*Campitello*), anche nell'Italia mediana [Prati 1968; *Dizionario di toponomastica* s. v. *campo*].

G. D'ANNUNZIO: *Notte di luna, adamantina. Venezia defunta e chiusa nel diamante perenne. Le calli e i campielli deserti. Il suono del mio passo quasi spaventoso* (cit. in GDLI II 604). – G. PIOVENE: *I famosi campi e campielli sono le pause di respiro negli itinerari scavati dal traffico cittadino, pari a un'acqua che cerca la via più facile di scolo, tra il labirinto delle calli. Chi gira e guarda Venezia soltanto in barca ne ha un'immagine morta* (cit. in GDLI II 604). – P. M. PASINETTI: *Dalla finestra entrava aria autunnale mite portando suono di campane da inizio di sera; vi erano passi e voci nel campiello qui sotto* (*Il ponte dell'Accademia*, Milano 1986, p. 81). M.

**campìsemo,** sm. (campano, a Napoli). «Angoscia della morte, agonia; al fig. pensiero affannoso, ansietà, preoccupazione» (Salzano 1979).

La voce si confronta col salentino *pìsimu* e pugliese (tarantino) *pìsëmë* 'tenesmo', col pugliese *pìsëmë*, e col napoletano *pìsëmo* 'peso', dal greco *píesma* 'peso' (Rohlfs 1964); quanto alla forma *campìsemo*, il DEI ricostruisce un greco parlato **kampíesma* (con *kata-* 'giù, sotto' > *kam-* davanti a nasale) entrato forse per via latina. M.

**camporétto,** sm. (umbro: Todi). 'Sgabuzzino'.

Da *càmmara* (passata a *càmbara*, e poi, per influsso di *campo*, a *càmpora*) col suffisso diminutivo *-étto*: 'cameretta'. C.

**camucìssi,** sm. (calabrese meridionale, con varianti). 'Specie di cisto marino nano'.

Secondo il DEI si tratta di riflesso di un composto greco bizantino con *chamo-* (da *chamaí* 'in basso, a terra') e con una voce da confrontare col neogreco *búkiso* nome di pianta, *cistus salviifolius*; stesso etimo pone anche Rohlfs 1977 che si limita ad indicare una forma di greco parlato **chamoboukíssion*. M.

**camugìna,** sf. (ligure; e di qui al corso: *camuglina*; piemontese: *prus camojìn*). 'Varietà di pera'.

Da *Camùgi*, nome genovese di Camogli, luogo di produzione [Salvioni 1916; DEI]. C.

**càmula,** sf. (ligure; piemontese; lombardo; ticinese; emiliano occidentale; calabrese; siciliano). 'Punteruolo del grano; tignola', con varianti come *gàmula*, *càmola*, *càmura* ed altre.

Parola di verosimile origine araba, da *qaml(a)* 'piccolo insetto, pidocchio' e *qummal* 'tignola'; è probabile che sia penetrata in area settentrionale dalla Liguria e che la sua ampia diffusione si debba al commercio medievale dei tessuti orientali, merci che potevano essere 'camolate' e per questo esaminate con cura dagli acquirenti [Pellegrini 1989: 44-45; Pellegrini-Marcato 1992: 72]. M.

**camurrìa,** sf. (calabrese; siciliano). 'Persona o cosa fastidiosa'.

Probabilmente connessa col toscano → *camòrro*, 'malanno', 'persona malandata' e con la famiglia di *cimurro*, non senza l'intervento di *gonorrea*, che è il suo significato più antico [DEI; VES].

V. BRANCATI: *Antiche campane, dalla voce grave e delicata, che si erano meritate i versi di Shelley e di Goethe, si guadagnarono un* "Chi camurria, 'sta campana! *Che seccatura, questa campana!*" (*Il bell'Antonio*, Milano 1951, p. 7). C.

**camùsciu,** sm. (calabrese meridionale, con varianti). 'Faggio basso'.

Da un greco parlato (bizantino, secondo il DEI) **chamóxion*, con lo stesso significato, composto di *chamo-* (→ *camucìssi*) e *oxya* 'faggio nano' [DEI s.v. *camòscio*; Rohlfs 1977]. M.

**canàbura,** sf. (ligure: Pigna; piemontese, lombardo, veneto e trentino: *canàula* e varianti; friulano occidentale pedemontano: *cianàula* e varianti). 'Collare di legno che si mette attorno al collo delle capre e delle vacche ed al quale si attaccano i sonagli'.

Dal latino parlato **cannăbula* 'cavezza', 'cerchio della campana' che ha nei dialetti altri continuatori con significati diversi: (istrioto, a Dignano: *canàvole*, plur.) 'pastoie', (ladino centrale: *cianàula*; friulano, a Ruda: *canàula*) 'parte del giogo', (piemontese: *canàula*) 'anello del giogo' [REW; DEI s.v. *canàula*; AIS; Merlo 1941-57; Gribaudo-Seglie 1972-75; Pellegrini-Marcato 1988]. C.

**canafòja,** sf. (marchigiano, anche *scanafòja*; abruzzese; toscano, nell'aretino: *canafòglia*). 'Foglia di canna; fogliame della canna, del granturco'.

Dal latino tardo *cannae folia* (Chirone) 'foglia di canna' (Alessio 1976 attesta una forma latina *cannafolia*); nel grossetano (a Pitigliano) è attestata la variante *fogliacanna* 'foglia di canna, che si dà da mangiare alle bestie' con inversione dei due elementi [DEI s.v. *cannafòglia*]. M.

**canài,** sm. (friulano occidentale). 'Bambino, figlio', al femm. *canàe*.

Si tratta di un particolare sviluppo di significato del friulano *canàe* 'canaglia: figliolanza', dal latino *cănis* 'cane', attraverso la mediazione dell'italiano *canaglia*. Lo stesso tipo lessicale si ritrova anche nel ladino centrale (in comelico): *canàie* 'bambini' che Tagliavini 1988 deriva dal veneto *canàgia* 'canaglia' con perdita del senso peggiorativo [DESF]. M.

**canaiòla,** sf. (toscano). 'Varietà di uva nera, molto dolce'.

Pare così chiamata, perché ne sono ghiotti i cani e specialmente le volpi (Fanciulli); secondo un'altra ipotesi dipende da 'canna' (→ *canéna*). C.

**cananèa**[1], sf. (toscano; umbro; laziale), 'quantità di

cani e loro schiamazzio'; (campano: a Napoli), 'casa disordinata, gente incorreggibile'.

Dall'italiano *cananèo* per 'ebreo', quindi accostato a *cane*: 'grande schiamazzo di cani, cagnara'.

L. VIANI: *Nella casa ... c'era una tal cananea da mettere in rivoluzione un vicinato, un guattire, un uggiolare, un abbaiare continuo* (cit. in GDLI II 614). C.

**cananèa[2],** sf. (sardo logudorese). 'Terribile serpente leggendario'.

Dal sardo *cananéu* nel senso di 'ebreo' (come l'italiano *cananèo*), come conferma l'accezione campidanese rustica: 'avaro, taccagno, spilorcio' [DES].

G. DELEDDA: *spiando se laggiù fra le distese d'euforbia malefica si nascondeva qualche drago o se il leggendario serpente* cananèa, *vivente fin dai tempi di Cristo, strisciava sulle sabbie intorno alla palude* (*Romanzi e novelle*, I, Milano 1954, p. 381). C.

**canavèra,** sf. (veneto, anche *caneviéra*). 'Canna d'India, canna domestica'.

Parrebbe un composto del latino *canna* e *vēra*, ma questa seconda parte potrebbe nascondere anche *avēna*, come è stato supposto per spiegare certe varianti dialettali francesi del tipo *canavera* e lo spagnolo *cañavera*, oppure **avera* per il latino *aquaria*, cioè '(canna) d'acqua'. [FEW; Corominas; Zamboni 1994].

S. ZANOTTO: *Il bel percorso nel sentiero costeggiato da canne gentili, le canavere venete, e da topinambours cresciuti spontanei, gli venne così rovinato* (*Delta di Venere*, Milano 1975, p. 206). – V. SCAPIN: *Erano molto più efficaci quattro bei sberloni e le bastonate con la canevera che nessuno sarebbe andato a casa a lagnarsi delle botte pena il raddoppio da parte dei genitori* (*I magnasoéte*, Verona 1976, p. 106). C.

**canbràda,** sm. (piemontese). 'Camerata, compagno'; *canbrada 'd l'spos* 'paraninfo'.

Dal latino *camera* (REW) o piuttosto da connettere al provenzale moderno *cambrado*, francese *camarade* 'compagno' (FEW). La locuzione che designa il paraninfo corrisponde a 'compagno, amico degli sposi' e si confronta con la denominazione *compàgno* che nel veneto bellunese (ad Arson) indica lo stesso concetto [Petrone 1976: 511]. M.

**cancéḍḍu,** sm. (siciliano, con varianti), 'cestone'; (calabrese, all'accrescitivo: *cancëllónë*), 'recipiente in forma di culla, fatto di stecconi di legno per trasportare il fieno o i covoni a basto'.

Come l'italiano *cancello*, deriva dal latino *cancellus*, diminutivo di *cancer* 'graticcio', così chiamato per l'intreccio del manufatto. Il significato di 'cestone' spiega anche quello di 'misura di capacità', che si legge in un papiro greco [DEI s.v. *cancèllo*[2]]. C.

**canciatèra,** sf. (siciliano). 'Cambio'; *fari canciatera* «di due giovani che sposano rispettivamente l'uno la sorella dell'altra» (Piccitto 1977).

Dal siciliano *canciata* 'cambio' (dal verbo *canciari* 'cambiare'): → *dupru.* M.

**cancórso,** sm. (toscano: Cetona). 'Persona molto brutta o cattiva'.

Il grosso *cane corso*, proveniente dalla *Corsica*, è noto per la sua indole feroce. Anche in italiano *can corso* è un 'uomo di aspetto e attitudine fiera'. C.

**candacétrë,** sf. (abruzzese: Miglianico). 'Cardo, labbro di Venere, *Dipsacus silvestris*'.

Per Giammarco 1985 si tratta di un composto del dialettale *canda* 'canna' e *cétrë* 'cedro', mentre il DEI (s.v. *cantacetra*) ipotizza un composto semidotto del latino *acanthus* 'acanto' e *Cytherea* soprannome di Afrodite, etimo accolto anche dal LEI. M.

**candasëléna,** sf. (abruzzese: Castel del Monte). 'Lamento continuo, lagna'.

Letteralmente 'canta serena(ta)' [LEA]. C.

**candelàriu,** sm. (sardo logudorese, anche *candelàrżu*; sardo campidanese: *scandelàu*). 'Specie di focaccia figurata che si regala ai ragazzi e ai poveri in occasione del Capodanno'; in qualche località, come Siniscola, si chiama *candelàrżu* anche la canzone che i ragazzi cantano in questa occasione e che comincia con le parole: *Dademì su candelàrżu.*

Dal latino *(dōnum) calendārium* '(dono) delle calende' [DES]. M.

**candè nu lautandòmmë,** locuz. (pugliese: Mattinata). 'Fare una ramanzina coi fiocchi'.

Dalla formula latina, con la quale si terminano le singole lezioni dell'Ufficio divino, *Tu autem, Domine, miserere nobis*. Il solo *tu autem* è dell'uso piemontese e lombardo con lo stesso significato di 'lavata di capo'. Il passaggio da un passo liturgico al senso di 'rabuffo, rimprovero' è frequentissimo [Veronesi 1969-70]. C.

**candérë,** sm. (abruzzese, anche *candirë* e altre varianti). «Mucchio di grano sull'aia, trebbiato e tritato con cavalli, da spulare e ventilare» (Giammarco 1985).

Dal latino *cant(h)ērius* 'cavallo castrato', con un traslato analogo a quello del tipo lessicale *cavaglione* (→ *scavaglionàre*) [DEI s.v. *cantéro*]. M.

**candìla,** sf. (calabrese), 'pioppo tremulo'; (siciliano; *cannila*), 'ontano'.

Dal latino *candēla*; un tempo la voce, con valore di fitonimo, doveva essere nota anche in Puglia, ove si trova il nome locale *Candela* (Foggia) che viene interpretato come un fitotoponimo [Santoro 1974-75; Rohlfs 1977; Piccitto 1977]. M.

**càndola,** sf. (trentino, anche *càndorla*), 'bricco'; (ladino centrale: *condla, còndola*, anche *còndal, càndel* sm.; veneto settentrionale: *condel* sm., *càndola*; friulano, a Paularo: *cóndil* sm.), 'specie di vaso, recipiente che serve per diversi scopi'.

Dal tirolese *kandl* 'specie di vaso, recipiente' e bavarese *kandel*, con epentesi di *r* nel trentino *càndorla* [Tagliavini 1926; REW; DESF]. M.

**candùscio,** sm. (campano, nel napoletano, anche *cantùscio*), 'abito femminile'; (abruzzese: *canduscë*; salentino: *candùscia* come sf.), 'vecchia veste di donna'; (calabrese: *candùscia* sf.), 'veste collo strascico; abito mal cucito'; (calabrese settentrionale: *cantùsciu*), 'roba vecchia'; (siciliano: *cantùsciu*), «antiquato, abito di gala delle donne in uso fino ad un secolo fa; per estensione abito di lusso» (Piccitto 1977).

Voci di verosimile provenienza araba, da *qaṭūš* 'abito a manica corta; veste che scende fino a mezza vita', attraverso il turco *kontos, qontos*. Il prestito è penetrato anche in area settentrionale (situazione non rara nel settore delle stoffe e degli indumenti): è attestato infatti anche nel lombardo (milanese) *contùš* 'foggia d'abito donnesco disusato', e nel ligure (genovese) *contusso* «gamurra, specie di veste da donna che copre la schiena e il petto: pettorina» (Casaccia 1876) [DEI; Pellegrini 1972; Salzano 1979]. M.

**canécchië[1],** sm. (abruzzese, con varianti). 'Gattuccio: piccolo squalo dalla livrea macchiettata, *Schyliorhinus canicula*'.

Dal latino *canicŭla* 'cane di mare', letteralmente 'cagnetto', nome assegnato a varie specie di squali per il loro muso prominente e forte [De Saint-Denis 1947; DEI; LEA]. C.

**canécchië[2],** sf. (abruzzese). «Piccia di due panetti; focaccia di crusca cotta sulla graticola per pasto dei cani da pastore» (Giammarco 1968).

Dal latino *canicŭla* 'cagnolino'; della voce dialettale è deverbale *nganecchjà* 'formare una piccia, accoppiarsi dei cani', anche *nganicchjarsi*, e *scanecchjà* 'disunirsi dei cani dalla copula' [DEI s.v. *canécchia*; REWS]. M.

**canèine,** sm. (pugliese: Grumo Appula). 'Pane di cruschello cotto in forno e destinato al cane di campagna, allevato in casa per fare la guardia'.

Letteralmente 'canino'. Anche Marziale, satira V, verso 11, accenna al *farrum caninum* [Colasuonno 1976]. C.

**canèla,** sf. (ligure; piemontese: Monferrato), 'misura di superficie', ancora in uso per il tavolame e l'ardesia (passata anche, nel Monferrato, per le pietre di taglio); (a San Remo), 'misura di volume per pietre e ghiaia'.

Da *canna*, misura soprattutto di lunghezza a valore variabile a seconda delle località [Plomteux 1975]. C.

**càne mazzìgliu,** locuz. sostant. (laziale: Arsoli). 'Donnola'; solo *mazziglio* a Tagliacozzo e *pazzìlu* a Subiaco.

Letteralmente 'cane aguzzo', se *mazzigliu* si deve interpretare come variante di *pazzigliu*: → *óssu pazzìlu*, detto, infatti, in più luoghi dell'Italia meridionale, e nel Lazio stesso, *óssu mazzìllu* 'noce del piede'. C.

**canéna,** sf. (romagnolo). 'Specie di uva nera, il vitigno che la produce ed il vino che se ne ricava'.

Derivato di 'canna', cioè dal modo di piantare i vitigni, che si usa nella pianura romagnola. Si tratta di viti disposte in fila, legate insieme con pali e pertiche o, piuttosto, canne. *Canena*, cui corrisponde il toscano e italiano *cannaiola*, diminutivo di *cannaio*, è perciò il vino come prodotto delle viti, come si coltivano nella pianura, termine limitato secondariamente all'uva nera per distinguere il suo prodotto da quello dell'albana [Schürr 1978]. Con *canéna*, italianizzato in *canina*, talvolta si confonde (nelle fonti) un altro vitigno e vino nero romagnolo detto in dialetto *cagnína*, italianizzato in *cagnina* ed anche *canina*, etimologicamente affine a *canéna* (con l'eventuale intrusione paretimologica di *cane*). Secondo Ercolani 1971 «un contadino sa distinguere benissimo *canéna* da *cagnina* [...] la "*canína*" è un'uva molto scadente e che dà un pessimo vino, mentre la "*cagnina*" dà un vino alquanto pregiato, specialmente se prodotto da terreni argillosi».

M. MORETTI: *si capiva, sì, che in quella sala non avevano l'intenzione di banchettare (ognuno aveva certamente una gran voglia di riempirsi l'epa inaffiando i cibi tradizionali coi vini romagnoli,* sangiovese *rosso,* albana *d'oro,* cagnina *nera come l'inchiostro, e non escludendo la vivacità mordente del liquore* (*Romanzi della mia terra*, Milano 1961, p. 63). M.

**canešèla,** sf. (veneto; veneto giuliano; friulano: *canišèle*). 'Vicolo, stradetta', 'spazio di passaggio fra due letti o fra il letto e la parete'.

Dal latino *callicella*, un diminutivo di *callis* 'via', come dimostrano le varianti non dissimilate venete (*calešèla*), friulane (*calešèle*) ed emiliane (*calzèla* nel significato di 'discriminatura dei capelli'); anche → *cavsèla*) [Prati 1968; Bondardo 1986]. C.

**canèštrë,** sf. plur. (abruzzese, Introdacqua). «Sfilata di canestre, contenenti la dote della sposa, che un tempo le maritate portavano dalla casa della sposa a quella dello sposo, il giovedì precedente la domenica delle nozze» (Giammarco 1968); (abruzzese, Corvara), «canestre con regali consistenti in uova, pasta, liquori (marsala, vermouth) che i parenti portavano alla sposa nel giorno delle nozze» (ibid.).

Dal dialettale *canèštrë* 'canestre'. M.

**canestrèl,** (veneto, anche *conastrèlo*, *conostrèl*). 'Ligustro, *Ligustrum vulgare* L.' e 'sanguinello, *Cornus sanguinea* L.'.

Voci dall'origine incerta che, secondo Prati 1968, potrebbero derivare dal latino *canistellum* 'cestino', perché il legno del sanguinello serve proprio alla confezione di gabbie, graticci, panieri; tale ipotesi, che resta da preferire rispetto a quelle indicate di seguito, dovrebbe poggiare sulla base greca *kánastron* 'cesta' per essere più giustificata. Un'altra interpretazione si fonda su un **cornastrellum*, un derivato di *cornus* (attraverso una forma suffissata con *-aster*) ed è motivata dal fatto che varie denominazioni dialettali di queste piante riprendono la denominazione che è propria del 'corniolo', spesso con specificazioni, 'c. matto, selvatico, bastardo'. Infine un'ipotesi (DEI, s.v. *canestrello*) connessa con le bacche porporine che servono per tingere richiama un confronto col latino *colostrum* 'primo latte della puerpera' (supponendo un dissimilato **conostrum*) e un *colostis 'pyrethrum'* delle glosse richiamando il termine piemontese (alessandrino) *caganegro* 'ligustro' di chiara origine, cui si possono aggiungere i termini friulani, relativi al sanguinello, *ingióstri* (Forni di Sotto) propriamente 'inchiostro' e *tintòrie* (Magnano) che serve a tingere, con riferimento alle bacche [Pellegrini-Zamboni 1982]. M.

**canestréli,** sm. plur. (piemontese; ligure). 'Tipo di dolci a forma di ciambella'.

Dalla forma, che ricorda un piccolo *canestro* [Plomteux 1975].

R. ZENA: *Dal ponte nuovo e alla marina un arrivar continuo di timoncelle e di gozzi stracarichi, in piazza un va e vieni di gente, banchi e baracche, venditori che strillavano: «canestrelli freschi, amaretti, amaretti!»* (*Romanzi e racconti*, a cura di E. Villa, Bologna 1971, p. 95). C.

**canfìno,** sm. (toscano; lombardo, veneto: *canfìn*; emiliano e romagnolo: *canfén*), 'liquido combustibile per illuminazione', 'petrolio'; (veneto: *canfìn*), 'lume a petrolio'; (in umbro: *lum a canfino*, in toscano a Siena *lume a canfino*). È nota anche la variante toscana → *tanfino*.

Dall'inglese *camphine* 'nome commerciale di un petrolio per illuminazione, ottenuto dalla distillazione della trementina', la quale, in combinazione con idrocarburi, dà origine alla canfina (*camphene*). Di qui anche *a camphine lamp* 'lume a canfina'.

I. NIEVO: *L'odore del muschio, il lampeggiar delle occhiate, e il chiaro del canfino mettono i sensi in visibilio* (cit. in GDLI II 630). C.

**cangiòta,** sf. (romagnolo). 'Botte da viaggio per trasportare mosto, usata anche come botte da vino'.

Non da *cóng'* 'congio, misura', come accettano i più, lo Schürr compreso, che traduce *d'un candiòt, d'una mastäla* con «d'un congio(tto) d'un mastello» (Schürr 1974: 247), ma dal veneziano antico *(bóta) candiota* 'botte di Candia', rimasta nell'uso figurato di 'donna molto piccola, grassa e sproporzionata'. Il mutamento di *dj* in *gj* non è eccezionale in romagnolo, che ha *Engia* da *India*. Anche lo spagnolo ha accolto *candiota* per una 'specie di barile' [Corominas; Cortelazzo 1970: 158]. C.

**cànguli,** sf. plur. (siciliano). 'Castagne', 'caldarroste bruciate'.

Da un latino regionale *cancanus*, dal greco *kánkanos* 'secco, disseccato' [DEI s.v. *càngole*; Alessio 1976]. M.

**canicà,** v. (laziale: Marino, a Velletri: *cagnicà*). 'Impallidire'.

Riflessi isolati del latino *candicāre* 'divenire bianco', con assimilazione di *nd* > *n(n)* e palatalizzazione di *n+i* [REW; DEI s.v. *canicare*, *cagnicà*; REWS]. M.

**canigèa,** sf. (ligure). 'Parietaria, erba nota per le sue virtù diuretiche, raccolta anche come mangime per i polli'.

Dal nome latino *caliculāta* (sec. VI), *caniculāta* (sec. IX), letteralmente 'provvista di un piccolo calice (*calĭculus*)' [Plomteux 1975]. C.

**canipèrru,** sm. (siciliano; campano, a Napoli: *caneperro*), 'cane inselvatichito', al fig. 'uomo ribaldo'; (calabrese meridionale: *hanaperra* sf.), 'troia, scrofa, malafemmina, donna sudicia'.

Formazione tautologica composta di *cane* e dello spagnolo *perro* 'cane' (→ *mpërràrse*); è presente anche nel siciliano *cani perru!* «esclamazione di ingiuria o scherzosa, marrano!» (Piccitto 1990) [DEI; Rohlfs 1977]. M.

**cannacàmbrä,** sf. (lucano). 'Granaio; cilindro da grano'.

Letteralmente 'canna' + 'camera', cioè 'camera a canna', trattandosi di un contenitore con parete fatta con canne (schiacciate con martello di legno, poi intrecciate a maglie) e ricucita da un lato [Bigalke 1980]. M.

**cannàcca,** sf. (abruzzese: anche *canaccia*; campano; pugliese; calabrese, con diverse varianti; siciliano: anche *sciannaca* e *hiannaca*). 'Collana'; in abruzzese e campano metaforicamente anche la 'pelle che pende dal collo dei bovini', 'giogaia', in pugliese (Foggia) i 'bargigli' del gallo e in sardo (*cannaccas*) 'bargigli' della capra. In Campania (*cannacca* a Pantano) e in Puglia (*cannacchina* a Spinazzola) è il 'collare del cane'.

Dall'arabo *ḫannāka*, talvolta con accostamento a *canna* 'gola' [DEI s.v. *annaca* e *cannacca*; DES; Pellegrini 1972; Rohlfs 1977 e 1977a; LEA]. C.

**cànna de chiàvëca,** locuz. sostant. (campano: Napoli). 'Condotto di fogna'.

*Canna* è propriamente la 'gola'; si spiega così anche il senso figurato di 'divoratore d'ogni sorta di roba' (oggi diremmo 'lavandino'). Analogo sviluppo si nota anche in *cannarone* (*cannaronë* in abruzzese), passato dal significato proprio di 'canna della gola' a quello figurato di 'goloso, mangione, ghiottone'.

A. M. Ripellino: *leccapentole, ..., canna di chiavica, sempre bramoso di cibaria* (*Praga magica*, Torino 1991, p. 311). C.

**cannafèrla,** sf. (campano: Ischia). 'Specie di ferula, *Ferŭla communis*' (Penzig 1924).

Dal latino *canna ferŭla* 'ferula, canna d'India'; ne deriva anche lo spagnolo *cañahierla* 'cicutaria', *canajela* 'ferula' [DEI; Alessio 1976]. M.

**cannanóce,** sf. (pugliese, nel tarantino, e salentino, con varianti; calabrese settentrionale e lucano: *cannanucë*). 'Pomo d'Adamo'.

Voce composta da '*canna* [della gola]' e '*noce*'; dialettalismi del tipo *cannarino*, cioè derivati da '*canna*', col significato di 'gola, canna della gola' sono *cannarino* (napoletano), *cannarinë* (abruzzese, molisano), *cannarini* plur. (calabrese), *cannarinu* (siciliano) qui al sing. 'ugola' e al plur. 'canna della gola, gola' [DEI ss.vv. *cannanóce* e *cannarino*; REWS; Salzano 1979; Luciano 1992; Mancarella 1994]. M.

**cannàta,** sf. (siciliano; calabrese; abruzzese: *cannatë*). 'Boccale da vino', 'orciolo'.

Dal latino tardo *canna* 'sorta di vaso' (in Venanzio Fortunato) documentato nella forma *cannāta* nel latino medievale (IX sec.) [REI; REWS]. M.

**canna(v)ìna,** sf. (marchigiano), 'canapaia', 'terreno fertile'; (abruzzese: *cannavinë*), 'terreno umido, terra irrigua, terra per ortaggi'; (molisano, a Fossalto: *cannavina*), «terreno fertile ricco di canneti» (Bagnoli 1990).

Non sono derivati di 'canna', ma richiedono un latino parlato **cannabīna* collettivo di *cannabis* 'canapa'; un *canapina* 'terreno coltivato a canapa' è attestato a Velletri nel 1146 [DEI; Alessio 1976]. M.

**cannavùsa,** sf. (siciliano e calabrese meridionale, anche *cannamùsa*, *cannaùsa*; piemontese: *canavùs* e varianti come sm.; piemontese nordorientale: *camvùsa* e varianti; lombardo nordoccidentale, ticinese: *canaòsa* e varianti). 'Seme di canapa (canapuccia)', nel calabrese meridionale anche 'canapa'.

Dal latino *cannabis* 'canapa' col suffisso *-ōsus*, formazione nota anche al galloromanzo (*cheneveuse*) [AIS; DEI; Rohlfs 1977]. M.

**cannecchiàra,** sf. (campano, nel napoletano). 'Giusquiamo', anche *cannecchiata*.

Quest'ultima forma riflette il latino tardo *caniculāta*, variante dissimilata del latino *[herba]calyculāta* 'giusquiamo' da *calyculus* 'piccolo calice', denominazione connessa col frutto a pisside di questa pianta. Il napoletano *cannecchiara* è dovuto a sostituzione del suffisso per attrazione di *-ara* (dal latino *-āria*) dei nomi di piante. Dipendono da *caniculāta*, **canicularia* anche le voci liguri → *canigèa*, *caeghèa*, *canigera* e altre varianti utilizzate per designare un'altra specie, la 'parietaria, vetriola' [DEI s.v. *cannecchiara* e *canigea*; Salzano 1979; *Vocabolario delle parlate liguri*]. M.

**cànni,** solo nella frase *fari la faccia canni canni* (siciliano). 'Arrossire'.

Dall'arabo *ġānī*, parola rara che significa 'rosso acceso' [Caracausi 1983]. M.

**cannìla di picuràru,** locuz. sostant. (siciliano). 'Stianca o mazzasorda, *Typha latifolia*'.

Letteralmente 'candela del pecoraio'; la pianta è cosiddetta perché utilizzata per fare fiaccole ungendo d'olio le spighe (→ *fràca*) [VES s.v. *buda*]. M.

**cannìlli,** sm. plur. (laziale: Mompeo Sabino). «Tre segmenti di canna che i mietitori infilano nelle dita della mano sinistra (mignolo, anulare e medio) per proteggerle dalla lama del falcetto» (Raspini 1991).

Diminutivo di *canna*. M.

**canòcia,** sf. (veneto; veneto giuliano). 'Squilla, *Squilla mantis*'. Italianizzato in *can(n)occhia*.

Alla comune opinione, che vede nel nome un derivato, col suffisso diminutivo *-ocio*, di *cana* 'canna' per la forma del crostaceo, si può opporre che il suo sinonimo *pannocchia* (usato in Toscana, Marche, Campania, Veneto e Venezia Giulia) può far pensare anche ad una diversa somiglianza [DEI; Ineichen 1960-61: 105; Palombi-Santarelli 1961; Doria 1987].

N. Salvalaggio: *È un quarantenne discretamente distinto, affusolato, leggero come una "canocia", baffetti marrone appuntiti come forbici* (*Italia come non detto*, Torino 1974, p. 47). C.

**canònichë,** sm. (laziale: Amaseno). 'Persona furba matricolata, ma buona all'aspetto'.

Propriamente, 'canonico'. C.

**canòpio,** sm. (toscano: Chiusi). 'Persona brutta e dalla faccia inespressiva', detto scherzosamente.

Dal coperchio a forma di testa umana, posto sopra il vaso funebre etrusco, detto appunto *canòpo* dal nome della città sul delta egiziano *Canopo*, dove sono state ritrovate urne funerarie con coperchio a testa d'uomo. La variante toscana dipende dal plurale *canòpi*, dal quale è stato ricavato un nuovo singolare, *canopio.* C.

**canòpo,** sm. (veneto settentrionale; trentino). 'Minatore'.

Dall'antico alto tedesco *knappo* 'minatore'; dal dialettale *canòpo*, in Valsugana e in Primiero si ha il derivato *canopàr* 'scavare, dissodare il terreno' e *canopaùra* 'dissodamento' [Prati 1968; Tissot 1976]. C.

**cantabrùna,** sf. (piemontese), 'imbuto di legno'; (ligure, anche *cartabruna*), 'sifone, tromba da vino, tubo di gomma per imbottigliare liquidi'.

Le voci si collegano al provenzale *cantobruno* di analogo significato, a sua volta dall'antico provenzale *chantaplora*, formazione parallela al francese antico *chanteplore*, spagnolo *cantimplora* (passato anche all'italiano *cantimplora*), catalano *cantiplora*, cioè "canta e plora", 'canta e piangi', per il rumore che fa il liquido quando si versa. Una deformazione popolare di *cantimplora* (in toscano anche *cantinflora*) è pure il calabrese *cantrampola*, *cantribola*, *cantrambona* 'vaso di latta che serve per ghiacciare il vino o l'acqua nell'estate', calabrese settentrionale *cantamprune* 'oggetto ingombrante' [DEI; Gribaudo-Seglie 1972-75; Plomteux 1975; Rohlfs 1977]. M.

**cantacèro,** sm. (veneto: Verona). 'Gallo'.

Va ricondotto al francese *chanteclair*, denominazione del gallo nei *romans* medievali; il venetismo non è però dovuto a tradizione dotta ma è un riflesso popolare (come mostrano anche l'adattamento *-cero* e *ca-* iniziale che potrebbe essere originario) frutto della popolarità del genere nelle piazze medievali [Bondardo 1986; Zamboni 1989: 396]. M.

**cantachìcu,** nella locuz. *star lì come in cantachicu* (ligure: Pigna). 'Starsene a sentire senza aprir bocca'.

Letteralmente 'canta, cucco' [Merlo 1941-57]. C.

**cantà le sècole,** locuz. (marchigiano: Jesi). 'Giudicare qualcuno senza appello'.

Da *sècole*, parola semidotta, che vuol ripetere l'italiano *esequie* e che entra nel modo proverbiale *sul morto se canta le sècole* 'aspettiamo di vedere come vanno a finire le cose prima di prendere una decisione' [Urieli 1979]. C.

**cantalìzio,** sm. (campano: Napoli). 'Cantilena, tiritera, filatessa'.

La voce sembra composta di *canta(re)* e del nome proprio *Alèsië* (Alessio), in relazione a Sant'Alessio, che ha ispirato molti poemi popolari, ma non si può escludere l'alternativa che interpreta *-lèsio* come l'*eleison* della liturgia [DEI s.v. *cantalèsio*; Altamura 1956]. C.

**cantamàggio,** sm. (marchigiano, nell'anconitano). 'Ornello, avorniello' e altre specie di genere *cytisus*.

Voce composta con *cantare* e *maggio*, per il periodo della fioritura; si confrontino l'italiano *maggiociondolo* 'citiso' da interpretare come 'pianta che fiorisce (o *ciondola*?) a maggio' o con infiorescenza a ciondolo (DELI), e dialettismi quali il friulano (in Carnia) *màis*, veneto *maŝi*, emiliano *(s)mai*, *mèi* "maggio, maggi", emiliano *fiùr ed màg'* "fiore di maggio" [Penzig 1924; Spotti 1929; DEI; Pellegrini-Zamboni 1982]. M.

**cantàre il lażżerónе,** locuz. (toscano). 'Ciò che si canta al mortorio'.

Dal *Lazarum resuscitasti* dell'Ufficio dei defunti [Migliorini 1968]. C.

**cantàre le chirièlle,** locuz. (toscano: Camaiore), 'morire'; (sardo logudorese: *cantare sa chirièlla*), 'biasimare qualcuno in modo noioso'.

Dal latino ecclesiastico *kyrie ele(ison)*, inizio di un'invocazione liturgica lunga (e noiosa), bene rappresentata in vari dialetti (cfr. anche → *leissòn*) specie nella prima parte *chirie*, con significati diversi: 'cosa noiosa', 'rimprovero', 'raganella della Settimana Santa' ed anche 'prete' e 'pastrano' [DES; Veronesi 1969-70]. C.

**cantàr el Tasso a Pilato,** locuz. (veneto: Venezia). 'Esser morto'.

Dal frequente uso veneziano, da parte di barcaioli e gondolieri, di recitare alcune famose ottave della *Gerusalemme Liberata*. A Pilato lo si può fare, naturalmente, solo all'aldilà. C.

**cantà ssènza còrda,** locuz. (umbro: Spello). 'Non riuscire a mantenere un segreto'.

La locuzione si spiega con l'uso semigergale e, comunque, popolare di *cantare* per 'palesare, confessare' e con il rifacimento all'antico tormento della *corda* per fare confessare gl'imputati. C.

**canté i öv,** locuz. (piemontese: Castellinaldo). 'Andare in brigata di giovani di casa in casa, la notte che precede la domenica delle Palme e la Pasqua, a questua di uova'.

Letteralmente 'cantare le uova', perché la richiesta era espressa con distici cantati in coro con accompagnamento di strumenti [Toppino 1929]. C.

**càntera,** sf. (toscano settentrionale; ligure: *càntia*). 'Cassetta'.

Dal latino *căntharus* 'specie di vaso', 'vasca', di origine greca [Plomteux 1975].

L. VIANI: *Questo grande nome, dentro queste cantere si è logorato come quando il sapone è dimenticato nella tinozza colma d'acqua* (cit. in GDLI II 655). C.

**canté ra pìstula,** locuz. (piemontese: San Martino Alfieri, Alba). «Lo scambiare che fanno in carnevale persone di paesi vicini, da colle a colle, motteggi e frizzi con alterna vicenda e quasi a modo di canto amebeo», mentre *lèse ra pìstula* vuol dire «elencare i nomignoli, coi quali sono indicati collettivamente gli abitanti di un paese o l'epigramma (per lo più in quattro versi) che riguarda ciascuno dei paesi stessi» (Toppino 1927).

Ricordi liturgici: 'cantare, leggere l'Epistola'. C.

**cantiàmos,** sm. (friulano: Moggio). 'Predica, complicazione, pretesto'.

Da *cantiàmo* 'lauda che si cantava durante la veglia ad un defunto', ricavato dalla preghiera *(requies)cant (in pace). Amen*, da cui anche il sostantivo *cantiàmen* 'scocciatore, seccatore' [Beccaria 1993]. C.

**canuẽ̌su,** sm. (ligure). 'Valeriana rossa'.

Dal nome della 'canna della gola', alla quale lo stelo dritto, alto e cavo della valeriana può assomigliare [Plomteux 1975]. C.

**canuscènza,** sf. (laziale: Terracina). 'Conoscenza', anche nel significato particolare di 'prima presa di contatto fra le famiglie di due ragazzi che intendono fidanzarsi'; questa specie di cerimonia, strettamente intima, avveniva anche se le due famiglie si conoscevano benissimo, perché era l'occasione per parlare della eventuale dote dei due futuri sposi e per chiarire ed istituzionalizzare la nuova posizione dei giovani; alla *canuscènza* segue il → *rëstregnëméntë*.

Letteralmente 'conoscenza' [Di Cara 1983]. M.

**canzìrrë,** sm. (campano; corso: *ganzìru*; abruzzese: *cazzirrë*; calabrese: *canzirru*, *mulu canzirru*; salentino: *mulu canzirru*), 'bardotto, mulo nato da cavallo ed asina'; (siciliano: *scanzirru*), 'asino'.

Dal latino *cant(h)ērius* 'cavallo castrato'; ha questa origine anche il siciliano *canzirri* plur. «arnese di legno a piegatoio per trasportare sassi a schiena di mulo» (Piccitto 1977) attraverso un significato traslato [Falcucci 1915; DEI s.v. *canzirro*; REWS]. M.

**canzìrru,** sm. (siciliano sud orientale, anche *ganzìrru*), 'maialino' e scherz. 'moccioso, ragazzo'; (irpino, Montella: *canzìrro*), 'maiale'.

Dall'arabo *ḫinzīr* 'maiale'; in Sicilia il termine è frequente nella toponomastica, ad esempio *I Ganzirri* presso Messina [Pellegrini 1972 e 1989]. M.

**cànzo,** sm. (campano, in Irpinia). 'Occasione, momento opportuno', «luogo dove, cansandosi, l'uomo si ricovera» (Nittoli 1983).

Deverbale del dialettale *canzà* 'cansare, allontanare, schivarsi', come l'italiano *(s)cansare* (dal latino *campsāre*) [De Blasi 1991]. M.

**canżòna suspèttë,** locuz. sostant. (abruzzese: Vasto). «Dispetto. Quella canzone che si va a cantare sotto la casa dell'innamorata, quando il matrimonio progettato va a monte e la donna si trova un altro sposo. Lo sposo antico, che va a cantare *suspèttë* sotto la finestra della traditora, conduce con sé anche i suoi amici, che devono dargli man forte se qualcuno volesse stornare la serenata. Alle volte accade che il nuovo sposo, sapendo che deve farsi la serenata a dispetto, va anch'egli con i suoi amici a *luvà sune* ['levare suono']; ed allora si impegna una vera battaglia, e i colpi di mazza e le coltellate non si contano più. La *canżòna suspèttë* contiene sempre allusioni offensive ed insolenze grossolane all'indirizzo della donna, come potrà rilevarsi dai seguenti saggi che trascriviamo: *Bella tu si di nòme e 'n' giò di fàtte, 'Nnammuratèlla mi, tu si di tutte; Vijàt' a chi ti vánn e nin d'accàtte, Li tu' billezza l'ànne strutte tutte. Tu si còme la mànnela di fràtte, Chi càcce bèlle fijòre e triste frutte; Li ssèmbie li si todd' a la castàgne, Chi ffòr' é bèlle e dàndre è mahàgne.* Bella tu sei di nome e non di fatto, Innamoratella mia, tu sei di tutti; Beato chi ti vende e non ti compra; Le tue bellezze le hanno distrutte tutte. Tu sei come mandorla di fratta, Che caccia bello il fiore e triste il frutto; L'esempio tu hai preso alla castagna, Che fuori è bella e dentro è magagnata» (Anelli 1901).

Probabile reinterpretazione paretimologica di *dispetto*, nome di una «forma dell'antica poesia popolare, analoga nel metro al *rispetto*: esprime il rancore e la gelosia dell'amante abbandonato e tradito» (GDLI), accostato a *sospetto*; nell'abruzzese chietino e teramano *suspèttë*, *sëspéttë* valgono 'dispetto', *pe s.* 'per dispetto' (DAM). M.

**caodelàte,** sm. (veneto, nel veronese; trentino, in Val di Fiemme: *càu de làt*). 'Panna montata'.

Letteralmente 'capo del latte', il latte che sta sopra, cioè la parte che monta [AIS; Prati 1968]. M.

**caorìo,** sm. (veneto: veneziano). «Capitombolo, l'andar nuotando per qualche tratto sott'acqua, e più precisamente il tuffarvisi» (Boerio 1856); (veneto giuliano, anche *cavarìo*) 'nuotata sott'acqua, tuffo in mare'.

Riflette un derivato del latino *caput* 'capo' (veneto *cao*), e cioè un **caporīvu* 'pertinente al capo', una formazione analoga a **temporīvu* da *tempus* 'tempo' presupposto dal veneto *temporivo* 'primaticcio' [DEI]. M.

**caorlìna,** sf. (veneto). 'Barca peschereccia di laguna, molto veloce, usata specialmente nelle valli da pesca'.

Dalla località di prima costruzione, *Caorle*.

P. De Domenico: *Gli uomini partivano al tramonto sulle caorline, che potevano essere a remi oppure a vela latina. Lo scafo era nero, bianco l'oculo di prora, grigia la coperta ... Le caorline erano lunghe quasi dodici metri, con un equipaggio di dieci uomini* (*La barca dorata*, Gardolo di Trento 1989, p. 72). C.

**capaggiàio,** sm. (toscano: Argentario), 'chi si dà da fare specialmente nel gioco e in combriccola' (toscano, a Lucca: *cafaggiàio*); 'capo dei boschi e delle cascine'.

Da *cafaggio*, nome di origine longobarda, molto diffuso anche nella toponomastica toscana, sia come 'capo di una bandita', sia come 'persona saccente', con la facile intrusione, nella variante dell'Argentario, di *capo*: → *cafaggiàio* [Fanfani 1863; Fanciulli]. C.

**caparèllo,** sm. (toscano, nel senese e amiatino; umbro: *capurello*; laziale: *capurello*, *capuriello*; marchigiano: *caporello*). 'Capezzolo'.

Da 'capo' (dal latino *caput*), secondo il DEI attraverso il plurale *càpora*. Si rifà a 'capo' anche il lucchese *capiticcio*, *capitìcioro*, *capitìgnoro*. Richiedono *capitŭlum*, diminutivo di *caput*, le forme *capìcchiu* (siciliano, calabrese), *capìcchië* (pugliese, salentino, lucano, campano), *cabìgiu* (sardo) [AIS; DEI ss.vv. *caparèllo* e *capìcchio*; DES; REWS]. M.

**capasànta,** sf. (veneto; veneto giuliano). 'Cappa di San Giacomo, *Pecten Jacobaeus* L.', tipo di mollusco commestibile, molto apprezzato.

Composto di *capa*, designazione generica di 'conchiglia' a nicchio, e *santa*, perché usata dai pellegrini, che andavano al santuario di Santiago di Campostella, come piccola ciotola, appesa al vestito o sul copricapo [Doria 1987].

S. Zanotto: *l'aroma ... nauesabondo delle cape sante che ora usa preparare arrostite ancora vive* (*Delta di Venere*, Milano 1975, p. 56). C.

**càpë,** sf. (campano; pugliese; salentino; lucano; tutti con varianti; abruzzese e molisano: *capa*). 'Testa', usato scherzosamente anche in toscano (Versilia: *capa*).

Dal latino *căpu(t)*, neutro, passato al genere femminile o per un cambiamento di declinazione, che permetteva quella possibilità, o per influenza del corrispondente greco *kephalḗ*, femminile [DEI s.v. *capa*; Rohlfs 1968].

A. Baldini: *Qui visse e morì Pitagora, quell'uomo sapientissimo e perfetto dell'antichità ... sulla cui mano raccoglievano un momento il volo le aquile per farsi grattar la capa* (cit. in GDLI II 673). – A. Bonsanti: *si districò ... delle gambe storte di quel saccente dalla grossa capa e dalle magnifiche gambe della stupenda guagliona* (*La nuova stazione di Firenze*, Milano 1965, p. 407). C.

**capégno,** sm. (veneto). 'Fondo lagunare duro, misto di fango e gusci di conchiglie'.

Originariamente aggettivo (*fondo capégno*), derivato da *càpa* 'conchiglia', nome generico di vari molluschi bivalvi. C.

**capëlàinë,** sf. (abruzzese, nel chietino). «Cùscuta, erba parassita dei prati».

Dal latino *capillāgo*, *-inis* 'capelli della testa' secondo l'interpretazione etimologica già proposta da REW e sostenuta anche in DEI. La denominazione di questa convolvulacea parassita, capace di attaccarsi ai vegetali mediante piccole speciali prominenze (succhiatoi), che alludono ai capelli con diverse specificazioni, ha comunque una buona tradizione anche nei dialetti italiani: *cavèi del diàol* (trentino, ladino-veneto), *cavelli de stria* (ligure, nel genovese), *caviera* (piemontese, Mondovì), *cavilèin* (emiliano), ed altri con ampi riscontri galloromanzi come *cheveux, cheveux de la Vièrge, cheveux du diable* [Pellegrini-Zamboni 1982]. M.

**capëllèrë,** sm. (lucano: Tursi). «Cambiacapelli: colui che andava in giro e raccoglieva dalle persone ciuffi di capelli per farne parrucche, in cambio di vari oggetti» (Mancarella 1994).

Dal dialettale *capìllë* 'capello' col suffisso *-èrë* (< latino *-ariu*); il *capëllèrë* era detto anche *cangiacapìllë*, letteralmente 'cambia capelli'. M.

**capélli della Maddalèna,** sm. plur. (lucano: Potenza). 'Lino delle fate, *Stipa pennata*'.

La denominazione, che il DEI riprende dal repertorio di Penzig 1924, allude con il primo elemento alle spighe lungamente piumate di questa pianta. Non è del tutto evidente la ragione della specificazione, che va cercata nelle tradizioni e nelle credenze popolari. Lo stesso si dovrà fare per altri nomi, riferiti alla stessa specie, quali l'italiano *lino delle fate* o il friulano *lin di strìe* 'lino della strega', *lin di volp* 'l. della volpe', mentre risultano chiaramente motivati dalle caratteristiche della spiga nomi come il piemontese *piumèt*, il ligure *ciumìn* 'piumino', il lombardo *piume*, l'emiliano *piùm, piumèin*. Un tipo analogo a quello lucano si riscontra nel siciliano che ha *capiḍḍi di la Maddalena* per designare la cimbalaria (*Linaria Cymbalaria* Mill.), una pianta comune sui vecchi muri detta *scarpette della Madonna* nel romanesco ('scarpette' potrebbe riferirsi ai frutti a forma di piccola tazza), *piòci de la Madona* nel veneto, letteralmente "pidocchi della Madonna", in cui ritornano motivazioni connesse con il sacro, legate a particolari leggende popolari. La denominazione veneta 'pidocchi' sarà da confrontare coll'uso di tale termine per designare una moneta di poco valore (ad esempio *peocìn* nel veneziano era 'moneta d'argento da 25 centesimi della lira austriaca', Prati 1968), e connettersi, perciò, col friulano *jèrbe bicine* anch'esso nome della cimbalaria (Pellegrini-Zamboni 1982: 653), da *bec', bez* 'bezzo', 'soldo' (termine derivato dal tedesco svizzero *bätze*, denominazione popolare dell'orso), che corrisponde ad un'altra sua denominazione italiana: *erba soldina*. M.

**capemmèrnë,** sm. (abruzzese). 'Principio dell'inverno'.

Letteralmente "capo d'inverno"; stessa formazione si riconosce nel fitonimo piemontese *cap d'invèrn* 'colchico, *Colchicum autumnale* L.' liliacea comune nei prati e nei boschi «che fiorisce in autunno, dopo l'ultimo taglio dei fieni, segno premonitore del freddo imminente» (Pellegrini-Zamboni 1982); di qui denominazioni popolari che alludono al freddo, all'autunno, all'inverno, quali il toscano *freddolina*, il ligure *fregiurine*, il piemontese *freidulina, frigiuline*, il friulano occidentale *flor dal fréit*, l'emiliano *fior dal fred*, e inoltre il piacentino *fior de l'invèran* 'fiore dell'inverno', il trentino *fior de l'aotùn* 'fiore dell'autunno', il lombardo (Borno) *invernaròla*, il veneto (Crespano) *sammartìn* 'san Martino', emiliano (Baura) *pajadébit* letteralmente 'pagadebiti' perché in autunno si rinnovano i contratti agrari [Penzig 1924; AIS; DEI s.v. *capo d'inverno*; Giammarco 1968]. M.

**capèra,** sf. (campano; calabrese). 'Donna che si recava nelle famiglie per pettinare le signore'.

Così chiamate perché giravano *facenno cape*, letteralmente 'facendo teste'.

S. Di Giacomo: *Tra le colonnine barocche, in maggio, le rose d'una* capèra *fanno capolino qua e là e l'edera selvaggia s'attorciglia al legno antico* (*Le poesie e le novelle*, Milano 1952[2], p. 678). – D. Rea: *Ricaduta a Nofi, mentre cominciava a esercitare il mestiere di capera, finì per ritornare ai canti di accompagnamento all'organo* (*Ninfa plebea*, Milano 1992, p. 113). – R. Nigro: *La capera esperta girava come la levatrice di casa in casa, annusando tutte le carni, conosceva i segreti di tutte le teste* (*I fuochi del Basento*, Milano 1987, p. 6). C.

**capërìmmë,** sm. (campano: Napoli). 'Capo dei rematori'.

Composto di *capo* e del dialettale *rimmë* 'remo' dal latino *rēmus* [DEI s.v. *caperimmo*]. M.

**capés,** nella locuz. *avèr al capés d'un ninàt tuscàn* (emiliano: modenese). 'Non capire assolutamente nulla'.

Letteralmente 'avere il comprendonio (*capés*, da *capì(r)* 'capire') di un maiale (*ninàt*, voce di origine elementare) toscano'. M.

**capicciòla,** sf. (siciliano; calabrese; lucano: *capësciòl*; abruzzese e molisano: *capësciólë*; laziale, nel romanesco; sardo). 'Fettuccia, nastro, passamano, legaccio di stoffa, bavella, borra di seta'.

Voce di etimo non del tutto sicuro; secondo il DEI si tratta di un prestito dallo spagnolo *capichola* 'tessuto di seta accordonata', ma tale voce, a sua volta, è considerata un italianismo (Corominas), e come tale è rinviata al latino *capitium* 'che riguarda il capo'. Per quanto concerne il sardo, il DES sostiene che essendo la voce foneticamente identica in spagnolo, in sardo e nelle varietà meridionali, non è possibile risolvere con sicurezza quale sia l'area dal quale proviene il termine in questa varietà. M.

**capidànni,** sm. (sardo, anche *capudànni*). 'Settembre'.

Dal latino *căput ănni*; corrisponde perciò ad un 'capodanno'. La denominazione si deve al fatto che in Sardegna l'anno agricolo comincia l'8 settembre; con questa data si fanno gli affitti e si rinnovano le persone di servizio, maschi e femmine, che si contrattano per un anno [DES].

G. Dessì: «*Sta attento a non fare sciocchezze: ricordati che avrai un figlio a* capidanni». *In Parte d'Ispi le parole durano a lungo come tutte le altre cose.* Capidanni *è puro latino e significa settembre. Per gli antichi abitanti che parlavano la lingua dei loro dominatori d'oltremare, l'inizio dell'anno* caput anni *cadeva in settembre, che era ed è considerato un mese propizio per cominciare cose nuove.* Capidanni *doveva essere propizio anche per la nascita di un bambino* (*Paese d'ombre*, Milano 1972, p. 193). M.

**capistéghiu,** sm. (corso). 'Tavola per portare il pane'.

Significato particolare del toscano *capistéo* 'vaglio per il grano', dal latino *capistērium* 'crivello per il frumento', donde l'italiano antico *capistèo* 'vaglio' e abruzzese *capistièrë*, laziale *capestière, capristèro*, umbro *capistìo* [DEI; Rohlfs 1979]. C.

**capitània,** sf. (campano, anche *capetàneja*; calabrese, anche *capitana*). 'Capitale, sostanza, tutto ciò che si possiede'.

Dal latino *caput, -ĭtis* 'testa', attraverso un latino tardo *capitāneum* (documentato ad Amalfi nel X sec.) per via dotta; il DEI menziona anche la forma pugliese (nel tarantino) *capitànie* plur. 'scorte di bestiame, semenza od altro che il padrone dà al fittaiuolo come dote da restituire al termine della conduzione'; da *caput* deriva anche il siciliano *ncàpiti* 'capitale' [DEI; REWS; Salzano 1979]. M.

**càpito,** sm. (laziale; campano), 'tralcio', in qualche località anche 'propaggine'; (lombardo, nel milanese: *càved*), «tralcio novello o dell'anno della vite» (Cherubini 1839-56).

Dal latino *caput, -ĭtis* 'testa, capo', forma estratta dal plurale *capita*; stessa origine ha il napoletano *càpeto* 'polmone, cuore, milza e rognone di maiale' [DEI; Rohlfs 1969; REWS]. M.

**capitóne,** sm. (campano: Napoli). 'Sorta di grossa anguilla', anche *capetóne*.

È un derivato del latino *capito, -ōnis* 'che ha la testa grossa' e nome di un pesce. È voce particolarmente usata a Napoli ove il *capitone* è un piatto forte del cenone natalizio, ma estesa in tutta l'Italia centro-meridionale per designare un'anguilla piuttosto grossa. Il termine *capitone* è conosciuto già nell'Ottocento anche in Toscana ed è ormai comune in italiano [DELI; Zolli 1986].

R. LA CAPRIA: *Natale era per lui anche quell'odore penetrante che proveniva dalle tinozze messe in mostra davanti alle salumerie, colme fino all'orlo di peperoni gialli e rossi, di cetrioli cavoli carciofi melanzane pezzi di capitone* (*La neve del Vesuvio*, Milano 1988, p. 91). M.

**capitùlo,** sm. (toscano, nel lucchese, anche *capinculo*). «Puntare la testa e le mani in terra e lasciarsi andare per indietro dall'altra parte colle gambe e con tutto il corpo. Capriola» (Nieri 1902).

Come si rileva dalla variante *capinculo*, è un composto di *capo* e *culo*; la forma *capitulo* è dovuta a dissimilazione [DEI]. M.

**caplèt,** sm. (romagnolo). 'Cappelletto'. *I caplèt* plur. 'sorta di tortellini ripieni a forma di cappello della cucina romagnola', specialità conosciuta nel Veneto già nel Settecento e in Lombardia agli inizi dell'800, mentre nel resto dell'Italia si farà strada molto più lentamente (Zolli 1986). *Caplèt de lóv* (lett. 'cappelletto del lupo') 'cappelletto del goloso': «quando si preparano i cappelletti se ne fa uno ripieno di sola pasta, ma un po' più grande degli altri: quello è *e' caplèt de lóv*. Se i piatti li prepara *l'arsdóra* (→ s.v.), fa in modo che capiti nel piatto di un bimbo, per poterlo poi canzonare; se invece i commensali si servono da soli, il goloso è colui che prende il cappelletto più grosso» (Ercolani 1971).

Diminutivo di *capèl* 'cappello'; «il cappelletto, secondo la leggenda, trarrebbe la sua forma dall'ombelico di Venere, giusto lo stampo che, nella notte dei tempi, un oste guercio e bolognese, ricavò premendo la sfoglia contro il pancino della dea» (Quondamatteo 1982).

A. BELTRAMELLI: *Ed era tempo che si abbandonasse il luogo perché la signora Adalgisa si disponeva a parlare e sa Iddio che cosa sarebbe uscito da quella sua bocca nera. Però non tanto in fretta ci allontanammo che non la si udisse gridare: – Checco? Checchino? ... Vieni, sai, che ti aspetto a cena! ... Ci sarebbe un posto anche per Giacomettina se volesse degnarsi di venire in casa nostra! Hai capito, Checco? ... Guarda che ti ho preparato i cappelletti con un cappone che ha fatto un brodo da leccarsi le dita! ... Hai capito, Checco?* (*Tutti i romanzi*, Roma 1940, vol. II, p. 64). – G. PIOVENE: *Bisogna guardarsi, ad esempio, dal confondere gli "anolini" di Parma, con un ripieno di stracotto, formaggio, uova, pan grattato e salumi, i "tortellini" di Bologna e i "cappelletti" romagnoli* (cit. in GDLI II 719). M.

**capocanàle,** sm. (pugliese, nel tarantino; salentino). 'Festa dei contadini dopo la raccolta del grano, festa con pranzo che il padrone offre ai lavoratori al termine di un lavoro importante o della costruzione di un fabbricato', anche *capicanale, capucanale, capëcanalë*.

La voce, diffusa specie nel tarantino, è una probabile deformazione di '*baccanale*' Valente 1995 propende, invece, per un'estensione di *capocanale* 'canale principale del deflusso di acque' e 'festa al termine di quest'opera finale della costruzione della casa' [DEI; Rohlfs 1956; Gigante 1986]. M.

**capochiàtto,** sm. (campano, Napoli). 'Volpe di mare, *Alopias vulpes*'; in Palombi-Santarelli 1961 sono registrati il campano *capochiatto, capachiatto* come nome dell'anciolo (*Heptranchias cinereus*) e del notidiano capochiatto (*Hexanchus griseus*) ed il pugliese *capochiatto* per l'anciolo, entrambi Selacei squaloidei come il pesce volpe.

La denominazione è un composto di *capo* e *chiatto* 'piatto' (→ *chiattë*), ed è propriamente riferita al notidiano capochiatto per avere il capo più largo del tronco [DEI]. M.

**capocróce,** sf. (laziale: romanesco). 'Crocevia'.

Voce menzionata dal DEI, è composta di *croce* 'incrocio' e *capo* nel senso di 'inizio' di strada. M.

**capofàicce,** sm. (toscano: amiatino; umbro, ad Orvieto: *capofarce*). 'Colui che dirigeva i lavori durante la mietitura'.

La variante *capofàlce* chiarisce che si tratta di un composto di *capo* e *falce*. C.

**capomìlla,** sf. (toscano; marchigiano; sardo logudorese: *cabumìglia*). 'Camomilla'.

Dal latino *camomīlla*, con rifacimento popolare su 'capo', designazione affine a → *cacumìḍḍa* [DEI s.v. *cacumilla*]. M.

**caponàta,** sf. (campano: Napoli), «insalata senza erbe, la cui base sono i biscotti immolliti in acqua e alquanto premuti, e cipolle tritate, acciughe salse, capperi ed ulive» (D'Ambra 1873); (siciliano: *capunata*), «manicaretto ov'entra del pesce, petronciani o carciofi ed altri condimenti, e si mangia per lo più freddo» (Traina 1868); (calabrese: *capunatu* sm.), 'pane rammollito nell'acqua e condito con sale, olio, aceto ecc.'; (sardo logudorese e campidanese: *capponada*), 'specie di insalata composta di biscotti immollati, acciughe, capperi ed olive, con olio e aceto'; (ligure, a Genova: *caponada*), «cappone di galera. Specie d'insalata che si fa di biscotto, messo prima a leggermente immollare nell'acqua, e poscia condito con olio, aceto, sale, alici salate, capperi, mosciame, olive conce ed altro» (Casaccia 1876).

Dallo spagnolo e catalano *caponada*, di significato affine; la voce dialettale è entrata in italiano nella forma *cap(p)onata* a designare una pietanza i cui ingredienti variano a seconda delle tradizioni locali che risultano anche dalle definizioni sopra menzionate, tratte dai dizionari dialettali [*Dizionario di marina* 1937; DEI; DES; Michel 1996].

D. MARAINI: *Mangiava molto, era goloso delle specialità siciliane: caponata, pasta con le sarde, "sfinciuni" con la cipolla e l'origano, gelati al gelsomino e allo zibibbo* (*La lunga vita di Marianna Ucrìa*, Milano 1990, p. 103). M.

**capotùrno,** sm. (toscano: Arcipelago; all'Elba: *capo d'Urno*). 'Capo d'Horn'.

*Turno* è stato suggerito dal fatto che al capo si fermavano i velieri in attesa del vento favorevole, col quale poi ripartivano secondo il proprio turno [Fanciulli]. C.

**capozzià,** v. (campano), 'cascar di sonno, crollare la

testa per il sonno', «oscillare del capo in avanti e indietro, in particolare quando ci si addormenta seduti, un tempo innanzi al camino» (De Blasi 1991); (abruzzese e molisano: *capëzzëjà*, *capuzzijà* e varianti; pugliese: *capizzià*, *capuzzià*; calabrese: *capuzzià(ri)*; siciliano: *capuzzïari*), 'lasciar andar giù il capo per il sonno', 'scuotere il capo in atto di sdegno o di minaccia'; in area abruzzese e molisana anche 'muover della testa, dondolarla, propriam. delle pecore e degli animali in genere'.

Dal dialettale *capo*, *capu* 'testa' (dal latino *caput*), con suffisso verbale [Giammarco 1968; Rohlfs 1977].

R. Nigro: *«Questo è più grave» capuzziò lei tastandosi lo stomaco* (*Dio di Levante*, Milano 1994, p. 23). M.

**cappìglia,** sf. (campano: Napoli). «Specie di copertorio di fabbrica che si pone al di sopra della cappa, cappello; cassetta girevole di zinco o altro metallo, che si soprappone alla gola metallica della cappa, paravento» (Andreoli 1887).

Voce ricondotta dal DEI allo spagnolo *cappilla* 'cappuccio'. M.

**caprignóso,** sm. (toscano). 'Cappone chiodato, *Lepido triglia cavillone* Lacép'.

Come mostra la variante *caporognoso*, dal napoletano *caperugnosa* per le grandi squame rugose che lo ricoprono [Palombi-Santarelli 1961; Fanciulli]. C.

**capucèrvu,** sm. (calabrese). 'Specie di serpe lunga'.

Voce composta con 'capo' e con *cervu*, altro nome, di zona calabrese, di questo rettile, detto anche *serpa cervinara*, nella stessa area, che richiama il napoletano *cervónë* 'serpe acquatica', l'abruzzese *cervónë* sm. 'grosso serpe', come sf. in senso fig. 'persona gagliarda e ardita', e il romanesco *cerviotto* '*coluber elaphis*'; sono tutti derivati del latino *cervus*, come calco del greco *kerástēs* 'serpente cornuto', passato anche al latino *cerastes*, continuato come voce dotta dall'italiano *cerasta* (Dante) 'specie di vipera cornuta' [DEI ss.vv. *capocervo*, *cervóna*$^2$]. M.

**capucì,** sm. (marchigiano: Ancona). 'Sargo, *Sargus Rondeleti*'.

Dalla macchia nera alla base della pinna pettorale, che ha l'immagine di un 'piccolo cappuccio' [DEI]. C.

**càpu de Sovicènzu,** escl. (salentino). 'Corbezzoli!'.

Dalla locuzione latina *caput sine censu* 'capo senza censo', detto di chi non paga le tasse [Rohlfs 1959]. C.

**capulé,** v. (piemontese; ligure, a Pigna: *capuràr*). 'Tritare'.

Dal latino parlato **cappulāre*, da **cappāre* 'tagliare, castrare', molto diffuso in territorio galloromanzo e di qui al piemontese *ciapulèra, ciapulüira, ciapulòira* 'mezzaluna' [FEW; Merlo 1941-57]. C.

**capurnécchia,** sf. (marchigiano, anche *crapunécchia*; umbro settentrionale: *scapurnìcchie* plur. e *scapurnicchi* come sm.). 'Coccola della rosa selvatica'.

La voce non sembra separabile – secondo il DEI, ma la rideterminazione non è chiarita – dal tipo *scarnìgia*, *scarnìcia* (umbro), *scarniži* plur. (romagnolo), *scarnici*, *scarnice* (toscano meridionale), come designazione della coccola, nel toscano (cortonese) anche *scarnìgia* 'rosa di macchia' (Rohlfs 1979), che si rifà a *scarnare* con allusione alle proprietà astringenti della bacca; a tale caratteristica si devono altre denominazioni dialettali come *grattaculo* (piemontese, lombardo, ligure *gratacü*), *stropaculo* (veneto *stropaculo*), *pizzicaculo* (friulano *picecùl*, emiliano e romagnolo *pizincùl*) [AIS; DEI s.v. *capornìcchie*]. M.

**càra,** sf. (sardo logudorese e campidanese). 'Faccia'.

Dallo spagnolo e catalano *cara* di analogo significato, a loro volta dal latino tardo *cara* 'testa', dal greco *kára* (ne deriva pure il francese antico *chiere* da cui l'italiano *cera* 'aspetto') [FEW; DES; DELI]. M.

**carabàzza,** sf. (calabrese, anche *caravazza*), 'zucca vuota che si usa come vaso, per es. per il sale'; (siciliano: *caravazza*), «zucca lunga» (Traina 1868), «zucca da fiasco o zucca dei pellegrini» anche «teschio, cranio» e in senso figurato «membro virile» (Piccitto 1977).

Dallo spagnolo *calabaza* 'frutto della zucca, zuccone'; alla forma catalana *carabassa* risale il sardo logudorese *carabassa* 'zucca lunga' [DEI; DES; Rohlfs 1977; Michel 1996]. M.

**carabènta,** sf. (toscano: isola d'Elba). 'Riformatorio', mentre nell'Arcipelago *caravènta* sm. è il 'ragazzo birichino, monellaccio, che ne fa d'ogni colore', la 'persona ribalda': *sèi na caravènta, ti rinchiudo*.

Dal cognome di famiglia ligure *Garabenta*, che ha dato il suo nome ad una nave-scuola per orfani, come ricordano ancora gli isolani [Fanciulli; Cortelazzo 1987]. C.

**carabinièri,** sm. (siciliano; toscano, Arcipelago: *carabignère*), 'pesce martello, *Sphyrna zygaema*. L.'; (sardo, a Cagliari: *carabinèri*), 'specie di cimice arborea'.

Nel primo caso, dalla caratteristica forma del capo a T, che ricorda la lucerna dei *carabinieri*, nel secondo dalle striature rosse e blu tipiche dell'uniforme dei *carabinieri* [DES; Fanciulli]. C.

**caracatón,** sm. (veneto: Polesine). 'Piccola pasticca di liquerizia'.

Sta per *terra (di) cattù*, cioè il catecù, sostanza amara, astringente e antisettica, che si ricava dall'omonima pianta, un tipo di acacia dell'India. C.

**caràce,** sm. (campano, nel napoletano), 'buco o incavo nel muro per incastrarvi una tavoletta'; (calabrese: *caraci*), 'capruggine, intaccatura delle doghe; intaglio nel muro per mettervi un legno o un ferro'.

Dal greco (di epoca bizantina secondo il DEI) *charákion* 'incisione' [Rohlfs 1977]. M.

**caracò,** nella locuz. avv. *a caracò* (campano, a Napoli), '(scala) a chiocciola'.

Dallo spagnolo *[escalera de] caracol* di analogo significato; lo spagnolo *caracol* vale 'chiocciola'; ne dipendono l'italiano *caracollo* 'evoluzione, manovra' (in origine 'giravolta del cavallo da maneggio') e dialettismi come il calabrese *caracuòḍḍë*, *caracoli*, *caracòi* sm. 'chiocciola', e, con sviluppo semantico, *caracò* sm. 'conciliabolo', il pugliese (nel tarantino) *caracuero* 'troco, nacchera, sorta di conchiglia' [DEI ss.vv. *caracò* e *caracollo*; Salzano 1979]. M.

**caràco,** nella locuz. *no varì on caraco* (lombardo: Milano), 'non valere niente', usato anche da solo come esclamazione: *caraco*! 'caspita'; (trentino: Tione), *no capìr en caraco* 'non capire nulla'.

Voce spagnola, da *carajo* 'membro virile', che fra i tanti usi figurati ha anche quello di 'niente' in locuzioni, che trovano esatta corrispondenza in italiano, come *me importa un carajo* 'non me ne importa niente', *no saber un carajo de matemática*. In Trentino il neologismo è stato introdotto da qualche emigrante, ritornato dal Sud America [Lipski 1976; Scalfi 1983]. C.

**caracùl,** nella locuz. *ṡugàr a caracùl* (lombardo: Mantova). 'Giocare a testa e croce'.

Sarà da separare nei due componenti *cara* 'testa', che appare anche in *carachè*, nome dello stesso gioco diffuso soprattutto nell'Italia centrale (ma pure in catalano e spagnolo *cara* vale 'faccia', anche di moneta, ed è usato in espressioni come, rispettivamente, *jugar a cara i creu* e *echar a cara y cruz* 'a testa e croce') e l'opposto *cul* 'culo' per 'retro della moneta'. C.

**caragnà(re),** v. (lombardo, anche *caregnàr*; piemontese: *caragnè*; emiliano, nel parmigiano: *caragnè*), 'piagnucolare, lamentarsi'; (trentino: *carognàr*), 'singhiozzare'.

La voce trova riscontro nel calabrese settentrionale *caràgliu* 'belato; piagnisteo; lamento'; secondo il DEI è probabile che abbiano origine onomatopeica. Secondo altri possono riflettere il latino *quaerĕre* 'chiedere' con il suffisso *-*iniāre*, affine ad *-ināre*, riconoscibile ad esempio nel piemontese *pianginè* 'piagnucolare'. Bracchi 1987: 159 ritiene invece che per l'aspetto semantico possa risultare più opportuno muovere dal latino *quaerī* 'lamentarsi' o da **quaerimoniāre* attraverso una forma contratta con caduta di *o* protonica e richiama per un confronto il siciliano *querennari* 'censurare, riprendere' [REW; *Dizionario del dialetto cremonese* 1976; Maragliano 1976; Rohlfs 1977]. M.

**caramàndula,** sf. (calabrese meridionale; siciliano: *caramànnula*). «Raso turco, fine tessuto di lana usato per confezionare scarpe da donna» (Piccitto 1977).

Attestata anche nell'italiano antico (*calamandra*), la voce risale di certo al turco *qārāmandulah* 'una sorta di tela di canapa nera e lucente' [DEI; Pellegrini 1972]. M.

**carambàtula,** sf. (calabrese, con varianti). 'Specie di cicerchia selvatica'.

Secondo il DEI (seguito da Giammarco 1985), la voce, che originariamente deve aver significato 'baccello', è da confrontare con lo spagnolo *caramba* 'membro virile', il portoghese *carámbano* 'ghiacciuolo', l'abruzzese *carambellë* 'ghiacciuolo', che raccostano (direttamente o per via latina) al greco *karámbās* 'bastone da pastore'. Se rimane possibile l'ipotesi del grecismo per i dialettalismi italoromanzi, meno pertinente appare il confronto con le voci iberoromanze, almeno con lo spagnolo *caramba*. Corominas sostiene che questa è parola dall'etimo incerto, per quanto possa trattarsi di deformazione eufemistica di *carajo* 'membro virile' a sua volta forse derivato dal latino parlato **caracŭlum* come nome strumentale tratto dal latino *carĕre* 'cardare la lana' (come *battuacŭlum* da *battuĕre*) considerato che in catalano *cardar* vale 'copulare'. M.

**caramùssi,** sm. plur. (toscano: isola del Giglio). 'Fichi secchi'.

È facile che l'opinione popolare che sia una parola turca sia fondata: in turco *kurumuş* significa 'secco, seccato' e indica la 'frutta secca' in genere [Fanciulli]. C.

**carangìtuli,** sm. plur. (calabrese meridionale, con varianti; siciliano, nel messinese: *arangìtuli*). 'Ricci di mare'.

Dal greco parlato **aryngitula* a sua volta da *ēryngĩtes* 'specie di cardo' [DEI s.v. *carangìtula*; Rohlfs 1977]. M.

**carapéin-na,** sf. (ligure-piemontese: Novi L.; ligure e calabrese: *carapigna*), 'sorbettiera'; (sardo, siciliano e galloitalico del Messinese: *carapégna*, *carapigna*), 'bevanda di miele e neve mescolate insieme', per altri 'bevanda ghiacciata di latte, zucchero e caffè', da non confondersi, comunque, con la granita. Da qui anche il verbo toscano (*Lucca*) *carapignare* 'congelare il sorbetto'.

Poiché sembra difficile staccare questi significati dal portoghese del Brasile *carapinhada* 'bevanda congelata, fatta di sciroppo o succhi di frutta congelati che si presenta a fiocchi' (*carapinha* è il 'capello crespo e lanoso dei negri') e dallo spagnolo *garapiña* 'sorbetto' si può congetturare che si tratti di voci importate da immigrati [Plomteux 1975; Toso 1993; Michel 1996]. C.

**caràra,** sf. (siciliano). 'Calore, aria calda e soffocante', talora anche 'il primo violento calore che investe il pane appena infornato', anche *cadara*, *caudara*.

Deriva dall'arabo *ḥarara(h)* 'calore' (e non dal latino *calidāria* 'caldaia') [DEI; Pellegrini 1972; Piccitto 1977]. M.

**caràśa,** sf. (veneto). 'Favo del miele', ma nel Vicentino 'cera greggia' e in Valsugana anche, oltre che 'orichicco' e 'cispa', 'filiggine', come il veronese *caraśa*.

Le ipotesi avanzate sono diverse, ma nessuna convincente [Prati 1968; Bondardo 1986].

V. SCAPIN: *Il vischio se lo facevano i toséti, un po' di caràsa di ciliegio e di pino e olio rubato nei trattori* (*I magnasoéte*, Verona 1976, p. 107). C.

**caravèdda,** sf. (pugliese: Taranto). 'Specie di granchio marino'.

Dal greco moderno *karabída* per l'antico *karabís*, genitivo *karabídos*, 'granchio di mare' [DEI; Rohlfs 1964]. C.

**caravìta,** sf. (siciliano). 'Comino dei prati, *Carum carvi*'.

Dall'arabo *karawīā*, voce che designa la stessa specie botanica e che risale a sua volta al greco *káron* con uguale significato [DEI; Pellegrini 1972; Piccitto 1977]. M.

**caravunèdda,** sf. (campano: Procida). 'Carbone non consumato del tutto'.

Letteralmente 'carbonella', che, se viene ritrovata ai piedi di una vite, scavando superficialmente nel giorno di S. Lorenzo (arso vivo – si ricordi – su una graticola), è di buon auspicio [Parascandola 1976]. C.

**carbonàzo,** sm. (veneto e trentino, con varianti). 'Biacco di varietà scura, *Coluber viridiflavus carbonarius*, serpente non velenoso, ma che può incutere paura.

Dal latino parlato **carbonaceus* 'nero come il *carbone*' [Prati 1968].

E. CHINOL: *Guardate qua che roba: è tutto nero e bruciato che sembra un carbonazzo* (*La vita perduta*, Milano 1972, p. 156). – S. VASSALLI: *Disse, o per essere più precisi balbettò: «Ma quella ... quella ... è carne di carbonazzo»* (*Marco e Mattio*, Torino 1992, p. 82). C.

**carbùciu,** sm. (siciliano, anche come sf.: *cabbùcia, carbùcia*). 'Focaccia'.

Dall'arabo siriano *kherbūše* che indica una 'specie di pan dolce di forma allungata, ripieno di mandorle e nocciole' [Pellegrini 1972; Piccitto 1977]. M.

**carbunìgia,** sf. (ligure). 'Carbone minuto'.

Dal provenzale *carbounilho*, arrivato fino in Liguria, da dove lo prese, nel sec. XVI, Vannoccio Biringuccio, autore di un volume sulle miniere e sull'arte della fusione (*La Pirotecnia*): «Avete da pigliare carbonigia e terra d'argilla». Occorre, tuttavia, tener conto del tipo *carboniscia* (*carbone* + *cinigia?*) nei dialetti meridionali [Plomteux 1975; Valente 1993]. C.

**carcà arèdo,** locuz. (marchigiano). 'Chi non ha troppa voglia di lavorare'.

Propriamente 'caricare dietro'; si dice del carro sbilanciato indietro per il peso tutto spostato nella parte posteriore. C.

**carcagnìn dl òc',** locuz. sostant. (emiliano: piacentino). «L'angolo interno dell'occhio formato dai nepitelli delle palpebre, detto anche Angolo lacrimatorio» (Foresti 1882).

Letteralmente 'piccolo calcagno dell'occhio'; con allusione alla piccola prominenza dell'angolo interno dell'occhio. M.

**carcantrìscë,** sf. (salentino, anche *(s)carcandìcinu* sm., e altre varianti). 'Specie di cardo selvatico della famiglia delle Dipsacacee', *carcondrìscena* 'capobianco officinale', *caligantrìgine* 'lappola, *Torilis anthriscus*'.

Voci di etimo incerto; secondo il DEI, poiché una derivazione diretta dal greco *ánthryskon*, *anthrískion* 'cerfoglio', che è un'ombrellifera, sembra esclusa semanticamente, nonostante il nome scientifico di *torilis anthriscus*, si potrebbe supporre un composto latino *caliga* 'scarpa' e *intetrīgo*, *-ignis* documentato da Varrone nel senso di 'escoriazione', per indicare una pianta spinosa che consuma le scarpe di chi vi passa sopra. Preferibile l'ipotesi di Alessio 1976 per cui le voci sembrano dipendere da un latino parlato **cascandix*, *-īcis* dal greco *kaskándix* che è spiegato da Esichio col greco *gēthyllís* a sua volta sinonimo di *ampelóprason* 'allium ampeloprasum'; **cascandix* rappresenterebbe quindi uno spostamento semantico, probabile innovazione dovuta forse all'aspetto esteriore della pianta. M.

**carcapìa,** sf. nella locuz. sostant. *carcapìa e buttunèra* (pugliese, nel tarantino). 'Bottoniera, arnese di metallo di orefice in cui si battono l'oro e l'argento per dare a questi oggetti la forma'.

*Carcapìa* è voce ricondotta dal DEI ad un greco bizantino **chalkotypía* da *chalkotýpos* 'calderaio'; diversamente Alessio 1976 ricostruisce una forma parlata del latino regionale **chalcopoeia* da un greco **chalkopoiía* tratto da *chalkopoiós* 'fabbro (che lavora il bronzo)', oppure una forma latina **chalcocopēum* con riduzione aplologica. M.

**càrcara,** sf. (calabrese; lucano; campano, nel Cilento). 'Pianterreno del mulino, dove sta la ruota e sbocca l'acqua che la fa girare'.

Dal greco *tà kárkara* 'le prigioni'. La metafora ha un'analoga corrispondenza nel calabrese *filìcia* 'bocca da dove esce l'acqua del mulino per precipitarsi contro le pale della ruota', dal greco **phylachía*, che significa 'posto di guardia' [Rohlfs 1977]. M.

**carcaràzza,** sf. (calabrese; siciliano). 'Gazza'.

Voce di probabile origine onomatopeica, richiama il greco moderno *karakáxa* 'cornacchia' e forme analoghe in altre lingue balcaniche [DEI]. M.

**carcariàre,** v. (calabrese meridionale, anche *carcariari* e varianti; siciliano: *carcariari*). 'Rumoreggiare, fare chiasso'.

Voce di origine onomatopeica, ricorda parole di analoga formazione come lo spagnolo *cacarear* 'cantar del gallo o della gallina', il greco moderno *kakkarízō* 'chioccio, schiamazzo, detto della gallina' [DEI]. M.

**carcavèia,** sm. (piemontese), 'incubo', anche *calcavègia, càlca la vèia*; (siciliano: *carcavècchia*, sm. *carcavegghi*), 'strega benefica del periodo natalizio simile alla befana; mostro immaginario per far paura ai bambini'.

Letteralmente 'calca vecchia', 'calca la vecchia', per un'antica e diffusa credenza, secondo la quale l'incubo è l'anima di un morto o di una strega che, nelle sembianze di una vecchia, 'calca' nel sonno il dormiente; alla stessa motivazione si riconducono denominazioni dialettali francesi (es. *chauchevieille*) analoghe a quelle piemontesi. Il tipo lessicale siciliano sarà di provenienza settentrionale [DEI; Cappello 1957; Piccitto 1977]. M.

**carceràto,** sm. (umbro: Spello e Foligno). 'Tipo di filo per cucire, molto resistente'.

«Così detto perché un tempo era confezionato dai carcerati» (Bruschi 1980). C.

**cardàšcu,** sm. (calabrese). 'Piccolo ghiro nato da poco', con varianti quali *càrdamu*, *cardàgliu*, *cardàcchiu*.

Il DEI ricostruisce un etimo fondato su una base del sostrato preindeuropeo **cardapa*. Potrebbe invece trattarsi di un grecismo se tali voci fossero in qualche modo imparentate con *zàrdaco* del grecanico di Bova (Reggio Calabria), *zarracu* (e varianti) del messinese 'ghiro neonato, ghiro giovane' e nel messinese anche 'figlio di coniglio, figlio di maiale' per le quali Rohlfs 1964 propone, seppure in via di ipotesi, una base greca *tsárdakos*. M.

**cardélla,** sf. (siciliano, anche *cardeḍḍa*; calabrese; salentino, a Martina Franca; ligure, a Bordighera). 'Verdura spinosa, cicerbita, *Sonchus oleraceus*'.

Dal latino tardo *cardĕlla*, derivato di *carduus* 'cardo', così detta per le sue spine [VES].

D. DOLCI: *Andiamo camminando e mettiamo insieme tutte le razze di verdura, selvaggia si capisce: cicoria, cavolicedde, giri, vurrane, cardella, finocchi, sparagi di roveto* (*Racconti siciliani*, Torino 1973, p. 38). C.

**cardìllu,** sm. (lucano; campano: *cardillë*; calabrese), 'lucchetto'; (toscano, a Pitigliano: *cardellu*; abruzzese: *cardellë* e *cardìgliё*; campano: *cardillë*), 'piccolo ferro che serve per fermare il catenaccio'; (abruzzese: *cardillë*), 'sporgenza di legno del carro agricolo'.

Dal latino *cardine* 'cardine', o con cambiamento di suffisso o da un diminutivo del latino parlato **cardĭllum* per *cardinulum* [DEI s.v. *cardèllo*[3]; Alessio 1976; Rohlfs 1977; LEA]. C.

**cardinàle,** sm. (marchigiano; campano; campano, a Sapri: *cardinalìcchio*), 'coccinella'; (piemontese, a Novara: *cardinàl*), 'libellula, delle specie con l'addome rosso'.

Denominazione motivata dalla colorazione di questi insetti che richiama quello della veste d'un cardinale; cfr. anche l'italiano *cardinale*, nome di un passeraceo, della famiglia dei Fringillidi, dal piumaggio uniformemente tinto di rosso [Garbini 1925]. M.

**cardógna,** sf. (campano; calabrese settentrionale; salentino; lucano: *cardògnë*; siciliano). 'Specie di cardo selvatico'.

Dal latino parlato **cardōnia*, da *cardo*, *-onis* (e *carduus*) 'cardo'; per altri è il grecismo *kardōnía*, propriamente 'un campo di cardi' [DEI; Rohlfs 1964; Alessio 1976; Salzano 1979; Bigalke 1980].

R. NIGRO: *una terra aspra abitata da roccioni, cardogne e strapiombi marini* (*Dio di Levante*, Milano 1994, p. 27). M.

**cardónia,** sf. (toscano: Arcipelago). 'Cappone lira, *Trigla lyra* L.'.

Questo pesce dall'occhio grosso (per questo si indica come *òcchio a ccardónia* anche quello di persone), con una spina acuminata e la pelle ricoperta di squame rasposе e di colore rosso (e perciò è detta *cardónia* anche una 'persona dalla pelle rossastra o arrossata'), ha caratteristiche tali che può essere paragonato alla specie di cardo chiamata → *cardógna* [Fanciulli]. C.

**caré,** sf. (lombardo, anche *carèer*). 'Botte'.

Dal latino *carrum* 'carro' attraverso una formazione *[buttis] carrāria* con riferimento a botte che si trasportava sul carro; stessa origine hanno l'italiano *car(r)atello* 'botticella' ed altri dialettismi quali il calabrese *carràcchiu* 'piccola botte da vino', e il pugliese (tarantino) *carrizza* 'botte' [DEI ss.vv. *carrèra* e *caratello*; REWS]. M.

**carèga,** sf. (veneto e ligure; lombardo e piemontese: *cadrèga*; sardo: *cadréa*). 'Sedia'. Tra i derivati era diffuso nel veneto *careghéta*, che indica il 'fabbricante o l'impagliatore di sedie' e corrisponde all'italiano 'seggiolaio'. Si doveva in origine distinguere dallo *scanno* e dalla *scranna* per essere un prodotto più nobile e raffinato.

Dal latino *căthedra* attraverso **catecra*, **catréga, cadrega*, passato anche in altre lingue romanze, come nello spagnolo *cadera* (da cui il siciliano antico *cadèra*) e nel francese antico *chaiere*, accolto nel siciliano *c(i)era* [DEI ss.vv. *cadèra* e *cadrèga*; Frey 1962].

C. E. GADDA: *avrebbe voluto prenderla a schiaffi, insegnarle come si fa a parlare: ma le mutande, agiate, e prive anche d'un bottone, gli pericolavano: se appena avesse lasciato la cadrèga* (*L'Adalgisa. Disegni milanesi*, Torino 1969, p. 267). C.

**carèi,** sm. (piemontese, con le varianti *carè* e *caràì*), 'fungo porcino'; (piemontese: *garèl*), «*Phyteuma orbiculae* L. (la radice)» (Penzig 1924).

Continuazioni popolari del latino *agaricum* 'fungo bianco e odoroso (*Polyporus officinalis*)' attraverso un derivato diminutivo **agariculum* [DEI; LEI]. C.

**caréna,** sf. (ticinese). 'Bovina che partorisce nel secondo anno di età'.

Da una supposta base prelatina **carēna*, che potrebbe essere il gallico **caru* 'bestia cornuta', ampliato in *-ena*, *-ina* [Lurati 1968]. C.

**carèra,** sf. e sm. (siciliano, al masch. *carèri, haréri*; calabrese meridionale: *afarèda, laharèda, aharèda, harèra*). 'Tessitrice'.

Dall'arabo *ḥarrār* 'tessitore in seta', significato che in origine avranno avuto anche le voci dialettali, poi passato a quello più generico di 'tessitore'. Di certo l'arabismo si è diffuso dalla Sicilia alla Calabria, e ciò si spiega con la simbiosi calabro-messinese dell'industria serica [DEI s.v. *afarèda*; Pellegrini 1972; VES]. M.

**caréza,** sf. (trentino; veneto occidentale; lombardo: *caresa*). 'Carice, giunco, scirpo'.

Dal latino parlato **caricia*, tratto da *carex*, *-icis* 'carice' [DEI s.v. *carézza*; Prati 1968; REWS]. M.

**càrfa,** sf. (calabrese). 'Paglia per foderare i depositi sotterranei di grano; stoppa'.

Dal latino tardo *cărpha*, derivato dal greco *kárphē* 'festuca, pagliuzza' [DEI; Rohlfs 1977]. C.

**cargaùra,** sf. (veneto: Grado). 'Segni precursori del temporale'.

Da *cargàr* 'caricare' nel senso di 'affollarsi di nuvole', peraltro non documentato. C.

**cargnèl,** sm. (veneto: Belluno). 'Tessitore'.

Dall'etnico *cargnello* 'abitante della Carnia (Friuli)'; i cargnelli erano, infatti, abili tessitori ed emigravano sia nel Veneto che nel Trentino per praticare il mestiere [Prati 1936]. M.

**caridàci,** sm. (calabrese, con varianti). 'Scricciolo'.

Dal greco bizantino *karydákion* 'piccola noce'; il motivo onomasiologico allude alla piccolezza di questa specie, ed è ripreso anche dal greco moderno *karydáki* 'scricciolo' ma è anche alla base, ad esempio, della sua denominazione romagnola *cocla*, propriamente 'noce' (AIS). Secondo il DEI, anche i nomi calabresi *cararaci*, *garidaci*, *carici* e varianti riferiti alla 'raganella della Settimana Santa' sono connessi al greco *karydákion* perché lo strumento era fatto originariamente «con mezzo guscio di noce al quale è legato un legnetto che si fa trillare con le dita»; tali voci sono registrate anche da Rohlfs 1977 con la precisazione che la raganella così denominata è fatta di canna e che le parole sono – a suo avviso – probabilmente di origine onomatopeica, da una base *car-*. M.

**carìgliu,** sm. (calabrese, anche *carìgghiu*, *carru*, *carrìa*; laziale e abruzzese: *carìglio*; corso: *carogna*). 'Cerro', in calabrese anche per 'ghianda del cerro'.

Le voci sono considerate riflessi di una base prelatina del sostrato ricostruita nella forma **carra* 'pietra'; la denominazione sarebbe stata estesa a specie fitonimiche caratterizzate dalla durezza del legno e presenti anche in area galloromanza ed iberoromanza (*carrasca* 'quercia'). Per quel che riguarda i termini calabresi, Alessio 1976 stabilisce un confronto col grecanico di Bova (Reggio Calabria) *carro* 'cerro', e con il fitonimo greco *karron* documentato già in Esichio: *karron: phytón*, estendendolo poi all'albanese *qarr* 'cerro', al latino *cerrus*, e al citato *carrasca* di area iberoromanza, designazione di una specie di cerro [FEW; DEI ss.vv. *cariglio* e *carro*; Rohlfs 1964; Alessio 1976]. M.

**carignàr,** v. (ligure: Pigna). 'Fare all'amore'.

Derivato non dal latino *cārus* 'caro, amato', ma dallo spagnolo *cariño* 'affetto, tenerezza' ed al plurale 'carezze, moine' [Merlo 1941-57; Corominas]. C.

**carìgnu,** sm. (siciliano; sardo logudorese e campidanese, a Nuoro: *carìnnu*). 'Benevolenza, tenerezza, affetto', 'qualche atto che esprima affetto', nel siciliano anche 'dono, regalo' col v. sardo *carignàre*, *carignài* 'accarezzare, vagheggiare'.

Dallo spagnolo *cariño* 'affezione, affetto', dal latino *cărus* [DEI; DES; Beccaria 1968; Piccitto 1977]. M.

**carìta,** sf. (salentino). 'Piccolissimo granchio di mare, *Palaemon serratus* Penn.'.

Dal suo nome greco *karís*, in neogreco *karída* [DEI; Rohlfs 1964]. C.

**càritas,** nella locuz. *prima càritas e po caritatis* (emiliano: Parma). 'Prima si pensa a sé, poi agli altri'.

Locuzione nata in ambiente della scuola, dove, insegnando il latino, di ogni sostantivo si dava prima il nominativo (*cāritas*) e poi il genitivo (*caritātis*). C.

**carìtu,** agg. (calabrese; campano, a Napoli: *carìtë*). 'Beniamino, prediletto'.

Dallo spagnolo *querido* 'amato, amante', con accostamento all'italiano antico *carire* 'stimare, tener caro' [DEI s.v. *carito*; Beccaria 1968]. M.

**càrlu,** sm. (salentino). 'Grosso granchio di mare'.

Dal latino parlato **carulus*, latinizzazione del greco *karís*, neogreco *karída*, 'granchio marino'. Non equivalente a *càvuro* 'granchio di mare' che ha un'altra origine (dal greco *kábouros*) [DEI s.v. *carlo*; Rohlfs 1964]. C.

**càrmënë,** sm. (abruzzese; molisano, a Fossalto: *cuàrmënë*). 'Giorno di mercato' ed anche 'mercoledì'.

Si pensa che la coincidenza fra 'mercoledì' ('giorno di mercato') e 'Carmine' sia dovuta al fatto che in quel giorno, assieme al sabato, si tributavano particolari devozioni alla Madonna del Carmine [Bruppacher 1948: 135-136]. C.

**carnabùsci,** sm. (siciliano), 'frutto del pisello africano, *Lotus edulis*'; (calabrese meridionale: *carravuci*, *cannavuci*), 'frutto del loto corniculato, *Lotus corniculatus*'; (siciliano: *carnabùsciu*, *carravùsciu* e varianti), 'specie di trifoglio selvatico'.

Le voci richiamano il grecanico di Bova (Reggio Calabria) *carravucìa* 'loto corniculato' e *carravuci* il suo frutto; verosimilmente si tratta di parole d'origine greca; il confronto più immediato risulta con il neogreco *gargazoúli* 'loto cornicolato' [DEI s.v. *caravuci*; Rohlfs 1977a]. M.

**carnizzèri,** sm. (siciliano, anche *carnazzèri, carnazzèru*; sardo: *carnazzèri, carnizzèri, cranazzèri*). 'Macellaio'.

Dallo spagnolo *carnicero* e catalano *carnicer* con lo stesso significato; dallo spagnolo *carnicería* oppure dal catalano *carnisseria* (ant. *carniceria*) dipendono il siciliano *carnazzeria* e sardo *carnizzeria* 'macelleria' [Beccaria 1968; Michel 1996].

V. CONSOLO: *La medesima faceva poi col carnezziere, il pescivendolo, il panettiere, l'acquaiolo, l'ortolano* (*Il sorriso dell'ignoto marinaio*, Torino 1987, p. 27). M.

**caròcchia,** sf. (campano, nel napoletano; calabrese settentrionale; lucano: *caròcchjë*), 'colpo dato sulla testa con le nocche delle mani'; (abruzzese: *caròcchjë*), 'nocca delle dita, castagnetta'.

Deverbali del dialettale *crocchià* 'percuotere' (*grochià* a Rieti); sia il DEI che il REWS ammettono alla base di queste voci il latino *crotălum* 'nacchera', rinviando a tale base anche l'italiano *crocchiare* 'battere con le nocche su un vaso; suonar fesso, scricchiolare' e il deverbale *crocchia* 'bussa, percossa, colpo' considerato però di origine incerta, forse onomatopeica, dal DELI.

A. VERALDI: *padr' e madre per ognicchissà lo pigliavano meno a calci paccheri e carocchie per poi in seguito naturalmente farci l'abitudine a vederlo storpiato e riprenderlo a paccheriarlo e scarocchiarlo come prima* (*Scicco*, Milano 1991, p. 17). M.

**carógnë,** sm. (abruzzese, anche *carugnë*). 'Orliccio di pane'.

Dal latino parlato **corōnium* derivato da *corōna*; una stessa formazione si riconosce anche nel sardo *coróngiu* appellativo geografico ancor vitale in campidanese per designare 'collina, masso, sasso grosso radicato in terra', ed usato come toponimo indicante una 'vetta di monte' [DEI s.v. *carógno*; DES]. M.

**caról,** sm. (veneto, anche *carólo*; veneto giuliano, anche *cariòl*; trentino: *caiȍl, caiòl*; lombardo: *carȍl*; friulano: *carȍl, carũl*). 'Tarlo', talvolta anche 'tignola'.

Dal latino parlato **cariŏlus*, diminutivo del latino tardo *carius* per il classico *caries* 'carie'; la mancata palatalizzazione di *ca-* nel friulano depone per un prestito dal veneto; nelle forme trentine si rileva l'esito *rj* > *j* presente anche in altre voci di parlate dei dintorni di Trento. Forme derivate si trovano anche in altre varietà: napoletano *carulià* v. «tarlare, rodere, consumare» (Salzano 1979), calabrese *caruliatu* (e varianti) agg. 'tarlato'. Dal latino *carius* dipendono il toscano (aretino) *càio* 'legno tarlato', campano (napoletano) *càirë* 'tarlo', siciliano *càriu* agg. 'carioso; tarlato' [REW; DEI s.v. *caio* e *cariòlo*; Prati 1954 e 1968; Rohlfs 1977; Bondardo 1986]. M.

**carolìna,** sf. (umbro). 'Carro funebre', a Perugia anche 'bara comune per i poveri'.

Come spesso avviene, da un nome femminile (*Carolina*), che attenua la gravità del referente. Anche in Francia è stato chiamato nel 1832 *caroline* un nuovo tipo di vettura pubblica parigina [FEW]. C.

**carolìs,** nella locuz. *żugàr a carolìs* (emiliano: Parma e Piacenza). 'Giocare a testa o croce'.

Letteralmente 'a testa (se riconosciamo in *cara* l'equivalente del greco *kára*) o faccia (se lo identifichiamo col catalano *cara*) e liscio', come, del resto, il gioco è denominato nel parmigiano: *testa o liss* [Peruzzi-Georgacas 1959]. C.

**carovàna di màre,** locuz. sostant. (toscano: Elba). 'Sequela non interrotta di grosse onde di mare'.

Dall'immagine delle *carovane* di mercanti [Cortelazzo 1965].

C. LAURENZI: *Avevamo una lingua stupenda; qualcuno, con semplicità, in una breve prospettiva di futuro, continua a usarla ed a viverla. La* carovana di mare *è, con potenza plastica o allucinata, una 'sequela non interrotta di grosse onde'* (*La carovana di mare*, Firenze 1968, p. 15). C.

**càrpë,** sm. (pugliese: Bitonto). 'Tipo di tufo durissimo'.

Probabilmente è lo stesso del greco delle isole *pásparos* 'pietra tufacea' (come indicherebbero le varianti con *-sp-* di area salentina, → *càsparu*), parola preellenica che si ritrova anche nell'albanese *karpë* 'roccia, macigno' [Rohlfs 1956 e 1964]. C.

**carpechjà,** v. (campano: Montella), 'rendere ineguale una superficie liscia'; (calabrese: *carpicare*), 'butterare'.

Dal latino parlato **carpicāre* iterativo di *carpĕre* 'cogliere'; la stessa base è presupposta dal lucano *carpëcàt*, abruzzese *carpëcatë*, campano (napoletano) *carpecato* agg. 'tarlato, aggrinzito, butterato', col deverbativo campano (napoletano) *càrpeca* sf. 'segno lasciato sulla pelle dal vaiolo o da altra malattia esantematica' [DEI s.v. *carpicare*; REWS; Salzano 1979; Bigalke 1980]. M.

**carpètta,** sf. (siciliano; emiliano, a Parma). 'Cartella'.

Dallo spagnolo *carpeta* con significato analogo, voce entrata in epoca di dominazione spagnola. Dal siciliano è passata, in tempi recentissimi, all'italiano *carpetta* 'cartella per documenti' [Beccaria 1968; Zolli 1986]. M.

**carràbba,** sf. (siciliano, anche *carraffa*), 'vaso di vetro corpacciuto col collo stretto'; (calabrese: *garrafa, garrapa, garrabba, har(r)abba*), 'caraffa, vaso di creta'; (abruzzese: *car(r)abbónë* sm.), 'grossa fiasca di vino'.

Dall'arabo-persiano *qarāba* 'bottiglia di vetro a grosso ventre per riporvi vino', ma le forme con *-f-* si devono verosimilmente ad un incrocio con l'arabo *ġarrāg* 'noria', ed in Marocco anche 'vaso cilindrico di terra cotta con una o due orecchie' o col suo derivato italiano *caraffa* [DEI; Pellegrini 1972]. M.

**carracéfalu,** sm. (siciliano, anche *scarracéfalu* e varianti; calabrese, anche *gaḍḍucéfalu* e altre varianti). 'Averla, *Lanius minor* o *Lanius rufus*'.

Secondo il DEI (s.v. *caracèfalu*) la denominazione muove dal greco moderno *kalokèphalos* 'che ha una bella testa', mentre è da considerare inverosimile un composto tautologico con la voce *cara* 'testa, viso, figura' attestata anche in italiano (→ *càra*). Diversamente Rohlfs 1977a, pur riconoscendo nella seconda parte del composto il greco *kephalḗ* 'testa', nella prima parte vede piuttosto un elemento onomatopeico come nel neogreco *karákalos* 'averla' (a Corfù). La variante calabrese *gaḍḍucéfalu* pare deporre a favore della base *kalokèphalos* con sovrapposizione del dialettale *gaḍḍu* 'gallo'. Denominazioni dell'averla che hanno come motivo onomasiologico la testa grossa di questa specie sono ad esempio il siciliano *testagrossa* e *testazza*, e il toscano (Isola del Giglio) *capigrosso*. M.

**carragiàu,** sm. (siciliano, anche *carraggiài, carraggianu, carrancanu*; calabrese meridionale). 'Ghiandaia marina'.

Di origine onomatopeica secondo Rohlfs 1977a che richiama un confronto con il maltese *farrugg* di analogo significato; per il DEI potrebbe trattarsi invece di una deformazione del greco *korakías* 'specie di corvo' per influsso dell'onomatopea o per incontro col siciliano *giài* 'gazza' (dall'antico francese *jai*, a sua volta dal latino *gaius*). Da escludere la vecchia ipotesi etimologica che connetteva tali voci al latino *carag(i)us* 'indovino, stregone'. M.

**carramàri,** v. (siciliano; calabrese: *curramare*, *curramari*). «Bacchiare, percuotere un albero per farne cadere i frutti maturi; bastonare» (Piccitto 1977).

Da un latino parlato **conramāre*, derivato di *ramus* 'ramo'; un **perramāre* è richiesto invece dal calabrese *parramare*, *perramare*, *pirramare* 'abbacchiare le noci, scuotere un albero' [DEI s.v. *carramare* e *perramare*; REWS; Rohlfs 1977]. M.

**carrése,** sm. (campano, nel napoletano; calabrese: *carrisi*). 'Carrettiere'.

Da 'carro', come altri dialettismi quali l'abruzzese *carrésë* agg. 'di strada, carreggiabile', e il lucano *carrësà* v. 'trasportare' [DEI; Salzano 1979; Bigalke 1980]. M.

**carróga,** sf. (sardo campidanese). 'Cornacchia'.

Dal nome latino dell'uccello, *cornacula* (in glosse), attraverso le forme intermedie *corracra*, *corraga* e, con cambiamento di suffisso, *corroga*, dissimilato in *carroga* [DES].

C. LEVI: *è invece una* carroga, *una cornacchia di Sardegna, un animale nuragico e arcaico* (*Tutto il miele è finito*, Torino 1975, p. 30). C.

**carrùga,** sf. (toscano, nel lucchese). 'Viottolo'.

Secondo il DEI è voce risultata dall'incontro del latino *rūga* 'ruga' con il latino *carrāria* 'strada carreggiabile' continuato, tra l'altro, nel piemontese *carera* 'contrada, paese', nel lombardo ed emiliano *carera*, nel pugliese (bitontino) *carrèurë* 'carreggiata', nel calabrese e siciliano *carrara* 'sentiero, viottola' [DEI ss.vv. *carrèra* e *carrùga*; REWS]. M.

**carsentéin-ni,** sm. plur. (ligure-piemontese: Novi L.). 'Piccole ferite o piaghe tra un dito e l'altro, prodotte dal sudore o da poca pulizia'.

Dal verbo piemontese *carsentè* 'crescere' perché «si credeva che tali ferite favorissero la *crescita* dei bambini» [Magenta 1984]. C.

**cartaró,** sm. (emiliano: Gargallo di Carpi). 'Vetri delle finestre'.

Il termine, derivato da *carta*, riflette un'antica costumanza, legata a povertà di mezzi, quando in luogo di vetri veniva usata alle finestre la carta, e possibilmente la carta-pecora, che, debitamente preparata e trattata con olio, acquista una certa trasparenza [Violi 1982]. M.

**cartèdda,** sf. (siciliano; calabrese meridionale: *carteddi* sm.; sardo campidanese: *scartéḍḍu*, a Laconi: *iscartéḍḍu*). 'Cesta, paniere'.

Dal latino tardo *cartellus*, prestito del greco *kártalos*, *kártallos*, di analogo significato. In sardo vi sono anche forme uscenti in *-inu*, *-ina*: *iscartinu* (a Fonni) 'corbola con anse per la vendemmia', *cartina* (a Macomer) 'catinella; bigoncia, mastello' che probabilmente si devono all'influsso del dialettale *cadinu* 'catino', constatata anche la presenza del significato di 'catinella' in *cartina* [DEI s.v. *cartèlla*; DES]. M.

**cartèra,** sf. (siciliano; campano: Napoli; calabrese; salentino). 'Cartella (per disegni, libri, da scolari)'.

Dallo spagnolo *cartera* 'cartella' [Beccaria 1968; Michel 1996]. M.

**cartìna,** sf. (umbro, nel perugino). 'Medicina'.

Sviluppo del significato originale del termine che è quello di 'piccolo incarto contenente polveri medicamentose' [Catanelli 1970]. M.

**carucchiàrë,** agg. (campano, anche *carrucchiàlë*; abruzzese: *carucchjàrë*; pugliese, a Spinazzola: *carrucchiàlë*; calabrese, con varianti; siciliano: *carucchiàru*). 'Avaro', in calabrese e siciliano anche 'truffatore'.

Il DEI ricostruisce per tali voci un derivato da un dialettale **carrocchiare* col significato di 'avvolgere le monete' riconducibile ad un latino parlato **conrotulāre*, attraverso un deverbale **carròcchio* 'rocchio, rotolo di monete ravvolte in carta' e poi in generale 'gruzzolo' attestato in questo senso dal siciliano *caròcchiu* [AIS; DEI s.v. *carrocchiaro*; DAM; Piccitto 1977; Rohlfs 1977]. M.

**carùgiu,** sm. (ligure; e di qui nel lombardo, a Voghera, *carùgiu*, nel corso *carùghiu*, nel sardo gallurese *carrùgiu* e nel siciliano *carrùggiu*). 'Vicolo, stradetta angusta nei borghi o tra muretti, nei campi'.

Come *carrób(b)io*, dal latino *quadrŭvium* 'quadrivio' attraverso una variante **carrŭvium*, influenzata da *(vīa) carrāria* [Plomteux 1975].

I. CALVINO: *A canzonare Pin c'è sempre da rimettere: conosce tutti i fatti del carrugio e non si sa mai cosa va a tirar fuori* (*Il sentiero dei nidi di ragno*, Torino 1954, p. 12). – C. LINATI: *Ma se in fondo al carugio ciangotta il lago come un vecchio questuante, in lato c'è la chiesa sulla piazzetta alberata* (cit. in GDLI II 807). – S. VASSALLI: *Scoprì Genova: scoprì l'eccitazione di vivere in una grande città [...] in una città tutta fatta di pietra, con palazzi grandi come colline e labirinti di caruggi (vicoli) che ci si poteva perdere come in una foresta* (*La chimera*, Milano 1996, p. 291). C.

**carùsu,** sm. (siciliano; calabrese meridionale; salentino). 'Ragazzo, fanciullo'.

Dal verbo *carusari*, *carusare*, *carusà* e varianti, di origine oscura (si ricostruisce una base **carōsāre*), diffuso in tutta l'Italia meridionale ed in parte di quella centrale, fino all'area pistoiese e nel Casentino (*carosare*), specialmente col significato di 'tosare le pecore' [DEI; VES].

L. PIRANDELLO: *Zi' Scarda si lasciò scrollare pacificamente. Doveva pur prendersi uno sfogo, quel povero galantuomo, ed era naturale se lo prendesse su lui che, vecchio com'era, poteva offrirglielo senza ribellarsi. Del resto, aveva anche lui, a sua volta, sotto di sé qualcuno più debole, sul quale rifarsi più tardi:* Ciàula *il suo* caruso (*Novelle per un anno. Dal naso al cielo*, Milano 1968, p. 41). – G. BONAVIRI: *Entrate, – ci disse qualcuno. – Avete dimenticato,* carusi, *che il Fascio è la vostra casa?* (*Il fiume di pietra*, Torino 1979, p. 45). – V. CONSOLO: *Era un caruso di forse quindici anni, cresciuto nella testa e nel torace, con peluria sul mento e sopra il labbro, ma rimasto breve nell'altezza* (*Le pietre di Pantalica*, Milano 1988, p. 78). M.

**carvàna,** sf. (siciliano). 'Ricino, *Ricinus communis*', anche *caruàna*, *carvanu* come sm., *darvana*, nel catanese (a Mascali e S. Alfio) *carbana*.

Dall'arabo *ḫarwā*' 'ricino' ma attraverso una forma, probabilmente berbera, in *-ana* [DEI; Pellegrini 1972; VES]. M.

**carvànu,** agg. (siciliano, con varianti: *crabanu*, *gravanu*, *carbanu*; calabrese meridionale: *carvanu*, *caruvanu*). 'Rozzo, grossolano, rustico', ricorrente specie in espressioni come *pani carbanu* 'pane scuro', *piattu carvanu* 'piatto rustico', *gaḍḍina carvana* 'gallina prataiola', *truiaca carvana* o *carbana* 'varietà di fagioli di sapore dolciastro e di colore scuro nella parte centrale del chicco' (anche nel calabrese settentrionale, a Saracena: *trujaca carvana* 'sorta di fagiolo'); (*carvanu* sm. a Pantelleria), 'occhione, *Oedicnemus crepitans*'.

Dal greco *kárbanos* 'rozzo, barbaro; straniero' con mediazione latina [Rohlfs 1977a; VES]. M.

**carvèr,** v. (emiliano, a Cavriago, *archevàr* a Vignola), 'Dare il nome di un antenato al nuovo nato', come nel bolognese *archervàr* (ampiamente commentato da Ferrari 1853) e nel romagnolo *arcavé* (a Imola).

Dal latino *recuperāre*, da cui l'emiliano *archevàr*, molto diffuso nel senso di 'recuperare, ottenere, acquistare'. «È chiaro che il neonato 'ricupera' grazie a quest'antica usanza il nome del nonno; ma è curioso che il verbo sia passato a designare l''azione' del rinnovare il nome» (Bertoni 1917a). C.

**cäs,** sm. nell'espress. *purtàr de cäs* (lombardo: Grosio), 'portare il lutto per la morte di un familiare'; (ticinese, Valmaggia: *chiès*), 'lutto'.

Dal latino *casus* 'caso, accidente'; nel dialetto grosino l'espressione è nata in modo parallelo a *purtàr de cundizión* 'vestire il lutto' (→ *cundizión*) in uso nella stessa varietà; «nella relazione del Dipartimento dell'Adda dell'Angiolini, agli inizi del secolo scorso, leggiamo: "È dovere di cortesia di tutte le persone sue pari il recarsi presso gli afflitti, e tener loro compagnia sin che dura la cerimonia funebre; ciò che chiamasi *tener caso*... Quindi si ritirano alle loro case, dove pranzano in compagnia, e mangiano d'una forma di formaggio detta in qualche luogo del *caso*"» (Antonioli-Bracchi 1995) [REWS]. M.

**caṡacà,** sm. (veneto: Venezia). 'Locazione ereditaria': *tor a caṡacà* 'prendere un fondo in conduzione ereditaria'.

Dall'ebraico *chazakà* 'diritto di inquilinato perpetuo, pertinente alle case dei ghetti' [Colorni 1970: 139]. C.

**casadduóglio,** sm. (campano; calabrese: *casadd(u)ógliu*; lucano: *casaddùgghië*; siciliano: *casaddògghiu*). 'Salumiere, pizzicagnolo'.

Propriamente '[chi vende] formaggio (*caso*) ed olio (*òglio*)' [DEI; REWS; Piccitto 1977; Rohlfs 1977; Bigalke 1980]. M.

**casadiàol,** sm. (lombardo orientale: Bagolino). 'Rondone (*Cypselus apus*)'.

Letteralmente 'cacciadiavolo'; il rondone è così chiamato perché si riunisce in gruppi intorno a chiese e campanili, emettendo acuti strilli [Bazzani-Melzani 1988]. M.

**casäfrṓs-c,** sm. sing. e plur. (lombardo orientale: Bagolino). «Brocca: canna o lunga bacchetta divisa in cima, adoperata per cogliere l'uva dalla vite, senza usare la scala né salire sulla pianta» (Bazzani-Melzani 1988).

Letteralmente 'prendi frasche', è composto del dialettale *casà* 'cacciare' e *frös-c* 'frasca'. M.

**casaméccë,** sf. (abruzzese), 'tafferuglio, confusione di molta gente, casa in disordine'; e nella locuzione *fa casamìccë* o *fa casamùccia* 'mettere tutto a soqquadro', *i a ccasaméccë* 'andare al diavolo'; (toscano: *casamìcciola*), 'rovina di case', 'grosso guaio', 'casa in disordine'; (umbro, a Magione: *chesamìcëla*), 'confusione, disordine'.

Dal toponimo *Casamìcciola*, comune nell'isola d'Ischia, completamente distrutto nel 1883 da un terribile terremoto, rimasto vivo nel ricordo popolare [DEI].

L. ASPREA: *Ebbi il tempo di finire, che sentii un putiferio di bestemmie, di imprecazioni, di grida minacciose, di strilli di bambini spaventati: una vera Casamicciola*! (*Il previtocciolo*, Milano 1971, p. 37). C.

**casàmola,** sf. (veneto: Val d'Alpone). 'Cassetta portaletame, posta sulla groppa dell'animale a guisa di basto rigido, aperta sopra, e con sportellino inferiore che viene aperto in campagna'.

Composto di *casa* 'cassa' e *àmola* che si rifà ad *àmolo* 'secchiello', voce nota al veneto antico ed attualmente diffusa in area settentrionale, toscana (a Volterra: *àmmela*), calabrese (*àmulu* e varianti). La voce deriva dal latino *hămula* 'vaso', diminutivo di *hăma* 'secchio da incendio', a sua volta dal greco *háme* con lo stesso significato [DEI; Bondardo 1986]. C.

**caṡàn-a,** sf. (ligure). 'Cliente di un negozio, avventore', 'banco dei pegni'.

Dall'arabo *hazāna* 'tesoro', 'carica di tesoriere', 'deposito, custodia'. Trasmesso al turco, è da qui passato nell'Italia nord-orientale sotto la forma → *casnà* [Pellegrini 1972]. C.

**caṡàna,** sf. (lombardo, nel milanese; emiliano, nel piacentino). 'Casato; cognome'.

Da *casa*; il DEI segnala anche il sardo logudorese settentrionale e gallurese *caṡana* 'turma, folla' della cui esistenza dubita il DES ponendo eventualmente il confronto con la forma milanese e piacentina. Anche il REWS menziona tra i continuatori di *casa* il milanese *caṡana* ed anche il genovese *caṡana* 'monte di pietà, cliente', ma quest'ultima voce ha un altro etimo (→ *caṡàn-a*). M.

**càsa peòta,** locuz. sostant. (veneto). 'Cassa di mutuo aiuto', costituita con il versamento periodico di somme varie da parte degli associati, che possono usufruirne per prestiti a interesse molto ridotto. Con questi frutti si organizza annualmente una cena sociale.

Quest'ultimo punto ammette la derivazione del nome della locuzione veneziana *far peota* «unirsi che fanno in brigata molte donne ..., prendere a nolo una *peota* [= barca a remi, di media grandezza] e andar gironzando per li canali di Venezia, e talora recarsi al Lido od a Mestre, cantare e suonare il cembalo, ballare e gozzovigliare» (Boerio 1856). C.

**casarèa,** v. (toscano: Argentario; calabrese: *casiàre*). 'Girare per le case a chiacchierare'.

Da *casa* [Fanciulli]. C.

**casàrriu,** sm. (siciliano, nel messinese, anche *cafarru*, *catarru*; calabrese meridionale, anche *casarru*, *cafarru*, *casarri*). 'Quarta muta del baco da seta'.

Dal greco *cathários* 'puro' [Piccitto 1977; Rohlfs 1977 e 1977a]. M.

**casarùta,** sf. (veneto trevigiano). «Venditrice ambulante che scendeva dal Friuli per vendere oggetti in legno» (Bellò 1991).

La voce si connette a una *casa* 'mestolo' dal latino *cattia* (cfr. friulano *ciàse*, *ciàze*, veneto *càza* 'mestolo di varia forma per uso di cucina') con un suffisso *-arius* dei nomina agentis e *-uttus*, *-a* diminutivo caratteristico del friulano. M.

**casatièllo,** sm. (campano: Napoli), «piccolo pane di farina gialla, solito mangiarsi molto caldo dal popolino, panino di granturco [...] *Casatiello de Pasca*, ciambella di pasta menata con lo strutto, o pure di pasta dolce, piantatevi su ritte delle uova sode non isgusciate» (Andreoli 1887); (abruzzese, nel teramano: *casatillë*), «specie di pasta dolce, fatta a forma di piatto, composta di pane di Spagna con sopra altri dolci e canditi, ecc.; è il dolce di rito nella Pasqua e si scambia in dono tra le famiglie»; (abruzzese, nel pescarese: *casciatèllë*, *casciatillë*), «dolce pasquale, casereccio, specie di fiadone ripieno di formaggio» (Giammarco 1968).

Sono derivati del latino *caseus* 'formaggio', dal nome di

un ingrediente della preparazione poi variata, come conferma la voce pescarese. M.

**cašbarrónë,** sm. (laziale: Castro dei Volsci; a Subiaco: *crašperóne*). 'Uomo crudele'.

Dal nome del famoso brigante Antonio *Gasparone* da Sonnino, che si rese tristemente celebre per le sue scorrerie nella Campagna romana [Vignoli 1911]. C.

**càsca,** sf. (siciliano). 'Cuscuta', anche nelle varianti *càscata* e *asca*.

Secondo il DEI la voce va ricondotta, probabilmente, al greco *kasytās* 'cuscuta' (noto da Esichio) attraverso una forma di latino regionale **casytas*. M.

**cascàre,** v. (sardo). 'Sbagliare'.

La voce deriva dal greco latinizzato *c(h)ascāre* 'aprire la bocca'; dal sardo *cascàre* derivano nel logudorese *coschiżare* 'sbadigliare con frequenza', *cascarare* 'esser digiuno, aver fame' e quindi *càscara* 'privazione (di cibo)', *cascarìu* 'noia' [REW; DES]. M.

**cascèro,** agg. (marchigiano). 'Buono, accomodante'.

Dall'ebraico *hāsher̄* 'puro', detto specialmente del cibo che risponde alle prescrizioni religiose, comune alle parlate giudeo-italiane. Lo usò, nei sonetti 240 e 464, anche il Belli: "Oh questa sì pe cristo ch'è cascerra" e "ah fu un gran ride e un gran cascero gusto", tradotto, rispettivamente, 'bella, curiosa' e 'soddisfacente' [Fortis-Zolli 1979]. C.

**cascherìno,** sm. (laziale: Roma). 'Garzone di fornaio che con una gerla porta il pane per le case'.

Probabilmente è *guascherino* (incrociatosi con *cascare*), che Lorenzo de' Medici adopera come aggettivo vezzeggiativo riferito agli uccelli di nido: e il *cascherino* è il più piccolo degli uomini addetti al forno. Saremmo, perciò, di fronte a un diminutivo di *guasco* 'guascone', preso in senso scherzoso o per beffa [Prati 1937; DEI; VEI]. C.

**caschèt(t)a,** sf. (sardo: a Nuoro), 'dolci composti con miele avviluppato entro pasta di frumento'; (sardo campidanese), 'ciambella'.

Dal catalano *casqueta* 'panetto di pasta farcita di confettura' [DES]. M.

**casculàre,** v. (calabrese settentrionale, anche *cascularí*). 'Aprirsi e cadere della castagna matura; afflosciarsi, deperire, perder le forze'.

Secondo il DEI, forse è riflesso del latino *cascāre* 'sbadigliare', continuato in sardo (→ *cascàre*) ma si dovrà considerare un influsso di 'cascare' cioè 'cadere' che però non è di area meridionale (ove è diffuso *cadere*). M.

**casécchië,** sm. (marchigiano settentrionale), 'bertovello'; (laziale, Bracciano: *cassécchia* sf.), 'retino con manico'.

Dal latino tardo *cassicŭlus* diminutivo del latino *cassis* 'rete, laccio da caccia'. Sono riflessi di quest'ultimo il laziale settentrionale (Bolsena) *cassarèlla* 'retino con manico' e il toscano (Chiusi e Montepulciano) *cassarellino* 'retino con manico di piccole proporzioni' [DEI s.v. *cassicchio*; Moretti 1977]. M.

**casèra,** sf. (lombardo; trentino; veneto; friulano). 'Ambiente adibito al deposito e alla stagionatura dei formaggi'.

È parola tipica di tutta la fascia montana e pedemontana, dalla Lombardia al Friuli, ormai d'uso anche in italiano. Deriva dal latino *caseāria* (da *caseus* 'formaggio') 'luogo ove si fa il cacio' [DEI; DELI; Zolli 1986].

M. BONFANTINI: *Laggiù, in fondo in fondo, certo a più di mille metri di sotto, nel verde tenero del piccolo anfiteatro d'una testata di valle, quasi lindi giocattoli da bambini, alcune cubiche casettine giallastre, casére dai tetti di sasso bruno o color celeste, d'ardesia e lamiera, una bella mulattiera selciata, un ruscello: una piccola allegoria della Svizzera; ma senza gli svizzeri* (*L'amore di Maria e altri racconti*, Torino 1977, p. 37). M.

**casìḍḍu,** sm. (sardo logudorese e campidanese, nel campidanese orientale: *caiḍḍu*). 'Alveare'.

Dal latino *quasĭllus* 'cestino per conservare il gomitolo', con un passaggio semantico analogo a quello di → *bùgno*; la voce latina è continuata, oltre che dal sardo, anche dall'albanese *kacile, kashile* 'cestino, paniere' [DES]. M.

**casirìa,** sf. (siciliano, nel trapanese). 'Vaso di fiori con terra'.

Arabismo, da *qaṣrīya* 'vaso, vaso di terra, vaso di fiori' [Pellegrini 1972; Ruffino 1991: 116]. M.

**casmùlu,** sm. (calabrese meridionale, anche *hasmulu*; siciliano, anche *casimulu*, *calamulu*, *casamulu*), 'l'animale nato da cavallo e asina, bardotto'; (calabrese a Bocchigliero: *sammulu* agg.), 'benedetto; cattivo'.

Dal greco bizantino *gasmûlos* 'bastardo' (così era detto il fanciullo nato dal matrimonio di un Franco con una Romea) [DEI; Rohlfs 1977; Piccitto 1977]. M.

**càsna,** sf. (piemontese: Cuneo, Saluzzo). 'Quercia, *Quercus sessiliflora*'.

Dal gallico **cassanus* 'quercia' ben rappresentato in area galloromanza. La voce galloitalica è migrata in Sicilia dove è attestata nella forma *càssinu* 'querciola' in località appunto di origine galloitalica [Penzig 1924; FEW; DEI; Piccitto 1977]. M.

**casnà,** sm. (veneto), 'denaro, gruzzolo', donde le espressioni *avèr el casnà, avèr un bon casnà* 'essere danaroso', *farse el casnà* 'farsi ricco'; (friulano), 'scrigno' e 'il denaro che vi si serba'.

Dal turco *haz(i)ne* (che si pronuncia *haz(i)nè*) 'tesoro', in particolare il favoloso e proverbiale tesoro dell'Impero Ottomano. Voce di origine araba: → *cašàn-a* [Cortelazzo 1989: 383]. C.

**càso,** sm. (veneto: vicentino), 'vano del fienile'; (piemontese: *cas*), 'fienile, tettoia', 'letamaio', 'porcile'; (lombardo, nel milanese: *cas*), 'gran mucchio di fieno nella cascina o fuori; capannone del fieno'; (calabrese meridionale: *cassu*), 'fossa in cui si mette il tino del torchio'.

Dal latino *capsus* 'gabbia per tenervi animali', 'recinto', 'chiusura' [AIS; DEI; Prati 1968; Rohlfs 1977]. M.

**casolìn,** sm. (veneto, anche *casalìn*; friulano: *casolìn*, *casalìn*). 'Pizzicagnolo'.

Dal latino *caseus* 'formaggio' da cui il veneto *càso*; in origine il nome avrà designato il 'venditore di formaggio' come nel calabrese *casularu*; da *caseus* deriva pure il veneto istriano (a Dignano) *casoléin* 'pezzetto di cacio'. In friulano la voce *casolìn* è prestito dal veneto, dialetto in cui sono presenti derivati quali *casolinerìa* (vicentino) 'pizzicheria'. Il salentino *casularu*, *casëlarë*, calabrese *casularu*, siciliano *casularu*, designano il luogo in cui si fa o si conserva il formaggio [DEI s.v. *casolaro*; Prati 1968; DESF]. M.

**càsparu,** sm. (salentino, con varianti, tra cui *càrparu*). 'Pietra calcarea sabbiosa molto resistente'.

«Probabilmente identico al greco moderno cretese *pásparos* 'pietra tufacea» (Rohlfs 1956) [Rohlfs 1964; Cortelazzo 1970].

C. G. VIOLA: *Era il pozzo d'acqua sorgiva che serviva la casa. Il torriere piantò un grosso chiodo sulla bocca e vi legò a cappio una corda: chiamò un suo amico perché vigilasse, pel caso che il chiodo non reggesse il peso. Con una candela accesa si calò lungo le pareti di* carparo, *reggendosi al grosso cànape verso il fondo* (*Pater*, Milano 1958, p. 252). – R. Nigro: *costruire case, scavare nel tufo e nel carparo, grattare rena alle grotte* (*Dio di Levante*, Milano 1994, p. 111) c.

**càspi,** sm. (lombardo, anche *caspe*, *càspio*; piemontese), 'vino torchiato, vinello', nel cremonese nell'espress. *méter in càaspi* «preparare un tino con gli ingredienti necessari per la preparazione dell'aceto» (*Dizionario del dialetto cremonese* 1976); (siciliano: *caspu*, *gaspu*), 'quanto vino il torchio spreme in una volta'.

Voce documentata anche in documenti piemontesi medievali (Statuti di Vercelli): «caspium de uvis», si riallaccia a parole di area galloromanza ed iberomanza come il francese sudoccidentale *gaspa* 'vinaccia', lo spagnolo *caspia* 'residuo della spremitura dell'uva, dell'olive e di altri frutti', l'asturiano *caspia* 'torsolo della mela', il provenzale *gaspo*, il francese antico e dialettale *gaspaille* che designa residui diversi del latte o dei cereali, termini per i quali si ipotizza una base preromana **casp / *gasp* [dei; Corominas]. m.

**cassàra,** sf. (calabrese; siciliano). 'Sciupio, perdita'; in siciliano anche nella locuz. *fari cassara* 'far bancarotta, fallire' (Piccitto 1977).

Dall'arabo *ḫasāra* 'perdita' [dei; Pellegrini 1972; Rohlfs 1977].

L. Asprea: *Si facevano anche i biscotti e le frise, ma non molti, perché formavano cassàra: cioè sciupìo* (*Il previtocciolo*, Milano 1971, p. 24). c.

**cassarïóta,** sf. (siciliano). 'Sgualdrina, prostituta'.

Dal → *càssaru*, il corso principale della città da quella frequentato [ves].

V. Consolo: *Rosalia, diavola, magàra, cassariota, dove t'ha portata, dove, a chi t'ha venduta quella ceraola, quella vecchia bagascia di tua madre?* (*Retablo*, Palermo 1987, p. 16). c.

**càssaru,** sm. (siciliano). 'Corso, strada principale'.

Significato particolare che l'arabo *qaṣr* 'castello, palazzo' (dal latino *castrum*) ha assunto in Sicilia, dove sembra avere dapprima designato un quartiere fortificato di Palermo, ma anche, stando ai rilievi toponomastici, di altre località, e poi la via principale di questo quartiere e, infine, della città. Nella forma *càssero* passò, invece, in toscano, nel linguaggio marinaresco e nelle lingue iberiche (*alcázar*) col senso primitivo di 'castello, fortificazione' [dei; Rohlfs 1977a; ves].

D. Dolci: *Di solito ero solo. E i cornutazzi ricchi intanto vanno per paese cogli stivali sul cassero* (*Racconti siciliani*, Torino, 1973, p. 24). c.

**cassàta,** sf. (siciliano). 'Torta dolce di pan di Spagna con ricotta e canditi'.

Voce di etimologia discussa; era stata proposta, ad esempio, un'origine araba, da un *qaṣ'ah* 'scodella grande e profonda'. Tuttavia in genere si pensa a un derivato da un latino *caseāta*, da *caseus* 'formaggio' e con ogni probabilità è prestito due-trecentesco dall'Italia centrale (dove si trova *casciata* e varianti 'focaccia di cacio') con mutamento ipercorretto di *-š-* in *-ss-*, altrimenti la forma siciliana sarebbe stata **casata*. La voce *cassata* si trova anche in Calabria, nel reggino per 'specie di torta siciliana', nel catanzarese per 'focaccia pasquale (fatta con ricotta e uova)', 'crema di latte'; inoltre è entrata in italiano già nel finire del secolo scorso, non solo per 'torta siciliana fatta con ricotta e guarnita di dadini di cioccolato e frutta candita', ma anche per 'gelato di panna con frutta candita', data la somiglianza del gelato con la torta [ves; deli; Zolli 1986].

F. De Roberto: *In città, la cucina dei Benedettini era passata in proverbio; il timballo di maccheroni con la crosta di pasta frolla, le arancine di riso grosse ciascuna come un mellone, le olive imbottite, i crespelli melati erano piatti che nessun altro cuoco sapeva lavorare; e pei gelati, per lo spumone, per la cassata gelata...* (*I Vicerè*, Milano 1983, p. 177). m.

**cassèllë,** sf. (abruzzese), 'tarassaco; asserello; senape bianca'; (calabrese, a Malito: *casseḍḍa*), «nome di un'erba mangereccia» (Rohlfs 1977).

Dal latino *capsella*, con allusione al corpo fruttifero rigonfio [dei s.v. *cassèlla*; Giammarco 1985]. m.

**cassiàra,** sf. (calabrese meridionale; siciliano: *càssia*). 'Acacia'.

Si ritiene un francesismo, da *cassie* 'acacia' [rew; dei]. m.

**càssida,** sf. (calabrese, anche *càssita*, *càssira*; siciliano: *càssita*). 'Cassa del telaio'. «Diconsi que' legni del telajo, che stanno sospesi, e contengon in loro il pettine per cui passano li fili della tela, col quale si percuote e si serra il panno» (Traina 1868).

Secondo Rohlfs si tratta di un grecismo **kápsida*, da **kápsis*, *-idis* 'cassa', passato anche al latino tardo *capsis*; diversamente per altri si tratta di derivati del latino tardo *capsis*, *-idis* 'cassa' attestato dalle glosse e risultato dell'incontro delle voci latine *capsa* 'cassa' e *capis*, *-idis* 'sorta di vaso' [dei; Rohlfs 1964 e 1977]. m.

**càsso,** sm. (toscano: lucchese). 'Membro virile'.

Lo stesso di *càzzo*, pronunciato secondo la tendenza del lucchese di rendere *z* con *s*. Parola ritenuta poco onesta e, quindi, evitata anche in situazioni omofone, come si racconta: «A Lucca per contrario la S si pone quasi sempre per Z, e dicesi *Ragasso*, *Passo*, *Sensa*, per *Ragazzo*, *Pazzo*, *Senza*. E come la voce *Casso* suona appresso i Lucchesi quel medesimo che appresso gli altri Toscani *Cazzo*, così raccontasi che quando le Monache di Lucca cantano il *Dies irae*, arrivate a quella parola *cassus* del versetto *Tantus labor non sit cassus*, e temendo che sia proprio quella sozza parolaccia, dicono *Tantus labor non sit*, e poi si fanno venire un nodarello di tosse per non pronunziarla. Questo sarà forse uno scherzo; o forse il fatto di una sarà attribuito a tutte» (Fanfani 1863). c.

**castagnàra,** sf. (toscano). 'Periodo autunnale di pesca', adatto per la cattura del pesce azzurro.

Da *castagna*, perché è questa la stagione delle castagne [Cortelazzo 1965]. c.

**castëciòla,** sf. (umbro: Lago Trasimeno). 'Retino con manico, casicchio'.

Dal latino *cassis* 'rete', attraverso la forma del latino tardo *cassicŭlus* e suffisso diminutivo, con dissimilazione di *ss* > *st* e metaplasmo di genere. La voce umbra ha anche i derivati: *castëciolìno* 'retino con maglie fittissime', *casteciolóne* 'cesta di vimini sospesa a fior d'acqua ove le lasche deponevano le uova' [Moretti 1977]. m.

**castégna,** sf. (piemontese; lombardo; trentino; veneto; friulano: *ciastigne*, nel friulano occidentale: *ciastégna*; emiliano; laziale). 'Castagna'.

Dal latino tardo *castinea* per il classico *castanea* 'castagna' [ais; rew; dei]. m.

**castellàna,** sf. (calabrese, con varianti; campano; lucano: *castëllàn*; abruzzese: *castellanë*). 'Catafalco'.

Da *castello*; il DEI richiama anche l'eventualità che possa trattarsi dell'antico italiano *castellame* (XIV sec.) attestato nel senso di «torretta di legno posta in groppa agli elefanti, in cui riparavano i soldati» (GDLI) con cambio di suffisso, ma non se ne ravvisa la necessità [Salzano 1979; Bigalke 1980]. M.

**castrapalòmba,** sm. (abruzzese; molisano; laziale, nel viterbese: *càstrica-palombina*; campano, nel casertano: *cràsteca-palummella*, *cràsteca-palummina*). 'Averla piccola, *Lanius minor*' (Giglioli 1890).

La denominazione pare alludere alle abitudini feroci di questa specie riflesse anche nel nome scientifico che riprende il latino *lanius* 'macellaio'; altre forme dialettali sono il toscano *càstrica*, *vàstrica* e *castròcchia*, l'abruzzese *càstrëchë*, *castrë*, l'umbro *gàstrica*, riunite da Garbini 1925 il quale vi vede piuttosto un'origine onomatopeica, con successivo accostamento a *castrare*, «alle grida stridule e sgarbate kiàa-kiàa-kiàa, o grèek-grèek-grèek, di questi uccelli litichini, petulanti e battaglieri. A suffragio di che vi sarebbe la voce napoletana *crastiare* indicante 'raschiare' cioè l'azione che si fa con la gola per liberarsi del catarro od altro» [DEI s.v. *castrapalombi*; Giammarco 1985]. M.

**castrùccio,** sm. (toscano, con varianti). 'Stallina del maiale'.

Diminutivo di *castro* (dal latino *castrum* 'proprietà, difesa'), che in vari luoghi della Toscana ha il significato di 'recinto per animali', 'piccola stalla', 'porcile' [Rohlfs 1979]. C.

**casùbbula,** sf. (siciliano, anche: *casùbbura* e varianti; calabrese: *cassubra*). «Pianeta, veste che il sacerdote porta sugli altri paramenti durante le funzioni religiose» (Piccitto 1977).

Dal latino tardo *casubla* 'mantello con cappuccio' [DEI; REWS]. M.

**cat,** escl. (lombardo: Milano). 'Capperi!, caspita!', come esclamazione, che ritorna anche in alcuni modi di dire, quali «*avèg nanca temp de dì cat*» o «*senza nanc dì cat che tan poc*».

Deviazione eufemistica, come nei corrispondenti italiani, di *ca(zzo)* [Galli de' Paratesi 1964].

C. PORTA: *Quantunque pienissimo fin sopra gli occhi di cose da farsi entro la mattina d'oggi, od anzi subito, pure non lascio di dirti almeno* Catt! (*Le lettere* ..., Milano-Napoli 1967, p. 266). C.

**catàba,** avv. (calabrese). 'Lentamente'.

Secondo il DEI la voce dipende dal greco *katà báros* (per *baréōs*) 'gravemente, pesantemente'; al grecismo andrebbero ricondotti anche il siciliano *catàmmara*, *catàmmari* che figura in locuz. avverb. come *catàmmara catàmmara* 'lentamente' e il calabrese *portari a catàmbara* «portare a braccia o in barella» (Rohlfs 1977). M.

**catabbìssë,** sm. (abruzzese). 'Precipizio', anche 'subisso, quantità grandissima'.

Composto di *cata-* e '*abisso*'; *cata-* che risale al greco *katá* 'in giù' attraverso un latino parlato **cata*, figura in vari composto nominali e verbali (→ *scatafòsso*) e può essere anche preposizione ed avverbio [DEI s.v. *catabisso*; Giammarco 1968 e 1985]. M.

**catafòrchia,** sf. (calabrese, anche *cafòrchia* e *cafòrchiu* sm.), 'casa oscura, tugurio, buca profonda, luogo dirupato'; (abruzzese: *cafòrchjë* e *catafùorchjë* sm.), 'tana, precipizio'; (salentino: *cafòrchia*, *cafùrchiu* sm.; siciliano: *cafòrchiu* e *cavòrchiu* sm.; campano: *carafòrchia*, *ca(ra)fuòrchiё* sm.), 'buco; nascondiglio; bugigattolo'; (laziale, a Subiaco: *cafùrchju* sm.), «piccolo, angusto ambiente» (Zaccaria Antonucci 1985).

Voci di etimo discusso, forse in rapporto con parole dell'area alpina come il ladino grigionese *ciavòrgia* 'caverna' interpretate da DRG (s.v. *chavorgia*) come riflessi di una base prelatina **cavorga*, *-orca* (e **cavorgu*, *-orcu*) 'caverna, burrone' in rapporto con *cavus* del latino. Altra ipotesi si basa su un latino parlato **forcula* da *furcŭla* diminutivo di *fŭrca* 'forca' a partire da forme dialettali quali l'abruzzese *fòrchjë* 'caprile, stalla per le capre' (in tal caso l'etimo, proposto da Giammarco 1985, sarebbe giustificato dalla presenza delle canne intrecciate che delimitano il caprile nella stalla), il pugliese, lucano, calabrese *fòrchia* 'buco, tana della volpe', il siciliano *furchiuni* 'buca; stambugio, topaia', con successivo ampliamento col prefisso *cata-* dal greco *katá* 'sotto'. La ricostruzione etimologica del DEI (s.v. *cafòrchio*, *catafòrchia*, *fòrchia*) e di Alessio 1976 muove invece dal latino tardo *forica* glossato col greco *anára* 'acquedotto, fogna' e simili, ampliata, per maggiore specializzazione, nella forma **ca(ta)forica (-um)*, composta con *cata-* dal greco *katá* 'sotto', mentre il tipo lessicale *fòrchia* è ricondotto a *forica*. M.

**catafùmaru,** sm. (calabrese meridionale, anche *catafùmatu*). 'Stamberga; luogo recondito'.

È ricondotto dal DEI ad una voce del greco parlato **katáchoma*, *-atos* 'sotterraneo', composto della preposizione *katá* 'sotto' e *chôma*, *-atos* 'terra' [DEI s.v. *catafùmato*; Rohlfs 1964]. M.

**catamìsi,** sm. plur. (calabrese anche *catimisi*). 'I giorni dal 13 al 24 di dicembre (corrispondenti ognuno ad uno dei dodici mesi), dai quali si trae auspicio per l'anno che segue'.

La voce, che esiste anche, come *catamini*, a Bova, e nella locuz. *a catamimu*, *a catamenu* 'di tempo in tempo', 'a poco a poco' in siciliano, deriva dal greco *katamḗnios* 'mensile', 'secondo (*katá*) il mese (*mêna*)' [Rohlfs 1964, 1977 e 1977a]. M.

**catània,** sf. (siciliano), 'fastidio; cantilena uggiosa e molesta', da cui il verbo *cataniàri* 'importunare, seccare'; (calabrese: *catànija*), 'disposizione interna, indole'.

Forse dal nome della città di *Catania*, a meno che non si tratti di una attrazione secondaria [DEI s.v. *cataniare*; Rohlfs 1977; Valente 1993]. C.

**catanìse,** sm. (calabrese), 'persona vistosa, uomo furbo'; (siciliano: *catanisi*), 'ingannatore, sleale, falso'.

Modo diverso di giudicare gli abitanti di *Catania*. C.

**catapànu,** sm. (siciliano). 'Persona grossa, grossolana o lenta a muoversi'.

Riflesso della voce medievale *catapanus, catepanus* 'principale, capo di compagnie laicali, magistrato per giudicare le liti che insorgono nei mercati' (dal bizantino *katepánō* 'soprintendente'), attraverso un processo di degradazione semantica; si tratta della stessa parola anche nel dialettale abruzzese (ad Ari) *catapanë* 'patata', termine scherzoso che gioca anche sulla metatesi dell'abruzzese *patanë* 'patata' [DEI; De Giovanni 1986]. M.

**catapernì,** sf. (salentino). 'Giorno di lavoro'; anche *capetarnì, capaternì, capeternì*.

Dal greco *kathēmerinós* 'quotidiano' [Rohlfs 1961]. M.

**catapòzzulu,** sm. (siciliano, nel messinese: Frazzanò), 'fico secco indurito', nel catanese, a Licodia Eubea, 'citrullo', a Bronte *catopòzzuri* plur. «catorzoli, sporgenze nodose sulla superficie del legno; in senso fig. bagatelle» (Piccitto 1977); (calabrese meridionale, anche *scatapòn-*

*zulu*), 'fico secco intero; fico secco di qualità scadente; torsolo di granone'.

Probabili riflessi del latino *catapotium* 'pillola' (dal greco *katapótion*) che sta all'origine dell'italiano antico *catapòzio* 'pillola da inghiottire intera' [DEI s.v. *catapòzzolo*]. M.

**catàrri,** sm. plur. (siciliano). 'Pendio; parte rocciosa in pendio'.

Voce geonomastica di origine araba, deriva da *ḥadar* 'terreno in declivio', ed ha vari riflessi toponomastici siciliani (*i Catarri, 'a Catarina, i Catarini*) [DEI; Pellegrini 1972]. M.

**catasciàri,** v. (siciliano, anche *ncatasciari*; calabrese meridionale; sardo logudorese: *cadassare* e varianti). 'Imbozzimare, dare la bozzima all'ordito', col deverbale *catàscia* sf. (siciliano), *catàsciu* sm. (calabrese meridionale), *cadassu, cacansu* (sardo logudorese) 'bozzima'.

Dal latino tardo **catapsāre* 'lisciare con la mano' (dal greco *katapsáō*). Di questa base vi sono diversi continuatori galloromanzi (francese *chas*, provenzale *cadais* e varianti); ne dipende pure il genovese *cäscia* «bozzima. Intriso di stacciatura o di cruschello, d'untume e d'acqua, col quale si frega la tela in telajo per rammorbidarla; il che dicesi Imbozzimare (*dā a cäscia*)» (Casaccia 1876) [FEW; DEI; DES; REWS]. M.

**catèine de zétele,** locuz. sostant. (pugliese: Gargano). 'Amuleto contro il malocchio'.

Alla lettera 'catena di setole', perché composta di crine. C.

**catënàrë,** sm. plur. (abruzzese). «Due pali messi obliquamente sotto la cappa per seccarvi la legna» (Giammarco 1968); designava anche la 'catena del camino'.

Dal latino *catenārius* 'della catena' [DEI s.v. *catenari*]. M.

**càtera,** sf. (toscano; abruzzese, a Lanciano: *càtërë*; laziale, a Roma: *caterinona*). 'Mandorla che si mangia tenera col guscio', 'mandorla verde'.

Da *Caterina*, perché matura intorno al giorno della festa della santa (29 aprile) [DEI; Giammarco 1985].

B. CICOGNANI: *Non aveva avuto né rosolia né morbillo; qualche indigestioncella perché era ghiotta e mangiava cartocci di giùggioli e manciata di càtere* (cit. in GDLI II 880). C.

**catërìnë,** sf. (calabrese), 'traversa del torchio nella quale gira la vite'; (galloitalico di Lucania, a Picerno: *catarina*), 'scodella di legno dotata di un bastoncino graduato per misurare il latte'; (ligure, Val Graveglia: *catainet*a), 'assorbente igienico'.

Il nome proprio *Caterina*, assegnato a molte piante, animali e oggetti vari (DEI), ha anche il significato di 'vulva' (esplicito nella *catarina* del gergo valsuganotto), che qui interviene per indicare – e i casi analoghi sono molti (Rohlfs 1952) – l''arnese incavato che riceve la vite' [Plomteux 1975; Rohlfs 1977]. C.

**catertémpora,** sf. (ladino centrale: fassano). 'Figura magra ed emaciata, simboleggiante ed annunciante la morte'.

Nome di una strega, di cui si narrano paurose leggende, probabile personificazione delle *quattro tempora* [De Rossi 1984; Pallabazzer 1992: 44-45]. C.

**catèvulu,** sm. (calabrese meridionale, con varianti). 'Fossa per le propaggini', in talune località anche 'propaggine'.

Dal greco parlato **katébolon* 'propaggine' da confrontare con il greco *katabolḗ* 'gettar giù' e col greco moderno *kataboláda* 'propaggine' e *kataboléuō* 'propaggino' [DEI; Rohlfs 1964]. M.

**càtica,** sf. (calabrese centrosettentrionale, anche *cata, càtafa*; lucano). 'Stiva dell'aratro', il manico che serve all'aratore per tenere e dirigere lo strumento.

Il DEI riconduce la voce ad un latino parlato **catocha* dal greco *katochḗ* 'l'azione del tenere', mentre Rohlfs 1964 ritiene che si tratti di continuatori diretti della base greca. M.

**caticanà,** sm. (siciliano). 'Uomo mingherlino e insignificante'.

Da una parola greca *katachanás* (DEI) o *kataphanâs* (Rohlfs 1964) che vale 'mangione', ma anche 'incubo, spirito, fantasma'. M.

**catinètti,** sm. plur. (calabrese: Polistena). «Venti leggeri facenti parte dei venti periodici primaverili, che si verificano, pressappoco, nel periodo della festa della Madonna della Catena (prima domenica dopo Pasqua)» (Laruffa 1986).

Dal nome della Madonna della *Catena*. M.

**catinòra,** nella locuz. verb. *andare, versare in catinòra* (veneto). 'Essere agli sgoccioli' (nel veronese *'l sole 'l va in catinòra* 'il sole tramonta', Coltro 1976), 'ridursi in fin di vita, morire'.

Rielaborazione del latino *nunc et in hora* dell'Avemaria, che, completandosi e concludendosi con *mortis nostrae*, è venuto quasi naturalmente a significare la fine della vita [Beggio 1967]. C.

**catlàn,** sm. (lombardo: Casalpusterlengo, anche *catalana*, sf., in altre parti della Lombardia). 'Coperta di lana'.

Da *catalano* o, come si diceva anticamente in italiano, *catelano* 'sopravveste invernale di lana originaria dalla Catalogna' (GDLI). Per il significato di 'coperta' si ricorda che sopravvive ancora nei dialetti italiani l'antica denominazione *valenzana* (→ *valanzàna*). C.

**catlèn,** nella locuz. *magnè cum un catlèn* (romagnolo: Rimini). 'Mangiare come un catalano'.

L'espressione ricorderebbe «l'invasione dei catalani, avvenuta dopo la caduta dei Malatesta, durante la quale i riminesi si videro spogliare letteralmente di ogni cosa» (Quondamatteo 1982), ma anche il bresciano ha *mangià come ön catalano* 'mangiare a crepapelle' e il toscano antico *catellano* 'mangione, ghiotto' (XIII sec., Folgore da S. Gimignano), mentre il genovese dice *bèive a catalana* 'bere a garganella'; alla base di tali designazioni c'è un senso dell'esagerazione attribuito ai Catalani che erano frequentatori di porti specie veneti e genovesi. Di qui anche il bergamasco *català* 'gridatore' e *usà come ü català* 'gridare fortissimo', così spiegato dal Tiraboschi 1879: «modo portato probabilmente fra noi dai facchini che frequentavano i porti di Genova e di Venezia, ugualmente frequentati dai Catalani, i quali si saranno distinti per essere più forti gridatori degli altri». La connotazione negativa ritorna nel logudorese *cadelanu* (e *cadelana*) 'bacherozzolo' [Prati 1936]. M.

**católicu,** agg. (calabrese meridionale), 'perfetto, regolare', a Nicotera *mangiare católicu* e a Fabrizia *mangiare catuólicu* 'mangiare con molto appetito'; (siciliano: *catòlicu, catòlucu*), 'buono in senso lato' e nell'espressione *nun èssiri tanto católicu* «sentirsi depresso, per malessere o anche per cattivo umore» (Piccitto 1977).

Sviluppo di significati particolari a partire da quello principale di 'cattolico, pio, religioso' [Rohlfs 1977]. M.

**catràio,** sm. (toscano: Filettole). «Sottopassaggio in

una fila di case per accedere agli usci di dietro posti a livello più basso; casetta che si trova sopra il passaggio» (Temperli 1991).

Da *catro*, che a Vegli di Sotto (Garfagnana) è il 'vicolo di paese in salita'. La definizione del còrso *ateròcchiu* 'callaia stretta con un cancello' rende possibile un collegamento con il significato più comune del toscano → *càtro* (e varianti) 'cancello di legno'. C.

**catramonàcia,** sf. (veneto; veneto giuliano; friulano; trentino; lombardo; emiliano). 'Stregoneria, malia' o anche 'malessere, sfortuna', 'ripiego', 'imbroglio, raggiro'; i significati variano nei diversi dialetti; nel dialetto veneto-trentino della Valsugana è noto nella forma aferetica *tramonàcia*.

Il termine risale all'espressione greca *tè katára mou ná chē̃is* (pronunciato: *ti kataramu-nàchis*, *nacis* nella pronuncia cretese) 'che tu abbia la mia maledizione'; di uso abituale in neogreco (alla vitalità dell'espressione si deve il suo espandersi anche in rumeno, macedone e albanese), certo doveva essere frequente presso i preti greci a Venezia i quali nella popolazione incutevano un rispettoso timore [VEI; DEI; Prati 1968; Cortelazzo 1970]. M.

**càtro,** sm. (toscano settentrionale). 'Cancello rustico'.

Dal longobardo **gataro*, **gatero*, come confermano l'alto tedesco antico *gataro* e il tedesco moderno *Gatter* 'cancello'; secondo altra ipotesi, dal latino *clatri* 'verghe del cancello' [Rohlfs 1979; Castellani 1985].

A. BELTRAMELLI: *L'infernale urlìo delle immonde bestie mangerecce ... tolte dai catri o dagli stablioli* (cit. in GDLI II 884). C.

**cattaràzië,** sm. (abruzzese). 'Adulatore'.

Da *catta* + *(g)razie*, letteralmente 'prendi e grazie'; stessa spiegazione ha il siciliano (a Giarre) 'favore speciale ottenuto con preghiere o raccomandazioni' [Maccarrone 1934; DEI s.v. *cattagràzie*]. M.

**càttira,** escl. (calabrese: anche *càppara*, *càntaru*; siciliano: *càttara*), 'capperi! caspita!'; (salentino, a Otranto, oltre che nella colonia greca di Bova: *càtara*), 'imprecazione'.

Dal greco *katára* 'maledizione, imprecazione' [Alessio 1976]: → *catramonàcia*. C.

**cattìva,** sf. (siciliano; calabrese, salentino: *cattìa*; sardo sett.: *battìa*). 'Vedova'.

Dal latino *captīva* 'prigioniera, reclusa in casa'. La denominazione è dovuta al fatto che in epoca normanna la vedova non compariva in pubblico, ma solamente nelle chiese per assistere gli "officianti" nelle cerimonie del culto. Come assidue di tale usanza, fino a epoca recente, le vedove per sei mesi o un anno non uscivano di casa e assistevano solamente alla messa detta dell'alba e mai alle funzioni chiesastiche festive [Italia 1953; Rohlfs 1977a].

S. STRATI: *fece che la cattiva, ossia la madre di Totarello, si portasse a casa sua mastro Leonardo* (*Il diavolaro*, Milano 1979, p. 111). C.

**càtu,** sm. (siciliano; salentino; calabrese: anche *chetu*, *quatu*; campano e pugliese: *cato*; molisano: *catë*). 'Secchio'.

Dal latino *cadus* 'recipiente per vino', un grecismo (*kádos*) di origine straniera [VES].

V. CONSOLO: *Con cati e lemmi e con scopini biancano selciati, basamenti, mura, porte, portali e architravi* (*Il sorriso dell'ignoto marinaio*, Milano 1987, p. 101). C.

**catùcio,** sm. (ligure, ma verso La Spezia *catuco* ed a Massa Carrara *catuchë*; corso: *catùcciu*). 'Vaso da notte'.

Dal greco *katṓgaios* o *katagéios* attraverso una forma latinizzata **catōgēum* oppure, secondo altri, dal greco bizantino *katṓgeion* 'luogo sotterraneo', che ha avuto altri sviluppi in aree diverse. Come termine gergale a designare la 'prigione', si trova a Venezia (*catòcio*), Bologna (*catòia*), Milano e Bergamo *catòi(a)* ed altrove. Nelle parlate meridionali è comune parola dialettale nel senso di 'stanza a terreno', 'casupola', 'tugurio', 'magazzino o stalla a pianterreno' (siciliano *catóiu* e varianti; calabrese: *catuóiu*, *catóiu*, *catùiu*; campano: *catuóiu*, *catuóio*; lucano, a Matera: *catóscë*) [Rohlfs 1964; Plomteux 1975; VES].

S. STRATI: *Le pelli delle bestie che precipitavano nei burroni andavano a finire nel suo catoio e lui le curava e poi le vendeva* (*Il diavolaro*, Milano 1979, p. 36). – G. BONAVIRI: *Attaccava l'asino alla mangiatoia, gli portava una manata di paglia asciutta e di fieno che perdeva l'odore, e contava i fasci di legna che nel fondo del catoio diminuivano sempre più* (*Il sarto della stradalunga*, Milano 1990, p. 33). M.

**catùoz(zë),** sm. (galloitalico, a Picerno; a Tito *catùozzu* [Basilicata]). 'Carbonaia': «catasta di legna che, coperta di terra battuta, bruciando con lenta combustione, si trasforma in carbone» (Greco 1991).

Accezione particolare del greco *katṓgeion* 'sotterraneo', che ha assunto significati diversi in tutta Italia (→ *catùcio*). M.

**catùsu,** sm. (siciliano; calabrese, anche sf. *catusa*), 'tubo di terracotta o di piombo per condurre le acque'; (campano: Napoli), 'ruota con secchi di legno per attingere acqua', 'recipiente della noria'.

Dall'arabo *qādūs* 'recipiente della noria' (significato rimasto nel campano *catosa*), 'condotto di acque' di provenienza greca (da *kádos* 'giarra, vaso d'acqua o da vino, secchio'). La voce dalla Sicilia è passata al calabrese ed al napoletano [DEI ss.vv. *catósa* e *catuso*; Pellegrini 1972; Rohlfs 1977; VES].

V. CONSOLO: *e infine al centro, sulla faccia del cuneo della chiave, dentro una raggiera, una parola, breve ma indecifrabile, per lavorìo di pioggia di secoli che, cadendo a perpendicolare da catùso grottesco, logorò le lettere* (*Il sorriso dell'ignoto marinaio*, Milano 1987, p. 110). M.

**caucërógna,** sf. (calabrese, anche *cavecirógna*; abruzzese: *cavëcëmónië*, *cavicimónnë* e varianti; molisano: *caucëmuónëië*, *caucëmónë* e varianti). 'Calcinaccio'. Le voci abruzzesi e molisane designano pure una 'marna calcarea usata per cemento'.

Voci che, parallelamente all'italiano *calcedònio*, *calcedònia* 'pietra preziosa di quarzo di vario colore', risalgono al latino *Chalcedōnius*, dal greco *Chalkēdónios*, aggettivo di *Chalkēdón*, città della Bitinia, attraverso una contaminazione con 'calce' [DEI; Giammarco 1968; Rohlfs 1977]. M.

**càula,** sf. (laziale, a Roma; umbro: Foligno). 'Cannella, zipolo, arnese che si infila nel foro della botte'.

Dal latino *cavus* 'buco' con suffisso diminutivo [Ugolini 1983]. C.

**caulìna,** sf. (siciliano e calabrese meridionale, anche *cavulina*; marchigiano, nel metaurese: *cavlina*). 'Piantina di cavolo'.

Dal latino *caulis* e latino tardo *caulus* 'cavolo' con il suffisso *-īna* [DEI; REWS]. M.

**caùmi,** sf. (siciliano). 'Gigaro, *Arum italicum* Mill'.

Dal latino *cacūmen, -inis* 'punta, estremità superiore, vetta, sommità', con allusione alla forma dell'infiorescenza; stessa origine hanno pure il siciliano *caumastru* 'gilico, *Arisarum vulgare*' ed il salentino *cacummiddë, cucummiddë* 'bocciolo' [DEI; Alessio 1976]. M.

**càusi,** sm. plur. (siciliano). 'Calzoni'.

Esito siciliano corrispondente all'italiano *calze* (dal latino medievale *calcea*); è forma dialettale tradizionale che tende ad essere sostituita nel dialetto moderno da *pantaluna* (Ruffino 1991:84).

D. MARAINI: *A un certo momento si è sentita la voce di un bambino che gridava: «Talé, a fimmina ch'i causi»! (guarda, la femmina coi pantaloni). Mia madre infatti portava dei larghi pantaloni da viaggio e questo allora era suscettibile di scandalo* (*Bagheria*, Milano 1997, p. 20). M.

**caùta,** sf. (laziale). 'Foro della porta del pollaio per far uscire le galline', genericamente, 'buco scavato nel muro o in terra'.

Da *cavùto, cavùta* (*caùta* a Trasacco), che in vari dialetti dell'Italia meridionale tra il Molise, la Puglia e la Campania, significa 'buco' e in Sardegna 'incavato', 'vuoto' di albero, dal latino parlato **cavutus* (in)cavato' [REW; DES; LEA]. C.

**cautà,** v. (abruzzese, anche *cavità, cavutà*), 'bucare, perforare'; (laziale, a Cervara; campano, nell'irpino: *scavotà*), 'grufolare'; (toscano: *scavitolare*), 'scompigliare'.

Sono riflessi del latino parlato **cavitāre* 'scavare'; ne deriva pure, come formazione deverbale, il calabrese meridionale *càvita* 'fossa per l'acqua' [REW; DEI s.v. *cavitare*; REWS]. M.

**cavaliermàn,** avv. (piemontese; lombardo; emiliano). 'Disinvoltamente'.

Dal francese *cavalierment* 'nobilmente, da gentiluomo; arrogantemente' [Dardi 1986]. M.

**cavaliéro,** sm. (veneto e veneto giuliano: anche *cavaliér* e *cavalér*). 'Baco da seta'.

Probabilmente dal modo di muoversi dei bachi; il richiamo al cavallo è frequente nelle denominazioni popolari di diversi piccoli animali. Quando, nella seconda metà di maggio, si attendeva ai bachi da seta, il tempo, talvolta, volgeva al brutto; questo periodo è chiamato, nel Veronese, l'*inverno de i cavalieri* [Prati 1968; Bondardo 1986].

N. POZZA: *Intanto il tempo si era incancrenito in una piova invernale, come sempre succede con le burrasche dei cavalieri* (*La putina greca*, Milano 1972, p. 10). C.

**cavàna,** sf. (veneto). 'Ricovero per le barche, costituito da una tettoia chiusa da tre lati'.

Dal latino *capanna* [*Dizionario di marina* 1937).

S. ZANOTTO: "*sono venuto a fare un giro da queste parti e siccome si è fatto tardi passerò la notte qui. Si può stare in quella cavana?*" (*Delta di Venere*, Milano 1975, p. 150). C.

**càvana,** sf. (sardo settentrionale). 'Guancia, mascella'.

Da *càvana* 'roncola' (di etimologia sconosciuta), come è avvenuto per alcuni derivati balcanici, quale l'albanese *fëlqinjë* 'mascella' (dal latino **falcinea*) e il rumeno *falcă* 'guancia' (dal latino **falca* per *falce*) [DES]. C.

**cavanìle,** sm. (sardo logudorese, in gallurese: *cavanili*). 'Vergogna, onta, obbrobrio'.

Da *cavanile* 'maschera' (derivato di → *càvana* 'ganascia' e sinonimo di → *facchile*) e, in particolare, la 'maschera, che dovevano portare i condannati alla berlina' [DES]. C.

**cavaóc',** sm. (piemontese; lombardo; veneto, trentino e veneto giuliano: *cavaòci*; emiliano: *cavaòc'*; toscano, umbro e laziale: *cavaocchi*). 'Libellula'.

L'analisi della parola, piuttosto semplice ('cava gli occhi'), rivela un timore o la superstizione che la libellula, nel suo volo rapido e imprevedibile, possa sbattere contro l'occhio della persona. E questa è l'opinione prevalente fra gli studiosi e dominante nella gente. Non bisogna, però, trascurare la presenza, oggi rara, della denominazione *cavallocchio*, un derivato da *cavallo*, nome attribuito di solito alla 'cavalletta' e sporadicamente alla libellula, che potrebbe essere stato popolarmente reinterpretato [Picchetti 1961-63].

G. CARRETTO: *I cavaòci non erano cattivi come le vrèspe e i matonsini, ma erano molto pericolosi perché nel loro volo irregolare e sghembo si celava costantemente l'insidia di un possibile impatto che, non si capiva il motivo ma le cose stavano così, avrebbe certamente avuto per destinazione un occhio* (*Via Muro Lungo 22 Verona*, Milano 1994, p. 62). C.

**cavargàta,** sf. (umbro: Spello), 'sopralluogo del magistrato sul posto dove è avvenuto un delitto o un infortunio mortale'; (umbro, a Ficulle: *cavalcata*), 'ordine di rimozione del cadavere dopo un incidente'.

In antichi documenti veneti, citati dal Rezasco 1881, risulta chiaro che i magistrati potevano andare *a cavallo* ad esaminare sul posto qualche cosa. C.

**cavariòl,** sm. plur. (ligure: *crajëu*; piemontese: *caravulië*; lombardo; trentino: *cavoriòi*; emiliano: *cavariöi*; romagnolo: *cariulèn*; abruzzese: *capriùlë*; tutti con numerose varianti). 'Viticci'.

Dal latino *capreoli*, letteralmente 'capretti' per la somiglianza dei viticci con le corna dell'animale oppure, per altri, che si appoggiano al greco *trágos* 'capro' e 'infruttifero', perché i pampini, per quanto rigogliosi, non producono frutto [FEW; Ghirlanda 1956]. C.

**cavarżaràn,** sm. (veneto; lombardo, a Mantova: *cavarśnàl*), 'sovrintendente ai lavori degli argini'; (emiliano, a Ferrara: *cavarżlàn*), 'cursore'.

Composto di 'capo' e 'argine' (da cui anche il toponimo *Cavàrzere*) con diversi suffissi, come nell'italiano regionale di Mantova, dove *cavarginale* vale egualmente 'sovrintendente alla lavorazione degli argini' [LEI]. C.

**cavdón,** sm. (veneto: Polesine). 'Natale'.

Letteralmente, 'alare' (→ *ciavedàl*), dove si colloca il ciocco di legno natalizio, come passaggio dall'emblema fisico della festa alla festa stessa, o 'capitone'; il nome è oggi fossilizzato nel proverbio *a la Madòna d'San Zuanón* (8 dicembre), *a mànca disdòt dì al cavdón*. C.

**cavèl ala madunéra,** locuz. sostant. (romagnolo). 'Capelli lunghi, che cadono sulle spalle'.

Come quelli che usavano farsi crescere i *madonnai*, pittori di immagini sacre (specialmente di *Madonne*) da appendere sopra il letto [Foschi 1973]. C.

**cavèsa,** sf. (siciliano). 'Testa' e in senso figurato 'ingegno, perspicacia'.

Dallo spagnolo *cabeza* propriamente 'testa' [DEI; Beccaria 1968; Piccitto 1977; Michel 1996]. M.

**cavétta,** sf. (laziale: Amaseno). 'Conventicola di genti di malaffare': *è tutta na cavétta!, tu purë sì ddëlla cavétta.*

Corrisponde all'italiano *gavétta*, presa, probabilmente, nel senso di 'gruppo di sette marinai' (poi esteso a soldati e gentiluomini), che mangiavano assieme alla stessa scodella (Guglielmotti 1889). C.

**cavì,** sm. (emiliano: Parma). 'Mercante di capelli', che batteva le campagne misurando e tagliando le trecce delle ragazze povere, che ne ricevevano un modesto compenso.

Letteralmente 'capelli' dal grido col quale annunciava il suo arrivo.

A. BEVILACQUA: *Il furgone s'allontanava, l'altoparlante annunciando in giro "I Cavì! I Cavì!"* (*La festa parmigiana*, Milano 1980, p. 50). C.

**cavóz,** sm. (lombardo: Bormio, anche *caós*). 'Strumento a due denti lunghi e curvi, che si usa per smuovere e rompere la terra'.

Da *cavăr* 'cavare' ('scavare'). C.

**cavsèla,** sf. (emiliano, nel bolognese). 'Scriminatura dei capelli'.

Propriamente 'callicella' (dal latino *callis* 'strada, sentiero') con accostamento al dialettale *cavì* 'capelli': → *canesèla* [DEI s.v. *caisèlla*; REWS]. M.

**cavurèin,** sm. (emiliano: Modena). 'Persona di poco conto o di minuscola corporatura'.

Il termine, che corrisponde al toscano *gavurrino* (→ *cavurìn*), indica in origine a Modena la moneta di carta da due lire col ritratto di Cavour, emessa nel 1866 dalla Banca Nazionale, in seguito genericamente una moneta da due lire anche priva dell'immagine dello statista, ed ora sopravvive come nomignolo [Neri 1981; Violi 1982]. M.

**cavurìn,** sm. (ligure; toscano: *gavurrino*; lombardo: *caorìn, cavorìn, cavurén*). 'Antica moneta da due lire'.

Così chiamata per l'immagine di *Cavour*, che recava [Plomteux 1975].

R. ZENA: *Il parroco una volta le aveva messo in mano un cavurrino e arrivederci in paradiso fu il primo e l'ultimo* (*La bocca del lupo*, Milano 1980, p. 47). – R. BACCHELLI: *Gli contava i biglietti di banca, per lo più da una lira, da due, che chiamavano cavurrini perché i primi di cotesto taglio avevan portato l'effige dello statista* (cit. in GDLI II 934). C.

**caza beatrìc,** sf. (veneto primierotto). «È la leggenda della "Caccia selvaggia", importata dal nord qualche secolo fa dai *Canòpi* (→ *canòpo*), minatori tedeschi; il *Beatrìc* è un gigante irsuto e spaventoso che percorre le valli a passi smisurati, preceduto da una muta di cani feroci, dagli occhi di fuoco e con sei gambe per correre meglio; guai incontrarlo e ancor peggio rivolgergli la parola» (Tissot 1976).

Letteralmente 'caccia (di) Beatric(o)'; il nome *Beatrìc*, per indicare questo essere fantastico, s'incontra anche in Valsugana (*Beatrico*) e nel bellunese (*Beatrìc*). Data la variante trentina, della Val di Fiemme, *Teatrico* per il Cacciatore Selvaggio, si tratta verosimilmente della personificazione di *Teodorico* e corrisponde al *Dietrich von Bern* (o *di Verona*) delle leggende germaniche [Prati 1968]. M.

**caži-catùtu,** sm. (salentino: Brindisi). 'Uomo da nulla, uomo senza niente'.

Letteralmente '(dai) pantaloni caduti'; *caži* è il corrispondente di 'calze' (dal latino medievale *calcea*, → *càusi*) [Rohlfs 1956]. M.

**cazzalbàgio,** sm. (toscano). 'Pettobianco, mignattino'.

È parola isolata che il DEI riprende da Nieri 1902 ed accosta ad un'antica voce *pannelbagio* che permetterebbe di individuare l'origine dell'ornitonimo nella parola 'albagio' nome di un panno, ma rimane incerta la prima parte del termine. M.

**càzzo di cane,** locuz. sostant. (campano, nel napoletano). 'Gigaro, *Arum italicum*'.

Così detto per la caratteristica infiorescenza a forma di clava; la stessa motivazione onomasiologica si ripete nelle denominazioni salentine *pizza de mònacu* '*p.* del monaco' (nel leccese) e *pizza ti cani* '*p.* del cane' (nel brindisino, a Mesagne) riferite alla stessa pianta in cui *pizzë*, *pizza* è voce (sf.) dialettale salentina per 'membro virile' (→ *pìzza*) [Penzig 1924; DEI; Rohlfs 1959]. M.

**ccëttà,** v. (abruzzese: Ripalimosani). 'Fare la prima promessa al municipio fra fidanzati'.

Letteralmente 'accettare' [LEI]. C.

**ccó(ne),** avv. (abruzzese e molisano). 'Poco': *aspètta në cco* a Fossalto.

Da *buccóne*, attraverso *vuccóne*, *uccóne*, che, con l'articolo, arriva a *l'uccóne*, *lu ccóne* [LEA]. C.

**cèa,** sf. (piemontese). 'Nebbia'.

Dal latino *căeca* 'cieca'; col suffisso *-aria: scighera, zighera* (lombardo; cfr. mantovano *cièl scìg* 'cielo fosco per nebbie'). Da una forma **caeciāna* il bresciano *sezana* 'nebbia fitta all'orizzonte' [Lazzari 1919]. M.

**cëcagallìnë,** sm. (abruzzese). 'Evonimo, berretta da prete', pianta parassita, un arbusto con fiori verdastri in grappolo, con frutti dalla caratteristica forma capsulare (di qui il nome *berretta da prete*).

Letteralmente "acceca gallina" (dal dialettale *cëcà* 'cecare'); la denominazione richiama il tipo *strozzapolli* dell'umbro (a Perugia) 'evonimo', ed altri come *strozzagallina* del marchigiano (ad Ascoli) 'Rosa arvensis', e umbro (Orvieto) 'bacca rossa' [Penzig 1924; DEI; Giammarco 1985; Mattesini-Ugoccioni 1992]. M.

**cecalùpë,** sm. (campano, nel napoletano). 'Lappola'.

Composto di '(ac)ceca' e 'lupo', la pianta è cosiddetta per i capitelli che si attaccano alle vesti ed al pelo degli animali; designazioni affini sono l'abruzzese *cecalùp(i)ë* 'centaurea; calcatreppola' che sono cardi spinosi, e per il DEI anche il calabrese settentrionale *scica-lupi* 'lappola' che Rohlfs 1977 interpreta invece come un equivalente di 'straccia-lupi' [DEI s.v. *cecalupo*]. M.

**cëcapéscë,** sf. e sm. (abruzzese). «Euforbia», anche «artemisia» (Giammarco 1968).

Composto con il dialettale *cëcà* 'cecare' e *'pesce'*; l'euforbia è una pianta utilizzata per la pesca, che viene gettata nell'acqua degli stagni perché stordisce i pesci [DEI s.v. *cecapésce*]. M.

**cècca,** sf. (laziale) 'biglietto'; (siciliano) 'assegno bancario', 'moneta di grosso taglio', 'paga'.

Dall'inglese *check* 'assegno, biglietto', importato dagli emigrati in America del Nord, ritornati nel proprio paese. C.

**cécchio,** sm. (toscano), 'fignolo'; (marchigiano, ad Amandola: *cécuru*; abruzzese, a Canistro: *cécojo*; laziale, ad Ascrea: *cégolu*), 'foruncolo'.

Dal latino parlato **caecŭlus* 'un po' cieco' (cfr. *caecŭla* 'orbettino'); secondo il DEI la designazione si deve al fatto che in origine il termine designa un «foruncolo sull'occhio che rende cieco» [REWS]. M.

**cecerèlla,** sf. (umbro: Spello). 'Grandine' col denominale *cecerellà* 'grandinare'.

Da *cécera* 'cereale simile alla lenticchia, cicerchia'. C.

**cècia,** sf. (toscano e umbro; in Toscana più correntemente *gègia*). 'Scaldino di terracotta'.

Nome scherzoso tratto dal vezzeggiativo popolare di 'Teresa', *Cècia*, *Gègia*, come in diversi altri casi di personificazione di oggetti [Migliorini 1927; Rohlfs 1979]. C.

**cécio,** sm. (toscano, nel lucchese). 'Vezzo, attuccio'.

Dal verbo *ceciare* 'fare vezzi' a sua volta da *cece* che in Toscana ha assunto il significato di 'bellimbusto'; saranno da collegare a 'cece', localmente *cece*, anche l'abruzzese *zézë* plur. 'smorfie, moine, carezze' (secondo Giammarco 1985 è voce espressiva) col derivato *zëzòsë* 'lezioso', ed il calabrese meridionale *cicirammoḍḍi* plur. 'cerimonie, complimenti', alla lettera 'ceci molli' [DEI; REWS]. M.

**ceconà(re),** v. (toscano, in Garfagnana, con varianti). 'Nevicare furiosamente con vento'.

Corrisponde ad 'accecare', perché «la bufera di neve rende ciechi coloro che vi si avventurano», come è avvenuto per il valtellinese *scega* 'nebbia' ed il bresciano *seṡena* 'nebbia fitta sull'orizzonte' [*Archivio lessicale* 1986]. C.

**cecòrba,** sf. (umbro e marchigiano, anche *scicòrba, cicòrbola*). 'Grillotalpa'.

Composto di 'cieco' e 'orbo'; denominazione affine è il lombardo settentrionale *sigòrbola, sibòrgula* che si riferisce all''orbettino' così chiamato perché creduto cieco, motivazione, questa, all'origine di altre designazioni dialettali come il veneto *orbaròla, orbesiòla*, o il friulano *svuarbìt* che fanno capo ad *orbo* [AIS; DEI; Prati 1968]. M.

**cécula,** sf. (calabrese, anche *sécula, sisìcula* e altre varianti). 'Coditremula'.

Dal greco parlato (bizantino, secondo il DEI) **seisḗkolon* 'batticoda' composto col v. *séiō* 'scuoto' e *kôlos* 'deretano' da confrontare coll'analoga formazione del greco antico *seisopygís* anch'essa designazione della 'coditremola' [DEI; Rohlfs 1964 e 1977]. M.

**ceculincìnu,** sm. (calabrese, anche *ceculancinu*). 'Uomo cattivo, brutale; persona dagli occhi sfregiati', 'persona magra', e anche 'smilzo e di poca vista'.

Composto del dialettale *cecu* 'cieco' e di *Longino* (*Longīnus*) nome del soldato cieco e brutto, che nella tradizione popolare ferì Cristo in croce [Rohlfs 1977]. M.

**cèḍḍaru,** sm. (siciliano, nel messinese, con varianti; calabrese centromeridionale, anche *céjaru*). 'Cavicchio trasversale dell'aspo; corno di animale', in siciliano anche nell'espress. *fari li cèḍḍari* 'fare le corna al proprio marito'.

Voci di etimo incerto, forse dipendenti da una base del sostrato (così Rohlfs 1977a) oppure da un greco **kérallon* a sua volta da *kératon* 'corno' (Rohlfs 1977). M.

**cefalàru,** sm. (siciliano orientale; calabrese centrale: *cefalara* come sf.), 'falco pescatore'; (calabrese meridionale), 'marangone, cormorano'.

Da '*cefalo*' perché si nutrono di questo pesce [DEI; Rohlfs 1977]. M.

**cefalàta,** sf. (calabrese). 'Guanciata, schiaffo'.

Da *céfalu* 'schiaffo', propriamente 'testa' (di origine greca) col suffisso *-ata* [Rohlfs 1977]. C.

**céficu,** sm. (siciliano, anche *céfiru, cìfiru*). 'Fuco, maschio dell'ape'.

Dal greco antico *kēphḗn* e greco dialettale moderno *kḗphakas*, con lo stesso significato; si aggiungano pure le varianti del calabrese meridionale *céfanu, céfalu, céfulu, cìfunu*, ed a Bova *céfeno* [Rohlfs 1977 e 1977a]. M.

**cëfòllë,** sf. (abruzzese, anche *ciarfóllë* e altre varianti), 'nuca'; (piemontese, nel valsesiano: *ciarfulla*), «testa, capo, cervello (in senso spregiativo). *Ta gira la ciarfulla*, la tua testa va in processione» (Tonetti 1894).

Con il DEI, si considerano queste voci varianti deformate di *cervello* [DEI s.v. *cerfòlla*]. M.

**céga,** sf. (ligure, a Genova anche *céiga*). 'Piega'.

Dal latino *plĭca*, al quale risalgono anche l'anconitano e il logudorese *piga, prica* e varianti [REW; Merlo 1941-57; REWS; DES]. C.

**ceghì,** sm. (ligure: Pigna). 'Grillo di color verde che si trova per lo più nel fieno'.

Voce onomatopeica [Merlo 1941-57]. C.

**ceglià,** v. (campano, nell'irpino; calabrese: *aggigghiari* e varianti; pugliese: *aggegghià* e varianti; salentino: *cijare, cigghiare* e varianti; siciliano: *aggigghiari, agghigghiari*). 'Germogliare'.

Forme denominali dipendenti dal dialettale *cìglio, gìgghiu, cìgghiu* secondo le varietà, che significa 'germoglio, spicchio' e deriva dal latino *acileus* (variante di *aculeus*) 'pungiglione, spina della pianta' [Nittoli 1873; DEI ss.vv. *aggigliare, cigliare, cìglio*; LEI]. M.

**cégu,** sm. (ligure). 'Sacrestano' e 'chierichetto'.

Dal latino *clericus* con passaggi semantici noti anche altrove (nei dialetti francesi, per esempio) e confermati dal corrispondente → *żaghéto*. C.

**cèja,** sf. (piemontese), 'graticcio di vimini o di canne'; (piemontese, a Castellinaldo), 'piccola slitta'.

Continuazioni della base gallica **cleta* 'recinto, stabbio' ben rappresentata in area galloromanza [FEW; DEI; Gribaudo-Seglie 1972-75]. M.

**celàta,** sf. (calabrese: Falerna). 'La dodicesima parte del tomolo'.

Il DEI ritiene che tale voce sia riconducibile al greco bizantino *koiláda* accusativo di *koilás, -ádos* 'cavità' e richiama a confronto il neogreco *kôilon* 'moggio, staio'. M.

**cèlebre,** sm. (veneto: Vittorio Veneto). 'Celibe'.

Storpiatura popolaresca, generalmente adoperata al plurale, del termine *celibe*, molto in uso nel ventennio fascista nella locuzione *la tasa* (o *la tansa) sui cèlebri* 'la tassa sui celibi' [Zanette 1955]. M.

**celivùotico,** agg. (calabrese), 'cervellotico, lunatico'; *cialóticu, ciluóticu*, 'stravagante; ciarliero; fanatico'.

Si ritiene svisamento e successiva paretimologia del latino tardo *coeliōticus* 'purgativo', che si riferisce al morbo 'celiaco' (cioè infantilismo intestinale, insufficienza digestiva), voce dotta dal latino *coelĭacus* 'relativo all'intestino'. Ma semanticamente più appropriato sembra un napoletano *cellevr(ell)otico*, da *cellevriello* 'cervello' col suffisso *-otico* [DEI; Valente 1993]. M.

**cèlla,** sf. (molisano; abruzzese: *céllë*; siciliano: *céḍḍa*). 'Membro virile'.

Dal latino *aucella* 'uccello' con prevalenza del genere grammaticale sul referente maschile, mentre si mostrano più coerenti il marchigiano, l'umbro, il laziale *cèlla* e l'abruzzese *cèllë* 'organo genitale femminile', che trovano altri precisi riscontri dialettali. Alcune denominazioni tratte dal regno animale sono ambivalenti e valgono tanto per l'organo maschile, quanto per quello femminile (Scerbo 1991) [LEI]. C.

**cellettàro,** sm. (umbro: orvietano). 'Ginecologo'.

Da *cellétta* 'vulva' (letteralmente, 'uccelletta': → *cèlla*) col suffisso di mestiere *-àro*. C.

**celòna,** sf. (salentino, anche *cilòna*; pugliese: *cëlóunë* e varianti; lucano: *zilónë*; calabrese settentrionale: *jelona, halona* e varianti). 'Tartaruga'.

Dal greco *chelṓnē* di analogo significato [AIS; DEI; Rohlfs 1964]. M.

**celór,** sm. (ladino centrale, anche *celóur, zelóur*), 'soffitto'; (ladino centrale, in Val Gardena: *cëlóur*), 'baldacchino'.

Più che derivati del ladino centrale *cil* 'cielo' (dal latino *caelum*), si tratta di continuatori della forma di genitivo plurale latino *caelōrum* [Tagliavini 1934; EWD]. M.

**celunàru,** sm. (calabrese, anche *giolonaru*, *cerunaru* e varianti), 'colono, mezzadro'; *cilunaru* (Nicotera), 'titolo che si dà anche ai proprietari di terreno'.

Da una parola greca **koinōnáris*, **koinōnários* (da *koinōnós* 'socio') incrociato col latino *colonus*; la formazione è presente anche nel grecanico di Bova: *celonari* 'colono, mezzadro'. Da una sovrapposizione di *giardino* dipende a Bagaladi *gerdinaru* 'colono' (propriamente 'giardiniere') [DEI s.v. *celonaro*; Rohlfs 1964]. M.

**cemût,** avv. (friulano). 'In qual modo, come', usato anche quale interiezione.

Dal latino *quōmōdo* 'come' alterato da *quid*, da cui il friulano *ce* 'che cosa'. La parola *cemût* è frequentemente usata dai friulani anche come interiezione, tant'è che è stata assunta nel veneto settentrionale, in area prossima al Friuli, proprio per indicare 'friulano'. Un simile passaggio, piuttosto noto, da una parola di uso comune ad etnico è quello di *cruco* che in vari dialetti del nord designa l''austriaco' e poi anche 'tedesco' (così è entrato anche in italiano); viene dal serbo-croato *kruh* 'pane' adoperato per indicare dapprima gli Slavi del Sud, poi gli Austriaci (durante l'impero austro-ungarico, il cui esercito comprendeva anche Slavi ed Austriaci), quindi i Tedeschi in particolare durante la seconda guerra mondiale. M.

**céna,** sf. (siciliano: Vittoria). «Banco di vendita al pubblico e all'incanto dei doni (dolci, frutti e ortaggi primaticci o fuori stagione e simili) offerti per voto o per devozione dai fedeli a taluni santi (ad esempio a S. Giovanni, S. Giuseppe, S. Lucia) nel giorno della loro festa» (Consolino 1986).

Estensione del significato di *cena* nello specifico senso cristiano di 'ultima cena', la festa del giovedì santo, quando era tradizione donare dolci di pasta di zucchero, chiamati egualmente *cena*. C.

**cenàrro,** sm. (campano, nell'irpino). 'Balordo'.

Svolgimento di significato a partire dal nome di persona *Januārius* da cui *Gennaro* [Nittoli 1873; Migliorini 1927; DEI]. M.

**cëndànnë,** sm. (calabrese). 'Agave, *Agave americana* L.'.

Dalla credenza, diffusa anche nei Paesi tedeschi (*Hundertjährige*, *Jahrhundertpflanzt*), che la lenta fioritura dell'agave si completi nel corso di *cento anni*. In realtà essa è, sì, piuttosto lenta, ma dura dieci anni per le specie spontanee e trenta per quelle coltivate [Marzell 1943-77]. C.

**céndora,** sf. (toscano, anche *céndere*; ladino centrale, nel Livinallongo: *cè(j)nder* sm.; piemontese, nel valsesiano: *cendri* sm.; veneto: *zéndare*, *zéndro*, *zéndre*; trentino, nel roveretano: *zéndro* sm.; emiliano, nel bolognese: *zendra*; marchigiano: *cendra*). 'Cenere'.

Riflessi, con oscillazione di genere maschile e femminile, del latino *cĭnis*, *-ĕris* 'cenere', con inserzione di un suono di transizione, presente anche nel catalano *cendra*; mentre il DEI, a proposito del toscano e del catalano, ritiene che siano riflessi del latino tardo *cindra*, *cendra* delle glosse [DEI; Rohlfs 1968; Prati 1968; DECLC]. M.

**céng',** v. (pugliese). 'Calzare, andar bene' di scarpe, vesti.

Dal latino *cingĕre* 'cingere' [Loporcaro 1987]. C.

**cënièrë,** agg. (campano, nel napoletano), 'morbido, soffice' ed anche «ridotto in cenere» (Salzano 1979); (pugliese: *cënirë*, *cënièrë* e varianti), 'morbido, tenero, soffice'.

Probabilmente dal latino *cinereus*, agg. di *cinis* 'cenere', forse con sovrapposizione del latino *tenerius* comparativo neutro di *tener* [DEI; Alessio 1976]. M.

**cénno,** sm. (toscano meridionale). «Ultimo tocco della campana che annuncia la Messa o una funzione» (Alberti-Eschini 1970-71).

Accezione particolare di *cenno*. M.

**céntia,** sf. (ladino-veneto). 'Notizia' sensazionale e poco attendibile con la variante *cianta*.

Dal latino *cantica*, plurale di *canticum* 'canto', confermato dal ladino dolomitico *ciàntia* 'canto, canzone' [Zamboni 1991]. C.

**centìmulu,** sm. (calabrese). 'Mulino a grano che si mette in movimento per mezzo di una stanga spinta da una donna' e anche *cintìmughë* 'mulino ad asino con cui anticamente si macinava il grano'; *centìmulu*, a Briatico, 'specie di cucchiaio di legno che getta il grano sulla macina' e 'macchina per incannare filati sopra rocchetti'; *cintìmulu*, a Paterno, 'ruota dell'arrotino'; il termine ritorna in espressioni del tipo *mi gìranu i centìmuli* 'ho dei pensieri, delle preoccupazioni'; *cintìmulu* 'centro del cervello, capo, pensiero'. La voce corrisponde al bovese *cendómilo* 'specie di mulino di casa che si spinge per mezzo di una stanga', ma è nota anche in siciliano (*cintìmulu* 'mulino a braccia o a bestia'), campano (*centìmmolo* 'mulino da biade, a bestia, non ad acqua'), abruzzese, lucano (*cëndimmëlë* e varianti 'mulino ad asino', in qualche luogo 'mulino a mano'), salentino (*centìmulu* 'antico mulino di casa messo in movimento da un asino').

Si tratta di un grecismo del latino regionale dell'Italia meridionale, forse **kentḗmylos* formato da *kentṓ* 'spingo' e *mýlos* 'mulino' (VES), oppure da composti come **kentómylon* (Rohlfs), **kentéimylos* (DEI); in ogni caso i derivati presuppongono una fase latina regionale **centimolus* [DEI; Rohlfs 1977; VES]. M.

**centocàmere,** sf. plur. (toscano, nel lucchese). «Il primo ventricolo degli animali ruminanti. Centopelli» (Nieri 1902).

Alla base della denominazione c'è il latino *centipellio*, *-ōne* 'ventricolo dei ruminanti', 'trippa', con rifacimenti diversi: oltre a 'camera' del lucchese, 'foglio' nel bolognese *zentfòi*, piemontese *milefòj*, letteralmente "millefogli"; 'foglia' nel campano (a Formicola) *cièndëfòglië*; 'pezzo' nel veneto *sentopèzi*. La voce latina è continuata dal napoletano *cientopeglione* (presente accanto al tipo *cientopellècchie* e *cientopelle*, quest'ultimo anche italiano), dal sardo *chentupizzone*, *centubilloni* e varianti, incontrato col sardo *pizzu* (con la variante *pillu*) 'strato (riferito anche all'epidermide)' dal latino *pilleum* 'feltro' e talvolta avvicinato al sardo *puzzòne*, *pillòni* 'uccello', a causa dell'omofonia e per via di etimologia popolare [Rocco 1891; AIS; DEI; DES; Prati 1968]. M.

**centravèddo,** sm. (campano: Procida). 'Upupa'.

Composto di *céntra* 'cresta' (→ *céntru*) e *vèddo* 'gallo' per il suo caratteristico ciuffo, che ha dato origine anche al modo: *Pare nu centravèddo* detto di 'persona secca e allampanata, dal collo lungo e dai capelli ispidi' [Parascandola 1976]. C.

**centrìllo,** sm. (campano; lucano: *cëntriddë*), 'clitoride'; (calabrese: *centrillu* e varianti), 'piccolo chiodo da scarpa, bulletta', 'pungiglione delle api'.

Letteralmente 'piccolo (*-ìllo*) chiodo' → *céntru* [Rohlfs 1964 e 1977]. C.

**centrópulu,** sm. (calabrese centrale e meridionale, con varianti). 'Nocciolo duro nel terreno' e anche 'terra argillosa e compatta di color rossiccio per far mattoni'. La voce ha molte varianti e corrisponde al bovese *cendrópiḍḍo* con lo stesso significato.

Dal greco **kentrópēlon* 'argilla dura' [Rohlfs 1977]. M.

**céntru,** sm. (calabrese; salentino; pugliese), 'pungolo'; (calabrese), 'pungiglione'; (pugliese: *cëndrăunë*), 'piolo'; (calabrese: *centra* sf.), 'grosso chiodo, spranga'; (laziale meridionale, campano e lucano: *céntra, céndra* sf.), 'cresta del gallo'.

Dal latino *centrum*, a sua volta dal greco *kéntron* 'pungiglione' [AIS; DEI; REWS]. M.

**centunùdi,** sm. (calabrese), 'specie di atreplice'; (campano, nel napoletano: *cientonùdëchë*; sardo: *erba de chentu nodos*; toscano: *erba dai cento nodi*), 'piantaggine'.

Dal latino *centonodia* 'centinodia' continuato per via dotta dal sardo *centonodia* 'correggiola, *Polygonum aviculare*'; con diversi riferimenti popolari ne dipendono anche il siciliano *center(g)ruppa* (da *gruppu* 'groppo, nodo'), l'abruzzese (Fara San Martino) *la jèrv a cinguë dòjt* "l'erba a cinque dita", inoltre il tipo ligure "cinquenodi" (*sinquenùi, erba de sinque nùi*), il toscano *erba dei cento nomi* per "nodi" menzionati dal DEI. Il tipo "centonervi" è presente nel toscano *erba de cento nervi, centonervi*, nel campano *cingonièrvi* (e varianti), nell'abruzzese e molisano *cinghënerva* (con varianti), nel pugliese *cëndënèrëvë*, nel salentino *cendënièrvë*, nel lucano *cëndënèrëvë*, nel calabrese e siciliano *centunervi* (con varianti) 'piantaggine'; almeno per quanto riguarda la forma siciliana, secondo il Rohlfs 1977a, si risale ad una latinizzazione del nome greco della pianta *pentanéuron*, neogreco *pentanéuri* cioè 'cinque nervi', voce che è in ogni caso riflessa dal calabrese *pentinérvi* [AIS; DEI s.v. *cinquenodi*; DES; REWS; Rohlfs 1979]. M.

**ceocò,** sm. (umbro: Spello). 'Stupido, insensato'.

«Termine desunto dal vecchio sillabario detto *santacroce*, in cui si leggeva *c-o = co*» (Pasquini 1993). Occorre aggiungere che la voce occultava, accennando indirettamente solo alla sillaba iniziale, il crudo *co(glione)*, così come a Venezia si usava con egual animo → *coevìa*, cioè '*co* ... e quel che segue'. C.

**cépa,** sf. (calabrese settentrionale). 'Donna pingue, goffa, melensa'.

Riflesso del latino *cēpa* 'cipolla', che, contro il più diffuso *cepūlla*, è continuato dal friulano *ceve, seve* 'cipolla' ed altrove in ambito romanzo [Alessio 1976]. M.

**ceppatèllo,** sm. (toscano, anche *cioppatello, ciuppatello*; emiliano, nella Valle del Reno: *ciupadèl*). 'Porcino nero, *Boletus aereus*'.

Termini connessi con *céppo, ceppà(ia)* 'tronco' presso cui nasce, in genere, il porcino; le denominazioni trovano un parallelo nel francese *cìpe* 'porcino' dal guascone *cep* 'ceppo, tronco' [DEI; Trinci 1976]. M.

**ceppìa,** sf. (marchigiano: Arcevia). 'Sonnolenza'.

Derivano di *céppo* attraverso il diffuso modo di dire *dormì commo n céppo* 'dormire di un sonno profondo' [Crocioni 1906]. C.

**céppo,** sm. (toscano). 'Natale' e 'mancia che si dà per Natale'.

Dal *céppo*, il ciocco che arde nel focolare la notte di Natale.

M. PRATESI: *questo ragazzo, a tenerlo qui fino a Ceppo, è a tempo a buttarmi all'aria la casa* (*Il mondo di Dolcetta*, Bologna 1963, p. 171). – R. FUCINI: *da due anni si scordava di dargli il Ceppo, e il povero postino l'avrebbe infilato* (*Le veglie di Neri*, Milano 1943, p. 73). C.

**cerabéla,** sf. (ligure; piemontese: alessandrino meridionale). 'Lucciola'.

Letteralmente 'chiarabella' [Plomteux 1975]. C.

**ceramìda,** sf. (calabrese, con varianti; siciliano: *ciaramita*, con diverse varianti; lucano: *ceramilu* sm., con varianti; campano, nel Cilento: *ceramilë*). 'Tegola'.

Dal greco *keramídion* 'tegola' [DEI; Rohlfs 1964; Bigalke 1980].

V. CONSOLO: *E fra mezzo a quelle ciaramìte, crescevano spàragi, cardi, carciofi di ventura, alberi di calipso e robinia* (*Le pietre di Pantalica*, Milano 1988, p. 75). C.

**cerànto,** sm. (veneto, anche *zaranto, s-ciaranto*; friulano: *ciränt, siränt, zerànt*; trentino: *taränt, zarànt*; veneto giuliano, anche *zeranto*). 'Verdone, *Ligurinus chloris* Koch', specie della famiglia dei fringillidi, caratteristica per il colorito verde, slavato di bigio-cenerigno superiormente, giallo inferiormente.

Questa famiglia di parole rappresenta un complesso problema etimologico, ancora non definitivamente chiarito. Tra le ipotesi avanzate, si annovera quella di una base preindeuropea **ceranto-* con allusione ad "uccello color della cera", poi **teranto-, *taranto-*, per dissimilazione (così in DEI s.v. *taranto*); quella di un accostamento a *tarantola* 'ragno' perché il verdone sarebbe una specie nociva (Prati 1968); quella di un riflesso di una base onomatopeica *tar-* (da cui il francese *tairin* 'lucherino', FEW); da ultimo, si è partiti da **teranto / *ceranto* come tema prelatino, riferito alla colorazione del piumaggio, da confrontare con la base indeuropea *k'ei* che rientra nella sfera dei colori da cui dipende ad esempio il latino *cirris* 'pesce di mare, orata' (Marcato 1984: 290-3). M.

**cerasièllo,** sm. (campano: Napoli). 'Peperoncino forte'.

Letteralmente 'ciliegino' per il suo aspetto di piccola ciliegia (*cerasa*).

D. REA: *Lumachine del grano condite con aglio, prezzemolo e cerasiello, pannocchie arrostite* (*Ninfa plebea*, Milano 1992, p. 11). C.

**cerasòlo,** sm. (umbro, nel perugino). «Vino fatto con l'uva bianca e nera, vino rosato» (Catanelli 1970).

Cosiddetto per il colore che richiama quello d'una *cerasa* 'ciliegia'. M.

**cerbicùne,** sm. (calabrese settentrionale), 'uomo cocciuto, chi ha testa grossa e brutta'; (campano, nel napoletano *cervecóne*), «parte posteriore del collo; traslato: chi ha testa grossa e brutta» (Salzano 1979).

Le voci presuppongono un latino parlato **cervico, -ōne* da *cervix* 'cervice' (sul modello di *capito, naso* ecc.), richiesto anche dallo spagnolo *cervigón* 'grossa nuca' [DEI; Alessio 1976; Rohlfs 1977]. M.

**cercàlle cóme e sèrpi vècchi,** locuz. (toscano: Chiusi). 'Andare in cerca di guai, attaccar briga'.

«Questa espressione ci dice che era credenza dei nostri vecchi che i serpenti cercassero la morte quando erano in età avanzata» (Barni 1993). C.

**cercarìa,** sf. (lombardo, anche *sircagna, sircarlina, sincarlina*). 'Salamandra'.

Secondo il DEI la voce si può interpretare come derivato di *cercare*, rifacimento di altre denominazioni dialettali di questo rettile come *sercafallìe* (bergamasco) propriamente 'cercafaville' «con riferimento alla leggenda secondo la quale la salamandra non teme il fuoco, anzi lo cerca» (DEI s.v. *cercària*) [AIS]. M.

**cèrcia,** sf. (laziale; campano, anche *cerza*; abruzzese: *cerzë*; pugliese: *cerzë*; lucano: *cerzë*, *cẽrs*; calabrese: *cerza*; siciliano: *cerza*, *sercia*). 'Quercia'.
Dal latino parlato **cercea* per il classico (*arbor*) *quercea* 'quercia' [AIS; REW; DEI s.v. *cerza*; REWS]. M.

**cercinàre,** v. (calabrese, con varianti; pugliese, nel tarantino; salentino: *circinare*, *cërcënà* e varianti), 'tosare le pecore'; (sardo logudorese *chirchinare*, campidanese: *cincinài*), 'raccorciare (i capelli, la coda del cavallo')', 'tagliare in tondo (un abito)', voce popolare soprattutto nel campidanese nel senso di 'smelare, levare il miele tagliando gli alveari'; al fig. anche 'risparmiare, diminuire le spese'; (friulano e ladino centrale, nel cadorino: *cercenà*), 'legare in giro', nel friulano della Carnia 'tagliare circolarmente la corteccia degli alberi perché si secchino in piedi'; (friulano: *cercenâ̆t* sm.), 'parte di bosco trasformata in prato tramite il disseccamento degli alberi'.
Dal latino *circinăre* 'tagliare in giro' [DEI; Rohlfs 1956; DES; REWS; DESF]. M.

**cerèa,** escl. (piemontese). 'Forma di saluto e di commiato' è espressione tipicamente piemontese, usata solo alla terza persona singolare e plurale, anche *cerè*, *cerìa*, *serèia*, *surìa*.
Si tratta verosimilmente di un'alterazione di *signoria* attraverso **sereia*, *serèa*, che è alla base del veneziano *sioria*, *siorìa vostra*, «modo di salutare le persone eguali e le inferiori di sé o gli amici» (Boerio 1856), genovese *scià* «Vossignoria, Vostra Signoria: Titolo che si dà altrui per rispetto» (Casaccia 1876) [DEI; Gribaudo-Seglie 1972-75; Brero 1982]. M.

**cèrega,** sf. (veneto; emiliano, a Parma: *cérga*). 'Tonsura'.
Dal latino medievale *clerica (tonsura)* 'tonsura dei clerici'. In molti dialetti (ligure *cẽgã̀*, piemonese *cirjà* o *ciljà*, lombardo *ceregàda*) è sostituito dal tipo derivato 'chiericata' [REW; REWS]. C.

**cerìn-a,** nella locuz. *ese in cerìn-a* (ligure; emiliano: *ésr in ciarén-na*; veneto: *ésare in cerina* o *ciarina*). 'Essere ubriaco'.
Da *ciaro* = *chiaro*, antico nome gergale del vino (per il suo colore) [Prati 1940; Petrolini 1981]. C.

**cèrmene,** sm. (campano, a Montella, nel Cilento: *cèrminë*; lucano: *cèlmë*, *cèrmë*; pugliese: *célmë*), 'trave a sostegno del tetto; comignolo'.
Dal latino parlato **celmen*, *-ĭnis* per il classico *culmen*, *-ĭnis* 'culmine'; sono ricondotti a questa base anche il calabrese settentrionale *cèlamu* 'scatola cranica', cioè "volta cranica", il salentino *cèlamu* 'cielo della volta', *cirmali*, *cimarale* 'trave maestra del tetto', *cirmale* 'ultimo vano sotto il tetto', calabrese centromeridionale *ciarmaru* 'architrave di un pagliaio' e *cermaru* 'fusto ceduo di castagno'. Per tali voci calabresi il DEI aveva ricostruito un etimo dal latino parlato **acervārius (palus)* da *acervus* 'mucchio' al quale risale il cultismo italiano *acervo*, *acerbo* 'fastello'. Ma quest'ipotesi non è considerata neanche dal LEI che assegna ad *acervus* l'emiliano *ṡerbèl*, romagnolo *ṡarbèa*, *ṡarbela*, marchigiano settentrionale *ciarbèl* 'stollo del pagliaio'. Il DEI richiama inoltre l'espressione pisana *esse 'n cerma* 'essere sveglio, di pronto discernimento' come possibile riflesso di questa base [Marano Festa 1929-33; DEI ss.vv. *cermaro* e *cermene*; Alessio 1976; Bigalke 1980]. M.

**cernàle,** sm. (irpino, a Montella; siciliano: *cirnali*), 'abbaino'; (calabrese, a Terranova: *cernaru*), 'tegolo con foro'.
Corrisponde a *(lu)cernale*, *(lu)cernaro* da *lucerna*, con aferesi della prima sillaba interpretata come articolo; nel pugliese (Andria) è attestato *lucernàire* 'abbaino' [Marano Festa 1929-33; DEI; REWS; Rohlfs 1977]. M.

**cernéli,** sm. (friulano, con varianti). 'Fronte'; anche 'cervello'.
Dal latino *cernĭcŭlum* 'vaglio grossolano; vertice', ben diffuso in molti dialetti italiani; ma con questi particolari significati è solo del friulano [REW; DESF]. M.

**cernìgghiu,** sm. (campano e lucano: *cërniccë*, con varianti; calabrese; siciliano: *cirnìgghiu*). 'Vaglio di grano'.
Voce importata dal nord, dove è vitale anche nei limitrofi territori galloromanzi (piemontese: *sernéi*; ligure: *cernégiu*, *sarnégiu*; corso: *cernìgliu*), tutti dal latino *cernĭcŭlum* 'setaccio', dal verbo *cernĕre* 'scegliere, vagliare' [DEI s.v. *cernicchio*; Rohlfs 1977]. C.

**cernivèntu,** sm. (siciliano, anche *cennivèntu*). 'Gheppio, *Falco tinnunculus tinnunculus*', anche 'bighellone, perdigiorno'.
Voce composta del siciliano *cèrniri* 'stacciare, separare' e *ventu* 'vento', per il modo di volare; a Serradifalco (Caltanisetta) il v. *cèrniri* designa infatti il 'roteare, del gheppio o di altri rapaci' [DEI; Piccitto 1977]. M.

**cerpì,** v. (friulano, anche *sarpì*; veneto: *zerpìre*). 'Potare'.
Come l'italiano antico, d'area settentrionale, *cerpire* (XV sec.) 'svettare', usato in agricoltura, si tratta di derivati dal latino *-cĕrpĕre* 'estrarre, staccare', forma che compare nei composti di *cărpere*, in particolare *excĕrpĕre* 'estrarre, staccare', passato poi ad una forma **cerpīre* [DEI; DESF]. M.

**cèrta,** sf. (abruzzese, anche *certë*, *scertë*; molisano: *cèrtë*), 'Filza di agli o cipolle legati insieme per i gambi', col denominale *ngërtà* 'formare una filza, una serqua'.
Tanto il DEI che Giammarco 1985 riconducono queste forme al latino *serta* 'corona, ghirlanda'. M.

**cerviéllu,** sm. (calabrese, con varianti). 'Capretto (dopo tre mesi)'.
Dall'antico francese *chevrel* con lo stesso significato, a sua volta da un latino parlato **caprĕllus*. Al gallicismo si riconducono altre voci meridionali come il napoletano *ciavarèlla* 'capretta', il siciliano *ciaurieḍḍu* 'agnellino lattante', l'abruzzese *ciavardélla* 'vitella di due anni'. Secondo il REWS anche parole come *ciavarrë* (abruzzese), *ciavaru* (laziale: Subiaco) 'giovane caprone', *ciavarru* (calabrese) 'montone giovane dopo l'anno', *ciavarra* (lucano) 'pecora che ha circa due anni', sono riflessi di *chevrel*; per altri invece vengono dal latino *cibārius* [DEI ss.vv. *cervello, ciavarello, ciavarro*; Rohlfs 1977; Bigalke 1980; Greco 1991]. M.

**cervùne**[1], sm. (calabrese). «Cappello a corno alla calabrese che oramai è quasi sparito (portato una volta specialmente nel Cosentino)», anche *cappiellu a ccirivone* e varianti (Rohlfs 1977).
Da *cervo*, per la forma a corno del cappello [DEI s.v. *cervone*]. M.

**cervùne**[2], sm. (calabrese: anche *cervuni, ciarvuni*; siciliano: *cervuni*). 'Correntino sul quale posano le tegole'.
Dal francese *chevron*, che ha lo stesso significato, ma che letteralmente significa 'caprone' per quel trapasso da nome di animale a nome di oggetto in qualche modo rassomigliante, che si riscontra anche nell'italiano *capriata* [DEI s.v. *cervóne*; Rohlfs 1977; FEW]. C.

**cèsa,** sf. (calabrese). 'Cicatrice'.
Dal latino *caēsa* 'colpo, taglio', dal v. *caēdere* 'tagliare, abbattere': → *fa cèsa*. Dalla stessa base latina deriva pure l'abruzzese *césë* 'bosco ceduo di quercioli; potatura; quantità di legna tagliata', col denominale *cësà* 'eguagliare una siepe potandola'. Per tale verbo è stato ricostruito anche un latino parlato **caesāre*, iterativo di *caēdere*, ma tale ipotesi non appare necessaria [DEI s.v. *cesare*; REWS; Rohlfs 1977]. C.

**cèšchë,** agg. (laziale: ???, Castro dei Volsci). 'Sudicio'.
Dal cèco *český*, inteso come 'boemo', mentre Valente 1993 ritiene trattarsi di una voce di richiamo del maiale [Vignoli 1926]. C.

**ceṡiòl,** sm. (friulano occidentale). 'Costruzione in muratura consistente in tre pareti coperte da un tetto per ricovero di animali e uomini'.
Dal veneto *ceṡa* 'chiesa' (col suff. *-òl* di somiglianza) per le immagini religiose che frequentemente vi sono dipinte [Serra 1922-23; De Leidi 1984]. C.

**cessavói,** sm. (siciliano; calabrese; lucano: *cessabùoi*; campano: *cessavuòvë*). 'Arrestabue, *Ononis spinosa*', erba con radici robuste e lunghe spine.
Composto di *cessa(re)* e *bue* (per la motivazione → *bucàca*), con il verbo usato transitivamente come nell'italiano antico; secondo il DEI (s.v. *cessabue*) è possibile che «'cessare', raro nel Mezzogiorno, si sia sovrapposto a 'cesare' tagliare, nel qual caso la voce tradurrebbe il greco *bútomon* 'butomo'», fitonimo che designa un'alismatacea, il 'giunco fiorito'. M.

**cestòppio,** sm. (marchigiano, anche *cestùppio, cestùccio, stùcchio*). 'Acero, *Acer monspessulanum* L.'.
Voci registrate dal DEI e interpretate come un incrocio del latino *opŭlus* 'oppio' con il latino *festucŭlum* 'fistucchio', ma sarà più opportuno pensare ad *acer* 'acero' piuttosto che ad *opŭlus*. Da *festucŭlum* dipendono voci come l'italiano *fistucchio* 'acero', *festùcchio* 'pioppo da viti'. M.

**cëstùnië,** sf. (abruzzese; campano, a Napoli: *cëstùnia*). 'Tartaruga', ma anche 'vulva', probabilmente attraverso il significato intermedio, pure attestato, di 'donna malfatta'.
Dal latino parlato **testugo*, genitivo *testuginis*, per *testudo*, come mostrano le corrispondenti voci calabresi non dissimilate *testùjina, tistùjina*, siciliano *testùnia*.
D. REA: *Si alzò la veste, buttò il busto indietro e disse: «Guarda come è grossa e rampicante. Si chiama cestunia perché sta sempre nascosta come una tartaruga...»* (*Ninfa plebea*, Milano 1992, p. 19). C.

**ceṡùra,** sf. (veneto). 'Piccolo podere'.
Dal latino *clausūra* 'chiusura', poi *clusūra* e quindi, per dissimilazione, **clesūra* [Prati 1968].
G. PUGNETTI: *Adesso stavo per metter su nella cesuretta di Cartura anche un grande allevamento di conigli e di galline* (*Vendetta all'italiana*, Milano 1978, p. 209). C.

**céta,** sf. (ligure), 'piega che si fa nelle camicie, ecc.'; (veneto e giuliano: *piéta*, diminutivo *pietina*), 'orlo (del fazzoletto)'.
Dal latino parlato **plĭcta* 'piega' [REW; Merlo 1941-57; REWS]. C.

**keteṡà,** v. (ligure-piemontese: Gavi ligure). 'Ciarlare', 'sparlare'. Ne deriva anche il sf. *ceteṡéa* 'ciarlona, chiacchierona'.
Da → *cĕti* 'chiacchiere, pettegolezzi'. C.

**cĕti,** sm. plur. (ligure), 'chiacchiere, pettegolezzi'; (corso: *cià(i)ti*), 'chiacchiere sconclusionate o a carico altrui, brighe'.
Dal latino *placitum* 'parere, opinione', che ha avuto una larga accettazione in tutti i dialetti italiani. Le forme còrse sono state prese dal ligure [Plomteux 1975].
M. VENTURI: *Supposizioni, ovviamente, e cetti di caffè di paese, dove le malelingue tornano ad allignare* (*Sconfitti sul campo*, Milano 1982, p. 50). C.

**cetrùlo,** sm. (campano; laziale meridionale; pugliese; lucano; calabrese; siciliano). 'Cetriolo', anche *citrulo*.
Sono forme derivate dal latino volgare **cĭtriolum* di analogo significato. Si presume che per mediazione del napoletano e attraverso il significato di 'membro virile' da *cetrulo* si sia passati all'italiano *citrullo* (agg. e sm.) 'sciocco, grullo' già attestato agli inizi del XVIII sec. [DEI; Zolli 1986]. M.

**cétto,** avv. (toscano; umbro; laziale; abruzzese). 'Presto': ad Arsoli *vengo addemà cetto*, così come a Sonnino *addemàne scétto*.
Dal latino tardo *cĭtto* – variante di *cĭto*, 'presto', 'subito' – da cui anche l'italiano antico *cétto* [REW; REWS; LEA]. C.

**cëvrìn,** sm. (piemontese: anche *civrìn, ciavurìn*). 'Formaggio di capra'.
Dal francese *chevrin* 'caprino' [FEW]. C.

**cévulë,** agg. (abruzzese). 'Soffice (di pane)'.
Dal latino *flĕbilis, -e* 'debole'. La variante *cèculë* induce Valente 1995 a pensare ad un continuatore di *cicur, -uris* 'domestico, mansueto' [REWS; Giammarco 1985]. C.

**chèba,** sf. (veneto; veneto giuliano). 'Gabbia'.
Dal latino *cavea* 'gabbia d'animali' attraverso le fasi **cavja, *caiva, *caiba* col successivo *e* da *ai* [Prati 1968].
N. POZZA: *aveva portato quella mattina una chèba con due colombi; ed erano una manna con la carestìa di carne di quei dì* (*La putina greca*, Milano 1972, p. 166). C.

**chèbar,** sm. (friulano; veneto giuliano, a Trieste). 'Nome generico dei coleotteri di medie e grosse dimensioni, specialmente se neri', in particolare 'scarafaggio'
Antico prestito dallo sloveno *kéber* 'insetto', a sua volta dal tedesco *Käfer*. M.

**chèccu,** agg. e sm. (calabrese; siciliano). 'Balbuziente'.
Voce di origine onomatopeica, dalla ripetizione della stessa sillaba, specie il *che*; stessa origine hanno il piemontese *checché* v. 'balbettare', il toscano (lucchese) *checchèlloro* 'tartaglia' col verbo *incheccare* 'tartagliare' [Nieri 1902; DEI s.v. *chècco*; Brero 1982]. M.

**chèḍḍa,** sf. (sardo logudorese, nel campidanese: *cèḍḍa*). 'Quantità in generale', in campidanese 'branco'.
Dal latino *cĕlla*, come 'dimora degli schiavi', ma anche 'pollaio', 'piccionaia': dal senso di 'gruppo di uomini' è stato facile il passaggio a 'piccolo gruppo di animali'. Diversa l'opinione di Valente 1993, che, appoggiandosi a paralleli meridionali, ritiene che non sia altro che il latino *quod velles* 'ciò che vuoi' [DES].
G. DELEDDA: *I bimbi erano superstiziosi, ma anche coraggiosi; aspettavano sempre di veder passar di corsa i cavalli e cani leggendari, o il demonio travestito da pastore, con una* kedda, *(branco) di anime dannate convertite in cinghiali* (*Romanzi e novelle*, I. Milano 1954, p. 607). C.

**cheliëndrë,** sf. plur. (abruzzese). 'Le prime gemme degli alberi'.
La voce è stata considerata unico continuatore del latino *caliandrum, caliĕndrum* 'pettinatura alta delle donne con capelli posticci', 'parrucca' (anche DEI s.v. *calièndre*),

ma è ipotesi superata. Si ritiene invece che rifletta il latino parlato **aquilĕntus* 'pungente', base alla quale si riconducono termini quali il ligure *agürensa* ed il galloitalico di Sicilia *golenzu* 'grattaculo, frutto della rosa canina', il siciliano *gulenza* e *bulenzeri* sm. 'biancospino', nel messinese orientale *culientru i mari* sm. 'pomodoro di mare (*Actinia equina*) [REW; REWS; Alessio 1976; Giammarco 1985; LEI]. M.

**chelónne[1],** sf. (pugliese). 'Mancia a marinai per piccoli servizi eseguiti a terra'.

Il termine corrisponde a *colonna*, nome indicante la 'scorta di denaro che si metteva a bordo per spese di viaggio, paghe del personale e riparazioni' nella contabilità delle navi mercantili. Si collega all'uso della *chelónne* 'mancia' la locuzione *scì alla chelónne* 'riunione di marinai per ragioni di interesse' in uso a Molfetta [*Dizionario di marina* 1937; Scardigno 1963; *Glossario delle consuetudini* 1980-86]. M.

**chelónne[2],** sf. (pugliese: Grumo Appula). 'Asta, gara per accaparrarsi il diritto di portare in processione la statua del patrono o della Madonna'.

Uso particolare della voce comune *chelónne* 'colonna' [Colasuonno 1980]. C.

**chëmbàscë,** v. (pugliese: Molfetta). 'Persuadere, ammansire, confortare'.

Possibile conservazione del latino *compāscĕre* 'far pascolare in comune' attraverso un significato di 'ammansire gli animali, porgendo loro del cibo' [Alessio 1976]. M.

**chëmbëciòinë,** sm. (pugliese: Bitonto). 'Chi ha il podere o la casa attigui; convicino, confinante'.

È il latino tardo *convicīnus* (X-XI sec.), da cui l'ital. ant. *convicino* ed il derivato salentino *cumbicinatu* 'vicinato' [Alessio 1976]. M.

**chemiè,** sm. (emiliano: Reggio Emilia). 'Sfratto, congedo'.

Letteralmente 'commiato'. C.

**chemmérë de sàlë,** locuz. sostant. (pugliese: Molfetta). «Donna invitata alla festa di battesimo cui si dà da baciare il bambino dopo il rito per ricavarne una mancia alla levatrice» (Scardigno 1963).

Letteralmente 'comare di sale', con allusione al sale posto sul capo del battezzato. C.

**chenàpura,** sf. (sardo antico; sardo moderno: *chenàura, chenàbura, cenàbura*). 'Venerdì'.

Dal latino *coena pura*, letteralmente 'cena pura', originariamente termine del rituale pagano indicante, forse, un pranzo in cui i partecipanti dovessero astenersi da certi cibi. La voce fu adottata dagli Ebrei per designare la vigilia della Pasqua, durante la quale ogni traccia di lievito doveva essere rimossa dalle cose, come traduzione del greco *déipnon katharón*. La sua introduzione in Sardegna si deve agli Ebrei venuti dall'Africa presso i quali la parola era passata ad indicare il venerdì, perché gli Ebrei ortodossi preparano in questo giorno i cibi per il sabato, il loro giorno santo [DES]. M.

**chenèine,** sm. (pugliese). 'Erba che i contadini usano mangiare cruda o arrostita, come companatico'.

Dal *chinino*, egualmente amaro [Colasuonno 1976]. C.

**chepichèsa,** sm. (umbro, nel perugino). «Capo di casa» (Catanelli 1970).

Composto di *capo* (con *o* > *i* delle parole composte, cfr. italiano *capinera*) e casa con lo sviluppo di *à* > *è*. M.

**cherdensón,** sm. e agg. (piemontese; lombardo: *credenzón, cardinsón, credensù*; veneto: *credenzón, credensón*). 'Credulone'.

Da *credenza* e varianti 'credenza, fiducia'; voce entrata in italiano (*credenzone*) nel secolo scorso [Zolli 1986].

I. NIEVO: *Caduti in tanto abbattimento, le carezze degli altri uomini per quanto maligne e interessate ci trovano le molte volte deboli e credenzoni* (cit. in GDLI III 943]. M.

**chervìcra,** sf. (sardo centrale, nel logudorese: *chervìja*). 'Nuca, collottola'.

Dal latino *cervicŭla* '(piccola) cervice' richiesto anche dall'abruzzese *cërëbìculë, cërëbbrìsculë* e varianti 'cervello' (voce per lo più scherzosa), attraverso **cerb-* con vocale epentetica; a *cervicŭla* risalgono il campano *scervecchià* 'rompere, recidere', il calabrese settentrionale *scirivicata* 'ceffata', il calabrese meridionale *cirificulusu* 'schifiltoso'. Il ticinese (Val Maggia) *sciurbjà* 'andare a precipizio' ed il sardo logudorese *ischervijare* e campidanese *scerbigài* 'rompersi la nuca' dipendono dal latino *cervix, -ice* 'cervice' attraverso un derivato **excervicāre* confermato anche da altre forme romanze come l'aragonese *xerbigarse* 'cadere in un precipizio' [REW; DEI s.v. *cervicola*; DES; REWS; Alessio 1976]. M.

**ché ssàbbito sìa!,** inter. (umbro: Spello). 'Espressione che si aggiunge, quando si parla di streghe'.

La locuzione s'intende risalendo alla credenza popolare sul giorno di riposo delle streghe, il sabato. Sviluppata vorrebbe, quindi, dire 'le nomino, ma come fosse sabato, che le rende innocue'. C.

**chèvar,** nella locuz. *andàr al chèvar* (lombardo: Mantova). 'Morire'.

I lessicografi dialettali dell'Ottocento la ritenevano parola ebraica equivalente a 'sepoltura'. E infatti rappresenta l'ebraico *qebher* 'tomba, fossa per il cadavere'. Non sembra, tuttavia, che la locuzione fosse in uso nel giudeo-mantovano. C.

**chèz,** nella locuz. *darghe el chèz* (veneto giuliano). 'Mandar via qualcuno, licenziarlo'. *Chèz* (e in friulano e bisiacco anche *ghèz*) è l'interiezione per scacciare i gatti.

Probabilmente dal tedesco *Geh z(um Teufel)* 'va al diavolo' (nel friulano di Barcis *al ghez* è 'il diavolo') [Doria 1987].

F. TOMIZZA: *Non toccasti cibo, io presi un'omelette per tenere il vino. "Quando ti ha dato il chez?". Sorridesti dall'espressione brusca, del tutto priva di sfumature* (*L'amicizia*, Milano 1980, p. 230). C.

**chiàcchë dë mbìsë,** locuz. sostant. (lucano, anche *chiacchërëmbìs*), 'ragazzo furbo, birbante'; (calabrese: *chiaccu de mpisu* o *d'ampisu*), 'avanzo di forca'.

Letteralmente, 'cappio d'impiccato', composto di *chiacchë* 'cappio' (dal lat. *clappum* da *capŭlum*) e *mbis* 'appeso' [Bigalke 1980].

R. NIGRO: *Carlantonio e, dietro suo esempio, Pasquale Ferdinando facevano troppo i chiacchimpesi* (*I fuochi del Basento*, Milano 1987, p. 35). C.

**chiàna,** sf. (calabrese; siciliano; lucano; pugliese; campano; sardo: *prana*; piemontese, valdostano, lombardo, veneto, marchigiano, abruzzese: *piana*; friulano: *plane*). 'Pialla'.

Dal latino *plāna* 'pialla' deverbale di *planāre* 'appianare', con diverso esito del nesso *pl-*; altre forme dialettali sono derivate con suffissi: *chianozzë, chianuzzë* (pugliese), *pianozzë* (abruzzese), *chianozzu* (siciliano). All'aggettivo *plana* riferito a *terra* o *regio* risale invece il siciliano e calabrese *chiana* 'pianura' e dal dialettale *chianu* 'luogo piano' (dal latino *plānus*) derivano il calabrese *nchianare*, *nchianà* e il siciliano *acchianari* 'salire', propriamente 'arrivare al piano' [AIS; DEI ss.vv. *chiana*[1,2], *piana e pianare*; REWS]. M.

**chianchéri,** sm. (siciliano; calabrese: *chianchieri*). 'Macellaio'.

Dal dialettale *chiànca* (*chiànchë*), 'ceppo del macellaio dove si taglia la carne', 'lastra di pietra' e in qualche località pure 'macelleria', di area campana (*chiànchë*), calabrese, siciliana. Nota anche con la variante *ciànca*, è voce che risale al latino *planca* 'tavola, asse', con desinenza gallo-romanza (equivalente del francese *-ier*); da *planca*, attraverso un latino medievale *plancare*, derivano il calabrese *chiancatu* e l'abruzzese *piancatë* 'soffitto, palco fatto di tavole' [DEI ss.vv. *chianca* e *piancato*; Rohlfs 1977a; Salzano 1979].

R. NIGRO: *Gettato sulla chianca sotto l'olmo, negli odori di paglia arsa, Carlantonio aspettava che mamma Concetta gli preparasse la tina d'acqua, i pidocchi lo divoravano* (*I fuochi del Basento*, Milano 1987, p. 169). M.

**chjangiósë,** sf. (molisano: a Frosolone). 'Prèfica, donna prezzolata che veglia la notte presso il defunto'.

Dal dialettale *chjàgnë* 'piangere' [Giammarco 1985]. M.

**chiànna chiànna,** locuz. avverb. (toscano; all'Elba: *chianne chianne*). 'Pian piano, lemme lemme'.

Locuzione di cui non si avverte più l'origine meridionale: da *chiano chiano*, reduplicazione di *chiano* dal latino *planus* 'piano'. C.

**chiaranzàna,** sf. (toscano: isola d'Elba; ligure: *sciaransciana*; marchigiano, a S. Benedetto del Tronto: *chiaranzanë*), 'gran chiarore in un tratto di cielo annuvolato'; (corso: *chjaranzana*), 'pieno splendore del sole nelle ore meridiane di estate'; (pugliese, a Bisceglie: *chiaranzane*), 'chiarore che precede o segue un temporale'; (calabrese), 'cielo sereno, chiarore, notte chiara'; (veneto: *s-ciaranzana*), 'chiarore'.

Dal *chiaro* del cielo [*Dizionario di marina* 1937; Cortelazzo 1987]. C.

**chiaranzàne,** sf. (pugliese, a Minervino Murge; *chjaranzòte* a Ruvo). 'Rabuffo, romanzina'.

Come in altri casi simili, passaggio dal nome di un'antico ballo a tondo rustico, noto anche in italiano (*chiaranzana, chiarenzana, chiarentana* e altre varianti ancora), originario dalla *Carinzia*, chiamata un tempo *Chiarentana*. C.

**chiaràta,** sf. (umbro, nel perugino). «Impacco di chiara d'uovo su parti distorte» (Catanelli 1970).

Da *chiara* 'albume', medicamento popolare piuttosto comune anche altrove. M.

**chiarchiàru,** sm. (siciliano). 'Mucchio di pietre', 'terreno sassoso'.

Dal latino parlato **calc(u)lārius* 'pietrame' (da *calculus* 'pietra, sasso'), parallelo di *calculōsus* 'pietroso (detto di terreno)', con il gruppo iniziale *cl-* richiamato dal *-cl-* interno: **calclārius* > **clalclārius* [VES].

L. SCIASCIA: *ha detto che l'incarico lo aveva avuto da lei, e che il fucile avrebbe dovuto nasconderlo nel* chiarchiaro *della contrada Gràmoli, secondo istruzioni ricevute da lei ... – E rivolto al brigadiere domandò – che cosa è il* chiarchiaro? *– È una zona pietrosa – disse il brigadiere – un insieme di grotte, di buche, di anfratti ...* (*Il giorno della civetta*, Torino, 1962, p. 79). C.

**chiàru,** sm. (siciliano, nel messinese, anche *ghiàru*). «Baco di quarta muta; primo grado della quinta età del baco» (Piccitto 1977).

Dall'aggettivo siciliano *chiàru* 'chiaro' ma verosimilmente come calco linguistico del messinese → *casàrriu* [Rohlfs 1977a]. M.

**chiàsima,** sf. (siciliano, anche *ghiàsima*). 'Ruggine che attacca le biade ed altre piante'.

Voce che il DEI fa derivare dal latino tardo *plasma* (attestato nelle glosse) dal greco *plásma* 'configurazione, forma, figura', senza però escludere un'origine dal greco *klásma* 'rottura' che considera foneticamente possibile, ma semanticamente più difficile. Una diversa e successiva interpretazione è data da Alessio 1976 che mette in relazione il siciliano con le voci calabresi *jàsima, jèsima* 'nebbia mattutina', 'brina gelata', coi derivati *njasimatu* 'striminzito', *njesimatu* 'intirizzito', col pugliese (Andria) *chiàssemë* 'orecchioni', e pone alla base un latino regionale e parlato **chliasma*, dal greco *chlíasma, -atos* 'riscaldamento', con la variante **chlíesma* che può spiegare il vocalismo di *jèsima* per la cui giustificazione non è sufficiente il raccostamento paretimologico a *jelu* 'gelo', il quale, però, rende conto del significato secondario di 'brina gelata'. Alessio ritiene, infatti, che **chliasma / chliesma* deve aver significato dapprima 'azione di riscaldare o intiepidire'; di qui da un lato il senso di 'infiammazione', che giustifica il pugliese *chiàssëmë*, e dall'altro quello di 'nebbia mattutina', «quella leggera nebbia di debole spessore che si forma dal terreno coperto di rugiada al sorgere del sole e che si dissolve con l'aumentare delle radiazioni solari. Questa nebbia, specialmente se primaverile, favorisce quelle malattie delle piante prodotte da funghi diversi, chiamate nebbie delle piante o ruggine». M.

**chiàtënë,** sm. (campano, nel napoletano; lucano: *chiàtanu, chiàtamu*), 'platano'; (abruzzese, nel chietino: *chiatanella*), 'bagolaro'.

Voci menzionate dal DEI, sono considerate continuatori popolari del latino *platănus* 'platano' [REW; DEI s.v. *chiàtano*]. M.

**chiàtra,** sf. (campano, nell'irpino). 'Fogna, chiavica'.

La voce è ricondotta al latino *clātra* (forma di neutro plur.) 'sbarre, cancello, inferriata' supponendo un'evoluzione semantica da "cancello" a "fogna protetta da una grata" come nel calabrese *catrìculu* 'inferno, serbatoio che accoglie la morchia dell'olio dopo la spremitura delle olive' e *càtrica* 'trappola per pigliare vivi gli uccelli; luogo angusto, prigione', dal latino *craticŭla* 'graticola' [REW; DEI; Rohlfs 1977]. M.

**chjàtru,** sm. (siciliano; calabrese; lucano; pugliese; campano), 'ghiaccio, gelo' (con diverse varianti come *chietru, chiatrë, chītrë*, ed altre, secondo i dialetti); (abruzzese orientale: *chjadrë, chjatrë*), «crosta di zucchero cotto a giulebbe, di cui si rivestono alcuni dolci; chiara frullata che si spande sui dolci» (Giammarco 1985).

Dal latino *clatri* 'inferriata'; per l'evoluzione semantica → *màšco* [AIS; DEI; REWS]. M.

**chiàttë,** agg. (campano; lucano; calabrese: *chiattu*). 'Grasso, grosso'.

Particolare accezione del greco-latino *plăttus*, propriamente 'piatto' [REW].

A. DE CESPEDES: *Al centro della strada semibuia, di là dal parabrezza, vedeva il questurino: la sua figura chiatta dal collo corto, le spalle imbottite di carne* (*La bambolona*, Milano 1967, p. 108). – R. SCOTELLARO: *Nicola, il più mingherlino, le sta sotto il mento [...]; Giovanni è chiatto* (*L'uva puttanella*, Bari 1964, p. 34). C.

**chjavà,** v. (abruzzese e varianti; campano: *chiava(re)*;

calabrese: *chiavare*, *chiavari*; siciliano: *chiavari*; salentino: *chiavare*, con varianti). 'Percuotere, colpire, assestare'.
Dal latino parlato **clavāre* da *clava* 'mazza' [DEI]. M.

**chiàvi dell'allelùia,** sf. plur. (toscano, a Lucca; ticinese: *cef dl'alelüia*). 'Scherzi del sabato santo (una specie di pesce d'aprile)', consistenti di solito nell'appendere dietro ad una persona una chiave, vera o di carta, senza che se ne accorga, o nel mandare qualcuno dal parroco a prendere queste inesistenti chiavi. Cfr. anche il detto ligure (La Spezia) *pàa ch'i àgia a ciàve de l'alelùia* 'sembra che abbiano la chiave dell'alleluia', detto di chi si dà importanza e aria di comando (LEI).
Dal latino ecclesiastico *allelūia* di origine ebraica (*'allelū Jāh* 'lodate Dio'). C.

**chiavittèri,** sm. (siciliano). «Chi fa chiavi e sim.» (Piccitto 1977).
Il DEI riconduce questa parola al catalano *claveter* di analogo significato. M.

**chiàzzë,** sf. (campano; abruzzese; lucano; pugliese; salentino: *chiàzza*; calabrese; siciliano: *chiàzza*). 'Piazza'.
Dal latino *platea* 'piazza' [REW; DEI]. M.

**chìbiz,** sm. (veneto giuliano). 'Persona petulante, scocciatrice, curiosa', detto specialmente di chi, assistendo al gioco delle carte, vuole interferire con suggerimenti e commenti non sempre graditi ai giocatori.
Derivato dalla voce slovena *kibic* con significato analogo, a sua volta prestito recente dal tedesco *Kiebitz* 'pavoncella', 'osservatore importuno, curioso'. Da *chìbiz* è stata tratta la forma verbale *chibizàr* 'curiosare, pettegolare' [Doria 1987]. M.

**chìbu,** agg. e sm. (ligure: Pigna, anche al diminutivo *chibégnu*). '(Luogo) oscuro'.
Da un latino parlato **cūpus* 'cupo'; si riferisce, più che al colore, al cielo torbido, caliginoso, e *chìbi* sono le strade del paese che, per essere strette tra due file di case, hanno poca luce [Merlo 1941-57]. C.

**chicchirichì,** sm. (toscano). 'Gheriglio della noce'.
Denominazione metaforica tratta dalla cresta del 'gallo' (*chicchirichì* riproduce il verso dell'animale) «suggerita dalla strana frastagliata conformazione del gheriglio» (DEI); la designazione ha diversi paralleli tra cui l'aretino *galletto*, il ticinese e lombardo settentrionale *gal*, e, riprendendo l'onomatopea, la voce *checchelechè*, *cucchërichè* in area campana, *checchelecchè* in quella abruzzese, *chichiligaḍḍu* in quella calabrese in cui si rileva l'intrusione di 'gallo' [AIS; Rohlfs 1977]. M.

**chièggere,** v. (toscano, nel lucchese, anche *tièggere*). 'Coprire'.
Continuazione del latino *tegĕre* di analogo significato, come già notato anche da Nieri 1902, che precisa: «così dicono dalle parti di Pescaglia e in altri luoghi della Montagna Lucchese [...] anche *tieggere* 'coprire il tetto di una capanna o di una casa'. Participio *tietto* "L'hai anche tietta la casa"» [DEI]. M.

**chiènta,** sf. (calabrese settentrionale; molisano, a Venafro: *chiènga*; campano, nel salernitano), 'zolla di terra'; (campano, nel napoletano: *chiènca*), «ogni sorta d'aiuola nei poderi rustici» (D'Ambra 1873).
Diverse le ipotesi etimologiche di queste voci; il DEI pensa ad un prelatino **plenta* da confrontare col greco *plínthos* 'mattone di terra cotto al sole'. Diverso e preferibile l'etimo di Salvioni 1910 che trattando della forma napoletana, che vale anche 'cinghia', riconduce tale voce al latino *cingŭla* 'cintura' attraverso **clŭnga* e quindi un **chienga* e con dissimilazione *chiènca*, richiamando per un confronto il napoletano *luonco* 'lungo' o l'irpino *vanca* 'vanga'; altra dissimilazione sarà da ritenere il *chiènta* del calabrese. Infine, si cita, a completamento delle ipotesi, quella di Giammarco 1985 che ricostruisce un latino **clenga* come incrocio di **clĭnga* 'cinghia' col latino *gleba* 'zolla'. M.

**chieòna,** sf. (laziale: Ascrea). 'Chi domanda in dono tutto quello che vede'.
Letteralmente 'chiedona', dal verbo *chièe* 'chiedere'. C.

**chiesiòla,** sf. (laziale: Terracina). 'Usanza che prevedeva, in occasione della festa della Candelora, l'allestimento di altarini nei portoni delle case'. La fabbricazione e l'addobbo degli altarini spettava ai bambini abitanti in ognuna delle case, ma, spesso, intervenivano le madri, forse per paura che senza il loro tocco l'altarino dei figli non fosse abbastanza bello.
Letteralmente 'chiesetta' [Di Cara 1983]. M.

**chietìno,** sm. (toscano: Siena). 'Falso devoto; impostore'.
Dall'etnico *chietino* 'abitante di Chieti', la città in cui fu fondato nel 1524 l'ordine che fu detto 'dei Teatini', da *Teāte*, antico nome di Chieti; cfr. la frase italiana *esser teatino* 'esser povero povero; essere di rigida morale'. Da *chietino* provengono il veneziano e trentino *cetìn*, bergamasco *cetì*, bresciano *chitì* 'bacchettone', cremonese *cetina* 'donna data tutta alle cose di chiesa' [Prati 1936]. M.

**chigiaròl,** sm. (veneto: Venezia, a Padova e Vicenza: *chigiarólo*). 'Chi fa il mestiere di scapecchiare, pettinatore, linaiolo, canapino'.
Dal veneto *chigiàr(e)* 'pettinare (lino, canapa)', a sua volta derivato dal veneto *chìgia*, *chégia* 'scapecchiatoio', (dal latino tardo *cavicla* per *clavicŭla* 'chiavetta'), lo strumento che serve per scapecchiare, una sorta di mazza di legno con cui si battono i mannelli di canapa e lino [Prati 1968]. M.

**chìla,** sf. (veneto giuliano: Pola). 'Lentezza', 'svogliatezza', 'fiacca', altrove, sempre in area istriana, 'acciacco'.
Dal significato che *chile* ha a Pirano e in Friuli, cioè 'ernia' (dal greco *kḗlē* 'ernia') [Tagliavini 1988]. C.

**chìmel,** sm. (friulano). 'Comino dei prati submontani'.
Dal tedesco *Kümmel* di analogo significato [DESF]. M.

**chimèra,** sf. (sardo). 'Briga, rissa, contesa', da cui il verbo *inchimeràre* 'incaponirsi, alterarsi, adirarsi'.
Dallo spagnolo *quimera* 'contesa' (cultismo dal latino *chimāera*), oggi non usato al di fuori della locuzione *buscar quimera a uno* 'venire alle prese con qualcuno', ma molto vivo un tempo e rimasto nei dialetti. Invece il sardo *chimera* con lo stesso significato dell'italiano è un cultismo non popolare [DES]. M.

**chinché,** sm. (piemontese; lombardo; emiliano; laziale, a Roma: *chenché*). 'Specie di lampada ad olio', «lampadario da soffitto a più luci» (Brero 1982).
In francese *quinquet*, dal nome del perfezionatore della lampada inventata dal fisico svizzero Argand (→ *argànt*), il farmacista francese Antoine Quinquet: *lampe à Quinquet* [DEI; Nardin 1976]. C.

**chinchinnàre,** v. (sardo logudorese). 'Assestare, preparare con abilità e con cura'.
Dal latino *concinnāre* con lo stesso significato documentato dalla voce sarda [DES]. M.

**chinè,** v. (ligure). 'Scendere'.
Dal significato originario del latino *clināre*, conservato anche in italiano antico (*chinare*) [Plomteux 1975]. C.

**chìngra,** sf. (sardo centrale: più spesso *crìnga*). 'Cinghia della sella'.

Dal latino *cingŭla* 'cintola'. Dalla voce sarda deriva probabilmente anche *cringóne*, che a Fonni designa l'"avaro', propriamente colui che stringe con forza la cinghia, alla quale è appesa la borsa dei denari [DES; Wolf 1992]. C.

**chìnta,** sf. (ligure; toscano: *quìnta*). 'Luna piena': nella designazione più larga si ha, rispettivamente, *lüna in chinta* e *la luna è quinta*.

Riduzione di *quintadecima*, il 'quindicesimo' giorno di luna, che corrisponde, appunto, alla 'luna piena'. C.

**chintàn-a,** sf. (ligure), 'pozzo nero', 'vicolo, passaggio angusto'; (piemontese, nel Biellese: *chintàna, quintàna*), 'canale di scolo in mezzo alla stalla'.

Dal latino *(vīa) quintāna* 'via parallela alla principale dell'accampamento romano, tra il *quinto* e il sesto manipolo, adibita a luogo di mercato e di scambio'. Per il DEI da un latino tardo *aquilentana* (da *aquilentus* 'acquoso, umido'), da cui il calabrese *celentana*, nome di alcuni insetti, che vivono in luoghi umidi, termine che anche il LEI accoglie, ma solo in quest'ultimo significato [DEI ss.vv. *chintana*², *celentana* e *chintana*²; Plomteux 1975]. C.

**chiòcana,** sf. (toscano; in amiatino: *chiònaca*; umbro, anche *chiònica*). 'Chiavica, fogna'; in toscano anche *chiòvica, chiòvina*, per incrocio con *chiàvica*.

Da un latino parlato **clŏcana* (da **clŏca* 'cloaca') e, per metatesi, **clŏnaca* [Ugolini 1988-89].

L. VIANI: *Il generale in capo era un topo di chiovina o di chiavica che dir si voglia* (*Angiò uomo d'acqua*, in *Mare grosso*, Firenze 1955, p. 657). C.

**chiòcca,** sf. (toscano, anche *chiòccola*, *chiòccora*; lunigianese: *ciòca*; corso), 'testa', 'capocchia'; (campano, a Napoli), 'tempia'.

Dal latino parlato **clocca* per il classico *cochlea* 'conchiglia' [DEI ss.vv. *chiocca* e *chiòccola*; Rohlfs 1979; Salzano 1979]. M.

**chiòla,** sf. (toscano). 'Nocca'.

Dal latino *clavŭla* 'innesto, talea'; a *chiòla* si connettono le voci umbre (Città di Castello) *schiolato* 'articolato' e *schiolatura* 'articolazione' [DEI; REWS]. M.

**chióppo,** sm. (toscano, nel versiliese), 'gruppo di piante (per es. funghi) cresciute insieme'; (pugliese: *chiùppë*, salentino: *chiùppu*), 'grumolo di germogli', 'buona quantità, raccolta di gente o di denaro', 'peso in massa; peso sullo stomaco'; (siciliano: *chiuppari* v.), 'nauseare'; (sardo: *croppu*, nel logudorese *crobu*, *lobu*, *giobu*), 'laccio'.

Dal latino tardo *cōpŭlum* 'legame' attraverso una forma metatetica **clopum*, **cloppum* [DEI; DES; Alessio 1976]. M.

**chiórma,** sf. (campano; abruzzese, molisano: *chjórmë*, *chjùrmë*), 'gruppo, insieme di persone'; (corso: *chjùrma*, nella locuz. *una chjùrma di jente* 'una frotta di persone, una turba'; (calabrese: *chiùrma*), 'moltitudine di operai o di contadini'.

Come l'italiano *ciurma* 'basso equipaggio, moltitudine vile' (dal latino *c(e)leusma*) [D'Ambra 1873; Falcucci 1915; DEI; DAM; Rohlfs 1977]. M.

**chiòstro,** sm. (toscano; corso: *chiòstru*). 'Recinto per gli animali'.

Dal latino *claustrum* 'luogo chiuso', come nel lunigianese (Sarzana) *ciòstru* e nel pisano *chiòstra* 'cortile' [Longo 1942-54; REWS]. C.

**chiòsu,** sm. (salentino, anche *chiàusu* e altre varianti; siciliano; calabrese meridionale, anche *chiòsa* sf.). 'Gelso'.

Derivato del latino *celsum [morum]* o *celsa [arbor]* 'gelso' che richiede evoluzione dialettale di *-eu-* in *-iò-* e *cl-* iniziale di non facile spiegazione. Comunque si tratta di una forma parallela del più diffuso *cèusu*, nome della stessa pianta, di area siciliana, calabrese, campana, pugliese, salentina, abruzzese, molisana, laziale meridionale [AIS; DEI s.v. *chiòso*]. M.

**chiòvë(rë),** v. (campano; abruzzese; pugliese; salentino; lucano; siciliano: *chiòviri*). 'Piovere'.

Dal latino *plovĕre* con esito meridionale del nesso *pl-* [AIS; REW; DEI s.v. *chiòvere*]. M.

**chìppu,** sm. (siciliano; campano, nel napoletano: *chippo*; calabrese: *chjìpu*, *chjìppë*, nel calabrese settentrionale: *pìcchju*). 'Omento, rete che avvolge il fegato', nel calabrese anche 'pinguedine, adipe della pancia', *chjìppi* plur. 'fianchi ingrossati', *farsi i chjìppi* 'impinzarsi', *fari chjìppu* 'ingrassare'.

Dal greco *epíploon* 'rete che avvolge l'intestino', attraverso una forma latinizzata **epiplum* e poi **plippu* [DEI s.v. *chippo*; Rohlfs 1964 e 1977; Salzano 1979]. M.

**chipùru,** sm. (salentino, nel leccese). 'Trullo; casa misera; rifugio; stalluccia'.

Grecismo noto anche nel grecanico otrantino ed in quello calabrese di Bova (nella forma *cipurì*), da **kēpoúrion*, riflesso del neogreco *kēpoúri* 'piccolo giardino' [DEI s.v. *chipuro*; Rohlfs 1956 e 1964]. M.

**chiricòcchila,** sf. (siciliano, anche *ciricòccula*, *ciricóculu* sm., e varianti; calabrese: *chiricòcculu* sm. e varianti; campano: *chierecòccola*; piemontese, *ciribicòcola*, *ciribiricòcola*, *ciricòcola*; lombardo: *ciribicòcola*; veneto: *ciribicòcola*, *ciribìgola*, *ciricòcola*; veneto giuliano, a Trieste: *ciricòcola*). 'Sommità del cranio', 'testa, cervello' in senso scherzoso.

Nelle forme meridionali sono stati visti dei composti con *chierica* (dal latino *clērica*) e '*còccola*' col significato di 'testa' (dal latino parlato **cocŭla* per *cochlea* propriamente 'chiocciola, guscio della chiocciola', secondo REW e DEI, oppure da *cŏccum* 'granello, bacca' attraverso un latino parlato **coccŭla* 'oggetto rotondo', → *cócula*). In quelle d'area settentrionale secondo il DEI la prima parte del composto potrebbe riflettere voci latine come *cervicula* o *cerebrum*; la seconda parte è '*còccola*' nel senso di 'testa' (in tali varietà è richiesto un derivato di **coccula*). Il Prati 1968 prende in considerazione solo le forme settentrionali e ritiene che le prime parti del composto *ciri-* e *ciribi-* siano creazioni di fantasia che si ritrovano in parole dialettali quali *ciribiciàcola* 'ragazza sciocca' e *ciribìt* 'burattino; pazzerello' del comasco o *ciribècola* 'frugola e chiacchierina' del veneto (valsuganotto); richiama inoltre una vecchia canzone del valsuganotto che inizia con «Ciribiribìn domàn l'è festa» (*ciribiribìn* è ripetuto come capoverso); *ciribiribìn* è pure ritornello di una canzone triestina [DEI ss.vv. *chiricòccola* e *ciribicòccola*; Rohlfs 1977a]. M.

**chisciàre,** v. (abruzzese; campano: Napoli; sardo logudorese: *chessàre, chensciàre*, campidanese: *chesciàre*). 'Aversela a male, ritenersi offeso, andare in collera'.

Dallo spagnolo *quejar* (pronuncia antica: *chesciar*) 'affliggere' e riflessivo 'lamentarsi, risentirsi' [DEI; Beccaria 1968; DES]. M.

**chistiònu,** sm. (sardo: nuorese). 'Parlata, il parlare'.

Deverbale di *chistionàre* 'ragionare, discorrere, chiacchierare', «significato ... naturalmente sviluppato da quello di 'discutere'», 'questionare' [DES]. C.

**chìta,** sf. (sardo, con diverse varianti). 'Settimana'.

La voce, di origine molto discussa, designava nel Medioevo una 'specie di corpo di guardia, che prestava servizio a turno' «e siccome queste *chitas* si rilevavano ogni settimana, *chita* finì con l'usarsi nel senso di 'settimana' (così si dice oggi in tutta l'Isola, con le varianti fonetiche rispettive) e con lo spodestare completamente l'antica *settumàna*» [DES]. C.

**chiùbbica,** sf. (calabrese). 'Via pubblica', 'mulattiera', 'viottolo fra siepi e ripe'.

Dal latino *publica*: da questi significati propri si svolge anche l'accezione figurata di 'moltitudine di persone unite' [Rohlfs 1977]. C.

**chiumìa,** sf. (siciliano). 'Benda, fascia'.

Dall'arabo *ḫām* 'panno di cotone', probabilmente attraverso un derivato diminutivo; nel siciliano medievale è documentata la forma *chumìa* [Caracausi 1983]. M.

**chiumpùtu,** agg. (siciliano, anche *cunchiutu*, *cunciutu* e varianti; calabrese: *cunchiutu*). 'Maturo'.

Dal latino parlato **complūtus*, 'compìto, completo'; per 'immaturo' in tali dialetti si usano forme come *scumputu*, *schiumputu* e varianti [Rohlfs 1977a]. M.

**chiùnzo,** agg. e sm. (campano: Napoli). 'Rattrappito'.

Assieme al toscano *chiónzo* (a Lucca *chiónso*, *piónso*) 'tozzo, grasso' e al calabrese *chiónzu* 'sciocco', si fa risalire al longobardo *klunz* 'pesante, grossolano' [Prati 1937; DEI].

A. VERALDI: *mentre Tobia aggravava il passo storpiato io affrettavo il mio per trovarmi in tempo alle spalle del chionzo* (*Scicco*, Milano 1991, p. 26). C.

**chiuppàina,** sf. (campano; lucano; abruzzese: *chiuppàinë*). 'Pioppo bianco, tremula, *Populus alba*'.

Le voci richiedono un latino parlato **populāgo*, *-ĭnis* tratto da *pōpŭlus* 'pioppo' [Penzig 1924; DEI; Alessio 1976]. M.

**chiùppo,** sm. (laziale meridionale; abruzzese meridionale: *chióppë*; molisano: *chióppë*; campano: *chiuppë*; pugliese: *chiupp(ë)*; salentino: *chiuppu*; lucano: *chiupp(ë)*; calabrese: *chiuppu*; siciliano: *chiuppu*), 'pioppo'; (toscano: *chioppo*), 'acero campestre'.

Dal latino *pōpŭlus* 'pioppo' attraverso una forma del parlato **ploppus* con l'esito meridionale del nesso *pl-* [AIS; DEI s.v. *chióppo*; Rohlfs 1979]. M.

**ciabò,** sm. plur. (piemontese, con varianti). 'Zoccoli di legno'.

Dal francese *sabot* (come in valdostano), che sembra contaminazione di *bot* 'zoccolo' con *savate* 'ciabatta' [FEW]. C.

**ciabòt,** sm. (piemontese: anche *ciabòta*, sf.). 'Casetta, tugurio'.

Dal provenzale *chabot*. Vi si collegheranno, probabilmente, *ciabaleri* 'casaccia, stamberga' e *ciaborna* 'catapecchia' con la variante *caborna* [FEW; Pellegrini 1991].

B. FENOGLIO: *Stava ... in un chiabotto di due stanze e la stalla* (*La malora*, in *Opere*, II, Torino 1978, p. 407). C.

**ciàbra,** sf. (piemontese). 'Schiamazzo' e, in particolare, 'scampanata', fatta ai vedovi che si risposano: *fè la ciabra* 'dar la baia'.

O direttamente dal nome dialettale della 'capra' o riduzione della forma antica *zabramarì*, probabile prestito del francese *chiarivari*, dal grecismo latino *caribarĭa* 'pesantezza di testa' [FEW]. C.

**ciaccìno,** sm. (umbro: San Giustino). 'Filtro d'amore': *t'han fato el ciaccino?*, «si dice al giovane che, fidanzatosi, abbandona quasi del tutto gli amici per dedicarsi completamente alla sua ragazza» (Polidori).

Se oggi è una 'bevanda' (altrove, e non solo in Umbria, è comunemente chiamato, infatti, *beveróne*), in origine doveva trattarsi di una focaccia, nella quale si erano introdotti gli ingredienti ritenuti adatti per trattare l'innamorato (→ *fè la piadèina*). In Val di Pierle vien detto *ciaccino* (dalla radice onomatopeica *čačč* 'cosa che si schiaccia') 'qualsiasi cosa schiacciata ridotta a pizza (*ciaccia*)', 'pizzetta'. C.

**ciacolàr,** v. (trentino; veneto; veneto giuliano; lombardo: *ciaculà*). 'Chiacchierare', con derivati vari tra cui *ciàcola* e *ciacolàda* 'chiacchierata', *ciacolón* 'chiacchierone'.

Deriva da una base imitativa **klakk* da cui dipende anche la variante *ciacaràr* 'parlare', specialmente (ma non esclusivamente), di area veneta settentrionale, friulana, emiliana [REW; DEI s.v. *ciaccolare*; Prati 1968].

G. STUPARICH: *Toio dovette accontentarsi di Cesira. Era questa del resto una brava e simpatica donna, anche se un poco troppo* ciacolona (*Cuore adolescente. Trieste nei miei ricordi*, Roma 1984, p. 48). – P. A. QUARANTOTTI GAMBINI: – Chieto, chieto, *Borsa! – gli batteva la mano sulla spalla Battiston.* – Chieto, *che una parola tua val più di tutte le* ciàcole *di certa genía* (*L'amore di Lupo*, Torino 1977, p. 122. M.

**ciafagghiùni,** sm. (siciliano, anche *ciafagliùni* e varianti; campano: *cefalióne*). 'Specie di palma nana, cefaglione, *Chamaerops humilis*'.

Dal greco latinizzato *cephalone* come testimonia Palladio: *planta palmarum quam cephalonem vocamus*; l'italiano antico ha *cifalone* (XIV sec.), *cefaglione* (XVI sec.), voci di tramite dotto da *cephalone*, per designare il «germoglio terminale della palma di S. Pietro Martire, usato in medicina e un tempo mangiato come il nostro carciofo» (DEI) [Rohlfs 1977a]. M.

**ciafàsa,** sf. (veneto: chioggiotto). 'Brutta faccia, ceffo'.

Metatesi di *faciàsa*, spregiativo di *fàcia* ('facciaccia'). C.

**ciafàud,** sm. (piemontese). 'Piano del castello dei bachi'.

Dal francese *chaufaud* 'alta impalcatura', che è il latino parlato **catafalicum*, composto del classico *fala* 'alta costruzione' ampliato sul modello di **catalectus* 'cataletto' [FEW]. C.

**ciàivë,** sm. (molisano; campano, a Napoli, pugliese, a Foggia: *cìvo*; campano, in Irpinia: *cévo*; siciliano: *cìvu*), 'becchime, imbeccata per gli uccelli'; (campano, a Ottaviano: *civo*; calabrese e siciliano: *civu*; pugliese, a Bitonto: *ciòive* e a Molfetta: *ciàieve*), 'esca'; (calabrese e siciliano: *civu*; sardo *chibu*), 'parte interna di frutti, piante ecc.'.

Tutti continuatori del latino *cibus* 'cibo', mentre l'italiano *cibo* è parola dotta; *civo*, come 'innescatura, esca delle armi da fuoco' è di provenienza meridionale [DES; Rohlfs 1977; LEA; VES]. C.

**cialàda,** sf. (lombardo). 'Sciocchezza', 'cosa di nessun conto', 'imbroglio'.

Da *cial* 'sciocco, stupido' di etimologia oscura.

R. BACCHELLI: *Una "cialada" grande come questa qui non l'avevo ancor sentita dire* (*Oggi domani e mai*, Milano 1940, p. 206). C.

**cialàn,** sm. (ligure). 'Simpaticone'.

Voce importata, probabilmente, dagli emigrati dallo

spagnolo d'America, dove *chalà* indica una 'persona di buon umore' [Plomteux 1975; Toso 1993]. C.

**cialàndra,** sf. (lucano, a Venosa). 'Burrone dove si buttano le immondizie'.

Voce registrata dal DEI che formula una verosimile ipotesi di un'origine preromana, da una base parallela a **sala* 'canale' (anche **sila*) frequente in designazioni idronimiche. M.

**cialcòn,** sm. (friulano, anche *ciarclòn*; veneto e trentino: *cocón*; lombardo: *cucòn*, *cucù*; emiliano: *cucòn*, *cuncòn*). 'Tappo di legno o di sughero per botti o tini'; in friulano ha anche il senso fig. di 'uomo piccolo e tonfacchiotto'.

Le voci presuppongono un latino parlato **calcone*, da *calcāre*, piuttosto che essere derivati del latino *caucus* 'coppa' al quale, secondo un'ipotesi (in DEI, basata sul confronto col calabrese e siciliano *cupuni* 'cocchiume' dal latino *cūpa*, quindi con analoga evoluzione semantica), risale l'italiano *cocchiume* 'tappo di legno o sughero usato per chiudere il foro delle botti' ed anche 'foro, apertura della botte'. Alla voce latina *caucus* sono fatti risalire anche dialettismi quali il toscano (Elba) *cocone*, il corso *cucone*, il pugliese *cacònë*, il salentino *cacòni*, *cacone*, il lucano *cuacuònë*, il calabrese *cacune* 'cocchiume', il siciliano *caicuni di furnu* 'buco della botte, del forno, della carbonaia' e *c. di vutti* 'cocchiume', anche *caicu* (Piccitto 1977) [AIS; DEI s.v. *cacóne*; REWS; DELI; DESF].M.

**cialòma,** sf. (siciliano, con varianti; calabrese: *ciroma*), 'vocìo, confusione di più voci che parlano insieme'; (ligure, nel genovese: *cialümma*), 'gozzovigliata'.

Sono riflessi del latino *celeuma* 'canto o grido dei marinai' passato anche all'italiano letterario (*celeuma* 'canto dei marinai, canto qualunque, sorta di componimento letterario'). Incerta l'attribuzione a questa base dell'abruzzese (a Scanno) *lèume* 'cantilena, verbosità' che non risalirebbe a *celeuma* con aferesi della prima sillaba, ma, secondo una diversa ipotesi, al latino ecclesiastico *neuma* 'modulazione della voce' (dal greco *pnêuma* 'soffio, spirito'), da cui anche l'italiano *neuma* 'ricapitolazione di un canto, alla fine di un'antifona, con una semplice varietà di suoni' [Prati 1939; DEI; REWS]. M.

**cialzòn,** sm. (friulano), 'vivanda fatta di pasta ripiena cotta nel forno o fritta', a Paluzza *ciarsòns* plur. 'cappellini, specie di agnolotti con ripieno di susine, noci e zucchero'.

La voce richiama *calzoni*, del veneto antico, nome di dolci detti anche *calisoni*; si tratta di denominazioni d'origine incerta non essendo chiaro se si debba muovere da *calisoni* o *calzoni*. Nel primo caso è stato anche fatto un confronto con il provenzale moderno *canissoun* 'sorta di dolce' propriamente 'canicciata' da *canisso* 'canneto', passato al francese *calisson*, *canisson*. Secondo Prati 1968 *calisone* non si può confrontare col francese, né col tipo *calzone*, e supponendo che si tratti di una forma derivata, si potrebbe tentare un accostamento al trentino (Pergine) *calesi* che figura nell'espressione *nar per calesi* 'andar raccogliendo qualche dono il dì dei morti, cosistente in frutta ecc.', voce, peraltro, di origine sconosciuta. Quanto al tipo *calzone* entrato anche in italiano dal napoletano *cazone* «frittata a cazone, quella che nel cuocerla si ripiega più volte su di sé, dandole una forma bislunga, frittata trippata» (Andreoli 1887), riflesso pure dall'abruzzese *cavëcionë*, *cavicionë*, *caocionë* 'sorta di cialda ripiena di formaggio fresco', non è sicura la dipendenza da 'calzone'; potrebbe trattarsi di un accostamento paretimologico [DEI; DESF; DELI]. M.

**cialzumìt,** sm. (friulano). 'Norcino, castraporci'. Per estensione 'girovago', di quei vagabondi che, fino a non molto tempo fa, con la loro cassetta di strumenti a tracolla camminavano da un paese all'altro a riparare ombrelli vecchi, a legar pentole, a castrar porci e ad esercitare vari altri mestieri.

Mutuazione antica dal tedesco *Kaltschmied* 'conciabrocche', passato anche allo sloveno *kalcmar* 'castraporci, aggiustapentole' [Zamboni 1973]. M.

**ciambràna¹,** sf. (piemontese; toscano, nel lucchese; lombardo, a Bozzolo: *sembràn* sm.). 'Intelaiatura di porte e finestre'.

Dal francese *chambranle* 'grande regolo che serve per segnare sul legno con una matita' (DEI) o piuttosto dall'antico francese *chambrande*, provenzale *chambran* 'modanatura che fa il giro del vano di una porta, di una finestra, seguendo lo stipite e l'architrave', a loro volta derivati dal latino *camerāre* 'fabbricare a volta', al gerundivo femm. *cameranda*. Dal toscano o dal piemontese o, anche, dallo spagnolo *chambrana* o catalano *xambrana* dipendono le voci sarde *ciambrana*, *sciambrana* e varianti 'cornicione superiore della porta interna; architrave' [Nieri 1902; Levi 1918; FEW; DES; Gribaudo-Seglie 1972-75]. M.

**ciambràna²,** sf. (toscano: lucchese), «cialtrona, sciattonaccia nel vestire e nel parlare» (Nieri 1902); (piemontese, nel valsesiano: *ciamberla*), 'donna ignorante e grossolana'.

Il DEI richiama per un confronto con tali voci, chepaiono di etimo non chiaro, una forma dell'antico francese *chamberlaine* 'cameriera', nonché l'antico italiano *ciambra* 'camera' dall'antico francese *chambre*. M.

**ciambròtta,** sf. (calabrese settentrionale, anche *ciambotta*, *ciammotta*), 'miscuglio di cose liquide o brodose; (galloitalico, a Picerno e Tito [Basilicata]: *ciambṓtta*), «vivanda fatta di cipolle, peperoni, melanzane, patate e pomodori cotti insieme», anche «cibo abborracciato alla men peggio» (Greco 1991); (calabrese centrale, a Montepaone), 'scampagnata allegra'.

Dal francese dialettale *chabrot* 'miscuglio di vino e di brodo (diminutivo del limusino *chabro* 'capra') secondo il DEI; dal calabrese centrale *ciambra* 'ricovero fatto di frasche contro i raggi del sole, posto di guardia sollevato da terra' (dall'italiano antico *ciambra*, a sua volta dal francese *chambre* 'camera') secondo Rohlfs 1977 (ipotesi quest'ultima meno verosimile della precedente). M.

**ciamì,** v. (toscano: livornese). 'Omosessuale'.

Voce proveniente dal giudeo-italiano di Livorno, adattamento dell'ebraico *šamir*, letteralmente 'finocchio selvatico', passato a designare anche l''omosessuale' sull'esempio dell'italiano *finocchio*, che ha i due significati [Mayer Modena 1988]. C.

**ciamò,** avv. (ladino centrale; friulano: *anciemò*, *ancimò* e varianti; trentino e lombardo: *ancamò*, e varianti). 'Ancora'.

Dal latino **anque* 'anche' *ad mŏdo* 'adesso, ora'; a *mŏdo* risale l'italiano *mò* 'adesso, ora'; da *ad mŏdo* dipendono forme come il lombardo, trentino, ladino centrale *amò* 'ancora, ora' [DEI ss.vv. *amo'*, *ancamo'*; DESF; EWD]. M.

**ciàmpa,** sf. (toscano, nel lucchese; corso; campano, nel napoletano: *cianfa*; calabrese; lucano: *ciambë*), 'piede, zampa'; (marchigiano: *žamba*, *zamba*; umbro: *žamba*; abruzzese: *žambë*; laziale: *zamba*; pugliese: *ciambë*), 'gamba', 'zampa'.

Secondo il DEI potrebbero essere forme dovute all'incrocio di *zampa* incontrato con *cianca* 'gamba difettosa, non sana', e si potrebbe pensare ad una sovrapposizione delle basi *camba* (grecismo) 'gamba' e *zanca*, *cianca* (→ *zanco*, *zanca*) [AIS; DEI; REWS]. M.

**ciampaòva,** sm. (calabrese: San Giovanni in Fiore). 'Persona che cammina con la massima attenzione e circospezione'.

Letteralmente, 'pestauova', secondo il diffuso modo popolare *camminare sulle uova*. C.

**ciampórgna,** sf. (piemontese; ligure, a Genova: *sanfórnia*, a Pigna: *ciampórnega*). 'Scacciapensieri (lo strumento)'; in piemontese e altrove designa anche una 'donna sciocca, cialtrona; sgualdrina' (→ *cinfrògn*).

Dal latino parlato **sumpōnia*, da cui anche l'italiano *zampogna* [REW; Merlo 1941-57; REWS]. C.

**ciàncher,** sm. (piemontese). 'Cancro, tumore'.

Dal francese e provenzale *chancre* [FEW; Pellegrini 1991]. C.

**cianciamurràta,** sf. (siciliano). 'Ferita da taglio fatta sul capo'.

Con reduplicazione sillabica, dallo spagnolo *chamorrada* 'testata, colpo con la testa' (da *chamorro* riferito a 'persona rapata' e *chamorra* 'testa rapata') [DEI; Beccaria 1968]. M.

**ciancianèlla,** sf. (siciliano; calabrese, sm. plur.: *ciancianielli*; siciliano, a Canicattini Bagni; calabrese meridionale: *ciancianu*). 'Campanello, sonaglio'.

Diminutivo di *cianciàna* 'sonaglio', di origine onomatopeica [DEI s.v. *cianciànu*; Rohlfs 1977; VES].

V. CONSOLO: *Lenta melodia di flauti, basso mormorar di marranzani, allegro tintinnar di ciancianelle passa invisibil tra la terra e il cielo* (*Il sorriso dell'ignoto marinaio*, Milano 1987, p. 78). C.

**ciandèllë,** sf. (abruzzese), 'ragazza vanerella'; (campano: *ciantèlla*), 'donna plebea, volgarmente pettegola e ineducata'.

Più che direttamente da *Lucianella* (confronta il derivato toscano *ciana* 'donna del volgo, pettegola, sguaiata'), che non spiega il nesso *-nd-*, deriverà da un incrocio del nome proprio con altra voce, che lo contenga, come *chjandellë* 'ciabatta' [VEI alla voce *cianta*; REWS].

V. IMBRIANI: *Ed ecco, ch'egli, ora, si trovava sopraffatto da questa* ciandella! (*Dio ne scampi dagli Orsenigo*, Firenze 1956, p. 173). C.

**ciànnaca,** sf. (siciliano, anche *ciànnacu* sm.), 'grande fenditura nei monti o in enormi massi'; (siciliano, a Pantelleria: *cànnacu* sm.), 'fogna, fossato'; (siciliano, nel messinese: *cannaci*; calabrese meridionale: *candaci*), 'fossa che si fa per piantare'.

Secondo Pellegrini 1972 le voci possono derivare sia dall'arabo *ḫandaq* 'fosso' che dal greco bizantino *chándax, -akos* e *chandákion* 'fossetto; solco profondo' a sua volta prestito dall'arabo. Diversamente Rohlfs 1977a e DEI (s.v. *candace*) le considerano dipendenti dal bizantino continuato anche dal greco di Bova (*handaci* 'fossetto'), mentre l'arabo è alla base del pantesco. M.

**ciànsa,** sf. (piemontese; ligure: *scianse*; calabrese: *cianza*; siciliano: *(a)cciànza*, *scianza*). 'Occasione (favorevole)'.

Dal francese *chance* 'sorte, fortuna', 'possibilità', propriamente 'cadenza', cioè 'caduta', riferita originariamente ai dadi nei giochi d'azzardo [REW; FEW].

V. CONSOLO: *Finché non mi capitò quell'accianza d'oro, quel miracolo che mi fece San Francesco, del cavaliere Clerici che sbarca alla Cala del pacchetto* Aurora (*Retablo*, Palermo 1987, p. 21). C.

**ciànta,** nella locuz. *portè ciànta* (ladino centrale). 'Portare il lutto'

Da *cianta* (Val Gardena) 'cintura', letteralmente 'cinta' (latino *cĭnctus*), attraverso il significato, che *cianta* ha assunto, non solo in Val di Fassa, 'veste femminile a molte pieghe', ma anche in trentino (Predazzo) 'veste', in Val di Fassa anche 'sottana' [Tagliavini 1934]. C.

**ciantàri,** v. (siciliano). 'Canzonare, burlare'.

Voce da confrontare col provenzale moderno *chantihá* di analogo significato, da *chantar* 'cantare' (DEI); al francese antico *chantre* 'cantore' è ricondotto il siciliano *ciantru* 'idem' [Traina 1868; Piccitto 1977; Rohlfs 1977a]. M.

**cianüa,** sf. (ligure). 'Pianura': *se Zéna al avesse na cianüa, de Milan ne faiè na sepurtüa* 'se Genova avesse una pianura, di Milano farebbe una sepoltura'.

Dal latino medievale *planūra*, derivato di *plānum* 'piano' [Plomteux 1975]. C.

**ciapà òra,** locuz. (lombardo: comasco). 'Si dice dei pesci, che galleggiano e si gonfiano, perché credesi abbiano preso aria nei polmoni'.

Letteralmente 'prendere l'aria' (dal latino *aura* 'soffio d'aria'), come nel ligure → *scióu* 'fiato'. C.

**ciapèr al pojàn,** locuz. (lombardo: Bormio), 'non star troppo bene'; (ladino-veneto, ad Agordo: *ciapà el poiàn*), 'avere la fiacca'.

Da *pojàn*, voce ampiamente diffusa nell'arco alpino lombardo-veneto con vari significati (*puiàn* in Valtellina 'stordimento di minatori', *pojàna* a Como 'ebbrezza', *pogiànc* in Valvestina 'malessere dopo una sbornia', Comelico e Livinallongo *puiàn* 'sonnolenza', Agordino *poiàn* 'sonnolenza, spossatezza, provocata dall'eccessivo calore'), tutti legati al latino *podium* 'poggio', che, con il suffisso *-attu*, ha dato luogo a → *poiàta* e varianti 'carbonaia, catasta di legna per fare il carbone attraverso una lenta e fumosa combustione'. Il senso primitivo di *poiàn* era, dunque, quello di 'sonnolenza che prendeva i carbonai per esalazioni di acido carbonico' e 'malore che contraggono i minatori per le fughe di gas' [Pellegrini 1995; REWS]. C.

**ciapirón,** sm. (piemontese). 'Cappuccio e velo sottile' (copricapo femminile).

Dal provenzale *chapeiron* o francese *chaperon*, testimoniato nell'italiano antico *ciapperone*, da *chape* 'cappa' [Levi 1918; FEW]. C.

**ciàpo,** sm. (veneto; veneto giuliano). 'Gregge, branco, stormo, stuolo, gruppo', anche *ciap*, *s-ciapo*, *s-ciap*.

Dal latino *capulum* 'laccio' da cui deriva pure l'italiano *cappio* [DEI; Doria 1987].

S. SLATAPER: *Ma solo i bimbi in quell'ora si buttano nei prati come un ciapo di storni autunnali e saccheggiano le ficaie, stroncando i rami aridi, perché anche il padrone dorme, il signor Vatta dagli occhietti di gobbo. E poi si raccolgono, a tasche piene, nella veranda ombrosa e Scipio conta una bella, strana, lunga storia* (*Il mio Carso*, Milano 1989, p. 61). M.

**ciarabaldàna,** sf. (marchigiano, nel metaurese: *ciarabaldèna*). 'Ciana, donna sciatta e grossolana'.

Deformazione di *ghiarabaldana* 'cosa di nessun valore' (tratto dal nome proprio *Garibaldo*), con influsso del toscano *ciana* 'donna sciatta', nel laziale (romanesco) 'donna vana', che viene dal nome della protagonista del melodramma *Madama Ciana* (abbreviazione di *Luciana*) di A. Valle, rappresentato a Roma nel 1738; la voce si è però diffusa con la commedia *Le Ciane* di G. B. Zannoni (1774-1832) [DEI ss.vv. *ciana*, *ciarabalbana*]. M.

**ciaradàn,** sm. (friulano, anche *ciaratàn*, *ceredàn*, *ciarlatàn*, *fonc ciarlatàn*). 'Ovolo comune (*Agaricus Caesareus* Schaeff)', 'ovolo buono (*Amanita Caesarea* Scop.)', 'fungo prataiolo (*Agaricus campestris* L.)', in qualche località anche 'porcino (*Boletus edulis* Bull.)'.

Denominazioni da ricondurre ad un **cerretānus* non come etnico ('abitante di Cerreto' in Umbria; così in DESF), ma derivato del fitonimo collettivo latino **cerrētum*, da *cerru* 'cerro'; il motivo onomasiologico che ne è all'origine è dunque 'fungo da cerri'. Successiva è la sovrapposizione, per etimologia popolare, di *ciarlatano* che si avverte in talune delle varianti citate [Pellegrini-Zamboni 1982: 281]. M.

**ciaramulèt,** sm. (piemontese: anche *ciaramuléta*). 'Arrotino'.

Dal provenzale *charamelaire* 'zampognaro' incrociatosi con *amulèt* 'arrotino' [Levi 1918; Pellegrini 1991]. C.

**ciarànde,** sf. (friulano). «Siepaglia, chiudenda d'arbusti piantati sui ciglioni dei campi; siepe incolta, roveto; pendice cespugliosa ed incolta» (Nuovo Pirona 1935).

Voce di etimo verosimilmente preromano, derivata da una base cui vanno ricondotti sia fitonimi di area veneta settentrionale (bellunese) e ladino-veneta come *ciarandièi* (e varianti) 'rovo di monte', sia termini botanici specie d'area iberica come lo spagnolo *aràndano* 'mirtillo rosso' [DESF; Pellegrini-Marcato 1992]. M.

**ciarlòte,** sf. pl. (brigasco). 'Aglio selvatico, varietà di cipolla'.

Dal francese *oignons Charlotte* 'cipolle Carlotta'. C.

**ciarmà,** v. (calabrese settentrionale). 'Graffiare il viso'.

Prestito dall'antico francese *charmer* 'maltrattare' che nel francese moderno designa il 'praticare alla base (d'un albero) una lesione'; tale voce è ricondotta dal FEW al latino *carmen* 'canto'. Il DEI (s.v. *ciarmare*) ritiene invece che il gallicismo possa dipendere dal latino *carmināre* 'cardare la lana' ed inoltre attribuisce alla parola calabrese un significato figurato di 'sorprendere in flagrante' non documentato da Rohlfs 1977. M.

**ciartèra,** sf. (friulano occidentale: Budoia). 'Betulla, *Betula alba* L.'.

Dal friulano *ciàrte* 'carta' (dal latino *charta*) per l'uso che si fa della corteccia dell'albero [DESF]. M.

**ciàs,** sm. (piemontese). 'Rintocco funebre'.

Dal latino parlato **classum* dal latino tardo *conclassāre* 'gridare insieme, gridare forte, rimbombare'; secondo il DEI da *classicum* 'suono di tromba'. La parola piemontese si confronta col francese antico e provenzale antico *clas* 'rumore, suono di campane' (francese moderno *glais*); diversa pare invece la storia della parola italiana *chiasso* 'vicolo; postribolo; rumore'; quest'ultima accezione non sembra separabile (come si legge invece in talune fonti etimologiche) dalle prime due di cui sarebbe uno sviluppo [Levi 1927; DEI; REWS; DELI]. M.

**ciàsco,** sm. (campano: Napoli; sardo logudorese e campidanese: *ciàscu*). 'Scherzo, burla'.

Dallo spagnolo *(chasco)* con il medesimo significato; in sardo anche *ciaschiài* (campidanese), *ciascàre* (logudorese) 'scherzare, celiare' dallo spagnolo *chasquear* 'id.' [DEI; DES; Beccaria 1968]. M.

**ciàsmo,** sm. (lombardo, nel milanese, anche *ciasma* sf.). «Bagliore, chiarore» (Cherubini 1839-56).

Il DEI propone come ipotesi etimologica un latino tardo *clasma* dal greco *klásma*, *-atos*, 'l'azione di rompere, frattura', e richiama, per l'evoluzione di significato, il greco moderno *charagḗ*, *cháragma* 'incisione, intaglio' passato ad indicare 'alba, aurora'. M.

**ciàst,** sm. (friulano). 'Granaio, locale della casa usato per riporvi il grano e altri prodotti dei campi, ed è per lo più il piano superiore sotto il tetto'.

Probabile derivato dal medio alto tedesco *kasto* 'cassa rotonda'; va esclusa invece un'origine dallo sloveno *kašča* 'cassa per le granaglie' [REW; DESF]. M.

**ciaudrùn,** sm. (piemontese). 'Donna sudicia', 'pessimo danzatore'.

Dal francese *chauderon* 'piccola caldaia', da cui l'epiteto di 'sudicio', mentre quello di 'pessimo ballerino' potrebbe essere deverbale di *ciadrunè* 'ballare senza grazia', dal verbo francese *chauderonner* 'martellare (del calderaio)', scomposto e senza ritmo [FEW; Pellegrini 1991]. C.

**ciaùrru,** sm. (salentino; campano, ad Avellino: *ciaùrro*). 'Sostenitore del re borbone e del suo regime'.

Estensione del termine spregiativo *cia(v)urru* 'cialtrone' (in calabrese), *ciaurro* 'corsaro, uomo efferato' (a Napoli), dal turco *gâvur* (che si pronuncia *giàvur*) 'giaurro, infedele', 'crudele, inumano' [DEI s.v. *ciaùrro*; Rohlfs 1956; Cortelazzo 1989: 384]. C.

**ciàuru,** sm. (siciliano), 'odore buono'; (calabrese: *sciàuru* e varianti), 'odore, lieve sentore'; (campano, nel napoletano: *sciàuro*), 'alito, fiato, odore pesante, fetore'.

Sono deverbali di *ciaurari*, *sciaurari* e varianti 'sentir odore', a loro volta derivati dal latino *flagrāre* 'mandare odore' che è anche alla base del romagnolo *afalghè*, *afleghè* 'ammorbare col puzzo'. Dipendono invece dalla variante latina *fragrāre* l'abruzzese (chietino) *frahà* 'odorare, annusare' e *frahë* 'odore, fragranza', il sardo *fragrare* (logudorese), *fragrài* (campidanese) 'odorare, fiutare' (con i sostantivi *fragu*, *fiagu* 'odore, fiuto'), il deverbativo toscano (pistoiese) *fraco* 'fragranza, odore' [Traina 1868; REW; DEI; Giammarco 1969; REWS; Rohlfs 1977]. M.

**ciàva,** sf. (piemontese, anche *ciàver* sm.). 'Gracchio corallino'.

Voce connessa con altre di area galloromanza come il provenzale *cava*, l'antico francese *choue*, che designano la 'cornacchia' e specie affini, probabilmente da una voce germanica (francone) **kawa* 'cornacchia' [DEI; FEW; Gribaudo-Seglie 1972-75]. M.

**ciavarélo,** sm. (laziale: Velletri; abruzzese: *ciavarèllë*). 'Pane per la povera gente; pan lavato, panzanella'.

Dal latino (*panis*) *cibārius*, che continua anche nel sardo *chivarżu* (con varianti) 'cruschello'. Nell'abruzzese orientale (a Castelfrentano) è nota la voce *ciafardèllë* sf. 'pan lavato', probabilmente dovuta all'incontro di *ciavarèllë* con *falda* [Crocioni 1907; DEI s.v. *ciavarello*[2]; DES; Giammarco 1985; De Giovanni 1986: 46]. C.

**ciavedàl,** sm. (friulano). 'Alare, arnese di ferro battuto che si mette sul focolare a capo del fuoco, per sostenere la legna'.

Da *capitāle*, derivato dal latino *căput* 'testa'. È interessante notare che solo il friulano presenta questa formazione per designare l'alare; invece il veneto *cavedón*, l'emiliano ed il lombardo *cavdón* continuano il tipo *capitōne*, conosciuto anche in altre zone. Nel resto dell'Italia settentrionale sono diffuse voci che risalgono al germanico *brand* 'spada', per es. il lombardo *brondonàl*, *brandinà*, il trentino *bràndol*, il piemontese *brandé*, il ligure *brandà*; ma questo tipo lessicale è presente anche nel friulano *bràndul* e nel ladino centrale (Comelico) *bràndol* ed è penetrato anche nel corso *brandale* e pure in sardo *brandali*. Invece nell'Italia centro-meridionale le denominazioni dell'alare molto spesso sono riconducibili a *căput + fŏcum*, come nel caso del toscano *capifuoco*, del napoletano ed abruzzese *capëfochë*, del marchigiano e calabrese *capufocu* [AIS; DEI; DESF]. M.

**ciavélu,** sm. (ligure; piemontese: *ciavèl, giavèl*). 'Foruncolo'.

Da *clavĕllus* 'piccolo chiodo', che in latino tardo (sec. V d. C.) denotava un 'piccolo tumore, callo' [Plomteux 1975]. C.

**ciavrinè,** v. (piemontese). 'Suonar male uno strumento'.

Dal francese dialettale *chèvre* 'specie di cornamusa', ma letteralmente 'capra', perché lo strumento era fatto con la pelle di questo animale [FEW]. C.

**cia(v)urrìna,** sf. (calabrese; siciliano). 'Zucchero filato; specie di dolciume fatto di miele e di zucchero, che si rivende croccante e tagliato a pezzi, anche *ciavarrina*'. Il venditore fa bollire la pasta, finché questa abbia preso il color giallo dorato, piglia poi una pertica, detta *ciaur(r)uni* ecc., con un chiodo all'estremità, appicca a questa la pasta, che, dopo aver adagiata in due strisce sopra un tavolo, taglia a pezzi, a tavolette.

L'ipotesi più probabile sull'origine della voce è che, attraverso *ciavarruna*, derivi da *ciavarra* 'beverone di crusca che si dà ai maiali; pietanza abbondante di cibi grossolani', dal latino *cibāria*, per tramite di *civara, civarra*; pertanto la *ciavarrana*, e *cia(v)urrana*, sarebbe, in origine, 'intruglio, cattiva mescolanza d'ingredienti di poco conto'. «La *cia(v)urrina* è infatti una mescolanza molto ordinaria e non sempre pura di miele e zucchero (non manca talvolta la farina per far volume), che si fa nelle fiere e nei mercati in modo da suscitare i più legittimi sospetti sulla sua bontà e sulla sua pulizia e che è comprata soltanto dai ragazzi». Inoltre, in Calabria si dice 'fare una cosa *a ciaurrìna*' per 'fare una cosa a casaccio' e in Sicilia (zona di Catania) è in uso la frase *finìu a ciaurrìna*, per significare 'la cosa finì male' [Maccarrone 1934]. M.

**ciazuèle,** sf. (friulano). 'Freccia o pertica che unisce le due partite del carro'.

Voce tipica del Friuli che deriva probabilmente da un germanico *skatja* 'gamba di legno', 'gruccia' col suffisso *-èola* (*-iòla*), a cui sono fatti risalire pure il friulano *ciàzis* 'stanghe, tra le quali è attaccato un unico cavallo per tirare la vettura', ma anche altre parole come l'aretino *scaccia* e il lombardo *scànscia* 'gruccia, stampella' [REW; DESF]. M.

**cibèe,** sm. (friulano). 'Lippa, gioco di bambini'.

Dalla voce che si emette quando si fa saltare il bastoncino col lippo [DESF]. M.

**cìca$^1$,** sf. (ligure). 'Tazzina di caffè'.

Dall'italiano *cicchera*, *ciccara* e *chicchera* (a sua volta prestito spagnolo seicentesco), con contrazione di *aa* > *a* dopo la caduta di *r* [Plomteux 1975]. M.

**cìca$^2$,** avv. (umbro, nel perugino). 'Nulla'.

Dalla forma dialettale *cica* 'cicca, mozzicone', cosa piccola, di poco conto. M.

**cicaniè,** agg. (piemontese), 'rissoso'; (ligure: *scicanéur*), 'imbroglione'.

Dal francese *chicanier* 'cavilloso, che solleva difficoltà sulle più piccole cose' [Dardi 1992]. C.

**cìcco,** sm. (laziale, nel romanesco). 'Maiale'.

Come l'italiano antico *ciacco* 'porco, maiale' (adoperato anche da Dante), ha origine onomatopeica, da una voce di richiamo usata per i maiali, del tipo *cìccu te* (campano: Gallo), *ciocc-ciocc* (abruzzese: Palmoli), *ciacco-ciacco* in area toscana e simili; comune nell'area meridionale (campano, nell'irpino; lucano; calabrese settentrionale; siciliano) è *chiri chiri* con cui si chiamano, oltre ai maiali, altri animali da cortile [AIS; DEI ss.vv. *chiri chiri* e *cicco*]. M.

**cicculatèra,** sf. (calabrese, anche: *ciccuatèra, ciucculatèra*; siciliano: *cicculattera*; campano, a Napoli: *ceccolatera*). 'Cioccolatiera; bricco di latta che serve a far bollire il caffè'; (laziale: *cicculattéra* e *ciucculattèra*), 'caffettiera', oltre che 'cioccolattiera', 'cuccuma' in generale ed anche, al figurato, 'natura della donna'.

Letteralmente 'cioccolatiera' per il suo impiego originario; la voce si considera prestito dallo spagnolo *chocolatera* di analogo significato [Rohlfs 1977; Michel 1996]. M.

**cicèlla,** sf. (campano). 'Piccolo pesce simile ad anguillina; cèca', 'nome bambinesco della vulva'.

Da un latino **caecĕlla*, diminutivo di *cāecula* 'orbettino', da *cāecus* 'cieco' [Alessio 1976]. M.

**cìcënë,** sm. (abruzzese; campano: *cécënë*; lucano; calabrese: *cìcinu*; pugliese: *cécënë*). 'Piccolo orcio di terracotta con un canaletto, a forma di capezzolo, in cui bevono i bambini'.

Dal latino tardo *cicinus*, variante di *cycnus* 'cigno', per il lungo becco a forma di (collo di) cigno [REW; DEI s.v. *cécino*; Rohlfs 1964; REWS; Rohlfs 1977].

R. NIGRO: *Morti sognati con facce e forme che i vasai davano ai fischietti e alle teste dei cìcini* (*I fuochi del Basento*, Milano 1987, p. 30). – ID.: *si prese il figlio per mano e cercò una sorgente seguendo un viottolo che s'intricava nella macchia e per dove sparivano spesso i bribanti con i cìcini* (*ibidem* 130). C.

**ciceróně,** sm. (campano; lucano; pugliese: *ciceróne*; calabrese; siciliano: *ciciruni*), 'specie di lodola', di 'zigolo'; (calabrese: *ciciarruni*), 'uccello più grosso del passero' e, al figurato, 'parolaio, ciarlone, girandolone'.

Dall'onomatopeico *ci-ci*, che vuol riprodurre il grido di questi e di altri uccelli, talvolta con immissione di *cicerone* nel senso di 'ciarliero' [Riegler 1923; DEI; Rohlfs 1977]. C.

**cichèt(o),** sm. (piemontese; lombardo; veneto; emiliano; ligure: *cichètu*; toscano: *cicchetto*; umbro: *cichetto*). 'Bicchierino di liquore', col derivato *cichetè*, *cichetàr* e varianti 'sbevazzare'; nel veneto e specialmente nel veneziano il termine designa ora un assaggio di cibo che si consuma al bar come aperitivo e che accompagna un bicchiere di vino o di altra bevanda.

Dal francese *ciquet* o dal provenzale *chiquet* 'bicchierino di liquore', verosimilmente per tramite del piemontese, la voce è poi entrata anche in italiano come *cicchetto* (col v. *cicchettare*) per 'bicchierino di liquore o di vino' (dal 1887, DELI) e poi 'rimprovero, rabbuffo' (1908, DELI), diffuso dall'ambiente militare, probabilmente perché «chi veniva chiamato in disparte dal superiore per una strigliata, sarà tornato riferendo scherzosamente ai colleghi che il capitano (o chi per esso) gli aveva *dato un cicchetto*: e cioè offerto da bere» (L. Renzi, cit. da DELI).

P. VALERA: *Bastava suo padre. E andò a chiamarlo dal Battista, ove era andato a cicchettare [...] Ora il suo gusto è di rimanere delle ore coi politicanti al tavolino del cicchettaio a buttar fuori parole rivoluzionarie* (*La folla*, Napoli 1973, p. 275, 282). – C. PAVESE: *S'era versato da una bottiglia che stava per terra una tazza di cognac, e altrettanto ne diede a me... Era buono; già allora mi piaceva un cicchetto al mattino* (cit. da GDLI III 121). M.

**cìci,** sm. pl. (veneto bisiacco). 'Coleotteri'.

Trasposizione del soprannome dato ai montanari (soprattutto istrorumeni) a Trieste (qui si usa denominarli anche *s-ciàvi* propriamente 'slavi') e in Istria, con connotazione in origine negativa. Un processo parallelo è il tipo friulano *sclāf*, cioè 'slavo', etnico che in varie località è utilizzato per designare la 'blatta delle cucine' [DESF]. M.

**ciciarùsu,** agg. (calabrese). 'Granuloso', detto, per esempio, della neve.

Da *cìciaru*, *cìceru* 'cece', in latino *cicer*. C.

**cicijjàno,** sm. (umbro: orvietano), 'granoturco, mais'; (umbro, a Val di Pierle: *ciciglièno*), «piatto tipico nei tempi passati a base di granoturco tenero e salsicce» (Silvestrini 1983).

Letteralmente, 'siciliano', nome di un tipo di frumento passato poi a designare il 'granoturco' [Abegg-Mengold 1979]. C.

**cicirimìgna,** sf. (siciliano). 'Cardo dei lanaiuoli'.

Secondo il DEI deriva dal latino *cicirbita* 'cicerbita' incontratosi con un latino parlato **cardaminio, -ōnis* (dal greco *kardamíne* '*Mentha acquatica; Nasturtium officinale*') che avrebbe riflessi nelle voci sarde *cardu mużone*, *garduminżòne*, *ardu pinzòne*, *amingioni*, *arminżone* e altre varianti ancora riferite a 'cicerbita, allattalepre'. Ma queste forme sono diversamente interpretate dal DES: si tratta del sardo *cardu* 'cardo' (dal latino *carduus*) *'e anżòne* (*'e angioni*) 'dell'agnello' (dal latino parlato **agnione*); tale nome originario della pianta successivamente ha subito vari incroci di natura paretimologica, come avviene di frequente nei nomi popolari delle piante selvatiche. M.

**ciciròcchë,** sm. pl. (abruzzese, a Collelongo). 'Granturco lessato, servito anche a minestra con olio e peperoncino, di rito nella festività di S. Antonio ab. (17 gennaio)'.

Dalla voce dialettale *cìcërë* 'acini, granelli', col suffisso *-occhë* [Giammarco 1985: 760]. M.

**cicòmmero,** sm. (umbro, anche *cicòmbro*, *cicòmbolo*). 'Cocomero'.

Dal latino parlato **cicumis* per il classico *cucumis*, *-eris* [DEI s.v. *cicómero*; Catanelli 1970; Moretti 1973]. M.

**cicùlo,** sm. (umbro). 'Cuculo'.

Dal latino parlato **cicūlus* per il classico *cucūlus* 'cuculo' per dissimilazione [DEI; Moretti 1973]. M.

**cìdia,** sf. (umbro). 'Brutta cera, cipiglio'.

Voce dotta, dal grecismo latino *acedia* 'indifferenza' [LEI, dove questo significato, tuttavia, non è contemplato]. C.

**cidivòc,** sm. (friulano). 'Colchico, zafferano bastardo *Cholchicum autumnale* L.' e 'croco, zafferano primaticcio, zafferano dal fiore bianco'.

Deriva dal latino *Cilĭcius* 'della Cilicia', regione famosa nell'antichità per la produzione del croco o zafferano vero. La voce friulana, con numerose varianti anche svisate come *cidavòc*, *cilivòc*, *ciribòc*, *sivirlòc* (e con determinanti del tipo *di primavère*, *di vendèmis* per distinguere tra zafferano primaticcio e colchico autunnale), è derivata col suffisso *-ŏccus* che serve a rimarcare che si tratta di una pianta 'bastarda', solo in apparenza imparentata col croco vero [Zamboni 1972a; DESF]. M.

**cìdolo,** sm. (veneto: Cadore). 'Sbarramento, chiusa artificiale con robuste travi attraverso un fiume per fermare il legname durante la fluitazione; serrata'.

Considerato (da Prati) in un primo tempo un riflesso del latino *caedēs* 'il tagliare, l'abbattere alberi' (da cui il modenese *zèda, zdón* 'siepe di rami secchi'), il termine è stato poi accostato (ipotesi di Pellegrini) ad una forma latina **gȳrulus*, dal greco *gȳrós*, con assordimento della consonante iniziale e con lo scambio di *-r-* con *-d-*. Tale etimologia si giustifica solo ammettendo che il *cìdolo* in un primo tempo indicasse l''argano', la grande carrucola, che è una parte fondamentale della serrata, con la quale si solleva la saracinesca, il *portàz* (accrescitivo di *porta*), per lasciar scorrere i tronchi; il nome poi è passato a designare l'intero sbarramento [Prati 1968; Pellegrini 1984].

G. CARDUCCI: ... *il carrettiere per le precipiti / vie tre cavalli regge ad un carico / di pino da lungi odorante, / e al cìdolo ferve Perarolo* (*Odi barbare e Rime e ritmi*, Bologna 1935, p. 213). M.

**cìdule,** sf. (friulano). 'Girella, rotella, ruzzola in genere; carrucola'.

Deriva da una forma latina **gȳrula*, dal greco *gȳrós*, con assordimento della consonante iniziale e scambio di *-r-* con *-d-*, da confrontare con l'italiano *girella*, il ladino centrale, veneto *zirèla*, il triestino *zidèla* 'girella', che però vengono da *girella*, **cirella*. In Carnia, la zona montana del Friuli, un tempo era d'uso *la fieste des cìdulis*, che consisteva nel lancio delle rotelle infuocate sull'imbrunire o nella notte che precedeva la sagra o altre grandi festività dei diversi paesi [Vidossi 1960; Pellegrini 1984]. M.

**cèrrë,** sm. (campano: Napoli; calabrese: *cerru*; siciliano: *cirru*). 'Sorta di pesce rossigno', identificato in Sicilia con il *Centracanthus cirrus*.

Dal latino *cirris*, nome di un pesce di colore fulvo, un grecismo (greco *kirrhís*, dall'aggettivo *kirrhós* 'fulvo'), sul quale può avere influito il nome di un altro pesce, *gerres* 'zerro' [DEI; Rohlfs 1964]. C.

**cièrru,** sm. (salentino, con varianti). 'Granfia o tentacolo dei polipi'.

Dal latino parlato **cerrus* per il classico *cirrus*, propriamente 'ricciolo di capelli', che Plinio usa espressamente a proposito dei polipi: «il gambo [del climeno] è quadrato, i follicoli contenenti il seme sono intrecciati fra loro come le branche dei polipi [*veluti polyporum cirris*]» NH XXV 70 [REW; DEI; REWS]. C.

**cifàglia,** sf. (campano: Capri). 'Asfodelo, *Asphodelus ramosus* L.', 'scilla, *Scilla maritima* L.'; a Napoli 'aglio selvatico'.

La voce riflette probabilmente il greco *kephálion* diminutivo di *kephalḗ* 'testa'; la denominazione è dunque analoga a quella italiana *centocapi* per 'asfodelo', da confrontare col latino *cĕntu căpita* 'specie di eringio', modellato sul greco *hekatonképhalos* 'a cento teste' [DEI; Salzano 1979]. M.

**cifariéllo,** sm. (umbro: Bevagna). 'Zufolo'.

Analogo al tipo antico *cifiello*, dipendente con altri nomi simili al latino *sibilāre*, *sifilāre* 'fischiare' [Ugolini 1988-89]. C.

**cifùti,** sm. (ligure), 'pacchiano, canaglia'; (piemontese: Monferrato), 'ragazzo noioso'.

Dal turco *cifut*, denominazione spregiativa degli Ebrei (in arabo *Jahūd* 'giudeo') [DEI s.v. *cifutti*]. C.

**cigàr i ègli,** locuz. (ligure: Pigna). 'Chiudere gli occhi'.

Dal latino *caecāre* 'accecare' [Merlo 1941-57]. C.

**ciglià,** v. (laziale). 'Far solchi con l'aratro o con la zappa', 'solcare il terreno'.

Denominale di *cìglië* 'solco' (*rë cìglië* a Gallo, in provincia di Caserta, o *cìglië* e varianti 'la porca' in campano), ma anche, propriamente, 'ciglio', da confrontare con la locuz. avverb. veneziana *aràr a cegiò* 'arare a cigliato', cioè 'fare con l'aratro due solchi per porca' [REWS]. C.

**cignòttë,** sm. (abruzzese). 'Marinaio d'acqua dolce' (così chiamano i Pescaresi i pescatori di Francavilla), 'facchino di marina', 'marittimo'.

Riduzione di *duggënòttë*, che dal senso originario di 'abitante di *Dulcigno*' (in Montenegro), è passato a significare 'ladro di mare, pirata', ricordo di lontane incursioni, e poi, offensivamente, 'abitante dei paesi costieri', soprattutto di Giulianova [Giammarco 1968 e 1985]. C.

**cilàri,** v. (calabrese: anche *cilare*). 'Scivolare, ruzzolare, rotolare'.

Dal v. greco *kylíō*, neogreco *kyláō* 'rotolare' [DEI s.v. *cilare*[2]; Rohlfs 1977].

L. ASPREA: *si scagliava il murco Scutèri, senza alcun rispetto per la croce nera e grande, all'arrivo dei ragazzi che precedevano schiamazzando e cilando i carici e le pitte* (*Il previtocciolo*, Milano 1971, p. 92). C.

**cilèccu,** sm. (siciliano, anche *ciuleccu*). 'Panciotto, gilè'.

Dallo spagnolo *chaleco* di analogo significato, a sua volta un turchismo entrato anche in italiano (*giulecco, giulecca, gilecco*; la forma *gilè* è invece un prestito dal francese *gilet* che risale alla variante spagnola *gileco*) [DEI; DELI]. M.

**cilindòmini,** sm. (toscano: lucchese; a Carrara: *cëlindòminë*). 'Regalo, mancia di Natale' con la locuzione lucchese *fare de' cilindòmini* 'fare complimenti', come accade a chi riceve dei doni.

Da *Cena Domini*, la 'cena del Signore', che si celebra il giorno di Natale. Ne proviene anche l'italiano *cirindone,* forma già usata da Buonarroti il Giovane (sec. XVII), ancora viva nel senese al tempo del Tommaseo (sec. XIX), diretta in senso ironico ad una trista donna: *È una brava cirindònia!* e sopravvissuta come *cilindrone* appunto nel significato non lontano di 'persona disordinata nel vestire e nel fare' [GDLI; Cagliaritano 1968; Luciani]. C.

**cilìu,** sm. (siciliano: nel messinese, anche *scilìu*; calabrese centro meridionale). 'Specie di amido di farina usato per rendere spessi i tessuti'; nel reggino talvolta significa anche 'bucato' ed in senso figur. 'miscuglio, confusione'.

Dal greco *chylós* da cui il verbo *chylízō* 'inamidare' [Rohlfs 1977a]. M.

**cillëcrëfóne,** sm. (abruzzese e molisano con varianti). 'Persona con i capelli arruffati', 'persona rapace'.

Propriamente 'uccello grifone'. C.

**cimàrra,** sf. (siciliano). 'Foglia del cerfuglione, *chamaerops humilis* L.' e anche 'nome di questa palma nana'; anche *giummara, giummarra.* È una pianta adoperata in vario modo: con le foglie si fanno scope e si impagliano sedie, con gli embrioni di foglie si fanno corde, mentre fiori, frutti ed il tenero fusto si mangiano.

Dall'arabo *ǧummāra* 'midollo della palma' con sviluppo semantico già arabo [Pellegrini 1972; Rohlfs 1977a; VES]. M.

**cimentìno,** sm. (umbro: orvietano). 'Chi prova gusto nel provocare gli altri'.

Da *(in)cimentà* 'provocare, istigare, cimentare'. C.

**cimèra,** sf. (siciliano). 'Cima, testa, capo' e, in senso scherzoso, 'perticone' (Piccitto 1977, che non registra il significato, riportato dal DEI, di 'testa pazza'), a Modica *ciumeri* sono i 'capricci'.

Dal latino *chimaēra* 'chimera' [DEI; FEW]. C.

**cimicà,** v. (laziale, nel romanesco). 'Cincischiare', col derivato *cimichino* «chi fa le cose a miccino» (Belloni - Nilsson-Ehle 1957).

La voce rappresenta – secondo il DEI (s.v. *cimicare*) – una continuazione del latino tardo *cimicāre* 'prendere cimici' attestato dalle glosse come equivalente del greco *korízō*. M.

**cimicchè,** v. (toscano: cortonese). 'Fare accenno, additare con gli occhi'.

Voce registrata dal DEI (s.v. *cimiccare*) ed interpretata come esito dell'incontro di 'cennare' ed 'ammiccare'. M.

**ciminéa,** sf. (pugliese; salentino; calabrese; siciliano). 'Camino del focolare', 'cappa del camino'.

Dal francese antico *cheminée*, derivata dal latino *camīnus* 'camino'. Della stessa origine sono il piemontese (in provincia di Novara) *ciaminà* e il pugliese (Vico del Gargano) *ciamanéra* 'cucina' [Jost 1967]. C.

**cimitèro,** sm. (umbro: Val di Pierle). «Piazzale antistante la chiesa, mentre il cimitero è chiamato sempre camposanto» (Silvestrini 1981).

Persistente ricordo dell'uso antico di seppellire i morti nel sagrato ('luogo consacrato'). C.

**cincantìn,** sm. (ladino centrale: Alto Cordevole). «Uovo molto piccolo che, secondo una credenza popolare, sarebbe il cinquantesimo che le galline depongono» (Pallabazzer s.d.), anche *sinquantìn, zinquantìn.* Nella stessa zona si chiama *centenìn, zentenìn* l'uovo più piccolo che si crede deposto dopo novantanove o cento.

Dalle locali voci dialettali *cincanta* (*sinquànta, zinquànta*) 'cinquanta' e *cent* (*zent*) 'cento', rispettivamente. M.

**cinchëfrùnnë,** sf. (campano, a Napoli, nell'irpino: *cincofurne*). 'Cinquefoglie, pentafillo'.

Dal latino parlato **quinquefrondes, -ia* calcato sul nome greco della pianta *pentáphyllon.* In alcune varietà dialettali il tipo lessicale "cinquefronde" significa anche 'schiaffo' o è rimasto solo in questo senso: napoletano *cinchëfrunnë*, salentino *cinquefronde*, pugliese (Bitonto) *cinghëfrunzë*, siciliano *cincufrunti*, con un «riferimento alla disposizione delle foglie che ricordano quelle delle dita di una mano aperta» (Alessio 1976). Tale motivazione onomasiologica è all'origine di altri nomi del pentafillo quali il siciliano *cincuidita*, bolognese *zenc didi* (*dla Madona*), ed è riflessa anche nel latino tardo *quinque digitorum* (glosse) calco del greco *pentadáktylon* (Dioscoride) [Nittoli 1873; DEI ss.vv. *cinquedita, cinquefronde*; Salzano 1979]. M.

**cinciùt,** sm. (veneto giuliano, a Trieste: precedentemente anche *cianciùt*; friulano: *cialciùt*). 'Incubo', 'folletto', 'persona piccola, nanerottolo'.

Dal friulano *cialciâ* 'calcare', che è l'azione caratteristica esercitata dall'essere fantastico, in cui è personificato l'incubo, per opprimere il dormiente; il triestino conserva una forma della parlata antica, simile al friulano. Il nome dell'incubo che si rifà all'atto di 'calcare' è diffuso anche altrove [Cappello 1957; Doria 1987; DESF]. C.

**cincorènża,** sf. (campano, nel napoletano). «Forcone a tre rebbi ma in origine a cinque (donde il nome), usato per raccogliere la paglia o lo strame nelle stalle», come traslato «mano (perché fornita di cinque dita)» (Salzano 1979).

Dal latino parlato **cinquedentia* (da *quinque* e *dens, dentis*) 'cinque denti'; ne dipende anche l'espressione calabrese (nel territorio di Davoli-Soverato) *jocare a cincu renza* 'rubare, rubacchiare, cioè esercitare le cinque dita' (erroneamente menzionato da Rohlfs 1977 all'interno del lemma calabrese *renza* 'pendenza, tendenza', voce ricondotta al latino parlato **haerentia* 'pendenza') [DEI s.v. *cincherènza*]. M.

**cìncu,** nella locuz. *cìncu e cìncu des* (lombardo: Milano). 'Formula di accordo'.

Letteralmente 'cinque e cinque, dieci': dall'unire le mani dei due contraenti in segno di assenso alla compravendita, gesto usualmente compiuto dai mediatori.

A. MANZONI: Cinque e cinque, dieci, *rispose il conte ... E nell'atto di proferire la formola, il Conte stese la mano, e Don Rodrigo la strinse* (*Fermo e Lucia*. Milano 1954, p. 257). – C. DOSSI: *il signor Virgoletti ci ribadì la promessa di soddisfar la promessa al domani. Cinque-e-cinque-dieci, lasciàronsi simpatizzando* (*La desinenza in A*, Milano 1981, p. 178). C.

**cinfrògn,** sm. plur. (piemontese). 'Oggetti inutili, cianfrusaglie'.

La variante *cianfròi* ci fa avvicinare al punto di partenza, che è → *ciampórgna* (*cianfórgna* in Valsesia) 'sgualdrina', propriamente 'zampogna' con un passaggio di significati testimoniato anche altrove: leventino *zanfòrgna* 'donna di cattivi costumi', lucchese *sanfònia* 'chiacchiere', italiano antico *cianfrogna* 'ciarla', 'discorso strano' [DEI s.v. *cianfrogna*; FEW s.v. *symphonia*]. C.

**cìnghë,** sm. plur. *li* - (abruzzese, a Vasto). 'Denaro'.

Propriamente 'cinque', è denominazione fanciullesca che ricorda quella popolare rumena *cinci* che equivale a 'cinque' [DEI s.v. *cinque*; DAM]. M.

**cingiàro,** sm. (marchigiano: Macerata). 'Grido del cenciaiolo'.

Propriamente 'cenciaio', da *cìngiu* 'cencio'. C.

**Cinìcchio,** n. pr. nella locuz. *n'à fatte più lu che Cinicchio* (umbro: Assisi). 'Ha combinato molte malefatte'.

Dal nome di un «famoso bandito della metà dell'Ottocento, che agì sui colli assisani e altrove» (Santucci 1985). C.

**cinicóso,** agg. (laziale: Roma). 'Pignolo, meticoloso, pedante'.

Da *cìnicu*, diffuso nel Lazio col senso di 'pezzetto, briciolo', da un radicale espressivo *cin-*, simile a *cik-*, presente anche nel verbo lucchese *assinicàre* 'essere meticoloso e tenace nel lavoro' [Ugolini 1983]. C.

**cinìscu,** sm. (salentino, anche *sciniscu* e varianti; pugliese, a Barletta: *scënišchë*; lucano, a Potenza: *geniscu*; abruzzese, a Larino: *inisca* sf.). 'Farinaccio, *Chenopodium album*', in qualche luogo anche 'mercorella, *Chenopodium bonus Henricus*'.

Le voci sono state ricondotte in un primo tempo al greco *chēnískos* 'piccola oca' (forse per tramite di un latino regionale **cheniscus*), in relazione col termine dotto *chenopodio* che designa un genere di piante le cui foglie sono simili a zampe d'oca. Successivamente sono state interpretate come riflessi del latino *cinisculus* diminutivo di *cinis* 'cenere' per l'aspetto della pianta: si confronti il nome italiano *farinaccio*, che «nasce nei campi con foglie biancastre come polverose» simile alla «mercorella (*Chenopodium bonus Henricus*) che ha foglie sparse di piccole papille le quali toccandole si staccano e tra le mani compariscono come arena» (Targioni Tozzetti cit. da Alessio 1976) [Penzig 1924; DEI s.v. *cinisco*; Rohlfs 1964]. M.

**cinnaràru,** sm. (calabrese; molisano, a Campobasso: *cennërarë*). 'Ceneratoio del fornello', ma anche la 'tinozza bislunga per il bucato' (Asprea 1971).

Dal latino *cinerārium* 'buca dove si raccolgono le ceneri' [Rohlfs 1977].

L. ASPREA: *E quanti recipienti di legno e di vimini, di canna e di pezzolo! Rovaci, cofani, cofanelli, panieri, sciatamelli, ferlazze, la frùa e la tavoletta dei panni e il cinnararo per il bucato bollente* (*Il previtocciolo*, Milano 1971, p. 33). C.

**cìnnu,** sm. (calabrese meridionale; siciliano), 'ciocca di capelli', al plur. *cinni* 'capelli arruffati'; (pugliese, nel tarantino: *ciciniẹḍḍe*), 'mazzocchio (cose riunite a mazzo)'.

Dal latino *cincinnus* e tardo *cicinnus* (glosse) 'ricciolo di capelli', continuato per tramite dotto dall'italiano *cincinno* 'ciocca di capelli arricciata', col v. *cincinnare* 'arricciare'; di tramite dotto sono considerati anche il lombardo (milanese) *cincinàs* 'acconciarsi il capo', piemontese *cincinese* 'azzimarsi', siciliano *ncincinnarsi* 'attillarsi' [DEI ss.vv. *cinno* e *cincinno*]. M.

**cinquantìn,** sm. (friulano); veneto, anche *sinquantìn*, *zinquantìn*). 'Granoturco precoce'.

Dal friulano *cinquànte* 'cinquanta', perché varietà di granturco che riesce a maturare anche in soli cinquanta giorni [Nuovo Pirona 1935; DESF]. M.

**ciò,** inter. (veneto; veneto giuliano; ladino centrale; ladino veneto; trentino: *tòi*, *tèi*). 'Guarda là, ehi, ascolta'.

Propriamente è l'imperativo del verbo *tiòr* 'torre', che ha subito la palatalizzazione: per questo è affine, nella forma e nel significato, all'italiano *tò* da *torre* [Tagliavini 1944; DEI; Prati 1968]. C.

**ciòca,** sf. (veneto; trentino). 'Costellazione delle Pleiadi'.

La posizione delle stelle assomiglia ad una 'chioccia' (*ciòca* nei dialetti indicati) con i suoi pulcini attorno: questa immagine è ampiamente diffusa in tutti i dialetti romanzi: → *ciuzéta* [Volpati 1932].

S. ZANOTTO: *L'aria limpidissima ora lasciava vedere tutte le stelle delle costellazioni dei pescatori (la Morte, la Cioca, el Vecio)* (*Delta di Venere*, Milano 1975, p. 220). C.

**ciochìn,** sm. (piemontese). 'Campanello'.

Diminutivo di *ciòca* 'campana', che, diffusa in territorio galloromanzo e italiano settentrionale, deriva dal latino tardo (690 d.C. circa) *clocca*, probabilmente legata al verbo *clangere* nel senso di 'sonare' [FEW]. C.

**ciòcia,** sf. (laziale). «Antico tipo di calzatura, portato dai contadini del Lazio e della Campania, costituito da una doppia suola aderente al piede per mezzo di stringhe di cuoio, girato varie volte intorno alla gamba fasciata fin quasi al ginocchio da un lino bianco» (GDLI).

Il regionalismo, entrato anche nel lessico italiano, si confronta con l'abruzzese *chiòchië*, *chiòchiërë*, il calabrese *chiòchiara* 'calzare contadinesco a foggia di sandalo', l'umbro *ciòccole* plur. 'ciabatte', *ciocchi* plur. 'zoccoli'. Tali voci sono considerate, seppure con incertezza, riflessi del latino *soccus*, *socculus* 'sandalo leggero', attraverso **chiocchie*, *ciòccole* con assimilazione progressiva o regressiva [DEI; GDLI; DELI].

M. D'AZEGLIO: *I Signori assassini giravano per la fiera, ...erano puliti, colla tela delle* cioce *di bucato, ed una faccia serena e clemente* (cit. in GDLI III 167). – A. MORAVIA: *Ah, i bei tempi di quando andai sposa e lasciai il mio paese per venire a Roma. La sapete la canzone: "Quando la ciociara si marita / a chi tocca lo spago e a chi la ciocia". Ma io diedi tutto a mio marito, spago e ciocia, perché era mio marito e anche perché mi portava a Roma ed ero contenta di andarci e non sapevo che proprio a Roma mi aspettava la disgrazia* (*La ciociara*, Milano 1957, p. 5). M.

**ciòciu,** agg. (siciliano). «Difettoso, storto, di cosa o di parte del corpo che abbia qualche imperfezione» (Piccitto 1977), col derivato *ciuciarìa* «dappocaggine, scarsa capacità di ragionare o di operare; sciocchezza, cosa fatta senza giudizio o senza impegno; oggetto di poco valore, ciarpame» (Piccitto ibid.).

La voce è considerata un iberismo, dallo spagnolo *chocho* 'rimbambito' e *chochería* 'cosa di poca importanza' [DEI; Michel 1996]. M.

**ciòc(o),** agg. e sm. (piemontese; lombardo; veneto; trentino; ladino centrale; friulano; ligure; emiliano). 'Ubriaco', in qualche varietà anche *ciuc(o)*. *Ciòco* è parola entrata nell'italiano settentrionale, e dalle parlate settentrionali si è verosimilmente diffusa altrove (cfr. anconitano *ciuc*, romanesco *ciucco*, ecc.); il corrispondente femm. *ciòca* (anche con vari derivati) è comune designazione dell''ubriachezza'.

Di etimo incerto, per alcuni la voce è da ricondurre a **klokko, -a*, base da cui dipendono il francese *cloche* e il lombardo e piemontese *cioca* 'campana', in quanto l'ubriaco sarebbe dondolante e barcollante come una campana: si confronti il milanese *cioca* che designa sia 'campana' che 'sbornia'. Per il veneto, Prati 1968 pensa invece ad una connessione con *ciòca* 'chioccia', ma anche 'sbornia'.

M. Bonfantini: *Però, con tutte le mie preoccupazioni di finto ubriaco e le mie ragazze, da Don Giovanni da strapazzo, in pochi mesi ero diventato troppo popolare, e mi avevano fin dato il soprannome di «Martino 'l ciúch» perché fingevo troppo bene l'ubriacone e il gargagnàn e riuscivo simpatico a tutti* (*L'amore di Maria e altri racconti*, Torino 1977, p. 84). M.

**ciòdo,** sm. (veneto giuliano; veneto, nel Bellunese; romagnolo, a Cesenatico: *ciud*; lunigianese, a Bolano: *ciodu*; campano, a Montefusco: *chiuòvo*; calabrese: *chiovu*). 'Libellula'.

Letteralmente 'chiodo' per la sua forma (il torace corto e grosso e l'addome sottile), che ha suggerito altre analoghe immagini, come 'pestello', 'pistone', 'spillone' [Picchetti 1961-63: 529; Rohlfs 1979]. C.

**ciofèca,** sf. (toscano, anche *ciufeca*, *cipeca*; laziale, nel romanesco: *ciufeca*; campano: *cefeca*; abruzzese: *ciufechë*; calabrese: *cifeca*; siciliano: *cifeca*). 'Vino scadente; caffè annacquato o fatto con surrogati; bevanda mal preparata', 'cosa di nessun valore', 'uomo da poco', 'donna malvestita e sgraziata', nel romanesco anche il derivato *inciufegato* 'impiastricciato di sporcizia'.

Dall'arabo *šafaq* 'il cattivo delle cose, di qualità inferiore, vile, di scarto, insignificante' [DEI s.v. *cifeca*; Pellegrini 1972; Rohlfs 1977a e 1979]. M.

**ciòffa,** sf. (campano; calabrese settentrionale; abruzzese: *cioffë*), 'nastro, fiocco, nodo', nel napoletano «nastro di seta o stoffa cucita in modo da simulare gonfiezza e sbuffi» (Salzano 1979); (lucano: *ciòf*, *cioffa*), 'cespuglio'; (trentino: *ciòf* sm.), 'biocco di lana, ciuffo'.

Da una base espressiva **čof* che allude al gonfiore [DEI]. M.

**ciòma,** sf. (piemontese). 'Riposo delle vacche'.

La voce si connette all'antico francese *chome* deverbale di *chômer* 'riposare' dal latino tardo *cauma* 'bollore del sole' (prestito dal greco *kâuma*) [DEI; FEW; Gribaudo-Seglie 1972-75]. M.

**ciòpa,** sf. (veneto), 'due pani uniti', poi 'pagnotta', o 'piccolo pane'; (sardo, nel logudorese settentrionale: *loba*, *gioba*), 'paio, specialmente di buoi', nel logudorese *fràdes de loba* 'gemelli'; (campano e abruzzese: *chioppë*), 'coppia, doppio'; (calabrese settentrionale: *chioppa*), 'corregge per tener legati i cani'.

Dal latino *copŭla* 'coppia' attraverso il latino parlato **cloppa*. Il veneto *ciòpa* si è diffuso dal veneto al friulano (*ciòpe*) al veneto giuliano [DEI; DES; DESF; Doria 1987]. M.

**ciorcèllo,** sm. (toscano, anche *sorcello*, *sarcello*), 'cercine', all'Elba anche 'persona malvestita o buona a poco'; (laziale, nel romanesco), «rete che unisce insieme gli intestini tenui dei bovini, cibo gradito alla plebe di Roma» (DEI); (siciliano: *circieḍḍu*), 'viticcio; taglio che si fa alle orecchie del bestiame come segno di riconoscimento', col modo di dire *fàrisi u circieḍḍu* «andare a passeggio tenendosi sottobraccio, propr. dei fidanzati» (Piccitto 1977); (siciliano: *circeḍḍa* sf.), 'orecchino a forma di cerchietto; viticcio; parte carnosa dell'orecchio del bue', *a-ccirceḍḍa* 'a forma di ciambella'.

Dal latino tardo *circĕllus* 'cerchietto', anche come termine culinario *c. isiciatus* 'specie di salsiccia' (Apicio) [DEI; REWS; Rohlfs 1979]. M.

**ciortóne,** sm. (toscano: lucchese). 'Pesce dai riflessi di cobalto sulla schiena' (Viani).

Propriamente *ciortóne* (= '(lu)certo(lo)ne': Rohlfs 1979, chiamato a Campori *ciortellóne*) è il nome del 'ramarro' ed è passato ad un pesce verde azzurro a causa del comune colore, anche se non si esclude l'intervento del latino *lacertus* 'un pesce di mare'; oppure, con procedimento inverso, deriva da *lacerto* equiparato poi col nome del rettile.

L. Viani: *Saraghi a cui addiletta il verde limo, ciortoni il cui dorso rammenta la notte stellata* (*Il "Bava"*, in *Mare grosso*, Firenze 1955, p. 569). – Id.: *I cori numeravano tutti quei pesci che svariavano sul celeste e lo smeraldo. Il congro, il ciortone, l'acciuga, la sarda* (cit. in GDLI III 170). C.

**ciošà,** v. (veneto: Chioggia). 'Periodo di permanenza a Chioggia durante il quale i pescatori assestano le reti, riparano la barca e riposano dopo un periodo trascorso in mare'.

Da *Ciósa*, nome dialettale di *Chioggia*. M.

**ciòspa,** sf. (piemontese; in Valsesia anche *ciǒspa*). 'Donna non più giovane', 'prostituta'.

Più che dal provenzale *eschopo* 'botteghino', come voleva il Levi 1927, va, secondo il Prati 1930 che l'ha recensito, col pisano *ciospo* 'uomo che ha delle pretese galanti' e col valsesiano *ciǒspu* 'vecchio sdrucito', che restano, peraltro, di dubbia origine, come il toscano (Lucca) *ciospo* 'tonto, lento', l'abruzzese *chjòspë* 'bella figliola' (e in gergo 'madre', così come *lu chjòspë* è 'il padre'), il laziale (Roma) *ciòspa* 'donna bassa e deforme' e, anticamente, 'vecchia' e il siciliano *ciòspa* 'amata', mentre il maschile *ciòspu* è il 'drudo' [DEI]. C.

**ciotèlla,** sf. (toscano, con numerose varianti: *ciottèlla*, *ciortèllora*, *ciotèllora*, *ciottèllera*, *sottèllera* ed altre). 'Lucertola'.

Sta per *(la)certella*, dal latino *lacerta* 'lucertola', con aferesi della prima sillaba interpretata come articolo; in toscano si trova anche *agèrto* sm. con lo stesso significato, attraverso *(l')agerto* [DEI s.v. *agerto*; Rohlfs 1979]. C.

**cipaiàttë,** sm. (abruzzese). 'Aglio romano, *Allium scorodoprasum* L.'.

Voce formata da un derivato del latino *cēpa* 'cipolla', per il fatto che il bulbo zuccherino della pianta sostituisce la cipolla, mentre la seconda parte del composto, corrispondente a 'gatto', proviene dal latino *căttus* e richiama le varie composizioni fitonimiche del tipo italiano *cipolla canina, cipolla di serpe*. Il termine dialettale abruzzese è riflesso pure nel toponimo *Cepagatti*, comune in provincia di Pescara [De Giovanni 1974; *Dizionario di toponomastica*]. M.

**cipìcchia,** sf. (umbro; marchigiano: *picìcchia*). 'Cispa'.
Voci registrate dal DEI che le riconduce al latino parlato **picicula*, un diminutivo di *pix, picis* 'pece'; la denominazione è analoga ad esempio al friulano occidentale (Fanna) *pègola dai vùi* 'cispa' propriamente 'pece degli occhi', dal latino tardo *picŭla* 'pece', al quale risalgono l'emiliano e il romagnolo *pécia* 'neo, macchia sulla pelle', l'abruzzese *pécchië* 'chiazza, macchia' col denominale *pëcchià* 'chiazzare' [DEI ss.vv. *cipìcchia* e *pécchia*; ASLEF]. M.

**cippàre,** v. (calabrese meridionale). 'Fare la domanda di sposarsi con una ragazza'.
Dal sostantivo *cippu* 'ceppo' per la seguente usanza della tradizione calabrese: «il giovane pretendente colloca, di notte, nel limitare dell'uscio della giovinetta desiderata un grosso ceppo, che segna con un taglio di scure e fregia di nastri (Acri, San Lorenzo Bellizzi ed altri paesi). Se la madre della fanciulla, aprendo al mattino seguente la porta, tira dentro quel ceppo, vuol dire che il partito è accettato, il matrimonio si ritiene per conchiuso e la fanciulla dicesi *accippata*, o *'ncippata*» (Accattatis 1895 s.v. *matrimmuòniu*). Analogo antico uso è all'origine del pugliese *nceppunà*, abruzzese *ngëpp(un)à* 'fare la proposta di fidanzamento' con il ceppo che in tali varietà è detto *ceppunë* [Marcantonio 1968; Rohlfs 1977; LEA]. M.

**cìppe,** sm. (toscano, anche *scippe*), 'imbarcazione a motore, motonave'; (ligure, a Genova: *scippe*), 'brigantino a palo'.
Inglese *ship* 'nave'. C.

**ciprànnë,** sm. (abruzzese e molisano, con varianti: *ciambragnë, ciaprànnëlë, arceprannë* ed altre; marchigiano meridionale: *ciprània, ceprània*, come sf. plur.). 'Biancospino'.
Probabilmente dal latino **aci-pirago, -inis* 'perastro pungente'; da escludere l'ipotesi di un derivato da un latino **cyperania*, da *cyperus* 'erba paludina', come vuole Giammarco 1985 che si basa su un errato corrispondente scientifico del biancospino, cioè *Cyperus longus* L., anziché *Crataegus Oxyacantha* L., e cioè su una pianta diversa. Quanto al tipo *pirago*, si possono confrontare denominazioni del biancospino del tipo *peràro salbègo* letteralmente 'pero selvatico' a Tonezza, nel vicentino (AIS) [DEI; Alessio-De Giovanni 1983: 204]. M.

**cipriànu,** sm. (calabrese settentrionale). 'Uomo sciocco'.
Procede dal nome proprio *Cipriano* riflesso anche nel veneziano (XVII sec.) *barba cipriano* 'pene' [DEI]. M.

**cirànna,** sf. (siciliano; calabrese centro meridionale). 'Rana, raganella', talvolta anche 'ranocchio' e con varianti (siciliane e calabresi) quali *giurana, ciurana, cirranna* (calabrese), *ciriànna*; in siciliano il verbo derivato *giuraniàri* 'si dice di colui che di continuo si bagna o guazza nell'acqua a guisa delle rane'.
Si tratta di denominazioni popolari che rappresentano un relitto dell'arabo magrebino *ğarān*, rimasto solo in Sicilia e da qui diffuso in Calabria [DEI; VES]. M.

**ciràulu,** sm. (siciliano, anche *ciaràulu*; calabrese: *ceràulu, caraularu, ceravularu*; campano: *ciaràvolo*; pugliese: *ciarallë*). 'Ciurmadore di serpenti; cerretano, ciarlatano'.
Da una parola greca *keráules* latinizzata in *ceraula* 'suonatore di tromba, di corno' secondo Rohlfs 1964; ma non si può escludere che le voci risalgano al francese antico (X sec.) *charaut* 'stregone' (dal latino *caragius* 'sortilegio'), anche *charaude* che rende conto dell'italiano antico (Pulci) *ceraldo* 'incantatore di serpenti' [FEW; DEI s.v. *ceràulo, ceraldo*]. M.

**cirazzùni,** sm. (siciliano). 'Pisello africano, *Lotus edulis*'.
Dal latino *ceratium* (nelle glosse è chiosato con *medica* 'erba medica') a sua volta dal greco *kerátion* 'cornetto' (DEI) o direttamente dal greco (REWS); in siciliano la stessa pianta è denominata *curniceḍḍu* diminutivo di *cornum* 'corno'. M.

**cirbiùni,** sm. (calabrese meridionale), 'specie di grosso falco'; (piemontese: *crivela* sf.; siciliano: *criveddu*), 'gheppio'.
Dal latino *cribĕllum* 'staccio', diminutivo di *c(r)ībrum*, forma dalla quale dipendono il calabrese *cirbju* e il salentino *chipri, chjipri* 'poiana, gheppio'; tali specie sono così denominate per il dimenio delle ali [DEI s.v. *cirbio*; REWS; Brero 1982]. M.

**cirènga,** sf. (siciliano: anche *cirègna, ciriènga* e *scirènga*). 'Cernia, *Epinephelus guaza*'.
Il confronto col francese antico *célerin*, che sembra riflettere un supposto **sildhering*, propriamente 'aringa (*sil(d)* in nordico antico) – aringa', fa pensare ad un prestito dal normanno [DEI; FEW]. C.

**ciriàco,** sm. (abruzzese: Tagliacozzo). 'Povero, mal ridotto'.
Dal nome proprio *Ciriaco*, forse per antifrasi, se all'origine era chiaro il rapporto col greco *kyriakós* 'signore' [LEA]. C.

**cirifìschio,** sm. (laziale, nel romanesco). 'Ragazzo, uomo di bassa statura'.
Voce composta di un primo elemento *ciri-* probabilmente onomatopeico e di *fischio* come termine edeologico (nel romanesco anche *fischietto* 'uomo piccolo'); si confronti il lucchese *fìschio* 'pene dei bambini' (con la locuzione eufemistica *prendere un corno per fischio* 'prendere un abbaglio'), il napoletano *sischë* 'fischio', ma anche 'genitale dei bambini', 'deretano'. Si tratta quindi di designazione parallela all'italiano *cazzetto, cazzatello* e *scazzillo* (di area meridionale) 'uomo di bassa statura, ragazzino', da *cazzo*. Una formazione come *cirifischio* in umbro vale invece 'vinello, vino leggero' [Chiappini 1945; DEI; Salzano 1979]. M.

**cirighìn,** sm (lombardo: Val Bregaglia) 'Uovo al burro', anche *öiv in cirighìn* (veneto: *ovo in cereghìn*; lombardo: *öf in cereghìn* 'uovo in padella', a Como: *(in) cereghèt* 'si dice delle uova cotte in tegame col tuorlo intero'; piemontese: *öu al ceighìn*).
Dal latino *clērica* per la forma rotonda del tuorlo intatto, o più probabilmente da *clēricus* 'chieric(hett)o', a causa dei colori bianco e rosso come la tunicella e la cotta di colui che serve le funzioni solenni, sull'esempio di altre denominazioni popolari di fiori e insetti, che si richiamano a 'prete', 'vescovo', 'papa' [Bracchi 1983]. M.

**ciriminģìt,** sm. (piemontese). 'Fraggiracolo'.
Secondo il DEI si tratterebbe di una parola composta con un secondo elemento che potrebbe riflettere il latino *Aegyptius* nel senso di 'scuro, nero', mentre la prima

parte richiamerebbe voci come il salentino *cicivizzu* (e varianti), nel pugliese (tarantino) *ciciuvizzë* 'bagolaro, fraggiracolo (*Celtis australis*)' e anche 'frutto del biancospino'. Tale interpretazione non pare accolta dal LEI che non menziona tra i riflessi di *Aegyptius* la voce piemontese; anche il confronto con le forme meridionali non pare pertinente. Esse sono comunque riportate da Rohlfs 1956 ad un greco parlato **zizyphítsion* 'piccola giuggiola'. La parola *cirimingìt* rimane perciò di origine non chiarita [DEI; Gribaudo-Seglie 1972-75]. M.

**ciriméu,** sm. (calabrese). 'Uomo cattivo, di aspetto truce', 'energumeno'.

Letteralmente, 'cireneo, da *Cirène*, in Africa'. Il significato è molto lontano da quello comunemente attribuito a *cireneo*, che, nel ricordo evangelico, è quel Simone di Cirene, il quale, mentre tornava dai campi, fu costretto ad aiutare Cristo a portare la croce. A questo si riferisce certamente la definizione che di *ciriméu* si dà a San Giovanni in Fiore: oltre che «persona cavillosa, brutto ceffo», anche «chi deve sobbarcarsi a impegni vari per conto d'altri» (Prisco 1984). C.

**ciriulà,** v. (laziale). 'Fingere, mancare di parola', a Roma 'promettere e non mantenere', 'sottrarsi per qualche tempo al lavoro in barba al padrone' (anche *pijà una ciriòla*), ed altresì 'condursi in modo equivoco, deviando nascostamente dalla retta via'; ma dovrebbe essere in uso anche il senso di 'dimenarsi (come un'anguilla)'.

Denominale di *ciriòla* 'persona che non mantiene la parola data ed è falsa', che si comporta, cioè, come un'anguilla, che sguscia via (*ciriòla* è l'anguilla piccola e sottile, voce dialettale d'area laziale e marchigiana, secondo DEI) [Merlo 1941].

P. P. PASOLINI: *Era sospeso in aria, tenuto alto sotto le braccia dei poliziotti, ma continuava a dare calci e a ciriolare* (cit. in GDLI III 193). C.

**cìrma,** sf. (calabrese; lucano e campano, nel Cilento: *cirmu* sm.), 'piccolo sacco di pelle o di tela'; (abruzzese: *celmë, cèlëmë*), «sacchetto per grano; calza per far scolare il vino; panno di lana con cui si facevano sacchi» (Giammarco 1985).

Voci di etimologia controversa, potrebbero riflettere il greco *kírba* 'piccolo sacco' come pensa Rohlfs 1964; diversamente Alessio 1976, richiamando anche il ligure antico «*kilma lini*», lo spagnolo *quilma* 'sacco' (quest'ultimo ricondotto da Corominas all'arabo *qirba* 'otre'), ritiene di poter postulare un latino parlato **quilma* sorto dall'incontro tra le voci greche *kírba* e *chilōma* 'foraggio'. M.

**cirmuliàri,** v. (siciliano), 'parlottare, chiacchierare; bisbigliare; brontolare', anche *ciarmuliàre, cirmuniàre*; nel ragusano *ciarmuliàri* vale 'augurare male ad una persona, rimpiangere continuamente una cosa di cui ci si sente ingiustamente privati'; *ciarmuliàri* (calabrese meridionale), 'affascinare, ammaliare'.

Sono derivati di *ciarmari* (siciliano), *ciarmare* e *carmare* (calabrese) 'esercitare pratiche magiche, incantare', normannismo da *charmer* con analogo significato e a sua volta derivato del latino *carmināre* 'far versi, incantare'. Il francesismo è noto altrove, in particolare nel salentino *carmare*, campano *ngiarmà*, abruzzese *ngiarmà, ciarmà*, lombardo (milanese) *ingermà*, italiano *ciarmare* (XVI sec.), veneto (polesano) *ingermare* 'ingannare', piemontese *anciarmè* 'fermare'. Sono deverbali di *ciarmuliàri* (e varianti) le voci siciliane *ciarmulìu, cirmulìu* (e varianti) 'cicaleccio, brusio', di *ciarmà, ngiarmà*, l'abruzzese *ciarmë* 'parlare insinuando', calabrese *ngiarmu* 'astuzia' [Mazzucchi 1907; DEI; REWS; Brero 1982; VES].

G. BONAVIRI: *Guardavamo sempre verso il pianoro, che era tutto una vampa, e vi vedevamo arrivare altri soldati con secchi pieni d'acqua. Sentivamo il loro cirmunìo, ma v'era molta distanza e le voci non erano chiare, come fossero strozzate da imbuti* (*Il fiume di pietra*, Torino 1979, p. 13). M.

**cirnècu,** sm. (siciliano, anche sf.: *cirnèca*). 'Cane di piccola taglia, adatto alla caccia'.

O dal francese *charnaigre* 'specie di cane da caccia' (francese antico *charnegou*, provenzale *charnegue* 'meticcio di levriero'), che spiegherebbe anche il calabrese meridionale *ciarneca, cernieca* 'raganella di Pasqua', o, meglio, dal grecismo latino **cyr(e)naecus* '(cane) cirenaico' [DEI; Rohlfs; DELI; Sgroi 1991].

G. TOMASI DI LAMPEDUSA: *Il cane Romeo che latrava breve in un cantone era il trisnipote rassomigliantissimo di un altro cernieco compagno suo nei violenti giochi* (*Il Gattopardo*, Milano 1969, p. 250). – V. CONSOLO: *Chiedi pietà ai corvi, perdono ai cirnechi vagabondi, ascolta, non tremare, l'ululato* (*Le pietre di Pantalica*, Milano 1988, p. 42). C.

**ciròbbisi,** sm. (siciliano). «Sostanza resinosa con la quale le api rivestono l'alveare, pròpoli», anche *ciròbbica, ciròbbisu*, a Tripi (nel messinese) «cerume degli orecchi» (Piccitto 1977).

Dal greco *chērópissos* 'pece di cera' [Rohlfs 1977a]. M.

**cìrru,** sm. (siciliano), 'rondine di mare'; (calabrese), 'specie di gabbiano'; entrambe specie della famiglia *laridae* (Alessio 1976).

Il termine è ricondotto dal DEI al latino *ciris* (sf.) 'un uccello marino' (dal greco *kêiris* 'alcione'). Non è escluso che la voce fosse accostata al greco *kírros* 'di color biondo-rosso' «specialmente se era riferita al gabbiano roseo (*Larus Genei*), frequente in Sicilia e in Sardegna, che spiegherebbe l'aggeminazione di *r*» (Alessio 1976). M.

**cirùsu,** agg. (siciliano). 'Dell'uovo appena bollito, ancora da bere', 'pallido', anche *ciurusu*.

Derivato da *cera*, con probabile sviluppo autonomo nonostante un parallelo nello spagnolo *huevo encerado* 'uovo fra sodo e tenero, ancora da bere'; anche una derivazione diretta dal latino *cerōsus* non è pertinente dato che lo stesso italiano *ceroso* è voce tarda e significa solo 'che contiene cera, simile a cera'. Nella variante *ciurusu*, predominante a Palermo, non è chiaro *ciu-* rispetto a *ci-* [VES]. M.

**cisàmpa,** sf. (piemontese; trentino, a Viarago: *cišampa*, a Roncegno: *sišampa*). 'Brina, rugiada congelata'.

Le voci si collegano a quelle galloromanze meridionali (*césampa, sisampa* e altre varianti) che designano 'brezza fredda', 'tormenta di neve' e per le quali è stata ricostruita una base prelatina **cisampa* 'brezza'; potrebbe rientrare in questa famiglia di parole il toscano (lucchese) *disàmpola* 'vento leggero'. Se non fosse per la pertinenza dei confronti con le forme galloromanze e piemontesi, le voci trentine potrebbero richiamare quelle della prossima area veneta di *zišara, sišara* 'brinata, nebbia fitta congelata', nel bellunese (Val di Zoldo) *nef zìšara*, 'nevischio', friulano *žise, žīs* «nevischio, neve minutissima e rada, quasi nebbia gelata [...] nebbia gelata sulle piante» (Nuovo Pirona 1992), nomi «accennanti al friggere del nevischio che cade, anche spinto dal vento» (Prati 1968), quindi di origine imitativa come il trentino *sišàr* 'grillare', il veneziano *sisàr* 'fischiare (dell'orecchio)', il bellunese *cisolàr* 'frigolare' ed altre [FEW; DEI]. M.

**cìsca,** sf. (siciliano, anche *scisca* e varianti; calabrese: *bisca, jìsca*). 'Secchia da mungere'.

Dal latino *fiscŭla* 'cestello', attraverso un latino parlato **flisca* con metatesi e con evoluzione di significato (non è necessaria l'ipotesi a cui accenna Rohlfs 1977 di un incrocio tra **flasca* 'fiasca' e *sicla* per il latino classico *sitŭla* 'secchia') [DEI; Alessio 1976]. M.

**cislónga,** sf. (toscano; piemontese: *sislùnga*). 'Canapè, sofà, ottomana'.

Dal francese *chaise longue*, letteralmente 'sedia lunga'.

M. Venturi: *E io posso distendermi sulla gislonga e sospirare rilassato* (*Sconfitti sul campo*, Milano 1982, p. 77). C.

**cìsma,** sf. (veneto: veneziano), 'borzacchino, stivaletto a mezza gamba senza mostre e rovescio'; (lombardo: mantovano), «stivalone lunghissimo che copre tutta la gamba e serve per riparo quando si va nell'acqua delle risaie, come vedesi nelle nostre valli. La pelle però di cui son fatti è arrendevole acciò la gamba possa piegarsi in andare. Per metafora dicesi Cisma a qualunque scarpaccia scadente e malfatta» (Barozzi-Beduschi 1982).

Dal turco *cizme* 'stivale' diffuso in tutta la penisola balcanica, oltre che in Polonia e Ungheria [Pellegrini 1972]. C.

**cìsta,** nella locuz. *eser, restàr cista* (veneto giuliano). 'Essere al verde', 'restar pulito (al gioco)'.

*Cista*, che si usa anche assolutamente e che ha dato origine al verbo zaratino *cistàr* 'spogliare uno di ogni suo avere' con altri derivati, è adattamento dell'aggettivo croato *cist* 'netto, pulito', da cui il verbo *cìstiti* 'nettare, far pulizia'. C.

**citàllë,** sf. (abruzzese; marchigiano, a Cagli: *ac'tèlla*; calabrese: *acitèlla*). 'Vino cattivo, tendente all'acido'.

Dalla voce dialettale *(a)citë* 'aceto' [LEI]. C.

**cìtrë,** sm. (molisano). 'Bambino, piccino'.

Sta per *cìtëlë, cìtërë* e varianti (abruzzese e molisano) da *cittë*, da una voce infantile fonosimbolica per indicare qualcosa di 'piccolo', attraverso la forma *cìtërë* [Giammarco 1968 e 1985].

F. Ciampitti: *Dormiremo dentro la* cunnola. *Tu Pasqualino ci stai bene, citro*! (in N. Santilli, *Pagine molisane*, Roma 1979, p. 53). C.

**ciucó(u)na,** sm. (emiliano). 'Scampanata'.

Come altre denominazioni alternative della stessa area (*ciucàda, ciochèda*), da una base onomatopeica *ciòc*, imitativa del rumore che si fa battendo soprattutto su oggetti metallici.

C. Zavattini: *se ne sono persi tanti [usi], come la* ciucuna*: quando fra due c'era un amore poco regolare o si sposavano troppo vecchi, il paese gli capitava sotto le finestre, prima aspettava che i due erano a letto poi saltavano fuori con latte pentole coperchi campanelli da buoi e un anno si aprì la finestra e l'uomo in camicia sparò una fucilata* (*Un paese*, Milano 1974, p. 27). – R. Malaguti: *le due donne mi spiegarono che doveva trattarsi della "cioccona", fatta per beffeggiare il matrimonio avvenuto tra due vedovi del luogo. Mi recai sul posto per rendermi conto personalmente del fatto. Vidi un centinaio di persone di ogni età picchiare rumorosamente su barattoli, schioccare fruste e scorrazzare e schiamazzare davanti alla casa, dove i due novelli sposi si erano tappati. Mentre le persone più anziane sostavano ai margini della strada per osservare quel becero tramestio, la «cioccona» si prolungò sino a tarda notte. Si ripeté poi per qualche sera. Era un costume di origine feudale, per mettere alla gogna i vedovi che si fossero rifiutati di praticare ufficialmente la castità* (*Lo scontro di classe*, Milano 1978, p. 42). C.

**ciuènda,** sf. (piemontese: anche *cioènda*; ligure: anche *ciovènda*), 'siepe'; (calabrese *chiudènnë, chiudèrna*; siciliano: *ciurènna*), 'lastra di ferro per chiudere la bocca del forno'; (siciliano: *ciurènna*; calabrese: *chiudenna, chiudenda, chiurenda*), 'pezzo di terreno chiuso'.

Come l'italiano *chiudenda* 'luogo recintato', proviene da un latino *claudenda* 'che è da chiudere' (*claudere*, nel parlato **cludere*)' [DEI; FEW]. C.

**ciügiàn-a,** sf. (ligure). 'Fumo addensato alle mura che pel tempo umido si scioglie e cola'.

Dal latino parlato **pluviāna*, derivato di *plŭvia* 'pioggia' [Plomteux 1975]. C.

**ciugnè,** v. (piemontese). 'Ammiccare, chiudere gli occhi'; nel valsesiano *ciugnèe* 'velarsi gli occhi per non vedere, al gioco della moscacieca', *fèe ciugn* 'ammiccare con gli occhi, far segno'.

Dall'antico francese *cluigner (les ieuz)* 'fermare gli occhi' (dal latino parlato **claudiniāre* 'chiudere') [FEW; DEI]. M.

**ciùla,** sf. (piemontese: anche *ciòla*). 'Scroto', 'membro virile' e figuratamente 'stupido'. Sta a capo di una numerosa famiglia di derivati, da *ciolìn* 'membro virile' (*ciòla* in lombardo) a *ciolé* 'copulare' e poi, come è avvenuto per *buggerare, chiavare, fregare* ecc., 'ingannare'.

Dato il significato iniziale, non è azzardato risalire, come per l'italiano *coglia*, al latino *cŏlea*, plurale neutro accanto al maschile *cŏlei* 'testicoli', ma, mentre per il sinonimo *coja* 'testicoli' e 'schiocchezze' lo svolgimento appare regolare, il passaggio fonetico da *cŏlea* a *ciula* presuppone uno stadio intermedio **chjola*. Una diversa interpretazione etimologica (proposta da Zamboni) è fondata su un latino parlato **cionŭlus* derivato da **cionus* di provenienza greca, da *kíōn, -onos* 'colonnetta, birillo' con i vari traslati [Salvioni in una nota a p. 378 dell'«Archivio glottologico italiano» 16, 1902-05; Levi 1927; Zamboni 1975]. C.

**ciupegà(r),** v. (ligure; veneto, Polesine: *ciopegàre*). 'Zoppicare'.

Da un latino parlato **cloppicāre* 'zoppicare' di complicata origine e formazione [Merlo 1941-57; REWS; Azaretti 1982]. C.

**ciupìn,** sm. (ligure occidentale). 'Zuppa di pesce', 'specie di cacciucco', anche *ciüpìn, cioppìn*; la pietanza è stata esportata da emigranti liguri in California dove è ben nota come *cioppino* (tale è la forma registrata anche nei menu; probabilmente il prestito è stato favorito dalla presenza dell'inglese *to chop* 'tritare').

La parola rientra tra le varianti di *zuppa*, alla cui base si pone un germanico **suppa* 'zuppa di pesce' (attestato da Oribasio, 500 ca.), che ha dato in area galloromanza forme con *s-* (francese *soupe*), in area italoromanza anche con *z-* e *ż-*, per cui si suppone una forma parallela **ts-*; la presenza dell'affricata palatale *č-* è rara e oltre all'attestazione ligure si richiama il provenzale *chop* 'umido' [Frisoni 1910; FEW; Carli 1973; Accame-Petracco Sicardi 1981]. M.

**ciùrcia,** sf. (pugliese: Gargano). 'Bambina'.

Si tratta del serbocroato *curica* (pronunciato *zùriza*), di analogo significato, relitto lessicale di antiche colonie slave sul Gargano [Rohlfs 1972]. M.

**ciùri,** sm. (salentino). 'Padre'.

Dal greco *kýrios* 'signore, padrone', da cui anche *Cìrio* 'Signore, Dio' pure dal salentino [Rohlfs 1961]. M.

**ciùtora,** sf. (friulano), 'bottaccino in forma di piccolo orcio rigonfio di coccio o di maiolica, per portare da bere durante i lavori in campagna'; (ladino centrale: *ciùtera*; trentino: *ciùtra*), 'fiaschetta piatta con fodera di pelle o vimini; borraccia; zucca per l'acqua'.

Le voci provengono assai verosimilmente da una analoga parola diffusa in tutta l'area balcanica per indicare in genere 'borraccia' e simili, penetrata nell'Italia nordorientale mediante popolazioni non stanziali, come per esempio i pastori [Marcato 1984a]. M.

**ciuttà(re),** v. (toscano: isola d'Elba; còrso: anche *ciottà*). 'Tuffare': *ciutta il sole* 'cala la sera, il sole si tuffa in mare' (in corso: *lu sòle si ciòtte*) cioè 'tramonta'.

Più che da identificarsi con il toscano antico *ciottare* 'flagellare, frustare', che ha forse tutt'altra origine (dall'arabismo spagnolo *azote* 'frusta', peraltro non facile nel Trecento), è di probabile origine onomatopeica [Guarnerio 1915; Rohlfs 1979]. C.

**ciutùr,** sm. (romagnolo). 'Tappo per bottiglia, turacciolo'.

Dal latino *cl(a)uditōrius* 'chiuditoio' [Schürr 1978]. M.

**ciuzéta,** sf. (romagnolo). 'Costellazione delle Pleiadi'.

Letteralmente la 'chioccetta' (diminutivo di *ciòza*, che, oltre alle 'Pleiadi', designa più propriamente la 'chioccia', come in altri dialetti: → *ciòca*).

G. Pascoli: *La Chioccetta per l'aia azzurra / va col suo pigolìo di stelle* (cit. in GDLI III 82). C.

**ciużòta,** sf. (romagnolo). 'Vongola'.

Apparsa o riapparsa da poco nell'Alto Adriatico, ha preso il nome dai pescatori che prevalentemente la commerciano, i *Chioggiotti*. Si chiama nello stesso modo anche la caratteristica *pipa ciożota* 'pipa chioggiotta' dei marinai, fatta di terracotta (e perciò detta anche *(pèpa) caraténa*, di *caranto* 'sasso' (→ *garavlè(r)*), se non vuol dire 'della *Carinzia*') e con la cannuccia di vegetale. C.

**civìle,** agg. (marchigiano). 'Di carnagione chiara e delicata'.

Riflesso dell'opposizione popolare fra classi alte, dalla pelle chiara, e classi subalterne, dalla pelle scura per la continua esposizione al sole durante il lavoro. C.

**civòn,** sm. (friulano, con varianti: *cigòn*, *ziòn*, *sivòn* ed altre; trentino: *cigòtol*, *sigòtol*). 'Tutolo', in friulano anche 'pannocchia immatura o imperfetta del granoturco; torsolo'.

Parole ricondotte ad una voce elementare **cik(k)* 'piccolo' [REW; Prati 1968; Pellegrini-Marcato 1992: 492]. M.

**cìža,** sf. (ladino-veneto; ladino centrale: livinallese; badiotto, marebbano *cìscia*). 'Federa'. È usato in espressioni del tipo *cìscia del plumàc'* 'federe del cuscino da testa', *cìscia da cal gran lèt* 'federa del piumino imbottito'.

Dal medio alto tedesco *Zieche*, tirolese *Zieche* 'federa, copriletto' [Tagliavini 1934; EWD; Pallabazzer]. C.

**clànfar,** sm. (friulano, nel goriziano; veneto giuliano). 'Lattoniere', anche *clànfer*.

Dal tedesco austriaco *Klampfner* di analogo significato, anche se non si può escludere la mediazione dello sloveno *klâmfar, klânfar* [Faggin 1981; Doria 1986]. M.

**clàpe,** sf. (friulano). 'Combriccola, compagnia'.

Derivato da un *clappāre* 'riunire insieme', forma metatetica di *cap(u)lāre* da *căpulum* 'cappio'; la voce friulana è passata al triestino *clapa* e da qui al croato [Doria 1987]. M.

**claz,** sm. (veneto bisiacco). «Pezzo della base del vimine che viene reciso prima o durante la lavorazione del cesto» (Domini 1985), anche nella variante *claŝi* «venchi sistemati a raggera per fare il fondo delle ceste» (Rosamani 1958).

La parola *claŝi* è un plurale, ma anche *claz* è assai verosimilmente un plurale rappresentante una forma fossile di plurale sigmatico di tipo friulano (che è la parlata con cui il veneto bisiacco confina). Alla base di *claŝi/claz* si può individuare un *clat* corrispondente a *clāt* 'ramo sfrondato d'abete', termine registrato nel friulano carnico (a Rigolato). All'origine di questa parola potrebbe esserci, per tramite del latino regionale, il greco *kládos* 'ramo, rampollo', derivato dal verbo *kláō* 'spezzo', da cui anche *klasis* 'rottura, frattura', affine al latino *clades* 'danno, flagello', che allude in particolare all'abbattere, infrangere rami, piante ecc. da tempesta [Pellegrini 1987]. M.

**clazión,** sf. (romagnolo, a Lugo: *cazión*). 'Colazione', «tipica, un tempo della gente del popolo, che non conosceva il caffelatte, il pane, il burro e la marmellata. La *clazión* era qualcosa di più semplice e solido: consisteva quasi sempre di avanzi di cibi della precedente giornata: due pesci freddi, un tocchetto di carne, un pezzo di frittata, una punta di formaggio, il tutto accompagnato da un tocco di pane e da un 'quartino'. La *clazión* non si fa in casa, o raramente. Si fa *t la cantéina*, per gustarla insieme agli amici, o sul posto di lavoro» (Quondamatteo 1982).

«La *cazión*, comprende tutto ciò che può essere mangiato di mattina, con la sola esclusione del caffelatte, tant'è vero che dovendo mescere da bere a qualcuno prima di mezzogiorno è buona norma chiedere: "*avìv fàt cazión o avìv dbù e cafelàt?*"» (Pelliciardi 1977: 82).

Voci corrispondenti all'italiano *colazione*, dal latino *collationem* propriamente 'il portare insieme'. M.

**clèr,** sf. (lombardo). 'Saracinesca avvolgibile con aperture o a maglie per permettere la sorveglianza del negozio dall'esterno'.

Dal francese *claire-voie*, letteralmente 'chiara vista', usato fin dal Medioevo per indicare una gabbia a graticci [Migliorini 1963; Cortelazzo 1972].

G. E. Luraghi: *E quando ci sono gli scioperi tiro giù la mia brava cler del negozio e sto sulle mie, senza darci fastidio a nessuno* (*Due Milanesi alle Piramidi*, Milano 1966, p. 136). C.

**clìnto,** sm. (friulano, anche *clìnton*; veneto, anche *crinto*, *grinto*, *crintón*; veneto giuliano; romagnolo; ligure, in Val Graveglia: *crintu*). 'Vite clinton, varietà americana di uva nera, resistente alla fillossera, e il vino che se ne produce'.

Dalla voce angloamericana *clinton*, in origine come nome di una città degli Stati Uniti (Clinton) da dove trae origine il vitigno, oppure dal nome dello statista e naturalista americano De Witt Clinton (1769-1828); in qualche caso si rileva intrusione paretimologia di *grinta*, *grintoso*, perché vino asprigno [Prati 1968; Plomteux 1975; Zamboni 1986; Bondardo 1986; DESF].

P. P. Pasolini: *Gli altri erano ancora là che giocavano dentro la stalla, in maniche di camicia, immersi nelle loro partite, con gli occhi che gli luccicavano per quel po' di vino clinto che avevano bevuto nel bicchieretto dei Pereisson* (*Il sogno di una cosa*, Milano 1962, p. 148). – P. M. Pasi-

NETTI: *Poi vennero vari altri, ed è anche per questo che ricorderò sempre nettamente la serata: incontrai per la prima volta Beatrice Clinton. Il nome, come succede, non mi suscitò né allora né poi le evocazioni ovvie: del resto Beatrice qui si pronuncia qualcosa come Bitris; e ciò che noi intendiamo per Clinton, ossia un vino semplice e un po' pazzo con vago sapore di ciliegie, nella campagna veneta sua vera patria è detto clinto quando non è addirittura detto crinto* (*Il ponte dell'Accademia*, Milano 1986, p. 43). M.

**clip,** sm. (friulano). 'Tepore'.
Da un **těp(u)lus*, attraverso **tlep(u)* con metatesi, che ha sostituito *tĕpidus* [REW]. M.

**clòmper,** sm. (ladino centrale: Livinallongo, in Comelico: *clàmpar*, in Val Badia: *tlòmper, clòmper*). 'Stagnino'.
Dal tirolese *Klämperer, Klamperer* (tedesco *Klempner*) [Tagliavini 1926 e 1934]. M.

**clònc,** sm. (friulano, in Carnia). «Pezzo di legno, per lo più di faggio, appuntito da un lato, lungo circa 25 cm, con un foro verso la punta per fermarvi il capo a nodo d'una cordicella, e con un intaglio a dente dall'altra parte, che termina con una pallottola. La cordicella, dopo aver circondato il fascio di fieno o di altro, si passa nel cavo del dente, si fa scorrere per stringere il fascio e s'avvolge quindi per fermarla intorno al clonc fin sotto la pallottola» (Nuovo Pirona 1935).
Voce di origine germanica (e non dallo sloveno *klonek* 'specie di trappola per catturare uccelli', come in DESF); dal medio alto tedesco *klank* 'laccio, nodo'; si confronta con termini di località alloglotte tedesche come *khlonkh* 'laccio' a Sappada (Belluno), *kloum* 'spola per stringere la corda che trattiene il fascio di fieno' a Timau (Udine) [Pellegrini-Marcato 1992: 669-70]. M.

**clupà,** v. (friulano). 'Dondolare', 'sonnecchiare'.
Variante di *clopà* 'vacillare, tentennare', dal latino *cloppus* 'zoppo' [REW; DESF]. C.

**clur,** sm. e sf. (emiliano, anche *clora* sf.; romagnolo; lombardo settentrionale: *culòr*; piemontese, nel valsesiano: *clöra* sf.). 'Nocciolo (pianta)', in qualche caso anche il frutto (come nell'emiliano *clora*).
Dal latino **colureus* in origine forma aggettivale di **cŏlurus* per *cŏrylus* 'nocciolo, avellana'. Dalla forma **cŏlurus* per *cŏrylus* dipendono il trentino *còler* e *còlär* (in Val Rendena, solo nell'espressione: *lögna di còlär* 'legno di nocciolo'), il ticinese *còlar*, il ligure occidentale *còllaru* [AIS; DEI s.v. *clura*; Violi 1982; Tomasini 1989].
F. GUCCINI: *e sorbe e noci e culóre e nespole e tò, te scoppiassi, datteri e fighi secchi* (*Cròniche epafániche*, Milano 1989, p. 85). M.

**cnèili,** sm. plur. (ladino centrale, anche *chenédel, cnéderli* e altre forme; trentino: *canéderli*), 'specie di gnocchi o palle di semolino (o pane grattato) e carne'; (ladino veneto, nell'Agordino: *canéderli*), «piatto tradizionale della cucina locale, costituito da palle cotte nel brodo e fatte di farina, uova, salame o spék o formaggio tagliati a pezzetti e cotti nell'unto» (Pallabazzer).
Dal tedesco *Knödel* che designa una preparazione simile; nell'Agordino «il termine è più ricercato dell'usuale *balòte*» (Pallabazzer), da *bala* 'palla' per la forma [Tagliavini 1988: 42]. M.

**coarantìa de San Martìn,** locuz. sostant. (veneto centro-meridionale). 'Periodo di quaranta giorni durante il quale si mettevano a dimora le piante legnose'.
La 'quarantìa' è definita dai venti giorni prima e venti giorni dopo San Martino (11 novembre) [Battaglia 1989]. M.

**cóbi,** sm. (lombardo; emiliano, anche *cùbi*). 'Giaciglio', col denominale *cubià* 'dormire' in area lombarda.
Voci assegnate dal REW ad un latino parlato **cubium* 'giaciglio' (tratto da *cubāre* 'giacere'), base che sarebbe richiesta anche dal rumeno *cuib* 'nido'; l'ipotesi, tuttavia, almeno per quanto riguarda quest'ultima forma, è considerata incerta [DEI; Cioranescu 1966]. M.

**cocàl,** sm. (veneto: anche *crocàl*; veneto giuliano; friulano). 'Gabbiano'; in senso metaforico, 'uomo semplice, sciocco, stolto', specie nel denominale *incocalìrse* 'instupidirsi'.
I pareri si dividono tra un'origine onomatopeica dal grido dell'uccello *cò*, *crò* e una derivazione dal greco *kaukalías* 'nome di un uccello non identificato' [Prati 1968; Bondardo 1986; Doria 1987]. C.

**còccalu,** sm. (calabrese, con varianti; salentino). 'Cranio, teschio'.
Dal greco bizantino *kókkalon* 'osso' [DEI; Rohlfs 1956 e 1977]. M.

**còcchjë,** sf. (abruzzese), 'guscio dell'uovo'; (calabrese: *cócchia*, *córchia*), 'buccia; guscio dell'uovo; guscio della chiocciola; scorza d'albero; mallo della noce; crosta del pane' e traslato 'donna vecchia e brutta'.
Dal latino *cochlea* 'chiocciola' e 'guscio della chiocciola'; stessa origine ha il marchigiano *còcchia* 'pudenda femminile' dal significato più antico di 'cotica, cotenna'. Alla base *cochlea* sarà da ricondurre anche il calabrese *cròcchia*, attraverso *corchia* per *cocchia*, 'grillotalpa; specie di ragno', lucano *còrchjë* 'grillotalpa' e anche 'topo di campagna' e in senso fig. anche 'donna bassa e tarchiata' [REW; DEI; Rohlfs 1977; Greco 1991; Luciano 1992]. M.

**cócciu,** sm. (calabrese; siciliano), 'granello, acino, vinacciolo; foruncolo'; (calabrese, al plur.: *cuócci*, *cocci* e sf. *cóccia*), 'vaiolo'.
Voce rifatta a partire dal plurale *cocci* di una forma *coccu* a sua volta dal latino *coccus* o *coccum* 'granello'; Rohlfs 1977 non esclude una diversa interpretazione da un greco parlato **kókkion* per il classico *kokkíon* 'granello' [DEI s.v. *còccio*]. M.

**cócciulu,** sm. (salentino: Gallipoli). 'Furbo': *si cócciulu te*!
Propriamente è il nome della 'chiocciola marina', di cui si racconta la gara intrapresa col delfino e fraudolentemente vinta: «Il *cócciulu* pattuì col delfino una gara di nuoto e per la sua inferiorità fisica ottenne di portarsi sulla punta sporgente d'uno scoglio e di dare il comando di uno-due-tre; fra il due e il tre saltò sulla coda del delfino che inconsapevolmente lo portò alla méta, e, qui pervenuto, il delfino fece dietro-front con la sicurezza di vedere lontano l'antagonista e beffarlo, ma il furbone profittò per saltare sull'altro scoglio-méta, e di là dette voce "sono arrivato prima di te", al che il delfino si rivolse da capo e si riconobbe vinto, senza accorgersi che il beffato era rimasto lui» (Roberti 1971-73). La storiella, anche con altri protagonisti, è simile a quella, antichissima, fra lo scricciolo e l'aquila (→ *ré d'uccèlli*), ed è ripetuta in tutti i porti del Tirreno (Cortelazzo 1989: 517-519). C.

**cococciàta,** sf. (laziale: Mompeo Sabino). «Zuppa fatta con zucchine, pomodoro, cipolla, olio, sale, basilico; in genere si versa sopra fette di pane» (Raspini 1991).
Dal dialettale *cococcia* 'zucca' (dal latino tardo *cucutia*

'sorta di frutto', da cui *cocuzza*, *cucuzza* in vari dialetti meridionali) [REW]. M.

**cocón,** sm. (piemontese). 'Fungo reale, *Agaricus caesareus*', mentre l'*Agaricus aurantiaeus* è chiamato *coconétte*.

Rientra nella numerosa famiglia dei derivati del latino *coccum*, in genere 'nocciolo di una pianta, bacca, coccola'. C.

**cócula,** sf. (calabrese). 'Glande del pene'.

Uno dei tanti significati, diffusi in tutta Italia col senso di base di 'oggetto rotondo', che il latino parlato **coccŭla* 'palla' (diminutivo di *cŏccum* 'granello', 'nocciolo', 'bacca') ha sviluppato. Tra i numerosi riflessi dialettali vi sono il friulano *còcule*, il ladino centrale (Comelico) *cùcola* 'noce (frutto)', l'abruzzese *còcchëlë* 'baccello, guscio di semi', il napoletano *còccalë* 'guscio della noce', il lucano *còchëlë*, il calabrese *còcula* 'coccola del ginepro; tuorlo'. Taluni esiti di **coccŭla* possono essere incrociati con quelli di **cocula* dal latino *cochlea* 'chiocciola', 'guscio della chiocciola' [REW; DEI s.v. *còcola*; REWS; Rohlfs 1977; DESF].

L. Asprea: *Arrivati lì, si sbottonò i pantaloni e tirò fuori una fioraccia sporca, ma grande grande, con la cocola scoperchiata* (*Il previtocciolo*, Milano 1971, p. 53). C.

**códa de zèfero,** locuz. sostant. (campano: Napoli; toscano, in Versilia). 'Tromba marina'.

Da → *zìfera*. *Coda*, qui, come in altri casi, è propriamente la 'formazione iniziale della tromba marina' [Cortelazzo 1965]. C.

**còda di pècora,** sf. (campano, a Ischia). «Pulicaria, *Pulicaria odora*» (Penzig 1924).

Cosiddetta per l'aspetto lanoso [DEI]. M.

**coḍḍàre,** v. (calabrese, anche *collàre, collari, cullare*), 'sparire dalla vista, allontanarsi, tramontare' *colla lu sule, coḍḍa u suli* 'il sole tramonta'; (siciliano: *cuḍḍàri*), 'calare, tramontare'.

Voci derivate dal latino *collis* 'colle' ed affini perciò a *tramontare*; stessa origine ha pure il corso *cuddàri* 'salire' [DEI; Rohlfs 1977]. M.

**codèr,** sm. (veneto; ladino centrale; trentino; friulano: *codàr*; lombardo: *codè*; piemontese: *cuè*, *cuvè*; emiliano: *cudàr*; romagnolo: *cudér*). 'Portacote', astuccio per lo più di legno o ricavato da un corno di bue, ripieno d'acqua, che il contadino porta alla cintura e che contiene la cote, pietra abrasiva per affilare le lame degli utensili da taglio.

Dal latino parlato **cotārium* 'fodero per la cote'; dalla variante **cotiārium* derivano il trentino e lombardo orientale *cozàr*, *cuzér* [DEI s.v. *codè*; REWS; Pellegrini-Marcato 1988]. M.

**codìndio,** inter. (veneto giuliano: Trieste). 'Acciderba'.

Doppia occultazione di *(por)co e Di(ndi)o* [Doria 1987]. C.

**còem,** nella locuz. *nar a còem* (trentino: Rovereto). 'Morire' (di persone), 'perdere' (di oggetti).

Dal tedesco *heimgeben*, in dialetto *hoamgehen*, letteralmente 'andare, tornare a casa', in senso figurato 'morire' [Schneller 1870: 133]. C.

**coevìa,** agg. (veneto: Venezia). 'Stupido'.

Come → *buevìa*, è un modo di occultare l'offesa più cruda di 'coglione': *co* con quel che segue. C.

**còfe,** agg. (veneto giuliano). 'Scimunito'.

Di largo impiego, risale al tedesco *Kopfweh* 'matto' (letteralmente 'malato in testa') [Doria 1987]. C.

**có gliù pìlo, sénza gliù pìlo,** locuz. (laziale: romanesco). 'Comando che si darebbe, al ballo, ai Ciociari, ai quali è stato legato un pezzo di vello di capra ad una gamba, perché alzassero quella o l'altra a seconda dell'ordine dato'. Simile cosa si racconta delle reclute calabresi per abituarle al comando di destra e sinistra.

Da *pilo* 'pelo', inteso come 'pelo di capra'. C.

**cogólo,** sm. (veneto; friulano: anche *cogój*; emiliano: *cogól*; a Ferrara *cugól*; lombardo, a Mantova: *cùgol*). 'Rete da pesca a forma di sacco conico'.

Dal latino *cucullus* 'cappuccio' per la forma del sacco [Schuchardt 1905; *Dizionario di marina* 1937].

P. De Domenico: *cogolli, reti, remi, piombi, matasse di filo* (*La barca dorata*, Gardolo di Trento 1989, p. 116). C.

**còia,** sf. (toscano: Grosseto). 'Crosta, corteccia del pane'.

Dal latino *cŏria*, neutro plurale di *cŏrium* 'cuoio' [DEI]. M.

**còise,** v. (marchigiano). 'Andare d'accordo'.

Letteralmente 'cogliersi'. C.

**cól,** sm. (marchigiano: anche *cola* e *colondèr*). 'Grondaia'.

Dal verbo latino *colāre* 'filtrare', da cui il senso di 'sgocciolare' e l'abruzzese *culàmë* 'pioggerella'.

P. Volponi: *Addio Urbino. Tornerò fra cent'anni dal Belgio e troverò le cole ancora più rotte* (*La strada per Roma*, Torino 1991, p. 113). C.

**còla[1],** sf. (ladino centrale, anche sm. *còlo*; veneto, nel veronese settentrionale; lombardo, nel bergamasco). 'Aiuola dell'orto; striscia rialzata di terra prodotta dall'aratro; aiuola del giardino'.

Non è un derivato del latino *colĕre* 'coltivare' (REW), ma di *concha* come il tipo → *concól*, *concóla*, di cui rappresenta un forma raccorciata [Bondardo 1986; Pellegrini-Marcato 1992: 537]. M.

**còla[2],** sf. (laziale; campano; abruzzese; pugliese; calabrese; siciliano). 'Gazza, *Pica pica*', in qualche luogo designa anche specie affini come la 'taccola', il 'gracchio'.

Dal nome proprio *(Ni)cola*; in lucano e pugliese la denominazione è presente in forma reduplicata *colacola*. La stessa origine hanno altri zoonimi dialettali tra i quali il campano (irpino) *cola* 'gatto', il calabrese *cola* 'maiale; e *(zu) cola* «nome che si dà al lupo ('zio Nicola')» (Rohlfs 1977) [AIS; DEI]. M.

**colàso,** sm. (ligure). 'Colombaccio, colombo selvatico', anche *gulàso*.

Dal nome proprio *Nicolaus*, come tanti altri nomi di uccelli in Italia e in Francia [Plomteux 1975]. C.

**colàz,** sm. (friulano). 'Ciambella; dolce distintivo della cresima'.

Deriva dallo sloveno *koláč* 'pane pasquale a forma di ruota', ma si tratta di parola ampiamente diffusa nelle lingue balcaniche, compreso l'albanese, da cui è passata al calabrese *cullàcciu* 'sorta di pane intrecciato a corona sormontato da un uovo; treccia di fichi'. La variante slovena è entrata anche nel tedesco austriaco ed è giunta pure nel ladino centrale (Comelico) nella forma *colàze* 'corona di piccole ciambelle', probabilmente attraverso il friulano [Rohlfs 1977; DESF]. M.

**colène,** sf. (friulano, anche *colèda, codèla*). 'Questua tradizionale del 5 di gennaio da parte dei bambini'.

La voce in Friuli è piuttosto sporadica e sicuramente si tratta di un termine proveniente dall'area slava, in cui è molto diffuso; in particolare si noti lo sloveno *koleda* (antico *kolenda*), che indica anche la questua tradizionale che compiono i bambini la notte di Natale andando a cantare di casa in casa; si tratta di derivati dal latino *calĕndae (januāriae)*. La variazione nella forma dei prestiti friulani (*colène* e *colèda*) sono dovute al fatto che nelle voci slave c'è stata un'oscillazione tra *kolenda* e poi *koleda* con perdita definitiva della nasale [DESF]. M.

**colentàre,** v. (laziale meridionale: Sora; siciliano: *culintarì*). 'Bagnare; bagnare da capo a piedi'.

Dal latino *aquilentus* 'acquoso, umido', attraverso un **aculentus* (per cui non è necessario supporre una sovrapposizione di *colare*). Dalla forma *aquilentus* dipende il ticinese *acuirént*, *acuarént* 'acquoso (detto della frutta)' [DEI; LEI]. M.

**colĕ̀stro,** sm. (lombardo, in Valtellina; anche *culéstru*; veneto, a Belluno: *conòstro*; friulano *clostri*). 'Chiavistello', 'piccolo saliscendi di legno per le porte rustiche'.

Dal latino parlato **clōstrum*, che sopravvive anche nel romancio *calu(o)ster* [REW; REWS; DRG]. C.

**colìsa,** sf. (piemontese; ligure), 'guida, canale, scanalatura'; (ligure, in Val Graveglia: *calise*), 'rotaie del treno o dei carrelli nelle miniere'.

Importazione ottocentesca del francese *coulisse*, che ha tutti i significati citati, dal verbo antico *coler* 'far scorrere' [Plomteux 1975]. C.

**colmèlo,** sm. (veneto). 'Pilastro; paracarro', anche *cormèlo*.

Da un latino **columĕllu* per **columnĕllu*, diminutivo di *colŭmna* 'colonna' [Prati 1968]. C.

**còlo,** sm. (toscano, nel grossetano; laziale: Velletri). 'Cavolo'.

Forma registrata dal DEI che la riconduce al latino tardo *caulus* 'cavolo', mentre da *caulis* dipendono le forme settentrionali come l'emiliano *col*, ligure *cou*, piemontese *col* e *coi*, forma in origine di plurale passata anche al galloitalico di Sicilia (*còi* ad Aidone, AIS). M.

**colòbia,** sf. (piemontese; lombardo, anche *coròbia*; ticinese, in Val Bedretto: *cróbi* plur.; trentino: *colòbie* plur.), 'rifiuti di cucina che si danno ai maiali; pastone'; (piemontese, nel valsesiano: *culùbia*), 'sciacquatura'.

Dal latino *collŭvies* 'risciacquatura, sudiciume'; stessa origine hanno il trentino *scolobi* 'vino torbido' e *scolobiàse* 'andare a male', lombardo settentrionale *scolobià*, *scorubià* 'sorbire cibo liquido facendo spiacevole rumore col fiato' [DEI; REWS; Lurati 1968; Gribaudo-Seglie 1972-75]. M.

**colombrìna,** sf. (campano: Napoli; siciliano: *culumbrina*). 'Ragazza poco seria', 'civetta'; a Vittoria *culumprina* è anche una 'donna vestita in modo così eccentrico da dar nell'occhio'.

Da uno dei personaggi principali del teatro dei burattini, la vivace *Colombina*, di cui Pulcinella è innamoratissimo. C.

**colomèlo,** sm. (veneto). 'Elemento verticale, centrale, nella capriata del tetto' (a Venezia), 'colonnina delle pareti del casone' (a Grado; qui anche 'stipite, architrave').

Come → *colmèlo*, dal latino **columĕllu* per **columnĕllu*, derivato da *colŭmna* 'colonna' [Prati 1968; Cortelazzo 1970a]. C.

**colopràta,** sf. (abruzzese, nel teramano). «Laureola, *Daphne laureola*» (Penzig 1924), pianta che ha proprietà purgative.

La voce richiama il calabrese meridionale *culuprena*, *culupreda*, *culupréa* 'laureola' ed anche 'brionia' che pare un adattamento del francese *couleuvrée* 'brionia', pianta che ha proprietà analoghe a quelle delle laureola [DEI; Rohlfs 1977]. M.

**colòr-e-ària,** locuz. (sardo logudorese e campidanese). 'Celeste, azzurro'.

Letteralmente "colore dell'aria". Nell'area nuorese è in uso la dizione *colòr-e-chélu*, propriamente "colore del cielo", che pare un'innovazione del tipo precedente, più diffuso [DES; Giacalone Ramat 1978: 171]. M.

**colòva,** sf. (trentino). 'Nocciola'.

Voce di area isolata, è stata confrontata con la parola *cnú* dell'antico irlandese di significato analogo e come questa ricondotta ad una base celtica **cnova* [AIS; DEI; REWS]. M.

**colsabiàva,** sf. (veneto: Grado). 'Malocchio, maledizione, iettatura'; *i à dào la colsabiava* 'gli hanno dato il malocchio'.

Letteralmente 'calza (*colsa*) celeste (*biava*)' o sbiadita, perché «era la calza che portava il morto sulla bara» (Corbatto 1995); *biava* è il veneto *biavo*, *sbiavo* 'celeste (di colore); sbiadito' (dal latino *blavum*) [Prati 1968]. M.

**coltrìna¹,** sf. (toscano, a Pisa; nell'Amiata: *coittrìna*). 'Vomere'.

Diminutivo di *cóltro* 'vomere' (anche *cóltra* nei dialetti), dal suo nome latino *cŭlter*. C.

**coltrìna²,** sf. (veneto). 'Tendina'.

Dall'italiano *cortina* con immissione di *coltre* [DEI]. C.

**comarègo,** sm. (veneto; trentino). 'Cicaleccio', 'chiacchiere fra donne'.

Dal latino *commater* 'comare' con il suffisso *-aticu*.

P. De Domenico: *Le donne in "comarego" sulla riva, o a ridosso delle case, sferruzzavano al sole pesanti maglioni di lana* (*La barca dorata*, Gardolo di Trento 1989, p. 66). C.

**comàsa,** sf. (veneto giuliano: anche *gamasa*). 'Galoscia, ghetta'; a Pola 'mollettiera', fascia che i soldati usavano avvolgere alle gambe.

Dal tedesco *Gamasche* 'gambale', 'mollettiera' [Doria 1987]. C.

**comàt,** sm. (friulano; veneto: *comàto, comàcio*). 'Collare del cavallo, formato da due archetti di legno uniti superiormente ad angolo acuto, e formanti di sotto una curva abbastanza larga, ove si fermano con un cappio di ferro. È poi coperto di pelle e imbottito di paglia o di crine'.

La voce deriva dallo sloveno *komât* 'collare', a sua volta di origine tedesca; per il veneto *comàto*, o anche *comàcio* (con sostituzione di suffisso) si preferisce pensare, più che ad uno slavismo, ad una derivazione diretta dal medio alto tedesco *komat* 'collare' [Prati 1968; Marcato 1980]. M.

**combàl,** sm. (lombardo). 'Battello, il più grande battello da carico del lago di Como'.

Dal latino *cumba* 'barca', attraverso la sostantivazione di un aggettivo **cumbalis* 'simile alla cumba' [*Dizionario di marina* 1937]. C.

**combrataùrë,** sm. (pugliese: a Bitonto). 'Contadino che sorveglia i lavori campestri per conto del padrone; capoccia, fattore'.

È il latino *comparatōr, -ōris*, derivato da *comparāre* 'procurare, procacciare' [Alessio 1976]. M.

**comparét,** sm. (ladino centrale: Alto Cordevole). «Folletto vestito di rosso e armato di una falce; si tiene nascosto nei campi di fava da cui allontana i saccheggiatori»

(Pallabazzer), in qualche località anche 'spaventapasseri'.

Considerato che il folletto si crede vestito di rosso, probabilmente la denominazione dipende dal tipo → *gambarètol* con sovrapposizione di '*compare*' in quanto protettore dei campi di fava. Il tipo lessicale è attestato isolatamente anche in Friuli, a Pontebba, ove il *comparìtul* «è come un folletto della casa e sta prevalentemente nei muri» (Nicoloso Ciceri 1982: 442) [Marcato 1982]. M.

**comprà', vénde' a ccrài,** locuz. (toscano: Pisa; a Firenze: *comprare, véndere a crìlie*). 'Comprare, vendere a credito'.

Letteralmente 'a domani' con l'uso di *crài* (dal latino *cras* 'domani', che continua nei dialetti del sud, escluso il calabrese meridionale e il siciliano, e in Sardegna) attestato nel toscano antico. L'oblio del significato originario dell'avverbio è confermato da altre locuzioni pisane, come *a ccrài* 'a occhio, senza pesare o misurare' (*vènde' a ccrài*), *a ccrài* 'a ufo' (*mangià' a ccrài*) [Malagoli 1939; Rohlfs 1969]. C.

**comprisìju,** sm. (salentino). 'Cortile della casa'.

Dal latino tardo *compre(n)sīvus* agg. 'che comprende, collettivo' con riferimento al concetto di *comprehĕndere* 'contenere un dato spazio, chiudere, circuire' [Alessio 1976]. M.

**comuniòun,** nella locuz. *fam da comuniòun* (emiliano: a Modena). 'Avere gran fame'.

Letteralmente 'fame da comunione'; l'espressione si rifà alla prescrizione del digiuno dalla mezzanotte fino alla mattina (spesso tarda mattinata) in cui ci si accostava alla Comunione. Connessa con la comunione era anche l'espressione modenese *i bot da comuniòun* riferita ai rintocchi della campana che annunciavano il trasporto del viatico ad un moribondo [Violi 1982]. M.

**conàgio,** sm. (veneto, anche *conàio*; friulano: *conali, conài*; ladino centrale, nel Livinallongo: *conagle*; ladino-veneto, nell'agordino: *conàge, conàje*). 'Caglio, presame'.

Dal latino parlato **conagŭlum* per il classico *coagŭlum* 'latte cagliato' [DEI; Prati 1968; DESF]. M.

**concipìst,** sm. (friulano, nel goriziano). 'Impiegato di concetto'.

Prestito dal tedesco *Konzipist* di analogo significato, voce assunta al tempo dell'amministrazione asburgica nel territorio [Faggin 1981]. M.

**concól,** sm. (veneto trevigiano e bellunese; friulano occidentale; nell'emiliano, romagnolo, marchigiano settentrionale: *cuncóla, concóla* come sf.). 'Porca, striscia rialzata di terra prodotta dall'aratro'.

Voci derivate dal latino *concha* con il suffisso *-ól, óla*, con riferimento alla convessità della porca [AIS; REW; Pellegrini-Marcato 1992: 534-5]. M.

**condaminàr,** v. (emiliano, nel bolognese). 'Regolare'.

Voce registrata dal DEI e ricondotta ad un latino parlato **condomināre* (tratto da *dominā̆re*) di tradizione forse non popolare. M.

**cónditu,** sm. (calabrese centrale), «bevanda preparata con droghe» (Rohlfs 1977); (siciliano), «farmaco composto con più medicine» (voce antiquata) (Piccitto 1977).

Dal latino *condītum* [*vinum*] 'vino aromatizzato con miele e pepe' (Plinio), attestato nei documenti latini medievali (*botazum a condito*, a. 1279 a Bologna); le voci dialettali devono l'accento ritratto ad una tradizione semidotta oppure ad un tramite bizantino [DEI; Alessio 1976]. M.

**condò,** sm. (pugliese: Minervino Murge). 'Preservativo per prevenire le malattie veneree'.

Dal francese *condom*, che si dice tratto dal nome del medico inglese, che nel sec. XVIII ne suggerì l'uso; ma di questo dottore non c'è traccia e il nome resta di origine sconosciuta. C.

**condòrmia,** sf. (veneto: Vittorio Veneto). 'Sonnifero'.

Deformazione dell'italiano popolare *indormia* con cui si indica generalmente l'anestesia, da *indormire* 'addormentare' dell'italiano antico e popolare. M.

**cónë,** nella locuz. *në ccónë* (laziale: Castro dei Volsci; molisano: *n'ëccóunë, n'uccóunë*; abruzzese: *ccónë*; pugliese, a San Giovanni Rotondo: *në ccónë*). 'Un po', un pezzo'.

Riduzione di *vuccónë*, 'boccone', attraverso *uccónë, l'uccónë* [Giammarco 1985]. C.

**confanón,** sm. (friulano; istrioto, a Dignano: *confanón*; ligure: *cunfùn, confanón*; lombardo: *confalone*; emiliano *confanón*, con molte varianti nell'area piacentina-pavese). 'Rosolaccio, *Papaver Rhoseas* L.'.

La voce è dovuta a sviluppo metaforico del termine *gonfalone* 'stendardo (da battaglia)' che le confraternite religiose inalberano nelle processioni, poiché il fiore del papavero sembra un vessillo in mezzo alle biade. *Gonfalone* si riconduce al germanico **gundfano* 'bandiera di battaglia'; la voce è stata diffusa dagli stessi Franchi in Italia e probabilmente anche con il valore metaforico di 'rosolaccio' [DEI; Plomteux 1975; Pellegrini-Zamboni 1982: 484]. M.

**confiatòre,** sm. (laziale: Velletri), 'mantice'; (abruzzese: *cumblatèurë*), 'clistere'.

Dal latino tardo *conflatōr, -ōris*, da *conflāre*; per il laziale cfr. il latino *conflāre ignem* 'accendere il fuoco' [Alessio 1976]. M.

**confustibulè,** v. (piemontese). «Molestare» (Gribaudo-Seglie 1972-75).

Voce che per tramite dotto si connette al latino *fustibalus* 'fionda' da cui il francese (XV sec.) *fustibal* 'fionda' e il derivato *festibular* 'scomodare qualcuno' [FEW; DEI s.v. *confustibulare*]. M.

**connuttà,** v. (laziale: Mompeo Sabino). 'Incanalare specialmente le acque piovane o stagnanti entro una forma riempita ad arte di pietrame'.

Da *connutta*, la 'condotta' entro la quale le acque sono convogliate [Raspini 1991]. C.

**conóle,** sf. (friulano; veneto, nel Bellunese: *conóia*; ladino centrale e cadorino: *conóia, cunóia, conógia*). 'Nocella della mano; articolazione della mano con l'avambraccio', anche *canole*.

Dal latino *colŭcula*, derivato da *cŏlus* 'rocca, conocchia', attraverso **conĭc(u)la*, con un traslato dal significato di 'conocchia' a quello di 'articolazione' [Pellegrini 1977a; DESF]. M.

**cònsole,** sm. (trentino, in Val Rendena). «È l'organizzatore e il responsabile della monticazione, soprattutto delle capre» (Tomasini 1989).

Voce di tramite dotto, corrisponde a 'console' dal latino *consul*. M.

**cónt,** sm. pl. (marchigiano: Fano). «Ciascun periodo di sette settimane in cui i marinai suddividono l'anno solare»: *cónt de carnevăl, de Pasqua, de Pasquaròia, del brusciatùr, dla fiéra d'Snigàja, di sant* e *de Natăl.*

Letteralmente 'conti', perché si calcolavano e ripartivano gli utili della pesca [Silvi-Simoncelli 1992]. C.

**contàc',** inter. (piemontese, anche *contàg'*). 'Imprecazione popolare, ma anche solo forte esclamazione'. Passato anche in sardo logudorese (*contàcciu*) col significato di 'vile, spregevole'.

Letteralmente 'contagio', cioè la 'peste', entrata in imprecazioni del tipo *'t tacheisa 'l contàg'!* e da confrontare con *mannaggia* [Dori 1897].

G. FALDELLA: *avvistosi della ragia, tombolò dal suo carro con uno splendido* contacc! *da soldato piemontese* (*Le "figurine"*, Milano 1983, p. 151). – V. IMBRIANI: – *Ma, vedi, la cosa deve rimaner secreta tra me e te.* – Contacc! *Non la saprà nemmanco il padrone* (*Dio ne scampi dagli Orsenigo*, Firenze 1956, p. 74). C.

**conta-cavéi,** sm. (veneto: Verona). 'Bruco peloso'.

Letteralmente 'conta capelli', denominazione dovuta al fatto che i bruchi pelosi, se premuti sul dorso con una verghetta, si contorcono come la coda staccata delle lucertole, sulla quale vi è la credenza (trasferita anche ai bruchi) che ogni contorsione indicherebbe un capello che dovrebbe cadere durante la notte a chi l'ha mozzata. In area laziale (Civitavecchia) *conta-capelli* è il 'centogambe', nome di cui sfugge la motivazione onomasiologica [Garbini 1925]. M.

**contarìa,** sf. (veneto: Venezia). «Mercanziuole di vetro, ma specialmente Perlette di cristallo artifiziale, dette Margheritine, delle quali si fanno vezzi ed altri ornamenti» (Boerio 1856).

Da *conto* 'ornato, elegante, grazioso', attestato nell'italiano antico (ove è di origine dotta, dal latino *comptus*) [DEI]. M.

**cóntrica,** sf. (calabrese, anche *córtica*). 'Guidalesco, piaga' col v. *scontricari* 'far guidaleschi'.

Il DEI interpreta queste forme a partire dal latino tardo *contritāre* 'contritare' incontrandosi con *'scorticare'*, e spiega allo stesso modo anche il sardo *iscontriàre* 'azzoppare'. Quest'ultima voce, che è della varietà logudorese, mentre quella campidanese è *scontriài*, è registrata dal DES col significato di 'scontrare' ed anche 'contraddire', e considerata semplicemente un derivato del sardo *contra* 'contro'; tale spiegazione (da *'contro'*) sarà da estendere verosimilmente anche al calabrese (senza escludere un influsso di *'scorticare'*), invece Rohlfs 1977 risale al greco **chondrikós* 'cartilaginoso'. M.

**contróra,** sf. (campano: Napoli). «Ora di riposo; ma adesso si dice solo delle Ore pomeridiane nelle lunghe giornate di state, Meriggiane. Tempo in cui le bettole, le taverne, le cantine, dovevano star chiuse» (Rocco 1891); è voce nota in tutto il Meridione (cfr. romanesco *contróra*, calabrese *cuntrura* ecc., 'ora di riposo', 'il ritirarsi in casa ad una data ora') ma non, a quanto risulta, in Sicilia, ed è entrata anche in italiano come designazione, appunto, delle prime ore pomeridiane della stagione estiva in genere destinate al riposo.

Etimologicamente si tratta di un composto di *contro* e *ora* [DELI; Zolli 1986].

M. SERAO: *Anche il vicolo dell'Impresa si era fatto deserto, dopo il mezzogiorno, in cui tutti rientrano nelle case e nelle bottegucce per pranzare, in cui il caldo estivo cresce, cresce, e la* controra, *il periodo della giornata napoletana che equivale alla siesta spagnuola, comincia col cibo, col riposo, col sonno delle persone stanche* (*Il paese di Cuccagna*, Milano 1981, p. 4). M.

**cònża,** sf. (campano, a Omignano; lucano: *crònża*). 'Coccio'.

Secondo il DEI, si tratta di riflessi di un latino regionale *condya*, dal greco *kóndya* 'vaso da bere'; la forma lucana con *-r-* è interpretata da Bigalke (1980) come un incrocio col tipo → *gràsta* (AIS). M.

**conzèla,** sf. (emiliano: Parma, con numerose varianti). 'Mucchio di neve'.

Proprio dell'Alta Val Parma ed anche della Val d'Enza, il sostantivo continua il latino *congeries* 'mucchio' dal verbo *congerere* 'ammucchiare'. Il significato di 'ammasso nevoso' è particolarmente diffuso nei dialetti francesi alpini [FEW; Petrolini 1993]. C.

**conzuprìmë,** sm. (abruzzese; campano, a Napoli e calabrese: *cunzuprìnu*; lucano: *chësprùnë*; salentino, a Lecce: *cessuprìnu*). 'Cugino'.

Dal latino *consobrinus primus* 'primo cugino', ridotta a **consoprimus* [Corominas]. C.

**còpanu,** sm. (calabrese). 'Mazza', col derivato *copanata* (sf.) 'percossa data sulla testa, bastonata'.

Dal greco bizantino *kópanon* 'maglio' [DEI; Rohlfs 1964]. M.

**copèra,** sf. (piemontese, a Beinasco). 'Forma per foggiare i coppi o tegole', termine dei fornaciai.

Dal latino **cuppāria* (da **cuppu*, a sua volta da *cŭppa* 'coppa, recipiente'), riflesso anche nel piemontese *bìsa copèra* 'testuggine', che a Villafalletto (Cuneo) è detta *serp cupèra* (AIS). In area emiliana, veneta, lombarda la testuggine è detta anche *bisascudlèra*, *bisascodelèra* e varianti, voce composta di *bisa* 'biscia' (dal latino *bestia*) e *scudo* (per Prati 1968) o *scodella* (REWS) [Gasca Queirazza 1984]. M.

**còpeṡe,** sm. (veneto; veneto giuliano; romagnolo, a Faenza: *còbs*).

Dal latino *acupenser* 'storione' per tradizione semidotta data la conservazione di *-p-* e con successiva ritrazione dell'accento (la forma *copéṡe* è molto rara) dovuta per analogia con i nomi come *àsteṡe* 'astaco'. Nel fiorentino è nota la forma *cobice* 'specie di storione', da considerare un prestito settentrionale con adattamento della finale *-ce* come *astice*, *dentice* [LEI]. M.

**copìn,** sm. (ligure; lombardo; veneto; ladino centrale; trentino; friulano; emiliano). 'Nuca, collottola': veneto *ciapàr(e) par el copìn* 'prendere per la collottola'.

Diminutivo del dialettismo *cópa* 'nuca', che continua il latino *cŭppa* 'coppa, scodella di legno', per traslato; *cópa* è voce diffusa in veneto, veneto giuliano, trentino, friulano, lombardo, ticinese, ligure, emiliano, romagnolo; in area lombarda, piemontese e ligure sono frequenti anche i derivati *cupìn, cupèta, cupèt* [AIS; REW; DEI s.v. *coppino*; Prati 1968].

E. CHINOL: *appena lo vede allunga la sinistra, lo afferra con un pizzicotto a tenaglia per il coppino e gli tira ipso facto con la destra due sberloni sul muso da lasciarlo tramortito* (*La vita perduta*, Milano 1972, p. 106). – G. PUGNETTI: *baruffe qualcheduna, ma subito calmate dal cavaliere Bisigato che senza complimenti ha preso per il coppino uno che disturbava con le mani una ragazza e lo ha scaraventato in strada* (*Vendetta all'italiana*, Milano 1978, p. 41). C.

**corbogliòn,** sm. (lombardo: Milano; emiliano, a Parma: *corbuliòn*). 'Brodo ristretto', termine di cucina.

Dal francese *court-bouillon* 'sorta di brodo fatto d'acqua, di vino bianco, di spezie e di burro, nel quale si fa cuocere del pesce'; → *buliòn*. M.

**corbruṡór,** sm. (veneto: bellunese). «Acidità di stomaco» (Nazari 1884).

Parola formata dalle voci dialettali *cor* 'cuore' e *bruṡór* 'bruciore' ed è interessante per l'ordine di questi due elementi, che riflette un tipo di composizione arcaica. La denominazione richiama la voce *brušacőr*, propriamente 'bruciacuore', del piemontese, che Di Sant'Albino 1859 definisce «pirosi. Senso di calore ardente nello stomaco, talvolta congiunto a rutti acidi e rigurgito di un liquido agro». M.

**còrbula,** sf. (sardo logudorese), 'cesta, corba'; (sardo settentrionale: *còlbula* a Tempio Pausania, *gòibbura* a Sassari), 'antica misura per il grano'.
Dal latino *cŏrbula*, diminutivo di *cŏrbis* 'cesta' [DES].
G. DELEDDA: *se la brina scintillava sull'orto silenzioso, ella prendeva la sua corbula e saliva sul Monte* (*Romanzi e novelle, III*. Milano 1950, p. 155). C.

**còrc,** sm. (lombardo; emiliano, anche: *còrac*, *còrg(a)*, *gòrga*, come sf.; veneto, a Cerea: *corgo*). 'Cesta da foraggio'.
Dal latino parlato **corbĭcus*, **corbĭca* 'cesta', retroformazione di *corbicŭla* 'piccola "corba"' [AIS; DEI; REWS].
F. GUCCINI: *lo misero dentro a una gòrgola, poi la riempirono di fieno e mio nonno se lo caricò in spalla e lo portò su, dentro alla cavanna* (*Cròniche epafàniche*, Milano 1989, p. 146). C.

**corcórmo,** avv. (toscano: Filettole). 'Colmo colmo'.
Da leggersi *col colmo*, com'è nella frase: *empì un bicchièri corcormo* 'colmare un bicchiere'. C.

**corènzia,** sf. (ticinese: Val Bedretto). 'Confine'.
Dal latino *cohaerentia* 'coesione', dal verbo *cohaerēre* 'essere unito' [Lurati 1968; REWS]. C.

**corgnàca,** sf. (veneto: Grado). 'Corvo'.
Dal latino tardo *cornacŭla* 'cornacchia' (passata agevolmente a designare, qui come altrove, il simile 'corvo') attraverso una metatesi: da *cornacia* (come nel friulano *cornacie*) a *corniaca*. C.

**corgnólo,** sm. (veneto, nel vicentino, e veneto valsuganotto). 'Chiocciola'.
Dal latino *corneŏlus* 'a foggia di corno': «nome accennante in origine alle corna dell'animale» [Prati 1968]. C.

**corinàdo,** agg. (marchigiano: Jesi, *curniato* a Osimo). 'Detto del vino rovinato, perché sobbollito a causa della *corina*'.
Dal nome dialettale *corina* 'vento di libeccio' (→ *cuìn*). C.

**coriu-dùru,** sm. (calabrese meridionale). «Sorta di insetto che, simile alla ruga, rode le radici degli ortaggi» (Rohlfs 1977).
Secondo il DEI, la voce può essere un rifacimento del latino tardo *duricorius* 'che ha la pelle dura' (calco del greco *sklērŏdermos* di analogo significato). Lo stesso processo potrebbe stare all'origine anche del salentino *cueritèstu* 'col cuoio duro' (composto con l'agg. *t(u)èstu* 'duro' dal latino *tostus* 'tostato'). M.

**còrna,** nella locuz. *cucìrisi i corna ō suli* (siciliano). 'Essere costretto a lavorare esposto al sole tutto il giorno'.
L'uso nel contempo scherzoso e offensivo di *corna* per 'testa' è popolarmente molto diffuso [Alfieri 1980].
G. VERGA: *Infatti dicevano che era un bel mestiere quello che gli aveva insegnato suo padre allo speziale, [...], mentre c'era gente che doveva cuocersi le corna al sole, e cavarsi gli occhi colle maglie delle reti* (*I Malavoglia*, Milano-Napoli 1955, p. 347). C.

**cornabùgia,** sf. (ligure; piemontese: *cornabùša*, nel Monferrato: *cornabìblia*). 'Origano'.
Dal latino *cunīla* (in latino medievale *corōna*) *bŭbula* 'origano bovino', perché usato contro la scabie dei manzi [DEI s.v. *cornabùggia*; Plomteux 1975]. C.

**cornacchiòlo,** sm. (laziale: Roma). 'Piccola cornacchia da nido', in senso figurato 'pretucolo'; «i cornacchioli benché di carne tigliosa, son ricercati dai popolani, i quali ne vanno a far caccia, nel mese di maggio, sui ruderi degli antichi monumenti, dove s'annidano le cornacchie» (Chiappini 1945).
Da *cornacchia*. M.

**còrnar,** sm. (ladino centrale). 'Cestaio ambulante proveniente dalla Val Venosta' (in ampezzano: *i vegnìa a féi zéstes, vanes, ròba de vénco* 'venivano a far ceste, vagli, oggetti di salice'), usato anche nella locuzione ampezzana *èse pèšo d'i còrnar*, cioè 'essere sempre fuori, in giro, non stare mai a casa'; anche nei dialetti ladini *corner* ha spesso il significato di 'vagabondo, zingaro'.
Dal tedesco tirolese *karrner*, derivato di *karrn*, la 'carretta (*Karren*)', con la quale giravano [EWD]. C.

**cornicèdda,** sf. (pugliese, nel barese, anche *cuernecièdd*). 'Allocco, barbagianni'.
Voci che il DEI riprende da Giglioli 1890 e riconduce ad un latino parlato **cornicella* diminutivo di *cornicŭla* 'cornacchia' [DEI s.v. *cornicella*). M.

**còrnula,** sf. (salentino, con varianti; pugliese, nel tarantino: *còrnëlë*, *còrvëlë*, nel bitontino: *còruë*). 'Frutto del carrubo, albero del carrubo', quest'ultimo anche *cornularu*.
Dal latino tardo *cornŭlum* diminutivo di *cornus* 'corno', calco del greco *kerátion* che vale sia 'cornetto' sia 'carruba'; le forme dialettali con *-v-* risentono – secondo Alessio 1976 – dell'influsso della parola *sorbum* 'sorba' [DEI s.v. *còrnola*; Rohlfs 1956]. M.

**coròndul,** sm. (friulano, anche *scoròndul*). 'Tutolo, cornocchio, torsolo del granoturco dopo levati i chicchi'.
Voce connessa verosimilmente con 'corno' e quindi affine all'italiano *cornocchio*; meno probabili altre ipotesi etimologiche [Pellegrini-Marcato 1992]. M.

**corpàta,** sf. (toscano, in Versilia; corso: *curpata*). 'Quanti figli nascono da un animale in un solo parto'.
Da *corpo*. C.

**corrèdda,** sf. (sardo: Nuoro). 'Tabacchiera'.
Da *corru* (dal latino *cŏrnu*) 'corno' per il materiale di cui era fatta [DES].
G. DELEDDA: *si divertiva a incidere una* corredda (*tabacchiera di corno) per suo padre che prendeva tabacco, disegnandovi su un vaso di fiori e una colomba* (*Romanzi e novelle, I*, Milano 1954, p. 711). C.

**corruttà,** v. (marchigiano, a Macerata: anche *curruttà*). 'Piangere clamorosamente un morto'.
Denominale di *corruttu* 'pianto funebre', letteralmente 'corrotto'. C.

**corséccia,** sf. (toscano: Garfagnana; anche *corséicia*). 'Grandine'.
«Quasi provenga dalla *Corsica*» (Nieri 1902). Di qui anche il denominale *corsecciare* 'grandinare' (Rohlfs 1979). C.

**còrsicu,** sm. (calabrese settentrionale, anche *cuòrsicu*). '(Cane) corso'.
Dal latino *Corsicus* 'della Corsica', mentre dalla forma *corsus* deriva il calabrese *crozzu* 'tipo di cane' [DEI s.v. *corsico*; REWS; Rohlfs 1977]. M.

**cortàra,** sf. (calabrese; siciliano). 'Grande brocca a bocca larga'.
Variante e sinonimo di *quartara*, così denominata

perché equivalente alla *quarta* parte di un barile [Rohlfs 1977]. C.

**cortegàe,** sf. plur. (veneto). 'Pezzi di sughero passati attraverso una corda, che sostiene la rete verso l'alto'.

Dal latino *corticātus* 'fornito di corteccia', 'che ha scorza', com'è proprio del 'sughero' (*cortegà* a Grado). C.

**corteżàn,** sm. (ladino centrale: ampezzano). 'Gentiluomo'.

È l'ultimo ricordo del *corteśàn* veneziano, definito 'uomo di mondo': «e dicesi in buona parte» (Boerio 1856), rimasto in frasi ironiche, come *un bèl cortizàn te sos!*, indirizzato a chi compie sgarbatezze o atti di villania. C.

**cortìna,** sf. (calabrese settentrionale, anche *curtina*; siciliano), 'steccato estivo per bovini, ovile scoperto'; (marchigiano; campano; abruzzese: *curtinë* e varianti; molisano: *curtéinë*), 'zona di terra da poter seminare, piccolo pezzo di terreno'.

Dal latino parlato **cohortīnus, -a* agg. di *cohors, cohortis* 'corte, cortile', quindi da una base diversa dall'italiano *cortina* 'fortificazione', presente anche nei dialetti con significati particolari, come nel friulano occidentale *curtina* 'cimitero' (dal latino *cortina* 'recipiente', poi 'tenda' [DEI s.v. *cortina*[3]; REWS; Rohlfs 1977; DESF]. M.

**còs,** sm. (friulano). 'Civea, cestone di vimini da mettere sul carro rustico per trasporto di pannocchie, concime ecc.; cesto', al femm. *còse* 'paniere di vimini; cesto; gerla' ed altri significati traslati.

Le voci, ampiamente diffuse in Friuli, provengono dallo sloveno *koš, koša* 'cesto da trasporto' [DESF]. M.

**còsca,** sf. (siciliano; salentino; calabrese e irpino: *crosca*; lucano e salentino: *crośca*; pugliese: *crośche, cruòsceche, cròsceche*). 'Combriccola, associazione di malviventi'.

Dal significato di 'pianta a foglie raccolte e fitte, come il carciofo, la cipolla, il cavolo', dal latino tardo *cŏstula*, diminutivo di *cŏsta* 'costola, fianco', incrociatosi, nella variante *crosca*, con *crŭstula* 'piccola crosta' [DEI; VES].

L. Sciascia: *l'uomo, tra le due* cosche *di mafia del paese* (cosca, *gli avevano spiegato, è la fitta corona di foglie del carciofo) era vicino, se non dentro, a quella che aveva addentellati certi, anche se non provabili, con i lavori pubblici* (*Il giorno della civetta*, Torino 1962, p. 27). C.

**còscos,** sm. plur. (sardo logudorese; calabrese, nel cosentino: *cruoścu* sing.; campano: *cruósco, cruóscolo*, sing.; pugliese: *cruóscolo* sing.), 'vermi rossi che vivono nel retto del cavallo e lo fanno dimagrire', in calabrese anche nel modo di dire *avire li cruośchi* 'aver le bizze, essere inquieto'; (veneto, nel valsuganotto: *còsco*), 'vermicciolo del cacio'.

Dal latino parlato **cossĭcus* da *cossus* 'larva' che nella *Mulomedicina Chironis* ha riferimento esplicito ai vermi rossi nell'intestino del cavallo [REW; DEI s.v. *cròsco*; Prati 1968; REWS]. M.

**cóśe,** sf. (friulano). 'Specie di cavalletto', 'biforcazione di rami d'albero con vari usi', 'finimento di ferro dell'alare per sostenere la scodella del sale'.

Dallo sloveno *kôza* 'capra', anche col significato traslato di 'stanga posta sopra l'alare' [Pellegrini 1976]. M.

**cosméu,** sm. (calabrese centrale). 'Gallinella, porciglione, *Rallus aquaticus*'.

Il termine deriva, secondo il DEI, da una voce greco-bizantina **kosmâios* 'adorno, elegante' (da *kósmos* 'ornamento'), forse perché confuso col fagiano; il DEI richiama, a sostegno di questa interpretazione, il siciliano *fasciàna* 'porciglione', propriamente 'fagiano' (Piccitto 1985). M.

**cósp,** sm. (romagnolo; lombardo, nel comasco; ladino centrale, nel gardenese: *cospes* plur.). 'Scarpa; zoccolo di legno'.

Dal latino tardo *cŭspus* 'sandalo di legno', documentato anche nel latino medievale *cuspus* (1206, Rimini), e nell'antico veneziano *cospo* [DEI s.v. *còspo*[1]; Alessio 1976]. M.

**còspedo,** sm. (veneto, nel veneziano). 'Punta di ferro'.

Dal latino *cuspis, -ĭdis* 'cuspide' (la forma veneta *cóspo* 'punta' registrata dal DEI è antica, come già notato da Boerio 1856) [Prati 1968]. M.

**còstiche,** sm. (sardo centrale, nel logudorese: *còstighe, còsti*). 'Acero, *Acer monpessulanum* L.'.

L'interpretazione etimologica di tale voce è incerta; è stata individuata una connessione con il basco *(g)astigaŕ* 'acero' che richiama il provenzale *agas* 'acero' per il quale si risale al greco *ákastos* di analogo significato (probabilmente proveniente dalla colonia focese di Marsiglia); un altro confronto è poi stato individuato col toscano *còstolo*, 'frassino' (→ *còstu*), ma è stata ipotizzata anche una base paleosarda **kostix, *kostike*. Un riflesso del tipo provenzale *agas* è rappresentato dal piemontese (zona di Cuneo) *gasa* 'acero' e 'propaggine' registrato dal DEI [FEW; DEI ss.vv. *còstiche* e *gassa*; DES]. M.

**còstu,** sm. (ligure, nel genovese), 'cesto, cespo', anche come fitonimo: *c. giancu* «Helichrysum angustifolium», *c. neigru* «Calluna vulgaris» (Penzig 1924); (toscano, Val di Pesa: *còstolo*) 'frassino', 'orno'.

Da una base prelatina **costo-* 'arbusto', secondo Alessio 1976, che vi riconduce anche il sardo → *còstiche*, nonché l'umbro *còspo* 'cespo d'insalata' supponendo un incrocio con *caespes* 'cespo', mentre per il piemontese *cuspiè* 'fare il cesto (detto del grano)' si ricostruisce un latino parlato **conspicāre* formato su *spica* 'spiga' [DEI ss.vv. *còspo, còsto*]. M.

**còta,** sf. (veneto: Marano L.), 'quantità, un po' di'; (friulano: *còt*), 'porzione, parte'.

Dal latino *quota (pars)* 'parte di una quantità', 'quota' [DESF]. C.

**cótola,** sf. (veneto; veneto giuliano e istriano; friulano: *còtule*). 'Sottana'; nel vicentino si ha anche l'espressione *magnarse le còtole* 'ridursi in miseria'.

La voce, che ha come corrispondente l'italiano *cotta*, e il francese *cotte*, risale al francone **kotta* 'mantello, veste' [REW; Prati 1968; DESF].

L. Bartolini: *La vita, – che è davvero una tempesta, e lo è per ogni mortale ed anche per quelli, ingenui fino a credere di poterla passare ... a fianco delle cottole della mamma, e sotto la vela d'un placido impiego, – sbattette me al di là del continente, in Sardegna a Sassari* (cit. in GDLI III 923). M.

**cotorìtta,** sf. (ligure: genovese). «Parrucchetto, pappagallo» (Casaccia 1876).

Prestito dallo spagnolo *cotorrita* diminutivo di *cotorra* 'piccolo pappagallo' [DEI s.v. *cottoritta*]. M.

**còttë,** sm. (abruzzese), 'soprabito, cappotto'; (calabrese: *còttu*), 'mantello'; (siciliano: *còttu*), 'soprabito, giacchettino'.

Americanismo, da *coat* 'giacca, cappotto, mantello' [Zamboni 1986]. M.

**còtume,** sf. plur. (salentino, anche *còtime*, e varianti). 'Vasi di terra cotta'.

Dipende da un incrocio tra il latino tardo *cucuma* 'pentola' con il latino tardo *cotula* e *cotyla* 'vaso o misura di mezzo *sextarius*' (dal greco *kotýlē*). Col tipo *"cotuma"* sono connessi il campano (cilentano) *catamonë* 'vaso di terracotta da bere', l'abruzzese *catamonë* 'coccio, camorro, vecchio pieno di acciacchi', *cutëmàjjë* 'minestra fatta di nove specie di legumi che i contadini mangiano il primo di maggio', detta anche *pignatë*, propriamente 'pignatta' [DEI s.v. *còtima*; Alessio 1976]. M.

**cotùra,** sf. (ligure: Pigna), 'profondità a cui si giunge nel lavorare la terra'; (piemontese: *cutüra, cuntüra*; friulano, a Tramonti di Sotto: *cultura*), 'maggese', col denominale piemontese *cuturé* 'maggesare'.

Dal latino *cultūra* 'coltivazione', entrato nei dialetti anche con altri significati: *mèti in cultóra* (istrioto: Rovigno) 'dissodare un campo', *cortüra, coltüra* (ladino centrale), 'letame' [Merlo 1941-57]. C.

**covatèrra,** sm. (laziale; umbro; romagnolo: *cova-téra*; toscano, nell'aretino: *cova-in-terra*). 'Nottolone, succiacapre'.

L'ornitonimo è un evidente equivalente di 'cova a terra'; la denominazione è connessa al fatto che questo uccello «di giorno sta posato sulla terra fra i cespugli» (Bonelli 1902: 35) [Giglioli 1890; DEI]. M.

**coventà,** v. (friulano; veneto: *coentàr, quentàre*), 'convenire, abbisognare'; (veneto: padovano e polesano *contarse*), 'osare, peritarsi'.

Da un verbo **co(n)ventāre*, in origine nel senso di 'parlare', derivato dal latino *co(n)vĕntus* 'parola', voce ben nota in area balcanica; cfr. rumeno *cuvînt*, greco moderno *kuvenda*, albanese *kuvënt*. La stessa evoluzione semantica che si osserva nelle voci dialettali menzionate si può riconoscere anche nel piemontese *(v)enté* e lombardo (a Como) *bentà* 'essere costretto', 'essere necessario'. Alla base **co(n)ventare*, piuttosto che al latino **comptiāre* 'conciare', sembra appartenere anche il lombardo (Grosio) *malquintàs* 'lamentarsi' formato da *mal* e **quintà(s)* non più esistente come tale [REW; REWS; Prati 1968; DESF; Antonioli-Bracchi 1995; Zamboni 1997]. M.

**cóvo,** sm. (toscano: aretino; abruzzese: *còvë*; pugliese: *cuóvo*; calabrese: *còi*). 'Chiovolo', parte del giogo dove si infila la stanga del carro.

Dal suo nome latino *co(h)um*, di storia oscura; probabilmente è valida l'identificazione operata dagli antichi con *cavum* per la 'cavità' dove s'incastra il timone del carro [Rohlfs 1979]. C.

**còz,** nella locuz. *ridi sot coz* (friulano; istriano, ad Albona: *rider soto cuzo*; veneto, a Feltre: *rider soto coza*; lombardo, a Cremona: *rider sót còs*). 'Ridere sotto i baffi'.

La locuzione *soto coz* è usata avverbialmente in molti dialetti dell'Italia nord-orientale, veneziano compreso (*sotocozo*), nel senso di 'nascostamente, di soppiatto' e deriva da *coz* 'schiavina, coperta ruvida e pelosa', presa in quei territori dal tedesco *Kotz*, dialettale *Kotzen* [Doria 1987]. C.

**cožìnu,** sm. (sardo campidanese). 'Cibo' e soprattutto la 'cena'.

Deverbale del rustico *cožinài* 'cucinare' e, comunemente, 'cuocere la minestra', dal latino *cocināre* [DES]. C.

**crabiòne,** sm. (sardo logudorese). 'Frutto (immaturo) del caprificio, il fico selvatico'. La leggera spaccatura, che si forma nella sua buccia, ha dato origine al modo sassarese *la riša di lu crabioni* 'sorriso a fior di labbra' (Lanza 1980).

Dal latino *(ficus) caprius* 'fico da capre' [DES; Lanza 1980]. C.

**cracrìzzuli,** sm. plur. (calabrese). 'Chicchi di granone abbrustoliti sul fuoco', anche *crocrìžžuli, crochìdduli*.

Derivato dal greco *káchrys* (usato generalmente al plurale) 'orzo abbrustolito', per tramite del bizantino [DEI; Rohlfs 1977]. M.

**cràcula,** sf. (siciliano). «Cosa di poco conto, bagatella», più spesso al plur. *cràculi* (Piccitto 1977).

Il termine è ricondotto dal DEI al latino *cracli* (plur. *Appendix Probi*), forma popolare di *clātri* 'cancelli, cancellata'. M.

**craiùn,** sm. (piemontese; in Val Sesia: *coriùn*). 'Lapis, matita'.

Dal francese *crayon*, un derivato di *craie* 'creta' (dal latino *crēta*), così chiamato perché inizialmente indicava un pezzo di creta, anche colorata, usata per segnare [FEW]. C.

**cràiz,** sm. (veneto primierotto), 'criterio, giudizio, buonsenso'; (trentino: Val di Sole, Val di Non), 'cervello, intelletto': *avér craiz en zùcia* 'aver sale in zucca'; (veneto triestino), 'testa'.

Dal tirolese *kraiz(kopf)* 'uomo caparbio, testardo' [Doria 1987]. M.

**cràpia,** sf. (campano: Napoli; pugliese, nel tarantino; salentino, nel brindisino; corso: *càvria*), «ordigno per sollevare pesi» (Salzano 1979); (calabrese meridionale), «cavalletto a tre piedi adoperato per appendere il grande vaglio di grano; cavalletto a tre piedi per sostenere la catena del focolare» (Rohlfs 1977); (friulano: *ciàvri, giàvri*, come sm.), «monaco, corto pezzo di trave verticale, preso in mezzo dalle estremità superiori dei puntoni che formano il cavalletto del tetto» (Nuovo Pirona 1935).

Dal latino parlato **capreus, -a* 'trave del tetto', retroformazione dal latino *capreŏlus* 'capriolo' e 'architrave', ma per il DEI direttamente (per i sf.), da *caprea* 'capriola, capra selvatica'; le varianti del tipo *cra-* sono dovute a metatesi. Rohlfs 1977a menziona per il siciliano *càpria* 'ordegno da sollevare oggetti ponderosi' (voce non confermata da Piccitto 1977) che considera prestito dal catalano o spagnolo *cábria* di analogo significato [DEI s.v. *càpria*; REWS; DESF]. M.

**craséntulu,** sm. (siciliano e calabrese, con molte varianti; lucano: *casendru*; campano, nel Cilento: *caséndaru*). 'Lombrico'.

Da un supposto dorico **gâs énteron* per *gês énteron*, letteralmente 'insetto della terra', voce antica della Magna Grecia [DEI s.v. *casèntaro*; Rohlfs 1964].

D. Dolci: *Ci sono le cresentole, che sono come vermi lunghi, che prima uccidono le lumache, poi ci si infilano dentro e se le mangiano* (*Racconti siciliani*, Torino 1973, p. 42). C.

**crastìculi,** sm. plur. (laziale: Mompeo Sabino). «Testicoli» (Raspini 1991).

Incrocio fra *crastà* 'castrare' e *testiculi* 'testicoli'. C.

**cràstu,** sm. (sardo: anche *castru*). 'Monte'.

Il nome significa, propriamente, 'nuraghe' e proviene dal latino *castrum*, 'luogo fortificato'; il passaggio da 'nuraghe' a 'monte' dipende dal fatto che «i nuraghi si ergono spesso sulle alture più adatte alla difesa» [DES].

S. Satta: *Il ciel senz'astri / Rompeva in pianti sopra la brughiera. / Balenavano i fuochi della sera / Intorno intorno pe' deserti castri* (*Canti*, Milano 1955, p. 111). C.

**crautàr,** sm. (trentino: anche *craotàr, craotaro*). «L'uomo che va a giornata presso i contadini ad affettare con la sua tavola a pialla (*crautara, craotara*) i cavoli dell'annata e a stivarli poi, adeguatamente salati, negli appositi barili (*i tinaci dai crauti*)» (Quaresima 1964).

Derivati dal trentino *cràuti, cràoti* 'cavoli acidi, cavoli salati e fermentati', dal tedesco *Sauerkraut* 'cavolo salato'. *Cràuti* è parola diffusa anche in Friuli e Veneto ed entrata in italiano (*crauti*) [DELI]. M.

**créa,** sf. (romagnolo). 'Neonati di alcuni pesci di modeste dimensioni'.

La voce appartiene ad una numerosa famiglia romanza da tempo individuata, che risale al verbo latino *creāre* 'generare, produrre' e significa, quindi, letteralmente 'gruppo di creature' [Caix 1878; Tommasini 1906].

M. Moretti: *ce l'aveva a maggior ragione con coloro che venivano a comprar la "cria", ossia il pesce novello, per seminare le loro valli e arricchirle, impoverendo qua la "nostra acqua"* (*Romanzi della mia terra*, Milano 1961, p. 575). C.

**creàda,** sf. (piemontese). 'Domestica, bambinaia, cameriera', 'donna di compagnia'.

Voce di origine spagnola (*criada*, al maschile *criado*, dapprima 'figlio, allievo, discepolo', poi 'vassallo educato alla casa del suo signore', 'valletto', 'servo'), acquisita probabilmente dalla corte di Torino e di qui diffusa in tutta la Regione, dove oggi sopravvive in aree periferiche [Beccaria 1968].

M. Soldati: *La moglie del fabbro, nota a Emilio soltanto di vista, che tornava insieme alla creada, entrava in villa* (*Le due città*, Milano 1964, p. 40). C.

**crécchio,** agg. (toscano, nel lucchese). «Duro, che non fa figlioli, specialmente di vacche: soda, sterile [...] È strano vedere il maschile a una parola che ha questo senso, ma è comunissimo il sentir dire dalle nostre ragazze in dispregio di qualcuno: "Se l'ho a pigliar io, per me muor crecchio"» (Nieri 1902).

Secondo il DEI forse l'agg. è riferito in origine al terreno e ciò giustificherebbe una derivazione dal latino *cretŭla*, diminutivo di *creta* 'argilla'. D'altra parte, il significato di 'sterile', con riferimento agli animali, rende difficile separare questa voce dal toscano *récchia* 'pecora di due anni' e da simili voci che dipendono dal latino *annicŭlus* 'di un anno' che ha sviluppato significati inerenti a condizioni particolari della tenuta dei campi (terreno a riposo, maggese, → *nicchiàricu*). M.

**crédo,** nell'espressione *il gatto dice il crédo* (umbro; marchigiano; ligure: *u gàtu u dìsce u crédu*; sardo: *sa macìtta est narèndu su grèdu*). 'La gatta fa le fusa', come altrove *déiscë u dësàrië* 'il dies illae' (ad Alberobello) o *dis orazión* o *la corona* 'il rosario' (in Trentino).

Dal nome della preghiera (*Il Credo*); una ripresa della formula latina *credo in unum* si ha nel ladino centrale (Val Gardena) *craidùm* 'credo (preghiera)' [Salvioni 1910; Plomteux 1975]. C.

**creénza de cuntadéin,** locuz. (romagnolo: Rimini). 'Boccone della creanza' (→ *boccó del contadì*), «la nostra *creenza de cuntadéin*, che ha peraltro un significato diverso e anche negativo» (Quondamatteo 1982).

M. Moretti: *Lui beveva alla salute e diceva posando il bicchiere col rimasuglio della* creanza*: "Mi dirà poi se non è come la carne di vitello"* (*Romanzi della mia terra*, Milano 1961, p. 532). C.

**crèiri in Déus,** locuz. (sardo campidanese). 'Credere in Dio'.

La frase è importante per l'accento chiuso di *Déus* 'Dio', che si oppone a quello aperto, unica marca distintiva del plurale *Dèus* 'dèi'. Per cui, come osservava agli inizi dell'Ottocento un preoccupato sacerdote, Vincenzo Raimondo Porru, ascoltando l'affermazione *est necessàriu crèiri in Dèus* (con la *è* aperta), un «Sardo in questo caso apprende una proposizione eretica, perché ciò che distingue il numero del meno dal numero del più è la sola pronunzia dell'*e*, stretta al singolare, e larga al plurale». C.

**cremaižùn,** sf. (ligure). 'Bruciore di stomaco per indigestione'.

Letteralmente 'cremagione', dal latino *crematio, -ōnis*, un derivato del verbo *cremāre* 'bruciare' [Merlo 1941-57; Azaretti 1982]. C.

**crèmpla,** sf. (veneto giuliano, nel triestino). 'Persona malandata, persona malmessa'.

Dal tedesco viennese *Krepann'l* 'uomo malaticcio' o piuttosto da *Kramperl*, epiteto canzonatorio di persona vecchia e debole, che è alla base della voce ladina (nel Livinallongo) *cramplé* 'accattone' entrato indipendentemente dal triestino [Doria 1987]. M.

**crèn,** sm. (friulano; ladino centrale). 'Cren, barbafronte, *Nasturtium Armoracia* Fr.'; la radice grattuggiata è usata come salsa sotto aceto.

Dal tedesco austriaco *kren* (a sua volta dal ceco *hren*); *cren* è voce d'uso anche in italiano [DEI; Pellegrini-Zamboni 1982; DELI]. M.

**crenzà,** v. (campano; abruzzese). 'Credere', con varianti.

Da *credere* incrociato con *pensare* [DEI; Giammarco 1968 e 1985; Salzano 1979]. M.

**crepalòssu,** sm. (siciliano). 'Grosso uccello dei rapaci'.

Composto con *crepa(re)* 'rompere' e *osso*, calco, come ritiene il DEI, del latino *oxifraga* [DEI s.v. *crepalòsso*; REWS]. M.

**crëscëmógnë,** sf. (abruzzese), 'crosta lattea'; (campano, in Irpinia: *crescimugno*), 'tumore'; (siciliano: *criscimogna*), 'il crescere, aumento di peso o di volume'; (umbro, a Ficulle: *crescemugno*), 'ghiandola enfiata'; (lombardo, a Cremona: *cresimònia*; romagnolo: *cresimogna, crescimogna*; abruzzese: *crescemónie*), 'aumento', 'interesse di capitale'; (pugliese, a Bitonto: *crëscëmùgnuë*, a Molfetta: *crëscëmònëjë*), 'ricrescita, accrescimento'; (calabrese: *criscimugnu*), 'sviluppo della persona'.

Da un latino parlato **crescimōnium* (al plur. *crescimōnia*), ricavato dal tema di *crescere* col suff. *-imōnium*, testimoniato anche nel romanesco antico col significato di 'lievito' [DEI; Alessio 1976]. C.

**crescentìno,** sm. (toscano: Versilia; ligure; lunigianese; emiliano, a Parma: *cresentì*). 'Singhiozzo'.

Il nome è legato alla credenza che il singhiozzo favorisca la *crescita* dei fanciulli [Plomteux 1875]. C.

**crèscia,** sf. (marchigiano; romagnolo; umbro; abruzzese: *crescë*). 'Focaccia, schiacciata', 'focaccia dolce'.

Deverbale di *crescere* nel senso di 'lievitare' [DEI].

L. Bigiaretti: *Carlone si sdraiava per terra, al sole, con le spalle alla porticina della cantina e, mentre addentava rabbiosamente la "crescia" (ossia una focaccia di granoturco) ripiena di verdura cotta e annusava il sentore fresco del vino, pensava al modo di penetrare nella cantina e vendicarsi in qualche modo dell'avarizia del prete, magari togliendo la cavola alle botti [...] Intanto la crescia gli pesava sullo stomaco* (*Carlone*, Milano 1982, p. 23). M.

**crespìgna,** sf. (ligure: Pigna). 'Rete per chiudere i capelli, usata dalle ragazze', testimoniata anche nell'italiano del secolo XV (*crespina*).

Dal latino *crĭspus* 'crespo', che nel marchigiano (*crespégna*) e nel napoletano (*crispignë*) ha dato il nome alla 'cicerbita comune' e nell'abruzzese (*scrëppégnë* e varianti) alla 'crespolina' [REW; Merlo 1941-57; REWS]. C.

**crësuòmëlë,** sf. (campano: Napoli; abruzzese: *crësòmëla*; salentino e siciliano: *crisòmmula*; a Taranto anche *crësòmmë*; lucano: *grisòmmulu*; calabrese: *crisòmmulu*, con diverse varianti). 'Albicocca', anche in impiego figurato.

Dal greco *chrysómēlon*, letteralmente 'mela d'oro', specie di 'mela cotogna', altro frutto giallo aderente all'osso [Hasselrot 1940-41; Rohlfs 1956 e 1964].

D. Rea: *Le bombe cadevano a pioggia, a grandinate, a temporale. A ogni metro una caduta di crisòmmole e incendi* (*Ninfa plebea*, Milano 1992, p. 139). – R. Nigro: *Menichiello di Tolve dava una crisomma con le nocche del pugno a questo Pupino, di nascosto* (*Dio di Levante*, Milano 1994, p. 154). c.

**crètic,** agg. (romagnolo). 'Difficile, detto di momento, situazione'.

Corrisponde all'italiano *critico*, aggettivo in locuzioni come *momento critico* e simili. m.

**crèto,** agg. (veneto; veneto giuliano). 'Degno di fede'.

Dal latino *crēditus* 'creduto' [Prati 1968]. c.

**crètta,** sf. (laziale: Alatri, a Castro dei Volsci, al plur.: *grèttë*). 'Fico già maturo, che ha la buccia spaccata'.

Dal latino parlato **crĕpta* 'fessura' dal verbo *crepitāre* 'scoppiare'. c.

**criàr(e),** v. (veneto). 'Gridare', ma oggi più frequentemente 'sgridare'. Nel veneto rustico anche col significato di 'piangere'.

Verosimilmente deriva da un latino parlato **critāre*, variante del latino classico *quiritāre* 'gridare al soccorso, protestare' oppure di *quirritāre*, che indica il verso del porco o del cinghiale [Marcato 1982; Bondardo 1986]. m.

**crìbio,** sm. (veneto giuliano e istriano; lombardo: *cribi*; ladino centrale *cribl*, *crible*; friulano carnico: *clibi* a Collina, *cribl* a Forni Avoltri). 'Staccio'.

Dal latino *crīblum* 'staccio' e *crībrum*, **clīblum*, forme dissimilate; dal più comune *cribellum* dipende anche l'italiano *crivello* [rew; Pellegrini-Marcato 1988]. m.

**cricà,** v. (friulano). 'Scricchiolare, crepitare' e nella locuz. *cricà il dì* 'spuntare il giorno'.

Formazione analoga all'italiano *cricchiare*, deriva dalla voce onomatopeica *cric* che anche in italiano indica il rumore di un oggetto che si rompe [desf]. m.

**crichepùls,** sm. (friulano occidentale). 'Erba cornetta, *Delphinium Consolida* L.'.

Letteralmente 'ammazzapulci' (è composta con una voce del v. → *cricà*), con allusione alle proprietà insetticide della pianta [Pellegrini-Zamboni 1982: 388]. m.

**crìchil,** sm. (friulano; trentino: *crìghel*; ladino centrale: *crigl*, *criègl*, *crighel*). 'Caraffa di birra da mezzo litro; mezzo litro di birra'.

È un tedeschismo, da *Krügel* 'brocca, boccale' diffusosi durante la dominazione asburgica (ha raggiunto anche il rumeno *crighel*, *crigal* e l'ungherese *krìgle*) [desf]. m.

**crìḍḍu,** sm. (salentino, anche *riḍḍu*; pugliese: *agrillë*, *griddë*; lucano: *ariddu*; calabrese: *ariḍḍu*, *grillu*; siciliano: *ariḍḍu*; campano: *agrillo*, *arillo*; laziale: *arìgliu*). 'Acino dell'uva, vinacciolo', anche 'seme di altri frutti', con altre varianti dialettali; (siciliano: *griḍḍu*), 'varietà di uva da mosto'.

Dal latino parlato **arīllus* 'vinacciolo' [dei s.v. *agrillo*; Piccitto 1977; lei]. m.

**criènt,** sm. (trentino), «tritume di paglia e spighe con qualche granello dopo la trebbiatura (a mano). Serve di mangime ai polli» (Groff 1982); (lombardo, in Valtellina: *criente*), 'grano vuoto'; (ticinese: *crienti*), 'scarto del grano saraceno'.

Riflessi della voce del latino tardo *crienta* 'ciò che cade dallo staccio' di origine gallica e attestata in una glossa «crientas quisquilias paleae», con continuatori anche nel ladino occidentale. Tra i derivati di questa parola dovrebbero rientrare anche il ladino centrale *sighéntär* (Comelico), *segrentes* (Ampezzano) 'crusca, semola' [rew; Tagliavini 1944; dei s.v. *criènte*; rews]. m.

**crìgna,** sf. (calabrese e siciliano anche *grigna*; salentino). 'Criniera; criniera del cavallo', quindi in senso scherzoso 'testa, zucca', 'broncio, ira, superbia'.

Dal latino parlato **crīnia* neutro plur. di *crines* 'crine', presupposto anche dal francese *crigne* 'capelli, criniera'; le voci dialettali italiane potrebbero riflettere un prestito dal francese, anziché derivare dal latino [dei; Alessio 1976; Piccitto 1977; Rohlfs 1977]. m.

**crìmina,** sf. (salentino). 'Calunnia, imputazione', anche *crima*.

Dal latino *crīmen, -inis* 'accusa, capo d'accusa', 'rimprovero', 'calunnia'; nel salentino vi è pure l'espressione *azàre na crìma* 'calunniare' (letteralmente 'alzare una calunnia') ed il derivato *crëmënèddë* (sf.) 'complotto, raggiro' [Alessio 1976]. m.

**criminàl,** sm. (veneto giuliano). 'Enorme confusione'.

Dal veneziano *criminal*, che, oltre al generico 'delitto grave, fatto criminoso', indicava più specificamente una 'rissa'. c.

**criminàli,** nella locuz. *pigghiàri(si) ncriminàli* (siciliano). 'Incollerire per un nonnulla, adirarsi, dolersi di un'ingiusta accusa'.

Letteralmente 'pigliarsela in criminale', cioè come offesa: locuzione tratta dal linguaggio giuridico [Alfieri 1980].

G. Verga: *Compare Piedipapera si divertiva a sparlare di questo e di quello, come capitava; ma così di cuore e senza malizia, che non c'era verso di pigliarsela in criminale* (*I Malavoglia*, Milano-Napoli 1955, p. 190). c.

**crin,** sm. (piemontese). 'Maiale'.

La voce è solitamente ricondotta ad una base gallica **crinos* 'maiale', ma non si può escludere che si tratti di formazione onomatopeica [few]. m.

**crìnculu,** sm. (calabrese), 'anello o cerchietto di salcio o di cordicina'; (lucano: *ngrìnghëtë*, *grèngano*, *rìngulu*), «chiovolo, legname vegetale con cui s'attacca il timone dell'aratro al giogo» (Bigalke 1980).

Il dei ritiene che tali voci continuino un'antica parola italica (osco-umbra) *krenkatrum* 'cinghia' (affine all'antico alto tedesco *hring* 'anello'); Rohlfs 1977 accetta tale ipotesi ma ritiene che questa voce si sia incrociata con il latino *cingŭlum*. Da non escludere, più semplicemente, che si tratti di uno dei riflessi del germanico **hring* 'anello'. m.

**(c)risàra,** sf. (calabrese). 'Staccio di farina'.

Dal greco *krēséra*, *krēsára* [Rohlfs 1977].

G. Occhiato: *Le schegge lui le ricevette tutte nel tafanario, che glielo ridussero come una crisara* (*Carasace*, Cosenza 1989, p. 186). c.

**criscigòre,** sm. (marchigiano; anche *criscicòre*; umbro, a Boara di Trevi; laziale, a Ronciglione: *crescigòre*). 'Singhiozzo'.

Composto di 'crescere' e *cuore*, per la credenza che il

singhiozzo faccia crescere il cuore; la voce è entrata pure in italiano, anche col senso di 'commozione, turbamento d'animo' [AIS; DEI; GDLI].

C. DOSSI: *La mestissima ora cullava il crescicore dei due giovani amici* (citato da GDLI III, p. 961). M.

**cristariéllo,** sm. (campano, nel napoletano, anche *cestariéllo*; calabrese: *cristariellu* e varianti; pugliese e salentino: *castarièddu*; siciliano: *cristaredda* come sf.). 'Gheppio'.

Probabilmente si collega al francese *cresselle* (antico), *crecerelle* 'specie di falco' (dal latino parlato **crepicella*, FEW) e più precisamente ad una forma normanna come termine della falconeria [DEI s.v. *cestarèllo*; Rohlfs 1956 e 1977a; Salzano 1979]. M.

**cristàta,** sf. (toscano: amiatino). 'Castagne arrostite'.

Il confronto con la variante *crastata* ci conduce a *castrata*, di cui è forma metatetica: diffusa è l'immagine di *castrare* per designare il taglio che si fa alle castagne prima di arrostirle. C.

**cristàudi,** sm. plur. (siciliano), 'infermità cutanea che viene ai fanciulli, specie di vaiuolo benigno con vesciche più grosse e lucenti, morviglione'; (sardo campidanese: *cristallu* sing.), 'vaiolo nero'.

Letteralmente 'cristalli', 'cristallo' (nel sardo), per l'aspetto cristallino delle bollicine, che si formano durante la malattia [Prati 1922]. M.

**crìżża,** sf. (calabrese, anche *criża*, *niża*), 'pulicaria, *Pulicaria viscosa*; enula, *Inula viscosa*; cisto marino, *Cistus monpeliensis*'; (lucano: *grisë*), 'pulicaria'.

Tipo lessicale presente anche nella località di alloglossia greca di Bova (*cliza*), riflette il greco *knýza* 'enula' per il più comune *kónyza*, continuato nel greco moderno (Corfù) *kroúza* 'pulicaria' [DEI; Rohlfs 1977; Bigalke 1980]. M.

**cròbi,** sf. (sardo campidanese). 'Corba, cesta'. Famosi, a Cagliari, i *picciòccus e gròbi*, i ragazzi che portavano dal mercato alle case quanto acquistato dai compratori.

Dal latino *cŏrbis* 'cesta' [DES]. C.

**cróce,** sf. (siciliano). 'Dieci anni': *à treccrùci* 'ha trent'anni'; a Subiaco: *m'accòsto alle òtto cruci* 'agli ottant'anni'; ad Ascrea: *tèngo nóue cróci* 'ho novant'anni'.

Dal segno X 'dieci', così come in abruzzese e molisano: *na cróćë* 'dieci anni', *cìnghë crùcë* 'cinquant'anni' e così via [Vignoli 1911 e 1926; AIS; Giammarco 1968]. C.

**cròma,** sf. (umbro, nel perugino). 'Commento, critica'.

Verosimile fossile bizantino, dal greco *chrôma* 'colore, belletto, sfumatura di carattere' [Ugolini 1970). M.

**crombè,** sm. (ticinese: val Verzasca). 'Gattaiola: buco nella porta di casa per far entrare o uscire il gatto'.

Dal latino *columbārium* 'colombaia, piccionaia'. C.

**crònc,** agg. (trentino). 'Malaticcio, infermo'; *mèz crònc* 'cagionevole di salute, sempre infermo'.

Dal tedesco *krank* nella pronuncia meridionale. «È una di quelle voci straniere che i soldati trentini portavano con sé quando tornavano a casa dalle caserme austriache» (Quaresima 1964). C.

**cròpa,** sf. (lombardo: Milano). 'Gromma, lordura'.

Probabilmente da un gallico **krouppā*, dipendente dalla radice indeuropea **kreup-* 'sozzura, crosta, sudiciume' [Morani 1982]. C.

**cròpanu,** sm. (siciliano), «carpino» (Piccitto 1977, 'abete bianco' in DEI e Penzig 1924); (piemontese, nel novarese: *crovo*), «abete bianco» (Penzig 1924); (ticinese: *crof*, *crò(v)at*, *cròvet*), 'abete bianco' (AIS).

Le voci sono fatte risalire ad un tema fitonimico preromano **cropo-* designante una conifera; un ampliamento nella forma **cropino-* è supposto per il siciliano [DEI s.v. *cròpano*; Alessio 1976]. M.

**crŏsa,** sf. (ligure), 'viottolo, stradicciola di campagna', 'scorciatoia', 'traversa'; (emiliano, a Coli), 'avvallamento'.

Dalla base, di probabile origine gallica, **krŏsu* 'caverna', ampiamente attestata non solo nel dominio galloromanzo, ma anche nell'Italia settentrionale (piemontese *crŏs* 'basso, profondo, cavo', ligure *crŏso da man* 'concavo della mano', ticinese, in Valle Anzasca, *crös, crösa* 'vuoto, cavo'). Il significato secondario di 'viottolo' si ricava attraverso quello intermedio di 'strada infossata, incassata'; confronta in Valsesia *crŏs* 'letto incavato dal torrente e il torrente stesso', e in Valle Anzasca *crös* 'rio, piccolo viale; burrone ove scorre qualche torrentello' [FEW; DEI; Plomteux 1975].

C. SBARBARO: *La crosa che imboccarla era scantonare dal mondo, pochi colpi di piccone e nel largo che ha lasciato la memoria già stenta a situarla* (*Fuochi fatui*, Milano-Napoli 1962, p. 83). – M. BONFANTINI: *E il villaggio di qua lo ha veduto? Sì, dove c'è il ponte sul* crôso: *ci stavano dieci famiglie, e due appena più in alto, vicino a noi lì alla cappelletta; e adesso c'è rimasto soltanto il Vincenz, il guardiano della proprietà più grande che arriva giù fino al fiume* (*Sul Po*, Torino 1974, p. 31). C.

**crosnòbol,** sm. (trentino). 'Tipo di uccello, becco in croce'.

Dal suo nome tedesco *Kreuzschnabel*, letteralmente 'becco (a) croce', nei dialetti meridionali *kräizschnåbl*. C.

**cróstoli,** sm. plur. (veneto, anche *gróstoli, grùstuli*), 'galletti fritti (pasta dolce)'; (friulano: *cròstul* sing.), 'pasta dolce fatta di farina, tuorli d'uovo, burro e zucchero, spianata, tagliata a strisce e fritta nello strutto. Si usa spec. di carnevale'.

Dal latino *crŭstum* 'biscotto sottile coperto da una crosta' con suffisso *-ŭlum*; stessa origine ha l'appellativo geografico *cróstolo* 'costipamento superficiale del suolo dopo un acquazzone' in uso nel Polesine [Prati 1968]. M.

**cròt,** sm. (friulano; nel veneto di Grado: *cròto*), 'rana'; (a Trieste: sf. *crota*), 'ranocchia'; (friulano e veneto, a Vicenza: sf. *crote*, mentre nel veronese e nel trentino: *crota*), 'rospo'.

Dal medio alto tedesco *krot* 'rospo', ora nei dialetti *Krott* e nella lingua letteraria *Kröte* [Salvioni 1916; Prati 1968; Cortelazzo 1970a; DESF].

S. SLATAPER: *Tonfa un enorme pietrone fra le crote dello stagno che gracidano a squarciapancia, e l'acqua putrida schizza e l'inonda* (cit. in GDLI III 1013). C.

**cròta,** sf. (piemontese; ligure). 'Cantina'.

Dal latino parlato **crŭpta* (per il classico *crўpta*) 'grotta', da cui anche il siciliano *urutta* 'grotta' e il bresciano *crota* 'volta di ponte' [REW; REWS]. C.

**cròvensi,** sm. (toscano: Pisa). 'Pagliaccio'.

La voce riflette l'inglese *clown* ma è tratta dalla forma plurale *clowns* [Zamboni 1986]. M.

**crovipé,** sm. (ligure, con varianti). 'Coltroncino che si stende sul letto dalla parte dei piedi'.

Letteralmente 'copripiedi' [Merlo 1941-57]. C.

**cròzza,** sf. (calabrese; siciliano). 'Cranio, teschio'.

Dal precedente significato di 'ostrica', che ha l'italiano antico *croccia*, dal latino tardo *clŏcea* per il classico *cŏchlea* [Rohlfs 1977 e 1977a].

G. Bonaviri: *Ci fu la guerra, – ci rispose quel taccagno. – Vi spacco la crozza se non andate via. È la fine del mondo* (*Il fiume di pietra*, Torino 1979, p. 166). – V. Consolo: *di qua, gruzzolo informe d'ossa càscie crozze femori e vambracci, di là, robe imbarazzi coffe cafisi botti barilotti e damigiane* (*Il sorriso dell'ignoto marinaio*, Torino 1987, p. 97). – Id.: *dal terriccio affiorava una crozza, col giallo della fronte, il nero delle occhiaie, l'avorio della dentatura, e le ossa, sottili come d'ali d'uccelli, delle mani* (*Le pietre di Pantalica*, Milano 1988, p. 83). c.

**crucédda r' uógghiu,** locuz. (campano: Procida). 'Quantità d'olio necessaria al condimento dei cibi'.

Alla lettera 'crocetta d'olio', perché era determinata dal minimo indispensabile per tracciare nettamente una piccola croce sul piatto da condire [Parascandola 1976]. c.

**crudèjë,** agg. (calabrese settentrionale), 'non cotto, mezzo cotto'; (salentino: *crudìu*, *crutìu*, *crudèu* con varianti), 'di difficile cottura'.

Dal latino *crudīvus* 'crudo'; ad incrocio tra questa forma latina e *cocibĭlis* si devono il pugliese e l'abruzzese *crudìvëlë* e varianti 'non cotto, di cattiva cottura', siciliano *scrudìvuli* 'non facile a cuocersi'. Da *crudīvus* con sostituzione di suffisso con *-ineus* dipendono il siciliano *crudignu* ed il napoletano *crudignë* 'poco cotto, di difficile cottura' [dei s.v. *crudévole*; rews; Alessio 1976]. m.

**crumìru,** sm. (lombardo: Val Chiavenna; friulano: *crumìr(o)*). 'Persona spilorcia, avara' (al femminile: *crumira*).

Pare evoluzione ulteriore dello spregiativo *crumiro*, proprio dell'italiano comune, 'lavoratore che non fa causa comune con gli scioperanti'. c.

**crùpënë,** sm. (calabrese settentrionale, con varianti; lucano: *crŏpënë*, *cròpu* e altre varianti). 'Letame'.

Dal greco *kópranon* di analogo significato [dei; Rohlfs 1977; Bigalke 1980]. m.

**crustafìdi,** sf. (siciliano, anche *cristafìdi*). 'Stafisagria, *Delphinium staphisagria*'.

Dal greco (per il dei è dal greco bizantino) *agriostaphída* di analogo significato; il grecismo è presente anche nel grecanico del Salento nelle varianti *brostafita*, *prostafita* 'solano, *Solanum nigrum*' [dei s.v. *agriostafida*; Rohlfs 1961]. m.

**crusuléu,** sm. (siciliano, nel messinese; calabrese meridionale, con varianti come *crisuléu*, *trusulìu*, ed altre). 'Rigogolo'.

Da una voce greca (Rohlfs 1977) o greco bizantina (dei) **chryso-láïos* 'tordo d'oro'. m.

**ctalàre,** v. (emiliano; a Bologna: *ctaloér*). 'Cosare', accennare ad una cosa qualunque.

Da *el cta* 'quella cosa', 'il coso', letteralmente 'il cotale' [Malagoli 1941]. c.

**cu-à,** agg. (ligure). 'Falso' nelle espressioni *in omu cu-à*, *in ègua cu-à* 'un'acqua cheta', *ïm 'urpe cu-à* 'furbo che fa da gonzo'.

Letteralmente 'covato' cioè 'nascosto', come nel francese dialettale *covè* 'uomo sornione, che dissimula' [Plomteux 1975]. c.

**cualéra,** sf. (piemontese: anche *coaléra*). 'Orlo della veste infangato'.

Diminutivo di *cóa* 'coda', come il sinonimo *cóiro*, *cùiru*, che trovano il loro esatto corrispondente in Normandia, dove *couée* significa appunto 'coda di sottana imbrattata di fango' [few]. c.

**cuàtënë,** sm. (campano). 'Verbasco'.

La voce viene posta in relazione col latino tardo *catănus* 'ginepro' con riflessi come il ligure (Mentone) *cai*, nizzardo *cade*, *caë* 'ginepro'. A *catănus* è stato fatto risalire anche il sardo *cadùmbu(lu)* 'verbasco', nome diffuso nella parte meridionale dell'Isola, ma l'ipotesi non è certa e secondo il des potrebbe trattarsi di voce protosarda [few; dei s.v. *càtano*]. m.

**cubbàita,** sf. (siciliano, con varianti; calabrese; ligure, a Ventimiglia: *cubàita*). 'Torrone di sesamo o noci o mandorle o ceci'.

Dall'arabo *qubbayta*, nome del dolce; una forma parallela *cupeta, copeta*, è diffusa in tutta l'Italia ed è arrivata fino in Toscana (*copeta, cubata, cupata*), in Piemonte e in Lombardia (*copeta*) [Vidossi 1960; ves].

V. Consolo: *Le donne, silenziose e leste, servirono la pasta col sugo all'odor di zafarano e di garofalo. E ancora altre leccornie, caci e salumi, e infine la cubbàita, un dolce di sesamo e di miele* (*Retablo*, Palermo 1987, p. 101). c.

**cùbbula,** sf. (siciliano). 'Cupola, volta'.

Dall'arabo *qubba* 'tetto a volta, cupola', influenzato dal corrispondente latino *cupula* [Pellegrini 1972].

V. Consolo: *Quella meraviglia con cùbbule, terrazze, balconcini, cortili con colonne* (*Le pietre di Pantalica*, Milano 1988, p. 76). c.

**cùbere,** v. (sardo logudorese: anche *cupire*). 'Bramare, desiderare'.

Dai verbi latini *cupĕre* e *cupīre*. «Solo in sardo sopravvive l'antica forma *cupĕre*, mentre tutte le altre lingue romanze hanno solo *cupīre*» [des]. c.

**cuccardìno,** agg. (umbro, nel perugino). 'Ignorante'.

Da *coccarda*; «si racconta che per il plebiscito del 1860 a chi non sapeva leggere e scrivere veniva consegnata una coccarda che serviva a dimostrare ed accettare la sudditanza dei Savoia. Quindi coloro che esibivano tale coccarda erano solo gli analfabeti» (Catanelli 1970). m.

**cucchigghiàta ,** sf. (siciliano; calabrese: *cucugliàta*; pugliese: *cucugghiàta*). 'Allodola cappelluta'.

Dal latino parlato [*alauda*] **cuculleāta* 'che porta un cappuccio' (dal latino *cucŭllus* 'cappuccio'); dalla stessa base dipende come retroformazione anche il pugliese *cocùgghia*. La stessa forma di latino parlato è all'origine dello spagnolo *cogujada* che designa il medesimo ornitonimo e che – secondo il dei – è entrato come prestito nel siciliano *cucucciata* e, come retroderivato, nel salentino *cucòscia* con lo stesso significato [rews]. m.

**cuccìa,** sf. (lucano; calabrese; siciliano). 'Specie di minestra di grano bollito, condita spesso con vino cotto, che si mangia in occasione di alcune solennità religiose, come per esempio per S. Lucia'.

Dal greco antico *kokkía* 'chicchi, grani', bizantino *koukkía*, nel significato particolare di 'minestra di grano' (confronta neogreco *koukkía* 'chicchi', 'fava'), voce irradiata da Bisanzio non solo nell'Italia meridionale, ma anche nei Balcani. In origine si trattava di un cibo rituale, da ciò la sua ampia diffusione. Da notare anche il derivato siciliano *ncucciàtu* 'sorta di pastina, semolino' ed il salentino *cuccìa* 'fave' [Vidossi 1960; Rohlfs 1961; ves; Mocciaro 1994]. m.

**cucciàrda,** sf. (laziale meridionale; campano; abruzzese; molisano; pugliese; calabrese). 'Allodola', anche *cocciarda*.

Voce di etimo discusso. È stata proposta una derivazione da *(ac)cucciare*, dall'abitudine di questo uccello di accovacciarsi per terra, e successivamente da *coccia* 'testa' per la caratteristica cresta di penne sul capo, con una formazione parallela a *testa-testarda*; a conferma di tale ipotesi si richiamano parole come il laziale *cucciardë* agg. 'testardo' (a Castro dei Volsci) e *cozzardu* 'falco' (a Subiaco), che si spiega con la testa grossa dell'uccello. Altri hanno proposto un derivato dallo spagnolo moderno *cogujada* 'allodola crestata' con riferimento all'allodola capelluta e con cambio di suffisso (→ *cucchigghiàta*) [Merlo 1938; DEI; Rohlfs 1977; Giammarco 1985]. M.

**cucciuvìa,** sf. (siciliano, anche *cucciuvì*). 'Cappellaccia, *Galerita cristata*', anche 'civetta' (Piccitto 1977).

Dall'antico francese *cochevis*, a sua volta dal latino [*alauda*] **cucullēāta* '[allodola] cappelluta' [DEI]. M.

**cuccuàscia,** sf. (salentino, anche *cuccuvàja, cuccuvàscia*; lucano: *cuccuveḍḍe*; calabrese: *cuccuvèja, cuccuvìa*; campano: *coccovàja*). 'Civetta'.

Dipendono dal greco moderno *koukkoubágia* 'civetta', di origine onomatopeica. Sono in parte confrontabili, con le voci dialettali menzionate, il toscano, nel lucchese, → *cuccuméggia* e il sardo *cuccumiàu, cuccumèu* che designano la stessa specie ma che, etimologicamente, richiedono una base con *-m-*, come si presenta nella forma, certamente popolare, *cicuma* 'civetta' attestata da Festo. È evidente, comunque, che l'intervento dell'onomatopea avrà prodotto dei riflessi nelle forme dialettali: si confronti la parola emiliana (ferrarese) *ciucibèo* 'verso della civetta'. Alla voce greca sopra menzionata si rifà il sardo (a Fonni) *cuccubàju* 'upupa' [DEI ss.vv. *ciucibeo* e *coccovéggia*; Rohlfs 1956; DES]. M.

**cuccuméggia,** top. (toscano). 'Lucca', in modo scherzoso.

Letteralmente significa 'civetta' (→ *cuccuàscia*) e il trapasso si spiega con una malignità paesana, così espressa nel paragone pisano: *Far come e Lucchesi 'he cchiùsero la huccuméggia nella prigione hon le finèstre apèrte* (Malagoli 1939). C.

**cuccumìlu,** sm. (calabrese centrosettentrionale, con varianti). 'Prugno selvatico' e *cacomila* 'prugnole selvatiche agre' nel calabrese meridionale.

Dal latino tardo *coccymēlum* 'prugna, susina' (Isidoro e altri), attraverso una forma parlata **coccumēlum* [DEI ss.vv. *cacòmila* e *cuccumilo*; Alessio 1976; Rohlfs 1977]. M.

**cùccuru,** sm. (sardo). 'Cima di una montagna', 'cocuzzolo'.

Da una supposta base **cucca*, parallela a **cocca*, ma la varietà di derivati e di significati e la loro ampia distribuzione ha dato luogo a moltissime discussioni sull'origine della complessa famiglia [DES].

G. DELEDDA: *Devo essere a* Cuccuru Nieddu, *pensò. Cammino da tanto tempo, e non mi trovo distante che una mezz'ora dall'ovile* (*Romanzi e novelle*, IV, Milano 1955, p. 116). C.

**cuccuruḍḍù,** inter. (sardo centrale). 'Voce del gallo'.

Onomatopea diversa dall'italiano *chicchirichì*, che dimostra ancora una volta la relatività delle imitazioni locali delle voci degli animali. C.

**cucëfóglia,** sf. (molisano: Fossalto). 'Suono dell'Avemaria'.

Letteralmente 'cuoci la verdura', perché il segnale della campana avvertiva le donne, che era l'ora di mettere al fuoco la verdura, giacché a quell'ora i contadini cessavano il lavoro (Bagnoli 1990). C.

**cùcer,** sm. (veneto; trentino; friulano). 'Cocchiere, vetturino'.

Derivato dal tedesco *Kutscher* di analogo significato, da *Kutsche* 'cocchio' [Prati 1968; Doria 1987].

F. TOMIZZA: *Non ricordava con trasporto il periodo d'impiego sui tram in città e non aveva scelto per testimonio di nozze una macchia di triestino (e nonna Fedora per sempre gli rimproverò di averle portato a casa un* cùcer) (*L'albero dei sogni*, Milano 1969, p. 17). M.

**cucetà,** v. (lucano; pugliese: *chëscetàssë* e varianti). 'Impensierire, affliggere, sopportare, provvedere a malincuore'.

Dal latino *cogitāre* 'credere, pensare' [Festa 1914; REW; REWS]. C.

**cucèvëlë,** agg. (abruzzese; pugliese: *cucìvëlë*; salentino: *cucìele*; calabrese: *cucìvuli*; siciliano: *cucìuli*). 'Di facile cottura, cottoio'.

Dal latino *cocībĭlis* di analogo significato, variante di *coquibĭlis* [DEI s.v. *cocèvole*; REWS]. M.

**cuchèr,** sm. (veneto: Vittorio Veneto). 'Noce (albero)'.

Derivato col suffisso *-ārius* dalla parola dialettale *cuca* 'noce', che si trova impiegata in qualche località della zona veneta bellunese, friulana occidentale ed istriana (AIS), variante di *coccä* abruzzese, *cocca* reatino (qui anche 'mandorla, castagna'), dal latino *cŏccum* 'granello, nocciolo' che ha numerosi riflessi dialettali [REW]. M.

**cucónë,** v. (lucano; calabrese settentrionale: *cuccuni, cuccónë, culcònë*). 'Femore; anca; regione lombare'.

Grecismo: da *kochṓnē* 'osso sacro, perineo' (Rohlfs 1964) ma per tramite di un latino regionale **cochone* secondo il DEI (s.v. *coccóne*). M.

**cucumél,** sf. plur. (emiliano: modenese). 'Primule, *Primula acaulis* Jacq., con cui i ragazzi facevano piccoli flauti'.

Diminutivo del latino *cucuma* 'cuccuma' (per la forma), ampiamente rappresentato nelle lingue romanze in vari nomi di piante e particolarmente di funghi (*cucumela* in piemontese è una 'specie di agarico', in genovese *cucumella* è il '(fungo) spugnino' e *cuccuméḍḍu* in sardo logudorese è nome ora generico, ora specifico di 'fungo') [REW; REWS; FEW; DES].

F. GUCCINI: *dove goccia la sorgente o buttano i cucamelli* (*Cròniche epafàniche*, Milano 1989, p. 165). C.

**cuḍḍurièḍḍu,** sm. (calabrese, anche *culluriellu, cullurillu*). 'Pane a guisa di ciambelle col buco'.

Diminutivo di *cuḍḍùra* (calabrese, salentino, siciliano) 'buccellato', in qualche luogo anche 'cercine', dal greco *kolloúra* per *kollýra* [DEI s.v. *collura*; Rohlfs 1964 e 1977]. C.

**cudéspina,** sf. (calabrese: anche *cudiéspina, codiéspina*). 'Brava massaia, donna attiva'. Scomparsi oramai il salentino (greco d'Otranto) *godèspina* 'giovane sposa' e il siciliano (Messina) *cudéspina* 'donna di provetta età'. Vitale ancora il senso figurato di *cudèspina* (calabrese: Catanzaro) 'cutrettola'.

Dal greco *oikodéspoina*, letteralmente 'padrona di casa'. Il senso figurato rientra in un folto gruppo di denominazioni metaforiche della cutrettola, illustrate da Hallig 1933 [Rohlfs 1964 e 1977]. C.

**cudìcio,** sm. (friulano: Gorizia, anche *cudìn*; veneto bisiacco: *cudìc*'). 'Diavolo'.

Dallo sloveno *hudič* con lo stesso significato; lo slavismo è entrato anche nel gergo delle venditrici di cucchiai di Claut nella forma *cudìc'* [Pellegrini 1976; Marcato 1982b]. M.

**cuè,** sf. (ligure; piemontese meridionale: *quèja*). 'Voglia, desiderio'.

Dal latino **cupīdia*, da *cŭpidus* 'bramoso, desideroso' [Plomteux 1975]. C.

**cufàsi,** v. rifl. (ladino centrale, anche *cufase*; friulano: *cofâsi*, *cufâsi*; veneto: *cufarse*, *cufolarse*; veneto giuliano: *cufalâse*; emiliano: *aguflàrs*, *acuflér* e varianti; siciliano: *accufulàrisi* rifl.), 'accovacciarsi, piegarsi'; (campano, nell'irpino: *scoffà*), 'fiaccare, slombare'; (marchigiano: *(s)cuficchiare*), 'frugare'; forme derivate sono presenti anche in altre varietà: calabrese *ncufatu* 'curvo, slombato', laziale (Subiaco) *cofa* 'grotta'.

In un primo tempo assegnati ad un latino parlato **cufāre* (REW; REWS) considerato una variante di provenienza osco-umbra del latino *cubāre* 'riposare', questi termini sono stati successivamente ricondotti ad un latino parlato **cuphāre*, prestito dal greco *kyphóō* 'incurvo, rendo gibboso' (da *kyphós* 'curvo', → *gùfo*). Questa nuova ipotesi è richiesta – secondo il DEI (s.v. *cufare*) – dal fatto che, per ragioni fonetiche, non si può ricostruire un osco-umbro **cufāre* parallelo del latino *cubāre*. Ma c'è anche un'altra difficoltà connessa con l'ipotesi **cufāre*, sottolineata da Prati 1968: si tratta del fatto che tale base avrebbe dato **cuvà(re)* nelle varietà settentrionali, mentre *-f-* in un prestito dal greco (che può essere più tardo ed indipendente da quello che ha dato le forme meridionali) si può conservare. Non sono da escludere per le forme settentrionali denominali da *gùfo*, *cùfo* (→ *gùfo*). M.

**cufurùna,** sf. (siciliano: anche *fucuruna*). 'Testuggine' e, al figurato, 'persona pigra e lenta'.

Dall'arabo magrebino *fukrûna* per metatesi [DEI; Tagliavini 1946]. C.

**cugliàndru,** sm. (siciliano; calabrese: *cugghiàndru*), 'coriandolo, il frutto del coriandro'; (pugliese, nel tarantino: *cugghiàntro*), 'confetto'.

Dal latino tardo *coliandrum* a sua volta prestito dal greco tardo *kolíandron* 'cogliandro', forme dissimilate di *coriandrum* e *koríandron* rispettivamente da cui l'italiano *coriandro*, e con suffisso *coriandolo* 'il frutto del coriandro' e al plur. 'confetti come un coriandolo', poi 'pallottoline di gesso imitanti i confetti che un tempo si lanciavano di carnevale', sostituiti quindi da dischetti di carta [DEI ss.vv. *cogliandro* e *coriandolo*]. M.

**cugnàta,** sf. (calabrese; pugliese; siciliano; salentino; lucano; campano: *cugnatu* come sm.). 'Scure', 'accetta', anche *cugnatë*.

Da un latino medievale (*ascia, securis) cuneāta*, scure a forma di 'cuneo'; stessa origine ha il francese *cognée* 'scure' [DEI]. M.

**cugnètto,** sm. (campano, nel napoletano anche *cugnetta* sf.; calabrese: *cugnittu*, *cugnettu*; siciliano: *cugnettu*). 'Recipiente a forma di barile per conservare frutti di mare'; può essere fatto anche di creta ed essere utilizzato pure per conservare strutto o aringhe salate.

Deriva dallo spagnolo *cuñete* 'bariletto per conservare olive, burro e simili' diminutivo di *cuño* (dal latino *cuneus*) [DEI; Piccitto 1977; Rohlfs 1977; D'Ascoli 1979]. M.

**cugnòlu,** sm. (corso, anche *cùgnulu*). 'Mallo della noce'.

Da latino tardo *culliolum* attestato con analogo significato in Paolo Festo («culliola: cortices nucum viridium a similitudine culleorum») [Falcucci 1915; DEI s.v. *cugnòlo*; Alessio 1976]. M.

**cùguluf,** sm. (veneto giuliano, anche *cùvuluf*, *cùvluf*; friulano, a Gorizia; trentino, solo in Val di Sole e di Non: *cùgluf*). 'Sorta di focaccia dolce o panettone'.

Dal tedesco austriaco *Kugelhupf*, *Gugelhupf*, di significato analogo; dal veneto di Trieste la voce è entrata nell'italiano letterario (*cugulùf*) [Quaresima 1964; Doria 1987]. M.

**cuìn,** sm. (ligure: Genova; romagnolo: *curéna*; marchigiano: *corina, curina*; abruzzese: *curinë*). 'Vento di libeccio'. I vecchi romagnoli distinguevano, di questo vento, il maschio (*e' mas-c'*) asciutto e la femmina (*la femna*) piovosa (Ercolani 1971).

Dal latino *caurīnus, corīnus*, derivato da *cāurus* 'còro, vento di nord-ovest' [REWS]. C.

**cuìnz,** sm. (friulano). «Bigoncio, vaso di legno, stretto e alto, fatto a doghe, due delle quali più lunghe e bucate al di sopra della bocca, dove s'infila un grosso palo per trasportarlo» (Nuovo Pirona 1935); è adoperato anche come misura di capacità per liquidi, specie per il vino.

Deriva dal latino *congiu* 'misura per vino e olio' dal quale dipendono l'italiano antico *cògno* 'misura antica di vino', l'abruzzese *cògnë*, *gógnë* 'recipiente di terracotta, orciuolo, bariletto per marinare il pesce', il sardo logudorese *cónżu*, il campidanese *cóngiu* 'vaso di terracotta' e 'misura di liquidi' [AIS; REW; DEI; DES; LEA; DESF]. M.

**cùita,** sf. (ligure), 'fretta'; (piemontese), 'prurito, desiderio'.

Dal francese e provenzale *coîte* (e varianti) 'fretta', a sua volta dal verbo *coitier* 'far fretta, costringere a fare qualche cosa', di origine latina: **coctāre* per *coactāre* 'forzare' [Plomteux 1975]. C.

**culàta,** sf. (siciliano; calabrese; salentino; campano: *colatë, culatë*; abruzzese: *culatë*; laziale meridionale, anche *colata*). 'Bucato'.

Secondo il DEI (s.v. *culata*) sono prestiti dallo spagnolo *colada* '(colatoio per il) bucato' (a sua volta derivato dal v. *colàr* 'colare'). È, invece, preferibile supporre che siano voci dipendenti da *colare* dato che designano, nelle stesse aree dialettali menzionate, anche il 'ranno' ed il 'ceneracciolo'. Quest'ultimo è chiamato *coladór, coladùr* nel veneto istriano, *coladôr* in friulano, *culadór, culadùr, cularòl* in lombardo, *culàu* in ligure, *culatura, coladù* in marchigiano, *culaturë* in località abruzzesi, tutte forme da ricondurre a *colare* come pure il lombardo *cul*, il ligure *cūru, coròu* e varianti, il piemontese meridionale *cul, cū*, l'emiliano *culòn, cularöla* (tutte voci registrate dall'AIS). Infatti, nel bucato tradizionale, «sul ceneraccio, una grossa tela posta sopra la biancheria nel recipiente di liscivatura, si stende dapprima uno strato di cenere [ranno] di legna passata al setaccio molto fine e poi si versa sopra acqua bollente» [Scheuermeier 1980]. M.

**culëdórzë,** sm. (lucano; calabrese: *cudursu*). 'Coccige'.

Dal latino *cauda dorsi* 'coda della schiena', avvicinata a *cùlë* [Rohlfs 1977; Alessio 1976]. C.

**culércia,** sf. (calabrese, anche *culìrcia*, *culirta*; toscano: *(s)culèrzola, (s)cutèrzola*). 'Specie di grossa formica'.

Propriamente "che erge il culo" (composto con *culus* ed *er(i)gere*, col part. **erctus*); l'insetto è così chiamato perché porta alzata la parte posteriore del corpo; in calabrese è chiamato anche *culitiša*, parola composta con *tĕnsus* 'teso' [DEI s.v. *ciarapica*; Rohlfs 1977]. M.

**culifètula,** sf. (calabrese settentrionale; campano, nel

salernitano). 'Puzzola, specie di insetto che infesta specialmente i cardi'.

Presuppone un latino parlato **culifoetidus, -a* 'che puzza dal culo', e si confronta col siciliano *fiètura, fiètula* 'puzzola', salentino *vermifètulu* 'specie di millepiedi' [DEI s.v. *culifètola*; Alessio 1976]. M.

**culilùcida,** sf. (calabrese). 'Lucciola'.

Dal latino parlato **culilūcida* (*culus* e *lucidus* 'lucente'), sul modello del greco *kōlōphōtía* 'lucciola', letteralmente "fuoco di culo"; analoga motivazione ha la denominazione siciliana *luci-culu* per la quale il DEI muove da un latino tardo *lucicūlia* [DEI s.v. *culilucida, luciculo*; Rohlfs 1977a]. M.

**culìn,** nella locuz. *purtàr a culìn* (ligure: Pigna). 'A cavalluccio'.

Dal diminutivo del latino *cŏllum* 'collo' [Merlo 1941-57]. C.

**culmà,** sf. (lombardo, nel Pavese, a Voghera anche: *curmèra*). 'Pranzo offerto dall'impresario o dal proprietario della casa in costruzione, quando i muratori arrivano al tetto' ed anche 'pranzo offerto ai contadini al termine di qualche importante lavoro agricolo'.

Propriamente 'colmata', da *colmo*, la parte più alta della casa, che, in alcuni dialetti, si identifica con il 'tetto'. Di qui le espressioni pavesi → *fa la culmà* (o *curmà*), *fa la culma, fa ra curmèra, fä ra culmä* 'festeggiare il compimento di un lavoro'. A Novi Ligure, tra il Piemonte e la Liguria, i → *curmarői* sono tanto il 'colmo del tetto', quanto la 'cena offerta ai muratori in occasione della copertura del nuovo edificio'. C.

**culòfra,** sf. (calabrese; salentino: *culòffia* e varianti; siciliano). 'Donna pingue'.

Da un osco **colofra*, che sembra il parallelo del latino **colōbra* 'serpente': → *culòrvia*. Il passaggio semantico è simile a quello che ha portato dal greco moderno *óchina* (per *échidna*) 'vipera' da una parte al messinese *óscina* 'vipera', e dall'altra al calabrese *lóscina* 'donna sporca', *lócina* 'baldracca' [Alessio 1938-39: 119; Alessio 1976]. C.

**culòrvia,** sf. (siciliano, con molte varianti, tra cui *culòf(r)ia*; sardo: *colóvra* e varianti). 'Biscia, serpente'.

Dal latino parlato **colōbra* per il classico *cŏlubra* 'serpente' [REW; DES].

D. DOLCI: *la colorvia è capace di mangiarsi la buffa a succhiarla tutta* (*Racconti siciliani*, Torino 1973, p. 46). C.

**culòzzu,** sm. (salentino). 'Testa pelata, calva'.

Sono note anche le forme *c(u)lòzzu* 'bernoccolo alla testa', *c(o)lòzzo* 'sasso, roccia', *culòzzo* 'bernoccolo, gonfiore', che risalgono al latino delle glosse *clŏcea* per *cŏchlea* 'testa' ma propriamente 'chiocciola, guscio', e riflettono una contaminazione con 'culo' [Valente 1978]. C.

**culuminiòṡa,** agg. (veneto: Marano L.). 'Riferito a persona molto parsimoniosa'.

Da *culumìa*, reinterpretazione popolare dell'italiano *economia*. C.

**culùmmëru,** sm. (salentino; pugliese: *chëlómbre, chëlómërë*; campano: *culùmburu*; laziale meridionale: *columbro*; lucano: *culùmmërë*; calabrese: *columbra* sf.). 'Fico primaticcio (fico fiore)'.

Dal latino *columbŭlus, -a*, propriamente 'piccolo colombo', nel salentino anche *culummu* (ad Avetrana) 'colombo', nel campano anche *fichë colombë* (a Teggiano); per un parallelo semantico → *calastrùzzu* [AIS; DEI s.v. *colómbola*]. M.

**culurżònes,** sm. plur. (sardo logudorese, anche *culunżònes*, nel campidanese: *culurgiònis*). 'Ravioli imbottiti di verdura e formaggio fresco impastati insieme', 'sorta di dolce' (Martelli 1930, 55: *culirgioni*).

La voce è generalmente derivata dal latino *collyra* 'pagnotta, focaccia da inzuppare nel brodo' (greco *kollýra*), oppure da un latino volgare **corollio*, 'cercine', ma in entrambi i casi si tratta di etimo non soddisfacente per l'aspetto fonetico poiché l'esito sardo richiederebbe *-ḍḍ-* da *-ll-* [DES].

S. SATTA: *A Natale e a Pasqua (il lungo viaggio e la spesa non consentivano ritorni durante l'anno) [la madre] avrebbe spedito loro quei buoni dolci di mandorla e zucchero, i* culurjones *di marzapane avvolti in un'ostia e fritti, che essa stessa lavorava con l'aiuto di Pepedda e di qualche tributaria della casa che si prestava per devota e dolente amicizia: ma sentiva che quando sarebbero tornati, per le grandi vacanze, non sarebbero più stati i suoi figli* (*Il giorno del giudizio*, Milano 1982, p. 65). M.

**cumàcchië,** sf. (abruzzese). 'Moltitudine di persone; cricca'; a Gessopalena: 'territorio, vicinato'.

Dal greco *kṓmē* 'contrada, villaggio' + suffisso romanzo. «Questa parola *cumàcchie* sembra suggerire la spiegazione del nome *Comàcchio* (Ferrara), che altri provarono a chiarire in diversi modi», cioè dal latino *commeatŭlus* 'piccola riunione di navi' (in confronto del porto di Classe) (Prati 1937). Però, considerata la grande diffusione in tutta l'Italia meridionale e in Sicilia del tipo *comarca* 'combriccola', 'circondario; contrada' (dal germanico *marka* 'terra di confine'), è più facile farvi rientrare anche la variante abruzzese [Prati 1937; VES; *Dizionario di toponomastica*]. M.

**cumbàra,** sf. (salentino, a Gallipoli; anche *cumbalóra*). 'Corda con piombi modellati, annessa agli ormeggi di fondo delle reti'.

Da *cumbu* 'piombo', così come la variante *chiummàra* 'piombino delle reti' è derivata da *chiùmmu* 'piombo' [Rohlfs 1956; Roberti 1971-73]. C.

**cumbassatórë,** sm. (molisano: Fossalto). 'Agrimensore pratico, misuratore di terreni agricoli'.

Letteralmente 'compassatore' (da *compasso*). C.

**cumbessìa,** sf. (sardo centrale, anche *cumbissìa*). 'Casupola presso le chiese di campagna, dove si ricoverano i fedeli accorsi alla festa del santo, la quale dura, di solito, parecchi giorni'.

Tra le tante ipotesi etimologiche, resiste quella che fa risalire la voce al latino *conversus*, sia nel senso di 'storto', come dire 'costruzione dal tetto storto', sia in quello di 'frate laico', attraverso i passaggi di significato: 'stato dei conversi' e poi 'luogo della loro sepoltura' [DES].

G. DELEDDA: *Le porticine delle stanze* (cumbessias) *addossate alla chiesa si spalancarono, e nel vano apparvero figure assonnate di bimbi, di ragazzi e di giovanotti* (*Romanzi e novelle, IV*, Milano 1955, p. 35). C.

**cumbìna,** sf. (pugliese, con varianti come *cumbòjnë, cumbéjnë* ecc.). 'Confine fra campi'.

Dal latino *confinis* 'confine' probabilmente per tramite semipopolare [AIS; Pellegrini-Marcato 1988]. M.

**cumièrie,** sf. (friulano; veneto orientale: *culièra*, veneto settentrionale: *gugèra*). 'Porca, striscia rialzata di terra prodotta dall'aratro nel campo tra solco e solco' (in friulano con varianti come *cunvièria, gumièria, cunièra*).

Dopo vari tentativi di interpretazione etimologica (da un latino parlato **vomeria* da *vomer* 'vomere', o, come deverbale, dal latino tardo *combināre* 'mettere a due a due') è ora ricondotto con certezza ad un latino parlato **cumbus*, **gumbus*, risalente al celtico **cumbos* 'piegato' attraverso una forma preromanza **cumbĕria*, con allusione alla convessità della porca (da **cumbos* deriva ad esempio anche lo spagnolo *comba* 'convessità o concavità'). Le varianti friulane presuppongono passaggi fonetici *mb* > *m(m)* con frasi intermedie *mv (nv)*, e con successiva perdita della nasale e della *-v-* e alternanza (nel veneto) di *j* / *l* / *g'*. Il tipo lessicale è tipico del friulano e da qui si è verosimilmente esteso all'area veneta di contatto (bellunese, trevigiano e veneziano) [Pellegrini-Marcato 1992: 532-534]. M.

**cummàra d'ógne,** locuz. (lucano). 'Amica di famiglia, alla quale si dà l'incarico di tagliare per la prima volta le unghie al neonato'.

Letteralmente 'comare di unghie', perché l'affidamento dell'operazione istituisce una forma particolare di comparizio [Bronzini 1964: 89].

R. NIGRO: *Fu comare promessa di unghie la bella zia Teresa Immacolata* (*I fuochi del Basento*, Milano 1987, p. 233). C.

**cu mmìcchë,** pron. (lucano; campano: *co mmìco*; abruzzese: *co mméco*; calabrese settentrionale: *cu mmiécu*). 'Con me'.

La preposizione iniziale *cu* ('con') è pleonastica, se si considera che *mìchë*, secondo il prototipo latino *mecum*, significa già 'con me'. Evidentemente il senso originario è stato perduto, come è avvenuto nello spagnolo *conmigo* ed in alcuni dialetti toscani: fiorentino *con meho*, versiliese *con meo*, corso *cu mecu* [Rohlfs 1968]. C.

**cummìleze,** part. pass. (pugliese: Gargano). 'Creato, fatto nascere'.

Parola senza significato, se non quello di sostituire, per attenuarne la gravità, *crejéte* nella imprecazione *mannaja chi t'ha ccrejéte*! 'mannaggia chi t'ha creato' (Granatiero 1993). C.

**cummìtë,** sm. (galloitalico: Picerno e Tito [Basilicata]), 'pranzetto in campagna organizzato da un gruppo di giovani amici'; (calabrese, al diminutivo: *cummitéḍḍu*), 'scampagnata che si fa il lunedì di Pasqua'.

Propriamente 'convito', come rivela il brindisino *cummìtë* 'pranzo di nozze'. C.

**cumpàgnu di prucissiòni,** locuz. sostant. (siciliano). 'Chi sta casualmente assieme durante una processione'.

Si spiega così la locuzione *nun vuliri a unu mancu pi cumpagnu di prucissioni* 'non volere stargli assieme, non voler avere nulla da fare con lui', nemmeno in una circostanza occasionale [Alfieri 1980].

G. VERGA: *si mise a predicare che era un'altra bricconata di don Silvestro, il quale voleva rovinare il paese, perché non l'avevano voluto per marito: non lo volevano nemmeno per compagno alla processione, quel cristiano, né lei né sua figlia* (*I Malavoglia*, Milano-Napoli 1955, p. 247). C.

**cumpàri c'u jiditèdu e u pinnolàru,** locuz. (calabrese: Polistena). «Il giorno di San Giovanni i ragazzi usavano farsi compari tra di loro con cerimonia *d'u jiditèdu e dd'u pinnolàru*. Due ragazzi, tenendosi stretti per il mignolo della mano destra, cantilenavano una filastrocca, alla fine si strappavano ciascuno un pelo delle ciglia, li mescolavano nelle mani, indi con un soffio li facevano volar via. Le parole, a domanda e risposta, che accompagnavano il rituale erano le seguenti: (dom.) *E jidi e jiditèdu pe' l'amuri e pp'e l'anèdu, nui compàri ndi chiamàmu pe' la fidi che ndi dàmu. Chi bbolìti: pasta o risu?* (risp.) *Risu!* (dom.) *Ndi spartìmu 'mparadìsu ... Chi bbolìti: carni o ossa?* (risp.) *Ossa!* (dom.) *Ndi spartìmu 'ntra la fossa! Quandu si guasta la petra d'u mari no ndi chiamàmu cchjù compàri!* [Dito e ditino – per l'amore e per l'anello – noi ci chiameremo compari per la fiducia che ci scambiamo – Cosa volete: pasta o riso? – Riso! – Ci separeremo in paradiso ... – Cosa volete: carne o ossa? – Ossa! – Ci separeremo nella fossa! – Quando si guasterà la pietra del mare – non ci chiameremo più compari]» (Laruffa 1986).

Letteralmente 'compari col ditino (*jiditèdu*) e un pelo delle ciglia (*pinnolàru*)'. M.

**cumpièta,** sf. (laziale: Castro dei Volsci, anche *cunfièta*). 'Baccano, fracasso'.

Dalla *compièta* liturgica, la funzione del venerdì santo. C.

**cumplëméntë,** sm. (laziale: Terracina). 'Piccolo rinfresco che si offre in caso di matrimoni, battesimi ecc., alla fine del quale gli invitati portano a casa delle vivande preparate appositamente in più oltre a quelle servite durante il trattenimento'.

Letteralmente 'complimento', come 'atto di riverenza ed ossequio' [Di Cara 1983]. M.

**cüncé,** v. (piemontese, anche *cuncé*). 'Sporcare, imbrattare', coll'agg. *cünc'* 'sporco'.

Voce di provenienza galloromanza da forme come il provenzale *cunchià*, francoprovenzale *cunchà*, francese antico *conchier*, di analogo significato (a loro volta dal latino *concacāre* 'defecare'). Di provenienza galloromanza è pure il siciliano *cunciàri* 'imbrattare, macchiare, sporcare' [FEW; DEI s.v. *conciare*; REWS; Gribaudo-Seglie 1972-75; Brero 1982]. M.

**cuncràstu,** sm. (calabrese: Spezzano Piccolo). 'Specie di travicella su cui poggia l'*armaru*', il «canniccio sospeso nel pagliaio dove si conserva il formaggio» (Rohlfs 1977).

Deverbale del latino parlato **concastrāre* per il classico *incastrāre* propriamente 'inserire in un intaglio' [DEI s.v. *concastrare*]. M.

**cundijùn,** sm. (ligure, con varianti). 'Insalata mista con pomodori'.

Da *cundì* 'condire' con un suffisso che appare anche nell'italiano *condiglie* 'sostanze adoperate per condire'. C.

**cundizión,** sf. (lombardo: Grosio). 'Lutto': *purtàr cundizión* 'vestire il lutto'.

Dal latino *condicio, -ōnis* 'condizione' «in senso specifico di "condizione di lutto", con trapasso simile a quello avvenuto per → *cäs* 'lutto', all'inizio con l'accompagnamento di un aggettivo, come "triste, mala, rea condizione"». La voce a Grosio assume anche un'altra accezione: nell'espressione *èser in cundizión* vale 'essere in stato interessante' e pure in questo caso «il senso è originariamente eufemistico, sorto per reticenza» (Antonioli-Bracchi 1995). M.

**cunfórs,** sm. (piemontese, Castellinardo, anche *cunfùrs*). 'Bivio'.

Richiede un latino parlato **confŭrcium* di analogo significato (**furcium* è tratto da *furca* 'forca'); una forma *confórzo* 'crocicchio di strade' è di attestazione antica in area settentrionale [DEI; REWS]. M.

**cunfratìle,** sm. (calabrese settentrionale). 'Cugino'.

Dal latino parlato **confratruēlis*, da *fratruēlis* 'fratello cugino' con cambio di suffisso come nel sardo *fratile*, *fradili* 'cugino' [AIS; DEI s.v. *confratile*; DES]. M.

**cunfrìttu,** sm. (salentino). 'Specie di dolce casalingo che si fa per le feste di Natale', col v. salentino: *cunfrìscere* 'rifriggere', 'friggere una seconda volta, la prima volta con olio, la seconda volta con miele'.

Dal latino *confrigĕre* 'arrostire bene' col participio *confrīctus* [Alessio 1976]. M.

**cungiò,** escl. (friulano anche *cungiòn, congiò*). 'Addio', formula di saluto.

Letteralmente *cun* 'con' e *Deus* attraverso *Djo* e *Giò*, riduzione comune nei derivati popolari di *Deus* specie nell'onomastica; la variante *cungiòn* presenta epitesi di *n* [DESF; Frau 1993: 10]. M.

**cùni,** sm. plur. (lombardo: Voghera). 'Castagne lessate e biscottate al forno'.

Così dette, perché d'una qualità proveniente da *Cuneo* [Maragliano 1976]. C.

**cunìn,** sm. (piemontese; lombardo settentrionale; emiliano; friulano). 'Coniglio', talvolta anche 'porcellino d'India', in qualche località anche *cunì*.

Da una forma **cunīnus* con diverso suffisso rispetto al latino classico *cunicŭlus* 'coniglio', adattamento di una voce iberica; da **cunīnus* deriva anche l'antico francese *connin* poi sostituito da *lapin* a causa dell'omofonia con i riflessi del latino *cŭnnus*. L'evoluzione di significato di *cunìn* da 'coniglio' a 'porcellino d'India' richiama l'espressione calabrese meridionale *cunìgghiu suricinu* 'cavia, porcellino d'India', cioè coniglio simile ad un sorcio [AIS; FEW; DEI; DESF]. M.

**cunnulìcchia,** sm. (laziale: Castel Madama). 'Donnola', 'puzzola'.

Sembra da *cunnus*, ma il Merlo, che ha additato appellativo ed origine, non dà sufficienti lumi [REW; REWS]. C.

**cunócchia,** sf. (calabrese, con varianti). 'Bosco (cioè mucchio di frasche) dove il baco da seta intesse il bozzolo'.

Dal latino *conucla* per il classico *colucŭla* 'conocchia'; tale base sarebbe riflessa, secondo il DEI, anche nella voce *chiùccolo* (toscano, Cortona) 'ramoscello del grappolo d'uva' [DEI; REWS; Rohlfs 1977]. M.

**cunortàri,** v. (calabrese: anche *cunurtàri*; siciliano: *cunurtàri*; sardo: *accunortàre*). 'Confortare, consolare' con i deverbali calabrese e siciliano *cunòrtu* 'conforto', sardo *accunòrtu* 'consolo, pranzo che si manda alla famiglia del defunto'. In Gallura l'*accunòltu* era l'espressione delle 'condoglianze', indirizzate da una persona anziana o faconda (*accunoltadori*) a nome di tutti i presenti.

Più che dal latino *cohortari*, dallo spagnolo antico *conhortar*, catalano *conortare* 'confortare' [DEI s.v. *conortare*; DES; Rohlfs 1977]. C.

**cuntò tànto cmè u sbiragófu,** locuz. (ligure-piemontese: Novi L.). 'Non contare nulla'.

Da separare 'come lo sbirro (*sbìru* 'fante, nel gioco delle carte') nel *goffo* (*gòfu*)': in genovese *cuntà cumme u sbiro a goffo*. In quanto al senso della locuzione, *sbiru* è, nel gioco delle carte, «la minor figura di ciascun seme rappresentata in forma di servitore» (Casaccia 1876). C.

**cunżìbia,** sf. (piemontese, anche *cunżùbia* e varianti; emiliano, nel piacentino: *conżùbi* plur.; lombardo, nel pavese: *consùbia*; trentino: *congióbia*; ladino centrale: *consóbia*). 'Corda, correggia', che solitamente si adopera per aggiogare i buoi; la legatura va dalla punta del timone alle corna degli animali.

Le voci richiedono un latino parlato **conju(n)gŭla*, da *conjungĕre* 'unire insieme' [REW; DEI; Pellegrini-Marcato 1988]. M.

**cunżólë,** sm. (abruzzese; molisano; lucano; calabrese), 'il desinare o la cena che il parente o l'amico manda o porta alla famiglia del morto dopo le esequie', anche *cónżëlë, cónżulu* e altre varianti; (calabrese, a Fuscaldo: *cónsulu*), 'colazione che si porta in campagna'.

Deverbale di *cunżulà* 'consolare'. Le forme con accento ritratto si spiegano con la prima persona del presente indicativo *cónżëlë* o con una contaminazione tra *consolare* e *conciare* 'condire le vivande, preparare la mensa' [Giammarco 1968 e 1985; Valente 1993].

G. PIOVENE: *Vige l'usanza del consolo, cioè del grande pranzo funebre* (cit. in GDLI III 612). – A. DI JORIO: *Oggi il* consuolo *è preparato dai parenti più prossimi dei familiari del morto e generalmente non presenta quel carattere che ci si attenderebbe, perché durante il desinare si cerca di far dimenticare il dolore* (in N. Santilli, *Pagine molisane*, Roma 1979, p. 16). C.

**cuònzu,** sm. (calabrese; salentino: *cònzo* e varianti; siciliano: anche *cònzu*). 'Torchio (da olio o da vino)'.

Deverbale di *cunzàri* nel senso del latino *comptiāre* 'aggiustare, sistemare'.

E. PATTI: «*E Carmine dov'è?*». «*È a Monte Ilice a fare il* conzo. *Torna stasera*» (*La cugina*, Milano 1965, p. 161). C.

**cuòra,** sf. (veneto, nel Polesine, anche *cuòro* sm.), 'melma di fossati e paludi', 'cotica del terreno costituita da radici di erbe palustri'; (veneto, nel padovano: *còro*), 'limo, melma'; (emiliano, nel bolognese: *cur*), 'aggallato'.

Dal latino *corium* 'cuoio', ma anche 'crosta, superficie di terra, sabbia, ecc.' [Coronedi Berti 1869-74; Prati 1968].

G. D'ANNUNZIO: *L'odore della cuora, della resina e del legno arso era così dolce e triste che pareva nascere da un rimpianto di terra lontana* (cit. in GDLI III 1053). – S. ZANOTTO: *Il fango era dei peggiori, proprio la cuora nerastra e torbosa che deve essere assai simile alle sabbie mobili equatoriali* (*Delta di Venere*, Milano 1975, p. 138). C.

**cùoscu,** sm. (calabrese, anche *coscu, cuóscu*). 'Querciola; cerro giovane' e *cuóschinu* 'cerro'.

Voce di etimo incerto; secondo DEI (s.v. *còsco*) dipende da un tema prelatino **cosco-* al quale è fatta risalire anche la voce latina *cuscŭlium, cuscolium* 'grana di scarlatto'. A quest'ultima fa riferimento il REWS per spiegare l'origine delle menzionate voci calabresi e vi riconduce anche il corso *cuscógliulu* 'avanzi o gusci delle castagne, delle noci e simili', calabrese → *cuscùglia* 'stipa, fuscello, ramoscello secco', considerando comunque per tale parola verosimile se non preferibile un'origine dal latino *quisquiliae* 'rimasugli'. Alessio 1976 attribuisce invece senz'altro al latino *cuscŭlium* il calabrese *cuscùglia*, da cui è tratta *cùsculu* 'fuscello', nonché l'abruzzese *scrëccòjjë, scrëccùjjë* 'fiocine, sottile buccia che copre il chicco dell'uva'. Ancora, a tale base latina sono state pure ricondotte la voci sarde come *chischiża, cuscuża* e varianti 'vagliatura del grano nell'aia, ecc.', che secondo altri potrebbero invece risalire al sostrato, mentre per il DES si tratta di riflessi di *quisquiliae*, per quanto le forme con *-u-* possono aver subito l'influsso di *cuscŭlium* (→ *cuscùglia*). M.

**curàtulu,** sm. (siciliano, con varianti), 'fattore, cascinaio'; (calabrese: *curàtulu, curétulu, curatu*), 'capo dei mandriani'; (salentino: *curàtulu, curàtolë*), 'capo degli operai nei magazzini dell'olio'.

Dal latino *curātor* 'amministratore, direttore' attraverso il greco tardo *kourátoras* [Rohlfs 1977a].

L. PIRANDELLO: *i meno imbecilliti dalla miseria, perché riscotevano tutto l'anno un meschino salario, temevan troppo i castaldi, o curatoli, o soprastanti, feroci aguzzini a servizio dei padroni* (cit. in GDLI III 1070). – V. CONSOLO: *E io allor mi misi a profferir, con voce stridula, parole vuote e sonanti, intanto che il curatolo buttava nella pentola erbe foglie bacche, come gusci di noci o di lumache* (*Retablo*, Palermo 1987, p. 73). C.

**curciàre,** v. (calabrese, anche *curciàri*), 'mozzare, accorciare la coda degli animali'; (abruzzese: *curcià*), 'accorciare, rimboccare le maniche, il disotto dei pantaloni'.

Come per l'italiano *accorciare*, il DEI ritiene che tali voci siano da ricondurre al francese antico *corcier* 'raccorciare' dal latino parlato **curtiāre*, anziché direttamente da questo, secondo altra ipotesi (così anche in DELI che muove dal latino parlato **accurtiāre*, composto parasintetico di *curtior*, comparativo di *curtus* 'corto'). La forma è documentata anche nell'italiano antico *corzar* (Marche), mentre retroformazioni sono il laziale (Velletri) *córcio*, il napoletano *cùrcio*, il calabrese e siciliano *cùrciu*, il sardo *curzu* 'corto', formazione già testimoniata nel sardo antico [FEW; DES; Giammarco 1985]. M.

**curdàru,** sm. (siciliano, anche *cuddaru*), 'succiacapre, *Caprimulgus europaeus meridionalis*', anche 'picchio rosso maggiore, *Dendrocopus maior mario*'; (calabrese: *cordaru*; campano, nel napoletano: *cordaro*) 'succiacapre'.

Propriamente 'cordaio'; tale denominazione è stata suggerita dal volo del succiacapre caratterizzato da un continuo andirivieni che richiama il lavoro del cordaio [DEI; Piccitto 1977; Rohlfs 1977]. M.

**curégliu,** sm. (ligure: Pigna), 'viottola limitata ai lati da muri o siepi'; (veneto, a Campo San Martino: *corìgio*), 'zanella'; (veneto, in Valsugana: *corégio*), 'via ripida per avvallare tronchi di legno'.

Dal latino *currĭculum* 'pista per correre, carreggiata' [REW; Merlo 1941-57; REWS]. C.

**cùrfe,** sm. (pugliese: Martina Franca; salentino: *curfu*, *cruffu*). 'Vento tra mezzodì e ponente, detto garbino o libeccio'.

È un vento proveniente dal *golfo*, com'era chiamato dai Veneziani l'Adriatico (*cólfo*: Cortelazzo 1970). Gli si può accostare la *gulfàta* di Senigallia, definita 'forte vento da nord, dal golfo di Venezia'. C.

**curìna,** sf. (siciliano e calabrese, con varianti; lucano: *curìnë*). 'Grumolo, la parte più interna e tenera del cesto di una pianta' e al fig. 'centro, mezzo di qualunque cosa'.

Dal greco *korýnē* 'mazza, grumolo' (secondo il DEI e Alessio 1976 attraverso una forma di latino regionale **corūna* [Rohlfs 1964 e 1977; Piccitto 1977; Bigalke 1980]. M.

**curmarői,** sm. plur. (piemontese). 'Cena offerta dall'impresario e dal proprietario ai muratori in occasione della copertura del tetto di un edificio', detta anche in piemontese *corma* 'cenone a celebrazione della trebbiatura'.

*Curmarői* è nome collettivo del 'colmo (*cùrma*, *corm*) del tetto': l'applicazione ai lavori dei campi è, quindi, come rivela l'analisi etimologica, successiva (→ *fa la culmà*). C.

**cùrmu,** sm. (calabrese settentrionale; lucano: *culmë*), 'pezzo di tronco d'albero tagliato in forma cilindrica', nel calabrese anche 'uomo corpulento'; (siciliano), 'trave, travicello da sostegno'; (pugliese, nel tarantino: *curmónë*; salentino: *curmuni* e varianti; calabrese settentrionale: *curmune*), 'pezzo del tronco d'oliva che si trapianta', 'uomo vecchio'; (calabrese meridionale: *curmunì*), 'tronco d'albero'.

Riflessi del greco *kormós* 'tronco, ceppo', senza la mediazione di una voce araba *qurma* 'tronco d'albero' presupposta dal DEI (s.v. *curmo*), mentre Rohlfs 1964 ritiene che la forma greca sia stata latinizzata come **colmus* e che abbia risentito dell'influsso del latino *culmen*. M.

**curràle,** sm. (calabrese). 'Ovile, agghiaccio'.

Dallo spagnolo *corral* 'cortile rurale, recinto per il bestiame' [DEI; Rohlfs 1977]. M.

**curriòlu,** sm. (calabrese meridionale, anche *carriòlu*; siciliano: *currùgghiu*). 'Rigagnolo; condotto d'acqua'.

Queste voci dialettali presuppongono un latino parlato **corrugiolus* (per il calabrese) e **corrugulus* (per il siciliano), diminutivi del latino *corrugus* 'galleria nella miniera' (Plinio) e **corrugius* (nato dall'incontro di *corrugus* e *arrugia*, parola che è attestata da Plinio con significato analogo a quello di *corrugus*) [DEI; Alessio 1976]. M.

**curtàglia,** sf. (calabrese, anche *curtàgghia* e altre varianti). 'Ovile', 'terreno letamato', 'letame'.

Dal latino *cohortālia* neutro plur. di *cohortālis* 'del recinto', voce da cui dipende il salentino *curtali* 'ovile, recinto per animali' [DEI; Alessio 1976]. M.

**curumbèi,** sm. (friulano meridionale: Carlino). 'Fiordaliso, *Centaurea cyanus* L.'.

La voce rappresenta un raro riflesso, con allusione all'infiorescenza, del greco-latino *corymbus*, **corumbus* 'grappolo fiorifero', da cui deriva per via popolare il sardo logudorese *coromeḍḍu* 'cuore del cavolo', mentre altre continuazioni sono cultismi [Pellegrini-Zamboni 1982]. M.

**cuscialu,** sm. (lucano). 'Tasca'.

Letteralmente 'cosciale', cioè la tasca vicina alla coscia (*cŏš̆*) [Bigalke 1980]. C.

**cuscùglia,** sf. (calabrese), 'stipa, fuscello, ramoscello secco'; (sardo: *chischiża*, *chirchiża*, *cuscuża* e altre varianti), 'vagliatura del grano nell'aia; fruscoli, ramoscelli secchi; rimasugli di paglia, di legna ecc.'; (corso: *cuscógliulu* sm.), 'avanzi o gusci delle castagne, delle noci e simili'.

Dal latino «*quisquiliae* che aveva precisamente il significato delle voci sarde» (DES) incrociato con la voce dalla struttura affine *cuscŭlium* (e *cusculiolum*) 'grana della quercia coccifera' che rende ragione delle varianti con *u*; per una interpretazione della voce calabrese a partire dal latino *cuscŭlium* si veda → *cùoscu*. Quanto alle forme sarde va aggiunto che è stata ipotizzata anche un'origine da parola del sostrato ma rispetto alla fonetica sono rispondenti alle basi latine [DEI; DES]. M.

**cùscusu,** sm. (siciliano; ligure: *scucusù, scucuzù*; toscano: *curcussù*). 'Sorta di pasta di semola ridotta in minutissimi chicchi che si mangia nel brodo'.

Dall'arabo *kuskus, kuskusū* 'impasto di acqua e farina', pasto nazionale in una parte dell'Africa settentrionale. La voce è presente anche nel sardo campidanese *cuscusò*, vivanda a base di farina, introdotta nell'isola dai tabarchini di Carloforte [DES; Pellegrini 1972; VES].

V. CONSOLO: *Ci servirono un cuscus al brodo di scòrfani, ope, gamberi, cipolle, cernie, martello* (*Retablo*, Palermo 1987, p. 143). M.

**cusìnu,** sm. (sardo, a Nuoro, con varianti). 'Chi non veste in costume', 'zerbinotto'. Si spiega così anche il diminutivo *cosinèddu* dato a Siniscola allo 'scricciolo, *Troglodytes troglodytes*'.

Dal catalano *cosí*, che, oltre al senso di 'cugino', ha

anche quelle di 'nobile fanciullo educato a corte per diventare un perfetto cavaliere' [DES; Meiklejohn 1964]. C.

**custurùni,** sm. (siciliano). 'Cicatrice'.

Dallo spagnolo *costoròn* col medesimo significato [DEI s. v. *costùra*; Beccaria 1968, che ha la variante *costurùni*]. M.

**cut,** sf. (romagnolo). 'Gioco infantile del nascondino': *żughér a la cut*.

Dal grido onomatopeico *cut!* (corrispondente all'italiano *cucù*, al veneto *cuco*, e simili), che i giocatori mandano, spesso in falsetto, al compagno che deve scovarli e che li aveva così invitati: *fašì cut* 'fate cut' [Venturi 1996]. C.

**cutiàre,** v. (calabrese). 'Sbrigare'.

Denominale alla cui base c'è lo spagnolo *cutìo* 'lavoro giornaliero', a sua volta riconducibile al latino *cot(t)idiānus, quotidiānus*, 'giornaliero' [DEI; Corominas]. M.

**cutìcchia,** sf. (siciliano; calabrese centrosettentrionale; campano, nel napoletano: *cotérchia*). 'Ciottolino, piccola pietra; pietra da pestare sale'; nel calabrese (a S. Severina) 'uovo di uccello'.

Dal latino *cotĭcŭla* 'piccola cote' [DEI; Rohlfs 1977; Piccitto 1977; D'Ascoli 1979]. M.

**cùtra,** sf. (calabrese; siciliano). 'Coltre, coperta'.

Dal latino parlato *cŭltra*, variante di *cŭlcita* 'guanciale' [REWS].

D. Dolci: – *La sciarra è fatta per la cutra: la lite è fatta per la coperta, – intendeva dire la proprietà* (*Racconti siciliani*, Torino 1973, p. 196). C.

**cutrónë,** sm. (abruzzese, anche *chëtruonë*, *cutralë*), 'argilla, terreno argilloso'; (calabrese: *cùotru*), 'specie di argilla dura che si usa come sapone'; (calabrese: *còtrumi*, *còtramu*), 'terreno sterile, magro, arenoso' da cui *scòtramu* e varianti 'animale sterile, impotente, senza testicoli, o con un solo testicolo, mal castrato'; (corso: *codru*), 'ghiaccio'; (corso: *cutrògnulu*), 'sasso tondeggiante'.

Secondo il DEI tali voci rappresentano sicuri esempi di una base prelatina **cotro-* 'pietra, roccia, terreno argilloso e sterile' che si può affiliare ad una numerosa famiglia di parole greche dal significato simile (come *kóthrakos* 'piccola pietra'). Questa ipotesi è sostenuta anche da Alessio 1976, per il quale anche il molisano (Agnone) *cutèlla* sf. 'argilla in pezzi' può essere ricondotto alla medesima base supponendo una riduzione da un'anteriore forma **cutrella*. Quanto alle forme abruzzesi, il REWS le assegna al latino *crēta* 'creta'.

L. Asprea: *Rimaneva il grande siepone proprio a qualche metro dalla pioggia tiepida, ai piedi della frana di còtramo rosso* (*Il previtocciolo*, Milano 1971, p. 157). M.

**cuvircièri,** sm. (siciliano). 'Velo nero, turca'.

Probabilmente da un antico francese *cuevre-chiere* letteralmente 'copri viso', formato come *cuevrechief* 'copricapo', il fazzoletto da capo delle contadine; dall'antico francese *chiere* 'viso' l'italiano *cera* nel senso di 'viso, espressione, apparenza del viso' [DEI; DELI]. M.

**cuzzùpu,** sm. (siciliano, nel messinese; calabrese meridionale, anche *curupu*). 'Paniere o vaso senza manico o senza collo'.

Dal greco moderno *kouroúpi* di analogo significato, con influsso di *koutsós* 'monco'; la voce è presente anche a Bova (*curupì*), località grecanica della Calabria meridionale [Rohlfs 1977a]. M.

**cvant cvé,** locuz. (emiliano: Lizzano in Belvedere). 'Quante storie!'.

*Cvé* è plurale di *cvèlle*, pronome indefinito corrispondente all'italiano antico 'covelle' [Malagoli 1941]. C.

**cvàtar cantòn,** locuz. (romagnolo). «Nome del gioco che facevano le ragazze l'ultima sera dell'anno per trarre gli auspici del nuovo. In un angolo si nascondeva una chiave (governo della casa), in uno cenere (morte), in uno acqua (pianto), e in uno un anello (nozze). Da una stanza attigua le ragazze entravano, una alla volta, e si dirigevano a un angolo per conoscere la loro ventura. Gli oggetti venivano spostati, di volta in volta, da un angolo all'altro» (Ercolani 1971).

Letteralmente 'quattro cantoni'. M.

# D

**dà accasióne,** locuz. (laziale) 'dar noia, infastidire, tentare'.

Letteralmente, 'dare occasione' con mutamento della *o-* iniziale in *a-*, che deve già essersi verificato nel latino parlato: **accasiōne* per *occasiōne* [REW; REWS]. C.

**dàbbia,** sf. (toscano; umbro: *tàbbio*, sm., come il laziale, a Serrone, *dàbbii*, plur.). 'Vitalba, *Clematis vitalba* L.'.

Dal latino *vitis albula*, letteralmente 'vite bianchiccia' con caduta della sillaba iniziale, come ci assicurano le varianti umbre (Perugia) *vitàbbia*, *vitàbia*. C.

**dàbbisu,** sm. (siciliano, con varianti, alcune ad accentazione piana: *dabbisu, tabbisu, tabbisi*). Nome di una pianta, la *Elaeoselinum asclepium* Bert. o, più in concordanza con l'etimologia, *Thapsia asclepium* L. ('panace'). A San Biagio Platani (Agrigento) il *dàbbisu* è noto anche perché le sue foglie crespate servono per colatoio.

Dall'arabo *dabbis*, a sua volta dipendente dal greco *thapsía, thápsos*, che, secondo gli antichi, avrebbe tratto il nome dalla penisola di *Thápsos* sulla costa orientale della Sicilia a nord di Siracusa [DEI; Pellegrini 1972; Rohlfs 1977a]. C.

**da d sègnu,** locuz. (ladino centrale: comelicano). 'Avvisare i vivi di un prossimo trapasso da parte dei morti'.

Letteralmente, 'dare di segno', secondo la diffusa credenza che il morto annunci un prossimo luttuoso evento con particolari segnali, rumori chiamati in anaunico e solandro *segni che manda i morti* [Pallabazzer 1992: 13 e 43]. C.

**dàgala,** sf. (siciliano, con diverse varianti). 'Terreno coltivato nel letto allagabile di un corso d'acqua', 'bosco', 'terreno coltivato in mezzo alla lava', con vari riscontri nella toponomastica.

Dall'arabo *daǧal*, che ha gli stessi significati tranne l'ultimo, proprio del siciliano [Pellegrini 1972; VES].

R. BACCHELLI: *E quando un campo o un pezzetto di campo resta risparmiato e circondato, dove a volte si vede con stupore la lava, che fa bollire i pozzi a centinaia di metri, non seccare le piante più delicate, quello lo chiamano dagalotto, che così si dicono in Sicilia i tratti di greto che le piene del fiume lasciano asciutti nel letto, dopo che son passate* (cit. in GDLI III 1095). C.

**dàgliu,** sm. (ligure, anche *dàju*; piemontese: *daj, dagn, dagl*). 'Falce fienaia'.

Dal latino *daculum* e *dacula* 'falce' ampiamente rappresentato in area galloromanza e continuato anche in catalano (*dalla*) [REW; DEI; Gribaudo-Seglie 1972-75; *Vocabolario delle parlate liguri*]. M.

**dà lènza,** locuz. (laziale: Amaseno), 'dar mano (in senso cattivo)', 'lasciar fare'; (laziale, a Castro dei Volsci: *dà anza*), 'eccitare, rendere, andare'.

Corrisponde alla locuz. italiana (ma ampiamente diffusa anche nei dialetti) *dare ansa* 'offrire l'occasione, il pretesto', dove il latino *ānsa* 'manico', ma anche 'occasione', è impiegato in senso figurato [LEI]. C.

**dalfinà,** v. (lombardo, nel bresciano, nel pavese: *tarfinà*; trentino occidentale: *dalfinàr*; lucano: *talëfinà*). 'Lampeggiare, balenare'.

Dalle voci dialettali *delfì, dalfì* (bresciano), *dalfì, dalfin* (trentino), *tarfina* sf. (pavese) che designano non solo il 'lampo', ma anche il 'delfino' (dal latino *delphinus* 'delfino' e latino parlato **delphināre* con riferimento all'immergersi ed emergere come un '*delfino*', zigzagare). La denominazione *delfinare* si confronta con l'italiano *baleno* e *balenare*, che si riconducono a 'balena' (detta anche *pesce baleno*), e con il sardo *icru marinu* 'vitello marino' passato ad indicare anche 'lampo' (dal latino *vitulus marinus*, → *vécchiu marìnu*). Queste designazioni alludono al 'guizzare (del lampo)', immagine derivata dal 'guizzare (dell'animale marino)'. I tipi *delfinare* e *delfino* per 'balenare, lampeggiare' sono comuni anche nella Francia meridionale. In lucano vi è anche la forma *talfenescià* 'balenare' per la quale il DEI ricostruisce un latino parlato **delphinissāre* dal greco *delphinízō*, ritenendo, altresì, che anche in *derlampare* 'balenare' di area calabrese e pugliese vi sia '*delfino*' incrociato con *lampare* 'lampeggiare'. M.

**dàlmeda,** sf. (veneto, a Belluno; altrove, anche in area trentina e lombarda, *sgàlmara* e varianti; friulano: *dàlmide, dàlmine*, con varianti). 'Scarpa di legno, zoccolo'.

Dal latino *dalmata* 'della Dalmazia', più come provenienza del tipo, che del prodotto, comunque storicamente da comprovare [REW; REWS; Prati 1968; Bondardo 1986; DESF].

G. RAGAZZONI: *Finalmente arrivarono gli uomini seguiti dal bracciante a opera: lasciarono sulla soglia le dàlmede, i grossi zoccoli di legno con la punta in su, per delle pantofole* (*El spizier di Cison*, Cornuda 1992, p. 61). C.

**dalvènt,** sm. (romagnolo, nel riminese). 'Vento di levante', *l'è dalvènt* «si dice di persona (o marinaio), che si muove scompostamente procurando danno, disordine» (Quondamatteo 1982); nel riminese *dalvènt* e i derivati *dalvantèra, dalvantènda, alvantèra*, designano in particolare il 'mare e vento forti da levante, cioè dal Quarnero'.

Da *levant(e)* con metatesi *alvènt* e agglutinazione di *d* in origine in sintagma preposizionale. M.

**dàma,** sf. (veneto). «Briccola con al centro un palo nettamente più alto degli altri. Serve ad indicare l'entrata di un canale» (Masiero 1981).

Forse per il suo aspetto più imponente delle altre bricole, da grande signora (*dama*).

S. Zanotto: *C'era la solita doppia fila di enormi pali da ormeggio raggruppati a tre, di quelli chiamati dame* (*Delta di Venere*, Milano 1975, p. 117). C.

**dà (mandà) na cùsa,** locuz. (toscano). 'Dare una querela, mandare una citazione; querelarsi'.

Deverbale di *accusare* nel particolare significato di 'denunciare', che ha in vari dialetti [LEI]. C.

**damblé,** avv. (piemontese: anche *d'amblé*, come in ligure). 'Di colpo, di botto'.

Dalla locuzione avverbiale francese *d'emblée*, 'togliere al primo colpo', dal verbo *embler* 'rubare', che è il senso del latino *involāre* ('volare verso', 'gettarsi sopra' d'improvviso) [FEW]. C.

**dàme,** sm. (veneto: Marano L.). 'Letame'.

Dal latino *laetāmen* con caduta della sillaba iniziale, come in *màga* 'lumaca'. C.

**dàmmi il cinquàle,** locuz. (toscano). 'Dammi una stretta di mano'. Vi corrisponde, in qualche modo, il laziale (a Roma) *dàmes'er cinquanta* 'diamoci la mano'.

Detto scherzosamente da *cinquale* 'mano aperta' con le *cinque* dita in vista e, quindi, anche 'ceffone' o, più appropriatamente in questo caso, 'cinquina'. Il riferimento originario era all'accordo raggiunto dal mediatore con una stretta di mano fra i contraenti. C.

**dàmo,** sm. (veneto istriano: Umago). 'Germoglio commestibile affine all'asparago'

Rappresenta il nome scientifico latino del *Tamus communis* L. 'tamaro, uva tamina', rifatto in parecchi dialetti ora con *dàmeno* (triestino), ora con *tani* (veneto) o con *tanón* (friulano) [Pellegrini-Zamboni 1982; Doria 1987; Cortelazzo 1993]. C.

**dàne,** sf. (friulano, anche *dana*, *dano*). 'Abete bianco'.

È una voce caratteristica del friulano ed è sicuramente in rapporto col tedesco *Tanne* di uguale significato, ma è difficile pensare ad un prestito diretto dal tedesco al friulano, che non giustifica la forma con *d-*, anche se qualcuno lo ammette comunque attraverso il bavarese *tanne*. Si può invece supporre una forma intermedia comune con *d-* che potrebbe essere del gotico, ma in tal caso, rimane qualche difficoltà di tipo areale [Pellegrini-Zamboni 1982: 5]. M.

**dàppë dapù,** locuz. avverb. (laziale). 'Mai', detto ironicamente.

Letteralmente, 'dopo da poi' [Vignoli 1911 e 1926]. C.

**där al violón,** locuz. (emiliano: Parma). 'Lasciare l'amoroso'.

Locuzione variamente spiegata, ma sostanzialmente ancora oscura: se la si accosta a quella bolognese *dar el viòl*, letteralmente 'dare le viole', figuratamente «licenziare l'amoroso e per similitudine cacciare chicchessia», si potrebbe trovare una spiegazione analoga a quella proposta per Bologna: "I contadini si servono appunto delle viole gialle per licenziare l'amante" (Coronedi Berti 1869-74) [Petrolini 1993]. C.

**dàrdane,** sf. plur. (veneto: Polesine). 'Eruzioni cutanee agli angoli della bocca'.

Da *dàrdano* 'balestruccio, rondone', che mostra evidenti macchie gialle sul becco (Girardi 1991) (→ *dàrdaro*). C.

**dàrdanu,** sm. (siciliano, anche *dàrdaru*). 'Frassino, orniello, *Fraxinus ornus*'.

Arabismo: da *dardār*, 'orno' [DEI s.v. *dardano*; Pellegrini 1972]. M.

**dàrdaro,** sm. (veneto, anche *dardarìn*, *tartagìn*, *tartarìn*, *tàrtaro*; lombardo: *darden*, *darder*; emiliano: *tartarèt*, *tärter d'mar*, *dèrder*). 'Rondine di mare, balestruccio, rondone, gruccione'.

Le voci, entrate anche in italiano nella forma *dàrdano*, sono di etimo controverso; secondo il DEI (s.v. *dardano*) da un tema prelatino **dardano-* connesso col greco *dárda* 'ape', perché il gruccione (*Merops apiaster*) è un uccello che si nutre di api; per il Prati 1968 da 'dardo' per la rapidità del volo; per Zamboni 1972a è possibile invece un rapporto con il nome geografico Dardania, quindi «della Dardania» con allusione a specie che vanno o vengono da est (→ *sélega*, → *zipriòto*). M.

**dare affètto,** locuz. verb. (toscano, nel lucchese; lunigianese, a Carrara: *dar afèt*; ligure occidentale: *doa afètu*; marchigiano, ad Arcevia: *póne affiéttu*). 'Rispondere, dare ascolto, prestare attenzione'.

Significati particolari di 'affetto' dal latino *affectus* 'stato d'animo; affetto, passione'; particolare senso ha assunto l'abruzzese (Campo di Giove) *affèttë* 'moneta che il fidanzato consegnava alla fidanzata, se costretto ad allontanarsi dal paese, in segno di fedeltà' [DEI s.v. *affètto*; LEI]. M.

**dà recàto,** locuz. (ligure, a Bolano: *dar accàtu*; ligure-piemontese, a Novi Ligure: *dò arcàtu*). 'Mettere in ordine, far pulizia, rigovernare'.

Dal latino parlato **recaptāre* 'assettare' [Plomteux 1975]. C.

**dàre el molacàn,** locuz. (veneto: Polesine). «Lasciare accesso libero e gratuito a locali (sale da ballo, cinema, spettacoli in piazza, terreni per spigolare dopo il raccolto, ecc.) annullando la sorveglianza o l'obbligo di pagare alla cassa» (Girardi 1991).

Come se si lasciassero liberi i cani: *molacàn* letteralmente significa, infatti, 'scioglicane'. C.

**dàre l'àqua,** locuz. (veneto; emiliano: *där l'àqua*). 'Dare il verderame o qualsiasi altro antiparassitario'.

Restrizione di significato di una espressione generica [Petrolini 1993]. C.

**darmàgi,** sm. (piemontese, anche *dalmagi*, *darmàgiu*; calabrese meridionale: *annòggiu*). 'Danno', nell'alessandrino *darmagi* 'peccato!'.

Dal francese antico *damage* 'danno' (dal latino *damnum*); ne deriva pure l'italiano antico *dalmagio* (secondo il DEI, dipendono invece dal francese moderno *dommage*); la voce calabrese è svisata probabilmente per influsso di *nuocere* (ipotesi del DEI). Da *damage* dipendono l'italiano antico *damàggio*, il campano (a Napoli) *dammaggë*, il siciliano e calabrese *dammàggiu* 'danno', 'truffa' [DEI s.v. *annòggio*, *damàggio*; FEW; Gribaudo-Seglie 1972-75]. M.

**d'arpiàt,** locuz. (romagnolo). 'Di nascosto', 'di soppiatto'.

La locuzione si collega col verbo *rpjaté* 'nascondersi', come l'italiano *ri(m)piattirsi*, cioè 'farsi notevolmente *(ri-) piatto* per nascondersi' [DELI]. C.

**dà r pillòtto,** locuz. (umbro: orvietano). 'Istigare', 'chiedere, tormentare in continuazione', 'provare gusto nel provocare gli altri'; così a Spello *dà lu pilóttu* 'tormentare, infastidire insistentemente', nell'Assisano *dàjje l pillòttu* 'dargli un dolore che lo punge nell'animo'; ed anche nel marchigiano (Fano) *dà el pilót* 'sfottere o annoiare qualcuno'. A Perugia *pillotto* è una 'raccomandazione insistente e tormentosa'.

Usi figurati di 'pillottare' (anche in italiano *dare il pillotto* vale 'insistere fastidiosamente'), che in senso proprio significa 'versare con una specie di mestolo (*pillòtto*), dall'alto, a gocce, l'unto sia sull'arrosto allo spiedo, sia, per tortura, sul corpo dell'uomo'. C.

**dàrsi di chiàtto,** locuz. (toscano: isola d'Elba), 'non aver voglia di far niente'; (ligure: *daghe de ciatto*), 'non prendersi soverchia premura'.

Dall'antico modo marinaresco, di provenienza napoletana, *andare di chiatto* 'naufragare (poggiando sul fianco)'. C.

**darslà,** v. (lombardo, nel pavese, anche *daslà, dasgelà*). 'Sgelare'.

Dal latino *de* e *regelāre* 'sgelare' [DEI; Galli 1965]. M.

**darvà,** v. (ladino centrale: Comelico). 'Far l'uovo colla sola membrana, senza guscio'.

Non deriva da un **derapāre*, come dubitativamente proposto da Tagliavini, ma dal latino *acĕrbus* nella sua variante volgare *acĕrvus*, con *d*, adattamento dell'interdentale veneta, come esito dell'etimologica affricata o sibilante sonora. Quanto al significato si può richiamare per esempio il bergamasco *zerbà gió* 'cogliere i frutti acerbi, immaturi', ma è più importante sottolineare che nell'Italia centrale l'espressione 'uovo acerbo' si equivale proprio ad 'uovo col panno' [Tagliavini 1944; Zamboni 1984a]. M.

**dàṡa,** sf. (friulano; veneto; trentino; lombardo; piemontese; ladino centrale; ticinese). 'Ramaglia generalmente di abete, di conifere' spesso usata come strame per il bestiame; anche *dàscia, daza* e varianti; in qualche località designa pure l'abete rosso (a Tiarno di Sotto in Trentino) o l'abete selvatico (in località piemontesi).

Si tratta di una parola tipica di zone alpine, ed occupa un'area piuttosto vasta che comprende non solo tutto il versante meridionale delle Alpi ma anche il Tirolo, i Grigioni, la Svizzera francese ed altre. Etimologicamente presuppone una base preromana **dagisja* (poi **daksja*, **dasia*) connessa col gallico **dagla* 'pino silvestre' [DEI; FEW; Pellegrini-Zamboni 1982]. M.

**dasgordèda,** agg. f. (ticinese: val Bedretto). 'Detto della vacca, che sta per partorire'.

Dalle *gòrt* ('corde'), nome dei legamenti sacroischiastici. Quindi, letteralmente, 'discordata' [Lurati 1968]. C.

**dàstra,** sf. (calabrese, anche *adastra, alastra* e varianti; siciliano: *(a)lastra*. 'Capra di uno o due anni; capra giovane; capra di un anno che non ha ancora figliato'.

Dal latino *haedus* 'capretto' attraverso un latino parlato **haedastra*, formato col suffisso *-astra* (dal latino *-aster*) che ricorre in designazioni di animali (es. *pollastro* 'pollo giovane'). Altre forme dialettali come il trentino *giàstra* 'capra sterile', il lombardo (Valtellina) *giastrèl, jastrèl* 'capretto' richiedono una variante parallela di *haedus* del latino parlato cioè **haediu* (presente anche in → *giòcul*) col suffisso *-aster, -astra* (+ *-ĕllu*) [DEI ss.vv. *alastra* e *arastra*; Piccitto 1977; Rohlfs 1977]. M.

**da trò(d)i,** locuz. (veneto). 'Detto di genere di monopolio prodotto o spacciato clandestinamente per ingannare il fisco': *tabàco da tròdi*.

Letteralmente 'da sentieri' (→ *tròṡo*), cioè dai viottoli attraversati dai contrabbandieri.

A. FOGAZZARO: *Vuol favorirmi una presa? Don Rocco gli porse la tabacchiera.* – Da trozi? – *fece l'altro con un'occhiata di intelligenza. Da* trozi *ossia da* sentieri *chiamano in quel paese il tabacco che entra di furto nello Stato* (*Pereat Rochus* in *Racconti*, Milano 1944, p. 119). – G. RAGAZZONI: *Vengono fatti girare bicchieri di grappa "de troi", come a dire distillata alla macchia, nel cuor della notte e ancor più impreziosita dalla paura di un'imboscata delle guardie di finanza, sempre all'erta ad annusare odor d'alambicco e di vinaccia* (*El spizier di Cison*, Cornuda 1992, p. 36). C.

**dattinèlla,** sf. (campano: Napoli). 'Pioppo bianco (*Populus alba* L.)'.

La voce è considerata unico continuatore popolare del latino *(ulmus) atinia* 'sorta di olmo', forse forma celtica, attestata da Plinio e Columella. Secondo il DEI sarebbe da confrontare col latino *atinia* anche il fitonimo piemontese *tnës-cia* 'bagolaro' [DEI s.v. *dattinella* e *tenéscia*; Gribaudo-Seglie 1972-75; LEI]. M.

**ddeccussìne,** avv. (salentino). 'Così'.

Variante di *ddaccussì*, dal latino **ad-de-eccum-sic*, ampliato rispetto ad *accussì* [Rohlfs 1956; Fanciullo 1973]. C.

**ddilatùra,** sf. (siciliano). 'Trasporto'.

Probabile cultismo dal latino tardo *delatūra* nel senso di 'denuncia' con un passaggio attraverso l'idea della 'portatura' [DEI]. M.

**ddìsa,** sf. (siciliano, anche *ḍḍisa* e altre varianti; calabrese meridionale: *dìsa, lìsi, lìsu*). 'Sorta di graminacea, ampelodesmo, stramba, *Arundo ampelodesmon*'.

Dall'arabo *dīsa* di uguale significato [VES].

G. BONAVIRI: *La capra aveva tentato di reggersi su tutte e quattro le zampe, ma non c'era riuscita e s'era chinata su un fianco, in mezzo ad un cespuglio di dise* [...]. *Scesero gli altri, piombando là sotto a salti. Guardavano incuriositi attorno, alcuni si sedettero sulle dise. – Pungono, – dissero* (*Il fiume di pietra*, Torino 1979, p. 38-39). M.

**ddufàcci,** sm. (calabrese). 'Voltafaccia, persona sulla quale si può fare scarso affidamento'.

Letteralmente '(di) due facce', che può essere formazione dialettale, ma il DEI (s.v. *dufaci*) risale al latino tardo *difax* (per *bifax*), *-acis*; il termine è usato anche nella espressione *rrobba 'i ddufàcci* 'stoffa a doppia faccia' [Rohlfs 1977; Laruffa 1986]. M.

**debutà,** sm. (ladino-veneto: agordino). 'Capo villaggio'.

È l'italiano *deputato*. C.

**dé caṡàda,** locuz. (veneto). 'Genuino': *sgnàpa, formài, salàdo de caṡàda* (a Revine Lago).

Perché fatto in *caṡa*, o, meglio, nella 'cascina di montagna', dove si fa il *càṡo* 'cacio', detta correntemente → *caṡèra* 'caciaia'.

S. ZANOTTO: *È pane di quel tipo a nodi, detto de casada perché fatto originariamente in forni a legna nelle case di campagna, con la crosta molto dura e quasi biscottata mentre l'interno conserva la mollica morbida* (*Delta di Venere*, Milano 1975, p. 145). C.

**dècatu,** sm. (calabrese, anche *dècutu*). 'Matassa'.

Dal greco *dékatos* 'decimo, la decima parte' (attraverso un latino parlato **decatum* secondo il DEI); sono riflessi di questa voce anche il siciliano *dècatu* 'modo, maniera' anche nella locuz. *nun avi dècatu* 'non ha giudizio', il calabrese *sdecatatu* 'disordinato', i cui significati si chiariscono confrontando la locuz. salentina *truvà lu rèchitu* e campana *truvà lu ndrègatë* 'cercare il bandolo della matassa' con le voci *rèchitu* e *ndrègatë* che continuano la stessa base *dékatos* [DEI s.v. *dècato*; Rohlfs 1977 e 1977a]. M.

**dechïàni,** avv. (ladino-veneto: Agordino). 'Anni fa'.

Da interpretare, letteralmente, 'di quegli anni'. Vi corrisponde il vicentino *sti ani* 'in quei tempi', ma letteralmente 'questi anni'. C.

**decrotő̃r,** sm. (piemontese; lombardo; emiliano: anche *decretèur*, *decretòur*, *decrotór*; ligure: *decretèu*; laziale, a Roma: *decrotóre*, *decretóne*). 'Lustrascarpe'.

Dal francese *décrotteur* [Nardin 1976]. C.

**decùl,** sm. (lombardo: Bagolino; trentino, a Tuenno: *decól*). 'Strutto'.

Denominale del verbo latino *decolāre* 'colar fuori', così come in parte del Veneto, Trentino e Lombardia lo 'strutto' è chiamato *el colà*, cioè 'il colato'. C.

**dècuma,** sf. (calabrese, anche *diècuma*; siciliano, anche *dècana*, *rècuma*; lucano; campano, nel salernitano: *rècuma*). 'Fascio di dieci manipoli di lino'.

Sono derivati del latino *decuma* femm. del latino arcaico *decumus* 'decimo' per *decimus* (mentre per Rohlfs 1977a riflettono una voce greca **dékōma* 'quantità di dieci'). Il latino *decuma* è continuato anche nel sardo *décuma*, *déguma* 'decima (parte)' (DES). M.

**dèda¹,** sf. (lombardo; trentino; friulano). 'Zia' usato anche come attributo di rispetto per donna di età avanzata.

È una forma dissimilata di *meda*, di analogo significato e presente nel veneto, nel trentino e nel lombardo, derivata dal latino *amĭta* 'zia' con deglutinazione dell'articolo: *l'ameda*, *lameda*, da cui *la mea* attestata in padovano antico. Dalla stessa base latina e sempre per designare 'zia' dipendono il friulano *agna* e *gnagna* (con assimilazione e raddoppiamento espressivo), ed il tipo *àmia* di ampia diffusione nel veneto ma sporadicamente anche altrove, come nel ligure occidentale *àmea*, piemontese *àmia* [AIS; Gribaudo-Seglie 1972-75; DESF; LEI].

P. P. PASOLINI: *«Che cosa dite!» ripetè. «Voi siete vecchia agna, e tirate fuori il giudizio. Ma loro cosa volete che se ne facciano del giudizio, con quelle due facce da baci!»* (*Il sogno di una cosa*, Milano 1962, p. 120). M.

**dèda²,** sf. (corso; calabrese; siciliano). 'Fiaccola; pezzo di legno resinoso che serve da fiaccola o per accendere il fuoco'.

Dal latino *daeda* variante di *taeda* 'legno resinoso; pino; fiaccola' [REW; DEI; REWS]. M.

**dedèl,** sm. (ladino centrale, nel gardenese). 'Anello matrimoniale'.

Propriamente 'ditale', la parola ha assunto il significato di 'anello' probabilmente per influsso tedesco poiché nei vicini dialetti tirolesi *Ring* 'anello' risulta essere impiegato anche nel senso di 'ditale'; da notare, a questo proposito, l'uso di *anello* per 'ditale' a Firenze [Pellegrini 1992: 346-7]. M.

**dè dla canucèra,** sm. plur. (romagnolo: Ravenna). 'Gli ultimi tre giorni di febbraio e i primi tre di marzo'. «In quei giorni, secondo la superstizione, non si può fare o dare inizio ad alcun lavoro, perché in essi vi è un'ora infausta, che però nessuno sa quale sia, che fa riuscir male tutto. Nascere in quel periodo, era di cattivo auspicio. Infatti, chi si sente come perseguitato dalla sfortuna dice ancora: È pê' ch'a sia nêd par la canucera. Sembra che io sia nato per la "canucera", cioè sotto una cattiva stella» (Ercolani 1971).

Letteralmente 'conocchiaia'. Anche se la spiegazione del modo rimane incerta, sembra azzardato avanzare un accostamento con la Parca degli antichi, che filava lo stame della vita di ognuno. C.

**dedladalàqua,** avv. (emiliano: Parma). 'Oltretorrente', cioè al di là del torrente Parma, che divide la città, dove vivevano in abitazioni malsane ed in condizioni di miseria i ceti marginali.

Propriamente *di là dall'acqua*: questo modo di designare gli abitanti a seconda che siano stanziati al di qua o la di là di un corso d'acqua non è raro. È noto il friulano centrale *di là (o di ca) da l'aghe* dove *aghe* 'acqua' designa il fiume Tagliamento. Meno nota l'analoga espressione riferita al fiume, che taglia in due il paese di Pàvana (Pistoia).

F. GUCCINI: *Dalla Diga in avanti è appunto il fiume. Diventa acqua, a volte, quando si parla di quella costa sulla sponda destra a spini e a rovi (dove non coltivato) che viene chiamata "di là da l'acqua", ed è abitata da gente un po' selvatica* (*Cròniche epafàniche*, Milano 1989, p. 9). C.

**dèdui,** sm. (ladino centrale: Cadore), 'steccato improvvisato con vari reparti per la cernita delle pecore quando tornano in autunno dai pascoli montani'; (friulano: Ampezzo), 'spazio chiuso da stanghe ove le mandrie serenano all'aperto'.

La voce, ora intesa come collettivo, è in origine il plurale di una forma *dédol* non più usata, che deriva dal latino *ădĭtus* 'entrata' attraverso il diminutivo *adĭtulus*, quindi *adétulu* e *(a)dédol*; tale etimologia ha un parallelo nel sardo → *àgidu* [Pellegrini 1986a]. M.

**d(e)èle,** sf. plur. (veneto: a Treviso *dièle*). 'Ditole, tipo di funghi commestibili'.

Da *déo* 'dito' (al diminutivo, a Vicenza, *deèlo*), come il nome italiano di *ditole* è diminutivo di *dito* [Prati 1968]. C.

**de fìlu a ffilòria,** locuz. (salentino: Cellino S. Marco). 'Di generazione in generazione'.

Probabile corruzione formale e semantica del modulo latino *filii filiorum* 'figli dei figli' [Fanciullo 1973]. C.

**defìziu,** sm. (lunigianese), 'noria per attingere acqua d'irrigazione dal pozzo'; (ligure: a Genova), 'cartiera'; (ligure: *defìsi*, a Pigna *defìsiu*), 'frantoio'; (ligure, a Airole: *defìsiu*), 'torchio'; (toscano: *defìzio*), 'insieme di una macchina, macchinario'; (toscano, a Carrara: *defìzi*), 'segheria di marmi'; (toscano, a Monte Amiata: *ledifìzio*), 'oleificio'.

Voce dotta, latino *aedifĭcium* 'fabbricato' [Merlo 1941-57; LEI]. C.

**dèibi,** sf. plur. (romagnolo). 'Punte commestibili della vitalba'.

Riduzione di *vidèiba* 'vitalba', che è il latino *vitis alba* 'vite bianca' [DEI]. C.

**deinà,** sm. (ligure, anche *denà*, *dianà*; piemontese alpino: *denàl*, *deignàl*). 'Natale'. Proverbio spezzino: *Santa Cataina dianà en meseto a Natà* «Santa Caterina [di] Natale, un mesetto a Natale», dove il nome di Natale è ripetuto nella versione antica, non più riconosciuta, e nella moderna: → *dinào*, *déa nóse*.

Dal latino *dīes natālis* 'giorno della nascita' [Plomteux 1975]. C.

**delerìt,** agg. (piemontese; lunigianese: *delerìt*; emiliano: *delerì(t)*; romagnolo: *dilirì*). 'Stanco, sfinito'.

Dal latino *derelictus* 'in completo abbandono' con scambio delle consonanti *r* e *l*: in alcuni dialetti alterna con *derelit*, sempre col significato di 'stanco', 'afflitto' [REWS]. C.

**delèżer,** v. (trentino; emiliano, a Bologna, *adlîżer*, a Modena, *dléżer*). 'Scegliere, cernere'.

Latino *delĭgĕre* 'scegliere' [Menarini 1978]. C.

**delìnto,** agg. (campano: irpino). 'Magro, stentato'.

È considerato dal DEI l'unico continuatore del latino *delinctus* 'leccato via', part. pass. di *delingĕre* 'leccare'. Diversamente – e più verosimilmente – va interpretato, secondo il REWS, come un riflesso del latino *delinquĕre* 'mancare' e *'abbandonare' da cui dipendono l'italiano *delinquere*, e *sdilinquere* 'andare in deliquio', siciliano *sdillinchiàri* 'sollucherare', *stillinchiàri* 'svenire' (REWS); il verbo *delincuìre*, *delincuìri* 'delinquere, commettere delitto' del sardo è un compromesso fra lo spagnolo *delinquir* e l'italiano *delinquire* (DES). M.

**delùio,** sm. (marchigiano; toscano; umbro; friulano: *dilùvi*). 'Grande rete per la cattura notturna di uccelli'.

Probabilmente da un latino parlato **delūdiu*, derivato dal verbo *delūdere* 'ingannare'. Di qui anche il verbo umbro (ad Assisi) *diluvià* 'catturare gli uccelli col vischio' [DEI; DESF; Silvestrini 1983; Santucci 1985].

G. PASCOLI: *Oh! quel diluvio con che noi vivi / tu pigli, grandi, piccoli, troppi!* (cit. in GDLI IV 460). C.

**dèma,** sf. (romagnolo, anche *dèima*, *dèlma*, *dìma*; emiliano; marchigiano, anche *dèrma*), 'modello, forma; inclinazione'; (emiliano), 'uso, abitudine; piega', in senso fig. 'tendenza'; (lombardo, nel bresciano), 'modo'; (lombardo, nel cremonese e pavese), 'inclinazione, tendenza'; (lombardo, nel bergamasco: *in dema* locuz. avverb.), 'in ordine'; (lombardo, nel milanese: *dima*), 'specie di pialletto per acconciare l'intonaco negli sguanci degli usci e delle finestre'; (trentino: *demàr* v.), 'piegare; costringere'.

Riflessi di un latino regionale **deuma*, **degma* (cfr. latino medievale *deuma* campione tipo per la suola delle scarpe, a. 1319 Verona) dal greco *dêigma* 'mostra, campione'; nell'area romagnola, emiliana e marchigiana può trattarsi di un grecismo dell'Esarcato [DEI; Galli 1965; Quondamatteo 1982]. M.

**demurése,** v. (piemontese; ligure: *demuàse*). 'Divertirsi, trastullarsi'.

Dal latino *demorārī* 'trattenersi, intrattenersi' [Plomteux 1975]. C.

**dentarìn,** sm. (trentino). 'Dente di cinghiale, che, assieme ad altri oggettini, si appende al collo dei bambini per preservarli dalle malattie'.

Da *dente* 'dente'. Gli oggetti acuminati erano ritenuti, per la cosiddetta magia delle punte, efficaci mezzi apotropaici e terapeutici: in Abruzzo *dèntë* in uso assoluto è il 'dente di lupo, usato come amuleto' e il *dèndë dë sàndë Necólë* era un «dente di cane che si appendeva un tempo al collo dei bambini contro i dolori dei denti» [LEA]. C.

**dentràmi,** sm. plur. (toscano meridionale). 'Interiora del pollo o di altro animale', anche *dentri*.

Formazioni sostantivate da *dentro*, probabilmente sovrappostosi a *entrame* (→ *ntràma*) [Alberti-Eschini 1970-71]. M.

**Deo gràsias?,** inter. (piemontese; lombardo; emiliano; veneto: *deo gràsia*). 'È permesso?'. Formula religiosa, che si usava bussando ad una porta per provare che non si era in rapporto con le streghe (Maragliano 1976). Già il Tommaseo aveva notato che *Deogràtias* è «forma di saluto, pretto latinismo, che in certi luoghi d'Italia, e segnatamente nelle campagne, usa chi entra in una stanza».

Dal latino liturgico *Deo gratias* (*agamus*) '(rendiamo) grazie a Dio' [Veronesi 1969-70]. C.

**depégne,** v. (laziale). 'Menare vita oziosa, stare in ozio'.

Letteralmente 'dipingere', secondo una considerazione popolare dell'arte della pittura. C.

**dëplanà,** v. (abruzzese). 'Svellere, distruggere', 'fare una rovina, specie dei prodotti della terra', anche *dëpranà*.

Dal latino *deplanāre* 'spianare' [Alessio 1976]. M.

**dèra,** sf. (veneto: Cadore). 'Recinto per bestiame, staccionata chiusa'.

Probabilmente da un latino parlato **haedāria*, derivata da *haedus* 'capretto', quindi, originariamente, 'recinto per capre' [Zamboni 1992]. C.

**dèrbia,** sf. (piemontese; ligure: *żèrbia*). 'Erpete', talvolta anche 'tigna'.

Le voci sono ricondotte al latino parlato **derbĭca* per il tardo (delle glosse) *derbĭta* 'erpete'; alla variante **derbĭce* è assegnato il piemontese *derbes*, *derbi*, *berbi*; altre forme come *derbat*, *dervat*, *derbet*, diffuse in piemontese, emiliano occidentale, lombardo, ticinese, richiedono un **derbes*, *-ĭtis*, tuttavia concorre il latino *herpēs*, *-ētis*, **herpĭtis*, che, secondo una diversa ipotesi, sarebbe alla base delle forme dialettali menzionate [AIS; REW; DEI s.v. *dèrbeda*; REWS]. M.

**dèrgna,** sf. (piemontese). 'Falcinello, averla'.

La voce richiama le forme dialettali galloromanze come *derne*, *derna* e iberoromanze come lo spagnolo *darnagasa* che designano la 'gazza' e che sono state ricondotte ad una base germanica **darn-* (lo spagnolo è incrociato con *agaza*) [DEI; FEW]. M.

**dernà,** part. pass. e agg. (piemontese; ticinese: *darenào*; veneto: *derenà*). 'Slombato, affaticato'.

Propriamente 'derenato', cioè 'con la schiena (i *reni*) rotta dalla fatica' (dal latino parlato **derenāre* 'direnare') più spesso in varianti prefissate e talvolta allargate nel significato, come l'emiliano (Parma) *adarnirès* 'essere intontito', il romagnolo (Ravenna) *indarnì dal fred* 'essere intirizzito', il veneto e lombardo *sderenà*, l'umbro *sdrenè*, il pugliese (Minervino) *sdrenàte* 'stanchissimo per un lavoro compiuto'. Si aggiunga anche il sf. *derenéra* (lombardo), *darnèra* (emiliano, nel piacentino), *(an)dernèra* (piemontese, in Valsesia: *darnùn* sm.) 'lombaggine, male di reni'. Forse vanno qui, come vuole il DEI (s.v. *sdrenita*), anche le forme vernacolari toscane *sdrenito* 'magro, stanco' (lucchese e pisano), *sdrenita* 'scossa, percossa, perdita al gioco' (lucchese), da **sderenire*, anziché *(s)derenare*. C.

**de ròre céli,** locuz. avverb. (trentino; veneto, nel veneziano). 'Di cose arrivate inaspettatamente'.

Letteralmente, in latino, 'dalla rugiada del cielo', locuzione tratta da un passo biblico (Genesi XXVII, 39): *Det tibi Deus de rore caeli / Et de pinguetudine terrae / Abundantiam frumenti et vini* "Ti dia il Signore dalla rugiada del cielo / E dalla grassezza della terra / Abbondanza di frumento e vino" [Veronesi 1969-70]. C.

**derǜu,** sm. (ligure). 'Rovescio d'acqua' e 'burrone'.

Quest'ultimo significato mostra l'equivalenza della voce con *dirupo*, dal latino medievale *dirupare*, un derivato di *rupe*, da cui anche il ligure *derüà*, 'cadere tutto d'un pezzo, crollare' [Plomteux 1975]. C.

**deṡalterè,** v. (piemontese: anche *dṡalterè*; corso: *diṡalterasi*). 'Dissetare, spegnere la sete'.

Dal francese *désaltérer*, un derivato di *altéré* 'che ha sete', letteralmente 'alterato' [LEI]. C.

**deṡavià,** v. (ligure). 'Disabituare uno da una cosa, per esempio dall'uso del caffè'.

Letteralmente 'dis-avviare' [Merlo 1941-57]. C.

**desavìo,** agg. (veneto; trentino e istriano: *desavì*; romagnolo: *dsavì*; siciliano e còrso: *dissapìtu*). 'Scipito, scarso o privo di sale'.

Dal latino parlato *dissapītus*, composto di *de-* negativo e *sapītus* 'sapido' [Prati 1968; Bondardo 1986; Petrolini 1987]. C.

**des-ciolése,** v. (piemontese). 'Sbrigarsi, affrettarsi'.

Da *ciòla*, → *ciùla* nel senso di 'sciocco, stupidone': quindi, in senso figurato, 'svegliarsi'. C.

**desdè,** v. (piemontese; ligure: *desdà*; lombardo, a Pavia: *dasdà*), 'rilassarsi, cedere, diminuire', (ligure, a Pigna: *desdàr*) 'diventare magro'.

Letteralmente 'dar giù'. *Disdare* è anche dell'italiano antico [Merlo 1941-57; Plomteux 1975]. C.

**desdrosedà,** agg. (veneto bisiacco). 'Scompagnato, scompigliato'; *eser mal desdrosedà* 'essere male in arnese'.

È possibile una derivazione da una forma verbale di un **extorq(u)idāre* dall'aggettivo **tŏrquidus* 'girato, stravolto' [REW; Pellegrini 1987]. M.

**desgagèse,** v. (piemontese; ligure: *desgagiàse*). 'Sbrigarsi'.

Dal francese *dégager* (anticamente *desgagier*) 'dispegnare, ritirare un pegno (*gage*)', *se dégager* 'liberarsi di un obbligo assunto' [Plomteux 1975]. C.

**desìo,** sm. (veneto, nel Polesine), 'visibilio, subisso, quantità grande'; (veneto, nel bellunese e valsuganotto), 'rovina, strage'; (veneto giuliano), 'buscherio; grande quantità, strage (di pesci)'. Il termine è di uso comune nel veneto, veneto giuliano e friulano nella locuzione *far un desìo* 'fare una strage, far rovina (di una cosa)', nel veronese *fàrghene un desìo*.

Sono voci di etimo non bene chiarito; l'ipotesi corrente è che si tratti dell'italiano *desìo* male interpretato. Va esclusa invece per ragioni fonetiche una derivazione dal latino *descidium* 'dissidio, litigio' [Prati 1968; Bondardo 1986; Doria 1987].

G. SCABIA: *Si udì un grande urlo: – Chi è che fa questo desìo? Ve lo do io il momón, braghecorte!* (*Nane Oca*, Torino 1992, p. 12). M.

**desìpol,** sm. (trentino: Val di Non). 'Frugolo'.

Dal latino *discĭpulus*, propriamente 'discepolo' per via semidotta [Migliorini 1973]. M.

**deslomàe,** v. (lunigianese). 'Alterare i nomi delle persone'.

Composto dal prefisso negativo *des-* e *lomàe* per *nomàe* 'nominare'. C.

**deslubiàr,** v. (veneto bisiacco). 'Divorare, mangiare voracemente'.

Formalmente potrebbe essere un derivato da un **de-ex-leviāre* 'alleggerire' e per la semantica si può confrontare per esempio il veneto polesano *libàre* 'scemare il contenuto di una cassa o simili' da *leviāre*; quanto a *-lub-* e *-lib-* delle voci dialettali, si tratta di varianti dovute ad influsso di labiale. Tuttavia il confronto con altre voci dello stesso tipo d'area settentrionale fa propendere piuttosto per *diluviare*, come proposto dallo Schuchardt fin dal 1907 [Pellegrini 1987; Valente 1993]. M.

**desmurìe,** v. (ligure: Pigna). 'Mancare di giorno in giorno, essere quasi consumati da una grande passione'.

Letteralmente 'dis-morire' [Merlo 1941-57]. C.

**desmüu,** sm. (ligure con varianti). 'Lutto'; in Val Graveglia *fā u dremüu* 'portare il lutto'.

Dal latino parlato **dismutāre* 'cambiare i vestiti, i panni'; lo stesso significato ha il nizzardo *desmut* 'vestito da lutto' [FEW; Plomteux 1975; Azaretti 1982]. C.

**desperà come Ana,** locuz. (veneto). 'Povero in canna'.

Da *Sant'Anna*, digiunatrice, patrona della povertà, che ricorre in varie espressioni e locuzioni oscillanti tra *Sant'Anna*, *Signora Anna*, *Donna Anna*, diffuse anche nei gerghi come in quelli veneti ove *don'Ana* vale 'fame' (letteralmente: 'donna Anna'). Tra le locuz. note nei dialetti si vedano il veneziano *don'Ana spasiża* (letteralmente: 'passeggia') 'la fame si fa sentire', parallela al padovano *a spaso co la signora Ana* e al polesano *sant'Ana camina*; nel triestino è usata la locuz. *bàter Sant'Ana* 'aver fame'; in friulano si dice *se poche sior'Ane* 'se batte la fame' [Spitzer 1921; Prati 1968; Ferrero 1991].

P. P. PASOLINI: *Ritrovarono i ragazzi del giorno prima e il biondo salutò il Nini. «Come va, friulani,» disse. «Bene, compagno,» rispose il Nini sorridente. «Sì, bene,» borbottò Eligio, «con questa Sant'Anna che batte»* (*Il sogno di una cosa*, Milano 1962, p. 51). – ID.: *«Bevi!» gli gridò il Nini. «Sì, bevo! Ho una Sant'Anna che vedo scuro!» disse Milio; e poi, tutto allegro: «Io vado a mangiare un boccone dai miei zii, qua vicino. Perché non venite anche voi?»* (*Ibid.*, p. 110). M.

**despupilàr(e),** v. (veneto; veneto istriano). 'Dissanguare, rovinare economicamente, ridurre in povertà', col part. pass. *despupilà* 'impoverito'; nel padovano *despupilare* vale 'scaltrire, dirozzare' e *despupilà* 'scaltrito'.

La voce va confrontata con l'italiano *spupillare* '(far) uscire dallo stato di *pupillo*, uscire di minorità'; ma per l'aspetto semantico si vedano le precisazioni di Prati 1968 che richiama in particolare il termine *spupillazione* che «indicò la "tassa che anticamente la scolaresca esigeva dal matricolino dello studio pavese". Questa parola, che vale in origine "uscita dallo stato di pupillo", vive forse ancora nella forma *spüpila* in Fiemme, valle della provincia di Trento. Essa indica una tassa che i giovani d'un paese pagano o pagavano per entrare a far parte della compagnia che celebra la festa della bandiera»; Prati aggiunge che anche nel bresciano era in uso l'espressione *pagà la spüpila* 'pagare l'entratura' [Manzini - Rocchi 1995]. M.

**dèsto,** avv. (umbro; abruzzese: *diéstë*), 'costà'; (toscano, nell'aretino: *testo*), 'codesto'.

Dal latino *ĭste* 'questo' attraverso una forma *id istum [locum]*; alla stessa voce latina risale anche il piemontese (Borgomanero) *ustu* 'codesto' [DEI; REWS]. M.

**destràle,** sf. e sm. (sardo logudorese e centrale). 'Accetta, scure', anche *istràle*, *estràle*, *bistràle*.

Dal latino *dextrālis* 'accetta' e non dal catalano *dextral* 'piccola ascia', dato che è parola già del sardo antico ed è dominante oggi in area centrale e logudorese. Può essere un catalanismo in siciliano antico (*distrali* 'scure' registrato dallo Scobar nel 1519) [DES s.v. *destrale*; DES; Varvaro 1974: 90]. M.

**détta,** sf. (siciliano). 'Debito'.

Come l'italiano antico *detta*, è continuazione diretta del latino *debĭta*, in origine plurale di *debĭtum* 'il dovuto', e non prestito del francese antico *dette* 'debito' [VES]. M.

**deventàli,** sm. (sardo campidanese, con varianti). 'Grembiule' con i derivati *ventalìccu*, *vantelìccu*.

Dallo spagnolo *devantal*, catalano *davantal* di analogo

significato; invece dalla forma spagnola *avantal* dipendono il siciliano *vantali* e il calabrese *vantali*, *vantale*, altra denominazione del 'grembiule' [AIS; DEI; DES; Michel 1996]. M.

**diagò,** sm. (veneto, a Venezia e anticamente anche *liagò*; veneto istriano: *iliagò*). 'Solatìo, luogo esposto al sole'; in particolare, a Venezia designava una specie di loggia aperta sul davanti, ma coperta e chiusa sui tre lati, nonché l'altana collocata sopra il tetto delle case, destinata a porvi ad asciugare il bucato.

Dal neogreco *liakós* e *liakó* 'balcone', con la precedente forma *heliakós*, termine che oggi designa in molti luoghi della Grecia ogni parte della casa aperta ed esposta al sole [DEI; Cortelazzo 1970]. M.

**diaoléto,** sm. (veneto, nel vicentino; lombardo, a Martinengo: *i diaulì* sm. plur.). 'Erpice in ferro, snodato, formato da elementi appuntiti tra loro uniti da maglie di catena; si usa specialmente per coprire le sementi'.

Non da 'diavolo', con allusione alle corna suggerita dai 'denti' dell'erpice, ma dal latino *rutabŭlum* come → *diàvolo* [Marcato 1991]. M.

**diasìlla,** sf. (abruzzese; campano), 'discorso lungo e noioso'; (a Napoli), 'lamento, pianto incontenibile di un bambino'; anche *diesilla*, *diesèlla*.

Dall'inizio della lunga e monotona sequenza (*Dies irae dies illa*), che si cantava nella prima domenica di avvento e nell'ufficio dei morti [REW; Veronesi 1969-70]. C.

**diavëléttë,** sm. (abruzzese; anche *diavëlillë* e varianti; calabrese: *diavulillu*; con altro suffisso, in pugliese: *diavolìcchië*). 'Peperone' piccolo e piccante.

Da *diavolo*, perché molto pungente, con suffisso diminutivo per la sua dimensione.

R. NIGRO: *Per il pancotto, una goccia d'olio forte, due diavoletti e mezza testa d'aglio, poi versi sul pane bello cotto a parte, nella spasa* (*I fuochi del Basento*, Milano 1987, p. 71). C.

**diàvolo,** sm. (veneto). 'Tirabrace'.

Come nel provenzale *dyable* per *redyable* 'tirabrace', è reinterpretazione di *rià(v)olo* (così in veneziano), dal latino *rutabŭlum* e, nel latino parlato, *retabulum* 'paletta per il fuoco', 'mestola'. C.

**diàvulu,** nella locuz. *cci su' i diàvuli pi l'àriu!* (siciliano). 'Tempo che si preannuncia brutto, con vento forte e vorticoso'.

Il modo di dire nasce dalla credenza che il vento burrascoso non sia altro che un diavolo scatenato, capace di qualunque eccesso; in particolare i diavoli sconvolgono tutti gli elementi in occasione della festa (il primo maggio) dei loro più tenaci avversari, i santi Filippo e Jacopo [Alfieri 1980].

G. VERGA: *Ci sono i diavoli per aria! – diceva la Santuzza facendosi la croce coll'acqua santa* (*I Malavoglia*, Milano-Napoli 1955, p. 205). C.

**dìcciu,** sm. (sardo: anche *dizzu*). 'Soprannome, nomignolo', detto anche (a Gadoni) *paradìcciu* sull'esempio del sinonimo *paranòmene*.

Dallo spagnolo *dicho*, che significa anche 'proverbio, detto', vivo in Sardegna pure in questa accezione [DES]. C.

**dicènda,** sf. (toscano: pisano). «Lavoro agricolo con proprie bestie su terreno altrui, per compenso o per scambio di prestazione d'opera» (Malagoli 1939).

Alterazione di *vicenda*, come osserva lo stesso Malagoli cit. [DEI]. M.

**di davòi la scòlä,** locuz. (ladino-veneto). 'Seguire un funerale'.

Letteralmente 'andare dietro la scuola', «probabilmente perché in antico in ogni funerale seguivano il feretro tutti gli allievi delle scuole del paese». Se fosse, però, documentato nel passato l'uso di *scòla*, per 'confraternita religiosa', come in altri luoghi (nel friulano *scuèle*, per esempio, o a Colle S. Lucia e Alleghe), l'interpretazione della locuzione potrebbe essere diversa [Tagliavini 1988]. C.

**difisiòs,** agg. (piemontese). 'Schizzinoso'.

Si riconosce una prima componente da *difficile* con il suffisso *-oso* senza arrivare, col Levi 1927, ad ipotizzare un **difficicoso*, risultato dell'incrocio di *difficile* con *fisicoso*: casomai l'aggettivo semanticamente più vicino è *schifiòs* 'schifiltoso' [REWS].

B. FENOGLIO: *batteva tutte le case dove si vegliava e non perdeva il più piccolo ballo. Ma non trovava, perché era diffizioso* (*La malora*, in *Opere*, II, Torino 1978, p. 398). C.

**di gòdu a ggòdu,** locuz. (calabrese: Polistena). «Forma di contratto di enfiteusi per cui si riceve una determinata somma in denaro e si cede in godimento, per un dato periodo di tempo, un proprio bene immobile» (Laruffa 1986); il termine è presente anche a Cittanova (Rohlfs 1977).

Da *godo* 'godimento', forma nota al toscano antico [DEI]. M.

**digolòtto,** sm. (umbro: Val di Pierle). 'Uccello che ha lasciato di recente il nido, che ha compiuto il primo volo' e, in senso figurato, 'giovanotto che tenta la prima uscita e la prima avventura'.

Derivato dal verbo *degolè* 'lasciare il nido' dal latino *devolāre* 'volare da ...', detto propriamente di uccelli, con una non infrequente sostituzione di *-v-* con *-g-*. C.

**dì j màr,** locuz. (piemontese: Alba). 'Bestemmiare'.

Letteralmente 'dire i mali', chiamandosi 'male' (*mar*) la 'bestemmia'. C.

**dì i nàm**, locuz. (romagnolo, anche *dì di nom*). 'Insolentire'.

Letteralmente 'dire i nomi', intesi come titolacci. È locuzione nota anche altrove. C.

**diliscà,** v. (toscano: amiatino; anche *sdiliscà*). 'Levare i rami soverchi a castagni, ulivi ecc.', 'potare'.

Da 'levare le lische', come significa il *diliscare* nell'italiano antico, già esteso ad altra operazione simile nel versiliese *diliscare la canapa* [Longo 1942-54]. C.

**dimóndi,** avv. (emiliano: anche *dimùndi*; veneto, a Chioggia e Grado: *mondi*, *mundi*). 'Molto, assai'.

Dal latino *abŭnde*, «ritoccato per influsso non di *molto*, come comunemente si ritiene, non essendo questo indigeno in tutta l'area veneto-emiliana, ma di *mondo*», nel significato di 'grande quantità' e di 'molto'; stessa origine ha il friulano → *avónde* [LEI; DESF; Cortelazzo 1985].

G. NUVOLETTI: *Anche se quella camera l'era bella di mondi, la Felicita doveva imparare che se l'avarizia è peccato, il risparmio è santa prudenza* (*Un matrimonio mantovano*, Vicenza 1972, p. 157). C.

**dinào déa nóṡe,** locuz. sostant. (lunigianese). 'Regalo natalizio'.

È stato interpretato come 'denaro (*dinào*) della noce', ma è falsa interpretazione, perché l'omofono *dinào* significava anticamente 'Natale' (dal latino *dies natalis*), nel qual giorno pare fosse tradizione regalare delle noci.

L'interpretazione è confermata dal proverbio spezzino *Santa Caterina dianà en meseto a Natà*, dove il nome di 'Natale' è replicato: → *deinà*. C.

**dindaròlo,** sm. (laziale: Roma). 'Salvadanaio'.
Da *dindo* 'soldo, baiocco', come dicono i bambini con voce onomatopeica, citata già da Dante: "anzi che tu lasciassi il pappo e il dindi".
P. P. Pasolini: *Un giovinottello grassoccio con una fascia liscia come un dindarolo* (cit. in GDLI IV 494). C.

**dìndi,** sm. (friulano, anche *dindiàt* e al femm. *dìndie*; veneto: *dìndio*, nel veneto orientale anche *dindiòt*; trentino; piemontese occidentale: *dindo, dindu*; valdostano: *déndo*; marchigiano settentrionale: *dindo, dindal, dindón*; sardo: *dindu, dìndulu*). 'Tacchino'.
Propriamente '[pollo] d'India', antico nome della gallina faraona, applicato poi al pollo proveniente dall'America; si aggiungano anche le denominazioni *gallërìnjë, gaddëréɲjë* (campano), *gaddudìndia* (siciliano), *gallu ndianu* (calabrese), *gagghiedènje* (lucano, a Ripacandida) [Maccarrone 1926; AIS; DEI s.v. *dìnd(i)o*; DESF]. M.

**dinticùtu,** agg. (siciliano). «Munito di denti grossi e robusti» (Piccitto 1977).
Dal latino parlato **denticātus* con cambio di suffisso; vi si ricollegano pure il siciliano *dinticaru* sm. «denti molto sporgenti» (Piccitto 1977), il veneto (polesano) *sdentegón* e l'antico veneziano *dentegado* 'zannuto'; da **denticāre* 'mettere i denti' deriva il lombardo (mantovano) *dentàr* 'mordere' [REW; DEI s.v. *denticuto*; REWS]. M.

**dìo,** avv. (ladino centrale, con varianti come *dìi, djut, giut*). 'A lungo'.
Dal latino *diu* con lo stesso significato, voce continuata anche nel lombardo (valtellinese) *a dina a dina* 'tenacemente' e nel ladino occidentale (*dei* e varianti), attestato anche nell'antico milanese *digo* e nell'antico bergamasco *dina* 'a lungo' [DEI s.v. *digo*; EWD]. M.

**dì plègas,** locuz. (emiliano: a Bologna, a Piacenza e in romagnolo: *dì plagàs*; campano, a Napoli: *dìcërë plàcas*; calabrese: *diri pràchis*). 'Svillaneggiare'.
Usata anche in italiano, la locuzione *dire plagas* 'dire di qualcuno tutto il male possibile' si rifà al latino *plagas*; 'battiture, colpi che feriscono' [DEI]. C.

**dirocàt,** agg. friulano). 'Malandato, di persona'.
Impiego particolare dell'italiano *diroccato* [DESF].
I. Nievo: *forse impietosiva entro sé a tante belle doti già appassite in una persona esile e diroccata* (cit. in GDLI IV 553). C.

**disairàri,** v. (siciliano). 'Disanimare, sgomentare', col derivato *disària* 'mortificazione; viltà; mancanza di coraggio' e *disàriu, disàiru*.
Dallo spagnolo *desairar* 'disprezzare' e *desaire* 'spregio, sgarbatezza'; stessa provenienza avrebbe, secondo il DEI, il calabrese *sdissaràri, sdisseràri* 'spiantare, rovinare' [DEI; Beccaria 1968]. M.

**disamistàdë,** sf. (sardo). 'Discordia, inimicizia, dissidio'.
Dallo spagnolo *desamistad* 'inimicizia', composto da *des-* negativo e *amistad* 'amicizia'.
C. Levi: *Parlavano della storia di questo paese* [Orgosolo], *della sua struttura pastorale, delle vicende terribili della famosa "disamistade", la guerra che dal 1903 al 1917 aveva diviso il paese in due parti nemiche, e trasformato gli abitanti in banditi* (*Tutto il miele è finito*, Torino 1975, p. 73). C.

**dischènte,** sm. (sardo logudorese), 'apprendista, garzone di bottega'; (lombardo: *desènt*), 'garzone del fabbro'.
Dal latino *discēns, -ĕntis* 'scolaro, discente', attestato anche dall'antico lombardo *descentre* 'allievo', nell'antico vicentino *desente* 'apprendista'. Nel sardo campidanese *dischente* è stato sostituito con *sciènti, scènte*, che rappresenta un adattamento al campidanese *sciri* 'sapere' (*ischire* nel logudorese, dal latino *scīre*) [REW; DEI s.v. *descèntre*; DES; REWS]. M.

**disénto,** part. pass. (umbro: Val di Pierle). 'Stabilito, risoluto'.
Participio forte del verbo *disègne* 'disegnare' e 'decidere'. C.

**disfizziàri,** v. (siciliano). 'Disgustare, esasperare; togliere ad alcuno la propria confidenza', col deverbale *disfìzziu* 'disgusto, sdegno, disperazione'.
Il DEI considera tale voce un prestito dall'antico provenzale *desfizar*, anche *defizar* 'togliere la confidenza a qualcuno', 'avere poca confidenza, dubitare', dal latino parlato **disfidāre* 'perdere la fiducia'. Ma è più verosimile un prestito dal catalano *desficiar* 'inquietare'; allo stesso modo *disfìzziu* rifletterà il catalano *desfici* 'agitazione prodotta da un male fisico o morale, da una passione o un desiderio' (il catalano, a sua volta, proviene dalla stessa base latina cui si riconduce il citato provenzale). Probabilmente *disfìzziu* spiega poi il siciliano *sfìzziu* e → *sfìzio* con cambio di prefisso [FEW; DEI s.v. *disfizziare*; Michel 1996]. M.

**disìu,** sm. (calabrese), 'neo, voglia, macchia sulla pelle del neonato'; (siciliano), 'desiderio di donna incinta' e conseguente 'voglia'. Anche il senso di 'ciocca di capelli di colore diverso da quello dell'intera chioma' dipende dalla stessa credenza (se bianca, era segno di una voglia di ricotta, in Lucania).
Come l'italiano *desio*, dal latino parlato **desĕdium*, originariamente 'desiderio erotico', probabile rifacimento di *desĭdia* 'pigrizia' (da *desidēre* 'stare seduto'), considerata incentivo alla lussuria [Corso 1927; Bronzini 1964; Piccitto 1977; Rohlfs 1977a; DELI]. C.

**dìsom,** agg. (romagnolo, con varianti; toscano: *dècimo*).'Sciocco, stupido', in Toscana anche 'fanciullino gracile e stento'.
Letteralmente 'decimo', anche se non è chiaro il passaggio semantico, comunemente indicato immotivatamente nel nome proprio latino *Decimus*. L'altra ipotesi che si rifà al *decimo* figlio di una madre oramai spossata non trova nessun riscontro [DEI]. C.

**disòra,** nella locuz. (sardo centrale e campidanese). 'Fuori d'ora, fuori di tempo, a ora insolita'.
Dallo spagnolo *a deshora* 'a ora indebita' [DES]. M.

**disposénte,** agg. (veneto; veneto istriano; friulano: *disposènt*). 'Impotente; invalido'.
Dall'italiano *possente* 'che può', preceduto dal prefisso *dis-* (talvolta *des-*) con valore spregiativo [Manzini - Rocchi 1995]. M.

**distémpus,** nella locuz. *a distémpus* (sardo logudorese e campidanese). 'Fuor di tempo'.
Rifacimento dello spagnolo *a destiempo* 'fuori del tempo' [DES]. M.

**disunciàri,** v. (siciliano). 'Sgonfiare'.
Dallo spagnolo *desinchar* (*deshinchar*) col medesimo significato, anche se l'ipotesi non scioglie alcune riserve [Beccaria 1968; Valente 1993]. M.

**di, t'è magnè è lòi?,** locuz. (romagnolo). 'Sei suonato?'.

Letteralmente 'dì, hai mangiato il loglio?'. Si sa che il pane fatto con molta farina di loglio è nocivo: → *andèr a la lòia,* → *giógghiu* e → *loià.* C.

**dìto mèdico,** locuz. sostant. (toscano: Filettole). 'Dito medio'.

Falsa ricostruzione: poiché la *-c-* intervocalica regolarmente cade in pisano, può accadere che venga ripristinata anche erroneamente, come in questo caso di ipercorrezione. C.

**dìtta,** sf. (laziale). 'Si dice del chiamare e richiamare forte in pubblico alcuno che non sente o finge di non sentire'; anche 'ciarla, cagnarata' e 'nomea'.

Dal latino *edīcta* 'editti, proclami', che negli antichi Comuni venivano urlati per le vie e per le piazze dai mandatari [Vignoli 1911 e 1926]. C.

**divacàre,** v. (calabrese, anche *divacari*; siciliano: *sdivacari*; lucano: *dëvëcà*; pugliese: *sduvacà, dëvëcà*; salentino: *diacari*; abruzzese: *divacà*). 'Vuotare, versare', nell'abruzzese anche 'andare di corpo'.

Dal latino parlato **vacus* per *vacuus* 'vuoto'; per la formazione si richiama il latino *evacuāre* [AIS; DEI; REWS]. M.

**dlat,** sm. (romagnolo). 'Frana, smottamento': *dlat d'nev* 'valanga'.

Dal latino parlato **delaptus* per il classico *delapsus* 'caduta' dal verbo *delabi* 'cader giù, rovinare' [REW]. C.

**dlèta,** nella locuz. *fè una dlèta* (romagnolo, a Cesena: *dè una léta*). 'Fare una scelta'.

Dal verbo *dležar* 'scegliere', che continua il latino *delĭgere*, **delĕgere*, come il bolognese *adlìžer* e il trentino *deležer* [REW]. C.

**dlùi,** sm. (marchigiano: Montemontanaro). 'Gran caldo'.

Letteralmente, '(caldo) di luglio' [Balducci 1989]. C.

**doc,** nella locuz. *andàr in doc* (veneto giuliano, nel triestino). 'Cessare ogni attività, ritirarsi nel proprio guscio, andare in niente', usata anche nel senso di 'farsi ricoverare in ospedale, sottoporsi a cure, pensare unicamente alla propria salute'.

Da *dock*, parola inglese con cui si designa a Trieste ciascuno degli edifici del Punto Franco adibiti a magazzini. L'anglicismo è noto pure a Capodistria dove *doc* è il 'bacino di carenaggio'; di qui le locuzioni *la ṡe in doc* 'è incinta' e *èser in dog* 'essere malandato', quest'ultima dovuta alla sovrapposizione con *èser in doghe* (→ *èser in dòe*) [Doria 1987]. M.

**dó de spàde,** sm. (veneto). 'La natura femminile'.

Letteralmente 'due di spade' del gioco delle carte, che, per il suo aspetto, ricorda la forma stilizzata del sesso della donna [Cortelazzo 1969]. C.

**dogàre,** v. (sardo: Nuoro). 'Levare'; *si dogàre* 'levarsi, darsi alla macchia' (*si sunu dogàos* 'si sono dati alla macchia').

Denominale di *dòga* 'scavato intorno ai terreni per impedire il propagarsi del fuoco' (da un latino *doga* 'fossa'), passato dal senso proprio di 'ripararsi dal fuoco' a quello più generale di 'ripararsi', 'scansare' [DES].

C. LEVI: *a Orgosolo, i morti designati dall'antica legge della vendetta, e i latitanti e i* dogau *(coloro che, senza essere ricercati né colpevoli, lasciano il paese per timore delle repressioni indiscriminate)* (*Tutto il miele è finito*, Torino 1975, p. 90). C.

**dója,** sf. (piemontese, anche *dùja*), 'brocca', come sm. *doj* «vaso di terra dove generalmente si poneva il burro» (Gribaudo-Seglie 1972-75).

Dal latino parlato **dolia* e *dolium* 'botte' rispettivamente; la voce piemontese è all'origine di *Gianduia*, nome di una maschera del teatro popolare piemontese, corrispondente a *Gioàn d'la duja*, letteralmente 'Giovanni della brocca' [FEW; DELI]. M.

**dói d'agóst,** locuz. sostant. (piemontese; ticinese: *i dü d'avóst*; lombardo, veneto meridionale, ad Ariano, e romagnolo: *du d'agóst*; emiliano, a Parma: *du 'd agóst*). 'Testicoli'.

Varie sono le spiegazioni date a questa curiosa espressione: l'influsso del mese sull'organismo; un doppio senso con *gusto*; la sovrapposizione di due palle nel numero 8, che indica il mese; e, infine, la piacevolezza del comando dato ai soldati francesi dai calzoni attillatissimi di sistemare *les deux à gauches* 'i due a sinistra' (in Francia si trovano soltanto, a Parigi, *mes deux* 'i miei due'). Nessuna ipotesi accettabile, dunque. Ma si aggiunge che quel giorno è chiamato anche 'festa degli uomini' e, di solito, si dice che il nome dipenda dalla misteriosa metafora. Se, invece, fosse il contrario e, cioè, se originariamente quel giorno fosse dedicato alla festa (di cui si ha notizia in Piemonte e Lombardia, durante la quale s'infiocchettavano gli organi genitali: Cocchiara 1932, p. 74), i 'due di agosto' assumerebbero un preciso significato. C.

**dòitu** sm. (ligure; lombardo, a Vigevano: *dòi*), 'garbo, grazia', 'dote di carattere'; (piemontese, al diminutivo: *doitìn*), 'grazietta, bel garbo'; (piemontese, a Vico Canavese: *dar döc*, ad Ala di Stura: *dūna dòit*), 'governare il bestiame'.

Dal latino *dŭctus* 'tratto', 'condotta', dal verbo *dūcere* 'condurre, guidare'.

L. MASTRONARDI: *Vestiva eccentrica, si dava il biondo alla testa spelacchiata. Gentile cordiale, genava la povera gente per la sua parlata italiana e il doi che gli dà* (*Il calzolaio di Vigevano*, Torino 1959, p. 13). C.

**dóle,** sm. (laziale: Amaseno). 'Rancore'.

Deverbale del v. *dulé* 'dolere': si tratta di un 'dolore' covato. C.

**dolzmòrs,** sm. (romagnolo). «Animella, pancreas del maiale. Generalmente è il boccone prelibato del norcino» (Ercolani 1971).

Letteralmente 'morso (boccone) dolce', denominazione affine al romanesco *dorciolo, dolciolo* anche *torciolo* 'pancreas', forma che richiama il latino tardo *dulciola* 'focacce dolci' [DEI; Belloni - Nilsson-Ehle 1957]. M.

**dòma,** sf. (piemontese). 'Calesse a due ruote'.

Dal verbo *dumè* 'domare', perché serviva per attaccare giovani cavalli da addestrare [Levi 1927]: → *dumadòra.* C.

**domenicàle,** sm. (toscano). 'Vestito da festa'.

Propriamente 'vestito della *domenica*'. «Sopravvive nel detto: *quando ci si mette 'l domeniale o bbene o mmale male*, forse in riferimento al fatto che un tempo il vestito "buono" si metteva solo per le festività e in occasione di matrimoni o funerali» (Gori-Lucarelli 1984). Invece altri interpretano: "o ha tanti abiti buoni o ne ha uno solo" (Fanfani 1863). C.

**domennàcchje,** locuz. (pugliese: Minervino). 'Coppia di oggetti'.

Letteralmente 'due me ne trovo' (dal verbo *acchjà* 'trovare', derivato dal latino *afflāre*, → *ascè*), ma con intenzione scherzosa sul doppio senso: *du mennacchjë* 'due mammelle' (→ *ménna*) [LEI; Valente 1993]. C.

**domestichè i pànni,** locuz. (umbro: San Giustino). «Lavare più volte la tela per renderla più morbida e liscia. I proprietari del podere usavano consegnare le lenzuola nuove ai propri contadini, che provvedevano ad addomisticarle» (Polidori).

Alla lettera '(ad)domesticare i panni'. Non è la prima volta che un verbo legato all'addomesticamento degli animali sia applicato alle cose: si dice, per esempio, comunemente *domare la pasta* per 'lavorarla', *domare le scarpe* per 'ammorbidirne il cuoio'. C.

**dòm Piommóne,** locuz. sostant. (umbro: Spello). 'Pigrone, lento'.

Personaggio immaginario, il cui nome è foggiato con l'accrescitivo di *piommo* 'piombo': quindi, 'don Piombone'. C.

**dondolétta,** sf. (sardo: nuorese). 'Automobile'.

Il significato primitivo era 'landò' dal francese *landaulet* (da cui *landoletta*) incrociatosi con l'italiano *dondolare* [DES]. C.

**donnabbrìcita,** sf. (siciliano: Vittoria; a Paternò: *donnaprìcita*). 'Donna di modi bruschi, difficile da trattare'.

Letteralmente 'donna Brigida', ma non è stato ancora individuato il preciso riferimento. C.

**dōr,** sm. (ligure: Pigna; piemontese: *döl*). 'Lutto, bruno', a Pigna: *u porta dōr* 'veste a bruno per lutto'.

Letteralmente 'duolo' [Merlo 1941-57]. C.

**dòrie,** sf. (friulano). «Capitagna, striscia di terreno che si lascia non arata sul ciglio del campo alle testate dei solchi; acquaio, solco maestro che riceve e trasmette ai fossati l'acqua soverchia del campo» (Nuovo Pirona 1935).

Questa parola va considerata troncamento della forma friulana *agadòrie* 'scolo, solco che serve di scolo alle acque dei campi' (dal latino *aquatōria*) interpretata come un composto con *aga* 'acqua'. Tale interpretazione potrebbe valere (così in DESF) anche per il piemontese *èva* ('acqua') *dorja*, quindi *dórja* e *dójra* 'corso d'acqua'. Ma non si può escludere una connessione del piemontese *dójra* con alcune forme galloromanze dipendenti dall'antico idronimo *Duria* da una base prelatina **duria* (riflesso da *Dora* in Italia settentrionale, *Doire* in Francia, *Duero* in Spagna, anticamente *Durius*), come l'antico francese *doure* 'fossato' (FEW); invece un rapporto del friulano *dòrie* con la base idronimica *Duria* ipotizzato dal DEI (s.v. *dóira*) non è giustificato. M.

**dormidór,** sm. (emiliano). 'Tempia'.

Simile a *sonno* (→ *sóno*), che si spiega con la credenza popolare delle tempie, come sede del sonno. C.

**dorondondóne,** sm. (laziale: Ascrea). 'Scampanata, chiasso fatto per burlare vedovi che passano a seconde nozze'.

La denominazione, di chiara impronta onomatopeica (*d(o)ron*), trova un riscontro geograficamente lontano nel friulano *sdrondenàde* e nel veneto gradese *rondonàde*. C.

**dòsa,** sf. (ligure, anche *dòusa*; piemontese), 'spicchio d'aglio'; (piemontese sud-occidentale: *daàrsa, dòlsa, dòsa*), 'guscio dei fagioli'; (piemontese, a Villafalletto: *dòrsa*), 'mallo della noce'.

Da un latino medievale *dŏlsa* 'spicchio d'aglio', testimoniato per la prima volta in un ricettario del sec. IX e di origine sconosciuta. Esteso soprattutto in territorio galloromanzo, non è escluso che provenga dal grecismo latino *dŏlichus*, nome di un legume, diffuso dalle colonie greche della Francia meridionale attraverso gli stadi ipotizzati **dŏlcus* e il derivato **dŏlcea* [Merlo 1941-57; FEW]. C.

**dośàna,** sf. (veneto: Venezia). 'Bassa marea', 'riflusso del mare'.

Dal latino parlato **jusāna*, un derivato da *jūsu* 'giù' per dissimilazione: **żośana* > *dośana* [Prati 1968].

G. D'ANNUNZIO: *Sentivamo, al di là degli sterpi, di là dalle cannucce, l'ambascia della dozàna, l'afa dell'acqua morta, sciacquii e fruscii misteriosi nel limaccio* (cit. in GDLI IV 993). C.

**dośón,** sm. (piemontese: anche *duśìn*). 'Moneta antica, che – nel Monferrino – si pagava al prete per celebrare le nozze'.

Dal latino *duodecim* 'dodici' con suffisso accrescitivo, perché valeva *dodici* soldi [FEW]. C.

**dóta,** sf. (ladino centrale: Comelico). 'Foglia di rapa' e, per estensione, 'verdura commestibile, ravizzone, *Brassica napus* L.'; nell'ampezzano *zota* è 'verdura cotta'.

Il significato originario della voce è quello di verdura commestibile, usata specialmente per far minestra di verdura; pertanto, la voce va confrontata col friulano (della Carnia) *jòta, jòte* 'sorta di minestra carnica composta di rape rammollite nell'acqua, quindi pestate', dal latino *jŭtta* 'brodo' (→ *jòta*); per il passaggio dalla minestra alla verdura, con cui è prevalentemente preparata, si veda dalla stessa base latina il ladino centrale (a Lorenzago di C.) *dota* 'spinaci al burro, verdura cotta', il francese dialettale *jottes, Sinapis arvensis* L., oltre ad altri esiti meridionali col senso principale di 'brodaglia' [Tagliavini 1944; Valente 1995]. M.

**dòta d'la Carpégna,** locuz. (marchigiano). 'Uno dei beni di madre natura, che la sposa porta in dote in mancanza d'altro'.

Il nome proprio è di sola ingegnosa invenzione per far rima col seguito, sottinteso: *un barmu de pilo, du diti de frégna*, come a Roma: *Quella ha la dote di Carpegna* (in romanesco: *'a dote de Carpegna*) 'non ha un soldo di dote' con il sottinteso completamento *otto centimetri di fregna* (Niceforo 1897: 63). C.

**dótta,** sf. (toscano: amiatino). 'Forte paura'.

Deverbale dell'arcaico *dottàre*, propriamente 'dubitare', attraverso il francese *do(u)ter*, dal latino *dubitāre* [DEI]. C.

**dramóni,** sm. (calabrese, anche *trimoni* e altre varianti). 'Vaglio da grano (col fondo di pelle)'.

Voce di provenienza greca, da *dermónion* di analogo significato (per il DEI da un bizantino **dermónion*), derivato di *dérma* 'pelle', denominazione giustificata dal tipo di vaglio col fondo in pelle. Tale designazione richiama l'abruzzese e molisano *pëlliccë, pulliccë* 'vaglietto di pelle' dal latino *pellīceus* propriamente 'della pelle'; la variante *pulliccë* risente dell'accostamento al dialettale *pulì* 'pulire' dovuto all'operazione della vagliatura [DEI s.v. *dermóne*; Rohlfs 1977; Giammarco 1985]. M.

**drapàsu,** sm. (ligure: Pigna). 'Lenzuolo greggio, che non è stato ancora lavato'.

Letteralmente 'drappaccio', peggiorativo di *drappo* [Merlo 1941-57]. C.

**dràz,** sm. (friulano; ladino centrale; trentino; veneto settentrionale; lombardo settentrionale). 'Vaglio da grano; sorta di crivello per lo più rotondo costituito da un telaio di legno con un fondo a trama larga, utilizzato dopo la trebbiatura per una prima pulitura del grano'; lo staccio può essere di cuoio, di filo di ferro ecc.; il termine *draz* è noto anche con altre varianti come *sdraz, drac', drèi, drè, drazo*.

È un riflesso di una voce celtica **dragiu* 'crivello' poi

latinizzata con continuatori in area galloromanza [REW; FEW; Pellegrini-Marcato 1988]. M.

**drèsa,** sf. (lombardo, anche *dris* sm.; ticinese: *dres* sm.). 'Tordo'.

Voci di etimo incerto, richiamano termini di area galloromanza come il francese *draine* e forme dialettali quali *drine*, *draine* che designano una specie di tordo e per le quali è stata ricostruita una base gallica **tresdila*, **dresdila* sulla quale non tutti concordano [AIS; DEI; FEW 21: 230; Gamillscheg 1935]. M.

**dringolàre,** v. (toscano: Arezzo, con la var. chianaiola *sdrenguelère*). 'Dondolare, oscillare'.

Dal longobardo **hringilōn* 'tintinnare' con lo stesso passaggio semantico che si è avuto nell'italiano *tentennare* da *tintinnare* [Nocentini 1983: 30]. C.

**dròga,** sf. (lombardo, nel bresciano). «Lappola, bardana, *Arctium lappa*; tussilagine, *Tussilago farfara*» (Penzig 1924).

La voce si rapporta ad una base **dravoca* attribuita al gallico (dallo Pseudo Dioscoride) documentata dalle glosse come *dravoca* per la bardana e *drauca* per il loglio [REW; DEI; REWS]. M.

**drólu,** agg. (ligure: Pigna), 'sempliciotto', 'faceto, che sa far ridere'; (piemontese: *dròl*, con varianti), 'lepido, strano'.

Dal francese *drôle* (di origine neerlandese), con diversi significati, tutti di natura affettiva, che vanno da 'eccentrico' a 'buon compagnone', da 'capriccioso' a 'gentile, piacevole', ad 'effeminato' [Merlo 1941-57; FEW]. C.

**dròmia,** sf. (ligure-piemontese: Novi L.). 'Anestetico, sonnifero'.

Da *dòrmia* ('che fa *dormire*'), propria di diversi altri dialetti e dell'italiano stesso. Per un uso figurato si può ricordare il bolognese *esr' impastà ed dòrmia*, che si dice di chi dorma molto o possa addormentarsi facilmente dovunque [Menarini 1978].

M. VENTURI: *assiste le partorienti, ma contemporaneamente elimina anche i neonati, sia pure secondo le raccomandazioni della Protezione Animali. La quale, appunto, per una morte migliore consiglia l'uso della dormia* (*Sconfitti sul campo*, Milano 1982, p. 74). C.

**drondóna,** sf. (laziale: Roma, anche nella variante *dondróna*). 'Meretrice', 'donna grassa e sfatta'.

È probabilmente dal ritornello *dron dron* di una canzone contro le donne, che trova una precisa corrispondenza nel francese *dondon* 'badalona, donna grossa' [Trompeo 1950]. C.

**dròśa,** sf. (piemontese; valdostano; lombardo; ticinese, in Val Bregaglia: *dralz*; ladino centrale, in Val di Fassa: *dròuśa*). 'Ontano alpino, *Alnus viridis* D.C.'; in alcuni luoghi lombardi (*šdrös̆*) e ticinesi (*dros*) designa anche il 'rododendro, *Rhododendron hirsutum* e *ferrugineum*'.

Da una voce prelatina **drausa* 'ontano di monte', diffusa nei dialetti alpini, tedeschi e romanzi. L'estensione del nome da 'ontano' a 'rododendro' è, forse, dovuta al fatto che quest'ultimo cresce tra gli ontani [Pedrotti-Bertoldi 1930; REW; DEI s.v. *drosa*; REWS].

P. MARTINI: *Se il Signore ci voleva bene, avevo detto una volta a Don Giuseppe, perché non ci aveva fatti nascere in un paese un po' più comodo? Un luogo senza vipere e sassi da batterci gli stinchi e drose da scorticare il muso gli ho detto, adesso che ricordo* (*Il fondo del sacco*, Bellinzona 1970, p. 24). C.

**drovà,** v. (lombardo con varianti; veneto: *doparare*; romagnolo: *druvè*). 'Usare casualmente'.

Accezione ristretta di un verbo, 'adoperare', nota anche all'italiano antico e dialettalmente usata specialmente nella frase-tipo 'vòltati, donna, che ti adopero', che sarebbe il ruvido invito a soddisfare il debito coniugale, rivolto dal contadino alla moglie; uno degli innumerevoli spunti di satira del villano [Cortelazzo 1994]. C.

**drü,** agg. (piemontese; brigasco; ligure: *drüu*; lombardo, a Como: *drud*). 'Robusto, che cresce bene'.

Dal francese *dru* 'forte, ben nutrito' da una base gallica **drūto-* 'forte' [FEW]. C.

**drùa,** sf. (laziale: Amaseno). 'Donna dall'andatura svelta'.

Dal nome (*drua* o *truta*) della 'spola, navetta', voce diffusa dalla Romagna al Gargano e, anticamente, fino alla Sicilia, probabilmente di origine slava (*druga* 'fuso per raddoppiare o ritorcere il filo'), forse attraverso il greco, se non risale direttamente al greco *trôa* 'filo' [REW; REWS; EWUG]. C.

**druśiàna,** sf. (toscano), 'vecchia arcigna', 'donna sciatta e scostumata', anche *truśiàna*; (istrioto, a Rovigno: *druśiàna*), 'amante', 'donna sciatta'; nel veneto di Chioggia *druśiàna* ha il significato traslato di 'ammasso di nuvole a forma di lana arruffata, indicanti pioggia se nere, vento se bianche' e nel Polesine *drośana* si riferisce a 'stato del cielo cosparso di nuvole alte; cielo tra nuvoloso e sereno'.

Dal nome proprio *Drusiana*, personaggio del *Bovo d'Antona* e dei *Reali di Francia*, rapita al marito, il re Ma(r)cabruno, da Bovo che l'ama e ne è riamato [Migliorini 1927; Prati 1968].

L. VIANI: *Ti abbiamo fatto, quel che le drusiane di cinquant'anni fanno da se medesime; ti abbiamo pitturato di minio, ti abbiamo colorito di fuori, ma tu, benché onesto, eri marcio di dentro* (cit. in GDLI IV 1012). M.

**dśòvar,** agg. (romagnolo). 'Detto di colui che avendo intrapreso un lavoro non può mai terminarlo perché deve accudire ad altre faccende'.

Letteralmente 'fuori opera', da *dis* prefisso e *ovra* 'opera' [Ercolani 1971]. M.

**dsùtal,** agg. (romagnolo). 'Obeso', che fa fatica a muoversi.

«Si tratta evidentemente di un cambiamento di significato del vocabolo *disutile*» [Ercolani 1994]. C.

**dùaba,** sf. (friulano occidentale: Erto, anche *dhùaba*). 'Giovedì'.

Dal latino **jovia* 'giovedì'; gli esiti *d* / *dh* sono sviluppi di *j* (*d* è succedaneo di *dh*). Dipendono da **jovia* varie altre forme dialettali come, ad esempio, il friulano centrale *ioibe*, il veneto *śióba* [REW]. M.

**dubbràri,** v. (siciliano; calabrese centromeridionale). 'Zappare la terra intorno alle radici di una pianta, rincalzare la terra; arare o zappare un terreno una seconda volta'.

Dal francese antico *dobler* di analogo significato, a sua volta dal latino *duplāre* [FEW; Rohlfs 1977a]. M.

**dubregà,** v. (lombardo: Val Chiavenna). 'Piegare (in due)', al figurato 'piegare, domare', come nel *dubighé* di Oleggio e nel piacentino *dopigàs* 'piegarsi, arrendersi'.

Dal latino *duplicāre* 'raddoppiare' con diversi riflessi in tutti i dialetti romanzi [REW; REWS]. C.

**duccàra,** sf. (siciliano, con varianti). 'Fico selvatico, caprifico'.

Voce di origine araba, da *dukkār* 'albero maschio', 'fico selvaggio' [DEI ss.vv. *duccara* e *tàgara*; Pellegrini 1972]. M.

**ducéssa,** sf. (siciliano). 'Sedia a bracciuoli imbottita, poltrona'.
Prestito dal francese *duchesse* 'sorta di poltrona letto', introdotto con la moda del mobilio di stile francese [VES]. M.

**duchè,** nella locuz. *a duchè* (sardo logudorese). 'A punta, dicesi del modo come le donne si abbigliano il velo in testa'.
Dallo spagnolo colloquiale *duque* 'piega che le donne fanno al manto' [DES]. M.

**ducimìa,** sf. (calabrese). 'Dolcezza perfino eccessiva'.
Da *dùce* 'dolce'.
G. OCCHIATO: *Tra le friscanze dei boschi di faghi e di castagnare, da una parte, e la ducimìa infatata di quelle acque limpide* (*Carasace*, Cosenza 1989, p. 239). C.

**dùḍḍa,** sf. (siciliano). 'Mora di rovo, frutto del *Rubus fructicosus* L.'.
Dall'arabo *tūta*, *tūt*, 'specie di mora piccola e bianca, *Morus alba*' [DEI; Pellegrini 1972; Piccitto 1977]. M.

**duléc,** sm. (emiliano: anche *doléc*; lombardo: *deléc*, *dléc*). 'Strutto'.
Dal latino *delĭquium* nel senso tardo di 'liquefazione, struggimento', derivato dal verbo *deliquēscĕre* 'sciogliersi, liquefarsi' [REW; REWS]. C.

**dumadòra,** sf. (romagnolo). «Biroccino agile per cavalli veloci; biroccino dalle lunghe stanghe, usato per domare cavalli» (Ercolani 1971): → *dòma*.
Letteralmente 'domatrice', derivato dal dialettale *dumèr* 'domare'. M.

**dunàiru,** sm. (siciliano). 'Passatempo',
Dallo spagnolo *donaire* 'grazia; arguzia, burla' [Beccaria 1968; Michel 1996]. M.

**duneà,** v. (friulano; ladino centrale, a Cortina d'Ampezzo: *doṇià*). 'Corteggiare, divertirsi'.
Il verbo, già noto come *deniarse* in veneziano antico col senso di 'divertirsi', proviene dal provenzale antico *donnejar*, un derivato da *donna*, che ha dato anche l'italiano antico *donneare* 'corteggiare' [Bezzola 1925]. C.

**dunèl,** sm. (lombardo). 'Coniglio', 'porcellino d'India'.
Dal latino *dŏm(i)nus* 'signore', al diminutivo, come nei nomi paralleli della *donnola* [REWS]. C.

**dunżèl,** sm. (romagnolo). 'Servente di magistrati' e poi 'usciere del municipio'.
Voce propria dell'italiano antico (*donzello*), presa dal provenzale *donzel*, derivato a sua volta dal latino *domnicĕllus* 'padroncino'.
F. SERANTINI: *Poi si volse al suonatore di trombone, che era donzello nel Comune, gli accennò di salire sul palcoscenico e il poveraccio ubbidì come un automa* (*Il fucile di Papa della Genga*, Milano 1974, p. 29). C.

**dùpru,** sm. (calabrese: Polistena), «matrimonio doppio fra due fratelli d'una famiglia e due sorelle dell'altra famiglia, oppure tra un fratello e una sorella con un fratello e una sorella dell'altra famiglia» (Laruffa 1986); (calabrese, a Catanzaro: *dubbru*), «matrimonio doppio tra parenti» (Rohlfs 1977): → *canciatèra*.
Letteralmente 'doppio'. In calabrese si chiama anche *canciùrru*, *cangiùrru* (dal dialettale *càngiu* 'cambio') il matrimonio tra un maschio e una femmina di una famiglia con la sorella e il fratello di un'altra [DEI; Rohlfs 1977]. M.

**dùra!,** escl. (trentino). 'Polenta!'.
Letteralmente 'dura', è il «segnale del pranzo per i boscaioli, che amano che nella polenta la farina sia abbondante, con poca acqua, altrimenti, se non è dura, non sazia» (Tomasini 1989). M.

**dùrbu,** sm. (siciliano, anche *turbu* [DEI]). 'Platano', in talune località anche 'olmo'.
Dall'arabo *dulb* 'albero d'alto fusto, platano', passato ad indicare il 'ricino' a Nicosia (*drubbi*) per una certa somiglianza delle foglie [DEI ss.vv. *durbo, turbo*; Pellegrini 1972; Piccitto 1977]. M.

**durmì a la bela stèila,** locuz. verb. (piemontese; lombardo: *dormì ai stele*; friulano: *durmì a la biele stele*). 'Dormire all'aperto'.
Dal francese *coucher à la belle étoile* [Nardin 1976]. C.

**durmìr da pè,** locuz. (emiliano: modenese), 'essere da meno degli altri, essere meno furbi'; (laziale, a Monte San Giovanni Campano: *dermì da piede*), 'non volersi intromettere, non volerne sapere'.
Queste ed altre locuzioni simili si spiegano con «l'usanza non remota di far dormire i più piccini nel letto dei fratelli maggiori» (Neri 1981), ai piedi del letto, quindi, in condizione inferiore. C.

**dvànda,** sf. (romagnolo, anche *dvenda*, *dbenda*, *buvanda*). «Vino e acqua insieme» (Quondamatteo 1982).
Varianti dialettali dell'italiano *bevanda*.
M. MORETTI: *È diventata cattiva anche lei, è acre e petulante con Remo, gli diminuisce i soldi dello spillatico, lo esaspera, vuol fare economia: le bottiglie nere della cagnina sono sostituite con le bottiglie verdoline della* bevanda, *che è il semplice vinello fatto con la graspe* (*Romanzi della mia terra*, Milano 1961, p. 91). M.

# E

**èbba,** sf. (sardo logudorese, nel campidanese: *ègua*). 'Cavalla'.

Rara continuazione del latino *equa* 'cavalla'; la forma campidanese ha subito l'influsso del catalano *egua*. Nella località di Sènnori si usa anche il maschile *ébbu* 'cavallo' che non dipende da *equus* ma è innovazione locale rifatta sul femminile [REW; DES]. M.

**èca,** sf. (friulano). 'Porca, aiuola', anche *jèca, jèche*.

Dallo sloveno *leha* col medesimo significato; il termine friulano, noto specie nella fascia sud-occidentale, rappresenta probabilmente un relitto della ricolonizzazione slava (nel basso medioevo) di terre friulane abbandonate in seguito alle incursioni barbariche; si riconduce alla stessa voce slovena anche il veneto giuliano *leca* 'pantano' [Zamboni 1973]. M.

**ecce-ómu,** sm. (romagnolo), 'si dice di chi pare un povero Cristo, in disordine per il vestiario, o per essere stato colto da un acquazzone o per aver attraversato strade impantanate'; (calabrese meridionale, ad Antonimina: *cce-ómu*), 'spaventapasseri'.

Riflessi dotti e semidotti del latino *ecce-homo*, con riferimento all'effigie di Cristo flagellato e coronato di spine; anche in italiano è nota l'espressione latina per designare una 'persona malconcia, in brutte condizioni' [Rohlfs 1977; Quondamatteo 1982]. M.

**ecciacuórvo,** agg. (campano: Napoli). 'Avido di guadagno; ruffiano, furbo, astuto', anche *acciacuórvo*.

Dallo spagnolo *echacuervos* 'ingannatore' [Beccaria 1968]. M.

**edìcola,** sf. (veneto giuliano, a Trieste). 'La sporgenza vetrata della finestra che permette di guardare in strada senza prender freddo'.

Dall'italiano *edicola* ma con diverso significato [Doria 1987]. M.

**efèsios,** nella locuz. avverb. *ad-* (siciliano). 'Avventatamente, a casaccio, alla carlona', anche *ad èfesi, ad èfesu*.

Dallo spagnolo *adefesio* 'sproposito, stravaganza' [DEI s.v. *ad efèsios*; Piccitto 1977]. M.

**èlbi,** sm. (emiliano, anche *àjb*; lombardo, nel mantovano: *albi*). 'Alveare'.

Dal latino *alvĕus* e *albĕus* che tra i vari significati ha anche quello di 'alveare' (→ *àrbi*) [LEI]. M.

**èlio,** agg. (trentino, in Val di Rendena e Non: anche *àliu, àli*). 'Troppo secco (detto del fieno)': → *àlido*.

Dal latino *arĭdus* [Tomasini 1989]. M.

**embrenà,** agg. (trentino). 'Impettito, sostenuto, impennato'.

Dall'espressione *cavàl embrenà*, che si dice di un 'cavallo che solleva in alto le zampe davanti impennandosi'. Sembrerebbe 'tirato con la briglia (*bréna*)', distante, comunque, dal formalmente, ma non semanticamente, simile *imbranà(to)* (→ *mbranà*); la presenza nelle valli di Non e di Sole del verbo *embrenàrse* (noto anche nel trentino roveretano) rende plausibile l'ipotesi che si tratti della dialettalizzazione dell'italiano *impennarsi*, sia pure influenzato da *bréna*. C.

**émbro,** sm. (veneto, nel trevigiano), 'zolla erbosa'; (veneto, nel feltrino *lémbro*; friulano: *némbri* e friulano occidentale: *lémbre*) 'prato, cotenna erbosa'.

Probabili riflessi del latino *lĭmbus* 'orlo' con *r* anorganica, piuttosto che derivati di *limen, -ĭnis* 'soglia, limite'. Rappresentano significati traslati l'espressione del veneto feltrino *cambiàr lémbro* 'mutare aspetto' e la parola del veneto della Valsugana *lémbro* 'vitalità, nerbo, aspetto fiorente di vacca' che farebbe pensare invece ad una derivazione da *membrum* [Pellegrini 1977a]. M.

**ème,** sm. (veneto giuliano, nel triestino). 'Sciocco, grullo'.

Da *em(m)e* lettera dell'alfabeto, iniziale della parola → *móna*. Un camuffamento di *ème* è dato dal termine *èmental* anch'esso triestino nel senso di 'sciocco' [Doria 1987]. M.

**énca,** sf. (veneto: veneziano, anche *lénca*). «Ritroso, raddoppiamento della rete o cestella, ridotto a un'entratura strettissima a guisa d'imbuto per la quale i pesci, una volta entrati, non trovano più la via per tornare indietro» (Boerio 1856).

La voce si ritiene riconducibile ad un gotico **ankia* 'tubo, cannello' che ha continuatori in area galloromanza, attraverso una forma gotica **inka*, o antico alto tedesca *encha*, nel senso di 'imbuto, strettoia'. Una precedente ipotesi etimologica derivava questa parola dal greco *(en)chéō* 'versare dentro'. Quanto all'etimo germanico, va osservato che vi sono altri esempi di penetrazione di tale filone nella terminologia peschereccia italiana [Cortelazzo 1970; Zamboni 1974]. M.

**endàjechë,** sf. (pugliese, anche *andàjca, andòichë*), 'via stretta, viottola di campagna'; (pugliese, a Minervino: *andéichë*), 'esteso e profondo fosso pieno di acqua'.

Propriamente "[via] antica", sono riflessi del latino *antīquus* 'antico'; nel latino medievale dei documenti baresi sono documentate le forme *via antica* (1083), *bia antica, antiqua* [DEI s.v. *antica*; LEI]. M.

**endègolo,** sm. (veneto, nel veneziano). 'Pretesto, scusa, sotterfugio', anche *endègola* sf., e *dègola*: *catàr fora de le endègole* o *dei endègoli* 'cavillare'; *andégola* del bergamasco segnalato da DEI manca a Tiraboschi 1873 e 1879.

Dal latino *indicŭlum* (da *index, -ĭcis* 'indice, indicatore') [Boerio 1856; DEI]. M.

**énfula,** sf. (corso). 'Infero', che si colloca vicino ai toponimi elbani *Enfola, Enfora, Infola*, nei quali il primitivo significato non è più sentito.

Dal neutro plurale latino *infera (loca)* '(luoghi) che si trovano sotto' [Sabbadini 1919-20; DEI; Rohlfs 1979]. C.

**engaréllu,** sm. (laziale: Ascrea). 'Piccolo giovenco (*jénche*)', al femminile *jengarèlla*.

Dal latino *iuvencus* 'giovenco, torello' [Fanti 1940]. C.

**(e)nghizzà,** v. (calabrese), 'azzeccare, cogliere nel segno; dell'ago, entrare nella cruna'; (veneto istriano, a Pirano: *anghiŝàr*), 'doppiare una punta di terra, oltrepassare, sorpassare'; (veneto, a Chioggia: *anghiŝare*), 'zoppicare, procedere ancheggiando'.

Dal greco *enghízō* 'accostarsi, avvicinare', vivo ancora nelle isole grecofone della Calabria e del Salento col significato di 'toccare, bisognare' [Doria 1978a; Cortelazzo 1985; Valente 1993 e 1995]. C.

**èngia,** sf. nella espress. *avé e' mèl dl'èngia* (romagnolo, nel riminese). «Avere il vizio di rubacchiare; poca cosa, s'intende: una gallina, una fascina, un cesto d'uva»; si dice anche *avé e' vizie dl'èngia, avé agl'engi lènghi* (Quondamatteo 1982).

Le espressioni corrispondono rispettivamente a 'avere il mal dell'unghia', 'avere il vizio dell'unghia' e 'avere le unghie lunghe' (*èngia* è l'esito romagnolo del latino *ungŭla*) e ad esse era connessa una superstizione secondo la quale non si dovevano tagliare le unghie al neonato prima di un anno dalla nascita, perché da adulto non diventasse ladro. M.

**enroŝadìra,** sf. (ladino centrale). 'Fenomeno caratteristico delle Dolomiti che al tramonto si colorano di rosa, per passare poi gradatamente al violetto'.

Voce derivata da *roŝa* '(colore) rosa'.

C. GOVONI: *Benedetta dai pensieri arditi / delle tue Dolomiti / che s'incendian di rosa / nell'ora santa dell'enrosadira / alla Sicilia che d'amor delira!* (cit. in GDLI V 165). M.

**enseneghìr,** v. (trentino), 'dimagrire; intristire'; (campano, nel napoletano: *assenecarse, assenenchirse*), «ridursi allo stremo, svenarsi; stentare» (Salzano 1979); (sardo logudorese: *assenegare*), 'farsi annoso (degli alberi), invecchiare (dell'uomo)'.

Dal latino *sĕnex, -ece*, nella forma del parlato **senicus* 'vecchio' da cui derivano anche *arscinà* e *rasinò* 'vecchio' del ladino centrale (gardenese e comelicano rispettivamente); in sardo logudorese vi è l'agg. *sèneghe* 'attempato' (*ómine ŝèneghe* 'uomo attempato') che dipende da *sĕnex, -ece* [Tagliavini 1944; DEI; DES; REWS]. M.

**entà,** v. (emiliano, anche *eintà*; piemontese: *enté, anté*). 'Innestare un albero'.

Alla base di queste voci c'è il latino parlato **imputāre* 'innestare' adattamento del greco *emphytéuein* di analogo significato, tra i cui continuatori, che sono diffusi in area galloromanza, vi è il francese *enter* dal quale, secondo un'ipotesi, potrebbe dipendere direttamente il piemontese. Altri derivati sono il piemontese *enta*, l'emiliano *antén, antìn*, il lombardo (nel mantovano) *antìn*, il friulano *entìn* che designano l'"innesto", e il lombardo (nel bresciano) *entù* 'prosperoso' [AIS; REW; DEI s.v. *intàr*; FEW; REWS]. M.

**én tòc per un la ciàve del vòlt,** locuz. (trentino). 'Le cariche politiche vogliono l'avvicendamento'.

Letteralmente 'una volta per uno la chiave della cantina ('volto')', modo proverbiale in uso anche nelle valli di Non e di Sole (*en bòt per un la clào del vòot*) e nel Roveretano (*en pez per um la chiave del volt*). C.

**ënturìi,** v. (brigasco). 'Lasciare che le pecore perdano il latte, cessando di darlo agli agnelli'.

Letteralmente 'intorire', cioè diventare *tòra*, come è chiamato l'animale privo di latte. C.

**épeta,** sf. (ligure: Noli), 'numero fisso annuale per calcolare lo stato della luna in qualsiasi giorno dell'anno'; (veneto, a Grado: *pata*), 'giorni di buon tempo'; usata specialmente nelle locuzioni *far le pate* (veneto: Treviso) 'trarre gli auspici per i vari mesi dell'anno', *tirà la patta* (marchigiano: Camerino) 'misurare il tempo con un computo speciale e complicato, in cui i contadini sono abilissimi', → *truvà la patta, racca pëzzà la patta* (laziale) 'trovare il filo d'un affare, il nodo di una questione', *iga la pata 'nvèrsa* (lombardo: Crema) 'avere la luna per traverso', 'essere imbrociato': → *fā sü r paìta*.

Adattamento dialettale di *epatta*, i 'giorni che si aggiungono all'anno lunare per pareggiarlo con quello solare'; il numero è calcolato abilmente dai contadini per conoscere quando fa la luna; di qui anche le locuzioni opposte *non retrouà mai la patta* (ad Alatri), *nu rutruvà la patta* (a Ferentino) 'non raccapezzarsi' [Belli 1927-29; Cortelazzo 1969]. C.

**epìstola,** nella locuz. *arristàri d'epìstola* (siciliano). 'Non venire a capo, non poter conseguire, restar deluso nella speranza'; vale anche «essere impedito sul più bel del fare e non procedere più avanti» (Traina 1868).

Dal latino *epĭstola*, quella parte della Messa recitata dal sacerdote o cantata dal suddiacono prima del Vangelo, tolta per lo più dalle Epistole degli Apostoli. M.

**èra,** sf. (salentino, anche *àjere*; pugliese, ad Alberobello: *àjrë*). 'Luglio'.

Trasposizione del significato di 'aia' (dal latino *ārea*), dove in luglio si procede alla trebbiatura, secondo l'analogo passaggio avvenuto nel greco *hálōn*, che vale tanto 'aia', quanto 'luglio'. Anche in sardo il mese di 'luglio' è denominato *mès e argiòlas* (con varianti) 'mese dell'aia', dal diminutivo latino *areŏla* [DES; LEI]. C.

**èrba ciunèra,** locuz. sostant. (lombardo: Valtellina). 'Pianticella erbacea annuale delle *Portulacacee*'

Letteralmente 'erba da scrofe' (*ciùni*), chiamata analogamente altrove ad esempio *borcàcchia* (laziale), *prucàcchië* (calabrese settentrionale) cioè 'porcacchia', *porcellana* (come in toscano), ecc. per una interpretazione a posteriori del nome latino *portulaca* (e poi *portlaca, porclaca, portacla, porcacla*), che è egualmente legata a *porcus*, ma nel senso di 'sesso femminile', perché ritenuta favorevole contro i mali della matrice [AIS]. C.

**èrba da la féver,** locuz. (trentino), 'agrimonia, fràgola selvatica, *Agrimonia Eupatoria* L.'; (lombardo: *erba de la fever terzan-na*), 'erba per la febbre intermittente'.

La denominazione si riferisce alla proprietà medicinale della pianta, usata come rimedio contro la febbre, mentre altri nomi la indicano come pianta efficace per altri mali, come la tosse [Penzig 1924; Pedrotti-Bertoldi 1930]. C.

**érba d'amór,** locuz. sostant. (romagnolo: Montefeltro). «Pianta non molto alta, che si trova copiosa anche fra il grano. Le ragazze se ne servivano per misurare il bene, o no, del moroso, secondo il rituale che segue. Le foglioline venivano pestate a colpi di unghia, poi arrotolate e, di nuovo distese, poste per breve tempo sul braccio o sulla gamba nuda, pronunciando questi versi: *Erba* *d'amór / s't'um vò bein fam un fiór, / s't'um vò mèl / fam una bòja* (bolla) *cum un buchèl* (boccale). L'innamorata, se andava bene, se la cavava con un 'fiore' rosso sulla pelle, ma se andava male (perché teneva a lungo applicata la foglia, o perché di pelle sensibile), si procurava ampie e dolorose bolle dovute all'azione vescicante della pianta» (Quondamatteo 1982).

Letteralmente 'erba d'amore'. Nel bolognese la stessa pianta, cioè l'erba canterella, è detta *érba ed Sant'Ambrous* e la si adopera per oroscopi amorosi «applicandone con un colpetto della mano una foglia sul dorso dell'altra mano o su di un braccio, e recitando la filastrocca: *Erba ed Sant'Ambrous / La brusa com fa al sòul / la brusa com fa al laggn / Se al mi mròus am vol ban / Ai ha d'avanzer al saggn*, e più rimaneva arrossata la pelle più si riteneva ardente il bene dell'amoroso» (Menarini 1982); in tal caso "erba di Sant'Ambrogio" è denominazione paretimologica basata sull'effetto urticante (*bruša*, cioè 'brucia') della pianta. M.

**èrba de la Scensióne,** locuz. sostant. (toscano). 'Piccola pianta con foglioline oblunghe e grasse che nasce nei luoghi sassosi'.

Così chiamata perché la «mattina dell'Ascensione si raccolgono alcune di queste piantine con le radici, e si appendono nella camera da letto al chiodo che regge un'immagine sacra. Se la piantina seguita a vegetare per due o tre mesi, fino ad emettere dei fiorellini bianchi, è di buon augurio, mentre se avvizzisce e secca, è di cattivo auspicio» (Cocci 1956). Così anche a Pisa (*èrba dell'Ascensióne*): «erba che il popolo coglie la mattina dell'Ascensione, prima della levata del sole per appenderla in casa a immagini sacre, dove si mantiene fresca e fa, dopo qualche giorno, fiorellini bianchi di quattro pètali. Se còlta dopo la levata del sole, si crede che seccherà presto. A S. Giul.[iano] c'è la credenza che, se l'erba dell'Ascensione non fiorisce in casa entro quaranta giorni, morirà uno della famiglia» (Malagoli 1939). C.

**èrba de sànta polónia,** locuz. sostant. (veneto: Verona). 'Giusquiamo, *Hysciamus niger* L.'.

Letteralmente 'erba di sant'Apollonia', così chiamata perché si crede che il fumo del frutto maturo in combustione, aspirato, attutisca il mal di denti; di qui la dedica alla Santa, che si venera come protettrice dei denti [Garbini 1920]. M.

**érba di gàt,** locuz. sostant. (romagnolo). 'Valeriana'.

Letteralmente 'erba di gatto', è così chiamata perché il suo odore attrae i gatti, in particolare quando pulita e lavata si secca all'ombra e si conserva per le sue proprietà medicinali [Quondamatteo 1982, s.v. *valerièna*]. M.

**èrba dla mèża nòta,** locuz. (romagnolo). 'I muschi ed i licheni che crescono ove non batte il sole'.

Letteralmente 'erba della mezzanotte'. M.

**èrba dl'invìgia,** locuz. sostant. (romagnolo: Ravenna). 'Tre specie di piante, usate per combattere gli effetti malefici del malocchio'.

Letteralmente, 'erba dell'invidia'. «Per provare l'entità del malocchio, di cui era stato colpito un adulto, lo si faceva pisciare per tre mattine di seguito su una "piantindomina", cioè su una pianta di *Verbascus mas*; e, se questa si seccava, l'invidiato si liberava del malefizio e guariva, altrimenti ... moriva» (Ercolani 1971). C.

**èrba d'san Roc,** locuz. sostant. (romagnolo). 'Achillea, millefoglio'.

Letteralmente: 'erba di San Rocco'. Pianta emostatica che prende il nome da San Rocco, di Montpellier, pellegrino (morto nel 1327), considerato, specie dopo il concilio di Costanza, protettore della peste e dei contagi; l'identificazione della pianta non è però proprio pacifica [Migliorini 1927; Valente 1995]. C.

**èrba du bambéin,** locuz. sostant. (ligure: Oneglia). 'Borraccina, *Hypnum sericeum* Schimp.'.

Dall'uso che di questo muschio si fa nella preparazione del presepio col (Gesù) *Bambino*. Lo conferma un altro suo nome, l'abruzzese (Aquila) *erba déjju pressépiu*. C.

**èrba e béntu,** sf. (sardo logudorese, nel campidanese *erbiéntu*; campano, nel napoletano: *erva de viento*; siciliano: *erva di ventu*, a Pantelleria: *erbe ventu*). 'Parietaria, erba vetriola, *Parietaria officinalis* L.'.

Letteralmente "erba del vento"; la denominazione ricorda quella greca moderna dialettale *anemóchorton* 'piantaggine' ma propriamente 'erba del vento' [DEI s.v. *èrba di vènto*; DES; Rohlfs 1964]. M.

**èrba lavandàia,** locuz. sostant. (toscano: Pistoia). «Erba a cui si attribuivano poteri magico-terapeutici, usata per *levare* (o *lavare*) le → *paùre*. Veniva raccolta nel mese di giugno, per S. Giovanni, e poi messa a seccare. Una volta seccata veniva fatta bollire con l'olio benedetto (*ulivo benedito*). L'acqua così ottenuta serviva a lavare chi aveva avuto una *paura* o chi era rimasto particolarmente scosso da un evento» (Gori-Lucarelli 1984).

Da *lavare* nel senso di 'toglier via'. C.

**èrba straginàta,** sf. (umbro, nel perugino). «Verdura lessata e poi ricotta in padella con aglio e olio» (Catanelli 1970).

Letteralmente 'erba trascinata', composto col part. pass. del dialettale *straginà* (anche *traginà*) 'trascinare'. M.

**èrba tarpisèra,** locuz. sostant. (piemontese, con varianti). 'Stramonio, *Datura stramonium* L.'.

Da *talpa* (*tarpisèra*, *trapisèra* in dialetto), animale allontanato dall'odore di questa erba o che morirebbe, rodendone le radici, come mostrano molte altre denominazioni simili, sia italiane (friulano *erba di farc*, → *farc*), sia di altre lingue, romanze (catalano *taupera*, francese *herbe à la taupe*) e non (tedesco *Multerkraut*) [FEW; Pellegrini-Zamboni 1982]. C.

**èrba terèsta,** locuz. sostant. (lombardo: Milano; *erba terèstra* a Brescia, come in piemontese, a S. Damiano). 'Sorta di erba, che nasce nei luoghi ombrosi, *Glechoma hederacea* L.'.

Dal latino *ĕdera terrĕstris*, che ha avuto molti continuatori, soprattutto in Francia [FEW]. C.

**erbétta,** sf. (umbro; laziale; abruzzese; romagnolo: *li erbèti* come sm. plur.; marchigiano, anche *erbétte* sf. plur.). 'Prezzemolo'.

Diminutivo di *erba* con specializzazione di significato; con cambio di suffisso si hanno il lombardo *erborina* e sm. *erborìn*. Il pavese *arbulént*, *erbulént* e il piemontese *arburènt* che designano sempre il prezzemolo, corrispondono a 'erba olente' [AIS; DEI s.v. *arbolènto*; Galli 1965; REWS; Gribaudo-Seglie 1972-75]. M.

**èrboo a pìbbre,** sm. (ligure: Genova). 'Albero della nave di un solo fuso, senza interruzione di gabbie'.

Dal francese *mât à pible*, letteralmente 'albero a verga', dove *pible* rappresenta un latino **pīpula* 'zuffoletto' [FEW]. C.

**erbospìn,** sm. (ligure occidentale: Mentone). 'Biancospino'.

Dal latino parlato **albispīnus*, *-a* 'biancospino' continuato in area galloromanza (francese *aubépine*, provenzale *albespí*) ma anche in area abruzzese e molisana *albaspina* sf. [FEW; DEI s.v. *albispino*; Giammarco 1985]. M.

**èrcule,** nella locuz. *far èrcule* (trentino). 'Far di tutto per riuscire in qualcosa'.

Letteralmente 'fare l'Ercole', cioè l'uomo forte e robusto per antonomasia, il cui nome è riflesso anche nel veneto valsuganotto *volerghe le èrcole* 'ci vogliono gli argani' e nel romanesco *ercolino, arcolino* 'giovanetto dalle gambe larghe o torte' incontratosi con *arco*. A Venezia si chiamavano *forze d'Ercole* (o *forze dei Nicoloti e dei Castelani*) «certi spettacoli di forza e di destrezza, quasi a foggia de' gladiatori, che le due fazioni rivali in Venezia sotto il nome di Nicoloti e Castelani facevano pubblicamente ai tempi della cessata Repubblica» (Boerio 1856) [Migliorini 1927].

G. CIVININI: *Passarono un po' d'anni, Beltà cresceva, e veniva su tarchiata e muscolosa; non brutta, ma con le spalle quadre, le gambe un po' ercoline, i capelli rossicci duri e crespi, la mascella forte, la fronte aggrottata, una grinta proprio malandrina* (*Trattoria di paese*, Milano 1938, p. 74). M.

**èrghe el bséto,** locuz. (veneto: Polesine). 'Avere l'argento vivo addosso'.

Letteralmente 'avere il bisciolino', con allusione all'irrequietezza e ai rapidi contorcimenti dei serpentelli. C.

**èrghe la pulgàna,** locuz. (veneto: Polesine). 'Stare poco bene, essere svogliati, non avere voglia di muoversi'.

Probabilmente ha il senso letterale di 'avere la *polegana*', parola veneta d'incerta etimologia, che significa 'lentezza', 'flemma' [Prati 1968]. C.

**èrlo,** sm. (piemontese). 'Smergo, *Mergus marganser*', 'maschio dell'anatra'; come agg. 'altezzoso, impettito, baldanzoso, bullo'; nella locuzione *fé l'erlo* 'alzare la cresta'.

Il Nigra 1901 pensava al latino *(h)ĕrulus* 'padroncino' (diminutivo di *(h)ĕrus* 'padrone'), ma la presenza del francese *herle* 'uccello palmipede' di origine sconosciuta, diffuso nei territori vicini al Piemonte, rendono più plausibile un accatto dai dialetti francesi [Nigra 1901; FEW XXI 246; Baldinger 1988; Valente 1993]. C.

**èrma o lètra,** locuz. (romagnolo, a Rimini). «Lo stemma della moneta o la parte scritta. Ovvero il dritto o il rovescio nel gioco detto testa o croce; una moneta viene gettata in aria e, caduta, o ripresa con la mano, stabilisce chi vince e chi perde dal lato che mostra» (Quondamatteo 1982).

Letteralmente 'arma (stemma) o lettera'. M.

**èrmi,** sf. plur. (romagnolo). «I due manifesti listati a lutto – recanti soltanto il nome e l'età del defunto – che si pongono sul feretro durante il trasporto funebre» (Quondamatteo 1982).

Letteralmente 'armi' nella accezione particolare di 'stemma', che ha altre applicazioni nei dialetti di Romagna: *agl'j èrmi ad san Franzès-c* 'le tibie incrociate con il teschio in mezzo' ('lo stemma di san Francesco'), *èrma dla tu ca'* (offensivo) 'le corna' ('lo stemma della tua casa'). C.

**ernàta,** sf. (marchigiano: piceno). 'Baia che si dà alla fidanzata lasciata dal fidanzato per sposare un'altra'.

Dai rami di edera (*ernu*) cosparsi sulla strada che dalla casa della mancata sposa va a quella del novello sposo, anche se l'*ellerata* nei paesi marchigiani è piuttosto un segno di festa nel giorno del matrimonio [Bustacchi-Nardi 1958]. C.

**èrpeg,** sm. (emiliano, anche *rèpeg* e varianti). 'Incubo'.

La denominazione vale letteralmente 'erpice' e si connette verosimilmente a qualche credenza o superstizione popolare secondo cui l'incubo sarebbe dovuto ad un folletto, una strega o altro essere fantastico malvagio che farebbe scorrere un erpice sul petto della persona cui vorrebbe procurare angoscia. Un utile confronto semantico si può fare, ad esempio, con l'inglese *to harrow* o col francese *harceler* che significano tanto 'erpicare' quanto 'tormentare, inquietare' [Flechia 1876: 9, 11; Cappello 1957]. M.

**èrpico,** sm. (toscano, nel versiliese; ligure; piemontese; lombardo: *èrpec, erpi*; trentino: *èrpic*; veneto: *èrpego*; emiliano occidenale: *rèpeg*). 'Erpice'.

Dal latino parlato **hirpicāre* 'erpicare' attraverso un deverbale **èrpico*, forma riconoscibile anche nel napoletano *orpecóne* (in Salzano 1979 *orpécone*) 'aratro', parola desueta. Altre forme deverbali sono rappresentate ad esempio nel veneto da *àrpega, ràpega* sf., anche suffissate come *ropegara*, dal dialettale *arpegàr, rapegàr*, da **hirpicāre* [AIS; DEI s.v. *orpecóne*; Pellegrini-Marcato 1988]. M.

**érramu,** agg. (siciliano; calabrese). 'Vagabondo, miserrimo, dappoco', anche *érrimu*, e nel solo siciliano *ércamu, lércamu, lérramu*.

Esclusa, per le difficoltà che offre, l'ipotesi di un'origine araba, è comunemente accettata la provenienza dal greco *érēmos* 'solitario, abbandonato', con verosimile influsso di *errare*, ma restano oscure le varianti *ércamu, lérramu, lércamu* [Rohlfs 1977; VES]. M.

**erva bbiànca,** sf. (siciliano). 'Amarella *Artemisia vulgaris*, assenzio: *Artemisia absinthium*; abrotano: *Artemisia abrotonum*; artemisia arborea: *Artemisia arborescens*', anche *erva iànca*.

Letteralmente 'erba bianca' perché è pianta dai rami biancastri a causa della fitta peluria. Il tipo 'erba bianca' è attribuito, del resto, a varie specie di artemisia in Piemonte, Lombardia, Toscana, Campania e Calabria.

G. VERGA: *Allora successe un momento di silenzio, e compare Vanni, per finirla, andò a riempire tre bicchieri di erbabianca* (*I Malavoglia*, Milano 1947, p. 302). – G. BONAVIRI: *Dopo un poco arrivammo, sfiatando a bocca aperta, lassù, e sentimmo Turi che diceva: – Calate la schiena. Volete che ci vedano? Ci acquattammo in mezzo ai cespugli di erbabianca, assieme agli altri* (*Il fiume di pietra*, Torino 1979, p. 11). M.

**érza,** sf. (corso). 'Calcagno'.

Non sta per *alzo*, che, come termine proprio dei calzolai, è il «pezzo di cuoio che si mette tra la forma e la tomaia» (Salvioni 1916a), ma per *bérza*, che è nome antico (lo usa anche Dante *Inf.* XVIII 37-38: «Ahi come facean lor levare le berze / a le prime percosse!» del 'calcagno'. La presenza del tedesco *Ferse* 'calcagno' rende plausibile l'ipotesi della provenienza germanica della voce. C.

**èsare in donżelón,** locuz. (veneto: chioggiotto). 'Di ragazza, essere da marito'.

Da *donżelón*, l''indumento femminile indossato dalla donna nubile (*donżèla*)': «No ti sa che co una putta xe granda, se ghe fa el donzelon; e che co la gh'ha el donzelon, xe segno che i soi i la vuol maridare» (C. Goldoni, *Le baruffe chiozzotte* I 1; la sua definizione: «Dicesi che una figlia è in *donzelon*, quando è in età da marito, e si veste con qualche differenza da quelle che non lo sono» è stata ripresa letteralmente dal Boerio 1856). C.

**ès-cia,** sf. (lombardo settentrionale; ligure occidentale:

*às-cia*; corso: *asca*, *àscia*; toscano, nel senese: *lasca*; laziale: *àschia*; molisano: *àscola*; campano: *asca*, *ašca*; pugliese: *aschë*; salentino: *asca*, *ašca*; calabrese: *asca*, *ašca*; siciliano: *asca*, *jàsca*; sardo: *ascra*, *ascia*). 'Scheggia di legno'.

Dal latino *assŭla* 'scheggia' che confluisce, con la variante volgare *astŭla*, nel latino tardo *ascla*, base dei dialettismi italoromanzi [DEI s.v. *àschia*; LEI]. M.

**èse abadà,** locuz. (ladino centrale: ampezzano). 'Essere ascoltato e seguito, godere di considerazione'.

Da *abadà* 'badare' nel senso di 'dar retta'. C.

**èse al Jubedòmine,** locuz. (piemontese). 'Essere agli sgoccioli', 'essere in fin di vita'.

«Versicolo cantato dai confratelli in coro nel mattutino, il quale viene appunto dopo i salmi e verso la fine del medesimo» (Prato 1910): → *giubbedòmmene*. C.

**ése al piàn di(i) bàbi,** locuz. (piemontese; lombardo). 'Essere in miseria, essere ridotto a mal partito', cui corrisponde il ligure-piemontese (Gavi Ligure) *ése ai piais di babii* 'essere a terra, allo stesso punto'.

Letteralmente 'essere al piano dei rospi' (dal latino *bab(b)ulus*, che significa, però, solo 'stolto, inetto' dall'iniziale onomatopeico infantile *bab-* 'labbro'), come a dire 'essere a terra' [Cortelazzo 1982a; LEI].

G. FALDELLA: *E poi che prudenza amministrativa incominciare una esposizione universale con uno sciopero di fiaccherai! Lasciare tutta l'Europa, l'America, l'Asia, la Papuasia, le quattro o cinque parti del mondo, che siano, a piedi, per terra, o, come si dice (così rincarava il sindaco), al piano dei rospi!* (*A Vienna. Gita con il lapis*, Genova 1983, p. 125). C.

**ése án léimbu,** locuz. (ligure-piemontese: Novi L.). 'Essere o rimanere al buio'.

*Léimbu* è detto un 'luogo oscuro, senza luce', come anche in Valsesia (*limbu*), ed è residuo della predicazione sulla situazione del 'limbo'. C.

**èse da r'agasènta,** locuz. (ladino centrale: ampezzano). 'Essere stanco morto, sfinito dalla fatica'.

Come l'analogo *èse da l'òio santo*, propriamente significa 'essere in punto di morte', quando si asperge la salma d'acqua santa (*agasènta*) o si dà l'estrema unzione al moribondo. C.

**èser en nasiòn,** locuz. (lombardo: mantovano; emiliano, a Modena: *stèr in nasiòun*). 'Essere sul punto di partorire'. Per estensione agli animali (bachi): 'stare per nascere'.

Dalla locuzione semidotta *essere in azione* 'travaglio di parto', che si ritrova anche nel piemontese *ese an asion*. Restano da chiarire i rapporti di questa locuzione con il settentrionale *nasión* 'nazione, nascita'. C.

**èser in dòe,** locuz. (veneto, nel veneziano; veneto giuliano, nel triestino: *èser in doghe*, a Pirano: *andàr in doghe*). 'Essere malmesso, fisicamente distrutto'.

Dalle *doghe* di cui son fatte le botti e i mastelli, attraverso l'immagine della botte o mastello che si sfascia; nel veneto giuliano (Capodistria) si dice *èser in doc* con influsso di → *doc* [Doria 1987]. M.

**èsëtë,** sf. (abruzzese; corso: *àscita* e *èscitu* sm.; siciliano: *nèscitu* sm.). 'Diarrea, sterco'.

Dal latino *exĭtus* 'uscita, esito'; corrispondono ad 'uscita, uscito' (da *uscire*, latino *exīre*) il toscano *uscito* sm., il calabrese *asciti*, l'abruzzese *scitë*, il corso *escitu* sm. con analogo significato [DEI; REWS]. M.

**èsr in flòra,** locuz. (emiliano). 'Essere in ottimo stato di fortuna o di salute'.

Adattamento del latino *in flōre*, propriamente 'in fiore' e figuratamente 'in florido stato'. C.

**èsse a l'abrativo,** locuz. (ligure: spezzino), 'essere in bolletta'; (lombardo, a Voghera: *ès a l'ablatüv*), 'essere in miseria'.

Come l'italiano famigliare *ridotto all'ablativo* 'ridotto all'estremo, senza alcuna risorsa', espressione dotta, coniata da chi sa che l'ablativo (*ablativus*) è, nell'insegnamento scolastico del latino, l'ultimo dei casi nominali [LEI]. C.

**èsse àlli sgróndi,** locuz. (toscano: pistoiese). 'Essere alla fine'.

Lo *sgróndo* è l''ultimo residuo di liquido in un recipiente', per cui la locuzione è perfettamente simile a quella più diffusa *essere agli sgoccioli*. In quanto alla sua origine, *sgróndo* è deverbale di *sgrondàre* 'sgocciolare', come fa spesso l'acqua da una *grónda* [DEI]. C.

**èsse dëlla chiavétta,** locuz. (laziale). 'Detto di cosa molto buona o molto cattiva': *chéštë pane è dëlla chiavétta*, che corrisponde molto bene a *quello de la chjaétta*, cioè al vino della miglior qualità del maceratese, detto altrove nelle Marche *vi della chiavetta*.

Da *chiave*, cioè roba da tenere sotto chiave. C.

**èsse na pàga spagnòla,** locuz. (lunigianese). 'Essere restio a pagare i debiti'.

Certo dall'opinione che gli Spagnoli siano particolarmente tirchi, come si deduce dal genovese *spagnollo* 'avaro'. C.

**èsse più de' lapi,** locuz. (toscano meridionale). 'Essere di una famiglia numerosa'.

L'immagine è tratta dallo sciame di api (*lapi*, al singolare *lapa* con la *l-* iniziale dell'articolo unita al nome). C.

**ésule e filiève,** locuz. (veneto: Chioggia). 'Solo e spiantato'.

Dal latino *exules filii Evae* del *Salve Regina* [Beccaria 1993]. C.

**etichèta,** sf. (romagnolo, nel riminese). 'Dissapore, contrasto, rapporto teso fra due persone: *fra chi do u j è un po' d'etichèta*'.

Dall'italiano *etichetta* nel senso di 'formalità' [Quondamatteo 1982]. M.

**evitànte,** agg. (campano: San Mango sul Calore). «Attaccabrighe, elemento da cui è bene tenersi lontano» (De Blasi 1991).

Da *evitare*. M.

# F

**fa a sandë Lëciië,** locuz. (lucano: Castelmezzano). 'Giocare a mosca cieca'.

Letteralmente 'fare santa Lucia', cioè la cieca, perché, secondo la popolare leggenda, nata dal suo nome (vicino a *luce*), alla vergine siracusana furono asportati gli occhi. Alla stessa motivazione si deve il nome toscano (Montale) *santelucìe* plur. 'occhi'. Dalla credenza infantile che la coccinella abbia gli occhi ciechi dipendono denominazioni di questo insetto quali *santalucìa* (toscano), *sandä lucìä* (molisano), *sanda lucì* (pugliese, nel foggiano); la stessa ragione onomasiologica è all'origine del nome *marìa orba* di area veneta e trentina. Nel toscano amiatino *santalucìa* designa invece «una specie di ragno con gambe lunghe e sottilissime» (Fatini 1953) [AIS; DEI ss.vv. *(santa)lucia* e *santelucìe*]. C.

**faccatòtu,** sm. (calabrese: anche *facchitotu*). 'Chi fa tutto, chi si ingerisce in tutto nelle cose altrui, faccendone'.

Riflesso dialettale del latinismo *factotum*. In Umbria, a Magione, è chiamato *factòto (n fè tanto l factòto* 'non fare tanto l'impiccione') e nell'Orvietano *facchitòta*, ma un'eventuale, rara versione plurale (*fac tota*) non è sostenuta da altri esempi [Rohlfs 1977]. M.

**facchìle,** sm. (sardo logudorese, *faccili* in sardo campidanese). 'Maschera di panno, che si metteva all'asino destinato a girare intorno alla macina del grano o al torchio delle olive', col verbo *infacchilàre* (in campidanese *infaccilài*) 'mettere questa maschera' e, per estensione, 'imbacuccare'.

Da *fache* (e, rispettivamente, *facci*) 'faccia', dal latino *facĭes* [DES]. C.

**fàccia da bbiribbìsse,** locuz. (laziale: Roma). 'Brutta faccia'. Così il Belli: *faccia da bbiribbisse stommicosa*, son. 114, e *senza la faccia sua da bbiribbisse*, son. 2242. Analogamente in siciliano *quarta figùra di lu bbiribbissu* 'persona brutta o mal messa'.

Dalle rozze figure dipinte sulla tavoletta del gioco d'azzardo dei biribissi [LEI]. C.

**fàccia dë cuscìnë,** locuz. (calabrese; campano, in Irpinia: *fàccia de cuscino*). 'Federa'.

Letteralmente 'faccia di cuscino' [DEI]. M.

**fàcci di pìpa,** locuz. (siciliano). 'Viso stretto, incavato, col mento aguzzo'.

Immagine suggerita dalle facce artigianalmente incise in vecchie pipe, diffusa in tutta Italia [Alfieri 1980].

V. Brancati: *Talvolta gli uomini di genio sono brutti. Potrebbe anche avere una faccia di pipa* (cit. in GDLI XIII 534). C.

**facécchia,** sf. (campano: Napoli; calabrese: *faucìcchia*; siciliano: *faucìgghia*). 'Piccola falce', 'falcetto'; in particolare la 'falce messoria' (anche dall'accrescitivo *facigghiùni* in calabrese e *faucigghiùni* in siciliano).

Dal latino *falcicŭla*, diminutivo di *falx* 'falce' (rappresentato altresì nel piemontese *fausìja* 'falce fienaia', oltre che nel dominio galloromanzo) [DEI; FEW]. C.

**fa cèsa,** locuz. (laziale; calabrese: *fare cesìna*). 'Fare strage, fracassare tutto' (ad Amaseno: *fa' cèsa netta*).

Dal latino *caēsa* '(colpo di) taglio', dal participio passato del v. *caēdere* 'tagliare, abbattere' e poi anche 'uccidere, fare strage' [Rohlfs 1977]. C.

**facétula,** sf. (pugliese; campano; abruzzese; molisano; lucano; calabrese: con numerose varianti), 'beccafico'; (umbro: *ficìtola*), 'pispolone'.

Dal latino *ficēdula*, probabilmente da *ficētum* 'luogo piantato a fichi', dei cui frutti l'uccello è ghiotto [REW; REWS; Rohlfs 1977].

R. Nigro: *s'era fatto tardi, le ficetole chiassavano da ore sulle punte dei faggi* (*I fuochi del Basento*, Milano 1987, p. 100). C.

**fàchere su crùmpiu,** locuz. (sardo centrale). 'Fare la visita di condoglianza nella casa di un morto'.

Letteralmente 'compiere il proprio dovere', dando a *crùmpiu* il senso etimologico di 'compiuto' dal verbo *cròmpere*, in latino *complēre* [DES]. C.

**fa cridà panecuóttë,** locuz. (laziale: Castro dei Volsci). 'Far urlare per il dolore'.

Alla lettera, 'far gridare panecotto', cioè gridare che il pane è cotto ed è, quindi, necessario accorrere per toglierlo dal forno, perché non bruci [Vignoli 1911]. C.

**facùssa,** sm. (sardo campidanese: Sulcis). 'Specie di cetriolo allungato'.

Dall'arabo magrebino *faqqus* 'cetriolo d'una specie molto allungata', voce probabilmente penetrata nella Sardegna meridionale per tramite dei Tabarchini di Carloforte e Calasetta [DES]. M.

**fàda,** sf. (lombardo meridionale; emiliano; veneto: veronese). 'Grosso rospo'.

Letteralmente *fata*, sia in senso buono, sia in quello cattivo di 'strega'. È vero che talvolta la *fada* è considerata un animale utile, perché assorbe tutti i veleni delle erbe cattive, ma il confronto con altre denominazioni simili fa ritenere che il rospo sia generalmente ritenuto nocivo e pericoloso [Flechia 1878; Plomteux 1965]. C.

**fadàbi,** sm. (emiliano, con le varianti *fadapi*, *fiadabel*, *fialappo*). 'Caprimulgo, succiacapre' (in Valvestino *mataflapa*)'.

Nomi tutti riconducibili a un latino parlato **fatapulus*, da *fata*, che in alcuni dialetti è il nome del rospo (→ *fàda*), col quale l'uccello si identifica, con un suffisso diminutivo o spregiativo [Flechia 1878; REW; REWS]. C.

**fa e' grót,** locuz. (romagnolo). 'Si dice del pulcino implume o della gallina, con poche penne' ed anche della 'donna che in segno di lutto si avvolge il capo con un fazzoletto nero'.

Partendo da *grót*, *crót* 'freddoloso', 'malaticcio', 'indisposto' (lombardo *crot*, veneto *crot*, *gròtolo*, romagnolo *grot*) si arriva facilmente al latino *aegrōtus* 'ammalato', 'infermo', trasmesso per via dotta [DEI s.v. *crotto*; LEI]. C.

**fa el fraiól,** locuz. (marchigiano: Urbino). 'Trascinare le ali penzoloni', detto di polli malati, «perché il pennuto che sta male alza le penne, specie del collo, a modo di cappa, cioè di ferraiolo» (Aurati 1983).

Letteralmente 'fare il ferraiolo' → *far tabar(o)*, perfettamente corrispondente alla metafora veneta *far tabàro* [Prati 1968]. C.

**fa e' tèrna fèn,** locuz. (romagnolo). 'Muovere mari e monti per raggiungere lo scopo desiderato'.

Da leggersi 'fare l'eterna fine', quella a cui aspiravano tutti i buoni cristiani (Foschi 1973), ma l'Ercolani 1994 legge, invece, *fè tèrn e fén* 'fare termine e fine', due voci che non di rado si vedono accostate (A. CARO: «A Roma non pongo io termine o fine»). C.

**fàgghia[1],** sf. (calabrese; abruzzese: *fàglia*; campano: *fàglia*, *fràglia*). 'Faggiola, frutto del faggio'.

Dal latino parlato **fagālia* di analogo significato secondo il DEI (ma è necessario supporre una ritrazione dell'accento), mentre in REWS si considerano derivati sia da questa base che da **fagŭla* 'faggiola' [REW; DEI s.v. *fàglia*]. M.

**fàgghja[2],** nella locuz. *jìri a fàgghja* (calabrese: Polistena). 'Ingrassare'.

Letteralmente 'andare a *fàgghja*' che in dialetto è la 'faggina, seme di faggio' (dal latino *fagŭla*); l'espressione si deve al fatto che i maiali portati nei faggeti a mangiare la faggina tornano ingrassati [Laruffa 1986]. M.

**fàia,** sf. (veneto; trentino), 'covone; gregna, unione di molti covoni o manipoli di biade che si legano in fasci, mannello di frumento; fastello di fieno', anche *fàgia*; (friulano: *fale*), 'fiaccola; manipolo di paglia ardente'; (veneto, nel bellunese: *fàia*), 'fiammifero' (ma è voce isolata).

Dal latino *facŭla* 'torcia', da cui i vari significati traslati come 'fascio' e 'mannello' [Pellegrini 1979; Pellegrini-Marcato 1992: 439]. M.

**faiànca,** nella locuz. avverb. *di faiànca* (siciliano). 'Di fianco, lateralmente'.

Dallo spagnolo *fayanca* 'posizione in bilico del corpo' [DEI; Piccitto 1985; Michel 1996]. M.

**fajènza,** nella locuz. *bbella fajènza!* (calabrese: Polistena). 'Bella roba! Che robaccia', si dice pure in senso figurato di 'persona poco raccomandabile' (lucano: *fajènzë* sf.) 'cosa brutta e spregevole'.

È una espressione che presenta una strana deviazione semantica di una denominazione in origine positiva da ricondurre al toponimo *Faenza*, luogo noto per la produzione di ceramiche; il significato di 'maiolica, porcellana' di *fajènza*, *faènza* (sf.) si è conservato in altre zone calabresi [Rohlfs 1977; Laruffa 1986]. M.

**faìna,** sf. (sardo). 'Faccenda, lavoro'.

Dal catalano *faina*, *feina* con lo stesso significato; si notino anche *fainéri* 'lavoratore', *isfainadu*, *sfainàu* 'ozioso, fannullone', *affainare* 'affacendarsi', corrispondenti al catalano *fainer*, *feiner*, *desfeinat* e *afainar*. Quanto al logudorese *fainéri* 'ozioso, vagabondo' non è in rapporto col precedente, ma con i verbi *fainare* (nuorese) 'non far nulla, vagabondare', *fainà* (sassarese) 'sfaccendare' connessi con *va(g)àre* 'vagare' con possibile influsso di *isfainadu* 'ozioso' [DES]. M.

**faità,** agg. (piemontese). 'Detto della pelle delle mani ruvida e screpolata per il lavoro o per il freddo', che si accompagna ai modi *l'à la péli faità* (Borgomanero) 'ha fatto il callo, si è abituato' e in Lombardia, a Voghera, *avèg ra pèel fajtà* 'avere la pelle resistente'.

Propriamente si riferisce alla 'pelle conciata', da un latino parlato **affactāre* 'preparare' e poi 'conciare', specificazione propria dell'occitanico e del ligure con propaggini lombarde [LEI] C.

**fàjtë,** sm. (abruzzese e molisano; siciliano: *fàit(t)i*). 'Pugno'.

Dall'inglese *fight* 'combattimento'. «Voce entrata nell'uso al tempo dei primi rientri dall'emigrazione negli USA» (Bagnoli 1990). In siciliano è entrato anche nel suo significato proprio di 'lotta, zuffa' (*fàitta*) e in abruzzese è in uso il derivato *faitaròlë* 'pugno di ferro'. C.

**fajunżàrë,** sm. (molisano: Bagnoli). 'Venditore ambulante di terraglie'.

Dal nome comune (*faénza*, → *fajènza*) delle ceramiche, fabbricate originariamente a *Faenza*. C.

**fa la culmà,** locuz. (lombardo, con la variante *curmà*). 'Finire i lavori di campagna'.

Estensione del significato originario: festa dei muratori, quando la costruzione arriva al tetto (*cùlam del tac'* 'colmo del tetto') (→ *curmarôi*). C.

**fa la fiṡica,** locuz. (piemontese; lombardo). 'Fare sedute spiritiche', 'fare il malocchio'.

Interpretazione popolare dell'attività un po' misteriosa dei *fisici*, cioè i 'medici del passato'.

P. LEVI: *C'erano stati due o tre scioperi, e il padrone non aveva fatto neanche una piega perché tanto le commesse erano magre. Allora era venuto fuori la proposta di fargli la fisica* (*La chiave a stella*, in *Opere*, II, Torino 1988, p. 9). C.

**fa la gàbola,** locuz. (marchigiano: Montemontanaro). 'Fare a testa e croce'.

Uso particolare di *càbala* [Balducci 1989]. C.

**falàmpi,** sm. (ligure). 'Spaccone, chi racconta frottole'.

Letteralmente 'fare lampada', cioè 'fare chiaro' nel senso di 'far colpo, fare impressione (raccontando storia straordinaria)' [Plomteux 1975]. C.

**fa la patomìna,** locuz. (umbro: Orvieto). 'Lusingare'.

Letteralmente 'fare la pantomima', che a Spello (*pantumina*) particolarmente significa 'gesticolio insistente e fastidioso allo scopo di ottenere la soddisfazione di un desiderio'. Analoghe espressioni a Perugia. C.

**fa la polìtiga,** locuz. (marchigiano: Jesi). «Cercare di cattivarsi i benefici di qualcuno, ruffianarsi» (Urieli 1979).

Interpretazione popolare dell'azione di 'fare la politica'. C.

**fa la rótta,** locuz. (marchigiano). 'Aprire un passaggio tra la neve'.

Dal latino *rŭpta* (*via*) 'strada aperta' (già in latino classico esisteva l'espressione *viam* o *iter rŭmpere*), originariamente nel bosco. Nel caso specifico di 'via aperta tra la neve' è nota anche ad altri dialetti italiani: Poschiavo e

Valsugana *róta*, bergamasco *röta*, bolognese *rata*, abruzzese *rottë* [FEW]. C.

**fa l'avarsìria,** locuz. (romagnolo). 'Si dice del tempo, quando fa il matto'. In faentino *fè* o *parè la varsìria* vale 'imperversare', 'saltare e dibattersi, come uno spiritato'.

Corrisponde a 'fare il diavolo', riconoscendo nell'*avarsìria* la *versiera* dell'italiano, la 'strega infernale', letteralmente l''avversaria' personificazione, come molte altre, di fenomeni atmosferici, identificati con esseri mitici. C.

**falchèr,** sm. (veneto, anche *falcàr(o)*; ladino-veneto, nell'Agordino: *faucér*; ladino centrale: *faucè*, *faucià*, *fucèr*; friulano: *falciâr*; piemontese: *falchée*). 'Manico della falce'.

Dal latino tardo *falcāriu(m)* con lo stesso significato [AIS; REW; DEI; Pellegrini-Marcato 1988]. M.

**fa 'l collàro,** locuz. (marchigiano: Jesi; a Macerata: *fa' lu collarì*). 'Si dice dell'oste o del lattaio, che non riempie completamente il bicchiere o il vaso'.

Propriamente 'collare'. C.

**falèc',** sm. (lombardo: anche *farlèt*; ticinese). 'Strame per la lettiera degli animali da stalla'.

Da tradurre 'far letto', secondo la popolare definizione di *letto*, che si dà alla 'lettiera' della stalla. C.

**fa le fàrże,** locuz. (umbro: Spello). 'Fingere, simulare'.

Da *farsa*, intesa come 'rappresentazione falsa'. C.

**fa lège i Vangèli,** locuz. (marchigiano: Jesi). «Far recitare preghiere e lettere sopra un bambino malato, o che ha avuto una grande paura, o che non ha appetito: lo si faceva anche per cacciare gli animali nocivi o da una casa o da una piantagione» (Urieli 1979).

Allargamento del significato di *vangeli* a 'preghiere' in genere. C.

**fa lé lùte,** locuz. (marchigiano: Ancona). 'Sudar sangue, far grandi penitenze e miracoli per farsi perdonare o ben volere'; a Macerata: 'cantare, recitare, danzare, ecc. egregiamente'.

Quest'ultimo significato corrisponde anche letteralmente alla locuzione italiana *far scintille*, *fare faville*; infatti, in marchigiano *lute* vale 'scintille' C.

**fa le marzàte,** locuz. (toscano: Chiusi). 'Matteggiare'.

La persona, che matteggia, è come il mese di *marzo*, da cui ci si possono aspettare le più imprevedibili giornate. C.

**fa lë perdùnë,** locuz. (laziale). 'Gironzolare intorno a un luogo', anche *fa gli perdùni*.

In senso proprio 'fare i perdoni (di san Francesco)', recandosi in una chiesa dell'ordine francescano per ottenere la prevista indulgenza plenaria [Vignoli 1911 e 1926]. C.

**fa le pùrge,** locuz. (umbro: Spello). «Sottrarre denaro dalle tasche di qualcuno un po' alla volta in modo che non se ne accorga» (Pasquini 1993).

Significato diverso da quello usuale italiano *fare le pulci*, da interpretarsi con le altre locuzioni affini, ma meno comuni, *cercare* o *contare le pulci in casa a qualcuno*. C.

**falét,** sm. (friulano; corso: *filéttu*, *filétta*; salentino: *filittu* con varianti). 'Felce'.

Dal latino *felictum* 'felceto', un derivato di *felix*, genit. *felicis*, 'felce' [Rohlfs 1956; Mastrelli 1985: 239]. C.

**fa 'l feraóst,** locuz. (lombardo: Valtellina). 'Festeggiare con un pranzo la conclusione di un lavoro importante'.

Estensione del significato originario di 'fare il *ferragosto*', che, oltre alla festa di metà agosto, era anche quella «speciale festa che si faceva con gli operai quando veniva installata la trave di colma su una costruzione», detta anche *culmìgna* (Bianchini 1994) e in ticinese (Val Verzasca) *feraóst*, e *feraùst* in genere in Lombardia [LEI]. C.

**fa lla góglia,** locuz. (toscano: Grosseto). 'Essere superbo di qualche cosa)'.

Letteralmente 'fare la guglia', dal latino *acūcula* 'ago piccolo, sottile', in uso figurato, con irregolare sviluppo di *ū* [LEI]. C.

**fa lla scrìtta,** locuz. (toscano: Pistoia). 'Fare il resoconto, fare una descrizione estremamente particolareggiata'. Invece a Cortona è 'fissare il podere, firmare il patto colonico di un podere'.

Dall'uso della relazione *scritta*, passata anche al racconto orale. C.

**fallèga,** sf. (calabrese meridionale; siciliano: *falleca*, anche *fralleca*, *faḍḍega*). «Sponderuola curva, che serve per piallare le estremità delle botti internamente per farvi la capruggine» (Rohlfs 1977).

Le voci risalgono verosimilmente all'arabo *ḫálaq* 'lisciare, pulire' che sta alla base dello spagnolo *ḫafalegar*, catalano *afalegar* 'carezzare' [DEI; Corominas]. M.

**fallóne,** sm. (laziale; umbro). 'Schiacciata confezionata con la farina di granoturco'.

Se, come pare, è accrescitivo di *fàllo* 'membro virile' (e molte altre denominazioni di pani e dolci casarecci stanno a confermarlo), occorre pensare che la forma originaria fosse diversa dall'attuale [Ugolini 1988-89]. C.

**fa lu somàru, la somàra,** locuz. (marchigiano: Macerata). «Così era chiamato, non però per ischerzo o scherno, il parente o la parente o, in mancanza, l'amico che alla vigilia di Natale portava doni, per incarico del fidanzato, alla fidanzata di costui. I doni consistevano in castagne, noci, arance e fichi secchi. Lei, la fidanzata, grata del servizio, donava a chi aveva fatto "lu somàru" o "la somàra" galline oppure capponi» (Ginobili 1963).

Dal *somàru*, come animale da soma. C.

**faméa,** sf. (ladino centrale: cadorino e ampezzano). 'Insieme di bambini' in senso collettivo: *èse come ra faméa* 'essere come i bambini' oppure, in senso individuale, *èse come na faméa* 'essere come un bambino'.

Accezione particolare del termine generico 'famiglia'. C.

**famélicu,** agg. (siciliano, con varianti). 'Schizzinoso nel mangiare', 'gracile, debole, indisposto', 'bisbetico, di umore strano', fino al *famércu* di Pantelleria 'sterile, improduttivo' (detto di terreno).

Dal latino *famēlicus* 'affamato' [Tropea 1988: LIX]. C.

**fàmen de su 'attu,** locuz. (sardo: logudorese). 'Detto di «persona che ha sempre voglia di mangiare e che non si sazia mai e non la smette di chiedere il cibo con insistenza»' (Ruju 1987).

Alla lettera, 'fame (dal latino parlato **famen*) del gatto'. C.

**fàmene,** sm. (sardo centrale). 'Fame', anche *fàmine*.

Da un neutro latino **fămen*, parallelo di *fămis*, come mostra il genere maschile; diverso, quindi, dal → *famìna* piemontese [DES]. C.

**fàmigu,** sm. (sardo logudorese). 'Foruncolo alla radice della lingua dei bovini'.

Dal latino *fāmex*, *-ĭcis* 'ammaccatura, flemmone', conservato con questo significato tecnico solo in sardo; in altri dialetti italiani designa il 'fiosso del piede o della scarpa', cioè la parte incavata della pianta del piede, o la parte più stretta della scarpa vicino al calcagno (siciliano *fàmicia*, calabrese *fàmicia*, *fàmici*, salentino *fàmece*, abruzzese *fàmëcë*, campano *fàmmëcë*, marchigiano *fàmicia*, a Urbino *fammic'*, romagnolo *fams*, umbro *fàmm(e)ce*); il REWS riconduce a questa base anche il trentino *sfals* 'concavità della suola' ma la presenza di *-l-* depone quantomeno per un incrocio con '*(s)falsare*' [REW; DEI s.v. *fàmice*; DES]. M.

**fa mìna,** locuz. (lombardo: Milano). 'Far vista'.

Dal francese *mine* 'apparenza naturale del viso', penetrato nei dialetti italiani: piemontese e lombardo *mina*, emiliano (a Bologna) *méina* [Dardi 1992]. C.

**famìna,** sf. (piemontese). 'Carestia, fame, penuria di viveri'.

Voce di area galloromanza, dal latino *fămine*, proveniente da *fămis* (al genitivo *făminis*, come altri nomi in *-is*), parallelo del classico *fămes*, con attrazione del suffisso *-īna* [FEW].

A. G. CAGNA: *le donniciuole nella fatuità del loro cervello stremato, anemico per famina ereditaria, si commovevano al cospetto di quel povero santo macilento, tribolato* (*Alpinisti ciabattoni*, Torino 1972, p. 28). C.

**fàna,** sf. (toscano: pistoiese). 'Faggiola, frutto del faggio'.

Dal latino parlato **fagĭna* 'faggiola'. Altre voci designanti la 'faggiola' dipendono invece da diverse basi latine: dal latino tardo *fagīna* deriva l'italiano *faggina*, il calabrese *fajina*, *faghina*, dal latino *fagĕa* il piemontese *fràgia*, *fàgia*, *faža*, il lombardo *fàgia*, *fraža*, il ladino centrale (Ampezzano) *šfäja*, l'emiliano (Coli) *faža*, il friulano *fäe*, il siciliano (nel messinese) *fraza* a sua volta dal galloitalico (Novara, S. Fratello) *fraža*, *freža* [REW; DEI; REWS; Rohlfs 1977a; Pellegrini-Zamboni 1982]. M.

**fa na calàta,** locuz. (laziale; abruzzese). 'Peggiorare di salute', 'invecchiare'.

*Calata (éllu sòle)* è, propriamente, il 'tramonto', cioè la 'discesa' del sole, così come dell'energia dell'uomo. C.

**fanatìsom,** sm. (romagnolo). 'Ansietà, ansia; entusiasmo'; *fanàtic* agg. 'ansioso, fanatico'.

Corrispondono all'italiano *fanatismo* e *fanatico* [Ercolani 1971]. M.

**fànnu,** sm. (salentino, anche *sciànnu*, *nfannu*). 'Sciarrano, serrano epato, *Paracentropristis hepatus* L.'.

Dal greco (per il DEI dal greco bizantino) *chánnos*, nome di un pesce di mare [DEI s.v. *fanno*; Palombi-Santarelli 1961; Rohlfs 1956 e 1968: 233]. M.

**fanóji,** sm. (campano: Salerno), 'ceppo natalizio'; (pugliese: *fanója*, *fanójë*), 'falò'.

Dal greco *phanós* 'fuoco con grande fiamma'. Stessa origine ha il siciliano *fanu* 'fanale, lanterna', 'fuoco con grande fiamma; fiaccola' e *faní* (plur.) erano i fuochi che si facevano sulle torri del litorale di Sicilia per dare segnali [Rohlfs 1964 e 1977a].

V. CONSOLO: *I fani sulle torri della costa erano rossi e verdi, vacillavano e languivano, riapparivano vivaci* (*Il sorriso dell'ignoto marinaio*, Torino 1987, p. 3). C.

**fantàt,** sm. (friulano). 'Giovane, giovanotto', sf. *fantate*.

Derivato di *fant* 'famiglio, messo del magistrato, cursore', dal lat. *infāns, -antis*, come l'italiano *fante*, col suffisso *-àt*. M.

**fantìn,** sm. (ligure). 'Scapolo' (e sf. *fantìn-a* 'ragazza da maritare').

Da *fante* 'ragazzo, fanciullo' con una specializzazione di significato ristretta alla Liguria e di qui passata anche in Corsica ed in Grecia [Plomteux 1975]. C.

**fantinéta,** sf. (brigasco). «Listello di legno sagomato del balcone alpino» (Massajoli-Moriani 1991).

Diminutivo di *fantìna*, che genericamente vale 'figura', ma propriamente 'bambina', femminile di *fantìn* (= 'piccolo fante'). C.

**fa 'o sissànta,** locuz. (campano: Napoli). 'Profittare della situazione', e *sissànta* 'speculazione'.

Dall'anno 1860, quando furono allontanati i Borboni. Un altro ricordo dell'avvenimento si coglie nel sostantivo calabrese (a San Giovanni in Fiore) *sissànta* 'parapiglia, caos, rivolgimento popolare'. C.

**fa paràda,** locuz. (ladino-veneto, nell'Agordino). «Botti che usavano fare in onore degli sposi la sera precedente il matrimonio» (Rossi 1992).

Letteralmente 'fare *parada*', dal verbo del dialetto locale *parà(r)* 'cacciare, spingere' (→ *paràre*). M.

**fapèle,** sm. (veneto; friulano: *fapèls*; emiliano, a Parma: *fapèla*). 'Chi ingaggia militari'.

Dalla locuzione *far pèle* 'fare pelle', «far raunata di persone; ma noi intendiamo procacciarle con industria per far brigata o compagnia» (Boerio 1856) [Cortelazzo 1986]. C.

**fàra,** sf. (friulano occidentale: Barcis). 'Famiglia immigrata; podere; villaggio'.

Conservazione eccezionale dell'originario valore di appellativo della parola longobarda *fara* 'spedizione militare', successivamente 'insediamento con scopi militari di Longobardi', infine 'piccolo nucleo demografico e fondiario', ampiamente testimoniata nella toponomastica italiana (*Fara*, *Farra*). Come appellativo si può trovare poi nella penisola balcanica nell'indicazione di 'stirpe, popolo, nazione' forse introdotto dai Longobardi stessi o prestito dall'Italia [Nuovo Pirona 1935; REW]. M.

**farajòlo,** sm. (marchigiano: Jesi; a Fano: *frajulìna*). 'Mantello a ruota per adulti'.

Come l'italiano *ferraiolo*, dal latino *palliolum* 'piccolo pallio (*pallium*)', passato attraverso l'arabo *feryûl*. Il nome si conserva grazie al riferimento *quando i sorci portava 'l ferrajòlo* (a Fano: *roba de quand i sorc purtaven la frajulina!*) per alludere a tempi remoti e, in sostanza, rozzi. C.

**far bèrna,** locuz. (veneto: veronese). 'Marinare la scuola'.

Il significato primitivo e, certo, precedente 'vegliare gavazzando tutta la notte' dà la chiave per individuare la sfera d'uso (ambiente di gerganti) e risalire al significato originario di 'far notte': *berna*, infatti, non solo nel gergo veronese, ma anche in quello di alcuni gerghi di mestiere veneti, indica la 'notte', ed è nota ai dialetti settentrionali e al toscano [Bondardo 1986].

G. CARRETTO: *E noi, che a far berna a scuola, non avevamo pensato mai, anche perché saremmo stati puniti tremendamente da famiglie ben poco disposte ad accettare trasgressioni in materia, facemmo conto che qualche sera si sarebbe potuto saltare* (*Via Muro Lungo 22 Verona*, Milano 1994, p. 22). C.

**farc,** sm. (friulano). 'Talpa'.

Deriva verosimilmente da una voce ascrivibile al filone longobardo in una forma **farh(a)* sulla base dell'antico alto tedesco *far(a)h* 'porco', cfr. tedesco *Ferkel*, con un passaggio semantico da 'porco' a 'talpa' anche in relazione al grufolare. Dal termine *farc*, tipico del Friuli, dove ha soppiantato quasi interamente il latino *talpa*, i derivati *farcadize*, *fàrcie*, *farcàrie* e simili 'cumulo di terra sollevato dalla talpa nello scavare gallerie sotterranee' [Pellegrini 1983a]. M.

**fardiàri**, (siciliano). 'Nevicare'.

Da *farda* 'pezzo, brandello', italiano *falda*; cfr. l'espressione *falda di neve* e romagnolo *felda d nev*. *Fardiari* è analogo, come motivazione onomasiologica, al siciliano *strazziàri* 'nevicare' da *strazzu* 'straccio'; cfr. mantovano *vègnar so la nev come i stras*, trevigiano *nèvega a stràze* (*straza* 'straccio'), parmigiano *neva larga cme i straz* 'neve gagliarda' e *nvar a zel strazà* 'nevicare molto', genovese *a strasoin* 'a gran falde (riferito alla neve)', ed inoltre per 'fiocco di neve' *cingiùne* (vastese) da *ciànge* 'cencio', *pataràs* (piemontese) anche 'cencio', *blac d nev* (romagnolo), *blac* 'straccio', *nvèr a bléc* 'nevicare a fiocchi', *vnì żo la nev in ti blec* 'cadere la neve a fiocca a fiocca' [Lazzari 1919]. M.

**far diègo (diègo),** locuz. (toscana: a Pisa anche *fa' gghiégo*). 'Detto delle gambe che si piegano per paura, debolezza o altro'.

Locuzione meno diffusa di *far giacomo giacomo*, sorta in ambienti, dove era nota l'equivalenza fra l'italiano *Giacomo* e lo spagnolo *Diego*. C.

**fàre a ccinccattòcca,** locuz. (salentino: Cellino S. Marco). 'Comportarsi esageratamente rispetto alla situazione reale'.

Letteralmente, 'fare a più che tocchi', 'più di quanto tocchi' [Fanciullo 1973]. C.

**fare àmmola,** locuz. (campano, nel napoletano, anche *fare àmbola*; romagnolo: *far tàmbula*). 'Andar via, scappare'.

Dal latino evangelico *(surge) et ambula* 'alzati e cammina' [Rocco 1891; DEI s.v. *àmmola* e *tàmbula*]. M.

**fà(re) cóme él derfino,** locuz. (toscano: isola d'Elba; in versiliese: *cóme il dolfino*). 'Mettere gli altri nei guai e poi eclissarsi': → *nderfinu*.

Il paragone nasce, come racconta un affabulatore elbano, Sandro Foresi, da una vecchia credenza, la quale «dice che il delfino porti i tonni in tonnara eppoi se la fili. Il delfino, ruzzone e bricconcellaccio, approfitterebbe, per sollazzo, del corto cervello del tonno per fargli atroce beffa. Appena il delfino ha assicurato i tonni nella camera della morte salta la bara e se ne va fischiettando, cioè soffiando, compiaciuto della bravura. Così la credenza, che non è realtà» [Cortelazzo 1965]. C.

**farenèddë,** sf. (pugliese). 'Pioggerella'.

Letteralmente 'farinella', diminutivo di *farina*; con lo stesso significato cfr. *simùlia* (siciliano), propriamente 'semola'. Rientrano nel medesimo ambito onomasiologico *siasùra* (piemontese) da *siasé* 'stacciare; piovigginare' (da *sias* 'staccio'); cfr. il lucchese *piovere stacciato* da *staccio* e *lendinàre* da *lendine* 'il cadere l'acqua a gocciole così piccole e leggere che pare restino per aria come fossero lendinine' [Lazzari 1919]. M.

**fàre riàlti,** locuz. (toscano: Carrara). «Fare un banchetto sontuoso in occasione di feste e ricorrenze» (Luciani). *Rialto* è della tradizione toscana (ma non molto antica: dal secolo XVIII) ed è anche proprio di Roma col significato di 'bisboccia'.

Da *alto*, rafforzato con *ri-*, con riferimento a qualcosa di più alto del solito [DEI; VEI].

G. PASCOLI: *Egli* [Virgilio] *canta l'amor della terra, la copia e bontà dei suoi prodotti, goduti da chi li procacciò col lavoro, canta le dolcezze delle feste e dei giochi e dei rialti campestri* (cit. in GDLI XV 994). C.

**far fùlgura tempestàte,** locuz. (veneto: Valsugana). 'Fare atti e discorsi che mostrano ira, sdegno, o per ottenere qualcosa': → *fùlgole*.

Dallo scongiuro tratto dalle litanie *a fulgure et tempestate libera nos Domine* 'liberaci, o Signore, dal folgore e dal temporale', da cui anche il lucchese *a fulgure e tempestate* 'Dio ci scampi dalle rovine', «specialmente per ischerzo» (Nieri 1944). C.

**far galèra,** locuz. verb. (veneto; ligure: *fā galéa*). 'Far chiasso, baccano'.

Ricordo dello strepito della ciurma nelle galee. C.

**fàri Cìccu mi tòcca,** locuz. (calabrese). 'Si dice di chi ostenta di non volere una cosa che nella realtà non solo vuole, ma incoraggia perché si faccia'.

Locuzione nata dalla diffusa storiella della giovinetta, che fingendo di protestare diceva alla madre: – *Ma', Ciccu mi tocca*, ma sottovoce spingeva il fidanzato a carezzarla sempre di più: – *Toccami Ci!*. Noto, in vari adattamenti, da Trieste (– *Mama, Toni me toca! – Toni, no sta tocar la puta! – Toca, toca Toni!*) a Roma (*A ma', Peppe me tocca..., toccame Pe'*), al lucano di Trecchina (*Ma, Cicco me tocca. – Tòccame Ci!*), il detto viene ripetuto in tutte quelle situazioni in cui pubblicamente viene rifiutata una cosa che in realtà invece è desiderata moltissimo [Spezzano 1972: 138; Doria 1987: 739; Cascioli 1987: 23]. C.

**fàri l'appròsiti,** locuz. (siciliano). 'Complimentarsi' con qualcuno.

Dall'esclamazione *appròsiti* 'bene', 'bravo', che si rivolge in occasione d'augurio, adattamento del latino *prosit* 'che ti possa giovare', probabilmente attraverso il frequente uso, che se ne faceva in sacrestia, dopo che il sacerdote aveva celebrato la messa, per augurio e felicitazione. C.

**far incrée,** locuz. (ligure: Pigna). 'Dare ad intendere cosa non vera'.

Letteralmente 'far credere', come nel provenzale antico *faire encreire*, dal verbo latino *accrēdere*, un composto di *crēdere* 'credere' [FEW; Merlo 1941-57]. C.

**farinèl¹** sm. (trentino: Tiarno di Sotto; lombardo: Bagolino; aostano, a Rhêmes-St.-George: *(la)farnullë*). 'Mirtillo'.

La denominazione allude probabilmente alle qualità farinose della bacca. Letteralmente significa, infatti, 'farinello', che può, tuttavia, riferirsi anche allo strato farinoso che riveste i frutti [Pellegrini-Zamboni 1982; Valente 1995]. C.

**farinèl²**, sm. (emiliano, a Modena; friulano: *farinèle* sf.; polesano: *farinela* sf.), «tritello» (Neri 1973); (emiliano, a Parma e Piacenza), «grumo, pallottolina di farina, o altra materia non sciolta nell'acqua, specialmente quelli della polenta non bene tramestata» (Pariset 1885); (siciliano: *farinella* sf.; pugliese: *farenédde*), 'acquerugiola'; (lombardo e veneto: *farinèi* plur.), 'chenopodio'.

Tutti evidenti derivati di *farina*, in vari casi perché costituiti di elementi fini e minuti o per il colore; il DEI s.v. *farinello* menziona un *farinello* a Lucca per 'qualità d'uva' ed a Gubbio per 'gonorrea' [REWS]. M.

**farinèl³**, sm. (piemontese, a Castellinaldo: *fajnél*). 'Uomo disinvolto e sagace, valente e abile'. Anche il laziale *farinèllo*, sm., significa 'volubile'.

Probabilmente, come in Francia, dal precedente significato di 'mugnaio', da cui anche il milanese antico *farinél* 'sicario, assassino'. Una metafora da *farinello*, *farinella* 'cruschello, tritume' è meno giustificabile [Vignoli, 1911; REWS; FEW].

G. PANSA: *Cosa stai a giurare. Hai l'aria del farinel, tu* (*Ma l'amore no*, Milano 1994, p. 136). – S. VASSALLI: *Era diventato un vero* farinello*: svelto come un furetto e spietato, come volevano l'ambiente e l'epoca in cui gli era toccato vivere* (*La chimera*, Milano 1996, pp. 292-3). C.

**far la semirà a un,** locuz. (lombardo: Mantova). 'Fargli la spia'.

Voce gergale d'importazione dell'ebraico, probabilmente da *šemirà* 'custodia, guardia' non senza l'influsso di *zemirà* 'canto' sull'esempio dell'italiano *cantare* 'spifferare, fare una spiata' [Mayer Modena 1988]. C.

**farmósa,** sf. (calabrese: anche *frammóscia*, *frambósa*, come nel campano, a Napoli, *frambuàsso* e nel siciliano *frambuà*). 'Fragola', 'lampone'.

Come meglio mostrano le varianti, dal francese *framboise*, di origine germanica [Jost 1967; Rohlfs 1977]. C.

**farnàrë,** sm. (salentino, anche *farnaru*; pugliese, anche *farnèrë*, *farnero*), 'staccio, vaglio, crivello; di forma rotonda, serve a separare la farina dalla crusca'; (pugliese, a Margherita di Savoia), anche in senso fig. «fare la prova dello staccio (o prova della verità), consisteva nel far girare intorno a se stesso lo staccio, tenendolo in equilibrio sulla punta dell'indice della mano sinistra o destra; se lo staccio, finita la corsa, sbandava dalla parte di chi era sospettato di aver commesso un piccolo furto (o qualsiasi altra cosa), quegli, per così dire, veniva incriminato, oppure scagionato dal sospetto se lo staccio sbandava da un'altra parte. Il "gioco" veniva fatto quasi sempre artatamente, e potevano parteciparvi una o più persone, oltre a quella che reggeva lo staccio» (Amoroso 1986).

Dal latino *farinārium (cribrum)* 'staccio per la farina' [REW]. M.

**farnàru,** sm. (salentino: Cellino S. Marco). 'Conno'.

Dal significato comune di 'staccio, crivello' – in latino *(cribrum) farinārium* – che ha nel resto del Salento (→ *farnàrë*) [Rohlfs 1956; Fanciullo 1973]. C.

**fàrne più de Nìcche,** locuz. (toscano: cortonese; umbro: Val di Pierle). 'Combinarne di ogni colore e gravità'.

*Nìcche* o *Gnìcche* è probabile vezzeggiativo di *Federico* e il modo allude alle gesta del bandito aretino Federico Bobini. Una stampa popolare, stampata a Firenze nel 1878, narra dei *Delitti arresti e morte del capo assassino Federigo Bobini detto Gnicche scappato dalle carceri d'Arezzo, ed ucciso dai Carabinieri reali presso Tegoleto* (Giannini 1938: I 268). C.

**fa(r) rèspice fine,** locuz. (toscano). 'Consumare, distruggere tutto'. Vivono in Toscana anche altre locuzioni simili, come *venìr a rèspice fine* 'distruggere tutto' (a Pisa *viène a rrèspice fine* è detto dell'acqua, quando diluvia), talvolta ridotte a *rèspice fine* 'disastro' (a Grosseto), 'alla fine, in fondo' (in Versilia), fino al semplice *rèspice* 'cosa impercettibile' e, in corso, 'colpo mortale'; a Lucca *non c'è più rèspice* 'è tutto finito'.

Parte finale del proverbio latino, di larga diffusione nel Medioevo, *quidquid agis, prudenter agas et respice finem* 'qualunque cosa tu faccia, falla con prudenza e bada alla fine' [Luciani]. C.

**fàrsa,** sf., nella locuz. *armàricci a farsa* (siciliano). 'Fare baldoria' ed anche 'prendere in giro'.

Letteralmente 'allestire la farsa' con un'accezione particolare di *armari*, propriamente 'armare'.

V. BRANCATI: *"I giovanotti, invece", continuò Giovanni, "a quel vecchio, ci armavano la farsa"* (*Don Giovanni in Sicilia*, Milano 1943, p. 139). C.

**farsóra,** sf. (veneto; friulano: *fersòrie*; abruzzese meridionale, pugliese settentrionale: *farzóra, frassórë*; piemontese: *forsáia, fursáia*), 'padella'; (laziale, a Ronciglione: *ferzóra, ferzorélla*), 'catino di terracotta, catinella'.

Dal latino tardo *frixōria* 'padella da friggere', anche con suffissi [AIS; REW; DEI]. M.

**far tabàr,** locuz. (veneto; emiliano, a Parma: *far el tabàr*). «Lo strascinar dell'ali, che fanno i polli»; inoltre «si dice di chi per indisposizione mal si regge sopra di sè» (Malaspina 1856-59): → *fa el fraiól.*

Per similitudine: le ali dei polli malati sembrano mantelli, che li ricoprono. C.

**fartémp,** sf. (lombardo: Val Bregaglia). 'Carne in umido, salmì'; *tartüfel in fartémp* 'patate in umido'.

Dal latino *frīctus* col suffisso *-umen* (collettivo) e con epitesi di *-p*, forse per richiamo puramente fonico a *témp* 'tempo' [Bracchi 1983]. M.

**far ventiquàtro agósto,** locuz. (veneto giuliano: triestino). 'Cambiare di casa, sgomberare'.

Dal giorno di disdetta delle locazioni, che si «ricollega alla tradizione dei Paesi tedeschi di considerare consuetudinariamente giorno di scadenza dei contratti e di conclusione del periodo di alpeggiatura il 24 agosto, dedicato a San Bartolomeo, col quale inizia la stagione autunnale» (Cortelazzo 1988). Trattandosi di una data molesta, si capisce anche il paragone triestino *eser bruto come el ventiquatro de agosto* 'essere proprio brutto'. C.

**fa sabidìne,** locuz. (friulano). «Fare una cenetta o una gozzoviglia la notte dal sabato alla domenica» (Nuovo Pirona 1935).

Dal friulano *sàbide* 'sabato' (dal latino *sabbatu*, attraverso una forma **sabbata*); si confronti anche l'italiano *sabatina* 'cena del sabato', 'baldoria studentesca alla fine della settimana'; *fàa la sabadìna* (lombardo: Cremona) «aspettare al sabato a cenare dopo la mezzanotte per poter mangiare carni» (Peri 1847), dal dialettale → *sàbet* [REW; DEI]. M.

**fa sciabà,** locuz. (marchigiano, ad Ancona e Fano). 'Far bisboccia, gozzovigliare'.

Locuzione propria dei marinai, che fa capo all'ebraico *šabbât* 'riposo, festa' [Spotti 1929; Fortis-Zolli 1979]. C.

**fascinòdda,** sf. (salentino). 'Pene dei bambini'.

Non dal latino *fascinum* 'malia, incantesimo' e 'membro virile', come mezzo contro la stregoneria, secondo l'ipotesi di Alessio, ma più verosimilmente dal latino *vagīna* 'involucro', da cui il salentino *fascina* 'baccello secco di fave e di altri legumi' con il doppiosenso che è, per esempio, anche dell'italiano *baccello* [Alessio 1976; Valente 1985]. M.

**fa seguènzia,** locuz. (marchigiano: Arcevia; umbro, a Spello: *èsse a sequènza santi vangèli*; laziale, a Roma: *far sequenzia Sant'evangeli*; toscano, Argentario e Giglio: *fa sseguènza sant'evangeli*). 'Essere ridotto alla fame', 'digiunare'.

Dalla *sequentia sancti evangelii* della messa, che si recita tracciando una croce sulle labbra. La locuzione, quindi, equivale a quella di simile significato *fa la crùci*, *fà le crocétte* 'aver fame', diffuso in tutta Italia: «Il popolino indica mimicamente che ha fame, aprendo il pollice e l'indice della mano destra e ponendoli su le labbra chiuse, prima verticalmente, poi orizzontalmente a mo' di croce» (Battisti 1921: 83). Al Giglio «quando si nomina una persona cattiva i vecchi si segnano dicendo:

*seguenza santi vangeli*, come per dire: Dio ne liberi» (Fanciulli). Diffusa anche la forma ridotta *far sequenze* (lucchese), *far sequènzia* (anconitano) [Crocioni 1906; Cortelazzo 1969: 268; Veronesi 1969-70; Fanciulli].

R. ZENA: *Aveva ragione la Bricicca di parlare così, lei che, spesi quei pochi per Marinetta, era rimasta al verde, e le toccava quella sera far crocette senza la consolazione di vedere sua figlia comparire in pubblico vestita da signora, e senza aver potuto nemmeno cuocere due cucchiai di minestra!* (*Romanzi e racconti*, a cura di E. Villa, Bologna 1971, p. 114). C.

**fa sprofùns,** locuz. (friulano occidentale: Ronchis). 'Si dice quando si brucia dell'ulivo o anche dello zucchero nell'ambiente in cui si coltivano i bachi da seta per deodorarlo'.

Letteralmente 'fare profumi' [Marcato 1993]. M.

**fàssa,** sf. (siciliano, anche *fasa*, *farsa*, *falsa*, *fàusa*; calabrese centro-meridionale: *fassa*; salentino: *fasa*). 'Colombaccio'.

Dal greco *phássa* (per il DEI greco bizantino) con lo stesso significato; alcune delle varianti siciliane: *falsa*, *fausa*, hanno subito l'influsso di 'falsa' [Rohlfs 1977a]. M.

**fàssi berétta,** locuz. (toscano: Filettole). «Scherzo dei giovani alla vendemmia. I ragazzi e le ragazze tentano di tingersi reciprocamente la faccia col succo dell'uva nera» (Temperli 1991).

Il significato potrebbe suggerire un intervento dell'aggettivo antico *berrettino* 'di colore grigio, scuro'. C.

**fastàs,** sm. (lombardo orientale: Bagolino). «Striscia di terreno concavo erboso, privo di alberi o arbusti, seguente la pendenza della montagna, che serve a trascinare a valle i prodotti: legna, fieno, strame o piante» (Bazzani-Melzani 1988).

Il termine si confronta con il lombardo alpino (in Valtellina) *vastàc'* e con *fustàc'*, *fastàc'* e varianti diffuse nel ladino svizzero, tutte voci designanti lo scivolo per avvallare il legname. Sull'etimo vi sono delle incertezze, ma concorrono verosimilmente sia il latino *vestīgium* 'orma, traccia', sia *fastīgium* 'pendenza, pendio' (piuttosto che un latino parlato **fustago* 'randello' come in REW 3614) con i verbi *vestigiare*, *fastigiare* [DRG]. M.

**fastìdi,** sm. (romagnolo, anche *fastìdie*). «Deliquio, svenimento: *u j è vnu fastìdie* ha perso i sensi, è svenuto, è stato colto da malore, *cadè in fastìdi* svenire» (Quondamatteo 1982).

Equivale all'italiano *fastidio* 'senso di molestia, disagio, disturbo', voce dotta dal latino *fastidium* 'nausea'; in toscano *fastìdio* designa anche 'quantità di pidocchi' sottolineando l'effetto dell'azione dei fastidiosi parassiti [DELI]. M.

**fà storiàre,** locuz. (toscano: pistoiese). 'Far perdere tempo, far ammattire'.

Da *storie* (a Pistoia *storiate*) nel senso di 'lungaggini, tergiversazioni', com'è nella locuzione corrente *non fare tante storie*. In italiano *storiare* vuol dire 'pensare aspettando una risposta' e questo significato è presente anche nei dialetti, come il lombardo (Cremona) *stürā̀* 'seccare, annoiare, infastidire'. C.

**fastùca,** sf. (siciliano). 'Pistacchio', in senso fig. 'donna che ad ogni costo vuole trovare marito'.

Dall'arabo *fustuq*, *fustaq* 'pistacchio' (a sua volta prestito dal latino *pistacium*, da cui l'italiano *pistacchio*, o dal greco *pistákē*) che è pure alla base del genovese *fistĕcu*, *festĕcu* e dell'italiano *fastuca*. In siciliano è presente anche la forma *pastuca* dovuta ad incrocio tra *fastuca* e l'italiano *pistacchio*. Il significato figurato di 'donna che ad ogni costo voglia marito' dipende, forse, dal modo di dire siciliano *èssiri comu la fastuca e lu scornabbeccu* ('terebinto') che si utilizza per designare due persone sempre attaccate [DEI ss.vv. *pastuca* e *pistacchio*; VES]. M.

**fasulàna,** sf. (campano: Napoli; pugliese; toscano: Argentario). 'Cappa chione, *Meretrix Chione* L.'.

Dal napoletano *fasùlo* 'fagiolo', per la somiglianza di questo frutto di mare con un fagiolino [Fanciulli]. C.

**faṡulèda,** sf. (romagnolo). «Scherno che consisteva nel cospargere davanti alla porta di una ragazza fagioli, fave, ceci, sale, fichi secchi e altre cose, ciascuna delle quali aveva un suo significato. Semi di zucca significava scrofa; fieno, vacca; penna, donna pelata; fagioli, donna flatulenta. L'oltraggiosa canzonatura è caduta in disuso. Veniva fatta da una donna invidiosa o da un pretendente respinto che compiva la sua anonima vendetta la notte della prima domenica di Quaresima» (Ercolani 1971).

Letteralmente 'fagiolata' [Baldini 1986]. M.

**fā sü r pàita,** locuz. (ticinese: val Verzasca). 'Calunniare una persona, canzonarla'.

Letteralmente, 'far su l'epatta', cioè enunciare i calcoli per calcolare l'epatta: → *épeta* [Lurati-Pinana 1983]. C.

**fatalzìna ,** sm. (ladino: Colle di S. Lucia). 'Donna che con il suo fascino ammalia e seduce'.

Ricordo ariostesco della *fata Alcina*, che con le sue arti magiche tratteneva i guerrieri più valorosi in un'isola incantata [Pallabazzer 1980]. C.

**fàuda,** sf. (ligure: Pigna, anche *fàudie*; piemontese: *fàoda*; toscano, in Versilia: *fiàlda*). 'Grembiule'. La locuzione piemontese *chërse 'l faodàl* significa 'rimanere incinta' (letteralmente 'cresce il grembiule'), una locuzione tra l'eufemistico e lo scherzoso che trova il suo preciso riscontro nel milanese *ghe se alza el scosàa* (propriamente 'le si alza il grembiule (*scoṣàa*)'). Il diminutivo *faudétta* (siciliano, con numerose varianti; calabrese: *faddetta*; ligure: *fädette*) indica la 'sottana, gonnella'.

Come il derivato *faodàl*, *faudàl* (piemontese) e *fa(u)dali* (siciliano) 'grembiule', continua il germanico *falda* 'lembo, piega del vestito' con molti continuatori romanzi, compreso l'italiano *falda*. Il diminutivo è stato portato in Sicilia dai coloni galloitalici [DEI s.v. *faldale, faldile*; FEW; VES].

G. FALDELLA: *Quando, per usare una frase tecnica del paese, qualche ragazza alzava il grembiule prima del tempo, lo si attribuiva al bel Ronaldo* (*Una serenata ai morti*, Roma 1984, p. 72). – A. G. CAGNA: *una civettina che a forza di amoreggiare all'oscuro sotto il portone, con questo e con quello, aveva finito per trovarsi col grembiule troppo stretto* (*Alpinisti ciabattoni*, Torino 1972, p. 44). – U. OJETTI: *Ecco due donne* [*di Malta*] *in faldetta, la quale è una specie di zendalo di seta nera, insaldato da un lato che pare sempre il vento lo gonfi* (cit. in GDLI V 589). – V. CONSOLO: *Il Bajona, forse perché scapolo e in più napoletano, teneva passione solo per le fardelle* (*Il sorriso dell'ignoto marinaio*, Milano 1987, p. 27). C.

**fàura,** sf. (ticinese: val Bedretto). 'Bosco sacro', nel quale è proibito raccogliere il fieno, perché protegge il paese sottostante dal pericolo delle valanghe.

Dal latino *fabŭla*, che ha allargato il suo significato di 'convenzione' a quello di 'confine, bandita', conformemente al longobardo *mal*, che aveva entrambi i sensi [Lurati 1968]. C.

**fàva barbintàna,** locuz. (emiliano: Piacenza). 'Fava

baggiana'; anche semplicemente *baravantana* (piemontese), *sboventana* (lombardo, a Brescia), *barbantana, barbintana* (emiliano).

Letteralmente, proveniente da Benevento (*beneventana*), come *baggiana* è da Baia, locuzione applicata anche ad altre piante e animali, come la *galin-a baravantana* (piemontese) 'gallina padovana': → *baravantàn* [Flechia 1914-22; REW; DEI s.v. *baravantano* e *barbintana*].

P. JAHIER: *Ci son le noci baravantane rugose e scarse di gariglio che si vuotano così bene con un ferro rovente* (cit. in GDLI II 53). C.

**favàra,** sf. (siciliano). 'Scaturigine d'acqua o di fiamma'.

Voce derivata dall'arabo *fawwāra* 'sorgente', con vari riflessi anche nella toponomastica della Sicilia (ad esempio *Favara*, cittadina tra Agrigento e Naro) e qualche sporadica traccia anche in quella della Calabria (una *Favara*, sorgente in provincia di Cosenza e due contrade in provincia di Catanzaro) dovuta certo alle emigrazioni stagionali di calabresi in Sicilia [VES; *Dizionario di toponomastica*]. M.

**favìte,** sf. (friulano, anche sm. *favìt*). 'Scricciolo', usato anche come traslato per 'bambini piccoli, esili e vivaci', in senso vezzeggiativo.

È un derivato del latino *faba* 'fava' col suffisso diminutivo e vezzeggiativo *-ītta, -īttus*. La denominazione allude alle ridotte dimensioni di questo uccelletto (motivo onomasiologico che ricorre in altri suoi nomi) ed ha dei paralleli nel salentino (Lecce) *faùzza*, nel pugliese (Barletta) *favuddu*, in talune voci dialettali francesi (*fabarel, fabarelo*), ed in composti come il ferrarese *granìnt fava* e veneto polesano *grano di fava*. In friulano, oltre al tipo lessicale *favite*, è noto, ma meno comune, anche il tipo *scriz* (affine al toscano *scrìccio, scrìcciolo*, e come questo di origine onomatopeica) che designa almeno anche il 'pettirosso' (Nuovo Pirona 1935); di qui probabilmente l'uso del Nievo che allude, con *Favitta* e *Sgricciolo*, a due uccelletti diversi.

I. NIEVO: *Quei ragazzi cresciuti a quel modo vennero a foggiarsi sopra uno stampo così singolare, che per tutte quelle campagne non se ne sarebbe trovato uno di simile. E i contadini che sovente passavano per là e sempre li vedevano o fra le giuncaie o tra i rami dei salici o dietro le siepi, avean finito col nominarli la Favitta e lo Sgricciolo, i quali sono per l'appunto due uccelletti saltinfrasca che sembrano beffarsi di chi li insegue lasciandosi quasi toccare e poi sfuggendo e cinguettando via tutti vispi e saltellanti per entro a' roveti o a cespugli* (*Novelliere campagnuolo e altri racconti*. A cura di I. De Luca, Torino 1956, p. 177). M.

**favolénza,** sf. (veneto: nel valsuganotto), 'indolenza'; (veneto, nel feltrino: *faolénza*; ladino-veneto, nell'agordino: *faoléntha, fauléntha*), 'pigrone, poltrone'.

Dal tedesco *Faulenzer* 'poltrone, fannullone' [Prati 1960a; Marcato 1982]. M.

**fè casül,** locuz. verb. (piemontese; ligure: *fa u casö́*; lombardo: *fe 'l casöel* a Brescia e *fa sö 'l caöl* a Bergamo). 'Fare greppo, detto dei bambini, quando cominciano ad atteggiare la bocca a pianto': → *fè l brégno*.

Letteralmente 'fare mestolo', come nel bolognese *fā a màscla*, nel ligure di Val Graveglia *fā a tència* (propriamente 'traversa del tetto') e analogamente al veneto *fare la scafa*, da → *scàfa* 'pila dell'acquaio', e, figuratamente, 'mento sporgente'. C.

**féde déi bóni costùmi,** locuz. (veneto). 'Certificato di buona condotta'.

Questo significato proprio non è più in uso e compreso, tranne, forse, in friulano (*la fede di bogns costùms*), mentre sopravvive con senso figurato in molte locuzioni del tipo *no vère gnanca la fede dei boni costumi* 'essere completamente privo di ogni freno morale', com'è chi non può ottenere, per la sua riprovevole condotta, il certificato di buon cittadino [Cortelazzo 1991].

E. CHINOL: *Quel tiro che lui le giocò qualche giorno dopo, un tiro da vero lazzarone senza neanche la fede dei buoni costumi* (*La vita perduta*, Milano 1972, p. 120). C.

**fè furièn,** locuz. (romagnolo). 'Far burrasca, buttare all'aria'.

Letteralmente 'far furiano', dove *furiano*, come nel Veneto, è il vento *di fuori* (accompagnatosi a *furia*), che in Romagna soffia non da sud-ovest, come alcuni affermano, ma da nord-est [Quondamatteo 1982a]. C.

**fëggiàttë,** sf. (lucano; salentino: *fuggèḍḍa, fungèḍḍa, fucèḍḍa*). 'Buca scavata dai ragazzi per giocare a palline'.

Diminutivo di *fèggia* 'buca', dal latino *fŏvea* 'fossa' [Festa 1914; Rohlfs 1956]. C.

**fégu,** sm. (lucano; calabrese; siciliano). 'Feudo, grossa tenuta'.

Dal francese antico *fieu* (con inserimento di *-g-*), portato e diffuso dai Normanni [VES]. C.

**fè j aléb,** locuz. (romagnolo). «Gettare il carico, o parte del carico a mare per alleggerire il natante e consentirgli di galleggiare e manovrare meglio, nei casi di maltempo» (Quondamatteo 1982).

Corrisponde all'italiano *allibo* dal verbo *allibare, libare* (che continua il latino *alleviāre* 'alleggerire'), noto anche al romagnolo come *libè*. C.

**fèi carantàni,** locuz. (ladino centrale: Comelico). 'Non concludere nulla, non arrivare a far nulla, concludere poco'.

Letteralmente 'fare carantani'; *carantani* erano delle 'monete fuori corso con le quali i ragazzi giocavano al posto di monete vere' (in origine 'monete della Carinzia') [Tagliavini 1988]. C.

**fè i pcóun,** sm. (romagnolo: anche *fè i (a)bcóun*). 'Masticare il cibo ai bambini piccoli per farlo più tenero e digeribile'.

Letteralmente, 'fare i bocconi'. C.

**féla,** plur. *féle*, sf. (veneto; veneto giuliano). 'Stasi tra flusso e riflusso, quando si alternano le fasi lunari'.

Dal latino *flēbile* 'debole' (detto dell'acqua), che ha diversi altri svolgimenti popolari, tra cui il bresciano *fiégol* 'pieghevole, flessibile' e, soprattutto, il veneto settentrionale *flaol de luna* '(falcata di) luna nuova', corrispondente al provenzale *luno feblo* 'luna calante' [Zamboni 1974-75; Marcato 1982].

F. TOMIZZA: *nessun allarme mi era giunto da Palmira – forse avevo seminato in fele di luna* (*La miglior vita*. Milano 1977, p. 60). C.

**fè la gvèta,** locuz. (romagnolo). 'Fare la guardia' per dare la caccia, per catturare ecc.

Da un germanico **wahta* 'guardia', molto diffuso nei domìni galloromanzo e italoromanzo e dal quale dipende anche il verbo italiano antico *gua(i)tare* con non pochi paralleli dialettali [FEW]. C.

**fè la jàja,** locuz. (romagnolo). 'Fare la spia'.

Di origine oscura, probabilmente gergale, dal momento che è compresa in un repertorio del gergo dei muratori bolognesi (*fēr la jàja*). C.

**fè l'anciàbula,** locuz. (piemontese: Castellinaldo). 'Gettare un soldo in alto e riprenderlo subito di nascosto dall'avversario prima di chiamare, giocando a testa e croce'.

La variante *fè ra càbula* ci suggerisce di tradurre letteralmente 'fare la cabala'. C.

**fè la piadèina,** locuz. (romagnolo). 'Fare un sortilegio per attirare l'amante': i compagni, che vedevano l'amico ansioso ed impaziente di correre dalla sua ragazza, gli chiedevano scherzosamente: *i t'ha fat la piadéina?*. Nella *piadina* (→ *pié*) si ponevano innominabili ingredienti, che avevano il potere, dicevano, di tenere legato l'uomo, di cui la manipolatrice era innamorato: → *ciaccìno*. C.

**fè la travajèda,** locuz. (romagnolo). 'Sbarrare con una corda la strada agli sposi usciti di chiesa'.

Uso diffusissimo, come il 'riscatto', che gli sposi dovevano pagare (di solito delle ciambelle), per aver libero il passaggio; vuol dire letteralmente 'fare la travagliata', cioè l'operazione di immobilizzare i quadrupedi per la monta o la ferratura con una apposita costruzione di pali e assi, chiamata, appunto, *travaj* 'travaglio' (in latino *tripalis* è aggettivo: 'sostenuto da tre pali'). C.

**fè l brégno,** locuz. (umbro). 'Fare greppo, piegando le labbra in atteggiamento che prelude al pianto'. Anche *fè l brignìno* → *fè rasùl.*

*Brégno*, in questa locuzione, vale 'piega, piegatura', ma in origine significa 'tino, truogolo', che, malgrado qualche dubbio, è riconosciuto come continuatore del latino *balĭneum* 'bagno' attraverso forme intermedie del tipo *barégno, barigno* [REW; REWS; DEI]. C.

**feleppìna ,** sf. (campano, a Napoli; marchigiano, a Macerata *filìppa*). 'Grande fame'.

Uno dei tanti mascheramenti della fame attraverso un nome proprio, *Filippa*, che pare particolarmente prediletto per occultare appellativi vari: 'favilla', 'vento freddo', 'flatulenza', 'sgridata', 'natura della donna' (→ *filìpa*) ed altro ancora [Spitzer 1921; Migliorini 1927]. C.

**fëlëppìnë,** nella locuz. *tire na fëlëppìnë* (lucano: Tursi). 'Soffia un forte vento'.

Letteralmente «'tira una filippina': vento particolarmente pungente nel rione della chiesa di S. Filippo a Tursi» (Mancarella 1994) da cui la denominazione; ma potrebbe spiegarsi invece come → *fëlëppìnë* con accostamento paretimologico a S. Filippo. M.

**fëlëppìnë,** sf. (campano; pugliese, nel Gargano; toscano, nell'Arcipelago: *filippina*). 'Vento freddo e secco, tramontana'.

Dal nome proprio *Filippina*, che, come diversi altri nomi di persona, è attribuito ad un fenomeno atmosferico [Fanciulli; Valente 1993]. C.

**fëllacciànë,** sm. (abruzzese). 'Fiorone, fico fiore'.

Secondo il REWS questa voce va ricondotta al latino *fīcus* 'fico' insieme con numerose altre forme dialettali come l'abruzzese *fëllàccë, fëllàcchië* 'fiorone', il toscano (lucchese) *ficòcchio, ficazzola* 'fico acerbo', il siciliano *ficazzana, ficune* 'fico fiore', il laziale (Ascrea) *figora* plur. 'fichi settembrini' e *figorillu* 'fico appena formato', il marchigiano (Arcevia) *ficacciano* e *filicciano* 'fico primaticcio', il laziale (Castelmadama) *ficócciu* 'fico secco', il calabrese *ficazzana* 'fiorone, fior di fico'. Diversamente il DEI considera *fëllacciànë* e varianti, quali l'abruzzese *ficaccianë*, il laziale (Subiaco) *frelacciano*, il calabrese *ficazzana* 'fiorone', dei derivati dal nome proprio *Felicianus*; meno persuasive appaiono altre ipotesi come quella di Alessio 1976 da un latino parlato **fallaculus* 'alquanto ingannevole' e di Giammarco 1985 da una forma **fillacius* (da una base **fill-*). M.

**fellàta,** sf. (campano; calabrese; siciliano: anche *fiḍḍata*; lucano: *fëllatë*). 'Salame affettato', 'affettato di salumi'. Anche *affellata* (calabrese) 'salame affumicato'.

Da *fella, feḍḍa, affeḍḍa, affeja* 'fetta', continuatore del latino *ofĕlla* 'boccone (di carne o d'altro)' [Festa 1914; REW; DEI ss.vv. *affèlla* e *affellata*; VES].

V. CONSOLO: *Da travi e canne pendevano grappoli di pomidoro, pimenti, e lardi, sosizze, fellata, soppressata* (*Retablo*, Palermo 1987, p. 100). C.

**fellóne,** sm. (campano, anche *rancefellóne*, come nell'abruzzese *ciarafëllónë*, calabrese *granciafullune*, pugliese *rangë fallàunë*, salentino *ranciafullóne* e siciliano *cifaddùni*, tutti con varianti). 'Favollo, grosso e robusto granchio, *Eriphia spinifrons* Herbst'.

Dal latino *fullōne* 'lavandaio', quindi 'granchio lavandaio'. Lo strano accostamento è stato spiegato con l'avvenuta confusione tra il latino *naca* 'granchio' e *nacca* 'fullone': *granchio fullone*, sarebbe, allora, un *granchio granchio* [Alessio 1976].

R. LA CAPRIA: *All'improvviso si fermò. Aveva visto – in una fenditura nascosta il suo occhio esercitato aveva visto – un granchio* enorme, *un "fellone", con le tenaglie grosse e robuste quasi quanto quelle di un'aragosta* (*La neve del Vesuvio*, Milano 1988, p. 84). – ID.: *Non sapeva che cosa gli stava succedendo, ma adesso per esempio non gli piaceva più andare per le chiane e gli scogli a caccia di gamberi o rancifelloni* (*ibid.*, p. 74). C.

**fèmene du càzze,** sf. plur. (pugliese: Corato). 'Donne adibite allo schiacciamento delle mandorle'.

Letteralmente 'donne dello schiacciamento (*cazze*, dal verbo *cazzà* 'schiacciare, pestare')', non sappiamo se così chiamate con malizia o meno. C.

**fëmmënìnë,** agg. (laziale; anche *femminile*). 'Detto di vino o d'altro, che ha sapore dolce'.

Perché è gradito alle donne (*fémmënë*). C.

**fènac,** sm. (lombardo; veneto, veneto-istriano e veneto-dalmata: *fènico*; trentino: *fènig, fènic*). 'Centesimo': entra in diversi modi di dire.

Dal tedesco *Pfennig* 'soldo, centesimo', diffuso nei territori dell'Italia settentrionale dominati dagli Austriaci [Cortelazzo 1978].

L. MASTRONARDI: *Io non ci avevo più un fènico in saccoccia. In qualche ora ho speso tutto il lavoro di molte ore* (*Il maestro di Vigevano*, Torino 1962, p. 58). C.

**feneàn,** agg. e sm. (piemontese, con varianti; ligure: Genova; lombardo: anche *faneàn*; veneto, a Feltre: *fagnàn*). 'Ozioso, pigro, negligente'.

Dal francese *fainéant* (anticamente *faignant*) 'chi, che non vuole lavorare', letteralmente 'fa niente' [Dardi 1992]. C.

**fèngia,** sf. (siciliano, anche *gnència, vència*; calabrese, anche *gèngia, jèngia, ingia*; lucano: *ìngëtë*; salentino: *èncëtë*; sardo: *vènza, ènza*). 'Dispetto, odio, astio', 'modo di guardare sdegnoso', 'vendetta, faida'. La locuzione siciliana *rrienriri la gnència* corrisponde a quella italiana *rendere la pariglia* e l'altra *purtàricci a fència a uno* significa 'avere astio contro qualcuno'.

Dal francese antico *haenge* 'odio' (che oggi sopravvive nei dialetti normanni), un germanismo entrato anche nel napoletano antico *encia* 'stizza'. Il Wagner preferisce vedere in tutti questi esiti meridionali il catalano *venja* 'vendetta' [DEI; REWS; DES; Jost 1967; Rohlfs 1977].

L. ASPREA: *«Che brutta fingia che ha!» invelenì Rafelaccio il calzolaio, quando venne il federale; «rassomigliano tutti a quello che ti dice: O me lo dai, o te lo piglio. O per sì, o per forza»* (*Il previtocciolo*, Milano 1971, p. 197). C.

**fènzë,** sf. (abruzzese; lucano; calabrese: *fènza*; siciliano: *fr(i)ènza*), 'filo di ferro spinato per recingere i campi'; (abruzzese: *fènz(a)*; calabrese: *hènza*), 'siepe (di filo di ferro)'.

Dall'inglese *fence* 'siepe, recinto, reticolato', appreso dagli emigrati in America e riportato in paese al loro ritorno. Probabilmente è la stessa voce, che si trova nel ticinese (Valmaggia) *fénsa* 'stecconato, siepe' [Bertoni 1918; Alessio 1942; Ruffino 1991: 73]. C.

**fèra,** sf. (marchigiano: S. Benedetto del Tronto). 'Bestia feroce', ma anche termine affettuoso per 'animale': *pòra fèra*! 'povera bestia!'. Altri esempi s.v. → *ferélla*.

Dal latino *fĕra*, letteralmente 'fiera', come aggettivo femminile di *fĕrus* 'fiero'. C.

**feràde,** sf. (friulano; veneto settentrionale: *feràda* a Revine). 'Traccia del selvatico'.

Derivato dal latino *fĕrus* 'selvatico' col suffisso *-āta* [Pellegrini 1985]. M.

**fèr a la tognìna màta,** locuz. (emiliano: Prignano sulla Secchia). 'Giocare a mosca cieca'.

Letteralmente 'far l'Antonina pazza', nomi d'invenzione o riferimento ad una figura nota localmente. C.

**ferdàia,** sf. (emiliano: Modena, a Pievepelago: *ferdgàia*). 'Raffreddore'.

Da una forma **fri(gi)d(i)cālia*, con metatesi, derivata dal latino *frĭgidus* 'freddo' [Violi 1982]. M.

**ferélla,** sf. (umbro). 'Bestiola'.

Diminutivo di *fèra* (dal latino *fĕra* 'animale selvatico'), che non ha l'usuale significato di 'animale feroce, fiera', bensì quello più generico e neutro di 'bestia', come nell'esempio: *pòrta damagnà da qquélle fère* 'porta da mangiare a quelle povere bestie', nel Perugino: *fierìna* 'animale da cortile' (*ma fall'aposè, pòra fierìna* 'ma falla riposare, povera bestiola'). Nel contado di Assisi la *ferèlla*, diminutivo di *fèra* 'organo femminile', era la 'cosetta' delle bambine. Va precisato, però, che in altre parti dell'Umbria *fèra* è una 'bestia o persona intrattabile' [REWS]. C.

**fërési,** sm. plur. (galloitalico: Picerno [Basilicata]). 'Pastori', designazione collettiva della categoria dei pastori considerata rozza ed incolta.

È il plur. di *fërèsë* che nel dialetto locale indica il 'pastore che abitualmente risiede con le greggi fuori del paese', dal latino tardo *forēnsis* (cfr. l'italiano *forese*) 'contadino che sta fuori di città', molto comune nelle parlate meridionali [DEI; Greco 1991]. M.

**ferghìz,** sm. (trentino; veneto, nel veronese e trevigiano). 'Miosotide, non ti scordar di me, *Myosotis scorpioides var. palustris* L.'.

Dalla prima parte del tedesco *Vergissmeinnicht* 'non mi scordare' divenuta nome per il valore simbolico del fiore [Predotti-Bertoldi 1930]. M.

**férgia,** sf. (calabrese; abruzzese e campano, nell'irpino: *fèrgë*). 'Pastoia; ferro da cavallo'.

Dall'antico francese *fierge* di analogo significato, dal latino *ferreae* 'ceppo di ferro'; derivano invece dal latino il toscano (amiatino) *fèrie* plur. 'pastoie di ferro per i cavalli, quando si lasciano in aperta campagna, specialmente di notte, o quando si ferrano' (passato al sardo *infèrias* plur. nello stesso senso) ed il friulano antico *fièrgis* 'ferri' (tale esito di *-rj-* è comune in questa varietà, e la mediazione del francese, supposta dal REWS, non è necessaria) [DEI; DES; REWS]. M.

**fèr la vècia,** locuz. (emiliano: modenese). 'Far finta di non vedere'.

Espressione oscura: il significato dell'omonima locuzione 'fare balenare uno specchio, abbagliare qualcuno con questo mezzo' non pare connettersi ad essa; ricorrere al comportamento della vecchia, che accompagnava le ragazze al ballo e chiudeva un occhio (Neri 1981), pare stentato, ma non impossibile; volerla tradurre 'fare la blatta', che, scoperta, resta in un primo tempo immobile (Guccini sottocitato) è priva d'altri riscontri paralleli. C'è da notare che in alcuni luoghi emiliani *fèr la vèce* significa 'giocare a nascondersi' (a Minerbio, cui corrisponde il bolognese *fèr a la stréia*, cioè 'fare alla strega').

F. GUCCINI: *Lo guardi e lui ti guarda, allora abbassi gli occhi e fai un po' la vecchia, fischietti un'arietta, metti le mani in tasca* (*Vacca d'un cane*, Milano 1993, p. 95). C.

**ferlàzza,** sf. (calabrese, con varianti). 'Cesta di forma rettangolare con l'orlo basso'.

Dal latino [*cĭsta*] *ferulācea* '(cesta) fatta di steli della ferula' [REW; Rohlfs 1977].

L. ASPREA: *Rovaci, cofani, cofanelli, panieri, sciatamelli, ferlazze, la fina e la tavoletta dei panni e il cinnaro per il bucato bollente* (*Il previtocciolo*, Milano 1971, p. 33). C.

**fèrle,** sf. plur. (veneto; trentino; lombardo). 'Stampelle, grucce'.

Dal latino *ferŭla* 'bastone'; in talune delle varietà dialettali menzionate è nota anche la forma *zèrle* per uno scambio tra *f* e l'interdentale sorda passata poi a *z* [Prati 1968]. M.

**ferlùc,** sm. (piemontese), 'soldo'; (emiliano, a Bologna: *ferléin*, a Modena: *flénga*), 'gettone per giocare', 'scartina'; (calabrese: *fir(r)inghiḍḍu* e varianti), 'gioco fanciullesco eseguito con una moneta bucata o con una rotella di fuso'; (siciliano: *firringhiḍḍu*), 'anima del bottone'.

Dal francese antico *ferling* (da cui anche l'italiano antico *ferlino*), prestito dell'anglosassone *feordeling* 'quarto di moneta' [REW; FEW; REWS]. C.

**ferrà,** v. (umbro, nel perugino). «Rivestire con il filo di ferro intrecciato a maglia il vasellame di coccio» (Catanelli 1970).

Propriamente 'ferrare'. M.

**ferracànu,** sm. (siciliano). «Cane selvatico; mascalzone, farabutto» (Piccitto 1985).

La voce è ricondotta dal DEI allo spagnolo *haragán* 'fannullone' (a sua volta dall'arabo *faraga* 'ozio'). M.

**férsa,** sf. (siciliano), 'telo della vela, lista di tessuto'; (campano, nel napoletano: *ferza*; salentino: *fersa*; pugliese: *ferse*), 'telo (di lenzuolo, vela ecc.)'; (calabrese: *ferza, fersa*), 'ferso, striscia di panno o tela, fascetta di tela; cicatrice'.

Voci da collegare al termine marinaresco italiano *ferzo* 'telo di vela, telo di lenzuola' e *fersum* a Genova e Napoli in documenti del XIII sec., *ferse* a Venezia (sec. XIII-XIV) 'tela della vela'; l'etimo di *ferzo* non è però bene accertato: si ipotizza un'origine greca da *fársos* 'pezzo strappato, porzione, parte', irradiato da Genova come voce marinaresca nel senso di 'telo di vela' [VES]. M.

**fèrtic,** inter. (veneto bisiacco) 'alt! basta! si finisca!'.

La voce, usata anche in certi giochi infantili per chiedere la sospensione momentanea del gioco, è un prestito dal tedesco *fertig* 'pronto, finito' [Pellegrini 1987]. M.

**ferùgola,** sf. (ligure, a Mortola, e altro *ferìgola*, *frùgola*, *furùgola*). «Timo, *Thymus vulgaris*» (Penzig 1924).

Si tratta di continuatori del latino medievale *ferricula* 'erba del ferro', calco del greco *sidērîtis* 'timo', voce diffusa dagli ambienti greci di Marsiglia [DEI]. M.

**féṡa,** sf. (lombardo). «Uno dei tagli di culaccio nel vitello» (Cherubini 1839-56), 'fetta di carne tagliata dalle parti posteriori della bestia macellata'.

Il termine è ormai entrato nell'italiano (*fesa*) e, quanto all'origine, è certo un'estensione dal significato di 'spicchio' che *feṡa* ha nei dialetti lombardi, voce a sua volta considerata d'etimo incerto ma che forse è un derivato dal latino **fēnsa* (da *fēnsus*, participio passato di *fendĕre* 'urtare' 'colpire' e simili). M.

**fèsi,** sm. (siciliano). 'Scure-zappa, piccone', anche *fièsi*, col derivato *fisiàri* 'cavar pietre colla punta dello strumento detto *fesi*'.

Dall'arabo *fās*, forma volgare di *fa's* 'piccone; zappa', attraverso una variante che presenta *a* > *e* [DEI; VES]. M.

**fëtëlèndë,** agg. (abruzzese orientale). 'Di persona uggiosa, noiosa, incresciosa', 'di mala fama, puzzone'.

Dal latino *foetulĕntus* 'puzzolente' con la stessa evoluzione semantica che si ritrova pure in continuatori del latino tardo *foetōsus*: → *fetùsu* [De Giovanni 1981]. M.

**fetùsu,** agg. (calabrese, anche *fitusu*; siciliano: *fitusu*; campano: *fëtusë*), 'puzzolente, sporco, schifoso'; (calabrese: *fetusa*, *fitusa*), 'puzzola, vescia'; (abruzzese, molisano: *fëtusë*), 'frignone, stuccoso, cavilloso'; (pugliese, a Bisceglie: *fitiuse*), 'iroso; povero'; anche l'italiano antico ha *fetoso* 'fetido' come voce dotta.

Dal latino tardo *foetōsus* 'puzzolente'; per le varianti dialettali, che valgono 'stuccoso, cavilloso', va notato che già in latino il sostantivo *foetōre*, oltre che 'fetore', ha il senso traslato di 'stucchevolezza, ricercatezza'. Per le voci che significano 'cavilloso, iroso' Valente preferisce risalire al latino *flatuosus*, da *flatus* 'soffio'. Nell'abruzzese infatti è presente *fetusë* e *flatusë* «con significati convergenti in senso morale, mentre in altri dialetti è rimasto solo *fetusu* a esprimere le idee diverse» (Valente 1993: 369) [DEI; Alessio 1976; VES]. M.

**fevelà,** v. (friulano). 'Parlare'.

Deriva da una forma latina volgare **fabellāre*, da cui l'italiano *favellare*, presupposta anche dal sardo *faveḍḍare* (logudorese *faeḍḍare*, campidanese *fueḍḍài*) da cui *favèḍḍa*, *faèḍḍu* e *fuèḍḍu* 'parola' [REW; REWS]. M.

**fià,** sm. (veneto; veneto istriano). 'Poco', specie nei diminutivi del tipo *fiatìn*, *un fiantìn*.

Letteralmente 'fiato' [Prati 1968].

E. CHINOL: *È tutta colpa sua, – disse ancora ansante ma con molta dignità il Carburo, – perché parlava e disturbava. – Io non ho parlato neanche un fià, – singhiozzò invece il Benedetti* (*La vita perduta*, Milano 1972, p. 22). – G. PUGNETTI: *Per piacere, l'auto un fià più in là, questo è il posto dell'ambulanza* (*Vendetta all'italiana*, Milano 1978, p. 267). C.

**fiàccu,** agg. (salentino). 'Cattivo': *tiempu fiaccu* 'tempo brutto', *nnu maritu fiaccu* 'un marito cattivo'; può anche sostituire l'avverbio 'male': *àggiu turmùtu fiaccu* 'ho dormito male'.

Dal latino *flăccus* 'debole', da cui l'italiano *fiacco* ed altre varianti dialettali con diverse sfumature di significato [Rohlfs 1956]. M.

**fiàcher,** sm. (emiliano: Modena). 'Carrozza a cavalli'.

Come l'italiano *fiàcchere* (XIX sec.), deriva dal francese *fiacre* 'carrozza da nolo' (attestato nel 1650), a sua volta da *saint Fiacre*, un santo eremita del VII secolo, al cui nome s'intitolava un servizio di vetture pubbliche che da Parigi portava al suo santuario di Breuil (XVII sec.), oppure perché un certo Sauvage, verso il 1640, stabilì le prime vetture a nolo in via S. Martino in Parigi, in una gran casa detta l'Albergo di san *Fiacre*, dall'immagine del santo che vi pendeva; poi dall'albergo il nome passò alle vetture. A Modena da *fiàcher* è derivato *fiacarésta* 'vetturino, cocchiere', accezione che, come il mestiere, ormai è scomparsa, mentre la parola è passata ad indicare 'fiaccone' per accostamento a 'fiacca' [DEI; Violi 1982].

S. D'ARZO: *Solo più tardi si ricordò di aver pensato a questo senza nessuna contentezza o delusione, ma come si è soliti pensare ad ogni cosa, ai manifesti per le strade, ai cavalli dei fiacre e infine a tutto, e neanche si scopre di pensarci* (*Essi pensano ad altro*, Milano 1976, p. 13). M.

**fiàla,** sf. (toscano; umbro; ad Arezzo e Siena anche *fiara*; diffuse altresì le varianti toscane *fiàle* e *fièle*, sm.). 'Favo'.

La voce, nota pure all'italiano antico (*fiale*) anche nella variante *fiavo*, proviene dal latino parlato **favulus* (*favlus*), diminutivo dal classico *favus* 'favo', attraverso la forma **flavus*, con mutata terminazione [REW; DEI; REWS]. C.

**fjamurìca,** sf. (piemontese: albese). 'Specie di fico il cui frutto è grosso e di color ghezzo o moro'.

Da intendersi 'fico (*fia*) moro' con il suffisso latino *-iccus*)' [Toppino 1924: 159]. C.

**fiàra,** sf. (piemontese; marchigiano; umbro; laziale, a Rieti: *fiaria*; corso). 'Grande fiamma'.

Deverbale del verbo *fiarà*, che mantiene i soli significati di 'bruciacchiare la biancheria' e, al riflessivo, 'avventarsi', dal latino *flagrāre* 'ardere' [REW; REWS].

C. DOSSI: *Una colonna di fumo vi si alza, e in mezzo al fumo, una fiara* (*Il Regno dei Cieli. La Colonia felice*, Napoli 1985, p. 61). C.

**fìca,** sf. (salentino). 'Fico, albero e frutto', anche nella variante *fèichë*; (salentino, Avetrana: *li fichi* plur.) 'agosto'.

Dal latino *fīcus* con la forma romanza femminile per designare il frutto che si ritrova in varie aree dialettali italiane: cfr. *fica* anche pugliese e lucano, *la ficu* siciliano e calabrese, *la fico* laziale meridionale e campano, *feiga* istrioto; in latino era femminile il nome degli alberi, neutro quello del frutto [Rohlfs 1956 e 1968]. M.

**ficamòra,** sf. (calabrese: Nicotera). 'Ficodindia'.

Letteralmente 'fico dei Mori' con un'indicazione generica che di solito indica una provenienza esotica. Anche in sardo è chiamato *figu morisca* o *murisca*, così come in spagnolo *higuera de moro* e in catalano *figuera de moro* [Rohlfs 1977; DES]. C.

**ficaràzza,** sf. (siciliano; calabrese). 'Pianta del ficodindia, fico selvatico'.

Si ritiene rifletta il latino *fīcus arātia* (Plinio), denominazione forse connessa col *Arat(h)us* fiume dell'Epiro [DEI; Alessio 1976]. M.

**ficarùl(u),** sm. (lucano, anche *fëcarilë*; calabrese: *fucaruólu* e varianti). 'Sacchetto per il denaro, fatto con la pelle di gatto'.

Dal latino *focareŏlus* 'piccolo fuoco'. La denominazione si spiega col fatto che vi si conservava anche l'acciarino [Rohlfs 1977; Bigalke 1980]. C.

**fichetesót,** sm. (veneto trevigiano: a Brugnera). 'Tuffetto'.

Letteralmente 'ficcati sotto!', è una denominazione locale, analoga all'italiano *tuffetto*, che descrive il comportamento di questo uccelletto [Marcato 1990]. M.

**fico della maddalèna,** sm. (umbro, nel perugino). «Fico primaticcio bianco, di ottima qualità» (Catanelli 1970).

Qualità di fico che matura nella seconda metà di luglio quando ricorre la festa di S. Maria Maddalena (22 luglio). M.

**ficudìnnia,** sm. (siciliano, con molte varianti, fra cui *ficarìndia* e *ficudìnniu*; pugliese: *fichedìnëië*). 'Fico d'India'; per distinguere il frutto dalla pianta, questa è chiamata *ficadinniàra* (in calabrese *ficundianàra*, mentre il frutto è *ficundiànu, ficandiànu*, e varianti) e simili.

Detta così, perché proveniente dalle *Indie* (occidentali): è, infatti, originaria dal Messico [REWS].

D. DOLCI: *Ce lo dissi in modo gentile, che dietro le pale di ficurinni se ti tira una scoppiettata chi la vede poi?* (*Racconti siciliani*, Torino 1973, p. 117). C.

**fiéns,** nella locuz. *fèi i sò fiéns* (ladino centrale: Comelico). 'Fare i propri interessi'.

Letteralmente 'fare i propri fieni' con la conservazione di una forma antica di 'fieno', ora sostituita con *fión* [Tagliavini 1944]. C.

**fiéra de le fantélle,** locuz. sostant. (umbro: Spello). 'La festa più grande che si tiene a Spello l'otto novembre'.

Così detta dalle 'ragazze' (*fantélle*), che le madri portano a questa fiera tradizionale per aver modo d'incontrare e conoscere qualche giovane. C.

**fièro,** agg. (umbro: Allerona). 'Aggressivo, non addomesticato': *quélle majjale èrono fière*.

Significato aderente a quello del latino *ferus* 'indomito', 'che vive allo stato selvaggio'. C.

**fjéta,** sm. (umbro), 'traccia odorosa lasciata da un animale selvatico e fiutata dal cane da caccia'; (marchigiano, ad Ascoli: *fjòta*; a La Rocca: *va pè la fjéta*), 'annusa'.

Dal latino *flatāre* 'soffiare' incontratasi con altra voce, che ne ha modificato il senso. C.

**figatàru,** sm. (siciliano). 'Lavoratore dei latifondi'.

Derivato di *fe(gr)atàriu*, 'padrone del fondo' da → *fégu* 'feudo': vale, quindi, 'feudatario' con uno sviluppo più popolare nella prima accezione [Salvioni 1907; REW; VES]. C.

**fìgga,** sf. (sardo: Sassari). 'Pomo d'Adamo'.

Letteralmente 'fico' e *fico* per 'pomo d'Adamo' è diffuso soprattutto nell'Italia centrale ed in corso (*ficu d'Adàmu*), in gallurese (*lu vìcu de la ùla*) e in logudorese (*figu dessa ùla*) [DES]. C.

**figghjazzùni,** sm. (calabrese centro-meridionale) 'animale giovane; pollone, rampollo' (calabrese: Polistena). «Uccelletto ancora incapace di volare» (Laruffa 1986).

Estensione di significato del dialetto *figghjazzuni* 'ragazzo', da *figghju* 'figlio' [Rohlfs 1977]. M.

**figiura,** sf. (ligure: Pigna). 'Richiamo per uccelli'.

Deverbale di *figiàr* 'zufolare' dal latino *fistulāre* 'fischiare' incrociatosi con *sibilāre* [Merlo 1942]. C.

**figlio d'a Madònna,** locuz. sostant. (campano: Napoli). 'Trovatello'.

Gentile espressione, che rientra nel diffuso concetto generale, che i figli sono una provvidenza.

C. MALAPARTE: *anche la più povera famiglia, fra i suoi bambini, fra i suoi dieci, fra i suoi dodici bambini, alleva un orfanello preso all'Ospedale degli Innocenti: ed è fra tutti il più sacro, il meglio vestito, il meglio nutrito, perché è il "figlio della Madonna" e porta fortuna agli altri bambini* (*La pelle*, Roma-Milano 1949, p. 146). – G. MAROTTA: *Don Pasquale Esposito era "figlio della Madonna", nel senso che della sua nascita non si sapeva nulla* (*L'oro di Napoli*, Milano 1954, p. 236). C.

**fignaròla,** sf. (abruzzese; piemontese, a Rubiana di Susa: *fenéra*). 'Lucciola'.

Letteralmente 'fienaiola' attraverso *fijineròle*, perché le lucciole sono numerose specialmente in agosto, quando si falcia il fieno. Da notare, tuttavia, che in abruzzese *fienaròlë*, col sinonimo *lucègne*, è anche il nome dell''orbettino', così chiamato per la sua abitudine di frequentare i fienili (e noto anche all'umbro e al marchigiano). Nella zona piemontese di *fenéra* si ha, per 'lucciola', anche il concetto di 'mietitrice' (*meisuniàra, misunèra*, e varianti); nella Svizzera italiana di 'segatore' (*segadógn*, in Ticino, ad Intragna) ecc. Il Garbini riporta a proposito di *fignaròla* due filastrocche infantili: "Lucciola, lucciola *fignaròla*, / dammi 'na bella camiciòla; / une biànghe, une turchìne, / per domènica mattìne"; "*Fignaròla* vien qua / che te voglio dà a magnà; / a magnà te lo sso dato, / fignaròla te ss'ò 'ncappato" [Garbini 1925; Ankersmit 1934; LEA]. C.

**fijjàstru,** sm. (umbro; marchigiano). 'Genero'.

Chiamare il 'genero' *figliàstro*, così come la 'nuora' *figliàstra*, la 'suocera' *matrìgna* e il 'suocero' *patrìgno*, è un modo non spregiativo di avvicinare l'affine al parente. C.

**filàri,** nella locuz. imperativa *va fila* (siciliano). 'Zitto, smettila'.

Uno dei tanti modi per far tacere una persona, fingendo di mandarla a compiere qualche operazione [Alfieri 1980].

G. VERGA: *Tu va a filare! – rispondeva compare Tino. – Le donne hanno i capelli lunghi e il giudizio corto* (*I Malavoglia*, Milano-Napoli 1955, p. 234). C.

**fìl dal sìpi,** locuz. sostant. (romagnolo: Rimini). Letteralmente 'filo delle seppie'.

«Con mare piatto, a primavera inoltrata o d'estate, per un gioco di correnti, le seppie *indulfinedi* (uccise dai delfini che ne mangiano la sola testa) galleggiano insieme a detriti lungo un filo di corrente che si snoda, contorto, parallelamente alla riva, ad una certa distanza da questa» (Quondamatteo 1982). M.

**filindèu,** sm. (sardo nuorese). 'Speciale minestra in forma di fogli sottilissimi, che, bollendo, si riduce a una densa pasta'.

Dallo spagnolo *fideos* o catalano *fideus* 'fidelini, capellini' con intrusione di *filu* 'filo' [DES].

G. DELEDDA: *La prioressa aveva diviso il pane e le provviste avanzate e l'ultima caldaia di* filindeu (*minestra densa che si può mangiare fredda*) *tra le famiglie della grande* cumbissia (*Romanzi e novelle*, I. Milano 1954, p. 54). C.

**filìpa,** sf. (veneto; friulano; marchigiano, ad Arcevia: *filippa*; toscano, a Pisa: *lippa*). 'Organo femminile'.

Dal nome proprio *Filippa*, come tanti altri nomi femminili passati allo stesso significato traslato [Migliorini 1927; Prati 1940]. C.

**filomèna,** sf. (sardo). 'Capinera', in poesia anche 'usignolo', e pure colle varianti *filormèna, firumèna*.

Dal latino *philomēla* 'usignolo', a sua volta di origine greca (dalla leggenda di Filomela mutata in usignolo), da cui anche l'italiano *filomela*, *filomena*, che però è voce dotta [DEI; DES]. M.

**filòser,** sm. (lombardo: Valtellina). 'Soldi' in generale.
Corrisponde a *filùs(se)* diffuso in vari dialetti e in italiano stesso (→ *pilùssi*), di origine araba. C.

**filòsera,** sf. (lombardo: Valtellina). 'Influenza'.
Passaggio non insolito (→ *pronòspera*) dal nome di una malattia delle piante ad altra dell'uomo. C.

**filtràto,** sm. (trentino: Val di Fiemme; ladino centrale). 'Filo metallico sottile'.
Composto tautologico del dialettale *fil* 'filo' e del tedesco dialettale *trât* (letterario *Draht*) 'filo' [Bravi 1992: 123]. M.

**finadicèntes,** avv. (lombardo: Valtellina). 'Più che abbastanza, più che sufficiente'.
Dalla conclusione del Prefazio: «hymnum gloriae tuae canimus, sine fine dicentes: Sanctus...» («cantiamo l'inno della tua gloria, dicendo continuamente: Santo ...»), che con lo stesso significato ('in grande copia'), ma con maggior completezza è comune ad altri dialetti: veneziano, bolognese, parmigiano, lucchese [DEI; Veronesi 1969-70]. C.

**finàjta,** sf. (siciliano; calabrese, anche *finàta*; pugliese, nel tarantino, e salentino: *finita*). 'Limite, confine di campo'.
Continuazione del latino *finis* 'confine' con sovrapposizione dei riflessi del longobardo *snaida* 'taglio, confine' (→ *senèidë*) [AIS; DEI; Rohlfs 1977; Pellegrini-Marcato 1988]. M.

**finànza,** sf. (laziale: Paliano). 'Linea di confine'.
Dal latino *fīnis* 'fine, confine'. C.

**finazzióne,** sf. (laziale: Ascrea, talvolta completato con *éllu mùnnu*). 'Pioggia dirotta'.
Definizione iperbolica: 'fine (del mondo)', così come la locuzione *sé fina u munnu* 'si finisce (cade) il mondo' per 'piove a dirotto'. C.

**finènzia,** sf. (ticinese: val Bedretto). 'Confine tra alpe e alpe': *bat la finènzia* 'pascolare sul confine'.
Dal latino *fīnis* 'confine' con la terminazione di → *corènzia* [Lurati 1968]. C.

**finocchièlla,** sf. (umbro, nel perugino). «Salame di carne di maiale condito con i semi di finocchio» (Catanelli 1970).
Evidentemente da *finocchio*. M.

**fiòca,** sf. (piemontese; lombardo; veneto: nel Veronese; emiliano: a Parma; laziale; sardo). 'Neve', anche *fiòcca* e *flòcca* (sardo).
Deverbale di *fiocare*, *fioccare, fiuché* nel piemontese, 'nevicare', propriamente 'fioccare', 'cadere a fiocchi', dal latino *floccāre*, derivato di *flŏccus*, che è anche toscano ed è diffuso in buona parte dei dialetti italiani insieme a *fiocco di neve*. Da *fio(c)càre*, *fio(c)ca* anche il toscano *fioccata*, piemontese, lombardo *fiocada*, sardo *fioccaméntu* 'nevicata', ed il piemontese *fiocura* 'nevosità' e *fiochéta* 'nevischio'. Con diverso trattamento del nesso *fl-* si ha il napoletano *sciocca*, l'irpino *ioccà* 'nevicare', con il derivato *ioccanizzo* (a S. Mango sul Calore) «nevicata improvvisa, con fiocchi frequenti, che però ha una breve durata» (De Blasi 1991) [Lazzari 1919; REW].
C. DOSSI: *volgevano già nella mente, guardando a traverso i vetri la fiocca, quali sorta di burle gli avrebbero allora sonate* (*L'altrieri*, Milano 1881, cit. in *Narratori dell'Ottocento e del primo Novecento*, III, a cura di Aldo Borlenghi, Milano-Napoli 1963, p. 479; in edizioni successive sostituita con *neve*). – M. VENTURI: *ascoltavo il silenzio che acompagnava la fiocca, provavo la sensazione come di essere arrivato a un'ultima stazione di confine* (*Sconfitti sul campo*, Milano 1982, p. 22). M.

**fiòcca,** sf. (marchigiano; umbro; calabrese: *jòcca*, *hocca*; siciliano: *sciòcca*). 'Chioccia'.
Le voci, che hanno un riscontro anche nel grecanico di Bova (Reggio Calabria) *flocca*, sono di etimo incerto. Rohlfs 1964 ricostruisce un greco parlato **flókka* ma non esclude un rapporto con la voce greca *bókka* 'campana' che consente di spiegare il grecanico otrantino *vòcca*, *òcca* 'chioccia'; ricostruendo un **blókka* si possono interpretare altre parole dialettali che designano la 'chioccia' quali l'abruzzese *vlòcchë*, il laziale *biòcca*, *jòcca*, il campano *vòcchëlë*, il pugliese *jòcca*, il lucano *jòcchëlë*, nonché *biòcca* 'gallina, chioccia' di area marchigiana, umbra e laziale. Ma se per le voci del tipo *flocca / fiocca / jocca / sciocca* anche il DEI postula all'origine un **flocca*, per quelle del tipo *vòcca*, e succedanei con suffisso (attraverso, cioè, un **voccula*), preferisce ricostruire una base **vocca* che ritiene possa essere connessa col latino *vocāre* 'chiamare'. Infine, almeno per quanto riguarda l'abruzzese, Giammarco 1985 considera la voce di origine onomatopeica. M.

**fiòcco,** nella locuz. *ha 'l fiòcco* o *'l fiucchino* (toscano: cortonese). «Detto ironicamente a persona privilegiata, speciale, circondata da riguardi spontanei o pretesi» (Felici 1985).
Probabile riferimento al *fiocco* rosso, che si poneva sulle corna dei buoi per preservarli dal malocchio. C.

**fìo d(e) ànema,** locuz. sostant. (veneto; veneto giuliano; friulano: *fi d'ànime*; calabrese meridionale e siciliano: *figghiu d'arma*). 'Figlio adottivo'.
Il modo 'figlio di anima' per indicare il 'figlio adottato' è proprio, oltre che delle Venezie, del sardo (a Nuoro *fiz' 'e ànima*), del greco moderno (*psychogyiós*) e del rumeno (*copil de suflet*): l'area sembra indicare una irradiazione dai Balcani [DEI s.v. *alma*; Pittau 1962; Cortelazzo 1970; LEI]. C.

**fiòpa,** sf. (emiliano: anche *piòpa*). 'Polpa bianca del petto di pollo'.
Uso traslato (per la bianchezza) di *fiòpa* 'pioppo' con *f-* da *p-* per dissimilazione [Malagoli 1941]. C.

**fióra,** sf. (veneto; friulano, a Forni Avoltri, plur.: *las flùars*). 'Fiori del vino'.
Dal latino *flōs*, genitivo *flōris*, sm. passato al femminile nei dialetti dell'Italia settentrionale e nel francese, forse per influsso del suffisso *-ura*, testimoniato dal passaggio da *pavor* a *pavura* 'timore, paura' [Rohlfs 1968].
S. ZANOTTO: *Il vino da messa dimenticato inacidisce nelle ampolle e fiorisce di quel fiore che Bertoldo definì essere il più triste che ci sia, che qui chiamano la fiora* (*Delta di Venere*, Milano 1975, p. 33). C.

**fioràzo,** sm. (ladino centrale: Auronzo). 'Febbrone'.
Accrescitivo di *fióra* 'febbre', dal latino *febris* con una serie di plausibili passaggi: da *févra* a *féura*, a *fiéura* (attestata nel Comelico), a *fióra* [Tagliavini 1944]. C.

**firnicìa,** sf. (siciliano). 'Pensiero, sollecitudine', anche *frinicìa*, *furnicìa*, *furnacìa*, con i derivati *firniciùsu* 'pensiero', 'che causa o porta con sé molestie e fastidi increscìosi (di cosa)', *furniciàri* 'dar sollecitudine', *sfirniciàrisi* 'stillarsi il cervello'.
Dal termine medico del latino medievale *frenesia*, dal greco e latino *phrenesis* 'insania', con un'attenuazione di

significato da 'follia' a 'sollecitudine'. Probabilmente la parola, anche per lo sviluppo da *-sìa* a *-cìa*, è un prestito colto dal toscano [VES].

D. DOLCI: *Ma io so che voglio un lavoro da sfirniciarmi così? Voglio un lavoro preciso, che continua, quando la mattina mi alzo e so dove andare a lavorare. Non che non voglio sfirniciarmi, ma posso imparare cose più migliori di queste* (*Racconti siciliani*, Torino 1973, p. 49). M.

**firṓṡu,** sm. (ligure: Pigna). 'Piccolissima anguilla'.

Letteralmente 'filoso' per il suo aspetto filamentoso, che corrisponde al ventimigliese *firùn* 'ceca', propriamente 'filone' [Merlo 1941-57; Azaretti 1982]. C.

**fiscàl,** sm. (ticinese: val Verzasca). 'Baldanzoso, pieno di sé': *l'è n fiscàl.*

Da *fiscale* 'ufficiale del fisco', «eco del comportamento arrogante di molti di questi preposti alla cosa pubblica» [Lurati-Pinana 1983]. C.

**fisèta,** sf. (veneto, a Venezia anche *fisèca*; veneto giuliano e istriano, a Cherso: *fisèca*; friulano: *fisète*). 'Cartuccia', nel friulano e nel polesano anche 'rotolo contenente una pila di monete'.

Dal neogreco *physéki, phiséki* 'cartuccia' o direttamente dal turco *fiše(n)k* entrato nelle lingue balcaniche e alla base anche della voce neogreca [DEI; Prati 1968; Cortelazzo 1970]. M.

**fiṡolèra,** sf. (veneto: veneziano). 'Barchetta leggera, lunga e stretta, usata per la caccia dei tuffetti e di altri uccelli acquatici'.

Da *fisolo*, nome locale del 'tuffetto', di etimologia sconosciuta. Dalla sua variante *fusoliera* (influenzata da *fuso*), come si chiamò un tempo un 'sottile e agile palischermo per la pesca sul Po', il D'Annunzio trasse l'idea di applicare il nome alla 'parte del velivolo di forma *affusolata*' destinata a contenere il carico utile.

G. D'ANNUNZIO: *Balzando dalla fusoliera su l'erba di Campofòrmido* (cit. in GDLI VI 507). C.

**fìstara,** sf. (veneto, nel valsuganotto; trentino: *fìstera*), 'caldana (del forno); stanza, luogo caldissimo'; (trentino, nel roveretano: *fìstera, fìnstera*), 'panificio'.

Dal tirolese *pfister* 'forno' [Prati 1968]. M.

**fistià l cènto,** locuz. (umbro: orvietano). «Fischio della trebbiatura con cui si annunciava l'avvenuta raccolta di cento quintali di grano che veniva festeggiata sull'aia con liquori e dolci» (Mattesini-Ugoccioni 1992).

Cioè, 'fischiare il cento'. C.

**fisù,** sm. (veneto, a Verona), 'scialletto triangolare di mussola, di seta leggera o di merletto'; (piemontese; lombardo, a Milano: *fisciù*) 'fazzoletto da collo'; (emiliano, a Parma) «specie di fazzoletto da collo, scempio, triangolare portato al collo dalle donne per ornamento» (Malaspina 1856-59).

Dal francese *fichu* 'scialle messo alla meglio'; è parola entrata anche in italiano: *fisciù* (dal XVIII sec.) 'fazzoletto a punta, triangolare, che le donne usano per coprire il seno e le spalle' [DEI; Bondardo 1986]. M.

**fitòr,** sm. (veneto bisiacco). «Grosso vimine per l'intelaiatura del cesto» (Domini 1985).

Corrisponde verosimilmente allo sloveno dialettale *vitor* (e *vitur*) per il letterario *otor, utor*, termini che alludono a 'intaccatura, capruggine delle botti', ma potrebbe concorrere per l'origine della voce anche lo sloveno *vitra* 'vermena' [Pellegrini 1987]. M.

**fittiànu,** avv. e agg. (sardo). 'Di ogni giorno', anche *fettiànu, vittiànu.*

Dal latino *quottidiānus* 'giornaliero', forse attraverso l'influsso di altra parola (es. *fìttu* 'fitto'), giacché l'esito regolare sarebbe *bottiànu*. Da *fittiànu*, il derivato *(af)fittianare* (logudorese) 'frequentare, bazzicare regolarmente una cosa, rendersi cliente' ed anche 'esser solito ad un sito, rifugiarsi' (si dice del bestiame quando si ritira al solito sito) [DES]. M.

**fìtu,** avv. (ligure; lunigianese: *fito, fitta, fit*; toscano: carrarese: *fito, fitta, fit*; emiliano: Val di Taro: *fìto*; piemontese meridionale: *fic*'). 'Presto, in fretta'.

Dal latino *fīctus* per *fīxus* 'fissato, fermo, folto' [Plomteux 1975]. C.

**fiubèr,** v. (romagnolo). 'Picchiare, menar botte'; il verbo ha avuto origine dal fatto che una volta i genitori picchiavano i loro bambini con la cinghia dei pantaloni, usando l'estremità in cui si trova la fibbia (Ercolani 1971).

Dalla voce disusata *fiùba* 'fibbia'(cfr. DEI) dal latino *fībŭla* con metatesi. M.

**fiuchét,** sm. plur. (romagnolo: Rimini). «Ritagli, losanghe di pasta di sfoglia, fritti nello strutto o nell'olio, e cosparsi di zucchero. Uno dei dolci più semplici e popolari per festeggiare il carnevale» (Quondamatteo 1982).

Propriamente 'fiocchetti' per la somiglianza con dei nastri (→ *galàni*). M.

**fiurì,** v. (piemontese: monferrino). 'Morire'.

Propriamente 'fiorire', ma con un cambiamento di significato derivato «dall'interdizione che colpisce i termini riguardanti la morte, e quindi dalla contemporanea ricerca di sinonimi» (Berretta 1976: 47). Questo stesso motivo è probabilmente all'origine del toscano (versiliese) *fiorì* 'morire' con riferimento ad un bambino, per quanto 'fiorire' in tal caso venga a conincidere con l'usanza di ricoprire di fiori i bambini morti. Significato particolare ha 'fiorire' nel ladino centrale ove figura nell'espressione *äl sorógle va a florì* 'il sole sta per tramontare'; 'fiorire', che deriva dal latino tardo *florīre* 'essere in fiore; splendere', è in tal caso connesso alla credenza popolare per cui il sole al tramonto è più bello, più splendente, in quanto appare grande e rosseggiante [Tagliavini 1982]. M.

**fìzzë,** sm. (lucano: Matera; salentino: *fièzzu*, con varianti). 'Puzzo'.

Forse dal latino parlato **foētiu* 'fetore', un deverbale di *foetēre* 'puzzare' tratto dal presente *foēteo*, come *puzza* da *pŭteo* [REW; Rohlfs 1956]. C.

**flàiter,** sm. (veneto: Verona; lombardo: Mantova, accanto a *fràitar*). 'Comandante'.

Dal tedesco dialettale *Gfreiter* per il letterario *Gefreiter* 'appuntato, sottocaporale' (ma, propriamente, 'esentato (dal servizio di guardia)'), diffuso durante la dominazione austriaca del Lombardo-Veneto e rimasto col significato originario a Milano e Trieste (*fràiter*), mentre a Pavia si parla di *vice-fràitën* e nel veneto dalmatico di *ghefràiter* [Bondardo 1986; Doria 1987]. C.

**flàmba,** sm. (ligure-piemontese; a Novi L.: *flàmber*). 'Casa di tolleranza, bordello'.

Dal verbo volgare *flamber* 'coire', in francese *flamber* 'infiammarsi' d'amore. Anche l'altro significato del piemontese *flambé* 'rovinare, uccidere, disperdere' dipende da altrettante accezioni assunte dal verbo francese [FEW]. C.

**flambò,** sm. (piemontese), 'candela, candelotto'; (ligure-piemontese, a Novi L.), 'candela usata nei fanali delle carrozze'.

Dal francese *flambeau* 'torcia di cera portata a mano', dall'antico *flambe* 'fiamma', in latino *flammula* 'fiammella' [FEW]. C.

**flan,** sm. (piemontese; emiliano: Parma; lombardo: Milano). «Tortino. Sorta di budino o di tartara che si fa di vari ingredienti come carne battuta, patate ed altro, passata al colabrodo, poscia ridotta a forma di pasticcio e cotta a bagnomaria» (Malaspina 1856-59).

Dal francese *flan* 'tartara molle fatta di crema, farina ed uova', voce entrata in italiano: *flan* 'sorta di pasticcio cotto a bagnomaria' (fine XIX sec.) [DEI]. M.

**fléna,** sf. (romagnolo). 'Pavoncella, *Vanellus vanellus*'. A causa del suo verso lamentoso si dice che *l'è na fléna* ad una 'che si lagna sempre'.

Forse di origine onomatopeica per il verso lamentoso, come è avvenuto per il suo sinonimo italiano *fifa*. Da escludere una derivazione diretta dal latino *flere* 'piangere', pure di origine onomatopeica, che non ha avuto continuatori romanzi. C.

**flèpa,** sm. (emiliano e romagnolo; veneto e friulano: *filìpa*; toscano, in Garfagnana: *filippa*). 'Pronuba'; in talune località anche *cunnus* (→ *filìpa*).

Dal nome proprio *Filippa* [Migliorini 1927; Petrone 1976: 508]. M.

**flicà,** v. (friulano). 'Rattoppare', anche *flichicà*.

Dal tedesco *flicken* col medesimo significato, voce penetrata anche nel ladino-veneto con l'agordino *flichené*, *flichenà* 'rabberciare, rattoppare'; ancora, in friulano da *flicà* è stato tratto il deverbale *flic* che vale 'toppa, nelle vesti' e in generale 'pezzetto, di qualunque cosa' [Pellegrini 1972a]. M.

**flòco,** sm. (veneto: Venezia). «Piccola vela triangolare formata da parecchi teli, mancante del "da tera" poiché la vela da quel lato termina in punta» (Ninni 1964); il *floco*, detto anche *vela de fortuna* o *polachina*, viene adoperato dai bragozzi soltanto con grandi fortunali.

La voce corrisponde all'italiano *fiocco* 'vela triangolare collocata a prora' (dal francese *foc* con deformazione paretimologica per avvicinamento a *fiocco* 'annodatura di un nastro'); il veneziano *floco* ha come tramite probabile il catalano *floch* (in origine *foch* poi avvicinato a *floch* 'laccio') [*Dizionario di marina* 1937; DELI]. M.

**flur,** sf. (lombardo: Val Bregaglia). 'Panna, crema di latte', voce nota altrove nelle Alpi lombarde e nel Ticino con varianti come *fiór*, *fiùr* e con lo stesso significato.

Dal latino *flōs, flōris* 'fiore', nel senso antonomastico di 'parte migliore'; cfr. *fior di farina* [Bracchi 1983]. M.

**fò a busìa,** locuz. (ligure-piemontese: Novi L.). 'Alzarsi in volo compiendo ampi giri prima di prendere una determinata direzione per ingannare il cacciatore', come fa la beccaccia.

Alla lettera 'fare la bugia' per l'inganno preparato al cacciatore col finto volo. C.

**fò a pulàinta,** locuz. (ligure-piemontese, a Novi Ligure). «Si dice della trottola quando perde velocità ed esce dal suo asse verticale» (Magenta 1970).

Letteralmente 'fare la polenta', con allusione al modo di mescolare la polenta nel paiolo. M.

**foatè,** v. (piemontese). 'Frustare'.

Dal francese *fouetter* che ha lo stesso significato e che è entrato anche nel siciliano nella forma *fugattïàri* ma col significato modificato di 'aizzare, incalzare'. Dal francese deriva anche l'italiano *fuettare* 'il flettersi eccessivo in aria della lama del fioretto', tecnicismo della scherma [DEI; VES]. M.

**fòca,** sf. (laziale: Amaseno), 'buco negli argini dei corsi d'acqua, dove si rimpiattano i granchi'; a Ferentino 'apertura' in genere; (campano; molisano, ad Agnone: *féuca*), 'strangolamento, stretta alla gola'.

Dal latino parlato **fōx* come variante di *fāux* 'fauci' [REWS]. C.

**focaròtta,** sf. (salentino). 'Piccolo falò'. Questo si accendeva nei vari quartieri del paese, in ricorrenza di alcune feste.

Come le varianti *focareḍḍa* e *fucarazza* (ma quest'ultimo tipo arriva fino in romagnolo e come sm. plur. – *focaracci* – in laziale e marchigiano), è derivato dal latino *fŏcus* con l'aggiunta di diversi suffissi [Fanciullo 1973; Rohlfs 1956]. C.

**focoléto,** sm. (veneto, nel veronese). 'Parotite', anche *socoléto* (in Valpolicella) con scambio *f/s*.

Dal latino *fauces* 'gola', con mantenimento della *c* sorda intervocalica dovuto al dittongo *au* poi ridotto ad *o* [Bondardo 1986; Zamboni 1989: 397]. M.

**focu agrièstu,** sm. (calabrese: catanzarese). 'Eruzione cutanea al viso dei bambini' e nel calabrese centrale 'lignite'.

Propriamente "fuoco selvatico", dal latino *agrestis* 'agreste, selvatico, rustico' [DEI s.v. *agrèste*; Rohlfs 1977; LEI]. M.

**foèt,** sm. (piemontese; emiliano occidentale: *fuèt*; ligure: *fuétu*). 'Frusta': → *fo(i)étto*.

Dal francese *fouet* 'frustino', in origine di legno di faggio (dal latino *fagus*). In ligure *fuétu* ha assunto anche il significato di 'pezzo di cavo per assicurare tende o vele' passato all'italiano *fuétto* 'cordicella per legare i remi' [DEI; *Vocabolario delle parlate liguri*]. M.

**foéto,** sm. (ligure: La Spezia). 'Fossetta delle guance'.

Diminutivo di *fóo* 'foro, buco', deverbale di *foàe* 'forare'. C.

**fogàr,** v. (veneto: Valsugana; trentino; romagnolo: *fodghé*). 'Scavare, grattare la terra', 'grufolare del porco'.

Dal latino *fodicāre*, derivato di *fodĕre* col significato di 'scavare', bene documentato nei dialetti romanzi, soprattutto in Francia. Di qui anche il nome romagnolo della 'talpa', *fodga*. Si potrebbe risalire allo stesso verbo anche per le parole trevisane *fuga* 'cartoccio formato dalle foglie di granturco intorno alla pannocchia' e *desfugàr* 'liberare la pannocchia dal suo involucro di foglie' [Prati 1934: FEW; Màfera 1971-72]. C.

**fòggia,** sf. (pugliese; lucano; calabrese). 'Fossa dove si ripone il frumento', 'serbatoio di acqua largo e profondo', 'buca, fossa', 'carbonaia' (a Salve).

Dal latino *fovea* 'fossa': di qui anche il toponimo *Fòggia*, e → *fòibe*. Nel calabrese settentrionale è noto anche il diminutivo *feggiola* 'piccola fossa per piantarvi le viti' [DEI; Rohlfs 1977]. C.

**fognàre,** v. (toscano: Pistoia). 'Nevicare o piovere fittamente con vento'.

Denominale di → *fógno* 'vento furioso con nevischio', 'foschia particolarmente fitta che avvolge le montagne quando nevica'. C.

**fógno,** sm. (toscano), 'tempesta di neve'; (laziale: *fa(v)ùgno*; campano: *favùgnë*; pugliese: *fagùgne, faùgnë*), 'vento occidentale'; (ligure a La Spezia: *faógna*), 'stato di tempo sciroccale, caldo, con mare calmo e dal colore metallico'; (toscano, nel lucchese: *faonza* sf.), 'caldo avvampante, afa'; (abruzzese: *favùgnë, fahùgnë*), 'vento caldo; fiaccola; falò'.

Dal latino *favōnius* 'tiepido vento di ponente', da *favēre* 'favorire la crescita', perché col suo tepore aiuta i germogli [DEI; DELI]. C.

**fög servàdig,** locuz. sostant. (ticinese; anche *föi salvèdi*). 'Piccolissimo insetto autunnale, rosso, *Leptus autumnalis*; forma colonie compatte sul naso, sulle orecchie e intorno agli occhi delle capre; all'uomo provoca prurito intenso, ma passeggero'. Anche 'prurito' in senso figurato.

*Fuoco selvatico* è denominazione frequente per malattie di piante (*fuoco selvativo del tabacco*) e di uomini (per l''erpete') a causa delle loro manifestazioni sulla superficie offesa [Lurati 1968; Lurati-Pinana 1983].

F. MARTINI: *e per finire Mario che aveva addosso il fuoco selvatico se ne andò* (*Il fondo del sacco*, Bellinzona 1970, p. 68). – ID.: *la sua scoperta era la Mina dei Zurini, la quale aveva il fuoco selvatico fin sulle natiche* (*ibid.*, p. 133). C.

**fógu a ìntru,** locuz. (sardo). 'Modo di fumare il sigaro, introducendolo in bocca dalla parte tagliata e accesa'. Pare che questo modo sia originario della Sardegna fin dall'Ottocento (Maxia 1956).

Letteralmente 'con il fuoco nell'interno'.

G. ANGIONI: *Col suo toscano a fuoco dentro zio Felice Attilio riposava seduto sulla pietra del cantone* (*Lune di stagno*, Cagliari 1993, p. 34). C.

**foiàde,** sf. plur. (lombardo; ladino centrale: *foiàdes*). 'Tagliatelle, lasagne'. Al diminutivo le trentine *foiadete* 'tagliolini'.

Da *fòia* 'foglia', perché la pasta è tirata sottilissima, come in altri tipi simili, molto diffusi [REWS].

G. NUVOLETTI: *Galantemente il gentiluomo passò la scodella di foiade in brodo alla sposa. Ci mancava, adesso, che le femmine fossero servite prima dei maschi ... Mah! I veri signori, sono sempre un po' matti* (*Un matrimonio mantovano*, Vicenza 1972, p. 183). C.

**fòibe,** sf. (friulano). 'Cavità imbutiforme nelle rocce calcari', specialmente quelle dal Carso triestino. Nel Friuli orientale sono cavità circolari o elissoidali che si sprofondano d'alcuni metri nella nuda roccia e presentano sul fondo un terreno coltivabile. Il termine indica anche 'caverna, spelonca di montagna, entro la quale scorrono per lo più delle acque' e 'fossa artificiale intorno ai vecchi castelli o castellieri'.

Deriva dal latino *fŏvea* 'fossa', che si continua pure in altri dialetti (lombardo: milanese *fopa*, bresciano *pofa* 'buca' con metatesi; per forme meridionali →*fòggia*). Dal friulano la voce è passata nel veneto giuliano (*fòiba*) ed è entrata anche in italiano già nel secolo passato, ma è divenuta tristemente nota durante la seconda guerra mondiale, quando nelle *foibe* dei dintorni di Trieste e nelle regioni confinanti con la ex Jugoslavia venivano gettate le vittime delle rappresaglie politiche e militari [REW; DELI; *Dizionario di toponomastica*].

F. TOMIZZA: *Ma già fuggiva lungo la strada, il più distante possibile dal buio della foiba* (*La quinta stagione*, Milano 1965, p. 29). M.

**fòje,** sf. (abruzzese). 'Vigore, spirito, volontà di fare'.

Attestato anche in romanesco (*foja*) col senso di 'stizza', 'furia', è il continuatore del latino *furia*, di cui ha conservato un significato piuttosto diverso del toscano (e italiano) *fóia* 'libidine'. C.

**fòie da la brùma,** locuz. (trentino). 'Alchemilla, erba stella, *Alchemilla montana*'.

Letteralmente significa 'foglie dalla brina o rugiada' in quanto *bruma* designa entambi i concetti. La denominazione è inoltre analoga al francese *porte rosée* e al tedesco *Taubecherl* 'porta rugiada', oltre che all'agordino *ierba da la rożada* (o *da la gozha* 'dalla goccia'). Le foglie vellutate dell'alchemilla mantengono infatti a lungo le gocciole di rugiada e nei paesi valloni le gocciole di rugiada raccolte sulle foglie di questa pianta si adoperano contro le oftalmie [Pedrotti-Bertoldi 1930; Pellegrini-Zamboni 1982]. C.

**fojètta,** sf. (laziale; umbro; marchigiano; emiliano; romagnolo: *fujèta*; abruzzese: *fujèttë* e varianti). 'Misura di capacità'; può corrispondere a una caraffa da mezzo litro di vino, o a metà o anche a un quarto di boccale.

Per quanto ormai piuttosto in disuso, la voce è entrata anche in italiano (*foglietta*); proviene dal provenzale *folheta* di significato affine (nel marsigliese *fiouleto* 'piccola bottiglia'), a sua volta dal latino tardo *phiola*, variante di *phiala*, dal greco *phiálē*, e tardo *phióla*, 'coppa per bere' (ne dipendono anche il francese *fiole* 'bottiglia di metallo o vetro') con accostamento secondario a *foglia* [DEI; FEW; Mastrelli 1996]. M.

**fo(i)étto,** sm. (toscano: Arcipelago). 'Matafione del terzeruolo', termine marinaresco: →*foét*.

Applicazione tecnica del ligure *fuétto* 'frustino', dal francese *fouet* 'frusta, sferza' [Fanciulli 1979]. C.

**folàgna,** sf. (veneto: Verona). 'Peonia, *Peonia officinalis* L.'.

La voce non si spiega risalendo direttamente al latino *paeonia*, greco *paiōnia*, alla base dell'italiano *peonia*, veneziano *pedogna* ecc., ma è richiesta la mediazione della forma araba del fitonimo, cioè *fawāniyā* [Bondardo 1986; Zamboni 1989: 396]. M.

**folàr(e),** v. (veneto; veneto giuliano; trentino). 'Pigiare, calpestare l'uva'.

Dal latino tardo *fullāre* 'calcare con i piedi', termine assunto dai gualchierai per designare la follatura dei panni di lana, poi passato, per traslato, alla terminologia agricola dov'è di uso comune per la pigiatura dell'uva, mentre come parola dell'arte dei pannilani, molto ben documentata nel passato, s'è perduta [DEI s.v. *folla*[3]; Prati 1968; Bondardo 1986]. M.

**fòlc,** sm. (friulano). 'Fulmine', con l'imprecazione molto comune, usata spesso in tono familiare e scherzoso: *Folc ti trài! Folc lu trài!* 'Il fulmine ti pigli! Il fulmine lo pigli!'.

Continuatore eccezionale nelle parlate settentrionali del latino *fŭlgur* 'folgore' e nella forma del nominativo-accusativo; un parallelo del friulano *fòlc* pare si abbia infatti solo nel piemontese meridionale *sforgo*, *sfurgu* 'fulmine'. Il latino *fŭlgur* nella forma dell'obliquo *fŭlgure* è continuato in vari dialetti di area abruzzese e molisana nella forma *fróvëlë* e varianti, mentre derivati come il siciliano *fùrgaru*, *fùaru*, il pugliese (nel tarantino) *frùvolo* ed altre designano il 'razzo per fuochi artificiali', la 'cartuccia per armi da fuoco'. La rarità del tipo lessicale *fŭlgur* nel nord ma nel contempo la sua ampia diffusione in Friuli può essere dovuta alle caratteristiche della latinità aquileiese, arcaica, e da attribuire, pare, a coloni romani provenienti dalla zona mediana sannitica-sabellica [AIS; Frau 1986; Pellegrini 1992]. M.

**fólc,** sm. (lombardo, nel comasco). 'Moltitudine'.

Come l'antico piemontese *folc* 'gente' (e non anche il friulano come si legge in DEI s.v. *fólco*) si riconduce all'antico francone **fulk* 'moltitudine', voce che ha vari riflessi galloromanzi (anche antico francese *folc* 'truppa, moltitudine') e catalani [FEW]. M.

**fólco,** sm. (umbro, a Orvieto: anche *forco*; laziale, a Palliano: *furchio* e a Capo Bianco: *fójco*; abruzzese, a Caramanico: → *frùcchëlë*). 'Distanza tra la punta del pollice e la punta dell'indice della mano distesa'.

Impiego figurato del latino *fŭrca* 'forca' per la posizione delle due dita divaricate. C.

**folèt,** sm. (ticinese: val Verzasca; romagnolo: *fulèt*). 'Vento vorticoso', 'nodo di vento'.

Appartiene a quella serie di denominazione di fenomeni atmosferici tratte dai nomi di animali ed esseri fantastici, in tal caso riprende 'folletto' [Prati 1933]. C.

**fólpo,** sm. (veneto e veneto giuliano; romagnolo: *folp, foip*; emiliano, nel ferrarese: *fulp*). 'Polipo'.

Da una precedente forma *polpo* (dal latino tardo *pulpus*, derivato dall'incontro del latino *polypus* 'polipo' col latino *pulpa* 'polpa') con dissimilazione [DEI s.v. *polpo*; Prati 1968]. M.

**fondùa,** sf. (piemontese; valdostano). «Crema fatta con cacio dolce (*fontina*), stemperato e cotto con acqua e tuorli d'uovo» (Di Sant'Albino 1859).

Dal francese *fondue* 'fusa' (part.pass. di *fondre* 'fondere'); il dialettismo è entrato in italiano nella forma *fonduta* [Zolli 1986].

S. GOTTA: *La Tota uscì, chiuse la porta. Sul pianerottolo il maggiordomo Lorenzo l'attendeva per dirle che la cuoca voleva sapere se realmente occorresse servire a Sua Eccellenza la* fonduta *come secondo piatto. «L'ho detto già, ieri sera». «La cuoca insiste a dire che la* fonduta *senza tartufi è un piatto poco decoroso», «Sua Eccellenza, quando non ci sono i tartufi, come in questa stagione, mangia la* fonduta *col pepe. Dite alla cuoca che fra poco scenderò io in cucina»* (*Addio vecchio Piemonte*, Milano 1970, p. 43). – A. G. CAGNA: *Gaudenzio, stimolato dall'allegria, ordinò una fonduta con tartufi, malgrado le opposizioni di Martina che voleva sbrigarsi per uscire all'aria fresca* (*Alpinisti ciabattoni*, Torino 1972, p. 46). M.

**fóntego,** sm. (veneto). 'Negozio di stoffe; fondaco': → *fùndagu*.

Parola in origine di area veneziana, poi diffusa altrove nel Veneto, col significato di 'magazzino pubblico', deriva dall'arabo *funduk* 'magazzino, alloggiamento' (a sua volta dal greco *pandochêion* 'magazzino') alla base pure dell'italiano *fondaco*; la variante veneziana presenta uno scambio di sonorità tra le consonanti occlusive [Prati 1968; DELI; Bondardo 1986]. M.

**fòo sciàgro,** locuz. sostant. (toscano: Pisa). 'Lattime, malattia dei bambini'.

Letteralmente 'fuoco sacro', che è tutt'altra malattia [Malagoli 1939]. C.

**foravèrd,** sm. (romagnolo). «Nome di una gara che consiste nel saper conservare il più a lungo possibile, in tasca, verde o non sciupata, una foglia di sempreverde e ad essere pronti a farla vedere ogni volta che la persona con cui si è in gara chiede di vederla con la richiesta "*foravērd*". Anticamente la gara (generalmente tra fidanzati) durava tutta la Quaresima e si concludeva la domenica avanti Pasqua» (Ercolani 1971). L'uso è largamente documentato anche altrove.

Letteralmente *fura e' vērd* 'fuori il verde'; in qualche luogo romagnolo la gara è chiamata anche *foiaverd* 'foglia verde'. M.

**forèsi,** sm. (sardo campidanese, anche *furèsi, urèsi, gurèsi, vrèsi*). 'Panno di lana grossa tessuto in casa, bianco, ma generalmente tinto di nero o di olivastro'.

Deriva dal latino *forē(n)sis* 'campagnolo' da cui anche il corso meridionale *freśi, freśe* 'panno di pelo di pecora'; è la voce sarda tipica per indicare quel tipo di stoffa detta anche *orbace* (→ *albàche*), parola, questa, conosciuta in tutta l'isola, ma in Campidano poco usata rispetto a *forèsi* [DES]. M.

**forfecchióne,** sm. (umbro: San Giustino). «Malattia reumatica caratterizzata da una deformazione a forcina o da una sporgenza dell'osso sacro» (Polidori). Per questo in alcuni paesi del Lazio è chiamata *forcinella*.

Da *forfecchia*, nome dell'insetto caratterizzato da due pinze nell'addome, alle quali la malformazione viene comparata. Uno dei rimedi contro tale malattia infantile consiste, dice ancora il citato Polidori, nell'«ungere il fondo della schiena con olio di oliva nel quale sia stata immersa per una settimana la *forfecchia*». C.

**forlocà,** v. (lombardo). 'Imbrogliare le parole', 'parlare molto e male'.

Propriamente 'parlare tedesco, e per lo più malamente' (anche *parlà forlòc*), che si riallaccia all'antico nomignolo dei Tedeschi, *farlingotti* o *ferlingotti*, di formazione poco chiara [Baldelli 1952: 39; Migliorini 1952: 81].

C. DOSSI: *Leggèvano machinalmente o almeno credèano lèggere, ché, davvero, che forloccassero mai, Maggi neppure sarebbe riuscito a capire* (cit. in GDLI VI 165). C.

**fornèlo,** sm. (veneto). 'Frenello del timone'.

Sta per *fernèlo*, forma metatetica di *frenèlo* (da *freno*) con accostamento a *forno* [Cortelazzo 1970]. C.

**foróne,** sm. (toscano). 'Delfino'.

Derivato da *fèra* 'animale selvaggio', come assicura la variante *ferone*, probabilmente influenzata da *forare*, tanto è vero che a Rio Marina, nell'isola d'Elba, chiamano *foronata* lo 'strappo della rete provocato dal delfino' [Cortelazzo 1965; REWS]. C.

**foruscìto,** sm. (toscano: Pistoia). 'Persona molto trascurata nell'aspetto esteriore'.

Dall'immagine del *fuoriuscito* di un tempo, identificato nell'Amiata con il 'brigante, l'uomo che si è dato alla macchia'. C.

**fosenàl,** sm. (lombardo orientale: Bagolino, anche *fösenàl*). «Piccolo vano sporgente dal muro della casa in corrispondenza del focolare, ove durante il giorno le donne filavano, sferruzzavano, cucivano e rattoppavano» (Bazzani-Melzani 1988).

Deriva dalla voce dialettale locale *fösanä* (sf.) 'fuso per filare' (a sua volta dal latino *fūsus*) forma ampliata con suffisso, analoga al trentino *fusana* (raccolto a Tiarno di sotto, AIS]. M.

**fòsne na snò,** locuz. (ligure-piemontese: Novi L.). 'Riempirsi la camicia di frutti rubati'.

Letteralmente 'farsene una senata (*zna* in monferrino)'. C.

**fóte el càn,** locuz. verb. (piemontese: anche *fùti 'l càn*; emiliano: *fóter el càn*; laziale, a Roma: *sfótte er càne*). 'Filarsela, scappare, andarsene'.

Dal francese *foutre le camp* 'svignarsela'. Letteralmente 'lasciare il campo' [Nardin 1976]. C.

**fótre,** inter. (piemontese; emiliano: *fùter*; laziale, a Roma: *fùttre, fùtter, fùtre*). 'Caspita! accidenti!'.

È l'imprecazione francese *foutre!*, dal latino *fŭtuere* 'fottere' [Nardin 1976]. C.

**fottóne,** sm. (toscano: isola d'Elba). 'Maschio della mendola, quando va in amore'. Secondo altri è denominazione dello zerro, che va al → *montóne* (corso: *zèrru futtuóne*).
Dal latino *futuĕre* 'coire' [Cortelazzo 1965]. C.

**fotvènt,** sm. (romagnolo; sardo: *futtibèntu*). 'Gheppio, *Falco tinnunculus*'.
Letteralmente 'fottivento', epiteto che, come altri nomi simili, descrive «vividamente il gheppio sospeso in aria mentre batte rapidissimamente le ali» [Meiklejohn 1964]. C.

**frabbùttë,** sm. (laziale, a Serrone e Velletri: *frab(b)utto*, a Subiaco: *frabbuttu*). 'Ragazzo di poca età, moccioso'.
Propriamente 'farabutto'. Non deve meravigliare questo trapasso semantico negativo (cacofemismo), abbastanza comune: ce ne offrono esempi il tipo "matto, matta" 'fanciullo, fanciulla' della Valtellina e probabilmente
lo *sgugliato* 'ragazzo' (= 'sguaiato') di Velletri [Vignoli 1911; Pauli 1919: 188-191]. C.

**fràca,** sf. (calabrese, anche *fraga*, *flaga*, *flega*, *fleca*), 'grossa fiamma che si ottiene accendendo legna resinosa; mazzo di steli della stramba che serve da fiaccola; stramba, specie di graminacea'; (salentino: *fiàcca*), 'fiaccola, lucerna per la caccia notturna o (a Gallipoli) per la pesca notturna con la fiaccola'.
Le varianti presuppongono una forma anteriore **flaca*, da un bizantinismo *phákla*, a sua volta dal latino *facŭla* 'torcia, fiaccola' [DEI s.v. *àccia*$^3$; Rohlfs 1964 e 1977; Bigalke 1980]. M.

**fracanàpa,** sm. (piemontese), 'persona melensa, tonta', detto in tono scherzoso; (veneto), 'pazzerellone', 'sciocco'; (emiliano: *facanapa*), 'imbroglione, finto tonto'.
«Forse dal nome della marionetta veneta [*Facanapa*] popolarizzata dal burattinaio udinese Antonio Reccardini (più ancora che dall'antico Facanappa, uno dei "vecchi" della commedia)» (Menarini 1968). Secondario è l'accostamento al verbo veneto *fracàr(e)* 'premere, schiacciare', per cui l'etimologia proposta dal DEI (da *fracàr* 'rompere' e *napa* 'naso') è da rivedere sulla scorta di un'altra interpretazione (da *fa* imperativo e *canàp(i)a* 'nasone' per il caratteristico naso da pappagallo) [DEI; Prati 1968; Bondardo 1986]. C.

**fraccòttu,** sm. (siciliano). 'Specie di giubbone ridotto, piccolo e leggero'.
Si tratta di un incrocio di *frac* 'marsina', dal francese *frac* (a sua volta dall'inglese *frock* 'abito'), con l'inglese *frockcoat* 'finanziera; giacca lunga a doppio petto' [Zamboni 1986]. M.

**frachétta,** sf. (calabrese: San Giovanni in Fiore). 'Apertura dei pantaloni' col modo: *si l'ùrtimu buttune 'e a frachetta* 'sei l'ultima ruota del carro'.
Variante di *brachetta*, *vrachétta*, secondo l'evoluzione fonetica locale del nesso *br-*. C.

**fràdo,** agg. (toscano, anche *frèdo*; umbro, marchigiano e veneto: *fràido*; friulano: *fràit*; ladino centrale: *fret*, *frat*; ladino-veneto: *fràidhu*) 'Fradicio'.
Dal latino *frăcidus* 'molto molle' senza lo scambio di consonanti, che si riscontra nell'italiano *fradicio* [REW; REWS; Rohlfs 1979]. C.

**fragàri,** v. (calabrese meridionale; siciliano). 'Rumoreggiare (del mare)'.
Dal latino parlato **fragāre* tratto da *fragor*, *-ōris* 'rumore' [DEI s.v. *fragare*; REWS]. M.

**fràgu,** sm. (calabrese). 'Riva del mare', anche *frau*, con la locuz. calabrese meridionale *èssiri a frau d'acqua* 'essere pronto a fallire'.
Dal latino parlato **fragum* 'frattura; luogo della frattura' (dal latino *frangĕre*); da un latino parlato **fragāre* 'rompere' dipendono il siciliano *sfragari* ed il calabrese *spragari*, *sciagrare* 'sprecare, sciupare' [DEI s.v. *frago*; REWS; Rohlfs 1977]. M.

**frajà,** v. (calabrese, anche *frejare*; campano, nell'irpino; molisano; piemontese: *sfraṡé*), 'abortire'; (salentino: *affrajatë* agg.), 'abortito (di un frutto)'; (veneto, trentino, lombardo, nel bresciano: *fraṡàr*), 'calcare, comprimere'; (corso: *fražžà*; ligure, nel genovese: *fražžà*), 'consumare, sciupare'; (sardo, nel gallurese: *fragghià*), 'sconciarsi'; (sardo, nel logudorese settentrionale: *fražare*), 'consumare, rodere'; (laziale, nel romanesco: *frajasse*), 'guastarsi, andare a male'; (siciliano: *fraiàri*), «frangersi, dell'onda; guizzare dei tonni dento le camere della tonara» (Piccitto 1985).
Si tratta di voci ricondotte generalmente al latino *fragium* 'rottura' [REW; DEI s.v. *fraiare*; DES; REWS]. M.

**frajìme,** sf. pl. (marchigiano: San Benedetto del Tronto). 'Repentine variazioni meteorologiche nell'autunno'.
Probabile prestito dal veneto: → *fraìma*. C.

**fràila,** sf. (trentino), 'signorina nobile, signorina'; (trentino, nel roveretano; lombardo, nel milanese), 'donnaccia da campo'; (piemontese: *fràola*, *fràula*), «moglie o figlia di un soldato» (Gribaudo-Seglie 1972-75).
Voci ormai desuete, sono un prestito dal tedesco *Fräulein* 'signorina' [DEI s.v. *fràola*; Prati 1968; Brero 1982]. M.

**fraìma,** sf. (veneto, a Chioggia, anche *frìma*), 'stagione d'autunno, verso i primi freddi (i primi di novembre)'; (veneto settentrionale *fardima*, *farnima*), 'autunno'; (romagnolo: *frèma*), «periodo di tempo – dal 15 settembre al 15 dicembre circa – in cui nel ravennate i pescatori calano i cogolli per catturare le anguille che escono dalle valli» (Quondamatteo 1982).
Dal latino *frigĭdus* 'freddo' attraverso un derivato del latino parlato **frigidīma*; *fraìma* e *frima* del chioggiotto e *frèma* del romagnolo sono dovute a progressive riduzioni della base latina fino a **freima* [Merlo 1904; Prati 1968].
P. De Domenico: *Il vecchio veniva tutti gli anni sull'Isola dei Gabbiani nel periodo della "fraìma", che segnava il momento più classico ed intenso della pesca locale, ed era la pesca del pesce novello che si compiva con la solennità d'un rito* (*La barca dorata*, Gardolo di Trento 1989, p. 19). M.

**fraiulìt,** agg. (marchigiano: Petriano). 'Indebolito, malaticcio', riferito ai polli che *fan el friùl, mètne su el mantèl*.
Dalla diffusa locuzione marchigiana → *fa el fraiól*, letteralmente 'fare il ferraiolo' [Balducci 1989]. C.

**francavigghiòtu,** sm. (siciliano). 'Seccatore'.
Dipende dalla frase *Sta cosa è vinuta da Francavigghia*, Francavilla, nome qui usato, come del resto lo stesso *francavigghiòtu*, solo per bisticcio perché accostato all'aggettivo 'franco' nella forma siciliana: *francu* 'esente [dal pagare, nel nostro caso]'; cfr. il siciliano *mancia francu* 'scroccone' (letter. 'mangia franco, libero') [Prati 1936]. M.

**franclìn,** sm. (lombardo: Mantova, Milano; a Pavia: *fràncol*), 'specie di caminetto sporgente, fatto in modo che il fumo riscaldi prima di avviarsi nella gola'; (piemontese: Pancalieri), 'pezzo di legno da bruciare'.

Dal nome dell'inventore, l'americano Beniamino *Franklin*. Il nome pavese è ricostruito da *franclìn*, sentito come diminutivo [Salvioni 1899; Migliorini 1927].

C. Arrighi: *Noemi dopo aver deposto nella camera da letto il cappello e il soprabito, stava per avviarsi verso la sala a far la solita lettura prima di pranzo al buon vecchio che la aspettava; ma ristette* [...] *Si sedette dinanzi al* franklin *nel suo gabinetto, posò il mento sulla palma, e si mise a meditare sulla propria situazione* (*La scapigliatura*, ed. a cura di G. Farinelli, Milano 1978, p. 329). – G. Nuvoletti: *Questo salotto era per lei di una finezza da capogiro, riscaldato da una stufa speciale che le nobilissime chiamavano* frànclin*: superbo monumento di maiolica verde, che mandava calore senza far fumo* (*Un matrimonio mantovano*, Vicenza 1972, p. 39). c.

**frandìgolo,** sm. (veneto, nel padovano, anche *frondìgolo*, nel vicentino: *franžégolo*). 'Fionda'.

Dal latino *fundibŭlum* 'fionda', con influsso del tipo *fronda* 'fionda' attestato nel veneto (veronese) e veneto istriano (a Parenzo), che richiede un latino parlato **fundŭla* attraverso **fundla*, poi **flunda* con metatesi e **frunda* con rotacismo; da **flunda* procede il tipo *fionda*. Una forma con rotacismo è presente anche nel piemontese che ha *franda* 'fionda', voce che verosimilmente non procede direttamente da **frunda* ma sarà piuttosto un deverbale da **frondà* (una forma *(s)frandà* vi è attestata nel senso di 'lancio di pietre'; *franda* si usa anche nel modo di dire *fé le còse con la franda* 'fare le cose in fretta'). Da **flunda* dipenderà il veneto (a Trieste) *flonda*, a meno che non sia un «vezzo friulaneggiante» (Doria 1987); non va comunque considerato prestito dal friulano che ha la forma *fionde* [rew; dei s.v. *cerendégolo*; Prati 1968; Gribaudo-Seglie 1972-75]. m.

**frandunàru,** sm. (calabrese). 'Merciaiolo ambulante (che vende tessuti)'.

Derivato dal calabrese *frandìna*, *frannìna*, 'pannolano pesante e rozzo (tessuto in casa)', da un **flandrina* 'stoffa di Fiandra' o da *ferrandina* 'tessuto di tela scadente' [Rohlfs 1977; Valente 1995]. m.

**franfellìcche,** sm. plur. (campano, a Napoli: anche *fanfrellicche*), 'ninnoli, bagatelle', 'zuccherini preparati con miele e giulebbe'; (veneto, a Padova: *franfriche*), 'dolce a base di melassa, tiramolla'.

Dal francese *fanfreluche* sf. 'bagatella, inezia', propriamente 'fanfaluca' e, come questa, risalente al greco *pomphólyx* 'bolla d'acqua' [few].

S. Di Giacomo: *Un vecchio che cerca invano un pezzetto di sole per la sua panchetta* di franfellicche (*Le poesie e le novelle*, Milano 1952$^2$, p. 675). – D. Rea: *Puoi portarci una stecca di franfellicco o un sacchetto di bucce secche di melone da friggere o un orcio di acqua benedetta* (*Ninfa plebea*, Milano, 1992, p. 28). c.

**frappàre,** v. (calabrese settentrionale, anche *frappà*). 'Schiacciare'.

Per il dei è un prestito dall'antico francese *frapper* 'colpire' (di etimo controverso, è ricondotto dal few ad una base *frap-*, dal rew al latino *faluppa* 'scheggina; fibra di paglia', dal dei ad un francone **hrappan*), passato al piemontese *frapé* «percuotere, scuotere, colpire, meravigliare, ingannare» (Gribaudo-Seglie 1972-75). m.

**fràsa,** sf. (veneto; lombardo, nel bresciano). 'Nevischio; rugiada, brina'.

Dal latino *fragium* 'frattura' o, meglio, dalla forma **frageus*, con probabile allusione al rumore prodotto calpestando la brina e la neve, specie quella ghiacciata [rew-sf; Bondardo 1986; Zamboni 1989: 397]. m.

**frascar(i)élli,** sm. plur. (toscano; umbro; marchigiano; abruzzese: *frascarillë*), 'pasta fatta in casa, senza uova'; (toscano, a Pistoia: *frascarèlle*, sf. plur.), 'specie di frittelle di farina dolce'; (abruzzese: *frascarièllë*), 'polenta morbida'.

Dal latino parlato **fraxicāre* e poi **frascāre*, con la stessa radice di *frangĕre* 'ridurre a pezzi': infatti, secondo il Chiappini 1945, che la dichiara «nome e cosa importati a Roma dai paesi vicini», la pasta ammassata si stropicciava, formando come dei riccioli [Belli 1927-29; Ugolini 1988-89]. c.

**frascìna,** sf. (salentino, anche *frascinë*; pugliese: *frasciòinë*, *frasciàiënë*). 'Calcinaccio', 'sfasciume; terrame; macerie'.

Da un latino **fragīna* 'l'azione di rompere', 'frammenti' (da *frangĕre*); le voci salentine *frasciddu*, *fraciddu* 'frantumi di pietre frammisti con terreno' e *rasciddu*, *rasciddë* 'terreno tufaceo ricco di piccole pietre', 'ghiaia', al plurale 'frantumi di pietrame', 'sassolini misti a rena grossa', si possono spiegare con una contaminazione di *frascina* col salentino *rapiddu* (dal latino *lapĭllus*) 'ciottolino' [Alessio 1976]. m.

**fratón,** sm. (emiliano: Gropparello). 'Specie di fungo (ritenuto) non commestibile'.

Accostamento a 'frate', come nel pavese *frè*, del tipo, molto diffuso, *ferraio*, così chiamato perché si supponeva nato sopra al ferro e, perciò, secondo un'antica credenza, velenoso [Petrolini 1989-90]. c.

**fra Ventùra,** sm. (toscano: senese). 'Vento', specialmente quando arriva improvvisamente e fa sbattere le imposte.

Giocosa personificazione suggerita dall'assonanza di *vento* e *ventura*. c.

**fré,** sm. (piemontese). 'Spesa, danno; costo del gioco; quota da pagare per poter giocare o beneficiare di qualcosa', col modo di dire *fé ij fré* 'fare le spese, rimetterci'.

Dal francese *frais* che ha analogo significato, derivato a sua volta dal latino *frangĕre* 'rompere' [Levi 1927; few; Gribaudo-Seglie 1972-75; Brero 1982]. m.

**freàrżu,** sm. (sardo logudorese; campidanese *friàrgiu, friàżu*) 'febbraio'.

Esiti del latino *februārius* 'febbraio' [des]. m.

**frèchja,** sf. (ticinese: val Bedretto). 'Sbarramento al corteo nuziale, il quale può proseguire solo dopo il pagamento di una mancia ai giovani, che lo hanno costituito'.

Dal latino *fracta* 'rottura', origine che si comprende meglio, se si pensa che ha lo stesso nome di *frèchja*, la 'protezione di terra o muratura', su cui si *rompe* la valanga [Lurati 1968]. c.

**fregantògno,** sm. (marchigiano: Arcevia). 'Mescolanza, confusione'.

Dal francese *fricandeau*, miscuglio di vivande diverse cotte insieme, con intrusione di *Ntògno* 'Antonio' [Crocioni 1906]. c.

**fregaòc',** sm. (trentino, in Val Rendena). 'Indice'.

Propriamente 'stropiccia occhi'. m.

**freghelìte,** sf. plur. (pugliese; salentino con numerose varianti). 'Bollicine fitte e diffuse sulla pelle, eritema'.

Dal latino tardo *frigorĭticus*, risalente a *frīgor, -ōris*, 'che produce brividi (di febbre)', in quanto l'eruzione cutanea si considera connessa con malattie o accessi febbrili [Valente 1978; Reho 1988-89]. c.

**fréléchë,** sf. plur. (laziale). 'Smania, irrequietezza'.

Plurale di *fréléca* 'fregola' (con metatesi), usata nella locuzione *ì 'nfréléca* 'andare in fregola', dal latino *fricāre* 'fregare', perché al tempo della riproduzione i pesci si fregano sui sassi [Vignoli 1911 e 1926; DELI]. C.

**freschèri,** sm. plur. (trentino: Val di Cembra). 'Villeggianti'.

Da *fresco* perché vanno a godersi il fresco della montagna, da cui anche il modo di dire *i vèn ai fréschi* 'vengono in villeggiatura' in uso nella stessa Val di Cembra [Aneggi 1984]. M.

**freschìn,** sm. (veneto; veneto giuliano; friulano; trentino; lombardo; piemontese). 'Lezzo, odore sgradevole di pesce e di uova sulle stoviglie'.

Da *fresco*; si confronti lo spagnolo *fresco* 'sgradevole', *frescal* 'che non è del tutto fresco (del pesce)'; fantasiosa l'etimologia dal latino *fracesco* 'infracidisco' (come si legge in Boerio 1856). Con diversa formazione, da *fresco* si hanno altre voci dialettali di significato analogo a *freschìn*: si tratta di *freschìme* (veneto giuliano, a Capodistria), *frescùm* (emiliano, a Parma e Piacenza), *refrescùme* (ligure, *frescürasu* ad Albenga) [DEI; Plomteux 1975; Prati 1968; Bondardo 1986; *Vocabolario delle parlate liguri*].

S. ZANOTTO: *L'acqua era certamente potabile, ma doveva venire da qualche pozzo del Delta, perché puzzava di quell'odore indefinibile che i veneti chiamano freschìn* (*Delta di Venere*, Milano 1975, p. 144). M.

**frescóne,** sm. (laziale; umbro). 'Buono a nulla, sempliciοne'.

Eufemismo per 'distrazione' del seguito della prima sillaba di *fregnóne*, derivato da *frégna* 'genitale femminile', col frequente passaggio da questo (o dal corrispondente maschile, come in *cazzóne*) a 'persona stupida e inetta'.

L. BARTOLINI: *V'è il cattivo letterato, il frescone, e che è quello che ha brama di correre, di strafare, di arrampicarsi su per le giarrettiere, come un aracnide, delle gambe della fortuna* (cit. in GDLI VI 356). C.

**fresèlla,** sf. (abruzzese: *frësëllë*; campano, con varianti; salentino: *frisèḍḍa*, con varianti). 'Piccolo pane biscottato'.

Diminutivo di *frisa* 'pane rotondo biscottato', dal latino *frēsus* 'tritato, sminuzzato' [REW; DEI s.v. *frésa*; Rohlfs 1956; REWS].

F. MANNO: *Per masserie e giardini raccoglieva legumi, fichi secchi, friselle, farina* (in *Narratori di Puglia e Basilicata*, a cura di M. Sansone e S. Paolo, Milano 1966, p. 296). C.

**frespénga,** sf. (campano: Irpinia; lucano: *fresìng*; calabrese: *frusinga* e varianti; siciliano: *frisinga*). 'Scrofa, che non ha ancora figliato', 'maialetto di un anno'. In antico è documentato anche in milanese e in Emilia e Romagna, oltre che in altri dialetti romanzi.

Dal germanico *friskinga* 'maiale giovane', che sopravvive negli attuali dialetti tedeschi (*frisch(l)ing*) [FEW; DEI; VES]. C.

**fricàri,** nella locuz. *fricàricci mussu mussu* (siciliano). 'Strofinare sul muso', in senso figurato, anche 'brontolare sul muso'.

Particolare applicazione del verbo *fricare* 'sfregare', dal latino *fricāre*, che ha lo stesso significato.

V. BRANCATI: "*Il mio vecchio zio*", *disse*, "*non riconosceva le persone, e, quando c'erano visite a casa sua, s'avvicinava alle signore quasi a fricarle il muso nel muso*" (*Don Giovanni in Sicilia*, Milano 1943, p. 139). C.

**friciolìn ,** sm. (piemontese). «Frittella», e in senso figurato anche «ragazza piccola» (Ghibaudo-Seglie 1972-75).

Deriva dalla voce dialettale *friciolè* 'friggere' a sua volta dal latino *frictus* 'fritto', con palatalizzazione del nesso *ct*. M.

**fricò,** sm. (piemontese; lombardo: Valtellina). 'Specie di stufato'.

Dal suo nome francese *fricot* (dal verbo latino *frigĕre* 'friggere', 'arrostire'), introdotto direttamente in Piemonte e dagli emigranti in Francia e Svizzera in Lombardia [Bianchini 1994]. C.

**frìco,** sm. (friulano). 'Pietanza formata da formaggio cotto, finché diventa croccante, nel burro o nel lardo', molto in uso specialmente in Carnia.

Deriva certamente dal verbo latino *frīgere*, friulano *frìzi* 'friggere', ma sembra trattarsi di una forma di singolare costruita su un plurale del tipo **fris*. M.

**frid,** inter. (ticinese). 'Alt, basta'. Ordine dato a due contendenti di interrompere la zuffa.

Dal tedesco *Friede* (pronunciato *frīde*), letteralmente 'pace' [Salvioni 1906]. C.

**frìggere,** v. (toscano: Garfagnana). 'Aver la pelle d'oca'.

Dal latino *frigēre* 'aver freddo' ma con influsso paretimologico di 'friggere'; alla stessa base latina si riconduce l'abruzzese (aquilano) *šfrizzulinu* 'ventolino diaccio' [REW; DEI; REWS]. M.

**frìgna,** sf. (veneto, anche *frégna*, *fégna*; lombardo, a Mantova: *figna*; emiliano, romagnolo: *fégna*; toscano, nel pistoiese, a Montale: *fénia*). 'Pagliaio', anche 'stipa'.

Dal latino *fēnia* 'di fieno', con epentesi di *r* nelle forme venete [Prati 1968]. M.

**frignàcule,** sf. (friulano, con varianti). 'Parietaria, erba vetriola, *Parietaria officinalis* L.'.

Tipo lessicale sconosciuto fuori del Friuli ed etimologicamente non del tutto sicuro benché sia plausibile un accostamento a verbi friulani quali *frugnà*, *furigà* 'frugacchiare, frugare, sfregare' (dal latino parlato **furicāre*) con allusione all'aspetto ruvido della pianta (in particolare delle foglie e della capsula) e alle sue applicazioni abrasive [Pellegrini-Zamboni 1982: 489]. M.

**frigolité,** sm. (lunigianese). 'Pizzo che raffigura un insieme di anellini attorno ad un anello più grande'.

Dal francese dell'Ottocento *frivolité* 'tipo di pizzo di cotone' per espansione del significato originario di 'cosa frivola' [FEW; DEI]. C.

**frìngulu,** sm. (calabrese; siciliano: *frìnduli*, *frìnnuli*). 'Ritaglio di stoffa, cencio', in calabrese coi derivati *fringuliari* 'tagliuzzare' e in area meridionale *fringa* «fascia di lino, striscia, ritaglio, ogni striscia in cui si taglia la cotenna del maiale» (Rohlfs 1977) e con l'espressione *fari frìnguli frìnguli* (a Vibo Valentia) 'ridurre a brandelli, malmenare'; in siciliano col derivato *frinnuliàri* 'lacerare, fare a pezzi'.

Dal latino parlato **affringulāre* 'rompere, sfracellare' iterativo di *affringĕre* 'rompere qualcosa, fare a pezzi' [DEI s.v. *frìngulo*; REWS]. M.

**friscanzàna,** sf. (siciliano; calabrese meridionale). 'Aria fresca, frescura, vento freddo', nel siciliano con le espressioni «*pigghiari na bbona f.* 'buscarsi un raffreddore', *ccuminciari a-ssèntiri la f.* (a Casteltermini) 'cominciare ad aver paura'» (Piccitto 1985).

Da *fresco*, con sovrapposizione di → *chiaranzàna*; altro rifacimento è il campano (irpino) *terrazzana* 'vento freddo, tramontana (che spira da terra)' [DEI s.v. *frescanzana*; Rohlfs 1979]. M.

**friscàtuli,** sm. plur. (calabrese). 'Farinata, vivanda fatta d'acqua e farina di ceci', 'polenta', 'chiacchiera', anche *frascàtuli* e sf. sing. *frascàtula*, *friscàtula*.

Le voci derivano da 'frasca' per la somiglianza con ramoscelli recisi; cfr. anche il toscano *frascarello* 'quantità di frittelle e di farina dolce' ed a Pistoia *frascarelle* 'minestra di pasta grattugiata' [DEI; Rohlfs 1977]. M.

**frìsole,** sf. (campano: a Napoli). 'Denari'.

Dallo spagnolo *frijoles*, propriamente 'fagioli', da cui l'italiano antico *frisole*, qualità di 'fagioli' spagnoli, attraverso un passaggio semantico determinato dalla presenza di *fasule* 'fagioli' e, con un traslato, anche 'denaro', come dimostra l'esistenza di *sfasulatu* 'squattrinato' nel medesimo dialetto [D'Ascoli 1972]. M.

**frócia,** sf. (siciliano, anche *fróscia*), «frittata di uova con cacio, pane grattato, prezzemolo, menta e sale» (Piccitto 1985), in qualche luogo 'frittata di patate'; in diverse zone designa pure la 'meta di bovino o di essere umano', un 'errore dalle conseguenze spiacevoli e spesso irreparabili'; (calabrese: *frosa*), 'frittata molto ordinaria di farina e acqua' e ancora 'bovina quasi liquida', 'grosso spurgo catarrale'.

Secondo Rohlfs le voci si potrebbero attribuire all'antico francese *froissier* 'spezzarsi' (dal latino parlato **frustiāre*), da cui il francese dialettale *frouche* 'passato di verdura o altro' [FEW; Rohlfs 1977a]. M.

**fróda,** sf. (ticinese; lombardo nordoccidentale; piemontese nordorientale). 'Torrente montano, cascata'.

Riflessi di una base prelatina (gallica) **frūta* 'ruscello'; nella Valle Anzasca è nota anche la variante *frola* che richiede un derivato **frutŭla*; nella Val d'Ossola è presente anche il denominale *froà* 'gocciolare' [AIS; DEI; REWS]. M.

**fròld,** sm. (lombardo; emiliano). 'Argine in cattivo stato, scalzato dalla corrente'.

Dal latino *frăus, -dis* 'frode', nel senso di 'sottrazione' furtiva della riva [Serra 1927-28].

R. Bacchelli: *Quando fu a distanza conveniente, più discosto che in tempi buoni, per non danneggiare il froldo, buttò una cima ai lavoranti* (*Il Mulino del Po*, I, Milano 1946, p. 274). C.

**frónc,** agg. (marchigiano: Urbino). 'Che respira con difficoltà'.

Voce onomatopeica da collegarsi con il verbo *sfronchjé* 'russare' [Aurati 1983]. C.

**frónna de lla mèiza,** locuz. (abruzzese: Vasto). 'Agave, *Agave americana* L.'.

Letteralmente 'foglia della milza', così detta perché, posata sull'addome dell'ammalato, serve a lenire i dolori e guarire l'ingrossamento della milza [Massetti 1993]. C.

**fróva,** sf. (emiliano: Magreta). 'Latte, che si dà al prete il dì dell'Ascensione'.

Il confronto con l'antico modenese *frua* 'frutto che si ricava dalle vacche ecc.', ci permette di riconoscervi un continuatore, fra i tanti attestati nei dialetti italiani, del latino *frux*, genitivo *frugis*, 'rendita', 'prodotto' [REW]. C.

**frubbecià,** v. (laziale; campano: *fuorfecejàre*; pugliese, ad Andria: *freccìuèie*). 'Far chiacchiere maligne sul conto di questo e di quello', 'malignare, sparlare', come nel calabrese *fare a fuórfice*; a Molfetta, *fùerce* vale 'forbici' e 'maldicenza' (Scardigno 1963) e lo stesso nel bitontino *fùurce* (Saracino 1957).

Letteralmente *(s)forbiciare* con il frequente uso metaforico di 'tagliare (i panni addosso ad uno)' [REWS]. C.

**frùcchëlë,** sm. (laziale: anche *frùcculë, fùrcuiu, fòrcalo*, a Paliano: *fùrchio*). 'Spazio tra il pollice e l'indice bene aperti'.

Dal latino parlato **fŭrculus* (con metatesi) 'piccolo forcone' derivato da *fŭrca* 'forca' per l'immagine, che risulta dalle due dita divaricate, come confermano il parallelo marchigiano (Arcevia) *forciéllo* e l'abruzzese *fòrchë* con lo stesso significato di misure [Giammarco 1985]. C.

**fruscià,** v. (campano; pugliese; calabrese: *frusciare*). 'Dissipare, sciupare, sperperare'.

Traslato del significato proprio 'scorrere, fluire', deverbale del latino *fluxus* 'lo scorrere', rimasto nel siciliano *frusciari, flusciari* 'sgorgare', 'fluire, colare', anche se non si può escludere l'intervento di un latino parlato **frustiāre* 'ridurre in briciole, sminuzzare' [REW; REWS].

R. Nigro: *Lei ribatteva «Ladro, farabutto e ricottaro tutto mi hai rubato e tutto ti sei frusciato»* (*Dio di Levante*, Milano 1994, p. 34). C.

**frùšculu,** agg. e sm. (calabrese anche *ferùsculu*; siciliano: *malu frùsculu* e sf. *màla frùscula*), 'furfante'; (pugliese, a Bitonto: *frušche*), 'mala femmina, donna cattiva, volgare'; (calabrese: *malu frùšculu*), 'spirito notturno'.

Tutti ampliamenti semantici del senso primitivo di '(piccolo) animale selvatico', dal latino *ferus* nella supposta sua forma diminutiva **feruscŭlus* [DEI s.v. *ferùscolo*; Alessio 1976; Rohlfs 1977].

R. Nigro: *solo morta guarderò la tua Tebalda. Anzi, tienimi per morta, finché non sarai tornato qua senza la fruscula e battendoti il petto* (*La baronessa dell'Olivento*, Milano 1990, p. 94). – D. Maraini: *Saro non lo sopporta per quella sfacciataggine di "malafruscola" che trova insopportabile. Ma nello stesso tempo ne ha paura. Si direbbe che non sa se affrontarlo o blandirlo* (*La lunga vita di Marianna Ucrìa*, Milano 1990, p. 174). M.

**frut,** sm. (friulano). 'Bambino, ragazzo'.

Dal latino *frūctus* non attraverso l'immagine letteraria e biblica *fructus ventris tui*, bensì per tramite di un friulano *frut* 'piccolo d'animale', non attestato, ma ricostruibile, di cui restano tracce nel friulano stesso nell'aggettivo *frutaròle* 'feconda (detto di vacca)', nel verbo, ormai desueto, *frutà*, 'figliare', ed in un *frutàr* con il medesimo significato documentatoci nei dialetti veneti dell'Istria. Anche il comelicano *froc'* 'bambini', che dovrebbe avere la stessa etimologia, è una prova della maggiore estensione di *frut* 'bambino' nel passato, poi sostituito dal altri tipi lessicali. Si tratta dunque di un termine appartenente originariamente all'ambiente agricolo-pastorale: *frūctus* 'piccolo d'animale', 'feto', 'vitello' è la rendita agricola per eccellenza come il *frūctus* dell'albero, il *frūctus* delle api (miele), i latticini, i nati dagli schiavi (già in Cicerone), poi servi ecc. [Doria 1979 e 1979a]. M.

**fùbbio,** sm. (marchigiano: Fano). 'Polipo, *Eledon moschatus*'.

Da una ipotetica forma **fublu* per un precedente **fulbu*, che si allineerebbe bene con gli altri tipi marchigiani *folpo, furbo, furbu*, verosimilmente accattati da Venezia, dove → *fólpo* è forma dissimilata del latino *polypus* 'polpo' [Belli 1927-29]. C.

**fucàre,** v. (calabrese settentrionale, a Caccuri). 'Otturare, tappare'.

Riflette il latino *-focare* che è presente in varie formazioni, come *offucāre*, *offocāre* 'strangolare, soffocare', e che deriva da *fox* per *faux* 'fauce' [DEI; Rohlfs 1977]. M.

**fucùne,** sm. (salentino). 'Fuco', 'verme che danneggia il tabacco', 'verme che distrugge le radici degli ortaggi', anche *fucòne*, *cufòne*, *cofuna* con metatesi.

Dal latino *fucōne* per il più comune *fūcus* 'fuco' [Alessio 1976]. M.

**fuènza,** sf. (toscano: lucchese). «Male che prende molti in un paese, malattia che rovina qualche specie di frutto d'albero» (Nieri 1902).

Da *influenza* per quella associazione di malattie da pianta a uomo (→ *pronòspera*, → *provènza*) e da uomo a pianta, come in questo caso, che è caratteristica del mondo contadino. C.

**fuflà,** v. (friulano). «Soffiare, detto del bollore della farinata di granturco o di altro intriso assai denso», quindi «masticare o pronunciar male le parole, in modo che le sillabe escano sibilanti in *f*. Qualche volta dicesi ai bambini che parlano male» (Nuovo Pirona 1935).

Il punto di partenza originario del verbo è verosimilmente il latino *sufflāre* 'soffiare', da cui il friulano *soflà*, con successivo ritocco della consonante iniziale non soltanto per una spinta assimilatoria regressiva, ma anche per incontro con verbi di origine imitativa con *f-* derivati da una base elementare *fuff* (tra i quali per esempio il veneto *infufàrse* 'stizzirsi'), che deve aver indicato anche articolazione scorretta della consonante, come nell'italiano *farfugliare* [Pellegrini 1987a]. M.

**fugàstro,** agg. (toscano; a Carrara: *fugàster*). 'Poco socievole, incline a isolarsi'.

Estensione di un significato applicato più spesso agli animali domestici, che hanno paura delle persone, dandosi alla *fuga* alla loro presenza. Il suffisso *-astro* qui ha valore attenuativo. In italiano antico *fugàstro* voleva dire 'fuggitivo'. C.

**fugattùni,** nella locuz. *a fugattùni* (siciliano). 'Affrettatamente'.

Dal verbo siciliano *fugattiàri* propriamente «incalzare le bestie o con cani, o senza in luogo angusto, dal quale non riesce facile il fuggire» (Mortillaro 1838) [VES]. M.

**fugliaròla,** sf. (piemontese: Alessandria; lombardo, a Brescia, e trentino: *fojaròla*; veneto, a Treviso *fogiaròla*; friulano: *fojaròle*). 'Scotano selvatico, sommaco, *Rhus cotinus* L.'

Letteralmente 'piccola foglia'. La denominazione sta probabilmente ad indicare l'importanza della foglia in questa pianta, perché veniva raccolta accuratamente e venduta per la concia delle pelli. Oltre a quest'uso le foglie servivano per fare delle infusioni contro le enfiagioni del collo e della gola [Penzig 1924; Pedrotti-Bertoldi 1930; Pellegrini-Zamboni 1982]. C.

**fùiše,** sf. (ligure: Pigna), 'sorgente': *fùiše d'àiga* 'sorgente d'acqua'; (campano, a San Donato: *focë*), 'precipizio, dirupo'.

Dal latino **fōce* per *fāuce* tanto 'fauci', quanto 'foce' [REW; Merlo 1941-57; REWS]. C.

**fuitìna,** sf. (siciliano). «Fuga di due innamorati che prendono il volo allo scopo di superare l'opposizione dei parenti o di evitare l'attesa e le difficoltà di varia natura (ad es. un lutto o la mancanza di mezzi) connesse con lo svolgimento di una regolare festa nuziale» (Piccitto 1985), anche *fuiùta*, *fuiutina*.

Derivato di *fuiùtu* part. pass. del dialettale *fùiri* e *fuìri* 'fuggire, scappare', dal latino tardo *fugīre* per il classico *fugĕre* 'fuggire', attraverso la fase *fujìri* come nel calabrese *fujitina* 'fuga, fuggita'. *Fuiùtu* (agg.) nell'ennese si dice anche di 'persone che convivono dopo aver preso la fuga, in attesa di contrarre regolare matrimonio' e nel catanese vale 'latitante' (Piccitto 1985).

S. D'ARRIGO: *prima che lei si maritasse, quando era signorina ad Acireale, prima di fare la fuitina con il cariddoto e seguirlo in quel pezzo di Sicilia* (*Horcynus Orca*, Milano 1975, p. 407). M.

**fulànu,** sm. (sardo). 'Un tale'.

Dallo spagnolo *fulano*, un arabismo (arabo *fulân* 'tale') [DES; Corominas].

G. DELEDDA: *Allegro, uomo! Oggi facciamo festa.* Fulano (*quel tale*) *muore* (*Romanzi e novelle*, III, Milano 1950, p. 207). C.

**fùlgaro,** sm. (toscano, con varianti). 'Arpione ad un solo dente con gargia mobile per la pesca del delfino' (all'Elba), 'specie di fiocina o rampone usato per la pesca' (in Versilia).

Dal latino *fŭlgure* 'fulmine', che ha avuto molti continuatori nei dialetti italiani; l'uso marinaresco, però, sembra limitato al toscano [Cortelazzo 1965]. C.

**fùlgole,** sf. plur. (marchigiano: Arcevia). 'Rogazioni'. Nell'Urbinate *sfulgre*, sm., oltre che 'esorcismo liturgico, rogazioni', è anche un 'gesto rabbioso e chiassoso, urlo, rimprovero violento': → *far fùlgura tempestàte*.

Dalla formula latina, con la quale si aprono le rogazioni: *A fulgure et tempestate libera nos, Domine*, 'dal fulmine e dalla tempesta liberaci Signore'. C.

**fulignàta,** sf. (marchigiano: Macerata). 'Ciambella nuziale cosparsa di confettini'.

Da *Foligno*, donde provengono questi confetti [Ginobili 1963]. C.

**fulminàio,** sm. (toscano: versiliese). «Luogo immaginario dove si distribuiscono i fulmini» (Cocci 1956 con l'esempio: *Se fussi padrone del fulminaio ce le metteréi io le còse al pòsto!*).

Da *fùlmine* col suffisso *-aio* di 'luogo, deposito'. C.

**fulminànte,** sm. (veneto e veneto giuliano, anche *fuminànte*; lombardo, friulano: *fulminànt*, *fuminànt*; ladino centrale: *fulminante*; trentino: *fulminante*; ligure: *fürminante*, *fulminante* e varianti; emiliano: *fulminànt*; romagnolo: *furminànt*). 'Fiammifero'.

Dal francese *fulminant* designante un 'preparato detonante'; il francesismo è entrato anche in italiano nella forma *fulminante* sia come agg. 'detto di preparato detonante', sia come sm. per 'fiammifero, zolfino' e 'cappellotto del fucile' [DEI; Prati 1968; Bondardo 1986; *Vocabolario delle parlate liguri*]. M.

**fùma,** sf. (friulano occidentale; veneto settentrionale: a Revine; piemontese: *füma*; romagnolo: *fóma*). 'Pipa'.

Deverbali dal verbo *fumare*, ma il romagnolo sarà un derivato del dialettale *fom* 'fumo' piuttosto che del verbo *fumè* 'fumare' [AIS; ASLEF; Quondamatteo 1982; Tomasi 1992]. M.

**fumàdro,** sm. (trentino). 'Colui che prepara le funi'.

Da *fum* 'fune' con il suffisso *-adro*, derivato dal nominativo latino *-ator*, come in trentino *desmàdro* 'raccoglitore delle decime', *merzàdro* 'merciaio', *tesàdro* 'tessitore' e nel veneziano antico *avogadro*, in friulano → *avoiàl* [Rohlfs 1969]. C.

**fumàna,** sf. (lombardo; emiliano; veneto). 'Nebbia'.

Derivato da *fūmus*; con diverso suffisso e con il medesimo significato: *fumate* (friulano), *fumara* (emiliano; veneto del Polesine), *fumaréa* (veneto: padovano). Con aggiunta di altri suffissi: *fumanazza* (cremonese), *fumarazza* (parmigiano, polesano) 'nebbia fitta'. Come deverbale di *fumacinà* (sardo gallurese) 'annebbiarsi', da *fumo*, si ha *fumacina* 'nebbia' [Lazzari 1919].

G. D'ANNUNZIO: *In lontananza i latrati si perdevano; il sole basso feriva sprazzi obliqui su la fumana ove la campagna annegava* (cit. in GDLI VI 443). M.

**fümàsi,** sm. plur. (ligure). 'Vapori' e, nella locuz. *avéi i fümàsi* 'avere i bollori, le caldane'.

Significato particolare della diffusa voce latina **fumāciu* 'fumo spesso, nebbia' [Plomteux 1975].

E. MONTALE: *Nel chiuso dell'ortino svolacchia il gufo / e i fumaschi dei tetti sono pesi* (*Ossi di seppia. 1920-1927*, Milano 1948, p. 68). C.

**fùme,** sm. (ligure: Genova; toscano, umbro e laziale: *fùme*; còrso: *fùmi*, *fùmme*). 'Fumo'.

Da un latino parlato **fumen*, parallelo di *fumus* 'fumo' [Rohlfs 1979]. C.

**fuméntu,** sm. (sardo: anche *irfumentu*). 'Suffumigio'. In particolare il rito di far aspirare a persone o animali ammalati il fumo provocato da braci accese, poste su una tegola, sulle quali si fanno cadere alcuni grani d'incenso e poche gocce d'acqua benedetta. Durante la cerimonia l'operatore (*s'irfumentadore*) recita in continuazione dei salmi ed altre preghiere speciali (Ruju 1987).

Dal sardo *fumus*, il 'fumo' dell'incenso bruciato [DES]. C.

**fuméri,** sm. (campano, calabrese e siciliano; con varianti). 'Letamaio'.

Dal francese antico *femier*, poi *fumier*, che rappresenta il latino parlato **fimārium*, da *fĭmus* 'sterco, letame', su cui si è sovrapposto *fumus* (il fumo che emana dai letamai), anche se la forma deviata si può spiegare con ragioni fonetiche, col passaggio, cioè, di *e* ad *u* per influsso della consonante labiale seguente [FEW; Tagliavini 1964; VES].

S. D'ARRIGO: *facce di bronzo e di rame, facce lordone, maschere di fango, di fumeri di cristiani e d'animali* (*Horcynus Orca*, Milano 1975, p. 384). C.

**fumetèrre,** sm. (pugliese: Gargano). 'Fumosterno (*Fumaria officinalis*)'.

Come il francese *fumeterre* o il tedesco *Erdrauch*, è un composto che risale al latino medievale *fumus terrae* 'fumo della terra' e, come altri nomi affini, scientifici e popolari, della stessa pianta, deve il suo nome, secondo una antica spiegazione che abbisognerebbe d'approfondimento, all'effetto che ha, se applicata sugli occhi: li farebbe lacrimare, come avviene col fumo [Pedrotti-Bertoldi 1930; FEW; Marzell 1943-77]. C.

**fumétto,** sm. (toscano). 'Liquore di anice con cui si correggono l'acqua o il caffè'; a Firenze il termine significa anche 'acquavite' (AIS).

Derivato da *fumo* perché produce un 'fumo' biancastro quando viene versato nell'acqua che diventa opalescente.

L. PIRANDELLO: *Non prendeva mai nulla in quel Caffè, neanche un bicchier d'acqua con lo schizzo di* fumetto (cit. in GDLI VI 448). M.

**fumìno,** agg. (toscano). 'Che è facile all'ira, che si adombra per un nonnulla' (GDLI).

Derivato da *fumo*.

E. PEA: *Quante volte hai sentito dire: – È un buon uomo, ma estroso? –. Oppure: – Quello va con la luna? – ... – È* fumino: *si arrabbia per un nonnulla* – (cit. in GDLI VI 449). M.

**fùndagu,** sm. (sardo logudorese, anche *fùndigu*, *fundagu*, *funnagu*, *frundagu*). 'Cantina; stanza terrena', in talune località tutto il piano terreno della casa rurale adibito a magazzino e stalla; (campano, a Teggiano: *fùnnicu*) 'bottega'.

Le voci dipendono dall'italiano *fondaco* (→ *fóntego*) [AIS; DES]. M.

**fùngia,** sf. (siciliano, anche *fùncia* e nel galloitalico: *funza*; calabrese meridionale). 'Grugno o grifo del porco'.

Data la diffusione della parola in siciliano con la propaggine calabrese meridionale, Rohlfs 1977a la considera un gallicismo entrato in Sicilia con i Normanni da connettere a *fougne* dei dialetti della Francia orientale (da un latino parlato **fundiāre* 'rovistare, frugare' FEW). M.

**fùngitu,** agg. (salentino; abruzzese: *fógnëtë*, *fónghëtë*; calabrese meridionale: *sfùngitu*; siciliano: *sfùncitu*, *sfìncitu*), 'floscio'; (pugliese, nel bitontino: *fùnghëtë*), «detto di frutta senza sugo; stopposo; detto di legno non forte, non tenace; di persona di poca salute» (Colasuonno 1991-92); (pugliese, nel barese: *fùnneche* come sm.), «marciume dei tronchi d'alberi d'olive, fichi, mandorli, che il portatore sa eliminare eseguendo lo squarcio» (ibid.).

Dal latino tardo *fungĭdus* 'fungoso' derivato da *fŭngus* 'fungo'; il bitontino *fùnghëtë* e abruzzese *fónghëtë* sono rifatti su *fŭngus*. Secondo Alessio 1976 tra i riflessi di *fungĭdus* forse va considerato anche il napoletano *fùcëtë* 'vacuo, inetto, floscio', 'secco e asciutto (se detto di frutta)' [DEI s.v. *fùngido*; Alessio 1976]. M.

**funicèḍḍu,** sm. (siciliano; calabrese; abruzzese: *funëcillë* plur.), 'bozzolo del baco da seta'; (corso: *finusello*; toscano, nel lucchese: *frugello*), 'baco da seta'.

Dal latino parlato **follicellus* 'pellicina, piccolo sacco', in qualche caso – secondo il DEI – con influsso di *fūnis* 'fune' [DEI s.v. *funicello*; REWS]. M.

**fùrba,** sf. (ligure, a Zuccarello), «pertica con estremità a cono rovesciato»; (ligure, a Erli), «lunga canna, incisa con una spaccatura a croce tenuta da un sasso, che serve per raccogliere la frutta da alberi alti» (*Vocabolario delle parlate liguri*).

Corrispondente a 'furba', è denominazione di origine scherzosa (si veda anche → *goeóša*) attribuita a questo attrezzo (cioè l'ingolla) col quale si riesce a spiccare la frutta dai rami più alti e più scomodi da raggiungere. M.

**furešà(d)u,** sm. (sardo). 'Uomo del popolo, campagnolo'.

Originariamente era 'colui che porta il costume', fatto di 'orbace', detto più genuinamente → *forèši*, *furèši* [DES]. C.

**furèstu,** agg. (corso). 'Si dice di frutto che può essere colto dal pubblico per un tempo determinato da pubblico bando'.

Dal latino *forestis* 'che è fuori (uso)', come conferma il latino medievale *silva forestis* 'bosco riservato alla caccia reale', fuori dell'uso comune [Rohlfs 1979]. C.

**furlàn,** sm. (emiliano: Parma). 'Merciaiolo ambulante', ma poi anche, figuratamente, 'persona bizzarra e vivace'.

Fra i tanti blasoni popolari, che colpiscono i *Friulani*, quello più mite riguarda la loro capacità di adattarsi a tutti i mestieri, girando il mondo [Prati 1937; Vidossi 1960]. C.

**furmìca curasàta,** sf. (laziale). 'Donna irascibile'.

Immagine tratta da una specie di formiche aggressive (dette anche *frumiche puzze*), che hanno il 'culo alzato' in segno d'ira, donde il nome italiano di *rizzaculo* col paragone *azzà la coda accomm'a 'nna frummica puzza*, Bianchi 1982 [Vignoli 1911]. C.

**furnìticu,** sm. (laziale: Castel Madama), 'irrequietezza'; (calabrese: *franeḍu*, e varianti), 'frenesia', 'pensiero fisso'; (corso: *frunètichë*) 'stranezza'.

Voce di ascendenza dotta, dal latino *phrenēticus* (dal greco) '(ammalato di) frenesia' [REW; REWS]. C.

**furriòla,** sf. (sardo: logudorese). 'Persona incostante, volubile, senza carattere', 'banderuola'.

Uso figurato di *furriòla* 'crepitacolo, raganella', dipendente dal verbo *furriàre* 'girare, voltare', di etimologia molto discussa [DES]. C.

**furtüna,** sf. (lombardo: Valtellina). 'Pianta di trifoglio con quattro foglie', molto rara.

È diffusissima l'opinione che trovarla sia presagio di prossima *fortuna*. C.

**furtùra,** sf. (siciliano). 'Fortunale; freddo'.

Verosimile derivato del dialettale *forti* 'rigido' col suffisso *-ura*, incrociato semanticamente con l'italiano *fortuna* 'temporale' (*fortuna, furtuna* nei due significati di 'fortuna' e 'tempesta' sono forme documentate anche dai poeti siciliani) [VES]. M.

**fusaiàro,** sm. (laziale: Roma). 'Venditore di lupini salati'.

Dal nome dei 'lupini', *fusàie*, forse dal latino parlato *fusagine* 'fusaggine', perché assomigliano ai frutti di questo arboscello, che hanno un seme bianco coperto da una pellicola gialla; o forse da un latino parlato **infusālia*, continuato nel calabrese *fusàglie* e varianti 'legumi', che si usa mettere in acqua (in infuso) a macerare [DEI; VEI; Rohlfs 1977].

U. OJETTI: *Passa il fusaiaro con la secchia infilata al braccio, – Fusaiaro, ohè* (cit. in GDLI VI 502). C.

**fustéri,** sm. (sardo campidanese), 'falegname'; (sardo, nel Sarrabus), 'bottaio'.

Dal catalano *fuster* di analogo significato; nel Sarrabus ha solo il significato di 'bottaio' perché la voce è messa in rapporto con l'italiano *fusto* 'barile' [DES]. M.

# G

**gabalàdre,** sm. (marchigiano: Fano). «Gancio di metallo ad uncino imperniato ad un'estremità che, ruotando, va ad inserirsi in un apposito occhiello; congegno per bloccare ante, sportelli, ecc.» (Silvi-Simoncelli 1992).

Letteralmente 'inganna (dal verbo *gabà* 'gabbare') ladri'. C.

**gabanèla,** sf. (emiliano), 'sonno o riposo pomeridiano dei contadini' (a Modena con la locuz. *tòres gabanèla*, 'darsi bel tempo', come a Parma *tòrs dla gabanèla*); 'tranello, inganno maligno e astuto' (a Parma); a Bologna: *fèr gabanèla*, anticamente 'far chiasso, stare in allegria', ora 'riposarsi, detto esclusivamente della sosta e riposo meridiano degli operai, in attesa della ripresa pomeridiana del lavoro', *torsla ed gabanèla* 'darsi bel tempo', *tors una gabanèla* o *stèr in gabanèla* 'stare in ozio'; (romagnolo: *gabanéla*) 'tempo che si concede ai fanciulli per divertirsi e sollazzarsi, o agli scolari, esentandoli dalla scuola'.

Tutti modi che hanno il nucleo significativo comune di 'far festa dal lavoro, prendersi un riposo, una licenza' e che si spiegano con la 'gabbanella, casacchetta', antica veste dei giorni festivi [Menarini 1978].

C. Zavattini: *si alza d'estate alle 4.30 e lavora fino alle 20 con due ore di* gabanella *(pisolino) dopo aver mangiato* (*Un paese*, Milano 1974, p. 67). C.

**gabanòto,** sm. (veneto: Polesine). 'Benestante'.

Dall'elegante cappotto (*gabàn*) del suo usuale abbigliamento. C.

**gabiàn,** sm. (emiliano: Parma). 'Babbeo, sciocco', 'persona volgare, zotica e stupida'.

Uso traslato del nome del 'gabbiano', considerato solitamente uccello senza qualità: → *cocàl*.

A. Bevilacqua: *Al* gusär *– il rapporto sessuale – mi iniziò una* dona gabjana *(così si chiamavano le prostitute di fiume, ma il farsi erratiche era il loro vero scopo, ora attratte dai rifiuti delle imbarcazioni ora dai cieli chiari: come i gabbiani, appunto)* (*La festa parmigiana*, Milano 1980, p. 69). C.

**gabìbu,** sm. (ligure), 'uomo scaltro, ed anche malfido', 'sciocco', 'meridionale, terrone'; (veneto e veneto giuliano: *cabibo*) 'meridionale'.

Dall'arabo *ḥabīb* 'amico'. La stessa origine ha la *terra cabibba* 'Italia meridionale' del gergo dei soldati in Africa, che sentivano spesso ripetere *ḥabib* 'amico', 'caro' [Monelli 1947; Plomteux 1975; Doria 1987]. C.

**gabjè,** sf. (lombardo: vogherese). «Incrocio dei rami superstiti del salcio capitozzato (e la tradizione pasquale vuole che i contadini vi depongano, dentro a un cestello, un certo numero di uova con una boccettina di acqua benedetta, un ramoscello d'olivo ed un piccolo cero a scopo propiziatorio)» (Maragliano 1976).

Alla lettera 'gabbiata', dall'aspetto assunto dai pochi rami rimasti d'inverno, che si curvano e legano in modo da formare come una gabbia [Maragliano]. C.

**gabùro,** sm. (veneto: anche *gibùr*, *giabùr*, *giagùr*; trentino: *gabüro*; lombardo: *gabőr* in bresciano, *gabùr* a Mantova e *gabéur* a Cremona), 'ragazzo, garzone'; (trentino, a Rovereto; lombardo, a Brescia e a Mantova: *gabùr*), 'uomo forte', 'zotico', 'rozzo'.

Dal longobardo *gabûro* 'contadino' [Pellegrini 1991]. C.

**gàcia,** sf. (ligure). 'Parte della serratura'.

Di provenienza galloromanza (francese *gâche*, nizzardo *gacia*, ecc.) e di origine germanica [Plomteux 1975]. C.

**gàḍḍa,** sf. (calabrese: anche *galla*). 'Noce del piede, malleolo'.

Dal latino *galla*, propriamente 'noce di galla' [Rohlfs 1977]. C.

**gaddémi,** agg. e sm. (siciliano). 'Chi somministra legna alla caldaia per cuocere la ricotta' e in senso figurato 'uomo dappoco, abietto'; anche *guaddémi*.

Dall'arabo *ḥaddām* 'servo, domestico'; attraverso il siciliano la voce è entrata anche in Sardegna, ove è nota solo nel cagliaritano (basso) *caddèmis* 'straccione, sporco, malvestito' [DEI; VES]. M.

**gadóllo,** agg. (toscano: anche *galóllo*). 'Bello, buono, forte, florido, pieno zeppo, satollo', 'vanesio, gagà'.

Dall'ebraico *gādhôl* 'grande' [Fanciullo 1992]. C.

**gàfa,** sf. (lombardo; piemontese, anche *gafi* al plurale; veneto). 'Guardia', 'gendarme', 'poliziotto'.

Voce di origine e diffusione gergale, presa dal francese gergale e popolare *gaffe* (*gaffre* nel 1455), derivato da *gaffe* 'pertica uncinata', *gaffer* 'uncinare', cioè 'acciuffare' [Prati 1940].

G. Pugnetti: *Chi è che li ha chiamati? ha domandato uno di essi. – Da qua no, ho risposto. Forse un vigile urbano, una gaffa* (*Vendetta all'italiana*, Milano 1978, p. 46). C.

**gagliàrda,** sf. (toscano: Arcipelago). 'Gaillardia, *Gaillardia Koboldi*, tipo di pianta americana'.

Adattamento popolare del nome scientifico, datogli in onore del botanico francese *Gaillard* de Charentonneau o, secondo altri, de Marentonneau. C.

**gàgno,** sm. (piemontese). 'Ragazzino, moccioso'.

Pare collegato con il francese *gagnon*, variante di *ca-*

*gnon* 'cane da pagliaio', ma la questione è tanto complessa quanto quella di → *vagliόne* [Pauli 1919]. C.

**gagnón,** sm. (istrioto: Rovigno). 'Ragazzo di bordo, mozzo'.

Probabile forma collaterale di *guaglione* (→ *vagliόne*) entrata in Istria attraverso il linguaggio marinaresco meridionale [Crevatin 1992]. C.

**gàia,** sf. (siciliano occidentale, con varianti tra cui *càia, sàia*). 'Siepe viva'.

Probabile continuazione del francese antico *haie* con lo stesso significato [VES]. M.

**gaimà,** v. (toscano). 'Rubare'.

Dal nome toscano di una specie di 'gabbiano', la *gàima*, passato a indicare, figuratamente, una 'persona astuta, furbacchiona ed anche un pochino ladra', trapasso suggerito dalle abitudini di questo uccello [Fanciulli; per *gàima*: Luciani]. C.

**gàipa,** sf. (siciliano, anche *àipa, abbìa, àibba*). 'Denominazione generica delle diverse specie di gabbiani; indica anche la massima parte degli smerghi'.

Dal latino *gavia* 'gabbiano', con particolari esiti del nesso *-vj-* [REW; DEI s.v. *àipa*; Piccitto 1977]. M.

**gaitùn,** sm. (ligure: Savona; veneto, a Venezia: *gaetón, gaitón*; siciliano: *guaituni*). 'Turno di guardia in navigazione'.

Accrescitivo di *(s)guàita* 'guardia', antico germanismo (*wahta*) attestato in tutta Italia ed in altri dialetti romanzi; nella forma *gaiton* e simili anche nella Francia meridionale [FEW]. C.

**galà,** v. (lucano, anche *jalà*; calabrese, anche *alare* e varianti; salentino: *jalà, alāre*; pugliese: *jalà, galià, galezzà*; abruzzese, anche *alà*; campano: *jalà, alà, galari*; laziale: *alà*). 'Sbadigliare'.

Dal latino *halāre* 'esalare un soffio, un odore' [AIS; REW; DEI s.v. *alare*). M.

**galàna,** sf. (veneto; lombardo, nel mantovano; emiliano, anche *galèna*; romagnolo: *galèna*). 'Testuggine, tartaruga'.

La voce si connette al tardo latino *golaia, gelaia* 'tartaruga', frequente nelle glosse, a sua volta probabile parola di sostrato in rapporto con vocaboli indeuropei, designanti lo stesso animale, come il greco *chélys* [DEI].

M. MORETTI: *Quando uno gli chiede come sta sua moglie, sa come risponde? «Quella dorme come una galana»... – Come una tartaruga – ridisse Cristina sorridendo a se stessa* (*Romanzi della mia terra*, Milano 1961, p. 115). M.

**galandòume,** sm. (pugliese: Bitonto). 'Disonesto, imbroglione'; a Monopoli *galandòmme* vale anche 'sporcaccione'.

Ironico apprezzamento del *galantuomo* nel senso di 'appartenente alla classe sociale di coloro che possono vivere di rendita', giudizio aggravato nella locuzione *galantòume che l'ògna spacchèute* (a Bitonto, e similmente a Capracotta), cioè 'porco' o 'bue' [Saracino 1957; Reho 1988-89]. C.

**galàni,** sm. plur. (veneto). 'Dolci a forma di nastri fritti nell'olio o nello strutto; si fanno a Carnevale'.

Traslato dal veneto *galàn(o)* 'nastro ornamentale', termine usato anche nell'italiano antico e derivato dallo spagnolo *gala* 'guarnizione dei vestiti' [DEI; Prati 1968]. M.

**galàno,** sm. (salentino, anche *alanu*; pugliese: *valéënë, valone*; lucano: *valanë*; calabrese: *alanë, gualanu, vadanu*; campano: *valanë*; abruzzese: *jalanë, galanë*; molisano: *velanë*). 'Vaccaro; bifolco; servitore del contadino', giovane addetto a vari servizi nelle aziende agricole e soprattutto all'aratura e cura degli animali; nelle aree dialettali menzionate le voci presentano anche altre varianti.

Sono varie le ipotesi etimologiche formulate: da un latino parlato **aequalanus* 'mezzadro che lavora a pari e patta', o da **bubalanus* 'guardiano di bufali', ad un germanico (longobardo) *waldanus* 'campaio, guardia campestre' (ma in tal caso vi sono difficoltà sia fonetiche sia semantiche: tra guardia campestre e garzone di campagna c'è una notevole differenza). Tali interpretazioni non soddisfano, dunque, per ragioni connesse alla forma o al significato. Un'altra ipotesi fondata sull'arabo *ġulām* 'giovane servitore' sembrerebbe accettabile sia dal lato fonetico sia da quello semantico ma non da quello areale che esclude proprio la Sicilia ove il tipo "galano" non è presente. La parola *galano* deve essere, invece, connessa – secondo la ricostruzione di Sabatini – con *galan* attestato nell'antico occitanico (XIV sec.) come designazione di un 'giovane inserviente, servitore'. Tale *galan* a sua volta si collega all'agg. francese *galant* 'lieto, innamorato, corteggiatore' e come sm. 'garzone' e persino 'furfante'. Quindi il vocabolo *galano* proviene dall'area galloromanza, più precisamente dal provenzale *galan*; il prestito francese è entrato anche nello spagnolo *galán* (*-no, -na*) che è poi passato al sardo → *galànu* 'elegante' [AIS; DEI s.v. *alano*; Sabatini 1964; Valente 1964; Rohlfs 1977].

C. ALVARO: *Gualano, o galano, significa soltanto colui che lavora a pari e patta, da uguali: «aequalanus», ugualano: è la parola che si trova nell'area dei dialetti meridionali dall'Irpinia alla Calabria e ha terminato col significare bifolco* (cit. in GDLI VII 98). M.

**galànte,** sm. e sf. (ligure; piemontese: *galàn*). 'Fidanzato, -a, amoroso, -a'.

Specializzazione del significato di *galante*, ristretta all'area liguro-piemontese e provenzale (*galan*) [Plomteux 1975].

R. ZENA: *Angela aveva trovato il galante nel garzone del calzolaio di via Assarotti* (*La bocca del lupo*, Milano 1980, p. 81). C.

**galànu,** agg. (sardo logudorese). 'Elegante, attillato, leggiadro'.

Dallo spagnolo *galan*, preso dal francese *galant* 'galante' [DES; Corominas].

G. DELEDDA: *Ma dove sei stato,* galanu meu *(bello mio)? Perché sei uscito prima dell'alba?* (*Romanzi e novelle, II*, Milano 1950, p. 87). C.

**galéna d'Éngia,** sf. (romagnolo). 'Faraona'.

Letteralmente 'gallina d'India' con un raro adattamento popolare del nome dotto *India*, più avanzato che non nel corrispettivo parmigiano *galena d'Éndia*. C.

**galéra,** nell'espressione *déz an 'd galéra a vìta* (emiliano: Parma). 'Fatto meritevole della pena più pesante'.

Espressione paradossale e spiritosa: 'dieci anni di galera a vita'. C.

**galèta,** sf. (friulano, anche *galète*; veneto; trentino; emiliano, nel bolognese). 'Bozzolo del baco da seta'.

Sono derivati dal latino *galla* 'galla' [REW; Prati 1968; Borsatto 1973: 84].

C. PERCOTO: *Come lampo le balenò dinanzi alla mente un pensiero. Se ricorresse a' suoi antichi padroni? Lo disse al marito. Per tutta risposta scosse il capo con un mesto sorriso. Ma la Maria, che misurava il cuore degli altri dal proprio: – Accertati, – andava dicendo, – sono buoni signori. Mi volevano bene... E poi non si tratta che di farci credenza pochi mesi. Pagheremo colla galetta. – E se i ba-*

*chi andassero a male? – Ne abbiamo pur fatto quest'anno colla sola foglia del cortiletto quasi trenta libbre. Possibile che il Signore e la Vergine Santissima non ci aiutino anche in avvenire?* (*Un episodio dell'anno della fame*, in *Novelle italiane. L'Ottocento*. A cura di G. Finzi, I vol. Milano 1985, p. 213-214). – I. Nievo: *Allora appunto, me ne ricorderò sempre, s'aprì una primavera così verde, tiepida, rugiadosa come se ne usavano una volta; e conforme alla stagione fu il primo raccolto, giacché si fece alle Brugnine una quantità di galletta che pareva dismisurata per la piccolezza del fondo* (*Novelliere campagnuolo e altri racconti*. A cura di I. De Luca, Torino 1956, p. 222). M.

**gàlëtrë,** sm. (lucano; laziale: *càlatru*; campano, nel salernitano: *(g)àlatro*; *gràlato*; calabrese: *gàlatru*, *gràlatu*; molisano, a Cerro al Volturno: *càlëtra* sf.), 'avena selvatica'; (abruzzese: *càlitri* plur.), 'ariste del grano'.

Tali voci si considerano riflessi di una base prelatina **galatro-* designante una graminacea [DEI s.v. *gràlato*; Alessio-De Giovanni 1983]. M.

**galìa,** sm. (veneto; veneto istriano). 'Centogambe (*Lithobius fortificatus*)'.

Dal veneto *galìa* 'galera' per la somiglianza delle molte zampette di questo insetto con i remi sporgenti della galera [Prati 1968]. M.

**galìbbu,** sm. (siciliano). 'Maggese, terreno che, dopo un periodo, di riposo si coltiva di nuovo', da cui il verbo *galibbari* e *calibbari* 'arare, maggesare', nel pantesco *galibbi* 'aratura'.

Dall'arabo *galīb, qalīb* 'il rovesciare un campo, l'arare e vangare la terra' [Pellegrini 1972; Piccitto 1985]. C.

**galìce,** sm. (calabrese, anche *galici*), 'ogni singolo ramo di un fiume, canale di bonificazione'; (siciliano: *galiggi*, *galìggiu*), 'valloncello scosceso, scavato dalle acque'; (siciliano, a Villalba: *galici*), 'maceratoio'.

Dall'arabo *ḫalīǧ* 'braccio di fiume; canaletto' [Pellegrini 1972; Rohlfs 1977; Piccitto 1985]. M.

**Galiléa,** sf. (calabrese centrale). 'Martedì di Pasqua', anche 'Pasquetta, lunedì o martedì di Pasqua', con la locuzione *fare Galiléa* 'fare la scampagnata di Pasqua'.

Dal nome della *Galilea*; in talune località della Calabria centrale il 'martedì dopo Pasqua' si chiama *martingàlia* e *martingàle*, letteralmente "*marti* 'martedì' *in Galilea*" [Rohlfs 1977]. M.

**gallùstro,** sm. (lunigianese; toscano: *gallistro*, *gallastro*; emiliano e lombardo, nel mantovano: *galùster*; friulano: *gialastri*, *gialistri*). 'Gallo mal castrato'.

Da 'gallo' con il suffisso *-astro* (dal latino *-aster*), e forme parallele *-istro*, *-ustro*, con valore peggiorativo [DEI; Rohlfs 1979]. M.

**galòfa,** sf. (romagnolo, anche *galòsa*, *galòza*, *galòta*). «Sorta di berretto usata da tutta quanta la gente di bassa condizione, fatta con grossolana feltratura di bavella e lanetta, il cocuzzolo appuntito e l'orlo rimboccato per l'altezza di quattro dita» (Quondamatteo 1982).

Considerato che tra le varianti romagnole di questa voce è presente anche *galota* (Ercolani 1971), si può supporre che si tratti di parola affine all'italiano *calotta* 'berrettino, copricapo', anche *galotta* (DEI), di provenienza araba (da *kalawta*, nome del copricapo caratteristico dell'aristocrazia militare dei Mameluchi), ma, sembra, attraverso la mediazione del francese. In tal caso da *galota* potrebbe dipendere *galoza* con sostituzione della parte finale e con scambio *s/f*.

A. Beltramelli: *Nicola ch'era fermo a guardar partire il calesse del medico si riscosse abbrividendo e calzò la* galofa *di spesso feltro fin sulle orecchie* (*Tutti i romanzi*, Milano 1940, vol. II, p. 507). M.

**galv,** agg. (piemontese: anche *garv*). 'Soffice, non assodato', detto di coltri, guanciali, neve.

Dal gallico **wálowo-* 'sciolto, lento', letteralmente 'ciò che vola via (dalla radice celtica **lou*) da là (*wo-*)', per la leggerezza [FEW]. C.

**gamba faṡöl,** locuz. sostant. (lombardo: Pegognaga; veneto, Verona: *gamba, faṡól!*), 'invito ad una persona a camminare'; (triestino: *andare a gamba faṡùl*), 'saltare su una gamba sola'.

Probabile espressione gergale male intesa, nella quale *faṡùl* sarebbe apostrofe, che si dà ad uno sconosciuto; *faṡùl* vale propriamente 'fagiolo' ma in senso traslato 'stupido, babbeo'. L'espressione pare alludere in origine ad «un gioco in cui si dovrebbe soprattutto dar prova di rapidità e destrezza» (Doria 1987). C.

**gambarètol,** sm. (ladino-veneto, nell'agordino). 'Essere fantastico, folletto'.

Cosiddetto perché si immagina vestito di rosso (confronta → *sanguanèl*, → *salvanèl*), perciò come un 'gambero' [Marcato 1982]. M.

**gambìn,** nella locuz. *tirà u gambìn* (ligure). 'Morire'.

Letteralmente 'tirare la gambetta' [*Vocabolario delle parlate liguri*].

R. Zena: *Una notte, mentre raccomandava l'anima alla moglie di suo fratello, vennero a chiamarlo. Madama Pascià, pigliata improvvisamente, se la batteva col male, in procinto di tirare il gambino* (*Romanzi e racconti*, a cura di E. Villa, Bologna 1971, p. 95). M.

**gambìṡa,** sf. (lombardo, nel milanese), 'quarto della ruota, quella parte a forma di arco che unita ad altre (in genere quattro) forma la circonferenza della ruota di legno'; (piemontese), «collare di legno per legare i bovini alla greppia; collare del campano» (Gribaudo-Seglie 1972-75); nell'antico lombardo *gambisa* è attestato nel senso di 'randello'.

La parola è un riflesso della base *camb-* indicante 'oggetto ricurvo' assegnata al gallico [REW; DEI s.v. *gambezza*]. M.

**gammìtta,** sf. (siciliano). 'Canale d'irrigazione, solco maestro destinato a ricevere le acque di scolo', anche *jammitta*; *gambitta, gammitta* (calabrese centro meridionale). 'Solco di prosciugamento'.

Dall'arabo *ġammīṭ* 'tutto ciò che beve avidamente' [Pellegrini 1972; Rohlfs 1977a]. M.

**gan,** sm. (friulano). 'Nome di certi folletti in Carnia'.

Forma maschile piuttosto rara estratta dal femminile *agàne* 'spirito dell'acqua, ninfa, fata', nota non solo in Friuli, ma anche nel Veneto, nell'area alpina orientale (con diverse varianti: *agana, anguàna, inguàna, guandana* ecc.) derivata dal latino *aquāna*, da *aqua* (che forse si è sovrapposto alle celtiche *Adganae*); nella variante *aiguana* nel senso di 'fata delle acque' è menzionata da Giacomino da Verona [REW; Alinei 1984; Pellegrini 1987a]. M.

**gàna,** sf. (siciliano; calabrese; sardo logudorese e campidanese), 'voglia, desiderio', anche 'appetito' (in sardo); (siciliano e sardo: *di mala gana*, locuz. avverb.), 'malvolentieri, a malincuore'.

Dallo spagnolo *gana* 'voglia' (a sua volta da analoga voce gotica); in sardo anche altre forme: logudorese *inganare* 'invogliare', *(d)isganare* 'non aver voglia', campidanese *disganàu* 'svogliato' (come nello spagnolo *desganàdo*), e *disgana* 'cattiva volontà' (in spagnolo e catalano *desgana*), logudorese e campidanese *ganósu* 'desideroso' (in spagnolo *ganoso*). La voce *gana* era entrata pure in italiano, anche in locuzioni: *di gana, di buona gana* 'molto volentieri, con entusiasmo; alacremente', ma ora è disusata [Beccaria 1968; DES; VES]. M.

**ganào,** sm. (lombardo: Mantova). 'Furbacchione, volpone'.
Dall'ebraico *gannābh* 'ladro', molto diffuso nel giudeo-italiano [Colorni 1970: 148; Fortis-Zolli 1979: 197; Massariello Merzagora 1980: 116]. C.

**ganavèr,** sm. (ligure: Pigna). 'Gufo reale'; 'persona poco svelta, tozza e simili'.
Dal latino parlato **gabilāne* 'sparviero' con scambio consonantico abbastanza frequente nei confronti di *gavinello*, molto ben rappresentato nei dialetti italiani (cfr. *gavinèl* lombardo, veneto, emiliano, ecc. ed anche *ganaviėllë* campano) [REW; Merlo 1941-57; REWS]. C.

**gȁndol,** sm. (lombardo). 'Nocciolo' e, al figurato, 'semplicione', 'ingenuo', 'poco furbo'.
Dal latino *glăndula* 'tonsilla'.
L. MASTRONARDI: *Lui ci patisce stare in società. Soffre. Non sa mai cosa dire e ha la tema di essere preso in giro; tacere si sta male e ha il silenzio del gandulu* (in *Racconti italiani del Novecento* a cura di E. Siciliano, Milano 1985, p. 1412). C.

**gandùla,** sm. (lombardo: a Milano), 'sfaccendato, uomo di poco valore'; (ticinese: *gandola*), 'buono a nulla, scioperato'.
Dallo spagnolo *gandul* 'pigro, sfaccendato, vagabondo'; dal milanese la voce è passata nel ticinese [Lurati 1976; Massariello Merzagora 1988]. M.

**gànfo,** sm. (veneto giuliano; veneto, nel veneziano; trentino, nel roveretano: *ganf*; veneto: *granfo, sgranfo*). 'Crampo, granchio'.
Dal longobardo *krampf* 'crampo' con caduta di *r* nel tipo lessicale *ganf(o)* [Prati 1968]. M.

**gànga[1],** sf. (campano; calabrese; pugliese; lucano: *gāng*; siciliano). 'Guancia; dente molare'.
Si risale ad una voce gotica *wango* 'guancia'; a tale famiglia lessicale potrebbe appartenere anche il toscano (pistoiese) *gàngola* 'guancia del maiale', se non va considerato riflesso dal latino *glandŭla* attraverso un allotropo dovuto a sovrapposizione del greco-latino *gánglion* 'tumore nella testa, ghiandola', da confrontare col latino medievale *gangula*, umbro *gànguele* 'ghiandola'. Queste ultime forme potrebbero anche chiarire il sardo *ganga* usato per lo più al plurale 'le cavità del collo sotto gli orecchi', 'gorgozzule', 'branchie dei pesci', per cui il germanico non si presta né può dipendere da *glandŭla*; la voce sembra importata e richiedere una forma base *gang-* [REW; DEI; DES; REWS]. M.

**gànga[2],** sf. (veneto giuliano: Trieste; ligure, nel genovese, veneto, nel veneziano e marchigiano, ad Ancona: *ghènga*). 'Compagnia di operai del porto'.
Significato particolare dell'americanismo *gang* 'squadra, gruppo, banda' ampiamente diffuso nei dialetti italiani nelle forme *ganga, ghenga* (e successivi adattamenti e derivati) con connotazione negativa per 'banda, brigata, combriccola' nota anche al triestino ed alla lingua letteraria (*gang*) 'gruppo organizzato di malviventi' [DELI; Zamboni 1986: 113-114; Doria 1987].
S. SLATAPER: *Il capo d'una ganga monta su un terrazzo di carico, intorno a lui s'accalcano più di duecento uomini con i libretti di lavoro levati in alto, e gridano d'essere ingaggiati. Il capo ganga strappa, scegliendo rapidamente, quanti libretti gli occorrono, poi va via seguito dagli ingaggiati* (*Il mio Carso*, Milano 1989, p. 176). – C. BERNARI: *Io son giovane, io faccio parte di una ganga, non so se mi spiego* (cit. in GDLI VI 579). – G. BONAVIRI: *Fummo distratti da un "oh!" lungo, e in un primo momento non capimmo se era il lamento d'un animale o qualcuno della nostra ghenga che ci chiamava* (*Il fiume di pietra*, Milano 1979, p. 10). M.

**garabìa,** sf. (piemontese). «Tafferuglio, lite, garbuglio» (Gribaudo-Seglie 1972-75).
Secondo il DEI la voce risale all'arabo *al-arabija* 'la lingua araba' per contaminazione con *al-garbija* 'la lingua occidentale' (cioè il berbero), passato all'iberoromanzo (*algarabia* e varianti) e al galloromanzo *charabia*. Nello spagnolo è presente la voce *algarabia* 'lingua araba; lingua o scrittura non comprensibile: modo di parlare veloce; grida confuse' che Corominas riconduce però alla forma araba *ʿarabîya* 'arabo' da cui dipendono pure il catalano (sec. XIII) e occitanico antico *algaravia*, mentre considera incerta la derivazione del francese *charabia* 'linguaggio incomprensibile' dallo spagnolo. Non esclude però, nonostante altri casi di trascrizione dell'arabo -ʿ- per -*g*- romanzo, che in queste voci vi sia l'influsso dell'arabo *garabî* 'occidentale', tanto più che gli arabi chiamano *ʿarabîya, garbîya* la lingua in Ispagna. M.

**garànsi,** sm. plur. (veneto, nel veronese). 'Cavilli, pretesti, appigli'.
Piuttosto che dal veneto *granso* 'granchio', quindi 'strumento uncinato', 'appiglio' il termine va collegato alla stessa base germanica (**werjan*) dalla quale dipendono voci come l'italiano *garante, garanzia*, il provenzale antico *guirentia* 'testimonianza, prova', *guirensa* 'protezione' [Prati 1968; Bondardo 1986; Zamboni 1989]. M.

**garavlè(r),** v. (romagnolo; marchigiano: *gravolà*). 'Racimolare o raccogliere i grappolini o chicchi d'uva dopo la vendemmia' e *garavèl* 'racimolo'.
La voce va confrontata con parole come il piemontese *garavèla* 'mucchio di sassi o ciottoli' (nel lombardo *caravé, garavé* 'sasseto'), ai quali vengono paragonati i chicchi. Queste voci si considerano riflessi di una base prelatina **car(r)avo-* 'pietra', un ampliamento di **carra* 'id.' all'origine di numerose parole dialettali tra cui il veneto *(s)caranto* 'torrente sassoso', il lucano *scarrone* 'terreno sassoso', il siciliano *carrancu* 'terreno sterile; burrone' [AIS; FEW; DEI s.v. *caravé, garavella*; Schürr 1978]. M.

**gareòto,** sm. (veneto trevigiano). «Solco di deflusso di stalla o campo», anche *curiòto, vareòto* (Bellò 1991) ed altre varianti raccolte da Prati 1968 s.v. *coràcio*.
Da accostare verosimilmente a → *vàra* col suffisso *-otto*, attraverso il significato di 'capitagna', salvo un riesame che coinvolga le numerose e spesso molto differenziate varianti. M.

**garfagnìn,** agg. (lunigianese). 'Contadino rozzo ed ignorante'.
Letteralmente, 'abitante della Garfagnana', eco di maldicenza popolare. C.

**gargàto,** sm. (veneto). 'Gola, canna della gola'.
Dalla base imitativa *garg-*, che si ritrova in altri dialetti ed altre lingue, come nell'italiano *garganella, gargarozzo* e simili [Prati 1968; Bondardo 1986].
G. PUGNETTI: *e tutta la famiglia intorno, il nonno capotavola con la bocca circondata dal giallo della maionese, il radicchio spadone di Treviso, il pane bianco croccante, il vino Soave che andava giù liscio nel gargàto* (*Vendetta all'italiana*, Milano 1978, p. 225). C.

**gàri,** sm. (piemontese; in area occidentale *giàri*). 'Topo'.

Voce d'area provenzale, oltre che piemontese, la quale viene ricondotta ad un tipo **garriu*, di incerta etimologia: si è pensato ad un derivato del latino *garrīre*, verbo che spesso indicava i suoni emessi da animali ('cinguettare', 'gracidare') o ad una base preromana [DEI s.v. *giari*; FEW; Gribaudo-Seglie 1972-75]. C.

**garìffu,** sm. (siciliano, con varianti). «Guaime, l'erba tenera che spunta sui campi dopo le prime piogge o dopo la prima falciatura» (Piccitto 1985), col derivato *aggariffati* plur. 'degli animali che mangiano questa erba nociva', a Pantelleria *ngarifatu* 'chi si dà delle arie, ma anche: essere in tutte le furie'.

Dall'arabo *ḫarīf* 'pioggia d'autunno' e 'foglie cadute; frutto e prodotto in generale d'autunno' [DEI s.v. *garifo*; Pellegrini 1972]. M.

**garòfulu,** sm. (siciliano: anche *galòfaru* con altre varianti). 'Vortice che si forma nei punti d'incontro di correnti opposte', specie nello stretto di Messina.

La voce, nota anche al calabrese (Reggio) nelle forme *carómpulu, carónfulu* e simili con i relativi denominali che significano 'zampillare, scaturire', è probabilmente legata al nome antico di *Cariddi*, sul quale ha influito il siciliano *garòfulu* o il calabrese *caròmpulu* 'garofano' [Rohlfs 1964]. C.

**garón,** sm. (piemontese, anche *garùn*; ligure: *garùn*; calabrese: *garrune*; siciliano: *garruni*, *garra*; sardo: *carròne, carròni, garròni*). 'Garretto', 'calcagno; tallone'.

Le voci risalgono ad un prelatino (gallico) **garra* 'parte della gamba'; la formazione *garronus* è attestata nel latino medievale. In sardo è possibile che la voce sia il catalanismo *garró* 'parte della gamba del cavallo' [FEW; DEI s.v. *garróne*; DES; Gribaudo-Seglie 1972-75; *Vocabolario delle parlate liguri*]. M.

**garràffu,** sm. (siciliano, anche *garraffë, arraffu*). 'Cateratta del mulino, apertura per cui si dà o si toglie l'accesso all'acqua destinata a volgere la ruota del mulino', 'grande ruota del mulino su cui precipita l'acqua', a Pantelleria *g(a)rufìti* 'precipizio'.

Dall'arabo *ġarrāf* 'che ha molta acqua', 'canale ricco d'acqua'; ne dipende anche l'italiano antico (XVI sec.) *caraffo* 'sbocco d'acqua, volume d'acqua' [DEI; Pellegrini 1972; Rohlfs 1977a; Piccitto 1985]. M.

**garrùsu,** sm. (siciliano, con varianti). 'Invertito sessualmente e propriamente il paziente nell'atto della sodomia', anche 'persona ricercata nel vestire e dalle maniere leziose; effeminato'.

La voce si considera generalmente un arabismo, da *ʿarus* 'sposo, sposa, fidanzata'. Un collegamento con la parola calabrese *garrusu* 'provocatore' appare incerto. Quest'ultima richiama invece termini come il siciliano *garra* 'voglia di scherzare' oppure il lucchese *garoso* 'ostinato', il senese *gara* 'pianto stizzoso e ostinato dei bambini contrariati in qualche loro capriccio', appartenenti ad una famiglia di parole di origine non ancora bene accertata (forse dipendenti dall'arabo *alġāra* 'incursione', da cui l'italiano *gara*, oppure *ġarā'* 'continuare a essere in collera') [DEI; Pellegrini 1972; Piccitto 1985]. M.

**garùffu,** sm. (siciliano, con varianti). 'Pianta erbacea delle liliacee, asfodelo, *Asphodeline lutea*'.

Dall'arabo *ġarūf* o *ġar(a)f* 'pianta con la quale si prepara il cuoio' [DEI; Pellegrini 1972; Piccitto 1985]. M.

**garùla,** sf. (piemontese). 'Donna trascurata'.

Come il provenzale *garoulo* 'donna di cattiva vita', *groula* 'persona sporca', proviene da una base **graula* 'scarpa', di origine sconosciuta, ampiamente rappresentata nel dominio galloromanzo, e nel Piemonte stesso: *grula* 'ciabatta', *grulu* 'zoccolo' [FEW]. C.

**garùspul,** sm. (lombardo, a Rivolta d'Adda, a S. Angelo Lodigiano: *garùsp*). 'Torsolo della mela', a Rivolta anche 'pomo d'Adamo' (AIS).

Considerata d'etimo incerto dal DEI (s.v. *carùspio*), la voce potrebbe rappresentare uno dei tanti continuatori della base gallica **garra* 'parte della gamba, stinco', a cui sono ricondotte dal FEW parole come il catalano *garró* 'nocca, malleolo', il galloromanzo *garrouns* 'specie di mele rosse'. La forma lombarda richiama *rüsp* 'pomo d'Adamo' della medesima area (a Bereguardo, AIS) che potrebbe rendere conto della formazione *garùsp(ul)*. M.

**garzignòl,** agg. (veneto). 'Detto di una specie di pera pregiata'.

Di origine sconosciuta, forse dal nome del paese padovano, un tempo rinomato produttore di frutta, *Galzignano*, tanto più che qualche lessicografo definisce il sostantivo *garzignuola, garziagnuola* (passato anche in francese) 'pera di Padova' [DEI; Vidos 1965; Vigolo 1992]. C.

**gasèna,** sf. (siciliano, anche *gażana, jażana, gażżana* e a Pantelleria: *caséna*; calabrese meridionale: *gażżana, fażżana*). 'Armadio a muro, nicchia nel muro ad uso di credenza'.

Dall'arabo *ḫazāna* 'armadio, scaffale incavato nel muro' [DEI s.v. *cazena, fazzana*; Pellegrini 1972; Rohlfs 1977a]. C.

**gaṡéto,** sm. (veneto: Marano Lagunare). 'Chierichetto'.

Forma metatetica dal veneto e friulano *ṡaghéto*; → *żagheto* [REW; Luca 1987]. M.

**gàṡio,** sm. (veneto e veneto giuliano, anche *gaṡo*; friulano anche *gās, gaṡi*; emiliano; marchigiano, nell'anconitano: *gàgio*; trentino: *gas, gaṡét*; lombardo orientale: *gaṡi*). 'Impuntura', anche *gàṡo*.

Dato che il significato più antico di queste voci (come risulta dai documenti) è 'lista di seta', quindi 'cucitura di seta', l'etimo dovrebbe risalire all'arabo *qazzy* 'serico, fatto di seta (*qazz*)', attraverso il neogreco *gazí* 'fitta cucitura, solitamente a macchina' [Cortelazzo 1970]. M.

**gassìna,** sf. (siciliano). 'Piccola stuoia di giunco che si pone alle finestre, per ripararsi dal sole', 'stuoia da tenere sotto i piedi'; anche *(c)assina, gassira*, col derivato *ngassinari* «coprir di stoja alcuni oggetti per custodia; di vasi di vetro, vestirli intorno di erba sola, o sia carice palustre» (Mortillaro 1838). A Pantelleria sono diffuse le forme *casira, hasira* 'stuoia'.

Dall'arabo *ḥaṣīra* con lo stesso significato; le varianti *gassìna, (c)assìna* presentano un'assimilazione al suffisso *-ìna* [DEI; Pellegrini 1972; VES; Tropea 1988]. M.

**gatèlo,** sm. (lunigianese: anche *catèlo, cadèl, gatèlu*), 'tralcio di vite', che va con il plurale *catèḍi, gatèji* 'talli della vite da cui si sviluppa il grappolo'; (marchigiano, ad Arcevia: *catiéllo*), 'ogni seme d'erba difeso da aculei o filamenti'.

Dal latino *catellus*, propriamente 'cagnolino', con uno sviluppo simile a quello che ha portato da *catulus* a *cacchio*. Lo stesso traslato è comune anche ad altre lingue romanze [FEW; Rohlfs 1979]. C.

**gatpùs,** sm. (marchigiano: Fano). 'Puzzola'.

Propriamente 'gatto puzzolente (da latino *pūtium* 'puzzo')'. Molti nomi dialettali della puzzola e la stessa denominazione italiana insistono nella *puzza* dell'animale, provocata dal secreto maleodorante emesso, quando si sente in pericolo, dalle ghiandole anali. C.

**gattamàvra,** sf. (umbro: Val di Pierle). 'Carcere'.
Equivalente di 'gattabuia' con lo stesso problema di spiegare la prima parte, che starebbe – secondo il *Vocabolario etimologico italiano* (VEI) di A. Prati – per 'gattaiola'. C.

**gattonà(re),** v. (toscano meridionale). «L'andare del segugio quando ha trovato l'usta» (Cagliaritano 1969)
Dalla locuzione *andare gattoni* con la perdita dell'accostamento al modo di muoversi del *gatto*, se è riferita proprio al suo tradizionale nemico. C.

**gàttu,** sm. (marchigiano: Macerata). «Cuscino oblungo posto sotte le gonne nella parte posteriore per sollevarle alquanto» (Ginobili 1965).
Nome ironico, come altri diretti a scherzare sull'eccentrica moda femminile. C.

**gavàso,** sm. (veneto: anche *cavaso, scavaso*), 'cespuglio'; (veneto: padovano), 'ramo principale della famiglia'; (lombardo, a Mantova; emiliano e romagnolo: *cavàz* e al f. *cavaza*), 'forcella, parte dell'albero dove il fusto si divide in rami'; (friulano: *ciavaze, ciavace*), 'bulbo d'aglio'.
Dal latino *caput* 'capo, testa' con suffisso [REWS; DESF; Vigolo 1992].
F. SERANTINI: *A cavalcioni di un cavasso alto, menava colpi rabbiosi a denti stretti, sfogandosi su quelle innocenti)* (*L'Osteria del Gatto parlante*, Ravenna 1989, p. 45). C.

**gavè,** sm. (piemontese: Ottiglio). 'Manipolo di grano'.
Dal prelatino (forse celtico) **gabella* 'covone', che ha altri continuatori in Piemonte (valsesiano *cuvalli* 'covoni', piemontese *giavèla* 'manata di spighe' e *angiavlè* 'accovonare', questi ultimi entrati per tramite romanzo [AIS; REW; FEW]. M.

**gàveta,** sf. (campano, nel napoletano). «Secchio di legno per abbeverare il bestiame, avvallamento ai lati delle strade per convogliare la pioggia verso i chiusini» (Salzano 1979); (siciliano: *gàvita*; calabrese: *gàvata* e varianti; lucano: *gàvëtë*; irpino: *gàvëtë, àvuta, àutë*; pugliese e salentino: *jàutë, jàu(e)tu* sm.), 'catino di terracotta', 'mastello da bucato', 'giornello da muratore'; (ladino-veneto, agordino: *gèveda*; piemontese: *gàvia*), 'tazza, scodella', 'secchio per mungere'; (pugliese, nel barese: *gavètte*; lucano, nel materano: *vavattë*; lombardo, a Ostiglia: *guòlta*), 'gamella'; (salentino: *ja(v)oitóni* sm.), 'specie di conchiglia'; (abruzzese: *gavëtónë*; irpino: *a(v)utónë*), 'truogolo'; (abruzzese: *sgavëtàtë*), 'gran mangione'.
Come l'italiano *gavetta* 'recipiente di alluminio per il rancio del soldato in campagna' e *gavettone* 'truogolo' e più recentemente 'grosso recipiente per distribuire il vitto alla truppa', si tratta di derivati del latino *gabata* 'scodella'; talune forme presuppongono un latino parlato **gabita*, o anche uno spostamento dell'accento da proparossitono a parossitono [DEI s.v. *gàvita*; REWS; DELI]. M.

**gavià,** sf. (piemontese). 'Grande quantità'.
È un derivato della voce dialettale *gàvia* 'terrina, grande catino' che a sua volta non proviene dal provenzale *gavio* 'scodella', ma direttamente dal latino *gabata* 'vassoio', ampiamente rappresentato nei dialetti italiani, → *gàveta*. C.

**gàvla,** sf. (emiliano, a Parma), 'tramoggia'; (laziale, nel romanesco: *càvola*), «zipolo, non già "cannella"» come in DEI (Belloni - Nilsson-Ehle 1957).
Dal latino parlato **cavŭla* 'piccola cavità' [DEI s.v. *càvola*; REWS]. M.

**Gavùrre,** n.pr. (toscano). 'Cavour', come persona di grande importanza nella locuzione grossetana: *o cché ssè gavùrre* 'chi credi di essere, Cavour?', «detto di chi vuol far credere che sa tutto» (Alberti-Eschini 1970-71).
Adattamento popolare di *Cavour*. C.

**gażabàica,** sf. (veneto giuliano: Trieste). 'Pacco ingombrante'.
Questa vecchia parola oramai in disuso significava originariamente il 'saccone in cui i soldati bosniaci al servizio dell'Austria sistemavano lo zaino, gli scarponi, il vestiario e altro ancora'.
Il nome proviene dal serbocroato *zgabajka* [Doria 1987]. C.

**gażaràr,** v. (veneto: Venezia). 'Frodare, ingannare'.
Non da *gazza* (Prati 1968), ma grecismo da *oi Katharói*, 'i Càtari', nome di una setta ereticale (dal sec. XI) dal greco *katharós* 'puro', divenuto nettamente spregiativo; la pronuncia di *-z-* sonora in *gażaràr* è stata determinata dal sinonimo *bużaràr* (→ *bóżera*), ma può rientrare anche nelle rese medievali del greco *th* [1970]. M.

**gażéta,** nella locuz. *a siàn a le gażete* (lunigianese). 'Siamo alla fine delle nostre risorse'.
Probabilmente dal significato numismatico di *gazzetta*, come 'moneta spicciola', piuttosto che dall'uso di foderare il fondo dei cassetti con vecchi giornali come dubitativamente supposto da Luciani s.v. C.

**gażón,** sm. (piemontese, anche *vaśón, vaśùn*; lombardo: *gaśṓn, gażù, bażù*; trentino: *vażón*; ligure, a San Remo: *gażùn*). 'Zolla di terra'.
Dal francese *gazon* 'mucchio di terra coperto d'erba', di origine germanica [DEI s.v. *vaz'ón*; Dardi 1992]. C.

**géa,** sf. (ligure; corso, anche *géva*; siciliano: *gira*). 'Bietola'.
Dal latino parlato **bleta*, da *bēta* 'barbabietola' influenzato da *blitum* 'blito' con evoluzione normale ligure di *BL* in *g* (anziché *bj-*), ciò che fa riconoscere nelle forme corse e siciliane (*geda* nelle colonie gallo-italiche) un'importazione dal ligure o dal piemontese meridionale [Plomteux 1975; VES]. C.

**gébbia,** sf. (siciliano), 'vasca di raccolta dell'acqua', 'vivaio'; (calabrese: anche *gìbbia*), 'vasca in muratura'; (calabrese: *cìb(b)ia, cébbia, céppia*), 'vasca murata nel giardino per contenervi acqua'.
Dal suo nome arabo *ğābiyah*, rimasto in Sicilia e di qui diffuso in Calabria, dove ha lasciato tracce anche nella toponomastica [VES].
V. CONSOLO: *E ci dissero d'avere pazienza, che presto sarebbero tornati i genitori. Volevano intanto visitare il lor giardino, l'orto, la fonte, la grande gebbia ove natavano pesci, anguille, anatre di passo?* (*Retablo*, Palermo 1987, p. 94). C.

**gécolo,** sm. (toscano con le varianti *gégolo, diécolo, ghiécolo*). 'Culla'.
Come meglio mostrano le forme corse *vèculu, bègulu*, e sarde *giògulu, ìculu* ed altre varianti, dal latino *vehiculum* 'mezzo di trasporto' in senso generico [DES; Rohlfs 1979]. C.

**gègia,** sf. (toscano, a Firenze; in umbro: *cècia*). 'Scaldino di terracotta'.
Nome scherzoso, tratto, come in molti altri casi simili, da un nome personale: qui dal vezzeggiativo di 'Teresa', *Cecia* [Migliorini 1927; Rohlfs 1979]. C.

**gehànti,** sm. (calabrese: Polistena). «Gigantesco fantoccio fatto con una leggera ossatura di legno e rivestito con stoffe colorate a fogge strane dei costumi moreschi. La testa e le braccia snodate sono azionate, per mezzo di cordicelle, da un uomo che, reggendolo sulle spalle, mostrando soltanto le proprie gambe, lo porta in giro durante le festività religiose più importanti accompagnato dal suono d'un tamburo e d'una grancassa» (Laruffa 1986).

Letteralmente 'gigante'; colui che porta in giro e fa ballare i *gehanti* è detto *gehantaru*. M.

**gelóso cóme na gàgia,** locuz. (umbro: San Giustino). 'Gelosissimo'.

«Si allude al comportamento di quest'uccello che abbandona i piccoli, *se sdègna*, se si accorge che il nido è stato visitato da qualcuno» (Polidori). Questo comportamento è confermato anche a Magione. C.

**gené,** v. (piemontese; ligure: *genà*). 'Porre in soggezione, in imbarazzo' col suo contrario *dësgené* 'mettere a proprio agio', da cui *desgenà* 'senza impaccio', nel milanese *sgenà* 'disinvolto'.

Dal francese *gêner* 'dar fastidio', 'incomodare' che risale al germanico (francone antico) **jehkjan* 'parlare', attraverso i significati intermedi 'confessare', 'far confessare con la tortura', 'umiliare' (e la forma medievale provenzale *jequir* è stata presa anche nell'antica lirica italiana nel participio *gecchito* 'umiliato, dimesso': DEI) e, infine, 'infastidito'. Il francese *gêne* 'incomodo' è riflesso nel ligure e piemontese *gèna* (in Valsesia: *gegna*) 'impaccio, soggezione, pudore, vergogna'. L'ipotesi di una derivazione dall'ebraico è del tutto screditata [FEW].

B. FENOGLIO: *Se potevo schivarlo lo schivavo, perché anche in compagnia mi genava trovarmi con lui, peggio che gli dovessi dei soldi* (*La malora*, Torino 1954, p. 85). – ID.: *Mio padre rifece la sua domanda, disgenato adesso perché aveva già fatto una prova, e i due vecchi l'ascoltarono fino in fondo* (*ib.* p. 55). C.

**gentilèna,** sf. (umbro: a Foligno). 'Gas', 'lampada', anche *gendilèna*.

La voce corrisponde all'italiano *acetilene*, dall'inglese *acetylene*; altri riflessi di *acetilene* sono il veneto (a Vittorio Veneto) *centiène*, il toscano (pisano) *cetilène* 'gas', 'lampada', l'abruzzese *cëtëlènë, citëlènë* 'lampada tascabile' [Zamboni 1986]. M.

**gepìn(o),** sm. (lunigianese, anche *geppìno*). 'Settebello'.

Letteralmente *Giuseppino*, un nome proprio applicato ad una particolare carta da gioco [Luciani]. C.

**germaniòt,** sm. (friulano). «Operaio o manovale friulano, di quelli che ad ogni aprirsi di stagione si recavano a lavorare all'estero, e specialmente in Germania, in Austria, in Ungheria, per rientrare prima dell'inverno» (Nuovo Pirona 1935).

Da *Germania*, uno dei paesi dell'emigrazione friulana, con suffisso *-ōttus*; con suffisso *-ūlus* è formata invece la variante *germaniùl* di uguale significato. M.

**gervàs,** sm. (lombardo; trentino; emiliano). 'Imbecille'.

Dal nome proprio *Gervasius* 'Gervaso'; «il Manzoni che sapeva ben scegliere i nomi dei suoi personaggi, chiamò Gervaso un compare sciocco, forse perché conosceva il vocabolo *gervas*, che corre non piccola parte dell'Italia superiore col significato d'"imbecille"» (G. Bertoni, cit. da Migliorini 1927: 224) [DEI s.v. *gervaso*]. M.

**gésu,** sm. (sardo logudorese; lombardo: *esùs*). 'Abbecedario'.

Gli abbecedari cominciavano con un'immagine del Salvatore, tanto è vero che erano chiamati, in Lombardia, *Libretto del Jesùs*, o semplicemente *Libretto*. Di qui la locuzione logudorese (Lucchi 1978: 606) *non ischire* ('sapere') *mancu su gesu* 'essere un ignorante' [DES]. C.

**ggiòbbë,** sf. (lucano; siciliano: *ggiòbba*; ligure: *giòbba*). 'Impiego, attività'.

Dall'inglese *job* 'lavoro, compito, opera', importato dagli emigrati in America tornati in patria. C.

**ggiuggiuléna,** sf. (siciliano, con varianti). «La pianta e soprattutto i semi del sesamo (*Sesamum indicum*) che si mettono sul pane e sui dolci e coi quali si fa anche il torrone; biscotto fatto con miele e ricoperto di semi di sesamo; pietra dolce che si trova sul litorale del Siracusano» (Piccitto 1985).

Dall'arabo *ǧulǧulān* 'sesamo' [VES]. M.

**ggiùmmu,** sm. (siciliano), 'nappa, mazzetto di fili di seta, di cotone, di lana, ecc., di vario colore, tenuti insieme da una legatura a tondo, attaccato come ornamento a oggetti vari', anche 'ciocca di capelli', 'ciuffo di erbe'; (calabrese meridionale: *giùmbu*), 'nappa, ornamento di fili'.

Dall'arabo *ǧumma* 'riunione di più fili di lana, di seta legati insieme a maniera di formare un fiocco' (in VES: *ǵumma-t*) [DEI; Pellegrini 1972; Rohlfs 1977a; Piccitto 1985]. M.

**g(g)iuštrà,** v. (laziale). 'Inseguire i tori prima che siano tratti al macello': si ritiene che, per la corsa, il sangue accalorato dia più sapore alla carne.

Letteralmente, 'giostrare' [Vignoli 1911 e 1926]. C.

**ghèbo,** sm. (veneto; trentino). 'Letto di fiume o di torrente', 'canale della laguna veneta', 'canale diversivo nel Polesine'.

Più che dal latino *cavea*, da una base preromana **gabio*, tratto da **gaba, gava*. La fase intermedia *gaibus* è attestata in latino medievale. Dal veneto è passato anche ai dialetti ladino-veneti con significati vari [REW; Tagliavini 1944; Prati 1968].

S. ZANOTTO: *ben presto poté piegare ad angolo retto entro il ghebo giusto* (*Delta di Venere*, Milano 1975, p. 210). C.

**ghéddo,** sm. (piemontese, anche *ghiddu*). 'Tono, stile' con modi di dire come *dé 'l ghédo* «usare il giusto tono o garbo» (Brero 1982).

Dal francese *guède* 'guado' (a sua volta dal germanico **waizda-*), pianta da cui si trae una tinta azzurra, e la tinta medesima [Levi 1927; FEW]. M.

**ghéga,** sf. (emiliano: modenese). 'Percossa', 'pallonata violenta'.

Di provenienza sconosciuta: l'avvicinamento al toscano *ghe(n)ghe* 'smorfie' (che ricorda lo spagnolismo sardo *dènghe* sm. 'smorfia, moina'), dichiarato di origine onomatopeica, non aiuta molto.

F. GUCCINI: *si scatenava ululando di libertà e tirando ghéghe a una cinza* [pallone] (*Vacca d'un cane*, Milano 1993, p. 69). C.

**ghèmars,** inter. (friulano). 'Andatevene!', 'via!'.

Si tratta di un tedeschismo, verosimilmente acquisito di recente, da *gehen* 'andare' (imperativo *gehe!*) e *marsch* 'marcia' e imperativo 'marcia!', 'vattene!' [Pellegrini 1987a]. M.

**ghersìn,** sm. (piemontese). «Grissino, sorta di pane assai fine, fatto a foggia di sottili verghette» (Di Sant'Albino 1859 s.v. *gherssa*).

È un diminutivo del piemontese *ghersa* «fil di pane cilindrico più o meno della lunghezza di due palmi, che usasi fare in contado» (Di Sant'Albino cit.), voce ricondotta etimologicamente al latino *cratīcea*, ma attraverso l'espressione piemontese *ghersa d' pan* con il senso di 'graticola di pani'. Il termine è entrato in italiano nella forma *grissino*, a designare il 'bastoncello friabile di pane croccante', fin dal secolo scorso; già nel 1840 è documentata la conoscenza del "grissino" in Lombardia [REW; DELI; Zolli 1986]. M.

**ghettàre sa chiŝìna,** locuz. (sardo: anche *bettare-*). 'Maledire'.

Letteralmente 'gettare la cenere', come si faceva a quei giovani che si sposavano senza il consenso del gruppo parentale; di qui il modo *si a unu li cheres male ghèttali sa chiŝina* 'se vuoi male ad uno gettagli la cenere'. Ora, comunque, l'espressione è solo d'uso figurato: *bettare sas chiŝinas* 'malefizio, azione magica per augurare il peggior male alle persone', 'maledire' (Ruju 1987) [Espa 1981: 2, 269]. C.

**ghez,** sm. (lombardo; ticinese; piemontese orientale, nel novarese). 'Ramarro, *Lacerta viridis* L.'.

Dal latino *Aegyptius* con riferimento a 'scuro, nero'; in origine è probabilmente nome della lucertola di monte o della lucertola di palude (*Lacerta nigra* o *atra*), specie frequente nelle Alpi, poi passato al ramarro molto più noto [LEI]. M.

**ghiàdo,** sm. (toscano: senese). 'Aria fredda', (campano, a Napoli: *jàjë*) 'freddo intenso'.

Dal latino *gladius* 'spada', perché è un *freddo tagliente* (che pur si dice), come una spada, non senza l'intervento di *ghiaccio* (→ *agghiajàre*) [REW; Rohlfs 1979]. C.

**ghiaravàddulu,** sm. (corso: anche *tiaraballu*; sardo campidanese: *ciaravallu* e varianti, gallurese: *ciaraballu*), 'lunario', ma, anche 'ciarlone'; (siciliano: *chiaravallu, stampachiaravallu*), 'sballone, cerretano', ciarlatano, uomo frivolo e leggero'.

Dal nome di un diffusissimo almanacco, intitolato *Il gran Pescatore di Chiaravalle*, dedicato alle previsioni meteorologiche. L'almanacco, di provenienza lombarda (in milanese *ciaravàl, cerevàl*), ha avuto una straordinaria fortuna non solo in Italia, ma anche all'estero (in Spagna, per esempio, dove si stampava *El gran piscator de Serrabal de Milán*). In sardo logudorese la voce è stata scherzosamente modificata in *carravàulas* 'porta-bugie' [Salvioni 1909, 1910a e 1916a; DES]. C.

**ghiatitìc',** sm. (marchigiano). 'Insieme dei rumori fatti dal cane, quando ghiattisce'.

Da un verbo, di origine latina, *ghiatì* 'abbaiare' (→ *glatì*). C.

**ghiaulìno,** sm. (toscano, a Grosseto, con varianti). 'Intirizzamento delle dita'.

Forma parallela di *diaulìni* sm.plur. 'pizzicore che prende alle dita per il freddo', nell'Amiata *avere i ghiavulini* o *i diavolélli* «avere molto freddo, in modo da sentire sulla punta delle dita acuti dolori» (Fatini 1953), a Pitigliano *diavulicchi* 'crampi'. Il modo è diffuso, oltre che nella Toscana meridionale e nel Lazio settentrionale, anche nel Veneto (*diaoléti*; in trentino: *diaolin(i)*) con sporadiche apparizioni nel ladino centrale e in friulano, ed è spiegato con l'antica credenza della natura demoniaca del formicolio, qui esplicitamente espressa, ma il più delle volte indirettamente indicata con nomi di copertura di insetti e uccelli [Jaberg 1965: 237-251]. C.

**ghidón,** sm. (lunigianese). 'Persona menzognera e ipocrita'.

Dalla voce di gergo *guidone* 'furfante', derivato di *guido* (dal nome proprio), dapprima riferita al 'cane', che d'altronde 'guida', e poi, in genere, al 'compagno' [Prati 1940; Masetti 1972-73]. C.

**ghjégghju,** sm. (calabrese). 'Albanese d'Italia'. Il nome ricorre nel proverbio ostile *si scuonti 'nu lupu e 'nu ghjégghju, ammazza prima 'u ghjégghju e ppue 'u lupu* 'se incontri un lupo e un albanese, ammazza prima l'albanese e poi il lupo'.

Dall'albanese *gégë* 'ghego, albanese del nord'. C.

**ghiermàno,** sm. (salentino). 'Passero', anche *jermano, chiermano, jurmano*.

Dal latino *Germānus [passer]*, 'passera ultramontana dei paesi subalpini (*Passer domesticus* L.)' [Alessio 1976]. M.

**ghingaglié,** sm. (lombardo: Cozzo). 'Merciaio' (AIS).

Corrisponde all'italiano *chincagliere*, dal francese *quincaillier.* M.

**ghiòm,** sm. (piemontese, anche *ghiò(i)mo, diòimo*). 'Pialla di forma particolare, adatta per piallare vicino ad una sponda; sponderuola'.

Dal francese *guillaume* di significato analogo [Migliorini 1927; DEI s.v. *ghiòmo*; Pautasso Crotta 1988]. M.

**ghìrba,** sf. (lunigianese: Vinca). 'Brutta faccia'.

Il vocabolo, isolato e senza conferme, non permette di avanzare l'ipotesi che si tratti di un traslato dell''otre' per acqua, che i soldati italiani conobbero in Libia ed importarono col significato gergale di 'pancia' né di chiarire se questo abbia solo influito fonosimbolicamente su *ghigna.* C.

**giacofómna,** sm. (piemontese). «Uomo che invade la sfera delle competenze femminili» (Bertoldi 1970).

Letteralmente 'Giacomodonna' con l'accezione deteriore che assumono certi nomi propri frequenti [Merlo 1951: 62]. C.

**giacumignéte,** sf. plur. (ligure: Pigna). 'Mantidi religiose'.

Letteralmente 'giacominette', da *giacumìn*, come altrove in Liguria *catainéte* 'caterinette'. Gli agionimi, distribuiti in altre forme in tutta Italia, sono dovuti all'atteggiamento di preghiera, che sembra assumere questo insetto con le sue zampe anteriori intrecciate [Garbini 1925; Merlo 1941-57]. C.

**giaggianìse,** sm. (salentino, anche *giaggianèse*), 'piccolo commerciante, che arrivava dal Nord per acquistare uva o mosto'; (pugliese: *giargianàisë*), 'straniero, dal linguaggio incomprensibile'; a Monopoli *gjargenēse, gjorgenēse* 'imbroglione'. In quest'ultima accezione, la voce ha avuto una certa espansione, durante la seconda guerra mondiale, nel linguaggio militare (Migliorini 1963: *giargianese*).

Sta per *vigevanesi*, i commercianti d'uva provenienti da *Vigevano*, anche se non manca una diversa interpretazione (dal nome personale inglese *George*, comune fra gli alleati presenti in Puglia ed Abruzzo) [Rohlfs 1961; Jurilli-Tedone; Valente 1995]. C.

**giaghénde,** sm. (pugliese: Molfetta), 'persona prestante, formosa'; (laziale, Castro dei Volsci: *giacante*), 'bravaccio; damerino'; (campano, nel napoletano: *gigande, gialande*), 'gigante'.

Dal latino *gigas, -ante* 'gigante' attraverso un volgare **g'agante* (ipotesi del REWS, mentre il DEI s.v. *zagante*, aveva supposto una provenienza dal provenzale *jaian*, antico francese *jaiant* 'gigante') incrociato nella forma o nel significato con *galante.* M.

**giàia,** sf. (piemontese). 'Vacca dal pelo nero'.

Dall'aggettivo *giài* 'screziato, chiazzato', che riflette il provenzale *jalho* dal latino parlato **gallius* 'macchiato', un derivato di *gallus* per i colori variopinti delle sue penne, molto produttivo in galloromanzo [FEW]. C.

**gialède,** sf. (friulano; veneto istriano: *galeda*; ladino-veneto, nell'agordino: *galelùth, galedùth*; lombardo settentrionale: *galeda*; molisano: *galettë*; pugliese: *galettë*; salentino: *caletta*; calabrese meridionale: *galletta, gaḍḍetta*), 'secchio di legno', in particolare quello per mungere il latte'; (lombardo, nel valtellinese), 'bigonciolo per il vino'.

Dal latino tardo *gallēta* 'secchio'; nel trentino *galeda, galea* designa un''antica misura per olio'; *galletta* è attestato nel lucchese antico come 'misura per liquidi' [AIS; REW; DEI s.v. *galléta*; Prati 1968; REWS]. M.

**giàna,** sf. (sardo, anche *jàna*). 'Fata di piccolissima statura, abitatrice di nuraghi e caverne preistoriche (*dòmos de janas*), da alcuni ritenuta benefica, da altri una strega'.

Dal latino *Diāna*, la dea pagana, che, come altre divinità romane, ha assunto col Cristianesimo una connotazione nettamente negativa, come nel toscano antico *jana* 'strega' e nel tarantino → *sciàna* 'disposizione d'animo, malumore' [FEW; DES].

G. DELEDDA: *in quel momento il mendicante uscì dal suo antro che sembrava una* domo de jana, *(casa di Jana: piccola fata) e sedette accanto alla sua porticina bassa circondata di pietre* (*Romanzi e novelle, I*, Milano 1954, p. 240). C.

**gianchéti,** sm. plur. (ligure). 'Sardine e alici giovanissime'.

Letteralmente 'bianchetti' con la tipica risoluzione ligure del nesso *BL-* in *gi-*. C.

**giandléna,** sf. (romagnolo; toscano, a Incisa: *ghianderina*). 'Agoraio', di legno.

Dalla forma di 'piccola *ghianda (gènda)*'. C.

**gianfarìna,** sm. (piemontese). 'Mugnaio' ed anche 'clown da circo'.

Almeno nel senso di 'buffone delle commedie' dipende dal francese *jean-farine*, dove *Jean* 'Giovanni' è nome generico di persona senza qualità, e *farine* allude al trucco. C.

**gianfatùt,** sm. (piemontese). 'Faccendone'.

Dal francese *jean fait tout* 'factotum', letteralmente 'Giovanni-fa-tutto'. C.

**gianfótre,** sm. (piemontese; ligure: *gianfottre*; molisano, ad Agnone: *ggianfutra*). 'Briccone, furfante, persona di cattivi costumi'.

Dal francese *jean-foutre* 'persona senza dignità', letteralmente 'Giovanni-fottere'. Poiché è diffuso largamente in Francia, Italia, Svizzera, Germania e Ungheria, è probabile che sia un ricordo delle guerre napoleoniche, tanto più che in francese è attestato solo a partire dal 1792 [FEW].

F. DE ROBERTO: *Don Blasco ebbe presto in tutt'altra considerazione il pronipote. – Questo gianfottere non è poi tanto minchione quanto pare* (cit. da GDLI VI 765). – S. STRATI: *«Zitto, gianfottere!» fece il mastro e ridacchiò del consiglio del ragazzo* (*Il diavolaro*, Milano 1979, p. 14). C.

**gianfrignàcca,** sf. (abruzzese: Chieti). 'Giusquiamo, *Hyoscyamus (niger)*', anche *cianfrignacca*.

Dal latino tardo *symphoniăca (hĕrba)* 'giusquiamo', che pare successivamente attratto dal nome proprio *Gian*; la denominazione richiama, per il significato, l'abruzzese *ciufelluccë* sm. plur. 'giusquiamo' dal dialettale *ciufellë* 'zufolo' [DEI: De Giovanni 1981]. M.

**giannèllo,** sm. (toscano), 'baco delle ciliege'; (ticinese: plur. *żanìt* a Breno, *genìt* a Ligornetto; emiliano, a Coli, *żanèn*), 'verme del formaggio'; (piemontese, lombardo: *gianìn*) 'verme, baco'. Di qui anche *gianinà*, che in piemontese (a Villafalletto) si dice di una mela 'bacata'.

Da *Gianni* 'Giovanni'. Riferita originariamente al solo baco delle ciliege, la denominazione è legata alla credenza popolare, che nella notte di San Giovanni Battista (24 giugno) entrino nelle ciliege, fino a quel momento immuni, i vermi e che, perciò, da allora non si possa più mangiarne [Migliorini 1927: 61-63].

G. PASCOLI: *Le ciliege erano andate: / per San Giovanni avevano i giannelli* (cit. in GDLI VI 766). C.

**Gianpetadé,** n. pr. (piemontese). 'L'Ebreo errante', voce viva nell'espressione *L'à faite pi che Gian Pitadé en Fransa* (a Busca, nel cuneese), passata anche a Nizza (*N'à facce mai che Giuan Petadiu en Fransa*).

Dal suo nome leggendario, Giovanni *Buttadeo*, l'ebreo che avrebbe percosso Gesù, mentre portava la croce o, secondo un'altra versione, il soldato che lo schiaffeggiò davanti ad Anna. Per questo è possibile che nella variante piemontese sia entrato il verbo *petà* 'percuotere', che è, tuttavia, proprio del lombardo: forse il nome era noto anche in Lombardia e di qui si sarebbe diffuso nella vicina regione [Prati 1937]. C.

**giànua,** sf. (sardo: Sassari, nel sardo centrale e logudorese: *ianua*). 'Porta, uscio'.

Dal latino *iānua* [DES]. C.

**giapè,** v. (piemontese), 'abbaiare'; (ligure: *giapâ*), 'parlare a vanvera', 'gridare, urlare'.

Da un tema imitativo *giap-* [Plomteux 1975]. C.

**giapunéṡi,** sm. plur. (lombardo, nel pavese). «Noccioline americane, arachidi tostate» (Galli 1965).

Propriamente 'giapponesi', forse per sottolineare la provenienza da paese lontano. M.

**giardóni,** sm. pl. (toscano: Cetona). «Nome che si usa quasi esclusivamente in frasi del tipo *il tale ci ha e' giardoni sotto e' piedi*, cioè cammina in modo goffo e pesante come se avesse un qualcosa di impedimento (giardoni) sotto le piante dei piedi» (*Parole vita* 1990).

Il *giardóne*, accrescitivo di *giarda*, è propriamente una malattia dei cavalli, un tumore osseo, che li colpisce nel garretto, sopra l'unghia, e ne impedisce la normale andatura. C.

**giargianése,** sm. (pugliese, con varianti; salentino: *giaggianisi*), 'straniero, dal linguaggio incomprensibile': *ccé stóchë a pparló ggiargianàisë?* 'che parlo arabo?' (a Ruvo); (a Monopoli, *giargënése, giorgënése*), 'imbroglione'.

Un'altra accezione, colta a Barletta («compratore di vino dal nord», «di persona che si può infinocchiare», Tarantino 1985) ed a Foggia ('settentrionale'), dà ragione della spiegazione, che G. Rohlfs ha proposto per questa voce, entrata anche nel gergo militare ('tardo, arretrato, selvaggio': Monelli 1947): «piccoli commercianti che vengono dall'Alt'Italia per comprare l'uva o il mosto: deformazione di *viggevanesi* 'di Vigevano'» [Rohlfs 1961]. C.

**giàri,** sm. (friulano: Canal di S.Pietro). 'Giogo'.

Dallo sloveno *jarem*, bene testimoniato nella varianti *iarme, iaram* e simili nelle località friulane alloglotte. È interessante notare che la voce è più in uso nella parlata dei muratori nel senso traslato di 'trave maestra o altre del tetto', che non nel senso proprio [Pellegrini-Marcato 1988]. C.

**giarìule,** sf. (friulano). 'Porciglione, gallinella d'acqua', anche *giarìgule*.

Dal latino *gallicŭla*; la voce friulana è entrata anche nel veneto di Trieste, che ha *gerìgola* con lo stesso significato [Doria 1978]. M.

**giàs,** (piemontese; calabrese e siciliano: *iàzzu*). 'Pavimento della stalla'; (piemontese; ligure: *giàsu*), 'strame'.

Dal latino parlato **jacium*, tratto dal verbo *jacēre* 'giacere, coricare', che ha dato luogo ad una lunga serie di derivati, soprattutto in Italia e in Francia [FEW].

M. VENTURI: *nella stalla, intanto che distribuivano la pietanza col forcone o rivoltavano il giaz, che sarebbe il liame* (*Sconfitti sul campo*, Milano 1982, p. 10). C.

**giàśena,** sf. (veneto; trentino; ladino centrale; friulano settentrionale: *glàśine*). 'Mirtillo'.

La voce non dipende dal gallico-latino *glastum* 'guado' (come in DEI e Prati 1968), ma da una base prelatina. È stata supposta sia una forma, assegnata al gallico, **glasina* di origine affine a *glastum* con l'esito *st* > *s* del gallico, sia una forma **al(i)sina, -inus*, derivata dal prelatino **alisa* nome dell'ontano e di altre piante, secondo la recente ipotesi del LEI che vi riconduce pure il lombardo *giőden*, *żőśegn* e (attraverso un '*alsone*') *alsón*, *asón* 'mirtillo' [REW; Pellegrini-Zamboni 1982]. M.

**giaudìta,** sm. (sardo: Sassari). 'Padre della balia'.

Letteralmente 'nonno (*giàu* dal latino *avus*, forse influenzato dal catalano *yayo*) di mammella (*titta* di formazione infantile)' [DES]. C.

**gia(v)ón,** sm. (veneto; emiliano, a Parma: *sgiaón*). 'Erba infestante', 'gramigna'.

Letteramente *schiavone*, ma per Prati 1968: «etimo sconosciuto» [REW]. C.

**giazòn,** sm. (emiliano: Ferrara). «Parte del mulino, camera» (Ferri 1889).

Dal latino parlato **jacium* 'giaciglio, luogo su cui posare', derivato dal verbo *jacēre* 'giacere'.

R. BACCHELLI: *La grossa macchina sbandava in modo che dovettero scalzarsi per scivolar meno sui giazzoni bagnati e lisci* (*Il mulino del Po, I*, Milano 1946, p. 272). – ID.: *sui giazzoni, come chiamavano i pavimenti delle case e la tolda dell'andiale* (cit. in GDLI VI 772). C.

**giddòstre,** sm. (sardo: Barbagia). 'Erica arborea'.

È stata registrata dal DEI (manca al DES) che la considera di origine prelatina, relitto protosardo, e rinvia per un confronto al basco *gilhar* di analogo significato. M.

**gidèa,** sm. (sardo: Sassari). 'Iniziativa, capriccio, fantasia, *fattu a gidèa* 'a capriccio, con fantasia'.

Letteralmente 'idea', ritoccata come nel logudorese e nel sardo centrale *bidèa* [DES]. C.

**gilécu,** sm. (ligure), 'giacchetta da contadini'; (toscano, in Versilia: *giulécche*), 'soprabito goffo'.

Dal turco *yelek* 'corpetto' [Plomteux 1975]. C.

**gillòso,** agg. (umbro: Val di Pierle), 'detto di animale sensibile, che non tollera di essere toccato'; (molisano, a Fossalto: *ggëlùsë*), 'detto di persona, che soffre il solletico', in laziale (Nemi) *fa gelosu* 'fare il solletico'.

Questa particolare accezione dell'italiano *geloso* trova riscontro anche nella lingua comune, almeno a partire dal Magalotti, quando si qualifica *gelosa* 'sensibile, fragile' anche una sostanza materiale (GDLI). L'accezione particolare, passata, forse, attraverso quella di 'delicato' (*èn cóse gillóse* a Magione), accredita il giudizio popolare, secondo cui chi soffre il solletico è incline alla gelosia. C.

**gilùgne,** sf. (friulano). 'Brina', anche *giulugne, żulugne* ed altre varianti.

La denominazione è caratteristica del Friuli e rappresenta un derivato dal latino *gĕlu* 'gelo' col suffisso *-ōnia* (attraverso il passaggio di *ō* ad *u* per effetto della palatale *gn* seguente) [Frau 1986]. M.

**gimèru,** sm. (piemontese). 'Omiciattolo'.

Dal provenzale *gimerro* 'testardo, indocile', uno dei tanti significati assunti dal grecismo latino *chimaēra* 'chimera' [FEW]. C.

**gimitriàri,** v. (siciliano), 'farneticare, abbacare; macchinare', anche *cimitriàri*; (siciliano: *cimitriuso* agg.), 'macchinoso'; (calabrese meridionale: *cimitrusu* agg.), 'permaloso, di difficile accontentamento'.

Riflessi del latino *geōmetria* di tradizione semidotta [Alessio 1976]. M.

**gìna,** sf. (toscano: Radicofani), 'luogo del pascolo'; (toscano, nel fiorentino: *aggina*), 'parte di un pascolo assegnato a un branco'; nel senese si usa la locuzione *andàr per le gine* 'andare attraverso i prati'.

Sono derivati del v. *agginà* (toscano) 'mandare per la campagna', 'andare per i pascoli', dal latino *agināre* 'sforzarsi, agitarsi', con lo sviluppo di un significato particolare (come nel latino medievale *agināre* 'spingere (via)'), a meno che non dipenda direttamente da *agĕre* 'condurre'. In ogni caso, non è necessario postulare un latino parlato **agīna* 'pascolo', come si legge in DEI [LEI] M.

**gingìn,** sm. (lombardo; emiliano; veneto occidentale). 'Bellimbusto', anche come agg. 'grazioso, carino'.

Variante di *gingillo*, di origine espressiva [DEI; DELI; Bondardo 1986]. M.

**giòcul,** sm. (friulano). 'Capretto che non ha compiuto l'anno', anche *żòcul*.

Derivato dal latino *haedus* 'capretto' attraverso una forma suffissata **haediŏculus*; si tratta di parola tipica del friulano. Ad una diversa forma suffissata, cioè *haediolus, -a*, si riconducono forme trentine, lombarde, veneto settentrionali del tipo *żola*. La forma base *haedus* si conserva nel sardo *edu* e nel corso *eghiu* [DEI s.v. *zóla*; DESF s.v. *adìn*]. M.

**giógghiu,** sm. (calabrese, con varianti; salentino, a Lecce: *scègghiu*; campano: *ióglio* e varianti; toscano: *gióglio*; friulano: *uèli*). 'Loglio'.

Dal latino parlato **jŏlium* per il classico *lŏlium*, nome della graminacea, spontanea fra le messi, con fiori a spiga rossa, le cui cariossidi rendono velenosa la farina [REW; REWS; Rohlfs 1977].

L. ASPREA: *Eccolo là! Pare che mangi lucertole o pane di giogghjo. Non cresce e non grana per la malignità* (*Il previtocciolo*, Milano 1971, p. 106). C.

**giojèt,** sm. (piemontese: Asti). 'Veccia bastarda, *Lathyrys Aphaca* L.'.

Come l'italiano *giaietto*, dal francese antico *giaiet* 'nerastro', che si rifà al latino *gagātes* 'varietà di carbone bituminoso' [FEW].

G. FALDELLA: *Gli occhi nerissimi e lucentissimi, come quei semi di erba selvatica (amaranto), che i contadini piemontesi chiamano gioietti* (*Racconti della scapigliatura piemontese* a cura di G. Contini, Milano 1953, p. 53). C.

**giòlito,** sm. (toscano: isola d'Elba). 'Ozio', specie nella locuzione *stare in giòlito* 'concludere poco', che trova un preciso riscontro nel còrso *stare in giòlitu* 'stare in ozio senza darsi pensiero di nulla'. In italiano *stare, fermarsi in giòlito* ha assunto, nel linguaggio nautico, il senso specialistico di 'stare fermo in mare' detto di un bastimento.

Dalla locuzione spagnola *en jolito* 'in sospeso', come in catalano *en jòlit* 'in bonaccia' (dal francese *joli* 'giulivo') [Corominas; Rohlfs 1979; DECLC]. C.

**giontéje,** v. (piemontese). 'Rimetterci'.

Letteralmente 'aggiuntare', aggiungere qualcosa di proprio, come nella locuzione *giontéje del sö* 'pagare di persona'.

B. FENOGLIO: *a me questo comandare di Stefano mi mise dentro un affanno, quasi un presentimento che alla fine ci avrei giuntato* (*La malora*, Torino 1954, p. 57). C.

**giórdola,** sf. (veneto: Marano Lagunare). 'Ruota'.

Curiosa forma ottenuta con metatesi da *riodola*, **iordola*, derivato da *rioda* dal latino *rŏta* [Marcato 1985]. M.

**giorgètti,** sm. pl. (calabrese: Polistena). «Venti leggeri, facenti parte dei venti periodici primaverili, che si verificano pressapoco nella seconda decade di aprile, quando si festeggia San Giorgio» (Laruffa 1986).

Dall'agionimo *San Giorgio*. M.

**giorgìna,** sf. (lombardo). 'Formaggio fatto in aprile'.

La denominazione è connessa con S. Giorgio che si festeggia il 23 aprile [Migliorini 1927]. M.

**gióva,** sm. pl. (veneto: Padova). 'Pidocchi'.

È voce di gergo, che riflette lo zingarico *giuv* 'pidocchio', passato anche ad altre parlate gergali europee [Cortelazzo 1975].

S. ZANOTTO: *Certamente i cassetti di quelle credenze racchiudevano soltanto polvere di tarli, nidi di topi e colonie di scarafaggi che attendevano la notte per uscire, quelli che il razzismo dei veneti chiama "schiavi" per insultare il mondo al di là dell'Adriatico, come chiama "giòva" i pidocchi per offendere gli ebrei, da Jehova* (*Delta di Venere*, Milano 1975, p. 151). C.

**giovanevècchia,** sf. (toscano: versiliese, anche *giovenavècchia*). 'Nubile, zitellona'.

L'ossimoro si spiega con l'evoluzione di significato subìta dall'agg. e sf. *gióvena*, passato da 'giovane' a 'nubile', tanto da sopportare un esempio, apparentemente assurdo, come questo: *Avéa 60 anni e mmoritte gióvena perché un si vòlse mai sposà* (Cocci 1956): → *ragàza antìga*.

S. VASSALLI: *Alto, ossuto, senz'ombra di colore nelle guance e il pizzo e i baffi portati secondo la moda dell'epoca, Pier Luigi Caroelli era un* giuvin vecc, *un «signorino» d'una trentacinquina d'anni o poco più, che parlava arrotando le erre e vestiva con una certa pretenziosità* (*La chimera*, Milano 1996, p. 242). C.

**gioviàna,** sf. (sardo logudorese). 'Essere fantastico, che si presenta alle donne intente a lavorare il giovedì notte, procurando loro disgrazie'.

Letteralmente 'giovediana, la donna del giovedì', che ha alcuni paralleli in altre regioni italiane [Calvia 1903].

G. DELEDDA: *Era un giovedì sera e l'usuraia non filava per timore della* Giobiana, *la* donna del giovedì, *che si mostra appunto alle filatrici notturne e può loro cagionare del male* (*Romanzi e novelle*, I, Milano 1954, p. 454). C.

**giovìddi di lardaròlu,** sm. (calabrese: Polistena). 'Giovedì grasso'.

Letteralmente 'giovedì del lardo (→ *lardalòru*)'; nella stessa località vi è il proverbio *Gioviddi di lardaròlu cu' no nd'àvi carni, si 'mpigna 'u figghjòlu* «Giovedì grasso chi non ha carne dà in pegno il figliolo. Infatti era consuetudine, ormai scomparsa da tempo, tra qualche famiglia indigente (che non aveva possibilità di comprare un po' di carne almeno il Giovedì grasso) di dare in cambio, come garzoncello per un certo periodo di tempo e per un certo quantitativo di carne, un proprio figlioletto al macellaio» (Laruffa 1986). M.

**gìra,** sf. (siciliano). 'Bietola'; sm. plur. *giri* e *gidi*.

Dal galloitalico *géda*, ancora attestato a Novara di Sicilia e Sperlinga (attraverso un passaggio a *-r-* della *-d-*), a sua volta dal latino volgare **blēta* per **bētula*, diminutivo del classico *bēta* 'bietola' [Rohlfs 1977a; VES].

D. DOLCI: *Andiamo camminando e mettiamo insieme tutte le razze di verdura, selvaggia si capisce: cicoria, cavolicedde, giri, vurrane, cardella, finocchi, sparagi di roveto* (*Racconti siciliani*, Torino 1973, p. 38). M.

**giràniu,** sm. (ladino centrale: comelicano). 'Edera', a Padola *giragna*.

L'etimologia popolare spiega così il nome: «perché l'edera gira arrampicandosi specialmente come pianta ornamentale, all'interno della *stua*», cioè la *stufa*, la stanza con intavolato di legno riscaldata dalla stufa [Tagliavini 1944]. M.

**giridòn,** sm. (veneto: Venezia, anche *żiridòn*), «girello, arnese di legno fatto al tornio, composto d'una specie di piatto rotondo portato da una colonnetta, che serve per tenervi sopra il lume ed altro» (Boerio 1856); (lunigianese: *gridón* col diminutivo *gridunétu*; piemontese e ligure: *ghirindón*), 'comò, comodino'.

Dal francese *guéridon* 'piccola tavola rotonda, ad uno o tre piedi, che serve da supporto ad un vaso, ad una lampada ecc.'; la voce è testimoniata pure in italiano nelle forme *gheridone, gueridon*. La modificazione veneta dell'iniziale è dovuta a *giro*. [DEI; Zolli 1971; Dardi 1981].

C. GOZZI: *Tavolin, ghiridoni, tavolieri / e carte e sbaraglin per tutto sono, / sedie co' lor piumacci ed origlieri / d'oro, ch'ognuna valea quanto un trono* (cit. in GDLI VI 745). M.

**gisèri,** sm. (siciliano, anche *żiżeri*). 'Ventriglio dei polli, degli uccelli; budello del giovenco'.

Dal latino *gigĕriu(m)* 'ventriglio dei polli'; ma mentre *żiżeri* potrebbe rappresentare una continuazione diretta del latino, *giseri* è una forma mediata dall'antico normanno *gesier* 'ventriglio' (così in REW e VES; Rohlfs 1977a pone che come base un antico francese *giser*; non in DEI). A *gigĕriu(m)* risalgono anche il piemontese *giüšé*, il salentino (nel leccese) *šušeri* 'budello del giovenco', il pugliese (nel tarantino) *cicirièddu* 'ventriglio dei polli' [DEI s.v. *gisèri*; Rohlfs 1959; REWS; Piccitto 1985]. M.

**gìstra,** sf. (siciliano e calabrese, con varianti; laziale: *cistro* sm.). 'Specie di cesta'.

Dalle voci dialettali *cista, cistu* con inserzione della *r* di *canestro* [Rohlfs 1977].

V. CONSOLO: *Passavano di mano in mano le gistre con i pesci, sciorinavano le rizze, dipanavano il paràngolo, stendevano il cianciòlo sulla ghiaia i pescatori taciturni* (*Il sorriso dell'ignoto marinaio*, Torino 1987, p. 72). C.

**gìta,** sf. (toscano). 'Turno di lavoro'.

Propriamente 'andata', dal verbo antico *gire* 'andare' [Fanciulli]. C.

**giubbedòmmene,** sm. (marchigiano: anche *giubedòmne*), 'giubbone', 'pastrano mal confezionato, mal ridotto, per coprirsi alla meglio sotto l'acqua'; (laziale, a Roma: *giubbedòmine*), 'soprabito, abito a coda di rondine', che il Chiappini 1945 dice «introdotto di recente [prima del 1933] nel vernacolo romanesco»; (piemontese: *èse al Jubedòmine*), 'essere agli sgoccioli'.

Dal latino *Iube, Domine*, (*benedicere*) 'vogliate, o Signore, dar(ci) la benedizione', formula con la quale il diacono domandava la benedizione del celebrante, prima di procedere alla lettura dell'officio divino. In quanto alla locuzione piemontese, è stato osservato che proviene dal «versicolo cantato dai confratelli in coro nel mattutino, il quale viene appunto dopo i salmi e verso la fine del medesimo» (Prato 1910), però è da aggiungere che era anche un versetto recitato, come antifona, nell'Ufficio dei morti. Il significato di 'giubbone, soprabito civile' è dovuto ad un accostamento a *giubba* [Crocioni 1906; Aurati 1983].

A. Panzini: *Pareva il San Giuseppe che abbiamo su l'altare alla Faggiola, salvo che San Giuseppe ha il mantello turchino, e quello lì aveva il giubidòmine nero che porta il prefetto* (*La Pulcella senza pulcellaggio*, in *Sei romanzi fra due secoli*, Milano 1943, p. 427). c.

**giùcu,** sm. (ligure: Pigna; piemontese: *giuc, gióc*, anche nella espressione *ndé a gióc* = *giochè* 'appollaiarsi', diffusa pure in ligure e in siciliano), 'luogo dove si posano a dormire la notte le galline'; (calabrese: *juccu*; galloitalico di Sicilia, a Novara di Sicilia: *gióccu*), 'pollaio'; (piemontese: *giuc*; ligure: *giùcu*; siciliano: *giùccu* e *gióccu*), 'bastone del pollaio', da cui il siciliano *aggiuccari, agghiuccari* 'appollaiarsi, acquattarsi'.

Dal francone *jŭk* col doppio significato di 'giogo' e 'bastone del pollaio' [REW; DEI ss.vv. *aggiuccare* e *giucco*[2]; FEW; Merlo 1954; REWS]. c.

**giufà,** sm. (siciliano), «si dice a un uomo soro e nello stesso tempo lepido e bizzarro, goffo» (Traina 1868); (calabrese: *iugale, iufà, iofà*), 'nome dello stupido fortunato, personaggio di molte favole calabresi', 'uomo balordo e stupido'.

Non dal nome proprio *Giovanni*, ma dall'arabo *djehá* o *djuhá* 'figura popolare che impersona lo sciocco' [Pellegrini 1972]. M.

**giufalé,** nella locuzione *jucari a giufalè* (siciliano, con varianti; calabrese: *a cifalé*). 'Gioco infantile, che consiste nel far indovinare all'avversario quanti "capi" di nocciole, piselli o ceci abbrustoliti si nascondono nella mano chiusa'.

Dal greco *kephalés* 'capi'. Da qui il significato secondario della locuzione metaforica reggina *fari a cifalè* 'fare qualche cosa senza cerimonie, alla buona' [Rohlfs 1964 e 1977a]. c.

**giugnéttu,** sm. (calabrese; siciliano). 'Luglio'.

La voce, sempre meno usata rispetto a *lùgliu*, è un prestito di epoca normanna dal francese antico *juignet*, formalmente diminutivo di *juin* 'giugno' dal latino *Iūnius*, come se il mese di luglio fosse un secondo o più giovane giugno [Rohlfs 1977; VES]. M.

**giujèa,** sf. (umbro: nel perugino, anche *giujàra*). 'Vaglio per il grano'.

In origine designa lo 'strumento per separare il grano dal loglio' ed è parola da confrontare col marchigiano (metaurense) *gioi*, toscano (aretino) *giòglio* 'loglio' (dal latino *lolium*) [Ugolini 1970]. M.

**giùla,** sf. (piemontese, nel canavese). 'Nocciola'.

La voce è stata rincodotta, seppure con qualche dubbio, al latino *jūgla(n)s* 'noce' (propiamente 'ghianda di Giove') di cui dovrebbe rappresentare una rara continuazione insieme col piemontese *giüngala* 'grossa noce' (voce registrata da Gavuzzi 1891) [DEI; REWS]. M.

**giulùda,** sf. (veneto bisiacco). 'Dolore, pena'; *una giuluda de cor* 'un dolore di cuore'.

È un derivato da un **djolūta, *duolūta*, formazione piuttosto rara del verbo *dolēre* [Pellegrini 1987]. M.

**giùp,** sm. (lombardo settentrionale; ticinese). 'Rododendro; ginepro', anche 'cespuglio', con varianti.

Tipo lessicale che si continua nel ladino svizzero e si riconduce ad una base prelatina **jūppos* cui sono attribuiti i significati di 'rododendro; ginepro; cespuglio'; alcune varianti come il valtellinese *giuba* 'ginepro nano' o *giob* 'sterpo, piantina nana' del Poschiavo richiedono una forma con la sonora *-bb-*: **jūbbos*. Di tale base è stata tentata una connessione con la voce *jupikellos* tramandata da Dioscoride come equivalente gallico del latino *juniperus*, ma se il tipo *giup* è parallelo al romeno regionale *jepii* 'ginepro' la relazione col sostrato gallico viene meno. Inoltre alla base **jūppos* il DEI connette anche il calabrese meridionale (Gerace) *gioppinu* «pianta bassa che assomiglia al *Juniperus sabina* (*Thymelaea hirsuta*)» (Rohlfs 1977) [Pellegrini-Zamboni 1982: 182]. M.

**giupèt,** sm. (friulano). 'Insetto saltatore' specialmente riferito alla 'cavalletta' ed alla 'locusta verdissima', anche *zupèt, ciupèt*, e *giùp, zup*.

Le varie forme derivano tutte dalla base *jup*, voce onomatopeica, a cui è stato talvolta unito il suffisso diminutivo *-èt*, e non fa specie l'alternanza sorda / sonora della consonante iniziale, poiché, trattandosi di voci imitative, uno scambio non solo è possibile, ma è confermato anche da altri casi [REW; Benincà 1966-67]. M.

**giuppòne,** sm. (sardo logudorese, campidanese: *gippòni*; a Nuoro: *zippòne*). «Giubbone, corpetto del costume femminile» (DES).

Corrisponde all'italiano antico *giuppone* 'giubba, giubbone', variante dialettale di *giubbone* di area settentrionale (piemonte, lombardo, emiliano occidentale) e meridionale (napoletano *jeppone*, calabrese *jippune, juppune*, siciliano *jippuni*) designanti sempre un corpetto, un farsetto [DEI; DES].

S. Satta: *Egli era seunese, anche se tornava a casa due o tre volte all'anno. Il giorno prima delle elezioni si avviò a piedi a Nuoro, e arrivato a Sèuna, il primo che incontrò lo afferrò per lo* zippone *e lo svergognò di fronte a tutti. Gli rinfacciò le giornate di lavoro che Don Sebastiano non aveva mai fatto mancare, gli rinfacciò le festose vendemmie nelle sue vigne, col pranzo di maccheroni e di agnelli arrostiti, gli rinfacciò l'umiltà di quel suo compare, che era vicino ai poveri come nessuno era mai stato* (*Il giorno del giudizio*, Milano 1982, p. 197). M.

**giùra,** sf. (siciliano: Trapani). 'Tasca completamente chiusa e nascosta sotto le vesti'. Nel gergo dei pastori bergamaschi la *giüdéa* è la 'borsa per i denari'.

Dal nome di *Giuda*, che viene tradizionalmente raffigurato mentre stringe furtivo la borsa dei trenta denari del suo tradimento [Migliorini 1927]. c.

**giuré,** v. (piemontese: anche *żuré* ed altre varianti). 'Bestemmiare'.

Dal latino *jurāre* 'giurare', spesso chiamando a testimoni gli dèi (*deos jurare*). In epoca cristiana giurare su Dio diventava una trasgressione del comandamento, che impone di non invocare invano il nome di Dio, equivalendo, quindi, a 'bestemmiare', passaggio particolarmente testimoniato in francese. Interessante anche il fatto che in tutto il Piemonte il termine di paragone è il 'catalano': *giuré (bastamié) come n catalàn* [FEW]. c.

**giuriscóngru,** agg. (sardo logudorese, anche *giriscóngru*), 'limitrofo, vicino'; (gallurese: *giurecóngruu*, sm.), 'limite, confine'.

Termine giuridico di origine dotta, dal latino *ius congrui* 'diritto del vicino', secondo l'antica legge che prescriveva che si doveva avvisare il vicino del predio, quando si voleva vendere [DES]. M.

**giùs,** sm. (piemontese; lombardo, nel milanese: *giüs*; emiliano, nel reggiano: *żis*). 'Sugo'.

Prestito dal francese *jus* di analogo significato, a sua volta dal latino *jūs* 'brodo' [REW; DEI s.v. *zis*; Brero 1982]. M.

**gìvora,** sf (veneto, a Grado, anche *giàvora*). 'Palo del colmo (del tetto), nelle tipiche costruzioni lagunari (*caśòni*) con tetto di paglia'.

Il termine non va separato dal tipo e dal significato dell'italiano *capriata*, dal latino *capra* (con traslato), ma con tramite del friulano che conosce le forme *ciàvri, giàvri* (dal latino **capreu*) 'corto pezzo di trave verticale, preso in mezzo dalle estremità superiori dei puntoni che formano il cavalletto del tetto' [Cortelazzo 1980; DESF]. M.

**glàśar,** sm. (friulano goriziano). 'Vetraio'.

Dal tedesco *Glaser*, forma abbreviata di *Glaswarenhändler* di analogo significato [Faggin 1981; Fabbro 1988]. M.

**glatì,** v. (friulano). 'Squittire', (umbro: *jattì*) 'Abbaiare' del cane che insegue la lepre.

Come l'italiano antico *ghiattire* 'abbaiare del cane' del verbo espressivo latino *glattīre* 'abbaiare'. C.

**gliànte,** sm. (salentino). 'Garzone che aiuta il frantoiano'.

Probabile riflesso del latino *olivănte* 'chi raccoglie le olive' [Alessio 1976]. M.

**gnàro,** sm. (veneto, nel veronese anche *niàro*; trentino, a Rovereto: *agnaro*; friulano: *nijàr*), 'nido'; (piemontese, a Piverone: *gnéro*), 'endice'.

Da un latino parlato **nidārius*, da *nīdus* 'nido' [Prati 1968; Bondardo 1986].

N. POZZA: *Non gli andava bene nulla, in casa nostra: non il mangiare, il bere, il letto. Però vi ha fatto gnaro, è stato con noi quattro anni* (*La putina greca*, Milano 1972, p. 91). – V. SCAPIN: *Un tempo la caccia era il raccolto più lungo dell'anno. Cominciava a primavera con i primi gnàri, e finiva d'inverno con gli ultimi passi dei migratori* (*I magnasoéte*, Verona 1976, p. 97). C.

**gnëmmërìddë,** sm. (lucano), 'gomitoletto' ed in particolare 'involtino fatto con l'interiora dell'agnello'; (pugliese: *gnemerièdde*), 'rotoletto di rigaglie'; (salentino: *gnummarièddu*), 'involtino di carne'; (calabrese: *gliommarille*), 'involtino di intestini (di agnello) attorcigliato a forma di gomitolo'.

Dal latino *glŏmer* (neutro) 'gomitolo' col suffisso diminutivo *-ĕllu*; al verbo *agglomerāre* sono ricondotti dal DEI l'abruzzese *aglimmarà* e varianti, il calabrese meridionale e siciliano *agghiummarari* 'aggomitolare' [DEI s.v. *agliommerare*; Rohlfs 1956 e 1977; Bigalke 1980].

C. LEVI: *Aveva cessato di piovere, e l'aria del paese era piena dell'odore di carne bruciata dei gnemurielli che erano posti su dei bracieri in mezzo alla strada, e che si vendevano a due soldi l'uno* (*Cristo si è fermato a Eboli*, Torino 1967, p. 158). M.

**gnìchissa,** sf (calabrese settentrionale). «Sterco degli animali» (Rohlfs 1977).

Si spiega come prestito dallo spagnolo *ñisca* 'escrementi', come sostiene anche il DEI (ivi: spagnolo *ñizca*). M.

**gnignarìa,** sf. (siciliano; sardo: *gnegnerìa, negnerìa*). 'Bagatella, inezia, cosa da bambini'.

Dallo spagnolo *niñería* con significato analogo [Beccaria 1968; Michel 1996]. M.

**gnìgnërë,** sm. (abruzzese; umbro: anche *gnégnero*; toscano: *gnégnero*; calabrese: *gnégnu*; siciliano: *gnègnu, gnègneru* ed altre varianti). 'Cervello, giudizio, comprendonio, intelligenza'.

Da *(in)gégno* con assimilazione fonosimbolica [DEI; Devoto 1967].

L. CAPUANA: *E poi, se uno aveva un po' di gnegnero poteva far da sé* (cit. in GDLI VI 941). – B. CICOGNANI: *Gnégnero così poco e dote tanta!* (*Ibidem*). – S. STRATI: *Egli agiva secondo i suggerimenti del suo cuore e del suo gnegnero, e fuori da questi suggerimenti non era disposto ad andare* (*Il diavolaro*, Milano 1979, p. 172). C.

**gnìrië,** sf. plur. (abruzzese). 'Canto salace improvvisato dei mietitori contro i passanti', sinonimo di → *ncanàtë*.

Letteralmente 'ingiurie' [LEA]. C.

**gnòca,** sf. (veneto; romagnolo). 'Bella ragazza'.

Difficile partire da questo significato per giungere alla motivazione reale (Bondardo 1986). *Gnòca* è, propriamente, una 'natta', una 'protuberanza' e, figuratamente, il 'sesso femminile'. Proprio da questa accezione si è esteso a 'donna' con un procedimento che annovera molti altri esempi simili.

F. FELLINI-T. GUERRA: *È la terza volta che mi fate piegare per guardarvi la gnocca! Per voi ormai ci vuole l'acqua calda* (*Amarcord*, Milano 1973, p. 49). C.

**gnòc da cadìn,** sm. plur. (ladino veneto: nell'Agordino). «Gnocchi che si ottenevano amalgamando farina di frumento ed acqua in una capace ciotola di legno e gettando poi l'impasto molle, a cucchiaiate, nell'acqua bollente salata; venivano tolti con la schiumarola quando affioravano e conditi con ricotta affumicata e burro fuso» (Rossi 1992).

Letteralmente 'gnocchi da catino', perché fatti nella ciotola detta *cadìn*. M.

**gnógno,** sm (friulano; veneto giuliano, anche *gnogni*; veneto, nel vicentino; calabrese meridionale: *gnognu*; siciliano: *gnognu, gnogni*), 'stupido, sciocco'; (campano, a Napoli: *gnògno*), 'timido'.

Dallo spagnolo *ñoño* 'timido, impacciato' [DEI; Altamura 1956; Doria 1987; Michel 1996].

R. VALENTE: *mi dissi: "se fai finta di girare come un "gnogno" per l'aereoporto insieme a quelli che si sono già tosati, probabilmente la passi liscia"* (*Udine 16 millimetri*, Udine 1963, p. 169). M.

**gnòla,** sf. (emiliano). 'Lagno, lamento; cantilena'.

Non da una supposta base **neniola*, da *nenia*, ma da *lagno* con deglutinazione dell'articolo *la-gno*, e quindi *gno-la*, o con metatesi sillabica, a sua volta da *lagnare*, dal latino *laniāre* 'dilaniare' e poi 'lamentarsi'. Si aggiungano anche *gnolàr* a Parma 'cantilenare, piagnucolare', *gnol* plurale, a Modena, 'frottole' [Prati 1937]. M.

**gnorgnèti,** sm. plur. (emiliano: Cavriago; a Piacenza: *lorgnëta*). 'Occhialini piccoli e rotondi'.

Dal francese *lorgnette* 'occhialetto' di origine germanica. C.

**góbbio,** sm. (toscano, con varianti; corso: *góbiu, vòbiu*; sardo, in Gallura: *góbbiu*). 'Gozzo dei polli, ventricolo dei volatili'.

Dal latino *ingluvies* 'gozzo' attraverso il passaggio intermedio, non attestato, *ghiobbio* [Rohlfs 1979]. C.

**godimàgnu,** sm. (calabrese settentrionale: Bocchigliero). 'Fonte lucrosa'.

Dal latino ecclesiastico *gaudium magnum* 'grande gioia' con accostamento paretimologico a *godere* e *magnare* 'mangiare' [DEI; Rohlfs 1977]. M.

**godrón,** sm. (piemontese; lombardo: *gudrón*). 'Catrame'.

Dal francese *goudron* 'catrame', di origine araba [REW; FEW; Dardi 1992]. C.

**goeóša,** sf. (veneto trevigiano: Oderzo). 'Ingolla'. È una lunga pertica di legno alla cui estremità è fissato un piccolo canestro con rebbi o una base di legno con rebbi, oppure, in una variante più moderna, un piccolo recipiente di latta con bordo seghettato, per poter cogliere agevolmente la frutta nei rami più alti.

Letteralmente 'golosa' [Bernardi 1981: 308; Marcato 1991: 97]. M.

**gòfo,** sm. (veneto: Venezia). 'Pesce di mare, commestibile e pregiato, proveniente dal Levante e dalla Dalmazia, *Seriola Dumerilii* Risso'.

Dal greco *gómphos*, letteralmente 'cavicchio, piolo' (→ *górfa*), con un passaggio conosciuto anche al neogreco (*go(u)phári* 'uno scombride'). Diversa è l'origine dell'omonimo *gòfo*, che in trevisano (anche *guf*) e bolognese (*gof, gob*) indica il 'ghiozzo' (dal latino *gobius* 'ghiozzo' con la variante tarda *gufus*) [Rohlfs 1964; Cortelazzo 1970]. C.

**gòggi,** avv. (toscano: Montale; marchigiano, a Massignano: *gògge*). 'Quest'oggi'.

Alcuni propendono per una derivazione da forme galliche e altoitaliane, come *ancói* ecc. Ma il *g-* fa pensare piuttosto a un **guoggi*, parallelo di *guànno*, che significa 'quest'anno', sempre in montalese, *uànne* in marchigiano. Il tipo rappresenterebbe, quindi, un *hoc hodie* 'quest'oggi' [Salvioni 1898]. C.

**gòi,** sm. (romagnolo). «Voce che presso i Cristiani vale *Ebreo*, e presso gli Ebrei vale *Cristiano*» (Morri 1840).

Rovesciamento del significato (enantiosemia) corrente di *goi*, di origine ebraica (*gōy* 'popolo, nazione, gente straniera'), al femminile *gòia*, al plurale *goìm*, che indica il 'non Ebreo'. Il valore deprezzativo del termine ha preso il sopravvento su quello originario ed è stato rivoltato dai Cristiani agli stessi Ebrei [Sgroi 1994].

V. CARDARELLI: *Va a Montalto, capite? quel boiaccia, / che a furia d'essere goio e sfaticato, / grazie alla guerra e all'orto, è diventato / l'uomo più ricco della Ficonaccia* (*Opere*, Milano 1981, p. 122). C.

**góippe,** sf. (toscano meridionale). 'Volpe'.

Dal latino *vŭlpes* attraverso diversi successivi passaggi, tutti documentati: *volpe, golpe, góippe* con il passaggio di *lp* a *jp*, come in *cóippo* 'colpo', *póippa* 'polpa', *tàippa* 'talpa'. C.

**golanèr,** sm. (trentino), 'nocciolo'; *avulanèr* (romagnolo: Faenza), 'luogo piantato a noccioli'; *olanàr* (veneto: Verona), 'avellano'.

Tutte voci derivate dal latino *abellāna* 'nocciola (frutto dell'avellana)' col suffisso *-āriu* [LEI]. M.

**goldón,** sm. (lombardo; veneto; emiliano). 'Preservativo'.

Dal francese *condom* (→ *condò*). L'alterazione del nome è spiegata con l'accostamento al verbo *gòlde(r)*, 'godere', ma si può ricorrere anche all'intrusione del cognome familiare del commediografo Carlo *Goldoni*. Singolare è il fatto che un *Goldoni* abbia rilevato una ditta di preservativi a Casalecchio di Reno, ciò che ha fatto ritenere, che il suo cognome abbia influito sulla modificazione dell'appellativo. Ma l'ipotesi cade, quando si considera che *goldón* è presente fin dal 1828 in un vocabolario parmigiano [Petrolini 1987]. C.

**goléna,** sf. (veneto; emiliano, a Parma: *gualén-na*). 'Parte del letto del fiume al piede dell'argine, che di solito resta asciutta e può essere anche coltivata'.

Si dice, forse da *gola* (dell'argine) con lo stesso suffisso di *baréna* [Prati 1968]; una spiegazione alternativa si rifà al latino medievale *varinna* 'terreno alluvionale' (in francese *varenne* 'maggese') dal ligure o gallico **vara* 'acqua'.

C. GOVONI: *Nuvole rabbiose di corvi / ... si rifugiano nelle golene / dove il Po culla le isole di bionda sabbia* (cit. in GDLI VI 963). – S. ZANOTTO: *In quella golena la Repubblica aveva costruito, lontano da occhi indiscreti, quelle navi sperimentali che non si voleva venissero spiate durante la costruzione* (*Delta di Venere*, Milano 1975, p. 133). C.

**góli,** sm. plur. (veneto veronese: in Valpolicella). 'Stalattiti e stalagmiti'.

Dal latino *acūlĕus* 'oggetto a punta: pungiglione, lisca della pianta' in senso figurato [Bondardo 1986]. M.

**goliè,** sm. (lombardo; veneto; emiliano; piemontese: *coliè, culiè*; ligure *gulié*). 'Collana di gioie'.

Dal francese *collier* 'collare (per animali)' (significato proprio del latino *collāre*) e poi 'ornamento da collo'. A Venezia, nel Settecento, era un 'collaretto di tela finissima ricamata per ornamento femminile'. C.

**golóstri,** sm. (sardo, anche *golóstiu, olóstri, colóstri* e varianti). 'Agrifoglio, *Ilex aquifolium* L.'.

Antica voce di origine protosarda e di etimo incerto; è stata ricostruita una base **gorost- *golost-*, evidenziando, inoltre, la sua corrispondenza col basco *gorosti(a)*, parola che designa lo stesso tipo di pianta, rilevando pure la presenza di un elemento *ostr-* che ricorre, oltre che in questo, anche in altri fitonimi, risalenti al sostrato protosardo [DEI; DES]. M.

**gòlvoro,** sm. (toscano: Viareggio). 'Cose aggrovigliate'.

Metatesi del dialettale *vòlgoro* 'involto', dal latino *vŏlvulus* 'convolvolo', da cui anche il piemontese *vòlvero* e l'italiano *vòlgolo* [REW]. C.

**gombìna,** sf. (veneto, anche *combina*). 'Porca, striscia rialzata di terra prodotta dall'aratro'.

Non deriva dal latino tardo *combināre* 'mettere a due a due', ma da un latino parlato **gumbus*, a sua volta dal celtico **cumbos* 'piegato', con allusione alla convessità della porca; stessa origine ha il tipo lessicale → *cumièrie* della terminologia agricola, nonché il veneto antico *gonbo* 'gobbo' [REW; Prati 1968; Pellegrini-Marcato 1992: 553]. M.

**gôme,** sf. plur. (ligure, nel genovese). «Scrofole, gongole» (Frisoni 1910).

La voce si confronta col francese meridionale *goume* ed anche *goumon, galamoun* sm. 'gozzo, tumore che si forma sul davanti della gorgia ed è assai comune nei paesi montagnosi. Fanone, giogaia dei buoi, espansione cutanea, pelle flaccida che pende sotto la gorgia' (Boucorain 1875). La parola genovese è ricondotta dal DEI ad un longobardo **gomo* da confrontare col gotico *goma* dal quale è fatto derivare il francese meridionale *goume*; nel tedesco moderno si ha la forma *Gaumen* e nell'antico alto tedesco *goume* (il Kluge-Mitzka 1963 ricostruisce per tali voci un pregermanico **ĝhau-men*). La parola vallone (di Lüttich) *goumê* 'pomo d'Adamo' è invece un traslato dal significato principale di 'piccola incudine portatile' e deriva dal latino *incūdo, -ĭnis* 'incudine' (FEW). M.

**gondón,** sm. (ligure: anche *gundùn*). 'Sciocco'.
Estensione figurata del nome del 'preservativo' (→ *condò*, → *goldón*). C.

**gontè,** v. (umbro, a Magione, mentre a Città di Castello *gontare*; marchigiano; toscano, a Sansepolcro: *vontare*). 'Traboccare'.
Dal latino *vomitāre* (reso in varie parti dell'Italia settentrionale e centrale con *gomitare*), con un passaggio metaforico documentato anche altrove, come nel plurale abruzzese *li vunde*, che vale sì, 'quantità di liquido che dallo stomaco torna nella gola', ma nell'espressione *nu vónde de latte* significa 'quantità di latte che spiccia dopo cominciato a suggere la mammella'. Formalmente, si tratta di una variante sincopata del latino parlato **vontare*, bene attestata e fin dall'antico (Jacopone da Todi: *arvontare*), nel verbo rinforzato **revontare* [Mastrelli 1979a]. C.

**goràta,** sf. (toscano, anche *agorata* e varianti; corso: *goroda*, *gurada*; marchigiano: *agorata*, *agorada*; umbro, ad Amelia: *gorada*). 'Gugliata'.
Da *agora* antico plurale di *ago*; dal plurale *acora* (di *aco*, latico *acus*) dipendono il toscano (Elba) *acorata*, il marchigiano (Montecarotto) *corada*, l'abruzzese (Palmoli) *corada*, il calabrese (nel cosentino) *acurata* 'gugliata', il corso *curata* 'gugliata' e 'tratto di filo dalla rocca al fuso' [DEI; LEI]. M.

**górfa,** sf. (veneto: Venezia). 'Chiavetta conficcata sopra l'incastro della chiave verso prua'.
Dal greco *gómphos* 'cavicchio', attualmente 'chiavarda', da cui anche l'ittionimo → *gòfo* [Cortelazzo 1970]. C.

**gorigóne,** sm. (laziale: Bolsena). 'Coregono, *Coregonus lavaretus* L.'.
Variante dialettalizzata di *coregono*, è il nome del pesce più diffuso del lago di Bolsena, importato forse agli inizi del secolo dai laghi dell'Italia settentrionale [Casaccia 1986: 78]. M.

**gŏr tì,** escl. (piemontese: Vico Canavese). 'Addio!' formula di congedo, di saluto.
Propriamente 'guarda-ti' [AIS]. M.

**gósto,** sm. (toscano: S. Caterina e Vallerona). 'Rozzo': anche *gostarellòtto* 'persona rozza'.
Letteralmente è l'accorciativo di *(A)gostino*. Probabile è l'identificazione del nome proprio rustico con la rozzezza dei modi. C.

**góvoro,** sm. (toscano: lucchese). «La parte superiore delle gambe davanti dei cavalli e il punto loro di confine col petto. Per analogia il punto dove le braccia dell'uomo si uniscolo al petto» con i derivati *sgovorato* e *sgovorito*: «"Quando i cavalli hanno una spalla più alta e una più bassa, si dice che enno sgovorati". Anche delle persone un po' storte che hanno una spalla più bassa dell'altra» (Nieri 1902).
Etimologicamente si tratta di un derivato del latino *cubĭtus* 'gomito' incrociato con *humĕrus* 'omero' [REW; DEI]. M.

**gra,** sm. (lombardo). 'Vecchio'.
È voce registrata dal DEI che la riconduce all'antico alto tedesco *gra* 'canuto' da confrontare col tedesco *grau* 'grigio'. M.

**gràca,** sf. (veneto giuliano: Parenzo). «Minestrone» (Rosamani 1958).
Secondo il DEI si tratta di voce istriana che dipende dal croato *grah* 'legume, *Pisum sativum*' (Skok 1971-74) ma non è chiaro se istriano sia da intendere qui nel senso di istrioto cioè preveneto, nel qual caso l'omofonia con il latino *cratta* 'cracca' potrebbe non essere occasionale. M.

**gragnanìna,** sf. (toscano: Carrara). 'Erbivendola'.
Propriamente 'abitante di *Gragnana*', antico borgo a nord della città, coltivato intensamente a orti, che assicura il rifornimento del mercato del centro [Luciani]. C.

**gràia,** sf. (veneto giuliano: Trieste), 'cespuglio, siepe spinosa'; (veneto bisiacco), 'luogo abbandonato dove crescono arbusti e altre piante, incolto'.
La voce corrisponde certo allo sloveno *graja* 'il cingere con siepe', 'siepe' [Rosamani 1958; Domini 1985; Pellegrini 1987].
P. A. QUARANTOTTI GAMBINI: *Era bello infilarsi nel folto delle graie (così si chiamavano cespugli e macchie), anche se ogni volta ci si pungeva. Entravano prima i più piccoli scostando i rami, quasi svelti, e poi gli altri, cauti. Più bello di tutto, per Paolo, era entrare nel letto di un torrente coperto di graie* (cit. da GDLI VI 1026). – F. TOMIZZA: *scorse Valdo e altri ragazzi del pascolo chini a spiare dentro a una graia* (*La quinta stagione*, Milano 1965, p. 510). – ID.: *Si allontanò strisciando lungo la graia, procedendo curvo con evidente ostentazione* (*ibidem*, p. 221). M.

**gramicciàro,** sm (laziale: Roma). «Raccoglitore e venditore di gramigna. Vi sono in Roma molti contadini che vivono unicamente di questa industria, essendo la gramigna una pianta molto ricercata perché d'uso medicinale e perché si dà come foraggio di cavalli. Nell'estate si coglie la pianta verde, nell'inverno se ne colgono le radici» (Chiappini 1945).
Dal romanesco *gramiccia* 'gramigna' col tipico suffisso d'agente *-aro*. La forma *gramiccia* è nota anche in Toscana per designare la 'gramigna delle vie (*Poa annua*)', con il composto *gramiccia a fior giallo* il 'granaccio (*Trisetum flavescens*), e si confronta con il marchigiano e umbro *gramàccia*, abruzzese *ramaccë* (di area pescarese, chietina e sulmonese), *ramìccia* (dell'aquilano). Etimologicamente dipendono dal latino *gramen*, *-ĭnis* 'gramigna' attraverso forme derivate come **(g)ramacea* e **(g)ramicea* (cfr. il latino scientifico *graminacea*) [Penzig 1924: 270; DEI; Giammarco 1985]. M.

**gramǜsa,** sf. (piemontese occidentale e valdostano, con varianti come *ramüsa*, *ralamüsa*, *gratamüsu*; lucano, a Potenza: *laramusa*, a Lagonegro: *caramusa*). 'Lucertola'.
Alla base di queste voci c'è il latino tardo *lacrimūsa* 'lucertola' con continuatori in area galloromanza, di cui le forme piemontesi e valdostane costituiscono una propaggine. Le attestazioni lucane sono da considerare probabilmente prestiti galloromanzi (provenzali). Quanto alla voce latina l'Alessio (in DEI) ritiene che si tratti di una variante dialettale (osca) del latino *lacrimosus*, quindi una denominazione correlata alla leggenda delle 'lacrime' del 'coccodrillo'. Ma una dipendenza da *lacrima* così come la motivazione onomasiologica addotta non sono ipotesi verosimili (probabilmente la base originaria è **lacrimusia* con accostamento paretimologico a *lacrima*) [FEW; DEI s.v. *lagramusa*]. M.

**(g)ranatèra,** sf. (siciliano). 'Sparato dei calzoni'.
Termine probabilmente scurrile da *granatèra* (siciliano, anche *ranatèra*, Piccitto 1985) 'borsa di cuoio dove i granatieri portavano le granate' e promosso per similitudine fra la 'borsa delle granate' e la 'brachetta', che negli antichi calzoni chiudeva lo sparato, a forma di borsa, per contenervi gli organi genitali. La parola va confrontata

col napoletano *cazzéra* «brachetta antica, che, come piccola borsa, sottostava al ventre, restata ai campagnoli nelle sole mutande» (Maccarrone 1934). M.

**gràncio,** sm. (toscano; campano; abruzzese; calabrese). 'Granchio'.

Forma di singolare costruita sul plurale *granci* derivato da *cranci*, plur. del latino tardo *crancus* 'granchio' per il classico *cancer*; il plur. *granci* è presupposto anche dalle forme dialettali *agrànciu*, *rànciu* e *arànciu* (calabrese) e *ràncio* (campano, nel napoletano), *arànciu* (siciliano). Sul dialettale *gràncio* (superfluo il ricorso del DEI, s.v. *grancinare*, al greco-latino *carcinus* 'granchio' incrociato col latino *cancer*, *cancru*) sono costruiti i denominali *grancinare* (calabrese) e *grancecà* (campano: irpino) 'graffiare'. Anche il celebre *Golfo degli Aranci* in Sardegna, dove gli aranci non vengono coltivati, nasconde un 'golfo dei granchi' [Nittoli 1873; DEI s.v. *aràncio*, *ràncio*, *grancinare*; Palombi-Santarelli 1961; Rohlfs 1977]. M.

**grancò,** sm. (calabrese). 'Sorta di prugna'.

La voce riflette il francese *(prune de la) reine-claude* '(prugna della) regina Claudia', varietà di susina il cui nome, passato anche all'italiano (*regina Claudia*), è preso da quello della moglie di Francesco I di Francia. Per altre attestazioni v. *raneglǫ̀d.* [Alessio 1957 e 1958]. M.

**grandolèza,** sf. (veneto bisiacco). 'Gocciolone', 'le gocce che cadono dal tetto quando piove', anche *grondolèza*.

Si tratta chiaramente delle "gocce che cadono dalla *gronda* del tetto" [Domini 1985; Pellegrini 1987]. M.

**granìta,** sm. (toscano: isola d'Elba), 'qualunque mollusco a chiocciola munito di ventose' della famiglia Trochide; (isola del Giglio: *granìtola*, corso: *granìtula*), 'specie di conchiglia fatta a chiocciola'.

Dal latino *narīta* 'specie di conchiglia' [Salvioni 1916a; REW; Cortelazzo 1965]. C.

**granìttë,** sm. plur. (abruzzese; molisano). 'Minestra fatta di farina impastata con la sola acqua', 'farinata di grano, fave, fagioli, su cui si versa olio, cipolla e peperone fritto'.

Da *granë* 'frumento, grano', il suo principale ingrediente [Giammarco 1969].

A. DI JORIO: *A Pietrabbondante ed in molti altri comuni viciniori i proprietari di bestiame preparavano* "re graniéte", *ossia un miscuglio di granaglie (grano, granoni, ecc.) lessato e condito con olio* (in N. Santilli, *Pagine molisane*, Roma 1979, p. 17). C.

**granséola,** sf. (veneto: Venezia). 'La femmina del granchio *Cancer Maia*'.

La voce è in rapporto col termine dialettale *granso* 'granchio' ma la sua formazione non è del tutto chiarita ed almeno due sono le ipotesi da considerare. L'una poggia su un latino volgare **cancricula* da *cancer* 'granchio', l'altra su un diminutivo di *granso* cioè *gransella* con dissimilazione di *ll* > *ul* (> *ol*). Il vocabolo è da tempo entrato in italiano come *grancevola* [DELI]. M.

**grànża,** sf. (siciliano; calabrese; sardo). 'Crusca di frumento e di orzo, cruschello'.

Dal latino tardo *grandia* glossato con il greco *megaléura*, letteralmente 'grande farina'; perciò *grandia* è neutro plur. di *grandis* 'grande' (e non un derivato di *grando* 'chicco di grandine'). Tale denominazione richiama il tipo "grosso" che denota la 'crusca, cruschello' nel pugliese *gruesso*, *grusse*, nel sardo (Planargia) *russàrża*, nel piemontese *grus* [DEI; DES]. M.

**grar,** sm. (ligure: Pigna). 'Secchia, ad una sola maniglia mobile, per mettervi acqua da bere'.

Dal latino tardo *gradāle* 'vassoio dove i cibi vengono posti pezzo su pezzo a gradini', con vari continuatori gallo-romanzi, come *la grar* 'catinella' di Rochemolles [Merlo 1941-57]. C.

**gràsta,** sf. (campano; calabrese; siciliano; lucano; pugliese; salentino). 'Vaso da fiori' e, specie al plurale, 'cocci di stoviglie', con qualche variante come *rasta, crasta.*

Di ampia, ma esclusiva, diffusione nei dialetti meridionali, deriva, attraverso metatesi, dal greco *gástra* 'vaso panciuto', già entrato nel latino (*gastra* in Petronio) [Rohlfs 1977; VES].

L. CAPUANA: *La Solmo coi capelli disciolti, quando si pettinava in maniche di camicia, e buttava indietro, con grazioso movimento della testa, parte della chioma nera e folta, legata rasente la nuca con la stringa; o quando, lavata e pettinata, innaffiava le graste di basilico su pei terrazzini, orgogliosa di quei folti e rotondeggianti cesti di basilico, che ella accarezzava con le mani per impregnarsele di odore e annusarle deliziata* (*Il marchese di Roccaverdina*, Milano 1970, p. 80). – V. IMBRIANI: *Una tisicuzza allampanata che guarda una pianticella secca in una grasta su una terrazza* (cit. in GDLI VI 1070). M.

**gratapapè,** sm. (piemontese). 'Imbrattafogli, denominazione spregiativa di copisti e segretari'.

Letteralmente 'grattacarta' (→ *papé*).

G. FALDELLA: *I curiali, ossiano i grattacarte, come li chiama il popolo* (cit. in GDLI VI 1078). C.

**gratoné,** v. (ladino-veneto, nell'Agordino; ladino centrale, nel Livinallongo). «Fare festa in casa della sposa la sera prima delle nozze o la sera dello sposalizio», anche *gratonà* (Pallabazzer s.d.).

Prestito tedesco, da *gratulieren* 'congratularsi' [Pellegrini 1972a: 90]. M.

**grattalóru,** sm. (siciliano: pantesco). 'Piccola apertura nella facciata della casa, sopra l'uscio, chiusa da un'inferriata, per l'aerazione e l'illuminazione dell'interno'.

Dal siciliano comune *gattalóru* 'gattaiola' con influsso di un continuatore locale del latino *cratis* 'grata' [Tropea 1988: LVIII]. C.

**gràtule,** sf. (friulano). «Rastrelliera con più palchetti, attaccata al muro nelle cucine per riporvi e tener in mostra il vasellame», talvolta anche al diminutivo *gratulìn* che può assumere pure il senso figurato e scherzoso di «chiostra dei denti» (Nuovo Pirona 1935).

Dal latino *crātis* 'graticcio', come l'italiano *grata*, col suffisso *-ŭla* [REW]. M.

**graurìnio,** sm. (campano: Pomigliano). 'Granoturco'.

Letteralmente 'grano d'India', con caduta di una della due *n*. L'attributo 'd'India' può significare tanto genericamente 'orientale', quanto 'americano' [Salvioni 1911]. C.

**gràva,** sf. (friulano: anche *grave*), 'ghiaia'; (trentino: Canal S. Bovo), 'frana'; (veneto; trentino; friulano: *grave* e, più spesso, *gravàr*, *gravón*), 'pendio coperto di pietre sfasciate', 'ghiaieto'.

Da un'antica voce, probabilmente di sostrato, **grava* 'ghiaia', diffusa anche in altre parti d'Italia (laziale *rava* 'grossa pietra', pugliese, a Bitonto, *grèuve* 'apertura naturale nel terreno, nella quale si scaricano le acque piovane' ed altri), ma, soprattutto, nel dominio galloromanzo [Merlo 1935; FEW].

C. SGORLON: *Erano irresistibilmente attratti dalle acque, le grave e le ghiaie che si allargavano per diecine di metri, e luccicavano nel sole basso, avviato al tramonto* (*L'armata dei fiumi perduti*, Milano 1985, p. 41). – R. Nigro: *Una moltitudine impaurita di fuggenti, anzi un formicaio spaventato che si precipitava verso il fondo della grava* (*Dio di Levante*, Milano 1994, p. 112). c.

**gravìna,** sf. (pugliese: Taranto), 'burrone'; (siciliano), 'greto del fiume'.

Diminutivo di → *gràva*, considerata più di origine prelatina, che celtica [Merlo 1935; deli].

R. Bacchelli: *A settentrione c'è la ripida valle; davanti ramificano gravine franose e contrafforti affilati* (cit. in gdli VII 10). – R. Nigro: *Un giorno andò a far legna nella gravina, ma era così povero che non aveva neppure accetta per tagliare e fune per legare* (*Dio di Levante*, Milano 1994, p. 49). c.

**gravolétto,** sm. (marchigiano: Arcevia, anche *dragolétto*). 'Appianatoio; sorta di rastrello, raspatoio'.

Dal verbo *gravolà* 'racimolare' (→ *garavlè(r)*), piuttosto che derivato dal latino *rutabŭlum* 'paletta' (→ *diàvolo*), riflesso in voci come il piemontese *rabi* 'riavolo', il lombardo *röbi*, *garabi* 'rastro di legno dei fornaciai', il veneto *ràbio* 'marra, raschino', il ladino centrale *redable*, *ràbie* 'tirabrace' [dei; rews]. m.

**gràzie de la Madònne,** locuz. sostant. (pugliese; a Grumo: *graziélle*). 'Ernia'.

La malattia è così chiamata, perché in un giorno di festa della Madonna i malati vengono sottoposti ad alcune pratiche superstiziose, sulle quali s'innesta l'intercessione della Vergine [Corso 1927]. c.

**grèbano,** sm. (veneto; veneto giuliano; lombardo; ligure). 'Petraia incolta, dirupo', anche *sgrèbano*, *grébano* e più spesso al plur., talvolta in usi fig. come nel valsuganotto *sgrèbana* sf. 'malandata, scalcinata (di donna)'.

La storia della parola è complessa dal lato etimologico. È stata considerata un prestito dallo sloveno e croato *greben* 'cresta di montagna, roccia' (a sua volta da un prelatino **grava*), ma dal lato fonetico l'ipotesi del prestito diretto non giustifica facilmente la forma veneta. Si ritiene più verosimile che la voce, nella forma slava, sia passata dall'area istriana al veneziano e come tale si sia diffusa nel settentrione attraverso il prestigio di questa varietà [rew; dei; Prati 1968; Bondardo 1986].

S. Slataper: *E ancora, per la terza o quarta volta si rimise a cinquant'anni, e andava a caccia e progettava di costruirsi una casetta in Carso, vicino a Gropada, su una terrazza calcarea dominante un vasto orizzonte di grebani e cielo* (*Il mio Carso*, Milano 1989, p. 110). m.

**grèn bès-cia,** sf. (romagnolo). 'Animale favoloso', che ritorna anche nel modo *avé agl'ongi cume queli dla gren bès-cia* 'avere le unghie, come quelle della grande bestia'.

Della *grande bestia* si parla spesso nei testi antichi. L'essere immaginario (ora un drago, ora il diavolo) era dotato di unghie (in realtà i denti di uno squalo o dell'alce comune, chiamato *gran bestia* a Venezia), ricercate come efficacissimo amuleto [Cortelazzo 1961]. c.

**greppìna,** sf. (toscano). 'Sorta di divano da riposo, che consente la posizione semidistesa'.

Dal nome italiano *agrippina*, ispirato, si dice, alle statue romane dell'imperatrice Agrippina.

L. Pirandello: *State, state pure sdrajato comodamente su la vostra greppina. Io seggo qua* (*Uno, nessuno, centomila*, Milano 1941, p. 1238). – F. Tozzi: *Modesta, distesa su una greppina, teneva gli orecchi turati con le mani* (*Tre croci*, in *Opere* I. *I romanzi*, Firenze 1961, p. 263). c.

**gresón,** sm. (veneto; anche *grasón*, *grasùn*). 'Crescione, *Nasturtium officinale* R. Br'.

Proprio dell'Italia settentrionale, il tipo *crescione* vi è penetrato, probabilmente, dal provenzale antico *cresson*, di origine germanica (francone antico *kresso*, in tedesco moderno *Kresse*), reso con *crissonum* nel latino medievale [Pellegrini-Zamboni 1982].

S. Zanotto: *vide la scarpata piena di una pianta che conosceva, era il nasturzio acquatico, chiamato in veneto gressòn, in francese cresson. È un'erba che i contadini irochesi mangiavano d'inverno in insalata* (*Delta di Venere*, Milano 1975, p. 121). c.

**grétola,** sf. (toscano). 'Sotterfugio, cavillo, pretesto'.

Uso figurato di *grétola* 'ciascuno degli elementi, che compongono una gabbia', in ultima analisi dal grecismo latino *clatra* (plur.) 'sbarre' [dei].

F. Guerrazzi: *Il difensore officioso mise innanzi al giudice certe sue gretole, che erano tanti bruscoli negli occhi al senso comune* (cit. in gdli VII 36). – R. Fucini: *quando fu accertato che il maestro aveva ragione, il benigno compatimento dell'Assessore si convertì in odio implacabile, e ora cerca tutte le gretole per poterlo mettere nella strada a morir di fame* (*Le veglie di Neri*, Milano 1943, p. 212). c.

**grežà 'l pas,** locuz. verb. (lombardo). 'Affrettare il passo'.

Dal verbo latino **acridiāre* 'diventar agro (acre)' e, quindi, 'stimolare': i verbi *angherżè, garżée* (piemontese), *gresgià, agresgià, gregià, grišà* (lombardo) 'affrettare, spedire' lo confermano [lei]. c.

**grìcio,** sm. (laziale, a Roma). 'Venditore di legumi secchi, di vivande'.

Dall'etnico *gricio* (*grìscio*) a sua volta dal nome dei *Grigioni* (con l'etnico *grigione*) con cui a Roma si chiamano coloro che provengono sia dall'Italia settentrionale, sia dalla Svizzera; il venditore di cibarie, a Roma detto anche → *orzaròlo*, proviene quasi sempre dall'alta Lombardia [Prati 1936]. m.

**grìfo,** sm. (laziale: romanesco, anche *grifaccio*). «Brusca caduta, ruzzolone per cui non di rado si va a battere il muso per terra» (Belloni - Nilsson-Ehle 1957), anche *griffo, de griffo* «colpo che, al gioco delle bocce, è dato al boccino o alla palla avversaria avanti di toccare terra con la propria. *De griffo* di posta, di piglio, decisamente "Nu la vedi, per cristo, come gioca De griffo e de rimbalzo sta naticchia?" (Belli)» (Vaccaro 1969).

Probabilmente da *grifo*, voce anche dell'italiano che designa la 'parte allungata mobile del muso del porco' e in senso spregiativo 'viso umano'; nell'italiano antico è attestato anche il derivato *grifone* 'ceffone, pugno', dal latino tardo *grȳpum* 'nasone' (dal greco *grypós* 'che ha il naso ricurvo') incrociato con altra parola [dei; deli; gdli]. m.

**grìgola,** sf. (lombardo: anche *grìgora*). 'Briciola'.

Deriva da un incrocio di *grano, granello* con la finale di *frégola* o *mìgula* (dal latino *mīcula*) 'briciola' [Salvioni 1898; rew]. c.

**grìgua,** sf. (ligure). 'Lucertola'.

Da una radice *lig-*, che sta alla base di molte denominazioni della lucertola, a cui si è sovrapposta un'altra voce con la sillaba iniziale *gri-* [Klett 1929].

M. Venturi: *pensionati che al primo sole ricompaiono come grigoe sotto il pergolato, a leggere il giornale, o a giocare a tarocchi* (*Sconfitti sul campo*, Milano 1982, p. 48). c.

**grìma,** sf. (friulano). 'Donna antipatica e rabbiosa, detto specialmente di persone anziane'.

Probabile derivato dal longobardo o antico alto tedesco **grimm* 'irato; terribile' da cui il dialettale (e anticamente anche gergale nel senso di 'vecchio') *grimo* agg. 'misero, malaticcio' di area lombarda, veneta, emiliana; in Toscana è raro ma si ritrova nel napoletano *grimmë* e siciliano *grima* [DEI; Piccitto 1985; Fabbro 1988]. M.

**grìngola,** sf. (veneto). 'Allegria, voglia, ruzzo'.

Dal tedesco austriaco *Geringel* 'ridda', voce nota anche al friulano nella locuzione *in grìngule* 'in ruzzo, in festa' e 'in ghingheri' riferito all'abbigliamento; quest'ultimo significato vive anche nel veneto triestino *èser in grìngola* 'essere agghindato, essere vestito a festa' [Prati 1968; Doria 1978]. M.

**griòla,** sf. (calabrese meridionale, anche *agricola*, *criòla*, *rijòla*), 'specie di bruco, processionaria, specie di cavalletta', 'coleottero di color verde metallico'; (ligure: *grijòla*), 'cavalletta'.

Dal latino *gryllus* 'grillo' col suffisso *-eola* [Alessio 1939; DEI s.v. *agriòla*; Rohlfs 1977]. M.

**grìpo,** sm. (veneto lagunare, a Grado e Chioggia), 'rete a strascico'; (veneto istriano), 'metodo di pesca a strascico'.

Dal greco *grîpos* variante di *grîphos* 'rete da pesca' [Cortelazzo 1970]. M.

**grisòn,** sm. (friulano). 'Blatta, nome generico di varii coleotteri tenebronidi'.

Derivato verosimile del germanico *grīsi* nel senso di 'colore (grigio)' (tenendo presente che l'ambito cromatico occupato in origine dalla voce è piuttosto ampio); meno probabile (e plausibile) un riflesso dell'etnico 'grigione' (dei Grigioni) in senso spregiativo, che è invece alla base del veneto (a Venezia) *grisonàda*, *grisonarìa* 'batosta' [Benincà 1966-67; Prati 1968; Pellegrini-Marcato 1992: 706]. M.

**grìva,** sf. (piemontese; sardo). 'Tordo'.

In piemontese sarà un prestito dal francese *grive* (sf.) 'tordo', letteralmente 'greca', dal francese antico *griu* 'greco' (che deriva dal latino *grǣcus*) perché si pensa che il tordo venga dalla Grecia. Il nome francese è passato anche in catalano e, probabilmente da qui, in sardo [DEI; DES; FEW]. C.

**grìve,** nella locuz. *piè le grìve* (piemontese). 'Sentire e patire eccessivo freddo', 'avere il granchio alle dita'.

Dal piemontese → *grìva* 'tordo'. La locuzione appartiene al tipo molto diffuso "mi sono entrati gli uccelli nelle mani o nelle dita" per 'ho le mani intirizzite', che potrebbe essere una vivace metafora oppure nascondere un temuto intervento di esseri diabolici (la stessa locuzione ha proprio la variante "avere i diavolini nelle dita, nelle unghie, nelle mani") [FEW; Jaberg 1965].

A. G. Cagna: *Nello studio, – prosegue egli – si prendono le grive che è un piacere* (*Provinciali*, Milano 1886, p. 45). – G. Faldella: *l'ho aspettato un po', rannicchiato sotto il pilone dell'accensa, malgrado le* grive *che si prendono con questa arietta* (*Madonna di fuoco e madonna di neve*, Milano-Napoli 1969, p. 142). C.

**grivoé,** sm. (piemontese; ligure, a Pigna: *grivué*). 'Chi ama far giuochi di forza con i suoi compagni, incitandoli a battersi con lui', 'uomo, donna di carattere ardito'.

Francese *grivois* 'soldato', 'uomo ardito e gagliardo', dal gergale *grive* 'guerra', tratto dal nome del 'tordo' (→ *grìva*), uccello aggressivo [FEW; Merlo 1941-57]. C.

**grófaju,** sm. (calabrese meridionale, con varianti come *agófallu*, *agrófacu*). 'Ranocchio'.

Deformazione del greco bizantino *bóthrakos* (nel greco antico *bótrachos*) che ha lo stesso significato [DEI s.v. *agròfallo*; Rohlfs 1977]. M.

**gròla,** sf. (valdostano; lombardo; veneto; trentino). 'Cornacchia'.

Deriva dal latino *grāulus, -a* [REW; André 1967].

R. Bacchelli: *Io sono come le 'grole'. Le vedi mai uscire sui prati molli, d'autunno?* (cit. in GDLI VII 56). M.

**grómëtë,** sm. (calabrese, con varianti come *agrómitu*, *agrómatu*, *agrómissu*). 'Alaterno, arbusto dell'area mediterranea', in qualche luogo anche 'corbezzolo'.

Dal greco *agriómyrtos* 'mirto selvatico' (secondo il DEI non proviene dal greco antico ma da quello bizantino) [DEI s.v. *agròmito*; Rohlfs 1977]. M.

**grópastu,** sm. (calabrese meridionale, con varianti come *agrópastu*, *agrópistu*, *crópastu*). 'Agrostide, graminacea infestante i campi, *Agrioprum repens*'.

Dal greco *agrṓstida* di analogo significato, presente anche nel grecanico di Bova (nella forma *agropisto*) [DEI s. v. *agròpasto*; Rohlfs 1977] M.

**grossebbòtte,** sm. plur. (umbro: Orvieto). 'Stivaloni'.

Dal francese *grosses bottes* 'grandi stivali' (di etimologia incerta). M.

**gruàra,** sf. (calabrese, anche *groàra*). 'Averla maggiore'.

Dal latino *gruārius* 'sparviero', cosiddetto perché impiegato per la caccia delle gru; il nome è passato all'averla per le sue abitudini feroci [DEI; REWS; Rohlfs 1977]. M.

**grubiàn,** agg. (friulano; veneto giuliano; trentino: *grobiàn*; lombardo: *grobiàn, grübiàn*). 'Rozzo, grossolano', detto di persona.

Dal tedesco *Grobian* 'villanzone, zoticone' nel quale si vede un'antica formazione scherzosa studentesca *grober Jan* 'il grosso (sciocco) Giovanni'; il termine è entrato anche nello sloveno e croato *grobjan* [Doria 1986]. M.

**grundaröl,** sm. (romagnolo). 'Piccola pustola nel sedere del neonato'.

Da *grundèra*, la 'grondaia', che tanta parte ha nelle credenze popolari sulla nascita e sugli aborti. In particolare, una delle cause, che provocavano quel piccolo tumore, era individuata nell'avere il padre orinato sotto la grondaia [Baldini 1991: 119]. C.

**grùpia,** sf (piemontese; ligure, nel genovese: *grṓpia*; lombardo: *grüpia*; veneto; emiliano, anche *crópja*). 'Greppia'.

Le voci presuppongono una base, di significato analogo, **kruppja*, variante probabilmente longobarda, mentre da quella francone **krippja* dipende l'italiano *greppia* [REW; DEI s.v. *gruppia*; REWS; DELI]. M.

**gruscèr,** agg. (ligure: Pigna), 'grossolano'; (galloitalico, a Sperlinga: *grossièra*, a Villalba: *grussèra*), 'detto della vacca gravida'.

Prestito dal francese *grossier* e, rispettivamente, *grossière*, dal latino *grŏssus* 'grosso'. Incerta invece l'origine francese del veneto rustico (vicentino, trevigiano) *grossier(o)* 'persona di taglia alquanto robusta', per il quale è più verosimile un derivato del veneto *gròso* 'grosso' [FEW; Merlo 1941-57; Candiago 1982]. C.

**guacé,** v. (piemontese: anche *gacé*, *goacé*, *vacé*). 'Adocchiare, spiare'.

Dal provenzale antico *gachar* 'montare la guardia' di origine germanica, come il parallelo francese *gaitier* [Levi 1927; FEW]. C.

**guadàgna,** sf. (siciliano: nel messinese, anche *guaràgna*). 'Falce a manico lungo con lama lunga'.

Dallo spagnolo *guadaña* (neologismo); si tratta di voce importata di recente in Sicilia dagli emigranti tornati dall'Argentina insieme allo strumento originariamente non conosciuto nell'Isola, dove si usava soltanto la piccola falce [Rohlfs 1977a; Michel 1996]. M.

**guadàgnu,** sm. (còrso). 'Prole'.

Parola probabilmente legata alla pastorizia, come confermerebbero le locuzioni lombarde *andà in guadàgn*, detto di vacca che ingravida, e *menàr al guadègn* 'far coprire una bestia' [Salvioni 1916a]. C.

**guaiàna,** sf. (siciliano: Riesi). «Ragazza bella che ama lo scherzo e la compagnia» (Piccitto 1985).

Dal significato di 'baccello', che ha *guaiàna*, con lo stesso trapasso osservato in *bagiàna*; per entrambe le voci → *vaiàna*. C.

**guàla,** sf. (umbro: Lago Trasimeno). 'Rete a strascico di piccole proporzioni usata specialmente per le lasche, guada'.

Corrisponde al termine *guada* 'strascino, una specie di rete da pesca', voce d'area veneta occidentale, lombarda e toscana, risalente al longobardo **wada*, con passaggio *d* > *l* frequente nella zona del Trasimeno [REW; Moretti 1977]. M.

**gualàju,** sm. (calabrese). 'Scopa di ginestra'.

Secondo il DEI tale voce va ricondotta all'antico francese *balai* di analogo significato, parola che si fa derivare da un gallico **banatlo* 'ginestra'. Il calabrese meridionale ha anche le forme *laveja* sf. 'scopa di erbe verdi' e *laveda* sf. 'scopa di frasche' che si interpretano come varianti metatetiche da un **baleja* attraverso **valeja* [FEW; DEI; Rohlfs 1977]. M.

**guàllara,** sf. (campano, anche *gualla*; abruzzese, molisano: *guàllërë*; siciliano, calabrese: *guàḍḍara*, *vàḍḍara* e varianti; pugliese; salentino: *guàllera*). 'Ernia', 'ernia inguinale', 'coglia'.

Già ricondotta etimologicamente ad un latino **ballula* o ad un greco *kḗlē* (attraverso un dialettale *kále*), la voce è stata quindi considerata un riflesso dell'arabo *adara* 'ernia', probabilmente attraverso una forma dialettale **wadara*. Quest'ultima ipotesi è quella correntemente ritenuta verosimile, tuttavia ragioni fonetiche ed areali suscitano varie perplessità circa tale etimo ed inducono a ritenere il tipo lessicale ancora di origine ignota [DEI; Giammarco 1969; Pellegrini 1972; Rohlfs 1977; Piccitto 1985; VES]. M.

**guardalài,** sm. (veneto; romagnolo). 'Pezzi di gomena o d'altro materiale, che si lasciano penzolare ai lati dell'imbarcazione per evitare l'urto con altri natanti'.

Letteralmente 'guardalato' o 'guardalati', proveniente di sicuro dal veneziano, perché solo in questo dialetto *lai* equivale a 'lato (della barca)'. C.

**guardapésci,** sm. (toscano: amiatino). 'Libellula'.

Dall'abitudine dell'insetto, che, «volando e rivolando senza posa, or qua or là, sulle acque stagnanti pare che faccia la guardia ai pesci» (Longo 1942-54: 168). L'immagine ritorna in altre denominazioni della libellula: *guardacanài* in genovese e a Castelnuovo di Magra, *guard'acqua* in salernitano, *guarda-peschèr* 'guarda pescaia' in lucano [Picchetti 1961-63]. C.

**guardósë,** agg. (abruzzese). «Guardingo, circospetto» (Giammarco 1969).

Secondo il DEI (s.v. *guardoso*) si tratta di un iberismo, dallo spagnolo *guardoso* 'attento, cauto', piuttosto che un derivato col suffisso *-ōsus* che generalmente si unisce ad aggettivi (cfr. siciliano *gialinusu* 'giallogno', *scurusu* 'scuro' Rohlfs 1969) M.

**guarnà,** v. (lombardo; emiliano, a Fiorenzuala d'Arda; piemontese, in Val Sesia: *uarnée*). 'Riporre, mettere in serbo'.

Da un supposto verbo germanico **warnjan*, che, oltre al significato originario di 'preparare' (donde l'italiano *guarnire*), ha sviluppato anche quello di 'conservare, proteggere', entrambi ben documentati in galloromanzo. Il lombardo *guarnà* 'custodire' è dato, invece, dal Meyer-Lübke come continuatore del latino *gubernāre* [REW; FEW]. C.

**guarnàc',** sm. (lombardo). 'Timone che sta alla destra di alcune imbarcazioni fluviali e lacustri'.

Relitto, forse unico in Italia, del latino *gubernacŭlum*, bene attestato, invece, in francese (*gouvernail*) e in catalano (*governall*) [REW; FEW; REWS]. C.

**guarracìno,** sm. (campano: Napoli; calabrese: *guarracinu, carracinu*). 'Sorta di pesce, propriamente un percide (ombrina)'.

Dal latino *coracīnu(m)*, nome di un pesce "nero come il corvo" (in greco *korakînos*, da *kórax* 'corvo'), protagonista di un popolare componimento in dialetto napoletano [Rohlfs 1964].

B. CROCE: *Questi si arma di tutto punto, accorre, sfida il guarracino, tutti i pesci, parenti e amici, parteggiano per l'uno o l'altro dei rivali* (cit. in GDLI VII 133). C.

**guastélla,** sf. (calabrese; corso: anche *bastélla, vastélla*; toscano, a Lucca; abruzzese, a Teramo: *gastéllë*; siciliano: *gastéḍḍa*, *vastéḍḍa* e varianti; sardo: *costéḍḍa*), 'focaccia', 'pagnotta'; (marchigiano, ad Ancona: *guastéla*), 'pane azzimo'.

Voce di provenienza normanna, in francese antico *gastel* 'sorta di pasta alimentare', al femminile *gastelle*. In Corsica e Sardegna è penetrata molto probabilmente dal lucchese [Guarnerio 1915; Varvaro 1986].

V. CONSOLO: *L'Interdonato, alla vista dello stemma, si ricordò della guastella buttata dentro l'acqua da Giovanni e subito morsicata dai cefali del porto* (*Il sorriso dell'ignoto marinaro*, Milano 1987, p. 34). C.

**gubàna,** sf. (friulano, anche *gubàne*). «Focaccia di pasta sfogliata con ripieno di noci, zibibbo e droghe varie tritate» (Nuovo Pirona 1935).

Dolce tipico della zona di Cividale, assai conosciuto, consumato di solito spruzzando la fetta con lo slivovitz (liquore di prugne); differisce da un dolce simile, fatto però con pasta lievitata, della zona goriziana e triestina, detto *potìza, putìza*. Entrambe le parole sono di origine slovena, rispettivamente *gubàna* e *potìca*, che significano 'focaccia'. M.

**gubìa,** sf. (toscano: viareggino ed elbano). 'Foro per la catena dell'ancora'.

Parola marinaresca mediterranea, più diffusa nella forma con *c-* (in italiano *cubìa*), di origine ancora molto incerta [*Dizionario di marina* 1937; Corominas].

L. VIANI: *Il "Polifemo" ingavonandosi sbruffava bianco sul profondo del mare e lo fissava con le gubie nere cerchiate di bianco come gli occhi delle colombelle marina* (*Il "Bava"*, in *Mare grosso*, Firenze 1955, p. 523). C.

**gùcia,** sf (veneto trevigiano). «Maglia di lana grossa lavorata a ferri a punto diritto, generalmente con apertura laterale, da indossare sotto le vesti» (Bellò 1991).

Deverbale della voce disusata *guciàr* 'lavorare a maglia, con i ferri da calze' (che si usa nel veneto istriano e anche nel friulano: *gucià*), a sua volta dalla voce dialettale *gùcia* 'ago' e 'ferro da calza' (dal latino *acucŭla*). M.

**gudiól,** sm. (emiliano: Modena). 'Spasso, godimento'.
Risale al latino *gāudium* con suffisso diminutivo [Violi 1982]. M.

**guèrsa,** sf. (ligure). 'Orbettino', 'natura della donna'.
Letteralmente 'guercia', perché l'orbettino è popolarmente ritenuto un animale cieco; e perché, scherzosamente, la natura femminile è ad un occhio solo. Secondo Niceforo 1897; 177 essa era chiamata *la guercia* anche nel gergo delle sarte romane [Plomteux 1975]. C.

**guéta,** sf. (veneto: San Stino di Livenza). 'Arrotino'.
Diminutivo del più diffuso *gùa*, letteralmente 'arrota' (imperativo di *guàr(e)* 'arrotare' dal latino *acutāre* 'aguzzare, affilare') con omissione dell'oggetto [LEI].
P. De Domenico: *C'era il "gueta", l'arrotino, calato a valle dai monti del Friuli col suo vestito di velluto alla montanara* (*La barca dorata*, Gardolo di Trento 1989, p. 101). C.

**gùfo**, agg. (veneto: Venezia, anche *cufo*). «Curvo, dicesi del portamento di qualchedunо» (Boerio 1856).
Dal greco *kyphós* 'curvo, piegato' [DEI; Cortelazzo 1970]. M.

**gugghièra,** sf. (calabrese, anche *ugghièra*; siciliano: *aguggéra*, *avuggéra*, *agugliera*), 'agoraio, astuccio per gli aghi'; (piemontese, nel Canavese: *eojér* sm.), 'guancialino per gli aghi'.
Dalla voce *aguglia* 'ago' (dal latino *acucŭla*) col suffisso *-ārius*, *-āria* [DEI s.v. *agugliera*; LEI]. M.

**gujàna,** sf. (romagnolo). «Pungolo per i bovini».
Un derivato col suffisso *-ānus* del latino *acūleus* 'pungiglione', che ha dato il nome del 'pungolo' a parecchi dialetti italiani, accompagnato da suffissi vari [LEI]. C.

**gujàrë,** sf. (abruzzese: Francavilla al Mare; toscano, Elba: *agugliàra*; salentino: *augliàra*; siciliano: *augghiàra*). 'Rete per pescara le aguglie».
Dalla voce italiana e dialettale *agùglia* 'pesce di forma allungata, *Belone belone* L., *Belone acus*' (dal latino *acucŭla*, → *agùgia*); è termine marinaresco entrato anche in italiano: *agugliara* 'rete per pescara le aguglie; rete composta di due braccia con un sacco chiuso e poco profondo, che vien tirata da due barche senza vela; la pesca si fa di notte' [DEI s.v. *agugliara*; LEI]. M.

**gulośina,** sf. (sardo campidanese). 'Leccornia, boccone ghiotto'.
Deriva dallo spagnolo-catalano *golosina* di analogo significato. Dallo spagnolo *engolosinar* 'invogliare l'appetito di qualcuno' dipendono il sardo campidanese e logudorese *ingulośinài*, *ingulośinàre* 'allettare con leccornie, invogliare' [DES]. M.

**gumièr,** sm. (veneto; ladino centrale; trentino; romagnolo, soprattutto al femm.: *cmìra*, *gmièra*, *gmìra*). 'Vomere'.
Dal latino parlato **vomereus*, aggettivo sostantivato di *vomer* 'vomero' [Prati 1968; Pellegrini-Marcato 1988]. C.

**gùnece,** agg. (pugliese: Minervino Murge). 'Cornuto'.
Letteralmente 'undici', il numero che può essere raffigurato nel gesto tipico di alzare l'indice e il mignolo per dare del cornuto [Colasuonno 1980]. C.

**gùrla,** sf. (veneto giuliano, nel triestino; friulano, nel goriziano). 'Ugola'.
Dal latino *ūvula* 'ugola' attraverso *ūgula* (da cui *ugola* dell'italiano), poi *ulula* > *urula* (per dissimilazione) > *urla* > *gurla*; le forme intermedie *ùlula* e *ùrle* sono attestate nel friulano. Un'altra ipotesi (meno verosimile) riconduce *gurla* a *gorlo*, *gurlo*, e varianti, 'gola' delle lingue slave [Doria 1987]. M.

**gùrlo,** sm. (veneto istriano; friulano e, di qui, al veneto di Grado). 'Trottola' (*gurla* in lombardo: Como).
Dal latino *cŭrrulus* 'piccolo veicolo (*cŭrrus*)', che ha dato origine anche al lombardo, veneto e veneto giuliano *córlo*, friulano *còrli* 'arcolaio' [Prati 1968, Cortelazzo 1970a]. C.

**gurtùrju,** sm (sardo, con numerose varianti tra le quali: *gurtùrgiu*, *uttùrgiu*, *entùrgiu*, *benùrżu*). 'Avvoltoio'.
Dal latino *vultŭrius*, con influsso di altre voci sarde come *gùtturu* 'gola' e *bèntre* 'ventre' e probabilmente anche di *ingurtìre* 'inghiottire', giacché l'avvoltoio si chiama anche *ingurtóssu* [REW, DES].
S. Satta: *E tu, Pascale Gurture, che fai onore al tuo nome, che viaggi sempre con la bombetta in capo, come se fossi un ministro, che cosa ne fai delle immense* tanche *de Su Grumene, dove pascolano migliaia di pecore non tue, perché tu non metteresti a rischio neppure un soldo? Conservi i denari per i corvi, che verranno a mangiarseli?". Era un facile gioco di parole, perché Gurture vuol dire appunto avvoltoio, ma c'era l'allusione al fatto che Pascale Gurture, come gran parte dei nuoresi, del resto, era scapolo, e teneva in casa una donna, vecchia ormai come lui, che chiamava la sua governante* (*Il giorno del giudizio*, Milano 1979, pp. 192-3). M.

**güsà,** v. (lombardo, *gösà* in bergamasco; emiliano: *guzèr*; veneto, in Valsugana: *guzàr*). 'Avere rapporti sessuali'.
Impiego figurato di un verbo derivato dal latino parlato **acutiāre* 'rendere acuto' [LEI].
A. Bevilacqua: *Al* gusär *– il rapporto sessuale – mi iniziò una* dona gabjana *(La festa parmigiana*, Milano 1980, p. 69). C.

**guśéida,** sf. (emiliano, anche (*erba*) *guśèda*, *erba guśéina*, e *aguśèi* sm. plur.). 'Equiseto, coda cavallina, *Equisetum arvense*'.
Dal latino *equisētu(m)* di analogo significato (attraverso una tradizione semidotta); probabile adattamento dell'emiliano è il pisano *cucìtoli* sm. plur. 'coda cavallina' [DEI s.v. *agusèi* e *cucitolo*; REWS; Pellegrini-Zamboni 1982]. M.

**gùta,** sf. (calabrese: anche *avguta, nguta, sguta*). 'Pane pasquale coronato da uova'.
Dal greco *augṓtē* da *augōtós* 'ovale' [Rohlfs 1977].
L. Asprea: *Nella crusca s'immettevano le uova nella quaresima, affinché si conservassero fresche per le gute e la frittata di Pasqua* (*Il previtocciolo*, Milano 1971, p. 32). C.

**guttèra,** sf. (siciliano; calabrese centromeridionale). 'Grondaia, stillicidio'.
Dal francese *gouttière* 'grondaia' [DEI; Rohlfs 1977a]. M.

**guttùsu,** agg. (calabrese), 'detto di uccello nidiaceo pauroso e selvaggio'; (siciliano), 'facile a turbarsi, permaloso, di cattivo umore'.
Dal latino tardo *guttōsus*, un derivato di *gutta*, il cui significato primitivo di 'gotta' si è esteso fino a comprendere il 'turbamento degli stati d'animo': 'crepacuore', 'bile', 'nodo alla gola' e le locuzioni *pigghiàrisi na gutta* 'pigliarsi un gran dispiacere' e *aviri a gutta* 'detto dei bambini, essere congestionato dal pianto convulso' [Caracausi 1973]. C.

# I - J

**jàcca,** sf. (sardo centrale, nel logudorese: *jaga*), 'cancello dei poderi rustici'; (sardo, a Nuoro: *sar jàccas*, a Posada: *sar žàgas*), anche 'ridoli del carro, cioè la rastrelliera a forma di cancello che impedisce la caduta delle pietre, della legna, dell'erba trasportate dal carro'.

È voce riconducibile ad un latino *iacca* 'graticcio', attestato da Vegezio (*cratis quae iacca vocatur a vulgo* = "graticcio che dal popolo è chiamato iacca"); tale voce latina sarebbe – secondo il DES – una formazione regressiva dal parlato **iac(c)ulum* ma è proposta che Ernout - Meillet ritengono inverosimile [REW; DES].

S. SATTA: *Si accedeva alla vigna per uno di quei possenti cancelli fatti, come i carri, di travi di quercia messe per lungo e per traverso, ed hanno il nome preistorico di* jacas [...] *Ma nell'interno, appena varcata* sa jaca, *c'era un tepore da giardino terrestre.* (*Il giorno del giudizio*, Milano 1982, p. 77). M.

**jacchiatùra,** sf. (salentino, con varianti; pugliese: *acchiatème*, *acchiatórë*). 'Tesoro', soprattutto nascosto, ritrovato sotto il pavimento o nei muri o in anfore sotterrate per rivelazione di un morto apparso in sogno.

Dal verbo *acchià* 'trovare', dal latino *afflāre* 'soffiare' e poi 'fiutare per cercare qualcosa', 'rintracciare', forse accezione dapprima propria del linguaggio venatorio [LEI]. C.

**jacòbbu,** sm. (siciliano, a Ragusa: *jacòpu*. 'Uccello notturno (assiolo, allocco, gufo) ritenuto di malaugurio'.

Dall'arabo *yaʿqūb*, 'pernice maschio' con uno scambio di denominazione tra le diverse specie di uccelli, anche se molto lontane fra di loro. Non accettabile è una personificazione col nome *Jacob*, perché l'accento siciliano del nome proprio cade sulla prima sillaba (*Jàpicu*) [VES; Valente 1993]. C.

**jacovèlla,** sf. (campano, in Irpinia), 'cosa fatta alla leggera'; (lucano: Trecchina), 'chiacchiera scherzosa e un po' maligna', 'trama, intrigo, gherminella' (Orrico 1985).

Propriamente 'azione di Giacomino' (*Jacoviello*, diminutivo di *Jàcovo* 'Giacomo'), secondo un frequente procedimento di degradazione semantica di alcuni nomi propri [Merlo 1951: 62]. C.

**ì àglie frùttë,** locuz. (laziale). 'Andare in caldo': si dice delle vacche e delle scrofe, ma anche, spregiativamente, delle donne che cercano il maschio.

Letteralmente *andare a frutto*, attestato largamente in toscano. C.

**jàgnë,** sm. (abruzzese), 'stagno, laghetto'; (molisano: *vagnë), '*pozzanghera, vasca per l'irrigazione'; (lucano: *vagnu*), 'cassone da grano'.

Come → *làgno*, dal latino *ăngium* 'vaso', 'stagno', anche se in alcuni casi si potrebbe pensare a *bălneum* 'bagno' [LEI]. C.

**jammòttu,** sm. (salentino). 'Zampone'.

Variante morfologico-semantica delle forme *jammòdda*, *jammòddë* 'gambetta'. Derivano con diversi suffissi da una base tardo-latina *gămba*, *cămba*. Corrisponde, dunque, ad un parallelo di 'zampone', cioè 'zampotto' [Fanciullo 1973] C.

**ì a pantèra,** locuz. (laziale: Mompeo Sabino). 'Andare a caccia notturna di uccelli con due lunghe canne e una rete di filo scuro'.

Letteralmente 'andare a *pantèra*', che è il nome di questa rete: → *pantièra*. C.

**japichìnu,** agg. (calabrese: Polistena). «Grosso, con riferimento soltanto a quanto concerne il piede. *Pedi japichìnu* Piede grosso» (Laruffa 1986).

Dal dialettale *Jàpicu* 'Giacomo' e con allusione verosimilmente a San Giacomo, a qualche statua in cui è ritratto col piede grosso. M.

**iappiàri,** v. (siciliano orientale), 'abbaiare dietro al selvatico'; (piemontese: *giapè*), 'abbaiare'; (ligure, nel genovese: *giappâ*), 'ciarlare'.

Alla base di queste voci ci sarà il francese *japper* 'abbaiare' giunto direttamente, o per tramite galloitalico, in Sicilia; non si può escludere però una origine indipendente del siciliano, con esito affine e di natura onomatopeica [Ruffino 1991: 120]. M.

**jàrbe da cuèstis,** locuz. sostant. (friulano). 'Lingua cervina, *Scolopendrium vulgare* Sw.'.

Propriamente 'erba da coste', cosiddetta per le nervature nere che la pianta presenta, ma anche perché si pestano le foglie con la sugna e se ne fa un cataplasma da applicare alle coste quando dolgono per le fatiche sostenute [Pellegrini-Zamboni 1982]. M.

**(i)arrùsu,** sm. (siciliano: anche *garrusu*). 'Cinedo'.

Può essere di origine araba (*ʿarūs* 'fidanzata, sposa, sposo'), ma non mancano spiegazioni alternative, che puntano su altri riscontri, come il lucchese *garoso* 'ostinato' o, ancor meglio, il siciliano *garra* 'ruzzo' [Pellegrini 1972].

S. D'ARRIGO: «*Iarrusone, statevi zitto voi*» *gli ordinò, bilioso, Boccadopa* (*Horcynus Orca*, Milano 1975, p. 147). C.

**jàtta cënërèndëlë,** locuz. sostant. (abruzzese; campano, a Napoli: (*gatta*) *cennerènnula*; sardo: *battu ghighinàržu*). 'Gatto che ama starsene sempre vicino al focolare' e, per facile traslato, 'persona pigra, oziosa'; in questo senso anche in siciliano (*cinniređđa*).

Dal latino *ciner(ul)entus* 'coperto di cenere' (*cinis*, genitivo *cineris*)' [Devoto 1967; VEI; DELI]. C.

**javëtà,** v. (pugliese, nel tarantino, anche *javitare*; salentino, anche *javëtè*, *jatà*, *avetare*, *vetare*). 'Abitare'.

Dal latino *habitāre* 'abitare' con esito popolare, presente anche nell'antico perugino e abruzzese *avetare* [DEI; Rohlfs 1956]. M.

**ibbòia,** inter. (toscano: pistoiese). 'Espressione di disgusto'.

Può celare una bestemmia con estrema riduzione della prima parte, *(D)i(o)*, sovrapposta alla comune esclamazione toscana e romanesca *ahibbò*. C.

**ìdola,** sf. (lombardo, nel bresciano), «campanelle bianche... vilucchio maggiore, pianta i cui fiori sono grandi, bianchi, campaniformi» (Melchiori 1817); (lombardo, nel bergamasco: *bìdola*), «convolvolo» (Carminati-Viaggi 1905).

Dal latino parlato **vitŭla* 'piccola vite' che sta anche alla base del friulano *vìdul* 'vilucchio'; il DEI, che cita le varianti *vìdola*, *bìdola* per Treviglio, ricorre invece per l'etimo al latino *vītĭlis* 'che si può intrecciare, intrecciato' [DEI s.v. *vìdola*; Pellegrini-Zamboni 1982]. M.

**jéḍḍu,** agg. (siciliano, anche *jéllu*). 'Deformato, storto (detto delle gambe)' e figur. 'incapace, scemo', 'non fermentato bene'. L'aggettivo è usato anche nel calabrese meridionale che ha *jéḍḍu* 'dai piedi ritorti in dentro (di capre, asini)': cfr. l'espressione *crapa jeḍḍa* e nella località grecofona di Bova *ega ieḍḍo* 'capra dalle gambe storte'.

Probabilmente si tratta di derivati da una base greca **géllos*; cfr. il greco antico *kellós* 'storto' [Rohlfs 1977 e 1977a]. M.

**jéffula,** sf. (campano: Napoli; siciliano: *ìffula*). 'Ceffone, schiaffo', anche in usi figurati.

Dal francese *gifle* 'schiaffo', voce di origine francone [FEW]. C.

**jélu,** nella locuz. *fàri u jélu* (calabrese). 'Fare uno scherzo', 'dare la baia'.

Dal greco *gélōs* 'riso, il ridere', già riflesso nel bovese *jelo* [EWUG; Rohlfs 1977]. C.

**jëmmëssùrë,** sm. (molisano: Morrone del Sannio). 'Luglio'.

La voce va analizzata come un composto *je mëssùrë* 'il messore', 'il mietitore', da confrontare con l'antico napoletano e antico aquilano *julo messoro*, dal latino *messor, -ōris* 'mietitore' (per tramite dotto l'italiano antiquato *messore*) o *messōrius* agg. 'del mietitore'; il motivo onomasiologico ritorna nella denominazione → *mitutùru* [Merlo 1904; AIS; Giammarco 1977]. M.

**jermànu,** sm. (calabrese, con varianti; campano: *iermanë*; siciliano: *irmanu*, *irmàna*). 'Segale'.

Dal latino *frumĕntum Germānum* 'grano della Germania', come mostra anche la variante siciliana *grano tedesco*; la voce è attestata a Cava dei Tirreni fin dal 999 d. C. Dal latino *(passer) Germānus* dipende invece il salentino → *ghiermàno* [Jänicke 1967; Alessio 1976; Rohlfs 1977].

L. ASPREA: *I cibi di uso comune erano le pizzate, pane fatto di farina di granturco; il pane di jermano, cioè di segala; e, per i piccoli proprietari, il pane raffermo di grano, fatto in casa* (*Il previtocciolo*, Milano 1971, p. 57). C.

**jérmitu,** sm. (siciliano, con varianti; calabrese: *jérmita*, *jérmite*; lucano: *jérmëtë*, *scérmete*; pugliese: *scérmete*, *scérme*, *jérme*, *jérmëtë*; salentino: *scérmete*; campano: *scérmete*, *jérmeta*, *jérmeto*). 'Manipolo di grano'.

Dal latino *mĕrgĭte* 'covone', attraverso una forma metatetica **gérmite* [DEI s.v. *mèrdes*; VES]. M.

**jérsu,** agg. (calabrese, con varianti; lucano *jèrsë*; salentino: *scèrsu* e varianti; siciliano, nel Messinese: *cèrsu, cèssu*), 'incolto, non coltivato', soprattutto nella locuzione calabrese *terra jersa* o *jerza* 'terreno incolto' e in quella salentina *terra scèrza* 'terreno lasciato in riposo'; (salentino: *scèrsu*, *sciersu*), detto di pianta 'non potata o selvatica'.

Dal greco *chérsos*, aggettivo d'uso omerico 'secco, arido', e poi di terreno 'sterile, non lavorato' [Rohlfs 1956 e 1977; D'Elia 1982]. C.

**i gnèštra,** locuz. (laziale; molisano, a Morrone del Sannio: *va gnèstrë*; siciliano, a Calascibetta: *iè gnèštë*, della pecora; molisano, a Roccasicura: *va lla gnèšta*, della cagna). 'Andare in fregola', tanto degli animali, quanto delle donne.

Letteralmente 'andare in estro', dal latino *oestrus*, molto bene rappresentato nei dialetti meridionali [Vignoli 1911 e 1926; Alessio 1936]. C.

**ignouràr,** v. (ligure: Pigna). 'Gettar via una cosa, affinché si perda': *l'ignóuru* dice un ragazzo gettando via, per dispetto o per celia, l'oggetto che serve al gioco.

Composto del latino *in* e di *aurāre*, denominale di *āura* 'aria': 'al vento' [Merlo 1941-57]. C.

**jjattìta,** sf. (umbro: Magione). 'Corsa lunga ed estenuante'.

Dal significato originario del sostantivo: 'abbaiata del cane sulla passata della lepre' (→ *glatì*). C.

**jì 'Avèrza,** locuz. (campano). 'Ammattire, impazzire'.

Letteralmente 'andare ad Aversa', cioè là dov'era un famoso ospedale psichiatrico: questo riferimento toponomastico evita od attenua la crudezza della situazione ed è spesso impiegato in tutte le regioni italiane [DEI s.v. *avèrsa*].

M. SERAO: *– Be', e che volete? – chiede audacemente Chiarina. – Quella faccia verde, quel tisico in terzo grado, che dà gli ordini, che fa il geloso! – Già, già e che volete? – replicò ancora Chiarina, il cui tremore d'emozione cresceva. – Che ti metti il vestito nuovo. – No. – Chiarina, non mi far fare la pazza. – Andate pure ad Aversa* (in *Novelle italiane, L'ottocento*, a cura di G. Finzi, Milano 1985, II, p. 262). C.

**jìzzu,** sm. (calabrese; siciliano: *izzu* e anche *(j)ìzza*; pugliese, a Bitonto: *jìzzë*; salentino, a Lecce: *chìzzu*, *chìzzi*). 'Specie di falchetto'.

Dal latino parlato **aegȳptius*, sorto dalla confluenza di due distinte voci greche, *aigýptios* 'egizio' e *aigypiós* 'avvoltoio' (donde l'italiano *ghezzo* e *gheppio* [Rohlfs 1956, 1964 e 1977; LEI]. C.

**ilò,** avv. (ladino-veneto, nell'Agordino, anche *chilò*; ladino centrale: *chilò*). 'Lì, là'.

Dal latino *illōc* 'qui'; dalla forma del latino parlato **illoco* (dovuta ad un probabile incrocio con *locus* 'luogo') derivano il pisano *loco*, l'abruzzese *allóchë*, *lóchë* (e varianti) e il calabrese *ḍḍocu*, *dduocu* 'lì, là', il siciliano *ḍḍocu* 'costì'; la variante *chilò* dell'Agordino presuppone invece un composto *eccu illoc* [Tagliavini 1944; DEI s.v. *allòco*; REWS; Rohlfs 1977]. M.

**imalghès,** v. (romagnolo). 'Impelagarsi': *imalghès int i dèbit*.

Il senso proprio è 'mettersi in un campo di saggina' (*mètas int una mëlga*), così intricato da dare il senso figurato di 'cacciarsi in un imbroglio', come in italiano *mettersi in un ginepraio*, cioè in una situazione difficoltosa e confusa. Altre locuzioni simili, come *esr' in tla mèlga* 'essere con l'acqua alla gola', mostrano la vitalità del paragone fra un campo di melica e una situazione intricata. C.

**imàra,** sf. (laziale: anche *jëmàta*), 'terreno piano lungo il fiume, soggetto a frequenti alluvioni'; (calabrese e siciliano: *limàrra*, con molte varianti), 'fango, fanghiglia'.
Dal latino *limus* 'fango', con diversi suffissi: *-aria*, *-ata* per il Lazio e *-arra* per la Calabria e la Sicilia [REWS; Vignoli 1911 e 1926; Rohlfs 1977]. C.

**imbalzà,** agg. (emiliano). 'Impastoiato' (di cavallo), 'impacciato, intrigato, incapace' (di persona).
Da *balza* nel senso di 'pastoia' [Medici 1961; Trolli 1991].
R. BACCHELLI: *tu sei un bietolone e un imbalzato ... e avrai bisogno di me per un pezzo* (*Il mulino del Po*, III, Milano 1949, p. 232); ID.: *Perdonatemi se vi comparisco da imbalzato, e forse da vigliacco* (Ibidem, p. 608). C.

**imbizión,** sf. (emiliano: anche *imbinzión*; romagnolo), 'boria, alterigia'; (toscano: a Massa Carrara, anche *ambizión*), 'vanità, soverchia cura di sé e del proprio abbigliamento'; (marchigiano, a Macerata: *mbizió*), 'orgoglio'.
Tutte alterazioni di significato dell'italiano *ambizione* [LEI]. C.

**imbonìr,** v. (veneto, nel veneziano), 'bonificare un terreno'; (veneto, nel veneziano: *bonèlo* sm.), 'isoletta formata da terreno alluvionale (come quelle del Po e dell'Adige)'.
Dal veneziano → *amunìr* con influsso paretimologico di *bon* 'buono' oppure direttamente da questo (come in DEI). Il veneziano è passato all'italiano *bonello* 'terreno formato da alluvioni' [Cortelazzo 1970 s. v. *amunìr*]. M.

**imboṡemà,** agg. (veneto: Treviso). 'Oppresso dal catarro'.
Dal dialettale veneto *bòṡema* 'bozzima' (dal greco *apózema*, latino tardo *apozima*), quindi propriamente 'imbozzimato'; un analogo sviluppo semantico si osserva nel dialetto bregagliotto ove si trova *imbusmà* (e varianti) per 'intasato dal raffreddore' [Marcato 1982; LEI]. M.

**imbrecàse,** v. (ligure; toscano, in Versilia: *imbreccà*), 'sporcarsi'; (toscano, a Carrara: *nblicàrse*), 'imbellettarsi'.
Dal significato di 'catramare', che ha, per esempio, *imbleccà(re)* nell'isola d'Elba, denominale di *blèc*, *brèc* (dall'inglese *black*) 'catrame (che si dà alle barche)' [Zamboni 1986: 108-109]. C.

**imbrité,** part. pass. e agg. (emiliano: modenese). 'Innamorato cotto'.
Letteralmente 'imberrettato': *l'ha ciap la brèta*, 'ha preso la berretta', *l'ha una brèta ch'u n'vēd pió lóm*, 'ha una berretta che non vede più luce', corrispondente a *ciapè la scofia*, che è anche dell'italiano (*prendere una scuffia*). C.

**imbuasà,** v. (lombardo: Voghera). 'Stendere, spandere sterco bovino': *imbuasà l'èra* «preparare l'aia per la battitura del grano con poltiglia di sterco bovino per evitare la polvere» (Maragliano 1976), pratica molto diffusa anche altrove.
Da → *boàsa* 'bovina, escremento di bue'. C.

**imbülàda,** sf. (lombardo: Voghera). «Impulatura, cospargimento di pula e di fieno che si usa fare, quando un giovanotto è stato abbandonato, fra le case dei due ex fidanzati» (Maragliano 1976).
Da *büla* 'pula, loppa' (→ *bùla*). C.

**imburnîe,** v. (ligure: Pigna; piemontese: *nborné*). 'Accecare, per esempio gli uccelli'.
Da *borniu* (piemontese e ligure occidentale *borgnu*) 'cieco', che è, come il parallelo francese *borgne*, di origine incerta, forse da una base prelatina **bornius* (REW) o da una germanica. Secondo il REWS, il piemontese dipende dal francese e alla base **bornius* si riconduce anche il lombardo settentrionale (bornino) *borni* 'cieco', l'emiliano (parmigiano) *sborgn* 'miope', il ticinese (Val Verzasca) *sborgnà* 'scorgere, sbirciare' [Merlo 1941-57]. C.

**ìme,** nella locuz. *a siàn al pìr da ìme* (lunigianese) 'siamo da capo', letteralmente 'siamo in cima dal basso'.
Il *pir* è un tronco saldamente fissato alla roccia, dalla quale si fanno scendere i blocchi di marmo al piano (*ime*, corrispondente a *imo*). Altra locuzione locale, che fa egualmente riferimento alla voce, è *no passàr da ìme* 'non passare dalla parte del precipizio, in cammini di montagna' [Bottiglioni 1957; Luciani]. C.

**ìmita,** sf. (marchigiano: Montemontanaro). 'Guaina del materasso'.
Da *ìntima* con uno scambio di sillabe: *ì(n)mita*. C.

**immacorì,** v. (umbro, nel perugino). 'Imputridire, marcire'.
Presuppone un latino volgare **in-maculīre* 'coprirsi di macchie', da confrontare con il latino classico *maculāre* 'macchiare' [Ugolini 1970]. M.

**impeḍḍàre,** v. (sardo: nuorese). 'Coprire con la pelle del vitello morto un altro vitello dato alla mucca, perché lo accetti come suo'.
Da *pèḍḍe* 'pelle', dal latino *pellis*. C.

**imperatòr,** sm. (veneto occidentale: Albisano, a Tonezza: *peratóre*; trentino, a Stenico: *imperatorèl*). 'Scricciolo' (AIS).
La denominazione corrisponde ad 'imperatore' e rappresenta una variazione del tipo lessicale 're' (→ *ré d'ucèlli*). M.

**impéro,** sm. (brigasco). «Erba, *Hypericum perforatum*, che si mette nell'olio per rimarginare le ferite» (Massajoli-Moriani 1991).
Dal latino *hypericon*, nome di una pianta menzionata da Plinio (in greco *hypéreikon*), passato anche nei dialetti dell'Italia meridionale (campano: *perecònna*, siciliano: *puricó*) e in sardo (*pericòne*) [DES]. C.

**impjàr,** v. (lombardo; veneto, con varianti, a Grado: *impigià*, nel veneto bisiacco *impjà*; friulano: *impjà*). 'Accendere'.
Dal latino parlato **piliāre*, per il latino tardo *pilāre* 'rubare, pigliare', da cui l'italiano *pigliare*, con prefisso; la formazione è analoga all'italiano *impigliare* 'arrestare avviluppando'. La variante gradese si deve al passaggio dalla semivocale all'affricata palatale sonora. *Pigliare* nel significato di 'prender fuoco, accendere' si usa in friulano (*pjà*), in emiliano (*pjèr*, *apjèr*), romagnolo (*pjèr*, ma anche *ampjèr*) [AIS; DEI]. M.

**impizàr,** v. (veneto; veneto giuliano; lombardo orientale; trentino; emiliano; con varianti come *impisàr* ecc.). 'Accendere'.
Forme da tenere distinte da → *impjàr*, sono di etimologia discussa; secondo Prati (1968) da una radice onomatopeica **picc(i)*. Tale ipotesi etimologica sarebbe da scartare per Doria (1987) perché non rende ragione delle varianti venete *impigià* (a Grado) e *impjàr* (veneto bisiacco), varianti che, a nostro avviso, non rientrano nella serie di *impizàr* ma di → *impjàr*.
G. PEDERIALI: «*Torneremo questa notte. Con un tronco d'albero per superare il fossato, e una corda. A piedi nudi io riesco a salire sulle querce, perché non dovrei scalare la*

*torre?». «Perché di notte i soldati impizzano sulle rive del fosso dei falò»* (*La compagnia della Selva Bella*, Milano 1992, p. 11). M.

**impozzatóia,** sf. (umbro; marchigiano; con varianti). 'Secchia di rame'.
Da *pózzo* per il suo uso prevalente; infatti, a Todi l'*impozzatòra* è espressamente la 'secchia che serve per attingere l'acqua dal pozzo'. C.

**imprèst,** sm. (friulano; veneto trevigiano, anche sf.: *imprèsta*). 'Ordigno, attrezzo, strumento specie in relazione ad un lavoro'.
Probabile deverbale (secondo Pellegrini 1986) di un **imprestà*, nel senso di 'apprestare', da un latino tardo **in+praestāre*, che sostituisce il più diffuso *ad-praestāre*, da cui l'italiano *apprestare* col deverbale *appresto* 'apprestamento, preparazione'. Ma potrebbe non essere estranea l'usanza, almeno presso i contadini, del prestito di attrezzi agricoli. M.

**imprumése,** nella locuz. *far e imprumése* (ligure: Pigna; piemontese: *fé l'imprumése*). 'Andare in Municipio per chiedere le pubblicazioni matrimoniali'.
Letteralmente 'fare le promesse' [Merlo 1941-57]. C.

**inadà,** v. (lombardo: Bergamo). '(Far) uscire di tutela, emancipare un figlio alla podestà paterna'.
Derivato dal modo (*es*) *in edà* 'essere in età' [LEI]. C.

**inaṡiàre,** v. (veneto, anche *inaṡiàr*; trentino, a Rovereto: *naṡiàr*; emiliano, a Ferrara: *inaṡiàr*; lombardo, in Brianza: *neṡià*). 'Preparare, approntare'.
Un derivato da *aṡo* 'agio' (quindi, 'fornire con agio, con liberalità'), come il francese antico *enaiser* [LEI]. C.

**incàgna,** cong. (umbro: orvietano). 'Invece, anziché'.
Da leggersi *in càgna* per *in càgno* 'in cambio' per influsso dell'infinito *cagnà* 'cambiare' [Ugolini 1983]. C.

**incagnàsi,** v. (friulano). 'Infuriare; infuriarsi, accanirsi', anche *incagnīsi*.
Evidente derivazione da *cane*, ma attraverso un latino volgare **cania* (parallela ad *avia* da *avis* e simili), da cui *cagna* e quindi voci come l'italiano antico *cagnare*, *incagnare* 'figliare della cagna' [REW; Pellegrini 1987a]. M.

**incalàse,** v. (ligure; piemontese: *ancalèse*). 'Osare, azzardarsi, arrischiarsi'.
Probabile derivato di *calle* 'sentiero angusto', quindi 'tentare una via pericolosa' [Plomteux 1975]. C.

**incanàrse,** v. (pugliese). 'Acquistare il fiuto del cane' per avvertire dovunque la presenza delle streghe.
Da *cane* (Marcantonio 1968). C.

**ince(j)à,** v. (friulano). 'Abbagliare, abbarbagliare'.
Dal latino volgare **incaecāre* da *caecus* 'cieco' [Pellegrini 1992]. M.

**incodīsi,** v. (friulano). 'Indurirsi, disseccando, perdere ogni morbidezza', anche *incudīsi*.
Letteralmente 'divenir duro come la cote': è una forma costruita sul friulano *cōt* 'cote' dal latino *cos - cote* [REW; Pellegrini 1987a]. M.

**incoladór de mar,** locuz. sostant. (lombardo; mantovano). 'Palombaro', che scende sott'acqua per riparare le imbarcazioni (→ *marangón*) o per altro compito'.
Dal verbo *colare* 'affondare'; a Borgomaro (Liguria) *u sū s'incòla* significa 'il sole tramonta'. *Colare* in questi sensi sembra un traslato di *colare* 'versare a poco a poco', come in francese [FEW]. C.

**incorà,** agg. (veneto, nel veronese). 'Infangato, piantato nel fango', per traslato 'demoralizzato'.
Alla base della formazione aggettivale c'è il sostantivo *coro* (veneto padovano nel XVIII sec.) 'limo, fango' e → *cuòra*, *cuòro* (veneto polesano) [Bondardo 1986]. M.

**incorporàre,** v. (laziale: Marino). 'Ferire nel 'corpo', uccidere'.
Voce registrata dal DEI che la riconduce al latino *corporāre* di analogo significato. M.

**incorreḍḍàre,** v. (sardo logudorese). 'Sbevazzare, tracannare'.
Da *corréḍḍu*, antico nome di un 'bicchiere di corno (*corru*)' [DES]. C.

**in crusìglia,** locuz. (ligure: Ventimiglia). 'Detto di carico suppletivo delle bestie da soma, disposto per traverso fra i due carichi laterali.
Dal provenzale *crousi(l)ho* 'disposizione a croce', un derivato del latino *crux* 'croce' [Azaretti 1982]. C.

**indalèscë,** v. (pugliese, anche *ndelèscë*; a Bitonto: *aduèsce*). 'Rosolare (carne, cipolle)'.
Probabilmente rappresenta il latino *adolēscere* 'bruciare' per *adolēre*, attestato nella latinità solo in Virgilio e continuato unicamente, come pare, in questo dialetto [LEI; Valente 1995]. C.

**indegnà,** v. (lombardo: Val Chiavenna). 'Produrre una piaga, piagare', 'irritare una ferita o una piaga'.
In latino *indignāri* significava 'giudicare indegno', 'sdegnarsi', ma poi assunse, nella terminologia medica, l'accezione particolare di 'infiammarsi, irritarsi', che si è affermata in parecchi dialetti romanzi [REW; FEW]. C.

**indèle,** agg. (veneto: Chioggia), 'rotto, malandato, affaticato, affranto'; (friulano: *indèul*), 'debole, esile, malaticcio'.
Come il francese antico *end(i)eble* 'debole, malato', passato probabilmente al castigliano *endeble*, dal latino *indebilis* 'molto (*in-*) debole'. La sua diffusione rende difficile l'accostamento della locuzione chioggiotta al versetto del *Miserere*: "dele iniquitatem meam" (= "cancella il mio peccato") [Cortelazzo 1989; Beccaria 1993]. C.

**in derùta,** locuz. (ligure-piemontese: Novi L.; piemontese, in monferrino: *an deruta*). 'In rovina, in fallimento'.
Dal francese *en déroute*, propriamente 'in rotta' in senso figurato. C.

**indéves,** agg. (emiliano, nel modenese), «malaticcio, di appetito scarso» (Neri 1981); (emiliano, nel bolognese: *indàvs* sm.), «persona con la quale non è possibile parlare di cose serie, tarda, inconcludente, leggera, svogliata, inappetente» (*Nuovissimo vocabolario bolognese* 1991); il significato ('senza rispetto') riportato dal DEI è errato.
Dal latino *in* e *deficit* cioè 'in difetto' attraverso una forma **indefice*, come già sostenuto da Flechia (1876: 351), in luogo dell'etimo da un latino *indevescere* nel senso di 'mangiar poco' proposto da Galvani 1868. Osserva in particolare il Flechia che «si cominciò verisimilmente dall'usare essere *in deficit*, cioè in difetto, intendendosi principalmente di sostanze e di forze fisiche, poi dell'intelletto; quindi l'*indeficit* passato a *indeves*, colla perdita della forma verbale venne a prendere l'aspetto e il valore di un aggettivo». Quanto a forme verbali latine fossilizzate, oltre a *deficit*, si confronti anche *sufficit* riflesso dal napoletano *zùffecë* 'basta, può essere sufficiente', voce ormai antiquata (Altamura 1956) adoperata in modi di dire come *zùffecë e basta* o *vasta e zùffecë* (Flechia ibid.: 352). M.

**indittài,** v. (sardo campidanese: S. Antioco, *ingittài* a

Baunei), 'insegnare (a leggere)'; (lombardo, a Bergamo: *indicià*), 'insegnare, istruire', 'indicare, mostrare'.

Dal latino parlato *indictāre* 'indicare', dal quale dipendono anche il pavese antico *indichiar* 'insegnare, spiegare', il milanese antico *indicià* 'manifestare' ed alcune forme francesi, oltre l'italiano *indettare* [FEW; DES]. C.

**indovinèllo,** sm. (toscano; ligure). 'Coccinella'. Nel Senese 'maggiolino'.

Dalle domande che all'insetto rivolgono bambini e ragazzine. Il nome è stato trasferito al maggiolino probabilmente per arbitraria estensione e confusione [Garbini 1925].

F. TOZZI: *Teneva con tenerezza un indovinello in mano, e lo rimproverava quando volava via* (*Con gli occhi chiusi*, Firenze 1950, p. 27). C.

**inèttiri,** v. (siciliano). 'Cianciare'.

La voce (non confermata da Piccitto 1985) è ricondotta dal DEI al latino *ineptīre* 'fare o dir sciocchezze' forse per tramite dotto. M.

**infèrn,** sm. (lombardo: Valtellina). 'Tipo di vino locale'.

Dal nome della località (*Infèrn*), dove è prodotto, così detta, come in altri luoghi, perché bassa e fosca.

E. MONTALE: *Il vinattiere ti versava un poco / d'Inferno. E tu, atterrita: «Devo berlo? Non basta / esserci stati dentro a lento fuoco?»* (*Satura*, in *Tutte le poesie*, Milano 1984, p. 310). C.

**infernòt,** sm. (piemontese). 'Cantina piccola e profonda scavata nel tufo'.

Da *infèrn* 'inferno' per la sua posizione in fondo al caseggiato. C.

**infioràta de fàve,** locuz. (umbro: Orvieto). «Tappeto di piante di fava che si metteva, in segno di scherno, davanti alla porta di casa di un giovane abbandonato dalla fidanzata» (Mattesini-Ugoccioni 1992). Quindi *dà le fave* corrisponde a 'rompere il fidanzamento'.

Da *infiorata*, che è propriamente l'usanza di cospargere di fiori, nottetempo, l'ingresso di casa della ragazza amata: la locuzione è, quindi, ancor più crudelmente offensiva, perché ai fiori si sostituiscono le *fave*. C.

**infurché,** part. pass. e sm. (romagnolo: Ravenna). «Colui che nelle ore dispari, da mezzanotte in poi, si metteva nei crocicchi, ove si incontravano cinque o più strade, col capo fra i rebbi di una forca da contadino, per veder passare le streghe che si recavano al sabba. Al loro passaggio diceva: – Bén vēga la barghë! – (Ben vada la brigata); ed esse rispondevano: – Bén stēga l'infurchê! – (Bene stia l'"inforcato")». (Ercolani 1971).

Letteralmente 'preso con la forca'. C.

**(in) fùstibus,** locuz. (veneto; veneto giuliano e dalmata). 'In gran gala'.

Come conferma il milanese *con fustibus et lanternis* 'a forza di sgherri', la locuzione si rifà al passo evangelico *cum gladiis et fustibus* 'con spade e bastoni', letto la domenica delle palme [Zolli 1984]. C.

**ìnga,** sf. (siciliano, anche *inca, énca*), 'inchiostro'; (calabrese meridionale) 'macchia nera e untuosa di lardo di maiale'.

Dal francese antico *enque* con lo stesso significato, a sua volta dal grecismo tardo-latino *éncaustum*, con conservazione dell'accento greco (dalla forma *encáustum* con accento alla latina dipende l'italiano *inchiostro*) [DEI; VES]. M.

**inganscìt,** agg. (marchigiano: Urbino). 'Fisso a guardare'; si dice del cacciatore, del fidanzato, del cane, che restano immobili con gli occhi fissi.

Da *ganš* 'gancio'; essere totalmente preso, agganciato. C.

**inghebbiàre,** v. (toscano). 'Rimpinzare, ingozzare'.

Da *ghébbio* 'gozzo di polli e uccelli', variante di → *góbbio*.

G. CARDUCCI: *Rettorica grassa ci vuole a inghebbiare i paperi nati dall'incrociamento dell'aquila bastarda d'Arcadia con lo struzzo nano del romanticismo* (cit. in GDLI VII 1034). – F. TOZZI: *Si piccò anche di non mangiare, quantunque Masa le avesse tagliato un pezzo di pane. – Di che cosa campi? Alle volte, invece, t'inghebbi* (*Con gli occhi chiusi*, in *Opere*, I, Firenze 1961, p. 62). C.

**ingiòritu,** agg. (sardo: Sassari). 'Di persona che si reca a far visita a mani vuote'.

Dal significato primitivo di 'disinvolto', in toscano antico (*stare*) *in giòlito* 'stare in riposo' (→ *giòlito*), da cui anche il corso *in giòlitu* 'in ozio, senza darsi pensiero di nulla', sardo logudorese *ingiólitu* 'di sbalzo, in estasi' [DES]. C.

**ingonsèta,** sf. (marchigiano: anche *gonzéta, sgonséta*). 'Sorso, sorsata'.

Confrontato col lombardo (cremonese) *ingonsolì* 'ingosolire', si può partire da un tipo 'ingos(ol)ata' dal latino *gŭla* 'gola'.

P. VOLPONI: *possiamo anche andare a bere l'acqua della Cannaricchia ... con il buco né grande né piccolo che porti ogni volta una giusta ingonzata, perché la soddisfazione duri più a lungo* (*La strada per Roma*, Torino 1991, p. 242). C.

**ingredeà,** v. (friulano). 'Arruffare, aggrovigliare, detto di fili, capelli', anche 'inguaiare, mettere nei pasticci, compromettere'.

Da un latino tardo *incratiliāre*, derivato da *cratis* 'grata, graticcio' e *craticŭla* da cui l'italiano antico *ingraticchiare* 'munire di graticci' [REW; Pellegrini 1987a]. M.

**inguastì,** v. (umbro, nel perugino), 'stizzire'; (abruzzese: *nguastirse* rifl.), 'arrabbiarsi'.

Coi derivati *nguastitë* (abruzzese), *nguastitu* (toscano meridionale e umbro) 'arrabbiato, idrofobo', sono voci da ricondurre al latino *vastāre* 'guastare' incrociato col germanico **wōst-* '(rendere) deserto' che spiegano anche l'italiano *guastare*; nel marchigiano è presente l'agg. *guasto* 'idrofobo' [Longo 1936; DEI s.v. *inguastito*; Catanelli 1970; REWS; DELI]. M.

**inguéra,** sf. (lombardo: mantovano; anche *anguéra*). 'Beccatoio', «specie di scodella di terra o di basiotto basso, per solito rotondo od ovale, che si tiene pieno d'acqua nei cortili acciò i polli vi vadano a beverarsi» (Barozzi-Beduschi 1982: 514).

Dal latino *aquārium* 'recipiente d'acqua' [LEI]. C.

**ìnima,** sf. (veneto trevigiano e feltrino), 'bacchio, pertica o bastone o canna lunga fino a cinque-sei metri per bacchiare noci e castagne'; (veneto bellunese: *vimena*), 'stanga, pertica'; (veneto valsuganotto: *lìmena*), 'verga'.

Sono tutti derivati del latino *vimen, -ĭnis* 'vimine' [Prati 1968; Marcato 1991: 97]. M.

**innaròtu,** agg. (siciliano). 'Che nasce nel mese di gennaio'.

Da *innàru* 'gennaio' (in latino *januārius*) col suffisso di origine greca *-òtu*, diffuso, oltre che nella Calabria meridionale, anche nella Sicilia orientale, per formare sia aggettivi etnici, sia epiteti vari [Caracausi 1973]. C.

**innicràre,** v. (sardo, anche *annicrare*, *annigrài*, e altre varianti, a Cagliari: *allirgài*; calabrese settentrionale: *annicchiare*; pugliese, a Volturino: *annecchjà*; salentino: *nnicchiare*; campano, nel napoletano: *annicchià*; abruzzese: *annicchjà*). 'Nitrire', nell'abruzzese anche 'tirar calci, abbassare le orecchie (detto della giovenca e del cavallo)'.

Dal latino parlato **hinnitulāre* 'nitrire' (e non da *adnitulāre* da cui pure l'italiano *nicchiare*, come propone Giammarco 1985; quanto a *nicchiare*, è considerata voce di etimo incerto). Il cagliaritano *allirgài* è dovuto a raccostamento paretimologico al sardo *allirgu* 'allegro' «per un'associazione di idee senz'altro comprensibile» secondo DES [REW; DEI s.v. *annicchiare*; Rohlfs 1959; REWS]. M.

**innocènti,** nella locuz. *fa l'innocènti* (toscano: Arcipelago). 'Fare burle, come quelle che altrove si fanno il primo aprile'.

Dal giorno della festa dei Santi *Innocenti* (28 dicembre), quando si fa, come in Spagna, questo tipo di scherzi [Fanciulli]. C.

**innusàru,** sm. (siciliano: anche *innasaru*). 'Pastore che ha la custodia delle vacche figliate, che allattano il vitello'.

Da *innùsa* 'vacca che nell'anno non ha partorito od ha un vitello nato nell'anno precedente' e, per estensione, 'cavalla che ha un puledro', un francesismo diretto o indiretto, affine al *jenusse* dell'antico bernese, continuatore del latino parlato **jenūcia* 'mucca giovane' [Caracausi 1973]. C.

**in saór,** locuz. (veneto; friulano: *savóur*; veneto giuliano: *in savór*, con varianti). 'Modo di preparare e conservare il pesce, mettendolo in una salsa di aceto, salvia e molta cipolla'.

Dal latino *sapōr*, genitivo *sapōris* [Doria 1987].

S. ZANOTTO: *la cena tradizionale è anitra arrosto e passere in saòr, annegate tra la cipolla, come facevano i pescatori chioggiotti che usavano il saòr per conservare il loro cibo durante le lunghe spedizioni di pesca. Un vecchio racconto dice che i consiglieri comunali di Chioggia volevano far imbalsamare il corpo del loro vescovo morto in odore di santità, ma, spaventato dalla spesa proibitiva, il consiglio votò di mettere il vescovo in saòr* (*Delta di Venere*, Milano 1975, p. 63). C.

**inségn,** sm. (lombardo: vogherese). 'Attitudine, intelligenza'.

È l'*ingegno*, che i bambini perdono, se vengono tagliate loro le unghie prima che compiano un anno [Maragliano]. C.

**inséns,** sm. (piemontese, anche *anséns*; toscano, al Giglio: *ncénso*). 'Assenzio'.

Dal latino *absĭnthium* incrociatosi con *incēnsum* 'incenso'. Il latino *absĭnthium* è anche alla base di voci come *semesante* (nel veneto, a Verona, e nel trentino) 'seme di assenzio' e *semsànt* (lombardo, a Pavia) 'fiori e semi polverizzati di alcune artemisie', la cui corrispondenza con 'seme santo' è il risultato di attrazioni paretimologiche [Rohlfs 1979; Bondardo 1986; LEI]. C.

**inserì,** v. (ligure; piemontese anche *ensì*; ticinese: *insedì*). 'Innestare'.

Dal latino **inserīre* per *inserēre* 'innestare' [Plomteux 1975]. C.

**insustàr,** v. (veneto; veneto giuliano), 'irritare, stizzire; annoiare', anche *sustàr*, *sustare*; (veneto polesano: *insustarse* rifl.), 'crucciarsi'; (veneto valsuganotto, veneto istriano: *sustàr*), 'mandare sospiri profondi, singhiozzare'; (friulano: *sustâ*), «trarre dei singulti affannosi ed ininterrotti, o per malore o per urto nervoso» (Nuovo Pirona 1935); (friulano: *sustasi* rifl.), 'irritarsi, infastidirsi'.

Sono riflessi del latino *suscitāre* 'eccitare'. Dalle voci dialettali menzionate dipendono derivati quali il sm. *sust*, *sustòn* (friulano), *sust* (veneto bellunese), *susto* (veneto) 'sospiro affannoso; singulto; tormento; seccatura'; l'agg. *sustôs* (friulano), *sustóso* (veneto) 'irritabile; permaloso; stizzoso'; il sf. plur. *sustanèle* (veneto nel Polesine) 'caldane', *susta* (lunigianese) 'superbia, alterigia', *mèter in sùsta* (emiliano, nel parmigiano) 'mettere in agitazione'. È formazione deverbale tratta dal latino *suscitāre* anche *susta*, *sósta* (veneto, veneto giuliano, trentino, friulano) 'molla' che ritorna nel modo di dire veneto *omo pien de susta* 'uomo di tempra e fibra robusta' [DEI; Prati 1968; Rohlfs 1974; Bondardo 1986]. M.

**intebrìn,** nella locuz. *u l'é intebrìn* (ligure: Pigna). 'È l'ora del crepuscolo'.

Da *intre* 'dentro', dal latino *ĭntro* con perdita della *r*, e *bruìn* 'bruno' [Merlo 1941-57]. C.

**intivàr(e),** v. (veneto; friulano: *intivà*). 'Indovinare, cogliere nel segno, imbroccare'.

Si tratta probabilmente di un derivato dal greco *týpos*, *typê* 'colpo' e *typô*, *entypô* 'batto, colpisco' passato nel latino regionale del Veneto in un'epoca abbastanza antica, anteriore a quella in cui si è sviluppata la lenizione, in una forma **intypāre*, **intipare* 'colpire dentro, imbroccare' [Pellegrini 1977a: 231-2]. M.

**intrappàre,** v. (calabrese). 'Imbrattare'.

Dallo spagnolo *entrapar* 'impolverare, ungersi i vestiti con grasso, ecc.' [DEI; Beccaria 1968]; M.

**intrequerì,** v. (lombardo: milanese). «Inchiedere, indagare, minutamente dimandare» (Cherubini 1839-56).

Da un latino parlato **interquarĕre* (*-quīrere*) formato su *quaerĕre* 'cercare, desiderare' [DEI]. M.

**intrìsa,** sf. (umbro, nel perugino), «semola mescolata con acqua calda, mangime per il pollame» (Catanelli 1970); (toscano, nel pisano), 'bozzima'.

Come l'italiano *intriso* 'mescolato con liquido', part. pass. di *intridere*, in forma sostantivata [DELI]. M.

**intrupì,** v. (umbro: Foligno; laziale, a Tivoli: *ntraoprì*). 'Socchiudere, aprire un poco'.

Il verbo, usato anche dal Belli (*traòpro* 'apro'), è composto di *inter-*, *intra-* 'tra' e *oprì* 'aprire'. Corrisponde esattamente al francese *entrouvrir* 'socchiudere' [Ugolini 1982]. C.

**intruschiàre,** v. (toscano, nell'aretino). 'Introdurre nascostamente'.

Dal latino parlato **intrusiculāre* 'spingere dentro' dal latino *intrūsus* [REW; DEI]. M.

**in un patrefiriu,** locuz. (sardo: Sassari). 'In un attimo'.

Il tempo, cioè, occorrente per dire 'Padre e Figlio' (dalla sequela del segno della croce: *pater*, *filius*, ...). C.

**invégia,** sf. (ligure: Pigna; piemontese: *anvìa*), 'voglia'; (piemontese: *anvìa*, e a Vico Canavese: *invìdia*), 'neo'.

Dal latino *invĭdia* (col particolare senso di 'desiderio', che ha assunto in francese, anche nell'accezione di 'voglia di donna incinta' e 'segno che ne rimane al figlio', secondo la diffusa credenza popolare [FEW; Merlo 1941-57]. C.

**invèrna,** sf. (lombardo). «Sul Lago maggiore è detto

così il libeccio, il vento di sud-ovest» (Cherubini 1839-56).

Passaggio non raro dal nome di una stagione ai fenomeni atmosferici, che la caratterizzano.

P. Chiara: *Si stava alzando l'*inverna. *In mezzo al lago, tra Laveno e Intra, una gran macchia scura veniva avanti da sud sullo specchio lucido delle acque. Era il fedele vento pomeridiano, basso e teso, che increspa l'acqua senza agitarla, disseminandola di una miriade di punti luminosi* (*La stanza del vescovo*, Milano 1976, p. 41). c.

**invernéng,** agg. (lombardo). 'Vernino, che matura d'inverno'.

Voce derivata da 'inverno', entrata anche nell'italiano (DEI); vi è poi una sorta di formaggio grana tipico della zona padana detto *invernengo* o *vernengo*, che si produce dal 30 settembre al 23 aprile [DEI; GDLI]. M.

**invescendàse,** v. (ligure). 'Confondersi, non sapere più cosa fare'.

Dal latino parlato **vicĕnda* 'cambio', da cui anche il genovese antico *vexendar* 'lavorare, travagliare' [Plomteux 1975]. c.

**invurnì,** v. (emiliano; romagnolo). 'Recare altrui noia, importunarlo; addormentare, al figur. rendere negligente, e disattento, o anche far desistere, o fermare alcuno da qualche impresa con lusinghe, o altre speranze'.

Derivato dal latino parlato *ebriōnia* 'ubriachezza' (da cui l'italiano *sbornia*) attraverso **ebrōnia*, **ebornia*, quindi **ebornīre*, **ibornīre*, *invornire* (come da *ebriăcus* il romagnolo *imbàrieg*); da **ebornīre*, il cui *e-* fu confuso in parte col prefisso *e*(*x*), deriva anche l'emiliano-romagnolo → *svurnì*, che ha assunto un significato opposto ad *invurnì* [Schürr 1978]. M.

**inzéndere,** v. (veneto, con qualche variante). 'Sapere d'amaro, rendere amaro; pizzicare; bruciare; spiacere'.

Dal latino *incĕndere* 'bruciare' [REW; REWS; Prati 1968]. c.

**inzendònia,** sf. (veneto: Treviso). 'Celidonia, *Chelidonium majus* L.'.

In latino *chelidŏnia*, dal nome greco della pianta (*chelidónion*), così chiamata perché fiorisce al ritorno delle rondini (*chelidṓn*) ed anche perché, secondo l'interpretazione popolare, le rondini se ne servivano per curare le malattie degli occhi dei loro piccoli. Nella denominazione trevisana è immesso il verbo → *inzéndere* 'sapere d'amaro' [Bertoldi 1923]. c.

**inzéste,** nella locuz. *zì inzéste* (ladino-veneto, anche *sì in céste*). 'Si dice quando si va in visita ad una puerpera portando doni'.

Letteralmente 'andare in ceste' cioè 'con ceste', recando dei doni, ma etimologicamente si tratta in realtà del latino *quaest(u)a* 'cerca', con successivo influsso paretimologico di *cesta*, come confermano espressioni parallele, particolarmente diffuse in ambito galloromanzo [Pallabazzer 1980; Zamboni 1991]. M.

**jòne,** sf. (friulano, anche *òne*; veneto bisiacco; ladino centrale, Comelico: *iòna*; veneto, a Grado: *giòna*). 'Trave portante del tetto (di case, casoni, fienili, e simili)'.

Femminile di un latino parlato **iugōne*, accrescitivo di *iŭgum* 'giogo' [Cortelazzo 1983a]. c.

**jòp,** agg. (veneto giuliano). 'Paziente, bonaccione'.

Dal friulano *Jop*, antroponimo, corrispondente al *Giobbe* dalla proverbiale pazienza [Doria 1978]. M.

**jórni condarécci,** locuz. sostant. plur. (marchigiano, a Macerata: anche *condarélli*; ad Ancona e Jesi *giorni contarelli* o *cunteréci*). 'Giorni, dai quali si ricavano pronostici meteorologici'.

Letteralmente 'giorni che si contano': «erano chiamati i primi 13 giorni di gennaio a partire dal secondo poiché il primo, dicevano gli avi, gennaio lo vuole per sé; quindi il secondo giorno prediceva come sarebbe stato il mese di gennaio e cioè: se pieno di sole il giorno due, tutto il mese si avrebbe avuto sole; se piovoso, ventoso o nevoso, altrettanto tutto il mese. Il terzo giorno avrebbe predetto lo stato meteorologico di febbraio; il quarto di marzo e così via fino al 13 che avrebbe rivelato il futuro atmosferico di dicembre. Questo pronostico era chiamato anche: *énnece*» (Ginobili 1963). c.

**jórnu cèndo,** locuz. sostant. (marchigiano: Macerata). 'Il dieci di aprile'.

Letteralmente il 'giorno cento', essendo il dieci di aprile il centesimo giorno dal primo dell'anno [Ginobili 1965]. c.

**jòta,** sf. (veneto giuliano), 'minestra di crauti e fagioli'; (friulano: *jòta*, *jòte*), «sorta di minestra carnica composta di *broade* (→ *brovàde*), del tipo particolare colà in uso, rammollita nell'acqua, quindi pestata e cotta con fagioli, latte allungato e condimento di burro o lardo, con l'aggiunta di farina gialla» (Nuovo Pirona 1935); (corso: *ghiótta*), «acquaccia della lavatura dei piatti che si dà ai maiali» (Falcucci 1915); (calabrese: *jótta*), 'acqua in cui si è bollita la pasta, in cui si sono lavate le stoviglie; beverone che si dà ai maiali'; (calabrese, a Polistena: *gghjòtta*), 'salsa brodosa con aglio e cipolle usata per preparare il pesce in umido'; (campano, in Irpinia: *jòtta*), 'brodo di maccheroni'; (salentino: *sciòtta*), 'brodaglia'; (pugliese, a Foggia: *jòtta*), 'acqua calda in cui sono lessati i maccheroni'; (pugliese, nel Gargano: *sciott*), 'broda'; (pugliese, a Bitonto: *sciotte*), 'minestra acquosa, insipida', 'latte di calce grossolano'; (lucano, a Matera: *sciòttila*), 'risciacquatura, broda'; (siciliano: *sciottu*), «Manicaretto che si fa di carne minuzzata e altri ingredienti» (Traina 1868).

Dal latino tardo *jŭtta* 'brodo, minestra acquosa'. Nei dialetti la voce assume anche altri significati talvolta figurati: nel veneto giuliano quello di 'cibo, pasto' e 'goduria, pacchia, sollazzo (a sfondo erotico)' e, al contrario, nel calabrese (di Polistena) quello di 'amarezza, dispiacere', nel pugliese (a Molfetta) 'cosa senza valore, spregevole, da buttar via', (nel Gargano) *sciòttola* 'adulazione' [Rohlfs 1977; Silvestri 1977; Valente 1978a; Laruffa 1986; Doria 1987]. M.

**ìri ammìttu,** locuz. (siciliano), 'andare a pisciare'; (calabrese: *a mittu*), 'in modo deplorevole'; (salentino: *scire a mmittu*), 'andare nel nulla', locuzione oramai non più in uso, mentre è ancora vivo il sostantivo maschile *mmittu* 'guaio, fastidio, incarico fastidioso, oggetto inutile'; (campano, a Napoli: *ammitto*), 'in perdizione, in rovina'.

Ultimi resti dell'antica locuzione scolastica latina *ire ad mictum* 'andare a orinare', usata, per decenza, nella sua forma originale, appena adattata [DEI ss.vv. *ammitto* e *mitto*; Cortelazzo 1968; Fanciullo 1973]. c.

**ìrsenë 'e càpa,** locuz. (campano: Napoli). 'Montarsi la testa, perdere il senso della misura'.

Letteralmente 'andarsene di testa'.

D. Rea: *c'è il cesso che puzza proprio perché la gente non se ne vada di capa e si ricordi di essere animale* (*Ninfa plebea*, Milano 1992, p. 16). c.

**ìšca,** sf. (campano: anche *ìsca*; calabrese; siciliano: *isca, iscla*), 'terra coltivata sul fiume'; (trentino: *is-cia*), 'canneto'; (piemontese, nel Monferrato: *isra*), 'bosco di pioppi nel mezzo di una pianura'; (sardo centrale: *ìsca*, *iscra*), 'valle paludosa e fertile, luogo acquitrinoso'.

Tutti significati dipendenti da quello fondamentale 'isola', in latino **īscla* per *īns(u)la* con l'inserimento della *-c-* per superare l'inconsueto incontro consonantico *-sl-*. Alla stessa base risale anche il nome dell'isola d'*Ischia* [REW; DES; Rohlfs 1966; REWS]. C.

**ìsciuli,** sm. (lucano). 'Gabbia per le ulive'.

Come meglio mostrano il calabrese *fìšculu*, *hìšculu* 'gabbia che serve a contenere le uve pigiate o le ulive frantumate e che poi si mette sotto il torchio' e il 'torchio' stesso, e il pugliese *fischele* con le sue numerose varianti (Reho 1988-89), dal latino *fĭsculum*, diminutivo di *fiscus* 'cesto', 'paniere di vimini', impiegato soprattutto nella pressatura dell'uva e delle olive. C.

**iscramèntu,** sm. (sardo: Sassari). 'Punizione esemplare'.

Dal catalano *escarment*, a sua volta dallo spagnolo *escarmiento* 'castigo esemplare'. C.

**iscrarèja,** sf. (sardo centrale con numerose varianti e incroci). 'Gambo dell'asfodelo' e, talvolta, anche la stessa pianta (*Asphodelus ramosus* o *fistulosus* L.).

Dal latino *hastula regia* 'asticella regale', così chiamata per lo stelo alto e maestoso dell'asfodelo [DES]. C.

**iscriànu,** sm. (sardo). 'Ortolano, *Emberiza hortulana*' o, piuttosto, essendo sconosciuto questo uccello nell'isola, lo 'zigolo nero'.

Letteralmente, 'scrivano', perché le uova degli zigoli «portano macchiette rassomiglianti alla scrittura in inchiostro» [DES; Meiklejohn 1964]. C.

**isculàri,** v. (sardo logudorese; in campidanese: *sculài*). 'Rompere la cruna dell'ago'.

Dal nome della 'cruna', *cùlu* (*dess' àcu, dess'àgu*), dal latino *culus* [DES]. C.

**iṡiboé,** nella locuz. *ese ai iṡiboé* (piemontese). 'Essere agli estremi, in rovina', «essere per le fratte, essere ridotto al verde, essere spiantato, essere al lumicino» (Gavuzzi 1891), anche *èse ai eiṡubuè, èse a j'uṡuboà*.

Adattamento dell'espressione francese *être aux abois* 'non avere via di scampo', letteralmente 'essere agli abbaiamenti', detto del cinghiale raggiunto dai cani, della preda, prossima, quindi, alla fine [FEW]. M.

**isiligàre,** v. (sardo). 'Togliere le erbacce dal grano'.

Da *àliga* 'alga' ed anche 'immondizia' [DES]. C.

**ispànu,** agg. (sardo logudorese, nel campidanese *spanu*), 'colore rosseggiante del mantello del cavallo o del bue'; (corso: *spanu*), 'di colore sauro': *spana* 'di capra dal colore tra bianco e rosso'.

Dal latino *spanus*, compreso in un elenco di colori del mantello del cavallo nel trattato del IV sec. intitolato *Mulomedicina Chironis*, probabilmente da *hispanus* 'spagnolo'. Molto meno probabile un collegamento con il greco tardo *spanós* 'glabro, senza barba' [DEI; Rohlfs 1964; DES]. C.

**istérju,** sm. (sardo, con varianti), 'stoviglia', 'vaso', 'recipiente'; (sardo campidanese: *stréžu*), 'roba, dote', trasportata in uno o più carri di buoi alla casa dei futuri sposi; *cane da istérju* «è quel cane che negli ovili non sa guardare le capanne e i branchi, e non fa che leccare i mastelli dei latticini: ed è attributo che si dà comunemente ad un uomo vile e dappoco» (Satta sottocitato).

Sembra corrispondere allo *stiglio* 'mobili, attrezzi, stoviglie' dell'Italia meridionale, ma nessuna delle proposte etimologiche avanzate può dirsi soddisfacente [DES].

S. SATTA: *Esuli dalla tanca in mozze chiome, / Leccaste il rancio della ciurma, come / Cani da piatto* (*Canti*, Milano 1955, p. 233). C.

**istimàre,** v. (sardo logudorese, nel campidanese: *stimài*). 'Amare, voler bene'.

La voce, che equivale a 'stimare', è quella usata in Sardegna (ad eccezione del sassarese e del gallurese) per 'amare', e poiché non si ritrova in altre zone dell'Italia meridionale, è probabile che la sua estensione ed impiego nell'isola si debba a influsso del catalano *estimar*, che ha prevalentemente lo stesso significato attestato dal sardo [DES]. M.

**istimpìda,** sf. (sardo logudorese). 'Fatica, sofferenza, travaglio sofferto nell'inseguimento di una cosa' e *istimpidare* 'faticare, soffrire'; nel sassarese *istimpida* vale 'sfaticata, strapazzata'.

Dall'italiano antico *stampìta* 'strepito, discorso lungo e noioso' (dal provenzale antico *estampida* 'canzone a ballo', derivato di *estampir* 'battere i piedi'), da confrontare con l'irpino *stampita* 'strapazzo, incomodo'. Più improbabile appare una derivazione del sardo dallo spagnolo antico *estampida* 'andatura veloce, partenza brusca', pure dal provenzale, forse per tramite del francese antico [DES]. M.

**istiviàre,** v. (sardo logudorese). 'Farsi piaghe o contusioni nella tibia'.

Da → *tìviu* 'tibia' [DES]. C.

**istùr,** sm. (piemontese). 'Inquilino, affittuario'.

Corrisponde all'italiano *statore* derivato da *stare*, nel senso di 'star di casa', 'dimorare', con *i-* prostetica [REW]. M.

**itariàno,** nella locuz. *itariàno purcheddìnu* (sardo: Sassari). «Italiano sgrammaticato» (Lanza 1980).

Letteralmente 'italiano porcellino'. C.

**itòri,** inter. (friulano). 'Aiuto!'; *clamà itòri* 'gridare al soccorso'.

Assieme alle varianti culte *aitòri*, *jutòr*, deriva dal latino *adiutōrium*; cfr. l'italiano antico *altorio* e l'italiano settentrionale antico *alturio*, *artorio*, *olturio* [LEI]. M.

**ìtria,** sf. (marchigiano: Camerino; pugliese, a Foggia; *lìtrie*; calabrese: *litra*, *(l)ìtria*, *(l)ùtria* e *nìtria*). 'Lontra'.

Voce connessa con il nome greco dell'animale, *enydrís*, incrociatosi col latino *lutra*, che indica pure la 'lontra' [Alessio 1938]. C.

**jubàl,** sm. (friulano, con varianti). «Lunga e grossa pertica con cui si comprimono sul carro i carichi di fieno, fascine, canne e simili» (Nuovo Pirona 1935), si fissa da un lato alla scaletta posta ad un'estremità del piano del carro, dall'altra si sforza mediante una corda che si avvolge sul → *tulùin*.

Tipo lessicale caratteristico del friulano nella designazione del perticone del carro; deriva dal latino *jŭgum* 'giogo', attraverso **jugālis* presupposto anche dal sardo logudorese *juàle* 'giogo' [REW; Pellegrini-Marcato 1988]. M.

**juccurià,** v. (laziale: Castel Madama). 'Chiocciare'.

Denominale di *(v)jòcca* 'chioccia': → *fiòcca*. C.

**judìscu,** sm. (siciliano). «Rosa: taglio di carne magra, per bollito e per fettine, nella parte anteriore della coscia in corrispondenza dell'inguine» (Piccitto 1985), anche *gghiurìscu*, *tutìscu*.

Si tratta di un «derivato aggettivale di *judéu* 'giudeo', che ha preso un senso specifico passando a sostantivo, e conserva il ricordo della tradizione dei macellai ebraici, legati alle prescrizioni della cucina *košér*, delle comunità fiorenti in Sicilia fino al 1492» (VES). M.

**jurnàtë dë la nnucëndëtà,** locuz. sostant. (abruzzese). 'Periodo dell'infanzia'.

Letteralmente 'giornate dell'innocentità'. C.

**jùssë,** sm. (abruzzese, a Villanova). 'Pegno'.

Adattamento dialettale del latinismo *ius* 'diritto' presente col senso di 'diritto, privilegio' in vari dialetti: campano (in Irpinia) *iùsso*, abruzzese *jùssë*, *jus*, molisano *jùssë*, calabrese *jùssu*; a San Mango sul Calore (Avellino) *lo iusso re passaggio* è il «diritto di transito in proprietà altrui per usucapione (ma si tratta spesso di una vera e propria usurpazione)» (De Blasi 1991) e a San Fele (Lucania) *tëné u jùssë* significa 'poter passare attraverso il terreno altrui' (Luciano 1992) [Nittoli 1873; Giammarco 1969; Rohlfs 1977; *Glossario delle consuetudini* 1980-86]. M.

**jùza,** sf. (veneto giuliano). 'Contadina slava per lo più giovane'.

Dallo sloveno *Juca* (pronuncia: *Juza*) diminutivo di *Jovana* 'Giovanna', benché oggi sia sentito come diminutivo di *Maria* (*Marijuca*, pronuncia: *Marijuza*) [Doria 1987].

F. TOMIZZA: *Ascoltavo con trepidazione il seguito della lettura tra le risate dei compagni divertiti del fatto che l'autore non avesse trovato di meglio che di elevare al ruolo di protagonista la lattaia dei villaggi vicini, la derisa juzza a far parte del colore locale* (*L'albero dei sogni*, Milano 1969, p. 62). M.

# L

**labàda,** agg. (sardo: logudorese). 'Dicesi di pecora o cane, «che, su un mantello scuro, presentano due macchie rossastre o giallastre attorno alla rima oculare, o sul ciglio»' (Farina 1973). Per questo tali animali sono chiamati anche 'a quattr'occhi' (*a bàttor' òcros*) e i cani di tale sorte non possono soggiacere alle malie dei ladri di bestiame, che cercano di incantarli per non farli abbaiare.

Dal latino *clavāta* 'circondata di liste, di striscie', detto di veste [DES]. C.

**labàre,** v. (sardo: logudorese). «Ripulire la testa eliminando le inesattezze, le stupidaggini, le brutture» (Ruju 1987).

Questo è un significato figurato derivato da quello di 'spidocchiare', a sua volta restrizione del senso originario di 'lavare (i capelli)' [DES]. C.

**lac',** sm. (friulano, anche *alàc'*, *alàz*). 'Pino mugo'.

Generalmente è accettata l'ipotesi che riconduce tale voce al latino *laqueus*, *laceus* 'laccio' considerando che «il pino mugo costituisce per i montanari una specie di 'inciampo', dato il suo strisciare lungo i pendii e i sentieri alpestri» (Pellegrini-Zamboni 1982); la presenza preponderante di forme con *a-* farebbe preferire un'origine deverbale da un latino parlato **ad-laqueāre* che potrebbe avere il senso di 'allacciare'. Tuttavia è stato proposto anche un confronto tra queste voci ed il catalano *alaga*, nome di una specie di pino per il quale si ricostruisce una base preromana **alakjo-* [DEI s.v. *alazzo*; Pellegrini-Zamboni 1982: 19]. M.

**lacciàta,** sf. (calabrese, con varianti; lucano; siciliano). 'Scotta, specie di siero che resta nella caldaia dopo l'estrazione del formaggio e che unito ad altro latte puro serve a fare la ricotta'.

Letteralmente 'lattata', derivato di 'latte' (latino *lac*, genitivo *lactis*), ma la particolare fonetica (*-cc-* da *-ct-*) ne rivela la provenienza dai dialetti settentrionali (*lacià* in Valsesia, a Galliate, a Mombaruzzo e in Liguria) [DEI; FEW; Rohlfs 1977a]. C.

**làc'-mìlac,** sm. (lombardo: Val Bregaglia). 'Panna montata', parola diffusa con varianti (come *lat-mèl*, *lace-mél*) nei dialetti lombardo-alpini e penetrato anche nell'italiano *latte e miele* col medesimo significato.

Si tratta di voci che hanno subito svisamenti a causa dell'etimologia popolare, ma che, in ultima analisi, risalgono ad una forma dialettale svizzera-tedesca *Lugg-milch* 'panna montata', anche con la variante *Lop-milch*, in cui *Lugg* è da confrontarsi con l'aggettivo tedesco *locker*, *loger* 'molle, rilassato' e *milch* significa 'latte', come nel tedesco letterario [Bracchi 1983]. M.

**làco,** sm. (veneto giuliano), 'serbatoio d'acqua piovana, stagno'; (sardo: *lacu* e *laccu*), 'vasca da abbeverare, truogolo', ma in alcuni derivati 'acquitrino, pozza d'acqua, pozzanghera'; (calabrese: *laccu*; salentino: *lacu, lau*), 'avvallamento di terreno, pozza, fosso'.

Dal latino tardo *laccus* 'pozza d'acqua, pozzanghera', un prestito dal greco *lákkos* [DEI; Rohlfs 1959 e 1977; DES].

F. TOMIZZA: *Si diressero verso il laco prendendo poi la strada per Momichìa, dove iniziava il grande giro dei carnevali passati* (*La quinta stagione*, Milano 1965, p. 142). C.

**làdga,** sf. (emiliano: Modena). 'Velo di sale che compare sul prosciutto e sui salumi, in genere di vecchio taglio'.

Probabilmente si tratta di un derivato del latino *pĕllis* 'pelle', cioè **(pel)lĕtica* con aferesi e doppio suffisso [Violi 1982]. M.

**ladrarìa,** sf. (veneto). 'Lebbra porcina'.

Dal francese *ladrerie* 'malattia di un maiale lebbroso', che si manifesta con piccole escrescenze dure, della grossezza di un granello d'orzo [FEW]. C.

**làfano,** sm. (laziale). 'Crescione'.

È un nome botanico dialettale registrato dal DEI, ma non confermato da altri repertori, che dipende – secondo la stessa fonte – dal latino *laver*, *-eris* 'gorgolestro' incrociato con un nome di pianta come *rafano*. Da *laver*, *-eris* derivano l'abruzzese *lìvriё*, *lìurёjё*, il laziale *allegretto*, il campano *arbulettё* 'crescione'; queste ultime forme sono influenzate da 'agretto', 'allegro' e 'albero' [DEI s.vv. *allegretto* e *lafano*]. M.

**làfanu,** agg. (calabrese, anche *làfinu*). Attributo che si riferisce al manto dei caprini: 'di color cervino, di color lupigno, mezzo bianco e mezzo castagno, col muso bianco, variopinto, nero con macchie rosse'. La locuzione *crapa làfina* vale 'capra che si sbranca dal gregge' e corrisponde al greco di Calabria *aiga laphini*.

Dal greco **eláphinos* 'del color del cervo', da *élaphos* 'cervo' [Rohlfs 1964 e 1977; Karanastasis 1984-92]. C.

**làgano,** sm. (campano; calabrese: *làganu*; siciliano: *làganu*, *làinu*, *làniu*). 'Agnocastro, *Vitex agnus castus*'.

Dal greco *ágnos* 'agnocasto' ma con il tramite del latino *agnus* (Plinio) e con agglutinazione di articolo, secondo DEI (per la fonetica si può confrontare il calabrese *làgunu* 'agnello morto poco dopo il parto' dal latino *agnus* 'agnello'). Invece per Rohlfs (1977) le voci richiedono il greco *ágnos* modificato in **lagnos* per influsso del neogreco *lýgos* 'agnocasto'. Continuatore del latino *agnus* è considerato dal DEI il campano (Ischia) *àino* 'agnocasto' [DEI s.vv. *àino* e *làgano*]. M.

**lagiùn,** sm. (ligure: anche *lagión*). 'Tordo di mare', nome di un pesce.

In realtà è nome assegnato a tutti i pesci appartenenti alla famiglia dei labridi, caratterizzati dal grande sviluppo delle labbra (vi accenna la stessa denominazione scientifica della famiglia: *Labridae*): il nome dialettale è continuazione popolare del latino *labeo*, genitivo *labeonis*, 'labbrone' [REW; DEI]. C.

**làgno,** sm. (campano). 'Canaletto tra podere e podere', 'fossato, canale collettore di acque piovane', a Treggiano 'fiume, ruscello', a Formicola, *lagnë* 'maceratoio per la canapa'.

Più che un preindeuropeo **clānis*, dal latino *ăngium* 'vaso', 'stagno', un grecismo, che trova un altro continuatore in → *jàgnë*, ma se il senso di 'maceratoio per la canapa' è primitivo, non è da escludersi una connessione col verbo latino *laniāre* 'dilaniare, lacerare' [DEI; LEI; Valente 1995].

A. DE JACO: *un piatto da invidiare le erbe selvatiche lesse, quelle erbe che nascono sui "lagni" e nel cimitero* ( in *Narratori di Puglia e di Basilicata*, a cura di M. Sansone e S. Paolo, Milano 1966, p. 231). C.

**lagnùsu,** agg. (calabrese), 'sporco'; (siciliano: *occhi lagnusi*), 'occhi cisposi'.

Le voci si connettono allo spagnolo *lagañoso*, *legañoso* 'cisposo' (catalano *llaganyos*, provenzale moderno *laganhous*), da *lagaña*, *legaña* 'cispa', e sono distinte semanticamente da *lagnoso* 'lamentoso' [DEI; Rohlfs 1977; Piccitto 1985]. M.

**lagremàn,** sm. (lunigianese: Castelnuovo Magra). 'Pizzo che raffigura un insieme di anellini attorno ad un anello più grande', quello che altrove, nella stessa area, è detto → *frigolité* (Masetti 1972-73).

Dal francese *agrément*, nome generico di tutti gli 'ornamenti di passamaneria', estensione del significato di 'qualità di ciò che piace, che è gradito' e, al plurale, 'maniere graziose'. Da quest'ultima accezione derivano anche l'*agreman* dell'alessandrino, del milanese e genovese e l'*agriman* del Monferrato 'favore, cortesia che si usa' [FEW]. C.

**làina,** sf. (veneto giuliano). 'Parlantina, lamento, piagnisteo'.

Deriva dallo sloveno del Carso goriziano *lâjna* 'organetto', a sua volta tratto dal tedesco *leiern* 'suonare la lira o l'organino' attraverso la pronuncia dialettale tedesca *leien* o *leian* della forma verbale. Dalla medesima voce tedesca dipende anche, mediante assimilazione progressiva, lo sloveno *lâjla* 'discorso cattivo'. Prestito diretto da *leiern* è il termine ladino centrale (a Cortina) *làira* 'cantilena, nenia'. Probabilmente a *leiern* (attraverso un'assimilazione regressiva *l-n* > *n-n* o per incrocio con l'italiano *nenia*) risale anche la voce *nàina* 'nenia, piagnisteo', di area veneto-giuliana e friulana [Doria 1987]. M.

**làis,** sm. (veneto giuliano, nel triestino). 'Pidocchio'.

Dal tedesco *Laus* 'pidocchio' probabilmente per tramite gergale visto che *làis* con lo stesso significato è voce nota al gergo furbesco parmense [Doria 1987]. M.

**làla,** sf. (ligure; piemontese meridionale). 'Zia'.

Voce onomatopeica [Plomteux 1975]. C.

**làma,** sf. (ligure; corso; sardo; siciliano; calabrese). 'Latta, lamiera'.

Evoluzione di significato da *lama* (metallica), latino *lamina* [Plomteux 1975].

E. MONTALE: *È passata di fuori / l'indicibile musica / delle trombe di lama / e dei piattini arguti dei fanciulli* (cit. GDLI VIII 703). C.

**lamàtu,** agg. (calabrese), 'ammuffito (di pane), guasto (di frutto)'; (calabrese: *lamare* v.), 'ammuffire, muffare, corrompersi'.

Dal latino *lama* 'pantano' col derivato tardo *lamātus* 'sporco' [DEI; Rohlfs 1977]. M.

**lambrìs,** sm. (veneto, nel veronese), 'corrimano'; (piemontese), «rivestimento in marmo, stucco o legno sui muri d'una stanza; fregio in legno di un soffitto» (Gribaudo-Seglie 1972-75); (*lambrì*, *lambrino*: campano, a Napoli), «la parte inferiore della parete di una stanza, dipinta diversamente dalla superiore» (Andreoli 1887).

Dal francese *lambris* 'pannello alle pareti', a sua volta dal latino *labrŭsca* 'vite selvatica' (non è necessario supporre, come in DEI, un tramite provenzale per il piemontese); il francesismo è entrato anche in italiano (*lambrìs*) [FEW; Bondardo 1986]. M.

**làmo,** sm. (toscano: versiliese). 'Pungiglione delle api, vespe e calabroni'.

Letteralmente 'amo' con la *l-* dell'articolo, com'è in parecchi dialetti. C.

**lampâ,** v. (friulano). 'Dare un'occhiata, gettare uno sguardo', a cui si riallaccia la locuzione ladina (Comelico) *no podè lampà valgùgn* 'non poter sopportare qualcuno'.

*Lampàr(e)* è verbo diffuso nei gerghi, e fin dal Rinascimento, col senso di 'scorgere, vedere, guardare' ed è anche dall'uso letterario [Prati 1940; Zamboni 1991].

C. PERCOTO: *Vi ho lampato che montavate la riva della Madonnetta e vi ho corso dietro sino a qui* (cit. in GDLI VIII 721). C.

**lampacùda,** sf. (calabrese meridionale). 'Cutrettola', a Cataforìo 'pecora nera colla coda bianca'.

Propriamente 'lampeggia con la coda' (Rohlfs 1977); secondo il DEI, è un calco del greco *lámpouros* 'con la coda splendente'. M.

**làmpadas,** sf. plur. (sardo). 'Giugno'.

Letteralmente 'lampade'; la denominazione, diffusa in tutta l'Isola, era nota già nel Medioevo ed esisteva anche nell'Africa settentrionale, dove si celebravano feste con illuminazioni prima in onore di Cerere, poi di San Giovanni, che ricorrevano nel mese di giugno, detto perciò *lampades*, come risulta da passi di Fulgenzio, vescovo di Ruspe, e di S. Crisostomo. Si deve arguire che gli Ebrei espulsi dall'Africa e stabilitisi in Sardegna siano stati i mediatori [Merlo 1904; DES]. M.

**làmpo,** nella locuz. *butàr el làmpo* (veneto triestino). 'Saggiare il terreno, lanciare un'idea'.

L'espressione equivale al friulano *butà il lamp*, letteralmente 'buttare l'amo' e quindi 'dare una parola; fare un atto d'assaggio', perciò *lampo* del triestino è il friulano *amp* 'amo' con agglutinazione dell'articolo [Doria 1978]. M.

**lampór,** sm. (veneto: Treviso). 'Lavatoio, tavola a piano inclinato e con inginocchiatoio per lavare in riva a corsi d'acqua'.

Dal grecismo latino *emporium*, che dal senso originario di 'emporio, mercato, piazza commerciale' passò a quello di 'scalo', 'punto d'attracco per carico e scarico di merci', da cui non è stato difficile slittare a 'struttura, poggiolo sull'acqua' – attestato abbondantemente nei documenti trevisani medievali – ed, infine, a 'lavatoio', dapprima come struttura fissa, poi mobile [Zamboni 1992]. C.

**lampréndola,** sf. (trentino; friulano: *amprède*, *lam-*

*prède*; toscano, nel lucchese *amprèdola*), 'lampreda piccola che vive nei fiumi'.

Dal latino *lamprēda* 'lampreda', con il suffisso *-ŭla* nelle forme trentina e toscana, quest'ultima con discrezione di *l-* interpretato come articolo come nel friulano *amprède* [DEI s.v. *amprèdola*; REWS]. M.

**lanàticu,** sm. (còrso). 'Celibe'.

Corrisponde esattamente al sardo *lunàdiga* e còrso *lunàtica* (con varianti) 'bestia domestica sterile', come nel laziale *linara*, *lunara*, in abruzzese *lenarë*, *lunarë*, pugliese *lenarë*, lucano e calabrese *lunara*, *lanara*, tutte voci dipendenti rispettivamente dal latino *lunāre* 'lunare' e *lunāticus* 'esposto all'influsso della luna' [Salvioni 1916a; DES]. C.

**lancẹ́ḍḍa,** sf. (siciliano; calabrese: *lancella*; salentino: *lancella*, *rancedda*; campano: *lancelle*, *lancedda*; pugliese: *langella*; abruzzese: *langellë*; lucano, a Brianza: *lancedda*). 'Recipiente, vaso, brocca di terracotta per contenere o portare liquidi'.

Voce di area meridionale, sembra derivare dal latino tardo *lancĕlla* 'piattino' incrociatosi semanticamente col latino *lagoēna* 'bottiglia, brocca' [VES].

V. CONSOLO: *Lasciò la riva una speronara ch'avea fatto carico di pignatte quartare lancelle giarre piatti lemmi e mafaràte delle fabbriche di Marina di Patti* (*Il sorriso dell'ignoto marinaio*, Milano 1987, p. 9). M.

**landà,** v. (abruzzese e molisano, con varianti). 'Lasciare', in particolare a Chieti: *l'à landatë lu spòsë* 'l'ha abbandonata il fidanzato', in alcune località anche 'cessare di piovere'.

Incrocio del latino *laxāre* 'lasciare' con *lentāre* 'allentare'; nel pescarese è usata anche la forma *alandà* col prefisso *a(d)-* [DEI; Giammarco 1968, 1969 e 1985]. M.

**lànda,** sf. (lombardo; ticinese), 'zia'; (ticinese, ad Aurigeno), 'vulva'.

Dal latino *ămita* 'zia paterna', attraverso *àmeda*, *amda*, *anda* (tutti bene attestati, → *dèda*[1]) e, quindi, assorbito l'articolo (*la anda*), *landa* [LEI]. C.

**langastè,** sm. (ligure: San Dalmazzo di Tenda, anche *lagastè*). 'Vischio, *Viscum album* L.' (Penzig 1924).

Secondo il DEI, tali voci potrebbero dipendere da una base ligure, preromana, **angosto-*, formata con suffisso ricorrente in fitonimi, che richiamerebbe il latino tardo *anstrus* 'vischio' alla base del vallone *henistrai* (e Noyon: *antriche*, Oise: *andris*) (FEW). M.

**lanìtro,** sm. (campano: Avellino; lucano, a Potenza: *lamitro*; laziale, a Roma: *lamitra* come sf.). 'Ligustro, *Ligustrum vulgare*'.

Riprendendo da Penzig 1924 queste voci dialettali, il DEI ritiene che siano da ricondurre ad un etimo prelatino, e cioè alla base *lāma* 'terreno acquitrinoso'. La stessa ipotesi si legge in Alessio-De Giovanni 1983: 169 che rilevano in tali fitonimi una formante *-atro(o)-* ricorrente in altre denominazioni di piante di origine prelatina. M.

**lànna¹,** sf. (abruzzese: aquilano; marchigiano: *lenna*; toscano: *lanello*, *lenello*). 'Specie di acero, *Acer pseudoplatanus* L.' (Penzig 1924).

Voce da considerare di etimo incerto; secondo il DEI l'alternanza *a* / *e* (*lanna* / *lenna*) è tipica di voci preindeuropee dell'area mediterranea. Il Giammarco 1985 propone di interpretare l'abruzzese *lanna* come un *l'anna* cioè *l'anda* (italiano *anda* 'grande albero del Brasile, delle euforbiacee, i cui semi danno un olio purgativo', dal portoghese *anda*, da una voce indigena del Brasile, DEI) ma senza tener conto delle forme toscane, non spiegabili in tal modo. M.

**lànna²,** sf. (calabrese; siciliano). 'Latta', anche *landa*, *làndia*, *lànnia*, *liànna*; talvolta indica un 'recipiente di latta'.

Dal latino *lămina* 'lamiera' [DEI; Rohlfs 1977a]. M.

**lànŝa,** sf. (trentino, anche *anŝa*; veneto: *anda*, *anŝa*; lombardo: *ansa*; emiliano, nel bolognese: *besa anŝla*). 'Biscia'.

Dal latino *anguis* 'serpe'; in qualche varietà prevale l'esito con la sibilante sorda, forse per influsso di *lancia*; la forma trentina *lanŝa* presenta agglutinazione di articolo mentre in quella bolognese, composta con *besa* 'biscia', c'è un ampliamento della base con suffisso [AIS; DEI ss.vv. *àngia*, *anza*; Prati 1968; REWS]. M.

**laorièro,** sm. (veneto). 'Lavoro, opera', specie al plur. *laorièri* 'lavori donneschi'; ha significato particolare nell'espressione *laorièr(o) de vale* 'chiusura, nelle valli da pesca, con graticci che convoglia il pesce al luogo di cattura', nel sistema tradizionale della vallicoltura lagunare dall'arco veneziano a Comacchio.

Dal dialettale *laoràr(e)* 'lavorare' e *laoro* 'lavoro', col significato di 'congegno' che spiega quello di 'chiusura' nella valle da pesca [Prati 1968].

U. OJETTI: *Sulla ripa del lavoriero, che è lo specchio d'acqua dove anguille e muggini vanno a incunearsi dentro paratie ad angolo acuto fatte di canne sempre più folte e impermeabili, sorgono la bassa casa dei pescatori o vallanti e il loro magazzeno* (cit. in GDLI VIII 860). M.

**lapàzzu,** sm. (calabrese, anche *apazzu*; siciliano: anche *lapazza* sf.; toscano: *lapaccio*; piemontese: *lapasa* sf.; lombardo: *lapàs*; emiliano: *lapàz*). 'Romice, acetosella' e varie specie del genere Rumex (*Rumex acutus*, *Rumex alpinus* ecc.) secondo i dati riportati dall'indice fitonimico di Penzig 1924.

Etimologicamente si tratta di continuazioni del latino di *lapathium* 'acetosella' (a sua volta dal greco *lapáthion*) con discrezione di *l-* interpretata come articolo nel calabrese *apazzu* [DEI s.v. *apazzo*; REWS]. M.

**làpido,** agg. (toscano; versiliese, anche *làbido*; a Sarzana *làpidu*). 'Detto di uovo imperfetto, senza guscio, ma col solo velo'.

Dal grecismo latino *apalus* 'tenero, molle', detto di uovo, molto diffuso nei dialetti italiani [LEI].

E. PEA: *le chiamano quelle uova i contadini, uova lapide o alàpide, qui da noi* (*Il Maggio di Versiglia*, citato da Cocci 1956). C.

**lapìstra,** sf. (calabrese centro-settentrionale, anche *lapastra*), 'specie di radicchio, rapa selvatica'; (salentino, anche *laprista*, *lapìscia* e altre varianti), 'ramolaccio selvatico'.

Dal latino *lapistrum* (Isidoro), forma dissimilata di *rapistrum* 'rafano'; le varianti otrantine *làpistra*, *làprista*, *làbrista*, sono dovute a tramite bizantino [DEI; Alessio 1976]. M.

**làppara,** sf. (siciliano; calabrese centro-meridionale; anche *làpparu*, *làppiru* come sm.). 'Strafalcione, errore, cantonata; carne molle e floscia, brandello di carne, carne di cattiva qualità'.

Dal greco *lapára* 'ventre, addome', forse attraverso una forma latina regionale **lapăra* e con rafforzamento consonantico (*p* > *pp*) [DEI s.v. *allapparàre*; VES]. M.

**lardalòru,** sm. (calabrese centromeridionale, anche *lardarólu*), 'giovedì grasso'; (calabrese: *juovi lardarùlu*, *jovi i lardarolu*, *lardarolu*), 'giovedì precedente il giovedì grasso'; (calabrese settentrionale: *dumìnica lardarùla*), 'domenica precedente l'ultima domenica di Carnevale'.

Derivati del dialettale *lardu* 'lardo' [Rohlfs 1977]. M.

**(l)àrghio,** sm. (toscano: Pisa). 'Fosso artificiale per condurre l'acqua a frantoi, mulini, ecc.'.

Dal greco **ardéa* per *ardéia*, *ardía* 'irrigazione artificiale', come confermano la variante antica *aldio* 'fossa di irrigazione' e il confronto con il latino medievale di Ravenna *alctea* (forma da leggersi *aldea*) 'canale per irrigare le saline'. La *l-* iniziale è l'articolo incorporato nella parola [Alessio 1960]. C.

**larìn,** sm. (veneto, anche *arìn*; ladino-veneto; friulano: *(l)arìn*). 'Pietra del focolare'.

Dal latino *lar* 'focolare' con suffisso diminutivo [REW; REWS; VDSI: I 277].

G. ZANGRANDI: *Era una cucina assai bassa, ...: era nera, solo nera, tutta occupata dal "larin" e dalla sua cappa* (*I Brusaz*, Milano 1955, p. 54). C.

**làrma,** sf. (campano; calabrese; siciliano). 'Lacrima; goccia'; (siciliano: *na larma* locuz. avverb.), 'un poco'.

Dal francese *larme* 'lacrima, goccia' [DEI; Rohlfs 1977a]. M.

**lasàu,** sm. (ligure). 'Carne affumicata preparata allo spiedo, all'aperto, in occasione di particolari ricorrenze, di feste popolari'.

Dallo spagnolo *asado* 'arrosto' (a sua volta dal latino *assāre* 'arrostire') con agglutinazione di articolo e caduta di *-d-* intervocalico [Plomteux 1975; Toso 1993]. C.

**làscio,** sm. (laziale, anche *ascë*, *àsciu*; campano: *àscio*, *ascë*, *àccio*; pugliese: *accë*; lucano: *acc'*), 'allocco'; (abruzzese: *ascë*; laziale, ad Amaseno: *ascë*), 'cuculo'; (campano, nell'irpino: *àscio*), 'lucciola'.

Sono tutti riflessi del latino *axio*, **axius* 'uccello notturno, allocco'; la variante *làscio* presenta agglutinazione di articolo. Vi sono anche derivati come l'italiano *assiolo*, e *sciscìò* (lombardo), *zizòl* (trentino), *sciusciǿl* (ticinese) con perdita di *a-*, *usciolo* (toscano, nel pistoiese) 'assiolo', *asciuolu* (campano, nell'irpino), *asciulë* (lucano), *sciusciolu* (siciliano) 'allocco', e composti come *àsciu cornutu* (campano, a Napoli), *asce curnute* (campano: Ischia) 'gufo' [DEI s.v. *ascio*; LEI]. M.

**lasèreg la prudèinsa,** locuz. (emiliano: Cavriago). 'Lasciare rimasugli nel piatto'.

Parallelo del 'boccone della creanza' (→ *boccó del contadì*). C.

**lasmastà,** agg. (lombardo: Voghera). 'Suscettibile, lamentoso, pieno di scrupoli' e come sm. 'sofisticheria, meticolosità' (Maragliano 1976), specie nella locuz., anche milit., *ves pien de lasem stà* 'essere di malavoglia'.

Letteralmente 'lasciami stare', corrispondente all'italiano *lasciamistare*, che ha significati analoghi: 'schizzinoso', 'svogliato' ed anche 'fastidio, cruccio'.

E. DE MARCHI: *Da qualche tempo, oltre al mangiare di poca voglia, si sentiva addosso un certo lasciatemi stare, che la Carolina attribuiva ai soliti effetti della primavera* (cit. in GDLI VIII 785). C.

**làstima,** sf. (siciliano; ligure, nel genovese), 'afflizione, fastidio'; sm. (calabrese: *làstimu*), 'lamento, afflizione'.

Dallo spagnolo *lástima* (entrato già in italiano col Tassoni), alla cui base sta il senso di 'imprecare', assunto dal latino *blasphemāre* (ne deriva il verbo spagnolo *lastimar* di cui *lástima* è deverbale), propriamente 'bestemmiare'. Anche il calabrese e il siciliano possiedono il verbo *lastimiàri* 'lamentarsi, affliggersi'; nel ligure (La Spezia) sono attestati *lastimase* 'lamentarsi' e l'agg. *lastimante* 'lamentoso' [DEI; VES; Toso 1993].

V. BRANCATI: *A te, fratello mio, se ti levano di piangere làstime, che ti rimane?* (cit. in GDLI VIII 800). – L. SCIASCIA: *di solito lastimavano e imprecavano, ora stavano in silenzio, le facce come dissepolte da un silenzio di secoli* (*Il giorno della civetta*, Torino 1962, p. 10). – V. CONSOLO: *Scrive in particolare delle làstime e delle sofferenze dei pescatori, contadini e cavatori di pomice delle Eolie, dei loro diritti sacrosanti e da sempre conculcati* (*Il sorriso dell'ignoto marinaio*, Milano 1987, p. 39). – V. CONSOLO: *– Animo, Sirna, finimmo il lastimare! – disse Misterio* (*Il sorriso dell'ignoto marinaio*, ibid., p. 79). C.

**lateśìn,** agg. (veneto: Venezia). 'Ceruleo, celestino' e come sm. 'maiolica di colore azzurrino'.

Propriamente 'del colore del latte', che di solito è considerato di colore bianco, ma che può assumere anche dei riflessi celesti, tanto è vero che in greco il 'latte' è chiamato *gála*, dal quale deriva l'antico aggettivo *galaxaîos* 'bianco latteo' accanto al moderno *galanós* 'celeste, azzurro', anche se è stato avanzato qualche dubbio sulla provenienza di quest'ultimo da *gála*. Comunque, è perlomeno curioso quanto riferisce M. Doria 1987: «Allorché, nel secondo dopoguerra, venne creata – a Trieste – la Centrale del latte, quest'ultimo aveva, all'inizio, un leggerissimo colore azzurrognolo. Donde la perplessità e l'incredulità di molti acquirenti: *"Ara che i ne dà el late col perlin!"*, cioè "guarda che ci danno il latte con il blu di Prussia!"» (→ *perlìn*). C.

**làtri,** sm. plur. (galloitalico: Tito [Basilicata]). 'Due stelle dell'Orsa Minore'.

Questa denominazione è probabilmente legata al nome della via lattea, chiamata nei Balcani e in Sardegna 'via della paglia', nome derivato da leggende, variamente esposte, che accennano comunque ad un furto di paglia da parte di *ladri*, che l'avrebbero sottratta dall'Orsa maggiore e minore (*carro*) e sparsa fuggendo [Volpati 1933; Cortelazzo 1973; Greco 1991]. C.

**lattarïàrisi,** v. (calabrese), 'arrabbiarsi, rodersi, dolersi piangendo', 'agitarsi'; (siciliano, anche *allattariàrisi*), 'litigare con gran calore'.

Probabilmente dal neogreco *laktarízō* 'desiderare ardentemente', 'angosciarsi'; i significati di 'bisticciare, altercare' sono, forse, legati ad un originario riferimento ai lamenti funebri, ripetitivi e monotoni. Ma potrebbe anche trattarsi semplicemente di un italianismo, da *alterarsi* [EWUG; Rohlfs 1977; VES; Valente 1993; Mocciaro 1994].

L. ASPREA: *camminando come un gambero, con gli occhi cisposi e il naso arricciato, gli raccomandava affettata; "Buono, buono. Non vi lattariate che vi fa male"* (*Il previtocciolo*, Milano 1971, p. 85). C.

**lattarìna,** sf. (umbro: orvietano). 'Minutaglia, pesci piccoli da frittura'.

Estensione del nome scientifico *atherina* 'pesciolino di mare', dato a questi pesci minuti, con accostamento a *latte*. C.

**làttë da Madònnë,** locuz. sostant. (lucano). 'Cosa che è impossibile avere': «*a u spusalìzzjë ngérë purë ru lluattë da Madònne* 'al matrimonio non mancava nulla'» (Luciano 1992).

Letteralmente 'latte della Madonna'. C.

**lattìficiu,** sm. (corso). 'Pianticella, il cui succo irrita gli occhi e le mani', probabilmente l'euforbia.

Composto del latino *lacte* 'latte' e del supposto **fīceu* 'di fico' (in gallurese *ficciu* è la 'gonfiezza delle labbra per aver mangiato fichi immaturi'), come l'italiano *lattificio* 'latte dei fichi' [Salvioni 1916a]. C.

**lattìme,** sf. (salentino). 'Latte dei pesci maschi' ed anche il «liquido lattiginoso, denso, presente in molti molluschi come le cozze, le ostriche, ecc.» (Gigante 1986). A Cellino, il termine designa sia l'insieme delle uova dei pesci, sia le colonie di cozze appena nate o comunque ancora piccole.

Da *latte*. In italiano *lattime* indica la 'crosta lattea' dei bambini [DEI; Rohlfs 1956; Fanciullo 1973]. C.

**lattuchìgliё,** sf. plur. (campano: Napoli). 'Gale a pieghe che si cucivano allo sparato delle camicie da uomo'.

Adattamento dello spagnolo *lechuguillas* 'lattughe' nel senso di pieghe della camicia, che ricordano la lattuga (*lechuga*) [Beccaria 1968].

A. M. RIPELLINO: *persino la faccia della Primavera che, sebbene mosaico di fiori, a ben guardare, si rivela arrappata, come se l'amido degli anni atteggiasse i fiori in rigide crespe da lattochiglia* (*Praga magica*, Torino 1991, p. 105). C.

**làuda,** sf. (calabrese). 'Lode, elogio'. In particolare, *làura*, a San Giovanni in Fiore, è la «lode funebre cantata da parenti o amici del morto» (Prisco 1984), cui corrispondono le *luósene* 'nenie funebri' abruzzesi.

Dal latino *laus*, genitivo *laudis*, 'lode' [REWS]. C.

**làügia,** sf. (ligure). 'Minestra lunga, acquosa e insipida'.

Dal latino *lavāre* 'lavare' col suffisso *-ulia* [Plomteux 1975]. C.

**launèḍḍas,** sf. plur. (sardo campidanese). 'Strumento musicale che accompagna il caratteristico ballo sardo; di antichissima origine, è una specie di flauto a tre canne, fatto di canna e talvolta degli stinchi del fenicottero'; varianti: *leonèḍḍas, liunèḍḍas*.

La voce è stata ricondotta ad etimi assai diversi tra loro, tra cui una base **monaul-edda*, da cfr. col greco *mónaulos* nome di un flauto, e col greco *aulós* 'tubo' e latino *āula* 'flauto' (DES; DELI). Di recente Paulis 1992 ha individuato una nuova interpretazione che si basa sul latino *linguella* diminutivo di *ligula, lingula*, termine tecnico che designa l'ancia vibrante della tibia romana (uno strumento insufflato), elemento che caratterizza anche le *launeḍḍas*.

G. D'ANNUNZIO: *Preludendo e interludendo su le canne della launedda paesana, voi canterete i versetti del salmo supremo, a imitazione di Minutcher* (cit. in GDLI VIII 839). – G. DESSÌ: *Da un angolo del sagrato si leva a un tratto il suono delle 'launeddas' con un motivo popolare di danza simile a un complesso e melodioso ronzio di alveari* (cit. in GDLI VIII 839). M.

**laurè,** v. (piemontese; toscano, marchigiano, umbro: *la(v)orà*; campano: *laorà*; calabrese e siciliano: *lavorari*). 'Arare'.

Specializzazione di significato del latino *laborāre* 'affaticarsi', dal quale dipende l'italiano *lavorare*. Questa restrizione è molto diffusa, e non solo in Italia, e risale già al latino (Catone), quando il lavoro era per eccellenza quello dei campi. C.

**laurìndia,** sm. (siciliano, anche *laurìnnia, raudìnnia, raudìndia*). 'Granoturco'.

Letteralmente 'grano d'India'. La prima parte del composto *laùri, lavuri* è 'la biada seminata in erba', da confrontare con il galloitalico di Sicilia *ḍḍavuru* 'grano, frumento', calabrese *lavure* 'grano verde e in erba finché si miete', sardo *labòre, laòre, liòri, leòri, lòri* 'seminato, grano, cereali'. Tali voci derivano dal latino *labor, -ōris* 'lavoro', parola che si riferiva spesso al lavoro duro dell'agricoltura (→ *laurè*); di qui i nomi dialettali ai prodotti delle culture [DES; Rohlfs 1977a]. M.

**laùru,** sm. (salentino: anche *aùro*; pugliese: *agùrie*). 'Spirito folletto', 'incubo': *laùru (di notte)* 'pipistrello', con i derivati: *aurìcchiu* a Taranto, *urulu* a Sàlice Salentino, *auriéddë* a Ceglie Messapico 'Spirito della casa'.

Dal latino *agurium*, variante volgare di *augurium* 'predizione', con specializzazioni di significato proprie dell'italiano dopo che l'arte divinatoria, fiorentissima a Roma, decadde per l'opposizione del Cristianesimo [Rohlfs 1956; LEI]. C.

**lauśàna,** sf. (veneto: Marano L.). «Corda d'attracco» (Corso Regeni 1990).

Se si tratta, come pare, di *l'alzana* (anche in veneto istriano l'articolo è incorporato: *lanzana*), potrebbe rappresentare un fossile fonetico con l'evoluzione di *al* + dentale ad *au-*, anche se non bisogna trascurare la possibilità di un errore di stampa per *lansana*, che conserverebbe l'attesa *s*, e non la strana *ś*. C.

**làuscë etèrnë,** locuz. sostant. (pugliese: Molfetta). 'Luce cupa e fioca'.

Letteralmente 'luce eterna', com'è chiamata la luce «delle tombe, che splende eterna, secondo la leggenda, se ben sotterrata» (Scardigno 1963). Se ne ha un ricordo anche nella *Famiglia dell'antiquario* di C. Goldoni: «El dis che l'è un lume eterno trovà nelle piramidi d'Egitto nel sepolcro de Tolomeo» I 17. C.

**lavadì,** sm. (lunigianese). '(Giorno) feriale'.

Dal latino medievale *laboratīvus* 'di lavoro'. C.

**lavarèn,** sm. (lombardo, anche *ravarèn, raarì*). 'Cardellino, *Carduelis elegans*', ma anche 'raperino, *Serinus hortulanus*' (Bonelli 1902) e 'verzellino, *Fringilla serinus*'.

Letteralmente 'uccello delle rape', perché si ciba di preferenza di semi di rapa. Stessa origine ha anche il nome toscano *raperino*. La forma lombarda *lavarèn* è dovuta a dissimilazione da *ravarèn* [AIS; DEI]. M.

**làvas,** sm. (lombardo e ticinese, con varianti tra cui *aves, àes, naves*). 'Sorgente, acqua sotterranea, sorgiva'; nel milanese *aves* designa pure il 'livello delle acque sotterranee'.

Sono derivati del latino *apex* 'apice, vertice, sommità' e la designazione di 'risorgiva, acqua sotterranea' sembra essersi generalizzata da un più antico 'livello (massimo) al quale sale una corrente d'acqua sotterranea' (significato della citata varietà milanese) [DEI s.v. *aves*; LEI]. M.

**lavinàl,** sm. (ladino centrale: Comelico), 'scavo naturale nel terreno, in luogo ripido'; (friulano, anche *livinàl*), 'gola, vallone franoso'.

Latino **labinālis* da *labīna* 'frana', 'caduta', derivato presente anche nel grigionese e molto esteso nella toponomastica altoatesina [Tagliavini 1944: 302; REWS]. C.

**lavinàru,** sm. (calabrese; siciliano), 'borra, torrente'; (lucano: *lavënàrë*), 'canale di scolo delle acque piovane'.

Derivato, col suff. *-ārius*, dal latino *labīna* 'frana', 'caduta' [REW; Bigalke 1980].

R. NIGRO: *Nella parte più alta della città, che si arrampicava ad archetti scalini sciuvili lavinari, gli arcangeli avevano alzato una chiesa nera, buia e trapassata da piccole feritoie per la luce* (*I fuochi del Basento*, Milano 1987, p. 142). C.

**lażżaràttë,** sf. (abruzzese). 'Azione da villano, motteggio, beffa': *fa lë lażżaràtë* 'motteggiare', (campano, a Napoli: *lazzarata*) 'canagliata', 'becerata', (pugliese, a Martina Franca: *lazzaréte*) 'mal'azione'.

Da *làzzaro* 'mascalzone'. C.

**lażżarijà,** v. (abruzzese), 'lacerare, ferire in più parti la faccia, una parte del corpo'; (campano, a Napoli: *lazzarià*, siciliano: *allažžarari*), 'conciare male, coprire di lividi e di ferite'; (calabrese meridionale: *allažžarari*), 'affliggere'; in Puglia *lažžariate* è aggettivo: 'ferito e contuso in molte parti del corpo' e a Bitonto: *lažžarèute* 'detto della pelle del corpo umano graffiata e impiagata, *come sànde Lazzere*, anche 'di carne macellata di maiale infetta, come a Martina Franca (*lažžaréte*).

Da *Lazzaro*, il lebbroso, di cui parla il Vangelo (Marco 1, 40-42), a meno che non si accetti l'ipotesi che il riferimento sia, piuttosto, al *Lazzaro* di Betania (Giovanni 11, 1-44), morto e resuscitato da Gesù, perché il lebbroso, nel Medioevo, «tamquam mortuus habetur» [DEI s.v. *allazzarare*; Kahane 1962]. C.

**lèa,** sf. (piemontese, anche *lèia*; lombardo occidentale; trentino orientale: *allè*). 'Viale alberato'. Forma parallela dell'italiano *alèa* con caduta della prima sillaba, confusa con l'articolo: *l'alèa* > *la lèa*.

Dal francese *allée*, letteralmente 'andata', luogo adatto al passaggio [LEI].

C. PAVESE: *Da Monticello scampanavano scampanavano, e sulla lea mi sorpassano correndo dei ragazzotti coi calzoni a mezza gamba, che sembravano tanti coscritti* (cit. in GDLI VIII 869). C.

**leàr,** v. (ligure: Pigna; lombardo: *ladà*; trentino: *ladàr*). 'Concimare con letame i campi'.

Dal latino *laetāre* 'ingrassare, concimare' dal primitivo significato di *lāetus* 'grasso', donde poi anche *letame* [Merlo 1941-57]. C.

**lèbbe,** sm. (marchigiano). 'Polmone'.

Dal latino *lĕvis* 'lieve' per la sua leggerezza (passato anche nel romancio *leif*, *leiv* con lo stesso significato), che, accanto alla tipica flaccidità, ha dato origine ad alcuni traslati, come *lebbóne* 'neghittoso, poltrone' (a Fabriano), *lébbeco* 'calmo' a Burano (Gubbio), da confrontarsi col romanesco *un pormone* 'un poltrone' e col senese *impolmonito* 'avvizzito', detto del cocomero, la cui polpa si è fatta flaccida [Ugolini 1988-89]. C.

**lëbbèrgënë,** sf. (abruzzese, con varianti), 'albicocca'; (abruzzese; molisano), 'lampone'.

Adattamenti del francese *alberge* 'pesca duracina', per altre forme → *sbèrgia* [DEI s.v. *libèrgi(n)a*; Giammarco 1985]. M.

**lèccu,** sm. (siciliano; calabrese). 'Burla, beffa'.

Si tratta di *eco* con significato traslato e agglutinazione di articolo; un'uguale parola con diverso senso compare nell'espressione veneziana *cantàr da leco* «crocchiare. Dicesi del suono che rendono le cose fesse, quando sono percosse» (Boerio 1856) [DEI s.v. *lècco*]. M.

**lècënë,** sm. (abruzzese e molisano, con varianti: *lòcënë*, *làcënë*, *nècëlë* e altre; campano: *olécena*, *aulècena* sf.; pugliese: *lèscene*; salentino: *lìcino*; calabrese: *adìcinu* e varianti), 'pruno, susino', 'prugnolo', anche il frutto 'prugna, susina'; (abruzzese, con varianti, come sf.; laziale meridionale: *avréscena* sf.; campano: *aulécena* e varianti, sf.; lucano: *aulècina* e varianti, sf.; calabrese settentrionale: *vulìcina* e varianti, sf.; salentino: *liscina* sf.), 'prugna, susina'; (lucano: *aolécene*), 'corbezzolo', 'agnocasto'; (molisano: *anice*; campano, nel Cilento: *agunécënë*, *aunìcì*); 'agnocasto'; (campano: *lecìna*; irpino: *lècina*), 'leccio'; (marchigiano, Servigliano: *lécënë*), 'nespolo'.

Alla base di queste voci dialettali c'è un latino parlato **aulicinus* 'specie di pruno', lessema di area centro-meridionale (dalle Marche alla Calabria mediana) che designa oltre al 'prugno, susino' (anche nella varietà selvatica) pure il frutto e altre specie di piante (oltre a quelle già citate si aggiunga il derivato: *lëcënèllë* 'corniolo' nel chietino). Le varianti come *agunécënë*, *aunici* sono dovute all'incontro con il latino parlato **agonus* (dal greco *ágonos*) 'agnocasto' [DEI s.vv. *aulicino*, *aolécene*; LEI]. M.

**léda,** sf. (lombardo, anche *léta*, *lita*; veneto e trentino: *lèda*, *lèa*; lombardo; ladino centrale, nell'ampezzano: *lido* sm.; friulano settentrionale: *lède*; veneto giuliano: *lèca*; emiliano: *lidga*, *ledga*, *liza*, *nìta*; ligure, piemontese e valdostano: *nita*; romagnolo: *leca*; marchigiano: *lecca*, *lèccola*; abruzzese: *lire*, *ljere*; calabrese: *liddu*, *lirdu* sm.). 'Melma, fanghiglia, belletta'.

Sono tutti considerati riflessi di una voce preromana (forse gallica) **ligĭta* 'melma' con diversa evoluzione fonetica, con suffissazione (*léccola*) e in alcuni casi attraverso una forma metatetica **litĭga* (così per *lidga*, *ledga*, *leca*, *léccola*). Vi sono tuttavia alcune difficoltà fonetiche per cui qualcuno ha preferito ipotizzare anche una voce preromana **nī(t)ta* [REW; Stampa 1937; FEW; DEI s.vv. *léa*, *léda* e *litta*; Prati 1968; REWS]. M.

**ledrà,** v. (friulano, anche *ladrà*, *redrà*, *radrà*; veneto, nel bellunese: *ledràr*, *redàr*; trentino, ladino centrale: *ledràr*). 'Rincalzare, ammontare con la zappa la terra attorno alla piantina di mais, della saggina e simili'.

Dal latino *rĕ-ĭterāre* 'ripetere' [REW; DEI; Pellegrini-Marcato 1992: 628-9]. M.

**lèf,** sm. (lombardo; ladino centrale: *lèo*). 'Lepre'.

Continuatori illusori del nominativo latino *lepus*, perché possono benissimo rappresentare la forma obliqua *leporem*, ridotta, rispettivamente, a *lev(r)* e *leo(r)* [EWD]. C.

**lèfa,** sf. (laziale), 'cinghiale femmina'; (marchigiano: *lècca*), 'scrofa'.

Dal longobardo **leha* (con la variante **lehha*, che giustifica la forma marchigiana) 'femmina del cinghiale' [Migliorini 1957]. C.

**lèfantu,** sm. (calabrese meridionale; siciliano: *lèfanu*; sardo: *lènf(u)ru*). 'Lupicante, *Homarus gammarus* L.'.

Dal greco *eléphas* 'elefante'. Lo stesso crostaceo è detto anche → *liofànte* con l'accento latino [DEI s.v. *alifante*; Rohlfs 1964]. C.

**lèffa,** sf (siciliano). 'Foglia delicata della palma nana', 'velo della cipolla', anche 'fettina della cipolla tagliata molto sottilmente', *lìffa* 'spoglie della cipolla'.

Dall'arabo *līf* 'fibre o filamenti legnosi nella palma, involucro fibroso a forma di reticolo' [DEI; Pellegrini 1972; Piccitto 1985]. M.

**lefricàre,** v. (calabrese: anche *liefricàre*, *lievricàre*). 'Orlare (un fazzoletto)', 'lesinare, risparmiare', da cui *l(i)éfricu*, *réfricu* con altre varianti 'orlo'.

Dal latino *refricāre* 'fregare di nuovo, rinnovare' [Rohlfs 1977]: → *àfreco*. C.

**lèggiri,** nella locuz. *lèggiri i corna* (siciliano). 'Dire in faccia ad uno i suoi difetti, rimproverarlo'.

Frase parallela a molte altre, come (*leggere la*) *vìta* (→ *vìta*) o *la coppula tribilliana* o *la carta billiana* o *a carta cifuliana* e da confrontare con la locuzione italiana *dire corna* di qualcuno [Alfieri 1980].

G. VERGA: *se ne infischiava di don Michele, tanto che gli leggeva le corna quando la Signora non era alla finestra, e non poteva udire quello che si diceva nella spezieria* (*I Malavoglia*, Milano-Napoli 1955, p. 308). C.

**lëggìtëmë,** agg. (laziale: Castro dei Volsci, a Ferentino: *ligìttimu*). «Che non ha bevuto vino, che non è ubbriaco»: *šta lëggìtëmë* (Vignoli 1911), mentre ad Ascrea *leggìtemu* vale 'che sta bene in salute'.

Uso singolare di 'legittimo', che in ticinese e lombardo è anche attributo del vino 'puro, schietto' ed in toscano (Versilia: *leggìttimo*) vale 'genuino, schietto', detto di olio e vino. C.

**leggìttimu,** agg. (salentino, a Cellino S. Marco). 'Di buon umore': *nu stàe leggìttimu* 'non è di buon umore, non è del suo solito umore'.

Allargamento del significato di base che *lëggìtëmë*, *luggìtimë* (letteralmente 'legittimo') ha in Salento: 'sano, buono, integro' [Rohlfs 1956; Fanciullo 1973]. C.

**legnefelìce,** sm. (pugliese: Gargano). «Pianta non identificata, con il cui legname fu costruita la croce di Cristo» (Granatiero 1993).

Alla lettera 'legno felice' per la sua alta utilizzazione. C.

**légno etèrno,** locuz. sostant. (toscano: grossetano). 'Alaterno, *Rhamnus alaternus* L.'.

Reinterpretazione popolare del nome italiano da mettere accanto a quella, pure toscana, *lauro eterno* con intrusione di *lauro*, e a quella siciliana *aranciteddu* con intrusione paretimologica di 'arancio' [DEI s.v. *arancitello*; REWS; Rohlfs 1979; LEI]. C.

**legorsèla,** sf. (lombardo: bresciano), 'fungo porcino, *Boletus edulis* Bull.'; (emiliano, nel modenese: *garisela*, nel reggiano: *garusla*), 'bubbola bianca, *Lepiota mancina* Fr., bubbola buona, *Lepiota excoriata* Schaeff'; (umbro, a Magione: *scarògia*), 'lepiota, fungo alto con anello nel gambo, commestibile' in senso figurato 'persona alta e magra'.

Continuazioni popolari del latino *agaricum* 'fungo bianco e odoroso (*Polyporus officinalis*)' attraverso un derivato **agaricella*, ma con cambio di suffisso nel caso di *garusla* così come nella voce umbra *scarògia* [LEI]. M.

**lègu,** nella locuz. *u me fa lègu* (ligure: Pigna). 'Mi occorre'.

Dal latino *lŏcus* 'luogo' [Merlo 1941-57]. C.

**légura,** sf. (lombardo; ticinese; ligure: *légua*). 'Lepre'.

Dal latino *lĕpor, -oris* con inserimento di *-g-* dopo la caduta di *-p-*, *-v-* [Plomteux 1975]. C.

**legùro,** sm. (veneto, anche *anguro*, e varianti; trentino: *ligórt*; lombardo: *liguròt*; emiliano: *ingór*, *ligùr*, *algùr*, e altre varianti; ligure: *lagṓ*).

Dal latino (di probabile origine celtica) *langa* e *langūria*, *langūrus* 'ramarro', 'lucertola', la cui orina, secondo un'antica leggenda, solidificandosi formava l'ambra detta *langurium*. Nel veneto del Polesine sono note varianti come *endeguro*, *lendeguro* che paiono corrispondere ad "indicatore" e sono forse dovute a quella credenza (nota anche al di fuori del Veneto) secondo la quale i ramarri indicano all'uomo la presenza della vipera e per questa ragione nel veneto settentrionale sono chiamati *salvaòmeni*, letteralmente 'salva uomini' [AIS; DEI s.v. *anguro*; Prati 1968]. M.

**leissòn,** nella locuz. *cambà da leissòn* (abruzzese: Introdacqua). 'Vivere di spirito'; (a Chieti) *s'à llungatë gné na laisònnë* 's'è allungato un eleison'.

Dal latino ecclesiastico *Kyrie eleison, Christe eleison*, inizio di una invocazione liturgica, che veniva recitata in alcune funzioni religiose, soprattutto durante la messa nell'Ufficio divino e nelle litanie. Espressione affine a quella abruzzese, e che trae la medesima origine, è il piemontese *èse al chìrie* 'essere al verde; essere in agonia', che per quest'ultima accezione si confronta col lucchese → *cantàre le chirièlle* 'morire' [Giammarco 1969]. M.

**lellaróne,** sm. (umbro, anche *alleróne*, *vallaróne*; piemontese: *(l)urión*; ligure: *andùn*; sardo: *olidòne*, *lidòne* e varianti). 'Corbezzolo'.

Dal latino *unedo, -ōne* 'frutto del corbezzolo' (che in sardo si chiama per lo più *mèla 'e lidone* e varianti); alla stessa base latina risale anche il lombardo (nel pavese) *urión* 'mirtillo' [REW; DEI s.v. *alleróne*; DES; REWS]. M.

**lémmu,** sm. (siciliano; salentino: *limmu*, *limbu*; calabrese e salentino, sf.: *limma*, *limba*, in abruzzese *rimba*). 'Catino'.

Voce di area italiana meridionale, balcanica (albanese *limbe*, neogreco *limba* nella grafia *límpa*) e maltese (*lembi*) e di etimologia ancora oscura [VES]. Secondo il DEI s.v. *limba* dal latino tardo *lembus*, che rappresenta il greco *lémbos* 'nave piccola e leggera'. Da segnalare, con Valente 1995, «la connessione semantica e formale col latino *lembus* 'piccola imbarcazione, navicella'».

V. Consolo: *Lasciò la riva una speronara ch'avea fatto carico di pignatte quartare lancelle giarre piatti lemmi e mafaràte delle fabbriche di Marina di Patti* (*Il sorriso dell'ignoto marinaio*, Milano 1987, p. 9). – G. Occhiato: *Fin dall'alba avevano cuvertato i marciapiedi con i mantelli blundi e tané delle terraglie smaltate, giarrotte, pignate, cannate, vozze, graste, quartare, lumaricchi, limbe e puzzàriche* (*Carasace*, Cosenza 1989, p. 29). C.

**lénëcë,** sf. (abruzzese: Ortona a Mare). 'Edera'.

La voce figura con questa definizione in DEI ed in Giammarco 1969 mentre in Id. 1985 equivale a 'elce' cioè 'leccio', evidentemente una pianta del tutto diversa. Quanto all'origine, se corrisponde ad 'edera' sarà un *l'énëcë* (< **l'elëcë*) con concrezione dell'articolo, dal latino, di origine greca, *helix, -ĭcis* 'edera' [DEI s.vv. *lenece* e *èdera*]. M.

**lenguéta,** sf. (veneto). 'Ago da rete', costituito da un legno biforcuto da una parte e dall'altra, usato per costruire e riparare le reti.

Probabilmente da 'piccola *lingua*' (*lingueta* in veneto giuliano) per la sua forma.

P. De Domenico: *Le donne ... rattoppavano con l'ingueta, un ago ricavato dal legno sospinto a riva dalle maree, le reti dei loro uomini* (*La barca dorata*, Gardolo di Trento 1989, p. 66). C.

**lenguól,** sm. (ladino-veneto: Rocca Pietore). 'Traversina di legno sui ponticelli'.

Anche se pare molto lontano, è lo stesso di *agùt*, plurare *agùz*, *agùc'*, 'chiodi di legno dalla punta aguzza' (dal latino *acūtus*) con suffisso diminutivo, assorbimento dell'articolo determinativo e inserzione di *n*, come nei veneziani *anguela*, *anguṡela*, *ancona* ... [Zamboni 1991]. C.

**lénṡene,** sm. (veneto, con le varianti settentrionali *ìndie*, *(l)éndie*, *énṡje*; ladino centrale: *èjnä*, *èndena*, *ènṡena*, *ènẓia*; friulano: *lènẓit*). 'Inguine'.

Dal latino *inguen, -ĭnis* con la variante **ĭnguite*, che spiega la forma friulana, a meno che non si tratti di un derivato di *ĭnguine* con caduta della nasale ed epitesi di *t* [REW; REWS; Cortelazzo 1970a]. C.

**lentòre,** sm. (sardo logudorese). 'Rugiada, brina, quella dell'alba', in contrasto con *serénu* 'rugiada della sera' (→ *renàte*).

Dal latino *lentōr, -ōris* 'flessibilità, morbidezza', dall'aggettivo *lĕntus*; per il significato sardo, si può confrontare lo spagnolo *relente* 'umidità che si osserva durante le notti serene' dal latino *lĕntus* come anche il siciliano *rentu* 'rugiada'; da *lentòre* i derivati *lentoràre* 'cader rugiada', *allentorìre* 'bagnare di rugiada' [DES; REWS]. M.

**léntu,** agg. (sardo logudorese). 'Morbido, pieghevole (di rami d'albero)', anche 'umido'.

Dal latino *lĕntus* 'flessibile, liscio'; il particolare significato di 'umido' si trova altrove, per esempio nello spagnolo antico *liento*, nel francese *relent* (→ *relànto*) ed altrove [DES]. M.

**lènżë,** agg. (abruzzese). 'Leggero, poco fitto; languido, se detto di persona'.

Dal latino parlato, **lĕnteus*, per *lĕntus*. Per il significato cfr. lo spagnolo *liento* 'umido', sardo *pane léntu* 'pan soffice, umido, molle' (→ *léntu*) [Prati 1934; LEA]. C.

**leonòro,** sm. (toscano: amiatino). 'Alloro'.

Come meglio si evince dalle varianti *legnolòro*, *legnaròlo* (che trovano loro corrispondenti nell'umbro *linòro*, *linòrio* e nel còrso *legnuloru*, *legnudoru*, *ogniloru*) deriva dal latino *lignum laurum* 'legno d'alloro' [Longo 1942-54; Ugolini 1970: XXI; Rohlfs 1979]. C.

**leòri,** sm. (sardo, con la variante *liòri*). 'Volpe'.

Nome tabuistico che corrisponde al nome di persona *Liòri*, forma volgare e dissimilata di *Liòni*, *Leòni* 'Leone' [DES]. M.

**leosàccaru,** sm. (calabrese, anche *liusàccaru*, *losàccaru*, *sàccaru*). 'Zucchero candito'.

Dal greco bizantino **elaiosákcharon* composto di *eláion* 'olio' e *sákcharon* 'zucchero'; la variante calabrese *sàccaru* è dovuta a deglutinazione di *lo-* interpretato come articolo [DEI; Rohlfs 1964 e 1977].

L. SETTEMBRINI: *Non mi dici se hai avuto il leosaccaro, se t'è piaciuto, se ne usi* (cit. in GDLI VIII, 959). M.

**lépegu,** agg. e sm. (ligure; toscano, nell'isola d'Elba: *léppico*), 'viscido, vischioso, specie dei pesci'; (lunigianese, a Sarzana: *lépega*, sf.), 'sottile strato di materia viscida', 'cispa'.

Dal verbo latino **lippicāre*, derivato di *lippīre* 'essere cisposo' [DEI; Plomteux 1975; Rohlfs 1979]. C.

**lépio,** sm. (veneto: veronese). 'Persona noiosa'.

Voce nata in ambiente gergale veronese, poi passata al dialetto; deriva dall'italiano *lepido* 'piacevole, sollazzevole' ma in senso antifrastico [Bondardo 1986]. M.

**lèppa,** sf. (sardo), 'coltello a serramanico, rasoio'; (calabrese), 'lama lunga di coltello'; (laziale, a Roma: *sleppa*), 'coltello'.

Tutte queste voci (ed altre derivate, in uso nel gergo siciliano: *lappaneḍḍa*, *lappareḍḍa* 'coltello') si fanno risalire al greco *lepís*, *lépos* 'corteccia, buccia, lamina di metallo, piastra' [DES].

S. SATTA: *Dice la Leppa: Un giorno benedetta / E sacra in pugno del miliziano, / Nei campi – ove già l'impeto romano / Si franse – balenai come saetta. / Ora, a guardia dell'umile casetta / E della virtù prisca, non invano / Vigilo, e arrido al pallido isolano / Nei tormentosi sogni di vendetta* (*Canti*, Milano 1955, p. 123). C.

**lepudrìda,** sf. (sardo campidanese). 'Minestra di baccelli con prosciutto'.

Dallo spagnolo *olla podrida*, letteralmente 'pentola putrida', ma anche col significato di 'cibo cotto con prosciutto ed altre cose', voce diffusa in Italia agli inizi del Seicento (*ogliapodrida*) per 'minestra fatta con più ingredienti', piatto molto comune. Nel bergamasco è attestata la forma *putrìda*, nel veneziano *potrìda* per 'sorta di manicaretto fatto per lo più di colli e di coratelle di polli; specie di vivanda fatta d'un miscuglio di varie cose' [DES; Beccaria 1968]. M.

**lèria,** sf. (siciliano, anche *al(l)èria*, *addèria*; salentino: *anìrië*). 'Edera'.

Per il DEI (s.v. *anèria*) le voci potrebbero derivare dall'antico francese *ierre* e, per contaminazione con *lier* 'legare', *lierre*; oppure, più probabilmente, si tratta di deformazione di un latino parlato **hederea*, da *hedera*. Anche per Rohlfs (1961 e 1964) l'etimo rimane incerto, benché gli sembri proponibile pure un riflesso del greco *enaérios* 'sospeso nell'aria', e benché ritenga preferibile un'interpretazione a partire da una forma svisata da *hedera*. M.

**lesàda,** sf. (veneto: Marano Lagunare). 'Pietanza locale a base di granoturco'. Del granoturco viene messo a mollo nell'acqua per due giorni, in modo che si gonfi. In un secondo tempo viene fatto lessare e distribuito, caldo, a pugni, spargendovi sopra un po' di sale.

Il termine corrisponde all'italiano *lessata*, da *lessare*, e dunque è in relazione al procedimento di preparazione di questa pietanza, fatta generalmente per il giorno di Natale [Luca 1987]. M.

**lèscio,** agg. (marchigiano; umbro, a Spoleto, al f. *lèscia*, assieme a *lesciarìa* sf. 'pazzia'; ad Ascrea: *léciu*), 'sciocco, stupido'; (siciliano: *lèsu*), 'pazzoide, mattoide' con molte varianti di significato.

Dal latino *laesus* 'ferito', da cui anche il corso *lesitu* 'ernioso' e *lesitura* 'spaccatura' [REWS; Ugolini 1983]. C.

**leṡéna,** sf. (veneto; emiliano: *laṡéna*), 'Ascella'.

Voce di etimo non ben chiarito e secondo il Prati 1968 sconosciuto; per il Belli 1930 si tratta invece del latino *axĭlla*, con agglutinazione dell'articolo, cioè **lassel(l)a* > *laṡéna*, con dissimilazione di *l-l* in *l-n*, ma rimane non spiegata la *ṡ* invece di *s* nei dialetti odierni. Il DEI propone invece una derivazione da un latino regionale **laxeuma*, letteralmente 'lavoro o scultura di pietra', di provenienza greca (per tramiti ravennati-bizantini). Rispetto al significato del latino, quello dialettale sarebbe uno sviluppo successivo [Marcato 1982; Bondardo 1986]. M.

**lèṡeo,** sm. (ligure: anche *léṡu*). 'Tappo posto sul fondo della barca'.

Più che dal genovese *légio*, che è aggettivo ('leggero'), può provenire dal francese *allège*, deverbale di *alléger* 'alleggerire' (dal latino *alleviāre*), anche se la specifica accezione non pare documentata. C.

**lèṡi,** v. (istrioto: Rovigno). 'Nel peschereccio, scernere il pesce e metterlo nelle casse per qualità e specie': *lèṡi li màṡane* 'scegliere i granchietti vivi da usare per la pesca delle sardelle'.

Dal latino *eligere* 'scegliere' [Crevatin 1992]. C.

**lètcan,** sm. (piemontese: Alessandria, anche *èdcan*; lombardo, a Voghera: *ledcàn*, *ledcā̀*). 'Aiutante di campo', a Voghera anche 'segretario'.

Dal francese *l'aide de camp* di significato analogo [LEI]. C.

**léto,** agg. (toscano). 'Sporco, lurido'.

Alcuni impieghi particolari ('imbrattato di letame', 'sporco di sterco'), rendono chiara la derivazione dal verbo latino *laetāre* 'concimare' [REW; REWS].

L. VIANI: *Quando Straccavizzi s'avvicinava a qualche donna, quella gli urlava: – Sozzo, leto, fatti in costà, levati dalla via* (cit. in GDLI VIII 977). C.

**levaèjus,** sm. (piemontese). 'Ruberia'.

Dal latino ecclesiastico: *laeva eius sub capite meo* 'la sua sinistra sotto il mio capo' del Cantico dei Cantici (II, 6) con accostamento paretimologico a *levare* [DEI; Gribaudo-Seglie 1972-75]. M.

**leva(r)ésu,** agg. (ligure occidentale; a Genova: *levaéso*). 'Facilmente asportabile', 'trasportabile'.

Dal v. *levâ* 'levare, togliere, sollevare' col suffisso *-esu*, dal latino *-icius* [Azaretti 1982]. C.

**levìna,** sf. (laziale: anche *livina*, *lobina*), 'spicchio d'aglio' (a Sonnino anche 'd'arancia'); (abruzzese, al plur.: *lëvinë* con varianti, tra cui *nuvinë*), 'semi di zucche, meloni, cocomeri'.

Fermandosi a quest'ultima accezione, si è pensato al latino *lupīnus* 'lupino' o al latino parlato **nugīna*, diminutivo di *nugae* 'coserelline', che non spiegano il significato di 'spicchio'. Per il LEA deriverebbe da un latino regionale **novīna* 'sposina', accostato a *spusìnë* 'semi di granturco abbrustoliti', ma la motivazione di questo traslato è dovuto all'apparenza dei grani aperti, bianchi, come un vestito di sposa. Tutte spiegazioni insoddisfacenti [REW; REWS; LEA]. C.

**lézzola,** sf. (toscano, anche *lézzora*), 'ragnatela'; (toscano, nel lucchese: *lézzora*; corso: *lèżżina*, *léssora*), 'panna del latte', nel corso anche 'pellicola della castagna', nel versiliese (Camaiore) *ovo con lézzora* 'uovo col panno', col denominale *allezzorare* nel lucchese 'detto del cielo, coprirsi di un velo leggero di nubi'.

Varianti dissimilate del toscano (pisano, livornese) *rèzzola* 'ragnatela' dall'italiano antico *rezza* 'rete' (dal latino *rētia*, plur. di *rēte*) [DEI; Rohlfs 1979; Luciani]. M.

**liànsa,** sf. (piemontese: a Mollia, nel vercellese). 'Anello matrimoniale'.

Denominazione piuttosto rara, corrisponde ad *alleanza* che in italiano ha pure il senso di 'unione matrimoniale' [GDLI; Pellegrini 1992: 347]. M.

**liàri,** v. (siciliano; sardo: *liare*). 'Incantare, ammaliare'.

Letteralmente *legare*, nel senso di 'immobilizzare', 'togliere la libertà di muoversi e pensare' (attestato in italiano antico), da cui il deverbale siciliano *liu* 'fascino, stregoneria', 'forza ipnotica che hanno gli occhi della serpe per incantare gli uccelli': *fari lu liu* 'ipnotizzare', «scongiuro che produce il fascino su persone, animali o armi da fuoco, rendendoli inefficaci» (Piccitto 1985) [REWS; DES].

D. DOLCI: *Poi ci sono i colorvi, le serpi nere che stanno nei fiumi, ti vedono la buffa, che è un rospo di forse quattrocento, quasi mezzo chilo certe volte, e la colorvia è capace di mangiarsi la buffa a succhiarla tutta. La lìa, come quando uno con gli occhi lega, non la fa più muovere, e poi se l'inghiotte* (*Racconti siciliani*, Torino 1973, p. 46). C.

**libàr,** v. (veneto; veneto giuliano). 'Alleggerire la nave, gettandone il carico'.

Dal latino **leviāre* 'rendere leggero (*lĕve*)'. Se ne è ricavato il deverbale veneto *libo* sm. 'svuotamento dell'acqua entrata nella barca' mentre a Trieste dal significato originario di 'alleggerimento' è passato a quello di 'refurtiva', 'possibilità di rubare'. Nel veneto di Marano Lagunare il v. *libà* significa invece «versare il cibo» (Corso Regeni 1990) [Cortelazzo 1970; Doria 1987]. C.

**libbrétta,** sf. (toscano). 'Misura di capacità per olio, pari a litri 0,36487'.

Diminutivo (*-étta*) di *lìbbra*. È chiamata, infatti, anche *libbra piccola*. C.

**liberlài,** nella locuz. *a la liberlài* (ladino centrale: Comelico). 'Alla rinfusa, in gran confusione'.

Verosimile corruzione del tedesco *Liebelei* 'amoreggiamento, amorazzo', voce importata dagli emigranti ritornati in Comelico dopo soggiorni in paese tedesco. Questa interpretazione si basa su un confronto con la locuzione *a la vateciàva* che si usa nel Comelico con lo stesso significato di *a la liberlài* da ricondurre al veneto *ciavàr* di evidente significato [Tagliavini 1944]. M.

**licchësalémmë,** sm. (abruzzese), 'moine'; (campano, a Napoli: *alliccasalèmmë*), 'atto o detto adultorio'.

Dall'arabo *ʿalaik(im)salām* 'la pace sia con te', risposta che si dà al saluto diffuso in tutto il mondo islamico *(as-)salām ʿalaik* 'pace su di te' dal quale deriva l'italiano *salamelecco* 'atto di ossequio, saluto, complimento eccessivamente cerimonioso' [DEI; Pellegrini 1972]. M.

**licinnàrisi,** v. rifl. (siciliano). 'Ragnarsi, logorarsi di stoffa'.

Alla base della voce è stato individuato il latino tardo *licinnus*, da *licius* 'liccio'. Non chiaro il rapporto semantico tra la voce latina e il riflesso dialettale; può essere utile un richiamo al latino tardo *liciniāre* 'coprire come di fili sottilissimi; lasciar trasparire, rivelare' (Apuleio) [DEI s.v. *licinnare*; Alessio 1976]. M.

**licốf,** sm. (friulano; veneto giuliano: *lìcof*, *licòf*, *licòfo*, *(l)incòfo*). «'Merenda o pasto che il proprietario dà di regola agli operai occupati nella costruzione d'un edificio, quando giungono al coperto'. Dicesi *fà il licốf*, ed il ritrovo ha carattere festevole, con imbandieramento o infrascamento del colmo della nuova casa. Si ha la stessa consuetudine e si usa lo stesso termine anche nel compimento di lavori agricoli di qualche importanza, come bonifiche di fondi, nuove piantagioni ecc. In varie zone *licốf* è anche la 'bevuta o la piccola merenda che il padrone offre ai lavoratori dopo i raccolti principali'» (Nuovo Pirona 1935).

Documentata ampiamente in testi antichi friulani, la parola deriva dal medio alto tedesco *litkouf* 'banchetto per festeggiare la conclusione d'un affare' [Pellegrini 1972a].

F. TOMIZZA: *Alla sera del* licòf *allorché due rami di ginepro tremolavano al borino sui camini delle due coperte, lo stesso Pàvlovich, più furbo del passero, più svelto della malora, tirò fuori dall'enorme custodia un contrabbasso nuovo di zecca* (*La miglior vita*, Milano 1977, p. 70). M.

**lìddu,** sm. (calabrese). 'Limo, melma, belletta', con varianti.

Dal greco volgare **lígdon*, da confrontare con il greco moderno *lígda* 'untume', da cui deriva anche *liévutru*, *légutu* 'materia melmosa di color verde che si forma sulle acque stagnanti, melma, mota' [Rohlfs 1977]. M.

**lìdi,** v. (friulano, anche *dislìdi*). 'Soffriggere, rosolare'.

Dal latino *elidĕre* o *illidĕre* (da *laedĕre*) 'schiacciare, spezzare' attraverso un significato di 'disfare, consumare nell'unto' [Pellegrini 1992]. M.

**liègumu,** sm. (calabrese settentrionale, con varianti). 'Melma, loto'.

È voce di origine prelatina; richiama (se non ne dipende direttamente) in particolare un confronto con lo spagnolo *legamo* 'limo' nel quale (secondo Corominas) tanto il suffisso quanto il radicale sembrano indicare un'origine celtica. È probabile che tale parola sia in relazione con il francese *lie* 'sedimento', l'occitanico *ligo* 'limo' ed altre voci che richiedono una radice *lĕg* / *lĭg* 'deposito, fondo, melma' [DEI; Rohlfs 1977]. M.

**(l)jétticu,** sm. (calabrese). 'Persona molto mal ridotta'. Propriamente, 'etico'. C.

**lignóla,** sf. (piemontese, anche *lignóra*; *algnóra* in monferrino; ligure: *lignóa*; lombardo *legnra*; *anióla* in pavese). 'Cordicella da muratore, segantino, operaio, ecc'.

Dal latino *lineŏla* 'piccola linea (*līnea*)' [Plomteux 1975]. C.

**lìma,** sf. (calabrese; siciliano: messinese). 'Acqua che si aggiunge alla pasta nella madia', 'acqua con cui si lava la madia'. Anche *limma* per influsso di → *nìmma*.

Dal greco *lŷma* 'lavatura' [DEI; Rohlfs 1977 e 1977a]. C.

**limadè,** sm. (ticinese: val Bedretto). 'Soglia'.

Dal latino parlato **limitāle* per il classico *limitāris* [Lurati 1968]. C.

**limànë,** sf. plur. (marchigiano: piceno). 'Figurazioni che appaiono nello spandersi di olio fatto cadere sulla superficie dell'acqua in una scodella, dalle quali l'indovino sapeva trarre gli auspici'.

Letteralmente 'animali', perché tali apparivano prevalentemente le macchie dell'olio [Egidi 1965]. C.

**limàrra,** sf. (siciliano, anche *rimarra*, *lumarra*, *limarru* sm.; calabrese, anche *rimarra*, *nimarra*, *lamarra*, *limarru* sm.). 'Fango, melma, limaccio'.

Dal latino *limus* 'fango' con il suffisso *-arra* [REW; VES]. M.

**limbàci,** sm. (calabrese meridionale, anche *glembaci*, *pilimbaci* e varianti; calabrese settentrionale e lucano meridionale: *valëmmachë* e varianti; sardo centrale: *neulache* e varianti). 'Oleandro, *Nerium oleander* L.'.

Riflessi del latino tardo *biblace* (anche *viglace*, *lebracem*) delle glosse, con analogo significato, che risente dell'influsso del greco *bíblos* (*býblos*) 'papiro' [DEI s.v. *glimbaci*; DES; Rohlfs 1964]. M.

**liméta dei ègli,** locuz. sostant. (ligure: Pigna; piemontese: *lümét* e *lümin dl ōi*). 'Pupilla'.

Propriamente, diminutivo di *lime* 'lume'. Il tipo 'la luce, il lume (dell'occhio)' per indicare la 'pupilla' è diffusissimo [Merlo 1941-57; Tagliavini 1982]. C.

**linchétto,** sm. (toscano). 'Folletto di carattere bizzarro, burlone e dispettoso, capace di azioni malvage, ma talvolta anche benefiche'.

Diminutivo di *enco* (forma toscana e antico umbra, da confrontare col piemontese *enc*, veneto *venco* ed altre varianti dialettali), dal latino *ĭncŭbus* 'incubo', con l'articolo incorporato [Malagoli 1939].

E. PEA: *Preparare i piani di un delitto, per tutta la notte in compagnia di linchetti malefici* (cit. in GDLI IX 91). C.

**lìnciri,** v. (siciliano; sardo logudorese: *lìnghere*, campidanese: *lìngiri*; friulano: *lénži*; veneto: *lénžer*, *lénder*). 'Leccare'.

Dal latino *lingĕre* di uguale significato, continuato anche dal rumeno *linge* e dall'antico milanese *lénzer*. Il participio latino *linctus* è riflesso nel milanese *lenc'* 'luccicante di grasso' [REW; DEI s.v. *lénzer*; DES]. M.

**lìnda,** sf. (veneto orientale; veneto giuliano; friulano: *linde*, col derivato *lindarũl* 'trave che dal coperto della casa va sino alla gronda'). 'Grondaia'.

Dal latino *līmite* 'confine' [REW; REWS; Cortelazzo 1970a]. C.

**lindanéḍḍa,** sf. (calabrese, con varianti come *rinninéḍḍa* ed altre). 'Rondine'; con specificazioni assume altri significati come *lindinéḍḍa di notte* 'pipistrello'.

Dal latino *hirundo* 'rondine', con suffisso diminutivo [REWS; Rohlfs 1977]. C.

**lìndo,** agg. (veneto; veneto istriano). 'Consunto, liso, con la trama consumata'.

Probabile derivato dall'antico alto tedesco *lindi* (medio alto tedesco *linde*) 'cedente, tenero, floscio'; è da tenere distinto dall'italiano *lindo* 'pulito' (prestito dallo spagnolo *lindo*). Il DEI segnala anche una voce modenese *lindano* 'uomo dimesso, ciondolone' che accomuna al veneto *lindo* [DEI s.v. *lindo*; Doria 1987]. M.

**lingéra,** sm. (trentino; veneto occidentale; veneto giuliano, nel triestino; ladino centrale; friulano; lombardo; emiliano; ligure), 'buontempone, furbacchione, giramondo, uomo da poco, scioperato, ozioso', anche 'compagnia di scapestrati'; (piemontese, nel cuneese), 'povera gente', con varianti come *ligéra*, *lišéra*, *legéra*, *lìngia*.

Tipo lessicale di ampia diffusione anche gergale (*leggera* è adoperato pure nel gergo romanesco), è stato interpretato etimologicamente in vario modo. Secondo alcuni è in rapporto con la voce gergale *leggera* 'miseria' e riconducibile a *leggero*. Per Doria 1991, che muove dall'istrioto (di Valle) *ližera* 'maschera, visiera', si tratterebbe di una variante di *višiera*, attraverso un'evoluzione semantica che parte da 'maschera', quindi 'uomo mascherato, o incappucciato, malandrino'; egli richiama, a sostegno di tale ipotesi, la locuz. *butàr žo la višiera* del triestino parallela al veneziano *calàr la višiera* 'togliersi la maschera, scoprirsi il volto'. Tuttavia, pur ammettendo che l'istrioto *ližéra* possa essere forma dipendente da *vižéra*, l'ipotesi di interpretare *leggera* e varianti a partire da *višiera* non appare persuasiva anche per la necessità di considerare, accanto a *leggera*, l'espressione gergale *esser della legge* che designa l'appartenenza alla *leggera* intesa come 'compagnia' di gerganti. Appare, perciò, più convincente l'etimo proposto da Sanga (1984: 261-4) che individua in *essere della legge* l'origine di *leggera* (e successive modifiche); la parola *legge* viene sostituita da *leggera* verso la fine del secolo scorso: *essere della leggera, essere una leggera*, indicando con ciò l'appartenente al gruppo gergante, caratterizzato principalmente in negativo (gruppo malavitoso; quindi la *legge* rappresenta, in realtà, l'antisocietà dei gruppi marginali organizzati), con lo sviluppo di significati secondari in concomitanza con la penetrazione e la diffusione della parola nei dialetti.

M. BONFANTINI: *Sopportato, in fondo, anche dal popolino, che non si fa illusioni su di lui ma nemmeno lo giudica peggiore di quello che è, e ha coniato per questa condizione pericolosa e precaria, tipicamente giovanile (perché quando si invecchia, fuori di quell'uno che si salva, si finisce a cambiare in peggio, decadere), la parola più comprensiva e precisa:* ligéra. *E Simonetti era appunto un «ligéra». [...] – Ma c'è Simonetti, il* ligéra, *– mi disse con un sorriso uno dei giovani, – che è specialista –. E Simonetti fece onore alla sua fama.* (*Sul Po*, Torino 1974, pp. 19-20). M.

**lìngua di pècora,** sf. (salentino: Lecce). 'Piantaggine, *Plantago serraria*' (Penzig 1924).

Voce di evidente significato, trae origine dalla forma delle foglie di questa pianta (già il latino tardo ha la simile formazione *lingua vervecina*, Dioscoride) e secondo il DEI è anche d'area pugliese e lucana; per il Salento, Rohlfs 1956 registra la forma *lengua te pecura* nella località grecanica di Galatone. M.

**linguïàri,** v. (siciliano). 'Parlare con petulanza'.

Da *lingua* [REWS].

D. DOLCI: *Giusto è che il marito picchia la moglie. Quando ha ragione, magari. Non è giusto? Magari linguiare, risponderci? Il marito non pretende, e picchia* (*Racconti siciliani*, Torino 1973, p. 79). C.

**lingulàca,** sf. (siciliano). «Varietà di erba non specificata» (Piccitto 1985).
Secondo il DEI, si tratta di una pianta che nasce vicino ai fossi, la cui denominazione è continuazione, verosimilmente di tramite dotto, del latino *lingulaca* (Plinio), nome di una pianta palustre, il *ranunculus lingua*, letteralmente 'linguacciuto' (Plauto). M.

**linnòra,** sf. (calabrese, a Cosenza). 'Donna oziosa che secca il prossimo'.
Dal francese *lendore* 'persona svogliata, pigra' [DEI; Rohlfs 1977]. M.

**linsàr,** v. (lombardo: Mantova). 'Sminuzzare, fare a pezzi' (Arrivabene 1882), 'tagliare, affettare' (Bardini 1964).
Appartiene alla numerosa famiglia dei continuatori del latino *initiāre* 'incominciare'. I significati mantovani risalgono all'accezione 'metter mano', 'cominciare a consumare', che spiega tanto quella di 'dividere in parti', che è il senso del ligure *ensàr*, quanto quella di 'affettare qualcosa di intero' [REW; REWS]. C.

**lìnto e pìnto,** locuz. (umbro, abruzzese: *lind'e ppintë*; campano, nel napoletano *linde e pinde*, pugliese: *linde e pinde*), 'agghindato, vestito con molta cura, lindo e azzimato'; (sardo: *lintu e pintu*), 'somigliantissimo'.
Una derivazione della prima parte della locuz. (la seconda è chiaramente *pinto* cioè 'dipinto, colorato') dal latino *linctus* 'leccato', participio passato di *lingĕre* (→ *lìnciri*) è sicura per il sardo, meno certa per le locuzioni meridionali (così il DES, mentre il DEI le riconduce senz'altro a *linctus*) dato il loro significato, «quindi la corrispondenza apparentemente formale col sardo può essere fortuita» (DES). Ma verosimilmente anche per le locuzioni meridionali si dovrà ammettere una base *linctus* reinterpretata però come 'lindo' (come ammette anche DES). La locuzione è presente anche nel salentino (leccese) nella forma *lindu, pintu e ttisu* «pronto agli ordini» (Rohlfs 1959), con l'aggiunta di *tisu* 'ritto, teso'. M.

**liòdha,** sf. (veneto settentrionale; ladino veneto). 'Slitta'.
Da un gallico **slodia* [Tagliavini 1944].
G. ZANGRANDI: *il lavoro nel campo, nel bosco, sull'erto pendio, con i grifi di ferro alle scarpe, con la slitta carica, la liosa che accelera sul ghiaccio* [*I Brusaz*, Milano 1955, p. 126). C.

**liofànte,** sm. (toscano; laziale; campano, a Napoli: *alifante*; calabrese, *elefantu*; salentino: *alefandë*; siciliano: *leofanti*; sardo: *liofanti*). 'Lupacante, *Homarus gammarus* L.'.
Letteralmente 'elefante', con l'accento latino (→ *lèfantu*): «il nome sarà stato dato al crostaceo per la sua grandezza e per interpretazione popolare di *lupacante*» (DES) [DEI s.v. *alifànte*; Rohlfs 1964]. C.

**lirón,** sm. (piemontese, anche *loiròn*, *lirùn*; lombardo, anche *lirù*). 'Poltrone, scioperato, ciondolone'.
Sembrano prestiti dal francese *liron* 'ghiro', derivato di *loir* (dal latino *glīs*, *glīris*), che ritorna nell'espressione *dormir comme (un) loir* parallela all'italiano 'dormire come un ghiro'; in piemontese vi sono anche il francesismo *lòiro* 'ghiro' (rispetto alle voci *gi*, *agì* che continuano il latino), e da questo dipenderanno *lòira* 'fiacca, pigrizia' e *loiròn* e varianti. Proviene dal latino *glis*, *gliris* la forma abruzzese *lirë* 'ghiro' che ritorna nel modo di dire *dormë gnë na lirë* 'è un dormiglione' [FEW; DEI; Gribaudo-Seglie 1972-75]. M.

**lis,** agg. (piemontese; lombardo; trentino, anche *slis*, *delìs*; veneto: *lišo*, *slišo*, *delišo*; ligure orientale: *lišu*; emiliano; toscano: *liso*, nell'aretino: *aliso*; corso: *lisu*). 'Liso, logoro, sdrucito (di panno e tela)'.
Come l'italiano *liso*, dal latino *elīsus* 'rotto' [REW; DEI ss.vv. *aliso*, *liso*; Prati 1968]. M.

**lisciàndru,** sm. (siciliano). 'Macerone, specie di sedano selvatico, *Smyrnium olosatrum*'. In siciliano antico *lixandru* 'specie di erba'. A queste voci siciliane è, forse, collegabile anche il calabrese (Reggio) *ziḍandru* 'un'erba'.
Dal greco **olýsatron*, che corrisponde al latino *ŏlus ātrum* 'erba nera' [Rohlfs 1964 e 1977a]. C.

**lìscite,** sm. (toscano). 'Luogo di decenza'.
Dalla domanda latina *licet?* 'si può? è permesso?', con la quale gli scolari chiedevano di assentarsi [Cortelazzo 1968].
V. PRATOLINI: *Sempre in punta di piedi, percorse il breve corridoio e sfiorando il paravento... raggiunse il licitte* (cit. in GDLI IX 53). C.

**lislèn,** agg. (marchigiano). 'Abitante del comune di Isola del Piano (*Isla del Piän*)'.
Letteralmente 'isolano' con la *l-* dell'articolo. C.

**lìssa,** sf. (calabrese; siciliano). 'Noia, malumore, rabbia' e anche 'piagnisteo prolungato dei bambini', 'sete forte', 'assillo, vivo desiderio'; nel reggino *avi a lissa* significa 'ha le bizze'.
Dal greco *lýssa* 'rabbia, furore' [Rohlfs 1977a]. M.

**listón,** sm., (veneto: Venezia). «Chiamasi in Venezia lo Stradone, attiguo alle Procuratie nella Piazza di S. Marco, per cui specialmente si passeggia» (Boerio 1856); anche *lista*. Il termine si è diffuso, specie nella forma *listón*, in varie località del Veneto ed anche altrove ad indicare la strada principale dove si passeggia. A Trieste *listón* designa pure la passeggiata festiva lungo il Corso o altra via del centro.
*Lista*, *listón*, derivano da *lista* cioè la 'striscia' marmorea nella Piazza S. Marco [Doria 1987].
G. STUPARICH: *Quella mattina degli esami, prima di tornare a casa con la lieta notizia, la madre volle condurre Toio nella più fine pasticceria del Corso: da Wünsch, dove proprio verso mezzogiorno sfornavano i famosi bigné, una goloseria che col suo profumo attirava la gente del* liston, *gli sfaccendati che a quell'ora facevano il loro giro consueto per il Corso* (*Cuore adolescente. Trieste nei miei ricordi*, Roma 1984, p. 35). M.

**lìstro,** sm. nell'espress. *pià l lìstro* (o *l ìstra*) (umbro: Lago Trasimeno, anche *ìstro* e *ìstra* come sf.). 'Prendere la mira', per determinare con esattezza il punto-rete, cioè il punto del lago dove il pescatore ha calato le reti, tramite la concorrenza di due linee che passando ciascuna sopra due punti fissi nella costa vanno a congiungersi sul posto del segnale galleggiante.
Dal latino medievale *lista* 'striscia, fila, riga, linea' con epentesi di *r* [Moretti 1977]. M.

**litràru,** sm. (calabrese). 'Poltrone, fannullone', 'goloso', 'sporco', 'attaccabrighe'.
Si tratta di spostamento di significato a partire dall'italiano *letterario* [Migliorini 1973]. M.

**littaràto,** agg. (umbro: orvietano). 'Alfabeta, provvisto di cultura elementare'.
Limitazione della voce dotta *letterato* 'che sa di lettere'. C.

**lìttu,** sm. (sardo centrale). 'Grande estensione di terreno boschivo, bosco fitto'.
Di probabile origine prelatina secondo DES; Mastrelli,

invece, propone una derivazione dal latino **ilĭctum* 'lecceto', un fitonimo collettivo derivato da *īlex, ilicis* 'leccio' [DES; Mastrelli 1985].

G. DELEDDA: *Questa mattina, saranno state le cinque, ho veduto una donna a cavallo, giù verso* Funtana 'e litu' (*Romanzi e novelle*, I, Milano 1954, p. 738). M.

**lìtu,** sm. (siciliano). 'Sterco di bue e cenere', 'sterco di bue'.

Continuazione del latino *lĭtus* 'l'azione di ungere o spalmare' (Plinio) [DEI; Alessio 1976]. M.

**livellàine,** sm. (toscano: isola d'Elba; marchigiano, ad Ancona: *livelàine*). 'Cavo di rimorchio'.

Si dice dall'inglese *leave line*, ma il suo corrispondente sarebbe piuttosto *towline*. C.

**livrànsa,** sf. (piemontese). 'Mandato di pagamento'.

Dal francese *livrance* 'azione di liberare', da *livrer* 'liberare' [FEW].

C. CAVOUR: *Mi pare difficile che il ministro della guerra abbia voluto riservare le copie delle livranze ai corpi, perché questo a me pare necessariamente incamerato* (cit. in GDLI IX 171). C.

**lizżàri,** sm. (toscano, anche *alizaro, arizżari*). 'Robbia, *Rubia tinctorum*'.

Dall'arabo *al ʿaṣāra* 'il succo che si ottiene premendo una pianta' da cui deriva anche il francese e spagnolo *alizari* 'specie di robbia'; in italiano è entrata la forma *alizari* come 'nome commerciale della materia colorata della radice della robbia'. Con le forme toscane citate sarà da confrontare anche il toscano *arozzari* (a Prato) e l'antico italiano *alosso* (a. 1731) che designano lo stesso fitonimo e che sono menzionate dal DEI (s.v. *alosso*) [DEI s.v. *alizari, arizzari*]. M.

**lòbbia,** sf. (calabrese, anche *lobba, lobbra*). 'Veste lunga dei preti, zimarra'.

Secondo il DEI si tratta di voce di provenienza dotta, dal latino tardo *colobia* plurale di *colobium* (dal greco *kolóbion*), riflesso dall'italiano *colòbio*, che designava una tunica senza maniche o con maniche corte usata dai primi monaci [DEI; Rohlfs 1977]. M.

**lòbia,** sf. (piemontese; lombardo), 'ballatoio in legno, terrazzino'; (ligure, a Genova: *lòbbia*), 'arcuccio della culla' e 'tenda sulla coperta di un'imbarcazione'; (veneto: Agordo), 'grande fienile'; (veneto, nel bellunese e veronese, anche nel derivato *lobión, lubión*) 'tinaia'; (friulano: *lòbie*), 'tettoia aperta da un lato' col derivato *lobeàl* 'loggiato'; (toscano, all'Arcipelago: *lùvia*), 'estremità della camera della morte nella rete da posta'; (sardo campidanese: *lóbiu*, sm.), 'stanzino, bugigattolo'.

Tutti dipendenti, per via diretta o indiretta, dal germanico *laubja* 'pergolato', da cui anche, per il tramite francese, l'italiano *loggia* [REW; DES; REWS; Fanciulli]. C.

**lócio,** agg. (toscano, in Valdinievole), 'floscio, lento'; (toscano, nel pistoiese: *lòscio*), 'floscio'; (corso: *lósciu*), 'tardo, torpido', con i denominali *alloscire* nel pistoiese e *allociare* nel lucchese 'render soffice'.

Il DEI considera tali voci di origine espressiva e ritiene che anche il calabrese *lóscina, lócina* 'donna sporca, baldracca' abbia analoga origine. Ma questa parola si connette piuttosto, attraverso un significato traslato, al siciliano (messinese) *lóscina, óscina* 'biscia d'acqua' (dal greco dialettale *óchina* 'specie di serpe') come sostiene Rohlfs 1977. M.

**lodàto,** sm. (emiliano: Cavriago). 'Giustificazione': *avèier gnà(n) lodàto* 'non avere nemmeno una giustificazione'.

Voce dotta italiana di antico uso giuridico: *lodato* significava 'approvato per mezzo di lodo'. C.

**lòf(f)a,** sf. (ligure; lombardo; emiliano; romagnolo; abruzzese: anche *slofa*). 'Vescica, peto'.

Dalla radice onomatopeica *loff-*, che vuol riprodurre il 'soffiare' del vento, ampiamente produttiva in tutte le lingue romanze e germaniche. Non è detto, però, che vi appartenga anche il piacentino *lòfa* 'sterco di cavallo' (a Bardi) e il romagnolo *lòfa* 'meta del bue', proveniente piuttosto dal latino *offa* 'focaccia' (il traslato è facile e diffuso), tanto più che lo 'sterco di cavallo' è chiamato *uféla* anche in lombardo, a Montù Beccaria [DEI; FEW].

F. FELLINI-T. GUERRA: *Bobo alza una mano per andare in gabinetto. – Posso uscire? Baghino ha fatto una slofa!* (*Amarcord*, Milano 1973, p. 29). C.

**lòfuru,** sm. (siciliano), 'spocchioso; ladruncolo, borsaiolo; spia; babbeo'; (abruzzese e molisano: *lòffërë*), 'scansafatiche, vagabondo'.

Adattamenti dell'inglese *loafer* 'poltrone, fannullone', appreso dagli emigranti in America; in siciliano (a Cesarò) vi è pure una forma derivata *lafaruni* 'imbroglione' [Piccitto 1985; Zamboni 1986]. M.

**lògico,** agg. (toscano: in Versilia, a Pisa *lògio* e a Lucca *logicóne*; marchigiano, a Cingoli: *lòscico*). 'Lento, pigro'.

Da *lògico* con slittamento di significato non raro nelle parole dotte [REWS]. C.

**lógro,** sm. (toscano). 'Struggimento, pena interna'.

Propriamente 'logorio', dal verbo *logrà* 'logorare, consumare'. Nello stesso ambito semantico rientra anche l'accezione di 'richiedere con insistenza' dall'altro significato di *logrà* 'noiare, seccare', cioè, ancora, 'logorare'. Secondo GDLI *mal del logro* equivale a 'bulimia'.

L. VIANI: *Sembrava uno dei romiti di Aquileia roso dal mal del logro* (cit. da GDLI IX, 200). C.

**loià,** agg. (emiliano: Parma). 'Stupido'.

Propriamente *allogliato*, com'è nell'italiano antico, per gli effetti di vertigine e vomito provocati dal pane contenente una certa quantità di *loglio* (dal latino *lolium* con la variante *jolium*): → *andèr a la lóia* e → *giógghiu* [REWS]. C.

**lòica,** sf. (marchigiano; veneto, anche *slòica*), 'nenia, cantilena, discorso lungo'; (trentino: Rovereto), *no avèr lòica* 'mancare di maniera, di destrezza'; (romagnolo: Faenza), *jòlga* 'gergo'.

Da *lògica* 'arte del ragionare' (REW; Prati 1968; REWS].

L. BARTOLINI: *Il pastore vorrebbe incominciare una sua loica di domande e risposte, per sapere chi io sia, dove stia, cosa faccia, ecc.* (cit. da GDLI IX 193 s.v. *logica*) C.

**lóla,** sf. (romagnolo: anche *lula*). 'Pentola panciuta di terracotta', dove si conservano i grassi (strutto, olio).

Dal latino *olla*, di origine sconosciuta, con la *l* dell'articolo femminile conglobata, come avviene anche altrove: emiliano *lula*, ticinese *lola*. In quanto al modo *l'è t la lóla* 'è nella olla', detto di persona del tutto rimbambita, la motivazione resta ignota. C.

**lòla,** sf. (romagnolo: Ravenna). 'Rospo'.

Letteralmente la *lòla* è la 'nonna' (dal latino *avŭla*): il passaggio a nome d'animale è spiegato con la credenza che l'anima dei trapassati spesso erri sotto forma di animale; così, parallelamente, in alcuni luoghi della Toscana, dell'Emilia e della Valsugana chiamano *lòlo* (da *avŭlus* 'nonnino') il 'vermicello' presente nella farina, nella frutta, nel formaggio, quello che nell'Appennino bolognese è detto *nonìn* [Prati 1960: 38; Plomteux 1965; LEI]. C.

**lòlla,** sf. (sardo campidanese; in logudorese: *lòza*). 'Tettoia aperta accanto alla casa', che serve di stalla per il cavallo.

Un italianismo, da *loggia* [DES].

G. ANGIONI: *«Prendi figlia, che Dio ci paga tutto», ha mormorato alla figlia maggiore del morto, e le ha messo in mano il pranzo per quel giorno, in un angolo oscuro della lolla* (*Lune di stagno*, Cagliari 1993, p. 19). C.

**lóllo,** agg. (toscano; calabrese: *lollu*, anche sm.; siciliano: *lollu*). 'Sciocco, balordo, inetto'.

Voci di origine espressiva, da una base *loll-*; dal toscano *lóllo* deriva il v. lucchese *allullorare* 'abbambinare' [DEI; Rohlfs 1977]. M.

**lombàrdo,** sm. (toscano). 'Persona rozza, di modi villani', a Colle di Val d'Elsa 'uomo grasso e mangiatore'.

Estensione del significato proprio di *lombardo*, «operaio che durante l'inverno abbandona il suo paese ricoperto di neve per cercare lavoro di segantino o concino nella Versilia» (Cocci 1956; anche Malagoli 1939). Per i pescatori dell'Arcipelago toscano vale 'inabile alla vita e ai lavori di mare e di bordo'. Il nome deriva dalla denominazione di *Lombardia*, data alla zona emiliana che si stende dalla Garfagnana alla pianura modenese.

G. PASCOLI: *Nel bosco, qua e là, lombardi / sono taciti al lavoro* (*Poesie*, II, Milano 1951, p. 451). C.

**lōna,** sf. (ligure: Dolceacqua e Ventimiglia, a Pigna: *lōra*). 'Gora', 'striscia d'acqua o di sangue per terra'.

Dal gotico **lōna* 'pantano' [REW; Merlo 1941-57; Azaretti 1982]. C.

**lònaz,** sm. (veneto giuliano). 'Pentola di terra'.

Dal croato *lònac* [leggi: *lònaz*] 'pentola, pignatta, marmitta'. C.

**lóndro,** sm. (campano; laziale meridionale: *lontro*, anche sf. *londra*; calabrese settentrionale: *londru*, *lòntanu*; lucano: *lòndr*, *lòndanu*), 'melma, fanghiglia; luogo sudicio; fosso d'acqua limacciosa'; nel calabrese anche *luntrune* 'vagabondo, poltrone, uomo sporco, sudicio'.

Sono voci di etimo controverso; secondo il DEI sono di origine prelatina, riflessi di una base **londino-* 'fango, luogo fangoso' che dovrebbero comprendere anche voci toscane come il lucchese *lóntora* 'zacchera, pillacchera', *lontorona* 'donna che, camminando male, s'inzacchera tutta' ed estendersi anche altrove comprendendo anche l'antico toponimo Londinium, l'odierna Londra. Diversamente il REW le riunisce ai derivati del latino *lŭtum* 'fango', mentre Merlo 1929 le aveva ricondotte al latino **lutulāre* 'coprire di fango' considerandone derivati anche il sardo nuorese *ludru* 'fango' e il sardo logudorese *illudriàre* 'avvoltolarsi nel fango'. Ma quest'ultima ipotesi viene esclusa dal DES per il sardo, dato che *ludru* è variante del sardo *lutu*, *ludu* 'fango, melma', mentre una parola come *illudriàre* ha probabilmente subito l'influsso di *ludru* 'torbido' (dal latino *luridus*; ora voce di area limitata ad Urzulei, ma un tempo più diffusa) o dell'italiano *lordo*. Infine, può essere un derivato di *lutum* anche il sardo *ludràu*, *lutràu* 'pozzanghera, pantano', ma vi è pure l'ipotesi che corrisponda alle antiche voci sarde *gulutràu*, *bolitràu*, *volitravu* che derivano dal latino *volutabrum* 'lo sguazzare dei maiali', attraverso *ulutràu*, *uludràu*, con l'articolo *s'ulutrau* e quindi *su lutrau*. M.

**longarìna,** sf. (sardo). 'Tabarro lungo'.

Dallo spagnolo *longarina*, e *unguarina*, *anguarina* 'specie di indumento lungo con maniche larghe e senza collo', a sua volta dal francese *hongreline* 'indumento da ungheresi', con successivo accostamento a *longus*. L'ispanismo non è stato introdotto solo in Sardegna ma anche a Napoli: *longarina* «lunga veste femminile di gala, usata nel sec. XV» (Salzano 1979) [DES]. M.

**lòp,** sm. (friulano). 'Mela selvatica'.

La voce si confronta con il veneto settentrionale *lopa* 'fienaccio; fieno scadente di alta montagna; erba secca non falciata che resta sul prato' e con l'italiano *lóppa* (e *lòppa*) 'pula, scoria' e al figur. 'cosa da nulla', che viene ricondotto ad una base **luppa* di origine oscura [DEI; Rossi 1964]. M.

**lópa,** sf. (campano; pugliese, a Molfetta: *lòepe*; lucano, a Matera: *lópë*). 'Voracità'.

Propriamente '(fame da) lupa' [REWS].

A. VERALDI: *si buttò sulla pizza margherita con la stessa lopa di tutti gli altri* (*Scicco*, Milano 1991, p. 97). C.

**lòrda,** sf. (veneto e veneto giuliano: anche *slórda*). 'Grande fame'.

La voce è conosciuta da diversi dialetti settentrionali, tanto che s'incontra con frequenza nelle lettere dei prigionieri nei campi di concentramento austriaci durante la prima guerra mondiale (si riteneva che la sua rarità garantisse l'elusione della censura) e che è passata anche nel greco moderno comune. Sulla sua origine non c'è convergenza d'opinioni: chi pensa al latino *luridus* nel senso di 'pallido, giallo', colore dell'affamato, e chi al suo significato di 'sporco', per cui una *fame lorda* sarebbe una fame sudicia, pesante [Spitzer 1921; Doria 1987]. C.

**lorét,** sm. (lombardo: Mantova). 'Vortice d'acqua, gorgo, mulinello'.

Propriamente 'piccola pévera (*lora*)' per la forma assunta dal vortice, come è avvenuto per il comelicano (ladino centrale) *lòrä* (dal latino *lūra* 'tubo flessibile', 'imbuto') 'buco d'acqua nel terreno paludoso a forma di cono rovesciato' [REW; REWS; Tagliavini 1944]. C.

**lórgna,** sf. (lombardo: Como; emiliano: Mirandola), 'pigrizia'; (emiliano, a Bologna: *lurgna*), 'uggia' con il denominale *lurgnèr* 'aver l'uggia'; (emiliano: Parma e Modena), 'tristezza, malinconia'; (toscano, a Lucca: *lòrnia*), 'persona lenta nel fare ciò che deve'.

Dal germanico **lurni-* 'stare alla posta, spiare, attendere con impazienza' [FEW]. C.

**lóriga,** sf. (sardo logudorese e campidanese), 'anello'; (sardo, a Nuoro: *lórica e ispòsa*), 'anello matrimoniale'; in altre località della Sardegna, *lórica*, *lóriga* può designare anche 'picchiotto (della porta) a forma di anello', 'ricciolo', per estensione pure 'truciolo', 'ciambella' e quant'altro abbia forma di 'anello' o di 'riccio'.

È un diminutivo del sardo logudorese *loru* 'anello di cuoio sotto il giogo', dal latino *lōrum* 'anello' [REW; DES].

S. SATTA: *Il fatto è che la casa di un notaio non può essere come la casa di un contadino di Sèuna, con la sua corte, il suo rustico patio, la catasta della legna, le* lòriche *per il giogo, e in fondo la cucina col focolare in mezzo alla stanza: questa si è fatta da sé attraverso i secoli come l'uccello si fa il suo nido* (*Il giorno del giudizio*, Milano 1982, p. 13). M.

**lórnio,** agg. e sm. (toscano: versiliese, anche *lórgno*, e, a Lucca e Pisa, *lèrnio*), 'lento, svogliato, fiacco', detto in particolare dello 'schizzinoso nei cibi'; (piemontese: *lórgnu*), 'matto'.

Forse dal latino *hernia* 'ernia', a Camaiore *lernia* [DEI; FEW].

L. VIANI: *i cavalli ridotti lornii, stavano appoggiati ai pioppi e dalle code buttavano sangue come polle* (*Angiò uomo d'acqua*, Firenze 1955, p. 131). C.

**lòsa**[1], sf. (calabrese settentrionale). 'Ghiro femmina, ghiro madre', anche *lessa*, e varianti (Rohlfs 1977).

Nome senza riscontri lessicali per il quale – con il DEI – si pensa ad un'antica origine da lingua prelatina. M.

**lòsa**[2], sf. (corso). 'Pianto, lamentazione'.

Dal latino *laus* 'lode', da cui anche il maschile *losu*, che sopravvive solo nel proverbio *piglia losu e po' riposa*, dove vale 'lode, onore', secondo Salvioni 1916a. Invece il DEI (s.v. *allasari*) riconduce il corso, nonché il pugliese *losa, losë* 'fama, rinomanza' all'antico francese *los* 'lode, vanto' (a sua volta dal latino *laus*). Latinismo è il siciliano *lausu* 'accusa' da cui il denominale *allasari, allausari* 'incolpare qualcuno'. C.

**losnà**, v. (piemontese, anche *lośinà, losnè*; valdostano; ticinese; ligure, nel genovese; emiliano; marchigiano e umbro settentrionale: *aluzinà*). 'Lampeggiare'.

Da un latino parlato **lucināre* 'folgorare, lampeggiare' che il DEI (s.v. *lucinare*) ritiene tratto dal latino tardo *lucinus* 'lanterna' [REWS]. M.

**lòtanë**, sm. (campano: Napoli; abruzzese; calabrese: *lòtanu*). 'Lamento, contrasto, fastidio, discorso noioso e querulo'.

Dal latino *monotonus* 'monotono' di tradizione semidotta, riflesso anche dal siciliano *mòtunu* agg. 'monotono, sciocco' [DEI; REWS]. M.

**lotregàn**, sm. (veneto: anche *otregàn, dotregàn* ed altre varianti; veneto giuliano). 'Muggine orifrangio, *Mugil auratus* Risso'.

Dal greco *ikterikós* 'itterico' col suffisso latino *-anus*, designante l'individuo, così chiamato per il colore giallo della macchia, che questo pesce presenta nell'opercolo [Cortelazzo 1970].

S. ZANOTTO: *Mangiò poi dei cefali fritti, della specie degli otregani che sono quelli più piccoli, ma gustosi* (*Delta di Venere*, Milano 1975, p. 208). C.

**lòtria**, sf. (veneto giuliano). 'Grande tettoia, chiusa da pareti di paglia, per carri e carretti agricoli'.

Della famiglia del croato *lojtre*, femm. plur., 'scala a pioli', *lotra* 'rastrelliera del carro'.

F. TOMIZZA: *Sullo spiazzo tra la lòtria e la casa di Eustachio c'era una catasta di cannelle* (*La quinta stagione*, Milano 1965, p. 152). C.

**lòttu**, nella locuz. *chìddu dō lòttu non l'avìssi pinzàtu* (siciliano). 'Idea sagace e astuta, capace di risolvere un problema o di aggirare qualcuno'.

Letteralmente 'quello del lotto non l'avrebbe pensato', cioè non sarebbe stato in grado di escogitarla nemmeno il frate, che, dopo lunga meditazione ed un'infinità di regole, suggerisce al giocatore del lotto i numeri sicuri [Alfieri 1980].

G. VERGA: *Don Silvestro* [...] *ne aveva almanaccata una, che il frate il quale dà i numeri al lotto, non l'avrebbe trovata* (*I Malavoglia*, Milano-Napoli 1955, p. 260). C.

**lóza**, sf. (veneto, nel veronese; trentino; lombardo; ticinese; emiliano; ligure), 'pantano', anche *lósa*; (romagnolo: *lòz* sm.), 'untume'; (lombardo, nel milanese: *slòza*), 'pattume, ricavo di fossa'; (veneto, nel bellunese *sloz*, nel veneziano *slòso* agg.), 'sporco, sudicio'; (ladino centrale, nel Comelico: *lóth* sm.), 'sporcizia'; (piemontese, Valle Anzasca: *luza*), 'sterco'; (corso: *lózzu* sm.), 'sudiciume, sterco'; (toscano, nel versiliese: *lózza*), 'sudiciume'; (abruzzese: *lòzzë, iòzzë*), 'melma, fango; fondaccio dell'olio'.

Riflessi del latino *lŭteus, lŭtea* 'di color giallo, fangoso', da *lŭtum* 'fango', ma in taluni casi con influsso di *lōtium* 'orina' come nel sardo campidanese *lùzzu* 'piscio delle vacche' (DES); le varianti con *-o-* aperta sono attribuite dal REWS ad una base **lautium* 'fango' (REWS) [DEI s.v. *lózza*; Prati 1968; Bondardo 1986]. M.

**lùa**, sf. (sardo). 'Euforbia, erba tossica adoperata per avvelenare i pesci'.

Non da *lupus* (anche se nel Trentino la pianta è chiamata *erba loa*), animale sconosciuto in Sardegna, ma più probabilmente dal latino *lues* 'veleno, peste' [DES; Rossi 1971-73]. C.

**lubéc**, sm. (marchigiano: Fano e Urbino). 'Tipo di terreno forte, compatto, argilloso, che s'impasta molto bene'.

Forse dal latino *rubeus* 'rosso' (riferito, quindi, in origine, all'argilla rossa) con il suffisso *-acco*, anche se la soluzione non è priva di difficoltà [Aurati 1983].

P. VOLPONI: *Guido ricordava la spiegazione del canonico Mengani quando egli in un tema sulla campagna di Virgilio aveva malamente italianizzato "lubachi"* (*La strada per Roma*, Torino 1991, p. 216). C.

**lucchisìna**, sf. (umbro, nell'Orvietano: anche *lucchesina*). 'Coperta di lana'.

Da *lucchése*, perché proveniente, almeno all'origine, da *Lucca*, come il panno di lana (e la veste fatta di quel panno) chiamato *lucchesìno*. C.

**lucé**, v. (piemontese; ligure orientale: *lucià*). 'Vacillare, tentennare, oscillare'.

Dal francese antico *lochier* 'scuotere, agitare' di probabile origine germanica (francone **luggi* 'malfermo, traballante'). Azaretti vi annette anche il sintagma *(gamba) lucina* «gamba difettosa, che si sposta lateralmente ad ogni passo, facendo oscillare il corpo» [FEW; REWS; Azaretti 1982]. C.

**luciàio**, sm. (toscano). 'Esattore della società elettrica'.

Da *luce* col suffisso di mestiere *-àio*. C.

**lucìgnola**, sf. (toscano; a Grosseto e Pisa anche *lucignòla*; a Siena anche *lucìgnolo* sm.). 'Orbettino'.

Tutti derivati, assieme all'altro sinonimo elbano *lucióla*, da *lucìa*, nome che il serpentello, ritenuto popolarmente cieco per i suoi occhi piccolissimi e coperti, avrebbe preso dal nome della santa accecata [Malagoli 1939; Rohlfs 1979]. C.

**lùci-picuràru**, sm. (siciliano). 'Lucciola'.

Letteralmente 'luce del pecoraio'; in Sicilia ha analoghi corrispondenti in *cannìla di picuràru, canniléḍḍa* o *cannilìcchia di picuràru* 'candelina di pecoraio', *cannila du pasturi* 'candela del pastore', ed anche *lumèra di picuràru* [Ankersmit 1934; Rohlfs 1977a; Piccitto 1977]. M.

**lucòmud**, sm. (romagnolo). 'Cesso, ritirata'.

Corrisponde all'italiano *luogo comodo* di analogo significato; con perdita della prima parte dell'espressione, si vedano, tra le voci dialettali che designano la medesima nozione, il friulano *còmut*, il piemontese, lombardo, emiliano *còmat*, il ligure *còmodu* [DEI]. M.

**luéri**, sm. (siciliano anche *luvìri, luvéri, lughéri*; abruzzese: *luèra, alluèra*), 'affitto, prezzo dell'affitto'; (calabrese, nel reggino: *dduèri*), 'fitto in natura che il colono paga al padrone'; (calabrese, ad Acri: *alluguériu*), 'prezzo della pigione'.

Prestito di epoca normanna dal francese antico *louer* 'affitto' (a sua volta dal latino *locārium*); sul siciliano *lughéri* ha influito in epoca successiva il catalano *lloguer* 'affitto' [VES]. M.

**luerìna**, sf. (toscano: Pistoia). 'Ocarina'.

Da *l'ocarina* (→ *ucaréna*) con l'articolo incorporato, come mostra più evidentemente la variante *locarìna*. C.

**lùfa,** sf. (campano). 'Gigaro'.
Dall'arabo *lūfa* che designa una specie di gigaro, anche *lūf*, alla base del francese (XVI sec.) *luph* '*Arum dracunculus*', corso *alùfio* «specie di pianticella il cui fiore è simile alla foglia di una pannocchia e contiene una specie di baccello gialletto, piccolo e di forma cilindrica» (Falcucci 1915) [DEI ss.vv. *alùfiu* e *lufa*; FEW]. M.

**lùgre,** sm. (toscano: Grosseto; veneto giuliano, a Trieste: *lùgher*, *lógher*). 'Tipo di imbarcazione ad uno o due alberi'.
Dall'inglese *lugger*, tipico bastimento usato dagli Inglesi [Marconi 1982-83]. C.

**lùia,** sf. (veneto, anche *lùgia*; lombardo: *lő̄gia*, *lùgia*; corso: *lóvia*). 'Scrofa'.
Voce di etimo incerto; probabilmente ha origine elementare, imitativa [Pellegrini 1992: 386]. M.

**lùja,** sf. (umbro, anche *lùjja*, *calùjja*; toscano, nel senese: *luoja*, nel cortonese: *calùvia*; abruzzese: *lurë*). 'Scintilla, favilla'.
Voci ricondotte da REW e REWS ad un longobardo *lŏha* 'fiammata, vampa', mentre il DEI ritiene più probabile un etimo da un latino parlato **calōria*, da *calor*, *-ōris* 'calore' [DEI s.v. *calóia*; Catanelli 1970; Moretti 1973]. M.

**luìn,** sm. (veneto: Polesine). 'Testicolo'.
Letteralmente 'fava lupina', dal latino *lupīnus* 'di lupo', forse perché pianta che divora. C.

**lùiola,** sf. (toscano; calabrese; piemontese: *gìvula*; campano, a Napoli: *lùggiola*). 'Acetosella, *Oxalis acetosella* L.'.
Da (*alle*)*lùiola*, dimin. di *alleluia*, identificata col 'sabato santo': dall'epoca della fioritura della pianta [LEI; Valente 1993]. C.

**lùla,** sf. (ligure: Pigna). 'Pentola di rame di media grandezza'.
Dal latino *ōlla* con l'articolo concresciuto (confronta, invece, a Ventimiglia *ula* 'pentola metallica con tre piedi' e il piemontese e lombardo *ula* 'vaso per lo strutto') [Merlo 1941-57; Azaretti 1982]. C.

**lulón,** sm. (marchigiano: Urbino). 'Giuggiolone (*giaug'lon*)', 'bietolone', 'sfaccendato', 'vagabondo'.
Da *lól(l)o*, voce di origine espressiva, che assume il significato di 'stolido, sciocco, balordo' in diversi dialetti italiani, → *lóllo* [DEI].
P. VOLPONI: *Sta' attento, lollona, troiona, che non ti faccio uscire da questa stanza* (*La strada per Roma*, Torino 1991, p. 111). C.

**lumàdeg,** agg. (emiliano: anche *armateg*; *rumàdg* a Bologna; veneto: *romàtico*, *rumàtego*; friulano: *ramatic*; piemontese: *armatic*, *rumatic*). 'Che sa odor di stantìo, tanfo'.
Dal latino *aromăticus* 'con fragranza d'aroma', travisato nel significato [REW; Prati 1968; REWS]. C.

**lùme a scarzèlla,** locuz. (laziale: Roma), 'tipo di lampada a flusso calibrato d'olio di colza'; (campano, a Napoli: *carsèlla* sf.), 'lume a petrolio'; (siciliano: *garsella* sf.), «sorta di lume ad olio che si carica come un orologio e man mano che si scarica porta l'olio al lucignolo» (Piccitto 1985).
Dal nome del suo inventore, l'orologiaio francese Bertrand-Guillaume *Carcel*, che l'aveva, però, chiamata con un termine scarsamente popolare, *lycnomène* [DEI s.v. *carsèlla*; Migliorini 1973; Salzano 1979].
M. SERAO: *Ma nel salone di ricevimento, tutto mobiliato di divani, poltrone, poltroncine e sedie in damasco color granato, a cornice di legno dorato, illuminato da grandi carcels, appoggiate sopra il freddo marmo bigio delle mensole di legno* ... (*Il paese di cuccagna*, Milano 1981, pp. 36-7). – G. TOMASI DI LAMPEDUSA: *Ricoperta da una rattoppata tovaglia finissima, essa splendeva sotto la luce di una potente "carsella" precariamente appesa sotto la "ninfa", sotto il lampadario di Murano* (*Il Gattopardo*, Edizione conforme al manoscritto del 1957, Milano 1969, p. 17). C.

**lumencrìsti,** sm. (toscano). 'Ceri del sabato santo, che, ridotti in piccoli frammenti, vengono conservati per essere esposti sul davanzale della finestra per tener lontani i fulmini'.
Dalla formula latina *lumen Christi* 'lume di Cristo', ripetuta dal sacerdote durante la processione del sabato santo con tre grandi candele accese, simbolo della Trinità.
F. GUERRAZZI: *Avrebbe messo ognuno al suo posto disfacendo vecchie reputazioni così di capacità come d'integrità salite sopra un trono di mozziconi di lumencristi o di diplomi accademici* (cit. in GDLI IX 275). C.

**lumescélu,** sm. (ligure: Genova, anche *rumescélu* e a Pigna: *grumiscér*; piemontese: *gramisél*, *grümisél*; lombardo: *remisèl*; calabrese, a Guardia Piemontese: *grumësèl*). 'Gomitolo'.
Dal latino parlato **glomiscĕllus*, diminutivo di *glŏmus* 'gomitolo' [REW; Merlo 1941-57; REWS]. C.

**lumìa,** sf. (siciliano; calabrese; salentino). 'Limone, *Citrus limonum*', «limetta, varietà di limone dolce e con scarsa quantità di sugo: *Citrus limetta*» (Piccitto 1985).
Dall'arabo *līma* 'sorta di cedro dolce' ma con intermediario bizantino *loumía*, **limía*, con il suffisso *-ía* usato per denominare una pianta fruttifera; dalla Sicilia il nome è passato all'italiano antico *lomia* e al francese antico *lommie*. Dall'arabo *līma* dipendono *lima* del toscano, *limma* del ligure e napoletano, oltre allo spagnolo *lima*, poi francese *lime* e inglese *lime* [DEI; Pellegrini 1972; Rohlfs 1977a].
L. PIRANDELLO: *Oh! Le lumie! le lumie! [...] Tu non le toccare! [...] Sentite, sentite l'odore del nostro paese...* (*Lumie di Sicilia*, in *Maschere nude*, a cura di A. d'Amico, Milano 1986, vol. I, p. 70). M.

**lumignón,** sm. (piemontese). «Lucignolo, stoppino» (Di Sant'Albino 1859; Brero 1972).
Dal francese *lumignon* di analogo significato (secondo il DEI per il tramite del provenzale moderno *lumignoun*). M.

**lumìni,** sm. plur. (toscano: Arcipelago). 'Marrubio, *Marrubium vulgare* L.'.
«Così detto perché i suoi fiori seccati servivano per il lume ad olio» [Fanciulli]. C.

**lùna 'i chìnta,** locuz. (calabrese). 'Luna piena'.
*Chinta*, cioè 'quinta', sta per *quintadecima*, il 'plenilunio', che cade il quindicesimo giorno dalla luna nuova [Rohlfs 1977]. C.

**lunèla,** sf. (lombardo, anche *nünèla*; ligure: *lünèta*; ligure-piemontese, Gavi Ligure: *lünéta*; corso: *lunétta*). 'Ugola'.
Dal latino tardo *lūna* 'ugola' cosiddetta per la forma lunata [AIS; DEI]. M.

**lünéta,** sf. (lombardo, nel milanese, mentre nel bergamasco: *lüni* sm.; ticinese, anche *lünìn* sm.; ligure, nel genovese; veneto istriano, a Capodistria: *lunéta*; piemontese, nel novarese: *lünìn* sm.). 'Lucciola'.

Queste denominazioni si riconducono a '*luna*' (a meno che non si tratti di rifacimenti paretimologici da '*lume*') ed il motivo onomasiologico è dato dalla luminosità che caratterizza questo insetto [Salvioni 1892; Garbini 1925; DEI]. M.

**lupinàru,** sm. (siciliano; calabrese: *lupuminàriu*; salentino: *lupë-pënèrië*; abruzzese: *lupepanaru*). 'Lupo mannaro, licantropo', con numerose varianti dialettali.

Propriamente 'lupo ominario', dal latino *lŭpi hŏmines* 'uomini lupi', che riflette il greco *lykánthrōpoi* [Alessio 1976; Valente 1978].

V. CONSOLO: *Accorsero i due gentilomini, mi scossero, chiamarono. Rinvenni e balzai all'impiedi come un ossesso, un lupanario* (*Retablo*, Palermo 1987, p. 24). – R. NIGRO: *Gliela cucirai dentro un'abitina e gli porterà fortuna. Aspettati che venga lupomine o mastro d'ascia* (*La baronessa dell'Olivento*, Milano 1990, p. 22). C.

**lupìno,** sm. (toscano; umbro; marchigiano; laziale, anche *lupinu*; abruzzese: *lupinë*). 'Callo', in qualche località anche nel derivato *lupinèllo*.

Dal nome del *lupino* inteso come seme commestibile dell'omonima pianta delle leguminose, per la forma [AIS; DEI]. M.

**lupìs,** sm. (istrioto: Rovigno e Dignano). 'Grande pentola di terracotta'.

Dal latino *lapĭdeus*, propriamente '(oggetto) di pietra', passato in Istria dal dalmatico e corrispondente all'italiano *laveggio* [REW]. C.

**lùpo càntero,** sm. (toscano, a Pisa; a Livorno: *lupohàntero*; corso: *lupachénte*). 'Crostaceo dalla forma d'aragosta', astice, *Homarus grammarus* L.'.

Sta per il nome più diffuso in Toscana, *lupacante* con molte varianti, dallo spagnolo *lobagante* da un latino parlato *lucopante*, che rifletterebbe il greco *lykopánthēr* 'specie di pantera', nome assegnato per l'aspetto aggressivo del crostaceo [Cortelazzo 1965]. C.

**lupucùviu,** agg. (siciliano: anche *lupicùviu*, *lupacùviu*). 'Scontroso, selvatico', 'ritroso'.

Dal latino *lūpus Igūvii*, il 'lupo di Gubbio' della tradizione francescana, diffuso popolarmente con la predicazione ancora in latino [Pagliaro-Belardi 1963: 123; Valente 1993]. C.

**lusdèa,** sf. (ladino centrale: fassano). 'Segnale e presagio di sventura' non bene identificato, forse un rumore.

Probabile adattamento popolare del *luceat ei* del *Requiem aeternam* ("et lux perpetua luceat ei"), preghiera spesso ripetuta [Veronesi 1969-70; Pallabazzer 1992: 47]. C.

**lusvérde,** sm. (veneto, nel veneziano). «Menta piperita o piperina o viperina. [...] Questa pianta ha sapore bruciante, che passa in fresco grato, masticandola. L'essenza che se ne ricava è stimata, e si fanno Pasticche e Diavoloni di Menta piperita, adoprati per confortare lo stomaco» (Boerio 1856).

La denominazione è chiaramente composta con *verde* (dal latino *viridis*) ma il primo elemento non è altrettanto evidente e certo non è dovuto a qualche termine ristretto all'area veneziana, visto che richiama i nomi abruzzesi della *Mentha viridis* L. quali *isubbirde*, *jesuberde*, *jesuverde*, ed ancora *Luisa svelta* (a Teramo) dovuta a reinterpretazione paretimologica, raccolti da Penzig 1924. Si potrebbe pensare, in via d'ipotesi, ad un'eco del greco-latino *sysimbrium* che ha dato il trentino *suśémbri*, veneto *sośémbro*, italiano *sisembrio* nome della *Mentha pulegium*. Quanto ai «Diavoloni di Menta piperita» riferiti dal Boerio, essi ricordano che nella zona di Verona la *Mentha viridis* è detta *menta diavolona*, *erba diavolona* e *menta da diavoloni* (Penzig 1924) perché serve per fare i *dia(v)olóni* (da *diavolo*), come si chiamano «certi confetti molto carichi di essenza di menta e che pizzicano, perciò, la lingua» (Garbini 1925). M.

**lut,** nella locuz. *ièsi sul lut di* (friulano). 'Essere sul punto di...', 'essere per... seguendo un pensiero, un desiderio', *stà in lut* 'stare in aspettazione ansiosa'.

La voce è un deverbale dal verbo friulano *lutà* 'agognare, desiderare ansiosamente e aspettando, guardare intensamente con ansia e bramosia', derivato dal latino *luctāre* 'lottare'. La voce *lut* (come sm.) è nota anche nel veneto bisiacco ove significa 'acquolina, brama, desiderio', 'voluttà, fregola' [Pellegrini 1987]. M.

**lutrìnë,** sm. (pugliese; salentino, anche *lutrinu*; campano, nel napoletano *lutrino*; calabrese: *lutrinu*). 'Fragolino, pagello-acarne *Pagellus Acarne* Cuv. e *Pagellus erythrinus* L.'.

Dal latino *erythrīnus* 'specie di triglia' (dal greco *erythrînos*), rimasto come voce dotta nell'italiano *eritrino* [DEI; Palombi-Santarelli 1961].

A. MALLARDI: *Palmiotto e i figli avevano lavorato sodo tutti i giorni che il mare aveva loro concesso, pescando su una secca a poche miglia fuori del porto certi lutrini che in un primo tempo furono abbondantissimi* (*Levantazzo*, Torino 1978, p. 72). M.

**lùttu sénza fazzòlu,** locuz. (siciliano; messinese occidentale). 'Dispiacere per la morte di un capo di bestiame'.

Il corrotto per la morte di qualcuno esigeva che le donne si ponessero in testa un velo (*fazzolu*) nero. Quindi, il 'lutto senza velo' è quello che si manifesta per la morte di un animale [Tropea 1974: 65]. C.

**lutumìa,** sf. (laziale: Castel Madama), 'persona magrissima a causa della tubercolosi'; (emiliano, a Guastalla: *notomìa* nella locuzione *parér la notomìa*), 'essere molto magro, allampanato'.

Dal senso di 'scheletro', che ha assunto il termine dotto *anatomìa* in italiano (*notomìa*) e in alcuni dialetti (*uttumìa* in chianaiolo e in lucchese) [REWS; LEI]. C.

**lùvarë,** sm. (campano; calabrese, con varianti; salentino; siciliano: *lùvaru* con varianti), 'nome di pesce', forse per tutti i dialetti ricordati il 'fragolino, *Pagellus erythrinus* L.'; (calabrese: *luvri*, plur.), 'lentiggini' con l'aggettivo derivato *luvrusu*, *lugrusu* 'lentigginoso'.

Dal latino *rŭbrum* 'rosso', il primo per il colore della sua livrea, posto in rilievo anche dal suo nome scientifico (dal greco *erythrós* 'rosso'), le seconde per il loro aspetto cromatico [DEI ss.vv. *lùvaro* e *luvri*; Alessio 1976]. C.

**luvàro,** sm. (campano: Irpinia). 'Alveare' e *alluvaro* 'sciame, rumore incomposto'.

Potrebbe trattarsi di una continuazione del latino *alvārium* 'alveare', a meno che non sia da *herbārium*, da cui il campano, abruzzese, pugliese *arvaro* 'cassetta di coccio per coltivare piante; aiuola' attraverso i significati di 'cassetta per fiori', poi 'cassetta', quindi 'cassetta per le api'; non si può infine escludere una sovrapposizione di *alvārium* ed *herbārium*, confluiti in un unico significante, con *alvārium* conservato solo occasioalmente [REWS; LEI]. M.

**lùvegu,** agg. (ligure). 'Non soleggiato', 'ombroso' e quindi 'umido'.

Da un latino parlato **opicus* per il classico *opācus* 'ombroso, ombreggiato, buio' [Plomteux 1975].

M. VENTURI: *Causa di così abbondanti precipitazioni [...] è da ricercarsi nello scontro di certe correnti di aria luvega, ovvero umida, mediterranea, con aria fredda di origine atlantica* (*Sconfitti sul campo*, Milano 1982, p. 15). C.

**luzón,** agg. (ladino centrale: Comelico), 'uomo senza energie'; (lombardo, a Mantova: *lišón*, *lisnón*), 'svogliato, poltrone, scansafatiche'; (calabrese: *lónzu*), 'sciammannone, sciattone'.

Dal longobardo **lunz* 'pigro' [REW; REWS]. C.

# M

**mā,** sm. (ligure). 'Mare'.

Dal latino *mare*, ma in ligure è un neologismo nei confronti del nome tradizionale *mãina*, propriamente 'marina'. Le condizioni fonetiche del ligure hanno condotto all'unico significante *mā* i tre significati 'mare', 'madre', 'male' [Plomteux 1975]. C.

**màbel,** agg. (lombardo, a Sondalo in Valtellina, a Frontale: *amàbel*). 'Temperato'.

Dal latino *amābĭle* 'amabile', per via semidotta, se non direttamente dall'italiano *amabile* [LEI s.v. *amabilis*; Bracchi 1991]. M.

**mac¹,** avv. (piemontese, nel canavesano: *méc*, nell'alessandrino: *ammàchi*). 'Soltanto, solamente'.

Letteralmente *ma che* (attestato nell'italiano antico, in Dante stesso) entrato attraverso il francese *mais que* dal latino *(non) magis quam* '(non) più che', formula ancor nota in corso: *un connoscu ma che Carlu* [FEW; Rohlfs 1969]. C.

**mac²,** sm. plur. (ticinese). 'Castagne secche', voce passata anche al gergo degli spazzacamini di Intragna come designazione delle 'castagne'.

Dal dialettale *macàa* 'ammaccare, schiacciare'; ad Intragna si chiama *batimàc* (parola composta col dialettale *bat* 'battere') un 'batticastagne' che consta di una piastra rotonda di legno di faggio, del diametro di circa 40 cm, con una serie di incavi regolari in tutta la superficie inferiore e un foro al centro, in cui si infila come manico un pollone relativamente sottile e piegato ad arco, per mezzo del quale chi lo usa lo fa cadere piatto davanti a sé, alla distanza voluta, alternativamente a destra e a sinistra, sullo strato di castagne [VDSI; Lurati-Pinana 1983]. M.

**macadàru,** sm. (siciliano). 'Ritrovo, luogo frequentato per conversazione o divertimento'; a Pantelleria 'dicesi della disposizione speciale degli invitati in occasione degli sponsali'.

Voce di origine araba, da *maḥḍar* 'luogo in cui si abita; riunione; luogo di riunione'; si confronti anche il maltese *maḥḍar* 'luogo o camera in cui si trovano presenti gli sposi e le spose coi loro parenti, il giorno delle nozze' [DEI; Pellegrini 1972; Piccitto 1985]. M.

**macadùru,** agg. (siciliano). 'Sporco, lurido; si dice di chi va dimesso e sporco: sciattone' (col sf. *macadurìa*, *macarurìa* 'sporcizia'), a Pantelleria 'poco pulito, sporco, dicesi esclusivamente di persone'.

Voce di origine araba, da *maqḏūr* 'sporco, sordido; briccone, poltrone' [DEI; Pellegrini 1972; Piccitto 1985]. M.

**macaìzo,** agg. (veneto: Venezia), nelle espressioni *tempo macaìzo* 'tempo incostante, nuvoloso', *ziera macaìza* 'faccia scolorita', *pan macaìzo* 'mazzero', anche *pan macà*.

Dal veneziano *macàr* 'ammaccare'; per la formazione si confronti *tacaizo* 'attaccaticcio' dal dialettale *tacàr* 'attaccare' [Prati 1968]. M.

**macalùggiu,** sm. (siciliano). 'Cotone mondato del seme', anche *malaùggiu*.

Parola di origine araba; deriva da *maḥlūǧ* 'mondato' a sua volta da *ḥalaǧa* 'cardare, mondare il cotone separandolo dal seme', 'nettare, purgare' [DEI; Pellegrini 1972; Piccitto 1985]. M.

**maccaróne de la gopritùra,** locuz. avverb. (umbro: orvietano). «Pranzo che il padrone di casa offre ai muratori quando questi hanno terminato il tetto della nuova abitazione» (Mattesini-Ugoccioni 1992).

Letteralmente 'maccheroni della copertura' (intesa come 'coperto', 'tetto'). C.

**màcciu,** sm. (siciliano; sardo campidanese: *macciòni*). 'Mulo'.

Dallo spagnolo *macho* con lo stesso significato, anticamente *muachu* (sec. XIII) che inizialmente designava il mulo giovane (risale al portoghese antico *muo*, a sua volta dal latino *mulus*) [DEI; Beccaria 1968; Michel 1996]. M.

**macellàru,** sm. (corso: Luri). 'Pettirosso'.

Dal petto dell'uccello, che sembra macchiato di sangue, come il grembiule del 'macellaio' [Salvioni 1916a]. C.

**macènëla celòna,** sf. (pugliese: Taranto). 'Gioco fanciullesco simile alla mosca cieca, beccalaglio'.

Composto tautologico formato da *macènëla* 'argano', 'arcolaio' → *macènile*, e *celòna*, che risale ad un latino parlato **celōna*, tratto dal greco *kélōna* 'macchina per attingere l'acqua dal pozzo'; *celòna* è voce conservata solo in questa locuzione tarantina, ma è diffusa nel senso di 'testuggine'. La spiegazione si trova nella procedura del gioco, ben descritta dal De Vincentiis 1872: «giuoco fanciullesco consistente nello stare uno piegato sulle cosce di un altro che gli tien chiusi gli occhi; un terzo gli da un leggier colpo sul tergo e si rimette al suo posto in fila de' giuocanti che canticchiano la voce del giuoco movendo le braccia come se ravvolgessero una matassa. Il battuto si leva e prende uno sulle spalle e lo porta a chi sta seduto il quale gli domanda chi è costui, ed egli risponde, Vostro cavaliere; se indovina esser quegli che l'abbia percosso, gli si dice, portalo qui è lui, e questi si mette al suo luogo e quegli che lo portava occupa il suo e siegue il giuoco; se non lo indovina, ode dirsi, portalo indietro non è lui, e lo ritorna al suo posto e ricomincia il giuoco» [Alessio 1976; Valente 1993]. M.

**macènile,** sm. (salentino). 'Argano', 'arcolaio, guindolo'; in senso traslato 'frantoiata, quantità di olive che si frangono in una volta', anche *macìnile*, *macènnula*, *macènëlë*.

Corrisponde a 'piccola macchina', dal latino *machĭnula* [Rohlfs 1956; Alessio 1976]. M.

**macèra,** sf. (laziale). 'Muro a secco'; il termine è diffuso principalmente nel territorio di Frosinone; le *macere* servono a recintare i fondi rustici e «nelle aree interessate in maniera massiccia dal fenomeno carsico, particolarmente importanti risultano le macere che delimitano il fondo pianeggiante delle doline, spesso l'unico a poter essere coltivato» (Conti 1984).

Il termine corrisponde a *maceria* ed è documentato anche nella poesia dialettale di C. Pascarella: «Se mettessimo sotto a 'na macèra / Morti de fame pe' magna' un bocone. / Venne un'acqua! Ce prese 'no sgrullone / Che nun vedemio più celo ne tera» (in *Tutte le poesie romanesche*, Roma 1996, p. 56).

A. Moravia: *Questi scalini erano le coltivazioni a terrazza che noialtri ciociari chiamiamo macere, le quali, poi, consistono in tante strisce lunghe e strette di terreno fertile, sorrette ciascuna da un muricciolo di pietre a secco. Su queste strisce cresce un po' di tutto: grano, patate, granturco, ortaggi, lino [...] Io le macere le conoscevo bene; ragazza avevo lavorato come una bestia a portare sul capo canestri di pietre per tirar su i muriccioli di sostegno e poi mi ero abituata ad andare su e giù per i sentierucoli ripidi e le scalinatelle che fanno comunicare l'una macera con l'altra. Costano una fatica enorme, queste macere, perché il contadino per farle deve dissodare il pendio della montagna, estirpando la macchia, strappando a uno a uno i sassi e portando su, a braccia, nonché le pietre dei muretti, perfino la terra* (*La ciociara*, Milano 1957, p. 84). M.

**maciàcchë,** sm. (abruzzese). «Strage, distruzione di esseri viventi o inanimati, stiacciata» (Giammarco 1968).

Tale voce è rapportata dal DEI ad una voce dialettale di area meridionale *maciaccare* 'schiacciare' a sua volta prestito dallo spagnolo *machacar* 'ammaccare, schiacciare' [Beccaria 1968]. M.

**maciavélica,** sf. (piemontese; popolarmente: *marcia vélica*; lombardo: *maciavélega*). 'Astuzia', 'furberia', 'espediente', 'complotto'.

Adattamento dialettale con suffisso *-ica* di *Machiavelli* (come nell'italiano *machiavello*), che, con il senso fondamentale di 'astuto', è presente in diversi dialetti italiani [Migliorini 1927; REWS].

G. Faldella: *Teneva legato e si traeva dietro ... il talismano della sua machiavellica, che doveva condurlo alla felicità* (cit. in GDLI IX 374). – B. Fenoglio: *Chiesi gli otto giorni a Tobia e lui non ci voleva credere, si fissò che fosse tutta una mia machiavellica per andarmene via più da furbo* (cit. in GDLI IX 374). C.

**màcole,** sf. plur. (toscano), 'frutti del mirtillo'; (trentino orientale, a Canal San Bovo: *bàgole* plur.), 'mirtilli rossi'; (toscano, nel lucchese ed elbano: *bàcole* plur.), 'frutti del corbezzolo (*Arbutus unedo* L.).

Dal latino *bacŭla* / **baccŭla* 'bacca'; la variante toscana *màcole* si spiega con un esito *m* da *b* o per influsso di '*mora*' [DEI s.v. *bàcola*; LEI].

G. Pascoli: *Più nulla io vedo, io che vedea molto / quando chiamavo, con il mio rumore / fresco, il fanciullo che coglieа nel folto / macole e more* (cit. da GDLI IX 382). M.

**macrò,** sm. (lombardo: Milano). 'Ruffiano'.

Adattamento del francese *maquereau* di analogo significato [Petrone 1976]. M.

**macurdì scüòtu,** locuz. (ligure; piemontese: *mèrco scüròt*; emiliano, a Parma: *mercurdì sguròt*). 'Mercoledì delle ceneri'.

Vi si legge un'allusione al grigiore delle ceneri (sia a quelle della cerimonia religiosa, sia, meno persuasivamente, a quelle che servono per 'lustrare strofinando', in latino *excurāre*) o alla tristezza per l'inizio della quaresima. Similmente nei Grigioni si parla di *miaxemda negra* 'mercoledì nero' [Merlo 1934]. C.

**madalóna,** sf. (salentino: Gallipoli, a Otranto: *matalona*). 'Polpo dai lunghi tentacoli'.

Le voci si confrontano col greco moderno dialettale *alēdóna* (Dodecaneso), *melēdóna* (Peloponneso) dal greco antico *heledṓnē* 'specie di polpo' (Rohlfs 1961 e 1964). Il significato di 'sanguisuga' riportato dal DEI (a sua volta da altra fonte) per Gallipoli è errato secondo Rohlfs e perciò anche l'ipotesi etimologica proposta (dal greco *bdélla* 'sanguisuga') non va presa in considerazione. M.

**madàma,** sf. (piemontese), 'signora'; (calabrese: *maddamma*), 'titolo che si dà alla moglie dell'artigiano, alle sartine, modiste'; *madamina* (piemontese; lombardo), 'crestaia, sartina', anche *madamìn* che nel piemontese è anche «appellativo che spetta a signora la cui suocera sia ancora vivente e con il cui cognome esista dunque pericolo di confusione: *Madama Pautass*, *Madamin Pautass*, la nuora di Madama Pautass» (Gribaudo-Seglie 1972-75).

Dal francese *madame* 'signora'.

I. Tarchetti: *«Rialzatevi, Paolina, che fate?» aveva detto madama rallegrandosi internamente della commozione della giovane* (*Paolina*, Milano 1875, p. 108). – V. Gorresio: *Noi bambini – Giulia, Umberto ed io – andavamo a scuola da soli anche perché la strada era molto tranquilla e poi la nostra sicurezza era garantita da portinai e bottegai situati in posti fissi di sorveglianza lungo il percorso, i quali ci conoscevano come i tre piccoli esemplari di "madamin Guresia" nostra madre* (*La vita ingenua*, Milano 1980, p. 14). M.

**madama 'Ngò,** sf. (marchigiano). 'Donna altera e superba': *pare madama 'Ngò*.

Dal personaggio, divenuto presto popolare nel teatro e nel romanzo, di *Madame Angot*, rappresentante il tipo di plebea arricchita, che si sforza invano di nascondere la sua origine. C.

**madéir,** sm. (lombardo: Bormio). 'Viottolo nella neve'.

Da un precedente **semedèr*, **semadèr*, derivato dal latino *sēmita* 'via', cioè *semitārius* 'della via' (alla base del francese *sentier*, da cui l'italiano *sentiero*) con aferesi della prima sillaba [Alessio 1957 e 1958]. M.

**madìns,** sm. plur. (friulano). 'Mattutino, ufficio ecclesiastico' in generale, ma nell'uso comune il termine indica specificamente il 'mattutino che si recita la notte di Natale'.

Dal latino *matutīnus* 'mattino', che si è conservato, come voce ecclesiastica, nell'italiano *mattutino* 'uffizio del mattino e il segno della campana che lo annuncia', e nell'indicazione di 'messa della vigilia di Natale' nel veneto giuliano *matutìn* (di tradizione dotta), nel ladino centrale (gardenese *maduìnes*, fassano *maetìn* ecc.), mentre altrove ha significati diversi [REW]. M.

**madìttë,** agg. (laziale). 'Irrequieto, rompitutto': *tié le* *manë madéttë* 'ha le mani rompitutto'; a Ferentino *madittu* si diceva del 'fallito'.

Letteralmente 'maledetto' [Vignoli 1911 e 1926]. C.

**madlèina,** sf. (piemontese). 'Luglio', anche *madlàina*, *madarèna*.

La denominazione va interpretata come '(il mese di S.) *Maddalena*', che si festeggia il 22 luglio [Merlo 1904]. M.

**madòsca,** sf. (salentino; marchigiano; laziale; veneto; ligure). 'Madonna'.

Voce deformata nelle esclamazioni ed imprecazioni. Nel Settentrione sembra piuttosto recente [Plomteux 1975]. C.

**madunàta,** sf. (marchigiano, anche *matonada*). 'Sassata'.

Da *madón*, che, oltre al senso primitivo di 'mattone', ha anche quello derivato di 'sasso, ciottolo', da cui il sinonimo *sasàda*. C.

**màfara,** sf. (siciliano: anche *màfira*; come sm. calabrese: *màfaru*, *màfiru*, *màfërë*; campano: *màf(a)ro*; sardo: *màffulu*, *màffuru*; corso: *mànfaru*; toscano, a Lucca: *mànfano*). 'Tappo, cocchiume'.

Dal latino *mamphur*, voce dialettale della terminologia del fabbro [Wagner 1944]. C.

**mafaràta,** sf. (siciliano; anche *mafaradda* e *marfarata*). 'Scodella di creta'.

Dall'arabo *marfad* 'specie di coppa per bere' [Rohlfs 1977a].

V. CONSOLO: *Lasciò la riva una speronara ch'avea fatto carico di pignatte quartare lancelle giarre piatti lemmi e mafaràte delle fabbriche di Marina di Patti* (*Il sorriso dell'ignoto marinaio*, Torino 1987, p. 9). C.

**mafariéllo,** sm. (campano: Napoli). 'Tappo di barile', che si presta bene ad usi figurati.

Diminutivo di *màfaro* (→ *màfara*).

D. REA: *Io le metto la mano sopra la cestunia e lei mi carezza il mafariello* (*Ninfa plebea*, Milano 1992, p. 19). C.

**màfi,** sm. (piemontese: anche *màfio*, *mafión*). 'Uomo deforme', 'uomo zotico e incivile'.

Da *Màfio* 'Matteo', nome diffuso che ha avuto molte interpretazioni popolari. Anche la variante *Maffèo* ha dato luogo al nome comune *mafé* per 'gonzo', ma qui sembra che ci sia un riferimento diretto ad un personaggio, un servo-pastore, del famoso dramma sacro dialettale *Gelindo* [Levi 1927; Gribaudo-Seglie 1972-75]. C.

**mafrùni,** sm. e agg. (calabrese, anche *mafrune*; siciliano: *mafruni*; abruzzese: *vafrë*, *vafrónë*). 'Uomo astuto, furbacchione', 'malizioso'.

Dal latino *vafer* 'astuto', in alcune varietà con il passaggio da *v-* > *m-* [DEI s.v. *mafróne*; Giammarco 1968; Rohlfs 1968: 230 e 1977]. M.

**magàiu,** sm. (ligure occidentale: anche *magàgiu*, *magàgliu*, *bagàgiu*; siciliano: *magàgghiu*, *magagghiuni*). 'Zappa di ferro a due o tre rebbi con un lungo manico di legno', in siciliano anche 'bastone' e 'vite grossa'.

Dal greco *mákella* 'grossa zappa', bene rappresentata in tutta la Provenza e nelle Alpi Marittime [FEW; DEI].

I. CALVINO: *donne e uomini e ragazzi a rivoltare la terra della fascia a sordi colpi di "magaiu" (il bidente a tre becchi), o, sempre col "magaiu", facendo "girar l'acqua nel loro"* (*La strada di San Giovanni*, Milano 1990, p. 31). C.

**màgghju,** sm. (marchigiano: Macerata). «Insegna di lauro messa fuori delle osterie per annunciare che si è messo mano a una nuova botte di vino» (Ginobili 1963). In toscano (amiatino) *màggio* è nome dell''alloro'.

Letteralmente 'maggio' nel senso di 'ramo fiorito', che di solito era posto dall'innamorato sull'uscio della donna amata il primo giorno di *maggio*. C.

**magliàro,** sm. (campano: napoletano). «Venditore ambulante di indumenti usati o di stoffe per abiti» (Altamura 1956).

Derivato da *maglia*, il termine è entrato nell'italiano dal dopoguerra per designare un venditore ambulante di tessuti di poco valore o di dubbia provenienza, offerti con abile contrattazione ai clienti occasionali come affare straordinario e irripetibile, e per estensione 'persona che, dietro la professione di venditore ambulante, nasconde attività illecite' [GDLI; Zolli 1986].

C. BERNARI: *Blocchisti da Milano, da Torino; e magliari, infine, dalla Francia, dalla Germania, dal Belgio e dall'Olanda... tutto questo era segno di magra... Magliari si chiamarono perché un tempo vendevano maglie; o, più verisimilmente, perché indossavano una maglia da marinaio per fingersi naufraghi di una nave dalla quale avevano salvato un unico taglio di stoffa, quello che erano disposti a cedervi 'per niente'* (cit. in GDLI IX 455). – V. PRATOLINI: *Egli se ne andò, aggregandosi a certi magliari; tornò con una moglie tedesca per ripartire, in modo da non essere arrestato come disertore al servizio di leva (ibidem).* M.

**màgna,** sf. (piemontese). 'Zia'.

Dal latino *(amita) magna* 'zia grande', 'prozia', come in formazioni simili di nomi di parentela, del tipo (*papà*) *grand*, (*mama*) *granda* 'nonno' e 'nonna', noto anche in altre parlate (francese, sardo) [Serra 1927-28; FEW; DES].

L. DI BREME: *Teresa sedeva in una specie d'arca immensa, a fianco d'una sua magna (che in Piemonte vuol poi dire una zia), altra delle più vetuste ed autorevoli colonne di Torinvecchio* (cit. in GDLI IX 458). – P. JAHIER: *Ecco stridere una porta e apparire in cima alla scala la rigida magna, stirata, ravviata, ingrembiulata, bilanciando la secchia colma di latte schiumoso* (*ibidem*). – M. SOLDATI: *Non usciva mai da solo, ma sempre con la mamma o le magne, o dando la mano a papà* (*Le due città*, Milano 1964, p. 30). C.

**magnà,** sf. (ligure). 'Manata' e 'manciata'; va col lombardo *magnóra* (a Milano) 'caviglia inastata sul manico della vanga', 'presacchio' e *magnada* (a Bergamo) 'manata', e col ticinese *màgnara* (a Bellinzona) 'picciolo della frutta', col siciliano *mànua* 'pennecchio del lino' e col friulano *mànule* 'manipolo, covone'.

Dal latino *manua* 'manciata' con vari suffissi, come in **maneāta* [FEW; REWS]. C.

**magnàre a sànta Macóna,** locuz. (veneto: Polesine). 'Mangiare bene, in abbondanza e senza pagare un soldo'.

Il nome di questa santa (inesistente), che ritorna anche nell'altra locuzione *averghe na roba a santa Macona* 'ottenere una cosa gratis', è stato inventato a partire dal modo *a maca* 'a sbafo' (DEI s.v. *macca*), molto diffuso nei dialetti settentrionali. C.

**màgne,** sf. (friulano). 'Biscia in genere'.

Derivato del latino *animālia* 'animali', attraverso una forma metatetica **alimānia*, attestata dallo spagnolo *alimaña* 'piccolo animale'; quanto alla semantica, il passaggio è analogo al latino *bēstia* 'animale', che ha dato l'italiano *biscia* [REW]. M.

**magòga,** sf. (veneto). 'Gabbiano reale' e, figuratamente, 'sciocco, stolido, goffo', come è avvenuto con → *cocàl*.

Come mostra meglio la variante veronese *òca magòga*, la denominazione è legata ai nomi leggendari, di ascendenza biblica, dei due personaggi (poi anche due popoli) *Gog* e *Magog*, che hanno dato luogo ad una lunga serie di nomi e locuzioni, tutti col senso di 'persona strana, o sciocca, o vecchia', ad esempio il toscano (lucchese) *bagògo, magògo* 'balordo, melenso, sornione' [Prati 1934; DEI; Prati 1968; Bondardo 1986].

S. ZANOTTO: *Erano grosse magoghe sbattute sulla riva da un fortunale* (*Delta di Venere*, Milano 1975, p. 61). C.

**magón(e),** sm. (piemontese; lombardo; veneto; trentino; friulano; toscano; emiliano; romagnolo; umbro). 'Stomaco', 'ventriglio dei polli'.

Voce nota anche in italiano antico, deriva dal longobardo *magō* 'gozzo' (confronta il tedesco *Magen* 'stomaco'). In ambito dialettale il contenuto semantico della parola si è ampliato attraverso la sensazione fisica di 'peso sullo stomaco' fino ad indicare una sensazione psicofisica di 'accoramento, rammarico, afflizione' e simili, e con quest'ultimo significato la voce è entrata in italiano, anche se al momento *magóne* è generalmente di ambito centrosettentrionale [REW; Zolli 1986].

C. GOVONI: *È così dolce che insieme si guardi / anche con dentro quel grosso magone* (cit. in GDLI IV 478). – R. BACCHELLI: *Ma non sapete che il mondo è bello perché è vario? E voi ve ne fate un magone! Avete buon tempo, ve lo dico io* (*ibidem*). M.

**magrḗt,** sm. (friulano). «Nell'alta pianura friulana, specialmente tra la Livenza ed il Tagliamento, si chiamano così delle zone alluvionali interfluviali, caratterizzate dal paesaggio arido e desolato» (Nuovo Pirona 1935).

Derivato dal latino *macru* 'magro' con il suffisso collettivo *-ētu*, indica terre scarsamente produttive ed è termine con vari riflessi nella toponomastica friulana; esiti di *macrētu* si trovano pure in qualche nome locale del Veneto.

P. P. PASOLINI: *Il vento, da Grado o da Trieste / o dai magredi sotto le Prealpi, / soffia e rapisce dalle meste / voci delle cene, qualche palpito / più puro* (cit. in GDLI IX 478). – ID.: *Il casolare degli zii di Milio, i Faedis, era a mezza strada tra Gruaro e Rosa, in mezzo alla campagna. Subito dietro cominciavano i magredi del Tagliamento* (cit. in GDLI IX 478). M.

**màgula,** sf. (calabrese). 'Beffa fatta gonfiando le guance, moina, daddolo, carezza affettata', anche nella locuzione *nci faci màguli* 'gli fa le moine'. Da qui i derivati *magularu* 'chi fa le moine', *magulare* 'far le moine'.

Dal greco volgare *mágoulon* 'guancia', al quale sono legate alcune voci del greco di Calabria, come *magoulâ* 'parotite', *magouliki* 'rigonfiamento delle guance degli animali (maiali, capre)', anche se la parentela può essere meno stretta di quanto appaia [Rohlfs 1964 e 1977; Karanastasis 1984-92]. C.

**magulà,** sm. (calabrese: anche *maulà*). 'Parotite, orecchioni'.

Dal nome greco dell'infiammazione, *magoulâs*, derivato da *mágoulon* 'guancia' [Rohlfs 1977].

L. ASPREA: *Ebbi anche il magulà. Ed ella mi torturava fasciandomi la gola con pezze di lana cruda, o applicandomi dei cuscinetti di lana, pieni di cenere calda, anzi, scottante* (*Il previtocciolo*, Milano 1971, p. 80). C.

**maharòpa,** sf. (calabrese). 'Querciula'.

Forma metatetica di *hamaropa*, che, con altre varianti, riproduce il greco *chamairôpa* 'arbusto (*rhóps*, accusativo *rhôpa*) basso (*chamaí* 'per terra')' [Rohlfs 1964].

S. STRATI: *si era messo a parlare del suo bosco ricco di ilici e di castagni secolari e di maharope che presto sarebbero diventate ruvole gigantesche* (*Il diavolaro*, Milano 1979, p. 33). C.

**màja ad salùta,** locuz. sostant. (romagnolo: Rimini). 'Maglia di lana, che si indossa a contatto con la pelle'.

Letteralmente 'maglia della salute'. M.

**maiàglia,** sf. (sardo: sassarese e gallurese). 'Strega, fattucchiera', figura odiata e temuta.

Da *maìa* 'magia'. C.

**maiàle spìno,** locuz. sostant. (toscano: Chiesina Uzzanese). 'Riccio'.

Corrisponde ad altre denominazioni toscane del 'riccio' del tipo *porsèl spinùs* (a Palazzuolo sul Senio e Marradi) e *pòrco spino* [Archivio lessicale 1984-85]. C.

**mainàsso,** sm. (ligure, nel genovese). «Scirocco» (Casaccia 1876).

Dal dialettale *maén* 'marino [vento]' (dal latino *marīnus*) [DEI]. M.

**maitinà,** sf. (emiliano, con varianti; romagnolo: *maitinèda*). «Rumore, che va facendo in segno di scherno una certa quantità di persone radunate davanti la casa di donna vecchia o vedova, che rimariti, o dietro le vie dove passa, percuotendo arnesi sonori» (Coronedi Berti 1869-74).

Da *mattinata*, propriamente 'canti e suoni, che si fanno il mattino davanti alla casa dell'innamorata'. Poiché le scampanate si fanno piuttosto di sera (e prendono perciò anche il nome di *serenate*), la spiegazione più semplice è una sostituzione dell'usuale mattinata alla serenata, la più suggestiva è quella di vedervi una versione ironica della mattinata vera e propria, fatta da amici con grida d'allegria, alla coppia sposatasi il giorno prima [Panozzo 1970-71]. C.

**màla,** sf. (veneto: Marano Lagunare). 'Rete; maglia della rete'.

La parola corrisponde all'italiano *maglia*, friulano *mà(i)e*, veneto *màia*, ma formalmente si spiega attraverso un **magla*, esito friulaneggiante del latino *macŭla* 'macchia', 'buco della rete', quindi 'maglia', da cui dipendono, probabilmente tramite il provenzale *malha*, le succitate forme *maglia / maia* [Marcato 1985]. M.

**malacòffo,** sm. (calabrese, con varianti; salentino, anche come sf.: *malacoffa*). 'Crinolina'.

Dal francese *Malakof*, nome dato ad un nuovo tipo di crinolina sull'onda dell'entusiasmo per la presa della fortezza di Malakof(f), a Sebastopoli, nel 1855. La voce è passata anche in Inghilterra. Si ha notizia altresì di un tipo di giubba femminile, detta in italiano *alla Malakoff* (Enc. It. Treccani) [DEI; Rohlfs 1956 e 1977]. C.

**maladét cóme i lupìn,** locuz. (toscano: carrarese; lunigianese: *maledètu* ...). 'Detto di cosa nociva o di persona malvagia o sfortunata o difettosa', 'dispettoso quant'altri mai'.

Modo proverbiale ('maledetto come i lupini'), che si riferisce ad un episodio della fuga in Egitto della Madonna, la quale non riuscì ad impedire ai lupini, allora piante molto alte, di frusciare, segnalando così ai soldati di Erode la presenza della sacra Famiglia nascosta fra di essi: per questo furono da lei colpiti dalla maledizione di diventare piccoli e amari. C.

**malafóra,** sf., in uso avverb. (toscano: isola d'Elba), 'i territori lontani, dove si viaggia o si emigra o da dove giungono certi venti', 'viaggio fuori degli stretti mediterranei'; (ligure, a Oneglia: *malaföra*, *malaföa*), 'viaggi a vela di lungo corso', 'alto mare'; (toscano, al Giglio: *marinàio di malafora* o *navicà ddi malafora*), 'navigante o navigare fuori del Mediterraneo'.

Probabilmente un composto, che significa come la 'terra lontana (*fóra*)' sia considerata 'cattiva (*mala*)'. Per il tipo formativo e semantico si possono ricordare *malora (mala ora), malavia* ed altri simili composti. C.

**malaìsso,** sm. (toscano, a Lucca: anche *maladìos(se)*). 'Giovinastro scapestrato'.

Se confrontato con *malanno* 'malo anno' e con la variante garfagnina *maladìes*, potrebbe essere accettata l'ipotesi che si tratti di un latino *mala dies* 'brutto giorno' [Nieri 1902]. C.

**malàna,** sf. (salentino: anche *melani, velani*). «Vescica di liquido nero di cui sono provvisti il polipo, il calamaro, la seppia, per schizzarlo a scopo di difesa» (Roberti 1971-73).

Propriamente 'inchiostro', un prestito dal greco moderno *meláni* [Rohlfs 1964]. C.

**malardrìs,** sm. (piemontese). 'Disordine, cianfrusaglie': *guardaroba dël malardrìs.*

Composto di *mal* negativo ('male') e *ardrìs* 'ordine', da *ardrisé* 'governare', letteralmente 'indirizzare'. C.

**malàsi,** sm. (piemontese). 'Disagio'.

Come l'italiano antico *misagio* 'affanno, disagio, povertà', dal francese antico *malaise*, composto di *mal* 'malo' *aise* 'agio' [FEW; LEI].

A. G. CAGNA: *Buon giovane, di buona famiglia, ma con una certa malaccia aristocratica infiltratasi, Dio sa come, nel suo stampo borghese* (*Alpinisti ciabattoni*, Torino 1972, p. 40). C.

**malàsim,** nella locuz. verb. *andè d'malàsim* (piemontese: Alessandria). 'Camminare a stento e con dolore per strettezza delle calzature'.

Letteralmente *malagio*, equivalente a *disagio* [LEI]. C.

**màlco,** agg. (veneto, nel veronese), 'rozzo, triviale'; (pugliese, a Minervino Murge: *màlch(i)e* agg.), 'furbo, maligno' e al figurato, 'protettore di prostitute'.

Da *Malco* del Vangelo di S. Giovanni (18, 10), il servo del sommo sacerdote cui S. Pietro tagliò l'orecchio al momento dell'arresto di Gesù. Alla vicenda che vede protagonista Malco sono legate varie denominazioni dialettali come il siciliano (a Buccheri) *marcu* «persona dura d'orecchi» (Piccitto 1985) e il campano (a Montella) *marcosurdo* 'finto sordo' (e si aggiungano il francese dialettale *malcus* 'che ha un solo orecchio', il portoghese *mouco* 'duro d'orecchi'). Nel ligure-piemontese (a Novi L.) vi è la locuz. *n tajò mancu n'urègia a molcu* detto 'di coltello che non taglia', alla lettera 'non tagliare nemmeno un'orecchia a Malco' [Migliorini 1927; Merlo in Marano Festa 1929-33; DEI; REWS; Bondardo 1986]. M.

**mäl dal forcà,** locuz. (emiliano: Parma). 'Tabe infantile'.

Letteralmente 'mal del forcone' o 'del forcato', perché si riteneva che fosse una malattia provocata da un verme localizzato nella colonna vertebrale e che terminava con una biforcazione. Di qui anche il suo nome laziale: *forcinèlla* [Ritarossi 1984; Petrolini 1993]. C.

**mal del moltón,** locuz. (veneto). 'Parotite epidemica' o 'orecchioni'. In veneziano si dice anche *mal del castrón.*

È da intendersi come *mal del montone*, espressione che, con il corrispondente *mal di castrone*, è citata anche nel *Dictionnaire italien et françois* dell'Oudin (Paris 1663), e deve essere stata determinata dall'ingrossamento del collo provocato dal rigonfiamento delle ghiandole parotidi, che fanno assumere al malato l'aspetto di una testa animalesca [Prati 1968]. M.

**mal de San Valentìn,** sm. (veneto; friulano; veneto giuliano). 'Mal caduco', anche *mal di San Valentìn, – di San Valantìn.*

Sebbene nella vita del santo non si trovi, prima del Rinascimento, nessun accenno alla protezione contro la malattia, per la quale è invocato, l'accostamento al nome di essa, *mal caduco*, popolarmente interpretato come *mal caduto*, deve essere avvenuto in terra tedesca (Baviera, Austria e di qui arrivato nell'Italia nord-orientale attraverso l'Alto Adige), dove la malattia è chiamata *Valentinskrankheit*, perché localmente il nome del santo è pronunciato *Falentin* e, quindi, posto in relazione con il verbo *fallen* 'cadere'. Nel bellunese e altrove si crede che una chiave acquistata nella chiesa intitolata a questo santo guarisca dalla malattia [Kraemer 1949; Prati 1968; Kramer 1995]. M.

**mal desmentegón,** locuz. sostant. (veneto). 'Travaglio del parto'.

Letteralmente 'male dimenticone', perché non è più ricordato dopo la nascita del bambino, favorendo ulteriori parti. C.

**maldocchià(re),** v. (toscano: pistoiese). 'Gettare il malocchio', 'stregare'.

Denominale di *maldòcchio*, com'è chiamato sul luogo il 'malocchio' (*mal d'occhio*), reinterpretando sotto un nuovo aspetto il significato primario, 'occhio cattivo (*malo*)', diventato 'male d'occhio'. C.

**màlë du uàrchë,** locuz. (pugliese: a Bari). 'Itterizia'.

Letteralmente 'male dell'arcobaleno', denominazione che si ritrova anche nel lucano; probabilmente anche il molisano *malë dë j'archë, malë dë l'arca* 'itterizia', ora interpretato come il 'male del calabrone (*archë, arca*)' ritenuto responsabile della malattia, in origine è da *archë* 'arcobaleno' con successivo accostamento paretimologico ad *archë* 'calabrone'. All'"arco[baleno]" si connettono inoltre il calabrese *arcatu* 'itterico, che patisce d'itterizia', il napoletano *nzularcatu* 'itterico' (che richiede un **subarquatus*, da *arcus*, come propone il DEI), il romanesco *ammalorcato* 'malaticcio' che è l'incontro di *ammalato* con il tipo "*arcato*", → *arcatùra* [DEI].

C. LEVI: *L'itterizia si chiama, qui, il "male dell'arco": la malattia dell'arcobaleno, perché per essa l'uomo cambia di colore, e in lui, come nello spettro del sole prevale il color giallo. Come si prende il male dell'arco? L'arcobaleno cammina per il cielo, e appoggia sulla terra i suoi due piedi, muovendoli qua e là per la campagna. Se avviene che i piedi dell'arco calpestino dei panni posti ad asciugare, chi indosserà quei panni prenderà, attraverso la virtù che vi è stata infusa, i colori dell'arco, e si ammalerà* (*Cristo si è fermato a Eboli*, Torino 1967, p. 211). M.

**màli,** sm. (veneto: Grado). 'Mozzo della barca'. La variante *moli* sembra essere dell'uso veneto istriano per il più generico 'ragazzino, piccolo'.

Dal croato *mali* 'piccolo'.

F. TOMIZZA: *Una donna avanzava lesta con un secchio in mano: "Addio, moli", gli disse quasi sfiorandolo in quella strettoia* (*La quinta stagione*, Milano 1965, p. 25). C.

**mal ìccicu,** locuz. sostant. (umbro, a Stroncone). 'Malaugurio', come in spoletino antico.

Da *occhiatìcciu, occhiatìccio* 'malocchio', testimoniato, oltre che in Umbria, anche a Siena (e nella locuzione amiatina *a ìcciu* 'alla peggio'), con ulteriore suffisso *-icu* [Ugolini 1988-89]. C.

**malloréḍḍu,** sm. (sardo, per lo più al plur.: *malloréḍḍus*). 'Specie di gnocchi': hanno forma incavata e sono fatti con pasta di semola, spesso colorata con zafferano; si cuociono in acqua e si condiscono.

Dal latino *mallĕolus* nel senso di 'specie di gnocco', attestato da una glossa [DES]. M.

**malmostós,** agg. (lombardo; veneto: *malmostóšo*). 'Scontroso, scorbutico'.

Composto di *mal(e)* di segno negativo e *mostós(o)* 'che ha molto sugo', detto di un frutto (inizialmente 'che sa di mosto') [REW; REWS].

M. MORETTI: *Tornò indietro con la mamma del "prete", un po' irritata, un po'* malmostosa *(come si diceva nelle sue città lombarde) e in silenzio* (cit. in GDLI IX 567). C.

**malòma,** sf. (toscano: Arcipelago). 'Donna triste, tipaccia'.

Femminile del composto *malòmo*, non più inteso nei suoi elementi: *malo* (*u*)*omo* [Fanciulli]. C.

**malpàga,** sm. (trentino; veneto, nel veronese; lombardo; emiliano). 'Pessimo debitore', voce nota con lo stesso significato anche nel grigionese.

Dal latino medievale *malpagus* 'cattivo pagatore', *malpaga* 'debito', documentato nell'antico toscano *malapaga* 'prigione dei falliti in Firenze' [DEI; Bracchi 1987: 195]. M.

**malsgnà,** agg. (veneto: Polesine). 'Maldisposto, nervoso, irascibile'.

Tutte conseguenze di non essersi fatto correttamente e diligentemente il segno della croce al mattino; letteralmente vale, infatti, 'malsegnato' (Girardi 1991). C.

**malsoà,** agg. (piemontese, anche *marsoà, malsuà*). «In apprensione, irrequieto» (Gribaudo-Seglie 1972-75).

Composto con il dialettale piemontese *mal* 'male' e *soà* 'tranquillo, sicuro' dal latino *suavis* (anziché da *suadus* come in DEI) [LEVI 1927; FEW]. M.

**maltèca,** sf. (veneto). 'Manteca, pomata', spesso con senso spregiativo anche riferito a 'persona azzimata'.

Dall'italiano *manteca*, che, a sua volta, è stato preso dallo spagnolo *manteca* 'sugna, strutto, burro; cosa untuosa, vischiosa' [Prati 1968].

G. PUGNETTI: *Si era messa in sottana e camicetta, senza trucco, pareva una ragazza di famiglia, solo la pelle non tanto liscia, forse rovinata da tutte quelle maltèche che le artiste si spalmano sul viso per andare in scena* (*Vendetta all'italiana*, Milano 1978, p. 122). C.

**malufisià,** agg. e sm. (lombardo: vogherese). 'Stregato, ammaliato', 'colpito da disgrazia', 'coinvolto in giudizi penali'.

Letteralmente 'malefiziato', persona sulla quale è stato operato un maleficio. L'ultima accezione segue l'istituzione del giudice del malefizio. C.

**malùne,** sm. (sardo centrale). 'Secchio per mungere'.

Probabilmente voce preromana; da escludere un derivato di *manu* 'mano' [DES].

G. DELEDDA: *Mangiarono e bevettero in abbondanza; la giuncata era squisita e zio Portolu si sarebbe offeso se gl'invitati non avessero dato fondo ai* malunes (*recipienti di sughero*) (*Romanzi e novelle*, I, Milano 1954, p. 65). C.

**mamìa,** sf. (piemontese). 'Governante di fanciulle'.

Dal francese *m'amie* 'mia amica', attraverso *ma mie* e poi *mamìe* [LEI]. C.

**màmma de ssòle,** locuz. (sardo: Oniferi, Orgosolo). 'Libellula'.

Letteralmente 'mamma del sole' per la credenza popolare che quest'insetto annunci la bella stagione [Picchetti 1961-63]. M.

**màmma de vrìttu,** locuz. (sardo: Bosa, *mammaerìttu* a Bonorva). 'Mantide religiosa'.

Letteralmente 'mamma del freddo', denominazione derivata (secondo DES) dalla credenza che sopravvenga la febbre (con brividi e sensazioni di freddo, evidentemente) a colui che l'ammazzi. Garbini 1925 sostiene che la motivazione onomasiologica di questo nome si deve al fatto che l'insetto «si riscontra facile, ne' terreni incolti montani, anche nella stagione fredda». M.

**mammamàta,** sf. (salentino: Lucugnano). 'Nonna'.

Letteralmente 'mamma amata' [Rohlfs 1956]. M.

**mammaséa,** inter. (laziale: Mompeo Sabino). 'Espressione affettuosa che le mamme rivolgono ai loro piccoli'.

Letteralmente 'mamma sua', espressione apparentemente illogica, se non appartenesse forse ad un modo ampiamente documentato in Italia (dall'Abruzzo alla Sicilia), come in romeno, ungherese, arabo, somalo ecc. e definito *allocuzione inversa* [Sgroi 1994; Raspini 1991]. C.

**mammòne,** sm. (salentino, nel leccese, anche *mamòne, mammune, mamone*). 'Tonchio, gorgoglione, baco delle fave'.

Dal neogreco *mamoúni* 'scarafaggio' (in Rohlfs 1956 le voci si confrontano impropriamente con l'italiano *gatto mammone*, dal turco *maimun* 'scimmia') [DEI; Rohlfs 1956 e 1964]. M.

**màmo,** sm. (veneto; veneto istriano). 'Sciocco, balordo'.

Dal significato antico di 'bambino', che aveva *mamo, màmolo*, ritenuto ora di origine fanciullesca, ora di provenienza greca [Prati 1968; Cortelazzo 1970; Bondardo 1986].

G. PUGNETTI: *È a Udine, ci ha detto un mamozzo che stava scrivendo con poca voglia su una di quelle macchine da scrivere nere e alte del 1920* (*Vendetta all'italiana*, Milano 1978, p. 15). C.

**mamòzio,** sm. (campano, a Napoli: anche *mammòccio*). 'Fanciullo grasso', 'bambola, marionetta', 'persona ingombrante', 'sciocco', 'persona di carattere chiuso', 'donna che si intromette'. Almeno in parte, questi significati sono diffusi anche in altri dialetti meridionali: abruzzese *mamozzo* 'persona brutta', pugliese (Bisceglie) 'bamboccio', calabrese 'stupido, deforme, malaticcio'; umbro meridionale *mammòccio*, laziale *mammoccë*, salentino *mammòcciu* 'sciocco'; e sono entrati addirittura in italiano *mamòzzo* e *mammòccio* 'bamboccio, fantoccio' (senza alcuna particolare annotazione).

Non dalla statua di Egnazio Lolliano *Mavorzio*, eretta a Pozzuoli al principio del IV secolo e riscoperta nel 1704, né dalla statua del vescovo *Timoteo* – come spesso si legge –, bensì dalla equivalenza con *bamboccio*, indicando dapprima un 'bambino grassottello'. Nel più recente linguaggio politico è entrato anche *mammozza* 'gioco da fiera paesana' e spregiativamente 'nuovo sistema per l'elezione diretta del sindaco' (M. A. Cortelazzo 1995) [DEI; LEA; LEI; Radtke 1994]. C.

**mamuglià,** v. (toscano: Arcipelago). 'Mormorare tra i denti', 'rumoreggiare (del vento e del mare)'.

Dallo spagnolo *mamullar* 'mormorare, borbottare' [Fanciulli]. C.

**mància,** sf. (ligure: Ventimiglia). 'Tubo'.

Dal francese *manche*, che ha diverse accezioni tecniche, continuatore del latino *manĭca* [Azaretti 1982]. C.

**mancùsu,** agg. (calabrese; lucano: *mangùs* e *mangós*). 'Esposto al nord, a baciò', (sardo: *mancosu*) 'mancino'.
Dal latino *mancus* 'monco', 'manchevole', che spiega anche il calabrese *crapa mancusa* 'capra con una sola mammella'. Il passaggio da 'manchevole' a 'luogo esposto a tramontana' è avvenuto attraverso il senso '*mancanza* di sole' [DES; Rohlfs 1977; Bigalke 1980]. C.

**mandàli,** sm. (calabrese, con varianti; siciliano, nel Messinese: *mandanu, mamali*). 'Nottolino di legno, che gira intorno ad un perno'; a Tropea *mandale* è un 'legno per stringere la chiusura di un sacco'.
Dal greco *mandáli(on)* 'chiavistello', diminutivo di *mándalos*, pure rappresentato nel calabrese *mànnalu* (con varianti) 'nottolino', esteso anche al salentino (*màndalo*) a Otranto [AIS; DEI s.v. *màndalo*; Rohlfs 1964 e 1977]. C.

**mandérë,** sf. (abruzzese). 'Grembiule per lavoranti'.
Da *(da)vantale* 'grembiale (che si pone davanti)' con cambiamento di suffisso (*-aria*, anziché *-alis*). Questo è ritenuto prestito dal catalano, e lo è per il sardo campidanese → *deventàli* 'grembiule', mentre è meno giustificato per il romanesco antico *davantale*, documentato dal 1318, mentre del corrispondente catalano *devental* non c'è traccia prima dal 1403 [DEI; LEI]. C.

**mandësìnë,** sm. (abruzzese e molisano, con varianti; laziale: *mandesino*; campano; lucano: *vandësēnë* e varianti; calabrese: *vantisinu* e varianti; siciliano: *mantisinu* e varianti). 'Grembiule da donna'.
Letteralmente 'avantiseno' con intervento di *mantile* nelle forme con *m-* [DEI; LEI]. C.

**màndi,** inter. (friulano). 'Addio', saluto di congedo di larghissimo uso in Carnia e in tutto il Friuli alla sinistra del Tagliamento.
È una forma accorciata da (*mi raco*)*mandi*, poi (*marco*) *mandi* [Frau 1984].
C. SGORLON: *Ghirei cominciò a rivolgerle il saluto friulano,* mandi, *o modi di cortesia russi, come se entrambe le lingue tra loro due avessero una sorta di diritto di ufficialità* (*L'armata dei fiumi perduti*, Milano 1985, p. 104). M.

**mandràcchiu,** sm. (siciliano), 'chiuso per pecore e capre'; (calabrese), 'piccola mandra'; (campano, nel Cilento: *mandràcchië*), 'porcile'.
Dal dialettale *mandra* 'ovile' diffuso in tutta l'area dialettale meridionale e nel sardo logudorese che conserva il significato del greco *mándra* 'ovile' passato al latino nel senso di 'branco di bestie' [DEI; DES]. M.

**mandràcio,** sm. (veneto: veneziano; veneto giuliano: triestino; ligure: genovese; campano, napoletano: *mandràcchië*). 'Darsena, la parte più interna del porto'.
Dal greco *mandrákion* 'porto interno (di Cartagine)' (un derivato di *mándra* 'ovile' voce ampiamente diffusa nell'Egeo ed anche lungo l'Adriatico, poi passata al Tirreno) e non traslato del siciliano → *mandràcchiu*. Il termine marinaresco figura in fonti italiane del XVI-XVII sec. nelle forme *mandracchio, mandraggio* [DEI s.v. *mandracchio*; Cortelazzo 1970]. M.

**mandrìli,** sm. (calabrese centro-meridionale, anche *mandrìgghiu*). 'Stalletta'.
Da un **mandrīlis*, formato sul latino *măndra* 'stalla, chiuso' sul modello di *ovīle* e simili [Alessio 1976]. M.

**mandriòl,** sm. (veneto giuliano e istriano). 'Cetonia dorata, *Cetonia aurata*', 'maggiolino, *Melolontha vulgaris*'; la confusione terminologica tra le due specie si trova nella zona di Trieste e Capodistria, tuttavia a Trieste per designare il maggiolino si usa talvolta la locuzione *mandriòl de Gorìzia*.
La voce è una forma sincopata di un precedente *mandariòl*, attestato nel friulano occidentale, a sua volta risultato di dissimilazione di *merdariòl, mardariòl*, pure noti in friulano, e riferiti in origine ad un altro insetto, lo 'scarabeo stercorario'; il termine *mandriòl* nel triestino (e da qui in Istria) rappresenterà dunque un friulanismo [Crevatin 1975; Doria 1979]. M.

**mandrùgola,** sf. (lombardo: Mantova; emiliano, a Bondeno: *madrugla*; veneto, nel Polesine: *marùgola*). 'Ape regina'.
Dal latino *matricŭla*, diminutivo di *matre* 'madre'. Altre denominazioni dell'ape regina si riferiscono alla sua funzione di 'generatrice': 'madre', 'mamma', 'genitrice', con composti e derivati [Bottiglioni 1919: 42-43]. C.

**mandrùllë,** sm. (campano), 'covile da pecore o porci', 'carcere'; (salentino: *mandrullu*); 'porcile'.
Da un **mandrulla*, formato sul latino *măndra* 'stalla, chiuso' [Alessio 1976]. M.

**manègia,** sf. (lombardo; emiliano, a Parma: *manècia*). 'Frasca o palo a cui si avvinghiano le viti'.
Dal latino medievale *adminĭcula*, per il classico *adminĭculum* 'sostegno' con il probabile influsso del latino *manĭcula* 'piccola mano' [LEI]. C.

**manfruìto,** sm. (toscano: pistoiese). 'Persona castrata o sterile' e, al figurato, 'individuo dappoco e inconcludente'.
La voce, che conosce anche il femminile *manfruìta*, è la resa popolare di *ermafrodito* (*manfruìto* anche a Pisa) con *er-* caduto, perché ritenuto articolo. C.

**ma(n)ganzḗs,** sm. (romagnolo). 'Traditore, ingannatore': *faza da manganzēs*.
Uno dei tanti ricordi del malvagio Gano di Maganza, figura nota attraverso le letture dal ciclo dei poemi carolingi, che causò, col suo tradimento, la morte del prode Orlando [Migliorini 1927]. C.

**mangiàr a ràu,** locuz. (lunigianese). 'Mangiare a grossi morsi', 'addentare avidamente'.
Letteralmente 'mangiare a rapa (*ràu* 'rapo', sm.)', «perché durante la pulitura delle rape se ne mangia spesso la radice cruda addentandola come una mela» [Masetti 1972-73]. C.

**mangiàre catuòlicu,** locuz. (calabrese). 'Mangiare con molto appetito'.
Dal senso che assume *catòlicu* in Calabria di 'perfetto, regolare' [REWS]. C.

**mangiòlë,** sf. (abruzzese, nel teramano, nel chietino, ad Ari: *ciolë*; marchigiano, nel maceratese: *mangiòla*; irpino: *manzòdda*). 'Manina', con significati traslati, riferiti a fitonimi: nel marchigiano 'caprifoglio', nel teramano *m. dë la Madònnë* 'vincibosco' (menzionati da Giammarco 1985).
Dal latino *manciola* (diminutivo di *manus*) di uguale significato; la forma *ciolë* è dovuta ad aferesi [REW; DEI; Ginobili 1963; Giammarco 1985]. M.

**mangósa,** sf. (lucano; calabrese: *mancosa*; siciliano: *mancusa*, ed anche *mancusata*). 'Luogo esposto a nord'.
Letteralmente 'posto *a manca*', a sinistra del sole; parallelamente, il luogo solatìo è detto *a ddèstrë a ssólë*. C.

**mangràmma,** sf. (salentino, anche *mancrànië*). 'Stoffa ordinaria di cotone', attestata anche in una costituzione di dote lucana del 1855, nella forma *vagramma* (Bronzini 1964).

Dal nome della città, dov'era fabbricato, *Wagram* [Rohlfs 1956]. C.

**manigòt,** sm. (piemontese; lombardo: *menegòlt, mangòt* e varianti). 'Barbabietola, bietola da coste, *Beta vulgaris*'; nel piemontese la voce è passata ad indicare anche 'cespo di insalata', in comasco *menegòld* anche 'lattuga, rapa'.

Tipo diffuso in Lombardia e aree contermini, viene dal tedesco *Mangold* 'barbabietola', a sua volta dal nome proprio *Managold*, passato a designare un nome di pianta, ma sfugge la motivazione del trasferimento; la voce è attestata in Lombardia dal sec. XI ed è forse d'importazione longobarda [REW; REWS; DEG]. M.

**manilònga,** sf. (salentino: Cellino S. Marco). 'Essere misterioso, che vive nei pozzi ed afferra i bambini, che incautamente si avvicinano'.

Letteralmente 'mano lunga', spauracchio che si nomina per evitare ai piccoli cadute pericolose nei pozzi [Fanciullo 1973]. C.

**manìn,** sf. plur. (romagnolo; toscano: *manine, erba manina*). 'Fiori di caprifoglio, *Lonicera alpigena* L.'.

Sono diversi i fiori, che prendono il nome dalla loro forma di 'piccole mani' (Penzig); anche i 'viticci' sono noti in Toscana come *manine, manini.*

F. FELLINI-T. GUERRA: *Le "manine" arrivano in marzo. Non si sa da dove vengano. Sono delle piccole piume, della bambagia leggerissima che vaga nell'aria* (*Amarcord*, Milano 1973, p. 9). C.

**maninfìde,** sm. (sardo logudorese, nel gallurese: *manefidi*). 'Anello dello sposalizio'.

Non è un composto genitivale 'mano della fede', ma corrisponde all'italiano *mani in fede* che indica una specie di anellino che figura una mano che ne stringe un'altra [DES]. M.

**manìr,** v. (lombardo settentrionale: Valtellina). 'Dormire'.

Dal latino *manēre* 'rimanere (nel letto), dormire, passare la notte', continuato con questo significato anche nel Poschiavo *manì* e in Engadina *manàir, mananter* 'pernottare, ospitare' [REW; Bracchi 1987: 196]. M.

**mannarìna,** sf. (laziale). 'L'incaricata a portare i trovatelli al brefotrofio di S. Spirito a Roma'; a Ferentino 'donna sensale di balie'.

Da *mannà*, in senso assoluto 'mandare un trovatello al brefotrofio'. Adattato in italiano, come *mandarina* (Chiappini 1945). C.

**mannatàrë,** sm. (laziale). 'Chi parla ad alta voce e fa sentire le sue cose a tutti'.

Dal senso proprio di 'banditore', incaricato a rendere noti i *mandati* dell'autorità; da *mandato*, come 'ambasciata amorosa', proviene anche il salentino *mannataru* (ad Otranto: *mandatari*) 'ambasciatore di amore, intermediario' e dal senso generico di 'incarico' l'abruzzese *mannatarë* 'fattora delle monache' e, figuratamente, 'girellona' [Rohlfs 1956; Alessio 1976; Giammarco 1985]. C.

**mannìda,** sf. (marchigiano: Jesi). «Desinare che si recava con un canestro ai contadini che lavoravano nei campi durante l'estate, senza che avessero bisogno di tornare a casa» (Urieli 1979).

Propriamente l''imbandita', la tavola preparata ed apparecchiata. C.

**mannìse,** sm. (calabrese, anche *mannisi*). 'Legnaiuolo, taglialegna', 'esperto nel maneggiare la scure'.

Dal latino **manuēnse* 'persona che adopera la mano' [Rohlfs 1977]. M.

**mansèti,** sm. plur. (trentino; piemontese: *mansèt* sing.). 'Polsini'.

Dal francese *manchette* 'stretta ai polsi'; da *manchon* 'manicotto' deriva invece *mansciòn* 'polsino della camicia' a Novi L. (ligure-piemontese); entrambi i francesismi dipendono da *manche* 'manica'. M.

**mantà,** v. (marchigiano: Fano). «Lampeggiare delle luci sul mare, prodotto dai fanali delle barche, dal faro, ecc.» (Silvi-Simoncelli 1992).

Termine marinaresco, può essere connesso con l'antico verbo italiano *amattare* 'far segnali per chiedere soccorso', ancora vivo nel siciliano *ammattari* [*Dizionario di marina* 1937]. C.

**mànta,** sf. (sardo; siciliano; salentino), 'coperta (da letto o per coprire gli animali)'; (calabrese: *manta* e *mandë*; salentino, a Taranto: *mandë*), 'mantello'.

Dallo spagnolo *manta*, ricavato dal latino *mantĕllum*, come confermano l'antichità e la diffusione del termine in castigliano e le prime attestazioni italiane a partire dal Cinquecento e dapprima in traduzioni dallo spagnolo [DES; Rohlfs 1956 e 1977].

G. A. CESAREO: *Involta nella manta ampia del lutto / erge al dirupo il bianco viso asciutto* (cit. in GDLI IX 738). C.

**mantechìglia,** sf. (campano: a Napoli; siciliano: *mantichìggia*). 'Pomata'.

Dallo spagnolo *mantequilla* 'burro', in particolare 'burro sbattuto con zucchero', derivato da *manteca* 'burro', a sua volta entrato in italiano e nei dialetti col significato di 'pomata per i capelli; burro salato; vivanda grassa' (→ *maltèca*); dal derivato spagnolo *mantecada* il veneziano (XVI-XVII sec.) *mantegada* 'vivanda al burro'; da 'marchese' + *mantechiglia*, il napoletano *marchesìglia* 'brillantina' [DEI; D'Ascoli 1972]. M.

**mant(u)ònica,** sf. (calabrese: Catanzaro; siciliano: *mantònicu* sm.). 'Qualità di vite o di vino'.

La mancanza di altri riscontri non permette di formulare ipotesi sull'isolato sostantivo. C'è, tuttavia, da osservare, che in siciliano *mantuònicu* è aggettivo 'del grano dal colore tra il verde e il bianco, in fase di maturazione'.

S. STRATI: *Avrebbe rotto la giara dell'olio, giudicava la gente, avrebbe sdogato la botte del mantonaco e del vino greco, avrebbe dato fuoco alla casa, per rendere contenta e lieta sua figlia* (*Il diavolaro*, Milano 1979, p. 76). C.

**maométto,** sm. (toscano; nel pisano, anche *mauméttto*; calabrese centromeridionale: *mahamettu, mahametta*), 'diavolo'; (calabrese meridionale, a Pazzano: *pari nu mahamét*), 'sembra uno stupido'.

Dal nome di *Maometto* (arabo *Mahummad*), quale simbolo di avversario della Chiesa [Malagoli 1939; Rohlfs 1977; Laruffa 1986].

S. STRATI: *non ne poteva più di ascoltare le accuse che i compaesani le facevano per le diavolerie di quel mahumetta più pericoloso di un turco arrabbiato* (*Il diavolaro*, Milano 1979, p. 42). M.

**màpolo,** agg. (marchigiano; toscano: *vàporo*; corso: *pàparu*; laziale: *vàpulë*; calabrese: *vàpulo, pàpulo*; siciliano: *pàparu, vàpulu*). 'Col guscio molle, detto di uovo', con altre varianti fonetiche e con significati traslati come nel marchigiano meridionale (a Campofilone) *màpëlu* 'di uovo rovinato', nel napoletano *vàpulo* 'scimunito' e *vàpulo vàpulo*, che 'si applica alle cose dette come vengono, senza ponderazione, né riguardi; chiaro e tondo'.

Le forme, con diversi processi di assimilazione e dissimilazione, sono dei continuatori del sintagma latino *ovum apalum* 'uovo col guscio molle' (dal greco *hapalós* 'molle'). Il latino *apalus* col significato di 'senza guscio' e 'tenero, molle' in genere, in base all'opinione tradizionale che l'aggettivo fosse riferito esclusivamente alle uova, è ben rappresentato nei dialetti: *àpëlë* dell'abruzzese, molisano, campano, pugliese, lucano, *àpulu* del salentino, calabrese, siciliano (con altre varianti), anche in sintagmi come *ö àuru* del ticinese, *ovu àpulu*, *óu àbile* del laziale. Ma in taluni casi accanto ad *apalus* > *àpolo* si rende necessario postulare – secondo il LEI – un **papulus* (da cui *pàpolo* > *vàpolo*, *màpolo*) come risultato di un incrocio di *apalus* con *papula* 'vescica', compatibile semanticamente e foneticamente molto vicina, incrocio reso più verosimile anche dalla presenza di un **(p)apula* > **apula* presupposto sia dal siciliano *àpula* 'pustoletta' sia da forme come il ticinese *àuru*, *inàulu* 'infiammazione' [DEI s.v. *àpalo*, *pàpero*, *vàpolo*; LEI]. M.

**mappìna,** sf. (abruzzese; molisano; pugliese; salentino; lucano; campano; calabrese; siciliano). 'Cencio, straccio da cucina, canovaccio, tovagliolo', talvolta in senso fig. 'persona di poco conto; miserabile; straccio'.

Diminutivo di *mappa* 'tovaglia', noto in alcuni dialetti: cfr. *mappa* 'tovaglia o anche salvietta, tovagliolo' dell'italiano antico e letterario, dal latino *mappa* 'salvietta, tovagliolo' per tramite dotto. Oltre a *mappina* sono noti altri derivati di diffusione sporadica come *mappile* (nel calabrese settentrionale, *mappuccë* in abruzzese) [AIS; DEI; Giammarco 1985].

G. CASSIERI: *Può un uomo ridursi a 'mappina', combattendo egli moralmente le 'mappine', avendo in odio le 'mappine'? ... Perché tale io sono in questo momento: una tenebrosa 'mappina' che non migliora affatto la sua condizione sapendo di esserlo, né la migliora fingendo di non esserlo* (cit. in GDLI IX 761). M.

**màppo,** sm. (toscano: pisano). «Piatto di latta con mànico per coglier l'olio dal sottino e metterlo ne' barili» (Malagoli 1939).

Corrisponde all'italiano *nappo* 'coppa, tazza', in toscano 'vaso di latta per attingere olio dall'orcio', con dissimilazione consonantica (DEI). Stessa origine ha l'abruzzese (a Lanciano) *mappë* sf. e sm. 'cucchiaio largo per prendere l'olio che galleggia nell'acqua del tinello' (Giammarco 1985). M.

**mar,** nella locuz. *mar vècio* (veneziano; siciliano: *mari vècchiu*). 'Stato del mare, che segue ad un periodo di mare agitato, con onde lunghe, senza vento e poco appariscenti'.

Letteralmente 'mare vecchio', cioè stanco, dopo l'agitazione. Il suo sinonimo 'mare morto' dà ancor meglio l'idea della cessazione della sua attività. C.

**marabbùtu,** sm. e agg. (siciliano; calabrese). 'Superstizioso, ipocrita, bacchettone; sbarazzino, farabutto'.

Dall'arabo *marbūṭ* 'marabuto, uomo votato alla vita ascetica, eremita'. Stessa derivazione ha anche il marchigiano (Servigliano) *marguttu* 'fantoccio, uomo stupido' e, probabilmente attraverso deformazione, anche il sardo campidanese *marragótti* 'befana, spauracchio dei bambini' e *marragàu* (Cagliari), che però è il nome di un uccello (il merope). Quest'ultima voce ricorre nell'espressione cagliaritana usata per intimorire i bambini «se non stai zitto, ti faccio mangiare da *su marragàu*», ma in tale caso è probabile che si tratti di un riferimento non all'ornitonimo, bensì al *marragótti* (attraverso un travisamento popolare) [DES; Pellegrini 1972]. M.

**marafòn,** sm. (veneto). 'Arpione o specie di raffio': strumento o arnese fatto di lamina o di bastone di ferro, da una parte ricurvo e dall'altra diritto ed appuntito, di forma simile ad una G, che si pianta nel muro o nel legno, e serve come sostegno.

Voce di origine araba, probabilmente dal participio passato *marfūʿ* 'elevato, issato', forse attraverso la mediazione turca. La parola potrebbe anche essere in rapporto col tipo (considerato d'etimo sconosciuto) *mat(t)af(f)ione*, e varianti, propriamente 'trinella, cordicella per legare le vele o le tende', diffuso lungo le coste d'Italia, nel Golfo di Venezia e Trieste, con cui è appunto in concorrenza: a Grado, infatti, *marafuni* plur. significa anche 'mattafioni'. Non va esclusa pertanto l'eventualità che le due voci risalgano ad una medesima tradizione attraverso numerose trafile dovute ai contatti mediterranei [Zamboni 1982]. M.

**maràje,** sf. (piemontese: Torino; emiliano: modenese). 'Gente, ragazzi'.

Voce di origine gergale, da un prelatino **marra* 'mucchio', 'gran quantità' [Prati 1940].

F. GUCCINI: *ero andato a esplorare un po' la paròcchia nuova della casa cambiata per vedere che maràglia c'era* (*Vacca d'un cane*, Milano 1993, p. 76). C.

**maràmpto,** agg. (umbro, nel perugino). 'Triviale, troppo grande, di maniere rudi'; (toscano, nell'aretino: *marràmpeto*), 'avventato'.

Dal latino *malu impetu* 'cattivo slancio, impeto' [Ugolini 1970: XXI]. M.

**maràn,** sm. (parmigiano: Bedoia; ligure, a Sesto Godano, in Val Graveglia, al femm. *maràn-a*), 'pecora giovane e robusta'; agg. (ligure: Val Graveglia), 'robusto (di pecora)', e 'testardo, ostinato'.

Di probabile origine preromana, da una base *mar* 'ariete, becco' [Plomteux 1975]. C.

**marangón,** sm. (veneto; veneto istriano; friulano; trentino; lombardo; emiliano). 'Falegname', con varianti (*marangùn*, *marangù*, *marengón* ecc.).

Dal latino *mĕrgus* 'smergo (uccello acquatico)' attraverso *margone* > *maragone* (probabilmente con influsso paretimologico di *mare*) > *marangone* che in origine designa solo lo smergo, poi l'uomo che si tuffava per procedere a riparazioni alle parti subacquee della nave, quindi falegname, con un passaggio del termine dal lessico tecnico delle costruzioni navali a quello dell'edilizia. La voce è nata a Venezia e di qui si è ampiamente diffusa nelle parlate settentrionali; come nome dello smergo si è conservato nel veronese (nelle forme *margón*, *smargón*), come nome del palombaro, a Venezia, è stato sostituito da → *simióto*. La storia della parola in tal modo ricostruita solleva perplessità secondo Petrolini 1996; in particolare appare incerto il passaggio dal significato di 'palombaro' a quello di 'carpentiere navale'. Di qui la proposta di muovere da → *marangòna* del veneziano antico, a sua volta da **marranga*, variante di **marranca* (→ *marranchìno*), > **mar(r)anga* per aplologia, poi *marangona* 'grossa ascia' e, con cambio di genere, *marangón* 'carpentiere navale', cioè 'maestro nell'uso della *marangona*' [Flechia 1876; Frey 1962].

G. PEDERIALI: *Una delegazione di finalesi, del castello, dei borghi e delle campagne, venne a cercare il figlio di Federico nella Selva Bella. La formavano Giannino Silvestri, di mestiere amanuense, che rappresentava il popolo del castello; Giovanni Banzi, di mestiere marangone, che rappresentava il popolo dei borghi fuori dalle mura; e Nicola Boschetti in rappresentanza del popolo delle campa-*

*gne intorno al Finale* (*La compagnia della Selva Bella*, Milano 1992, pp. 179-180). M.

**marangòna,** sf. (trentino: Val di Cembra). 'Ascia per squadrare tronchi d'albero'; nell'antico veneziano 'grossa ascia da carpentiere navale'.

Dal dialettale → *marangón*, secondo l'ipotesi corrente, che in Val di Cembra designa anche il 'boscaiolo che squadra i tronchi d'albero' [Aneggi 1984]. M.

**maràntega,** sf. (veneto; friulano: *maràntule*, *maràngule*; veneto giuliano). 'Befana, strega, donna di carattere difficile, vecchia bisbetica'; nel veneto giuliano designa anche 'prurito alla gola' e 'riverbero del sole che si fa con lo specchio'.

Da *mara* 'incubo' (→ *smàra*) di verosimile origine germanica, con il suffisso *-àntola* che si ritrova ad esempio nel veneziano *pesàntola* 'incubo' (da *peso*) data la funzione di incubo della *marantega*; dalla forma *maràntola* (presente in friulano) si è svolta poi la variante *maràntega*; per il significato traslato di 'riverbero' → *vècia* [DEI; Prati 1968]. M.

**maranzòn,** sm. (friulano). 'Ventre; visceri, budella', anche *smaranzòn*, usato in tono scherzoso.

Risale certo al latino *măter* nel senso originario di 'utero' e di qui esteso a vari organi addominali (cfr. friulano *madràse*, *madràza*, anche *maràse*, *maràte* 'matrice, utero') con la suffissazione *-antia* + *-ōne* [Pellegrini 1987a]. M.

**maràsc',** sm. (ticinese). 'Figlio', accanto a *maras-cìt* 'bambini', come nel piemontese *maràja* 'piccolo fanciullo'.

Probabilmente da *marmaglia* con caduta della *-m-*, come è analogamente accaduto nel vallone *maraie* [FEW]. C.

**marascàta,** sf. (siciliano). 'Marea'.

Da *mare* con lo stesso procedimento che ha portato da *burrasca* a *burrascata*; infatti la voce ha anche il significato, più diffuso, di 'mareggiata' [*Dizionario di Marina* 1937]. C.

**maràscia,** sf. (siciliano). 'Orciolo, coppa di vetro'.

Dall'arabo *marašša* 'caraffa' (derivato del verbo *rašš* 'aspergere'), in particolare quella 'fiaschetta a collo stretto per aspergere d'acque odorose i visitatori' [DEI; Pellegrini 1972]. C.

**marascṓn,** sm. (romagnolo). 'Vino meridionale usato come vino da taglio'.

Un derivato di *amaro* per il suo sapore [LEI].

S. ZAVOLI: *«Va' da tua moglie, Gardo, e dalle del marascone!». Gardo era mio padre Edgardo, e il marascone un intruglio estintosi con mio nonno, che l'aveva ottenuto mischiando uve greche e pugliesi* (*Romanza*, Milano 1987, p. 65). C.

**maràso,** sm. (veneto; veneto giuliano e istriano: *madraso*; friulano: *madràc*; emiliano: *maràs*, *magaràs*; lombardo: *maràs*). 'Sorta di serpente', variamente identificato ('saettone', 'vipera'). In alcuni luoghi del Veneto (Cavarzere) anche 'ramarro'.

Dal celtismo latino *mataris* 'giavellotto' per la sua velocità e forma: il passaggio da *mataraccio* a *matraccio* e poi a *madrasso* e *marasso* è proprio dei dialetti veneti [Nigra 1901; REW; FEW; REWS].

G. D'ANNUNZIO: *Il maschio dei marassi, / a mezzo il corpo, è grosso / quasi quanto il tuo polso. Cinericcio, / ha la gran fascia scura e la crocetta* (cit. in GDLI IX 764). C.

**maravàlle,** sm. (toscano: Cortona), 'luogo deserto, desolato ed impervio'; (umbro), «un qualcosa di indefinito che dal di dentro consuma l'organismo: *lo màgnono le marevalle* 'è assai deperito'» (Moretti 1973; Mattesini-Ugoccioni 1992); (romagnolo, nelle imprecazioni: *ch'us e mägna i maruàldi* e, rivolta ai bambini, *sta bon che se no a ciäm e' maruèld*), 'se lo mangino i Marualdi', 'Sta buono se no chiamo il Marualdo'; (abruzzese, nella locuz. *i (j), mannà a muaravàllë*), 'andare, mandare alla malora', 'dissipare sostanze, denaro, salute'.

Tutte fantasiose interpretazioni, suggerite dal *Dies irae* dell'ufficio dei morti: *Dies illa dies irae / calamitatis et miseriae / dies magna et amara valde.* Anche nel siciliano del Settecento *irisinni in 'mbaravalli* 'andarsene in malora o per mala via' (Pasqualino 1785-95, che pone come suo corrispondente il toscano *andarsene a maravalle*) [Cortelazzo 1982]. C.

**maravége,** sf. plur. (veneto; friulano: *maravéja*). 'Vilucchio, *Convolvulus arvensis* L.'.

Sono molte le piante che prendono il nome di 'meraviglia', anche se non in tutti i casi si arriva a precisarne la causa.

S. ZANOTTO: *A Venezia ai primi d'autunno erano pronti i semi d'ipomea, quella varietà di convolvolo di cui non si spiega perché nel dialetto i suoi fiori, modeste campanule colorate di scarsa durata, venissero chiamati maraveggie ... La spiegazione sta nel fatto che maraveggie significa meraviglie, quelle appunto che si vedono dopo aver ingerito una pasta dei semi opportunamente preparati* (*Delta di Venere*, Milano 1975, p. 219). C.

**marbré,** sm. (lombardo). 'Carni di varie specie, cucinate in stampo'.

Dal francese *marbrée* (letteralmente 'marmorato') 'ragoût di diverse carni' [FEW]. C.

**marcagnùsu,** agg. (calabrese meridionale; siciliano: *maricagnusu*). 'Paludoso, acquitrinoso'.

Le voci sono considerate dal DEI come prestiti adattati dal francese *marécageux* di analogo significato da *marécage* 'palude'. M.

**marcangégno,** sm. (campano; calabrese: *marcangégnu*, *marchingiégnu*; lucano, a Trecchina: *arcangiegno*). 'Invenzione', 'ordigno meccanico', 'bel ritrovato'.

Voce di origine oscura, passata anche in italiano (*marchingegno*). Se la variante lucana fosse la primitiva, si potrebbe pensare ad un''arca (d') ingegno', traslato dalla persona alla cosa (*n'arcaingégno* > *marcangégno*). C.

**màrcatu,** sm. (siciliano, anche *màicatu*; calabrese). «Ovile; capanna dei pastori; fabbricato murale dove si manipola il formaggio; fattoria» (Piccitto 1985).

Dall'arabo *marqad* 'giaciglio, luogo per dormire' [Pellegrini 1972; Rohlfs 1977a]. C.

**marcatùcu,** sm. (salentino). 'Folletto notturno'.

Dal latino medievale *mălu cadūcu* per *mŏrbu cadūcu* 'malcaduco, epilessia' che spiega anche il calabrese meridionale *marcadupu* e l'italiano popolare *malcaduto*, che conservano il significato di 'epilessia'. Non è escluso l'intervento del salentino *carcaturu* 'folletto notturno' dal v. *carcari* 'calcare, premere' (la motivazione onomasiologica del "calcare" è all'origine di denominazioni dell'incubo, del folletto: → *cinciùt*) [Alessio 1976; Valente 1995]. M.

**marchësciarrë,** sm. (abruzzese). 'Prepotente, bravaccio'.

Dal nome del bandito abruzzese *Marco Sciarra*, che combatté, per Venezia, contro gli Uscocchi [Giammarco 1985]. C.

**marchése,** sm. (umbro: orvietano). 'Cattivo umore'.

Dal significato proprio 'mestruazioni' (probabilmente

dall'antico furbesco *màrca* 'donna'), che comportano alterazioni umorali. Il passaggio metaforico si riscontra anche altrove, come nella locuzione veneta (a Padova) *vère el marchése* 'avere la luna'. Il riferimento è, indifferentemente, a donna o a uomo. C.

**marchiggiàno,** agg. (laziale, con varianti). 'Imbroglione', secondo il modo proverbiale romano *più Marca si gira e più Marchiggiani se troveno* (Prati 1936), reso, però, a Castro dei Volsci in altra maniera: *ppiù Mmarc'aggirë, ppiù mmatricianë truovë* (→ *matriciànë*); noto anche in Toscana (pistoiese: *quanto più mar si gira più marchigian si trova*, Petrocchi 1891), è diffuso in buona parte dell'Italia centromeridionale: pugliese (Gargano) *quanne cchiu camine cchiu marchescéne truve* (De Filippo 1985: 239).

Comune denigrazione popolare. C.

**màrcia,** sf. (ligure: Rovegno, Val Graveglia; emiliano occidentale: Bardi). 'Piccola incudine per martellare la falce'.

Dal femminile del latino *mărculus* 'martello', rimasto isolato in questa area limitatissima [Plomteux 1975]. C.

**màrco,** sm. (romagnolo), 'cornacchia bigia, *Corvux cornix* L.', anche *marcón*; *marco* (pugliese: Taranto), 'corvo reale, *Corvus frugilens* L.'; *marcu* (salentino: Francavilla Fontana), 'gazza'.

Dal nome proprio *Marco*, designazione favorita forse da ragioni onomatopeiche [Garbini 1920; Rohlfs 1956; Ercolani 1971].

A. Beltramelli: *Secondò, era Marcôn, piccola ed esaltata creatura, che assumeva pose profetiche. Portava a zazzera i capelli sì che da questo suo costume e dai piccoli occhi neri e dal naso lungo e puntuto, gli era nato il nomignolo di Marcôn, che, in dialetto romagnolo, significa cornacchia. Prima di essere anarchico, Marcôn, per seguire la sua manía divinatoria, diceva la ventura* (*Tutti i romanzi*, Milano 1940, p. 26). M.

**màrco e madòna,** locuz. (veneto: anche *marcomadòne*; veneto giuliano; trentino; friulano: *zujà di marc o madone*). 'Testa o croce'.

Il nome è dovuto al «soldo veneto che aveva da una parte l'impronta di S. Marco e dall'altra la Madonna» (Boerio 1856). La locuzione non solo si è diffusa anche nel Levante veneto, ma, fraintesa, ha dato origine all'altra locuzione friulana *là, mandà di marc a madone* 'andare, mandare da Erode a Pilato', come nell'agordino *ndà a marcomadòna* 'andare da uno all'altro senza ottenere ciò che si chiede', che si affianca all'altra locuzione *mandà a marcomadòna* 'mandare a quel paese' [Cortelazzo 1974]. C.

**marculdì,** sm. (lombardo, a Pavia: anche *merculdì*). 'Sterco umano'.

Espediente molto diffuso nei dialetti e spesso sfruttato nel teatro popolare per occultare la parola *merda*, ricorrendo al nome della settimana (*mercoledì, mèrcore*), che ha eguale sillaba iniziale. C.

**marcundèle ,** sf. (friulano). «Specie di sanguinaccio insaccato» (Nuovo Pirona 1992).

Forma svisata dell'italiano *mortadella*, alla cui origine c'è il latino *murtatus* agg. di '(salsiccia) condita con mirto'; alla forma *morta* 'mirto' «usata ancora nell'Ottocento, come 'fronda aromatica di mirto usata per conciare e marinare'» (DELI) si riconduce, con suffisso, il friulano *martuze*, altro nome del sanguinaccio insaccato. M.

**màre,** sf. (veneto). 'Meta in certi giochi di ragazzi'.

Propriamente *madre*, secondo l'evoluzione veneta del nesso latino *tr* (da *matre* a *madre* e poi a *mare*). Essa spiega anche la locuzione *vegnér a mare* 'capitare a proposito, alla resa dei conti', a cui corrisponde in altre parti del Veneto *vegnere a méa*, cioè "a meta".

G. Carretto: *Più lontano volava, più difficile era rilanciarlo con le mani verso la mare, difesa dallo stesso battitore* (*Via Muro Lungo 22 Verona*, Milano 1994, p. 19). C.

**maréin,** sm. (ligure-piemontese: Novi L.). 'Malattia dei bachi da seta, che li fa diventare flaccidi'.

Da *mar(é)in*, 'vento *marino*, che proviene dal sud', che ne sarebbe la causa, come confermano la comparazione *patì è maréin cmè i bigàti* 'soffrire il vento', la locuzione monferrina *l'ha fā dar marìn* 'è fuggito rapidamente', cioè 'ha fatto come il vento marino', che spira impetuoso, e altri modi piemontesi, suggeriti dai danni che questo vento meridionale provoca alle piante. C.

**marènna,** sf. (campano: San Mango sul Calore). «Pasto frugale offerto ai braccianti all'ora del tramonto, prima della conclusione della giornata lavorativa iniziata all'alba» (De Blasi 1991).

Letteralmente 'merenda'. M.

**mareố s,** agg. (friulano). 'Amaro'.

Dal latino *amaricōsus* 'amaro', che è alla base del sardo logudorese e campidanese *maricósu*, *marigósu* e di *smaragóso* in istrioto (a Rovigno) con significato analogo al friulano [REW; DES]. M.

**marfùsu,** agg. (siciliano; sardo logudorese), 'aggiratore, monello'; (campano, nel napoletano: *marfuso*), 'imbronciato, bizzoso'.

Dal catalano *marfus* 'ingannatore', spagnolo antico *marfuz* 'ripudiato, traditore', a sua volta dall'arabo *marfūḍ* 'respinto' attraverso il significato di 'abietto'; la voce dialettale è documentata dal Pulci nella forma *malfusso* col senso di 'birbone' [DEI]. M.

**marginétta,** sf. (toscano). 'Tabernacolo'.

Da *(im)maginetta*, pure attestata in toscano, con intrusione di *margine* per rifacimento popolare.

L. Viani: *Del nano Angiò è rimasta, fino a poco tempo fa, in piedi una "marginetta"; quelle chiesine che solevano farsi per grazia ricevuta ai margini delle vie maestre* (cit. in GDLI IX 802). C.

**mariàccio,** sm. (toscano: Arcipelago; laziale, ad Amaseno: *mariàccia*; marchigiano: *mariàcio*, *mariàccia*). 'Gioco di carte simile alla briscola'.

Dal suo nome francese, *mariage*, letteralmente 'matrimonio', perché si basa sull'accoppiamento di due carte [FEW]. C.

**marìa ghilónna,** sf. (corso). 'Labro pavone, *Labrus mistus* L.'.

Noto anche al basco, si presenta con varianti lontane fra di loro (*Maria-ji-lonna*, *marìa lonna*, *Maria ghiilorma*), tanto da rendere difficoltosa la ricerca della sua origine: letteralmente significherebbe 'Maria Geronima' [Massignon 1962; Chiodi-Tischer 1979; Ciavatti 1984]. C.

**marìa-vòla,** sf. (piemontese). 'Coccinella'.

È una delle varie denominazioni dialettali di questo insetto che fanno capo a temi religiosi, in questo caso al nome di *Maria* (si confronti anche il nome francese *bête à la Vierge*); ad esempio nel trentino, emiliano, romagnolo, toscano, marchigiano è detta *mariòla*, nel veneto (bellunese) *maria mariola*, *maria vola via*. Le designazioni del tipo "*maria vola (via)*" sono dipendenti da filastrocche fanciullesche comunemente connesse alla coccinella con cui i bambini giocavano: nel veneto (a Teolo) «maria maria, žola via / va ntel pra da vó / che te catarè na vaca m bò» 'maria maria, vola via / va nel prato di *vó* [probabile allusione al paese di Vo Euganeo nei pressi di Teolo] / che troverai una vacca e un bue', ad Ancona «mariόla, mariόla, / chi t'ha fatta la camigiòla? / Me l'ha fatta la mamma mia / Pia el vólo e fugge via» [Garbini 1925; AIS; DEI]. M.

**maridén,** sm. (emiliano: Parma). 'Lavoratore svogliato'.

Per comprendere questo traslato bisogna partire dal significato proprio di *maridén*, che è 'scaldino' (propriamente 'maritino', come in altri analoghi casi), il piccolo recipiente di terracotta o metallo, che, riempito di brace, serviva ai lavoratori all'aperto per riscaldarsi: per alcuni, evidentemente, con eccessiva frequenza [Petrolini 1993]. C.

**marinòto,** agg. (veneto: Polesine). 'Rozzo, incolto'.

Propriamente, *marinòto* è l'abitante nelle zone dell'estremo Delta del Po, vicino al mare (*marine*), malevolmente giudicato (Girardi 1991). C.

**marintròppiche,** sm. plur. (umbro: Ficulle). 'Cose in disordine, che sono di impedimento'.

Allargamento fantasioso del cultismo *mali idròpici*. C.

**maripòsa[1],** sf. (sardo logudorese). 'Farfalla', 'piccola farfalla', 'farfalla notturna'.

Dallo spagnolo *mariposa* 'farfalla' [DES]. M.

**maripòsa[2],** sf. (sardo campidanese, anche *manipòsa*). 'Lumino da notte'.

Dallo spagnolo-catalano *mariposa* di significato affine [DES].

S. SATTA: *Dormivano tutte nella stessa stanza, perché avevano paura. La mariposa (il lumino che girava senza sosta nella coppa dell'olio) rompeva la tenebre della notte, e aiutava Gonaria a non dormire, perché il sonno le sembrava tempo sottratto a Dio* (*Il giorno del giudizio*, Milano 1979, p. 165). M.

**marìs-c,** sm. (lombardo, anche *marés-c*). «Giuncheto, giuncaia, cariceto. Luogo uliginoso o acquitrinoso, nel quale non fa altro che giunchi, carici, cannucce, tife... Per estensione dicesi *marisc* qualunque terreno non coltivo e di nessun utile prodotto» (Cherubini 1839-56).

Da latino *mariscus* 'sorta di giunco' (Plinio), continuato in area galloromanza (ad esempio dal francese *marisque*, designazione di varie specie di ciperacee); è forma lombarda appartenente alla stessa base *bris-c* «giunco, biodo, *Juncus lacustris* L.» (Cherubini 1839-56) [DEI; FEW]. M.

**marlaóo,** sm. (lunigianese, con varianti). 'Marachella di ragazzi'.

La variante di Fosdinovo *mallavóro* ci aiuta ad interpretare *màl(o) la(v)ó(r)o*, un 'cattivo lavoro' [Masetti 1972-73]. C.

**marléta,** sf. (emiliano e romagnolo, anche *merleta*). 'Saliscendi, nottola'.

Diminutivo di *marla* 'saliscendi', parola antica (documentata a Bologna nel 1288) dal latino parlato **marrula* da *marra* 'sarchiello' [Mattioli 1879; DEI s.v. *marla* e *merlétta*]. M.

**marmarùca,** sf. (siciliano), 'stizza, collera'; (calabrese, ad Acri), 'pensiero fisso, fissazione'.

Può derivare dall'arabo *marmara* 'adirarsi', ma questa ipotesi non rende conto del suffisso, per cui potrebbe anche trattarsi di un riflesso del latino tardo *marmaryga* 'infermità agli occhi, sfarfallio' proposta dal DEI [Pellegrini 1972]. M.

**marmèl,** sm. (lombardo, anche *marmelìn*, *armelìn*; piemontese, anche *marmulìn*; trentino: *armelin*; emiliano occidentale; ligure: *marmelu*, *marmelìn*). 'Mignolo'.

Dal latino *minĭmus* 'molto piccolo' attraverso dissimilazione; si confronti per la fonetica il ligure *mermâ* 'levare una parte di qualcosa', *mermò* a Novi Ligure (Alessandria) «diradare, di ortaggi e simili» (Magenta 1970) dal latino *minimāre*. Tra i riflessi di *minĭmus* sono il laziale (Castel Madama) *marmotto* 'marmocchio', il corso *minimezza* 'svenimento' e *minimośu* 'pauroso' [REW; REWS; Plomteux 1975; Bracchi 1987: 200]. M.

**marmitón,** sm. (lombardo; veneto; emiliano; romagnolo). 'Uomo goffo, balordo'.

Dal francese *marmiton* 'sguattero' e 'uomo sporco, sfrontato'; il primo significato si trova nell'italiano *marmittone*, che nei secc. XVII-XVIII significa 'sguattero', mentre verso la metà dell'Ottocento indica il 'liberale pagnottista', cioè chi antepone il mangiare, la *marmitta*, a ogni considerazione ideale; il termine italiano è stato poi attirato nell'ambito militare, finendo per applicarsi al 'soldato goffo e sprovveduto' [DELI; Dardi 1986].

A. G. CAGNA: [*Le suore*] *creature buone e pavide fatte di remissione e di misericordia, o povere marmittone diseredate, ristrette di spirito* (cit. in GDLI IX 822). M.

**marmocchiàta,** sf. (toscano: lucchese). 'Corizza', grave infreddatura di capo.

Voce isolata, ma che si può probabilmente connettere con altre designazioni del 'forte raffreddore', come il veneto *marocàda*, derivata dal termine gergale *maròcca* 'robaccia', 'merce di rifiuto', con i suoi traslati 'specie di peste' (Fabriano), 'mal venereo, sifilide' e con i derivati *immaroccâse* 'attaccarsi il mal francese' e *immaroccâu* 'affetto da mal venereo' (Genova). C.

**màrna,** sf. (lombardo: Valtellina; ticinese). 'Madia'. «È un cassone di legno, rettangolare [...] con coperchio. La parte posteriore e quella anteriore hanno nel mezzo due sporgenze che servono a portare la madia. Le pareti laterali oltrepassano in basso il fondo e servono da piedi» (Stampa 1937: 119).

Parola di origine prelatina, è ricondotta ad una base **marna* [Stampa 1937; Bracchi 1987]. M.

**maròda,** sf., nelle locuzioni *andè a la maròda* (piemontese) 'predare, fare bottino' e *andàr a la maròda* (emiliano, a Parma) 'elemosinare'.

Dal francese *maraude* 'razzia, saccheggio', di discussa etimologia, che ha dato luogo alla locuzione *aller à la maraude* 'far man bassa'. C.

**maròdi,** agg. (friulano; veneto: *maròde*; veneto giuliano: *maròd, maròt*). 'Leggermente ammalato, convalescente'.

Prestito dal tedesco *marod(e)* 'sfinito, spossato', assunto durante la guerra dei Trent'anni dal francese *maraud* 'pezzente, straccione'. La voce è nota anche in altre varietà dialettali nord-orientali per indicare 'malato, indisposto' e simili, per esempio *maròt* (veneto bisiacco), *maròdec* (ladino centrale, Val di Fassa), *maròde*, *maròdec* (ladino-veneto: agordino) [Marcato 1982; Doria 1987; Cortelazzo 1988]. M.

**maròs,** sm. (lombardo, anche *marosèr*; piemontese, anche *marosè*; emiliano: *malusén*). 'Sensale di cavalli, mezzano di matrimonio'.

Dal longobardo *marhsloz* composto di *marh* 'cavallo' e *sloz* 'conclusione' intesa nel senso di 'conclusione nella vendita', piuttosto che dall'antico alto tedesco *ma-*

*rahskalk* 'chi cura i cavalli, garzone di stalla' (da cui proviene l'italiano *maniscalco*) [DEI s.v. *malòs*; Petrone 1976: 484-5]. M.

**maròta,** sf. (veneto; romagnolo; marchigiano: Ancona). 'Barchetta vivaio per anguille'.

Come altri termini legati a questi antichi procedimenti, è ancora di origine oscura. Anche l'unico riscontro, il calabrese *marrotta* 'cesta rotonda da frutti', non ha avuto spiegazione [DEI].

P. DE DOMENICO: *C'era infine una specie di barchetta, la marotta, cui venivano praticati dei fori sulle fiancate e nella quale, immersa nell'acqua, si conservavano vivi i pesci catturati* (*La barca dorata*, Gardolo di Trento 1989, p. 116). C.

**maròtu,** agg. (ligure, anche *maòtu*). 'Ammalato'.

Come l'italiano *malato* dal latino *măle hăbitu* 'in cattivo stato', passato attraverso il provenzale *malaut(e)* [Plomteux 1975]. C.

**mar(r)àna,** sf. (laziale; umbro). 'Ruscello', 'fossato per incanalare le acque'.

La voce, di antica tradizione a Roma, è stata accostata a *mara*, che in Corsica è un 'canale d'irrigazione' e in sardo una 'palude', un 'acquitrino' (a Cagliari: 'fogna, chiavica') e che si fa risalire al greco *amára* 'fossa, canale' o, comunque, ad una base preromana [REW; DEI; DES]. C.

C. CAMARCA: *scudisciati dalla pioggerella di tre giorni poi quattro che scoppiava le fogne le tubature, ingrossava la marana che rivolava leggera e cupa alla base dei ponti* (*Il sole è innocente*, Milano 1992, p. 37). C.

**marranchìno,** sm. (campano; abruzzese; calabrese; siciliano). 'Mariolo, ladro', anche agg. 'audace', con varianti come *marranchinu*, *marranghinu*.

La voce è stata ricondotta ora a *branca* 'zampa' ora all'arabo *maḥarram* 'cosa proibita'; secondo Petrolini si tratta probabilmente di uno sviluppo di significato a partire da 'piccolo attrezzo da taglio' che vive ancora in siciliano: *marranchinu* 'coltello mal ridotto, poco tagliente' (nel messinese), 'coltello senza manico' (nel catanese), col v. *marranchiniàri* 'adoperare un coltello senza manico'. Il passaggio semantico ipotizzato è dunque 'attrezzo' > 'chi usa abitualmente e con particolare destrezza quell'attrezzo'. Quanto al nome dell'attrezzo, è ricondotto a una voce **marranca* (composto di *marra* e *ranca* come deverbale di *rancare*, variante di *roncare* 'sarchiare, dissodare, → *marangón*) di area veneta che si sarebbe diffusa attraverso il linguaggio della marineria veneziana e i contatti marittimi tra Veneto e Sicilia [REW; REWS; Petrolini 1996]. M.

**marrànu,** sm. (sardo). 'Vile, codardo'.

Dallo spagnolo *marrano* 'cristiano nuovo', 'ebreo o moro convertito'. C'è da aggiungere che quello che in italiano è rimasta apostrofe stereotipata propria di certi romanzi d'avventure (*Vile marrano!*), in sardo è nell'uso corrente come «intimazione di sfida, di provocazione, *Marranu si lu narras* 'provati a dirlo', 'ti sfido a dirlo', 'se hai il coraggio di...'» (Ruju 1987). C.

**marranzànu,** sm. (siciliano, con molte varianti). 'Scacciapensieri, tipico strumento musicale a pizzico'.

Delle numerose denominazioni raccolte, questa è la più diffusa e nota, legata probabilmente alla base germanica *marka* (più evidente nella variante *marracanzanu*), che ha dato origine nel dialetto di San Fratello a *marcanzàn*, *margagghiàn* 'mascalzone'. Si tratterebbe, allora, di un vocabolo importato dal nord con la connotazione negativa connessa con la circoscrizione territoriale e politica della *marca*. Come aggettivo, infatti, *marranzanu* corrisponde a 'ladro, furfante, mascalzone, ingannatore' [Riolo 1981].

S. QUASIMODO: *Il marranzano tristemente vibra / nella gola al carraio che risale / il colle nitido di luna* (cit. in GDLI IX 831). C.

**màrrë,** sm. (abruzzese, nel chietino). «Bòcco, noce grossa con cui si tira alle cappe, nel gioco a nocino», anche *marrònë* (Giammarco 1969).

L'ipotesi etimologica del DEI riconduce tale voce allo spagnolo *marron*, denominazione della pietra che si lancia nel gioco del *marro* o gioco delle piastrelle (Corominas), mentre Giammarco 1985 rinvia genericamente al dialettale *marra* 'mucchio di sassi', voce di origine preromana. M.

**marrùggiu,** sm. (siciliano; calabrese: anche *marùggio*). 'Manico, di zappa, scure, o altri strumenti'.

Da un incrocio tra il latino *marra* 'strumento per radere il terreno superficialmente' e *manubrium* 'manico'; si collegano alle forme dialettali citate il pugliese *margialë*, *margèulë* e varianti, il calabrese *margiàuë*, con lo stesso significato che richiedono un derivato **maruggiale* da *marruggio*, e con altra suffissazione il campano (irpino) *margiòcco* 'zappa' [Nittoli 1873; DEI s.v. *marrùggio*; Rohlfs 1977a; Colasuonno 1991-92]. M.

**mars,** sm. (marchigiano: Urbino). 'Falò di erbe e arbusti secchi, che si accende in campagna la sera della vigilia delle feste della Madonna'.

Letteralmente *marzo*, il mese nel quale sono più frequenti questi falò, che i bambini saltano (*sopra l mars*) [Aurati 1983].

G. PASCOLI: *Si doveva saltare attraverso mucchi di stoppia accesa, come sono i "marzi" tra noi* (cit. in GDLI IX 858). C.

**marsìda,** sf. (lombardo). «Prato a lati inclinati sul quale, volendolo, si fa scorrere ad arte ogni dì un velo d'acqua continua anche nell'invernata, per lo più che risulta aderbato sempre, e somministra precoce, e in maggiori e più ripetute quantità di quello che non s'abbia dai prati ordinarj, il pascolo per gli armenti» (Cherubini 1839-56).

Voce entrata anche in italiano nella forma *marcita* ed usata già dal Soderini (fine XVI sec.), è un derivato di *marcire* attraverso il participio passato. L'etimologia popolare riconduce il nome a *marso*, il mese di marzo, nel senso di prato che matura col sole di marzo. La pratica agricola di questo tipo di prato interessa oltre alla Lombardia anche il Piemonte e in taluni casi pure Veneto, Lazio, Umbria [DELI; GDLI].

A. GRAF: *L'amaro colchico nasce / sulle squallenti marcite / dove più greggia non pasce* (cit. in GDLI IX 783). – E. DE MARCHI: *Quando voleva pigliarsi una boccata d'aria, andava a passare la domenica alle Cascine Boazze, poche miglia fuori di Porta Romana, quasi sotto il campanile di Chiaravalle, la terra classica del verde, delle* marcite, *delle praterie color smeraldo, lunghe, larghe, distese a perdita d'occhio, sprofondate tra i filari dei salici grigi e dei pioppi tremolanti* (*Romanzi e racconti*, a cura di A. Galletti, Milano 1913). M.

**marsùpi,** sm. (piemontese, in Val Sesia: *marsùpiu*; lombardo: a Bergamo *marsòpe* e a Mantova e Pavia *marsùpi*; trentino: *masùpo, masùpio*). 'Gruzzolo o anche denaro messo da parte'. Il trentino *masupio* mantiene anche il significato originario di 'borsa' (Bertoluzza 1992).

Deriva dal latino *marsūpium* 'borsellino', che a sua

volta risale al greco *mársipos* ‘borsa’. Anche l’italiano antico aveva la forma *marsupio* [Prati 1934]. C.

**martelìna,** sf. (lombardo: Bormio; emiliano, Parma: *martlèna*). ‘Anòbio, tarlo del legno’.

La denominazione si deve al rumore che fa l’insetto, non al rodere, ma al battere (come un ‘martello’) che esso produce per chiamare la femmina all’incontro amoroso, rumore proprio della specie (*Anòbium pertinax*): in italiano è detto *orologio della morte* perché somigliante al ticchettare dell’orologio. Nel Lazio è detto *orlòggio de San Pasquale* e nel veneto (zona veronese) *tic del legno* [Garbini 1925; Prati 1954]. M.

**màrticu,** sm. (siciliano). ‘Litargirio, ossido di piombo’.

Non deriva dalla voce spagnola *almartego* (come si legge nel DEI) ma da quella catalana *màrtech*, *màrtec* di analogo significato e a sua volta «arabismo che il siciliano non sembra aver ricevuto direttamente dall’arabo, ma per via commerciale o grazie alle pratiche della mascalcia, in cui era usato, dal catalano e nella forma senza l’articolo arabo, che è sempre incorporato nel castigliano» (Varvaro 1974: 88) [DEI s.v. *màrtico*; Corominas]. M.

**martingàna,** sf. (siciliano; campano: Napoli; calabrese: *marticàna*). ‘Nave con un albero; grossa barca che fa il piccolo cabotaggio; nave da commercio’.

Dal provenzale *martegalo*, *martengalo* ‘barca usata dai pescatori di Martigues o, in Provenza, *Martegue*’, nome diffuso anche in Levante [DEI; Kahane-Tietze 1958; Rohlfs 1977a]. C.

**martő́r,** sm. (friulano). «Colatoio naturale in montagna pel quale vien fatto scorrere il legname; doccia o striscia denudata del monte lungo la quale si convogliano abbasso le legne» (Nuovo Pirona 1935), col derivato *martorà* ‘far scendere la legna lungo il *martő́r*’, anche *mortő́r* e varianti.

Voce tipica del lessico friulano alpino, è di etimo non bene accertato. Un’ipotesi poggia su un latino parlato **mort(u)ōrium* ammesso che a tale base si possa assegnare un senso di ‘buca, alveo, fossa’; si può altrimenti supporre un derivato da *morto* e come confronto si richiama ad esempio l’italiano *morta* ‘tratto di alveo che si forma in un’ansa di fiume abbandonato dalla corrente’. Ancora, ma sempre come ipotesi, si può pensare al latino *mortārium* ‘mortaio’, ma anche ‘trogolo per la calcina’, ‘fossa intorno agli alberi per annaffiamento’ (con sostituzione di suffisso con *-ōriu*); in tal caso avrebbe riscontro con l’abruzzese *murtarole* ‘fossetta per piantar fagioli’ [Pellegrini 1992: 186-188]. M.

**martoràš,** sm. (lombardo: Milano). ‘Povero diavolo’.

Da *màrtor* ‘martora’, che ha dato luogo ad altri derivati, tutti deprezzativi, come *martorèl* e *martoròt*.

A. MANZONI: *«Quel martoraccio di mio fratello Gervaso, farà quello che gli dirò io»* (*Fermo e Lucia*, Milano 1954, p. 107). C.

**martorélo,** sm. (veneto: Polesine). «Emigrante che torna al paese d’origine per trascorrere le ferie ospite di parenti o amici» (Girardi 1991).

Il suo comportamento ha le stesse conseguenze di quello della ‘faina’ (*martorelo*), perché, per dovere d’ospitalità, fa vuotare il pollaio. C.

**marucèlla,** sf. (toscano: Elba; anche *marugèlla*; corso: *malugélla* e varianti). ‘Civetta, uccello del malaugurio’.

Letteralmente ‘malo uccello’: più vicina a questa forma è la variante, pure elbana, *malugèlla* [Rohlfs 1979]. C.

**marùffo,** sm. (toscano; corso; sardo), ‘specie di nassa, dove si mette il pesce vivo di riserva’, ‘vivaio’; (calabrese e salentino: *marruffu*), ‘bottiglione cilindrico di vetro scuro, orciolo di vino o acqua’.

Respinta la debole ipotesi che si tratti di un continuatore di *mamphur* ‘cocchiume della botte’, la voce resta, come altre che indicano il ‘recipiente per vivaio di animali marini’, di origine finora sconosciuta [Guarnerio 1915; DES]. C.

**marùzza,** sf. (campano; calabrese). ‘Lumaca, chiocciola’.

La voce, che, variamente deformata per incroci diversi, copre parte dell’Italia meridionale e della Sicilia, proviene da un latino parlato **marucea* per la *maruca* dei glossari, nome della ‘chiocciola’, egualmente ben rappresentato nella stessa area [DEI].

S. REA: *Bancarelle di taralli, melloni, noccioline, “maruzze”, polipi bolliti, gassose e birre* (*I topi di Napoli*, Milano 1988, p. 183). C.

**maruzzèlla,** sf. (campano: Napoli). ‘Ricciolo’, ‘diavoletto’ (ciocchetta di capelli involta nella carta per farla arricciare), ‘ragazza vivace e simpatica’.

Tutti questi significati dipendono da *maruzza*, nel latino parlato **marucea* per il latino tardo *maruca* ‘lumaca’ di mare e di terra, l’una e l’altra con continuatori in territorio campano e calabrese. Per il calabrese *mar(r)ozza* era stato supposto anche un influsso di *cozza* su *maruca*. Da *maruzza* dipende anche il derivato napoletano *maruzzaro* ‘venditore di lumache lessate’ [Alessio 1938; DEI]. C.

**marvàs,** agg. (ticinese: val Verzasca). ‘Detto di persona di cattivo carattere’ e ‘di cose piccanti, che pizzicano, che pungono’.

Letteralmente, ‘malvagio’. C.

**marvivènte,** sm. (toscano: Pisa e Livorno). ‘Malvivente’.

*Malvivente* con la *l*, che, davanti a consonante, si cambia in *r*. La mancata conoscenza di questa semplice norma fonetica ha provocato «l’equivoco d’un illustre letterato del secolo scorso, di cui si narra che, passando da Livorno, fu presente a un litigio fra due barcaioli del porto, uno dei quali, cessata la contesa, uscì a dire del rivale, già lontano, che era un *marvivènte*. Il letterato intese *mar vivènte*, e ammirò l’espressiva metafora dell’immaginoso popolano livornese, che assomigliava al mare procelloso l’animo del compagno agitato dalla passione» (Malagoli 1939). C.

**marzapàni,** sm. (siciliano), «scatolina in genere usata per riporvi dolci; modesto scrigno di rame o di cristallo che racchiudeva tutti i pochi beni d’oro delle povere famiglie; portavivande dei contadini» (Piccitto 1985); (calabrese, anche *marzapane*), ‘astuccio per conservare un gioiello’; (campano, nel napoletano: *marzapanë*), ‘canestra di vimini’.

Dall’arabo *marṭabān*, designazione di un ‘vaso di porcellana’ proveniente dalla città indiana di *Martaban*, poi ‘confettura di zucchero e spezie’ solitamente contenuta nel vaso. Quest’ultimo significato è all’origine dell’italiano *marzapane* ‘pasta dolce fatta con mandorle, bianco d’uovo e zucchero, cotta nel forno e usata in pasticceria’ [Cardona 1969; Pellegrini 1972; DELI]. M.

**maržéppa,** sf. (siciliano, a Calascibetta). «Correggiato usato dalle spigolatrici per battere il grano» (Piccitto 1985).

Dall’arabo *merzeba* ‘specie di maglio’ [Rohlfs 1977a]. C.

**masacàn¹,** sm. (abruzzese: *mazzacanë*; campano: *mazzacane*; calabrese e siciliano: *mazzacani*), ‘sasso, ciottolo’ di media grandezza; (toscano, Pistoia: *mazzacane*), 'sassi spezzati che si trovano per via o nelle fosse in campagna'; (sardo: *mazzagani*), 'rottami di pietra per riempire i vuoti della muratura'.

Letteralmente 'ammazzacane', tipo molto diffuso nel dominio provenzale [FEW; DEI; Plomteux 1975].

S. D'ARRIGO: *L'indomani, di primo mattino, sei di loro sbarbatelli avevano varato con la feluca, per un'altra imbarcata di ammazzacani, che avrebbero fatto meglio a chiamare ammazzacristiani* (*Horcynus Orca*, Milano 1975, p. 673). C.

**masacàn²,** sm. (ligure). 'Muratore'.

Denominazione isolata, che si fa derivare da *masacàn*¹ 'sasso, ciottolo', anche se il passaggio semantico sembra troppo ardito (forse inizialmente offensivo) ed anche se questa accezione è ignota al ligure (il provenzale *masacan* si arresta al confine politico). D'altra parte, un accostamento all'equivalente francese *maçon* (dal francone **makjo* 'scalpellino') non trova nessun appoggio [DEI; Plomteux 1975]. C.

**masanéllë,** sm. (abruzzese, con varianti; lucano: *masaniélle*). 'Gradasso, filibustiere', (calabrese: *masaneḍḍu*) 'attaccabrighe'.

Da *Masaniello*, il protagonista della rivolta napoletana del 1647 [Migliorini 1927]. C.

**masàngo,** sm. (veneto, anche *marsango*; veneto giuliano: *masàn*, *marsàn* e varianti; friulano: *masànc*). 'Pennato, roncolo, roncola', strumento con lama larghissima e un po' adunca, con manico corto e di legno, che serve principalmente a tagliare rami d'albero o altro con colpi ripetuti'.

Una connessione etimologica col tipo italiano *marraccio*, *marrancio* 'mannaia da macellaio; pennato' (dal latino *marra*) appare incerta; è preferibile invece rapportare queste voci col tedesco dialettale *mâsshàcke* (carinziano), *Maisshacken* (bavarese) ecc. 'ascia da boscaiolo'. Adattato come **massàc*, tale tedeschismo verosimilmente antico (in friulano è attestato come *massangum* a Cividale nel 1440) si è evoluto in *masànc* con nasale propaginata, mentre *marsango* si spiega come dissimilazione di *-ss-*. Per Petrolini 1996 tali voci possono spiegarsi invece come sovrapposizione di un **marranca* / **marranga* (→ *marranchino*) e **massaca*, adattamento del tedesco dialettale *mâsshàcke*, con successive evoluzioni formali all'origine delle varianti dialettali [Pellegrini-Marcato 1988; Zamboni 1991a: 131]. M.

**màsca,** sf. (piemontese; ligure). 'Strega, fattucchiera'.

La voce risale ad un latino tardo *masca* documentato dall'Editto di Rotari (643): «strigam, quod est mascam» che a sua volta potrebbe essere di origine preromana (il FEW ricostruisce una base **mask-* 'scuro'); forse da *masca* deriva l'italiano *maschera* [DEI; REWS; DELI]. M.

**mascàgna,** sf. (ligure: Val Graveglia). 'Capelli pettinati all'indietro'.

Dalla pettinatura all'indietro e senza scriminatura usata dal celebre musicista *Mascagni*, da cui l'espressione italiana *capelli alla Mascagni* [Migliorini 1927; DEI; Plomteux 1975]. M.

**mascaràri,** v. (siciliano). 'Annerire, imbrattare'.

Voce di derivazione incerta: può dipendere dal catalano oppure dal provenzale *mascarar* 'tingere' [DEI; Varvaro 1974: 104]. M.

**mascëcagliùttë,** sm. (laziale: Castro dei Volsci). 'Mostro, orco', nominato per intimorire i ragazzi.

Dalla sua presunta azione di masticare (*mascëcà*) e inghiottire (*agliòttë*) i bimbi cattivi. Vi corrisponde puntualmente il pugliese (Bitonto) *mangegnùttë* 'orco', letter. 'mangia e inghiotti' [Vignoli 1911; Valente 1993]. C.

**màs-cia,** sf. (lombardo: Voghera). 'Mistura di fieno e paglia per foraggio', 'miscuglio di crusca, farina, ecc., egualmente per foraggio'.

Deverbale di *mas-cià* 'mescolare, mischiare'. C.

**mascicà,** v. (umbro, anche *ammascicà*; abruzzese, anche *ammascecà* e altre varianti). 'Masticare, biascicare'.

Dal latino *masticāre*, incrociato con *biascicare* 'mangiare lentamente masticando male e facendo rumore' (forma ampliata di *biasciare*, dal latino parlato **blassiāre*, di formazione onomatopeica) [DEI; REWS; DELI]. M.

**mascìna,** sf. (campano, a San Mango sul Calore). 'Grammofono'.

Dall'inglese *machine*, parola «con cui gli emigranti ritornati in patria chiamavano i primi grammofoni da loro portati a San Mango» (De Blasi 1991). M.

**masciónë,** sf. (molisano; galloitalico: Picerno [Basilicata]; pugliese settentrionale; campano, in Irpinia: *masóna*; lombardo, nel bresciano: *mazù*; veneto, a San Stino di L.: *maśonèra*; trevigiano *maśonil*; ladino centrale: *mažón*), 'pollaio', anche nel derivato *mascionàrë* noto nel molisano, nel campano (in Irpinia) e nella Calabria settentrionale, a Guardia Piemontese (località che, all'epoca di Federico di Svevia, è stata popolata da valdesi provenienti dal Piemonte); (galloitalico, a Tito [Basilicata]: *masció*), 'bastone trasversale del pollaio, dove le galline si appollaiano per dormire'; (calabrese settentrionale: *masciùne*), 'covo, tana'; (campano, a San Mango sul Calore: *ammasòno* sm.), 'il riparare nel pollaio per trascorrervi la notte; (veneto, trentino: *andàr a maśón*, *nàr a maśón*), 'andare a pollaio'.

Dal latino *ma(n)siōne* propriamente 'soggiorno, abitazione'. Sono denominali delle voci dialettali il campano e lucano *ammasunà*, il calabrese *ammasunare*, il siciliano *ammasunari*, che designano oltre all'"andare a pollaio", anche, in senso scherzoso, l'"andare a letto' riferito a persone; nel napoletano *ammasunà* ha pure il significato figurato di 'uccidere, accoppare'. [AIS; REW; DEI s.v. *ammasunare*; Prati 1968; Rohlfs 1977; Salzano 1979; Bondardo 1986; Greco 1991; De Blasi 1991]. M.

**màšco,** sm. (campano, nel napoletano), 'ghiaccio, gelo'; (calabrese settentrionale: *mašcuru* e *mašcura*, *mašcórë* come sf.), 'brina, gelata mattutina'.

Dal latino *mascŭlus* 'maschio'; per quanto riguarda la semantica, secondo DEI, si passa dal significato di 'chiavistello' a quello di 'gelo, ghiaccio', parallelamente a quanto rilevato nel dialetto di Subiaco in cui è attestata la voce *pèschiu* 'ghiaccio' sviluppato appunto dal significato di 'chiavistello' (che è anche quello della base latina *pessŭlus* da cui il termine deriva). Rohlfs (1977) invece, menzionando il lessema calabrese, rinvia al latino *mascŭlus* nel senso traslato di 'fenomeno [meteorologico] che inserra e indurisce'. M.

**màsculu,** sm. (calabrese settentrionale, anche *màsculë*; lucano: *màsculë*; campano, nel Cilento: *mascali*, anche *màscula*, *màschera*, *màscara* ma come sf.; salentino: *vascàle*). 'Ascella'.

Dal greco **máschalon*, **maschálion* (→ *scàio*) per il classico *maschálē* di analogo significato rimasto come *Reliktwort* in calabrese, lucano e campano (Rohlfs 1988: 110) o riflesso di un latino regionale *maschala* a sua volta dal greco (DEI s.v. *màscolo*); il grecismo è continuato nella località grecofona calabrese di Bova (*mascali*) e nella

Grecìa salentina. Nel calabrese centro-meridionale per designare il medesimo concetto si usano forme come *masciḍḍa*, *mascilla* che sono dovute ad un incrocio tra il greco *maschále* ed il latino *axilla* 'ascella' (DEI; non con il latino *maxilla* come si legge in Rohlfs 1977). M.

**masèdu,** agg. (sardo). 'Animale addomesticato'.
Dal latino *mansuētus*, detto dell'animale domestico [DES].
G. DELEDDA: Maseda (*mansueta*), *la cavalla, procedeva tranquilla per i sentieri aperti fra l'erba delle* tancas [→ *tànca*] (*Romanzi e novelle*, II, Milano 1950, p. 347). C.

**maṡïà,** v. (friulano). «Arare la terra una o due volte in luglio e agosto per purgare dalle male erbe e prepararla alla seminagione del grano» (Nuovo Pirona 1935).
Il verbo dipende sicuramente dal latino *majus* 'maggio' (da cui l'italiano *maggese* 'il terreno lasciato a riposo, ma che viene risvoltato') attraverso un derivato **majicare* che in origine avrà deisgnato il lavorare il campo di maggio (poi di luglio o agosto) per predisporlo per la semina [Pellegrini-Marcato 1992: 614: 5]. M.

**masìnu,** sm. (galloitalico: Tito [Basilicata]). 'Ragazzo irascibile, impetuoso, violento, scortese'.
Dal nome di persona *Tommaso*, attraverso l'ipocoristico *Masino* che, si dice a Tito, era un capo brigante, il quale viveva nei boschi e impauriva, con le sue scorrerie, le popolazioni della zona [Greco 1991]. M.

**maṡlàt,** sm. (piemontese, nel biellese e valsesiano). 'Macellaio'.
Dal latino *macellārius* con sostituzione del suffisso *-ar* con *-àt* che in queste varietà dialettali forma nomi di mestiere [Berruto 1974: 30]. M.

**maṡnà,** sm. (piemontese; valdostano: *mejnà*, *majnà*). 'Bambino, ragazzo', anche con significato collettivo.
Come l'italiano *masnada*, in origine 'insieme di familiari e famigli', poi 'schiera d'armati', 'compagnia di gente disonesta o violenta', deriva dal latino parlato **mansionāta* 'gente di casa (*mansiōne*)'; l'evoluzione di significato che porta *maṡnà* a designare il 'bambino, ragazzo' ha un parallelo nel lucchese antico *famiglia* nel senso di 'famiglio' [Pauli 1919; DELI]. M.

**màssa,** sf. (marchigiano). 'Pasta di pane, di pastasciutta, di gnocchi e simili', 'pastone'.
Mantiene il senso del latino *massa* 'pasta', dal greco *mâza*, che significava, fra l'altro, 'impasto, polenta', derivato del verbo *mássein* 'impastare'. C.

**masséa,** avv. (umbro). 'Da pochissimo tempo'.
Da → *assé(a)* preceduta da *m(ò)* 'ora' [Ugolini 1988-89]. C.

**mastèḍḍu,** sm. (siciliano). «Il sussi nel gioco omonimo» (Piccitto 1985). Il sussi è un gioco da bambini che si fa cercando di colpire con una piastrella un bersaglio costituito da una pietra sulla quale o sotto la quale si mettono delle monete (vi è anche il modo di dire *essere il sussi* 'chi è fatto bersaglio a motti e burle della conversazione').
La voce siciliana è registrata dal DEI (s.v. *mastèllo*) col significato di 'pallottola, lecco' ed è ricondotta ad un latino parlato **mastella* diminutivo di **mastla* per il classico *massŭla*, letteralmente piccola 'massa'. M.

**mastrèḍḍa,** sf. (siciliano; calabrese). 'Specie di tavola dove il cacio fresco riceve la sua forma', in calabrese anche 'base del torchio su cui si pongono le gabbie che contengono la materia da premersi', 'tino per il bucato'; in siciliano si usa pure il masch. *mastrèḍḍu*.
La voce, che in calabrese presenta altre varianti tra cui *masreda*, *mastreza*, è diminutivo di *mastra* attestato in altri dialetti e variante svisata del greco *máktra* 'madia'; → *màtra*² [Rohlfs 1977a]. M.

**maštrìglië,** agg. (laziale), 'cattivo, malvagio'; (toscano, a Pisa: *mastrilli*), 'bizzoso', detto scherzosamente di bambino.
Dal nome del famoso brigante Giuseppe *Mastrilli* da Terracina, che infestò la campagna romana nella seconda metà del Settecento. L'eco delle sue efferate imprese superò l'ambito regionale, tanto che il detto *al n'à fat piò che Mastréll* vive in emiliano, a Modena [Vignoli 1911 e 1926; Malagoli 1939; Preti-Vaccari 1975: 78-79]. C.

**mastrìllo,** sm. (campano, nell'irpino: *mastrieddo*; abruzzese: *mastrillë*; lucano: *mastrìll*, *mastrillu*; calabrese: *mastrillu*). 'Trappola per topi'; nel napoletano vi è il modo di dire: «*Justo pe' aparà 'o mastrillo*, riferita alla scarsa quantità di cibo che ci si ritrova davanti» (de Falco 1989).
Dal latino tardo *mustricŭla* con lo stesso significato, con cambio di suffisso ed accostamento paretimologico a *mastro* (una derivazione dal latino *magister* che si legge in REW non è accettata) [Nittoli 1873; DEI; Giammarco 1968; Salzano 1979; Bigalke 1980]. M.

**mastrùcca,** sf. (sardo: Nuoro). 'Caratteristica pelliccia dei pastori sardi'.
Dal latino *mastrūca*, che già gli antichi dichiaravano voce peculiare dell'isola, ritenuta di origine punica.
G. DELEDDA: *qualcuno di questi, con un grande grappolo nero di barba che si confondeva col pelo della mastrucca, sembrava il re Melchiorre* (*Romanzi e novelle*, I, Milano 1954, p. 659). – S. SATTA: *Rivoltola le forme, e "riattizza" / Il fuoco, e giace nella sua mastruca* (*Canti*, Milano 1955, p. 81). C.

**mastùra,** sf. (lombardo, nel pavese). 'Grossa pagnotta in genere'.
Si chiama così perché le pagnotte grosse erano fatte di farina mista di frumento e granturco; questo tipo di pane era detto anche *pan mastùra* [Annovazzi 1934; Galli 1965]. M.

**matabòis,** sm. (sardo campidanese). 'Tafano, estro bovino'.
Dal catalano *matabous* 'insetto imenottero della specie *bombus hortorum*', letteralmente 'ammazzabuoi' [DES]. M.

**matadùr,** sm. (piemontese), 'giocatore esperto'; (veneziano: *matadòr*), 'persona influente'.
Dallo spagnolo *matador*, nome di una delle carte di maggior valore nel gioco delle ombre ed in altri giochi simili, dal significato originario di 'uccisore del toro' [Levi 1927]. C.

**matafalùga,** sf. (sardo campidanese, nel logudorese: *matafilùga*, *matafilùca*). 'Anice, *Pimpinella anisum*'.
Dal catalano *matafaluga* (spagnolo *matalahuga*) 'anice' [DEI; DES]. M.

**matàffu,** sm. (calabrese, anche *matàffunu*; siciliano: anche *mataccu*). 'Mazzapicchio' per rassodare il suolo, per spianare l'aia, per la pavimentazione stradale; in Sicilia anche in uso figurato: 'persona corpulenta, forzuta, pigra'.
Dal nome arabo dell'arnese, *madaqqa* [DEI; Pellegrini 1972; Rohlfs 1977 e 1977a]. C.

**matalùnga,** sf. (lombardo; trentino: *masalùnga* a Roncone). '(Dito) medio'.

L'idea di *lungo* è facilmente connessa col dito centrale della mano (*lungùn* in ticinese, a Ligornetto, e in lombardo, a Germasino (CO)), mentre la prima parte corrisponde rispettivamente a *mat* noto al lombardo (Bormio) nel senso di «colonna dell'argano di legno che sorregge le caldaie sul focolare» e *mat de la lum* «portalume di legno», che «in origine doveva valere "ometto"» (Antonioli-Bracchi 1995), e *masa* 'mazza'. C.

**matèlicu,** agg. (siciliano), 'eccessivamente puntiglioso, meticoloso'; (marchigiano, ad Amandola: *matéllucu*), 'pazzerello, scriteriato'; (abruzzese: *matélechë*), 'mezzo matto, lunatico'; (campano, a Napoli: *matéleco*), 'vecchio ributtante'.

Sono voci che riprendono il nome di luogo *Matelica* (in provincia di Macerata) per la sua assonanza con '*matto*'; nel marchigiano, ad Arcevia vi è il modo di dire *venì da Matélleca* 'essere pazzo' [Belli 1927-29; DEI s.v. *matèlaco*; Salzano 1979]. M.

**matié,** v. (ladino centrale: Livinallongo), 'giocare'; (ladino centrale: Val Badia), 'gingillarsi'.

Si tratta certo di una derivazione assai recente da *mat* 'matto', che si confronta con il bellunese *matàne* 'trastulli, giochi, sciocchezze', da *mat* + suffisso; la creazione di un nuovo termine per il giocare dei bambini si è imposta in luoghi dove i continuatori del latino **jocāre* hanno assunto un significato particolare: → *żoié* [Tagliavini 1934]. M.

**matìnë,** sf. (pugliese). 'Terreno o dosso coltivato', 'terreno pianeggiante o collinoso', in opposizione a → *mùrgia*.

Frequente in toponomastica (*Matino*, in provincia di Lecce, *Mattinata* nel Foggiano) e in documenti medievali, è ricondotto ad una radice prelatina **mat-* 'altura, monte' [*Dizionario di toponomastica*].

E. PANUNZIO: *M'indica "le mattine" lontano, ai piedi della Murgia: si distinguono appena perché il sole abbaglia. «Il nonno non ci pensa più alle "mattine" che gli davano l'olio buono. Dice che senza la proprietà si campa meglio e sicuro»* (*I signori scaduti*, Rocca San Casciano 1966, p. 10). C.

**màtra[1],** sf. (calabrese, anche *matre, matri*), «utero; ovaia della scrofa, della vacca» (Rohlfs 1977); (siciliano: *maṭruzza*), «ovaia degli ovipari; utero dei mammiferi; intestini di animali», a Castelbuono «ovaio di agnelli, messo a seccare, quindi macinato e reso come sego» (Piccitto 1990).

Voci ricondotte dal DEI al latino tardo *matra* glossato col greco *mḗtra* 'utero' per raccostamento al latino *mater* 'madre'. M.

**màtra[2],** sf. (romagnolo; marchigiano, umbro, laziale: *màttara, màttera*; campano, lucano, calabrese settentrionale, salentino: *mätt(e)ra, mätt(a)ra*). 'Madia'.

Dal greco *máktra* 'madia'; dalla variante deformata **mástra* dipendono il tipo *màstra*, laziale meridionale e sporadico in ligure, piemontese meridionale, lombardo occidentale, veneto, toscano, emiliano, come designazione della 'madia'; nonché il siciliano *masra*, il calabrese *ma(s)reḍḍa* e il calabrese e siciliano → *mastrèḍḍa* 'specie di tavola dove il cacio fresco riceve la sua forma' [AIS; REW; Rohlfs 1977a].

D. PRATO: *Quando stava a casa mangiava in sala da pranzo, tra me e Zizí, ma in terra; Eugenia, appoggiandosi con una mano sull'orlo della tavola, si chinava con tanta fatica per posare il piatto; residenza preferita la cucina: sull'arola se aveva freddo se no sulla mattera [...] Passavo apposta davanti alla mattera per toccare il muso del gatto, mi piaceva tanto, era umido e freddo come un ghiacciolo* (*Giù la piazza non c'è nessuno*, Torino 1980, p. 72-3). M.

**matriciànë,** agg. (laziale: Castro dei Volsci), 'rozzo, maleducato'; (campano, a Napoli: *matresciano*), 'di colpo assestato con forza'.

Non sta per *marchecianë* 'marchigiano', come interpreta il Vignoli 1911 (si confronti → *marchiggiàno*), ma per *amatriciano*, il robusto abitante di *Amatrice*, ora in provincia di Rieti, da cui anche il nome di un piatto di spaghetti o maccheroni *alla matriciana* o, meglio, all'*amatriciana*; *matriciani* a Roma sono detti i venditori di erbaggi. Il significato spregiativo delle altre voci dialettali sarà sorto in relazione al fatto che gli abitanti di Amatrice, che praticavano la pastorizia, andavano a svernare nella Campagna romana [Prati 1936; LEI].

R. BACCHELLI: *Così finivano gli spaghetti alla matriciana, troppo unti e cosparsi di un pessimo pecorino stantio* (cit. in GDLI I 379). – A. MORAVIA: *Insistette con l'oste: "Ma ci avete la vostra specialità... gli spaghetti all'amatriciana". L'oste disse che ci aveva infatti gli spaghetti all'amatriciana e ordinammo* (cit. in GDLI I 379). – U. OJETTI: *Amatrice è un paesotto dell'Aquilano presso Cittaducale, e* matriciani *allora erano chiamati a Roma gl'incettatori e i venditori di erbaggi, dalle carote alle cipolle* (cit. in GDLI IX 937). M.

**mattamàticu,** sm. (umbro: Spello). 'Pazzoide, cervello balzano'.

Da *matematico*, sul quale ha influito *matto*. C.

**mattarìa,** sf. (calabrese: Reggio Calabria). 'Gran calma di mare con cielo nuvoloso'.

La voce si confronta con *maccarìa* (siciliano e napoletano) di analogo significato, dal greco *malakía*, ma è accostata all'aggettivo calabrese *mattu* 'quieto'; allo stesso modo il siciliano e calabrese *carmarìa* 'tempo afoso, calma, bonaccia' è dovuto all'incrocio con l'aggettivo *carmu* 'tranquillo' [REW; Alessio 1938: 368]. M.

**màula,** sf. (siciliano). 'Broglio, frode occulta'.

Dallo spagnolo *maula* 'insidia', prestito che è all'origine di altre voci dialettali come l'abruzzese *màulë* (e varianti) «maniera di parlare affettatamente dolce, insinuante per trarre altrui ai propri fini; falsità; simulazione» (Giammarco 1968), il napoletano *màula* «persona che si muove malvolentieri e fa le cose con molta lentezza» (Andreoli 1887), il calabrese *màula, màulu* sm. «uomo pigro, grullo, chetone» (Rohlfs 1977). Dallo spagnolo *maulero* 'ingannatore' dipende il siciliano *maulèri* 'adulatore' [DEI; Beccaria 1968; Michel 1996]. M.

**màuser,** sm. (piemontese). «Tanghero» (Gribaudo-Seglie 1972-75).

«Dal tedesco *Mauser* 'ladrone', introdotto dai Lanzichenecchi» (DEI). M.

**mazapédar,** sm. (emiliano; romagnolo). 'Incubo'.

Se la prima parte rinvia alla base *mazzare* 'colpire con la mazza', che esprime l'impressione del dormiente sotto incubo e che ritorna anche nel veneto → *mazariòl*, il secondo elemento è piuttosto oscuro: tradizionale, ma non molto convincente, è la spiegazione da *pédar*, che come 'pietra' non sembra propria di quei dialetti, mentre lo sarebbe nel senso di 'padre', di cui, allora, sfugge il nesso semantico [Cappello 1957]. C.

**mazariòl,** sm. (veneto; veneto istriano; ladino-centrale, in Cadore; con varianti come *mazarólo, masaról, masaròl*; friulano *mazaròt, mazaròt di bòs-c, mazariùl*). 'Essere fantastico, folletto', rappresentato come un ometto vestito di rosso che si mostra all'improvviso agli uomini, ed è piuttosto dispettoso. In alcune zone (come nel padovano e in Istria, a Pirano) designa l'"incubo'; in località d'area veneto-istriana è una 'piccola farfalla' (a Dignano, Pola) o anche un 'piccolo turbine' (a Rovigno).

All'origine delle denominazioni vi è *mazza*, dal latino **mattea*, (o *mazzare* 'colpire') ricorrente in altre denominazioni dell'incubo (→ *mazzamorèllo*), a designare il senso di oppressione provocato nel dormiente (Prati 1968). Tuttavia l'analisi dei comportamenti attribuiti al *mazariòl* 'folletto' (in Perco 1985) lascerebbero piuttosto intedere che la denominazione ad esso riferita alluda ad una simbologia sessuale, e solo in leggende friulane si crede che il folletto vaghi per i monti battendo gli alberi con una mazza (Nuovo Pirona 1935). M.

**mażégo,** sm. (veneto: anche *madègo* e *mażàdego*). 'Fieno maggese'.

Dal latino *maius* 'mese di maggio', nel quale si taglia il primo fieno, come nel corrispondente italiano *maggiatico* con la riduzione normale del suffisso latino *-aticus* in *-ègo* attraverso **mazàigo* [Prati 1968; Bondardo 1986].

V. Scapin: *Ma cosa gli racconti alle vacche? Che aspettino il bel tempo, il tempo del primo madégo tenero o della prima erba spagna alta due spanne* (*I magnasoéte*, Verona 1976, p. 33). C.

**màzza,** sf. (campano, nel napoletano; laziale, anche al plur. *mazze*, e *mazzi* sm. plur.; sardo campidanese, nel logudorese: *matta*), 'interiora, budella'; (calabrese meridionale), 'culaia'; (siciliano: *mazzuni*), 'tutte le interiora del giovenco'; (molisano, ad Agnone: *mazzëàmë*), 'gli intestini e l'addome in generale'; (abruzzese, nel teramano e chietino: *mazzarèllë* plur.), «involtini sfritti di fegato, cuore e polmone d'agnello con aglio fresco, prezzemolo e maggiorana; il tutto avvolto in una foglia di lattuga e legato dalle budelline di agnello» (Giammarco 1969).

Derivati dal latino *matia* 'interiora'; sono noti anche composti: con *fegato* il marchigiano (a Fabriano) *mazzafégheto* 'salsiccia di fegato di maiale', con *corda* il calabrese settentrionale *mazzacorda* 'entragni del giovenco' [Belli 1927-29; DEI; DES; Rohlfs 1977]. M.

**mazzabudèllo,** sm. (laziale: Capo Bianco, nel viterbese). 'Incubo'.

La denominazione è una forma secondaria del tipo lessicale → *mazzamorèllo* dovuta ad etimologia popolare che ha sostituito *-morello* con *-budello* [AIS; Cappello 1957]. M.

**mazzamorèllo,** sm. (romagnolo; marchigiano; umbro; laziale; abruzzese; pugliese; siciliano). 'Incubo', con numerose varianti tra cui *mazzamuriello*, *mazzamuriglio*, *mazzamorelli*, *mazzamurielle*, *mazzamareddu*.

Si tratta, molto probabilmente, di composto da succedanei del latino volgare **mattea* 'mazza' e dall'antico alto tedesco *mara* 'incubo' con sovrapposizione, per etimologia popolare, di riflessi del latino *maurus* 'moro, nero' o dell'italiano settentrionale *morello* 'nome di cavallo'. Le denominazioni sono connesse alla credenza secondo la quale l'incubo è dovuto ad uno spirito, o essere fantastico, che percuote il dormiente a colpi di mazza (→ *mazariòl*); in quasi tutte le varietà dialettali indicate, il termine *mazzamorèllo* è anche il nome di un 'folletto, uno spiritello burlone e dispettoso ma non malvagio' e talvolta anche del 'turbine, nodo di vento' [DEI; Cappello 1957]. M.

**mazziàto,** nella locuz. *cornùto e mazziàto* (campano). 'Che ha il danno e le beffe', corrispondente alla locuzione italiana *becco e bastonato*.

Dal verbo *mazzià*, propriamente 'colpire con la mazza' (dal latino parlato **măttea* 'bastone da cui anche l'italiano *ammazzare*)' [Altamura 1956].

V. Imbriani: *Farlo* cornuto *e* mazziato (*come suol dirsi a Napoli*), *gli ripugnava* (*Dio ne scampi dagli Orsenigo*, Firenze 1956, p. 176). C.

**mazzóne,** sm. (toscano; marchigiano; ligure: *masón*, *masùn*), 'muggine comune (*Mugil cephalus* L.)'; (abruzzese, laziale, campano: *mazzóne*; salentino: *mazzónë*; calabrese, siciliano: *mazzùni*; sardo meridionale: *macciόne*, *mazzóne*), 'ghiozzo paganello (*Gobius paganellus* L.)'; (pugliese: *mazzóne*, *mazzùne*), 'nasello, *Merluccius merluccius* L.'.

Ittionimi riconducibili probabilmente al latino *myxō*, *-ōnis* (attestato da Plinio), a sua volta dal greco *mýxōn*, termine che si riferisce ad un pesce dalla pelle vischiosa, muggine, con successivo raccostamento a 'mazza' [DEI; DES; Rohlfs 1956; Palombi-Santarelli 1961].

A. Mallardi: *Altre volte invece, imponenti, regali, in disparte, li si incrocia al largo a gruppi di due o tre: sono i più grossi, i «mazzoni», come li chiama Ciccillo* (*Levantazzo*, Torino 1978, p. 117). – R. La Capria: *Un po' di sabbia s'era smossa davanti alla tana, aveva visto sporgere, per un momento mimetizzata sul grigio della rena, la testa del "mazzone", una testa come quelle di un grosso geco* (*La neve del Vesuvio*, Milano 1988, p. 67). M.

**mbapìtë,** agg. (abruzzese). 'Ingrullito, confuso, stordito, rimbambito'.

La voce si spiega con il latino *văpidus* 'guasto, svanito (di vino)' attraverso un accostamento ai participi in *-ītus*, come, per esempio, l'abruzzese *sciallitë* 'scimunito' e l'umbro *scialito* 'del vino che ha perduto lo spirito, sciapito' ecc. da un latino parlato **exhalītus* (da *exhalāre*). Per altri dalla base onomatopeica *bab/pap* [Alessio 1976; LEA; LEI; Valente 1995]. M.

**mbasturavàcca,** sf. (lucano). 'Serpe lunga che si attorciglia ai piedi della vacca per succhiarne il latte'.

Letteralmente, 'impastoiavacca' [Bigalke 1980].

R. Nigro: *Ecco finalmente un avvallamento di spineti, rovi, finocchi selvatici, ferle e disseminato di pietre calcaree bianche come teschi, rifugio di vipere e impastoravacche, pronti a correre attorno ai carri dei viaggiatori e alle mandrie, all'odore del latte* (*I fuochi del Basento*, Milano 1987, p. 105). C.

**mbàta,** sf. (calabrese; corso: *ambàta*), 'brezza'; (pugliese, a Taranto: *abbattë* sm.), «rimbotto, colpo improvviso di vento che batte sulle vele» (Rohlfs 1956).

Dal greco **embátēs* 'brezza marina'; nel particolare significato della voce tarantina si avverte un influsso di *battere* [DEI; Rohlfs 1964 e 1977]. M.

**mbàttu,** sm. (calabrese, anche *mmattu*). 'Riva del mare'.

Il DEI (s.v. *imbatto*) considera la voce come un prestito dallo spagnolo *embate* 'ondata, maroso', ma è preferibile supporre un'origine da *battere* con allusione al punto dove battono le onde, da confrontare formalmente con l'italiano *imbatto* 'incontro, ostacolo fortuito, impatto' da *imbattersi* (presente nel calabrese nelle forme *imbàttiri*, *mbattìri* 'accadere, trovare a caso, imbattersi', Rohlfs 1977). M.

**mbessicchià,** v. rifl. (campano, nel napoletano), 'invecchiarsi'; (siciliano: *abisicchiari*), 'smagrire, ristecchire'; (calabrese centromeridionale: *mpisicchiare*), 'intirizzirsi per il freddo', 'morir di botto'; (salentino: *(ab)bësacchià*, *b(b)isacchiari*), 'gonfiare'; (salentino: *mpissinchiare* rifl.), 'riempirsi eccessivamente; gonfiarsi mangiando'); (campano, nel napoletano: *mbessicchiàtë* agg.), 'degli occhi aggravati da sonno'; (siciliano: *bbisìcchia*, *bbosìcchia* sf.), 'terra lavorata per la terza volta'; (siciliano orientale, a Sant'Alfio: *bbisìcchia* sf.), 'persona assai gracile'; (calabrese centromeridionale: *mpisicchiatu*, *mbisicchiatu* agg.), 'irrigidito, intirizzito per il freddo'; (salentino: *uècchië abbëssacchiatë*) 'occhi gonfi'.

Dal latino tardo *vessīcŭla* 'vescichetta' [DEI s.v. *imbessichiato*; REWS; Alessio 1976; Piccitto 1977]. M.

**mbranà,** v. (lombardo orientale; a Pozzolengo: *embrenà l car*). 'Frenare il carro', con il sostantivo *ambranadüra* 'martinicca' nel Bergamasco.

Da *brena* 'briglia', cioè 'imbrigliare'. L'uso metaforico di *imbrenare* è testimoniato, a Venezia, fin dal Cinquecento: *tegnir imbrenao le nostre richezze e utilitae* nelle lettere di Andrea Calmo (1552, p. 209, dell'ediz. Rossi del 1888), *desbranai* (1584, L. Salviati: Papanti 1875), cioè 'sfrenati', e nel moderno friulano *imbrenâ* (Faggin 1985). Tutti questi riscontri danno credito all'ipotesi che anche *imbranato* 'impacciato', oramai nel linguaggio comune, abbia la stessa origine, anche se qualcuno ha pensato, peraltro senza puntuale documentazione, di proporne un'altra, dal verbo meridionale *mbranà* 'impregnare, ingravidare' [Cortelazzo 1981; Pellegrini-Marcato 1988; Ciccia 1991]. C.

**mbrandà,** sm. e agg. (veneto valsuganotto). 'Ubriaco', col derivato scherzoso *mbrandazión* 'sbornia'.

Riflesso dell'inglese *brandy*, noto in italiano già dal 1829 (nella forma *brandy*, nel 1852 *branda*) e con larga diffusione dialettale e gergale nel nord: confronta il piemontese, lombardo, veneto *branda*, *bronda* 'acquavite', voci che tuttavia si potrebbero anche ascrivere ad un influsso tedesco, tramite l'emigrazione, come retroformazioni di *Branntwein* 'acquavite' [DELI; Zamboni 1986]. M.

**mbrocinà,** v. (campano, anche *mproscenare*; abruzzese: *mbrucënà*; calabrese: *mbruscinare*, *mpruscinare*, *mpruscinà*). 'Imbrattare; rivoltare nel fango e nella polvere; buttare'.

Voci di etimologia incerta. Derivano dal latino *porcus* 'porco' secondo REW (cfr. anche REWS); da un latino parlato **proscynāre* 'far atto di ossequio baciando la terra; gettarsi in terra in atto di adorazione' (a sua volta dal greco *proskynéō* di significato analogo) secondo DEI. M.

**mburdìri,** v. (calabrese meridionale; siciliano: *mmurdiri*), 'imbrogliare, insinuare'; (calabrese e siciliano: *sburdiri*, *sbùrdari* e varianti), 'sbrigare, sbrogliare'.

Dal latino **obordīre* 'ordire contro', continuato – secondo il DEI – anche nel sardo logudorese *bordire* 'ordire' [DEI s.v. *imburdire*; DES; REWS]. M.

**mbuttàri,** v. (siciliano, anche: *ammuttari*; calabrese), 'spingere', 'urtare'; (laziale, a Subiaco: *ammottà*), 'menare'.

Come l'italiano *buttare*, anche queste varianti (prefissate con *ad-*) si fanno risalire ad una voce germanica *bōtan* 'urtare' giunta in area linguistica italoromanza per tramite del galloromanzo (secondo un'altra ipotesi, che ha meno seguito, sarebbero invece riflessi di una base **bott* onomatopea, 'rumore di cosa che scoppi con fragore') [DEI s.v. *ambuttare*; Piccitto 1977; REWS; DELI]. M.

**meàre,** v. (sardo logudorese, anche *mejàre*). 'Pisciare'.

Dal latino *mejare* 'id.' (con continuatori iberoromanzi e dalmatici oltre che sardi); ma questa parola in Sardegna è ormai sostituita dall'italianismo *pisciare* (*pisciài*) [REW; DES]. M.

**mécia,** sf. (veneto), 'cefalo di due anni'; (emiliano, a Parma: *mègia*), 'muggine'.

Da un latino **mĭgula*, variante per metatesi di *mūgila*, come **nĭbula*, *nībula* per *nūbila*. Più difficile che si tratti di un adattamento del francese *meuille*, dal francese orientale *möi* (latino *mugil* 'muggine') [Merlo 1920; DEI]. C.

**medànda,** sf. (veneto, nel veronese, e *meànda* nel veneto meridionale; lombardo, nel mantovano: *mdanda*; campano, nell'irpino: *metenda*). 'Mietitura del grano', anche 'messe'.

Da *metere* 'mietere', in area settentrionale è *mèdare* (dal latino *metĕre*) [Marcato 1991: 73]. M.

**mëdëcà,** v. (abruzzese e molisano). 'Spargere l'insetticida sulle viti'.

Estensione del significato proprio di *mëdëcà* 'medicare'. C.

**medìl,** sm. (friulano; romagnolo: *mdil*). 'Stollo, la lunga pertica verticale piantata in terra, intorno alla quale si costruisce il pagliaio', in toscano *mitule*, *metulo*, ed in altre varianti.

Derivato dal latino *mēta*, che ha il significato fondamentale di 'figura conica o piramidale' [REW; REWS]. C.

**medìna,** sf. (lombardo). 'Zia'. Diminutivo di *àmeda*, dal latino *amĭta* 'zia paterna' [LEI].

A. MANZONI: *«No no, medina mia: non sono poi un ragazzo»* (*Fermo e Lucia*, Milano 1954, p. 118). C.

**megasibìlla,** sf. (calabrese). 'Donna immorale e maligna'.

È la (maga) *Sibilla*, che tanta parte ha nelle tradizioni popolari italiane. In Sicilia, per esempio, si racconta della vendetta del diavolo, che le tolse la bellezza perché non aveva obbedito alla sua proibizione di preannunciare la nascita di Gesù: «di qui il nomignolo di *maga Sibilla* (e persino *mago Sibillo*, al maschile!), affibbiato a persone brutte e sgarbate» [Neri 1912-13].

G. OCCHIATO: *ci vorrebbe una vera magasibilia per sbrogliare quello che intendono di lassotto* (*Carasace*, Cosenza 1989, p. 229). C.

**méišaru,** sm. (ligure, anche *méšeru*, *méišou*), 'pezzuola stampata che le donne avvolgevano al capo e alla persona'; (toscano, a Monte Amiata: *mèsere*), 'specie di mantellina bianca, portata dagli uomini in processione'; (corso e sardo: *mèšaru*), 'velo da capo portato dalle donne'.

Dall'arabo *mi'zar* 'velo', irradiato da Genova e passato anche all'italiano nelle forme *mèsero*, *mèsere*, *mèzzaro* [Pellegrini 1972; Rohlfs 1979].

G. CARDUCCI: *ho bisogno di rivederti, di rivederti col velo nero o con lo zendado e col* mesero (*non so come lo chiamate voi lombarde*) (cit. in GDLI X 201). C.

**méišra,** sf. (ligure, anche *méišua*, *méišia*). 'Madia'.

Dal latino *mensula*, propriamente 'piccola tavola (*mēnsa*)'. C.

**mèl,** sm. (lombardo), 'collare (del cane o della vacca)'; (ticinese), 'marca delle pecore'.

Dal latino *mellum* 'collare del cane' [Tiraboschi 1873; REW; REWS]. C.

**mêl,** sm. (friulano orientale). 'Asse della ruota a pale dei mulini'.

La voce risale verosimilmente allo sloveno *mêl* 'specie di quercia', cioè il legno dal quale si ricava l'asse suddetta [Pellegrini 1976]. M.

**mèla,** sf. (veneto settentrionale). 'Baccello dei piselli', poi 'guscio' in genere, dal significato originario di 'piastra di metallo'.

La voce deriva dal latino *lamĕlla* 'piccola lama', con aferesi della prima sillaba intesa come articolo [REWS]. M.

**melàgna,** sf. (campano, nel Cilento, anche *malagna, mëlògna*; calabrese: *malagnë*; lucano, a San Fele: *mëlògnë*), 'piaga, contusione', 'guidalesco'; (pugliese, nel tarantino: *milagna*), 'meconio del neonato'; (campano, nel beneventano: *mëlogna*), 'lividura'.

Dal greco *melanía* 'sostanza scura (*mélas*)', attraverso una voce latinizzata **melania* [DEI; Rohlfs 1964]. M.

**melemmè,** sm. (marchigiano: Jesi). 'Nome di mangiare inesistente, che si offre al bambino che schifa tutti i cibi': *voi 'l melemmè?*

Composto di *mèle* 'miele' e *mè(rda)* (Urieli 1979). C.

**mèlina,** sf. (salentino, nell'otrantino, anche *mèlena*). 'Miglio'; è voce usata in località di dialetto greco (Rohlfs 1956).

Dal greco *melínē* 'miglio' incrociato con *mélaina* 'nera' (in Rohlfs 1956) oppure incrociato col settentrionale *mélega* (e varianti) 'saggina, granturco' (in Rohlfs 1964), data la diversa accentazione delle forme salentine rispetto al greco. Diversamente Battisti, in DEI, ritiene che la parola greca *melínē* sia passata attraverso il latino tardo *meline* (conformemente all'ipotesi della sovrapposizione del latino al greco antico nel Salento). M.

**melitùgni,** plur. (calabrese, con varianti). 'Formiche piccolissime che invadono gli orti'.

Secondo il DEI la voce è un riflesso del latino parlato **melittonius* 'dell'alveare' dal greco **melittṓnios* 'ghiotto di api', da *mélitta* 'ape'; invece Rohlfs 1964 ricostruisce **melitṓnios* dal greco *méli* 'miele' e confronta tale voce col greco dialettale *ta lingógna, melingógna* 'formiche' ricondotto ad una forma non attestata **melinkónia*. M.

**mèlla,** sf. (calabrese meridionale: Decollatura). «Tacca prodotta nel legno da un proiettile; cicatrice» (Rohlfs 1977).

Dallo spagnolo *mella* 'rottura o incrinatura nel filo di un'arma o di un utensile o nel bordo di un oggetto' [DEI]. M.

**melnàt,** agg. (emiliano: modenese). 'Sporco', 'sporcaccione'.

Letteralmente 'male (*mel*) netto, pulito (*nat*)', d'uso anche in altre regioni, dal Piemonte (cuneese: *na fréma manéta* 'una donna sporca') alla Calabria (però a Guardia Piemontese: *il è marnèt*). C.

**melòccu,** sm. (calabrese, anche *miloccu, maloccu*; campano, nel napoletano *melocco*), 'vino o altro liquido assai dolce'; (siciliano: *miloccu*), «miele liquido; vino dolce; mosto cotto; vino guasto; vino affetto da filante» (Piccitto 1985).

Da *miele* con il suffisso *-occo* [DEI s.v. *melòcco*; Salzano 1979]. M.

**mëlògnë,** sf. (campano; lucano; calabrese: *milògna, mulògna* ed altre varianti; salentino: *milògna* e varianti). 'Tasso, *Meles meles*'. In Lucania, un pezzetto di pelle di *melogna* provvisto di peli faceva parte degli oggetti racchiusi nel sacchettino, cucito tra le fasce del neonato per preservarlo dal malocchio (Bronzini 1964).

Da un derivato del latino *meles* 'martora', nel parlato *melonea (bestia)* [REW; Rohlfs 1956]. C.

**melonèra,** sf. (veneto e veneto giuliano, anche *melonàra*; friulano: *melonère, melonàrie*). 'Luogo piantato a meloni'.

Da *melón(e)* col suffisso *-āria*.

F. TOMIZZA: *Essendo poveri di famiglia, avevo scelto di proposito l'amicizia di suo fratello Valdo per contraddire le aspirazioni paterne; eppure i nostri furti alle* melonère, *i giri per i villaggi durante il carnevale si erano sempre svolti con una specie di esitazione, quasi un timore da parte mia di tradire irreparabilmente la fede familiare* (*L'albero dei sogni*, Milano 1969, p. 26). M.

**melóte,** sm. (veneto: vicentino, anche *melóto*). 'Aratro di forma moderna'; in qualche località il nome è passato ad indicare, impropriamente, anche le 'stegole dell'aratro'.

Dal nome di fabbrica *Melot* che produceva aratri [Scheuermeier 1980: I, 102; Marcato 1991: 20]. M.

**mèltra,** sf. (ticinese). 'Vaso da latte, secchio per mungere; vaso per far panna'.

Voce ricondotta dal DEI al tedesco svizzero *Mélchtere* di analogo significato da confrontare col tedesco *melken* 'mungere' [AIS]. M.

**memòia da gàti,** locuz. (ligure; piemontese e lombardo: *memòria da gat*). 'Memoria debole, labile'.

Il modello dovrebbe essere il francese *avoir une mémoire de lièvre* (o, anticamente, *de connil*) 'avere una memoria da lepre (o da coniglio)', che si spiega col fatto che questi animali, non ricordando la loro recente disavventura, ritornano, non appena possono, nel luogo, dove son stati catturati. Per altri è la loro velocità a suggerire il rapido oblio dei ricordi. C'è da aggiungere che in Spagna si parla, invece, di una *memoria de gallo* (questa anche in portoghese) o *de grillo*.

M. VENTURI: *«Ti sei dimenticato cos'è che devi fare oggi?» chiede. «Hai proprio la memoria di un gatto»* (*Sconfitti sul campo*, Milano 1982, p. 33). C.

**memòria,** sf. (abruzzese; molisano: Fossalto; campano: *memmòria*; lucano: *mëmòrjë*), «quella fossetta, detta anche *fundanêlla*, sul capo dei bambini, ancora cartilaginea, punto delicato» (Bagnoli 1990); (toscano, a Pisa: *memòria*; abruzzese: *mammòrie*; campano, a Napoli: *mammòria*, ed in Irpinia: *mamorèje*), 'fronte, occipite'; (sardo: *memòrjas* plur.), 'tempie'.

Tutti luoghi popolarmente considerati sede della memoria [DES]. C.

**menàda,** sf. (veneto bellunese; ladino centrale, in Cadore; friulano settentrionale). 'Fluitazione del legname lungo i torrenti'. Con lo stesso nome nel veneto si indicava anche il complesso di zattere che muoveva dalla località di Perarolo (nel bellunese) e lungo il Piave si dirigeva verso la pianura fino a raggiungere Venezia.

Il termine è un derivato del verbo *menà(re)* 'menare, guidare il legname' da cui dipendono anche (con diverso suffisso) il veneto settentrionale e ladino centrale *menadàs* e il friulano *menàu*, 'l'uomo che con una lunga pertica guida il legname durante la fluitazione' [Pellegrini 1992: 183, 204]. M.

**mèna d'arvèrs,** locuz. sostant. (romagnolo). 'Mano sinistra'.

Letteralmente 'mano di rovescio'; come spesso nella cultura contadina, *dà da bé* [bere] *cun la mèna d'arvèrs* è segno di disprezzo, di scarsa amicizia [Quondamatteo 1982a]. C.

**menafrèc',** agg. (lombardo, nel milanese). «Freddoloso: chi ha freddo e cogli atti suoi mette freddo agli altri» e sm. «Pappafredda: chi non si accalora mai di nulla, e anzi spegne l'entusiasmo altrui» (Angiolini 1897).

Letteralmente "mena freddo" [DEI]. M.

**menàita,** sf. (toscano, all'Argentario e Giglio; campano: Napoli; corso: *minàica*; salentino: *menàida*; calabrese: *minàita*; siciliano: *minàiti* e *minàita*). 'Rete alla deriva, calata in sospensione, per la pesca di sardine e acciughe' ed anche nome della 'barca usata per la pesca con questa rete'. Le varianti *malàide*, *melàide* sono proprie dei dialetti veneto giuliani, mentre a Genova è in uso *manate*, plur.

La presenza in latino medievale di *menàita* 'condotta, trasporto' fa pensare a un derivato di *menare* 'condurre'; meno plausibile il ricorso al latino *minutus* nella locuzione *minayca ligna* [Guarnerio 1915; DEI].

G. CIVININI: *Su l'acqua lucida e pigra tartane, navicelli, menàite, gozzi, e l'altro barchettame minuto, si dondolano appena nel sonno e sognano chiotti chiotti la felicità di una vita tutta così...* (*Trattoria di paese*, Milano 1938, p. 101). – L. VIANI: *Sapevo che al di là del canale stavano all'ancoraggio sicuro delle zattere, le tartane del mio paese, le cabarre, le menaite, le golette* (cit. in GDLI X 55). C.

**menallègrë,** sm. (pugliese). 'Auguri che si facevano alla sposa, qualche giorno prima del matrimonio, quando si andava a visitare l'esposizione del corredo'.

Letteralmente, 'me ne (r)allegro' [Bucci 1982]. C.

**menalòrbo,** sm. (veneto: nel veneziano). «Lanternone, chiamasi da' Ciechi Colui che gli guida quando tre o quattro s'accordano d'andare insieme» (Boerio 1856).

Composto di 'mena' (da *menare*) e *orbo* [DEI]. M.

**mendiàn,** sm. (ligure: Ventimiglia). 'Vagabondo'.

Dal francese *mendiant*, propriamente 'mendicante' [Azaretti 1982]. C.

**mënëchìna,** sf. (campano: Napoli). 'Specie di ballo antico', dal quale è nata la locuzione *cantà, sunà a mënëchina* a qualcuno 'dirgli la verità in faccia; dargliele di santa ragione'.

Sta per *Domenichina*, secondo un modulo frequente di passaggio da un nome proprio ad una danza, quasi sempre ballata sul testo di una canzone. C.

**ménega,** sf. (veneto: gergo), 'polenta'; (toscano, a Lucca: *ménga*, *mengóna*), 'polenta di neccio'; (toscano, in Versilia: *ménco*, sm.), 'voglia'.

Si è fatto risalire ai nomi propri *Domenica* e *Domenico*, accostati, però, a *menare*, nei primi due casi nel senso di 'dimenare, rimestare', nel terzo, se si deve interpretare come deviazione dal significato originario di 'voglia di picchiare', nel senso di 'battere' [Mastrelli 1979]. C.

**meneghèla,** sf. (veneto; marchigiano, a Jesi: *monnighèlla* o *filìppa*). 'Due di spade'.

Diminutivo di *Ménega* 'Domenica', uno dei tanti nomi propri che indica la 'natura femminile', a cui la carta da gioco è accostata per la sua figura (→ *dó de spàde*), malgrado il parere contrario del Goldoni: «Io credo che il nome di Domenico [Cartoler, il fabbricatore delle carte] abbia dato il nome di *Domenichina*, o *Domenichella*, e in veneziano di *Meneghella*: almeno questa etimologia è molto più onesta di quella che alcuni libertini ritrar pretendono dalla figura» (Cortelazzo 1969). La variante marchigiana mostra un fraintendimento della voce veneta e l'interferenza di *mònniga* 'monaca'; d'altra parte l'accostamento a → *filìpa* conferma l'interpretazione data. C.

**menegrìn,** sm. (veneto triestino). 'Raperino (uccello)'.

Da *méliga* 'saggina', dal latino *mĕdica*, per il colore giallo delle penne; la voce *menegrìn* si confronta col muggesano *melegrìn* 'verzellino (altro uccello)' [Doria 1978]. M.

**mënghiarìl,** sm. (lucano; calabrese: *minchiarili*). 'Membro virile' e, poi, 'stupido, cretino'.

Da *mìnghia* 'membro virile', dal latino *mentŭla* [Lausberg 1939; Bigalke 1980].

C. LEVI: *Il ministro dell'Industria e del Commercio bada ai mercati del tabacco, delle scatole, degli orologi, di tutto, e alle donne, a ogni cosa. A volte è bizzarro nelle sue nomine: è capace di fare ministri o almeno sottosegretari dei poveri diavoli che non sanno fare nulla, magari un po' toccati; ce n'è uno, mi hanno detto, che è proprio minchiarillo, ma il re dice che è un buon guaglione e un suddito devoto, e lo protegge* (*L'orologio*, Torino 1950, p. 323). C.

**méngu,** sm. (sardo: Sassari). 'Contadino rozzo, uomo rozzo'.

Dall'italiano *menico*, accorciativo di *Domenico*, come nel toscano *ménga*, *menghino* 'minchione' [DES].

S. SATTA: *Oh! i cavalier di soga e i bianchi e vili* / Lacchè, *incontro ai* menghi *e alle* berrette! (*Canti*, Milano 1955, p. 282). C.

**ménica,** sf. (toscano: Siena; a Monte Amiata: *méca*). 'Scaldino, sorta di braciere'.

Dal diminutivo del nome proprio Domenica, *Méca* e *Ménica* [Migliorini 1927; Rohlfs 1979]. C.

**ménna,** sf. (pugliese; lucano; calabrese; siciliano). 'Mammella, poppa', anche *minna* e nell'umbro e marchigiano *nenna*.

Dal latino parlato **mĭnna* con lo stesso significato; la variante *nenna* è dovuta ad assimilazione consonantica [REW; DEI s.v. *menna* e *nenna*].

D. MARAINI: *E ti ricordi le "minne di Sant'Agata", quelle paste in forma di seni tagliati, ripieni di ricotta zuccherata?»* (*Bagheria*, Milano 1997, p. 12). M.

**mènnula,** sf. (campano, anche *amènnula*, *mènula*; laziale, abruzzese: *ménnëla*; molisano: *miénnërë*; pugliese: *amènela*, *mènëlë* e altre varianti; salentino: *mènnula* e varianti; lucano; calabrese: *amméndula*, *miénnula*; siciliano, con varianti; sardo: *(a)méndula*). 'Mandorla'.

Dal latino *amygdala* 'mandorla' (dal greco *amygdálē*) che è documentato con diverse varianti come *amyndala*, *amandula*, *amendula* dalle quali dipendono le forme dialettali menzionate [DEI s.v. *améndola*; DES; LEI]. M.

**mènta d'àpa,** locuz. sostant. (siciliano, anche *mènta di làpa*; sardo campidanese: *mènta de àves*, *mènta de àvis*). 'Melissa, *Melissa officinalis* L.'.

Letteralmente 'menta d'api', cosiddetta perché ricercata dalle api' [DES; Piccitto 1985]. M.

**mercavént,** sm. (romagnolo: Cattolica). 'Cappone lira, *Trygla lyra* L.'.

Il nome significa letteralmente 'segnavento' ed è dovuto ad un'usanza dei pescatori: questo pesce «veniva essiccato al sole, infilzato in un ferro e posto in cima a un albero, ma anche altrove» come indicavento (Quondamatteo 1983). Quest'impiego, diciamo così, meteorologico del pesce non è isolato: lo conoscono a Chioggia ed altrove, fino in Francia (Cortelazzo 1989: 521). C.

**mèrcola,** sf. (marchigiano: Arcevia; veneto, nel trevigiano: *mèrcore*, *mèrcora*, *mèrcola*). 'Merda, sterco'; nel veneto è adoperato anche «in rispostaccia negativa: *-na mèrcore!* non ci vado! non voglio! o, niente affatto!» (Zanette 1955; Tomasi 1992 distingue il lemma *mèrcola (na-)* escl. 'per niente!' da *mèrcora* 'merda' come se si trattasse di voci diverse e non di varianti della stessa parola).

Forma svisata con intento eufemistico di *merda* (mentre secondo il DEI si tratta di un incrocio con *stercora* plur. di *stercus*). M.

**mèrda dij gàt,** locuz. (piemontese; lombardo: *mèrda de gàt*; trentino: *merdagata*, con varianti; veneto: *mèrda de gàto*). 'Frutti del viburno e della lantana, *Viburnum lantana* L.'.

Il nome è dovuto al colore nero e all'aspetto del frutto maturo, detto, perciò, anche *mèrda del diàol* (Trentino) o *mèrda séca* (Lombardia). Tali nomi sono riferiti anche ad altri frutti per lo stesso motivo (Penzig 1924) [Pedrotti-Bertoldi 1930]. C.

**merènda,** sf. (toscano: lucchese). 'Lembo inferiore della camicia sporgente dallo sparo dei calzoncini dei bambini'.

Dal latino *verĕnda* plur. 'parti vergognose' (dal latino *verĕndus* 'venerando, rispettabile'). Stessa origine hanno la voce lombarda *marenda* con diverse accezioni: 'organi genitali della pecora' (in Valtellina, noto anche nel Poschiavo), 'testicoli' (nel bormino, voce di ambito gergale), 'sciocco, minchione' (nel bresciano); il veneto (Venezia) *maréndola* 'ballerino, coccola rossa del pruno bianco'; il toscano *merendone* 'uomo dappoco', ed il friulano *sècie-mirindis* «seccatore, con senso rafforzato» (Nuovo Pirona 1935), letteralmente "secca-*merende*" [REW; DEI; REWS]. M.

**mèrere,** v. (calabrese, anche *merire*). «Convenire, addirsi, star bene» (Rohlfs 1977).

Dal latino *merēre* 'guadagnare' riflesso anche nel laziale meridionale *ammèra* 'bisogna', non nel sardo logudorese *merèschere* e (*merèssere*, *meressìre*) 'meritare' come propone il REW, poiché tale voce dipende dallo spagnolo *merecer* 'meritare' (il sardo campidanese *merèsciri* risente piuttosto della forma catalana *mereixer*) [DEI; REWS]. M.

**mèrico,** sm. (veneto trevigiano: Oderzo). 'Aratro'.

Si tratta di un attrezzo di forma moderna, cosiddetto perché proveniente dall'*America* [Bernardi 1981: 457; Marcato 1991: 20]. M.

**mermà,** v. (ligure; piemontese: *marmèe* nel Monferrato, *marmè* in alessandrino, *mermò* a Novi Ligure). 'Scemare, discadere'.

Dal latino *minimāre*, attestato a partire dal VI secolo [Plomteux 1975]. C.

**merollà,** v. (toscano). 'Lasciare riposare il pane tratto dal forno, perché si formi la midolla sotto la crosta'.

Denominale di *merólla*, denominazione corrente, in Toscana, della *midolla* con il passaggio sporadico di *-d-* a *-r-* [Rohlfs 1966]. C.

**mérula,** sf. (sardo: Orgosolo). 'Bicchiere di vino nero'.

Propriamente *mérula* è il nome del 'merlo, *Turdus merula*', così come a Scano il bicchiere di vino nero è chiamato *istùrrulu* 'storno nero, *Sturnus unicolor*' [Meiklejohn 1964]. C.

**mèṡa,** sf. (veneto). 'Spesa della settimana', 'provviste di bordo'.

Dal latino *mēnsa* 'tavola', che nel Veneto ha anche altri significati ('paccotiglia' in veneziano, 'massa, folla' in bellunese e anche nel ladino centrale (gardenese), 'quantità, mucchio' in agordino, 'gran quantità, confusione' in agordino e nel Polesine) [REW; REWS; Cortelazzo 1970]. C.

**meščapèšca,** sf. (campano, nel napoletano; pugliese, nel tarantino; calabrese settentrionale: *mmišca-pišca*). 'Miscuglio; confusione'.

Formazioni svisate che muovono dal francese *pêle-mêle*, *pesle-mesle* (XII sec.), varianti di *mesle-mesle*, *méli-mélo* ed altre 'mescolanza confusa', forme reduplicate dell'imperativo di *mêler* 'mescolare' (dal latino *misculāre*). Per il napoletano, de Falco 1987 registra anche una variante *mmescafrancesca* «confuso e ordinato miscuglio di entità eterogenee... di chiara e spregiativa allusione alle *mélanges* (*misculanze*) della gastronomia francese» [Dauzat 1938; DEI s.v. *mescapesca*; FEW; Rohlfs 1956 e 1977]. M.

**mèšcia,** sf. (salentino). 'Maestra (di scuola)'.

Dal latino *magistra* con risoluzione del nesso *str* tipica del salentino centrale e di qualche dialetto del Salento settentrionale. C.

**méscrinu,** agg. (sardo logudorese). 'Di colore blu'.

Voce di origine oscura, forse dal latino *mustelīnus* 'che si riferisce al pesce *mustela*' dal corpo tinto d'azzurro [Wolf 1992]. C.

**mesdabòs-c,** sm. (piemontese). «Boscaiolo» (Gribaudo-Seglie 1972-75).

Letteralmente 'maestro da bosco', voce composta dal piemontese *meist(r)* 'maestro' e *bos-c* 'bosco'. M.

**mēs de Madòne,** locuz. (friulano). 'Maggio'.

Letteralmente 'mese della Madonna', cosiddetto perché è il mese dedicato al culto della Madonna [Nuovo Pirona 1935 s.v. *maî*]. M.

**mésë sàndë,** locuz. (abruzzese: Teramo). 'Dicembre'.

Letteralmente 'mese santo', cosiddetto perché «vi cadono le solennità del Natale, della Immacolata Concezione e di s. Bernardo Uberti, patrono di Teramo» [Merlo 1904: 174]. M.

**meséta,** sm. (veneto; trentino; lombardo; friulano: *miséte*). 'Paraninfo mediatore di matrimoni', con varianti come *miséte*, *mesét*, *meséto*.

Dal greco *mesī́tēs* 'intermediario, mediatore', 'sensale' anche di matrimoni, voce che, giunta a Venezia, si è diffusa poi nelle regioni vicine [Cortelazzo 1970; Petrone 1976: 486]. M.

**mesiàu,** sm. (ligure; corso: *missiàu*). 'Nonno'.

Letteralmente 'messer avo' [Plomteux 1975]. C.

**meṡìna,** sf. (sardo: Nuoro). 'Mezzetta', 'misura'.

Derivato di *mèṡu* 'mezzo'. Anche cognome [Farina 1973]. C.

**méssa pëzzùta,** locuz. sostant. (campano: Napoli). 'Ricerca affannosa per le strade di qualcuno o qualcosa che non si trovi'.

Allargamento figurato della 'messa elemosinata' (da *pizzì* 'chiedere l'elemosina', donde *pëzzèntë*, propriamente 'povero, accattone', in latino *petiens*, genitivo *petientis*, 'richiedente'). La *méssa pëzzùta* era la 'questua volontaria di un fedele per far celebrare una messa in onore dal santo, che aveva esaudito una sua preghiera' → *sedenà* [Altamura 1956]. C.

**mestàglia,** sf. (umbro: Todi). 'Edicola sul cui fondo figura una pittura scura'.

Dal più comune *maestà* con il suffisso *-aglia*, che ha perduto il senso collettivo, come nel napoletano *grottaglia* 'grotta' [Rohlfs 1969]. C.

**mèsu,** agg. (laziale, anche *miesu*; abruzzese e campano: *miesë*; sardo: *meṡu*). 'Mezzo'.

Dal latino *mesus* attestato più volte da Oribasio come equivalente del latino *medius* e adattamento del greco *mésos* 'mezzo'; l'ipotesi del REW per cui *mesus* sarebbe una forma osca non ha avuto seguito. Dal greco *mésē* 'la parte di mezzo della città', 'la piazza di mezzo' (f. di *mésos* 'mezzo') dipende l'otrantino *mèsi* 'piazza pubblica' e secondo il DEI riflessi di tale voce si sarebbero conservati anche nel calabrese, dove però, sostiene Rohlfs 1964, sopravvivono solo come toponimi: *Mesa* come nome popolare del mercato pubblico a Reggio, 'piazza del mercato in Caulonia'; *Villa Mesa* villaggio tra Ortì e Scilla [DEI s.v. *mèso*, *mèsa*; DES; Rohlfs 1964]. M.

**mët al càrti sùta al sabiarő,** locuz. (lombardo: Oleggio). 'Accantonare, mettere a tacere'.

Letteralmente 'mettere i documenti sotto lo spolverino della *sabbia* (per asciugare l'inchiostro della scrittura)'. C.

**metàto,** sm. (toscano; emiliano, a Modena: *mtät* e a Reggio: *mtēt*). 'Luogo dove si fanno seccare le castagne poste su graticci'.

Derivato dal latino *mēta* 'mucchio', attraverso il significato assunto nel latino medievale di *metatum* 'capanna di paglia' [Malagoli 1941; Bertoni in Sella 1937]. C.

**mètse per l'aj,** locuz. (romagnolo). 'Porsi a fianco di un'altra imbarcazione'.

Poiché è chiaro che si tratta del veneziano *lai* 'lato, fianco' (→ *guardalài*), la grafia andrà così corretta: *mètse per laj* 'mettersi per lato'. C.

**métte lu spurvirìnu,** locuz. (umbro: Spello). 'Terminare una faccenda, concludere un'impresa', 'approvare una proposta, aderire ad un'opinione'.

Dallo **(s)polverino* (derivato di *polvere*), la 'sabbia, limatura di ferro o segatura che si mette sullo scritto fresco per farlo asciugare', l'ultima operazione che conclude una scrittura, un patto, un contratto scritto.

T. LANDOLFI: *Insomma che si voleva da me ora? Che ... mettessi il polverino sui miei diversi fallimenti? Che persino rinunciassi a ogni speranza di nobiltà, di vita?* (cit. in GDLI XIII 817). C.

**méttere la césta,** locuz. (toscano: senese). 'Favorire l'incontro di due timidi innamorati, che non osano dichiararsi'.

«Deriva dall'atto con cui la massaia che desidera far accoppiare due animali come conigli e simili, facilita il loro accoppiamento costringendo le due bestiole a rimanere prigioniere sotto un cesto» (Cagliaritano 1969). C.

**méusa,** sf. (siciliano, con varianti; campano, a Napoli: *mè(v)usë*), 'milza'; (siciliano), 'antico berretto, provvisto di una lunga falda posteriore, portato da pastori e contadini'.

Probabile catalanismo (*mélza* 'milza', dal germanico **miltia* 'milza'). Il copricapo deve il suo nome alla forma simile ad una milza [Vàrvaro 1974; Rohlfs 1977a].

D. REA: *mangiavano quasi sempre stocco o baccalà con le patate o soffritto con broccoli all'arrabbiata o alici fritte o mévez, milza imbottita di prezzemolo, aglio e peperoncino così forte da provocare male ai denti* (*Ninfa plebea*, Milano 1992, p. 20). – V. CONSOLO: *Fra merda e fango e fumi di fritture di panelle, mèuse, arrosti di stigliole, e voci, urla, bestemmie, Dio sia lodato!, e sciarre di pugni e sfide di coltelli. Ero nell'inferno* (*Retablo*, Palermo 1987, p. 21). – ID.: *L'uomo era vestito da marinaio, con la milza di panno in testa, la casacca e i pantaloni a sacco* (*Il sorriso dell'ignoto marinaio*, Torino 1987, p. 5). – D. MARAINI: *Con quelle mani sporche di colore si stropicciavano il naso macchiandolo di giallo e di verde, agguantava il "vasteddu ca meusa" e se lo portava alla bocca perdendo filetti di milza fritta e briciole di pane* (*La lunga vita di Marianna Ucrìa*, Milano 1990, p. 36). C.

**miànda,** sf. (piemontese: anche *müànda*). 'Alpeggio'.

Come altri nomi simili diffusi nelle Alpi orientali, questa voce fa capo al verbo latino *mutāre* 'cambiare', che in italiano ha assunto anche il significato di 'trasferirsi da un luogo all'altro' [REW]. C.

**mìca,** sf. (piemontese; lombardo: Milano; ligure: Genova; emiliano: Parma). 'Pagnotta, pane', col diminutivo *micheta*.

Non dal francese *miche* 'pane grosso e tondeggiante, pesante almeno una libbra', da cui dipenderebbe anche l'italiano, *micca*, ma dal latino parlato **mīcca* per *mīca* 'briciola, pezzetto' [DELI].

R. ZENA: *Male di stomaco vuoto, e pure gli altri l'avevano, dopo una semplice collezione di cioccolata e latte con micchette al butirro, e le ragazze, affamate, strillavano dalla cittadina dietro per domandare se alla Grotta non ci si arrivava mai* (*La bocca del lupo*, Milano 1974, p. 45). – C. E. GADDA: *E, seguendo ne' vicoli, vidi calzolai, accoccolati per terra, che si accanivano sulla pelle di rinomate ciabatte: vidi un vecchio fornaro, cisposo, metter in forno certe sue michette* (*Il castello di Udine*, Torino 1973, p. 109). – B. SOLINAS DONGHI: *Si consolava con delle gran micche di pane e l'uovo fritto in mezzo* (cit. in GDLI X 345). M.

**mìcculë,** sf. (abruzzese, con varianti; campano, lucano e pugliese: *mìccula*, a Bitonto: *mìcque*), 'lente', 'lenticchia'; (pugliese, a Molfetta: *mìcche*, *mbìcche*), 'pisellini verdi'.

Più che dal greco *míke* 'specie di veccia', dal latino *mīcula* 'briciola', su cui potrà aver influito il grecismo [Alessio 1943-44; LEA].

R. NIGRO: *i capelli neri e gli occhi di ebano e la miccola di caffè a un angolo della bocca violacciocca* (*Dio di Levante*, Milano 1994, p. 59). C.

**michegià,** v. (lombardo: Brescia). 'Amoreggiare', 'aspirare con bramosia ad una cosa'.

Letteralmente 'amicheggiare' [LEI]. C.

**mièro,** sm. (veneto: Chioggia). 'Misura di superficie pari a 2444 metri quadrati, suddivisibile in *ghèbi*'.

Dal greco *métron* 'misura di lunghezza', ma prima anche 'misura di capacità per solidi o liquidi', da cui il veneziano *miro*, «nella vendita dell'olio una misura di 25 libbre grosse venete, corrispondenti al peso di libbre trentuna e un quarto» (Boerio 1856) [Cortelazzo 1970]. C.

**mièru,** sm. (salentino; campano e pugliese: *mierë*; lucano: *mmirë*; calabrese: *mirë*). 'Vino (puro)'.

Dal latino *merus* 'puro, non mescolato', continuato nel sardo *méru* con riferimento proprio al vino (*binu meru*) [Rohlfs 1937; REW; FEW]. C.

**mignànu,** sm. (calabrese, anche *vignanu*; laziale: *vignanu*, *ueggnale*; abruzzese: *vëgnalë*; pugliese: *vignanu*), 'pianerottolo della scala esterna, terrazzino, loggia'; (siciliano: *mi(gn)anu*, *magnanu*), 'giardino pensile', 'vaso da fiori' ed anche 'orticello', 'ballatoio', 'vivaio', 'fascia di terreno'; (marchigiano: *mignano*) 'cavalcavia'.

Dal latino *moeniānum* 'specie di terrazza, balcone'; per le forme del tipo "vignale" cfr. anche → *vëgnàlë* [REWS]. C.

**mignòtta,** sf. (laziale e umbro, anche *mignòta*; toscano). 'Prostituta'.

Sebbene la voce sia citata dal secondo Settecento (Batacchi) all'Ottocento (Fanfani) da autori toscani e un ballo *La Mignotta vecchia* sia ricordato fin dal 1455 da Antonio Cornazano, essa è comunemente ritenuta caratteristica di Roma. Per la sua origine, tralasciata come del tutto inconsistente l'ipotesi che il sostantivo sia legato ad una supposta nota *m[ater] ignota*, apposta nei registri anagrafici accanto al nome di figli abbandonati, è molto probabile che dipenda dal francese *mignotte*, documentata come agg. in tutti i secoli della lingua, da Gautier de Coinci (1225 circa: 'graziosa, gentile') a G.-C. Huysmans (1874: 'cara'). La voce francese rientra nella famiglia di *mignon* 'piccolo, grazioso': come aggettivo, *mignot, mignote* è attestato nei testi antichi francesi, mentre il sostantivo femminile *mignote* 'beneamata', 'ragazza' è documentato solo a partire dall'Ottocento, al contrario dell'italiano che ha documentazioni molto più antiche [FEW; Nardin 1976; DELI]. C.

**milàn,** sm. (emiliano: modenese). 'Mille lire'.

Allargamento di *mile* per un bisticcio geografico, che è procedimento dai molti esempi: nei gerghi meridionali *milanu* vale 'denaro'. C.

**milàppiu,** sm. (siciliano). 'Mela appia o appiola, specie di mela di color rosso vivo' detta anche in siciliano *alàpiu, alapu, (l)àppiu*, e nel napoletano *alàppio*, talvolta usati anche come agg.

Dal latino *mēlapion* (attestato da Plinio), grecismo da *mēlápion* composto di *mêlon* 'mela' e *ápion* 'pera' [DEI s.v. *alàppio*; Piccitto 1977; Salzano 1979]. M.

**milèśum,** sm. (romagnolo, anche *milésme*). 'Millesimo'; il termine è usato per indicare l'anno di nascita. *Ad che milèśme a si?* Di che anno siete, quando siete nato? *A n'ho mai putù savé e' su milésme*, Non ho mai potuto conoscere la sua età. Così in ligure-piemontese (Novi Ligure) *milàismu*: *id che milàismu i sài?* 'di che anno (di che epoca) sei?'; nel lombardo (a Grosio) *milèśum* indica 'l'anno (nelle date)' e le 'tacche dell'asta della bilancia'.

Letteralmente 'millesimo'. Quanto all'attestazione di Grosio, Antonioli-Bracchi 1995 osservano che la voce si è «specializzata per indicare l'anno di costruzione inciso sulle case»; inoltre, nella seconda accezione, «il valore di partenza è quello di "millesima parte" nella graduatoria dell'asta» [Pelliciardi 1977: 76; Quondamatteo 1983]. M.

**milò,** sm. (lombardo; emiliano: Piacenza). 'Biacco (rettile), *Zamenis gemonensis* o *Coluber viridiflavus*'; attestazioni d'area lombarda sono anche *milòrt, (s)milòrd, mi-ròldo*.

Probabilmente va accostato a *smeraldo* (in Lomellina il biacco è noto nelle varianti *milò, milòrd, smiràld, smiraldón*) per il colore con successivo incrocio con i riflessi dell'inglese *milord* (di probabile tramite francese), che in italiano (in varianti quali *milòrd, milòrdi, milòrdo*) e nei dialetti ha varie continuazioni raggruppabili intorno ai significati di 'carrozza', 'ganimede', 'farsetto', 'ballo' [Zamboni 1986]. M.

**milòssa,** sf. (calabrese: Aieta). 'Alaterno, arbusto delle Ramnacee', anche *milissaru*.

Il DEI la considera parola di origine prelatina, ricostruisce una base di sostrato **meloxa* e richiama in particolare un confronto formale con l'italiano *melése* 'larice'. Quest'ultimo si confronta col francese *mélèze* di analogo significato che è entrato anche nei *patois* del Piemonte e nel piemontese con varianti come *melësu, mlësu, malësu*, anch'esse designanti il larice. Per *melése* il DEI ricostruisce un **melix* che considera relitto del sostrato ligure, propriamente 'albero della montagna'. Le forme galloromanze sono invece riportate dal FEW ad una base gallica **mel-* 'larice' con una terminazione che può riflettere il suffisso latino *-igine*. M.

**mìna,** sf. (lombardo: Voghera). 'Gatta'.

Voce di origine onomatopeica, da *min*, richiamo per il gatto (stessa origine ha il francese *minet*, nome infantile per il gatto) [DEI; Maragliano 1976]. M.

**minàcia,** sf. (emiliano), 'paresi': *a gh'é dä 'na minàcia* 'è stato colto da paresi'; 'infarto': *tirèr na minàcia* 'colpito d'infarto'.

Italianismo, che si spiega come 'avvertimento' di un male più grave, perché è un tipo di «apoplessia che non cagiona sconcerti come la sanguigna» (Malaspina 1856-59). C.

**mìnca,** agg. (piemontese, anche *gninca*). 'Ogni'.

Dal latino *omnis* 'ogni', con la sovrapposizione di *unquam* 'qualche volta'; in piemontese sono noti anche *mincatànt, gnincaquànt* 'spesso' composti con le voci dialettali *tant* 'tanto' e *quant* 'quanto'; nel lombardo (valtellinese) è documentato il sm. *menchedì* 'giorno di lavoro' composto con una voce *minca* come quella piemontese e *di* 'giorno', mentre l'antico lombardo (XIII sec.) ha *ominca* 'tutti' [REW; DEI s.v. *ominca*; Gribaudo-Seglie 1972-75]. M.

**mìnchia,** sf. (siciliano e calabrese). 'Membro virile' e, in senso figurato, 'minchione'.

Dal latino *mentŭla*, da tempo (Oudin, XVII secolo) riconosciuto come base della voce siciliana, usata anche come esclamazione di meraviglia e stupore; in questa funzione può essere eufemisticamente sostituita con *mìzzica!*

C. ALVARO: *«Un giorno di questi, io spacco la testa a qualcuno» disse colui, di cui Diacono seppe il nome: Bellagamba «Perché», egli seguitò «qui si danno tutti un'aria di amatissima minchia. Dove abiti tu?»* (*Mastrangelina*, Milano 1982, p. 136). C.

**minènte,** sf. e sm. (laziale: romanesco). «Donna e uomo del popolo, ma che veste con isfarzo con molti anelli e catena d'oro» (Chiappini 1945).

Da *eminente*, con aferesi. È voce ben attestata dal Belli (*Er pranzo de li minenti* è il titolo di un sonetto) specialmente con riferimento a popolani di Trastevere ed anche di Monti [DEI; Vaccaro 1969].

A. RANIERI: *Cammillo ... ritornò con una di quelle vive statue di Giunone che in Roma domandano minenti* (cit. in GDLI X 437). – G. FALDELLA: *A Roma dovevano restare padrone esclusive del campo le morbide minenti, le affusolate montigiane* (ibidem). M.

**mìnere,** v. nelle locuz. *andà* o *mandà farsi mìnere* (lombardo: Milano). 'Andare, mandare al diavolo, a farsi friggere'.

Dal tedesco *minnen* 'amare (anche carnalmente)', arrivato nel Milanese attraverso il gergo dei malviventi. Sull'uso equivoco di questo verbo si basa una novella di P. Fortini, scrittore senese del XV secolo (riportata in Cortelazzo 1984). C.

**mìngero,** sm. (veneto: Verona). 'Soldato, austriaco o ungherese', voce spregiativa del tempo della dominazione austriaca.

Da *màgiaro* (*magyar* in ungherese) 'ungherese' [Bondardo 1986]. C.

**mingiàrru,** sm. (siciliano, anche *minchiarru, minciarru*). «Braccio della macina delle ulive, e di altre macchine, costituito da un legno a gomito, di cui un'estremità è innestata nel centro della macina e all'altra s'attacca la bestia da tiro. Bastoncino di circa 30 cm. per unire il giogo dei buoi alla pertica dell'aratro. Ciascuno dei due semicerchi di ferro infissi nel giogo in corrispondenza della forcella superiore, nella quale s'incastrano» (Piccitto 1985), nel pantesco *minciarru* 'ruota del mulino'.

Dall'arabo *miǧarr(a)* 'trave', 'correggia, con la quale i cavalli tirano la vettura', 'trave d'un mulino o di una macchina idraulica, a cui si attacca la bestia per farla girare' [Pellegrini 1972]. M.

**minn'i vìrgini,** sf. plur. (siciliano). 'Involucro di pasta dolce, che racchiude marmellata di zucca'.

Letteralmente 'mammelle di giovinetta' per la sua forma (→ *ménna*). Curiosa è la sua italianizzazione, dovuta a ragioni di decenza, in *paste vergini*. C.

**minò,** inter. (marchigiano: Arcevia; laziale: Amaseno, mentre a Castro dei Volsci: *mia nò* e a Roma: *mi' nome*, come nel toscano dell'Argentario). 'Si dice rivolgendo la parola a persona che porti lo stesso nome di chi parla'.

Letteralmente 'mio nome!' [Crocioni 1906: 32]. C.

**mìra¹,** sf. (siciliano occidentale). 'Cippo confinale'.

Voce peculiare della Sicilia occidentale; deriva indubbiamente dal greco *môira* 'parte, sorte' attraverso il latino *mira*. Il grecismo è noto anche in area salentina (nell'otrantino): *mira* 'parte, porzione, partecipazione' [Rohlfs 1961; Ruffino 1991: 117-8]. M.

**mìra²,** sf. (piemontese: Alba). 'Punto', che si vuol raggiungere, toccare: *in mira* 'di fronte'.

Deverbale di *mirare*, ma probabilmente attraverso il francese *(point de) mire* 'punto di osservazione' [FEW].

B. FENOGLIO: *Come la mia famiglia sia scesa alla mira di mandare un figlio, me, a servire lontano da casa, è un fatto che forse sono ancora troppo giovane per capirlo da me solo* (*La malora*, in *Opere*, II, Torino 1978, p. 372). – ID.: *Venne a piantarsi in mira ai figli e dài giù a cinghiare* (*ibidem*, p. 380). C.

**mirrichènë,** sm. (abruzzese: Moscufo). 'Uomo che fa lo spendaccione senza averne la possibilità'.

Letteralmente 'americano', attraverso l'accezione di 'emigrante ritornato in patria dall'America', che è anche dell'italiano *americano*; cfr. con altri significati l'abruzzese e umbro *americanu*, *amiriganu*, *ameriganu* 'sprecone' ed il gergale piemontese e lombardo *americàn* 'un truffatore, uno straniero in genere da cui è bene guardarsi' [LEI]. M.

**misarérë,** sm. (laziale). 'Cosa lunga, noiosa'.

Dal salmo *Miserere mei Deus* o, piuttosto, dalla ripetizione della risposta alle litanie *miserere nobis*. C.

**misciaruòlu,** sm. (calabrese: Laino-Mormanno). «Prugnolo» (Rohlfs 1977).

È voce ricondotta dal DEI al latino *myxa* (Plinio), *myxarion* (Cassiodoro), a sua volta grecismo da *mýxa*, *-árion* 'sorta di susino'. M.

**miscìmi,** sm. (ligure: San Remo; *miscimìn* a Porto Maurizio). 'Albicocco'.

Dall'arabo *mišmiš* 'albicocco' [Pellegrini 1972]. M.

**miscòrdia,** sf. (calabrese; siciliano: *miniscòrdia*, e sm. *miniscòrdiu*). 'Discordia'.

Corrisponde a *(dis)cordia* ma – secondo il DEI – è formato col prefisso *mis-* di senso peggiorativo o negativo (di origine francone, da **missi* da cui l'antico francese *mes-* ed il francese moderno *mé-*) che ricorre anche in qualche parola italiana come l'antico *miscontento* 'scontento'. M.

**miségura,** sf. (ligure occidentale: Porto Maurizio). 'Lucertola'.

Derivato della voce dialettale *amìs* 'amico' col suffisso *-ícula*; la denominazione trova riscontro nel franco-provenzale della Valle d'Aosta *ami de l'homme* 'lucertola', cui è connessa una credenza secondo la quale la lucertola sveglia l'uomo addormentato minacciato da un serpente [LEI s.v. *amicus*]. M.

**misèl,** sm. (emiliano, a Modena: anche *gmisèl*, *miscèl*). 'Gomitolo'.

Come mostra la variante *gmisèl* (e in Muratori *gmiscel*), appartiene alla serie numerosa di continuatori del latino parlato **glomiscellus* 'piccolo gomitolo (*glomus*)'. La caduta della sillaba iniziale è avvenuta anche in diversi altri dialetti [REW; REWS]. C.

**mìsi-mìsi,** sm. plur. (calabrese: a Nicotera, Rosarno). «Broccoli di una specie di rapa che si mangiano come verdura (crescono in tutti i mesi)»; a Nicotera «questa pietanza si dà ai fidanzati quando il giovane entra in casa della fidanzata: in questa occasione si pronuncia la seguente formula: *misi, misi, mu dassa u pedi aund'u misi* 'che lasci il piede dove l'ha messo'» (Rohlfs 1977).

Letteralmente 'mesi-mesi', cioè proprio tutti i mesi. M.

**misiòt,** sm. (veneto giuliano e bisiacco; veneto e istriano: *misiòto*; veneto: anche *smisiòto*). 'Miscuglio, confusione'.

Dal verbo *misiàr* 'mescolare', dal latino parlato **miscitāre*, frequentativo di *miscēre* 'mischiare' [Doria 1987].

F. TOMIZZA: *Perciò tutto si è mantenuto fermo e integro nel tempo. Alessandro, non saprei scegliere fra queste isole-santuari e il generale misciòt di oggi* (*L'amicizia*, Milano 1980, p. 142). C.

**mismàs,** sm. (veneto, e nel chioggiotto: *bismàs*; veneto giuliano; trentino, nel roveretano: *miz maz*; lombardo, nel milanese: *mišmàš*). 'Guazzabuglio, confusione'; nel chioggiotto vi è stato uno sviluppo di significato a 'bibita a base di vino con selz'.

Tedeschismo d'epoca asburgica, da *Mischmasch* di analogo significato [Prati 1968; Cortelazzo 1985; Doria 1987]. M.

**mìso,** agg. (veneto; trentino: *miz*; lombardo orientale: *més*; lombardo settentrionale, nel bormino, anche *niz*; friulano: *niz*; ladino-veneto, nell'Agordino: *miz*, *mizh*; emiliano: *nis*; ligure: *nizzu*; toscano, nel lucchese: *nizzo*; abruzzese, nel teramano: *niccë*). 'Mézzo, di frutto troppo maturo, prossimo a marcire', anche 'umido, bagnato, moscio' e di qui il sf. trentino *miza* 'sbornia'.

Tali forme risalgono rispettivamente al latino classico *mītius* (comparativo di *mītis* 'molle, maturo') e alle varianti del parlato **mētius* e **nītius*; da **mētius* dipende *mézzo* toscano, umbro e laziale (romanesco) col senso di 'molto maturo (detto della frutta)' [AIS; DEI s.v. *mizzo*; Groff 1982; Bondardo 1986; Bracchi 1987: 370]. M.

**mìssa de pùḍḍu,** locuz. (sardo logudorese; in campidanese: *miss'e caboni*). 'La messa di mezzanotte di Natale'.

Dallo spagnolo *misa del gallo*, espressione certamente legata a qualche lontana tradizione. Nel 1675 il lessicografo francese César Oudin riferiva che così si chiamava a Toledo una messa, che si celebrava dopo il canto di un gallo, custodito in chiesa per questo scopo. Spiegazione meno ingenua di quella avanzata dal *Diccionario de Autoridades* (1737), che spostava il canto del gallo a mezzanotte, mentre per *misa del gallo* s'intende anche quella dell'alba di Natale. C.

**mištică,** v. (laziale; abruzzese: *ammĕštĕcà*). 'Mescolare'.
Dal latino parlato **mixticāre* 'mescolare' con il prefisso *a(d)-* nell'abruzzese [DEI s.v. *ammisticare*; REWS; Giammarco 1985]. M.

**mìstiga,** sf. (marchigiano). 'Paglia e fieno mescolati insieme come cibo per i bovini'.
Dal dialettale *mistigà* 'mescolare'. C.

**mistrà,** sm. (veneto). «Anicetto, specie di acquavite raffinata, distillata cogli amici, notissima» (Boerio 1856).
Il termine è ricondotto al nome moderno di Sparta *Mystrás*, località di provenienza di uno speciale tipo di anisetta ed in cui c'era effettivamente un monastero i cui monaci preparavano un buon liquore al quale è stato dato il nome della città. Non sono mancate altre proposte etimologiche, che però non sono soddisfacenti: da un veneto *misturà* 'misturato' (ma il *mistrà* è un liquore puro), dal latino *ministrātus* ('somministrato'), e da un *mistral* (da *magister* del latino) perché 'porzione magistrale', ma è nota solo la forma *mistrà* [VEI; DEI; Pisani 1965].
G. Visconti Venosta: *La sua bella, che abbracciollo, / gli dié un bacio e disse: Va! / E gli pose ad armacollo / la fiaschetta del mistrà* (*Ricordi di gioventù*, Milano 1959, p. 439). – D. Prato: *Qualcuno sgridò la zia che mi lasciava star lì. Mi ritrovai in cucina: facevano il caffè; tanto caffè:; tutti prendevano caffè e mistrà* (*Giù la piazza non c'è nessuno*, Torino 1980, p. 62). M.

**mititùru,** sm. (campano: Teggiano; lucano, a S. Fele: *mëtëtorë*). 'Luglio'.
Letteralmente, il '(mese) mietitore' [Fanciullo 1992b]. C.

**mìttaru,** sm. (calabrese, anche *mittu*). 'Misura per aridi equivalente di ottava parte di un tomolo'.
Risale al greco *hemíekton* 'misura di mezzo' attraverso una forma latinizzata **hemictum* 'mezzo sestario', ma la formazione non è del tutto chiara; dal grecismo dipende anche il salentino (leccese) *mmittarieḍḍu* 'piccolo barattolo di latta o di creta' [DEI s.v. *mìtteru*; Rohlfs 1964 e 1977]. M.

**mituné,** v. (piemontese). 'Sobbollire', cuocere a fuoco lento.
In francese *mitonner*, dal dialettale *miton* 'pezzo di mollica per fare la zuppa', derivato di *mie*, *miette* 'pezzo di pane' [Levi 1927; FEW]. C.

**mlàca,** sf. (veneto giuliano: Montona). 'Fosso di scolo principale'.
Dal croato e sloveno *mlaka* 'pozza, pozzanghera'. C.

**mlis,** sm. (ladino centrale: Comelico). 'Roncolino'.
Da una variante *melìs*, derivato, con suffisso, della voce dialettale *méla* 'lama del temperino' (di area ladina centrale, mentre nel veneto è termine scherzoso per 'spada'), dal latino *lamĕlla* 'piccola lama' [Tagliavini 1944]. M.

**mlum,** sm. (emiliano: *belùm*, anche *vlum*; romagnolo; lombardo, in bresciano: *mlöm*). 'Melume: malattia delle piante da giardino e da orto, dovuta a parassiti, che secernono un liquido dannoso alle piante'.
Dal latino *mel* 'miele' per la sua somiglianza al liquido, che appare dolciastro e appiccicoso. In *vlum* è intervenuto l'incrocio con *vlu* 'velluto' per l'aspetto che assumono le foglie ammalate, coperte di un tessuto nero lanugginoso [REW; Petrolini 1993]. C.

**mmalenóme,** sm. (abruzzese: Pizzoli). 'Nomignolo'.
Letteralmente 'cattivo nome', che denuncia, come in altri casi, la malevolenza che spinge ad affibbiarlo. C.

**mmannatùre,** sf. (pugliese: Gargano). «Malattia delle piante in cui le foglie ingialliscono, si arricciano e diventano appiccicose, trasudando un liquido denso» (Granatiero 1993).
Da *manne* 'succo dell'ornello' per l'aspetto del liquido. Letteralmente vale 'manna', che ritorna in altri luoghi, anche lontani, come la *mòna* di Novi Ligure (varietà ligure-piemontese), che indica la 'ruggine del grano (*Puccinia graminis*)'. C.

**mmàrdinu,** sm. (siciliano, con varianti). 'Fusaiolo', il piccolo disco introdotto nel fuso per mantenere l'appiombo.
Dall'arabo *mardan*, *mirdan* 'fuso' [DEI s.v. *màrdano*; Pellegrini 1972; Rohlfs 1977a]. C.

**mmèrë,** prep. (abruzzese; molisano: *mērë*). 'Verso'.
Si tratta di un normannismo; deriva infatti dall'antico francese *envers*, a sua volta dal latino *inversus* [De Giovanni 1986]. M.

**mmìdëjë,** sf. (abruzzese; campano: *ammìria*, *invìdia*, *mmìdia*, *mmìria*). 'Agave, *Agave americana* L.'.
La pianta è così chiamata «perché usata a far malie contro l'invidioso» (Giammarco 1969) o perché ha «virtù di amuleto contro malocchio e invidia» (D'Ascoli 1979). Conferma questa spiegazione il sinonimo *malòcchio*, raccolto a Pozzuoli. C.

**mòja,** sf. (calabrese; siciliano). 'Sterco di bue'.
Da un latino parlato **bovja* 'di bue' (secondo il DEI è tratto dal greco *bóeios* 'di bue') attraverso **voja* e con il passaggio di *b-*, *v-* ad *m-* presente in altre forme dialettali (ad esempio → *mafrùni*) e non necessariamente dovuto ad influsso di 'merda' [Rohlfs 1968: 230 e 1977]. M.

**móiu,** sm. (sardo: Sassari). 'Cesto, canestro'. Di qui la locuz. *pizzìnnu di lu móiu* detto di quel 'ragazzo, munito di cesta, che si offriva a portare a casa la spesa fatta al mercato'.
Propriamente 'moggio', dal latino *mŏdius* [DES; Lanza 1980]. C.

**mòla¹,** sf. (sardo). 'Cespuglio'.
«Riteniamo sia la stessa parola [*mòla* 'macina'], cioè un paragone dei cespugli tondi, come quelli del cisto, con la forma della mola» [DES].
G. Angioni: *nascosti in due mole distanti di lentischio, di fronte al viottolo tortuoso* (*Lune di stagno*, Cagliari 1993, p. 92). C.

**mòla²,** sf. (sardo centrale). 'Agonia'.
Letteralmente 'macina', «una immagine ben sarda, paragonando l'agonia con il movimento lento e cigolante della macina» [DES]. C.

**moléc,** sm. (friulano). 'Salice bianco, *Salix alba* L.'.
Derivato del latino *mŏllis* 'molle, pieghevole' con un suffisso *-ĭccus* e con allusione alla flessibilità dei rami [Pellegrini-Zamboni 1982]. M.

**mo(l)éca,** sm. (veneto; veneto giuliano; friulano: *molece*). 'Piccolo granchio in periodo di muta', quando il guscio si fa tenero.
Dall'aggettivo *moléco* 'molle, tenero', derivato da *mòlo* 'molle' [Prati 1968; Doria 1987].
G. Ragazzoni: *Prese delle sogliole, dei cefali, di quei granchi che a Venezia chiaman "moeche"* (*El spizier di Cison*, Cornuda 1992, p. 102). C.

**molènte¹,** sm. (veneto: Grado). 'Piccola distesa d'alghe, gruppo di alghe lunghe che crescono nei fondali', anche *molèra*.
Da *molle*; cfr. l'agg. *molente* 'molle' a Venezia [Cortelazzo 1980]. M.

**molènte²,** sm. (sardo campidanese). 'Asino', anche *molènti.*

Derivato dal verbo *mòliri* (sardo campidanese) 'macinare le ulive', perché l'animale viene impiegato per questa operazione [DES]. M.

**moléta,** sm. (veneto; trentino; lombardo; ticinese; piemontese; valdostano; ligure; emiliano; lunigianese). 'Arrotino' (con varianti, tra cui: *muléta, amulèta*).

Da *mola*, strumento del mestiere; è voce entrata nell'italiano regionale settentrionale [AIS]. M.

**molnàn,** avv. (veneto settentrionale). 'L'anno scorso'.

Dal dialettale *mo l'è n'an* letteralmente 'ora è un anno' [Zamboni 1971]. M.

**mòlta,** sf. (lombardo meridionale; emiliano: San Secondo). 'Fango'.

Variante di *malta*, dal greco-latino *maltha* 'mistura di cera e di pece'.

G. NUVOLETTI: *interdetti che dai paduli e dalle molte de la marchesa fosse sortita quella giovine netta e pudica* (*Un matrimonio mantovano*, Vicenza 1972, p. 50). C.

**móna,** sf. (veneto; veneto giuliano; trentino). 'Potta' e in senso figurato 'Sciocco', sm. e sf. Fra i derivati sono diffusi: *monada* 'bagatella', *monàe* plur. (roveretano) 'moine', *monifa* 'bietolone, sdolcinato'; assai frequenti sono le locuzioni *andare in móna*, *mandare in móna* 'andare o mandare in malora'.

La voce ha un corrispettivo nel neogreco *mouní* e sembra appartenere a quell'ondata di grecismi che sono penetrati a Venezia tra il Quattro e Cinquecento (Cortelazzo 1970). Diversamente l'omofonia con *monna* 'bertuccia, scimmia' (dall'arabo *maimūm*, DEI) potrebbe far sospettare un traslato dallo zoonimo (ma non sono mancate altre ipotesi etimologiche tra cui un nome di persona *Mona*, da *Simona*).

C. E. GADDA: *Manchevole il* [*manoscritto*] *magliabechiano, illeggibile il parisino, ... andato in mona il monacense, austerizzato l'osconiense, ... non ci è possibile mettere in chiaro, a distanza di anni, dove diavolo* [*il coniglio-lo*] *voleva andare a sbattere* (cit. in GDLI X 755). – P. A. QUARANTOTTI GAMBINI: *Vacca era, altro che vedova, anche se oggi fa la santa. E aveva già avuto Lidia, chi sa con chi, quando ha pescato quel mona che l'ha sposata* (cit. in GDLI X 755). – ID.: *Fu interrogato Crippa, che in quel momento tornava. – «Frangisa' è bello ma Pivero' è un gran furbo», – egli imitò la voce di Lorusso. – E tu sei brutto, e anche mona se non parli da cristiano* (*L'amore di Lupo*, Torino 1977, p. 183). M.

**mònaca 'e casa,** locuz. (campano: Napoli). 'Donna secolare, che indossa un abito religioso, e vive in casa piamente'; questa intensa devozione sembra contraddetta dal proverbio procidano: *Mòneca-re-casa: lu riàvulu jèsce e trase* 'monaca di casa: il diavolo esce ed entra' (Parascandola 1976). Vi corrisponde in Sardegna la *mònza de domo.*

Letteralmente, nell'uno e nell'altro caso, 'monaca di casa' [DES].

M. SERAO: *e rossa, e pallida, volta a volta, con le lagrime agli occhi, malediceva il momento in cui invece di farsi monaca di casa, aveva preso un amore pazzo e stupido per Ciccio, l'impiegato postale* (*Via delle Cinque Lune*, Milano 1941, p. 3). C.

**monàrcu,** sm. (marchigiano, a Macerata: anche *monarca*). 'Almanacco'.

Reinterpretazione popolare della voce dotta italiana *almanacco.* C.

**mondeàl,** sm. (friulano: Cormons). 'Bambino lindo, pulito': *vèlu ca 'l nestri mondeàl di so mari!* 'eccolo qua il nostro *mondeàl* di sua mamma!'.

Più che in *mònt* 'pulito, mondo', l'origine del nome va ricercato in un antico istituto giuridico germanico, quello del *munwald* longobardo, cioè la 'tutela', a cui erano obbligatoriamente assoggettati la donna e il figlio della vedova, il *mundualdo* [Zamboni 1992]. C.

**mondeghìli,** sf. plur. (lombardo: a Milano, anche *mongadili*; ticinese *mondeghini*, *mondeghili*). «Specie di polpette fatte con carne frusta, legata con pane grattato, uova e droghe» (Cherubini 1939-56).

Dallo spagnolo *albondiguilla*, *almondiguilla* 'polpettina'; dal milanese la voce è passata in Canton Ticino [Massariello Merzagora 1988]. M.

**mondìna¹,** sf. (lombardo; piemontese) anche *mundìna*. 'Mondariso'; il termine designa un lavoro tipicamente femminile, ma è attestato anche al maschile: *mondìn*: «Verso il novarese chiamano così quel villico il quale accudisce a rimondar le risaje da ogni mal'erba» (Cherubini 1839-56). La voce è entrata anche in italiano dove è attestata dal 1908.

Deriva da *mondà* 'mondare', dal latino tardo *mundāre* [DELI; Zolli 1986].

C. E. GADDA: *Con cappelli di paglia dalle grandi tese, che alcune, però, toltolo, se lo reggevano a mano. Tutto il battaglione delle mondine, reduce dal pomeriggio in risaia* (cit. in GDLI X 783). – C. GOVONI: *Larghi cappelli di mondine / di paglia di sole* (*ibidem*). – M. BONFANTINI: *Non che trascurassero, a tempo debito, di 'prender la tessera', o anche di ingraziarsi all'occorrenza qualche federale o qualche gerarca addetto ai sindacati o alle previdenze sociali, con qualche regalía e più col loro tipico mezzo di sontuosi festini in campagna rallietati, se lo concedeva la stagione, dalla presenza di qualche procace 'mondina'* (*Sul Po*, Milano 1974, p. 6). M.

**mondìna²,** sf. (toscano), 'castagna prima mondata, poi lessata', 'varietà di castagna con la buccia molto tenera che si può pelare facilmente'; (toscano: lucchese, versiliese), 'castagna abbrustolita, bruciata'; è usato anche il diminutivo *mondinella*, mentre il maschile *mondinello* designa una varietà di castagno che produce frutti con la buccia alquanto tenera.

La voce deriva dal verbo *mondare* (dal latino tardo *mundāre*) 'pulire' (DEI; GDLI). Nel lucchese la *mondìna* è anche il nome del petardo o castagnola, «cioè polvere pirica stretta fortemente in molta carta e per un forellino fatta scoppiare. La metafora è chiara, dalle mondine non castrate che scoppiano nella padella o sotto la cenere calda» (Nieri 1902: 128).

G. PASCOLI: *Più dolce o bimba, mi sentii: più manso. / Con gli anni feci le castagne. Alcuna / ce n'è nei cardi. Cerca. A te le canso. / ... / Son mondinella; tu le sai, n'hai colte. / Mondano bene. Esce da sé pulita / la carne, il buono dalle vesti sciolte* (cit. in GDLI X 738). – ID.: *Godeva il solicello / di fin d'ottobre, tra i castagni, sotto / il re di tutti, un vecchio mondinello* (*ibidem*). M.

**móndoi,** sm. plur. (lombardo). 'Castagne secche', 'bruciate, castagne arrostite'.

Come → *mondìna²*, dal verbo *mondare* 'ripulire, levare la buccia': «È così detta perché, dopo seccata nel seccatoio, viene sbucciata non solo, ma mondata dalla sansa, o pelliccina, che tenacemente la ricopre» (Arrivabene 1882).

G. NUVOLETTI: *La recita si era svolta per un pubblico generoso, arrivando all'ultimo intervallo allietato da gas-*

*sose spumanti, in un tripudio di mondoli e brustolini* (*Un matrimonio mantovano*, Vicenza 1972, p. 30). C.

**móndolo,** sm. (toscano meridionale; laziale: *mónnulu*; campano: *mùnnulu*, *mùnnëlë*; umbro, a Norcia: *mùnnuru*; abruzzese e molisano: *mónnëlë* e varianti; pugliese: *mónnëlë*; lucano: *mùnnëlë*; calabrese settentrionale: *mùnnëlë*), 'fruciandolo, spazzaforno'; (abruzzese, a Lanciano: *mùnnëlë*), 'sambuco selvatico, èbbio, con cui si fanno i fruciandoli'.

Dal latino *mundŭlus* 'alquanto mondo' da *mundus* 'pulito' [AIS; DEI; REWS; Rohlfs 1977; Giammarco 1985]. M.

**monèsta,** sf. (calabrese meridionale). 'Traccia lasciata dalla selvaggina'.

È un probabile riflesso del francese medio *moneste* 'avviso', prestito di epoca angioina, e non ha relazione con il calabrese meridionale *cavaḍḍu ammonestatu* 'cavallo cattivo'. Questa locuz. sostant. viene da un v. *ammonestare* 'correggere' (dal latino parlato **admonestāre* 'correggere') noto all'italiano antico, e non ha rapporto con il calabrese meridionale *monastàja* che si usa nelle locuzioni *mentiri* o *teniri a m.* 'mandare cavalli, muli, asini alla prateria senza farli lavorare durante questo tempo', che deriva da un greco parlato **monostállion* 'stalla per un animale solo', presupposto anche dal calabrese meridionale *ministalla* 'stalluccia' e a Bova *monostaḍḍi* 'stalla o pascolo per un animale in riposo' [DEI; Rohlfs 1964 e 1977; LEI]. M.

**mónna,** sm. (toscano: amiatino). 'Castagna lessata senza la buccia'.

Anche *monda* con l'assimilazione meridionale di *nd* in *nn*. *Mondàre*, usato intransitivamente, significa a Pisa 'perdere la buccia', detto delle castagne. C.

**monsù,** sm. (piemontese). 'Signore'; *cerea monsù* 'buongiorno signore' (termine di rispetto).

Dal francese *monsieur*.

M. BONFANTINI: *Il "monsú" in questione, che pur di vogare col carrello si era adattato a prendere, da solo, una imbarcazione doppia, una specie di doppio skif, era lì a un passo, aveva sentito benissimo, e mi invitò senz'altro a condividere la sua gita, avvertendomi però che avrebbe preferito farla un po' lunghetta: fino alla diga delle Molinette, se non mi spiaceva* (*L'amore di Maria e altri racconti*, Torino 1977, p. 103). M.

**montàne,** sf. (friulano), 'acquazzone violento e abbastanza prolungato'; (veneto, nel trevigiano: *montana*), 'piena di fiume'; (veneto giuliano: *montana*); 'tramontana', ma più frequentemente 'rovescio d'acqua, inondazione'.

Dal latino *montāna* (agg.) 'relativa al monte' [Doria 1987].

I. NIEVO: *Un tale che, partitosi dalle folte campagne del Trivigiano col mal del quattrino nel fegato, di qua del ponte della Delizia devii verso Camino per quella magra pianura che costeggia il Tagliamento, subito col desiderio ritorna alle negre arature di Oderzo e ai colli pampinosi di Conegliano, abbandonando alla rabbia della* bora *e delle* montane *quei deserti di ghiaia* (*Novelliere campagnuolo e altri racconti*, a cura di I. De Luca, Torino, 1956, pp. 157-8). M.

**montóne,** sm. (toscano; calabrese, a Catanzaro). 'Cova di pesci, ammucchiati all'epoca della riproduzione'.

Da *montare* nel senso di 'coprire una femmina' [Cortelazzo 1965]. C.

**morbìn,** sm. (veneto; veneto giuliano; trentino; friulano). 'Vivacità, brio, buon tempo, voglia di far festa': «ruzzo, morbino, tanto per ardenza giovanile o spec. amorosa, quanto per la vivacità scherzosa, buon umore in genere. Una sfumatura del primo di questi due sensi si mescola per lo più anche nel secondo» (Nuovo Pirona 1935 per il friulano *morbìn*); tra i derivati: *morbinoṡo* (veneto), *morbinós* (trentino), *morbinṓs* (friulano) agg. 'chiassoso, gaio, chi è dedito ai piaceri della vita'.

Dal veneto *mòrbio* 'tenero; rigoglioso; vivace' (dal latino *morbidus*); *morbino* 'ruzzo' è voce usata anche da autori italiani (XVIII sec.) [DEI; Prati 1968; Bondardo 1986]. M.

**morégia,** sf. (veneto, anche *morégiola*, *moréciola*, e nel trevigiano pure *morégola*, *morisiola*). 'Topolino'.

Dal latino **muricŭlus* 'topolino', attraverso **muric(ŭ)la* si ha *morégia*, mentre le altre forme si devono all'aggiunta del suffisso *-ula*; la variante *morégola* richiede **muricŭla* senza la sincope del proparossitono. Per quanto riguarda la presenza di *-o-*, secondo il Prati 1968 si deve a *moro* 'scuro' dato il suo colore (nel friulano, infatti, il topolino è chiamato anche *moretìne*); mentre il DEI (s.v. *morégola*) suppone un incontro di **muricŭlus* con *sorex* e **soricŭlus* 'sorcio'. Da **muricŭlus* col suffisso *-iólus* dipendono anche le voci lombarde *murgiṓ* (pavese) e *murigiṓ* (milanese) [REWS; Bondardo 1986]. M.

**morésca,** sf. (emiliano: a Parma), 'lite'; (laziale: a Roma), 'tafferuglio, sommossa'.

Evoluzione di significato dell'italiano *moresca* (XV-XVIII sec.) 'ballo molto vivace', derivato da *moresco*, forse perché imitava tipi di danze moresche [Migliorini 1973]. M.

**moretìna,** sf. (friulano). 'Maschera di seta o di panno che copre soltanto la fronte o mezzo viso', anche *morète*.

Denominazione che allude al colore, tratta da *moro* 'scuro'; analoga origine ha il friulano *moretina* 'topolino, topo ragno' (→ *morégia*). Nella stessa varietà dialettale la maschera si dice pure *voltìn* (da 'volto') e *muṡete* (dal dialettale *muṡe* 'volto'). M.

**moreuràs,** v. (ticinese: val Bedretto). 'Diventare mansueto', detto di animale prima cattivo o focoso.

Letteralmente 'amorevolarsi' = 'diventare amorevole' [Lurati 1968]. C.

**mórgio,** sm. (laziale: Arsoli; abruzzese: *mórgiu* e al femminile *mòrgë*). 'Grossa pietra, masso, roccia'.

Dal latino *murix*, genitivo *muricis*, 'murice', la conchiglia della porpora, attraverso un successivo significato di 'sasso acuto': *murex acutus* in Virgilio [DEI]. C.

**morìna,** sf. (veneto giuliano e dalmata). 'Incubo notturno'.

Diminutivo di *mora*, *morà* 'incubo' in forma di folletto, strega o vampiro, voce di origine slava (serbocroato *mora* 'incubo'), anch'essa molto diffusa nella Venezia Giulia [Cappello 1957]. C.

**morìr in cadén-na,** locuz. (emiliano occidentale; lombardo meridionale). 'Morire zitella' e di alcuni prodotti dei campi (angurie, zucche) 'non giungere a maturazione ed avvizzire'.

Per quanto sia una spiegazione cruda, pare che l'origine debba ricercarsi nella condizione delle nubili, tenute come prigioniere ('in catena') nelle famiglie patriarcali di un tempo [Petrolini 1993]. C.

**morlàca,** nella locuz. *a ra morlaca* (ladino centrale: cortinese; ladino-veneto, a Rocca Pietore: *a la smarlaca*). 'In maniera grossolana e trascurata'.

Da *morlacco* 'rumeno slavizzato dell'Istria e della Dalmazia', definito in italiano 'uomo rozzo, ma prode' e mal giudicato anche dai Friulani, per i quali *morlàc*, *murlàc* è sinonimo di 'goffo, grossolano' [Prati 1936; Zamboni 1991]. C.

**mortùra,** sf. (umbro: anche *moldùra*, come nel friulano *muldùre*). 'Compenso in natura in cambio della macina del frumento o dell'olio'.
Letteralmente, 'molitura'. C.

**mòŝa,** sf. (trentino; veneto settentrionale; ladino centrale, nel Comelico: *més*, *mués*, *mos*; lombardo alpino: *mòŝa*). 'Farinata', 'polenta tenera che si mangia assieme al burro e al formaggio', o anche, in area vicentina, 'impasto che viene cotto ed è formato da fette di zucca bollite e poi schiacciate, cui viene aggiunta farina gialla', oppure 'poltiglia tenera fatta per i bambini con pane bollito in acqua, cui si aggiungeva alle volte un uovo sbattuto'.
La voce ha diffusione anche in area ticinese e ladina grigionese e si confronta con tedesco *Mus* 'farinata'; solitamente è ricondotta all'antico alto tedesco *muos*, *mos*, ma la forma *mòŝa*, nonché le varianti comelicane, si rifanno piuttosto alla variante tedesca dialettale (tirolese) *muas* [Tagliavini 1926; Vigolo 1992]. C.

**moscà,** v. (umbro, nel perugino). 'Mordere', col deverbale *mòsco* sm. 'morso'.
Dal latino *morsicāre* 'morsicchiare' attraverso una forma *morscà* [Ugolini 1970: XXI]. M.

**mò scurdèin,** locuz. (ligure-piemontese: Novi Ligure). «Modo di dire usato per indicare il dimenticarsi di avere avuto i dolori del parto» (Magenta 1970).
Letteralmente 'male scordino' che si scorda, designazione analoga al veneto → *mal desmentegón*. M.

**mostacìn,** sm. (lombardo). 'Biscotto con spezie', talvolta anche con uvetta, passato all'italiano nella forma *mostaccino*; si adopera anche *mostacciolo*.
Dal latino *mustaceus*, da *mustum* 'mosto', ingrediente base della prima preparazione del prodotto; il termine *mostacciolo* si ritrova anche nell'italiano di altre regioni, riprende analoghe forme dialettali (abruzzese *mestacciolë*, siciliano e calabrese *mustazzolu* ecc.) e si riferisce a vari tipi di biscotti dolci, a pasta dura ed elastica, confezionati con ingredienti diversi secondo le zone. «I più diffusi sono a base di farina, albume d'uovo, miele e frutta secca» (GEIG), il mostacciolo molisano (*muštacciulë* a Fossalto) è «a forma di losanga, preparato con farina, mostocotto, cioccolato, uva passa ecc.» (Bagnoli 1990). M.

**mőve a mòre,** locuz. (ligure-piemontese, a Novi Ligure). «Si diceva quando un cibo pesante e difficile da digerire provocava disturbi di stomaco e di bile» (Magenta 1970).
Letteralmente 'muovere la madre'; nel dialetto locale *mòre* significa solo 'madre', mentre la locuzione presuppone il senso più antico di 'utero', di *matrice*; si confronti l'italiano antico *mal di madre (matre)* 'mal di matrice' [DEI]. M.

**mòziche,** sf. (friulano, in Valcanale: anche *mòciche*, *mòzighe*). 'Fragola'.
Dallo sloveno *močnica* propriamente 'mirtillo rosso', significato che il prestito ha nella località friulana di Chiusaforte, ove è presente nella forma *mucine* [Pellegrini-Zamboni 1982]. M.

**mpàmiu,** agg. (calabrese), 'infame', 'cattivo'; (pugliese, a Minervino Murge: *mbame*), 'infame', 'traditore'; (siciliano, a San Biagio Platani: *mpami*), 'bugiardo'.
Dal latino *infāmis* 'che non (*in-*) gode di buona fama (*fama*)' col regolare trattamento di *-nf-* in *mp* o *mb* [Rohlfs 1977].
L. ASPREA: *Così, per sfregio, venivano chiamati dai mafiosi i falegnami, i calzolai e gli artigiani in genere, ch'erano considerati mpami, perché deboli di fronte agli zaffi e cantavano la verità* (*Il previtocciolo*, Milano 1971, p. 13). C.

**mpapucchià(re),** v. (calabrese; siciliano: *mpapucchiàri*). 'Imbrogliare con parole, ingannare con menzogne'.
Da *papòcchia* 'intruglio, cibo mal confezionato': → *papòcchiu* [Rohlfs 1977].
S. D'ARRIGO: *Quel fallattutti invaiolato li stava impapocchiando della meglio, andava pensando* (*Horcynus Orca*, Milano 1975, p. 960). – R. NIGRO: *vado ambasciatore segreto per parlare a don Elisio Bisanzio Pappacena e agli Accademici Tarantini perché non si facciano impapocchiare da questo Mabullah al Mansur* (*La baronessa dell'Olivento*, Milano 1990, p. 69). C.

**mpërràrse,** v. (campano: Napoli), «ostinarsi, intestardirsi» (Altamura 1956); (siciliano: *mpirrari*, *mperrari*), «aizzare; incollerirsi, montare in bestia» (Piccitto 1985).
Dallo spagnolo *perro* 'cane', presente nel napoletano *perro* 'cane' ed anche 'atto crudele, truffa' e come agg. 'crudele, feroce', nel calabrese *pierru*, nel sardo logudorese *pérru* 'cane, bracco' (quest'ultimo usato più in poesia che nella lingua comune) [DEI s.v. *perro*; DES; Beccaria 1968]. M.

**mpìgna,** sf. (siciliano; calabrese; pugliese: *mbignë*; lucano: *mbìgnë*; abruzzese: *mbègnë*), 'tomaio'; (salentino) 'parte anteriore del tomaio'.
Dal francese *empeigne* 'tomaio' [AIS; DEI; Rohlfs 1956 e 1977; Piccitto 1985].
G. D'ANNUNZIO: *– Eh guardate! Ho perfino un* impegno *rotto – egli rispose, indicando il tomaio che nel dialetto nativo si chiama* 'mbìgna', *come nel proverbio* Senza 'mbìgna nen ze mandé le scarpe ['Senza tomaia la scarpa non regge] (*Tutte le novelle. Terra vergine. Novelle della Pescara*, Roma 1995, p. 189). M.

**mpizzàri,** v. (siciliano). 'Incominciare'.
La voce è ricondotta dal DEI allo spagnolo *empezar* il cui significato è analogo a quello del siciliano. M.

**mprecà(re),** v. (campano; toscano, nell'Arcipelago: *mpiaccà*). 'Imbrattare' e poi 'imbrogliare, intrigare'. Da qui il deverbale *mpèca* (napoletano e irpino) 'imbroglio, intrigo' e al plur. *mpèche*, *spèche* (napoletano) 'raggiri'.
Dal latino *impicāre* 'impeciare', che mantiene il suo significato originario nel sardo *impigàre* (logudorese), *impizài* (campidanese). Per Valente 1993 il verbo toscano e quello campano non vanno ricondotti ad una stessa origine: *mpiaccà* rientrerebbe nella famiglia onomatopeica di *impiaccicare*, *piaccicare*; *mprecà(re)* sarebbe da intendersi come un *mp(e)recare* e perciò derivato dal latino *impedicāre* 'impastoiare' (da *pedĭca* 'laccio') e quindi 'imbrogliare' con l'esito *d* > *r* [REW; REWS; DES]. C.

**mprenucàtu,** agg. (calabrese meridionale). 'Afflitto'.
Per Alessio si tratta di un derivato dal latino tardo *pernecātus*, da *pernecāre* 'uccidere del tutto, massacrare'. Secondo Valente, invece, la voce va collegata col pugliese *frenecà* 'farneticare, rimuginare, almanaccare, fantasticare' ecc., che suppone un latino **phrenicāre* da *phrĕnicus*, di tradizione dotta, accanto a *phreneticāre* da *phrenēticus*; cfr. anche l'abruzzese *frèllëchë* 'farnetico' accanto a *frëllétëchë* 'id.' [Alessio 1976; Valente 1978]. M.

**mpressió,** sf. (marchigiano: Jesi). 'Pressione arteriosa': *cià la 'mpressió* 'ha la pressione alta' (Urieli 1979).

Sovrapposizione di *pressione* su *mpressió* 'impressione'. C.

**mpuzzunàri,** v. (calabrese meridionale), 'affliggere, accorare, arrovellare' e rifl. 'rabbruscarsi (del tempo)'; (siciliano: *appuzzunari*), 'avvelenare'.

Il DEI rinvia queste voci al francese antico *empoissoner* ed allo spagnolo *empozoñar* 'avvelenare'; diversamente Rohlfs 1977 non suppone dei prestiti ma formazioni locali dal dialettale *puzzune*, *pizzune* 'veleno tossico' dal latino *potio*, *-ōnis* 'bevanda' (da cui il francese *poison* 'veleno' e di qui il citato denominale) [DEI s.v. *impuzzonare*; REWS]. M.

**mràzu,** sm. (sardo). 'Marzo'.

Dal latino *Martius* 'marzo' attraverso una forma metatetica; nelle parlate sarde, accanto a questa sono presenti le varianti *mazzu, marzu, martu, marzhu* [AIS; DES] M.

**mùca¹,** sf. (calabrese meridionale; siciliano), 'muffa; cerume; cispa'; (molisano: Agnone), «malattia dei cavoli e di altri vegetali, non escluso il grano, per la quale si forano nel colletto e marciscono», a Vastogirardi «insetto nocivo delle patate e del granone» (Giammarco 1969); (calabrese meridionale: *mucàri* v.), 'ammuffire'; (siciliano: *smucàri* v.), «nettare gli occhi dalla cispa» (Traina 1868).

Da un latino parlato **muca* 'muffa' a sua volta dal greco *mýkes* 'fungo' [DEI; REWS; Rohlfs 1977; Piccitto 1985]. M.

**mùca²,** sf. (emiliano: Reggio). 'Specie di stufa popolare in muratura'.

Senso traslato di *mùca* 'mucca', «vacca svizzera, dalle corna corte, che produce molto latte» [Malagoli 1954]. C.

**muccatùri,** sm. (siciliano; calabrese, anche *muccaturu*; campano, nel napoletano: *muccaturo*, *moccaturo*; sardo: *muccadori*, *muccadore*, *muncadori* e altre varianti). 'Fazzoletto'.

Non sono derivati da *moccare* 'pulirsi il naso' (come propone il DEI), voce di area italiana settentrionale, né dallo spagnolo *mocador* 'fazzoletto', ma, per ragioni d'ordine cronologico, dal catalano *mocador* con lo stesso significato. In talune varianti dialettali è presente un'occlusiva sorda *-t-* restituita in luogo della sonora *-d-* (come nel siciliano → *palatàru* [DEI s.v. *moccadore*; DES; Varvaro 1974: 89]. M.

**muccìre,** sm. (abruzzese occidentale). 'Fazzoletto da naso; copricapo femminile'.

Dall'antico francese *moucheur* 'fazzoletto' (poi sostituito da *mouchoir*); secondo Giammarco invece da un latino parlato **muccerius* derivato dal latino *muccus* 'moccio, muco' [DEI s.v. *moccaturo*; FEW]. M.

**mùcco,** agg. (umbro: a Todi), 'biondo e glabro'; (calabrese: *mìcca*), aggiunto di capra, 'ermafrodita'.

Dal latino *(eu)nuchus* 'eunuco', 'castrato' [Rohlfs 1977; Ugolini 1988-89]. C.

**mucòre,** sm. (sardo centrale, nel logudorese: *mugòre*, *murgòre*), 'muffa (del pane)', 'tanfo (dell'olio e lardo rancido)'; (abruzzese: *mucorë*), 'muffa, del vino, della frutta', a Introdacqua 'fetore del corpo umano'; (umbro: *mucore*), 'muffa'.

Continuazioni del latino *mūcor*, *mucōris* 'muffa' che ha riflessi anche nel rumeno e in area iberoromanza [DEI; DES; Giammarco 1985]. M.

**mudâmë,** sm. (abruzzese, a Crecchio; emiliano: *amdàn*; marchigiano: *amedàno*; marchigiano, nell'anconitano: *olmetàno*, nel maceratese: *olmetà*). 'Ontano, *Alnus glutinosa* L.'.

Dal latino tardo *alnetanus* 'ontano' incrocio con *olmo* [AIS; DEI S.V. *almedano*; LEI]. M.

**mudrégu,** sm. (sardo, anche *mudégu* e altre varianti). 'Cisto' nelle sue diverse specie.

Si tratta di una parola di origine preromana imparentata con l'etrusco *mútuka* 'cisto'; tali voci richiamano anche *mùtaca* (calabrese) nonché *mùcchio* (toscano), *mùcciu* (corso, sardo), *mùcchiu* (corso, calabrese e salentino) che richiedono un tipo **mutulus* con cambiamento di suffisso, tutti designanti il 'cisto'. Il calabrese meridionale ha pure forme come *(a)mùndaci*, *amùndici* che si riferiscono alle stesse specie botaniche e che secondo il DEI rientrano nella famiglia di parole menzionata mentre il Rohlfs 1964 ipotizza una base greca (da un **móundakon*) [DEI S.V. *amùndaci*; DES]. M.

**muèdul,** sm. (friulano). 'Cerro, *Quercus cerris* L.'.

Denominazione tipica del Friuli; etimologicamente presuppone una base **motulu* / **modulu* di incerta origine. Il termine è produttivo nella toponomastica friulana (ne deriva un nome di paese come *Modoletto*) e ricorre nei glossari longobardi: *Modula* 'quercum quod est modula' (Rotari) ma non è sicuro che si tratta di voce appartenente al germanico [Pellegrini-Zamboni 1982]. M.

**mùffoli,** sm. plur. (siciliano, anche sf.). 'Manette'.

Dal francese antico *moufles* con lo stesso significato; cfr. anche → *mùfla* [Caracausi 1973; Rohlfs 1977].

L. SCIASCIA: *Il particolare delle muffole, cioè delle manette, dissolve l'idillica visione* (cit. in GDLI XI 48). – V. CONSOLO: *Viene fuori il ribelle, prendetelo! Caricatelo di catene e muffole, stringetegli al collo la corda di ginestra* (*Il sorriso dell'ignoto marinaio*, Torino 1987, p. 105). C.

**muffulèttu,** sm. (siciliano). 'Frittella di pasta di pane', 'sorta di focaccia con semi di anice preparata tradizionalmente per la ricorrenza dell'Immacolata'.

Dal francese antico *pain moflet* (in provenzale antico *pan moflet*) 'pane molle e spugnoso', dalla base espressiva *muff-*, riferita alla natura soffice di questo tipo di pane [FEW; Rohlfs 1977].

G. TOMASI DI LAMPEDUSA: *Nella circoscritta ombra dei sugheri il Principe e l'organista si riposarono: bevevano il vino tiepido nelle borracce di legno, accompagnavano un pollo arrosto venuto fuori dal carniere di don Fabrizio con i soavissimi "muffoletti" cosparsi di farina cruda* (*Il Gattopardo*, Milano 1962, p. 127). C.

**mùfla,** sf. (piemontese; emiliano, a Piacenza: *mùfal*). 'Specie di guanti'.

Dal francese *moufle* 'manopola' (cfr. anche → *mùffoli*), un antico germanismo, testimoniato in forma latina (*muffula*) ad Aquisgrana, in un capitolare dell'817 d.C.: "Abbat provideat, ut unusquisque manachorum habeat... wantos in aestate, muffulas in hieme", cioè: "L'abate provveda che ogni monaco abbia guanti in estate e muffule d'inverno" [FEW]. C.

**muggiàccu,** sm. (pugliese, nel tarantino; salentino). 'Pozzanghera, fango liquido nelle vie', anche *muggiacchë*, *mugghiaccu*.

Dalla voce *mògghia*, *mùgghia* 'fango, mota, melma', delle stesse varietà, dal latino *mollia* '[cose] molli' [DEI; Rohlfs 1956]. M.

**mugliàre,** v. (toscano). 'Rombare (di automobili o aeroplani)'.

Estensione metaforica del senso originario di *mugliare*,

variante di *mugghiare* 'muggire' (dal latino *mugilāre*), forma che è oramai prevalsa, anche se appartenente ad una serie minoritaria di voci, dove il latino -GL- si sviluppa in *-gghi-*, anziché in *-gl-*, come in altre coppie: *vegghiare* ~ *vegliare, ragghiare* ~ *ragliare, stregghia* ~ *striglia* [Rohlfs 1966].

M. LUZI: *La macchina / calata al fondo valle / ora muglia sulle rampe* (cit. in GDLI XI 53). C.

**mugliόne,** sm. (toscano: senese). «Mostro anfibio del tutto immaginario, metà pesce e metà bue che un tempo si credeva nascosto nelle viscere della Montagnola proprio intorno alle sorgenti del Luco, piccolo ruscello ancora esistente nei pressi di Rosia. In certi periodi i contadini dei dintorni udivano levarsi dalle caverne esistenti in quella zona, un impressionante muggito che la fantasia popolare attribuiva appunto al misterioso mostro. Fenomeno analogo, dovuto naturalmente all'aria racchiusa all'interno delle caverne, si registra ancor oggi nelle zone del Monte Amiana» (Cagliaritano 1969).

Da *mugliàre* 'brontolare, mugolare'. C.

**mugnàl,** sm. (veneto bellunese). 'Porco'.

Da un **gnimàl* corrispondente ad *animale* [Prati 1968]. M.

**mugnècca,** nella locuz. *ommu di mugnècca* (sardo: Sassari). 'Uomo di polso, energico, o facoltoso'.

Dallo spagnolo *muñeca* 'polso'. C.

**mugnóne,** sm. (calabrese, anche *mugnoni*; siciliano: *mugnuni*). 'Moncone, moncherino', anche *mugnu*.

Le voci si confrontano con l'antico francese *moing* agg. 'storpiato, mutilato', *moinun* (XII sec.) 'quello che resta di un braccio, di una gamba', anche *moignon*, che risalgono alla base preromana **munno-* 'troncato' (secondo il FEW, mentre il DEI pensa ad un latino parlato **mundiāre* 'pulire'), che ha riflessi anche in area iberoromanza (spagnolo *muñon*, catalano *monyó* 'moncone'). M.

**muiàrt,** agg. (friulano). 'Detto di fieno dell'ultimo taglio': *fen muiàrt*; anche come sinonimo di 'erba dell'ultimo taglio', cioè rada e sottile, e detto pure della 'prima peluria del viso dei giovani': *pel muiàrt*.

Da una base **muio*, col suffisso *-ardu*, da un precedente **mugio* preromano cui è attribuito il significato di 'giovenco', ma che in origine può aver indicato qualcosa di 'non maturato' od anche di 'non genuino', 'bastardo', e simili [Pellegrini 1972a]. M.

**muìni,** sm. (friulano). «Scaccino che ha cura della pulizia e degli addobbi della chiesa, che provvede a suonare le campane, ecc.; o laico sagrestano che ha anche cura dei vasi e dei paramenti sacri» (Nuovo Pirona 1935).

Deriva dal latino *mŏnachus*, ma attraverso la forma latino-volgare **mŏnic(h)us*; le continuazioni di *mŏnachus* ritornano con la medesima accezione nel veneto settentrionale e trentino *mòne*, nel lombardo alpino *mòna, mòne* [Tagliavini 1963; Lurati 1980]. M.

**mùla,** sf. (veneto giuliano: Trieste, e da qui a Monfalcone, in Istria ed a Zara). 'Ragazza'.

Da *mulo*, detto dapprima ad un 'ragazzo bastardo', poi a un 'monellaccio' ed, infine, a 'ragazzo, giovane, fidanzato' senza nessuna connotazione negativa; si usano anche l'accrescitivo *mulón* ed il collettivo *mularìa* [Doria 1987].

S. SLATAPER: *La mularia! Fecero la guerra a terribili sassate in Sanza, un'antica fortezza triestina diroccata, accanto alla nostra campagna* (*Il mio Carso*, Milano 1989, p. 53). – ID.: *Ora qualche sera poggio la testa sulle ginocchia di mamma e mi faccio raccontare di lui. Mi disse una volta che dieci muloni m'avevano aggredito e tutti i parenti si condolevano del gnocco susinoso lasciatomi in una guancia* (*ibidem* p. 111). – P. P. PASOLINI: *La ragazza gli diede un'occhiata inespressiva, poi rivolta alle compagne scoppiò a ridere. «Cosa vuole questo mulo!»* (*Il sogno di una cosa*, Milano 1962, p. 50). – P. A. QUARANTOTTI GAMBINI: *Quello è Frangisacchi, soldato come me, e il più fesso dei fessi, anche se piace alle mule* (cit. in GDLI XI 56). C.

**mularìa,** sf. (veneto giuliano e dalmatico; ladino-veneto: agordino settentrionale; ladino centrale: Comelico, Ampezzo; friulano). 'Ragazzaglia; frotta di ragazzi; figliolanza, gioventù', anche *mulerìa*.

Da *mulo* 'ragazzo, (→ *mùla*)' [Doria 1987].

S. SLATAPER: *E c'era anche, accosto al muro della strada, un tasso baccata che scortecciavo facilmente a larghi brani per vederlo più pulito e più rossiccio. Aveva, al terzo piano, due rami come un letto, e lì dormivo qualche dopopranzo; oppure contemplavo tronificante la mularia stradaiola che faceva a ruffa di sotto per agguantare la bacche rosse che buttavo giù da signore. (Io non le mangiavo, mi schifavano). Poi imbaldanzita cominciava a fiondar sassi, e io allora, saltavo giù come un demonio, correvo al portone, ne strappavo la verghetta di ferro che serviva da chiavistello, e giù a rotta di collo per le strade...* (*Il mio Carso*, Milano 1989, p. 52-53). M.

**mùle,** sf. (friulano). 'Sorta di sanguinaccio, fatto con sangue di porco, latte e droghe, ed insaccato a mo' di salsiccia'.

Dallo sloveno *mula*, anche *mulica*, 'sanguinaccio' [Pellegrini 1976]. M.

**mulétta,** sf. (siciliano). «Gruccia, bastone con impugnatura in alto per l'appoggio della mano e dell'ascella» (Piccitto 1985).

Dallo spagnolo *muleta* (a sua volta da *mula* 'mula') di significato analogo a quello siciliano [DEI]. M.

**mulignàna,** sf. (campano: Napoli). 'Melanzana'.

Dall'arabo *bādinğan*, in una delle tante varianti diffuse nei dialetti meridionali [Pellegrini 1972; Rohlfs 1977].

D. REA: *La melanzana, o molignana nera, che è violetta all'esterno e morbida e deliziosa all'interno, era la regina di quella festa penitenziale notturna* (*Ninfa plebea*, Milano 1992, p. 11). C.

**mùmmulu,** sm. (campano; salentino; calabrese: *vùmmulu*; siciliano: *bùmmulu*), 'recipiente di terracotta col collo stretto, poco panciuto, per tenervi l'acqua fresca'; (corso: *bómbulu*; pugliese, a Molfetta: *mùmmele*), 'piccolo vaso, orciolo'; (abruzzese: *òmmëlë*), 'ampolla dell'olio'.

Dal supposto suo nome latino **bombyla* (e il femminile alterna in diversi luoghi dell'Italia meridionale con il maschile), un grecismo [VES].

S. STRATI: *Tàscia si mise la corona in testa ed era già pronta a mettervisi il bomboletto su, da sola* (*Tibi e Tàscia*, Milano 1959, p. 15). – V. CONSOLO: *Nell'attesa il bombolo del vino ripassava per le bocche* (*Le pietre di Pantalica*, Milano 1988, p. 52). C.

**munacìëddë,** sm. (lucano), 'gnomo, spirito, folletto', anche *mënacéddë, munagìëllë, munëcacìedë*; (calabrese: *monachiellu*, e varianti) 'folletto, spirito benigno di casa (che alla fantasia del popolo si presenta nella figura di un fraticello)'; (molisano: *mënechèllë*) 'monachino, fantasma, si nomina per impaurire i bambini quando fanno i capricci'; secondo DEI, è anche voce d'area campana.

Dal latino *mŏnachus* col suffisso *-ĕllu* [DEI s. v. *monachicchio*; Giammarco 1969; Rohlfs 1977; Bigalke 1980].

C. Levi: *non ci sono che le ispirazioni dei sogni, se non si ha avuto la fortuna di essere guidati da uno degli spiriti della terra che li custodiscono, da un monachicchio* [...] *I monachicchi sono gli spiriti dei bambini morti senza battesimo; ce ne sono moltissimi qui, dove i contadini tardano spesso molti anni a battezzare i propri figli* [...] *I monachicchi sono esseri piccolissimi, allegri, aerei: corrono veloci qua e là e il loro maggior piacere è di fare ai cristiani ogni sorta di dispetti* [...] *Portano in capo un cappuccio rosso, più grande di loro: e guai se lo perdono: tutta la loro allegria sparisce ed essi non cessano di piangere e di desolarsi finché non l'abbiano ritrovato* (*Cristo si è fermato a Eboli*, Torino 1967, pp. 128-130). – R. La Capria: *La sera Angelina riferì alla signora in modo confuso e concitato quanto aveva visto e sentito, raccontò che aveva sorpreso Tonino a parlare con uno spirito nella stanza degli armadi, e che ci voleva uno stregone con l'aglio per mandar via il* monaciello. *La signora cercò di spiegare ad Angelina che i monacielli e gli stregoni si trovavano forse a Pietrasturnino, sotto le querce, ma non a casa sua, in una grande città, non a Viale Elena, che è tutto abitato da persone perbene. Le disse che l'odore dell'aglio non lo poteva soffrire, e tanto meno il sapore* (*La neve del Vesuvio*, Milano 1988, p. 37). M.

**muncipiḍḍìsu,** sm. (siciliano: anche *muncipiḍḍisi*). 'Vento freddo da tramontana'.

Dal nome del luogo di provenienza, il *Mongibello*, cioè l'Etna (→ *mungibèḍḍu*).

V. Consolo: *In questa casa, alta, aperta al* muncipiddaru, *il vento di tramontana che tira dal Mongibello* (*Le pietre di Pantalica*, Milano 1988, p. 127). C.

**mungéta,** sf. (ligure: Alassio). 'Lumaca verde molto bavosa' e, figuratamente, 'donna vivace'.

Dal provenzale dialettale *mounjo, mounjeto* 'chiocciola bianca con una striscia bruna', letteralmente *monaca*, che si può confrontare con altre analoghe denominazioni: romanesco *moniche, monichelle* 'chiocciola di mezzana grandezza col guscio bianco listato di nero', napoletano *monaca* 'specie di chiocciola', pugliese *mënacèddë* (con varianti) e calabrese *monacella, monaceja* 'chiocciola', siciliano *munaceḍḍa* 'specie di lumaca'. Anche il sardo ha *monžètte, mongètte* per una sorta di 'chiocciole piccole e mangerecce', ma queste dipendono probabilmente dal catalano *mongeta* 'chiocciola piccola e bianca' [DES]. C.

**mungibèḍḍu,** sm. (calabrese, con varianti). 'Diavolo', 'cataclisma'.

Da *Mongibello*, nome romanzo *(mons)* – arabo *(ğebel)* dell'Etna, sede, secondo la credenza popolare, di demoni. C.

**muntàngia,** sf. (sardo: Barbagia). 'Montagna'.

Dal latino parlato *montanea* in confronto del logudorese e campidanese *montagna*, che è un'italianismo [DES]. C.

**munzèḍḍu,** sm. (siciliano, anche *munsèḍḍu, munzièllu*; calabrese: *munzeḍḍu, munziellu*; lucano: *mënžiddë, munžellë*). 'Mucchio, cumulo'.

Dal francese antico (cioè per tramite dei Normanni) *moncel* di analogo significato (a sua volta dal latino *monticellus*); il DEI (s.v. *monzèllo*) riconduce a questa voce anche il toscano (Val di Chiana) *moncéllo* 'castello nel gioco delle noci'. Sono riflessi del francese antico *amonceler* 'ammucchiare' il siciliano *ammunziḍḍari*, il calabrese *ammunzeḍḍari* e il lucano *ammënžënë* [DEI s.v. *ammonzellare*; Rohlfs 1977a; Bigalke 1980]. M.

**muóve i stéfani,** locuz. (ladino-veneto: Agordino). 'Camminare, andare di buon passo', che è lo stesso dell'ampezzano (ladino centrale) *menà i štèfane* 'sbrigarsi'.

Letteralmente 'muovere le natiche', da *stéfani* 'natiche', che, come altre simili denominazioni semigergali (l'antico *stèfano* 'stomaco', il veneto *stèfani* 'denti'), si spiega con una specie di personificazione [Migliorini 1927; Cortelazzo 1991]. C.

**muràbbitu,** sm. (siciliano). 'Astemio, che non beve vino'.

Dall'arabo *murābiṭ* 'eremita' dalla medesima radice araba che ha dato l'italiano *marabutto* (*r-b-ṭ* 'essere attaccato ad un luogo'); analoga origine ha il cognome meridionale *Moràbito* [DEI; Pellegrini 1972]. M.

**murcìgghia,** sf. (siciliano; calabrese: *muccìgghia, muncìgghia, mincìgliё*; abruzzese: *mucìgliё, mucìjjё*; campano, nel napoletano: *muccìglia*; emiliano: *moccìglia, muccìglia, muzzéglia*; lombardo, a Milano: *moccìglia*; veneto, a Venezia: *moncìglia*; sardo logudorese e campidanese: *mucìglia, murcìglia, muscìglia*). 'Tasca quasi quadrata e ricoperta di pelle col pelo, che i soldati e i pastori si portano dietro alle spalle, zaino, sacco; carniere'.

Dallo spagnolo *mochilla*, variante di *mochila* 'zaino, carniere', o anche dal catalano *motxilla*, base che il DES ritiene all'origine delle voci sarde [DEI s.v. *mocciglia*; Beccaria 1968; DES; Michel 1996]. M.

**mùrcu,** sm. (calabrese). 'Monco di un braccio'.

Dal latino *murcus*, che significa 'mutilato' [DEI s.v. *murcu*; Alessio 1976; Rohlfs 1977].

L. Asprea: *Intanto Rocco dell'Orto sparlava del murco. "Fu sempre una mala genia!" raccontava* (*Il previtocciolo*, Milano 1971, p. 94). C.

**murëvṓs,** agg. (lucano). 'Moccioso'.

Da *mòrvë* 'moccio', come nel calabrese *muórvu* e varianti, letteralmente 'morbo', in latino *mŏrbus*, anche se l'italiano conosce *morvoso*, riferito a chi ha la *morva* 'cimurro' [Rohlfs 1977; Bigalke 1980].

R. Scotellaro: *Che volete da Gesù, voi, voi pecore smarrite? Voi pecore zoppe e morbose?* (*L'uva puttanella*. Bari 1964, p. 104). C.

**mùrgia,** sf. (abruzzese; pugliese; lucano; calabrese). 'Roccia, masso, grossa pietra', con varianti come *mórgë, mòrgia*, anche *mórgiu, mórgio* (sm.).

Dal latino *murex, -ĭcis* 'mùrice', poi 'sasso acuto'; con riflessi toponomastici (*Murge*) [DEI; Giammarco 1969; Bigalke 1980].

G. Cassieri: *Gennaro era riuscito ad agganciare al cappio il timone della* Zaratina... *L'aveva acciuffata mentre si dirigeva rullando verso San Domino, a fracassarsi contro una murgia, in una cala* (*I delfini sulle tombe*, Firenze 1958, p. 377). – R. Nigro: *Carnevale era calmo, freddo: «Vedrai, quando arriveranno i muratori, con una squadra di carpentieri e di geometricchi. Costruiscono una prigione e dicono: d'ora in poi questi muri siano le vostre colline, e valli e murge e i soffitti i vostri cieli, i lampioni le vostre stelle e lune e il rubinetto il fiume dove potrete bere e lavarvi»* (*Il piantatore di lune*, Milano 1991, pp. 35-36). M.

**murìst,** sm. (lombardo, nel Pavese: anche *murìc'*). 'Civetta'.

«Connesso con *murì*, secondo la tradizione popolare che il grido della civetta sia annuncio di morte» [Galli 1965]. Per confusione fra animali notturni, anche il 'gufo' è chiamato *murìst* a Bereguardo (Pavia) e *murìc'* a Cozzo (Pavia) ed a Isola Sant'Antonio (Alessandria). C.

**muristèni,** sm. (sardo campidanese). 'Le stanze e stalle

attigue a una chiesa rurale', sinonimo di → *cumbessìa*.

Dal latino **monistĕrium* 'monastero', che è il significato proprio del logudorese antico. La stessa località presso Cagliari, denominata ufficialmente col nome catalano di *Monastìr*, è detta in dialetto *Muristèni* [DES].

G. DELEDDA: *Sdraiato su un mucchio d'erba, in una delle* muristenes *vuote, gli pareva ancora di ballare e di ammirare Giacinto* (*Romanzi e novelle*, I, Milano 1954, p. 419). C.

**murmièta,** sf. (toscano: Arezzo). 'Carezza, moina, complimento'.

Da *murmìo*, 'amor(e) mio' e anche, in Val di Chiana, 'carezza' [LEI]. C.

**murné,** sm. (lombardo). 'Mugnaio'.

Dal latino *molinārius* attraverso la variante *mulné*.

L. MASTRONARDI: *Io ho sempre votato per il re. Lo conosco. Ho fatto la murnera nelle tenute della Lomellina* (in *Racconti italiani del Novecento*, a cura di E. Siciliano, Milano 1985, p. 1392). C.

**mùrru¹,** agg. (sardo logudorese e campidanese), 'grigio'; (siciliano: *murinu*), «inferigno, di pane nero fatto con cruschello» (Piccitto 1985); (calabrese: *crapa murina*), 'capra che ha il muso bianco'.

Dal latino *murīnus* 'color di topo' usato dagli scrittori di venatoria riferendosi al manto del cavallo; in sardo vi è lo scambio di suffisso di *-ĭnu* per *-īnu*, giacché *ĭ̄nu* è suffisso prediletto di questa parlata. Il sardo logudorese *mùrinu* 'bruno, fosco' deriva dal sardo *mura* 'albero e frutto del moro gelso'; talvolta avvengono sovrapposizioni tra *murru* 'grigio' e *mùrinu* 'bruno', come nel logudorese *ammurrare* 'abbronzire', *ammurrazzare* 'imbrunire, farsi notte' [DEI s.v. *murino*; DES]. M.

**mùrru²,** sm. (siciliano), 'grugno del maiale'; (sardo), 'muso (del cane); grugno (del porco)', per scherzo anche 'ceffo' dell'uomo, nel sardo campidanese anche 'labbro'; (piemontese: *moro*; ligure, nel genovese: *muru*), 'muso, ceffo'; (pugliese: *murrë*), 'zotico, musone'.

Da una voce prelatina *murru* di origine espressiva, continuata anche in area iberoromanza (catalano e spagnolo *morro*) e galloromanza (provenzale moderno *mourre*). Il significato di 'labbro' noto nella parte meridionale della Sardegna è probabilmente un catalanismo: *morros* per 'labbra' esiste infatti già in catalano antico, si usa ancora specie nel balearico ed è anche dell'aragonese [Flechia 1882-85: 370; DEI s.v. *murro*; DES; Gribaudo-Seglie 1972-75]. M.

**murtiàta,** sf. (campano: Procida). 'Serie violenta di maleparole'.

Da *muórte* 'morti', perché indirizzate ai defunti parenti dell'offeso [Parascandola 1976]. C.

**murusciuà,** v. (lucano: San Fele). 'Riposare delle pecore all'ombra durante la calura'.

Dal latino *meridiāre* 'riposare, dormire dopo mezzogiorno', da cui pure l'italiano *meriggiare* [Fanciullo 1992b: 42; Luciano 1992]. M.

**mǜša,** sf. (ligure-piemontese: Novi L.), 'fisarmonica'; (ligure, a Genova), 'cornamusa, piva'.

Dal francese *muse* (più spesso al diminutivo *musette*) 'cornamusa', deverbale di *muser* 'suonare la cornamusa', uno strumento a fiato che si suona gonfiando le gote (il *muso*) [FEW]. C.

**mùsa¹,** sf. (ligure; toscano, a Carrara: *moza*, e in Versilia: *mozza*). 'Natura della donna', 'vulva delle bovine'.

Probabilmente dal latino parlato *mutius* 'mozzo, tronco' [Plomteux 1975].

M. VENTURI: *«Cos'è che risospinge i novelli [piccioni viaggiatori], per così dire, sulla strada di casa?». Il commesso [...] prende coraggio e, strettosi nelle spalle, come a scusarsi: «La femmina» sussurra, con quella ritrosia contadina che induce i nativi agli eufemismi. «Cioè, la mussa» io lo correggo. «Bè, diciamo pure così»* (*Sconfitti sul campo*, Milano 1982, p. 81). C.

**mùsa²,** sf. (siciliano). 'Banana' e l''albero delle banane'.

Dal suo nome arabo, *mūza*, diffuso anche in italiano nelle relazioni di viaggio in Levante [Pellegrini 1972; GDLI]. C.

**mùsa³,** sf. (veneto; trentino; ladino centrale; friulano, anche *muse*; emiliano, nel ferrarese). 'Asina' col sm. *mus(o)*, e in qualche varietà anche *mušàt*, *mošàt*.

Parola di etimo ancora incerto; generalmente si considera retroformazione del latino tardo *muscella* 'mulo, asino', antico diminutivo di *mulus*. Secondo un'altra ipotesi, si tratterebbe invece di voce di origine preromana (forse di area venetico-illirica). *Musa* è impiegato anche con vari traslati, comune quello di 'treggia', arnese che serve per trascinare materiali (legna, fieno o altro). In friulano *muse* «nelle vecchie scuole primarie [...] era una striscia di carta o altro di simile che il maestro attaccava alla schiena dei ragazzi negligenti per mortificarli di fronte ai compagni», ma il termine designa pure quella «specie di grue di legno, girevole intorno a un perno fermato al muro, [che] serve a sostenere sul fuoco la grande caldaia di latte destinato a fare il formaggio» (Nuovo Pirona 1992) [Tagliavini 1944; DEI s.v. *mussa*; Prati 1968; Pellegrini 1991]. M.

**musàto,** sm. (veneto; veneto giuliano; friulano: *musàt*), 'zanzara'; (veneto: *musolìn*, nel Polesine: *musàto*), 'moscerino'; (veneto, friulano: *musón*), 'zanzara'; (veneto giuliano: *musìn*), 'moscione'.

Come l'italiano *moscione* 'moscerino delle tinaie al tempo del mosto', sono voci derivate dal latino *musteus* 'moscerino del mosto' (*mustio, -ōnis* in Isidoro) e non dal latino *musca*; da notare che nel veneto il suffisso *-at()o* ha un valore diminutivo [DEI; Prati 1968; Bondardo 1986]. M.

**mùsca maghèḍḍa** locuz. sostant. (sardo, anche *mùsca macèḍḍa*). 'Mostro infernale dall'apparenza di una grande mosca, fornita di ali potentissime e di un pungiglione dalla puntura mortale'.

Da *macheḍḍàre* 'assalire', 'maltrattare il bestiame' e 'macellare', che è il significato proprio (dal latino *macellāre*). Il carattere diabolico di certi insetti, e della mosca in particolare, fa parte di tradizioni popolari molto diffuse. Non è escluso che nelle leggende su questo animale malefico abbia influito la perniciosa presenza in Sardegna dell'anofele [Vidossi 1960; DES].

G. DELEDDA: *Nella catapecchia nessuno ha mai resistito a starci; fin da quando ero giovane io e la* musca macchedda (*la zanzara*) *e il fuoco non avevano ancora distrutto il paese, la gente diceva che là abitavan gli spiriti* (*Romanzi e novelle*, I, Milano 1954, p. 719). C.

**muschìllë,** sm. (campano: Napoli). 'Ragazzino assoldato dalla malavita'.

Il termine, accolto di recente anche nella prosa giornalistica, è di antica tradizione nel suo significato di 'moscerino' e derivato da *mósca* con suffisso diminutivo. C.

**muschìttë,** sm. (laziale). 'Chi, assaporando il vino, sa scoprirne i difetti'.

Letteralmente 'moscerino', che abitualmente vola sul mosto e le vinacce. C.

**mùsci(a),** sf. (calabrese; siciliano). 'Gatta'.
Parola onomatopeica da *mùsci-mùsci*, voce per richiamare il gatto [Rohlfs 1977].
S. Strati: *Ora però che era nata la figliola, era diventato più buono anche con la musci stolta* (*Il diavolaro*, Milano 1979, p. 11). – V. Consolo: *Nel paese insomma non regnava più un gatto, fosse muscia domestica o mascolo stradario* (*Le pietre di Pantalica*, Milano 1988, p. 17). c.

**musciarùlë,** sm. (calabrese: Rocca Imperiale). 'Sorta di fungo'.
La voce è ricondotta dal dei (s.v. *musciarulo*) al latino tardo *mussirio, -ōnis* 'specie di fungo' attestato da Antimo (ca. 520) «mussiriones vero et tuferae meliores ab aliis bolitis sunt» e confrontata col francese *mousseron* 'gambesecche (fungo)' che il few rinvia invece ad un prelatino **mussario* 'agarico' tipo con riflessi galloromanzi e catalani (*moixernó*). m.

**musìa,** sf. (siciliano). 'Magnificenza, bellezza'.
Non dal greco *mouseîon* 'tempio delle muse', ma da *musi(v)a (opera)* 'mosaico', dal latino (di epoca imperiale) *musīvum* (*ŏpus*); nell'antico siciliano è attestato *opera de musya* per 'mosaico' [Maccarrone 1935]. m.

**mùsicu,** sm. (calabrese; siciliano; toscano: Arcipelago). 'Eunuco, evirato', 'animale castrato'.
Da *musico* nel senso di 'cantante', un tempo sottoposto all'evirazione, perché potesse mantenere la voce bianca [dei; Valente 1995]. c.

**mušìna,** sf. (veneto; emiliano). 'Natura della donna'.
Da *mušina* 'salvadanaio', a causa della fessura del vaso di terracotta, ma riferito probabilmente, in origine, a quella della 'cassetta delle elemosine' (→ *bùssëla*), come indica l'etimologia: direttamente dal greco *eleēmosýnē* e poi *lemosýnē* 'elemosina' [Cortelazzo 1970]. c.

**mussiù,** sm. (sardo logudorese, anche *mussì*). 'Gendarme'.
Dal francese *monsieur* 'signore', secondo l'uso adottato in Piemonte di rivolgersi con *mons(i)ù* alle persone di rispetto: → *monsù* [des]. c.

**mùstica,** sf. (siciliano), «brocca di medie dimensioni, con due manici, dall'orlo piuttosto largo e rotondo o quadrilobato» (Piccitto 1985), a Pantelleria 'vaso piccolo di terra cotta molto antico'; (calabrese meridionale), 'brocca di creta (da bere)'.
Dall'arabo *mustiqā* 'scodella per attingere acqua' [dei; Pellegrini 1972; Rohlfs 1977a]. m.

**musulùc(c)u,** sm. (siciliano, con varianti), 'formaggio di piccole dimensioni fatto con i residui della cagliata', 'residui secchi del latte dopo che si è fatto il formaggio', sm. e agg. 'persona molto magra, che abbia l'aspetto di uno stupido; sciocco, citrullo'; (calabrese: *musuluca* sf., con varianti; siciliano, nel messinese: *musuluca* sf.), 'caciola', 'piccolo cacio fatto con i residui della pasta della caldaia (viene mangiato dai pastori)'.
Possibili derivati dall'arabo (volgare) *muslūqa* 'allesso', da *salaq* 'allessare' [dei; Pellegrini 1972; Rohlfs 1977a; Piccitto 1985]. m.

**mùta,** sf. (umbro). 'Abito nuovo, abito della festa'.
Dal verbo *mutà* 'cambiare', specialmente 'cambiare abito'. c.

**mutàte,** sf. plur. (salentino). 'Fata Morgana'.
Da interpretarsi come 'le cose mutate, cambiate', come conferma il sinonimo salentino *li canciàtuli* da *canciàre* 'cambiare' [Rohlfs 1956].
E. De Martino: *Per quasi nove secoli l'incubo che veniva dal mare gravò sugli animi, e ne lasciò traccia nelle "mutate di cielo", cioè in un ricorrente miraggio per cui fra Otranto e il Monte Gargano gli abitanti della costa vedevano a specchio nelle nuvole l'avvicinarsi della flotta turca* (*La terra del rimorso*, Milano 1961, p. 269). c.

**mùto,** sm. (campano: Irpinia). 'Pevera', 'grande imbuto usato per riempire le botti'.
Deriva da una base latina volgare **imbūtum* attraverso una fase *(*im*)*muto* [rews]. m.

**mutùgliё,** sm. (lucano: Muro Lucano). «Mese di luglio (tempo della mietitura)» (Mennonna 1977).
Da *luglio* incrociato col *métere* 'mietere' del locale dialetto [Mennonna ibid.]. m.

**muzìn,** agg. (friulano). 'Taciturno'. Sono note anche le varianti *mucìn, mùcio* 'zitto, quieto'.
Queste voci sono probabilmente da collegare con l'interiezione *muci, muz* 'zitto, taci', diffusa nel Veneto, ma anche in altri dialetti italiani non solo nord-orientali, ma specialmente anche abruzzesi-molisani, per contatti diretti, e di qui in altre parlate anche per tramite gergale: toscano *muci, buci* 'zitto', napoletano e pugliese *ammuccià* 'tacere', abruzzese *ammuccì* 'far silenzio', molisano *ammuccià* 'piegare il capo in segno di rassegnazione, di sottomissione, non fiatando, non replicando, zitto!. *Muci* è di probabile origine dal serbocroato *múci* 'taci!' (a sua volta da un precedente **molci*). È interessante rilevare che nel veneto feltrino è nota l'espressione *mùci sàba* 'taci!' in cui pare riconoscibile anche il termine croato *žaba* 'raganella', *zaba* in sloveno da cui pare dipendere il friulano *žàve* 'rospo'. Quanto a *muci* va osservato ancora che l'ipotesi dello slavismo non è accolta ad esempio dal Prati, che preferisce ricorrere a formule onomatopeiche del tipo *mu-* e *bu-* indicanti il chiudere la bocca [dei; Prati 1968; Muljačić 1971; Pellegrini 1977a e 1986; Caldarelli 1987]. m.

**mùzzëchë,** sm. (galloitalico: Picerno [Basilicata]), «prima colazione. Lo spuntino che si dà ai mietitori di prima mattina, di solito consistente in pane e salame» (Greco 1991); *mózzëgu* (galloitalico, a Tito [Basilicata]) «prima colazione, specie quella a base di pane, formaggio e vino, che consumano i mietitori subito dopo aver lavorato una striscia di campo» (Greco 1991); (calabrese settentrionale, a Saracena: *mózzëchë*, a Verbicaro: *muzzëcónë*), «boccone, piccola colazione» (Rohlfs 1977).
Significati particolari che dipendono da quelli principali di 'morso, boccone'; cfr. anche *mùzzëghë* (galloitalico, a Tito) 'pezzetti di pane'. Sono derivati dalle voci dialettali *muzëgà, muzzicàre, mussicàri* 'mordere', dal latino *morsicāre* [rew]. m.

**mvussamùrt,** sm. (lucano, con varianti: *mvosamùrt, sfussamùrt, mbùossa morti*; abruzzese: *sfossamurtë, sfossamùortë*; molisano: *sfossamórtë*; pugliese, nel foggiano: *sfassamùort*). 'Becchino'.
Corrisponde a "infossa morti" [ais; Giammarco 1979; Bigalke 1980; Greco 1991]. m.

**mžéna,** sf. (veneto; trentino, nel roveretano), 'metà del lardo'; (veneto e in Valsugana: *medéna*), 'metà del maiale, mezzo maiale macellato, metà del suo lardo'; (lombardo, nel pavese: *mšana, mšena*), «fiancata del maiale ucciso, dal collo alla coscia, costituita dalla cotenna depilata e dal grasso cuscinetto di lardo» (Galli 1965).
Dal dialettale *mežo, mešo* (e *medo*) 'mezzo' [dei; Prati 1968]. m.

# N

**nàbia,** sf. (lombardo, nel comasco). «Remigazione per un tratto convenuto. Da un porto all'altro del Lario, fino a questo o a quell'altro, sono due, tre o più *nabbie*» (Monti 1845).

Dal latino tardo *nāvia* 'navicella' (DEI) con l'esito *vj* > *bj* (come nel toscano *gabbia* dal latino *cavea*). M.

**nàca[1],** sf. (campano; pugliese; salentino; lucano; calabrese; siciliano). 'Culla'.

Dal greco *nakē* 'vello di pecora' e poi anche 'culla sospesa sopra il letto matrimoniale, fatta col vello della pecora' [DEI; Rohlfs 1964]. C.

**nàca[2],** sf. (siciliano), 'posto poco profondo nel letto di un fiume'; (calabrese), 'avvallamento, fossa'.

Se non è identico a → *nàca*[1] 'culla', può dipendere dall'arabo *naq'a(h)* 'acqua stagnante, stagno' [Pellegrini 1972; Rohlfs 1977; Valente 1995]. C.

**nàcchiu,** sm. (siciliano). 'Uomo da poco'.

Il significato originario è 'vulva' (dal suo nome latino *cunnus* col suffisso spregiativo *-acchiu* e caduta della sillaba iniziale), passato per traslato a 'persona da nulla', come è accaduto al veneto → *móna*. Nel senso di 'vulva', *nàcchiu* è anche calabrese meridionale. Forse, è variante di *nàcchiu* il siciliano *pàcchiu*, altra designazione dell'organo genitale femminile [REWS].

G. BONAVIRI: *A che pensi? al pacchio di tua sorella? – gli disse Stelladoro, che aveva lasciato il suo posto* (*Il fiume di pietra*, Torino 1979, p. 58). C.

**nàdie,** sf. (friulano). 'Quarto posteriore degli animali da macello; chiappa' e per traslato 'forconata di fieno o di paglia che si pone nei quattro angoli del letto del carro, per assestarne il carico; fieno sporgente dal fienile'.

Rappresenta uno dei pochi continuatori popolari e dialettali del latino **natĭca* da cui l'italiano *natica* [Pellegrini-Marcato 1992: 678]. M.

**nàffata,** sf. (siciliano). 'Afta epizootica'.

Voce di origine araba, da *naffāṭa* 'vescica, bolla nella pelle' (piuttosto che da *nafaṭa* 'essere affetto da pustole' o da *nafāṭa* 'soffio, anelito, sputacchio', etimi da taluno suggeriti) [DEI; Pellegrini 1972; Piccitto 1990]. M.

**nagóta,** avv. e pron. (lombardo, nel bormino *not(a)*; piemontese settentrionale: *nuta*; trentino: *negót* e con metatesi *engót*). 'Niente; nulla'.

Dal latino *gŭtta* 'goccia' nel sintagma *ne gutta* [DEI; REWS]. M.

**nàlba,** sf. (veneto, nel veneziano; veneto istriano). 'Malva, *Malva sylvestris*'.

Dal latino *malva* 'malva' con assimilazione come nel rumeno *nalba*; da simile procedimento dipende anche la variante corsa *malma* [DEI]. M.

**nalbóni,** sm. pl. (veneto, nel veneziano). 'Altea, *Althaea officinalis* L.', pianta erbacea «perenne e trovasi ne' fossi; tutta la pianta abbonda di mucilagine: le sue radici servono agli usi della medicina, essendo una delle cinque erbe emollienti. La scorza del suo fusto è filamentosa e può filarsi» (Boerio 1856). Secondo il Penzig 1924 il veneziano *nalbone* [*sic*, forma ripresa dal DEI] è il nome dell'*Althaea rosea* Willd.

Da → *nàlba* con suffisso. M.

**nàldo,** sm. e agg. (ladino centrale, nel badiotto), 'scemo, pazzo'; (trentino, nel solandro: *arnàl*), 'impalato, dritto'; (ticinese: *arnàl, arnàul*), 'pigro; persona lenta, maldestra'; (lombardo, nel valtellinese: *arnàs*), 'pigro, inerte'; (emiliano, a Parma: *arnòc*), «barbogio; persona rimbambolita per gli anni» (Malaspina 1856-59).

Sono riflessi del nome proprio *Arnaldo* (di origine germanica: *Arnald*) che ha assunto valore spregiativo, già attestato nel latino medievale *arnaldus* 'homo nihil', 'persona di malaffare', con attestazioni lessicali anche in Francia (ad esempio nel francese antico *arnaud* 'sciocco, fannullone, sbraitone') e in varietà italoromanze antiche come *arnaldo* nel milanese antico e *arnoldo* nel valsesiano antico 'ribaldo'. Le forme dialettali *arnàs, arnòc* si devono a sostituzione di suffisso; nel ticinese *arnàul*, se non si tratta di analogo fenomeno, può essersi intromessa altra parola (forse *diàvol* < *diabolu*) [Migliorini 1927; DEI s.v. *arnaldo*; VDSI; EWD]. M.

**nalgàstro,** sm. (veneto, anche *nelgastro*). 'Cannarecchia, *Sorghum halepense* Pers.'.

Sono varianti svisate del tipo lessicale, di area anche veneta, *melgastro* che designa la stessa pianta, da *melica*, *meliga* 'saggina' (dal latino *herba Medica*), col suffisso *-astro* (dal latino *-aster*) ricorrente in fitonimi per distinguere specialmente le varietà spontanee rispetto a quelle coltivate; denominazioni uguali o affini a *melgastro* sono *melgàster* (emiliano, nel reggiano), *melga selvàdega* (lombardo, nel comasco) [Penzig 1924; DEI]. M.

**nàna,** sf. (toscano). 'Anitra': *un bèr branco di nane* (a Pisa).

Propriamente dalla voce onomatopeica per richiamarla, simile al montalese (Pistoia) *ane ane* e al vicentino *ani ani* [Longo 1942-54]. C.

**nannarèllo,** sm. (umbro, con varianti del tipo *annarèllo* a Orvieto, *dandarèllo* a Magione, ed altre). 'Carrello per i primi passi dei bambini'.

Da *annà(re)* 'andare' col suffisso *-èllo* [Ugolini 1988-89]. C.

**nanòtt',** escl. (toscano). 'Buona notte!'.

Riduzione, che porta anche alla semplice *nòtte!*, dovuta alla tendenza «per una certa ironia o per dirsi e ripetersi macchinalmente certe parole, sempre le stesse nelle stesse occasioni, di smozzichiarle e bruciarle accennando a mala pena soltanto la vocale che porta l'accento, così invece di dire: *Riverito!* si dirà: *îto!* invece di dire: *Buona notte. Nanott'* e invece di: *Addìo! ìo*» [Nieri 1944: 69]. C.

**nansaùra,** sf. (veneto: Chioggia). 'La mancia che i vecchi pescatori ricevevano annunciando il ritorno dei pescatori avvistati di lontano e riconosciuti dai simboli delle vele'.

Letteralmente *nunziatura*, che anche in italiano ha il significato di 'mancia per una buona notizia riportata'. C.

**nào,** sm. (istrioto). 'Recipiente di legno per mettervi le feci'.

Da *nào* 'nave', che anche altrove è passata a indicare dei recipienti, soprattutto nel derivato *navasa* (piemontese; lombardo; veneto; emiliano; romagnolo) 'recipiente per le uve' [REW; REWS; Cernecca 1986]. C.

**nàpoli,** sm. (piemontese). 'Napoletano' o, più generalmente, 'italiano del Meridione'.

Dal nome della città di *Napoli*, come indicazione generica del Mezzogiorno; confronta anche → *nàpuli*.

B. FENOGLIO: *Una palla in piena fronte, nel suo stile. "Un napoli" disse pronto e reciso mio ziastro* (cit. in GDLI XI 175). C.

**naporièllo,** sm. (toscano: Filettole). 'Cantatore e suonatore di viola girovago'.

Così chiamato perché proveniente da *Napoli*, al cui dialetto accenna il tipico suffisso. C.

**nàppo,** sm. (toscano), 'recipiente di latta tondeggiante, fornito di manico e di beccuccio, per attingere l'olio dall'orcio'; (laziale, ad Amaseno: *nappë*), «specie di stoviglia leggermente concava, senza orlo, che si usa nel frantoio per prendere a fior fiore l'olio galleggiante sull'acqua forte nel tino» (Vignoli 1926).

Corrisponde al letterario *nappo* (di origine germanica), che ha molte applicazioni in vari dialetti.

G. GARGIOLLI: *Le tessitore avevano tutte ... l'orcio dell'olio che attingevano col 'nappo', cioè con quel vaso di latta col beccuccio* (cit. in GDLI XI 176). C.

**nàpuli** sm. (lombardo: Pavia, anche *càsa nàpuli*). 'Agglomerato di persone sudicie' o 'fabbricato abitato da famiglie aventi numerosi bambini mocciosi e sporchi'.

Da *Napoli*, come rappresentativa dell'immigrazione meridionale nel Nord (→ *nàpoli*) [Annovazzi 1934, ma non nella successiva riedizione]. C.

**narbòne,** sm. (sardo logudorese, nel campidanese: *narbòni*). 'Terreno dissodato che dopo la rimozione delle pietre e degli sterpi è atto all'aratura', coi derivati *narbonare*, *narbonài* 'dissodare il terreno' e *isnarbonare*, *snarbonài* 'svellere gli sterpi'.

Dal latino parlato **arvone* (con articolo indeterminativo concresciuto), un derivato di *arvum* 'campo', voce continuata solo nel sardo antico *arvu* 'campo arativo' e moderno *arvu* (a Oschiri) nel significato di 'stecconato, siepe, steccato di grossi travicelli con frasche', tratto verosimilmente da quello di 'stecconato che circonda il terreno arativo' [DEI s.v. *arvo*; DES]. M.

**nàrda,** sf. (toscano: senese). 'Organo genitale femminile'.

Da *bernarda*, nome molto noto in Italia settentrionale (Migliorini 1927), con caduta della sillaba iniziale. C.

**nar en gòga magòga,** locuz. (trentino), 'cadere dalle nuvole', 'dimenticare presto'; (emiliano, a Piacenza: *andà in gogla e magogla*; lombardo, a Milano: *andà in òga magòga*; piemontese: *andé an gòga-magòga*), 'gongolare, giubilare'; (emiliano: *èser in Oga Magòga* a Modena e *andar in gòga magòga dove s' giaza el fum* a Parma), 'essere, andare in luogo lontanissimo'.

Da *Gōg*, personaggio biblico proveniente dalla terra di *Magog*, popolarmente passato a indicare un 'luogo lontano', sterile e selvaggio, ma talvolta ritenuto rigoglioso e fertile, un luogo di rapimento → *magòga* [Prati 1934; DEI]. C.

**narìdola,** sf. (veneto giuliano; friulano: *narìdole*), 'chiocciola marina', sm. nel siciliano *narìtu*. In triestino figuratamente 'ragazza minuscola'.

Dal grecismo latino *narīta* 'chiocciola di mare' [DEI; Rohlfs 1977; Doria 1987]. C.

**naróncol(o),** sm. (veneto; veneto giuliano; trentino; emiliano e romagnolo: *narón*). 'Ranuncolo'.

Metatesi di *ranóncol(o)*, variante di area emiliana e romagnola dal latino *ranuncŭlu(m)*, nome della stessa specie botanica [DEI; Prati 1968]. M.

**nàsca,** sf. (campano; pugliese; salentino; lucano; calabrese). 'Narice', anche *naschë*, *našchë*; (siciliano; campano), 'naso camuso'; (abruzzese: *naschë*), 'grosso naso'.

Dal latino parlato **nasīca* 'narice' per il classico *nasīca*; dal dialettale *nasca* (e varianti) si hanno derivati quali *naschinu* (siciliano) 'chi parla col naso', *annascà* v. (pugliese, a Bari) 'odorare' [DEI; REWS].

G. BONAVIRI: *Turi guardava nei cofani. L'odore del pane era diventato un filo nepente dentro le nostre nasche* (*Il fiume di pietra*, Torino 1979, p. 154). M.

**nàscu,** sm. (sardo). 'Varietà di vite ad uva bianca' e il 'vino, che se ne ottiene'.

Probabile catalanismo (non riportato dai vocabolari), ritenuto di origine celtica [DES].

G. DELEDDA: *disse la maga [...], accogliendo le due donne come se fossero in visita e offrendo loro il nasco e gli amaretti* (*Romanzi e novelle*, I, Milano 1954, p. 639). C.

**nàsprë,** sm. (abruzzese; molisano). 'Crosta di zucchero cotto a giulebbe, o di chiara montata e zucchero, di cui si rivestono alcuni dolci'.

Dal greco *áspros* 'bianco', come nel calabrese (a Vibo) *naspru* 'condimento di dolci con zucchero' [Rohlfs 1964].

A. DI JORIO: *Ai bambini veniva offerta una pasta dolce foggiata a forma di cavallo, di pupa, ecc. con uova incastonate ed ornata di treccioline pure di pasta; il tutto era imbiancato con una spruzzata di zucchero battuto con chiaro d'uovo detto* naspro (in N. Santilli, *Pagine molisane*, Roma 1979, p. 20). C.

**nasù dezembrìn,** locuz. (lombardo: Bormio). «Si dice di un bambino nato misero organicamente» (Longa 1912).

Eco di una superstizione popolare sui nati in *dicembre*. C.

**natìcchia,** sf. (laziale, anche *natìccia*; marchigiano: *natìcchia*, *naticcë*; pugliese: *naticcë*; calabrese: *naticcia*; siciliano: *natìcchia*; veneto, nel vicentino: *naégia*; veneto istriano: *nadéicia*), 'nottolino'; (piemontese: *navìa*; emiliano occidentale: *nadìa*; ladino centrale: *nidla*; toscano, nel cortonese: *antìcchia*; laziale, nel romanesco: *natìcchia*), 'saliscendi'.

Dal latino *anaticŭla* 'anitrino', denominazione dovuta alla somiglianza della forma del chiavistello con un 'anatrino', con ulteriore estensione (soprattutto nelle varietà meridionali) alla designazione del saliscendi. Il trentino (nel roveretano) *navìcia* 'noce del piede' accostato etimologicamente ad *anaticula* è piuttosto un derivato del latino *navicula* 'barchetta', voce alla quale – secondo il REWS – dovrebbero appartenere anche il vicentino *naégia* ed il piemontese *navìa* [REW; DEI s.v. *antìcchia*; Prati 1968; LEI]. M.

**nàtima,** sf. (calabrese). 'Feccia acquosa della macinatura dell'olio'. Anche il bovese *to (a)nátamma* ha significati affini.

Tali voci sono deverbali del greco *anatássō* 'scuotere', che a Bova ha assunto anche il significato di 'pulire l'olio' [Rohlfs 1977; Karanastasis 1984-92]. C.

**naubàda,** sf. (siciliano: Piazza Armerina). 'Atto del chiarirsi, chiarura'.

Letteralmente 'un'albata' (con l'articolo indeterminativo conglobato), da confrontarsi con il piemontese *obàda* 'canto d'amore intonato all'alba dinanzi alla casa dell'amata' [LEI]. C.

**navrì,** sm. (lombardo: milanese, con le varianti *nervì, gnervì*). «Cateratta della gora» (Cherubini 1839-56, anche *incastrìn* 'incastro').

Termine dei mugnai, deriva da 'nervo', in senso traslato, e corrisponde a *nervile* dell'antico lombardo [Bosshard 1938: 201; DEI s.v. *nervile*]. M.

**nazzëcà,** v. (pugliese; salentino; lucano; campano; abruzzese e marchigiano meridionale: *(an)nazzëcà*; calabrese: *annazzicare*). 'Cullare'.

Voci di etimo incerto; generalmente si riconducono ad un latino parlato **naticāre* frequentativo di *natāre* 'nuotare, ondeggiare', ma altri pensa a **natiāre* per *natāre* (REW), oppure a derivati di *navis* (REWS); è un deverbativo il dialettale *nàzzica, nàzzëchë* 'altalena; culla' di area abruzzese, campana, pugliese, salentina, lucana; in calabrese si trova *annàzzica*. Con queste voci va connesso anche il toscano *nazzicare, annazzicà*, 'rovistare; gingillare' [AIS; DEI s.v. *annazzicare*]. M.

**ncanàtë,** sf. (abruzzese: anche *nganiétë*). «Canto amebeo, stornelli a dispetto, improvvisati, che un tempo si cantavano durante la mietitura contro i passanti o al pretendente respinto» (Giammarco 1976).

Da *incanarsi* 'infuriarsi, accanirsi', un derivato di *cane*, forse come nel calco dello spagnolo *emperrarse* (da *perro* 'cane'), ancora vivo nel napoletano *emperràrse* 'ostinarsi, intestardirsi' (→ *mpërrarse*).

G. D'ANNUNZIO: *I mietitori fanno l'incanata. / Dalla pazzia del sole Iddio li scampi, / figlio, e dal sangue li guardi il Battista!* (cit. in GDLI VII 603). – R. BACCHELLI: *C'era ... il diritto di fare l'incanata agli estranei che capitassero dove la torma mieteva il grano* (*Ibidem*). C.

**ncanfinàdo,** agg. (marchigiano). «Alticcio, mezzo ubriaco» (Urieli 1979), cioè sotto i fumi del vino.

Dalla voce dialettale locale → *canfì(no)* propriamente 'petrolio' ma anche 'vino' con un passaggio semantico non raro (come accaduto a *benzina*), 'petrolio'. C.

**ncardasciàri,** v. (calabrese). «Sedurre, trascinare con allettamenti alle proprie voglie» (Rohlfs 1977).

Secondo il DEI la voce dipenderà dal provenzale moderno *cardacho* 'amica del cuore, amica sincera' a sua volta riconducibile in ultima analisi al turco *qardaš* 'fratello' (da *qarin* 'amore' e *-daš* 'compagno'), alla base di parole balcaniche come il rumeno *cărdăşie* 'banda', bulgaro e serbo *kardaš* 'fratello'. M.

**ncascèta,** sf. (umbro: San Giustino; *(i)ncaciata* nell'Orvietano). 'Piccola nevicata, spruzzata di neve'.

Alla lettera 'informaggiata': in senso proprio, 'condire la pastasciutta con formaggio grattugiato', è detto a Foligno *ncacià* e nell'Orvietano *(i)ncacià*. C.

**ncattëvà,** v. (galloitalico, a Tito [Basilicata]; calabrese: *incattivàre*), 'diventar vedovo'; (siciliano: *ncattivàri*), 'restare vedovi per la morte del coniuge'.

Da → *cattìva* 'vedova'. C.

**(n)cazzafittàre,** v. (salentino). 'Intonacare', col deverbale *cazzafitta* 'intonaco, calcina, calcinaccio'.

Da un latino **calce fictāre* (da *figĕre, fictus*) per *calce illinĕre* o *perpolīre* 'intonacare' [Alessio 1976]. M.

**nchiastìllo,** sm. (campano: Napoli). 'Tipo piccolino, ometto da niente'.

Diminutivo (*-illo*) di *'nchiàsto*, variante di *'nchiàstro* = italiano *impiastro*, con cui condivide l'origine (dal latino *emplastrum*).

A. VERALDI: *Dormivano nello stesso letto con quella montagna della mamma, con ai piedi il fratello inchiastillo avendomi per ospitalità ceduto il materasso di questo a terra* (*Scicco*, Milano 1991, p. 34). C.

**ncicàri,** v. (siciliano), «riuscire bene, avere buon esito, anche *n. bbonu*; *n. tintu* finire male; spesso ironicamente: contrarre un cattivo matrimonio» (Piccitto 1985), anche *nchicari*; (calabrese meridionale: *ncicari*), 'cadere nelle spine'.

Dal latino *plicāre* 'piegare', 'piegare le vele' e quindi 'giungere a riva' (come nelle lingue iberiche: Tagliavini 1969), preceduto dalla preposizione *in-* (per la variante *ncicari* il DEI, s.v. *incicare*, ricorre invece ad un latino **encycāre* dal greco *enkykáō* 'rimescolo'). M.

**nciùcio,** sm. (campano). 'Pettegolezzo, sobillamento', 'intrigo, maneggio, trama', «quello che si realizza con una serie di conciliaboli e conventicole e, soprattutto, con una serie di parlottamenti sottovoce che noi diciamo anche *ciuciunià*» (Parascandola 1976).

Deverbale di *'nciucià* 'sobillare, creare pettegolezzi, mettere zizzania tra due persone', di origine onomatopeica (*ciu ciu*) [Altamura 1956]. C.

**ndà a piò,** locuz. (veneto: Marano L.). 'Andare oltre, sorpassare'.

Dal punto di vista formale la locuzione corrisponde a quella italiana *andare a piato* 'andare a giudizio (dal latino *placitum*)', ma il passaggio di significato resta piuttosto difficile da interpretare, a meno che non si pensi a 'interrompere una discussione rivelatasi inutile e andar oltre, sottoponendola ai giudici'. C.

**ndàr a sant'Ana,** locuz. (veneto giuliano: Trieste). 'Morire'.

Dal nome della località, dove sorge il cimitero (Rosamani 1958), secondo un modulo diffusissimo, che evita di menzionare direttamente luoghi ingrati, come ospedali, manicomi, ospizi e camposanti. La stessa locuzione, ad esempio, è testimoniata anche a Padova, ma con un diverso riferimento: la casa di ricovero per anziani, che aveva originariamente sede nell'ex convento di Sant'Anna. C.

**ndàr de pugiàta,** locuz. (toscano: carrarese). 'Seguire una rotta che allontani dalla tempesta e conduca ad un porto di salvezza'.

Si accosta alle locuzioni marinaresche italiane *entrare di poggiata, essere di poggiata (o puggiata) in un porto, in una rada* «entrarvi o esservi entrati per scansare i danni della navigazione con tempo cattivo» (*Dizionario di marina* 1937).

Da *pugiàre* 'poggiare' nel senso specifico della locuzione. C.

**ndàr n Pianamaż,** locuz. (toscano: carrarese). 'Andare a far baldoria'.

Dalla località di *Pianamaggio*, nelle colline poste fra Carrara e Massa, dove un tempo si svolgevano, specie in primavera, allegre feste popolari [Luciani]. C.

**ndàr** (o **venìr**) **sót Pistóia,** locuz. (toscano: carrarese; lunigianese). 'Essere sottoposto a busse', detto scherzosamente ai ragazzi e dei ragazzi.

Bisticcio geografico, suggerito dal verbo *pistàr* 'pestare, riempire di botte' [Masetti 1972-73; Luciani]. C.

**ndërcùoscë,** sm. (abruzzese, a Introdacqua; molisano: *ndrëccuoscë* e varianti). «La parte grassa e con poche fibre muscolari, che si interpone fra le costole e la ventresca degli animali da macello, maiale, ecc.», a Introdacqua anche *ndërcùoscënë* plur. 'impicci' in senso fig. (Giammarco 1976).

Dal latino parlato **intercoxium* 'lo spazio tra le cosce', voce probabilmente modellata sul latino tardo *interfeminium* 'i genitali della donna', da *femur* (*femen*), *-inis* 'coscio' o piuttosto su *internatium*, da *natis* 'natica'; nell'emiliano antico è attestato «intercoxium de bove» (XIII sec. Modena) [DEI s.v. *intercòscio*; Alessio 1976]. M.

**nderfìnu,** sm. (calabrese, anche *ntraffinu*). 'Delfino'.

La voce deriva dal latino *delphīnus*, e assume significati traslati, come 'traditore, ruffiano, doppio'; è interessante la credenza popolare che li spiega, riconducendoli all'istinto del delfino che conduce i tonni alla tonnaia, riuscendo esso a scansarla o a uscire dalle maglie. L'italiano ha l'espressione 'fa come il delfino che mette i tonni nelle reti e poi scappa' riferita a chi conduce gli altri in pericolo, riuscendo a sottrarsene abilmente (Cortelazzo 1965: 38). Altrimenti detto → *fà(re) cóme él derfino* [Petrone 1976]. M.

**ndesà,** v. (pugliese), 'irrigidire, agghiadare, andare impalato'; (campano: *ntesà*; calabrese meridionale: *ntisari*), 'tendere, stirare'; (siciliano nordorientale: *ntisari*), 'sollevare, spingere in alto, tendere'; (irpino: *ntësì*) 'intirizzire'.

Dal latino parlato **inte(n)sāre* 'distendere' con continuatori anche in area romanza occidentale [DEI s.v. *intensare*; REWS]. M.

**ndótaro,** sm. (campano, in Irpinia: anche *tòtaro*, come in napoletano; calabrese: *tòtaru*). 'Sciocco, melenso'.

Dal nome del mollusco *tòtano* con un non infrequente passaggio dall'uso proprio al figurato come in → *tòdna*. Lo stesso significato hanno anche il toscano (pistoiese) *tòttoro*, che è, però, ricondotto dal Prati (VEI) ad un'origine imitativa-bambinesca, e l'abruzzese *tòtërë*, il salentino *tòtaru*, traslati dal significato proprio 'tutolo' (Valente 1995) [Merlo 1929]. C.

**ndràme,** nella locuz. *trà re ndrame* (pugliese). 'Cercare di appurare qualcosa da qualcuno'.

Letteralmente 'trarre le interiora', dal latino **interāmen* [REWS]. C.

**ndrànghita,** sf. (calabrese). 'Malavita, mafia'.

Passata in italiano nella forma più corrente *ndràngheta*, la parola non è di chiara origine: per Martino 1978 e 1988 è di provenienza greca (da *andragathía* 'coraggio, valore in guerra, virtù, rettitudine'), per Mosino 1972 e 1993 risale a *ndrànghitu* 'stupido, balordo', «perché i malviventi definiscono sé stessi 'stupidi', ed invece chiamano 'furbe' le guardie, con una evidente antifrasi». C.

**ndriàna,** (campano: napoletano). 'Donna bellissima, occhio di sole', anche *bella ndriana*.

Da «Adriana, nome di supposta fata» (Andreoli 1887) [DEI s.v. *andriana*]. M.

**néccë,** sm. (abruzzese, anche *annécchia* sf.; laziale meridionale: *annèccia* sf.; pugliese e lucano: *annécchia*; calabrese: *niccë* sf.), 'vitello, -a, di un anno', 'pecora di un anno'; (campano, nel napoletano: *annécchia* sf.), «giovenca che ha compiuto l'anno di vita» e in senso fig. «ragazza giovane e formosa» (Salzano 1979); (salentino: *nìcchiu*), 'caprone'; (ticinese: *néc'*), 'pecora di un anno'; (piemontese, Valsesia: *nàggiu*), 'capra che non ha ancora fatto latte a due anni'.

Forme sostantivate diffuse quasi esclusivamente in area mediana e meridionale (esclusa la Sicilia) relative agli animali, derivano dal latino *annicŭlu(m)* agg. 'di un anno di età'. Presuppongono un latino parlato **annicellu(m)* 'capra di un anno' il lombardo (alpino) *anzél*, *anzèla* sf. ed il ticinese *naśél* 'capretta di uno o due anni che non ha ancora figliato', e *neśél*, *neśèla* sf. 'ragazzo, ragazza' [DEI s.v. *annécchia*; LEI]. M.

**néce,** sf. (toscano, nell'aretino). «Dicono gli Aretini a fanciullo magro, debole, sparutello, e dicono: *pare una nece. Egli è una nece*» (Viviani 1928); 'morte'; (toscano, aretino: *aneceto*; laziale: *nécce*, *néccio*, *nìccio*; sardo, nel gallurese: *nècciu*, come agg.), 'magro, debole'.

Dal latino *nex*, *necis* 'morte' continuato come sostantivo oltre che nell'aretino anche nel sardo *nèche*, *nèghe* 'colpa', nel toscano (amiatino) *nece* 'disastro gravissimo, fine del mondo' e in Val di Chiana *nece* 'pena'. In sardo, «se oggi si riferisce a una colpa qualunque, era originariamente la colpa che uno si addossava uccidendo un altro» (DES) [REW; DEI ss.vv. *aneceto* e *neccio*; DES]. M.

**nëchèllë,** nella locuz. *fà zembà la nëchèllë* (pugliese: Corato). 'Deflorare'.

Letteralmente 'far saltare il nichelino', ch'era una moneta di venti centesimi [Bucci 1982]. C.

**néf,** sm. (ladino veneto). 'Gheriglio delle nocciole prima di giungere a maturazione'.

Suonando eguale a *néf* 'neve', viene identificata con questa, tanto più che il gheriglio immaturo è di colore bianco (*le nośéle i a encora la néf* 'le nocciole hanno ancora la *neve*'). In realtà il sostantivo è maschile e proviene dal latino *naevus*, *neus* 'neo' [Zamboni 1991]. C.

**négia,** sf. (ligure; ticinese: *nìbia*; sardo: *néula*). 'Malattia dell'olivo o dei cereali'.

Letteralmente 'nebbia', come causa della malattia dei vegetali. Un detto della valle di Poschiavo (a Brusio), riportato da Tognina 1967, constata che *la ghèba da l'altóin la nibla 'l furmentùn e li castégni* 'la nebbia dell'autunno ostacola lo sviluppo del grano saraceno e delle castagne': → *nibiă* [Plomteux 1975]. C.

**negrìsu,** agg. (ligure: San Remo). 'Nericcio', ma nella locuzione *su' in negrìsu* 'eclisse di sole'.

Da *eclisse* avvicinato a *negrisu*, da *négru* 'nero'. C.

**nèguse,** sm. (toscano: Arcipelago). 'Specie di squalo, *Scymnorhinus lichia* Bonn'.

Chiamato *negus* (quindi, di introduzione non molto antica) per il suo colore oscuro, nero violaceo: in italiano assume, infatti, il nome di 'negra' o 'diavolo di notte' [Fanciulli]. C.

**nèitura,** sf. (ligure: Pigna). 'Blatta delle case'.

Propriamente 'nottola', perché esce di *nèite* 'notte'. Cfr. in altri dialetti il nome del 'pipistrello', del 'gufo' e della 'civetta', che hanno denominazioni simili [Merlo 1941-57]. C.

**nemìghe,** avv. (friulano, anche *nomìghe* e varianti). 'Mica'.

Dal latino *mīca* propriamente 'briciola' poi 'mica' rafforzato da negazione; le forme del ladino centrale *nìa*, *nùia*, friulano *nìe*, veneto (bellunese) *nùia* 'niente' derivano dal latino parlato **nūllia* (da *nūllius*) [DEI s.v. *nemiga*; EWD]. M.

**néngue,** v. (marchigiano; umbro; abruzzese). 'Nevica'.

Forma impersonale che dipende dal latino *ninguit* 'nevica' da *ninguĕre* 'nevicare'. Si rifanno a *néngue* le forme verbali *nëgujé*, *nënguà* (abruzzese), *nengué* (umbro) con derivati quali: umbro (a Gubbio) *nenguetura*, abruzzese *nenguìtë*, marchigiano *nenguta* 'nevicata', abruzzese *nenguende* 'il cader della nece'; dipendono dal latino *nenguis* 'neve' oppure sono deverbali di *nënguè* (e varianti) il marchigiano *néngua* e il molisano *néngue* 'neve'. Dal latino parlato **nictus* 'nevicato' forma di participio passato dipendono il piemontese (Valsoana) *nejt* 'nevicato' e il lombardo (Valtellina) *nec'* 'tempo umido, nuvoloso' [REW; DEI; REWS; LEA]. M.

**nèn sèmbre Lìlla fròlla,** locuz. (marchigiano: Ascoli Piceno). 'Non sempre la persona pigra diventa matura'.

Libera interpretazione popolare, di origine dotta, del latino *non semper lilia florent* 'non sempre i gigli fioriscono' [Egidi 1965]. C.

**nèrchia,** sf. (toscano, nel pisano), 'grosso bastone', 'membro virile' col derivato *nerchiata* 'bastonatura' noto anche a Lucca nel senso di 'lividore'; (calabrese settentrionale *lèrchia*), 'membro virile', 'sorpresa, brutto tiro, inganno'.

Derivati del latino *nervus* 'nervo, legamento', 'membro virile' «che risultano, come non è stato visto, da una contaminazione di *nervus* col sinonimo *mencla* (*mentula*)» secondo Alessio 1976. Ma la voce è ancora discussa nella sua origine. Alle forme dialettali menzionate si aggiunga l'espressione pugliese (bitontina) *va të fa nèrchië* 'va a farti benedire, a farti friggere' [Malagoli 1939; DEI; Saracino 1957]. M.

**nèrva,** sf. (ligure-piemontese: Novi Ligure; piemontese, nel Monferrato, al plur.: *nèrvie*), 'correntino del tetto su cui poggiano i coppi'; (veneto), 'parte del bragozzo o della gondola'.

Da *nervo*, che anche in italiano ha simili traslati. C.

**nèsa,** sf. (veneto: bellunese e primierotto). 'Piccolo pidocchio, lendine'.

Probabilmente dal longobardo **hnizza* 'lendine', appartenente ad una base germanica molto diffusa, presenta, fra l'altro, nel tedesco *Niss* e nell'inglese *nit* 'lendine'. Da questo significato è stato tratto anche quello di 'piccola bambina' (da cui, poi, il più frequente maschile *nès*) e, forse, anche quello di *nèsa* 'fame' per lo struggimento «che procura tanto il morso della fame, quanto il morso dei pidocchi e delle lendini sulla testa» [Mastrelli 1984]. C.

**nèscolo,** agg. (veneto: Polesine). 'Sporcaccione, volgare', «usato spesso per definire il più monello tra i bambini» (Girardi 1991).

Sta per il dotto *dìscolo*. C.

**nète,** sf. (friulano). 'Menta, *Mentha longifolia* Huds. mentastro', anche *nèta*.

Si è supposta un'origine della parola dallo sloveno *meta* 'menta', con passaggio da *m* ad *n*, peraltro non giustificato da un contesto dissimilativo. E dato che la distribuzione areale della parola friulana interessa la zona montana della Carnia, molto conservativa dal lato lessicale, l'ipotesi di uno slavismo appare assai poco probabile, mentre è preferibile pensare ad una forma sincopata del latino *nĕpeta* 'nepitella (mentastro)', cioè *nepta* (attestato nel latino medievale), quindi *net(t)a*. Il latino *nĕpeta* è continuato anche in altri dialetti italiani, tra cui il veneto (trevisano) *névole* 'erba che posta sulla stia ha la supposta virtù di liberare le galline dai pidocchi', il calabrese *népita*, il lucchese *nièbbita*, il campano *nèpeta*, il pugliese *nèp(e)te*, il sardo (logudorese) *nébida*, il siciliano *nìpatéḍḍa*, il milanese *nevedìna* che designano la 'nepitella' [REWS; Pellegrini 1982]. M.

**néula,** sf. (siciliano; pugliese: *nòvelë*; abruzzese: *névulë, néulë*; emiliano: *nevla, nèvula*; lombardo: *nebia*; piemontese e ligure: *negia*, ligure, a Pigna: *nèura*). 'Cialda' (anche per lettere).

Dal latino *nĕbula* 'cosa leggera, trasparente', mentre il sardo *néula* è un catalanismo [REW; DEI; Merlo 1956; DES; REWS].

G. Carducci: nebbie *traduce il* nebulas, *che è originalmente il* nevola *o* nevle, *come il dialetto [reggiano] nomina la pasta del fior di farina ridotta in sottilissime falde che i toscani dicono* ostie (*Opere* XIII, Bologna, Zanichelli, 1936, p. 206). C.

**nèva,** sf. (romagnolo). 'Altalena'.

Dal latino *năvis*, che solo in quest'area ha assunto il nuovo significato [REWS]. C.

**nfimà,** v. (calabrese settentrionale; campano; siciliano: *ncimari*, *scimari*; calabrese: *nchjimare*, *nchjmare*, *gnimare*, *gnumare*; campano: *nchjëmà*; abruzzese: *nghjëmà*; salentino: *nfiamare*; lucano: *nchjëmà*, *mbjamà*). 'Imbastire, ad esempio un vestito', 'orlare', con altre varianti nei dialetti menzionati.

Le voci sono state ricondotte ad un latino parlato **(in)fimulāre* (**imphimulare*, REWS), derivato dall'incontro di *fibulāre* 'stringere insieme, chiudere (con fibbia o anche con spago)' col greco *phimóō* 'chiudere (la bocca di animale con la museruola, di vaso)' [DEI s.v. *inchimare*, Alessio 1976]. M.

**nfrancësàtë,** agg. (laziale: Castro dei Volsci, ad Amaseno: *ncianfrëcà*). 'Balbuziente', 'chi, parlando, mozzica le parole'.

Letteralmente, 'infrancesato', che non si fa capire, perché parla come un estraneo, un *francésë*, che è 'colui che, quando parla, non si fa capire': *chissu è ffrancésë* [Vignoli 1911 e 1926]. C.

**ngàndë,** sm. (pugliese: a Bitonto), 'cerchio della ruota dei carri'; (salentino: *cantu, ccantu, ngant*), 'cerchio di ferro della ruota'.

Le voci conservano il significato del latino *cănt(h)us* 'cerchio di ferro della ruota' [DEI s.v. *canto*[4]; Alessio 1976]. M.

**ngannavillàne,** sf. plur. (umbro: orvietano). 'Susine piccole e brune'.

Letteralmente 'ingannavillani', «perché sono saporite quando sono acerbe mentre con la maturazione perdono sapore» [Mattesini-Ugoccioni 1992]. C.

**ngarrà(re),** v. (abruzzese e molisano, anche *ngherrà* e varianti; campano; pugliese; salentino; lucano; calabrese, anche *ngarrari*; siciliano: *(i)ngarràri*). 'Prendere con forza, conseguire, cogliere nel segno, riuscire'.

Dallo spagnolo *engarrar* 'afferrare, acciuffare' (da *garra* 'artiglio'); forse in rapporto con le voci dialettali meridionali è *sgarrare* 'sbagliare', che è anche dell'italiano [DEI s. v. *ingarrare* e *sgarrare*; Beccaria 1968].

A. VERALDI: *Navigavo dunque e ingarravo la strada e i vichi giusti allontanandomi in tal modo sempre più dal Tarallari in fiamme* (*Scicco*, Milano 1991, p. 42). M.

**ngarzà,** v. (campano, nel napoletano; abruzzese; calabrese: *ngarzare*). 'Incastrare, calettare'.

Dallo spagnolo *engarzar* di significato analogo e da *engarce* 'incastro' dipende il napoletano *ngarzo* come sm. [DEI; Beccaria 1968b: 69]. M.

**ngërësciàrë,** sm. (molisano: Morrone del Sannio; campano settentrionale, Colle Sannita: *cërasaro*; campano, a Teggiano: *cirasalu*; calabrese, Guardia Piemontese: *cirasàr*; lucano, a San Fele e galloitalico, a Picerno [Basilicata]: *cërasale*). 'Giugno'.

Letteralmente 'mese delle ciliege (*cerase*)', dal latino *cerasea* col suffisso *-alis*, tipo lessicale attestato anche nell'aquilano antico e nel rumeno [Merlo 1904; AIS; Greco 1991; Fanciullo 1992b: 41]. M.

**ngiaràrse,** v. (toscano: isola d'Elba). 'Darsi da fare': *s'è ngiarato*.

Dal v. *ingiarrare*, di antica origine napoletana, 'mettere, legare i gerli' per serrare le vele [*Dizionario di marina* 1937; Cortelazzo 1987]. C.

**ngitùsu,** agg. (laziale: Ascrea). 'Antipatico, che dà ai nervi'.

Dal verbo *ngità* 'provocare a lite', propriamente 'incitare'. C.

**ngògna,** sf. (corso, anche *angògna, angògnula*). 'Voglia, brama destata dalla presentazione d'una cosa appetibile che non sarà concessa; voglia di donna incinta'.

Retroformazione da un verbo *angoniare* 'desiderare ardentemente', attestato nell'italiano antico, che continua il latino *agoniāre* 'sforzarsi' [Falcucci 1915; DEI s.v. *angògnula*; LEI]. M.

**ngornatùra,** sf. (marchigiano: piceno). 'Fisionomia, fattezze, atteggiamento del volto', 'ceffo'.

Letteralmente 'incornatura', perché le differenze delle corna caratterizzano il muso degli animali [Egidi 1965]. C.

**ngriffàri,** v. (siciliano), 'arricciare, arruffare, aggrinzire'; (campano, nel napoletano: *ngrifarse* rifl.), «impennarsi, erigersi risentito» (Salzano 1979); (calabrese meridionale: *ngriffari*), «arricciare il pelo (del gatto)» (Rohlfs 1977).

Dallo spagnolo *engrifar* 'increspare, arricciare; impennarsi' [DEI s.v. *ingrifare*]. M.

**ngusciàri,** v. (calabrese). 'Lamentarsi, gemere'.

Letteralmente 'angosciare' [REWS; Rohlfs 1977].

L. ASPREA: *La figlia, non ancora addormentata (forse pensava a Turi, che cantava per lei ore intere alla vigna), si terrorizzò, sentendo gemere la mamma e gridò: "Padre, padre, la mamma 'nguscìja"* (*Il previtocciolo*, Milano 1971, p. 6). C.

**nibià,** agg. (lombardo). 'Malaticcio, malandato'.

Letteralmente 'annebbiato', e, dice il Monti 1845, «in proprio significato dicesi di piante offese da nebbia», come conferma anche il sardo *néula*, tanto 'nebbia', quanto 'carbone, golpe del grano': → *négia* [FEW; DES]. C.

**nìbia,** sf. (veneto), 'nebbia'; (piemontese: *nìvola* e *nivu* sm.; lombardo: *nìvola, gnìola* e *nìvol, gnìol* come sm.; veneto: *néola, névola, nìola*; friulano: *nìule* e *nìul* come sm.), 'nuvola', in qualche varietà anche 'nebbia'.

Sono continuazioni del latino parlato **nībulus* per *nŭbĭlus* 'nuvolo' (non è necessario un incrocio con l'italiano *nebbia* previsto dal REW per il veneto *nìbia*) [DEI s.v. *nìbia* e *nìvol(a)*; Prati 1968; REWS]. M.

**nìcchera,** sf. (toscano: pisano). «Piccina» (Malagoli 1939).

Voce interpretata dal DEI come sorta di diminutivo dell'italiano *ninna* 'bambina' di origine infantile, alla stessa stregua del napoletano *ninno* (femm. *nénna*) 'fanciullo, ragazzo', e del toscano *nini* 'vezzeggiativo con cui si chiamano i bambini'. M.

**nicchiàricu,** sm. (salentino: anche *tèrra nicchiàreca*, come in campano, a Salerno, *tèrr'a annicchjàrëchë* e nel sardo centrale *tèrra annicrìna*; campano, lucano e pugliese: *nëcchiàrëchë*; calabrese con la variante *annichiàricu*). 'Campo lasciato incolto per uno o più anni'.

Dal latino **anniculāricus*, derivato dall'agg. *annĭculus* 'di un anno' [Rohlfs 1956 e 1977; DES; Bigalke 1980]. C.

**nicchìno,** sm. (toscano: cortonese). 'Brigante'.

Perché seguace del brigante Federico Banini, detto *Nìcche*: → *fàrne più de Nìcche*. C.

**nichè(i)a,** sf. (siciliano). 'Dispetto, offesa' con il denominale *nichiari* = *fari nichèi* 'fare dispetti', cui corrisponde il calabrese *annicari* 'annoiare'.

Dal latino *inīquus* (nel parlato **inīcus*) 'cattivo', che sta anche all'origine del piemontese (valsesiano) *innig* 'malcontento'. Nel latino tardo il verbo *iniquāre* significa 'diventare iniquo'. Una proposta alternativa è quella che fa risalire il sostantivo all'arabo *nikāya* 'angoscia, dispetto, noia, affanno' [DEI s.v. *annicare*; Pellegrini 1972]. C.

**nìcio,** sm. (veneto). «Nido, posticino caldo, tana» per topi o altri animaletti (Girardi 1991).

Corrisponde all'italiano *nìcchio*, di dubbia origine [Prati 1968]. C.

**nics,** pron. e agg. indef. (friulano; veneto giuliano; lombardo). 'Niente'.

Dal tedesco *nichts*; in friulano si usa solo come aggettivo davanti ad un sostantivo: *nics ciamèsis* 'niente camicie'; a Trieste è scherzoso, vedi ad esempio la battuta in voga negli anni '30: *I ga fato el "Rex", po i diśi che i farà el "Dux": mi go idea che i farà el "Nix"* 'Hanno fatto il "Rex", poi dicono che faranno il "Dux": io penso che faranno il "Nix"' [Faggin 1981; Doria 1986]. M.

**nìcu,** agg. (siciliano), 'piccolo, minuto; in tenera età; di minore importanza', a Isnello: *prucissioni nica* 'semplice e modesta processione del Venerdì santo', anche sm. 'bimbo, bambino' col femm. *nica*; (calabrese, anche *niccu*; abruzzese: *nicchë*), 'piccolo'.

Sono formazioni di origine espressiva parellele a *piccolo* dell'italiano, *mic* 'piccolo' del rumeno, *micul* 'gracile, mingherlino' del friulano che richiamano anche il latino *mica* 'briciola' (una forma come il friulano richiede però una base **miccus*) [Rohlfs 1977a; Pellegrini 1986].

G. BONAVIRI: *– Son porte nichi nichi, non vedete? – diceva Stelladoro, che sbirciava dal suo nascondiglio* (*Il fiume di pietra*, Torino 1979, p. 156). M.

**niculò,** sm. (emiliano: Finale Emilia). 'Dolce, composto di farina, miele, noccioline tritate e cotto al forno'.

Si fa risalire al marchese *Nicolò* III d'Este che governò dal 1393 al 1441 e che ebbe cara anche la buona tavola [Violi 1982]. M.

**nìda,** sf. (veneto settentrionale; ladino centrale). 'Siero caseoso, residuo che si ha levando dal latte il burro'.

Probabilmente da una voce preromana **nīta, nītta* 'melma, fango', che riconosceremmo anche in → *nìta* [Tagliavini 1926] C.

**niébola,** sf. (veneto: Polesine). 'Galleggiante per canne da pesca'.

Probabilmente dall'originario senso di 'cialda', proveniente da quello di 'nuvola' [Prati 1968: *néola*]. C.

**niècio,** avv. (veneto istrioto: Rovigno). 'No'.

Dal croato *neću* 'non voglio', noto anche al veneziano antico e presente nella locuzione chioggiotta *de necio* 'per niente', oltre che nel soprannome piranese *Necio* [Cortelazzo 1989]. C.

**nièġġhi,** sf. plur. (siciliano: Palermo). '(Cose in) disordine': *ièssiri cuòmmu na nègghia* 'essere trasandato e disordinato'.

Il paragone è con le 'nebbie', secondo il significato letterale del termine, ma la corrispondenza è così poco sentita che nell'italiano di Sicilia la voce è resa con *neglie* [Tropea 1980; Piccitto 1990]. C.

**nif,** sm. (ladino-veneto: Agordino, anche *nit, nì*). 'Gruzzolo, mucchio'.

Dal latino *nīdus* 'nido' attraverso un **nivus*, con perdita, in quasi tutte le località interessate, del significato originario di 'nido' sostituito dalla parola *cóa* 'cova' a sua volta da *covàr* (dal latino *cubāre*) [Pellegrini 1995]. M.

**nigòsa,** sf. (veneto, con varianti: *ligòsa, lingòsa, negòsa*; lombardo, nel mantovano: *ligorsa*, nel bergamasco: *ligursa*; emiliano: *angosa, ganosa* e varianti). 'Sorta di rete da pesca per pescare specialmente nei fiumi'.

Voce diffusasi dal veneto (nel veneziano è già attestata dal 1219), deriva dal latino *negotia* nel senso di 'arnesi' [REW; DEI s.v. *negóssa*; Bondardo 1986]. M.

**nìgru,** sm. (siciliano; calabrese, anche *nìguru* e varianti; campano, nell'irpino: *négro*; abruzzese e pugliese: *negrë*). 'Maiale'.

Propriamente 'nero' (dal latino *niger*), per il manto scuro, da confrontare con *animale nero*, designazione di area umbra del 'maiale', e col siciliano *nigra* 'asina dal mantello nero' oltre che 'scrofa del maiale' [Nittoli 1873; DEI; Giammarco 1968; REWS; Rohlfs 1977; Piccitto 1990]. M.

**nìmma,** sf. (calabrese). 'Acqua con cui si lava la madia', 'acqua che si aggiunge alla pasta nella madia'.

I significati sono gli stessi di → *lìma* e stessa la provenienza greca, però dal greco antico *nímma* 'acqua da lavare' [DEI s.v. *lima*[9]; Rohlfs 1964 e 1977]. C.

**nìmo,** pron. (toscano; corso; sardo: *nèmos, nèmus*). 'Nessuno'.

Dal latino *nemo* con variazione della vocale accentata forse per influsso delle forme vicine *nissuno, niente, niuno* [Salvioni 1916a; DES].

L. VIANI: *Una volta, al largo, si perse una menaita carica di barili di vino, ma tanto lontana che non fu avvistata da nimo* (in *Racconti italiani del Novecento* a cura di E. Siciliano, Milano 1985, p. 150). C.

**ninzóla,** sf. (emiliano: Modena). 'Nocciola', anche *linzóla*.

Da **nuceŏla*, derivato del latino *nux, nŭcis* 'noce', con epentesi di consonante nasale; la voce è in uso specie nel modenese cittadino e preappenninico [Violi 1982]. M.

**nìpa,** sf. (lombardo: a Brescia). 'Neve'.

Da una forma latina **nivea* 'neve', accanto a *nĭve*, attraverso **nipja, *ni(i)pa* [Lazzari 1919]. M.

**niputiéḍḍi,** sm. plur. (siciliano: Scicli). 'Incotti'.

Propriamente 'cugini'; la denominazione è infatti il diminutivo di *nipùti* che a Scicli e in altre località della Sicilia sud-orientale significa 'cugini'. Gli incotti, le macchie rossastre che si producono sulle gambe a causa della permanenza presso il braciere, lo scaldino ecc. durante l'inverno, si chiamano in questo modo per essere numerose come appunto i 'cugini' (→ *pariénti*) [Tropea 1976]. M.

**nìstula,** sf. (lombardo, anche *nàstula*). 'Fettuccia, nastro, di cotone, seta, pelle', a Pavia *nàstula* «nestola, sottile fettina a nastro di zucca, seccata al sole e riposta per l'inverno. Le nestole si friggono nel burro o nel grasso come pietanza. Al fig. fandonia, bubbola, chiacchiera» (Galli 1965).

Riflessi di una voce longobarda **nestila* di analogo significato [DEI]. M.

**nìta,** sf. (piemontese; ligure: Pigna). 'Borraccina, musco'.

Va accostato al tipo *nita* (*lìta*) e varianti 'melma' (→ *nìda*) ampiamente rapresentato nei dialetti italiani [Levi 1927]. C.

**nivrëfùmë,** sm. (lucano: Tursi). «Il nero dei lumi a petrolio che, mescolato con aceto e vetriolo, serviva per tingere le scarpe» (Mancarella 1994).

Letteralmente 'nerofumo'. M.

**nizzàre,** v. (toscano, a Lucca; a Sarzana: *(a)nizare*), 'ammaccare'; (emiliano, a Bologna: *nizarë*), 'diventare pesto', di un frutto.

Dal latino *initiāre*, dal quale dipendono anche altri verbi, come il lombardo *inizzà* 'affettare il pane' o 'dividerlo' (anche *linsà*), l'emiliano *linzà(r), linzèr* 'spezzare (qualcosa di commestibile)', e ancora il lombardo (a Como) *ininzà* 'scalfire leggermente, intaccare la pelle', come nel valsuganotto *nizàr*, oltre ad altri vari impieghi del verbo col senso di 'manomettere, cominciare ad usare'. La semantica, però, fa propendere piuttosto per un denominale di *nizzo* 'mézzo, troppo maturo, schiacciato' [Jaberg 1926; Rohlfs 1979]. C.

**nnanzipàrte,** avv. (campano, a San Mango sul Calore), «si usa per indicare beni dati prima a uno o più eredi a titolo di preferenza rispetto ad altri» (De Blasi 1991); (lucano, a Muro Lucano: *nnantëpartë*), «porzione in soprappiù specie nelle divisioni ereditarie» (Mennonna 1977).

Letteralmente 'innanzi (la) parte', la suddivisione dei beni, o l'eredità. M.

**nnaolà,** v. (marchigiano: Macerata). 'Prendere in affitto, appigionare una casa o una stanza'.

Letteralmente 'stare a nolo (*stà a nnàolo*; ad Ancona *stà a casanòlo*)'. C.

**(n)nèbba,** sf. (siciliano) 'giuggiolo', anche agg. «di una varietà di olive a forma di mandorle grosse e da salare, di media grossezza, rotonde, rosse quando ancora non sono mature e nere quando maturano»; *alivu nebbu* «varietà di olive da cui si ricava un olio 'poco grasso, ma fino'» (Piccitto 1990).

Dall'arabo *ʿannāb, ʿunnāb ʿzizyphus rubra*, 'giuggiola' [DEI; Pellegrini 1972]. M.

**nniminàgghia,** sf. (siciliano, anche *ndivinàgghia, anniminàgghia*; calabrese meridionale: *annovinàgghia*; veneto: *indivinàgia*; piemontese: *andvinàja*). 'Indovinello, enigma'.

Le voci corrispondono ad *indovinaglia* dell'italiano anche antico e, come questo, derivano direttamente dal francese antico *(en)devinaille* 'predizione' oppure da *indovinare*, ma sul modello del francese [DEI s.v. *annovinàglia*; FEW; REWS; GDLI]. M.

**nnòglia,** sf. (campano: Napoli), «sorta di salsiccia fatta di budella trite e condite con sale, pepe e finocchio, che in Toscana non usa, e potrebbe dirsi Salame di budella» (Andreoli 1887); (corso: *anduglia*), «sanguinaccio» (Falcucci 1915); (abruzzese e molisano: *annùogliё*, *nnòjё*), «salame di trippa di maiale, tagliuzzata e insaccata; salume di cotenna e carne di maiale insaccate, cotechino; involtino di budella e trippa, innodate» (Giammarco 1968); (romagnolo: *andrùglia*; calabrese: *ndùglia*; *ndùgghia*), 'sorta di salsiccia ripiena di pezzettini di carne ed altri intestini tagliuzzati'; (siciliano: *nùgghia*), «interiora di animale macellato» (Piccitto 1990).

Dal francese *andoille*, *andouille* 'salsiccia fatta con budello riempito di trippe, carne, lardo, tritati e conditi', a sua volta dal latino *inductīlis* *'salame, salsiccia' [REW; DEI s.v. *andùglia*; FEW; REWS]. M.

**nòc',** sm. (ladino centrale). 'Maiale'.

Dal tedesco tirolese *natsch* 'maiale', usato anche come voce di richiamo [Pallabazzer 1986]. M.

**nòcchia,** sf. (toscano meridionale; laziale; umbro; abruzzese; campano), 'nocciola'; (toscano, umbro e laziale: *nòcchio* sm.), 'nocciolo, *Corylus avellana*'; (abruzzese: *nòcchjё* sm.), 'orno, ornello, *Acer campestris*'.

Dal latino *nucŭla* 'piccola noce' dal quale derivano anche altre forme dialettali come il friulano *nole*, l'umbro e toscano (pisano) *nòccola* 'nocciola' [AIS; DEI; REWS; Rohlfs 1979]. M.

**nócla,** sf. (lombardo alpino, nel bormino). 'Madre vecchia', col sm. *nóclo* 'padre vecchio'; nel Poschiavo *la nùgia* 'la mamma'.

Relitti del latino *anucŭla* 'vecchierella' con estensione analogica al maschile, come in altri termini di parentela quali il bormino *al làmeda* sm. 'lo zio che non si sposa e rimane in famiglia', da *làmeda* sf. 'zia' (da *àmeda* con concrezione dell'articolo, → *lànda*) [Bracchi 1987; LEI]. M.

**nòda,** sf. (ticinese; lombardo, a Bergamo: *nöda*). 'Marcatura del bestiame per riconoscerne il proprietario'. Di qui anche il significato di 'somiglianza dei membri di una stessa famiglia'.

Dal latino *nŏta* 'segno' [REWS; Magginetti-Lurati 1975].

P. MARTINI: *dalla noda non stentò a conoscerlo e lo chiamò per nome* (*Il fondo del sacco*, Bellinzona 1970, p. 154). C.

**noè,** sm. (marchigiano: Macerata). 'Aloè'.

Deformazione di una voce dotta, conosciuta popolarmente, perché le mamme si ungevano i capezzoli di questa sostanza amara per svezzare i piccoli [Ginobili 1963]. C.

**nòfriu,** sm. (siciliano, anche *nòfiu*). «Personaggio comico del teatro dei burattini, molto scaltro, sospettoso e diffidente; *far 'u nòfiu* fare il nesci, il finto tonto, a Cianciana (Agrigento) anche *pariri nòfiu m-Palermu* [propriamente 'sembrare Onofrio di Palermo'] 'sembrare un villano spaesato in mezzo alla città'» (Piccitto 1990).

Dal nome proprio *Onofri* (*Onuphrius*) riflesso pure nel toscano *fare il nòferi* 'ignorante' e nel napoletano *nufrio* 'figura di sciocco'. In siciliano per 'fare lo gnorri, far finta di non sapere' si dice pure *fari l'alòsiu* (Nicotra 1883), col sm. *alòsiu* che dipende dal nome di persona *Aloysius* 'Luigi' [Migliorini 1927; DEI s.v. *alòsio*].

D. MARAINI: *Al centro della piazza un palco alto due o tre bracci, proprio come quelli su cui si rappresentano le storie di Nofriu e Travaglino, di Nardo e di Tiberio* (*La lunga vita di Marianna Ucrìa*, Milano 1990, p. 19). M.

**nogàra,** sf. (veneto; trentino; lombardo, nel comasco: *noghera*; nel mantovano: *nogàr* come sm.; friulano: *nojàr* come sm.; calabrese: *nucara*). 'Noce (albero)'.

Dal latino parlato **nucārius, -a* 'noce (albero)' [REW; DEI; REWS]. M.

**nolesìn,** sm. (veneto, a Revine Lago: *nodolìn*). 'Cocchiere pubblico, vetturale'.

Da *nolo*, perché propriamente indicava chi noleggiava la propria vettura e i cavalli. C.

**nómalu,** sm. (calabrese meridionale, anche *anómalu*). 'Sorta di mela nana'.

Come conferma il grecanico di Bova *anómilo* con lo stesso significato, si tratta di grecismo da *onómēlon* o **nannómēlon* 'mela d'asino' secondo il Rohlfs 1977, mentre il DEI (s.v. *anòmalo*) risale ad un bizantinismo **ōmómēlon* da confrontare col greco *ōmomēlís* 'melo selvatico'. M.

**nòmbolo,** sm. (veneto: Venezia). 'Legnuolo o cordone, composto da più fila attorte, per cavi o canapi'.

Dal greco *émpoulo* 'insieme di fili intrecciati per formare un cavo' [Cortelazzo 1970]. C.

**nòno,** sm. (veneto: Treviso). 'Libellula'.

È il veneto *nono* 'nonno', ma anche 'rimbambito, addormentato'. La designazione dell'insetto con questo nome è connessa col fatto che nelle giornate piovose esso, solitamente vivace, resta lungamente immobile, posato sui vegetali, lasciando pendere il corpo verticalmente, quasi intontito, e si lascia afferrare facilmente con le mani [Picchetti 1961-63]. M.

**nónsolo,** sm. (veneto; trentino). 'Sacrestano'. Voce semidotta, già presente nel latino di Venezia nel 1271: *nunzolus* 'messo'.

Dal latino *nŭntius*, proprio della lingua religiosa e ufficiale [DEI].

F. TOMIZZA: *La gente è stanca delle proprie disgrazie, ma pareva che per ognuno la morte di Zvane-*nònzolo *(sagrestano), che aveva suonato la campana di tutti i funerali, fosse la cosa più naturale del mondo* (*La miglior vita*, Milano 1977, p. 17). C.

**nóru,** sm. (laziale: Mompeo Sabino, a Nemi *nòru*). 'Genero, marito della figlia' (AIS, Raspini 1991).

Forma maschile costruita su *nora* 'nuora' (dal latino parlato **nora* per il classico *nurus*) diffusa in tutti i dialetti italiani. M.

**nòtes,** sm. (lombardo; trentino). 'Agenda, taccuino per lo più tascabile, per appunti'.

Come scrive Angiolini 1897 registrando per il milanese l'uso della voce, «Il mil.[anese] legge come è scritto *notes*, parola franc.[ese] che sta come titolo di tali libricciní». La parola segnalata dal DEI per l'area dialettale lombarda e trentina è oramai un settentrionalismo.

G. CASSIERI: *Il padre, intento ma non sprofondato come voleva far credere nel notes, studiava ogni mossa sul terrazzo, la confrontava mnemonicamente con quelle degli anni passati, si aggrottava* (citato da GDLI XI, 577). M.

**noturnìn,** sm. (veneto, nel veronese). 'Geranio notturno, *Pelargonium triste*'.

Denominazione semidotta da *(geranio) notturno* perché «esala profumo abbondante di notte» (DEI), motivazione all'origine di altre sue denominazioni di ambito dialettale. Riflettono il toscano *geranio notturno* il ligure *girànio noturnu*, friulano *girànio noturno*, emiliano e romagnolo *gerani nuturàn*, lombardo *girani noturnìn* con la variante *geranio odor de note* (che esprime con ancora più evidenza il motivo onomasiologico), tutte riunite in Penzig 1924. M.

**nov'àrchë,** locuz. (abruzzese: a Prezza). 'Rito popolare contro il malocchio'.

Letteralmente 'nove archi'; il rito consiste in questo: un gruppo di comari, scortate da tre o quattro uomini armati di scure e falci, passa sotto le arcate per nove sere consecutive; successivamente si battono i panni del bambino stregato [Giammarco 1976]. M.

**nòz de pòrc, al –,** locuz. sostant. (romagnolo). 'Periodo della macellazione del maiale', che «andava da S. Andrea (13 dicembre) a S. Antonio (17 gennaio)» (Quondamatteo 1983).

Letteralmente 'nozze del porco'; si dice anche *al nòz de baghìn*, altro nome dialettale del 'maiale'. M.

**nózzuli,** sm. plur. (calabrese; siciliano). 'Sterco, cacherelli di capra, di pecora o di topi'.

Uso figurato di *nózzulu* 'nocciolo delle olive', letteralmente 'noccioli' [Rohlfs 1977a]. C.

**nsorcàre,** v. (toscano, a Carrara). 'Infilarsi di corsa in un passaggio stretto'.

Da *sorco* 'solco', come nell'italiano *insolcare* 'attraversare, percorrere' [Luciani]. C.

**nsurà,** v. (abruzzese; laziale: *sorà, assorà, nsuràre*; campano: *nzorà, nzuràre*; umbro: *nzurà*; salentino, a Lecce: *ntsurà*; calabrese: *osseràre, nzuràr*). 'Sposare, da parte dell'uomo, ammogliarsi'.

Dal latino tardo *(in)uxorāre, uxorāri*, da *uxor, -ōris* 'moglie' [DEI s.v. *insurare*; Pellegrini 1977]. M.

**n tajò màncu n'urègia a mòlcu,** locuz. (ligure-piemontese: Novi Ligure). 'Di coltello che non taglia'.

Alla lettera, 'non tagliare nemmeno un'orecchia a Malco', ricordo dell'episodio evangelico dell'apostolo Pietro, che tagliò un orecchio al servo Malco, durante la cattura di Gesù: → *màlco*. C.

**ntalassàtu,** agg. (salentino). 'Completamente calmo', detto del mare.

Dal greco *thálassa* 'mare'. «La voce è data come dubbia [dal Rohlfs]; ma essa esiste realmente anche adesso» [Rohlfs 1959; Roberti 1971-73]. C.

**ntal(l)ià,** v. (campano: Napoli). 'Indugiare, perder tempo, andare a zonzo'.

Di etimologia incerta: l'ipotesi di una derivazione dall'italiano antico *aliare* 'muovere le ali, aleggiare' col prefisso intensivo ed eufonico *'nt* non è per niente persuasiva. Né maggiore consistenza ha la proposta di un prestito dallo spagnolo *entalingar* 'mollare il cavo per far scendere l'ancora a fondo' [Altamura 1956; D'Ascoli 1979].

L. DE CRESCENZO: *L'uomo produttivo, il milanese, preferisce la doccia: consuma meno acqua, meno tempo e si lava meglio. Il napoletano invece, se si decide, preferisce il bagno:* s'intallea *come si dice a Napoli, cioè si attarda e tiene tutto il tempo che vuole per pensare* (*Così parlò Bellavista*, Milano 1977, p. 30). C.

**ntamàri,** v. (siciliano), «allibire, spaventarsi», «essere congestionato dal pianto convulso, di bambino», «intristire, seccarsi, dei germogli a causa del gelo» (Piccitto 1990); (calabrese: *antamari, ntamari*; campano, a Montella: *ndamàrisi*), 'ferire; crescere a stento'.

Le voci sono ricondotte da DEI (s.v. *intamare*) e Rohlfs 1977 al francese *entamer* 'intaccare, rompere, tagliare'. Invece Merlo 1929 pensa ad una riestrazione dal latino *intamināre* 'imbrattare', come conferma – a suo giudizio – la presenza del campano (a Montella) *ntamà* 'incominciare', ipotesi accettata sia in REWS che in FEW. Da tale base latina dipendono anche il piemontese *antamnè* 'scalfire, intaccare', il lombardo settentrionale *intemnà, intennà, internà, intamà* 'incignare, incominciare', il marchigiano (Arcevia) *ntamenà* 'ferire, crescere a stento', l'abruzzese *ntamenatë* agg. 'malazzato, bacato', *ndamarsë* 'iniziare a corrompersi'; non sempre, tuttavia, i rapporti semantici tra *intamināre* ed i suoi riflessi italoromanzi sono chiari. M.

**ntèja,** sf. (calabrese settentrionale, anche *antèja*). «Specie di tettoia sotto la quale i pastori mungono il bestiame» (Rohlfs 1977).

Dal latino *attegia*, voce rara il cui significato deve essere stato quello di 'capanna, piccola costruzione di materiale deperibile' continuata in area settentrionale: lombardo *tegia, tea*, trentino, veneto, veneto giuliano *teża*, friulano *tièże*, ladino centrale *tièża*, emiliano *teża* 'capanna, cascina, tettoia destinata a vari usi, fienile'. In talune varietà designa pure la 'stalla rustica', come nel lombardo alpino (Livigno) *tea*, nel laziale (Cervara) *attea*, e nel calabrese summenzionato, oppure 'parti della casa o della stalla' come nel trentino *teża* 'soffitto', nel ladino-veneto (nell'agordino) *tiéda* 'locale adiacente al pavimento del fienile adibito a ripostiglio', nel veneto settentrionale (Revine) *tiéda* 'stanza a pianterreno'. Precisa il LEI che tali passaggi semantici si spiegano col fatto che spesso il fienile era organizzato nell'Italia settentrionale come 'soppalco' ed è dunque il senso di 'fienile' ad essere prioritario; per l'aspetto areale, va rilevato, in considerazione dell'isolamento odierno del calabrese, che le attestazioni latino medievali della voce coprono l'Italia mediana e parte di quella meridionale [DEI s.v. *antèia*; LEI]. M.

**ntirlàzzu,** sm. (siciliano; abruzzese: *ndërlaccë*). 'Imbroglio, intrigo, raggiro'.

Le voci risalgono ad un latino volgare **interlaceāre* da **laceu* per *laqueus* 'laccio'; tuttavia non è escluso, per il siciliano, un antico tramite catalano *entralasar* (DELI), mentre per l'abruzzese il DEI richiama un antico francese *entralacs, entralacer*. Quanto alla voce siciliana, è entrata in italiano nella forma *intrallazzo* pare all'inizio del 1943 in riferimento alla Sicilia, ma poco dopo l'uso si è esteso [Zolli 1987].

C. LEVI: *La molla principale erano i traffici, la grande e piccola borsa nera, l'intrallazzo, gli scambi. Uomini andavano in città, in cerca d'impieghi, ragazze accorrevano da ogni parte, come farfalle notturne* (cit. in GDLI VIII 331). – G. BONAVIRI: *Turi parlava di intrallazzo e diceva che era tempo che la finissimo con le nostre scorribande, e bene Rischino e Mario Gulizia avevano fatto a lasciare Mineo* [...]. *Ci sedemmo. Dopo un poco, sentimmo un cigolio rasposo, davvero scarrettavano per la calata. – Dove vanno a quest'ora? – chiese Colombino. – Ve lo dico io. Scommettiamo? – proruppe Turi. – Dillo, – gli risposi. – A Catania. È cominciato l'intrallazzo, e in città ogni vivanda è oro colato* (*Il fiume di pietra*, Milano 1979, pp. 137, 140). M.

**ntòsa,** sf. (campano, nel napoletano), 'bastonatura'; (salentino: *ntòsë*), 'colpo repentino di morbo, infezione'; (abruzzese: *rentusë* sm.), 'operazione dell'aguzzare le macine', 'briciolini di selce che nel masticare pane o paste si sgretolano sotto i denti'; (abruzzese: *ntòssë* agg.), 'contuso, illividito' con l'espressione *liva ndòssë* 'oliva indolcita col ranno e poi conservata nell'acqua'.

Dal latino *intūsus* participio di *intundĕre* 'pestare'; le forme abruzzesi con *-ss-* sono incrociate con *percussus*; al v. *intundĕre* si riconduce l'abruzzese *ndonnë* 'diventare azzurrognolo' [Andreoli 1887; DEI s.v. *intruschiare*; Alessio 1976]. M.

**ntòscia,** sf. (campano, nel napoletano; pugliese, nel tarantino; siciliano: *ntùcia*). 'Ernia', con i derivati *ntuciari* (siciliano) e *ntuscià* (pugliese: tarantino) 'gonfiarsi', *ntusciari* (calabrese meridionale) 'avvinazzarsi'.

Le voci sono state ricondotte al greco *entósthia* neutro plur. 'visceri' (attraverso un latino regionale **entosthia*, secondo il DEI), ma l'etimologia non è del tutto sicura [DEI s.v. *antòscia*; Rohlfs 1964]. M.

**ntràma,** sf. plur. (calabrese: anche *ntramàgghji*, *ntriminàgghia*; pugliese: *ndrèumë* e varianti; salentino: *ntrama* e varianti). 'Interiora di animali'.

Dal latino parlato *int(e)rāmen* 'intestini' [DEI; REWS; Rohlfs 1956 e 1977]. C.

**ntrippidàre,** v. (calabrese), 'mettere insieme, unire, mischiare'; (abruzzese: *ntreppëtà*), 'non parlare speditamente'; (sardo: *tropedire, trobeìre, trobiri*), 'impastoiare i cavalli con pastoie di funi'.

Continuano il latino *interpedīre* 'impedire' [REW; DEI s.v. *intripidare*; DES; REWS]. M.

**ntrìta,** sf. (siciliano), 'mandorla sgusciata'; (calabrese settentrionale), 'castagna infornata'; (campano: Napoli), 'nocciuola tostata'; (campano, in Irpinia: *indrita*), 'noce secca'; (abruzzese: *ntritë, ntrichë*), 'mandorle di pesche indolcite nell'acqua'; (abruzzese: *ntréichë*), 'nocciole fresche infilzate'.

Dal latino *intrītus* 'tritato, sminuzzato' [Alessio 1976].

V. CONSOLO: *formaggi, intrita dolce e amara, oli, olive, carrube, agli, cannamele* (*Retablo*, Palermo 1987, p. 132). C.

**ntròcchia,** sf. (campano, a Napoli). 'Prostituta'.

Propriamente 'torcia', deriva dal latino *torcŭlum*, in origine 'che serve a torcere', poi 'torchio (a vite)', e 'oggetto ritorto'. Per il significato di 'prostituta' si può sospettare un eufemismo per *'troia'* (DEI) o porre un confronto con *torcia* 'prostituta' nel gergo dei camorristi coatti, il cui senso sarà quello di "ritorto, storto"; *torcia* 'individuo muscoloso forzuto', nel linguaggio dei giovani in particolare, al contrario varrà "bene intrecciato" [DEI s.v. *antrocchia*; Salzano 1979; Ferrero 1991]. M.

**nuacchiàra,** sf. (laziale; abruzzese). 'Chi va in giro seminuda'.

Da → *nuàcchiu* 'nudo' [Fanti 1940; AIS; LEA]. C.

**nuàcchiu,** agg. (laziale; umbro; abruzzese). 'Nudo'.

Dal latino *nudus* 'nudo' col suffisso *-àcchiu*, non spregiativo, ma con funzione attenuativa [Rohlfs 1969; LEA]. C.

**nucàtula,** sf. (siciliano), 'pane con i fichi', 'dolce di mandorle, zucchero e miele', un tempo fatto di noci; (calabrese: *nocàtula, nacàtula, nicàtula*), 'dolce casalingo preparato in occasione di feste', 'bella ragazza'.

Dal latino parlato **nucātus* 'condito con noci (*nŭces*)' [Alessio 1976].

L. ASPREA: *Andammo agli ziti. Mangiammo necatole, confetti di farina* (*Il previtocciolo*, Milano 1971, p. 10). – V. CONSOLO: *Entrò la servitù con vassoi ricolmi di* brioches *con burro e mosciami, biscotti col sèsamo, paste di santa Caterina, buccellati, sospiri,* choux, *preferiti coi chiodi di garofano, nucàtoli* (*Il sorriso dell'ignoto marinaio*, Torino 1987, p. 17). C.

**nudrùm,** sm. (friulano), 'animali giovani, specialmente bovini, che si stanno allevando', voce collettiva; (lombardo: *nudrüm*), 'allevamento'; (trentino: *lodrüm*), 'redo, vitellino o puledro di latte'.

Dal latino *nutrīmen, -inis* 'alimento' passato ad indicare 'giovane animale da allevamento', voce riflessa anche nelle varietà salentine: *nutrime* 'allevime', *nutrinu* 'ovino che ha ancora la dentatura da latte; agnello svezzato', *lutrinu* 'agnello di due anni', *lutrina* 'capra o pecora di due anni', forme con assimilazione *n-m/n-n* e dissimilazione in *l-n*; potrebbe però anche trattarsi di un adattamento di un prestito dal francese antico *nodrim (norrim)* introdotto dai Normanni, considerata la forma calabrese *nurrimi* 'allevime' (riflette sicuramente il latino il termine calabrese centrale *nutrime* con l'accezione di 'grano battuto riunito alla loppa ma senza paglia') [REW; DEI s.v. *nudrüm*; Alessio 1976]. M.

**nùna,** sf. (lombardo; bresciano), 'mezzogiorno'; (piemontese: *nona*), 'l'ora canonica poco prima di mezzodì'.

Dal latino *(hōra) nona* 'la nona ora dopo l'inizio del computo della giornata, che partiva alle ore 6', quindi, circa le ore 15. La coincidenza dell'ora del pasto ha fatto sì che pian piano fosse anticipata alle 12. C.

**nurrìzza,** sf. (siciliano). 'Balia'.

Prestito dall'antico francese *nourrice* di analogo significato, a sua volta derivato dal latino *nutrīcia* 'balia' che si ritiene continuato per via popolare anche nel napoletano *notriccia*, irpino *nutriccia* 'nutrice' [DEI; FEW; REWS]. M.

**nustièrzu,** avv. (calabrese, con varianti; lucano: *nusterza*; pugliese: *nustèrzë*; salentino: *nustersa*). 'Ieri l'altro'.

Dal latino *nūdiūs tertius* con lo stesso significato, voce continuata anche nel calabrese *disterza* (e varianti), lucano *dëstèrtë* 'l'altro ieri' che si deve a sovrapposizione di *dies* 'giorno'; al tipo "disterza" ma con deglutinazione di *d-* si dovrà invece la variante campana e laziale meridionale *itèrza* [AIS; DEI ss.vv. *distèrza* e *nustèrza*]. M.

**nùzzu,** sm. (siciliano). 'Tacchino, gallo d'India'.

Probabilmente dal diminutivo *innianùzzo* 'indianuccio' (non da *nŭceus* come in REWS). In alcune località siciliane (Sutera, Camporeale) *nuzzu* significa anche 'gemello', forse una metafora che testimonia l'atteggiamento affettuoso del popolo verso i gemelli [Gulino 1976]. M.

**n vorgàre,** locuz. (umbro: Spello). 'A chiare note'.

Cioè in una lingua facilmente comprensibile, com'è la 'lingua italiana', chiamata sul posto *vorgàre* 'volgare'. C.

**nżajà,** v. (campano: Montella), 'incominciare'; (siciliano: *nzajari, nsaiari*), 'provare un abito, le scarpe', 'darsi un'indossata (*nzajàta*)'; (sardo logudorese: *insajare*, campidanese: *insajài*), 'addestrare, esercitare; provare un abito'.

Dallo spagnolo *ensayar* 'provare, esaminare', 'collaudare', letteralmente 'assaggiare' (denominale di *ensayo* 'saggio, prova', passato anche nell'abruzzese *nżajà* 'indettare, indurre a un determinato comportamento') [Merlo in Marano Festa 1929-33; Michel 1996]. C.

**nzallanì,** v. (abruzzese: anche *nsallanirsë*), 'infinocchiare' e al riflessivo 'invaghirsi perdutamente'; (calabrese: *nselenire, nzalleniri*), 'essere stordito', 'diventare distratto'; (siciliano: *nzalaniri, nzaliniri, nzallaniri*), 'perdere la testa, confondersi per il frastuono di molte voci', 'rimanere confuso e stordito'. Ne derivano gli aggettivi *nzalla-*

*nitë* (abruzzese) 'scimunito, babbeo', *nsellenutu, nzalanutu* (calabrese) 'stordito, lunatico' e *nzal(l)anutu* (siciliano) 'intontito', 'incerto'.

Dal greco *selḗnē* (ora pronunciato *selìni*) 'luna', con il verbo derivato *selēniázō* 'subire il cattivo influsso della luna', come nell'italiano *essere lunatico* [DEI s.v. *inselenire*; Rohlfs 1964 e 1977a; LEA].

S. D'Arrigo: *Cosa da restare per sempre a bocca aperta, insalaniti* (*Horcynus Orca*, Milano 1975, p. 800). C.

**nzantàssi,** v. (toscano; marchigiano, a Macerata: *(r)endrà in sàndo*; lucano, a San Fele: *trasì nzàndë*). 'Ricevere la benedizione in Chiesa dopo il parto', come nel pisano antico *insantare*.

Da *santo* nelle locuzioni toscane, corrispondente al verbo, *andare, entrare in santo*, dove *santo* ha il significato di 'chiesa' [Malagoli 1939; Vidossi 1948; Fanciulli]. C.

**nzerrapòrtë,** sf. (abruzzese, con varianti). 'Porcellino di sant'Antonio, *Oniscus asellus*'.

Letteralmente "chiudi porte"; la denominazione in area abruzzese è meno comune del tipo "porchetto di Sant'Antonio", ma trova un riscontro onomasiologico nel nome francese di questo insetto, *cloporte*, un composto che equivale a "chiudi porta", per la sua abitudine di ravvolgersi su se stesso se si sente minacciato che ricorda il comportamento di chi in caso di pericolo chiude la porta di casa [FEW; DEI s.v. *inserraporta*]. M.

**nzevà(re),** v. (campano; pugliese, con varianti; lucano; calabrese: *nzivare*; siciliano: *nzivarì*). 'Ungere di sego', 'sporcare d'unto'.

Dal latino *sebāre*, *sevāre* 'coprire di sego' [Marano Festa 1929-33].

A. Veraldi: *scuotendo pacatamente la testa unta inzevata si degnò d'ordinare* (*Scicco*, Milano 1991, p. 67). C.

**nzìria,** sf. (campano: Napoli). 'Capriccio, bizza'.

Dal latino *insidia* 'agguato, pericolo', forse per il carattere di rapidità e ineluttabilità del capriccio [Bianchi – De Blasi – Librandi 1993]. C.

**nzirtàri,** v. (siciliano; sardo: *inzertàre*, *inzertài*; calabrese: *nzertàre*, *nsertàri*). 'Dar nel segno, colpire, indovinare'.

Voci derivate dal catalano *encertar* di analogo significato e formazione; da escludere un etimo latino **incertāre* che è stato proposto da qualche studioso, così come una dipendenza dalla forma spagnola *acertar* 'indovinare' che è alla base del sardo *azzertare*, *azzertài* con uguale significato [DES; Beccaria 1968; Varvaro 1974: 88]. M.

**nzùrdu,** sm. (umbro: Spello). 'Accesso', come in *nzùrdu de tòssa* 'un accesso di tosse', nel Perugino 'convulsione'. Da avvicinare alla locuzione calabrese (Centrache) *pigghiàra nu nsurtu* 'sto per svenire'.

Da *insulto*, che nel linguaggio medico designa l''insorgenza improvvisa e violenta di un fenomeno morboso', secondo il significato etimologico del verbo latino da cui deriva, *insultare* 'saltare (*-sultare*) sopra (*in-*)', al quale solo più tardi è stato aggiunto il senso morale. C.

# O

**óba,** sf. (ticinese). 'Mucca', denominazione affettiva e infantile, 'voce di richiamo delle mucche'.

Dal tedesco *Lobe* (con la *l* iniziale ritenuta articolo), antica parola alpina, forse di origine preindeuropea [Lurati 1968]. C.

**òbia,** sf. (piemontese), 'incontro'; (piemontese, nel valsesiano *nèe in òbia* locuz.) 'andare incontro a chi arriva'; (sardo logudorese, nella locuzione *fàgher òbia*, nel gallurese *àvia*) 'incontrare'.

Dal latino *obviam* 'incontro' [Tonetti 1894; REW; DEI; DES; Gribaudo-Seglie 1972-75]. M.

**òca,** nella locuz. *na, nè a r òca* (ticinese). 'Domandar l'elemosina'.

Letteralmente 'andare all'avvoca', dal verbo *avocà*, 'domandare l'elemosina', derivato dal latino *advocāre* 'ricorrere ad un avvocato' [LEI]. C.

**òc' dal gàl,** locuz. sostant. (emiliano: modenese). 'Cicatricola, la macchia biancastra nel tuorlo dell'uovo fecondato'.

Letteralmente 'occhio del gallo' [Maranesi 1893]. M.

**òc' dla zvèta,** locuz. sostant. (romagnolo). 'Due di denari' nelle carte da gioco.

Letteralmente 'occhi della civetta' per la somiglianza con i due vistosi tondi gialli della carta, che hanno dato origine anche al paragone *ch'l'ha du uciùn cume e' dó 'd danèr*. Non si può qui non menzionare il nome furbesco *occhi di civetta* dato ai 'ducati, scudi'. C.

**ochèla,** sf. (veneto; lombardo, a Pegognaga: *uchèla*; ligure-piemontese, a Novi Ligure: *lichèla*, in frasi del tipo: *avàighe tanta* (o *na*) *lichèla* 'avere la lingua lunga, parlare troppo o con tono saccente'), 'loquacità', 'parlantina'; (veneto: *(l)ochela, luchela*), 'ugola'.

Dal latino *loquēla* per trasmissione letteraria [REW; Prati 1968; Ferrari 1978: 20; Bondardo 1986]. C.

**ochìn,** sm. (lombardo, nel comasco). «Barcone da carico, di proda piana, e poppa rilevata» (Monti 1845), anche *lochìn*; designa anche una 'grande barca da trasporto a vela sull'Adda'.

Si ritiene che il nome sia da collegare a quello di un uccello, cioè ad *ochìn* (diminutivo di *oca*) che in comasco designa il 'papero' [*Dizionario di marina* 1937; DEI]. M.

**òci de la Madòna,** locuz. sostant. (veneto; trentino; lombardo: *ögi de la Madòna*; friulano: *vói de Madòne*). 'Nontiscordardimè, *Myosotis silvatica* Guss.'.

La denominazione riflette uno dei nomi della pianta che figurano negli erbari medievali: *oculi Sanctae Mariae*. Ma le designazioni di questa pianta che si basano su 'occhio' hanno anche altre determinazioni, per esempio in Friuli *vói di sisìla* 'occhi di rondine', *vói di àghe* 'occhi di acqua', *vói di giàt* 'occhi di gatto'; nel Trentino (Primiero) *océti del bambinélo* 'occhietti del bambinello', (Centa) *océti del Sioredìo* 'occhietti del Signore Dio' [Pellegrini-Zamboni 1982]. M.

**òe,** inter. (veneto: Marano L.). 'Risposta alla chiamata della suocera da parte della nuora, come segno di rispetto'.

Voce onomatopeica. C.

**òfëtë,** sm. (lucano a San Fele, a Muro Lucano: *òfito*). 'Insaziabilità', da avvicinare alla locuzione di Avigliano: *tené l'ofte* 'essere insaziabile' e a quella galloitalica, a Tito e Picerno [Basilicata] *tènë l'ófëta* 'ha una fame insaziabile'.

Il termine è anche nome proprio e come tale designa un idronimo, l'*Ofanto*; probabilmente è ad un impiego figurato del nome dell'Ofanto che si deve il significato di 'insaziabilità' forse suggerito dalla piene rovinose del fiume [Greco 1991; Fanciullo 1992b: 42]. M.

**ofőggiu,** sm. (ligure, nel genovese). 'Alloro'.

Deriva dal latino *laurifolium* propriamente 'foglia di alloro' [REW; DEI]. M.

**ogià,** sf. (ligure). 'Occhiata, *Oblada melanura* L.'.

Dal latino *oc(u)lata*, nome dato ad un pesce (non identificato) a causa della grandezza dei suoi occhi (*oculi*). Da *occhio* dipendono quasi tutti i nomi dialettali dell'occhiata; ma quello ligure è particolarmente significativo perché, penetrato in provenzale, è stato interpretato come risoluzione di **oplat-* (infatti in ligure tanto -PL- quanto -CL- latini si risolvono nello stesso suono *ğ*) ed è stato adattato in *oblada*, *blada*, da cui dipendono sia il nome scientifico, sia alcune denominazioni meridionali, come il calabrese e il siciliano *bbiata*, napoletano *ajata*, *achiata*. Si fonda sull'omonimia di *ogià* 'occhiata' = 'pesce' e 'sguardo' il sornione proverbio *vā ciu ūnn'ēuggiā che cento pägai* 'vale più un'occhiata che cento paraghi', detto «comunemente e scherzevolmente per motteggiare uno che dia occhiatine amorose, sensuali, vivaci, penetranti» (Casaccia 1876). [DEI ss.vv. *aiata*$^{2}$, *biata*; FEW]. C.

**òglio crìco,** locuz. sostant. (toscano: Seggiano; umbro, con varianti). 'Resina del ciliegio'.

Deformazione del suo nome letterario *orichìcco*, la 'gomma', che secernono certi alberi, che si solidifica in gocce lucide, come 'chicchi d'oro' [Longo 1942-54; Rohlfs 1979]. C.

**ógna,** v. (toscano: Arcidosso), 'bisogna'; (trentino: *cògner*; veneto: *(s)cognér(e)*; friulano: *scugnì*; ladino centrale: *(s)cugnè*; lombardo settentrionale: *chignì, scümì*), 'essere necessario, dovere'.

Dal latino *convenīre* 'radunarsi, convenire' divenuto verbo modale [Fatini 1953; DEI; REWS; Prati 1968]. M.

**ògni régula tràta insém,** locuz. (romagnolo). 'Ognuno tratta con quelli del proprio ceto', e 'ognuno bazzica con quelli del proprio stampo'.

Letteralmente 'ogni regola tratta insieme', cioè 'fa parte a sé', intendendosi per *régula*, come in altri luoghi, i diversi nuclei delle vecchie famiglie, tutti dello stesso sangue. C.

**ògo,** sm. (toscano: Argentario). 'Latrina'.

Sta per *(l)ògo*, sottinteso *comodo*, modo molto diffuso (→ *lucòmud*) [Fanciulli 1983]. C.

**òjjo de Régno,** locuz. sostant. (marchigiano). 'Qualità scadente di olio di oliva usato per i lumi'.

Dal *Regno* di Napoli e delle due Sicilie, dal quale questo tipo di olio proveniva: → *regnìculë* [Belli 1927-29].C.

**òjjo ferràto,** locuz. sostant. (umbro). 'Unguento che si ottiene immergendo un pezzo di ferro arroventato nell'olio d'oliva'. Serviva per curare le malattie alle ossa e la parotite.

Da *òjjo* 'olio' trattato col *ferro*. C.

**ójo dé càrta,** locuz. sostant. (marchigiano: Macerata). 'Specie di olio medicamentoso'. «Per ottenerlo mettono in un cartoccio di carta l'estremità di una chiave femmina e vi dànno fuoco. Il fumo che esce dalla parte opposta a quella dove arde la fiamma lo condensano sotto un piatto; questo fumo chiamano "ojo de carta". Vi ungono i bambini alla gola per liberarli dai vermi che, aggrappandosi nelle loro tenere gole, minacciano di soffocarli» (Ginobili 1963).

Dalla *carta* della confezione. C.

**òiro,** sm. (lombardo settentrionale, anche *(l)ori*). 'Alloro'.

Dal latino *laureus* propriamente 'dell'alloro', voce riflessa anche dal galloitalico di Sicilia (Piazza Armerina) *dòiru* e dall'antico marchigiano *lavòrio* 'alloro' ed anche dal lombardo *lorión* 'mirtillo' e ticinese *larjùj, lerjùj* 'mirtilli' (per la somiglianza delle bacche) [REW; DEI s.v. *lòir(o)*; REWS]. M.

**óiva,** sf. (emiliano: Zocca), 'buccia delle castagne secche'; (piemontese: *vólva, ulba, (v)ólba, órva* e altre varianti; lombardo: *ólva*; trentino, a Tiarno di Sotto: *ólva*), 'pula, loppa'; (ligure: *lurba*), 'frantumi, tritume delle scorze delle castagne'.

Dal latino *vŭlva, volva*, nel significato di 'involucro di semi', con vocalizzazione di *l* latina complicata nella forma emiliana; in altri casi con passaggio *l* > *r*, e caduta di *v* iniziale [REW; REWS; Violi 1982]. M.

**ólme,** sf. (friulano), 'pesta, orma', a Barcis: 'fiuto', in senso metaforico 'fame' ed a Collina: *órmos* plur. 'orme delle scarpe in particolare nella neve' (ASLEF).

Non si tratta di forme corrispondenti all'italiano *orma* ma – come si vede bene dalla variante di Barcis – dipendono in ultima analisi (attraverso formazioni deverbative) dal latino parlato **osmāre, *usmāre* 'fiutare' (→ *usmàr(e)*) [Nuovo Pirona 1935; Pellegrini 1992: 84]. M.

**òma,** sf. (toscano: versiliese). 'Ragazza, donna'.

Femminilizzazione grammaticale di *òmo* 'uomo', precorritrice delle rivendicazioni sessiste. Ci si rivolge a una donna con *miòma* solo in frasi di rimprovero. Al femminile anche *galantòma*. C.

**ómbra,** sf. (veneto). 'Bicchiere di vino'.

Estensione del significato di *ombra* (anche in italiano), come 'quantità esigua'.

L. GOLDONI: *Adesso quando hanno raccolto il fieno o tagliato la legna stanno all'osteria a bere* un'ombra de vin (*Di' che ti mando io*, Milano 1976, p. 112). – P. M. PASINETTI: *Bevemmo ombrette di vino alle cinque della mattina. Pareva di volare* (*Il ponte dell'Accademia*, Milano 1986, p. 118). C.

**ombrichèlli,** sm. plur. (toscano: Pitigliano, anche *bbirichèlli*). 'Vermicelli (specie di pasta)'.

Da *lombrichelli* con aferesi di *l-* interpretato come articolo, e in *bbirichelli* con aferesi della prima sillaba e epentesi di *-i-* [Longo 1936: 24; DEI s.v. *birichèlli*]. M.

**òmeni de Faraón,** locuz. (veneto: veneziano). 'Delfini'.

La curiosa denominazione è dovuta alla leggenda, secondo la quale i delfini non sono altro che gli Egiziani sommersi nel Mar Rosso mentre inseguivano gli Ebrei e destinati ad errare per tutti i mari fino alla fine dei secoli [Cortelazzo 1989]. C.

**òmi saltànti,** locuz. (toscano: Carrara). 'Operai che venivano impiegati per lavori saltuari nelle cave'.

Da *saltare* nell'accezione di 'procedere senza continuità, con interruzioni' [Luciani]. C.

**onfegàr(e),** v. (veneto). 'Ungere leggermente una cosa; macchiare; insudiciare'.

Da un latino parlato **unctificāre*, da *unctus* 'unto' [Prati 1968]. M.

**onsàna,** sf. (calabrese; ligure occidentale: *àrsena*), 'ontano'; (lombardo: *ozena*), 'frassino'; (lombardo orientale: *ezel* sm.), 'avorniello'; (laziale, nel romanesco: *auzzano* sm.; campano: *auzano, ausene* e varianti sm.; lucano: *ausene* sm.; salentino: *ànzano* sm.; calabrese: *àzanu, àuzanu* e varianti sm.), 'ontano, ontano napoletano'.

Riflessi della base prelatina **alisa* e **al(i)sina, *al(i)sinus* 'ontano, *Alnus glutinosa*, e altre piante'; da tale base dipendono anche denominazioni del mirtillo come il lombardo *alsón, asón* che richiedono un derivato **al(i)sone* [DEI s.v. *àuzano*; Rohlfs 1977; LEI]. M.

**ontoràmi,** sm. plur. (toscano: Pisa; a Lucca: *lontorami*). 'Rigaglie', gl'interiori dei polli'.

Da *entrame* 'viscere, interiora', testimoniato in italiano antico (→ *ntràma*) attraverso *lo entrame*, lo *'ntrame, lo 'ntorame* [Malagoli 1939; DEI]. C.

**ónzë,** sf. (lucano: Matera). 'Dote'.

Dall'*oncia* d'oro che, per consuetudine, si consegnava alla sposa per la confezione dell'abito di nozze [Festa 1914; Corso 1927]. C.

**òpio,** sm. (veneto, anche *óvolo, òbia, ò(g)ol, òpi, òpol*; lombardo *òpi, òpel, òpol*; friulano: *uóvul, vóvul*; ligure *öggiu*; piemontese: *òpi, obi*; toscano: *oppio*). 'Oppio, specie di acero, *Acer campestris* L.'.

Dal latino *opŭlus* che designa lo stesso tipo di pianta; ne derivano anche le forme suffissate calabrese *ócchjinu, ócchiënë, ócchjërë*. Composti con "oppio" sono il piemontese e lombardo *òpi ris*, il toscano *òppio riccio*, che designano l'acero riccio o paltanaria, *Acer platanoides* L., denominato nel napoletano *spinòppië* letteralmente "spino-oppio". Invece la voce napoletana *adduóbbëjë* 'oppio' non deriva da *opŭlus* (come in DEI e REW) ma da *opium* 'oppio' attraverso il v. *addobbjà* 'alloppiare, addormentare con bevanda oppiata' noto anche al calabrese *addubbià* 'narcotizzare' (da *alloppiare*, a sua volta da *l'oppio* con concrezione di articolo, deriva il toscano *aloppièto* 'istupidito') [REW; DEI s. *òbolo*, *alloppiare* e *spinòppio*; REWS; Pellegrini-Zamboni 1982]. M.

**òpsit,** sm. nella locuz. *ciapà l'òpsit* (ladino-veneto, a Colle S. Lucia). 'Essere licenziato'.

Letteralmente 'prendere *l'òpsit*', voce di provenienza tedesca, da *Abschied* 'congedo, licenziamento', entrato nel dialetto probabilmente col senso di 'congedo militare' [Pallabazzer 1980]. M.

**óra dél pastór(e),** locuz. (toscano: Firenze, Carrara; corso: *fa l'occhiata di lu pastore*). 'Schiarita che si pensa ci sia sempre sul far della sera in una giornata di maltempo, e che consente ai pastori fermi sotto un riparo al pascolo di far ritorno all'ovile con il gregge'. Vi corrisponde in altri luoghi della Toscana (Lucchesia) l'*òra del poverino* [Nieri 1902; Luciani]. C.

**óra ferиàda,** locuz. (sardo logudorese). 'Ora tarda'.

Letteralmente 'ora festiva', da *féria* 'feria, vacanza', un italianismo. Il passaggio semantico si spiega, forse, con la credenza che ci sia un periodo del giorno (da mezzogiorno alle tre) e della notte (da mezzanotte al suono dell'Ave Maria), in cui le anime dei morti sono libere di andare in giro (e sarebbe infausto, se qualcuno passasse inavvertitamente vicino a loro) [Moretti 1955]. C.

**órdene,** sm. (veneto; emiliano e romagnolo: *órdin* e varianti), 'fortissimo vento, grande disordine di tempo; forte burrasca specie in periodo autunnale e invernale'; (romagnolo, a Rimini: *órdin*) «assetto del tempo *l'è ordin bon*, dice il pescatore girando lo sguardo tutt'intorno, o annusando l'aria. *L'è un ordin che pela i gat!*» (Quondamatteo 1983) detto di tempo buono e cattivo rispettivamente; (romagnolo: a Cattolica: *ordne gròs*, *ordne grand*), «tempo molto cattivo» (Quondamatteo 1983). Carlo Goldoni, ad apertura delle *Baruffe chiozzote*, usa *ordene*, che traduce 'vento'.

Parola caratteristica dell'arco lagunare da Caorle a Chioggia e della costa emiliana e romagnola, propriamente vale 'ordine'. A parte l'accezione neutra del romagnolo ('assetto del tempo') la denominazione estesa al cattivo tempo è dovuta ad un processo di enantiosemia, eufemismo per *disordene*. I pescatori delle valli lagunari venete possiedono un proverbio che dice «i ordini fa la roba», le burrasche della stagione autunnale rendono più abbondante la raccolta del pesce.

A. BELTRAMELLI: *Il tempo si mantiene in filo, – disse Zalèbi volgendo gli occhi per l'aria – fino alla nuova luna non si avranno gli* ordini *e potremo stare in riposo* (*Tutti i romanzi*, Milano 1940, p. 236). – ID.: *La gente di Comacchio chiama* ordini *le prime burrasche novembrine. Quando detti* ordini *cominciano, allora le anguille migrano in grandi masse dalle lagune al mare e comincia la pesca* (*Ibid.*, p. 236, n. 1). M.

**ordinàrio,** sm. (campano: Napoli). 'Mestruazione'.

Denominazione da intendere come un equivalente di 'regola'. La voce è propria del linguaggio femminile [Corso 1914; DEI; Salzano 1979]. M.

**ordinòtte,** sm. (toscano). «Suono della campana dopo il tramonto» (Fanciulli).

Da intendersi *(la prima) ora di notte.* La voce ha avuto dei passaggi metaforici difficilmente spiegabili, come lo scherzoso *ordinotte* versiliese 'sedere molto grosso' o la locuzione lucchese *conciare uno come un ordinotte* 'ferirlo, empirlo di lividi' (Alberti-Eschini 1970-71). C.

**òrdio,** agg. (toscano, nell'aretino, anche *ordo*). 'Aspro, cattivo, orrido' e nella locuz. *pare òrdio* 'sembra strano'; già il Redi registra le locuz. aretine *saper ordio*, *parer ordio* 'di strano, parer di strano'.

Continuazione popolare del latino *hŏrridus* 'ispido' che sopravvive in umbro nelle varianti *sapè òrdo* 'provare rincrescimento', *me sa òrdo* 'non me la sento', 'provo ribrezzo', in area galloromanza dal francese *ort*, provenzale *orre*, e nell'antico lombardo *orrio*, *ordo*; si aggiungano l'antico piemontese *orreér* 'cattivo odore, puzza', e l'antico aquilano *ordiziu* 'brutta azione' [Ascoli 1876: 447; FEW; DEI s.v. *òrrio*; REWS]. M.

**ordòmini,** avv. nella locuz. *levàssi a ordòmini* (toscano: Versilia). 'Alzarsi presto dal letto'.

Letteralmente 'ora di uomini', come appare più chiaramente nella locuzione carrarese *far or d'òmi*, che ha, però, un altro significato: 'venir via dal lavoro nelle cave più tardi dell'orario normale' [Luciani]. C.

**orgiàli de dénti,** locuz. sostant. (sardo). 'Strillozzo, *Emberiza Calandra* L.'.

Deriva dal sardo *óriu, órgiu* 'orzo' (dal latino *hŏrdeum*), perché l'uccello si ciba di sementi, tra cui orzo; la specificazione *de denti* allude alla protuberanza cornea del becco [DES]. M.

**ormàcinu,** sm. (salentino, a Brindisi). 'Specie di cefalo'.

La voce va accostata a *vermàtici* 'specie di cefali', che ricorre negli Statuti pugliesi del Quattrocento e del Cinquecento. Dal latino **bromāticus* 'fetido', che risale al greco *brō̆mos* 'fetore', con aferesi di *v-* iniziale e con suffisso *-ago, -agine*; cfr. anche le varianti *vrëmmàsënë, vrëmmàcëtë*. La denominazione è in relazione all'abitudine di questi pesci di frugare nel fango e di ingerire la stessa melma. Sono riconducibili alla medesima base greca il pugliese (nel tarantino) *ambrómë* 'melma di mare', «sorta di alga molto mucosa che si attacca ai pali delle coltivazioni dei mitili» e il calabrese *mbròmu, brómu* «medusa di mare» [Rohlfs 1956; Valente 1963-64 e 1978]. C.

**òrnu,** sm. (calabrese; siciliano). 'Falco pecchiaiolo, *Pernis apivorus*', in calabrese anche 'poiana', con la variante *orru* in entrambe le varietà.

Dal greco *órneon* 'uccello di rapina' (in DEI è considerato bizantinismo); sia in calabrese che in siciliano è nota anche la variante *adornu* a designare lo stesso tipo di uccello, risultato di una giustapposizione tautologica del latino *avis* 'uccello' con *órneon*, mentre la forma greca *órnea* è richiesta dal siciliano *lavòrnia*, *lagòrnia*, altro nome del falco pecchiaiolo. Il latino *avis* è continuato in forma popolare dal sardo logudorese *áve*, *áe* (con lo stesso significato) e nell'iberoromanzo [DEI s.v. *adòrno*, *lavòrnia*; Rohlfs 1977; LEI]. M.

**órriu,** sm. (sardo logudorese e campidanese), 'granaio cilindrico fatto di canna intrecciata', in qualche località anche 'soffitta'; (pugliese, ad Alberobello: *uórrjë*), 'granaio'.

Dal latino *horreum* 'granaio' [AIS; REW; DEI s.v. *òrrio*; DES]. M.

**órsa,** sf. (friulano occidentale). 'Aiuola', anche *uàrsa, vàrsa, guàrse*.

Denominazione arcaica ed isolata che può risalire al latino *hŏrtus* 'giardino' attraverso un derivato **hŏrtea, *ŏrtia* [Zamboni 1973]. M.

**orsèla,** sm. (piemontese, nel novarese; emiliano). 'Uva, vite orsina, pianta delle ericacee, con foglie alterne, obovate o lanceolate, coriacee, persistenti, simili alla branca dell'orso.

La denominazione si confronta col piemontese *uva dl óurs*, lombardo (Sondrio) *uga de l'orso*, veneto *uva or-*

*sina*, emiliano (Reggio) *ova ursèina*; corrisponde invece a "peretti (bacche) dell'orso", il friulano (in Carnia) *pirusièl da l'ors* [Penzig 1924; DEI s.v. *orsèlla*; Pellegrini-Zamboni 1982: 634]. M.

**òrt,** nell'espress. *l'è ste in ort du èn* (romagnolo: Bellaria). «Periodo di lunga stagionatura, all'aperto – al sole, al vento, alla pioggia – dell'ossatura dello scafo: di qui una stagionatura perfetta della struttura fondamentale del natante» (Quondamatteo 1983).

Letteralmente 'è stato in orto due anni', un'espressione tratta dalla cultura contadina ed estesa a quella marinara. M.

**ortèla,** sf. (veneto: Grado e Marano L., a Venezia e Chioggia: *otèla*). 'Labirinto di rete'.

Verosimile derivato del latino **volta*, attraverso un **(v)oltela* con *l* > *r* per dissimilazione [Cortelazzo 1980]. M.

**ortùnno,** sm. (siciliano). 'Autunno'.

La voce presenta inserzione di *-r-* per avvicinamento ad '*inverno*' come nel romanesco *avoturno*, umbro *oturno*, toscano *auturno*, bergamasco *aötorno*, *otörno* [Merlo 1904; AIS; DEI]. M.

**orvìvo,** sm. (veneto, nel bellunese, anche *orlìvo*, nel veneziano: *orlìvo*, valsuganotto: *oro vivo*; friulano: *ōr vīf*; trentino: *orvìf*; marchigiano: *arvìo*, *orviò*). 'Vivagno, l'orlo nudo della trama'.

Denominazioni corrispondenti a 'orlo vivo' (dal dialettale *or*, *oro* 'orlo', dal latino parlato **ōrum*) da confrontare etimologicamente con *vivagno* dal latino *vivus* 'vivo, vivace di colore' [DEI; Prati 1968]. M.

**orzaròlo,** sm. (laziale, a Roma). «Venditore di pane, paste, farine, civaie, olio, sapone, stoviglie e persino di zaganelle e di petardi. Gli orzaroli son quasi tutti dell'alta Lombardia» (Chiappini 1945).

Il termine deriva da *orzo*, evidentemente uno dei prodotti che in origine era più commercializzato dagli *orzaròli*. M.

**osàra,** inter. (siciliano). 'Ohimè', *osàra mìa! osàra tìa*, ecc. 'povero me!, povero te! ecc.', anche *asàra*; a Pantelleria *casara* escl. 'peccato!'.

Dall'interiezione araba *yā ḥasra* 'ohimè', oppure 'peccato, ohimè' [Pellegrini 1972; Piccitto 1977 e 1990]. M.

**os buṡ,** sm. (lombardo: milanese). «Osso pieno di midollo ch'è attaccato alla polpa della coscia e della spalla nelle bestie macellate» (Cherubini 1839-56) e nome di «vivanda in umido, fatta col garretto di vitelli giovanissimi».

Il termine corrisponde a '*ossobuco*', cioè bucato, forato, e come tale è entrato in italiano come voce della gastronomia [Zolli 1986].

I. U. TARCHETTI: *I milanesi sono una pasta di zucchero: essi sono anche dei buoni cittadini: amano l'Italia e la monarchia. Essi hanno fatto le cinque giornate. Essi amano anche il risotto e l'osso buco* (cit. in GDLI XII 237). – M. MORETTI: *"A Firenze" saltò su il giovanotto come per gettarsi su una vivanda immaginaria con un moto di fiera allo zoo, "c'è la costata alla fiorentina alta così", "Sicuro alta così. Ma prima le consiglierei un tortino di carciofi, di due uova, invece della minestra". "E a Milano?". "Risotto allo zafferano con molti molti funghi. Quanto al secondo, che cosa preferisce lei, a Milano, ossobuco o cotoletta nuotante nel burro?" (Tutte le novelle*, Milano 1959, p. 807). M.

**oscà(r),** v. (ticinese, anche *voscà(r)*, *nascà(r)*; lombardo, anche *ascà(r)*, *lascà(r)*, *sascà(r)*, *nascà(r)*). 'Osare, ardire'.

Dal latino parlato **ausicāre* di analogo significato, con regolare esito rappresentato da *oscà* (che si spiega con caduta di *-i-* intertonica prima della sonorizzazione di *-c-*), mentre *ascà* si deve a sostituzione di *o* ad *a*; *lascà* mostra agglutinazione del pronome di terza persona, *sascà* quella del pronome riflessivo di terza persona ed infine *nascà* è dovuto a concrezione del prefisso *in-* [DEI s.v. *ascare* e *osca(re)*; LEI]. M.

**osèl da la psióva,** sm. (ladino-veneto, nell'Agordino, anche *aozhèl*, *auzhèl da la piòva*). 'Picchio verde, *Picus viridis* L.'.

Letteralmente 'uccello della pioggia'; nella stessa varietà dialettale è detto anche 'uccello *dal maltémp*', del maltempo, ed è così chiamato perché, secondo la credenza popolare, pare che «quando il picchio verde canta o quando fa sentire il suo caratteristico rumore, battendo velocemente col becco robusto contro i tronchi degli alberi, porti il cattivo tempo [...]. La denominazione del picchio verde in relazione alla pioggia si spiegherebbe con il fatto che l'uccello va in calore in aprile [mese piuttosto piovoso nell'Agordino] ed in questo periodo fa sentire il suo verso, rimanendo invece silenzioso nel restante periodo dell'anno» (Rossi 1992). M.

**oséti,** sm. plur. (veneto: Treviso). Nome di diverse varietà di 'Prunus'.

Dal tipo *alsittu* ('alisetto'), una delle tante denominazioni di piante, che si fanno risalire alla voce prelatina **alisa*, principalmente 'ontano'. Ma forse, e più facilmente, si è di fronte al diminutivo di *òso* nel senso di 'nocciolo', circondato in questi frutti da pochissima polpa [LEI; Valente 1995]. C.

**òsimu,** sm. (salentino, anche nella variante *òsumu*). 'Fiuto, odorato'; la locuzione *sintire l'òsimu* significa 'fiutare la traccia di una selvaggina'.

Dal greco *osmós* 'odore' [Rohlfs 1956 e 1959]. C.

**osmarìn(o),** sm. (piemontese; ligure: *rumanìn*; lombardo: *usmarìn*; veneto; veneto giuliano; veneto, nel veronese: *gosmarìn*; friulano; trentino: *gosmarìn*; emiliano: *usmarèin*, *smarìn*; marchigiano; toscano, nel versiliese; toscano: *smarino*, *ramerino*; umbro: *smarino*, *tresomarino*, *dresmarino*; laziale: *trasemarino*, *trasomarina* sf.; abruzzese: *trusmarinë*; campano: *rosamarina* sf.; lucano: *rosamarùje*; calabrese: *rosamarina* sf.; siciliano: *rosamarina* sf.; sardo: *romasìnu*, a Cagliari: *rosmarinu*). 'Rosmarino', con altre varianti.

Derivano dal latino *rosmarīnus* documentato anche nelle forme *rōs marīnus*, *marīnus rōs*, *rōs maris*, letteralmente "rugiada marina" (in contrapposizione con *ros terrae* 'rugiada terrestre'), così detto perché nasce presso la riva del mare. Le varianti dialettali si devono principalmente ad interventi paretimologici ora motivati da *rosa*, ora da *ramo*, ora da *tras(marino)*. Quest'ultimo determina *tresomarino* e varianti che il DEI aveva proposto di interpretare come rifacimento sul greco *drósos* 'rugiada' [DEI s.v. *osmarin(o)*, *trosmarina*; DES; REWS; DELI]. M.

**osmìza,** sf. (veneto giuliano: Trieste). 'Mescita stagionale di vino esercitata dal proprietario stesso della vigna', 'osteria'.

Dallo sloveno *osmica* (pronuncia: *osmiza*) 'ottava', perché originariamente il permesso dello spaccio durante la stagione autunnale era rilasciato per soli otto giorni [Doria 1987].

F. TOMIZZA: *L'osteriola privata, che da noi si chiamava spaccio e qui prende il nome dalla misura dell'ottavo (osmizza) con cui il vino viene servito, era composta da un paio di tavoli allineati entro un recinto di assi verniciate di verde* (*L'amicizia*, Milano 1980, p. 132). – ID.: *Era una vera osmizza coi tavoli sotto il pergolato e la cantina spalancata agli avventori di maggior familiarità o pretesa, che volevano gustare il vino delle botti* (ivi, p. 144). C.

**òs pagàn,** locuz. (romagnolo: anche *òs spaghé(g)n*). 'Osso della pigrizia, dell'indolenza', riferito a persona lenta e neghittosa.

Letteralmente 'osso pagano', specificazione figurata che spesso si abbina ad elementi di cui si vuole connotare la negatività, propria del giudizio cristiano sui pagani [Bracchi 1993]. C.

**óssu pazzìlu,** sm. (laziale: Subiaco, a Castro dei Volsci: *uóssë pëzzìlë*; 'osso sacro'; *óssë puzzìgliё* ad Amaseno, *óssu puzzìgli* a Ferentino). 'Caviglia', come nel napoletano antico (*ossa pezzelle* 'talloni' in G. Basile) e moderno (*uosso pezzìllo* 'malleoli'); in campano, a San Donato: *gl'uóssë pazzùglia* 'pomo d'Adamo' e in Lazio, ad Ascrea: *óssu mazzìllu* 'gomito').

Letteralmente, 'osso aguzzo, appuntito' dalla base *pits-* [Merlo 1906-20]. C.

**osteṓs,** agg. (friulano). 'Iroso, intrattabile, detto di persona'.

Si riattacca ad *òstie* 'ostia' in senso blasfemo, ma è in origine un derivato dal latino *hosticus*, che ha dato *òstico* in italiano come parola dotta, attraverso una formazione **hosticōsus* con un suffisso frequente e comune in friulano [Pellegrini 1987a]. M.

**òstra di mari,** sf. (siciliano). 'Ostrica'.

Da una lingua iberica, nella quale si è così sviluppato il latino *ostrea*. Secondo il parere di Corominas, lo spagnolo e il catalano sono debitori di questa forma non molto antica al portoghese [DEI]. C.

**òstrega,** sf. (veneto). 'Ostrica', voce usata comunemente e frequentemente come esclamazione.

Derivato dal latino *ostrĕa* 'ostrica' con immissione di *-ica*; come esclamazione è alterazione occultativa di *ostia*, che in Valsugana è resa con *osta*, altrove nel Veneto con *os-cia, ostarìa* [Prati 1968].

G. SAVIANE: *"No, no* ostrega. *L'orario non lo do a nessuno e tu cosa aspetti ad andartene da casa mia?"* (*Il tesoro dei Pellizzari*, Milano 1982, p. 16). M.

**ostreghèr,** sm. (veneto, nelle varietà della laguna, anche *ostregàro*). «Rete di filo canapino grosso e assai forte, a maglie larghe, armata d'una lama pesante di ferro fatta a semicerchio, a foggia di sarchio, la quale, calata nel fondo de' canali della laguna, viene strascinata e raccoglie tutte le ostriche nelle quali s'incontra, non meno che qualche pesce, come rombi, passerine e simili che riposano sul fondo» (Boerio 1856).

Dal dialettale veneto → *òstrega* 'ostrica' [DEI]. M.

**otàva,** sf. (veneto giuliano). 'Fieno di secondo taglio, guaime'.

Dallo sloveno *otâva* con lo stesso significato, dal verbo *otáviti* 'ristorare, rifocillare' [Doria 1987]. M.

**òtimo,** agg. (veneto). 'Maggiorenne', in padovano specie nelle espressioni *fàrse* o *èser òtimo* 'diventare maggiorenne', in polesano *creàre òtimo* 'dichiarare maggiorenne'.

Dall'italiano *ottimo* attraverso l'uso giuridico [Prati 1968]. M.

**otonomìa,** sf. (abruzzese: Penne). 'Carestia', in particolare 'scarso raccolto di grano'.

Dall'italiano *autonomìa* diffuso, accanto a *autarchia*, dal fascismo durante la campagna per la preferenza dei prodotti nazionali [LEA]. C.

**ottémbre,** sm. (abruzzese: anche *uttómbre*). 'Ottobre'.

Nome creato non per scherzosa allusione ad un mese che mai verrà, come il toscano di Filippo Sassetti *lugliembre*, ma per analogia con i nomi di *settembre, novembre* e *dicembre*. L'analogia opera spontaneamente anche in altri dialetti europei [Merlo 1904; Migliorini 1948]. C.

**ottùrno,** sm. (toscano: Pisa). 'Vaso da notte'.

Probabilmente da *nottùrno*, passato a *lottùrno* e, quindi, a *l'ottùrno* (Malagoli 1939), oppure con la *n-* intesa come articolo indeterminativo, come è avvenuto per *arancia* da *narancia* (Rohlfs 1966). C'è, comunque, da notare, che non sembrano esserci altri riscontri dell'uso di *notturno* per 'orinale'. C.

**o(v)idhéḍḍu,** sm. (sardo logudorese). 'Tuorlo d'uovo'.

Più che dal latino *vitellus* 'tuorlo' incrociatosi con *ovum* 'uovo', direttamente da un latino *ovi vitellus* 'tuorlo dell'uovo' [DES; WOLF 1992]. C.

# P

**pàcara,** sf. (veneto; trentino; friulano: *pàcare*). 'Scavatrice meccanica'.

Dal suo nome tedesco *Bagger*, secondo la pronuncia tirolese [Cortelazzo 1991]. C.

**pàci,** nella locuz. *avìri a pàci di l'àncili* (siciliano). 'Essere in condizioni di imperturbabile serenità'.

Riferimento allo stato paradisiaco degli angeli [Alfieri 1980].

G. VERGA: *Chi ce l'avrebbe detto, eh? padron Fortunato. Noi che avevamo la pace degli angeli!* (*I Malavoglia*, Milano-Napoli 1955, p. 390). C.

**paciòrnia,** sf. (siciliano). 'Lentezza eccessiva, pigrizia'.

Adattamento dello spagnolo *pachorra* 'fiacca, flemma, indolenza' [Beccaria 1968]. M.

**pacumtècum,** sm. (veneto giuliano, nel triestino). 'Buffetto'.

Storpiatura di *pax tecum* «'la pace (sia) con te', le parole che il vescovo rivolge al cresimando nel dargli un lieve buffetto sulla guancia» (Doria 1987). M.

**pacùvio,** sm. (veneto giuliano, nel triestino). 'Persona noiosa'.

Dal nome di *Pacuvio*, tragediografo latino del II sec. a.C. [Doria 1987]. M.

**padidòr,** sm. (lombardo: mantovano). 'Stomaco dei polli'; al f. *padidòra* 'ventricolo', come termine dei macellai.

Da *patire* (*padìr*) nel senso assunto in molti dialetti di 'smaltire, digerire'. C.

**padlón,** sm. (romagnolo: Ravenna). 'Capanno da pesca munito di una grande rete quadrata, azionata con un argano'.

Da *padèla* 'padella', nome attribuito ad una 'rete quadra a sacca'. Il suo accrescitivo è passato a indicare il capanno, dove si pesca con questa rete di dimensioni più grandi del normale.

M. STANGHELLINI: *Addio anche ai padelloni da pesca e ai capanni da caccia che servivano anche a tante altre cose* (*50 storie ravegnane*, Ravenna 1977, p. 127). C.

**padrabà,** sm. (lombardo). 'Persona che ama star comoda e vuol essere servita', 'individuo pacifico, placido, tranquillo'.

Propriamente *padre abate*, da confrontare con la locuzione italiana *sembrare un padre abate*, riferita alla vita, che si suppone facile, del superiore di un monastero [LEI]. C.

**paedèbiz,** sm. (friulano; pugliese, a Taranto: *paiadèbiti*). 'Qualità di uva nera da mensa'.

Letteralmente 'paga-debiti', denominazione scherzosa riferita al fatto che si tratta d'uva d'abbondante produzione; cfr. *cacciadìebiti* (calabrese) 'sorta d'uva' = 'cacciadebiti', *abbuttapizzenti* (calabrese) 'sorta d'uva' = 'saziapezzenti', *pagadèt* (romagnolo) 'pagadebiti, uva bianca da cui si ottiene l'omonimo vino, molto alcoolico' (Ercolani 1971), riduzione di *pagadèbt*, variante della zona riminese (Quondamatteo 1983). M.

**paentà,** v. (marchigiano, nell'ascolano: *pa(v)endà*). 'Spaventarsi', detto specialmente del cavallo o bovino imbizzarriti per qualche ostacolo o paura'.

Dal latino *pavēre* 'aver paura', da cui anche il siciliano *pavintiari* 'struggersi per il dolore' [Merlo 1953: 245]. C.

**pafèru,** sm. (ligure, anche *paufèru*, e *parfèru* a Monaco; piemontese meridionale, nel monferrino: *pàfer*; emiliano: (*pafèr*), 'leva di ferro per rimuovere blocchi di pietra, macigni, ecc.'; (lombardo, a Grosio: *palfèri*), «foraterra, strumento di ferro con una punta acuminata, usato per praticare fori nel terreno, per piantare piccole piante o pali» (Antonioli-Bracchi 1995).

Letteralmente 'palo di ferro', dal quale è derivato il milanese rustico *palferià* «piantare in terra i pali da raccomandarvi le viti» (Cherubini 1839-56) [Plomteux 1975].

G. BOINE: *Stan lì [...] intorno a un carro affondato con paferri e staffili, con dimenìo e sudore* (cit. in GDLI XII 353). C.

**pagà i ffiorìni,** locuz. (toscano: versiliese). 'Pagare le imposte all'esattore'.

Ricordo di quando i pagamenti si facevano in *fiorini*. C.

**pagàna,** sf. (veneto). Nome di un essere fantastico, chiamato anche *dòna pagàna*, che insidiava le puerpere, tentando di strangolarle o di sottrarre loro il neonato, se non avessero preso alcune essenziali precauzioni, come porgli vicino un pane e un paio di forbici, finché il bambino non fosse stato battezzato.

Da *pagana*, come 'donna pericolosa, perversa', dotata di poteri magici esercitati contro le puerpere non ancora purificate, eco della denigrazione cristiana dei pagani. Il suo aspetto era vagamente descritto come di una donna vestita di scuro e con un grande cappello, tanto che a Pellestrina (VE) è chiamata *capelona*, che in senso figurato vuol dire anche 'sudiciona'. Ciò porta ad accostarle la (*dòna*) *paghèna* romagnola, definita da Quondamatteo 1983 «donna dei campi, quasi sempre mal vestita, da cui il detto *ma la dona paghèna u i casca la sutèna*. Oggi è detto delle zingare» [Bracchi 1993; Cortelazzo 1994]. C.

**paganèla,** sf. (romagnolo). 'Ballerina di pavana'.

La parola, che sopravvive in una delle tante filastrocche, che i bambini indirizzano alla lucciola (*lozna*) per invitarla ad avvicinarsi, sta per *pavanèla* 'ballerina che danzi la pavana' [Ercolani 1994]. C.

**pagèlla,** sf. (toscano, nell'aretino). 'Pania'.
Dal latino *pagella* documentato nel senso di 'foglio di carta' da confrontare con *pagĭna* con lo stesso significato rispetto al latino parlato **pagĭna* 'pania' [REW; DEI]. M.

**pagióne,** sm. (umbro: Lago Trasimeno). 'Esca (pesciolini, vermi, gamberetti)', 'pesce minuto'.
Dal latino *pastio, -ōnis* 'pastura' da cui deriva anche l'italiano *pasciona* '(abbondante quantità di) cibo di un animale'. Rispetto a questi significati ha un senso più ristretto il marchigiano (Urbino) *pagión*, le 'bacche d'edera' di cui si cibano i tordi, da cui la locuz. *trovè la pagión* «trovare il cibo e la situazione piacevole che si cercavano» (Aurati 1983) in uso nella medesima varietà dialettale. Nella zona dei laghi di Chiusi e Montepulciano *pagióne* significa 'tratto di lago molto pescoso' [DEI; Moretti 1977]. M.

**pagnulètta,** sf. (siciliano). «Velo sottile, per lo più di seta molto fine e di colore ordinariamente nero, in certi casi ampio fino ad avvolgere le spalle, con cui le donne coprivano il capo e talora il viso specialmente nell'entrare in chiesa e nell'assistere alle sacre funzioni; scialle di pizzo, o sciarpa di trina spagnola, usati dalle donne nelle stesse occasioni, per coprirsi il capo; antico copricapo femminile con veletta, nastri e fiori portato in chiesa in occasione di cerimonie religiose particolarmente solenni e rappresentative (nozze, ecc.)» (Piccitto 1990).
Dallo spagnolo *pañoleta* 'sciallетto' (da *paño* 'panno') [DEI; Michel 1996]. M.

**pagògna,** sf. (veneto orientale; ladino-veneto, nell'Agordino; friulano: *paùgne*, *puìgne*, *faùgne* e varianti). 'Lantana, viburno, *Viburnum lantana* L.'.
Il tipo lessicale interessa un'area compatta nelle varietà italoromanze orientali; quanto all'origine, si può ritenere verosimilmente prelatino (Pellegrini-Zamboni 1982) nonostante le interpretazioni etimologiche fondate sul latino *poeōnia* 'peonia' (DEI), oppure sul latino **pagĭna* 'pània, materia attaccaticcia del vischio', con sostituzione di *-ĭna* con *-*onia*, *-ògna* (Prati 1968). Quanto al friulano *faùgne*, si suppone un incrocio con altra parola, forse con *fagus* 'faggio'. M.

**paiàda,** sf. (lombardo: Mantova). 'Impagliata'. Usanza popolare rivolta alla fidanzata abbandonata: quando l'ex pretendente veniva *detto* in chiesa, «i soliti giovani del paese non avrebbero mancato, durante la notte, di cospargere di paglia tutta la strada che dalla sua casa menava alla pieve, nel proposito – dicevano – "di spianarle il cammino" quando sarebbe andata a messa» (Tassoni 1964).
Da *paia*, perché lo scherzo era ordito con la 'paglia'.
G. NUVOLETTI: *Dopo che dal pulpito era stato annunciato il prossimo matrimonio d'un giovanotto che avesse avuto una relazione precedente, i soliti ragazzacci cospargevano di paglia il percorso, dalla casa della prima sfortunata morosa, alla chiesa. Il significato era di rendere meno penoso il cammino alla poveretta, che andava a sentire la malaugurata novella. Ma questa volta di "pajade" non era il caso* (*Un matrimonio mantovano*, Vicenza 1972, p. 161). C.

**pajàn,** agg. (friulano: anche *pagàn*). 'Selvaggio, violento', riferito specialmente al sole e al vento.
Variante e accezione particolare di *pagàn* 'pagano', come avviene nelle culture più diverse, dove il Cristianesimo ha relegato e caricato di valenze negative il termine *pagānus* [Bracchi 1993]. C.

**pajìn,** sm. (veneto: veronese; romagnolo; toscano e laziale: *paìno*). 'Giovanotto elegante, zerbinotto'.
Dal latino parlato **pagīnus* 'contadino', aggettivo di *pagus* 'villaggio'. Non è del tutto accertata la linea d'espansione dalla Romagna a Roma, e tanto meno la più difficile spiegazione alternativa dal latino *patavinus* 'padovano' [REW; REWS; DEI].
L. VIANI: *Per la bottega c'era sempre un gobbo benestante che faceva il paino, si lisciava, s'intorchiava i baffi* (cit. in GDLI XII 373). C.

**pailabòt,** sm. (ligure: Genova), 'goletta a quattro ruote'; (marchigiano, Ancona: *palabòto*) 'brigantino a palo'.
Dall'inglese *pilot boat* 'battello pilota'. Il passaggio si spiega con un'errata interpretazione della voce inglese da parte dei marinai italiani, i quali ritenevano che essa si riferisse al *tipo* d'imbarcazione, che li guidava in porto, mentre era propria della sua *funzione* [*Dizionario di marina* 1937; Zamboni 1986]. C.

**paìna,** sf. (veneto). «Palo abbastanza sottile confitto nel fondo; serve per ormeggiare le imbarcazioni e se ne vedono moltissimi nei canali anche di Venezia» (Masiero 1981).
Da *palìna* ('piccolo palo'), che a Venezia e a Burano indica un 'piccolo remo con due punte da puntare sul fango, adoperato in laguna dai cacciatori, che vogliono avvicinarsi inosservati agli uccelli'. C.

**painàccio,** sm. (umbro, nel perugino). 'Ombrello'.
Voce da connettersi al dialettale *pagino* 'luogo dell'ombra' (dal latino parlato **opacīvus*, da *opācus* 'ombroso') con il suffisso *-accio* [Ugolini 1970: XXII]. M.

**pairé,** v. (piemontese, anche *apairé*; ligure: *apaià*, a Pigna: *pairàr*). 'Aver tempo, possibilità; essere disponibile'.
Dal latino parlato **pariāre* 'tener lontano' richiesto anche dal provenzale e portoghese *pairar* 'sopportare' e documentato anche nell'antico lombardo *apairàr* 'aver riposo' [REW; DEI s.v. *apairàr*; REWS]. M.

**paisàna,** sf. (siciliano). 'Nebbia'.
Da *paìse* 'paese' col suffisso *-ana*, quindi la nebbia che avvolge il paese, da confrontarsi con *paeśàna* (veneto: Polesine) 'brezza' [Lazzari 1919]. M.

**paitèlla,** sf. (umbro: Lago Trasimeno). 'Remo di media grandezza che si manovra da poppa (è usato per brevi spostamenti dell'imbarcazione)', a Isola Maggiore 'remo timone (con la pala più lunga dei remi normali)'.
Probabile derivato di *pala* attraverso un diminutivo *paletella* > *paltèlla* e *paitèlla* con palatalizzazione di *l* preconsonantica come in *paitélla* (umbro, ad Agello) 'scapola', anch'esso da *pala* e **pal(e)tella* [Moretti 1977]. M.

**pàla,** sf. (siciliano), «cladodio del ficodindia, anche *p. di (i, ri) ficudìnnia* o *ficurìnnia*, o *da (di, i, ri) ficadinniara* o *i ficupala* [letteralmente pala di o del ficodindia]» e «*a pala, a ficu p.* 'la pianta del ficodindia' e per estensione 'nome di vecchi tipi di copricapo'» (Piccitto 1990); (calabrese settentrionale: *ficu pala*, *ficu a paletta*), «frutto del fico d'India» (Rohlfs 1977).
Secondo il DEI non si tratta di un uso traslato di *pala*, ma di un prestito dallo spagnolo *pala* 'articolazione del fico d'India', e propriamente 'pala', 'racchetta', cosiddetta per la forma (cfr. anche Michel 1996); da queste voci il DEI tiene invece distinto lo spagnolo *nopal* 'fico d'India' (dal messicano *nopalli*), considerato da Bertoldi 1940 all'origine di *pala*. M.

**paladùra,** sf. (istrioto, con varianti). 'Roncola'.

Dal latino parlato **putatoria* per la sua funzione originaria e principale di potare (*putare*) le piante [Crevatin 1992]. C.

**palàia,** sf. (toscano; campano; pugliese; calabrese; siciliano; sardo). 'Sogliola, *Solea vulgaris* Quense'.

Dal latino tardo *pelaica* 'sogliola' che vuol rendere il greco *pelagikós* 'marino', cioè 'animale di (alto) mare'. Il nome sardo potrebbe dipendere dal corrispondente catalano *palaia*; a tale voce Michel 1996 tende a ricondurre le forme dialettali italoromanze [DEI; DES; Fanciulli 1983]. C.

**palangàna,** sf. (siciliano, anche *palangara*; sardo campidanese). 'Catino, bacinella'.

Dallo spagnolo o catalano *palangana* con il medesimo significato; in Sardegna, nel sassarese, è attestata la voce *paranga* 'piatto oblungo grande per recare le vivande a tavola' che si può considerare formazione regressiva di *palangana* [DEI; DES; Beccaria 1968; Michel 1996]. M.

**palatàru,** sm. (siciliano; sardo campidanese: *paladàri*). 'Palato, parte superiore del cavo orale'.

Dal catalano *palador* (piuttosto che dall'uguale forma castigliana, per ragioni cronologiche) di analogo significato e con restituzione nel siciliano dell'occlusiva sorda in luogo della sonora (come in → *muccatùri*). Meno verosimile l'ipotesi (di REW, FEW s.v. *palatum*) che considera sia il siciliano che il campidanese come derivati autonomi del latino *palatum* anziché prestiti [Varvaro 1974: 89]. M.

**palégro,** sm. (toscano: Arezzo e dintorni). 'Varie specie di graminacee (*Brachypodium pinnatum* e altri) di solito non utilizzabili, salvo che in tempo di scarsità di foraggi, quando si adoperano invece del fieno (e per fare lettiera in luogo di paglia)', con varianti come *pellégro* (Val di Chiana), *palleraccio* e *paglieraccio* (Montepulciano), *paléo, paléro* (Firenze, Valdarno inferiore), *falèro* (Siena); la voce è nota anche in area emiliana nelle forme *paledra, palera, paleda*.

Probabilmente si tratta di adattamenti, attraverso un **palerium*, del greco *phalarís, phalērís* che designa una graminacea, ed il nesso *gr* (poi *dr*) di talune varianti è forse modellato sulla coppia *nero/negro*. Si collega verosimilmente al toscano *palégro* la locuzione *mandare al palegro* 'mandare sottoterra, mandare alla sepoltura', usata dall'Aretino (*Ragionamenti*, 2ª giornata), forse conio individuale, dato che nei dialetti odierni non è attestata [REW; DEI; Migliorini 1978]. M.

**palià,** v. (campano: a Napoli; calabrese: *paliàre, paliàri*). 'Bastonare'.

Dallo spagnolo *apalear* col medesimo significato [Beccaria 1968]. M.

**palìcu,** sm. (siciliano; campano, a Napoli: *palìcco*; abruzzese, calabrese e pugliese: *palìcche*). 'Stuzzicadenti'.

Parole da confrontare con lo spagnolo *palillo* 'stuzzicadenti', da cui peraltro dovrebbero derivare forse attraverso una forma spagnola **palico* [DEI; Beccaria 1968; Michel 1996].

V. IMBRIANI: *Il Tell esamina i micciarelli e li vede tutti adoperi: non eran più fiammiferi, anzi palicchi, stuzzicadenti abbruciacchiati* (cit. in GDLI XII 403). M.

**palìn,** sm. (romagnolo). 'Gatto maschio'.

Propriamente 'Paolino', come conferma il nome che si dà alla gatta, *gnina*, cioè 'Antonietta' [Quondamatteo 1983]. C.

**palìze,** sf. (friulano). 'Tagliola, comunemente quella di piccole dimensioni per uccelletti, topi, ecc.', anche *palìse*; il derivato *palizòn* si riferisce ad una tagliola alquanto più grossa, per faine, volpi ecc.

Dallo sloveno *padalica* 'trappola' [Pellegrini 1987]. M.

**pallunàrë,** agg. (laziale). «Bugiardo, che le sballa grosse» (Vignoli 1911 e 1926).

Da *pallónë* 'fandonia, esagerazione, cosa gonfiata (come un *pallone*)', derivato accolto anche in italiano attraverso il romanesco.

D. BUZZATI: *"Indietro, pallonari, adesso ve le suono io!". Con l'energia strapotente dei vent'anni, chissà come ritrovata. Prestinari si avventò contro la folla, menando botte da orbi* (*Sessanta racconti*, Milano 1958, p. 482). C.

**pallùstra,** sf. (siciliano), 'smalto dei denti'; (abruzzese: *appalušträ* locuz. avverb.), 'all'alba'.

Dal latino **perlūstris* 'molto splendente' [DEI s.v. *palustre*; REWS]. M.

**palmièri,** sm. (toscano: Lucca). 'Straccione, mendicante, poltrone'.

Si tratta dell'italiano antico *palmière* 'pellegrino che portava come insegne le "palme" della Terra santa', con un successivo spostamento di significato in senso spregiativo [Migliorini 1973]. M.

**palmolà,** v. (veneto: Marano Lagunare). 'Pescare con le mani'; tale tipo di pesca, per lo più praticata dalle donne, consiste nello stare sdraiati, proni, su una barchetta, tastando il fondale per trovare i pesci, specialmente passere.

La voce è evidentemente un derivato del latino *palma* 'palma della mano', perciò vale in origine 'tastare con la palma delle mani'; la derivazione può essere confrontata col francese *palmeier, palmoier* 'maneggiare; brandire' [Luca 1987]. M.

**palombìno,** sm. (umbro: Torgiano). 'Moneta d'argento da cinque lire', coniata durante il fascismo.

Letteralmente 'colombino' (e altrove si chiamò, infatti, *colombina*) per errato riconoscimento dell'uccello che vi era raffigurato, un'aquila: ma dialettalmente era detta pure *aquilétta*. C.

**palòrma,** sf. (lombardo: Val Bregaglia, Val Chiavenna). 'Spuntino per i funerali'.

Forma dissimilata del sintagma *par l'orma* 'per l'anima', con *orma* dal latino *ănima* attraverso *an'ma* > *onma* > *orma* [Bracchi 1983]. M.

**palpunèr,** v. (romagnolo). 'Pescare a tentoni con le mani'.

Dalla locuzione, viva in altri dialetti, *a palpón*, *a palpù*, in Polesine *a palpéto* 'tastoni', dal verbo latino *palpare*. Corrisponde alla locuzione veneta di Marano Lagunare *a palmolà* detto di un 'tipo di pesca a braccio o con il palmo della mano, che si esegue durante la bassa marea, tastando il fondo'. C.

**paltrèra,** sf. (ticinese: val Bedretto). 'Persona vecchia e sciatta', 'vacca vecchia e cadente'.

Propriamente la *peltrèra* è la 'scansia per i piatti (*peltri*)' [Lurati 1968]. C.

**paluginàsse,** v. (umbro), 'addormentarsi attorno al focolare o appoggiato alla tavola', col deverbale *palùggina* 'l'addormentarsi'; (toscano, nel cortonese: *appalugginare*), 'fare un sonnellino'; (toscano, nel senese: *abbalugìnarsi*), 'addormentarsi di un sonno leggero'.

Come l'italiano *baluginare* (con varianti come il senese *abballugginare, balugginare*) 'veloce apparire e sparire di cosa o persona', sono riflessi di una base preromana **bal-*

*lūc-/*bellūc-/*pallūc-/*barlūc-* 'lucente', attraverso derivati **baluginem*, **paluginem* [DEI ss.vv. *abballugginare*, *appaluginare*; LEI]. M.

**palummìttu,** sm. (umbro). 'Focaccetta con il formaggio o dolce, che le mamme regalano ai loro bambini in occasione della Pasqua'. A Orvieto le bambine appendevano al collo la *palommèlla*, detta anche *ciammaruca*, cioè 'chiocciola, lumaca', il 'biscotto tradizionale di Pasqua'.

Da *palómmo* 'colomba', perché «anticamente tali pizze avevano forma di colomba» [Pasquini 1993]. C.

**pammàta,** sf. (siciliano). 'Scappellotto, leggero scapaccione', «che era il mezzo di educazione usato dai famigerati gesuiti» (Traina 1868).

Le varianti *parmata* e *palmata* rendono chiara la derivazione dal *palmo* della mano. C.

**pampalùga,** sm. (ligure, a Genova; lombardo, a Milano: anche *panpalùgo*, come in veneto e in trentino). 'Uomo semplice e sciocco', voce usata anche dal Belli (*pampalùco*). Il diminutivo *pampalugheto* indica nel Veneto il 'fante di spade', quando rappresenta l'ultima carta che resta in mano al perdente al gioco dell'uomo nero.

Dal grecismo del latino parlato **pampaluca* 'bolla d'aria', da cui anche l'italiano *fanfaluca* [REW; REWS; Prati 1968].

C. DOSSI: *Quel pampalugo di un mio fratello, se non più rosso e confuso, ben altro gonfio che non all'entrare, uscì* (cit. in GDLI XII 448). – C. LINATI: *Un pampaluga dal gran pomo d'Adamo e dal pelo nell'orecchio* (*ibidem*). C.

**pampilònia,** sf. (siciliano). 'Confusione chiassosa'.

Corrisponde alla metafora italiana *babilonia*, molto diffusa anche nei dialetti, compreso il siciliano che conta parecchie varianti, fra cui anche *mpampillònia*. L'inserzione di una consonante nasale si ritrova, oltre che in testimonianze toponomastiche, in *bambillònia*, che in fiorentino antico (secoli XIV e XV) designava uno 'zucchero di qualità pregiata proveniente dall'Egitto': nell'uso medievale *Babilonia* era nome del Cairo e, in genere, del territorio egiziano [LEI].

L. SCIASCIA: *nel dialetto dei regalpratesi, [*pampilonia*] vuol dire confusione infernale, chiasso, panico, smisurata allegria; a chi ha letto* Fiesta *di Hemingway più suggestiva sembrerà l'ipotesi che la parola scaturisca dalla* fiesta *di Pamplona invece che dalla Babilonia* civitate infernali *dei predicatori* (*Le parrocchie di Regalpetra. Morte dell'inquisitore*, Bari 1975, p. 82). C.

**pampógna,** sf. (lombardo, con varianti, tra cui *palpugna*; emiliano), 'maggiolino'; (emiliano: Parma), 'tipo di scarabeo ronzante', introdotto anche nell'italiano *va par pampògni!* 'va al diavolo!'.

Forse da «*pampinus* con iscambio di suffisso (*-oneus*, *-a*). Si sa che il maggiolino vola volentieri intorno alle fronde e vola, ad esempio, intorno ai castagni, onde a Roveredo (Mesolcina) è chiamato *casgné* e in qualche parte del Ticino *cažgnṓ*» (Bertoni 1917).

A. BEVILACQUA: *Andavamo per scarabei: in senso figurato, al diavolo o a raccogliere il nulla* (*Una misteriosa felicità*, Milano 198, p. 72). C.

**pàna,** sf. (sardo campidanese), 'puerpera'; (sardo settentrionale), 'donna morta durante il parto, che si crede frequenti di notte i luoghi dove le donne lavano i panni e battono la biancheria con un osso di morto' (secondo una superstizione molto antica, accennata in una glossa latina: *panas graeco eloquio incobos vocant* 'in greco chiamano pane gli incubi').

Dal latino *pāna* 'gonfiore, tumore' [DES].

G. DELEDDA: *Efix sentiva il rumore che le* panas (*donne morte di parto) facevano nel lavare i panni giù al fiume, battendoli con uno stinco di morto* (*Romanzi e novelle*, I, Milano 1954, p. 380). C.

**panarìz,** sm. (friulano). 'Panereccio, patereccio'.

Dal latino *panarīcium* 'panereccio', con altri riflessi dialettali che richiedono una diversa suffissazione e in taluni casi con sovrapposizione di altre parole: emiliano *panaràz*, sardo logudorese *panarìghe* che designa pure 'pipita delle unghie', marchigiano *pannarice* e abruzzese *pannaricë* che risentono dell'influsso di *panno*, abruzzese *pellaricë* incrociato con *pelle*, campano (nel napoletano) *ponticcio*, *pondiccio*, con *punta*, *puntura*, siciliano *pan(n)arizzu*; si aggiunga l'italiano *patereccio* che è dovuto all'incontro con *patire* [DEI; DES; REWS]. M.

**panaròt(o),** sm. (veneto; lombardo). 'Scarafaggio, blatta'.

Piuttosto che da *pàne* 'efelidi' (→ s.v.), deriverà da *pan* 'pane', trovandosi frequentemente le blatte nelle cucine; → *panatèra* [Prati 1968; Bondardo 1986].

F. CAMON: *l'ubriaco come per esempio adesso Bepi Frate salta d'improvviso tra i piatti sul tavolo perché ha visto passare sul pavimento una fila di panarotti cioè di scarafaggi che invece non ci sono* (*Il quinto stato*, Milano 1970, p. 71). C.

**panatèra,** sf. (piemontese; anche *bòia panatèra*). 'Blatta'.

Letteralmente 'panettiera', perché predilige la farina e i cibi farinacei: → *panaròt(o)*. Il piemontese *bòia* designa genericamente 'insetto'.

P. LEVI: *Avrei scartato il pericolo di girare in tondo come fanno le boie panatere quando vedono la luce* (cit. in GDLI XII 453). C.

**panatón,** sm. (lombardo: Milano). «Specie di pane di frumento addobbato con burro, uova, zucchero e uva passerina (*ughet*) o sultana, che intersecato a mandorla quando è pasta, cotto che sia risulta a molti cornetti. Grande e di una o più libbre sogliamo farlo soltanto per Natale ... *el panaton de Natal* ... Nel contado invece il *Panaton* suol essere di farina di grano turco e regalato di spicchi di mele e di chicchi d'uva» (Cherubini 1839-56).

Derivato da *pane*; la voce *panettone* si è diffusa in Italia già prima dell'Unità [DELI; Zolli 1986].

U. FOSCOLO: *M'andava mangiando il 'panattone'* (cit. in GDLI XII 477). – C. E. GADDA: *Ci sono là pronte delle fette di panettone di molto asciutte con le quali poter, prima di bere, pavimentare lo stomaco* (cit. in GDLI XII 477). M.

**pan da mòrto,** locuz. (ladino centrale: Ampezzo). 'Pane con semi di anice'.

La locuzione, nota anche al fassano (*pan da mòrt*) ed al modenese (*pan dei morc'*), si riferisce alla tipica pagnottella, che veniva distribuita a quanti visitavano un defunto nella sua casa. Le restrizioni nella distribuzione del pane durante la seconda guerra mondiale hanno segnato la fine dell'antica usanza [Girardi 1991: 221 e 223; EWD]. C.

**pàndar,** v. (veneto, nel veronese, altrove *pàndere*, in Valsugana: *pàndre*; veneto giuliano, a Muggia, e trentino, a Rovereto: *pànder*; friulano: *pandi*). 'Palesare'.

Dal latino *pandĕre* 'stendere, manifestare' di cui sembra rappresentare una sopravvivenza semi-dotta (Bondardo 1986); la voce è di uso anche italiano antico e per il DEI è pure di area corsa [Prati 1968]. M.

**pandòro,** sm. (lombardo settentrionale, nel bormino, sf. *pandòra*; veneto, veneto giuliano: *pandòlo*, *pandòl*;

trentino: *pandòlo, pandòro*). 'Balordo, babbeo, uomo grosso e goffo'.

Pare evoluzione semantica, analoga a → *biciulàn*, da *pandoro* (etimologicamente *pan de oro* per il colore del tuorlo d'uovo che si usa fra gli ingredienti) e *pandòlo* (con sovrapposizione del suffisso *-òlo*), in origine 'bastone di pasta dolce' noto nel Veneto ma anche in Toscana (*pandolo alla Duchessa*) [Doria 1987; Bracchi 1991: 118]. M.

**pandumìna,** sf. (molisano: Fossalto). 'Veglia funebre', 'veglia per assistere un malato'.

Italiano *pantomima*, che ha dato in abruzzese (Teramo) altri vari significati: 'scena muta', 'filastrocca', 'cantilena', 'chiacchierata', 'smorfie, moine' e 'lunga attesa' [LEA]. C.

**pàne,** sf. plur. (lombardo, in Brianza: *pànole*; veneto; friulano; emiliano), 'lentiggini'; (trentino: Castelfondo) 'erpete'.

Da *pana* (variante di *pano* 'panno'), che anche in italiano antico indicava una 'macchia, chiazza della pelle', come un 'panno' distesovi sopra. Lo stesso significato hanno lo spagnolo *paños* 'macchie sulla pelle' e il portoghese *panos* 'voglie' [REW; REWS]. C.

**panèca,** sf. (salentino, nel brindisino; pugliese, nel tarantino: *panéca*). «Golino, colpo alla gola dato con l'inforcatura della mano» (Rohlfs 1959), nel modo di dire brindisino *ti mettu la panèca* 'ti stringo la gola'.

Dal greco *pníx* 'soffocamento' nella forma dell'accusativo *pnîga* [DEI; Rohlfs 1964]. M.

**pànera,** sf. (lombardo). 'Panna del latte, usata come bevanda o nel caffè'.

Dal latino *pănnula* 'piccola panno (*pănnus*)' [DEI].

C. LINATI: *Morivione ... era famoso fino a qualche tempo fa per le solenni scorpacciate di panera che ci andavano a fare i nostri nonni al dì di San Giorgio* (cit. in GDLI XII 476). C.

**pànë schiavunìsche,** locuz. sostant. (campano; abruzzese; pugliese, a Cerignola: *päne mënìschë*, a Bari: *pànë fënìschë*; calabrese: *schiavunìscu*). 'Farina impastata con mosto cotto'.

Letteralmente 'pane (fatto al modo) della *Schiavonia*' [Bartoli 1906]. C.

**panettèlla,** sf. (umbro, nel perugino). «Questua dei ragazzi durante la festa di S. Antonio. Ricevevano una pagnotta di pane e una manciata di fave bagnate» (Catanelli 1970).

Evidentemente da *pane*. M.

**panevìn,** sm. (veneto: Treviso), 'fuoco che si fa la notte dell'Epifania'; (friulano: *pan-e-vin* inter.), «grido dei ragazzi intorno ai fuochi dell'Epifania» (Nuovo Pirona 1935); (veneto; friulano), 'acetosella, *Oxalis acetosella* L.; acetosa, *Rumex acetosa* L.'; (lombardo: Casalpusterlengo), «cibo preparato durante la svinatura con vinello, farina di granturco, farina di frumento, zucchero, miele, il tutto cotto in un paiolo» (Bassi-Milanesi-Sanga 1976).

Accostamento, con diverse motivazioni, di due elementi di base dell'alimentazione; nel caso della voce lombarda il cibo è il 'pane', che si accompagna col 'vino' della svinatura; nel caso del termine botanico veneto e friulano la denominazione si deve al fatto che le foglie di tali piante, che hanno un sapore gradevolmente acidulo, vengono spesso mangiate come insalata e in minestre. Infine nella parola veneto-trevigiana e friulana relativa ai falò dell'Epifania si accenna ai due importanti prodotti dei campi, la cui abbondanza è pronosticata dal movimento e dall'intensità delle faville del fuoco tradizionale, ravvivato con una forca, e dalla direzione che prendono: e il 'pane' e il 'vino' entrano in molte delle filastrocche augurali, che si cantano per l'occasione. Tuttavia va detto che al proposito esiste un'altra ipotesi etimologica (di Vidossi 1906: 204) secondo la quale si tratterebbe di un derivato di *epiphaninu* (da *Epiphania*) con metatesi e con successivo influsso paretimologico di *pane e vino* la cui abbondanza nel corso dell'anno è appunto pronosticata dalla fiamma del falò [Prati 1968; Pellegrini-Zamboni 1982]. M.

**pangón,** sm. (friulano). 'Porcino, *Boletus edulis*'.

Probabile riflesso del longobardo **bangō* 'randello, bastone'; la voce va confrontata ad esempio col veronese *pangòto* 'randello', trentino *pangóm* 'vergone di salcio o di vetrice, matero spuntato dalla ceppa del castagno, che si pianta per palo' [Prati 1968; Pellegrini-Zamboni 1982]. M.

**panìa,** sf. (siciliano, nel messinese), 'treccia di fichi secchi infilzati in stecchi; (calabrese, nel catanzarese), 'fascina di sarmenti tagliati'.

Dal greco *panía* con quest'ultimo significato [Rohlfs 1964 e 1977a]. C.

**panìculu,** sm. (calabrese centro-meridionale). 'Granone, mais'.

Dal latino *panīculum* 'panico' attestato anche nel siciliano antico (XVI sec.) *pannìculu* 'panico' [DEI s.v. *panìculo*; Rohlfs 1977]. M.

**panìri,** sm. (salentino). 'Festa popolare; festa religiosa popolare', 'regalo che si fa in occasione di una festa popolare o di una fiera', anche *panièri* e *panaìri*.

Dal greco moderno *panēgýri*, pronunciato *panijìri*, 'festa popolare' [Rohlfs 1956]. M.

**pànnë,** agg. (abruzzese; calabrese: *pandu*). 'Pendente, piegato in giù (delle orecchie dell'asino)'; nel molisano (Agnone) *rècchjë pannë* 'con le orecchie piegate in giù (delle orecchie dell'asino)'; nel calabrese l'agg. vale anche 'miope, di vista corta'.

Dal latino *pandus* 'incurvato' [DEI s.v. *pando*; REWS]. M.

**pannőrë,** sf. (lucano: Matera). 'Banderuola di carta con immagini di santi'.

Corrisponde a *bandiera*, che nel senso proprio ha il doppione *bbandìrë* [Festa 1914]. C.

**pannùla,** sf. (calabrese settentrionale, anche *pannòuë*). 'Stangone per sbarrare porte e finestre; stanga per far leva o stringere il torchio'.

Dal francese *panne* 'corrente, trave di impalcatura' a sua volta dal latino **patena* 'trave del tetto' [DEI; FEW; Rohlfs 1977]. M.

**pantalèci,** sm. plur. (siciliano), nella locuz. *iucari a li pantalèci* «Giocare alle cinque pietruzze, gioco fanciullesco che si svolge nel modo seguente: un ragazzo getta sul pavimento cinque pietre, poi ne raccoglie una e la lancia in aria prendendone velocemente un'altra dal pavimento; egli, prima che quella lanciata ricada a terra, deve riuscire ad afferrarla con la stessa mano con cui ha preso la seconda pietruzza; allo stesso modo farà con la terza e poi, via via, con la quarta e con la quinta» (Piccitto 1990).

Dal greco *pentélitha* 'cinque pietre', che designava un analogo gioco [Rohlfs 1977]. M.

**pantegàna,** sf. (veneto; veneto giuliano: *pantigàna*; friulano: *pantiàne*; marchigiano: *pontecàna*). 'Ratto delle chiaviche'.

Dal latino *(mūs) ponticānu 'topo del mare (Ponto)' o, assolutamente, 'di mare (pontikós)' [Prati 1968; Cortelazzo 1970].

S. Slataper: *Una gatta baia sotto le botti annusava indolente ma nervosa l'odor di pantigane che impregnava l'aria* (*Il mio Carso*, Milano 1989, p. 63). – E. Montale: *Quando la gondola passò accanto a una piccola icona coi lumi accesi intorno alla statuetta della Madonna lei potè vedere una pantegana che attraversava l'acqua* (cit. in gdli XII 501). – S. Zanotto: *Continuamente sulla tuga sentiva lo zampettare di topi di chiavica, la veneta pantegana bellissima e feroce, tristemente nota per aver divorato il volto a migliaia di bimbi in culla* (*Delta di Venere*, Milano 1975, p. 158). c.

**pantellàre,** v. (toscano: Sansepolcro, in Val di Chiana: *pantellère*). 'Ansare', a Cortona *pantellìo* 'respiro affannoso' (dei).

Dal francese *panteler* 'avere la respirazione difficile e il cuore palpitante per soffocamento o emozione', nel francese antico *panteiser*, *pantaisier* 'respirare a fatica', che risalgono ad un latino parlato **p(h)antasiāre*, dal greco *phantasiázō* 'sono presente alla mente' nel senso di avere delle visioni, quindi 'essere soffocato dall'emozione, ansare'. Alle forme del francese antico, si ritiene per tramite del provenzale, sono ricondotti il trentino e veneto *pantesàr* (nel feltrino *pantedhàr*, che alcuni hanno derivato erroneamente dal latino *pantex*, *-ĭcis* 'pancia') 'ansimare', l'italiano antico *pantasciare* 'stare in apprensione', il lunigianese *pantasàr* e *pantafiare* (a Sarzana) [rew; Zanchi Alberti; dei s.v. *pantellìo*; few; Rohlfs 1979; Bondardo 1986]. m.

**pantièra,** sf. (veneto), 'sorta di rete (una specie di tramaglio) per uccelli' ed anche 'luoghi sopra le barene nei quali manca la vegetazione solita e l'acqua ristagna'; (marchigiano, a Macerata), 'guazzo, pantano'; (abruzzese: *pandiérë, pandirë*), 'pozza d'acqua ferma, pozzanghera'.

Latino *panthēra*, dal greco *panthéra* 'rete per ogni sorta (*pan*) di caccia (*thēra*)', 'retata di uccelli'. Il secondo significato, 'luogo paludoso dove solitamente si stendevano queste reti', derivato dal primo, sembra limitato ai territori italiani, nei quali fu più forte l'influsso greco, anche se è stato suggerito che pur il significato di 'rete' – molto diffuso in Francia – possa dipendere dal greco [rew; few]. c.

**panzaròttë,** sm. (abruzzese; campano; salentino; calabrese). 'Grosso raviolo di pasta frolla, ripieno, fritto in olio bollente e consumato caldo'. Passato anche all'italiano.

Per qualcuno deriva da *panza* 'pancia' per la sua forma rigonfia e tondeggiante [Rohlfs 1956 e 1977].

G. Cassieri: *per tamponare il languore allo stomaco, avrebbe fatto un salto in rosticceria: un supplì, un panzerotto, un tramezzino* (cit. in gdli XII 507). c.

**pào,** sf. (piemontese e ligure; anche *pàu*). 'Paura'.

Dal nominativo latino *pavor* 'timore, paura' [rews].

M. Venturi: *Pinin, pur essendo esperto di sortilegi, a sentire un gatto che parlava fu assalito da pau – o volgare paura – e fuggì via* (*Sconfitti sul campo*, Milano 1982, p. 120). c.

**paolànte,** sm. (veneto: Grado). 'Pescatore, abitante di laguna'.

Corrisponde a 'padulante', da *padule* per *palude* [Cortelazzo 1980]. m.

**papàci,** sm. (veneto giuliano). 'Paparino', voce propria del linguaggio infantile.

Dal neogreco *pap(p)ákis* 'babbino' con pronuncia dialettale [Doria 1987]. c.

**papagàlo,** sm. (ligure; lunigianese). 'Papavero'.

Così detto per una certa somiglianza fonetica tra *papavero* e *papagalo* [Plomteux 1975]. c.

**papàgna,** v. (molisano). 'Sonnolenza, sonnifero'.

Propriamente *papavero*, con cui condivide la base *pap-*. «C'era una volta (e forse c'è tuttora) l'abitudine di alcune madri, costrette ad allontanarsi dai figli per esigenze di lavoro, di somministrare ai bambini estratto di papavero per farli dormire durante la loro assenza» (Bagnoli 1990). Dal dialettale *papagnë* 'papavero' di area pugliese, lucana, campana, abruzzese, derivano come denominali il napoletano *appapagnà* 'addormentare con discorsi noiosi il proprio interlocutore' e *appapagnarse* 'addormentarsi', il lucano *appapagnà* 'appisolarsi, sonnecchiare', il sm. *papasuennë* (pugliese, a Molfetta) 'dormiglione' [dei s.v. *appapagnare*; rews; Salzano 1979; Bigalke 1980; Luciano 1992]. c.

**papalìno,** sm. (umbro: orvietano). 'Scirocco'.

Perché proveniente dallo Stato pontificio. c.

**papalòttu,** sm. (marchigiano: Macerata). 'Papalino', «voce d'insulto contro chi era ritenuto fedele allo Stato Pontificio» (Ginobili 1965).

Da *papale* 'relativo al papa'. c.

**papandràc(o),** sm. (veneto giuliano: Trieste e Monfalconese; anche *palpandràc*). 'Babbeo, allocco, persona semiaddormentata', 'zoticone'.

Dal greco moderno *papatréchas* 'sacerdote che legge in fretta una serie di preghiere' e, figuratamente, 'il carattere di chi legge o fa qualcosa in fretta senza la necessaria attenzione' (composto di *pap(p)âs* 'prete greco' e di un derivato del verbo *tréchō* 'corro'); figuratamente 'vanesio, spaccone' [Doria 1987]. c.

**paparaggiànni,** sm. (calabrese: anche *paparasciànnu*; pugliese, nel Gargano *paprasciànne*). 'Organo genitale della donna'.

Letteralmente 'barbagianni', passaggio non raro dal nome di un uccello (addirittura col generico *cèlla* 'uccella' nel Lazio) [Rohlfs 1977; De Filippo 1985: 240]. c.

**papareà,** v. (toscano: Arcipelago, ma solo nel proverbio, riferito alla costellazione delle Pleiadi, *pe sant'Andrea la gallina paparea*; campano, a Napoli: *papariarsë*; calabrese: *papariä*, *papariare*). 'Indugiare'.

Dal modo di procedere delle *pàpere*, come mostra una più diretta accezione del verbo calabrese *papariä* 'barcollare imitando l'andamento dei paperi' [Rohlfs 1977; Fanciulli 1983]. c.

**paparìna,** sf. (siciliano; calabrese; salentino; lucano: *paparénë*). 'Papavero, rosolaccio', voci presenti anche nelle località grecaniche otrantine e a Bova.

Una derivazione dal latino parlato **papaverīna [herba]* da *papaver*, *-eris* 'papavero', ammessa dal dei, è esclusa da Alessio 1976 per ragioni fonetiche. Questi propone di ricondurre tali termini ad un latino parlato **paparīna*, forma che sembra nata dall'incontro del latino *aparīne* (dal greco *aparínē*) 'sorta di lappola' (attestata da Plinio) col latino *papaver*, *-eris*, raccostamento che ritiene dovuto al fatto che in greco *argemṓnē* indica tanto il «papaver argemone» quanto la «lappa canaria» (dalla forma latinizzata *argemonia* data da Plinio dipende il lucano → *rëgëmùgnë*). m.

**papé,** sm. (piemontese; ligure; lombardo: *papér* in Val Seriana; emiliano; laziale, in G. Belli; umbro; toscano; italiano meridionale). 'Carta, foglio di carta', anche nelle varianti *peppiè, spappiè*.

Dal francese *papier* [Zamboni 1973a; Nardin 1976]. C.

**papéllo,** sm. (campano, anche *pappiéllo*; calabrese: *papéllo, papéḍu, spapiéḍḍu*; laziale: *spappiéllo* in G. Belli). 'Documento, libello, cartello giudiziario'.

Dallo spagnolo *papel* 'carta, stampato, documento' [Zamboni 1973a]. C.

**papërijà,** v. (lucano: San Fele). «Indugiare, girarsi intorno» (Luciano 1992).

Da *papera*, nel dialetto locale *pàpërë* propriamente 'oca giovane', per analogia col comportamento delle papere; la forma verbale è costruita col suffisso *-ijà* esito del latino *-idjare* [Fanciullo 1992b: 43]. M.

**papiliòt,** nella locuz. *meter a la papiliòt* (emiliano: Parma; lombardo, a Milano: *cot a la papigliòt*). «Affagianare, far arrostire un cappone, fagiano o simile involto in rete o carta unta» (Malaspina 1856-59).

Dal francese *papillote* propriamente 'pagliuzza d'oro o d'argento' e nella frase *côtelette en papillote* 'cotoletta grigliata avvolta in un foglio burrato'. M.

**papòcchiu,** sm. (lucano), 'imbroglio, pasticcio', 'frottola, scritto o racconto indecifrabile'; (campano: Irpinia) 'poltiglia'.

Dal verbo latino *pappāre* 'mangiare', di formazione elementare [REWS]. C.

**pappanìve,** sf. (sardo: Nuoro, ad Atzara: *pappanìe*). 'Pioggerella; vento leggero'.

Letteralmente 'mangianeve', perché fa sparire la neve [DES].

G. DELEDDA: *Dapprima una forte pioggia, di cui ogni goccia scavava un buco nella neve già sotto corrosa, poi il vento detto dai Nuoresi* pappa nie (*mangia neve: lo scirocco) spazzarono la valle e la montagna* (*Romanzi e novelle* IV, Milano 1955, p. 89). C.

**pappannàca,** sm. (siciliano). «Ragazzo, o uomo di poco giudizio» (Piccitto 1990).

Secondo il DEI (s.v. *pappanacca*) la parola è un adattamento dello spagnolo *papanatas* 'babbeo, semplicione' (da *papar* 'pappare' e *nata* 'fiore del latte, panna'). M.

**pappasàle,** sm. (calabrese, anche *pappasali, ppappasalu*). «Guazzabuglio, discorso confuso; lusinga, allettamento, promessa vana; pretesto» (Rohlfs 1977).

Dallo spagnolo *papasal* 'cosa frivola, bagatella, cosa senza sostanza o che serve da intrattenimento' [DEI]. M.

**pà ppiëcàtë,** sm. (marchigiano: Monsampolo del Tronto; abruzzese, a Guardia Vomano: *panapplëcàtë*). 'Pane fatto con farina mista, di grano e di granturco'.

Letteralmente, 'pane applicato' nel senso che ha talvolta *applicāre* di 'attaccare, mettere insieme' [LEI]. C.

**pàra,** sm. (sardo campidanese). 'Frate, religioso'.

Dal catalano *pare*, letteralmente *padre* [DES].

G. DELEDDA: *sono pentito,* para, *e andrò in carcere ed espierò, ma datemi l'assoluzione del Signore* (*Romanzi e novelle*, I, Milano 1954, p. 585). C.

**paracìḍḍu,** sm. (calabrese settentrionale, con varianti; lucano: *paracìëddë, paracìëllë*; campano, nel Cilento: *paracellu, paracieddu*). 'Porcile'.

Dal greco bizantino *parakéllion* 'cantina' composto del greco *pará* 'presso' e *kélla* 'cella' dal latino *cella*, attestato nel latino medievale come *paracellārium* 'cantina' (IX sec. a Roma); secondo Alessio 1976 tale *paracellarium* è già voce del latino tardo, perciò i riflessi dialettali non andrebbero considerati relitti del greco, ma riflessi del latino [DEI s.v. *paracèllo*; Rohlfs 1977; Bigalke 1980]. M.

**parafiànu,** sm. (salentino). 'Cliente, avventore', anche *parufiànu, pariànu*.

Letteralmente 'parrocchiano', con modificazione di significato, da confrontarsi con l'antico toscano, umbro, laziale *paròffia* 'parrocchia', *paroffiàno* 'abitante della parrocchia', da un bizantino *parochía* da *paroikía* 'parrocchia' [DEI; Rohlfs 1959]. M.

**paràggiu,** agg. (calabrese; siciliano: *paràgghiu*). 'Identico, di persona o cosa del tutto uguale ad un'altra; coetaneo'.

Voci da confrontare, secondo il DEI, all'italiano *paraggio* 'paragone, agguagliamento' e, come questo, dipendenti dal francese *parage* 'agguagliamento'; in siciliano è attestato anche il v. *apparaggiare* 'uguagliare' che rifletterà l'antico francese *aparagier* di analogo significato [DEI s.v. *apparaggiare*; FEW]. M.

**parà la gùciä,** locuz. (ladino centrale: Comelico). 'Far fiasco, ripetere l'anno di scuola o di dottrina'.

Letteralmente 'spingere il maiale'. «L'origine di questa frase [...] è da ricercarsi nell'usanza, viva fino a pochi anni fa, di attendere sul sagrato della chiesa i ragazzi riprovati all'esame di dottrina, e di spingerli verso una pozza d'acqua sporca e di melma all'uopo preparata in modo da sporcarli tutti; questo uso era detto appunto *parà la guciä* (quasi 'spingere il maiale [nel fango]') e poi, con traslato facilmente comprensibile quando si pensi che coloro che venivano spinti in quella pozza erano quelli che avevano fatto fiasco all'esame, 'far fiasco (spec. a scuola)'» (Tagliavini 1988). C.

**paralùmene,** sm. (sardo logudorese, anche *paranùmini, paranómini*). 'Soprannome'.

Da un latino **paranomen*; un confronto puntuale è dato dalla formazione del neogreco *paranómi* 'soprannome' [DES]. M.

**parangàl(o),** sm. (veneto). 'Sorta di lenza da pesca a più ami'.

Dal greco moderno *paragádi* 'rete', dal precedente *paragaudis* 'veste frangiata', perché questi ami appesi a più lenze sospese ad un unico sostegno orizzontale ricordano le frange inferiori di un vestito [Cortelazzo 1970].

P. A. QUARANTOTTI GAMBINI: *Lo tediava, e lo impazientiva, il solo pensiero di tirare su il* parangàl *e di staccarne i pesci a uno a uno, adagio, dagli ami che bisognava poi ripulire per rimettervi l'esca* (in *Poeti e narratori triestini*, Trieste 1958, p. 370). C.

**parànzë,** sm. (campano, in Irpinia; lucano). 'Brigata', 'squadra di mietitori' (Bigalke 1980), propriamente 'coppia', specie 'coppia di buoi' (in Campania), da cui il calabrese *capuparanza* 'capo di una comitiva'.

Dal latino *par* 'eguale, pari' [DEI s.v. *capoparanza*; REWS].

R. NIGRO: *C'era una paranza di mietitori a mezza collina nel banco del frumento* (*I fuochi del Basento*, Milano 1987, p. 170). C.

**parapèco,** sf. (marchigiano: Macerata; a Montesicuro e a Treia: *parapègure*; romagnolo, a Saludecio: *parapègra*). 'Cutrettola'.

Come spiega un suo sinonimo, *guardapècora*, letteralmente significa 'sorvegliapecore', 'guidapecore', perché l'uccellino ha l'abitudine di seguire le greggi per procurarsi il cibo [Hallig 1933]. C.

**paràre,** v. (veneto, anche *paràr, parà*; trentino: *paràr*;

ladino centrale: *parà*; friulano: *parà*). 'Spingere le bestie; guidare, condurre il bestiame'; il verbo ricorre prevalentemente con l'avverbio: *paràr vìa*.

Dal latino *parāre* 'preparare'; nell'accezione specifica di 'cacciare, spingere le bestie', si trova sporadicamente anche nel lombardo orientale (*paràr*), nell'emiliano (*parèr*) e nel toscano settentrionale (*parare*) [AIS; REW].

I. NIEVO: *Per verità anche tutte le feste io andava a Rodigo di buon mattino per prendervi la messa, ma tutto il resto poi della giornata non era più festa per me, e mi toccava parar le bestie al pascolo tenendovele fin dopo l'avemmaria* (*Novelliere campagnuolo e altri racconti*. A cura di I. De Luca, Torino 1956, p. 221). M.

**parasàcco,** sm. (campano: Napoli). 'Demonio, diavolo, Belzebù'.

Forse 'colui che *prepara* il sacco' per accogliere e portar via le anime dannate. In abruzzese *parasacchë* è sinonimo di *forasacco* e di altre piante.

A. M. RIPELLINO: *un gran micio nero dalle unghie ritorte, ossia parasacco, giorno e notte gli stava sul petto, graffiandolo con le zampacce rampinose* (*Praga magica*, Torino 1991, p. 223). C.

**parasomìa,** sf. (salentino). 'Pasto funebre', 'pranzo che per alcuni giorni si porta in casa di un defunto da parte dei vicini e degli amici della famiglia del defunto', anche *parafsomìa, parmasìa, prisunìa, bresunìe*.

Da un greco **parapsonia*, dal verbo *parapsonéō*, 'munire di companatico', con incrocio di *psōmí* 'pane', forse per etimologia popolare, invece del greco antico *paramythía* 'conforto' [Rohlfs 1959]. M.

**paraspòr(i)u,** sm. (salentino, con numerosi varianti), 'lavoro che si fa oltre il tempo convenuto'; (calabrese: *parascòlu, paraspòlu*; siciliano: *paraspòlu* e varianti), 'paga o reddito in natura'; (siciliano: *paraspòlu* e varianti), 'terreno di modesta estensione all'interno di una proprietà concessa dal padrone al fattore perché questi la coltivi per proprio conto', 'terreno preparato per la semina', 'piccolo gregge', 'guadagno occasionale che serve ad arrotondare le normali entrate'.

Da un greco **paraspórion* (composto con *pará* 'vicino' e con un derivato dal verbo *spéiro* 'seminare'), che nel passato ha avuto un'ampia espansione anche in Sicilia, Ragusa, Grecia e altrove [Cortelazzo 1970; Mosino 1986; Mocciaro 1994]. C.

**parcimìnu,** sm. (siciliano, anche sf. *parcimina*). 'Pergamena' col modo di dire *aviri la santa di p.*, letteralmente 'avere l'immaginetta di pergamena' cioè 'avere avversità, disavventure, talvolta per meritato castigo': *dari la santa di p.* 'premiare, ironicamente conciare per le feste'.

Dal francese *parchemin* 'pergamena' [DEI; FEW; Piccitto 1990]. M.

**pàre,** inter. (veneto). 'Saluto scambievole di gondolieri e pescatori'.

Sembrerebbe lo stesso di *pare*, panveneto per 'padre', ma la variante *mpàre* ci indirizza verso una formula abbreviata di *compare*, come si dicesse: – Amico! C.

**parènti,** sm. plur. (ligure; lunigianese; toscano: Garfagnana). 'Frutti della lappa bardana'.

Così chiamati, perché si attaccano, come fastidiosi parenti [Plomteux 1975]. C.

**paré presémpio,** locuz. (marchigiano: Jesi). 'Muoversi lemme lemme': *me pari presempio*.

Curioso allargamento della locuzione *presempio* 'per esempio'. C.

**paréscu,** agg. (ligure occidentale). 'Simile, eguale'.

Dal latino *păre* 'pari' col tipico suffisso ligure *-scu* [Merlo 1956]. C.

**pariénti,** sm. plur. (laziale: Monte San Giovanni Campano; campano, in Irpinia; pugliese, a Foggia; siciliano orientale: *pariénti, parìanti, parìnti*), 'incotti'; (campano, a San Mango sul Calore: *fa' li pariénti*) «arrossarsi le gambe, prodursi delle macchie rossastre alle gambe per essere stati troppo vicino al fuoco del caminetto. *Li parienti so quiri ca tengo vicino a le ccosce*: modo di rinnegare il parentado» (De Blasi 1991).

Propriamente 'parenti'; la denominazione è basata sull'immagine della pluralità, della folla e simili (→ *niputiéḍḍi*), perché le macchie sono in gran numero come i parenti, oppure perché sono «cose che teniamo vicine, sul nostro corpo, e a volte c'importunano, come fanno i parenti» (Tropea 1976). In toscano e nel lunigianese *parenti* sono le 'testoline della lappola, *Aretium lappa*': cosiddette perché «rimangono attaccati» (Rohlfs 1979) [Prati 1960: 39]. M.

**parigìn,** sm. (friulano). 'Garofanino di Spagna, *Dianthus superbus* L.'; nome genericamente riferito anche ad altre specie di *Dianthus* a fiore più piccolo del garofano comune, fra cui alcune coltivate, nonché alla 'pratolina, *Bellis perennis* L.'.

La denominazione corrisponde al friulano *parigìn* agg. e sm. 'parigino; azzimato'; come termine botanico è limitato al Friuli ed è un'estensione di significato sicuramente recente e dovuto alla forma snella ed elegante dei fiori [Nuovo Pirona 1935; Pellegrini-Zamboni 1982: 276]. M.

**parìna,** sf. (toscano: camaiorese). «Un certo spazio piano o pianeggiante in colle, ripiano», anche *paricella* (Nieri 1902).

Da *pari*, nel senso di 'pari altezza, piano'; in DEI si menziona anche il toscano (San Miniato) *pariciòttolo* 'pianoro'. M.

**paristòria,** sf. (sardo logudorese: anche *palistòria*). 'Favola, frottola'.

Dal greco bizantino *paristoria* 'narrazione falsa': l'introduzione di questo termine in Sardegna potrebbe indicare un qualche influsso bizantino nella narrativa sarda tradizionale [DES; Paulis 1983]. C.

**parlà,** sm. (toscano; veneto, a Venezia: *el parlàr*), 'nodo parlato', per legare una sagola o un piccolo cavo ad un'asta o ad altro cavo'; (corso: *parlàru*) 'doppio nodo che si fa perché il fuso si tenga sospeso alla rocca'.

Dal latino parlato **parularus*, un derivato di *par* 'eguale', italianizzato in *parlato* [Salvioni 1916a]. C.

**parlà la parlèta,** locuz. (toscano: Val di Chiana). 'Parlare bene, in buona lingua italiana'.

Estensione del significato di *parlèta* 'vernacolo, dialetto', letteralmente 'parlata'. C.

**parlaméndë,** sm. (lucano). 'Cerimonia di fidanzamento'.

Da *parlà* 'parlare', perché, precedendo la presentazione del giovane alla fidanzata, «si svolge di solito presso qualche vicina o comare delle due famiglie, per prendere gli accordi sulla dote e stabilire quanto i rispettivi genitori devono dare ai loro figli» (Bronzini 1964: 212).

R. NIGRO: *Appena passata la guerra lui li porta a parlamento, e vengono con un bel regalo e t'incaparrano* (*I fuochi del Basento*, Milano 1987, p. 70). C.

**parlànne re sàpete,** locuz. (lucano: Avigliano). 'Formula di scongiuro, che interviene, quando si parla di streghe o fattucchiere e delle loro azioni'.

Letteralmente, 'parlando di sabato', non perché in tale giorno le streghe si riuniscono a convegno (Mancusi 1982), ma perché di sabato il loro potere è nullo: → *sàbbëtë sia masséra.* C.

**parlàr (in) ciciliàno,** locuz. (trentino). 'Parlare italiano', 'parlare affettatamente'.

Identificazione di *siciliano* con 'italiano (meridionale)': → *taliàn.* C.

**parlàr taliàn,** locuz. (veneto giuliano: Trieste). 'Parlare in dialetto'.

'Parlare italiano', come contrapposto a parlare in tedesco e in slavo, ma anche a *parlar in lingua* 'parlare in italiano', cioè nella lingua letteraria italiana [Doria 1987]. C.

**parlà tùtto in ère e in àre,** locuz. (toscano: Chiusi). «Si dice ad una persona che cerca di parlare correttamente l'italiano quando riesce a malapena ad esprimersi nel dialetto locale» (Barni 1993).

Dal tentativo di cancellare la più vistosa caratteristica del vernacolo, il troncamento dell'infinito, per cui localmente si dice *avé* e *mangià.* C.

**parlé ngròuce,** locuz. (pugliese: Gargano). 'Parlare con doppi sensi', 'dire cose offensive'.

Alla lettera 'parlare in croce', non linearmente, ma con doppia direzione. C.

**parlèta,** sf. (romagnolo). 'Recipiente di rame, alto e a bocca stretta'.

Diminutivo (*-èta*, al femminile come tanti altri oggetti di piccole dimensioni) di *paről* 'paiuolo'. C.

**parnòcchia,** sf. (toscano: lucchese). 'Spiga del granoturco'.

Voce registrata dal DEI ed interpretata a partire da *pannòcchia* con sovrapposizione del lucchese *cornòcchia* che ha lo stesso significato. Quest'ultima voce viene dal latino parlato **cornucŭlum, -a* diminutivo di *cornu* 'corno' da cui il pisano *cornòcchio* 'torsolo della pannocchia'. M.

**paròle do gàto,** locuz. sostant. (ligure; toscano, nell'Arcipelago: *parole del gatto*). 'Parole volgari, da non dirsi'.

È espressione rivolta soprattutto ai bambini per correggerli: 'parole degne e proprie di una bestiola' [Dolcino 1975; Fanciulli]. C.

**paròle zihrìne,** sf. plur. (lucano: Avigliano). 'Parole misteriose, che pronunciano fate, maghi e maghe'.

Letteralmente 'parole grigie', da avvicinarsi, quindi, alle parole → *turchìne.* C.

**pàroli,** sm. (toscano: lucchese; lombardo: pavese; a Parma: *paroli*). 'Raddoppiamento della posta nel gioco di carte, specie nel faraone'.

La voce, diffusa anche in italiano e passata di qui in francese e in tedesco, è di origine incerta: chi, partendo dal singolare *pàrolo*, la analizza come *lo paro* (il denaro), cioè 'tengo la posta', così come in antico si diceva *parolà*, quando uno teneva la posta nel gioco della riffa e dei dadi, oppure *non la paro*, e chi, secondo il significato attribuito al napoletano *pàrolo* (confortato dal siciliano *pàrula*), si rifà a *pari*, cioè 'rendo pari la giocata', raddoppiandola [Pieri 1906; DEI; D'Ascoli 1979].

F. SERANTINI: *«Pàroli sul cavallo,» gridò lei e stavolta il cavallo venne buono e Rebecca tirò cento lire* (*L'Osteria del Gatto parlante*, Ravenna 1989, p. 93). C.

**paròtë,** sm. (abruzzese), «mercante di tessuti e propriamente quello che va a vendere la sua merce nelle fiere» (DAM); (campano, a Colle Sannita: *parotë*), 'merciaio ambulante' (AIS).

L'ipotesi etimologica finora proposta, che pare, peraltro, assai debole, viene dal DEI che accosta la voce al siciliano *liparotu* da *Lipari*. Forse potrebbe essere più verosimile un derivato di **parium* 'caldaia' con allusione in origine a qualche calderaio ambulante (e poi venditore ambulante, merciaio) magari proveniente dal nord della penisola [DEI s.v. *paròto*]. M.

**parpajòla,** sf. (ligure-piemontese: Novi Ligure; marchigiano: Macerata). 'Natura della donna'.

Probabilmente, come in altri casi, dal nome della moneta. C.

**parpelà(r),** v. (ligure). 'Battere gli occhi'.

Da *parpèla* 'palpebra', di origine latina; da **pălpetra* per *pălpebra* con cambiamento di suffisso. Il verbo figura anche nella locuz. *nu parpelà(r)* 'non parlare', oltre al senso di 'battere gli occhi', 'lampeggiare', come nell'italiano *non battere ciglio* [Plomteux 1975]. C.

**parpignàn,** sm. (piemontese; emiliano; a Bologna: *parpignàn*; romagnolo: *parpignèn*). 'Manico di frusta tratto da un legno duro', molto apprezzato dai birrocciai.

Dal francese *perpignan*, dal nome della città, dove era costruito almeno dal 1829. A Parma è passato a designare l'albero, il *Celtis australis* L., che «serve ancora per far cerchi da caratelli e manichi da frustini» (Malaspina 1858) [Schuchardt 1911; FEW]. C.

**parràstru,** sm. (siciliano; calabrese, anche *parrastu, patraštru*; piemontese: *paràstr, pardràstr*). 'Patrigno'.

Dal latino tardo *patraster* di analogo significato, continuato anche in area galloromanza e iberoromanza (per esempio nello spagnolo *padrastro*, francese *parastre*). Secondo il DEI, che fa riferimento alle sole forme dialettali meridionali, si tratterebbe invece di un prestito dall'antico francese *parastre* o dallo spagnolo *padrastro* riflesso, quest'ultimo, nella voce *padrastro* 'suocero' attestata nell'italiano antico [DEI ss.vv. *padrastro* e *parrast(r)o*; FEW]. M.

**parrìggiu,** sm. (sardo, nell'Ogliastra, con molte varianti). 'Nomignolo, soprannome'.

Etimologia tanto discussa, quanto sconosciuta. Di solito si accetta la proposta del Wagner (dal latino parlato **pariliu* 'riunione di lavoratori con pari diritti', secondo il significato più antico della voce, di 'collettività dei servi di una determinata località'), il quale, però, così la postilla: «non mi illudo sulla discutibilità di questa spiegazione» [DES]. C.

**parrìnu,** sm. (calabrese; siciliano). 'Prete'.

Dal francese antico *parrin*, derivato dal latino *patrīnus* 'padrino' [DEI].

V. IMBRIANI: *In mezz'ora, un parrino era certo d'udirsi cinicamente narrare queste nefandezze, quanti vituperi, quante inumanità può concepir lo pensiero* (cit. in GDLI XII 640). C.

**parrucciànu,** sm. (siciliano anche *parrucchiànu*; calabrese meridionale: *parrocchiànu*), 'cliente abituale'; (siciliano: *apparrucchianàrisi, apparruccianàrisi* v. rifl.), 'acquistare una clientela', 'divenire cliente'.

Dallo spagnolo *parroquiano* 'cliente' e *aparroquianar* 'acquistar clientela' [Beccaria 1968; Varvaro 1974; Piccitto 1977 e 1990]. M.

**partavvèrse,** sf. plur. (toscano: Pistoia, anche *parti avvèrze*). 'Situazione di grande confusione e disordine': *parerci, esserci le partavvèrze.*

Dalla *parte avversa* delle liti giudiziarie. C.

**partèra,** sf. (sardo campidanese). 'Puerpera'.
Dal catalano *partera*, un derivato di *part* 'parto' come, del resto, lo spagnolo *partera*, che significa, però, 'levatrice' [DES]. C.

**partèrra,** sf. (siciliano), 'giardinetto, aiuola'; (piemontese: *partèr*; ligure, a Genova: *partaèr*), 'aiuola', specialmente «quel piano de' giardini, che rappresenta opere rabescate, e che è tramezzato da ajuole di varie maniere a fiori» (Di Sant'Albino 1859); (lombardo, a Milano: *partèr*), 'vaso di fiori posto sopra una mensa per ornamento'; il sardo *partèra*, invece, malgrado il significato simile, è variante di → *pastèra*.
Dal francese *parterre* 'giardino', 'parte scoperta di un giardino, divisa regolarmente in compartimenti fioriti' [FEW]. C.

**pàrto necessàrio,** locuz. sostant. (umbro: orvietano). 'Parto cesareo'.
Evidente e comprensibile paretimologia; il difficile e inconsueto *cesàreo* è ricondotto, con una certa congruenza, al popolare *necessàrio*. C.

**partorzàna,** sf. (sardo logudorese). 'Puerpera'. In Gallura *li paltugghjani* sono le 'donne morte partorendo', che appaiono scarmigliate ed urlanti, incutendo terrore. I gemiti del vento nelle notti di luna sono i loro lamenti, mentre lavano i panni dei loro bambini nel fiume (Cecchini-Fresi 1978: 53): → *pàna*.
Dal latino *partūs* 'parto' [DES]. C.

**parùla,** sf. (campano, a Napoli). 'Orto', col derivato *parulànë* 'ortolano', anche *padulànë* e a Procida *paruléré*.
Evoluzione particolare di significato dal latino *palude* 'palude' attraverso *padùla*, variante nota al napoletano nel senso sia di 'palude' sia di 'orto' e considerata meno "rozza" di *parùla* dovuta all'esito *d* > *r* [Andreoli 1887; DEI; REWS]. M.

**parzënàvële,** sm. (molisano e pugliese settentrionale; campano: *parzënalë*; lucano: *parzunjàlë*; calabrese settentrionale: *parzunàle*). 'Mezzadro'.
Dal latino *partionārius* con il suffisso *-alis* [AIS; Sabatini 1964].
A. MORAVIA: *Ma Filippo scrollò il capo con sicurezza, fiducioso: "Sono San Giovanni con il parsenale... gli ho tenuto a battesimo il figlio e lui ha tenuto a battesimo mia figlia... non lo sai che San Giovanni non vuole inganni?"* (*La ciociara*, Milano 1957, p. 146). M.

**pasaréta,** sf. (veneto giuliano e bisiacco; friulano, a Gorizia). 'Gazosa'.
Probabilmente da *pasareta* 'piccola imbarcazione da pesca' per la forma della bottiglia, alla quale può assomigliare [Doria 1987].
F. TOMIZZA: *La padrona arrivò con le sfogliate di crema che lassù vengono servite per giovanotti tornati dal militare. "Altro che i tempi quando si veniva su a piedi e deograzias se per noi ragazzi c'era la passareta" confrontò mia suocera* (*L'amicizia*, Milano 1980, p. 194). C.

**pasavì,** sm. (romagnolo). 'Brivido'.
Letteralmente 'passa via'; si riferisce in particolare a quel tremito improvviso e fugace, che si dice provocato dal passaggio della morte: *u m'è pas la mõurta da sóura* 'mi è passata la morte di sopra'. In faentino *passavéja* è la cosa che appare e subito sparisce (Morri 1840). C.

**pascàšia,** sf. e agg. (ladino-veneto: Colle S. Lucia). 'Ragazza corpulenta, pacioccona e un po' tonta'.
Creazione popolaresca sorta probabilmente per influsso di *pasca* 'Pasqua' (in passato, frequente nome di persona) e di *pascàl* che nel dialetto locale designa un 'grosso cero usato nelle funzioni della settimana santa' [Pallabazzer 1980]. M.

**pàsche tefànie,** locuz. (friulano). 'Epifania'.
Denominazione composta da *pàsche* 'pasqua', dal latino *pascha*, e *tefània* dal greco-latino *theophanīa*, attraverso una forma **theophānia*, 'Epifania', che ritorna anche nel proverbio *A pasche tefànie il frēt al va in smànie* 'All'Epifania il freddo è nel suo colmo'. In contrapposizione a tale espressione, in Friuli la Pasqua di Resurrezione viene detta *pàsche d'ulīf* 'pasqua dell'ulivo'. L'espressione *pasqua tefania*, ormai in disuso, un tempo era nota anche nel Veneto (veronese: *pasqua tofània*) e da qui è passata nel ladino centrale (Livinallongo: *pasca tofàgna*; Val di Fassa: *pèsca tofègna*), dove si può sentire ancora. Queste formazioni si spiegano col fatto che 'pasqua' è divenuto sinonimo di 'festa', cfr. anche il napoletano *pasca pefanìa*, l'italiano antico *pasqua di pifanìa* o *di befanìa* (da *epiphanīa*) e *pasqua di befàna* (da **epiphānia*). Da **theophānia* per *theophanīa*, provengono il siciliano *tufània*, il veronese *tofània*, il trentino *tofàgna* 'Epifania' [Merlo 1951a]. M.

**pascóne,** sm. (campano, a San Mango sul Calore). «Sovescio. Si fa ricoprendo con terreno piantine di fave o di lupini per arricchire di azoto il terreno destinato alla coltivazione». «Scampagnata nel giorno successivo alla Pasquetta (il martedì in albis)» (De Blasi 1991).
Significato particolare del dialettale campano *pascóne*, *pascónë* 'pascolo' (dal latino *pascuum*). M.

**pàše,** agg. (piemontese meridionale; ligure; toscano settentrionale). 'Mite, mansueto, docile (come un agnello)'.
Dal latino **păcidus*, derivato da *pāx, pācis* sull'esempio di *plăcidus* [REW; Merlo 1941-57; Plomteux 1975]. C.

**pasimàta,** sf. (toscano: a Lucca e in Versilia), «pasta di farina con zafferano e anici cotta in forno, ma a cui si dà una forma differente che al pane; è divisa in parti che si chiamano *spicchi*» (Nieri 1902); (veneto di Lussino: *pasamèta*), 'fetta di pane condita, biscottata'.
La voce, che ora è nota solo al toscano, ma un tempo era più diffusa, come 'biscotto, galletta dei marinai', deriva dal latino tardo *paximāt<i>um, paxamātum*, delle glosse, indicante un tipo di pane, a sua volta dal greco *paximáda* (e *paxamádion*) 'grande pane biscotto', forse dal nome proprio del fornaio *Páxamos* [DEI; Cortelazzo 1970]. M.

**pasìze,** sf. (friulano orientale). 'Cintura'.
Dallo sloveno *pasica* (pronuncia: *pasiża*), forma diminutiva di *pas* 'cintura' [Pellegrini 1976]. M.

**pàso,** sm. (marchigiano). 'Misura tanto lunga quanto le braccia tese' e 'catasta di legna della detta misura'.
Dal latino *pānsus*, dal participio passato del verbo *pandĕre* 'stendere, distendere', il quale non si continua, invece, nel sardo *pàssa*, che ha una diversa, contrastata, origine, come il *pàssu* 'misura per la legna' dei dialetti piceni. Da *pansus* ma probabilmente con sovrapposizione di *ansŭla* 'piccolo occhiello' dipendono l'abruzzese e molisano *pàsë* sf. 'cappio, laccio per uccelli [Crocioni 1906; REW; DEI s.v. *pasa*; DES; Alessio 1976; Giammarco 1985]. C.

**paspà(re),** v. (calabrese). 'Andare a tasto, palpare'.
Risultato di un incrocio fra *parpare* 'palpare' e *tastäre* 'tastare' [Rohlfs 1977]. C.

**pasquèlla,** sf. (marchigiano: Cagli). 'Olivo benedetto'. Gettandone le foglie sul fuoco, «dal modo che esse terranno nel bruciare o nel saltare, dedurranno se il ragazzo (cioè l'amante) della figliuola la sposerà o no» (Crocioni 1951: 344).

Da *Pasquella* 'pasquetta', perché tali pronostici si traevano la sera dell'Epifania, detta appunto *Pasquella* (v. *pàsche tefànie*). C.

**pasquéta,** sf. (piemontese; ligure; lombardo; veneto; emiliano; romagnolo). 'Epifania', anche *paschéta*.

Diminutivo di *pasqua, pasca*, dal latino *pasqua, pascha*, nel suo significato di 'festa', quindi 'piccola festa', con allusione alla prima festa dell'anno considerata minore rispetto alla Pasqua di Resurrezione; analogo significato, ma con diversa suffissazione, ha la voce *pasquarella* o *pasquella* nei dialetti dell'Italia centrale; → *pàsche tefànie* [Merlo 1951a].

R. ZENA: *Di male in peggio, il Gigio aveva capito che per lui non c'era più rimedio, e mentre sua madre si strappava i capelli, lui, fatte le sue divozioni come un San Luigi, cercava di consolarla. Perfino il parroco piangeva. Ad un tratto era parso che stesse un po' meglio, ma la mattina di Pasquetta, intanto che le figlie erano uscite per andare a vedere i presepi coi Remagi, il meglio era diventato peggio in un momento, e la morte era venuta* (*Romanzi e racconti*, a cura di E. Villa, Bologna 1971, p. 107). M.

**passaàgghiu,** sm. (siciliano: Sant'Alfio). «Pasto assai frugale che i contadini consumavano sul posto di lavoro (il vigneto) verso le dieci antimeridiane; consisteva nel mangiare un pugno di lupini o di ceci abbrustoliti, oppure una foglia di lattuga o un finocchio» (Piccitto 1985).

Letteralmente "passa (l') aglio"; la denominazione si rifà al siciliano *àgghiu* o *àgghia* 'aglio', che era presente in questo pasto e che ritorna in denominazioni in uso in altri luoghi dell'Isola come *fari* o *pigghiari l'àgghia* «consumare la prima piccola colazione, che i contadini, durante i lavori assai faticosi della mietitura o trebbiatura, fanno poco dopo il sorgere del sole»; in siciliano vi è pure il modo di dire *cunfurtàrisi ccu nu spìcchiu d'àgghia* «appagarsi di una piccola vendetta, di una magra soddisfazione» (Piccitto ivi) [LEI]. M.

**pàssa 'a vàcca,** locuz. (campano: Napoli). 'Essere senza denari'.

Secondo Riegler, la locuzione completa doveva essere *passa 'a vacca negra*, perché la vacca dal manto nero era considerata in molte culture apportatrice di sventura, come animale del demonio e delle streghe: lo confermano locuzioni simili in altre lingue e dialetti (Hoffmann-Krayer 1927-46, s.v. *Kuh*). C.

**passagàglio,** sm. (campano, a Napoli). 'Turchinetto', 'passero solitario'.

Voce rifatta sull'antico *passagallo* 'passacaglia, intermezzo sulla chitarra ai versi degli improvvisatori', parola che deriva dallo spagnolo *passacalle* di analogo significato, in origine 'ballo che si eseguiva passando per le strade (*calle*)', e che è riflessa nel siciliano *passagagghi* 'damerini che ronzano per le strade per corteggiare' e 'viavai', nell'abruzzese orientale e molisano *passahallë* «serenata, che il fidanzato porta alla fidanzata due giorni prima del giorno delle nozze» e nel chietino «canto popolare per serenate, accompagnato da una melodia speciale» (Giammarco 1976), e nel toscano (a Livorno) *passagallo* «suono o strumento col quale si accompagnano le voci cantanti per strada. Può essere prodotto dalla chitarra, dal mandolino o dalla voce cadenzante il *doi doi*» (Marchi 1993) [Maccarrone 1924a: 320-21; DEI; Salzano 1979]. M.

**passà l'àcquë,** locuz. (abruzzese), 'andare a fare una scampagnata il lunedì della Pasqua'; (abruzzese, Colonnella: *passalàcquë* come sm.), 'scampagnata del lunedì di Pasqua'.

Letteralmente 'passare l'acqua'; l'espressione si spiega col fatto che nella scampagnata del lunedì di Pasqua era di rito attraversare, saltando, un ruscello [Giammarco 1976]. M.

**passatèlli,** sm. plur. (marchigiano: Ancona; emiliano e romagnolo: *pasadèn, pasadèin*). 'Pasta da minestra fatta di pane grattato, formaggio, uova, spezie, che si passano per i fori di una lamina'; anche nome della minestra stessa.

Da *passare*, per il modo in cui si preparano: «Si chiamano passatelli perché prendono la loro forma speciale passando a forza dai buchi di un ferro fatto appositamente, poche essendo le famiglie in Romagna che non l'abbiano, per la ragione che questa minestra [minestra di passatelli] vi è tenuta in buon conto come, in generale, a cagione del clima, sono colà apprezzate tutte le minestre intrise colle uova delle quali si fa uso quasi quotidiano. Si possono passare anche dalla siringa» (Artusi 1891 [ediz. 1974: 61]); precisa Camporesi che «in Romagna era, immancabilmente, la minestra del giorno di Pasqua. È interessante notare come le minestre pasquali siano spesso, nella tradizione popolare, a base di uova e pane per un evidente richiamo simbolico al mito della rinascita (l'uovo)» (Camporesi 1974, 61).

M. MORETTI: *Ho capito. Si mangerà meglio del solito. Una bella gallina lessa. E per minestra i passatelli che sono tanto indicati* (cit. in GDLI XII 751). M.

**passàto,** sm. (toscano). 'Vivanda di carni, verdure o altro, lessate e poi ridotte in poltiglia passandole con apposito setaccio'.

Derivato da *passare*, è voce entrata in italiano in questo secolo, ma ancora nel 1908 Panzini diceva che non era in uso fuori dalla Toscana e l'Artusi nel 1891 a proposito del "passato di patate" scrive: «Ormai in Italia se non si parla barbaro, trattandosi specialmente di mode e di cucina, nessuno v'intende; quindi per esser capito bisognerà ch'io chiami questo piatto di contorno non passato di ...; ma *purée* di ... o più barbaramente ancora patate *mâchées*» (ed. Camporesi 1974: 390) [Zolli 1986]. M.

**pàssera,** sf. (toscano; umbro: anche *pàssara*; laziale; lombardo: *pàsara, pasarina*). 'Organo genitale femminile'.

Da *pàssero*. «Le denominazioni metaforiche del genitale femminile derivanti dal nome di un animale hanno quasi tutte per base l'idea del pelame che circonda il genitale stesso e che assume particolare consistenza sul pube» (Scerbo 1991) [DEI].

V. IMBRIANI: *Se ... se' donna, con un par de poppe sul petto ed una passera tra le cosce, se sei riscattata al par di noi dal sacrificio di Cristo, pensa al sangue di tanti meschini, che grida vendetta!* (cit. in GDLI XII 762). – U. SABA: *Bella, / molto bella – direi – la Paolina; / ma, per quanto ricordo, poco all'altre / diversa che Trieste fan diletta. / E non aveva che la passeretta* (cit. in GDLI XII 763). C.

**passólu,** sm. (calabrese). 'Bruscolo, pezzettino di legno', 'fuscello di legno che fa da asse nella navetta del telaio'.

Dal greco *passálion* 'cavicchio', conservato nel bovese *possàli*, con probabile sostituzione di suffisso [Rohlfs 1964 e 1977]. C.

**passunàrë,** sm. (abruzzese). 'Agnello respinto dalla madre'.

Da *passónë*, che è il 'palo', al quale si usava legare questi agnelli. La testimonianza di Varrone, che i Romani legavano gli agnelli a dei pali, perché non si facessero male, legittima l'origine della voce abruzzese, la quale apporta un altro elemento a favore dell'ipotesi che l'*abbacchio* sia stato dapprima proprio un agnello *ad baculum* [LEA; LEI s.v. *baculum*]. C.

**pastalàc,** sm. (friulano). 'Primula'.

La voce, che ha molte varianti, tra cui *pestelàc, pestalàt*, ha come motivazione onomasiologica la forma della corolla. Deriva, infatti, dal latino *pistĭllus* + *-attus*, con scambio di suffisso finale *-àt* / *-àc*, non raro in Friuli; in alcuni luoghi è conservata la base senza suffisso: *pestél* [Pellegrini-Zamboni 1982]. M.

**pàstano,** sm. (veneto giuliano: anche *pàsten, pàsteno, pàstino*), 'aiuola a terrazzo, ciglione'; (pugliese: *pàstanë, pàstenë*; sardo: *pàstinu*), 'vigneto giovane'; (campano, nell'irpino: *pàstena*), 'castagneto'; (marchigiano: *pùšti-na*), 'vivaio'.

Dal latino *pastĭnum*, propriamente 'mazza' e poi 'terreno lavorato con la mazza', 'coltivazione nuova' (e in friulano *impastanà* è 'porre sul campo nuovi impianti' e in sardo *pastinare* 'piantare una vigna nuova') [REWS].

F. TOMIZZA: *mi prestavo alle fatiche più ingrate: falciare già col buio ettari interminabili di fieno, fare il* pàstino *(zappatura fonda per un nuovo impianto di viti), alle quali non tutti i più giovani e più poveri di me erano disposti a piegare la schiena* (*La miglior vita*, Milano 1977, p. 134). C.

**pastèra,** sf. (sardo). 'Cassettone di mattoni costruito a fianco del muro di un giardino o di un terrazzo e ripieno di terra per coltivarvi i fiori'.

Dal catalano *pastera* 'madia (per la pasta)' e 'recipiente a forma di madia'. Il sardo ha pure una variante *partera*: → *partèrra* [DES]. C.

**pastìglia,** sf. (campano: Napoli). 'Medicinale in pillole', 'pasta di vetro o simile', 'materia molle come cera o creta'.

Dallo spagnolo *pastilla* 'piccola pasta', diffusosi anche in Francia (*pastille*) e in Portogallo (*pastilha*) [D'Ovidio 1892-94: 411].

M. SERAO: *Tutte le botteghe di mercerie avevano esposto corone di pastiglia, di canutiglia, di fiori secchi, di brughiera disseccata e dipinta a varii colori* (*Romanzi e racconti*, I, Milano 1944, p. 8). – S. DI GIACOMO: *polsini attaccati alla camicia, co' margini rotòndi, chiusi da un semplice bottoncino di pastiglia liscia, attaccato col filo* (*Le poesie e le novelle*, Milano 1952, p. 527). C.

**pastóia,** sf. (toscano: Carrara). 'Miscuglio di acqua e farina o crusca per alimento di pulcini, uccelletti in gabbia e simili'.

Come l'equivalente *pastone*, da *pasta* nel senso originario di 'impasto, mangime per animali'. Diversa è l'origine (dal latino tardo *pastoria*, derivato di *pastus* 'pascolo') dell'omofono italiano *pastoia* 'fune legata alla gamba di un animale al pascolo per impedirgli di allontanarsi' [Luciani 1990]. C.

**patàca,** sf. (romagnolo). 'Sciocco, minchione, babbeo'.

La *pataca* era, originariamente, una piccola moneta di rame di scarso valore (due denari), come mostrano alcuni modi di dire: *no savën una pataca* 'non saperne niente', *me an i daréb una pataca* 'non ne darei un soldo', *no stimêr, no valer una pataca* 'non stimare, non valere niente'; anche in abruzzese *në vvalë manghë na patàcchë*. Il passaggio da 'moneta di pochissimo valore' a 'sciocco' si può spiegare, quindi, facilmente, ma non è escluso che si sia passati attraverso il significato intermedio e diffuso anche altrove (Marche, Umbria), facile da intendersi, di 'natura della donna': → *móna*.

S. ZAVOLI: *Boccastorta gli si precipita in un orecchio: «Sta' zitto,* pataca*, che c'è la polizia!»* (*Romanza*, Milano 1987, p. 119) – F. FELLINI-T. GUERRA: *Tutti applaudono. Il signor Amedeo dice alla moglie parlando tra i denti: – Tuo fratello è proprio un gran pataca* (*Amarcord*, Milano 1973, p. 17). C.

**patàffië,** sm. (abruzzese). 'Scrittura lunga e noiosa', da confrontarsi con il lombardo *spatafiada*, che ha lo stesso significato.

Interpretazione popolare della voce dotta *epitaffio* 'iscrizione sepolcrale' [REWS; Giammarco 1985]. C.

**patàja,** sf. (emiliano; romagnolo: *patajòl, patajòla*). 'Lembo della camicia'.

Dal longobardo *paita* 'veste' [RES; REWS].

F. GUCCINI: *litigare in pataglia non è facile* (*Vacca d'un cane*, Milano 1993, p. 113). C.

**patàna,** sf. (calabrese; abruzzese: *patanë*). 'Natura della donna': → *patàta*.

Dal signif. di 'patata', che in quei dialetti ha *patana*, modificazione, per sostituzione di suffisso, di *patata* [DEI]. C.

**patarnòstär,** sm. (ladino-veneto; trentino e friulano: *paternòster*). 'Croco, zafferano selvatico, *Crocus albiflorus* Kit.' e 'colchico, *Colchicum multiflorum* Brot.'.

«La confusione fra le due piante è comune fra il popolo che crede si tratti di una stessa pianta che fiorisce due volte: in primavera e in autunno. La denominazione "paternoster" è comune al Trentino e alla Carnia e si deve al fatto che i bulbi del colchico o del croco vengono, per gioco o per superstizione, infilati a forma di rosario» [Tagliavini 1988]. C.

**patàta,** sf. (ligure: Val Graveglia). 'Organo genitale femminile': → *patàna*.

«Nel senso di 'natura della donna' *patata* è molto comune nei dialetti italiani, accanto a 'nespola', 'castagna', ecc.» (Plomteux 1975). E così anche per il corrispondente meridionale *patana*. Altro traslato è il veneto primierotto *patata* «calcagno nudo che si vede dal buco della calza rotta» (Tissot 1976).

M. VENTURI: *in dialetto locale non attiene esclusivamente al tubero; patata chiamandosi anche la natura delle Fernande, sebbene il suo uso si perda sempre più col progredire della scuola dell'obbligo* (*Sconfitti sul campo*, Milano 1982, p. 50). C.

**patàte mascé,** locuz. sostant. (toscano: pistoiese). 'Purè di patate'.

Dal francese *maché*, 'schiacciare' dalla base *makk-* di *(am)maccare*. C.

**patèca,** sf. (ligure; corso; toscano: Capraia). 'Anguria, cocomero, *Cucurbita citrullus*'.

Voce di origine araba (*baṭṭīha*), più vicina all'originale della variante *pasteca* [FEW]. C.

**paténa,** sf. (laziale; campano; abruzzese; molisano, anche *patina*). 'Madrina', 'comare'.

Femminile di *patìno* 'padrino', da *pate* 'padre'. C.

**patèrla,** sf. (piemontese; ligure: *patèla* e a Monterosso *patina*). 'Ciabatta, pantofola'.

Da una base *patt-*, molto diffusa [REW; FEW]. C.

**pàtina,** sf. (lombardo orientale: anche *pàtena*; veneto; veneto giuliano; friulano: *pàtine*). 'Lucido per scarpe', voce essenzialmente veneta in confronto al contermine *lùstro*. Ne è derivato il verbo veneto *(im)patinare* 'lustrare le scarpe'.

Dall'italiano *pàtina* 'vernice' [Prati 1968; Doria 1987].

F. CAMON: *prendeva il coperchio di una scatola di patina da scarpe e lo metteva sulla fiamma di una candela* (*Mai visti sole e luna*, Milano 1994, p. 133). C.

**pàtiu,** sm. (sardo campidanese), 'cortile'; (logudorese), 'pianerottolo della scala'.

Dallo spagnolo *patio* (*pătuu* in latino tardo, di origine incerta) [DES].

G. DELEDDA: *Il cielo, dietro il* nuraghe, *era tutto color di fuoco: pareva un drappo di scarlatto; ad un tratto un gigante sorse sul* patiu *(il cortile, o meglio una specie di terrapieno che circonda quasi tutti i* nuraghes) *e cominciò a cacciar fumo dalla bocca* (*Romanzi e novelle*, II, Milano 1950, p. 132). C.

**patrìzi,** sm. plur. (ticinese). 'Famiglie residenti da tempo remoto in una zona, raccolte in un organismo detto → *patriziàt*'.

Dal latino *patrīcius* 'proprio dei senatori (*patres*)', giunto per via dotta [Magginetti-Lurati 1975].

P. MARTINI: *Il loro padre non era patrizio del paese, veniva dal Bergamasco, e di Cavergno aveva sposato una donna che aveva sbagliato* (*Il fondo del sacco*, Bellinzona 1970, p. 40). C.

**patriziàt,** sm. (ticinese). 'Organismo che raccoglie le più antiche famiglie di un paese'; comunemente 'pascolo comune di fondo valle'.

Dal latino *patriciātus*, un derivato di *patrīcius* 'patrizio', di trasmissione dotta [Lurati 1968; Magginetti-Lurati 1975]. C.

**patròne,** sm. (corso). 'Marito': *lu mé' patrone*.

Dalla considerazione che le mogli dei montanari corsi, come altrove, hanno dei mariti, come 'padroni' [Salvioni 1916a]. C.

**pattëstùcchë,** sm. (abruzzese). «Cottimo; contratto per lavoro a prezzo fermo» (Giammarco 1976), anche nella locuz. avverb. *a p.* «a cottimo, a giornata senza i pasti o a prezzo fisso (nell'uso prendere un operaio a giornata significa pagarlo con denaro e provvedere al vitto)» (Pellicciotta 1992), anche *a ppattë nnë štócchë*.

Non si tratta di un latinismo medievale, da *pactum esthoc* 'il patto è questo' come suppone il DEI, ma di un composto di *patto* e *(a) stucco*, parola quest'ultima da collegarsi al marchigiano *stuco* 'pezzo unico di molta merce' col v. *stuccà* (marchigiano, ad Arcevia) 'spezzare; vendere o comprare in blocco' riconducibile ad una base germanica (longobardo **stucchi* 'crosta, intonaco' con l'antico alto tedesco *stucki*, tedesco moderno *Stück*), che ha riflessi galloromanzi ed è altresì all'origine del piemontese *stuca* 'boccone' (FEW). *Stucco* in quanto designazione di una pratica contrattuale è voce diffusa altrove. Come documenta il *Glossario delle consuetudini* 1980-1986 (s.v.) «la clausola *a stucco* (*a stocco*, *a stuocco*), tipica dell'Italia centromeridionale, caratterizza le contrattazioni basate su una valutazione forfettaria e approssimativa del bene»: per es. *vendita a stucco*, *contratto a stucco* e *patto stucco* «patto che ha per oggetto una prestazione d'opera, il cui prezzo viene valutato globalmente in accordo fra le due parti». Secondo la stessa fonte questa convenzione si trova particolarmente applicata ai contratti pastorizi nell'Agro romano. M.

**patunèra,** sf. (siciliano). 'Saccoccia, tasca' (in siciliano antico: *pautunera*).

Non dal siciliano *panta* 'tasca', ma dall'antico francese *pautonnière* 'borsa', a sua volta da *pautonnier* 'scellerato, uomo ignobile', stesso significato del siciliano *pautuneri* (Traina 1868) [Maccarrone 1935; DEI]. M.

**paùre,** sf. plur. (toscano: Pistòia). 'Spiriti, entità misteriose che incutono spavento con conseguenti disturbi psicosomatici'. Per la loro guarigione si usava l'→ *èrba lavandàia*.

Da *paura*, l'effetto per la causa. C.

**pàuta,** sf. (piemontese; ligure occidentale: anche *pata*). 'Fango'; da qui il derivato *pautàs* 'palude' di Pancalieri (Torino).

Corrisponde al tipo più esteso *palta*, ricondotto, assieme alla variante *balta*, ad una base mediterranea **palta* molto diffusa soprattutto nella penisola iberica, diversa dall'altra antichissima base **pauta* 'zampa', predominante nel dominio gallo-romanzo [FEW; DEI s.v. *palta*]. C.

**pavàna,** sf. (romagnolo: Faenza). 'Mento sporgente, bazza'.

Sta per *bavana*, come altre denominazioni del mento legate alla *bava*. La *p-* si deve, probabilmente, ad influsso di altra voce [LEI]. C.

**pavère,** sf. (pugliese: Bisceglie). 'Tesa' della coppola (*di la còppue*).

Dall'italiano *baviera*, che era la 'parte mobile dell'elmo a difesa del volto', di provenienza francese [LEI]. C.

**pavièra,** sf. (veneto; anche *pa(v)èra*; veneto giuliano, friulano, lombardo: *pavèra*). 'Pianta acquatica simile al giunco, tifa, *Typha latifolia* L.'.

Dall'aggettivo del latino parlato **(herba)papyrea* 'di papiro', 'simile al papiro' [REW; Prati 1968; Doria 1987].

S. ZANOTTO: *Accanto a essa venivano raccolti altri prodotti palustri, come il cannello per i graticci, la paviera, la rafia, giunco e così via* (*Delta di Venere*, Milano 1975, p. 141). C.

**pavolàta,** sf. (umbro: orvietano). 'Manciata di monete'.

Da *pàvolo* o, più diffusamente, *pàolo*, antica moneta pontificia (grosso papale), aumentata di peso e di titolo dal papa Paolo III nella prima metà del Cinquecento. C.

**pazzià,** v. (campano; abruzzese). 'Giocare, non fare sul serio', 'scherzare'.

Da *pazzo* [DEI; LEA].

G. TOMASI DI LAMPEDUSA: *"Salina, tu vo' pazziare; lo sai che a Caserta sei come a casa tua. A casa tua, sicuro" ripeteva sedendo dietro la scrivania e indugiando un attimo a far sedere l'ospite* (*Il Gattopardo*. Edizione conforme al manoscritto del 1957, Milano 1969, p. 14). – R. BACCHELLI: *Giovanotto, – disse il milite più anziano, – pazziammo?* (cit. in GDLI XII 888). C.

**pazziarièllo,** sm. (campano: Napoli), 'banditore che girava i quartieri della città, indossando una bizzarra uniforme, accompagnato da suonatori, per fare pubblicità a negozi e prodotti'; a Monte di Procida 'merciaio ambulante'; (abruzzese: *pazziarièllë*), 'trastullo, balocco, figurina del presepio'.

Da → *pazzià* con suffisso diminutivo. [Caravaglios 1925; DEI; REWS; LEA].

G. MAROTTA: *Don Peppino Cammarota, "pazzariello" del quartiere Vicaria nella nostra pazza città di Napoli* (*L'oro di Napoli*, Milano 1947, p. 189). C.

**peàna,** sf. (laziale: Arsoli), 'orlo'; (abruzzese: Camarda), 'balza montana'.

Dal latino parlato *pedāna*, da *pes*, genitivo *pedis*, 'piede' in senso figurato [LEA]. C.

**pèc,** sm. (friulano orientale; veneto giuliano; ladino centrale: Val Gardena e Livinallongo). 'Fornaio'.

Dal tedesco *Bäcker* di analogo significato, probabilmente da una sua forma dialettale, bavarese antico *peck* o bavarese-austriaco *Peck*; nel veneto giuliano e friulano la voce può essere giunta sia direttamente sia, come pare più plausibile, attraverso lo sloveno *pek*: il tedeschismo infatti è entrato anche in questa lingua, oltre che in croato (nella forma *pek*) [Doria 1986]. M.

**pécchia,** sf. (toscano, anche *capécchia*, e *pécia* in lunigianese). 'Buccia della castagna, la pelle che ricopre la castagna sotto la buccia', in Garfagnana anche 'panna, pellicola che si forma sul latte'.

Considerata la variante *capécchia*, il DEI ritiene la voce una forma femminile tratta dall'italiano *capécchio* 'filaccia grossa e liscosa che si leva dalla prima pettinatura del lino o della canapa' (dal latino *capitŭlum*, da *caput* 'capo'); *pécchia* si dovrà in tale evenienza ad aferesi della prima sillaba. Diversamente il Rohlfs 1979, senza menzionare la voce *capécchia*, riconduce *pécchia* al latino *picŭla* 'specie di pece', → *péja*. M.

**péccia,** sf. (corso: anche *pégge*). 'Liquerizia'.

Dal latino *picea* 'di pece' per il suo colore e l'appiccicaticcio [Salvioni 1916a]. C.

**pechès(se),** sm. (toscano, con le varianti pisane *pechèsce*, *prechèsce*, e livornese al plurale: *prechèsci*; lunigianese: *pechèsu*, *pechèso*; lombardo, a Milano: *pecchèse*, *pècchese*; veneto, a Venezia: *pechés*; emiliano, a Parma, *pechès*; siciliano: *pichésci*, calabrese: *pichésci(u)*). 'Sorta di lungo pastrano di un tempo', oggi ricordato in tono scherzoso.

Dal tedesco *Pekesche* (sec. XVIII) 'tipico cappotto con pelliccia, proprio dei Polacchi', che lo chiamavano *bekiesza* 'soprabito alla Bekiesz', nome polonizzato del condottiere ungherese Gáspár Kebes, morto nel 1579. C.

**pëdàinë,** sf. (abruzzese, anche *pëtàinë*). 'Zoppina, affezione dei bovini e degli ovini'.

Da un latino parlato **pedāgo, -ĭnis* 'infermità del piede' derivato da *pes, pedis*; un'analoga formazione ma con diverso significato è richiesta dal campano (a Montella) *peràina* 'falda del monte' e dal siciliano *piràinu* 'margotta di pianta' [Marano Festa 1929-33; DEI s.v. *pedàina*; Alessio 1976; Giammarco 1985]. M.

**pedalìno,** sm. (laziale; marchigiano; abruzzese; umbro). 'Calzino da uomo'; nel Settecento è documentato a Napoli nel senso di 'suoletta per la scarpa'.

Diminutivo da *pedale* 'calza maschile; calzerotto', voce di ambito laziale, che risale al latino tardo *pedālis* 'd'un piede di lunghezza', poi 'che riguarda il piede'; sia *pedale* (nel senso di 'calzino'), sia *pedalino* sono parole entrate nell'italiano [DELI; Zolli 1986].

L. PIRANDELLO: *Il corredino del nascituro: fasce, cuffiette, camicine, bavaglini, vestine lunghe infiocchettate, pedalini di lana* (cit. in GDLI XII 916). – A. BALDINI: *Alta, forzuta, stanguta, occhi da maschio, capelli da maschio, sottana al ginocchio, gambe nude e pedalini neri* (cit. in GDLI XII 916). M.

**pèdar bòrsa,** sm. (lombardo: Mantova). 'Pigro'.

Il nome di *Pietro Borsa*, proprio di una stella appartenente al cinto della costellazione di Orione (veneto *Piero Borsa* o *Bosa*, emiliano *Pierbursa* o *Pedar Borsa*, romagnolo *Pirbors*, toscano, a Cortona, *Pér de Borsa*; in abruzzese *piétra vorza* sarebbe la 'capella', la stella principale della costellazione dell'Auriga), è dato al 'pigro', perché quella stella va con un fiasco in mano a portar da bere alle altre due, chiamate 'i segatori' (*Sgadòr*), senza raggiungerle mai per la sua lentezza. Un altro esempio veneto della caratteristica di questo personaggio di arrivare sempre ultimo proviene da Treviso: «Una volta, la *cioca*, el *restel* e la *bela stela*, le levea e le tramontea insieme. Una sera, tra amici, le se gà fermà a çenar a l'ostaria. Co le gà ben magnà, ben bevuo, ciapa su la *cioca* e fora per la prima; drioghe el *restel* e cussita la *bela stela* gà dovesto pagar per tuti. Da quela volta in po' no le xe andae più insieme, e par burlarla i gà ciamà, a la *bela stela, Piero borsa*» (Ninni 1892): «Una volta la *chioccia*, il *rastrello* e la *bella stella* si levavano e tramontavano assieme. Una sera, fra amici, si sono fermati a cenare all'osteria. Quando hanno ben mangiato, ben bevuto, si alza la *chioccia* e va fuori per prima; dietro a lei il *rastrello* e così la *bella stella* ha dovuto pagare per tutti. Da quella volta in poi non sono andate più assieme e per prenderla in giro hanno chiamato la *bella stella Pietro Borsa*» [Volpati 1932; Barozzi-Beduschi-Bertolotti 1982: 587]. C.

**pedestìa,** sf. (calabrese, anche *pedistìa*; salentino, nel leccese: *pedistìa*; pugliese: *pedastèghe*, *pedestèje*, *pedestàje*). 'Stiva dell'aratro', è quella stanga in legno o metallo, singola o doppia, che permette di dirigere l'aratro a mano'.

Composto di *piede* e *stiva*, letteralmente "piede di stiva" [DEI; Rohlfs 1977; Colasuonno 1991-92]. M.

**pedimìa,** sf. (ligure: Savona). 'Lamentazione piagnucolosa, specie dei bambini'; e nella locuzione *fà pedimìa* (ligure: Genova) 'recare fastidio, nausea'.

Interpretazione popolare della parola dotta *epidemia* [REWS]. C.

**pefàn,** sm. (toscano, a Carrara: anche *befàn*, nel versiliese: *pefàno* e nel lucchese: *befanòtto*; lunigianese: *pefàn* e *befàn*). 'Giovane mascherato che, assieme ad altri compagni, egualmente mascherati, andava cantando di casa in casa, la sera precedente l'Epifania, per raccogliere qualche ricompensa in natura o, come più spesso succede oggi, in denaro'.

Maschile di *pefàna*, cioè *befàna* [Luciani]. C.

**pegàr,** v. (ligure: Pigna), 'ungere, spalmare, per esempio miele sul pane'; (ligure: Ventimiglia), 'intingere'; (lombardo), 'insudiciare'.

Dal latino *picāre* 'impeciare', significato ancor vivo in qualche dialetto galloromanzo [REW; REWS; Merlo 1941-57; Azaretti 1982]. C.

**pègher,** sm. (piemontese, a Torino) 'Povero diavolo'.

Assieme a *pegherà* 'morte', *pegarié* 'morire, crepare', proviene dall'ebraico *pegher* 'cadavere', attraverso il giudeo italiano (*è pegariato* 'è morto' a Firenze, *pegariada* 'morte' a Trieste, *pégher* a Venezia, *pégor* a Modena 'morto, cadavere') [Fortis-Zolli 1979; Doria 1987].

P. LEVI: *Balzò in piedi e gridò: «I eu viagià côn 'na pegartà! Viturìn fermé!»: «Ho viaggiato con una morta! Vetturino fermate!»* (*Il sistema periodico*, Torino 1975, p. 7). C.

**pègna,** sf. (siciliano). 'Combriccola'.

La voce è un prestito dallo spagnolo *peña* 'gruppo di amici che si riuniscono' che si configura come un americanismo diffuso dall'America del sud da emigrati che sono tornati in patria [DEI; Beccaria 1968: 68]. M.

**pègola,** sf. (trentino; veneto; veneto giuliano; friulano: *pèule*). 'Sfortuna'.

Propriamente 'pece' (da *picŭla*, dimin. di *pix* come

l'ital. ant. *pegola*); nel senso di 'sfortuna, mala sorte' è un evidente calco del tedesco *Pech* che significa tanto 'pece', quanto 'sfortuna' [DEI; Zolli 1986]. M.

**pegorìn,** sm. (veneto bellunese, nel trevigiano: *piegorìn, pievorìn*). 'Ranuncolo di prato, *Ranunculus acris* L.'.

Letteralmente 'pecorino', è in realtà una deformazione paretimologica della denominazione medievale *pes corvinus* con cui si indicava tale pianta nella tradizione dotta [Rossi 1964]. M.

**pè(i),** sm. (sardo). 'Quarto di noce'. Diversi contratti consuetudinari sardi si dicono *a su pe'*, quando prevedono, in una società, la distribuzione ad un socio di un quarto del prodotto ottenuto (*Glossario delle consuetudini* 1980-86).

Letteralmente 'piede' nell'antico senso di 'proprietà di un quarto di schiavo'. In età medievale gli schiavi potevano appartenere integralmente ad un proprietario (*integros*), oppure essere condivisi con altri per metà (*lateratos*) o per un quarto (*pedatos*) [DES]. C.

**péja,** sf. (piemontese, a Vico Canavese; toscano orientale: *péglia*), 'buccia della castagna'; (veneto, a Grado: *pégia*; veneto giuliano: *péia, pea*), 'grancevola, *Maia verrucosa*'; (istriano, a Pirano: *pea del granso*), 'corazza del granchio'; (umbro e laziale settentrionale, a Montefiascone: *péjja*), 'muschio'.

I vari significati di tutte queste voci sono convogliati al latino *pilleum* 'amnio'; una proposta alternativa si affida, invece, al latino *pĭcŭla* 'pece', come 'materiale vischioso, attaccaticcio', che giustificherebbe il toscano *pécchia* 'pelle che ricopre la castagna sotto la buccia' con lo stesso rapporto esistente tra *maglia* e *macchia* o fra *veglio* e *vecchio* [REW; Brogioni 1982; Doria 1987; Cortelazzo 1989]. C.

**péi folatìn,** sm. plur. (piemontese; ligure, a Pigna: *perfuletìn*, sing.). 'Prima peluria degli uccelli'; in piemontese anche *pèi fòi* o *pèi ratìn* e in genovese *péi gatìn*.

Dal provenzale antico *pel foleti*, letteralmente 'pelo pazzo', da confrontarsi con l'equivalente veneto *pélo màto* [Merlo 1941-57; FEW]. C.

**pelèa,** sf. (campano, anche *pelèja*; calabrese: *pilèja*; pugliese, a Taranto: *pulèa*). 'Pretesto, cavillo; petulanza; seccatura'.

Dallo spagnolo *pelea* 'discordia; disputa verbale'; nel napoletano è attestato anche il verbo *peleà* 'contendere, contrastare' dallo spagnolo *pelear* di significato analogo. Il perdurare dell'ispanismo pare qui dovuto all'accostamento all'italiano *pelo* ed alle accezioni quali "trovare il pelo nell'uovo", 'cavillare' [DEI; Beccaria 1968; Salzano 1979; Gigante 1986]. M.

**pelegrìna,** sf. (toscano: carrarese). 'Fame'.

Questa è l'interpretazione, che Luciani dà alla parola nell'usuale frase rivolta ai bambini, che non vogliono mangiare: *se n te vo magnàr, dop al ven la pelegrina!* Forse occultamento di *pelagra* 'pellagra' [Luciani]. C.

**pèlg,** sf. (romagnolo: anche *palg*). 'Punto profondo del fiume'.

Dal latino *pelagus*, che significa 'mare', ma che ha sviluppato in vari dialetti romanzi, anche lontani dalle coste, il senso di 'fossa', 'pozzanghera' e simili [REW; REWS]. C.

**pelìn,** sm. (veneto istriano: Lussimpiccolo). 'Assenzio', specie nella espressione *amàro come el pelìn* 'amarissimo'.

Dal serbo-croato *pèlin* 'assenzio', voce slava molto diffusa nella penisola balcanica [LEI]. C.

**pelipràn,** sm. (emiliano: piacentino), «antica misura di lunghezza ch'era norma alla distanza delle costruzioni, piantagioni, fossati ecc.» (Foresti 1882); (lombardo, a Grosio: *prelipànt, perlipànt*), «area di servitù fondiaria ad uso comune» (Antonioli-Bracchi 1995). È l'italiano «piede liprando: unità di misura agraria usata in età anteriore alla diffusione del sistema metrico decimale» (GDLI IX 123), equivalente a m 0,446 a Milano, a m 0,514 a Torino.

Da *Liutprando* (nei testi anche *Aliprando, Eliprando, Lioprando*), che avrebbe introdotto tale misura. Secondo antichi glossatori, la misura corrispondeva alla lunghezza del suo piede: «Dopo Alberigo regnò re de' Longobardi Eliprando, il quale fu grande come gigante, e per la grandezza del suo piede si prese la misura delle terre, e chiamasi ancora a' nostri tempi piè d'Eliprando, il quale è poco meno d'uno braccio a la nostra misura, e così è intagliato alla sua sepultura a Pavia» (G. Villani, *Cronica* III 9). C.

**pélma,** sf. (lombardo; ladino centrale, nel gardenese; ladino-veneto: agordino). 'Favo, focaccia di miele'.

La voce, diffusa anche nel ladino svizzero, deriva dal latino *pēgma* (latino volgare **pēuma*) a sua volta dal greco *pêgma, -atos* 'corpo indurito, concrezione', voce continuata anche in altre aree romanze, ad es. nel rumeno *pielmă* 'farina aggiunta alla pasta del pane di granturco per renderla più consistente' [REW; DEI; REWS; Rossi 1992]. M.

**pélta,** sf. (emiliano: Cavriago). 'Tabaccheria'.

Da *(ap)palto*, che è nome ancora molto diffuso nei dialetti per il 'negozio di vendita di tabacco'. C.

**pempamòrti,** sm. plur. (toscano: Arcipelago). 'Offerte fatte nel giorno dei Defunti'.

Da interpretarsi *bene per i morti*, come conferma la locuzione versiliese *fa il bendemmòrti* 'distribuire abbondanti elemosine in natura ai poveri in occasione del 2 novembre, in suffragio dei propri morti', a cui corrisponde nel carrarese e nel lunigianese il *ben di morti* [Cocci 1956; Masetti 1972-73; Luciani; Fanciulli]. C.

**pencèllo,** sm. (umbro, a Magione; marchigiano, ad Arcevia). 'Pennecchio, quantità di filo o lana messa sulla rocca per filarla'.

Dal latino parlato **penicĕllus* per *penicillus* 'pennello'; con diverso suffisso l'umbro (Fabriano) *pincitto*; il perugino *pencèllo* accanto a *péncio* (retroformazione) «piccolo straccio» (Catanelli 1970), formalmente uguale, sarà in origine un "pannicello" [DEI; REWS]. M.

**pénduli,** sm. plur. (ladino centrale, nel Comelico), 'pezzi di carne affumicata'; (ladino centrale, nell'ampezzano: *péndora* sf.), 'pezzo di carne affumicata appeso a stanga nel soffitto della cucina'; (ladino-veneto, nell'agordino: *péndol del pàn*), «specie di gabbia sospesa nella quale si infilavano, tra una stecca e l'altra, le forme di pane» (Pallabazzer).

Le denominazioni, che alludono al fatto che i pezzi sono appesi, cioè "pendono", sono riflessi del latino *pendŭlus* 'pendente' o piuttosto deverbali del dialettale *pendolàr* 'pendere'. La forma ampezzana presenta il caratteristico rotacismo di *-l-* [Tagliavini 1988]. M.

**péne,** sf. plur. (corso; toscano: Pisa; sardo: *is pènas*). 'Doglie del parto'.

Senso particolare di *pena* 'dolore', già attestato in latino per i dolori del parto, che in ligure assume, invece, il significato isolato di 'epilessia, mal caduco' [Plomteux 1975]. C.

**pénna,** sf. (toscano). 'Roccia'.

Il nome, molto diffuso nella toponomastica dell'Italia mediana, continua, come lo spagnolo *peña* e il guascone *pene* 'roccia', il latino *pĭnna*, tanto 'penna', quanto 'freccia' e traslati derivati [FEW; Rohlfs 1979; Corominas].

V. GIOBERTI: *L'incivilimento italiano ... mise radice nelle pianure rilevate di fruttiferi colli e corse da rivi pescosi, che sottostanno alle penne delle Alpi* (cit. in GDLI XII 1020). C.

**pennecà,** nella locuz. *stà a ppennecà* (laziale: Amaseno; abruzzese: *pënnëcchià* e *appënnëcarsë*; campano: *appennecarse*), 'fare un pisolino'.

Dal latino parlato **pendiculāre* 'essere sospeso, inclinare' (derivato da *pendēre*) perché chi dorme seduto si piega ('pende') ora da un lato, ora dall'altro, ora davanti, ora indietro. Ne deriva anche il romanesco *pennichèlla*, anche *pennichétta*, 'breve sonnellino pomeridiano', diminutivo di *pènneca* (laziale; marchigiano) entrato oramai anche in italiano; l'origine della voce allude al declinare della testa di chi sta per addormentarsi in scomoda posizione [Vignoli 1926; REW; LEA].

R. BACCHELLI: *Figuriamoci se posson turbarmi critiche, non dico il sonno della notte, ma nemmeno il pisolino pomeridiano detto 'pennichella'* (cit. in GDLI XII 1029). – A. MORAVIA: *Su, basta con la televisione, andiamo a fare la pennichella* (*ibidem.*) C.

**pénnice,** sm. (calabrese: San Giovanni in Fiore). 'Pensiero assillante'.

Da *p(i)énnice* 'sciame d'api' (dal continuo ronzio), che dipende dal latino *pendix* 'cosa che pende', dal verbo *pendēre* 'pendere, penzolare, essere sospeso'. C.

**pèntu,** sm. (piemontese). 'Pettine'.

Dal latino *pecten*, genitivo *pectinis*, 'pettine' con l'anticipazione della *-n-*, che si ritrova anche nel provenzale. Curiosa è l'espressione *un afé dël pèntu* 'un cattivo affare', di cui si danno parecchie spiegazioni, e per ciò stesso molto sospette. «Come i capelli di seconda mano che le raccoglitrici di capelli della Val d'Elva acquistavano dalle donne, che traevano dal pettine invece di tagliarli dalle chiome» oppure «da una corona napoleonica male incisa su certe monete e rassomigliante a un pettine» (Gribaudo-Seglie 1972-75) [Levi 1927]. C.

**pènzi,** sm. plur. (laziale: Amaseno e Castro dei Volsci). 'Calzoni'.

Americanismo, da *pants* 'calzoni'; nelle stesse varietà dialettali si riscontra anche *ontrepènze* 'mutande' da *underpants* di uguale significato, sempre di provenienza americana [Zamboni 1986]. M.

**peòcio,** sm. (veneto; veneto giuliano: *pedòcio*). 'Mitile, cozza, *Mytilus galloprovincialis* Lamk'.

Letteralmente 'pidocchio', così chiamato per la sua forma ovale, allungata.

G. MAROTTA: *Spacciava al defluente pubblico del Teatro Nuovo i peoci al succo di limone* (cit. in GDLI XII 1071). – E. MONTALE: *Ricerchi invano / posti a Milano, / solo tra i proci / mangi peoci* (*Poesie disperse*, in *Tutte le poesie*, Milano 1984, p. 819). C.

**peòte,** sf. plur. (lombardo: Mantova; emiliano, a Mirandola: *peode* e *paioden*, a Modena: *peoden*). 'Basette, pizzi, favoriti'.

Dall'ebraico *pe'oth*, letteralmente 'angoli', e poi 'ciocche di capelli lasciati crescere agli "angoli" della testa' [Mayer Modena 1988]. C.

**peparòla,** sf. (marchigiano: Jesi). 'Asso di coppe'.

Per l'immagine impressa nella carta da gioco, che può ricordare il 'vasetto per conservare il pepe' [Urieli 1979]. C.

**pépa téncia,** locuz. sostant. (lombardo). 'Regina di picche' nel gioco delle carte che resta, dopo vari giri, spaiata, nelle mani del perdente.

Nome scherzoso ('Giuseppa tinta', sostituita dal *pédru néigru* 'Pietro nero', il 'fante di picche' in Valtellina), il quale ricorda l'*omo nero*, denominazione toscana del medesimo gioco. C.

**pepèrna,** sf. (campano, nel napoletano). «Erba peperella» (Salzano 1979) o 'santoreggia, *Satureja hortensis* L.'.

Dal latino *piperinus* agg. 'di pepe'; la santoreggia, le cui foglie servono per aromatizzare carne, pesce e legumi, ha denominazioni analoghe nel veneto *pevarèla*, e nell'abruzzese *erba pepe* (forme registrate dal repertorio di Penzig 1924) [DEI]. M.

**pepéti,** sm. plur. (marchigiano: Ancona). «Pasta per minestra» (Spotti 1929).

Diminutivo di 'pepe'; si tratta infatti di pasta piccola come grani di pepe. M.

**pëppëcàlicë,** sm. (calabrese, a Rocca Imperiale). 'Specie di sassifraga'.

La voce dipende, secondo il DEI (s.v. *peppecàlice*), da un latino regionale **epichalix, -icis* (dal greco *chálix, -ikos* 'ciottolo') per indicare una pianta che cresce sulle pietre. M.

**peracottàro,** sm. (laziale; toscano: *perecottàio*). 'Venditore ambulante di pere cotte' e, figuratamente, 'persone da nulla'.

Da *pera cotta* col suffisso di mestiere *-aro*. Il senso metaforico è accentuato nella locuzione *fare una figura da peracottaro* 'fare una trista figura', che ricorda il modo settentrionale *fé una figura da cicolaté* (piemontese), *fà figura da cicolattée* (milanese).

A. ARBASINO: *Il monellaccio entusiasta e il peracottaro disilluso* (cit. in GDLI XII 1085). C.

**pèrca,** sf. (sardo centrale e logudorese). 'Grotta, caverna, buco nei muri, fessura fra due rocce o pietre; anche *prèca, pèrcia*'.

Dal latino **spĕcula*, diminutivo di *spĕcus* 'caverna'. La *s-* è caduta perché confusa con la *-s* finale dell'articolo femminile plurale (*las spercas* > *las percas*) [DES].

G. DELEDDA: *A notte alta il servo ritornò con la vacca zoppicante, e disse di averla trovata in fondo ad una* perca (*burrone*) (*Romanzi e novelle* II, Milano 1950, p. 353). C.

**përchiàzza,** sf. (salentino, con varianti; pugliese, a Barletta: *pricchiàzzi*). 'Porcellana', pianta erbacea (*Portulaca oleracea*).

La forma *prugghiazza* è più vicina al nome latino della pianta, *portulacea*, da *portulaca* [REW; REWS; Rohlfs 1959].

R. NIGRO: *Per mettere qualcosa nello stomaco strappai delle erbe perchiazze, a casa usavamo condirle con aceto ed erano callose e dolci* (*Dio di Levante*, Milano 1994, p. 174). C.

**pèrcia,** sf. (calabrese; siciliano). «Stanga, timone, pertica; canna lunga e grossa; bacchetta nella gabbia degli uccelli» (Rohlfs 1977), in siciliano anche «attaccapanni che nelle case dei contadini funge da armadio rudimentale, costituito o da un asse di legno o da una corda tesa ai due lati di un angolo di una stanza» e «corda per stendere la biancheria ad asciugare», a Cerami «bacchio, lunga pertica usata per prendere i frutti sull'albero in modo da farli cadere e poterli raccogliere» (Piccitto 1990).

Dal francese *perche* (XIII sec.) 'pertica' (dal latino *pertĭca*) passato anche allo spagnolo *percha* 'pertica, attaccapanni' [DEI; Rohlfs 1977a]. M.

**perciàre,** v. (calabrese, con varianti; siciliano: *(s)pirciari*; campano, a Napoli: *percià*). 'Bucare, perforare'.

Dall'antico francese *percier* di analogo significato, a sua volta dal latino parlato **pertusiāre* 'passare da parte a parte', continuato anche dal campano *pertosa(re)*, pugliese *prettesà*, calabrese *pertusare*, siciliano *pertusari* 'bucare' [DEI; REWS]. M.

**percuntàri,** v. (calabrese), 'perseguitare, bersagliare'; (sardo: *pregontare, preguntare, pregontài, preguntài*), 'interrogare, domandare'.

Dal latino *percontāre* 'sondare, interrogare per conoscere l'opinione altrui'; ne deriva pure lo spagnolo *preguntar* che può aver influito sul sardo moderno (nel sardo antico il v. è documentato nella forma *percontare, precontare*). Formazione deverbale in sardo è il sf. *pregonta* 'domanda' [DEI; DES]. M.

**perdeàre,** v. (sardo logudorese). 'Bestemmiare'.

Dalla frequenza dell'esclamazione, spesso occultata, *perdéu!* 'per Dio', così come in spagnolo *pordiosear* 'mendicare, chiedere l'elemosina di porta in porta' proviene dall'invocazione *por Dios!* [DES]. C.

**pèrder la nubirtà,** locuz. (lunigianese, con varianti). 'Si dice ironicamente a chi rifiuta certi lavori ritenuti da lui indecorosi'.

Letteralmente 'perdere la nobiltà', cioè la dignità [Masetti 1972-73]. C.

**perinchìre,** v. (calabrese, anche *parìnchiere* e altre varianti), «riempire, ricolmare fino in cima; rincalzare le patate o il granone» (Rohlfs 1977); (siciliano: *prïnchiri* e varianti), «riempire, rabboccare un recipiente, riempirlo fino all'orlo; imbeccare; istigare; stimolare; indurre qualcuno a una disposizione malevola nei confronti di un altro con certi discorsi apparentemente innocenti o fatti a fin di bene, ma in realtà sottilmente cattivi ed egoistici» (Piccitto 1990).

Dal latino *perimplēre* 'riempire del tutto', derivato di *implere* 'riempire' [DEI]. M.

**peripazìa,** sf. (emiliano: Piacenza). 'Stranezza, stravaganza'.

Dall'italiano *peripezia*, dal quale è stato ricavato il nucleo semantico di *pazzia*. C.

**perlìn,** sm. (veneto giuliano: anche *blu perlìn*). 'Turchinetto', polvere per imbiancare il bucato.

Dal tedesco *Berlinerblau* 'blu di Prussia', letteralmente 'blu berlinese' [Doria 1987]. C.

**permenìre,** v. (veneto, nel vicentino, nel veneziano: *perminìr*; trentino, nel roveretano: *permenìr*). 'Scontare, pagare il fio'.

Verosimilmente sono derivati del latino **per(di)minuere* passato a *-diminuīre* con *per-* prefisso rafforzativo attraverso i significati di 'diminuire', 'togliere da un conto' [Prati 1968; Pellegrini 1977a: 261]. M.

**pernalùcë,** sf. (campano: Monte di Procida). 'Lucciola'.

Denominazione isolata, composta di *perna* 'perla' (ma nella vicina Lucania *perna* sta anche per 'meta del pagliaio') e *lùcë* [Ankersmit 1934]. C.

**përnišé,** v. (piemontese). 'Tremare, morire dal freddo'.

«Senso desunto da *piè la përniš*, che come → *grive*, al figurato significa 'soffrire il freddo'» [Levi 1927]. C.

**përnócë,** v. (abruzzese, anche *përnéucë*). 'Nuocere'.

Richiede un latino parlato **pernocēre* formato su *nocēre* 'nuocere' [DEI s.v. *pernuocere*; REWS]. M.

**pernutà,** v. (abruzzese). 'Notare'.

Dal latino tardo *pernotāre* (Boezio) tratto da *notāre* 'segnare'; dipende da una forma con il prefisso *stra-* (< *extra-*) il siciliano *stranutari* 'villaneggiare' [DEI s.v. *pernotare*; REWS]. M.

**peròccola,** sf. (campano; abruzzese: *paròcchë, peròcchëlë*; calabrese settentrionale: *pir(u)òccula*; lucano: *paròcchëlë, paròcculë* [→ *žàmmaru*]), 'mazza nodosa con un'ingrossatura in punta', in particolare, usata un tempo dai pastori; (campano, nell'irpino), 'pedo, vincastro'.

Secondo Alessio, le voci sono probabilmente da accostare all'italiano *sprocco* 'fuscello, stecco', da un latino **scoropus* 'stecco' incrociato con *broccus* 'dai denti sporgenti' (da cui l'italiano *brocco* 'germoglio'); nel tipo *peroccola* può essere intervenuto un accostamento paretimologico a *pera*. Meno laboriosamente, Valente vi riconosce un derivato del latino *pirus* 'pero' (poi corretto in *pedum* 'vincastro') o *pirum* 'pera' col suffisso *-oc(c)a*, formato sul modello del meridionale *mazzocca* 'mazza' [Alessio 1976; Valente 1993 e 1995]. M.

**perpojìn,** sm. (piemontese, con varianti). 'Insetto che vive tra le piume dei polli'.

Da *pui pulìn* 'pidocchio pollino' [Garbini 1925: 696; Levi 1927].

P. LEVI: *è un miscuglio di sterco, terra, sassi, becchime, piume e përpôjìn (sono i pidocchietti delle galline, che si annidano sotto le ali: non so come si chiamino in italiano)* (*Il sistema periodico*, Torino 1975, p. 185). C.

**pertegàr,** v. (veneto: trevigiano). 'Percorrere, fare molta strada'.

Da *pertica* (in dialetto *pèrtega*) come misura di lunghezza (cfr. nel veneto centrale *pertegare i campi* 'misurare') [Prati 1968]. M.

**pèru di la tìtta,** locuz. sostant. (sardo: Sassari; campidanese: *pìlu de ditta*). 'Mastite'.

Letteralmente 'pelo della mammella'. La credenza che l'ingorgo sia dovuto a qualche pelo infiltratosi negli organismi galattofori è molto diffusa, anche fuori d'Italia [Corso 1956; FEW]. C.

**pešacantàre,** sm. (sardo: Oliena). 'Cervo volante (insetto)'.

Letteralmente 'alzati a cantare', denominazione legata al fatto che nelle rime infantili gli insetti (coccinella, farfalla, ecc.) vengono spesso esortati a volare. Una interpretazione, meno probabile però, potrebbe essere 'pesa quintale' (*cantàre* 'quintale'), tenendo conto di altri nomi dell'insetto del tipo *pesa-sassi* e *porta-sassi* (in Toscana), *pesa-capelli* (pisano, veronese) [DES]. M.

**pèsamu,** sm. (siciliano; sardo logudorese: *pèšamu*, campidanese: *pèšame*). 'Condoglianza'; *dàri lu pèsamu* (siciliano) 'porgere le condoglianze'.

Dallo spagnolo *pésame* 'condoglianza' e *dar el pésame* 'far le condoglianze', voce attestata anche all'antico napoletano che ha *pésamë* 'condoglianza, commiserazione, pietà' [DEI; Beccaria 1968; DES; Michel 1996]. M.

**pešàu,** part. pass. (sardo: nuorese). 'Allevato col nome di un parente': *ana pešau su babbu*. Infatti, si usa dare al neonato il nome di un parente defunto *pro lu pešare*, cioè per perpetuarne il nome. Sennonché si crede che il piccolo acquisti pregi e difetti di colui che viene *peṡau*, come mostra il proverbio di Buddusò *su numen tirat* (Espa 1981: 2, 275), dove il verbo *tirà* significa 'somigliare a un parente nei caratteri fisici e morali'.

Da *peṡare* nel senso di 'sollevare, alzare, elevare' (DES) il morto. Nel sassarese *pisà* (*a lu giàiu*) 'attribuire al neonato il nome del nonno'. Per analogia semantica → *arleà* e → *carvèr*. C.

**pésce llunàtu,** locuz. sostant. (marchigiano: Macerata). 'Pesce pescato in novilunio'.

Da *lùna*, perché i pescatori ritengono che «il pesce pescato a luna nuova va soggetto a corrompersi facilmente» [Ginobili 1965]. C.

**pésce prète,** sm. (toscano; ligure: *péscio praeve*; abruzzese: *pèsciё prèddё*). 'Pesce lucerna, uranoscopo, *Uranoscopus scaber* L.'.

Così chiamato perché gli occhi stanno nella parte superiore della testa, come guardasse il cielo (e pregasse). Da qui anche il suo nome scientifico, di ascendenza greca, che letteralmente significa 'guardante (dal verbo *skopéō*) il cielo (*ouranós*)'. C.

**peṡenàl,** sm. (friulano). «Misura di aridi di litri 12 e 1/2 in media fra i diversi centri mercantili del Friuli. Era la sesta parte dello staio» (Nuovo Pirona 1935).

Dal latino **pe(n)sus senālis* (da *seni* 'a sei a sei; sei per volta'), etimo giustificato per l'appunto dal fatto che era la sesta parte dello staio [Pellegrini-Marcato 1992: 692]. M.

**pesión d' cavéj,** locuz. (piemontese). 'Ciocca di capelli'.

Dal verbo *pesiè* 'pizzicare', dalla stessa base elementare *pits-* dell'italiano *pizzicare* e dei suoi corrispondenti dialettali [FEW]. C.

**péssulu,** sm. (calabrese, con varianti, anche come sf.; al plur.: *pézzula*). 'Scheggia di legno'.

Dal latino *pessulus* 'chiavistello' [Rohlfs 1977]. C.

**pestaróla,** sf. (ladino centrale). 'Pennato; coltello ricurvo per potare'.

Derivato da *pestare* con suffisso, per il fatto che l'arnese serve a tagliare con colpi ripetuti [Pellegrini-Marcato 1988]. M.

**pesternàr,** v. (veneto giuliano e istriano). 'Cullare, accudire i bambini'.

Denominale da *pèsterna* 'bambinaia' (derivato dallo sloveno *pêsterna* con lo stesso significato), voce nota, oltre che nel veneto giuliano e istriano, anche nel bisiacco (*pèstena*) e nel veneto lagunare di Grado [Doria 1987]. M.

**pestìn,** nella locuz. *sapér de pestìn* (toscano: carrarese). 'Sapere di selvatico, avere odore di bestia selvatica'.

Corrisponde all'italiano *bestino* (da *bestia*) con probabile sovrapposizione di *pésta* [Luciani]. C.

**pésto,** sm. (ligure) anche *péstu*. «Specie di salsa o condimento che si fa alla minestra, e si compone di basilico o maggiorana o prezzemolo, di aglio e cacio, pestati insieme nel mortaio e sciolti con olio e con acqua in cui fu cotta la minestra che si vuol condire» (Casaccia 1876).

Evidente derivato dal dialettale *pestà* 'pestare', il termine è ormai usato anche in italiano, specie per indicare un condimento della pastasciutta. Molto noto è il primo piatto costituito dalle 'trenette con il pesto' (→ *trenète*) [DELI; Zolli 1986].

G. COMISSO: *Dopo in un pestello per il sale cominciò a spiccicare aglio, basilico, burro e olio per fare il pesto alla genovese da condire la pasta* (cit. in GDLI XIII 193). – E. MONTALE: *Le 'trenette col pesto' non riuscivano bene oliate e insaporite col pecorino sardo* (*ibidem*). M.

**pestuzàr,** v. (veneto primierotto). «Muoversi continuamente andando qua e là agitati fra le persone, importunando», col deverbale *pestùz* sm. «chi non è capace di stare quieto; chi va da uno all'altro importunando» (Tissot 1976).

Derivato dal dialettale *pestàr* 'pestare, spaccare', equivalente dell'italiano, dal latino tardo *pistāre* [REW]. M.

**petanlèr,** sm. (piemontese; emiliano: *patanlēr, patanlēri*), 'corta veste da camera'; (romagnolo *patanlèr*), 'specie di veste da donna, corta sino alle natiche'; (veneziano *petarlèr*; emiliano e romagnolo: *patanlēr*, a Modena: *patanlèri*), 'corta sottanella da bambino'.

Dal francese *pet-en-l'aire* 'veste da camera, che giunge ai reni', letteralmente 'peto all'aria' [LEI]. C.

**petàre,** v. (veneto; friulano: *petà*) 'battere, percuotere, picchiare'.

Deriva, molto probabilmente, dal latino *peditāre* (da *pes - pede*) 'battere, percuotere' (in origine 'scalpitare', 'battere con i piedi'?) [REW; Pellegrini 1992: 136]. M.

**pétё,** sm. (molisano; lucano: *pīt*; salentino: *apitё*, *apitu*; calabrese: *apite* e *apita* come sf.). 'Abete'.

Secondo il LEI si tratta di continuatori del latino *abies* 'abete' e tali forme (con *ap-*) sono dovute ad assordimento; diversamente il DEI vi vede un influsso del greco *pítus* 'pino' o del latino *pinus* 'pino'. Alle forme dialettali citate va aggiunto anche il pugliese (Taranto) *apito* 'pezzo di legno col quale si rinforzano gli alberi e le antenne di una nave', voce che Rohlfs 1964 aveva interpretato come derivato del greco *lepís, -ídos* 'scaglia, squama' con sovrapposizione secondaria di *abies*, ipotesi da escludere per ragioni semantiche. M.

**petès,** sm. (veneto giuliano). 'Bevanda superalcoolica di qualità scadente', 'liquore in genere'. Di qui, probabilmente, anche il chioggiotto *petasièro* 'ubriacone'.

Fra le tante etimologie proposte è da scegliere, forse, quella che si rifà a *peto* 'flatulenza', dunque 'bevanda dall'odore graveolente' [Doria 1987].

S. SLATAPER: *Dal caffè dove bevvi petess la sera della calata, sbocca una comitiva di ominacci con barba, vestiti da donna* (*Il mio Carso*, Milano 1989, p. 116). – ID.: *Il capo beve petecchio come acqua, e non traballa mai, ma andando coi suoi passi ben piantati vigila dall'alba alla notte il lavoro* (*ibidem*, p. 146). C.

**petìre,** v. (sardo, anche *pedìre, pedìri*, a Bitti: *pètere*). 'Chiedere per ottenere' (confronta specialmente il campidanese *pedìri limòsina*) in confronto a *dimandare* 'domandare per sapere' (*dimandare parri* 'chiedere un parere').

Dal latino *pĕtere* 'richiedere' con una forma parallela **petīre* [DES; Loi Corvetto 1983]. C.

**petlè,** v. (ladino centrale, a Cortina: *petlarà*; ladino: *petlè*). 'Mendicare, scroccare'; (veneto settentrionale: *petelàr*), 'far moine'. Anche *ṡi a pètlar* a Cortina, *ji a le pètla* nel Livinallongo 'andare a mendico'.

*Pètlar* 'mendicante' è il tedesco *Bettler*. Potrebbe servire ad appoggiare, come parallelo, l'origine tedesca della locuzione veronese *nare a manghèl* 'rubare', che si è accostata al cimbrico *mangaln*, *mangili* 'mancare', ma l'abbondanza di riscontri fa propendere, per quest'ultima, per una provenienza zingarica [Bondardo 1972; Cortelazzo 1989; EWD]. C.

**petrófalu,** sm. (calabrese). 'Colostro, primo latte'.

Le numerosissime varianti del nome non aiutano a ricavarne l'origine, che si desume piuttosto dal bovese *poprogalo* e, meglio ancora, *protògalo*, che riproduce esattamente il neogreco *prōtógalon*, in antico *prōtógala* 'primo (*prōto-*) latte (*gala*)' [Rohlfs 1964 e 1977]. C.

**petrumèrulu,** sm. (calabrese settentrionale, anche *petrumìerulu*). 'Passero solitario'.

Secondo il DEI è rifacimento del latino *saximerŭlus* attestato dalle glosse, a sua volta calco sul greco *petrokóssyphos* 'specie di merlo' (continuato nel greco di Bova *petrocòssifo* 'passero solitario'), mentre Rohlfs 1964 lo fa risalire al greco incrociato con *merlo*; in calabrese questa specie si chiama anche *mèrulu petrolu*, in siciliano *merru di rrocca* o *merru rruccaloru* (Piccitto 1985). M.

**pettàta,** sf. (toscano: corso; calabrese; siciliano; marchigiano: *petata*; abruzzese: *pëttatë*). 'Salita ripida e faticosa'.

Da *petto*, così detta, come spiega il Fanfani 1863, «dall'affanno del petto che si patisce a salirla» [Salvioni 1910: 843; REW; REWS; DEI].

R. FUCINI: *Arrivati in cima a quella pettata, si presentò un lungo tratto di via pianeggiante* (cit. in GDLI XIII 207). C.

**pettìglia,** sf. (campano, a Napoli; calabrese), 'pettorina'; (siciliano: *pittìgghia*), «pezzo di tessuto leggero, spesso ricamanto, che si applica alle vesti in corrispondenza del petto, per ornamento; corsetto, busto», nel catanese (Piedimonte Etneo, S. Alfio) «particolare corpetto a cui vengono fissate le dande per sostenere i bambini quando movono i primi passi», talvolta anche «grembiule di cuoio usato dai mietitori per proteggere il petto» (Piccitto 1990).

Il DEI individua all'origine di queste voci un prestito dallo spagnolo *petillo* 'pettorina' (da *peto* 'armatura del petto, corazza', a sua volta un italianismo). M.

**pettinàle,** sm. (calabrese; campano, nel napoletano: *pettenale*; abruzzese: *pëttënarë*; siciliano: *pittinali*). 'Pettignone (parte vicino al pube), pube'.

Da un latino medievale *pectinālis* (da *pecten* 'pettine') passato all'inglese (*pectinal*, a.1541) come termine di anatomia; nel siciliano vi sono anche le forme *pettineḍḍu*, *pittineḍḍu*, con cambio di suffisso [DEI]. M.

**péttola,** sf. (laziale meridionale, campano, anche *péttula*; abruzzese: *péttëlë*), 'sfoglia, pasta distesa col matterello'; (calabrese settentrionale: *pìttula*), «frittella di farina impastata che si mangia a Natale)» (Rohlfs 1977).

Da un latino parlato **pittŭla*, diminutivo di *pitta* 'focaccia'; secondo una diversa ipotesi, dal greco *pétalon* 'lamina' [DEI; GDLI].

A. MORAVIA: *«Adesso vi mettete a tavola con noi... abbiamo fatto la pettola e i fasuli», che a Fondi vuol dire la pasta e i fagioli, «e mangiate con noi e finché non arrivano le vostre provviste, mangiate le nostre... tanto poi vengono gli inglesi e porteranno tutto, e ci sarà l'abbondanza e quello che conta, adesso, è mangiare e stare allegri.»* (*La ciociara*, Milano 1957, p. 88). M.

**pià,** inter. (istrioto: Rovigno). 'Rispettosa formula di cortesia che si usa con le persone anziane nelle interrogazioni al vocativo': *cheî dìs de vùi, pià?* 'che dite, signore?', *duve sìde, pià?* 'dove andate?'.

Come suppone Pellizzer 1992, probabile riduzione del veneziano (della plebe e del contado) *piase?*, letteralmente 'piace?', «voce responsiva di chi o non ha inteso l'interrogatorio o si senta chiamare» (Boerio 1856), usata come il francese *s'il vous plaît* 'se vi piace (rispondere)'. C.

**pìa de gat,** locuz. sostant. (marchigiano). 'Erba gatta, *Nepeta Cataria* L.'.

Letteralmente, 'orma di gatto', alla quale assomigliano le sue foglie. Del resto, tutti i nomi di questa pianta si riferiscono direttamente al 'gatto' [Penzig 1924; Balducci 1989]. C.

**piàdena,** sf. (veneto). 'Scodella', «vaso di legno, a guisa di piatto grande ad uso di cucina» (Boerio 1856).

Dal greco *pláthana* 'piatto, forma per cuocere al forno il pane' [Cortelazzo 1970]. M.

**piàgna,** sf. (lunigianese; toscano), 'lastra; lastra di pietra per tetto', 'chiudenda del forno'; (emiliano), 'lastra'; (friulano: *plagne*), «pianello, striscia di terreno arabile compresa fra due filari di gelsi o di viti» (Nuovo Pirona 1992).

Dal latino parlato **plānia* tratto da *plānus* 'piano', riflesso anche nell'emiliano (reggiano) *piagnól* (non *plagnól* come in DEI) «cubàttolo, schiaccia, strumento per prendere gli uccelli» (*Vocabolario reggiano-italiano* 1832), 'trappola per uccelli', e nel veneto (veneziano) *piagnàr* 'appianare, far piano' [AIS; DEI; Rohlfs 1979]. M.

**piàio,** sm. (veneto: veronese; in altri luoghi del Veneto: *piàgio*). 'Pittima', 'seccatura'.

Dal latino *placitum* 'causa, lite, querela', attraverso la variante medievale *plaitum* [Bondardo 1986; Petrolini 1987]. C.

**piallàccio,** sm. (toscano). 'Zolla di terra erbosa'.

Estensione del significato di 'ciascuno dei listelli che costituiscono lo scarto di un tronco segato per ridurlo a sezione quadra' con la *pialla*: si tratta, infatti, di 'fette' di terra.

R. FUCINI: *Tirò fuori il roncolo, si chinò e ficcandolo nel terreno acquitrinoso del prato, levò un piccolo piallaccio* (cit. in GDLI XIII 264). C.

**piàna maggiùri,** sf. (siciliano, anche *plana maggiuri*; abruzzese: *piana maggiorë*). 'Stato maggiore dell'esercito', 'i capi più autorevoli'.

Espressione mutuata dallo spagnolo *plana mayor* di significato analogo [DEI s.v. *piana maggiore*; Beccaria 1968]. M.

**pianèr,** sm. (veneto giuliano, anche *pienèr*, *panèr*). 'Paniere, cesto di vimini'.

Dal latino *panārium* 'corbello' [Doria 1987].

P. A. QUARANTOTTI GAMBINI: *C'erano sempre militari, nei vagoni col terrazzino; militari anche lì, adesso; e non soltanto contadine con la cesta, il* pianèr, *che scendendo si rimettevano sul capo, e bambini e gitanti* (*L'amore di Lupo*, Torino 1977, p. 38). M.

**pianigiàno,** agg. (toscano). 'Lento nei movimenti e nell'agire'.

Da *piàno*, sostantivo e avverbio, con volontaria sovrapposizione di *pianigiàno* 'abitante della pianura' [*Archivio lessicale* 1986]. C.

**piantà er fórchja,** locuz. (ticinese: val Verzasca). 'Riunirsi a far baldoria, come una festa di popolo'.

Letteralmente 'piantare la forca'. «Allude all'afflusso di popolo e all'aria di festa che percorreva il capoluogo della regione, Locarno, quando veniva rizzato il patibolo» [Lurati-Pinana 1983]. C.

**piantè màggio,** locuz. (umbro con varianti locali). 'Avere rapporti sessuali'.

L'immagine è tolta dall'antica usanza di collocare una pianta, il calendimaggio, davanti alla casa dell'innamorata. C.

**piapàsti,** sm. (veneto primierotto). «Scroccone indiscreto che si attarda nella casa dove si reca allo scopo di venire invitato a fermarsi a mangiare» (Tissot 1976).

Letteralmente 'piglia pasti'. M.

**piàrda,** sf. (veneto; emiliano; lombardo), 'tratto d'acqua corrente presso la riva di un fiume, dove si fissano i mulini'; (piemontese: Casale Monferrato), 'scarpata di via', 'riva di fiume', 'pendìo erboso'.

Derivato dal latino *pēs, pĕdis* 'piede' (come nell'italiano antico *pedale* 'falda, piede del monte') con il suffisso *-arda*, che, nei numerosi toponimi contenenti l'appellativo, alterna con *-alda* [Prati 1934].

R. Bacchelli: *Scacerri aveva fatte da tempo le opportune ricognizioni lungo le rive e il corso del fiume per scegliere la piarda, ossia il luogo dove si fissava a lavorare un mulino* (cit. in GDLI XIII 305). C.

**pìcca,** avv. agg. (siciliano; calabrese; lucano; abruzzese; pugliese; salentino). 'Poco', anche *picchë*; nell'abruzzese è pure sf. «cosa piccola» (Giammarco 1976).

Sono derivati di **pikk-* 'piccolo', base espressiva, e richiamano il rumeno *pic* 'goccia' ed il meglenorumeno *pica* 'un poco' [DEI]. M.

**piccèri,** sm. (siciliano; piemontese: *picé*; sardo logudorese: *piccéri*, campidanese: *pizzéri*), 'brocca di terracotta; specie di boccale; vaso per l'acqua'; (sardo logudorese: *pizzareḍḍa*), 'brocca'.

Dall'antico francese *pichier* 'vaso per bere vino' oppure dal provenzale antico *pechier, pichier*, per quello che riguarda il piemontese; invece per il siciliano potrebbe trattarsi di un gallicismo oppure di un prestito dal catalano antico *pitxer* (anch'esso probabile gallicismo). Il sardo invece è certamente dipendente dal catalano (le forme *-zz-* sono dovute ad accostamento paretimologico a *pizzu* 'becco'); secondo il DES, il catalanismo è passato anche al siciliano [DEI; REWS; Varvaro 1974: 97; Rohlfs 1977a]. M.

**picchègnu,** agg. e sm. (siciliano, anche *picchignu*). 'Di persona di piccola statura, molto gracile e mingherlina'.

Dallo spagnolo *pequeño* 'piccolo' [DEI; Beccaria 1968: 72; Michel 1996]. M.

**picchenìc,** sm. (campano: Napoli). «Desinare che si faccia tra più persone a tanto per testa», *a picchenìc* «tanto per testa, parlando di mangiare» (Andreoli 1887).

Particolare evoluzione dialettale dell'inglese *picnic* 'merenda all'aperto', termine introdotto in italiano alla fine del XIX sec.; in precedenza è documentata la forma francese *pique-nique*. Accezione notevole è anche il dialettale emiliano *picnìc* (a Guastalla) 'specie di biscottino', mentre a Lucca *picchinìcche* è 'merenda', a Trieste *picnic* 'invito di comunella'; il siciliano (a Gagliano Castelferrato, Capizzi, Montedoro) *pìcchiu, picchittu* 'recipiente per conservare o portare il cibo' è invece un americanismo [Zamboni 1986; Piccitto 1990]. M.

**picchià,** v. (marchigiano). 'Tardare', col derivato *aripicchiata* 'indugio'.

Richiede un latino parlato **piclāre*, forma metatetica di *plicāre* 'piegare' [Spotti 1929; DEI s.v. *picchiare*; REWS]. M.

**pìcchiu,** sm. (calabrese settentrionale). 'Omento'.

Dal greco *epíploon* di analogo significato attraverso una forma **epiplum* (secondo il DEI, per tramite di un greco-latino *epiploon*). Ne derivano pure le varianti calabresi *chjìppu, chjìppë* 'omento, virbo, rete che avvolge il fegato; pleure; pinguedine, adipe della pancia', a Nicotera *chjìppi* plur. 'fianchi ingrossati' come metatesi di *pìcchiu* [DEI s.v. *picchio*; Rohlfs 1977]. M.

**picciòttu,** sm. (siciliano; campano, Napoli: *pecciuotto*; sardo campidanese: *picciòccu*), 'giovane, ragazzo', usato anche per il femminile; (piemontese: *pcìt, cit, pciòt*), 'bambino'; (campano, Napoli: *piccerillo*; siciliano, calabrese: *picciriddu*), 'bambino' anche al femm.; (campano, Napoli: *pisciocca*), 'bambinella'; (siciliano: *piccittu* agg. e sm.), 'piccolo; bambino'.

Sono alcuni dei termini riconducibili alla base fonosimbolica **pitts-* 'piccolo' (ne dipende anche l'italiano *piccino*); da **pikk-* che ha lo stesso carattere, l'italiano *piccolo*, il sardo *piccóccu* 'piccolo'. Il napoletano *pisciocca* è influenzato da *pisciare*; il siciliano *piccittu* (anche come cognome: *Piccitto*) proviene dal piemontese *pcit* 'piccolo' attraverso le varietà galloitaliche. Il siciliano *picciottu* ha poi particolari usi gergali: «*p. d'onuri* o *p. onuratu* o *p. grittu* [variante di *ddrittu* 'dritto'] che si uniforma alle regole della mafia come soprattutto l'omertà; *p. di sgarru* chi dandosi alla vita della camorra ha conseguito nella gerarchia di questa il terzo grado» (Piccitto 1990) [Pauli 1919; REW; DES; DELI; Caracausi 1993].

M. Serao: *E la levatrice che era donna compita, levando il primo bicchiere di Marsala, esclamò, «Alla salute di donn'Agnesina! Possa crescere bella e buona come la sua mamma!» «Alla salute di quella* piccerella *mia!» disse la balia ridendo* (*Il paese di cuccagna*, Milano 1981, p. 36). – D. Maraini: *«Ma poi l'avete ritrovato l'anello?» «Ero io il "vastaso", credevo che l'avesse rubato Clementina e invece me l'ha fatto trovare sul cuscino due giorni dopo ... una brava picciotta era ...»* (*La lunga vita di Marianna Ucrìa*, Milano 1990, p. 142-43). M.

**picciùne,** sm. (calabrese, anche *pìcciu*). 'Genitale di donna'.

Propriamente 'uccello', che di solito è riferito a uomo, anche se non mancano esempi di attribuzione al femminile (→ *cèlla*). Da notare che in un paese calabro (Saracena) *picciùnë* è stato dato come equivalente di 'bottone, boccio, gemma' del fiore. Dal latino *pipio*, genitivo *pipionis*, 'piccione, colombo' [Rohlfs 1977].

L. Aspreа: *ella fece presto ad alzarsi quell'unico palmo di stoffa leggera, che le nascondeva il piccione* (*Il previtocciolo*, Milano 1971, p. 193). C.

**pichè,** agg. (emiliano: Parma; veneto: Venezia; piemontese: Torino; lombardo: Milano). 'Lardellato', termine di cucina; per esempio *vitèl pichè* 'braciola lardellata', cioè fatta di vitello con lardelli.

Dal francese *piqué*, participio passato di *piquer* 'lardare (detto della carne)'. M.

**pichéta,** sf. (piemontese; brigasco), «vinello leggero fatto con raspi d'uva ed acqua e zucchero» (Massajoli-Moriani 1991); (umbro: *picchiòtto*), 'vinello'.

Dal francese *piquette* 'bevanda fatta con frutta selvatica', poi 'vino per domestici', 'bevanda cattiva', da *piquer* 'pungere' per il gusto di questo tipo di vino [FEW]. C.

**pìci,** sm. plur. (toscano: Siena, Grosseto). 'Maccheroni fatti a mano', anche *pinci*.

Probabile derivato da **pits-* 'punta', base di origine elementare.

M. Soldati: *Bevo il suo Nobile [di Montepulciano] come aperitivo. Lo bevo al pasto, dopo i 'pici' (sono spaghetti fatti in casa) conditi con la 'briciolata' (briciole di pane raffermo fritte nell'olio di frantoio) e con tartufi bianchi locali* (cit. in GDLI XIII 367). M.

**piciapòrta,** sm. (toscano: carrarese, nel versiliese: *picchiaporte*). 'Picchiotto dalla porta d'ingresso', di solito di ferro, per cui si spiega agevolmente la locuzione figurata *avèr l mus a piciaporta* 'avere la faccia di bronzo'.

Composto dell'imperativo di *picchiare* e *porta* [Luciani].

E. Pea: *Camminando piano, per non arrivare troppo presto a sollevare il picchiaporta di ferro* (cit. in GDLI XIII 338). C.

**picieciàzis,** sm. (friulano). 'Scapola, paletta; arco delle clavicole'.

Letteralmente 'appendi (*pìcie*) mestoli (*ciàzis*)', denominazione usata per lo più in senso scherzoso e suggerita dal fatto che l'arco delle clavicole nelle persone magre presenta una fossetta all'interno [ASLEF]. M.

**picinùsu,** agg. (calabrese). 'Nero come la pece, crudele, infernale; di aspetto meschino'.

Dal latino *picīnus* 'del color della pece' che ritorna nell'italiano antico *uva pecina* 'sorta di uva nera' [DEI s.v. *picinoso*; Rohlfs 1977]. M.

**pìco,** sm. (ladino centrale: Livinallongo). 'Bambino'.

Piuttosto che diretto derivato dalla base **pikk-* 'piccolo', è riduzione del dialettale *pìcol* 'piccolo', che si riconduce alla base citata [Tagliavini 1934]. M.

**picònti,** sm. (ladino centrale: comelicano). 'Amico intimo, con cui si ha confidenza'; nel gardenese *pecònt* 'conosciuto, noto'.

Dal tedesco *bekannt* 'noto, conosciuto' attraverso la forma dialettale bavarese *(en guta) pekont* '(un bel) conosciuto' [Tagliavini 1944 e 1946]. C.

**picùgna,** sf. (toscano: Arezzo), 'avarizia, golosità'; (ticinese, nell'Onsernone: *pecṓina*), 'cibo, provviste'.

Come il francese dialettale *pekyoen* 'nutrimento', dal latino *pecunia* 'denaro' per via dotta [REWS; FEW; Lurati 1985]. C.

**pìḍḍu,** sm. (siciliano; calabrese meridionale). 'Insieme di roba tritata e in particolare cascami di paglia o di fieno'; in calabrese ha inoltre altre specificazioni: 'peluria sul panno', 'materia legnosa che si stacca dalla canapa o dal lino', 'polverio prodotto dalle foglie secche', anche *pìllu*'.

Dal greco *pîlos* 'lana scardassata' [Rohlfs 1964 e 1977a; Piccitto 1990]. C.

**pìditu,** sm. (calabrese: anche *pìritu*, *pidëtë*; siciliano: *pìditu, pìritu*; pugliese, a Bari: *pébete*; lucano: *pédëtë* con varianti). 'Peto, scoreggia'.

Dal latino *pēditum* 'peto' [REWS; Rohlfs 1964 e 1977].

G. Bonaviri: *Charles voleva difendersi, prima soffiando e alzando le mani verso la purezza del cielo infuocato, poi parlando per metà con grugniti, guaiti, veri pìditi, e per metà sensatamente* (*Il fiume di pietra*, Milano 1979, p. 102). – A. Veraldi: *bisogna sempre fare il pirito per quant'è grosso il culo* (*Scicco*, Milano 1991, p. 112). C.

**pìdro,** sm. (ticinese, anche *pìdru*). 'Gioco di carte, che si pratica in alcune valli della Svizzera italiana'.

Dal suo nome inglese *pedro* (di origine spagnola: *Pedro*, propriamente 'Pietro', che è il nome dato al 'cinque'). Il gioco è stato importato dagli emigranti rientrati in patria [Lurati-Pinana 1983].

P. Martini: *alla sera invece di mettersi con gli altri a giocare a pedrino si cacciava in un cantone con la testa nei libri a studiare l'inglese* (*Il fondo del sacco*, Bellinzona 1970, p. 157). C.

**pidùcchia,** sf. (calabrese con varianti; siciliano, nel Messinese: *pidòcchia*). 'Pidocchio'.

Il latino *pedicŭlus* è di genere maschile, e così in tutti i dialetti italiani, tranne nell'estremità della penisola e nella Sicilia nord-orientale. L'anomalia si spiega con l'influsso esercitato dal nome greco del parassita, femminile nel periodo tardo: *phthêira* [Rohlfs 1968, 1977 e 1977a]. C.

**pié,** sf. (romagnolo, anche *pjï, pjìda*). 'Piada'. È una sottile schiacciata, di pane azzimo, cotta sul 'testo'. Si fa con la farina di grano, intrisa d'acqua e condita di sale. Si può impastare anche con latte, e condire con un po' di grasso di maiale (Ercolani 1971).

È una voce di etimo incerto; è stata ricondotta al dialettale *pié* 'rappigliarsi' con allusione all'assodarsi della pasta nella cottura, al latino *oblāta* 'ostia' (con influsso della voce settentrionale *piàdena* 'tafferia', dal latino regionale **plathana* a sua volta dal greco **plathánē* 'piatto rotondo'), al latino regionale **plathana*. Il termine è italianizzato in *piada*, ed ha varianti come *piadén, piadèna* (italiano *piadina*) e *piadót*. 'La piada' è il titolo di una nota poesia di G. Pascoli (appartiene alla raccolta *Nuovi Poemetti* ) [DELI; DEI].

G. Pascoli: *'La piada': è il pane, anzi il cibo, direi, nazionale dei romagnoli. Si fa senza lievito e si coce sopra un 'testo'* (cit. in GDLI XIII 253). – M. Moretti: *Era la* piada *romagnola, tagliata a quadretti, tutta bollicine e picchettii di bruciaticcio, fra le stigmate della forchetta, sulla pasta ormai indurita e fin troppo sottile. 'La* piada! *la* piada!. *Ma non sapete che non ne mangiamo da dieci anni? ...'* (*Tutte le novelle*, Milano 1959, pp. 534-535). – Id.: *Buona piadina che non sa di sale / sbocconcellata sì, con poca fame / quando la mente segue un suo pensiero* (cit. in GDLI XIII 253). M.

**piége,** sf. (brigasco). 'Trappola per volpi'.

Dal francese *piège* (sm.) di provenienza latina (*pedĭca* 'laccio, pastoia'). C.

**piè Piétro,** locuz. (umbro: Magione). 'Negare recisamente'; altrove (Spello) *avé pijjàto Piétro*.

Letteralmente 'prendere Pietro', l'apostolo che, malgrado la sua ferma intenzione di non farlo, rinnegò Cristo per tre volte. C.

**pieréte,** sf. plur. (ladino-veneto, nell'Agordino). «Zucchero d'orzo, caramelle a forma di quadratini a base di zucchero fuso e brunito» (Rossi 1992).

Letteralmente 'pietruzze'. M.

**pietrastèla,** sf. (umbro: San Giustino). 'Meteorite'. «Porta fortuna a chi la trova» (Polidori).

*Pietra* caduta dal cielo, come una *stella*. C.

**pigghiùni,** sm. (calabrese), 'mosca culaia'; (campano, nel napoletano: *apecchiónë*), 'fuco'.

Come l'italiano e toscano *pecchione* 'fuco', si tratta di riflessi del latino *apicŭla* 'ape'; nel fiorentino *pecchione* ha pure il senso fig. di 'persona che beve smisuratamente, profittatore' [DEI s.v. *apecchióne*; REWS; LEI]. M.

**pighèra,** sf. (lombardo, con varianti come *paghèra* nel cremonese, e *paghèr* come sm.), 'pino; abete; abete rosso', nel valtellinese *peghéra* 'bosco di piante resinose', nel bresciano *paghéra* 'selva di abeti rossi'.

Dal latino parlato **picārius, -a* 'resinoso' con riferimento ad 'albero o legno', 'pianta' [REW; DEI; REWS]. M.

**pigliàda d'ùogghi,** locuz. sostant. (galloitalico: Tito [Basilicata]), 'incantesimo per proteggere dal malocchio'; (galloitalico, a Picerno [Basilicata]: *m'a pëglià a l'uochië*), 'mi ha preso all'occhio', cioè 'mi ha dato il malocchio'.

Letteralmente 'pigliata d'occhio' [Greco 1991]. C.

**pìgna,** sf. (marchigiano; umbro; abruzzese; laziale). 'Pentola'.

La voce, che ha precise corrispondenze formali da una parte con il provenzale antico *pinha* 'paniere', dall'altra con il friulano *pigne* 'tipo di zangola primitiva' e con molte altre parole dei dialetti settentrionali, si spiega comunemente come estensione figurata (per la forma somigliante) della *pigna* 'frutto del pino'; secondo un'altra, più recente, ipotesi il nome è ricavato, invece, da *pignatta*, che si riconduce ad un **pinguia (olla)*, da *pinguis* 'grasso', in origine designazione di recipiente per contenere strutto e simili. [DEI; FEW; Pellegrini 1976a; DELI]. C.

**pignàru,** sm. (laziale: Mompeo Sabino). 'Venditore di terraglie'.

Da → *pìgna*, la 'pentola', che costituisce il prodotto principale offerto. C.

**pignarûl,** sm. (friulano). «'Fuoco dell'Epifania'. Per antichissima tradizione, la sera che precede l'Epifania s'accendono nelle campagne e sui monti del Friuli, fiammate o roghi alimentati da canne di granoturco, da stoppie o da ramaglie di varie specie a seconda dei luoghi. La tradizione risponde ancor oggi ad un vago ma vivo intendimento di propiziazione per il futuro raccolto» (Nuovo Pirona 1935).

Deriva probabilmente dal friulano *pìgne* 'pigna (strobilo dell'abete)' per la forma della catasta. M.

**piliéggiu,** sm. (calabrese). 'Volume, spazio che un corpo occupa; tempo per sbrigare una cosa; flemma, calma'.

Per l'interpretazione di questa voce il DEI rinvia a *lèggio* 'molle' dell'italiano antico, da *levius*, comparativo di *lĕvis* 'leggero', ed al latino *perlĕvis* 'molto lieve, assai debole, minimo' [DEI; Rohlfs 1977]. M.

**pìlu canìnu,** locuz. sostant. (salentino: Cellino S. Marco), 'la barba avanti il primo taglio'; (siciliano: *pìlu hanìnu*), 'peluria del pollo spennato'.

Dall'arabo *hanīn* 'dolce, soave', reso celebre con l'*acanino* del Boccaccio e tuttora persistente nel trapanese *cianìnu, ciamìnu* 'grazioso, ben fatto' col derivato *ciarrinànzi* 'cortesie, manifestazioni di gentilezza' (Piccitto 1977) [Pellegrini 1972; Fanciullo 1973]. C.

**pilùcca,** sf. (corso; toscano, nel lucchese; abruzzese: *pëlucchë*; siciliano; calabrese; sardo). 'Parrucca [zazzera; capelliera]', talvolta pure 'rimprovero, rabbuffo', e nel calabrese e siciliano 'sbornia' (di ambito gergale); anche nella variante *pelucca*.

Potrebbe trattarsi di riflessi diretti dello spagnolo e catalano *peluca* 'parrucca' (come sostiene il DEI), ma non si può trascurare l'ipotesi che tali voci dipendano dall'italiano *parrucca, perrucca* (probabile francesismo, DELI) con accostamento paretimologico a *pilus, pelo*. Per quanto riguarda il significato di 'sbornia' del calabrese e siciliano, si potrebbe risalire allo spagnolo *peluca* 'ubriachezza' (attraverso il gergo militare di soldati spagnoli di origine aragonese durante la dominazione borbonica) che potrebbe essere senso figurato di *peluca* 'parrucca' o avere diversa origine. I rapporti tra le forme dialettali italiane e quelle spagnole rimangono non chiari [Michel 1996]. M.

**pilùsciu,** sm. (calabrese; siciliano). 'Pelliccia lunga e rotonda che le donne portano al collo', 'specie di pannolano a pelo lungo, felpa'. Anche 'ermellino'.

Letteralmente 'peloso' attraverso il francese *péluche* 'felpa' [Rohlfs 1977; Piccitto 1995; Valente 1993].

L. ASPREA: *Due file di previtòccioli (così sapevo che si chiamavano) con avanti uno di loro che portava la croce, spuntavano dalla spiconiera del palazzaccio dei Grillo, in via Seminario. Dietro ad essi erano i preti vecchi (il "capitolo dei canonici", disse zio Lalo) con la mantellina rossa bordata da piluscio* (*Il previtocciolo*, Milano 1971, p. 77). C.

**pilùssi,** sm. plur. (toscano; pistoiese; a Firenze: *pilósso*). 'Denari, quattrini'.

Da *filussi* (livornese), un arabismo (*flûs*), che ha avuto una certa fortuna dopo la conquista della Libia, ma che potrebbe essere di accatto diretto in Calabria e Sicilia, incrociatosi con *pila*, antico gergalismo dallo stesso significato [Marighelli 1980]. C.

**pìmmëcë,** sf. (campano, nel napoletano; lucano: *pìnnici*; calabrese settentrionale: *pìnnicë, pìmmiciu*). 'Cimice'.

Dal latino *cimex, -ĭce* con dissimilazione o più probabilmente per influsso di *pulex, -ĭce* 'pulce' con cui lo scambio è possibile, come si vede dal lombardo *püles* (bergamasco), *póles* (bresciano) 'pulce' e talvolta pure 'cimice', dal latino *pulex, -ĭce*. Incrocio con *pulex* e *pedicŭlus* 'pidocchio' si rileva anche nel sardo *prìnnighe, pìnniži* e varianti 'cimice' (nelle varietà che hanno *prìnnighe* si trova proprio *preùgu* per 'pidocchio'). Come si nota dalle voci menzionate, nel sardo sono presenti forme con *-nn-* che trovano corrispondenza nel calabrese settentrionale *pìnnici*, altro nome della cimice, per le quali è stata postulata una base del latino parlato **pinnex* che non è sufficientemente confortata da prove concrete, per cui, per il sardo, basterebbe pensare – con il Wagner – ad un accostamento paretimologico a *pinna* 'penna' «giacché le cimici si trovan nei letti, intrusione che si vede chiaramente anche nell'antico romanesco *piùmici*» (DES) incrociato con *piuma*. Ancora, nelle parlate rustiche del campidanese la cimice è detta *pìnni*, forma da non considerare come una retroformazione da *pìnniži* ma come ulteriore influsso di 'pulce', che in tali varietà «suona *puži*, regolare contrazione di *pùliži*, con assorbimento normale dell'*-l-*» (DES) [AIS; DEI s.v. *pìmice*; REWS]. M.

**pinàra,** sf. (umbro: anche *pinàjja*). 'Grossa e violenta corrente d'acqua, inondazione'.

Dall'aggettivo latino *plenaria* 'piena': sinonimo del termine dialettale è l'italiano *piena*. Per il *pi-* iniziale (ci si aspetterebbe *pie-*, come hanno, per esempio, l'emiliano, a Sologno, in *pienara*, e il laziale di Castel Madama *piemara*) non si tratta di un caso raro (Rohlfs 1966). C.

**pincisànti,** sm. (calabrese). 'Pittore da dozzina'.

Propriamente il *pingiàsanti* (a San Giovanni in Fiore) è il 'madonnaro', colui che «per sbarcare il lunario, disegnava a terra, con pezzetti di gesso, immagini sacre a colori» (Prisco 1984). Letteralmente 'dipinti santi'. C.

**pindafàrrë,** sm. (pugliese, nel tarantino, anche *pintafarrë*). 'Gabbiano, specie appartenente alla varietà detta corallina cenerina spruzzata'.

Voce composta del dialettale *pinta* 'dipinta' e *farrë*, variante svisata di '*vario*' [DEI s.v. *pintafarro*; Gigante 1986]. M.

**pìnna,** sf. (sardo). 'Porcile', ed anche (nel logudorese) 'muro o capanna, dove si è al riparo' con diversi derivati, corrispondenti al siciliano *pinnata* 'tettoia delle stalle di campagna', 'gronda del tetto', al calabrese *(m)pinnata* 'tettoia, specie per riparo', 'parte sporgente del tetto', 'insegna di bottega', 'stalla aperta', al campano *pennata* 'gronda'.

Dal latino *pinna* 'qualcosa di acuto, a punta' (e *pinnae murōrum* erano le 'cime di una muraglia') che è all'origine di → *pénna* [REW; DES; REWS; Rohlfs 1977].

L. Asprea: *Raccoglievamo i fichi sulle ficaie vicine alla pinnata, che gareggiavano in altezza con gli ulivi* (*Il previtocciolo*, Milano 1971, p. 123). c.

**pinnìculu,** sm. (calabrese). 'Cosa che pende, pendaglio'.
Voce ricondotta dal DEI al latino medievale *pendiculum* modellato o estratto su *perpendiculum*, con confronto col latino tardo *pendicŭlus* glossato col greco *arpedṓn* 'corda tesa' [DEI s.v. *pendìcolo*]. M.

**pinósi,** sm. plur. (ligure: Val Graveglia), 'semi di pistacchio che hanno l'aspetto di noccioline'; (emiliano: Val di Taro), 'noccioline americane'.
Americanismo importato dagli emigrati del Nord America, dall'inglese *peanuts* 'noccioline; semi d'arachide', giunto anche in Sicilia nella forma *pinozza* [Petrolini 1981]. M.

**pìntre,** sm. (veneto, nel valsuganotto; trentino: *pìnter*). 'Bottaio'.
Dal tedesco *(Fass)binder* di analogo significato [Prati 1960a; Zolli 1986a]. M.

**piò capé,** locuz. (ligure-piemontese, a Novi Ligure). «Offendersi» (Magenta 1970).
Letteralmente 'pigliare il cappello', come fa colui che si accinge a prendere commiato. M.

**piòla,** sf. (piemontese). 'Taverna, bettola'.
Voce propria dei gerghi (ed in questi diffusissima), dal francese *piaule* 'taverna', collegata con l'altra voce gergale, di discussa origine, *pier* 'bere' [Prati 1940; FEW].
C. Pavese: *Dalla piola, di notte, con cinque minuti di prato, / uno è a casa* (cit. in GDLI XIII 511). C.

**piòn,** sm. (istrioto, a Rovigno: anche *piiòn*). 'Granchio'.
Accrescitivo appartenente alla famiglia lessicale del veneto giuliano *pé(i)a* (→ *péja*). C.

**piónda,** avv. (ticinese, anche *piùnda* a Osco e *piùndo* a Chironico). 'Maggiorenne, di più'.
Composto dal latino *plūs* 'più' e *abŭnde* 'in abbondanza' [LEI]. C.

**pipinàro,** sm. (laziale: Roma). 'Brulicame', 'frotta di bimbi o comunque di molte persone in moto', anche nella variante femminile.
Probabile derivato dal dialettale romanesco *pipìno* 'pidocchio' (ma cfr. anche → *pipinèa*), di origine onomatopeica, da *pi pi*, che ricorda il pigolio dei pulcini e da cui derivano denominazioni dialettali per 'bambino', 'bambola', come il friulano *pipìn* 'bambino' e *pipine* 'bambola, e per animali di piccole dimensioni.
C. Alvaro: *Questo fa parte dell'ora popolare della Scalinata, quando il sole vi si accovaccia nelle chiare giornate d'autunno e d'inverno e una pepinara di ragazzi, di bambini coi cani e le balie e le madri, fanno un chiasso variopinto* (cit. in GDLI XIII 537). – M. Moretti: *Ecco Tuta. Entra dall'altra stanza, prima ancora che le donne si accorgano del sopraggiunto. "Mosca! Che ce fate qui? Aritornatevene a casa, fori il pipinaro ... Oh varda, varda chi se vede! Er signorino"* (cit. in GDLI XIII 537). – P. P. Pasolini: *Lì tra la pista di puzzolana, la chiesa e le case, in un pezzo di prato tutto sbrecciolato, c'era la pipinara dei ragazzini* (cit. in GDLI XIII 537). – R. Valente: *Avevo i calzoni corti a righette bianche e nere e la camicetta turchina. – Và là – mi avevano detto a casa quella mattina, salutandomi: – sei come un pipìn –* (*Udine 16 millimetri*, Udine 1963, p. 61). M.

**pipinèa,** sf. (ligure, a Genova: *pipinèa de figie*), 'numeroso stuolo di ragazze'; (toscano, Arcipelago: *pipinèa, pipinàia*), 'gruppo di bambini chiassosi'.
Dal francese *pépinière* 'vivaio' [Fanciulli]. C.

**pipirìtu,** sm. (calabrese centrale, anche *piparitu*). 'Sorta di fungo' (ricorda il sapore pungente del pepe).
Dal greco bizantino **peperítēs* (da *péperi* 'pepe') [DEI; Rohlfs 1977]. M.

**pip(p)ìu,** sm. (sardo campidanese). 'Bambino, fanciullo'.
È il corrispondente maschile di *pip(p)ìa* 'bambina, ragazzina', in logudorese *pup(p)ìa*, diminutivo di *pùp(p)a*, dal latino *pupa*, che sembra formazione propria – per la reduplicazione della sillaba *pu*, evidente nel maschile *pupus* – del linguaggio infantile [Pauli 1919; DES]. C.

**pirapòria,** sf. (veneto; nel bellunese, nel trevigiano: *pirimpòrio* sm.; ladino centrale, nel cadorino: *pio-pòdio, pizha-pòzhio*, sm.; friulano, nel carnico: *pulipùli* sm.). 'Felce dolce, *Polypodium vulgare* L.'.
Adattamenti popolari della voce dotta *polypodium* [Pellegrini-Zamboni 1982: 498]. M.

**piràre,** v. (veneto: veronese, polesano). 'Stentare, esitare, a fare una cosa, nicchiare'.
Dal latino *pigrāre* 'esser pigro, indugiare' (continuato più frequentemente nella forma frequentativa *pigritāre* da cui l'italiano *peritarsi*) [Prati 1968; Pellegrini 1977a: 196]. M.

**pìra ṡaìna,** locuz. sostant. (sardo logudorese). 'Tipo di pera autunnale'.
Letteralmente, interpretando **pìra ṡa aìna*, 'pera la ottobrina', da *santu aìni* 'ottobre', cioè il mese di san Gavino, la cui festa cade in quel mese: → *sàntu Gaìnu* [DES]. C.

**pìre,** sf. (friulano). 'Farro piccolo, *Triticum monococcum* L.', specie di frumento che, una volta brillato, si mangia in minestra.
Dallo sloveno *pira*, anche *pir*, con lo stesso significato; la parola friulana ricorre anche nei composti *pirefàre, pirespèlte* per la medesima pianta, in cui *fare* e *spelte* indicano 'farro' e probabilmente servono a rideterminare il tipo lessicale *pire* divenuto opaco. M.

**pirèn,** sm. (romagnolo). 'Pesce sampietro, *Zeus faber* L.'.
Letteralmente 'Pierino'; è una delle tante varianti di (*pesce san*) *Pietro*, nome con cui in Italia e altrove è chiamato questo pesce, noto per la macchia scura ai fianchi, che lo contraddistingue e che è popolarmente spiegata con varie leggende, accomunate dal riconoscimento che quelle macchie sono le impronte delle dita di san Pietro o di un oggetto da lui usato [Cortelazzo 1968-70]. C.

**pirichìttu,** sm. (sardo campidanese). 'Zuccherino bislungo, molto dolce e assai stimato'.
Dallo spagnolo *periquillo* 'dolce molto delicato di solo zucchero' con sostituzione del suffisso [DES].
G. Deledda: *La sua amica le si aggirava intorno desolata curvandosi ogni tanto per offrirle invano un vassoio di amaretti e di* pirighittos (*Romanzi e novelle* I, Milano 1954, p. 639). C.

**piriguldìn,** sm. (piemontese; ligure: *perigordìn, peligordìn*). 'Antica danza francese'. Passata anche in sardo, ora residuo fossile in espressioni come *ti la fatto ballare deo sa perigoldina*, minaccia aperta di una vendetta memorabile (letteralmente, 'te la faccio ballare io la perigoldina') (Satta).
Dal francese *(danse) perigourdine* (in dialetto anche

*perligourdine*) 'specie di ballo a due', ritenuto originario, a ragione o a torto, della regione francese del *Périgord* [FEW].

U. FOSCOLO: *Se vedi la 'Giana' salutala in mio nome; e dille ch'io desidero pure di vederla ballare la 'Perigordina'* (cit. in GDLI XIII 35). – S. SATTA: *nell'ora vespertina / Intoneranno la pelicordina, / La danza dei mandriani giovinetti* (*Canti*, Milano 1955, p. 253). C.

**pirîn,** sm. (emiliano: Lizzano in Belvedere). 'Pulcino'.

Dalla voce di richiamo delle galline *piri piri* [Malagoli 1941].

F. GUCCINI: *il gallinaio fu spazzato via, con galline e galli e caponi e pirini* (*Cròniche epafàniche*, Milano 1989, p. 36). C.

**pìrla,** sm. (lombardo). 'Membro virile', al figur. 'persona sciocca, sprovveduta' (anche come epiteto ingiurioso).

Voce connessa al dialettale *pirla, pirlo, birlo* (lombardo, piemontese orientale, ligure settentrionale, trentino, emiliano), *pirli* (friulano), *prillo* (lucchese) 'trottola' di origine espressiva (**pirl- / *birl-*) con successivo accostamento a *pĭrum* 'pera', ma probabilmente sarà da confrontare anche con *piròlo*, variante di *piolo*, di origine settentrionale, ma di area anche centro-meridionale (umbro *piròlo*, abruzzese *piròlë*, calabrese *pìrulu*) [DEI].

C. E. GADDA: *Cosa studiava sto pirla, sto ruffiano, dal momento che lavorava in fabbrica a rubar pane alla gente?* (cit. in GDLI XIII 548). M.

**pìro,** sm. (laziale; marchigiano; abruzzese: *pirë*). 'Cavicchio', 'bastoncello acuminato'.

La voce è tratta dal latino tardo *epi(ū)rus* 'cavicchio, piolo' [DEI].

G. D'ANNUNZIO: *Talvolta si rompe il piro, si strappa il canapo, il masso precipita* (cit. in GDLI XIII 549). M.

**pirofiòccolo,** sm. (campano, nel napoletano). 'Bagolaro, *Celtis australis*'.

Rifacimento a partire dal tipo lessicale rappresentato dal campano *melofiòccolo*, lucano *milosciuòccolo*, abruzzese *milosciùccolo*, pugliese *melesciùcole*, abruzzese (teramano) *milosciuòccolë* che designa la stessa pianta, con sostituzione di *milo-* interpretato come corrispondente di 'melo' con *piro-* 'pero'. All'origine di tali forme, in taluni casi svisate, vi è il bizantino *melíkokkos* composto di *méli* 'miele' e *kókkos* 'granello' che è riflesso anche in altre denominazioni del bagolaro: calabrese *melicuccu*, *melicòccio*, siciliano *miḍḍicuccu*, *minicuccu* [Penzig 1924; DEI]. M.

**pirón,** sm. (veneto, anche *pirùn*; trentino, anche *pirùn* e *piróna* come sf.; friulano; lombardo: *pirù*, *birő*; piemontese: *birón*; siciliano e calabrese: *piruni*). 'Forchetta, forcina; perno, cavicchio'.

Sono voci derivate dal neogreco *peiroúni*, *piroúni* 'forchetta' (greco antico *perónion* 'piccola cavicchia'); l'ipotesi opposta di un prestito dal veneziano al neogreco da taluni (come il DEI) ipotizzato è contrastata sia dall'area geografica interessata dal tipo *pirón*, sia dalla storia della cultura: «Anche senza contare l'indignazione di S. Pietro Damiano per la moglie bizantina del doge Domenico Selvo che, nel sec. XI, non toccava il cibo con le mani, ma lo portava alla bocca *quibusdam fuscinulis aureis atque bidentibus* [...], non si può tralasciare che ancora nel Cinquecento l'usanza era tipica dei Veneziani (a. 1551) *o come mi spiace il mangiar alla Venitiana con il pirone*, Calmo, Saltuzza atto IV sc. I c. 19 r.» (Cortelazzo 1970) [DEI ss.vv. *biróne* e *piro*]. M.

**piróne,** sm. (ligure). 'Grosso recipiente da tavolo per contenere il vino'.

Variante di area ligure dell'italiano *pilone* 'recipiente' da *pila* 'vaso, truogolo'.

C. SBARBARO: *Ognuno al suo posto [nell'osteria]; assistito dal recipiente prediletto: pirone, amola o brocca* (cit. in GDLI XIII 553). M.

**piròta,** sf. (lombardo). 'Mortaio di legno'.

Derivato con il suffisso *-òta* da *pira*, che è la variante brianzola, col cambiamento frequente di *-l-* in *-r-*, di *pila*, che ha lo stesso significato del suo antecedente latino *pila* 'mortaio'. C.

**pìrrë,** sm. (abruzzese, a Lanciano). 'Rosso di pelo'.

Dal greco *pyrrhós* 'fulvo' secondo il DEI, mentre Giammarco 1985 lo riconduce all'italiano *birro* 'poliziotto' dal latino *birrus* 'rossiccio' (a sua volta da *pyrrhós*), per il colore uniforme del suo abito, e con il passaggio di *b > p*. M.

**pìrria,** sm. (calabrese). 'Pettirosso'.

Dal greco **pýrrhias* 'un uccello rosso' (Rohlfs 1964), secondo il DEI attraverso un latino regionale *pyrrhias*; anche nel grecanico di Bova è presente la voce *pìr(r)ia* 'pettirosso'. Da un incrocio con i nomi italiani dell'uccello (del tipo *pittiere, pettirosso*), dipendono le forme *pittirru*, *pittirri* del calabrese meridionale e *pittirru* del siciliano (a Mandanici). M.

**pir(u)òci,** sm. (calabrese, anche *piròzzu*). 'Trottola'.

Derivato di *pìro* (attestato nel Cilento), dal greco *pêiros* 'perno'. Per altri è, invece, un adattamento dell'italiano *carròccio*, appoggiato dai nomi salentini della 'trottola' *currùculu*, *chërrùchëlë*, *pirrùculu*, riconducibili al latino parlato **curruculus* per il classico *curriculum* 'piccolo carro' [Rohlfs 1964; Alessio 1976].

S. STRATI: *Il gioco del piroce, o trottola, era terribile, crudele* (*Il diavolaro*, Milano 1979, p. 38). C.

**pisà,** v. (ligure; molisano, a Morrone del Sannio: *pisà*; pugliese settentrionale: *pësà*; lucano e siciliano: *pisàri*), 'pigiare l'uva'; (abruzzese: *pësà*; campano, pugliese: *pisà*; calabrese, siciliano: *pisari*), 'trebbiare', 'pestare il sale'.

Dal latino tardo *pi(n)sāre* per il classico *pīnsere* 'battere, pestare, pigiare' [DEI; Plomteux 1975]. C.

**pisacquasànta,** agg. (veneto primierotto). «Bigotto, pinzocchera» (Tissot 1976).

Letteralmente 'piscia acquasanta', denominazione scherzosa. M.

**pisalànca,** sf. (toscano, anche *pisalanca* e altre varianti; lunigianese: *bisalanga*, *bisànghëlë*; umbro: *biciàngora*). «Altalena» (Rohlfs 1979).

Si tratta della voce toscana *biciàncola*, *bisciàncola* 'altalena' con influsso, nelle varianti con *p-*, di una voce come *pésolo* 'pendente' (attestata già da Dante). *Biciàncola* è voce di etimo controverso: secondo il DEI (s.v.) riflette un latino *bis* e *exanclāre* 'pompare', mentre il REWS ricostruisce un latino parlato **exanculāre* 'dondolare' ipotizzando anche una concorrenza etimologica di 'anca' (da una voce germanica **hanka*). Ad **exanculāre* è fatto risalire pure il campano (irpino) *scialancà* (da un precedente **sciancolà*) 'zoppicare'. Quanto a *pésolo*, deriva dal latino *pensĭlis* 'pensile' (DEI). M.

**pisamochèta,** sm. (lombardo: Milano). 'Abatonzolo'.

Letteralmente 'accendi (dal verbo *pisàr*) moccoli (*mochèt*)' da confrontare con la voce dialettale locale *pisafòg* 'accendifuoco'. C.

**pisàno,** agg. (toscano: Grosseto), 'detto di una varietà di fico'; (corso: *pisana*, sf.), 'pietra da affilare'.
Perché propria da *Pisa*. C.

**pisàra,** sf. (salentino). 'Grossa pietra triangolare tirata da cavallo o mulo per trebbiare le biade'; a Gallipoli: 'pietra con foro praticatovi, che, attaccata alle grandi reti, serve per affondarne gli orli superiori'.
Dal latino parlato *(petra) pinsāria*, dal verbo *pinsāre* 'pestare' [Rohlfs 1959; Roberti 1971-73]. C.

**pisastòr,** sm. (veneto primierotto). «Intingolo fatto con ricotta vecchia affumicata, grattuggiata e soffritta» (Tissot 1976).
Letteralmente 'piscia storto', denominazione locale e scherzosa. M.

**pìscë di friscùrë,** locuz. sostant. (abruzzese: Pescara). 'Termine generico che indica la cernia di fondo e di scoglio'.
Letteralmente 'pesci di frescura': la cernia «a detta dei pescatori, viene a godersi l'ombra della barca» (Giammarco 1976). M.

**pischèllo,** sm. (laziale: Roma; umbro). 'Ragazzo, giovane intraprendente, ma non sempre esperto'.
Voce di provenienza gergale (anche *pischèrlo*), forse esprima al femminile (*pischèlla*, *pischèrla* 'ragazza'), con una chiara origine oscena [Prati 1940].
P. P. PASOLINI: *Pareva un pischello quando se ne va acchittato pei longoteveri a rimorchiare* (*Ragazzi di vita*, Milano 1963, p. 1). – C. CAMARCA: *Lì sotto, nell'oscurità, era l'unico momento in cui i pischelli sentivano il coraggio di avvicinare le fanciulle* (*Il sole è innocente*, Milano 1992, p. 75). C.

**pisciabótte,** sm. (laziale: Roma). «Carretto a un cavallo con sopra una botte piena d'acqua munita di un largo budello di cuoio che si agitava a mano e che serviva a innaffiare le strade durante l'estate» (Chiappini 1945).
Denominazione di tipo scherzoso, è formata da *piscia(re)* e *botte*.
G. G. BELLI: *Imprudentemente allora mi fuggì di bocca: "Ve' ve' ecco il pisciabotte!" e tosto un soldato, di que' due del fucile da caccia, mi si accostò gravemente e mi domandò cosa fosse questo pisciabotte* (cit. in GDLI XIII 560). M.

**pisciacózza,** sf. (siciliano). «Tartaruga; nome comune di alcune specie appartenenti all'ordine delle testuggini», in senso fig. «persona pigra o anche brutta» (Piccitto 1990).
Secondo il DEI, è un rifacimento della forma settentrionale *bisascudlèra* (→ *copèra*), ed è un composto con *biscia* e con la voce siciliana *cózza*, variante di → *crózza*. M.

**pisciadèla,** sf. (ligure: Ventimiglia; a Bordighera: *pisciaràda*). 'Pizza di cipolle, acciughe salate, aglio, olive, pomodoro e olio'.
Dal nizzardo *pissaladiera*, un derivato di *pissalà* 'pasta d'acciughe', letteralmente 'pesce salato' [FEW; Azaretti 1982]. C.

**pisciatìna,** sf. (còrso). 'Specie di fico nero e lungo'.
Probabilmente dal luogo di provenienza, *Pescia*, in Toscana [Salvioni 1916]. C.

**pisciàzza,** sf. (campano; pugliese; salentino; calabrese; siciliano). 'Orina, specialmente quella della vacca', anche *pisciàccia*.
Da *piscia* e *piscio* (deverbali di *pisciare*) con suffisso (formazione analoga al francese antico *pissace* con la variante *pissat*) [AIS; DEI]. M.

**pisciòvu,** sm. (siciliano). «Frittata di uova sbattute, con pane grattugiato, formaggio e prezzemolo, avvolta in forma allungata» (Piccitto 1990).
Letteralmente 'pesceuovo', così detto per la sua forma.
E. VITTORINI: *E lui con un temperino tagliò il* pesceduovo *in due pezzi, me ne offrì un pezzo* (*Conversazione in Sicilia*, Milano 1943, p. 44; nelle edizioni più recenti la voce non è più posta in rilievo col corsivo). – ID.: *o quando Michela, frugato in un panierino di vimini che si teneva accanto, gli aveva messo dinanzi da spartire un pesceduovo e una forma di pane* (*Le città del mondo*, Milano 1991, p. 57). C.

**pisciùni,** sm. (siciliano; calabrese; sardo: *piscioni*). 'Polpaccio'.
Dal dialettale *pisci* 'pesce', equivale quindi a "il pesce della gamba", metafora frequente che si ritrova nel sardo *pìsche 'essa gamba, pìsche 'ess'anca* 'polpaccio' (*anca* in sardo vale 'anca' e 'gamba'; in quest'ultimo significato è meno usuale in campidanese che in logudorese). Tali denominazioni si confrontano col toscano (pisano) *péscio* 'bicipite', veneto (veneziano) *peseto del braso* 'bicipite' letteralmente 'pescetto del braccio' [Boerio 1856; DEI s.v. *pescióne*; DES]. M.

**pisè t e' batésme,** locuz. (romagnolo, a Cesena). 'Essere fortunato', mentre a Ravenna *pisè int e' batèsom* vuol dire 'essere sfortunato'.
L'opposto pronostico di 'pisciare al fonte battesimale' da parte del piccolo battezzato si inserisce nei casi di ambivalenza non rari nelle credenze popolari [Baldini 1991: 135]. C.

**pisiéro,** sm. nel modo *ò pesiéro che* (veneto). 'Credo, ritengo, penso': *pisiero de sì* o *de no* 'credo di sì, di no'.
Propriamente *pensiero* [Prati 1968]. C.

**pisintór,** sm. (emiliano: Parma). 'Tipo di battello fluviale'.
Letteralmente 'bucintoro' [Moschini 1977]. C.

**pìsis,** sm. (toscano: Lucca, ma noto anche altrove nella locuz. fiorentina *avér dei pisis in tasca*, e pisana *avé' dde' pisis in tasca*). 'Denaro'.
Dal nome di un'antica moneta di dieci paoli con iscritta la dicitura *Pisis* 'in Pisa' [Giacchi 1878; Malagoli 1939]. C.

**pisnàin,** sm. (ladino centrale: Comelico). 'Nulla, un bel nulla (specie in senso ironico)', 'cosa prelibata e rara che non si può ottenere mai'.
Probabilmente in questa voce, usata sempre ironicamente, si nasconde il tedesco *(ein) bissel nein* 'un bel po' di no (un bel no)' [Tagliavini 1988]. C.

**pisòrra,** sf. (calabrese settentrionale, con varianti come *pësòrrë*, *panzòrra* ed altre). 'Grappolo d'uva'.
Dal latino parlato **pe(n)sōrius* (da *pensus*, *pendĕre*, da cui pure l'italiano *penzolo* 'grappolo d'uva', 'pendente') [AIS; DEI; Rohlfs 1977]. M.

**pistàgna,** sf. (lombardo, nel milanese; emiliano, nel piacentino), «dicono i sarti e le donne del congiungere il collare, il collo, i quadrelletti colle lor parti prossime della veste, della sottana, della camicia e simili» (Cherubini 1839-56); (siciliano; campano, nel napoletano); 'specie di collare'; (calabrese), 'sparato dei calzoni'.
Dallo spagnolo *pestaña* 'orlo, bordo di un tessuto', voce riflessa anche nel sardo logudorese settentrionale *pastagna* 'specie di amuleto'. *Pistagna* è voce passata anche all'italiano [DEI; DES; Michel 1996].
E. DE MARCHI: *e lui, imbacuccato nella pistagna d'un*

*suo antico tabarro fin oltre gli orecchi* (*Arabella*, Milano 1990, p. 23). M.

**pistapàuta,** sf. (piemontese). 'Fanteria'.

Il nome, diffuso, col gergo militare, anche fuori del Piemonte, significa letteralmente (e spregiativamente) 'pesta (dal verbo *pisté*) fango' (*pàuta*, corrispondente alla *palta* lombarda e al *paltàn* veneto).

A. FOGAZZARO: *Bevvero al 9º fanteria, alla brigata "Regina", a tutti i "pistapauta" nazionali nel presente e nell'avvenire* (*Piccolo mondo antico*, Milano 1937$^2$, p. 377). C.

**pìta,** sf. (calabrese, anche *pìtë*, *apìte* e varianti; campano, nel salernitano: *apĕta*, *apete*; molisano: *pètë*, *apeto*; lucano: *pīt*; salentino *apìtë*, *(a)pìtu*). 'Abete'.

Dal latino parlato **abēte* (classico *abĭete*), con l'esito **apete* per un processo di assordimento, o per influsso di altra parola come il greco *pítys* 'pino' o il latino *pinus* [AIS; DEI; LEI]. M.

**pitànna,** sf. (calabrese settentrionale). 'Grande vaso di creta a tre manici per olio', anche *pidànna*, *pirànna*, *pedànna*, *petànna*.

Dal greco *pitháknē* 'specie di recipiente da vino', attraverso un latino regionale **p(h)idacna* [DEI; Rohlfs 1977]. M.

**pitàro,** sm. (veneto; veneto giuliano: *pitèr*; istrioto: *pitièr*; romagnolo: *pitàr*; friulano: *pitḗr*, *pitéri*). 'Vaso da fiori'. Può avere anche altri significati come 'vaso per strutto, olio e simili', 'vaso dove si tiene l'acqua' o 'vaso da notte'.

Dal greco *pithárion* 'piccola giara per il vino' [Cortelazzo 1970]. C.

**pìtima,** (veneto; veneto istriano e dalmata). 'Persona importuna, seccatore'. Voce semidotta che significava anticamente 'metodo curativo che consiste nell'applicazione locale di panni bagnati' (accezione conservata in certi dialetti) e che ha subito diversi trapassi semantici, analogamente al veneto, anche nel toscano (*pìttima* 'avaro'). Nel veneto di Burano la voce ha il significato intermedio di 'pesantezza di stomaco'.

Dal greco *epíthema* 'cataplasma' [Cortelazzo 1970; Doria 1987]. M.

**pitinìz,** sm. (friulano). 'Rapa arrostita sulle braci'.

Deriva dallo sloveno *pečeníca* (pronuncia: *pecenìza*) 'rapa arrostita' [Pellegrini 1976]. M.

**pìto,** sm. (veneto; trentino: *pit*; emiliano: *pit*; piemontese: *pitu*). 'Tacchino'.

Denominazione di origine onomatopeica, dalla voce di richiamo degli animali. Stessa origine hanno il veneto istriano *pita* 'gallina', il trentino (roveretano) *pitòt* 'pollo, pulcino' e come traslato *pitota* 'sbornia' (sul modello di *cioca*, → *ciòc(o)*), il veneto (bellunese) *pit* 'pulcino' [Maccarrone 1926; AIS; Prati 1968]. M.

**pittìglia,** sf. (pugliese: Taranto). 'Cabala numerica'.

Secondo il DEI, è un prestito dallo spagnolo *epactilla*, diminutivo di *epacta* 'epacta, patta' al quale è fatto risalire il siciliano *pittini* sm. plur. 'calcoli cabalistici' [Rohlfs 1959; Corominas]. M.

**pìttima,** sf. (laziale: Roma; abruzzese: anche *pìttëmë*). 'Pianta parassita, pantana, gallinaccio'.

Dal suo nome scientifico *Cuscuta epithimum*, in italiano *pìtimo*, *pìttino* e *epitimo*, *epìtamo* dal quale dipendono anche il maschile toscano *pittimo* e il napoletano *pìtimo*. Il latino *epithymum* trascrive il greco *epíthymon* 'sul timo' (è noto, infatti, anche col nome già latino di 'fiore del timo'), perché cresce parassitariamente su questa pianta, alla quale si avvolge. C.

**piturzèllo,** sm. (toscano: Seggiano). 'Ficcanaso'.

Propriamente è il nome del 'prezzemolo', che, usato con abbondanza in varie vivande, è passato a indicare, nel paragone popolare, chi si trova dappertutto, come, appunto, il prezzemolo [Longo 1942-54]. C.

**piùmice,** sf. (toscano; sardo, nel gallurese: *piùmmicia*; lombardo, nel bresciano: *piömesa*). 'Pomice'.

Come l'italiano *pomice*, si tratta di derivati del latino tardo *pomex*, *-ĭce* per il classico *pumex*, *-ĭce*, ma tali forme sono state incrociate con *piuma* a causa della leggerezza di questa pietra; lo confermano il calabrese *pùmice* usato come agg. nel senso di 'molle, soffice, spugnoso' con l'espressione *lignu pùmice* 'legno tarlato', ed il lucchese *piùmicio* agg. 'soffice' [DEI; Rohlfs 1977]. M.

**piuravèl,** sm. (piemontese). 'Piagnone'.

Da *piurè* 'piangere' (latino *plorāre*) della stessa area dialettale, come nel francese (Annecy) *pleuraveu* 'maestro di cerimonie durante la sepoltura di un morto' [FEW]. C.

**pìuzo,** sm. (campano, nel napoletano, anche *pìvuzo*), «bacchettina, fuscello» (Salzano 1979); (calabrese, anche *pièvuzu*; abruzzese: *pìuzë*; lucano, a San Fele: *pìvëzë*), 'mazza', «pezzo di legno appuntito a un'estremità che si usa nel gioco della lippa» (Luciano 1992).

Il DEI riconduce le voci ad una base **pilso-* che sembra il corrispondente osco del greco *pîlos* 'feltro, cappello di feltro', latino *pilleus* 'pileo', ma visto il significato delle voci dialettali sembra più plausibile una loro connessione con una base come **pints-* (supponendo eventualmente una variante come **pilts-*) a cui si riconducono parole che designano oggetti appuntiti. M.

**piveronàta,** sf. (còrso). «Zuppa di pesce, specialmente di trota, cotta precedentemente nell'olio d'oliva e condita con vino di Corsica, peperoni e pepe» (Falcucci 1915).

Letteralmente 'peperonata', dal corso *pivaróne* 'peperone'. C.

**pìvi,** sm. (piemontese). «Rondone» (Gribaudo-Seglie 1972-75, Brero 1982).

Secondo il DEI, che cita anche una variante torinese *pibi* e per la parlata di Piverone il significato di 'specie di gabbiano, *Sterna nigra* e *fluviatilis*', la voce può riflettere il latino *pluvius* 'che porta pioggia' (quindi denominazione affine all'italiano *piviere*, francesismo da *pluvier* a sua volta dal latino *pluvia* 'pioggia', cosiddetto perché arriva verso la stagione delle piogge, DELI) ma senza che si possa escludere una possibile origine onomatopeica. M.

**pizacarèin,** sm. (emiliano). 'Beccaccino'.

Da *pizàcara (pzacra, pizacra*, in romagnolo) 'beccaccia', un derivato di **piza* 'becco', dalla diffusissima base *pīts-* 'punta'.

G. CARDUCCI: *Dagli scoperti della bassa landa / pigro il pizzaccherin si rizza a volo* (cit. in GDLI XIII 612). C.

**pìzza,** sf. (calabrese; salentino; siciliano). 'Membro virile'.

Dalla base *pīts-* 'punta', alla quale risale anche il toscano (Elba) *pinza* 'genitale di donna' [REWS; Rohlfs 1977 e 1979]. C.

**pizzamëràjënë,** sf. (pugliese: Molfetta). 'Oloturia'.

Composto di *pizza* nel senso di 'membro virile' che ha in Italia meridionale (pugliese, calabrese) e *mëràjënë* 'marina', denominazione locale perfettamente corrispondente a quella diffusa in tutta Italia di *cazzo marino*, così chiamato a causa della sua forma [DEI s.v. *pizza*[2]]. C.

**pizzàrda,** sf. (laziale; marchigiano; toscano: *pizzardella*; romagnolo: *pizèrda* e *pizardéin*). 'Beccaccino reale'.

Derivato da *pizzo* 'becco' (dalla radice *pīts-* 'punta'), come *beccaccia* da *becco*: un becco molto lungo, forte, diritto e appuntito, caratterizza questo tipo di uccelli. Analogamente, dal suo becco rilevante è chiamato in anconetano (a Montecarotto) *pizzarda* un tipo di 'boccale', detto *pizza* a Treia.

L. BARTOLINI: *Vedeva tutto chiaro, / le verdi foglie dei canneti, / le più profonde dei laureti, / intanto che un'innocente pizzarda / zigazzeggiava per le rive* (cit. in GDLI XIII 612). C.

**pizzifièrru,** sm. (calabrese, anche *pizzëfirrë*). 'Picchio'.

Propriamente "becco [di] ferro"; parzialmente affine la denominazione siciliana del 'picchio' che è *appizzaferru*, letteralmente "becca ferro"; il termine designa anche il 'gruccione' (uccello dei Coraciformi con becco lungo e sottile e piumaggio variopinto) [DEI s.v. *appizzaferro*]. M.

**plàca,** sf. (calabrese, anche *praca* e altre varianti; lucano: *pëlachë*), 'pietra piatta', 'stiaccia per prendere uccelli'; (siciliano: *ciaca*, *sciaca* e varianti), 'ciottolo', 'marmo grigio delle montagne presso Palermo'.

Dal greco *pláka* 'pietra piatta' (Rohlfs 1964; secondo il DEI attraverso un latino parlato **placa*) attestato anche nel grecanico di Bova e in quello otrantino sia nel senso di 'pietra piatta' sia in quello di 'stiaccia per prendere uccelli'. Non dipende (come sostiene il DEI) dalla base *pláka* il friulano *plache* che vale 'placca' (non 'pietra piatta'; dall'italiano *placca*) né *plac* agg. 'piatto, schiacciato' variante di *plat* (dal latino parlato **plattus* a sua volta dal greco *platýs* 'piatto', come l'italiano *piatto*). M.

**placàto,** sm. (veneto bisiacco e giuliano). 'Affisso, locandina, manifesto'.

Dal tedesco *Plakat* di analogo significato [Zolli 1986a; Doria 1987]. M.

**plàna,** sf. (siciliano). «Mappa, rappresentazione cartografica; registro dei numeri giocati al lotto dal pubblico» (Piccitto 1990).

Dallo spagnolo *plana* 'facciata, pagina' [DEI; Michel 1996]. M.

**plào,** sm. (veneto primierotto; ladino-veneto, nell'Agordino; trentino, in Val di Fiemme; lombardo, in Valtellina), 'riposo, vacanza', in particolare nelle locuzioni *far plào* 'non andare al lavoro; marinare la scuola', nel primierotto anche *òra de far plào* 'ora di smettere il lavoro', *vestì de plào* 'vestito da festa e non da lavoro' (Tissot 1976); (ladino centrale, Comelico: *fei plàu*), 'non lavorare, riposarsi, non andare al lavoro e far baldoria'; (ladino centrale, ampezzano: *féi plào*), 'non andare al lavoro, far vacanza (abusivamente)'.

Dal tedesco *blau*, nella frase *blau machen* 'far vacanza di lunedì' attraverso il tirolese [Tagliavini 1944; Bravi 1992]. M.

**plèddi,** sm. (siciliano, anche *pled*, ad Enna: *pileti*; lombardo: *pled*), 'scialle da uomo', 'coprispalle di lana'; (ligure, a Sanremo: *plaid*), 'scialle, coperta da viaggio', 'valigia di tela chiusa da cinghie'; (veneto giuliano: *plet*), 'scialle da viaggio'.

Tutti riflessi dell'inglese *plaid* 'mantello di lana a quadri indossato dagli scozzesi', in qualche caso con mutazione indiretta; *pileti* di Enna pare americanismo, mentre *plet* del veneto giuliano potrebbe avere come tramite il tedesco [Zamboni 1986; Doria 1987]. M.

**plèt,** sm. (friulano). 'Aiuola' e come agg. 'curvo, incurvato'.

Dal latino *plectum* 'piegato'; il passaggio semantico da 'curvo' ad 'aiuola' si deve al fatto che quest'ultima è rialzata e dunque si esprime l'idea della convessità [REW; Pellegrini-Marcato 1992: 536]. M.

**plis,** sm. (veneto bisiacco e giuliano; friulano: Gorizia). 'Felpa'.

Dal francese *peluche*, talvolta tramite il tedesco *Plusch*; il francesismo è noto in italiano anche nelle forme adattate *peluscio, plusce, pelusce*, e nei dialetti *peluso* del veneto chioggiotto, *plücia* del piemontese, *pilùsciu* del siciliano e calabrese (→ s.v.). M.

**pliső,** sm. (lombardo, a Pavia; anche *peliső*). 'Dittamo, *Origanum dictamnus* L.'.

Da *p(e)lìsa*. «Il riferimento a 'pelliccia' è dovuto alle foglie lanuginose» [Galli 1965]. C.

**plófar,** sm. (ticinese; lombardo; emiliano; piemontese: *plófer, plifer*). 'Tedesco'.

Ritenuto di origine onomatopeica, è riportato, invece, da O. Lurati ad un cognome svizzero. «Si tratta di un adattamento di un nome di famiglia tedesco, i Bilhofer: verso la fine del Seicento si stabilirono a Bergamo alcuni svizzeri grigioni che furono chiamati *bilòfer* perché la più ragguardevole famiglia di questi immigrati era quella dei Bilhofer, che ebbe un ruolo notevole nello sviluppo della filatura. In processo di tempo, con deformazione fonetica e semantica facile ad intendersi, il termine, il cui senso primo era quello di 'famiglia tedesca', poi 'tedesco' e dunque neutro, diveniva nomignolo scherzoso e polemico insieme e, da Bergamo, doveva irradiarsi a ponente nella Lombardia, in Ticino e in Piemonte e ad oriente nel Parmigiano» [Magginetti-Lurati 1975: 32].

G. FALDELLA: *Non li ho mai ricevuti nell'anima così pienamente i 'plufferi' tedeschi, come adesso che transitano nella Schulerstrasse* (cit. in GDLI XIII 674). – *I plufferi, i caiserlicchi, i segoni come si chiamavano allora i nostri amici d'oggidì* (cit. dallo stesso Lurati). C.

**ploréuṡe,** sf. (piemontese: anche *ploroṡe* e *pleureus*). «Sorta di mostreggiatura bianca che si pone alle maniche del vestito nero, in segno di bruno solenne» (Di Sant'Albino 1859), 'nastrino a lutto'.

Dal francese *pleureuses* 'polsini bianchi che si mettono nei primi tempi di un grande lutto', da *pleurer* 'piangere, lamentarsi' [FEW]. C.

**pluchè,** v. (marchigiano: Montemontanaro). 'Piluccare un osso'. Di qui il furbesco *plucca* 'carne'.

Corrisponde all'italiano *piluccare* [Balducci 1989]. C.

**plun,** sm. (piemontese), 'capellini'; (romagnolo, a Imola: *plõ*), 'ciuffo di capelli'; (emiliano, a Carpaneto: *i plõ* plur.), 'castagne mondine'.

Accrescitivo di *pélo*, dal latino *pilus*, come, con significati affini, nei dialetti francesi [FEW]. C.

**pluz,** sf. (ladino-veneto, alto Agordino). 'Blusa', anche *plus, pluṡa*.

Dal tedesco tirolese *plûse, plûs* a sua volta dal francese *blouse* [Pallabazzer 1980]. M.

**poaréto dél sàbo,** locuz. sostant. (veneto). 'Questuante che passava regolarmente di casa in casa ogni sabato'.

Letteralmente il 'poveretto del sabato', nominato anche con significati traslati, detto di persona di aspetto misero. Anche i Romagnoli menzionano la *vcìna de sàbat*, la 'vecchina del sabato'. C.

**pocàs,** sm. (ladino-veneto, Colle S. Lucia). 'Zaino, bagaglio'.

Dal tedesco tirolese *paggâsch* 'id.', a sua volta dal francese *bagage* [Pallabazzer 1980]. M.

**pòccio,** sm. (laziale: Castel Madama). 'Ariete, maschio della pecora'.

Forma isolata e oscura. Più comprensibile è il diminutivo *poccìttë* di Villa S. Angelo (Aquila), che, designando l''agnello', bene si accosta a *pòccë* 'poccia, mammella' [LEA]. C.

**pocìnima,** sf. (calabrese meridionale: Scido). 'Minestrone puzzolente'.

Voce del tutto isolata e senza conferme, che viene fatta risalire al greco *apokýnēma* 'feto', 'parto' [Rohlfs 1977]. C.

**podànimu,** sm. (calabrese, specie meridionale, con varianti come *podàminu*, *panàmadu* ecc.; salentino, nel leccese: *podàmeno*, *potàmeno*). 'Piede dell'arcolaio'.

Dal greco bizantino **podánemos*, formazione presupposta sulla base del greco volgare *anemópodas* 'piede dell'arcolaio', composti col greco *anéme* 'arcolaio' [DEI; Rohlfs 1959 e 1977]. M.

**poḍḍichéḍḍu,** sm. (sardo centrale, con varianti logudoresi). '(Dito) mignolo'.

Diminutivo di *póḍḍiche* 'dito', allargamento di significato del nome originariamente attribuito al solo 'pollice', dal latino *pollex, pollicis* [DES]. C.

**podegài,** sm. (ladino-veneto: Selva di Cadore, anche *ponegàl*, a Rocca Pietore *poneèl*). «Ditale di stoffa per coprire un dito malato» (Pallabazzer).

Derivati dal latino *pollicārius* 'di un pollice' e **pollicālis* rispettivamente, a loro volta da *pollex* 'pollice' [Zamboni 1991]. M.

**pòdere,** v. (sardo: anche *pòtere*). 'Potere'.

Dal latino parlato **potēre* per il classico *posse*, con spostamento d'accento esteso a tutta la Sardegna: è noto, infatti, che qui «non vi sono più tracce di infiniti in -ĔRE. I verbi di questa classe hanno oggi tutti l'infinito in *-erë*» (Wagner 1938: 137). Il sostantivo è, invece, *podère* 'potere, possesso', un ispanismo (*poder*) [DES]. C.

**podestà,** sm. (calabrese meridionale, con varianti: *patestó*, *potestà*, *potestàti*). 'Legno del telaio che mantiene la cassa'.

Non dal greco bizantino *podostrábē* 'ceppo ai piedi' (come in DEI) ma, secondo Rohlfs 1966, da un greco bizantino **patestós* a sua volta connesso col greco antico *patássō* 'batto con rumore'; la voce è presente anche nella località grecanica di Bova nella variante *patestó*. M.

**poiàta,** sf. (veneto bellunese; friulano, anche: *poăt* sm.; ladino centrale, in Val Gardena: *pujàte*; lombardo, nel bresciano: *pojàt* sm.), 'carbonaia'; (friulano: *poàte*), 'nugolo di fumo'.

Derivano dal latino *podium* 'rialzo'; la carbonaia, infatti, è una fornace allestita con un cumulo di legna ricoperto di terra, con appositi fori di areazione dai quali esce il fumo della lenta combustione che si protrae per alcuni giorni [REW]. M.

**pòina,** sf. (veneto: Venezia; ladino centrale, nel Comelico: *pòdnä*; friulano: *pòdena*, *pòdine*; veneto istriano, a Rovigno: *pudin*, al diminutivo). 'Mastello' variamente utilizzato nelle diverse località.

L'ipotesi illirica o mediterranea non contrasta con una derivazione dal greco antico *pytínē* (in latino *putĭna*) 'recipiente coperto di vimini intrecciati', che conosce anche le varianti epirotiche moderne *póutina*, *póutena* [Cortelazzo 1970; Tagliavini 1988]. C.

**póla,** sf. (lombardo; emiliano; friulano, ad Aviano: *pula*). 'Tacchina', anche *pòla*, *pula*.

Dal latino tardo *pŭlla* 'gallina'; nel piemontese e nel romagnolo la voce *pola* designa la 'pollastra' [AIS; DEI s.v. *polla*]. M.

**polacàrse,** v. (veneto, nel veneziano), 'appollaiarsi'; (veneto, nel veneziano: *polàco*, sm.), 'pollastrone, giovane di poca esperienza'.

Dal greco *pouláki* 'pulcino, pollastrello'; le voci veneziane presuppongono un significato dialettale non attestato di 'pollo'. Questo etimo forse può spiegare anche la voce isolata *pulàcu* 'tafano' (ladino centrale, nel Comelico). Quanto al siciliano *pulaccu*, *polaccu* 'chi dà i numeri al lotto' non è certo se dipenda da un impiego figurato dell'etnico *polacco*, già chiamato in causa anche per il veneziano *polàco*, termine che in ogni caso non può spiegare il veneziano *polacàrse* [Cortelazzo 1970]. M.

**polàcra,** sf. (laziale: Castel Madama). 'Malattia che colpisce le zampe delle galline'.

Una delle tante deviazioni di significato della parola dotta *podagra*, passata in questo caso, come in altri analoghi, da nome di malattia degli uomini ad affezione che colpisce gli animali [REWS]. C.

**poleăr,** sm. (friulano). 'Pollice', in origine aggettivo, uso mantenuto nella locuz. *dēt poleăr* '(dito) pollice'.

Dal latino *pollicāris* propriamente 'di un pollice', da cui derivano anche le voci meridionali *pudicàro* (Taranto), *pedequàle* (Bari) 'pollice', *tìscitu puricàru* (Salento) 'dito pollice', *puḍḍicàru* (calabrese settentrionale) 'misura della lunghezza di un pollice' [REW; REWS]. M.

**polesàna,** sf. (lombardo). 'Nome di canzone cantata dal popolo'.

Propriamente *canzone a ballo del Polesine*, anche se non è nota nella probabile regione di origine, per cui si è pensato ad una propagazione da Venezia, dove poi è andata perduta, nei territori lombardi sotto la Serenissima [Cornoldi 1968]. C.

**pòlese,** sm. (veneto; piemontese e lombardo: *pòles*; emiliano: *pòlas*, a Bologna: *pòls*; romagnolo: *pòlsa*). 'Cardine'.

Dall'aggettivo sostantivato del latino parlato *pŏlicum*, da *polus* 'estremità (di un asse)', testimoniato anticamente in altri dialetti settentrionali; le forme attuali dipendono dal plurale *pŏlici* [Bondardo 1986; Petrolini 1987]. C.

**polesìa,** sf. (lombardo: mantovano). «Così chiamasi genere di canti popolari, le cui parole sono continue villanie o improperie che si danno l'un l'altro cantandole» (Barozzi-Beduschi 1982).

Singolare interpretazione di *poesia*. C.

**pollìno,** sm. (toscano). 'Terreno mobile e soffice che si incontra nelle paludi e che alcune volte fa isola': «Chiamansi pollini quei luoghi del padule dove alcune masse di detriti vegetali si formano compatte, galleggianti e pericolosissime, perché facilmente si sfondano sotto i passi del mal pratico o dell'imprudente che su quelle si avventura» (R. Fucini), 'molle (detto del terreno)'.

Probabilmente, più che dal latino *pŭllus*, deriva da *pollāre* 'scaturire', come confermerebbe la variante *pollatrino*, dove è evidente la contaminazione con *acquitrino* [REW; VEI; DEI; REWS].

R. Fucini: *E il giorno che gli ripresi il su' figliolo minore che era cascato nel pollino, cominciò a piangere e mi baciò e mi disse che sare' morto in casa sua* (*Le veglie di Neri*, Milano 1943, p. 24). c.

**polòrbo,** agg. e sm. (veneto). 'Sciocco, minchione'.
Sta per *Polo orbo*, nome generico, per antonomasia (*Polo* 'Paolo'), del mendicante cieco, che cantava, accompagnandosi con uno strumento, per le strade della città per qualche quattrino [Cortelazzo 1984a]. c.

**pólši,** nella locuz. *purtè via al pólši* (romagnolo). 'Cambiare padrone, fare trasloco alla disdetta dei contratti di locazione agrari'.
Letteralmente 'portar via le pulci': «del contadino che cambiava spesso si diceva: *l'ha sempre al polsi se bruz* [ha sempre le pulci sul baroccio, sul carro]» (Quondamatteo 1983). M.

**pólt(a),** sf. (lombardo), 'pappina' e figur. 'intrigo'; a Cozzo, *pūt*, in Valtellina e nel Bergamasco *polt, pult*, 'pappa di farina'; (piemontese: *put*; sardo: *pulte*),'farinata'; (ticinese: *er pólt*; piemontese: *la put*; emiliano, a Piacenza: *pota*), 'polenta'; (laziale: *pótra*), 'posatura dell'olio'.
Dal latino *puls, pultis* 'polenta, farinata' [REWS; DES].
A. Manzoni: *i galantuomini che si trovano fra quelli che menano la polta, anch'essi non ponno parlare* (*Fermo e Lucia*, Milano 1954, p. 459). c.

**pomarìn,** agg. (veneto: Polesine). 'Piccolo di statura e destinato a non crescere più (*ormài l'è pomarìn*)'.
Dal nome del cagnolino detto *pomarìn* (*pomèro* in italiano), che riproduce il tedesco *Pommer*, razza di piccoli cani così chiamati perché provenienti dalla Pomerania (*Pommern*). c.

**pomèla,** sf. (veneto giuliano). 'Bacca'.
Diminutivo del dialettale *pomo* 'mela' (dal latino *pōmum* 'mela, frutto') [Doria 1987].
P. A. Quarantotti Gambini: *Apparve tra il rosso e il verde (bianca era la pietra): rametti gli erano stati infilati tra le zampe e il libro e anche in bocca; e il rosso, in mancanza di fiori, era quello di alcuni mazzetti di* pomèle. (*Le* pomèle *erano un frutto di cespuglio che sbocciava, a grappoli d'un rosso chiaro, su una pianta spinosa posta a siepe lungo il fosso che divideva la campagna dal prato: il nonno aveva fatto crescere laggiù quegli arbusti spinosi a protezione dei campi; ma era stato peggio, perché le* pomèle *erano buone a mangiarsi, e la* mularia *– i monelli – senza timore degli aculei veniva a frotte a coglierle e a mangiarle, superando il fosso ed entrando nei campi* (*L'amore di Lupo*, Torino 1977, pp. 49-50). M.

**pommaròla,** sf. (campano). 'Sugo di pomodoro per condire la pastasciutta'.
Voce napoletana, da *pummadòra* 'pomodoro' attraverso *pummarora* (attestato in area campana).
A. Soffici: *Al cameriere scamiciato che accorre ordiniamo, naturalmente, il piatto sacramentale del luogo: spaghetti alla pommarola* (*Opere*, V, Firenze 1963, p. 692). c.

**pondà,** v. (lombardo). 'Appoggiare, accostare una cosa a un'altra perché questa le serva da sostegno'.
Da un latino parlato **ponitāre* 'porre in un luogo' (da *ponĕre* 'porre'); da questa base dovrebbe dipendere (secondo REWS) anche *puìnte* (friulano) sf. «feccia del vino, posatura del vino nelle botti» (Nuovo Pirona 1935) [REW; DEI s.v. *pondare*]. M.

**pòndi,** v. (friulano; veneto, nel bellunese: *pònder*). 'Deporre le uova, far l'uovo' (emiliano, nel bolognese: *pónder el i ov*) «porre; metter l'uova sotto la gallina» (Coronedi Berti 1869-74).
Dal latino *ponĕre* 'porre', con epentesi di *n* [REW; Prati 1968]. M.

**ponènte,** sm. (toscano: Arcipelago). 'Scavezzacollo, persona furiosa', 'stato, eccesso di nervosismo'.
Dal nome del vento di *ponente*, ritenuto causa d'irritazione, donde la locuzione *sentì di ponènte* 'essere molto nervoso' [Fanciulli 1983]. c.

**pònga,** sf. (romagnolo; emiliano), 'ratto d'acqua' o anche 'topo di fogna', con le varianti *pòndga* e sm. *pondg*; (romagnolo, a Ravenna *pòng*), 'talpa' e si dice che «*al pong al fodga int al j'or sgafi*, la talpa scava nelle ore dispari» (Ercolani 1971). Il diminutivo veneto (Chioggia) *ponteghina* 'topo piccolo con il muso a punta' e, in senso traslato, 'caparbio, scontroso, iroso', è tratto da *póntega* 'topo acquatico', non attestato a Chioggia, ma proveniente dalle parti meridionali della regione veneta a contatto con l'emiliano *póndga*. La risposta prettamente veneta è → *pantegana*, detta del grosso 'ratto d'acqua'.
Dal greco *póntikas* 'topo' (che proviene da *pontikòs mŷs* 'topo del ponto'), latino *ponticus* (→ *pantegàna*); l'espressione greco-latina poteva designare tanto il 'topo' e il 'ratto', quanto ogni 'animale da pelliccia' (*pontici mures* 'ermellini' in Plinio) [Cortelazzo 1970; Pelliciardi 1977: 59; Quondamatteo 1983]. M.

**pónga,** sf. (veneto, veneto giuliano, a Pirano come sm. *póngo*), 'gozzo degli uccelli'; (veneto, a Burano: *fa pónga*), 'detto di muro che fa pancia'. Nel gergo veneziano *pónga* è la borsa di denari; nel dialetto trevisano si usa l'espressione: *far la pónga* 'fare il gruzzolo'.
Grecismo, da *poúnga* 'tasca' [REW; Prati 1968; Cortelazzo 1970]. M.

**pónto de stéla,** locuz. sostant. (veneto), 'posizione delle stelle, dalla quale si ricavano pronostici sul tempo'; (abruzzese: *pùndë dë štéllë*), 'giorno segnato, nel quale bisogna temere gli infortuni'.
Letteralmente: 'posizione di stella'. Sono i «giorni dai quali sarà bene che i marinai si guardino, perché, causa la posizione di alcune *stelle*, sono forieri di tempeste e di bonacce» (Sacerdoti 1962). c.

**pòp,** sm. (ladino-veneto: nell'Agordino). 'Statua, pupazzo, spaventapasseri', a La Valle Agordina «grande pupazzo fatto con culmi di granoturco e poi bruciato la sera precedente la festa di San Marco» (Rossi 1992).
Maschile di *popa* 'pupa, pupattola' forma settentrionale dal latino volgare **puppa* per il classico *pupa* [REW; DEI]. M.

**popòla,** sf. (lombardo). 'Ragazza'.
Forma diminutiva di un continuatore del latino *pŭppa* 'fanciullina', 'bambola' [REW; REWS].
A. Fogazzaro: *Se i francolini e i tartufi bianchi sono la "popòla" Carabelli, son buttati via* (*Piccolo mondo antico*, Milano $1937^2$, p. 11). c.

**popolàna,** sf. (lombardo, anche *pupòla, pópul* sm., e varianti; piemontese orientale: *pupòl* sm.; emiliano: *pupla* e *pupal, pupli* sm.; trentino: *pópola*; marchigiano: *papòla, papatella*). 'Rosolaccio, *Papaver Rhoeas* L.'.
Le diverse varianti dialettali particolarmente diffuse nell'area tra Emilia, Lombardia e Piemonte, sono fatte risalire dal DEI al latino parlato **puppa* 'fanciulla, bambola' sulla base del confronto con denominazioni del rosolaccio del tipo "donna, signora, femmina" quali *gentildone, madone* (plur.) nel piemontese, *madama, fantina* e *fantineti* (sm. plur.) nel ligure, *madonine* (plur.) nel lom-

bardo, *dunìn* (sm.) nell'emiliano, *sioreta* nel veneto, *siore, femenote, donete* (plur.) nel trentino. Diversamente Zamboni (in Pellegrini-Zamboni 1982) ipotizza alla base di *popolana* e varianti il latino *papŭla* 'bolla, vescichetta' per la capsula (semantica che sarebbe all'origine anche del latino *papaver*); le diverse designazioni del tipo "donna" e simili sarebbero ispirate da *pupa* succedaneo di *papŭla* [AIS; DEI]. M.

**porà,** sf. (piemontese). 'Porrata, minestra o vivanda fatta di porri', 'striscia di crusca' che si spargeva dalla casa di chi era stato rifiutato in matrimonio «sino a quella della persona che doveva sposare piantandovi dentro un porro» (Di Sant'Albino 1859) in segno di scherno; (a Castellinaldo): *purtè ra purà* «spargere per dileggio una striscia di segatura fra la casa di una nuova sposa e quella di un pretendente deluso» (Toppino 1927), perché «pare che anticamente al termine di detta striscia si versasse il sacco e vi si piantasse un porro» (Gavuzzi 1891). Di quest'usanza (che probabilmente aveva delle variazioni da luogo a luogo) restano il modo di dire *goastè la porà* «guastare i disegni altrui, rompere le uova nel paniere» (Di Sant'Albino cit.).

Dal dialettale *por* 'porro, *Allium porrum* L.'.

B. FENOGLIO: *Potevano ben andarci [allo sposalizio] anche Jano e Baldino, così avrei potuto starmene una giornata da solo, come n'avevo voglia e bisogno. Invece li ebbi dietro tutto il giorno, che mi tiravano le satire e volevano farmi nientemeno che la porrata, che è una treccia di porri e meliga che si semina verso la porta di chi è stato lasciato da una donna nel giorno che lei si sposa con un altro* (cit. in GDLI XIII 922). M.

**porcherìa,** sf. (umbro; abruzzese; laziale, a Roma). 'Fulmine', chiamato nel Lazio anche *sporchìzia, sporcìzia*, mentre a Cortona *porcarìa* è la 'grandine' e a Roma *porcheria* è la 'risipola'.

Analoghe denominazioni tabuistiche si riscontrano anche in Lombardia (bergamasco *brodgà*, comasco *bròdega* 'fulmine') [Bambeck 1962; Cortelazzo 1982]. C.

**porchiàre,** v. (calabrese; siciliano: *mpurchiari*; pugliese: *mbrucchià*; campano: *prucchià*), 'accestire', nel calabrese anche 'partorire (delle scrofe e pecore)', 'mettere un animale lattante alla poppa di un animale che non è la madre'.

Dal latino parlato **porculāre* 'produrre come una scrofa', da *porcŭla* 'porcella'; il significato di accestire è dunque secondario rispetto a quello di 'partorire (della scrofa)'. Sono forme dialettali (con altre varianti) di origine deverbale il lucano (a Castemezzano) *pùrchië* nella locuzione *menà lë pùrchië* 'accestire', il campano *pùrchia* 'gemma', il calabrese *pùrchia* 'parto (delle scrofe e pecore)', 'germoglio', il siciliano *mpròcchia* 'l'accestire delle piante' [AIS; DEI s.v. *pòrchia*; REWS; Salzano 1979]. M.

**porèm,** sm. (lombardo: Mantova). 'Dolce a base di farina e melassa, venduto un tempo dagli ambulanti di dolciumi per ragazzi', 'pan pepato'.

Dall'ebraico *pūrījm* 'festa delle sorti', nella quale gli Ebrei preparavano e consumavano questo tipo di dolce [Colorni 1970: 148]. C.

**pòrga,** sf. (calabrese centrale). 'Pianta giovane, piantina', anche *pròga*.

Voce nota anche al dialetto grecanico di Bova (*aporga, porga*), deriva dal greco tardo *apôryx, -ygos* 'propaggine' (in origine 'canale che parte da un determinato luogo') attraverso un latino regionale *apōryga* (accusativo) [DEI; Rohlfs 1977]. M.

**pòro,** agg. (veneto; toscano). 'Povero'.

Sta per *pòvaro* o *pòvero* (*pòro can, el pòro Bèpi, pòro Bèppe*, detto di defunti), quando è proclitico, quando, cioè, si appoggia alla parola che segue [Longo 1942-54; Prati 1968]. C.

**portacòa,** sf. (piemontese; ligure: *portacùa*). 'Codrione', esteso anche ad altri significati figurati.

Da *portè* 'portare' e *còa* 'coda', cioè, letteralmente, 'portacoda' (Plomteux 1975].

A. G. CAGNA: *con un suo abito confezionato a Parigi, una foggia nuova così stramba, che in principio era stata molto criticata dalle dame, dalle damigelle, e dalle sarte di tutta la città. Argomento di tanta censura, era una specie di cuscinetto o di susta che i tecnici chiamavano* tournure, *e che le popolane avevano più efficacemente battezzato* porta coda *...; dopo un mese il nuovo modello veniva adottato dalle principali signore, e progredendo man mano il* porta coda *passò dalle dame alle damigelle, si diffuse nelle sartine, e fece capolino fin sotto le gonnelle delle servette* (*Provinciali*, Milano 1886, p. 258). C.

**portafòi,** sm. plur. (romagnolo, a Lugo). 'Lasagne ripiene'; si preparano con un ripieno (*batù*) «simile a quello dei cappelletti, ma un po' più fluido, si mangiano in brodo» (Pelliciardi 1977: 102).

Letteralmente 'portafogli'; nella stessa zona questo tipo di pasta si chiama anche *lisàgn pini*, propriamente 'lasagne (ri)piene'. M.

**portà lu somàru,** locuz. (marchigiano: Macerata). 'Burla fatta al colono che, entro la settimana dopo l'Ognissanti, non aveva ancora finito di seminare il grano'.

Letteralmente 'portare il somaro'; non solo *jé ce portava lu sumaru*, un somaro fatto di paglia, che voleva deridere la sua lentezza, ma anche altri pupazzi di paglia, a derisione della sua pigrizia [Ginobili 1970]. C.

**portarrarr(i)éca,** sm. (laziale). 'Chi va dall'uno e dall'altro a raccogliere e riferire ciarle maligne', 'spia'.

Dalle voci del dialetto *purtà* 'portare' e *arrarricà* 'arrecare' [Vignoli 1911 e 1926]. C.

**portazëcchìnë,** sm. (pugliese; lucano; calabrese: *porta zicchìnu* e varianti). 'Portamonete'.

Ricordo lasciato dai mercanti veneziani negli scali meridionali, dove facevano circolare la pregiata moneta uscita dalla loro *zèca*, gli *zecchini*. C.

**portè la glùppa,** locuz. (marchigiano: Urbino). 'Portare il dono' di capi di corredo e dolciumi da parte del fidanzato alla fidanzata.

Da *gluppa* 'involto', propriamente 'viluppo', che designava il grande fazzoletto annodato ai quattro capi, usato usualmente per la spesa. C.

**portolàta,** sf. (veneto; marchigiano, a Fano: *purtulàta*). 'Barca di trasporto del pesce dal peschereccio, che continua la pesca, al mercato'.

La definizione del chioggiotto *portolata* («bragozzo sul quale sta il padrone, che comanda altri bragozzi più piccoli che costituiscono la *compagnia* e che porta a terra la pesca», *Dizionario di marina* 1937) fa pensare ad un significato 'primo fra gli altri', che giustifica l'accostamento a *portolato* 'il primo a vogare, che dà il tempo agli altri', dal greco *protolátēs* 'capo rematore' [Cortelazzo 1970]. C.

**pósa,** sf. (calabrese). 'Fagioli secchi', usato collettivamente; 'minestra di fagioli bianchi'; *posa ndriola* 'sorta di fagioli'; *pose* plur. 'sorta di fagioli bianchi'; di qui il diminutivo collettivo *poseḍḍa* (e varianti) 'piselli'.

Dal francese *pois* 'pisello' (dal latino *pisum*, al plurale *pisa*): nel derivato si riconosce l'influsso di *pisedda* 'piselli'. *Ndriola* chiarisce, probabilmente, la provenienza del legume da *Andria*, in Puglia [DEI s.v. *andriòla*; FEW; Rohlfs 1977]. C.

**posàta,** sf. (calabrese: Polistena). «Lo spiazzo di terra in campagna dove sorge l'abitazione del contadino» (Laruffa 1986).

Participio sostantivato del dialettale *posari* 'posare, deporre'. M.

**pósca,** sf. (piemontese; lombardo), 'vinello'; (umbro: *puschia*), 'sete' (e *appuschiato* 'assetato'); (friulano, a Cedarchis: *pos-ce*), 'residuo del burro fuso', 'morchia'; (lombardo, in Val Chiavenna: *poscia*), 'posatura del caffè'.

Dal latino *pōsca* 'sorta di bevanda (*pōtus*)', di solito di acqua e aceto, termine popolarmente continuato nell'Italia settentrionale e centrale e in Francia, mentre in italiano e nella penisola iberica è voce dotta [FEW].

G. PANSA: *La notte fra il primo e il due di novembre preparavano insieme il piatto di castagne cotte e il bicchiere di pusca, o di vinello, da mettere sul davanzale. Servivano a rifocillare i morti venuti a trovare i vivi* (*Ma l'amore no*, Milano 1994, p. 110). C.

**pòsso,** avv. e prep. (umbro, nel perugino, a Magione anche *apòsso*). 'Dietro', 'a ridosso di', 'accanto'.

Da un latino *post* 'dietro' -*sub* 'sotto' [Ugolini 1970: XXII]. M.

**postèju,** sm. (calabrese centro-meridionale, anche *pusteju*, *postedu*). 'Piccola trave'.

Dal francese antico *postel* 'pezzo di legno sistemato in piedi, piantato in terra' (dal latino *postis* 'stipite') [DEI; FEW; Rohlfs 1977]. M.

**pòstro,** sm. (veneto: Chioggia). 'Anello di fidanzamento'.

Voce di attestazione limitata al chioggiotto ed ormai pressoché estinta, pare essere un adattamento del croato *prsten* 'anello' (da *prst* 'dito'), considerata l'affinità formale e semantica; tuttavia mancano altri riscontri per avvalorare l'ipotesi [DEI; Cortelazzo 1985: 80]. M.

**postùrë,** sf. (pugliese, nel tarantino; salentino: *pustura*). «Magazzino o pozzo sotterraneo in cui si conservava anticamente l'olio» (Gigante 1986), a Lecce *pusture* plur. «in un locale-deposito, piedistalli fissi su cui sistemare grossi contenitori» (Garrisi 1990).

Dal latino *pos(i)tūra* 'posizione, collocazione', da *pos(i)tus* 'posto'; ne deriva anche il siciliano *postura* 'contegno, sostenutezza' [DEI s.v. *postura*; REWS]. M.

**potìri,** sm. (calabrese). 'Pezzo di legno posto sotto la tessitrice seduta e terminante in un incavo, nel quale si gira l'incannatoio per riempire i cannelli di fili'.

Dal greco *potḗri(on)* – pronunciato *potiri* –, che vale semplicemente 'bicchiere'. Il trapasso semantico, dovuto a somiglianza, deve essere avvenuto in area italiana [Rohlfs 1964 e 1977]. C.

**potò,** sm. (toscano: carrarese). 'Colonna di ferro tubolare, che sostiene e orienta il filo elicoidale nella lavorazione del marmo'. La sua stabilità ha suggerito la locuzione *eser fis come n potò* 'essere assiduo, instancabile nel proprio lavoro', 'essere fermo nelle proprie idee e coerente nelle azioni'.

Dal francese *poteau* 'palo', che continua il latino *postis* 'montante della porta' [FEW; Luciani]. C.

**potòc,** sm. (veneto giuliano; friulano orientale). 'Torrente', 'corso d'acqua'.

Si tratta dello sloveno *potok* 'ruscello'. M.

**pótto,** sm. (umbro). 'Ragazzo'.

È uno dei riflessi del latino parlato **puttus* per il classico *pūtus* 'bambino' dal quale dipendono, oltre all'italiano *putto*, voci quali il lombardo (bresciano) *pöt* 'celibe', e vari derivati come l'emiliano (ferrarese) *putlèt*, il toscano *pottino* (nel pisano) e *pottello* (lucchese) 'bambino' [DEI; REWS]. M.

**pòvar Gaudènz (el-),** locuz. sostant. (lombardo: comasco). 'La buonanima'.

Espressione esemplificativa, che si avvale del comunissimo nome *Gaudenzio*, diffuso specie nella Svizzera romancia, dove l'espressione più frequente è del tipo *Gudens barmìar* (o *parmìart*), dal latino *Gaudentius bonae memoriae*; nel grigionese è nota anche la forma *el pòr Gaudenzi*. Per questo il titolo di una sezione supplementare dell'atlante linguistico italo-svizzero, allestito da studiosi svizzeri, è intitolata al *povero Gaudenzio* [DRG]. C.

**poverèt,** sm. (lombardo: Como). 'Deretano'.

«Voce usata in qualche luogo, e se non è corruzione del latino *podex*, id., è per evitare un vocabolo di cattivo suono» (Monti 1845), che è la spiegazione più plausibile. C.

**pozzonétto,** sm. (laziale: anche *puzzonétto*; abruzzese: *puzënèttë*; campano: *puzunèttu*), 'calderotto'; (siciliano: *bbuzzinéttu* con varianti), 'ramaiolo, cucchiarone'.

Letteralmente *bolzonétto*, perché il lungo manico ricordava la forma di una freccia (*bolzóne*). Per la forma si può confrontare col siciliano *bbuzzunari* 'bolzonare', *bbuzzunata* 'bolzonata' [DEI; Ugolini 1983]. C.

**pràce,** sf. (lunigianese; toscano orientale e sudorientale, a Cortona anche: *prèce*; toscano occidentale, centrale e centro-meridionale: *brace*; umbro occidentale e settentrionale; marchigiano settentrionale: *prèc'*; laziale settentrionale). 'Porzione di terra fra due solchi o due filari'.

Nessuna delle proposte etimologiche fin qui avanzate (dal greco *prasiá* 'aiuola'; da un supposto latino parlato **proce* 'solco scavato'; dal ricostruito bizantino **ampraki(on)* 'piccola striscia (di cuoio)', diminutivo di *amprón* 'correggia, striscia di cuoio' e, con un comune traslato, 'striscia di terreno'; dal germanico **brasa* 'brace', cioè 'terreno bruciato, debbio'; dal longobardo, a cui rimanderebbe l'alternanza della consonante iniziale) è accettabile, essendo gli argomenti a favore spesso deboli e quelli contrari decisivi [DEI; Ugolini 1970; Carpitelli 1991]. C.

**pradégn,** sm. (ticinese: val Bedretto). 'Stanga verticale sospesa al soffitto della stalla, che permette, in caso di necessità, di separare bovina da bovina'.

Dall'aggettivo latino *petraneus* 'di pietra', passato attraverso i seguenti significati, tutti documentati in dialetti ticinesi: 'vaso di pietra' → 'recipiente di legno, cassone' → 'scomparto in una cassapanca' → 'scomparto nella stalla' [Lurati 1968]. C.

**pràja,** sf. (siciliano; calabrese; salentino), 'spiaggia'; (siciliano messinese), 'terreno fertile e coltivato lungo un fiume' e anche 'ghiaia, letto pietroso di un fiume'.

Dal greco *tà plághia* 'terreno in pendio' [Rohlfs 1964]. M.

**praìzza,** sf. (salentino: Taranto). 'Piccolo pesce appartenente alla famiglia delle sogliole'.

Sembra innegabile la dipendenza dal latino *platessa* 'sogliola' (così chiamata perché 'piatta') attraverso il sm.

francese antico *plaïs*, *plaïz*, anche se i legami fra latino e francese non sono così chiari e sicuri, come pare [DEI; FEW]. C.

**pramàrs,** sm. (lombardo: Casalpusterlengo). 'Marcita', 'campo a crescita di erba continuata tagliato da canali nei quali l'acqua scorre tutto l'anno'.

Letteralmente 'prato marcio' [Bassi-Milanesi-Sanga 1976]. C.

**pràno,** nella locuz. *de so pràno* o *prànio* o *dipràno* (veneto). 'Di sua spontanea volontà, di buona voglia'.

Dal latino dei giudici *de plano* 'senza formalità, senza contrasto' [Bondardo 1972; Cortelazzo 1983]. C.

**pranzùne,** sm. (calabrese). 'Arboscello di quercia o di castagno', 'grosso ramo', nel calabrese meridionale 'pollone, getto nuovo di un albero', nel cosentino anche *pilanzoni* 'grossa pianta'.

Dal francese *plançon* 'pollone che si trapianta' [Rohlfs 1977]. C.

**pràstica,** sf. (calabrese meridionale, anche *pràtica*). 'Parte concava del giogo'; nella Calabria media, 'nome che si dà ai due piani laterali della madia'; nella località grecanica di Bova è noto il termine *plàstringa* per le 'due curve del giogo'.

Dal greco *plástinx* 'bilancia', 'parte del giogo' [Rohlfs 1977]. M.

**pràtta,** sm. (sardo logudorese e campidanese). 'Argento'.

Dallo spagnolo *plata*, che ha lo stesso significato. Confronta *Rio de la Plata* [DES]. M.

**prattèlla,** sf. (campano: Napoli). 'Teglia, scodella di creta', anche *parattèlla*.

Piuttosto che dal latino **plattĕlla* 'piccolo piatto' (con dissimilazione di *l-ll* anteriore all'evoluzione di *pl* in *pi*), il termine deriva probabilmente dallo spagnolo *platel* 'vassoietto' [Beccaria 1968]. M.

**preàle,** sf. plur. (piemontese). 'Piatto di frattaglie di pollo'.

Dalla locuz. (*ragò d'*) *prè e ale*, cioè di 'gozzo, ventriglio'. I suoi elementi si spiegano con il latino *petrārius* 'di pietra, duro come pietra (*pĕtra*)' e con 'ali' [DEI]. C.

**prebugiùn,** sm. (ligure). 'Passato di patate, cavoli neri, olio, aglio, lardo soffritto; si mangia molto caldo'.

Dal verbo *prebugì* 'scottare, dare un bollore', letteralmente *perbollire* [Plomteux 1975]. C.

**precànta,** sf. (veneto: a Venezia *precàndola*; emiliano, a Modena: *percàntel*), 'filastrocca, lungagnata'; (calabrese, sm.: *precantu*), 'piagnisteo', 'esortazione', 'scongiuro, malia'; (corso: *prigàntula*), 'augurio di felicità, in versi, rivolto alla sposa nel giorno delle nozze'. Testimoniata in Ruzante (*pregàntola* 'scongiuro') e rimasta nel bolognese, come ricordo, in una formula incantatrice, che le donne dicevano per calmare i bambini, che accusavano un lieve male: «*Percànt e percantôs, vâda vî la poel e l'ôs e quáll puctén ch'i aroesta vâda vî dmàndga cl'è festa*» (Ungarelli 1901).

Deverbale dal latino *praecantāre* 'incantare, fare un incanto', pure testimoniato nei dialetti italiani col senso di 'ammaliare', 'scongiurare': calabrese, siciliano *pricantari*, anche con prefisso, siciliano *appriccantari* 'piantare, lasciare in asso' e *appriccantarsi* 'piantarsi, fermarsi, mettersi a piè fermo' [DEI ss.vv. *appriccantare* e *precantare*; Prati 1968].

N. Pozza: *Sospettato come ladro, ogni tanto il maestro mi chiamava al suo scrittoro per intonare precante sul-l'utile e il dilettevole del ginnasio* (*La putina greca*, Milano 1972, p. 27). C.

**precàre,** v. (salentino: anche *pricari*). 'Seppellire'.

Confrontando questa voce con i corrispondenti lucano *roprecà*, calabrese *corvicare*, *orbicari*, *durvicare*, *porvicare*, *rubicare*, siciliano *cruvicare*, *vurvicari*, *urricari*, tutti con lo stesso significato 'seppellire', il Rohlfs 1959 giunge a ricostruire un latino parlato **copricāre*, **coopricāre* 'coprire', variamente deformato [Rohlfs 1977: 27]. C.

**precavìri,** v. rifl. (siciliano; calabrese). 'Usar cautela, garantirsi, premunirsi'.

Dal latino *praecavēre* di analogo significato [DEI; Rohlfs 1977; Piccitto 1990]. M.

**prëchënà,** v. (lucano: Matera, anche *prëtënà*). 'Far le pubblicazioni di matrimonio'. Da qui *priconie*, le 'pubblicazioni' stesse.

Dal verbo latino *praeconāre* 'annunciare, proclamare' [Festa 1914; Bronzini 1964; REWS]. C.

**prëc(u)à,** v. (lucano; pugliese: *trobocà*, *prucare*; calabrese: *dirvucare* e varianti; siciliano: *vurricari*, *drivocari*). 'Seppellire, sotterrare'.

Sono state avanzate varie ipotesi (dal latino *volvicāre* 'rivoltare' o dal parlato **obruicāre* 'gettare a terra', 'rivoltare'), ma la più attendibile sembra quella che risale al latino *coopericāre*. Il Rohlfs annotava a questo proposito: «Nella sola Calabria a nord di Catanzaro ho raccolto per il verbo 'seppellire' le seguenti varianti: *corvicare*, *cruvicare*, *dirvucare*, *durvicare*, *orbicare*, *porvicare*, *rubicare*, *curvicare*. Il verbo è certamente d'origine latina: ma quale sarà la forma più autorevole?» [Festa 1914; Bigalke; Rohlfs 1977: 27]. C.

**pref(f)idiàre,** v. (toscano). 'Ostinarsi in un errore o nella prepotenza'.

Da *profidia*, variante locale e antica di *perfidia*.

I. Nieri: *E lui a star garoso a proffidiare, anzi a crescer la dose e a gonfiarla di più* (cit. in GDLI XIV 515). C.

**pregàdi,** sm. plur. (romagnolo). 'Manifesti listati a lutto che annunciano una morte', 'manifesti che si pongono sulla bara'.

Parola di origine dotta, da *pregati* (e così sono spesso chiamati anche in dialetto) nel senso di 'preghiere per il defunto'. Sono chiamati anche *pregadìo*.

M. Pascoli: *dettò anche, come poté così afflitto com'era le parole per il "pregadìo" che s'usava allora nei funerali* (*Lungo la vita di Giovanni Pascoli*, Milano 1961, p. 25). – Id.: *Il "pregadìo", che dettò Giovannino, ad alcuni parve contrario al sentimento religioso e perciò fu condannato alla distruzione* (*ibidem*, p. 57). C.

**prelesà,** v. (marchigiano), «lessare un poco, dare un bollore, bislessare» (Spotti 1929); (abruzzese: *përlëssà*), «scottare con acqua bollente le carni vive» (Giammarco 1976), col derivato *përléssa* 'carne cotta tra la brace' (a Scanno).

Voci ricondotte dal DEI (s.v. *perlessare*) al latino tardo *perelixāre* 'far bollire bene'. M.

**premàndo,** nella locuz. *a premando* (veneto: Venezia). 'A sinistra'.

L'espressione deriva dal verbo *prèmer* letteralmente 'premere' che «nella laguna superiore significa spinger la barca col remo. Pei pescatori e per tutte le altre persone dell'arte, sbatter con certa forza il remo nell'acqua perché la prora della barca si diriga a sinistra» (Ninni 1964). M.

**prémë,** sf. (abruzzese, anche *prémë*, *pràimë*; molisano:

*sciàima*; campano: *chjéma*), 'piena di un fiume, di un torrente'; (abruzzese, a Roccasicura: *scema*), 'piscio delle vacche'; si aggiunga *ischima* 'pienezza (di cibo)' in area meridionale (REW).

Considerando con queste voci anche l'abruzzese *plemenarë* 'abbondanza' si potrebbe ricostruire un etimo basato su un latino parlato **plēmen, -ĭnis* presupposto dal latino *pleminārĕ* 'riempire', di contro all'ipotesi di una derivazione dal greco *plḗme* 'il salire della marea' (forse attraverso un latino regionale **plema*). Ad una forma volgare **pleuma* (che potrebbe essere dovuta ad un incrocio tra *pleme* ed il grecismo *rhéuma* 'corrente') sono ricondotti il salentino *chjoma, joma*, ed il pugliese (nel tarantino) *chjomë* 'grossa corrente di acqua', 'piena delle acque'. Una sovrapposizione di *flumen* richiedono il molisano (Agnone) *sciàima* 'piena di un fiume' e l'abruzzese (Roccasicura) *scema* 'piscio delle vacche' dato che la presenza di *š-* non si giustifica da *pl-* ma da *fl-* [REW; DEI s.v. *pièma*; Rohlfs 1964; Alessio 1976]. M.

**prepìgghiu,** sm. (calabrese meridionale). 'Circolo, conversazione', 'piazzale davanti alla chiesa': *préviti o prepìgghiu* 'preti sul piazzale d'una chiesa'.

Dal greco *propýlaion* 'vestibolo di un edifizio', che passò a significare 'luogo dove si conversa' [Rohlfs 1964 e 1977]. M.

**preposèo,** sm. (toscano). 'Prepotente'.

Sembra dal nome, di origine francese (*préposé*, nome generico di chi è 'addetto ad un posto di guardia, di sorveglianza', 'esattore delle tasse', e simili), di alcune odiosissime guardie, malviste dai contadini delle campagne toscane ai tempi dei Francesi [Nieri 1902; Malagoli 1939]. C.

**prescinsöa,** sf. (ligure). 'Specie di ricotta fatta con latte rappreso, latte diventato acido'.

Voce di area unicamente ligure, pur essendo stata ricondotta ad un latino *per-ex-suctiola* (con *ü* atono > *i* ed *-n-* inserito), rimane di etimo incerto secondo Plomteux 1977; da non escludere , forse, una derivazione da "pressare" con allusione alla tecnica di preparazione del prodotto. M.

**prësëndósë,** sf. (abruzzese). 'Medaglione di filigrana, finemente lavorato'.

Incrocio del sinonimo *prësëndènsë*, dal latino **praesentĕntia* 'che fa bella presenza' e *prësëndósë* 'sontuoso', dal latino *praesumptuōsus* [Giammarco 1985].

G. D'ANNUNZIO: *Portava agli orecchi due grevi cerchi d'oro e sul petto la* presentosa: *una grande stella di filigrana con in mezzo due cuori* (*Trionfo della morte*, Milano 1910, p. 180). C.

**prestà l'anni,** locuz. (marchigiano: Jesi). «Atto dei genitori che acconsentivano al matrimonio del figlio minorenne» (Urieli 1979).

Letteralmente 'prestare gli anni'. Il consenso è considerato un prestito degli anni che mancano al raggiungimento della maggiore età. C.

**prestannàe,** sm. plur. (marchigiano: Arcevia). «I giorni 2, 3 e 4 di Aprile, che questo mese prestò, secondo la fiaba, a Marzo, perché riuscisse a sommergere una vecchia, scampata sino al 31 di marzo sulle vette dei monti», sicura di essere oramai salva.

Dal latino *praestandariu* 'dato in prestito' [Crocioni 1906]. C.

**prestinè,** sm. (lombardo, anche *prestinḕr*; piemontese orientale, ticinese: *prestinè, prastinèi* e varianti; emiliano, nel piacentino: *prestinè*). 'Fornaio'.

Dal latino tardo *pistrinārius*; sono dialettalismi italianizzati nella forma *prestinaio*, mentre *pisternaio* è dell'italiano antico. Dal latino *pistrīnum* 'mulino' proviene il milanese *prestìn* 'forno', mentre nel trentino della Val di Non (a Cloz) *prestìn* designa il 'fornaio' [AIS; DEI; Quaresima 1964].

P. VALERA: *Si stava bevendo intorno al focolare un po' di vino come in quel momento, con una fetta di panettone che le aveva portato la mattina il prestinaio* (*La folla*, Napoli 1973, p. 115). – ID.: *Se nascesse un'altra volta non farebbe certamente il barbiere, un mestiere birbone che lo obbligava a stare in gamba quando tutti gli altri, compresi i prestinai, facevano baldoria!* (*ibidem*, p. 163). M.

**presùra,** sf. (marchigiano: Fano). «Ostacolo situato nel fondale marino in cui si possono impigliare le reti a strascico», anche in senso figurato (Silvi-Simoncelli 1992).

Senso particolare dell'antico *presura*, come 'impedimento che prende, che (trat)tiene', dal latino parlato **pre(n)sūra*, dal verbo *prehendĕre* 'prendere'. C.

**pretecàglie,** sf. plur. (campano, nel napoletano). 'Macerie, rottami'.

Deriva da un latino parlato **petricālia* neutro plur. di **petricālis* (riflesso nell'iberoromanzo *pedrigal* 'sasseto') da **petrica* 'pietra' che è base richiesta anche dal sardo logudorese *pedrighina* 'sassolino', *appedrigare* e nel campidanese *perdigài* 'lapidare', e dal campano (nel Cilento) *petrìngole* sf. plur. 'terreno sterile' [DEI; REWS; Salzano 1979]. M.

**prètta,** sf. (sardo logudorese). 'Pena, fatica'.

Deverbale da *ap(p)rettàre* 'premere, pressare', da intendersi quindi nel senso di 'ciò che preme' (→ *ap(p)réttu*) [DES]. M.

**pretùra,** sf. (calabrese meridionale, anche *apretùra*). 'Grande coperta di tela grossolana; qualunque stoffa che serve da coperta', 'sacco grande da trasportarvi paglia'.

Dal latino tardo *opertōria* 'coperta' da *operīre* 'coprire' [DEI; REWS; Rohlfs 1977]. M.

**previtìcchiu,** sm. (calabrese). 'Pretino'.

È una forma diminutiva del dialettale *préviti, priévite, priévita*, 'prete', dal latino *praebyter* per *presbyter*, di area dialettale meridionale ma anche settentrionale (ad esempio lombardo settentrionale, ticinese *prèvet*). Con *previtìcchiu* è connesso il termine *previtocciolo* che figura nel titolo *Il previtocciolo* di un romanzo di L. Asprea [AIS; REW; Rohlfs 1977]. M.

**prìca,** sf. (calabrese). 'Amarezza', 'pena, afflizione, dolore' con la locuzione *si pìgghia i prica* 'si prende la pena', 's'interessa' ed altri significati legati più o meno strettamente al senso di 'amaro'.

Dal greco *pikrós* 'amaro', e neogreco *píkra* 'amarezza', continuati anche nei dialetti greci di Calabria e Salento [Rohlfs 1964 e 1977]. C.

**pricchjàtë,** sm. (abruzzese, anche *pricchialë, purchiàlë, ferchiàlë* e varianti). 'Catenaccio'.

La voce è ricondotta ad un latino parlato **praeclāthri* 'traversa di legno, paletto', ipotesi alla quale si attiene anche il REWS, nonostante i dubbi riguardo all'aspetto semantico espressi dal DEI (s.v. *pricchiàte*), il quale preferisce un accostamento all'italiano antico *perchio* 'chiavistello' che sarebbe variante di *pèschio* con uguale significato (dal latino tardo *pescŭlum* per *pessŭlum*). Le forme abruzzesi con *f-* risentono dell'incrocio con 'ferro'. M.

**priculà,** v. (laziale: anche *pricurà*). 'Morire (di animali)'; *prìculë* sm. è 'l'animale morto per una causa qualsiasi'.

Letteralmente, 'pericolare' [Vignoli 1911 e 1926]. C.

**prìenë,** agg. (pugliese). 'Detto di chi mostra desideri strani'.

Letteralmente, 'pregno', simile a una donna *prène*, gravida [Bucci 1982]. C.

**prijìzza,** sf. (calabrese; salentino: *priscezza* e varianti; pugliese: *prescézzë* e varianti; abruzzese: *prëjézza*). 'Allegrezza, allegria, gioia'.

Dal verbo *prijari, prejari* 'rallegrarsi, dar segno di gioia', di origine francese: cfr. il francese antico *presier* 'pregiare', dal latino *pretiāre*, se non direttamente dal latino *pretium*. Anche in siciliano vi è una forma *prijàrisi, prigarisi* 'compiacersi, provar diletto per una cosa', già attestata nel 1400 che è – secondo Varvaro 1974 – di origine catalana, da *prear-se* 'esprimere o sentire soddisfazione per una cosa' [Rohlfs 1977; Giammarco 1985; Valente 1995]. C.

**primusàli,** sm. (siciliano). 'Formaggio pecorino freschissimo', 'formaggio fresco fino a quaranta giorni dalla produzione'.

Letteralmente *primu sali* 'primo sale', perché vi «è stata spalmata una sola mano di sale» (Piccitto 1990).

V. CONSOLO: *«Ci ho un primosale ...» E subito mise sopra il tavolo pane, formaggio e 'na bottiglia di vino di Favara* (*Le pietre di Pantalica*, Milano 1988, p. 96). C.

**prìndi,** sm. (friulano). 'Lunedì'.

Letteralmente 'primo dì' (dal latino *primus dies*), con ritrazione dell'accento; è formazione analoga al ligure (zona di Borgomaro) *primu di* 'lunedì', cui segue nella designazione popolare locale *l'indumàn du prìmu di* 'martedì' [Bruppacher 1948: 113]. M.

**pringignàre,** v. (calabrese, anche rifl. *pringignàrisi*; abruzzese, nell'aquilano: *ringignare*), 'ingegnarsi'; (siciliano: *sprincignari*), «nettare o liberare di checchessia» (Traina 1868); nel calabrese sono attestati anche i deverbativi *pri(n)ciegni, pricigni* sm. plur. 'utensili, masserie di poco valore'.

Derivati di un latino parlato **peringeniāre* 'ingegnare' da confrontare con *peringeniōsus* 'molto ingegnoso' (Cicerone) da *ingĕnĭum* 'intelletto' [Traina 1868; DEI s.v. *peringegnare*; REWS]. M.

**prisàgghji,** sm. plur. (calabrese meridionale, anche *prusàgghji*), 'funi con le quali si legano le some' e anche 'legni che usano i mulattieri per stringere le funi che assicurano il carico sul basto'.

Dal latino **prensālia*, deverbale di *prehĕndere* 'prendere'; stessa origine ha il siciliano *prisàgghia* «funicella che lega o stringe le bisacce o simili» (Traina 1868) [Rohlfs 1977]. C.

**prisìccu,** sm. (calabrese). «Persona magra e lunga come un fuso» (Rohlfs 1977).

Questa voce dialettale rappresenta, secondo il DEI, l'unico continuatore romanzo del latino *persiccus* (in Celso, Festo) 'molto secco'. M.

**privacìa,** sf. (siciliano: anche *privaçìa*, in vocabolari inediti, e *privàscia*; campano, a Napoli: *prevasa*). 'Cesso, latrina, pozzo nero', donde la locuzione figurata di Procida *smisinà* ('smuovere') *la pruvàsa* 'sciorinare in pubblico i panni sporchi' (Parascandola 1976).

Dal francese antico *privaise*, che presuppone un latino parlato **privatia* 'cose private' [DEI s.v. *privàscia*; FEW; Rohlfs 1977a]. V.

**prodèl,** sm. (friulano, con varianti), 'pertica di legno, naturalmente uncinata alla estremità anteriore per innestarvi un giogo'; (piemontese: *provèi*), 'uncino nella bure dell'aratro per attaccarvi la catena che si congiunge col giogo dei buoi'; (trentino; friulano), 'cavallo di rinforzo per aiuto in una salita'.

Dal latino *protēlum* 'fila di buoi' poi 'corda applicata all'aratro invece del timone, alla quale vengono aggiogati i buoi' [FEW; DEI]. C.

**proènna,** sf. (umbro: perugino). 'Bega'.

Dal latino *praebĕnda* e *probĕnda* 'prebanda' con estensione di significato [Ugolini 1970: XXII]. M.

**profàcola,** sf. (umbro, anche *profèc(ul)a*). 'Favola; fandonia'.

Dal latino *profata* 'massime, sentenze', neutro plur. di *profātum* (da *profāri* 'dire, parlare') riflesso nel cultismo italiano *profato* 'assioma, massima' [DEI; Catanelli 1970; Moretti 1973]. M.

**profóne,** sm. (calabrese: San Giovanni in Fiore; anche *plofóne*). 'Soffitto'.

Dal francese *plafond*, «voce portata dagli emigrati» (Prisco 1984). C.

**profòs,** sm. (veneto giuliano e friulano; veneto, in Polesine: *profòso*), 'carceriere'; (trentino), 'boia'; (laziale, a Roma: *prefòsso*), 'carcere militare'.

In tedesco *Profos* (dal latino *praepositus* 'preposto', attraverso il francese *prévôt* 'prevosto', proprio, oltre che della terminologia ecclesiastica, di quella militare), che ha assunto anche il significato particolare di 'preposto ai prigionieri', col quale è passato nei dialetti dell'Italia settentrionale, dove ha designato altresì il 'carcere' stesso, non «per falsa analogia con *fosso*» (Cappuccini-Migliorini 1945), perché l'estensione di significato è avvenuta, secondo l'esempio del Fogazzaro citato più avanti, anche per *prevost*, ma attraverso locuzioni del tipo *andare al prevosto* 'essere imprigionato' [Doria 1987].

A. FOGAZZARO: *«Sì» brontolò un vecchio sergente che li accompagnava, «ca s' ricordo del Sgnour, d' la Madonna, del Vescov e del prevost!». I soldati molto pratici del «prevost», la prigione militare, risero della barzelletta* (*Piccolo mondo antico*, Milano 1937², p. 366). C.

**proiètto,** sm. e agg. (laziale; campano; calabrese e siciliano: *proiettu*), 'bastardo, spurio'; (abruzzese: *pruièttëchë*), 'trovatello'.

Dal latino *projĕctus* 'gettato via, abbandonato', propriamente participio passato del verbo *proĭcere* 'buttar via'. Di qui il cognome *Proietti*, che a Roma è il sesto nella lista dei cognomi più frequenti (De Felice 1978) [REW; REWS; Cortelazzo 1982].

V. IMBRIANI: *Nella Real Casa dell'Annunziata di Napoli ... si diseducano le proiette* (cit. in GDLI XIV 569). – V. CONSOLO: *Accoglie orfani, vedove, proietti, dota fanciulle prossime alle nozze* (*Retablo*, Palermo 1987, p. 54). C.

**próma,** sf. (umbro: perugino). 'Margine, sponda'.

Incrocio tra il greco *prṓ(i)ra* 'prua' e il latino *proma* 'dispensa, magazzino', derivato probabilmente dal fatto che, sul fianco delle rive o degli scoscendimenti, venivano ricavate grotte ad uso di magazzini e depositi, come ancora si fa in certi luoghi del Lazio e dell'Italia meridionale [Ugolini 1970]. M.

**pronòspera,** sf. (umbro: orvietano; toscano: *pronòspara*; veneto: *peronòspera*). 'Grosso raffreddore, influenza'.

Passaggio non isolato e reciproco dal nome di una malattia delle piante ('peronospera') al nome di una malattia, che colpisce l'uomo. C.

**propèla,** sf. (veneto giuliano: anche *porpèla*; veneto istriano, in alternanza con *prupièla*). 'Elica'.

Dall'inglese *propeller* 'propulsione ad elica; elica' attraverso la mediazione tedesca, dato che il termine era già in uso nella marina austriaca [Zamboni 1986; Doria 1987]. M.

**pròšac,** sm. (veneto giuliano: Pirano). 'Tascapane'.

Dal tedesco *Brotsack* letteralmente 'sacca (*Sack*) per il pane (*Brot*)' [Rosamani 1958]. C.

**proscénder,** v. (lombardo, nel comasco), «schiappare, dicesi di legna; arare la prima volta un campo» (Monti 1845); (lombardo, a Sonico: *proscinder*), 'arare'.

Dal latino *proscindĕre* 'fendere', continuato anche nel ladino svizzero (Val Monastero) *presèndar* 'arare' [AIS; DEI]. M.

**prosinìa,** sf. (calabrese). 'Arnese di legno o di vimini nel quale si mette il bambino quando incomincia a camminare, carruccio'.

Dal latino tardo *prosumīa* 'navicella' con la variante *portemīa* glossata con *navicula* (CGL), adattamento del greco *porthmêion* 'battello da traghetto'; la voce dialettale calabrese ha un riscontro di tipo onomasiologico nel pugliese settentrionale *navìchĕlë* 'culla dei bambini' [DEI; Rohlfs 1977]. M.

**pròspe(r)a,** sf. (lunigianese). 'Prostata'.

Rifacimento popolare di parola dotta. C.

**pròspero,** sm. (laziale: anche *pròsparu*; abruzzese: *pròspĕrë*; pugliese, calabrese e siciliano: *pòsparu*, con altre varianti). 'Fiammifero'.

Da un latino parlato **pōsporus* per *phōsphorus* 'fosforo' [REW; DEI; REWS].

C. E. Gadda: *I due ceri, de qua e de là, sembravano attendere di venire infitti in adeguati candelai, appicciati da un pròspero che misericorde mano governasse* (*Quer pasticciaccio brutto de via Merulana*, Milano 1957, p. 341). C.

**prot(e)mèdec,** sm. (toscano: carrarese). 'Persona saccente'.

Accezione particolare, usata anche al femminile (*protemèteca*), di *protomedico*, il 'medico principale di una corte o di una città o di un ospedale' [Luciani]. C.

**protìmisi,** sf. (salentino con diverse varianti otrantine e leccesi). 'Prepotenza, arroganza': *nna cèra di putrìmisi* 'un'aria di arroganza' (a Lecce).

Dal greco *protímēsis* 'prerogativa', rimasto nel greco del Salento *protìmisi* 'diritto arrogante' e nel greco di Calabria *protìmisi* 'prevalenza' [Rohlfs 1959 e 1964]. C.

**protò,** sm. (veneto, con le varianti *plotò* e *pratò*). 'Cassetta di legno per frutta e verdure'.

Neologismo, dal francese *plateau* 'supporto piatto per trasporto di oggetti vari', arrivato in Piemonte (Novi Ligure), come *plató* [Cortelazzo 1991]. C.

**provènza,** sf. (toscano: versiliese). 'Influenza, malattia'.

Dal nome del danno provocato a viti, patate e ad altri ortaggi, dal vento marino di ponente, chiamato egualmente *provènza*. Da questo è derivato il verbo *approvenzà* 'essere attaccato da parte della crittogama o della peronospera', detto delle piante [Cocci 1956]. C.

**prùbbeca,** sf. (campano: a Napoli; calabrese: *prùbbica, prùbica*; siciliano: *prucchi* sm. plur.). 'Denari, monete'.

Le voci si rifanno al motto *Pubblica Commoditas* che questi denari portavano impresso [Rohlfs 1977]. M.

**prué i lièni,** locuz. (ticinese: val Bedretto). 'Cena a cui sono invitati i vicini nel giorno dell'uccisione del maiale'.

Letteralmente, 'provare le salsicce'. La *liènia* etimologicamente è la 'lucanica' [Lurati 1968]. C.

**prùmu,** sm. (sardo campidanese). 'Piombo'.

Non direttamente dal latino *plŭmbum*, che non spiegherebbe la caduta della *b*, ma attraverso la mediazione del catalano *plom* o dello spagnolo *plomo* [DES]. C.

**prùre,** esclam. (calabrese: San Giovanni in Fiore). 'Salute! salve!'.

Dall'antico *prode* (moderno *pro'*) 'giovamento', in latino tardo *prodest* 'giova, è utile'. C.

**prusdòce,** sm. (marchigiano, anche *plusdoce*). 'Saccente'.

Voce registrata dal DEI che la riconduce al nome proprio *Prosdocimo*, sentito come un composto del latino *plus* 'più' e *docēre* 'insegnare'. M.

**pruvìncu,** agg. (calabrese: anche *provincu*; sardo, a Sassari: *probbingu*). 'Vicino, prossimo'.

Dal latino *propinquus* [REWS; Rohlfs 1977].

G. Occhiato: *Anch'io, come i giuvanotti delle capanne provinche, ..., comincia a rondiare fra le loro tende* (*Carasace*, Cosenza 1989, p. 225). C.

**puaròla,** sf. (lombardo: Val Chiavenna). 'Gattaiola': scherzosamente *in puaròla* 'socchiuso, semichiuso', parlando di porte e finestre, come nel Valtellinese *in pularòla*.

Dal *pul* 'pollo', perché era soprattutto la «stretta apertura praticata nella parte inferiore delle porte dei pollai o di altro locale perché vi possano passare le galline o i gatti» (Massera 1985). C.

**puàsa,** sf. (ligure). 'Tralcio nuovo di vite'.

Da *puā* 'potare', perché durante la potatura questi tralci vengono conservati, mentre quelli bastardi sono tagliati [Plomteux 1975].

M. Venturi: *Ci intravvedevano di tra i filari, e, abbandonata la puassa, o tralcio, avanzavano verso di noi con l'aria di niente* (*Sconfitti sul campo*, Milano 1982, p. 8). C.

**pubblicàta,** sf. (sardo campidanese). 'Denuncia': *pubblicàta de matrimoniu* 'pubblicazione di matrimonio'.

Dallo spagnolo e catalano *publicata* 'certificato che deve essere reso pubblico' [DES]. C.

**pubìḍḍu,** sm. (sardo campidanese), 'marito' e sf. *pubìḍḍa* 'moglie'; (sardo logudorese), 'signore, padrone, possessore', significati documentati anche nei testi antichi ove compare la forma *pupillu*.

Parole tipiche del sardo, sono derivate del latino *pupillus, -a* 'fanciullo minorenne, pupillo, orfano', con una evoluzione semantica che non risulta del tutto chiara. Secondo Wagner (DES) il confronto più convincente è quello con il lessico catalano che ha il termine *pobilla* 'figlia unica ricca' e come tale 'padrona'; *pobillo, pubill* 'colui che la sposa' diventa quindi anche lui 'padrone'; il padrone della casa è naturalmente il marito, e la padrona la moglie. È verosimile che un analogo passaggio di significato sia avvenuto anche in Sardegna nonostante che non risulti nei testi antichi. Meno plausibile è un'interpretazione che accosta la storia di 'pupillo' a quella di 'vassallo'. Questi era un 'pupillo' di fronte al sovrano, ma nell'economia del latifondo è il 'padrone' vero, quello che i contadini considerano come tale, più che non il lontano 'sovrano'; di qui dunque verrebbe il senso di 'pupillo' come 'padrone, possessore'. Ma questa ipotesi è contraddetta – sostiene il Wagner – dal fatto che manca in Sardegna il sistema del latifondo presupposto [DES]. M.

**puc',** sm. (friulano). 'Borraccia a forma piatta'.
Dal tedesco carinziano *putsch* 'contenitore con cui si porta l'acqua da bere per esempio durante il lavoro nei campi' [Marcato 1984]. M.

**pucétta,** sf. (toscano). 'Pidocchio'.
Propriamente 'pulcetta, piccola pulce' (*pucce* per *pulce* è frequente in toscano).
L. VIANI: *Nella testa pareva gli si fossero date le pucette, i capelli gli erano cascati* (cit. in GDLI XIV 891). C.

**pucinàio,** sm. (toscano: pistoiese). 'Luogo dove c'è molto disordine e confusione'.
Uso metaforico di una voce, che propriamente significa 'luogo dove vivono i pulcini', localmente chiamati *pucini*, come altrove (Velletri), per la caduta della *l* preconsonantica (Rohlfs 1966). C.

**puḍḍàra[1],** sf. (siciliano; salentino; calabrese, anche *pullara*). 'Le stelle delle Pleiadi'.
Letteralmente 'pollaio', femm. di *puḍḍaru* 'pollaio' (*puḍḍu* è il 'pollo') – usato esclusivamente nel significato astronomico – che può intendersi sia come 'stella del pollaio', sia come 'stella della chioccia' [Volpi 1952: 203-204; Rohlfs 1959 e 1977].
G. VERGA: *La vedi la Puddara, che sta ad ammiccarsi lassù, come sparassero dei razzi anche a Santa Domenica?* (cit. in GDLI XIV 891). – T. FIORE: *Uno alza la mano e fa segno alla puddara* (in *Narratori di Puglia e Basilicata* a cura di M. Sansone e S. Paolo, Milano 1966, p. 19). C.

**puḍḍàra[2],** sf. (siciliano). 'Sette di denari, nel gioco delle carte'.
Dalla disposizione dei semi, che ricorda quella delle sette Pleiadi, chiamate appunto → *puḍḍàra*[1] [Volpati 1932: 204]. C.

**puddìca,** sf. (pugliese, a Taranto), «pane di crusca per i cani, pane rotondo di farina di grano» (Gigante 1986); (salentino, anche *puḍḍica*), 'ciambella pasquale di varia forma con uovo nel mezzo', nel brindisino anche «pizza di pasta lievitata cotta al forno, condita con salsa, cipolle, acciughe, capperi, olive nere ed olio» (Colasuonno 1992).
Dal latino *pullus* 'pollo', muovendo dal significato di pane pasquale, denominazione da confrontare con l'italiano *colomba* 'dolce pasquale'; l'ipotesi etimologica proposta dal DEI e fondata su un latino regionale *collīca* dal greco *kóllix*, *-ikos* 'pane a ciambella' appare poco verosimile; si può pensare, piuttosto, ad un incrocio tra le due basi [Rohlfs 1959]. M.

**puḍḍuliàre,** v. (calabrese). 'Nevicare', anche *pullulàre*.
Dal dialettale calabrese *pùḍḍula, pùllula* 'farfalla', 'farfalla del baco da seta': la formazione verbale equivale ad uno *(s)farfalleggiare* [Lazzari 1919]. M.

**pudréddi,** sm. plur. (sardo: Sassari). «Macchie alle gambe provocate dal fuoco del braciere» (Lanza 1980).
Letteralmente 'puledri'. L'interpretazione delle macchie secondo motivi zoomorfi è molto produttiva: oltre alla denominazione italiana *vacche*, si trovano in Sicilia i tipi *gaḍḍi* 'galli', *crapi* 'capre', *ciaraveḍḍi* 'capretti', *pécuri* 'pecore', *porci* 'maiali', *cavaḍḍi* 'cavalli', ed altre ancora [Tropea 1976]. C.

**pudricàre,** v. (sardo, con varianti, tra le quali *prudiàre*). 'Putrefare, marcire'.
Dal latino *putricāre* [DES].
B. ZIZI: – *Tutto vi manca, avete solo distrutto ... La vostra casa ...* prudicada*, come tutto ciò che avete toccato, – gli gridai* (*Erthole*, Cagliari 1984, cit. da G. Pirodda, *Sardegna*, Brescia 1992, p. 425). C.

**puè,** sm. (ligure centrale). 'Padre'.
Forma proveniente da un precedente *pàire* (che è del ligure occidentale e del provenzale) dal latino *păter*, *-tris*, mediante un'evoluzione comprendente le seguenti fasi: *pàire* > *pàir* > *pài* > *pe* > *puè* con l'inserimento di *-u-* come in altre parole della stessa area dialettale. M.

**puèn,** sm. (ligure, anche *puìn*). 'Padrino'.
Dal latino *patrīnus*, come → *puè*, da *păter* [Plomteux 1975].
C. SBARBARO: *Da più giorni, appresi, la cosa galleggiava sul bulicame; ma, sebbene tirasse la gola a tutti, tutti se n'erano finora astenuti: per muta intesa, l'insolito boccone toccava di diritto al* puìn (*Fuochi fatui*, Milano 1958, p. 65). C.

**puèrna,** sf. (trentino). 'Canzoncina lunga e tediosa, cantata la vigilia di Natale da ragazzini, che passano di casa in casa per porgere gli auguri alla famiglia e riceverne modesti regali'.
Dall'inizio della canzone sacra del periodo natalizio *Puer natus*, che ha dato luogo a diversi usi figurati, come nei roveretani *puèrna* 'uomo stucchevole e pigrissimo', 'bambino piagnucoloso', *puernàr* 'piagnucolare' e il modo *te poj nar a cantàr la puerna* 'smettila di cantare, che annoi' [Azzolini 1856]. C.

**puésda,** sf. (istrioto: Rovigno). 'Vulva della vacca'.
Probabilmente da una forma dialettale croata del comune *pìzda* 'conno', già usato nella letteratura schiavonesca del Cinquecento [Cortelazzo 1989]. C.

**puf,** sm. (veneto settentrionale; friulano; veneto bisiaco), 'debito, credito'; (ladino centrale, nel cadorino), 'bugia, panzana; debito', con le espressioni *cioli a puf* (friulano) 'prendere, acquistare a credito', *piantare un puf* (cadorino) 'fare un debito'.
In tali aree si può supporre un prestito dal tedesco *auf puff nehem* 'prendere a credito' piuttosto che dal francese come altrove (→ *buffóne*) [Pellegrini 1992]. M.

**Pughetìn,** sm. (toscano: carrarese). 'Pollicino', il protagonista della nota favola (*la fòla de Pughetìn* o *la prifòla de Pucchettìn*).
Letteralmente 'pochettino' [Luciani]. C.

**pùgia,** sf. (veneto, anche *pùja*), 'cuccagna, abbondanza'; (lombardo, a Mantova: *èsar na pùlia*), 'detto di terreno fertilissimo'; (pugliese: *pùgghia*), 'grande quantità'; (abruzzese: *pùjje*), 'luogo caldo'; (pugliese, a Molfetta: *pùgghie*), 'stagione di mietitura nel foggiano', 'confusione'.
Tutti nomi spiegabili con *Puglia*, regione ritenuta particolarmente fertile, specialmente di cereali [DEI s.v. *apùgia*; Prati 1968; Cortelazzo 1978]. C.

**pugnètta,** sf. (campano: Napoli, assieme a *mèẓẓa pugnètta* 'uomo di assai bassa statura'; sardo, anche nella variante occultatrice *pugnalàda*; emiliano, a Ferrara: *pugnèta*, e, come aggettivo riferito a persona, 'vile, abietto' con la locuzione *far la pugnèta* 'ciurlare nel manico', a Modena: *pugnàta*, e *mèẓa pugnàta* = *umarèin* 'ometto, attaccabrighe', a Bologna: *pugnàta*, anche nel senso traslato di 'lavativo, piantagrane', *mèẓa pugnàta* 'mezza cartuccia' e *fapugnét* indirizzato a 'ragazzi molesti, intriganti'). 'Masturbazione'.
Probabilmente dallo spagnolo *puñeta* (da *puño* 'pugno'), attestato fin dal 1505. Anche *puñalada* è in uso in Spagna [Beccaria 1968; Menarini 1968].
F. FELLINI - T. GUERRA: – *Caro mio, la natura è fatta da Dio mica da uno come te! – Va là, va a fare le pugnette te!* (*Amarcord*, Milano 1973, p. 107). C.

**pulàso,** sm. (istrioto: Rovigno). 'Alghe marine fra le più grandi esistenti lungo le coste istriane'.

Accrescitivo di *pul* 'alghe marine, filamentose e brunastre, che si abbarbicano sul fianco delle imbarcazioni', a sua volta da *capùl* 'nome generico di alghe', che rispecchia, forse, il latino *capillus* 'capello' [Pellizzer 1992]. C.

**pulcinàra,** sf. (marchigiano, anche *pulcinàia*; emiliano: *pušinèra*; ligure: *prušunàia*; lombardo alpino, ticinese: *pulzinèra, pulginèra* e varianti; valdostano, piemontese: *pušinèra, prušinèra* e varianti). 'Le Pleiadi'.

La denominazione deriva da un **pullicināria* ed è da intendere sia col significato di 'chioccia' sia con quello di 'insieme di pulcini'; si tratta di una espressione metaforica dovuta al fatto che le Pleiadi sono costituita da un insieme di sette piccole stelle vicine [Volpati 1932: 200-202].

C. Govoni: *Con tutti i loro multipli splendenti / all'infinito / emblema massonico / del sole nero della notte / lampada afrodisiaca del gigaro / o maledetta stella pulcinaia* (cit. in GDLI XIII 916). – L. Bigiaretti: *Bella vita quella del muratore a quei tempi. Sorcio e suo figlio si alzavano alle quattro del mattino, partivano da casa, con la pagnotta ripiena di radicchio sotto il braccio, quando ancora il cielo era occupato dalle stelle, che Carlone nominava secondo l'usanza dei campagnoli: i tre re, il cane, la pulcinellara, la carretella* ... (*Carlone*, Milano 1982, pp. 16-17). M.

**pulìmmu,** sm. (calabrese). 'Lustrascarpe'.

Dalla domanda dei lustrascarpe napoletani: *Pulìmmë, signó?* 'possiamo pulire (le scarpe), signore?' [Rohlfs 1977]. C.

**pu(l)ìto,** avv. (veneto). 'Bene'.

Voce presa dall'italiano, dove *pulito* è usato anche per 'bene' e 'leggiadro'; in veneto valsuganotto e polesano significa pure 'molto', mentre ancora nel valsuganotto e nel trentino roveretano (*polito*) si usa anche per 'male' [Prati 1968]. M.

**pulizài,** sm. (lombardo; veneto giuliano; friulano; romagnolo). 'Poliziotto', 'spione'.

Restrizione di un termine di provenienza tedesca – *Polizei* 'polizia' –, che ha avuto una larga, anche se negativa fortuna nei dialetti delle regioni settentrionali sottoposte all'Austria [Doria 1987]. C.

**puls,** sm. (ligure; piemontese; lombardo; trentino; emiliano), 'tempia'; (romagnolo: *póls, póns*, plur. *puls, puns*), 'tempia, polso'; in Romagna si diceva *onž i puns (puls)* 'ungere le tempie' perché «contro i vermi si soffregavano le tempie e i polsi dei bambini con un bel spicchio d'aglio» (Quondamatteo 1983).

Letteralmente 'polso' per il suo battito facilmente avvertibile, metafora che si rintraccia anche in altre lingue [Pedersen 1906: 237; Frisk 1951: 17-19]. C.

**pum d'amùr,** locuz. sostant. (piemontese; siciliano: *pumu d'amuri*, con varianti). 'Pomodoro'.

Fin dal Cinquecento i botanici definirono in vario modo la nuova pianta proveniente dall'America: *malum aureum* 'pomo d'oro', *malum insanum* 'pomo della pazzia' ed anche *pomum amoris* 'pomo d'amore', perché si riteneva che fosse una pianta velenosa e che mangiare il suo frutto provocasse follia d'amore [Marzell 1943-77; LEI]. C.

**pungàtu,** agg. (sardo gallurese). 'Protetto dal talismano'. Di uno che usciva illeso dalle schioppettate di qualche sicario, si diceva: *è pungàtu*.

Dal sardo *punga* (a sua volta da *pŭnga* del latino tardo, di origine greca (letteralmente 'borsa') 'borsetta (cucita nel vestito), contenente varie specie di erbe ritenute efficaci contro il malocchio e che bisogna tener cucita a permanenza sul vestito' [DES]. C.

**puntalò(u)ru,** sm. (siciliano), 'Menola schiava', pesce degli smaridi.

*Puntalòru* è propriamente un 'punteruolo', il 'pungolo' per spronare gli animali, ed altro oggetto simile appuntito. Come nel nome scientifico del pesce (*Spicara alcedo* Rizzo) si coglie il riferimento alla *spica* latina 'punta, spiga', presente anche nel suo nome napoletano *spicaro*; così il siciliano chiama 'punteruolo' questo pesce per la forma aguzza del muso. C.

**puntapé,** sm. (ligure), 'inciampo'; (siciliano: *puntapedi*, sardo: *punta de bè*), 'calcio, pedata'.

Dallo spagnolo *puntapié* 'pedata' [Beccaria 1968; Plomteux 1975; Michel 1996]. C.

**pupìdde,** sm. (pugliese: Minervino Murge; a Foggia: *pupatelle*). «Pupazzetto di lino con zucchero nella testa che si metteva in bocca al neonato per calmarlo quando piangeva» (Campanile 1975).

Letteralmente 'pupillo' nel senso di 'piccolo pupo' per la forma data all'oggetto. C.

**pupṓla,** sf. (lombardo, a Voghera: anche *pupṓra*). 'Papavero selvatico, rosolaccio'.

Letteralmente 'bambina, ragazza', dal latino parlato **puppa*. L'insolita correlazione si spiega con un innocente gioco infantile: con i rosolacci campestri «si costruiscono le *damigelle*: due petali abbassati sullo stelo e legati a metà formano il busto con la gonna sottostante; gli altri due petali tesi e pure legati a metà rappresentano le braccia; l'ovario gonfio e tondeggiante con la sua frangetta di stami neri è la testa» (Maragliano s.d.: 740). La denominazione è analoga a tante altre: 'madonna', 'madonnina' in Piemonte, Liguria e Lombardia, 'piccola signora' in Veneto, 'bambola', 'bamboccia' (→ *bambòccia*) in Toscana, ecc. C.

**pupolòto,** sm. (veneto giuliano). 'Fantoccio'.

Diminutivo di *pùpolo* 'pupazzo', 'figurina', a sua volta diminutivo di *pùpo* 'bambolotto', da *pupa* 'bambola' (in latino parlato *puppa*).

S. Zanotto: *Ultima eredità della polena che ornava le prue dei grandi bragozzi adriatici (era chiamata dai pescatori pupoloto ...)* (*Delta di Venere*, Milano 1975, p. 35). C.

**purchiàcca,** sf. (calabrese; campano; anche *pucchiàcca*; lucano: *prëcchiàcchë*), 'organo genitale femminile'; (umbro, in Val di Pierle, *pucchiàcca*), 'moglie in senso dispregiativo', 'vagina'.

Estensione del senso di 'portulaca, erba porcellana' per accostamento a *porca* o al calabrese *purchia, pucchia* 'luogo da dove zampilla l'acqua' [Altamura 1956; D'Ascoli 1979].

A. Veraldi: *mi tiro sul letto dicendo: «Nicò devi provare la purchiacca. È un'altra cosa vedrai»* (*Scicco*, Milano 1991, p. 12). – D. Rea: *Si accovacciavano l'una dirimpetto all'altra, abbassando bene la testa per vedere come erano fatte le purchiacchelle* (*Ninfa plebea*, Milano 1992, p. 19). C.

**purcìte,** sf. (friulano) nella locuz. *pià* o *ciapà la purcìte*. 'Subire la *p.*', *dà la p.* 'infliggere la *p.*'. Le espressioni sono caratteristiche «per i casi di ripulsa al fidanzamento, da parte d'una ragazza, o di rottura di fidanzamento» ed hanno sempre significato derisorio. «In questi casi, nei villaggi di montagna e di pianura, si usa di notte tempo seminare una striscia di segatura di legno (*semenà la p.* 'seminare la *p.*') dalla porta della ragazza a quella del giovane; e sulla porta di quella o di questi, a seconda che l'uno o l'altra abbiano subito la mortificazione si versa un bel mucchio di segatura, che rappresenta *la purcite*, aggiungendovi un truogolo o delle pigne d'abete perché *la purcite* mangi. Spesso però, invece di segatura di legno, si sparge ceneraccio, fuliggine od anche concime di stalla, secondo che lo scherzo voglia essere più o meno maligno. La striscia dicesi pure *purcite*» (Nuovo Pirona 1935).

Propriamente il friulano *purcìte* è la 'femmina del maiale' (dal sm. *purcìt*, dal latino *porcus* con suffisso); le locuzioni citate derivano dal fatto che almeno dal XIV sec. in Friuli «si soleva regalare una porchetta all'ultimo o ai due ultimi arrivati nella corsa del pallio» (Nuovo Pirona 1935), come premio di derisione; di qui l'espressione friulana *ciapà la purcite* 'riuscir primo in una gara, incorrere in un insuccesso clamoroso' estesa, sempre per derisione, alle situazioni indicate sopra per rottura di fidanzamento. M.

**purìa,** nella locuz. *avér purìa* (toscano: Siena). 'Avere noia, assillo'.

Riduzione popolare del grecismo latino *aporia* 'imbarazzo, dubbio' [LEI]. C.

**pùrile,** agg. (sardo). 'Azzimo'; detto del pane (*(pane) pùrile o purilorizu*) e poi anche del latte prima di cagliare.

Dal nome sardo del 'venerdì', → *chenàpura*, giorno in cui gli Ebrei rimuovevano ogni traccia di lievito nelle case [Wagner 1920]. C.

**puriziòn,** sf. (friulano), 'porzione'; (lombardo, a Mantova: *a poraziòn*) 'a proporzione, in confronto'.

Dal latino *portiōne* con epentesi vocalica [REWS]. C.

**puróne,** sm. (toscano: Elba; ligure: *pirùn*; ligure-piemontese, a Novi Ligure: *pirón*). 'Vaso con beccuccio laterale per bere alla garganella'.

Dal catalano *porró* o dallo spagnolo *porrón*, che continuano il latino *pŏrrum* 'porro', di cui il recipiente ricorda nel bulbo del ventre la forma [Plomteux 1975]. C.

**purté i fidèi,** locuz. (piemontese: Alba). 'Fare un presente di cibarie ad una puerpera'.

Letteralmente 'portare i vermicelli', che costituiva il dono più comune. Sinonimi negli stessi luoghi: *purté ra cavagnà* (la 'cestata') o *purté r persànt* (il 'presente'). C.

**purtié,** sm. (ladino centrale, anche *porteà, purteà*). 'Cimitero'.

Le forme riflettono un **porticālis* (non *porticātus* per ragioni fonetiche) da *porticus* [Zamboni 1984]. M.

**purvìa,** sf. (calabrese). 'Minestra di granone cotto', che si fa al 6 dicembre (giorno di S. Nicola). La vigilia di tal giorno si mette il granone in acqua e si crede che S. Nicola passi attraverso il fumaiolo di ogni casa durante la notte per orinarvi sopra e così benedirlo. In altri paesi è il cibo rituale che si prepara il 13 dicembre, giorno di S. Lucia. Come varianti anche *pruvìa, pubìa, prusbìa*.

Voci di etimo poco chiaro; secondo Rohlfs, alla base ci potrebbe essere una forma **poulbía*, corruzione di un greco **kollubía* corrispondente all'antico *kólluba* 'minestra di granone'. Per Alessio, invece, si potrebbe ricostruire un **epolbía*, dall'aggettivo greco *épolbos* 'felice', da cui verrebbero *purvía* e poi le altre forme. Quanto al significato, egli si basa su un esempio come il greco moderno *makaría* 'banchetto funebre' dall'aggettivo *mákarios* 'felice' [Alessio 1943-44; Rohlfs 1977]. M.

**pusatèri,** sm. (siciliano). 'Albergatore, ostiere'.

La voce può derivare dal catalano *posader* 'locandiere' oppure può essere una formazione locale dipendente dal siciliano *pusata* 'alloggio' che col verbo *pusari* 'alloggiare' proviene dal catalano *posada* e *posar* di analogo significato e non da uguali voci spagnole per ragioni cronologiche trattandosi di prestiti già attestati in testi siciliani trecenteschi. Dal catalano o dallo spagnolo viene il sardo *poṡada*; i prestiti sono entrati nell'italiano *posata* e *posada* 'albergo, alloggio; fermata e luogo dove il viaggiatore si ferma per riposare' [DEI; DES; Beccaria 1968; Varvaro 1974: 90].

S. SATTA: *I disgraziati proprietari di Ozieri, di Pattada, perfino del Campidano, seguivano mille meandri da un capo all'altro dell'isola, sostando presso i loro* amicos de posada *(poiché non c'erano alberghi si aveva in ogni paese una casa ospitale, con diritto di reciprocità) e gira e gira e rigira, le orme portavano alla casa dei Corrales* [...] *Giusto Zaime, col quale sono amico di posata, mi ha detto: fidati di lui, se non ti sbriga lui, non ti sbriga nessuno* (*I giorni del giudizio*, Milano 1982, p. 35 e p. 36). M.

**pusatùrë,** sm. (laziale). 'Rupe o ripiano elevato, sul quale le donne, che scendono dai monti, depongono i fasci di legna, che portano giù, per riposarsi'.

Propriamente, 'posatoio' [Vignoli 1911 e 1926]. C.

**pùs-cia,** sf. (veneto giuliano; istriano; istrioto; con varianti). 'Arnese per la pesca di seppie e calamari').

Di etimologia molto discussa: la proposta più soddisfacente si rifà al latino *opusculum* 'piccolo congegno': la *u* (anziché l'attesa *o*) si può spiegare ponendo l'istrioto come parlata di irradiazione del termine [Doria 1987]. C.

**pusénti,** sm. (siciliano: pantesco). 'Rialzo del terreno dove si ammassa la legna per facilitarne il carico', 'grossa pietra su cui si sale per montare più agevolmente a cavallo'.

Dallo spagnolo *aposento* 'appartamento', 'stanza', 'albergo', in accezioni particolari, mentre il significato proprio, già attestato nei vocabolari siciliani (*pusentu, posentu* 'albergo'), sopravvive nel *pusénti* 'posto per dormire o per riposare' del dialetto messinese di Sinagra [Tropea 1988: L; Piccitto 1990]. C.

**pusèri,** sm. (siciliano, anche *puzzeri, bbuzzieri* e varianti; calabrese centro-meridionale: *puzeri*). 'Pollice, dito grosso'.

Voce d'importazione normanna: deriva, infatti, dall'antico francese *poucier* di analogo significato (a sua volta dal latino parlato **pollicarius* → *poleàr*) [Rohlfs 1977a]. M.

**pusìlëchë,** sf. (pugliese: Altamura). 'Pasquetta': *a ffé pusìlëchë* 'far la scampagnata di Pasqua'.

Dal nome del sobborgo tradizionalmente meta di scampagnate in tale occasione [Loporcaro 1987]. C.

**pusteràta,** sf. (calabrese). 'Autunno'.

Da una forma del latino parlato **posterāta* 'tardiva'; invece da **posterināta* deriva la voce calabrese *pusturinàta* 'il tempo in cui si mostra la frutta tardiva', ed inoltre da **posterīvus* l'aggettivo calabrese *pusterìu* 'detto delle frutta tardive' [Merlo 1904]. M.

**pustòt,** sm. (friulano). 'Terreno non coltivato, abbandonato', 'terreno sterile, che ha perduto la facoltà produttiva', anche sf. *pustòte*.

Dallo sloveno *pustota* 'desolazione, deserto', 'campo non coltivato', 'podere o fabbricato abbandonato'; lo slavismo si trova anche nella terraferma veneziana *pustòto* 'maggese, campo lasciato sodo per seminarvi l'anno seguente', ed in area trevigiana *postòto* 'campo maggese', *postòca* (a Vittorio Veneto) 'incolto, detto di zolla che rimane incolta, non lavorata' con scambio di suffisso [Pellegrini 1977a; Cortelazzo 1984]. M.

**püt,** agg. (emiliano: Reggio; lunigianese: *apùt(u)*; toscano, in Versilia ed a Lucca: *putto*; in Garfagnana la *cipolla putta* è quella che più di altre fa lagrimare). 'Acido', 'aspro e pungente nel sapore'.

Dal latino *pūtidus* 'puzzolente' [REW]. C.

**putagé,** sm. (piemontese). 'Stufa', 'fornello da cucina'.

Dal francese *potager* 'cucina dove si cuoce la minestra (*potage*)', derivato dal latino parlato **pottus* 'pentola' [Levi 1927; FEW; REWS]. C.

**putavècia,** sf. (veneto: Polesine). 'Donna nubile molto avanti negli anni'.

Composto, apparentemente contraddittorio, di *puta* non nel senso usuale di 'ragazza', ma in quello specifico di 'ragazza da marito, nubile' e *vècia*, agg. 'vecchia': → *giovanevècchia*. C.

**putìa,** sf. (siciliano, accanto a *putiga*). 'Bottega, negozio'.

Dal grecismo latino *apothēca* con insolita sonorizzazione meridionale di *-c-* in *-g-* (poi caduta), dovuta alle immigrazioni settentrionali o al superstrato normanno, e con il mutamento, proprio del vocalismo siciliano, di *-é-* in *-ì-* [LEI].

V. CONSOLO: *tanto di corno arso per la ferratura nella forgia, cardi bolliti e bicchier di vino dentro la potìa* (*Le pietre di Pantalica*, Milano 1988, p. 47). C.

**putìmisi dū parmentu,** locuz. (siciliano: Castiglione di Sicilia). 'Diritto riconosciuto al venditore di un vigneto di continuare a utilizzare, a titolo gratuito, per i vigneti, di cui conserva la proprietà, gli ambienti destinati alla pigiatura dell'uva e alla vinificazione (*parmentu*)'.

Dal greco *protimēsis* 'preferenza', rimasto anche nel greco di Calabria (*protìmisi* a Bova) col senso di 'diritto di preferenza' [Rohlfs 1964; Tropea 1991]. C.

**putìza,** sf. (veneto giuliano; veneto bisiacco). 'Dolce di pasta lievitata, farcita di mandorle, noci, miele' simile alla → *gubàna*; anche *potìza* e *bodìza*.

Dallo sloveno *potica* (pronuncia: *potìza*) 'specie di torta' [Pellegrini 1987]. M.

**putucàrë,** agg. (laziale: Castro dei Volsci). 'Del podagroso, che ha, ai piedi, dei tofi o noduli'.

Alla lettera 'patataio', da *putaca*, variante dissimilata di *putata* 'patata', com'è chiamato figuratamente (e comunemente) il nodulo, e non solo del gottoso. Ma v'è chi vi vede solo un derivato di *putacra* 'podagra' con eliminazione della prima *r*: *putac(r)àrë* [Vignoli 1911; Valente 1993]. C.

**puvèta,** sf. (laziale: Amaseno, anche *puta*), 'donna saputa, saccente, che fa tutto con cura esagerata'; sm. (campano, in Irpinia: *povéta*), 'saccente, ciancione'; (abruzzese: *puvete*), 'spirito che custodisce i tesori nascosti'; (toscano, carrarese: *poéta, poetéssa*), 'persona saccente'; (lombardo, a Milano: *ves on poeta*), 'essere fantastico, singolare'.

Alcuni dei tanti significati attribuiti popolarmente alla voce dotta *poeta* [REWS].

A. MANZONI: *"To'", disse Renzo: "è un poeta costui. Ce n'è anche qui de' poeti: già ne nasce per tutto. N'ho una vena anch'io, e qualche volta ne dico delle curiose... ma quando le cose vanno bene". Per capire questa baggianata del povero Renzo bisogna sapere che, presso il volgo di Milano, e del contado ancora più, poeta non significa già, come per tutti i galantuomini, un sacro ingegno, un abitator di Pindo, un allievo delle Muse; vuol dire un cervello bizzarro e un po' balzano, che, ne' discorsi e ne' fatti, abbia più dell'arguto e del singolare che del ragionevole. Tanto quel guastamestieri del volgo è ardito a manomettere le parole, e a far dir loro le cose più lontane dal loro legittimo significato! Perché, vi domando io, cosa ci ha che fare poeta con cervello balzano?* (*I promessi sposi*, Milano, 1954, p. 250). C.

**puzzolàna,** sf. (marchigiano). 'Frangola, *Rhamnus frangula* L.', arbusto dalla cui corteccia si estrae una sostanza medicamentosa.

Da *puzza* con suffissi; la denominazione trova dei paralleli nel toscano *pùtine*, accanto a *legno puzzo* e al lombardo *pùtin* che designano oltre alla frangola anche l'alaterno (*Rhamnus alaternus*), dal latino *putĭdus* 'putido' che è all'origine del calabrese settentrionale *pùtida*, *pùtira* 'specie di camomilla'. Una motivazione connessa al cattivo odore è all'origine pure del calabrese *pùtino*, *putentina* 'anagiri, fagiolo della Madonna', quindi connesso a *putĭdus* 'puzzolente'; il DEI (s.v. *pùtino*) ritiene invece che alla base di questi nomi vi sia l'arabo *buṭum* 'terebhintina veneta' da cui lo spagnolo *albotín* 'terebinto' [Penzig 1924; DEI; Rohlfs 1977]. M.

# Q

**quadràna,** agg. (toscano: amiatino, senese). 'Detto del riccio che contiene quattro castagne'.

Dal latino *quadri-* per *quatri-*, da *quattuor* 'quattro' col suffisso *-ana* [DEI; Fatini 1953; Cagliaritano 1975]. M.

**quadrìcchia,** sf. (laziale: Velletri). 'Saliscendi della porta'.

Termine dialettale citato già dal REW e poi anche dal DEI che lo interpretano dal lato etimologico come un derivato del latino *quadrum* 'quadrato' con un suffisso *-icŭlu*. M.

**quadrìno,** sm. (toscano). 'Quattrino'.

Variante di *quattrino*, «come voce disaccentata nel discorso ridotto a *vaìni* plur. a Pisa, dove come forma tonica, s'usa anche *quaìno*» (DEI); *quattrino*, come è noto, era una moneta di rame o d'argento, coniata in Italia intorno al XIV sec. e così detta perché valeva quattro denari [DELI]. M.

**quadùmi,** sf. coll. (siciliano, anche *caudumi*), 'stomaco e intestini del bovino macellato'; (lombardo e emiliano: *caldóm* sm.), 'interiora suine utilizzate per la cucina'.

Dal latino *calidus* 'caldo', attraverso un derivato *caldūmen* documentato nel latino medievale; alla stessa base risale anche l'antico bolognese *scaldumari* 'manipolare le interiora delle bestie macellate' [DEI]. M.

**quanta,** nell'inter. *quanta tu!* (ladino centrale: ampezzano). 'Hai un bel dire tu!'.

Continua probabilmente il latino *co(n)vĕntus*, **conventāre* nel senso di 'parola', 'parlare', da cui il friulano → *coventà* 'abbisognare'; da una base volgare **conventāre* si ha infatti regolarmente **coenta(r)*, **quantà* con significato analogo alla citata voce friulana [Zamboni 1984]. M.

**quaquaraquà,** sm. (siciliano). 'Uomo da nulla', 'uomo vile'.

Dal richiamo della quaglia, di formazione onomatopeica (*qua, qua*) [Sgroi 1994].

L. SCIASCIA: – *Era un quaquaraquà – disse con disprezzo don Mariano: si era lasciato andare, e le parole non sono come i cani cui si può fischiare a richiamarli* (*Il giorno della civetta*, Torino 1961, p. 115). C.

**quarantóre,** avv. (umbro, nel perugino), «ultimatum: *se nun arènde i sghèi gli ha dèto le quarantóre*, se non restituisce i soldi gli ha dato l'ultimatum» (Catanelli 1970); (umbro, a Magione: *métt(e) le quarantóre*), «mettere qualcuno di fronte alle proprie responsabilità» (Moretti 1973); il DEI riporta un'altra locuzione umbra: *avé le quarantóre* 'essere di malumore'.

Accezioni popolari tratte da *quarantóre*, termine con cui si designa l'esposizione del Sacramento per complessive quaranta ore alla pubblica adorazione. M.

**quaratìne,** sm. (pugliese: Foggia). 'Pizzicagnolo' e nel diminutivo *quaratanièllë* 'piccola bottega di alimentari'.

Dall'etnico *coratino* 'abitante di Corato (Bari)', *Quarate* nella dizione dialettale, perché «i coratini sono quelli che comprano direttamente dai pastori il cacio e la ricotta di pecora» [Prati 1936]. M.

**quarchià,** v. (abruzzese), 'squarciare, strappare, lacerare'; (a Teramo), 'millantare, millantarsi'.

Da una forma **quartulāre*, dal latino *quărtus*. Dal verbo *quarchià* sono derivati *quarchiaturë* 'incrinatura' e nel teramano *quarchiònë* 'millantatore' «connotazione semantica provocata da *quarchie* [nello stesso dialetto] 'boria, alterigia, spocchia', dovuta prima all'equazione 'rotto' = 'squarciato' e quindi all'accezione 'squarciato' riferito alla voce» (De Giovanni); da confrontare anche *quarchiógnë* 'di voce, suono, tosse, pronuncia squarciata' ed inoltre *squarchiunarìje* 'spacconata, gradassata', *quarchiunijà* 'sbravazzare, fare il gradasso', il marchigiano meridionale *squàrchie* 'fandonie' e *squarchió* 'colui che narra *squàrchie*' [De Giovanni 1981]. M.

**quarèl(o),** sm. (veneto). 'Mattone'.

Diminutivo del latino *quadrus* '(di aspetto) quadrato' [Bondardo 1986]. C.

**quarèmma,** sf. (salentino, con varianti). «Pupattola armata di rocca e vestita di lutto che durante la quaresima viene esposta al balcone della casa» (Rohlfs 1959).

Dal francese *carême* 'quaresima'. In Salento convivono, col senso di quaresima, sia *quarèmma*, sia *quariggèsima*, sia *quarèsima* [Rohlfs 1959; Fanciullo 1973]. C.

**quatrìddo,** sm. (campano: Procida). 'Sorta di reliquiario che serve alla fattucchiera per predire la sorte, specie a giovani donne e a marinai in procinto d'imbarcarsi'; detto pure *quatrìddo re li sètte véli*.

Letteralmente 'quadretto', perché lo strumento consisteva in un vetro chiuso in cornice. I *sètte véli* sono, forse, il riferimento agli schermi, che la divinatrice doveva rompere con le sue capacità extrasensoriali per raggiungere la conoscenza del futuro [Parascandola 1976].

V. NIGRO: *Tua la dimora dei veli squarciati / Nel fondo del quadrillo, vestale / del popolo antico delle maree* (*L'isola del quadrillo*, in *Premio di poesia "Campagnola"*. Dodicesima edizione. Noventa Padovana 1994, p. 14). C.

**quèquero,** sm. (laziale: Roma). 'Uomo noioso, all'antica'.

La voce corrisponde all'italiano *quacquero*, *quacchero*, dall'inglese *quaker*, seguace del *quaccherismo*, movimento religioso protestante fondato in Inghilterra verso la metà del sec. XVI. Altri riflessi dialettali dell'anglicismo sono: il napoletano *quàcquaro* 'soprabito fuori misura, largo', il laziale (Amaseno, Castro dei Volsci) *quèquere* 'molle, debole', l'amiatino *quacquarone* 'sempliciotto', il fiorentino *alla quàcchera, quàcquera* 'sinceramente, alla buona' [Zamboni 1986; DELI]. M.

**quiàbita,** sf. (ladino centrale, nell'ampezzano; veneto settentrionale, a Vittorio Veneto: *chiàbita*; veneto, a Grado: *quàbita*; veneto bisiacco: *cuiàbita*), 'ammonimento, paternale, predica, sgridata'; (friulano: *sintì il quiàbitat*), 'sentire un aspro rimprovero'.

Dal latino ecclesiastico *qui habitat*, inizio del Salmo 90 «Qui habitat in adiutorio Altissimi» recitato per esorcismi. M.

**quìcquëro,** sm. (campano: Napoli). 'Irco, caprone, becco', 'cornuto'.

Voce semidotta, tratta dal latino *aequĭvocus* 'a doppio senso, equivoco', forse per nascondere la forma originale *piecoro* 'montone' e, metaforicamente, 'cornuto' [LEI; Valente 1995]. C.

**quìndes da taròc,** locuz. sostant. (piemontese: Torino; lombardo, a Milano: *el quìndes de taròc*). 'Diavolo'.

Letteralmente '(il) quindici di tarocchi'; la denominazione è dovuta al fatto che la quindicesima carta del gioco dei tarocchi raffigura il diavolo. M.

**quindicióre,** sm. (marchigiano: Jesi). 'Suono delle campane che invitava le donne a preparare la colazione per i lavoratori nei campi'.

Letteralmente 'quindici ore', che, computando le ore a partire dalle venti della sera precedente, corrispondevano alle undici [Urieli 1979]. C.

**qui nón cé néngue!,** locuz. (umbro: Todi). «Espressione accompagnata da una particolare mimica che vuol significare assoluta sicurezza» (Mancini 1960).

Come la più nota locuzione parallela *qui non ci piove*, allude ad una condizione di sicuro riparo e riprende l'impersonale → *néngue*. C.

**quòniam,** sm. (emiliano). 'Minchione', *far al quòniam* 'fare lo gnorri'.

Dal latino *quoniam* 'poiché, imperocché', che appare all'inizio del salmo 146: *Laudate Dominum quoniam bonus est* 'lodate il Signore, perché è buono'. La spiegazione trova la sua conferma nel provenzale *quoniam* 'sciocco, imbecille', nei dialetti francesi anche *quoniam bonus*; anche in catalano *tros de quoniam* equivale a 'pezzo d'asino', 'stupido' [FEW]. C.

# R

**rabbà,** sm. (campano: Napoli). Tanto le 'strisce di tela inamidata che scendono sul petto dei magistrati e professori', quanto il 'nodo della cravatta'.

Dal francese *rabat* 'baverino della toga dei magistrati', da *rabatre* '(ri)battere' [FEW]. C.

**rabbatàru,** sm. (siciliano: anche *rabbatìsi*). 'Abitante del borgo, borghigiano'.

Dall'antico siciliano *ràbbatu* 'sobborgo, borgo' di origine araba (*rabaḍ* 'sobborgo') [DEI; Sornicola-Vàrvaro 1975]. C.

**rabbìnë,** agg. (laziale: Castro dei Volsci). 'Avaro', 'avido di quattrini, che vuol trarre lucro da tutto'.

Significato figurato della variante dialettale *rabbino*, inteso come 'ebreo'. È anche in romagnolo (*rabé(i)n*), ma qui il nome può essere stato suggerito per assonanza dall'aggettivo *rabì* 'avido, ingordo' (propriamente 'rabbioso, arrabbiato'), anche se non mancano esempi letterari italiani (Pananti) di *rabbino* 'persona tirchia, avara' [Vignoli 1911]. C.

**rabégia,** sf. (ligure: Ventimiglia), 'acqua corrente'; (ligure: *raveza*), 'cascata'; (ligure: *raveza*, piemontese, nel Monferrato: *ravüza*), 'corrente forte e vorticosa', 'rapida'.

Dal neutro plurale del ricostruito appellativo latino **rapidium* 'ruscello, che scorre rapido' [Parodi-Rossi 1904; REW; FEW]. C.

**rabél,** sm. (piemontese). 'Chiasso', 'tumulto', 'moltitudine di persone'.

Deverbale di un non attestato *rabelé* 'ribellarsi', dal verbo latino *rebellāre* 'ribellarsi', come è avvenuto per il provenzale antico *revel* 'grande gioia' e il francese antico *revel* 'buona cera'.

A. FOGAZZARO: *l'albergatore venne a pregare, per amore de' suoi inglesi, di non far tanto "rabello"* (*Piccolo mondo antico*, Milano 1937$^2$, p. 377). C.

**rabòt,** sm. (piemontese; lombardo: a Milano), 'pialla'; (siciliano: *rabbò*), 'piccola pialla usata dai tipografi'.

Dal francese *rabot*, entrato in Sicilia con il commercio ottocentesco degli impianti tipografici [DEI; Sornicola-Vàrvaro 1975]. C.

**rabòt(e),** sf. (friulano: Gorizia), 'corvée, opera pubblica prestata gratuitamente al Comune o al signore territoriale' col derivato *rabotant* 'contadino soggetto a servitù, servo della gleba'; (veneto giuliano, a Trieste: *ribota*), 'indennizzo che si deve pagare alle compagnie portuali per disdetta delle richieste operazioni'.

Dallo sloveno *rabota* (col denominale *rabotàti*) con lo stesso significato storico [Cortelazzo 1986; Doria 1987]. C.

**ràca,** sf. (lombardo, a Voghera). «Piccolo palo di sostegno per le viti» (Maragliano 1976).

Voce già documentata a Milano nel 1216 e riferita a 'vermena di salice', 'sostegno orizzontale'; corrisponde all'italiano *radica* 'radice', probabile deverbale di *radicare*, che è nota anche nell'umbro *rà(i)ca*, nel toscano (aretino e Val di Chiana) *raca*, nel napoletano *ràdëchë* col significato di 'radice'. La fortuna della voce si deve al fatto che *radice* è passata ad indicare il 'rafano' [DEI]. M.

**racà,** v. (ligure: anche *aracà* e *racàr*; piemontese, a Sauze di Cesana; lombardo: *recà*; campano, nel napoletano). 'Rigettare, vomitare', in qualche località anche 'sputare'.

Da una base onomatopeica *rakk-*, ampiamente diffusa in tutto il dominio galloromanzo. E dalla Provenza (marsigliese *racar*, nizzardo *raca*, ecc.) o dalla Liguria orientale sarà entrato nel linguaggio marinaresco italiano *raccàre* 'vomitare per il mal di mare' [DEI; FEW]. C.

**racàgna,** sm. (lombardo; emiliano). 'Acquavite, grappa'.

Da *raca* 'graspo dell'uva', voce emiliana in probabile connessione con *racchio*, ma è forte anche la tentazione di richiamarsi al nome arabo dell'acquavite, *ʿaraqī*. Un'altra soluzione, che parte da un originario *ra cagna* 'la cagna' – cioè la cosa che morde, come nel mantovano *rabiośa*, nel parmigiano *mordente*, in Val di Colla *sgarbela* 'che graffia' – circoscrive l'area di diffusione di quelle parti della Lombardia, nelle quali l'articolo *la* è passato a *ra* [DEI; Lurati 1989].

I. NIEVO: *Rifeci il conto; due soldi di pane, uno di cacio pecorino e il solito racagna* (cit. dal GDLI XV 194). – C. DOSSI: *Scoppiò un altro grido: viva il Raccagna! – E lì a sganasciare e a cioncare* (*Il Regno dei Cieli. La Colonia felice*, Napoli 1985, p. 53). C.

**ràcana,** sf. (pugliese, con varianti; salentino), 'telone per raccogliere olive', 'sacco di tela grossa'; (abruzzese: *ràcchënë* e varianti), 'panno, tela iuta, si cui si spande il grano lavato per farlo asciugare al sole'.

Dal latino *racana* 'sopravveste' documentato anche nell'antico logudorese *ràgana* 'panno grossolano' (DES) e riflesso anche nel lombardo (bresciano) *raganèl*, *reganèl* «grosso panno lino che mettesi sotto i lattanti, affinché le loro orine non infràcidino il letto» (Rosa 1877) [REW; DEI; Rohlfs 1959]. M.

**ràcchio,** agg. (laziale: Roma). 'Misero, senza pregio, malfatto'.

Voce spregiativa che, anziché collegarsi col sm. *racchio* e sf. *racchia*, usati dal Belli in senso carezzevole, mantiene l'uso negativo del napoletano settecentesco (*Uh maramé, che sposo racchio*). Originariamente vale 'raspo, raspolo', 'grappolo avanzato', deverbale, secondo alcuni, di un **racchiare* (toscano) dal latino parlato **eradiculāre*, secondo altri da *rapŭlum* 'raperonzolo'. La parola, comunque, attraverso l'uso fattone negli anni Trenta dai giornali umoristici, è entrata anche in italiano con i significati di 'scadente, brutto, buono a nulla' [Migliorini 1940a; Alessio 1941; Prati 1947; Alessio 1948]. C.

**rachéte,** sf. plur. (veneto). 'Rachitismo (*vère le rachéte*)'.

Dall'inglese *rachitis* 'malattia della spina dorsale', introdotto dal medico Francis Glisson, adattando il dialettale *rickets* 'rachitismo' al greco *rháchis* 'colonna vertebrale' [DELI]. C.

**racìna,** sf. (siciliano; calabrese). 'Uva'.

Dal francese antico *raisin*, un continuatore popolare del latino *racīmus* per *racēmus* 'grappolo di frutta in genere' [Sornicola-Vàrvaro 1975]. C.

**raciólë,** sf. (pugliese: Varano). 'Palizzata fatta di giunchi, canne e alberelli piantati nell'acqua'.

Adattamento del veneto *grisiòla* 'graticolo fatto di cannucce palustri', a riprova dell'introduzione nel lago di Varano di un metodo di pesca proprio dei Chioggiotti [Melillo 1924: 260]. C.

**ràcli,** sm. (friulano). 'Frasca, ramo secco, a cui sono lasciate alcune diramazioni superiori, che si ficca nel terreno per sostenere le piante rampicanti o di fusto debole'. Parola caratteristica, con questo significato, del lessico friulano, ma nota anche nel ladino centrale bellunese: cfr. *ràcio* (Comelico) 'nodo nel legno, bastone nodoso', (Ampezzo) 'forcone con rebbi ad angolo retto' ecc.

Sicuramente va riunita al longobardo *raka* 'rastrello', presupponendo una forma derivata del tipo **rakl(o)* o simili [Pellegrini 1982a]. M.

**ràcul,** sm. (lombardo: Pavia). 'Chi pretende di indovinare, chi fa il saccente'.

Voce spregiativa, adattamento popolare della voce dotta *oràcolo*. C.

**ràḍḍë,** sf. (lucano: San Fele), «terreno brullo, rupe scoscesa» (Luciano 1992); (salentino: *ràdde* plur.), 'dune sul mare'.

Il tipo lessicale riflesso anche in qualche toponimo lucano (*Ralle Vecchie* e *Ralle Nuove* nell'alta valle del Bradano) e nel barese antico (sec. XI-XIII *ralla* 'terreno brullo'), non continua un prelatino **ralla*, ma l'aggettivo latino *rallus* con significato affine a quello di *rasilis* 'che si può radere' quindi 'spoglio', 'privo di vegetazione' [Alessio 1976; Fanciullo 1992b: 41]. M.

**radéschi,** sm. (lombardo, nel pavese), 'striminzito, patito'; (ticinese: *radés-c*, *redés-c*), 'ometto piccolino; scimunito; persona sgraziata che non sa vestirsi'; (lombardo: milanese), 'pedata'; (veneto; ladino centrale, ad Ampezzo, anche al diminutivo: *radeschìn*), 'moneta di bassa lega del valore di dieci soldi'; (emiliano, a Parma), 'bicicletta'.

Tutti riflessi del nome *Radetsky*, feldmaresciallo austriaco, governatore di Milano, frequente oggetto di satira popolare. I singoli significati hanno ciascuno una propria spiegazione. Quello milanese di 'pedata' è entrato presto in circolazione dopo che il feldmaresciallo congedò con un calcio sul sedere il figlio, che aveva provocato, in un caffè cittadino, un prete, il quale, per reazione, lo aveva schiaffeggiato. La moneta è stata coniata durante il suo governatorato. Nel senso di 'bicicletta' il nome è, invece, del tutto secondario: si tratta di un ulteriore occultamento della voce gergale *rada* 'bicicletta' (dal tedesco *Rad*) [Annovazzi 1934; Zolli 1986; Zolli 1986a].

A. BEVILACQUA: *Essi pedalavano a testa bassa, contro le nebbie, sulle radeschi o biciclette del gran Learco (Guerra)* (*La festa parmigiana*, Milano 1980, p. 72). – IDEM: *Da ragazzi l'hanno inseguita con le radeschi – che sono le biciclette col colore delle divise austriache, ma anche le pedate, quando si danno con l'allegria della gioventù* (*Una misteriosa felicità*, Milano 1988, p. 75). C.

**radéu,** sm. (ligure occidentale). 'Carico di botti che veniva scaricato in mare dai velieri e tirato sulla spiaggia con argani', «sistema di scarico di botti di vino dai bastimenti, nei luoghi privi di porto o dove il natante non può ormeggiarsi a terra, consistente nel gettare il carico in mare per poi rimorchiarlo a terra» (Carli 1973).

Dal provenzale *radeu* 'zattera', che è il latino *ratis*. C.

**ràdghi,** sf. plur. (romagnolo). 'Carte da gioco distribuite dal mazziere in numero non esatto'.

Da un verbo, diffuso nel Settentrione (col prevalente significato, però, di 'litigare') secondo gli sviluppi locali (veneto, lombardo, trentino *radegà(r)*, emiliano *aradgàr*, col deverbale *ràdega* 'bega'), col significato di fondo di 'sbagliare', dal latino *erraticus* 'che porta all'errore' [DEI s.v. *ràdega*; Ercolani 1994]. C.

**radugnàri,** v. (siciliano). 'Raffilare'.

Dal francese antico *rooignier* o dal provenzale antico *redonhar* 'tagliare', dal latino parlato **rotundiāre* [DEI; Sornicola-Vàrvaro 1975]. C.

**rafatàgi,** sm. plur. (ligure), 'frattaglie, ritagli'; (piemontese, sf.: *rafatàia*), 'ragazzaglia, marmaglia'.

Dal provenzale e francoprovenzale *rafataiko*, *rafatailho*, dal gotico **fatt* 'abito, pezzo' [Plomteux 1975]. C.

**rafegàr,** v. (veneto: Feltre), «guastare la propria roba per non tenerla di riguardo» (Migliorini-Pellegrini 1971), *rafegón* sm. (veneto: Feltre), «uno che non tiene di riguardo la propria roba (vesti ecc.)» (*ibidem*).

Le voci sono da collegare all'italiano *arraffare* 'strappare con violenza, rubare', e, come questo, da ricondurre al longobardo **(h)raffōn* 'afferrare con violenza' [REW; DELI]. M.

**ràffu,** sm. (siciliano). 'Ciglione', 'ornamento di parete'; a Sperlinga: *rafu* 'recinto per maiali'.

Dall'arabo *raff* 'mensola, sporto' [Sornicola-Vàrvaro, 1975]. C.

**ragàza antìga,** sf. (emiliano: Bologna). 'Vecchia zitella'.

Da *antico* col significato, che ha anche nel Boccaccio, di 'attempato' [Menarini 1978]: → *giovane vècchia*.

G. BASSANI: *Si tirava da parte, la vecchia ragazza, abbassando gli occhi. Come avrebbe voluto, in quel momento, poter tornarsene sui propri passi!* (*Le storie ferraresi*, Torino 1960, p. 81). C.

**ragàza di pi rós,** locuz. sostant. (romagnolo). 'Zitella' appassita e acida.

Letteralmente 'ragazza dai piedi rossi': *l'à fat i pé ross* «come le galline vecchie» (Miniati 1989). Diversa, più complicata, la spiegazione di Foschi 1973: «Pare che abbiano dato origine all'espressione le allodole le quali, quando si fermano, durante il passo per appastarsi, mutano in rosso il colore bianco delle loro zampe». C.

**ràggio vérde,** sm. (toscano: isola d'Elba; calabrese, a Tropea: *làmpu vìrdi*). 'Lampo verde che si osserva nell'attimo in cui il sole (ed anche la luna) scende al di sotto dell'orizzonte'.

Dal colore appariscente, che appare fuggevole [Cortelazzo 1965]. C.

**ragògghia,** sf. (siciliano, anche *ra(v)ògghia*). 'Anello di ferro, piantato a terra, attraverso il quale si deve far passare la boccia nel gioco omonimo'.

Dallo spagnolo *argolla* per metatesi (**ragolla*), di origine araba (*ġulla*) [Sornicola-Vàrvaro 1975; VES; Michel 1996]. C.

**ràgu,** sm. (calabrese: anche *rahu*). 'Rantolo', 'rumore del russare': *fare (un) ragu* 'russare', al plurale *raghi* 'fusa del gatto', 'asma'.

Dalla base onomatopeica *rag* [Rohlfs 1977]. C.

**raguèsta,** sf. (veneto, anche *reguèsta*), 'ventriglio, stomaco dei polli'; (emiliano, a Modena: *arquèst*), 'avanzi di carne'; (lombardo, a Mantova: *le requeste* sf. plur.), 'ritagli di pollo o d'altro'.

Dal latino *requaēsita* 'richiesta', cioè 'cosa ricercata' [Prati 1968; Bondardo 1986]. C.

**ragùsa,** sf. (marchigiano; abruzzese). 'Mùrice, mollusco marino, *Murex brandaris* L.'.

Ricordo dell'antica rinomanza della città di Ragusa (Dalmazia), come centro dell'arte tintoria, che utilizzava largamente questo mollusco per trarne una sostanza colorante: la porpora. A meno che non si tratti, piuttosto, di una metatesi per il molto più diffuso *garùsa* [Migliorini 1957; Vinja 1986]. C.

**raguṡèo,** sm. (toscano; veneto), 'ragazzo vivace, cattivo'; (emiliano; abruzzese: *rahuṡèë*; pugliese: *rause*), 'spilorcio, avaro'; (pugliese: *rausèo*), 'rozzo'; (lucano), 'babbeo'.

Da *raguṡèo* (anticamente *raugèo*) 'abitante di Ragusa, in Dalmazia', la cui intensa attività commerciale è stata spregiativamente giudicata come causa di usura e di avarizia [Prati 1936; Migliorini 1957]. C.

**ragùṡo,** sm. (veneto, nel veronese; trentino, nel roveretano: *regùs*). 'Secondo taglio dell'erba'.

Dal latino *refūsus* part. pass. di *refundĕre* 'ridare' [DEI; Prati 1968; Bondardo 1986]. M.

**ràia,** sf. (campano; pugliese: *ràscia*; veneto, nel veneziano: *raṡa*). 'Razza, pesce di mare'.

Dal latino *raia* 'razza' (da *radius* 'raggio', per la forma); dalla stessa base anche l'emiliano (bolognese) *raièina* «carpione. Pesce d'acqua dolce» (Coronedi-Berti 1869-72) [Palombi Santarelli 1961; DEI; REWS; Prati 1968]. M.

**raià,** v. (veneto istriano). 'Rumoreggiare delle onde, che si infrangono sulle rocce', 'rumoreggiare della tempesta'.

Dal latino parlato **ragulāre*, propriamente 'ragliare'. C.

**rajé i öv,** locuz. (piemontese; ad Alba *raṡé*). 'Sperare le uova, guardare controluce per controllarne la freschezza o vedere se sono fecondate' → *sperlà i öf*.

Letteralmente 'raggiare le uova', dal verbo latino *radiāre*, denominale di *radius* 'raggio' [REW; REWS]. C.

**rajòlu,** sm. (sardo: nuorese). «Perone o fibula, usata appuntita, per tessere corbule ecc.». Anche *òssu rajòlu* (Farina 1973).

Come il *ràju* di Olzai 'specie di stiletto fatto con stinchi di lepre o di coniglio, per lavorare gli steli di asfodelo', dal latino *radius* 'strumento appuntito in uso fra i tessitori' [DES]. C.

**ràisi,** sm. (siciliano). 'Capo di pescatori', 'padrone di barca', 'direttore della tonnara', e *capu ràisi*, *capurràisi* 'capoccia, caporione'; anche 'bastimento che sostiene la camera di morte delle tonnare, e sta sempre fisso'.

Dall'arabo *ra'īs* 'capo', da cui derivano pure il calabrese *ràis* 'caporione' e *capurràis*, *capurràs* 'capopopolo', 'capo di un partito', 'capo dei marinai che attendono alla pesca del tonno', salentino *ràis* 'capo della ciurma della tonnara'. Stessa origine ha il nome locale *Punta Raisi* nei pressi di Palermo; si noti che tanto il toponimo, quanto i sostantivi composti con 'capo', si configurano come formazioni tautologiche; si tratta di rideterminazioni provocate dall'opacità semantica della parola *raisi* [Pellegrini 1972]. M.

**rallëttà,** v. (laziale meridionale, anche *arrallëttà*; abruzzese, a Canistro: *rallettà*; toscano, a Cortona: *allettè*), 'chiamare i polli'; (umbro, a Magione: *arlettè*), 'richiamare con un verso le bestie lontane'.

Come l'italiano *allettare* 'adescare, chiamare un animale domestico; chiamare', dal latino *allectāre* 'attirare, adescare'; si confronti anche l'umbro (Magione) *allettà* 'rabbonire un quadrupede imbizzarrito' [DEI; LEI]. M.

**ràlo,** sm. (lombardo; in Alta Valtellina: *ral*). 'Rastrello per neve'.

Dal latino *rallum* 'specie di raschiatoio per staccare dal vomere la terra, che vi si attacca durante l'aratura' (da *radere* 'togliere grattando') da cui anche l'abruzzese *ràllë* (e varianti) 'vomere', il calabrese *raja* 'ferro per pulire il vomere' ed altri esiti propri della penisola iberica [Alessio 1936-42; REWS]. C.

**ramà,** sf. (piemontese, anche *ramà d'èua*; emiliano, a Piacenza: *ramà d'acqua*; abruzzese: *ramàtë*). «Pioggia dirotta che si vede a certa distanza e che si avvicina» (Toppino 1927).

Dal latino *ramus* 'ramo' (infatti a Castelmadama l'"acquazzone' è un *ràmu d'acqua*) attraverso il significato di 'percossa con un ramo' oppure con l'immagine del ramo folto di foglie. Anche il provenzale conosce *ramada*, mentre la famiglia lombardo-alpina di *rümà*, *rümadà* 'far temporale', *rümàda* 'temporale' pare collegata piuttosto a *rüm* 'tuono' dal latino *rumor* [Salvioni 1886; Levi 1927; REW; REWS; FEW]. C.

**ramadàn,** sm. (ligure; piemontese e lombardo: *rabadàn*, ma ad Alessandria *ramadàn*; corso: *ramadà*). 'Chiasso, baccano'; *rabadàn* in piemontese vale anche 'cianfrusaglia; donnaccia; uomo insignificante'.

Dall'arabo *ramadān* 'nono mese dei Maomettani, nel quale è prescritto il digiuno di giorno, compensato la notte da banchetti e rumorosi divertimenti' [Plomteux 1975]. C.

**ramagghièttu,** sm. (calabrese, anche *ramagliettu*; abruzzese: *ramajettë* e varianti; campano: *ramaglietto*, *gramaglietto*; sardo: *ramagliettu*, *arramagliettu* e varianti). 'Mazzolino di fiori'.

Dallo spagnolo *ramillete* che ha lo stesso significato [DEI; DES; Beccaria 1968]. M.

**ramàllo,** sm. (toscano). 'Ramarro'.

Come mostra la forma intermedia *ramarlo*, egualmente in uso a Pistoia, si tratta di un raro caso di dissimilazione (*-rr-* che evolve a *-rl-*) con successiva assimilazione (da *-rl-* a *-ll-*). A proposito del ramarro, che tanta importanza ha nelle credenze popolari italiane, si nota come a Pistoia corra l'opinione che «il rettile, se si attacca alle vesti o al corpo di una persona, può essere allontanato solo col fuoco» (Gori-Lucarelli 1984). C.

**ramasù,** agg. (piemontese: Castagnito). 'Aspro, alquanto amaro', riferito al vino (*vin marasù* a Castellinaldo).

Per metatesi da *marasù*, letteralmente 'amaraccione' [LEI]. C.

**ramióla,** sf. (veneto centro-meridionale). 'Roncolo'; *ramioléta* 'roncolino'.

Probabili derivati dalla parola dialettale locale *rama* 'ramo' perché strumenti usati per diramare, potare [Pellegrini-Marcato 1988]. M.

**rammìtu,** sm. (marchigiano). 'Riunione dei parenti, in un giorno successivo al funerale di un defunto, per rinnovare le preci in suo suffragio', nel piceno 'invito ad un grande pranzo fra parenti e amici, grandiosa festa conviviale'.

Letteralmente 'reinvito', perché originariamente doveva trattarsi di un contraccambio [Ginobili 1970]. C.

**rampàzzo,** sm. (toscano meridionale, nell'amiatino), 'ramo contorto'; (toscano meridionale: grossetano; laziale; umbro; marchigiano: *rampazzu*, *rambazzu*), 'raspo dell'uva, grappolo'.

Denominazione interpretata dal DEI come un incontro tra *ramo* e *raspo*; si tratta invece – con il REWS – di un derivato di *rampa* 'artiglio, uncino' con il suffisso *-azzo*; *rampa* è una parola germanica alla quale risalgono oltre all'italiano *rampa*, *rampo* e derivati, altre voci dialettali come l'emiliano (ferrarese) *rampinàr* 'piegare a mo' di uncino', marchigiano *rampinare* 'rampicare, rubare', ad Arcevia *rampinà* 'aiutarsi colle mani e coi piedi', veneto (polesano) *rampegare* 'erpicare', (veneziano) *rampegòn* 'rampone, scarabocchio' [DEI; REWS; Prati 1968; Alberti-Eschini 1970-71]. M.

**rànco,** sm. (toscano, nell'aretino; umbro). 'Dissodamento'.

La voce è menzionata dal DEI e ricondotta al dialettale *ranchè* 'roncare' come deverbale, oppure, come retroformazione, al dialettale *rancaccio* per *roncaccio* (da *ronco*); si fa risalire comunque al latino *runcāre* dissodare, da cui *roncare* e il deverbale *ronco* 'luogo disboscato' e quindi 'terreno coltivato', 'pascolo', appellativo e toponimo comuni in area settentrionale e centrale. *Ranca* è attestato anche nel napoletano antico e come toponimo (nell'aretino) nella forma del plur. *Ràncora* [DEI; *Dizionario di toponomastica*]. M.

**rancuràre,** v. (veneto: anche *rancuràr*, *rencuràr*; veneto giuliano; ladino centrale: *rincoré*, *rencuré*). 'Raccogliere, mettere in serbo'.

Denominale di *rancùra* 'raccolta, cura, premura', che rappresenta il latino *rancor, -ōris* 'rancore' (e *rancura* è attestato anticamente con questo significato), sul quale si è sovrapposto il senso di *cura* [Prati 1968; Bondardo 1986].

N. POZZA: *Quanti avversari aveva rancurato Venezia in tanti anni di inimicizie e di raggiri!* (*La putina greca*, Milano 1972, p. 95). – L. MENEGHELLO: *Pare una custodia di macchina fotografica: ci fermiamo per rancurarla* (*Pomo pero*, Milano 1974, p. 95). C.

**raneglòd,** sm. (piemontese; veneto giuliano *ranglò*, *rangiò, ringlò, angiò*). 'Prugno amoscino, sorta di susina'.

Dal francese *reine-Claude* 'regina Claudia': → *grancò*. La variante giuliana *ringlò* trova corrispondenza col croato *ringlò* che pare prestito dal francese attraverso la mediazione del tedesco austriaco *Ringlotte* [Levi 1927; Doria 1987].

S. SLATAPER: *C'erano anche molti alberi fruttiferi, àmoli, ranglò, ficaie, specialmente* (*Il mio Carso*, Milano 1989, p. 51). M.

**rànfio,** sm. (toscano), 'uncino'; (campano, nel napoletano: *ranfë*, *ranfa* come sf.), 'artiglio'; (lombardo: *ranf*), 'crampo'.

Dalla base longobarda *rampf* parallela al germanico *rampa* 'artiglio, uncino' [REW; DEI s.v. *ranfia*; REWS; Magliano 1976; Salzano 1979]. M.

**rànna,** sf. (siciliano, anche: *randa*), 'merletto lavorato sul tombolo'; sardo: *randa*, *arranda*), 'pizzo, trina; reticella'.

Dal catalano *randa* [Sornicola-Vàrvaro 1975; Michel 1996]. C.

**rànnula,** sf. (siciliano; calabrese settentrionale: *rànula*). 'Bronzina nel mozzo della ruota entro la quale gira l'asse del carro o di una macina'.

Nome metaforico che rimanda alla voce latina *rānula* 'piccola rana', che ha assunto un significato tecnico; si confronti anche il napoletano antico *ranula de ferrum* [Rohlfs 1977a]. C.

**rantegàr(e),** v. (veneto). 'Rantolare'. Da qui il diffuso deverbale *ràntega*, *ràntego* 'rantolo'.

Dalla stessa base onomatopeica **rant-*, che si ravvisa nell'italiano *rantolare* ed in altre forme dialettali [Prati 1968].

N. POZZA: *doveva aver volato perché, di lì a poco, le donne lo avevano rivisto comparire rantegando per il gelo, gli occhi pieni di lacrime* (*La putina greca*, Milano 1972, p. 45). C.

**ranzagnòlo,** sm. (toscano meridionale e laziale settentrionale, anche *rasagnolo*). 'Matterello'; in qualche località ha pure il senso traslato di «persona rozza, ignorante» (Alberti-Eschini 1970-71].

Propriamente "lasagnolo" da *lasagna*, attraverso una variante *lanzagnòlo* con epentesi di *-n-* attestata in area amiatina e senese e con dissimilazione regressiva [Fatini 1953; DEI; Cagliaritano 1975]. M.

**rapìlë,** sm. (laziale, con varianti; salentino: *lapiḍḍu* al plur. *li lapéddërë*). 'Ghiaia'. A Ottaviano (Campania) *o rapillë* è la 'terra nera per la cenere' e in siciliano *ripiḍḍu*, *rapiḍḍu* significa, oltre che 'piccole scorie mescolate con cenere e sabbia vulcaniche, che lancia il vulcano', anche un 'terreno sassoso, magro'.

Dal latino *lapĭllus* 'piccola pietra (*lapis*)' [De Gregorio 1920: 207; Piccitto 1997]. C.

**rasätèra,** sf. (trentino: Val Rendena). 'Lombrico'.

Letteralmente 'raschia terra', dal dialettale *rasàr*. M.

**rascagnà,** v. (campano, nel napoletano). 'Il graffiare dei gatti'.

Dallo spagnolo *rasguñar* 'graffiare' secondo il DEI. M.

**rasgòt,** sm. (lombardo, nel pavese, anche *resgòt*). 'Segatore, segantino' e in particolare «compagnia di 5 persone che scendevano dal piacentino a segare tronchi d'albero sul posto. Squadrato il tronco ne segnavano in rosso le linee dei tagli, e costuita una potente capra con tre travi, vi piazzavano il tronco stesso legandolo con catena, ed uno di loro in piedi lavorava ad alzare la grossa sega a telaio, che altri tre tiravano di sotto finché il tronco era ridotto in tavole. Vivevano accampati, nutrendosi di polenta che cuocevano all'aperto» (Galli 1965).

Derivato dal dialettale *rasgà*, *resgà* 'segare', dal latino *resecāre*. M.

**ràsola,** sf. (salentino; calabrese; siciliano). 'Aiuola'.

Dal latino *rasus* 'raso', perché intesa come 'ripiano di terreno'.

E. Patti: «... *Anche quello lì in principio mi ha fatto molto combattere» disse indicando un grosso spinone che arrivava di corsa con la lingua di fuori lungo la rasola in mezzo ai limoni»* (*La cugina*, Milano 1965, p. 154). c.

**rastimàia,** sf. (toscano, a S. Miniato). 'Radimadia, strumento di ferro per raschiare la madia dopo che è stato fatto il pane'.

Propriamente "raschia madia"; la denominazione dunque è analoga all'italiano *radimadia* (da *radere*) [DEI]. M.

**ràstru,** sm. (siciliano, anche *rastu*), 'indizio, sentore', in calabrese anche *(ar)ràstu*; (sardo), 'orma, traccia, odore che lascia la selvaggina'.

Dal catalano *rastre*, che è il latino *rāstrum* nel suo significato proprio di 'rastrello', entrambi conservati solo nella penisola iberica [DES; Sornicola-Vàrvaro 1975]. c.

**rasümàda,** sf. (lombardo), 'bevanda con uova, vino e zucchero'; (veneziano *rosmàda*), 'brodetto cordiale'.

Dal dialettale *rosùm* 'tuorlo', con il suffisso *-àda*, dal latino *rŭssus* 'rosso' col suffisso analogico ad *alb-ume*. Dal lombardo la voce è passata anche nell'italiano *rossumata* 'cordiale, brodetto' [DEI]. M.

**ratàr¹,** v. (veneto settentrionale). 'Piangere forte'.

Derivato dal latino **ragitāre* 'muggire', da cui voci come il friulano *raità* 'sbraitare', l'italiano antico *raitare* 'bramire, detto del cervo' [REW; DEI]. M.

**ratàr²,** v. (veneto giuliano: Trieste). 'Bastonare'.

Derivato da *rata* 'rata di pagamento', da confrontare col friulano *ratà* 'l'eseguire i riparti di prestito o taglia, richiesti dal governo ai propri sudditi, da parte dei *ratadōrs*', cioè i magistrati preposti a tale operazione che non doveva certo risultare troppo gradita alla popolazione. Il termine *rata* ha assunto perciò una sfumatura peggiorativa che ha determinato il successivo passaggio al significato di 'malmenata, bastonata', presente anche nella locuzione friulana *dà une ràte* 'bastonare', letteralmente 'dare una rata' [Doria 1978]. M.

**ratatùia,** sf. (lombardo; veneto; umbro; laziale, nel romanesco). 'Confusione', anche 'litigio', 'cianfrusaglia'.

Traslati dal francese *ratatouille* 'intingolo; pietanza di varie verdure' [DEI; Catanelli 1970; Moretti 1973; Bondardo 1986]. M.

**ràtta,** sf. (toscano; umbro). 'Omento, rete intestinale del suino con cui si avvolgono i fegatelli'.

Da *natta* che solitamente designa 'tumore e infiammazione di gengive', ma che nel toscano amiatino indica l'omento, influenzata da *rete*; *natta* ad Acerno (Campania) indica la 'panna del latte' [AIS; Fatini 1953; DEI; Cagliaritano 1975]. M.

**ràtto,** sm. (umbro: San Giustino), 'punto sul letto del torrente dove l'acqua scorre veloce' (Polidori p. 93); a Orvieto 'piccola rapida in un fiume non profondo'.

Dal latino *rapĭdus*: il sostantivo *ràpida* 'tratto di fiume con pendenza e corrente fortissima' sconsiglia il ricorso ad una soluzione alternativa (da *raptus*, participio passato di *rapere* 'portar via, rapire'). In abruzzese *ràttë* 'focoso (di cavallo)' e nel sardo logudorese *ràttu* 'rapido, scosceso, erto', è ancora aggettivo, sostantivato in Alta Valtellina al femminile *rata* 'salita ripida' e nel Metauro in *ratta* 'rampa di scale' [REW; FEW; DES; REWS]. c.

**ràttu,** agg. (calabrese), 'libidinoso'; (siciliano), 'detto di animali facilmente eccitabili sessualmente'. Anche *rattusu* 'libidinoso, salace' (campano; salentino; abruzzese).

Dal latino *răptus* (o dal parlato **răpitus*), participio passato del verbo *rapĕre* 'trascinar via rapidamente'. Meno convincente un derivato da *(g)rattare* 'eccitare sessualmente' [Sornicola-Vàrvaro 1975; Valente 1993]. c.

**ratùni,** sm. plur. (laziale: Mompeo Sabino). «Graticci, per essiccare al sole mele tagliate a pezzi, fichi, uve; sono usati anche per conservare le olive nei magazzini in attesa di portarle alla mola, perché non ammuffiscano» (Raspini 1991); funzione simile hanno le *ratìcce* di misura più piccola.

Da *grata* per perdita di *g-* (come in *rattà* per *grattà* 'grattare' nello stesso dialetto). M.

**ràule,** sm. (pugliese; molisano: *ràulë*; abruzzese: *ràvëjë*; campano: *làurë*; laziale: *ràulu*, *làuru*; marchigiano, nel maceratese: *làuru*; calabrese: *àjrë*, e altre varianti come *gàjulu*, *gàjru*; lucano: *guàilë*; siciliano: *àjulu*). 'Rigogolo, *Oriolus galbula* L.'.

Sono tutte continuazioni popolari, con numerose altre varianti a seconda delle condizioni fonetiche dei diversi dialetti, del latino *aureus* 'fatto d'oro' come agg. sostantivato, con un passaggio semantico da "di color d'oro" a "uccello giallo" [DEI s.v. *airo*; LEI]. M.

**ràulu,** sm. (salentino, con varianti). 'Corvo, *Corvus monedula*'.

Dal latino *grāulus*, variante di *graculus*, uccello nero, col quale però non si può spiegare il laziale *ràulë* 'persona molto pallida', perché in latino non indicava, come erroneamente si è ritenuto (Vignoli 1911 e 1926), il 'rigogolo', dal caratteristico piumaggio giallastro [REW; Rohlfs 1956 e 1959]. c.

**ràva,** sf. (toscano), 'frana'; (abruzzese; laziale meridionale: anche *rave*), 'roccia scoscesa'; (romagnolo meridionale: *reva*, *ravèra*), 'via scoscesa, che serve per far scendere le fascine dal monte'; (lombardo orientale: *ravera*), 'pendio coperto di pietre sfasciate'.

Da un antico tema preindeuropeo *rav-* 'frana', bene attestato nell'Europa occidentale e ben rappresentato, ancor più che negli appellativi, nella toponomastica [Devoto 1967; Luciani]. c.

**ravìn,** sm. (piemontese). 'Borro, burrone', 'strada impraticabile'.

Dal francese *ravin*, che ha questo ed altri significati analoghi, derivati dal verbo *raviner* 'rapinare' nella particolare accezione di 'scorrere violentemente'. Si confronti il toscano *rupìna* 'frana' dal latino **rupīna*, parallelo di *rapīna* [FEW; Pult 1947].

R. Sacchetti: *larghi rigagnoli di lave incandescenti solcavano le spalle del monte e grossi massi roventi rotolavano giù nei burroni e per le ravine* (in *Narratori dell'Ottocento e del primo Novecento*, III, Milano-Napoli 1963, p. 72). c.

**ravìsa,** sf. (piemontese, anche *ravìs*), 'radichetta della rapa, torsolo della rapa'; (friulano: *ravìze*), «steli di rape in fioritura; od altrimenti radici di rape trapiantate perché le piante facciano fiori e semi; sementi di rape» (Nuovo Pirona 1992); (veneto: *ravìze* plur.), 'broccoli'; (piemontese: *ravisón* sm.; lombardo, anche *ravìs*, *ravisón* sm.; veneto: *ravizón*; friulano: *ravizòn*), 'navone, ravizzone', nel friulano anche 'colza'.

Dal latino *rapīcius*, *-a* propriamente 'della rapa', in qualche caso ampliato col suffisso *-ōne* [REW; DEI s.v. *ravizza*; Prati 1968; Gribaudo-Seglie 1972-72; *Dizionario del dialetto cremonese* 1976; Maragliano 1976; Brero 1982]. M.

**ravòi,** sm. (friulano, nell'area occidentale: *ravòl*). 'Pampano, getto novello della vite'.
Dal latino *ervilia* 'pisello, cicerchia', attraverso una forma maschile **ervīliu*, di cui il friulano *ravòi* è esito regolare, mentre la variante *ravòl* è un singolare estratto da *ravòi* interpretato come plurale [Marcato 1993a]. M.

**ràza,** sf. (friulano; veneto trevigiano e bellunese; veneto giuliano). 'Anatra', anche *ràsa*.
Propaggine occidentale di una parola analoga per forma e significato diffusa nell'area balcanica (nota anche all'ungherese), di origine verosimilmente onomatopeica; nel friulano (e di qui nel veneto) la voce è giunta dallo sloveno [Marcato 1982]. M.

**ràża,** sf. (emiliano; lombardo meridionale; ligure orientale; trentino; lunigianese: *ràgia*), 'rovo, siepe'; (calabrese, siciliano, campano: *ràja*), 'smilace; rosa di macchia'.
Dal latino **radia* 'rovo' in relazione con **radiāre* per *radere* 'radere, grattare'; cfr. l'italiano *razza* 'pesce spinoso' [Alessio 1957 e 1958; Plomteux 1975; Pellegrini-Zamboni 1982].
F. GUCCINI: *franano i muretti e i fossi spaccano, e le ragge abbraccano tutto, come per proteggere e nascondere* (*Crònìche epafàniche*, Milano 1990, p. 158). M.

**ràzza,** sf. (calabrese; siciliano). 'Ravanello selvatico, *Raphanum raphanistrum*'.
Dal greco *rátsa*, che designa la medesima pianta [Sornicola-Vàrvaro].
D. DOLCI: *Cuocevo erba, razze, cavolicedde, e mangiavo* (*Racconti siciliani*, Torino 1973, p. 24). C.

**razzìna,** sf. (siciliano). 'Barbata delle piante'.
Dal francese antico *racine*, derivata dal latino *radicīna* 'piccola radice (*radīce*)' [Sornicola-Vàrvaro 1975]. C.

**rebatést,** agg. (veneto primierotto). «Dicesi del piede che duole perché ammaccato nella pianta per il lungo cammino» (Tissot 1976).
Letteralmente 'ribattuto', è la forma del participio passato del verbo dialettale *rebàter* 'ribattere'. M.

**rebechìn,** sm. (veneto giuliano; bisiacco; istrioto: anche *ribichìn*). 'Spuntino, merendina'.
Dal verbo veneto *rebecarse* 'rimettersi in forze, in salute', ma anche 'rimbeccare', come il francese *se rebéquer*, dal quale, forse, dipende [Doria 1987]. C.

**recaccià,** v. (laziale: Arsoli), 'inventare', 'affibbiare un soprannome'; (laziale: Santa Francesca), 'dissodare un campo'.
Tutti questi significati concordano con quello proprio di *recaccià* 'ricavare', alla lettera 'ri-cacciare'. C.

**recàmmara,** sf. (siciliano), 'spillatico, assegnazione fatta alla moglie per le sue spese'; (sardo logudorese: *recàmera*), 'camera preparata, nobile'.
Dallo spagnolo *recámara* 'guardaroba' [DES; Sornicola-Vàrvaro 1975; Michel 1996]. C.

**recàttu,** sm. (sardo: Nuoro). «Cibarie, solitamente contenute nella bisaccia di pelle» (Farina 1973).
In campidanese *arrecàtu* è ancora in uso nel senso di 'occorrente (per scrivere, per cucire)'.
Dallo spagnolo *recado* 'spesa, provvista per la casa'; l'accezione campidanese dipende dal sintagma *recado de escribir* [DES]. C.

**recchiamózza,** sf. (laziale: Ferentino). 'Ladro'.
Dalla pena medievale di tagliare un orecchio ai ladri; corrisponde all'italiano *mozz(a)-orécchi* 'furfante' [Bianchi 1982]. C.

**rececé,** sm. (ligure: a Pigna, a Ventimiglia: *recicià*; lombardo, a Mosniga: *recé*). 'Scricciolo'.
Composto di *re* 're (degli uccelli)', secondo un'antica leggenda, che ritorna anche nel nome italiano *régolo*, e *cecé*, onomatopeico, come altri nomi di questo uccellino [Merlo 1941-57; Azaretti 1982; DELI]. C.

**recèlla,** sf. (marchigiano; abruzzese, a Teramo: *riccèlla*), 'arnia'; (laziale, a Castro dei Volsci: *riccèlla*), 'catasta di legna'.
Dal latino *arcĕlla* 'piccola arca, cassetto', un diminutivo di *arca* 'cassa' [LEI]. C.

**reciòto,** sm. (veneto: veronese). 'Vino veronese che è fatto o dovrebbe essere fatto con i racimoli superiori del grappolo, le parti cioè più ricche di zucchero'; anche 'racimolo'.
Dal veneto *récia* 'orecchio', e non dal latino *rŏtulus* (come in REW), col suffisso *-òto*; cfr. *régia d'ua* (bellunese), *ragiòto* (vicentino), *reciòto* (padovano, polesano, veneziano), *reciotìn de ua* (veneziano) 'racimolo' [Prati 1968]. M.

**ré dde l'animàle,** locuz. sostant. (laziale: Montefiascone). 'Scricciolo' (AIS).
Letteralmente 're degli animali'; per la motivazione onomasiologica che è all'origine della denominazione (e di cui tale tipo rappresenta un'estensione) → *ré d'uccèlli*. M.

**réddo,** agg. (toscano, nel senese, anche *réżżo*). «Rigido (di tessuto)» (Cagliaritano 1975).
È uno dei riflessi popolari del latino *rigĭdus* da cui l'italiano *rigido* per tramite dotto; altri derivati sono il piemontese *rèid* «rigido, duro» (Brero 1982), il settentrionale → *réncio*, il v. siciliano e calabrese *arriddiri* e varianti 'essere intirizzito, rabbrividire' [DEI s.v. *arriddire* e *reddo*; REWS; DELI]. M.

**redò,** sm. (emiliano: Cavriago; a Guastalla: *ridò*, come nel marchigiano, a Osimo). 'Tenda(ggio)'.
Dal francese *rideau*, derivato da *rider* 'pieghettare, increspare' di origine germanica (antico alto tedesco *ridan* 'girare, volgere') [FEW]. C.

**rédu,** sm. (ladino centrale: Comelico e Cadore, anche *riédu*, *riédhu*). 'Bambino'.
Dal latino *haerēdes*, da cui derivano, con il significato di 'bimbo', il lombardo settentrionale *rédes*, *ràis* (quest'ultimo interpretato anche, ma è ipotesi meno convincente, come metafora del lombardo *raìs* 'radice' con ritrazione dell'accento), il toscano (a Lucca) *rèdo* 'parto del bestiame' e il toscano *rèdo*, *rièdo* 'vitellino, puledro e sim. di latte' [Pauli 1919; DEI; Antonioli-Bracchi 1995; Zamboni 1997]. M.

**ré d'uccèlli,** locuz. sostant. (umbro; toscano, marchigiano: *ré de célli*; emiliano, a Parma: *rè g ożlén*, *rè di oużèli*; lunigianese, a Pontremoli: *ré d użèj*; laziale: *ré di scièlli*; molisano: *ré de cíegle*; campano: *rè d'aciéllo*, *rè ri l auciéddi*; pugliese: *rè d aucédda*; salentino: *rè di l aciéddi*, *rè de li cèḍḍi*; lucano: *rè rë t aucìegghë*; calabrese: *ra d aciḍḍë*, *rè d accèri*; siciliano occidentale: *ré d ascéḍḍi*). 'Scricciolo' (AIS).
Letteralmente 're degli uccelli', si confronta con la denominazione latina *rex avium*. Il tipo lessicale 're' ricorrente nei nomi dello scricciolo, con la specificazione 'degli uccelli' ma anche con altre (come in nomi italiani quali 're di macchia', 're di siepe', in tedesco *Zaunkönig*) o in varie forme derivate (italiano *reattino*, francese *roitelet*), è connesso ad un'antica favola, che ripete il modello di altre favole per l'elezione di un re degli animali o

degli uccelli. È la favola del «reattino che all'aquila aveva dichiarato di saper volare più in alto di lei; essa per tutta risposta batte l'ali, s'alza, si leva, si perde nelle nubi, solo però tanto da poter ancora al basso far sentire la sua voce, che grida sdegnosa al piccolo presuntuoso: – Chi è ora più in alto di noi? Ove sei che neppur ti vedo? –. – Qui e più alto di te –, le grida egli saltandole dalla testa sulla schiena. L'avea essa portato fin lassù senza accorgersene» (Bonelli 1902: 62). Questa favola (ma della "guerra" tra lo scricciolo e l'aquila dà notizia Aristotele (H. A. 615a 17) ed anche Plinio 10, 203 «Dissident... aquilae et trochilus, si credimus, quoniam rex appellatur avium») avrebbe avuto origine dalla necessità di giustificare l'attributo di "re" dato allo scricciolo, ma appartenente in un primo tempo solo al regolo (*Regulus regulus* esteso anche al *Regulus ignicapillus*) i cui nomi latini sono *rex avium*, *regulus*, *regaliolus*, per la sua cresta simile ad una corona; lo stesso vale anche per le denominazioni greche *basiléus*, *basilískos* e *týrannos* che sono sia del regolo che dello scricciolo. Solo in un secondo momento questi nomi sono estesi dal regolo allo scricciolo per la scarsa osservazione e conoscenza che il popolo ha non solo di piante ma anche di animali che non sono di alcuna utilità. Secondo Merlo 1904: 3 il nome 're' sarebbe una creazione ironica contrapposta alla piccolezza di questo uccelletto, ma è più verosimile che si tratti di una creazione semantica autonoma (Giacomelli 1983) [Brügger 1922; AIS; Marcato 1982c]. M.

**redùgia,** sf. (ligure; piemontese: *ardùbia*). 'Rimboccatura'.

Deverbale, rispettivamente, di *redugià* e *ardobié* 'rimboccare (le lenzuola e simili)', dal latino parlato **reduplāre*, da *dŭplus* 'doppio' [Merlo 1957; REWS; Plomteux 1975]. C.

**rèfolo,** sm. (veneto; veneto giuliano; veneto bisiacco; trentino, nel roveretano: *ròfol*). 'Raffica, folata', fig. 'ghiribizzo'; con varianti.

Non pare voce di natura imitativa (così Prati 1968), ma piuttosto un derivato del verbo veneto *refolàr* 'usare il mantice' (latino *follis*). C'è però anche un'altra etimologia che riconduce sia *rèfolo* che l'italiano *folata* a un latino volgare **flabulāre* 'soffiare'. Il termine *rèfolo* è entrato anche in italiano [Crevatin 1979: 201; Doria 1987].

R. LA CAPRIA: *Così il fischio li inseguì implacabile fin sotto le mura di Villa D'Abro che tremolavano rosse nell'acqua increspata da un refolo di passaggio [...]. Un refolo di vento corse dritto sulla barca e sfiorò la sua spalla* (*La neve del Vesuvio*, Milano 1988, pp. 73-74). – P. DE DOMENICO: *la vela latina prende bene il rèfolo. Un rèfolo dopo l'altro, e si lascia una scia di schiuma* (*La barca dorata*, Gardolo di Trento 1989, p. 75). M.

**refòs,** sm. (veneto settentrionale; lombardo orientale, anche *arfòs*; trentino; friulano *rafuès*). 'Propaggine della vite'.

Dal latino parlato **refossus* 'scavato fuori', da confrontare con *radices refossae* (Columella) 'propaggine', così detta perché la riproduzione avviene piegando ed interrando un ramo e facendolo germogliare [DEI; REWS; Tomasi 1992]. M.

**ré fureghìn,** locuz. sostant. (veneto: Chioggia). 'Rete usata per la pesca delle pianuzze'.

Dal veneto *furegare* della stessa origine di *frugare* (latino parlato **furicāre* 'frugare in giro'), confermato dal modo di pescare *a furegar* menzionato dal Calmo nel XVI secolo [*Dizionario di marina* 1937; Prati 1968].

P. DE DOMENICO: *Altre volte ingannava il tempo pescando col fureghin, una rete fissata con due pali sul fondo del canale, particolarmente adatta per la cattura dei passarini* (*La barca dorata*, Gardolo di Trento 1989, p. 116). C.

**rëgëmùgnë,** sm. (lucano). 'Lappola, *Galium aparine* L.', anche *regemugnu*.

Riflesso del latino *argemōnia* 'lappa canaria' documentato da Plinio (*Naturalis Historia* XXV, 102), a sua volta dal greco *argemṓnē hetéra* [Alessio 1976]. M.

**régghia,** sf. (toscano: Sansepolcro), «fosso che va al mulino» (Zanchi Alberti); (toscano, nell'aretino, anche *réglia*), 'fossa grande piena d'acqua', «gora che conduce l'acqua al mulino» (Rohlfs 1979).

Appellativo con riflessi anche nell'idronimia toscana, più che essere confrontato con il tipo 'rigagnolo' (come il DEI), può essere un riflesso del latino *regŭla* propriamente 'asta', con il senso traslato di 'gora'. M.

**règia,** sf. (veneto istriano: Isola). 'Senno, equilibrio nell'agire', anche nella locuzione *pèrde la règia* 'trovarsi disorientati, non capir bene la situazione, non raccapezzarsi': *a furia de sigàr e saltàr come mati, sti fiòi me ga fato pèrde la règia* (Vascotto 1987).

Dal latino *regŭla* 'regola' con sviluppo nettamente popolare. Vi appartiene anche il veneto *règia* 'bagnasciuga' nel senso di 'linea di galleggiamento o linea d'acqua della nave'. C.

**regnìculë,** sm. (laziale; a Ferentino: *regnìculu*), 'napoletano'; a Subiaco *rignìcuiu* è l''abitante della provincia dell'Aquila'; (laziale, a Castel Madama: *regnéculu*), 'petulante'; (marchigiano: *rignìculu, rignìcolo*), 'piccolo di statura, rachitico, ridicolo': → *òjjo de Régno.*

Da *régnë* 'Il Regno (di Napoli)' (si noti che in abruzzese *régnu* è l'Abruzzo: Giammarco 1976, e così pure nel Lazio, ad Ascrea), di antico uso [Belli 1927-29; DELI]. C.

**règola,** sf. (toscano: anche *règula*; laziale: Tarquinia). 'Raganella della settimana santa'.

Dal latino *rĕgula* nel senso di 'assicella' [Longo 1942-54]. C.

**regónt,** v. (lombardo: Menaggio). 'Cogliere sul fatto, acchiappare', nel milanese 'radunare, raccogliere', anche *regondà.*

Dal latino *recondĕre* 'nascondere', con metaplasmo di coniugazione nella voce *regondà*; il REW fa derivare da questa base anche l'emiliano *arcòst* 'solatio' propriamente 'riparato dal vento' [REW; DEI; REWS]. M.

**regroàrse,** v. (veneto: Chioggia). 'Ricrearsi, divertirsi'.

Dal latino *recuperāre* 'ricuperare', che ha dato al veneto antico *recovrare*, forma che ci permette di ricostruire la trafila successiva: *recrovarse*, *regrovarse*, *regroarse*; spiegazione alternativa è da *ricrearsi* [Salvioni 1898; Cortelazzo 1989]. C.

**relànto,** sm. (ligure). 'Mucido, cattivo odore e sapore che prendono viveri ed altre cose in luoghi umidi, senza aria e luce', anche *relènto.*

Dal francese *relent* aggettivo (antico) 'che ha un odore nauseante per essere rimasto fermo in un luogo umido', sostantivato 'tanfo, puzzo', 'cattivo odore' (antico), a sua volta dal latino *lĕntus* 'flessibile, lento'; il significato di 'umido' si trova per esempio nello spagnolo ant. *liento* e nel sardo lugodorese → *léntu* [FEW]. M.

**remangià,** v. (ligure). 'Prudere'.

Letteralmente 'rimangiare'. Il tipo 'mi mangiano le mani' per 'mi prudono le mani' è molto diffuso in Italia e fuori (in sardo anche *mi mànica s'ànca* 'mi prude la gamba') [Plomteux 1975]. C.

**remàt,** sm. (veneto e lombardo: Lago di Garda). 'Lunga rete da pesca in uso nel Garda', «*ré mat* rete da tratta lunga 400 m, per la pesca dell'alosa in battuta e al fregolo» (Crescini 1987).

Voce composta del dialettale *re* 'rete' al maschile e *mat* 'matto, bastardo'; corrisponde perciò ad un 'rete bastarda'. La forma maschile *re* (dal neutro latino *rete*) era in passato molto comune nei dialetti settentrionali [Bondardo 1986]. M.

**remiàrżu,** sm. (sardo logudorese). 'Bica', nel sassarese *rimiagliu* anche 'riparo di piante, filare', col derivato logudorese *arremiarżare* 'ammontare in bica i covoni, accatastare la legna'.

Dal latino *gremium* 'manipolo, covone'; al plur. *gremia* risale *grègna* di area siciliana, calabrese, campana 'covone di frumento' [DES; Rohlfs 1977a]. M.

**remolàda,** sf. (lombardo; emiliano, nel parmigiano: *romlada*). 'Acqua in cui si scioglie la crusca'.

Dal lombardo *rèmol*, *rèmula*, emiliano *rómol*, *rémul*, *rómla*, italiano antico *rèmolo* 'crusca', dal latino parlato **remŏlum* di analogo significato [REWS; DEI; REWS]. M.

**rempóne,** v. (laziale: Castel Madama; a Roma: *rimpóne*; umbro, a Magione: *arimpóne*, a Foligno: *arimponnese*). 'Andare di traverso', riferito a cibi o bevande, mentre a Castro dei Volsci significa 'fare indigestione', detto di cibi che imbarazzano lo stomaco. In umbro *arimpóne* ha altri significati, peraltro compatibili con i precedenti: 'appollaiarsi' (a Foligno) e 'collocare in alto' (a Magione, come in spoletino antico).

Letteralmente 'por su (*mpóne*) di nuovo (*ze-*)' [Vignoli 1911; Ugolini 1988-89]. C.

**renàte,** sf. (friulano). 'Striscia, ciglione di nubi all'orizzonte', 'nube grigia e diffusa'.

Da *serēnus* con caduta della prima sillaba e col suffisso *-atta* che, oltre ad avere valore spregiativo, ricorre con frequenza nella determinazione di fenomeni atmosferici. Va segnalato che *serēnus* assume nei dialetti la caratterizzazione semantica di 'umido sospeso nell'aria', 'precipitazione notturna': per esempio, calabrese *sirinu*, leccese *resina*, siciliano *sirénu*, *risinu* 'rugiada', napoletano *seréna*, piemontese *seréna* 'umidità della notte', sardo *serénu*, *selénu* 'rugiada della notte', friulano *reśine* 'pioggerella' [Zamboni 1973]. M.

**renceśàre,** v. (lunigianese; anche *renchieśà(r)e*). 'Tornare in chiesa dopo l'assenza dovuta al parto, per avere la benedizione'.

Letteralmente 'rinchiesare', come altrove → *nzantàssi*. C.

**réncio,** agg. (ligure; emiliano: *reng'*, *reing'*; lombardo centrale, sf. plur.: *rènge*). 'Stecchito'.

Dal latino *rĭgidus* 'rigido' [Plomteux 1975]. C.

**reneżàre,** v. (lunigianese; toscano, in Versilia: *reneggià* e a Carrara: *arneżàr*). 'Far sentire granelli duri durante la masticazione, detto specialmente del pane'; nel Carrarese, figuratamente, 'essere insopportabile', 'infastidire' dal senso proprio di 'riuscire indigesto'.

Da *rena* 'sabbia', come conferma il sinonimo *tereżàe*. C.

**rennitùra,** sf. (calabrese; siciliano: *rinnitura*; campano: *rënnëtura*; pugliese: *rënnëtìurë*, *rënnëtàurë*; abruzzese: *arrënnëturë*). 'Il latte che dà la vacca dopo la poppata del vitello', 'scesa del latte'. La locuzione calabrese *scìnnari 'a rennitùra* 'scendere il maggior afflusso di latte' è usata, in modo figurato, per indicare un affare andato molto bene più per fortuna che per merito.

Letteralmente 'resa', dal v. *rénnere* 'rendere' [REWS; Rohlfs 1977]. C.

**renpìchel,** sm. (toscano: carrarese; lunigianese). 'Replica delle campane, quando suonavano le ore, a beneficio dei disattenti'.

Dal verbo *arenplicàre* 'replicarsi, ripetersi' [Luciani]. C.

**repetón,** sm. (friulano). 'Grande riverenza, inchino esagerato; ruzzolone, tonfo', anche nella locuzione *a repetón* 'con insistenza, incessantemente'.

Derivato verosimile di un **repetà* (→ *petàre*) nel senso di 'battere, percuotere'; perciò, probabilmente, il significato originario di *repetón* è quello di 'gran rumore' ('battuta col piede' o simile), mentre è secondario quello di 'inchino esagerato' [Pellegrini 1992: 136]. M.

**repipìn,** sm. (friulano, anche *ripipìn*; veneto bisiacco, anche *rimpimpìn*), 'scricciolo, *Troglodytes europaeus*'; (veneto giuliano: *rempimpìn*), 'regolo col ciuffo, *Regulus cristatus*'.

Secondo Doria 1987 si tratterebbe di un composto *Re Pipino* (il Breve), da cui *repipìn* e successive forme con epentesi di nasali, ma è da preferire invece un composto con *re*, tema onomasiologico ricorrente nelle denominazioni popolari dello scricciolo e speci affini (→ *ré d'uccèlli*), e con il dialettale friulano e giuliano *pipìn* 'bambino' (voce di origine elementare), denominazione di tipo affettivo che sottolinea la piccolezza di questo uccelletto. M.

**réppjo,** sm. (umbro: Bevagna). 'Vilucchio, convolvolo', infestante delle siepi, delle macchie e dei coltivi, con fusto rampicante e fiori a campanula.

La voce è stata ricondotta al latino *rēpĕre* 'strisciare, serpeggiare' sia in REWS che in DEI, ove si cita per lo stesso etimo il veneto *roveiòla* come designazione di erba che striscia. Quest'ultima voce è un diminutivo del veneto *ro(v)égia*, nome del vilucchio, che con la sua denominazione ticinese *ravegìn* non risale a *rēpĕre* ma al latino *ervĭlia*, propriamente 'pisello, lenticchia'. Quanto a *réppjo*, poiché la forma presuppone un **repl-*, potrebbe essere verosimilmente dipendente dal latino *repullulāre* 'germogliare di nuovo' che, attraverso formazioni deverbative, sarebbe alla base di *réola* (*ràola*, *rèvala*), designazione comune del vilucchio, e anche dell'edera terrestre, in area friulana, veneta settentrionale, ladina centrale ed anche nel veneto istriano *révola* 'sorta d'erba rampicante' (ricondotta a *rēpĕre* in REWS). Dalla stessa base latina dipenderebbero anche voci che permettono di chiarire meglio l'etimo proposto, come il veneto (bellunese) *réole* 'polloni, quel tanto di rami degli alberi che cresce in un anno', il ladino-veneto (Agordino) *réola* 'malbera che infesta le coltivazioni', il ladino centrale (Ampezzano) *règola* 'zizzania dei campi'. Non rientra in questo tipo lessicale il ladino centrale (gardenese) *riòla* che è una variante del tipo *criola*, altro nome del vilucchio che risale al latino *corrĭgia* 'correggia' come il piemontese *curiòla*, *curiolo*, il ligure *cureżòi*, *scurriżöra* e varianti, il lombardo *coregiöla*, il veneto *coreżola*, l'emiliano *curżòl*, tutte designazione della stessa pianta o di pianta affine [DEI; REWS; Pellegrini-Zamboni 1982]. M.

**rëpudà,** v. (abruzzese: anche *arëpëtà*; molisano, a Fossalto: *rëputà*; salentino: *reputare* e varianti). 'Fare corrotto', «piangere il morto, mentre questi è ancora in casa, ricordandone le virtù con cantilene, lamenti, urla e gesti di disperazione; al rito partecipano le donne della famiglia, amiche e conoscenti; talvolta si aggiungono al gruppo anche donne specializzate, che tengono viva la tradizione delle antiche prèfiche» (Bagnoli 1990).

Dal latino *reputāre* nel senso particolare di 'rievocare, considerare' le benemerenze del defunto [Rohlfs 1959; LEA]. C.

**rèquie,** nella locuz. *requie e schiatta in pace* (laziale: Roma), 'formula augurale'; (campano, a Napoli: *rèquia schiatta 'mpace*), 'dire, cantare le requie dei morti', 'fare il funerale, seppellire'.

Dal versetto del *Requiem aeternam* e dell'Officio dei Morti *requiescant in pace*, reso anche in calabrese con *requia scatta 'mpace*: → *antinpace*. Il significato di 'riposo', che ha l'italiano *requie*, è stato assunto anche dal pugliese *rèquie* con il senso particolare di 'mistura di papavero per addormentare i bambini', vecchia usanza oramai abbandonata [Merlo 1953; Veronesi 1969-70]. C.

**reṡària,** sf. (veneto: Garda), 'racconto tradizionale delle sere di veglia'; (ligure, a Pigna: *réjža*), 'novellina'; (emiliano, a Piacenza: *résda*), 'fandonia'; (abruzzese: *rĕcëtunë*), 'cicaleccio intorno a un fatto'; (campano, Irpinia: *rĕcëtónë*), 'bisbiglio, vocio'.

Tutti derivati dal latino *recitāre* nel senso di 'leggere, esporre' [REW; REWS]. C.

**rescìbbolo,** sm. (campano). 'Apprendista'.

Dall'italiano *discepolo* [Bianchi-De Blasi-Librandi 1993]. C.

**rëséculë,** sm. (abruzzese, anche *arsìcuëlë*, *rissìcuëlë*; campano: *arzìculë*; pugliese: *rezzìchele*, *arsìculë*; salentino: *arsìculo*; calabrese: *arsìcolo*), 'acciarino della ruota del carro', con altre varianti formali; (pugliese, nel foggiano: *arsìculë* plur.), 'cunei che servivano a bloccare il freno del carretto'; in qualche caso le voci sono sf.

Dal latino *axicŭlus* 'piccolo pernio'; il LEI, a proposito della continuazione, che pare popolare, di tale base nelle varietà centro-meridionali (data l'attestazione in questi dialetti di *-́culus* anche in voci sicuramente non dotte), osserva che colpisce anzitutto la compattezza della dissimilazione (*-x-* > *-ss-* in *rz/rz*, poi *ress-*, *rezz*), fenomeno noto in questi dialetti ma sporadico, mentre in questo caso nessuna voce ne va esente. In secondo luogo è significativa l'area di diffusione del tipo lessicale (dall'Abruzzo alla Calabria, ma con esclusione della Sicilia) che richiama quella di altri tipi lessicali irradiati da Napoli. Di qui il sospetto che i continuatori di *axicŭlus* siano stati propagati da Napoli nei dialetti centro-meridionali, come tecnicismi e in forma già dissimilata. Il genere femminile di talune forme si spiegherà con falsa discrezione dell'articolo: *l'arsìchëlë > la rsichëlë*) [DEI s.v. *arsìcolo*). M.

**reṡentàr,** v. (veneto; trentino: *reṡentà*, *arṡentà*; friulano: *reṡentâ*; lombardo: *reṡentà*, *arṡantà*; piemontese: *arṡantè*; ligure: *arṡintà*, *ružentà*; emiliano: *arṡintà*, *arṡintè*; campano, nel napoletano: *arrecentà*; siciliano: *ricintari*, *arricintari*). 'Risciacquare', con derivati come il lombardo (milanese) *reṡenteri* e *reṡentìn* 'bucato'.

Dal latino *recentāre*, da *recens*, *-ĕntis* 'recente, fresco', voce con cui C. Matius traduce il greco *ananeûtai* 'rinfrescare', con il passaggio da 'rinfrescare' a 'risciacquare' [AIS; REW; DEI; REWS; Salzano 1979]. M.

**restàra,** sf. (veneto: anche *restèra*), 'luogo lungo i fiumi dove stanno i cavalli e gli uomini addetti al tiro delle barche contro corrente'; (lombardo, a Mantova: *restèra*), 'golena'.

Le spiegazioni che vengono in mente non sfuggono al sospetto di paretimologia, sia che ricorrano al verbo *restare*, perché sulla golena sostavano uomini e cavalli, sia che propendano per *resta* 'fune', come farebbero pensare alcune testimonianze emiliane in latino medievale [DEI]. C.

**rëstregnëméntë,** sm. (laziale: Terracina). 'Fidanzamento ufficiale, che si festeggia con un piccolo ricevimento, cui prendevano parte parenti ed amici dei futuri sposi'.

Letteralmente 'restringimento' nel senso di 'consolidamento' del rapporto tra gli interessati [Di Cara 1983]. M.

**rèt,** prep. (friulano). 'Vicino, accanto'.

Più che alla forma dell'aggettivo latino *rĕctus*, sarà da ricondurre a quella dell'avverbio *rĕcte* [Pellegrini 1987a]. M.

**retecìn,** sm. (lombardo; e di qui nel ligure della Val Graveglia). 'L'operaio che ricopre i tetti'.

Dal verbo *ritecià* 'rifare il tetto (*tec'*)' [Plomteux 1975]. C.

**réu,** (siciliano, anche *rèu*). 'Misfatto'; la voce è presente pure nella locuzione *cu lu reu* 'con le cattive'.

Dal latino *reus* 'cattivo, malvagio', ben diffuso anche altrove, ma il particolare significato del sostantivo è solo proprio del siciliano [Sornicola-Vàrvaro 1975]. C.

**revèl,** agg. (veneto). 'Troppo acuto, troppo forte'. A Vittorio Veneto si dice soltanto del sole (*sól revèl*), ma la locuzione *de revèl* significa, riferita al fuoco, 'improvviso, gagliardo, veemente'; ad Agordo (ladino-veneto) *a revèl* vuol dire 'assai, in abbondanza'; qui *revèl* si usa anche per un 'bambino agitato, irrequieto, sempre in moto'.

Dal latino *rebellis* 'ribelle' [Cortelazzo 1991]. C.

**revertegà,** v. (ligure; a Pigna: *arevertegàr*; piemontese: *arvertiè*, *vartighé*; corso: *riverticà*; siciliano: *rivirticàre* e *(ar)rivitticàri*. 'Rimboccare'.

Da un latino parlato **reverticāre*, propriamente 'tornare (*vĕrtere*) indietro (*re-*)' [REW; Merlo 1941; REWS]. C.

**revoccà,** v. (laziale: Castel Madama). «Eliminare le fessure del terreno riempiendole e cospargendole di terra per evitare che i raggi del sole infiltrandosi possano danneggiare le radici delle giovani piante» (Liberati 1991).

Letteralmente 'rimboccare' dal latino parlato **re(im)-buccare* [REWS]. C.

**revoltàge,** sf. plur. (veneto valsuganotto, nel bellunese: *reoltàie*, *reoltàde*). 'L'invitare la madre della sposa a pranzo dallo sposo la prima domenica dopo l'ottava delle nozze'.

Da *revoltàr*, *reoltàr* 'rivoltare', dal latino *revĕrtere* 'ritornare; riconciliare'; nel veronese antico si trova la variante *revertaie* [Prati 1968]. M.

**revoṡenà,** v. (laziale, con varianti). 'Lasciare bruciare cibi che si cuociono alla brace quasi fino a carbonizzarli', 'arroventare'.

Denominale di *revòṡena* 'oggetto o luogo eccessivamente caldo', dal latino parlato **rubicinus* 'rossiccio' [Salvioni 1913; REW; REWS]. C.

**revòst,** agg. (friulano, anticamente anche *regòst*). 'Rosso sanguigno, vermiglio'.

Da un latino parlato **rebustus* per *robustus* 'robusto', per attrazione del frequente suffisso *re-*. Un preciso riscontro della voce friulana si trova nel trevisano antico *revost*, *regost* 'florido, prosperoso, rubicondo' [Salvioni 1902-05; FEW]. C.

**rèzzola,** sf. (toscano: versiliese). 'Rete a strascico'.

Da *rèzza* 'rete' (latino plurale *retia*, usato anche come

femminile singolare) con suffisso diminutivo. In territorio toscano la voce ha assunto anche altri, diversi significati: 'ragnatela': → *lèzzora*, 'tela o velo fine', 'reticella per capelli', 'buccia sottile di cipolla' [Rohlfs 1979; Luciani].

L. Viani: *Angiò scorse sul crinale di un altro* [poggio] *una ciurma di pescatori che sarpavano la rèzzola* (*Angiò uomo d'acqua*, in *Mare grosso*, Firenze 1955, p. 632). c.

**riàl,** sm. (piemontese; lombardo occidentale). 'Rivo, ruscello'.

Dal latino *ri(v)us* 'ruscello' (dal quale dipendono molte altre forme affini) col suffisso *-ale*, come è avvenuto in territorio francese [REW; REWS; FEW].

C. Dossi: *Giù, saltando borri e riali, or per le frane e ora pel sdrucciolìo de' prati o l'intrico degli sterpeti* (*Il Regno dei Cieli. La Colonia felice*, Napoli 1985, p. 88). – E. Montale: *Cola il pigro sereno nel riale / che l'accidia sorrade* (cit. nel GDLI XV 992). c.

**riàlto,** sm. (toscano; umbro: anche *reàlto*). 'Pranzo, trattenimento'.

Come conferma la variante di Magione *rialzino*, originariamente si tratta di una aggiunta (rialzamento) che si fa al desinare ordinario in particolari occasioni. Di qui le locuzioni *fàre un po' di riàlto* 'fare un desinare più abbondante del solito' e *fàre riàlto* (a Roma) 'fare bisboccia fra amici' [LUI]. c.

**riàto,** sm. (veneto). 'Aggiustamento di fabbriche'.

Propriamente *riatto* 'riattamento' [LEI]. c.

**ribattéri,** sm. (siciliano: anche *ribattiére, rubbittéri*). 'Chi, tra i pastori, confeziona e distribuisce il pane', 'contabile della fattoria'.

Derivato dall'arabo *ribāṭ* 'locanda, ospizio' con intrusione, in alcuni casi, di *robba* [Sornicola-Vàrvaro 1975]. c.

**ribelión,** sf. (lombardo, nel pavese). 'Confusione, folla'.

È la voce dotta *ribellione* con significati traslati; nel pavese *ribelión* vale pure 'ribellione' e *rebèl* 'ribelle' ma anche, come sm., 'disordine, confusione' col derivato *rebelòt* 'confusione' [Galli 1965]. M.

**ribìz,** sm. (friulano). 'Specie di grattugia per le rape e simili', anche *rìbis, rìbes*.

Dallo sloveno *ribež, ribežen*, con lo stesso significato [Pellegrini 1976]. M.

**ribón,** sm. (veneto, nelle varietà lagunari e costiere, da Venezia alla Dalmazia). 'Pagello, fragolino, *Pagellus erythrinus* L.', con varianti come *rubón, arbón, rabón*.

Probabilmente dal latino parlato **rubrōne* da *rubrum* per il caratteristico colore 'rosso' del pesce [Doria 1987]. M.

**ribòtta,** sf. (toscano, nell'Arcipelago). 'Bisboccia organizzata dai muratori per festeggiare l'avvenuta copertura del tetto di un fabbricato nuovo'.

Restrizione del significato più largo di *ribòtta* 'bisboccia', pur noto nelle isole, come in toscano, in genovese, e in piemontese, originariamente 'seconda bevuta (*ribotta*) fra amici' [Luciani]. c.

**ricattà,** v. (umbro: Spello). 'Contraccambiare'.

*Ricattare* non nel senso di 'sottoporre una persona a ricatto per estorcere', ma in quello di 'ritornare in possesso di qualcosa', mentre nel territorio di Foligno *ricattasse* è il 'nascondersi del cacciatore in attesa della preda' ed in toscano e marchigiano 'spigolare, racimolare'. Tutti significati compatibili con il latino parlato **recaptāre* 'riprendere', tenuto conto dell'ampia gamma di accezioni che *captāre* può assumere, tra cui 'prendere' (*re-* 'di nuovo'), 'tentare di avere', 'stare in osservazione', 'spiare', 'cercare di prendere'. c.

**ricciàio,** sm. (umbro, nel perugino). «Buca scavata nel terreno per deporvi le castagne nel loro involucro (riccio). Favorito dall'umidità prodotta dall'acqua piovana, il riccio si apre liberando il frutto che rimane ben conservato» (Catanelli 1970).

Evidentemente da *riccio*. M.

**rìccö pëlónë,** sm. (campano, a Napoli). 'Persona realmente benestante o che ostenta ricchezze immaginarie'.

Dalla figura evangelica del *ricco Epulone*.

A. Veraldi: *Traintanto cominciavo a dare i numeri a quel solo pensiero senza concetto: ricco Ricchepulone* (*Scicco*, Milano 1991, p. 32). – R. Nigro: *Qui era il regno del sergente Romano, un brigante che affiorava dalla murgia e rapinava i ricchi epuloni* (*Dio di Levante*, Milano 1994, p. 34). c.

**richìppa,** sf. (siciliano), 'piega dell'abito'; (campano: *(ar)repìcchië*), 'rattoppatura, sarcitura'.

Voci derivate da *replicāre* 'ripiegare' in forme di deverbale; stessa origine ha il verbo calabrese *arripicchiàri* 'corrugarsi, raggrinzirsi' [Alessio 1957 e 1958]. M.

**ridëcànië,** sf. (abruzzese; siciliano: *ardicània*), 'morbillo'; (calabrese: *ardicàina*), 'rosolia, orticaria'; 'sudàmini'.

Derivati da un latino parlato **urticāgine* da *urtīca* 'ortica' [Alessio 1976]. M.

**rièma,** sf. (veneto: Polesine), 'emicrania'; (veneto; trentino: *(a)riòma*), 'lattime', 'capostormo dei cavalli'; (trentino: *(a)riòma*) 'convulsione', 'spasimo'; (pugliese, a Bisceglie: *ariòme*), 'enfiagione'; (calabrese: *rèma*), 'dolore di denti', 'reumi'; (calabrese, a Reggio, al plur.: *rèmiti*), 'sussulti nervosi'; (siciliano, a Messina: *i remi*), 'reumatismi'.

Tutti derivati dal grecismo latino *rheûma* 'infreddatura', 'catarro', 'bronchite' [Prati 1934a; REWS; Rohlfs 1964; Cortelazzo 1970]. c.

**riépeto,** sm. (campano; calabrese: *riépitu*; siciliano *répitu*). 'Pianto funebre' e poi 'grido lamentoso'.

Deverbale di *ripitari* 'piangere ritualmente un morto' (abruzzese: *arpetà*), che, piuttosto che dal latino *repetĕre* per il carattere ripetitivo del canto funebre, dipende dal latino *reputāre* 'ripensare a, meditare, considerare' entrato prima che, con il Cristianesimo, il suo significato decadesse a 'imputare', mantenuto nel siciliano antico *réputu* 'discorso vituperoso' [DEI; Sornicola-Vàrvaro 1975; Valente 1995]. c.

**rificolòna,** sf. (toscano: fiorentino). «Lanternino di carta colorata che i ragazzi di Firenze portano attorno in cima a una canna la sera della vigilia della Natività di Maria, cantando: "L'è più bella la mia delle rificolone". Chiamasi pure 'rificolona' qualunque altra cosa fatta a similitudine per altri usi, come un foglio mezzo accartocciato con candela accesa» [Fanfani 1863].

Come conferma la variante *fierucolona*, da *fierùcola* 'piccola fiera' [DEI].

V. Pratolini: *Era, questa [delle fierucolone], un'usanza venuta in onore il 7 settembre 1673, allorché i viennesi vollero ringraziare con lumi e cori la Madonna che li aveva aiutati a liberarsi dai turchi assediatori [...]. Ogni tanto un ondeggiamento più forte, o il moccolino giunto a consunzione e non sostituito a tempo, infiamma la rificolona che divampa all'improvviso fra gli urli e i salmi che la brigata eleva parodiando le preci dei defunti:* Ona ona ona, / oh che bella rificolona! / La mia l'è coi fiocchi, / la tua l'è coi pidocchi! *dice la strofa più innocente* (*Cronache di poveri amanti*, Firenze 1952, pp. 231-235). C.

**riflàr,** sm. (piemontese). 'Pialla per sgrossare'; lunga e stretta, la lama arrotondata le consente di scavare più profondamente nel centro.

Dal francese *riflard* 'grossa pialla' [Pautasso Crotta 1988]. M.

**riggèttu,** sm. (salentino con varianti; pugliese: *reggitte*, a Bitonto: *regìitte*; lucano: *rëgiëtt*). 'Riposo, pace', in lucano anche la 'morte', come perpetuo riposo.

Letteralmente 'ricetto'; stessa voce è all'origine del toscano (Livorno) *raccètto* con il particolare significato di «comitiva per fare un po' di baldoria» (Marchi 1993), parola che è registrata anche dal DEI come di area sanminiatese [Rohlfs 1956; Bigalke 1980]. C.

**rigodó,** sm. (siciliano), 'ballo fatto con prestezza'; (piemontese: *rigudùn*; lombardo, a Milano: *rigodón*; emiliano, a Parma: *rigodón*), 'specie di danza che si balla con gran prestezza'.

Dal francese *rigaudon* 'danza a due su un'aria a due tempi, d'un vivace movimento', da cui l'antico italiano *rigodone* (XVIII sec.) [Alessio 1957 e 1958]. M.

**rigumàre,** v. (salentino; pugliese: *riumà*, *rëghëmà* e varianti; calabrese, anche *rugumare*; siciliano: *rigumari*, *ragumari*). 'Ruminare'.

Sono derivati del latino *rumigāre* 'ruminare' attraverso metatesi; stessa origine hanno il toscano meridionale *rigruma(re)*, il romagnolo *armughè*, l'emiliano (ferrarese) *armugàr*, con uguale significato [DEI; REWS]. M.

**rìmba,** sf. (abruzzese e campano; calabrese: *limma*, *limba*; salentino: *limbo*, *limbu* sm.; siciliano: *lemmu* sm.). 'Scodella'.

Dal neogreco dialettale *límba* o, meglio, dal latino *limbus* da *nimbus* 'specie di recipiente' [DEI s.v. *lima*[9]; Corominas; Rohlfs 1964 e 1977]. C.

**rimbrinciàre,** v. (toscano, nell'aretino, nel pistoiese: *rabbrensare*). 'Rabberciare'.

Tali voci – menzionate dal DEI – sono svisamenti formali dell'italiano *rabberciare* 'accomodare in qualche modo' di etimo incerto [DEI; DELI]. M.

**rimitànu,** sm. (sardo: nuorese). 'Persona da poco', 'miserabile', 'infingardo, vile'.

Dal significato di 'eremita' (*eremitano*), nel senso di 'persona schiva', poi degenerato.

S. SATTA: *Ora badate i porci nella pampa, / E siete servi e siete manovali / Smarriti e inermi: ed ogni eremitano / Vi sputa addosso* (*Canti*, Milano 1955, p. 233). C.

**rinàrd,** sm. (brigasco: in alcune località *rainàrd* o, al femminile, *a rinàrd*, come nel siciliano *rinàuda*, ma a Noto *rinàudu*). 'Volpe'.

Dal francese *renard*, originariamente un nome proprio di origine germanica (*Reginhard*), dato alla volpe nell'opera di grande successo *Roman de Renart* [FEW]. La forma femminile è dovuta al genere di *vùrpi* (siciliano) 'volpe' [FEW; DEI; Sornicola-Vàrvaro 1975]. C.

**rincercinà,** v. (toscano, in Versilia, con le varianti *accercinà*, *raccercinà*). 'Avvolgere a cerchio, acciambellare'. Per esempio *cenderùgio* si dice "del gatto che se ne sta *rincercinato* al calduccio sul focolare" (Cocci 1956).

Da *cércine*, dal modo del piegare, piegarsi a tondo. C.

**ringrèntoli,** sm. plur. (toscano). 'Comino, *Calluna vulgaris*'.

Con varianti come *ringrènciolo*, *sgrèncioli* plur. (a Figline), *ambrèntoli* plur. (a Montemurlo), registrate da Penzig 1924, sarà da collegare al toscano *bréntoli* e varianti che designa l'erica (ma anche altre piante) e che si ritrova in forme affini altrove (veneto *bréntore*, trentino *bréntana*). Per tali voci il DEI risale ad una base prelatina **brento-* col valore di 'corno', 'cervo (cornuto)'. Altre forme toscane per il 'comino' sono *rindòmoli*, *rondòmoli* registrate dal DEI che per corrispondenze formali menziona *rizòmolo*, *grandòmoli* documentati dal Targioni Tozzetti (a.1825) [DEI ss.vv. *bréntoli*, *ringrèntoli*, *rindòmoli*]. M.

**rìnicu,** agg. (calabrese: anche *arìnicu*), 'con un solo testicolo, impotente'; (siciliano, nel Messinese), 'con testicoli nascosti', detto del montone.

L'etimologia proposta da Rohlfs 1977a (dal latino parlato **arēnicus* 'arido') non ha convinto, probabilmente per il suo isolamento, il LEI, che non ammette la voce ricostruita. D'altra parte il francese dialettale *ràncou* (e varianti), aggettivo 'di cavallo o toro con un solo testicolo oppure con i testicoli nascosti', ci condurrebbe ad una fase germanica **wrank* 'curvo, sciancato' con il parallelo **wrink*. A Novara di Sicilia, colonia gallo-italica, il 'montone con un solo testicolo' è chiamato *rancùgliu* e il siciliano *runcùgghiu* è il 'bue non bene castrato'. Queste denominazioni, confermate anche in dialetti sardi (logudorese *renigóẑu*, campidanese rustico *re(n)igóllu*), francesi, spagnoli e portoghesi, sembrano risalire alla stessa base: per le forme iberiche e bretoni, infatti, il Corominas ipotizza un latino parlato **rancus colei* 'storto del testicolo', mentre il Wagner preferisce risalire al composto latino *reni-coleus* ('rene' e 'scroto') [REW; FEW; DES; Corominas] C.

**rinìsca,** sf. (siciliano; calabrese, con varianti: anche *arnisca*). 'Agnella o pecora giovane', col sm. *arnìscu*, *rinìscu* 'montone giovane'; *arnisca* è noto anche a Bova (località grecofona) con lo stesso significato.

Da un ricostruito greco **arnískos*, diminutivo (col suffisso *-iskos*) di *arnós* 'agnello', secondo il DEI (s.v. *arnisco*) per tramite del latino regionale [Sornicola-Vàrvaro 1975; Rohlfs 1977 e 1977a].

D. DOLCI: *Le "renische" sono quelle che non hanno fatto figli; poi si chiamano "pecore" quando hanno fatto l'agnello* (*Racconti siciliani*, Torino 1973, p. 18). M.

**rinnocà,** v. (toscano: Pisa; a Viareggio: *rinogare*; umbro: *arinochè*, *rinnochè*, *rinocà*). 'Ripetere, rinnovare'.

Da *rinnovare* ritoccato con *oca*, perché era un termine proprio del gioco dell'oca [Malagoli 1939]. C.

**rinsucinìre,** v. (toscano, nel senese). 'Ripigliare spirito e forza'.

Voce di etimo incerto; secondo il DEI potrebbe derivare dal latino *sūcus* 'succo'; altri invece connette questa voce al toscano *sùcino*, anche *sùccino*, *sùcceno* 'albero che produce le susine' e *sùcina* toscano, marchigiano, umbro 'frutto del susino', anche italiano antico *sùcina* attestato da Cecco Angiolieri (dal latino *súsina*), col prefisso *re-* con valore iterativo e *in-* illativo, con allusione alla vegetazione rigogliosa [Rohlfs 1979; GDLI]. M.

**rinuscìre,** v. (toscano settentrionale). 'Riuscire' con l'agg. *rinusco* 'riuscito'.

Si tratterà di un *ri-* **nuscire* per *uscire* cioè di una forma con *n-* come il siciliano *nèsciri*, calabrese *nèscere*, veneto *ensì*, *insìr* 'uscire' in cui la presenza di *n* si spiega con il contatto con *nascere* [DEI; REWS]. M.

**ripiliàri,** v. (calabrese; siciliano). 'Frodare, rubare, ingannare'.

Probabile denominale con senso figurato di *ripìlu* 'il radere contro pelo' [Sornicola-Vàrvaro 1975]. C.

**ripòsu,** sm. (galloitalico, del Messinese). 'Pianerottolo': *o ripòsu da scara pigliàu sciàdu* 'sul pianerottolo della scala (ri)piglio fiato'; a Mandanici è una 'loggia scoperta'.
Come mostra l'esempio, dal 'riposo' che ci si concede dopo la salita di una rampa di scale. C.

**rišèla,** sf. (piemontese, nel Canavese: *raižèl*). 'Omento'.
Letteralmente 'reticella' a causa della sua forma reticolata. Lo confermano le forme affini *radežèlo* (veneziano), *radešèle* (friulano), ecc., portate fino in Sicilia (*rružèḍḍa*) [Serra 1936-38: 192; Trovato 1976: 459-460]. C.

**rìsico,** sm. (laziale: Paliano; abruzzese: *rìsëchë* e *rësé-chë*). 'Spuntatura del tralcio'.
Deverbale del latino *resecāre* 'tagliare' [Giammarco 1985]. C.

**risignòlu,** sm. (siciliano; calabrese: *riscignuolu*; con altre varianti). 'Usignolo'.
Da *rosignolo*, dal latino parlato **lusciniolus* 'usignolo' [Traina 1868; DEI]. M.

**rìšine,** sf. (friulano, anche *rìšena*, *rìšina*; ladino centrale: *rìšena*, *rìgena*, *rìžena*, *rìša*, in Val di Fassa anche *rìnsa*; veneto settentrionale, trentino: *rìšena*). 'Canale artificiale, costruito per lo più con tronchi ed assi, per far scivolare a valle il legname; solco o traccia lasciati dalle slitte o dai fasci di fieno trascinati a valle lungo un pendio; scivolatoio, canalone'.
Dal tirolese *rise*, *risn* (o eventualmente dal medio alto tedesco *rîsen*), termine tecnico che designa lo 'scivolo per avvallare il legname'. Rientra tra le varianti di *rìsena / rìsina*, anche la forma *léšena* raccolta nel bellunese (zona di Feltre, AIS) che qualcuno ha voluto ricondurre ad una base prelatina con un ravvicinamento al basco *leza* 'roccia a picco, burrone'. Anche in talune località della Calabria (nella Sila) è nota la voce *riésina* 'pendio dove si lasciano scivolare a valle i tronchi abbattuti', ma è voce importata dal settentrione [Rohlfs 1977; Pellegrini 1992: 192-193]. M.

**rišìt,** sm. (friulano, anche *rašìz*, *rašìt*; veneto: *ràšol(o)*; lombardo: *ràšol* e *ràšola* sf., ticinese: *ràšura*, *ràšora* sf.), 'magliolo, tralcio della vite che, potato opportunamente, s'interra per ottenere una nuova pianta'; (pugliese, nel tarantino: *ràsola*, *ràsula*), 'spazio fra due filari, aiuola'; (laziale, in Ciociaria: *rasa*), 'filare di viti'.
Dal latino *rasus* 'rasato' con diverse suffissazioni; «semanticamente la voce si spiega pensando al taglio netto con il quale la talea viene staccata dalla pianta madre» (Ghirlanda 1956: 97) [DEI s.v. *rasa*; Marcato 1993a]. M.

**rispóllo,** sm. (toscano, nell'amiatino e grossetano). 'Polla d'acqua'.
Dall'italiano *rampóllo* 'getto d'acqua che scorre', 'vena d'acqua che scaturisce dal suolo' e 'germoglio', con sostituzione della prima parte della parola (probabilmente per analogia con le voci del tipo *riscaldare*, *rispuntare* ecc.) [Fatini 1953; DEI; Alberti-Eschini 1970-71; DELI]. M.

**rissòri,** sm. (sardo: Sassari, nel Logudoro: *ressòle*). 'Riverbero del sole'.
Dallo spagnolo *resol* o catalano *ressol*, di significato analogo al sardo [DES]. C.

**ristìa,** sf. (laziale: Castel Madama). 'Ribrezzo', «sensazione di fastidio dovuta a rumori stridenti o al contatto della pelle con particolari superfici (velluto, buccia di pesca ecc.)» (Liberati 1991).
Dal verbo latino *restāre* 'restare indietro', 'arretrare' [REWS]. C.

**ristogràdico,** sm. (marchigiano, a Jesi). «Persona di gusti difficili e che dà poca confidenza» (Urieli 1979).
Letteralmente 'aristocratico', secondo il giudizio popolare. C.

**risulènti,** agg. (siciliano). 'Ridente, sorridente': *cu la vucca risulenti* 'con la bocca sorridente'.
La forma (da *risu* 'riso') fa pensare ad una derivazione galloitalica [Sgroi 1994].
L. PIRANDELLO: *Risolente, seduto sul suo fazzolettone rosso fiammante, Tararà non avvertiva affatto quel lezzo, abituale alle sue nari* (cit. da Sgroi 1993). – G. BUFALINO: *Volsi il capo a guardarlo: barba copiosa, sotto il cappello conico a larghe tese, denti di lupo nella bocca risolente* (cit. in GDLI XVI 824). C.

**ritìn,** sm. (romagnolo: Sant'Agata Feltria). 'Portamonete'.
Letteralmente, 'retino': è noto che, talvolta, i portamonete sono di rete metallica, spesso preziosa, d'oro o d'argento. C.

**ritònda,** sf. (veneto primierotto). «Parte della cucina, sporgente dal fabbricato, di solito a forma tondeggiante, con al centro il focolare (*arìn*) e torno torno, infissa nel muro, una panca per chi voleva sedere accanto al fuoco. Sopra la *ritonda* andava restringendosi nell'ampia gola nera del camino dove, su appositi sostegni, venivano messi ad affumicare carni, salumi, ricotte» (Tissot 1976).
Propriamente 'rotonda', per la caratteristica struttura. M.

**ritornàta,** sf. (toscano: Cetona). 'Visita dei novelli sposi, dopo otto giorni dal matrimonio, ai genitori della sposa, che offrivano un lauto pranzo a loro ed ai parenti stretti'.
Dal *ritornare* della sposa alla casa paterna. C.

**riverièro,** sm. (toscano, nel senese ed amiatino). 'Usignolo'.
Da *riva*, come altri ornitonimi menzionati dal DEI (s.v. *riverièro*) quali il lombardo settentrionale *rivelìn* 'piovanello', il piemontese meridionale *rivarèu*, l'emiliano (bolognese) *rivaròl* 'balestruccio' [Fatini 1953; Cagliaritano 1975]. M.

**rö,** sm. (piemontese; ligure: *röu* a Genova, *rou* a Pigna), 'capannello', 'più cose collocate in cerchio'; (abruzzese: *rotë*, a Tagliacozzo: *roto*; pugliese, a Molfetta: *rùetë*), 'cerchio di persone, capannello'.
Dal latino *rotāre* 'girare attorno', di cui rappresenta il deverbale [REW; Merlo 1941-57; REWS]. C.

**ròba da ramàta,** locuz. (toscano: carrarese). 'Roba di nessun valore'.
Cioè, simile ai pali di legno ed ora alla griglia metallica, che si colloca nei canali per trattenere i materiali solidi trasportati dall'acqua [Luciani]. C.

**robaldarìa,** sf. (veneto polesano, anche *robaltarìa*, in Valsugana: *rebaldarìa*). 'Carabattole; ciarpame; oggetti inutili in quantità'.
Derivati dalle forme verbali *robaltàre*, *rebaltàr* 'ribaltare; mandare, mettere sottosopra'; in Valsugana si usano pure i derivati *rebaltò* 'quantità di cose ribaltate', *rebaltón* 'scompiglio, soqquadro' [Prati 1968]. M.

**robaté,** v. (piemontese, anche *rubaté*). 'Cadere rotolando' e non verticalmente (*casché*).
Dal senso di 'trebbiare per rotolamento' e 'far rotolare'. Il sistema di trebbiare con strumenti a rullo è proprio

anche della Francia meridionale (*barülá*, da cui *barulaire*, sinonimo di *rouler*), ma non si vede bene la relazione con il verbo piemontese. A questa famiglia appartengono diverse voci dell'area alpina, ma le varie ipotesi avanzate per spiegarle non sono convincenti, a meno che non si accetti la loro inclusione nel ricco nucleo di parole, che fanno capo alla base **rabb-* 'far rumore'. In piemontese il v. si usa anche nelle espressioni *robaté 'l pan*, *ij ghersìn* «trattare la pasta del pane o dei grissini facendola rotolare» (Brero 1982); di qui il nome di *rubatà* dato ai grissini torinesi [Meyer-Lübke 1909; REW; FEW]. C.

**ròbba trùsca,** locuz. (toscano: Cetona). 'Qualsiasi cosa antica o non ben definita'. L'aggettivo è noto anche nel cortonese, sempre nel senso di 'antico, vetusto', riferito a oggetti e edifici.

Letteralmente 'roba etrusca'. «Nelle nostre campagne, ricche di necropoli più o meno devastate questo vocabolo [*trusco*] circola spesso» (*Parole vita* 1990). C.

**ròc,** sm. (lombardo, nel mantovano; emiliano, nel bolognese; corso: *ràganu*; sardo: *racca*). 'Rantolo del moribondo'.

Da una base onomatopeica che imita lo scaracchio o il respiro affannoso o il rantolo (→ *racà*) [REW; DES]. M.

**ròcchia,** sf. (calabrese; siciliano), 'crocchio di persone'; (molisano; pugliese), 'cespuglio'; (campano; lucano; pugliese; calabrese), 'branco di animali, come pecore, mucche, maiali'.

Dal latino *rŏtula*, diminutivo di *rŏta* 'ruota' [Sornicola-Vàrvaro 1975]. C.

**ròccia pagàna,** locuz. (toscano: pistoiese). 'Lattime'.

Letteralmente 'crosta cattiva', secondo una qualifica che si ritrova non solo in altre denominazioni della stessa affezione (ticinese *paganìa*, romancio *pel pajàna* o *pialpagàuna*, cioè 'pelle pagana'), ma anche nei nomi di malattie diverse, prima fra tutte la 'pertosse', chiamata *tose pagana o cativa* in tutto il Veneto e in Friuli (*tos pagàne* o *pajàne*); abbiamo inoltre il *per pagàn* ticinese per il 'primo pelo dei neonati', che rispecchia, invece, la considerazione diffusa, che il neonato prima del battesimo sia 'impuro', appunto come un pagano [VEI; Bracchi 1993]. C.

**rócculu,** sm. (siciliano), 'urlo di cane o lupo', 'piagnisteo dei bambini'; (calabrese: *ruócculu*, *rócculu*), 'lamento, rantolo'; (calabrese: *rùcculu*), 'mugolio, brontolio'.

Sono deverbali di *rucculiari* (siciliano) 'guaire', *rocculiàre, ruccularì* (calabrese) 'lamentarsi, urlare', voci di origine onomatopeica, molto ricche di varianti. Confronta anche il francese *roncouler*, che ha il significato di 'tubare' (in calabrese: *rucchiàre*) e, figurato e familiare, di 'gemere e sospirare' [Rohlfs 1977 e 1977a]. M.

**roclò,** sm. (piemontese: anche *raclò*). 'Anticaglia', oggetto di nessun valore, con la locuzione *ese un roclò* 'essere un relitto'.

Dal francese *roquelaure* 'mantello d'uomo con colletto, abbottonato fino in basso' e nei dialetti *roklore* 'paltò', dal nome del duca di *Roquelaure* (1656-1736), che lo indossava. Pian piano fu sostituito con *redingote*, restringendosi a indicare un indumento vecchio e fuori moda. In piemontese sopravvive tanto il senso proprio ('sorta di mantello stretto'), quando quello figurato ('persona o cosa in cattivo stato') [Levi 1927: FEW]. C.

**rocolàre,** v. (veneto: Vicenza). 'Uccellare con reti nel *ròcolo*', 'cercare di sapere, interrogare a fondo', ed anche 'procurarsi vantaggi con furbizia', 'raccogliere, racimolare'.

Denominale di *ròcolo* 'rete per uccelli', dal latino *rŏtulus* 'rotolo' per la sua forma rotonda; *ròcolo* è voce dialettale d'area settentrionale (lombardo *ròcol*, veneto *ròcol(o)*, friulano *ròcul*) e d'uso regionale in italiano (*ròccolo*).

G. GUARESCHI: *– Parodia un accidente! – gridò Gisto – stiamo freschi se tiriamo fuori le parodie! Una cosa seria, spaventosamente seria. Il segreto è appunto nella sua serietà: la gente deve rimanere ingannata, trovarsi nel ròccolo senza saperlo* (*Noi del Boscaccio*, Milano 1991, p. 9). – L. MENEGHELLO: *mio piccolo popolo / forzato da un ramo villano / di storia italiana / è una foto ricordo – sorridi. / Va libretto mio, va a roccolare* (*Pomo pero*, Milano 1974, p. 170). M.

**ròdal,** sm. (ladino centrale: Comelico). 'Gruppo di vacche riunite per mandarle al pascolo alpino nelle casere', ad Auronzo (*ròdolo*) 'turno'; «si faceva il *ròdolo* per alternare i cittadini nelle pubbliche cariche, per l'incarico ai carrettieri nei lavori comunali» (Zandegiacomo De Lugan 1988).

Come l'italiano *ruolo* (attraverso il francese), dal latino *rŏtulus* 'rotolo, foglio arrotolato', quindi 'registro', nel quale venivano iscritti persone o animali [Tagliavini 1944]. C.

**rodhéu,** sm. (sardo logudorese: anche *rudhéu*; sardo campidanese: *arrodhéu*, *arroédhu*). 'Giro, circuito'.

Dallo spagnolo *rodeo* 'circuito', da *rueda* 'ruota', entrato in italiano come voce tipica dello spagnolo d'America col significato di 'gara fra cow-boy, consistente nel cavalcare senza sella o nell'atterrare cavalli o torelli non ancora domati' [DES; DELI]. C.

**rodìna,** sf. (veneto giuliano: Istria). 'Spazio fra le case su cui si ammucchiano le merci'.

Dal croato *rudina* 'prato, terreno erboso'.

F. TOMIZZA: *Il barattolo venne bucato nel fondo con il fildiferro che reggeva la siepe del muro e fu collocato a testa in giù in mezzo alla rodina* (*La quinta stagione*, Milano 1965, p. 14). – ID.: *Chiamava prato la rodina* (ivi, p. 88). C.

**rògit,** sm. (lombardo: mantovano). 'Fastidio, seccatura', 'discorso o scritto molto lungo', donde la locuz. *far di rògit* 'menarla per le lunghe'.

Giudizio sulle noiose formalità del *rogito* notarile. C.

**ròja,** sf. (calabrese settentrionale, anche *agròja*). 'Sorta di uva nera', 'uva ruggine, sorta di uva rossiccia'.

Dal provenzale *roi* 'rosso' (dal latino *rŭbeus*), incrociato – secondo il DEI – con la voce italiana *agresta* 'nome dell'uva non matura' [DEI s.v. *agròia*; Rohlfs 1977]. M.

**rőjda,** sf. (piemontese). 'Comandata'; ad Alba la *rősja* è il «lavoro reso da parecchi in servigio di alcuno, che poi rimunera con un lauto pranzo» (Toppino 1927).

Dal latino *rogāre* 'chiedere', quindi 'richiesta'. La voce piemontese si collega con altre simili, che vivono al di là delle Alpi [FEW]. C.

**roità,** v. (marchigiano; ad Arcevia *rodià*). 'Muggire' dei buoi.

Dal latino parlato *rugitāre* per *rugīre* 'ruggire' [Belli 1927-29]. C.

**róma,** sf. (toscano: amiatino). 'Coccinella'.

Dalle filastrocche, che i bambini cantano all'insetto per farsi fantasticamente indicare la strada per *Roma* (*Roma, roma, portami la corona*; nell'Aretino: *paolina va a Roma*; a Chiudino, nel Senese: *Romanella, romanella / inségnami la via di Roma, / se no ti stacco l cap e la hòda*), chiamato nel Lazio *pegorell' 'e Roma*, in Toscana e Abruzzo *romanèlla*, a Chieti *romarónë* [Garbini 1925; Rohlfs 1979]. C.

**romnà,** v. (lombardo, nel bresciano). 'Contare'.
Evidente continuatore del latino *numerāre* con scambio di suoni; un'altra forma bresciana con lo stesso significato è *rosnà* dovuta probabilmente ad immistione di *ratione* nel senso di 'conto' [Salvioni 1927; REWS]. M.

**ronchesàr,** v. (lombardo orientale, veneto e veneto istriano, anche *ronchisàr, ronchezàr(e)*; friulano: *ronceà*). 'Russare'.
Corrisponde all'italiano *roncheggiare*, da un latino parlato **rhonchizare* di origine espressiva o piuttosto calco del greco tardo **rhonchízō* per il classico *rhonchiáō* 'russo' [REW; Prati 1968; Bondardo 1986]. M.

**rondinón-del-diàol,** sm. (veneto: Verona). 'Rondone'.
Letteralmente 'rondone del diavolo'; il motivo onomasiologico pare dovuto, secondo Garbini 1925, ad una credenza fanciullesca per cui i bambini, vedendo volar basso questo uccello, temono che possa levare loro gli occhi. M.

**ròne,** sf. (friulano; ladino centrale: *ròni* plur.; lombardo alpino: *ròna*). 'Barbabietola rossa', anche *ròna*.
Dal tirolese *Rône*, variante dialettale del tedesco *Rahne* 'rapa rossa' [Tagliavini 1934 e 1988; Fabbro 1988; Antonioli-Bracchi 1995]. M.

**ronfò,** sm. (ligure, anche *runfò*). 'Tipo di stufa di mattoni con forno metallico'.
In inglese d'America *rumford*, dal nome dell'inglese Sir Benjamin Thompson conte di *Rumford*, che compì ricerche sui calori di combustione e vaporizzazione [Plomteux 1975; Zamboni 1986]. M.

**ròns,** sm. (friulano orientale, anche *rònz*). 'Cartella per il trasporto del cibo da consumare durante la giornata lavorativa, che si porta appesa alla canna della bicicletta; zaino, sacchetto con cui gli scolari portano il cibo'.
Dal bavarese-austriaco *ronz'n* 'zaino per gli scolari' [Marcato 1993]. M.

**rónża,** sf. (laziale; abruzzese). 'Morbillo', 'rosolia', ma anche 'favilla', 'brace molto consumata', 'cinigia'.
Sembra variante di *vrònżë*, come deverbale di un tipo *bronżàre* 'abbronzare'. Sull'origine di *bronza*, diffusissima dal Veneto all'Abruzzo, non è stato raggiunto, tra gli studiosi, un accordo [Merlo 1920; Prati 1937; LEA]. C.

**rópa¹,** sf. (toscano). 'Manciata, presa'.
Dal gotico **raupa*, formato a partire dal verbo *raupjan* 'svellere, strappare' [FEW; Nocentini 1983: 30]. C.

**rópa²,** sf. (calabrese; siciliano). 'Querciola; pianta giovane'.
Dal greco antico *rhṓps*, all'accusativo *rhṓpa*, 'arbusto' [Sornicola-Vàrvaro 1975]. C.

**ròsa dal meschèin,** locuz. (emiliano: Módena). 'Rosellina'.
Interpretazione popolare della voce dotta *rosa damaschina* [Bertoni 1925]. C.

**roṡadìna,** sf. (veneto), 'crema di latte e uova'; (friulano: *roṡàde*), 'dolce di latte e uova sbattute'.
Da *rosa*, *rosata* per il colore dato dai tuorli delle uova; per una motivazione onomasiologica affine → *räsumàda* [Bondardo 1986]. M.

**róscio,** agg. (umbro; laziale, anche *rusciu*; abruzzese: *róscë*; marchigiano; calabrese: *rusciu*). 'Rosso'; (marchigiano e laziale, come sm.), 'tuorlo'; con varianti.
Dal latino *rŭsseus* 'rosso'; altri derivati dalla stessa base sono il siciliano *ruscianu* 'sanguigno', abruzzese *rusciazzë* e *rusciardë* 'rossastro', laziale *rùsciulu, rùsciuje, rùscije* 'vaiolo' e siciliano *ròsciula* 'gelone' per il colore della pelle infiammata [Spotti 1929; DEI; Catanelli 1970; REWS].
P. P. PASOLINI: *Tommaso stava paccando all'amichetta più grande, la roscia con la coda di cavallo* (cit. in GDLI XVII 117). M.

**rosolìna,** sf. (toscano: pistoiese). 'Senso di irritazione alla gola accompagnato da tosse frequente e stizzosa', 'solletico'.
Da *rósa* 'prurito incontenibile', femminile sostantivato di *róso*, participio passato di *rodere*. C.

**ròsta,** sf. (veneto; lombardo; piemontese; emiliano; friulano), 'pescaia, specie di argine fatto attraverso un fiume per fare una presa d'acqua o per inviare l'acqua ad un mulino, ad un canale'; (trentino), 'argine'; (trentino, nel roveretano), 'sassaia'; (veneto, nel valsuganotto), 'corso diversivo d'acqua, rivo'.
Dal longobardo **hrausta* o **rosta* 'grata, cancello in legno' [REW; DEI; Prati 1968]. M.

**rostanócia,** sm. (toscano: carrarese). 'Persona con i piedi piatti'.
Letteralmente 'ferma (*arostàr*) noce (*nócia*)', perché il modo di porre i piedi assomiglia alla posizione del fanciullo che, giocando, arresta con i piedi divaricati la noce o la biglia indirizzati dall'avversario al bersaglio [Luciani 1992]. C.

**rostèo sénsa sàngue,** locuz. sostant. (veneto). 'Essere immaginario, che si aggirava di notte, rincorrendo i ragazzi, che ne avevano una grande paura'.
Propriamente 'rastrello senza sangue', perché era raffigurato come una lunga pertica con due gambe di legno, simile ad uno scheletro (e, perciò, privo di sangue).
S. ZANOTTO: *Gli venne in mente il Rostegolo che si aggira nelle campagne venete nelle notti di luna e arriva vicino alle case. Tutti allora escono dalle stalle dove stavano a fare filò raccontando antiche storie e si precipitano a battere con bastoni i tronchi del melo, del noce, del ciliegio e di tutti quegli alberi da frutto che si piantano accanto alle case, perché «el Rostegolo ga sen* [ha sete] *de sangue» e bisogna spaventarlo* (*Delta di Venere*, Milano 1975, p. 221). C.

**ròsula,** sf. (siciliano; calabrese: *ruósule*, *rósuli* plur.; pugliese; campano, in Irpinia; lucano, a Muro L.: *rosolë*). 'Gelone'.
Da *rosa* nome del colore, per il rossore della pelle infiammata a causa del gelo [AIS; DEI s.v. *rosola*; Rohlfs 1977]. M.

**rotaiòle,** sf. pl. (toscano: amiatino). 'Donne che durante la castagnatura vanno lungo le strade a raccogliere le castagne cadute e, se riescono, anche quelle sui castagni'.
«Sono così dette, perché fanno la *rota*, cioè girano intorno ai castagneri per cogliere il momento in cui, non viste, possono entrare dentro, mosse dal detto che "la castagna della strada e della proda è di chi se la piglia", trasformato facilmente nell'altro "la castagna è di chi primo se la piglia"» (Fatini 1953). C.

**rotìlio,** sm. (campano: Napoli; siciliano: *rutìliu*). 'Almanacco'.
Dal nome di *Rutilio* Benincasa, autore di un famoso *Almanacco perpetuo* (1593), che conobbe una vasta notorietà [Sornicola-Vàrvaro 1975]. C.

**rotiżà,** v. (friulano). 'Rompere la terra con l'aratro l'inverno per prepararla alla seminagione'.

Deriva da un latino tardo **rupticiāre*, da *ruptus* 'rotto'; dipende da un derivato **ruptatīcius* il sm. friulano *rotadìz* 'maggese' [Pellegrini-Marcato 1992: 613-4]. M.

**róua,** sf. (laziale, anche *róva*, come in campano). 'Morbillo', 'rosolia'.

Dal latino *rŏba* 'rossa', piuttosto che da un supposto **rŭba* per *rŭbra* [Salvioni 1909: 48; REW; REWS]. C.

**ro(v)àgno,** sm. (campano: Napoli, anche *ruvagno*; calabrese: *ruvagnu*). 'Vaso da notte, pitale'.

Dal greco *orgánion* 'attrezzo', 'strumento', 'vasellame', che ha avuto molti continuatori, con vari significati dialettali [REWS; Rohlfs 1977; D'Ascoli 1979].

A. VERALDI: *Almeno una magnata aveva detto quel ruagno d'uomo* (*Scicco*, Milano 1991, p. 126). C.

**rovaròllu,** agg. (sardo campidanese), 'prepotente'; (sardo, a Sassari: *riberò*), 'detto ironicamente di persona che si dà arie di padronanza'.

Dal nome del vicerè Marchese di *Rivarolo*, che durante il suo governo della Sardegna era divenuto tristemente famoso per la facilità con cui condannava i criminali a morte, tanto è vero che si dice che in alcuni paesi dell'isola la 'forca' venisse chiamata 'palazzo di Rivarol' [DES II 611]. C.

**rovèllo,** sm. (toscano: Versilia), 'rovente, arroventato', detto anche del pane caldo; (marchigiano, a Canistro: *rovélle*), 'occhi rossi', col verbo *rovellà* 'arrossare, riscaldare'.

Dal latino *rubellus* 'rosso', derivato da *rubeus* 'rosso': non è, quindi, eguale a *rovello*, *rovellare* dell'italiano, che hanno una diversa storia [DEI; FEW]. C.

**roventà(re),** v. (toscano: lucchese). 'Diventare'.

Da un precedente *doventare* per *diventare* con scambio di *-d-* con *-r-* come in *rivertirsi* 'divertirsi', *mirollo* 'midollo', sempre di area lucchese [Nieri 1902; DEI]. M.

**róz,** sm. (trentino; ladino centrale; veneto: *rozo*; lombardo, nel bergamasco: *ros*; siciliano: *rozza*), 'cercine'; (umbro: *roccia* sf.), 'ciambella'; (lombardo; emiliano), 'mazzo; mucchio di cose; penzolo di grappoli'; (lombardo: *roz*, *ros*; trentino: *roz*, *roc'*), 'branco di pecore'.

Dal latino parlato **roteus* 'a ruota' [REW; DEI s.v. *rozza*; REWS; Prati 1968]. M.

**rpijà lu pallì,** locuz. (marchigiano: Macerata). 'Riprendere il potere, il comando'.

Metafora tratta dal gioco delle bocce, che consiste essenzialmente nell'avvicinarsi il più possibile con la propria boccia al boccino (*pallì* 'pallino'). C.

**rrivilàri,** v. (siciliano). 'Denunciare la nascita di un figlio'.

Propriamente 'rivelare', voce appartenente al linguaggio tecnico-amministrativo. Probabile deverbale di *rrivilari* è il siciliano *rivélu* 'denuncia' [Gulino 1978]. M.

**rròdacu,** sm. (calabrese: San Giovanni in Fiore). «Stravagante che si addossa i pensieri e le preoccupazioni della gente; strambo, strano» (Prisco 1984).

Da *astrologo*, come mostrano altre varianti e la riduzione locale del nesso *str-*. C.

**rruncùni,** sm. (siciliano: pantesco). 'Angolo della stanza', 'angolo, luogo appartato', 'insenatura' con molti specifici modi di dire e derivati.

Dallo spagnolo *rincón* 'angolo, cantone, ripostiglio' [Tropea 1988: L]. C.

**ru,** art. (campano, nel casertano; calabrese settentrionale: *ru*; molisano: *re*). 'Il, lo', col f. *ra* e plur. *ri*, *re*.

Dal latino *illu* propriamente 'quello', con un esito particolare dovuto a rotacismo di *-ll-* che si può riscontrare anche in alcune varietà settentrionali, come nel piacentino (Coli) *era* 'la', nel ticinese *er* 'il, lo', *era* o *ra* 'la' [DEI; Rohlfs 1966: 333]. M.

**rü,** sm. (lombardo, anche *rüt*, *rüd*; ligure *rüu*; ticinese e piemontese, in Valsesia: *rüs*) 'letame; spazzatura'; (piemontese, in Valsesia: *rüsa* sf.), 'frana di terra'.

Dal latino *rūdus* 'macerie; sassi rotolati dai monti', con derivati come il lombardo (milanese) *rüèta* 'forfora' e (bergamasco) *rüdà* 'concimare', e il friulano *rudìna* 'ghiaia' e *rudinàz* 'calcinaccio' (per il friulano il DEI pensa anche ad un influsso del latino *ruīna* 'rovina') [DEI s.v. *rud*; REWS]. M.

**ruàgnu,** sm. (salentino). 'Grossa fune': al plurale *ruagnë*, *ruvagnë* sono le 'stoviglie di creta'.

Come il calabrese *argagnu* 'vaso di terra cotta', 'specie di cesta bassa', rappresenta il greco *orgánion* 'arnese, utensile, attrezzo' [Rohlfs 1959, 1964 e 1977]. C.

**ruàzzë,** sm. (laziale, con le varianti *ruàzzu* e *rovazzo*; calabrese, a Serrastretta: *ruvazzu*). 'Pettirosso'.

Dal latino *rŏbus* 'rosso' [REW; REWS]. C.

**rubbìgghia,** sf. (siciliano). «Sopravveste indossata da' servienti delle chiese nelle solennità» (Traina 1868).

Dallo spagnolo *ropilla* diminutivo di *ropa* 'sopravveste'; ne deriva pure l'italiano seicentesco *robiglia* 'sorta di casacca maschile, leggera e corta' [DEI s.v. *rubìgghia*; Beccaria 1968: 103; Michel 1996]. M.

**rùbi,** agg. (piemontese). 'Sano, prosperoso'.

Dal latino *rŭbeus* 'rosso', corrisponde all'italiano antico *robbio*, *roggio* 'di color rosso' [REW; DEI]. M.

**rubisón,** sm. (romagnolo). 'Misantropo', 'uomo rude'.

Riconoscervi la fortuna del naufrago solitario *Robinson* Crosuè è ammissibile dal momento che il riferimento non è raro nemmeno nella letteratura italiana contemporanea. C.

**rùccolo,** sm. (toscano). 'Ruffiano', anche sf. *rùccola*.

La voce va di certo confrontata con il pugliese (tarantino) *ruc ruc*, l'abruzzese (nel teramano, di ambito gergale) *rucchë-rucchë*, il campano (a Napoli) *rucco rucco* 'ruffiano', a loro volta forse riconducibili ad un onomatopeico **rucch rucch* di richiamo, pari a *rucco rucco* del napoletano, irpino, tarantino 'voce dei piccioni in amore', *rucco*, *ruc*, *rucchë* (di area umbra, abruzzese, campana, pugliese) richiamo dei piccioni, *rucco* sm. (irpino) 'colombo' [Prati 1951; DEI; REWS].

C. ARRIGHI: *Colla sua vecchia esperienza da ruccola consumata la grassona capiva che il conte aveva tutt'altra voglia che di abbandonare la fanciulla* (cit. in GDLI XVII 206). M.

**rü(d)èra,** sf. (lombardo). 'Letamaio, concimaria, immondezzario, pattumiera', anche sm. *rüde* 'letamaio', 'spazzino', 'persona sudicia'.

Derivato da *rü(d)*, *rüt* (rappresentato anche nell'emiliano occidentale) 'letame, rifiuto', dal latino *rudus* 'rovine, macerie' [REW; REWS].

C. E. GADDA: *Sembravano gonfi di patatine arrosto fino al collo e alle amigdale come la rüera quand'è intasata* (*L'Adalgisa. Disegni milanesi*, Torino 1969, p. 181). – G. PIRELLI: *Sarò da collocare nelle rüera (perché di una rüera socialista, nei primi tempi, non si potrà fare a meno)* (*A proposito di una macchina*, Torino 1965, p. 235). C.

**rùfa,** sf. (veneto), 'sudiciume, incrostazione sulla pelle'; (veneto; laziale: Roma, anche *rùfola*; lombardo, a Milano:

*rüfa*), 'forfora'; (siciliano: *luffa*), 'lattime'; (laziale, a Velletri: *rufo*, come anche in campano settentrionale), 'specie di scabbia dei cani', con l'aggettivo *rufóso*. Alcuni vi riconnettono anche il dantesco (e antico toscano) *roffia*.

Voci espressive [Crocioni 1907; Prati 1940 e 1968; DEI s.v. *rufo*]. C.

**rugànt,** sm. (trentino). 'Maiale'.

Derivato dal dialettale trentino *rugàr* 'frugare, rovistare', come l'emiliano e lombardo *rügà*, *rugà* di analogo significato, derivato dal latino *erūca* [REW]. M.

**rugàre,** v. (toscano, a Siena: *rogàre*; umbro; laziale; emiliano, a Modena: *rugàr*; marchigiano, a Jesi: *rugà*). 'Alzar la voce, investire di male parole'.

Allotropo popolare dell'italiano *rogare* (dal latino *rogāre* 'interrogare'). Rientra in questa serie di parole dialettali anche il veneto (a Verona) *rugàr* 'molestare, infastidire'. Incerto invece il rapporto col veneto giuliano (a Trieste) *rugàr* 'ridicolizzare; seccare, indisporre', anche 'piacere': *me ruga* 'mi piace, mi attrae' (recente evoluzione di significato dai primi due, per antifrasi), che può dipendere dallo sloveno (e croato) *rogati se* 'beffarsi; deridere, canzonare' [DEI; Bondardo 1986; Doria 1987; Zamboni 1989: 399]. M.

**rùgghia,** sf. (toscano: lucchese). 'Regolo per pareggiare lo staio quando è pieno perché non ci resti il colmo' e *rugghiare* 'il pareggiare lo staio colla rugghia'.

Dal latino *regulāre* 'pareggiare' da cui *rugghiare* e il deverbale *rùgghia* [REW; DEI]. C.

**rùggia,** sf. (calabrese; siciliano). 'Ruggine'.

Dal latino *rŭbea*, propriamente 'rossa'. Da notare che esistono in Sicilia due altre *rùggia* della medesima origine: una col significato di 'robbia, *Rubia tinctorum* L., *Galium murale* All. e *palustre* L.', dal latino (*hĕrba*) *rŭbia* 'erba rossa', usata in tintoria, e un'altra, che designa un tipo di 'uva rossiccia', nota anche al calabrese, dal latino (*ùva*) *rŭbea* 'uva rossa' [DEI s.v. *ruzza*; Sornicola-Vàrvaro 1975]. C.

**ruggìra,** sf. (emiliano: Bologna; siciliano: *ruggéra*). 'Suonata e ballo, eseguiti da due uomini e da due donne disposti in forma di rombo, in modo che l'uomo sia dirimpetto alla ballerina'.

Pare dal nome proprio *Ruggero*, anche se non è chiara la storia della voce [Sornicola-Vàrvaro 1975]. C.

**rùghe e gràstu,** locuz. (sardo logudorese). 'Testa o croce'.

Letteralmente, 'croce e castello (*cràstu*, dal latino *castrum*)'; il nome resta anche quando cambiano i simboli, 'scudo' e 'testa del re' (Deledda) o 'testa' e 'aratro' (D'Annunzio: di moneta romana) [DES].

G. D'ANNUNZIO: *Voglio di nuovo interrogare la sorte. Partirò? Non partirò?* Rughe o crastu. *Tieni. Tu gettala. Partire: la testa. Restare: l'aratro* (*Tragedie, sogni e misteri*, I, Milano 1942$^2$, p. 1197). C.

**rugìtta,** sf. (sardo: Desulo). 'Cardellino, *Carduelis carduelis*'.

Letteralmente, 'piccola croce' o per le strisce nere, che si notano sul suo capo, o, piuttosto, perché, come si racconta in altri paesi del crociere e del pettirosso, è un uccellino che ha tentato di strappare i chiodi che fissavano Gesù alla croce [Meiklejohn 1964]. C.

**rùgiu,** sm. (ligure, con diverse varianti nel versante occidentale: *rùgliu* a Pigna e a Dolceacqua, *rùiu* a Monaco, ecc.). 'Sgorgo, getto, flusso dell'acqua'.

Deverbale di *ruià* 'sgorgare', dal latino **roticulāre* 'battere, gettare con forza' [Plomteux 1975].

E. MONTALE: *e se lei cresce un roggio / di rampicanti ed un ronzio di fuchi* (*Ossi di seppia. 1920-1927*, Milano 1948, p. 109). C.

**rugùjju,** sm. (umbro: Spello). 'Arroganza': *fà abbassà lu rugùjju* 'umiliare un superbo'.

Una delle tante accezioni che ha avuto *orgoglio* (a Todi *raùglio* 'oltracotanza, superbia' e *regoglio* già in Jacopone). C.

**ruìnu,** agg. (calabrese), 'detto di pollo, che mette le penne molto tardi'; (siciliano), 'cattivo'.

Dallo spagnolo *ruín* 'cattivo, pessimo' [Sornicola-Vàrvaro 1975]. C.

**ruléida,** sf. (romagnolo). «Urlo a più voci, detto anche *uról*, fatto dai falciatori e dai mietitori quando vedevano arrivare le ragazze che portavano da mangiare e da bere» ed anche «modulazione di voce su temi musicali con frequentissime improvvisazioni», cantata durante i lavori dei campi (Ercolani 1994).

Letteralmente 'urlata', da *rulḕr*, prosecuzione del latino parlato **urulāre* per il classico *ululāre* [REW]. C.

**rumèla,** sf. (emiliano). 'Nocciolo, grosso seme'.

È l'*armèla* di altri dialetti, cioè 'animella' [LEI].

F. GUCCINI: *zucche alcune spaccate che sciorinano cavità gialle colme di romèlle* (*Vacca d'un cane*, Milano 1993, p. 57). C.

**rumènta,** sf. (piemontese meridionale; ligure: e di qui passata in tutta la circostante area orientale; lombardo; toscano, isola del Giglio: *roménto*, ed anche in corso e sardo antico). 'Spazzatura'.

Dal latino *ramĕnta* 'raschiatura, truciolo, scheggia, particella', dal verbo *rādere* [DEI s.v. *romenta*; DES; Plomteux 1975]. C.

**rumicciàre,** v. (toscano, nel pistoiese e pratese). 'Continuare a rumoreggiare'.

Il DEI non dà un'interpretazione sicura di questa parola, ma richiama le voci lombarde *rüm* 'tuono' e *rümada* 'temporale' che confronta con l'italiano *romire* 'rumoreggiare' e che considera un probabile influsso del longobardo *hraumfan* 'stormire' piuttosto che un derivato di *rumore*. D'altra parte si potrebbe pensare anche ad un rapporto di *rumicciare* con *rumare* 'grufolare; ruminare' (di area non solo toscana ma anche piemontese, ligure emiliana, ladina centrale, veneta, friulana, con varianti locali come *rümà*, nel friulano *rumâ* e *rimâ*, nel ladino centrale (Comelico) *rimà*; nel lombardo *rümià* vale 'ruminare') con riferimento al rumore del maiale quando grufola. *Rumare* è ricondotto dal DEI al latino *rimāri* 'grufolare', come confermerebbe il corso *rimà* con analogo significato, ma le forme con *-i-* sono presenti anche in altre varietà. Il REWS invece muove da *rumāre* 'ruminare' riconoscendo tuttavia l'incertezza della scelta tra queste due basi sia per la vicinanza fonetica sia perché *u / i* si trovano in posizione protonica. M.

**rumlèina,** sf. (emiliano: modenese). 'Seme di zucca o di popone', 'semenza piccola in genere'. Caratteristico il passaggio a 'distintivo del partito fascista', ovale come un seme di zucca.

Diminutivo di → *rumèla* [LEI].

F. GUCCINI: *altre [zucche] ... già cotte, pronte all'uso, e senza romeline* (*Vacca d'un cane*, Milano 1993, p. 57). C.

**rùnca,** sf. (calabrese; siciliano). 'Ronca, roncola per potare'.

Sia DEI che REWS considerano la voce retroformazione dal latino *runco*, *-ōne* 'roncone', ma è più plausibile pensare (con Merlo 1953: 434) ad un deverbale del dialettale *runcare* 'potare; recidere erbe o piante' (dal latino *runcāre* 'sarchiare'). M.

**rùo,** agg. (veneto: Marano L.), 'di pane senza companatico' (*a rùo* ed anche *a cruo* per avvicinamento a 'crudo'); (friulano: *rût*), 'puro, schietto': *rude aghe* 'solo acqua'.
Dal latino *rudis* 'crudo' [REW]. C.

**rüpì,** v. (piemontese). 'Raggrinzire'.
Derivato di *rüpia* 'grinza, ruga' (con le varianti *répia, rìpia*) dalla radice germanica **rūp-* 'ruvido; screpolato', che si è affermata anche in due aree francesi, in Guascogna e Linguadoca occidentale e nei Vosgi meridionali [FEW].
G. PANSA: *Appena appena rupienta e soltanto attorno agli occhi, una raggiera di rughe che s'approfondivano o diventavano morbide a seconda delle espressioni del viso* (*Ma l'amore no*, Milano 1994, p. 10). C.

**rùsa,** sf. (veneto). 'Rovo, pungitopo'; nel veronese è nota anche l'espressione *tela rùsa* 'tela ruvida'.
La parola ha vari riflessi toponomastici (come Russa, Russare) in area veneta e deriva dal latino parlato **rūstea* o **rūscea* tratti da *rūstum* 'rovo' o *rūscum* 'pungitopo', da cui dipendono pure un **rustiāre* o **rusciāre* all'origine del veneto *rusàr* e del friulano *rusâ* 'grattare, sfregare' [DEI s.v. *russa*; Prati 1968; REWS; Bondardo 1986]. M.

**rusàsi,** sf. plur. (siciliano). 'Pietre o altre materie ponderose, che si legano alle reti per farle affondare', anche nella variante *rosasi*.
Dall'arabo *ruṣāṣ* 'piombo' e 'massiccio, pesante, spesso' [Pellegrini 1972]. M.

**rüsca,** sf. (piemontese; lombardo; ligure; emiliano, nel parmigiano: *rusca*), 'polvere di concia; corteccia; buccia; detrito di fieno'; (toscano, in Garfagnana), 'riccio della castagna'; (campano, nell'irpino), 'scoria; leggero strato di neve'; (calabrese), 'lolla, loppa: farina di legno'; (siciliano), 'capecchio'.
Riflessi di una base prelatina (celtica) **rusca* 'corteccia' continuata anche in area galloromanza e nel catalano; ulteriori derivazioni sono in particolare *rùschia* (calabrese) 'scaglia di ferro', *ruscagia, ruscame* (veneto, nel polesano) 'cascami del grano', *röschì* (lombardo, nel bergamasco) 'chi leva la corteccia delle conifere', *ruscaròla* (emiliano, nel ferrarese) 'pattumiera', *derüscà* (lombardo, nella Valtellina) 'scalfire, graffiare'. Probabilmente rientrano in questa famiglia lessicale anche *rüscà* (lombardo), *rüschè* (piemontese) 'lavorare'; 'sarchiare; sgobbare' e *rüs-c* 'lavoro', *sruscàr* (lombardo settentrionale) 'levare la scorza, la buccia, brillare i grani', «prendendo lo spunto da un significato del tipo "lavorare fino a scorticarsi la pelle delle mani o della schiena"» (Bracchi 1987: 265) [DEI; REWS]. M.

**rùscia,** sf. (siciliano). 'Gufo', a Sperlinga 'pipistrello'.
Dal latino *rŭsseus* 'rosso carico' per il colore fulvo delle penne di questi uccelli [Sornicola-Vàrvaro 1975]. C.

**rüsnà,** v. (lombardo: pavese). 'Aver sempre a ridire, a protestare, a borbottare'.
Da *rüsna*, non nel senso proprio di 'ruggine' (dal latino *aerūgo*, genitivo *aerūginis*, con caduta del dittongo iniziale e passaggio alla prima declinazione), ma in quello traslato, già latino, di 'odio, invidia, rancore, malanimo'.
L. MASTRONARDI: *L'Italia, da così – e gli ha allungato la mano sotto il naso – ha fatto così! e l'ha rovesciata. Tutto per rosnare. Rosnate voi che rosniamo noi. Un scandalo continuo* (in *Racconti italiani del Novecento* a cura di E. Siciliano, Milano 1985, p. 1392). C.

**rùspio,** agg. (veneto; lombardo: *ruspi, rüspan, rösped*; trentino: *ruspid*; toscano: *ruspo*). 'Ruvido, di grana grossa, coniato di fresco'.
Verosimilmente dal longobardo *rusp(i)* 'ruvido, ispido' (confronta l'antico alto tedesco *rospen* 'star dritto, detto dei capelli') [DEI s.v. *rùspido*; Bondardo 1986]. M.

**russània,** sf. (siciliano; calabrese: *rissàjina*; lucano: *russàscënë, russàggënë*). 'Rosolia'.
Dal latino **russāgine*, un derivato da *rŭssus* 'rosso', che si spiega con le macchie rosse, che caratterizzano questa malattia, alla quale sono stati attribuiti anche altrove nomi legati al colore rosso; del resto lo stesso italiano *rosolia* dipende da *rosa* [Sornicola-Vàrvaro 1975; DELI]. C.

**rùsta,** sf. (campano, nel napoletano). 'Rovo'.
Dal latino *rūstum* 'rovo' di cui non rappresenta l'unico continuatore, come si legge in DEI (s.v. *rùssa*), dato che la voce è riflessa anche dal corso *rustu* 'rovo', veneto (trevigiano) *rust* 'pungitopo' (non *rustu* come riportato dal REWS). M.

**rùstica,** sf. (marchigiano: Ascoli Piceno; calabrese, sm.: *rùstichë* e varianti), 'piccolo argano usato in agricoltura'; (lombardo, a Milano: *rùstega, rùstiga*), 'specie di bilancia da pesca sollevata da un argano'.
Dal latino *rustica* 'gallina selvatica' passato, come in altri casi, da nome di animale (emiliano; a Ferrara, *rustga* è la 'beccaccia' e la 'gallinaccia') a nome di macchina [Folena 1962]. C.

**ruttònica,** sf. (siciliano: Giarre, anche Sant'Alfio (Piccitto 1997) pure con la variante *rattònica*) . 'Cicalata persistente e molesta'.
Si tratta di *rettorica*, con dissimilazione di *r-r* in *r-n*, anche se l'etimologia popolare l'interpreta come una *rottura* (*di testa*) [Maccarrone 1935]. M.

**ruvàci,** sm. (calabrese, anche *rovàci* ed altre varianti). 'Bigoncia per il trasporto dell'uva' (a Polistena: *rovàci*) «recipiente fatto a doghe, usato come misura di capacità per aridi o simili, corrispondente a litri 18» (Laruffa 1986); in qualche località della Calabria centro-meridionale il termine designa l'"alveare'.
Diminutivo del calabrese *ruga, ruva* 'antica misura di peso equivalente a un tomolo e mezzo', dall'arabo *rubʿ* (o arabo volgare **rubaʿ*) 'un quarto', da cui dipendono *rova, rubbío* 'misura per aridi' dell'italiano antico. Nel caso delle forme citate del tipo *ruva, rova*, forse vi è la mediazione dello spagnolo *arroba* (della medesima origine araba) 'quarta parte del quintale' [DEI; Pellegrini 1972; Rohlfs 1977].
L. ASPREA: *E quanti recipienti di legno e di vimini, di canna e di pezzolo! Rovaci, cofani, cofanelli, panieri, sciamatelli, ferlazze, la fina e la tavoletta dei panni e il cinnararo per il bucato bollente* (*Il previtocciolo*, Milano 1971, p. 33). C.

**ruvigòt,** sm. (emiliano: Modena). 'Nomade'.
Dall'antico *rovigotto* 'di Rovigo', probabilmente per l'immigrazione stagionale di provenienti dal Polesine [Neri 1973]. C.

**ruženéntu,** sm. (ligure; lunigianese: anche *nruženéntu*; emiliano: *ruznént* e varianti). 'Passera scopaiola, *Accentor modularis*'.
Letteralmente 'rugginoso', com'è il colore del manto di questo uccello. C.

# S

**sàba,** sf. (emiliano; romagnolo; sardo logudorese e campidanese), 'sapa, mosto cotto dolce'; (piemontese: *sava*), 'succo'.

Dal latino *sapa* 'succo', da cui l'italiano *sapa* 'mosto cotto'; in Emilia il derivato *sabadóni* indica i tortelli con ripieno di castagne e fagioli passati, arrostiti al forno o su lastra, quindi tenuti due giorni a bagno nella *saba* [REW]. M.

**sabbatìnu,** agg. (umbro, con varianti). 'Fortunato'.

*Sabbatino* è detto di chi è nato di *sabato* e per questo è ritenuto, nella credenza popolare, particolarmente fortunato. C.

**sàbbëtë sia masséra,** escl. (molisano: Fossalto). 'Che stasera ti sia propizia come un sabato'.

Augurio fondato sulla credenza che il sabato sia un giorno fausto, perché annulla il potere delle streghe, → *parlànne re sàpete* [Bagnoli 1990]. C.

**sabbùrghë,** sm. (galloitalico: Picerno e Tito [Basilicata]), «piantine di grano fatte germinare e crescere al buio per farne addobbo in chiesa la settimana santa o anche per tenerle in casa a commemorare la morte del Cristo» (Greco 1991); (laziale, Ascrea: *seburgru*), 'il grano cresciuto all'oscuro in vasi'.

Letteralmente 'sepolcro' con riferimento al repositorio, il mobile che conserva le specie eucaristiche il giovedì e il venerdì santo, visitato per devozione dai fedeli. C.

**sàbet,** nella locuz. *fâa sabet* (lombardo: Cremona), «dicono le contadine l'acconciarsi il capo ch'elle sogliono fare sulla sera del sabato» (Peri 1847).

Dal dialettale *sàbet* 'sabato', dal latino *sabbătum* [Bruppacher 1948]. M.

**sabèta,** sf. (lombardo; ligure, nel genovese: *ẑabeta*; veneto: *bèta*; siciliano: *bittazza*). 'Persona ciarlona, pettegola, intrigante', anche 'civetta, piagnona'.

Sono voci che risalgono al nome proprio *Elisabeth*, *Elisabetta* in forme ipocoristiche, e sono favorite dalla frequenza di questo nome ma si devono verosimilmente «raccostare alla visita di S. Maria Elisabetta che è proverbiale in molti dialetti e che allude alla visita di Maria Vergine a S. Maria Elisabetta, durata tre mesi. Un vestigio della fase soprannominale sarebbe la forma veneta e mantovana *siora Beta da la lengua s'ceta* ["signora Beta dalla lingua schietta, che spiffera ogni cosa"]» (Migliorini 1927), nel veneto anche *la siora Beta* [DEI s.v. *bèta*, *sabèta*, *ẑabèta*]. M.

**sàbo,** sm. (veneto; veneto istriano; trentino; ligure e corso: *sabu*). 'Sabato'.

Dal latino *sabbatum* con riduzione di *atu* in *o* (attraverso *ado* > *ao* > *oo*); a questo sviluppo si deve anche la variante ligure, stanti le forme medievali *sabao* e *sabo*, nonostante l'opinione di Rohlfs che assegna *sabu* ad apocope dell'ultima sillaba di *sabbatu*. Forme come *sabu, sabo, sabö*, sono note pure in area ticinese, bresciana e novarese, e rappresenterebbero l'esito della caduta di *t* finale, seguita alla perdita dalla vocale finale latina, attraverso varianti come *sabut, sabot*, attestate in parlate lombarde, emiliane e ticinesi [Bruppacher 1948: 170-173; Rohlfs 1966: 189]. M.

**sac,** sm. (veneto; friulano). 'Aratro, di forma moderna'.

Dal nome *Sack* della fabbrica che produceva l'attrezzo [Scheuermeier 1980: I, 102; Pellegrini-Marcato 1988]. M.

**sacarlót,** escl. (Piemonte: Monferrato). 'Per Dio'.

Dal francese dialettale *sakerlote*, metatesi di *sacrelotte* 'esclamazione che esprime sorpresa, meraviglia, rincrescimento', da *sacré* nel senso di 'maledetto, esecrato', stornato con l'aggiunta di un elemento deviante [FEW]. C.

**saccènte,** sm. (umbro: Foligno). 'Osso di prosciutto'. Nome noto anche nei dintorni di Foligno e usato proprio per deridere gli abitanti di quel territorio, dove è così chiamato (Pasquini 1993). Nella locuzione *à d(e) sacénte*, *è sacénte* 'è cattivo' (Perugia), 'ha di stantio' (Magione), è aggettivo.

Dal latino *sapiens*, genitivo *sapientis*, nel senso originario di 'che ha gusto, sapore', anche eccessivo. C.

**sacchëpàglië,** sm. (calabrese, anche *saccupàglië*). 'Rosa di macchia', ma comunemente il suo frutto.

Secondo il Rohlfs 1977, il nome di 'sacco di paglia' sarebbe stato dato alla coccola della rosa canina a causa dei suoi filamenti, ma la spiegazione sembra piuttosto paretimologica. Preferibile è ricondurre il nome al tardo grecismo latino *saccopathna* 'sacco lungo e stretto' [Rohlfs 1977; Valente 1993]. C.

**saccremónde,** escl. (toscano: Versilia). 'Per Dio'.

Dal francese *sacre nom de* ... 'sacro nome di (Dio)', dove *sacre* è stato caricato di un significato peggiorativo, già sviluppatosi nel latino tardo ('maledetto, esecrato'). C.

**sàccu paràtu,** sm. (salentino). 'Contratto agricolo, per cui il colono dà il lavoro e la semente, mentre il proprietario ha la metà del raccolto'.

Letteralmente 'sacco preparato'; *paratu* 'preparato' ricorre a Brindisi nell'espressione *fèsta de lu cavàddu paratu* 'festa del Corpusdomini', chiamata così per il cavallo addobbato sul quale monta l'arcivescovo di Brindisi che porta in processione il Sacramento [Rohlfs 1959]. M.

**ṡachè,** sf. (istrioto: Rovigno). 'Specie di uva nera'.

Nome locale, probabilmente noto anche ad altri dialetti, di origine oscura. Il maschile designa il 'vino' tratto da quel vitigno.

S. ZANOTTO: *Era una osteria in cui ci si poteva aspettare di bere vini scomparsi, il pataresco, il corbinello, lo zakè* (*Delta di Venere*, Milano 1975, p. 132). – F. TOMIZZA: *Dalla ferita più fonda sulla fronte gli usciva un sangue scuro, quasi violaceo, somigliante al vino di solo* zaché (*La miglior vita*, Milano 1977, p. 144). C.

**sacrabòlt,** sm. (veneto giuliano). 'Persona grande e grossa', 'prepotente'; (veneto), 'persona vivace', 'seccatore'.

Come in altri casi simili, la personificazione parte dalla energica esclamazione di un nome sacro (nella stessa area è diffuso *sacranón* con i medesimi due significati), cioè 'sacro volto', in uso in friulano ed a Fiume per 'diamine!', 'perbacco!', probabilmente dal francese (*par le*) *saint Vult* (*de Lucque*) [Doria 1987]. C

**sacrinà,** v. (ligure; piemontese: *sagrinè*), 'angustiare, crucciare'; (ligure: *sagrinase*), 'tormentarsi, darsi affanno', a San Remo *aciacrinase* 'affliggersi'.

Dal francese *chagriner*; → *aciacrinàu* [Plomteux 1975]. C.

**sadiàre,** v. (calabrese: San Giovanni in Fiore; altrove *saliàri*). 'Salare'.

Da *sale*. Era molto importante la delicata operazione di salare il formaggio, che richiedeva un ambiente perfettamente chiuso per evitare passaggi d'aria dannosi al formaggio in preparazione. Per questo a chi sta sempre chiuso in casa è di prammatica chiedere: – *Sta sadiannu casu?* [Prisco 1984]. C.

**sadimìrru,** sm. (calabrese: San Giovanni in Fiore). «Parte del prosciutto che, impregnata com'è di sale, è dura e immangiabile» (Prisco 1984).

La particolare pronuncia di *d* e, soprattutto, di *rr*, che si avvicina a *sc*, permette di identificare la voce con *salmistro* 'salnitro'. C.

**sagaté,** v. (romagnolo; toscano: *sciagattà*), 'rovinare, sciupare'; (emiliano, a Ferrara: *sagatàr*), 'angariare', 'sgozzare'; (emiliano, a Modena: *sagatèr*), 'scuotere, trabalzare, sobbalzare', 'tartassare, abburattare'; (veneto, a Verona: *segatàr*), 'sgozzare'.

La presenza in modenese di *sagatén* 'beccaio israelita', in veneziano di *segatàr* 'uccidere gli animali secondo il rituale ebraico' e del reggiano antico *sagatare* (nel secolo XVI: "carnes occisas et seu sagatatas pro ebreis vendere alicui christiano" = "vendere a un cristiano carni uccise o macellate per gli ebrei") rende chiara la derivazione dall'ebraico *šĕḥīṭāh* 'macellazione degli animali secondo il rito'. Dal verbo il sostantivo toscano *sciagatto* (Arcipelago), *sciagattìo* (Lucca) 'sciupio, spreco' e il mantovano *sagatìn* 'guastamestieri', cattivo chirurgo, cattivo barbiere [Galvani 1868; Salvioni 1926; Fortis-Zolli 1979; Massariello Merzagora 1980: 129]. C.

**sàgher,** agg. (lombardo: milanese). 'Tanghero, stupido'.

Adattamento dell'italiano *sacro*, *sagro* (XIV sec.) 'sacro', con assunzione di diversa accezione [Bracchi 1987]. M.

**sagiaròtolo,** sm. (veneto: Chioggia). 'Scarafaggio'.

Se sta per un originario *segiaròto*, come è presumibile, si tratta di un derivato da **segiàro* 'secchiaio, acquaio', come luogo frequentato da questi insetti; molti dei suoi nomi, infatti, sono suggeriti dai posti dove più volentieri si annida (Ratti 1990). C.

**sàgna,** sf. (abruzzese). 'Piatto preparato con verdure, in particolare con pomodori e peperoni'.

Probabile deverbale del dialettale *sagnare* 'salassare' (→ *sagnìa*) con allusione al colore rosso conferito alla pietanza da ingredienti come pomodori e peperoni.

F. JOVINE: *Le donne preparavano la 'sagna' serale con aglio e peperone* (cit. in GDLI XVII 363). M.

**sagnasùghë,** sf. (abruzzese, anche *sagnësèuchë*). 'Terreno melmoso in cui si affonda'.

Dal latino tardo *sanguisūga* 'sanguisuga' attraverso un'evoluzione di significato di 'palude infestata dalle sanguisughe'; cfr. anche il ligure *sansüghi* 'orobanche, pianta parassita' [Alessio 1976]. M.

**sàgne,** sf. plur. (laziale). 'Fettuccine fatte in casa'.

Dal singolare *lasagna*, dal quale è stata separata la prima sillaba ritenuta articolo femminile. C.

**sagnìa,** sf. (campano; abruzzese: *sagnìjë*; salentino; calabrese, anche *nzagnìa*; siciliano). 'Salasso'.

Le forme sembrano riconducibili al francese *saignée* (dal XII sec.) 'salasso', piuttosto che a voci come *sagnare* dell'italiano antico, *sagnà* dell'abruzzese, pugliese, lucano, *sagnari* del siciliano e calabrese che significano 'salassare', e che possono sia riflettere il francese *saigner* 'salassare' (così in REW e DEI, a sua volta dal latino *sanguinăre*) sia dipendere direttamente dal latino *sanguināre* (come sostiene il REWS; con l'esito *ng* > *ñ*, di certe aree meridionali, e con diffusione del tipo anche in zone con diverso sviluppo del nesso); il pugliese *sàgnë* 'salasso' si configura invece come un deverbale del dialettale *sagnà*. I lessemi "sagnìa", "sagnare" sono penetrati anche nella Sardegna settentrionale (con le forme *sagnare*, *sanżare*, e *sagnìa*, *sanżìa*), mentre in tutto il resto dell'Isola si dice *sangrare*, *sangrài* 'salassare' e *sangrìa*, *srenghìa* (e varianti) 'salasso' che sono prestiti dallo spagnolo e catalano *sangrar* e *sangría* rispettivamente, con uguale significato (DES; Beccaria 1968).

G. BONAVIRI: *Peppa doveva essere stanca, l'avremmo presa di certo e l'avremmo sagniàta come porco – diceva Pelonero sudato anche nei capelli –, ma per sua fortuna i noccioli si fecero più piccoli, coi rami mezzo nudi e gruppi di foglie cinerine che, fff, cadevano subito* (*Il fiume di pietra*, Torino 1979, p. 110). M.

**sagratìna,** sf. (emiliano, nel bolognese; veneto: *sagradona*, *sagrona*; veneto giuliano: *sagradogna*; lombardo: *segraduna*, *sagraduna*), 'gran fame; gran appetito'; (calabrese: *sagra*), 'fame'; (calabrese, a Reggio: *sagrìa*), 'povertà'.

Tutte voci riconducibili al latino *sacer*, *sacra* nel suo significato di 'grande' oltre a quello di 'sacro, sacra' [DEI; Prati 1968; Bracchi 1987].

C. ARRIGHI: *Siccome io per la musica ci aveo poca vocazione e il contrabbasso mi lasciava spesso patire la 'sagratina', così ho pensato di farlo servire al contrabbando* (cit. da GDLI XVII 366). M.

**sagulìn,** sm. (veneto: Grado). 'Cinturino'.

Diminutivo di *sàgola* 'corda' in genere, che ricorda l'uso dei pescatori di stringersi i pantaloni con una corda, prima che con la cintura. C.

**sàia,** sf. (siciliano; calabrese). 'Canale artificiale d'irrigazione, o di scolo'.

Dall'arabo *sāqiya* 'canale d'irrigazione'. Non dipende da questo arabismo il salentino *sagnìa* 'canaletto di scolo' che non va disgiunto dal salentino *sagnìa* 'salasso' e *sagnare* 'salassare'. Tali forme, note anche altrove nei dialetti meridionali, sono collegabili con l'antico italiano *sagnare* 'ferire di lancia e far uscire il sangue' e derivano dal latino *sanguināre*, probabilmente attraverso il francese *saigner* (→ *sagnìa*). Il passaggio semantico da 'salasso' a 'canaletto di scolo' è giustificato da paralleli galloromanzi oltre che dall'irpino *sagnatore* sf. 'foro che si fa nelle botti per assaggiare il vino' e sm. 'piolino che tura la spia delle botti', *sagnà* 'cavare sangue', 'bucare, forare la botte' [Pellegrini 1972; Rohlfs 1977; Fanciullo 1978]. M.

**saiàn,** sm. (emiliano: Modena). 'Ignorante, buono a nulla'.

Corruzione della locuzione francese *sait néant* 'sa niente' [Violi 1982]. M.

**saiàopa,** sf. (toscano, a Pisa: anche *santiàopa*; a Pistoia: *saiàcopa*). 'Qualità d'uva lugliatica'.

Da S. *Iacopo*, che si festeggia nel mese della sua maturazione (25 luglio) [Migliorini 1968a]. C.

**saìna[1],** sf. (lombardo, anche *sàina*; emiliano: *sana*). 'Canestro', talvolta anche 'misura di liquidi'.

Riflessi della voce longobarda *zajna* da confrontare con l'antico alto tedesco *zeina* 'canestro di vimini'.

P. NERI: *Si debba attendere a pesare detti assaggi in questo dopo pranzo e che intanto dovessero tutti riporsi nei saggioli o siano saine di vetro* (cit. da GDLI XVII 369). M.

**saìna[2],** sf. (lombardo: bergamasco e comasco). 'Grossa rete da pescatore, simile al tramaglio'.

Dal latino *sagēna*, un grecismo che pure indicava una 'rete da pesca' e che sopravvive soprattutto in area galloromanza [FEW]. C.

**sainàre,** v. (sardo logudorese). 'Muovere leggermente un albero per far cadere la frutta'.

Dal latino *agināre* 'affrettarsi' (→ *aginàrsi*) attraverso il derivato **exaginare* [DES; LEI]. M.

**sàipe,** sm. (friulano: Barcis). 'Saputo, ma non in senso cattivo, chi sa molte cose'.

Interessante deverbale in forma di congiuntivo presente dal verbo friulano *savè* 'sapere', dal latino *sapēre*; a Barcis la parola *sàipe* è anche una voce verbale e come tale corrisponde a *sepi* 'sappia' del congiuntivo, che è quella comune in friulano [Pellegrini 1987a]. M.

**ṡàla,** sf. nell'espressione *ciapà la ṡàla* (veneto lagunare: Pellestrina). 'Prendere il cibo della giornata'.

Letteralmente 'prendere la gialla', s'intende la farina gialla per fare la polenta; l'espressione *ciapà la ṡàla* è usata dai pescatori al ritorno della pesca [Mescola 1971-72]. M.

**salacàd,** avv. (piemontese, anche *saracàd*). 'Forse, può essere che, può darsi che'.

Da interpretarsi 'se l'accade', così come il piemontese *sacàt* e il lombardo (a Valfurva) *secà* (*segà* a Bormio) si spiegano con 'se accade' [LEI]. C.

**salàdo,** sm. (veneto, anche *salà*; trentino, nel roveretano: *salà*). 'Salume di porco'.

Come nell'italiano antico *salato* 'lardo, salume di porco', da *salare* (DEI; Prati 1968). Sia la forma veneta che quella trentina hanno assunto pure il significato traslato di 'stupido', parallelamente all'italiano *salame*.

A Caneva (veneto orientale) vi è l'espressione *miṡura dei salà*, letteralmente 'misura dei salami', che ricorda «un'usanza burlesca, con cui venivano bonariamente presi in giro i fanciulli al tempo dell'uccisione del maiale. All'invito degli anziani di *studiàr a ciór la miṡura dei salà* [affrettarsi a prendere la misura dei salami], essi si recavano da un vicino di casa che, conoscendo lo scherzo, consegnava loro un oggetto pesante, in un sacco ben chiuso; ed essi lo portavano a casa a gran fatica, tra le risate di tutti» (Rupolo-Borin 1995). M.

**salà l café,** v. (ladino centrale, nel Comelico). 'Metter lo zucchero nel caffè': *sto cafè l'è puòc salà*.

Letteralmente 'salare', perché, per risparmiare, si usava il sale al posto dello zucchero [Tagliavini 1988].

L. MENEGHELLO: *Il dì dei dughi era dòbia, quando che la mare metteva la sale drento la latte* [= Il giorno dei giochi era giovedì, quando la mamma metteva il sale nel latte] (*Libera nos a malo*, Milano 1963, p. 56). C.

**salambàchë,** sm. (pugliese: Peschici). 'Ramarro'.

Dal serbocroato *zelembać* di analogo significato, relitto di antiche colonie slave nella costa del Gargano [Rohlfs 1972]. M.

**salapìta,** sf. (toscano: lucchese). «Rimprovero, minacce, lagnanza, ramanzina accompagnata talvolta da percosse. *Tornaci che troverai la salapita!*» (Nieri 1902).

Dal latino tardo *salapitta* 'schiaffo' [DEI]. M.

**salàtta,** sf. (toscano; emiliano: *salata*, anche *slat* sm.). 'Smottamento, frana', in emiliano col derivato v. *s(a)latàr* 'slamarsi, scoscendere, franare, straripare'.

Secondo il DEI è verosimilmente voce di origine prelatina, forse dalla base **sala* alla quale si assegna generalmente il significato principale di 'acquitrino'. La stessa fonte ammette pure una connessione con la voce toscana *lazza*, *lezza* 'frana, terra acquitrinosa', e con l'emiliano (modenese) *lezza* 'fango sdrucciolevole e intriso', forse riflessi di **sala* o piuttosto da rapportare all'abruzzese *slaccë* sm. 'smotta, fango', a sua volta interpretato come derivato di un v. *slacciare* 'franare'; il problema etimologico è così lasciato irrisolto. Una diversa interpretazione fornisce Alessio 1976, che esclude una derivazione da **sala* e ricostruisce un latino parlato **sublābitus* per *sublāpsus* da *sublābi* 'scivolar giù, cader giù' [Nieri 1902; DEI ss.vv. *lazza* e *salatta*]. M.

**salét,** sm. (romagnolo), «la ripa bassa de' fiumi appiè degli argini e delle ripe alte [...] Il terreno annesso agli argini de' fiumi ridutto a cultivazione» (Mattioli 1879); (friulano; lombardo, a Bergamo: *saléc'*), 'salceto'; (abruzzese orientale: *salèttë*), «boschetto di piccole piante, boscaglia; ghiareto, greto di fiume» (Giammarco 1979); (abruzzese, nel chietino: *salèttrë*), «boschetto di salici, cerri, per lo più pioppeto» (Giammarco 1979); (friulano e veneto, nel bellunese: *salét*; lombardo, nel bergamasco: *saléc'*), 'bosco di salici'.

Dal latino *salĭctum* 'salceto' da *salix* 'salice', comune nei documenti medievali e frequente nella toponomastica; la forma chietina *salèttrë* è tratta da un plurale *salèttërë* (una formazione col morfema *-ora*, cfr. Rohlfs 1969: 40) [Tiraboschi 1873; Nazari 1884; DEI s.v. *salétto*; Mastrelli 1985: 239]. M.

**salétta,** sf. (toscano: Cortona; romagnolo: *salèta*; umbro: orvietano). «Recipiente in legno, per il sale che si teneva a fianco o sotto il camino, cioè in luogo asciutto. Quando il giovane portava in casa, ufficialmente, la ragazza, si diceva che l'*ha pòrt la murosa a vòida du che sta la salèta* (ha portato l'amorosa a vedere dove sta la *salèta*)» (Quondamatteo 1983). In Umbria «veniva considerata simbolo augurale e veniva mostrata, per prima cosa, dal suocero alla nuora che entrava in casa dopo il matrimonio» (Mattesini-Ugoccioni 1992).

Da *sale* o, forse, da *salettiéra*, che è il suo nome in Val di Pierle; in altri luoghi della Romagna il recipiente è chiamato *salaról*, nome registrato da Ercolani 1994 con l'espressione «*A sit andeda a vdē' indò ch'i ten e'salaröl?*» "Sei andata a vedere dove tengono il sale?", domanda rivolta a una giovane che si fosse recata per la prima volta a far visita alla famiglia del suo futuro sposo. M.

**salgàro,** sm. (veneto, veneto istriano e bisiacco anche *salghèr*; trentino: *salghèr(o), salghiàr*). 'Salice'.

Dal latino **salicārius* (da *salix, -ĭcis* 'salice'); l'etimologia dà ragione dell'accento piano del nome dialettale e, di conseguenza, anche del cognome veneto *Salgàri* contro la diffusa pronuncia *Sàlgari*. Il tipo lessicale interessa solo marginalmente anche il lombardo ed il friulano [DEI; Pellegrini-Zamboni 1982]. M.

**salìbba,** sf. (siciliano). 'Solco attraverso il campo, che riceve acqua da tutti gli altri solchi'.

Voce di origine araba, anche se le opinioni oscillano da *salība(h)* 'incrocio di due strade' a *sarab* 'condotto d'acqua' [Pellegrini 1972].

V. Consolo: *Da grotte e anfratti di rocce, da cunette, da macchie di rovi che schermavano salìbbe, da filari di fichidindia, sbucarono a poco a poco i contadini* (*Le pietre di Pantalica*, Milano 1988, p. 21). C.

**saliprìsu,** agg. (siciliano; calabrese), «di diversi camangiari da poter servire di companatico salati o prima: salume» (Traina 1868); (calabrese: *saliprisa* sf.), 'carne di maiale salata'.

Dallo spagnolo *salpreso* 'salato' tratto dal verbo *salpresar* 'cospargere di sale', ricorrente in testi italiani di arte culinaria nella forma *salpresare* 'mettere sotto sale' [DEI; Beccaria 1968: 112; Michel 1996]. M.

**saliṡàda,** sf. (veneto, nel veneziano; veneto giuliano e dalmatico). 'Strada cittadina lastricata'.

Da → *salìṡo*; il nome è stato attribuito dapprima a strade interne di Venezia ch'erano state selciate, quindi è passato ad altri centri urbani sotto l'influsso del veneziano [DEI s.v. *salizada*; Doria 1987]. M.

**salìṡo,** sm. (veneto centrale; veneto bisiacco, giuliano e dalmatico; friulano, anche *salìs, salìz*). 'Impiantito, selciato, pavimento lastricato'.

Letteralmente 'selciato', deriva dal latino *silĭceus* 'di selce'; è parola tipica del veneto, specie veneziano, e di qui è passata al friulano e al veneto della Venezia Giulia, Istria e Dalmazia [Prati 1968; Doria 1987]. M.

**sallàżżaro,** sm. (umbro: Todi). 'Persona fisicamente molto mal ridotta'.

È il *San Lazzaro* del Vangelo, descritto da Luca 16, 19-21, come «un mendicante ... coperto di piaghe, bramoso di sfamarsi di quello che cadeva dalla mensa del ricco». C.

**salmìstro,** sm. (veneto; trentino: Rovereto). 'Salnitro', col derivato *salmistràr(e)* 'mettere in salamoia'.

Da un'alterazione di *salnitro*, composto dal latino *sal* e *nitrum* 'nitro', attestato dal XIV sec.; dal veneto *salmistrar(e)* deriva *lingua salmistrata*, vale a dire strofinata con salnitro, cioè *salmistro*, e sale, lasciata in salamoia e poi lessata, voce diffusa dal Veneto in Lombardia dove è attestata già nel primo Ottocento, poi entrata anche in italiano [Prati 1968; Zolli 1986]. M.

**salònga,** sf. (salentino). 'Lunga fila di bambini'.

Riduzione aplologica di *sau(la)longa*, composto da *sàula* 'sagola' e *longa* 'lunga' [Valente 1985]. M.

**salonìcio,** sm. (veneto). '(Cappotto di) panno grosso' (*capoto de salonìcio*), usato dai pescatori, specialmente chioggiotti, ora non più adoperato.

Dall'aggettivo greco *salonikiós* 'di, da Salonicco', da dove probabilmente è importato; nel veneto di Grado si dice anche *capoto de salonico* (Corbatto 1995). Nel sardo campidanese è attestata la voce *sereniccu* 'cappotto che si mette all'imbrunire' che M. L. Wagner attratto dalla definizione pone sotto *serénu* 'umidità della notte', ma la storia del referente, tracciata da Stefano Pira, non lascia dubbio che anche qui si tratti dei *salonìcchi* dei marinai greci [DES; Cortelazzo 1970; Pira 1993]. C.

**saloparìa,** sf. (piemontese; anche *salopàda*). 'Sudiceria, porcheria'.

Dal francese *saloperie* 'azione impudica, sporca', un derivato di *salop* 'cattivo, sudicio', di origine germanica [FEW].

P. Levi: *In ottimo piemontese dunque, con argute venature astigiane, mi disse che aveva dello zucchero da chimicare: voleva sapere se era zucchero o no, o se c'era magari qualche porcheria ("saloparia")* (*Il sistema periodico*, Torino 1975, p. 173). C.

**salvanèl,** sm. (veneto; trentino). 'Essere fantastico, folletto in forma di ometto vestito di rosso', anche *salvanèlo, salbanèlo*.

Dal latino *Silvānus* 'Silvano, divinità boschereccia e campestre'. Come, ad esempio, per il → *mazariòl*, anche per il *salvanèl*, al significato principale di 'folletto' se ne associano, in qualche località, altri, quale quello di 'vento, brezza' (così nel vicentino della Val Leogra: *salbanèlo*) o 'riverbero': *far el salbanèlo* (vicentino), *far l salvanèlo* (in Valsugana) 'fare il riverbero collo specchio'. Ancora, nel Polesine *el Salvanèlo* si dice per 'le macchie della Luna' [Prati 1968; Perco 1985: 156-157]. M.

**sàlvo,** agg. (toscano: Arezzo; romagnolo: *sáluv*). 'Sudicio'. Da qui anche l'umbro *insalavire* 'sporcare' da confrontarsi con le forme antiche dell'aggettivo, nella Toscana meridionale, *sàlavo*, usato anche da Guittone d'Arezzo.

Dal longobardo *salawu* 'sporco', affine al francone **salo* 'torbido, sporco', che ha dato il corrente francese *sale* 'sporco' [Rohlfs 1979; FEW]. C.

**ṡalzstànghe,** sm. (veneto giuliano: Trieste). 'Bastoncino di pane cosparso di comino o di sale che si serve nelle birrerie per stimolare la sete'.

Dal tedesco *Salzstange* 'panino salato', voce che è attestata anche in italiano (XX sec.) nella forma *salzstanghel* 'biscotto a bastoncello, salato', che è un diminutivo, ed inoltre nel veneto istriano e dalmatico nelle varianti *salstangher, salstanghe, sàlzstang* [DEI; Zolli 1986a; Doria 1987]. M.

**samàs,** sm. (trentino, nel roveretano; veneto, in Valsugana: *somaso*), 'pavimento a smalto di calcina, rena, ghiaia'; (friulano: *salmàs*), 'palco delle stanze'; (ladino-veneto, nell'Agordino: *somasa* sf.), «smalto, composto di ghiaia e calcina mescolate con acqua e poi rassodate, usato come rivestimento di pavimenti; il pavimento del locale dove si trebbiava o quello della soffitta del fienile» (Rossi 1992).

Dal latino parlato **submassāre* 'assodare pestando il terreno'; la variante friulana *salmàs* si spiega da un precedente **somàs* in cui *-o* è interpretato come esito di *-al-* (un'alternanza che si nota in friulano anche in altri casi, ad esempio dal latino *alnētum* si hanno sia *alnêt* che *onêt*) [DEI s.v. *sommassa*; REWS]. M.

**sambìngiu,** agg. (sardo: Busachi). 'Blu, celeste', con varianti come *sanguìngiu*.

Più che una derivazione diretta dell'aggettivo latino

*sanguineus* 'del colore del sangue' sembra verosimile un riferimento alla pianta denominata in logudorese *sambinżu* 'fusaggine' (cfr. *rosa, nocciola*), a sua volta dal latino *sanguineus* 'sanguigno' usato da Plinio proprio con riferimento al colore del corniolo [DES; Giacalone Ramat 1978]. M.

**ṡambòt,** sm. (lombardo: Casalpusterlengo). 'Pompa aspirante', posta di solito in mezzo al cortile; funzionava a mano.

Probabilmente da *Zambòt(to)*, cognome dell'inventore o del costruttore. C.

**samènta,** sf. (campano: Napoli). 'Latrina, chiavica' e poi anche 'donna (o uomo) spregevole'.

Letteralmente 'agiamento', che ebbe anche in italiano antico il significato di 'gabinetto, ritirata' e in Settembrini, al plurale, 'escrementi' [LEI]. C.

**sammattèe,** sf. plur. (toscano meridionale). «Castagne che si maturano prima delle altre, ma di sapore inferiore alle domestiche» (Fatini 1953), col sm. *sammattèo* 'castagno'.

Da San Matteo (21 settembre), l'epoca della maturazione, denominazione da confrontare col toscano occidentale *sambartolomèa*, nome di una varietà di pera che matura a San Bartolomeo (24 agosto) [DEI s.v. *sanmatteo* e *sambartolomèa*]. M.

**sammùca,** sf. (campano). 'Anisino', specie di grappa simile all'anisetta.

Derivato da *sambuco*, la voce è passata in area laziale, dove *sambuca* è definita come 'grappa dei butteri della Campagna Romana' e poi in italiano (*sambuca*) verso la fine del secolo scorso. Anche il siciliano ha una specie di bevanda che deriva il nome dal sambuco, è detta → *zammù* ed è definita da Traina 1868 «spirito di vino con essenza di cimino, che si infonde in poca quantità nell'acqua da bere, per darle gusto» [DEI; Zolli 1986; DELI]. M.

**sammuzzàri,** v. (siciliano; calabrese: *summuzzare, sumbuzzare*), 'immergere'; (campano, a Napoli: *summuzzà* e irpino: *semmozzarese*), «sommergersi, nuotare e pescare sott'acqua» (Salzano 1979).

Probabili derivati del latino parlato **subputeāre* 'tuffare; immergersi' (composto parasintetico di *sub* 'sotto' e *puteus* 'pozzo'); nei dialetti sono noti anche i derivati *sammuzzaturi* (siciliano), *sommozzature* (napoletano) 'nuotatore subacqueo'; da quest'ultima forma dipende l'italiano *sommozzatore* [DEI; DELI]. M.

**sampa(v)ulàru,** sm. (calabrese). «Persona che catturava rettili e li mostrava in giro per ottenere offerte in denaro o in natura; li privava dell'apparato velenifero e pretendeva di saperli incantare» (Prisco 1984).

Da *San Paolo*, che, «morsicato da una vipera mentre era a Malta, avrebbe concesso agli abitanti della casa in cui si trovava l'immunità dal veleno dei serpenti e la capacità di curarne il morso» (GDLI XII 508 a proposito della locuzione *essere, chiamarsi* o *farsi chiamare della casa di San Paolo* 'essere un venditore ambulante di rimedi e antidoti contro il morso dei serpenti'). Si spiegano, così, sia il nome di *sampàulu* dato ad una 'specie di serpe nera, non velenosa', sia l'esclamazione *Sampàulu!*, che si pronuncia quando si vede una serpe [Rohlfs 1977]. C.

**sampedón,** sm. (veneto settentrionale; ladino centrale; friulano occidentale). 'Arcuccio, arconcello', anche *zampedón*; consta di una pertica più o meno incurvata che si mette sulle spalle ed alle cui estremità si portano due carichi all'incirca di peso equivalente. È usato per lo più per andare ad attingere l'acqua al pozzo, appendendovi due secchi, ma anche per portare i recipienti per latte ecc.; per altre indicazioni sullo strumento → *buìnz*.

Il termine *sampedón* e varianti è verosimilmente un derivato di *zampa* con riferimento agli uncini, detti *zampéti* 'zampette' nelle varietà dialettali menzionate, a cui si attaccano i secchi [Tagliavini 1926]. M.

**sanblàs,** sm. (friulano: nel pordenonese). 'Sempliciotto, sciocco, ingenuo'.

Da leggersi *san Blas* 'san Biagio' e da accostare ad altre formazioni dialettali, dove *Biagio* è sinonimo di 'sciocco, grullo' (lucchese, senese; a Modena *bièṡ* 'uomo di buona pasta', francese *blaise* 'sciocco', ecc.) [Migliorini 1927]. C.

**sancarlìn,** sm. (lombardo, anche *sancarlìt*). 'Crisantemo, *Chrysanthemum coronarium*'.

La denominazione proviene da *Carlo*, nome del santo milanese, la cui festa ricorre il 4 novembre, epoca della fioritura della pianta [Merlo 1904; Migliorini 1927; DEI s.v. *sancarlini*]. C.

**Sanciusèppi,** nella locuz. *aviri l'anni di Sanciusèppi* (siciliano). 'Essere molto vecchio'.

Voce di paragone, come l'altra *cchiù vecchio di Matusalemmi* [Alfieri 1980].

G. VERGA: *Voi ci avete tempo, voi; ma se credete che gli altri vogliano far venire gli anni di san Giuseppe per maritarsi!* (*I Malavoglia*, Milano-Napoli 1955, p. 219). C.

**sancràu,** sm. (ligure: Sanremo; piemontese: *sancró*; romagnolo, a Ravenna: *sancrào*). 'Cavoli acidi, crauti'.

Dal tedesco *Sauerkraut* (→ *crautàr*) con intervento paretimologico di *san(to)*. C.

**sandagnésa,** sf. (molisano: Fossalto). 'Varietà di mela precoce di color giallo'.

Così detta perché «matura agli inizi di giugno, quasi in coincidenza con la festa di S. Agnese, donde il nome» [Bagnoli 1990]. C.

**sandròn,** sm. (emiliano). 'Persona rozza e trascurata nel vestire; zotico'.

Dal *Sandron*, ipocoristico di *Alessandrone*, nome di una maschera modenese resa popolare dal bolognese F. Cùccoli (1806-1872) [DEI]. M.

**sandùssë,** escl. (abruzzese). 'Bene bene, ben gli sta' e nella locuz. *sandùssë ë nnë cchió* 'non c'è più niente (da mangiare)'.

Dal *sanctus* ripetuto nella messa in latino, dal quale dipendono anche l'affermazione trentina (roveretano) *santus* 'certamente, senza dubbio', il friulano e veneto giuliano (triestino) *santus* 'finalmente' e il sostantivo antico *santusse* 'chi finge grande devozione' [DEI; LEA; Doria 1987; Beccaria 1993]. C.

**sanèlli,** sm. (toscano: senese e amiatino). 'Testicoli degli animali, dopo macellati'.

Da *sanàre*, verbo eufemistico largamente usato per 'castrare'. Originariamente, quindi, si sarà trattato degli organi tagliati durante tale operazione. Il DEI (s.v. *sanello*) suppone un incontro di *sanare* e *granello*. C.

**sangià,** sf. (toscano: isola d'Elba). 'Conchiglia pellegrina'.

Propriamente, *San Giacomo*, il santo di Santiago di Compostella, meta da secoli di pellegrini, i quali si servivano di questa conchiglia, che attaccavano al mantello, come di una scodellina. Di qui anche il nome scientifico *Pecten Jacobaeus* L. e vari nomi dialettali del tipo *cozza di S. Giacomo* [Migliorini 1927; Palombi-Santarelli 1961; Cortelazzo 1987]. C.

**sangiùto,** sm. (veneto, anche *sangióto*; friulano: *sanglùt*; ladino centrale: *sudlót* e varianti). 'Singhiozzo'.

Dal latino parlato **singlŭttus* per *singŭltus* 'singhiozzo', alla base anche del lombardo *sangrùt* e *sangùt*, e del piemontese (novarese) *sangùt, sangiùt, sandéciu*; nel veneto giuliano, in particolare, è diffusa anche la forma *sangióso, sangiózo* spiegata come deverbale dal v. *sangiosàr, sangiozàr* che richiede un latino parlato **singluttiāre* (dovuto ad una sovrapposizione del latino *gluttīre* 'inghiottire' e *singultāre* 'singhiozzare'), forma che giustifica anche il calabrese *asseghiuzzà*, oltre che l'italiano *singhiozzare* (da cui il deverbale *singhiozzo*) [Prati 1968; REWS; DELI]. M.

**san giuvénni rinfacciàdu,** locuz. sostant. (siciliano: galloitalico di Novara). 'Doppia comparanza'.

Letteralmente 'San Giovanni (sinonimo, come in varie parti d'Italia, di 'comparatico', → *votaiànne*) in confronto', perché si diceva «quando due persone tengono reciprocamente a battesimo o cresima il figlio dell'altro» (Labisi 1992). C.

**sangozzatóre,** sm. (laziale: romanesco). 'Palombaro'.

Svisamento popolare di *sommozzatore* incrociatosi col romanesco *sangozzo* 'singhiozzo' [Chiappini 1945; DEI]. M.

**sanguanèl,** sm. (veneto trevigiano). 'Essere fantastico, folletto'.

La denominazione può dipendere da *agàna* 'strega, fata' (→ *gan*) o piuttosto da → *salvanèl*, entrambe voci dialettali note al veneto, con sovrapposizione di 'sangue' dovuta al fatto che il folletto si immagina vestito di rosso [Marcato 1982]. M.

**sanguéta,** sf. (ligure; lombardo; trentino; veneto; emiliano e romagnolo: anche *sanguét(u)la*; toscano; friulano: *sanguète*). 'Sanguisuga' ed anche 'persona importuna, seccante'.

Da *sangue*, come il latino *sanguisūga* [DEI s.v. *sanguétta*; Prati 1968].

I. NIEVO: *Se la mattina ordinava un lenitivo, la sera non adoperava che i drastici; e le sanguette del dopopranzo si mutavano all'ora di pranzo in salassi* (cit. in GDLI XVII 507). – R. BACCHELLI: *"Ve' che ghigna!" gridò il ragazzo; e fu un clamore repentino: "Brutta ghigna, faccia trista, carognone, sanguettola!" ('Sanguettola' voleva dire sanguisuga, e non ci vollero spiegazioni dell'allusione)* (cit. in GDLI XVII 507). – G. PUGNETTI: *Ci si amava nella pace di una passione immensa e indescrivibile, come una sanguetta che si attacca alla pelle e succhiando il sangue non si distacca più* (*Vendetta all'italiana*, Milano 1978, p. 285). C.

**sànguis,** sm. (lombardo: Val Chiavenna e Valtellina). 'Panino imbottito con salame o prosciutto'.

Adattamento dialettale dell'inglese *sandwich*, avvicinato, per assonanza, a *sangue*. L'anglicismo non sarebbe d'introduzione recente, ma importato dagli emigrati negli Stati Uniti, ritornati nelle loro valli. C.

**sa(n) Gurgnón,** sm. (romagnolo). 'Giorno delle Ceneri'.

Letteralmente 'san musolungo' (da *grógn* 'grugno, muso'), «così per celia il giorno delle Ceneri: il carnevale è finito» (Quondamatteo 1982a). C.

**sàni,** inter. (veneto, nel bellunese), 'formula di saluto che si usa quando due persone si separano'; (veneto giuliano: Trieste; friulano, a Forni di Sopra: *sàne*), 'sanamente', come formula di saluto; a Trieste «possiamo tradurlo con Evviva, Viva! In passato comune, anche, *sani in barca*!» (Doria 1987).

È un augurio che significa '(state, rimanete) sani'.

S. VASSALLI: *Salutava i montanari da lontano, agitando la mano: "Sani! Sani!" (Così la gente si salutava e si saluta tuttora, in quest'angolo di mondo: augurando a sé stessa di rimanere sana, ed includendo pro-forma, nell'augurio, anche la persona incontrata per strada)* (*Marco e Mattio*, Torino 1992, p. 12). M.

**sanmichée,** sm. (lombardo) 'trasloco'.

Dalla data consuetudinaria (29 settembre) di disdetta dei contratti di locazione. «Fra noi le tramute hanno luogo in città a' 29 di settembre, in campagna agli 11 di novembre di ciascun anno; di qui il dettato» (Cherubini 1839-56).

P. VALERA: *Nel '70 quand'egli diceva a tutti che se avesse avuto vent'anni di meno sarebbe andato in Francia a difendere la causa dell'ordine contro i petrolieri e le petroliere che davano il fuoco alla più grandiosa capitale del mondo, dovettero far sanmichele e portare le loro carabattole nel cortilone* (*La folla*, Napoli 1973, p. 128). – E. DE MARCHI: *Andò al suo tavolo e si preparava ad aprire i cassetti per fare il suo piccolo S. Michele* (*Romanzi e racconti*, Milano 1943, p. 207). – C. E. GADDA: *e quel san michele di cadrèghe e seggette celebrato a san Policarpo, era anche riuscito mica male in una bufera di neve-grandine* (*L'Adalgisa. Disegni milanesi*, Torino 1969, p. 43). C.

**sansòni,** sm. plur. (ladino centrale: Livinallongo). 'Patate'.

La denominazione è un derivato da *Sassonia* (con inserzione di *-n-* per accostamento paretimologico a *Sansone*), poiché pare che le patate siano state importate nella zona per la prima volta nel 1796 dalla *Sassonia*; il termine è connesso alla forma italiana del coronimo e non a quella tedesca *Sachsen*, da cui si avrebbe un esito diverso. Va poi sottolineato che non è questo l'unico caso in cui il nome della patata poggia su quello di una regione di provenienza: per esempio il rumeno *brandaburca* viene da *Brandenburg*, cioè *brandernburger Kartoffel*, e l'ungherese *burgonya* da *Bourgogne*, probabilmente tramite l'italiano *Borgogna*. A *Sassonia* si riconducono anche l'arcaico *sansònes* in Val di Fassa, ed a *sansòni(-e)* le denominazioni *soni, sonë* in Val Badia, e *sone* in Val Marebbe, in forma accorciata, tutte riferite alle 'patate' [Tagliavini 1934]. M.

**sansosì,** sm. (piemontese). 'Spensierato, senza fastidi, noncurante'.

Dalla locuzione sostantivata francese *sans souci*, letteralmente 'senza (*sans*) preoccupazione (*souci*, dal verbo *soucier*, unico continuatore popolare del latino *sollicitāre*)' [FEW].

G. PANSA: *È una sansussì, spiegava, ma sventata e un po' incosciente* (*Ma l'amore no*, Milano 1994, p. 53). C.

**santaléna,** sf. (veneto: Venezia). 'Medaglia di rame, per lo più contornata d'argento, che si tiene per devozione'.

La denominazione risale al nome proprio greco *Elénē, Lénē*. In origine si sarebbe trattato, quindi, di moneta bizantina con l'impronta della Croce usata per filatterio. L'ipotesi può essere confermata indirettamente dai *Kōstantinâta* bizantini, «monete di Costantino» dal magico potere profilattico e terapeutico, talvolta chiamate invece «(monete) di Sant'Elena» per l'immagine di S. Elena affiancata a quella di S. Costantino. L'uso è antico anche in Italia: cfr. Dante (che parla di *santalene d'argento finissimo*) e altri poeti del Duecento. Alcuni poi hanno riconosciuto un influsso di questa voce anche in *pantalena* 'specie di patella, *Patella Coerulea*' (di area veneta, veneta giuliana e dalmatica, in uso pure in italiano) spiegabile a causa della forma, ma l'accostamento può essere del tutto secondario. Da notare poi che *pantalena* è in veneziano anche nome di un gioco altrimenti detto *totum* (*żogàr al totum* o *a pantalena*), che potrebbe suggerire un'antica posta in denaro [Migliorini 1927; Cortelazzo 1970]. C.

**sànta lò,** escl. (emiliano: Cavriago). 'Esclamazione'.

Da intendersi *sant'Alò*, nome francese (anticamente *Eloi*) di 'sant'Eligio', quando questo santo era più noto e venerato di oggi. C.

**santalòja,** sm. (campano: Napoli). 'Medico da strapazzo'.

Il senso originario è 'maniscalco' e proviene dal nome di *Sant'Alò*, il santo francese (*Saint Eloi*) patrono degli operai che fanno uso del martello [Nardin 1976]. C.

**santamarìa,** sf. (piemontese; ligure: *santamàia*; veneto) 'Erba pepe, *Polygonum hydropiper* L.'.

Il nome parrebbe dovuto alla credenza che la venatura rossa della foglia di questa pianta sarebbe dovuta al sangue della Madonna: già nell'antica nomenclatura in latino medievale *herba Sanctae-Mariae* e in francese *herbe à la Vierge* [Rolland 1886-1967; Plomteux 1975]. C.

**santanàcchio,** sm. (umbro: Lago Trasimeno). 'Sassola, cucchiaione di legno adoperato dai pescatori per sgottare l'acqua entrata nella barca', anche *saltanàcchio*, *sentanàcchio*.

Riflessi del latino *sentināculum* 'votazza per liberare la sentina delle navi' [Moretti 1977]. M.

**santandrèa,** sm. (marchigiano: Jesi). 'Colpo apoplettico'.

Scherzoso riferimento a S. Andrea Avellino, morto nel 1608 per apoplessia [Urieli 1979]. C.

**santantònio,** sm. (toscano: grossetano ed amiatino). 'Spuntino durante il giorno'.

Trae origine dal "pane di Sant'Antonio"; probabilmente si tratta di Sant'Antonio Abate piuttosto che di Sant'Antonio da Padova, considerato che il pane veniva distribuito il 17 gennaio e come confermano le denominazioni *pane di Sant'Antoni* (toscano: Colonnata) che designa «grosse forme di pane che il giorno di Sant'Antonio abate, dopo averle benedette, il parroco faceva distribuire alle famiglie povere, grazie ai lasciti di alcune famiglie benestanti» (Luciani); si aggiunga *la pagnòcca d'sant antògno* (umbro: Magione) «pane e sale che venivano distribuiti il giorno di Sant'Antonio» (Moretti 1973). Presenta un sincretismo dei due santi il *pàne te sant Antòni*, «piccole forme di pane che, in numero di tredici, generalmente per voto si portano in chiesa il giorno della festa di Sant'Antonio da Padova per la benedizione e poi si distribuiscono a parenti e amici» (LEI) [DEI]. M.

**santantunìna,** sf. (lombardo: Oleggio). 'Vermifugo': *bév la puvrina d santantunina par cascé via i vërmi* 'bere la polverina (= medicinale in polvere) di santantonina per mandar via i vermi', nota anche altrove, come nel ladino-veneto (agordino) *santantonina*.

Deformazione, per accostamento a *Sant'Antonio* (quasi fosse il femminile di *Santantonìn* 'sant'Antonino') della voce dotta *santonina*, dal nome della pianta, il *santonico*, da cui è tratta. C.

**sànta plógna,** sf. (umbro; laziale, a Roma: *santa pollina*). 'Mal di denti'.

Letteralmente *santa Apollonia*, la protettrice dei denti [LEI]. C.

**sànta polònia,** locuz. sostant. (veneto: Verona). 'Pregadio, *Mantis religiosa* L.'.

Letteralmente 'sant'Apollonia', denominazione basata sulla credenza dei bambini, che questo insetto sia incaricato da sant'Apollonia di portare le monete nel cartoccio che essi mettono sul camino con dentro un loro dentino caduto, perché la santa lo cambi con qualche moneta [Garbini 1920]. M.

**santë lùchë,** sm. (lucano, a Pisticci, a Matera: *sànde lūc*). 'Ottobre'.

Letteralmente *San Luca*, che si festeggia il 18 ottobre [AIS]. M.

**santiliòn,** sm. (piemontese; lombardo, a Milano: *sciantiglión*). 'Mostra, saggio'.

Dal francese *échantillon* 'campione'. C.

**sàntolo,** sm. (veneto, nel bellunese: *sàntol*; veneto giuliano; friulano e romagnolo: *sàntul*). 'Padrino'.

Dal latino *sănctus* nel senso di 'venerabile, degno di rispetto'. L'usanza, da parte dei padrini di cresima, di regalare ai figliocci delle ciambelle ha dato l'occasione al diffondersi del proverbio (istriano) *chi ga sàntoli, ga busolài*, (friulano) *cui c'al à sàntul al à colàz* 'chi ha solidi protettori non manca di vantaggi'.

I. SVEVO: *Egli guardò le fotografie. Un vecchio che s'era fatto fotografare in posa di grand'uomo, appoggiato a un fascio di carte. Emilio sorrise. "Il mio santolo" presentò Angiolina. Un giovanotto vestito bene ma come un operaio in festa, una faccia energica, uno sguardo ardito. "Il santolo di mia sorella" disse Angiolina "e questo è il santolo del più giovane dei miei fratelli" e fece vedere il ritratto di un altro giovanotto più mite e più fino dell'altro* (*Senilità*, Milano 1987, p. 50). – F. TOMIZZA: *Vi si univa qualche nostro carro di angurie e meloni, il panchetto della gnagna Mena che vendeva* buzzolài *nei giorni di cresima, quando il padrino più benestante lo si riconosceva dal numero delle ciambelle infilate nel braccio tenuto alto dal figlioccio per dare evidenza al proverbio più caro a questo popolo bisognoso alla fin fine soprattutto di protezione:* Chi ga sàntoli ga buzzolài (*La miglior vita*, Milano 1977, p. 100). C.

**santóre,** sm. (toscano, nel lucchese), 'litania'; (calabrese), 'sepolcro della settimana santa'; (pugliese, nel barese: *sandórë*), 'altare maggiore'.

Dal latino (*sancta*) *sanctōrum* propriamente 'dei santi', forma frequente nel latino ecclesiastico dal quale dipende l'uso popolare della voce riflessa anche nel campano (irpino) *santalorejà* 'bestemmiare' [DEI; REWS; Beccaria 1993]. M.

**santrecòro,** sm. (sardo: Nuoro). 'Sincope', 'apoplessia carbonchiosa'.

Sta per il più comune *anticòru* 'anticuore', diffuso in tutti i dialetti italiani, con conglutinazione dell'articolo: *s'antrecòro* > *santrecòro*, da cui, con nuovo articolo determinativo, *su santrecoro*. Non diversamente è avvenuto per l'altra variante lombarda e emiliana *lant(a)cór*, dal precedente *l'ant(a)cőr*, → *anticőr* [Farina 1973; LEI]. C.

**sàntu accutufàtu,** sm. (siciliano). 'Detto per derisione di chi se ne sta in disparte, rannicchiato'.

Sebbene il G. Pitrè (*Usi e costumi, credenze e pregiudizi del popolo siciliano*, Palermo 1899) negasse l'esistenza di un santo di tale nome, un *San Cucufate* è ricordato nel martirologio romano ed è venerato tanto in Spagna, dove è nato, quanto in Francia. In Sicilia il suo nome è stato accostato al verbo *accutufari* 'rannicchiarsi', da cui deriva il senso figurato, come è accaduto per altre deformazioni siciliane dell'agionimo, reinterpretato secondo appellativi ad esso vicini [Trovato 1992]. C.

**sàntu Andrìa,** locuz. (sardo nuorese e sassarese). 'Novembre'.

Dalla festa di S. Andrea, che cade il 30 novembre, come nel rumeno *luna lui andreá* ed in certe regioni della Spagna *sanandrés*, mentre in Transilvania *îndreá*, *undreá* e in Albania *shënëndré* è il nome del mese di 'dicembre' [DES]. C.

**sàntu Gaìnu,** locuz. sostant. (sardo, con varianti). 'Ottobre'.

Dal nome del santo (*Gavino*), la cui festa ricorre il 25 del mese [Merlo 1904; DES]. C.

**santùzza,** sf. (toscano: Livorno). 'Specie di scialle da donna'.

Dalla *Santuzza* della *Cavalleria rusticana*, «d'introduzione recente, dopo il trionfo della popolarissima opera mascagnana» [Malagoli 1939]. C.

**sapèlla più lùnga der Panattòni,** locuz. (toscano, a Pisa, ma nota anche a Firenze). 'Saperla molto lunga'.

Dal nome dell'avvocato Giuseppe Panattoni, deputato al Parlamento, noto per la sua bravura [Volpi 1932; Malagoli 1939]. C.

**ṡàpo,** sm. (veneto: Chioggia). 'Poveraccio, nullatenente': *a ṡé un pòvaro ṡàpo.*

Sopravvivenza di una antica voce (*asàpo*, *esàpo*) e sintagma (*pòvero asàpo*) veneziani (ma anche del ligure occidentale: *aṡàpo* 'villano, rozzo'), che hanno avuto un largo impiego nella Serenissima fin dal XVI secolo e che probabilmente derivano dal greco *azápē* 'povero, misero', di origine orientale. Meno probabile che l'aggettivo bellunese *ṡapo*, riferito a 'qualità scadente di mele' sia la medesima voce [Cortelazzo 1970; Pellegrini 1972]. C.

**sapunàrë,** sm. (campano, nel napoletano). 'Raccoglitore e venditore di pezze, di stracci'.

Cosiddetto perché raccoglie stracci in cambio di sapone: «I napoletani han chiamato saponaro il cenciajo, perché in cambio e commutazione di *pezze*, suol dare sapone» (D'Ambra 1873). M.

**sarabàn,** sm. (piemontese; lombardo: *sciarabàn*; emiliano: *sarabà(n)*; toscano: *sciarabà*; *sciabarà*; campano: *sciarabballo*; abruzzese e siciliano: *sciarabbà*; lucano: *sciarrabbàll*, *sciarabàttëlë*; calabrese: *sciaraballu*). 'Carrozzino, specie di carrozza, specialmente carro con sedili di legno paralleli', con significati traslati come *sciarrabàllo* «donna molto grassa e slombata; prostituta invecchiata» nel napoletano (Salzano 1979), *sciarabà* «veicolo vecchio e scassato» nel senese (Cagliaritano 1975).

Prestito dal francese *char-à-bancs* 'carrozza a quattro ruote con banchi'; la forma toscana *sciabarà* è dovuta a metatesi [DEI s.v. *sciarabà*; REWS]. M.

**ṡaràbi,** sm. (piemontese meridionale), 'acero, *Acer campestre* L.'; (corso, Evisa: *sciarăbulu*), 'sicomoro'; (corso, Evisa: *sciarăbula*), 'frutto del sicomoro'.

Dal latino tardo *acerabŭlus* 'acero', continuato nelle parlate galloromanze (francese *erable*) cui appartengono quelle di valli del cuneese che hanno le forme *arṡalàbre*, *aràbe* per 'acero' (AIS). Prestito del francese *erable* è il siciliano *arabli* 'specie di acero' [DEI s.v. *isalabre*; LEI]. M.

**saràf,** sm. (lombardo: Voghera), 'imbroglione'; (emiliano), 'adulatore'; nella locuzione bolognese *fer al saràf* 'far l'indiano, fingere di non capire' e in quella veneta (a Padova) *far el saràfo* (o *soràfo*) 'fare il compare, fare il giuoco d'intesa'.

Voce molto diffusa, con significati vari, nelle parlate gergali, dal turco o dall'arabo *sarrāf* 'cambiavalute', ritenuto spesso un 'imbroglione' [Prati 1953; Folena 1955]. C.

**sarànda,** sf. (piemontese), «chiusino del forno, lastrone del forno» (Gavuzzi 1891); (lombardo: a Milano), «serrame di ferro che serve a turar la bocca del fumajuolo d'un camminetto verso il focolare» (Cherubini 1839-56).

Dal verbo *serà(r)*, *sarà(r)* 'chiudere' (latino volgare **serrāre*); dalle forme dialettali piemontesi e lombarde dipende l'italiano *serranda* oggi nel significato specifico di 'saracinesca' [Zolli 1986]. M.

**sarapìca,** sf. (toscano meridionale, anche *sarafica*; emiliano, nel piacentino: *sarabighe* plur.; romagnolo: *ciarabigla*; laziale, anche *giarrabiga* e varianti; umbro: *scerapìcole* plur.; abruzzese: *sarapèic*). 'Zanzara'.

Dal latino *salpīga* (con varianti come *salpūga*, *silpūga*, *solifūga*, *solipūga*) attestato con riferimento a piccolo animale velenoso; secondo Plinio, designerebbe anche un «formicarum genus venenatum». Le forme *solifuga*, *solipuga*, che Isidoro e Solino attestano come animale velenoso particolare della Sardegna, sono alla base del sardo *soloìga*, *soloriga* e varianti 'malmignatta', 'Migale scavatrice', un aracnide la cui morsicatura produce dolori atroci e spasimi; tali voci vengono generalizzate in alcuni paesi per designare un ragno qualunque; ad Iglesias ed altrove è anche il nome di una specie di formicone [AIS; DEI s.v. *ciarapica*; DES; Rohlfs 1979]. M.

**saraṡòla,** sf. (romagnolo: anche *zarżòla*, *ciaraṡòla*). 'Frutto del biancospino'.

Letteralmente 'ciliegina', come il corrispondente italiano *ceras(i)òla*, perché è una bacca rossa, che assomiglia ad una piccola ciliegia. C.

**saravàl,** sm. (veneto; nel Polesine: *saravale*). 'Acquazzone'; *vegnìr żo saravàl* 'diluviare'.

Letteralmente 'serravalle'; cfr. il polesano (Ca' Emo) *fondavale*, con lo stesso significato, che equivale a 'fondovalle' [Lazzari 1919]. M.

**sarchiapónë,** agg. (campano: Napoli), 'ipocrita, volpone, furbacchione', 'uomo basso e un po' storto', 'nome che si dà spesso ai cavalli'; anticamente anche 'stupido, melenso'; (abruzzese: *sarchjaponë*), 'uomo grasso, grosso e goffo, bietolone e melenso'.

Nome di un personaggio della *Ballata* (o *Cantata*) *dei Pastori* del Perricci, di cui sfugge l'etimologia: si dice che sia una deformazione di *fra Jacopone*, chiamato anche *fra Sarchiapone*, per 'cattivo frate' (e il Trinchera, nel XVIII secolo, parla di "Lo monaco sarchiapone").

R. NIGRO: *nelle basse bande di Napoli era lo scettro del sarchiapone che la guidava vestito da dignitario* (*Dio di Levante*, Milano 1994, p. 275). C.

**Sardégnë,** top. (lucano). 'L'isola ritenuta luogo molto lontano', da cui il proverbio, diffuso anche in altre regioni, *Ch' ten' lengh' vai' 'n Sardegn'* 'chi ha lingua va in Sardegna', cioè 'chi sa parlare arriva ad ogni paese, anche lontanissimo'; il proverbio in Sicilia (Vittoria) suona così: *cu à lingua passa u mari.*

G. ANGIONI: *«Ah, bene: ci esprimiamo benino in italiano. E tanto meglio. Chi ha lingua va in Sardegna, non è vero?», ha detto il capitano* (*Lune di stagno*, Cagliari 1993, p. 60). C.

**sardèla,** sf. (trentino; veneto; emiliano, nel bolognese; laziale, nel romanesco: *sardella*). 'Bacchettata, percossa', *sardèle* plur. «busse date dal maestro a scolari sulle mani con una bacchetta» (Groff 1982).

Da *sarda*, con un passaggio semantico che dovrebbe individuarsi anche nel termine *salacca*, *saracca* 'specie di sardina' che in diverse varietà dialettali (piemontese *saraca*, toscano, a Lucca, *salacca*, emiliano *silàc*) designa anche 'colpo' [Ferrari 1853; Chiappini 1945; DEI s.v. *sardella* e *salacca*]. M.

**sardenàr,** sm. (veneto: veronese, a Garda). 'Rete a strascico per catturare le alose', usata poi anche per trote, lucci e tinche'.

Da *sardéna*, nome locale della 'alosa, *Alosa lacustris*'. Un collegamento diretto con *Sardin(e)us* è del tutto improbabile [DEI s.v. *sardenàro*; Crescini 1987]. C.

**s'arfà el nóme,** locuz. (umbro: San Giustino). 'Mettere al neonato il nome del nonno o della nonna soprattutto paterni'.

Alla lettera 'si rifà il nome'. C.

**sàricu 'i portu,** sm. (siciliano). 'Uomo scaltro, furbo, birbante'.

Letteralmente 'sarago (*Diplodus sargus*) di porto', pesce astutissimo e di difficile cattura, capace perfino di sottrarre con destrezza l'esca dall'amo ai pescatori con la canna. Si spiegano, così, anche il paragone toscano (isola d'Elba) *furbo come un sàrago di porto*, il *saracone* salentino 'uomo vanaglorioso' e il *patrë saraconë* 'finto moralista di Molfetta [Cortelazzo 1968-70; Valente 1993]. C.

**sarmurìgghiu,** sm. (calabrese meridionale). «Salsa che si fa all'arrosto» (Rohlfs 1977).

Dallo spagnolo *salmorejo* 'salamoia' [DEI; Corominas]. M.

**saròla,** sf. (lucano; pugliese), 'olla, orcio, vaso di creta per conservare l'acqua'; (salentino: anche *salòra*), 'vortice d'acqua'.

Dal latino *seriola*, diminutivo di *sēria* 'grande vaso di terra' [Alessio 1976].

R. Nigro: *Dalla cenere, nel perimetro dei muri, sbucavano solo i piedistalli dei letti, la saròla spaccata, le fisine e qualche pentola* (*I fuochi del Basento*, Milano 1987, p. 86). C.

**sarsègna,** sf. (veneto; veneto giuliano, nel triestino; friulano). 'Alzavola, *Anas crecca*'.

Dal latino *querquedŭla*, nome di un uccello acquatico, attraverso la forma parlata **cercedula* e con successivo cambio di suffisso; ne dipende pure il piemontese *sarslòt* 'alzavola' [FEW; DEI s.v. *zarzegna*; André 1967; Prati 1968]. M.

**sarṡét,** sf. (piemontese). 'Valerianella, *Valerianella olitoria*'.

Sembrerebbe variante di un non documentato **sarṡél* (da cui poi anche *sarslòt* 'marzaiola', → *sarsègna*), nome di un uccello corrispondente al francese *sarcelle* 'marzaiola', 'alzavola', dal latino **cercedula* per il classico *querquedula* 'specie di anitra', di provenienza greca. Diverse altre piante hanno assunto il nome da quello di un uccello: la stessa valerianella si chiama in diverse parti d'Italia 'galletti' o 'galline', 'gallinelle' e il nesso che li unisce è la comune commestibilità [REW; FEW]. C.

**sartìgliu,** sm. (sardo, a Oristano: anche *sartìglia* come sf.). 'Gioco di carnevale, consistente nell'appendere una gallina ad una corda tesa attraverso la strada e cercare, correndo col cavallo, di strapparne il collo'.

Dallo spagnolo *saltillo*, che dovrebbe corrispondere a 'saltarello' [DES].

G. Angioni: *È un carnevale serio, la sartiglia a Oristano. Anzi non è neppure carnevale. È la storia cifrata di un re sopravvissuto, re che c'era una volta. Non re di carnevale: re di primavera, re di maggio* (*Lune di stagno*, Cagliari 1993, p. 79). C.

**sassìnca,** sf. (toscano: isola d'Elba). 'Luogo coperto da sassi', sinonimo di *sàssera*.

Da *sasso* con il tipico suff. *-inco* d'area occidentale (Provenza e Catalogna) [Cortelazzo 1987]. C.

**satèlite,** sm. (veneto: Marano L.). 'Ragazzo vivace'.

Come il suo sinonimo *sbìro*, molto più diffuso, prende il nome in uso figurato da quello dell'italiano *satellite* nel senso di 'guardia al servizio dell'autorità giudiziaria', 'sbirro'. In friulano si conserva, come termine storico, il derivato collettivo *satelìz* 'forze armate del distretto'.

I. Nievo: *Il vice-capitano e i suoi satelliti, udendo sotto i piedi qual baccano che facea le mura, glie si raccomandavano alla beata Vergine del Terremoto* (cit. in GDLI XVII 593). C.

**sàt(e)ra,** sf. (umbro). 'Diceria, chiacchiera malevola'.

Significato popolarmente assunto dalla voce dotta italiana *sàtira*. C.

**saturéddu,** sm. (siciliano). «Pianta di soave odore, che ama i luoghi aridi e sassosi e le coste marittime a mezzogiorno, *Thimus capitatus* L.» (Traina 1868).

Dall'arabo *ṣaʿtar* 'una specie di origano'; confronta anche il maltese *saʿtar* 'timo', ma anche il latino *satureia* 'santoreggia', da cui la voce potrebbe derivare direttamente [Pellegrini 1972; Valente 1995]. C.

**saudàm,** sm. (ladino centrale, nel Livinallongo). 'Sabbia fine, rena di monte per fregare le pentole'.

Corrisponde all'italiano *saldame*, dal latino tardo *solidamen* (da *solidus*) [Pallabazzer 1980]. M.

**savàda,** sf. (sardo, con le varianti *sebada*, *seada*). 'Schiacciata rotonda fatta di formaggio, burro, farina ed uova'.

Da *sébu* 'sego' per il suo lustro untuoso [DES].

C. Levi: *Finiamo con lui da un amico pastore, che ci improvvisa la più deliziosa* savada, *calda e fragrante di farina, di latte, di pasta semicruda* (*Tutto il miele è finito*, Torino 1975, p. 91). C.

**savòia,** sf. (ladino centrale: comelicano). 'Strage, finimondo'.

Voce recente, dal grido di guerra dell'esercito italiano "*Savoia!*" [Tagliavini 1944]. M.

**savṓrs,** sm. plur. (friulano; emiliano, a Carpaneto: *savū̀r* sing.). 'Prezzemolo'.

Propriamente 'sapori' (dal friulano *savṓr* 'sapore'); raro l'uso della voce al singolare *savṓr* in friulano. M.

**sbadà,** v. (abruzzese, anche *sbadarà*; calabrese *sbadari*). 'Guastare la siepe', nel calabrese anche 'cacciare le pecore dall'ovile'.

Dal latino parlato **exvadāre* 'guadare, passare a guado', da *vadum* 'guado' [REWS; Rohlfs 1977]. M.

**sbadilèr,** v. (emiliano: modenese). 'Lavorare di badile' e, in senso figurato, 'buttare da parte, cacciare via, abbandonare': *mo chi t'ha sbadilèe inzà?* 'ma chi ti ha buttato qua?'.

Da *badìl* 'badile'.

F. Guccini: *guardando quella che piangeva che si vede lui l'aveva appena sbadilata* (*Vacca d'un cane*, Milano 1993, p. 132). – Id.: *e lui non lo sapeva ancora, ma stavamo pensando di sbadilarlo via* (*ibidem*). C.

**sbafumé,** v. (piemontese). 'Spaventare' col participio passato e aggettivo *sbafumà* 'stravolto, accalorato'.

Da collegarsi col verbo lombardo (che arriva, tuttavia, fino al Vercellese) *sbanfè* 'ansare, sbuffare' dalla base *baf(f)-* 'alito, soffio' [LEI].

G. PANSA: *I soldati del treno sembravano un po' diversi. Qualcuno era un cane bastonato. Qualcun altro era addirittura sbafumato, stravolto per la paura* (*Ma l'amore no*, Milano 1994, p. 20). C.

**sbagattàre,** v. (toscano, nel lucchese), 'disfarsi, levarsi di torno una cosa scadente', e *abbagattare* 'allettare con false, finte e dolci parole per indurre altrui a sua volontà'; (emiliano, nel modenese: *bagatare un mestiere*), 'eseguire e fare un mestiere con poca attenzione, malamente e con imperfezioni'.

Da *baga* 'cosa da nulla', *bagatella* 'cosa frivola', voci ricondotte ad una base **bak-* 'piccolo, giovane' [DEI; LEI]. M.

**sbalàre,** v. (veneto). 'Andare calando', 'cessare' (specie di fenomeni atmosferici).

Quest'area veneta succede a quella lombarda di *balcà*, *barcà* con lo stesso significato: se siano anche etimologicamente collegate è difficile dire, anche perché tutti i tentativi di spiegarne la provenienza non sono convincenti, per cui «è da conchiudere che il problema dell'origine di questa voce rimane insoluto» [VDSI]. C.

**sbalsaùra,** sf. (veneto: Marano Lagunare). 'Forte nembo, temporale estivo di mare'.

Probabilmente la voce ha un riscontro nel veneto istriano *sbalsadura* di analogo significato ed etimologicamente affine all'italiano *balza* 'roccia scoscesa; dirupo', verosimilmente per l'impressione che le nubi che s'avanzano danno ai pescatori. Non si può tuttavia trascurare un eventuale raffronto con la voce veneta e friulana *balz(o)* 'covone'; in tal caso è il nembo visto nel suo accavallarsi di cumuli più o meno elevati che danno l'impressione di un grosso covone [Luca 1987]. M.

**sbarbà,** v. (ladino centrale: ampezzano, comelicano). 'Mangiare avidamente; mangiare tutti i cibi'.

Letteralmente 'sbarbare', giustificato semanticamente dal senso di 'potare' noto ad esempio al friulano anche come traslato: *al à sbarbât fóur une sostanze* 'ha fatto fuori, ha scialacquato una sostanza'. Oppure può trattarsi di una creazione scherzosa fatta sul modello dell'italiano *sbafare*, inteso come derivato di *baffo*, con sostituzione di *barba* a *baffo* [Tagliavini 1944]. M.

**sbèdicu,** agg. (laziale: Arsole). 'Strano'.

Dall'italiano *bisbètico*, qualunque sia l'origine di questa discussa voce. C.

**sbèrgia,** sf. (siciliano, anche *sbèggia*, *svèrgia*, *smèrgia*; calabrese meridionale: *aspèrgia*; campano, Avellino: *arbèrcia*). 'Nocepesca', in siciliano anche sm. *sbergiu*, «una delle varietà del pesco, di cui il frutto ha la buccia liscia e rossa» (Traina 1868).

Dal francese *auberge*, *alberge*, a sua volta dal mozarabico (e spagnolo) *alberchiga*, dal latino *persĭca*, attraverso l'arabo; si riconduce direttamente ad *alberchiga* la forma calabrese *libbèrgia* 'nocepesca' [REW; DEI s.v. *arbèrcia*, *aspèrgia*; REWS; Rohlfs 1977a]. M.

**sbèrla,** sf. (piemontese; lombardo; veneto; friulano: *sbèrle*; emiliano; romagnolo). 'Manrovescio'.

Voce entrata nell'uso comune dell'italiano settentrionale, è di etimo incerto. L'ipotesi più verosimile si basa su una connessione con *sberlèffo* 'sfregio sul viso' (probabilmente di origine longobarda). Meno credibile un'interpretazione a partire dalla parola genovese *(s)berlendón* 'mascellone, ceffone' che a sua volta pare in relazione col francese antico *brelan(d)*, *berlan(d)* 'tavoletta' (dall'antico alto tedesco *bretling* 'tavoletta, assicella'); ma, osserva il DELI, per quanto un rapporto tra la voce genovese ed il tipo lessicale *sberla* non sia improbabile, pare strano che questo dipenda da quella. Il DEI menziona anche la voce umbra *sbernóne* 'schiaffo' che sarà da confrontare, più che con *sberla*, col toscano *sberno* 'cicatrice', anch'esso di origine incerta (per taluni onomatopeica) [DEI; DELI; GDLI]. M.

**sbèsola,** sf. (veneto; veneto giuliano; trentino). 'Mento (prominente), bazza'.

Da *bazza* con prostesi di *s-*, con valore intensivo, e con suffisso; voce di provenienza toscana e di origine incerta [Prati 1968; DELI; Bondardo 1986]. M.

**sbiàdo,** sm. (toscano: senese). «Sentiero tracciato nel bosco per il passaggio dei muli» (Cagliaritano 1975).

Il significato originario del termine è quello di viottolo per il trasporto di biade e come tale è un deverbale da una voce *sbiadare* col senso di 'portar via le biade' da *biada* [DEI]. M.

**sbiàrese,** v. (laziale: Castel Madama). 'Deporre l'uovo per la prima volta'.

Propriamente 'sviarsi', nel senso di 'avviarsi'; in altre varietà laziali, come a Castro dei Volsci, *zbià* o *zvià* significa 'mettere in moto', 'iniziare il cammino', definizioni che spiegano bene il significato di Castel Madama. C.

**sbiculà,** v. (laziale: Amaseno; a Castro dei Volsci: *svicu-là*). 'Fuggire di soppiatto'.

Cioè, scapparsene attraverso i vicoli. Il verbo si è abbastanza esteso nell'italiano familiare nella forma *svicolare*. C.

**sbinnònno,** sm. (toscano; laziale). 'Bisnonno'.

Evidente forma dovuta a metatesi di 'bisnonno'; stesso procedimento si nota nel tipo lessicale *sbizìo* (toscano meridionale) 'prozio' che muove da *biszìo* [Fatini 1953; DEI s.v. *sbinnòno* e *sbizìo*; Cagliaritano 1975]. M.

**sbollatrò,** agg. (abruzzese: Pizzoli). 'Trasandato, sciamannato, miserando'.

'Buon ladrone', non tanto quello del breve accenno evangelico, quanto il personaggio delle sacre rappresentazioni popolari del venerdì santo [Gioia 1993]. C.

**(s)borbicà,** v. (toscano: versiliese; calabrese: *birbijari*, con varianti; siciliano: *bbarbaciàri*, con varianti), 'borbottare, parlottare'; (umbro: *sberbecà*), 'traballare, tentennare'.

Dal latino *berbīce(m)* 'montone, pecora', per cui il verbo doveva significare originariamente 'belare', mentre «i significati odierni di area umbra alludono verosimilmente alla nota malattia dei bovini e degli ovini, che ne provoca la zoppia (cioè la zoppina)» [Mattesini 1992]. C.

**sbotràre,** v. (toscano). 'Uscir di via; non regger più e dir tutto; buttar giù con facilità'.

Dal toscano *bótro* 'burrone', a sua volta dal greco *bóthros* 'fossa, voragine' riflesso da altre forme dialettali come l'emiliano *bodri* 'fossato' [DEI]. M.

**sbraghirèr,** v. (emiliano: modenese). 'Curiosare'.

Da *braghér* 'chi si interessa dei fatti altrui, ficcanaso', denominale di *brèga* nel senso del toscano *braca* 'ciarla, pettegolezzo' [REW; REWS].

F. GUCCINI: *vieni mò via che non sta bene, non stare a ṡbraghirare, vieni a letto* (*Vacca d'un cane*, Milano 1993, p. 37). C.

**sbregàre,** v. (veneto; trentino; friulano: *sbregâ*; lombardo: *sbregà*; romagnolo: *sbraghèr*; marchigiano: *sbregà*), 'lacerare, squarciare'; (campano, a Napoli: *sbregà*), 'annientare'; col deverbale nel veneto e friulano *sbrégo* 'strappo', nel marchigiano *sbrégo*, *bréga* e *breg* 'frammento, schiappa'.

Dal gotico *brikan* 'rompere' (tedesco moderno *brechen*) [DEI ss.vv. *bréga* e *sbregare*].

G. PUGNETTI: *Lo sai che una volta è cascata in testa a un seniore della milizia giù in poltrona e hanno dovuto dargli nove punti. – Un bel sbrego, io ho detto freddamente* (*Vendetta all'italiana*, Milano 1978, p. 129). C.

**sbregognà,** v. (campano; abruzzese; calabrese: *sbrigognare*; siciliano: *sbrigugnari*). 'Svergognare'.

Evidenti corrispondenti dell'italiano *svergognare* (composto parasintetico di *vergogna*), con *sv* / *sb* e metatesi di *-r-* [DEI s.v. *sbreognato*; Salzano 1979; DELI]. M.

**sbrìa,** sf. (siciliano, con varianti tra cui *bbrìvula, bbriga*). 'Asse a due o senza sponde, dove si gramola la pasta, gramola', con il derivato *sbrigùni, briùni* 'stanga o braccio della *sbrìa* con cui si batte e si assoda la pasta del pane'; è voce nota pure nell'antico salentino (*vrìa* 'gramola').

Dall'antico francese (normanno) *brie*, deverbale di *brier* 'rompere', francese *broyer* [DEI s.v. *brìvola*; FEW; Rohlfs 1977a]. M.

**sbrisàr(e),** v. (veneto; veneto giuliano; friulano: *sbrisà*). 'Scivolare', 'lasciarsi sfuggire, scappare', con derivati come il deverbale *sbris* 'sdrucciolo, sentiero molto inclinato' nel friulano; quest'ultima forma è usata anche nella locuz. avverb. *di sbris* 'di sfuggita' che in varietà venete ha la variante *de sbris*, per esempio nel triestino *vederse de sbris* 'vedersi di sfuggita'.

Di probabile origine onomatopeica, da una base *briss-* [DEI s.v. *sbrisciare*; Prati 1968; Doria 1987]. M.

**sbrómbal,** sm. (romagnolo). 'Scroscio d'acqua'.

Derivato dal verbo *sbrumblé* 'sfrondare', col sostantivo *brómbla* 'frasca', a sua volta da *ex-*dĕramāre* 'diramare'; il significato particolare di *sbrómbal* è determinato dal collegamento con una pioggia così forte da romper i rami degli alberi; per un affine passaggio semantico → *sdramé*. Per Valente 1995 la voce *brómbla* va con il latino *rumpus* 'sarmento' [Lazzari 1919; Tagliavini 1934]. M.

**sbùrie,** sf. plur. (ladino-veneto, nell'Agordino). «Variazioni atmosferiche improvvise caratteristiche del mese di aprile» (Rossi 1992), anche *sbódre (d'aorìl)*.

Dal latino *bŏrea* 'vento di tramontana' (→ *bòra*). M.

**šcàcchju,** sm. (abruzzese). 'Passo allungato al massimo', 'massima apertura delle gambe'. Di qui *šcacchjà* 'divaricare le gambe quanto più possibile'.

Da *càcchië*, che ha, oltre al significato originario di 'germoglio', 'pollone' (dal latino *catulus* 'cagnolino'), anche quello di 'inforcatura dell'albero' e poi anche 'inforcatura dei pantaloni'. Il prefisso *s-* è di separazione, allontanamento [LEA]. C.

**scaccì,** sm. plur. (marchigiano: Jesi). «I giovani che crescono e si preparano a prendere il posto degli anziani o nella casa o nel lavoro» (Urieli 1979).

Da *scaccià* 'cacciar via', che ha dato origine anche alla locuzione *da' lo scacciò* 'cacciare da un posto o da un incarico'. C.

**scacciaràgno,** sm. (laziale, nel romanesco). 'Pungitopo, *Ruscus aculeatus*'.

Denominazione di evidente origine, è un tipo lessicale isolato nel quadro onomasiologico relativo a questa pianta, che in calabrese è denominata anche *spinasùrice*, equivalente del composto "pungitopo", in siciliano *spina purci*, letteralmente 'spina maiali' (Nicotra 1883; DEI). Da *scacciaragno* deriva il romanesco *scacciaragnaro*, un nomen agentis che designava il «venditore ambulante di *scacciaragni*. È una piccola industria dei poveri contadini che lavorano la Campagna Romana; essi colgono gli *scacciaragni* su per le siepi, e vengono a venderli in città negli ultimi giorni di quaresima, nel qual tempo si sogliono ripulire le case» (Chiappini 1945), definizione che consente di chiarire la motivazione che è all'origine del nome. M.

**scàfa,** sf. (friulano orientale [probabilmente dal veneto]; veneto giuliano e istriano; veneto: Venezia; romagnolo). 'Acquaio'; in talune località (ad esempio nel veneto giuliano) ha assunto pure il significato traslato di 'bocca grande, che ingoia qualunque cosa o, anche, parla a sproposito'. Un traslato geomorfologico a designare un 'appiglio nella roccia', diffuso dal gergo degli alpini, si trova sia nel veneto settentrionale (a Revine), sia nel triestino, dove è anche toponimo. Nel veneziano *far la scafa* si dice del bambino in atteggiamento di pianto.

La voce è di etimo incerto. Può essere un grecismo, da *skáphē* 'truogolo, vasca', o un longobardismo da *skafa* 'apparecchio di tavole per posare qualcosa' [VEI; Cortelazzo 1970; Doria 1987]. M.

**scafà(re),** v. (laziale, nel romanesco). 'Sgranare (si dice di fave, piselli, fagioli)', anche 'mutare il pelo' (nella Campagna romana), come rifl. 'dirozzarsi, acquistar pratica nel mondo'.

Denominale da → *scàf(f)a* [Chiappini 1945; DEI]. M.

**scàf(f)a,** sf. (umbro; laziale; anche nella forma sm. plur. *scàfi*), 'fava verde'; (laziale, Sant'Oreste: *scafjéllu* sm.; salentino, Vernole: *scaffuècciulu*), 'guscio dei fagioli'.

Dal latino *scapha* 'barchetta'; *scafa* 'baccello' è attestato anche nell'italiano antico; in area salentina sono noti anche i derivati *scaffòglia* e *scafaràzza* per designare la pianta secca dei fagioli [AIS; DEI]. M.

**scàffa,** sf. (siciliano), 'asse confitto a muro per riporvi stoviglie'; (lucchese), 'palchetto d'armadio'.

Dal longobardo *scafa* 'apparecchio di tavole per posare qualcosa', da cui deriva anche l'italiano *scaffale* [DEI]. M.

**scaffarràta,** sf. (siciliano; calabrese; sardo campidanese: *scaparatu* sm.; campano, nel napoletano: *scaravatto, scaravàttolo* sm.), 'armadietto per riporvi immagini di santi; reliquiario'; nel napoletano vi è pure la locuzione *tënë uno dint'a 'nu scaravatto* 'aver gran cura di una persona'; (lombardo, nel milanese: *scaparàt* sm.), «stipetto a cristalli in cui si conservano quelle miscee che la rarità, la ricchezza o il lavoro rende care e preziose» (Cherubini 1839-56); (ligure, nel genovese: *scapparato* sm.), «custodia, luogo o guardaroba che rinchiude soltanto masserizie di sommo pregio» (Casaccia 1876); (campano, nel napoletano: *caravàttolo, caravuòttolo* sm.), 'gabbia a scatto per catturare uccelli' e in senso fig. 'carcere'.

Voci derivate dallo spagnolo *escaparate* (e non dal catalano *escaparata*, per ragioni cronologiche ed areali) 'vetrinetta, cassetta chiusa con vetri per mettervi in mostra oggetti preziosi'. La variante con *-ff-* del siciliano e calabrese è dovuta ad un incrocio con *scaffale* [Beccaria 1968; Varvaro 1974: 90]. M.

**scagliétta,** sf. (campano: Napoli, anche *scoglietta*), 'accozzaglia di persone oziose e libertine'; (laziale), 'abitudine riprovevole'.

Dal latino *collĕcta* 'raccolta (di persone)'. Per il Vignoli

1911 e 1926, invece, sarebbe ricordo delle famigerate *scolette* [REWS]. C.

**scaglióne,** sm. (molisano). 'Dente del giudizio'.
Letteralmente 'scheggione' [LEA]. C.

**scagliuòzzo,** sm. (campano, nel napoletano). «Piccolo pezzo romboidale di pasta di frumentone fritto in padella o cotto al forno; ogni spazio od oggetto di forma trapezoidale» e in senso traslato «qualcosa di non lievitato; persona poco sviluppata fisicamente» (Salzano 1979).
Evidente derivato di "*scaglia*" 'frammento, scheggia' (voce che risale al gotico *skalja* 'tegola' e probabilmente anche 'scheggia') [DEI s.v. *scagliòzzo*; DELI]. M.

**scaiàt,** sm. (toscano: carrarese). 'Frescume', «odore sgradevole che lasciano nelle stoviglie mal pulite i pesci e, per estensione, i cibi che contengono albume, specialmente le uova» (Luciani).
Da *scàia* 'scaglia, squama di pesce' (*puzza de scagiato* a Massa Apuana). C.

**scàio,** sm. (veneto, nel veneziano). 'Ascella'.
Non deriva dal latino **scapulu*, ma dal greco *maschálē* con caduta della sillaba iniziale, attraverso il derivato *maschálion* 'cestello fatto di virgulti', con un significato traslato. Una dipendenza diretta da *maschálē* > **scali* poi *scaliu*, per l'influsso delle parole in cui *-iu* concorra con la forma apocopata *-i*, è meno probabile [Vidossich 1905: 368; Prati 1958; Cortelazzo 1970]. M.

**scaivàr,** v. (veneto trevigiano). 'Piovigginare'.
Dal dialettale *caìvo* 'nebbia', variante di → *calìgo* [Prati 1968]. M.

**scalacantèribus,** nella locuz. *andàr fora da scalacantèribus* (veneto: veronese). 'Perdere le staffe, uscire dai gangheri'.
Scherzosa composizione di tipo maccheronico nella quale si ravvisa, oltre a *scala*, il lativo medievale *cant(h)erius* 'cavalletto, struttura di sostegno, tavolato', latino classico *cant(h)erius* 'cavallo castrato' e, per estensione, 'ogni oggetto a forma di basto: puntello per le vigne, traversina, capriata', dal quale deriva il veneto *cantiéro*, *cantér*, *cancéro* (e varianti) 'perticone, travicello'. Da queste voci dipendono altre espressioni come il veneto polesano *saltàr de scala in cantiéro*, valsuganotto *saltàr da scala a cancéro* 'saltare di palo in frasca', veronese meridionale *andàr fora de scalacantér* 'passare i limiti' [Prati 1968 s.v. *cantiero*; Bondardo 1986]. M.

**scalampàre,** v. (toscano; umbro: *scalampà* e varianti). 'Schiarirsi', detto del tempo, 'volgersi al sereno', 'aprirsi', 'scoprire', nel perugino *il tempo s'è scalampato* 'il tempo si è schiarito'. Di qui in Val di Pierle il sostantivo *scalampo* 'riparo sotto una roccia sporgente' (*scalampu* a Pitigliano). A San Giustino si crede che *scalàmpa pió tardi*, se si uccidono le lucertole.
Da *spalancà(re)* per scambio delle consonanti [Ugolini in Catanelli 1970]. C.

**scalvàr,** v. (piemontese: anche *scalvè, scravà*; lombardo; emiliano: anche *scravà*), 'tagliare i rami, sfrondare, scapitozzare'; (ticinese; veneto: veronese; trentino), 'potare'.
Voce molto diffusa, specie in Lombardia, e fin dai tempi passati (non mancano le testimonianze in latino medievale), corrisponde all'italiano *scalvare* 'potare', ma anche 'tagliare i capelli', che dànno ragione della sua origine, valendo 'rendere *calvo*' [DEI; Bondardo 1986; Valente 1993]. C.

**scamazzà,** v. (campano: Napoli). 'Schiacciare, acciaccare' e anche 'trebbiare'.
I pareri sono divisi fra un'origine onomatopeica ed una variante, per influsso di *mazza*, di *scamatare* 'battere la lana con lo scamato' [Altamura 1956; D'Ascoli 1979].
A. VERALDI: *una notte, salut'a noi, il marito l'era rimasto scamazzato sotto, ma lei andava dicendo in un piccio continuo che senza marito una femmina va come spogliata per il mondo, e la sola idea di quel cuofano a nudo mi ricordo che ci faceva morire a tutti quanti noi nipoti e parentela* (*Scicco*, Milano 1991, p. 30). C.

**scambiaculùr,** sm. (lombardo, a Brescia; emiliano, a S. Maria del Taro: *cangiacurù*). 'Tipo di fungo velenoso'.
Letteralmente 'cambiacolore', perché al taglio cambia di colore: per una diffusa credenza, i funghi, in particolare i porcini, che presentano questa caratteristica sono considerati velenosi [Petrolini 1989-90]. C.

**scamòrzë,** sf. (abruzzese, molisano e pugliese, con varianti). 'Scamorza, provatura, caciolina fresca, non fermentata, a forma di pera, fatta con latte di mucca'.
Derivato, come deverbale, dal verbo italiano *scamozzare* (anche italiano antico, XVI sec.) 'togliere una piccola parte', 'svettare' ecc., perché fatta di bocconi, di "smozzature" di cacio. Dall'area abruzzese-pugliese la voce si è diffusa nel meridione (*scamozza* è documentata nel XV sec. a Napoli) ed è entrata anche in italiano dove è attestata nel 1895, e più recentemente nel senso traslato, noto anche ai dialetti, di 'persona sciocca' e simili [DEI; Giammarco 1979; Zolli 1986; DELI]. M.

**scamoté,** v. (piemontese; ligure e lombardo: *scamotà*). 'Trafugare con destrezza'.
Dal francese *escamoter* 'cambiare una cosa con un'altra', 'far abilmente sparire qualcosa', dall'occitanico *escama* 'squama', impiegato nel gergo dei mercati per 'togliere le squame' in senso figurato, è un derivato dal latino parlato *scama* per il classico *squama*; propriamente vale, dunque, 'squamare', 'togliere qualcosa' [FEW].
A. G. CAGNA: *il macellaio dà più grinta che altro; e le persone di servizio scamottano sul prezzo e sul peso* (*Provinciali*, Milano 1886, p. 54). – ID.: *le persone di servizio scamottavano sul prezzo e sul peso* (*Ibid.*). C.

**scampanżàda,** sf. (emiliano: ferrarese; laziale, ad Ascrea: *scampacciàta*). 'Suono di trombe, campani, lattoni, per prendersi giuoco di un vedovo o di una vedova che si risposa di nuovo'.
Come *scampanata*, dai *campanacci* usati nella protesta collettiva. C.

**scanchèr,** v. (emiliano: modenese). 'Arrabattarsi, lavorare con poco ordine e minor guadagno'.
Da *càncher* 'canchero', che spiega il significato primitivo, riportato dal sottocitato Guccini, di 'imprecare' (*ch'a -t vgnès un cancher!*).
F. GUCCINI: *[Il fanale] funzionava (prima che ci scancherassi dentro io per aguistarlo)* (*Vacca d'un cane*, Milano 1993, p. 109). – ID.: *e lui schancherava (in Si bemolle) perché non si arrivava mai* (*ibidem*, p. 130). C.

**scandìglia,** sf. (calabrese: Gizzeria). 'Scintilla'.
Adattamento della parola albanese *shkendì* di analogo significato (a sua volta dal latino *scintilla*), relitto lessicale della colonia albanese da tempo estintasi, presente nel paese di Gizzeria [Pellegrini 1985-90: 392]. M.

**scannàto,** agg. (toscano, nel pisano; corso: *scan(n)atu*; emiliano: *scanà*; umbro, a Spello: *scannatu*), 'spiantato, poverissimo, malo in arnese'; (umbro, a Magione), *è scannèto*, «è al verde» (Moretti 1973).

Le voci appartengono al verbo *scannare* 'tagliare la gola' e vanno confrontate col toscano *essere povero in canna* [DEI; Rohlfs 1979; Pasquini 1993]. M.

**scànt(a)ru,** sm. (salentino: Lecce; calabrese; siciliano). 'Specie di sargo, *Cantharus lineatus*'.

Nome neogreco (*skántharos*) di questo pesce di mare, noto agli antichi Greci col nome di *kántharos*, ed oggi usato piuttosto al diminutivo (*skathári*) [Rohlfs 1964; Rohlfs 1977a]. C.

**scapa-da-cà,** sm. (ligure-piemontese, a Novi Ligure). 'Ragazzo discolo'.

Letteralmente 'scappa da casa' (Magenta 1970). M.

**scapeàre,** v. (toscano, nell'amiatino: *scapeà*). «Scuotere vivamente il capo per annuire o negare o minacciare; scuotere la testa (del cavallo insofferente del morso)» (Cagliaritano 1975).

Da 'capo' [Fatini 1953; DEI]. M.

**scapéce,** sm. o sf. (campano, nel napoletano; abruzzese, salentino; calabrese, con varianti; siciliano: *schibbeci*, *scapeci* e varianti; ligure: *scabécciu*; corso: *scapécchju*). 'Pesce marinato', 'salsa preparata con olio, aceto, cipolle' con variazioni secondo i luoghi, che serve generalmente per il pesce; a Napoli è invece un modo di condire gli zucchini che vengono tagliati a fette e fritti, quindi lasciati macerare nell'aceto, menta e aglio. Il ligure *scabécciu* ha assunto anche il significato traslato di 'scolaretto' in senso dispregiativo, e si usa nella locuzione *èisighe a scabécciu* 'essere a calca o pigiati in un luogo', tratta dall'immagine del pesce marinato e pigiato in barili.

Si tratta di parola di origine araba, da una forma volgare **iskebeğ* per l'antico *sikbāğ*, 'carne o pesce marinato con aceto e altri ingredienti', attraverso il termine spagnolo *escabeche* 'pesce marinato'. È possibile che le forme italiane meridionali dipendano però direttamente dall'arabo attraverso il siciliano [DEI; Pellegrini 1972 e 1989; Rohlfs 1977a]. M.

**scaràccia,** sf. (laziale, nel reatino). 'Lattime'.

Secondo il DEI la voce è anche d'area marchigiana ove designa 'eczema cronico della faccia'; quanto all'origine propone il latino, di provenienza greca, *eschara* 'crosta, tigna', mentre Alessio 1976 ricorre alla forma latina *scara (scaria)* attestata nelle glosse «scara: scabies super vulnera; scaria: fisalida», a sua volta da confrontare col greco *eschára*, *eschárion* 'scabbia'. M.

**scaraméla,** sf. (lombardo: Cremona). 'Persona estremamente magra', 'taglio di carne di manzo dalla parte del ventre'.

Dal nome-epiteto di un personaggio donchisciottesco di antiche canzoni popolaresche, *Scaramella*; il passaggio al taglio di carne si spiega col fatto che essa si trova vicina alle coste ed è, quindi, piuttosto asciutta [Novati 1912: 914]. C.

**scarassàre,** v. (salentino), 'fendere'; (salentino; lucano; pugliese, nel bitontino: *sgarassèuë*), 'aprire uno spiraglio', 'socchiudere (porte, finestre)'; (siciliano: *carciari*), 'scarificare'; (sardo: *carašiare*, *carašare* e varianti), 'graffiare, strofinare', 'indurirsi, far crosta (del pane)'.

Riflessi del latino tardo *charaxāre* 'solcare, graffiare, incidere' continuato anche dal napoletano antico *(s)carassare* 'salassare'; derivati dai dialettismi citati sono il salentino *carassa*, *carazzë* e varianti 'fessura', *occhiu scarassatu* 'occhio socchiuso'; in sardo è molto comune l'espressione *carašare su pane*, *pane carašàu* 'si dice del pane di frumento duro, che ha fatto la crosta' [DEI; DES; Alessio 1976; Salzano 1979]. M.

**scarciàna,** sf. (emiliano: modenese). 'Prostituta'. Da notare, però, che «il termine ha in gergo anche altri significati, come 'tasca', 'raccolta di denaro tra il pubblico'» (Neri 1981) e nel gergo bolognese *scarcèna* vale, appunto, 'tasca', mentre a fine Ottocento il gergale *scarciare* voleva dire 'chiedere l'elemosina'.

Di origine sconosciuta. L'unico accostamento possibile è col verbo del latino parlato **exquartiāre* 'lacerare, strappare', da cui l'italiano *squarciare*.

F. Guccini: *Tutta vestita da scarciana* (*Vacca d'un cane*, Milano 1993, p. 68). C.

**scardò,** nella locuz. *te faccio a scardò* (laziale: Subiaco). «Ti riduco in pezzi alla maniera di come si scardano le castagne, pestando i cardi con il tacco della scarpa» (Zaccaria Antonucci 1985).

Da *cardo(ne)* 'riccio della castagna'. M.

**scardòbola,** sm. (veneto giuliano; istrioto, a Rovigno: *scarduòbula*). 'Paguro eremita, *Eupagurus bernardus*'.

Diminutivo di *scàrdova*, nome di un pesce, forse perché serviva egualmente da esca [Doria 1987]. C.

**šcarfà,** v. (campano; salentino: *scarfari*). 'Riscaldare'.

Dal latino *excalefacĕre* 'riscaldare' attraverso una forma **scalfare*; preceduto dal prefisso *ri-*, il siciliano *riscalfari* 'riscaldare'. Da *calefacĕre*, di analogo significato, dipende il francese *chauffer* e derivati tra cui *chaufferette* 'scaldavivande da porre in tavola', passato al piemontese *s-cioféta*, *s-cionféta* con simile senso. Da un latino *(ex)calefieri* 'divenir caldo' il DEI fa dipendere il marchigiano *(ac)cafisse* 'ammuffire', il siciliano *scarfidiri* 'appassire', a Mascalucia *scaffitiri* 'marcire', il calabrese *scarfidiri* 'riscaldarsi, fermentare (del fieno e del grano)' [Traina 1868; AIS; DEI ss.vv. *calfare* e *riscalfari*; REWS]. M.

**scarfàgna,** (toscano; umbro). 'Noia', 'malessere', 'fiacchezza', 'torpore', 'sonnolenza pomeridiana', 'febbriciattola', da cui il folignate *scarfagnóne* 'persona abulica, sfaticata'.

Sta per *scalfania*, ricavato dal verbo *scalfare* 'scaldare, scaldarsi' (dal latino *excal(e)facĕre* 'riscaldare') [DEI; Ugolini in Catanelli 1970]. C.

**scariolànte,** agg. (marchigiano: Jesi). 'Aitante, eccentrico'.

Dall'aspetto dello *scariolante*, l'operaio addetto alle fornaci, che portava la *cariola* [Urieli 1979]. C.

**scarligàda,** sf. (lombardo: Milano). 'Scivolone'.

Dal verbo *scarligà* 'sdrucciolare, scivolare', noto anche in Canton Ticino (*scarlighè* a Lavorceno), di etimologia tuttora oscura non risultando soddisfacenti né un ricorso all'antico alto tedesco *slink* 'sinistro', che giustificherebbe anche il parmigiano *scarlincà* e il romagnolo *scarlancà* 'sciancato' (Caix 1878), né la ricostruzione di un latino parlato **extraliquare* 'sciogliere' (Olivieri 1953).

C. Cederna: *la sua prima "scarligada" (scivolata, quindi esperienza di amore) l'aveva fatta a quattordici anni (Vicino e distante*, Milano 1984, p. 99). C.

**scàrmu,** sm. (siciliano, anche *scammu*; calabrese). Sorta di pesce identificato da Palombi-Santarelli (1961) nello *Scomber scombrus* in Sicilia (sempre che *scarmu* non sia un errore materiale per *scurmu*), mentre per Rohlfs *scarmu* è in calabrese l''asticciola, *Paralepis hyalina*', chiamata così perché rassomiglia ad uno 'scalmo', come nell'abruzzese *scalmë* 'scalmo' e 'luccio marino'. Originariamente infatti la voce *scarmu* indica in calabrese la 'caviglia di legno o di ferro intorno alla quale lavora il remo'.

Dal latino *scălmus* 'scalmo' [Rohlfs 1977a; Valente 1995]. C.

**scarpèt,** sm. (friulano). «Scarpa bassa di panno, con suola di tela a molti doppi fittamente trapuntata, senza tacco» (Nuovo Pirona 1935). È la calzatura di fatica dei montanari della Carnia. Si adopera pure generalmente nelle prealpi e in pianura. Talvolta può indicare anche 'soletta delle calze', (ladino centrale) 'calzetto da uomo', 'stivaletto', (ladino centrale, in Cadore: *scarpéti*) 'scarpette di panno cadorino'.

Da *scarpa*, dal germanico *skarpa*, col suffisso *-ettu*; sf. nel veneziano *scarpéta* 'scarpetta, calzetti; pedule, scappino'; cremonese, bresciano *scarpéta* 'pedule'. M.

**scarpìa,** sf. (veneto, anche *carpìa*; friulano: *śgiarpìe*), 'ragnatela'; (toscano, in Versilia: *carpìa*), 'peluria in fondo alle tasche'; (toscano, a Viareggio: *carpìa*, nel grossetano: *carpìcciula*; abruzzese: *carpìë*), 'muschio, borraccina'; *carpìa* 'ragnatela' sarebbe anche del piacentino secondo il DEI.

Dal latino tardo *carpīa* 'lana sudicia' [DEI]. M.

**šcarpìttë,** sm. (laziale). 'Damerino'.

Perché porta le *scarpe*, al contrario del contadino (*bažžurrë*), che porta le cioce. L'opposizione sociale fra contadini e ricchi è resa, infatti, con i collettivi → *ciòcia* e *šcarpa* [Vignoli 1911 e 1926]. C.

**scartëllàto,** agg. (campano: Napoli; salentino: *scantellato*). 'Brutto, difettoso, deforme'.

Alla lettera 'persona con la gobba' (*scartiéllo* a Napoli, *scartèllu* in calabrese); in origine, com'è tuttora nel sardo *(i)scartéḍḍu*, 'cesta, paniere' dal grecismo latino *cartellus*.

R. Nigro: *Tolla nasuta, Popa scartellata, Antonella vavosa* (*Dio di Levante*, Milano 1994, p. 134). C.

**scassàri,** v. (siciliano), 'irrompere, esplodere, eruttare (dell'Etna)'; (veneto, lombardo e ladino centrale, nel Comelico: *scuasà*; ladino-veneto, nell'Agordino: *scasà*), 'cullare, scuotere'.

Dal latino *exquassāre* 'scuotere'. Nel siciliano è presente anche un agg. *cassu* 'stanco, lasso' non documentato dal Piccitto 1977 ma dal DEI, secondo il quale tale voce non dipende dal verbo *scassari*, ma dall'antico francese (e provenzale) *cas* 'rotto, abbattuto' (a sua volta ricondotto al latino *quassus* part. pass. di *quatĕre* 'scuotere'). Dal latino tardo *quassiāre* per *quassāre* (intensivo di *quatĕre*) dipendono il lunigianese e toscano *scasciare* 'franare' (col deverbale *scascio* 'frana'), il campano *scascià* 'scassinare', il siciliano *scasciari* 'esplodere' [DEI ss.vv. *cassare* e *scasciare*; REWS]. M.

**scatafòsso,** sm. (toscano, anche *catafosso*; umbro; marchigiano: *scatafuosso*), 'burrone, luogo scosceso, mal praticabile'; (calabrese: *catafossu*), 'cavità nel terreno prodotta dall'infiltramento delle acque'.

Formazione con '*fosso*' preceduto da *cata-* (→ *catafòrchia*); da un incrocio tra *cata-* e *tra* e da una composizione con *contro* dipendono rispettivamente le forme abruzzesi *catrafossë*, *contrafossë* 'borro, corrosione fatta dalle acque' [DEI s.v. *scatafòsso* e *catrafòsso*; Rohlfs 1979]. M.

**scatlèin,** sm. (emiliano: modenese). 'Gioco di fanciulli, che si fa con quattro noci, tre alla base e una sopra'.

Poiché il gioco altrove è chiamato *castellino*, è probabile che la forma primitiva sia stata *castlèin* [Bertoni 1925]. C.

**scatón,** sm. (veneto, nel veneziano), 'maschio dell'albero', voce marinaresca; (veneto: *scatarón*), 'torsolo; moncone; stocco'; (trentino, nel roveretano; *scat*, *scatarèl*), 'stipa'; (lombardo, nel pavese; veneto orientale: *scataróni*, *scatóni* plur.: friulano: *s-ciatóns* plur.), 'bordoni (degli uccellini da nido, dei pulcini)'; (toscano, nel maremmano: *scataróni* plur.), 'canne fradice del cannaio che si levano per rimetterne di nuove'.

Come l'antico veneto *scat* 'bastone', *scatto* 'dardo'; si tratta di riflessi di una voce gotica *skafts* 'asta' [REW; DEI; Prati 1968; REWS; Marcato 1982]. M.

**scavaglionàre,** v. (toscano: Maremma). 'Rivestire le barbe delle viti con terra smossa che ricopre anche il letame già sparso'.

Voce registrata dal DEI che la riconduce al tipo lessicale dialettale *cavaglióne* riflesso nel veneto, emiliano, romagnolo *cavaión*, nel campano (Cilento) *cavaglióne*, nel calabrese *cavagliùne*, *cavagghiùne* 'bica; pagliaio; mucchio di fieno', 'mucchio di covoni sul campo', che deriva dal latino *caballio, -ōnis* 'giovane cavallo' con significato traslato; con diversa suffissazione si ha l'umbro, marchigiano *cavalletto*, l'abruzzese *cavallettë*, il siciliano occidentale *cavaḍḍùchiu*, *ncavaḍḍata* 'mucchio di covoni nel campo' [AIS; DEI; REWS]. M.

**scavàunë,** sm. (pugliese: a Bisceglie). 'Folletto', 'genio maligno che si invoca per incutere paura ai bambini'.

La voce certo corrisponde a 'schiavone' e rappresenta un ricordo, ormai obliterato, della cattiva fama degli Schiavoni, come mercanti e talvolta come pirati, autori di catture e ruberie, attività riflesse in particolare da *scavònë*, che a Trani indica un 'essere pauroso e malefico, rapitore di ragazze' [Valente 1971-73]. M.

**scazzètta,** sf. (campano, nel napoletano). «Quella con cui i preti si copron la chierica, zucchetto» col modo di dire: «*Da nu cappotto fare ascire na scazzetta*, fare sciupo di materia di un lavoro qualsiasi» (Andreoli 1887).

La voce è di etimo incerto. Per quanto lo zucchetto sia fatto di quattro spicchi («per lo più è fatto da quattro piezze, spicchi», D'Ambra 1873), è improbabile che derivi da *scazza* 'taglio' (deverbale di *scazzà* 'cacciare', verbo di area anche abruzzese, dal latino parlato **captiāre*). Piuttosto da *cazza* 'mestolo' con allusione alla forma. I vocabolari napoletani non registrano l'uso figurato e recente del termine riferito a 'pasticcino di pastafrolla e fragole', così chiamato perché ricorda, nella forma, lo zucchetto degli ecclesiastici; dal colore delle fragole deriva l'espressione *scazzetta di cardinale* [GDLI].

R. Fucini: *Il pretto tipo del Lazzaro... aveva stabilito quasi un costume, nelle sue brachette fino al ginocchio, camicia aperta sul petto, maniche rimboccate e tradizionale scazzetta in capo* (cit. in GDLI XVII 907). – R. La Capria: *A quest'ora, da Moccia, solo le vecchie golose che scelgono con cura le paste. Le chiamano* scazzetta di cardinale *quella rosa con le fragole, cassatina, sciù al moka, preziosa, dora, cannolo e sfogliatella* (*Ferito a morte*, Milano 1962, p. 170). M.

**scazzuóppolo,** sm. (campano: Napoli). 'Piccolo pesce' (pagello) e, figuratamente, 'bambino, persona di bassa statura'.

È stato avvicinato al salentino *scarcinèppulu*, *scarciòppula* 'frutto del carciofo' [D'Ascoli 1979].

A. Veraldi: *questo non tanto per attrazione, che vuoi allora era scazzoppolo, quanto per una questione diciamo di sentire, qualcosa del genere* (*Scicco*, Milano 1991, p. 11). C.

**sceccàru,** sm. (calabrese). 'Guidatore d'asini'.

Da → *scìcchë* 'asino' [Rohlfs 1977].

L. Asprea: *Questi due sobborghi, formati da caprai, sceccari, mulattieri e contadini, vantavano una o due famiglie di piccoli borghesi* (*Il previtocciolo*, Milano 1971, p. 15). C.

**scèda,** sf. (sardo). 'Notizia, risposta'.

Dal latino *schĕda*, passato probabilmente alle cancellerie isolane dal toscano, dove originariamente *sceda* significava 'carta, documento' e poi la 'notizia che conteneva' [DES]. C.

**scendorìno,** sm. (toscano, nel lucchese, anche *scendino*). 'Piano inclinato, scesina'.

Deverbale del latino *descendĕre* 'discendere' attraverso una forma **scendolino*; altri riflessi dialettali della stessa base latina sono per esempio il laziale *scennènte* (Velletri), *scellènte* (Castro dei Volsci) 'schiaffo dall'alto in basso'; il pugliese (a Molfetta) *scènne* 'uscir di casa; scappare; portar giù; sedurre' col derivato *scèjese* 'uscita; sedotta', il salentino → *scènnere*, il siciliano *scisa* 'discesa', 'diarrea' e *scuscisa* 'scoscendimento' [DEI; REWS]. M.

**scènnere,** v. (salentino). 'Rapire una ragazza consenziente'.

Uso particolare di *scènnere* transitivo 'scendere' nel senso di 'far scendere' di casa per scappare col fidanzato [Rohlfs 1959].

C. G. VIOLA: *Lo sposo s'era «scesa» la sposa. «Scendersi la sposa» voleva dire rapirla. Era un rito antico, accettato dalla consuetudine. Caio s'era innamorato di Caia, e l'uno aveva sospirato sotto le finestre dell'altra, e le aveva anche portato le serenate, con chitarre e mandolini, e la voce di un tenore che conosceva le canzoni adatte. Nelle notti lunari per i vicoli della Marina, si erano alzate sotto qualche balcone le musiche e i canti, dall'ombra di qualche angolo raccolto; e un volto femminile aveva spiato dietro i vetri, a testimoniare che si gridava l'omaggio canoro. Tutto il quartiere sapeva che Caio cantava per Caia. Finché un bel giorno, accompagnato da un gruppo di parenti, Caio attendeva per la strada la fidanzata, e d'accordo, la vergine abbandonava la casa paterna, per andarsene con l'amato. Odi si scatenavano fra parenti e parenti: e spesso lampeggiava anche il coltello. Dopo un anno, qualche volta già era nato il primo rampollo, si riappacificavano, e la giostra finiva in quella scarrozzata al Municipio* (*Pater. Il romanzo del lume a petrolio*, Milano 1958, p. 147). C.

**scentàre,** v. (toscano, nel lucchese; calabrese settentrionale: *scentà*, *scintà*), 'distruggere'; (ligure: *scentà*; siciliano: *scintari*), 'sparire'; (calabrese centrale: *scentare*), 'fugare, scacciare (polli, uccelli)'.

Sono derivati del latino parlato **exemptāre* 'distruggere', levare, rapinare (dal latino *exĭmere* 'togliere via'); riflette la stessa base il fitonimo *scenda-favë* (calabrese settentrionale) 'orobanche speciosa', pianta parassita, propriamente 'distruggi-fave', *scëndëgghjón*, *scëndëglión* (lucano) che designa la medesima pianta e che risente del sinonimo *viscëglionë* della stessa area dialettale corrispondente al calabrese settentrionale *vëscëgghiònë* (dal latino *vescilia* 'fronde dei frutici'). Denominazioni semanticamente affini dell'orobanche sono i toscani *brucialegumi* e *fiamma* [REW; DEI; Plomteux 1975; Alessio 1976]. M.

**s-cénża,** sf. (veneto, con varianti). 'Scheggia'.

Dal latino *schidia* 'scheggia', che, senza l'inserimento della nasale, continua nel valsuganotto *s-ceśa*, nel bisiacco *s-ceża* e nello stesso italiano *scheggia* [Prati 1968; Doria 1987].

G. CAPRIN: *Piallati ma non così lisci che dalle assi non si levassero delle schegge che a un bambino per terra entravano nelle mani; e allora erano pianti fino a che qualcuno non veniva a levargli la* s'cenza *e sgridarlo* (in *Scrittori triestini del Novecento*, Trieste 1968, p. 512). C.

**scëpëlìna,** sf. (molisano: Fossalto). 'Busse a scopo educativo, rimprovero accompagnato da percosse'. In abruzzese *scëplënatë* è una 'strapazzata'.

Propriamente *disciplina* (con caduta della prima sillaba) nel senso di 'penitenza, castigo' (usata anche da Dante: «Quai barbare fuor mai, quai saracine, / Cui bisognasse, per farle ir coperte, / O spiritali o altre discipline», *Purg.* XXIII 103-105); deriva dall'uso di flagellarsi per mortificazione e penitenza con un mazzo di funicelle intrecciate, chiamato appunto, per lo scopo cercato, *disciplina*. C.

**scerbà,** v. (ligure, a Pigna: *serbàr*), 'strappare con le mani l'erba per darla al bestiame'; (piemontese sud-occidentale: *sarbià* e varianti), 'strappare la malerba'; (piemontese: *sarbiè*; ligure, a Airole: *scerbàre*; toscano, a Pitigliano: *scerbà*; emiliano, a Piacenza: *serbà*; siciliano: *scirvàri*), 'sarchiare'.

Dal latino parlato **exherbāre* 'togliere (*ex-*) l'erba (*hĕrba*)' [REW; Merlo 1941-57; REWS; Plomteux 1975]. C.

**scérco d'acqua,** sm. (toscano: amiatino e senese). 'Acquazzone, scroscio d'acqua'.

Da collegare al toscano antico *serqua* 'dozzina (di uova, pere, noci e simili)', conservato nel pisano *sèrqua*, *sèrquia*, e ricondotto al latino *siliqua* 'baccello'; *serqua* era anche misura di capacità e piccola moneta equivalente a un ventiquattresimo del solido [REW; Fatini 1953; DEI; Cagliaritano 1975]. M.

**s-cerón d-èqua,** locuz. (ligure-piemontese, a Novi Ligure). «Si dice quando il cielo si rischiara ma continua a piovere» (Magenta 1970).

Letteralmente 'schiarita d'acqua'. M.

**scëtà,** v. (campano, con varianti; lucano: *scetare*; pugliese settentrionale: *scetà(re)*; sardo centrale: *ischitare*, campidanese: *scidài*), 'svegliare'.

Dal latino *excitāre* 'eccitare, fare alzare, incoraggiare' [REW; LEI].

A. VERALDI: *E subito dopo attaccarono a calci la porta del basso e tutta Forcella si scetò perché era notte* (*Scicco*, Milano 1991, p. 34). C.

**scetappetìto,** sm. (campano, a Napoli). 'Cibo o bevanda atti a stuzzicare l'appetito'.

Letteralmente 'desta appetito' dal dialettale → *scëtà* 'svegliare, destare' (dal latino *excitāre*). M.

**scëttàtë,** sm. (lucano). 'Trovatello' ed anche 'persona non curata'.

Letteralmente 'gettato' (dal verbo *scëttà*), esatto corrispondente del sinonimo → *proiètto* [Cortelazzo 1982]. C.

**scévuru,** agg. (ligure; piemontese: *fièivol*; lombardo, a Brescia: *fiégol*). 'Debole'.

Dal latino *flēbilis* 'debole' [REW; Merlo 1941-57; Azaretti 1982]. C.

**scheggià,** v. (pugliese: Molfetta). 'Urlare a squarciagola'.

Uso figurato di un verbo, che propriamente significa 'castrare, evirare' (come l'irpino *scoglià*), da *cùgghie* 'coglia', in latino *coleus* 'testicolo' [REWS]. C.

**schèi,** sm. plur. (veneto; trentino). 'Soldi, denaro', anche *schèo* sing. 'centesimo'.

L'etimologia più accreditata interpreta *schèi* come una lettura imprecisa di *Scheid. Munz.*, cioè *Scheidemünze* 'moneta divisionale', scritta sul recto di parecchie monete divisionali emesse dal governo austriaco in Italia, in circolazione già dal 1797 o dall'inizio del 1798; *schèo* è retroformazione su *schèi*. Qualcuno ha voluto vedere un rapporto tra *schèi* e il lombardo *ghèi*, *ghel* 'denaro', *sghèi*, *sghiglia* (toscano), *ghelli* in italiano (la cui origine è forse rintracciabile nel tedesco *Geld* 'denaro', mentre il DEI le accomuna a *schèi* e le fa risalire a *Scheid. Munz.*), oppure un nesso con il verbo *scàia* 'scaglia' attraverso denominazioni di ambito gergale, ma sono ipotesi che non hanno avuto seguito [DEI; Tagliavini 1967-68]. M.

**scherm(l)ìr al sànghev,** locuz. (emiliano: modenese). 'Fare ribrezzo'.

Probabilmente dal latino parlato **extremescere* 'spaventare', che, nella variante **extremiscere*, ha un continuatore nel calabrese *stremisciri* proprio col significato di 'rabbrividire' [REWS].

F. GUCCINI: *viaggia il mondo a gratis, fra mille avventure da far schermolire il sangue* (*Vacca d'un cane*, Milano 1993, p. 61). C.

**schérpa,** sf. (lombardo; ticinese). 'Corredo della sposa', con diverse varianti (*schirpa, stirpa, schérfa, schélfa, schélpa, s-cérpia*).

Sono continuazioni di una base longobarda *scherpa / skerfa* 'corredo nuziale'. Si ritiene di poter ricondurre a tale base anche altre voci come il lombardo *schirpa* 'vaso, arnese di capacità' e in Valtellina (col sm. *schirp*) 'nome collettivo degli arnesi e mobili necessari nell'officina', ed inoltre il calabrese *scirpu*, il pugliese (Taranto) *scirpìllo* 'arnese, suppellettile', l'irpino *scerpetàglie* 'ciarpe', il calabrese *scirpitélli* plur. 'cianfrusaglie, arnesi o vestiti di poco valore'. Dati i significati (oggetti, arnesi domestici) non si può escludere un incrocio con i derivati del latino *sirpea* e *scirpea* (da *scirpus* 'giunco') 'cestone da porre sul carro, fatto di giunchi intrecciati, per trasportare letame o altro' (voce, questa, alla base dell'italiano *sérpa* 'cassetta a due posti, su cui siede a destra il cocchiere') [REW; DEI s.v. *schirpa, scherpillo*; Alessio 1976; Pfister 1986: 50-1; Pellegrini 1992: 343-6]. M.

**schèttu,** sm. (calabrese; siciliano). 'Celibe, scapolo', anche *schittu, schièttu*.

Si tratta di voci dialettali che rappresentano un notevole spostamento semantico del significato di base, che è rappresentato dall'italiano *schietto* e per cui si risale ad un germanico *slehta-* 'semplice'; un altro senso particolare è rappresentato dal lombardo orientale *s-cèt* 'figlio', *s-cèta* 'ragazza' [DEI; Rohlfs 1977]. M.

**šchjaìna,** sf. (abruzzese: Pizzoli; pugliese, a Bisceglie: *scavénë*; altrove *šchiavónë*; laziale a Roma: *schiaóne*; pugliese, a Canosa: *šchiavàunë*, oppure *šcaunéskë*, come nel Gargano), 'vento freddo di nordest'; (lucano, a Matera: *šcuavonë*), 'temporale', 'intemperie'.

Alla lettera 'schiavina', perché soffia dalla parte della Schiavonia. Non occorre ricordare i danteschi *vènti schiavi* (*Purg.* XXX 87) [Valente 1971-73; LEA; Gioia 1993]. C.

**schiarìni,** sm. plur. (toscano: amiatino; umbro: Val di Pierle). 'Insetti che volano sulle acque'.

Dallo *schiarire* dell'*acqua*, che fanno volandovi sopra. Sono chiamati, infatti, anche *chiarini, rinchiaratori* e *schiaracque* [Longo 1942-54]. C.

**schincapéne,** sm. (veneto). 'Scribacchino'.

Letteralmente 'spuntapenne', secondo il significato secondario di *schincare* (*stincare* in toscano) 'guastare la punta di una penna', derivato da quello di 'offendere lo stinco'. Il verbo è di provenienza longobarda (*skinko*). Nel calabrese settentrionale lo 'scrivano, copista, impiegato' è detto invece *sucainchiúostro* o *sucagnuóšcru*, letteralmente 'succhia inchiostro', in modo spregiativo [Migliorini 1940; DEI; Rohlfs 1977]. C.

**schiovolàre,** v. (toscano; umbro: *schiovolà* con varianti). 'Togliere dal suo posto', 'slogare'; in Val di Pierle *schiov-làsse* vale tanto 'slogarsi', quanto l''atto della catena che salta dalla guida della carrucola'. Ne deriva *schiovolatura* 'slogatura'.

Tratto da *chiovola*, che è il latino *clavula* 'legamento' col prefisso privativo *s-* [Ugolini in Catanelli 1970]. C.

**schiràt,** sm. (lombardo, anche *sghiràt*; friulano; veneto: *schilato, sghirato*; ladino centrale: *schirlata*; veneto, nel bellunese: *schirata*; emiliano: *sghiràt, schiràc'*, nel bolognese: *schiratel*; romagnolo: *scariàtul*; toscano: *scheruólo*). 'Scoiattolo'.

Dal latino *sciūrus* (a sua volta dal greco *skíouros*) 'scoiattolo', con suffissi; la stessa voce è alla base del sardo campidanese *schìrru* che designa la 'martora'. L'italiano *scoiattolo* presuppone una variante dissimilata **scurius* del latino parlato, con suffissi [REW; Pellegrini 1992: 389]. M.

**schiricà,** v. (abruzzese: Pizzoli). 'Ferire al capo, procurando una lacerazione al cuoio capelluto'.

Da *chìrica* 'chierica' e poi, per traslato, 'ferita, cicatrice alla sommità del capo' [Gioia 1993]. C.

**schìscia,** sf. (lombardo, nel milanese), «amante» (Cherubini 1839-56), «morosa, *La mia schiscia*, 'la mia sciupata'», anche sm. *schiš* «l'amante, il damo» (Angiolini 1897); «schiacciata; ha anche il significato di fidanzata segreta, che come tale sta appunto *schiscia*, cioè, appiattita, nascosta. *Gh'hô la schiscia*, ho la ragazza, ma non lo faccio sapere» (Menicanti-Spiller 1973).

Deverbale del dialettale *schiscià* 'premere, schiacciare', da confrontare col toscano (Volterra) *schizzona* vezzeggiativo di ragazza (DEI s.v. *schiscia*, che la ritiene voce di importazione settentrionale); meno probabile un rapporto (richiamato dal DEI ibid.) con il tipo lessicale *chiza* 'cagna' (in friulano *cize, cise*, veneto *chiza*), italiano antico *chizzetta* 'cagnolina', *chizza* 'vecchia grinzosa o vecchia cagna' (DEI ibid.), per taluni di origine onomatopeica (DESF), per altri da → *schizàr(e)* 'schiacciare' «per il naso rincagnato di certe razze» (Prati 1968). M.

**schitaròli,** sm. plur. (lombardo, ad Albosaggia; veneto, in vicentino: *schitarèi*). 'Mirtilli'.

Letteralmente significa 'cacherelli' ed è un derivato del dialettale *schito* 'escremento di volatile', col verbo *schità(re)*, di area lombarda, veneta, trentina, ladina centrale, friulana (che ha le forme *schit* sm. e *schità* v.), a sua volta dal gotico *skeitan* 'cacare'). Tale denominazione del mirtillo trova riscontro in quella del trentino *pèti di lóf* 'peti di lupo', che ricorda il valdostano *lùfie*, propriamente 'vescia', con riferimento al mirtillo nero [DEI; Pellegrini-Zamboni 1982; Bondardo 1986]. M.

**schizàr(e),** v. (veneto: anche *schisàr(e)* e *schiciàr(e)*; lombardo: *schisà, schiscià*; piemontese: *schisé*; ligure: *schisà*; emiliano: *schizér*), 'schiacciare'; (sardo: *ischisciàre*), 'soffiarsi il naso'.

Verbo di origine onomatopeica, molto diffuso nelle lingue e dialetti romanzi [REW; DEI s.v. *schizzare*; DES; Prati 1968; Bondardo 1986; Doria 1987].

F. CAMON: *la Cesira passando per un sentiero in bicicletta schicciò con la ruota un nido di vesponi* (*Mai visti sole e luna*, Milano 1994, p. 32). C.

**sciabà,** sm. (marchigiano: Ancona). 'Sciallone, sciallaccio'.

Nome scherzoso, preso dall'ebraico *sciabbah* 'sorta di coprimanto in uso specialmente fra gli ebrei levantini' [Spotti 1929]. C.

**sciabàte,** sm. (ligure occidentale). 'Abate'.

Composto di *scià*, cioè 'signoria' e *abate* [Merlo 1941-57]. C.

**sciachetrà,** sm. (ligure). «Mosto, vino vergine: quello che non ha bollito nel tino, ma si trae appena l'uva è pigiata» (Casaccia 1876); in particolare è il nome di un 'vino bianco pregiato prodotto nella zona delle Cinque Terre in Liguria' e come tale è entrato in italiano (*sciacchetrà*).

La voce si spiega con i termini dialettali *sciaca* e *tra* cioè 'schiaccia e togli' con allusione al processo della vinificazione, cioè alla pigiatura e alla rapida separazione del mosto dalla vinaccia [Stussi 1962; Plomteux 1975; Zolli 1986].

E. MONTALE: *le umide rocce del Corone maturano sempre l'uva forte per lo "sciacchetrà"* (*Bufera e altro*, Venezia 1956, p. 51). M.

**scia cicchètta,** locuz. sostant. (ligure: Genova). 'Morte'.

Denominazione scherzosa, letteralmente 'signora Cicchetta', forse nomignolo scherzoso (da *Cecca*, ipocoristico di *Francesca*).

R. ZENA: *Ora la Bricicca tira avanti, perché a questo mondo, finché non arriva la signora Cicchetta a tagliarvi l'erba sotto i piedi, avanti si tira sempre, ma quei pochi cavoli che vende in un portichetto non le mettono caldo nemmeno sotto la lingua, e dice che per morire così tutti i giorni tanto vale morire una volta sul serio* (*Romanzi e racconti*, a cura di E. Villa, Bologna 1971, p. 105). M.

**sciadàtto,** agg. (toscano). 'Sbadato, buono a nulla'.

Dal latino parlato **exadaptus* 'disadatto'; l'italiano *sciatto*, ricondotto dal REW a questa base, richiede invece un latino parlato **exaptus* [REW; Fatini 1953; DEI; Cagliaritano 1975]. M.

**s-ciadùr,** sm. (romagnolo). 'Libellula'.

Lo *s-ciadùr* è propriamente il 'matterello', lo 'spianatoio', ricordato da lungo addome dell'insetto.

Il nome dello strumento, detto anticamente (sec. XVII) *stiadùr*, può essere letteralmente tradotto con 'sottigliatore'. C.

**scialà,** sm. (toscano: anche *scialàn(o)*). 'Chiatta, maona', usata per il trasporto di materiale ferroso o per le operazioni di carico e scarico dalle navi.

Dal francese *chaland*, tradotto in italiano anche con *scialando*, dal greco medievale *chelándion* 'specie di nave' [*Dizionario di marina* 1937; FEW; Cortelazzo 1970]. C.

**sciàlbo,** sm. (toscano: Siena). 'Strato di intonaco a base di calce'.

Deverbale di *scialbare*, dal verbo latino *exalbāre* 'rendere bianco', affine al *nnarbà* del galloitalico del Messinese [REW; DEI; REWS].

F. TOZZI: *Lungo le pareti del corridoio, il cui scialbo era sparso di rigonfiature, tutte polverose dalla parte di sopra, e la polvere, contro luce, si vedeva bene, c'erano attaccati chi sa quali quadri a colori* (*L'ombra della giovinezza*, in *Opere* II. *Novelle*, vol. II, Firenze 1963, p. 729). C.

**scialorìa,** sf. (calabrese: anche *scialarìa*, *scialoréa*). 'Sorta di piccola oliva dura'.

Dal suo nome greco **xerelaía*, letteralmente 'oliva dura' [Rohlfs 1977]. C.

**sciamannàto,** agg. e sm. (toscano, in aretino *sciamannà*; laziale). 'Sciatto, disordinato'.

La presenza di *ammannato* 'preparato, allestito' potrebbe giustificare l'ipotesi di una forma di significato contrario con *sc-* (dal latino *ex-*), ma l'uso nel giudeo-italiano di Roma di *sciamanno* 'mantelletto o vestito di foggia modesta e trascurato' non esclude una provenienza ebraica partita da Roma [DEI; DELI].

C. CASSOLA: *Si vedeva che si era alzata proprio allora ed era più sciamannata del solito* (cit. in GDLI XVIII 17). C.

**sciamàrru,** sm. (siciliano; calabrese; salentino; campano: *sciamarrë*). 'Beccastrino, piccone'; anche sf.

Forse giustapposizione di *ascia* e *marra* 'scure e zappa' [Rohlfs 1977].

V. CONSOLO: *Dall'alba dava forte con la sua sciamarra, un colpo dietro l'altro, rantolando, hah hah, su quella crosta dura di pietraia, in dorso di collina declinante* (*Il sorriso dell'ignoto marinaio*, Torino 1987, p. 77). C.

**sciammèria,** sf. (campano, anche *sciammerga*; salentino: *sciammèrjë*; calabrese: *sciammerga*, *giamberga*; siciliano: *ggiammèria*, *ggiammerga*; corso: *sciamberga*). 'Giacca lunga, marsina', 'giubba'.

Dallo «spagn. *chamberga*, introdotta in Spagna nel sec. XVI dal duca di *Schomberg*; dalla *Storia della camorra di Serao e Russo*: "Coloro che, per ambizione o per dongiovannismo, volevano arieggiare i signori, indossando un abito un po' più lungo (ricordiamo per inciso che a Benevento nel Risorgimento la *giamberga* indicava il partito aristocratico o borbonico, contro quello della *giacchetta* che era quello dei rivoluzionari), si denominarono *sciammèrie*, dalla voce dialettale comprendente la significazione di tutti gli abiti lunghi maschili e di una evidente signorilità. Lo *sciammèria* sopravvive tuttora nella mala vita. È il zerbinotto agghindato, sfoggiante buoni vestiti, graziose amanti, arieggiante il zerbinotto vitaiuolo autentico. Il giovanotto di mala vita camuffato da signore ... che nidifica principalmente attorno alle case di tolleranza che abbiano fine selvaggina. I suoi principali proventi derivano dall'alfonsismo, praticato apertamente, con una certa baldanza ..."; così sono chiari tutti i significati della voce» (D'Ascoli 1979) [Migliorini 1927; REW; DEI; REWS].

A. VERALDI: *La sciammeria ver'e propria fin'allora me l'ero sempr'e solo sognata perché chi aveva mezzo e modo?* (*Scicco*, Milano 1991, p. 11). C.

**s-ciàn,** sm. (romagnolo). 'Uomo'.

Allargamento del senso di *christianus* 'cristiano', avvenuto in molti dialetti [REW; Ercolani 1994]. C.

**sciàna,** sf. (salentino). 'Disposizione d'animo, umore', che può essere buono (*bòna sciàna*) o cattivo (*màla sciàna*), donde anche l'aggettivo *scianaru* 'di carattere instabile, volubile, lunatico'.

Dal nome della dea pagana *Diāna*, come per il sardo → *giàna*, *jàna* [Rohlfs 1959]. C.

**scianguà,** v. (toscano, in Versilia). 'Macchiare di sangue'; a Carrara, invece, *scianguàrë*, riferito al cane da caccia, è 'mangiare le interiora della lepre' per abituarlo a cacciare la selvaggina: *port ël can a scianguàrë*.

Derivato particolare di *sangue* con la palatalizzazione della *s-* iniziale nei derivati [Luciani]. C.

**sciantanèlo,** sm. (umbro: San Giustino). 'Mulinello di vento, folletto', 'incubo'. «Nella tradizione, è un fastidioso malessere che accompagna l'addormentato e il risveglio delle persone. Si dice che sia un'anima che viene a riposarsi; il suo arrivo si avverte con la sensazione che qualcosa si aggrappi alle coperte del letto (come un gatto). È caratterizzato da un'oppressione al plesso solare, dall'impossibilità di muoversi e comunicare, pur essendo perfettamente coscienti di tutto ciò che avviene nell'ambiente circostante. È vissuto con grande pena non solo per quanto sopra descritto, ma per il senso di morte imminente che pervade colui che è imprigionato in questa situazione. Riuscire ad avvertire i familiari che sono vicini o nelle stanze contigue, con lamenti o rantoli è fondamentale, in quanto l'essere scossi è uno dei pochi modi, se non l'unico, per rientrare presto in uno stato di normalità» (Polidori).

Con la forma affine di Panicale *ciantinèllo*, risale a 'saltarello', come mostrano le varianti *saltanèl* di Mercatello e *zaltarèllo* di Civitella. Il nome si allinea ad altri nomi del 'folletto' = 'incubo', anche formalmente individuati con lo stesso suffisso (*buffardello, farfarello, → mazzamorèllo, monachello*) [Cappello 1957]. C.

**sciantigliè,** sm. (galloitalico del Messinese). 'Scialle di seta, con ricami o disegni molto fini, ornato di frangia'.

In francese *chantilly* 'merletto nero o bianco, lavorato al fuso' dal nome di *Chantilly* nell'Oise, che dal XVIII secolo acquistò grande fama nella fabbricazione dei merletti. Pare della stessa origine, anche se non trova nessun riscontro nei repertori francesi, il pistoiese *sciantillì* 'stivali di gomma' (marca o marchio di fabbrica?). C.

**s-ciào,** sm. (veneto; lombardo *ciào, ciavo*; piemontese, anche *ciào, ciàu*). «Modo di salutare altrui con molta confidenza» (Boerio 1856).

Propriamente *schiavo*, corrisponde a formule come *servo suo* e simili. A partire dal veneziano si è ampiamente diffuso nell'Italia settentrionale come saluto e «formula conclusiva [...] che indica assentimento o rassegnazione a qualche cosa» (DEI); si veda nel valsuganotto: *s-ciào, s-ciào*, 'pazienza! passi!' (Prati 1977). È, com'è noto, all'origine dell'italiano *ciào*, registrato dal Panzini 1905 [DEI; DELI; Cortelazzo 1981].

A. FOGAZZARO: *Bestia, vero? Animale? Me lo dica pure, me lo merito, me lo son detto tante volte io. Schiavo, andiamo avanti. Lei sa come sono andati gli affari di casa sua?* (*Piccolo mondo antico*, Milano 1966, p. 85). M.

**s-ciapadùr,** sm. (romagnolo). 'Chi, in un ballo pubblico, toccando la spalla di un ballerino, chiedeva di poter ballare con la sua dama'.

Da *ciapè* 'prendere, acchiappare'. Si diceva, infatti: *u s' bala a ciapè* 'si balla ad acchiappare' [Ercolani 1994]. C.

**sciàra,** sf. (siciliano). 'Lava', 'corrente di lava', 'luogo sterile e petroso', 'siepe, riparo di pruni'.

Probabilmente di origine araba (*ḥarra(h)* 'luogo petroso', 'terreno coperto di lava'), anche se non mancano proposte alternative [Pellegrini 1972].

G. VERGA: *All'angolo della sciara verso il Rotolo, dove bordeggiavano quatte quatte le barche che facevano finta di pescare merluzzi a mezzanotte* (*I Malavoglia*, Milano 1947, p. 298). C.

**sciaràppa,** sf. (campano, nel napoletano). «Radice tuberosa e resinosa; vin dolce» (D'Ambra 1873), anche *sciarappo* sm. (Andreoli 1887).

Corrisponde all'italiano *scialappa* (XVII sec.), variante del più comune *gialappa*, nome di una pianta perenne delle convolvulacee, così chiamata dalla città messicana di *Jalapa*, da cui si diffuse, attraveso la Spagna, l'uso medicinale della pianta e il nome [DEI]. M.

**s-ciaravàrżene,** sm. (veneto: a Rovigo). 'Agrimonia, *Agrimonia Eupatorium* L.'.

Letteralmente, 'schiaravérgine', perché questa pianta era popolarmente ritenuta efficace per favorire il flusso mensile delle donne, così come nei Colli Euganei il nome della 'celidonia' è stato ritoccato in *s-ciàra dòna* cioè 'schiara donna' [Bertoldi 1923]. C.

**sciarlòta,** sf. (lombardo: Milano), «pasticcino di mele o pere cotte addobbate con zucchero, droghe e pezzuoli di cedrato ed abbrostite in una specie di cassa di pan lorenese burrato» (Cherubini 1839-56); (lombardo, a Voghera: *sarlòt*), 'pasticcio di pasta frolla e frutta in giulebbe'; (emiliano, a Parma: *sarlòta*), «melata coi crostini. Vivanda fatta con mele cotte ed imbandita con intorno crostini fritti» (Malaspina 1856-59).

È il francese *charlotte* 'dolce caldo composto di marmellata di mele contornata di fette di pane tostato', dal nome proprio *Charlotte* 'Carlotta', così detto, pare, dalla regina Carlotta d'Inghilterra, moglie di Giorgio III. Il francesismo è entrato anche nell'italiano *charlotte* 'torta semifredda a base di latte, uova, panna e biscotti' (*ciarlotta* è la forma adottata dall'Artusi 1891) [FEW; DELI]. M.

**s-ciaróṡa,** sf. (veneto; emiliano). 'Luna'.

Voce di gergo: 'che fa chiaro (*ciàro*)' [Ferrero 1991].

A. BEVILACQUA: *Malavita, Leggera e Pesante, che – sostiene la loro canzone – la* sciarósa *(o luna a falce, luna sinistra) ha illuminato per secoli* (*La festa parmigiana*, Milano 1980, p. 71). C.

**sciàtara - e - màtara,** inter. (siciliano, anche *sciàtira e-mmàtira*). 'Interiezione di meraviglia e di stupore', anche 'interiezione ammirativa o sprezzante'.

Di origine verosimilmente araba, può dipendere da *sāteru yā mā tarāā* 'Dio! Gran Dio misericordioso!', oppure *šātiru yā mā tāra* 'O l'abile che tu vedi!', «frase che gli Arabi dicono continuamente quando sono compresi di meraviglia per la grande abilità di una persona non prima sospettata» (citazione tratta da Pellegrini 1972). A S. Caterina Villarmosa è viva l'espressione *vattìnni, ssciatr-e-ddiàvulu* (Pellegrini ibid.) con la sostituzione del secondo elemento dell'espressione col dialettale *diàvulu* 'diavolo'. M.

**s-ciavénsa,** sf. (piemontese). 'Custodia e condotta di terre e bestiame'.

Sembra legato a *s-ciav* 'schiavo' con un suffisso *-énsa*, che non è detto sia necessariamente tratto, come vuole il Levi 1927, dal latino medievale *cabentia* 'averi, beni'.

B. FENOGLIO: *Le dissi adagio: – Ci sono delle schiavenze in giro da prendere* (*La malora*, in *Opere*, II, Torino 1978, p. 431). C.

**s'ciàvo,** sm. (veneto; veneto giuliano; veneto dalmata; friulano: *sclāf*). 'Scarafaggio'.

Nei dialetti di confine *s'ciavo* è etnico per 'slavo': potrebbe, quindi, essere passato a nome di un insetto, che si presumeva provenisse dai paesi slavi, mentre un'allusione al colore scuro, che pure sta alla base di tanti nome dello scarafaggio, sembra da escludersi dal momento che il traslato non è attestato nelle Venezie, come lo è, invece, in area meridionale [Valente 1971-73; Ratti 1990].

S. ZANOTTO: *colonie di scarafaggi che attendevano la notte per uscire, quelli che il razzismo di veneti chiama «schiavi» per insultare il mondo al di là dell'Adriatico* (*Delta di Venere*, Milano 1975, p. 151). C.

**sciàzza,** agg. e sf. (campano). 'Donna sciatta'.

Deverbale di un verbo continuatore del latino parlato **exaptiare* 'non essere adatto (*aptus*)' [REWS].

A. VERALDI: *Se la squagliò proprio mentre Fizoccola arrivava di corsa tutt'agitata e sciazza, smaniando menando per aria quelli che incontrava e sparando allucchi e strilli da far tremare vetri muri case e fabbricati interi* (*Scicco*, Milano 1991, p. 29). C.

**scìcchë,** sm. (abruzzese; calabrese e siciliano: *sceccu*). 'Asino'.

Verosimilmente dal turco *çešek* col medesimo significato, voce penetrata in Sicilia intorno al XV sec.; la storia della sua diffusione in Italia meridionale non è però ancora chiara [Alessio 1957 e 1958; Rohlfs 1977].

G. Bonaviri: *Per gli asini, la fatica era aumentata. Soffiavano, cercavano il terreno meno cedevole, zoccolando, ma noi gli davamo pedate nella pancia, esclamando: – Oh, cammina, sceccu brigante!* [...]. *Sbriciolammo le spighe. Era del farro scuro, dai chicchi duri e legnosi. – Mangiare quella roba? Siamo diventati scecchi? – scattò Colombino. – Bisognerebbe cuocere il farro, – consigliò Turi* (*Il fiume di pietra*, Milano 1979, pp. 152, 168). M.

**scìcco,** sm. (campano: Napoli). 'Graffio', 'furto con destrezza'.

Variante di *scìppo*, come *sciccà* da *scippà*, di etimologia discussa.

A. Veraldi: *La crocchia intanto, gli amici, mi vennero a scovare al vico Tarallari dov'ero scappato di corsa dopo lo scicco, che sarebbe il vero nome scientifico del furto di corrente o scippo* (*Scicco*, Milano 1991, p. 30). C.

**s-cìda,** sf. (istrioto, a Rovigno: anche *s-cieṡa*). 'Ciotola di legno che un tempo veniva usata nei negozi per riporvi la moneta', al diminutivo *s-cédola*.

Dal croato *skleda* 'ciotola di legno dei contadini', preso dal romanzo *scudèla* 'scodella' [Crevatin 1992]. C.

**scìfu,** nella locuz. *avìri n scìfu* (*chìnu*) (siciliano). 'Essere nell'abbondanza'. Letteralmente 'avere il trogolo pieno'; la voce ritorna nel modo *canciàri lu porcu pri lu sc*(*h*)*ifu*, che si dice di un 'cambio sproporzionato'.

Dal latino *scȳphus* 'vaso concavo' (di origine greca), che ha molti continuatori, con significati diversi, ma affini ('madia', 'secchio', 'culla', ecc.) in tutta l'Italia meridionale ed in Sardegna [REW; Rohlfs 1964; REWS; Alfieri 1980].

G. Verga: *Io non voglio dannarmi l'anima per voi; e non vi ho detto nulla quando ho saputo che correte dietro le donnacce come la Vespa e la Mangiacarrubbe, ora che sono malmaritate. Correte a trovarle, che ora ci hanno il truogolo in casa, e cercano il maiale* (*I Malavoglia*, Milano-Napoli 1955, p. 364). C.

**scìna,** sf. (umbro, nel perugino), «vaso di terracotta per fare il bucato» (Catanelli 1970); (umbro, a Magione: *aššina*, *ššina*), «conca per fare il bucato» (Moretti 1973).

Continuazione del latino *sinum* (neutro) e *sinus* 'vaso rotondo di argilla per vino, latte ecc.' attestato da Varrone «vas vinarium grande sinum ...». La voce dialettale presenta intacco di *s* davanti a vocale palatale [Ugolini 1970: XXIV]. M.

**sciòcco,** agg. (toscano). 'Scarso di sale', 'insipido', mentre in italiano vale 'stupido, con poco sale in testa'.

L'etimologia dipende dalla priorità che si assegna al senso concreto ('senza sale') o astratto ('stupido'). Nel primo caso si tratterebbe del participio passato forte di un ricostruito verbo *sciocccare* 'scuotere, sbattere' (e, quindi, 'tocco, stupido'), nel secondo da un latino parlato *exsuccus*, parallelo del classico *exsucus* 'senza sugo' [Giacomelli-Poggi Salani 1984-85]. C.

**sciocquàglie,** sm. plur. (abruzzese; campano: Napoli; calabrese: *sciuccàglie*; salentino: *scioccàglie*, *sciuccàgli*; lucano: *scioccàgliё*). 'Orecchini, pendenti'.

Dallo spagnolo *chocallos* 'pendenti di oro' [DEI ss.vv. *ciaccàglia* e *sciocquàglie*; Rohlfs 1959]. C.

**scioffià,** v. (toscano, nell'amiatino; campano, nel napoletano, corso e ligure: *sciuscià*; calabrese: *hubbare*; siciliano: *sciusciari*), 'soffiare', specialmente del vento o del fuoco; (toscano: Argentario, Giglio: *sossà*), «soffiare leggermente (del vento), ora usato solo nel proverbio *aria rossa o sissa (o ppissa) o sossa*» (Fanciulli), cioè o piove o tira vento.

Dal latino *sufflāre* 'soffiare' [REW; DEI; Plomteux 1975; Rohlfs 1979; Salzano 1979]. M.

**sciofrèr,** sm. plur. (corso). 'Frati ignorantelli'.

Dal francese *chers frères*, letteralmente 'cari fratelli' [Salvioni 1916a]. C.

**sciògro,** sm. (toscano, nel lucchese). 'Ozio, riposo'.

È l'italiano *sciopero* attraverso la forma *sciòvro* attestata nella stessa area [DEI]. M.

**sciólo,** sm. (umbro: San Giustino; a Magione: *usci(u)òlo*). 'Piccolo sportello della botte che viene aperto allorché la stessa deve essere lavata'.

Da *usciolo* 'piccolo uscio'. C.

**sciòrno,** agg. (laziale). 'Sciocco, balordo', 'di persona poco seria' (a Bevagna), *sciorna* 'mezza scema' (a Tivoli).

Deverbale dal latino cristiano *exornāre* 'spogliare'; propriamente 'sfornito del necessario' [Ugolini 1983]. C.

**sciòrta,** sf. (campano: Napoli; calabrese, anche *sciorte*; siciliano: *sciorti*). 'Sorte'.

Forme corrispondenti all'italiano *sorte*, presentano un irregolare trattamento di *s-* > *š-*, che si può rilevare anche nel genovese *sciorte*, e che probabilmente dipende dal verbo *sciortì* nel genovese, *sciortire* nel calabrese 'uscire', dal latino parlato **exsortīre* [DEI; Rohlfs 1968: 225]. M.

**scióu,** sm. (ligure: Noli). 'Vescica natatoria dei pesci'.

Quando il nasello o il grongo vengono portati improvvisamente alla superficie scoppia loro lo *scióu*, cioè 'il fiato', continuazione popolare e regolare del latino *flatus*: → *ciapà òra* [Cortelazzo 1989]. C.

**sciovrà(re),** v. (toscano: anche *sciogràre*). 'Scegliere, sceverare'.

Dal verbo latino *exseparāre* (attestato tardivamente) per *separāre*, da cui anche l'italiano *sceverare* [REW; DEI; REWS].

F. Guccini: *passi dalla riga, o divisa o sciovradura che sia all'indietro* (*Cròniche epafàniche*, Milano 1989, p. 156). C.

**scìrba,** sf. (siciliano, con varianti). 'Luogo scosceso, rupe, dirupo', con l'espressione *iri scirbi scirbi* (e in località galloitaliche di Sicilia: *anné a zirbi zirbi*) 'andare per luoghi scoscesi'.

È un termine geonomastico di origine araba, da *ḫirba* 'luogo di rovina', con riflessi toponimici come *Xirbi* [= Scirbi] presso Caltanissetta [DEI s.v. *chirba*; Pellegrini 1972; Rohlfs 1977a]. M.

**sciscèri,** sm. (salentino, anche *sciuscèri*, *scescèri*). 'Ventriglio dei polli e degli uccelli'.

Dal latino *gigēria*, *gizēria* plur. 'ventrigli dei polli' [Rohlfs 1959]. M.

**sciùcco,** agg. (umbro; marchigiano; laziale, nel romanesco). 'Asciutto, arido'.

Dal dialettale *sciuccare*, *sciuccà* 'asciugare' che deriva dal latino *exsucāre* 'prosciugare', continuato anche in altri dialetti come nell'abruzzese *assucà* 'asciugare' [DEI; REWS]. M.

**sciupafémmënë,** sm. (campano: Napoli). «Chi è circondato da molte donne, ma di nessuna di esse sa comprendere i sentimenti migliori», «colui che tratta con indifferenza le donne innamorate di lui» (Altamura 1956).

Composto di *sciupà* 'sciupare, sperperare, far avvizzire' e *fémmënë* 'donne'. C.

**sciurarèlla,** sf. (laziale: Castro dei Volsci, ad Amaseno: *sciularèlla*). 'Luogo in forte pendenza, dove i ragazzi si divertono a sdrucciolare (*fà a sciurarèlla*)'; ad Alatri: *fà la sciuiarèlla*.

Alla lettera, 'scivolarella', dal v. *sciurà, sciulà* 'scivolare'. C.

**sciùrio ,** sm. (laziale: Roma). 'Vino di buon qualità, che si beve volentieri', con il verbo *sciurià* 'bere, alzare il gomito'.

Voce di probabile provenienza ebraica, perché non solo è in uso nel giudeo-romano, ma anche nella parlata degli Ebrei di Livorno (*sciùrio* 'bevuta', 'piccola mancia', *sciurare* 'bere', *sciuriato* 'ubriaco', *sciurione* 'bevitore esagerato') [DEI]. C.

**sciurnà,** v. (ligure; anche *sciuernà*; emiliano, a Borgo Val di Taro: *sovernà*; ticinese: *savernàre*). 'Dare da mantenere degli animali durante l'inverno', e 'passare l'inverno fuori casa'. Da qui anche il ligure (Val Graveglia) *dà in sciuèrnu* e il ticinese *na a savèrn, da a scivèrgn* 'affidare le proprie bestie al pastore di un contadino benestante'.

Dal latino **exhibernāre*, come l'italiano *svernare* [Plomteux 1975]. C.

**sciurnicàri,** v. (siciliano). 'Snidare', col sm. *sciurnicaturi* 'uccelletto di primo volo' o anche 'coniglietto'.

Non pare tanto un derivato di *ex-furnus* quanto piuttosto di *nidus* 'nido' attraverso un *ex-foris-nidus* (con l'esito di *sf* > *ss* normale in certe aree siciliane): alla base vi è quindi l'idea dell'uscire dal nido. Da *nidus* dipende infatti, ad esempio, anche il piemontese *sfurniè* 'uscir dal nido' e *sfurniòt, sfurniòr, sfurnialòt* 'uccello che si snidia' [Ruffino 1991: 120]. M.

**sciuscièllë,** sm. (campano, nel napoletano), 'frittata rivoltata e talvolta ripiena di mozzarella o di salame o di verdura; zuppa di pane ed uova che si fa nei giorni di magro'; (salentino: *sciuscellu, sciusciìllë*), 'brodetto di uova battute nel brodo di lesso'; (calabrese: *sciuscieḍḍu*), 'fricassea, vivanda di cose sminuzzate e cotte con salsa d'uovo'; (siciliano: *ciuceḍḍu*), 'brodetto, guazzetto': *a ciuceḍḍu, a sciuscieḍḍu* 'una maniera di cucinare le uova'; (ligure, nel genovese: *giuscellu*), 'brodo da bere con uova e zucchero stemperati dentro'.

Riflessi del latino *iuscellum* 'brodetto', base alla quale va ricondotto, con significato traslato e in forma derivata, l'abruzzese *sciuscëllëttë* 'gita, scampagnata della pasquetta' [REW; DEI s.v. *ciucèllo*; DAM; Alessio 1976]. M.

**sclâvu,** sm. (ladino centrale, nel Comelico). 'Dialetto', 'linguaggio incomprensibile'.

Dal friulano *sclāf* 'slavo'. Anche in triestino la frase *go parlà s-ciavo che no te me capisi?*, equivale a quella italiana 'parlo arabo'? [Tagliavini 1988; Doria 1987]. C.

**sclèpia,** sf. (veneto, nel polesano), 'asclepiade di Siria, *Asclepias cornuti* DC.'; (veneto giuliano, nel triestino: *sclèpia*), 'pianta della Genzianacee, *Gentiana asclepiadea* L.'; (ligure: *asclèpia, scrèpia*; romagnolo: *asclèpia*; siciliano: *sclèpia*), 'fior di cera, *Hoya carnosa* L.'.

Sono derivati, per tradizione culta, del latino *asclepias*, a sua volta dal greco *asklēpiás*, propriamente 'erba di Esculapio', soprattutto il vincetossico '*Vincetoxicum officinale* Moench.' [DEI s.v. *ascrèpia*; LEI]. M.

**sclopìt,** sm. (friulano). 'Strigoli, bubbolini, *Silene inflata* Sm.'.

È il nome che si dà propriamente al calice rigonfio del fiore di silene; corrisponde a 'scoppietto' ed è motivato dal fatto che i bambini per gioco fanno scoppiare con rumore il calice rigonfio sbattendolo contro la fronte. Altre denominazioni che alludono a questa abitudine sono *s-ciòchi* 'schiocchi' (nel veneto bellunese e nel trentino), *s-ciopèti* (trentino), *s-ciopetìz* (ladino centrale, nell'ampezzano), 'scoppietti' [Pedrotti-Bertoldi 1930]. M.

**s-cmantón,** sm. (romagnolo). 'Spavento, grossa paura che serve di lezione', 'reprimenda, castigo'.

Dal verbo *s-cmantè*, propriamente 'sgomentare' [Quondamatteo 1983]. C.

**scò,** sm. (toscano: Filattiera). 'Cercine'.

Da *su ca(v)o* 'su(l) capo', come nel lucchese *succàporo, soccàporo*, pisano *soccàpolo*, pistoiese *zuccàpolo* [Merlo 1940; Rohlfs 1979]. C.

**scoazèra,** sf. (veneto e veneto giuliano, anche nelle varianti *scovazèra, scoasèra*). 'Pattumiera'. A Venezia era anche il nome di una 'barca destinata al trasporto delle spazzature', passato nel croato di Spalato (*škovačera*) col senso di 'sorta di nave-traghetto locale'.

Da *scoàza* (con varianti) 'spazzatura', derivata dal verbo *scoàr* (e rispettive varianti) 'scopare' [DEI; Doria 1987]. C.

**scoccodellà,** v. (laziale: Mompeo Sabino). «Lo schiamazzare della gallina che ha deposto l'uovo» (Raspini 1991).

Dal verso della gallina *coccodè*, che pare incrociato con *scodellare*. M.

**scófa,** sf. (ladino-veneto nell'Agordino; ladino centrale: in Val Marebbe). 'Fienile'.

Dal medio alto tedesco *Schupfe* 'tettoia' con *ŭ* > *o* (il termine riflette l'antica pronuncia *scu-* di contro all'odierna *sciu-*) [Pellegrini 1977a]. M.

**scòla,** sf. (toscano). 'Spola'.

Malgrado la vicinanza fonetica, le due voci d'eguale significato, *scòla* e *spòla*, sembrano non avere nessuna relazione tra di loro. *Scòla* vuol dire 'navicella' ed in questo senso è usata anche da Dante e da Guittone d'Arezzo ed è prestito dai dialetti settentrionali (veneziano o ravennate), nei quali *scàula*, come derivato dal latino *scaphula*, era d'impiego antico [DEI; Cortelazzo 1970]. C.

**scolàna,** sf. (marchigiano). 'Tipo di insalata di largo uso' (Urieli 1979).

Detta così, perché proveniente da *Ascoli* ('ascolana'). C.

**ščolàstrica,** sf. (abruzzese: Pizzoli). 'Colostro: primo latte e primo alimento del neonato'.

Da *culòštra* 'colostra' incrociatosi con *Scolastica*, la santa patrona, assieme a S. Agata e S. Eufemia, delle lattanti [LEA; Gioia 1993]. C.

**scolmàgna,** sf. (lombardo, anche *scormagna* e a Bergamo: *scolmègna*). 'Soprannome'.

Da *costume*, nella variante *scotùme* (→ *scotùm*), con la desinenza *-agna, -egna* e il mutamento di *t* a *r* o *l* per la difficoltà dell'incontro delle due consonanti *tm* in *scotmàgna* [Salvioni 1902-05a]: → *scotùm* e → *scutumàia*. C.

**sconìrse,** v. rifl. (veneto; veneto istriano: *sconìr, scunìr*), 'smagrire, deperire', 'sfasciarsi'; (emiliano: *sconìr*), 'gocciolare; scolare'; (lunigianese: *scunire*) 'diminuire'.

Dal latino parlato **exconicĕre* 'levare, togliere', da *conicĕre* 'versare'; nel veneto anche col prefisso *de-*: *desconirse* [REW; DEI; Prati 1968; Rohlfs 1979]. M.

**scontratùra,** sf. (toscano; veneto giuliano: *scontradura*), 'mutamento improvviso del vento'; (veneto: *scontraùra*), 'incontro di due temporali sospinti da venti diversi o contrari'.

Come suggeriscono l'accezione veneta e le varianti dell'Arcipelago toscano *riscontratura* e *contrasto*, da *scontràr(si)*. C.

**scorànza,** sf. (veneto e veneto giuliano). 'Agone del lago di Scutari, *Alburnus Scoranza*', anche *scuranza*, *squaranza*.

Si tratta di un termine che ricorre pure nelle parlate slave, croate e montenegrine, della Dalmazia meridionale, il cui punto di partenza è rappresentato dall'albanese *Shkodër*, nella forma definita *Skodra* 'Scutari' (nota località dell'Albania), con una risoluzione fonetica da *dr* a *r* tipicamente veneta. Sembra probabile che le voci siano giunte nelle parlate slave dal veneziano; resta, tuttavia, poco chiara la morfologia, poiché la formazione in *-anza* è difficilmente attribuibile al veneziano ed al neolatino in genere [Zamboni 1983]. M.

**scórar cun l'artōran,** locuz. (romagnolo: Ravenna). «Parlare ripetendo soggetto e predicato, o solo il predicato, dell'ultima frase. Es.: *A so' andé a là, a so' andé*, Sono andato là, sono andato. Una volta era un modo di parlare molto in uso» (Ercolani 1971: 28).

Letteralmente 'parlare con il ritorno', nella terminologia linguistica *struttura a cornice*, che si riscontra in altri dialetti (chioggiotto, romanesco) e lingue (Garvin 1983). C.

**scórer cùme un ciużòt,** locuz. (romagnolo). 'Parlare male il dialetto'.

Così come lo parlano i *Chioggiotti* ('discorrere come un chioggiotto'), che frequentano i porti romagnoli. C.

**scorsóne,** sm. (salentino: anche *scorzóne*, come in campano, a Napoli; pugliese: *scherzónë*, a Bari *scrëzzónë*; calabrese: *scurzune*; siciliano: *scursuni*). 'Specie di serpe non velenosa'.

Il nome, diffuso anche nell'Italia settentrionale, continua il latino *cŭrtio, -ōnis* 'serpe' con intrusione di altra voce, probabilmente *scŏrtea* 'scorza' [REW; Rohlfs 1959; REWS].

V. BODINI: *Questo non pare porco, ma scorsone* (in *Narratori di Puglia e di Basilicata*, a cura di M. Sansone e S. Paolo, Milano 1966, p. 92). C.

**scórtico,** sm. (laziale, nel romanesco). 'Casa di tolleranza'.

Da *scórtico* 'macello, luogo dove si scorticano gli animali morti' (deverbale di un v. *scorticare* dal latino *excorticāre*), di area laziale, con accostamento al latino *scortum* 'prostituta'; *scórtico* e, con metatesi, *stórtico* 'macello' è anche umbro [Chiappini 1945; DEI; REWS]. M.

**scòs,** sm. (romagnolo). 'Scroscio d'acqua', 'improvvisa sollevazione del vento'.

Propriamente *scosso*, dal verbo *scossare* 'scuotere, urtare', che ha dato anche il toscano *scossa* 'pioggia intensa di breve durata' e il livornese *scossata*, 'scroscio d'acqua piovana' [DEI]. C.

**scosèt,** nella locuz. *šugàr a scosèt* (lombardo: mantovano). 'Fare a soccietta', gioco molto diffuso in varie parti d'Italia: «Un giuocatore tiene un uovo di gallina in mano, ma in modo che non ne apparisca che la estremità puntuta fra il pollice e l'indice ristretti insieme; mentre un altro con un altro uovo vi percuote sopra, e vince colui il di cui uovo resiste alla percossa, l'altro poi perde l'uovo ammaccato o rotto» (Arrivabene 1882).

Dal verbo *scosàr* 'l'urtarsi fra loro di cose fragili', corrispondente all'italiano *scocciare*, da *coccia* nel senso di 'guscio'.

G. NUVOLETTI: *Per tali pulizie si usava offrire il compenso pasquale dell'uovo. Questo, fatto sodo e colorato, serviva ai giochi dei ragazzi in gran partite di scosset; l'uovo più duro spezzando i gusci degli altri, ne faceva bottino, a gloria del vincente e a conforto della sua tavola* (*Un matrimonio mantovano*, Vicenza 1972, p. 105). C.

**scotadéo,** nella locuz. *magnàr a scotadéo* (veneto: veneziano). «Mangiare a scotta dito, dicesi del mangiare le vivande caldissime, cioè levate allora allora dal fuoco» (Boerio 1856).

Letteralmente 'scotta dito'; l'espressione si è diffusa all'inizio dell'Ottocento anche a Milano (*a*) *scotadéo* 'bollente'; di recente è entrata in italiano (*a scottadito*) [DELI; Zolli 1986]. M.

**scòtis,** sm. (veneto; anche *sòtis*; umbro, in Val di Pierle: *scòtise*). 'Sorta di antico ballo simile alla polca, oramai completamente dimenticato'.

È il ricordo dello *Schottische* tedesco, integralmente *der schottische Rundtanz* 'la danza scozzese a tondo'. C.

**scòttu,** sm. (calabrese settentrionale). 'Nome popolare dato alla Pasquetta, grande scampagnata che si fa nel giorno della Pasquetta, cioè il lunedì di Pasqua'.

Il termine significa originariamente 'pasto consumato in tale o altre scampagnate' e corrisponde all'italiano *scotto* 'conto che si paga all'oste', dall'antico francese *escot* 'pagamento di ogni commensale in una scampagnata comune' [Rohlfs 1977]. M.

**scotùm,** sm. (ticinese, a Poschiavo; trentino, nelle Giudicarie: *šcutùm*; lombardo, a Brescia: *scutōm*). 'Soprannome'.

Da *costume* (attraverso la forma *scotùme*), come per → *scutumàia* e → *scolmàgna*, cioè 'secondo il costume, l'uso' [Salvioni 1902-05a]. C.

**scràndala,** sf. (toscano, a Cortona, a Castel del Piano: *scàndola*). 'Raganella, tabella della settimana santa'; il DEI (s.v. *scàndalo*) menziona anche le forme *scràndela* nel senese e *scàndalo* sm. a Montalcino.

Le voci dipendono da *scàndola*, parola di area anche toscana che designa l'assicella di legno che serve per la copertura del tetto (dal latino *scandŭla*); la raganella è così chiamata perché è «costituita da un'assicella che è sbattuta da una ruota dentata» [AIS; Rohlfs 1979]. M.

**scrapentàre,** v. (siciliano), 'rompere, crepare (di postema)'; (calabrese: *scrapentare*), 'far scoppiare, crepare (di un foruncolo)', 'discrepare, dissentire'; (pugliese, nel tarantino: *cripintare*), nel modo di dire *c. li vìscere a uno* 'bastonarlo crudelmente'; (lombardo: *craventà*, *creentà*), 'far crepare, rompere'.

Dal latino parlato **crepantāre* 'fendersi, screpolarsi' [DEI s.v. *crepantare*; REWS]. M.

**screà,** v. (friulano; veneto bisiacco e giuliano: *screàr*). 'Usare per la prima volta una cosa nuova, incominciare, inaugurare, iniziare, incignare'.

Corrisponde a *creare*, preceduto da *s* con valore rafforzativo, riconoscibile anche in *dis-* della variante friulana *discreà* e del bisiacco *descreàr* con lo stesso significato [Domini 1985; Doria 1987].

R. VALENTE: *A Pasqua passata, quando ormai le scarpe erano diventate vecchie, mi succedeva di avere i calzoni nuovi, o la camicia. Mai che mi fosse capitata la coincidenza di "screare" tutto insieme* (*Udine 16 millimetri*, Udine 1963, p. 72). M.

**scrìm(i)a,** sf. (veneto; veneto istriano). 'Acume, discernimento, comprendonio'. Di qui anche le locuzioni padovana *pèrder la scrìmia* 'perdere la bussola' ed a Maranese Lagunare *vè scrìmia* 'aver occhio, saper osservare la superficie lagunare e pescare poi con profitto'.

Dal germanico **skirmjan* 'proteggere' attraverso il provenzale antico *escrima*, da cui anche l'italiano *scherma*. Semanticamente il passaggio intermedio deve essere stato quello di 'essere avveduto' [Prati 1968]. C.

**scrì(v)o scrì(v)o,** agg. (toscano, anche *scrivo, scrìvio*). 'Puro, semplice, naturale'.

Le ipotesi sull'origine del termine sono due: o da *creare* o dal verbo *screare* 'spurgarsi tossendo', dal latino *screare*, che ha lo stesso significato. Il significato piuttosto lontano si spiega con la particolare accezione di 'sputare' = 'riprodurre', che si ritrova nella espressione largamente diffusa (oltre che in Italia, in Francia, Inghilterra, Portogallo e Svizzera tedesca) *nato e sputato* [DEI].

G. CARDUCCI: *il "cui tu credevi" così scrio scrio ce l'ho messo a posta* (cit. nel *Vocabolario della lingua italiana* IV 183). – V. PRATOLINI: *quando non posso dire scria scria la mia idea, m'impappino* (*ibidem*). – F. PAOLIERI: *Egli è che questa [acqua], sotto i raggi del sole morente, era diventata tutta di sangue; mi circondava un paesaggio incredibile, che nessun pittore oserebbe mai di ritrarre e d'esporre, senza tema d'esser beffeggiato; sangue schietto, sangue scrio, sangue vivo!* (*Novelle toscane*, Torino 1945, p. 209). C.

**scrocchiazzéppi,** sm. (laziale: Roma). 'Persona magrissima, ridotta pelle e ossa'.

Composto dell'imperativo di *scrocchià* 'scricchiolare', dal latino *crotalum* 'castagnetta', e del plurale di *zeppo* 'stecco, gambo, fuscello', forse da *cippus* 'palo': «il composto vorrà pertanto indicare un insieme di zeppi (le ossa) che a toccarli e maneggiarli scricchiolano, privi come sono di carne che li protegga» [Pisani 1981]. C.

**scròfele,** sf. (abruzzese; campano: *scròföla*; pugliese: *scròfola*, con varianti e alterati; siciliano: *scrùfina*). 'Dado', 'madrevite'.

Questo ed altri derivati dal latino *scrofa*, ed anche il lucano (Matera) *scròfe*, sono legati ad una metafora sessuale, molto frequente, che di due elementi meccanici complementari chiama *femmina* (o nome d'animale femmina) l'elemento ricevente e *maschio* (o nome d'animale maschio) quello inserito. C.

**scròzzula,** sf. (toscano amiatino), 'pezzo di pane mal tagliato', 'pezzo di legno rotondo staccato a colpi d'accetta per essere bruciato', 'scorza e barba di castagno, o ulivo, tagliata', 'rottura'; (toscano a Siena: *scròzzola*), 'tocco di pane mal tagliato'.

Forma metatetica di *scorza* con suffisso diminutivo [DEI]. M.

**scuète,** sf. (friulano). 'Ricotta'.

Da una forma latina **excŏcta* 'scotta' [REW]. M.

**scugì,** v. (romagnolo; ligure, nel genovese *scoží*; lombardo: *sguiśì*; umbro, a Città di Castello: *scugire*, a Fabriano: *scascì*; marchigiano, ad Arcevia: *scuscé*). 'Scorgere, vedere, distinguere', a Genova anche *fase scoží* «farsi scorgere, dar altrui cagione di beffare» (Casaccia 1876).

Le voci risalgono al gotico *kausjan* 'esaminare, scegliere', dal quale dipende anche il francese *choisir* 'scegliere' entrato nel piemontese *soaśì, saśì* con lo stesso significato. In italiano antico è attestata la forma *ciausire* 'scegliere, preferire' entrata con la lirica provenzaleggiante (provenzale settentrionale *chausir*, provenzale *causir*, *escausir*); a quest'ultima variante il DEI ritiene di poter assegnare il bolognese *s-ciuśìr, stiuśìr*, e forse anche il romagnolo *scugì* che REW attribuisce sicuramente ad *escausir* [Mattioli 1879; REW; DEI s.v. *scogire*; FEW; REWS; Gribaudo-Seglie 1972-75]. M.

**scugliàrsi,** v. (toscano), 'scomodarsi, darsi da fare' a Pisa, 'guastarsi, straccarsi' a Lucca; (ligure: *scügià*), 'correre senza mai fermarsi'.

Da *cóglia* 'ernia': cioè, 'affaticarsi tanto da provocare un'ernia'. C.

**scùgna,** sf. (calabrese). 'Primavera', anche 'tempo o luogo della mietitura', 'stagione della trebbiatura del grano'.

Deverbale di *scugnàre*, da **excuneāre*, col significato di 'rompere e lavorare la terra'; la primavera sarebbe la 'stagione in cui si dissoda il terreno' [Merlo 1904; Rohlfs 1977]. M.

**scugnìzzo,** sm. (campano: Napoli). 'Monello da strada'.

Voce di etimologia non bene chiarita: pare connessa alla parola meridionale *scugnu* 'scasso' (da *scugnare* napoletano e calabrese 'battere il grano, dissodare', *scugnari* siciliano 'zappare', dal latino *cŭneus*: → *scùgna*); dal napoletano il termine *scugnizzo* è entrato in italiano, attestato da Panzini 1908 per 'monello napoletano', 'monello da strada, specie intendendo quello già avviato alla mala vita, astuto, intelligente, di cui si serve il camorrista specialmente per "fare da palo" (vedetta)' [DEI; Zolli 1986; DELI].

R. LA CAPRIA: *"Fai il buffone perché stai al sicuro nella barca" disse Glauco. Gli scugnizzi dopo qualche gesto osceno ripresero a pescare seri come indiani, fingendo di non badare più a lui* (*La neve del Vesuvio*, Milano 1988, p. 72). M.

**scugnurà le rùghe,** locuz. (umbro: Spello). 'Perdere tempo, fare cose inutili'.

Giudizio scettico sull'efficacia della pratica, ampiamente diffusa, di 'scongiurare i bruchi', cioè esorcizzarli. C.

**sculièr(o),** sm. (veneto; ladino-veneto; veneto giuliano; emiliano, nel bolognese: *cuslìr*). 'Cucchiaio'; il bolognese è registrato da Coronedi Berti 1869-74 come «voce contadinesca».

La voce appare nei documenti medievali come *cusilerius* (1279, a Bologna), che permette di individuare un'origine da un latino tardo **cocilārius*, dal latino parlato **cŏcila* per *cŏchlea* 'conchiglia, chiocciola', cosiddetto per una designazione metaforica da *cŏchlea* o anche, si dice, perché in origine serviva per mangiare le chiocciole. Da *cochlearius* dipendono ad esempio *cuciàro*, un'altra forma diffusa nel veneto, l'italiano *cucchiaio*, il sardo *corcàriu, corcàrgiu* e varianti che designa il 'cucchiaio di corno dei pastori' [DEI s.v. *cusoliere*; DES; REWS; Prati 1968]. M.

**scùlo,** sm. (toscano: pistoiese). 'Sfortuna'; con *sculato* 'sfortunato', è diffuso soprattutto nel linguaggio dei giovani.

Da (aver) *culo* nel senso figurato di 'fortuna' con *s-*, che fa assumere alla voce, alla quale è premesso, il significato opposto. È facile che sulla formazione abbia influito anche il sostantivo di recente diffusione e di eguale significato *sfiga* (e *sfigato*). C.

**scumùnnaca,** sf. (toscano: Cortona; umbro, nell'orvietano: *scummùnica*). 'Scalogna', 'sfortuna'; il termine è usato anche a Magione nella locuz. *lassè la scomùn(n)eca* 'maledire', che si dice «a proposito di cattivo raccolto di grano imputato al malocchio gettato dal contadino che lavorava precedentemente il podere» (Moretti 1973).

Come nella rara locuzione italiana *avere la scomunica addosso* 'essere perseguitato dalla sfortuna', è un residuo dell'effetto psicologico che aveva sui credenti la grave censura ecclesiastica della 'scomunica'. C.

**scupìglia,** sf. (campano: Napoli; abruzzese: *scupìjjë*; siciliano: *scupìgghia*; sardo: *scubìglia*). 'Limatura di oro e argento', 'mondiglia degli orefici', 'spazzatura della bottega di orefice'.

Adattamento dello spagnolo *escobilla* 'scopetta' ed anche 'spazzatura delle oreficerie' [Beccaria 1968; Michel 1996]. M.

**scürà,** v. (piemontese, con varianti; ligure). 'Pulire'.

Dal latino *curāre* 'prendersi cura' probabilmente con l'intervento di altra voce, che spiegherebbe l'inattesa *s-* (però il piemontese conosce anche il lineare *gürè*). C.

**scura-scusè,** sm. (ligure-piemontese, a Novi Ligure). 'Donnaiolo'.

Propriamente 'rincorri-grembiuli' [Magenta 1970]. M.

**scurasèrve,** sm. (ligure-piemontese: Novi Ligure). «Particolare tipo di petardo, lungo circa 20 cm, che, mentre scoppia, saltella e sembra rincorrere chi sta vicino» (Magenta 1970).

Letteralmente 'rincorri serve'. M.

**šcùrdie,** sf. plur. (laziale: Amaseno, a Cervara: *scùrita*). 'Compieta' e 'fracasso, che si fa in chiesa nella settimana santa dopo l'ufficio delle tenebre', figuratamente 'percosse'; in molisano, a Morrone del Sannio, *a scuèrdëlë* è la 'raganella' della settimana santa, e *scurdë* in abruzzese è la 'tabella' o l''ufficio della settimana santa'.

Dal nominativo latino *obscūritas* 'oscurità', per via dotta [Vignoli 1926; Giammarco 1985]. C.

**scurnacchiàto,** part. pass. e agg. (campano: Napoli). 'Scornato', 'faccia tosta, impudente'.

Dal verbo *scurnacchià*, ampliamento di *scurnà* 'dir corna di qualcuno' (da *cuórnu* 'corno').

R. Nigro: *È uno scornacchiato, non esce e sant'Anna aiuti tua moglie, che dovrà tenerselo finché pare e piace a lui* (*La baronessa dell'Olivento*, Milano 1990, p. 114). C.

**scurnùso,** agg. (campano). 'Peritoso, vergognoso'.

Da *scuorno* 'vergogna, onta', da confrontarsi con l'italiano *scornato* [REWS].

A. Veraldi: *I più scornosi poi, ch'erano quasi sempre i più giovani, per darsi aria e contegno si presentavano sempre con un giornale arrotolato in mano come segno di lettura e istruzione* (*Scicco*, Milano 1991, p. 14). C.

**scùro,** sm. (veneto; trentino; friulano: *scur*; lombardo e emiliano: *scür*; emiliano-romagnolo: *scur*; ligure: *scüi* plur.; corso: *scuru*; toscano; marchigiano: *li scuri*; campano: *e scurë d'a fenèsta*). 'Imposta interna di finestra, anta'.

Due sono le ipotesi accreditate: o dal latino *obscūrus* 'oscuro', o dal longobardo *skūr* 'luogo coperto, riparo'. Taluni ritengono più probabile l'etimo latino considerata l'ampia area ricoperta dal termine [Salvioni 1916; DEI; Prati 1968]. C.

**scursàu,** part. pass. e agg. (ligure: Ventimiglia). 'Stregato'.

Dal latino *excurrere*. È noto come, nelle credenze popolari, le streghe siano spesso rappresentate in scorrerie, in corso: di qui anche il ligure occidentale *cursu* 'stregone' [Azaretti 1982]. C.

**scusàl,** sm. (piemontese orientale; ticinese; lombardo; ligure; emiliano occidentale). 'Grembiale', anche *scosàl* (veneto, nel veneziano e veronese: *scosàl*), «grembialino da calesse, dicesi quella ribalta di cuoio, che s'alza e s'abbassa per riparare le gambe di chi è in calesse» (Boerio 1856).

Derivato del dialettale (lombardo, emiliano) *scòs* 'grembo' (da cui *scòsso* nell'italiano antico), dal longobardo *skauz* 'grembo' (da confrontare con l'antico alto tedesco *skôza*, tedesco *Schoss*) [DEI].

G. Nuvoletti: *Aveva visto la Felicita, dritta col suo enorme scosàl e le gambotte già scoperte nell'aria frizzante* (*Un matrimonio mantovano*, Vicenza 1972, p. 101). M.

**scusè,** v. (marchigiano: Urbino). 'Deprezzare', specie una bestia in vendita al mercato per qualche suo difetto.

Accezione limitata di *scusare*, dal latino *ex-cusāre* col senso etimologico di 'essere fuori (*ex*) causa (*causa*)', come *recusāre* vuol dire 'opporsi (*re-*) ad una causa' e, poi, 'rifiutare'. C.

**scutumàia,** sf. (lombardo: Cremona), sm. (*scotmài* nel mantovano e *šcudmài* in trentino, nelle Giudicarie). 'Soprannome'.

Da *costume* attraverso *scotùme*, con i suffissi *-ài*, *-àia* [Salvioni 1902-05a]: → *scotùm* e → *scolmàgna*. C.

**sdegnàsse,** v. (umbro, a Orvieto). 'Graffiarsi'; in Val di Pierle *sdegnè* 'slogare, lussare'. Ne derivano *sdegnatura* 'escoriazione', in marchigiano (Urbino) «slogatura delle unghie che i bovini si procurano andando a bere nelle gorghe» (Aurati 1983).

Forme parallele anche nel significato a quelle segnalate per → *indegnà*. C.

**sdéla,** sf. (veneto giuliano: in Istria, anche *sdila*). 'Scodella, catino di legno, dove si versa il cibo' (Rosamani 1958).

Dal croato *zd(j)ela* 'scodella'. C.

**sdelmàdo,** agg. (marchigiano: Jesi). 'Si dice di abito che ha perduto la forma originaria'.

Da → *dèma* 'forma, modello'. C.

**sdirridìa,** sf. (siciliano). 'Giovedì grasso'.

Dal catalano *es derrers dies* 'carnevale' (propriamente 'gli ultimi giorni', com'è spesso chiamato nei dialetti romanzi), da cui proviene anche il siciliano comune *sdirri* 'carnevale' e, più precisamente, gli 'ultimi tre giorni di carnevale' [Merlo 1926; Rohlfs 1977a]. C.

**sdótto,** agg. (toscano; anche *sdutto*), 'malridotto', 'sottile', 'magro', 'logoro', 'consunto'; (abruzzese: *sduttë*), 'dimagrito', 'insecchito'.

Dal latino parlato **exductus*, composto di *ex-* 'fuori' e *ductus* 'condotto', 'portato' [DEI; REWS; LEA]. C.

**sdramé,** v. (ladino centrale: in Livinallongo e Val Gardena). 'Piovere a dirotto'.

Deriva da *ex-*dēramāre* 'diramare' attraverso l'idea di una pioggia tanto forte da rompere i rami degli alberi [Tagliavini 1934]. M.

**sdròi,** agg. (friulano). 'Cavo, incavato' e sm. 'pendio scosceso, scoscendimento, scarpata, voragine', 'pendio per cui si fa scivolare il legname'.

Probabile riflesso della base prelatina **trogium* 'sentiero', attraverso una forma **extrogium* con un passaggio, non inconsueto, di *str-* a *sdr-*. Più difficile è una spiegazione che si richiama al dialettale *roi* 'ruscello, rivolo, canaletto' da *arrŭgia* [REW; Pellegrini 1987a]. M.

**sdrumà,** v. (friulano). 'Crollare, rovinare, di terreno in pendio, di muri, di cose accatastate, strepitare'.

Variante del friulano *sdramà* 'scuotere violentemente', deriva da un *ex-*dērāmāre* 'diramare'; dal verbo *sdrumà*, passato in italiano (*sdrumare*), si ha il deverbale *sdrùme* 'mucchio, moltitudine di persone, anche di animali e meno comunemente di cose'; tale parola non è, perciò, un derivato di *tŭrma* 'gregge' (e da *sdrùme* verrebbe il verbo *sdrumà*), come vuole il REWS. Il verbo italiano *sdrumare*, assieme a *sdrumata*, ha avuto una certa fortuna durante la seconda guerra mondiale, nel linguaggio degli aviatori, col significato di 'mitragliare, bombardare, lisciare il pelo agli avversari'; e *sdrumata* con quello di 'prova di volo acrobatico, a cui era sottoposto il novellino', tutte voci diffuse dai campi di volo friulani [DEI; Monelli 1947]. M.

**sëbbéllë,** sm. e sf. (abruzzese, nel teramano e nel chietino), 'ragazzo o ragazza vivace'; (abruzzese, nel chietino), 'vortice, tromba marina'; (abruzzese, nel teramano), 'donna brutta e vecchia', con la variante *scëbìllë*.

Dal latino ecclesiastico *(teste David cum) Sibilla*, della Sequenza dei morti di Tommaso da Celano [Giammarco 1985]. M.

**seboìr,** v. (veneto, nel veronese, nel veneziano: *sobogìr*; lombardo orientale: *soboì*; ladino centrale, nell'ampezzano: *seboì*; ladino-veneto, nell'agordino: *soboì*; friulano: *sabulì*). 'Fermentare'.

Dal latino tardo *sub-bullīre* 'bollire leggermente' da cui l'italiano *sobbollire* [DEI; REWS; Prati 1968; Bondardo 1986]. M.

**sècara,** sf. (siciliano, anche *sarca*, *sèchira* e varianti e al plur. *i sèchili*, *sarchi*, *żarchi*; calabrese, anche *secra*, *sèchera*, al plur. *i secri* ed inoltre *jévusa*, *jiévusa*, *jéuza*; salentino: *sèuca*, *sèvica*). 'Bietola, le bietole'.

Dall'arabo *salq(a)*, *salk(a)*, anche *selqa*, *silqa* di analogo significato; le forme calabresi *jévusa*, *jiévusa*, *jéuza* dipendono da **gelsa*, forma dovuta ad una metatesi a partire da *selqa* [DEI s.v. *sécali*; Pellegrini 1972; Rohlfs 1977a]. M.

**secutà,** v. (abruzzese; campano: *socotà*, *secotejà*; pugliese e salentino: *suticare*; lucano: *secutà*; calabrese: *assecutare*; siciliano: *assicutari*, *ssicutari*; sardo logudorese: *segudare*, nel campidanese: *sodigài*). 'Seguire, inseguire', nel sardo anche 'raggiungere'.

Dal latino parlato **secutāre* 'seguire' (da *secūtus* part. pass. di *sequi*) piuttosto che da un **sequitāre*; dipendono da forme metatetiche il sardo *sodigài* ed il pugliese e salentino *suticare*. Probabilmente anche il corso *sticà* 'correr dietro' deriva da **secutāre* attraverso metatesi [REW; DEI s.v. *assecutare*, *secutare*; DES; REWS]. M.

**sèdac,** sf. (campano, a San Mango sul Calore). 'Baratto, contrabbando' col derivato *sedaccaro* 'contrabbandiere'.

«Con questo termine che era la sigla della "Società elettrica della Campania" si indicò, durante gli anni della seconda guerra mondiale, un'attività che era contemporaneamente di baratto e di contrabbando. Costrette dalla necessità di procurare a sé e ai familiari mezzi di sussistenza, alcune persone intraprendenti giravano per le campagne dei paesi vicini e cedevano agli agricoltori stoffe e abiti usati in cambio di derrate alimentari che venivano poi vendute nel territorio del comune. Tale baratto acquistava i caratteri del contrabbando per le restrizioni esistenti e per i controlli delle forze dell'ordine. Il nome probabilmente derivò dal fatto che coloro che svolgevano tale attività operavano in gruppetti di due o tre persone, e venivano spesso scambiati per operai della società elettrica, quando non erano essi stessi a spacciarsi per tali. Non sembra accettabile una possibile spiegazione che rinvia ad una fantomatica "Società anonima di accaparratori e contrabbandieri", che certo non si sarebbe data una denominazione del genere» (De Blasi 1991). M.

**sedenà,** sm. (sardo logudorese). 'Antica moneta equivalente a cinque centesimi'. In Gallura la *missa di sedinà* è una messa (fatta celebrare per la guarigione di una malato del fuoco di Sant'Antonio) pagata con una questua di casa in casa (Cecchini-Fresi 1978: 43: → *méssa pëzzùta*).

Da *ses denà(ri)* 'sei denari' (con *dinà* prestito genovese). C.

**sedógnere,** v. (campano, a Napoli, anche *serógnere*). 'Ungere', anche in senso traslato 'corrompere'.

Dal latino *subŭngĕre* 'ungere' riflesso dell'irpino *sugne* 'ungere', con inserzione di *-d-* secondario (la variante *serógnere* è dovuta ad uno scambio *d/r*), da confrontare col napoletano antico *suduntu* agg. 'unto'; per quanto riguarda le voci lombarde *siùnša* (e varianti), veneto *saóngia*, *savónša* 'unto, grasso; strutto', più che di riflessi di *subŭngĕre* potrebbe trattarsi di continuatori del latino *exŭngia* 'unto' incrociato col latino *sēbum* 'sego' [DEI s.v. *sedógnere* e *suduntu*; REWS]. M.

**sedón,** sm. (friulano; ladino centrale: *sciadón*). 'Cucchiaio'.

La parola si può ricondurre a un antico germanismo, cioè il gotico *skaiđo* 'sorta di mestolo o cucchiaio da cucina', attraverso una forma **skeiđo*. Oltre che nelle aree indicate, la voce è nota anche al ladino svizzero, in varianti come *sdon*, *sdun* e simili, e questa sua distribuzione areale ne ha fatto una delle parole-chiave per sostenere l'unità tra questi tre gruppi linguistici. Ma in realtà la diffusione di questo germanismo è più ampia, come dimostra l'ancor vivo *scattone* della zona abruzzese, che indica 'tegame di ferro smaltato o di terracotta per minestra, zuppiera', cioè un'evoluzione di un significato di base come 'ciotola, scodella' anche a seguito di nuove forme materiali. La voce risale ad uno *scaitone* (con *ai* ridotto poi ad *a*), latinizzazione del gotico *skaiđo*, attraverso una mutuazione più antica di quella che ha originato le voci ladine e friulane, che risalgono alla forma *skeiđo* da ritenere base posteriore e più evoluta. Per Valente 1995, tuttavia, la famiglia di *scattone* è presente in una più ampia area meridionale e potrebbe risalire al greco *skaptós* 'scavato' [Pellegrini 1972a; Zamboni 1984]. M.

**sedùl,** sm. (veneto settentrionale; friulano occidentale; trentino, anche *sedól*, *asedón*, *asedól*, *sidolòt*). 'Freccia del carro'.

Derivati del latino *axis* 'asse' attraverso una forma del latino parlato **axitūle* [Zamboni 1973]. M.

**sèe da bùca,** locuz. sostant. (brigasco). 'Palato'.

Letteralmente, 'cielo della bocca' con conservazione fossilizzata dell'antico nome del 'cielo' (*sèe*), sostituito dall'importato *célu*. C.

**segià,** sf. (veneto, a Chioggia anche *segiaùra* e nel padovano *zegión* sm.). 'Striscia di nuvole nere, nuvolaglia'.

Propriamente 'cigliata', 'cigliatura', 'ciglione'. C.

**segnàti,** sm. nella locuz. *fàrghene de tuti i segnàti* (veneto). 'Farne di tutti i colori', *de mile segnati* 'di ogni sorta'. Anche in lombardo, a Mantova, *fan de töc' i segnàti, fàran 'd mila segnàti*.

Nell'Agordino (ladino-veneto) l'espressione ha assunto forme e significati particolari: *ghe 'n ò catà de zhènto segnati* 'ne ho trovati di cento qualità', *i tosàt adès i à de tuti i segnati* 'i ragazzi adesso hanno di tutto'.

Dal latino della Chiesa *millia signati*, ripetuto tredici

volte nel brano dell'*Apocalisse* 7, 2-12, che si legge nella messa d'Ognissanti per indicare i servi del Signore, marcati (*signāti*) col sigillo del Dio vivente [Zolli 1984]. C.

**segón,** sm. (trentino: Mezzolombardo; emiliano, nel ferrarese e modenese: *sghèt*). 'Rondone'.

Entrambe le voci dipendono da *sega*, con diversa suffissazione, per lo stridio che produce questo uccello (cfr. → *casadiàol*) [Garbini 1925]. M.

**sèguere,** v. (toscano: Montale; ligure: *sèghe*, *séigue*). 'Seguire'.

Continua fedelmente il latino *sĕquere*, che in italiano ha cambiato coniugazione. Vi si potrebbe allacciare, forse, anche il corso *sévaru* 'traccia, odore della preda che il cane ricerca' [Salvioni 1916a; REWS; Plomteux 1975]. C.

**se l'appènne pe bbréve,** locuz. (abruzzese: Martinsicuro). «"Se lo appende come un breve", detto ironicamente di un oggetto che non ha nessuna importanza, secondo il parlante, ma molta, anzi troppa per la persona della quale si parla. Un tempo il breve era una specie di amuleto, costituito da un sacchetto di tela di circa tre $cm^2$ contenente un pezzetto di olivo benedetto, una piccola parte di spiga di grano, un po' di terra, un pezzetto di carta con sette croci tracciate e pezzi piccoli di stoffa gialla, rossa e bianca, a volte blu, con un po' di filo bianco. Veniva appeso al collo o alla maglia dei bambini che lo portavano dalla nascita fino a una decina d'anni d'età e serviva a proteggerli contro disgrazie e malattie» (Mastrangelo Latini 1981).

Dal latino tardo *brĕvis* 'sommario, scritto breve', da cui l'italiano antico *breve* 'lettera; amuleto contenente orazioni' ed altri significati [DEI]. M.

**seleâr,** sm. (friulano). 'Paglia di segale battuta a banco, ben aggu agliata e pettinata, raccolta in covoni o mannelli che serve a coprire tetti rustici e ad altri usi'.

Deriva dal latino *secāle* 'segale' attraverso un'antica metatesi **seleca* > **sélega* > **sélegia* > *séle(j)a* con il suffisso *-âr* (dal latino *-āriu*) [Pellegrini-Marcato 1992: 457]. M.

**sélega,** sf. (veneto, anche *zélega*, *zelegàto*). 'Passero', anche 'rondine'; voce nota pure in località trentine (*célega*, *zélega*) e romagnole (*zélga*) come designazione del passero.

Le voci non sono vecchi derivati di *celare* (DEI) né sono di etimo oscuro (Prati 1968), bensì riflessi di un *(avis) cĭlĭca* cioè della *Cilicia*, con allusione alle caratteristiche migratorie di questi uccelli [AIS; Azzolini 1856; Mattioli 1879; DEI ss.vv. *cèlega* e *zélega*; Zamboni 1972a]. M.

**sëlléccura,** sf. (laziale con le varianti *sellégoia* a Cori e *soléquola* a Sonnino; abruzzese: *sallécchië*). 'Siliqua, baccello della carruba'.

Dal latino *silĭcula* 'piccolo baccello (*sĭliqua*)' [REW; Rohlfs 1926: 162]. C.

**selluzzà,** v. (campano, anche *segliuzzà*, *sugliuzzà*, *sonnuzzà*; siciliano: *sugliuzzari*). 'Singhiozzare'.

Dal latino parlato **subgluttiāre* 'avere un poco di singhiozzo' per il classico *subgluttīre*, mentre il calabrese *sugliuttare* 'singhiozzare' richiede un **subgluttāre*; in questa varietà è presente la forma deverbale *sugliuttu* 'singhiozzo', ma anche *sugliuzzu*, *sëgghiuzzu* che rientrano tra i riflessi di **subgluttiāre*, come il toscano (versiliese) *sollózzo*, il laziale (Castelmadama) *sulluzzu*, l'abruzzese *selluzze*, il campano *segliuzzo*, il lucano (nel materano) *sëgghjiëttë* [Traina 1868; DEI s.v. *sellozzare*; REWS]. M.

**sèlmo,** agg. (veneto: Valsugana; laziale: *nżèlmë*). 'Sciocco, stupido, scemo, melenso'.

Dal nome Anselmo, passaggio frequente e non sempre giustificato di un nome proprio, di solito molto diffuso o ritenuto strano, ad aggettivo connotato negativamente [Migliorini 1927]. C.

**sélvo,** sm. (toscano, anche *fungo selvo*, *fungo sélvio*; ligure: *sérvu*, in Val Graveglia: *serveta* sf.; lunigianese: *serv*; emiliano: *serv*, nel parmigiano: *sever*; campano, nell'avellinese: *silvë*). 'Fungo porcino'.

È considerato solitamente un derivato dal latino *sĭlva* 'selva', come ritengono sia il DEI che il REWS; secondo quest'ultimo il tipo lessicale "selva", laddove si è conservato, può avere assunto anche il significato di "castagneto"; *selvo* sarebbe perciò da interpretare come "il fungo che si fa nei castagneti", e sarebbero derivati da "selva" il comasco e valtellinese *selvana*, *selvonza* 'donna pagata per raccogliere le castagne'. Diversa l'interpretazione etimologica seguita da Rohlfs 1979, ma già sostenuta dal REW, per cui, sulla base del calabrese *sillu* 'fungo porcino', tutte queste voci sono considerate dipendenti del latino *suillus* 'suino, porcino', presupponendo una forma **suilvus* all'origine di *sélvo*. Un'altra spiegazione ancora è quella accolta da Plomteux 1975 secondo la quale, dato che il fungo è di ottima qualità, è un fungo che *serve*. Infine Petrolini (1981: 140) dubitando delle varie proposte considera il problema etimologico aperto e richiama un eventuale confronto con voci galloromanze quali *chivrette*, *sevrot* ed altre che designano varie specie di funghi commestibili. M.

**sèmbë marù,** inter. (lucano: Matera) 'risposta al saluto *dèu ràzia* = buon giorno' [AIS].

Letteralmente 'sempre Maria'. C.

**semb-lèta,** sf. (umbro: Val di Pierle). 'Mucchio di semola collocata davanti alla porta della vedova rimaritata in segno di derisione'.

Letteralmente 'semolata' (che a Orvieto ha il senso proprio di 'pastone a base di crusca per i polli', *semmolata*) da *semb-la* 'semola' per *semmola* dissimilata, come avviene anche in altre parole dell'Italia centrale. A Camaiore *sembolàta* è, per uno slittamento da uso a uso nell'ambito della stessa tradizionale disapprovazione, la 'scampanata', che si fa battendo su paioli. C.

**sémbro,** sm. (ladino centrale). 'Suono delle campane a martello, a festa'.

La denominazione esprime un suonare di più campane insieme; dipende pertanto dal latino volgare **insĭmul* 'insieme' o, come deverbale, dal verbo **insimulāre* e si confronta con il sm. friulano *sembròt* 'mescolanza'. In ladino-veneto *sonà in sémper* significa 'suonare un quarto d'ora prima della messa', letteralmente 'suonare insieme' [Zamboni 1973]. M.

**sèm(m)e,** avv. (ligure; ticinese, a Cavergno: *sema*). 'Una volta'.

Latino *sĕmel* [REW; Merlo 1941-57]. C.

**ṡémpia,** sf. (lombardo occidentale; galloitalico). 'Favola'.

Dal latino *exempla* 'esempi' nel significato assunto nella letteratura medievale di 'racconto didattico e edificante', diventato proprio della predicazione religiosa. C.

**sému,** sm. (sardo), 'segno, marchio, cicatrice; foruncolo, pustola'; (salentino, lucano, a Trecchina, e calabrese: *sima* sf.), 'cicatrice'; (siciliano: *sima* sf.), 'segno, neo'; (siciliano: *simma* sf.), 'tumore, ciste che viene nel capo'.

Dal greco *sêma* 'segno'; il sardo e il lucano si riconducono invece ad una forma latinizzata **sima*. Incerta l'attribuzione a queste basi delle voci *lìsima* (calabrese, a Cassano all'Jonio) 'piccola lesione, traccia', e *lèsema* (irpino) 'fenditura' se non supponendo una agglutinazione di articolo e ritrazione dell'accento; il DEI muove invece da una forma osca **reisma* come corrispondente del latino *rīma* 'fessura' con *l-* per influsso del latino *laesio* 'lesione' [Rohlfs 1964; DES]. M.

**sén¹,** sf. (friulano; veneto giuliano: triestino). 'Voglia, desiderio'.

Parola proveniente dal veneto, ov'è piuttosto antiquata ed ha il significato di 'sete', estesosi poi a 'voglia, desiderio' nel friulano e da qui passata al triestino; in entrambe le parlate la voce è impiegata in formule irrigidite, per esempio *sén di là a durmì* (friulano) 'voglia di andare a dormire' e simili. Deriva dal latino *sĭte* attraverso *sé*, forma che si usa nel Veneto per 'sete', e quindi *sén* con l'aggiunta di *-n* epitetico come in altri casi. Meno plausibile che *sén* rappresenti l'italiano *senno*, che in italiano antico ha anche il significato di 'volontà, desiderio' [Prati 1968; Doria 1978; Valente 1995]. M.

**sén²,** sm. (ladino centrale), 'ira, collera'; (ladino-veneto, Colle S. Lucia), 'testardaggine'.

Dall'antico e medio alto tedesco *sin* di significato analogo. Dal sostantivo *sén* o dal tirolese *sinnig* 'adirato, stizzito' dipendono le forme verbali del ladino centrale (nel Livinallongo) *ziniché* e del ladino-veneto (a Colle S. Lucia) *zinicà* 'stuzzicare, infastidire, detto generalmente di bambini che stuzzicano con dispetto altri bambini', con gli aggettivi rispettivi *zinicóus* e *zinicós* 'litigioso, stuzzichino' [Pallabazzer 1980]. M.

**sènaca svenàto,** sm. (toscano; veneto, a Venezia, sf.: *sènega svenada*; istriano: *siènaca svanada*; laziale, a Ferentino: *sènica sbunata*), 'persona magra e slavata'; (laziale, ad Amaseno: *sèneca sbënata*), 'donna scarmigliata, che cerca il marito o cosa che l'interessi molto'.

Dal filosofo latino *Sĕneca*, che si fece *svenare* nel bagno; la terminazione in *-a* del suo nome determinò popolarmente il diffuso genere femminile [Migliorini 1968: 148 e LXXI]. C.

**senalàra,** sf. (veneto: Chioggia). 'Campo di sedano'.

Da *sènalo* 'sedano', forma metatetica di *sèlano*, parallela al veronese e bellunese (Vas) *sènel(o)*, dal greco *sélinon* 'sedano' [Prati 1968]. C.

**senàle,** sm. (romagnolo meridionale; marchigiano; umbro; laziale; abruzzese; molisano; campano; pugliese; lucano; calabrese settentrionale). 'Grembiule', con varianti come *sinàlë, zinàlë, zënàlë.*

Dal dialettale → *zìnna* 'seno' con suffisso e con influsso di *seno* [DEI].

C. E. GADDA: *Il trattore, benché avesse a mano il grembiule e non il coltello, – (se ne detergeva usualmente, con quel zinale color sciacquatura dei piatti, il sudato del collo, torno torno tutta la grascia) –, lo mandò un bel giorno a far friggere, esortandolo a cercar altrove il mangiare, dove potesse intasarsi meglio, e per nulla...* (*La cognizione del dolore*, Milano 1970, p. 83). M.

**senèidë,** sf. (abruzzese: Lanciano). 'Termine, pietra di confine tra due poderi'.

Da un longobardo *snaida* 'taglio, confine' latinizzato nella forma *sinaida, sanaida*, ampiamente testimoniato nei documenti medievali in altre aree mediane e meridionali (tracce nel tipo → *finàjta*) e in aree settentrionali. Sicuramente rientra tra i continuatori di *snaida* anche la voce *senàrda* 'termine di confine fra campi' del marchigiano (a Treia) [Aebischer 1944; DEI; Giammarco 1968; Pellegrini-Marcato 1988]. M.

**sénga,** sf. (campano; calabrese). 'Graffiatura', 'cicatrice', 'fessura'.

Dal latino *signum*, plurale *signa*, con uno sviluppo singolare del nesso *-gn-* non ignoto all'italiano stesso (*punga* 'pugna' in Dante) [REWS; Rohlfs 1968].

A. VERALDI: *E una soddisfazione [...] gli allargò quella senga di faccia in un sorriso che per me fu un'altra strizzata d'intestini* (*Scicco*, Milano 1991, p. 123). C.

**séngia,** sf. (veneto; trentino; friulano; lombardo alpino; piemontese). 'Ripiano erboso tra dirupi', 'passaggio lungo una parte rocciosa', 'roccia', anche *séngio* come sm.

È un derivato del latino *cingŭla* 'cintura' come traslato geomorfico. Il termine è entrato in italiano nella forma *cengia* e col significato di 'stretto passaggio, sporgenza pianeggiante su una ripida parete rocciosa, che consente agli alpinisti, ai rocciatori un passaggio trasversale sul fianco del monte' [DEI; DELI; GDLI].

S. SLATAPER: *Sono macigni torti e fessi, incavati da volute tornite, ...quadrati blocchi erratici piantati come montagne in miniatura, con le loro cengie, i canaloni, gli appigli* (cit. in GDLI II 693). – D. BUZZATI: *Proprio in quel momento cominciò a nevicare, una neve fitta e pesante, come di pieno inverno. In pochi istanti, quasi incredibile, le ghiaie della cengia divennero bianche e la luce venne improvvisamente a mancare* (*ibidem*). M.

**sènia,** sf. (siciliano, anche *zènia*; calabrese: *sèna*). 'Noria, macchina o bindolo introdotto dagli Arabi', e anche 'macchina idraulica per attingere acqua'.

Dall'arabo *sāniya(h)* con lo stesso significato, voce che è entrata anche nello spagnolo *aceña* e nel catalano *sinia, senia* [DEI; Pellegrini 1972; Rohlfs 1977]. M.

**sensòs,** sf. (piemontese; emiliano). 'Zanzara'.

Letteralmente 'senz'ossa', denominazione non derivata da particolari ragioni onomasiologiche, ma alterazione, con successiva reinterpretazione paretimologica, della base *zinzala* (del latino tardo), da cui l'italiano *zanzara*, italiano antico *zanzala*, e numerose denominazioni dialettali dell'insetto. Il concetto di 'senz'ossa' ricorre anche in uno dei rarissimi indovinelli sulla zanzara che si dice a Palermo: "*Bona notti, trummittieri! Levi sangu e 'un si' varbieri. Vai vulannu e 'un si' aucieddu, si' senz'ossa, muvirieddu!*" (Buona notte trombettiere! Cavi sangue e non sei barbiere. Vai volando e non sei uccello, sei senz'ossa, poverello! oppure indovinello, se sarà da leggersi *(n)nuvinieddu*) [REW; Garbini 1925; Valente 1993]. M.

**sentènz(i)ë,** sf. (abruzzese; pugliese: *sendènzë*; salentino: *sëndènzia*; siciliano: *sintènzia*). 'Imprecazione, maledizione'.

Significato particolare assunto popolarmente dal latino *sententia*, propriamente 'sentenza' [Alessio 1976]. C.

**sentì le góze,** locuz. (ladino centrale: anche *sentì le góce* e, in Val di Fassa, *sentìr sgociolàr, zentìr gociàr*). 'Nitida percezione di acqua che cade, che viene versata, che sgocciola', segno precognitivo della morte imminente di un congiunto.

Letteralmente, 'sentire le gocce', come quelle della pioggia che picchietta, fenomeno paranormale ben conosciuto [Pallabazzer 1992: 65-67]. C.

**sentìmu,** sm. (ligure: Pigna). 'Moneta di un centesimo'.

Dal suo nome francese *centime* [Merlo 1941-57]. C.

**sericìdio,** sm. (campano, nel napoletano). 'Stillicidio', nel napoletano antico *sciricì(n)dio*.

Dal latino *stiricidium* 'caduta di ghiaccioli' con evoluzione dotta [DEI]. M.

**seriòla,** sf. (lombardo, anche *sariòla*, *seriöla*; veneto). 'Canale, fosso, artificiale; gora'.

Tipo lessicale attestato già nel latino medievale (a.917 «seriola» *Cod. Longobardiae*, citato da Prati 1968), nel Veneto è anche idronimo, di un canale derivato dal Brenta. Considerato da taluni voce di origine preromana (DEI; per Prati ibid. di origine sconosciuta), secondo Alessio 1976 è da collegare con forme meridionale quali il lucano (Lavello) → *saròla* 'orcio, olla', il pugliese *saròla* 'vaso di creta per serbare l'acqua', il salentino *saròla*, *salòra* 'vortice dell'acqua' e in documento del X sec. *serola* 'gran vaso di terracotta per l'olio', che ritiene riflessi sicuri del latino *seriola* (Persio) diminutivo di *sēria* 'grande vaso di terra' (Plauto). M.

**seróden,** agg. (emiliano: modenese; toscano: *seròtine*). 'Tardivo', detto di frutto.

Dal latino *serōtinus*, di cui conserva il senso 'che matura tardi (*sero*)' [REW; REWS]. C.

**seróne,** sm. (abruzzese: Tagliacozzo). 'Scapolo anziano'.

Voce derivata dal latino *sēro* 'tardi' col suffisso *-ōne* o da *sirë*, cioè *(mes)sere*, 'persona anziana' [LEA; Valente 1993]. M.

**sërpàrë,** sm. (abruzzese, con varianti). 'Chi prende serpi'; famosi sono i serpari di Cocullo (AQ) e di Pretoro (CH) che ornano la statua di S. Domenico con serpi nel giorno della festa (1° maggio).

La parola è un chiaro derivato da *serpe*, e dall'abruzzese è entrata in italiano [Zolli 1986; DELI].

G. D'Annunzio: *È un serparo: Porta i sacchetti di pelle caprina Alle spalle, alla cintola; ha il suo flauto Di stinco per l'incanto* (*La Fiaccola sotto il moggio*, Milano 1905, p. 14). M.

**sèrpe bottàia,** sf. (toscano, anche *serpe boddàia*, *serpe boddareccia*). 'Serpe d'acqua'.

Voce composta con derivati del toscano *bòtta* (con varianti: *bòta*, *bodda*, *boda*) 'rospo' (e in senso fig. 'persona bassa e sgraziata') di origine incerta, forse da una base onomatopeica **bot(t)* con il significato di 'scoppiare, fendersi con fragore' (di qui *bòtta* 'percossa') e poi per traslato 'enfiare, gonfiare'. Denominazione parallela a *serpe bottàia* è il toscano (nel lucchese) *córso boddàglio* 'biscia d'acqua' (per la prima parte del composto → *scorsóne*) [DEI; Rohlfs 1979; DELI]. M.

**serragliuólo,** sm. (campano: Napoli). 'Bambino povero o abbandonato, ricoverato nell'apposito ospizio detto Albergo dei poveri'.

Da *serraglio*, nome dato a questo ricovero.

M. Serao: *Il fanciulletto, aiutato da uno degli uscieri, indossò sull'uniforme di* serragliuolo, *una tunica di lana bianca* (*Il paese di cuccagna*, Milano 1891, p. 11). C.

**serràia,** sf. (sardo campidanese). 'Specie di vescica di maiale secca, che serve di cassa a una cetra primitiva'.

Probabilmente da *sèrra* 'sega' (dal latino *sĕrra*) per il suono stridulo dello strumento [DES].

G. Deledda: *cantavano* [...] *una bizzarra canzone, o meglio uno scongiuro contro il morso della tarantola, accompagnate dal suono monotono d'uno strumento primitivo, la* serraia (*Romanzi e novelle*, IV, Milano 1955, p. 263). C.

**serrécchia,** sf. (marchigiano; umbro; laziale; abruzzese; campano). 'Falciola da grano, felce messoria', con varianti.

Dal latino *sericŭla* 'piccola accetta' con influsso di *serra* 'sega' (il DEI pone alla base di queste forme un latino parlato **serricŭla*) [REW; Pellegrini 1975: 314]. M.

**sërrëtègg',** sf. (lucano). 'Seghetta'.

Da *sèrrë* 'sega', dal latino *sĕrra* di eguale significato, col suff. *-tella* [Bigalke 1980].

E. De Martino: *A Gròttole la futura madre è in ansia perché il nascituro sarà affetto dalla* seretedda (*seghetta*), *cioè dalla mancata adesione ai margini della sutura longitudinale del cranio* (*Sud e magia*, Milano 1959, p. 41). C.

**sésa,** sf. (lombardo; emiliano; veneto: *siésa*; friulano: *cise*, *sìse*; lunigianese: *zésa*, *césë*). 'Siepe'.

Dal latino parlato **caesa* 'siepe' [REWS; Rohlfs 1979]. C.

**sésola,** sf. (veneto; ladino centrale: *sésola*, *sàisla*; friulano: *sésule*), 'falcetto, falce messoria'; (piemontese: *s(i)ésa*; ligure: *séisa*), 'falce', 'falce fienaia'; con i derivati *sesolàr* del veneto, *sesolà* nel friulano 'mietere', e *seseladó(r)* nel friulano antico 'giugno'.

Dal latino *sĭcĭlis* 'falce' [REW; DEI; REWS; Pellegrini-Marcato 1992]. M.

**sespâr,** sm. (friulano, anche *cespâr*). 'Susino, *Prunus domestica*' e *sèspe*, *cèspe* 'susina'.

Dallo sloveno *češpa* (e *cešplja*) 'susino', con il suffisso romanzo *-āriu* che in friulano serve a formare fitonimi; lo slavismo è penetrato ovunque in Friuli e non è chiaro il motivo della fortuna di questo prestito [Pellegrini 1992]. M.

**sèttima,** sf. (campano: San Mango sul Calore), «il settimo giorno dopo la morte di una persona. Si celebra nella ricorrenza una messa e si pone fine al periodo di lutto durante il quale si è rimasti in casa per una settimana. Un tempo, in questi primi sette giorni di lutto, gli uomini usavano non radersi» (De Blasi 1991); (molisano, a Ripalimosano: *sèttëmë*), «esequie di suffragio nel settimo giorno dalla morte di qualcuno», anche «tutte le persone della famiglia dell'estinto che vanno in chiesa al settimo giorno per le esequie» (DAM).

Propriamente 'settima (giornata), settimo (giorno)'. M.

**sevènte,** sf. (veneto: Venezia, con la variante grafica *cevènte*, non *zevènte*). 'Alta marea'.

Dal latino *sequĕnte* 'che segue' la bassa marea. Ninni 1890 registra anche l'aggettivo plurale veneziano *seventi* 'uguali, della stessa grandezza', che ha la medesima provenienza [Salvioni 1899; DEI]. C.

**severìn,** sm. (veneto: Marano L.). 'Chi conduce una semplice portantina consistente nell'affiancare due pali lunghi tre metri per il trasporto dello strame', e detto, perciò, anche *stramìn*.

Dal nome della barella così formata, *sivièra*, dal latino *cibāria*, così detta per la sua utilizzazione originaria di trasporto di viveri. C.

**sevigné,** sm. (lombardo; emiliano: *sevignì*; laziale a Roma sf.: *savignèa*). 'Ornamento muliebre'.

Dal francese *la sévigné*, attestato solo dal 1840 [Nardin 1976]. C.

**se(v)itàre,** v. (veneto: vicentino). 'Continuare, seguitare, ripetere'. Notevole è il significato che assume a Breganze il participio presente (e aggettivo) *seitànte* 'bramoso, desideroso', oltre che 'iterato'.

Dal latino parlato **sequitāre*, intensivo di *sĕquere* (per il classico *sĕqui*) 'seguire'.

V. Scapin: *I ragazzi erano seitanti di andare a tose* (*I*

*magnasoéte*, Verona 1976, p. 22). – ID.: *Anche i cani non uscivano più allo scoperto, impauriti dagli ululati seitanti* (*I magnasoéte*, Verona 1976, p. 109). C.

**séze,** sm. (ligure; lombardo: *sédes*; campano: *sìdëcë* e *sëdëcìnë*). 'Deretano'.

Propriamente 'sedici' per occultamento di 'sedere', di cui si mantiene la prima parte. L'attestazione più antica risale al sec. XIV, in un passo dell'anonima *Cronica* romanesca, dove si gioca su due testi canonici per giungere, attraverso *primo* e *sesto* a *sedici*: *bene se aizavano li manni dereto e mostravanolli lo primo delli decretali e lo sesto delle clementine* [Plomteux 1975; Ugolini 1983: 82]. C.

**sfaccìmma,** sf. (campano; calabrese: *sparcima* e *sparchimi*; siciliano: *spacchimi*; salentino: *spaccima*). 'Sperma, seme genitale', ma anche, e prima, 'porcheria, schifezza' e 'uomo da nulla' (a Napoli, anche sm. al figurato), 'robaccia, rifiuto' (in Calabria e Puglia), come, analogamente, il veneto *sboraùra* che vale 'sperma' e 'uomo da nulla'.

Dal latino *farcīmen* 'salsiccia farcita' e 'specie di malattia' con incrocio, in alcuni casi, con altre voci (in siciliano *cunchimi*, dal latino parlato **complēmen* 'riempimento', vale egualmente 'sperma'). Per il significato si può ricordare il francese dialettale *farcin* 'sporcizia sulla pelle di una persona trascurata' e 'eruzione cutanea provocata dalla sporcizia' [REWS; Alessio 1942-43; Caracausi 1973].

A. VERALDI: *s'era scozzonato tanto da poter dire d'avere ormai tre cosce, con le quali poi lui riusciva a schizzare e filare improvviso com'uno sfacciummo* (*Scicco*, Milano 1991, p. 23). – ID.: *Scoprirvi nient'altro che la cufecchia d'uno c'a conti fatti era stato più sfaccimmo di tutti quanti noialtri* (ibid., p. 120). C.

**sfarà,** v. (laziale: Mompeo Sabino). «Macinare legumi e granaglie di poco conto per farne mangime per gli animali» (Raspini 1991).

Dal nome del *farro*, un cereale un tempo molto usato. M.

**sfasulàtu,** agg. (calabrese). 'Senza un quattrino, spiantato, povero', anche *sfasciolatu*, *spasulatu*, *spasuliatu*.

Letteralmente 'senza fagioli'; è un derivato da *fasulu* 'fagiolo' usato in senso traslato [Rohlfs 1977]. M.

**sferatóio,** agg. e sm. (toscano: anche *sferratoio*). 'Vento molto fresco e violento', che sul mare costringe a muoversi a discrezione dell'onda (*ha sferato dalla Sardegna in Corsica*, senza poter prendere terra).

Da *sferà* 'sferrare' nel senso di 'non restare più trattenuto dalle ancore (*fèri*)', insufficienti per resistere al forte vento [Diodati Cacavelli 1970]. C.

**sfërdèscë,** v. (salentino). 'Raffreddarsi, sentir freddo'.

Piuttosto che da un latino parlato **exfrigidēscere* (come supposto da Rohlfs), morfologicamente difficile, la voce potrebbe derivare, secondo Alessio, dal latino *frigēscere* 'raffreddarsi' per incontro con *frīgidum* 'freddo' [Rohlfs 1959; Alessio 1976]. M.

**sfèrra,** sf. (abruzzese; campano; pugliese; siciliano). 'Coltello senza più filo', 'spada', 'pugnale'.

Deverbale di *sferrare* 'sfoderare', 'togliere il *ferro* dal fodero'.

D. REA: *La festa, per tradizione, prevedeva un morto ammazzato o di sferra o di pistola, col moribondo a terra e l'arrivo della carrozzella dei carabinieri. Se no, che festa era?* (*Ninfa plebea*, Milano 1992, p. 52). C.

**sfibièda,** v. (emiliano: modenese, a Nonantola: *fibieda*). 'Cinghiata, percossa con una correggia tenuta in modo che la fibbia colpisca il castigando'.

Dal verbo *fibièr* 'affibbiare' nel senso specifico che ha anche in romagnolo (*fibiè*) di 'assestare con forza un colpo, una percossa, un ceffone'. In Romagna è diffuso anche il sm. *fibiadùr* 'sacco di legnate, bastonatura solenne'.

F. GUCCINI: *ci voglion delle pacche bestiali, punizioni indicibili tipo scuriate e sfibiate* (*Vacca d'un cane*, Milano 1993, p. 84). C.

**sfìncia,** sf. (siciliano). «Frittella di pasta semifluida molto lievitata, che si gonfia nel friggerla e che assume una forma sferica; può essere fatta con ingredienti diversi e condita variamente...» col derivato *sfinciùni* «focaccia molto soffice e spessa, variamente condita e cotta al forno; focaccia morbida e larga ricoperta di conserva di pomodoro, filetti di acciuga, cipolla e pane grattugiato; o con aggiunta di origano e formaggio; frittella di riso lesso al dente e condito con buccia d'arancia, che si consuma cosparsa di miele e zucchero e aromatizzata con cannella» (Piccitto 1997).

Molto probabilmente si tratta di derivati dall'arabo *isfanǧ* 'frittella che si mangia col miele, composta di pasta morbida e lievitata che si frigge nell'olio'; aleatorie invece le spiegazioni che propongono un etimo da **fŭngia* 'fungo' oppure un compromesso tra *viscido* e *mižžo* 'mezzo' [Pellegrini 1972].

D. MARAINI: *Infine Marianna aveva ottenuto che di mattina, solo a pranzo, il bambino sedesse accanto a lei, così da poterlo imboccare con "sfinciuni" ripieni di pollo schiacciato, pasta all'uovo e cacio, zabaione con spuma d'arancia, tutte cose che come diceva Innocenza «fanno sangue»* (*La lunga vita di Marianna Ucrìa*, Milano 1990, p. 80). M.

**sfìzio,** sm. (campano, anche *sfìzzeio*; abruzzese: *sfìzie*; calabrese: *sfizziu*; siciliano: *sfizziu*). 'Capriccio, desiderio, svago'.

Voci di etimologia incerta, forse sono lo stesso che il siciliano *disfizziu* 'sdegno' (→ *disfizziàri*) con cambio di prefisso. *Sfizio* è entrato in italiano nel primo Novecento; ne deriva *sfizioso* attestato solo negli anni Settanta [DEI; Zolli 1986; VES; DELI].

A. MALLARDI: *Seduti sulla banchina al sole di aprile, con tutto il tempo per pensare alle quattro cose che l'interessavano, i tremitesi continuavano a far congetture: che fanno questi, restano qui tutta la stagione o sono «turisti», ossia, toltosi lo sfizio, se ne vanno?* (*Levantazzo*, Torino 1978, p. 36). M.

**sfogliatèlla,** sf. (campano: Napoli). «Specie di piccola torta di sfoglie di pasta, ripiena di dolciumi» (D'Ambra 1873).

Da *sfoglia* 'falda, lamina sottile', anche in italiano antico (XVI sec.) per 'torta di pasta sfoglia con ripieno', a sua volta forse participio passato contratto di *sfogliata* da *sfogliare*; *sfogliatella* è termine entrato anche in italiano in questo secolo [Zolli 1986; DELI].

M. SERAO: *Nonno Fragalà giunse presto, a furia di soldi, a produrre il pasticcetto da tre soldi, la cosiddetta* sfogliatella, *la sfogliatella che si divide in due qualità: la sfogliatella* riccia, *larga, piatta, sottile, come fatta a scaglie finissime e croccante sotto i denti, mentre la piccola quantità di crema di cui è ripiena si liquefà sulla lingua; e la sfogliatella* frolla, *grassa, grossa, due dita alta, con la pasta che si sfarina, mangiandola, e con un fitto strato di crema dentro, che copre le labbra e le mascelle* (*Il paese di cuccagna*, Milano 1981, p. 32). M.

**sfondón,** sm. (emiliano, romagnolo: *sfundrón*). 'Svarione, farfallone, detto spropositato e sciocco'.

Sono voci derivate dal verbo *sfondàr* 'sfondare' forse attraverso l'idea di 'colpo dato sotto le costole, colpo che sfonda'; la variante *sfondone* nel significato di 'sbaglio madornale' è entrata in italiano verso la metà di questo secolo [DELI; Zolli 1986]. M.

**sfottò,** sm. (laziale; campano). 'Presa in giro con l'intento di far stizzire'.

Da *sfótte(re)* 'canzonare, burlare', anche se non è chiaro il modello di formazione. Il sostantivo è oramai entrato nel lessico dell'italiano regionale.

V. CONSOLO: *giungevano voci, risate, motti di complimento e di sfottò* (*Le pietre di Pantalica*, Milano 1988, p. 53). – C. CAMARCA: *irruppe nell'aula e nelle pagine della Bibbia e nei mormorii e negli sfottò di quei venti delinquenti* (*Il sole è innocente*, Milano 1992, p. 50). C.

**sfrajatùra,** sf. (laziale: Ascrea; abruzzese). 'Aborto di animale', 'ovino o bovino nato prima del tempo'.

Dal latino *fragium* 'frattura', 'rottura', da cui dipendono anche il calabrese *frajà* e l'abruzzese *sfrajà* 'abortire', da *sfràjë* 'aborto' [Fanti 1940; Rohlfs 1977; LEA]. C.

**sfrëculïà,** v. (abruzzese; campano: *sfruculià* e *sfreculià*), 'prendere in giro, molestare, annoiare'; (calabrese: *sfriculiàre* con varianti), 'stuzzicare, molestare, toccare e ritoccare'.

Dal latino *fricāre* 'sminuzzare', che è il significato proprio dei verbi dialettali [REW; REWS; LEA].

C. CAMARCA: *Sì da far credere alla pipinara che quei baffetti altro scopo non abbiano se non quello scoperto e dichiarato di sfruguliare le narici in vece delle mani* (*Il sole è innocente*, Milano 1992, p. 74). C.

**sfrénži,** v. (friulano). 'Stringere schiacciando, ammaccando'.

Rappresenta certo un incrocio tra il verbo latino *frăngĕre*, da cui il friulano *frànži*, sinonimo di *sfrénži*, e *strĭngĕre*, friulano *strènži* 'stringere' [Pellegrini 1987a]. M.

**sfróṡo,** sm. (lombardo; veneto). 'Contrabbando', usato specie nell'espressione *di sfroṡo* 'di contrabbando, di nascosto', nota anche nel lunigianese *de sfroṡu*.

Si tratta di forme deverbali dal lombardo e veneto *sfroṡa(re)*, emiliano *sfruṡàr*, ligure (genovese) *sfrožà*, *sfronžà* (di qui passate al sardo campidanese *sfroṡài*), toscano settentrionale *sfroṡare* 'frodare il dazio', voci ricondotte ad un latino parlato **fraudiāre* da *fraus, fraude* 'frode', oppure ad un **frosāre* di tradizione semidotta costruito sul nominativo *fraus*. Deverbali sono anche il lombardo ed emiliano *sfrus* 'contrabbando' [DEI; DES; REWS; Rohlfs 1979]. M.

**sfunàs,** v. (marchigiano). 'Lanciarsi addosso a uno' e *sfunè* 'aizzare'.

Da *fune* 'guinzaglio'; quindi, 'avventarsi contro qualcuno, come il cane che abbia sciolto la fune' [Balducci 1989]. C.

**sfurcàto,** sm. (campano; siciliano: *sfurcatu*), 'cattivo soggetto, persona pericolosa'; (abruzzese: *sfurcatë*), 'maleducato, scostumato, sfacciato, ribaldo'.

Propriamente 'scampato (*s-*) alla forca (*fùrca*)'.

S. DI GIACOMO: *Nannina se la voleva tenere in casa scambio di darla a quello sforcato* (*Le poesie e le novelle*, Milano 1952, p. 596). – S. STRATI: *Mangia, mangia, sforcato, mangia! Te l'ho fatta apposta perché sapevo che eri affamato* (*La Marchesina*, Milano 1977, p. 90). C.

**sgablèr,** v. (emiliano: modenese). 'Farla franca', 'cavarsela'.

Come l'italiano *sgabellare* 'sdaziare' e, quindi, 'liberarsi di un impiccio', da *gabella* 'dazio'.

F. GUCCINI: *solo io il vaiolo benigno che me la sono sgabelata* (*Vacca d'un cane*, Milano 1993, p. 67). C.

**sgàgne,** sf. (friulano). 'Acquavite'.

Dallo sloveno *žganje* con lo stesso significato, è voce penetrata altrove nell'Italia settentrionale, più che a livello dialettale a quello gergale. M.

**sgaleràtu,** agg. (marchigiano, a Macerata: anche *sgaestràtu*). 'Discolo'.

Letteralmente 'scarcerato, uscito di *galera*' [Ginobili 1970]. C.

**sgàlmare,** sf. plur. (veneto; trentino; lombardo orientale; veneto settentrionale: *dàlmede*; friulano: *dàlmidis*, *dàlminis*). 'Tipo di scarpa di legno'.

Le forme di nord-est appoggiano la derivazione da (calzatura di tipo) *dalmata*, variamente deformata nella sua diffusione [Bartoli 1906; REW; Prati 1968; REWS].

G. CARRETTO: *Le sgàlmare ... erano scarpe fai da te, con la tomaia di cuoio a scarponcino fissata da un'infinita schiera di chiodini a spesse suole di legno* (*Via Muro Lungo 22 Verona*, Milano 1994, p. 40). C.

**sgamugnèr,** v. (romagnolo). 'Recalcitrare', 'agitarsi per la contrarietà a fare qualcosa': *non accor a scamognar* 'bisogna fare una cosa e portare pazienza' è un proverbio ravennate del XVII secolo.

Denominale del latino *camus* 'museruola', vale perciò 'volersi sottrarre alla costrizione della museruola'. Altre proposte (come quella da *scamollare* 'togliere la scorza') sembrano meno attendibili [DEI s.v. *scamoiare*]. C.

**sgànda,** sf. (lombardo, a Mantova; *segànda* altrove). '(Tempo di) mietitura'.

Dal latino *secāre*, che ha, tra gli altri, il senso di 'segare' [REW; REWS]. C.

**sgangulàtu,** agg. (siciliano: anche *sgangalatu*). 'Sdentato'.

Da *gànga* 'dente molare', → *gànga*[1], col prefisso sottrattivo *s-* [VES]. C.

**sgarrupà(re),** v. (campano: anche *scarrupà(re)*), 'dirupare, precipitare', 'diroccare, abbattere' e, al figurato, 'rovinare'; (salentino: *sgarrupari*), 'franare'; (salentino: *scarrupà(ri)*), 'scavare, razzolando'; (laziale, ad Amaseno: *scarupà*), 'dirupare, crollare', detto di muri, macerie; (abruzzese: *scarrupà*), 'precipitare' e, figuratamente, 'vendere a vil prezzo'; (siciliano: *scarrubbari*), 'scaricare', 'ingollare'.

Tutti da un latino parlato **corrupāre*, derivato da *rupes* 'rupe'; quindi 'rompere la roccia' [Alessio 1976].

M. D'ORTA: *La mia casa è tutta sgarrupata. i soffitti sono sgarrupati, i mobili sgarrupati, le sedie sgarrupate, il pavimento sgarrupato, i muri sgarrupati, il bagnio sgarrupato. Però ci viviamo lo stesso, perché è casa mia, e soldi non cene stanno* (*Io speriamo che me la cavo*, Milano 1990, p. 43). – R. NIGRO: *Ci inerpicavamo fino a Taranto, meravigliosa città di Palmeti, muraglie e castelli, con viaggi di uno o due giorni e talvolta fino a Matera, città sgarrupata e grotticola* (*Dio di Levante*, Milano 1994, p. 38). C.

**sgaté,** v. (piemontese con le varianti *sgatàr*, *scatàr*). 'Razzolare', 'scavare', 'frugare'.

Dal latino parlato **excaptāre*, che, col senso di 'raspare', 'graffiare', ha lasciato larghe tracce anche nei dialetti pugliesi [Nigra 1901; REW; REWS]. C.

**sgavàrdua,** sf. (ligure: Genova, ma diverse altre varianti sono distribuite nell'area occidentale, fino alla *sgavàudura* di Ventimiglia). 'Trottola'.

Parola molto antica, penetrata anche in greco moderno (*asgaváda*), è stata riportata alla base latina di *scăbĕllum*, col senso di 'arcolaio, argano' (ma andrebbe forse meglio il latino *scapus* 'fusto, gambo', diffuso in area galloromanza) con doppio suffisso *-hard* e *-ula*: *ṡiàrdua* [FEW; Plomteux 1975; Azaretti 1982; Cortelazzo 1982]. C.

**sghijè,** v. (piemontese; emiliano: *sgvilàr* e *sguilóer*; toscano: *sguillare*, a Carrara: *sguidàr*, a Cortona e Val di Chiana anche *sguillé*, *sguillère*; marchigiano: *sguilà*). 'Sdrucciolare', da cui il sostantivo emiliano *sgvilaróla* (a Carrara: *sguidarèda*), 'via sul ghiaccio dove si sdrucciola'; in talune varietà il v. significa anche 'sfuggire di mano!

Non deriva certo da '*anguilla*' ma dal longobardo **quillan* 'zampillare' [Caix 1878; Pieri 1901; Spotti 1929; DEI; Nocentini 1983: 31; Felici 1985]. C.

**sgiàfa,** sf. (ligure-piemontese, a Novi Ligure). 'Ultimi balli di una festa danzante'.

Letteralmente 'schiaffo'; gli ultimi balli erano «così chiamati perché i ballerini che non volevano pagare l'entrata, erano ammessi con una pacca alla schiena», da cui il modo di dire *andò a piò a sgiàfa*, propriamente «andare a prendere lo schiaffo» (Magenta 1970). M.

**sgiarunèda,** sf. (emiliano: modenese). 'Sassata'.

Da *giaròun* 'grosso ciottolo', un derivato di *gèra* 'ghiaia', in latino *glarea* [REW; REWS].

F. GUCCINI: *Le ṡgiaronate son veniali o mortali?* (*Vacca d'un cane*, Milano 1993, p. 84). C.

**sgnàpa,** sf. (friulano; veneto; veneto giuliano; trentino; ladino centrale; lombardo). 'Acquavite, grappa'.

Adattamento del tedesco *Schnaps* 'grappa' con una terminazione *-pa* dovuta probabilmente all'influsso di *grappa*; la voce tedesca nel trentino (a Rovereto) ha dato *snòp* 'maraschino' [DEI; Prati 1968; Bondardo 1986; Bracchi 1987: 371]. M.

**sgnèṡola,** sf. (veneto; veneto giuliano). 'Persona minuta', 'bagatella'.

Da *gnèṡa* 'donna insulsa', termine noto con questo significato anche in emiliano e romagnolo, da *Agnese*, la santa casta che, attraverso la letteratura, ha acquistato il senso deteriore di 'ragazza ingenua, inesperta, sprovveduta' [Doria 1987; LEI]. C.

**sgnò a mòre,** locuz. (ligure-piemontese, a Novi Ligure). «Pratica di cura empirica dei disturbi di stomaco o di bile che consisteva nell'accendere due candele vicino all'ammalata e nel massaggiarla tre volte dalla gola all'ombelico, tre volte dal basso ventre all'ombelico, tre volte dal fianco sinistro verso l'ombelico» (Magenta 1970).

Propriamente 'segnare la madre'; per il significato specifico di *mòre* → *mồve a mòre*. M.

**sgnò è gìfre,** locuz. (ligure-piemontese: Novi Ligure). «Cura empirica della parotite che consisteva nel tracciare sotto le orecchie del malato dei segni speciali con le dita intinte in inchiostro di galla; al malato venivano poi dati sulle gote due leggeri schiaffi» (Magenta 1984).

Letteralmente 'segnare gli orecchioni', che anche in francese (Borgogna) sono chiamati *giffes* (dal senso originario di 'guancia'), passato pure in Valsesia (*giffa* «malattia per cui gonfiasi la gola e la faccia», Tonetti 1894) [FEW]. C.

**sgrìṡolo,** sm. (veneto: accrescitivo *sgriṡolón*; trentino, a Rovereto, al plur.: *sgrìṡoi*; friulano: *sgrìṡul*), 'brivido'; (veneto giuliano: *grìżolo*), 'solletico', 'uzzolo'.

Deverbale di *griżàr* (*grizhàr* nell'Agordino vale 'vergognarsi'), di origine onomatopeica, anche se è stata avanzata l'ipotesi di un'origine germanica, avendo l'antico alto tedesco un verbo *gru(wi)son* col significato di 'provare raccapriccio' [Prati 1968; Bondardo 1986; Doria 1987].

F. CAMON: *Tuo figlio si alza con due linee di febbre e guardando la finestra gonfia di neve si sente gli sgrisoloni per le spalle* (*Mai visti sole e luna*, Milano 1994, p. 124). C.

**sgròlla,** sf. (toscano, anche *sgrollóne*; umbro: *sgrullata*). 'Forte scossa d'acqua'.

Da → *sgrollàre* 'scuotere con forza', perché nella fantasia popolare *sgrolla* e *scossa* «rappresentano una forte dimenata data al nuvolo o turbato, per cui vien giù quel fitto e grosso gocciolio che a un tratto casca e poi smette e via via riprende» (Nieri 1902) [DEI]. C.

**sgrollàre,** v. (toscano; umbro: *sgrullà*). «Dimenare fortemente con animo di far cadere qualche cosa» (Nieri 1902).

Propriamente 'mollare, crollare' [DEI].

V. OREFICE: *La stessa antisala, altra incredibile incongruenza, è il passaggio obbligato per i rappresentanti del popolo e della stampa di sesso femminile, costretti per le consuete necessità fisiologiche a correre il rischio di imbattersi in un collega di sesso maschile che ancora "sgrulla"* (*La velina*, Milano 1988, p. 36). C.

**sgualdrégna,** sf. (toscano: Val di Chiana). 'Pioggia con il sole'.

Letteralmente 'sgualdrina'. Il passaggio da 'prostituta' al fenomeno atmosferico è spiegato con la credenza universalmente diffusa che quando piove con il sole si celebrino le nozze della volpe, o di altri esseri (lupo, diavolo, vecchia ed appunto prostituta) che vengono tutti coinvolti in un avvenimento eccezionale, com'è quella della simultanea presenza della pioggia e del sole [Nocentini 1986]. C.

**sgugnèr,** v. (emiliano: modenese). 'Spingere con fatica, dimenarsi' e, al figurato, 'tribolare'.

Propriamente 'affaticarsi con il mazzacavallo', lo strumento che serve per attingere acqua al pozzo (*sgógna*, cioè 'cicogna', come esso è chiamato con un frequente passaggio da uccello a macchina: così è avvenuto anche per *gru* e per → *rùstica*).

F. GUCCINI: *con quella [bicicletta] da uomo poi che per ṡgugnare doveva passare la gamba di traverso* (*Vacca d'un cane*, Milano 1993, p. 110). C.

**sguìntro,** agg. (toscano). 'Magro, senza pancia'.

Dal verbo longobardo **swintan* 'svanire' e, concretamente, 'dimagrire': per il *-tr-* si può ricordare il chianaiolo e cortonese *svéltro* per *svelto* [Nocentini 1983: 39-40]. C.

**sìa,** nella locuz. *ciapàr una sia* (veneto: Venezia). 'Pigliare una dirittura, prender l'invio'.

Letteralmente 'prendere una *sia*' cioè 'scia (della nave)'; il termine *sia* in veneziano vale 'traccia, solco; vezzo', in padovano 'vezzo' [Prati 1968]. M.

**ṡiàrdua,** sf. (ligure, con varianti). 'Trottola'.

Da *ṡiā̆(r)* 'girare' con il suffisso diminutivo *-ŭla*, legato al precedente con una *-d-* di collegamento. Il sinonimo ligure orientale *sgavàudura* (→ *sgavàrdua*) (e varianti) sembra appartenere ad una base diversa [Federli 1966; Plomteux 1975; Azaretti 1982; Cortelazzo 1989]. C.

**sibà,** v. (veneto: Marano L.). 'Succhiare'.

Estensione di significato del verbo latino *cibāre*, da cui anche il gradese *sibàr* 'fare uno spuntino verso le dieci'. C.

**siciadèira,** sf. (ladino centrale, nel Comelico). 'Bastone che si attacca sotto il soffitto della cucina per appendervi i pezzi di carne da affumicare (*pénduli*)'.

Da un latino *siccatōria*, (cfr. *siccatōrius* 'essiccatoio') da cui derivano il lombardo (nel milanese e comasco) *secavó*, *secaó* 'la camera in cui si fanno asciugare le castagne', il romagnolo *scadùr*, il toscano (aretino) *scatóre* 'seccatoio' [Tagliavini 1944; REWS]. M.

**sidiàr(e),** v. (veneto, anche *sediar(e)*; trentino: *zidiàr*; piemontese, nel monferrino: *sidià*; ligure: *ascidoà*), 'dar noia, importunare, seccare'; (lombardo, Busto Arsizio: *sidià* part. pass.), 'ridotto allo stremo'; (veneto: *sidiarse* rifl.; piemontese, nel monferrino: *sidièse* rifl.), 'affaticarsi, consumarsi'; (ligure, nel genovese: *ascidiàse* rifl.), 'annoiarsi, infastidirsi'.

Dal latino *acēdia* 'accidia' (da cui derivati aggettivali come → *zidiós*) col verbo *acidiāri*, continuato nel latino medievale *accidiare* 'stancarsi, impazientirsi'; nelle forme liguri si ha conservazione di *a-* iniziale, mentre il trentino (roveretano) *encidiarse* rifl. 'irritarsi' è derivato con prefisso *in-*. Voci di origine deverbale sono il veneto *sìdio* sm. 'seccatura' e nel ladino-veneto (Agordino) 'persona noiosa', e il piemontese (monferrino) *sidiera* sf. 'fatica, noia, stanchezza' [DEI s.v. *zigiàr*; REWS; LEI]. M.

**sìdro,** sm. (veneto istriano). 'Àncora'.

Dal grecismo croato *sidro* (in greco *sídēros*, propriamente 'ferro'). C.

**sieràde,** sf. (friulano). 'Autunno', 'ultimo periodo dell'autunno', anche *siaràde*.

Deriva da un **serrāta*, dal verbo *serrāre* 'chiudere'; la denominazione perciò va intesa come 'fine della bella stagione' e va notato che si ritrova in una zona dove la primavera viene detta 'aperta' (→ *viàrte*) [Merlo 1904]. M.

**signàpola,** sf. (veneto, nel veronese; trentino). 'Pipistrello'.

Di etimologia parzialmente oscura: nella prima parte alcuni riconoscono l'antico verbo veneto *cignar*, *zignar* 'accennare, ammiccare', mentre è più facile vedervi una deformazione del tipo molto più diffuso *grignà(pola)* da *grignàre* 'sghignazzare'; la seconda parte invece rimane ancora ermetica [Eggenschwiler 1934; Bondardo 1986].

G. CARRETTO: *D'estate, c'era anche pieno di signàpole, che bisognava starci attenti perché erano cieche, ma cercavano sempre di atterrare in testa alle donne, ...: se ci fossero riuscite sarebbe stato un casino, perché avevano zampette unghiute che s'impigliavano nei capelli* (*Via Muro Lungo 22 Verona*, Milano 1994, p. 61). C.

**sigrìt,** sm. (friulano). 'Luogo selvaggio, angusto, disagevole'.

Come l'italiano *segreto*, aggettivo e sostantivo 'luogo appartato'. C.

**silafè,** agg. (friulano), 'sì'; (toscano, a Carrara: *scialafé*), 'non me ne importa niente'.

Da interpretarsi letteralmente 'sì, (al)la fe(de)'. C.

**silò,** sm. (veneto: Polesine), 'fossa per foraggio verde', 'catasta, cumulo'; (emiliano: modenese), 'fossa in cui si mettono le graspe'.

L'accento conferma l'ipotesi che lo spagnolo *silo* (dal latino *sīrus* 'deposito sotterraneo di cereali') sia giunto in Italia attraverso il francese [DELI]. C.

**silòca,** sm. (campano; salentino; siciliano). 'Giubba a larghe falde'.

Voce ironica e scherzosa, tratta dal cartello *si loca* 'appigionasi', che si appendeva davanti a locali sfitti. A Napoli con lo stesso nome si indicava la 'striscia di carta, che i ragazzi attaccavano alle spalle di qualcuno, dandogli poi la baia'. C.

**sìmbro,** sm. (veneto, Verona: graficamente anche *çimbro*). 'Uomo nerboruto e rozzo'.

Col nome di *Cimbri* sono chiamati nel Veneto i coloni bavaresi che in epoca medievale hanno popolato le zone poi chiamate i XIII Comuni veronesi e i VII Comuni vicentini, ritenuti, secondo la tradizione tanto radicata quanto infondata, che risale agli Umanisti, i discendenti degli antichi Cimbri scampati alla strage che ne fece Caio Mario nella battaglia dei Campi Raudi nel 101 a.C. [Prati 1936; Prati 1968]. C.

**simèlu,** sm. (ligure). 'Estremità di una pianta, punta tenera dei polloni'.

Dal latino *cȳma* 'tallo, germoglio', di origine greca [Plomteux 1975].

E. MONTALE: *Il canneto rispunta i suoi cimelli* (*Ossi di seppia. 1920-1927*, Milano 1948, p. 61). C.

**sìmia,** sf. (veneto; veneto giuliano; friulano; toscano, umbro, laziale, nel romanesco: *scìmia*; campano, nel napoletano: *scigna*). 'Sbornia'.

Propriamente 'scimmia' con uso figurato che è ben presente anche nei gerghi dai quali probabilmente ha origine; la motivazione del traslato non è chiara, forse dagli atti disordinati di certe scimmie (Prati 1940, DEI), o forse per «sottolineare un particolare, il viso paonazzo e trasfigurato dell'ubriaco» (Doria 1987). Si usa specialmente in espressioni corrispondenti a "avere una scimmia" per 'essere ubriaco' e "prendere, pigliare, una scimmia" per 'prendere una sbornia', alle quali corrisponde "pigliare la bertuccia" di area toscana. L'espressione "avere una scimmia" (ed anche "aver la scimmia in spalla") ha subito un ulteriore e recente spostamento semantico e designa l'essere in preda agli effetti della droga, e *scimmia* «è anche lo sballo riuscito male, la crisi d'astinenza e, per ulteriore estensione, ogni momento di crisi o di malessere. È l'equivalente della locuzione inglese *to get a monkey on one's back*» (Ferrero 1991). M.

**simìci,** sf. plur. (calabrese: anche *simìggi*, *simèlle*). 'Chiodetti sottilissimi per le scarpe'.

Dal latino tardo *sementia* 'semenza' per la loro somiglianza a piccoli semi, passaggio riscontrato anche nel francese ufficiale e dialettale *semence* [FEW; Rohlfs 1977].

L. ASPREA: *Il resto del limone era pieno zeppo di simige, cioè chiodetti da calzolaio, conficcati in esso, fino alla capocchia* (*Il previtocciolo*, Milano 1971, p. 188). C.

**simióto,** sm. (veneto, a Venezia). 'Palombaro'.

Non si tratta di un impiego figurato del veneto *sìmia* 'scimmia', ma designa «l'abitante dell'isola di Simi da dove provenivano quasi tutti sommozzatori veneziani» [Cortelazzo 1970]. M.

**sinacòca,** sf. (umbro: orvietano, con varianti), 'lagna', 'brontolio continuo'; (a Val di Pierle: *sinigòga*), 'raggiro, trappola, imbroglio'.

Ricordo poco benevolo delle riunioni nella 'sinagoga' ebraica e del sacerdote salmodiante; ne deriva anche la locuzione romagnola *fā una sinagoga* 'confusione di più voci urlanti, che si sovrappongono' e dell'invito *fa poca sinagoga*, rivolto ad un bambino piagnucoloso. C.

**ṡi n cercuègna,** locuz. (ladino centrale). 'Fare un dono ad una puerpera o ad una persona reduce dai bagni'. La stessa 'visita alla puerpera otto giorni dopo il parto' si chiama in bellunese *zercherìe*. Letteralmente 'andare in cerca' (*ṡi* deriva dal latino *ire*).

Da un tipo *cercare* col senso di 'visitare'. Lo conferma

l'engadinese *vischder*, tanto 'visitare', quanto 'fare un dono alla puerpera' [Salvioni 1938; Prati 1968]. C.

**sinènti,** prep. (toscano, nel fiorentino, in Valdichiana: *sinènt*). 'Sino al, sino nel'.

Composti di *sino* e riflessi del latino *ĭntus* 'dentro' che ritorna nel fiorentino *quinènti* 'qui dentro'; formazione analoga menzionata dal DEI è il romanesco *sinènta* 'sino' [REW]. M.

**singàre,** v. (campano; calabrese: *singare*, *singari*). 'Intaccare, segnare'.

Dal latino *signāre* con un singolare sviluppo del nesso *gn-* [Rohlfs 1966]: → *sìngu*.

G. OCCHIATO: *Cominciarono a vomitare folgoranti palle di fuoco e a sputare gragnuole su gragnuole di fiammelle che singavano l'aria con scariche scoppiettanti* (*Carasace*, Cosenza 1989, p. 178). C.

**sìnghij,** agg. m. plur. (corso). 'Uno per ciascuno': *avejemu singhij furchette* 'avevamo una forchetta per uno', *c(i) anu datu singhe pani* 'ci hanno dato un pane per uno'.

Dal latino *singuli*, aggettivo distributivo. *Singulus* ritorna anche nel bergamasco della Val di Scalve, come *singét* 'uno per uno', 'paio' [REWS; Rohlfs 1979]. C.

**sìngu,** sm. (calabrese). 'Anello di fidanzamento; fidanzamento' col verbo *singare*, *singari a zita* 'fidanzarsi con una ragazza facendo un primo regalo di oggetti d'oro'.

Le voci derivano dal latino *signum* e *signāre* (con l'esito *gn > ng*) e riflettono l'espressione medievale *signum, certis signis* (cioè con l'*anulus*) con il quale si manifesta la volontà matrimoniale. Un'antica costumanza calabrese che riflette l'uso del 'segno' è la seguente: «Il giovane che aspira alla mano di una fanciulla l'attende in chiesa in un giorno di festa, quando ella va a messa. Qui, o dentro il tempio, o quando ella ne esce, sempre innanzi agli occhi del pubblico, e sotto lo sguardo di Dio, perché l'atto fosse solenne ed avesse in testimonio il cielo e la terra, il giovane le affissa i suoi occhi di fuoco, e le strappa il fazzoletto che le copre il capo, spesso scambiandolo con un altro più ricco e bianchissimo, o le taglia col coltello i nastri che legano le maniche del vestito. Questa fanciulla dicesi allora scapigliata (*scapillata*) o imbiancata (*janchiata*) o segnata (*signata*); né essa troverebbe, dopo ciò, chi la sposasse qualora non avesse luogo quel matrimonio» (Accattatis 1895 s.v. *matrimmuòniu*) [Rohlfs 1977; Pellegrini 1992: 347]. M.

**sinìbbio,** sm. (toscano; in Versilia anche: *żenìbbio*, *żinìbbio*). 'Vento freddo con neve', a Pisa 'nevischio'.

Etimologia incerta, forse da un latino parlato **subnĭveus*, oppure **subnībulus* per *subnūbilus* 'alquanto oscuro e tenebroso (detto della notte)' [REW; Rohlfs 1966 e 1979; Alessio 1976].

R. FUCINI: *Il sei di dicembre dell'anno passato, te ne ricorderai e se non te ne ricordi non importa, fece un tempo da diavoli. A guardare la montagna poi, era uno spavento; e anche di quaggiù si sentiva la romba della bufera che mugolava fra i castagni, mandando fino a noi qualche foglia secca insieme col sinibbio che strepitava sui vetri delle finestre come la grandine* (*Le veglie di Neri*, Roma 1993, p. 44). – E. MONTALE: *tutto arso e succhiato / da un polline che stride come il fuoco / e ha punte di sinibbio* (*La bufera e altro*, Venezia 1956, p. 102). – S. SATTA: *dal cielo, / Da tutti i cieli, turbinò il sinibbio, / Il sinibbio ... la neve giù dai monti / Al pianoro* (*Canti*, Milano 1955, p. 82). C.

**sìntar,** sm. (friulano, anche *sèintar*; veneto giuliano: *sinter*). 'Accalappiacani'.

Dallo sloveno *šintar* di analogo significato, a sua volta dal tedesco *Schinder* [Pellegrini 1976]. M.

**sintèreṡi,** sf. (veneto: Ospedaletto E.). «Cervello, giudizio, senno, buon senso, testa» (Peraro 1984).

La voce, presente anche nella locuzione italiana *perder la sindèresi* 'perdere la tramontana', è un termine filosofico, preso dal greco *syntḗrēsis*, propriamente 'conservazione', poi 'esame, vaglio, osservazione', ma usato in filosofia come '(rimordimento della) coscienza' [DEI]. C.

**sintiglióni,** sm. plur. (veneto; a Treviso: *sandilgióni*; lombardo: *sciantiglión*). 'Favoriti, basette'. «Neologismo introdottosi dalla moda dopo la nostra rivoluzione politica del 1797» (Boerio 1856).

Dal francese *échantillons* 'mostre, campioni' [Prati 1968]. C.

**sióma,** agg. sm e pron. (salentino), 'niente'; (pugliese, a Bitonto: *mànghë pë assiòumë*) 'neanche per idea, neanche per sogno'.

Si tratta, secondo Alessio, del latino tardo *axiōma, -ātis* 'assioma' (attestato da Apuleio) di tradizione semidotta, e non del greco *sígma* 'la lettera sigma' attraverso una fase **seuma*, come proposto da Rohlfs per il salentino. Risponderebbe bene anche il latino *signum* 'segnale' [Rohlfs 1959; Alessio 1976; Valente 1993]. M.

**sippingùlo,** sm. (laziale, anche *zippinculo*, *zippunguru*; molisano, a Fossalto, *cipp-n-cùle* pure per 'lucciola' e 'coccinella'). 'Libellula'.

Letteralmente 'stecco in culo', denominazione derivata dal gioco che talvolta fanno i bambini di infiggere una pagliuzza all'estremità dell'addome degli insetti per invitarli poi a volare via. Stessa spiegazione hanno alcuni nomi toscani (aretini e pistoiesi), come *pagliancùlo*, *pagliancùla* [Picchetti 1961-63]. M.

**sìre,** sm. (salentino; lucano). 'Padre'.

Da *sire* 'signore', importato dai Normanni, e adoperato in imitazione del greco *kýrios* 'padrone' e 'padre di famiglia' [AIS; Rohlfs 1959]. M.

**siṡàm,** sm. (veronese: Brenzone). 'Piatto di alborelle sminuzzate', a Garda *àole 'n sisā̀*.

Come il genovese antico *inzisamen* 'insalata', dal latino parlato **incisāmen*, da *incīsum*, participio passato di *incīdĕre* 'tagliuzzare' [REW; Crescini 1987]. C.

**sìsiḍḍa,** sf. (calabrese, con varianti). 'Scintilla'.

In ultima analisi dal greco *spítha* con suffisso diminutivo e forte deformazione, probabilmente per influsso d'altre voci combinato con un richiamo fonosimbolico [Rohlfs 1964].

G. OCCHIATO: *ogni volta che crollava una trave o una lamiera dei tetti in mezzo alle braci, una calcara di sìside e di fiammelle schizzava con un ruggito languruso verso il cielo* (*Carasace*, Cosenza 1989, p. 187). C.

**sìta**[1]**,** sf. (salentino). 'Melagrana, melograno', anche *sèta*, *sida*; nella località di Palmariggi *panìri delle site* 'fiera della prima domenica di ottobre' (*paniri*, o *panìeri*, in salentino è nome di 'festa religiosa popolare', → *panìri*).

Dal greco antico dialettale *sídē* 'melagrana' [Rohlfs 1959]. M.

**sìta**[2]**,** sf. (veneto; lombardo, nel mantovano). 'Vanga'.

Letteralmente 'saetta' (è infatti il dialettale *sita* 'saetta' dal latino *sagĭtta*); deve il nome al tipo di lama, originariamente di forma triangolare ed appuntita [Prati 1968; Pellegrini-Marcato 1988]. M.

**sìta**[3]**,** sf. (toscano: Carrara, Filettole). 'Corriera'.

«Dalla sigla della società che gestisce il servizio di

trasporto (Società Italiana Trasporti Automobiisti-ci)» (Temperli 1991). A Carrara, da altra sigla, anche *la saca*. C.

**sittèa,** sf. (galloitalico del Messinese). 'Preghiere in preparazione della festa di S. Antonio abate'.

Così chiamate perché si fanno per i *sette* giorni consecutivi precedenti la festa. Per la formazione e il suffisso si può ricordare *chinnicèa* 'quindicina', 'piccolo fercolo (*vara*), portato dai ragazzi per il paese nei primi quindici giorni di agosto in onore della Madonna'. C.

**sìziu,** nelle locuz. (siciliano) *dàri sìziu* 'dar briga', *fàri dìri sìziu* 'far sentir dolore', *morìri n sìziu* 'languire'; (calabrese): *dìri* (*sempi*) *sìz*(*z*)*iu*), 'ostinarsi, ripetere sempre la medesima cosa', (campano: Napoli) *fare sizio sizio* 'far lamento, querele, lagnarsi'.

La voce deriva, per tradizione dotta, dal latino *sĭtio* 'ho sete', una delle sette parole pronunciate da Cristo in croce; essa si ritrova nella locuzione italiana *tornare al sìzio* 'tornare al travaglio' [Alessio 1957 e 1958]. M.

**slafròc,** sm. (veneto giuliano: Trieste). 'Veste da camera'.

Dal tedesco *Schlafrock*: la voce triestina è stata molto comune negli anni Venti, poi è stata lentamente soppiantata dall'italiano *vestaglia* [Zolli 1986a]. M.

**slàif,** sm. (friulano; veneto giuliano). 'Martinicca, freno del carro'.

Dal tedesco *Schleifzeug* 'martinicca' o dal verbo tedesco *schleifen* 'tirare a forza indietro', 'frenare'; da rilevare i significati traslati che *slàif* ha nel triestino, quali 'donna di facili costumi', 'persona sciatta', 'qualsiasi altra cosa di pessima qualità', derivati probabilmente attraverso l'espressione *molàr el slàif* 'mollare il freno', quindi 'perdere ogni ritegno, ogni pudore' [Doria 1987; Pellegrini-Marcato 1988]. M.

**slalà,** v. (marchigiano: Ancona). 'Aleggiare, frullare'; a Osimo *slalato* 'con le ali cadenti' e figuratamente 'persona avvilita'.

La spiegazione etimologica richiederebbe *ala* con un prefisso *s-* a volte sottrattivo ed altre volte di allontanamento, presente anche nel lombardo *scialà* (dal latino parlato **exalāre*), *saratà*, *sajrè* 'volare', 'svolazzare' [Salvioni 1914; REW].

P. Volponi: *I beccaccini gridavano ad ogni slalata una volta o due* (*La macchina mondiale*, Milano 1965, p. 126). C.

**slampì,** v. (ladino centrale: Comelico). 'Svanire', detto del vino o della birra rimasti in bottiglia scemata ed aperta'.

Non da *lampo* o *lampido*, ma variante del veneto comune *sbampìr(e)*, *svampìr(e)* 'evaporare' [Tagliavini 1944; REWS; Pellegrini 1995; Doria 1987]. C.

**slèpa,** sf. (ligure; lombardo; veneto; trentino; emiliano; romagnolo; lunigianese; toscano: *sleppa*), 'ceffone; botta'; 'fetta (di carne, di polenta)'; (laziale, nel romanesco: *sleppe* plur.), 'busse'.

Famiglia lessicale di etimo incerto; per un'origine onomatopeica si pronuncia il DEI (s.v. *sleppa*); altri invece ipotizzano una dipendenza da una voce germanica sulla base di un confronto col tedesco *schlap* 'colpo; ceffone' (REW, REWS). Ad un germanico *slipan* 'scivolare' (in FEW **slippen* antico francone) ricorre invece Rohlfs 1979 che da esso fa derivare anche il termine gergale italiano *leppare* 'portar via, rubare', il pisano *leppà* 'fuggire precipitosamente', l'antico francese *escliper* 'scappare'. M.

**slevrì,** agg. (veneto, in Polesine; anche *inslevrì*). «Spinto da desideri incontenibili e irrefrenabili, ai quali non si sa resistere» (Girardi 1991).

Dal modo *a t' pari fin slevrì* 'sembri un levriero che ansima dopo una lunga corsa' si deduce che l'aggettivo dipenda da *liéoro* 'lepre'. C.

**slimegàre,** v. (veneto, con varianti e derivati). 'Versare goccia a goccia', 'incominciare a bollire', 'mangiucchiare', 'piovigginare'.

Pare da *lima*, che piano piano compie il suo lavoro [Prati 1968; Bondardo 1976]. C.

**slìparo,** sm. (veneto: Verona). 'Traversina delle rotaie'. È l'anglismo *slipper* propriamente 'freno della rotaia' [Zamboni 1989: 393]. M.

**slisegàre,** v. (veneto; veneto giuliano: *slisigàr*; trentino: *slicegar*). 'Scivolare'.

Di natura fonosimbolica [Bondardo 1986].

F. Camon: *è per questo che d'inverno i ragazzi preferiscono andare a scuola con le suole di legno chiodate perché con quelle possono slizzegare sul ghiaccio dei fossi* (*La vita eterna*, Milano 1972, p. 27). C.

**slofâ,** v. (friulano). 'Mangiare ingordamente'.

Da *lôf* 'lupo' e 'persona vorace', secondo una equivalenza molto frequente (*slufùn* 'ingordo' a Crespadoro, nel Vicentino): dal femminile *lóve* 'lupa' il sinonimo *(s)lovâ*, al quale si può accostare la locuzione sostantivata *mal dé lóve* 'mal della lupa, fame canina'. C.

**slofér,** v. (lombardo: Alta Valtellina). 'Ridire ciò che si sa'.

Da *lòfa* 'vescia', 'pettegolezzo', così come si ha l'italiano *svesciare* ('vuotare il sacco') da *vescia* [Merlo 1952]. C.

**slòfer,** nella locuz. *andàr(e) a slòfer* (emiliano; veneto: anche *andàr a slòfen*; piemontese: *andè a slòfate*; lombardo: *andà a slòfen*; romagnolo: *andér a slòfar*; laziale, a Roma: *andare a sloffe*). 'Andare a dormire'.

Dal tedesco *schlafen* 'dormire' nella pronuncia bavarese [Salvioni 1916; REW; Merlo 1952; REWS]. C.

**slòfio,** agg. (veneto: anche *lòfio*; toscano: *loffio*; lombardo: *lòfi*, *slòfi*). 'Floscio, snervato', 'fiacco, debole'.

Di probabile origine imitativa, da *loff-* 'vento' [Prati 1940: 122-123 e 1968; VEI; Bondardo 1986].

F. Camon: *il ventre era gonfio e sloffio come succede verso la metà della vita a chi ha sempre mangiato poco* (*La vita eterna*, Milano 1972, p. 226). C.

**slumèr,** v. (emiliano: modenese; romagnolo: Imola). 'Guardare'.

È voce di provenienza gergale (nel furbesco di Parma *slumàr* vale 'vedere'), connessa con molte altre voci affini, che si rifanno tutte a *lumi*, che nella tradizione poetica indica gli 'occhi' ed in quella meno dotta 'luci', che fanno vedere [Prati 1940].

F. Guccini: *se trovavi asilo, ti slumàvano metri in lungo e in largo, poi potevano anche invitarti* (*Vacca d'un cane*, Milano 1993, p. 117). C.

**smacchjà,** v. (abruzzese, nel teramano e pescarese). «Cominciare a mietere il grano qua e là man mano che viene maturando; mietere in quelle parti del campo dove la messe è matura» (Giammarco 1979).

Propriamente 'smacchiare', è voce assunta a tecnicismo dell'agricoltura. M.

**smaltaról,** sm. (emiliano). 'Picchio muratore, *Sitta europaea caesia* Wolf'.

Tenuto conto del valore di *smalta* 'malta, calcina' e del diffuso attributo di 'muratore' a questa specie di picchio, per la sua abitudine di costruirvi il nido restringendo quello lasciato vuoto dai picchi più grandi, è facile che il nome voglia significare proprio 'muratore': → *brescàndolo*. C.

**smàlzo,** sm. (veneto), 'burro'; (trentino: *smalz, smòlz*), 'grasso; strutto'; (trentino: *smalzàr* v.), «condire con strutto» (Groff 1982); (veneto, nel bellunese: *smaldàr*), 'sfiorare (il latte)' col derivato *smaldaròla* 'colatoio'.

Dal tedesco *Schmalz* 'strutto'; secondo Prati 1968 «lo *z* di *Schmalz* dev'essere stato interpretato come originariamente dolce» se ne è stato tratto *smaldàr* nel bellunese [DEI]. M.

**smammàre,** v. (campano: Napoli). 'Slattare, spoppare, svezzare', 'svignarsela, allontanarsi'.

Probabile derivato di *mamma* 'mammella', quindi, propriamente, 'staccare dalla mammella', come nell'italiano antico (XVI sec.) *mammare* 'spoppare' e come voce gergale 'andarsene, staccarsi da qualcuno' (→ *ammammàre*). Dal napoletano è entrato nell'italiano moderno *smammare* 'levarsi di torno, andarsene' (*smamma! vattene!*) col film *Colpo di fulmine* del 1948 [DEI; Zolli 1986; DELI]. M.

**smandrappàto,** sm. (laziale: Roma). 'Scalcinato, scamiciato, strappato'.

Entrato, tramite il romanesco di borgata (Pasolini), nell'italiano comune, è forse legato a *gualdrappa* 'veste femminile' (in calabrese *maddrappa*), ma poi anche 'donnaccia'.

C. CAMARCA: *Teschio indica la smandrappa che batte triste di fronte all'autoricambi, vestita di una gonnella e la camiciola fiorelloni* (*Il sole è innocente*, Milano 1991, p. 23). C.

**smappà,** v. (campano: Irpinia). 'Svaporare'.

Pare trattarsi di un riflesso del latino *văppa* 'vino svanito' [Alessio 1976]. M.

**smàra,** sf. (veneto; veneto giuliano; friulano, anche *smare*). 'Malumore, broncio, stizza, paturnie', nel bellunese 'incubo'.

Antica creazione animistica veneta il cui significato originario è quello di 'incubo' (pare documentato anche nell'antico vicentino *smerra*); è di origine certamente germanica, dall'antico alto tedesco (o longobardo) *Mara* 'incubo notturno'. Per quanto riguarda il significato di 'paturnie', è stato ipotizzata la concorrenza di un etimo greco, da *mára* 'languore, oppressione', senza che si possa escludere tuttavia la concorrenza della voce germanica, dalla quale non si può prescindere per giustificare il senso di 'incubo' [Prati 1968; Cortelazzo 1970; Bondardo 1986].

S. ZANOTTO: *Di sera gli cala addosso la smara, uno dei pochi termini astratti veneti, una sorta di malinconia angosciosa e agitata, di terrore dell'ignoto, che si è sentito il bisogno di personificare nella Smara, la terribile strega alta e magra vestita di nero che compare la notte accanto alle culle dei bambini per farli morire di convulsioni* (*Delta di Venere*, Milano 1975, p. 51). M.

**smattà,** v. (toscano). 'Disalberare la barca', 'disarmare una nave, la vela'.

Da *ammattà* (con *s-* opposto ad *a-*), che denota l'azione contraria ed è prestito dal francese *mâter*, di origine germanica. M.

**smèle,** sf. plur. (lombardo: Mantova). «Pane particolare che fanno gli Ebrei per Pasqua e che mangiano in tutto il tempo di essa, invece del pane» (Barozzi-Beduschi 1982: 639).

Dal latino *azyma* 'pane azzimo', che al diminutivo è noto a diversi dialetti italiani [LEI]. C.

**smètega,** sf. (piemontese: val di Sesia), 'abilità, destrezza'; (ticinese, con varianti), 'accorgimento, arte, astuzia': *parlà in smètiga* 'parlare sotto metafora'; (toscano, a Siena: *smétria*), 'attitudine naturale a fare qualcosa'.

Tutte deformazioni d'aspetto e concettuali di *aritmetica* che, nella sua variante *arismetica*, anche meglio mostra la sua dipendenza dalla forma greca *arithmetiké* [LEI]. C.

**smetriàto,** agg. (marchigiano: Arcevia). 'Di viso, che non diventa rosso, di chi non si vergogna', 'sfrontato': *faccia smitriata*; come sf., ad Ancona, *smitriata* 'sfacciata, sgualdrina'.

Da *mmetriàto* 'invetriato'. Ma potrebbe anche rappresentare un *mitriato* 'chi porta la *mitria*, il copricapo posto sulla testa del condannato alla pena infamante di essere trasportato per le vie della città e pubblicamente frustato'. C.

**smicciàre,** v. (umbro; laziale, nel romanesco). 'Guardare'.

Lessema di origine gergale passato all'uso dialettale nel veneto *sminciàr*, nel piemontese *smicè*, nel napoletano *smiccià*, nel siciliano *smicciàri*; si aggiunga, a Napoli, *smìrcia!* 'stai attento!'. È ora adoperato pure nella lingua dei giovani (*smicciare, sminciare*) anche nel senso di 'andar via velocemente, correre in fretta' (Ferrero 1991). Quanto all'origine, l'etimo non è bene accertato; il DEI (s.v. *smiccia(re)*) propone un accostamento a '*sbirciare*' forse incrociatosi con *miccio* 'somarello'. Più probabile invece una formazione a partire da *miccia* 'lucignolo, stoppino del lume' parallelamente al gergale *slumìr, lumare, slumàr* 'guardare' da *lume*. A *mìccia* è certo riconducibile la voce dialettale *ammicciari* di area siciliana e calabrese (qui anche *ammicciare*) 'adocchiare, sbirciare' (ma per il DEI da confrontare con *ammiccare*). M.

**smìngia,** sf. (marchigiano: Macerata). 'Ganza'.

È una voce di provenienza zingarica (*minğ* 'natura della donna', e, poi, 'donna, ragazza'), passata attraverso i gerghi (*smìnci* in quello veneto) [Cortelazzo 1975]. C.

**smir,** sm. (friulano; veneto; trentino). 'Morchia, grasso, unto che si dà al mozzo del carro'.

Dal tedesco *Schmiere* 'grasso, lubrificante'; riflettono piuttosto il tirolese *schmirb* le varianti ladina dolomitica *smìrme* e lombarda settentrionale *smìrman, smìlman* [Tagliavini 1934; Prati 1968]. M.

**smòchin,** sm. (emiliano: Guastalla; veneto giuliano, a Trieste: *smòching*). 'Vestito nero da cerimonia'.

È l'inglese *smoking*, cioè *smoking-jacket* 'abito per salotto da fumatori', passato in modo non chiaro all'italiano col significato di 'abito da sera' [Zamboni 1986]. M.

**smurìcëchë,** sm. (pugliese: a Peschici). 'Ginepro'.

Non si tratta del serbocroato *smrča* 'ginepro', come supposto dal Rohlfs, ma piuttosto, secondo Valente, di una continuazione dal latino *murĭceus* 'pieno di punte', aggettivo di *mūrex, -rĭcis* 'sasso appuntito', con riferimento alle coccole del ginepro compatte e dure come piccoli ciottoli [Rohlfs 1972; Valente 1980]. M.

**smurżài,** v. (sardo campidanese, nel logudorese: *ismurżare*; calabrese: *ammorzari, ammursare*; siciliano: *ammursari*). 'Far colazione'.

Sono riflessi dello spagnolo *almorzar* di analogo significato che un tempo si pronunciava con *-s-* sonora (Rohlfs 1977, trattando della forma calabrese, proponeva invece una derivazione dal latino *morsus* nel senso di 'mangiare un morso'). Nel sardo è presente anche il sm. *smurżu*, *ismurżu* 'colazione' [DEI s.v. *ammorzare*; DES; Beccaria 1968; Michel 1996]. M.

**snadrażèr,** v. (emiliano: modenese). 'Trastullarsi nell'acqua', 'nuotare con scarsa perizia'.

Come fa l'anatra (*nàdra*, che appartiene ad un gruppo di voci dialettali risalenti al tipo *anàtra*) [LEI].

F. GUCCINI: *[La bicicletta] ti permetteva anche di raggiungere Panaro per snadrazzare, salvando anche dai flutti più o meno perigliosi un amico o due* (*Vacca d'un cane*, Milano 1993, p. 113). C.

**snàit,** sm. (friulano). 'Agilità, scioltezza; bravura'.

Dal tedesco *Schmeid* 'coraggio, forza', voce di area bavarese, sveva e austriaca [Faggin 1981]. M.

**snìzil,** sm. (friulano). 'Foraggio tritato per i cavalli'.

Curioso sviluppo di significato dal tedesco (*Wiener*) *Schnitzel* 'costoletta alla milanese', noto anche nel triestino *snìzel, snìsel* 'fettina di carne impanata alla viennese, anche fettina di pesce impanata' [Doria 1987]. M.

**soarè,** sf. (emiliano: Modena; lombardo; piemontese; ligure: *soirè*). «Veglia e più nobilmente festino. Raunata di gente per vegliare in ballando, cantando, ecc. per trattenimento della prima parte della notte» (Di Sant'Albino 1859).

Dal francese *soirée* 'serata passata in comune per lavorare o parlare'. La voce è in uso anche in italiano (XIX sec.): *soarè* 'festino, serata' [DEI]. M.

**soàre,** v. (veneto: Polesine). «Affiorare a pelo d'acqua di alcune specie di pesci (raine, ecc.) nel periodo della frega o della deposizione delle uova» (Girardi 1991).

Dal latino *subāre*, molto diffuso nell'Italia centromeridionale: → *suvà*. C.

**soarìna,** sf. (lombardo: Mantova). 'Babbuccia, pianella'.

Da *sòar* 'sughero', perché in realtà si tratta di una «pianella coll'anima di sughero» (Arrivabene 1882).

G. NUVOLETTI: *Stordita dall'emozione, la giovane calzava le sue prime scarpine, strappate alla lesina della madre che per sé non aveva mai superato il limite delle soarine* (*Un matrimonio mantovano*, Vicenza 1972, p. 28). C.

**soàśa,** sf. (veneto; veneto giuliano, a Trieste anche: *sfàśa*; trentino; friulano: *suàśe*). 'Cornice'.

Dal francese *suage* 'modanatura circolare (dei piatti di metallo); base quadrangolare (di fiaccola)'. Da *soàśa* dipendono alcuni derivati dialettali come *soaśèr* (veneziano) 'chi fa cornici', *soaśare* (padovano) 'incorniciare' [Prati 1968]. M.

**sobbùgno,** sm. (toscano: Pisa). 'Cappello duro a cupola tonda', anche *sorbugno*; *sorbugnata* 'colpo dato al *sorbugno*', 'rimprovero'.

Da *Sor Bugno* 'signor cappello duro (*bugno*, propriamente 'arnia, alveare', per la forma)', nome con cui si canzonava chi portava tale cappello di pretese signorili [REW; Malagoli 1939; DEI]. M.

**sobìga,** sf. (lombardo, nel valtellinese), 'sostegno d'un ponte di legno'; (piemontese, nel valsesiano: *sabjéra*), 'trave'.

Riflessi del latino *sublica* 'trave' [DEI; REWS]. M.

**soccànnu,** inter. (sardo logudorese). Si pronuncia quando si mangia il primo frutto o per esprimere sorpresa.

Abbreviazione di *geśoccannu*, composto da *geśù* 'Gesù' e *occànnu* 'quest'anno', dal latino *hoc anno*. Si comprende il valore del detto proverbiale *Gesù occannu / Chi non mi fattat dannu!*, se si tiene presente la preoccupazione di cautelarsi contro misteriosi danni, allorché si assaggia un frutto nuovo. Analogamente in calabrese *diri ggèśu* vale 'saggiare'. Modi analoghi s'incontrano anche in altre regioni: in Umbria (a Spello), per esempio, la formula è *nòmece de Dio*, «frase che i nostri vecchi solevano dire quando vedevano o provavano una cosa per la prima volta» (Pasquini) [DES]. C.

**sóc'-mel,** inter. (emiliano: bolognese, anche *sóc'-mal*, *sòcia* e altre varianti; romagnolo, a Lugo). 'Perbacco'.

Letteralmente "succhiamelo", «è il più celebre *shibboleth* linguistico bolognese, inequivocabile biglietto da visita della nostra parlata. La frequenza dell'uso ha offuscato il suo valore diretto di sconcio invito all'irrumazione del pene, tanto che ormai si presta a una vasta gamma di impieghi emotivi (stupore, ammirazione, rabbia, rifiuto, disprezzo, ecc.) senza più alcuna implicazione oscena, e persino entrava, e ancora entra, nella parlata popolare femminile, nonostante l'assurdo grammaticale» (Menarini 1982).

F. FELLINI-T. GUERRA: – *Vedi Amedeo tu non ti devi offendere, ma aveva una testa molto più fina della tua. Zozmàl se era intelligente a scuola Leo!* (*Amarcord*, Milano 1973, p. 101). M.

**sodàro,** sm. (laziale). 'Addetto alla custodia di pecore o di bufale non pregne o abortite'. A Montefiascone (come dovunque nella campagna romana) i pastori assumono un nome diverso a seconda della loro funzione: *porcaro, montanaro, agnellaro, sodaro.*

Dalla qualificazione di *sòda*, che si dà alla bufala non da latte [Trinchieri 1953: 38; *Glossario delle consuetudini* 1980-86]. C.

**sodóne,** agg. e sm. (laziale: Castel Madama). 'Scapolo'.

Spesso l'uomo o la donna, che non si sono sposati, sono paragonati a terreni non coltivati, improduttivi. In questo caso il riferimento è ad un campo *'n sodu* 'incolto', che è anche dell'italiano (*sodo* 'incoltivato'), dal latino *solĭdus* 'solido', 'compatto'. L'accrescitivo è usato anche in senso proprio: *sautóne*, per esempio, ad Ausonia (Caserta) è il 'maggese' [REW; REWS]. C.

**sóggo,** sm. (toscano). 'Piccolo canale per raccogliere l'olio spremuto'.

Dal latino *sulcus* 'solco', che ha varie attestazioni nei dialetti (tra cui una variante *solgo*, presente anche in Toscana) e significati. C.

**sogrónżu** sm. (sardo logudorese). 'Rapporto che corre tra i suoceri di due coniugi' (e non, sembrerebbe, 'suocero' come dall'esempio della Deledda).

Dalla voce sarda *sógru* (con le varianti *sócru, sórgu*) 'suocero', a sua volta dal latino *sŏcrus* 'suocero' [DES].

G. DELEDDA: *Intanto zia Annedda, visto che non le lasciavano dire una parola, s'era messa a preparare il caffè per la* socronza (*suocera del figlio o della figlia*) (*Romanzi e novelle*, I, Milano 1954, p. 23). C.

**soiòla,** sf. (emiliano: anche *sujòla*). 'Piccola tinozza', 'trogolo del maiale'.

Diminutivo di *sòi* 'mastello, bigoncia', d'area lombarda meridionale ed emiliana, che proviene dal latino *solium* nel senso di 'tinozza' [REW; REWS].

F. GUCCINI: *un bagno di seconda categoria, che fai ancora il bagno di sabato nella soiòla di legno* (*Vacca d'un cane*, Milano 1993, p. 37). C.

**sól,** sm. (emiliano: Cavriago). 'Stampo di rame o alluminio per torte'.

Dall'immagine di un 'sole' fiammeggiante, sbalzato sul fondo. C.

**sòla,** sf. (laziale: Roma). 'Truffa, imbroglio' e poi anche 'chi rifila una fregatura, imbroglione'. Ne è derivato altresì il verbo *solare* 'truffare'. *Sòla*, come 'imbroglio', è nota anche fuori di Roma soprattutto attraverso l'uso che ne fanno alcune fortunate trasmissioni televisive.

Letteralmente 'suola', anche se non è chiaro il trapasso di significato di una parola propria inizialmente del linguaggio dei giovani e dell'ambiente dei drogati. Per alcuni si tratta della *suola* di cartone che calzolai disonesti adoperavano al posto di quella di cuoio; per altri sono i pezzetti di cuoio mescolati nella droga e rifilati a fumatori inesperti. La ricerca dell'origine di questa voce, particolarmente difficile quando si tratta di elementi gergali, deve tener conto dell'uso, che si faceva nel gergo torinese dell'Ottocento, di *sola*, come 'furbo, dritto, truffatore'. [Trifone 1993]. C.

**ṡolàre,** v. (veneto: anche *żolàr*). 'Volare'.

Da *svolare* 'volare' con la frequente *s-* prostetica [Prati 1968].

F. Camon: volare *è una cosa nobile e gentile e beneducata e cerimoniosa e diritta mentre* solare *è sghembo e selvaggiotto e sgarbato* (*Il quinto stato*, Milano 1970, p. 143). C.

**solcìni,** sm. plur. (toscano: Pisa, anche *solcetti*). 'Soldati'.

«Sta per *sorcini*, metafora un tempo scherzosa d'uso toscano, a indicare 'soldato di fanteria'» (Malagoli 1939). L'usò il Fucini nei suoi sonetti in vernacolo. C.

**sóldu sénciu,** locuz. sostant. (ligure: Pigna). 'Moneta da cinque centesimi'.

Propriamente 'soldo scempio', dal latino *sĭmplus* 'semplice' [REW; Merlo 1941-57]. C.

**sòl in aliòn,** locuz. (lombardo: mantovano). «Così dicesi il sole cominciando dal primo d'agosto sin a S. Lorenzo (10 dello stesso mese), epoca in cui è in gran calore e forse nel maggiore di ogni altra. Oltrecciò pare che abbia sui nostri corpi una influenza molto salutare perché i campagnuoli per es., si guardano bene dal farsi salassare, o altre simili cure, in detta epoca» (Barozzi-Beduschi 1982).

Propriamente 'sole in leone', 'solleone'. C.

**sollìngo,** sm. (toscano, in Versilia: anche *sorlingo*; a Lucca: *sollìngolo* e *sollìngoro*; a Pisa: *sollingo*, *sollìngolo* e *sollìnguo*; corso: *sullìngulu*). 'Scilinguagnolo', quel filetto che sta sotto la lingua.

Dal latino tardo *sublinguium*, "apertura che chiude ed apre", 'epiglottide' o 'ugola' (Isidoro di Siviglia, 636 d.C.). C.

**solmaréin,** sm. sing. e plur. (romagnolo). «Piccoli soli apparenti che per un fenomeno ottico si notano all'orizzonte, a sinistra e/o a destra del sole. Indicano cambiamento di tempo con vento proveniente dalla parte dove si notano queste apparizioni. Il contrario, invece, si afferma nel ravennate. Se la luminosità appare a scirocco farà borino e viceversa. A Cattolica: se il finto sole appare *ad fóra*, cioè verso il mare rispetto a quello vero, farà garbino o vento di terra; se appare invece *da tèra*, farà vento di mare» (Quondamatteo 1983).

Letteralmente 'sole marino'. M.

**sólva,** sf. (veneto; friulano). 'Talpa'.

L'ipotesi ancor oggi più accreditata è che si tratti di un deverbale di un supposto verbo *solvàr(e)* per *solevàr(e)*, dal latino *sublevāre* [REW]. C.

**somegèro,** sm. (veneto, a Chioggia: anche *somegiàro*). 'Fotografo, ritrattista'.

Da *somegiàre* 'somigliare', cioè '(il pittore) che fa un ritratto somigliante all'originale'. C.

**sommòmmo(lo),** sm. (toscano). 'Frittella dolce di riso': «così chiamansi in Firenze certe frittelline di riso impastato, che sogliono farsi la Quaresima» (Fanfani 1863).

Voce fanciullesca, come il pisano e lunigianese *mòmmolo* e il lucchese *cazzimòmmolo* [DEI].

P. Santi: *con tre[cento lire puoi comprare] la pizza e il bicchiere di vino oppure due roventini, due o tre etti di sommommoli e una birra* (*Libertà condizionata*, Firenze 1966, p. 201). C.

**soncamé,** avv. (emiliano: Bologna). 'Certamente', 'ora capisco!, ecco perché!'.

Contrazione di *al so anca me* 'lo so anch'io' [Menarini 1978]. C.

**sóndro,** sm. (toscano e corso con varianti). 'Lentisco, *Pistacia Lentiscus* L.'.

Voce resistente in qualche toponimo (Pieri 1919), d'ignota etimologia [DEI].

S. Satta: *All'alba, il nudo vallo / Tutto è desto; le mandre per gli ovili / Bianche vagan tra' sondri di corallo* (*Canti*, Milano 1955, p. 269). C.

**sonnecoràre,** v. (toscano: Lucca). 'Dondolare la testa cadente per il sonno'.

Denominale di *sonnècora* 'sonno leggero', composto di *sónno* e del doppio suffisso diminutivo e attenuativo *-ecca* e *-ora*, per *-ola*, come in *bellècora* 'alquanto bella', *donnècora* 'donna piccola e di bassa estrazione', *pioggècora* 'pioggia non tanto fitta', *prunècora* 'pruni non molto folti né duri né pungenti' [Nieri 1902; DEI s.v. *sonnécora*; Rohlfs 1969]. C.

**sónniga,** sf. (sardo logudorese). 'Crisalide della farfalla', anche *sonnighitta*.

Il nome, che significa 'sonnacchiosa', è derivato da *sonnu* 'sonno', perché la farfalla nascitura dorme, quasi, nel suo involucro. Nel sardo campidanese è detta *mamma 'e sonnu* 'mamma del sonno', perché la futura farfalla "dorme" in essa. Queste denominazioni hanno dato origine ad una credenza popolare, per cui se una crisalide è messa sotto il letto concilia il sonno. L'immagine dell'insetto che dorme sta anche alla base del sassarese *drummiciólu* 'crisalide', da *drummiccià* 'dormicchiare', e dell'italiano *dormentone* 'larva, specialmente del maggiolino' [Garbini 1925; DES]. M.

**sóno,** sm. (veneto: friulano: *son*; calabrese: *suónnu*; campano, nel napoletano, pugliese e lucano: *suónnë*; molisano, a Fossalto: *sunnë*). 'Tempia'.

Propriamente 'sonno', o perché popolarmente le tempie erano ritenute la sede del sonno, o per la loro funzione passiva e involontaria durante il sonno. Questo tipo di denominazione è ben nota anche in tedesco, in alcune lingue slave e in basco [Frisk 1951: 20]. C.

**sópa,** sf. (veneto; veneto giuliano). 'Zolla erbosa'.

O dal germanico **zaupo* 'tronco, zolla', da cui anche *zópolo* 'imbarcazione ricavata da un tronco d'albero incavato', oppure da un prelatino **toppa/zoppa* [Doria 1987].

P. De Domenico: *Nei casoni, costruiti su telai di legno con canne di falasco sopra isolotti assediati dall'acqua, detti sôpe, i pescatori conducevano una vita arcaica* (*La barca dorata*, Gardolo di Trento 1989, p. 18). C.

**soprëppìnghë,** sm. (molisano; pugliese: *soprapenga* e varianti). 'Pipistrello'.

Letteralmente 'sopra (*soprë*) la tegola (*pìnghë*)', per il luogo dove suole collocarsi [LEA]. C.

**sopresà(r),** v. (friulano; veneto; lombardo; emiliano). 'Stirare', anche *soprasà(re)*.

Da *so*, per *sotto*, e *pressare* 'calcare' [Prati 1968]. M.

**soràn,** sm. (veneto, anche al diminutivo masch., *soranèl*, e femm., *soranèla*). 'Giovane giovenco'.

Da *sóra* 'sopra' e *an* 'anno': corrisponde, quindi, esattamente all'aggettivo italiano *soprànno*, che si dice 'di vitello, che ha superato l'anno' [Prati 1968].

V. SCAPIN: *Ho camminato in mezzo ai prà, mi sono ravvoltolato nell'erba come una sorana in amore* (*I magnasoéte*, Verona 1976, p. 70). C.

**sorchèr,** sm. (lombardo: Mantova, anche *solchèr*; veneto, nel Polesine: *solcale*). 'Zanella della stalla', 'canale raccoglitore dell'urina nelle concimaie'.

Derivati dal latino *sulcus* 'solco' [REWS]. C.

**sorchiàra,** sf. (marchigiano: Arcevia). 'Prigione'.

Da *sorce* 'sorcio', proprio come *topaia* da *topo*, anche se ci si attenderebbe **sorciàra*. C.

**sordièro,** sm. (campano: Napoli, anche *sultiero* e varianti; salentino: *surtieri*; calabrese; *sortieri*, *sorteri*; siciliano: *surteri*; sardo: *solteri*, *sorteri*). 'Scapolo, libero', in sardo anche al femm. *soltera* 'nubile'.

Dallo spagnolo *soltero* 'scapolo, celibe' dal latino *solitārius* 'che è solo' [REWS; Beccaria 1968; Michel 1996]. C.

**sorèle,** sf. plur. (emiliano). 'Fessure che restano sul muro, fra una pietra e l'altra' a Lizzano in Belvedere (anche ad Alba *surèla*); *surèla* 'difetto che presenta il panno, quando il ripieno non è in tutti i punti serrato ugualmente' nel modenese.

Dal verbo latino *exaurāre* 'arieggiare' [REW; Malagoli 1941; REWS]. C.

**soréli,** sm. (friulano). 'Sole'.

Da *solĭculus*, diminutivo di *sōl*. Poiché dalla stessa forma derivano pure il ladino centrale *surédl*, *sorèje*, il ladino engadinese *sulàl'*, mentre mancano continuazioni in altre parlate, tale voce, opposta a *sōl*, viene considerata un elemento a favore della cosiddetta "unità ladina". Tuttavia se è vero che *solĭculus* pare limitato alle aree suddette, nelle zone del ladino centrale d'area bellunese è diffusa la variante diminutiva *solŭculus* (*sorógle* nel Livinallongo, *soròio* nell'Ampezzano), che pure si oppone a *sōl* [Tagliavini 1926; AIS; Pellegrini 1972a].

G. ZANGRANDI: *Oppure dicevano, maligne: "tornate a dire: come, come? 'el sorei' avete detto, ah! 'el sorejo' diciamo, ah". E non è sempre lo stesso sole?* (*I Biasuz*, Milano 1955, p. 80). M.

**sórgo,** sm. (veneto), 'granoturco', in taluni luoghi anche 'saggina'; (trentino, nel roveretano: *sorc*), 'saggina'; (friulano: *sorc*), 'saggina; mais'.

Il *sórgo* (dal latino *syrĭcus* 'siriaco', dalla Siria) è in origine la denominazione della saggina e passa a designare il mais quando questo viene coltivato in Italia (XVII secolo), mentre come nome della saggina si conserva tale solo in certi luoghi e generalmente viene ampliato con specificazioni quali *sorgo rosso* (non *sorgo grosso* come si legge in DEI) come nel friulano *saròs*, *sorc ròs*, *sorgròs*, o *sorgo mato*, nomi ai quali si può opporre *sorgo turco* per il mais, come nel veneto *soturco*, *sorgoturco*, friulano *sortùrc* e varianti [Pellegrini-Marcato 1988 e 1992]. M.

**sort(i)èri,** sm. (calabrese; campano, nel napoletano: *suldiero*; salentino: *surtieri*; siciliano: *surteri*; sardo campidanese: *soltèri*). 'Celibe, scapolo' in sardo anche al femm. *soltera* 'nubile'.

Dallo spagnolo *soltero*, che dapprima significò 'sciolto' (da *absolver*), specializzatosi poi nel senso di 'non sposato' con un passaggio simile a quello percorso da *scàpolo* [DES; Corominas; Michel 1996]. C.

**sortù,** sm. (veneto, veneto giuliano anche *surtù*), 'oliera'; (toscano: *sortù*), 'ampolliera; oliera'.

Dal francese *surtout* 'trionfo (da tavola)' con restrizione di significato [Prati 1968; Zolli 1971]. M.

**sospiràmo,** sm. (lombardo: mantovano). 'Debito', 'rasoio cattivo' (*i sospiramo*: Barozzi-Beduschi 1982: 595), detti scherzosi.

Ricordo del latino *suspiramus*, inteso nel suo valore letterale, che ricorre nella popolare preghiera *Salveregina: ad te suspiramus*, e che, anche adattato, è impiegato in molti modi: nel basso veneto *prestare d'i schèi* (*o véndare 'na roba*) *a te suspiramo* 'prestare soldi (o vendere qualcosa) senza una data precisa di restituzione', in milanese *a te gaudeamus per quindes dì, a te suspiramus finché campamus* (di eredità o matrimoni), in lucchese *a mangiare gaudeamus, a pagare suspiramus* (riportato anche nei vocabolari storici italiani), in siciliano *comme ti sappi la vita dulcedo, accussì 'ti faccia l' ad te suspiramu*, detto di chi paga la pena del suo fallo [Veronesi 1969-70]. C.

**sóstra,** sf. (lombardo: anche *sósta* e *suóstra*), 'tettoia', 'magazzino di legna o d'altro'; (romagnolo: *sbsòstra*, in imolese: *sbròstra*), 'stamberga'.

Deverbale del tipo *sostare* (**bissostare* per il romagnolo con *s-* peggiorativo) [Salvioni 1899a].

E. DE MARCHI: *«Giovane? da quanto tempo mi conoscete, Colomba! Vostro padre aveva ancora la "sostra" di legna, carbone e carbonella in piazza della Rosa, quando io vi conobbi la prima volta* [...]» (*Arabella*, Milano 1980, p. 70). – C. E. GADDA: *D'un paesaggio lombardo in tre settimane certi capimastri farebbero una "sostra" a quattordici lire il quintale [di legna]* (*Le meraviglie d'Italia*, in *Opere*, III, Milano 1991, p. 52). C.

**sòstre,** sm. (sardo logudorese e campidanese). 'Soffitta'.

Dal catalano *sostre* 'la parte della casa che sta immediatamente sotto le tegole' [DES]. M.

**sotàgere,** sm. (veneto; veneto giuliano: *sotàiero*, con diverse varianti). 'Palombaro'; ricordando lo scafandro del palombaro appare chiara la motivazione dell'offesa triestina *testa da sotàiero*, rivolta a 'chi ha la testa grossa'.

Composto di *soto* 'sotto' e *àgere* 'aria'. Più complicato è partire da una voce dialettale *sotàrolo*, che Doria 1987 attribuisce al veneziano attraverso i successivi stadi **sotàlero, sotòlero, *sotàero, sotàiero* [Ninni 1890; Rosamani 1958; Doria 1987; LEI]. C.

**sotàn,** sm. (friulano). «Pigionale rustico in pianura, affittuale di casa rustica con poca o punta terra coltivabile, che per camparla deve prestar l'opera propria di contadino o di bracciante al padrone o ad altri» (Nuovo Pirona 1935).

Dall'agg. *sotàn* 'che sta sotto', come l'italiano *sottano* dal latino *subtus* col suffisso *-ānus* [Pellegrini-Marcato 1992: 637]. M.

**sottëmùrë,** sm. (laziale: Terracina). «Giuoco che si fa tirando delle monetine verso un muro, da una distanza di circa quattro o cinque metri; vince il giocatore che manda la sua monetina più vicino al muro, senza però toccarlo» (Di Cara 1983).

Letteralmente 'sotto muro'. M.

**sóu,** sm. (ladino centrale: Livinallongo). 'Sapore'.

Dal latino *sapōr, -ōris* attraverso **sa(v)óu(r)*, **saóu*, con caduta di *-r* dopo il dittongo [Tagliavini 1934]. M.

**sovèntro,** sm. (veneto: veronese; a Belluno: *soventri*; trentino). 'Crusca, cruschello'.

Dall'avverbio latino *sequenter* 'che segue' (che sta anche alla base del friulano *seóntri cu* 'secondo che'), in uso dapprima aggettivale e poi sostantivato: 'ciò che segue (la farina setacciata)' [FEW]. C.

**sovenzà,** v. (lombardo, nel valtellinese). 'Frequentare'.

La voce si collega a *sovenz* avv. del lombardo antico 'spesso', dal latino parlato **subentius* tratto da *subĭnde* 'ripetutamente, spesso' e riflesso anche nel piemontese *soèns* [DEI; REWS; Gribaudo-Seglie 1972-75]. M.

**sovìnda,** sf. (ticinese), 'cura' col deverbale *sovindà* 'curare, nutrire, trattar bene'; (lombardo settentrionale: *sovènda, sënda, seguenda*), 'strada nella neve per la slitta'.

Dal latino *sequenda* 'seguente' [DEI]. M.

**sòzga,** sf. (emiliano: Ferrara). 'Società' (*sozga d'amìg*) e, in senso cattivo, 'combriccola', come nella variante di provenienza italiana *sozzietà*; vale anche 'soccida' (*dar a sòzga*).

Dal latino *societas* 'società', in veronese *sòseda*, nel Polesine *sozia*, con probabile successiva introduzione di *-g-* per evitare l'incontro delle due vocali [*sòzeda* > *sòzea* > *sòzega* > *sòzga*) [REWS].

G. BASSANI: *Gli domandai ... per quale motivo non fossero presenti, come l'anno scorso, Bruno Lattes, l'Adriana Trentini, e il resto della* "zozga" (*Il giardino dei Finzi-Contini*, Torino, Einaudi, 1962, p. 233). C.

**spacàre n metà come Saròc,** locuz. (toscano: carrarese). 'Far centro', 'colpire il bersaglio con la massima precisione' (Luciani).

La motivazione è oscura, a meno che non si alluda al giorno della festa di san Rocco, che cade il 16 agosto, nella precisa metà del mese. C.

**spadamadràc,** sf. (friulano). 'Libellula'.

Letteralmente 'castraserpi'; si tratta di uno dei tanti nomi dettati dalla supposta ferocia della libellula e dal fatto che la si vede spesso sopra le bisce morte, mentre ne mangia i parassiti. In Friuli, nella zona goriziana, l'insetto viene chiamato *pascòla-madràc*, letteralmente '(che) mangia serpi' [Benincà 1966-67]. M.

**spagnàre,** v. (calabrese; siciliano: *spagnari*). 'Temere, aver paura, spaventarsi'.

Dal catalano *espanyar-se* 'irritarsi', 'provare irritazione' [Rohlfs 1977 e 1977a].

G. OCCHIATO: *Non si spagnava né degli spirdi dei trapassati né delle làmie* (*Carasace*, Cosenza 1989, p. 198). C.

**spagnòl,** sm. (friulano, anche *spagnolèt*; veneto bisiacco, giuliano e dalmatico, anche *spagnoleto*; nel vicentino: *spagnoléta*). 'Sigaretta'.

Da *spagnolo* evidentemente perché in origine sarà stata confezionata e usata soprattutto in Spagna; anche in Toscana era in uso almeno nel secolo passato *spagnoletta*, così definita da Fanfani 1863: «cartoccino di tabacco da fumo, leggero e odoroso, che si fuma come il sigaro» [DEI; Doria 1987]. M.

**spalvèrz,** agg. (lombardo: Como), 'grande sconquasso'; (emiliano, a Modena: *sparvèrs*), 'grande quantità'.

Significati particolari assunti dall'italiano *perverso* [Bertoni 1925]. C.

**spamëntàglië,** sm. (calabrese settentrionale: Oriolo). 'Spauracchio'.

Da *spavento* (attraverso uno **spaventàglie*) secondo Rohlfs 1977; dall'antico francese *espouvantail* 'spaventacchio' (moderno *épouvantail*) per il DEI. M.

**sparacanàci,** sm. (calabrese; siciliano: *sparacalaci* a Messina). 'Specie di triglia'.

Dal greco moderno dialettale *sparakanáki* 'nome di un piccolo pesce' [Rohlfs 1977]. M.

**sparangón,** sm. (lombardo, nel comasco; piemontese: Piverone). 'Trappola per uccelli'.

Riflesso del longobardo **sprango*, variante del gotico **springjo*, 'laccio' [REW; DEI; FEW]. M.

**sparasàlze,** sm. (pugliese, con varianti: *parasàb(bë)lë, paresarge, parasula*; salentino: *parasàula, parasàura, parasàuru*). 'Pesce di mare con pinna dorsale velenosa, *Trachinus vipera* Cuv.'.

Esclusa l'interpretazione popolare *spara-salso* per il male provocato dalla sua puntura, sarà da prendere in considerazione che si tratti di un greco ricostruito **parasaûra*, collegato con *saûra* 'sorta di pesce' [Rohlfs 1964].

A. MALLARDI: – *Di chi è quella barca? – Quale? – Quella lì con l'albero. – Ah, il* Sacro Cuore*; è di uno che si chiama Sparasalso. – Grazie, amico, – dissi, e mi parve lì per lì che avessi avuto tutte le informazioni necessarie. Sparasalso? Ma che razza di nome! (Lo "sparasalso", da noi, è quel pesce velenoso che se ti punge ti fa andare all'ospedale). Sarà un soprannome, come si usa fra pescatori; bisognerà che mi informi un po' meglio* (*Levantazzo*, Torino 1978, pp. 8-9). C.

**sparasìsmo,** sm. (veneto: Marano L.). 'Detto di persona molto vivace': *quel fiól el ga el sparasismo*.

Dall'italiano dotto *parossismo*. C.

**spàrë,** sf. (abruzzese; campano, anche *spara*; marchigiano: *spara*; laziale: *spara*; calabrese settentrionale: *spara, spera*; lucano: *šparrë, šparra*). 'Cencio; cuscinetto, cercine, panno ravvolto in un cerchio che le donne usano per portare pesi sul capo'.

Dal greco *speîra* 'cercine', secondo Rohlfs 1964, che, per le forme in *-a-*, ammette anche un incrocio di questa voce col greco *spárganon* 'pezza'; diversamente il DEI (s.v. *spèra*) interpreta le voci con *-a-* come influsso di 'straccio', mentre altrove (s.v. *spar(r)a*) suppone invece una connessione col verbo antico *sparare* 'fendere per il lungo' (da cui il deverbale toscano *sparo* 'taglio nella terra'). Ad un latino parlato **spera* per il classico *sphaera* 'sfera' ricorre invece il REWS, che vi connette pure parole come il corso *spera* 'scheletro', l'abruzzese *spérë* 'lampada; bicchiere da vino'.

D. PRATO: *La donna lo portava sulla testa; tra la cassa e i capelli c'era lo sparaccio arrotolato; a scuola in una poesia del Pascoli imparai che quella rotella si chiamava cercine* (*Giù la piazza non c'è nessuno*, Torino 1980, p. 60). M.

**spà(r)gher,** sf. (veneto e veneto giuliano, con diverse varianti). 'Cucina economica'.

Dal tedesco *Sparherd*, letteralmente 'focolare a risparmio', diffuso anche nelle lingue slave a contatto con l'Austria: → *spolèr(t)* [Cortelazzo 1970].

F. TOMIZZA: *Era in cucina con tutti gli altri che l'attendevano, compreso Eustachio, sprofondato nella cassetta della legna tra lo sparherd e la credenza* (*La quinta stagione*. Milano 1965, p. 30). C.

**sparmeggià,** v. (laziale: Mompeo Sabino). 'Ricoprirsi di frutti', detto dell'olivo (*a lia*).

Da *pàrma* 'palma', il giovane pollone degli ulivi. C.

**sparmìcchiu,** sm. (umbro: Spello). 'Distanza fra due oggetti misurata con il pollice e l'indice distesi'.

Diminutivo di *parmu*, il 'palmo' della mano, che è stato

anche il nome di una 'misura di lunghezza dello Stato pontificio, pari a circa venticinque centimetri'. Nell'Orvietano (a Montefiascone) lo *sparmìcchiu* è detto *pàrmo, pàimo*. C.

**spàrnecio,** sm. (umbro, nel perugino). 'Asparago'.

Da *spàragio*, incrociatosi con *sparàgine* (da *sparago, -aginis*), attraverso *spàrgine* e con metatesi *spàrnige*, quindi *spàrnegio, spàrnecio*. Presuppone una forma *spàrnecio* anche il marchigiano (metaurense) *sparnacera* 'asparaginaia' [Ugolini 1970: XXIV]. M.

**spartùra,** sf. (emiliano). 'Madia'.

Propriamente 'spargitura', da *sparto* 'sparso'; la madia, infatti, è quella sorta di cassapanca (questa è una delle sue forme più diffuse) nella quale si impasta il pane (vi si possono conservare la farina stessa, il pane e altri avanzi di cibo) e dove, appunto, si "sparge" la farina. All'azione del ventilare la farina è connesso uno dei nomi friulani della madia: *vìntule*, deverbale di un **vintulà* dal latino *ventilāre*; altrettanto diffuso in Friuli è il termine *panàrie* che allude, com'è evidente, al pane [AIS; REW; DEI; Scheuermeier 1980, II: 197]. M.

**spasadóra,** sf. (veneto, anche *spasaóra*; ligure: *spassóia*; lunigianese: *spasadóra*; emiliano; lombardo). 'Granata'.

Da *spazzare*; ne deriva pure *spazèta, spasèta* (lombardo; veneto; friulano; veneto giuliano; trentino: *spazèt* sm.) 'spazzola' con la voce verbale *spazetà(r)* 'spazzolare' [DEI; REWS; Prati 1968]. M.

**spàsë,** sf. (abruzzese; calabrese: *spàsa*; lucano: *spas*). 'Grande vassoio', 'specie d'ampio canestro piano e largo'.

Derivato dal latino *expandĕre* 'ampliare, estendere' attraverso il participio *expānsa* [REWS; Rohlfs 1977].

R. NIGRO: *Per il pancotto, una goccia d'olio forte, due diavoletti e mezza testa d'aglio, poi versi sul pane bello cotto a parte, nella spasa* (*I fuochi del Basento*, Milano 1987, p. 71). C.

**spàta,** sf. (calabrese; siciliano; sardo: *ispata*). 'Profime dell'aratro'.

Uso figurato di *spata* 'spada' (dal latino *spatha*), comune a diversi dialetti romanzi e balcanici [DES; Rohlfs 1977]. C.

**spatafiàda,** sf. (lombardo). 'Scritto lungo e noioso con pretese di solennità'.

Degradazione del significato del latino *epitaphium* 'iscrizione sepolcrale'. Il mutamento della *i* atona in *a* è per assimilazione, come è avvenuto nel toscano *pataffio* 'epitaffio' e nel piacentino *patafia* 'grande cartello attaccato ai muri delle vie' (*pataffio* anche in italiano). C.

**spataiòlu,** sm. (siciliano). 'Borsaiolo'.

Da *spata*, parola furbesca che indica 'combriccola di ladri', a sua volta da *spata* 'spada' per 'coltello da tagliaborse', o da *spada* che è nel gergo romanesco e napoletano per 'chiave falsa' e che può essere passato in siciliano, nel quale anche *spitu* 'spiedo' è passato a designare una 'combriccola' [Maccarrone 1935]. M.

**spazabaslòt,** sm. (lombardo: milanese). «Così chiamiamo per ischerzo quei fattorini o giovani di bottega d'un mercante, de' quali i Toscani dicono che fanno le fiche alla cassetta» (Cherubini 1839-56).

Letteralmente 'spazza *baslòt* (→ *bàsla*)'.

M. PRAGA: *io non amo e non è certamente in casa Galli che mi sarà dato di amare* (*i giovinotti sono otto o dieci o quindici, più o meno rispettabili, più o meno belli, che hanno tutti il tipo borghese, melenso e volgare che noi a Milano caratterizziamo così bene col nome di* spazzabaslott)*; io non mi metto in mostra e non faccio nessun* frais *di nessun genere perché, francamente, non ne torna conto; dunque? Tu capirai che il non divertirsi in casa Galli non è una posa* (*La biondina*, Milano 1984, p. 128-129). M.

**speà,** v. (veneto: Marano L.). 'Mettere il pesce su di un bastoncino di legno appuntito da un lato'.

Denominale di *spèo* 'spiedo'. C.

**spèda,** locuz. *in spèda* (romagnolo, registrato da Ercolani 1971; veneto: *in spadina*; veneto giuliano e istriano: *in spadìn*). 'Senza soprabito', detto specialmente di chi approfitta dei primi tepori primaverili per passeggiare in bella vista.

Dallo *spadino*, che, nel Settecento, costituiva, più che un'arma, un raffinato ornamento delle persone di ceto elevato. C.

**spèl,** sm. (romagnolo). 'Biancospino, *Crataegus oxyacantha*'.

Propriamente *spèl* (dal latino *saepes* 'siepe' col suffisso *-ale*, come nel campano *sepàlo*, in Irpinia, e nel siciliano *sipala*) è la 'siepe divisoria nei campi' ed è passata al nome della pianta, che spesso si usa per costituirla. Il nome originario ritorna anche nella locuzione *truvè la bésa t è spèl* 'trovare la biscia sulla siepe', che significa 'sorprendere in flagrante', soprattutto in colloquio intimo. 'Siepe' per 'biancospino' è anche della Toscana (Camaiore) [Quondamatteo 1983]. C.

**speragnàda,** sf. (veneto giuliano: Pola). «Dichiarazione di ritrattazione, dopo la peggior offesa che si potesse fare tra ragazzi (*Tu mare putana!*)». L'offeso infatti pretendeva sempre che, per riparazione, fosse pronunciata quella parola: *Disi speragnada se no no te molo!* (Cattonaro 1981).

Letteralmente 'risparmiata'. C.

**sperlà i öf,** locuz. (lombardo; veneto: *sperare i ovi*; friulano: *sperâ i ūs*; emiliano, a Parma: *sprär l'óv*). 'Opporre al sole, al lume o all'aria l'uovo, per vedere se è stato fecondato'.

Qui *sperare* è denominale di *spera* nel senso latino (*sphaera*) di 'globo, corpo celeste, sfera' (in latino parlato **spera* e al diminutivo **sperula*, che spiega la forma lombarda) [REWS; Petrolini 1993].

F. CAMON: *la chioccia non verrà più disturbata se non per sperare le uova dopo i primi giorni di cova quando guardandole contro luce è possibile vedere nel loro interno come una specie di ombra filamentosa che è il pulcino* (*Quinto stato*, Milano 1970, p. 24). C.

**spervèrso,** agg. (toscano, anche *spervèrzo*). 'Cattivo, maligno' anche in senso figurato; in qualche località vale anche 'indiavolato, irrequieto'.

Forma popolare di *perverso*.

G. CIVININI: *Tempo così "sperverso", come dicono qui, non s'era sofferto da molt'anni. L'ultima volta fu quando lasciò sette vedove a piangere, mandando in perdizione la menàita del povero Mangiavino, e una barca forestiera, coi padroni e tutte le ciurme* (*Trattoria di paese*, Milano 1938, p. 106). M.

**sperżùr,** sm. (emiliano: Alta Val di Parma). 'Aspide sordo'.

Da *aspido sordo* attraverso *asp(e)ro* (per avvicinamento a *aspro*) *sordo*. Si arriva così a **aspersùr(d)* e, quindi, a *sperżùr*, su cui avrà influito anche l'omonimo *sperżùr* 'spergiuro' [Petrolini 1993]. C.

**spezzìnu,** sf. (laziale; abruzzese, con varianti; umbro, a Spello: *spazzinu*). 'Merciaio ambulante'.

Si dice da *spezzà* 'spezzare' (e *spezzo* vale 'scampolo').

Il latino *species* significava, però, anche 'stoffa lavorata, in antitesi con quella grezza', 'mercanzie' [LEA]. C.

**spianàr,** v. (emiliano). 'Indossare un abito la prima volta', a Lizzano in Belvedere, a Novellara anche 'avverare un sogno'.

Dal latino *explanāre* 'appianare' in particolari accezioni d'uso [Malagoli 1941]. C.

**spicassé ,** v. (piemontese). 'Mangiare'.

Voce semigergale e scherzosa, tratta dal 'beccare' (*piché*) dei polli. C.

**spiénṡa,** sf. (veneto, anche *spiénża*, *spìnda*; veneto giuliano; friulano *splènże*; ladino centrale: *spléngia*, *spéngia*). 'Milza'; la voce è nota anche nel ladino svizzero: *splécia*, *spléngia*.

Dal latino *splēn* 'milza' (a sua volta dal greco *splḗn*), con un ampliamento non del tutto chiaro; il latinismo si continua pure nel sardo logudorese: *isprène*, campidanese: *sprèni* come sm., nel sassarese: *ijppièna* come sf. (il cui genere si deve forse all'influsso del gallurese *mèlza*, italiano *milza*) e nell'antico napoletano *splene* [AIS; REW; DES; Doria 1987]. M.

**špighétta,** sf. (abruzzese). 'Rosmarino'.

In realtà il nome si riferisce allo 'spigo' o 'lavanda' della stessa famiglia botanica e con un simile forte odore aromatico [Gioia 1993]. C.

**spigulatóre,** sm. (umbro: Spello). 'Chi con furberia introduce un discorso per scoprire la verità su una cosa sospettata'.

Dal latino *speculator*, di cui conserva il significato originario di 'esploratore, spia', 'indagatore'. C.

**špillicchjà le càrti,** locuz. (abruzzese: Pizzoli). 'Aprire le proprie carte a poco a poco, per assaporare la loro scoperta'.

Da *špillicchjà*, propriamente 'spellare, levare la pellicola' (*pëllécchjë*)' [LEA; Gioia 1993]. C.

**spìnzere,** sm. (umbro: Spello). 'Giacca a coda di rondine', 'cappotto, pastrano attillato'.

È l'inglese *spencer* (dal nome di chi lo portò per primo; pare George John *Spencer*, morto nel 1834), introdotto in Italia per designare una 'giacca di panno nero', usata un tempo dagli ufficiali di cavalleria. C.

**spión de Signór,** locuz. sostant. (romagnolo: Ravenna). 'Cardo da lanaioli, *Dipsacus fullonum* L.'.

Letteralmente 'cardo del Signore', così chiamato «perché, quando si scioglievano le campane, la gente si bagnava gli occhi con l'acqua (piovana e di rugiada) che quasi sempre si raccoglieva entro le sue ascelle, tra foglie e fusto. Ciò doveva preservare gli occhi da malattie» (Ercolani 1971). C.

**spìrito macabéo,** locuz. sostant. (veneto; trentino; istrioto: a Valle, a Rovigno: *spéirito macabìo*). 'Ragazzo, individuo vivace, ardito, malizioso'.

Da avvicinarsi probabilmente ai sette *Maccabei* della Bibbia, attraverso qualche leggenda popolare, oppure dal ripetuto nome biblico Giuda *Maccabeo*; cfr. anche l'italiano *màcabro* [Migliorini 1927; DELI; Valente 1993]. C.

**špìssa,** sf. (calabrese, anche *stissa*; salentino: *spitta*). 'Scintilla'.

Dal greco **spíntha* per *spinthḗr* (ma in greco moderno *spítha*), che ha lo stesso significato [Rohlfs 1964 e 1977]. C.

**spitittàtu,** agg. (calabrese; siciliano). 'Senza appetito'.

Dal verbo (calabrese) *spitittari* 'mangiucchiare', opposto al verbo (siciliano) *pitittiari* 'mangiare cose appetitose', da *pitittu* 'appetito' [LEI].

V. CONSOLO: – *Ih, eccellenza, vossignoria che dice? Sasà ormai è tutto spetittato, non ha voglia di niente, tiene l'acidità* (*Il sorriso dell'ignoto marinaio*, Torino, 1987, p. 40). C.

**spizunèr,** v. (romagnolo). 'Sbaciucchiare', 'baciare teneramente'.

Derivato da *pizóun* 'colombo', di cui sono note le effusioni amorose. C.

**splin,** sm. (piemontese). 'Stizza, bile, collera'.

Dall'inglese *spleen* 'ipocondria', attraverso il francese come lingua di cultura, e probabilmente per tramite letterario [Cornagliotti 1984]. M.

**spogghiambòisë,** sm. (pugliese con varianti; campano, a Napoli: *spogliampìsë*). 'Usuraio, malvivente'.

Letteralmente 'spogliaimpiccati (appesi)', detto di coloro che compravano per rivenderli gli abiti dei condannati alla forca. C.

**spolèr(t),** sm. (friulano). 'Cucina economica'.

Come → *spà(r)gher*, dal tedesco *Sparherd* (in dialetto bavarese-austriaco *spòrhert*). La stessa variante con la *-o-* dialettale è entrata in serbocroato.

C. SGORLON: *Simone si dava da fare attorno allo* spolert *di mattoni, nel tentativo di accendere il fuoco* (*Gli dèi torneranno*, Milano 1977, p. 41). C.

**spòlidu,** agg. (laziale: Arsoli), 'libero da vincoli'; (umbro, ad Amelia: *spòldo*), 'nudo' (detto della lumaca: *ùna lumàga spòlda*); (laziale, ad Acquapendente: *spòlto*), 'spogliato'; (toscano, a Pitigliano: *spòjddu*), 'spoglio, spogliato', di terreno privo di vegetazione.

Participio passato (*spòlto*) del verbo *spòglia(sse)*, proprio dell'area toscana meridionale e umbra, per *spogliàsse* 'spogliarsi'. C.

**spólt,** part. pass. (emiliano). 'Inzuppato, bagnato da capo a piedi'.

Di qui il verbo *spoltìr*, *spultìr* 'inzuppare', rimasto nella montagna modenese.

La variante di Valestra (Reggio Emilia) *bagn spùip* 'bagnato fradicio', corrispondente al toscano *spolpo* 'al massimo grado' (*tisico spolpo*, *cotto spolpo*), ci indica l'origine di *spólt* da *spólp* per dissimilazione [Malagoli 1934].

F. GUCCINI: *Che gente è, coi piedi sempre bagnati spolti...?* (*Vacca d'un cane*, Milano 1993, p. 10). C.

**spolvrén,** sm. (emiliano, a Parma; anche *sporén*, *spurén* con molte altre varianti). 'Vento di tormenta'.

Dal latino *pruina* 'brina' avvicinato a *pòlvra*, *póra* 'polvere' [Petrolini 1993]. C.

**(s)porciglióne,** sm. (marchigiano, nell'anconitano). 'Voltolino, uccello dei Rallidi'.

Il tipo lessicale *porciglióne* è di area anche toscana e laziale ove designa un'altra specie dei Rallidi, il 'rallo', che manda un verso simile ad un grugnito; di qui la denominazione connessa col latino *porcellio*, *-ōnis* (diminutivo di *porcellus*) che designa propriamente il 'porcellino terrestre'. Altre voci correlate con questo tipo ma influenzate da 'sporco', 'sucido', sono il toscano (Val di Chiana) *spùrcido*, *spùrcito*, *spùlcio* 'rallo', il calabrese settentrionale *spurcìgliu* 'porciglione'; il toscano (lucchese) *forciglione* 'rallo' è incrociato con altro ornitonimo come *fòlaga* o *fagiano* [Spotti 1929; DEI; Rohlfs 1977]. M.

**spòrta marìna,** locuz. sostant. (toscano: versiliese). 'Medusa di mare'.

Alterazione del nome più diffuso, ma anche indecente, di *potta marina*. Pure a Pisa si usa *spòrta*, eufemisticamente, per *pòtta*. C.

**spoṡalìn,** sm. (veneto, anche *spoṡelìn*; nei Grigioni, *špuṡarìn* a Bivio). '(Dito) anulare'.

Come altri nomi simili (*špuṡìn* in ticinese, *špuṡèl* in piemontese, ecc.), si riferisce al dito, che riceve l'anello della sposa, detto appunto *di dé spóṡa* a Toscolano (BS). C.

**spoṡàssi all'àlbero fiorìto,** locuz. (toscano: versiliese). 'Convivere maritalmente senza essere sposati'.

Ricordo del rito matrimoniale, instaurato anche in Italia con la rivoluzione francese, davanti ad un albero simbolico o girando attorno ad un albero reale pronunciando le formule: «Albero mio fiorito / tu sei la moglie, io sono il marito» e «Albero dalle foglie / tu sei il marito, io sono la moglie». Il costume sopravvisse alla caduta dei governi fedeli ai francesi e, in Calabria, durò fino al 1859, «considerato una forma di matrimonio clandestino (detto *matrimoniu n'cannistra*), una legalizzazione del concubinato. Ne è rimasto il ricordo nel modo di dire popolare riguardante una coppia clandestina: *su spusati n'cannistra!*» [Bronzini 1964: 363]. C.

**spòsëto,** sm. (campano). 'Trovatello'. Di qui la locuzione scherzosa *èssere 'e casa Spòsëta* 'essere bastardo' (Altamura 1956).

Dal latino *expŏsitus* 'esposto', propriamente participio passato del verbo *expōnere* 'metter fuori', perché i neonati illegittimi erano esposti in luogo pubblico e abbandonati alla pubblica assistenza. La denominazione è caratteristica del napoletano, tanto è vero che il cognome *Esposito* è il primo cognome in ordine di frequenza a Napoli [De Felice 1978]. C.

**spòtico,** agg. (veneto e veneto giuliano, specie della locuzione *parón spòtico*, a Trieste anche *parón espòtico*; friulano: *dispòtic, espòtic, spòtic*). 'Assoluto', specie riguardo alla proprietà.

Da una forma dialettale *despòtico* (per l'italiano *dispòtico*) con caduta di *d(e)-* ritenuto preposizione [Doria 1987; Cortelazzo 1987a].

F. Camon: *il vecchio era un padrone 'spotico che tutto può ma niente sa* (*Mai visti sole e luna*, Milano 1994, p. 24). C.

**spracamùrtë,** sm. (lucano). 'Becchino'.

Da → *prëc(u)à* 'seppellire i morti' [Festa 1914]. C.

**spramintàre,** v. (salentino). 'Fare esperienze': *m'annu spramintatu* 'm'hanno fregato'; e in particolare, a Cellino S. Marco, 'insegnare a fare o a non fare qualcosa, con la paura'.

Da *esperimentare* [Rohlfs 1959; Fanciullo 1973]. C.

**sprechenàr,** v. (lombardo: Valtellina), 'parlare straniero'; (trentino: Val di Cembra), 'parlare'; (trentino: Val di Fiemme, anche *sprichenàr*), 'parlare tedesco'.

Dal tedesco *sprechen* 'parlare' [Aneggi 1984; Bravi 1992: 132]. M.

**spréla,** sf. (emiliano: Parma). 'Pianta campestre commestibile, radicchiella prataiola (varie specie di *Crepis*)'.

Da *asprèla* 'ruvida, ispida, increspata', che è anche il nome della 'coda di cavallo, *Equisetum hiemale* L.', dato a questa perché erba aspra, ruvida come una lima, e alla radicchiella per le sue foglie increspate. La diffusione in un ampio territorio di nomi di piante diverse dalle foglie o dallo stelo ruvido giustifica la ricostruzione di un latino parlato **asperella*. Si aggiunga anche la tipica locuzione eufemistica parmigiana *mo va par spréli* 'va a quel paese' [LEI; Petrolini 1993]. C.

**sprèvuta,** sf. (calabrese settentrionale, anche *(a)sprèvita*). 'Orzo selvatico'.

Dal latino *spelta* 'spelta, farro' (REWS) del quale però – secondo Rohlfs 1977 – non rappresenta una continuazione diretta ma un prestito dal provenzale *espeuta* 'spelta'; le voci presuppongono un accostamento paretimologico ad *aspro* [DEI s.v. *asprèvita*]. M.

**sprìngo,** agg. (veneto: a Vicenza), 'sveglio, lesto'; (toscano: *sbringo*), 'vispo, svelto', riferito soprattutto a persona anziana ancora agile e vivace: *un vecchio sbrinco*.

Dal verbo longobardo (più che dal francone) **springan* 'saltare', da cui l'italiano antico *springare* 'guizzare, spingere', che è anche del versiliese, e il piemontese (Valle Anzasca) *springà* 'sgambettare' [FEW; Nocentini 1983: 34]. C.

**spriz,** sm. (veneto; veneto giuliano; friulano). 'Vino con acqua gassata o acqua minerale', eventualmente con l'aggiunta di altri ingredienti; anche *sprit*.

Probabile derivato dal tedesco *Spritze* 'spruzzo'; la voce dev'essersi irradiata dall'area giuliana ed ora è usata anche nell'italiano regionale [Zolli 1986a; Doria 1987].

G. Ragazzoni: *Dopo la messa – campane e campane a distesa – la gaia processione riprende con soste ad ogni osteria per sorseggiare l'aperitivo: sprizz con il bitter e il limone* (*El spizier di Cison*, Cornuda 1992, p. 36). M.

**sprőc,** nella locuz. *andàa in sprőc* (lombardo: Cremona), 'andare in luogo lontanissimo'; (emiliano, a Parma: *l'è andà in Spruc*), 'è andato in malora', così come nell'imprecazione *va in Spruc* 'va al diavolo', propria anche del mantovano.

Letteralmente 'andare (a) Innsbruck', inteso come luogo lontano e inospitale, simile al vogherese *va in Galìsja* 'va a quel paese' [Salvioni 1916]. C.

**spropter-màgnam,** sm. (toscano: Pisa). 'Pranzo, banchetto'.

Dal latino della Chiesa *Gratias agimus tibi propter magnam gloriam tuam* 'ti rendiamo grazie per la tua grande gloria' (nel *Gloria in excelsis*), dove *magnam* è scherzosamente interpretato come voce del verbo *magnare* 'mangiare' [Malagoli 1939]. C.

**spròto,** sm. e agg. (veneto). 'Saccente, petulante'.

Dalla voce veneziana *pròto* 'primo in alcune parti, soprattutto in quella dei muratori', da cui il derivato *sprotàr* 'fare il saccente', diffusasi in varie località del veneto. *Pròto* è un grecismo, da *prôtos* 'primo' [Prati 1968; Cortelazzo 1970]. M.

**sprovìngol,** sm. (marchigiano, anche *spervéngul, spréngolo, sprevéngulo*; umbro, a Nocera: *sbréncolo*; romagnolo, a Saludecio: *sprivèncli*). 'Incubo'.

È il tipo lessicale *enco* (→ *linchétto*) preceduto da prefisso [AIS; DEI; Cappello 1957]. M.

**sprovvièro,** sm. (campano: Napoli; calabrese: *spruvièri*; salentino: *spurièri* e varianti). 'Cortina da letto'.

Dal francese antico *esprevier* 'letto a padiglione, baldacchino', propriamente 'sparviero', per una sua certa somiglianza con l'uccello [Rohlfs 1959]. C.

**spulichèr,** v. (romagnolo). 'Spogliare dei soldi al gioco, ripulire'.

Potrebbe essere, anche se ci si aspetterebbe piuttosto *spul(i)ghèr*, uso figurato del latino parlato **pulicāre* 'togliere le pulci', rimasto in senso proprio nel veneto polesano *spulegare* e nel mantovano *spulgar* 'spulciare' [REWS]. C.

**spùnde,** v. (piemontese: Castellinaldo). 'Rispondere con un *oh!* a chi ci chiama per nome'.

Senso ristretto di *(ri)spóndere*. La caduta della sillaba iniziale si trova anche in altre parole (*sìbila* per 'risipola', accanto a *risìbila*, *fabét* 'alfabeto', *stubié* 'ristoppiare'). C.

**spùntu,** nella locuz. *jìri o' spùntu* (calabrese: Polistena). 'Non andare d'accordo'.

Letteralmente 'andare allo *spùntu*' che in dialetto significa 'spunto, avvio, pretesto' ed ha anche il senso di 'vino infortito' noto nel calabrese centro-meridionale; cfr. l'italiano *spunto* 'alterazione del vino che comincia a inacetire' [DEI; Rohlfs 1977; Laruffa 1986]. M.

**spurìa,** sf. (siciliano; calabrese, con molte varianti, anche *spirìa, sprìa*; salentino, a Otranto: *sporìa*). 'Striscia di terreno tra due solchi principali che si può seminare in una volta'.

Dal greco *sporía* 'seminagione', in neogreco *sporiá* 'terreno da seminare in una sola volta' [Rohlfs 1964 e 1977]. C.

**spurinèr,** v. (romagnolo). 'Compiangere una persona più per ipocrisia che con sincerità'.

Da *purén* 'poverino', spesso intercalato nel discorso [Ercolani 1994]. C.

**spurtà,** v. (calabrese: Cosenza). 'Svagare un bambino'.

Voce derivata dal termine *sport* di origine inglese ed assai diffuso; una particolare evoluzione semantica si nota anche nel siciliano *spottu* 'eleganza' col derivato *sputti(v)u* 'elegante' che si confronta con l'italiano popolare *sportivo* 'che veste con disinvoltura e modernamente' [Zamboni 1986]. M.

**spurtagliónë,** sm. (campano, con varianti; lucano: *spurtigghiónë*, a Muro L.: *spurtugliòn*; pugliese: *spurtagghiàunë* e varianti). 'Pipistrello'.

Dal latino *vespertilio, ōnis* 'pipistrello' con svisamenti formali [AIS; DEI; REWS; Mennonna 1977]. M.

**spùŝa biànca,** locuz. sostant. (lombardo: a Cremona). 'Neve'.

Letteralmente 'sposa bianca'; da notare che nel cremonese *spùŝa* indica anche 'farfalla'. Espressioni analoghe per designare la neve sono *sciüra bianca* (milanese) 'signora bianca', *bombaŝèina* (bolognese) 'bambagina', da *bumbàs* 'bambagia', e *biancòŝa* da *bianca*, diffuso nei gerghi [Lazzari 1919]. M.

**spuzéta**, sf. (veneto: anche *spuséta*; lombardo: *spüséta*). 'Civettina, fraschetta'; sm. in trentino: *fraschét* 'bellimbusto'.

Da *spuza* (*spusa*, *spüsa*) 'puzza' col senso traslato di 'superbia', chiaro nella locuzione italiana *avere la puzza sotto il naso*. C.

**squacèr al cül,** locuz. (emiliano: Cavriago). 'Fallire'.

Letteralmente 'scoprire il culo'. L'equivalente *dèr dal cul int la préda* (a Reggio Emilia) spiega la locuzione, che ricorda l'usanza medievale di far battere tre volte il sedere, pubblicamente, sulla pietra del vituperio (→ *zitabbòna*). C.

**squèro,** sm. (veneto; veneto giuliano; emiliano, a Comacchio: *scuèr*; romagnolo, a Cesenatico: *scuìrs*). 'Piccolo cantiere dove si costruiscono o si riparano le barche'.

Dal greco *eschárion* 'cantiere', diffuso in tutto il Mediterraneo, anche con significati diversi [Rohlfs 1964; Prati 1968; Cortelazzo 1970; Tropea 1971-73].

P. DE DOMENICO: *Si rammentavano gli "squeri", famosi in passato per la costruzione di grandi galere da guerra per la Serenissima, per le quali Caorle forniva gli equipaggi* (*La barca dorata*, Gardolo di Trento 1989, p. 117). C.

**sracquàdu,** agg. (galloitalico del Messinese). 'Sbandato', 'indesiderabile', 'scacciato dalla comunità', 'forestiero'.

Dal verbo *sracquà* (siciliano: *stracquari*, detto specialmente di animali) 'disperdere', letteralmente 'stracquare' e, quindi, avvicinabile a → *straccatùra*. C.

**srò,** sf. (ligure-piemontese: Novi L.). 'Gelata'.

Esempio di divaricazione, dovuta a ragioni fonetiche bene individuate, dalla forma originaria (latino *gelata*): *g* che diventa *ś* e *l* che passa a *r*, caduta della vocale atona *e* ed evoluzione della finale *-ata* in *-ò* (ma *ara* in monferrino). C.

**sródne,** sm. (emiliano, a Reggio; nel Modenese: *srùdne*). 'Autunno'.

Dal latino *serōtinus* 'tardivo' [Malagoli 1954; REWS]. C.

**ššòito,** sm. (umbro: Lago Trasimeno). 'Slargo, terreno incolto in prossimità di abitazioni, indiviso tra più proprietari o soggetto a servitù di passaggio'.

Dal latino *exsolūtum* 'sciolto, libero' attraverso **exsoltu* e con palatalizzazione di *l* preconsonantica (*lt* > *it*) [Moretti 1977]. M.

**sta' càldi cóme pìcchi,** locuz. (toscano: Chiusi). 'Non soffrire il freddo', 'essere ben coperti'.

Locuzione ispirata all'abitudine del picchio di starsene al riparo dei rigori invernali, dentro al suo nido scavato in un albero [Barni 1993]. C.

**stàccia,** sf. (calabrese; siciliano). 'Pertica' per sorreggere i rami molto carichi di frutta o per altri usi agricoli e pastorali; in calabrese e specialmente in siciliano anche 'ramo che sostiene la caldaia'.

Dal francese antico *estache*, un germanismo (francone e gotico **stakka* 'palo') diffusissimo in territorio galloromanzo e noto anche ai dialetti italiani (*stacca* in fiorentino antico 'pertica', *stacchina* a Roma 'travicello da ponte di fabbrica, *staca* anticamente a Montecatini 'travicello', *stacca, staccona, staccotta* ad Arcevia 'donna di statura grossa ed elevata') [DEI; FEW; Rohlfs 1977a]. C.

**stadorìna,** sf. (lombardo). 'Estate di San Martino', anche *stadoréla*.

Provengono rispettivamente da *aestāte* + suffisso *-ulīna* e suffisso *-ulĕlla*, cioè 'piccola estate'. Entrambe le voci indicavano nel passato anche 'autunno' e non è ben chiara la ragione per cui questa stagione fosse considerata la 'piccola estate'; forse in origine la denominazione indicava i pochi giorni sereni che cadevano sul finire dell'autunno e poi fu estesa ad indicare l'autunno intero [Merlo 1904]. M.

**staffèrmu,** sm. (siciliano). «Segno, ovvero uomo di legno ove vanno a ferire i giostratori: quintana» (Traina 1868).

Dallo spagnolo *estafermo* (nel catalano *estaferm*) di analogo significato [DEI]. M.

**stàffië,** sm. (campano: Napoli, anche *stàffio*). 'Qualunque parte non molto larga del muro d'un edificio'.

Riflette il latino medievale *staphilum* 'termine, cippo' attestato a Subiaco nel 993, ben rappresentato in toponomastica (*Staffolo*, *Staffoli*) e di origine longobarda (**staffil*) [Sabatini 1963; Alessio 1976]. M.

**stafìllu,** sm. (calabrese centromeridionale, con varianti come *stifiḍu*, *stifiru*, *stifiju*), 'ugola'; (calabrese, nel reggino: *stibìḍḍu*, *stijìḍḍu*), 'tappo di ovatta da introdurre nell'orecchio, stuello da riporsi nelle ferite, tasta'.

Si tratta di un grecismo, da *staphýlion* 'piccola uva', voce presente anche nel grecanico di Bova nella forma *stafiḍḍi* 'ugola' [Rohlfs 1977]. M.

**stàfolo,** sm. (veneto: Albisano; lombardo, a Solferino: *stafulì*, dimin.). 'Tabernacolo'.

Le voci risalgono al longobardo **staffil* (da cui il latino medievale *staphilum*, → *stàffië*) col significato originario di 'palo', 'palo di confine', 'cippo'; il suffisso longobardo *-il(o)* è stato sostituito con il latino *-ulu*. Quanto al significato delle voci dialettali, il legame con quella medievale è molto stretto, specie se si parte dal tipo di tabernacolo fatto d'un pilastrino che sorregge un'immagine [Sabatini 1963]. M.

**stagióne,** sf. (siciliano; abruzzese: *stagiónë*). 'Estate'.

Dal latino *statiōne*; come l'italiano *stagione*, l'estate è intesa come la stagione per eccellenza; si confronti anche l'espressione *stagione di San Martino* per 'estate di San Martino' nell'Abruzzo e nelle Puglie, e nel bergamasco *stagiunìna d'san Martì*. Notevole è l'abruzzese (Teramo) *stagiónë* nel senso di 'durata eccessiva del sereno in estate', così che ne segue la siccità nelle campagne, per cui *fà la stagiónë!* significa 'non piove!' [Merlo 1904]. M.

**stàli,** sm. (friulano). 'Costruzione in muratura, di solito a due piani, di cui il superiore serve da fienile e l'inferiore è ripartito fra stalla e abitazione'.

Uno dei tanti esiti del latino *stabŭlum* 'stalla', italianizzato, anziché nel corrispondente formale *stabbio*, in *stàvolo* [REW; REWS].

C. SGORLON: *Gli stavoli e le case di Madrojas erano pieni di partigiani, cui il padrone di lassù, uno strano individuo detto* il Salvodi, *dava ricovero e fornitura di bestiame appena macellato* (*L'armata dei fiumi perduti*, Milano 1985, p. 122). C.

**stambìta,** sf. (campano, nell'irpino), 'incomodo, strapazzo'; (toscano *stampita*: a Monte Amiata), 'veglia'; (a Montepulciano), 'complimento, esitazione'.

Dall'italiano antico *stampita* 'discorso noioso', ma originariamente 'canzone a ballo', che è il significato del provenzale *estampida* (dal germanico *stampjan* 'pestare'), dal quale proviene [Migliorini 1973]. C.

**stànco,** sm. (ligure; toscano: isola d'Elba). 'Tabaccaio'.

Spagnolo *estanco*, da *estancar* 'ristagnare l'acqua' e poi, per un comprensibile passaggio, 'monopolizzare i generi di privativa', di origine incerta. Dallo spangolo oppure dal catalano *estanc* provengono il sardo logudorese *istancu* e il campidanese *stangu* 'privativa, tabaccheria' [Plomteux 1975].

S. SATTA: *il Cagliaritano ... misurava col palmo la stoffa che vendeva, o Marianna Zedda pesava con la stadera la pasta e il riso, o nell'*istancu *(tabacchino) di Don Gaetano che vendeva sigari e carta bollata, ma era nobile* (*Il giorno del giudizio*, Milano 1979, p. 38). – ID.: *All'*estanco, *il tabacchino di Don Gaetano, arrivavano giornali mai prima visti* (*ibidem*, p. 176). C.

**stàntë,** sm. (calabrese, anche *stantu*; siciliano: *stanti*), 'albero secco con molti rami laterali su cui i pastori appendono i loro attrezzi', 'stipite della porta o della finestra'; (sardo, a Orosei e Posada: *istantarile*), 'stipite'; (sardo logudorese: *istante*; campidanese: *istanti*), 'palo o tronco con molti rami laterali sul quale i pastori appendono gli arnesi'; (veneto: *stanti* plur.), 'staggi', 'termini di confine dei campi o fra le strade e i marciapiedi'. In documenti veneziani antichi *stantus* significa 'puntello' e come termine marinaresco è entrato dall'uso veneto anche in italiano ad indicare 'taluni pezzi di costruzione che fanno da supporto'. In sardo *istantales*, *stantalis* (e varianti) plur. è nome popolare della costellazione di Orione; la designazione equivale a 'bastoni' e infatti in talune località sarde Orione è detto *bastònes* come pure in altri dialetti (in siciliano: *i tre bastuni*).

Dal latino *stănte*, participio presente del verbo *stāre* [DEI; DES; Rohlfs 1977]. M.

**stànzia,** sf. (veneto giuliano), 'tenuta, podere'; (friulano: *stànsie*, a Barcis *stànzia*), 'retrocucina, stanza al piano terreno'.

Variante di *stanza*.

F. TOMIZZA: *Parlava uno slavo più vero perché era venuto con un gregge dal cuore della Slovenia stabilendosi con il padre e i fratelli in una stanzia di Salvore* (*La quinta stagione*, Milano 1965, p. 132). C.

**sta' o méttese in pómu,** locuz. (marchigiano: Macerata). 'Mettersi in mostra'.

Dal *pómu*, «parte terminale della gruccia, su cui si posa la civetta per uccellare» [Ginobili 1963]. C.

**staoteràn,** avv. (ladino-veneto: agordino). 'L'anno prossimo'.

Come meglio chiariscono le varianti *stalteràn*, *stanteràn*, è da interpretarsi letteralmente '(que)st'altro anno'. C.

**stàre al càro amìco,** locuz. (umbro: Todi). 'Trovarsi al punto di partenza, all'inizio di un lavoro o di un'impresa'.

Dall'usuale formula, con cui si comincia una lettera: Caro amico, ... Analoga spiegazione sarà valida per l'altra locuzione umbra (Spello) *stà a ccarìssimu amicu* 'stare al verde'. C.

**staronzà,** v. (friulano; veneto giuliano e bisiacco: *storonzà(r)*, *taronzà*). 'Tagliare in tondo, tagliare in giro', 'cimare, accorciare, scapitozzare'; le varianti alternano *z* con *ż*.

Si tratta di voci derivate da *rotŭndus* 'rotondo' attraverso **s-tarond-i(c)are*, con metatesi e suffisso verbale, corrispondente a 'rotondeggiare'. Analoga origine ha pure il veneziano *stronzàr* 'tosar le monete', cioè limare le monete d'oro diminuendone il valore, significato proprio anche del siciliano *arritugnàri*, che riflette la medesima base di partenza [REW]. M.

**sta sü di ebrèi,** locuz. (ticinese: Comologno). 'Rimanere alzati a sorvegliare anche di notte i bambini non ancora battezzati'.

Letteralmente 'star su di ebrei', dove *ebrèi* è quello che altrove si chiamano *pagani*, cioè i 'neonati non battezzati' e, quindi, esposti a tutti i pericoli e a tutti i malefici [Lurati 1976]. C.

**stè al chiòcco,** locuz. (umbro: Val di Pierle). 'Attenersi alle disposizioni di qualcuno'.

L'umbro *chiòcco*, voce onomatopeica, come il sinonimo italiano *chiòccolo*, è il 'richiamo per gli uccelli' e questo spiega facilmente il motivo della locuzione. C.

**stegàgno,** sm. (veneto). 'Roncola, pennato, accetta'.

Forse si può proporre una derivazione da *hăsta* attraverso una forma **hasticāneus*, aggettivo col senso di 'fornito d'asta': cfr. per esempio (*cŭlter*) *hasticāneus* che indica quella forma di roncola o pennato munita di un lungo manico, usata per potare alti rami d'alberi. Si confrontano col veneto *stegagno* le voci trentine *sdagàin* 'roncolone', *sdagàgn* 'pennato', che potrebbero risultare da un incontro tra il tipo veneto e termini, sempre del Trentino, ma piuttosto antiquati, come *sdèghen*, *sdèghena* 'spada, roncone senza curva', i quali paiono riflettere il tedesco *Degen* 'spada' [Prati 1968; Pellegrini-Marcato 1988]. M.

**stèla,** sf. anche *stéla* (piemontese; ligure; ticinese; lombardo; trentino; ladino centrale; veneto; friulano: *stièle*; emiliano; toscano: *stella*; umbro: *steglia*; marchigiano: *stèlla*; laziale: *stella*; abruzzese: *stéllë*; campano: *stella*; calabrese: *stella, steḍḍa*; siciliano: *astèḍḍ(r)a, stèḍḍa*). 'Scheggia di legno; truciolo; steccone; ciocco'.

Dal latino tardo *astella* 'scheggia; ciocco' [DEI s.v. *astèlla* e *stèlla*; LEI]. M.

**stelìn,** sm. (veneto; trentino; friulano). 'Regolo, *Regulus regulus*'.

Questo passeraceo «ha sulla fronte una specie di stelletta alquanto rilevata dal che ebbe il nostro nome vernacolo» (Boerio 1856) [Bondardo 1986]. C.

**stélle de lu hualàne,** locuz. sostant. (abruzzese: Lanciano; lucano, a Tito: *stélla dë lu valà̃*), 'stella del mattino'; (abruzzese: *a štélla e ualanë*), 'Sirio'.

Letteralmente 'stella del bifolco (*gualàno*, → *galàno*)', perché l'apparizione in cielo di Venere del mattino segnava l'ora di riprendere il lavoro. Analogamente in calabrese *stiḍḍa boara, stija voara, stiḍa d'u massaru* [Volpati 1913]. C.

**stennarèllo,** sm. (laziale; umbro; abruzzese: *štennarégliu*, *štënnëréjjë* e varianti). 'Matterello; spianatoio, lasagnolo'.

Evidente derivato del verbo "stendere" data la funzione dello strumento [AIS; Chiappini 1945; DEI s.v. *stenderèllo*; Giammarco 1985]. M.

**štennëmàssë,** sm. (abruzzese orientale; molisano: *stennemazzë*). 'Spianatoio'.

Composto delle voci dialettali *štènnë* 'stendere, spianare' e *massë* 'massa del pane'; la variazione molisana è incrociata con *màzzë* 'mazza, matterello' [Giammarco 1985]. M.

**stentìno,** sm. (campano, nel napoletano; lucano: *stëntìn*, a San Fele *stëndinë*, al plur. *rë stëndinë* sf.; calabrese: *stentinu*; pugliese: *stendàjene, stendéne*; molisano: *stentinë*; sardo, in genere al plur.: *istintinas*). 'Intestino'.

Dal latino *stentīna*, forma attestata dalle glosse, per *intestīna*, diffusa anche in area iberoromanza, con metatesi dovuta all'influsso del greco *éntera* di analogo significato sul quale s'è formato un latino parlato **extenterāre* 'sbudellare' [AIS; DEI s.v. *stentina*; DES; REWS]. M.

**sterléina,** nella locuz. *fàr la sterléina* (emiliano: Bologna). 'Vegliare tutta la notte'; anche *far la not sterléina*.

Letteralmente 'far la stellina' [Menarini 1978]. C.

**stérpa,** agg. e sf. (trentino; friulano; ladino centrale; veneto settentrionale; marchigiano; campano, anche *strippa, stirpa*; abruzzese, anche *stréppë*; lucano; pugliese; salentino, anche *strippa, stirpa*; calabrese: *strippa, stirpa*; siciliano: *strippa*), 'sterile, infecondo (di capra, di pecora, di donna); capra, pecora o vacca che non ha ancora figliato'; (lombardo, nel bresciano: *sterpada*), 'pecorella'; con vari derivati come l'abruzzese *stërpà* 'evitare di mungere le pecore per arrestarne la formazione del latte', il calabrese *stirpare, strippare* 'perdere il latte'.

La voce ha riscontri anche in area balcanico-danubiana (come il rumeno *sterp* 'sterile') e albanese (*shterpë* 'id.') e dal lato etimologico è stata ricondotta ora al latino **exstirpus* 'senza discendenza', ora al greco *stériphos* 'improduttivo'; entrambe le ipotesi non sono del tutto soddisfacenti per motivi fonetici e semantici (diversamente dall'area italoromanza, in area balcanico-danubiana la voce ha il valore generico di 'improduttivo' riferito ad animali, persone, terreno, ecc.); pertanto è difficile preferire l'una all'altra. Per superare le difficoltà date dalle diverse varianti nella ricostruzione della storia di questa famiglia di parole, sembra, pertanto, più opportuno, seguendo Piccillo 1995, far convergere le due proposte supponendo un antico prestito del greco in latino, nella forma **ster(i)pus* anteriore al II secolo d. C., come lascia supporre l'esito *-ph-* > *-p-*, e dal latino in area balcanica; una volta entrato in latino «il prestito greco avrebbe finito per assumere i valori che erano propri di *sterilis*, valori che la voce successivamente diffusa in area danubiana avrebbe mantenuta» (Piccillo 1995) [REW; DEI; Rohlfs 1964; Prati 1977; REWS]. M.

**stèura,** sf. (veneto giuliano e bisiacco; veneto settentrionale, nel valsuganotto; trentino). 'Tassa, imposta', anche *stèora*.

Voce ormai disusata, deriva dal tedesco *Steuer* con lo stesso significato [Doria 1987].

P. A. Quarantotti Gambini: – *C'erano ai tempi dell'imperatore, – egli disse, – dei cittadini che pagavano, per le loro proprietà, una grossa somma ogni anno, chiamata imposta: una somma ch'era quante volte?, cento, duecento volte maggiore di quelle che pagavano gli altri. Coloro che pagavano queste grosse imposte, o* steure, *formavano in ogni altra provincia il Grande Possesso, e avevano il diritto di eleggere propri rappresentanti [...]* (*L'amore di Lupo*, Torino 1977, p. 69). M.

**stevanà,** v. (ticinese). 'Consumare, il giorno dopo, gli avanzi del pranzo di Natale'.

Letteralmente *fare Santo Stefano* [VDSI II 298]. C.

**stìbi,** sm. (piemontese). «Tramezzo, sottile parete divisoria» (Gribaudo-Seglie 1972-75; Brero 1982).

Voce di etimo controverso; secondo il DEI va ricondotta al latino *stīps, stīpe* 'palo', mentre per il REWS si tratta di un riflesso del latino *stīpes, -itis* 'palo', attraverso le forme **stibjo* e **stivjo* con *vj* secondario passato a *bj*. Per Alessio 1976 di quest'ultima parola sarebbero continuazioni romanze solo le forme salentine *stìpite* sm. e sf., *stìpici, stèpice* sm. 'costola di una foglia', 'nervo centrale di una grande foglia', 'gambo di foglia'. M.

**stic,** sm. (friulano). 'Pezzetto, piccola quantità, briciola'.

Riflesso assai probabile del tedesco *Stück* 'pezzo'. In località friulane *stic* designa anche la 'zolla', il pezzo di terra che si rimuove vangando, da cui il derivato *sticâ* v. equivalente di 'vangare' [Pellegrini 1992: 73]. M.

**stimbòtto,** sm. (ligure: Genova; laziale: *stambòtte*; siciliano: *stimpòttu, stampòtt*). 'Vaporetto'.

Dall'inglese *steam-boat* 'battello (*boat*) a vapore (*steam*)', conosciuto dagli emigrati negli Stati Uniti. C.

**stiriàne,** sf. (friulano; veneto, a Marano L.: *strìana*). 'Sorta di giubbone corto, anche impellicciato, che si porta d'inverno come cappotto'.

Di foggia in uso nella *Stiria*. Non è il solo ricordo della regione austriaca rimasto in friulano: c'è l'uva stiriana, *(ùe) stiriàne*, e la vecchia danza chiamata *stàjare*, che si rifà direttamente all'aggettivo tedesco *steierer* 'stiriano', mentre il suo parallelo triestino *stàierza* risale a *steierisch*, ritoccato con la desinenza slava *-(i)ca*. Anche la variante maranese deve il suo accento a *steierische*. In area trentina è nota la voce *stiriana* e *stirgiana* 'sorta di ballo; ballo stiriano' [DEI s.v. *stiriana*; Doria 1987]. C.

**stizón,** sm. (veneto). 'Tizzone'.

Dal latino *titio*, genitivo *titiōnis*, 'tizzone'.

P. De Domenico: *E di miseria i pescatori ne avevano già molta, tanto che dal mare vedevano per la fame certe notti spuntare l'orco e le streghe, e strani fuochi chiamati stizzoni che, secondo loro, erano anime di morti* (*La barca dorata*, Gardolo di Trento 1989, p. 81). C.

**stìzza,** sf. (toscano). 'Sopracculo, glandoletta sopra il codrione dei polli'.

Cioè 'stizza', in base alla credenza che il sopracculo sia la sede della stizza dei polli, ed infatti nel milanese è detto *ràbia* 'rabbia' e nel modenese *fória* 'furia'. In Valsugana (tra Veneto e Trentino) viene chiamato *ciuciaòvi* 'succhiauọva', ed a volte usa tagliarlo perché le galline facciano uova [Prati 1922]. M.

**stìzzu,** sm. (salentino; lucano: *stiz*), 'carta dotale, elenco del corredo nuziale'; (calabrese), 'libro rituale della chiesa greca'.

Dal greco *stíchos* 'linea, fila' [Rohlfs 1959; Bigalke 1980]. C.

**stmónga,** sf. (romagnolo). 'Eccessiva irrequietezza': *l'ha la stmónga adòs* 'è preso da irrefrenabile smania'.

Letteralmente 'scomunica': non aver pace, come chi ha la scomunica addosso [Ercolani 1994]. C.

**stòa,** sf. (veneto, nel padovano), 'mandria di bovini', *stòa de cavali* 'razza di cavalli' (non 'cavalla' come in DEI).

Dal longobardo *stôta* 'stabilimento per allevare cavalli', voce rappresentata anche dal ladino occidentale *stoda* 'cavalla' [REW; DEI s.v. *stò(d)a*; REWS; Prati 1968]. M.

**stónda¹,** sf. (toscano; corso orientale: *stònda*; sardo: *istunda*), 'tratto di tempo; breve spazio di tempo'; (basso piemontese: *stundà*), 'quantità'; (lombardo occidentale, in Lomellina: *stundà*), 'turno di lavoro'; (toscano, elbano: *stondà* v.) 'perdere del tempo con escogitazioni inutili'; (corso: *stundà* v.) 'perdere tempo in chiacchiere'; (ligure, a Camogli: *stundā̀* v.) 'sbandare, andare a zig zag'.

Dal gotico **stunda* 'spazio di tempo breve' [Pfister 1986]. M.

**stónda²,** sf. (lombardo, nel bergamasco), 'ubriachezza'; (lombardo, nel bresciano), 'umore malinconico'; (ligure, Pietra Ligure: *stundàju* agg.), 'sventato'; (lombardo: *tond* agg.), 'stupido'; (lombardo, nel bergamasco e mantovano: *tond*, agg.), 'ubriaco'; (campano, nel salernitano: *ntùntërë*), 'sciocco, rimbambito'; (ligure: *stundàju*, e varianti, agg.) 'stravagante, poco affidabile; poco socievole'.

Da collegare a → *stonda¹* con sviluppo di senso spregiativo attraverso significati intermedi come l'elbano *stondà* 'perdere del tempo con escogitazioni inutili' (se già non rapportabile al gotico); è comunque molto improbabile che si tratti invece di derivati dal latino *rotundus* come qualcuno ha proposto [Pfister 1986: 39-41]. M.

**stongà,** v. (umbro; marchigiano). 'Imbastire', col sm. *stóngo* 'imbastitura' in area umbra (Loreto di Gubbio, in AIS).

Verosimilmente connesso al gotico *stugq* 'colpo (di punta)', attestato nel composto *bi-stugq* (FEW; in DEI la base è indicata nella forma *stuggs* e ad una variante gotica **stuggjan* è riportata una voce lombarda *stungià* 'cucire'); le forme gotiche sono poi da confrontare con l'antico alto tedesco *stungen* 'pungere'. M.

**stònt,** sm. (friulano). 'Forma speciale d'affitto d'un fondo, d'una certa estensione e per una durata abbastanza lunga, che ha qualche carattere d'un contratto d'appalto per la conduzione', 'terreno oggetto del contratto'. Anche *distònt*, *istònt*, *instònt*.

Riproduce il bavaro-austriaco *in stond* (tedesco *Stand*) della frase giuridica *in Stand nehmen* 'prendere in affitto' [Pellis 1912]. M.

**stopabṓgi,** sm. (ligure-piemontese, a Novi Ligure). «Si dice della neve che viene con vento e che va ad infilarsi negli angoli formando mucchi più o meno grossi» (Magenta 1970).

Letteralmente 'tappabuchi'. M.

**stòria dél siór inténto,** locuz. (friulano, veneto, a Verona: *rosaria del sior Vinsenso*). 'Faccenda che va per le lunghe e inconcludente'.

Dalla filastrocca con la quale si intrattengono i bambini, fingendo di acconsentire alla loro richiesta di ascoltare una storia, come avviene per la toscana *fòla der beséntu* (o *besténcu*).

C. SGORLON: *Intanto la guerra non finiva, anzi ricominciava daccapo. Era come la storia del signor Intento, che non termina mai* (*L'armata dei fiumi perduti*, Milano 1985, p. 9). C.

**stornìr,** v. (veneto; friulano: *sturnì*; lombardo: *stornì*; siciliano: *sturnàri*). 'Intronare, stordire'.

Dal latino *stŭrnus*, il passeraceo che col suo cinguettio insistente e fitto unito a quello di molti altri storni rintrona il capo [REW; Valente 1993]. C.

**stòrti,** sm. plur. (veneto). 'Cialdoni', «pasta confetta con zucchero e quasi liquida, che si stringe in forme di ferro, cuocesi sulla fiamma e s'attorce e riduce a guisa di cartoccio» (Boerio 1856).

Etimologia trasparente, da *storto* per la forma che questi dolci assumono durante la cottura [DEI]. M.

**stracaganàse,** sf. plur. (veneto), 'castagne seccate al forno'; (emiliano: *stracaganàs* sm.), 'biscotto duro'.

Composti con *strac(c)are* 'stancare', letteralmente 'stanca ganasce' perché richiedono una lunga masticazione; denominazione analoga è il tipo 'straccadenti', 'stanca denti': *stracadenti* (trentino) «specie di biscotto di forma bislunga, fatto di spumiglia molto duro» (Groff 1982), *stracadèent* (lombardo, nel cremonese) «mandorlato molto duro» (*Dizionario del dialetto cremonese* 1976), *stracadèint* (emiliano: modenese) 'sorta di pasta dolce, dura, con mandorle, di forma allungata' [DEI ss.vv. *straccadenti*, *straccaganàscie*; Prati 1968]. M.

**stracampìo,** agg. (veneto). 'Decrepito, gracile, macilento', di persona, 'intristito, strafatto' di un frutto.

La spiegazione di Olivieri 1953 (dal verbo del latino parlato **extra-complere* composto di *complēre* 'compire', da cui *stracampìr* 'giungere a maturità eccessiva', con influsso di *campo*) è appoggiata dal verbo calabrese *cùnchiere*, siciliano *cùnchiri* e sardo *cròmpere* (con l'aggettivo *crompìu* detto proprio del 'frutto maturo'), tutti dal latino *complēre* 'dare compimento' e, quindi 'arrivare' e poi 'giungere a maturità' [DES; Bondardo 1986]. C.

**straccàsciu,** sm. (sardo campidanese). 'Astuccio delle zampogne in canna (→ *launèḍḍas*), che si appende alle spalle ad armacollo', anche *streccàsciu*.

Si tratta di deformazione popolare dell'italiano antico *turcascio* 'turcasso, faretra'; da confrontare con il laziale (a Velletri) *cargàsso* 'arnese di cuoio per reggere croci o stendardi nelle processioni' [Guarnerio 1911; DES; Migliorini 1973]. M.

**straccatùra,** sf. (toscano: versiliese). 'Tutti quei detriti e relitti che il mare lascia sulla battigia dopo una forte mareggiata'.

Dal verbo *straccà*, che si dice 'del mare quando, dopo una forte libecciata, lascia sulla spiaggia cose e detriti', e che, nella variante *stracquà(re)* e derivati, ha molte testimonianze sulle rive tirreniche (Cortelazzo 1965); tuttavia non sarebbe questa la sua origine (da *acqua*), bensì, tenuto conto delle forme più antiche, dal latino parlato **tragicāre* 'trarre' [Guarnerio 1916; Salvioni 1916; *Dizionario di marina* 1937].

L. Viani: *stava nell'interno della baracca a cucinar nicchioni di straccatura che gli aveva pòrto il nano per misericordia fiorita* (*Angiò uomo d'acqua*, in *Mare grosso*, Firenze 1955, p. 685). c.

**strachìn,** sm. (lombardo). 'Formaggio di pasta grassa e uniforme, non fermentato'.

Di etimo non del tutto sicuro, forse deriva dal lombardo *lat strac* 'latte stracco', latte maturato forzatamente, cioè a forza di travasamenti, di trasporti, anche se non pare che questo formaggio si faccia con tale tipo di latte. Secondo un'etimologia popolare, il suo nome sarebbe dovuto all'uso di latte di mucche che giungono stracche al piano nello scendere dai pascoli, ma lo stracchino si fa anche con latte di mucche stallate. La parola *stracchino* è entrata in italiano già agli inizi del secolo scorso. Una varietà assai nota è lo *strachìn de Gorgonzöla* in dialetto milanese, dal nome della località di *Gorgonzola*, detto poi semplicemente *gorgonzola* (come sm., talvolta sf.) e come tale entrato in italiano. Ma in parte della Lombardia e nel piacentino il *gorgonzola* è chiamato invece *stracchino* e ciò potrebbe – secondo Petrolini 1991: 273 – meglio giustificare «il possibile etimo di *stracchino*, da *stracco* 'stanco', cioè formaggio stanco, perché molto passato, in stato di avanzata fermentazione» [deli; Zolli 1986].

A. Manzoni: *Chiese un boccone; gli fu profferto un po' di* stracchino, *e del vin buono: accettò la vivanda, del vino se ne scusò* (*gli era venuto in uggia, per quello scherzo che gli aveva fatto la sera antecedente; e si assettò pregando la donna che facesse presto* (*I Promessi Sposi*, prima ediz. 1825-27, Milano 1954, p. 279). – C. Collodi: *Del resto – disse Giampaolo, infilando con la punta del coltello un ultimo frammento di gorgonzola, – del resto, amico mio, l'orizzonte si rannuvola ogni giorno di più* (cit. in gdli VI 988). – G. Gozzano: *Le forme di cacio colossali, le gorgonzole, le sfere vermiglie degli olandesi... hanno sgombrato in due giorni* (cit. in gdli VI 988). m.

**stradàlbe,** sf. (friulano: Varmo). 'Via lattea'.

Letteralmente 'strada bianca' con conservazione del latino *ălbus* nel significato di 'bianco'. Relitto che si pone accanto all'equivalente, più diffuso, *stràde blànce* [Pellegrini 1972b]. c.

**stradarèa,** sf. (veneto istriano). «Strada maestra» (Rosamani 1958).

Propriamente *strada regia*, come hanno altre varianti istriane.

F. Tomizza: *non c'era che lui su tutta la distesa, una macchia grigia che si agitava sul bianco accecante della strada-rea* (*La quinta stagione*, Milano 1965, p. 56). c.

**strafalàrio,** sm. (campano), 'sfaccendato, perditempo; imbroglione'; (calabrese: *strafalaru*), 'sconclusionato nel parlare'; (siciliano: *strafalàriu*), «persona spregevole, stracciona e villana» (Traina 1868); (abruzzese: *strafalàrië*), «strafalcione; cosa fatta sciattamente» (Giammarco 1979).

Dallo spagnolo *estrafalario* agg. 'stravagante, strambo' [dei]. m.

**strafàus,** sf. (veneto giuliano; istrioto; bisiacco). 'Carcere, prigione'.

Dal tedesco *Strafehaus* 'casa (*Haus*) di punizione (*Strafe*), correzione' [Doria 1987]. c.

**strafocàre,** v. (campano: Napoli; salentino: *strafucare*). 'Strangolare' e, nel Salento, anche 'mangiare avidamente'.

Dal latino *offocāre* 'soffocare', rafforzato con *extra* [Rohlfs 1959]. c.

**strafugnèr,** v. (emiliano: modenese), 'stazzonare, gualcire, spiegazzare'; (romagnolo: Bagnacavallo), 'strofinare'.

Con molte altre voci settentrionali, si riduce, in ultima analisi, alla radice onomatopeica *fuf* [rew; rews].

F. Guccini: *Con quella giachina di cotonino lì tutta strafugnata che pensavo già di metterle su di lamè* (*Vacca d'un cane*, Milano 1993, p. 132). c.

**stragichè,** v. (piemontese). 'Sforzarsi, ingegnarsi'.

È stato ricondotto ad un latino parlato *ex* + **tragicāre*, formazione parasintetica di *tragicus*, col significato di 'esercitare l'arte della tragedia' e di qui 'esercitare altra arte spettacolare con sforzo e con ingegno' e infine 'sforzarsi' [Cornagliotti 1981: 117]. m.

**stràgu,** sm. (siciliano; calabrese, sardo campidanese: *stragu*). 'Guasto, sciupio, dissipamento', nel sardo logudorese *estragu* 'molestia'.

Dallo spagnolo *estrago* 'rovina' (deverbale di *estragar* 'distruggere') [Traina 1868; dei; Rohlfs 1977; Michel 1996]. m.

**stralògiu,** sm. (ligure, a Genova; veneto e trentino: *stralòcio*, *stralòc*'; friulano e romagnolo: *stralòc*'). 'Strabico', 'guercio'.

Composto di *stra-* 'fuori' o 'al di là' (rispettivamente dal latino *extra-* e *trans-*) e di *òc(io)* 'occhio' [dei s.v. *stralocio*; Prati 1968; Bondardo 1986].

F. Fellini-T. Guerra: *È completamente calvo, stralocchio e con dei baffoni a punta che si uniscono in alto alle sopracciglia nerissime* (*Amarcord*, Milano 1973, p. 52). c.

**stramüà,** v. (piemontese: anche *tramüè*; ligure), 'sgomberare'; (piemontese: ad Alessandria *stramudè*, nel Canavese *tramiàr*), 'cambiare di casa' e, in particolare, nel piemontese alpino, *stramüà* e in sardo *attramudare* 'andare con le mucche ad un altro pascolo'.

Dal latino *transmutāre* 'cambiare (*mutāre*) da un luogo all'altro (*trāns*)' [few; dei; des]. c.

**stranìta,** sf. (laziale: romanesco). 'Smarrimento, scossa, colpo mortale' con l'agg. *stranito* 'mal ridotto'.

Da *strano* col suffisso *-ita* che ricorre specie in sostantivi verbali (cfr. *salita*, *uscita*, *fiorita*) [Chiappini 1945; dei]. m.

**strarègno,** sm. (campano, nel napoletano). 'Bando, esilio'.

Propriamente 'fuori (*stra* < *extra*) regno' cioè «dimora prolungata fuori del reame di Napoli» (dei). m.

**stràsa,** sf. (emiliano, a Reggio E., anche *strasèda*). 'Pista aperta nella neve'.

Da un verbo *strasè*, continuatore del latino parlato **extractiāre* 'trarre (**tractiāre*) fuori (*ex-*)', da cui l'italiano *stracciare*. La voce è usata anche dal Boiardo dell'*Orlando innamorato*. c.

**strascënàtë,** sm. plur. (lucano). 'Qualità di pasta casereccia simile ai malcavati'.

Così chiamati, perché si ottengono «premendo e *strascinando*, con tre dita della mano destra, sul tagliere infarinato, dei cilindretti di pasta» (Greco 1991).

R. Nigro: *«Che vestito teneva oggi donna Tebalda?». Le cavai gli strascinati dalla bocca: donna Tebalda portava un bel vestito rosso tutto ricamato* (*La baronessa dell'Olivento*, Milano 1990, p. 68). c.

**strascìnë,** sm. (lucano). 'Segno lasciato sul terreno strisciando' e, in particolare, 'voto consistente nello strisciare la lingua sul pavimento della chiesa', come nell'abruzzese *štrascinë*.

Dal verbo *strascënà* 'tirare con forza facendo strisciare per terra e lasciando il segno', della stessa origine dell'italiano (*s*)*trascinare*.

D. Dolci: *Se abbiamo il marito malato, ci facciamo promissioni alla Bella Madre perché lo guarisca. Qualcuna ci dice, se lui è malato: – Lasciami il marito, e pigliami un figlio –. Quando c'è la festa poi, quelle che hanno fatto la promissione vanno a lingua strasciconi, in terra, da come si entra dalla porta della chiesa fino all'altare. Dicono le genti: – Levatevi, fateci largo, che passa la cristiana con la lingua strasciconi, che la Madonna ci fece la grazia –. E tutti piangono. Pure mia nuora ci fu. Quando c'è una malattia gravissima, si dice: – Madonna, vi faccio la lingua a strasciconi –. Si mettono a piedi scalzi per tutta la via e poi quando arrivano mettono la lingua a strasciconi e avanzano, a pecoroni, leccano tutte le sputazze che è devozione, e polverazzo, fango, porcherie: dentro la chiesa con la popolazione tanta, chi sputa, chi cammina, i piccoli pisciano. Quando ci aggranca la bocca, alza la testa e dice: – Grazie, Bella Madre, – e poi ricominciano a lingua strasciconi. Poi vicino l'altare si alzano, e alzano le braccia e ringraziano la Bella Madre a cuore ardente e si mettono a piangere, della grazia che ci ha fatto, a voce alta che lo sentono tutti. Sempre viene da piangere. Tutti là dentro, tutti che piangono, uomini che camminano a piedi in terra, ma chi ci fa la penitenza manco si punge. Giovani, vecchi: più assai ci vanno i giovani perché i vecchi sono rassegnati. E la gente dice: – Largo, largo –. Al Romitello, a Tagliavia si fa. Poi con un fazzoletto bagnato si puliscono la lingua, magari ci esce sangue, che ci si sfrangia, si spella, e le lacrime che ci cadono. Queste penitenze prima non c'erano; è da cinque anni in qua che sono cominciate.* (*Racconti siciliani*, Torino 1973, p. 82). – F. Jovine: *Con lui pensava di fare lo struscio della lingua nelle chiese piene di luce e di santi tutti d'oro, e poi farsi benedire e uscire contenti e sereni tra la gente senza peccato* (*Signora Ava*, Torino 1967, p. 295), [nella citazione è adoperato *struscio* col significato dell'abruzzese *štrascinë*; per tale voce tratta da *struscià* 'strisciare' → *strùscio*]. – A. Mancusi: *Per una grazia da impetrare, od un voto da assolvere per una ricevuta, l'interessata faceva "lu strascíne" che consisteva nel percorrere la distanza tra l'ingresso principale della Chiesa, o Cappella, fino all'Altare maggiore, o quello del Santo, al quale lo offriva, spostandosi in avanti, tenendo sempre la lingua a contatto col pavimento. La poveretta (era sempre una mamma, od una moglie in pena ) avanzava bocconi, senza mai sollevare la testa, segnando con la lingua ogni centimetro del percorso, che doveva essere toccato con l'obbligo di non alzare gli occhi, se non alla fine della crudele orribile prova. La donna stringeva in una mano la cocca di un fazzoletto, del quale l'altra era affidata ad una amica che, standole accanto, in piedi, la guidava perché lei, a terra, non era in condizione da potersi dirigere da sola, mentre avanzava, lasciando sul pavimento una traccia, come la bava di una lumaca. Possiamo assicurare, per averlo visto sia pure una sola volta, agli inizi degli anni venti, che era uno spettacolo da non dimenticare tanto facilmente, mentre lasciamo, al cortese lettore immaginare in quali condizioni fisiche e morali, doveva trovarsi un essere umano, dopo quell'orrenda, terribile prova* (*La matréia*, Avigliano 1982, p. 116). C.

**straśórdin,** sm. (romagnolo: Rimini). «Uragano, ciclone: tempo molto cattivo, in una parola, che costringe i natanti a guadagnare il porto» (Quondamatteo 1983). È la denominazione *órdin* (→ *órdene*) rinforzata col prefisso *stra-*. M.

**stratigòtu,** sm. (calabrese: Reggio). 'Ispettore comunale addetto al mercato'.

Dal greco *stratēgós* (pronuncia: *stratigòs*) 'comandante', che ha lasciato molte tracce nei documenti antichi e nella toponomastica meridionali, con il suffisso di mestiere *-òtu* [Rohlfs 1964]. C.

**straulàta,** sf. (siciliano centrale, anche *stragulata*). 'Bica, mucchio di covoni sul campo'.

Dal dialettale *stràgula* «piccola massa di grano o biada che fanno i lavoratori ne' campi prima di abbarcarlo» e «arnese senza ruote che si trascina, ad uso di trasportare checchessia» (Traina 1868), dal latino *tragŭla* 'treggia' [AIS]. M.

**stravacàrse,** v. (veneto e veneto giuliano; piemontese: *stravachèse*), 'sdraiarsi, piuttosto sconciamente'; (lombardo: *stravacà*), 'rovesciare un carro, un vaso, e simili', 'tracimare' di un fiume; (emiliano, a Piacenza: *travacà*), 'diroccare, rovinare'; (lombardo, a Martinengo: *treacà*), 'coricato'.

Sembrerebbe da *vaca* (confronta l'italiano *svaccarsi* 'sdraiarsi come una vacca'), ma non è esclusa una derivazione dal latino *trabs, trabis* 'trave', di cui si coglie la dislocazione in lunghezza (già in Bonvesin dalla Riva: "No di sta... travacao"; e nel francese dialettale *s'estravachar* 'stendersi in tutta la sua lunghezza' e *eytravachà* 'steso, coricato') [DEI; Prati 1968; Marri 1977]. C.

**stregóne,** sm. (campano, nel napoletano; piemontese: *astragòn*, *stragòn*, *stregòn*; lombardo, nel comasco: *stragòn*; sardo: *stragoni*). «Dragone, *artemisia dracunculus*» (Penzig 1924).

Sono forme che risalgono al nome toscano e italiano *targone*, riferito alla stessa pianta, che si fa dipendere da una voce araba *ṭarḫūn* con lo stesso significato, a sua volta dal greco *drákon* 'drago'. In alcune denominazioni, come nel toscano antico *estragóne*, non sarà estraneo il corrispondente francese *estragon*. Oltre alle voci citate nei dialetti sono presenti dei derivati come il lombardo (Brescia) *stragonsèl*, e composti come *erba stregòn*, *erba stragòn* nel veneto (riunite da Penzig 1924). Risalgono invece all'italiano *dragone* per via semidotta le forme friulane *dragoncèl* e *jarbe dragone* letteralmente "erba dragona" che designano la medesima pianta [DEI; Pellegrini-Zamboni 1982]. M.

**stréina,** nella locuz. *tór a stréina* (emiliano: a Bologna; a Modena: *tór un in strìn*). 'Prendere in uggia'.

Dal significato, che *strina* (di origine incerta: dal latino *ustrīna* 'forno crematorio' o deverbale di *strinare*, che rappresenterebbe il latino *austrināre* 'danneggiare a causa del vento *austro*') ha in parecchi dialetti: nel pisano 'abbassamento di temperatura che danneggia la campagna', nel laziale (a Velletri) e marchigiano 'vento gelato', 'brina' (ad Ascoli Piceno), nell'abruzzese (*strinë*) 'vento del nord', nel veronese (*strin*) 'rigore dell'inverno' e 'seccore' [Boscherini 1967]. C.

**stréita,** sf. (piemontese; lombardo: *strécia* 'spazio tra il letto e il muro'; (sardo logudorese: *istrinta*), 'passo stretto, viottolo'.

Dal latino *strĭcta*, cioè '(estensione) stretta', nel sardo attraverso una forma **strincta* [REW; DES; REWS]. C.

**stremà,** v. (campano). 'Impartire l'estrema unzione', 'essere agli estremi' (e *stremarse* 'riceverla').

Da *stremunziòna* 'estrema unzione'. C.

**stremàr,** v. (ligure occidentale), 'porre al riparo', 'ritirare dentro, in casa', per esempio di oggetti rimasti fuori; (piemontese, a Pancalieri: *andèse starmè*), 'ripararsi dalla pioggia'; (piemontese: *starmèse*, *stramàse* e varianti), 'nascondersi'.

Dal latino parlato **extremāre*, da *extrēmus*, che ha dato anche il piemontese *strëm* 'ripostiglio' [Nigra 1901; REW; Merlo 1957]. C.

**stremé,** v. (pugliese: Molfetta; salentino: *stremare*, *strimare*, *strëmà*). 'Dare o ricevere l'assistenza religiosa dei malati gravi'.

Dal latino *extrēma* (*ŭnctio*) 'estrema unzione' con una riduzione che si riscontra anche in alcuni dialetti francesi [FEW; Rohlfs 1956; REWS]. C.

**stremessirìsi,** v. (sardo campidanese), 'muoversi tremando, scuotersi per timore'; (calabrese *stremìsciri*, 'inorridire'.

Dallo spagnolo *estremecer(se)* 'moderarsi, calmarsi rapidamente' [DES; Rohlfs 1977]. M.

**stremìre,** v. (veneto, con varianti; lombardo, a Milano: *stremìr*). 'Prendere spavento'.

Dal latino **extremīscere*, *extremēscere* 'spaventare', derivato di *trĕmere* 'tremare', diffuso anche nelle lingue galloromanze e iberiche, e forse presente nel calabrese *stremìsciri* 'rabbrividire, inorridire' che sarebbe più vicino alla base latina (ma per altra ipotesi → *stremessirìsi*) [REW; FEW; Prati 1968]. C.

**stremnè,** agg. (emiliano). 'Disordinato dissociato, svanito, detto di persona'.

Participio passato del verbo *stremnèr* 'spargere, lasciar cadere, sparpagliare', dal latino *extermināre* 'spingere fuori dei confini' con metatesi (cfr. anche il latino *exterminātus ănimi* 'fuor di senno' in Apuleio); a Correggio Emilia si dice *stremnè cme al vèint* 'matto come il vento' [Violi 1982]. M.

**stréta,** sf. (lombardo: Bergamo). 'Autunno', anche *strécia*.

Dal latino *strĭcta* 'stretta', da cfr. con il toscano *stretta* 'il passar che fanno il grano e le altre biade dallo stato d'erba alla maturazione perfetta'; dato che nelle alte valli bergamasche l'orzo e la segale maturano sul finire dell'agosto ed i primi di settembre, è probabile che la denominazione *stréta* per 'autunno' voglia indicare 'il momento della maturazione della biade'; ma potrebbe essere semplicemente 'la stagione che s'accorcia, in cui le giornate si van facendo sempre più brevi' [Merlo 1904; REW]. M.

**stréuzu,** agg. (calabrese, con varianti), 'strambo, guercio, falso'; (marchigiano, a Macerata: *parlà strèuse*), 'parlare in modo incomprensibile'.

Dal latino *abstrusus* 'difficile, recondito' [LEI; Mosino 1983]. C.

**stréve,** sf. plur. (veneto, nel veronese: Val d'Alpone). 'Strisce di cuoio del sandalo'.

Voce isolata in area veronese, va connessa con il veneto centrale *streve*, *steve* 'guiggia, pedale dei calzolai', il veneto valsuganotto *strevo* 'guiggia', il padovano *strevi* 'coreggioli di pelle, ai quali si legano le carte' e con l'emiliano (nel bolognese) *stervéta* 'calza di staffa; calza senza pedule', il calabrese *strévа* 'corda del basco', il siciliano *stréva* 'legame delle scarpe' ed anche 'mensoletta', cui si aggiungono forme documentarie come *stréva* 'staffa' nell'antico bergamasco (XIII sec.). L'etimo, considerato non accertato per alcuni, secondo altri va individuato nel francone *streup* 'staffa' cui è fatto risalire il medio alto tedesco e svizzero *strupfe* 'stoffa' [DEI s.v. *stréva*; REWS; Bondardo 1986]. M.

**strìa,** sf. (piemontese; lombardo; ligure; trentino; veneto e veneto giuliano, anche *striga*; friulano, anche *strìe*; emiliano). 'Strega'.

Allotropo settentrionale dell'italiano *strega* (dal latino *strĭga*), richiede un latino parlato **strīga*, attestato nel latino medievale (VIII sec.) della Lex Salica: «Si qui mulierem ingenuam striam clamaverit» (si cita da Bondardo 1986). Numerosi i derivati dialettali di *strìa*, ad esempio *striòz* (lombardo, nel milanese), *striezzo*, *strighezzo* (veneto) 'stregheria', *strióso* (veneto, nel veronese) 'sortilegio, fattura; stregone' [DEI; Prati 1968]. M.

**strìgilo,** sm. (umbro con varianti). 'Magrolino', 'mingherlino'; in Val di Pierle *strig(u)lìno* 'ragazzo esile'.

Dal latino parlato *strigilus*, *strigulus* 'rugoso, scarno' con mutamento di suffisso rispetto a *strigōsus*, così definito: "strigosi homines dicuntur macilenti" ("si dicono strigosi gli uomini macilenti" [Ugolini in Catanelli 1970]. C.

**strìnghja,** sf. (ticinese: val Bedretto). 'Grande quantità di bestiame'.

Voce scherzosa, che un tempo significava 'gruppo di venti o trenta capi di bestiame da mungere', importata dagli emigrati dall'inglese *string* 'piccolo gruppo di animali, specie di cavalli da sella' [Lurati-Pinana 1983]. C.

**strionè,** v. (ladino centrale: Comelico; ad Auronzo: *strionà*). 'Insistere per ottenere qualcosa'.

Si potrebbe rendere con *stregonare*, compiere, cioè, opere di stregoneria per raggiungere uno scopo. C.

**strìtë,** sm. (lucano). 'Complotto magico teso ai novelli sposi per disturbare la prima notte, mettendo davanti alla loro porta una carogna di animale o un aratro'.

Letteralmente 'dispetto' (come nel calabrese *pe strìdu* 'per dispetto'; siciliano *strìdu*, *distrìdu*), probabilmente dal francese antico *estrit* (di origine germanica) 'bega, contesa', presente anche nel lombardo antico [FEW; DEI; Bronzini 1964]. C.

**strìttëlë,** sf. (lucano: anche *strìttunë*; abruzzese: *štrìttëla*; calabrese: *strìttula*, *šcrìttura*). 'Vicolo'. La voce è entrata anche nel gergo dei ramai non solo calabresi (*strìttuna*: Ortale 1976), ma anche sardi (*stréttula*).

Da *stréttë*, *strìttu* (dal latino *strĭctus* 'stretto') 'vicolo, viottolo' [Lausberg 1939]. C.

**strìùs,** agg. (piemontese). 'Schifiltoso'.

Dal piemontese *stri* 'schifo', di origine germanica, molto probabilmente longobarda (**strīd* 'diverbio, contesa'): il passaggio semantico si spiega attraverso il grado intermedio 'lamentarsi per qualsiasi cosa, contestare' [FEW]. C.

**strivé,** v. (piemontese). 'Torcere o sbattere le matasse di filo'.

Dal francese *estriver*, di origine germanica, che, tra i tanti significati, ha quello di fondo di 'lottare, fare resistenza' [FEW]. C.

**stròp,** sm. (friulano). 'Aiuola, piccolo spazio di terreno spianato e coltivato negli orti'.

È un deverbale del dialettale *stropà(r)* 'turare, tappare', derivato dal latino tardo *stuppāre*. La denominazione allude al fatto che l'aiuola è uno spazio di terreno ben delimitato; si confrontino il ladino-veneto (nell'Agordino) *stróp* 'piccolo luogo recintato', il veneto e trentino *strupàia* 'chiudenda' ecc., tutti connessi col dialettale *stropà(r)* [REW; Prati 1968; Pellegrini-Marcato 1992: 536]. M.

**stróp,** sm. (piemontese, anche *strup*). 'Stormo, frotta, moltitudine di persone o di animali adunati insieme'.

Dal provenzale *estrop* 'gregge; stormo di uccelli', francese antico *trope* 'gruppo di persone', da una voce di origine germanica, *thorp*, che indicava il 'villaggio' [FEW].

R. SACCHETTI: *Le quaglie partivano a strupi e a strupi arrivavano le pernici* (in *Narratori dell'Ottocento e del primo Novecento*, III, Milano-Napoli 1963, p. 67). – A. G. CAGNA: *Gaudenzio stronfiava come un cavallo, e guardava lo strupo dei villani che si avviavano alle cappelle per non perder tempo* (*Alpinisti ciabattoni*, Torino 1972, p. 24). C.

**stròpa,** sf. (veneto; trentino; lombardo; emiliano; romagnolo). 'Ritorta'.

Come l'italiano *stròppo* 'anello di corda che tiene il remo attaccato allo scalmo', dal latino *stroppus* 'legaccio, stroppo; coreggia con cui si attacca il remo allo scalmo', di provenienza greca [*Dizionario di marina* 1937; Mussafia 1964; REW; DEI].

S. ZANOTTO: *I ragazzini in quei giorni preparavano un laccio sulla punta di un virgulto di salice, detto stropa, di quelli che si usano per legare le vigne* (*Delta di Venere*, Milano 1975, p. 111). – G. CARRETTO: *in prima elementare non voleva saperne di venire a scuola, gridava, piangeva e si dibatteva trascinato per mano fin sul portone dalla madre, che nella mano libera impugnava una stròpa e lo bacchettava furiosamente sulle gambette nude* (*Via Muro Lungo 22 Verona*, Milano 1994, p. 15). C.

**stropacùl,** sm. (friulano; veneto; trentino tutte con varianti). 'Frutto della rosa canina'.

Letteralmente 'tappaculo': allude alle qualità astringenti della bacca, come le molte varianti *pontacùli* (veronese), *brušacùi* (a Teolo, Padova) *scorzacùli*, *furacùli*, *spongicùli* (trentino) e denominazioni analoghe (→ *capurnécchia*) [Pellegrini-Zamboni 1982].

G. CARRETTO: *Quello dei cachi, e quello delle caròbole, le siepi di uva spina e di stupacùi* (*Via Muro Lungo 22 Verona*, Milano 1994, p. 60). C.

**stró(v)o,** agg. (veneto, nel veronese; trentino: *strof*, al femm. *strova*, e *ströf*). 'Oscuro'; in passato *stro(v)o* sul Lago di Garda indivaca 'notti illuni sul Garda'.

Non pare un derivato dal latino *turbĭdus* 'torbido' (da cui l'italiano *torvo*), dato che nel veneto antico è documentato come *struovo* con un dittongo che (anche secondo Prati 1968) rende dubbio tale etimo. Piuttosto il termine si può confrontare col tedesco *trüb(e)* 'torbido, offuscato' e quindi si può pensare ad un riflesso del longobardo o dell'antico alto tedesco *truobi*, da rapportare al gotico *drobjan* 'confondere', antico sassone *drobi* 'confuso, rannuvolato' [REW; Kluge-Mitzka 1963; Bondardo 1986; Zamboni 1989]. M.

**strucà(re),** v. (veneto; trentino; lombardo, anche *trücà*; friulano; piemontese: *struchè*, *trüché*), 'stringere, premere, spremere, strizzare'; (marchigiano: *struccà*), 'troncare'.

Voce dalle varie ipotesi etimologiche, fra cui si include, oltre al latino parlato **trudicāre* 'colpire' da *trūdere* 'battere, colpire', quella di un antico prestito germanico, semanticamente pertinente: in antico alto tedesco (sec. IX) *thruchen* aveva gli stessi significati; comunque con incrocio con altra parola, come, per esempio, *striccare*. Al citato **trudicāre* è ricondotto dal DEI, seppure con qualche dubbio, il toscano (pisano) *trulicà* 'urtare, scuotere'. [DEI ss.vv. *struccare*, *trulicare*; Prati 1968; Bondardo 1986].

E. CHINOL: *Stava raccontando al ragioniere che la sera prima erano andate al cinema e che c'era proprio una ressa di gente, da star stretti come sardine in scatola. E sa cosa dice? La Sognatrice s'interrompe un momento per preparare l'effetto, poi continua: – Eravamo strucati come le sardelle, dice ... Proprio così: strucati come le sardelle!* (*La vita perduta*, Milano 1972, p. 114). – F. CAMON: *quando la maggiore si sposerà resterà delusa al confronto col sospetto che nessn uomo la struccherà con la passione bestiale della sorellina* (*Mai visti sole e luna*, Milano 1994, p. 52). C.

**strùcolo,** sm. (veneto giuliano e bisiacco, anche *strùculo*; friulano: *strucul*). 'Tortiglione, specie di dolce simile allo *strudel*'.

Dal tedesco dialettale *struckel* 'strudel', voce entrata anche nello sloveno nella forma *štrùkelj* e nel croato *strùkalj*; è possibile che il tedeschismo sia penetrato in area giuliana e friulana attraverso l'intermediario slavo. Doria 1987 osserva che un avvicinamento etimologico al veneto giuliano *strucàr* (→ *strucà(re)*), se mai vi è stato, è certamente secondario e «soprattutto l'area di diffusione del termine ci induce a preferire la derivazione straniera» mentre da *strucare* dipende l'omofono vicentino *strùcolo* 'marmellata; spremuta' [DEI; Pellegrini 1976]. M.

**strù(f)fole,** sf. plur. (campano, a Napoli). «Sorta di pasta con fior di farina, intrisa con uova, tagliata a pezzettini, fritti nell'olio, e conditi con mele, zucchero ed altro; si fanno di Natale alla vigilia» (D'Ambra 1873); anche sm. *strùffoli*; (toscano: *strùfoli* plur.), 'ciccioli', e nell'amiatino 'specie di dolci che si fanno a carnevale'.

Voce di etimologia incerta, probabilmente da accostare all'italiano antico *struffo* 'brandello' (come *cencio* e toscano *cenci*, *cenci fritti* 'specie di pasta dolce, tagliata a strisce e fritta') e *strofinare*; *struffolo* è entrato in italiano già nel secolo scorso [DEI; Rohlfs 1979; GDLI; Zolli 1986; DELI].

V. IMBRIANI: *I Napoletani volevan correre a casa per mangiarsi il capitone e gli struffoli* (cit. in GDLI II 696). – R. LA CAPRIA: *Tonino pensò: Perché quest'anno è così triste il Natale? Non gli importava dei doni che avrebbe ricevuti, del presepio con la cascatella d'acqua corrente e coi pastori che mangiavano all'osteria all'aperto (mentre lui aveva sparso intorno tanta neve), non gli importava del pranzo di famiglia coi nonni e gli zii, né della tavola imbandita, del croccante di mandorle e struffoli a forma di coppa o di anfora, e decorato di canditi e confetti di vari colori* (*La neve del Vesuvio*, Milano 1988, p. 87-88). M.

**strufión,** sm. (emiliano: modenese). 'Straccio per spazzare il forno'; nella variante *strufiòun* 'strofinaccio', 'mannello di paglia ritorto per strigliare quadrupedi', e nella variante *stufiòun* 'stoppaccio, strofinaccio', 'pezzetto di carta arrotolato stretto, che i ragazzi si tirano con una fionda rudimentale'.

Dal verbo longobardo **straufinon* 'sfiorare', 'levare strisciando sopra', da cui l'italiano *strofinare* e il marchigiano *stroffo* 'strofinaccio', anche se non mancano proposte alternative [REW; REWS; Alessio 1957].

F. GUCCINI: *E lo stufione? Chi fu che introdusse lo stufione? ... Partivano raffiche di stufionate da lasciare stesi e l'arte fu portata avanti nel tempo e perfezionata attraverso tutte le tre medie* (*Vacca d'un cane*, Milano 1993, p. 65). C.

**strùg(g)ia,** sf. (calabrese). 'Strage, macello'.

Dal latino *destruere* '(di)struggere' [REWS].

G. OCCHIATO: *Furono colpiti asini, vacche, maiali e galline: una vera struggia* (*Carasace*, Cosenza 1989, p. 182). C.

**struinàr,** v. (piemontese: Canavese). 'Trattenersi a veglia nella stalla', 'fare atti degni di stalla'.

Dal sostantivo → *truìna* 'stalla' [Maccarrone 1914-22: 529-531]. C.

**strùma,** sf. (veneto; emiliano, a Ferrara). 'Fatica, stento'. A Feltre anche *strùmia*, mentre in Valsugana il verbo *strumiàr* significa 'stentare (nel fare una cosa)'.

Il collegamento con il germanico *sturm* è suggestivo, ma, sebbene non manchino altri suoi derivati in italiano (*stormo*) e nei dialetti nord-occidentali, è più prudente dichiararla parola di origine per ora sconosciuta [Prati 1968; Bondardo 1986].

G. Bassani: *Per cui mi domando: a che scopo tutta la* struma *di Perotti? Ne vale la pena?* (*Il giardino dei Finzi-Contini*, Torino 1962, p. 120). C.

**strùmmolo,** sm. (campano, anche *strùmmëlë*; abruzzese e molisano: *strùmbëlë*, *strùmmëlë*; lucano: *strùmmëlë*, *strùmmuë*; calabrese: *štrummu*, *strùmbulu* e varianti; siciliano: *strùmmulu*, *strùmmula* sf., con altre varianti). 'Trottola'.

Dal greco *strómbos* di analogo significato [AIS; Rohlfs 1977]. M.

**strùscio,** sm. (campano: Napoli). «Rumore delle scarpe strisciate per terra; caratteristica passeggiata del giovedì e venerdì santi, in cui si cammina assai lentamente, un po' perché la folla assiepa le strade e le chiese adorne del Sepolcro e perché si indugia davanti alle vetrine dei negozi che offrono in via Toledo, in via Chiaia e in via Duomo il meglio dei loro generi» (Altamura 1956).

Deverbale di *struscià(re)* 'strofinare' (da un latino parlato **extrusāre* 'urtare' oppure da una voce onomatopeica) che è anche dell'italiano, come pure il termine *struscio* per designare la 'passeggiata domenicale che ha luogo nella via principale di paesi o cittadine di provincia' [DEI; REWS; DELI]. M.

**strùsu,** agg. (calabrese, anche *astrusu*), 'assai inclinato ad una cosa'; (lombardo, in Valtellina: *astrós*), 'dominato dagli astri, bisbetico, lunatico'.

Dal latino *astrōsus* agg. 'nato sotto cattivo astro'; la forma *strusu* presenta aferesi di *a-* [DEI s.v. *astróso*; REWS; Rohlfs 1977; LEI]. M.

**strùza,** sf. (veneto giuliano e bisiacco; friulano, a Udine: *strùze*). 'Forma di pane a pasta molle assai allungata', 'filone di pane'.

Dal bavarese-austriaco *Strutz* 'pane in forma allungata' probabilmente attraverso la mediazione dello sloveno *struca* (pronunciato: *strùza*), voce anch'essa di provenienza tedesca e significato analogo. M.

**stuàr(e),** v. (veneto; veneto giuliano: *distudàr*; friulano: *studâ*, *distudâ*; abruzzese: *štutà*). 'Spegnere'.

Dal latino parlato **ex-tutāre*, **de-extutāre* 'spegnere' con riferimento al fuoco, da *tueri* 'proteggere', da cui dipende pure il latino parlato **tutāre* 'spegnere, calmare la fame' che è riflesso nel friulano *tudâ* 'malmenare, calpestare' e nel veneto e trentino *tuàr* 'annoiare, tormentare' [REWS; Bondardo 1986; DESF]. M.

**stüdì,** v. (lombardo, nel bergamasco e bresciano, anche *stödì*). 'Pulire, governare, acconciare', e nel cremonese nel modo di dire «*udùur de màal stüdìi* 'il fetore che si sente avvicinando persone poco pulite o entrando nelle loro case'» (*Dizionario del dialetto cremonese* 1976).

Sono derivati del latino *studēre* 'applicarsi a qualche cosa'. Al latino parlato **studiāre* 'far qualcosa con cura' risalgono varie voci dialettali: *stužé*, *stujé* (piemontese), *stugiàr* (ligure, a Pigna), *stožare* (veneto, nel vicentino), *stughià*, *stuchià* (corso), *stuvà* (laziale, a Castro dei Volsci), *astojare*, *stojà* (campano), *stujare* (calabrese) 'pulire; spolverare', *struscià* (pugliese) 'asciugare', *studiàr* (veneto, nel veronese) 'sbuzzare i polli', *stolgià* (lombardo, nel valtellinese) 'guardare gli armenti', *stugià*, *studè* (romagnolo) 'mungere', *studiàr* (lombardo, a Sermide; emiliano, nel ferrarese) 'rivoltare il fieno', *stujà u našu* (galloitalico: Fantina di Novara di S.) e *stuscè lu nééšë* (pugliese, Alberobello) 'soffiare il naso'. Le voci sarde *stuggiài* (campidanese), *istužare* (logudorese) 'conservare' non dipendono direttamente da **studiāre* ma sono prestiti dal catalano *estojar* 'guardare, riservare' [Rosa 1877a; Tiraboschi 1873; AIS; REW; DEI ss.vv. *stodire* e *stüdì*; DES; REWS; Rohlfs 1979]. M.

**stujavùcco,** sm. (campano: Napoli; lucano: *stujavùc*; calabrese: *stujavùcca*; salentino: *stuiabùcca*). 'Tovagliolo'.

Letteralmente 'asciugabocca', composto col v. *stuiare* 'nettare', dal latino *studiāre* in particolare accezione [Lausberg 1939; Rohlfs 1959]. C.

**stumënëscià,** v. (lucano: San Fele). 'Rompere le zolle con il bidente'.

Base di questa formazione verbale è il latino *tumulus* 'tumulo, rialto di terra' col suffisso *-ëscià*, esito del dialetto locale del latino *-idiare* [Fanciullo 1992b: 43; Luciano 1992]. M.

**stumìgio,** sm. (veneto: Grado). 'Frugatorio, un palo di legno alla cui estremità è applicato un disco anch'esso di legno che serve per sospingere il pesce ad entrare in apposite reti per la pesca in laguna'.

Deriva dal latino parlato **stumileus* per *stimulĕus* agg. da *stimŭlus* 'stimolo, pungolo' [Cortelazzo 1980]. M.

**stumpàj,** sm. (emiliano, anche *stupàj*). 'Tappo, turacciolo'.

Dal verbo *stumpèr*, 'turare, tappare', che rappresenta il latino parlato **stuppāre*, denominale di *stuppa* 'stoppa' [REW].

F. Guccini: *Le piramidi di bottiglie di lambruschi che attendono solo di essere private a schiocco dello stampàglio per streminare d'intorno la loro forza frizzante e schiumosa e il loro profumo di viola mammola* (*Vacca d'un cane*, Milano 1993, p. 59). C.

**stùra,** sf. (veneto; veneto giuliano: anche *ostura*, *lastura*, *lostura* e *astore*; marchigiano, ad Ancona). 'Pinna, nacchera, specie di conchiglia marina, *Pinna nobilis*'.

Dal suo nome croato dialettale *luštura*, da *liuska* 'conchiglia' [Maver 1924-25: 768-770]. C.

**sturlìc,** sm. (friulano). 'Tonto, scioccherello' e come termine zoologico 'piro-piro'.

Dall'aggettivo tirolese *sturlig* 'stordito; sciocco' [Schöpf 1866]. M.

**stùrlo,** agg. (veneto giuliano; ladino centrale, nel Livinallongo: *sturlón*). 'Sciocco, stupido'.

Da *strullo*, voce toscana, estesa all'Italia centrale, il cui equivalente *trullo* è riduzione di *citrullo* [DEI; REWS; Doria 1987].

C. Ugussi: *«Lasciali andare, sturlo», gli diceva a bassa voce Toni Bava, «tanto dovranno sgobbare là come di qua se vorranno campare»* (*Due racconti*, riportati in «La Battana» 99-102, 1991, p. 417). C.

**sturnèl,** sm. (marchigiano: Fano). 'Rimprovero bonario, sgridata'.

Letteralmente 'stornello' nel senso di 'breve canto popolare'. In quanto al passaggio semantico, l'uso trova un perfetto parallelo nell'italiano *ramanzina*, originariamente 'racconto esteso', poi 'rabbuffo, paternale'. C.

**stuvanéin,** n. pr. (romagnolo). 'Terzo componente di sacre triadi', sia della famiglia di Gesù (*pèdre, mèdre e stuvanéin*), sia della santissima Trinità (*pèdre, fiol e stuvanéin*).

Letteralmente 'Stefanino', anche se il motivo della scelta di questo agionimo ci sfugge. C.

**sùa,** sf. (piemontese, anche *erba sùa, siva*; ligure: *següa, süja*; lombardo: *sigüda, sigüra, sgüda*; emiliano: *sguda*; ladino-veneto, nell'Agordino: *dhiuda, fjuda*). 'Cicuta'.

Dal latino *cicūta* [REW; DEI; REWS]. M.

**sùca barùca,** locuz. sostant. (veneto). 'Tipo di zucca'.

È una varietà chioggiotta della *Cucurbita pepo* (in veneto *suca*), dalla forma allungata, detta *baruca*, secondo la Ageno, per la scorza rugosa e screpolata a coste molto marcate, per cui si potrebbe risalire da *baruca* a *ve(r)rūca*. L'evoluzione fonetica non sembra essere del tutto convincente, ed è preferibile pensare che, data la variante trevigiana *zuca santa, baruca* richiami l'ebraico *bārūkh(ĕ)* 'santo', 'benedetto', frequente nelle parlate giudeo-italiane, per esempio, nel veneziano *baruhabà* 'benvenuto, salmo nuziale' [Ageno 1952; Fortis-Zolli 1979; Zamboni 1981].

A. BALDINI: *Fu un martedì, dopo una corpacciata di zucca barucca, che aprendo gli occhi alla luce parve a Maestro Mondo di vedere tutte le cose all'intorno, vicine e lontane, come attraverso un vetro giallo* (cit. in GDLI II 82). – F. TOMIZZA: *Ora mi dici le bugie, e in confessionale – lo ammoniva, e non era più il don Paolo che gli arrostiva nel forno la zucca barucca* (*La quinta stagione*, Milano 1965, p. 122). M.

**sucamèle,** sm. (calabrese, anche *sucamèli*; siciliano: *sucamèli*; lucano, a San Fele: *sucamélë* sf.; salentino; pugliese; campano). 'Cerinta; caprifoglio' e denominazione di altre piante selvatiche come il convolvolo, il giusquiamo, l'orobanche.

Tipo lessicale corrispondente a "succhia miele" che si confronta con *succhiamèle* di area abruzzese, toscana, umbra, designazione di piante simili, così dette per l'umore dolciastro contenuto nel fiore che si succhia. In Sicilia è diffuso il cognome *Sucameli* che può riprendere il nome della pianta oppure un soprannome che designa chi succhia, ruba il miele (Caracausi 1993) [DEI]. M.

**sücàra,** sf. (emiliano; romagnolo: *suchèra*; veneto: *secaróla*; trentino e lombardo: *sacaròla*). 'Grillotalpa'.

Da *süca, suca* 'zucca' (di cui il grillotalpa distrugge avidamente le piantine), ritoccato o per influsso di altre voci, come *seco* 'magro' in veneto, o per assimilazione di *a*, come in trentino e lombardo; lo confermano non solo la corrispondente forma vernacolare toscana *zuccaiòla*, ma altre numerose denominazioni analoghe in vari dialetti [Merlo 1906; Rohlfs 1979]. C.

**succànna,** sf. (calabrese, anche *sunnacca*; siciliano: *succannu* sm.), 'collana delle contadine'; (lucano, a Muro L.: *succànn* sm.; campano, a Napoli: *succanno* sm.), 'soggolo delle monache'.

La denominazione equivale a "so(tto) canna" della gola; la variante *sunnacca* è dovuta a metatesi [D'Ambra 1873; DEI]. M.

**succhiapéce,** sm. (toscano; ligure: *süsapéiže*; abruzzese: *succhjapacë*; campano: *zugapécë*; sardo: *sugapìsci*). 'Lampreda marina, *Petromyzon marinus* L.'.

La spiegazione è ovvia, secondo il senso letterale: 'succhiapece', per l'abitudine di questo pesce di attaccarsi tenacemente alle barche calafatate con la pece. Lo conferma il sinonimo *mangiapesce* (Lucca), *mangiapécia* (Corsica), *magnapéiže* (Liguria) e *magnapégola* (Trieste). Potrebbe essere, tuttavia, secondaria, perché la caratteristica prima del parassita è lasciarsi trasportare dai pesci – ai quali si attacca con la sua bocca a ventosa, succhiandone il sangue fino a farli morire dissanguati – nelle vicinanze di un fiume, che poi risalgono per riprodursi. Il loro nome originario sarebbe allora *succhiapesce* [Cortelazzo 1965; Azaretti 1992]. C.

**sùcchiaru,** sm. (siciliano, anche *sìcchiaru, sùrciru*; calabrese: anche *sùcchiuru, sùrchiu, surcu*). 'Chiavistello, paletto'.

Dall'arabo *sukkāra* 'chiavistello', 'serratura di legno' [DEI; Pellegrini 1972; Rohlfs 1977a]. M.

**succòrpë,** sm. (abruzzese; campano, nel napoletano: *succuorpë*; pugliese, nel molfettese: *sëccorpë*). 'Cripta, piano sotterraneo di una chiesa'.

Sono da ritenere varianti svisate (per influsso di '*corpo*') di forme come il napoletano *suppuòrtëchë* «volta che appoggiandosi a due casamenti sovrasta un tratto di via; cavalcavia, passavia, voltone» (Andreoli 1887), l'abruzzese *supportë* 'loggia, portico', il calabrese *suppuortu* 'vicolo coperto', il salentino *supportu, sappuertu* e varianti 'passaggio pubblico sotto una casa', riflessi diversi – secondo Alessio 1976 – di un latino parlato **subportĭcus*, benché Rohlfs 1959 riconduca il salentino all'italiano *supporto* [DEI s.v. *succòrpo*; Salzano 1979]. M.

**suché,** sm. (marchigiano: Fano). «Regalo immaginario che si promette ad un bimbo per rabbonirlo: *sta bunìn che t' pòrt un bèl suché*» (Silvi-Simoncelli 1992).

Letteralmente un '(non) so che', uno dei tanti espedienti linguistici usati per promettere l'inesistente, apparentemente concreto. C.

**süchetimür,** agg. (lombardo: Lodi). «Ostinato, testardo» (Caretta 1982), a Milano: *surùc*.

Si spiega con un aneddoto diffuso in tutto il Lombardo-Veneto: un soldato austriaco, obbedendo alla consegna, respinge un borghese, intimandogli: "*Zurück!*" 'indietro!' e lo incalza, finché quello si ferma per un ostacolo insormontabile. "C'è il muro" osserva all'imperterrito soldato, che continua a ordinargli di indietreggiare. La risposta, poco logica, è: "*Zurück* ti e muro!". Questa storiella ha dato luogo ai modi mantovano *siróc ti e mür* 'caparbio', trevisano *indrìo ti e ànca mùro* e, con un comprensibile adattamento, romanesco *addietre te e mure* 'guardia svizzera'. C.

**suḍḍàcca,** sf. (calabrese; siciliano). 'Termine tecnico che generalmente si riferisce ad un rinzaffo di calcina che si fa sui tetti per impedire il passaggio dell'acqua, per es. tra un muro e la terrazza', con varianti come *sullacca, żaḍḍacca, żiḍacca, sinnacca*.

Non sono derivati dall'arabo *sulâka* 'bitume', ma da *suṭayḥa*, diminutivo di *saṭḥ* 'terrazza, tetto piano, superficie liscia' [DEI; Pellegrini 1972; Rohlfs 1977a]. M.

**suffràina,** sf. (calabrese settentrionale), 'inguine'; (friulano: *sofràgn* sm.; veneto istriano, a Dignano: *sufrene* plur.; ladino centrale e ladino-veneto: *sofrèi, sufrègn, sufràgn* sm.), 'poplite (la parte posteriore del ginocchio che è delimitata da cordoni tendinei laterali)'.

Dal latino *suffrāgo, -ĭne* 'garetto' [Tagliavini 1944; DEI; Rosamani 1958; REWS; Rohlfs 1977]. M.

**sufranìn,** sm. (piemontese: Alba). 'Chi nei cori campestri canta con voce più alta di chi intonando la canzone guida il coro, specialmente nella chiusa'.

Come rivela la variante *supranìn*, è un diminutivo di

'soprano' con normale passaggio da *pr* a *vr* e, quindi, a *fr*. C.

**sufràż,** sm. (romagnolo). «La mangiata collettiva con la quale si festeggiava il buon compimento di un ciclo di lavoro» (Quondamatteo 1983).

Estensione di significato di *suffragio*, presente in dialetto come *sufràż* 'suffragio, preghiera per le anime dei defunti' di tradizione semidotta; deve trattarsi però di una denominazione scherzosa, come dire 'far la penitenza'. M.

**sügacò,** sm. (lombardo). 'Asciugamano per il viso'.

Letteralmente 'asciuga capo'; la formazione ha un precedente nel *sugacapi* di Lucrezia Borgia e nel latino medievale *capitergia*, con *tĕrgere* che vale 'asciugare', composto modellato sui latini *manutergium*, *facitergium* [DEI s.v. *asciugacapo*]. M.

**sugavéle,** sm. (veneto istriano). 'Solicello', 'debole raggio di sole dopo la pioggia', a Rovigno: *sugavìle* e *sougavìle*, 'tempo bello e asciutto di breve durata'.

Letteralmente 'asciugavele', perché di durata tale da bastare solo per asciugare le vele [Pellizzer 1992]. C.

**sulàda,** sf. (sardo centrale). 'Pecora colpita da mastite cancrenosa'.

Letteralmente 'soffiata' (dal verbo del latino parlato **subulāre* per il classico *sibilāre*), «quasi soffiata da rettile velenoso, come credevano i nostri pastori» [Farina 1973]. C.

**sulàna,** sf. (siciliano). «Terrazza» (Traina 1868).

Si tratta di un prestito dallo spagnolo *solana* 'solaio' (dal latino *solārium* con cambio di suffisso, REW), come sostengono sia il DEI sia Michel 1996. Derivano invece da *sole* con il suffisso *-àna* voci come l'emiliano (piacentino) *solana* 'altana' (REWS), il veneto *solana* 'colpo di sole; riscaldo di testa delle pecore; dolor di capo, dal levare al tramontar del sole' e nel veneziano antico anche 'cappello di paglia senza fondo, per la cui apertura passavano i capelli lavati, che si stendevano sulle tese, esponendoli ai raggi solari' (Prati 1968). M.

**sulénc,** sm. (lombardo: Val Chiavenna). «Sentimento di tristezza mista a paura in luoghi solitari e selvaggi specialmente in montagna» (Massera 1985).

Dall'aggettivo italiano *solingo*, detto di luogo solitario, non frequentato. C.

**sulié,** v. (piemontese: anche *surié*). 'Lisciare, accarezzare'.

Verbo tratto dall'aggettivo *söli* 'liscio', noto anche al lombardo (*sòli*) e in ligure (*söiru*: a Sanremo, 'liscio, tranquillo', detto del mare), dal latino *solidus* 'solido, compatto' [Levi 1927].

G. PANSA: *È anche un falsone, un ipocrita. Non lo sentite come suglia sempre il Centurione? Oh, se lo suglia bene!* (*Ma l'amore no*, Milano 1994, p. 37). C.

**sulità,** sf. (calabrese meridionale). 'Solitudine'.

Dallo spagnolo *soledad* di analogo significato; tale parola è entrata anche nel sardo *soledade*, oggi voce desueta rispetto a *solitudine* proveniente dall'italiano [DEI; DES]. M.

**sulòne,** sm. (sardo logudorese), 'il cerbiatto, quando comincia a mettere le corna'; (corso: *siònu*), 'cinghiale'.

Dal latino *subŭlo, -ōnis* 'fusone, cerbiatto di due anni'. La denominazione sarda era dapprima applicata solo ai cinghialetti, che mettevano le prime zanne, a meno che il nome del 'cinghiale' non provenga dal latino *solus* per l'abitudine dell'animale vecchio di vivere 'solitario': è il caso del francese *sanglier* e del salentino e lucano *sularinu* [DES; Rohlfs 1979; Valente 1993].

S. SATTA: *Ecco, voi tutti, presso le fontane / Dei vostri ermi valloni, tra la selva / Cedua, stanate coi magri mastini / Il gran cervo solone* (*Canti*, Milano 1955, p. 236). C.

**sumbréri,** sm. (sardo). 'Cappello'.

Dallo spagnolo *sombrero* di analogo significato; a Cagliari la voce è usata in tono scherzevole; nell'isola l'italianismo *cappéḍḍu* è sempre più diffuso [DES]. M.

**sumèri,** sm. (calabrese, con varianti; siciliano). 'Asino'.

Secondo il DEI, la voce è un prestito dal francese *sommier* 'bestia da soma' (XII sec.) e non dipende dall'italiano *somiere* 'asino, giumento' che la stessa fonte riconduce con qualche incertezza all'antico francese *sumer*, *sumier* (moderno *sommier*; dal latino tardo *sagmārius* 'da soma') con lo stesso significato [Traina 1868; Rohlfs 1977]. M.

**sumés,** sm. (piemontese; ligure: *simésu*; lombardo: *somés*; emiliano: *smas* a Bologna, *smes* a Ferrara). 'Misura del pugno chiuso col dito alzato' (come l'italiano antico *sommesso*), poi, più genericamente, 'distanza tra le estremità del pollice e dell'indice allargati quanto più possibile'.

Dal latino *sēmis, -missis* 'mezzo asse, mezzo piede' [Menarini 1978]. C.

**summàccu,** sm. (siciliano). Pianta comunissima in Sicilia, la cui foglia secca e macinata si adopera a conciar pelli, dato che è ricca di tannino. Si usava anche come condimento o astringente. Detta *rhūs* in latino, nel latino scientifico è la *Rhus coriaria*. La voce è entrata anche in italiano (nella forma *sommacco*).

Dall'arabo *summāq* con lo stesso significato, che è alla base dello spagnolo *zumaque*, del portoghese *summagre*, del rumeno *sumac* ecc. [DEI; Pellegrini 1972]. M.

**sùmu,** sm. (calabrese meridionale). «Infarinatura» (Rohlfs 1977).

Secondo il DEI la parola deriva dallo spagnolo *soma* 'farina'. M.

**sunà le pôse,** locuz. verb. (ligure, anche *sunà, fà e pôse*). 'Suonare le campane dopo un decesso'.

Dal latino *pausāre* 'riposare (nella pace del Signore)' [Plomteux 1975]. C.

**sunàr(e),** v. (veneto, anche *asunàr(e)*, *arsunàr(e)*), 'raccogliere, cogliere, radunare', detto in particolare del raccogliere il mais; (veneto dalmatico: *sonàr*), 'raccattare'.

Dal latino *adunāre*, ma i continuatori dialettali richiedono una sostituzione di *ad-* con *ex-* con valore rafforzativo, verosimilmente per influsso del veneto antico *asenbler* 'raccogliere' [REW; Prati 1968; LEI]. M.

**sunineìgo,** sm. (istrioto: Rovigno, anche *simineìgo*). 'Baluginamento, reazione dell'occhio posato con troppa insistenza su un oggetto'.

Derivato dal verbo (non attestato) **suninà*, che va assieme a paralleli veneti (*simegàr* 'sbirciare') e friulani (*cimàr* 'ammiccare') e, soprattutto, con l'ampezzano *zimignà* 'strizzare o socchiudere gli occhi', dal latino parlato **cinnus* 'cenno' incrociatosi con **gemicare* 'gemere' [REWS]. C.

**suppàppa,** sf. (siciliano; calabrese meridionale). «Catenella che va attaccata all'occhio diritto del morso della briglia, e si congiunge col rampino, dietro la barbozza del cavallo» (Traina 1868).

Dallo spagnolo *sobarba* 'museruola' che ha il derivato

*sobarbada* 'improvviso sobbalzo del cavallo; improvviso strattone delle redini' e fig. 'aspro rimprovero' riflesso del siciliano *sobarbada* «riprensione, ramanzina, sbarbazzata (Colpo di *suppappa* in senso figurato). Subitanea paura» (Traina ivi) [DEI; Rohlfs 1977]. M.

**supplì,** sm. e sf. (laziale: romanesco). 'Crocchetta di riso variamente farcita con carne, interiora di pollo o altri volatili e mozzarella'.

Pare voce tratta dal francese, da *surprise* 'sorpresa' (termine che in francese non sembra attestato anche come tecnicismo culinario), «perché, spaccandole, vi si trovano dentro le regaglie con sorpresa di chi le mangia», come osserva Chiappini 1945: 337 e 513, precisando che a Roma si dicono anche *supprì* e talora *le supprisse* e che «originariamente erano al genere femminile, ma dall'alta Italia è invalso l'uso di considerarle maschili (*i supplì*). Per i vecchi romaneschi però permangono *le supprì* [...] La parola *supplì* a Roma è usata comunemente tanto dal volgo quanto dalle persone civili. Si usa anche la parola *crocchette*, ma questa è riservata ad altri generi di frittura, specialmente a base di patate». *Supplì* è voce conosciuta nella capitale già nel primo Ottocento, e da qui diffusasi altrove entrando anche in italiano [Zolli 1986].

D. MARAINI: *Il papà tornò poco dopo. Entrò tenendo in mano un cartoccio di supplì. Ne stava mangiando uno e mi guardò masticando. – La mamma sta male, – dissi. Non mi diede ascolto.* (*L'età del malessere*, Torino 1963, p. 47). M.

**suprattùtto,** sm. (campano, nel napoletano; siciliano: *supratuttu*). 'Sopravestito, sopravveste; abito che si mette sopra le altre vesti'.

Rifacimento dello spagnolo *sobretodo* o del catalano *sobretot* 'soprabito' [Traina 1868; DEI s.v. *supratutto*; Salzano 1979]. M.

**suràca,** sf. (calabrese, anche *surìaca*, *surèca*). 'Fagiolo' (sardo logudorese *surźàga* e campidanese *sugàrgia*, con varianti).

Continuazioni del latino *(faba) syriăca* 'fava siriaca' [REW; DEI s.v. *suraca*, *suriaca*; DES; Rohlfs 1977]. M.

**surànza,** sf. (lombardo: Val Chiavenna; umbro, in Val di Pierle: *soranza*). 'Convalescenza per infortunio': *vès in suranza* 'si dice dell'operaio che si astiene dal lavoro per malattia o per invalidità temporanea'.

Dal francese *assurance*, l''assicurazione', che paga l'operaio in involontaria inattività [Massera 1985]. C.

**sùrbile,** sf. (sardo). 'Strega malefica, che succhia il sangue dei bambini'.

Se non direttamente dall'aggettivo latino *sorbĭlis*, che significa 'da assorbire', certo avrà influenzato questa forma ed altre varianti di una parola etimologicamente molto discussa il verbo *surbīre* per la fama di vampiro, che si trascina, nella credenza popolare, questa figura di strega [DES].

S. SATTA: *La cuna urla d'affanno / Ché la Sùrbile col laccio / Fischia sotto le porte* (*Canti*, Milano 1955, p. 214). C.

**surchià,** v. (marchigiano; campano; abruzzese; molisano; pugliese; lucano; calabrese settentrionale). 'Succhiare, sorbire', nell'abruzzese anche 'russare', con varianti come *sorchià* nel campano.

Da *succhià(re)* con sovrapposizione di *sorbire* [AIS; DEI s.v. *sorchiare*; Rohlfs 1977]. M.

**sùrci vècchiu,** sm. (siciliano). 'Pipistrello'.

Denominazione prevalentemente accentrata in area centromeridionale (ma il tipo isolano più comune è → *taḍḍarìta*, e varianti), si interpreta letteralmente come un equivalente di 'topo vecchio'. Ma è verosimile l'ipotesi secondo la quale si tratterebbe di una rimotivazione della denominazione del pipistrello corrispondente a 'topo che veglia', 'ratto che veglia' di formazione locale, o di importazione, e comunque nota in Liguria, nella Lucania (*gattuvìgliu*), nel Salento (*vuttëvégghia*), in Calabria (*gatt vìgghia*) con accostamenti paretimologici a 'gatto'; a Calascibetta (in provincia di Enna) vi è la denominazione *rattavècchia*, cioè 'ratto che veglia'. Rientra in questo tipo lessicale anche il calabrese *gattumpisu* letteralmente 'gatto sospeso', paretimologia di un 'ratto sospeso' [Ruffino 1991: 124-5]. M.

**sùrcule,** sf. (piemontese, con varianti; veneto, nel veronese, al plur.: *serciòni*; toscano: *papavero serchione*). 'Papavero dei campi, *Papaver rhoeas* L.'.

Nomi pressoché isolati nel territorio quasi totalmente coperto dal tipo *papavero*. Per spiegare il termine piemontese si è fatto ricorso al latino *sūrculus* 'pollone', che non basta per quello veneto, il quale potrebbe presupporre un derivato **surcularius*. Poco convinti della spiegazione, altri non mettono assieme i due esiti, ma ne danno spiegazioni separate: ad esempio il piemontese è ricondotto al latino *sorocŭla* 'sorella' con riduzione aplologica (sulla base di forme piemontesi come *surcure*, *surera*, *sorelle* designanti il papavero), ma 'sorella' potrebbe anche essere metatesi di 'rosella'. Per il veneto e il toscano si ipotizza anche un'origine da *cerchione* nel senso di 'guardinfante' [Pellegrini-Zamboni 1982; Valente 1993]. C.

**suricèra,** sf. (calabrese, anche *suriciara*), 'trappola per i topi'; (siciliano: *surciara*), «nido di topi» (Traina 1868); (abruzzese: *surgiarë*), 'topaia', 'lesto a prendere topi'.

Dalle forme dialettali *sùrice*, *surci* 'topo' che deriva dal latino *sorex*, *ĭce* (REWS; Rohlfs 1977]; il DEI invece menziona un siciliano *suricèra* 'trappola' che considera un prestito dal francese *souricière*, accanto al lombardo *sorighèra* 'nido di sorci' e pugliese (Molfetta) *srecuare* 'sorcio d'acqua', come riflessi di un latino parlato **soricārius*. M.

**suricìgnu,** sm. (calabrese: Acri). 'Porcellino d'India'.

Cosiddetto perché del colore del sorcio [DEI s.v. *coniglio soricino*; Rohlfs 1977]. M.

**sùro,** sm. (veneto; veneto giuliano; marchigiano; abruzzese). 'Sugherello, *Trachurus trachurus* L.'.

Il nome del pesce, che ha diversi paralleli anche in altri dialetti e che letteralmente significa 'sughero', sarebbe dovuto alla sua caratteristica di assorbire «il condimento in cui esso viene cucinato» [Doria 1987].

P. DE DOMENICO: *Erano, di solito, varie specie di pesce azzurro, della cui grande famiglia fanno parte le sarde e i sardoni, gli sgombri, il tonno, i suri, le aringhe, le papaline, le palamide* (*La barca dorata*, Gardolo di Trento 1989, p. 99). C.

**sùrra,** sf. (siciliano), 'la pancia del tonno sia fresco, sia salato' e, nell'uso, la 'pancia d'altri pesci'; (calabrese), 'sorra, ventresca di tonno', 'cotenna di maiale'.

Dall'arabo *surra* 'ombelico', 'fianchi d'un maiale', voce entrata anche nell'italiano *sorra*, già documentato dal Boccaccio [DEI; Pellegrini 1972]. M.

**sùrsë,** sm. (pugliese: Peschici). 'Caglio'.

Non si tratta del serbocroato *sirište*, come supposto da Rohlfs, ma, secondo Valente, di parola che risale al germanico *sulza* 'gelatina', da cui voci come il pugliese *sulzë* 'salamoia', salentino *zuzu* 'caglio', siciliano *suzzu*, *zuzzu* 'gelatina' [REW; Rohlfs 1972; Valente 1980]. M.

**sursumèta,** sf. (calabrese centro-meridionale, anche *sursumeja*, *susumella* ecc.). 'Carne affetta dal cisticerco o dalla trichina, panicato'.

Dall'antico francese *sorsemé*, *soursemé* 'carne di maiale, guasta all'interno' (dal latino *semināre*), nota anche al laziale antico *sorsomerìa*, *sussomerìa* 'carne infetta, panicata' [DEI; FEW; Rohlfs 1977]. M.

**susì,** sm. (veneto: Venezia). «Fiorrancio, sorta di colore che ha del giallognolo» (Boerio 1856).

Dal francese *souci* 'color giallo'. M.

**sùŝia,** agg. (veneto, nel vicentino; trentino, nel roveretano: *suŝa*). 'Sudicia, non digrassata' con riferimento alla lana: *lana s.*

Dal latino *lana sucĭda* 'lana sudicia' [REW; DEI; REWS]. M.

**susón,** agg. e sm. (marchigiano: Fano). 'Sporcaccione', in senso proprio e morale.

Derivato dal latino parlato *sūcĭdus* 'sudicio', da confrontarsi con il roveretano *lana suŝa* 'lana sucida', → *sùŝia* [REWS]. C.

**suspìri,** sm. plur. (toscano; lunigianese). 'Rutti' nella locuzione scherzosa *ai tempi di porchi i eren suspiri!* 'Ai tempi dei porci erano sospiri'.

Letteralmente 'sospiri' [Masetti 1972-73; Luciani ]. C.

**sussegàre,** v. (calabrese; campano, nel napoletano: *sussëcà*), 'placare, calmare, dissuadere'; (sardo logudorese: *(as)sussegare*, campidanese: *assussegài*), 'acquietare, rendere tranquillo'.

Dallo spagnolo *sosegar* 'calmare' (dall'antico spagnolo *sessegar* 'mettersi a sedere, calmare'); in sardo (campidanese e logudorese) sono presenti anche i deverbali *susegu*, *asussegu* 'quiete, pace', e il sardo campidanese *disassussegu* 'ansietà, inquietudine' che dipende invece dalla voce spagnola *desasosiego* di significato affine [DEI; Beccaria 1968: 175]. M.

**suttànu,** agg. (calabrese). 'Inferiore'.

Dal latino parlato **subtānus* 'che sta sotto (*subtus*)', più comunemente in uso nella forma sostantivata, molto diffusa nei dialetti meridionali per designare il 'piano inferiore della casa, generalmente sotto il piano stradale' [REW; Greco 1991].

R. NIGRO: *«Appena mi arriva la pensione, allargheremo la casa, ci alziamo un altro piano, con finestre e balconi». «Galiani non te lo permetterà, perché alla servitù toccano case sottane»* (*I fuochi del Basento*, Milano 1987, p. 169). C.

**sutùrno,** agg. (friulano). 'Malinconico, taciturno'.

Corrisponde all'agg. italiano antico *saturno* 'detto di persona malinconica e taciturna', da *Saturnus*, divinità che passò a designare il pianeta detto anche *sidus triste* (con influssi di malaugurio) e considerato tale nel linguaggio astrologico. La voce semidotta *saturno* e varianti si trova in buona parte dei dialetti italiani con significati affini a quelli sopra indicati: calabrese *saturno*, *suturno*, sardo (Logudoro) *saturnu*, lombardo *saturna*, *saturno*, piemontese *sutùrn*, trentino *soturno*, emiliano *soture*, *soturen* [REW; DEI]. M.

**suvà,** v. (laziale; calabrese: *suvare* con varianti; sardo *subare* e varianti). 'Andare in fregola, detto delle bestie, specialmente delle scrofe, e, figuratamente, delle donne'; come riflessivo, 'essere coperta dal verro'; (molisano: *suvà*) 'del verro, andare in calore'; (veneto, in Polesine: *suàr, soàre*, e a Montagnana: *sevàre*), 'andare in fregola', detto del pesce (*andare in savante* nel padovano meridionale). Di qui il deverbale *sova*, anche nella locuzione *ì nzóva* (laziale, molisano e campano), corrispondente al senso del verbo, (molisano) 'ingravidare, propriamente della scrofa'.

Dal latino *subāre* [Rohlfs 1926: 162; DEI s.v. *suvare*]. C.

**suvàdu,** agg. (calabrese settentrionale: Bocchigliero, anche *suvale*). 'Dolce, calmo'.

Dal latino *suadus* 'che convince, insinuante' [DEI s.v. *malsuà*; Rohlfs 1977]. M.

**svacurià,** v. (laziale: Castel Madama). 'Togliere gli acini da un grappolo di uva'.

Da *vacu* 'acino, chicco' con *s-* sottrattivo: → *vacurià(re)*, → *vàco*. C.

**svànzega,** sf. (lombardo: anche sm. *svanzig*; veneto: anche *sbànzega*, *sguànzhega*; trentino; friulano: *svànziche*; veneto giuliano: anche *sfànzica*). 'Denaro, quattrini', (toscano) 'spicciolo'.

Dal tedesco *Zwanziger* 'pezzo da venti' (*zwanzig*) carantani' [VEI; Doria 1987].

C. DOSSI: *E mensilmente faceva la sua carità della "svànzica" nella cassetta del sagrestano* (*La desinenza in A*, Milano 1981, p. 175). – V. RICCARDI DI LANTOSCA: *Venti svanziche impronta dal Manzoni ... / Sacre gli sono, e spenderle non vuole* (*Pape Satan Aleppe*, Assisi 1882, p. 8). – A. FOGAZZARO: *Si governò in modo da non lasciare un soldo al suo unico figlio Franco, il quale rimase con una ventina di mila svanziche, la sostanza di sua madre, morta nel metterlo alla luce* (*Piccolo mondo antico*, Milano 1966, p. 85). C.

**svèrna,** sf. (romagnolo), «la provvista di foraggio e di paglia, per il sostentamento degli animali nel periodo invernale; in senso fig. anche per l'uomo» (Quondamatteo 1983); (romagnolo, a Lugo), 'foraggio'.

Formazione deverbale da *svernare* [DEI]. M.

**svezà,** v. (friulano). «Purgare il campo dalle male erbe» (Nuovo Pirona 1935).

Dal friulano *vece*, *veze* 'veccia, *Vicia sativa* L.' (dal latino *vĭcia* di analogo significato), pianta comune tra le messi e nei luoghi erbosi, con *s-* prefisso intensivo [Pellegrini-Marcato 1988]. M.

**svìmar,** sm. (lombardo: milanese; romagnolo: *svémar*; siciliano: *smìmmaru*). 'Tipo di biroccio'.

Dal tedesco *Schwimmer* 'specie di carrozza chiusa sospesa su cinghie' e perciò traballante, termine accolto anche in italiano (*svimero*). Il significato proprio del termine tedesco è 'nuotatore', 'galleggiante' [Salvioni 1916]. C.

**svuarbà,** v. (friulano; veneto giuliano: *ŝorbàr*; calabrese meridionale: *asciorbari*; siciliano: *asciurbari*). 'Accecare'; nella variante *sgurbà*, *sgorbà* ricorre anche nel ladino centrale (Comelico) nella formula di giuramento: «C'santa Luthìa me sgorbi 'che santa Lucia mi accechi'» (Tagliavini 1944).

Dal latino *exorbāre* *'accecare', il cui significato nell'uso classico è 'portar via, rubare' [DEI s.v. *asciorbare*, *assurbare*; REWS; Rohlfs 1977]. M.

**svurnì,** (emiliano; romagnolo). 'Scaltrire, dirozzare, scozzonare alcuno, o aprir gli occhi ad alcuno, cioè di rozzo o inesperto farlo astuto, ed accorto', 'impratichire, render pratico, istruito'.

Risale ad un **ebrionia* 'ubriachezza', nonostante il significato opposto ad → *invurnì* (emiliano, romagnolo), che pure deriva dalla stessa base [Schürr 1978]. M.

# T

**tabàc,** sm. (romagnolo). 'Ragazzo, fanciullo'.

La voce potrebbe dipendere dall'antico *tabacco* 'cuoco (nelle galere)', che è attestato dai documenti medievali: «Andreas dum foret tabachus super galiono ... accepit duo scrineos duorum tabachorum dicti galionis», «pro stallia quolibet die nauta dicte navis cum uno tabacho» (Venezia, 1350), e che deriva dall'arabo *tabbah* 'cuoco'. Anche il cognome *Tabacco*, di area ligure (a Genova è già presente nel XII-XIII sec.), ma noto anche in Piemonte, si riconduce a tale prestito piuttosto che all'arabo *tabbaq* 'specie di erba, *inula viscosa* o *inula conyza*'. Da quest'ultimo proviene l'italiano antico *tabacco* 'medicinale molto aromatico ricavato da tale pianta' e 'bevanda che metteva calore' da cui *tabaccare* 'far perdere la testa' e *tabacchino* (sec. XV) 'ruffiano', il lombardo *tabàc* 'ignorante, stupido' ma anche il siciliano *tabaccu* 'silenzio'. È evidente che il *tabàc* romagnolo potrebbe anche derivare per traslato attraverso significati come quelli del lombardo e perciò rientrare nella famiglia lessicale di "tabacco" [DEI; Pellegrini 1972; Quondamatteo 1983]. M.

**tàbare,** sm. plur. (campano, a Napoli), «carezze, lusinghe, moine» (Salzano 1979); (abruzzese: *tàbbërë* sing.), 'parlantina insidiosa'; (calabrese: *tabbariare* v.), 'accarezzare, lusingare'; (siciliano: *tabbariari* v.), «stizzirsi gridando e dicendo parole villane o aspre» (Traina 1868).

Sono riflessi – secondo il DEI – dello spagnolo *tabarra* 'molestia, seccatura'. M.

**tabarnàri,** sm. (lombardo: Pavia). 'Grullo, gonzo'.

Dal latino *tabernārius* 'bottegaio, oste', «con passaggio semantico popolare da 'frequentatore di taverne' a 'ingrullito'» (Galli 1965). C.

**tabàs,** sm. (emiliano: Reggio). 'Lucciola'.

Da qualche cantilena infantile, dove s'invita l'insetto a scendere *da bas*. Locuzione avverbiale contaminata con altra voce [Malagoli 1954]. C.

**tàbbia,** sf. (siciliano, anche *tàbia*). 'Muro di semplici mattoni; parete sottile per divisione di stanza o stalla'.

La voce è considerata un verosimile arabismo, da *ṭābiya* 'specie d'impasto duro come una roccia, ottenuto mescolando la malta col pietruzzo', e non un prestito dallo spagnolo *tapia* 'massello, aggregato di rena e calcina in forma di mattone, che si secca al sole' (come in DEI), oppure dal catalano *tapia* 'muro di terra e fango' (Corominas). Il termine arabo non ha origine semitica ma va a sua volta collegato con le forme iberoromanze citate, dipendenti da una base prelatina cui si riconducono altre parole come il provenzale *tap*, il lombardo *tapa* 'fango', il calabrese *tappa* 'zolla erbosa'. Risale invece al catalano *tapiar* 'cingere con muri di terra' il sardo campidanese *tapiài, attapiài, intapiài* con lo stesso significato, da cui è tratto il deverbale *tàpiu* 'muro di terra', mentre il sm. *tapiadòri* 'costruttore di muri di terra; che chiude possessi con *tàpius*' riflette il catalano *tapiador* con lo stesso significato [DES; Beccaria 1968; Pellegrini 1972; Rohlfs 1977a]. M.

**tabbùtu,** sm. (siciliano; calabrese: *tavutu, tambutu*; campano, a Napoli: *taùto, tavuto*; salentino: *chiaùtu, chiavùtu*), 'cassa da morto', 'scrigno', 'sarcofago'; (abruzzese *tavutë*), 'mobile grossolano', 'casa mal costruita', 'abito mal fatto'.

È voce entrata anche nell'italiano antico *tambuto* 'specie di forziere' e deriva dall'arabo *tābūt* 'cassa di legno, arca funeraria, bara' [DEI; Pellegrini 1972].

L. Asprea: *"Dov'è il nonno?" domandavo a Nuzza la bella. "Dentro il tambùto sul carro-mortale, vedi?" fece appena in tempo ad indicarmi* (*Il previtocciolo*, Milano 1971, p. 68). – S. Strati: *A me pareva impossibile che i cani potessero aprire un tambuto. E questo lo dissi a Rocco che parlava, mentre mangiavamo. E Rocco mi spiegò che i morti lì venivano sotterrati senza tambuto. Che li mettevano nella fossa con i soli panni che avevano addosso* (*La Marchesina*, Milano 1977, p. 21). – G. Bonaviri: *Entrammo nella sua bottega che sembrava sprofondata sotto terra ed era buia, ma odorava stranamente di legno fresco e di colla passata. Lui accese un lumino a petrolio e io vidi i tabbuti che lucevano come specchi per la vernice, disposti in fila lungo una parete* [...] *Talvolta viene il tabbutaro ad aiutare Giovanni e lo vedete magro e giallo muoversi nell'ondeggio delle sue braccia lunghissime* (*Il sarto della stradalunga*, Milano 1990, p. 27, 46). M.

**tabià,** sm. (veneto; ladino centrale; lombardo; piemontese: *trabià*; friulano: *toglăt, toblăt*). 'Fienile'.

Dal latino *tabulātum* 'tavolato' [REW; Prati 1968].

S. Vassalli: *gli uomini, nel tentativo di scaldarsi, bruciavano anche le panche e i rivestimenti in legno dei loro tabià* (*Marco e Mattio*, Torino 1992, p. 167). M.

**tabìna,** sf. (veneto settentrionale: Revine). 'Parte della cascina di montagna soprastante la stalla, dove si dorme'.

Probabilmente è un semplice derivato di *tăbula* nella forma diminutiva *tabulīna, *tablīna*, da confrontare con → *tabià*, da *tabulātum*, voce ben nota nel veneto [Pellegrini 1985]. M.

**tabùi,** sm. (lombardo: Val Chiavenna; spregiativo: *tabuiòt*). 'Cane'.

Appartiene al linguaggio familiare, come altri termini di provenienza gergale: *taba, tabùj* 'cane' è del gergo piemontese. C.

**taburét,** sm. (piemontese; ligure; ticinese; lombardo: anche *tamborìn*). 'Sgabello, scanno, panchettino'.

Dal francese *tabouret* di significato analogo [Pautasso Crotta 1988]. M.

**tacàru,** sm. (salentino, con varianti; *taru*, *tafaru*, *tavaru*, *cataru*, *tàinu* ecc.; pugliese: *tëgarë*). 'Vaglio spazioso col fondo di pelle non bucherellato sopra il quale si cerne la farina con lo staccio'.

Voce di origine orientale da confrontare col turco *taghar* 'sacco di pelle', il bulgaro *tagar* 'cesta', il greco moderno *tagári* 'valigia, sacco' e in Tracia *tagára* 'grande recipiente di terracotta' [DEI]. M.

**tàcca,** sf. (campano, nel napoletano; calabrese; emiliano, nel piacentino). 'Scheggia, pezzettino', in particolare 'scheggia di legno che si spicca nel tagliarlo'.

Secondo il DEI potrebbe essere un deverbale di *staccare'*, come suggerisce il calabrese *stacca* 'puledra' che certo ha questa origine (cosiddetta perché si stacca dalla madre); ma pare preferibile pensare ad un corrispondente di "*tacca*" incisione, intendendo col termine anche la parte che si toglie con questa operazione. Di origine gotica (da **taikka* 'segno'), *tacca* ha come variante *tàcchia*, nell'italiano antico 'truciolo', e nell'umbro e laziale 'ritaglio di legna scheggia', nonché il calabrese *tàcchiu* 'ramo' (in DEI s.v. *tàcchia*), per cui il rapporto tra *tàcca* 'scheggia' ed 'incisione' appare giustificato. M.

**taccèra,** sf. (calabrese). 'Forma su cui i fabbri battono i chiodi per farvi la capocchia'. Di qui il modo di dire *esciari 'e da stessa taccèra* 'uscire dalla stessa forma', detto di persone che, fisicamente o moralmente, si assomigliano molto.

Derivato di *taccia* (voce d'area meridionale: siciliana, calabrese, pugliese, lucana) 'chiodo delle scarpe, bulletta' dal francese antico *tache* col medesimo senso [DEI s.v. *taccia*; Jost 1967; Rohlfs 1977]. C.

**tàcco,** sm. (siciliano). «Stecca» (Traina 1868).

Dallo spagnolo *taco* 'zeppa; stecca', voce riflessa anche nel sardo campidanese *taccu* 'pezzo di ferro o bronzo in forma di dado conficcato in terra per trattenere un portone', un termine tecnico dei falegnami [DEI; DES]. M.

**tacò e capé,** locuz. (ligure-piemontese, a Novi Ligure). «Sposare una donna che abbia possibilità finanziarie maggiori dell'uomo» (Magenta 1970).

Letteralmente 'appendere il cappello' come fa colui che entra in casa d'altri. M.

**tacomàcio,** sm. (friulano). 'Cerotto, impiastro', anche *tacamaco, tacomaco.*

Italiano *tacamacca* 'resina ricavata dal calofillo, albero delle regioni tropicali', poi 'sostanza appiccicaticcia in genere', a sua volta di origine amerindia [DEI]. M.

**taconàr,** v. (veneto; friulano: *taconà*), 'coire'; (ladino centrale, in Val Badia: *taconè*), 'congiungersi carnalmente delle bestie', con i derivati scherzosi *taconadòra* in triestino per 'letto' e *taconadòrie* del friulano (a Moggio) per indicare «la panca di legno concava vicino al *fogolâr*, su cui sedevano una volta in Val d'Aupa i due fidanzati» (De Agostini-Di Gallo 1972).

Propriamente 'rattoppare' (dalla voce dialettale *tacón* 'toppa, rappezzo', a sua volta da *tacca* secondo Prati 1968, o dal francese antico *tacon, taconer* 'rappezzare' per il DEI); in questo significato il v. si trova anche in trentino, in emiliano, in piemontese [Doria 1978; Bondardo 1987]. M.

**taḍḍarìta,** sf. (calabrese, anche *larterida, attarica*; siciliano, anche *tardarita, trallaìtta, tuttaridda*). 'Nottolo, nottola, pipistrello'.

Generalmente si pensa a derivati del greco *nykterída, lykterída* 'gufo, civetta' per etimologia popolare, ma non è impossibile l'ipotesi della continuazione (con eventuale contaminazione con le voci greche) dell'arabo (africano) *ṭayr allayl* 'uccello nella notte' [Eggenschwiler 1934; DEI s.v. *tallarita*; Pellegrini 1972; Rohlfs 1977].

V. CONSOLO: *Trasalire nel portico pel volo di tardarite tra colonne* (*Il sorriso dell'ignoto marinaio*, Torino 1987, p. 58). C.

**taddèma,** sm. (siciliano). 'Aureola (sul capo delle immagini di santi)', 'cappello a larghe tese'.

Dal latino *diadēma* per via semidotta [Alessio 1976]. C.

**tàfa,** sf. (toscano, nel lucchese), 'manrovescio'; (piemontese), «pausa che provoca palpitazione di cuore; tremarella, battisoffia» (Brero 1982).

Voce di origine onomatopeica, da *taf*; ne dipendono anche l'emiliano (piacentino) *taf*, *tàfete*, il siciliano *taffi*, *tàffiti*, parole che esprimono il suono delle percosse. Di provenienza onomatopeica sono anche termini quali il veneto, veneto giuliano e friulano *patâf, patàfa* 'manrovescio, ceffone' e *patufâr* 'dare manrovesci' [DEI; REWS; Doria 1987]. M.

**tàffio,** sm. (campano), 'pranzo, pasto'; (laziale), 'cibo'.

Dal v. *taffià* 'pranzare, mangiare', diffuso, con varianti, in tutta Italia, dall'emiliano al siciliano, forse dalla base espressiva *taf-* [DEI]. C.

**tafìcchio,** sm. (campano, nel napoletano). 'Ano'.

Da una base onomatopeica *taf* alla quale si riconduce anche la voce gergale milanese *taf* 'sedere, deretano'; quest'ultima, in DEI s.v. *tafanario*, viene ricondotta invece al tipo lessicale *tafanàrio* 'deretano', anch'esso assai diffuso tra i gerghi ma anche in vari dialetti (e in altre lingue, come nello spagnolo *tafanario*), tra i quali il friulano ed emiliano *tafanari*, il calabrese *tafanàriu*, *tafanaru* col medesimo significato. Tale tipo pare da ricondurre alla parola *antifonario* 'il libro dell'ufficio' (in origine 'raccolta dei canti liturgici'; attestato nella forma *tefanariu* a Sulmona nel 1109) in senso traslato, date le dimensioni del libro, piuttosto che ad altri etimi che pure sono stati proposti (tra questi l'arabo *tafar* 'groppiera' e la base succitata *taf*). Secondo il DEI, dipendono dalla base *taf* anche voci come il corso *tafìcchju*, *tafone*, *tavanu* 'buco', il calabrese *tafagnu* 'buco, grotta oscura', il campano *tafóne* 'buco in un albero' [Salzano 1979; DEI]. M.

**tafùs,** sm. (piemontese). 'Trabocchetto, trappola', 'imboscata, tranello', 'carcere'.

Dall'aggettivo ebraico *tāphūs* 'arrestato', usato anche come sostantivo, 'prigione' [Biondelli 1853: 576; Ascoli 1861: 403; Fortis-Zolli 1979: 393-394]. C.

**tagàn,** sm. (ligure, anche *tacàn*; toscano: *tagano*), 'coltello a manico fisso'; (siciliano: *taganu*), 'sciabola turca a lama ricurva'.

Dal turco *yataġan*, diffuso dai porti liguri a quelli toscani [Cortelazzo 1965; Pellegrini 1972]. C.

**tagghiàrisi,** nella locuz. *tagghiàrisi i còrna* (siciliano). 'Vendicarsi di un'offesa'.

Letteralmente 'tagliarsi (o *sirràrisi* 'segarsi') le corna', che ben si comprende quando si aggiunga che si riferisce soprattutto all'uomo, che debba riparare all'errore commesso da una donna della famiglia [Alfieri 1980].

G. VERGA: *Vogliono sapere se è vero che la Lia se la intendeva con don Michele, e che suo fratello 'Ntoni abbia voluto ammazzarlo per tagliarsi le corna; me l'ha detto l'avvocato* (*I Malavoglia*, Milano-Napoli 1955, p. 383). C.

**tagièri,** sm. plur. (veneto: anche *tajèr* sing. o, con specificazione, *tagièro de vale* o *de aqua*; ticinese, a Lugano: *tajèo*). 'Ninfea bianca, *Nymphaea alba* L.'.

Dalla loro forma, simile a un 'tagliare'.

S. ZANOTTO: *guardava i tagiéri composti armoniosamente come in una stampa* (*Delta di Venere*, Milano 1975, p. 39). C.

**tagìna,** sf. (veneto centro-meridionale, anche *tajìna*). 'Pennato; coltello ricurvo per potare'; *taiéta* è il 'roncolo'.

Deverbale da *tagià(re), tajà(re)* 'tagliare' con suffisso. M.

**tagùgghia,** sf. (siciliano, anche *taùggia* e varianti). «Recipiente di terracotta col collo stretto, poco panciuto, per tenervi l'acqua» (Traina 1868).

Già attestata nel XVI sec. *taguia per vinu*, la voce è di etimo incerto; il DEI suppone che si tratti di un riflesso del latino parlato **tegulea [amphora]*, forma aggettivale costruita su *tegŭla* 'lastra per coprire' che ha dato l'italiano *téglia* 'tegame basso senza manico, per cuocere torte, biscotti o vivande in umido' (DELI). M.

**tài,** sm. (friulano). 'Bicchiere di vino: *un tài di blànc, un tài di nèri*, un bicchere di [vino] bianco, di rosso', si usa anche nella forma diminutiva *taiùt*.

Corrisponde al friulano *tài* 'taglio', nel senso di parte, di misura della mescita. M.

**taìbbu,** sm. (siciliano). 'Vino perfetto'.

Dall'arabo *ṭayyib* 'buono', 'che ha buon sapore', con riflessi anche nell'onomastica siciliana (*Taìbbi*) [DEI; Pellegrini 1972; Rohlfs 1977a]. M.

**tàicio,** sm. (ligure). 'Rustico, grossolano'.

Dal germanico **theudish* 'tedesco' (come nel piemontese *teic'* 'tedesco', spregiativo, e nel desueto *tàice* 'ballo contadino in tondo') [Plomteux 1975]. C.

**tajèr,** v. (romagnolo). 'Giocare a carte', in particolare alla bassetta.

Letteralmente 'tagliare' (da cui il diffusissimo sostantivo *tajè* 'bassetta': *żughè a tajè* 'giocare alla bassetta'), che in senso specifico indica l'operazione da parte di chi tiene il banco (e per questo chiamato anche *tajadór*) di togliere l'ultima carta del mazzo alzato da un giocatore e con essa tagliare il mazzo di carte per il mezzo.

A. PANZINI: *Gente simpatica, che come nobili non potevano lavorare, e pur volevano star bene: perciò si industriavano a tagliare alla bassetta* (cit. in GDLI II 89). C.

**tàittu,** agg. (siciliano). 'Stretto, attillato, elegante'.

Americanismo, che conserva il significato originale dell'inglese *tight* 'aderente, attillato', parola che ha subito quasi sempre uno spostamento di significato: fiorentino *tàitte*, napoletano *taittà* 'giacca, giacchettino', pugliese *tàete*, calabrese *tàit , tàitti, tàitu* 'busto' ed anche siciliano *tàitti* 'casacchino' e nel gergo di Palermo *tàitu, tàittu* 'culo' [Zamboni 1986]. M.

**tàju,** sm. (siciliano), 'terra o creta per farne muro, fango'; (calabrese), 'fango, terreno fangoso, mota, creta; pozzanghera'.

Più che un etimo arabo, la voce sarà da ricondurre all'antico francese *tai* 'fango' [DEI; Pellegrini 1972; Caracausi 1983]. M.

**talià,** v. (salentino; calabrese e siciliano: *talïàri*, nel calabrese anche *atalajari*). 'Vedere , scorgere, guardare': calabrese *talìja!* 'guarda!'.

Dall'arabo *ṭalāyiʿ* plur. di *ṭalīʿa* 'sentinella, luogo di vedetta' (in qualche caso, specie nelle forme con *at-*, per il tramite dello spagnolo *atalaya* 'sentinella, luogo di vedetta'), da cui i sostantivi calabrese *talàja* 'spia' (*fari a talàja*) e siciliano *talài* 'posto adatto per vedere senza essere visto' [DEI ss.vv. *atalaiare, talai*; Rohlfs 1972; Pellegrini 1972].

S. D'ARRIGO: *E allora talìa, talìami bene, scruta sti connotati, perché ora che seppi il tuo volere, il piacere di vedermi, te lo dò e non te lo dò più* (*Horcynus Orca*, Milano 1975, p. 365). C.

**taliàn,** sm. (veneto: Grado; trentino). 'Italiano meridionale'.

Propriamente *italiano* 'appartenente al regno d'Italia, regnicolo'. «Prima del 1918 questo termine aveva un significato di gran pregio e di sicuro affidamento. Dopo l'arrivo nel Trentino, al seguito delle truppe liberatrici, di elementi spregiudicati e arraffoni, si identificò nella voce *talian* un elemento spesso indesiderabile» (Bertoluzza 1992). C.

**talón,** sm. (piemontese), 'nei giochi di carte, l'ultima carta che prende', 'resto di carte dopo averle distribuite', 'il monte delle carte'; (veneto: Venezia) 'le carte di sotto del mazzo, che rimangono dopo d'esser state distribuite ai giocatori'; (veneto giuliano: Trieste), 'monte', gioco di carte, da cui la locuzione *mèter in talón* 'tenere in serbo delle carte forti', da impiegare nella fase conclusiva della partita e, per estensione, 'tenere qualcosa o qualcuno di riserva'.

«Null'altro che un italiano *tallone* preso in senso figurato» (Doria 1987). È da osservare, però, che *talon*, come voce propria della terminologia dei giochi, è presente fin dal Seicento, in Francia, e di qui può essere penetrata, assieme ad altre voci dello stesso settore, in Italia [FEW]. C.

**talpón,** sm. (veneto; veneto bisiacco; veneto giuliano; trentino; friulano occidentale; ladino centrale). 'Pioppo bianco, *Populus alba* L.'.

Voce di etimo incerto, si considera generalmente dipendente da una base prelatina; secondo un'altra ipotesi, il tipo lessicale è da confrontare con voci dialettali come il veneto *talpón, talpa*, il ladino centrale (Comelico) *talpa* 'ceppaia, tronco d'albero', il friulano *talp* 'pedale d'albero troncato', ricondotte a una base **talpa* prelatina; invece una connessione da altri proposta col termine *talpone* 'sorta di vitigno' attestato da Plinio non trova giustificazione. È, al contrario, interessante la presenza in area slava della forma fitonimica *topol* (sloveno), *topola* (croato) ecc. 'pioppo' con cui il *talpón* dell'area nord orientale sarà da collegare [DEI; Prati 1968; Skok 1971-74; Pellegrini-Zamboni 1982]. M.

**taluórno,** sm. (campano, nel napoletano, anche *latuórno*; abruzzese: *talùornë*; calabrese: *tal(l)ornu, latuornu, latuornë*). 'Seccatura, fastidio; pettegolezzo; piagnisteo', in calabrese anche 'lamentela delle prefiche, cantilena noiosa'.

Propriamente 'ritorno', nel senso di 'ripetizione' (→ *riépeto*) con dissimilazione *r-l* e con metatesi nelle forme del tipo "*taluorno*" [DEI ss.vv. *latòrno* e *talòrno*; Salzano 1979]. M.

**tamàrru,** sm. (calabrese; salentino; abruzzese e campano: *tamàrrë*). 'Villano, contadino', 'uomo grossolano e stupido', 'uomo assai rozzo'.

Probabilmente dall'arabo *tammâr* 'mercante di datteri'. La parola è entrata anche nell'italiano, nella forma *tamarro* con diverse sfumature di significato: 'zerbinotto di periferia' a Milano, *terrone* a Roma. La stessa origine hanno *tammalóne* (Vallo Lucano) 'fico non ancora maturo ovvero vizzo e che per esser tale si rassomiglia al dattero già maturo e secco', 'minchione' e probabilmente anche il veneto *tàmaro* (veronese) 'zenzero', (vicentino, veneziano) 'coriandolo' [Pellegrini 1972; Cortelazzo-Cardinale 1986]. M.

**tamàŝi,** sm. e agg. (lombardo alpino: Valtellina, Valchiavenna, anche *tamàŝu*). 'Stupido, poco intelligente, sciocco, buono a nulla', a Bormio *mus de tamàŝi* 'faccia da stupido'; (lombardo: *tumàs* agg.), 'babbeo'; (ligure: *tämasso*), 'uomo tozzo'; (ligure, in Val Graveglia: *tamasciòtu*) 'uomo tarchiato, basso ma molto robusto'.

Da *Tommaso*, nome dell'apostolo, con riferimento all'episodio della sua incredulità per la resurrezione di Cristo finché non gli ebbe toccato le ferite [Plomteux 1975; Bracchi 1987: 203]. M.

**tamàticu,** agg. (calabrese), 'borioso, vanitoso; (siciliano: *temàticu*), 'ostinato'.

Dallo spagnolo *temático* 'caparbio', un derivato di *tema*, che, dal significato di 'tema di conversazione', ha sviluppato quelli di 'idea fissa, mania', poi 'ostinazione' e, infine, 'opposizione capricciosa'. Una spiegazione alternativa è stata proposta da Valente 1995, il quale propende per una riduzione di *matematico*, che ha assunto in alcuni dialetti centrali il senso di 'stravagante, bisbetico' [DEI s.v. *temàtico*; Rohlfs 1977; Corominas; Michel 1996]. C.

**tamìŝo,** sm. (veneto, nel bellunese *tamìs*; friulano *tamḗs*; ladino centrale, nel Livinallongo: *taméi*, *taméis*). 'Staccio per la farina', in talune zone 'vaglio da grano, sorta di crivello per lo più rotondo costituito da un telaio in legno con un fondo a trama larga, utilizzato dopo la trebbiatura per una prima pulitura del grano'.

Derivazioni di una voce gallica *tamĭsium* 'staccio' continuata nelle parlate galloromanze (cfr. francese e provenzale *tamis* da cui l'italiano antico *tamigio* 'staccio', XVI sec. [REW; FEW; DEI; Pellegrini-Marcato 1988]. M.

**tammusièllu,** sm. (calabrese: Cosenza), 'stalluccio, stalla del maiale'; (abruzzese gergale: *tamùsce*) 'carcere, prigione'.

Le voci sono da connettere al siciliano *ddammùsu* 'volta, carcere, segreta; ripostiglio; stanza a pianterreno; casa di campagna col tetto a volta, adibita per tenervi attrezzi agricoli o, temporaneamente, prodotti del suolo', relitto dell'arabo *dammūs* 'caverna, grotta' che pare documentato anche nell'antico veneziano (a. 1272 *tamuse et alia edificia*) e che ha lasciato qualche traccia, oltre che nella penisola, anche nella toponomastica iberica [DEI ss.vv. *dammuso, tamusce*; Piccitto 1977; VES].

V. Consolo: *là nel dammuso, dov'erano sacchi stipati, bianchi e grassi come badesse* (*Le pietre di Pantalica*, Milano 1988, p. 15). – D. Maraini: *Il Capitano giustiziere consegna le chiavi del "dammuso" al duca Ucria che si sporge avanti fino a raggiungere un portoncino di legno dalle assi rinforzate* (*La lunga vita di Marianna Ucrìa*, Milano 1990, p. 13). – Ead.: *e Bagheria non esisteva ancora come villaggio ma era composta dai quartieri di servitù di villa Butera, dalle stalle, dai "dammusi", dalle chiesucole che il principe faceva costruire, a cui si aggiungevano ogni anno nuove stalle, nuovi "dammusi", nuove chiese e nuove ville di amici e parenti palermitani* (*Ibid.*, p. 111). M.

**tàmpa,** sf. (piemontese), 'fossa, buca'; in gergo: 'osteria d'infimo ordine'; (emiliano: San Secondo), 'buca per accogliere gli scoli del letame'.

Da un preindeuropeo **tana* 'caverna' con il suffisso egualmente preromano *-pa* [FEW].

C. Pavese: *Nell'autunno, di notte, il vecchiotto cammina, / ma non ha più la zucca, e le porte fumose / delle tampe dan fuori ubriachi che cianciano soli* (*Lavorare stanca*, Torino 1952, pp. 59-60). C.

**tampasiàri,** v. (siciliano). «Consumare il tempo a nulla» (Traina 1868).

Forma metatetica del siciliano *pantasiari*, *pantasciari*, *pantaciari* 'respirare con affanno; rantolare', a Bronte «fantasticare» (Piccitto 1990) che, come l'italiano antico *pantasciare* 'stare in apprensione, in pensiero', deriva dall'antico provenzale *pantaisar* (e antico francese *pantoisier*) 'sognare; avere allucinazioni; perdere i sensi; respirare con fatica', a sua volta da un latino parlato **pantasiāre* 'avere visioni', quindi essere soffocato dall'emozione. Prestiti galloromanzi sono anche il calabrese *pantacijà*, il veneto e trentino *panteŝàr*, il lombardo (valtellinese) *pantežàr* 'ansimare' [DEI; FEW; REWS; Rohlfs 1977a; Bondardo 1986]. M.

**tampùs,** sm. (veneto giuliano: Trieste; piemontese: *tambùŝo*; siciliano: *tompùssu*). 'Omicciattolo, nanetto'.

Dal nome d'arte di un celebre nano, *Tom Pouce*, passato anche in Italia verso il 1850 col famoso circo Barnum [DEI; Prati 1968; FEW]. C.

**tanabḕd,** sm. (romagnolo). 'Finto tonto, chi finge di non sentire'.

Letteralmente, *t'a n'abḕd*, cioè 'tu non badi, non dai retta': *avḗ e' tanabḕd* 'avere il difetto di non ascoltare' [Ercolani 1994]. C.

**tanàu,** agg. (sardo: Nule). 'Blu', *tanàu* nel sardo campidanese e *attanàu* a Fonni 'vestito di mezzo lutto violetto o bruno', *tanàtu* a Bitti 'livido'.

Dal catalano *tanat* 'di color lionato scuro' [DES; Giacalone Ramat 1978: 173]. M.

**tànca,** sf. (sardo logudorese e campidanese). 'Podere chiuso da siepi o da muriccioli'.

Derivato probabilmente dal catalano *tanca* 'parete o barriera che chiude campi, orti ecc.'; anche il sardo *tancare, tancài* 'chiudere' è dal catalano *tancar* col medesimo significato; pare da escludere che il sardo *tanca* sia voce autoctona, mancando qualsiasi testimonianza nei testi antichi [DES].

G. D'Annunzio: *Ora va, tornatene lassù; e in ogni primavera, quando la tua tanca s'empie d'asfodeli, accendimi un fuoco di lentisco sopra un nuraghe per memoria* (*Tragedie sogni e misteri*, I, Milano 1942, p. 1200). – G. Ledda: *Qualcuno però faceva eccezione, dicendo qualcosa che usciva fuori dal comune saluto, quasi imposto dalla circostanza. – Finalmente potrai lavorare la tanca con tranquillità – diceva uno* (*Padre padrone: l'educazione di un pastore*, Milano 1975, p. 14). – S. Satta: *Le frecce dell'orologio di Santa Maria giravano con inesorabile lentezza mentre Don Sebastiano stendeva i suoi atti, Don Pasqualino faceva i conti delle sue cento industrie, Don Ricciotti si macerava l'anima perseguendo il sogno di Loreneddu, Poddanzu e Dirripezza aspettavano l'elemosina, i contadini di Sèuna rotolavano coi loro carri sui macigni messi a nudo dalle piogge, i ladri di San Pietro seguivano le tracce delle greggi per le* tanche *incustodite, e Mons. Cannepa componeva le sue omelie* (*Il giorno del giudizio*, Milano 1979, p. 189). M.

**tànci,** escl. (valdostano, con varianti: *càince*, *tànchie*). 'Addio', formula di saluto, di congedo.

Dal latino *tantus*, come il francese antico *tant que*, in

origine 'finché, fino a che', sottintendendo un '... ci rivediamo' o simile [FEW; Frau 1993: 12]. M.

**tandarandàn,** sm. (lombardo, a Voghera; a Milano: *tanderandàn*, *tandàn*), 'citrullo, buono a nulla'; (piemontese: *tamnandàn*), 'tentennone'; (veneto, a Venezia: *tandàn* agg.), 'uomo sciocco e minchione'.

Probabili deformazioni della locuz. avverb. francese *en attendant* 'frattanto' (da *attendre* 'attendere') che è all'origine della locuz. piemontese *stè an atandàn* 'prolungare il tempo con dilazioni, non avere assegnamenti sicuri se non per tempo limitato' (LEI); dalla voce *tandàn* sarà tratta la locuz. veneziana *a la tandana* 'alla carlona', *omo a la tandana* 'uomo a pigione, spensierato' [Cherubini 1839-56; Boerio 1856; DEI s.v. *tandàn*; Gribaudo-Seglie 1972-75; Maragliano 1976]. M.

**tanfìno,** sm. (toscano: Chiusi). 'Carburante, benzina', 'petrolio', 'fiammifero'.

Sta per → *canfino*, di cui ha circoscritto il generico significato primitivo di 'liquido combustibile per illuminazione'. C.

**tànnu,** sm. (corso), 'arbusto'; (laziale: Castel Madama; a Ronciglione, al plurale: *tanì*), 'tralcio di vite in erba'; (abruzzese: *tannë*), 'erba che si alza per fare il seme', 'tralcio'.

Dal latino *thallus* 'stelo', anche se dà da pensare l'uniformità delle forme con *-nn-*, che dovrebbero derivare da una variante non attestata **thannus* [REWS]. C.

**tannùra,** sf. (siciliano). 'Fornello, braciere, vaso di terracotta con carbone acceso che funziona da braciere; focolare per cucina; cucina'.

Dall'arabo *tannūr* 'fornello', 'stufa'; ne dipende anche il veneziano antico *tandur* 'sorta di stufa vecchia' [Traina 1868; DEI; Pellegrini 1972].

V. CONSOLO: *Fecero tannùre con le pietre, accesero frasche e legna, formarono la brace, arrostirono sopra le gratiglie le sosizze, costole e stigliole d'agnello e di maiale* (*Le pietre di Pantalica*, Milano 1988, p. 51). M.

**tanquà,** sm. (corso). 'Spaccone'.

Dalla congiunzione latina *tamquam* 'quanto, come', quale simbolo della boria e dell'alterigia dei saccenti, come è avvenuto per l'italiano *stare sul quamquam* 'essere pieno di sussiego' e *protoquanquam* 'sopracciò', dove ad essere messa alla berlina è l'altra congiunzione *quamquam* 'quantunque' [Salvioni 1916a]. C.

**tantàre,** v. (calabrese; pugliese, nel tarantino, e salentino, anche *attëntà*, *attëndà*, *attandà*; campano: *attandà*). 'Tastare; dare noia'.

Voci sorte dall'incontro del latino *temptāre* 'toccare; tentare' con il latino parlato **tastāre* 'tastare'; il DEI registra anche un istriano *tantàr* 'irritare' [Nittoli 1873; DEI s.v. *atantàr*; Rohlfs 1956; REWS]. M.

**tantìllo,** agg. e avv. (campano, nel napoletano), 'piccolino, tantino, pochetto'; (calabrese: *tantillu*, *tantiḍḍu* come agg.), 'piccino, svelto'.

Dal latino *tantillus* agg. 'tanto, così piccolo' e *tantillum* sm. 'un tantino' [DEI; Rohlfs 1977; Salzano 1979]. M.

**tap,** sm. (ticinese: Briasca). «Tavola di legno a forma di cuore che per evitare la croce si mette sulla tomba delle persone che vogliono esser sepolte con funerali civili», usanza isolata in tutto il territorio svizzero (Magginetti-Lurati 1975).

Letteralmente 'assicella'. C.

**tàpari,** sm. plur. (piemontese; corso: *tàppanu*, *tàbanu* sing.; ligure: *tàpani*; sardo logudorese e campidanese: *tàp(p)ara*). 'Cappero, capperi'.

Dal latino *capparis* (a sua volta dal greco *kápparis*) 'cappero', con mutamento della consonante iniziale che si ritrova anche nell'antico provenzale *tapera*, provenzale *tapero*, catalano e aragonese *tapara* (da questa forma dipende il sardo), voci con le quali le varianti italiane sono in collegamento [FEW; DEI s.v. *tàppano*; DES]. M.

**tapèla,** sf. (lombardo). 'Battola del mulino', da cui il lombardo e ticinese 'raganella, che si batte il venerdì santo' ed anche 'parlantina', secondo un passaggio avvenuto anche per il veneto → *bàtola*.

Forse da una base diffusa, di origine sconosciuta, *tap(a)* 'asse, scheggia di legno', anche se non spiega certe varianti (lombarde) per 'raganella' (*tarapèla, trampèla*, AIS) [Valente 1995].

A. MANZONI: "*Eh! eh! che tabella hanno questi di fuora!*" – *disse un altro* (*Fermo e Lucia*, Milano 1954, p. 460). C.

**tàpo,** sm. (veneto: Grado), «specie di isolotto, prodotto da affioramento d'argilla in mezzo alla laguna, a volte coperto di vegetazione erbacea» (Rosamani 1958); (umbro), 'poggetto, rialzo di terra'.

Probabile voce preromana, come altre affini (piemontese *tap*, calabrese e siciliano *tappa* 'zolla erbosa') [DEI].

G. D'ANNUNZIO: *Sette uomini dei lidi, raccoglitori d'alga, passando con la barca lungo una barena, scoprirono il corpo d'un annegato che giaceva sul fianco tra i fiori di tapo, deposto dalla magra* (*La Leda senza cigno*, in *Prose di romanzi*, II, Milano 1942, p. 1337). C.

**tappacùru,** sm. (laziale: Castel Madama), 'inganno, fregatura'; (abruzzese: *tappaculë*), 'perdita grave in commercio'.

Come nell'italiano familiare e dialettale *inculata*, da *tappà* 'tappare' e *curu*, *culë* 'culo'. C.

**tappìna,** sf. (calabrese; siciliano). 'Pantofola, pianella'.

Secondo il DEI è voce proveniente dall'area settentrionale, dal piemontese *tapìn* 'pattino' variante di *patìn* di analogo significato, a sua volta dal francese e provenzale *patin*. M.

**tarabàne,** sf. (friulano). 'Gramigna comune, *Poa trivialis*', ma la denominazione è attribuita anche ad altre piante (*Hedera helix*, *Lolium perenne*), in qualche località anche *tarpàna*; *tarabàn* (friulano) 'terreno coperto di zolle erbose' e 'piota, zolla erbosa'.

Le voci, che non paiono avere riscontro in altre aree linguistiche italoromanze, se non nell'italiano *tàrpano* 'rozzo, zotico' (di origine incerta), sono di etimologia piuttosto complessa. Una prima ipotesi richiama lo sloveno *trban* 'ciocco mal squadrato; idiota; zotico'. Ma riscontri più puntuali con termini botanici quali, ad esempio, il neerlandese *tarwe* 'frumento; gramigna', l'inglese *tare* 'zizzania', consentono di supporre anche per le voci friulane un antico prestito riconducibile al fitonimo germanico **taruō*, attraverso una forma gotica **tarwa*, con il suffisso romanzo *-ana* [Pellegrini-Zamboni 1982: 375]. M.

**tarabùcciulu,** sm. (sardo gallurese, nel sassarese: *tarabuzzuru*, *tiravùcciu*; corso: *talbùciu* e varianti). 'Asfodelo'.

Dal latino *albūcium* 'stelo dell'asfodelo; asfodelo' incrociato con ignota parola preromana (→ *avùzzu*) [DEI s.v. *armuttu*; *bafaluco*; DES; LEI]. M.

**taradél,** sm. (lombardo settentrionale). 'Succhiello; mestone; batterella', anche *taradéla* sf.

Dalla voce latina, di origine gallica, *taratrum* 'trapano', ma con un incrocio con i riflessi del latino *terĕbĕllum* 'trivello' rappresentato, oltre che da *trivella, trivello* dell'italiano, da varie forme dialettali, tra cui *tanavèl, tanavelìn* nel lombardo. Il gallico *taratrum* è continuato nel galloromanzo, iberoromanzo e retoromanzo, ad esempio nel francese *taraud* 'trapano' col v. *taraudèr* 'trapanare', passati al piemontese *taràud* e *taraudè* con analogo significato [AIS; DEI s.v. *taladro*; FEW]. M.

**taravèḍḍa,** sf. (calabrese settentrionale). 'Membro o altro oggetto storto e irregolare'.

Secondo DEI e Rohlfs 1977, la parola è da ricondurre all'antico provenzale *taravela* 'succhiello, trapano' (a sua volta dal latino *terĕbĕlla* 'trivella' diminutivo di *terĕbra*) passato anche al piemontese *taravèla* 'loquacità, persona loquace', significato traslato determinato dal rumore continuo dello strumento. M.

**tarèf,** agg. (piemontese), 'bacato, tarlato', 'leggermente indisposto'; (emiliano: Ferrara, a Reggio Emilia: *tarìf*), 'fradicio, putrido'; (toscano: *tareffe*), 'debole', 'cattivo'; (romanesco: *tarèf, tarèffe*), 'cattivo'; (veneto, a Vittorio Veneto, sm.), 'flusso mensile delle donne' e, nella variante *tarèfo*, 'dente guasto'; (veneto giuliano, a Trieste: *tarèf*, del gergo ebraico), 'impuro'.

Dall'ebraico *ṭārēph*, propriamente 'sbranato, dilaniato', poi 'cibo vietato' attraverso il significato intermedio di 'carne illecita, non macellata secondo il rito, o di animale infetto', di larghissimo impiego nel giudeo-italiano [Biondelli 1853: 289; VEI; Fortis-Zolli 1979: 400-401; Massariello Merzagora 1980: 130; Marri 1986: 108; Doria 1987]. C.

**targìa,** sf. (calabrese). 'Letargia, sonnolenza'.

Dall'italiano *letargia* 'stato ipnoide morboso', con aferesi della prima sillaba; nel toscano (Livorno) è attestata l'espressione *sonno targo* 'sonno duro, profondo' da *letargo* [DEI]. M.

**tarmà,** v. (abruzzese; molisano; laziale; campano settentrionale). 'Gelare', anche *darmà*.

Derivato del latino *trama* 'trama', perché l'immagine degli effetti del ghiacchio ricorda una trama [Alessio 1976]. M.

**tarmenà,** v. (friulano). 'Muoversi qua e là in uno stesso luogo; agitarsi; arrabattarsi', anche *termenà*.

Parola da confrontare con l'italiano *turbinare* 'girare vorticosamente' e, come questo, da derivare da un latino tardo **turbinare* (dal latino classico *turbo, -ĭnis* 'bufera', 'movimento vorticoso') [DEI; Pellegrini 1992: 138]. M.

**tartàifel,** sm. (veneto e veneto giuliano). 'Diavolo'.

Dal tedesco *der Teufel* 'il diavolo'; come intercalare, era usato frequentemente nel linguaggio militare asburgico e corrispondeva a 'al diavolo'. Da *Teufel* proviene il trentino *tàifel* 'diavolo'. La voce *tartàifel* si trova usata anche nel sonetto 53 del Belli: "Tartaifel, sor paìne, / Pss, nun currete tante, ché so stracche". M.

**tartàn,** sm. (ligure: Pigna), 'pezzuola, per lo più di lana, usata dalle donne per fasciarsi il collo'; (ligure: Val Graveglia), 'specie di flanella o cotone grosso per camicie, lenzuola e simili'.

Nome inglese di un tessuto molto diffuso, usato specialmente nella confezione dei gonnellini scozzesi; probabile un intermediario francese [Merlo 1941-57; Plomteux 1975; DELI]. C.

**tàsco,** sm. (campano, nel napoletano, calabrese e siciliano: *tascu*). 'Casco, elmetto; cappello tondo e nero'.

Da *casco* per dissimilazione (*t* > *c*) [DEI]. M.

**tàssa dei quattro-piédi,** locuz. sostant. (umbro, nel perugino). «Tassa sul bestiame» (Catanelli 1970).

Da *quattro-piédi* 'quadrupedi'. M.

**tassàri,** v. (calabrese, a Briatico), 'avvelenare l'acqua del fiume col tasso per prendere i pesci'; (siciliano: *attassari*), «avvelenare con diverse specie di euforbia o con altre piante le acque di un tratto di fiume o di uno stagno per stordire e catturare i pesci o le anguille» (Piccitto 1977), con traslati come 'agghiacciare, lasciare impietrito'; (abruzzese: *tassà*), 'stordire con un pugno sul capo; tramortire'.

Da "tasso" *thapsia asclepium*, fitonimo che continua il latino *thapsus*, pianta velenosa con cui si stordiscono i pesci [DEI]. M.

**tastaggiónë,** sm. (lucano, con varianti; salentino *stajune, stigghiune*; calabrese settentrionale: *pistigghiónë, tastagliónë, tartigliunë* e varianti; sardo campidanese: *pistillòni, pistiggiòni*). 'Stellione, geco', in qualche località anche 'lucertola'.

Tipo lessicale che continua il latino *stellio, -ōnis* 'geco', incrociatosi con altre voci. Nel caso del lucano e calabrese si è voluto vedere l'intrusione di "*tastare*" (DEI), mentre per il sardo ed il calabrese *pistigghiónë* sono state proposte varie ipotesi. Una di queste si basa sul latino *pustella* 'pustella', con allusione ai bitorzoli del corpo di questo rettile (DEI); un'altra invece sul latino *pistillum* e *pistare* «che non solo soddisfa le forme sarde e calabresi, ma che si basa anche sul fatto che diversi animaletti hanno nomi derivati da questa base, come il piem.[ontese] *pistùn, pistón* 'libellula' [...] e nomi del girino delle rane, tutti chiamati così perché hanno la testa grossa e mozza» (DES) [AIS; DEI s.v. *pistiglióne*]. M.

**tàta,** sm. (lombardo; friulano; laziale: *tata*; abruzzese: *tada, tatà*; campano, pugliese e lucano: *tatë*; salentino: *tata*; calabrese: *tatë, tata*). 'Padre'.

Dal latino *tata*; la forma abruzzese presenta spostamento dell'accento sulla seconda sillaba per tramite del linguaggio infantile [Tappolet 1895; AIS; REW]. M.

**tatàu,** agg. (veneto giuliano). 'Sciocco, imbecille, tonto'.

Ampliamento scherzoso di *tato*, voce infantile per 'bambino', ma anche 'sempliciotto, cretino' [Doria 1987].

F. TOMIZZA: – *Il giorno delle nozze della sua amata, lui sempre muto come una trota, si sparò alle tempie. – "Bel tatàu!" siglò la signora* (*L'amicizia*, Milano 1980, p. 103). C.

**tàulic,** sm. (veneto giuliano e istriano, con varianti). 'Chi è dichiarato abile alla leva'.

Dall'aggettivo tedesco *tauglich* 'abile, idoneo'. C.

**taumatùrco,** sm. (campano, in Irpinia), «scimunito, dappoco» (Nittoli 1873); (calabrese: *taumaturgu*), «eremita, misantropo» (Rohlfs 1977).

È l'italiano *taumaturgo* 'operatore di miracoli', entrato nei dialetti con un trasferimento semantico e con accezioni negative [Bracchi 1987]. M.

**tavè,** v. (piemontese: Valsesia). 'Fondersi della neve', accanto a *tavarőt* 'pezzo di terra che riappare dopo lo sciogliersi della neve'.

Come *taf* di Val d'Ossola ('luogo dove la neve si è sciolta'), deriva dal latino *tabēre* 'fondersi, liquefarsi', ma anche 'sciogliersi della neve' [REW; REWS]. C.

**tavèla,** sf. (ladino centrale: cadorino; friulano: *taviele*) 'campagna coltivata pianeggiante'.

Dal latino *tabella* 'piccola tavola', che sopravvive in alcune locuzioni, come nel ladino centrale (Ampezzo) *sì fora par ra taèla* 'amoreggiare', 'corteggiare', cioè 'andare in camporella' (e, perciò, il modo è noto e usato anche dai giovani d'oggi), e come nel Comelico *dì ntórn tavélä* 'seguire la processione che in primavera va a benedire le campagne', figuratamente, 'andare avanti e indietro, fare dei lunghi giri' [Tagliavini 1988; Girardi 1991: 237]. C.

**tavolàta,** sf. (campano, a San Mango sul Calore). «Statue di cartapesta, raffiguranti episodi della Passione di Gesù, raggruppate su un'unica piattaforma di legno (tavola), portata in spalla da quattro persone, ragazzi per lo più, il venerdì santo in occasione della processione dei misteri» (De Blasi 1991).

Da *tavola*. M.

**tavulìgghia,** sf. (siciliano). «Ognuno di quei regoli piatti che formano la persiana: stecca» (Traina 1868).

Secondo il DEI si tratta di un prestito adattato dallo spagnolo *tablilla* 'tavoletta in genere'. M.

**tavulĩni, li-,** sm. plur. (galloitalico: Tito [Basilicata]). «Tavolini ricoperti con un drappo ricamato, coperta e sim., ornati di fiori che ragazzi e donne povere ponevano lungo il percorso di un corteo nuziale. Gli invitati, passando, prendevano un fiore e lasciavano un'offerta in denaro» (Greco 1991).

Plurale del dialettale *tavëlìnë* sm. 'tavolino'. M.

**téa,** sf. (ligure: Pigna; ticinese: *téia* o al masch. *té, téu*), 'facella di pino usata per far lume'; *téa* (ligure occidentale), 'resina di pino'.

Da un latino parlato **tēda* per il classico *tǣda* 'torcia' [REW; Merlo 1957; REWS; Azaretti 1982]. C.

**teàtro Bianchini,** locuz. (veneto; veneto giuliano; emiliano, a Bologna: *teatro Bianchetti*). 'Letto', nella locuz. *andare al teatro Bianchini* (variamente completata: *con la testa sora i cusìni* e simili).

Da *bianchino*, com'è denominato il 'lenzuolo' in vari gerghi. Analogamente nel Mantovano *andàr a catàr Bianchini* e in Toscana *teatro Materassi* [Cortelazzo 1991]. C.

**técchio[1],** agg. (toscano; corso), 'grasso, sodo', quasi esclusivamente nell'espressione *bello tecchio*; (sardo gallurese e sassarese: *técciu*; ligure: *técio*), 'sazio'. Di qui il denominale *tecchià* (corso; ligure *teciàse*) 'saziarsi, godersi di una cosa'.

Dal longobardo **thichi* 'grasso' [DES; Rohlfs 1979; Nocentini 1983: 31]. C.

**técchio[2],** sm. (toscano; umbro; abruzzese: *técchië*). 'Grosso pezzo di legno, ciocco'.

Dal latino *tĭtulus*, che ha assunto questi ed altri simili significati, come 'cippo confinario', rimasto, per esempio, nel nome locale padovano *Téolo*, ora pronunciato *Teólo* per attrazione del suffisso *-ólo* [Rohlfs 1979; *Dizionario di toponomastica*]. C.

**tècia,** sf. (ligure-piemontese: Novi L.), 'nicchia, riparo, anfratto'; (lunigianese), 'grotta, parete di roccia, riparo sotto una roccia; (toscano: Carrara), 'orlo di una rupe tagliata a picco specialmente nelle cave di marmo'.

Forse dal latino *tecta* 'copertura' [REW]. C.

**tefelìn,** sm. (lombardo: Mantova). «Specie di stola che mettono i rabbini nelle loro sinagoghe. È di panno bianco e nero con frangia» (Barozzi-Beduschi 1982).

In realtà il sm. plur. ebraico *tefilìn* vuol dire 'filatteri', costituiti da due scatolette nere di cuoio, che si allacciano sulla fronte e sul braccio sinistro; nel loro interno contengono rotolini di pergamena con passi del Pentateuco. C.

**tégio,** sm. (veneto; lombardo: *téja* sf.; emiliano e piemontese: *tia* sf.). 'Fibra della canapa'.

Dal latino *tĭlia*, **tĭliu*, che, oltre che 'tiglio', significa anche 'filo di tiglio' [REWS]. C.

**tegnè la càute,** locuz. (pugliese: Grumo Appula). 'Essere il figlio più vezzeggiato, perché arrivato per ultimo'. Quando nasce un altro bambino, allora *se pèrde la càute*.

Letteralmente 'avere la coda', riferimento figurato alla coda, come appendice finale. C.

**telàr,** v. (veneto). 'Scappare'.

Voce di uso anche gergale, secondo Pellegrini (1995: 136) è da ricondurre, insieme con il toscano *far téla* 'scappare' (espressione usata anche in area emiliana, romagnola, marchigiana), al gotico *tilon*, *telon* 'affrettarsi'.

Per il DEI invece viene da *tela* adoperato nel significato di 'vela'; perciò si tratta di un equivalente di "far vela". M.

**tèla rùsa,** locuz. (veneto: veronese). 'Tela ruvida'.

Non da *rùso* 'russo', che difficilmente spiegherebbe l'isolato sintagma, bensì da *rùsa* 'rovo, pungitopo', diffuso anche in vicentino, padovano e veneziano, dal latino parlato **ruscia*, un derivato di *rūscum* 'pungitopo' [Prati 1968; Bondardo 1986]. C.

**tëllëcà,** v. (abruzzese, anche *cillecâ*; campano, a Montella: *teḍḍrecà*, e a Napoli: *tellecàrë, cellecàrë*; salentino: *titiḍḍicàre*; lucano: *tëḍḍecà, tiḍḍicàjë*; calabrese: *zillicàre*; siciliano: *tiḍḍicàri, ziḍḍicàri*). 'Solleticare'.

Dal latino tardo *titillicāre*, derivato dal verbo di origine espressiva *titillāre* 'fare il solletico' [REW; DEI; REWS].

F. MASTRIANI: *Allorché il funzionario fu lontano un buon tratto, l'accenditore, stando ancora con un piede sul penultimo piuolo della scala, tornò a canterellare «Chelle che tu me dice». I due che si erano gittati nel macchione ne risbucarono al risentire la voce del compare. – Neh, Tallecariello, è lontano il gatto? – domandò quegli che portava il fagotto* (*I misteri di Napoli*, Firenze 1966, vol. I, p. 6). M.

**tèllo,** sm. (toscano; umbro; laziale: *tìiu*, a Cervara *sottotìgliu*). 'Ascella'.

Come l'italiano antico *ditello*, l'abruzzese *detéllë, ditallë*, dal latino *titĭllus*, propriamente 'solletico' (dal verbo di origine espressiva *titillāre*), che le mamme fanno ai bambini sotto le ascelle [REW; Zanchi Alberti ]. C.

**tèm,** sm. (lombardo, anche *tièm*; veneto: *tiemo*; emiliano: *trèm*), 'casotto della nave, pagliolo di poppa'; (ticinese), 'lungo legno orizzontale che unisce nel mezzo gli archi sostenenti la tenda di una barca'.

Dal latino *tĕgimen* 'copertura' (e non dalla variante *tĕgmen*, che non spiegherebbe il dittongo); dalle voci dialettali dipendono come denominali l'emiliano *timàr*, *atimè*, il mantovano *timàr* 'coprire una barca o un veicolo con una coperta' [*Dizionario di marina* 1937; DEI ss.vv. *atimè*, *tiemo*]. C.

**temènde,** v. (laziale: Castel Madama), 'guardare'; (abruzzese: *tem(m)ènde*, *tenëmèndë*, escl.), 'guarda bene!', 'bada!'.

Alla lettera 'tenere (*tené*) a mente (*mènde*), 'fare attenzione' C.

**tempőri,** sm. (lombardo, a Pavia: anche *tampőri*). «Piatto di erbe varie dei campi, lessate e poi strette a palla e fatte friggere nell'olio» (Galli 1965).

«Si preparava d'inverno nelle nostre campagne per i giorni di lutto, in quaresima o nelle *sacre tempora* [*tàmpura, témpura*], donde il nome» (Galli ibid.). C.

**témpura,** sf. (lombardo: Pavia; a Canzo, nel comasco: *i témpur da dižũn*). «Digiuno che si fa al principio di ogni stagione, od in occasione di altre solennità religiose» (Annovazzi 1934).

Dal nome dialettale (*témpura*) delle quattro tempora, pia pratica spirituale e corporale. C.

**tëngà,** v. (abruzzese, nel chietino). 'Bacarsi', col deverbale *tènghë* 'punteruolo dell'uva, del grano, *Calandra granaria*'.

Da un latino parlato **tinicāre*, da *tinea* 'tignola' [DEI; Giammarco 1979 e 1985]. M.

**tennécchia,** sf. (campano). 'Tralcio, sarmento, ramo di vite teso da un palo all'altro'.

Deriva dal latino *tendicŭla* 'corda tesa, laccio', base riflessa anche in altre voci dialettali, come il calabrese settentrionale e siciliano *tin(n)ìgghia* 'profime dell'aratro', l'emiliano (Lizzano) *tendécchi* 'ferri per tener distesa la tela', il lombardo (bergamasco) *tendégia* e (Valvestino) *tandìc'*, il trentino (Giudicarie) *tandöcla* 'tempiale, elemento del telaio con cui si mantiene teso il tessuto che si sta tessendo nel verso della larghezza' [DEI; REWS]. M.

**tëntazziṓ,** sf. (galloitalico: Tito [Basilicata]). 'Persona insopportabile'.

Uso figurato dell'italiano *tentazione* [Greco 1991]. M.

**tènte,** sf. plur. (calabrese settentrionale). «Dande, cinghie per sorreggere i bambini» (Rohlfs 1977); sono chiamate anche *tenute*.

Dal latino *tentus* part. pass. di *tendĕre* e di *tenēre* secondo il DEI, mentre Rohlfs (ivi) ricostruisce un latino *tendita*, ipotesi non necessaria (si noti che in calabrese 'tenere' è presente sia in forma *tènere* che *tenìre*). M.

**tentùra,** sf. (sardo: Orgosolo), 'farina di terza qualità'; (sardo: logudorese settentrionale), 'cruschello, pan bruno'; (sardo, nel Sarrabus: *tentùra* o *pan e dentùra*), 'pane bianco che si distribuisce fra i poveri il trentesimo giorno dopo la morte di un familiare'.

*Tentùra* è propriamente il sostantivo tratto dal verbo *tènnere* 'tenere' (forma logudorese; quella campidanese è *tènneri*; dal latino *tenēre*) e potrebbe significare 'quello che si ritiene per una speciale occasione' [DES]. M.

**teòllicu,** agg. (marchigiano: Macerata, anche *tiòllucu*; abruzzese: *tijòlece*). 'Saccente, vanitoso'.

Estensione figurata del significato di 'teologo'. Un analogo passaggio è avvenuto col greco *prôtos* 'primo (di un'arte)', che ha dato origine al veneto *spròto* 'saputello, saccentone' [REWS; Cortelazzo 1970]. C.

**té pùzzi fà gàma,** inter. (laziale: Arsoli). 'Imprecazione': 'che tu possa diventare polvere'.

In realtà la *cama* è la 'loppa', la 'pula del grano' in buona parte dei dialetti meridionali fino al campano ed al pugliese (→ *càma*²). C.

**téra,** sf. (piemontese: Alba; emiliano: anche *tìra*; ligure, a Pigna: *téira*, a Taggia: *téia*), 'serie di persone o cose poste in fila'; (lombardo: *tira*), 'aiuola', 'spazio di terra fra solco o solco o fra filari di vite'.

Dal francone **terī* 'fila ordinata', da cui anche, col suffisso *-ata*, il ventimigliese, a Rocchetta Nervina, *teirà* 'lunga fila, grande quantità' [REW; Merlo 1941-57; REWS; FEW]. C.

**terìa,** sf. (sardo centrale, anche *zherìa, zhirìa*). 'Specie di ginestra spinosa', nome molto frequente anche nella toponomastica.

Di probabile origine preromana [DES].

G. DELEDDA: *Ecco* l'ispidda, *la* lua *e la* tiria*: adesso vado in cerca dell'erba 'e* bentu (*Romanzi e novelle*, IV, Milano 1955, p. 486). C.

**terìbol,** sm. (trentino). 'Turibolo'.

Dalla voce dotta *turìbolo*, non intesa popolarmente e resa, quindi, più significativa, quale sinonimo di 'terribile', come è accaduto anche altrove e in italiano stesso. C.

**terlìs,** sm. (emiliano, nel bolognese). 'Lattata di gesso che si fa nei solai invece del mattonato'.

Etimologicamente è come l'italiano *traliccio* 'tela grossolana, trama' e *(in) tralice* nel senso '(di) traverso', dal latino *trilix-, -īcis* 'a tre fili, di triplice tessuto', col derivato **trilīcius*, con sviluppo di significati secondari [Aureli 1851; DEI]. M.

**tèrmitë,** sm. (pugliese; salentino). 'Olivo selvatico'.

Dal latino *tĕrmes, -ĭtis* 'ramo staccato, soprattutto di olivo', probabilmente di provenienza straniera [REW; Rohlfs 1959]. C.

**ternegà,** v. (lombardo, anche *tarnegàr*, *sternegàr*; emiliano, nel piacentino: *tarnegà*; trentino: *stenegàr*; veneto, nel polesano: *stenegare, stanegare*). 'Soffocare, ammorbare, stomacare'.

Dal latino *necāre* 'uccidere, far annegare' attraverso un derivato *internecāre*, e con *s-* dal valore negativo-rafforzativo [DEI s.v. *tarnegà*; REWS]. M.

**ternì,** v. (piemontese). 'Appannare, offuscare', e nella locuzione *ternì la riputasión* 'macchiare la fama'.

Dal francese *ternir* 'rendere oscuro', 'perdere il proprio prestigio', di origine germanica (in antico francone orientale **tarnjan* 'oscurare') [FEW]. C.

**térnu,** sm. (sardo). 'Paramento sacerdotale per la messa solenne'.

Dallo spagnolo *terno* 'assieme di tre elementi di vestiario' [DES]. C.

**tërócciolë,** sm. (campano; pugliese *tròcialu*, *tròzzë*; lucano: *taròzz*; calabrese: *tròcciula*, tutte con numerose varianti). 'Carrucola', 'puleggia'.

Dal latino *trochlea* 'carrucola', 'argano', o, secondo il Merlo, **trochea* [REW; REWS].

R. NIGRO: *un uomo calvo e nero come la tentazione gridava ad un paio di aiutanti di sbrigarsi ad issare fascine e cepponi con le terozze* (*Dio di Levante*, Milano 1994, p. 73). C.

**terràcca,** sf. (sardo, nel nuorese). 'Serva'.

Dal sardo *terra* (dal latino *terra*) con suffisso, da confrontare con altre forme del sardo antico quali *terrale* 'rustico, servo, colono che tiene terra in affitto dal signore', *terrazzola* 'serva' (v. DES; *terràcca* non risulta attestato in vocabolari sardi).

S. SATTA: *Non bastavano quelle miserabili fonti alla periferia del paese, Obisti, Istiritta, dalle acque freschissime che nel crepuscolo le serve* (sas teraccas) *portavano a casa nella anfore posate lievi sulla testa, appena protetta da un cercine?* (*Il giorno del giudizio*, Milano 1982, p. 20). M.

**terramànna,** sf. (sardo). 'Il continente italiano'.

Letteralmente 'terra grande', denominazione già attestata nel sardo antico ed ancora usata accanto a *terravrìmma* 'terraferma'; i continentali si chiamano di conseguenza *terramannésos* [DES].

C. LEVI: *Così anche Cagliari appare, piena di questi contrasti, a chi appena vi scenda, dopo un'ora e mezza di volo, venendo dal Continente, dalla* terra manna, *tra lo stagno di Elmas e le saline* (*Tutto il miele è finito*, Torino 1974, p. 7). M.

**tervèli,** sf. plur. (emiliano: Parma). 'Travagli, dispiaceri', 'sfortuna'.

Propriamente 'trivelle', che penetrano nell'animo e tormentano. C.

**tërzérë,** sm. (abruzzese, nel chietino). 'Tovagliolo'.

Di origine non chiara, dato che può dipendere dall'antico francese *tergeoir*, *tersoir* o *torchiere* 'tovagliolo per asciugare', oppure dal latino **torquēre* 'girare' o *tergēre* 'tergere' [REW; REWS; DEI s.v. *terzère*, *turzère*; Giammarco 1985]. M.

**tesàdro,** sm. (trentino; lombardo: *tesàder*, *tesciadro*). 'Tessitore'.

Riflette un latino medievale *texator* 'tessitore' (attestato a Bassano nel 1295); da *texarius*, *tessarius* (in documento bolognese del 1372) dipende il veneto *tesèr* [DEI s.v. *tessàdro*]. M.

**tèšta d minìštar,** locuz. sostant. (lombardo: Oleggio). 'Sciocco'.

Letteralmente 'testa di ministro', crudo giudizio popolare di una carica così importante: mancano, tuttavia, i precisi riferimenti storici, che l'hanno ispirata. C.

**tèsta d-ušé,** locuz. (ligure-piemontese: Novi Ligure). «Termine usato dalle sarte per definire i nodi grossi e mal fatti delle principianti» (Magenta 1970).

Propriamente 'testa d'uccello'. M.

**tḗtunë,** sm. (lucano: anche *tḭtëlë*; pugliese: *tìtëlë*). 'Pietra di confine fra due poderi', 'confine'.

Dal latino *tĭtulum* 'segno (di confine)', che rappresenta un esito diverso da quello del tipo *técchio* (REW) e si accosta, invece, direttamente al toponimo *Teolo*, relativo a località posta al confine fra i territori di Padova ed Este, dove è stato ritrovato un cippo confinario. Col tempo l'accento (*Téolo*) è stato spostato ed oggi la pronuncia corrente locale è *Teólo* [REW; *Dizionario di toponomastica*]. C.

**teulàda,** sf. (sardo campidanese). 'Tetto delle case'.

Dal catalano *teulada*, che continua il latino *tegulāta* 'copertura di tegole' [DES; Alcover-Moll]. C.

**té(v)ere,** sm. (umbro, nel perugino). 'Canale che supera la larghezza e la profondità di un comune fosso'.

Dal nome del fiume *Tevere* impiegato come appellativo [Moretti 1977]. M.

**tibé,** sm. (lombardo; campano, a Napoli: *tibbè*). 'Tipo di stoffa'.

Sta per *(lana del) Tibet*, ma l'accento denota un tramite francese [Cherubini 1839-56; Andreoli 1887; Galli 1965]. C.

**tìbi,** sm. (piemontese; lombardo), 'rabbuffo'; (ligure: Genova), 'denaro' nella locuzione *avéi di tìbi* 'avere molto denaro'; (lombardo: Milano), 'congedo' nella locuzione *dà el tìbi* 'licenziare' e a Como *dag ol tibi* 'dare lo sfratto, scacciare'.

Dal latino *tĭbi* 'a te', usato scherzosamente in ambienti scolastici. Appartengono al medesimo ambiente anche alcuni composti del tipo *tibisòli* (romagnolo) 'aspro rimprovero' (presente anche nel provenzale moderno con significati diversi), *tibidói* (veneto) 'tafferuglio, tiritera', *tibilóri* (milanese) 'martoro' e la locuzione siciliana *né tibbi né catibbi* 'né punto, né poco', 'né a te né a me', che ha un riscontro in quella francese *à tibi (et) à taba* in vario impiego. In *tibisoli* pare evidente il riferimento al versetto 6 del salmo 50: *tibi soli peccavi et malum coram te feci* ("contro te solo ho peccato e feci il male davanti a te") [DEI; FEW; Valente 1995]. C.

**tibiàr(e),** v. (veneto, anche *tubiàr(e)*). 'Trebbiare'.

Dal latino parlato **trebulāre* 'trebbiare', con caduta di *r* per dissimilazione. Da *tibiàr(e)*, *tubiàr(e)* derivano nel veneto le forme *tubiàda*, *tibiàda*, *tùbia*, *tìbia* che designano la 'trebbiatura'; nel veronese *tibia* è la 'trebbia'. Nel veneto trevigiano (a Istrana) *tibiàr* significa anche 'calpestare', come pure nel friulano *tibjà* 'calcare, calpestare', accanto alle espressioni *tibjà il formènt*, *il soròs* 'trebbiare il frumento, la saggina'; tali significati si spiegano col fatto che il modo di trebbiare in questione è un tipo arcaico che utilizza il calpestio degli animali [Prati 1968; Bondardo 1986; Pellegrini-Marcato 1992]. M.

**tibiatèrgo,** sm. (emiliano: Parma). 'Precetto, intimazione, citazione emessa dall'autorità giudiziaria'.

«Voce originata dall'antica formola *Tibi, a tergo scripto, mandatur* ecc., posta in fronte alle citazioni od imitazioni ecc.» (Malaspina 1856-59). C.

**tibòra,** sf. (trentino: Val di Non e Val di Sole). 'Diarrea'.

Voce assunta dal gergo degli spazzacamini di Val di Non, dei ramai di Val di Sole e, come *tibòria*, degli arrotini di Val Rendena, certo collegata col verbo gergale *tibàr* (gergo dei magnani della Val Cavargna), *tibiàr* (gergo comasco), 'correre (via), fuggire', connesso con → *tìbi* e con le locuzioni del tipo "dare il *t.*" per 'scacciare' [Sanga 1978; Bracchi 1987: 312]. C.

**tibṓri,** sm. (emiliano: Piacenza). 'Luogo sotterraneo nelle chiese, catacombe'.

Dal latino medievale *tibūrium* 'grotta' per *tigūrium*, variante di *tugūrium* [DEI]. C.

**tìbu,** sm. (siciliano: Agrigento). 'Mostarda o mosto cotto con farina e ridotto in pasta'.

Dall'arabo *ṭīb* 'cosa buona e gradevole, profumo, aroma, cosa soave; cosa cotta e profumata' [Pellegrini 1972]. M.

**Tibùrzi,** n. pr. (toscano). 'Nome dato ad alcuni animali'. «Per strana trasposizione, era frequentissima l'usanza di mettere il nome Tiburzi al proprio cane più robusto, più *tetro* (come si diceva) o più capace nella guardia o nella caccia. In parte, questa usanza si riscontra ancora oggi» (*Parole vita del Monte Cetona*, Montepulciano, 1990); «E mi sovviene anche in maniera distinta come ... fossero diffusissime, nelle nostre campagne, le pariglie di buoi che si chiamavano Tiburzi e Fioravanti» (A. Cavoli, *Maremma amara*, Valentano, 1989, p. 36).

Dal nome di un famosissimo brigante maremmano, Domenico *Tiburzi*, le cui imprese leggendarie, condotte col suo luogotenente Luciano Fioravanti dal 1867 al 1896, venivano divulgate dai cantastorie nelle campagne, dove erano molto apprezzate. C.

**tìcche tàcche,** sf. (laziale: Roma). 'Sgualdrina'.

Dal frettoloso battere di tacchi, implicito anche nella espressione italiana *battere il marciapiede* [DEI]. C.

**tic(c)hétta,** sf. (ligure: Genova; marchigiano; laziale; siciliano). 'Biglietto di viaggio'; anche *ticchétto* (lucchese), *tichéttu* (palermitano), al maschile.

Dall'inglese *ticket* 'biglietto', voce conosciuta dagli emigranti verso l'America del Nord. Il maschile è probabilmente dovuto all'attrazione di *biglietto*, anche se non si spiega la scelta del femminile. C.

**tìcinë,** sm. (abruzzese, nel teramano; calabrese settentrionale). 'Ontano napoletano, *Alnus cordifolia*'.

Da una base preromana **ticino-*, relitto del sostrato preindeuropeo [DEI; Giammarco 1985]. M.

**tìfa,** sf. (calabrese, anche *tiffa*). 'Zolla di terra'.

Dal latino parlato **tīfa* 'zolla', a sua volta dall'osco, con la variante **tefa* che mostra il parallelismo con il latino *teba* 'collina'. Anche le voci abruzzesi *tufë* 'zolla' e *tufonë* 'zotico' e il siciliano *tiffuni*, *taffuni*, *tuffuni* 'zolla' sono riconducibili al latino parlato **tīfa* [DEI; REWS; Rohlfs 1977a]. M.

**tìgia,** sf. (piemontese; sardo), 'tomaia'; (piemontese, ad Alessandria), 'tronco, fusto'.

Dal francese *tige* 'parte lunga di vari oggetti', esito prettamente popolare del latino *tībia*. In sardo è penetrato dal piemontese [FEW; DES]. C.

**tìglia,** sf. (laziale, a Castro dei Volsci: *tìvula, tìula*), 'pietra larga e piana, che si mette nel centro del focolare, o si usa dai ragazzi per prendere gli uccelli'; (calabrese: *tìvula*), 'lastra di pietra, chiusino del forno'; (sardo: *tèia*), 'lastra, pietra oblunga'; (còrso: *tègghia, tèia*), 'lastra', 'trappola fatta da una lastra o pietra sospesa ad un filo, che cade addosso schiacciando la preda', come nel campidanese *tèlla*.

Dal latino *tēgula* 'tegola', anche se l'evoluzione fonetica non sempre è limpida [DES; Rohlfs 1977]. C.

**tìgna,** sm. (emiliano), 'uomo puntiglioso'; (marchigiano), 'testardaggine' (e *tignoso* 'testardo', come a Roma).

Da *tigna* 'tarma', di difficile estirpazione da panni e pellicce, dove resta attaccata [FEW; DEI]. C.

**tigòr,** sm. (veneto istriano; anticamente anche *tiguòr*). «Piccola casetta in muratura, con tetto a tegole, che serve da ricovero durante le intemperie» (Rosamani 1958); nelle varianti *tegór, tegùr* 'ovile, stalla'. Errata la comune pronuncia della triestina *Via Tìgor*.

Dal latino *tugŭrium* 'capanna, tugurio' [REWS].

F. Tomizza: *Dici di essere ricco – lo aveva pizzicato un giorno la Elda – e da Crauzetti la tua casa pare un tigòr per i manzi* (*La quinta stagione*, Milano 1965, p. 113). C.

**tilìgghia,** sf. (siciliano). 'Sorta di drappo tessuto per lo più con oro e argento'.

Dallo spagnolo *telilla* 'piccola tela', come, del resto, l'altro sinonimo siciliano *tiletta* 'teletta' [DEI; Michel 1996]. C.

**tillëcà,** v. (abruzzese, anche *cillecà*; molisano: *zëllëcà, tëllëchjà*; campano: *teddrecà*, *tellecare*, *cellecare*; pugliese: *tëllëcà*, *tëddëcà*; salentino: *tiddicà*, *ḍḍiḍḍicàre*; lucano: *tiḍḍicàjë*; calabrese: *zillicarë*; siciliano: *tiḍḍicari*; corso: *dizigillà*; emiliano: *bledgàr*). 'Solleticare, fare il solletico'.

Sono riflessi del latino parlato **titillicāre* di analogo significato [AIS; REW; DEI s.v. *cillicare*; REWS]. M.

**tilulèla,** sf. (friulano: goriziano). 'Azzimo'.

Dal significato originario del termine che è quello di 'ritornello o intercalare di canti rustici' (di origine onomatopeica) con una evoluzione semantica designante l'azzimo «un po' perché adatto a designare una cosa scipita, un po' per riferimento, credo, ai canti e "recitativi" pasquali degli Ebrei, di cui la voce tilulela vuol ritrarre la monotonia» [Vidossi 1938: 97]. M.

**timógna,** sf. (calabrese, anche *timugna*; siciliano). 'Bica, in particolare di grano; catasta'.

La voce risale al greco *thēmōniá* 'mucchio' (ma attraverso un latino regionale *thēmōnia* secondo il DEI); il grecanico di Bova (Reggio Calabria) conosce la forma *thimunía* 'bica presso l'aia' (di tramite bizantino per il DEI) [Rohlfs 1964 e 1977].

G. Occhiato: *Per confessarsi, la gente si appartava dietro le timogne del grano* (*Carasace*, Cosenza 1989, p. 208). M.

**tìmpa,** sf. (calabrese), 'rupe, sasso, precipizio'; (siciliano), 'poggio, monticello', 'zolla di terra'; (lucano: *timb*), 'luogo scosceso'; (campano: *témba*; abruzzese: *tèmbe*), 'zolla'.

Dal prelatino **timpa* 'precipizio, voragine' [Rohlfs 1977; FEW].

V. Consolo: *saltando, come le tre capre di Tanticchia, le quali deviavano ogni tanto s'una timpa a strappare foglie, svelte come ladre, tremule e guardinghe* (*Il sorriso dell'ignoto marinaio*, Torino 1987, p. 83). – G. Occhiato: *All'arbasìa, però, i malesseri si affrettavano a nascondersi dentro i forni o sotto i catoi o puramente a volarsene via, verso qualche timpa provinca* (*Carasace*, Cosenza 1989, p. 177). C.

**timpàno,** sm. (campano, nel napoletano; calabrese: *timpanu*; abruzzese: *tembanë*). 'Timballo, sorta di pasticcio'.

Dal latino *tympănum* 'timpano'; ne derivano, con altri significati, il corso *témpanu* 'sportello della botte', il toscano *témpano* 'peritoneo' nel senese e 'deretano' nell'aretino, il molisano *tëmbanë* 'caciera, telaio di stecche per essiccare il formaggio', nonché forme verbali come il veneto *timpenar(e) dentro* 'frugare', e ladino-veneto (agordino) *timpenà* 'lavorare male' [REW; DEI; REWS; Rohlfs 1979; Salzano 1979]. M.

**timùri,** nella locuz. *timùri e Dìo* (calabrese). 'Terremoto'.

Letteralmente 'timore di Dio', probabilmente ripreso dalla formula delle Scritture *timor et tremor Dei* [DEI; Rohlfs 1977; Valente 1995]. C.

**timùria,** sf. (calabrese; sardo). 'Paura, ammonizione'.

Dal greco *timōría* 'punizione' (come conferma la variante calabrese e sarda *tumurìa* 'punizione, pena') accostato al verbo latino *timēre* 'temere, aver paura'. In sardo, però, è più facile che si tratti di una forma analogica (da *tìmere* 'temere'), secondo i numerosi astratti in *-ìa* [DEI; DES; Rohlfs 1977]. C.

**tìnchë tìnchë,** agg. (campano: a Napoli; siciliano: *tincu tincu*). 'Fresco, sciolto, pronto, ardito'.

Da *tinco*, maschile di *tinca*, pesce vivacissimo [DEI]. C.

**tingàri,** v. (calabrese meridionale), 'toccare, colpire, ferire'; (abruzzese, a Lanciano: *tëngà*), 'dividere in pezzi la massa di sapone assodata', col derivato *ténghë* 'pezzo di sapone'.

Le voci sono riportate ad un latino parlato **tingāre* a sua volta di origine greca, da *thingánein* 'toccare' [DEI s.v. *tingare*; Rohlfs 1977; Giammarco 1985]. M.

**tintéri,** sm. (sardo: anche *tentéri*). 'Calamaio'.

Dal catalano *tinter*, spagnolo *tintero*, un derivato di *tinta* 'inchiostro', penetrata egualmente in sardo [DES]. C.

**tìntu,** agg. (siciliano; calabrese), 'cattivo, malvagio'; (calabrese), 'infelice, sventurato'.

Dall'antico significato del latino *tĭnctus* 'battezzato'; di qui anche la locuzione *tintu e malu vattiàtu* 'malvagio e tristo'. Come il greco *baptízein*, anche il corrispondente latino *tĭngĕre* significa propriamente 'immergere nell'acqua' [Pagliaro-Belardi 1963: 118; Valente 1995]. C.

**tiràche,** sf. plur. (veneto; veneto giuliano; lombardo; emiliano, nel parmigiano; friulano: *tiràchis, tiràcis*). 'Bretelle, specialmente per sostenere i calzoni'.

Da *tirare*, con suffisso; dallo stesso verbo derivano altri nomi dialettali per 'bretelle', come il toscano (a Lucca) e calabrese *tiranti*, da confrontare con *tiranti* (siciliano) 'tirella (striscia di cuoio attaccato da una parte alle stanghe e dall'altra al pettorale del cavallo per tirare il veicolo), straccali', *tiràndë* (napoletano) 'bretelle, traccali, tirella', *terandë* (abruzzese) 'tirella', *tirànt* (piacentino) 'straccale' [DEI; Prati 1968]. M.

**tirà fò 'l ginée,** locuz. (lombardo: Val Chiavenna). 'Usanza scherzosa praticata un tempo ... l'ultimo giorno di gennaio, consistente nel far uscire di casa con un pretesto una persona per poi gridare in coro: *l'è fò l ginée!* 'è fuori gennaio'.

Da *ginée*, forma arcaica di 'gennaio', fossilizzatasi in questa locuzione [Massera 1985]. C.

**tirà i aghìt,** locuz. (ticinese; emiliano: *tiràr j aghéti* con varianti; corso *tirà l'aghetta*; toscano, a Sansepolcro: *stirà l'aghétti*). 'Morire'.

Letteralmente 'tirare i cordoncini, che stringono o legano le scarpe', detti in vari dialetti *aghetti*, perché simili ad un 'ago' o 'uncino'. Per il traslato si può rinviare al comune *tirare i calzini* [LEI].

F. GUCCINI: *si abbatté pesante di lato, solo con le zampacce posteriori che scalciavano, mentre tirava gli aghetti* [*Cròniche epafàniche*, Milano 1989, p. 67). C.

**tirà' n fòri,** locuz. (toscano). 'Essere uno scansafatiche', 'non comportarsi bene'.

La locuzione si riferisce propriamente al bue, che scuote il giogo, per non lavorare aggiogato. C.

**tirantèrra,** sf. (calabrese meridionale). «Treggia per il trasporto di pietre» (Rohlfs 1977).

Propriamente 'tira in terra', calco del greco bizantino *chamúlkion*, riflesso nel grecanico di Bova *hamurci*, che ha lo stesso significato [DEI]. M.

**tìra pè,** locuz. sostant. (piemontese). 'Aiutante del boia'.

Letteralmente 'tira i piedi' (dell'impiccato) per abbreviarne l'agonia, diffuso nei dialetti oramai solo nel senso figurato di 'posto al servizio di un superiore per trarne vantaggio', come nell'italiano *tirapiedi*. C.

**tiràre il pròprio rómbo,** locuz. (toscano: isola d'Elba). 'Pensare ai fatti propri'.

Dall'accezione di 'rotta', che si dà a *rombo* nel linguaggio nautico [*Dizionario di marina* 1937; Cortelazzo 1987]. C.

**tiràr fòra i òsi d' Paladìn,** locuz. (veneto: Basso Polesine; romagnolo: *us arfà dagl òss di paledèn*). 'Detto di chi incomincia un discorso partendo da molto lontano'.

Letteralmente 'tirar fuori, cominciare dalle ossa dei paladini', ricordo delle letture e recitazioni delle eroiche avventure dei paladini di Francia, confermato dal nome di *paladéin* che si dà, in Romagna, al 'giovane forte e robusto' e dalla locuzione bolognese *al par un paladén*, riferito a giovane elegante. C.

**tirassàna,** sm. (salentino: Leuca), 'specie di salvia'; (salentino, a Otranto: *tira-e-ssana*), 'specie di zucca selvatica'.

Letteralmente 'tira e sana': le due piante hanno la virtù di trarre il pus da una ferita [Rohlfs 1959]. M.

**tiratàrdi,** sm. (lombardo: Val Chiavenna). «Persona che tira in lungo le cose e non conclude mai» (Massera 1985).

Composto di *tira(re)* e *tardi*, stessa composizione dell'italiano *tiratardi*, che ha, però, anche il significato di 'chi ama far tardi la notte'. C.

**tiratìgghiu,** sm. (siciliano). «Oro e argento riccio» (Traina 1868).

Prestito dallo spagnolo *tiradillo* diminutivo di *tirado*, filatura di metalli, specialmente dell'oro, propriamente 'tirato' [DEI]. M.

**tiré dér sàtere,** locuz. (piemontese: Alba; anche *sàtele*). 'Alludere'.

Letteralmente 'tirare delle satire', con uso particolare dell'italianismo.

B. FENOGLIO: *li ebbi dietro tutto il giorno, che mi tiravano le satire* (*La malora*, in *Opere*, II, Torino 1978, p. 434). C.

**tirellènda,** sm. (marchigiano: Macerata). 'Tiremmolla', 'chi esita, dice e disdice'.

Comp. di *tirà* 'tirare' e *'llentà* 'allentare'. C.

**tiritòna,** sf. (calabrese). 'Tremore'.

Dallo spagnolo *tiritona* 'tremito' [DEI; Rohlfs 1977]. M.

**tìrria,** sf. (calabrese). «Antipatia per una persona» (Rohlfs 1977).

Prestito dallo spagnolo *tirria* 'avversione, antipatia', voce entrata anche nel sardo logudorese e campidanese *tìrria* 'perfidia, odio, antipatia, ostinatezza, cocciutaggine' [DEI; DES]. M.

**tirriòlu,** sm. (sardo: logudorese). 'Cerambice, specie di insetto'.

Nome oscuro anche perché identico a una delle tante denominazioni del 'pipistrello' che fanno capo a *zhuzhuréḍḍu* (DES). Altrettanto oscuro è il riferimento del proverbio di Esporlatu *sos annos si contan a su tirriòlu* 'gli anni si contano al cerambice', detto dal vecchio che non dichiara la sua età perché crede, facendolo, di morire presto [Espa 1981: 2, 274]. C.

**tìsbia,** sf. (calabrese). 'Ubriachezza, sbornia', anche *tìbia*.

Probabile adattamento dell'inglese *tipsiness* 'ubriachezza', derivato da *tipsy* 'inebriato, ubriaco' [DEI; Rohlfs 1977]. M.

**tisichèlla,** sf. (laziale: Subiaco). «Nome di un dolce locale bianco e duro, a base di zucchero e albume. Durante la prima dentizione veniva succhiata e pestata con le gengive dal piccolino che la portava appesa al collo, legata con una fettuccia» (Zaccaria Antonucci 1985).

Da *tisico* per il colore biancastro. M.

**titóuna,** sf. (romagnolo). 'Biscia (*bèsa titóuna*), che si ritiene succhi latte delle mucche'.

Letteralmente '(biscia) tettona', da *tèta* 'mammella'. C.

**tivìgghia,** sf. (siciliano, anche *divìgghia* e altre varianti; calabrese meridionale, a Cittanova: *rivìgghia*; lucano, a Lauria: *rivìglia*; ligure: *dëvija*; piemontese: *dëvìgia*, *dvìgia*; lombardo: *düvìa*, *duvìa*). 'Scopa di frasche, di rami secchi'.

Dal latino *vīlia*, propriamente 'le cose vili' (da *vilis*); la voce è riflessa anche dall'abruzzese *abbjelà* 'spazzare'. Per il comasco il Monti 1845 cita la voce *duvìa* col significato di «betula» e le espressioni *scova*, *legna de duvìa* «scopa, legna di betula», precisando poi: «non intesi chiamarsi, senza più, *duvìa*, la betula e sarebbe insolito dire: *Tajà ona duvìa*, tagliare una betula»; evidentemente il significato di *duvìa* non è quello di 'betulla' ricostruito sulla base del fatto che la *duvìa* era fatta con rami di questa pianta [REW; DEI; REWS; Rohlfs 1977; Bigalke 1980]. M.

**tivìgu,** sm. (calabrese: Cosenza). 'Pavoncella', anche *tivìjë*.

Nome determinato dal fatto che il verso dell'uccello viene interpretato come un *ti viju* 'ti vedo' [Rohlfs 1977]. M.

**tìviu,** sm. (sardo logudorese: anche *tìlviu, dìlviu*). 'Tibia'; a Silanus 'polpaccio'.

Interpretazione popolare del nome dotto *tibia*, fatto maschile per influsso del genere di *óssu* [DES]. C.

**tizzìa,** sf. (calabrese centromeridionale, anche *tizza, zizza, tizzì*). «Carne» (Rohlfs 1977).

Voce dell'uso infantile, è ricondotta dal DEI al latino tardo *titia* del CIL glossato col greco *kréa nēpiōn hò légusi zizei*. M.

**tni a bèda e' gat,** locuz. (romagnolo). 'Fare attenzione che il gatto non entri nella stanza della partoriente', letteralmente 'tenere a bada il gatto'.

Il detto si spiega con la convinzione che se questo accade nasce una femmina, perché il gatto mangia il pesciolino al neonato (*u s' màgna la códa*) [Quondamatteo 1982a; Baldini 1991: 47; Ercolani 1994]. C.

**tő,** sm. (ligure; lombardo, in Brianza: *töur*; emiliano, a Piacenza: *tör*), 'tronco d'albero'; (lombardo, a Bergamo: *tör*), 'parte dell'albero dove finisce il tronco e cominciano i rami'; (piemontese, a Ormea: *töa*), 'ramo più grosso dell'albero'.

Dal latino *torus*, antico vocabolo rustico, che designava dapprima i 'fili che compongono una corda', poi la 'corda' stessa o qualcosa che le assomigliasse [FEW]. C.

**tòccio,** sm. (umbro, nel perugino). 'Sasso'.

Forma metatetica di *ciotto* riduzione di *ciottolo* [Ugolini 1970]. M.

**tòccu,** sm. (siciliano). 'Branco'.

Voce di etimo controverso. Il DEI suppone un'estensione di significato dal siciliano *toccu* 'portico (aperto)', 'luogo coperto con pilastri e colonne', da confrontare con l'antico calabrese *toccu* 'luogo di riunione per trattare gli affari pubblici'; oppure un'origine deverbale da *toccare*, richiamando un riscontro con il francese *touche* nel senso di 'gregge di buoi o pecore parcato'.

Dalla parola *toccu* dipende «la locuzione siciliana *a tocco* per qualificare una contrattazione di bestiame 'a branco' in uso in Sicilia» (*Glossario delle consuetudini* 1980-86). M.

**tòccu paṡàu,** locuz. sostant. (sardo). 'Rintocco lento della campana a morto'.

Letteralmente "tocco posato" (l'espressione non è registrata dai vocabolari).

S. SATTA: *Dalla cattedrale – la chiesa di Santa Maria, alta sul colle – calano sui 7051 abitanti registrati nell'ultimo censimento i rintocchi che danno notizia che uno di essi è passato: nove per gli uomini, sette per le donne, più lenti per i notabili (non si sa se a giudizio del campanaro o a tariffa dei preti: ma un povero che si fa fare* su toccu pasau, *il rintocco lento, è poco men che uno scandalo)* (*I giorni del giudizio*, Milano 1982, p. 12). M.

**tocór,** sm. (piemontese). 'Chi conduce animali stimolandoli col pungolo'.

Da *tochè* = *toccare*, che in diversi dialetti romanzi ha preso il significato di 'spingere le bestie', come nel marchigiano e umbro *toccà* e nel laziale (Amaseno) *tuccà*. Attraverso il significato di 'andar dietro gli animali', si arriva al trentino (Bondo) *tuchè* 'seguire una persona' [FEW]. C.

**tòdna,** sm. (emiliano; romagnolo). 'Sciocco', 'seccatore', 'irresoluto'.

Dal nome locale del *tòtano*, come è accaduto per il meridionale *tòtaro*, → *ndótaro*, a meno che non si riferisca, invece, al nome dell'uccello palustre dal canto monotono [DEI; Valente 1995]. C.

**tò e da qua,** espress. avverb. (umbro, nel perugino). «In contanti: *i bòva l'hò venduti to e da qua*, i bovi l'ho venduti in contanti» (Catanelli 1970).

Letteralmente 'prendi e dai qua'. M.

**tófa,** sf. (campano; toscano: *tufa*), 'specie di tromba primitiva tratta da una conchiglia'; (campano; laziale ed abruzzese: *tufë*; calabrese: *tofa* e *tufa*), 'corno dei pastori'.

Da una variante oscoumbra *tŭfa*, corrispondente al latino *tŭba* 'tromba' [DEI; Cortelazzo 1965; Rohlfs 1977 e 1979]. C.

**tòfo,** sm. (piemontese; campano, nell'irpino: *tòfano*), 'stupido; balordo'; (veneto, nel veneziano, e veneto giuliano, nel triestino: *tòfolo, tofolòto*), 'grassoccio'.

Dal nome proprio *Christophorus*, poiché «la tradizione faceva di S. Cristoforo un gigante, e tale ce lo presenta l'iconografia. In vari dialetti dell'Italia settentrionale (dove le immagini di S. Cristoforo erano molto frequenti, tanto che qualcuna ancora ne rimane) troviamo per 'piedaccio, piedone' il tipo "piede di San Cristoforo"»: piemontese *pè d'San Cristòfo*, lombardo *pé de san Cristòfen*, veneto *pie de san Cristòfolo*; «in frasi come queste vedremo l'origine dell'aggettivo veneto *tòfolo, tofolòto* 'grassoccio'» (Migliorini 1927). Con queste testimonianze dialettali il DEI accomuna anche il vezzeggiativo lombardo (milanese) *tof, tofìn* 'cane, cagnolino'. M.

**tògna,** sf. (veneto). 'Lenza'.

Dal greco *apetonía* (neogreco *apetoniá*) 'lenza' attraverso una mediazione latina volgare **(a)petònia*. L'etimo è confermato dalla forma *petòrgna, pitòrgna* 'specie di rete per lucci' in uso sulle sponde del Lago di Garda, che rappresenta l'antecedente di *tògna*. Il grecismo è presente anche nel salentino che ha *tògna, tognë* 'lenza a mano per la pesca di piccoli pesci' [Rohlfs 1959; Cortelazzo 1970; Bondardo 1986; Zamboni 1989]. M.

**tògo,** agg. (toscano; marchigiano; lombardo; veneto: anche *tiògo*; siciliano: *tòcu*). 'Bello, buono, eccellente'.

Accettato anche in italiano, l'aggettivo ha avuto diverse interpretazioni riguardo alla sua origine: escluso, se non altro per ragioni cronologiche (la parola è attestata in Toscana già nel 1865 e nella variante *tiògo* in milanese in un poema del XVIII secolo), il nome del famoso ammiraglio giapponese Togo, che nel 1905 distrusse la flotta zarista, c'è chi propende per un passaggio nei dialetti italiani dall'aggettivo ebraico *tov* 'bello, buono, grazioso' e chi, invece, ritiene che sia tratto da *tòga*, intesa come simbolo della bellezza e dell'eccellenza della dottrina [Prati 1940]. C.

**tógo,** sm. (veneto: anche *tóo*; trentino, a Rovereto: *tof*). 'Tufo'.

Dal nome latino *tōfus* – anche se si possono verificare sovrapposizioni della base prelatina **tob, *top* 'solco di erosione' o del latino *tubus* 'tubo' – attraverso *tóvo, tóo* con la successiva inserzione di *g* per superare lo iato. Sono molte le testimonianze toponomastiche [Olivieri 1961; Prati 1968].

V. SCAPIN: *i campi di monte sono più avari dei campi di pianura, a volte la terra è solo un velo che copre la roccia e il togo e se su quel velo di terra non getti del buon letame stagionato, il sahara diventa* (*I magnasoéte*, Verona 1976, p. 38). C.

**tòlderi,** sm. plur. (lombardo; siciliano: *tòddari*). 'Denari'.

Da *tòllero* (toscano; siciliano: *tòllaru*), variante di *tàllero*, secondo la pronuncia bavaro-austriaca [DEI]. C.

**tombadìzo,** agg. (veneto giuliano), 'floscio, vizzo', anche *tombadìso*; (friulano: *tombadìz*), «di cera e aspetto di persona pallida e quasi gonfia, come di chi è malaticcio od è stato a lungo senz'aria né sole» (Nuovo Pirona 1935).

Dal verbo *tombàr* 'tombolare, cadere' (a sua volta dalla base **tumb-*, voce elementare, da cui deriva anche l'italiano *tombolare*) [FEW; Rosamani 1958]. M.

**tomìgghia,** sf. (calabrese, anche *tumìgghia*). 'Specie di millefoglio'.

Secondo il DEI si tratta verosimilmente di un riflesso di un latino regionale *[cen]tum mīllia [folia]* come calco locale del greco *myrióphyllon* 'miriofillo', 'millefoglie'. M.

**tòmita,** sf. (siciliano). 'Mucchio, ammasso'.

Da un latino regionale **thómida* a sua volta dal greco **thōmís* (**thōmída* all'accusativo), diminutivo di *thōmós* 'mucchio' [DEI]. M.

**tompèla,** sf. (trentino). 'Stecca (dell'ombrello)', 'staggio', 'steccone (d'un cancello)'.

Diminutivo dal latino *tĕmplum*, come termine architettonico propriamente 'trave orizzontale del tetto', con caduta di *l* per dissimilazione, e con passaggio da *e* ad *o*, come in altri casi, per esempio *tompèsta* 'grandine', cioè 'tempesta'. Stessa origine ha pure *tempedéla* (veneto, in Valsugana) 'nottola, saliscendi', 'maniglia della porta', 'persona che annoia col chiedere di continuo qualcosa o col ciarlare', con suffisso *-itello* [Prati 1922]. M.

**tònga,** sf. (calabrese). 'Veste talare', 'giacca o veste mal fatta'.

Dallo spagnolo *tonga* 'tonaca', dal latino *tŭnica* [DEI; Rohlfs 1977]. C.

**tòni,** sm. (piemontese; lombardo; ticinese; veneto; friulano). 'Sciocco, babbeo'.

Dall'accorciamento popolare del nome di battesimo *Antonio*, che, come accade per i nomi più frequenti, è degradato in senso peggiorativo: un prestito dall'inglese è, in questo caso, del tutto improbabile. La distanza sociale fra l'operaio e il contadino *Toni* e il distinto *Antonio* è indirettamente segnalata dal proverbio veneto *Toni ga lavorà, sior Antonio fa fato i schei e el signor Antonio i ga magnà* 'Toni ha lavorato, il sior Antonio si è fatti i soldi e il signor Antonio li ha mangiati' (Polo 1974) [Castellani Pollidori 1984; LEI]. C.

**tonnarèlli,** sm. plur. (laziale). 'Pasta alimentare all'uovo, tagliata in strisce sottili simili agli spaghetti'.

Letteralmente 'tonderelli', così chiamati per la loro forma tonda. Nella stessa area l'aggettivo *tondarèllo* è riferito al vino dolce, piuttosto 'tondo'. C.

**tontonàr(e),** v. (veneto; veneto giuliano; trentino, nel roveretano; lombardo occidentale: *tontognàr*; piemontese: *tontonè*; ligure: *tuntunà*), 'brontolare, borbottare', nel veronese anche «tentennare» (Bondardo 1986), a Capodistria «ripetere, brontolando, le stesse lamentele o esigenze» (Manzini - Rocchi 1995); (sardo: *tontonare, tontonài*; emiliano, nel bolognese: *tundunàr*), 'barcollare, dondolare'.

Voci di etimo incerto: è stata proposta una provenienza imitativa (da **ton ton*, Prati 1968, o da **tunt-*, FEW, DES o **tont-*, Plomteux 1977), o una derivazione dal latino *tonāre* 'tuonare' attraverso un raddoppiamento sillabico per indicare azione ripetuta (Doria 1986). M.

**topacéca,** sf. (toscano; emiliano: *topacéga*; romagnolo: *topaséga*). 'Talpa'.

Letteralmente 'topa cieca' per l'opinione popolare che la talpa sia sprovvista dell'organo della vista [Rohlfs 1979]. C.

**tòpia,** sf. (piemontese; emiliano; ligure, ticinese e lombardo: *tòpia*). 'Pergolato per la vigna'.

Latino *tŏpia*, neutro plurale, (sottinteso *ŏpera*) 'giardini artificiali', derivato dal greco *tópos* 'luogo, posto' [Plomteux 1975]. C.

**topondràu,** nella locuz. *a la topondràu* (veneto giuliano, nel triestino). 'Alla buona, in modo trasandato', anche *a la tipondràu*.

Dall'espressione slovena della Carniola *ti bom dau* 'ti darò', ossia 'sarà quel che sarà' [Doria 1987]. M.

**tòra,** sf. (piemontese, anche sm. *tòro*). 'Aconito napello'.

È una pianta delle ranuncolacee delle regioni montane asiatiche ed europee, caratterizzata dallo stelo eretto e dalla forma della corolla dei fiori 'ad elmo'; è velenosissima. Questa caratteristica deve aver motivato la denominazione *tòra*, che deriva dal latino tardo *phthŏra*, mutuata a sua volta dal greco, col significato di 'distruzione', in riferimento agli effetti mortali della pianta. Le denominazioni *tora, toro* sono ora comuni in area iberoromanza [Pellegrini-Zamboni 1982]. M.

**toràde,** sf. (friulano, nella pianura orientale). 'Piena di torrente'.

La denominazione trae origine da quella del *Torre*, nome del corso d'acqua del Friuli orientale, a regime torrentizio, quindi si è generalizzata ed estesa a qualunque torrente. M.

**tòrcol,** sm. (veneto). 'Sigaraio della vite, *Rhynchites bacchus L.*', anche *tòrcolo de la vìgna* (veronese).

La denominazione, che equivale a 'torchio', è motivata dal fatto che la femmina di quest'insetto, inviso ai viticultori per i danni che procura alla vite, 'attorciglia' le foglie della vite per deporvi le uova e perciò le fa seccare. In friulano l'insetto è detto *tòrtul, tuàrtul* cioè 'torto' per una simile ragione [Garbini 1925]. M.

**tornàre,** v. (toscano). 'Andare ad abitare': *tornare di casa*.

Antica accezione particolare del comune verbo *tornare*. Però, mentre per i Toscani suona del tutto naturale, per i non Toscani e per gli stessi Toscani periferici risulta piuttosto strana ed equivoca, specie quando si accenna a *tornare* ('andare a stare') in una casa di nuova costruzione [Giacomelli-Poggi Salani 1984-85]. C.

**torototèla,** sm. (veneto; lombardo). 'Cantastorie', 'pagliaccio'.

Dal suono dello strumento, col quale l'improvvisatore si accompagnava, intercalando le sue nenie di strimpellatore con un imitativo *torototelatorototà* [Bascetta 1961].

E. CALANDRA: *– Che fai di bello? – Poh! faccio il cantastorie, il pagliaccio, il* torototela (*Juliette*, Milano 1934, p. 205). C.

**tòrtano,** sm. (campano: Napoli; abruzzese: *tòrtëlë*), 'pane a ciambella', 'ciambella'; (calabrese: *tòrtanu, tòrtana*), 'buccellato'.

Dal latino *tortīlis* 'tortile' con successivo scambio nell'uscita delle voci dialettali [DEI].

M. SERAO: *Sulla tavola vi era anche una grossa ciambella di pane biancastro, poco cotto, il* tortano*, che esse spezzavano con le mani, aiutandosi con esso a mangiare i maccheroni* (*Il paese di cuccagna*, Milano 1985, p. 123). M.

**tòrtu e minòstu,** locuz. (siciliano). 'Tortissimo, sbilenco'.

Da un precedente (*crastu, beccu*) *tortu e monorchiu*, cioè '(montone) castrato (da *tòrciri* 'torcere') e monorchide (dal greco *mónorchis*)' [Caracausi 1973]. C.

**tős,** sm. (friulano). 'Canale, doccia, meato per cui scorrono i liquidi'.

Probabile derivato del latino *tubus* 'tubo', attraverso una forma *tubōsus*, da cui **to(v)ós, tōs*, che avrà significato, in origine, 'a forma di tubo' [Pellegrini 1987a]. M.

**tósca,** sf. (campano). 'Panico rosso, *Setaria Germanica*', in senso traslato «vecchia moneta di rame del valore di 2 tornesi, detta anche 'pubblica'; panino di frumento» (Salzano 1979).

Probabile derivato dal latino *tŭscum (sēmen)*, varietà di graminacea dell'Etruria, con la cui bianchissima farina i Romani preparavano il *puls*, una sorta di farinata fatta anche con farina di fava [DEI]. M.

**tòsco,** agg. (calabrese settentrionale; siciliano: *toscu*; abruzzese, nell'aquilano: *tóšco*). 'Altero, pettoruto'.

Il DEI considera tali voci un prestito dallo spagnolo e catalano *tosco* 'grossolano, rozzo; ignorante', da confrontare con *tusca* 'stoffa grossolana; mantello, coperta di stoffa grossolana' attestato dalle Glosse di Reichenau, per il quale è stato ricostruito un latino parlato **tuscus*. Ma secondo Prati 1936: 24, che esamina solo il siciliano *toscu*, tale parola non ha rapporto con le precedenti (che confronta piuttosto con l'etnico *tosco/toscano*) ed è solo una variante di *tostu* con uguale senso e con *-c-* per dissimilazione. L'etnico *toscano* è riflesso nel friulano *tosciàn* 'avido di lucro' (Prati ibid.). M.

**tóšo,** sm. (veneto; trentino; lombardo: *tos*; emiliano: a Bologna *tušét*; triestino: *tošón*). 'Ragazzo, giovanotto' e in alcune varietà anche 'figlio'.

Dal latino *tōnsus* 'rasato, rosato'; il femm. *tóša*, da *tōnsa*, è detto anche di 'ragazza da marito', per l'abitudine, secondo Prati, di radere i capelli alle giovani popolane appena si fossero promesse spose [REW; Prati 1968].

A. MANZONI: *Al vedere che una povera tosa mandava a chiamare con tanta confidenza il padre Cristoforo,* [...], *nessuno si pensi che quel Cristoforo fosse un frate di dozzina, una cosa da strapazzo* (*I Promessi Sposi.* Testo critico della prima edizione stampata nel 1825-27, Milano 1954, p. 51). C.

**tòta,** sf. (Piemonte). 'Ragazza, signorina'.

Sta per *matòta* (con caduta della prima sillaba), che si ricollega a *mat*, sia 'matto', sia, per un passaggio semantico non isolato, 'bambino, ragazzo' [Tappolet 1895; Pauli 1919; DEI].

C. PAVESE: *La tota risponde al nome di Greta* (*Ciao Masino*, Torino 1969, p. 77). C.

**tòtano,** sm. (veneto). 'Uccello palustre di valle, *Scolopax totanus* L.'.

Della stessa origine di *totano* 'calamaro', cioè dal greco *teuthís*, che, oltre a designare il mollusco, era anche il nome di un 'pesce volante'. Per Valente 1995 è preferibile la spiegazione di una riproduzione onomatopeica [De Saint-Denis 1947; Rohlfs 1964]. C.

**to-tò,** sm. (calabrese), 'bisbiglio, mormorio, chiasso'; (campano, nel napoletano: *fà uno tò-tò*), «essere insistente, petulante» (Salzano 1979).

Voce di origine infantile [DEI; Rohlfs 1977]. M.

**totò,** sm. (veneto: chioggiotto). 'Maiale', specie in riferimento al mangiare, che gli si dà: *suche da totò* 'zucche per maiali'.

Dal richiamo usuale *tò', tò'* 'prendi!, prendi!', come in diversi altri casi, tra cui i dialetti francesi *tà-tà, té-té, ti-ti, tià-tià, tiè-tiè* ecc. [Sainéan 1907]. C.

**tòttero,** sm. (toscano, Livorno, Pisa). 'Brontolone' col. v. *totterà* 'brontolare'. Anche 'soprabito', voce pisana e livornese: «leggero soprabito, o impermeabile, piuttosto svolazzante» (Guidi 1991), «soprabito corto invernale» (Marchi 1993).

Nel significato di 'brontolone' sembra richiamare il nome del personaggio goldoniano *sior Todaro brontolón* (come ammette Migliorini 1927). A meno che non si tratti di un deverbale da *totterà* che pare di origine infantile (cfr. in area galloromanza *tûter* 'imitare con la bocca il suono della tromba' da una base *tut-*, FEW). Come termine dell'abbigliamento, se dipende da *tòttero* si dovrà ammettere un traslato, anche se il motivo non è chiaro. M.

**trabbisìnu,** sm. (siciliano, anche *trabbus(s)ìnu*). «Cancello o ringhiera che si fa intorno all'imboccatura della scala, che dal piano di una stanza metta in altra sottoposta, e serve a guardia della botola per non cascarvi» (Traina 1868), anche 'parte sollevata delle terrazze a sghembo per dar luce all'interno con finestre, abbaino'.

Dall'arabo *darābazīn* 'balaustrata' (a sua volta dal greco *trapézion*) [DEI; Pellegrini 1972]. M.

**trabbusèru,** sm. (siciliano). «Ingannatore» (Traina 1868).

Adattamento – secondo il DEI – dello spagnolo *trapacero*, con analogo significato, derivato da *trapaza* 'raggiro, frode'. M.

**tracandàli,** sm. (calabrese, anche *tracannàli* e varianti), 'traversa dello strettoio; sbarra per chiudere la porta della stalla', in senso fig. 'uomo di grande statura; uomo rozzo, trasandato, stupido'.

Da 'canna'; un senso fig. di 'disutilaccio' è attestato anche nel siciliano *tracannali*, voce già contemplata nell'*Etymologicum Siculum* di Giuseppe Vinci (Messina 1759): *tracandali* «qui gutturis cannas adeo amplas habet, ut elephantium glutiat, translate dicitur de stupido et inepto» (Gulino 1957); qui 'canna' è presente nel senso di 'canna (della gola)' [DEI s.v. *tracannale*; Rohlfs 1977]. M.

**tràcchia,** sf. (campano, nel napoletano), «cicatrice raggrinzita, abitualmente sul collo» (Salzano 1979); (calabrese), 'ghiandola alla gola gonfiata per malattia', 'impronta di scrofola'.

La voce nel senso di 'cicatrice raggrinzita' è anche di area pugliese secondo il DEI che, quanto all'etimo, la deriva dal latino tardo *trachāli* 'parti superiori del murice e della porpora' (dal greco *tráchalos, tráchelos* 'collottola, nuca, collo' e anche 'ingluvie') ritenendo che anche l'italiano *tarchiato* 'di persona dalla corporatura ben quadrata e forte' sia riconducibile alla stessa base (per il DELI è voce di etimo sconosciuto). Dalla medesima parola latina viene tratto pure il siciliano *tracchi* plur. «parte o alette di pesci, che loro servono da polmoni: branchie» (a Siracusa), anche *tarchi* «diconsi quelle parti del terreno che formano i bordi dell'apertura delle branchie, alcuni pezzi della testa non mangiabili di certi pesci» (Traina 1868). M.

**tràcina,** sf. (calabrese, anche *antràcina*; siciliano, anche *tràscina, antràcina*; salentino: *ntràscina*, e varianti; campano: *antràcena).* 'Carbonchio, antrace; tumore'.

Secondo il Rohlfs 1977a si tratta di un incrocio tra due parole greche, *andrákion* 'antrace' e *drákaina* f. di *drákon* 'drago, serpente' (da cui deriva *dràcena, tràcena* 'foruncolo maligno' nel grecanico di Bova); diversamente il DEI (s.v. *antràcena*) ritiene che le voci dipendano da *antrace* (cioè dal latino tardo *anthrax*, a sua volta dal greco *ánthrax*) incontratosi col greco bizantino *drákaina*; le due interpretazioni etimologiche riflettono diverse posizioni riguardo alla grecità del meridione d'Italia (continuità da un lato, sovrapposizione del greco bizantino, successiva alla latinizzazione, dall'altro). M.

**tracùl,** sm. (emiliano, nel ferrarese), «culaccio» (Ferri 1889); (emiliano, nel piacentino: *trascùl*), «codione, codrione. L'estremità delle reni appunto sopra il sesso, più apparente negli uccelli. Dai Piacentini è detto anche *Boccòn dal prett*» (Foresti 1882); (veneto, veneto giuliano: *stracul(o)*), «culaccio (la parte deretana delle bestie che si macellano) separata dai tagli della coscia; punta d'anca divisa in punta d'anca, fetta di mezzo, scammone, fetta gemella» (Rosamani 1958).

Composto di *trans-* con significato locale, sostituito (o ottenuto per metatesi) da *stra-* nel veneto, e *culo* [DEI s.v. *traculo*; Doria 1987]. M.

**trafaccèra,** nella locuz. *ggènte trafaccèra* (calabrese: Conflenti). 'Gente voltafaccia'.

Propriamente 'di tre facce' (→ *ddufàcci*) [Rohlfs 1977]. M.

**trafànë,** sm. (campano, a Napoli; abruzzese; calabrese: *trafanu*), 'adulatore; uomo astuto e furbo'; (abruzzese: *trafanë* sf., pugliese, nel tarantino: *trafana* sf.), 'donna pettegola, faccendiera'.

Dal provenzale *trefan*, *trafan* 'perfido' col v. *trefanar*, *trafanar* 'essere perfido'; ne dipende pure il piemontese *trafèn* 'trambusto'; nell'abruzzese è attestato anche il v. *trafanà* 'giocar d'ingegno', col deverbale *tràfënë* 'aggiratoio, bindolo (termine dei tessitori)' [DEI s.v. *trafano*; Alibert 1965; Gribaudo-Seglie 1972-75; Salzano 1979; Giammarco 1979]. M.

**trafèrio,** sm. (marchigiano, nell'anconitano). «Putiferio, diavolerio» (Spotti 1929).

Probabile deformazione dell'italiano *putiferio* [DEI]. M.

**trafunnà,** v. (abruzzese). 'Sprofondare'.

Dal latino *fundāre* 'fondare' con il prefisso *tra(ns)-* con valore rafforzativo [DEI s.v. *trafondare*; REWS]. M.

**tragànte,** sm. (veneto, nel veneziano). 'Cacciatore'.

Tratto dal v. *trar* (dal latino **tragĕre*) 'trarre' nella variante *tragàr* (attestata a Chioggia) col gerundio *tragando* (sul modello di *dar* 'dare': *dagando*); da *tragàr* dipende anche il veneziano *tragaùro* 'mazzacavallo' [Salvioni 1902-05: 213; DEI]. M.

**traghèt,** sm. (friulano). 'Traghetto', 'luogo ove si traghetta'.

Deriva dall'italiano *traghetto*, ma è voce che ricorre in Friuli negli usi nuziali nell'espressione *pajà il traghèt*, che significa «pagare, da parte dello sposo, il libero passaggio attraverso la strada che il corteo deve percorrere uscendo di chiesa, ad un gruppo di giovanotti che sbarrano la strada stessa con una trave o con delle pertiche incrociate (= *traghèt*)» (Nuovo Pirona 1935). In molti luoghi il *traghèt* si fa solo quando gli sposi non sono dello stesso paese, e vien riprodotto in tutti i villaggi che attraversano per recarsi a casa. Il denaro pagato si converte naturalmente in bevande ed in qualche baldoria. L'usanza dello sbarramento del corteo nuziale è nota anche altrove e presso altri popoli europei ed è un residuo del ratto simulato della sposa. M.

**tràgnë,** sm. (abruzzese, nel chietino; pugliese, nel tarantino; salentino, anche *tiragnu*, *tragnu*), 'secchio', nel salentino in particolare «specie di secchio di pelle con orlo e manico di legno che serviva per attingere acqua» (Gigante 1986); (emiliano, nel modenese: *tragn*), 'brocca'.

Le voci continuano il latino parlato **terrāneum [vas]* 'vaso di terracotta'; Rohlfs 1959 aveva supposto invece un derivato di '*tirare*', data la forma *tiragnu*, di cui *tragnu* sarebbe un raccorciamento, e dato il fatto che serve ad attingere acqua dal pozzo; l'ipotesi non ha avuto seguito, ma per *tiragnu* si dovrà certo pensare ad una sovrapposizione con *tirare*. In area emiliana è diffusa anche la voce *trign* per designare la brocca, che richiede un **terraneus* con cambio di suffisso, cioè **terrineus* (anche in tal caso vi è un etimo diverso, quello del REWS, che la riconduce ad *ŭter* 'otre') [DEI s.v. *tragno*; Alessio 1976]. M.

**tràje,** sf. (pugliese: Bitonto, anche *andràje*). «Filetto, *fà l'andràje* far filetto»; a Grumo *la tràje* è «la trea, un gioco che facevano le bambine (e tuttora fanno) disegnando per terra, con il gesso, dei quadrati numerati che saltano, bendate, o con la testa rivolta in alto, dicendo una formula; corrisponde al cosiddetto gioco della campana» (Colasuonno 1991-92).

Secondo il DEI (s.v. *andriana*), è probabile deformazione del greco *triáda*, accusativo di *triás*, *-ádos* 'triade' di tramite bizantino. Ma si tratterà più semplicemente del numerale 'tre': *tràje* a Grumo vale 'tre' e *la tràje* vale letteralmente 'la tre' (Colasuonno 1976). Il nome del gioco corrisponde a quello veneto *trìa*, *trèa* 'filetto' e per Prati 1968 è dovuto «ai tre quadrati concentrici che lo formano, quindi al numero *tre* (nel vicentino *tri*, nell'antico vicentino *trea*, *tria*), nel mantovano *ṡugàr a la trilia*». La motivazione sarà però da ricercare piuttosto nel "fare tre" che caratterizza il gioco del filetto, piuttosto che nello schema. Anche a Venezia si dice *tria* una «specie di gioco di tavole, che si fa in due sopra le figure di tre quadrati concentrici divisi per mezzo da una croce. In Toscana dicesi filetto o smerelli» (Boerio 1856); nel veneto giuliano (a Trieste) *tria* è il «gioco del filetto (il cui schema è posto di solito sul rovescio della scatola per il gioco della dama)» (Doria 1987), detto in quello di Grado *trìgia* e a Feltre *trida*. M.

**tràina,** sf. (umbro, nel perugino). 'Noia'. Deverbale di *trainare* 'trascinare' [Ugolini 1970]. M.

**tramanàcca,** sf. (toscano: Massa Marittima). 'Imbroglio, raggiro', con i derivati *tramanaccare* 'imbrogliare, abbindolare' e *tramanaccone* 'imbroglione'.

La parola riflette l'espressione greca che è alla base di → *catramonàcia*; stessa origine ha il termine *maccà* (toscano, a Livorno) usato nel modo di dire *va' 'n de' Greci* [preti della Chiesa greca a Livorno] *a ffatti levà' 'r maccà* cioè 'lo spirito maligno, la iettatura' [Malagoli 1939; DEI; Cortelazzo 1970]. M.

**tramànnu,** sm. (laziale: Mompeo Sabino). «Propaggine. Si *tramànnenu* in genere le viti, curvando e interrando un tralcio, in modo che metta radici e possa venir poi staccato e piantato altrove» (Raspini 1991).

Deverbale da un dialettale *tramannà* 'tramandare', perché la propaggine è un modo per riprodurre una pianta. M.

**tràmbë,** agg. (abruzzese), «incurvato; traballante; falso, disonesto, sleale» (Giammarco 1979); (calabrese settentrionale: *trammë*), 'guercio'; (campano, nel napoletano; *trammarìa* sf.), «cabala, raggiro, inganno, furberia» (Salzano 1979); (campano, nel napoletano: *trammià* v.), 'imbarcarsi del legname'.

Sono derivati del latino tardo *strambus* (per il classico *strabu*) 'strabico, losco' [DEI; Rohlfs 1977]. M.

**tràmi,** sm. (piemontese; veneto: *tràme* e *tràmene*; emiliano, a Mirandola: *tràmad*). 'Spazio tra due filari di alberi, specialmente tra le viti'.

Dal latino *trāmes*, genitivo *trāmitis*, 'sentiero, via stretta e non molto battuta' attraverso una variante **trāmes*, **tràmede* e poi **tràmee*, come da *prévede* a *préve* 'prete' [REW; Prati 1968]. C.

**tramiènto,** sm. (campano, a Bagnoli, nel salernitano: *maggio tromiento*, ad Avellino: *tromètice*). 'Avorniello, *Cytisus alpinus* Mill., pianta delle leguminose che cresce spontanea nei boschi e nei prati'.

Dal latino *atramentum* 'inchiostro', etimo giustificato dal fatto che il legno dell'avorniello è di colore bruno scuro ed è usato da ebanisti ed intagliatori. Il latino *atramentum* è parola continuata anche nel sardo logudorese *trementu* 'color nero (parlando della nicotina che annerisce la pipa)' [DEI; DES; LEI]. M.

**tràmpa,** sf. (siciliano; sardo). 'Inganno, frode, tranello'.

Dallo spagnolo e catalano *trampa* con uguale significato; in sardo sono attestati anche i derivati *trampare*, *trampài*, *trampà* 'ingannare', *trampéri* 'imbroglione', e come prestiti *tramperìa* 'inganno' (dallo spagnolo e catalano *trampería* 'idem'), *trampóšu* 'imbroglione' (dallo spagnolo *tramposo*; questo, a sua volta, proviene dall'italiano antico *tramposo* 'scroccone'), *trampista* 'imbroglione' (dallo spagnolo e catalano *trampista*) col derivato *trampisteri* nello stesso senso [DEI; DES; Michel 1996]. M.

**tramurdétu,** sm. (calabrese meridionale). 'Convulsioni dei bambini'.

Da *trimurtitu* 'tramortito' popolarmente incrociato con *tremor di Dio* 'timore di Dio' dell'italiano antico e del latino delle Scritture (*tremor Dei*): → *timùri* [DEI; Valente 1995]. C.

**tramustèḍḍa,** sf. (calabrese). «Fava cavallina» (Rohlfs 1977).

Il DEI (s.v. *tramustèlla*) collega questa voce all'arabo *turmūz* 'lupino' (a sua volta grecismo, da *thermós* di uguale significato) alla base dello spagnolo *altramuz* 'lupino' (Pellegrini 1972). M.

**tràni,** sm. (lombardo: Milano; veneto). 'Osteria dove si spacciano vini pugliesi'.

Da *trani* 'tipo di vino' proveniente da *Trani*, nome che appariva nell'insegna "(Vini di) Trani e Barletta" [DEI; Menicanti-Spiller 1973]. C.

**trantuliàri,** sm. (calabrese, anche *trantuliare*), 'tremare per gran freddo, rabbrividire'; (siciliano; lucano: *trandëlà*), 'scuotere', in calabrese e siciliano anche col sm. *tràntulu* 'brivido, tremito'.

Sia queste voci sia altre di area galloromanza (provenzale moderno *trándoul*, *tranto* 'oscillazione', da cui il piemontese *tràndul* 'tremarella') sono, a parere del DEI, da collegare al greco moderno *trantázō* 'tremo, scuoto'. Diversamente il REWS, a proposito del siciliano *trantuliari*, propone come etimo il latino parlato **tremitāre* 'tentennare'. Il FEW invece riunisce le forme gallo- e italoromanze sotto la base onomatopeica *trant-* menzionando, tra i vari continuatori, anche l'antico lombardo *trantalar* e il catalano *trantollar* 'scuotere'. M.

**tranvàj,** sm. (romagnolo). 'Costruzione in legno usata dai maniscalchi per tener ferme le bestie da ferrare e dagli allevatori per facilitare la monta taurina'.

Come mostra la più corrente variante *travàj*, corrisponde all'italiano *travaglio* ed è fedele alla sua origine etimologica (latino tardo *tripalium* 'strumento di tortura costituito da tre pali'). C.

**tràpa,** sf. (veneto orientale e veneto giuliano; friulano: *tràpe*). 'Acquavite', 'vinacce'.

Dal tedesco *Treber* 'vinacce', non senza l'influenza di *grappa* [DEI; Cortelazzo 1970a]. C.

**tràppu,** agg. (calabrese settentrionale), 'tardo a muoversi, pigro'; (calabrese meridionale: *trappu-trappu* e centromeridionale *trappa-trappa* come avv.) 'piano piano, lemme lemme'.

Secondo il DEI, è un prestito dal francese antico *trape* 'atticciato, tozzo, grosso e corto' [Rohlfs 1977]. M.

**trapuzzà,** v. (abruzzese). 'Sprofondare, inabissare' col derivato *trapuzzatutë* (nel chietino) 'dirupo, precipizio, luogo in cui si può precipitare'.

Da un latino parlato **transputeare*, composto con **puteāre* tratto da *puteus* 'pozzo' [DEI; Giammarco 1985]. M.

**trascènda,** sf. (lombardo, con varianti; abruzzese: *trascënna*; campano, a Napoli: *trasónda*). 'Vicolo, viottolo'.

Dal latino *transienda* 'passaggio', '(via) da attraversare', propriamente gerundio del verbo *transīre* 'andare oltre' [Salvioni 1910; Rohlfs 1979]. M.

**trasciëùta,** sf. (molisano, ad Agnone). 'Trapasso', anche plur. «le orazioni che in date ricorrenze festive ogni persona recita in chiesa e poi uscendo per una porta recita pure di fuori, ripetendo la stessa cosa parecchie volte e rientrando in chiesa per altra porta» (Giammarco 1979).

Part. pass. sostantivato del dialettale (abruzzese, nel chietino, e molisano) *trascì* 'entrare, passare', dal latino *transīre* 'passare' [Giammarco 1985]. M.

**trasé ra fjòca,** locuz. (piemontese: Alba). 'Passare per primo a piedi in neve recente'.

Propriamente 'tracciare la neve' (→ *fiòca*). C.

**tràstina,** sf. (calabrese, anche *tràstinu*, *tràstanu*, *tràstinë* come sm.; lucano: *tràstënë*). 'Tascapane di pelle dei pastori; canestro, sacco in cui mangiano i pastori'.

Dal greco *tágistron* 'tascapane' attraverso un **tánistron* dovuto ad incrocio con *kánistron* 'canestro' [DEI; Rohlfs 1977; Bigalke 1980]. M.

**tràsto,** sm. (toscano), 'legno sottile e lungo che si pone sopra le colonne per fare pergolo'; a Pisa, al plurale, *trasti* 'travicelli infissi nel muro'.

La voce, più nota ed estesa nella terminologia marinaresca col senso di 'banco dei vogatori', o, nell'isola d'Elba, 'passerella da terra a bordo', conserva il significato primitivo del latino *transtrum* 'trave posta orizzontalmente tra due muri' (al plurale *transtra* nel linguaggio nautico), legato, forse, alla preposizione *trans* '(at)traverso' con una terminazione di valore oscuro. C.

**tràstos,** sm. plur. (sardo logudorese, nel campidanese *tràstus*). 'Masserizie di casa, mobili, attrezzi', talvolta anche *traste* (come a Bitti).

Dallo spagnolo *trasto* 'attrezzo', catalano *traste*; a Bitti si dice *màlu traste* come ingiuria 'brutto soggetto', e anche in spagnolo e catalano la parola si usa pure in questo senso; a Baunei e Norbello si dice *trastu* eufemisticamente per 'natura della donna' [DES]. M.

**trattabùccu,** sm. (sardo campidanese, anche *strattabùccu*). 'Tovagliolo', anche 'cencio'.

Dal catalano *torcaboca* 'tovagliolo, salvietta', con influsso del sardo campidanese *trattài* 'trattare, maneggiare' [DES]. M.

**trattadòre,** sm. (sardo logudorese). 'Mediatore, paraninfo', col sf. *trattadòra* 'ruffiana, mezzana'.

Dallo spagnolo *tratador* 'mediatore' (secondo DES), ma forse non va escluso un derivato locale da *trattare* (sardo logudorese e campidanese) 'trattare'; da confrontare il siciliano *trattatùri* 'chi tratta' [Petrone 1976: 515]. M.

**trattùrë,** sm. (abruzzese e pugliese, con varianti). 'Tratturo, largo sentiero naturale formato dal passaggio dei grandi armenti che scendono dall'Abruzzo al Tavoliere delle Puglie'.

Dal latino *tractōrius*, da *trahere* (*tractus*) 'trarre'; le voci dialettali sono entrate in italiano nella forma *tratturo* attraverso l'uso letterario fattone da D'Annunzio [DEI; Giammarco 1979; Zolli 1986; DELI].

G. D'ANNUNZIO: *Smarristi / Su la montagna il tuo sentimento / E il tuo senno giù pel tratturo?* (*La Figlia di Iorio*, Milano 1906, p. 53). – ID.: *Ora in terra d'Abruzzi i miei pastori / lascian gli stazzi e vanno verso il mare: / scendono all'Adriatico selvaggio / che verde è come i pascoli dei monti* [...] */ E vanno per tratturo antico al piano, / quasi per un erbal fiume silente, / su le vestigia degli antichi padri* (*Laudi*, Milano 1964, p. 815). – I. SILONE: *Per strada incontrammo La Zappa, un capraro di Fontamara che cercava anche lui l'Impresario. Egli si trovava con le sue capre nel tratturo, quando una guardia campestre l'aveva avvertito che doveva allontanarsi, perché quel pezzo di tratturo doveva essere arato per conto dell'Impresario* (*Fontamara*, Milano 1953, p. 49). M.

**trău,** sm. (ligure: Pigna). 'Fossetta in cui i ragazzi mandano le pallottoline di cemento'.

Dal latino *trăugu* (sec. VIII d. C.), proveniente da una voce di area, se non di origine, gallica **trăucu* 'buco', che continua anche nel catalano *trau* (*trauc* anticamente) 'foro' da cui il sardo *trau* e varianti 'occhiello' [Merlo 1941-57; FEW; DES]. C.

**traunàta,** sf. (salentino). 'Tempesta, bufera, vento fortissimo', anche *traunètë, traunèrë*, e agg. *travenètë* 'bagnato fradicio, tutto inzuppato d'acqua'.

Derivati con diverso suffisso dal latino *draco, -ōnis* 'dragone' (forse originariamente aggettivo sostantivato) in senso metaforico, per l'impeto dei fenomeni atmosferici non raramente visti come un terribile animale mitologico; si confrontino *Drago, Dragone* che sono nomi di torrenti impetuosi. Stessa origine hanno pure il calabrese *travunara* 'massa d'acqua che prorompe', *sdragunara* 'acquazzone, tromba marina', l'abruzzese *drahunarë* 'terreno molle nel quale il piede affonda', il siciliano *dragunara* 'acquazzone' e *addragari* 'urlare, allagare', il sardo logudorese *dragonèra* 'vena d'acqua sotterranea', l'irpino *ndrào* 'nuvolone', il milanese, parmigiano *dragonà(r)* 'arrapinarsi, sfacchinare', il trentino *sdràgola* 'gran quantità' [Rohlfs 1959; DES; REWS; Rohlfs 1977; VES; *Dizionario di toponomastica* s.v. *Dragoni*; Valente 1995]. M.

**travèt¹,** sm. (piemontese; lombardo; emiliano). 'Travicello'.

Diminutivo (col suffisso *-èt*) di *trav* 'trave'. La voce piemontese ha avuto particolare fortuna nel senso di 'impiegato modesto e oscuro, dedito ad un lavoro monotono e ingrato' (→ *travèt²*). C.

**travèt²,** sm. (piemontese). 'Piccolo impiegato'.

Dal nome del protagonista della commedia piemontese di Vittorio Bersezio, *Le miserie d' Monsù Travet* (1863), a sua volta dal dialettale *travèt* 'travicello' (v. → *travèt¹*) con la quale l'autore ha voluto designare un uomo di scarsa forza morale e privo di autorità, che era il significato figurato del francese *travette*, forse entrato in piemontese già con questa particolare accezione [DELI].

E. DE MARCHI: *«Cambiali!» tornava a pensare il povero Pardone, tutto arruffato ancora della violenza fatta al suo buon cuore. «Quando non si ha che lo stipendio di un* travetto, *una moglie bella, giovine, ambiziosa e tre figliuoli da mantenere, le cambiali si possono dare alla lavandaia insieme alla ... alla ... dei marmocchi»* (*Demetrio Pianelli*, Milano 1979, p. 32). – M. PRATESI: *Quei buoni* travet *piemontesi, per esempio, incominciarono allora a calare a Firenze, e trovandovi botteghe troppo modeste e trattorie troppo paesane, le quali si cambiarono ben presto in fastosi* restaurants, *abbassavano tutto a Firenze, anche la lingua, anche la torre di Giotto, pur convenendo che il vino era buono* (*Il mondo di Dolcetta*, Bologna 1963, p. 365). M.

**travùgghiu,** sm. (siciliano). «Ribollimento, rimescolamento» (Traina 1868) col derivato *travugghiàrisi, travugghìrisi* v. rifl. 'commuoversi, rimescolarsi per paura'.

Prestito dall'antico francese *tribouil* 'tribolazione, pena, tormento, paura, agitazione' secondo il DEI. M.

**tréb,** sm. (romagnolo), 'riunione di persone, di amici, per passatempo, per conversare', anche 'radunarsi dei contadini nelle stalle durante le sere d'inverno, per lavorare, cantare, raccontare storie'; *andèr a tréb* 'andare a veglia, andare a casa altrui a far veglia'; (emiliano, nel bolognese: *andàr a tréb*), «andare a veglia [...]. È voce restata a' contadini, e signif. propriamente il radunarsi ch'essi fanno nell'inverno, nelle stalle, ove stanno in buona compagnia de' vicini lavorando e cantando, o raccontando favole e simili» (Coronedi Berti 1869-74).

Dal latino *trivium* 'trivio' da cui l'italiano antico *trébbio* 'crocicchio di strade', con sviluppo di significato in senso figurato attraverso l'idea di 'incontro', 'ritrovo', proprio anche dell'italiano antico, in cui *trébbio* designa pure 'brigata, trattenimento, trastullo' [DEI; Quondamatteo 1983]. M.

**trebiśónda,** nelle locuzioni *savè de trebiśónda*, 'sapere per via indiretta', *vès giò de trebiśónda* (lombardo), 'essere sviato, aver perduto l'orizzonte'; (siciliano *trabbisùnna*), 'confusione, scompiglio'.

Dallo spagnolo *trapisonda*, catalano *trapissonda* 'litigio, imbroglio, raggiro' [DEI]. M.

**trédas,** nella locuz. *tirè el trédas* (piemontese: Val Sesia). 'Essere agli estremi, esalare l'ultimo respiro'.

Letteralmente 'tirare il tredici', perché questo numero nei tarocchi rappresenta la morte [DEI]. C.

**treméntu,** sm. (sardo, anche *troméntu, truméntu*). 'Color nero' e poi anche la 'nicotina della pipa'.

Dal latino *atramĕntum* 'liquido o colore nero, inchiostro' [DES].

S. SATTA: *Nessun dei giovinetti, audace schiera / Di ardimenti e di prove sfidatrice, / Osava premer quella groppa nera / come il tormento e correr la pendice* (*Canti*, Milano 1955, p. 71). C.

**tremolànti,** sm. plur. (ladino centrale, nell'Agordino settentrionale). «Spilli d'argento che a un'estremità portano foglie sottilissime, filigranate, d'oro o d'argento, in continua vibrazione», anche «spilli da balia» (Pallabazzer).

Dal *tremolare* della decorazione degli spilli. M.

**trènca,** sf. (calabrese settentrionale). «Cerchio di rami pieghevoli che mantiene orizzontalmente la paglia sulle pareti delle capanne» (Rohlfs 1977).

La voce è ricondotta dal DEI allo spagnolo *trenca* 'ciascuna delle traverse che sostengono i favi'. M.

**trenéte,** sf. plur. (ligure). 'Pasta molto sottile, da fare asciutta col *pesto*'; anche *ternèt* (lombardo: Milano), *ternète* (veneto: Venezia), *trinette* (corso).

La voce si confronta col dialettale ligure *trena* 'cordoncino' derivata a sua volta dal latino **trēnus* per il classico *trinus* 'triplo'. Dal genovese la parola è entrata in italiano specie nell'espressione *trenette col pesto* (→ *pésto*) [DELI; Plomteux 1975]. M.

**trenò,** sm. (piemontese). 'Veicolo senza ruote, che si trascina', 'slitta'.

Dal francese *traineau*, che ha, tra l'altro, il significato di 'vettura a pattini per scivolare sulla neve', dal verbo *trainer* 'trainare' [FEW]. C.

**trenóre,** sm. (toscano: Pisa). 'Allenatore di cavalli'.

Dall'inglese *trainer* [Malagoli 1939]. C.

**trenòsse,** nella locuz. verb. *èsse osse e trenòsse* (marchigiano: Macerata), 'essere tutt'ossa'; (toscano: *essere da più di Tenenosse*), 'detto di qualcuno del quale si può presumere qualunque lusso bizzarro'.

Dal latino del Padrenostro *et ne nos (inducas in tentationem)*. L'accostamento ad *ossa* è confermato dal sonetto 219 di G. Belli: "Tutte le sorte a te, fija d'un mulo! / Prima eri un terenosse – e – tinducasse, / e mo pari una vacca, e nun t'adulo" [Bianchi Bandinelli 1953]. C.

**trènta,** sm. (ligure occidentale; piemontese: *trènt*). 'Forcone, tridente'.

Dal latino *tridens*, genitivo *tridĕntis*, con la caduta della *-d-*, che ha portato a forme analoghe in dialetti galloromanzi e spagnoli [FEW]. C.

**trentacinglìris,** sm. (friulano: Cividale). 'Strillozzo'.

Letteralmente 'trentacinque libbre', denominazione di origine imitativa con successiva interpretazione paretimologica di tipo scherzoso, dato che si tratta in realtà di un uccelletto di poco peso; → *trentapés* [Marcato 1984; Valente 1993]. M.

**trentapés,** sm. (trentino; lombardo; emiliano). 'Scricciolo'.

Letteralmente 'trenta pesi'; il peso è una misura di otto chilogrammi, dunque la denominazione è un'antifrasi scherzosa, il cui motivo onomasiologico è dato dalla piccolezza dell'uccello. A meno che non si tratti di paretimologia, che dovrebbe, però, aver operato anche su altri nomi dialettali dello scricciolo come il lombardo *centopés* letteralmente 'cento pesi' e il piemontese *sent rüb* 'cento rubbi' [Marcato 1984; Valente 1993]. M.

**trentaùn,** sm. (veneto: veronese). 'Paura, spavento'.

«Traslato antonomastico dello stesso genere che portò a 'quarantotto, fare un quarantotto', con originario riferimento ai moti rivoluzionari del 1848 [...]. Ad innescare, qui, analogo processo semantico saranno stati i drammatici moti liberali emiliani del 1831 ...» (Bondardo 1986). M.

**trentìn,** sm. (lombardo, in Brianza; emiliano, a Guastalla: *trentén*). 'Segantino'.

Corrisponde all'etnico 'trentino' perché in tempi passati molti segantini dovevano venire dal Trentino; in tempi più recenti, almeno nell'area lombarda, i segantini sono montanari provenienti dal Genovesato o dal Piacentino (→ *rasgòt*) [Prati 1936]. M.

**trèpo,** sm. (veneto). 'Truffa, inganno', nel veronese 'bordello; bisca; conciliabolo'.

Deverbali del veneto *trepàr* 'scherzare' attestato nel veneziano antico; per tali voci si dovrebbe risalire, secondo Prati 1968, al latino *trĭvium* 'trivio', ma è preferibile l'origine dal germanico (francone) **trippōn* 'saltellare' o dal suo derivato francese antico *treper* 'battere col piede in segno di gioia o d'impazienza, saltare, ballare, agitarsi in disordine e tumultuosamente'. Stessa etimologia hanno l'italiano antico *treppare* 'scherzare', il ligure (genovese) *trepà* 'scorazzare, fare chiasso', il romagnolo *tripè* 'saltellare, scherzare', il calabrese *trippari*, *trippiari*, il siciliano *trippiari* 'ruzzare, saltellare'. Non è chiaro se l'italiano antico *trappare* 'ingannare, acchiappare' sia una variante di *treppare* con uno sviluppo semantico dal significato 'scherzare' o se rappresenti piuttosto il francese *entraper* 'prendere qualcuno in trappola' (dall'antico francone *trappa* 'trappola') e *s'entraper* 'mettere i piedi in un oggetto qualunque', da cui il piemontese *antrapè* 'inciampare'. Incerta anche la base a cui assegnare il calabrese *antrappare* 'insudiciare, imbrattare' che il DEI confronta coll'italiano *trappare*, mentre l'omofono calabrese *trappare* 'palpare, tastare, frugare' andrebbe invece con un **talpare* > **tarpare*, ottenuto dalla sovrapposizione di *tastare* e *palpare* [DEI ss.vv. *antrappare*, *trappare* e *treppare*; FEW; Rohlfs 1977; Marcato 1982]. M.

**trepotré,** sm. (sardo logudorese). 'Quaglia, *Coturnix coturnix*'.

Voce onomatopeica, che letteralmente significa 'tre per tre' [Meiklejohn 1964]. C.

**très,** sm. (marchigiano: Senigallia). 'Fascia obliqua nella vela, a vari colori'.

In senso proprio, 'traverso'. C.

**trescà,** v. (toscano: amiatino), 'guazzare nell'acqua' e *trescà la neve* 'calcare la neve'; (laziale), 'calpestare', 'pigiare l'uva'.

Prima di 'ballare', il toscano *trescare* dovette avere il significato (che ha tuttora il verbo *trëscà* in abruzzese) di 'trebbiare (pestando i piedi)', proprio del verbo germanico (*thriskan*), dal quale proviene [Rohlfs 1979]. C.

**trè setóni de màgio,** locuz. sostant. (trentino: Val di Cembra). «I giorni 7, 17, 27 di maggio in cui è consigliato seminare. Se piove in detti giorni si preannuncia un anno di magra» (Aneggi 1984).

Letteralmente "tre sette di maggio" (*setóni* è un accrescitivo del dialettale *sète* 'sette'). M.

**tréssa,** sf. (marchigiano), «Fitta, densa cortina di nuvole scure, che si forma in poco tempo, e fa presagire un'improvvisa quanto violenta burrasca, con forti colpi di vento» (Mancini 1979); (veneto, Chioggia: *trésa*), 'nuvoloni'.

Letteralmente 'travèrsa'. C.

**trëstìḍḍë,** sm. (lucano nel materano, con varianti; salentino: *tristièḍḍu* e varianti; calabrese settentrionale: *trastiellë*). 'Cavalletto che serve da sostegno alle tavole del letto'.

Dal francese antico *trestel* (XII-XIV sec.) 'pezzo di legno su quattro piedi che serve a sostenere tavole ecc.' (a sua volta dal latino *transtillum* 'piccola asse trasversale' e non da *tristega* come in DEI) [FEW; Rohlfs 1959 e 1977; Bigalke 1980]. M.

**trevìs,** sm. (lombardo; emiliano, nel piacentino *travìza* come sf.). 'Felce aquilina, *Pteris aquilina* L.'.

Esiti del latino *praesēpe* 'greppia', attraverso il senso di 'strame, paglia' a cui la felce viene adibita [Pellegrini-Zamboni 1982]. M.

**triàca,** sf. (umbro: perugino). 'Noia, disturbo', a Torgiano 'bevanda così cattiva da essere imbevibile'.

Come qualche altro 'medicamento' (*cataplasma*, *cerotto*, *empiastro*, *pittima*, ...), anche la *triaca*, eccellente antidoto contro le morsicature degli animali velenosi, ha subito il passaggio da 'farmaco' a 'cosa fastidiosa': → *triàchë*. C.

**triàchë,** sf. (pugliese: Foggia). 'Panìco che muove la massa intestinale e spinge in fretta ad evacuare'.

Dagli effeti prodotti dall'antica e celebre misura medicinale chiamata *t(e)riaca*, in origine 'medicina contro gli animali velenosi (in greco *thḗr*)', rimasta ancora in altre metafore popolari, come nel pisano *trià(h)a* 'minestra troppo cotta, diventata una pappa': → *triàca*. C.

**trìbbio,** sm. (toscano: Elba; corso: *trìbiu, trìbbiu*; calabrese: *trìglia, trìgghia*). 'Grossa pietra usata per la trebbiatura'. Questo significato spiega anche altre locuzioni toscane opache, come l'amiatino *ho dato un trìbbio* 'ho dato un colpo' e il senese *battere un trìbbio* 'cadere a terra pesantemente'.

Dal latino *trībulum* 'trebbiatrice, consistente in una tavola munita nella parte inferiore di pietre o chiodi' [Rohlfs 1979]. C.

**tribisì,** sf. (romagnolo). 'Idropisia'.

Realizzazione popolare della parola dotta italiana. C.

**tricantón,** sm. (lombardo, nel milanese), «nicchio, lucerna; il cappello del prete», anche «biodo: sorta di giunco da fare stuoie» (Angiolini 1897); (marchigiano, nel metaurese: *trecantón*), «cantoniera» (Conti 1898).

Evidente composto di *tre* e *cantóne* 'angolo'; la denominazione botanica alluderà forse a qualche caratteristica della canna [DEI]. M.

**trifalùnu,** sm. (calabrese). 'Spineto, complesso di arbusti spinosi' e in senso figurato 'donna grassa e ingombrante'.

Accrescitivo di *trifàla* 'groviglio di arbusti spinosi', voce di apparenza greca, che non trova, però, nessun riscontro nel vocabolario ellenico, passato e presente [Rohlfs 1964 e 1977].

L. Asprea: *quelle costiere di spàlis, zombàre e trifalùni di spine, era tutto rasulelle, rasulelle di armaceri, quando io ero bambino* (*Il previtocciolo*, Milano 1971, p. 165). C.

**trigànto,** sm. (veneto: Venezia). 'Dragante, estremità della poppa'.

Voce marinaresca che viene considerata di etimologia incerta dal DEI, ma che potrebbe risalire al greco **trikánthin* cioè di 'tre angoli' piuttosto che dal sinonimo *trikántouno(n)* [Cortelazzo 1970]. C.

**trìgna,** sf. (campano; abruzzese; pugliese, anche *trégna*; salentino; lucano; calabrese; siciliano: *atrigna*), 'prugnolo, prugnola'; (molisano: *trignë*), 'frutto del biancospino'; (pugliese, a Minervino: *atrigne*), 'specie di bacca del colore e della forma di un acino di uva neri'; nel salentino (Ostuni) *trègna* ha assunto il significato traslato di 'niente' ed è forma popolare di negazione.

Le voci continuano il latino parlato **atrīneus/*atrīnea* 'nero, opaco', quindi albero con frutto nerastro ed il frutto nerastro [DEI s.v. *atrigna*; LEI]. M. M.

**trìma,** sf. (corso: anche *trimma*), 'capra o pecora di tre anni'; (grigionese: Soglio), 'manza di tre anni'.

Dal latino *trīmus*, femm. *trīma*, 'di tre (*trēs*) inverni (*hĭeme*)' [Rohlfs 1979]. C.

**trimarólo,** sm. (veneto meridionale). 'Tipo di aratro adatto alla preparazione del solco per la semina delle patate'.

È un derivato dalla voce dialettale *trimo* 'fila di piante di mais o di patate', 'porca', anch'essa d'area veneta meridionale, riconducibile ad un latino volgare **trimime* per **tramame* (da **tramen* per *trasmes* 'scorciatoia, viottolo, via trasversale') [Prati 1968; Marcato 1991: 20]. M.

**trimmìcci,** sm. (calabrese centrale). 'Nicchio, cappello da prete'.

Letteralmente "tre *micci*", dal calabrese *mìcciu* 'lucignolo', dal greco *mýkēs* 'moccolo che fa la candela' [DEI s.v. *bimiccio*; Rohlfs 1977]. M.

**trìmo,** sm. (veneto: anche *trime*). 'Porca, solco'.

Dal latino parlato **tramen, -ine* 'sentiero' per il classico *trames, -itis* 'tramite' cui si riconducono anche le varianti venete *trame, tràmene* (→ *tràmi*) [Prati 1968; Bondardo 1986].

F. Camon: *c'era un pioviscolo che pareva nebbia e non si vedeva più in là di due trimi, sicché si sentivano passare e abbaiare i cani lungo i solchi ma non si vedevano i tedeschi* (*La vita eterna*, Milano 1972, p. 137). C.

**trìnca,** nella locuz. *novo de trinca* (veneto e veneto giuliano; emiliano, nel bolognese: *nov de treinca*; piemontese: *növ da trinca*; ligure, nel genovese: *növo de trinca*; campano, nel napoletano: *nuovë di trinca*). 'Nuovo di zecca', anche nella locuz. avverb. *de trinca* (nell'istrioto, a Rovigno: *da trinco*), 'affatto, nettamente, del tutto, di sana pianta'.

Usata anche nell'italiano antico *nuovo di trinca*, ed in tutta l'area iberoromanza (come nel catalano *nou de trinca*, spagnolo *nuevo de trinca*) dalla quale si è diffusa, l'espressione vale propriamente 'appena legato, appena fatto', poiché *trinca* è voce marinaresca che designa 'legatura di buon cavo a molte passate'. Lo spagnolo *trinca*, che ha il significato di 'riunione di tre cose della medesima specie', quindi 'legatura forte' è all'origine del calabrese settentrionale *trinca* 'numero di tre persone' e dell'abruzzese *trinchë* 'cricca' col v. *trëncà* 'serrare le viti o calcare le biette finché la catena che collega due muri sia ben tesa, fortificare' [DEI; Prati 1968; Manzini - Rocchi 1995]. M.

**trincàri,** sf. (siciliano). 'Tagliare le pietre'.

Prestito dallo spagnolo *trincar* 'rompere, spezzare' secondo il DEI, che considera formazione deverbale da *trincari* il siciliano *trinca* 'taglio nel masso, roccia' e 'polpa delle costole', voce passata con quest'ultimo significato anche al calabrese meridionale [Traina 1868; DEI s.v. *trincare*³ e *trinca*³; Rohlfs 1977]. M.

**trìncia,** sf. (calabrese; sardo campidanese *trìncia* e logudorese *trinza*), 'cintura dei pantaloni'; (siciliano: *trìngia*), «cintola» (Traina 1868).

Iberismi, dallo spagnolo *trincha* (in catalano *trinxa*) 'linguetta delle serre dei calzoni o della sottoveste, dov'è la fibbia'; in logudorese settentrionale *trìnza* si chiamava anche il gonnellino cortissimo che le antiche popolane indossavano sotto la gonnella [DEI; DES; Rohlfs 1977]. M.

**trinsìr,** v. (romagnolo). 'Tremare dal freddo'.

Mentre formalmente sembra risalire al verbo latino *transīre* 'trapassare' (ma la conservazione della *n* denuncia l'origine dotta), per il significato corrisponde perfettamente al francese *transir (de froid)* 'morire dal freddo', dove *transir* è adoperato nel senso metaforico di 'passare ad altra vita', introdotto dagli scrittori cristiani [FEW]. C.

**tripulitània,** sf. (lombardo: Val Chiavenna). 'Ambiente pieno di gente rumorosa e di disordine'.

Ricordo della guerriglia in *Tripolitania*, che seguì alla spedizione di Libia [Massera 1985]. C.

**trìscule,** sf. (friulano). 'Fragola di bosco, fragola selvatica, *Fragaria vesca* L.'.

Dallo sloveno *troskalica* (attraverso il dialettale *truskl-ça*), fragola selvatica (nella specie *Fragaria collina* Ehrb.)' con le varianti *troska, truska* (nomi di un'altra specie di fragola selvatica, *Fragaria elatior* Ehrb.) [Pellegrini 1992]. M.

**trit,** sm. (ladino centrale, nell'Agordino settentrionale). «Ricotta o formaggio grattugiato che si spargono sopra gli gnocchi, i ravioli, le tagliatelle, la pasta; vi si versa sopra il burro fuso» (Pallabazzer).

Corrisponde all'italiano *trito*, finemente sminuzzato. M.

**tritràngulu,** sm. (calabrese settentrionale). 'Arancio, cetrangolo'.

Riflesso del bizantino *tetránguron* 'specie di cetriolo' [DEI; Rohlfs 1977]. M.

**triùgni,** sm. (siciliano, anche *triugna*), 'quaglia d'Andalusia, *Turnix silvatica*'; (pugliese; *trisciùngulu*), 'gheppio di torre, *Cerchneis Tinnunculus*'.

Voci registrate dal DEI (tratte da Giglioli 1890), secondo il quale derivano dal latino parlato **triungulus* 'tre unghie (tridattilo)' come calco sul greco *triṓnychos*. M.

**trìulas,** sf. plur. (sardo settentrionale). 'Luglio'.

Come dice il sinonimo più esteso *mès e dhriùlas*, è il 'mese delle trebbiature', dal verbo latino *tribulāre* 'trebbiare' e poi, figuratamente, 'tribolare'. Il dialetto ha recuperato per assonanza i due sensi nel proverbio *trìulas triuladu* 'luglio tribolato' ed in altri affini [DES; Espa 1981: II 277]. C.

**trìvulu,** sm. (calabrese). 'Cattivo augurio': *mi jettàu u trìvulu* 'mi gettò il malocchio'.

Letteralmente 'tribolo', deverbale del latino *tribulāre* 'opprimere' [Rohlfs 1977].

L. Asprea: *A me veniva in mente quando la Mamma ingiuriava Francesca "pigula sopra la rama!" perché piangeva e buttava il piccio, o il trìvolo, o il fragulèo, cioè il malaugurio* (*Il previtocciolo*, Milano 1971, p. 130). C.

**trìvuru,** agg. e sm. (laziale: Castel Madama). 'Scontento', 'scontroso'.

Propriamente 'tribolo' nel senso di 'tormento'. C.

**tròfa,** sf. (siciliano e calabrese, anche *troffa*; campano; lucano; abruzzese). 'Cespo, cespuglio'.

Dal greco *trophḗ* 'allevamento' [Rohlfs 1964 e 1977].

V. Consolo: *Peppe lo prese, lo sfregò contro la terra e poi su troffe secche di gramigna* (*Il sorriso dell'ignoto marinaio*, Torino 1987, p. 78). C.

**trógher,** sm. (trentino: Val di Fiemme). 'Portatore di alta montagna', anche 'supporto del freno posteriore del carro agricolo'; (trentino, Val di Cembra: *trògher*), 'venditore ambulante che portava a tracolla la cassetta della merce'; (ladino centrale, Colle S. Lucia: *troghenà* v.), 'trasportare faticosamente'.

Dalle voci del tedesco tirolese *trôgr* 'portatore' e *trogen* 'portare' [Aneggi 1984; Pallabazzer; Bravi 1992]. M.

**tròla,** sf. e agg. (ladino centrale, nel Livinallongo), 'ragazza grossa e pigra'; (ladino centrale, in Val Badia e Gardena), 'persona disordinata e schiva del lavoro'.

Dal tedesco tirolese *troale* 'donna disordinata e sventata' [Pallabazzer 1980]. M.

**tronsèn,** sm. (piemontese). 'Taglio d'abito per signora'.

Dal nome di un famoso medico svizzero, vissuto nel Settecento, Teodoro *Tronchin*, che suggerì il nome anche alla francese *tronchine*, specie di scaldapiedi foderato di pelliccia, da lui usato. C.

**tròs ,** sm. (lombardo: nel milanese, nel comasco *tròsa* sf.; ticinese: *tròṡa*, *troṡàda* sf.; veneto, a Fratta Polesine: *tróṡuie* sf. plur.; friulano occidentale, a Forgaria: *tràusa* sf.), 'tralcio di vite destinato a fruttare'; (lombardo, nel bergamasco: *tróṡa* sf.), 'filare di vite'; (lombardo, nel bresciano: *troza* sf.), 'intrecciatura di tralci che si lascia alle viti nel farle, capo di vite che rimane nel tronco dell'anno avanti, ramo secco della vite'; (ticinese: *tròṡa*, *troṡàda* sf.; friulano occidentale, a Clauzetto: *tràuse* sf.), 'penzolo, insieme di grappoli pendenti dallo stesso tralcio'.

Tutti esiti, talvolta suffissati, del latino *trādux*, *-ŭce* 'tralcio', attraverso una fase intermedia **trauce* [Ghirlanda 1956; Marcato 1993a]. M.

**tròṡo,** sm. (veneto, veneto giuliano e trentino, con numerose varianti; friulano: *tròi*). 'Sentiero'.

Da una supposta base **trŏgiu*, **tròju* di origine sconosciuta [Prati 1968; Bondardo 1986].

A. Montemaggiore: *Ecco appunto la chiesa, come un cinema, dove carpire sguardi, sussurri da diffondere per i* trodi *e le contrade durante i lavori dei campi* (*Anita e altre donne*, Firenze 1992, p. 46). C.

**tròta,** sf. (ladino centrale; veneto settentrionale; trentino). 'Incubo'; anche *trùta*.

Dal tedesco tirolese *trute* con lo stesso significato; la voce proviene dalla mitologia germanica ove esiste una figura femminile detta *Drude, Trut* e simili; anche nelle aree dialettali italiane che indicano l'incubo con tali parole, è diffusa la credenza in una specie di strega, che andrebbe a tormentare il dormiente [Cappello 1957]. M.

**trotapiàn,** sm. (piemontese; lombardo, nel bergamasco: *trotapià*, emiliano, nel bolognese). 'Pidocchio'.

Voci anche di ambito gergale (*trotapiàn* nei gerghi di calderai e arrotini delle valli di Sole e Rendena, e *trotaplàn* in quello dei calderai di Bormio), corrispondono all'italiano *trottapiano* 'chi va, chi agisce lentamente con flemma; carrozza che va adagio', da *trottare* e *piano*. La motivazione onomasiologica sarà la seguente: «il pidocchio, a differenza della pulce che salta, si fissa sulla cute ed è probabilmente a tale abitudine che deve il suo nome» (Bracchi 1987: 324). M.

**trùcia,** sf. (toscano), 'miseria che si mostra massimamente negli abiti', da cui l'aggettivo elbano *truscio* 'vestito miseramente'; (lucchese: *trùscia*), 'miseria', con le locuzioni *andà 'n trùcia* 'andare a zonzo' nel pisano, *andàr a la trùsia* 'accattare, mendicare, birboneggiare' nel bolognese; (calabrese: *truscia*), 'miseria', 'disperazione'.

Da *truscia*, che ancor oggi in Italia meridionale è un 'involto', 'fardello', soprattutto quello contenente la misera colazione, che il contadino povero portava con sé in campagna. Deriva dal francese *trousse* 'fagotto di roba' (dal latino *tŏrquere* 'torcere' nella variante parlata **torsare*, tratta dal participio **torsus*), dal quale dipende anche il piemontese *trusa* 'rete da fieno', 'corredo'. Il verbo francese *trucher* 'vagabondare, mendicare' ha dei riflessi nelle voci gergali *truchant*, *trucheur* 'mendico', *truche* 'mendicità', con qualche estensione anche nei gerghi italiani [Flechia 1878: 154-5; DEI; FEW; Jost 1967; Rohlfs 1979; Bracchi 1987: 325-326]. M.

**trùḍḍu,** sm. (salentino; pugliese: *trùdde*, *tròddë*, *tròzze*, *trùlle*). 'Capanna o casa con copertura a conca con pietre a secco'.

Dal greco bizantino *troûllos* 'cupola', diffuso in tutti i Balcani [Rohlfs 1964; Cortelazzo 1970].

R. Nigro: *Tagliavamo per masserie sconfinate e polverose, tra oliveti e incolti segnati da muretti e casupole a imbuto che chiamano trulli* (*La baronessa dell'Olivento*, Milano 1990, p. 133). C.

**trufaldén,** sm. (emiliano: Bologna). 'Bricconcello', detto per vezzeggiativo dai genitori ai figlioletti.

Dal nome di una maschera della commedia dell'arte, *Truffaldino*, che rappresentava il servo falso e smargiasso, e tuttavia vivace e faceto [Menarini 1978]. C.

**trùgghiu,** agg. (siciliano; calabrese, anche *trùgliu, rùgghiu*), 'grassotto, paffuto, sazio, sodo'; (calabrese; campano: *rùglio*), 'ricolmo'.

Dal latino parlato **turgulāre* 'divenir rigido', attraverso derivati verbali come il calabrese *ntrugghiare, ntrugliare* 'ingrossare' [DEI s.v. *trùglio*; REWS]. M.

**trǜgnu,** agg. (ligure, nel genovese), 'grasso' (piemontese, come sm.), 'visaccio'; (lombardo: *trügn, trógn*; romagnolo: *trógn*), 'accigliato, ingrugnato; caparbio'.

Riflessi di una base celtica *trugna* 'muso' ai quali sono da aggiungere (per tramite del francese *trogne* 'faccia allegra, rubiconda', secondo il DEI) il calabrese *trogna* 'naso molto grosso; oggetto rotondo e smisurato', il pugliese (nel barese) *trignutë* 'grassoccio'; anche nel sardo (Capraia) è presente *trugnu* 'grosso' come prestito dal genovese. Da scartare invece per l'aspetto semantico (come pensa anche Tagliavini 1944) un etimo da *trugna* per il ladino centrale (nel Comelico) *trógna* 'nocciòlo', *Corylus Abellana* L.' proposto anche dal DEI supponendo un significato originario di cespuglio che sporge dal terreno; per Tagliavini cit. è invece voce di origine incerta [REW; DEI s.v. *trògna*; REWS]. M.

**truìna,** sf. (piemontese; lombardo: Lomellina; ligure, a Varazze: *trüina*), 'soffitta, legnaia'; (piemontese: Canavese), 'stalla'.

Dal latino *tribūna*, attraverso la forma con metatesi **trubīna* [Maccarrone 1914-22: 529-531; REW]. C.

**trumbaüa,** sf. (ligure: Monterosso). 'Mancia che si dà a chi trova una cosa smarrita'.

Da *trùmba* 'tromba', con la quale il pubblico banditore dava notizia dello smarrimento. C.

**trùnzu,** sm. (siciliano; calabrese), 'torsolo'; (siciliano, a Tortorici: *trùnciu*), 'falcetto'.

Da un latino parlato **trunceus* 'mutilato, spuntato' (da *truncus* 'tronco') [DEI; REWS]. M.

**trupèa,** sf. (campano, Napoli, anche *trubbèa, trubbèia*; calabrese: *trupìa, tropéa, tropìna, trabbìa*; salentino: *tropèa, trupèa, trubbìa*; abruzzese: *tropéa, trupéë*). 'Temporale di breve durata, burrasca, bufera, tempesta improvvisa'; anche in senso traslato a Napoli per 'zuffa, contrasto', in abruzzese (nel chietino) per 'grande quantità di persone' in senso spregiativo, ed a Gessopalena *na trupéë dë mazzàtë* 'una gran bastonatura'.

Dal greco *tropáia* 'procella' [Rohlfs 1959 e 1964; D'Ascoli 1979; Giammarco 1979]. M.

**trüsà,** v. (lombardo), 'cozzare, urtare col capo (degli animali)'; (friulano: *trusà*), 'cozzare dare del capo', coi deverbali *trus* 'capata, cozzo' e *truse* 'botta nella testa' con la locuz. *pià la truse* 'prendere la sbornia'.

Da un latino parlato **trusare* 'urtare' [REW; REWS].

L. MASTRONARDI: *Nel zuccherare ha descritto la fine: la partita; il ritorno; il collasso. Dopo aver trusato ora sorseggiava il caffè* (in *Racconti italiani del Novecento* a cura di E. Siciliano, Milano 1985, p. 1480). C.

**truschìn,** sm. (piemontese; lombardo: Milano). 'Graffietto del falegname'.

Dal francese *trusquin* o *trousquin* 'graffietto', entrato anche in italiano con *truschino*. Verosimilmente dal nome dell'attrezzo dipende per tramite gergale il significato di 'trucco, sotterfugio, espediente segreto' e poi 'impegno, lavoro, attività' [DEI; Lotti 1983; Pautasso Crotta 1988; Ferrero 1991; Marazzini 1991: 52].

P. LEVI: *Non deve mica credere che certi truschini si combinino solo a casa nostra, e che soltanto noialtri siamo bravi a imbrogliare la gente e a non farci imbrogliare noi* (*La chiave a stella*, Torino 1978, p. 141).

**trùssu,** sm. (calabrese, anche *turzu*; siciliano; piemontese: *trus*; toscano, all'Elba: *tròscio*; laziale, nel romanesco: *tórzo, turzo*; marchigiano: *tròsciu, trusciu*; campano: *turso, turzë*). 'Torsolo', specie del cavolo.

Come l'italiano *tórso, tórsolo*, si tratta di continuazioni del latino tardo (Glosse) *tŭrsus* per il classico *thyrsus* 'gambo delle piante' [DEI; REWS; Rohlfs 1979; DELI]. M.

**trùvele,** sf. nell'espressione *pàre na trùvele* (abruzzese: Martinsicuro), riferita ad una 'ragazza o giovane donna molto rapida nel lavorare'.

Letteralmente 'sembra una spoletta di telaio'; il vocabolo, infatti, è rimasto dal lessico della tessitura casalinga un tempo molto praticata ed è connesso a *trua, trulla* 'strumento da tessitrice' nei documenti medievali; per la sua origine → *drùa* [Mastrangelo Latini 1981]. M.

**truvèr e gèvul in te piàt,** locuz. (romagnolo). 'Mangiare fino in fondo, pulire il piatto'.

Letteralmente 'trovare il diavolo nel piatto'. Non sappiamo che attendibilità si possa attribuire alla ingegnosa spiegazione che ne dà il Morri 1840: «Modo notissimo, e tratto dall'antico uso di dipingere il diavolo nel fondo de' catini». C.

**tùfa,** sf. (toscano). 'Sirena elettrica degli stabilimenti industriali' in Versilia; 'suono della sirena dei piroscafi, delle navi ecc.' nell'Arcipelago toscano, come a Napoli.

Estensione moderna dell'uso di servirsi di una grossa conchiglia, la *tufa, tofa* o *tùva*, appunto, come tromba primitiva di pescatori e pastori [Cortelazzo 1965]. C.

**tùfolo,** sm. (toscano: Porto S. Stefano), 'pannocchia'; (campano, a Monte di Procida: *tùfëlë*), 'pannocchia sgranata, tutolo'; (campano, a Napoli: *tùfëlo*), 'tubo' e figuratamente 'intestino retto'; (siciliano, a Naro: *tùfulu*) 'torsolo della mela'.

Dal latino *tubŭlus* 'piccolo tubo (*tubus*)' nella presunta forma osca **tufulus* [DEI]. C.

**tugliétta,** nella locuz. *vistitu a* –, (siciliano). «Quello che è aperto nel davanti sì nella vita che nella sottana» (Traina 1868).

Francesimo: da *douillette* 'soprabito di seta ovattata' [FEW; DEI]. M.

**tulèl(l)a,** sf. (romagnolo), 'spatola per il gioco della palla'; a Faenza, 'tabella su cui nelle osterie era scritto il prezzo del vino' (in questo senso, in altre parti della Romagna: *tabèla*) ed anche «quella carta, sulla quale i fanciulli imparano l'ABC» (Morri 1840).

Diminutivo, dal latino parlato **taula* per *tabula* 'tavola'. Lo stesso derivato (*tolèla*) nel veneto lagunare designa la 'piccola tavola votiva'. Un altro diminutivo romagnolo, *tuléta*, propriamente 'tavoletta', denominava l''insegna dell'osteria'. C.

**tùllora,** sf. (toscano). 'Castagna secca lessa cotta nell'acqua', al plur. anche *tùllere*.

Voce di etimo incerto; tale la considera anche il DEI, che menziona anche un pisano *tùllore* 'vivande in uso la vigilia di Natale', non tenendo conto di una forma lucchese *tillore* registrata da Nieri 1902, variante di *tigliore* e *tiglie* e come tale equivalente del dialettale *tiglia* «la maggior parte della canapa conciata che si fila per farne tela»;

si dovrebbe forse intendere che le castagne lessate sono "acconciate" e diventano, in tal modo, morbide. M.

**tulùin,** sm. (friulano, anche *tulùi*, *tulùgn*, *tulìn*). «Burberino, verricello nella parte posteriore del carro rustico, che si fa girare avvolgendovi la corda fissata all'estremità del → *jubàl*, per stringere il carico di fieno, paglia, ecc.» (Nuovo Pirona 1935).

Caratteristico tipo lessicale friulano, continua il latino *tollono*, *-onis* 'trave in bilico' (propriamente 'genus machine quo trahitur aqua alternam partem praegravante pondere', Festo 490, 3), attraverso un derivato **tolloneu* [Pellegrini-Marcato 1988]. M.

**tùma,** sf. (siciliano), 'cacio fresco ancora non salato'; (calabrese; lucano: *toma*), 'pasta fresca del cacio che ancora non è stata messa nella forma'.

Voci d'importazione settentrionale, dal piemontese *tuma* 'formaggio casalingo', in certe aree 'formaggio d'infima qualità', da un prelatino **toma* 'un tipo di formaggio' che ha numerosi riflessi in area galloromanza (*tôme*, *tomma*, *tuma* e varianti), per lo più designanti un formaggio molle, bianco, di capra [REW; FEW; Rohlfs 1977a; Greco 1991]. M.

**tumàcchië,** sf. (campano). 'Anguilla marinata'.

Il nome è dovuto al luogo di provenienza, *Comacchio* [Prati 1937]. C.

**tùmbano,** sm. e agg. (veneto, a Chioggia; veneto bisiacco e giuliano). 'Stupido, tonto, ignorante', anche *tùmbaro*.

Dall'antico alto tedesco *tumb* (tedesco moderno *dumm*) 'sciocco' [DEI; Doria 1987]. M.

**tùme,** sf. (veneto: Polesine). 'Crosta lattea che si forma sulla testa dei neonati'.

Falsa interpretazione della parola dotta e oramai antiquata *lattùme*, intesa come *la tùme*. C.

**tùmel,** sm. (piemontese, anche *timel*, *tamalìn* e varianti; valdostano, con varianti; lombardo: *tèmal*, *tremèi* e varianti; trentino: *tèmel* e varianti). 'Sorbo degli uccellatori, *Sorbus aucuparia*'.

Non dipendono da un latino *temulentus* 'temulento' incontratosi con *tremŭlus* 'tremulo' (come propone il DEI s.v. *témolo*, richiamando quale altro continuatore di tale incrocio il calabrese *barca tìmula* 'barca che non sta bene in equilibrio') ma sono riflessi di una base fitonimica preromana **t(r)emel-* con propaggini anche in area savoiarda, ticinese e nella Svizzera romanda [Pellegrini-Zamboni 1982]. M.

**tùnchiu,** sm. (sardo: nuorese). «Specie di strumento musicale usato per spaventare persone ingenue ed animali in pascolo abusivo durante la notte» (Farina 1973).

Da *tùnchiu* (*tunciu*, *zhùnchiu*) 'gemito, lamento', di formazione onomatopeica, per il suono lamentoso e spaventoso dello strumento (che si dice aver provocato la morte di qualche persona), il cui uso è stato talvolta vietato dalle autorità [DES]. C.

**tuóro,** sm. (campano). 'Monticello'.

Dal latino *tŏrus*, che, dal significato primitivo di 'trefoli della corda', passò a indicare un 'rigonfiamento', come quello da essi provocato nel cavo, e specificatamente un 'rialzo di terra', usato anche da Virgilio [DEI]. C.

**tupàre,** v. (emiliano: Lizzano in Belvedere). 'Tappare'.

Da *tupàjo* 'tappo, turacciolo', incrocio del suo nome bolognese *stupàj* (→ *stumpàj*) con quello toscano *tappo* [Malagoli 1941].

F. GUCCINI: *ora li hanno tutti tupati, quegli archi, perché ci abita della gente* (*Cròniche epafàniche*, Milano 1989, p. 28). C.

**tupìn,** sm. (piemontese occidentale: anche *tüpìn* e, al f., *tüpina*; ligure occidentale). 'Nome di vari recipienti e oggetti cavi': 'pentolino', 'boccale del latte', 'vaso per lo strutto', 'orinale', 'campanaccio delle vacche'.

Dal provenzale *topin*, in francese dialettale *to(u)pin* 'piccola pentola', di origine incerta [FEW]. C.

**tupinàra,** sf. (veneto, con varianti). 'Talpa'.

Voce antica, dal latino parlato **talpinăria*, propriamente 'tana della talpa', che conserva il suo proprio significato nel francese *taupinière* [FEW; VEI; Prati 1968; Bondardo 1986].

F. CAMON: *I figli dei poveri a poco a poco si industriarono costruendosi trappole per talpe, che noi chiamiamo tupinare, e sulle trappole stampavano col ferro rovente non il proprio nome ma quello della loro contrada* (*La vita eterna*, Milano 1972, p. 197). C.

**tùppë,** sm. (pugliese; umbro: *tòppo*). 'Monticello, cocuzzolo'.

Documentata per la prima volta nel 1064 (Codex Cavensis) proprio col significato di 'cocuzzolo di monte', la voce appartiene alla numerosa famiglia dipendente dal germanico **top* (in gotico **tups*) 'cima, punta' [FEW].

R. NIGRO: *Per i toppi di Accettura e di Guardia Perticara il re della Basilicata salì verso il castello di Aloriola* (*I fuochi del Basento*, Milano 1987, p. 123). C.

**tuppèttu,** sm. (siciliano, anche *truppèttu* e altre forme). 'Trottola'.

Dal francese antico *topet*, variante di *toupie* 'trottola' a sua volta dall'antico francone **top* 'punta' [FEW; DEI s.v. *tupètu*]. M.

**tùppu,** sm. (siciliano; calabrese; lucano: *tuppë*; pugliese, a Margherita di S.: *tuppë*). «I capelli buttati all'indietro e attaccati dietro la coppa, come se li mettono le donne» (Traina 1868), «acconciatura di capelli ottenuta con l'intreccio delle trecce dietro la nuca» (Mancarella 1994).

Prestito dall'antico francese *top* 'ciuffo'; dal francese *toupet* (diminutivo di *top*) dipendono prestiti di epoca settecentesca che designano un tipo di acconciatura e al fig. 'sfacciataggine', come l'italiano *toppè*, *tuppè* 'ciuffetto, acconciatura di capelli', il siciliano *tuppè* con significato uguale a quello sopra citato per *tuppu*, e *tuppettu* «fiocco di peli dietro il piede del cavallo» (Traina 1868), e ancora il milanese *topè* che oltre all'acconciatura indica l'"audacia' [DEI s.v. *tuppu* e *toppè*]. M.

**turchèt,** sm. (romagnolo). 'Caffè, del tipo fatto con la cuccuma'.

«La voce deriva da turco, caffè turco, perché fatto alla moda di quelle genti [...], con la cuccuma nella quale polvere da caffè e acqua bollono allegramente sul fuoco vivo. Tolto dal fuoco il recipiente, si lascia depositare e poi si versa. I fondi si fanno ribollire con l'aggiunta di nuovo caffè. Spesso *e' turchèt* veniva 'corretto' con il → *mistrà*» (Quondamatteo 1983). M.

**turchìne,** agg. f. pl. (marchigiano: piceno). 'Detto di formule magiche recitate dalle fattucchiere durante la fattura' (Egidi 1965: 77-78).

In italiano le *parole turchine* sono le 'parolacce, bestemmie', come le *parole bigie* o → *paròle zibrìne*, per cui è più facile pensare al loro coloro oscuro, più che ad un riferimento, più volte richiamato, ai Turchi. C.

**tùrlo,** sm. (lombardo, nel valtellinese). 'Allodola dei prati'.

Voce di origine onomatopeica, imitativa del canto di

questo uccello, che richiama denominazioni di area galloromanza come *turlulu*, *turlutoire* riferito all'*Alauda arborea* [Rolland 1896-1967; DEI]. M.

**turlón,** sm. (istrioto: Rovigo; a Dignano: *tóurlo* 'tumore'). 'Enfiagione dovuta per lo più a puntura di qualche insetto'.

Metafora presa dal veneziano, nel quale *turlón* era la 'cupola (del campanile)': → *turlóne* [Cortelazzo 1970]. C.

**turlóne,** sm. (toscano nel lucchese, anche *turlòtto*). 'Colpo sordo dato con la mano'.

La voce è posta dal DEI in relazione col marchigiano *turlone* 'battola, raganella' e, come questa, interpretata come riflesso di una base onomatopeica. È probabile invece che tali parole non siano separabili da dialettalismi come *turlone* (toscano) 'bernoccolo prodotto da una contusione', *trulle* (abruzzese) 'di paste da minestra, non forate, ma piene', *trùgghie* (pugliese) 'mattarello scannellato', *trùgghiu*, *trùgliu* (calabrese) 'grasso, boffice', *trugghiu* (siciliano) 'pilastretto; rullo' e *a trùgghiu* 'a rifascio', ricondotti al latino *trulla* 'cazza', a sua volta dal greco bizantino *trôulla* 'cupola' da cui derivano, attraverso l'accusativo *trôullos*, voci quali *trullo* 'abitazione in pietra di forma tonda e tetto conico, tipico della penisola salentina' ormai entrata in italiano (per la quale cfr. anche → *trùḍḍu*), e *turlo*, *turlón* del veneto (ormai desueto) 'cupola del campanile' (per esempio, a Venezia: *turlón del campanìl de S. Marco*) [DEI; Prati 1968; Cortelazzo 1970; DELI]. M.

**turnjà,** v. (campano; abruzzese), 'andare intorno, girovagare', 'circuire qualcuno'; (molisano: *turnëjà*), 'girare attorno con uno scopo', 'corteggiare'.

Corrisponde all'it. *torneare* 'andare attorno'. C.

**turulìa,** sf. (sardo centrale e logudorese con numerose varianti). 'Nibbio, poiana, *Milvus regalis*' e spesso anche 'gheppio', *Tinnunculus tinnunculus*'.

Nomi onomatopeici, anche se non è escluso che alla loro base ci sia una voce preromana [DES].

G. DELEDDA: *Era un grosso e rozzo giovanotto dal nome duro: Zizzu Croca, e dal nomignolo poco rassicurante,* Turulia *nibbio.* (*Romanzi e novelle*, II, Milano 1950, p. 358). C.

**tus,** sm. (veneto giuliano e dalmata; friulano, a Gorizia). 'Inchiostro di china'.

Dal tedesco *Tusche*, a sua volta dal verbo *tuschen* 'dipingere ad acquerello', un francesismo (*toucher*), che ha anche il significato particolare del linguaggio pittorico di 'dare un tocco'. Un altro *tus* nel veneto goiliano e dalmata ha il significato di 'doccia', ma questo proviene dal francese *douche*, anche se non si esclude il tramite tedesco [Doria 1987]. C.

**tusèllu,** sm. (calabrese meridionale). 'Baldacchino', a Palmi *mentiri 'n tussellu* 'mettere su, mettere in moda'.

Dallo spagnolo *dossel* 'baldacchino', prestito riflesso anche nel campano *tosellë*, siciliano *tusellu* 'baldacchino' [Traina 1868; D'Ambra 1873; DEI; Rohlfs 1977]. M.

**tùta,** sf. (lombardo: Val Chiavenna). 'Il dieci nel gioco della morra'.

Letteralmente 'tutta', perché è il punto massimo proposto con entrambe le mani aperte. C.

**tùtole,** nella locuz. *giocà alle* – (toscano, nel pisano). «Detto di chi perde sempre perché non sa giocare» (Malagoli 1939).

Denominazione da collegare al latino [*accipe*] *tōtum* 'prendi tutto', nome di un dado che gira come una ruota (→ *accipitótu*), la cui iniziale figurava su una delle facce del dado; il significato è opposto a quello del laziale (Alatri) *far tòta* 'vincere tutto (alle bocce)' e del marchigiano (Arcevia) *fa tòto* 'far tutto in un gioco, raggiungere lo scopo', che dipendono dalla stessa forma latina. Il DEI vi connette anche il piemontese *totu* 'specie di trottola' ed il ladino centrale (Comelico) *tòtal* 'trottola' nonché l'italiano *trottola*, ma mentre per le prime due voci si preferisce ricorrere ad una voce fanciullesca *tut* (così Tagliavini 1944 e REWS, che rinviano a questa base pure il ladino centrale nell'ampezzano *tòtane* 'testicoli'), per *trottola* l'etimo potrebbe dipendere dal latino *tortulāre* tratto da *torquĕre* 'torcere' (DELI). M.

**tuttomìo,** sm. (toscano; sardo: *cuccuméu*, *cuccumiàu*). 'Civetta, *Athene noctua*'.

Interpretazione popolare del suo grido [Meiklejohn 1964]. C.

**tuzzà,** v. (campano; lucano; pugliese: *tuzzare*; salentino: *tuzzare*). 'Urtare, picchiare, cozzare'.

Piuttosto che riflessi dello spagnolo *tozar* 'cozzare (di montone)', sono considerati derivati del latino parlato **trusāre* 'urtare', a cui risalgono altre voci dialettali come l'abruzzese *t(r)uzzà* 'urtare', altrove → *trüsà*; il DEI (s.v. *tozzare*) aggiunge il trentino (roveretano) *tozàr* e l'umbro *toccià* 'cozzare (di animali)' [REW]. M.

# U

**uadià,** v. (friulano; campano: *nguarià, nguadiàre*), 'sposare'; (molisano e abruzzese: *nguadià, nguaià*), 'scommettere'.

Tracce (ben più frequenti nei documenti e dialetti antichi, come nel toscano *inguadiare* 'dare solennemente l'anello alla sposa') del germanico **wadja*, verosimilmente attraverso il longobardo *wadia, wadium* (da cui le forme latinizzate *vadiare / guadiare*) che indicano la 'promessa di matrimonio', propriamente la consegna della festuca fatta da colui che prometteva a chi accettava la promessa da parte dei fideiussori. Si dovrebbe connettere a tale filone anche il siciliano *nguàggiu, ngàggiu*, 'matrimonio' e *nguaggiàri* 'inserire l'anello al dito della sposa', 'prendere in moglie', 'sposarsi' (ma sono termini per lo più antiquati). In friulano, oltre al citato *uadià*, sono note anche le seguenti voci tutte connesse al longobardismo: *uàdie* 'anello, fede matrimoniale e altri doni o simboli di conclusi sponsali', anche *vuàdie, uadiùm, vuadiùm*, e, con trasferimento dall'istituto giuridico all'oggetto: *uàdula* 'piccolo ramo o fronda adoperata come aspersorio; verga, bastone' [FEW; Piccitto 1990; Pellegrini 1992: 339-341]. M.

**ubàgu,** sm. (ligure occidentale). 'Luogo umido e ombreggiato', 'località esposta a settentrione'.

Dal latino *opācus* 'ombroso, ombreggiato, buio, oscuro', molto diffuso nella toponomastica settentrionale [Plomteux 1975].

I. Calvino: *Chiamasi "opaco", – nel dialetto: "ubagu", – la località dove il sole non batte, – in buona lingua, secondo una più ricercata locuzione: "a bacìo"; – mentre è detta "a solatìo", o "aprico", – "abrigu", nel dialetto, – la località soleggiata* (*La strada di San Giovanni*, Milano 1990, p. 130). C.

**ubià,** sf. (piemontese, anche *obià, ubiàl*), «pasta schiacciata come un'ostia; ostia che si offre come pane della "carità"; ostia usata come sigillo, francobollo, fermabuste» (Brero 1982); (emiliano, nel ferrarese: *biada*), 'ostia per sigillare le lettere'; (lombardo: *biada*), 'cialda, ostia'; (lombardo, nel bergamasco: *biade* plur.), 'croste di polenta che rimangono attaccate alla padella'.

Dal latino ecclesiastico *oblāta* 'ostia', propriamente 'offerta' [DEI s.v. *biada*]. M.

**ubrìa,** sf. (ligure-piemontese: Novi Ligure; nella regione ligure: *giùrnu d'övei* o *de vei*; piemontese: *dì d'uvù*). 'Giorno feriale'.

Dal latino **operīlis* 'di lavoro' [Plomteux 1975]. C.

**ucaréna,** sf. (emiliano, a Ferrara: *ocarìna*). 'Schiacciatina che si dona ai ragazzi quando s'inforna il pane, e che ha la forma rozza di un'oca'.

È dunque diminutivo di *oca*. Per analoghe denominazioni cfr. *crùmba* (piemontese: Carpeneto d'Acqui) 'colomba', cioè 'focaccia in forma di colomba offerta al prete quando viene fatta un'infornata di pane' (in origine si offriva una colomba). A Bologna *ucaréna* è anche il 'ferma imposte' e la 'forcella delle docce (dei tetti)'. Dal dialettale emiliano *ucaréna* dipende anche l'italiano *ocarina*, nome dello strumento musicale (cosiddetto perchè somigliante ad una piccola oca) inventato da Giuseppe Donati di Budrio nel 1867 [Prati 1938; DELI].

E. De Amicis: *A tempo perso, sonava anche l'ocarina* (cit. in GDLI XI 750). M.

**ùcca de fànnu,** locuz. (salentino: Gallipoli). 'Persona dalla bocca larga e labbruta'.

Da *fànnu* 'pesce di mare, *Serranellus scriba* L.' (dal greco *chánnos*), caratterizzato da una bocca prominente e vistosa, che ha suggerito il nome toscano di *boccaccia* e quello siciliano di *bocaggia* (Palombi-Santarelli 1961). C.

**ufànë,** agg. (abruzzese; campano, anche *ofanë*; pugliese, a Taranto: *ofanë*; salentino: *ofanu*; calabrese: *ufanu, ofanu*; siciliano: *ofanu*), 'borioso, arrogante'; (sardo logudorese: *uffanu*), 'superbo, contento, allegro'.

Dallo spagnolo *ufano* 'presuntuoso'; da *ufanidad* 'arroganza' dipendono il napoletano *ofanità*, il sardo *uffanidade* 'presunzione', il siciliano *ofanità* 'vanità'. Possono concorrere all'origine di queste voci dialettali anche *ufano* e *ufanitat* del catalano. In sardo è presente pure il derivato *uffanìa* 'superbia; contentezza' che riflette lo spagnolo *ufanìa* [DEI s.v. *ufano*; DES; Beccaria 1968; Michel 1996]. M.

**ùffa,** sf. (calabrese, con varianti come *uffe, luffe* anche sm.; abruzzese: *luffë* sm.; pugliese; lucano; campano: *uffo* sm.; umbro, nel ternano: *luffo* sm.; laziale; marchigiano). 'Anca, fianco', in qualche varietà designa 'osso lombare', 'femore', 'natica'.

Le voci si considerano di origine germanica, da un longobardo *huf* che si confronta con il tedesco *Hüfte* 'anca'; ma secondo una diversa ipotesi (sostenuta anche in REWS) si tratterebbe di riflessi di un latino parlato (forse variante osca) **lunfus* per il classico *lumbus* 'lombo, reni' [DEI s.v. *luffo* e *uffo*; Giammarco 1985]. M.

**ugàdru,** sm. (ticinese, anche *ughèdru*), 'uomo buono a nulla, cattivo arnese'; (a Daro: *vugàdru*), 'pedante, sofistico, pieno di fisime'.

Dal latino (al nominativo) *advocātor* 'avvocato' con una peggiorazione di significato dovuta sia alla cattiva fama spesso legata agli avvocati, sia alla loro azione protettiva nei confronti dei signori [LEI]. C.

**uléżna,** sf. (romagnolo). 'Minuscola seppiolina di color rosso e sfumature viola'.

Dal latino *lollīgo*, genitivo *lollīgĭnis*, 'seppia', conservata in istriano antico e tuttora vitale lungo le coste croate in diverse varianti [Bartoli 1906; DEI]. C.

**ulìvo,** sm. (lombardo, nel bergamasco), 'aratro'; (veneto, nel veronese: *oliviér*, anche *oliviéra*, come sf.), 'specie di aratro a un'ala col vomere fisso'.

Le voci derivano dal nome *Olivier*, fabbrica produttrice di aratri [Scheuermeier 1980: I, 102; Marcato 1991: 20]. M.

**umà,** v. (abruzzese; laziale). 'Trasudare, trapelare; stillare lentamente', detto delle ferite, che emettono pus o siero.

Dal latino *(h)umēre* 'essere umido, bagnato' con passaggio alla prima coniugazione. La voce è stata interpretata dal REW come retroformazione del latino *humegare* 'bagnare'; a questa base latina si riconduce ad esempio il trentino *umegàr* e 'trasudare delle botti' [Vignoli 1911; Giammarco 1985]. M.

**ùmola,** sf. (ladino-veneto, nell'Agordino; ladino centrale, nel Cadore). 'Ugola'.

Dal latino *uvula* 'ugola', con *m* omorganica dissolutrice di iato provocato dalla caduta di *v*, oppure per dissimilazione *u-v* > *u-m* [Pellegrini 1948]. M.

**un avé un duìno,** locuz. (toscano; pistoiese). 'Essere al verde'.

Come nell'altra simile locuzione *'un valé un duìno* 'valere poco o nulla' (*'n vèle un duìno* a Cortona), il riferimento è all'antica 'moneta da *due* centesimi', chiamata *duìno* (*duéttu* nell'Amiata, l'uno e l'altro in Versilia). *Duino* è anche un punto dei dadi, quando entrambi presentano il *due*. C.

**uncìn,** sm. (lombardo: Val Chiavenna). 'Burro'.

Dal latino *ŭnctus* 'unguento, grasso', col suffisso diminutivo *-ìn* e col passaggio di *ct* a *c'*; dalla stessa voce latina derivano il veneto settentrionale *ont, unt* 'burro', il friulano *ont* 'burro cotto', l'antico veneziano *ónto sotìl* 'grasso', il marchigiano *ónto, lùnto* 'lardo', *ónto, ùnto* 'strutto' [REW]. M.

**unghìcchia,** sf. (calabrese centrale), 'pezzettino'; *na gnìcchia* e come sm. *nu gnìcchiu* (calabrese centro meridionale), 'un poco'; *unghjìcula* (corso), 'un poco'.

Le voci si spiegano con il latino *unguĭcŭlus* 'unghietta' [Alessio 1976]. M.

**unguànno,** avv. (toscano; campano: *aguannë*; abruzzese: *aguannë*, *uannë*; lucano: *aguannë*, *acuannë*; calabrese: *aguannu*, *aguannë*; siciliano: *aguannu*, *anguannu*, *avannu*). 'Quest'anno, l'anno in corso', e nel calabrese *aguannu chi bbena* 'l'anno venturo'.

Voce nota anche all'italiano antico (*uguanno*, *anguano*, *unguanno*), deriva dal latino *hōc annō*, 'in quest'anno' [DEI s.v. *aguanno*, *uguanno*; Rohlfs 1977]. M.

**unturżìre,** v. (sardo: logudorese). 'Sentirsi male'.

Da *untùrżu*, una delle numerose varianti di → *gurtùrju* 'avvoltoio'. «Siccome l'avvoltoio è un uccello molto vorace e usa vomitare ciò che ha mangiato di troppo, spesso si allude a questa sua voracità», come nel siciliano *abbuturari* 'satollare', 'divorare', lo spagnolo del Perù *buitrear* 'vomitare' ed altri esempi, che si possono rintracciare anche nelle lingue germaniche [DES]. C.

**urazión de pés-ragn,** locuz. sostant. (romagnolo). 'Formula recitata da un vecchio pescatore capace di far passare i forti dolori provocati dalla puntura della spina di certi pesci'.

Alla lettera, 'orazione del pesce ragno', per sottolineare il carattere religioso attribuito all'operazione nota in tutti i porti pescherecci (Cortelazzo 1989: 525-528), anche se in romagnolo 'orazione' ha uno spazio semantico più ampio dell'italiano (Ercolani 1994). C.

**urción,** sm. plur. (romagnolo, a Lugo). 'Orecchioni, tipo di pasta da mangiare asciutta'; *i urción*, detti anche *caplèt sòt*, cappelletti asciutti, «sono fatti come i cappelletti, ma con riquadri di pasta più grandi e con una quantità di ripieno maggiore» (Pelliciardi 1977: 104); possono anche essere verdi se nella sfoglia si mettono gli spinaci.

Letteralmente 'orecchioni', per la forma data ai ritagli di pasta ripiegati. M.

**ùrdënë,** sm. (campano: irpino; molisano: *òrdene*; calabrese: *òrdini*; sardo logudorese: *òrdine*, campidanese: *òrdini*), 'filare di viti' e anche 'ordine'; (siciliano: *òrdina* sf.), «filare; striscia di terreno all'estremità di un campo, che delimita un filare di viti legate insieme con pali» (Piccitto 1990).

Dal latino *ordo*, *-ĭnis* 'fila, ordine'; il significato di filare è già del latino: *vites ordine porre* (Varrone). Il calabrese meridionale *ardignu*, *ordignu* 'filare di viti' dipende dal latino parlato **ordinium* (DEI), o dal greco **ordínion* (Rohlfs 1977) equivalente di **ordinium*, tratto da *ordo*, *-ĭnis* [DEI s.v. *ardigno*; DES; REWS]. M.

**urecìna,** sf. (emiliano; romagnolo: *urciaèla*; lombardo orientale: *oricìne*, *orecìne* plur.; friulano: *oreglàrie*). 'Semprevivo, *Sempervivum tectorum* L.'.

Derivati del latino *auricŭla* 'orecchia', per la rinomanza, già medievale, del succo mucillaginoso delle foglie di questa pianta contro il mal d'orecchi; in emiliano (nel reggiano) è detta anche *erba pr'al mèl da l'urèina* 'erba per il mal d'orecchi' e in friulano *jàrbe orèle*, letteralmente 'erba orecchia' [Pellegrini-Zamboni 1982]. M.

**urgàgnu,** sm. (calabrese, anche *argagnu*, *rugagnu*; pugliese e abruzzese: *ruuàgnë* e varianti; campano: *rovagnë*; laziale: *ruvagna* sf.), 'vasellame'; (campano, a Napoli: *rovagnë*; siciliano: *argagnu*), 'vaso da notte'; (pugliese, a Margherita di S.: *ruagne*), «oggetto fuori uso, cantero, vaso da notte» plur. *rruagne* «oggetti in rovina, fuori uso, cianfrusaglie» (Amoroso 1986); (lucano, a S. Fele: *ruagnë*), «recipiente di terracotta» (Luciano 1992); (lucano, a Tursi: *ruagnë*), «recipiente di terracotta per l'acqua», al plur. «oggetti per cucina e lavori casalinghi in genere; le cose che appartengono ad una persona» (Mancarella 1994), con i derivati *revagnarë* (campano), *rugagnaru* (calabrese) 'vasaio'.

Dal latino **organium* 'strumento, vasellame' (dal greco *orgánion*, diminutivo di *órganon* 'attrezzo') con specializzazione di significato (per una diversa evoluzione semantica del greco-latino *organum* → *(v)uàrżine*) [REW; DEI s.v. *argagno*; REWS; Rohlfs 1977]. M.

**urìja 'd crin,** locuz. (piemontese). 'Lembo della giacca, stretto nella mano, che si mostrava agli ebrei in segno di scherno'.

Letteralmente 'orecchia di maiale' (→ *crin*), l'animale immondo, di cui era vietato assaggiare la carne, secondo il rito ebraico. Lo stesso gesto è talvolta rivolto ai vigevanesi, soprannominati *urgiő* 'orecchioni' (Vidari 1972), è noto anche nel Veneto (*récia de porsèo* a Padova) e la sua origine è legata alla liturgia ebraica.

P. LEVI: *I suoi [del padre] coetanei, all'uscita della scuola usavano schernirlo (benevolmente) salutandolo col lembo della giacchetta stretto nel pugno a mo' di orecchio d'asino, e cantando: «Ôrije 'd crin, ôrije d'asô, a ji ebreô ai piasô»: «orecchie di porco, orecchie d'asino, piacciono agli ebrei». L'allusione alle orecchie è arbitraria, ed il gesto era in origine la parodia sacrilega del saluto che gli ebrei pii si scambiano in sinagoga, quando sono chiamati alla lettura della Bibbia, mostrandosi a vicenda il lembo del manto di preghiera, i cui fiocchi, minuziosamente prescritti dal rituale come numero, lunghezza e forma, sono carichi di significato mistico e religioso: ma del loro gesto quei ragazzi ignoravano ormai la radice* (*Il sistema periodico*, Torino 1975, p. 4). C.

**uriòl,** sm. (piemontese; ligure: *uriò*; abruzzese, *aurùolë*; siciliano: *ariòlu, riòlu*). 'Rigogolo, *Oriolus galbula* L.'.

Dal latino *aureŏlus* 'fatto, ornato d'oro; di color dell'oro' (→ *ràule*); dalla stessa voce latina derivano il ladino centrale (cadorino) *auriòt* e *lauriòt*, (comelicano) *luriòtu* 'fagiano di monte, gallo di monte minore' (le forme con *l-* si devono a concrezione di articolo) [DEI s.v. *ariòlo*; LEI]. M.

**urìsma,** nella locuz. *amachè l'* – (romagnolo). «Voce di niun significato, che si usa soltanto, e da pochi, nella frase *amachè l'urisma.* Rintuzzare l'orgoglio, dire altrui il fatto suo senza riguardi o reticienze» (Mattioli 1879).

Letteralmente 'ammaccare l'*u.*': *urisma* è parola ricondotta dal DEI al latino *erīsma* 'sperone (di sostegno), barbacane', dal greco *éreisma* 'appoggio, sostegno'. M.

**urlóz mat,** locuz. sostant. (romagnolo). 'Rumore ritmico prodotto dal rodìo del tarlo, ritenuto segno premonitore di disgrazie'.

Letteralmente, 'orologio matto': la somiglianza del rumore con il battito di un orologio è diffusissima in tutte le varie denominazioni popolari del fenomeno [Pallabazzer 1992: 68-73]. C.

**urmàino,** sm. (campano: Avellino). 'Olmo, *Ulmus montana*'.

La voce, che è ripresa da Penzig 1924, deriva – secondo il DEI (s.v. *urmàine*) – da un latino parlato **ulmāgo, -inis* trattato da *ŭlmus* 'olmo'. M.

**ursulà,** v. (marchigiano: Cupra Marittima). 'Stare ad ascoltare di nascosto'.

Dal latino parlato **ausulāre* 'origliare' con immissione di *r*. C.

**urtón,** sm. (lombardo: Voghera). 'Cimitero'.

«Quando li portano a seppellire [i bambini], le campane suonano a festa e la ragazzaglia a tal suono si mette a cantare: *Portal chi, portal là, / a l'urton al g'ha d'andà*, cioè "Portalo qua, portalo là, al cimitero ci deve andare"» (Maragliano s.d. 91).

Letteralmente 'grande orto (*ōrt*)'. C.

**urző,** sm. plur. (lombardo: Val Chiavenna). 'Ampolline per l'acqua e il vino usate nella celebrazione della messa'.

Dal latino *urceoli* 'brocche, boccali', dal quale dipendono anche l'irpino *arzulo*, e il calabrese *rizzulu* '(piccola) brocca' [REW; REWS]. C.

**ùsca,** sf. (campano). 'Brina'.

Deverbale da *uscà* 'bruciare', dal latino *ustulāre* da cui dipendono, con metaplasmo di coniugazione, il veneto (trevigiano) *stulìr* 'avvampare, abbronzare' e il ladino-veneto (Agordino) *stolì* 'bruciacchiare' [DEI; REWS; Salzano 1979]. M.

**uschià,** v. (corso: anche *uscià*; sardo: *usciàre, uscràre*; calabrese: *ušcàre*). 'Bruciare'.

Dal latino *ustulāre* 'bruciare', attraverso la forma parlata intermedia **usclare* [REW; DES; Rohlfs 1979]. C.

**ùsciu,** agg. (salentino: anche *avùscë, uèsciu*). 'Acerbo, non maturo': *é bbùsciu* 'è acerbo'.

Voce di origine sconosciuta, forse preromana: dal messapico **ujos?* [Rohlfs 1959 e 1961]. C.

**ûs di dìndie,** locuz. (friulano). 'Lentiggini' (ASLEF).

Letteralmente 'uova di tacchina' (→ *dìndi*), immagine suggerita dal fatto che queste uova hanno il guscio con puntini; l'espressione è la medesima nella denominazione veneta *vòvi de pitóna*, più raramente, *vòvi de dìndia*. M.

**usmàr(e),** v. (veneto; trentino; veneto giuliano; friulano: *usmà*; lombardo: *usmà(a)*; campano: *usemà, osemà*; laziale: *ausimà, addusimà*; abruzzese: *usëmà*; *addusëmà*; pugliese e salentino: *usëmà, usëmè*; calabrese settentrionale: *osimare*). 'Fiutare'. Molto diffusi anche il deverbale *usma* 'usta, traccia, fiuto' e la locuzione avverbiale *a usma* 'a fiuto'.

Dal latino parlato **osmāre* 'fiutare', 'braccare' dal greco *osmáō* 'io fiuto' [DEI; Prati 1968; REWS; Bondardo 1986; Doria 1987].

C. E. GADDA: ... *e poi scoppia fuori in un verso che è buono lui solo di farlo, come fosse il diavolo a ridere, ai piedi d'un morto, che lo ha appena usmato e sta per beccarselo via* (*La cognizione del dolore*, Torino 1975, p. 56). – V. SCAPIN: *Le volpi avevano usmato i cacciatori e si erano sepolte nelle tane* (*I magnasoéte*, Verona 1976, p. 109). C.

**ustàri,** v. (siciliano, anche *austari, agustari*), 'assaggiare, gustare, piacere'; (calabrese meridionale: *agustari*), 'deliziarsi, godere'.

Evidenti corrispondenti di '*gustare*', da *gusto* [DEI s.v. *aggustare*]. M.

**ușùra,** sf. (veneto: bellunese e feltrino; ladino centrale: *ležùra, ložùra, lužùra, užùre*; friulano: *ušùra, ušùre, lešùre*). 'Articolazione, giuntura, nocca'.

Da un latino tardo **lusūra*, derivato di *lūsus* 'gioco' da *lūdere*; si tratta di un tipo lessicale da interpretare come 'gioco' nel senso specifico di 'movimento di più organi collegati insieme, funzionamento di un congegno', che equivale a 'gioco', 'giocatura', comune nei dialetti italiani meridionali per 'nocca, articolazione': cfr. il calabrese *jocatura*, il salentino *sciucaturu*, il campano (Monte di Procida) *jucatura* ecc. Compare anche altrove, come nel lombardo (Toscolano, Brescia) *žög de la ma* letteralmente 'gioco della mano' [Pellegrini 1981]. M.

**usvìi,** sm. (emiliano; a Bologna: *usvàj*, a Ferrara: *usvì*, a Parma *ozvì*; ligure: *sevégi*), 'utensile, arnese', specie quelli della cantina; (lombardo, a Bergamo: *öšébel, öšöbe*), 'telaio'.

Dal latino tardo *usibilium, usivilium* 'oggetto da usare, utensile'. L'iniziale della variante di Parma, eguale ad una parola tanto frequente, quanto indecente, spiega l'equivoco modo *sì, a t al darò parchè t si n bel ozvì!*, 'sì, te lo darò perché sei un bell'arnese!' [REW; REWS; Petrolini 1993]. C.

**ùta,** inter. (emiliano; romagnolo). 'Suvvia!', 'animo!'.

Da un esortativo *(ai)ùta(ti)*

Non sembra fondata, anche se suggestiva, l'ipotesi di Aldo Spallicci – il quale ha intitolato *Uta* una sua poesia in dialetto romagnolo – che si tratti del latino *utinam* 'finalmente' [Menarini 1978]. C.

**utavàri,** sm. (lombardo). 'Vecchio ammuffito, passato di moda'.

Dal disuso di devoti esercizi continuati per *otto* giorni (*octava feria* in latino) per celebrare una festa. Ed anche il libro liturgico con l'ufficio divino per tutte le ottave (*octavarium*). C.

**ùti,** avv. (calabrese settentrionale, anche *ùtu, ùttu*). 'Come, in quanto; a riguardo'.

Dal latino *ŭt, ŭti* 'come'; di tradizione semidotta è il veneziano *ute mi, uti mi* 'come io', 'quanto a me' [DEI; Rohlfs 1977]. M.

**utìa,** sf. (veneto; friulano: *utìe*). 'Ristretto di piante selvatiche per pigliare alla pania gli uccelli, in particolare i tordi', 'uccellaia a lacci', 'paretaio; tesa stabile per uccelli con appostamento in muratura e due grandi reti a scatto che coprono un boschetto', anche *otìa* e *altìa* (nel bellunese).

Dal latino *altīlia* 'uccelli ingrassati e conservati' attraverso il significato di 'uccelliera che li conserva'; l'accezione latina è mantenuta dal lucano-calabrese *artìlii* 'animali d'ogni specie, ma per lo più di cattiva qualità', voce che dovrebbe dipendere da *altīlia* anche se per quanto riguarda la fonetica ci si aspetterebbe una forma **artìgghia* o **autìgghia*. Col veneziano *utìa* è in rapporto anche l'istriano (a Buie) *taiòla* 'ristretto di piante per catturare alla pania gli uccelli', termine che tuttavia ricorda il verbo *taliāre* [DEI s.v. *artìlii*; Pellegrini 1983b; LEI]. M.

**ùtra,** sf. (salentino; siciliano; calabrese centrale anche *ùtria*; calabrese meridionale: *utri*; campano, nel napoletano: *òterä*). 'Otre'.

Dal latino *uter*, probabilmente attraverso *utria* forma del neutro plur. [DEI; Alessio 1976: 31]. M.

**uttòmbrë,** sm. (abruzzese; campano; laziale: *ottòmre* a Sora). 'Ottobre'.

Dal latino **octōbre*, attraverso una forma analogica *octĕmbre* costruita su *septĕmbre*. A Velletri la voce *ottèmbre* figura solo nella frase *fare una cosa ad ottembre*, cioè non farla mai [Merlo 1904]. M.

**uviàle,** sm. (toscano: Elba). 'Torrente'.

Da un latino parlato **alluviāle*, da **allūvia* 'inondazione', variante di *allūvies* [Rohlfs 1979; LEI]. C.

# V

**vàca,** sf. (trentino). 'Curva, incurvatura, conca'.
Riflette un *văcua* da *văcuus*, 'vuoto', con riduzione di *-cu-* in *-c-* [Prati 1922]. M.

**vàcca gnùcca,** sf. (laziale: solo *gnucca* a Subiaco). 'Mucca, vacca svizzera da latte'; a Cerveteri *gnucca* è la 'capra senza corna', detta a Montefiascone, come a Pitigliano, *mucca*.
Come l'italiano *mucca*, da una voce della Svizzera tedesca, da dove proveniva un particolare tipo di vacca lattifera, con un rifacimento operato sul nome della 'capra senza corna' [DELI]. C.

**vàcca mùcca,** locuz. sostant. (toscano: Filettole). 'Mucca nostrana' a «manto nero con striscia di peli rossi sulla schiena e remolino rosso sulle corna» (Temperli 1991).
In opposizione alla *vacca monza* di provenienza lombarda (Monza). Come noto le *mucche* sono state introdotte in Toscana dalla Svizzera nel Settecento e sono oramai considerate indigene [DELI]. C.

**vaccósa,** agg. f. (toscano). «Dicesi della pelle segnata di macchie livide dovute al freddo o a difetto di circolazione» (Barni 1993).
Da *vacche*, nome di queste chiazze che appaiono sulle gambe, specie quando sono esposte a eccessivo riscaldamento. Tale denominazione degli 'incotti' rientra in una vasta serie di zoonimi, che interpretano le macchie come animali o per una lontana e fantasiosa rassomiglianza o per qualche particolare più evidente e significativo o per irradiazione sinonimica [Tropea 1976]. C.

**vàco,** sm. (laziale e nel romanesco anche *vacu* e *vaga* come sf.; umbro, anche *vacu*; toscano meridionale: *vago*, *vagu*; marchigiano: *vago*; abruzzese: *vachë*). 'Chicco d'uva, di grano'.
Dal latino *baca* 'bacca' [REW; DEI; Giammarco 1985]. M.

**vacurià(re),** v. (laziale: Castel Madama; abruzzese: *(a) rbacarà*). 'Raccogliere le olive, che, durante la raccolta, sono cadute a terra'.
Similmente all'italiano *raggranellare*, da *vàcu*, plurale *vàcora*, 'acino, chicco' (→ *vàco*) [LEI]. C.

**vadariàda,** sf. (lombardo: mantovano). 'Grande lastra di ghiaccio che si forma, specialmente d'inverno, nelle strade'.
Da *védar* 'vetro', letteralmente 'vetriata': molte voci relative alle superfici ghiacciate dipendono dal loro aspetto 'vetroso'. C.

**vadréc,** sm. (ticinese), 'terreno incolto' e nelle varianti *vadréc', vedréji* 'ghiacciaio'; (lombardo e trentino: *vedréta*), 'massa di neve vecchia'.
Latino **vet(e)rĕctum*, un collettivo derivato da *vĕtus*, genit. *vĕteris*, 'vecchio' [Mastrelli 1985: 241]. C.

**vaglióne,** sm. (laziale: Veroli; abruzzese, *uajjónë*; campano: *guaglióne*; lucano: *uagliònu*; pugliese: *uaggnóne*, *guagnóne*, *vuagnóne*; salentino: *(v)agnóne*; calabrese: *guagliùne*). 'Ragazzo' ed anche 'garzone', 'ragazzo di bottega'.
Di solito ci si rifà all'onomatopea *gua ... gua...*, che riproduce il verso del 'bambino che piange, piagnone', ma la variante *guagnone* ha fatto pensare anche la latino *ganeo*, genitivo *ganeonis* 'bettoliere', 'crapulone, bordelliere'. Più recentemente è stato proposto un collegamento col germanico **waiotanjan*, da **waiota* 'pascolo', da cui il francese antico *guagnere* e varianti 'lavoratore giornaliero': in epoca angioina il gallicismo si sarebbe diffuso dalla campagna col senso primitivo di 'servo', 'garzone', e poi di 'ragazzo' [DELI; Fanciullo 1991].
A. SAVINIO: *Una frotta di guaglioni, cinti di panciotti molticolori e fregiati di magnifiche cravatte vivide, invadono la mia alcova* (cit. in GDLI VII 93). – R. LA CAPRIA: *E ancora la barca era inseguita da un fischio che guizzava nell'aria tranquilla, modulato in maniera precisa, secondo un cifrario di note oltraggiose e inquivocabili, da guagliuncelli sulla chiana* (*La neve del Vesuvio*, Milano, p. 72). C.

**vàia,** inter. (siciliano; calabrese meridionale). 'Orsù, via, presto'.
Questa forma probabilmente non va ricondotta direttamente allo spagnolo *vaya* inter. 'bene, su' (dal verbo *ir* 'andare') ma è piuttosto una conservazione del congiuntivo presente siciliano di *andare*, da confrontare con l'antico italiano *vadia*, analogico di *abia*, e con l'antico siciliano *staya* (congiuntivo di *stare*) e *aya* 'abbia' che rimangono in alcune imprecazioni come *mannàja* 'male n'abbia', *ammaruvàja* 'a male vada', rispondenti agli indicativi presenti *vaju*, *staju*, *aju*. L'uso di *vaja* come interiezione è certo stato rafforzato dallo spagnolismo [Maccarrone 1924a; DEI; Rohlfs 1969]. M.

**vaiàna,** sf. (calabrese; siciliano anche *fajana* e *guaiana*). 'Guscio dei legumi, baccello'.
Dal latino *(faba) bajāna* 'fava proveniente da Baia', da cui dipende anche il lombardo *bagiana* 'baccello del fagiolo' (distribuito in tutta l'Italia settentrionale) e figuratamente 'sciocca' con lo stesso passaggio semantico dell'italiano 'baccello' [VDSI; DEI ss.vv. *baffana* e *baianella*; Rohlfs 1977; LEI].
A. MANZONI: *e Renzo venne a risapere che s'era detto da più d'uno: "avete venduto quella bella baggiana che c'è venuta?". L'epiteto faceva passare il sostantivo* (*I promessi*

*sposi*, cap. XXXVIII, Milano 1954, p. 671). – V. Consolo: *saltando, come le tre capre di Tanticchia, le quali deviavano ogni tanto s'una timpa a strappare foglie, svelte come ladre, tremule e guardinghe, e giù subito, a cogliere la guaiana della fava sporgente dalla siepe* (*Il sorriso dell'ignoto marinaio*, Torino 1987, p. 83). c.

**vajantìša,** sf. (piemontese). 'Bravura; bravata', anche *valantiša*.

Dal francese *vaillantise* (da *vaillant* 'valente'), passato anche all'italiano e adattato nella forma *valentigia* (sec. XVIII-XIX) [DEI; Gribaudo-Seglie 1972-75]. M.

**vaiàssa,** sf. (campano; abruzzese: *vajàssë*; calabrese, anche *bajazza* e varianti; siciliano: *bbaàscia* e varianti; salentino), 'serva, sgualdrina, donnaccia'; (calabrese: *vajassu* e varianti come sm.), 'villano, rustico; individuo sporco'.

Le voci si riconducono al francese antico *baiàsse* 'serva, ragazza' (corrispondente al provenzale *bagassa*, spagnolo *bagasa*, portoghese *bagaxa*) col quale è stato confrontato anche l'italiano antico (e moderno) *bagascia* 'sgualdrina' (XIV sec., anche *badascia* XIV sec., *bagassa* XVI sec.). Non è certa però la dipendenza dell'italiano dal francese data l'accezione predominante di 'sgualdrina' già attestata nel XIV sec. Anzi, è probabile che in una parte dell'Italia (quella nord-occidentale) la parola sia endemica, in rapporto con il provenzale antico *bagassa* 'prostituta', da cui deriva la voce italiana, e in ogni caso dipendente da un preromano *bakassa*. Per tutti questi vocaboli (italoromanzi, galloromanzi ed iberoromanzi) infatti è stato proposto un etimo remoto risalente al preromano **bakassa* 'ragazza' da una base **bak-* 'piccolo, giovane' [DEI; DELI; De Giovanni 1986: 32; LEI]. M.

**vaìna,** sf. (campano, a Napoli: anche *gaìna* e *vagina*). 'Pezzo triangolare cucito con la base all'ingiù da ciascun lato della camicia, gherone'.

Dal latino *vagīna* 'guaina', che si spiega con l'altro significato 'cucitura fatta in modo di lasciare scorrere o laccio o nastro'.

M. Serao: *Quando si metteva la maschera e stringeva la vagina del suo camiciotto, si sentiva il cuore leggero, diventava gaio per la gaiezza che avrebbe data altrui* (*Dal vero*, Milano 1879, p. 257). c.

**vàire,** avv. (piemontese: anche *vari*; emiliano, a Piacenza: *guèr*), 'molto', anche 'quanto', interrogativo; (ladino, in Comelico), *n ghèru* 'un po' '.

Come l'italiano *guari* (di probabile provenienza francese), dal germanico **waigaro* 'molto' [Levi 1927; FEW]. c.

**val,** sm. (piemontese; lombardo; emiliano; veneto; friulano; ligure: *valu*). 'Vaglio per il grano'.

Dal latino *văllus* 'setaccio', dimin. di *vănnus* attraverso la forma piena *vănnulus* [REW; FEW]. c.

**valàmpa,** sf. (toscano: Montale). 'Vampa, fuoco subitaneo'.

Incrocio di *vampa* e *lampa*, che si può rilevare, ad esempio, anche nelle voci siciliane *vamparìglia*, *vampanìglia*, *vamparizzu* e calabrese *vamparizza* 'falò, baldoria' [DEI; REWS]. M.

**valanzàna,** sf. (veneto, nel veronese anche *lavanzàna*; trentino, nel roveretano, anche *balanzàna*; lombardo, nel bresciano: *valensàna*; romagnolo, a Cesena: *valanzàina*). 'Valenzana, coperta di lana, coperta da letto di panno con pelo lungo'.

Dal toponimo *Valenza* (Spagna), il luogo di provenienza (→ *catlàn*); la forma veronese *lavanzana* è dovuta a metatesi [DEI]. M.

**valc,** pron. indef. (veneto; trentino; ladino centrale, anche *valgh(i)e*, *vèlc*). 'Qualcosa', come nel friulano *alc*.

Dal latino *ăliquid* [LEI]. c.

**valègia,** sf. (lombardo e ticinese, con varianti; piemontese, ad Alba: *varìa*), 'valle piccola o profonda'; sm. (sardo: *baḍḍicru*), 'valletta'.

Dal latino *vallĭcula* 'piccola valle'. Il diverso genere del sardo sarà dovuto all'analogia con *monticru* 'poggio, colle' [REW; REWS; FEW; DES]. c.

**valghél,** sm. (lombardo: Valtellina). 'Vallicello ripido e dirupato tra schiere di monti'.

Da **vallĭculu*, variante maschile di *vallĭcula*, attraverso **valégolo* con altro suffisso [FEW]. c.

**valìa,** sf. (siciliano). 'Valore'.

La parola dipende dallo spagnolo *valia* 'valore, merito' (da *valer* 'valere') [DEI; Michel 1996]. M.

**vàllanu,** sm. (calabrese; anche *vaḍḍanu*; campano: *bàllena*, *vàllena*, *vallèna* sf.; laziale: *vàlano*, *bàlano*, *vàllano*). 'Castagna lessata'.

Voci di etimo controverso; secondo un'ipotesi derivano dal latino *balanus* (Plinio) 'castagna' oppure dal greco *bálanos* 'ghianda' (da cui proviene anche la forma latina); secondo un'altra invece da *balla* 'palla' [DEI s.v. *bàllano*; REWS].

**vàllo,** agg. (marchigiano: Arcevia). 'Guasto (di uovo)'.

Secondo il DEI, deriva dal latino **vanulus* (da *vanus* 'vuoto, inutile', attraverso **vanlus* e con *nl* > *ll*) e non è necessario pensare ad un incrocio tra *vanus* e latino *apalus* 'tenero' (come in REW). La voce è ricondotta invece ad *apalus* dal LEI [DEI]. M.

**vampaciùscia,** sf. (siciliano). «Fuscelli, fiammata, favilla, falena», anche «sorta di pasta; nastrini» e al fig. «vanità» (Traina 1868).

Secondo il DEI, è una deformazione del francese *fanfreluche* 'cianfrusaglia, bazzecola', voce che si confronta con l'italiano *fanfaluca* 'frasca o carta che bruciata si leva in terra' e al fig. 'bagatella, fronzolo' e nell'italiano antico (XIV sec.) anche 'sorta di pasta', entrambi dal latino tardo *famfaluca*, adattamento del greco *pomphólyga* 'bolla d'aria'. Un'altra interpretazione etimologica si legge invece in REWS ove si citano un'ulteriore forma siciliana *vampùgghia* (di significato analogo a *vampaciùscia*) ed il calabrese *vampili* plur. 'fiamme alte', tutte voci ricondotte al latino *vapor*, *-ōre* 'vapore' con epentesi di *-m-*, come nell'italiano *vampa*, anch'essa dipendente da *vapore*, attraverso un antico *vampo* e *vampore* incrociato con *lampo* (DELI). M.

**vampaóra,** sf. (veneto; veneto giuliano e istriano; friulano: con molte varianti). 'Saracinesca per regolare il flusso dell'acqua nelle chiuse'.

Probabilmente da un latino parlato **vampatōria*, derivato da *vampa*, col senso primitivo di 'mantice usato dal fabbro per attizzare il fuoco' [Mastrelli 1982]. c.

**vanédda,** sf. (siciliano e calabrese: anche *vinella* e *vineḍḍa*; campano: *vinella*). 'Vicolo, viuzza tra due case'.

Dal normanno *venelle*, attestato nel latino della Gallia, come *venella* 'vicoletto', letteralmente 'piccola vena' [Varvaro 1973: 100-101; Rohlfs 1977].

L. Asprea: *La strada del carcere andava a finire alla vinella di Ambrogio* (*Il previtocciolo*, Milano 1971, p. 91). – V. Consolo: *que' due sbirri si trovavano presenti in ogni strada vanella baglio piano porta salita falda e per tutta la marina* (*Il sorriso dell'ignoto marinaio*, Torino 1987, p. 26). c.

**vanéṡa,** sf. (veneto; trentino; emiliano; friulano orientale). 'Porca, striscia rialzata di terra prodotta dall'aratro; aiuola'; anche *vanéẓa* e nel veneto *vaneṡón*.

Derivato verosimile del latino *vanus* 'vuoto'; l'ipotesi etimologica di una base **vanēja* del sostrato mediterraneo è assai poco probabile. Il termine ricorre già nel latino medievale (XI sec.): *vaneis*, *vaneza* 'porca, misura di terreno' [DEI; Prati 1968; Pellegrini-Marcato 1992; 535]. M.

**vangìn,** sm. (romagnolo: Rimini). 'Venticello'.

È voce che si usa nella campagna riminese; è un diminutivo di *vento*, attraverso un *van(t)gìn* corrispondente a 'venticino' [Quondamatteo 1983]. M.

**vanòcia,** sf. (emiliano: Modena). «Sorta di nassa, fatta di sottili vimini intrecciati per raccogliere il pesce, che, avvelenato a monte con il *clorù* [cloruro di calcio, usato per pescare di frodo], scende la corrente per passo ad arte obbligato» (Neri 1973).

Dal latino *vănnus* 'vaglio' col suffisso *-ŭcula*. M.

**vanticuòr,** sm. (veneto: Venezia; romagnolo: *anticuòr*). 'Anticuore: bracciolo, che collega l'asta da prua e l'asta da poppa al paramezzale'.

Composto di *(v)anti* 'avanti' e *cuòr* 'cuore', nel senso di 'centro' [*Dizionario di marina* 1937]. C.

**vàppu,** sm. (siciliano e calabrese, anche *guappu*; pugliese: *vuappo*, *guappo*; campano, nel napoletano: *guappo*; laziale, nel romanesco: *vappo*; sardo: *guappu*, *cuappu*; toscano, nel livornese: *vappo*; lombardo, nel milanese e comasco: *vapo*, *vap*). 'Smargiasso; bravaccio; millantatore; valente; elegante in modo vistoso e volgare'.

Sulla storia di questa famiglia lessicale, ben diffusa nell'area meridionale, e rappresentata in italiano da *guappo* col significato di 'camorrista' (dal 1863, in Mastriani), vi sono due diverse ipotesi. L'una muove dal latino *vappa* 'uomo corrotto' cui sono ricondotte le forme con *va-*, mentre le forme con *gua-* sono considerate di tramite spagnolo, da *guapo* 'smargiasso' (a sua volta riflesso della parola latina ma con influsso del gotico *hwapjan* 'sciuparsi, rovinarsi'). L'altra ipotesi riconduce l'intera famiglia allo spagnolo *guapo*; a sostenerla è tra altri il DES, per il quale le forme lombarde datano dalla dominazione spagnola in Lombardia, e la voce «di Livorno, se non è identica alla romanesca, può provenire dalla parlata degli ebrei di origine spagnola di quella città» [DEI; DELI; Michel 1996].

M. SERAO: *col vestito e col cappelletto nuovo sull'orecchio, con l'aria di superba indifferenza che è la caratteristica del* guappo, *o dell'aspirante* guappo (*Il paese di cuccagna*, Milano 1981, p. 113). M.

**vàra,** sf. (ladino centrale; ladino veneto; veneto settentrionale, nel bellunese; friulano occidentale). 'Maggese', 'terreno coltivato che per un anno si lascia a prato per far riposare la terra', anche 'capitagna'.

Piuttosto che dal latino *vara* 'incavo fatto intorno al piantone' o *varus* 'piegato, storto' (come vuole Prati 1968, ma non sono etimi convincenti), il termine è da ricondurre all'antico alto tedesco *wara* 'avere cura', come conferma anche l'espressione del ladino centrale (in Livinallongo) *lasé ẓi n vàra* che significa sia 'lasciare a maggese' sia 'andare in cura' [Pellegrini-Marcato 1992: 615]. M.

**varàri,** v. (siciliano; calabrese meridionale). 'Osare, avventurarsi; indurre a fare'.

Secondo il DEI derivano dall'antico francese *se varer* 'esporsi', *varer* 'mettersi in guardia' (a sua volta dal francone **waron* da confrontare col tedesco *wahren* 'aver cura, proteggere'). Diversamente Rohlfs 1977 a proposito del calabrese pone questa voce sullo stesso piano di *varare*, *varari* del medesimo dialetto col senso di 'cadere; far crollare; sfasciarsi' di area settentrionale e centrale e confronta l'intera famiglia con l'italiano *varare* 'lanciare la nave in acqua' (dal latino medievale *varare*). Invece – ancora secondo DEI – *varare*, *varari* calabrese con questo significato dipendono dal dialettale calabrese *var(r)u* 'colmo, molto pieno' (equivalente di 'barrato', cioè 'rimpinzato', Rohlfs 1977). Anche il siciliano ha *varari* 'straboccare' [Traina 1868; Rohlfs 1977]. M.

**varbacà,** sm. (marchigiano: Macerata; nel Piceno: *barbacà*). 'Miserabile'.

«Barbacani erano chiamati per scherno i soldati del papa della riserva» [Ginobili 1963]. C.

**vàrca di San Pètru,** locuz. sostant. (siciliano). 'Barca dalla quale i pescatori traggono scarsi guadagni'.

Il riferimento è al racconto evangelico della pesca miracolosa (Luca 5,1-11), preceduta da una notte di pesca infruttuosa [Alfieri 1980].

G. VERGA: *tutto quello che buscavano alla pesca, al telaio, al lavatoio, e con tutti quegli altri mestieri, potevano metterlo da parte, per quella famosa barca di San Pietro, colla quale si guadagnava di rompersi le braccia tutti i giorni per un rotolo di pesce* (*I Malavoglia*, Milano-Napoli 1955, p. 354). C.

**varchìglia,** sf. (campano: Napoli), 'specie di pasta ripiena di marmellata o crema'; (laziale: Roma: *baracchìglia*), 'specie di pasticcetto' e per traslato 'cappello di piccole dimensioni'; (calabrese) «berlingozzo, sorta di ciambella che ha la forma di una barchettina» (Rohlfs 1977).

Dallo spagnolo *barquilla* 'stampo allungato a forma di barca, che serve per fare paste dolci' [DEI ss.vv. *baracchìglia, barchìglia*; Beccaria 1968]. M.

**varchijà,** v. (lucano: San Fele). 'Bastonare'.

È una forma verbale dipendente da *gualcare* 'follare, battere i panni per la sodatura', derivata con un suffisso *-ijà* (a sua volta dal latino *-idiāre*); *gualcare* è voce di area prevalentemente toscana e corsa e risale al francone **walkan* 'muovere in qua e in là, rotolare' [DEI; Fanciullo 1992b: 43; Luciano 1992]. M.

**varcòcu,** sm. (siciliano, anche *bbarcocu*). 'Albicocca'.

Dall'arabo *barquq*, a sua volta dal latino *praecoquum*; secondo Pellegrini 1972, può tuttavia derivare anche dal greco bizantino *praikókion*, anch'esso prestito dal latino *persica praecoqua* o *precocia* 'pesca precoce'. L'arabismo *barqūq* (con la variante *barqīq*) è alla base di altri dialettismi designanti l'albicocca, come il toscano *baracocca*, *bericòcola*, all'Elba *varcoca*, l'emiliano *baricocla*, il ligure *bricòcola*, il laziale *briccòcola*, il marchigiano *bricòccula*, l'umbro *biricògola*, tutte forma che conoscono diverse varianti locali; in friulano *baracòcule* designa la 'pescanoce'. Nelle varietà meridionali i nomi dell'albicocca che risalgono all'arabismo sono probabilmente incrociati con il latino *armeniăca* 'albicocco proveniente dall'Armenia', come il calabrese *vermicoccu*, il lucano *virnicocchë*, l'abruzzese *vërnëcòchëlë*, il pugliese *vrëmëcocchë*, il salentino *vermacocca*; tali forme presentano numerose varianti. Diffuso anche in sardo, il tipo *bar(r)acòcco* 'albicocca' (e nel corso *baracocca*) è considerato vocabolo non indigeno, probabilmente proveniente dalla Toscana [AIS; Hasselrot 1940-41; DEI; DES; Pellegrini 1972; DESF]. M.

**vardarièllë,** sm. (abruzzese; molisano). 'Monello, ragazzo di strada'.

Ricordo dei fratelli *Vardarella*, banditi dell'inizio del secolo scorso [Finamore 1893]. C.

**varghéta,** sf. (romagnolo; emiliano: *vargàta*). 'Fede nuziale', l'oggetto prezioso più caro, che spiega la locuzione *impgnè la varghèta* (a Rimini) 'toccare il fondo del disagio economico', ovvero dare in pegno la fede nuziale.

Letteralmente 'piccola verga', che, per influsso del latino *vĭria* 'braccialetto', di origine gallica, ha assunto anche il significato di 'anello' (piemontese *verga* 'fede nuziale') [FEW]. C.

**varìa,** sf. (veneto giuliano: Capodistria, anche *varéa*). 'Contributo (in denaro)'.

Corrisponde ad *avaria*, con un singolare sviluppo di significato da quello principale di 'avaria' attestato anche a Capodistria che «si spiega con la trafila semantica "danno" > "obbligazione di contribuire al risarcimento del danno" > "contribuzione"» (Manzini-Rocchi 1995). M.

**varión,** sm. (lombardo), con varianti; emiliano, a Parma: *varón*). 'Pesce di fiume'.

Da un latino parlato *variōne* 'ghiozzo', da *varius* 'variegato' per le sue macchie; in francese antico *veiron*, dal quale potrebbero pervenire le forme settentrionali [FEW]. C.

**varlàpa,** sf. (piemontese: anche *varlopa*). 'Piallone'.

Dal francese *varlope*, di provenienza neerlandese (*voorloper* 'grande pialla') [Levi 1927; REW; FEW]. C.

**varnéju,** sm. (laziale e umbro, con varianti). 'Gonna lunga'.

Equivale all'italiano *guarnello*. C.

**varnìz,** agg. (lombardo: mantovano). 'Che è alquanto vecchio e non ancora maritato'.

Letteralmente 'vernereccio, (che viene) d'inverno (*vèrno*)', che, sostantivato, riappare nell'abruzzese *vërnariccë* 'agnello nato in autunno' [LEA]. C.

**varòle,** sf. plur. (veneto). 'Vaiolo'.

Dal latino tardo (VI secolo) *variola*, derivato di *varius* 'vaio, screziato' [Prati 1968].

S. Vassalli: *Suo padre, invece, lo* scarpèr *Marco Lovat, si teneva in disparte, parlottava con la moglie e con il medico stando fuori della stanza e la parola più ricorrente, in quei discorsi, era la parola* varole, *cioè vaiuolo («Io non le ho mai avute in vita mia queste famose varole, – bobottava il padre, – e devo stare attento a non prenderle ora'») (Marco e Mattio*, Torino 1992, p. 54). C.

**varrécchia,** sf. (campano, nel napoletano). «Barilotto, barilozzo» (Salzano 1979), col derivato sm. *varrëcchiónë* 'bottaccio, bigoncio'.

La forma si spiega – secondo il DEI – da un latino parlato **barriculus* (e **barricula*) 'barile' che richiama il latino tardo *barriclos* documentato alla fine del IX sec., dal quale pare dipendere l'antico francese *baril* 'barile'; da questo derivano l'italiano *baril*, *barile* e le diverse forme dialettali (ad esempio il campano *varrile*, calabrese *varrile*, pugliese *varròilë*, abruzzese e molisano *varìlë*, e varianti). Ma l'origine di *barile* è piuttosto incerta; per altri infatti sia *barile* che le voci dialettali vanno ricondotte alle voci germaniche *bera*, *bara* (REWS) [DELI; De Giovanni 1986: 36-7]. M.

**varrésë,** sm. (abruzzese, anche *varlésë*, *vernóisë*, *merrésë*; campano; pugliese, anche *varrèsëlë*; salentino: *carrèse*, *carrise*, *arrise*; calabrese: *garrise*; siciliano: *varrisi*; piemontese: *varìs*, *varìsio*; lombardo: *guarìs-c*; ligure, nel genovese: *vianescu*; veneto: *galesco*). 'Guidalesco, piaga al garrese dei cavalli, dei muli'.

Come l'italiano *guidalesco*, si tratta di riflessi della voce longobarda **widdarist* 'garrese del cavallo', incrociati con *garrese* (dalla base di origine celtica *garra* 'gamba'); in qualche caso si tratta di *garrese* con estensione di significato (in DEI (s.v. *garrese*[2]) le voci meridionali e l'abruzzese sono interpretati invece come un adattamento del lombardo *guarìs-c*) [Di Sant'Albino 1859; DEI s.v. *varrése*; Rohlfs 1959; REWS; Gribaudo-Seglie 1972-75]. M.

**varsìria,** sf. (romagnolo, anche *varsira*; toscano: *versièra*; calabrese: *virsèra*), 'strega, pauroso spirito infernale'; (romagnolo: *versìra*), 'vento di burrasca che fa sibili e muggiti'. Il sm. *virsèriu* in calabrese e siciliano indica un 'diavolo' e un 'fanciullo impertinente'.

Dal latino *adversarius* 'nemico', che in età cristiana si è ristretto al significato di 'diavolo', ripreso nel francese antico *aversier*, dal quale probabilmente dipendono le forme italiane, che non mostrano la *-à-*, come ha, invece, l'emiliano (Reggio) *arvsària* definita «Versiera. Furia infernale che dalle donnicciuole è presa per una diavolessa moglie del diavolo» (*Vocabolario reggiano*, Reggio, 1832) [REWS; LEI]. C.

**vartìr,** agg. (romagnolo). 'Intero', detto specialmente del gallo (non castrato) o del cappone, che ha conservato ancora qualche proprietà del gallo.

Letteralmente 'veritiero', cioè 'vero': → *virtiéru*. C.

**varùne,** sm. (calabrese, anche *baruni*; siciliano: *bbaruni*). 'Mucchio di grano sull'aia', in calabrese anche 'mucchio di neve'.

Sono voci di provenienza settentrionale e si confrontano col provenzale *baroun*, il piemontese e valdostano *barùn* 'mucchio' (in piemontese anche *ün barùn* 'molto'); pure le forme verbali *abbarunari* (siciliano), *abbarunà* (calabrese) 'ammucchiare il grano trebbiato' trovano corrispondenza nel provenzale moderno *abarounà* con lo stesso significato [Rohlfs 1977a]. M.

**varùscli,** sm. (friulano). 'Morbillo'.

Derivato di *vĭtrum*, attraverso una forma **vitrūsculu*, da confrontare col pugliese *vetràine, vetranèlla, vitràgnola* 'rosolia', il lombardo (Valchiavenna) *variòsc'*, (Tirano) *verùsc'*, 'morbillo', ed altre voci analoghe diffuse nella Svizzera italiana e nei Grigioni. Secondo il Prati, le denominazioni sono dovute al fatto che le bollicine della rosolia e d'altre malattie affini hanno richiamato alla mente le bollicine di certi vetri, o i piccoli cristalli disseminati in certe rocce. Quanto alla forma friulana, in REW si propone una derivazione da **variŏla* 'pustola' con cambio di suffisso, ma si considera anche l'etimologia da *vĭtrum*, a cui son fatte risalire le voci pugliesi, che possono appoggiarsi sulla citazione in latino medievale "tertiam, morbillum, quae veterana nominatur" [Prati 1922; REW; Valente 1995]. M.

**vàrza,** sf. (marchigiano, nel metaurese: *barz* come sm.). 'Ciprino, *Cyprinus barbus*'.

La denominazione, registrata dal DEI, richiama l'antico francese *bars* 'barbo (pesce d'acqua dolce dei Cipriniformi)', moderno *bar*, di origine germanica [DEI s.v. *barzo*; FEW]. M.

**vasanicòla,** sm. e talvolta sm. (abruzzese; molisano; campano; lucano settentrionale; pugliese; salentino; calabrese). 'Basilico', anche *vasilicòja*, *vasëlëcòja*).

Forme derivate dal greco bizantino *basilikón* 'basilico' (il toscano *basilico* dipende dal latino tardo *basilicon*), con un ampliamento suffissale poi accostato paretimologicamente a 'bacia-Nicola'. Dal greco dipendono *basilicò* e varianti di località della Sicilia e Calabria, nonché le forme settentrionali *basalicò*, *basaligò*, *basigò* (piemontese, ligure, veneto, emiliano in particolare) [AIS; DEI]. M.

**vas-c'**, agg. (romagnolo; calabrese: *mascu*; siciliano: *mascu*). 'Avvizzito, vuoto dentro, stopposo'.

Dal latino tardo *vascus* 'vano, vuoto' attraverso un derivato **vasculus* nel romagnolo e con il passaggio da *v-* a *m-* nelle forme meridionali; la stessa voce latina ritorna, in composizione con *canna*, nel calabrese *cannamašca* e *cannamàšchiu* 'canna palustre', letteralmente 'canna vana' [DEI ss.vv. *cannamasca, vasco*; Ercolani 1971]. M.

**vàscio**, sm. (campano: Napoli; siciliano e calabrese: *vàsciu*; sardo: *bàsciu*). «Stanza terrena, camera a pian di terra, abitazione in su la via» (D'Ambra 1873).

Propriamente 'basso'; è termine chiaramente allusivo all'ubicazione del locale, ormai entrato anche in italiano nella forma *basso* con riferimento all'ambiente napoletano da cui proviene. La presenza di *š* nelle voci dialettali è giustificata in modo diverso. Secondo il DEI (s.v. *bàscio*) si deve al fatto che sarebbero derivate del latino tardo *bassius*, comparativo di *bassus*, mentre il REW le assegna ad un latino parlato **bassiare*. Il DES invece suppone un influsso dello spagnolo *bajo* (spagnolo antico *baxo* = *bašo*) che pure ha la forma *bajos* (e *pisos bajos*) per '(piani) bassi' [REW; DES; DELI Zolli 1986].

M. SERAO: *Ma Annarella viveva in un* basso *del vico Rosariello di Portamedina, lei, il marito, due figli già grandicelli, un* basso *che aveva per pavimento del terriccio battuto e da anni le pareti non erano state imbiancate* (cit. da GDLI II, 93). – G. MAROTTA: *Nel maggio del 1943, in una sua lettera da Napoli, mia sorella Ada fra l'altro mi scriveva: «Ti ricordi don Ignazio? S'era ridotto a vivere in un "basso" a Mergellina. L'ultimo bombardamento gli ha spazzato via tutto. Figurati che nella fretta di scappare lasciò sul comodino perfino i denti finti [...]»* (*L'oro di Napoli*, Milano 1987, p. 13). M.

**vašìva**, sf. (veneto settentrionale, anche *vadìva*; ladino-veneto, nell'Agordino *(a)šiva*; trentino: *važiva*), 'pecora che non ha ancora figliato'; (lombardo, a Parre: *vašìf* sm.), 'bestia lanuta dal secondo al terzo anno di età'; (piemontese: *vašìf* agg.), 'vuoto'; (emiliano, nel modenese: *vašìa* agg.), 'vuota (non pregnante)'.

Dal latino *vacīvus* 'vuoto'; dalla variante del latino parlato **vocīvus* derivano il v. calabrese meridionale *avucijari* 'rimanere sterile (delle biade)', l'agg. pugliese e salentino *avuscë* (e varianti) 'acerbo, immaturo'. Non pare un riflesso di *vacīvus* il sardo *faìu* usato nelle locuzioni *èssere, andare assu vaìu, ass'affaìu, ass'isfaìu* 'essere libero, sciolto, senza custodia, vagabondare'; si tratta piuttosto di voce da connettere al sardo *faghinàre* (nuorese) 'non far nulla, vagabondare', *fainà* (sassarese) 'sfaccendare', dipendenti dal sardo *vagàre, vagài* 'vagare', a sua volta dall'italiano [REW; DEI s.v. *avuciare* e *vasiva*; Rohlfs 1956; Prati 1968; DES; REWS; Rossi 1992]. M.

**vàsulo**, sm. (campano anche *bàsëla* sf.; laziale meridionale: *bàsëla* sf.; pugliese: *bbasëlë* sf.; lucano: *vàsëlë* sf.; calabrese: *vàsula* sf.; siciliano: *bbàsula*). 'Lastra di pietra in particolare per selciare le strade'.

Dal latino parlato **basula / *basulum* 'lastra, pietra' di area regionale e probabilmente derivato di *basis* 'base' [DEI; LEI].

S. REA: *Se soffio in un vicolo di Napoli i topi invece di andarsi a rincantucciare in qualche profonda tana scavata nelle fondamenta dei vecchi palazzi tentennanti se ne vengono fuori sui "basoli" per rendersi conto dell'origine della bufera* (*I topi di Napoli*, Milano 1988, p. 9). C.

**vašùra**, sf. (sardo: Bosa). 'Feci, escrementi', specie di animali.

Voce isolata, conservata in un proverbio, bene riconducibile allo spagnolo *basùra* 'spazzatura', dal latino parlato **versura* 'lo spazzare' [Paulis 1972-73]. C.

**vašuré**, v. (piemontese: Ceresole d'Alba). 'Mugolare', specie del cane che, secondo l'interpretazione popolare, annuncia la prossima morte del padrone': *er cän u vašùra*. Tale mugolio è detto anche *vuš du luv* 'voce del lupo' (Toppino 1927).

Parallelo dell'italiano *guaiolàre*, frequentativo di *guaìre*. C.

**vatarùn**, sm. (piemontese; emiliano: *garatón*, accrescitivo di *guàtar*, al femminile *guatra*). 'Zolla'.

Dal longobardo *wahtari* 'guardiano', da cui il derivato veneziano e emiliano *sguatarar, sguaratar* 'rimescolare (i cibi)', che offre il significato intermedio tra 'guardiano', 'cuoco' e 'zolla' [Salvioni 1916: 1042; Gamillscheg 1935]. C.

**vàtëchë**, sf. (abruzzese; campano *vàteca*; calabrese: *v(i)àtica*). 'Compagnia di vetturali con le loro bestie da soma', in calabrese anche 'moltitudine di persone che vanno e vengono'. Di qui anche l'abruzzese, campano e salentino *vatecàrë, vatecàte*, calabrese *vaticàle* 'vetturale'.

Dal latino *viatica*, neutro plurale di *viaticum* 'provvista per il viaggio' [Marano Festa 1929-33; LEA]. C.

**vatràcchje**, avv. (pugliese, con la variante *varàcchie*). 'Vattelapesca'.

Come l'italiano, si analizza *vàttëla a àcchje* 'vattela e cerca', dal verbo *acchjà* 'cercare', in latino *afflāre*, propriamente 'soffiare' e poi 'cercare fiutando' [LEI]. C.

**vattàli**, sm. (siciliano), 'solco d'irrigazione'; (calabrese: *vattàle, vettàle*), 'rialzo di terra, cresta che divide due solchi', anche *battàli*.

Dall'arabo *baṭṭāl* 'inoperoso', 'fuori servizio'; per chiarire tale proposta etimologica è necessario precisare che nella tecnica irrigatoria, usata nei paesi arabi (ma anche altrove), da un canale artificiale murato ed ampio (siciliano → *sàia*) si dipartono vari canaletti, che funzionano alternativamente e sono detti *ammāl* 'funzionante' oppure *baṭṭāl* 'inoperoso'. È perciò da questa particolare tecnica, nota anche in Sicilia, che proviene il siciliano *vattali, battali*, termine noto anche alla Calabria (nelle varianti sopra menzionate), che, però non ha mantenuto il significato originario di '(solco) inoperoso' [Pellegrini 1972]. M.

**vattendèri**, sm. (calabrese centro-meridionale, anche *battinderi*; pugliese, nel tarantino: *vattinìirë, battendìerë*). 'Gualchiera'.

Voci da confrontare con lo spagnolo *batanero* 'gualchiera' e col provenzale antico *molin batan* di analogo significato; sono derivati dall'arabo *baṭṭân* 'gualchiera' (e non dal latino *battuĕre* come in DEI) [Rohlfs 1959 e 1977; Pellegrini 1972]. M.

**vattìsimu**, sm. (siciliano orientale). 'Epifania', anche *battìsimu, divattìsimi, li vattìsimi*.

Voce di origine greca, da *dies baptismi* 'giorno del battesimo', latinizzazione dal greco *báptistis* [Rohlfs 1977a; Ruffino 1991: 118, 129]. M.

**vàula**, sf. (calabrese). 'Recinto per le pecore, ovile', anche *vàvula, vàdula, vàgula*.

Dal latino *aula* 'cortile per il gregge, pecorile' [Alessio 1976]. M.

**vavalùcu,** sm. (siciliano, anche *bafalucu*, *bbafalucu*, *mafalucu*). 'Asfodelo, *Asphodeline lutea*'.

Dal latino *albŭcum* 'asfodelo' (Plinio) continuato nel resto della Romania da *albucium* (→ *avùzzu*); le forme siciliane richiedono un passaggio attraverso **alavucum* con anaptissi [DEI; REWS; LEI]. M.

**vavarédda,** sf. (siciliano, con diverse varianti). 'Pupilla'.

Diminutivo di *vàva*, che in siciliano e calabrese ha il significato di 'bambina' (da *bava*); il passaggio da 'bambina, bambola' a 'pupilla' è ben testimoniato (per esempio anche il latino *pupilla* significa 'bambina (piccola *pupa*)' e 'pupilla', così come nel greco *kórē*, ed in moltissime altre lingue e dialetti, anche extraeuropei) [Tagliavini 1949; LEI]. C.

**vavósa,** sf. (toscano: Portoferraio; abruzzese; campano; pugliese: *vavosë*; salentino; siciliano: *va(v)ùsa*). 'Pesce di mare, della famiglia dei blennidi'.

Come il nome scientifico *blennius* (dal greco *blennós* 'bavoso'), deve il suo nome alla viscidità del corpo, ricoperto di muco (*bava*); in altre parti d'Italia vi corrisponde il più trasparente aggettivo sostantivato *bavosa* [LEI].

R. LA CAPRIA: *«Che pesci sono?» Non sapeva nemmeno che erano vavose. «Mordono?» Domandava* se mordevano! *«Prova, metti la mano nel secchiello,» le disse. «Sei pazzo?» «Così, vedi?» Mise la mano nel secchiello e prese una vavosa* (*La neve del Vesuvio*, Milano 1988, p. 83). C.

**vecchjaròla,** sf. (marchigiano: Macerata). 'Il bere in compagnia'.

Da *vecchjé* 'bicchiere'. C.

**vècchia stèrna,** locuz. sostant. (siciliano: Vittoria). 'Donna d'età assai avanzata, vecchiona'.

Letteralmente 'vecchia cisterna', secondo un paragone sottinteso adottato anche in altri casi paralleli: → *vècio stàro*. C.

**vécchiu marìnu,** sm. (corso; sardo: *(b)ìcru marìnu* con diverse varianti e deformazioni). 'Foca'.

Dal latino *vitŭlus marīnus* 'vitello di mare', come nel catalano *vellmarí*. Da notare che, metaforicamente, in Sardegna il *bìcru* (o *bòi*) *marìnu* designa anche il 'lampo secco', il 'lampeggiare di settembre' e lo strano passaggio si spiega con l'abitudine delle foche di dimenarsi e guizzare, emergendo dall'acqua e tuffandovisi poi in modo fulmineo. Lo stesso passaggio è accaduto in diversi luoghi per il nome del delfino, che ha dato luogo ad impieghi figurati riguardanti gli stessi o simili fenomeni atmosferici [DES]. C.

**véceta,** sf. (campano), 'lavoro breve di campagna fatto la mattina o il pomeriggio o anche i giorni festivi'; (abruzzese: *vécëtë*), 'contratto verbale col quale uno assume l'obbligo di pascolare, dalla primavera all'autunno, i maiali di molti per una determinata mercede'.

Dal latino *vices* 'vece', 'vicenda', senso rimasto nel marchigiano (Arcevia), *vécita* 'vicenda', lucano *vìcitë* 'turno, vicenda', campano *véceta* 'volta', che presuppongono, però, un derivato da *vices*, e cioè **vicites*, parallelo del classico *vicissitas* 'vicissitudine' [DEI; Bianchi-De Blasi-Librandi 1993]. C.

**vècia,** sf. (veneto: Rovigo; lombardo: Cremona, Mantova), 'riverbero'; *vègia* (milanese), 'occhibàgliolo, tremolio di luce prodotto dai vapori che si sollevano dalla terra nelle giornate canicolari'; (siciliano, a Vittoria: *vècchia*), 'immagine del sole riflessa sul muro da specchio o da altra superficie lucida'; la voce ricorre anche in locuzioni: *balla la vècchia* (toscano), *bada la vèchia* (toscano, a Pistoia), *bale la vèchia* (lunigianese, a Sarzana), *bala la vègia* (lombardo), *bala la vècia* (emiliano), 'si dice quando l'aria brilla per il gran calore'

Da *vècchia* (e varianti) 'vecchia' passato a designare la 'befana', attraverso il senso di 'spettro, visione'; il fenomeno atmosferico è attribuito ad un essere diabolico che, nel bresciano, è la strega (si dice, infatti, *bala la strìa*) [Prati 1922 e 1933; Rohlfs 1952 e 1979]. M.

**vècio stàro,** locuz. sostant. (veneto). 'Vecchio ancora in gamba, robusto e attivo'.

Attraente è riconoscere nella locuzione la giustapposizione di un veneto *vècio* 'vecchio' e del suo equivalente croato e sloveno *star*, ma è più facile che si debba interpretare come 'vecchio staio': → *vècchia stèrna* [Cortelazzo 1989]. C.

**vèden,** agg. (ladino-veneto: agordino), 'bluastro, cianotico'; (trentino, a Cembra: *vedèm*), 'pallido, livio, cereo'; (calabrese: *vènatu*, *vènatru*), 'giallo, verdastro', 'rosso scarlatto', 'livido, cianotico'.

Continuatori, assieme al rumeno *vînat* 'livido, plumbeo, cinereo, pallido, grigio', del latino *venĕtus* 'turchino'. La forma agordina è il risultato di una metatesi: *vèden* da *vèned* [Rohlfs 1977; Pellegrini 1994]. C.

**vedergiàs,** sm. (emiliano, a Parma; nell'Alta Val di Taro: *verubiàsu*). 'Sottile e lucido strato di ghiaccio, che si forma sulle strade a causa della pioggia raggelata'.

Letteralmente 'vetroghiaccio'. Perfetta la corrispondenza con il francese *verglas* [FEW; Petrolini 1993]. C.

**vedetùrë,** sf. (abruzzese: Martinsicuro). Oggi si dice di chi è 'molto brutto': *pare na vedeturë, jé na vedeturë*.

Un tempo la voce designava le zucche che venivano svuotate e alle quali si praticavano dei fori per simulare gli occhi e la bocca; all'interno si accendeva un lumino in modo che l'effetto risultasse pauroso. Si trattava di un gioco, ora scomparso, che facevano i ragazzi, e la zucca così sistemata veniva chiamata anche *la morte*. *Vedetùrë* è perciò qualcosa che nel buio si vede, e la notazione orrida è legata alla mostruosità della visione [Mastrangelo Latini 1981]. M.

**vèdof de pàia,** locuz. (ladino-veneto: Colle S. Lucia), 'il marito la cui moglie è temporaneamente assente', anche al femm. *vèdova de pàia*.

Letteralmente 'vedovo di paglia', calco sul tedesco *Strohwitwer*, che ha gli stessi significati letterale e figurato [Pallabazzer 1986]. M.

**vedórno,** sm. (veneto giuliano e istrioto, con diverse varianti, come *vadurno*, *vedurno*, ecc.). 'Campo lasciato a riposo, maggese'.

Dal latino *vetĕrnus* 'vecchio, antico', anche come sostantivo, derivato da *vĕterus*, con lo stesso significato [REW]. C.

**vedové,** v. (marchigiano, a Fossombrone). 'Condurre una vita allegra e spensierata'.

Comportarsi, cioè, come una *vedova* allegra [Balducci 1989]. C.

**vedràn,** sm. (friulano). 'Uomo che abbia oltrepassato l'età consueta del matrimonio senza sposarsi', al femm. *vedràne* 'zitella' specialmente in tono dispregiativo.

Dal latino *vet(e)rānus* 'vecchio', rimasto nel senese *vetrano*, che conserva l'accezione della parola latina, ma un tempo noto, sempre con questo significato, anche nel napoletano, siciliano, veneziano [REW; DEI]. M.

**vedrìna,** sf. (corso). 'Latrina'.

Come l'italiano *latrina*, proviene dal latino *lavatrīna*

'bagno' con caduta della prima sillaba sentita come articolo [Salvioni 1916; DEI]. C.

**vḗdvi,** sf. plur. (romagnolo). 'Lavori difficoltosi (di bonifica o di arginatura), eseguiti da squadre di braccianti, dopo che altre li avevano abbandonati'.

Letteralmente 'le vedove', perché lasciate da altri [Ercolani 1994]. C.

**veglià a òmo,** locuz. (toscano: versiliese). 'Riposarsi in casa, delle donne, anziché lavorare'.

Letteralmente 'vegliare a (come un) uomo' [Cocci 1956]. C.

**vegliumàta,** sf. (toscano: Viareggio). 'Detriti e tritume trasportati dal fiume in piena'.

Da *vegliume*, *vigliume*, derivato dal latino *vīlia* 'cose vili, di nessun conto; rimasugli inutili'. *Vīlia* e la variante *bīlia* hanno avuto molti continuatori nella terminologia rustica dell'Italia settentrionale, soprattutto nel senso di 'pula', 'tritume', 'rosume', e simili. Il verbo *vigliare* è usato anche da Dante, *Purgatorio* XVIII 66 [Parodi 1898].

C. VIANI: *il terrazzano ha diritto ai rifiuti del mare, agli straccali e alla vegliumata delle fiumare* (*Angiò uomo d'acqua*, Firenze 1955, p. 49). C.

**vëgnàlë,** sm. (abruzzese; molisano), «pergolato e pianerottolo della scala esterna, verone coperto da pergolato» (Giammarco 1979); (calabrese: *vignalu*, *vignanu*), «poggiolo pieno di terriccio per mettervi piante; terrazzo» (Rohlfs 1977).

Si tratta della voce *mignano* 'poggiolo, balcone specialmente sul cortile' (dal latino *moeniānum* 'terrazzino'), → *mignànu*, diffusa anche in italiano e di area centro-meridionale, con influsso paretimologico di *vignale* 'vigneto' di uso italiano ed anche dialettale, con diversi significati, ad esempio: veneto *vignàl*, friulano *vignāl* 'vigneto', abruzzese *vëgnalë* 'vigneto; oliveto', siciliano *vignali* 'vigneto, campo diviso da muri a secco' [DEI s.v. *vignale* e *mignano*]. M.

**vegnìr le ìdole,** locuz. (trentino: Tione). 'Impazientirsi'.

Dalle *vìvole* del cavallo, una malattia che si manifesta con gonfiori alle parotidi, in latino medievale *vivulae*, adattamento dell'arabo *dhi'ba* [Corominas; Scalfi 1983]. C.

**vègola,** sf. (friulano, a Erto). 'Punto tenero al sommo del capo dei neonati'.

Dal latino parlato **apicŭla* 'piccola (*-ula*) vetta (*apex*, genitivo *apicis*)' [LEI]. C.

**véia,** sf. (veneto, a Montebello di Lonigo; toscano, a Pisa: *vìglia*; còrso: *vìglia*, *vìḍḍa*). 'Ciocca di capelli, ciuffo'.

Non dal latino parlato **apicŭla* 'piccola vetta' (LEI), che non va bene per le forme toscane e corse citate dal Rohlfs (1979), ma del femminile del latino parlato **villius* da *villus* 'vello', che ha lasciato altre tracce nel lucchese antico e in alcuni composti meridionali, collocati dal Salvioni (REWS) sotto **velleus*. C.

**vèide,** sm. (friulano, in Carnia; ladino centrale, nel Comelico e Livinallongo: *vèida*). 'Aiutante del pastore, che ha l'incarico di sorvegliare il gregge'.

Riflessi del tedesco *Weide*, propriamente 'pascolo', non del latino *vigilia* 'veglia' [Tagliavini 1944]. M.

**veiżénda,** nella locuz. *pigliā a veiżénda* (ligure: Pigna). 'Avere a turno l'uso dell'acqua comune per adacquare'.

Dal latino parlato **vicĕnda*, attestato in latino medievale, come neutro plurale, dall'avverbio *vĭce* 'al posto di' [Merlo 1941-57; DEI]. C.

**velàgna,** sf. (campano, nel salernitano), 'pecora che non ha ancora figliato'; (calabrese: *valagna*, *vaàgnë*, *vajagnë*, *vëlagna*, *vilagnë*), 'pecora giovane di un anno'.

Le voci derivano dall'antico italiano *guadagna* 'guadagno' (Jacopone XIII sec.); per la semantica si vedano le espressioni *(mandare) a guadagno* 'a farsi coprire (delle bestie)', *cavallo di guadagno* 'c. da monta' attestato nel XIV sec. (in Cavalca) [DEI]. M.

**vëlàmë,** sm. (abruzzese). 'Bianco dell'uovo' con varianti (*ulàmë*, *velàmo* ecc.).

Dal latino *velāmen* 'velame, velo' e non da *albāmen* 'la parte bianca' (come in REWS; DEI; Alessio 1976; mentre in LEI s.v. *albamen* la voce non è accolta) perché la connotazione della voce abruzzese, come osserva Giammarco 1985, concerne piuttosto il 'velo', non il 'colore'. M.

**velén dei zìngheni,** locuz. sostant. (trentino, a Caldonazzo). 'Stramonio, erba maga, *Datura stramonium* L.'.

Letteralmente 'veleno degli zingari', cosiddetto per le sue proprietà narcotiche e velenose e per l'opinione (che è di molti botanici) secondo la quale lo stramonio sarebbe una pianta importata dagli zingari nelle loro peregrinazioni attraverso l'Europa [Pedrotti-Bertoldi 1930]. M.

**vèlma,** sf. (veneto). 'Bassofondo fangoso della laguna', 'fondo melmoso'.

Da *melma* per dissimilazione [DEI; Prati 1968].

G. D'ANNUNZIO: *Le isole, le barene, le velme, tutte le saccagne solitarie, sott'acqua, a fior d'acqua, nel cieco splendore, hanno non so che aspetto avernale* (*La Leda senza cigno*, in *Prose di romanzi*, II, Milano 1942, p. 1351). C.

**vëlùnia,** sf. (campano, anche *vëlugna*). 'Chiara dell'uovo'.

Unico continuatore del latino *albūgo*, *-ĭnis* di analogo significato; il dialettismo è noto anche nelle varianti *velìnia*, *vërrìnja* dovute ad immistione del latino *albīgo*, *-ĭnis* 'bianchezza' e con scambio del suffisso *-ugo* / *-igo* d'epoca non necessariamente latina [LEI]. M.

**venciàr,** sm. (friulano; veneto, nel bellunese: *venchèr*). 'Salice bianco, *Salix alba* L.'

Dal latino **vincārius* (da **vincus* 'pieghevole, flessibile') [Pellegrini-Zamboni 1982]. M.

**vènda a uréchi,** locuz. (marchigiano: Fano; istrioto, a Rovigno: *a rècia*). 'Vendere all'incanto'.

Letteralmente 'vendere a orecchio' con riferimento al modo di condurre l'asta del pesce nei mercati dell'Alto e Medio Adriatico, sussurrando, cioè, le offerte all'orecchio del mediatore, che poi assegnerà la partita al maggior offerente. C.

**vendàna,** sf. (molisano). 'Ventina', solo in riferimento ad uova, mentre in altri casi si parla di *vëndìna*: – *Quand'jännë tì?* – *Tre vëndìnë*, cioè sessanta (Bagnoli 1990).

L'uso di 'ventine' nella numerazione è molto diffuso nell'Italia meridionale. «Il centro [...] è la Sicilia: qui il tipo trova la massima diffusione. Quanto più ci si allontana dalla Sicilia, tanto più raro diventa il tipo. Ciò fa supporre che il sistema vigesimale provenga dal francese, e sia stato trapiantato nell'Italia meridionale dai Normanni» [Rohlfs 1968]. C.

**vendèmi,** sm. (lombardo: Valtellina). 'Autunno'.

Dal plurale latino *vindēmiae* 'vendemmie', passato ad indicare 'il tempo della vendemmia' già in epoca classica, da cui derivano l'abruzzese e molisano *vennìgnë, vellìgnë* (con dissimilazione) e varianti, ed il barese *vennégn(e)* che indicano sempre l'autunno, da confrontare col friulano *mês di vendème* 'settembre' [Merlo 1904]. M.

**vendùne,** sm. (pugliese: Corato). 'Dente del giudizio'.
Letteralmente 'il ventuno', perché spunta verso i ventun'anni [Bucci 1982]. C.

**vëndùrë,** sf. (abruzzese: S. Giovanni Teatino). «Quadrifoglio che è sparso sul corredo nuziale, quando viene trasportato dalla casa della fidanzata a quella del futuro sposo» (Giammarco 1979).
Propriamente 'ventura, fortuna'. M.

**venidhéru,** agg. e sm. (sardo campidanese). 'Avvenire, futuro', anche *benidhéru.*
Dallo spagnolo *venidero* 'futuro'; in sardo logudorese si ha invece la variante *(b)enidhòre*, che risale al catalano *venidor* [DES]. M.

**vènt de piadòt,** locuz. (romagnolo). 'Vento di levante'.
Dal latino *apeliotes* (un grecismo, da *hḗlios* 'sole', calcato nel sinonimo italiano *sussolano*), giunto al dialetto per via semidotta [LEI]. C.

**venturìn,** sm. (piemontese). 'Trovatello, fanciullo esposto' e, fig., 'sventurato, disgraziato'.
Accezione particolare di *venturino*, quale 'persona di (mala) ventura' o 'nato per ventura, per caso', come nel francese (a Vendôme) *aventurier* 'bastardo'.
C. PAVESE: *Quando giravo con la musica, dappertutto davanti alle cucine si trovava l'idiota, il deficiente, il venturino* (*La luna e i falò*, Torino 1968, p. 12). C.

**véra,** sf. (friulano; veneto; trentino; lombardo; piemontese; emiliano). 'Anello nuziale' con le varianti *viera, ghiera.*
Deriva dal latino *viria* 'cerchio' più comune come *viriae -ārum* 'specie di braccialetto'; *véra* è da considerare ormai parola tipica dell'italiano regionale settentrionale [REW; Pellegrini 1992: 346]. M.

**verànu,** sm. (sardo: anche *beranu*; corso, con le varianti *vranu, branu*). 'Primavera'.
Dal latino *(tempus) veranum* 'tempo di primavera (*vēr*)'. Da ricordare che anche in spagnolo antico *verano* indicava la 'primavera', anzi, più precisamente, il periodo tra la fine della primavera e il principio dell'estate, mentre oggi designa espressamente la sola 'estate' [Corominas; DES; Rohlfs 1979]. C.

**verdandùśia,** nella locuz. *èsare de verdandùśia* (veneto: Verona). 'Essere di una stoffa leggera, poco resistente', con le varianti *verdeindùśia, verdindùśia.*
Attestata nel veronese dalla metà dell'800, la voce vale letteralmente 'verde indugio', parola scherzosa per indicare un colore incerto. Fuori di Verona s'incontra il sm. *vérdo ndùzia* in umbro, a Val di Pierle, col significato di 'fannullone, inconcludente' [Bondardo 1986]. C.

**verdolìva,** sf. (lucano). 'Canzone narrativa, molto diffusa in Basilicata', ma nota anche in tanti altri luoghi d'Italia: «Raccontava la storia di Verdoliva, una bella fanciulla che fu data sposa al conte Maggio, tolta al suo grande amore don Eugenio. Verdoliva era riuscita a restare illibata per tre notti: "Ho fatto voto a santa Margherita / di restare tre notti zita" diceva, finché fuggì con don Eugenio» (Nigro 1987: 59).
Dal nome della protagonista *Verde Oliva*, rappresentata talora da una fronda o foglia d'olivo [Bronzini 1964: 367; Vidossi 1960: 500-504).
R. NIGRO: «*Là sopra si suona la verdoliva per un matrimonio e tu non sei stato invitato» urlò verso Taccone che era suscettibile e ci teneva alle riverenze dei contadini e alle comparizie* (*I fuochi di Basento*, Milano 1987, p. 149). C.

**verdù,** pron. (lombardo: Campodolcino). 'Alcuni': al femminile *verdó* 'alcune'.
Derivazione arbitraria da *verùn* 'qualcuno' [Salvioni 1904-05]. C.

**vergógna,** nella locuz. *magnàr la vergógna* (lombardo: mantovano; anche *vargógna*). 'Mangiare ciò che resta per ultimo'.
Secondo l'etichetta contadina era creanza lasciare qualcosa sul piatto (*el bocón dla vargógna*, il 'boccone della *vergogna*': → *boccó del contadì*). C.

**vèrgola,** sf. (toscano; veneto; trentino; friulano: *vèrgule*). 'Correggiato', e, più precisamente, il 'bastone più corto del correggiato', da confrontarsi col corso *vérgula* 'mazza'.
Dal latino *vĭrgula*, diminutivo di *vĭrga* 'verga, bastone' [Rohlfs 1979]. C.

**vergulèstri,** sm. plur. (toscano: Pitigliano). 'Specie di insalata campestre'.
Secondo il DEI si tratta della voce toscana (senese e grossetana) *gorgolèstro* 'pianta acquatica, una specie di crescione' (parola di origine verosimilmente prelatina), con un incrocio con il termine *vergulètta* (di area non meglio precisata) che designa un'altra specie di insalata [Fatini 1953; DEI; Alberti-Eschini 1970-71]. M.

**verléta,** sf. (romagnolo). «Verricello, specie di argano da sollevar pesi» (Mattioli 1879).
La voce può derivare dal latino *vĕrres* 'verro' (dal quale dipendono con diversi traslati anche nomi di strumenti, → *verrùtu*) attraverso un **verr(u)litta*; a *verres* viene ricondotto generalmente anche l'italiano *verricello* (DELI). Ma è possibile ricorrere (come in DEI) anche al latino *vericŭlum* 'piccolo spiedo' che è alla base del toscano (Versilia) *verrócchio* 'mestone della polenta' e 'randello', considerato che un verricello può essere costituito da un cilindro di legno. M.

**vérme 'ncatàste,** locuz. (pugliese). 'Verme intestinale'.
Letteralmente 'verme incatastato, stretto, immobilizzato', ma sembra reinterpretazione popolare di un antico scongiuro [Marcantonio 1968]. C.

**vermolìn,** sm. (ladino centrale: Comelico; ticinese, al femminile: *vermalìna, vermarìna*). 'Donnola'.
Propriamente è il nome dell'*ermellino*, su cui ha influito *verme*; in ticinese (Arbedo) *vermelìn* è l'"ermellino" e la confusione nominale fra i due mustelidi non è infrequente [Bertoni 1917a; Tagliavini 1988]. C.

**vèrm salütàri,** locuz. (lombardo: Casalpusterlengo). 'Tenia'.
Interpretazione popolare (paretimologia) dell'italiano *verme solitario.* C.

**vernàcchiu,** sm. (calabrese), 'beffa'; (campano: *vernàcchio*; pugliese e salentino: *vernàcchje* sf. con varianti), 'peto'; (abruzzese: *vërnàcchjë* sf.), 'peto' e al plur. 'pettegolezzi'.
Dal latino *vernāculum* [*dictum*] per *vernīle dictum* 'detto scurrile', da *verna* 'schiavo' [DEI; REWS; Rohlfs 1959 e 1977; Giammarco 1979]. M.

**veróbi,** sm. (lombardo, nel comasco, anche *viróbi, sgaróbi*, nel milanese: *caróbi*; piemontese, a Piverone: *urubi*), 'succhiello'; (lombardo, nel bergamasco: *(v)eròpol*), 'trivella'.

Le voci sono state ricondotte ad un latino parlato **verubulum* per *verucŭlum* 'piccola lancia; chiavistello'; incerta la provenienza del siciliano *verrùggiu* 'spillo delle botti' e del calabrese (Molochio) *carrùggiu* 'strumento per fare il pane della vite', che REWS riconduce a **verubulum*, mentre il DEI (s.v. *verrùglio*) li rapporta al francese antico *verrou*, *verroil*, *verouil* e provenzale *verolh* designanti un 'succhiello' ed esiti del latino *verucŭlum*. M.

**verpìle,** sm. (calabrese: anche *vurpile, vurpinu*; salentino: *urpinu*; campano, a Napoli: *vurpino*; lucano: *vurpìnë* e varianti). 'Staffile fatto col nerbo del bue o col membro del maiale'.

Dal latino *verpa* 'membro virile' attraverso il derivato non documentato **verpīle* [DEI; Rohlfs 1959]. C.

**verrùtu,** agg. (calabrese; salentino: *vërrutë*; siciliano: *virrutu*; abruzzese: *verrutë*; campano: *verrutë*), 'capriccioso, vivace, impertinente', anche 'testardo, cocciuto' e 'forte, robusto'; (campano: *vierrë*, *verrizzë*, e nell'avellinese *verrillë* sm.; abruzzese: *vierrë*; pugliese: *virrë*; siciliano: *verra*; sardo logudorese: *berrine*), 'desiderio incomposto, capriccio; mania; malumore'; (campano, a Napoli: *verrillë* sm.), 'giovanotto sveglio e pronto; giovane licenzioso'.

Dal latino *vĕrres* 'cinghiale' (col latino tardo *verrus* da cui deriva l'italiano *verro* 'porco non castrato') con significati traslati; ne deriva pure il sardo *berrina*, *barrina* sf. con il significato di 'succhiello, trivella' (anche il catalano *barrina* vale 'succhiello' e 'mania'). A *vĕrres* e non al latino *venēnum* 'veleno' va certo ricondotto il veneto (veronese) *verìn* 'astio, stizza, collera' col v. *inverinarse* ed *enverinàr* nel trentino (roveretano) 'arrabbiarsi, invelenire'. Ancora da *vĕrres* deriva il v. calabrese *verriare* 'essere in caldo (della scrofa)' che ha un parallelo nel pavano del Ruzante (*Betìa*, a.II) *in veregagia* (e *Bilora*, a.I *in veregaggia*) che vale "in fregola" [DEI; DES; REWS; Prati 1968; Bondardo 1986; Pellegrini 1992: 286]. M.

**versatùrë,** sm. (abruzzese; umbro: *versatóio, versatóro*; marchigiano: *versadù*). 'Acquaio, lavatoio, sciacquatoio'.

Dal latino *versāre* nella forma del derivato *versatōrium*, attestato nel latino medievale [DEI]. M.

**versùro,** sm. (veneto, con varianti: *varsór*, *versór*, *versóro*, *versaóro*; ladino centrale, nell'ampezzano: *arsuói*, *varsuói*; emiliano, nel ferrarese: *varsùr*, nel parmigiano: *versór*; trentino meridionale e friulano nord-occidentale: *varsór*, *versór*; piemontese orientale: *varsàu*). 'Aratro'.

Dal latino tardo *versōriu* 'instrumentum rusticum quo terra versatur'; in origine probabilmente era la denominazione di una parte dell'aratro, il vomere, passata poi ad indicare l'intero strumento. Il termine figura già nel celebre "Indovinello veronese": *albo versorio teneba* (testo della fine VIII o inizi IX sec.). Il tipo lessicale si può considerare ora caratteristico dell'area veneta e zone limitrofe, mentre altrove compare sporadicamente. Nel Veneto in particolare sono note altre varianti alle voci indicate, che servono a distinguere aratri di varia forma (com'è noto, l'aratro varia molto sia in relazione agli usi che ai luoghi). Per esempio nel veronese il *versóro* è un tipo di aratro pesante a un'ala, mentre la *varsóra* (sf.) è un aratro leggero anche a due ali, usato pure per rincalzare. In area trevigiana si usa l'espressione: *un varsór de tera* con riferimento a quel tratto di terreno che può lavorarsi in un sol giorno con l'aratro [AIS; REW; Pellegrini-Marcato 1988; Marcato 1991: 19-20]. M.

**vertèri,** sm. (calabrese anche *varteri*, *diverteri*, e nel cosentino *vertera* sf.). 'Timone del carro'; (siciliano: *virteri*), 'timone della carretta'.

Dal latino parlato **(de)verterius* derivato da *vertĕre* 'volgere' [Traina 1868; DEI; REWS; Rohlfs 1977]. M.

**vèrteṡ(a),** sf. (piemontese; lombardo; emiliano, a Piacenza; tutti con varianti). 'Scriminatura dei capelli'.

Dal latino *vertex*, genitivo *vertĭcis*, 'vertice, cima'. Il mutamento di genere (in latino, come in italiano, è maschile) è frequente nei nomi, che terminano in *-e* (Rohlfs 1968) [REW; REWS]. C.

**vertùti,** sf. plur. (laziale: Ascrea; abruzzese: *vërtù*, *virté(u)*, *virtù*). 'Minestra augurale del calendimaggio, composta di vari legumi e cereali e profumata col serpillo' od altri tipi di minestroni tradizionali.

Propriamente 'virtù', come viene spesso popolarmente definito tutto ciò che fa bene, ha efficacia, specie se si tratta di piante o di poteri speciali di certe persone. C.

**vervèla,** sf. (piemontese, anche *varvèla*). «Ganghero per usci, finestre, armadi» (Gribaudo-Seglie 1972-75).

Dal latino parlato **vertibellum* (**vertibella* come sf.) derivato di *vertibŭlum* 'giuntura, vertebra'; ne dipendono anche il friulano *bertuèle*, il veneto e veneto giuliano *bertoèla*, il ladino centrale (Comelico) *bartuèla*, il corso *bertavella* 'bandella, ganghero' [DEI s.v. *vervèlla*; REWS; DESF]. M.

**vésa,** sf. (piemontese), 'cagna', anche come dispregiativo; (emiliano, a Piacenza: *veza*) 'schifoso, disutilaccio', detto più che altro di cane.

Da *ves* 'cane di nessun valore', dal latino *vissīre* 'petezzare', equivalente cioè a *vesa* 'peto', con precise corrispondenze anche nei dialetti galloromanzi, e, malgrado il parere contrario del FEW, probabilmente anche nel milanese *veza* 'cagnetta calda' (e *vezṓn* 'cane da pagliaio') [DEI s.v. *vessa*; FEW].

G. FALDELLA: *In seguito agli altri incidenti aveva rincarato la dose: "è una gatta, una* vèssa!" *(una cagna in calore)* (*Madonna di fuoco e madonna di neve*, Milano-Napoli 1969, p. 54). C.

**vésca,** sf. (marchigiano: Arcevia). 'Conciatura del grano, becchime'.

Dal latino *esca* che vale 'cibo; esca; miccia'; tra i riflessi nel significato di 'esca' vi sono voci come il laziale (Castelmadama) *nnisca* 'esca', e con suffisso (*-ŭlus*, *-a*) l'abruzzese *éscurë* 'cacchione, baco della carne', il veneto *véscola* ed il campano (napoletano) *ìscula* 'lombrico', 'verme della terra'.

Il veneto (per il quale era stato proposto anche un etimo dal latino *viscu(m)* 'vischio') ha anche le varianti *véscova* (trevigiano) e *véscovo* (veronese), evidenti rifacimenti paretimologici di *véscola* [REW; DEI; Prati 1968; REWS]. M.

**vescèglië,** sf. (campano: irpino), 'arboscello'; (campano, nel cilentano: *viscìgliё*, *viscìgghië*; calabrese: *vescìgliu* sm. e varianti), 'querciola; castagno giovane'; (abruzzese: *vuscèjjë*), 'frutice di quercia; querciola; olmo'; (calabrese settentrionale: *vëscëgghiónë* sm.), 'orobanche, pianta parassita delle fave'.

Dal latino parlato **viscilio*, *-ōnis* 'pianta parassitaria', da *viscus*, 'vischio' pianta parassita della quercia, specializzatosi ad indicare altri parassiti delle piante, come l'orobanche e i succhioni [DEI; REWS]. M.

**vësciòlë,** sf. (abruzzese e molisano), 'marciaia, malattia delle pecore; bollicina per scottatura'; (campano: *vësciola*; lucano: *fesciòl*; calabrese settentrionale: *fisciola*, *visciula*), 'malattia epatica degli ovini causata da un parassita'; (pugliese, nel bitontino: *vrësciòulë*), 'verme che si trova nei polmoni e nel fegato delle pecore macellate'; (salentino, anche *visciola*, *usciola*, *v(r)usciola*), 'diarrea'.

Sono derivati del latino *bestiŏla* 'bestiola, animaletto, insetto', diminutivo di *bestia*, forma dalla quale deriva il pugliese (tarantino) *véscia* 'teredine'; improbabile l'ipotesi etimologica di Giammarco 1985 fondata su voci del latino parlato **vissiola* e **vissia* 'vescia' connessi con *vissire* 'emettere gas' [DEI; Alessio 1976]. M.

**vèspul,** sm. (friulano, in Carnia; ladino centrale: *véspola*, *véspla* e varianti, come sf.). 'Faggio'.

Dal latino *vespix*, *-ĭcis* 'fitti cespugli' con una specializzazione di significato presumibilmente già antica e con la sostituzione della finale mediante il suffisso *-ŭlus* [DEI; Pellegrini-Zamboni 1982]. M.

**vessécchia,** sf. (campano, nel napoletano). 'Bolla, vescichetta; borsa sotto gli occhi, sacchetto'.

Dal latino parlato **vessicŭla* 'vescichetta'; ne derivano il pugliese *abbisacchiatë* (e varianti), 'gonfio (anche degli occhi)' e 'intirizzito', calabrese *mbisicchiatu*, *sbisicchiatu* (e varianti) 'intirizzito' [Andreoli 1887; DEI; REWS]. M.

**vès sol cavalìgn,** locuz. (ticinese: val Verzasca). 'Essere scatenati', 'essere in euforia'.

Letteralmente 'essere sul cavallino' e propriamente 'essere sottoposto a tortura' sul cavalletto e, quindi, 'posto in grande agitazione' [Lurati-Pinana 1983]. C.

**vēt,** sm. (friulano; in veneziano antico: *vieto*). 'Membro virile'.

Dal latino *vectis* 'stanga', in facile uso figurato [Cortelazzo 1984a]. C.

**vetèl,** sm. (marchigiano, anche *ventèl*; umbro: *ventèll(o)*). 'Tuorlo d'uovo'.

Soli continuatori (esistono anche nel dominio galloromanzo, ma sono di origine dotta) del latino *vitellum* o *vitellus*, che ha il medesimo significato e che formalmente coincide con quello di 'vitello', pur intravedendosene la connessione: → *o(v)idhéḍḍu*. La *-n-* si spiega con l'influenza di *intus* 'dentro' [DEI; FEW]. C.

**vètere,** agg. (laziale: Mompeo Sabino). 'Liso, consunto'.

Dal latino *vetus*, genitivo *vetĕris*, 'vecchio' [REW]. C.

**vetilià,** v. (piemontese). 'Cavillare' col deverbale *vetilia* 'cavillo'.

Dal francese *vétiller*, che è passato al significato 'fare delle difficoltà su piccole cose' da quello di 'divertirsi con cose di poco conto', 'non andare avanti nel lavoro', che, a sua volta, dipende da quello di 'muoversi dei capelli in disordine', propriamente di una ciocca o banda (in dialetto *veta*, dal latino *vĭtta* (banda') di capelli da legare, lavoro di lieve impegno [FEW]. C.

**vetrinàio,** sm. (toscano: Pisa e Grosseto). 'Veterinario'.

Alterazione della voce dotta *veterinario*. C.

**vëttùra,** sf. (abruzzese e molisano). 'Bestia da soma, da tiro, da sella'. A Capestrano le *vetture* erano le coppie di animali usati nella trebbiatura ('treccia').

Dal latino *vectūra* 'vettura, trasporto' [LEA]. C.

**vetüpé,** sm. (piemontese: *vetüpé*), 'sudiciume'; (piemontese, nel Monferrato: *vitipère*), 'barbone, malandrino'; (lombardo, a Milano: *tüpéria*), 'vituperio'; (ticinese, a Orsernone: *vitapiéri*), 'sofferenze', mentre a Bedretto entra nella locuzione *fa sempru tüt a vitüpéri* 'far le cose a precipizio, senza riflettere'.

Tutte interpretazioni popolari dell'italiano *vitupèrio* [REWS; Lurati 1985]. C.

**vetùro,** sm. (veneto, anche *vituro*, *vetóre*). 'Tino, brenta, navazza, recipiente di forma triangolare per il trasporto dell'uva al tino'.

Dal latino *vectōrius* 'da trasporto' [DEI; Prati 1968]. M.

**vevègne,** locuz. sostant. (friulano: Forni di Sotto). 'Risposta alla formula di saluto *saludi!*'; anche *bevegne*; la variante *bèn-us-vìgne* si usa specialmente in Carnia, ma ha anche dei riscontri lontani, in Puglia.

Letteralmente 'bene (vi) venga' [DESF; Valente 1995]. C.

**véża,** sf. (veneto), 'botte'; (veneto, nel veronese: *veśòto*, vicentino: *veśólo*, *vedólo*, padovano: *veżolèta*, valsuganotto *vedàto*; trentino, roveretano: *veżòt*; emiliano: *vżöla*), 'botticella'.

Dal latino tardo (di origine osca) *veja* 'carro', con diverse suffissazioni. Dalla stessa parola latina deriva pure l'italiano antico *veggia* 'quantità di liquido che sta in una botte', 'traino, treggia' [REW; DEI; Prati 1968; Bondardo 1986].

V. Scapin: *Lei è seduta sul vedàto e si dondola lentamente con i piedi in punta sui gradini della scala* (*I magnasoéte*, Verona 1976, p. 61). M.

**vézzo,** sm. (toscano: senese). 'Uso, abitudine, costume'.

Dal latino *vĭtium* in senso neutro, come nel provenzale antico *vetz* 'abitudine, costume'. La fase intermedia da 'abitudine' a 'brutta abitudine', 'vizio' è rappresentata dal piemontese *vëzo* 'uzzolo, capriccio': *fé pasé ël vëzo* 'far passare la fregola'. C.

**viadòru,** sm. (piemontese: valsesiano), 'prima orazione che le madri insegnavano ai bambini' e figurativamente 'cantilena, lungaggine, seccatura'; (laziale, nel romanesco: *viadòro*), 'cuscino su cui le balie o le serve portano il bambino lattante quando escono a passeggio coi loro padroni'.

Ambedue le accezioni si riferiscono alle parole iniziali di una preghiera: "Vi adoro, mio buon Gesù" la prima (secondo Tonetti 1894), "Vi adoro ogni momento" la seconda, definita da Chiappini 1945 plebea e ironica e oramai caduta in disuso [DEI s.v. *viadòro*; LEI]. C.

**viadǖ,** sm. plur. (ticinese: val Verzasca; trentino: *viadori*; veneto, a Chioggia: *i viaori*). 'Le tre stelle della cintura di Orione'.

Letteralmente, i 'viaggiatori', dal latino *viatōres*. C.

**viànda,** sf. (ligure; sardo: anche *fianda*), 'pasta alimentare'; (toscano, nell'Arcipelago: *fiàndala, fiàndola*), 'piccola schiacciata di pasta'.

Dal francese *viande*, che dal senso generale di 'insieme di alimenti' (dal latino *vivĕnda* 'nutritura dell'uomo') è passata a indicare particolarmente la 'carne'. Il significato di 'pasta da minestra' sembra proprio del genovese, dal quale si è esteso in Toscana e Sardegna [FEW; DES; Fanciulli]. C.

**viàrte,** sf. (friulano; veneto: *vèrta*). 'Primavera'.

Dal latino **apĕrta*, cioè la stagione dell'apertura, da confrontare con la locuzione italiana *aprirsi della stagione* [Merlo 1904]. M.

**viàtu,** avv. (siciliano, anche *viati*). 'Presto'.

Voce di possibile origine catalana, dal termine *viat*, *aviat* con lo stesso significato [Varvaro 1974]. M.

**vicchiàre,** v. (calabrese). 'Andare in calore' (parlando della vacca).

Dal lat. **vitulāre*, un derivato di *vĭtulus* [Rohlfs 1977]. C.

**vicchìia,** sf. (calabrese, anche *vicchìma*). 'Fregola della vacca'.
Da → *vicchiàre* 'andare in calore' [Rohlfs 1977]. C.

**vìccio,** sm. (campano: Cilento). 'Pane coronato da un uovo'.
È una retroformazione del dialettale *viccidatu* 'focaccia pasquale', dal latino *buccellātum* 'biscotto'. Allo stesso modo si spiega, secondo Alessio, il salentino *pùccia* 'panetto', «pane rotondo di farina o cruschello che s'impasta con molta acqua senza spianare la pasta» (Rohlfs 1959); cfr. anche il pugliese (Taranto) *pùccia*, il napoletano *(panë dë) pùccia*, il ladino e ladino-veneto *pùcia* 'pane nero; galletta grande'. Sono tutte retroformazioni dal latino *buccĕlla* 'piccolo pane' e *buccellatum* 'biscotto' presente in area meridionale nelle forme *puccidatu* (pugliese), *puccëdatu, puccëlatë, vuccedatu, vuccelatu* (calabrese) 'buccellato, focaccia pasquale', oltre che nel cilentano *viccidatu*; come sf. la base è riflessa nel siciliano *pucciḍḍata* 'pane a ciambella'. Secondo il REWS, la presenza di *p-* nelle forme meridionali si spiegherà da *pizza* o *pitta* 'focaccia'.
Quanto a *pùccia*, Rohlfs interpreta diversamente l'origine di questa voce e la riconduce all'aggettivo salentino *pùcciu* 'soffice', variante di *puju, pùgghiu* (dal latino **pŭlliu* per *pŭllu*, mentre il DEI s.v. *pùccia* ricorre ad una base espressiva **pū-* 'soffice') [Alessio 1938: 399; REWS; Rohlfs 1961; Piccitto 1990]. M.

**vicùva,** sf. (romagnolo). 'Strada di collina che prima scende e poi riprende a salire'.
Letteralmente 'via cupa'.
*Cupa* è attributo sostantivato di 'via tra alte siepi' (Calitri), 'gola di monte' (Napoli), 'luogo oscuro in valle' (Calabria) [Merlo 1948; REWS]. C.

**vìdola,** sf. (ladino centrale: Alto Cordevole). 'Musica celestiale che alcune particolari persone (bambini, handicappati, candidi) percepiscono in punto di morte'.
Estensione del significato di 'violino' che *vìdula* – forse dal latino *vivula*, forse dall'antico alto tedesco *fidula*, comunque con influsso di *viola* – ha nelle parlate ladine centrali [Pallabazzer 1992: 62-64]. C.

**vidùr,** sm. (lombardo: anche *vidór*; emiliano), 'vigneto'; (toscano: *vitóre* in Versilia, *vitóre, vidóru* a Sarzana), 'vitigno'; (emiliano, a Bologna: *vidŏur*), 'vitame'; (emiliano, a Parma, anche agg.: *vidór*), 'coltivato a vigna'.
Da un latino parlato **vitōrius*, derivato da *vītis* 'vite' [REW; Rohlfs 1979]. C.

**vièil,** sf. (piemontese). 'Ghironda, strumento a corde e tasti'.
Dal francese antico *viele* 'strumento a corde, che si suona con l'archetto, viola' (dal suono onomatopeico *vivi*) e poi 'oggetti vari dal rumore continuo' [FEW]. C.

**vièro,** sm. (veneto lagunare). 'Tipo di cesta per conservare vivi, ma rinchiusi, i pesci nell'acqua'.
Dal latino *vivārium* 'vivaio'. Lo stesso significato è proprio anche di altre lingue romanze [REWS; FEW]. C.

**vignòla,** sf. (veneto bellunese). 'Occasione favorevole'.
Da *vignòla* 'vigna'; il significato traslato che si ritrova anche nel veneto valsuganotto *vignata* 'cosa o persona che dà guadagno, vantaggio' (dal dialetto *vignata* 'piccola vite') si comprende attraverso espressioni quali *trovàr una bona vignola* (veneto padovano) 'trovare una bella vigna, avere facile e pronto utile, o piacere in qualche cosa', *la sè na vignòla* (veneto vicentino) 'è una mezza fortuna' [Prati 1960a e 1968]. M.

**vigògna,** nella locuz. avverb. *de mèża vigògna* (veneto, anche *de mèża bigògna*; friulano: *di mièże vigògne, di mièże bigògne*; trentino, in Val di Cembra: *meża ghigona*). 'Di qualità media, piuttosto scadente, mediocre, di mezza tacca'.
Propriamente 'di mezza vigogna', in origine riferito alle qualità di stoffe, non rispondenti alla lana della vigogna. Nel vicentino l'espressione è stata mutata in *de mèża vignòla*, per sovrapposizione di *vignola* 'vigna' [Prati 1968; Aneggi 1984]. M.

**vìla,** sf. (veneto dalmata). 'Fata (della mitologia slava)', una specie di ninfa delle acque e dei monti.
Dallo sloveno *vila*, che rientra in un'ampia famiglia di voci slave probabilmente imparentate con altri paralleli indoeuropei [Vasmer 1953-58; Skok 1971-74; Miotto 1984].
F. TOMIZZA: *Lei dormiva nella stanza del ragazzetto minore, lo addormentava coi racconti della sua infanzia e sulle vile* (*L'amicizia*, Milano 1980, p. 225). C.

**vilòta,** sf. (veneto: Polesine). 'Operazione, situazione particolarmente difficile, noiosa, stancante'.
Estensione del significato originario di *vilòta*, nome di un «ballo collettivo lungo e faticoso» (Girardi 1991). C.

**vinagrèra,** sf. (sardo). 'Acetoliera, ampolliera'.
Dallo spagnolo *vinagrera* 'ampolliera', da *vinagre* 'aceto' [DES]. M.

**vìnce,** sm. (ligure: Genova; veneto giuliano: *vinc'*; siciliano: *venci, vinci*). 'Verricello, argano'.
Dall'inglese *winch* 'verricello', entrato probabilmente con il contatto nei porti con gli equipaggi inglesi. C.

**vinèsa,** sf. (lombardo, a Brescia: anche *venésa*). 'Vento di scirocco'.
Da *Venezia*, donde proviene [Salvioni 1927]. C.

**vinìci,** sf. (corso). 'Giovenca'.
Dal latino parlato **jenix, -īcis* variante di *junix, -īcis* 'giovenca'; in corso è attestato anche un derivato *vinicastra* con il suffisso *-astra* (→ *dastra*). Da una forma parallela **jenīcia* dipende il siciliano *inizza, gginizza, ianizza* 'giovenca' [DEI; REWS; Piccitto 1977]. M.

**vintiéuna,** sf. (lombardo: Pegognaga). «Il suono delle campane alle cinque del pomeriggio, che avvertiva il contadino che era l'ora di recarsi alle stalle per accudire al bestiame» (Ferrari 1978).
Residuo dell'antico calcolo delle ore del giorno. Il 'suono della campana fatto nelle chiese rurali alle undici per indicare l'ora di preparare la colazione per i lavoranti nei campi' era chiamato analogamente in marchigiano (a Jesi) *quindiciore* (Urieli 1979). C.

**vinvèra,** sf. (ligure occidentale; piemontese meridionale; in Val Soana ed Usseglio: *béra*). 'Scoiattolo'.
Dal nome latino di un altro animale a questo simile, la 'donnola', chiamata *viverra*, che ha trasmesso il suo significato al cuneese *vinvera* [FEW]. C.

**violòro,** sm. (veneto, nel veronese, anche *vialòro*; trentino: *vivalòr*, nel roveretano *violòr*). 'Alloro sempreverde'.
Voci composte di *vivo* e **aloro*, dal latino *laurus* 'alloro' che in unione con *mēlum* 'mela' ha dato il romagnolo *mlori(e)*, l'emiliano *mlor* ed il marchigiano (urbinate) *mlàur*, tutte voci designanti l'alloro [REW; DEI; Prati 1968; Bondardo 1968; Quondamatteo 1983]. M.

**virasól,** sm. (piemontese; anche *virasùn*). 'Girasole, *Helyanthus annuus* L.' e 'tarassaco, *Taraxacum officinale* Web.'.
Composto di *virè, virà* 'girare' (dal latino *gyrāre* incro-

ciatosi probabilmente con *vibrāre*) e *sol* 'sole'. Propriamente indica il 'girasole', i cui fiori si ritiene seguano il corso del sole, ma il nome è stato esteso poi al 'tarassaco' per la somiglianza di colore [Canobbio-Telmon 1988]. C.

**virdìsca,** sf. (siciliano; calabrese settentrionale), 'bertesca; feritoia'; (lombardo, nel milanese: *baltresca*), 'bicocca, altana'.

Come l'italiano *bertesca*, con la variante *brettesca*, 'torre di legno con feritoie', risalgono ad un latino tardo (a. 876) *brittisca* propriamente 'britannico, brettone' designante una costruzione della quale non conosciamo la forma [Traina 1868; DEI s.v. *verdésca*; REWS; Rohlfs 1977: DELI]. M.

**virnìcchi,** sm. plur. (siciliano), «strumento di tortura, usato ne' beati tempi delle torture. Pezzetto di canna o altro che i fanciulli inforcavano a mo' di occhiale al naso» (Traina 1868); (campano, nel napoletano); 'tortoio, tortore'.

Le voci sono connesse all'antico francese *bernicles* sf. plur. nome di uno strumento di tortura usato dai Saraceni per spezzare le gambe; è l'ipotesi del DEI, che considera una evoluzione di *virnicchi* il siciliano *vernìcchiu* 'strillo'. Diversamente in REWS quest'ultima voce è ricondotta in modo più opportuno al siciliano *virnar* 'far festa' e questo al latino *vernāre* 'arrivare (della primavera)'. M.

**viròira,** nella locuz. *testa viròira* (piemontese). 'Testa balzana'.

Dal verbo *virè* 'volgere, girare' con il suff. *-oria*, propr., dunque, 'giratoria' [Levi 1927]. C.

**virsàna,** sf. (siciliano). «Quel volgere che fa l'aratro in ripigliando un nuovo solco; il luogo dove si fa ciò. Il punto dove comincia il contadino nel seminare» (Traina 1868).

Voce ricondotta dal DEI all'antico francese *versaine* 'terra preparata per la semina, spazio percorso dal bifolco con l'aratro senza che questo ritorni sui suoi passi' (da *verser* 'versare', 'rovesciare'). M.

**virtiéru,** agg. (umbro: Spello). 'Di razza, autentico', opposto a *bastàrdu*.

È l'italiano *veritiero*: → *vartìr*. C.

**virùl,** sm. (friulano, anche *vìrul*). 'Maialino', passato anche nel bisiacco *varùl* e triestino *verùl*, e da qui a Capodistria, col senso figurato di 'sciocco, bonaccione'.

Diminutivo di *viru*, dal latino *verres* 'maiale da riproduzione' [Doria 1987]. C.

**virùn,** sm. (ligure: Pigna). 'Orlo (di panno, di bicchiere)'.

Derivato del latino **virāre* 'girare', variante parlata di *vibrāre*. Corrisponde all'italiano antico *girone*, accrescitivo di *giro* [REW; Merlo 1957]. C.

**vìsala,** sf. (calabrese, anche *bìsala* e varianti, *bìsalu* come sm.), 'mattone fatto di fango mischiato con paglia e cotto al sole'; (siciliano, anche *bbìsula*, *bìsala*), 'mattonella'.

Dal greco bizantino *bḗsalon* 'mattone', prestito dal latino *bes(s)ālis [laterculus]* '[mattone] di otto pollici' [DEI; Rohlfs 1964; Mosino 1979]. M.

**visavì,** sm. (umbro). 'Armadio da camera con specchio'.

Probabilmente collocato difronte (dal francese *vis-à-vis* 'viso a viso') ad un altro mobile. C.

**vischè,** v. (piemontese, anche *avischè*; ligure: *avescà*, *avviscà*, a Celle *viscō a sciamma*). 'Accendere (il fuoco)'.

Dal latino *vivīscere* 'avvivarsi' (in Lucrezio *vivescit ut ignis*, "si avviva come fuoco") attraverso il significato 'ravvivare (il fuoco)'. Il calabrese *subiviscìri* ha mantenuto il significato latino di 'rivivere, resuscitare' [Nigra 1903]. C.

**vìscia,** sf. (siciliano; ligure, nel genovese: *biža*), 'venticello freddo, brezza'; (emiliano, nel bolognese: *biša*), 'buriana, maestrale'.

Da una base germanica **bîsa* 'vento di nord est' dalla quale deriva il francese *bise* 'vento di tramontana', ma le forme siciliana e ligure richiedono piuttosto una forma **bisja* [Traina 1868; DEI; REWS]. M.

**visdecàz,** inter. (romagnolo). «Ingiuria comune, che quotidianamente risuona per borghi e vallate» (Quondamatteo 1983).

Alla lettera 'faccia di cazzo'. Poiché 'viso' non è proprio della Romagna, si può ritenere che il modo offensivo provenga da Venezia, dove *visdecazo* ed altre simili formazioni sono attestate nell'Ottocento, o meglio da Chioggia, che conosce, oltre che *visdecàs* 'sciocco' (anche *vistecaso*, *bistecàso*, *fistecaso*), come qua e là ancora nel Veneto, anche il verbo *visdecasare* 'agire da sciocco'.

F. FELLINI-T. GUERRA: *Tu mi devi dire di chi è figlio questo visdecazz. Io alla sua età lavoravo già da tre anni* (*Amarcord*, Milano 1973, p. 46). C.

**visèla,** sf. (veneto). 'Vite'.

Dal latino *viticĕlla* 'piccola (*-ĕlla*) vite (*vītis*)' [Prati 1968; Vigolo 1992].

V. SCAPIN: *Le seimila visèle che Firmino ha disteso sotto il sole sono delle più variate, di età e qualità. Visèle che ha impiantato suo nonno, suo pupà e che ha impiantato lui* (*I magnasoéte*, Verona 1976, p. 47). C.

**vissìna,** sf. (calabrese; pugliese). 'Loffa, peto'.

Dal latino *vissīnum*, variante di *vissium* 'vescia'; da *vissīre* 'spetezzare' derivano *vesa* (piemontese; emiliano, nel ferrarese) 'loffa', *vès* sm. e *vèse* (friulano) 'vescia, coreggia sorda', e in senso traslato *na vascia* (piemontese, Valsesia) 'fatto giornaliero che si comporta di casa in casa', l'abruzzese (nel chietino) *rëviscitàurë* sm. «chi indiscretamente 'rifischia', ridice» (Giammarco 1976); da **vissināre* il siciliano *bbìssinu*, *fissinu* e *sbìssinu* 'vescia maggiore, *Lycoperdon bovista*' [REW; DEI; REWS]. M.

**vìta,** nella locuz. *lèsi la vìta* (piemontese; toscano: *legger la vita*; calabrese: *lèjere la vita*; siciliano: *lèjiri la vita*; sardo, a Sassari: *liggi la vida*). 'Dare giudizi sfavorevoli su una persona, biasimare'.

Non dall'espressione tedesca *die Leviten lesen* 'cantare il vespro (a qualcuno)', ma in senso più proprio, analogo a quello di altre simili locuzioni, come il toscano *lèggere sul libro d'alcuno* (ed il fiorentino *far l'albero*, sottinteso *genealogico*), il calabrese *lèjere u libru* o *lu calannàriu* [VEI].

F. DE ROBERTO: *E intanto la gente vi legge la vita, che siete dei senza cuore, che è una porcheria tutta nuova, dopo che li avete lasciati morir di fame!* (*La sorte*, in *Narratori dell'Ottocento e del primo Novecento*, V, a cura di Aldo Borlenghi, Milano-Napoli 1966, p. 46). – A. G. CAGNA: *E così foggiate, guernite, attillate, riuscivano poi a farsi leggere la vita dalla gente che attribuisce quelle innocenti smargiassate alle clandestine dedizioni della loro onestà* (*Alpinisti ciabattoni*, Torino 1972, p. 42). C.

**vitellióne,** sm. (umbro, a Narni). 'Rosso d'uovo'.

Dal latino *vitellus*, che, oltre al senso di 'vitello', ha anche quello di 'rosso d'uovo' (senza che i reciproci rapporti siano chiari: probabilmente sono solo omofoni), rappresentato nel valsuganotto *vedèlo* 'anima dell'albero' e da *ventell(o)* (ora con *è*, ora con *é*) in umbro e marchigiano 'tuorlo d'uovo'. C.

**vìtrichë,** sm. (calabrese settentrionale; lucano meridionale; sardo centrale: *vìtricu*, logudorese *bìdrigu*, campidanese, *bìdriu*, *bìrdiu*). 'Patrigno', e nella forma femm. corrispondente 'matrigna'.
Derivano dal latino *vitrĭcus* 'patrigno', continuato, oltre che nelle aree italoromanze indicate, anche nel rumeno *bidrig* [DEI; DES; Rohlfs 1977; Bigalke 1980]. M.

**vitùsa,** sf. (calabrese; siciliano; lucano: *vitosä*, *virosä*; abruzzese: *vitósä*; pugliese: *vitosä*, *vitosciä*), 'vitalba, vite selvatica'; (pugliese, nel tarantino: *vitusë* sm. plur.) «radici delle viti rimaste sotto terra dopo strappata la vigna» (Rohlfs 1959).
Dal latino *vītis* 'vite' col suffisso *-ōsus*, in origine con funzione aggettivale, come ipotizzato dal DEI. M.

**viz,** sm. (veneto giuliano). 'Battuta di spirito, freddura' anche nella locuzione *no ga viz*, sia 'è stracco, manca di vivacità' (di uno spettacolo, per esempio), sia 'non ha senso, non è il caso' (*no ga viz che 'ndemo a spendaciàr per un pranzeto de gnente*).
Dal tedesco *Witz* 'spiritosaggine, freddura'. La nota opera di Freud, tradotta in italiano con *Il motto di spirito...*, nell'originale s'intitola *Der Witz* [Doria 1987]. C.

**vizzàdro,** sm. (toscano: Pistoia; altre varianti toscane: *vizzatòro, vizàtolo, vezadro*). 'Vitalba'.
Diminutivo di *vizzato* attestato in italiano antico col senso di 'vitigno', dal latino *vīteus* 'relativo alle viti' [DEI; Rohlfs 1979].
F. GUCCINI: *Mulino di Millo (ora scomparso sotto ragge, vizadri e sambuchi, pietre dimenticate e strascinate dallo stesso destino rovinoso della Centrale, causa prima della decadenza e della fine)* (*Cròniche epafániche*, Milano 1989, p. 35). C.

**vizzèri,** sm. (siciliano). «Giovenco» (Traina 1868).
Iberismo, dallo spagnolo *becerro* 'vitello di un anno, vitellone' [DEI]. M.

**vlàre,** v. (veneto: Polesine). 'Dare sepoltura in terra ai defunti'.
Letteralmente 'velare' (contrario di *cavàre* 'togliere').C.

**voccà,** v. (abruzzese, anche *aucchè*, *auccà*), 'sarchiare, rincalzare'; (calabrese: *adoccare*, *aduccare*, *ajuccari*), 'erpicare, coprire la semente', in abruzzese col derivato *auccatura*, *avoccatura* 'sarchiatura'.
Dal latino parlato **adoccāre* 'erpicare', tratto da *occa* 'erpice'; nell'abruzzese è nota anche la forma composta con *bi(s)-*: *babboccà* 'zappare la seconda volta, rincalzare'. Dal latino *occāre* 'erpicare' dipendono l'antico italiano e l'umbro (Narni) *occare* con lo stesso significato, e probabilmente anche il trentino *óca* 'arnese rurale per erpicare', come deverbale, considerata la presenza di *o-* chiusa che non si giustifica a partire dal latino *ŏcca* 'erpice' con *o* breve [DEI s.v. *adoccare*; REWS; LEI]. M.

**vócolo,** agg. (toscano: Firenze). 'Fatuo, vanerello, vanesio'.
Legato al latino *vacuus* 'vuoto', con un rapporto formale ancor più evidente nel siciliano *vàculu* 'leggero, vano, incostante'; bisogna tenere prudentemente conto anche di un'altra possibilità: che rappresenti un *(a)vòcolo* 'cieco (di cuore)', cioè 'insipiente' e 'vano', testimoniato nell'italiano antico e derivato dal latino *ab oculis* [Stefanini 1982, ma non nel LEI]. C.

**vodvìl,** sf. (emiliano: Parma). 'Cantilena, frottola, canzonetta', voce antiquata.
Dal francese *vaudeville* 'specie di canzonetta'. C.

**vójp(a),** sf. (romagnolo). 'Volpe'.
Evoluzione regolare del latino *vulpes*, mentre *volp*, nome del 'pesce volpe', mostra di essere di acquisizione recente dall'italiano. C.

**vólega,** sf. (veneto, anche d'Istria e di Dalmazia). 'Piccolissima rete con manico piuttosto lungo, che serve per tirar fuori dai vivai e dai lavorieri i pesci'.
Da un supposto greco **bolikà*, neutro plurale di **bolikó* (pronunciato *volicó*), derivato di *bólos* (pronuncia: *volos*) 'rete' [Cortelazzo 1970]. C.

**vòmëtë,** sm. (abruzzese; molisano). 'Tuono; baleno', con varianti.
Voce ricondotta ad un latino parlato **bombitum* da un **bombitare* che richiama il latino tardo *bombicāre* 'risuonare, ronzare', *bombicum* 'ronzio' in Venanzio Fortunato [DEI s.v. *vomito*; Giammarco 1979 e 1985]. M.

**vòra,** sf. (salentino; anche *òra*). 'Voragine, buca nel terreno che inghiotte l'acqua delle alluvioni e dei canali d'irrigazione'.
Da un prelatino **vora* 'gora', 'voragine' [Rohlfs 1959].
T. FIORE: *andiamo a vedere una piscina di acque raccogliticce e, più degna di note, una* vora. *Quest'ultima è un ridicolo inghiottitoio ostruito dal terriccio, di appena un metro di diametro, che bene adempie però alla funzione di rendere anche più arida la terra. Nell'allagamento del 1914 e in quello del '15 – giacché, pare incredibile, anche gli allagamenti ha la Puglia sitibonda – le acque, per la grande vallata, si levarono a più di due metri; dopo un giorno erano scomparse* (*Un popolo di formiche*, Bari 1968, p. 26). C.

**vòrda,** sf. (calabrese settentrionale; campano, nel napoletano). 'Traversa, piccola trave; doga di un barile'.
Da una voce germanica (francone) **bord* 'asse' [DEI s.v. *borda*; REWS; Rohlfs 1977]. M.

**vorràccio,** sm. (campano: Napoli, anche *borràccio*; sardo campidanese: *burràcciu*; siciliano: *bburràciu* come agg.). 'Ubriaco'.
Dallo spagnolo *borracho* col medesimo significato; dal verbo *emborrachar* dipendono il napoletano *mburracciare*, il sardo campidanese *imburracciài(si)*, il siciliano *mburraciàri(si)* 'ubriacarsi' e l'italiano antico *abborracciarsi*, usato da alcuni scrittori tra il XVI e il XVII secolo [DEI s.v. *imborracciare*; Beccaria 1968; Michel 1996]. M.

**vòsa,** sf. (calabrese settentrionale). 'Sterco di bue'.
Dal provenzale *bosa* (dal latino **bovacea*) di analogo significato; dalla forma francese *bouse* deriva il calabrese centrale *(merda)-vusa*. Dallo stesso gallicismo *bouse* proviene il siciliano *vusa*, *bbusa*, *bbusa*, *usa*, *vusata* (e altre varianti) 'sterco di bue'; *bouse* è entrato anche in piemontese e ligure *busa* con uguale significato [FEW; DEI s.v. *busa*, *vosa*, *vusa*; Rohlfs 1977a]. M.

**votacèru,** sm. (laziale, con varianti). 'Capogiro'.
Da interpretarsi come 'voltacielo' [Vignoli 1911 e 1926]. C.

**votaiànne,** sm. (campano, a Napoli; abruzzese: *votajannë*; calabrese: *votajanni* con varianti). 'Grimaldello, grimaldello dei ladri'.
Letteralmente "volta Giovanni": si tratta infatti di un composto del dialettale *votare* 'voltare' e di *Janni*, che corrisponde al nome proprio Giovanni, riflesso ad esempio nel calabrese *janni* 'palo per appendere la caldaia' e nel siciliano (a Marzameni) *ianni* nome di una «grossa corda munita di uncino ad un'estremità, che serve per tirar giù dalle barche i tonni pescati» (Piccitto 1985). A favorire questi sviluppi lessicali dal nome proprio Giovanni è il suo utilizzo come nome comune per designare

il "compare" in vari dialetti italiani, nei quali numerose ed importanti «sono le allusioni al comparatico di S. Giovanni (usanza che certamente allude ai legami di sangue, di battesimo, d'affetto che univano il Battista al Cristo): veneto *compare de S. Zuane*, abruzzese *san Giuvannë* 'compare', romanesco *c'è er zan Giovanni* 'siamo compari'» (Migliorini 1927), calabrese *sangiu(v)anni*, *sangianni* «comparatico, relazione di compare, anche nel senso di compare di anello o di battesimo» (Rohlfs 1977) [DEI s.v. *votaianni*; Rohlfs 1977; Giammarco 197].

L. CAPUANA: *In certi giorni... egli sentiva rimorso: «Non è bene quel che facciamo: imbrattare il sangiovanni!» Filomena si metteva a ridere e lo canzonava «E siete un uomo?»* (cit. da GDLI XVII, 497). – A. MORAVIA: *Quindi Concetta, sempre con quell'entusiasmo strano che lei metteva in tutto quello che faceva e diceva, mi spiegò: Vincenzo e Filippo Festa erano, come si dice, San Giovanni, ossia Festa aveva tenuto a battesimo il figlio di Vincenzo e Vincenzo la figlia di Festa; e così, legati dal San Giovanni, erano, per modo di dire, parenti. E Festa si fidava del San Giovanni [...]* (*La ciociara*, Milano 1957, p. 57). – ID.: *Ma Filippo scrollò il capo con sicurezza, fiducioso: «Sono San Giovanni con il parsenale... gli ho tenuto a battesimo il figlio e lui ha tenuto a battesimo mia figlia... non lo sai che San Giovanni non vuole inganni?»* (*ibid.*, p. 146). M.

**votapéntore,** sm. (toscano: anche *votapéntole*). 'Suono della campana, che annuncia il mezzogiorno'.

Letteralmente 'vuota pentole', detto in modo scherzoso. «La pronunzia con *o* largo della prima parte dimostra che è sempre presente alla coscienza dei parlanti l'origine e il significato della parola composta» (Malagoli 1939). C.

**vòtënë,** sm. (abruzzese; molisano: *vùtënë*; pugliese), 'grande tino di legno'; (salentino, anche *vòtunu*, *òtunu*; lucano), 'pozzanghera; conca fangosa nel terreno'.

Secondo Rohlfs 1964 sono tutti riflessi del greco *bóthȳnos* 'fossa, cavità'; il DEI rinvia a tale base solo le forme salentine e lucane, mentre considera quelle abruzzesi, molisane e pugliesi derivati di un greco di area tarantina *būtĭnē*, variante di *pūtĭnē* 'sorta di recipiente' (→ *pòina*) [DEI s.v. *bòtino*; Bigalke 1980]. M.

**vótërë,** sm. (abruzzese, nel teramano, anche *vàtrë*). 'Imprecazione, cattivo augurio'.

La voce pare potersi interpretare come proveniente da **vótera* e come tale si tratta di un sing. tratto dal plur. **vótërë*, a sua volta plurale in *-ora* di *vóte* (sm.) 'voto': è l'ipotesi etimologica di Salvioni 1906a, il quale osserva che «si può far 'voti' perché uno abbia bene ma anche perché gli incolga male». M.

**vòzzica,** sf. (siciliano, anche *vòẓẓica*; calabrese). 'Altalena'.

Incrocio tra le voci meridionali *voca* 'altalena' e → *nazzëcà* 'cullare'. Da una sovrapposizione di *vòzzica* e → *nàca* dipende la forma *vàz(z)ica* (di area siciliana e calabrese). Quanto a *voca*, è deverbale del napoletano *vocà*, *vucà*, del calabrese *vocare*, *vocari*, *vucare*, del siciliano *vucari* 'dondolare, cullare', derivati verosimilmente da un greco parlato **baukân* di analogo significato, piuttosto che da *vogare* che, a sua volta, potrebbe dipendere dalla stessa voce greca [DEI; Rohlfs 1977; DELI]. M.

**vràccu,** agg. (calabese, anche *braccu*). 'Di bassa statura, basso e paffuto'.

Dal latino parlato **braccus* 'breve' (REWS) ma per tramite del provenzale *brac* 'corto' (secondo il DEI s.v. *bracco*). M.

**vràgnë,** sm. (abruzzese: Colledara). 'Locale dove si pigia l'uva e si cuoce il mosto'. La voce, semanticamente isolata, fa parte di un folto gruppo di termini, che, con i significati principali di 'truogolo', 'vasca della fontana, abbeveratoio', 'canale (anche del mulino)', si estende, con diverse varianti, in un'ampia area che va dalla Lombardia e dal Trentino sud-occidentale a Toscana, Umbria, Marche, Abruzzo e Molise.

Di etimologia incerta (dal latino *balĭneum* 'bagno'? da un celtico **berĭgna* 'scarpata di una sponda'? o da una radice preromanica **barr-*?) è stata di recente ricondotta al tipo *bara* nel senso di 'strumento da trasporto', di provenienza longobarda, con il suff. *-egno* '(fatto) a foggia di' [Vignuzzi 1981].

F. ROMANI: *Ogni sera si radunava nel* bregno *(dial.* vragne: *così si chiama l'edifizio dove si pesta l'uva e si cuoce il mosto) un festoso gruppo di giovanotti e di ragazze* (in *Memorialisti dell'Ottocento*, III, a cura di C. Cappuccio, Milano-Napoli 1972, p. 1070). C.

**vràma,** sf. (lucano: anche *vrèma*), 'malattia degli animali, provocata da insetti parassiti sotto il pelo'; (calabrese, plur.: *vràme*) 'insetti, pidocchi'.

Deverbale di *vramà(re)* 'gridare per il dolore' dal germanico *brammōn* 'urlare'. Gli insetti sono visti come causa della malattia. C.

**vràtta,** sf. (calabrese, anche *bratta*, *vilatta* e altre varianti; siciliano: *bbratta*). 'Scarafaggio di cucina, blatta'.

Dal latino *blatta* di analogo significato, continuato non necessariamente per via dotta, come confermano altri dialettismi che richiedono un esito popolare del nesso *bl-*: il toscano rustico *biatta* 'blatta', il veneto *biate* plur. «distomi, vermi che si trovano nei condotti e nella vescica biliare di pecore affette dal mal delle blatte» (Prati 1968), il napoletano *jattillo* 'piattola' [DEI s.v. *bratta*; REWS]. M.

**vràutë,** sf. (pugliese; salentino: *uruta*). 'Specie di cefalo'.

Parrebbe risalire al latino *verres* 'porco', come a *porcus* ricondurrebbe il francese *mullet porc* per l'abitudine di questo pesce di frugare nel fondo fangoso in cerca di cibo. Formalmente, però, il passaggio non è facile, se non altro per il genere diverso, per cui sono state avanzate altre proposte: o dal latino *verūtum* 'giavellotto' per la forma o da un latino parlato **labrutus* per la grossezza delle labbra [Valente 1963-64, 1985 e 1993]. C.

**vrëscìlë,** sm. (abruzzese: anche *vruscìlë*), 'ventriglio degli uccelli, specialmente dei gallinacei'; (calabrese con varianti), 'borsa di denaro fatta con pelle di gatto'; (siciliano: *bruìli* e *bbugghirì*), 'piccolo sacco fatto di pelle di agnello o capretto in cui si mette il companatico da portare in campagna'.

Da un latino parlato **bulgile*, derivato da *bulga* 'borsa' [DEI ss.vv. *brujìli*, *bruìle*, *groscile*, *vrujile*; Rohlfs 1977; Rohlfs 1977a]. C.

**vriàcola,** sf. (calabrese settentrionale, anche *briàcula*). «Specie di erba (dallo stelo rosso) che infesta i campi» (Rohlfs 1977).

Il DEI ritiene che si tratti probabilmente del loglio e cita anche una forma siciliana (di Modica) *varraca*; etimologicamente le voci dipendono dal latino *ebriācus* 'ubriaco' col femminile *ebriāca*, perché il loglio produce una sorta di ebbrezza; stessa origine hanno il friulano *vràje*, l'antico provenzale *abriaga*, il medio e moderno francese *ivraie* ed altre forme galloromanze che designano il loglio (→ *andèr a la lóia*) [FEW; DEI s.v. *briàcola*]. M.

**vrìca,** sf. (calabrese, anche *brica* e varianti; siciliano:

*bbrica*, *vruca* e varianti; lucano: *vruga*, *bruchë*; campano, nel napoletano: *vruca*). 'Tamerice'.

Alla base di queste voci, sulla cui interpretazione etimologica gravano delle incertezze, viene generalmente riconosciuto il greco *muríkē* 'tamerice', ma le singole forme richiedono un **brýkē*, e una forma latinizzata **bryka*, attraverso un incrocio colla variante greca *brýa* (in Plinio: *myrice sive brya*), a meno che questa non rappresenti una tradizione lessicale indipendente [DEI s.vv. *brica* e *bruca*; Rohlfs 1964 e 1977.

V. CONSOLO: *Qualche albero scheletrico qua e là, qualche ciuffo di spino, spaccapietra, vruca, calavèra o di cicerchia* (*Le pietre di Pantalica*, Milano 1988, p. 31). M.

**vronè,** v. (piemontese). 'Strimpellare, suonare male uno strumento'.

Dal francese dialettale *viorner* 'fare rumore, fischiare' e simili, da *viorne*, variante intensiva di *viole* 'viola', strumento musicale' [FEW]. C.

**vuaìne,** sf. (friulano). 'Baccello delle leguminose in genere, ma specialmente baccello verde immaturo e ancor commestibile dei fagioli', anche *uaìne*.

Parola tipica del lessico friulano per indicare i 'fagiolini' (al plur.: *vuàinis*), proviene dal latino *vagīna*, da cui l'italiano *guaina* 'involucro', attraverso il significato di 'guscio', 'baccello'. Dal diminutivo **vaginĕlla* derivano l'umbro *cajinèlle* plur., il campano (Calitri) *vascënègghia*, l'abruzzese *vainèllë, fainèllë* (con scambio *f/v*), *guainèllë* e altre varianti, tutte voci che designano la 'carruba' [DEI s.v. *cainèlle*; REWS; Giammarco 1968; Pellegrini 1982a]. M.

**(v)uàrżine,** sf. (friulano). 'Aratro'.

Denominazione caratteristica del Friuli, che risale al latino *ŏrganum* 'congegno', specializzatosi e ristrettosi al senso di 'attrezzo (tipico) del contadino', nella forma di neutro plurale, poi femminile singolare alterata: da *ŏrgana* a **ŏrgina*, a *(v)uàrżine*. Da *(v)uàrżine* col suffisso accrescitivo *-òn* si ha il friulano *(v)uarżenòn*, che si riferisce all'aratro a due ali [Pellegrini-Marcato 1988]. M.

**vucàr,** v. (piemontese: Canavese). 'Curvare un oggetto tanto da rovesciarlo'.

Dal latino **volvicāre* 'volgere, rotolare', derivato non attestato del verbo *vŏlvere* 'rotolare'. Da questo verbo dovrebbe staccarsi il comelicano *ulcà* 'nauseare, far voltare lo stomaco', perché non rispondente alle norme fonetiche, che regolano il passaggio da *-icāre* (in questo dialetto: *-ié*) [REWS; Tagliavini 1944]. C.

**vucàt lanżő,** locuz. sostant. (lombardo: Oleggio). 'Pacere fra i coniugi'.

Letteralmente l''avvocato lenzuolo', che riesce a rappacificare i litiganti. C.

**vuccàino,** sm. (calabrese: Cosenza), 'Ligustro, *Ligustrum vulgare*'.

La voce è registrata da Penzig 1924 (manca in Rohlfs 1977) ed è interpretata dal DEI come un derivato del latino *bacca*, con allusione alle bacche nero-violacee della pianta, attraverso una formazione del latino parlato **baccago, -inis* e con raccostamento secondario alla parola dialettale *vucca* 'bocca'. M.

**vucchiàre,** v. (calabrese settentrionale, anche *vucchià*, *gucchià*; campano, nell'irpino: *vocchià*; toscano, in Versilia: *bocolare*), 'chiamare, gridare, vociare'; (galloitalico di Basilicata, a Picerno: *vucchià*), 'guaire, miagolare, ronzare'.

Dal latino parlato **voculāre* 'gridare' [AIS; DEI s.v. *bocolare*; REWS]. M.

**vujìna,** sf. (pugliese, nel tarantino; salentino). 'Nerbo (membro) del bue o del toro, che serve per frusta', con varianti (*vugghjìna*, *ujìna*, *uìna*, *uvìna* ecc.).

Dal latino *(verpa) bubulina* 'nerbo di bue' [DEI; Rohlfs 1959]. M.

**vuišignâr,** sm. (friulano, con varianti), 'ciregiolo, *Prunus avium* L. *typica*, *actiana*'; (friulano: *vuìšign*, *vuìšin*), 'frutto del *vuišignâr*'.

Dipende dallo sloveno *višnja* 'vìsciolo' con il suffisso fitonimico romanzo *-ārius*; talune varianti friulane come *višulâr*, *uišulâr*, sono incrociate con il tipo *vìsciolo* noto all'italiano e considerato di origine germanica (dal longobardo **wihsila*) [Pellegrini 1992]. M.

**(v)uliàta,** sf. (salentino). «Panino di pasta assai liquida ripiena di olive» (Rohlfs 1961), ad Otranto *vujà* 'specie di focaccia di pasta lievitata ripiena di olive'.

Derivati dal latino **olivāta placĕnta* 'torta di olive' [Alessio 1976]. M.

**vurivìnu,** sm. (campano; lucano: *pul(ë)vinë*; calabrese: *purvinu* e varianti; siciliano: *pruvinu*). 'Vivaio di ortaggi', 'semenzaio'.

Dal latino *pulvīnus* 'rialzo di terra, cuscino', dal significato originario di 'cuscino' [REWS]. C.

**vutàna,** sf. (siciliano; anche *bbutana*, *mutana*; calabrese, anche *butana*), 'fodera di vestimento', 'coperta rustica', 'grosso sacco', 'pagliericcio'; (salentino: *vitana*), 'maceria, muro a secco nell'interno dei pozzi'.

Dall'arabo *bitana*, *butana* 'fodera di vestito'; ne dipende anche l'italiano antico (XVI sec.) *bottana* 'tela bambagina' [DEI s.v. *butana*; Pellegrini 1972; Rohlfs 1977a]. M.

**vutratùrë,** sm. (laziale). 'Brago'.

Letteralmente 'voltolatoio', il posto, cioè, dove gli animali, e specialmente i suini, vanno a voltolarsi, *a vutriàrësë* [Vignoli 1911]. C.

**(v)ùttero,** sm. (laziale: Velletri). 'Fanciullo' col femminile *(v)ùttera*.

La voce corrisponde all'italiano *bùttero* 'mandriano', da un latino regionale **būtorus*, forse dal greco *bútoros* 'colui che pungola il bue', da cui altri termini d'area centro-meridionale come il campano, pugliese *vùttarë* 'buttero, mandriano di bufali', l'abruzzese e molisano *vùttërë* 'chi ha la custodia dei muli che servono alla masseria', il laziale *bùttaro* 'buttero'; per un significato particolare si veda il pugliese (a Molfetta) *vutrë* 'vivandiere dei mietitori' [Alessio 1976; DELI]. M.

# Z

**zàbbara,** sf. (siciliano, anche *żàbbara, żàrbara, żàmara*; calabrese centromeridionale: *żàmbara*). 'Agave, fibra tessile di agave'.

Dall'arabo *ṣabbāra(h)* 'aloe' [DEI; Pellegrini 1972; Rohlfs 1977a]. M.

**zacagnàr,** v. (lombardo; trentino). 'Begare, altercare'. Da una voce longobarda *zahi* 'tenace' (da confrontare col tedesco moderno *zähe*); nel comasco *zacàgn* designa 'contese in parole, querele' e *zacagnón* 'attaccabrighe'; nel milanese *zacàgn*, *zucàgn* vale 'piatitore'. Ad una forma gotica *tahu* 'tenace' è fatto risalire l'emiliano *tacagnàr*, veneto *tachignàr* 'begare'. Si ritiene di poter escludere tra i continuatori di tali voci germaniche il veneto, il veneto giuliano e il lombardo (mantovano) *sacagnàr* 'malmenare, strapazzare' da ricondurre alla voce gergale (di provenienza ebraica) *sacagno* 'coltello' diffusa nei gerghi padani (anche una derivazione da *sacco* non è considerata pertinente, ma è possibile un accostamento secondario) [DEI; Prati 1968; Bondardo 1986]. M.

**zacón,** sm. (lombardo, nel bergamasco; piemontese, nel Canavese: *sacùn*; toscano, in Garfagnana). 'Bastone, piolo'.

Da una voce longobarda *zacken* 'bastone appuntito' [REW; DEI]. M.

**zaffarajólu,** sm. (sardo logudorese settentrionale, anche *zanfarajólu*). 'Merciaiolo, rivendugliolo, venditore ambulante'.

Dallo spagnolo *chafallón* 'imbroglione' e anche 'venditore di ferro vecchio', incrociato col sardo *cianfàina*, *cianfània* 'ciarpame', altro spagnolismo, da *chanfaina* 'stufato di pomone preparato con cipolla e altro condimenti', voce usata anche per 'miscela di cose confuse e mal ordinate'. Il prestito spagnolo *chafallón* è alla base anche del calabrese *cefagghiuni* 'imbroglione, chiacchierone, furbacchione' [DEI s.v. *cefaglióne*[2]; DES; Rohlfs 1977]. M.

**żàgara,** sf. (siciliano). 'Fiore bianco d'arancio'. La voce è entrata anche in italiano.

Dall'arabo *zahra(h)* 'fiore', diffusosi pure nello spagnolo *azahar* con lo stesso significato (*zahor* 'color bianco') e nel portoghese *azar branco* 'specie di anemone' [DEI; Pellegrini 1972].

L. CAPUANA: *La villa del Gelso Nero era deliziosamente situata in mezzo a un giardino di aranci, quantunque non fosse molto bella con quel casamento a due piani. Dietro la siepe di nespoli del Giappone, di pomi e di peri che circondava la spianata, gli agrumi affacciavano le loro cime luccicanti, di un verde bronzino. L'aria era tutta imbalsamata dal profumo della loro zàgara* (*Storia fosca*, in *Novelle italiane. L'Ottocento*, a cura di G. Finzi, Milano 1985, II vol., p. 345). – G. D'ANNUNZIO: *Le zàgare le cadevano sul capo, su le spalle, sul seno. Il suolo d'intorno era tutto cosparso di zàgare come d'una neve fragrante* (*Trionfo della morte*, Milano 1910, p. 108). C.

**zàgatu,** sm. (siciliano). «Bottega da pizzicagnolo», anche «diritto di vendere una cosa, concesso mercè pagamento o altro: monopolio», *fàri zàgatu* «fare incetta, incettare» (Traina 1868).

Deriva dall'arabo *saqaṭ* 'quisquilia, cosa vile, parte vile di una cosa, merce di genere basso', con passaggio dal nome di una parte della merce a quello di 'bottega' [Pellegrini 1972; Rohlfs 1977a]. M.

**żaghéto,** sm. (veneto). 'Chierichetto'.

È forma diminutiva di *żago, ṡago*, parola di area settentrionale che designa il 'diacono', il 'chierico', il 'giovane iniziato solo agli ordini minori', il 'sagrestano', lo 'scolaro che studia il latino'; nel veneto e nel friulano indica talvolta pure il 'chierichetto'; la voce è nota anche a Fano col senso traslato di 'ragazzo', mentre un'evoluzione spregiativa di significato è rappresentata da *żago* 'zoticone' del veneto, trentino, bresciano, bergamasco. Deriva dal greco *diákos* 'diacono' ed è attestata a Venezia già nel 1300. Un traslato come quello registrato a Fano è presente nel ticinese (Val Maggia) *gegan* 'ragazzo', un derivato del latino *diaconus* [REWS; REW; Cortelazzo 1970: 256]. M.

**żagnòtta,** sf. (laziale, nel romanesco), 'sgualdrina'; (laziale, a Marino: *żagnòtto* sm.), 'vile accattone; persona spregevole'.

Letteralmente "Giannotta" dal nome proprio *Iohanna*, col maschile *Iohannes*, dai quali dipendono, oltre alla nota maschera dello *Zanni* (che certo ha influito sul proliferare di voci deonomastiche), diverse voci, spesso di ambito gergale, tra le quali il piemontese *giane* plur. 'donne furbacchione', il bergamasco *gioana* 'meretrice', il bolognese *żagn* 'ruffiano', il calabrese *żannu* 'buffone', il siciliano *ianni* 'babbeo, stupido', il laziale (Castro dei Volsci) *żanna* e *vannèca* (da [Gio]vanna) 'ragazza leggera', quest'ultimo con suffisso che ne accentua le spregiatività. Nel piemontese *giane* il Migliorini 1927: 233 sospetta una sopravvivenza di *Diana* (→ *giàna*) raccostata a *Iohanna* [Prati 1940; DEI]. M.

**żagrellàra,** sf. (campano: Napoli). 'Merciaia'.

Come meglio mostrano la variante *żagarellàra* e le denominazioni pugliesi (*żaghërrëddarë, żagaraḍḍarë*) e siciliane (*żagariḍḍaru*) del 'merciaio ambulante' è un derivato di *żagarèlla* (in calabrese *żaharèḍḍa* con diverse varianti) 'nastro, fettuccia' di origine ancora non chiarita [Rohlfs 1977; D'Ascoli 1979].

A. M. ORTESE: *Seguì con gli occhi l'abile* zagrellara, *che ora, fatta una breve sosta davanti alla cassa, scappava verso la porta* (*Il mare non bagna Napoli*, Torino 1953, p. 79). C.

**zàle,** sm. (veneto: Valsugana). 'Parte della torta, nel mezzo, che resta cruda, perché non ben cotta'.

Letteralmente 'acciaio' (dal latino *aciālis*) per la sua apparenza metallica, come confermano le analoghe denominazioni ticinesi *pan d'ascéi, – da l'ascé, – aséd, – d'asì*, detto di pane che mostra strisce di pasta schiacciata e compatta, come mastice, per difettosa lavorazione o insufficiente riscaldamento del forno [LEI]. C.

**zambànë,** sf. (lucano; calabrese settentrionale; campano; abruzzese: *ciambanë*; pugliese: *ciambanë, zampanë*; laziale: *zambana*). 'Zanzara'.

Da voci dialettali *ciampa, ciampë, zambë* e varianti 'zampa' (→ *ciàmpa*), per le lunghe gambe che caratterizzano questo insetto [AIS; DEI s.v. *ciampana*]. M.

**żambèla,** sf. (emiliano). 'Sorta di ciliegia duracina, assai grossa, di colore giallo'.

Comp. di *żan*, voce antiquata per 'giallo' (dal francese antico *jalne*) e *bèla* 'bella' [Bertoni in Sella 1937].

F. GUCCINI: *anche se ora un pezzo è crollato di fronte al ciliegio zambello, e alla baracca abbandonata* (*Cròniche epafàniche*, Milano 1989, p. 159). C.

**żammàra,** sf. (calabrese, anche *żommara*; salentino: *ciamar(r)a, ciammarra*). 'Fischietto di canna (o fatto dallo stelo dell'avena selvatica)', nel calabrese anche 'membro virile', 'stelo della cipolla'; voce nota anche a Pantelleria nella forma *żżummàra* 'zampogna fatta con la parte più tenera e sottile della canna; palloncino di materia elastica gonfiato con la bocca avente nell'apertura una sorta di zampogna che suona con la fuoruscita dell'aria'.

Dall'arabo *zammāra* 'specie di flauto a due canne' [DEI; Pellegrini 1972; Tropea 1988]. M.

**żàmmaru,** sm. (calabrese, anche *żàmbaru*; lucano: *zàmmërë*; salentino: *żàmparu, żàmbaru, żambru*). 'Villano, cafone, contadino zotico'.

Probabilmente le voci sono in connessione con → *tamàrru, tàmmaru*, forse varianti che risalgono già ad una particolare pronuncia del termine arabo *tammār*, o sono dovute all'influenza di altra parola dialettale su *tamàrru* e simili.

C. LEVI: *Non faccio per te, don Carlo.* Io so' zambra! – *La Parroccola era* zambra, *cioè rozza e contadina; ma, con quel suo viso da orchessa, tuttavia gentile* (*Cristo si è fermato a Eboli*, Torino 1967, p. 189). M.

**zammù,** sm. (siciliano, anche *zambù*; calabrese meridionale: *zambù*). 'Anice, anisetta, fumetto', essenza di 'cimino' che si versa nell'acqua, il → *mistrà* dei Veneti.

Corrisponde a "sambuco": si confronti il laziale e campano *sambuca*, → *sammùca* 'anisino, liquore simile all'anisetta', il pugliese (Andria) *sammèuche, sammuchelle* 'liquore fatto con estratti di semi di fiori pestati di sambuco, simile all'anisetta per sapore e fragranza' (in italiano è entrata la parola *sambuca*). Quanto alla voce siciliana si vedano le precisazioni di Maccarrone: «È chiaro dunque che si tratta di un passaggio di nome, avvenuto fra l'un liquore e l'altro, determinato probabilmente dal fatto che prima dell'uso dell'anisetta, nell'Italia meridionale e in Sicilia si doveva far largo uso del liquore o dell'infusione di sambuco, forse a preferenza di quello di anice, il cui estratto era noto insieme al sambuco fin dall'antichità» [Traina 1868; Maccarrone 1924a: 320-1; DEI; Rohlfs 1977a; DELI].

D. MARAINI: *I venditori di acqua e "zammù" vengono fin sotto il palco a porgere i loro "gotti" prendendosi a spintoni coi venditori di "vasteddi e meusa", di polipi bolliti e di fichi d'India. Ciascuno vanta la sua merce a colpi di gomito* (*La lunga vita di Marianna Ucrìa*, Milano 1990, p. 20-1). M.

**żampatò,** sm. (siciliano; calabrese: *żamató, żimató, żimbató, mażató*, con metatesi). 'Pane cotto in acqua'; in alcune località calabresi anche 'minestra di legumi'.

Dal greco *zymōtós* 'preparato con pasta' [Rohlfs 1977]. M.

**zampìtto,** sm. (laziale: romanesco), 'ciociaro'; (campano: Napoli), 'villano, montanaro', 'villanzone'. Prima del 1870 erano soprannominati *zampitti* dei militi ausiliari reclutati contro i briganti e utilizzati poi a tutela dell'ordine pubblico cittadino.

Dal nome della loro caratteristica calzatura a ciocia: *i zampìtti* o *zembìttë* (da *zàmbë* 'gamba'). C.

**zampó(u)n,** sm. (emiliano: modenese). 'Specie di salume', 'zampone di maiale'.

Accrescitivo di *zampa*, è voce entrata in italiano come nome del prodotto culinario originario del modenese [DELI; Zolli 1986].

G. GIUSTI: *Quando lo porteranno al cimitero / questo Ducaccio finalmente morto, / io prego Dio che gli faccia da clero / un cento d'aguzzini a collo torto; / la ghigliottina sia l'unico cero, / il diavolo gli firmi il passaporto, / se lo piangono i birri in ginocchioni, / noi metteremo il lutto agli zamponi* (*Opere*, a cura di Z. Arici, Torino 1955, p. 500). M.

**żàna,** sf. (emiliano: Parma). 'Puttana', come ingiuria. Nel modo *far da zana e da buratèn* 'adattarsi a tutto, servire più persone ad un tempo', *żana* sostituisce il più appropriato *żani* – lo Zanni della commedia dell'arte – di altri dialetti.

Propriamente 'scrofa', dal nome proprio *Gianna (Giovanna)*, che tante metafore ha suggerito (→ *żagnòtta*) [Migliorini 1968].

A. BEVILACQUA: *Con passo sostenuto, le zane da paja marciarono sugli argini verso le chiese, a chiedere perdono* (*La festa parmigiana*, Milano 1980, p. 67). C.

**zancarrónë,** sm. e agg. (campano: Napoli). 'Uomo dalle gambe lunghe', 'inesperto (detto di soldati novizi)'.

Dallo spagnolo *zancarrón* 'stinco' e per metafora 'uomo dalle gambe secche e lunghe' ed anche 'vecchio secco, allampanato', quindi 'maestro ignorante'. Con significato traslato si hanno, oltre al napoletano, il siciliano *zancarruni* 'uomo dappoco, zoticone', il sardo logudorese *zancarróne, ciancarróne* 'balordo, poltrone, stupido' e il logudorese settentrionale *zancarronada, ciancarronada* 'colpo di testa, sporposito', il sassarese *zancarrunada* 'grosso sbaglio' [Beccaria 1968; DES; Michel 1996]. M.

**zànco,** agg. (veneto; veneto giuliano; trentino; friulano). 'Sinistro; mancino', anche *zanc, sanc(o)*, col femm. *sanca* 'sinistra', *(man) sanca* '(mano) sinistra'.

Di questa parola, che risulta attestata in passato anche in area lombarda (a. 1683 a Bormio: *cianca*), sono state date diverse interpretazioni etimologiche. Il DEI la accosta all'italiano *cianca* 'gamba difettosa' da *cianca* del tardo latino (e *zanca* nel latino medievale) 'scarpa ricamata dagli imperatori'. Altri hanno richiamato un confronto ora con il tedesco *Schinken* 'femore, coscia, gamba', ora con il bavaro-tirolese *tengg* 'sinistro' (anche con l'ipotesi di un etimo da un longobardo **thanku*). Recentemente Blasco Ferrer 1992 ha ripreso e rivalutato il raffronto con *tengg* costruendo un verosimile quadro etimologico che muove da un antico germanismo, da un (paleogotico) **tênk*- 'pigro, debole' poi 'sinistro', penetrato precocemente nell'area settentrionale dell'Italia ove ha subito un influsso di *manca* '(la mano) sinistra' e il passaggio da *t*- a *ts*- in un ambito linguistico interessato dalla presenza longobarda (tra il VI e l'VIII sec.), poi *č*- per un possibile incrocio con *ciampa* 'zampa'. Anche l'agg. *stanco* e *(mano) stanca* 'mano sinistra' di area prevalentemente emiliano-romagnola rientrerebbero in questa famiglia (< *ex* - **tenk*-) muovendo quindi dal primo significato della voce germanica 'pigro, debole' a quello succedaneo di 'sinistro'. M.

**zandràglia,** sf. (campano: Napoli, anche *zantràglia*). 'Donnaccia, donna spregevole e cenciosa'.

Poco verosimile la derivazione dallo spagnolo *andrajo* 'cencio, straccio' e 'persona cenciosa e volgare', anche se il suffisso sembra rimandare ad una voce castigliana [D'Ascoli 1979].

A. VERALDI: *s'era calmata e non strillava e bestemmiava più, non s'afferrava più in continuazione coll'altre zoccole zandraglie e vaiasse del vicolo* (*Scicco*, Milano 1991, p. 12). C.

**żanénu,** sm. (calabrese meridionale, con varianti). 'Intestino tenue di agnello o capretto avvolto attorno allo stelo del prezzemolo e cotto'.

Voce da confrontare con il siciliano *żinénu* 'duodeno', 'prima parte dell'intestino tenue', corruzione di *duodeno* [Rohlfs 1977]. M.

**żanévrega,** sf. (lombardo: Milano). 'Luogo di miscredenti e di spiriti forti'. Ne derivò *żanevreghìn* 'miscredente, spirito forte'.

Ricordo di *Ginevra*, come una delle sedi più importanti e attive del moto riformatore, incrementato dalla presenza decisiva di Calvino [REWS]. C.

**żangréu,** sm. (calabrese meridionale; siciliano: *zangréu*). 'Cafone, villano, zotico'.

Probabile grecismo da **zanklaîos* 'uomo della falce' 'uomo rustico' [Rohlfs 1977]. M.

**zànni,** sm. (siciliano). 'Ciarlatano', 'cavadenti', 'chi rappresenta uno spettacolo di burattini'.

Dallo *Zanni*, il servo della commedia dell'arte [Migliorini 1927].

L. CAPUANA: *Gli zanni, infatti, per segno della loro valentia nel cavar denti, ne portavano al collo una filza, legati con maglie di fil di ferro, come i chicchi di una corona* (*Scurpiddu*, Torino 1898, riportato in *Narratori dell'Ottocento e del primo Novecento*, II, a cura di Aldo Borlenghi, Milano-Napoli 1962, p. 356). C.

**zannìna,** sf. (toscano: Chiusi). 'Oggetto di gomma con piccoli sonagli, che si dà da mordere ai neonati, quando spuntano i primi denti'.

Come il corrispondente italiano, *dentaiolo*, da *zanne*, come si chiamano scherzosamente i denti grossi di qualcuno. C.

**zanzarèle,** sf. plur. (veneto), 'brodo con uova strapazzate'; (trentino, nel roveretano: *zanzarèla*), 'minestra a zacchera'; (veneto giuliano: *sansarèle*, *sansarièle*), «stracciatella» (Rosamani 1958); (veneto, a Verona: *sansarèle*), 'grumi del latte'; (lombardo, a Brescia: *sansarèle*), 'uovo sbattuto nel brodo'; (friulano: *cencerèlis*, *cianciarèlis*, *zanzarèlis*, *sansarèlis*), «pasta all'uovo assai fluida che si versa nel brodo, nel quale si addensa in filamenti minuscoli» (Nuovo Pirona 1935); (veneto, Padova e Venezia: *andàr in zànze* o *zanzarèle*) 'rappigliarsi'; (veneto giuliano; veneto, a Verona: *andàr in sansarèle*), 'spappolarsi'.

Alla base di queste voci non vi è un suono espressivo **zanz* (Prati 1968) né un derivato del latino *sampsa*, *sansa* 'polpa di olive triturate' da cui l'italiano *sansa*, con una specializzazione in senso gastronomico (Bondardo 1986), bensì la voce *cencio* nel senso di 'brandello', 'cosa dappoco', con influsso paretimologico di *ciance* 'chiacchiere' (DESF). Questa interpretazione trova conferma nel toscano *cenci* 'tipo di pasta sminuzzata', 'pasta dolce tirata e fritta' che si chiama anche *ciance* e in località dell'Italia settentrionale *chiacchiere*. M.

**zappìnu,** sm. (pugliese, nel tarantino; abruzzese: *chjappinë*; calabrese; siciliano), 'pino marittimo, pino d'Aleppo', nell'abruzzese anche 'cipresso'; (piemontese e valdostano: *sapìn*; veneto, nel veneziano: *zapìn*), 'abete; pino selvatico'.

Dal latino *sappīnus* 'abete' diffuso soprattutto in area galloromanza; nell'Italia meridionale potrebbe essere prestito dell'antico francese di epoca normanna. La forma abruzzese può essere dovuta ad incrocio con *chjèjëtë* 'specie di pino montano' che, con il toscano *chièta*, *tièda* 'ragia del pino diffusa sopra la corteccia', risalirà al latino *taeda* propriamente 'fiaccola'. Pare connesso con *sappīnus* anche il sardo *oppinu*, *uppinu* 'pino' che si usa nella parte meridionale dell'isola, con perdita di *s*- (*s'oppinu*) considerato come articolo [Boerio 1856; REW; DEI ss.vv. *sappino* e *zappino*; DES; Pellegrini-Zamboni 1982]. M.

**zaràbi,** sm. (piemontese). 'Acero campestre'.

Deriva dal latino *acerabŭlus* 'acero', voce dalla quale dipendono il piemontese alpino *isalabre* e il francese *érable*, passato al siciliano *arabbli*, con lo stesso significato [FEW; DEI s.v. *arabli*; Piccitto 1977; LEI]. M.

**zarandól,** sm. (emiliano: Bologna). 'Scimunito, sciatto'.

Dal nome di un personaggio dell'antico (1741) teatro dialettale bolognese, che faceva la parte dello scimunito [Menarini 1978]. C.

**zàrba,** sf. (siciliano, anche *żarba*, *zarbata*, *żarbata*), 'siepe, recinto' anche 'riparo fatto di terra e frasche', 'solano per mettervi il fieno'; (calabrese: *żarvata*) 'luogo nel trappeto dove si stipano le olive fresche'.

Dall'arabo *zarba(h)* 'siepe viva' [DEI s.v. *zarbata*; Pellegrini 1972; Rohlfs 1977a]. M.

**zàta,** sf. (veneto; lombardo orientale; ladino centrale; friulano). 'Zampa', anche *sata*.

Di etimo non del tutto sicuro, anche se pare verosimile una dipendenza dall'antico alto tedesco *zata* 'branca'; meno probabile è ritenuta invece una derivazione dal medio alto tedesco *tatze* 'zampa di grossi animali da preda' (nel tedesco moderno *Tatze*) [REW; DEI; Prati 1968; Pellegrini 1991]. M.

**żàve,** sf. (friulano: anche *śave*). 'Rospo'.

La voce, passata anche nel dialetto veneto di Grado (*śàva*), sembra in diretta connessione con lo sloveno *žaba* 'rana', ma l'ipotesi corrente è stata contestata non tanto per il diverso anfibio designato (nello stesso friulano è diffuso inversamente *crot(a)* per 'rana', dal tedesco *Kröte* 'rospo'), quanto per ragioni fonetiche (*v*, invece di *b*) e geografiche (la voce è attestata anche in Cadore ed arriva fino alla Bassa Veronese), per cui è preferibile accettare un prelatino **sap(p)us* 'rospo' [Plomteux 1972]. C.

**zàzzara,** sf. (calabrese settentrionale, a Morano), «zacchera, panziera (di fango)» (Rohlfs 1977); (abruzzese, nell'aquilano, e molisano: *zàzzërë* sm. plur.), «schizzi di fango sul vestito» (Giammarco 1979); (abruzzese, nel chietino: *zézzari* sm. plur.; toscano, nel senese: *zàzzere* plur.), 'cacherelli'.

Da *zacchera* 'mota schizzata sui panni' incrociato con *zazzera* 'capelli lunghi che ricadono sul collo' secondo il DEI; mentre Giammarco ibid. pensa per l'abruzzese ad un influsso del dialettale *zezzë* 'sporco', cioè 'sozzo' [AIS; DEI s.v. *zàzzera*]. M.

**żédola,** sf. (veneto; ladino centrale; friulano: *żèdole*; ligure: *ascèvura*; piemontese: *żèmbula*; corso: *acédula*; toscano, nel lucchesse: *zézzora*). 'Acetosa, *Rumex acetosa* e *Rumex acetosella*', con altre varianti.

Derivano dal latino (*herba*) *acĭdula*, da *acidulus* 'agretto', denominazione che risale alla tradizione dotta degli erboristi medievali; la variante lucchese presenta -*zz*- per dissimilazione consonantica. Dalla variante *acĭdula* dipendono il piemontese *azìgola*, *azìdula*, *żìvula* il lombardo alpino *żĭgola*, con varianti. Sotto l'influsso di *acetum* 'aceto', si è formato un tipo **acitula* al quale risalgono il siciliano e calabrese centrale *acìtula*, il sardo *cibbulédḍa* (con influsso di *cepulla*), il corso *acétula* [DEI s.v. *acidula*; LEI). M.

**zéf,** nella locuz. *śi a zéf* (ladino-veneto, a Colle S. Lucia). 'Andare a mangiare a turno nelle case; si diceva del pastore quando si recava a consumare i pasti presso i proprietari delle vacche che custodiva'.

Letteralmente 'andare (*śi*) al cibo (*zef*)' rispettivamente dal latino *īre* 'andare' e *cibus* 'cibo' [Pallabazzer 1980 e Id. s.d.]. M.

**żèi,** sm. (friulano, anche *gèi*), «cesta di vimini, approssimativamente a mezza sfera, d'un diametro alla bocca di circa 50 cm, con manico incurvato a semicerchio, senza coperchio, d'uso comunissimo nelle case e nei campi» (Nuovo Pirona 1935), largamente impiegata nella Carnia (dove quasi tutti i trasporti sono fatti dalle donne con la gerla) e di forme variabili da luogo a luogo e a seconda del materiale trasportato (molto grande se serve per il fogliame); (ladino centrale, nel Comelico: *dèi*) 'gerla'.

La derivazione da un latino parlato **geriu*, retroformazione di *gerŭlus* (da *gerĕre* 'portare', da cui deriva l'italiano *gerlo* e *gerla*), deve essere ritenuta improbabile perché in friulano il nesso -*rj*- si conserva; questo etimo sarebbe plausibile invece per il comelicano, ma poiché *żèi*, *gèi* è parola panfriulana non si può supporre un prestito dal Comelico. Quindi, pur restando nell'ambito dei derivati da *gerĕre*, è più opportuno ricostruire una base **geliu* che giustifica sia gli esiti friulani sia quello comelicano. Tale base può derivare da **geriu* con scambio di *r* con *l* o già da *gerŭlu* con dissimilazione > **gelulu* > **geliu*, e troverebbe conferma nel friulano antico *zeglo* 'cesto' (sec. XV, Cividale, in cui *gl* è grafia di *l* palatalizzata da *lj*), il quale rappresenta una forma intermedia da **geliu* a *gèi* > *żèi* [REW; Tagliavini 1944; Pellegrini-Marcato 1988]. M.

**zèlten,** sm. (veneto primierotto; trentino). «Pan di Natale o panettone; dolce basso di Natale contenente fichi secchi, noci, mandorle, uvetta, pinoli, spicchi di cedro» (Tissot 1976).

Dal tirolese *Zelten* 'pasta dolce piatta; focaccia, torta'. M.

**żémbola,** sf. (lombardo: Rivolta d'Adda). 'Tralcio'.

Dal latino *gemmŭla* diminutivo di *gemma* che è anche alla base del napoletano *jémmëlë* 'gemma' [AIS; DEI; REWS]. M.

**żemiàn,** sm. (emiliano: Modena). 'Babbeo'.

La voce deriva da *(San) Geminiano*, vescovo e patrono di Modena, e tuttora indica l'abitante di tale città, mentre il significato spregiativo, assunto abbastanza recentemente, si deve probabilmente al fatto che la diffusione del nome era maggiore nel contado [Violi 1982]. M.

**zenarìa,** sf. (ladino veneto: Colle S. Lucia). 'Margherita dei campi'.

Di solito, nei territori limitrofi, questo fiore è chiamato *zenabóna* (o *bonazéna*), perché il giallo e il bianco ricordano la polenta e il latte (a Predazzo esso è chiamato, infatti, *polènta e làt*). Ma una delle filastrocche, che accompagnano lo sfogliare, che solitamente si fa dei petali della margherita, ha questa successione: «Cena buona – cena cattiva – un zoppo – un matto – un cieco – un sordo ecc.». Il secondo elemento è stato accolto come nome meno usuale del fiore [Tagliavini 1946: 117]. C.

**zendà(l),** sm. (veneto; veneto giuliano: anche *zendado*). 'Sorta di drappo leggerissimo di provenienza orientale'.

Parola di origine sconosciuta, anche se sembra probabile una base araba, connessa col greco *síndōn* 'lenzuolo, sudario'. La forma, infatti, fa pensare ad altri nomi in -*àle*, alternati con -*àto*, del tipo *arsenàl*, *arsenà(to)*, che sono ampliamento di voci arabe ossitone [Prati 1968; Doria 1987].

S. ZANOTTO: *c'era al banco che risciacquava bicchieri e lavava piatti una vecchia polesana vestita di nero, col fazzoletto pure nero in testa, di sicuro d'inverno portava un nero zendal* (*Delta di Venere*, Milano 1975, p. 44). C.

**żénso,** (oggi pronunciato *śénso*), sm. (veneto; ladino centrale in Comelico: *dénsu*; e da Venezia passato al friulano *żénso*, al lombardo di Villa di Chiavenna *génso* e al grigionese *żenc*'). 'Omonimo, persona che ha lo stesso nostro nome', «voce e maniera antica di saluto che s'usa ancora tra 'l basso popolo di Venezia, dicendosi *Adio Zenso, Ve saluto Zenso, Zenso caro*, e talvolta *Zenso* senz'altre aggiunte, come se si dicesse "amico, paesano, concittadino, ti saluto". Questa parola si esprime in due sensi, cioè o per una specie di pronome, indicando che il salutato abbia il nome di chi saluta; o il più delle volte semplicemente per Amico» (Boerio 1856).

Dal latino **gĕntius* 'che appartiene alla medesima famiglia (*gens, -entis*)', attestato nell'uso onomastico latino sotto forma di *cognomen* (*Gentius*) e di *nomen singulare* nella tarda latinità (Serra 1931: 39-48). Il senso di solidarietà fra chi porta lo stesso nome di battesimo è confermato anche nel laziale (ad Amaseno) → *minó*, letteralmente 'mio nome', che si dice rivolgendo la parola a chi ha lo stesso nome di chi parla [Tagliavini 1944; DEI]. C.

**zentì (sentì) la scòla,** locuz. (ladino centrale: Alto Agordino). 'Sentire salmodiare le processioni notturne dei morti', secondo una credenza molto diffusa dovunque.

Letteralmente, 'sentire la scuola', dove per *scòla* s'intende la *scuola dei Battuti*, una confraternita di volontari che nella processione del venerdì santo, scalzi e incappucciati, portavano il Cristo [Pallabazzer 1992: 145]. C.

**zèppola,** sf. (campano: Napoli). «Pasta di gran turco affettata e incamiciata di pasta di farina lievitata. Frittella [...] Frittura di pasta fatta con acqua bollente, senza lievito, ed un tantino di rum, lavorata a modo di ciambelline intrise di olio [...] Frittura dolce di pasta siringata, e volta anche a forma di ciambella...» (D'Ambra 1873).

Il termine è noto anche in altre aree dialettali (laziale, a Roma: *zèppola*; abruzzese: *zèppëlë*; calabrese, siciliano: *zìppula*; toscano, a Firenze: *zeppolone*) e designa sempre una sorta di frittella. È stato ricondotto etimologicamente a *zeppa* 'bietta, per l'antica forma' o *zeppa* 'pezzo', voce antica documentata in Umbria e Campania [DEI], ma pure ad un latino tardo *zippula* 'dolce fatto di pasta e miele' [Rohlfs 1977].

F. MASTRIANI: *A compiere il ritratto di questo personaggio, diremo che aveva sul capo un cappello bianco sucido, ammaccato, con le tese più bisunte della padella d'un venditore di zeppole* (*I misteri di Napoli*, Firenze 1966, p. 4). M.

**zerióla,** sf. (veneto, anche *serióla*; trentino, nel roveretano; emiliano: *ciriola, seriola*; romagnolo: *zariòla*; toscano: *ceriola, seriola*; corso: *ciriola*). 'Candelora', ricorrenza della purificazione di Maria vergine (2 febbraio) in cui si fa la benedizione dei ceri; il termine è più frequentamente usato nell'espress. *la Madona dela z.* (veneto), *Madonna seriola* (lombardo).

Da *cereola* propriamente 'color della cera' da *cereum* 'cero', ma connesso col latino tardo ed ecclesiastico *festum cereorum* 'festa delle candele'; in toscano (nel pisano) sono note anche le varianti ampliate *ceraiòla, Madonna ceraiòla* (nel pisano), *inceriόla* (Sambuca Pistoiese) e nel lunigianese *santa Maria ziresola*. Le condizioni climatiche di questa festa sono fonte di previsioni metereologiche popolari, trasmesse attraverso proverbi, circa la persistenza dell'inverno. Ad esempio nel veneto (a Vittorio Veneto) si dice: «San Pàulo ciaro e zeriòla scura, de l'inverno no ven pi paura» (Zanette 1955) vale a dire che il giorno di San Paolo apostolo (25 gennaio) sereno ed il 2 febbraio piovoso danno la previsione di una fine rapida del freddo; in Romagna, al contrario: «S'è pióv int la zarióla, quaranta de d'invèran i s'arnóva», se piove sulla "ceriola", quaranta giorni d'inverno si rinnovano; in questa regione il cero della "ceriola" veniva acceso durante i temporali e nella veglia ai moribondi (Ercolani 1994) [DEI s.v. *ceriola*; Prati 1968; Rohlfs 1979]. M.

**żèrle,** sf. plur. (emiliano: modenese). 'Gambe lunghe'. Propriamente sono le 'stanghe per il trapelo' e in Romagna il 'timone mobile che si può agganciare ad altro timone in modo da consentire più tiri di coppie di buoi, uno innanzi all'altro'.

Dal latino *gerŭlus* '(oggetto) che porta'; il significato 'gambe lunghe' è successivo traslato [REW].

G. PASCOLI: *Hanno al timone l'altre paia aggiunte / con lungue zerle e lucide catene* (*La canzone del carroccio*, III, in *Poesie*, Milano $1951^6$, p. 1001). – F. GUCCINI: *mandò come emissario mè dalle lunghe żèrle* (*Vacca d'un cane*, Milano 1993, p. 113). C.

**żermàn,** sm. (lombardo; veneto; veneto giuliano; trentino; ladino centrale; friulano). 'Cugino', anche *żermà, śormàn*; nel friulano si dice anche *cuśìn żermàn*.

Dal latino *germānus* 'fratello' con spostamento di significato (quello originario è rimasto nello spagnolo *herman* e nel catalano *germá*) [REW; DEI; REWS]. M.

**zeròsa,** sf. (calabrese: Oppido). 'Sonnolenza'.

Letteralmente 'zia Rosa', con un procedimento assai frequente dal nome proprio al nome comune [Rohlfs 1977]. M.

**zétola,** sf. (ladino centrale: nel Livinallongo, anche *zétela*, e in Val Badia; ladino-veneto, Colle S. Lucia). 'Biglietto di banca', anche *zétula, zètola*.

Dal tedesco *Zettel*, nel tirolese *zettl, zeitl* di analogo significato [Pallabazzer 1980]. M.

**zgnunfjè(r)a,** sf. (emiliano: Parma, con varianti). 'Mucchio di neve ammassato dal vento'.

La voce, propria dei dialetti dell'Appennino parmense, proviene dal latino *conflāre*, «che nel suo significato di 'soffiare insieme' ed anche di 'ammassare' si adatta bene alla formazione di un sostantivo che designa della neve ammucchiata dal soffio del vento». Il senso 'ammasso di neve' è ampiamente attestato in tutto l'arco alpino, anche nei dialetti di Francia e Svizzera [FEW; Petrolini 1993]. C.

**zhùcar amàra,** locuz. sostant. (ladino-veneto: Comelico). 'Dulcamara, *Solanum Dulcamara* L.'.

La contraddizione dei due termini, 'zucchero amaro', presente, del resto, anche in *dulcamare* 'dolce (e) amara', è dovuta ad una reinterpretazione popolare della prima parte del composto dotto [Tagliavini 1988]. C.

**żìalo,** sm. (toscano, nel lucchese). 'Gigaro, *Arum italicum* Mill.'.

È una forma che procede da *gìalo*, dal latino *gigărus* 'gigaro', noto in toscano anche con varianti come *gìcaro, gìchero, gìghero* [DEI]. M.

**zìa zofrònia,** sf. (campano: Napoli), 'donna pudica'; (lombardo, a Como: *zenfronia*), 'sgualdrina'.

Da *Sofrònia*, protagonista, con Olindo, del noto episodio della *Gerusalemme liberata* di Torquato Tasso (canto II), che, dopo una valutazione positiva, ha subìto col tempo una degradazione per il mutato gusto popolare [Migliorini 1927]. C.

**zibèria,** sf. (lombardo: bormino). 'Grano saraceno, *Polygonum tataricum* L.'.

Propriamente *Siberia* perché si tratta di una qualità importata da quella regione e perciò resistente anche ai climi di montagna; si confronti per una motivazione onomasiologica affine il toscano *lino di Siberia* '*Linum perenne* L.' [Bracchi 1987: 357]. M.

**zicutinósse,** sm. (calabrese, anche *zicchëtënossë*), 'colpo dato sotto il mento'; (campano, a Napoli: *sicutennòsse*) 'pugno in faccia'; (pugliese, a Bisceglie: *sictinòsse*), 'colpo dato alla gola con l'indice e il pollice aperti', ma nel pugliese anche *sictinòs, sicchetenòsse* e varianti per 'schiaffo' e significati simili; (abruzzese: *sicutenòsse*), 'colpo dato con le nocche'; ancora in calabrese *zichitinós, zichitinóssi, zichitibóssa* e varianti 'altalena (tavola in bilico)'.

Si tratta di una deformazione scherzosa della frase latina *sicut et nos* del *Pater noster*, come dal latino *dimittimus* della stessa preghiera è stato tratto l'abruzzese *dëmittëmussë* con lo stesso significato e l'allusione al 'muso'. Nelle forme calabresi si avverte l'intrusione della voce dialettale *ziccari* 'ficcare, bastonare', letteralmente 'azzeccare'.

L'uso di frustoli tratti dalle preghiere più frequentemente recitate per indicare rimproveri, bastonate, è molto diffuso. [Alessio 1957 e 1958; Veronesi 1969-70; D'Ascoli 1979; Valente 1993]. M.

**zidiós,** agg. (trentino), 'stizzoso, irritabile, uggioso'; (veneto, a Feltre: *sidiós*), 'noioso'; (marchiagiano: *cidiós*), 'antipatico'; a Montemontanaro 'persona ombrosa, sempre scontrosa e rannuvolata'.

Come l'italiano *accidioso*, derivato dal latino *acēdia* 'accidia' [LEI]. C.

**zìfera,** sf. (campano: Napoli; anche *zèfera*), 'bufera, turbine, raffica'; (abruzzese: *cìfere*), 'tromba marina'; *zìfera de viènto* (campano: Napoli; siciliano: *zàffaru di vènto*), 'raffica di vento'.

Dal nome dialettale del diavolo, *Lucifero (lu cìfero)*, come personificazione di pericolosi fenomeni atmosferici. Ne è derivato anche il significato secondario di 'ragazzo vivace, monello, discolo' (*cciferù* a Grottammare, *fricitto* da *cifritto*, proveniente da *cifro*, a Sora, il pugliese e salentino *zif(i)érru*, l'abruzzese *cifarrasse*, *ciulefarrasse* per incrocio con *Satanàs*). In marchigiano (Jesi) esiste anche l'aggettivo *'nciferìdo* 'arrabbiato, infuriato', cioè 'indiavolato'. Vi è collegato anche il veneto giuliano *cifarièl* 'italiano meridionale', dal cognome proprio del Sud *Cifariello* (appunto da *cifari* 'diavolo', 'lucifero'), portato da uno scultore, che nel 1905 aveva ucciso la moglie e nel processo, seguìto con passione dal pubblico, era stato poi assolto; abbreviato in *cif* [Migliorini 1927; Prati 1933; DEI s.v. *ziferru*; Doria 1987]. C.

**zilàtë,** sf. (salentino, con varianti). 'Donna del volgo', 'donna immorale'.

Uso figurato dell'aggettivo *zilatu* 'sporco di diarrea (*zila*)' [Rohlfs 1959].

T. FIORE: *chi avesse cuore di studiare demopsicologia, chi reggesse a vivere nei quartierucoli delle "zilate" o "zurlene", dei "panarieddi", potrebbe raccogliere volumi di leccornie popolaresche* (*Un popolo di formiche*, Bari 1968, p. 65). C.

**zilòstru,** sm. (ticinese: Arbedo), 'fiaccola'; (lombardo, a Milano: *silóster*; romagnolo: *zilôstar*), 'grosso cero'.

Dal latino *cer(e)ostata* 'bastone di cera'; il Du Cange aveva però già proposto la spiegazione più specifica di 'candelabri che stanno ritti' (*candelabra quae per se stant*), trovando l'approvazione del Salvioni [REW; Salvioni 1904-05; REWS]. C.

**zìmbaru,** sm. (calabrese, con varianti; siciliano orientale: *zìmmiru*, *zìmburu*; lucano: *zimmaru*, *zìmmërë*; campano: *zìmmaru*, *zìmbërë*; pugliese: *zìmbre*, *zèmbërë*; salentino: *zìmmuru*). 'Becco, caprone'.

Dal greco *chímaros* 'becco giovane' [DEI s.v. *zìmmaro*; EWUG].

L. ASPREA: *Un possente fetore di zìmbari, cioè di montoni, asfissiava i polmoni ed accoppava i passanti* (*Il previtocciolo*, Milano 1971, p. 91). – A. VERALDI: *quella sua solita aria da zimmaro alliffato* (*Scicco*, Milano 1991, p. 56); *lui e lei due zummari due capre, sulla montagna di macerie* (ib. p. 117). C.

**zimbìli,** sm. (calabrese; lucano: *zummilë*); siciliano: *zimmili* con varianti). 'Cestone a doppia tasca', 'bisacce del basto per il trasporto del letame'.

Dall'arabo *zinbīl* 'sporta di foglie di palma per trasporto di vari oggetti' [Pellegrini 1972; Rohlfs 1977].

G. TOMASI DI LAMPEDUSA: *Un altro angolo della stanza era recinto da un'alta e rigida stuoia, lo "zimmile" che custodiva il frumento color di miele che ogni settimana si recava al mulino per i bisogni della famiglia* (*Il Gattopardo*, Milano 1962, p. 226). C.

**zimbùni,** sm. (calabrese: anche *zimbune*, *zumbuni*). 'Porcile', 'luogo nel trappeto dove si depositano le olive fresche'.

Da *zimba*, *zimma*, con gli stessi significati in calabrese (in lucano *zìmmë* e siciliano *zìmma* solo 'porcile'), di probabile origine greca: da *zýma* per *zêugma*, che significa, oltre che 'giogo', anche 'chiusura'; o, in alternativa, dal latino *cymba* 'cavità' in cui si depositano le olive o in cui si adagia il maiale. [Rohlfs 1977; Bigalke 1980; Valente 1995]. C.

L. ASPREA: *Prese un sacco sullo zimbone della uliva e se lo rovesciò in spalla mezzo attorcigliato* (*Il previtocciolo*, Milano 1971, p. 29). C.

**żìmolo,** sm. (veneto: Marano L.; friulano: *żìmul*). 'Gemello'.

Dal latino *gemŭlus*, variante di *gemĭnus* 'gemello', meglio rappresentato nei dialetti romanzi nella forma diminutiva *gemellus*. Noto anche come cognome, *Zìmolo* ha avuto particolare fortuna a Trieste nelle locuzioni *andàr de Zimolo* 'morire', *caro de Zimolo* 'carro funebre', *cavàl de Zimolo* 'persona che procede fortemente incurvata e con aria triste', tutte dipendenti dal cognome di un noto impresario triestino di pompe funebri [REW; REWS; Doria 1987]. C.

**żinèfa,** sf. (siciliano), 'parte del cortinaggio che pende dall'alto per ornamento'; (calabrese: *ginèfra*, *ginèvra*, *żinèfra*, *żinèvra*), 'ornamento d'ottone nella parte superiore dell'addobbo del balcone'; (salentino: *żinèfra*, *żinèvra*), 'cornice della finestra, di una porta o di un letto per attaccarvi una cortina'; (campano, nel napoletano: *żenèfra*), 'trina, merletto, fregio per tendine'.

Come lo spagnolo *cenefa* 'bordo, orlatura', dall'arabo *ṣanifa* 'lembo di veste, guarnitura, balza' [Pellegrini 1972]. C.

**zinèfrica,** sf. (corso: Evisa). 'Lontana regione immaginaria'.

Composto con i nomi di due lontanissime regioni, la *Cina* e l'*Africa* [LEI]. C.

**zìnna,** sf. (laziale; umbro; abruzzese), 'seno della donna', anche *zìnnë*, col derivato *azin(n)à* 'allattare', anche *dà la zinna*; (ligure, nel genovese: *zìnna*; abruzzese: *zìnnë*, *zénnë*; campano, nel napoletano: *zénna*; corso: *zénna*), 'estremità, punta'.

Dal longobardo *zinna* 'merlo, prominenza, sporgenza' (cfr. il tedesco *Zinne* 'merlo', 'picco, cima'); *zinna* 'mammella' è ormai voce dell'italiano d'area centrale [DEI; DELI].

A. MORAVIA: *Ero in camicia e io ci ho il petto ancora adesso erto, che sta su senza reggiseni e allora ce l'avevo ancora più bello con le zinne pesanti e solide e i capezzoli che si rivoltavano in su come se volessero per forza farsi notare sotto la tela della camicia e subito vidi che lui mi guardava al petto e che gli occhi gli si accendevano sotto le sopracciglia come due pezzi di carbonella sotto le ceneri* (*La ciociara*, Milano 1957, p. 36). M.

**zìnnu,** sm. e agg. (calabrese; lucano: *zinnë*; umbro: *cinino*, *cinnino*; abruzzese: *cënninë*, *cënëinnë*; emiliano: *cinéin*, *ciné*; romagnolo: *snei*; toscano: *cino*, *cinino*), 'piccolo, piccino'; (siciliano: *zinnu*), 'zinzino'.

Le voci sono assegnate dal DEI ad un latino tardo *pitzinninus* (documentato nell'onomastica) e *pitzinnus*, di cui rappresenterebbero forme aferetiche. Varianti non aferetiche sono ad esempio il sardo *pizzinnu* (logudorese), *piccinnu* (campidanese) 'bimbo, ragazzo', il calabrese *piccininnu* 'piccolo bambino', il pugliese *peccinidde*, l'abruzzese *picceninne*, *piccenille* 'piccolo, piccino'. Si possono, inoltre, confrontare con l'italiano *piccino* e *piccinino* per le quali, tra le varie ipotesi etimologiche, si risale anche a **pits* [AIS; DEI s.v. *cinnino*; DES; Rohlfs 1979; DELI]. M.

**zipèppe,** sm. (toscano: anche *zibèppe*; laziale; campano). 'Orinale'.

Denominazione scherzosa, e non isolata. Letteralmente 'zio Giuseppe (*Peppe*)', come conferma la variante romanesca *don Peppino* [Migliorini 1927; Alessio 1967-68; Rohlfs 1979]. C.

**zipriòto,** sm. (veneto, anche *sipriòto*). 'Balestruccio, *Delichon urbica* L.'.

Deriva da *ciprio*, cioè dell'isola di *Cipro* (anticamente *Cipri*), denominazione che alluderà alla migrazione di questo uccello, piuttosto che avere un riferimento preciso «al luogo dove va e donde viene questa specie di rondine», come sostiene il Prati 1968: simile è, probabilmente, la storia di → *dàrdaro* e → *sélega*, nomi di uccelli, che provengono o ritornano ad est [DEI s.v. *cipriota*; Bondardo 1986; Valente 1993]. M.

**zirigà,** v. (sardo: Sassari; *zirigare* nel logudorese settentrionale), 'toccare (leggermente)'; (corso: *ziricare*), 'eccitare, solleticare'.

Va con altre voci di significato affine (toscano *zerigare* 'stuzzicare, maneggiarsi', corso *zirgà* 'stuzzicare, stimolare', laziale *zaricà* 'impennarsi, molestare'), ritenute di origine germanica, ma sulle quali ha certo influito una componente onomatopeica [DES]. C.

**żìrolo,** sm. (veneto: Venezia). 'Gerro, smaride, *Smaris vulgaris*'.

Dal latino *gerres* 'gerro' (Plinio) in forma diminutiva, presente anche nel sardo *giarréttu* e varianti, riferito allo stesso tipo di pesce, che richiama il catalano *xerret, gerret* ed al quale è fatto risalire dal DES [REW; DEI]. M.

**zìrre,** sf. (calabrese meridionale, anche *żirre*). 'Vacca sterile, pecora sterile'.

Grecismo da confrontare col greco moderno dialettale *tseîra* 'capra testarda' e con *ega zira* 'capra sterile' nella località calabrese di Bova, di alloglossia greca; grecismi saranno anche l'abruzzese *zirra* e il marchigiano *zìvera* 'capra', se non sono da ricondurre (come pensano DEI e Giammarco 1985) a un longobardo *zîber* 'animale da sacrificio' [DEI s.v. *zìmmaro*]. M.

**zìru,** sm. (siciliano; calabrese e pugliese: *zìrru*; laziale, a Roma, e campano, a Napoli: *ziro*; abruzzese: *sire*). 'Vaso di creta senza manici, specie di boccale per tenervi acqua', 'grande orcio di pietra per olio'.

La voce è entrata anche nell'italiano *ziro* e deriva dall'arabo *zîr* 'orcio' [DEI; Rohlfs 1977]. M.

**żìstru,** sm. (sardo: nuorese). 'Soprannome, nomignolo' col denominale *żistràre* 'soprannominare'.

Appartiene ad una famiglia di voci col valore di base 'beffa, facezia, motto', che fa capo allo spagnolo *chiste* e *chistar*. La *r* è introdotta anche nel verbo logudorese, incrociatosi con *géstu*, *inżestrare* 'beffare'. C.

**zìta,** sf. (abruzzese; molisano; campano; pugliese, lucano; calabrese; siciliano). 'Fidanzata, sposa novella', col masch. *zitu*, e con varianti fonetiche (*zejta*, *zjójta* ecc., *zitë* per il masch.).

Voci di origine fanciullesca e vezzeggiativa, da una base fonosimbolica indicante qualcosa di 'piccolo', già note all'italiano antico *zito*, *zita* 'ragazzo, ragazza' (Iacopone, Boccaccio); analoga provenienza ha il toscano *citto* 'ragazzo' (si veda anche → *cìtrë*). Da *zita* deriva il siciliano *zitàggiu* 'matrimonio', denominazione che trova dei paralleli nelle espressioni calabresi *u jùrn'a zita* 'le nozze' (a Mangone), *simana de la zita* 'luna di miele'. Nel molisano (a Fossalto) *zitë* e il femm. *zita* si usano «per lo sposo e la sposa solo nei giorni che precedono o seguono il rito del matrimonio [...] *la zita* dicesi anche il corteo nuziale [...] *rhë* (*gh*)*òttë jùrnë dë la zita*, gli otto giorni della sposa, periodo durante il quale gli sposi non escono di casa (godendo quindi di una certa intimità) e sono esentati dal prendere parte ai lavori della famiglia» (Bagnoli 1990: 88) [Pellegrini 1992: 324, 351].

D. MARAINI: *Rilegge soprattutto le ultime righe: quindi il fidanzato, lo "zitu", sarebbe lo zio Pietro? quell'uomo triste, ingrugnato, sempre vestito di rosso che in famiglia chiamano il "gambero"? [...] Ma le donne ricche a Palermo non sposano uno spiantato anche se ha un bel nome, a meno che non debbano comprarselo il nome e in questo caso la spesa è molto salata. In più la "zita" deve essere molto bella e come minimo deve sapere suonare con grazia la spinetta* (*La lunga vita di Marianna Ucrìa*, Milano 1990, pp. 30, 194). M.

**zitabbòna,** nella locuz. *fàre zitabbòna* (campano: Napoli). 'Battere il sedere', 'mostrare il sedere'.

Dalla formula latina *cēdo bŏnis* 'rinuncio ai (miei) beni', che i falliti dovevano pronunciare, mentre, a brache calate, battevano il sedere su un lastrone [Alessio 1967-68]. C.

**zìte,** agg. (ladino centrale; ladino-veneto: Colle S. Lucia). 'Delicato, sensibile, esigente'.

Dal tedesco tirolese *sitting* (tedesco *sittlich*) 'consumato, morale, etico' [Pallabazzer 1980]. M.

**zitèlla,** sf. (corso; pugliese: *zita*; salentino: *zita de l'òcchiu*). 'Pupilla'.

Da → *zìta*, quindi denominazione affine a *pupilla* (dal latino *pupilla*, diminutivo di *pupa* 'fanciulla, bambola') detta così dalla piccola immagine che si vede riflessa nell'occhio, come conferma il corso *zitella* 'fanciulla' (cfr. lo spagnolo *niña de ojo* 'pupilla') [Rohlfs 1979; DELI]. M.

**zivèta,** sf. (veneto, nel veneziano). «Giovenca, vacca giovine che non ha ancora fruttato, e che non è stata posta al giogo», anche sm. *zivèto* «Birracchio, vitello dal primo al secondo anno, e che non sia stato ancora posto al giogo» (Boerio 1856: *civèta, civèto*).

Voce dell'entroterra veneziano, sembra continuare il latino *ceva* 'specie di piccola mucca' attestato da Columella (VI 24,5); «voce di Altinum, città dei Veneti, probabilmente del sostrato preveneto» (DEI s.v. *civetta*) [Alessio 1976; Pellegrini 1991: 335]. M.

**zividìn,** sm. (veneto giuliano: Trieste). 'Vitigno rinomato'.

Dal friulano *cividìn* 'pertinente o relativo a Cividale', perché prodotto tra Staranzano e San Canzian su terreni appartenenti un tempo a proprietari o affittuari cividalesi. Però già in friulano *cividìn* è una 'qualità d'uva' [Doria 1987]. C.

**żìżża,** sf. (laziale; campano; abruzzese; molisano). 'Seno della donna', con varianti tra cui *sésë*.

Da una voce longobarda **zizza* (da confrontare col tedesco *Zitze* 'capezzoli') alla quale corrisponde il germanico **titta*, adattamento del latino *tĭtta* (di origine espressiva) da cui l'italiano *tetta* 'poppa, mammella' già di uso dantesco [AIS; DEI; DELI].

L. BONANNI: *Cammina ondeggiando, muove l'aria con le mani, tutte stanno a guardarla. La Paris fa un risino chioccio da ubriaca. E la Salviati: «Anni, come ti ballano le sise»* (*L'imputata*, Milano 1964, p. 51). M.

**żoié,** v. (ladino centrale). 'Essere in caldo (si dice delle vacche che hanno voglia del toro)', anche *żuié*.

Derivato dal latino **jocāre*, ha conservato il significato originario di 'giocare' solo in qualche località del ladino centrale (per es. ad Arabba), mentre quasi ovunque ha assunto questa particolare accezione, sostituito per 'giocare' da voci come → *matié*, oppure mutuando il veneto *żogàr* [Tagliavini 1934]. M.

**żóiru,** sm. (siciliano, anche *(a)zóiru*, e come sf. *zóira*, *żóina*, *żodira*, e altre varianti; calabrese meridionale *(a)żójaru*, con varianti). 'Avorniello o maggiociondolo, *Laburnum anagyroides*; anagiride o fagiolo della Madonna, *Anagyris foetida*'.

Dal greco (secondo il DEI non antico ma moderno) *azó-*

*gyros* di significato analogo (probabile deformazione di *anágyros* 'anagiride' incrociato con *ózē* 'puzzo') [DEI s.v. *azòlaro*; Piccitto 1977; Rohlfs 1977a]. M.

**zòlo,** sm. (veneto; trentino, nel roveretano: *zola* sf.), 'stringa, nodo'; (trentino, nel roveretano: *zolìm*, *zolina* sf.), 'ganghero'; (lombardo settentrionale: *zolà*; emiliano: *zulàia*), 'lacciolo', con vari derivati verbali come *zolàr(e)* 'allacciare' ecc.

Dal latino *laqueolus* (da cui l'italiano *lacciuolo*), con aferesi della prima sillaba interpretata come articolo, partendo verosimilmente dal femminile *zola* [DEI; Prati 1968; Benincà Ferraboschi 1970]. M.

**zòn,** sm. (veneto; veneto giuliano; friulano; trentino; romagnolo; emiliano). 'Birillo'; a Rovereto *esere en zom* 'essere di bassa statura' (come nel Comelico).

Dal latino *cionus*, che riproduce il greco *kíōn*, *kíonos* 'colonnina' [Zamboni 1975]. C.

**zopèla,** sf. (veneto: bellunese), 'zoccolo da donna'; (veneto: Valsugana), 'pianella', di solito di pelle.

Come il sm. *zopèlo* (vicentino, polesano, veronese) 'pianella' o *zopèl* (trentino: Rovereto) 'zoccolo', è di origine sconosciuta [Prati 1968].

S. VASSALLI: *Mattio stava lavorando nella bottega del padre a sgrossare e a modellare con una piccola scure quelle assicelle di legno di larice con cui si facevano le suole delle* dàlmede *e delle* zopèle, *cioè in pratica dell'unico tipo di scarpa – i due nomi si riferivano, rispettivamente, al modello per uomo e al modello per signora – che uscisse dalla bottega dello* scarpèr *Marco Lovato, e che si calzasse nella valle di Zoldo* (*Marco e Mattio*, Torino 1992, p. 53). C.

**zòtta[1],** sf. (calabrese), 'solco o fossetta da piantarvi fagioli o patate'; (siciliano), 'pozza d'acqua'.

Dall'arabo *sawṭ* di analogo significato [Pellegrini 1972; Rohlfs 1977 e 1977a]. M.

**zòtta[2],** sf. (siciliano, anche *ciòtta*; napoletano: *zottë*; sardo: *azzotta, zótta* e *azzóttu, accióttu* sm.), 'sferza, frusta', come nell'italiano antico *ciòtta*, col denominale *ciottare*; (calabrese), 'percossa, botta'; (siciliano: *azzuttari*; sardo: *azzottare*), 'frustare'.

Le voci si considerano riflessi dello spagnolo *azote* 'frusta', e *azotar* 'frustare', a sua volta dall'arabo *sawṭ* 'flagello, scudiscio'. Ma le forme *ciotta* e *ciottare* dipenderebbero dall'ebraico *sciot* 'frusta' che in Toscana era entrato in uso indipendentemente dalle forme del siciliano spagnolo (o arabo); «come nei testi siciliani e spagnoli, anche in quelli toscani *ciotta* e *ciottare* servono a designare punizioni per delinquenti morali» (Michel 1996) [DEI ss.vv. *azzuttare* e *zotte*; DES; Pellegrini 1972; Rohlfs 1977].

V. CONSOLO: *Il cocchiere schioccò pigro la zotta e i cavalli mossero, con le loro mosche sulle piaghe, coi loro finimenti logori, col suono sordo delle lor cianciàne* (*Retablo*, Palermo 1987, p. 21). C.

**żovàdego,** sm. (veneto; l'emiliano ha la locuz. *a żoàdga* con varianti). 'Prestazione di buoi per arare'.

Aspetto dialettale dell'italiano *giogàtico*, *giovàt(t)ico*, *gioviàtico*, dal latino *jŭgum*, che, oltre al senso primario di 'giogo', ha anche quello di 'coppia di buoi aggiogati' [REW; Bertoni 1925]. C.

**zóz,** sm. (ladino-veneto, Colle S. Lucia). 'Salsa, sugo'.

Dal francese *sauce* con lo stesso significato, voce portata probabilmente da lavoratori d'albergo [Pallabazzer 1980]. M.

**zùbbu,** sm. (siciliano; nel gergo lombardo: *zubo*). 'Membro virile'.

Dall'arabo *zubb*, come anche il ligure *zubo*, *zubi* 'caspita!', *zube* sf. plur. 'frottole', 'uomo piccolo di statura', il carrarese *zubàn* 'stupido', il calabrese *zubu* 'ignorante, stupido' [Plomteux 1975]. C.

**żuf,** sm. (friulano, anche *giuf*, *śuf*; veneto bisiacco e giuliano), «farinata, vivanda d'uso popolare fatta da un miscuglio assai molle di farina di grano turco e acqua oppure latte, bolliti insieme, che si mangia di solito in scodelle larghe, versandovi sopra del latte freddo» (Nuovo Pirona 1935); (toscano, nel pistoiese: *zuffa*), 'polenta liquida'.

Le voci risalgono verosimilmente al longobardo *supfa*, a sua volta da una voce germanica **suppa* 'fetta di pane inzuppata' (da cui l'italiano *zuppa*) [Doria 1987; DELI].

P. A. QUARANTOTTI GAMBINI: *Erano dunque soli là in cucina lui e la mamma, che gli aveva appena scodellato il* suf *bollente, la solita zuppa di guerra – acqua e farina di granoturco – quando suonò il campanello* (*L'amore di Lupo*, Torino 1977, p. 18). M.

**zuf,** sm. (lombardo: milanese). 'Caporale' in senso spregiativo, 'bravo a credenza'.

Dal 'ciuffo' distintivo dei bravi.

A. MANZONI: *Il ciuffo era dunque come un'insegna di bravi e di scapestrati. Da questa foggia è nato un termine metaforico tuttavia in uso nel dialetto milanese: e non vi sarà forse alcuno, dei miei lettori milanesi che non si ricordi di aver sentito, nella sua adolescenza, alcuno de' suoi parenti o il maestro del collegio, o il servo che lo conduceva a scuola, o la fante dare di lui questo giudizio: gli è un ciuffo, gli è un ciuffetto* (*Fermo e Lucia*, Milano 1954, p. 50). C.

**zumà,** v. (friulano). 'Cogliere, spiccare colle mani dalle piante', 'raccogliere da terra, adunare raccogliendo', anche *sumà* e *ciumà*.

Pare evidente la derivazione da un **cymāre*, *cimāre* o *excimāre*, derivato da *cyma, cima*; da scartare, per ragioni fonetiche, l'ipotesi di Valente che la forma originaria sia *sumà* (invece di *ciumà* > *sumà* / *zumà*) e che l'etimo corrisponda perciò al latino *summāre* da *summa* 'somma, insieme' [Pellegrini 1987a; Valente 1993]. M.

**zumbafùesse,** sm. (pugliese: Gargano). 'Vagabondo'.

Corrispondente anche letteralmente all'italiano *saltafossi* 'birichino, scapestrato'. C.

**zumbàre,** v. (sardo logudorese; siciliano: *zummari*), 'ronzare', in siciliano con il deverbale *zummu* 'ronzio'; (sardo: *żumiài*), 'fischiare, zufolare' col deverbale *żùmiu* 'fischio'; (calabrese: *zumbiari*, *zumbicchiari*), 'sibilare (delle pallottole); ronzare'.

Voci di origine imitativa (DES) che trovano un corrispondente anche nello spagnolo *zumbar* 'ronzare' (il DEI s.v. *zumbari* menziona il calabrese *zumbiari* ed il siciliano antico *zumbari* e ritiene che siano prestiti dallo spagnolo). Il siciliano ha anche *żummuni* 'bofonchio', voce che Rohlfs (1977a) confronta con il calabrese *żùmbicu* (nel grecanico di Bova *żùmbaco*) che ha lo stesso senso, interpretato come un riflesso del greco *bómbyx* 'insetto che fa ronzio' incrociato con l'onomatopea *zum*. M.

**zurléra,** sf. (salentino). 'Donna sporca, sudiciona, attaccabrighe'.

Da *zurla* 'sudiciume, crosta di lordura, porcheria' [Rohlfs 1959].

T. FIORE: *chi avesse cuore di studiare demopsicologia, chi reggesse a vivere nei quartierucoli delle "zilate" o "zurlene" (!), dei "panarieddi", potrebbe raccogliere volumi di leccornie popolaresche* (*Un popolo di formiche*, Bari 1968, p. 65). C.

**żurrùne,** sm. (calabrese, anche *żarruni*, *zirrune*). «Borsa (sacchetto) di pelle di gatto dove si tiene il denaro» (Rohlfs 1977).

Dallo spagnolo *zurron* 'bisaccia da pastore, borsa di cuoio' (dall'arabo *ṣurrah* 'borsellino'), voce riflessa anche nell'antico siciliano *sirruni* 'sacca da pastore; tascapane', ancora vitale nel dialetto di Pantelleria nella forma *surruni* 'sacchetto cilindrico di forte tela tessuta al telaio' col derivato e traslato *surrunéḍḍru* 'bambino florido e grassoccio' [DEI; Pellegrini 1972; Tropea 1988: XLIX]. M.

**zuzzìmma,** sf. (campano). 'Sporcizia, sudiciume, sozzura'.

Dall'agg. *zuzzo* 'sozzo' col suff. collettivo *-ìmma* (dal latino *-īmen*, diventato femminile nei dialetti meridionali).

A. VERALDI: *Già era bailamme prima or'addirittura se ne veniva giù il vicolo tutto quanto, case e muri scarrafoni e cristiani sfabbricume e immondezza, tutta la zuzzimma* (*Scicco*, Milano 1991, p. 40). C.

**zzaùrdu,** agg. (siciliano con varianti e derivati; calabrese). 'Sudicio, zotico, villano'.

Dallo spagnolo *zahúrda* 'porcile', di oscura origine [Gulino 1992; Michel 1996]. C.

# INDICI

# Indice delle varietà dialettali

Nell'indice che segue i lemmi (in corsivo) e tutte le altre parole dialettali che compaiono a qualsiasi titolo nel *Dizionario* sono raggruppate per dialetto di appartenenza. È compreso anche l'elenco delle voci italiane.

ABRUZZESE

CORSO

## EMILIANO

FRIULANO

GALLOITALICO (dialetto di tipo settentrionale proprio di talune località del Meridione)



ISTRIOTO



ITALIANO

LIGURE

## LIGURE-PIEMONTESE

MOLISANO

PIEMONTESE

SARDO

TOSCANO

## VALDOSTANO



## VENETO

# Indice generale

L'indice che segue raggruppa in ordine alfabetico i lemmi (in corsivo) e tutte le altre parole, dialettali e non, esaminate nel *Dizionario*, con la sola esclusione delle parole etimologiche.